# 目 录

| 考　点 | 试题 | 法条 |
|---|---|---|

# 民法［试题］

## 第一编　总　则

### 专题一　民法概述

**考点1　民法的调整对象**

**1．** 2016/3/1/单①

根据法律规定，下列哪一种社会关系应由民法调整?

A. 甲请求税务机关退还其多缴的个人所得税

B. 乙手机丢失后发布寻物启事称:"拾得者送还手机,本人当面酬谢"

C. 丙对女友书面承诺:"如我在上海找到工作,则陪你去欧洲旅游"

D. 丁作为青年志愿者,定期去福利院做帮工

**2．** 2016/3/10/单

甲单独邀请朋友乙到家中吃饭,乙爽快答应并表示一定赴约。甲为此精心准备,还因炒菜被热油烫伤。但当日乙因其他应酬而未赴约,也未及时告知甲,致使甲准备的饭菜浪费。关于乙对甲的责任,下列哪一说法是正确的?

A. 无须承担法律责任

B. 应承担违约责任

C. 应承担侵权责任

D. 应承担缔约过失责任

**3．** 2018 回忆/单

某宿舍六人在学期开始时约定,在学期结束时由获得奖学金的人请宿舍的人聚餐,在学期结束时甲乙获得了一等奖学金。六人在学期末如约到酒店就餐,其间甲愤然离席,乙随后也离开了酒店。对此,下列哪一项说法是正确的?

A. 甲、乙的行为构成戏谑行为不产生法律关系

B. 应由甲、乙平均分担餐费

C. 宿舍六人的协议产生了法律关系

D. 餐馆应找六人共同承担餐费

**4．** 2019 回忆/单

刘某系世界陶艺大师,在接受某电视台采访时,刘某向观众展示他制作的一个精美的五层陶瓷吊球作品,说目前世界上绝无第二个人能够做出此吊球作品。主持人问,如果有人能做出来呢? 刘某说,如果有人能做出来,我将自己工作室里面的全部艺术品连同房子一起赠送给他,并与主持人击掌为誓。后来,一陶瓷作品爱好者孙某仿制了该作品,一般无二。孙某主张刘某履行承诺。对于刘某的行为应如何定性?

A. 构成法律行为,但显失公平

B. 戏谑行为,不构成法律关系

C. 赠与合同,但刘某有撤销权

D. 悬赏广告,刘某应按承诺履行

**考点2　民法基本原则**

**5．** 2017/3/1/单

甲、乙二人同村,宅基地毗邻。甲的宅基地倚山、地势较低,乙的宅基地在上将其环绕。乙因琐事与甲多次争吵而郁闷难解,便沿二人宅基地的边界线靠己方一侧,建起高 5 米围墙,使甲在自家院内却有身处监牢之感。乙的行为违背民法的下列哪一基本原则?

A. 自愿原则　　　　B. 公平原则

C. 平等原则　　　　D. 诚信原则

**6．** 2019 回忆/单

甲、乙婚后育有一女小花。小花 3 岁时,甲、乙协议离婚,甲、乙在离婚协议中约定:"离婚后小花由乙抚养。为保护小花的利益,若乙再婚,再婚后乙不得生育子女。"该约定违背了下列哪一民法原则?

A. 自愿原则　　　　　B. 公平原则

C. 诚信原则　　　　　D. 公序良俗原则

**考点3　民事法律关系**

**7．** 2009/3/1/单

甲被乙家的狗咬伤,要求乙赔偿医药

---

① 指 2016 年/试卷三/第 1 题/单选——编者注。

费,乙认为甲被狗咬与自己无关拒绝赔偿。下列哪一选项是正确的?

    A. 甲乙之间的赔偿关系属于民法所调整的人身关系

    B. 甲请求乙赔偿的权利属于绝对权

    C. 甲请求乙赔偿的权利适用诉讼时效

    D. 乙拒绝赔偿是行使抗辩权

**8.** 2010/3/1/单

下列哪一情形下,乙的请求依法应得到支持?

    A. 甲应允乙同看演出,但迟到半小时。乙要求甲赔偿损失

    B. 甲听说某公司股票可能大涨,便告诉乙,乙信以为真大量购进,事后该只股票大跌。乙要求甲赔偿损失

    C. 甲与其妻乙约定,如因甲出轨导致离婚,甲应补偿乙 50 万元,后二人果然因此离婚。乙要求甲依约赔偿

    D. 甲对乙承诺,如乙比赛夺冠,乙出国旅游时甲将陪同,后乙果然夺冠,甲失约。乙要求甲承担赔偿责任

**9.** 2014/3/1/单

薛某驾车撞死一行人,交警大队确定薛某负全责。鉴于找不到死者亲属,交警大队调处后代权利人向薛某预收了 6 万元赔偿费,商定待找到权利人后再行转交。因一直未找到权利人,薛某诉请交警大队返还 6 万元。根据社会主义法治理念公平正义要求和相关法律规定,下列哪一表述是正确的?

    A. 薛某是义务人,但无对应权利人,让薛某承担赔偿义务,违反了权利义务相一致的原则

    B. 交警大队未受损失而保有 6 万元,形成不当得利,应予退还

    C. 交警大队代收 6 万元,依法行使行政职权,与薛某形成合法有效的行政法律关系,无须退还

    D. 如确实未找到权利人,交警大队代收的 6 万元为无主财产,应收归国库

### 考点4 民事权利与民事责任

**10.** 2005/3/6/单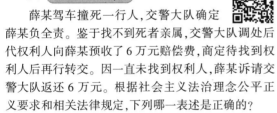

甲在乙经营的酒店进餐时饮酒过度,离去时拒付餐费,乙不知甲的身份和去向。甲酒醒后回酒店欲取回遗忘的外衣,乙以甲未付餐费为由拒绝交还。对乙的行为应如何定性?

    A. 是行使同时履行抗辩权

    B. 是行使不安抗辩权

    C. 是自助行为

    D. 是侵权行为

**11.** 2008/3/51/多

关于民事权利,下列哪些选项是正确的?

    A. 甲公司与乙银行签订借款合同,乙对甲享有的要求其还款的权利不具有排他性

    B. 丙公司与丁公司协议,丙不在丁建筑的某楼前建造高于该楼的建筑,丁对丙享有的此项权利具有支配性

    C. 债权人要求保证人履行,保证人以债权人未对主债务人提起诉讼或申请仲裁为由拒绝履行,保证人的此项权利是抗辩权

    D. 债权人撤销债务人与第三人的赠与合同的权利不受诉讼时效的限制

**12.** 2013/3/51/多

甲以 20 万元从乙公司购得某小区地下停车位。乙公司经规划部门批准在该小区以 200 万元建设观光电梯。该梯入梯口占用了甲的停车位,乙公司同意为甲置换更好的车位。甲则要求拆除电梯,并赔偿损失。下列哪些表述是错误的?

    A. 建电梯获得规划部门批准,符合小区业主利益,未侵犯甲的权利

    B. 即使建电梯符合业主整体利益,也不能以损害个人权利为代价,故应将电梯拆除

    C. 甲车位使用权固然应予保护,但置换车位更能兼顾个人利益与整体利益

    D. 电梯建成后,小区尾房更加畅销,为平衡双方利益,乙公司应适当让利于甲

# 专题二 自然人

### 考点5 自然人的民事权利能力

**13.** 2008/3/60/多

王某与李某系夫妻,二人带女儿外出旅游,发生车祸全部遇难,但无法确定死亡的先后时间。下列哪些选项是正确的?

    A. 推定王某与李某先于女儿死亡

    B. 推定王某和李某同时死亡

    C. 王某和李某互不继承

    D. 女儿作为第一顺序继承人继承王某和李某的遗产

### 考点6 自然人的民事行为能力

**14.** 2009/3/14/单

小刘从小就显示出很高的文学天赋,九岁时写了小说《隐形翅膀》,并将该小说的网络传播权转让给某网站。小刘的父母反对该转让行为。下

列哪一说法是正确的?

A. 小刘父母享有该小说的著作权,因为小刘是无民事行为能力人

B. 小刘及其父母均不享有著作权,因为该小说未发表

C. 小刘对该小说有著作权,但网络传播权转让合同无效

D. 小刘对该小说享有著作权,网络传播权转让合同有效

**15．** 2010/3/2/单

甲十七岁,以个人积蓄1000元在慈善拍卖会拍得明星乙表演用过的道具,市价约100元。事后,甲觉得道具价值与其价格很不相称,颇为后悔。关于这一买卖,下列哪一说法是正确的?

A. 买卖显失公平,甲有权要求撤销

B. 买卖存在重大误解,甲有权要求撤销

C. 买卖无效,甲为限制行为能力人

D. 买卖有效

**16．** 2011/3/2/单

乙因病需要换肾,其兄甲的肾脏刚好配型成功,甲乙父母和甲均同意由甲捐肾。因甲是精神病人,医院拒绝办理。后甲意外死亡,甲乙父母决定将甲的肾脏捐献给乙。下列哪一表述是正确的?

A. 甲决定将其肾脏捐献给乙的行为有效

B. 甲生前,其父母决定将甲的肾脏捐献给乙的行为有效

C. 甲死后,其父母决定将甲的肾脏捐献给乙的行为有效

D. 甲死后,其父母决定将甲的肾脏捐献给乙的行为无效

**17．** 2017/3/2/单

肖特有音乐天赋,16岁便不再上学,以演出收入为主要生活来源。肖特成长过程中,多有长辈馈赠:7岁时受赠口琴1个,9岁时受赠钢琴1架,15岁时受赠名贵小提琴1把。对肖特行为能力及其受赠行为效力的判断,根据《民法典》相关规定,下列哪一选项是正确的?

A. 肖特尚不具备完全的民事行为能力

B. 受赠口琴的行为无效,应由其法定代理人代理实施

C. 受赠钢琴的行为无效,因与其当时的年龄智力不相当

D. 受赠小提琴的行为无效,因与其当时的年龄智力不相当

**18．** 2019回忆/单

小琴从小天赋异禀,甚得其祖父喜爱。

6岁时,祖父将其珍藏的一幅价值百万元的名画赠与小琴,其母亲表示拒绝。8岁时,祖父又将其价值8万元的名表一块赠与小琴,其母亲知道后也表示拒绝。对此,下列哪一项说法是正确的?

A. 关于画的赠与,因纯获利而有效

B. 关于画的赠与,效力未定,因乙的拒绝而无效

C. 关于表的赠与,有效

D. 关于表的赠与,效力未定,因乙拒绝接受而无效

**考点7 监护**

**19．** 2010/3/3/多

甲十五岁,精神病人。关于其监护问题,下列哪些表述是正确的?①

A. 监护人只能是甲的近亲属或关系密切的其他亲属、朋友

B. 监护人可是同一顺序中的数人

C. 对担任监护人有争议的,可直接请求法院裁决

D. 为甲设定监护人,适用关于精神病人监护的规定

**20．** 2013/3/2/单

关于监护,下列哪一表述是正确的?

A. 甲委托医院照料其患精神病的配偶乙,医院是委托监护人

B. 甲的幼子乙在寄宿制幼儿园期间,甲的监护职责全部转移给幼儿园

C. 甲丧夫后携幼子乙改嫁,乙的爷爷有权要求法院确定自己为乙的法定监护人

D. 市民甲、乙之子丙5周岁,甲乙离婚后对谁担任丙的监护人发生争议,丙住所地的居民委员会有权指定

**21．** 2014/3/2/单

张某和李某达成收养协议,约定由李某收养张某6岁的孩子小张;任何一方违反约定,应承担违约责任。双方办理了登记手续,张某依约向李某支付了10万元。李某收养小张1年后,因小张殴打他人赔偿了1万元,李某要求解除收养协议并要求张某赔偿该1万元。张某同意解除但要求李某返还10万元。下列哪一表述是正确的?

A. 李某、张某不得解除收养关系

B. 李某应对张某承担违约责任

C. 张某应赔偿李某1万元

D. 李某应返还不当得利

**22．** 2016/3/52/多

甲8周岁,多次在国际钢琴大赛中获

---

① 原为单选题,根据新法答案有变化,调整为多选题。

奖,并获得大量奖金。甲的父母乙、丙为了甲的利益,考虑到甲的奖金存放银行增值有限,遂将奖金全部购买了股票,但恰遇股市大跌,甲的奖金损失过半。关于乙、丙的行为,下列哪些说法是正确的?

    A. 乙、丙应对投资股票给甲造成的损失承担责任

    B. 乙、丙不能随意处分甲的财产

    C. 乙、丙的行为构成无因管理,无须承担责任

    D. 如主张赔偿,甲对父母的诉讼时效期间在进行中的最后 6 个月内因自己系无行为能力人而中止,待成年后继续计算

**23.** 〔2017/3/51/多〕

余某与其妻婚后不育,依法收养了孤儿小翠。不久后余某与妻子离婚,小翠由余某抚养。现余某身患重病,为自己和幼女小翠的未来担忧,欲作相应安排。下列哪些选项是正确的?

    A. 余某可通过遗嘱指定其父亲在其身故后担任小翠的监护人

    B. 余某可与前妻协议确定由前妻担任小翠的监护人

    C. 余某可与其堂兄事先协商以书面形式确定堂兄为自己的监护人

    D. 如余某病故,应由余某父母担任小翠的监护人

**24.** 〔2018 回忆/多〕

2016 年 3 月,家住山西省 H 县的庞某(51 周岁,有配偶),依法收养了孤儿小翠(11 岁女孩)。后庞某多次性侵小翠,导致小翠先后产下两名女婴。2018 年 6 月,知情群众向公安机关举报,媒体也进行了报道。经查,举报属实,法院于 2018 年 11 月判决庞某构成强奸罪。对此,下列说法错误的是:

    A. H 县民政部门可以直接撤销庞某监护人资格

    B. 庞某被法院取消监护资格后可以不再给付抚养费

    C. 庞某出狱后,确有悔改表现的,经申请,法院可恢复其监护人资格

    D. 小翠对庞某损害赔偿请求权的诉讼时效期间自法定代理终止之日起计算

**25.** 〔2018 回忆/多〕

小学生甲极具表演天赋,参加多部影视剧拍摄并攒下存款若干。为让甲存款保值,甲父在某城市以甲的名义购买多套房屋,未料周边房价均上涨,唯独该城市房价下跌,导致严重亏损。下列哪些说法是正确的?

    A. 房屋买卖合同无效,可追回本金加利息

    B. 购房保值行为不属于监护人职责范围

    C. 房屋买卖合同有效,但监护人应承担赔偿责任

    D. 甲对甲父的赔偿请求权在其成年前不受 3 年诉讼时效的限制

**26.** 〔2019 回忆/多〕

甲乙婚后育有一子小甲,小甲 10 岁时,甲乙离婚,小甲由乙抚养。后乙经常殴打小甲,并将小甲祖父赠与小甲的一只价值 5 万元的玉佩在赌博中输掉。对此,下列说法正确的是:

    A. 甲可向法院申请撤销乙的监护资格

    B. 乙应当对小甲进行赔偿

    C. 小甲向乙主张损害赔偿的诉讼时效自年满 18 周岁时起算

    D. 小甲主张抚养费的权利不受诉讼时效限制

**27.** 〔2019 回忆/单〕

老刘 65 岁时丧妻,独自生活,子女均已成年。后认识比他小 30 岁的秦某,迅速交好,相谈甚欢。于是老刘与秦某签订书面协议,在老刘丧失生活自理能力后,由秦某作为其监护人履行监护职责;若秦某履行义务的,老刘死后,其遗产的一半由秦某继承。对此,下列说法正确的是:

    A. 该监护协议因为老刘有子女作为法定监护人而无效

    B. 该协议在老刘丧失生活自理能力时生效

    C. 约定财产继承部分无效

    D. 老刘子女可申请撤销该协议

### 考点8 宣告失踪与宣告死亡

**28.** 〔2009/3/51/单〕

关于宣告死亡,下列哪一选项是正确的?①

    A. 宣告死亡的申请人有顺序先后的限制

    B. 有民事行为能力人在被宣告死亡期间实施的民事行为②有效

    C. 被宣告死亡的人与其配偶的婚姻关系因死亡宣告的撤销而自行恢复

    D. 被撤销死亡宣告的人有权请求依《民法典》取得其财产者返还原物或给予适当补偿

**29.** 〔2016/3/51/多〕

甲、乙为夫妻,长期感情不和。2010 年 5 月 1 日甲乘火车去外地出差,在火车上失踪,没有发现其被害尸体,也没有发现其在何处下车。2016 年 6 月 5 日法院依照法定程序宣告甲死亡。之后,乙向法

---

① 原为多选题,根据新法答案有变化,调整为单选题。

② 《民法典》将"民事行为"改为"民事法律行为",请按民事法律行为作答。全书同。

院起诉要求铁路公司对甲的死亡进行赔偿。关于甲被宣告死亡,下列哪些说法是正确的?

A. 甲的继承人可以继承其财产

B. 甲、乙婚姻关系消灭,且不可能恢复

C. 2016 年 6 月 5 日为甲的死亡日期

D. 铁路公司应当对甲的死亡进行赔偿

**30．** 2017/3/52/多

甲出境经商下落不明,2015 年 9 月经其妻乙请求被 K 县法院宣告死亡,其后乙未再婚,乙是甲唯一的继承人。2016 年 3 月,乙将家里的一辆轿车赠送给了弟弟丙,交付并办理了过户登记。2016 年 10 月,经商失败的甲返回 K 县,为还债将登记于自己名下的一套夫妻共有住房私自卖给知情的丁;同年 12 月,甲的死亡宣告被撤销。下列哪些选项是正确的?

A. 甲、乙的婚姻关系自撤销死亡宣告之日起自行恢复

B. 乙有权赠与该轿车

C. 丙可不返还该轿车

D. 甲出卖房屋的行为无效

**31．** 2018 回忆/单

家住甲市乙区的梁某乘坐马航飞机从马来西亚回国,途中飞机失联,至今下落不明。梁某妻子言某欲将儿子小梁送养,梁某的父母不知如何是好,向律师咨询。关于律师的答复,下列说法正确的是:

A. 梁某的父母、妻子申请宣告其死亡,有先后顺序的限制

B. 梁某的父母申请宣告死亡,妻子言某申请宣告失踪,乙区区法院应根据父母的申请作出死亡宣告的判决

C. 如果乙区区法院宣告梁某死亡,则判决作出之日为死亡日期

D. 如果乙区区法院宣告梁某死亡但实际并未死亡的,在被宣告死亡期间梁某实施的法律行为效力未定

# 专题三　法人和非法人组织

**考点9** 法人

**32．** 2008/3/2/单

德胜公司注册地在萨摩国并在该国设有总部和分支机构,但主要营业机构位于中国深圳,是一家由台湾地区凯旋集团公司全资设立的法人企业。由于决策失误,德胜公司在中国欠下 700 万元债务。对此,下列哪一选项是正确的?

A. 该债务应以深圳主营机构的全部财产清偿

B. 该债务应以深圳主营机构和萨摩国总部及分支机构的全部财产清偿

C. 无论德胜公司的全部财产能否清偿,凯旋公司都应承担连带责任

D. 当德胜公司的全部财产不足清偿时,由凯旋公司承担补充责任

**33．** 2010/3/4/单

根据我国法律规定,关于法人,下列哪一表述是正确的?

A. 成立社团法人均须登记

B. 银行均是企业法人

C. 法人之间可形成合伙型联营

D. 一人公司均不是法人

**34．** 2011/3/3/单

王某是甲公司的法定代表人,以甲公司名义向乙公司发出书面要约,愿以 10 万元价格出售甲公司的一块清代翡翠。王某在函件发出后 2 小时意外死亡,乙公司回函表示愿意以该价格购买。甲公司新任法定代表人以王某死亡,且未经董事会同意为由拒绝。关于该要约,下列哪一表述是正确的?

A. 无效　　　　B. 效力待定

C. 可撤销　　　D. 有效

**35．** 2012/3/2/单

关于法人,下列哪一表述是正确的?

A. 社团法人均属营利法人

B. 基金会法人均属公益法人

C. 社团法人均属公益法人

D. 民办非企业单位法人均属营利法人

**36．** 2013/3/52/多

下列哪些情形下,甲公司应承担民事责任?

A. 甲公司董事乙与丙公司签订保证合同,乙擅自在合同上加盖甲公司公章和法定代表人丁的印章

B. 甲公司与乙公司签订借款合同,甲公司未盖公章,但乙公司已付款,且该款用于甲公司项目建设

C. 甲公司法定代表人乙委托员工丙与丁签订合同,借用丁的存款单办理质押贷款用于经营

D. 甲公司与乙约定,乙向甲公司交纳保证金,甲公司为乙贷款购买设备提供担保。甲公司法定代表人丙以个人名义收取该保证金并转交甲公司出纳员入账

**37．** 2014/3/3/单

甲公司和乙公司在前者印制的标准格

式《货运代理合同》上盖章。《货运代理合同》第四条约定:"乙公司法定代表人对乙公司支付货运代理费承担连带责任。"乙公司法定代表人李红在合同尾部签字。后双方发生纠纷,甲公司起诉乙公司,并要求此时乙公司的法定代表人李蓝承担连带责任。关于李蓝拒绝承担连带责任的抗辩事由,下列哪一表述能够成立?

  A. 第四条为无效格式条款
  B. 乙公司法定代表人未在第四条处签字
  C. 乙公司法定代表人的签字仅代表乙公司的行为
  D. 李蓝并未在合同上签字

**38.** `2015/3/1/单`

甲以自己的名义,用家庭共有财产捐资设立以资助治疗麻风病为目的的基金会法人,由乙任理事长。后因对该病的防治工作卓有成效使其几乎绝迹,为实现基金会的公益性,现欲改变宗旨和目的。下列哪一选项是正确的?

  A. 甲作出决定即可,因甲是创始人和出资人
  B. 乙作出决定即可,因乙是法定代表人
  C. 应由甲的家庭成员共同决定,因甲是用家庭共有财产捐资的
  D. 应由基金会法人按照程序申请,经过上级主管部门批准

**39.** `2015/3/86/任`

甲公司、乙公司签订的《合作开发协议》约定,合作开发的 A 区房屋归甲公司、B 区房屋归乙公司。乙公司与丙公司签订《委托书》,委托丙公司对外销售房屋。《委托书》中委托人签字盖章处有乙公司盖章和法定代表人王某签字,王某同时也是甲公司法定代表人。张某查看《合作开发协议》和《委托书》后,与丙公司签订《房屋预订合同》,约定:"张某向丙公司预付房款 30 万元,购买 A 区房屋一套。待取得房屋预售许可证后,双方签订正式合同。"丙公司将房款用于项目投资,全部亏损。后王某向张某出具《承诺函》:如张某不闹事,将协调甲公司卖房给张某。但甲公司取得房屋预售许可后,将 A 区房屋全部卖与他人。张某要求甲公司、乙公司和丙公司退回房款。张某与李某签订《债权转让协议》,将该债权转让给李某,通知了甲、乙、丙三公司。因李某未按时支付债权转让款,张某又将债权转让给方某,也通知了甲、乙、丙三公司。

  关于《委托书》和《承诺函》,下列说法正确的是:
  A. 乙公司是委托人
  B. 乙公司和王某是共同委托人
  C. 甲公司、乙公司和王某是共同委托人
  D.《承诺函》不产生法律行为上的效果

**40.** `2017/3/53/多`

黄逢、黄现和金耘共同出资,拟设立名为"黄金黄研究会"的社会团体法人。设立过程中,黄逢等 3 人以黄金黄研究会名义与某科技园签署了为期 3 年的商铺租赁协议,月租金 5 万元,押 3 付 1。此外,金耘为设立黄金黄研究会,以个人名义向某印刷厂租赁了一台高级印刷机。关于某科技园和某印刷厂的债权,下列哪些选项是正确的?

  A. 如黄金黄研究会未成立,则某科技园的租赁债权消灭
  B. 即便黄金黄研究会未成立,某科技园就租赁债权,仍可向黄逢等 3 人主张
  C. 如黄金黄研究会未成立,则某科技园的租赁债务,由黄逢等 3 人承担连带责任
  D. 黄金黄研究会成立后,某印刷厂就租赁债权,既可向黄金黄研究会主张,也可向金耘主张

# 专题四　民事法律行为

### 考点10　有效的民事法律行为

**41.** `2019 回忆/单`

12 岁的甲是某中学学生,常去学校篮球场打篮球。一天,甲去篮球场打球路上买了一瓶可乐,打完篮球后,喝了一半,将剩一半可乐的瓶子放在篮球架边离去。后拾荒者乙捡走了可乐瓶。对此,下列说法正确的是:

  A. 甲与乙之间成立赠与合同关系
  B. 甲的行为是单方抛弃
  C. 甲的行为不需要意思表示
  D. 可乐瓶属于遗失物

### 考点11　附条件、附期限的民事法律行为

**42.** `2008/3/6/单`

甲与乙打算卖房,问乙是否愿意购买,乙一向迷信,就对甲说:"如果明天早上 7 点你家屋顶上来了喜鹊,我就出 10 万块钱买你的房子。"甲同意。乙回家后非常后悔。第二天早上 7 点差几分时,恰有一群喜鹊停在甲家的屋顶上,乙正要将喜鹊赶走,甲不知情的儿子拿起弹弓把喜鹊打跑了,至 7 点再无喜鹊飞来。关于甲乙之间的房屋买卖合同,下列哪一选项是正确的?

  A. 合同尚未成立
  B. 合同无效
  C. 乙有权拒绝履行该合同
  D. 乙应当履行该合同

**43.** `2009/3/6/单`

甲将 300 册藏书送给乙,并约定乙不

得转让给第三人,否则甲有权收回藏书。其后甲向乙交付了300册藏书。下列哪一说法是正确的?

    A. 甲与乙的赠与合同无效,乙不能取得藏书的所有权

    B. 甲与乙的赠与合同无效,乙取得了藏书的所有权

    C. 甲与乙的赠与合同为附条件的合同,乙不能取得藏书的所有权

    D. 甲与乙的赠与合同有效,乙取得了藏书的所有权

**44.** 2014/3/59/多

    刘某欠何某100万元货款届期未还且刘某不知所踪。刘某之子小刘为替父还债,与何某签订书面房屋租赁合同,未约定租期,仅约定:"月租金1万元,用租金抵货款,如刘某出现并还清货款,本合同终止,双方再行结算。"下列哪些表述是错误的?

    A. 小刘有权随时解除合同

    B. 何某有权随时解除合同

    C. 房屋租赁合同是附条件的合同

    D. 房屋租赁合同是附期限的合同

**考点12** 可撤销的民事法律行为

**45.** 2009/3/56/多

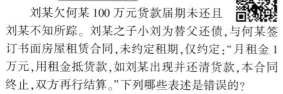

    乙公司以国产牛肉为样品,伪称某国进口牛肉,与甲公司签订了买卖合同,后甲公司得知这一事实。此时恰逢某国流行疯牛病,某国进口牛肉滞销,国产牛肉价格上涨。下列哪些说法是正确的?

    A. 甲公司有权自知道样品为国产牛肉之日起一年内主张撤销该合同

    B. 乙公司有权自合同订立之日起一年内主张撤销该合同

    C. 甲公司有权决定履行该合同,乙公司无权拒绝履行

    D. 在甲公司决定撤销该合同前,乙公司有权按约定向甲公司要求支付货款

**46.** 2010/3/5/单

    某校长甲欲将一套住房以50万元出售。某报记者乙找到甲,出价40万元,甲拒绝。乙对甲说:"我有你贪污的材料,不答应我就举报你。"甲信以为真,以40万元将该房卖与乙。乙实际并无甲贪污的材料。关于该房屋买卖合同的效力,下列哪一说法是正确的?

    A. 存在欺诈行为,属可撤销合同

    B. 存在胁迫行为,属可撤销合同

    C. 存在乘人之危,属可撤销合同

    D. 存在重大误解,属可撤销合同

**47.** 2011/3/1/单

    甲公司在城市公园旁开发预售期房,乙、丙等近百人一次性支付了购房款,总额近8000万元。但甲公司迟迟未开工,按期交房无望。乙、丙等购房人多次集体去甲公司交涉无果,险些引发群体性事件。面对疯涨房价,乙、丙等购房人为另行购房,无奈与甲公司签订《退款协议书》,承诺放弃数额巨大利息、违约金的支付要求,领回原购房款。经咨询,乙、丙等购房人起诉甲公司。下列哪一说法准确体现了公平正义的有关要求?

    A.《退款协议书》虽是当事人真实意思表示,但为兼顾情理,法院应当依据购房人的要求变更该协议,由甲公司支付利息和违约金

    B.《退款协议书》是甲公司胁迫乙、丙等人订立的,为确保合法合理,法院应当依据购房人的要求宣告该协议无效,由甲公司支付利息和违约金

    C.《退款协议书》的订立显失公平,为保护购房人的利益,法院应当依据购房人的要求撤销该协议,由甲公司支付利息和违约金

    D.《退款协议书》损害社会公共利益,为确保利益均衡,法院应当依据购房人的要求撤销该协议

**48.** 2011/3/53/多

    关于意思表示法律效力的判断,下列哪些选项是正确的?

    A. 甲在商场购买了一台液晶电视机,回家后发现其妻乙已在另一商场以更低折扣订了一台液晶电视机。甲认为其构成重大误解,有权撤销买卖

    B. 甲向乙承诺,以其外籍华人身份在婚后为乙办外国绿卡。婚后,乙发现甲是在逃通缉犯。乙有权以甲欺诈为由撤销婚姻

    C. 甲向乙银行借款,乙银行要求甲提供担保。丙为帮助甲借款,以举报丁偷税漏税相要挟,迫使其为甲借款提供保证,乙银行对此不知情。丁有权以其受到胁迫为由撤销保证

    D. 甲患癌症,其妻乙和医院均对甲隐瞒其病情。经与乙协商,甲投保人身保险,指定身故受益人为乙。保险公司有权以乙欺诈为由撤销合同

**49.** 2012/3/3/单 新法改编

    下列哪一情形构成重大误解,属于可撤销的民事行为?

    A. 甲立下遗嘱,误将乙的字画分配给继承人

    B. 甲装修房屋,误以为乙的地砖为自家所有,并

予以使用

C. 甲入住乙宾馆,误以为乙宾馆提供的茶叶是无偿的,并予以使用

D. 甲要购买电动车,误以为精神病人乙是完全民事行为能力人,并与之签订买卖合同

**50.** 2012/3/54/多

甲委托乙采购一批电脑,乙受丙诱骗高价采购了一批劣质手机。丙一直以销售劣质手机为业,甲对此知情。关于手机买卖合同,下列哪些表述是正确的?

A. 甲有权追认

B. 甲有权撤销

C. 乙有权以甲的名义撤销

D. 丙有权撤销

**51.** 2013/3/3/单

下列哪一情形下,甲对乙不构成胁迫?

A. 甲说,如不出借 1 万元,则举报乙犯罪。乙照办,后查实乙构成犯罪

B. 甲说,如不将藏獒卖给甲,则举报乙犯罪。乙照办,后查实乙不构成犯罪

C. 甲说,如不购甲即将报废的汽车,将公开乙的个人隐私。乙照办

D. 甲说,如不赔偿乙撞伤甲的医疗费,则举报乙醉酒驾车。乙照办,甲取得医疗费和慰问金

**52.** 2013/3/4/单

甲用伪造的乙公司公章,以乙公司名义与不知情的丙公司签订食用油买卖合同,以次充好,将劣质食用油卖给丙公司。合同没有约定仲裁条款。关于该合同,下列哪一表述是正确的?

A. 如乙公司追认,则丙公司有权通知乙公司撤销

B. 如乙公司追认,则丙公司有权请求法院撤销

C. 无论乙公司是否追认,丙公司均有权通知乙公司撤销

D. 无论乙公司是否追认,丙公司均有权要求乙公司履行

**53.** 2015/3/2/多

甲以 23 万元的价格将一辆机动车卖给乙。该车因里程表故障显示行驶里程为 4 万公里,但实际行驶了 8 万公里,市值为 16 万元。甲明知有误,却未向乙说明,乙误以为真。乙的下列哪些请求是错误的?①

A. 以甲欺诈为由请求法院变更合同,在此情况下法院不得判令撤销合同

B. 请求甲减少价款至 16 万元

C. 以重大误解为由,致函甲请求撤销合同,合同

自该函到达甲时即被撤销

D. 请求甲承担缔约过失责任

**54.** 2015/3/52/多

某旅游地的纪念品商店出售秦始皇兵马俑的复制品,价签标名为"秦始皇兵马俑",2800 元一个。王某购买了一个,次日,王某以其购买的"秦始皇兵马俑"为复制品而非真品属于欺诈为由,要求该商店退货并赔偿。下列哪些表述是错误的?

A. 商店的行为不属于欺诈,真正的"秦始皇兵马俑"属于法律规定不能买卖的禁止流通物

B. 王某属于重大误解,可请求撤销买卖合同

C. 商店虽不构成积极欺诈,但构成消极欺诈,因其没有标明为复制品

D. 王某有权请求撤销合同,并可要求商店承担缔约过失责任

**55.** 2016/3/3/单

潘某去某地旅游,当地玉石资源丰富,且盛行"赌石"活动,买者购买原石后自行剖切,损益自负。潘某花 5000 元向某商家买了两块原石,切开后发现其中一块为极品玉石,市场估价上百万元。商家深觉不公,要求潘某退还该玉石或补交价款。对此,下列哪一选项是正确的?

A. 商家无权要求潘某退货

B. 商家可基于公平原则要求潘某适当补偿

C. 商家可基于重大误解而主张撤销交易

D. 商家可基于显失公平而主张撤销交易

**56.** 2016/3/59/多

甲隐瞒了其所购别墅内曾发生恶性刑事案件的事实,以明显低于市场价的价格将其转卖给乙;乙在不知情的情况下,放弃他人以市场价出售的别墅,购买了甲的别墅。几个月后乙获悉实情,向法院申请撤销合同。关于本案,下列哪些说法是正确的?

A. 乙须在得知实情后一年内申请法院撤销合同

B. 如合同被撤销,甲须赔偿乙在订立及履行合同过程当中支付的各种必要费用

C. 如合同被撤销,乙有权要求甲赔偿主张撤销时别墅价格与此前订立合同时别墅价格的差价损失

D. 合同撤销后乙须向甲支付合同撤销前别墅的使用费

**57.** 2017/3/3/单

齐某扮成建筑工人模样,在工地旁摆

---

① 原为单选题,根据新法答案有变化,调整为多选题。

放一尊廉价购得的旧蟾蜍石雕,冒充新挖出文物等待买主。甲曾以 5000 元从齐某处买过一尊同款石雕,发现被骗后正在和齐某交涉时,乙过来询问。甲有意让乙也上当,以便要回被骗款项,未等齐某开口便对乙说:"我之前从他这买了一个貔貅,转手就赚了,这个你不要我就要了。"乙信以为真,以 5000 元买下石雕。关于所涉民事法律行为的效力,下列哪一说法是正确的?

 A. 乙可向甲主张撤销其购买行为

 B. 乙可向齐某主张撤销其购买行为

 C. 甲不得向齐某主张撤销其购买行为

 D. 乙的撤销权自购买行为发生之日起 2 年内不行使则消灭

**58.** 2017/3/10/单

 陈老伯考察郊区某新楼盘时,听销售经理介绍周边有轨道交通 19 号线,出行方便,便与开发商订了商品房预售合同。后经了解,轨道交通 19 号线属市域铁路,并非地铁,无法使用老年卡,出行成本较高;此外,铁路房的升值空间小于地铁房。陈老伯深感懊悔。关于陈老伯可否反悔,下列哪一说法是正确的?

 A. 属认识错误,可主张撤销该预售合同

 B. 属重大误解,可主张撤销该预售合同

 C. 该预售合同显失公平,陈老伯可主张撤销该合同

 D. 开发商并未欺诈陈老伯,该预售合同不能被撤销

**59.** 2018 回忆/单

 钱某有一幅祖传名画,市值百万元。高某欲低价购入,联合艺术品鉴定家李某欺骗钱某说是赝品,价值不超过 10 万元。钱某信以为真,但是,未将画卖给高某,而是以 15 万元的价格卖给了不知情的陈某。对此,下列哪一个说法是正确的?

 A. 因陈某乘人之危,故钱某可撤销与陈某的买卖合同

 B. 因高某受欺诈,钱某可撤销与陈某的买卖合同

 C. 属于重大误解,钱某可撤销与陈某的买卖合同

 D. 属于显失公平,钱某可撤销与陈某的买卖合同

**60.** 2019 回忆/多

 甲家中有一块祖传玉佩,某大学教授乙颇为喜爱,几次欲向甲购买均被甲拒绝。2016 年 3 月 1 日,丙因为自己孩子上大学之事有求于乙,故暗中找到甲,称如果不将玉佩卖给乙,就将甲正上高一的儿子的腿打断一条。甲心生恐惧,遂主动找到乙,将玉佩以 8 万元的价格卖给了不知情的乙。2018 年 3

月 1 日,甲的儿子顺利去英国留学,不再因丙的威胁而感到恐惧,故向法院起诉,欲撤销买卖合同。3 月 10 日,法院经查,甲祖传的玉佩为赝品,市价仅为 800 元,甲出卖时对此不知情,乙此时方获悉自己购买的玉佩为赝品。对此,下列哪些说法是错误的?

 A. 因为乙对于胁迫不知情,故甲不能撤销与乙之间的买卖合同

 B. 乙可以欺诈为由撤销买卖合同

 C. 甲以受到胁迫为由撤销合同的权利因为超过了 1 年的除斥期间而消灭

 D. 乙以重大误解撤销合同的权利应在 2018 年 6 月 10 日前行使

**61.** 2019 回忆/单

 前程公司法定代表人范某被大洋公司派人极力劝酒灌醉后,大洋公司在其意识模糊之时乘机与其签订合同,合同内容违背前程公司商业规划且对前程公司严重不利。前程公司可以何种理由主张撤销合同?

 A. 恶意欺诈   B. 重大误解

 C. 乘人之危   D. 显失公平

**62.** 2021 回忆/任

 甲见一家餐馆生意很好,在餐馆吃饭时,乘机将事先做好的一张付款二维码粘贴在餐桌原有的付款二维码上。乙到这家餐馆用餐后,扫描了甲粘贴的二维码,向甲支付了 500 元餐费。对于本案,下列说法错误的是:

 A. 餐馆可向甲主张侵权责任或不当得利

 B. 乙的意思表示未生效

 C. 乙可基于重大误解撤销所订立的餐饮合同

 D. 甲构成无权代理

**63.** 2023 回忆/单

 张某到某地旅游,在朱某经营的路边店铺购买豆浆时,发现朱某用来盛放豆浆的小碗花色古朴,甚是好看,遂提出购买留作纪念,双方约定价款为 20 元。张某的朋友谭某是古董专家,一次到张某家做客时看到该小碗,疑是古董,后经鉴定为明代某官窑出土的古董。朱某得知后,欲起诉撤销合同。关于朱某起诉撤销合同的事由,下列哪一选项是正确的?

 A. 重大误解   B. 显失公平

 C. 欺诈    D. 胁迫

**考点 13** 效力待定的民事法律行为

**64.** 2011/3/58/多

 下列甲与乙签订的哪些合同有效?

 A. 甲与乙签订商铺租赁合同,约定待办理公证

后合同生效。双方未办理合同公证，甲交付商铺后，乙支付了第 1 个月的租金

B. 甲与乙签署股权转让协议，约定甲将其对丙公司享有的 90% 股权转让给乙，乙支付 1 亿元股权受让款。但此前甲已将该股权转让给丁

C. 甲与乙签订相机买卖合同，相机尚未交付，也未付款。后甲又就出卖该相机与丙签订买卖合同

D. 甲将商铺出租给丙后，将该商铺出卖给乙，但未通知丙

**65.** 甲公司与乙公司约定，由甲公司向乙公司交付 1 吨药材，乙公司付款 100 万元。乙公司将药材转卖给丙公司，并约定由甲公司向丙公司交付，丙公司收货后 3 日内应向乙支付价款 120 万元。

张某以自有汽车为乙公司的债权提供抵押担保，未办理抵押登记。抵押合同约定："在丙公司不付款时，乙公司有权就出卖该汽车的价款清偿自己的债权。"李某为这笔货款出具担保函："在丙公司不付款时，由李某承担保证责任"。丙公司收到药材后未依约向乙公司支付 120 万元，乙公司向张某主张实现抵押权，同时要求李某承担保证责任。

张某见状，便将其汽车赠与刘某。刘某将该汽车作为出资，与钱某设立丁酒店有限责任公司，并办理完出资手续。

丁公司员工方某驾驶该车接送酒店客人时，为躲避一辆逆行摩托车，将行人赵某撞伤。方某自行决定以丁公司名义将该车放在戊公司维修，为获得维修费的八折优惠，方某以其名义在与戊公司相关的庚公司为该车购买一套全新座垫。汽车修好后，方某将车取走交丁公司投入运营。戊公司要求丁公司支付维修费，否则对汽车行使留置权，丁公司回函请宽限一周。庚公司要求丁公司支付座垫费，丁公司拒绝。请回答第（1）、（2）题。

（1） 2011/3/86/任

关于乙公司与丙公司签订合同的效力，下列表述正确的是：

A. 效力待定

B. 为甲公司设定义务的约定无效

C. 有效

D. 无效

（2） 2011/3/91/任

关于座垫费和维修费，下列表述正确的是：

A. 方某应向庚公司支付座垫费

B. 丁公司应向庚公司支付座垫费

C. 丁公司应向戊公司支付维修费

---

D. 戊公司有权将汽车留置

**66.** 2012/3/86/任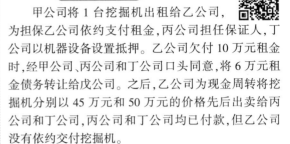

甲公司将 1 台挖掘机出租给乙公司，为担保乙公司依约支付租金，丙公司担任保证人，丁公司以机器设备设置抵押。乙公司欠付 10 万元租金时，经甲公司、丙公司和丁公司口头同意，将 6 万元租金债务转让给戊公司。之后，乙公司为现金周转将挖掘机分别以 45 万元和 50 万元的价格先后出卖给丙公司和丁公司，丙公司和丁公司均已付款，但乙公司没有依约交付挖掘机。

因乙公司一直未向甲公司支付租金，甲公司便将挖掘机以 48 万元的价格出卖给王某，约定由乙公司直接将挖掘机交付给王某，王某首期付款 20 万元，尾款 28 万元待收到挖掘机后支付。此事，甲公司通知了乙公司。

王某未及取得挖掘机便死亡。王某临终立遗嘱，其遗产由其子大王和小王继承，遗嘱还指定小王为遗嘱执行人。因大王一直在外地工作，同意王某遗产由小王保管，没有进行遗产分割。在此期间，小王将挖掘机出卖给方某，没有征得大王的同意。

关于乙公司与丙公司、丁公司签订挖掘机买卖合同的效力，下列表述错误的是：

A. 乙公司可以主张其与丙公司的买卖合同无效

B. 丙公司可以主张其与乙公司的买卖合同无效

C. 乙公司可以主张其与丁公司的买卖合同无效

D. 丁公司可以主张其与乙公司的买卖合同无效

**67.** 2014/3/86/任

张某、方某共同出资，分别设立甲公司和丙公司。2013 年 3 月 1 日，甲公司与乙公司签订了开发某房地产项目的《合作协议一》，约定如下："甲公司将丙公司 10% 的股权转让给乙公司，乙公司在协议签订之日起三日内向甲公司支付首付款 4000 万元，尾款 1000 万元在次年 3 月 1 日之前付清。首付款用于支付丙公司从某国土部门购买 A 地块土地使用权。如协议签订之日起三个月内丙公司未能获得 A 地块土地使用权致双方合作失败，乙公司有权终止协议。"

《合作协议一》签订后，乙公司经甲公司指示向张某、方某支付了 4000 万元首付款。张某、方某配合甲公司将丙公司的 10% 的股权过户给乙公司。

关于《合作协议一》，下列表述正确的是：

A. 是无名合同

B. 对股权转让的约定构成无权处分

C. 效力待定

D. 有效

**68.** 2015/3/89/任

顺风电器租赁公司将一台电脑出租给

张某,租期为 2 年。在租赁期间内,张某谎称电脑是自己的,分别以市价与甲、乙、丙签订了三份电脑买卖合同并收取了三份价款,但张某把电脑实际交付给了乙。后乙的这台电脑被李某拾得,因暂时找不到失主,李某将电脑出租给王某获得很高收益。王某租用该电脑时出了故障,遂将电脑交给康成电脑维修公司维修。王某和李某就维修费的承担发生争执。康成公司因未收到修理费而将电脑留置,并告知王某如 7 天内不交费,将变卖电脑抵债。李某听闻后,于当日潜入康成公司偷回电脑。

关于张某与甲、乙、丙的合同效力,下列选项正确的是:

A. 张某非电脑所有权人,其出卖为无权处分,与甲、乙、丙签订的合同无效

B. 张某是合法占有人,其与甲、乙、丙签订的合同有效

C. 乙接受了张某的交付,取得电脑所有权

D. 张某不能履行对甲、丙的合同义务,应分别承担违约责任

**考点 14** 无效的民事法律行为

**69.** 2012/3/52/多

下列哪些情形属于无效合同?

A. 甲医院以国产假肢冒充进口假肢,高价卖给乙

B. 甲乙双方为了在办理房屋过户登记时避税,将实际成交价为 100 万元的房屋买卖合同价格写为 60 万元

C. 有妇之夫甲委托未婚女乙代孕,约定事成后甲补偿乙 50 万元

D. 甲父患癌症急需用钱,乙趁机以低价收购甲收藏的 1 幅名画,甲无奈与乙签订了买卖合同

**70.** 2013/3/53/多

甲、乙之间的下列哪些合同属于有效合同?

A. 甲与丙离婚期间,用夫妻共同存款向乙公司购买保险,指定自己为受益人

B. 甲将其宅基地抵押给同村外嫁他村的乙用于借款

C. 甲将房屋卖给精神病人乙,合同履行后房价上涨

D. 甲驾车将流浪精神病人撞死,因查找不到死者亲属,乙民政部门代其与甲达成赔偿协议

**71.** 2014/3/54/多

杜某拖欠谢某 100 万元。谢某请求杜某以登记在其名下的房屋抵债时,杜某称其已把房屋

作价 90 万元卖给赖某,房屋钥匙已交,但产权尚未过户。该房屋市值为 120 万元。关于谢某权利的保护,下列哪些表述是错误的?

A. 谢某可请求法院撤销杜某、赖某的买卖合同

B. 因房屋尚未过户,杜某、赖某买卖合同无效

C. 如谢某能举证杜某、赖某构成恶意串通,则杜某、赖某买卖合同无效

D. 因房屋尚未过户,房屋仍属杜某所有,谢某有权直接取得房屋的所有权以实现其债权

**72.** 2015/3/3/单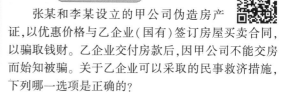

张某和李某设立的甲公司伪造房产证,以优惠价格与乙企业(国有)签订房屋买卖合同,以骗取钱财。乙企业交付房款后,因甲公司不能交房而始知被骗。关于乙企业可以采取的民事救济措施,下列哪一选项是正确的?

A. 以甲公司实施欺诈损害国家利益为由主张合同无效

B. 只能请求撤销合同

C. 通过乙企业的主管部门主张合同无效

D. 可以请求撤销合同,也可以不请求撤销合同而要求甲公司承担违约责任

**73.** 2019 回忆/单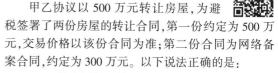

甲乙协议以 500 万元转让房屋,为避税签署了两份房屋的转让合同,第一份约定为 500 万元,交易价格以该份合同为准;第二份合同为网络备案合同,约定为 300 万元。以下说法正确的是:

A. 两份合同都无效

B. 第一份合同有效,第二份合同部分无效

C. 第一份合同部分无效,第二份合同有效

D. 两份合同都有效

# 专题五 代 理

**考点 15** 代理的概念与类型

**74.** 2008/3/3/单

甲委托乙购买一套机械设备,但要求以乙的名义签订合同,乙同意,遂与丙签订了设备购买合同。后由于甲的原因,乙不能按时向丙支付设备款。在乙向丙说明了自己是受甲委托向丙购买机械设备后,关于丙的权利,下列哪一选项是正确的?

A. 只能要求甲支付

B. 只能要求乙支付

C. 可选择要求甲或乙支付

D. 可要求甲和乙承担连带责任

**75.** 2011/3/4/单

甲委托乙销售一批首饰并交付,乙经

甲同意转委托给丙。丙以其名义与丁签订买卖合同，约定将这批首饰以高于市场价10%的价格卖给丁，并赠其一批箱包。丙因此与戊签订箱包买卖合同。丙依约向丁交付首饰，但因戊不能向丙交付箱包，导致丙无法向丁交付箱包。丁拒绝向丙支付首饰款。下列哪一表述是正确的？

    A. 乙的转委托行为无效
    B. 丙与丁签订的买卖合同直接约束甲和丁
    C. 丙应向甲披露丁，甲可以行使丙对丁的权利
    D. 丙应向丁披露戊，丁可以行使丙对戊的权利

**76.** 2012/3/53/多
下列哪些情形属于代理？

    A. 甲请乙从国外代购1套名牌饮具，乙自己要买2套，故乙共买3套一并结账
    B. 甲请乙代购茶叶，乙将甲写好茶叶名称的纸条交给销售员，告知其是为自己朋友买茶叶
    C. 甲律师接受法院指定担任被告人乙的辩护人
    D. 甲介绍歌星乙参加某演唱会，并与主办方签订了三方协议

**77.** 2015/3/4/单
甲公司与15周岁的网络奇才陈某签订委托合同，授权陈某为甲公司购买价值不超过50万元的软件。陈某的父母知道后，明确表示反对。关于委托合同和代理权授予的效力，下列哪一表述是正确的？

    A. 均无效，因陈某的父母拒绝追认
    B. 均有效，因委托合同仅需简单智力投入，不会损害陈某的利益，其父母是否追认并不重要
    C. 是否有效，需确认陈某的真实意思，其父母拒绝追认，甲公司可向法院起诉请求确认委托合同的效力
    D. 委托合同因陈某的父母不追认而无效，但代理权授予是单方法律行为，无需追认即有效

**78.** 2021 回忆/任
甲偷了乙的电动自行车，告知了丙实情并委托丙进行出售，获利平分。丙将该车以甲的名义卖给了不知情的丁，丁按照市场价格付了款。对此，下列说法不正确的是：

    A. 丙的行为构成无权处分
    B. 丙的行为构成无权代理
    C. 丁对该车构成善意取得
    D. 对于乙的损失，甲与丙应承担连带责任

**考点16 代理权及其限制**
**79.** 2016/3/4/单
甲公司员工唐某受公司委托从乙公司

订购一批空气净化机，甲公司对净化机单价未作明确限定。唐某与乙公司私下商定将净化机单价比正常售价提高200元，乙公司给唐某每台100元的回扣。商定后，唐某以甲公司名义与乙公司签订了买卖合同。对此，下列哪一选项是正确的？

    A. 该买卖合同以合法形式掩盖非法目的，因而无效
    B. 唐某的行为属无权代理，买卖合同效力待定
    C. 乙公司行为构成对甲公司的欺诈，买卖合同属可变更、可撤销合同
    D. 唐某与乙公司恶意串通损害甲公司的利益，应对甲公司承担连带责任

**考点17 无权代理**
**80.** 2009/3/4/单
下列哪一情形构成无权代理？

    A. 甲冒用乙的姓名从某杂志社领取乙的论文稿酬据为己有
    B. 某公司董事长超越权限以本公司名义为他人提供担保
    C. 刘某受同学周某之托冒充丁某参加求职面试
    D. 关某代收某推销员谎称关某的邻居李某订购的保健品并代为付款

**81.** 2010/3/51/多
张某到王某家聊天，王某去厕所时张某帮其接听了刘某打来的电话。刘某欲向王某订购一批货物，请张某转告，张某应允。随后张某感到有利可图，没有向王某转告订购之事，而是自己低价购进了刘某所需货物，以王某名义交货并收取了刘某货款。关于张某将货物出卖给刘某的行为的性质，下列哪些说法是正确的？

    A. 无权代理          B. 无因管理
    C. 不当得利          D. 效力待定

**82.** 2015/3/9/单
甲去购买彩票，其友乙给甲10元钱让其顺便代购彩票，同时告知购买号码，并一再嘱咐甲不要改变。甲预测乙提供的号码不能中奖，便擅自更换号码为乙购买了彩票并替乙保管。开奖时，甲为乙购买的彩票中了奖，二人为奖项归属发生纠纷。下列哪一分析是正确的？

    A. 甲应获得该奖项，因按乙的号码无法中奖，甲、乙之间应类推适用借贷关系，由甲偿还乙10元
    B. 甲、乙应平分该奖项，因乙出了钱，而甲更换了号码
    C. 甲的贡献大，应获得该奖项之大部，同时按比例承担彩票购买款

D. 乙应获得该奖项,因乙是委托人

**83.** 2018 回忆/多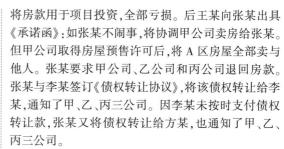

王某是九联公司某地分公司的负责人,因个人事务欠李某 1000 万元。李某要求在欠条保证人一栏加盖九联分公司的公章。王某表示,自己没有被公司授权订立保证合同,且向李某出具了总公司的书面授权文件,李某依然坚持加盖,最终,王某同意加盖了分公司的公章。对此,下列哪些说法是正确的?

A. 王某构成表见代理

B. 王某构成无权代理

C. 九联公司应当承担保证责任

D. 九联公司不承担保证责任

**84.** 2019 回忆/单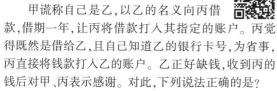

甲谎称自己是乙,以乙的名义向丙借款,借期一年,让丙将借款打入其指定的账户。丙觉得既然是借给乙,且自己知道乙的银行卡号,为省事,丙直接将钱款打入乙的账户。乙正好缺钱,收到丙的钱后对甲、丙表示感谢。对此,下列说法正确的是?

A. 甲的行为构成无权代理

B. 甲的行为构成无因管理

C. 甲的行为使乙、丙间成立不当得利

D. 约定的期限届满后,丙有权请求乙偿还借款

**考点18** 表见代理

**85.** 2014/3/52/多

吴某是甲公司员工,持有甲公司授权委托书。吴某与温某签订了借款合同,该合同由温某签字、吴某用甲公司合同专用章盖章。后温某要求甲公司还款。下列哪些情形有助于甲公司否定吴某的行为构成表见代理?

A. 温某明知借款合同上的盖章是甲公司合同专用章而非甲公司公章,未表示反对

B. 温某未与甲公司核实,即将借款交给吴某

C. 吴某出示的甲公司授权委托书载明甲公司仅授权吴某参加投标活动

D. 吴某出示的甲公司空白授权委托书已届期

**86.** 2015/3/87/任

甲公司、乙公司签订的《合作开发协议》约定,合作开发的 A 区房屋归甲公司、B 区房屋归乙公司。乙公司与丙公司签订《委托书》,委托丙公司对外销售房屋。《委托书》中委托人签字盖章处有乙公司盖章和法定代表人王某签字,王某同时也是甲公司法定代表人。张某查看《合作开发协议》和《委托书》后,与丙公司签订《房屋预订合同》,约定:"张某向丙公司预付房款 30 万元,购买 A 区房屋一套。待取得房屋预售许可证后,双方签订正式合同。"丙公司将房款用于项目投资,全部亏损。后王某向张某出具《承诺函》:如张某不闹事,将协调甲公司卖房给张某。但甲公司取得房屋预售许可后,将 A 区房屋全部卖与他人。张某要求甲公司、乙公司和丙公司退回房款。张某与李某签订《债权转让协议》,将该债权转让给李某,通知了甲、乙、丙三公司。因李某未按时支付债权转让款,张某又将债权转让给方某,也通知了甲、乙、丙三公司。

关于《房屋预订合同》,下列说法正确的是:

A. 无效

B. 对于甲公司而言,丙公司构成无权处分

C. 对于乙公司而言,丙公司构成有效代理

D. 对于张某而言,丙公司构成表见代理

# 专题六　诉讼时效与期间

**考点19** 诉讼时效

**87.** 2009/3/5/单

诉讼时效因当事人一方提出要求而中断,下列哪一情形不能产生诉讼时效中断的效力?

A. 对方当事人在当事人主张权利的文书上签字、盖章的

B. 当事人一方以发送信件或数据电文方式主张权利,该信件或数据电文应当到达对方当事人的

C. 当事人一方为金融机构,依照法律规定或当事人约定从对方当事人账户中扣收欠款本息的

D. 当事人一方下落不明,对方当事人在下落不明当事人一方住所地的县(市)级有影响的媒体上刊登具有主张权利内容的公告的

**88.** 2009/3/52/多

关于诉讼时效的表述,下列哪些选项是正确的?

A. 当事人可以对债权请求权提出诉讼时效抗辩,但法律规定的有些债权请求权不适用诉讼时效的规定

B. 当事人不能约定延长或缩短诉讼时效期间,也不能预先放弃诉讼时效利益

C. 当事人未提出诉讼时效抗辩的,法院不应对诉讼时效问题进行阐明及主动适用诉讼时效的规定进行裁判

D. 当事人在一审、二审期间都可以提出诉讼时效抗辩

**89.** 2010/3/52/多

某公司因合同纠纷的诉讼时效问题咨

询律师。关于律师的答复,下列哪些选项是正确的?

A. 当事人不得违反法律规定,约定延长或者缩短诉讼时效期间、预先放弃诉讼时效利益

B. 当事人约定同一债务分期履行的,诉讼时效期间从最后一期履行期限届满之日起计算

C. 当事人在一审期间未提出诉讼时效抗辩的,二审期间不能提出该抗辩

D. 诉讼时效届满,当事人一方向对方当事人作出同意履行义务意思表示的,不得再以时效届满为由进行抗辩

**90.** 2011/3/5/单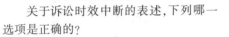

关于诉讼时效中断的表述,下列哪一选项是正确的?

A. 甲欠乙 10 万元到期未还,乙要求甲先清偿 8 万元。乙的行为,仅导致 8 万元债务诉讼时效中断

B. 甲和乙对丙因共同侵权而需承担连带赔偿责任计 10 万元,丙要求甲承担 8 万元。丙的行为,导致甲和乙对丙负担的连带债务诉讼时效均中断

C. 乙欠甲 8 万元,丙欠乙 10 万元,甲对丙提起代位权诉讼。甲的行为,不会导致丙对乙的债务诉讼时效中断

D. 乙欠甲 10 万元,甲将该债权转让给丙。自甲与丙签订债权转让协议之日起,乙的 10 万元债务诉讼时效中断

**91.** 2012/3/5/单

关于诉讼时效,下列哪一选项是正确的?

A. 甲借乙 5 万元,向乙出具借条,约定 1 周之内归还。乙债权的诉讼时效期间从借条出具日起计算

B. 甲对乙享有 10 万元货款债权,丙是连带保证人,甲对丙主张权利,会导致 10 万元货款债权诉讼时效中断

C. 甲向银行借款 100 万元,乙提供价值 80 万元房产作抵押,银行实现对乙的抵押权后,会导致剩余的 20 万元主债务诉讼时效中断

D. 甲为乙欠银行的 50 万元债务提供一般保证。甲不知 50 万元主债务诉讼时效期间届满,放弃先诉抗辩权,承担保证责任后不得向乙追偿

**92.** 2013/3/54/多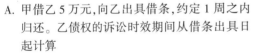

甲为自己的车向乙公司投保第三者责任险,保险期间内甲车与丙车追尾,甲负全责。丙在事故后不断索赔未果,直至事故后第 3 年,甲同意赔

款,甲友丁为此提供保证。再过 1 年,因甲、丁拒绝履行,丙要求乙公司承担保险责任。关于诉讼时效的抗辩,下列哪些表述是错误的?

A. 甲有权以侵权之债诉讼时效已过为由不向丙支付赔款

B. 丁有权以侵权之债诉讼时效已过为由不承担保证责任

C. 乙公司有权以侵权之债诉讼时效已过为由不承担保险责任

D. 乙公司有权以保险合同之债诉讼时效已过为由不承担保险责任

**93.** 2014/3/5/单

甲公司向乙公司催讨一笔已过诉讼时效期限的 10 万元货款。乙公司书面答复称:"该笔债务已过时效期限,本公司本无义务偿还,但鉴于双方的长期合作关系,可偿还 3 万元。"甲公司遂向法院起诉,要求偿还 10 万元。乙公司接到应诉通知后书面回函甲公司称:"既然你公司起诉,则不再偿还任何货款。"下列哪一选项是正确的?

A. 乙公司的书面答复意味着乙公司需偿还甲公司 3 万元

B. 乙公司的书面答复构成要约

C. 乙公司的书面回函对甲公司有效

D. 乙公司的书面答复表明其丧失了 10 万元的时效利益

**94.** 2014/3/53/多

下列哪些请求不适用诉讼时效?

A. 当事人请求撤销合同

B. 当事人请求确认合同无效

C. 业主大会请求业主缴付公共维修基金

D. 按份共有人请求分割共有物

**95.** 2017/3/4/单

甲公司开发的系列楼盘由乙公司负责安装电梯设备。乙公司完工并验收合格投入使用后,甲公司一直未支付工程款,乙公司也未催要。诉讼时效期间届满后,乙公司组织工人到甲公司讨要。因高级管理人员均不在,甲公司新录用的法务小王,擅自以公司名义签署了同意履行付款义务的承诺函,工人们才散去。其后,乙公司提起诉讼。关于本案的诉讼时效,下列哪一说法是正确的?

A. 甲公司仍可主张诉讼时效抗辩

B. 因乙公司提起诉讼,诉讼时效中断

C. 法院可主动适用诉讼时效的规定

D. 因甲公司同意履行债务,其不能再主张诉讼时效抗辩

**96.** 2020 回忆/多

某日，甲未经邻居乙同意，将其平时作业用的大型油罐车停在了乙家的院子里，并骑走了乙家未上锁的自行车。3 年后，针对乙的下列哪些请求权，甲可以主张诉讼时效抗辩？

A. 停止侵害　　　B. 消除危险

C. 返还财产　　　D. 损害赔偿

# 第二编　物　权

## 专题七　物权概述

**考点20**　物权变动的含义

**97.** 2008/3/10/单

下列哪一选项属于所有权的继受取得？

A. 甲通过遗嘱继承其兄房屋一间

B. 乙的 3 万元存款得利息 1000 元

C. 丙购来木材后制成椅子一把

D. 丁拾得他人搬家时丢弃的旧电扇一台

**考点21**　基于法律行为的不动产物权变动

**98.** 甲继承了一套房屋，在办理产权登记前将房屋出卖并交付给乙，办理产权登记后又将该房屋出卖给丙并办理了所有权移转登记。丙受丁胁迫将房屋出卖给丁，并完成了移转登记。丁旋即将房屋出卖并移转登记于戊。请回答 (1)、(2) 题。

(1) 2008/3/95/任

关于甲、乙、丙三方的关系，下列选项正确的是：

A. 甲与乙之间的房屋买卖合同因未办理登记而无效

B. 乙对房屋的占有是合法占有

C. 乙可以诉请法院宣告甲与丙之间的房屋买卖合同无效

D. 丙已取得该房屋的所有权

(2) 2008/3/96/任

关于戊的权利状态，下列选项正确的是：

A. 戊享有该房屋的所有权

B. 戊不享有该房屋的所有权

C. 戊原始取得该房屋的所有权

D. 戊继受取得该房屋的所有权

**99.** 2015/3/5/单

甲与乙签订《协议》，由乙以自己名义代甲购房，甲全权使用房屋并获取收益。乙与开发商

和银行分别签订了房屋买卖合同和贷款合同。甲把首付款和月供款给乙，乙再给开发商和银行，房屋登记在乙名下。后甲要求乙过户，乙主张是自己借款购房。下列哪一选项是正确的？

A. 甲有权提出更正登记

B. 房屋登记在乙名下，甲不得请求乙过户

C.《协议》名为代购房关系，实为借款购房关系

D. 如乙将房屋过户给不知《协议》的丙，丙支付合理房款则构成善意取得

**考点22**　基于法律行为的动产物权变动

**100.** 2008/3/9/单

甲将自己收藏的一幅名画卖给乙，乙当场付款，约定 5 天后取画。丙听说后，表示愿出比乙高的价格购买此画，甲当即决定卖给丙，约定第二天交货。乙得知此事，诱使甲 8 岁的儿子从家中取出此画给自己。该画在由乙占有期间，被丁盗走。此时该名画的所有权属于下列哪个人？

A. 甲　　　　　B. 乙

C. 丙　　　　　D. 丁

**101.** 2010/3/6/多　新法改编

甲将一辆汽车以 15 万元卖给乙，乙付清全款，双方约定 7 日后交付该车并办理过户手续。丙知道此交易后，向甲表示愿以 18 万元购买，甲当即答应并与丙办理了过户手续。乙起诉甲、丙，要求判令汽车归己所有，并赔偿因不能及时使用汽车而发生的损失。关于该汽车的归属，下列哪些说法是不正确的？①

A. 归乙所有，甲、丙应赔偿乙的损失

B. 归乙所有，乙只能请求甲承担赔偿责任

C. 归丙所有，但甲、丙应赔偿乙的损失

D. 归丙所有，但丙应赔偿乙的损失

**102.** 2012/3/89/任

甲公司将 1 台挖掘机出租给乙公司，为担保乙公司依约支付租金，丙公司担任保证人，丁公司以机器设备设置抵押。乙公司欠付 10 万元租金时，经甲公司、丙公司和丁公司口头同意，将 6 万元租金债务转让给戊公司。之后，乙公司为现金周转将挖掘机分别以 45 万元和 50 万元的价格先后出卖给丙公司和丁公司，丙公司和丁公司均已付款，但乙公司没有依约交付挖掘机。

因乙公司一直未向甲公司支付租金，甲公司便将挖掘机以 48 万元的价格出卖给王某，约定由乙公司直接将挖掘机交付给王某，王某首期付款 20 万元，尾款 28 万元待收到挖掘机后支付。此事，甲公司通知

① 原为单选题，根据新法答案有变化，调整为多选题。

了乙公司。

王某未及取得挖掘机便死亡。王某临终立遗嘱，其遗产由其子大王和小王继承，遗嘱还指定小王为遗嘱执行人。因大王一直在外地工作，同意王某遗产由小王保管，没有进行遗产分割。在此期间，小王将挖掘机出卖给方某，没有征得大王的同意。

甲公司与王某签订买卖合同之后，王某死亡之前，关于挖掘机所有权人，下列选项正确的是：

A. 甲公司　　　　　B. 丙公司
C. 丁公司　　　　　D. 王某

**103.** 2017/3/5/单

庞某有 1 辆名牌自行车，在借给黄某使用期间，达成转让协议，黄某以 8000 元的价格购买该自行车。次日，黄某又将该自行车以 9000 元的价格转卖给了洪某，但约定由黄某继续使用 1 个月。关于该自行车的归属，下列哪一选项是正确的？

A. 庞某未完成交付，该自行车仍归庞某所有
B. 黄某构成无权处分，洪某不能取得自行车所有权
C. 洪某在黄某继续使用 1 个月后，取得该自行车所有权
D. 庞某既不能向黄某，也不能向洪某主张原物返还请求权

**104.** 2017/3/57/多

2016 年 8 月 8 日，玄武公司向朱雀公司订购了一辆小型客用汽车。2016 年 8 月 28 日，玄武公司按照当地政策取得本市小客车更新指标，有效期至 2017 年 2 月 28 日。2016 年底，朱雀公司依约向玄武公司交付了该小客车，但未同时交付机动车销售统一发票、合格证等有关单证资料，致使玄武公司无法办理车辆所有权登记和牌照。关于上述购车行为，下列哪些说法是正确的？

A. 玄武公司已取得该小客车的所有权
B. 玄武公司有权要求朱雀公司交付有关单证资料
C. 如朱雀公司一直拒绝交付有关单证资料，玄武公司可主张购车合同解除
D. 朱雀公司未交付有关单证资料，属于从给付义务的违反，玄武公司可主张违约责任，但不得主张合同解除

**105.** 2018 回忆/多

白某将登记在自己名下的某公司的一辆汽车以市场价转让给不知情的洪某，并已经交付。后因欠黄某钱，白某又将该汽车抵押给不知情的黄某，并办理了抵押登记。后白某因非法集资被罚入狱并判没收全部财产。下列说法正确的是：

A. 洪某取得汽车的所有权
B. 黄某对汽车享有优先受偿权
C. 白某不再承担还款义务
D. 汽车不在没收范围

**106.** 2018 回忆/单

甲丢弃其所有的旧衣服时，由于用力过猛手表滑落，与衣服一起掉进垃圾桶，甲没有发现。乙捡到衣服和手表，卖给了丙。对此，下列说法正确的是：

A. 无论甲是否撤销，丙均可取得衣服与手表的所有权
B. 甲无须经过任何形式的撤销行为，可直接请求丙返还手表
C. 甲有权撤销其抛弃手表的行为，但须向丙作出意思表示
D. 甲有权撤销其抛弃手表的行为，但其撤销无须向相对人为之

**107.** 2019 回忆/多

包大姐把房屋出租给小张，屋内家具为小张购买，电器为包大姐所有。租期届满前两个月，小张提议把屋内家具以 2000 元的价格出卖给包大姐，包大姐当即表示同意。租期届满后，包大姐认为小张的家具不值 2000 元，遂仅向小张支付了 1000 元。对此，下列表述哪些是正确的？

A. 若包大姐不支付剩余的 1000 元，小张有权留置屋内包大姐所有的电器
B. 若包大姐不支付剩余的 1000 元，小张有权行使同时履行抗辩权拒绝交付租赁房屋和屋内电器
C. 包大姐、小张关于家具的买卖合同已经生效
D. 包大姐已经取得了屋内家具的所有权

**108.** 2019 回忆/单

古某的儿子小古喜欢鸽子，于是古某找到村民李某购买鸽子。古某付了钱，在李某向小古交付时，小古由于害怕未能接住，鸽子飞走了。下列哪一项说法是正确的？

A. 鸽子所有权已属于古某
B. 鸽子所有权仍属于李某
C. 鸽子所有权已属于小古
D. 该案与物权关系无关

**考点 23** 非基于法律行为的物权变动（另见所有权的特别取得方法）

**109.** 2008/3/8/单

中州公司依法取得某块土地建设用地使用权并办理报建审批手续后，开始了房屋建设并已

经完成了外装修。对此,下列哪一项是正确的?

  A. 中州公司因为享有建设用地使用权而取得了房屋所有权

  B. 中州公司因为事实行为而取得了房屋所有权

  C. 中州公司因为法律行为而取得了房屋所有权

  D. 中州公司尚未进行房屋登记,因此未取得房屋所有权

**110.** 2008/3/94/任

  甲继承了一套房屋,在办理产权登记前将房屋出卖并交付给乙,办理产权登记后又将该房屋出卖给丙并办理了所有权移转登记。丙受丁胁迫将房屋出卖给丁,并完成了移转登记。丁旋即将房屋出卖并移转登记于戊。

  在办理继承登记前,关于甲对房屋的权利状态,下列选项正确的是:

  A. 甲已经取得了该房屋的所有权

  B. 甲对该房屋的所有权不能对抗善意第三人

  C. 甲出卖该房屋未经登记不发生物权效力

  D. 甲可以出租该房屋

**111.** 2010/3/53/多

  某房屋登记簿上所有权人为甲,但乙认为该房屋应当归己所有,遂申请仲裁。仲裁裁决争议房屋归乙所有,但裁决书生效后甲、乙未办理变更登记手续。一月后,乙将该房屋抵押给丙银行,签订了书面合同,但未办理抵押登记。对此,下列哪些说法是正确的?

  A. 房屋应归甲所有

  B. 房屋应归乙所有

  C. 抵押合同有效

  D. 抵押权未成立

**112.** 2011/3/9/单 新法改编

  潘某与刘某相约出游,潘某在长江边拾得一块奇石,爱不释手,拟带回家。刘某说,《民法典》规定河流属于国家所有,这一行为可能属于侵占国家财产。关于潘某能否取得奇石的所有权,下列哪一说法是正确的?

  A. 不能,因为石头是河流的成分,长江属于国家所有,石头从河流中分离后仍然属于国家财产

  B. 可以,因为即使长江属于国家所有,但石头是独立物,经有关部门许可即可以取得其所有权

  C. 不能,因为即使石头是独立物,但长江属于国家所有,石头也属于国家财产

  D. 可以,因为即使长江属于国家所有,但石头是独立物、无主物,依先占的习惯可以取得其所有权

**113.** 2011/3/55/多

  吴某和李某共有一套房屋,所有权登记在吴某名下。2010年2月1日,法院判决吴某和李某离婚,并且判决房屋归李某所有,但是并未办理房屋所有权变更登记。3月1日,李某将该房屋出卖给张某,张某基于对判决书的信赖支付了50万元价款,并入住了该房屋。4月1日,吴某又就该房屋和王某签订了买卖合同,王某在查阅了房屋登记簿确认房屋仍归吴某所有后,支付了50万元价款,并于5月10日办理了所有权变更登记手续。下列哪些选项是正确的?

  A. 5月10日前,吴某是房屋所有权人

  B. 2月1日至5月10日,李某是房屋所有权人

  C. 3月1日至5月10日,张某是房屋所有权人

  D. 5月10日后,王某是房屋所有权人

**114.** 2013/3/6/单

  甲、乙和丙于2012年3月签订了散伙协议,约定登记在丙名下的合伙房屋归甲、乙共有。后丙未履行协议。同年8月,法院判决丙办理该房屋过户手续,丙仍未办理。9月,丙死亡,丁为其唯一继承人。12月,丁将房屋赠给女友戊,并对赠与合同作了公证。下列哪一表述是正确的?

  A. 2012年3月,甲、乙按份共有房屋

  B. 2012年8月,甲、乙按份共有房屋

  C. 2012年9月,丁为房屋所有人

  D. 2012年12月,戊为房屋所有人

**115.** 2016/3/5/单

  蔡永父母在共同遗嘱中表示,二人共有的某处房产由蔡永继承。蔡永父母去世前,该房由蔡永之姐蔡花借用,借用期未明确。2012年上半年,蔡永父母先后去世,蔡永一直未办理该房屋所有权变更登记,也未要求蔡花腾退。2015年下半年,蔡永因结婚要求蔡花腾退,蔡花拒绝搬出。对此,下列哪一选项是正确的?

  A. 因未办理房屋所有权变更登记,蔡永无权要求蔡花搬出

  B. 因诉讼时效期间届满,蔡永的房屋腾退请求不受法律保护

  C. 蔡花系合法占有,蔡永无权要求其搬出

  D. 蔡永对该房屋享有物权请求权

**116.** 2018 回忆/单

  潘某路过肖某的菜园时拾取到一小块陨石,肖某知道后向其索取,被潘某拒绝。以下说法哪一项是正确的?

  A. 陨石归潘某所有

  B. 陨石归肖某所有

C. 潘某拒绝归还肖某陨石的行为不受民法调整

D. 陨石归国家所有

**117．** 2009/3/8/单

甲公司开发写字楼一幢,于 2008 年 5 月 5 日将其中一层卖给乙公司,约定半年后交房,乙公司于 2008 年 5 月 6 日申请办理了预告登记。2008 年 6 月 2 日甲公司因资金周转困难,在乙公司不知情的情况下,以该层楼向银行抵押借款并登记。现因甲公司不能清偿欠款,银行要求实现抵押权。下列哪一判断是正确的?

A. 抵押合同有效,抵押权设立

B. 抵押合同无效,但抵押权设立

C. 抵押合同有效,但抵押权不设立

D. 抵押合同无效,抵押权不设立

**118．** 2014/3/55/多

刘某借用张某的名义购买房屋后,将房屋登记在张某名下。双方约定该房屋归刘某所有,房屋由刘某使用,产权证由刘某保存。后刘某、张某因房屋所有权归属发生争议。关于刘某的权利主张,下列哪些表述是正确的?

A. 可直接向登记机构申请更正登记

B. 可向登记机构申请异议登记

C. 可向法院请求确认其为所有权人

D. 可依据法院确认其为所有权人的判决请求登记机关变更登记

**119．** 2023 回忆/单

甲向乙房地产公司购买了一套商品房,双方在《商品房买卖合同》中约定:若房屋实际面积不足 140 平方米,甲可选择退款。甲办理交房与房屋所有权转移登记后发现,不动产登记机构颁发的不动产权属证书中记载的房屋面积为 130 平方米。后经法定的鉴定机构鉴定,确认该商品房的面积为 140 平方米。对此,下列哪一说法是正确的?

A. 甲有权单独申请更正登记

B. 甲和乙公司应共同申请更正登记

C. 甲有权不申请更正登记并请求乙公司退款

D. 甲有权以不动产权属证书记载的面积不足为由请求乙公司退款

**120．** 2011/3/8/单

物权人在其权利的实现上遇有某种妨害时,有权请求造成妨害事由发生的人排除此等妨害,称为物权请求权。关于物权请求权,下列哪一表述是错误的?

A. 是独立于物权的一种行为请求权

B. 可以适用债权的有关规定

C. 不能与物权分离而单独存在

D. 须依诉讼的方式进行

**121．** 2012/3/56/多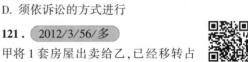

甲将 1 套房屋出卖给乙,已经移转占有,没有办理房屋所有权移转登记。现甲死亡,该房屋由其子丙继承。丙在继承房屋后又将该房屋出卖给丁,并办理了房屋所有权移转登记。下列哪些表述是正确的?

A. 乙虽然没有取得房屋所有权,但是基于甲的意思取得占有,乙为有权占有

B. 乙可以对甲的继承人丙主张有权占有

C. 在丁取得房屋所有权后,乙可以以占有有正当权利来源对丁主张有权占有

D. 在丁取得房屋所有权后,丁可以基于其所有权请求乙返还房屋

**122．** 2013/3/9/单

张某遗失的名表被李某拾得。1 年后,李某将该表卖给了王某。再过 1 年,王某将该表卖给了郑某。郑某将该表交给不知情的朱某维修,因郑某不付维修费与朱某发生争执,张某方知原委。下列哪一表述是正确的?

A. 张某可请求李某返还手表

B. 张某可请求王某返还手表

C. 张某可请求郑某返还手表

D. 张某可请求朱某返还手表

**123．** 2013/3/55/多

叶某将自有房屋卖给沈某,在交房和过户之前,沈某擅自撬门装修,施工导致邻居赵某经常失眠。下列哪些表述是正确的?

A. 赵某有权要求叶某排除妨碍

B. 赵某有权要求沈某排除妨碍

C. 赵某请求排除妨碍不受诉讼时效的限制

D. 赵某可主张精神损害赔偿

# 专题八 所有权

**124．** 2008/3/58/多

王某有一栋两层楼房,在楼顶上设置了一个商业广告牌。后王某将该楼房的第二层出售给了张某。下列哪些选项是正确的?

A. 张某无权要求王某拆除广告牌

B. 张某与王某间形成了建筑物区分所有权关系

C. 张某对楼顶享有共有和共同管理的权利

D. 张某有权要求与王某分享其购房后的广告收益

**125.** 蒋某是 C 市某住宅小区 6 栋 3 单元 502 号房业主,入住后面临下列法律问题,请根据相关事实予以解答。请回答(1)~(3)题。

(1) 2017/3/86/任

小区地下停车场设有车位 500 个,开发商销售了 300 个,另 200 个用于出租。蒋某购房时未买车位,现因购车需使用车位。下列选项正确的是:
A. 蒋某等业主对地下停车场享有业主共有权
B. 如小区其他业主出售车位,蒋某等无车位业主在同等条件下享有优先购买权
C. 开发商出租车位,应优先满足蒋某等无车位业主的需要
D. 小区业主如出售房屋,其所购车位应一同转让

(2) 2017/3/87/任

该小区业主田某将其位于一楼的住宅用于开办茶馆,蒋某认为此举不妥,交涉无果后向法院起诉,要求田某停止开办。下列选项正确的是:
A. 如蒋某是同一栋住宅楼的业主,法院应支持其请求
B. 如蒋某能证明因田某开办茶馆而影响其房屋价值,法院应支持其请求
C. 如蒋某能证明因田某开办茶馆而影响其生活质量,法院应支持其请求
D. 如田某能证明其开办茶馆得到多数有利害关系业主的同意,法院应驳回蒋某的请求

(3) 2017/3/88/任

对小区其他业主的下列行为,蒋某有权提起诉讼的是:
A. 5 栋某业主任意弃置垃圾
B. 7 栋某业主违反规定饲养动物
C. 8 栋顶楼某业主违章搭建楼顶花房
D. 楼上邻居因不当装修损坏蒋某家天花板

**126.** 2018 回忆/多

于某购买一空调,准备安装时发现邻居袁某已经将空调安装在于某的窗下外墙上。于某联系袁某,希望袁某将空调移走,将窗下的机位还给自己,但遭到袁某的拒绝。关于空调安装,以下说法正确的是?
A. 窗下外墙部分为全体业主共有
B. 窗下外墙部分为此房屋业主于某个人所有
C. 邻居袁某有权在于某房屋窗下外墙安装空调
D. 邻居袁某无权在于某房屋窗下外墙安装空调

**127.** 2022 回忆/多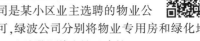

绿波公司是某小区业主选聘的物业公司。未经许可,绿波公司分别将物业专用房和绿化地租用给外人。下列哪些说法是正确的?
A. 租用物业专用房的行为侵害了业主的建筑物区分所有权
B. 租用绿化地的行为侵害了业主的建筑物区分所有权
C. 除去合理成本,剩余租金应归全体业主共有
D. 业主若找了新物业公司签订物业服务合同,则该小区业主与绿波公司的合同终止

考点27 所有权的特别取得方法:善意取得

**128.** 2008/3/13/单

甲、乙结婚后购得房屋一套,仅以甲的名义进行了登记。后甲、乙感情不和,甲擅自将房屋以时价出售给不知情的丙,并办理了房屋所有权变更登记手续。对此,下列哪一选项是正确的?
A. 买卖合同有效,房屋所有权未转移
B. 买卖合同无效,房屋所有权已转移
C. 买卖合同有效,房屋所有权已转移
D. 买卖合同无效,房屋所有权未转移

**129.** 2008/3/59/多

甲为乙的债权人,乙将其电动车出质于甲。现甲为了向丙借款,未经乙同意将电动车出质于丙,丙不知此车为乙所有。下列哪些选项是正确的?
A. 丙因善意取得而享有质权
B. 因未经乙的同意丙不能取得质权
C. 甲对电动车的毁损、灭失应向乙承担赔偿责任
D. 对电动车毁损、灭失,乙可向丙索赔

**130.** 2009/3/53/多

甲发现去年丢失的电动自行车被路人乙推行,便上前询问,乙称从朋友丙处购买,并出示了丙出具的付款收条。如甲想追回该自行车,可以提出下列哪些理由支持请求?
A. 甲丢失该自行车被丙拾得
B. 丙从甲处偷了该自行车
C. 乙明知道该自行车是丙从甲处偷的仍然购买
D. 乙向丙支付的价格远远低于市场价

**131.** 甲有一块价值一万元的玉石。甲与乙订立了买卖该玉石的合同,约定价金 11000 元。由于乙没有带钱,甲未将该玉石交付与乙,约定三日后乙到甲的住处付钱取玉石。随后甲又向乙提出,再借用玉石把玩几天,乙表示同意。隔天,知情的丙找到甲,提出愿以 12000 元购买该玉石,甲同意并当场将玉石交给

丙。丙在回家路上遇到债主丁,向丙催要 9000 元欠款甚急,丙无奈,将玉石交付与丁抵偿债务。后丁将玉石丢失被戊拾得,戊将其转卖给己。根据上述事实,请回答(1)~(3)题。

(1) 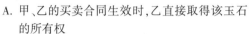 2009/3/91/任

关于乙对该玉石所有权的取得和交付的表述,下列选项正确的是:

  A. 甲、乙的买卖合同生效时,乙直接取得该玉石的所有权

  B. 甲、乙的借用约定生效时,乙取得该玉石的所有权

  C. 由于甲未将玉石交付给乙,所以乙一直未得该玉石的所有权

  D. 甲通过占有改定的方式将玉石交付给了乙

(2) 2009/3/92/任

关于丙、丁对该玉石所有权的取得问题,下列说法正确的是:

  A. 甲将玉石交付给丙时,丙取得该玉石的所有权

  B. 甲、丙的买卖合同成立时,丙取得该玉石的所有权

  C. 丙将玉石交给丁时,丁取得该玉石的所有权

  D. 丁不能取得该玉石的所有权

(3) 2009/3/93/任

关于该玉石的返还问题,下列说法正确的是:

  A. 戊已取得了该玉石的所有权,原所有权人无权请求返还该玉石

  B. 该玉石的真正所有权人请求己返还该玉石不受时间限制

  C. 该玉石的真正所有权人可以在戊与己的转让行为生效之日起两年内请求己返还该玉石

  D. 该玉石的真正所有权人可以在知道或者应当知道该玉石的受让人己之日起两年内请求己返还该玉石

132. 2015/3/6/单

甲将一套房屋转让给乙,乙再转让给丙,相继办理了房屋过户登记。丙翻建房屋时在地下挖出一瓷瓶,经查为甲的祖父埋藏,甲是其祖父唯一继承人。丙将该瓷瓶以市价卖给不知情的丁,双方钱物交割完毕。现甲、乙均向丙和丁主张权利。下列哪一选项是正确的?

  A. 甲有权向丙请求损害赔偿

  B. 乙有权向丙请求损害赔偿

  C. 甲、乙有权主张丙、丁买卖无效

  D. 丁善意取得瓷瓶的所有权

133. 2019 回忆/多

陆某与韩某婚后用共同积蓄购买了一套房屋,登记在陆某名下,后夫妻感情不和分居,韩某打算离婚析产。陆某得知后,用自己与情妇蔡某的合照伪造结婚证,并伙同蔡某以夫妻名义将该房屋以市价卖给不知情的孙某,并为孙某办理了过户登记。下列说法中哪些是正确的?

  A. 房屋出卖前为陆某与韩某的夫妻共同财产

  B. 该房屋买卖合同无效

  C. 孙某已经取得该房屋的所有权

  D. 韩某有权要求蔡某承担侵权责任

134. 2021 回忆/单

因甲要出国,将一幅价值百万元的古画委托好友乙保管。保管期间,乙病故,其子丙继承了乙的财产,以为该画是乙购买的仿品,后将该画以 2000 元卖给了丁。两年后甲回国,发现古画已被出售的事实。对此,下来哪一说法是正确的?

  A. 丙构成无权处分,合同无效

  B. 丙有重大误解,合同可撤销

  C. 丙构成善意取得

  D. 丁构成善意取得

**考点 28** 所有权的特别取得方法:拾得遗失物、发现埋藏物

135. 2009/3/13/单

一日清晨,甲发现一头牛趴在自家门前,便将其拴在自家院内,打探失主未果。时值春耕,甲用该牛耕种自家田地。其间该牛因劳累过度得病,甲花费 300 元将其治好。两年后,牛的主人乙寻牛来到甲处,要求甲返还,甲拒绝返还。下列哪一说法是正确的?

  A. 甲应返还牛,但有权要求乙支付 300 元

  B. 甲应返还牛,但无权要求乙支付 300 元

  C. 甲不应返还牛,但乙有权要求甲赔偿损失

  D. 甲不应返还牛,无权要求乙支付 300 元

136. 2013/3/13/单

方某将一行李遗忘在出租车上,立即发布寻物启事,言明愿以 2000 元现金酬谢返还行李者。出租车司机李某发现该行李及获悉寻物启事后即与方某联系。现方某拒绝支付 2000 元给李某。下列哪一表述是正确的?

  A. 方某享有所有物返还请求权,李某有义务返还该行李,故方某可不支付 2000 元酬金

  B. 如果方某不支付 2000 元酬金,李某可行使留置权拒绝返还该行李

  C. 如果方某未曾发布寻物启事,则其可不支付任何报酬或费用

D. 既然方某发布了寻物启事,则其必须支付酬金

**137.** 2017/3/6/单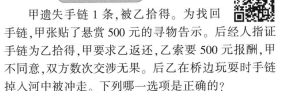

甲遗失手链 1 条,被乙拾得。为找回手链,甲张贴了悬赏 500 元的寻物告示。后经人指证手链为乙拾得,甲要求乙返还,乙索要 500 元报酬,甲不同意,双方数次交涉无果。后乙在桥边玩耍时手链掉入河中被冲走。下列哪一选项是正确的?

    A. 乙应承担赔偿责任,但有权要求甲支付 500 元

    B. 乙应承担赔偿责任,无权要求甲支付 500 元

    C. 乙不应承担赔偿责任,也无权要求甲支付 500 元

    D. 乙不应承担赔偿责任,有权要求甲支付 500 元

**138.** 2018 回忆/单

陈某丢失一台高精微型设备,被周某捡到并交给派出所,派出所及时发布招领公告。同时,陈某在报纸上发布悬赏公告,承诺捡到并送回者给 1 万元奖励金。后陈某通过招领公告领回该设备。下列哪一说法是正确的?

    A. 因周某已将设备交派出所,派出所有权获得 1 万元

    B. 基于悬赏公告,陈某应向周某支付 1 万元

    C. 基于招领公告,陈某无需向派出所支付任何费用

    D. 基于招领公告,陈某无需向周某支付任何费用

**考点29** 所有权的特别取得方法:孳息及其归属

**139.** 2018 回忆/单

苏某为庆祝其喜得贵子,邀请胡某等到酒店聚餐。苏某从顾某处购得一超大海螺,将海螺带到酒店交给厨师时,从中剖得一颗硕大的橙黄色椭圆形珍珠,市值 1 万元。关于该珍珠的归属,下列哪一项说法是正确的?

    A. 归苏某、胡某等共有

    B. 归酒店所有

    C. 归顾某所有

    D. 归苏某所有

**140.** 2019 回忆/多

潘某婚前饲养的一头母牛已怀有小牛,潘某和朱某结婚后,经朱某精心饲养照顾,小牛顺利出生,双方均未提及小牛的归属。一年后,双方离婚。关于该小牛,下列表述哪些是正确的?

    A. 属于潘某婚前财产的天然孳息

    B. 属于潘某婚前财产的自然增值

    C. 属于潘某个人财产

    D. 属于潘某与朱某的夫妻共同财产

**考点30** 所有权的特别取得方法:添附

**141.** 2018 回忆/多

甲是雕刻家,乙是奇石古玩收藏家。某日,甲借用乙收藏的一块价值 3 万元的太湖石和一块价值 1 万元的汉白玉把玩。后来,甲在装修自家房屋时,将太湖石镶嵌在客厅摆放电视的背景墙中。装修完成两日后,突发创作欲望,将汉白玉雕刻成了精美的"老子骑牛"雕像(估价 5 万元)。对此,下列说法正确的是:

    A. 太湖石已经与墙壁发生附合,应归甲所有

    B. 甲应当就太湖石向乙进行补偿

    C. 雕像应当归甲所有

    D. 甲应当向乙补偿汉白玉的价值

**142.** 2019 回忆/多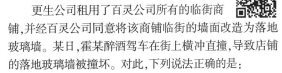

更生公司租用了百灵公司所有的临街商铺,并经百灵公司同意将该商铺临街的墙面改造为落地玻璃墙。某日,霍某醉酒驾车在街上横冲直撞,导致店铺的落地玻璃墙被撞坏。对此,下列说法正确的是:

    A. 更生公司为玻璃墙所有权人

    B. 百灵公司为玻璃墙所有权人

    C. 更生公司可向霍某主张损害赔偿

    D. 百灵公司可向霍某主张损害赔偿

**考点31** 共有

**143.** 2009/3/54/多

甲、乙、丙按不同的比例共有一套房屋,约定轮流使用。在甲居住期间,房屋廊檐脱落砸伤行人丁。下列哪些选项是正确的?

    A. 甲、乙、丙如不能证明自己没有过错,应对丁承担连带赔偿责任

    B. 丁有权请求甲承担侵权责任

    C. 如甲承担了侵权责任,则乙、丙应按各自份额分担损失

    D. 本案侵权责任适用过错责任原则

**144.** 2010/3/7/单

红光、金辉、绿叶和彩虹公司分别出资 50 万、20 万、20 万、10 万元建造一栋楼房,约定建成后按投资比例使用,但对楼房管理和所有权归属未作约定。对此,下列哪一说法是错误的?

    A. 该楼发生的管理费用应按投资比例承担

    B. 该楼所有权为按份共有

    C. 红光公司投资占 50%,有权决定该楼的重大修缮事宜

    D. 彩虹公司对其享有的份额有权转让

**145.** 2011/3/56/多

关于共有,下列哪些表述是正确的?

A. 对于共有财产,部分共有人主张按份共有,部分共有人主张共同共有,如不能证明财产是按份共有的,应当认定为共同共有

B. 按份共有人对共有不动产或者动产享有的份额,没有约定或者约定不明确的,按照出资额确定;不能确定出资额的,视为等额享有

C. 夫或妻在处理夫妻共同财产上权利平等,因日常生活需要而处理夫妻共同财产的,任何一方均有权决定

D. 对共有物的分割,当事人没有约定或者约定不明确的,按份共有人可以随时请求分割,共同共有人在共有的基础丧失或者有重大理由需要分割时可以请求分割

**146.** 2012/3/6/单

甲、乙、丙、丁共有 1 套房屋,各占1/4,对共有房屋的管理没有进行约定。甲、乙、丙未经丁同意,以全体共有人的名义将该房屋出租给戊。关于甲、乙、丙上述行为对丁的效力的依据,下列哪一表述是正确的?

A. 有效,出租属于对共有物的管理,各共有人都有管理的权利

B. 有效,对共有物的处分应当经占共有份额2/3以上的共有人的同意,出租行为较处分为轻,当然可以为之

C. 无效,对共有物的出租属于处分,应当经全体共有人的同意

D. 有效,出租是以利用的方法增加物的收益,可以视为改良行为,经占共有份额 2/3 以上的共有人的同意即可

**147.** 甲公司将 1 台挖掘机出租给乙公司,为担保乙公司依约支付租金,丙公司担任保证人,丁公司以机器设备设置抵押。乙公司欠付 10 万元租金时,经甲公司、丙公司和丁公司口头同意,将 6 万元租金债务转让给戊公司。之后,乙公司为现金周转将挖掘机分别以 45 万元和 50 万元的价格先后出卖给丙公司和丁公司,丙公司和丁公司均已付款,但乙公司没有依约交付挖掘机。

因乙公司一直未向甲公司支付租金,甲公司便将挖掘机以 48 万元的价格出卖给王某,约定由乙公司直接将挖掘机交付给王某,王某首期付款 20 万元,尾款 28 万元待收到挖掘机后支付。此事,甲公司通知了乙公司。

王某未及取得挖掘机便死亡。王某临终立遗嘱,其遗产由其子大王和小王继承,遗嘱还指定小王为遗嘱执行人。因大王一直在外地工作,同意王某遗产由小王保管,没有进行遗产分割。在此期间,小王将挖掘机出卖给方某,没有征得大王的同意。

请回答(1)、(2)题。

(1) 2012/3/90/任

王某死后,关于甲公司与王某的买卖合同,下列表述错误的是:

A. 甲公司有权解除该买卖合同

B. 大王和小王有权解除该买卖合同

C. 大王和小王对该买卖合同原王某承担的债务负连带责任

D. 大王和小王对该买卖合同原王某承担的债务按其继承份额负按份责任

(2) 2012/3/91/任

关于小王将挖掘机卖给方某的行为,下列表述正确的是:

A. 小王尚未取得对挖掘机的占有,不得将其出卖给方某

B. 小王出卖挖掘机应当取得大王的同意

C. 大王对小王出卖挖掘机的行为可以追认

D. 小王是王某遗嘱的执行人,出卖挖掘机不需要大王的同意

**148.** 2014/3/6/单

张某与李某共有一台机器,各占 50% 份额。双方共同将机器转卖获得 10 万元,约定张某和李某分别享有 6 万元和 4 万元。同时约定该 10 万元暂存李某账户,由其在 3 个月后返还给张某 6 万元。后该账户全部款项均被李某债权人王某申请法院查封并执行,致李某不能按期返还张某款项。下列哪一表述是正确的?

A. 李某构成违约,张某可请求李某返还 5 万元

B. 李某构成违约,张某可请求李某返还 6 万元

C. 李某构成侵权,张某可请求李某返还 5 万元

D. 李某构成侵权,张某可请求李某返还 6 万元

**149.** 2016/3/6/单

甲被法院宣告失踪,其妻乙被指定为甲的财产代管人。3 个月后,乙将登记在自己名下的夫妻共有房屋出售给丙,交付并办理了过户登记。在此过程中,乙向丙出示了甲被宣告失踪的判决书,并将房屋属于夫妻二人共有的事实告知丙。1 年后,甲重新出现,并经法院撤销了失踪宣告。现甲要求丙返还房屋。对此,下列哪一说法是正确的?

A. 丙善意取得房屋所有权,甲无权请求返还

B. 丙不能善意取得房屋所有权,甲有权请求返还

C. 乙出售夫妻共有房屋构成家事代理,丙继受取得房屋所有权

D. 乙出售夫妻共有房屋属于有权处分,丙继受取得房屋所有权

**150.** 2016/3/8/单

甲、乙二人按照 3∶7 的份额共有一辆货车,为担保丙的债务,甲、乙将货车抵押给债权人丁,但未办理抵押登记。后该货车在运输过程中将戊撞伤。对此,下列哪一选项是正确的?

    A. 如戊免除了甲的损害赔偿责任,则应由乙承担损害赔偿责任

    B. 因抵押权未登记,戊应优先于丁受偿

    C. 如丁对丙的债权超过诉讼时效,仍可在 2 年内要求甲、乙承担担保责任

    D. 如甲对丁承担了全部担保责任,则有权向乙追偿

**151.** 2016/3/53/多

甲、乙、丙、丁按份共有一艘货船,份额分别为 10%、20%、30%、40%。甲欲将其共有份额转让,戊愿意以 50 万元的价格购买,价款一次付清。关于甲的共有份额转让,下列哪些选项是错误的?

    A. 甲向戊转让其共有份额,须经乙、丙、丁同意

    B. 如乙、丙、丁均以同等条件主张优先购买权,则丁的主张应得到支持

    C. 如丙在法定期限内以 50 万元分期付款的方式要求购买该共有份额,应予支持

    D. 如甲改由向乙转让其共有份额,丙、丁在同等条件下享有优先购买权

**152.** 2017/3/54/多

甲、乙、丙、丁按份共有某商铺,各自份额均为 25%。因经营理念发生分歧,甲与丙商定将其份额以 100 万元转让给丙,通知了乙、丁;乙与第三人戊约定将其份额以 120 万元转让给戊,未通知甲、丙、丁。下列哪些选项是正确的?

    A. 乙、丁对甲的份额享有优先购买权

    B. 甲、丙、丁对乙的份额享有优先购买权

    C. 如甲、丙均对乙的份额主张优先购买权,双方可协商确定各自购买的份额

    D. 丙、丁可仅请求认定乙与戊之间的份额转让合同无效

**153.** 2021 回忆/任

甲、乙、丙均是爱狗人士,三人分别出资 2000 元合买了一条纯种金毛犬,约定轮流饲养。轮到甲饲养时,因为要出国留学,便将其份额转让给了乙。待轮到丙饲养时,丙才知道甲向乙转让了份额。下列说法正确的是:

    A. 甲有权转让其份额

    B. 乙有优先购买权

    C. 丙有优先购买权

    D. 甲构成无权处分

### 考点32 相邻关系

**154.** 2021 回忆/多

某小区底层商铺新开了一家重庆火锅店,租住在火锅店楼上的杨某对辣椒过敏,不堪其扰。经相关机关检测,该火锅店的排烟等标准都符合有关规定。对于杨某可采取的措施,下列哪些说法是错误的?

    A. 有权请求火锅店采取更好的排风过滤措施

    B. 有权就其过敏请求火锅店赔偿

    C. 有权基于建筑物区分所有权起诉

    D. 有权请求火锅店停止使用辣椒

# 专题九 用益物权

### 考点33 土地承包经营权

**155.** 2010/3/55/多

关于土地承包经营权的设立,下列哪些表述是正确的?

    A. 自土地承包经营合同成立时设立

    B. 自土地承包经营权合同生效时设立

    C. 县级以上地方政府在土地承包经营权设立时应当发放土地承包经营权证

    D. 县级以上地方政府应当对土地承包经营权登记造册,未经登记造册的,不得对抗善意第三人

**156.** 2014/3/56/多

季大与季小兄弟二人,成年后各自立户,季大一直未婚。季大从所在村集体经济组织承包耕地若干。关于季大的土地承包经营权,下列哪些表述是正确的?

    A. 自土地承包经营权合同生效时设立

    B. 如季大转让其土地承包经营权,则未经变更登记不发生转让的效力

    C. 如季大死亡,则季小可以继承该土地承包经营权

    D. 如季大死亡,则季小可以继承该耕地上未收割的农作物

**157.** 2016/3/54/多

河西村在第二轮承包过程中将本村耕地全部发包,但仍留有部分荒山,此时本村集体经济组织以外的 Z 企业欲承包该荒山。对此,下列哪些说法是正确的?

    A. 集体土地只能以家庭承包的方式进行承包

    B. 河西村集体之外的人只能通过招标、拍卖、公开协商等方式承包

    C. 河西村将荒山发包给 Z 企业,经 2/3 以上村民

代表同意即可

D. 如河西村村民黄某也要承包该荒山,则黄某享有优先承包权

**158.** 2017/3/7/单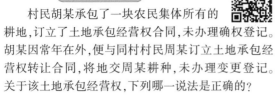

村民胡某承包了一块农民集体所有的耕地,订立了土地承包经营权合同,未办理确权登记。胡某因常年在外,便与同村村民周某订立土地承包经营权转让合同,将地交周某耕种,未办理变更登记。关于该土地承包经营权,下列哪一说法是正确的?

A. 未经登记不得处分

B. 自土地承包经营权合同生效时设立

C. 其转让合同自完成变更登记时起生效

D. 其转让未经登记不发生效力

**159.** 2021 回忆/多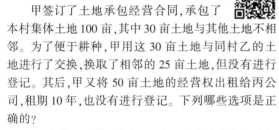

甲签订了土地承包经营合同,承包了本村集体土地100亩,其中30亩土地与其他土地不相邻。为了便于耕种,甲用这30亩土地与同村乙的土地进行了交换,换取了相邻的25亩土地,但没有进行登记。其后,甲又将50亩土地的经营权出租给丙公司,租期10年,也没有进行登记。下列哪些选项是正确的?

A. 交换土地前,甲对100亩土地享有承包经营权

B. 交换土地后,甲对95亩土地享有经营权

C. 由于未登记,甲对交换来的25亩土地不享有承包经营权

D. 由于未登记,丙公司未取得50亩土地的经营权

**考点34 地役权**

**160.** 2010/3/9/单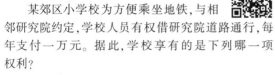

某郊区小学校为方便乘坐地铁,与相邻研究院约定,学校人员有权借研究院道路通行,每年支付一万元。据此,学校享有的是下列哪一项权利?

A. 相邻权

B. 地役权

C. 建设用地使用权

D. 宅基地使用权

**161.** 2013/3/56/多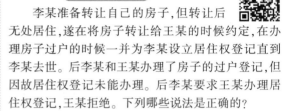

2013年2月,A地块使用权人甲公司与B地块使用权人乙公司约定,由甲公司在B地块上修路。同年4月,甲公司将A地块过户给丙公司,6月,乙公司将B地块过户不知上述情形的丁公司。下列哪些表述是正确的?

A. 2013年2月,甲公司对乙公司的B地块享有地役权

B. 2013年4月,丙公司对乙公司的B地块享有

地役权

C. 2013年6月,甲公司对丁公司的B地块享有地役权

D. 2013年6月,丙公司对丁公司的B地块享有地役权

**考点35 居住权**

**162.** 2019 回忆/多

李某准备转让自己的房子,但转让后无处居住,遂在将房子转让给王某的时候约定,在办理房子过户的时候一并为李某设立居住权登记直到李某去世。后李某和王某办理了房子的过户登记,但因故居住权登记未能办理。后李某要求王某办理居住权登记,王某拒绝。下列哪些说法是正确的?

A. 李某可以主张王某继续履行办理居住权登记的义务

B. 居住权因未登记没有设立

C. 李某对该约定享有的为债权

D. 李某可向王某主张迟延履行的违约责任

**163.** 2023 回忆/任

2023年1月1日,甲和乙签订《房屋买卖合同》,甲将自有的一套商品房转让给乙,约定乙应于合同签订后1个月内付清全部购房款,之后便可随时向甲要求办理不动产过户登记。2日,为保证乙的物权实现,甲和乙在登记机关办理了预告登记。15日,甲在该商品房上为其母亲设立了居住权,但未办理登记。16日,乙付清全部购房款。5月5日,甲又在该商品房上为其父亲设立了居住权,并办理登记。而乙直至当年年底,也未要求甲办理不动产过户登记。对此,下列说法正确的是:

A. 甲的母亲取得了居住权

B. 甲的父亲未取得居住权

C. 5月5日,预告登记已失效

D. 乙已经取得了房屋所有权

# 专题十 担保物权

**考点36 共同担保**

**164.** 陈某向贺某借款20万元,借期2年。张某为该借款合同提供保证担保,担保条款约定,张某在陈某不能履行债务时承担保证责任,但未约定保证期间。陈某同时以自己的房屋提供抵押担保并办理了登记。请回答(1)~(3)题。

(1) 2008/3/91/任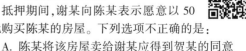

抵押期间,谢某向陈某表示愿意以50万元购买陈某的房屋。下列选项不正确的是:

A. 陈某将该房屋卖给谢某应得到贺某的同意

B. 如陈某将该房屋卖给了谢某,则应将转让所得价款提前清偿债务或者提存
C. 如陈某另行提供担保,则陈某的转让行为无须得到贺某同意
D. 如谢某代为偿还 20 万元借款,则陈某的转让行为无须得到贺某同意

（2）2008/3/92/任

如果贺某打算放弃对陈某的抵押权,并将这一情况通知了张某,张某表示反对,下列选项正确的是:

A. 贺某不得放弃抵押权,因为张某不同意
B. 若贺某放弃抵押权,张某仍应对全部债务承担保证责任
C. 若贺某放弃抵押权,则张某对全部债务免除保证责任
D. 若贺某放弃抵押权,则张某在贺某放弃权利的范围内免除保证责任

（3）2008/3/93/任

关于贺某的抵押权存续期间及张某的保证期间的说法,下列选项正确的是:

A. 贺某应当在主债权诉讼时效期间行使抵押权
B. 贺某在主债权诉讼时效结束后的两年内仍可行使抵押权
C. 张某的保证期间为主债务履行期届满之日起六个月
D. 张某的保证期间为主债务履行期届满之日起二年

**165.** 2011/3/87/任

甲公司与乙公司约定,由甲公司向乙公司交付 1 吨药材,乙公司付款 100 万元。乙公司将药材转卖给丙公司,并约定由甲公司向丙公司交付,丙公司收货后 3 日内应向乙支付价款 120 万元。

张某以自有汽车为乙公司的债权提供抵押担保,未办理抵押登记。抵押合同约定:"在丙公司不付款时,乙公司有权就出卖该汽车的价款清偿自己的债权。"李某为这笔货款出具担保函:"在丙公司不付款时,由李某承担保证责任"。丙公司收到药材后未依约向乙公司支付 120 万元,乙公司向张某主张实现抵押权,同时要求李某承担保证责任。

张某见状,便将其汽车赠与刘某。刘某将该汽车作为出资,与钱某设立丁酒店有限责任公司,并办理完出资手续。

丁公司员工方某驾驶该车接送酒店客人时,为躲避一辆逆行摩托车,将行人赵某撞伤。方某自行决定以丁公司名义将该车放在戊公司维修,为获得维修费的八折优惠,方某以其名义在与戊公司相关的庚公司为该车购买一套全新座垫。汽车修好后,方某将车取

走交丁公司投入运营。戊公司要求丁公司支付维修费,否则对汽车行使留置权,丁公司回函请宽限一周。庚公司要求丁公司支付座垫费,丁公司拒绝。

关于乙公司要求担保人承担责任,下列表述正确的是:

A. 乙公司不得向丙公司和李某一并提起诉讼
B. 李某对乙公司享有先诉抗辩权
C. 乙公司应先向张某主张实现抵押权
D. 乙公司可以选择向张某主张实现抵押权或者向李某主张保证责任

**166.** 2012/3/87/任

甲公司将 1 台挖掘机出租给乙公司,为担保乙公司依约支付租金,丙公司担任保证人,丁公司以机器设备设置抵押。乙公司欠付 10 万元租金时,经甲公司、丙公司和丁公司口头同意,将 6 万元租金债务转让给戊公司。之后,乙公司为现金周转将挖掘机分别以 45 万元和 50 万元的价格先后出卖给丙公司和丁公司,丙公司和丁公司均已付款,但乙公司没有依约交付挖掘机。

因乙公司一直未向甲公司支付租金,甲公司便将挖掘机以 48 万元的价格出卖给王某,约定由乙公司直接将挖掘机交付给王某,王某首期付款 20 万元,尾款 28 万元待收到挖掘机后支付。此事,甲公司通知了乙公司。

王某未及取得挖掘机便死亡。王某临终立遗嘱,其遗产由其子大王和小王继承,遗嘱还指定小王为遗嘱执行人。因大王一直在外地工作,同意王某遗产由小王保管,没有进行遗产分割。在此期间,小王将挖掘机出卖给方某,没有征得大王的同意。

在乙公司将 6 万元租金债务转让给戊公司之前,关于丙公司和丁公司的担保责任,甲公司下列做法正确的是:

A. 可以要求丙公司承担保证责任
B. 可以要求丁公司承担抵押担保责任
C. 须先要求丙公司承担保证责任,后要求丁公司承担抵押担保责任
D. 须先要求丁公司承担抵押担保责任,后要求丙公司承担保证责任

**167.** 2014/3/8/单

甲公司欠乙公司货款 100 万元,先由甲公司提供机器设备设定抵押权、丙公司担任保证人,后由丁公司提供房屋设定抵押权并办理了抵押登记。甲公司届期不支付货款,下列哪一表述是正确的?

A. 乙公司应先行使机器设备抵押权
B. 乙公司应先行使房屋抵押权
C. 乙公司应先行请求丙公司承担保证责任

D. 丙公司和丁公司可相互追偿

**168.** 2016/3/55/多

甲对乙享有债权 500 万元,先后在丙和丁的房屋上设定了抵押权,均办理了登记,且均未限定抵押物的担保金额。其后,甲将其中 200 万元债权转让给戊,并通知了乙。乙到期清偿了对甲的 300 万元债务,但未能清偿对戊的 200 万元债务。对此,下列哪些选项是错误的?

  A. 戊可同时就丙和丁的房屋行使抵押权,但对每个房屋价款优先受偿权的金额不得超过 100 万元

  B. 戊可同时就丙和丁的房屋行使抵押权,对每个房屋价款优先受偿权的金额依房屋价值的比例确定

  C. 戊必须先后就丙和丁的房屋行使抵押权,对每个房屋价款优先受偿权的金额由戊自主决定

  D. 戊只能在丙的房屋价款不足以使其债权得到全部清偿时就丁的房屋行使抵押权

**169.** 2016/3/91/任

甲、乙双方于 2013 年 5 月 6 日签订水泥供应合同,乙以自己的土地使用权为其价款支付提供了最高额抵押,约定 2014 年 5 月 5 日为债权确定日,并办理了登记。丙为担保乙的债务,也于 2013 年 5 月 6 日与甲订立最高额保证合同,保证期间为一年,自债权确定日开始计算。

  乙于 2014 年 1 月被法院宣告破产,下列说法正确的是:

  A. 甲的债权确定期届至

  B. 甲应先就抵押物优先受偿,不足部分再要求丙承担保证责任

  C. 甲可先要求丙承担保证责任

  D. 如甲未申报债权,丙可参加破产财产分配,预先行使追偿权

**170.** 2017/3/56/多

2016 年 3 月 3 日,甲向乙借款 10 万元,约定还款日期为 2017 年 3 月 3 日。借款当日,甲将自己饲养的市值 5 万元的名贵宠物鹦鹉质押交付给乙,作为债务到期不履行的担保;另外,第三人丙提供了连带责任保证。关于乙的质权,下列哪些说法是正确的?

  A.2016 年 5 月 5 日,鹦鹉产蛋一枚,市值 2000 元,应交由甲处置

  B. 因乙照管不善,2016 年 10 月 1 日鹦鹉死亡,乙需承担赔偿责任

  C.2017 年 4 月 4 日,甲未偿还借款,乙未实现质

权,则甲可请求乙及时行使质权

  D. 乙可放弃该质权,丙可在乙丧失质权的范围内免除相应的保证责任

**171.** 2017/3/91/任

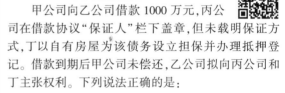

甲服装公司与乙银行订立合同,约定甲公司向乙银行借款 300 万元,用于购买进口面料。同时,双方订立抵押合同,约定甲公司以其现有的以及将有的生产设备、原材料、产品为前述借款设立抵押。借款合同和抵押合同订立后,乙银行向甲公司发放了贷款,但未办理抵押登记。之后,根据乙银行要求,丙为此项贷款提供连带责任保证,丁以一台大型挖掘机作质押并交付。

  如甲公司未按期还款,乙银行欲行使担保权利,当事人未约定行使担保权利顺序,下列选项正确的是:

  A. 乙银行应先就甲公司的抵押实现债权

  B. 乙银行应先就丁的质押实现债权

  C. 乙银行可选择就甲公司的抵押或丙的保证实现债权

  D. 乙银行可选择就甲公司的抵押或丁的质押实现债权

**172.** 2020 回忆/任

甲公司向乙公司借款 1000 万元,丙公司在借款协议"保证人"栏下盖章,但未载明保证方式,丁以自有房屋为该债务设立担保并办理抵押登记。借款到期后甲公司未偿还,乙公司拟向丙公司和丁主张权利。下列说法正确的是:

  A. 丙公司应按一般保证承担保证责任

  B. 丁承担责任后,有权向丙公司追偿

  C. 丁承担责任后,有权向甲公司追偿

  D. 丙公司承担保证责任后,有权向甲公司追偿

**考点37** 抵押权的设立

**173.** 2013/3/57/多

甲向乙借款,丙与乙约定以自有房屋担保该笔借款。丙仅将房本交给乙,未按约定办理抵押登记。借款到期后甲无力清偿,丙的房屋被法院另行查封。下列哪些表述是正确的?

  A. 乙有权要求丙继续履行担保合同,办理房屋抵押登记

  B. 乙有权要求丙以自身全部财产承担担保义务

  C. 乙有权要求丙以房屋价值为限承担担保义务

  D. 乙有权要求丙承担损害赔偿责任

**174.** 2013/3/58/多

甲向乙借款,欲以轿车作担保。关于担保,下列哪些选项是正确的?

A. 甲可就该轿车设立质权
B. 甲可就该轿车设立抵押权
C. 就该轿车的质权自登记时设立
D. 就该轿车的抵押权自登记时设立

**175.** 2015/3/7/单

甲乙为夫妻，共有一套房屋登记在甲名下。乙瞒着甲向丙借款 100 万元供个人使用，并将房屋抵押给丙。在签订抵押合同和办理抵押登记时乙冒用甲的名字签字。现甲主张借款和抵押均无效。下列哪一表述是正确的？

A. 抵押合同无效
B. 借款合同无效
C. 甲对 100 万元借款应负连带还款义务
D. 甲可请求撤销丙的抵押权

**176.** 2015/3/53/多

甲向某银行贷款，甲、乙和银行三方签订抵押协议，由乙提供房产抵押担保。乙把房本交给银行，因登记部门原因导致银行无法办理抵押物登记。乙向登记部门申请挂失房本后换得新房本，将房屋卖给知情的丙并办理了过户手续。甲届期未还款，关于贷款、房屋抵押和买卖，下列哪些说法是正确的？

A. 乙应向银行承担违约责任
B. 丙应代为向银行还款
C. 如丙代为向银行还款，可向甲主张相应款项
D. 因登记部门原因未办理抵押登记，但银行占有房本，故取得抵押权

**177.** 2022 回忆/单

甲借给乙 100 万元，为提供担保，甲与丙签订了不动产抵押合同，丙以其一套住房为借款提供担保。其后，丙经甲多次催告无故不办理抵押登记。借款合同到期后，乙没有按时还款。对此，下列哪一项说法是正确的？

A. 丙无故不办理抵押登记，视为抵押权已经设立
B. 抵押合同成立后抵押权已经设立
C. 抵押合同效力待定
D. 丙应在抵押物的价值范围内承担违约责任

**考点38** 抵押物的转让

**178.** 2009/3/55/多 新法改编

甲公司向某银行贷款 100 万元，乙公司以其所有的一栋房屋作抵押担保，并完成了抵押登记。现乙公司拟将房屋出售给丙公司，通知了银行并向丙公司告知了该房屋已经抵押的事实。乙、丙订立书面买卖合同后到房屋管理部门办理过户手续。下列哪些说法是正确的？

A. 不论银行是否同意转让，房屋管理部门应当

准予过户，但银行仍然对该房屋享有抵押权
B. 如丙公司代为清偿了甲公司的银行债务，则抵押权消灭
C. 如果银行能够证明乙将房屋转让的行为可能损害其抵押权，则可请求乙将转让所得的价款向抵押权人提前清偿债务或者提存
D. 若乙转让房屋得价款 80 万元，乙应当按照抵押合同再补充剩余的 20 万元

**179.** 2019 回忆/单

魏某成立一个体工商户，主营棉花加工和销售。因向银行借款 100 万元，魏某将一批棉花抵押给银行，并办理了抵押登记。后在经营活动中未经银行同意，魏某将棉花以市场价出卖给温某，但未告知温某该批棉花已经抵押的事实，温某向魏某支付了全部价款。银行因魏某届期无法清偿债务欲行使抵押权，始知魏某将棉花出卖给温某的事实。此时，魏某已破产，无其他财产可供清偿，该批棉花也已被温某消耗殆尽。对此，下列哪一项表述是正确的？

A. 银行的抵押权自登记之日起取得
B. 温某没有取得对棉花的所有权
C. 银行对棉花的抵押权已经消灭
D. 温某应赔偿银行的损失

**考点39** 抵押权的顺位

**180.** 2008/3/11/单

黄河公司以其房屋作抵押，先后向甲银行借款 100 万元，乙银行借款 300 万元，丙银行借款 500 万元，并依次办理了抵押登记。后丙银行与甲银行商定交换各自抵押权的顺位，并办理了变更登记，但乙银行并不知情。因黄河公司无力偿还三家银行的到期债务，银行拍卖其房屋，仅得价款 600 万元。关于三家银行对该价款的分配，下列哪一选项是正确的？

A. 甲银行 100 万元、乙银行 300 万元、丙银行 200 万元
B. 甲银行得不到清偿、乙银行 100 万元、丙银行 500 万元
C. 甲银行得不到清偿、乙银行 300 万元、丙银行 300 万元
D. 甲银行 100 万元、乙银行 200 万元、丙银行 300 万元

**181.** 2019 回忆/单

甲向乙借款，以自己的房屋设定了抵押权。后甲又向丙借款，又以该房屋设定了抵押权。两次抵押均办理了抵押登记。后来甲乙之间签订了关于该房屋的买卖合同，并办理了过户登记。对此，下列说法正确的是：

A. 乙的抵押权消灭
B. 丙的抵押权消灭
C. 乙丙的抵押权均未消灭
D. 甲乙之间的房屋买卖合同无效

**考点40** 抵押权人的权利

**182.** 2012/3/57/多

甲以自有房屋向乙银行抵押借款,办理了抵押登记。丙因甲欠钱不还,强行进入该房屋居住。借款到期后,甲无力偿还债务。该房屋由于丙的非法居住,难以拍卖,甲怠于行使对丙的返还请求权。乙银行可以行使下列哪些权利?
A. 请求甲行使对丙的返还请求权,防止抵押财产价值的减少
B. 请求甲将对丙的返还请求权转让给自己
C. 可以代位行使对丙的返还请求权
D. 可以依据抵押权直接对丙行使返还请求权

**考点41** 动产浮动抵押

**183.** 2008/3/12/单

个体工商户甲将其现有的以及将有的生产设备、原材料、半成品、产品一并抵押给乙银行,但未办理抵押登记。抵押期间,甲未经乙同意以合理价格将一台生产设备出卖给丙。后甲不能向乙履行到期债务。对此,下列哪一选项是正确的?
A. 该抵押权因抵押物不特定而不能成立
B. 该抵押权因未办理抵押登记而不能成立
C. 该抵押权虽已成立但不能对抗善意第三人
D. 乙有权对丙从甲处购买的生产设备行使抵押权

**184.** 2010/3/56/多 新法改编

某农村养殖户为扩大规模向银行借款,欲以其财产设立浮动抵押。对此,下列哪些表述是正确的?
A. 该养殖户可将存栏的养殖物作为抵押财产
B. 转让抵押财产须经银行同意
C. 动产抵押办理登记后可以对抗任何善意第三人
D. 如借款到期未还,抵押财产自借款到期时确定

**185.** 2017/3/89/任

甲服装公司与乙银行订立合同,约定甲公司向乙银行借款300万元,用于购买进口面料。同时,双方订立抵押合同,约定甲公司以其现有的以及将有的生产设备、产品为前述借款设立抵押。借款合同和抵押合同订立后,乙银行向甲公司发放了贷款,但未办理抵押登记。之后,根据乙银行要求,丙为此项贷款提供连带责任保证,丁以一台大型挖掘机作质押并交付。

关于甲公司的抵押,下列选项正确的是:
A. 该抵押合同为最高额抵押合同
B. 乙银行自抵押合同生效时取得抵押权
C. 乙银行自抵押登记完成时取得抵押权
D. 乙银行的抵押权不得对抗在正常经营活动中已支付合理价款并取得抵押财产的买受人

**186.** 2022 回忆/任

甲公司因为借款需要提供担保,将现有及将有的生产设备、原材料、成品、半成品抵押给乙银行,办理了抵押登记。后来,甲公司把其中一台生产设备卖给了丙公司,丙公司支付了合理价款,甲公司按约定交付了生产设备。借款到期后,甲公司未向乙银行还款,乙银行欲实现抵押权。对此,下列说法正确的是:
A. 丙公司获得该设备的所有权
B. 由于办理了抵押登记,乙银行可就该生产设备行使优先受偿权
C. 由于丙公司是正常经营活动中的买受人,乙银行不能就该生产设备行使优先受偿权
D. 若乙银行在主债权诉讼时效经过后行使抵押权,不能获得支持

**考点42** 最高额抵押

**187.** 2015/3/54/多

2014年7月1日,甲公司、乙公司和张某签订了《个人最高额抵押协议》,张某将其房屋抵押给乙公司,担保甲公司在一周前所欠乙公司货款300万元,最高债权额400万元,并办理了最高额抵押登记,债权确定期间为2014年7月2日到2015年7月1日。债权确定期间内,甲公司因从乙公司分批次进货,又欠乙公司100万元。甲公司未还款。关于有抵押担保的债权额和抵押权期间,下列哪些选项是正确的?
A. 债权额为100万元
B. 债权额为400万元
C. 抵押权期间为1年
D. 抵押权期间为主债权诉讼时效期间

**188.** 甲、乙双方于2013年5月6日签订水泥供应合同,乙以自己的土地使用权为其价款支付提供了最高额抵押,约定2014年5月5日为债权确定日,并办理了登记。丙为担保乙的债务,也于2013年5月6日与甲订立最高额保证合同,保证期间为一年,自债权确定日开始计算。

请回答第(1)、(2)题。

(1) 2016/3/89/任

水泥供应合同约定,将2013年5月6日前乙欠甲的货款纳入了最高额抵押的担保范围。下列说法正确的是:

A. 该约定无效

B. 该约定合法有效

C. 如最高额保证合同未约定将 2013 年 5 月 6 日前乙欠甲的货款纳入最高额保证的担保范围,则丙对此不承担责任

D. 丙有权主张减轻其保证责任

(2)  2016/3/90/任

甲在 2013 年 11 月将自己对乙已取得的债权全部转让给丁。下列说法正确的是:

A. 甲的行为将导致其最高额抵押权消灭

B. 甲将上述债权转让给丁后,丁取得最高额抵押权

C. 甲将上述债权转让给丁后,最高额抵押权不随之转让

D. 2014 年 5 月 5 日前,甲对乙的任何债权均不得转让

**189.**  2018 回忆/多

甲公司与长期向其供货的乙公司订立书面协议,约定甲公司以其价值 3000 万元的厂房作为协议生效后 3 年内甲公司对乙公司所负债务的抵押物,设立最高额抵押权,担保债权最高金额为 2500 万元。下列哪些说法是正确的?

A. 如乙公司对甲公司的厂房实现抵押权时其债权余额为 3500 万元,则乙公司只能就 2500 万元债权优先受偿

B. 该最高额抵押权设立前成立的乙公司对甲公司的债权,不得纳入最高额抵押担保的债权范围

C. 3 年期限届满前,甲公司可与乙公司通过协议将抵押担保债权最高金额变为 3000 万元

D. 在债权确定前,经当事人约定,乙公司转让其部分债权时,最高额抵押权可随之转让

**考点43** 动产质权

**190.**  2015/3/8/单

乙欠甲货款,二人商定由乙将一块红木出质并签订质权合同。甲与丙签订委托合同授权丙代自己占有红木。乙将红木交付与丙。下列哪一说法是正确的?

A. 甲乙之间的担保合同无效

B. 红木已交付,丙取得质权

C. 丙经甲的授权而占有,甲取得质权

D. 丙不能代理甲占有红木,因而甲未取得质权

**191.**  2019 回忆/多

甲将其一相机质押给乙。后为担保乙对丙的债务,乙在向丙表明自己为相机质权人身份的前提下,乙以自己的名义将该相机质押给丙。后因甲

对乙、乙对丙均未履行到期债务,质押相机拍卖得款,乙、丙均主张优先受偿权。对此,下列表述正确的是:

A. 若经过甲同意,丙优先于乙

B. 若经过甲同意,乙优先于丙

C. 若未经甲同意,丙优先于乙

D. 若未经甲同意,乙优先于丙

**考点44** 权利质权

**192.** 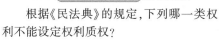 2009/3/7/单  新法改编

根据《民法典》的规定,下列哪一类权利不能设定权利质权?

A. 专利权　　　　B. 应收账款债权

C. 可以转让的股权　　D. 房屋所有权

**193.** 2012/3/7/单

甲对乙享有 10 万元的债权,甲将该债权向丙出质,借款 5 万元。下列哪一表述是错误的?

A. 将债权出质的事实通知乙不是债权质权生效的要件

B. 如未将债权出质的事实通知乙,丙即不得向乙主张权利

C. 如将债权出质的事实通知了乙,即使乙向甲履行了债务,乙不得对丙主张债已消灭

D. 乙在得到债权出质的通知后,向甲还款 3 万元,因还有 7 万元的债权额作为担保,乙的部分履行行为对丙有效

**194.** 2013/3/7/单

甲公司为乙公司向银行贷款 100 万元提供保证,乙公司将其基于与丙公司签订的供货合同而对丙公司享有的 100 万元债权出质给甲公司作反担保。下列哪一表述是正确的?

A. 如乙公司依约向银行清偿了贷款,甲公司的债权质权仍未消灭

B. 如甲公司、乙公司将出质债权转让给丁公司但未通知丙公司,则丁公司可向丙公司主张该债权

C. 甲公司在设立债权质权时可与乙公司约定,如乙公司届期不清偿银行贷款,则出质债权归甲公司所有

D. 如乙公司将债权出质的事实通知了丙公司,则丙公司可向甲公司主张其基于供货合同而对乙公司享有的抗辩

**195.** 2014/3/7/单

甲公司通知乙公司将其对乙公司的 10 万元债权出质给了丙银行,担保其 9 万元贷款。出质前,乙公司对甲公司享有 2 万元到期债权。如乙公司提出抗辩,关于丙银行可向乙公司行使质权的最大数

额,下列哪一选项是正确的?

  A. 10 万元   B. 9 万元

  C. 8 万元   D. 7 万元

**196.** `2019 回忆/多`

张三对李四享有应收账款债权,因张三对王五有债务,张三于是将其对李四享有的该应收账款债权出质给王五,与王五订立质押合同,并办理了质押登记。后张三又将该应收账款债权转让给不知情的马六。对此,下列说法正确的是:

  A. 该质权在登记前生效,登记后可以对抗第三人

  B. 张三、王五质押合同自成立时生效,不以办理出质登记为生效要件

  C. 若王五不同意张三转让债权,则王五可以主张张三债权转让行为无效

  D. 若王五同意张三转让,王五可以主张以该债权转让所得价款优先受偿

**考点45** 留置权

**197.** `2010/3/10/单`

辽东公司欠辽西公司货款 200 万元,辽西公司与辽中公司签订了一份价款为 150 万元的电脑买卖合同,合同签订后,辽中公司指示辽西公司将该合同项下的电脑交付给辽东公司。因辽东公司届期未清偿所欠货款,故辽西公司将该批电脑扣留。关于辽西公司的行为,下列哪一选项是正确的?

  A. 属于行使抵押权

  B. 属于行使动产质权

  C. 属于行使留置权

  D. 属于自助行为

**198.** `2010/3/54/多`

小贝购得一只世界杯指定用球后兴奋不已,一脚踢出,恰好落入邻居老马家门前的水井中,正在井边清洗花瓶的老马受到惊吓,手中花瓶落地摔碎。老马从井中捞出足球后,小贝央求老马归还,老马则要求小贝赔偿花瓶损失。对此,下列哪些选项是正确的?

  A. 小贝对老马享有物权请求权

  B. 老马对小贝享有物权请求权

  C. 老马对小贝享有债权请求权

  D. 如小贝拒绝赔偿,老马可对足球行使留置权

**199.** `2015/3/55/单`

下列哪一情形下权利人可以行使留置权?①

  A. 张某为王某送货,约定货物送到后一周内支付运费。张某在货物运到后立刻要求王某支

付运费被拒绝,张某可留置部分货物

  B. 刘某把房屋租给方某,方某退租搬离时尚有部分租金未付,刘某可留置方某部分家具

  C. 何某将丁某的行李存放在火车站小件寄存处,后丁某取行李时认为寄存费过高而拒绝支付,寄存处可留置该行李

  D. 甲公司加工乙公司的机器零件,约定先付费后加工。付费和加工均已完成,但乙公司尚欠甲公司借款,甲公司可留置机器零件

**200.** `2015/3/91/任`

顺风电器租赁公司将一台电脑出租给张某,租期为 2 年。在租赁期间内,张某谎称电脑是自己的,分别以市价与甲、乙、丙签订了三份电脑买卖合同并收取了三份价款,但张某把电脑实际交付给了乙。后乙的这台电脑被李某拾得,因暂时找不到失主,李某将电脑出租给王某获得很高收益。王某租用该电脑时出了故障,遂将电脑交给康成电脑维修公司维修。王某和李某就维修费的承担发生争执。康成公司因未收到修理费而将电脑留置,并告知王某如 7 天内不交费,将变卖电脑抵债。李某听闻后,于当日潜入康成公司偷回电脑。

  关于康成公司的民事权利,下列说法正确的是:

  A. 王某在 7 日内未交费,康成公司可变卖电脑并自己买下电脑

  B. 康成公司曾享有留置权,但当电脑被偷走后,丧失留置权

  C. 康成公司可请求李某返还电脑

  D. 康成公司可请求李某支付电脑维修费

**201.** `2016/3/7/单`

甲借用乙的山地自行车,刚出门就因莽撞骑行造成自行车链条断裂,甲将自行车交给丙修理,约定修理费 100 元。乙得知后立刻通知甲解除借用关系并告知丙,同时要求丙不得将自行车交给甲。丙向甲核实,甲承认。自行车修好后,甲、乙均请求丙返还。对此,下列哪一选项是正确的?

  A. 甲有权请求丙返还自行车

  B. 丙如将自行车返还给乙,必须经过甲当场同意

  C. 乙有权要求丙返还自行车,但在修理费未支付前,丙就自行车享有留置权

  D. 如乙要求丙返还自行车,即使修理费未付,丙也不得对乙主张留置权

**202.** `2018 回忆/单`

朴某是枫蓝公司的业务经理。公司为

---

 ① 原为多选题,根据新法答案有变化,调整为单选题。

方便朴某工作,特将公司的一辆特斯拉 Model3 批给朴某无偿使用。后来,朴某因为违反公司的管理制度,在开展业务过程中收受客户回扣,被公司解职。由于公司没有依约向朴某支付应付提成奖金 20 万元,朴某遂对枫蓝公司的该特斯拉汽车主张留置权,不予返还。关于朴某行使留置权的主张,以下哪一项说法是正确的?

    A. 朴某有权主张留置权以扣留该汽车

    B. 朴某无权就该汽车主张留置权

    C. 朴某有权随时将该汽车拍卖,并就价款优先清偿自己的提成奖金

    D. 朴某有权在两个月后将该汽车拍卖,并就价款优先清偿自己的提成奖金

**考点46** 担保物权的竞合

**203.** 2011/3/7/单

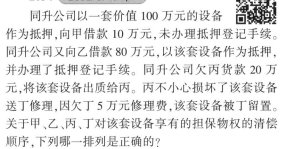

同升公司以一套价值 100 万元的设备作为抵押,向甲借款 10 万元,未办理抵押登记手续。同升公司又向乙借款 80 万元,以该套设备作为抵押,并办理了抵押登记手续。同升公司欠丙货款 20 万元,将该套设备出质给丙。丙不小心损坏了该套设备送丁修理,因欠丁 5 万元修理费,该套设备被丁留置。关于甲、乙、丙、丁对该套设备享有的担保物权的清偿顺序,下列哪一排列是正确的?

    A. 甲乙丙丁        B. 乙丙丁甲

    C. 丙丁甲乙        D. 丁乙丙甲

**204.** 2013/3/8/单

甲公司以其机器设备为乙公司设立了质权。10 日后,丙公司向银行贷款 100 万元,甲公司将机器设备又抵押给银行,担保其中 40 万元贷款,但未办理抵押登记。同时,丙公司将自有房产抵押给银行,担保其余 60 万元贷款,办理了抵押登记。20 日后,甲将机器设备再抵押给丁公司,办理了抵押登记。丙公司届期不能清偿银行贷款。下列哪一表述是正确的?

    A. 如银行主张全部债权,应先拍卖房产实现抵押权

    B. 如银行主张全部债权,可选择拍卖房产或者机器设备实现抵押权

    C. 乙公司的质权优先于银行对机器设备的抵押权

    D. 丁公司对机器设备的抵押权优先于乙公司的质权

**考点47** 非典型担保

**205.** 2023 回忆/单

曾某将自己的名牌包卖给罗某并交付,双方约定:罗某向曾某支付 10 万元,3 个月后曾某向罗某返还本金 10 万元及利息,否则该名牌包归罗

某所有。后曾某到期未偿还本息。关于罗某享有的权利,下列哪一说法是正确的?

    A. 对名牌包享有质权

    B. 取得名牌包所有权

    C. 有权就该名牌包优先受偿

    D. 对名牌包享有抵押权

# 专题十一　占　有

**考点48** 占有

**206.** 2012/3/8/单

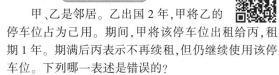

甲、乙是邻居。乙出国 2 年,甲将乙的停车位占为己用。期间,甲将该停车位出租给丙,租期 1 年。期满后丙表示不再续租,但仍继续使用该停车位。下列哪一表述是错误的?

    A. 甲将乙的停车位占为己用,甲属于恶意、无权占有人

    B. 丙的租期届满前,甲不能对丙主张占有返还请求权

    C. 乙可以请求甲返还原物。在甲为间接占有人时,可以对甲请求让与其对丙的占有返还请求权

    D. 无论丙是善意或恶意的占有人,乙都可以对其行使占有返还请求权

**207.** 2012/3/58/多

丙找甲借自行车,甲的自行车与乙的很相像,均放于楼下车棚。丙错认乙车为甲车,遂把乙车骑走。甲告知丙骑错车,丙未理睬。某日,丙骑车购物,将车放在商店楼下,因墙体倒塌将车砸坏。下列哪些表述是正确的?

    A. 丙错认乙车为甲车而占有,属于无权占有人

    B. 甲告知丙骑错车前,丙修车的必要费用,乙应当偿还

    C. 无论丙是否知道骑错车,乙均有权对其行使占有返还请求权

    D. 对于乙车的毁损,丙应当承担赔偿责任

**208.** 2014/3/9/单

张某拾得王某的一只小羊拒不归还,李某将小羊从张某羊圈中抱走交给王某。下列哪一表述是正确的?

    A. 张某拾得小羊后因占有而取得所有权

    B. 张某有权要求王某返还占有

    C. 张某有权要求李某返还占有

    D. 李某侵犯了张某的占有

**209.** 2014/3/58/多

某小区徐某未获得规划许可证和施工

许可证便在自住房前扩建一个门面房,挤占小区人行通道。小区其他业主多次要求徐某拆除未果后,将该门面房强行拆除,毁坏了徐某自住房屋的墙砖。关于拆除行为,下列哪些表述是正确的?

  A. 侵犯了徐某门面房的所有权

  B. 侵犯了徐某的占有

  C. 其他业主应恢复原状

  D. 其他业主应赔偿徐某自住房屋墙砖毁坏的损失

**210.** `2015/3/56/多`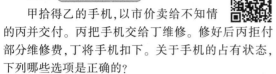

甲拾得乙的手机,以市价卖给不知情的丙并交付。丙把手机交给丁维修。修好后丙拒付部分维修费,丁将手机扣下。关于手机的占有状态,下列哪些选项是正确的?

  A. 乙丢失手机后,由直接占有变为间接占有

  B. 甲为无权占有、自主占有

  C. 丙为无权占有、善意占有

  D. 丁为有权占有、他主占有

**211.** `2016/3/9/单`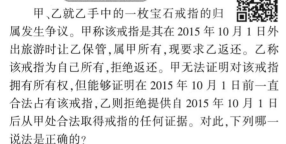

甲、乙就乙手中的一枚宝石戒指的归属发生争议。甲称该戒指是其在2015年10月1日外出旅游时让乙保管,属甲所有,现要求乙返还。乙称该戒指为自己所有,拒绝返还。甲无法证明对该戒指拥有所有权,但能够证明在2015年10月1日前一直合法占有该戒指,乙则拒绝提供自2015年10月1日后从甲处合法取得戒指的任何证据。对此,下列哪一说法是正确的?

  A. 应推定乙对戒指享有合法权利,因占有具有权利公示性

  B. 应当认定甲对戒指享有合法权利,因其证明了自己的先前占有

  C. 应当由甲、乙证明自己拥有所有权,否则应判决归国家所有

  D. 应当认定由甲、乙共同共有

**212.** `2018回忆/单`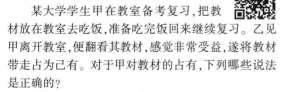

某大学学生甲在教室备考复习,把教材放在教室去吃饭,准备吃完饭回来继续复习。乙见甲离开教室,便翻看其教材,感觉非常受益,遂将教材带走占为己有。对于甲对教材的占有,下列哪些说法是正确的?

  A. 甲离开教室即失去对教材的占有

  B. 乙翻看教材时即失去对教材的占有

  C. 乙将教材带出教室,甲即失去对教材的占有

  D. 甲对教材的占有不因乙受影响,甲不曾失去对教材的占有

# 第三编　合　同

## 专题十二　债与合同概述

**考点49** 债的分类

**213.** `2009/3/9/单`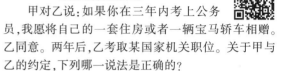

甲对乙说:如果你在三年内考上公务员,我愿将自己的一套住房或者一辆宝马轿车相赠。乙同意。两年后,乙考取某国家机关职位。关于甲与乙的约定,下列哪一说法是正确的?

  A. 属于种类之债

  B. 属于选择之债

  C. 属于连带之债

  D. 属于劳务之债

**214.** `2011/3/10/单` 新法改编

甲公司向银行贷款1000万元,乙公司和丙公司向银行分别出具担保函:"在甲公司不按时偿还1000万元本息时,本公司承担保证责任。"关于乙公司和丙公司对银行的保证债务,下列哪一表述是正确的?

  A. 属于选择之债

  B. 属于连带之债

  C. 属于按份之债

  D. 属于简单之债

**215.** `2013/3/12/单`

甲、乙与丙就交通事故在交管部门的主持下达成《调解协议书》,由甲、乙分别赔偿丙5万元,甲当即履行。乙赔了1万元,余下4万元给丙打了欠条。乙到期后未履行,丙多次催讨未果,遂持《调解协议书》与欠条向法院起诉。下列哪一表述是正确的?

  A. 本案属侵权之债

  B. 本案属合同之债

  C. 如丙获得工伤补偿,乙可主张相应免责

  D. 丙可要求甲继续赔偿4万元

**考点50** 债的发生原因

**216.** `2008/3/56/多`

婷婷满一周岁,其父母将某影楼摄影师请到家中为其拍摄纪念照,并要求影楼不得保留底片用作他途。相片洗出后,影楼违反约定将婷婷相片制成挂历出售,获利颇丰。本案中存在哪些债的关系?

  A. 承揽合同之债

B. 委托合同之债

C. 侵权行为之债

D. 不当得利之债

**考点51** 合同的相对性

**217.** 2008/3/5/单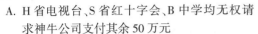

神牛公司在 H 省电视台主办的赈灾义演募捐现场举牌表示向 S 省红十字会捐款 100 万元,并指明此款专用于 S 省 B 中学的校舍重建。事后,神牛公司仅支付 50 万元。对此,下列哪一选项是正确的?

A. H 省电视台、S 省红十字会、B 中学均无权请求神牛公司支付其余 50 万元

B. S 省红十字会、B 中学均有权请求神牛公司支付其余 50 万元

C. S 省红十字会有权请求神牛公司支付其余 50 万元

D. B 中学有权请求神牛公司支付其余 50 万元

**218.** 2014/3/88/任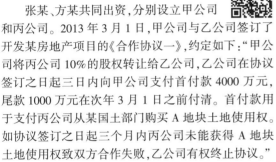

张某、方某共同出资,分别设立甲公司和丙公司。2013 年 3 月 1 日,甲公司与乙公司签订了开发某房地产项目的《合作协议一》,约定如下:"甲公司将丙公司 10% 的股权转让给乙公司,乙公司在协议签订之日起三日内向甲公司支付首付款 4000 万元,尾款 1000 万元在次年 3 月 1 日之前付清。首付款用于支付丙公司从某国土部门购买 A 地块土地使用权。如协议签订之日起三个月内丙公司未能获得 A 地块土地使用权致双方合作失败,乙公司有权终止协议。"

《合作协议一》签订后,乙公司经甲公司指示向张某、方某支付了 4000 万元首付款,张某、方某配合甲公司将丙公司的 10% 的股权过户给了乙公司。

2013 年 5 月 1 日,因张某、方某未将前述 4000 万元支付给丙公司致其未能向某国土部门及时付款,A 地块土地使用权被收回挂牌卖掉。

2013 年 6 月 4 日,乙公司向甲公司发函:"鉴于土地使用权已被国土部门收回,故我公司终止协议,请贵公司返还 4000 万元。"甲公司当即回函:"我公司已把股权过户到贵公司名下,贵公司无权终止协议,请贵公司依约支付 1000 万元尾款。"

2013 年 6 月 8 日,张某、方某与乙公司签订了《合作协议二》,对继续合作开发房地产项目做了新的安排,并约定:"本协议签订之日,《合作协议一》自动作废。"丁公司经甲公司指示,向乙公司送达了《承诺函》:"本公司代替甲公司承担 4000 万元的返还义务。"乙公司对此未置可否。

关于 2013 年 5 月 1 日张某、方某未将 4000 万元支付给丙公司,应承担的责任,下列表述错误的是:

A. 向乙公司承担违约责任

B. 与甲公司一起向乙公司承担连带责任

C. 向丙公司承担违约责任

D. 向某国土部门承担违约责任

**219.** 2018 回忆/多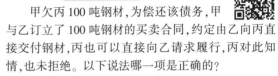

甲把服装店和库存都转让给了乙。丙不知情,打电话向甲订货,甲未表明服装店转让事宜,答应给丙送货。甲转告乙为丙送货,乙派店员送货到丙公司,丙同事签收。月底,乙将账单寄给丙要求付款,但丙已汇款至甲账户,拒绝再付。针对这一情况,下列说法正确的是?

A. 乙可向丙主张不当得利

B. 丙可拒绝付款给乙

C. 乙可请求甲支付相应货款

D. 丙已取得货品所有权

**220.** 2020 回忆/单

甲欠丙 100 吨钢材,为偿还该债务,甲与乙订立了 100 吨钢材的买卖合同,约定由乙向丙直接交付钢材,丙也可以直接向乙请求履行,丙对此知情,也未拒绝。以下说法哪一项是正确的?

A. 如乙不交付,丙可请求其履行且要求承担违约责任

B. 甲对乙已经没有任何义务

C. 乙不能向丙主张其对甲的抗辩

D. 因合同相对性,丙不能直接向乙请求履行交付义务

# 专题十三　合同的订立

**考点52** 合同的成立及效力

**221.** 2008/3/54/多

喜好网球和游泳的赵某从宏大公司购买某小区商品房一套,交房时发现购房时宏大公司售楼部所展示的该小区模型中的网球场和游泳池并不存在。经查,该小区设计中并无网球场和游泳池。下列哪些选项是正确的?

A. 赵某有权要求退房

B. 赵某如要求退房,有权请求宏大公司承担缔约过错责任

C. 赵某如要求退房,有权请求宏大公司双倍返还购房款

D. 赵某如不要求退房,有权请求宏大公司承担违约责任

**222.** 2014/3/51/多

甲房产开发公司在交给购房人张某的某小区平面图和项目说明书中都标明有一个健身馆。

张某看中小区健身方便,决定购买一套商品房并与甲公司签订了购房合同。张某收房时发现小区没有健身馆。下列哪些表述是正确的?

　　A. 甲公司不守诚信,构成根本违约,张某有权退房

　　B. 甲公司构成欺诈,张某有权请求甲公司承担缔约过失责任

　　C. 甲公司恶意误导,张某有权请求甲公司双倍返还购房款

　　D. 张某不能滥用权利,在退房和要求甲公司承担违约责任之间只能选择一种

**223.** 2010/3/11/单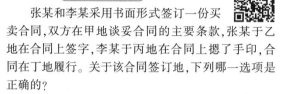

张某和李某采用书面形式签订一份买卖合同,双方在甲地谈妥合同的主要条款,张某于乙地在合同上签字,李某于丙地在合同上摁了手印,合同在丁地履行。关于该合同签订地,下列哪一选项是正确的?

　　A. 甲地　　　　　　B. 乙地

　　C. 丙地　　　　　　D. 丁地

**224.** 2022 回忆/多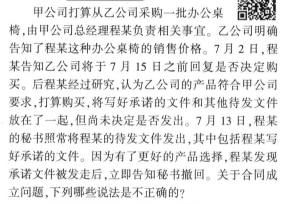

甲公司打算从乙公司采购一批办公桌椅,由甲公司总经理程某负责相关事宜。乙公司明确告知了程某这种办公桌椅的销售价格。7月2日,程某告知乙公司将于7月15日之前回复是否决定购买。后程某经过研究,认为乙公司的产品符合甲公司要求,打算购买,将写好承诺的文件和其他待发文件放在了一起,但尚未决定是否发出。7月13日,程某的秘书照常将程某的待发文件发出,其中包括程某写好承诺的文件。因为有了更好的产品选择,程某发现承诺文件被发走后,立即告知秘书撤回。关于合同成立问题,下列哪些说法是不正确的?

　　A. 程某写好承诺文件时,合同即已成立

　　B. 由于秘书发出承诺文件未经程某明确指示,承诺即使到达,合同也不成立

　　C. 若撤回通知先于承诺到达或与承诺同时到达,合同不成立

　　D. 若撤回承诺的通知晚于承诺到达,构成承诺的撤销,合同效力待定

**225.** 2023 回忆/单

甲与乙在餐厅就餐,闲聊时甲提出想把自己的车以8万元的价格卖了换成新能源车。在临近餐桌就餐的丙听到后对甲说"愿以8万元的价格买你的车",甲说考虑一下。几分钟后,丙让甲赶紧签合同,甲说不卖了,与乙一起离开餐厅。对此,下列哪一说法是正确的?

　　A. 甲作出了要约

　　B. 甲作出了承诺

　　C. 丙作出了要约

　　D. 丙作出了承诺

考点53 **格式条款**

**226.** 2008/3/7/单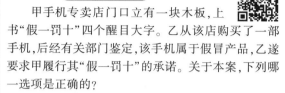

甲手机专卖店门口立有一块木板,上书"假一罚十"四个醒目大字。乙从该店购买了一部手机,后经有关部门鉴定,该手机属于假冒产品,乙遂要求甲履行其"假一罚十"的承诺。关于本案,下列哪一选项是正确的?

　　A. "假一罚十"过分加重了甲的负担,属于无效的格式条款

　　B. "假一罚十"没有被订入到合同之中,故对甲没有约束力

　　C. "假一罚十"显失公平,甲有权请求法院予以变更或者撤销

　　D. "假一罚十"是甲自愿作出的真实意思表示,应当认定为有效

**227.** 2017/3/11/单

甲与乙公司订立美容服务协议,约定服务期为半年,服务费预收后逐次计扣,乙公司提供的协议格式条款中载明"如甲单方放弃服务,余款不退"(并注明该条款不得更改)。协议订立后,甲依约支付5万元服务费。在接受服务1个月并发生费用8000元后,甲感觉美容效果不明显,单方放弃服务并要求退款,乙公司不同意。甲起诉乙公司要求返还余款。下列哪一选项是正确的?

　　A. 美容服务协议无效

　　B. "如甲单方放弃服务,余款不退"的条款无效

　　C. 甲单方放弃服务无须承担违约责任

　　D. 甲单方放弃服务应承担继续履行的违约责任

考点54 **缔约过失责任**

**228.** 2010/3/12/单

甲、乙同为儿童玩具生产商。六一节前夕,丙与甲商谈进货事宜。乙知道后向丙提出更优惠条件,并指使丁假借订货与甲接洽,报价高于丙以阻止甲与丙签约。丙经比较与乙签约,丁随即终止与甲的谈判,甲因此遭受损失。对此,下列哪一说法是正确的?

　　A. 乙应对甲承担缔约过失责任

　　B. 丙应对甲承担缔约过失责任

　　C. 丁应对甲承担缔约过失责任

　　D. 乙、丙、丁无须对甲承担缔约过失责任

**229.** 2017/3/12/单

德凯公司拟为新三板上市造势,在无

真实交易意图的情况下，短期内以业务合作为由邀请多家公司来其主要办公地点洽谈。其中，真诚公司安排授权代表往返十余次，每次都准备了详尽可操作的合作方案，德凯公司伴装感兴趣并屡次表达将签署合同的意愿，但均在最后一刻推脱拒签。其间，德凯公司还知悉的真诚公司的部分商业秘密不当泄露。对此，下列哪一说法是正确的？

    A. 未缔结合同，则德凯公司就磋商事宜无需承担责任

    B. 虽未缔结合同，但德凯公司构成恶意磋商，应赔偿损失

    C. 未缔结合同，则商业秘密属于真诚公司自愿披露，不应禁止外泄

    D. 德凯公司也付出了大量的工作成本，如被对方主张赔偿，则据此可主张抵销

# 专题十四　合同的履行

## 考点55　合同履行与债的清偿

**230．** 2013/3/86/任

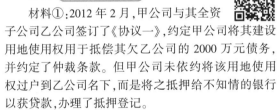

材料①：2012 年 2 月，甲公司与其全资子公司乙公司签订了《协议一》，约定甲公司将其建设用地使用权用于抵偿其欠乙公司的 2000 万元债务，并约定了仲裁条款。但甲公司未依约将该用地使用权过户乙公司名下，而是将之抵押给不知情的银行以获贷款，办理了抵押登记。

根据材料①，关于甲公司、乙公司与银行的法律关系，下列表述正确的是：

    A. 甲公司欠乙公司 2000 万元债务没有消灭

    B. 甲公司抵押建设用地使用权的行为属于无权处分

    C. 银行因善意取得而享有抵押权

    D. 甲公司用建设用地使用权抵偿债务的行为属于代为清偿

**231．** 2014/3/13/单

胡某于 2006 年 3 月 10 日向李某借款 100 万元，期限 3 年。2009 年 3 月 30 日，双方商议再借 100 万元，期限 3 年。两笔借款均先后由王某保证，未约定保证方式和保证期间。李某未向胡某和王某催讨。胡某仅于 2010 年 2 月归还借款 100 万元。关于胡某归还的 100 万元，下列哪一表述是正确的？

    A. 因 2006 年的借款已到期，故归还的是该笔借款

    B. 因 2006 年的借款无担保，故归还的是该笔借款

    C. 因 2006 年和 2009 年的借款数额相同，故按比例归还这两笔借款

    D. 因 2006 年和 2009 年的借款均有担保，故按比例归还该两笔借款

**232．** 2014/3/57/多

2013 年 2 月 1 日，王某以一套房屋为张某设定了抵押，办理了抵押登记。同年 3 月 1 日，王某将该房屋无偿租给李某 1 年，以此抵王某欠李某的借款。房屋交付后，李某向王某出具了借款还清的收据。同年 4 月 1 日，李某得知房屋上设有抵押后，与王某修订租赁合同，把起租日改为 2013 年 1 月 1 日。张某实现抵押权时，要求李某搬离房屋。下列哪些表述是正确的？

    A. 王某、李某的借款之债消灭

    B. 李某的租赁权可对抗张某的抵押权

    C. 王某、李某修订租赁合同行为无效

    D. 李某可向王某主张违约责任

**233．** 2016/3/56/多

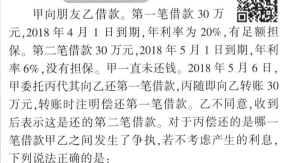

王某向丁某借款 100 万元，后无力清偿，遂提出以自己所有的一幅古画抵债，双方约定第二天交付。对此，下列哪些说法是正确的？

    A. 双方约定以古画抵债，等同于签订了另一份买卖合同，原借款合同失效，王某只能以交付古画履行债务

    B. 双方交付古画的行为属于履行借款合同义务

    C. 王某有权在交付古画前反悔，提出继续以现金偿付借款本息方式履行债务

    D. 古画交付后，如果被鉴定为赝品，则王某应承担瑕疵担保责任

**234．** 2018 回忆/任

甲向朋友乙借款。第一笔借款 30 万元，2018 年 4 月 1 日到期，年利率为 20%，有足额担保。第二笔借款 30 万元，2018 年 5 月 1 日到期，年利率 6%，没有担保。甲一直未还钱。2018 年 5 月 6 日，甲委托丙代其向乙还第一笔借款，丙随即向乙转账 30 万元，转账时注明偿还第一笔借款。乙不同意，收到后表示这是还的第二笔借款。对于丙偿还的是哪一笔借款甲乙之间发生了争执，若不考虑产生的利息，下列说法正确的是：

    A. 甲乙可以事后协商偿还的是哪一笔借款

    B. 若甲乙事后不能达成协议，应认定为偿还的是第一笔

    C. 若甲乙事后不能达成协议，应认定为偿还的是第二笔

    D. 若甲乙事后不能达成协议，应认定为偿还的是两笔借款各还 15 万元

**235．** 2023 回忆/多

甲公司因经营不善而歇业，欠司机潘

某 10 万元工资尚未支付。潘某讨要未果，私自将甲公司名下的一辆面包车开走。甲公司的母公司乙公司知道后，替甲公司偿还了 8 万元给潘某。对此，下列哪些说法是正确的？

    A. 甲公司还欠潘某 10 万元

    B. 甲公司还欠潘某 2 万元

    C. 乙公司构成无因管理

    D. 潘某属于自助行为

### 考点56 合同履行中的第三人

**236.** `2012/3/12/单`

甲公司对乙公司负有交付葡萄酒的合同义务。丙公司和乙公司约定，由丙公司代甲公司履行，甲公司对此全不知情。下列哪一表述是正确的？

    A. 虽然甲公司不知情，丙公司的履行仍然有法律效力

    B. 因甲公司不知情，故丙公司代为履行后对甲公司不得追偿代为履行的必要费用

    C. 虽然甲公司不知情，但如丙公司履行有瑕疵的，甲公司需就此对乙公司承担违约责任

    D. 虽然甲公司不知情，但如丙公司履行有瑕疵从而承担违约责任的，丙公司可就该违约赔偿金向甲公司追偿

**237.** `2023 回忆/任`

甲公司将某商品房开发项目发包给乙公司，工程款到期后甲公司无力支付，遂与乙公司签订《抵债协议》，约定甲公司将开发项目中的 A 楼卖给乙公司，以购房款折抵工程款。此前甲公司已将 A 楼出租给丙公司并交付，租期为 10 年，但甲公司并未告知乙公司。甲公司与乙公司办理 A 楼所有权转移登记后，丙公司拒不支付租金。据查，甲公司并未告知乙公司 A 楼的租赁情况。对此，下列说法正确的是：

    A.《抵债协议》于办理 A 楼所有权转移登记时生效

    B. 甲公司应向乙公司承担违约责任

    C. 丙公司应向甲公司支付剩余租金

    D. 甲公司应对乙公司无法收取的租金承担连带保证责任

### 考点57 合同履行中的抗辩权

**238.** `2008/3/57/多`

某热电厂从某煤矿购煤 200 吨，约定交货期限为 2007 年 9 月 30 日，付款期限为 2007 年 10 月 31 日。9 月底，煤矿交付 200 吨煤，热电厂经检验发现煤的含硫量远远超过约定标准，根据政府规定不能在该厂区燃烧。基于上述情况，热电厂的哪些主张有法律依据？

    A. 行使顺序履行抗辩权

    B. 要求煤矿承担违约责任

    C. 行使不安抗辩权

    D. 解除合同

**239.** `2009/3/10/单`

甲公司与乙公司签订服装加工合同，约定乙公司支付预付款一万元，甲公司加工服装 1000 套，3 月 10 日交货，乙公司 3 月 15 日支付余款九万元。3 月 10 日，甲公司仅加工服装 900 套，乙公司此时因濒临破产致函甲公司表示无力履行合同。下列哪一说法是正确的？

    A. 因乙公司已支付预付款，甲公司无权中止履行合同

    B. 乙公司有权以甲公司仅交付 900 套服装为由，拒绝支付任何货款

    C. 甲公司有权以乙公司已不可能履行合同为由，请求乙公司承担违约责任

    D. 因乙公司丧失履行能力，甲公司可行使顺序履行抗辩权

**240.** `2010/3/13/单`

甲、乙订立一份价款为十万元的图书买卖合同，约定甲先支付书款，乙两个月后交付图书。甲由于资金周转困难只交付五万元，答应余款尽快支付，但乙不同意。两个月后甲要求乙交付图书，遭乙拒绝。对此，下列一表述是正确的？

    A. 乙对甲享有同时履行抗辩权

    B. 乙对甲享有不安抗辩权

    C. 乙有权拒绝交付全部图书

    D. 乙有权拒绝交付与五万元书款价值相当的部分图书

**241.** `2011/3/14/单`

2011 年 5 月 6 日，甲公司与乙公司签约，约定甲公司于 6 月 1 日付款，乙公司 6 月 15 日交付"连升"牌自动扶梯。合同签订后 10 日，乙公司销售他人的"连升"牌自动扶梯发生重大安全事故，质监局介入调查。合同签订后 20 日，甲、乙、丙公司三方合意，由丙公司承担付款义务。丙公司 6 月 1 日未付款。下列哪一表述是正确的？

    A. 甲公司有权要求乙公司交付自动扶梯

    B. 丙公司有权要求乙公司交付自动扶梯

    C. 丙公司有权行使不安抗辩权

    D. 乙公司有权要求甲公司和丙公司承担连带债务

**242.** `2014/3/12/单`

甲公司向乙公司购买小轿车，约定 7 月 1 日预付 10 万元，10 月 1 日预付 20 万元，12 月 1 日乙公司交车时付清尾款。甲公司按时预付第一笔

款。乙公司于 9 月 30 日发函称因原材料价格上涨，需提高小轿车价格。甲公司于 10 月 1 日拒绝，等待乙公司答复未果后于 10 月 3 日向乙公司汇去 20 万元。乙公司当即拒收，并称甲公司迟延付款构成违约，要求解除合同，甲公司则要求乙公司继续履行。下列哪一表述是正确的？

    A. 甲公司不构成违约
    B. 乙公司有权解除合同
    C. 乙公司可行使先履行抗辩权
    D. 乙公司可要求提高合同价格

**243.** 2015/3/10/单

甲与乙公司签订的房屋买卖合同约定："乙公司收到首期房款后，向甲交付房屋和房屋使用说明书；收到二期房款后，将房屋过户给甲。"甲交纳首期房款后，乙公司交付房屋但未立即交付房屋使用说明书。甲以此为由行使先履行抗辩权而拒不支付二期房款。下列哪一表述是正确的？

    A. 甲的做法正确，因乙公司未完全履行义务
    B. 甲不应行使先履行抗辩权，而应行使不安抗辩权，因乙公司有不能交付房屋使用说明书的可能性
    C. 甲可主张解除合同，因乙公司未履行义务
    D. 甲不能行使先履行抗辩权，因甲的付款义务与乙公司交付房屋使用说明书不形成主给付义务对应关系

**244.** 2022 回忆/多

甲公司向乙公司购买一批货物，约定 6 月 30 日交货，甲公司支付货款 500 万元。同时还约定，任何一方履行迟延，需要向对方支付 10 万元的违约金，货物由乙公司负责办理托运。后乙公司未能在 6 月 30 日交货，甲公司也未支付货款。7 月 30 日，乙公司将该批货物交给承运人丙公司承运，运输途中，遭遇山体滑坡，货物全部损毁。下列哪些说法是正确的？

    A. 乙公司有权要求甲公司支付 10 万元迟延履行的违约金
    B. 甲公司不需要承担迟延支付货款的违约责任
    C. 对于货物损毁，甲公司无权请求乙公司承担赔偿责任
    D. 丙公司应将收取的运费退还乙公司

**考点58 情势变更**

**245.** 2012/3/11/单

甲与乙教育培训机构就课外辅导达成协议，约定甲交费 5 万元，乙保证甲在接受乙的辅导后，高考分数能达到二本线。若未达到该目标，全额退费。结果甲高考成绩仅达去年二本线，与今年高考

二本线尚差 20 分。关于乙的承诺，下列哪一表述是正确的？

    A. 属于无效格式条款
    B. 因显失公平而可变更
    C. 因情势变更而可变更
    D. 虽违背教育规律但属有效

**246.** 2012/3/60/多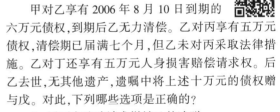

甲公司与乙公司签订商品房包销合同，约定甲公司将其开发的 10 套房屋交由乙公司包销。甲公司将其中 1 套房屋卖给丙，丙向甲公司支付了首付款 20 万元。后因国家出台房地产调控政策，丙不具备购房资格，甲公司与丙之间的房屋买卖合同不能继续履行。下列哪些表述是正确的？

    A. 甲公司将房屋出卖给丙的行为属于无权处分
    B. 乙公司有权请求甲公司承担违约责任
    C. 丙有权请求解除合同
    D. 甲公司只需将 20 万元本金返还给丙

# 专题十五 合同的保全

**考点59 合同的保全：债权人代位权与债权人撤销权**

**247.** 2010/3/58/多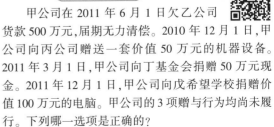

甲对乙享有 2006 年 8 月 10 日到期的六万元债权，到期后乙无力清偿。乙对丙享有五万元债权，清偿期已届满七个月，但乙未对丙采取法律措施。乙对丁还享有五万元人身损害赔偿请求权。后乙去世，无其他遗产，遗嘱中将上述十万元的债权赠与戊。对此，下列哪些选项是正确的？

    A. 甲可向法院请求撤销乙的遗赠
    B. 在乙去世前，甲可直接向法院请求丙向自己清偿
    C. 在乙去世前，甲可直接向法院请求丁向自己清偿
    D. 如甲行使代位权胜诉，行使代位权的诉讼费用和其他费用都应该从乙财产中支付

**248.** 2012/3/15/单

甲公司在 2011 年 6 月 1 日欠乙公司货款 500 万元，届期无力清偿。2010 年 12 月 1 日，甲公司向丙公司赠送一套价值 50 万元的机器设备。2011 年 3 月 1 日，甲公司向丁基金会捐赠 50 万元现金。2011 年 12 月 1 日，甲公司向戊希望学校捐赠价值 100 万元的电脑。甲公司的 3 项赠与行为均尚未履行。下列哪一选项是正确的？

    A. 乙公司有权撤销甲公司对丙公司的赠与
    B. 乙公司有权撤销甲公司对丁基金会的捐赠

C. 乙公司有权撤销甲公司对戊学校的捐赠

D. 甲公司有权撤销对戊学校的捐赠

**249.** 2012/3/59/多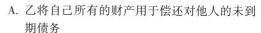

甲公司对乙公司享有 5 万元债权,乙公司对丙公司享有 10 万元债权。如甲公司对丙公司提起代位权诉讼,则针对甲公司,丙公司的下列哪些主张具有法律依据?

A. 有权主张乙公司对甲公司的抗辩

B. 有权主张丙公司对乙公司的抗辩

C. 有权主张代位权行使中对甲公司的抗辩

D. 有权要求法院追加乙公司为共同被告

**250.** 2013/3/90/任

材料①:2012 年 2 月,甲公司与其全资子公司乙公司签订了《协议一》,约定甲公司将其建设用地使用权用于抵偿其欠乙公司的 2000 万元债务,并约定了仲裁条款。但甲公司未依约将该用地使用权过户到乙公司名下,而是将之抵押给不知情的银行以获贷款,办理了抵押登记。

材料②:同年 4 月,甲公司、丙公司与丁公司签订了《协议二》,约定甲公司欠丁公司的 5000 万元债务由丙公司承担,且甲公司法定代表人张某为该笔债务提供保证,但未约定保证方式和期间。曾为该 5000 万元负债提供房产抵押担保的李某对《协议二》并不知情。同年 5 月,丁公司债权到期。

材料③:同年 6 月,丙公司丧失偿债能力。丁公司查知乙公司作为丙公司的股东(非发起人),对丙公司出资不实,尚有 3000 万元未注入丙公司。同年 8 月,乙公司既不承担出资不实的赔偿责任,又怠于向甲公司主张权利。

材料④:同年 10 月,甲公司股东戊公司与己公司签订了《协议三》,约定戊公司将其对甲公司享有的 60%股权低价转让给己公司,戊公司承担甲公司此前的所有负债。

根据材料①、材料②和材料③,如丁公司向甲公司提起 3000 万元代位权诉讼,甲公司认为丁公司不能提起代位权之诉的下列抗辩理由中不能成立的是:

A. 甲公司对乙公司的债务是过户建设用地使用权,而非金钱债务

B.《协议一》有仲裁条款

C. 乙公司多次发函给甲公司要求清偿债务

D.《协议一》的 2000 万元数额低于乙公司出资不实的 3000 万元

**251.** 2016/3/58/多

乙向甲借款 20 万元,借款到期后,乙的下列哪些行为导致无力偿还甲的借款时,甲可申请法院予以撤销?

A. 乙将自己所有的财产用于偿还对他人的未到期债务

B. 乙与其债务人约定放弃对债务人财产的抵押权

C. 乙在离婚协议中放弃对家庭共有财产的分割

D. 乙父去世,乙放弃对父亲遗产的继承权

**252.** 2017/3/58/多

甲欠乙 30 万元到期后,乙多次催要未果。甲与丙结婚数日后即办理离婚手续,在《离婚协议书》中约定将甲婚前的一处住房赠与知悉甲欠乙债务的丙,并办理了所有权变更登记。乙认为甲侵害了自己的权益,聘请律师向法院起诉,请求撤销甲的赠与行为,为此向律师支付代理费 2 万元。下列哪些选项是正确的?

A.《离婚协议书》因恶意串通损害第三人利益而无效

B. 如甲证明自己有稳定工资收入及汽车等财产可供还债,法院应驳回乙的诉讼请求

C. 如乙仅以甲为被告,法院应追加丙为被告

D. 如法院认定乙的撤销权成立,应一并支持乙提出的由甲承担律师代理费的请求

**253.** 2019 回忆/多

甲公司欠乙公司和丙公司的债务均无法全部偿还。经查,甲公司名下有一辆汽车和一套房屋。乙公司派公关人员到甲公司,找到甲公司负责人,说干脆就将房屋与汽车都抵押给乙公司,正好还乙公司的债务,不然也是要被丙公司拿去。甲公司同意,并与乙公司签订了抵押合同。后来,甲公司无法清偿债务,乙公司主张实现抵押权。对此,下列哪些说法是正确的?

A. 甲、乙公司之间的抵押合同因未办理登记而不生效

B. 甲、乙公司之间的抵押合同无效

C. 丙公司可撤销甲、乙公司之间的行为

D. 汽车和房屋的所有权依然属于甲公司

**254.** 2023 回忆/任

甲公司欠乙公司 1 亿元货款即将到期,由于担心公司的重要财产被执行,遂和丙公司合谋,将价值 9000 万元的公司资产以 4000 万元的价格转让给丙公司。关于乙公司的救济,下列说法正确的是:

A. 乙公司有权请求法院撤销甲公司与丙公司之间的买卖合同

B. 乙公司有权请求确认甲公司与丙公司之间的买卖合同无效

C. 如果乙公司起诉撤销甲公司与丙公司之间的

买卖合同,应当自撤销事由发生之日起的 1 年内起诉

D. 如果乙公司请求确认甲公司与丙公司之间的买卖合同无效,则不受 3 年诉讼时效的限制

# 专题十六 保证和定金(债权性担保)

**考点60 定金**

**255.** 2010/3/14/单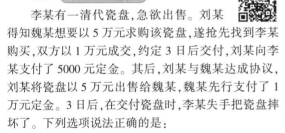

甲、乙约定:甲将 100 吨汽油卖给乙,合同签订后三天交货,交货后十天内付货款。还约定,合同签订后乙应向甲支付十万元定金,合同在支付定金时生效。合同订立后,乙未交付定金,甲按期向乙交付了货物,乙到期未付款。对此,下列哪一表述是正确的?

A. 甲可请求乙支付定金

B. 乙未支付定金不影响买卖合同的效力

C. 甲交付汽油使得定金合同生效

D. 甲无权请求乙支付价款

**256.** 2022 回忆/任

李某有一清代瓷盘,急欲出售。刘某得知魏某想要以 5 万元求购该瓷盘,遂抢先找到李某购买,双方以 1 万元成交,约定 3 日后交付,刘某向李某支付了 5000 元定金。其后,刘某与魏某达成协议,刘某将瓷盘以 5 万元出售给魏某,魏某先行支付了 1 万元定金。3 日后,在交付瓷盘时,李某失手把瓷盘摔坏了。下列选项说法正确的是:

A. 刘某应向魏某就 1 万的定金双倍返还

B. 李某应向刘某就 5000 元的定金双倍返还

C. 李某不需要就刘某支付的定金承担双倍返还的责任

D. 刘某可以请求法院减少双倍赔偿金额

**考点61 保证合同的成立及保证方式**

**257.** 2008/3/53/多

甲向乙借款 5 万元,乙要求甲提供担保,甲分别找到友人丙、丁、戊、己,他们各自作出以下表示,其中哪些构成保证?

A. 丙在甲向乙出具的借条上签署"保证人丙"

B. 丁向乙出具字据称"如甲到期不向乙还款,本人愿代还 3 万元"

C. 戊向乙出具字据称"如甲到期不向乙还款,由本人负责"

D. 己向乙出具字据称"如甲到期不向乙还款,由本人以某处私房抵债"

**258.** 2011/3/11/单

甲乙双方拟订的借款合同约定:甲向

乙借款 11 万元,借款期限为 1 年。乙在签字之前,要求甲为借款合同提供担保。丙应甲要求同意担保,并在借款合同保证人一栏签字,保证期间为 1 年。甲将有担保签字的借款合同交给乙。乙要求从 11 万元中预先扣除 1 万元利息,同时将借款期限和保证期间均延长为 2 年。甲应允,双方签字,乙依约将 10 万元交付给甲。下列哪一表述是正确的?

A. 丙的保证期间为 1 年

B. 丙无须承担保证责任

C. 丙应承担连带保证责任

D. 丙应对 10 万元本息承担保证责任

**259.** 2011/3/59/多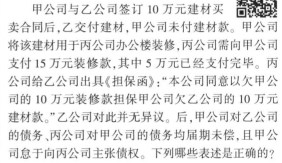

甲公司与乙公司签订 10 万元建材买卖合同后,乙交付建材,甲公司未付建材款。甲公司将该建材用于丙公司办公楼装修,丙公司需向甲公司支付 15 万元装修款,其中 5 万元已经支付完毕。丙公司给乙公司出具《担保函》:"本公司同意以欠甲公司的 10 万元装修款担保甲公司欠乙公司的 10 万元建材款。"乙公司对此并无异议。后,甲公司对乙公司的债务、丙公司对甲公司的债务均届期未偿,且甲公司怠于向丙公司主张债权。下列哪些表述是正确的?

A. 乙公司对丙公司享有应收账款质权

B. 丙公司应对乙公司承担保证责任

C. 乙公司可以对丙公司提起代位权诉讼

D. 乙公司可以要求并存债务承担人丙公司清偿债务

**260.** 2014/3/15/单

张某从甲银行分支机构乙支行借款 20 万元,李某提供保证担保。李某和甲银行又特别约定,如保证人不履行保证责任,债权人有权直接从保证人在甲银行及其支行处开立的任何账户内扣收。届期,张某、李某均未还款,甲银行直接从李某在甲银行下属的丙支行账户内扣划了 18 万元存款用于偿还张某的借款。下列哪一表述是正确的?

A. 李某与甲银行关于直接在账户内扣划款项的约定无效

B. 李某无须承担保证责任

C. 乙支行收回 20 万元全部借款本金和利息之前,李某不得向张某追偿

D. 乙支行应以自己的名义向张某行使追索权

**261.** 2015/3/13/单

方某、李某、刘某和张某签订借款合同,约定:"方某向李某借款 100 万元,刘某提供房屋抵押,张某提供保证。"除李某外其他人都签了字。刘某先把房本交给了李某,承诺过几天再作抵押登记。李某交付 100 万元后,方某到期未还款。下列哪一选

项是正确的?

  A. 借款合同不成立

  B. 方某应返还不当得利

  C. 张某应承担保证责任

  D. 刘某无义务办理房屋抵押登记

**262.** <u>2015/3/57/多</u>

根据甲公司的下列哪些《承诺(保证)函》,如乙公司未履行义务,甲公司应承担保证责任?

  A. 承诺:"积极督促乙公司还款,努力将丙公司的损失降到最低"

  B. 承诺:"乙公司向丙公司还款,如乙公司无力还款,甲公司愿代为清偿"

  C. 保证:"乙公司实际投资与注册资金相符"。实际上乙公司实际投资与注册资金不符

  D. 承诺:"指定乙公司与丙公司签订保证合同"。乙公司签订了保证合同但拒不承担保证责任

**263.** <u>2022 回忆/单</u>

甲公司向乙公司借款,丁公司在不超过 2200 万元的范围内对该借款承担担保责任。在约定期限内,甲公司一共向乙公司借款 2015 万元。核算完毕后,乙公司表示,免去其中的零头 15 万元,甲公司未作任何表示。经查,甲公司将借款中的 500 万元送给了丙公司,用来资助丙公司的项目运营,但未通知丁公司。下列哪一项说法是正确的?

  A. 丁公司对 2015 万元承担保证责任

  B. 丁公司对 2000 万元承担保证责任

  C. 丁公司对 1500 万元承担保证责任

  D. 甲公司将 500 万元送给丙公司未经过丁公司的同意,无效

**考点62** 保证人及其权利

**264.** <u>2011/3/54/多</u>

甲公司从乙公司采购 10 袋菊花茶,约定:"在乙公司交付菊花茶后,甲公司应付货款 10 万元。"丙公司提供担保函:"若甲公司不依约付款,则由丙公司代为支付。"乙公司交付的菊花茶中有 2 袋经过硫磺熏蒸,无法饮用,价值 2 万元。乙公司要求甲公司付款未果,便要求丙公司付款 10 万元。下列哪些表述是正确的?

  A. 如丙公司知情并向乙公司付款 10 万元,则丙公司只能向甲公司追偿 8 万元

  B. 如丙公司不知情并向乙公司付款 10 万元,则乙公司会构成不当得利

  C. 如甲公司付款债务诉讼时效已过,丙公司仍向乙公司付款 8 万元,则丙公司不得向甲公司追偿

  D. 如丙公司放弃对乙公司享有的先诉抗辩权,

仍向乙公司付款 8 万元,则丙公司不得向甲公司追偿

**考点63** 共同保证

**265.** <u>2012/3/55/多</u>

甲公司向乙银行借款 100 万元,丙、丁以各自房产分别向乙银行设定抵押,戊、已分别向乙银行出具承担全部责任的担保函,承担保证责任。下列哪些表述是正确的?

  A. 乙银行可以就丙或者丁的房产行使抵押权

  B. 丙承担担保责任后,可向甲公司追偿,也可要求丁清偿其应承担的份额

  C. 乙银行可以要求戊或者已承担全部保证责任

  D. 戊承担保证责任后,可向甲公司追偿,也可要求已清偿其应承担的份额

**266.** <u>2019 回忆/多</u>

甲向乙借款 1000 万元,丙在借款合同中的保证栏签字,但没有约定保证方式,丁以自有的房屋对甲的借款向乙进行了抵押。下列说法正确的是:

  A. 丙承担责任后可以向甲追偿

  B. 丙以一般保证承担保证责任

  C. 丁承担责任后可以向甲追偿

  D. 丁承担责任后可以向丙追偿

**考点64** 保证期间与保证债务的诉讼时效

**267.** <u>2013/3/88/任</u>

材料①:2012 年 2 月,甲公司与其全资子公司乙公司签订了《协议一》,约定甲公司将其建设用地使用权用于抵偿其欠乙公司的 2000 万元债务,并约定了仲裁条款。但甲公司未依约将该用地使用权过户到乙公司名下,而是将之抵押给不知情的银行以获贷款,办理了抵押登记。

材料②:同年 4 月,甲公司、丙公司与丁公司签订了《协议二》,约定甲公司欠丁公司的 5000 万元债务由丙公司承担,且甲公司法定代表人张某为该笔债务提供保证,但未约定保证方式和期间。曾为该 5000 万元负债提供房产抵押担保的李某对《协议二》并不知情。同年 5 月,丁公司债权到期。

材料③:同年 6 月,丙公司丧失偿债能力。丁公司查知乙公司作为丙公司的股东(非发起人),对丙公司出资不实,尚有 3000 万元未注入丙公司。同年 8 月,乙公司既不承担出资不实的赔偿责任,又怠于向甲公司主张权利。

材料④:同年 10 月,甲公司股东戊公司与已公司签订了《协议三》,约定戊公司将其对甲公司享有的 60% 股权低价转让给已公司,戊公司承担甲公司此前的所有负债。

关于《协议二》中张某的保证期间和保证债务诉讼时效，下列表述正确的是：

A. 保证期间为 2012 年 5 月起 6 个月

B. 保证期间为 2012 年 5 月起 2 年

C. 保证债务诉讼时效从 2012 年 5 月起算

D. 保证债务诉讼时效从 2012 年 11 月起算

**268.** 2014/3/10/单 新法改编

甲公司与乙公司达成还款计划书，约定在 2012 年 7 月 30 日归还 100 万元、8 月 30 日归还 200 万元，9 月 30 日归还 300 万元。丙公司对三笔还款提供连带责任保证，但未约定保证期间。后甲公司同意乙公司将三笔还款均顺延 3 个月，丙公司对此不知情。乙公司一直未还款，甲公司仅于 2013 年 3 月 15 日起诉要求丙公司承担保证责任。关于丙公司保证责任，下列哪一表述是正确的？

A. 丙公司保证担保的主债权为 300 万元

B. 丙公司保证担保的主债权为 500 万元

C. 丙公司保证担保的主债权为 600 万元

D. 因延长还款期限未经保证人同意，丙公司不再承担保证责任

# 专题十七　合同的变更、转让和权利义务终止

**考点65** 合同的变更

**269.** 2014/3/90/任

张某、方某共同出资，分别设立甲公司和丙公司。2013 年 3 月 1 日，甲公司与乙公司签订了开发某房地产项目的《合作协议一》，约定如下："甲公司将丙公司 10% 的股权转让给乙公司，乙公司在协议签订之日起三日内向甲公司支付首付款 4000 万元，尾款 1000 万元在次年 3 月 1 日之前付清。首付款用于支付丙公司从某国土部门购买 A 地块土地使用权。如协议签订之日起三个月内丙公司未能获得 A 地块土地使用权致双方合作失败，乙公司有权终止协议。"

《合作协议一》签订后，乙公司经甲公司指示向张某、方某支付了 4000 万元首付款。张某、方某配合甲公司将丙公司的 10% 的股权过户给了乙公司。

2013 年 5 月 1 日，因张某、方某未将前述 4000 万元支付给丙公司致其未能向某国土部门及时付款，A 地块土地使用权被收回挂牌卖掉。

2013 年 6 月 4 日，乙公司向甲公司发函："鉴于土地使用权已被国土部门收回，故我公司终止协议，请贵公司返还 4000 万元。"甲公司当即回函："我公司已把股权过户到贵公司名下，贵公司无权终止协议，请贵公司依约支付 1000 万元尾款。"

2013 年 6 月 8 日，张某、方某与乙公司签订了《合作协议二》，对继续合作开发房地产项目做了新的安排，并约定："本协议签订之日，《合作协议一》自动作废。"丁公司经甲公司指示，向乙公司送达了《承诺函》："本公司代替甲公司承担 4000 万元的返还义务。"乙公司对此未置可否。

关于张某、方某与乙公司签订的《合作协议二》，下列表述正确的是：

A. 有效

B. 无效

C. 可变更

D.《合作协议一》被《合作协议二》取代

**考点66** 合同权利的概括转移

**270.** 2009/3/3/单

甲公司分立为乙丙两公司，约定由乙公司承担甲公司全部债务的清偿责任，丙公司继受甲公司全部债权。关于该协议的效力，下列哪一选项是正确的？

A. 该协议仅对乙丙两公司具有约束力，对甲公司的债权人并非当然有效

B. 该协议无效，应当由乙丙两公司对甲公司的债务承担连带清偿责任

C. 该协议有效，甲公司的债权人只能请求乙公司对甲公司的债务承担清偿责任

D. 该协议效力待定，应当由甲公司的债权人选择分立后的公司清偿债务

**271.** 2013/3/59/多

债的法定移转指依法使债权债务由原债权债务人转移给新的债权债务人。下列哪些选项属于债的法定移转的情形？

A. 保险人对第三人的代位求偿权

B. 企业发生合并或者分立时对原债权债务的承担

C. 继承人在继承遗产范围内对被继承人生前债务的清偿

D. 根据买卖不破租赁规则，租赁物的受让人对原租赁合同的承受

**考点67** 债权转让与债务承担

**272.** 2010/3/57/多

甲向乙借款 300 万元于 2008 年 12 月 30 日到期，丁提供保证担保，丁仅对乙承担保证责任。后丁从甲处购买价值 50 万元的货物，双方约定 2009 年 1 月 1 日付款。2008 年 10 月 1 日，乙将债权让与丙，并于同月 15 日通知甲，但未告知丁。对此，下列哪些选项是正确的？

A. 2008 年 10 月 1 日债权让与在乙丙之间生效

B. 2008 年 10 月 15 日债权让与对甲生效

C. 2008 年 10 月 15 日甲可向丙主张抵销 50 万元

D. 2008 年 10 月 15 日后丁的保证债务继续有效

**273.** 2011/3/12/单

甲公司对乙公司享有 10 万元债权,乙公司对丙公司享有 20 万元债权。甲公司将其债权转让给丁公司并通知了乙公司,丙公司未经乙公司同意,将其债务转移给戊公司。如丁公司对戊公司提起代位权诉讼,戊公司下列哪一抗辩理由能够成立?

A. 甲公司转让债权未获乙公司同意

B. 丙公司转移债务未经乙公司同意

C. 乙公司已经要求戊公司偿还债务

D. 乙公司、丙公司之间的债务纠纷有仲裁条款约束

**274.** 2012/3/13/单

甲将其对乙享有的 10 万元货款债权转让给丙,丙再转让给丁,乙均不知情。乙将债务转让给戊,得到了甲的同意。丁要求乙履行债务,乙以其不知情为由抗辩。下列哪一表述是正确的?

A. 甲将债权转让给丙的行为无效

B. 丙将债权转让给丁的行为无效

C. 乙将债务转让给戊的行为无效

D. 如乙清偿 10 万元债务,则享有对戊的求偿权

**275.** 2012/3/88/任

甲公司将 1 台挖掘机出租给乙公司,为担保乙公司依约支付租金,丙公司担任保证人,丁公司以机器设备设置抵押。乙公司欠付 10 万元租金时,经甲公司、丙公司和丁公司口头同意,将 6 万元租金债务转让给戊公司。之后,乙公司为现金周转将挖掘机分别以 45 万元和 50 万元的价格先后出卖给丙公司和丁公司,丙公司和丁公司均已付款,但乙公司没有依约交付挖掘机。

因乙公司一直未向甲公司支付租金,甲公司便将挖掘机以 48 万元的价格出卖给王某,约定由乙公司直接将挖掘机交付给王某,王某首期付款 20 万元,尾款 28 万元待收到挖掘机后支付。此事,甲公司通知了乙公司。

王某未及取得挖掘机便死亡。王某临终立遗嘱,其遗产由其子大王和小王继承,遗嘱还指定小王为遗嘱执行人。因大王一直在外地工作,同意王某遗产由小王保管,没有进行遗产分割。在此期间,小王将挖掘机出卖给方某,没有征得大王的同意。

在乙公司将 6 万元租金债务转让给戊公司之后,关于丙公司和丁公司的担保责任,下列表述正确的是:

A. 丙公司仅需对乙公司剩余租金债务承担担保责任

B. 丁公司仅需对乙公司剩余租金债务承担担保责任

C. 丙公司仍应承担全部担保责任

D. 丁公司仍应承担全部担保责任

**276.** 2013/3/5/单

甲公司与乙银行签订借款合同,约定借款期限自 2010 年 3 月 25 日起至 2011 年 3 月 24 日止。乙银行未向甲公司主张过债权,直至 2013 年 4 月 15 日,乙银行将该笔债权转让给丙公司并通知了甲公司。2013 年 5 月 16 日,丁公司通过公开竞拍购买并接管了甲公司。下列哪一选项是正确的?

A. 因乙银行转让债权通知了甲公司,故甲公司不得对丙公司主张诉讼时效的抗辩

B. 甲公司债务的诉讼时效从 2013 年 4 月 15 日起中断

C. 丁公司债务的诉讼时效从 2013 年 5 月 16 日起中断

D. 丁公司有权向丙公司主张诉讼时效的抗辩

**277.** 材料①:2012 年 2 月,甲公司与其全资子公司乙公司签订了《协议一》,约定甲公司将其建设用地使用权用于抵偿其欠乙公司的 2000 万元债务,并约定了仲裁条款。但甲公司未依约将该用地使用权过户到乙公司名下,而是将之抵押给不知情的银行以获贷款,办理了抵押登记。

材料②:同年 4 月,甲公司、丙公司与丁公司签订了《协议二》,约定甲公司欠丁公司的 5000 万元债务由丙公司承担,且甲公司法定代表人张某为该笔债务提供保证,但未约定保证方式和期间。曾为该 5000 万元负债提供房产抵押担保的李某对《协议二》并不知情。同年 5 月,丁公司债权到期。

材料③:同年 6 月,丙公司丧失偿债能力。丁公司查知乙公司作为丙公司的股东(非发起人),对丙公司出资不实,尚有 3000 万元未注入丙公司。同年 8 月,乙公司既不承担出资不实的赔偿责任,又怠于向甲公司主张权利。

材料④:同年 10 月,甲公司股东戊公司与己公司签订了《协议三》,约定戊公司将其对甲公司享有的 60% 股权低价转让给己公司,戊公司承担甲公司此前的所有负债。请回答第(1)、(2)题。

（1）2013/3/87/任

根据材料②,如丁公司主张债权,下列表述正确的是:

A. 丁公司有权向张某主张

B. 丁公司有权向李某主张

C. 丁公司有权向甲公司主张

D. 丁公司有权向丙公司主张

（2）<u>2013/3/91/任</u>

根据材料④，关于《协议三》中债务承担的法律效力，下列表述正确的是：

A. 如未通知甲公司债权人，对甲公司债权人不发生效力

B. 如未经甲公司债权人同意，对甲公司债权人不发生效力

C. 因戊公司、己公司恶意串通而无效

D. 对戊公司、己公司有效

**278.** <u>2014/3/91/任</u>

张某、方某共同出资，分别设立甲公司和丙公司。2013年3月1日，甲公司与乙公司签订了开发某房地产项目的《合作协议一》，约定如下："甲公司将丙公司10%的股权转让给乙公司，乙公司在协议签订之日起三日内向甲公司支付首付款4000万元，尾款1000万元在次年3月1日之前付清。首付款用于支付丙公司从某国土部门购买A地块土地使用权。如协议签订之日起三个月内丙公司未能获得A地块土地使用权致双方合作失败，乙公司有权终止协议。"

《合作协议一》签订后，乙公司经甲公司指示向张某、方某支付了4000万元首付款。张某、方某配合甲公司将丙公司的10%的股权过户给了乙公司。

2013年5月1日，因张某、方某未将前述4000万元支付给丙公司致其未能向某国土部门及时付款，A地块土地使用权被收回挂牌卖掉。

2013年6月4日，乙公司向甲公司发函："鉴于土地使用权已被国土部门收回，故我公司终止协议，请贵公司返还4000万元。"甲公司当即回函："我公司已把股权过户到贵公司名下，贵公司无权终止协议，请贵公司依约支付1000万元尾款。"

2013年6月8日，张某、方某与乙公司签订了《合作协议二》，对继续合作开发房地产项目做了新的安排，并约定："本协议签订之日，《合作协议一》自动作废。"丁公司经甲公司指示，向乙公司送达了《承诺函》："本公司代替甲公司承担4000万元的返还义务。"乙公司对此未置可否。

关于丁公司的《承诺函》，下列表述正确的是：

A. 构成单方允诺

B. 构成保证

C. 构成并存的债务承担

D. 构成免责的债务承担

**279.** <u>2015/3/12/单</u>

甲、乙两公司签订协议，约定甲公司向乙公司采购面包券。双方交割完毕，面包券上载明"不记名、不挂失，凭券提货"。甲公司将面包券转让给张某，后张某因未付款等原因被判处合同诈骗罪。

面包券全部流入市场。关于协议和面包券的法律性质，下列哪一表述是正确的？

A. 面包券是一种物权凭证

B. 甲公司有权解除与乙公司的协议

C. 如甲公司通知乙公司停止兑付面包券，乙公司应停止兑付

D. 如某顾客以合理价格从张某处受让面包券，该顾客有权请求乙公司兑付

**280.** <u>2015/3/88/任</u>

甲公司、乙公司签订的《合作开发协议》约定，合作开发的A区房屋归甲公司、B区房屋归乙公司。乙公司与丙公司签订《委托书》，委托丙公司对外销售房屋。《委托书》中委托人签字盖章处有乙公司盖章和法定代表人王某签字，王某同时也是甲公司法定代表人。张某查看《合作开发协议》和《委托书》后，与丙公司签订《房屋预订合同》，约定："张某向丙公司预付房款30万元，购买A区房屋一套。待取得房屋预售许可证后，双方签订正式合同。"丙公司将房款用于项目投资，全部亏损。后王某向张某出具《承诺函》：如张某不闹事，将协调甲公司卖房给张某。但甲公司取得房屋预售许可后，将A区房屋全部卖与他人。张某要求甲公司、乙公司和丙公司退回房款。张某与李某签订《债权转让协议》，将该债权转让给李某，通知了甲、乙、丙三公司。因李某未按时支付债权转让款，张某又将债权转让给方某，也通知了甲、乙、丙三公司。

关于30万元预付房款，下列表述正确的是：

A. 由丙公司退给李某

B. 由乙公司和丙公司退给李某

C. 由丙公司退给方某

D. 由乙公司和丙公司退给方某

**281.** <u>2017/3/9/单</u>

甲经乙公司股东丙介绍购买乙公司矿粉，甲依约预付了100万元货款，乙公司仅交付部分矿粉，经结算欠甲50万元货款。乙公司与丙商议，由乙公司和丙以欠款人的身份向甲出具欠条。其后，乙公司未按期支付。关于丙在欠条上签名的行为，下列哪一选项是正确的？

A. 构成第三人代为清偿

B. 构成免责的债务承担

C. 构成并存的债务承担

D. 构成无因管理

**考点68** 合同的消灭：合同解除

**282.** <u>2009/3/11/单</u>

关于合同解除的表述，下列哪一选项是正确的？

A. 赠与合同的赠与人享有任意解除权

B. 承揽合同的承揽人享有任意解除权

C. 没有约定保管期间保管合同的保管人享有任意解除权

D. 中介合同的中介人享有任意解除权

**283.** 2011/3/13/单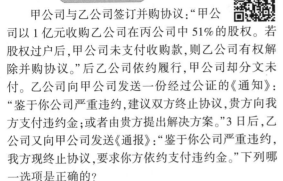

甲公司与乙公司签订并购协议："甲公司以1亿元收购乙公司在丙公司中51%的股权。若股权过户后，甲公司未支付收购款，则乙公司有权解除并购协议。"后乙公司依约履行，甲公司却分文未付。乙公司向甲公司发送一份经过公证的《通知》："鉴于你公司严重违约，建议双方终止协议，贵方向我方支付违约金；或者由贵方提出解决方案。"3日后，乙公司又向甲公司发送《通报》："鉴于你公司严重违约，我方现终止协议，要求你方依约支付违约金。"下列哪一选项是正确的？

A.《通知》送达后，并购协议解除

B.《通报》送达后，并购协议解除

C. 甲公司对乙公司解除并购协议的权利不得提出异议

D. 乙公司不能既要求终止协议，又要求甲公司支付违约金

**284.** 张某、方某共同出资，分别设立甲公司和丙公司。2013年3月1日，甲公司与乙公司签订了开发某房地产项目的《合作协议一》，约定如下："甲公司将丙公司10%的股权转让给乙公司，乙公司在协议签订之日起三日内向甲公司支付首付款4000万元，尾款1000万元在次年3月1日之前付清。首付款用于支付丙公司从某国土部门购买A地块土地使用权。如协议签订之日起三个月内丙公司未能获得A地块土地使用权致双方合作失败，乙公司有权终止协议。"

《合作协议一》签订后，乙公司经甲公司指示向张某、方某支付了4000万元首付款。张某、方某配合甲公司将丙公司的10%的股权过户给了乙公司。

2013年5月1日，因张某、方某未将前述4000万元支付给丙公司致其未能向某国土部门及时付款，A地块土地使用权被收回挂牌卖掉。

2013年6月4日，乙公司向甲公司发函："鉴于土地使用权已被国土部门收回，故我公司终止协议，请贵公司返还4000万元。"甲公司当即回函："我公司已把股权过户到贵公司名下，贵公司无权终止协议，请贵公司依约支付1000万元尾款。"

2013年6月8日，张某、方某与乙公司签订了《合作协议二》，对继续合作开发房地产项目做了新的安排，并约定："本协议签订之日，《合作协议一》自动作废。"丁公司经甲公司指示，向乙公司送达了《承诺函》："本公司代替甲公司承担4000万元的返还义

务。"乙公司对此未置可否。请回答第（1）、（2）题。

（1）2014/3/87/任

关于2013年6月4日乙公司向甲公司发函，下列表述正确的是：

A. 行使的是约定解除权

B. 行使的是法定解除权

C. 有权要求返还4000万元

D. 无权要求返还4000万元

（2）2014/3/89/任

关于甲公司的回函，下列表述正确的是：

A. 甲公司对乙公司解除合同提出了异议

B. 甲公司对乙公司提出的异议理由成立

C. 乙公司不向甲公司支付尾款构成违约

D. 乙公司可向甲公司主张不安抗辩权拒不向甲公司支付尾款

**考点69** 合同的消灭：其他方式

**285.** 2012/3/14/单

乙在甲提存机构办好提存手续并通知债权人丙后，将2台专业相机、2台天文望远镜交甲提存。后乙另行向丙履行了提存之债，要求取回提存物。但甲机构工作人员在检修自来水管道时因操作不当引起大水，致乙交存的物品严重毁损。下列哪一选项是错误的？

A. 甲机构构成违约行为

B. 甲机构应承担赔偿责任

C. 乙有权主张赔偿财产损失

D. 丙有权主张赔偿财产损失

# 专题十八　违约责任

**考点70** 违约责任的构成与免责

**286.** 2009/3/57/多

孙女士于2004年5月1日从某商场购买一套化妆品，使用后皮肤红肿出疹，就医不愈花费巨大。2005年4月，孙女士多次交涉无果将商场诉至法院。下列哪些说法是正确的？

A. 孙女士可以要求商场承担违约责任

B. 孙女士可以要求商场承担侵权责任

C. 孙女士可以要求商场承担缔约过失责任

D. 孙女士可以要求撤销合同

**287.** 2015/3/58/多

赵某从商店购买了一台甲公司生产的家用洗衣机，洗涤衣物时，该洗衣机因技术缺陷发生爆裂，叶轮飞出造成赵某严重人身损害并毁坏衣物。赵某的下列哪些诉求是正确的？

A. 商店应承担更换洗衣机或退货、赔偿衣物损失和赔偿人身损害的违约责任

B. 商店应按违约责任更换洗衣机或者退货，也可请求甲公司按侵权责任赔偿衣物损失和人身损害

C. 商店或者甲公司应赔偿因洗衣机缺陷造成的损害

D. 商店或者甲公司应赔偿物质损害和精神损害

**288.** 2021 回忆/多

张大爷有一养育多年的宠物狗，感情颇深。因为搬家，张大爷与甲公司订立了宠物托运合同，甲公司又与乙快递公司订立了运输合同。乙快递公司员工朱某为了节省成本擅自改变了运输方式导致宠物狗死亡，张大爷因伤心过度致心脏病复发住院一周。关于张大爷可采取的救济方式，下列哪些说法是正确的？

A. 要求甲公司承担违约责任

B. 要求乙公司承担违约责任

C. 要求朱某承担赔偿责任

D. 请求违约赔偿，也可以一并主张精神损害赔偿

**289.** 2023 回忆/单

甲因参加某自行车比赛，在乙处购买自行车，约定由乙运输。乙在运输途中遭遇山洪暴发，道路完全阻断，抢修数日后才通行。乙运输到目的地时，自行车比赛已经结束。对此，下列哪一说法是正确的？

A. 甲有权以合同目的无法实现为由解除合同

B. 乙应承担迟延履行的违约责任

C. 不可抗力是乙应承担的商业风险

D. 乙无权因不可抗力主张免除违约责任

**考点71** 违约责任的形式

**290.** 甲公司与乙公司签订了一份手机买卖合同，约定：甲公司供给乙公司某型号手机 1000 部，每部单价 1000 元，乙公司支付定金 30 万元，任何一方违约应向对方支付合同总价款 30% 的违约金。合同签订后，乙公司向甲公司支付了 30 万元定金，并将该批手机转售给丙公司，每部单价 1100 元，指明由甲公司直接交付给丙公司。但甲公司未按约定期间交货。请回答(1)~(3)题。

（1）2010/3/91/任

关于返还定金和支付违约金，乙公司向甲公司提出请求，下列表述正确的是：

A. 请求甲公司双倍返还定金 60 万元并支付违约金 30 万元

B. 请求甲公司双倍返还定金 40 万元并支付违约金 30 万元

C. 请求甲公司双倍返还定金 60 万元或者支付违约金 30 万元

D. 请求甲公司双倍返还定金 40 万元或者支付违约金 30 万元

（2）2010/3/92/任

关于甲公司违约时继续履行债务，下列表述错误的是：

A. 乙公司在请求甲公司支付违约金以后，就不能请求其继续履行债务

B. 乙公司在请求甲公司支付违约金的同时，还可请求其继续履行债务

C. 乙公司在请求甲公司继续履行债务以后，就不能请求其支付违约金

D. 乙公司可选择请求甲公司支付违约金，或请求其继续履行债务

（3）2010/3/93/任

关于甲、乙、丙公司间违约责任的承担，下列表述正确的是：

A. 如乙公司未向丙公司承担违约责任，则丙公司有权请求甲公司向自己承担违约责任

B. 如乙公司未向丙公司承担违约责任，则丙公司无权请求甲公司向自己承担违约责任

C. 如甲公司迟延向丙公司交货，则丙公司有权请求乙公司承担迟延交货的违约责任

D. 如甲公司迟延向丙公司交货，则丙公司无权请求乙公司承担迟延交货的违约责任

**291.** 2012/3/1/单

张某从银行贷得 80 万元用于购买房屋，并以该房屋设定了抵押。在借款期间房屋被洪水冲毁。张某尽管生活艰难，仍想方设法还清了银行贷款。对此，周围多有议论。根据社会主义法治理念和民法有关规定，下列哪一观点可以成立？

A. 甲认为，房屋被洪水冲毁属于不可抗力，张某无须履行还款义务。坚持还贷是多此一举

B. 乙认为，张某已不具备还贷能力，无须履行还款义务。坚持还贷是为难自己

C. 丙认为，张某对房屋的毁损没有过错，且此情况不止一家，银行应将贷款作坏账处理。坚持还贷是一厢情愿

D. 丁认为，张某与银行的贷款合同并未因房屋被冲毁而消灭。坚持还贷是严守合约、诚实信用

**292.** 2013/3/14/单

甲乙签订一份买卖合同，约定违约方应向对方支付 18 万元违约金。后甲违约，给乙造成损失 15 万元。下列哪一表述是正确的？

A. 甲应向乙支付违约金 18 万元，不再支付其他

B. 甲应向乙赔偿损失 15 万元,不再支付其他费用或者赔偿损失

C. 甲应向乙赔偿损失 15 万元并支付违约金 18 万元,共计 33 万元

D. 甲应向乙赔偿损失 15 万元及其利息

**293.** 2017/3/13/单

甲、乙两公司约定:甲公司向乙公司支付 5 万元研发费用,乙公司完成某专用设备的研发生产后双方订立买卖合同,将该设备出售给甲公司,价格暂定为 100 万元,具体条款另行商定。乙公司完成研发生产后,却将该设备以 120 万元卖给丙公司,甲公司得知后提出异议。下列哪一选项是正确的?

A. 甲、乙两公司之间的协议系承揽合同

B. 甲、乙两公司之间的协议系附条件的买卖合同

C. 乙、丙两公司之间的买卖合同无效

D. 甲公司可请求乙公司承担违约责任

**294.** 2023 回忆/多

王某在李某的手机店内购买一部新手机,使用一个月后出现故障,遂去张某的维修店维修,发现该手机在购买前有使用记录,属于翻新机。对此,王某的下列哪些做法是正确的?

A. 请求李某返还部分手机款

B. 解除手机买卖合同

C. 基于显失公平撤销手机买卖合同

D. 基于欺诈撤销手机买卖合同

## 专题十九　转移财产权利合同

### 考点72　买卖合同的成立与风险负担

**295.** 2013/3/61/多

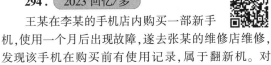

甲乙约定卖方甲负责将所卖货物运送至买方乙指定的仓库。甲如约交货,乙验收收货,但甲未将产品合格证和原产地证明文件交给乙。乙已经支付 80% 的货款。交货当晚,因山洪暴发,乙仓库内的货物全部毁损。下列哪些表述是正确的?

A. 乙应当支付剩余 20% 的货款

B. 甲未交付产品合格证与原产地证明,构成违约,但货物损失由乙承担

C. 乙有权要求解除合同,并要求甲返还已支付的 80% 货款

D. 甲有权要求乙支付剩余的 20% 货款,但应补交已经毁损的货物

**296.** 2016/3/57/多

甲公司借用乙公司的一套设备,在使用过程中不慎损坏一关键部件,于是甲公司提出买下

该套设备,乙公司同意出售。双方还口头约定在甲公司支付价款前,乙公司保留该套设备的所有权。不料在支付价款前,甲公司生产车间失火,造成包括该套设备在内的车间所有财物被烧毁。对此,下列哪些选项是正确的?

A. 乙公司已经履行了交付义务,风险责任应由甲公司负担

B. 在设备被烧毁时,所有权属于乙公司,风险责任应由乙公司承担

C. 设备虽然已经被烧毁,但甲公司仍然需要支付原定价款

D. 双方关于该套设备所有权保留的约定应采用书面形式

**297.** 2018 回忆/多

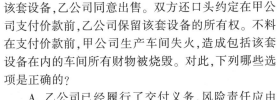

乙有一台高配电脑 A,由于使用不习惯,决定转让。甲知晓后,出于工作需要,表示愿意出原价购买,乙同意,但表示必须在甲付款后才能交付电脑。甲依约向乙支付了约定的价款,但乙在交付时却将另一台低配的电脑 B 交付给了甲。甲使用时发现,根本无法处理工作中需要的大型软件,检查后发现乙交付的电脑有问题。三天后,甲家突然意外失火,导致电脑被焚毁。关于电脑的损失承担,下列说法正确的是:

A. 甲通知乙要求解除合同后,电脑损失的风险由乙承担

B. 甲通知乙要求解除合同前,电脑损失的风险由乙承担

C. 甲通知乙要求解除合同前,电脑损失的风险由甲承担

D. 甲通知乙要求解除合同后,电脑损失的风险由甲承担

### 考点73　一物多卖

**298.** 2013/3/11/单

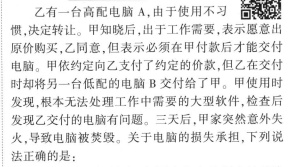

甲有件玉器,欲转让,与乙签订合同,约好 10 日后交货付款;第二天,丙见该玉器,愿以更高的价格购买,甲遂与丙签订合同,丙当即支付了 80% 的价款,约好 3 天后交货;第三天,甲又与丁订立合同,将该玉器卖给丁,并当场交付,但丁仅支付了 30% 的价款。后乙、丙均要求甲履行合同,诉至法院。下列哪一表述是正确的?

A. 应认定丁取得了玉器的所有权

B. 应支持丙要求甲交付玉器的请求

C. 应支持乙要求甲交付玉器的请求

D. 第一份合同有效,第二、三份合同均无效

**299.** 2016/3/12/单

甲为出售一台挖掘机分别与乙、丙、

丁、戊签订买卖合同,具体情形如下:2016年3月1日,甲胁迫乙订立合同,约定货到付款;4月1日,甲与丙签订合同,丙支付20%的货款;5月1日,甲与丁签订合同,丁支付全部货款;6月1日,甲与戊签订合同,甲将挖掘机交付给戊。上述买受人均要求实际履行合同,就履行顺序产生争议。关于履行顺序,下列哪一选项是正确的?

    A. 戊、丙、丁、乙
    B. 戊、丁、丙、乙
    C. 乙、丁、丙、戊
    D. 丁、戊、乙、丙

**考点74 特种买卖合同**

**300.** 2009/3/59/多

曾某购买某汽车销售公司的轿车一辆,总价款20万元,约定分10次付清,每次两万元,每月的第一天支付。曾某按期支付六次共计12万元后,因该款汽车大幅降价,曾某遂停止付款,经催告后,依然不履行。下列哪些表述是正确的?

    A. 汽车销售公司有权要求曾某一次性付清余下的8万元价款
    B. 汽车销售公司有权通知曾某解除合同
    C. 汽车销售公司有权收回汽车,并且收取曾某汽车使用费
    D. 汽车销售公司有权收回汽车,但不退还曾某已经支付的12万元价款

**301.** 2012/3/9/单

甲将其1辆汽车出卖给乙,约定价款30万元。乙先付了20万元,余款在6个月内分期支付。在分期付款期间,甲先将汽车交付给乙,但明确约定付清全款后甲才将汽车的所有权移转给乙。嗣后,甲又将该汽车以20万元的价格卖给不知情的丙,并以指示交付的方式完成交付。下列哪一表述是正确的?

    A. 在乙分期付款期间,汽车已经交付给乙,乙即取得汽车的所有权
    B. 在乙分期付款期间,汽车虽然已经交付给乙,但甲保留了汽车的所有权,故乙不能取得汽车的所有权
    C. 丙对甲、乙之间的交易不知情,可以依据善意取得制度取得汽车所有权
    D. 丙不能依甲的指示交付取得汽车所有权

**302.** 2016/3/61/多 新法改编

周某以6000元的价格向吴某出售一台电脑,双方约定五个月内付清货款,每月支付1200元,在全部价款付清前电脑所有权不转移。合同生效后,周某将电脑交给吴某使用。其间,电脑出现故障,

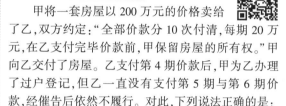

吴某将电脑交周某修理,但周某修好后以6200元的价格将该电脑出售并交付给不知情的王某。对此,下列哪些说法是正确的?

    A. 王某可以取得该电脑所有权
    B. 在吴某无力支付最后一个月的价款时,经催告后合理期限内不履行的,周某可行使取回权
    C. 如吴某未支付到期货款达1800元,经催告后合理期限内不履行的,周某可要求其一次性支付剩余货款
    D. 如吴某未支付到期货款达1800元,经催告后合理期限内不履行的,周某可要求解除合同,并要求吴某支付一定的电脑使用费

**303.** 2018回忆/多

甲将一套房屋以200万元的价格卖给了乙,双方约定:"全部价款分10次付清,每期20万元,在乙支付完毕价款前,甲保留房屋的所有权。"甲向乙交付了房屋。乙支付第4期价款后,甲为乙办理了过户登记,但乙一直没有支付第5期与第6期价款,经催告后依然不履行。对此,下列说法正确的是:

    A. 房屋所有权人依然是甲
    B. 乙已经取得房屋的所有权
    C. 甲有权请求乙一次支付剩余的全部价款
    D. 甲有权解除房屋买卖合同,并请求乙返还房屋

**考点75 商品房买卖合同**

**304.** 2012/3/10/单

甲公司未取得商铺预售许可证,便与李某签订了《商铺认购书》,约定李某支付认购金即可取得商铺优先认购权,商铺正式认购时甲公司应优先通知李某选购。双方还约定了认购面积和房价,但对楼号、房型未作约定。李某依约支付了认购金。甲公司取得预售许可后,未通知李某前来认购,将商铺售罄。关于《商铺认购书》,下列哪一表述是正确的?

    A. 无效,因甲公司未取得预售许可证即对外销售
    B. 不成立,因合同内容不完整
    C. 甲公司未履行通知义务,构成根本违约
    D. 甲公司须担承继续履行的违约责任

**305.** 2016/3/13/单

2013年甲购买乙公司开发的商品房一套,合同约定面积为135平米。2015年交房时,住建部门的测绘报告显示,该房的实际面积为150平米。对此,下列哪一说法是正确的?

    A. 房屋买卖合同存在重大误解,乙公司有权请求予以撤销

B. 甲如在法定期限内起诉请求解除房屋买卖合同,法院应予支持

C. 如双方同意房屋买卖合同继续履行,甲应按实际面积支付房款

D. 如双方同意房屋买卖合同继续履行,甲仍按约定面积支付房款

**306.** 2017/3/59/多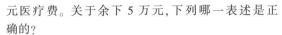

冯某与丹桂公司订立商品房买卖合同,购买了该公司开发的住宅楼中的一套住房。合同订立后,冯某发现该房屋存在问题,要求解除合同。就冯某提出的解除合同的理由,下列哪些选项是正确的?

A. 房屋套内建筑面积与合同约定面积误差比绝对值超过5%的

B. 商品房买卖合同订立后,丹桂公司未告知冯某又将该住宅楼整体抵押给第三人的

C. 房屋交付使用后,房屋主体结构质量经核验确属不合格的

D. 房屋存在质量问题,在保修期内丹桂公司拒绝修复的

**考点76 供用电、水、气、热力合同**

**307.** 2017/3/55/多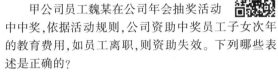

九华公司在未接到任何事先通知的情况下突然被断电,遭受重大经济损失。下列哪些情况下供电公司应承担赔偿责任?

A. 因供电设施检修中断供电

B. 为保证居民生活用电而拉闸限电

C. 因九华公司违法用电而中断供电

D. 因电线被超高车辆挂断而断电

**308.** 2014/3/60/多

甲公司与小区业主吴某订立了供热合同。因吴某要出国进修半年,向甲公司申请暂停供热未果,遂拒交上一期供热费。下列哪些表述是正确的?

A. 甲公司可以直接解除供热合同

B. 经催告吴某在合理期限内未交费,甲公司可以解除供热合同

C. 经催告吴某在合理期限内未交费,甲公司可以中止供热

D. 甲公司可以要求吴某承担违约责任

**考点77 赠与合同**

**309.** 2014/3/4/单

宗某患尿毒症,其所在单位甲公司组织员工捐款20万元用于救治宗某。此20万元存放于专门设立的账户中。宗某医治无效死亡,花了15万

元医疗费。关于余下5万元,下列哪一表述是正确的?

A. 应归甲公司所有

B. 应归宗某继承人所有

C. 应按比例退还员工

D. 应用于同类公益事业

**310.** 2014/3/61/多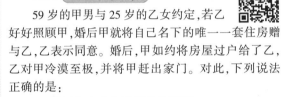

甲公司员工魏某在公司年会抽奖活动中中奖,依据活动规则,公司资助中奖员工子女次年的教育费用,如员工离职,则资助失效。下列哪些表述是正确的?

A. 甲公司与魏某成立附条件赠与

B. 甲公司与魏某成立附义务赠与

C. 如魏某次年离职,甲公司无给付义务

D. 如魏某次年未离职,甲公司在给付前可撤销资助

**311.** 2019 回忆/单

59岁的甲男与25岁的乙女约定,若乙好好照顾甲,婚后甲就将自己名下的唯一一套住房赠与乙,乙表示同意。婚后,甲如约将房屋过户给了乙,乙对甲冷漠至极,并将甲赶出家门。对此,下列说法正确的是:

A. 甲可向法院主张撤销该婚姻

B. 甲可主张与乙之间的婚姻无效

C. 甲可撤销对于乙的赠与

D. 赠与是真实意思,甲不能撤销

**考点78 借款合同**

**312.** 2015/3/51/多

自然人甲与乙签订了年利率为30%、为期1年的1000万元借款合同。后双方又签订了房屋买卖合同,约定:"甲把房屋卖给乙,房款为甲的借款本息之和。甲须在一年内以该房款分6期回购房屋。如甲不回购,乙有权直接取得房屋所有权。"乙交付借款时,甲出具收到全部房款的收据。后甲未按约定回购房屋,也未把房屋过户给乙。因房屋价格上涨至3000万元,甲主张偿还借款本息。下列哪些选项是正确的?

A. 甲乙之间是借贷合同关系,不是房屋买卖合同关系

B. 应在不超过银行同期贷款利率的四倍以内承认借款利息

C. 乙不能获得房屋所有权

D. 因甲未按约定偿还借款,应承担违约责任

**313.** 2017/3/90/任

甲服装公司与乙银行订立合同,约定

甲公司向乙银行借款300万元,用于购买进口面料。同时,双方订立抵押合同,约定甲公司以其现有的以及将有的生产设备、原材料、产品为前述借款设立抵押。借款合同和抵押合同订立后,乙银行向甲公司发放了贷款,但未办理抵押登记。之后,根据乙银行要求,丙为此项贷款提供连带责任保证,丁以一台大型挖掘机作质押并交付。

如甲公司违反合同约定将借款用于购买办公用房,则乙银行享有的权利有:

A. 提前收回借款

B. 解除借款合同

C. 请求甲公司按合同约定支付违约金

D. 对甲公司所购办公用房享有优先受偿权

### 考点79 租赁合同

**314.** 2009/3/60/多

甲将自己的一套房屋租给乙住,乙又擅自将房屋租给丙住。丙是个飞镖爱好者,因练飞镖将房屋的墙面损坏。下列哪些选项是正确的?

A. 甲有权要求解除与乙的租赁合同

B. 甲有权要求乙赔偿墙面损坏造成的损失

C. 甲有权要求丙搬出房屋

D. 甲有权要求丙支付租金

**315.** 2011/3/57/多

丁某将其所有的房屋出租给方某,方某将该房屋转租给唐某。下列哪些表述是正确的?

A. 丁某在租期内基于房屋所有权可以对方某主张返还请求权,方某可以基于其与丁某的合法的租赁关系主张抗辩权

B. 方某未经丁某同意将房屋转租,并已实际交付给唐某租用,则丁某无权请求唐某返还房屋

C. 如丁某与方某的租赁合同约定,方某未经丁某同意将房屋转租,丁某有权解除租赁合同,则在合同解除后,其有权请求唐某返还房屋

D. 如丁某与方某的租赁合同约定,方某未经丁某同意将房屋转租,丁某有权解除租赁合同,则在合同解除后,在丁某向唐某请求返还房屋时,唐某可以基于与方某的租赁关系进行有效的抗辩

**316.** 2013/3/10/单

甲与乙订立房屋租赁合同,约定租期5年。半年后,甲将该出租房屋出售给丙,但未通知乙。不久,乙以其房屋优先购买权受侵害为由,请求法院判决甲丙之间的房屋买卖合同无效。下列哪一表述是正确的?

A. 甲出售房屋无须通知乙

B. 丙有权根据善意取得规则取得房屋所有权

C. 甲侵害了乙的优先购买权,但甲丙之间的合同有效

D. 甲出售房屋应当征得乙的同意

**317.** 2014/3/14/单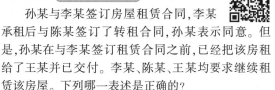

孙某与李某签订房屋租赁合同,李某承租后与陈某签订了转租合同,孙某表示同意。但是,孙某在与李某签订租赁合同之前,已经把该房租给了王某并已交付。李某、陈某、王某均要求继续租赁该房屋。下列哪一表述是正确的?

A. 李某有权要求王某搬离房屋

B. 陈某有权要求王某搬离房屋

C. 李某有权解除合同,要求孙某承担赔偿责任

D. 陈某有权解除合同,要求孙某承担赔偿责任

**318.** 2015/3/11/单

甲将房屋租给乙,在租赁期内未通知乙就把房屋出卖并过户给不知情的丙。乙得知后劝丙退出该交易,丙拒绝。关于乙可以采取的民事救济措施,下列哪一选项是正确的?

A. 请求解除租赁合同,因甲出卖房屋未通知乙,构成重大违约

B. 请求法院确认买卖合同无效

C. 主张由丙承担侵权责任,因丙侵犯了乙的优先购买权

D. 主张由甲承担赔偿责任,因甲出卖房屋未通知乙而侵犯了乙的优先购买权

**319.** 2015/3/59/多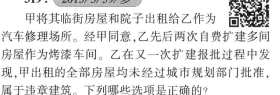

甲将其临街房屋和院子出租给乙作为汽车修理场所。经甲同意,乙先后两次自费扩建多间房屋作为烤漆车间。乙在又一次扩建报批过程中发现,甲出租的全部房屋均未经过城市规划部门批准,属于违章建筑。下列哪些选项是正确的?

A. 租赁合同无效

B. 因甲、乙对于扩建房屋都有过错,应分担扩建房屋的费用

C. 因甲未告知乙租赁物为违章建筑,乙可解除租赁合同

D. 乙可继续履行合同,待违章建筑被有关部门确认并影响租赁物使用时,再向甲主张违约责任

**320.** 2016/3/60/多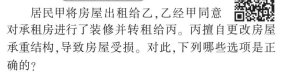

居民甲将房屋出租给乙,乙经甲同意对承租房进行了装修并转租给丙。丙擅自更改房屋承重结构,导致房屋受损。对此,下列哪些选项是正确的?

A. 无论有无约定,乙均有权于租赁期满时请求

甲补偿装修费用

　　B. 甲可请求丙承担违约责任

　　C. 甲可请求丙承担侵权责任

　　D. 甲可请求乙承担违约责任

**321.** 2017/3/8/单

　　甲以某商铺作抵押向乙银行借款,抵押权已登记,借款到期后甲未偿还。甲提前得知乙银行将起诉自己,在乙银行起诉前将该商铺出租给不知情的丙,预收了1年租金。半年后经乙银行请求,该商铺被法院委托拍卖,由丁竞买取得。下列哪一选项是正确的?

　　A. 甲与丙之间的租赁合同无效

　　B. 丁有权请求丙腾退商铺,丙有权要求丁退还剩余租金

　　C. 丁有权请求丙腾退商铺,丙无权要求丁退还剩余租金

　　D. 丙有权要求丁继续履行租赁合同

**322.** 2017/3/60/多

　　居民甲经主管部门批准修建了一排临时门面房,核准使用期限为2年,甲将其中一间租给乙开餐馆,租期2年。期满后未办理延长使用期限手续,甲又将该房出租了丙,并签订了1年的租赁合同。因租金问题,发生争议。下列哪些选项是正确的?

　　A. 甲与乙的租赁合同无效

　　B. 甲与丙的租赁合同无效

　　C. 甲无权将该房继续出租给丙

　　D. 甲无权向丙收取该年租金

**323.** 2022回忆/多

　　甲、乙签订租房合同,甲将一套房屋租给乙。租赁期限内,甲将房屋卖给丙,办理了过户登记。下列哪些说法是正确?

　　A. 租赁期限内,乙有权继续承租该房屋

　　B. 乙可以优先购买权被侵害为由向甲主张赔偿

　　C. 乙可以优先购买权被侵害为由向丙主张赔偿

　　D. 租赁期满后,若丙要继续出租房屋,乙在同等条件下享有优先承租权

**考点80** 融资租赁合同

**324.** 2016/3/88/任

　　甲、乙、丙三人签订合伙协议并开始经营,但未取字号,未登记,也未推举负责人。其间,合伙人与顺利融资租赁公司签订融资租赁合同,租赁淀粉加工设备一台,约定租赁期限届满后设备归承租人所有。合同签订后,出租人按照承租人的选择和要求向设备生产商丁公司支付了价款。

　　如租赁期间因设备自身原因停机,造成承租人损

失。下列说法正确的是:

　　A. 出租人应减少租金

　　B. 应由丁公司修理并赔偿损失

　　C. 承租人向丁公司请求承担责任时,出租人有协助义务

　　D. 出租人与丁公司承担连带责任

**325.** 2017/3/61/多

　　甲融资租赁公司与乙公司签订融资租赁合同,约定乙公司向甲公司转让一套生产设备,转让价为评估机构评估的市场价200万元,再租给乙公司使用2年,乙公司向甲公司支付租金300万元。合同履行过程中,因乙公司拖欠租金,甲公司诉至法院。下列哪些选项是正确的?

　　A. 甲公司与乙公司之间为资金拆借关系

　　B. 甲公司与乙公司之间为融资租赁合同关系

　　C. 甲公司与乙公司约定的年利率超过24%的部分无效

　　D. 甲公司已取得生产设备的所有权

# 专题二十　完成工作交付成果合同

**考点81** 承揽合同

**326.** 2014/3/11/单

　　方某为送汤某生日礼物,特向余某定做一件玉器。订货单上,方某指示余某将玉器交给汤某,并将订货情况告知汤某。玉器制好后,余某委托朱某将玉器交给汤某,朱某不慎将玉器碰坏。下列哪一表述是正确的?

　　A. 汤某有权要求余某承担违约责任

　　B. 汤某有权要求朱某承担侵权责任

　　C. 方某有权要求朱某承担侵权责任

　　D. 方某有权要求余某承担违约责任

**327.** 2022回忆/任

　　万某自购名贵布料交给佟某,让佟某为其女友量身定制旗袍。因材质复杂,佟某需要额外购入设备,花费5000元。万某与佟某约定6月15日完工,万某预付了2万元工钱(包含5000元设备购置费)。6月13日,万某跟女友分手,通知佟某停止制作旗袍,此时旗袍已经接近完工。下列说法正确的是:

　　A. 万某需承担制作旗袍的大部分费用

　　B. 万某有权解除合同

　　C. 所购设备所有权归佟某

　　D. 未完工旗袍所有权由万某、佟某共有

**考点82** 建设工程合同

**328.** 2010/3/59/多

　　甲公司将一工程发包给乙建筑公司,

经甲公司同意,乙公司将部分非主体工程分包给丙建筑公司,丙公司又将其中一部分分包给丁建筑公司。后丁公司因工作失误致使工程不合格,甲公司欲索赔。对此,下列哪些说法是正确的?

A. 上述工程承包合同均无效
B. 丙公司在向乙公司赔偿损失后,有权向丁公司追偿
C. 甲公司有权要求丁公司承担民事责任
D. 法院可收缴丙公司由于分包已经取得的非法所得

**329.** 2012/3/61/多
甲公司与乙公司签订建设工程施工合同,将工程发给乙公司施工,约定乙公司垫资1000万元,未约定垫资利息。甲公司、乙公司经备案的中标合同中工程造价为1亿元,但双方私下约定的工程造价为8000万元,均未约定工程价款的支付时间。7月1日,乙公司将经竣工验收合格的建设工程实际交付给甲公司,甲公司一直拖欠工程款。关于乙公司,下列哪些表述是正确的?

A. 1000万元垫资应按工程欠款处理
B. 有权要求甲公司支付1000万元垫资自7月1日起的利息
C. 有权要求甲公司支付1亿元
D. 有权要求甲公司支付1亿元自7月1日起的利息

**330.** 2015/3/14/单
甲公司与没有建筑施工资质的某施工队签订合作施工协议,由甲公司投标乙公司的办公楼建筑工程,施工队承建并向甲公司交纳管理费。中标后,甲公司与乙公司签订建筑施工合同。工程由施工队负责施工。办公楼竣工验收合格交付给乙公司。乙公司尚有部分剩余工程款未支付。下列哪一选项是正确的?

A. 合作施工协议有效
B. 建筑施工合同属于效力待定
C. 施工队有权向甲公司主张工程款
D. 甲公司有权拒绝支付剩余工程款

**331.** 2017/3/55/多
甲公司以一地块的建设用地使用权作抵押向乙银行借款3000万元,办理了抵押登记。其后,甲公司在该地块上开发建设住宅楼,由丙公司承建。甲公司在取得预售许可后与丁订立了商品房买卖合同,丁交付了80%的购房款。现住宅楼已竣工验收,但甲公司未能按期偿还乙银行借款,并欠付丙公司工程款1500万元,乙银行和丙公司同时主张权利,法院拍卖了该住宅楼。下列哪些选项是正确的?

A. 乙银行对建设用地使用权拍卖所得价款享有优先受偿权
B. 乙银行对该住宅楼拍卖所得价款享有优先受偿权
C. 丙公司对该住宅楼及其建设用地使用权的优先受偿权优先于乙银行的抵押权
D. 丙公司对该住宅楼及其建设用地使用权的优先受偿权不得对抗丁对其所购商品房的权利

**332.** 2017/3/62/多
甲房地产开发公司开发一个较大的花园公寓项目,作为发包人,甲公司将该项目的主体工程发包给了乙企业,签署了建设工程施工合同。乙企业一直未取得建筑施工企业资质。现该项目主体工程已封顶完工。就相关合同效力及工程价款,下列哪些说法是正确的?

A. 该建设工程施工合同无效
B. 因该项目主体工程已封顶完工,故该建设工程施工合同不应认定为无效
C. 该项目主体工程经竣工验收合格,则乙企业可参照合同约定请求甲公司支付工程价款
D. 该项目主体工程经竣工验收不合格,经修复后仍不合格的,乙企业不能主张工程价款

**333.** 2023回忆/单
甲公司将某工程以100万元的价格发包给乙公司,乙公司以80万元的价格转包给刘某,并预付给刘某20万元。刘某实际完成了工程施工且验收合格。后乙公司资不抵债,刘某起诉甲公司要求其支付工程款60万元,法院追加乙公司为第三人,刘某未变更诉讼请求。后法院查明,甲公司尚欠付乙公司50万元工程款。关于法院的判决,下列哪一选项是正确的?

A. 判决甲公司支付刘某50万元
B. 判决甲公司支付刘某60万元
C. 判决甲公司支付刘某50万元,乙公司支付刘某10万元
D. 判决乙公司支付刘某60万元

# 专题二十一　提供劳务合同

**考点83** 运输合同

**334.** 2019回忆/多
甲带3岁孩子(按规定免票)乘坐长途客车,途中客车与乙驾驶的轿车相撞发生交通事故。甲身体受轻伤,随身携带的电脑摔坏,就医花费1000元,修理电脑花费2000元。孩子造成脑震荡,就医花费5万元。对此,下列说法正确的是:

A. 若客车司机无过错,则对于电脑损失客运公司不需要承担责任
B. 孩子的损失,可请求客运公司承担责任
C. 孩子免票,公司不承担责任
D. 甲有权请求客运公司与乙承担连带责任

### 考点84 保管合同与仓储合同

**335.** 2010/3/61/多

关于保管合同和仓储合同,下列哪些说法是错误的?
A. 二者都是有偿合同
B. 二者都是实践性合同
C. 寄存人和存货人均有权随时提取保管物或仓储物而无须承担责任
D. 因保管人保管不善造成保管物或仓储物毁损、灭失的,保管人承担严格责任

**336.** 2023回忆/单

甲与乙银行签订了《银行保险柜协议》,期限为10年,保险柜的钥匙由甲自己保管。合同签订后甲在该保险柜中放入若干金条。关于《银行保险柜协议》的合同性质,下列哪一说法是正确的?
A. 租赁合同
B. 保管合同
C. 仓储合同
D. 委托合同

**337.** 2023回忆/任

外卖小哥甲在送外卖路上看见乙跳河自杀,于是将自己的手机等财物交给路人丙保管,从十米高的桥上跳下去救人,导致背部受伤。救助过程中,乙因不断挣扎致手臂脱臼。路人丙由于专注于现场,不慎将甲的手机摔坏。对此,下列说法正确的是:
A. 甲有权请求丙赔偿手机的损失
B. 甲有权请求乙赔偿手机的损失
C. 甲可以请求乙适当补偿其人身损害
D. 甲应赔偿乙的人身损害

### 考点85 委托合同

**338.** 2013/3/60/多

某律师事务所指派吴律师担任某案件的一、二审委托代理人。第一次开庭后,吴律师感觉案件复杂,本人和该事务所均难以胜任,建议不再继续代理。但该事务所坚持代理。一审判决委托人败诉。下列哪些表述是正确的?
A. 律师事务所有权单方解除委托合同,但须承担赔偿责任
B. 律师事务所在委托人一审败诉后不能单方解除合同

C. 即使一审胜诉,委托人也可解除委托合同,但须承担赔偿责任
D. 只有存在故意或者重大过失时,该律师事务所才对败诉承担赔偿责任

### 考点86 物业服务合同

**339.** 2010/3/8/单 新法改编

北林公司是某小区业主选聘的物业服务企业。关于业主与北林公司的权利义务,下列哪一选项是正确的?
A. 北林公司公开作出的服务承诺及制定的服务细则,不是物业服务合同的组成部分
B. 业主甲将房屋租给他人使用,约定由承租人交纳物业费,北林公司有权请求业主甲对该物业费的交纳承担责任
C. 业主乙拖欠半年物业服务费,北林公司要求业主委员会支付欠款,业主委员会无权拒绝
D. 业主丙出国进修两年返家,北林公司要求其补交两年的物业管理费,丙有权以两年未接受物业服务为由予以拒绝

### 考点87 行纪合同

**340.** 2009/3/61/多

甲将10吨大米委托乙商行出售。双方约定,乙商行以自己名义对外销售,每公斤售价两元,乙商行的报酬为价款的5%。下列哪些说法是正确的?
A. 甲与乙商行之间成立行纪合同关系
B. 乙商行为销售大米支出的费用应由自己负担
C. 如乙商行以每公斤2.5元的价格将大米售出,双方对多出价款的分配无法达成协议,则应平均分配
D. 如乙商行与丙食品厂订立买卖大米的合同,则乙商行对该合同直接享有权利、承担义务

**341.** 2010/3/60/多

甲委托乙寄售行以该行名义将甲的一台仪器以3000元出售,除酬金外双方对其他事项未作约定。其后,乙将该仪器以3500元卖给了丙,为此乙多支付费用100元。对此,下列哪些选项是正确的?
A. 甲与乙订立的是中介合同
B. 高于约定价格卖得的500元属于甲
C. 如仪器出现质量问题,丙应向乙主张违约责任
D. 乙无权要求甲承担100元费用

### 考点88 中介合同

**342.** 2015/3/15/单

刘某与甲房屋中介公司签订合同,委

托甲公司帮助出售房屋一套。关于甲公司的权利义务,下列哪一说法是错误的?

A. 如有顾客要求上门看房时,甲公司应及时通知刘某

B. 甲公司可代刘某签订房屋买卖合同

C. 如促成房屋买卖合同成立,甲公司可向刘某收取报酬

D. 如促成房屋买卖合同成立,甲公司自行承担居间活动费用

**考点89 旅游合同与旅游纠纷**

**343．** 2011/3/60/多

梁某与甲旅游公司签订合同,约定梁某参加甲公司组织的旅游团赴某地旅游。旅游出发前15日,梁某因出差通知甲公司,由韩某替代跟团旅游。旅游行程一半,甲公司不顾韩某反对,将其旅游业务转给乙公司。乙公司组织游客参观某森林公园,该公园所属观光小火车司机操作失误致火车脱轨,韩某遭受重大损害。下列哪些表述是正确的?

A. 即使甲公司不同意,梁某仍有权将旅游合同转让给韩某

B. 韩某有权请求甲公司和乙公司承担连带责任

C. 韩某有权请求某森林公园承担赔偿责任

D. 韩某有权请求小火车司机承担赔偿责任

**344．** 2014/3/67/多

甲参加乙旅行社组织的旅游活动。未经甲和其他旅游者同意,乙旅行社将本次业务转让给当地的丙旅行社。丙旅行社聘请丁公司提供大巴运输服务。途中,由于丁公司司机黄某酒后驾驶与迎面违章变道的个体运输户刘某货车相撞,造成甲受伤。甲的下列哪些请求能够获得法院的支持?

A. 请求丁公司和黄某承担连带赔偿责任

B. 请求黄某与刘某承担连带赔偿责任

C. 请求乙旅行社和丙旅行社承担连带赔偿责任

D. 请求刘某承担赔偿责任

# 专题二十二 技术合同

**考点90 技术开发合同**

**345．** 2008/3/62/多

甲研究所与刘某签订了一份技术开发合同,约定由刘某为甲研究所开发一套软件。3个月后,刘某按约定交付了技术成果,甲研究所未按约定支付报酬。由于没有约定技术成果的归属,双方发生争执。下列哪些选项是正确的?

A. 申请专利的权利属于刘某,但刘某无权获得报酬

B. 申请专利的权利属于刘某,且刘某有权获得约定的报酬

C. 如果刘某转让专利申请权,甲研究所享有以同等条件优先受让的权利

D. 如果刘某取得专利权,甲研究所可以免费实施该专利

**346．** 2010/3/62/多

甲乙丙三人合作开发一项技术,合同中未约定权利归属。该项技术开发完成后,甲、丙想要申请专利,而乙主张通过商业秘密来保护。对此,下列哪些选项是错误的?

A. 甲、丙不得申请专利

B. 甲、丙可申请专利,申请批准后专利权归甲、乙、丙共有

C. 甲、丙可申请专利,申请批准后专利权归甲、丙所有,乙有免费实施的权利

D. 甲、丙不得申请专利,但乙应向甲、丙支付补偿费

**347．** 2010/3/65/多

甲公司聘请乙专职从事汽车发动机节油技术开发。因开发进度没有达到甲公司的要求,甲公司减少了给乙的开发经费。乙于2007年3月辞职到丙公司,获得了更高的薪酬和更多的开发经费。2008年1月,乙成功开发了一种新型汽车节油装置技术。关于该技术专利申请权的归属,下列哪些选项是错误的?

A. 甲公司

B. 乙

C. 丙公司

D. 甲公司和丙公司共有

**348．** 2011/3/15/单

甲公司与乙公司签订一份技术开发合同,未约定技术秘密成果的归属。甲公司按约支付了研究开发经费和报酬后,乙公司交付了全部技术成果资料。后甲公司在未告知乙公司的情况下,以普通使用许可的方式许可丙公司使用该技术,乙公司在未告知甲公司的情况下,以独占使用许可的方式许可丁公司使用该技术。下列哪一说法是正确的?

A. 该技术成果的使用权仅属于甲公司

B. 该技术成果的转让权仅属于乙公司

C. 甲公司与丙公司签订的许可使用合同无效

D. 乙公司与丁公司签订的许可使用合同无效

**349．** 2012/3/64/多

工程师王某在甲公司的职责是研发电脑鼠标。下列哪些说法是错误的?

A. 王某利用业余时间研发的新鼠标的专利申请

权属于甲公司

B. 如王某没有利用甲公司物质技术条件研发出新鼠标,其专利申请权属于王某

C. 王某主要利用了单位物质技术条件研发出新型手机,其专利申请权属于王某

D. 如王某辞职后到乙公司研发出新鼠标,其专利申请权均属于乙公司

**考点91** 技术转让合同和技术许可合同

**350.** 2008/3/67/单

甲公司于 2004 年 5 月 10 日申请一项汽车轮胎的实用新型的专利,2007 年 6 月 1 日获得专利权,2008 年 5 月 10 日与乙公司签订一份专利独占实施许可合同。下列哪一选项是正确的?①

A. 该合同属于技术转让合同

B. 该合同的有效期不得超过 10 年

C. 乙公司不得许可第三人实施该专利技术

D. 乙公司经甲公司授权可以自己的名义起诉侵犯该专利技术的人

**351.** 2009/3/62/多

甲公司非法窃取竞争对手乙公司最新开发的一项技术秘密成果,与丙公司签订转让合同,约定丙公司向甲公司支付一笔转让费后拥有并使用该技术秘密。乙公司得知后,主张甲丙间的合同无效,并要求赔偿损失。下列哪些说法是正确的?

A. 如丙公司不知道或不应当知道甲公司窃取技术秘密的事实,则甲丙间的合同有效

B. 如丙公司为善意,有权继续使用该技术秘密,乙公司不得要求丙公司支付费用,只能要求甲公司承担责任

C. 如丙公司明知甲公司窃取技术秘密的事实仍与其订立合同,不得继续使用该技术秘密,并应当与甲公司承担连带赔偿责任

D. 不论丙公司取得该技术秘密权时是否为善意,该技术转让合同均无效

**352.** 2012/3/16/单

甲公司与乙公司签订一份专利实施许可合同,约定乙公司在专利有效期限内独占实施甲公司的专利技术,并特别约定乙公司不得擅自改进该专利技术。后乙公司根据消费者的反馈意见,在未经甲公司许可的情形下对专利技术做了改进,并对改进技术采取了保密措施。下列哪一说法是正确的?

A. 甲公司有权自己实施该专利技术

B. 甲公司无权要求分享改进技术

C. 乙公司改进技术侵犯了甲公司的专利权

D. 乙公司改进技术属于违约行为

**353.** 2013/3/16/单

甲公司向乙公司转让了一项技术秘密。技术转让合同履行完毕后,经查该技术秘密是甲公司通过不正当手段从丙公司获得的,但乙公司对此并不知情,且支付了合理对价。下列哪一表述是正确的?

A. 技术转让合同有效,但甲公司应向丙公司承担侵权责任

B. 技术转让合同无效,甲公司和乙公司应向丙公司承担连带责任

C. 乙公司可在其取得时的范围内继续使用该技术秘密,但应向丙公司支付合理的使用费

D. 乙公司有权要求甲公司返还其支付的对价,但不能要求甲公司赔偿其因此受到的损失

**354.** 2014/3/16/单

甲研究院研制出一种新药技术,向我国有关部门申请专利后,与乙制药公司签订了专利申请权转让合同,并依法向国务院专利行政主管部门办理了登记手续。下列哪一表述是正确的?

A. 乙公司依法获得药品生产许可证之前,专利申请权转让合同未生效

B. 专利申请权的转让合同自向国务院专利行政主管部门登记之日起生效

C. 专利申请权的转让自向国务院专利行政主管部门登记之日起生效

D. 如该专利申请因缺乏新颖性被驳回,乙公司可以不能实现合同目的为由请求解除专利申请权转让合同

**考点92** 技术服务合同

**355.** 2021 回忆/单

甲、乙两公司约定:甲公司委托乙公司制造一个特定的冶炼炉,高 20 米,宽 30 米,甲公司提供明确的参数,乙公司准备材料,利用乙公司的技术设计制造完成,并负责安装和后期的维修、保养。该合同属于:

A. 提供劳务合同 B. 建设工程合同

C. 技术服务合同 D. 买卖合同

# 专题二十三　合伙合同

**考点93** 合伙合同

**356.** 2008/3/4/单

甲、乙因合伙经商向丙借款 3 万元,甲

---

① 原为多选题,根据新法答案有变化,调整为单选题。

于约定时间携带 3 万元现金前往丙家还款,丙因忘却此事而外出,甲还款未果。甲返回途中,将装有现金的布袋夹放在自行车后座,路经闹市时被人抢夺,不知所踪。下列哪一选项是正确的?

A. 丙仍有权请求甲、乙偿还 3 万元借款
B. 丙丧失请求甲、乙偿还 3 万元借款的权利
C. 丙无权请求乙偿还 3 万元借款
D. 甲、乙有权要求丙承担此款被抢夺的损失

**357．** 2009/3/2/单

王东、李南、张西约定共同开办一家餐馆,王东出资 20 万元并负责日常经营,李南出资 10 万元,张西提供家传菜肴配方,但李南和张西均只参与盈余分配而不参与经营劳动。开业两年后,餐馆亏损严重,李南撤回了出资,并要求王东和张西出具了"餐馆经营亏损与李南无关"的字据。下列哪一选项是正确的?

A. 王东、李南为合伙人,张西不是合伙人
B. 王东、张西为合伙人,李南不是合伙人
C. 王东、李南、张西均为合伙人
D. 王东和张西所出具的字据无效

**358．** 2016/3/2/单

甲企业是由自然人安琚与乙企业(个人独资)各出资 50% 设立的普通合伙企业,欠丙企业货款 50 万元,由于经营不善,甲企业全部资产仅剩 20 万元。现所欠货款到期,相关各方因货款清偿发生纠纷。对此,下列哪一表述是正确的?

A. 丙企业只能要求安琚与乙企业各自承担 15 万元的清偿责任
B. 丙企业只能要求甲企业承担清偿责任
C. 欠款应先以甲企业的财产偿还,不足部分由安琚与乙企业承担无限连带责任
D. 就乙企业对丙企业的应偿债务,乙企业投资人不承担责任

**359．** 甲、乙、丙三人签订合伙协议并开始经营,但未取字号,未登记,也未推举负责人。其间,合伙人与顺利融资租赁公司签订融资租赁合同,租赁淀粉加工设备一台,约定租赁期限届满后设备归承租人所有。合同签订后,出租人按照承租人的选择和要求向设备生产商丁公司支付了价款。请回答(1)、(2)题。

**(1)** 2016/3/86/任

如果承租人不履行支付价款的义务,出租人起诉,适格被告是:

A. 合伙企业
B. 甲、乙、丙全体
C. 甲、乙、丙中的任何人
D. 丁公司

**(2)** 2016/3/87/任

乙在经营期间发现风险太大,提出退伙,甲、丙表示同意,并通知了出租人,但出租人表示反对,认为乙退出后会加大合同不履行的风险。下列说法正确的是:

A. 经出租人同意,乙可以退出
B. 乙可以退出,无需出租人同意
C. 乙必须向出租人提供有效担保后才能退出
D. 乙退出后对合伙债务不承担责任

**360．** 2020 回忆/多

甲、乙、丙、丁四人签订合伙合同,但未登记为合伙企业。甲、乙、丙推选丁作为合伙事务的执行人,丁在执行合伙事务的过程中,与戊发生口角,并将戊打伤,现在戊欲追究甲、乙、丙、丁及合伙的责任。根据《民法典》,下列哪些说法是正确的?

A. 甲、乙、丙不应与丁承担连带责任
B. 应由丁自己承担责任
C. 应由合伙承担用人单位责任
D. 应由合伙与丁承担连带责任

# 专题二十四　无因管理、不当得利

### 考点94　无因管理

**361．** 2008/3/55/多

下列行为中,哪些构成无因管理?

A. 甲错把他人的牛当成自家的而饲养
B. 乙见邻居家中失火恐殃及自己家,遂用自备的灭火器救火
C. 丙(15 岁)租车将在体育课上昏倒的同学送往医院救治
D. 丁见门前马路下水道井盖被盗致路人跌伤,遂自购一井盖铺上

**362．** 2009/3/12/单

张某外出,台风将至。邻居李某担心张某家年久失修的房子被风刮倒,祸及自家,就雇人用几根木料支撑住张某的房子,但张某的房子仍然不敌台风,倒塌之际压死了李某养的数只鸡。下列哪一说法是正确的?

A. 李某初衷是为自己,故不构成无因管理
B. 房屋最终倒塌,未达管理效果,故无因管理不成立
C. 李某的行为构成无因管理
D. 张某不需支付李某固房费用,但应赔偿房屋倒塌给李某造成的损失

**363．** 2011/3/20/单

刘某承包西瓜园,收获季节突然病故。

好友刁某因联系不上刘某家人，便主动为刘某办理后事和照看西瓜园，并将西瓜卖出，获益 5 万元。其中，办理后事花费 1 万元、摘卖西瓜雇工费以及其他必要费用共 5000 元。刁某认为自己应得劳务费 5000 元。关于刁某的行为，下列哪一说法是正确的？

A．5 万元属于不当得利
B．应向刘某家人给付 3 万元
C．应向刘某家人给付 4 万元
D．应向刘某家人给付 3.5 万元

**364．** 2011/3/90/任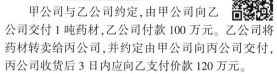

甲公司与乙公司约定，由甲公司向乙公司交付 1 吨药材，乙公司付款 100 万元。乙公司将药材转卖给丙公司，并约定由甲公司向丙公司交付，丙公司收货后 3 日内应向乙支付价款 120 万元。

张某以自有汽车为乙公司的债权提供抵押担保，未办理抵押登记。抵押合同约定："在丙公司不付款时，乙公司有权就出卖该汽车的价款清偿自己的债权。"李某为这笔货款出具担保函："在丙公司不付款时，由李某承担保证责任"。丙公司收到药材后未依约向乙公司支付 120 万元，乙公司向张某主张实现抵押权，同时要求李某承担保证责任。

张某见状，便将其汽车赠与刘某。刘某将该汽车作为出资，与钱某设立丁酒店有限责任公司，并办理完出资手续。

丁公司员工方某驾驶该车接送酒店客人时，为躲避一辆逆行摩托车，将行人赵某撞伤。方某自行决定以丁公司名义将该车放在戊公司维修，为获得维修费的八折优惠，方某以其名义在与戊公司相关的庚公司为该车购买一套全新座垫。汽车修好后，方某将车取走交丁公司投入运营。戊公司要求丁公司支付维修费，否则对汽车行使留置权，丁公司回函请宽限一周。庚公司要求丁公司支付座垫费，丁公司拒绝。

关于汽车维修合同，下列表述正确的是：

A．方某构成无因管理
B．方某构成无权代理
C．方某构成无权处分
D．方某构成表见代理

**365．** 2013/3/21/单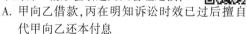

下列哪一情形会引起无因管理之债？

A．甲向乙借款，丙在明知诉讼时效已过后擅自代甲向乙还本付息
B．甲在自家门口扫雪，顺便将邻居乙的小轿车上的积雪清扫干净
C．甲与乙结婚后，乙生育一子丙，甲抚养丙 5 年后才得知丙是乙和丁所生
D．甲拾得乙遗失的牛，寻找失主未果后牵回暂养。因地震致屋塌牛死，甲出卖牛皮、牛肉获

价款若干

**366．** 2014/3/20/单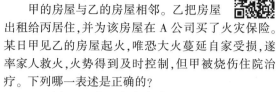

甲的房屋与乙的房屋相邻。乙把房屋出租给丙居住，并为该房屋在 A 公司买了火灾保险。某日甲见乙的房屋起火，唯恐大火蔓延自家受损，遂率家人救火，火势得到及时控制，但甲被烧伤住院治疗。下列哪一表述是正确的？

A．甲主观上为避免自家房屋受损，不构成无因管理，应自行承担医疗费用
B．甲依据无因管理只能向乙主张医疗费赔偿，因乙是房屋所有人
C．甲依据无因管理只能向丙主张医疗费赔偿，因丙是房屋实际使用人
D．甲依据无因管理不能向 A 公司主张医疗费赔偿，因甲欠缺为 A 公司的利益实施管理的主观意思

**考点95** 不当得利

**367．** 2011/3/19/单

下列哪一情形不产生不当得利之债？

A．甲向乙借款 10 万元，1 年后根据约定偿还本息 15 万元
B．甲不知诉讼时效已过，向债权人乙清偿债务
C．甲久别归家，误把乙的鸡当成自家的吃掉
D．甲雇用的装修工人，误把邻居乙的装修材料用于甲的房屋装修

**368．** 2012/3/20/单

甲将某物出售于乙，乙转售于丙，甲应乙的要求，将该物直接交付于丙。下列哪一说法是错误的？

A．如仅甲、乙间买卖合同无效，则甲有权向乙主张不当得利返还请求权
B．如仅乙、丙间买卖合同无效，则乙有权向丙主张不当得利返还请求权
C．如甲、乙间以及乙、丙间买卖合同均无效，甲无权向丙主张不当得利返还请求权
D．如甲、乙间以及乙、丙间买卖合同均无效，甲有权向乙、乙有权向丙主张不当得利返还请求权

**369．** 2013/3/20/单

下列哪一情形产生了不当得利之债？

A．甲欠乙款超过诉讼时效后，甲向乙还款
B．甲欠乙款，提前支付全部利息后又在借期届满前提前还款
C．甲向乙支付因前晚打麻将输掉的 2000 元现金
D．甲在乙银行的存款账户因银行电脑故障多出 1 万元

**370.** 2015/3/61/多

甲遗失其为乙保管的迪亚手表，为偿还乙，甲窃取丙的美茄手表和4000元现金。甲将美茄手表交乙，因美茄手表比迪亚手表便宜1000元，甲又从4000元中补偿乙1000元。乙不知甲盗窃情节。乙将美茄手表赠与丁，又用该1000元的一半支付某自来水公司水费，另一半购得某商场一件衬衣。下列哪些说法是正确的？

A. 丙可请求丁返还手表

B. 丙可请求甲返还3000元、请求自来水公司和商场各返还500元

C. 丙可请求乙返还1000元不当得利

D. 丙可请求甲返还4000元不当得利

**371.** 2015/3/90/任

顺风电器租赁公司将一台电脑出租给张某，租期为2年。在租赁期间内，张某谎称电脑是自己的，分别以市价与甲、乙、丙签订了三份电脑买卖合同并收取了三份价款，但张某把电脑实际交付给了乙。后乙的这台电脑被李某拾得，因暂时找不到失主，李某将电脑出租给王某获得很高收益。王某租用该电脑时出了故障，遂将电脑交给康成电脑维修公司维修。王某和李某就维修费的承担发生争执。康成公司因未收到修理费而将电脑留置，并告知王某如7天内不交费，将变卖电脑抵债。李某听闻后，于当日潜入康成公司偷回电脑。

如乙请求李某返还电脑和所获利益，下列说法正确的是：

A. 李某向乙返还所获利益时，应以乙所受损失为限

B. 李某应将所获利益作为不当得利返还给乙，但可以扣除支出的必要费用

C. 乙应以所有权人身份而非不当得利债权人身份请求李某返还电脑

D. 如李某拒绝返还电脑，需向乙承担侵权责任

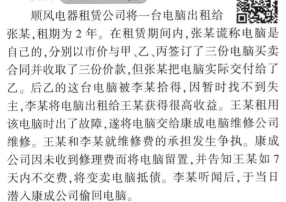

# 第四编　人格权

## 专题二十五　人格权

**考点96** 生命权、身体权、健康权

**372.** 2016/3/22/单

下列哪一情形构成对生命权的侵犯？

A. 甲女视其长发如生命，被情敌乙尽数剪去

B. 丙应丁要求，协助丁完成自杀行为

C. 戊为报复欲置己于死地，结果将己打成重伤

D. 庚医师因误诊致辛出生即残疾，辛认为庚应对自己的错误出生负责

**373.** 2019回忆/多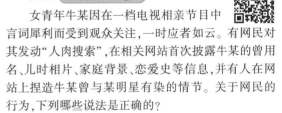

彭某因车祸双腿截肢，安装了科技含量高且只能由专业人员拆卸的假肢，一日与秦某发生口角，秦某一怒之下将彭某的假肢打碎，彭某精神遭受严重打击。关于本案，下列哪些说法正确？

A. 彭某的生命健康权遭受了侵害

B. 彭某的身体权遭受了侵害

C. 彭某的所有权遭受了侵害

D. 彭某可就假肢毁损向秦某主张精神损害赔偿

**考点97** 姓名权与名称权

**374.** 2009/3/24/单

朴某系知名美容专家。某医院未经朴某同意，将其作为医院美容专家在医院网站上使用了朴某照片和简介，且将朴某名字和简介错误地安在了其他专家的照片旁。下列哪一说法是正确的？

A. 医院未侵犯朴某的姓名权

B. 医院未侵犯朴某的肖像权

C. 医院侵犯了朴某的肖像权和姓名权

D. 医院侵犯了朴某的荣誉权

**375.** 2010/3/68/多

女青年牛某因在一档电视相亲节目中言词犀利而受到观众关注，一时应者如云。有网民对其发动"人肉搜索"，在相关网站首次披露牛某的曾用名、儿时相片、家庭背景、恋爱史等信息，并有人在网站上捏造牛某曾与某明星有染的情节。关于网民的行为，下列哪些说法是正确的？

A. 侵害牛某的姓名权

B. 侵害牛某的肖像权

C. 侵害牛某的隐私权

D. 侵害牛某的名誉权

**376.** 2017/3/17/单

高甲患有精神病，其父高乙为监护人。2009年高甲与陈小美经人介绍认识，同年12月陈小美以其双胞胎妹妹陈小丽的名义与高甲登记结婚，2011年生育一子高小甲。2012年高乙得知儿媳的真实姓名为陈小美，遂向法院起诉。诉讼期间，陈小美将一直由其抚养的高小甲户口迁往自己原籍，并将高小甲改名为陈龙，高乙对此提出异议。下列哪一选项是正确的？

A. 高甲与陈小美的婚姻属无效婚姻

B. 高甲与陈小美的婚姻属可撤销婚姻

C. 陈小美为高小甲改名的行为侵害了高小甲的合法权益

D. 陈小美为高小甲改名的行为未侵害高甲的合法权益

**考点98** 肖像权

**377.** 2008/3/15/单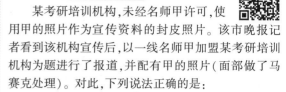

赵某系全国知名演员,张某经多次整容后外形酷似赵某,此后多次参加营利性模仿秀表演,承接并拍摄一些商业广告。下列哪一选项是正确的?

A. 张某故意整容成赵某外形的行为侵害了赵某的肖像权

B. 张某整容后参加营利性模仿秀表演侵害了赵某的肖像权

C. 张某整容后承接并拍摄商业广告的行为侵害了赵某的名誉权

D. 张某的行为不构成对赵某人格权的侵害

**378.** 2010/3/22/单

某"二人转"明星请某摄影爱好者为其拍摄个人写真,摄影爱好者未经该明星同意将其照片卖给崇拜该明星的广告商,广告商未经该明星、摄影爱好者同意将该明星照片刊印在广告单上。对此,下列哪一选项是正确的?

A. 照片的著作权属于该明星,但由摄影爱好者行使

B. 广告商侵犯了该明星的肖像权

C. 广告商侵犯了该明星的名誉权

D. 摄影爱好者卖照片给广告商,不构成侵权

**379.** 2011/3/24/单

甲到乙医院做隆鼻手术效果很好。乙为了宣传,分别在美容前后对甲的鼻子进行拍照(仅见鼻子和嘴部),未经甲同意将照片发布到丙网站的广告中,介绍该照片时使用甲的真实姓名。丙网站在收到甲的异议后立即作了删除。下列哪一说法是正确的?

A. 乙医院和丙网站侵犯了甲的姓名权,应承担连带赔偿责任

B. 乙医院和丙网站侵犯了甲的姓名权,应承担按份赔偿责任

C. 乙医院侵犯了甲的姓名权

D. 乙医院和丙网站侵犯了甲的姓名权和肖像权,但丙网站可免于承担赔偿责任

**380.** 2017/3/21/单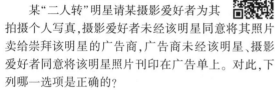

摄影爱好者李某为好友丁某拍摄了一组生活照,并经丁某同意上传于某社交媒体群中。蔡某在社交媒体群中看到后,擅自将该组照片上传于某营利性摄影网站,获得报酬若干。对蔡某的行为,下列哪一说法是正确的?

A. 侵害了丁某的肖像权和身体权

B. 侵害了丁某的肖像权和李某的著作权

C. 侵害了丁某的身体权和李某的著作权

D. 不构成侵权

**381.** 2018回忆/多

某考研培训机构,未经名师甲许可,使用甲的照片作为宣传资料的封皮照片。该市晚报记者看到该机构宣传后,以一线名师甲加盟某考研培训机构为题进行了报道,并配有甲的照片(面部做了马赛克处理)。对此,下列说法正确的是:

A. 考研培训机构侵犯了甲的肖像权

B. 考研培训机构侵犯了甲的姓名权

C. 晚报不侵犯甲的肖像权

D. 晚报侵犯了甲的肖像权

**382.** 2023回忆/单

大厨刘某擅长烧菜,在直播平台制作发布了视频《老刘油爆大虾》。李某看到后,用AI换脸技术制作发布了视频《老李油爆大虾》,视频其他内容均未改动。李某侵犯了刘某的下列哪一权利?

A. 肖像权　　B. 姓名权

C. 名誉权　　D. 著作权

**考点99** 名誉权

**383.** 2008/3/61/多

张某旅游时抱着当地一小女孩拍摄了一张照片,并将照片放在自己的博客中,后来发现该照片被用在某杂志的封面,并配以"母女情深"的文字说明。张某并未结婚,朋友看到杂志后纷纷询问张某,熟人对此也议论纷纷,张某深受困扰。下列哪些说法是正确的?

A. 杂志社侵害了张某的肖像权

B. 杂志社侵害了张某的名誉权

C. 杂志社侵害了张某的隐私权

D. 张某有权向杂志社要求精神损害赔偿

**384.** 2011/3/66/多

甲女委托乙公司为其拍摄一套艺术照。不久,甲女发现丙网站有其多张半裸照片,受到众人嘲讽和指责。经查,乙公司未经甲女同意将其照片上传到公司网站做宣传,丁男下载后将甲女头部移植至他人半裸照片,上传到丙网站。下列哪些说法是正确的?

A. 乙公司侵犯了甲女的肖像权

B. 丁男侵犯了乙公司的著作权

C. 丁男侵犯了甲女的名誉权

D. 甲女有权主张精神损害赔偿

**385.** 2013/3/22/多

甲用其拾得的乙的身份证在丙银行办理了信用卡,并恶意透支,致使乙的姓名被列入银行不良信用记录名单。经查,丙银行在办理发放信用卡之前,曾通过甲在该行留下的乙的电话(实为甲的电

话)核实乙是否申请办理了信用卡。根据我国现行法律规定,下列哪些表述是正确的?①

    A. 甲侵犯了乙的姓名权

    B. 甲侵犯了乙的名誉权

    C. 甲侵犯了乙的信用权

    D. 丙银行不应承担责任

**386.** `2022 回忆/多`

    张某曾因盗窃被依法追究刑事责任,刑满释放后,张某搬到新小区生活。张某曾经的同事钟某恰好居住在该小区,二人以前因为工作上的问题发生过争吵。某天,钟某在小区散步偶遇张某后,就在小区业主群里发消息说"大家小心啦,咱们小区里面住进来一个罪犯",并公布了张某的姓名。众人对此议论纷纷,给张某的生活带来了极大困扰。对此,下列哪些说法是正确的?

    A. 钟某侵犯了张某的名誉权

    B. 钟某侵犯了张某的隐私权

    C. 钟某的行为不构成侵权

    D. 张某可请求钟某承担赔礼道歉的责任,不受诉讼时效的限制

**考点100** 隐私权

**387.** `2015/3/66/多`

    张某毕业要去外地工作,将自己贴身生活用品、私密照片及平板电脑等装箱交给甲快递公司运送。张某在箱外贴了"私人物品,严禁打开"的字条。张某到外地收到快递后察觉有异,经查实,甲公司工作人员李某曾翻看箱内物品,并损坏了平板电脑。下列哪些选项是正确的?

    A. 甲公司侵犯了张某的隐私权

    B. 张某可请求甲公司承担精神损害赔偿责任

    C. 张某可请求甲公司赔偿平板电脑的损失

    D. 张某可请求甲公司和李某承担连带赔偿责任

**考点101** 个人信息保护

**388.** `2017/3/20/单`

    张某因出售公民个人信息被判刑,孙某的姓名、身份证号码、家庭住址等信息也在其中,买方是某公司。下列哪一选项是正确的?

    A. 张某侵害了孙某的身份权

    B. 张某侵害了孙某的名誉权

    C. 张某侵害了孙某对其个人信息享有的民事权益

    D. 某公司无须对孙某承担民事责任

**考点102** 人格权的保护

**389.** `2010/3/69/多`

    张某因病住院,医生手术时误将一肾脏摘除。张某向法院起诉,要求医院赔偿治疗费用和

精神损害抚慰金。法院审理期间,张某术后感染医治无效死亡。关于此案,下列哪些说法是正确的?

    A. 医院侵犯了张某的健康权和生命权

    B. 张某继承人有权继承张某的医疗费赔偿请求权

    C. 张某继承人有权继承张某的精神损害抚慰金请求权

    D. 张某死后其配偶、父母和子女有权另行起诉,请求医院赔偿自己的精神损害

**390.** `2017/3/65/多`

    乙女与甲男婚后多年未生育,后甲男发现乙女因不愿生育曾数次擅自中止妊娠,为此甲男多次殴打乙女。乙女在被打住院后诉至法院要求离婚并请求损害赔偿,甲男以生育权被侵害为由提起反诉,请求乙女赔偿其精神损害。法院经调解无效,拟判决双方离婚。下列哪些选项是正确的?

    A. 法院应支持乙女的赔偿请求

    B. 乙女侵害了甲男的生育权

    C. 乙女侵害了甲男的人格尊严

    D. 法院不应支持甲男的赔偿请求

**考点103** 死者人格利益保护

**391.** `2014/3/22/多`

    欣欣美容医院在为青年女演员欢欢实施隆鼻手术过程中,因未严格消毒导致欢欢面部感染,经治愈后面部仍留下较大疤痕。欢欢因此诉诸法院,要求欣欣医院赔偿医疗费并主张精神损害赔偿。该案受理后不久,欢欢因心脏病急性发作猝死。网络名人洋洋在其博客上杜撰欢欢吸毒过量致死。下列哪些表述是错误的?②

    A. 欣欣医院构成违约行为和侵权行为

    B. 欢欢的继承人可继承欣欣医院对欢欢支付的精神损害赔偿金

    C. 洋洋的行为侵犯了欢欢的名誉权

    D. 欢欢的母亲可以欢欢的名义对洋洋提起侵权之诉

**392.** `2019 回忆/单`

    某日,甲得知前不久某路桥工程公司在朱楼村公墓附近修路时,不慎挖到了其舅舅的墓地,将其舅舅的骨灰盒碰裂。甲恼羞成怒,向公司索赔,主张精神损害赔偿100万元。公司认为,修路是为公共利益,确有碰裂事实,但及时修复,不应支付高额赔偿费用。甲于是向法院起诉。对此,下列说法正确的是:

---

① 原为单选题,根据新法答案有变化,调整为多选题。
② 原为单选题,根据新法答案有变化,调整为多选题。

A. 支持甲的全部请求
B. 驳回甲的诉讼请求
C. 不予受理
D. 支持甲的部分诉讼请求

# 第五编　婚姻家庭

## 专题二十六　结　婚

**考点104** 结婚

**393.** 2009/3/19/多

甲男与乙女通过网聊恋爱,后乙提出分手遭甲威胁,乙无奈遂与甲办理了结婚登记。婚后乙得知,甲婚前就患有医学上不应当结婚的疾病且久治不愈,乙向法院起诉离婚。下列哪些说法是正确的?①
A. 若乙请求撤销婚姻,法院应判决撤销该婚姻
B. 法院应判决宣告该婚姻无效
C. 法院判决离婚的,乙可以请求甲赔偿损失
D. 当事人可以对法院的处理结果依法提起上诉

**394.** 2011/3/22/单

甲与乙登记结婚3年后,乙向法院请求确认该婚姻无效。乙提出的下列哪一理由可以成立?
A. 乙登记结婚的实际年龄离法定婚龄相差2年
B. 甲婚前谎称是海归博士且有车有房,乙婚后发现上当受骗
C. 甲与乙是表兄妹关系
D. 甲以揭发乙父受贿为由胁迫乙结婚

**395.** 2018 回忆/单

大林与小林是双胞胎。大林与小芳打算在情人节当天结婚登记,但是,大林前两天意外遭遇车祸,为不耽搁情人节当天领证,让弟弟小林顶替自己去民政局领取了结婚证。后大林在住院期间与一护士产生情愫,大林遂以非本人登记结婚为由申请法院判决宣告其与小芳的婚姻无效。对此,下列说法正确的是:
A. 法院应判决大林与小芳的婚姻无效
B. 法院应判决撤销大林与小芳的婚姻
C. 法院应准予大林与小芳离婚
D. 法院应判决驳回大林的申请

## 专题二十七　家庭关系

**考点105** 夫妻财产关系

**396.** 2009/3/20/多　新法改编

甲、乙结婚的第10年,甲父去世留下

遗嘱,将其拥有的一套房子留给甲,并声明该房屋只归甲一人所有。下列哪些表述是不正确的?②
A. 该房屋经过八年婚后生活即变成夫妻共有财产
B. 如甲将该房屋出租,租金为夫妻共同财产
C. 该房屋及租金均属共同财产
D. 甲、乙即使约定将该房屋变为共同财产,其协议也无效

**397.** 2013/3/23/单

甲乙夫妻的下列哪一项婚后增值或所得,属于夫妻共同财产?
A. 甲婚前承包果园,婚后果树上结的果实
B. 乙婚前购买的1套房屋升值了50万元
C. 甲用婚前的10万元婚后投资股市,得利5万元
D. 乙婚前收藏的玉石升值了10万元

**398.** 2014/3/23/单

甲(男)、乙(女)结婚后,甲承诺,在子女出生后,将其婚前所有的一间门面房,变更登记为夫妻共同财产。后女儿丙出生,但甲不愿兑现承诺,导致夫妻感情破裂离婚,女儿丙随乙一起生活。后甲又与丁(女)结婚。未成年的丙因生重病住院急需医疗费20万元,甲与丁签订借款协议从夫妻共同财产中支取该20万元。下列哪一表述是错误的?
A. 甲与乙离婚时,乙无权请求将门面房作为夫妻共同财产分割
B. 甲与丁的协议应视为双方约定处分共同财产
C. 如甲、丁离婚,有关医疗费按借款协议约定处理
D. 如丁不同意甲支付医疗费,甲无权要求分割共有财产

**399.** 2016/3/20/单

刘山峰、王翠花系老夫少妻,刘山峰婚前个人名下拥有别墅一栋。关于婚后该别墅的归属,下列哪一选项是正确的?
A. 该别墅不可能转化为夫妻共同财产
B. 婚后该别墅自动转化为夫妻共同财产
C. 婚姻持续满八年后该别墅即依法转化为夫妻共同财产
D. 刘、王可约定婚姻持续八年后该别墅转化为夫妻共同财产

**400.** 2017/3/18/多

刘男按当地习俗向戴女支付了结婚彩

---

① 原为单选题,根据新法答案有变化,调整为多选题。
② 原为单选题,根据新法答案有变化,调整为多选题。

礼现金10万元及金银首饰数件,婚后不久刘男即主张离婚并要求返还彩礼。关于该彩礼的返还,下列哪些选项是正确的?①

    A. 因双方已办理结婚登记,故不能主张返还

    B. 刘男主张彩礼返还,不以双方离婚为条件

    C. 已办理结婚登记,未共同生活的,可主张返还

    D. 已办理结婚登记,并已共同生活的,仍可主张返还

**401.** 2020 回忆/任

    秦某和妻子张某一起居住在单位公租房,后来张某去世,秦某雇佣保姆赵某照顾自己。后二人结婚,婚后秦某领取退休金10万元,购买了此房产并登记在自己名下。下列选项正确的是:

    A. 退休金属于秦某个人财产

    B. 该房产属于秦某个人财产

    C. 该房产属于秦某和赵某的共同房产

    D. 该房产属于秦某和张某的共同房产

**考点106 夫妻债务归属与清偿**

**402.** 2008/3/17/单

    王某以个人名义向张某独资设立的飞跃百货有限公司借款10万元,借期1年。不久,王某与李某登记结婚,将上述借款全部用于婚房的装修。婚后半年,王某与李某协议离婚,未对债务的偿还作出约定。下列哪一选项是正确的?

    A. 由张某向王某请求偿还

    B. 由张某向王某和李某请求偿还

    C. 飞跃公司只能向王某请求偿还

    D. 由飞跃公司向王某和李某请求偿还

**403.** 2011/3/21/单

    黄某与唐某自愿达成离婚协议并约定财产平均分配,婚姻关系存续期间的债务全部由唐某偿还。经查,黄某以个人名义在婚姻存续期间向刘某借款10万元用于购买婚房。下列哪一表述是正确的?

    A. 刘某只能要求唐某偿还10万元

    B. 刘某只能要求黄某偿还10万元

    C. 如黄某偿还了10万元,则有权向唐某追偿10万元

    D. 如唐某偿还了10万元,则有权向黄某追偿5万元

**考点107 父母子女关系**

**404.** 2023 回忆/多

    李甲和宋某育有儿子李乙(10岁)。二人离婚后,儿子李乙由李甲抚养。后李甲和赵某再婚,婚后半年,李甲去世,赵某以自己没有抚养能力为

由不想抚养李乙。据查,离婚后宋某一直怠于行使其探望权。对此,下列哪些说法是正确的?

    A. 宋某有义务支付李乙的抚养费

    B. 李甲去世后应由宋某抚养李乙

    C. 离婚后宋某失去对李乙的监护权

    D. 赵某与李甲结婚后自动取得李乙的监护权

# 专题二十八 离 婚

**考点108 协议离婚与诉讼离婚**

**405.** 2011/3/52/多

    甲与乙离婚,甲乙的子女均已成年,与乙一起生活。甲与丙再婚后购买了一套房屋,登记在甲的名下。后甲因中风不能自理,常年卧床。丙见状离家出走达3年之久。甲乙的子女和乙想要回房屋,进行法律咨询。下列哪些意见是错误的?

    A. 因房屋登记在甲的名下,故属于甲个人房产

    B. 丙在甲中风后未尽妻子责任和义务,不能主张房产份额

    C. 甲乙的子女可以申请宣告丙失踪

    D. 甲本人向法院提交书面意见后,甲乙的子女可代理甲参与甲与丙的离婚诉讼

**406.** 2015/3/65/多

    董楠(男)和申蓓(女)是美术学院同学,共同创作一幅油画作品《爱你一千年》。毕业后二人结婚育有一女。董楠染上吸毒恶习,未经申蓓同意变卖了《爱你一千年》,所得款项用于吸毒。因董楠恶习不改,申蓓在女儿不满1周岁时提起离婚诉讼。下列哪些说法是正确的?

    A. 申蓓虽在分娩后1年内提出离婚,法院应予受理

    B. 如调解无效,应准予离婚

    C. 董楠出售《爱你一千年》侵犯了申蓓的物权和著作权

    D. 对董楠吸毒恶习,申蓓有权请求离婚损害赔偿

**407.** 2022 回忆/多

    孙某(男)和杜某(女)在单身派对上一见钟情。一周后,二人登记结婚。婚后,孙某、杜某经常吵架。三个月后,二人去民政局申请离婚登记。几天后,孙某反悔。下列哪些说法是正确的?

    A. 自申请离婚之日起30日之内,任何一方反悔都可撤回离婚登记申请

    B. 申请离婚之日起满30日后的30日内,任何一

———
① 原为单选题,根据新法答案有变化,调整为多选题。

方均可向登记机关申请发给离婚证

  C. 申请离婚之日起满 30 日后的 30 日内，若不申请发给离婚证的，视为撤回离婚申请

  D. 申请离婚之日起满 30 日后的 30 日内，双方可委托他人代为申请发给离婚证

**考点109** 离婚后的子女抚养与探望权

**408.** 2016/3/65/多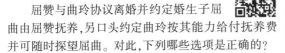

屈赞与曲玲协议离婚并约定婚生子屈曲由屈赞抚养，另口头约定曲玲按其能力付给抚养费并可随时探望屈曲。对此，下列哪些选项是正确的？

  A. 曲玲有探望权，屈赞应履行必要的协助义务

  B. 曲玲连续几年对屈曲不闻不问，违背了法定的探望义务

  C. 屈赞拒不履行协助曲玲探望的义务，经由裁判可依法对屈赞采取拘留、罚款等强制措施

  D. 屈赞拒不履行协助曲玲探望的义务，经由裁判可依法强制从屈赞处接领屈曲与曲玲会面

**409.** 2021 回忆/多

韩某和关某为夫妻，育有一子韩小龙。二人离婚后，韩小龙随母亲关某生活。三年后，关某与李某结婚，未经韩某同意，将韩小龙的姓名改为了李小龙。后李小龙入学于私立学校，学费大增。下列选项哪些是正确的？

  A. 韩某可不再向李小龙支付抚养费

  B. 韩小龙改名为李小龙，韩某的监护义务终止

  C. 关某应为韩某探望儿子提供便利

  D. 李小龙有权起诉要求韩某增加抚养费

**考点110** 离婚时的救济

**410.** 2009/3/66/多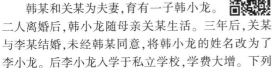

2003 年 5 月王某（男）与赵某结婚，双方书面约定婚后各自收入归个人所有。2005 年 10 月王某用自己的收入购置一套房屋。2005 年 11 月赵某下岗，负责照料女儿及王某的生活。2008 年 8 月王某提出离婚，赵某得知王某与张某已同居多年。法院应支持赵某的下列哪些主张？

  A. 赵某因抚育女儿、照顾王某生活付出较多义务，王某应予以补偿

  B. 离婚后赵某没有住房，应根据公平原则判决王某购买的住房属于夫妻共同财产

  C. 王某与张某同居导致离婚，应对赵某进行赔偿

  D. 张某与王某同居破坏其家庭，应向赵某赔礼道歉

**411.** 2012/3/23/单

甲与乙结婚多年后，乙患重大疾病需要医治，甲保管夫妻共同财产但拒绝向乙提供治疗

费，致乙疾病得不到及时治疗而恶化。下列哪一说法是错误的？

  A. 乙在婚姻关系存续期间，有权起诉请求分割夫妻共同财产

  B. 乙有权提出离婚诉讼并请求甲损害赔偿

  C. 乙在离婚诉讼中有权请求多分夫妻共同财产

  D. 乙有权请求公安机关依照《治安管理处罚法》对甲予以行政处罚

**412.** 2016/3/19/单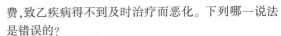

钟某性情暴躁，常殴打妻子柳某，柳某经常找同村未婚男青年杜某诉苦排遣，日久生情。现柳某起诉离婚，关于钟、柳二人的离婚财产处理事宜，下列哪一选项是正确的？

  A. 针对钟某家庭暴力，柳某不能向其主张损害赔偿

  B. 针对钟某家庭暴力，柳某不能向其主张精神损害赔偿

  C. 如柳某婚内与杜某同居，则柳某不能向钟某主张损害赔偿

  D. 如柳某婚内与杜某同居，则钟某可以向柳某主张损害赔偿

**考点111** 离婚夫妻共同财产的分割

**413.** 2010/3/66/多

甲、乙因离婚诉至法院，要求分割实为共同财产而以甲的名义对丙合伙企业的投资。诉讼中，甲、乙经协商，甲同意将其在丙合伙企业中的财产份额转让给乙。法院对此作出处理，下列哪些选项是正确的？

  A. 其他三分之二以上合伙人同意转让的，乙取得合伙人地位

  B. 其他合伙人不同意转让，在同等条件下行使优先受让权的，可对转让所得的财产进行分割

  C. 其他合伙人不同意转让，也不行使优先受让权，但同意甲退伙或退还其财产份额的，可对退伙财产进行分割

  D. 其他合伙人对转让、退伙、退还财产均不同意，也不行使优先受让权，视为全体合伙人同意转让，乙依法取得合伙人地位

**414.** 2008/3/68/多

甲、乙结婚多年，因甲沉迷于网络游戏，双方协议离婚，甲同意家庭的主要财产由乙取得。离婚后不久，乙发现甲曾在婚姻存续期间私自购买了两处房产并登记在自己名下，于是起诉甲，要求再次分割房产并要求甲承担损害赔偿责任。下列哪些选项是正确的？

A. 乙无权要求甲承担损害赔偿责任

B. 法院应当将两处房产都判给乙

C. 请求分割房产的诉讼时效,为乙发现或者应当发现甲的隐藏财产行为之日起两年

D. 若法院判决乙分得房产,则乙在判决生效之日即取得房屋所有权

**415.** 2016/3/18/单

乙起诉离婚时,才得知丈夫甲此前已着手隐匿并转移财产。关于甲、乙离婚的财产分割,下列哪一选项是错误的?

A. 甲隐匿转移财产,分割财产时可少分或不分

B. 就履行离婚财产分割协议事宜发生纠纷,乙可再起诉

C. 离婚后发现甲还隐匿其他共同财产,乙可另诉再次分割财产

D. 离婚后因发现甲还隐匿其他共同财产,乙再行起诉不受诉讼时效限制

## 专题二十九 收 养

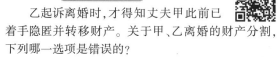

**考点112** 收养

**416.** 2008/3/18/单

吴某(女)16岁,父母去世后无其他近亲,吴某的舅舅孙某(50岁,离异,有一个19岁的儿子)提出愿将吴某收养。孙某咨询律师收养是否合法,律师的下列哪一项答复是正确的?

A. 吴某已满16岁,不能再被收养

B. 孙某与吴某年龄相差未超过40岁,不能收养吴某

C. 孙某已有子女,不能收养吴某

D. 孙某可以收养吴某

**417.** 2017/3/19/多

小强现年9周岁,生父谭某已故,生母徐某虽有抚养能力,但因准备再婚决定将其送养。徐某的姐姐要求收养,其系华侨富商,除已有一子外符合收养人的其他条件;谭某父母为退休教师,也要求抚养。下列哪些选项是正确的?①

A. 徐某因有抚养能力不能将小强送其姐姐收养

B. 徐某的姐姐因有子女不能收养小强

C. 谭某父母有优先抚养的权利

D. 收养应征得小强同意

**418.** 2022 回忆/单

甲(男,29岁)和乙(女,31岁)再婚。甲与前妻育有一子3岁、一女5岁,乙与前夫育有一女5岁、一女7岁。经甲的前妻和乙的前夫同意,甲、乙决定收养所有子女,组成6人家庭。下列哪一说法

是正确的?

A. 即使甲的前妻或乙的前夫有能力抚养子女,甲、乙也能收养全部子女

B. 甲只能收养乙的女儿中的一个

C. 乙已有两个女儿,不能收养甲的子女

D. 甲未满30岁,不能收养乙的女儿

## 第六编 继 承

## 专题三十 继承概述

**考点113** 继承的一般规定

**419.** 2011/3/23/多

下列哪些行为不可引起放弃继承权的后果?②

A. 张某口头放弃继承权,本人承认

B. 王某在遗产分割后放弃继承权

C. 李某以不再赡养父母为前提,书面表示放弃其对父母的继承权

D. 赵某与父亲共同发表书面声明断绝父子关系

## 专题三十一 法定继承

**考点114** 法定继承人的范围和继承顺序

**420.** 2009/3/68/多

钱某与胡某婚后生有子女甲和乙,后钱某与胡某离婚,甲、乙归胡某抚养。胡某与吴某结婚,当时甲已参加工作而乙尚未成年,乙跟随胡某与吴某居住,后胡某与吴某生下一女丙,吴某与前妻生有一子丁。钱某和吴某先后去世,下列哪些说法是正确的?

A. 胡某、甲、乙可以继承钱某的遗产

B. 甲和乙可以继承吴某的遗产

C. 胡某和丙可以继承吴某的遗产

D. 乙和丁可以继承吴某的遗产

**421.** 2014/3/65/多

甲(男)与乙(女)结婚,其子小明20周岁时,甲与乙离婚。后甲与丙(女)再婚,丙子小亮8周岁,随甲、丙共同生活。小亮成年成家后,甲与丙甚感孤寂,收养孤儿小光为养子,视同己出,未办理收养手续。丙去世,其遗产的第一顺序继承人有哪些?

---

① 原为单选题,根据新法答案有变化,调整为多选题。

② 原为单选题,根据新法答案有变化,调整为多选题。

A. 小明　　　　B. 小亮
C. 甲　　　　　D. 小光

**422.** 2016/3/66/多

熊某与杨某结婚后,杨某与前夫所生之子小强由二人一直抚养,熊某死亡,未立遗嘱。熊某去世前杨某孕有一对龙凤胎,于熊某死后生产,产出时男婴为死体,女婴为活体但旋即死亡。关于对熊某遗产的继承,下列哪些选项是正确的?

A. 杨某、小强均是第一顺位的法定继承人
B. 女婴死亡后,应当发生法定的代位继承
C. 为男婴保留的遗产份额由杨某、小强继承
D. 为女婴保留的遗产份额由杨某继承

**423.** 2023回忆/任

徐某与周某育有一子小磊,两人离婚后,小磊随母亲周某去国外生活,很少回来看望徐某。后徐某与王某结婚,王某与前夫之女小美二人一起生活。小美10周岁时,徐某和王某离婚,小美跟随王某生活,徐某不再照顾小美。徐某晚年一直由侄子大志照顾。现徐某去世,未留下遗嘱。小磊、小美与大志都要求分配徐某的遗产。对此,下列说法正确的是:

A. 大志是徐某的法定继承人,有权参与遗产分配
B. 小美是徐某的法定继承人,有权参与遗产分配
C. 虽然小磊未尽赡养义务,但其仍享有继承权
D. 大志因赡养徐某较多,应当分得适当遗产

**考点115　法定继承中遗产的分配**

**424.** 2010/3/67/多

郭大爷女儿五年前病故,留下一子甲。女婿乙一直与郭大爷共同生活,尽了主要赡养义务。郭大爷继子丙虽然与其无扶养关系,但也不时从外地回来探望。郭大爷还有一丧失劳动能力的养子丁。郭大爷病故,关于其遗产的继承,下列哪些选项是正确的?

A. 甲为第一顺序继承人
B. 乙在分配财产时,可多分
C. 丙无权继承遗产
D. 分配遗产时应该对丁予以照顾

**考点116　代位继承与转继承**

**425.** 2007/3/68/多

李某死后留下一套房屋和数十万存款,生前未立遗嘱。李某有三个女儿,并收养了一子。大女儿中年病故,留下一子。养子收入丰厚,却拒绝赡养李某。在两个女儿办理丧事期间,小女儿因交通事故意外身亡,留下一女。下列哪些选项是

正确的?

A. 二女儿和小女儿之女均是第一顺序继承人
B. 大女儿之子对李某遗产的继承属于代位继承
C. 小女儿之女属于转继承人
D. 分配遗产时,养子应当不分或少分

**426.** 2011/3/65/多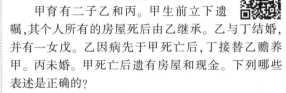

张某李某系夫妻,生有一子张甲和一女张乙。张甲于2007年意外去世,有一女丙。张某在2010年死亡,生前拥有个人房产一套,遗嘱将该房产处分给李某。关于该房产的继承,下列哪些表述是正确的?

A. 李某可以通过张某的遗嘱继承该房产
B. 丙可以通过代位继承要求对该房产进行遗产分割
C. 继承人自张某死亡时取得该房产所有权
D. 继承人自该房产变更登记后取得所有权

**427.** 2012/3/66/多

甲育有二子乙和丙。甲生前立下遗嘱,其个人所有的房屋死后由乙继承。乙与丁结婚,并有一女戊。乙因病先于甲死亡后,丁接替乙赡养甲。丙未婚。甲死亡后遗有房屋和现金。下列哪些表述是正确的?

A. 戊可代位继承
B. 戊、丁无权继承现金
C. 丙、丁为第一顺序继承人
D. 丙无权继承房屋

**428.** 2013/3/66/多

甲自书遗嘱将所有遗产全部留给长子乙,并明确次子丙不能继承。乙与丁婚后育有一女戊、一子己。后乙、丁遇车祸,死亡先后时间不能确定。甲悲痛成疾,不久去世。丁母健在。下列哪些表述是正确的?

A. 甲、戊、己有权继承乙的遗产
B. 丁母有权转继承乙的遗产
C. 戊、己、丁母有权继承丁的遗产
D. 丙有权继承、戊和己有权代位继承甲的遗产

**429.** 2021回忆/多

甄某育有一子甄伟和一女甄美。甄美和前夫秦某育有一女秦好,和甄美一起生活。后甄美和岳某再婚。岳某和前妻育有一子岳猛,和岳某一起生活。2020年1月,甄美死亡。其后不久,甄某去世,留下3套房产。对此3套房产,下列哪些人有资格继承?

A. 甄伟　　　　B. 秦好
C. 岳某　　　　D. 岳猛

# 专题三十二 遗嘱继承、遗赠和遗赠扶养协议

### 考点117 遗嘱继承

**430.** 2014/3/24/单

甲有乙、丙和丁三个女儿。甲于2013年1月1日亲笔书写一份遗嘱,写明其全部遗产由乙继承,并签名和注明年月日。同年3月2日,甲又请张律师代书一份遗嘱,写明其全部遗产由丙继承。同年5月3日,甲因病被丁送至医院急救,甲又立口头遗嘱一份,内容是其全部遗产由丁继承,在场的赵医生和李护士见证。甲病好转后出院休养,未立新遗嘱。如甲死亡,下列哪一选项是甲遗产的继承权人?

A. 乙　　　　　　B. 丙
C. 丁　　　　　　D. 乙、丙、丁

**431.** 2015/3/21/单

老夫妇王冬与张霞有一子王希、一女王楠,王希婚后育有一子王小力。王冬和张霞曾约定,自家的门面房和住房属于王冬所有。2012年8月9日,王冬办理了公证遗嘱,确定门面房由张霞和王希共同继承。2013年7月10日,王冬将门面房卖给他人并办理了过户手续。2013年12月,王冬去世,不久王希也去世。关于住房和出售门面房价款的继承,下列哪一说法是错误的?

A. 张霞有部分继承权
B. 王楠有部分继承权
C. 王小力有部分继承权
D. 王小力对住房有部分继承权、对出售门面房的价款有全部继承权

**432.** 2017/3/66/多

韩某于2017年3月病故,留有住房1套、存款50万元、名人字画10余幅及某有限责任公司股权等遗产。韩某在2014年所立第一份自书遗嘱中表示全部遗产由其长子韩大继承。在2015年所立第二份自书遗嘱中,韩某表示其死后公司股权和名人字画留给7岁的外孙女婷婷。2017年6月,韩大在未办理韩某遗留房屋所有权变更登记的情况下以自己的名义与陈卫订立了商品房买卖合同。下列哪些选项是错误的?

A. 韩某的第一份遗嘱失效
B. 韩某的第二份遗嘱无效
C. 韩大与陈卫订立的商品房买卖合同无效
D. 婷婷不能取得某有限责任公司股东资格

**433.** 2022回忆/多

甲致乙重伤残疾,向乙支付了赔偿金。

不久,乙立自书遗嘱,房屋、存款均由女儿丙继承,儿子丁不继承。丁以杀害丙相威胁,虽未遂,但乙还是更改了遗嘱,将所有财产均由丁继承。后乙病重送到医院抢救未成功,死前由两名护士见证,口头设立遗嘱:房屋归丙,存款丙、丁一人一半。下列哪些选项是正确的?

A. 赔偿金由丙继承
B. 丁可以继承全部赔偿金
C. 房屋由丙继承
D. 存款由丙、丁按一人一半继承

### 考点118 遗赠扶养协议

**434.** 2010/3/19/单

甲妻病故,膝下无子女,养子乙成年后常年在外地工作。甲与村委会签订遗赠扶养协议,约定甲的生养死葬由村委会负责,死后遗产归村委会所有。后甲又自书一份遗嘱,将其全部财产赠与侄子丙。甲死后,乙就甲的遗产与村委会以及丙发生争议。对此,下列哪一选项是正确的?

A. 甲的遗产应归村委会所有
B. 甲所立遗嘱应予撤销
C. 村委会、乙和丙共同分割遗产,村委会可适当多分
D. 村委会和丙平分遗产,乙无权分得任何遗产

**435.** 2012/3/24/单

甲与保姆乙约定:甲生前由乙照料,死后遗产全部归乙。乙一直细心照料甲。后甲女儿丙回国,与乙一起照料甲,半年后甲去世。丙认为自己是第一顺序继承人,且尽了义务,主张甲、乙约定无效。下列哪一表述是正确的?

A. 遗赠扶养协议有效
B. 协议部分无效,丙可以继承甲的一半遗产
C. 协议无效,应按法定继承处理
D. 协议有效,应按遗嘱继承处理

# 专题三十三 遗产的处理

### 考点119 遗产的范围

**436.** 2012/3/22/单

甲在乙寺院出家修行,立下遗嘱,将下列财产分配给女儿丙:乙寺院出资购买并登记在甲名下的房产;甲以僧人身份注册的微博账号;甲撰写《金刚经解说》的发表权;甲的个人存款。甲死后,在遗产分割上乙寺院与丙之间发生争议。下列哪一说法是正确的?

A. 房产虽然登记在甲名下,但甲并非事实上所有权人,其房产应归寺院所有
B. 甲以僧人身份注册的微博账号,目的是为推

广佛法理念,其微博账号应归寺院所有

C. 甲撰写的《金刚经解说》属于职务作品,为保护寺院的利益,其发表权应归寺院所有

D. 甲既已出家,四大皆空,个人存款应属寺院财产,为维护宗教事业发展,其个人存款应归寺院所有

**437．** 2013/3/24/单

甲与乙结婚,女儿丙三岁时,甲因医疗事故死亡,获得 60 万元赔款。甲生前留有遗书,载明其死亡后的全部财产由其母丁继承。经查,甲与乙婚后除共同购买了一套住房外,另有 20 万元存款。下列哪一说法是正确的?

A. 60 万元赔款属于遗产

B. 甲的遗嘱未保留丙的遗产份额,遗嘱全部无效

C. 住房和存款的各一半属于遗产

D. 乙有权继承甲的遗产

**考点120 遗产的分割与债务清偿**

**438．** 2009/3/67/多

何某死后留下一间价值六万元的房屋和四万元现金。何某立有遗嘱,四万元现金由四个子女平分,房屋的归属未作处理。何某女儿主动提出放弃对房屋的继承权,于是三个儿子将房屋变卖,每人分得两万元。现债权人主张何某生前曾向其借款 12 万元,并有借据为证。下列哪些说法是错误的?

A. 何某已死,债权债务关系消灭

B. 四个子女平均分担,每人偿还三万元

C. 四个子女各自以继承所得用于清偿债务,剩下两万元由四人平均分担

D. 四个子女各自以继承所得用于清偿债务,剩下两万元四人可以不予清偿

# 第七编 侵权责任

## 专题三十四 侵权责任概述

**考点121 侵权责任与免责**

**439．** 2011/3/89/任

甲公司与乙公司约定,由甲公司向乙公司交付 1 吨药材,乙公司付款 100 万元。乙公司将药材转卖给丙公司,并约定由甲公司向丙公司交付,丙公司收货后 3 日内应向乙公司支付价款 120 万元。

张某以自有汽车为乙公司的债权提供抵押担保,未办理抵押登记。抵押合同约定:"在丙公司不付款时,乙公司有权就出卖该汽车的价款清偿自己的债权。"李某为这笔货款出具担保函:"在丙公司不付款

时,由李某承担保证责任"。丙公司收到药材后未依约向乙公司支付 120 万元,乙公司向张某主张实现抵押权,同时要求李某承担保证责任。

张某见状,便将其汽车赠与刘某。刘某将该汽车作为出资,与钱某设立丁酒店有限责任公司,并办理完出资手续。

丁公司员工方某驾驶该车接送酒店客人时,为躲避一辆逆行摩托车,将行人赵某撞伤。方某自行决定以丁公司名义将该车放在戊公司维修,为获得维修费的八折优惠,方某以其名义在与戊公司相关的庚公司为该车购买一套全新座垫。汽车修好后,方某将车取走交丁公司投入运营。戊公司要求丁公司支付维修费,否则对汽车行使留置权,丁公司回函请宽限一周。庚公司要求丁公司支付座垫费,丁公司拒绝。

关于对赵某的损害应承担侵权责任的主体,下列选项正确的是:

A. 方某　　　　B. 钱某和刘某

C. 丁公司　　　D. 摩托车主

**440．** 2013/3/1/单

兹有四个事例:①张某驾车违章发生交通事故致搭车的李某残疾;②唐某参加王某组织的自助登山活动因雪崩死亡;③吴某与人打赌举重物因用力过猛致残;④何某心情不好邀好友郑某喝酒,郑某畅饮后驾车撞树致死。根据公平正义的法治理念和民法有关规定,下列哪一观点可以成立?

A. ①张某与李某未形成民事法律关系合意,如让张某承担赔偿责任,是惩善扬恶,显属不当

B. ②唐某应自担风险,如让王某承担赔偿责任,有违公平

C. ③吴某有完整意思能力,其自担损失,是非清楚

D. ④何某虽有召集但未劝酒,无需承担责任,方能兼顾法理与情理

**441．** 2017/3/23/单

刘婆婆回家途中,看见邻居肖婆婆带着外孙小勇和另一家邻居的孩子小囡(均为 4 岁多)在小区花园中玩耍,便上前拿出几根香蕉递给小勇,随后离去。小勇接过香蕉后,递给小囡一根,小囡吞食时误入气管导致休克,经抢救无效死亡。对此,下列哪一选项是正确的?

A. 刘婆婆应对小囡的死亡承担民事责任

B. 肖婆婆应对小囡的死亡承担民事责任

C. 小勇的父母应对小囡的死亡承担民事责任

D. 属意外事件,不产生相关人员的过错责任

**442．** 2017/3/22/单

姚某旅游途中,前往某玉石市场参观,

在唐某经营的摊位上拿起一只翡翠手镯,经唐某同意后试戴,并问价。唐某报价 18 万元(实际进货价 8 万元,市价 9 万元),姚某感觉价格太高,急忙取下,不慎将手镯摔断。关于姚某的赔偿责任,下列哪一选项是正确的?

    A. 应承担违约责任

    B. 应赔偿唐某 8 万元损失

    C. 应赔偿唐某 9 万元损失

    D. 应赔偿唐某 18 万元损失

**443．** 2018 回忆/单

    甲遭到恶狗追咬,路人乙上前相救,情急之下,拿了路人丙的雨伞与恶狗搏斗,乙被狗咬伤,造成医疗费若干,雨伞也被打坏。经查,狗为丁所有,无赔偿能力。下列哪一选项是正确的?

    A. 乙有权请求甲予以适当补偿

    B. 乙有权请求甲赔偿损失

    C. 丙有权请求乙给予适当补偿

    D. 丙有权请求甲给予适当补偿

**444．** 2020 回忆/单

    甲在集市上抢夺乙的钱包后逃离,路人丙上前帮忙追赶甲。追至一条铁路旁,甲沿路轨奔逃,丙紧追不舍。此时一列火车迎面疾驰而来,甲未及反应被撞身亡,丙因急忙跳下路轨而造成骨折。下列哪一项说法是正确的?

    A. 丙应对甲的死亡承担过错责任

    B. 丙可请乙给予适当补偿

    C. 乙应对甲的死亡承担公平责任

    D. 丙应对甲的死亡承担公平责任

**445．** 2020 回忆/多

    甲乙二人在某游泳馆玩耍时,决定测试下游泳馆的救援能力。于是二人在距离救生员最远处的泳池一角假装溺水求救。正巧路过泳池去更衣室的丙见状,立即跳进水中救援。后发现甲乙二人并未溺水,但丙却因未来得及换衣服,导致裤兜里的手机泡水损坏。关于丙的行为及损失,下列哪些选项是正确的?

    A. 丙属于自甘风险,不能向任何人主张任何权利

    B. 游泳馆违反安全保障义务,应对丙予以赔偿

    C. 丙因保护他人权益受损,可请求甲乙给予适当补偿

    D. 丙构成无因管理,可请求甲乙给予适当补偿

**考点 122** 数人侵权

**446．** 2009/3/70/多

    甲饲养的一只狗在乙公司施工的道路

上追咬丙饲养的一只狗,行人丁避让中失足掉入施工形成的坑里,受伤严重。下列哪些说法是错误的?

    A. 如甲能证明自己没有过错,不应承担对丁的赔偿责任

    B. 如乙能证明自己没有过错,不应承担对丁的赔偿责任

    C. 如丙能证明自己没有过错,不应承担对丁的赔偿责任

    D. 此属意外事件,甲、乙、丙均不应承担对丁的赔偿责任

**447．** 2017/3/67/多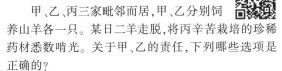

    甲、乙、丙三家毗邻而居,甲、乙分别饲养山羊各一只。某日二羊走脱,将丙辛苦栽培的珍稀药材悉数啃光。关于甲、乙的责任,下列哪些选项是正确的?

    A. 甲、乙可各自通过证明已尽到管理职责而免责

    B. 基于共同致害行为,甲、乙应承担连带责任

    C. 如能确定二羊各自啃食的数量,则甲、乙各自承担相应赔偿责任

    D. 如不能确定二羊各自啃食的数量,则甲、乙平均承担赔偿责任

**448．** 2023 回忆/多

    甲、乙、丙、丁四人合谋共同将戊打伤,戊花费医药费 1 万元。甲取得了戊的谅解,戊表示不会起诉甲也不会追究甲的责任。后戊向法院起诉了乙、丙、丁。乙表示不论法院判决自己赔偿多少,都愿意先行赔付戊所有损失,再向其他人追偿。对此,下列哪些说法是正确的?

    A. 甲、乙、丙、丁成立共同侵权,应承担连带责任

    B. 乙赔偿戊所有损失后,可以向丙、丁分别追偿 2500 元

    C. 戊若免除甲的责任,法院应在判决书中注明

    D. 法院应将甲追加为共同被告

# 专题三十五　特殊侵权责任

**考点 123** 用人单位责任

**449．** 2010/3/70/多

    甲公司为劳务派遣单位,根据合同约定向乙公司派遣搬运工。搬运工丙脾气暴躁常与人争吵,乙公司要求甲公司更换丙或对其教育管理,甲公司不予理会。一天,乙公司安排丙为顾客丁免费搬运电视机,丙与丁发生激烈争吵故意摔坏电视机。对此,下列哪些说法是错误的?

    A. 甲公司和乙公司承担连带赔偿责任

B. 甲公司承担赔偿责任,乙公司承担补充责任
C. 甲公司和丙承担连带赔偿责任
D. 丙承担赔偿责任,甲公司承担补充责任

**450.** `2013/3/67/多`
甲赴宴饮酒,遂由有驾照的乙代驾其车,乙违章撞伤丙。交管部门认定乙负全责。以下假定情形中对丙的赔偿责任,哪些表述是正确的?
A. 如乙是与甲一同赴宴的好友,乙不承担赔偿责任
B. 如乙是代驾公司派出的驾驶员,该公司应承担赔偿责任
C. 如乙是酒店雇佣的为饮酒客人提供代驾服务的驾驶员,乙不承担赔偿责任
D. 如乙是出租车公司驾驶员,公司明文禁止代驾,乙为获高额报酬而代驾,乙应承担赔偿责任

**451.** `2014/3/21/多`
甲电器销售公司的安装工人李某在为消费者黄某安装空调的过程中,不慎从高处掉落安装工具,将路人王某砸成重伤。李某是乙公司的劳务派遣人员,此前曾多次发生类似小事故,甲公司曾要求乙公司另派他人,但乙公司未予换人。下列哪些选项是错误的?①
A. 对王某的赔偿责任应由李某承担,黄某承担补充责任
B. 对王某的赔偿责任应由甲公司承担,乙公司承担补充责任
C. 甲公司与乙公司应对王某承担连带赔偿责任
D. 对王某的赔偿责任承担应采用过错责任原则

**考点124 个人劳务关系中的侵权责任**

**452.** `2009/3/22/单`
甲在乙承包的水库游泳,乙的雇工丙、丁误以为甲在偷鱼苗将甲打伤。下列哪一说法是正确的?
A. 乙、丙、丁应承担连带责任
B. 丙、丁应先赔偿甲的损失,再向乙追偿
C. 只能由丙、丁承担连带责任
D. 只能由乙承担赔偿责任

**453.** `2012/3/21/单`
甲聘请乙负责照看小孩,丙聘请丁做家务。甲和丙为邻居,乙和丁为好友。一日,甲突生急病昏迷不醒,乙联系不上甲的亲属,急将甲送往医院,并将甲的小孩委托给丁临时照看。丁疏于照看,致甲的小孩在玩耍中受伤。下列哪一说法是正确的?
A. 乙将甲送往医院的行为属于无因管理
B. 丁照看小孩的行为属于无因管理,不构成侵

权行为
C. 丙应当承担甲小孩的医疗费
D. 乙和丁对甲小孩的医疗费承担连带责任

**考点125 帮工侵权责任**

**454.** `2014/3/66/多`
甲家盖房,邻居乙、丙前来帮忙。施工中,丙因失误从高处摔下受伤,乙不小心撞伤小孩丁。下列哪些表述是正确的?
A. 对丙的损害,甲应承担赔偿责任,但可减轻其责任
B. 对丙的损害,甲不承担赔偿责任,但可在受益范围内予以适当补偿
C. 对丁的损害,甲应承担赔偿责任
D. 对丁的损害,甲应承担补充赔偿责任

**考点126 违反安全保障义务的侵权责任**

**455.** `2012/3/67/多`
小偷甲在某商场窃得乙的钱包后逃跑,乙发现后急追。甲逃跑中撞上欲借用商场厕所的丙,因商场地板湿滑,丙摔成重伤。下列哪些说法是错误的?
A. 小偷甲应当赔偿丙的损失
B. 商场须对丙的损失承担补充赔偿责任
C. 乙应适当补偿丙的损失
D. 甲和商场对丙的损失承担连带责任

**456.** `2015/3/23/单`
某洗浴中心大堂处有醒目提示语:"到店洗浴客人的贵重物品,请放前台保管"。甲在更衣时因地滑摔成重伤,并摔碎了手上价值20万元的定情信物玉镯。经查明:因该中心雇用的清洁工乙清洁不彻底,地面湿滑导致甲摔倒。下列哪一选项是正确的?
A. 甲应自行承担玉镯损失
B. 洗浴中心应承担玉镯的全部损失
C. 甲有权请求洗浴中心赔偿精神损害
D. 洗浴中心和乙对甲的损害承担连带责任

**457.** `2019 回忆/任`
某校研究生陈某下课后发现电梯人多拥挤便选择走楼梯,在下楼过程中由于陈某专注玩手机而失足摔倒,造成擦伤和中度脑震荡。关于陈某的损害,下列说法正确的是:
A. 电梯设置不合理,学校负全部责任
B. 学校未尽到安全保障义务,应负全部责任
C. 陈某与学校均有过错,各自承担与其过错相

---

① 原为单选题,根据新法答案有变化,调整为多选题。

应的责任

D. 陈某因玩手机而失足摔倒,应责任自负

**458.** 2021回忆/多

杨家村是一处新开发的旅游景点,有很多杨梅树,在景点游览内容中,未提供杨梅采摘的旅游项目,也没有设置禁止采摘的指示牌。游客范某路过位于景区内的魏某家,发现院子里有杨梅树,问路过的李某是否可以采摘,李某说没人管。范某就爬到树上采摘杨梅,不慎跌伤。下列哪些说法是正确的?

A. 杨家村不承担范某的损失

B. 李某应承担部分赔偿责任

C. 范某应自行承担后果

D. 魏某不是游客的安保义务人

**考点127** 网络侵权责任

**459.** 2010/3/23/单

甲、乙是同事,因工作争执甲对乙不满,写了一份丑化乙的短文发布在丙网站。乙发现后要求丙删除,丙不予理会,致使乙遭受的损害扩大。关于扩大损害部分的责任承担,下列哪一说法是正确的?

A. 甲承担全部责任

B. 丙承担全部责任

C. 甲和丙承担连带责任

D. 甲和丙承担按份责任

**460.** 2022回忆/多

丙公司是一家搜索引擎运营商,旗下拥有搜索广告业务。甲公司购买了上述服务,并以同行业知名企业乙公司的名称为搜索关键词进行商业推广。若通过丙公司搜索引擎搜索乙公司名称,结果页面前两条词条均指向甲公司,而乙公司的官网词条却相对靠后。乙公司认为甲、丙公司侵犯了其名称权,要求停止侵权,并赔偿损失。下列哪些选项是正确的?

A. 甲公司的行为属于不正当竞争行为

B. 若丙公司接到乙公司被侵权的通知后,立刻采取了删除措施,则不构成侵权

C. 丙公司应对侵权承担连带责任

D. 乙公司可以请求停止侵害,此权利不受诉讼时效限制

**考点128** 监护人责任

**461.** 2015/3/24/单

甲的儿子乙(8岁)因遗嘱继承了祖父遗产10万元。某日,乙玩耍时将另一小朋友丙的眼睛划伤。丙的监护人要求甲承担赔偿责任2万元。后法院查明,甲已尽到监护职责。下列哪一说

法是正确的?

A. 因乙的财产足以赔偿丙,故不需用甲的财产赔偿

B. 甲已尽到监护职责,无需承担侵权责任

C. 用乙的财产向丙赔偿,乙赔偿后可在甲应承担的份额内向甲追偿

D. 应由甲直接赔偿,否则会损害被监护人乙的利益

**考点129** 教育机构的侵权责任

**462.** 2008/3/64/多

小牛在从甲小学放学回家的路上,将石块扔向路上正常行驶的出租车,致使乘客张某受伤,张某经治疗后脸上仍留下一块大伤疤。出租车为乙公司所有。下列哪些选项是错误的?

A. 张某有权要求乙公司赔偿医药费及精神损害

B. 甲小学和乙公司应向张某承担连带赔偿责任

C. 张某有权要求甲小学赔偿医疗费及精神损害

D. 张某有权要求小牛的监护人赔偿医疗费及精神损害

**463.** 2009/3/23/单

某小学组织春游,队伍行进中某班班主任张某和其他教师闲谈,未跟进照顾本班学生。该班学生李某私自离队购买食物,与小贩刘某发生争执被打伤。对李某的人身损害,下列哪一说法是正确的?

A. 刘某应承担赔偿责任

B. 某小学应承担赔偿责任

C. 某小学应与刘某承担连带赔偿责任

D. 刘某应承担赔偿责任,某小学应承担相应的补充赔偿责任

**考点130** 产品责任

**464.** 2010/3/21/单

大学生甲在寝室复习功课,隔壁寝室的学生乙、丙到甲寝室强烈要求甲打开电视观看足球比赛,甲只好照办。由于质量问题,电视机突然爆炸,甲乙丙三人均受重伤。关于三人遭受的损害,下列哪一选项是正确的?

A. 甲可要求电视机的销售者承担赔偿责任

B. 甲可要求乙、丙承担损害赔偿责任

C. 乙、丙无权要求电视机的销售者承担赔偿责任

D. 乙、丙有权要求甲承担损害赔偿责任

**465.** 2011/3/67/多

甲系某品牌汽车制造商,发现已投入流通的某款车型刹车系统存在技术缺陷,即通过媒体和销售商发布召回该款车进行技术处理的通知。乙

购买该车,看到通知后立即驱车前往丙销售公司,途中因刹车系统失灵撞上大树,造成伤害。下列哪些说法是正确的?

  A. 乙有权请求甲承担赔偿责任

  B. 乙有权请求丙承担赔偿责任

  C. 乙有权请求惩罚性赔偿

  D. 甲的责任是无过错责任

**466．** 2013/3/15/单

李某用 100 元从甲商场购买一只电热壶,使用时因漏电致李某手臂灼伤,花去医药费 500 元。经查该电热壶是乙厂生产的。下列哪一表述是正确的?

  A. 李某可直接起诉乙厂要求其赔偿 500 元损失

  B. 根据合同相对性原理,李某只能要求甲商场赔偿 500 元损失

  C. 如李某起诉甲商场,则甲商场的赔偿范围以 100 元为限

  D. 李某只能要求甲商场更换电热壶,500 元损失则只能要求乙厂承担

**考点131 医疗损害责任**

**467．** 2016/3/23/单

田某突发重病神志不清,田父将其送至医院,医院使用进口医疗器械实施手术,手术失败,田某死亡。田父认为医院在诊疗过程中存在一系列违规操作,应对田某的死亡承担赔偿责任。关于本案,下列哪一选项是正确的?

  A. 医疗损害适用过错责任原则,由患方承担举证责任

  B. 医院实施该手术,无法取得田某的同意,可自主决定

  C. 如因医疗器械缺陷致损,患方只能向生产者主张赔偿

  D. 医院有权拒绝提供相关病历,且不会因此承担不利后果

**考点132 机动车道路交通事故责任**

**468．** 2009/3/69/多 新法改编

某机关法定代表人甲安排驾驶员乙开车执行公务,乙以身体不适为由拒绝。甲遂临时安排丙出车,丙在途中将闯红灯的行人丁撞成重伤,花去医疗费 5 万元。有关部门认定丙和丁对事故的发生承担同等责任。关于丁人身损害赔偿责任的承担,下列哪些表述是错误的?

  A. 甲用人不当应当承担部分赔偿责任

  B. 乙不服从领导安排应当承担部分赔偿责任

  C. 丙有过错应当承担部分赔偿责任

  D. 该机关应当承担全部医疗费用

**469．** 2010/3/24/单

甲为父亲祝寿宴请亲友,请乙帮忙买酒,乙骑摩托车回村途中被货车撞成重伤,公安部门认定货车司机丙承担全部责任。经查:丙无赔偿能力。丁为货车车主,该货车一年前被盗,未买任何保险。关于乙人身损害的赔偿责任承担,下列哪一选项是正确的?

  A. 甲承担全部赔偿责任

  B. 甲予以适当补偿

  C. 丁承担全部赔偿责任

  D. 丁予以适当补偿

**470．** 2011/3/6/单

周某从迅达汽车贸易公司购买了 1 辆车,约定周某试用 10 天,试用期满后 3 天内办理登记过户手续。试用期间,周某违反交通规则将李某撞成重伤。现周某困难,无力赔偿。关于李某受到的损害,下列哪一表述是正确的?

  A. 因在试用期间该车未交付,李某有权请求迅达公司赔偿

  B. 因该汽车未过户,不知该汽车已经出卖,李某有权请求迅达公司赔偿

  C. 李某有权请求周某赔偿,因周某是该汽车的使用人

  D. 李某有权请求周某和迅达公司承担连带赔偿责任,因周某和迅达公司是共同侵权人

**考点133 环境污染和生态破坏责任**

**471．** 2015/3/22/单

甲、乙、丙三家公司生产三种不同的化工产品,生产场地的排污口相邻。某年,当地大旱导致河水水位大幅下降,三家公司排放的污水混合发生化学反应,产生有毒物质致使河流下游丁养殖场的鱼类大量死亡。经查明,三家公司排放的污水均分别经过处理且符合国家排放标准。后丁养殖场向三家公司索赔。下列哪一选项是正确的?

  A. 三家公司均无过错,不承担赔偿责任

  B. 三家公司对丁养殖场的损害承担连带责任

  C. 本案的诉讼时效是 2 年

  D. 三家公司应按照污染物的种类、排放量等因素承担责任

**考点134 饲养动物致人损害责任**

**472．** 2015/3/67/多

关于动物致害侵权责任的说法,下列哪些选项是正确的?

  A. 甲 8 周岁的儿子翻墙进入邻居院中玩耍,被院内藏獒咬伤,邻居应承担侵权责任

  B. 小学生乙和丙放学途经养狗的王平家,丙故

意逗狗,狗被激怒咬伤乙,只能由丙的监护人对乙承担侵权责任

C. 丁下夜班回家途经邻居家门时,未看到邻居饲养的小猪趴在路上而绊倒摔伤,邻居应承担侵权责任

D. 戊带女儿到动物园游玩时,动物园饲养的老虎从破损的虎笼蹿出将戊女儿咬伤,动物园应承担侵权责任

**473．** 2017/3/24/单

王某因全家外出旅游,请邻居戴某代为看管其饲养的宠物狗。戴某看管期间,张某偷狗,被狗咬伤。关于张某被咬伤的损害,下列哪一选项是正确的?

A. 王某应对张某所受损害承担全部责任

B. 戴某应对张某所受损害承担全部责任

C. 王某和戴某对张某损害共同承担全部责任

D. 王某或戴某不应对张某损害承担全部责任

**474．** 2018 回忆/多

赵某受钱某邀请,带着于某的宠物狗去住在三楼的钱某家玩儿,并将狗放在钱某家阳台晒太阳。钱某提醒赵某,狗有摔下的危险。果然,狗在阳台上玩耍时摔下,砸伤了正常行走的路人杨某。关于杨某的主张,下列哪些说法是正确的?

A. 可请求钱某承担动物饲养人或管理人员的侵权责任

B. 可请求钱某承担建筑物管理人的侵权责任

C. 可请求赵某承担动物饲养人或管理人员的侵权责任

D. 可请求于某承担动物饲养人或管理人的侵权责任

**考点135** 物件致人损害责任

**475．** 2008/3/16/单

大华商场委托飞达广告公司制作了一块宣传企业形象的广告牌,并由飞达公司负责安装在商场外墙。某日风大,广告牌被吹落砸伤过路人郑某。经查,广告牌的安装存在质量问题。关于郑某的损害,下列哪一选项是正确的?

A. 大华商场承担赔偿责任,飞达公司承担补充赔偿责任

B. 飞达公司承担赔偿责任,大华商场承担补充赔偿责任

C. 大华商场承担赔偿责任,但其有权向飞达公司追偿

D. 飞达公司承担赔偿责任,大华商场不承担责任

**476．** 2016/3/24/单

张小飞邀请关小羽来家中做客,关小羽进入张小飞所住小区后,突然从小区的高楼内抛出一块砚台,将关小羽砸伤。关于砸伤关小羽的责任承担,下列哪一选项是正确的?

A. 张小飞违反安全保障义务,应承担侵权责任

B. 顶层业主通过证明当日家中无人,可以免责

C. 小区物业违反安全保障义务,应承担侵权责任

D. 如查明砚台系从10层抛出,10层以上业主仍应承担补充责任

**477．** 2016/3/67/多

4名行人正常经过北方牧场时跌入粪坑,1人获救3人死亡。据查,当地牧民为养草放牧,储存牛羊粪便用于施肥,一家牧场往往挖有三四个粪坑,深者达三四米,之前也发生过同类事故。关于牧场的责任,下列哪些选项是正确的?

A. 应当适用无过错责任原则

B. 应当适用过错推定责任原则

C. 本案情形已经构成不可抗力

D. 牧场管理人可通过证明自己尽到管理职责而免责

**478．** 2021 回忆/多

黄某回家需经过小区一条内部道路,因有辆皮卡在路上违规停放多日,物业未做处理,黄某只好绕道而行。不料,当日大风吹落10楼贾某家阳台上的木质衣架,正好砸中黄某,致黄某重伤。关于黄某的人身损害赔偿,下列哪些说法是正确的?

A. 贾某应承担赔偿责任

B. 贾某与物业公司应承担连带责任

C. 物业公司应承担补充责任

D. 应按照高空抛物处理

# 民法 ［考点法条］

## 第一编 总 则

## 专题一 民法概述

**考点1** 民法的调整对象

第二条 ［调整范围］民法调整平等主体的自然人、法人和非法人组织之间的人身关系和财产关系。

**考点2** 民法的基本原则

第四条 ［平等原则］民事主体在民事活动中的法律地位一律平等。

第五条 ［自愿原则］民事主体从事民事活动，应当遵循自愿原则，按照自己的意思设立、变更、终止民事法律关系。

第六条 ［公平原则］民事主体从事民事活动，应当遵循公平原则，合理确定各方的权利和义务。

第七条 ［诚信原则］民事主体从事民事活动，应当遵循诚信原则，秉持诚实，恪守承诺。

第八条 ［守法与公序良俗原则］民事主体从事民事活动，不得违反法律，不得违背公序良俗。

第九条 ［绿色原则］民事主体从事民事活动，应当有利于节约资源、保护生态环境。

第十条 ［处理民事纠纷的依据］处理民事纠纷，应当依照法律；法律没有规定的，可以适用习惯，但是不得违背公序良俗。

**考点3** 民事法律关系

**（一）民法的法律适用**

第十条 ［处理民事纠纷的依据］处理民事纠纷，应当依照法律；法律没有规定的，可以适用习惯，但是不得违背公序良俗。

《民法典总则编解释》

第二条 在一定地域、行业范围内长期为一般人从事民事活动时普遍遵守的民间习俗、惯常做法等，可以认定为民法典第十条规定的习惯。

当事人主张适用习惯的，应当就习惯及其具体内容提供相应证据；必要时，人民法院可以依职权查明。

适用习惯，不得违背社会主义核心价值观，不得违背公序良俗。

第三条 对于民法典第一百三十二条所称的滥用民事权利，人民法院可以根据权利行使的对象、目的、时间、方式、造成当事人之间利益失衡的程度等因素作出认定。

行为人以损害国家利益、社会公共利益、他人合法权

益为主要目的行使民事权利的，人民法院应当认定构成滥用民事权利。

构成滥用民事权利的，人民法院应当认定该滥用行为不发生相应的法律效力。滥用民事权利造成损害的，依照民法典第七编等有关规定处理。

**（二）民事法律关系的要素**

第一百一十条 ［民事主体的人格权］自然人享有生命权、身体权、健康权、姓名权、肖像权、名誉权、荣誉权、隐私权、婚姻自主权等权利。

法人、非法人组织享有名称权、名誉权和荣誉权。

第一百一十一条 ［个人信息受法律保护］自然人的个人信息受法律保护。任何组织或者个人需要获取他人个人信息的，应当依法取得并确保信息安全，不得非法收集、使用、加工、传输他人个人信息，不得非法买卖、提供或者公开他人个人信息。

第一百一十二条 ［婚姻家庭关系等产生的人身权利］自然人因婚姻家庭关系等产生的人身权利受法律保护。

第一百一十四条 ［物权的定义及类型］民事主体依法享有物权。

物权是权利人依法对特定的物享有直接支配和排他的权利，包括所有权、用益物权和担保物权。

第一百一十八条 ［债权的定义］民事主体依法享有债权。

债权是因合同、侵权行为、无因管理、不当得利以及法律的其他规定，权利人请求特定义务人为或者不为一定行为的权利。

第一百二十一条 ［无因管理之债］没有法定的或者约定的义务，为避免他人利益受损失而进行管理的人，有权请求受益人偿还由此支出的必要费用。

第一百二十二条 ［不当得利之债］因他人没有法律根据，取得不当利益，受损失的人有权请求其返还不当利益。

第一百二十三条 ［知识产权及其客体］民事主体依法享有知识产权。

知识产权是权利人依法就下列客体享有的专有的权利：

（一）作品；

（二）发明、实用新型、外观设计；

（三）商标；

（四）地理标志；

（五）商业秘密；

（六）集成电路布图设计；

（七）植物新品种；

（八）法律规定的其他客体。

**第一百二十七条　[对数据和网络虚拟财产的保护]**法律对数据、网络虚拟财产的保护有规定的，依照其规定。

**（三）请求权**

（1）支配请求权

**第二百三十五条　[返还原物请求权]**无权占有不动产或者动产的，权利人可以请求返还原物。

**第二百三十六条　[排除妨害、消除危险请求权]**妨害物权或者可能妨害物权的，权利人可以请求排除妨害或者消除危险。

**第九百九十五条　[人格权保护的请求权]**人格权受到侵害的，受害人有权依照本法和其他法律的规定请求行为人承担民事责任。受害人的停止侵害、排除妨碍、消除危险、消除影响、恢复名誉、赔礼道歉请求权，不适用诉讼时效的规定。

**第一千零一条　[自然人身份权利保护的参照]**对自然人因婚姻家庭关系等产生的身份权利的保护，适用本法第一编、第五编和其他法律的相关规定；没有规定的，可以根据其性质参照适用本编人格权保护的有关规定。

（2）占有保护请求权

**第四百六十二条　[占有保护的方法]**占有的不动产或者动产被侵占的，占有人有权请求返还原物；对妨害占有的行为，占有人有权请求排除妨害或者消除危险；因侵占或者妨害造成损害的，占有人有权依法请求损害赔偿。

占有人返还原物的请求权，自侵占发生之日起一年内未行使的，该请求权消灭。

**（四）抗辩权**

（1）一时抗辩权

**第三百九十二条　[人保和物保并存时的处理规则]**被担保的债权既有物的担保又有人的担保的，债务人不履行到期债务或者发生当事人约定的实现担保物权的情形，债权人应当按照约定实现债权；没有约定或者约定不明确，债务人自己提供物的担保的，债权人应当先就该物的担保实现债权；第三人提供物的担保的，债权人可以就物的担保实现债权，也可以请求保证人承担保证责任。提供担保的第三人承担担保责任后，有权向债务人追偿。[2020年回忆~混合担保、混合担保的清偿顺序；2015年真题~混合担保、追偿权；2011年真题~混合担保规则、共同抵押规则]①

**第五百二十五条　[同时履行抗辩权]**当事人互负债务，没有先后履行顺序的，应当同时履行。一方在对方履行之前有权拒绝其履行请求。一方在对方履行债务不符合约定时，有权拒绝其相应的履行请求。

**第五百二十六条　[顺序履行抗辩权]**当事人互负债务，有先后履行顺序，应当先履行债务一方未履行的，后履行一方有权拒绝其履行请求。先履行一方履行债务不符合约定的，后履行一方有权拒绝其相应的履行请求。

**第五百二十七条　[不安抗辩权]**应当先履行债务的当事人，有确切证据证明对方有下列情形之一的，可以中止履行：

（一）经营状况严重恶化；

（二）转移财产、抽逃资金，以逃避债务；

（三）丧失商业信誉；

（四）有丧失或者可能丧失履行债务能力的其他情形。

当事人没有确切证据中止履行的，应当承担违约责任。[2011年真题~不安抗辩权]

**第五百二十八条　[不安抗辩权的行使]**当事人依据前条规定中止履行的，应当及时通知对方。对方提供适当担保的，应当恢复履行。中止履行后，对方在合理期限内未恢复履行能力且未提供适当担保的，视为以自己的行为表明不履行主要债务，中止履行的一方可以解除合同并可以请求对方承担违约责任。[2011年真题~不安抗辩权]

**第六百八十七条　[一般保证及先诉抗辩权]**当事人在保证合同中约定，债务人不能履行债务时，由保证人承担保证责任的，为一般保证。

一般保证的保证人在主合同纠纷未经审判或者仲裁，并就债务人财产依法强制执行仍不能履行债务前，有权拒绝向债权人承担保证责任，但是有下列情形之一的除外：

（一）债务人下落不明，且无财产可供执行；

（二）人民法院已经受理债务人破产案件；

（三）债权人有证据证明债务人的财产不足以履行全部债务或者丧失履行债务能力；

（四）保证人书面表示放弃本款规定的权利。

（2）永久抗辩权

**第一百八十八条　[普通诉讼时效]**向人民法院请求保护民事权利的诉讼时效期间为三年。法律另有规定的，依照其规定。

诉讼时效期间自权利人知道或者应当知道权利受到损害以及义务人之日起计算。法律另有规定的，依照其规定。但是，自权利受到损害之日起超过二十年的，人民法院不予保护，有特殊情况的，人民法院可以根据权利人的申请决定延长。

**《民间借贷规定》**

**第二十五条**　出借人请求借款人按照合同约定利率支付利息的，人民法院应予支持，但是双方约定的利率超过合同成立时一年期贷款市场报价利率四倍的除外。

前款所称"一年期贷款市场报价利率"，是指中国人民银行授权全国银行间同业拆借中心自2019年8月20日起每月发布的一年期贷款市场报价利率。[2022年回忆~利息]

**第二十六条**　借据、收据、欠条等债权凭证载明的借款金额，一般认定为本金。预先在本金中扣除利息的，人

---

① 主客观重点法条以灰底标注，并注明主观题考查年份及考点。

民法院应当将实际出借的金额认定为本金。

（五）形成权

（1）物权上的形成权

**第三百零三条** [共有物的分割规则]共有人约定不得分割共有的不动产或者动产，以维持共有关系的，应当按照约定，但是共有人有重大理由需要分割的，可以请求分割；没有约定或者约定不明确的，按份共有人可以随时请求分割，共同共有人在共有的基础丧失或者有重大理由需要分割时可以请求分割。因分割造成其他共有人损害的，应当给予赔偿。

**第三百零五条** [按份共有人的优先购买权]按份共有人可以转让其享有的共有的不动产或者动产份额。其他共有人在同等条件下享有优先购买的权利。

（2）债上的形成权

**第一百四十五条** [限制民事行为能力人实施的民事法律行为]限制民事行为能力人实施的纯获利益的民事法律行为或者与其年龄、智力、精神健康状况相适应的民事法律行为有效；实施的其他民事法律行为经法定代理人同意或者追认后有效。

相对人可以催告法定代理人自收到通知之日起三十日内予以追认。法定代理人未作表示的，视为拒绝追认。民事法律行为被追认前，善意相对人有撤销的权利。撤销应当以通知的方式作出。

**第一百五十二条** [撤销权的消灭事由]有下列情形之一的，撤销权消灭：

（一）当事人自知道或者应当知道撤销事由之日起一年内、重大误解的当事人自知道或者应当知道撤销事由之日起九十日内没有行使撤销权；

（二）当事人受胁迫，自胁迫行为终止之日起一年内没有行使撤销权；

（三）当事人知道撤销事由后明确表示或者以自己的行为表明放弃撤销权。

当事人自民事法律行为发生之日起五年内没有行使撤销权的，撤销权消灭。

**第一百七十一条** [无权代理]行为人没有代理权、超越代理权或者代理权终止后，仍然实施代理行为，未经被代理人追认的，对被代理人不发生效力。

相对人可以催告被代理人自收到通知之日起三十日内予以追认。被代理人未作表示的，视为拒绝追认。行为人实施的行为被追认前，善意相对人有权请求行为人履行债务或者就其受到的损害请求行为人赔偿。但是，赔偿的范围不得超过被代理人追认时相对人所能获得的利益。

相对人知道或者应当知道行为人无权代理的，相对人和行为人按照各自的过错承担责任。

**第五百一十五条** [选择之债中债务人的选择权]标的有多项而债务人只需履行其中一项的，债务人享有选择权；但是，法律另有规定、当事人另有约定或者另有交易习惯的除外。

享有选择权的当事人在约定期限内或者履行期限届满未作选择，经催告后在合理期限内仍未选择的，选择权转移至对方。

**第五百六十二条** [合同的约定解除]当事人协商一致，可以解除合同。

当事人可以约定一方解除合同的事由。解除合同的事由发生时，解除权人可以解除合同。[2011年真题～约定解除权]

**第五百六十三条** [合同的法定解除]有下列情形之一的，当事人可以解除合同：

（一）因不可抗力致使不能实现合同目的；

（二）在履行期限届满前，当事人一方明确表示或者以自己的行为表明不履行主要债务；

（三）当事人一方迟延履行主要债务，经催告后在合理期限内仍未履行；

（四）当事人一方迟延履行债务或者有其他违约行为致使不能实现合同目的；

（五）法律规定的其他情形。

以持续履行的债务为内容的不定期合同，当事人可以随时解除合同，但是应当在合理期限之前通知对方。[2018年回忆～合同的解除；2015年真题～预约合同]

**第五百六十八条** [法定抵销]当事人互负债务，该债务的标的物种类、品质相同的，任何一方可以将自己的债务与对方的到期债务抵销；但是，根据债务性质、按照当事人约定或者依照法律规定不得抵销的除外。

当事人主张抵销的，应当通知对方。通知自到达对方时生效。抵销不得附条件或者附期限。

**第六百三十八条** [试用买卖合同买受人对标的物购买选择权]试用买卖的买受人在试用期内可以购买标的物，也可以拒绝购买。试用期限届满，买受人对是否购买标的物未作表示的，视为购买。

试用买卖的买受人在试用期内已经支付部分价款或者对标的物实施出卖、出租、设立担保物权等行为的，视为同意购买。

**第七百二十六条** [房屋承租人的优先购买权]出租人出卖租赁房屋的，应当在出卖之前的合理期限内通知承租人，承租人享有以同等条件优先购买的权利；但是，房屋按份共有人行使优先购买权或者出租人将房屋出卖给近亲属的除外。

出租人履行通知义务后，承租人在十五日内未明确表示购买的，视为承租人放弃优先购买权。[2021年回忆～承租人的优先购买权]

**第九百二十六条** [隐名的间接代理]受托人以自己的名义与第三人订立合同时，第三人不知道受托人与委托人之间的代理关系的，受托人因第三人的原因对委托人不履行义务，受托人应当向委托人披露第三人，委托人因此可以行使受托人对第三人的权利。但是，第三人与受托人订立合同时如果知道该委托人就不会订立合同的除外。

受托人因委托人的原因对第三人不履行义务，受托人应当向第三人披露委托人,第三人因此可以选择受托人或者委托人作为相对人主张其权利,但是第三人不得变更选定的相对人。

委托人行使受托人对第三人的权利的,第三人可以向委托人主张其对受托人的抗辩。第三人选定委托人作为其相对人的,委托人可以向第三人主张其对受托人的抗辩以及受托人对第三人的抗辩。

(3)婚姻与继承上的形成权

**第一千零五十二条** [受胁迫婚姻的撤销]因胁迫结婚的,受胁迫的一方可以向人民法院请求撤销婚姻。

请求撤销婚姻的,应当自胁迫行为终止之日起一年内提出。

被非法限制人身自由的当事人请求撤销婚姻的,应当自恢复人身自由之日起一年内提出。

**第一千零五十三条** [隐瞒重大疾病的可撤销婚姻]一方患有重大疾病的,应当在结婚登记前如实告知另一方;不如实告知的,另一方可以向人民法院请求撤销婚姻。

请求撤销婚姻的,应当自知道或者应当知道撤销事由之日起一年内提出。

**第一千零七十九条** [诉讼离婚]夫妻一方要求离婚的,可以由有关组织进行调解或者直接向人民法院提起离婚诉讼。

人民法院审理离婚案件,应当进行调解;如果感情确已破裂,调解无效的,应当准予离婚。

有下列情形之一,调解无效的,应当准予离婚:

(一)重婚或者与他人同居;

(二)实施家庭暴力或者虐待、遗弃家庭成员;

(三)有赌博、吸毒等恶习屡教不改;

(四)因感情不和分居满二年;

(五)其他导致夫妻感情破裂的情形。

一方被宣告失踪,另一方提起离婚诉讼的,应当准予离婚。

经人民法院判决不准离婚后,双方又分居满一年,一方再次提起离婚诉讼的,应当准予离婚。

**第一千一百一十四条** [收养关系的协议解除与诉讼解除]收养人在被收养人成年以前,不得解除收养关系,但是收养人、送养人双方协议解除的除外。养子女八周岁以上的,应当征得本人同意。

收养人不履行抚养义务,有虐待、遗弃等侵害未成年养子女合法权益行为的,送养人有权要求解除养父母与养子女间的收养关系。送养人、收养人不能达成解除收养关系协议的,可以向人民法院提起诉讼。

**第一千一百一十五条** [养父母与成年养子女解除收养关系]养父母与成年养子女关系恶化、无法共同生活的,可以协议解除收养关系。不能达成协议的,可以向人民法院提起诉讼。

**第一千一百四十二条** [遗嘱的撤回与变更]遗嘱人可以撤回、变更自己所立的遗嘱。

立遗嘱后,遗嘱人实施与遗嘱内容相反的民事法律行为的,视为对遗嘱相关内容的撤回。

立有数份遗嘱,内容相抵触的,以最后的遗嘱为准。

**考点 4** 民事权利与民事责任

**第一百八十一条** [正当防卫]因正当防卫造成损害的,不承担民事责任。

正当防卫超过必要的限度,造成不应有的损害的,正当防卫人应当承担适当的民事责任。

**第一百八十二条** [紧急避险]因紧急避险造成损害的,由引起险情发生的人承担民事责任。

危险由自然原因引起的,紧急避险人不承担民事责任,可以给予适当补偿。

紧急避险采取措施不当或者超过必要的限度,造成不应有的损害的,紧急避险人应当承担适当的民事责任。

**第一百八十三条** [因保护他人民事权益而受损的责任承担]因保护他人民事权益使自己受到损害的,由侵权人承担民事责任,受益人可以给予适当补偿。没有侵权人、侵权人逃逸或者无力承担民事责任,受害人请求补偿的,受益人应当给予适当补偿。

**第一百八十四条** [紧急救助的责任豁免]因自愿实施紧急救助行为造成受助人损害的,救助人不承担民事责任。

**第一百八十五条** [英雄烈士人格利益的保护]侵害英雄烈士等的姓名、肖像、名誉、荣誉,损害社会公共利益的,应当承担民事责任。

**第一百八十六条** [违约责任与侵权责任的竞合]因当事人一方的违约行为,损害对方人身权益、财产权益的,受损害方有权选择请求其承担违约责任或者侵权责任。

**第一百八十七条** [民事责任优先]民事主体因同一行为应当承担民事责任、行政责任和刑事责任的,承担行政责任或者刑事责任不影响承担民事责任;民事主体的财产不足以支付的,优先用于承担民事责任。

# 专题二　自然人

**考点 5** 自然人的民事权利能力

**第十三条** [自然人民事权利能力的起止时间]自然人从出生时起到死亡时止,具有民事权利能力,依法享有民事权利,承担民事义务。

**第十四条** [民事权利能力平等]自然人的民事权利能力一律平等。

**第十五条** [出生和死亡时间的认定]自然人的出生时间和死亡时间,以出生证明、死亡证明记载的时间为准;没有出生证明、死亡证明的,以户籍登记或者其他有效身份登记记载的时间为准。有其他证据足以推翻以上记载时间的,以该证据证明的时间为准。

**第十六条** [胎儿利益保护]涉及遗产继承、接受赠与等胎儿利益保护的,胎儿视为具有民事权利能力。但是,胎儿娩出时为死体的,其民事权利能力自始不存在。

《民法典总则编解释》

第四条　涉及遗产继承、接受赠与等胎儿利益保护，父母在胎儿娩出前作为法定代理人主张相应权利的，人民法院依法予以支持。

**考点6** 自然人的民事行为能力

第十八条　[完全民事行为能力人]成年人为完全民事行为能力人，可以独立实施民事法律行为。

十六周岁以上的未成年人，以自己的劳动收入为主要生活来源的，视为完全民事行为能力人。

第十九条　[限制民事行为能力的未成年人]八周岁以上的未成年人为限制民事行为能力人，实施民事法律行为由其法定代理人代理或者经其法定代理人同意、追认；但是，可以独立实施纯获利益的民事法律行为或者与其年龄、智力相适应的民事法律行为。

第二十条　[无民事行为能力的未成年人]不满八周岁的未成年人为无民事行为能力人，由其法定代理人代理实施民事法律行为。

《民法典》

第一百四十四条　[无民事行为能力人实施的民事法律行为]无民事行为能力人实施的民事法律行为无效。

第一百四十五条　[限制民事行为能力人实施的民事法律行为]限制民事行为能力人实施的纯获利益的民事法律行为或者与其年龄、智力、精神健康状况相适应的民事法律行为有效；实施的其他民事法律行为经法定代理人同意或者追认后有效。

相对人可以催告法定代理人自收到通知之日起三十日内予以追认。法定代理人未作表示的，视为拒绝追认。民事法律行为被追认前，善意相对人有撤销的权利。撤销应当以通知的方式作出。

第一千一百四十三条　[遗嘱无效的情形]无民事行为能力人或者限制民事行为能力人所立的遗嘱无效。

遗嘱必须表示遗嘱人的真实意思，受欺诈、胁迫所立的遗嘱无效。

伪造的遗嘱无效。

遗嘱被篡改的，篡改的内容无效。

《民法典总则编解释》

第五条　限制民事行为能力人实施的民事法律行为是否与其年龄、智力、精神健康状况相适应，人民法院可以从行为与本人生活相关联的程度，本人的智力、精神健康状况能否理解其行为并预见相应的后果，以及标的、数量、价款或者报酬等方面认定。

《公司法》

第九十条　自然人股东死亡后，其合法继承人可以继承股东资格；但是，公司章程另有规定的除外。〔2010年真题~股东出资的继承〕

**考点7** 监护

第二十七条　[未成年人的监护人]父母是未成年子女的监护人。

未成年人的父母已经死亡或者没有监护能力的，由下列有监护能力的人按顺序担任监护人：

（一）祖父母、外祖父母；

（二）兄、姐；

（三）其他愿意担任监护人的个人或者组织，但是须经未成年人住所地的居民委员会、村民委员会或者民政部门同意。

第二十八条　[非完全民事行为能力成年人的监护人]无民事行为能力或者限制民事行为能力的成年人，由下列有监护能力的人按顺序担任监护人：

（一）配偶；

（二）父母、子女；

（三）其他近亲属；

（四）其他愿意担任监护人的个人或者组织，但是须经被监护人住所地的居民委员会、村民委员会或者民政部门同意。

第二十九条　[遗嘱指定监护]被监护人的父母担任监护人的，可以通过遗嘱指定监护人。

第三十条　[协议确定监护人]依法具有监护资格的人之间可以协议确定监护人。协议确定监护人应当尊重被监护人的真实意愿。

第三十一条　[监护争议解决程序]对监护人的确定有争议的，由被监护人住所地的居民委员会、村民委员会或者民政部门指定监护人，有关当事人对指定不服的，可以向人民法院申请指定监护人；有关当事人也可以直接向人民法院申请指定监护人。

居民委员会、村民委员会、民政部门或者人民法院应当尊重被监护人的真实意愿，按照最有利于被监护人的原则在依法具有监护资格的人中指定监护人。

依据本条第一款规定指定监护人前，被监护人的人身权利、财产权利以及其他合法权益处于无人保护状态的，由被监护人住所地的居民委员会、村民委员会、法律规定的有关组织或者民政部门担任临时监护人。

监护人被指定后，不得擅自变更；擅自变更的，不免除被指定的监护人的责任。

第三十三条　[意定监护]具有完全民事行为能力的成年人，可以与其近亲属、其他愿意担任监护人的个人或者组织事先协商，以书面形式确定自己的监护人，在自己丧失或者部分丧失民事行为能力时，由该监护人履行监护职责。

第三十四条　[监护职责及临时生活照料]监护人的职责是代理被监护人实施民事法律行为，保护被监护人的人身权利、财产权利以及其他合法权益等。

监护人依法履行监护职责产生的权利，受法律保护。

监护人不履行监护职责或者侵害被监护人合法权益的，应当承担法律责任。

因发生突发事件等紧急情况，监护人暂时无法履行监护职责，被监护人的生活处于无人照料状态的，被监护人住所地的居民委员会、村民委员会或者民政部门应当为被监护人安排必要的临时生活照料措施。

**第三十五条第一、二款** [履行监护职责应遵循的原则]监护人应当按照最有利于被监护人的原则履行监护职责。监护人除为维护被监护人利益外,不得处分被监护人的财产。

未成年人的监护人履行监护职责,在作出与被监护人利益有关的决定时,应当根据被监护人的年龄和智力状况,尊重被监护人的真实意愿。

**第一百九十条** [对法定代理人请求权诉讼时效的起算]无民事行为能力人或者限制民事行为能力人对其法定代理人的请求权的诉讼时效期间,自该法定代理终止之日起计算。

《民法典》

第一千一百八十八条 [监护人责任]无民事行为能力、限制民事行为能力人造成他人损害的,由监护人承担侵权责任。监护人尽到监护职责的,可以减轻其侵权责任。

有财产的无民事行为能力人、限制民事行为能力人造成他人损害的,从本人财产中支付赔偿费用;不足部分,由监护人赔偿。

第一千一百八十九条 [委托监护时监护人的责任]无民事行为能力人、限制民事行为能力人造成他人损害,监护人将监护职责委托给他人的,监护人应当承担侵权责任;受托人有过错的,承担相应的责任。

《民法典总则编解释》

第七条 担任监护人的被监护人父母通过遗嘱指定监护人,遗嘱生效时被指定的人不同意担任监护人的,人民法院应当适用民法典第二十七条、第二十八条的规定确定监护人。

未成年人由父母担任监护人,父母中的一方通过遗嘱指定监护人,另一方在遗嘱生效时有监护能力,有关当事人对监护人的确定有争议的,人民法院应当适用民法典第二十七条第一款的规定确定监护人。

第八条 未成年人的父母与其他依法具有监护资格的人订立协议,约定免除具有监护能力的父母的监护职责的,人民法院不予支持。协议约定在未成年人的父母丧失监护能力时由该具有监护资格的人担任监护人的,人民法院依法予以支持。

依法具有监护资格的人之间依据民法典第三十条的规定,约定由民法典第二十七条第二款、第二十八条规定的不同顺序的人共同担任监护人,或者由顺序在后的人担任监护人的,人民法院依法予以支持。

第十条 有关当事人不服居委会、村民委员会或者民政部门的指定,在接到指定通知之日起三十日内向人民法院申请指定监护人的,人民法院经审理认为指定并无不当,依法裁定驳回申请;认为指定不当,依法判决撤销指定并另行指定监护人。

有关当事人在接到指定通知之日起三十日后提出申请的,人民法院应当按照变更监护关系处理。

第十一条 具有完全民事行为能力的成年人与他人依据民法典第三十三条的规定订立书面协议事先确定自己的监护人后,协议的任何一方在该成年人丧失或者部分丧失民事行为能力前请求解除协议的,人民法院依法予以支持。该成年人丧失或者部分丧失民事行为能力后,协议确定的监护人无正当理由请求解除协议的,人民法院不予支持。

该成年人丧失或者部分丧失民事行为能力后,协议确定的监护人有民法典第三十六条第一款规定的情形之一,该条第二款规定的有关个人、组织申请撤销其监护人资格的,人民法院依法予以支持。

第十三条 监护人因患病、外出务工等原因在一定期限内不能完全履行监护职责,将全部或者部分监护职责委托给他人,当事人主张受托人因此成为监护人的,人民法院不予支持。

第三十六条 无民事行为能力人或者限制民事行为能力人的权利受到损害的,诉讼时效期间自其法定代理人知道或者应当知道权利受到损害以及义务人之日起计算,但是法律另有规定的除外。

第三十七条 无民事行为能力人、限制民事行为能力人的权利受到原法定代理人损害,且在取得、恢复完全民事行为能力或者在原法定代理终止并确定新的法定代理人后,相应民事主体才知道或者应当知道权利受到损害的,有关请求权诉讼时效期间的计算适用民法典第一百八十八条第二款、本解释第三十六条的规定。

《精神损害赔偿解释》

第二条 非法使被监护人脱离监护,导致亲子关系或者近亲属间的亲属关系遭受严重损害,监护人向人民法院起诉请求赔偿精神损害的,人民法院应当依法予以受理。

**考点8** 宣告失踪与宣告死亡

(一)宣告失踪

第四十条 [宣告失踪]自然人下落不明满二年的,利害关系人可以向人民法院申请宣告该自然人为失踪人。

**第四十二条** [财产代管人]失踪人的财产由其配偶、成年子女、父母或者其他愿意担任财产代管人的人代管。

代管有争议,没有前款规定的人,或者前款规定的人无代管能力的,由人民法院指定的人代管。

**第四十三条** [财产代管人的职责]财产代管人应当妥善管理失踪人的财产,维护其财产权益。

失踪人所欠税款、债务和应付的其他费用,由财产代管人从失踪人的财产中支付。

财产代管人因故意或者重大过失造成失踪人财产损失的,应当承担赔偿责任。

《民法典总则编解释》

第十四条 人民法院审理宣告失踪案件时,下列人员应当认定为民法典第四十条规定的利害关系人:

(一)被申请人的近亲属;

(二)依据民法典第一千一百二十八条、第一千一百二十九条规定对被申请人有继承权的亲属；

（三）债权人、债务人、合伙人等与被申请人有民事权利义务关系的民事主体，但是不申请宣告失踪不影响其权利行使、义务履行的除外。

第十五条　失踪人的财产代管人向失踪人的债务人请求偿还债务的，人民法院应当将财产代管人列为原告。

债权人提起诉讼，请求失踪人的财产代管人支付失踪人所欠的债务和其他费用的，人民法院应当将财产代管人列为被告。经审理认为债权人的诉讼请求成立的，人民法院应当判决财产代管人从失踪人的财产中支付失踪人所欠的债务和其他费用。

### （二）宣告死亡

第四十六条　[宣告死亡]自然人有下列情形之一的，利害关系人可以向人民法院申请宣告该自然人死亡：

（一）下落不明满四年；

（二）因意外事件，下落不明满二年。

因意外事件下落不明，经有关机关证明该自然人不可能生存的，申请宣告死亡不受二年时间的限制。

第四十七条　[宣告失踪与宣告死亡申请的竞合]对同一自然人，有的利害关系人申请宣告死亡，有的利害关系人申请宣告失踪，符合本法规定的宣告死亡条件的，人民法院应当宣告死亡。

第四十八条　[死亡日期的确定]被宣告死亡的人，人民法院宣告死亡的判决作出之日视为其死亡的日期；因意外事件下落不明宣告死亡的，意外事件发生之日视为其死亡的日期。

第四十九条　[被宣告死亡人实际生存时的行为效力]自然人被宣告死亡但是并未死亡的，不影响该自然人在被宣告死亡期间实施的民事法律行为的效力。

第五十一条　[宣告死亡及其撤销后婚姻关系的效力]被宣告死亡的人的婚姻关系，自死亡宣告之日起消除。死亡宣告被撤销的，婚姻关系自撤销死亡宣告之日起自行恢复。但是，其配偶再婚或者向婚姻登记机关书面声明不愿意恢复的除外。

第五十三条　[死亡宣告撤销后的财产返还与赔偿责任]被撤销死亡宣告的人有权请求依照本法第六编取得其财产的民事主体返还财产；无法返还的，应当给予适当补偿。

利害关系人隐瞒真实情况，致使他人被宣告死亡而取得其财产的，除应当返还财产外，还应当对由此造成的损失承担赔偿责任。

**《民法典总则编解释》**

第十六条　人民法院审理宣告死亡案件时，被申请人的配偶、父母、子女，以及依据民法典第一千一百二十九条规定对被申请人有继承权的亲属应当认定为民法典第四十六条规定的利害关系人。

符合下列情形之一的，被申请人的其他近亲属，以及依据民法典第一千一百二十八条规定对被申请人有继承权的亲属应当认定为民法典第四十六条规定的利害关系人：

（一）被申请人的配偶、父母、子女均已死亡或者下落不明的；

（二）不申请宣告死亡不能保护其相应合法权益的。

被申请人的债权人、债务人、合伙人等民事主体不能认定为民法典第四十六条规定的利害关系人，但是不申请宣告死亡不能保护其相应合法权益的除外。

第十七条　自然人在战争期间下落不明的，利害关系人申请宣告死亡的期间适用民法典第四十六条第一款第一项的规定，自战争结束之日或者有关机关确定的下落不明之日起计算。

# 专题三　法人和非法人组织

**考点9　法人**

### （一）法定代表人与表见代理

（1）法定代表人

**1** 第六十一条　[法定代表人]依照法律或者法人章程的规定，代表法人从事民事活动的负责人，为法人的法定代表人。

法定代表人以法人名义从事的民事活动，其法律后果由法人承受。

法人章程或者法人权力机构对法定代表人代表权的限制，不得对抗善意相对人。[2018年回忆～表见代理及法律后果]

**《民法典》**

第五百零四条　[超越权限订立合同的效力]法人的法定代表人或者非法人组织的负责人超越权限订立的合同，除相对人知道或者应当知道其超越权限外，该代表行为有效，订立的合同对法人或者非法人组织发生效力。

**《民法典担保制度解释》**

第七条　公司的法定代表人违反公司法关于公司对外担保决议程序的规定，超越权限代表公司与相对人订立担保合同，人民法院应当依照民法典第六十一条和第五百零四条等规定处理：

（一）相对人善意的，担保合同对公司发生效力；相对人请求公司承担担保责任的，人民法院应予支持。

（二）相对人非善意的，担保合同对公司不发生效力；相对人请求公司承担赔偿责任的，参照适用本解释第十七条的有关规定。

法定代表人超越权限提供担保造成公司损失，公司请求法定代表人承担赔偿责任的，人民法院应予支持。

第一款所称善意，是指相对人在订立担保合同时不知道且不应当知道法定代表人超越权限。相对人有证据证明已对公司决议进行了合理审查，人民法院应当认定其构成善意，但是公司有证据证明相对人知道或者应当知道决议系伪造、变造的除外。[2023年回忆～公司担保；2022年回忆～法定代表人对外提供担保]

**2** 第六十二条　[法定代表人职务行为的法律责任]法定代表人因执行职务造成他人损害的，由法人承担民事责任。

法人承担民事责任后,依照法律或者法人章程的规定,可以向有过错的法定代表人追偿。

**《公司法》**

第一百八十八条 董事、监事、高级管理人员执行职务违反法律、行政法规或者公司章程的规定,给公司造成损失的,应当承担赔偿责任。[2022年回忆~损害赔偿责任]

(2)表见代表

**第五百零四条 [超越权限订立合同的效力]** 法人的法定代表人或者非法人组织的负责人超越权限订立的合同,除相对人知道或者应当知道其超越权限外,该代表行为有效,订立的合同对法人或者非法人组织发生效力。

**《民法典合同编通则解释》**

第二十条 法律、行政法规为限制法人的法定代表人或者非法人组织的负责人的代表权,规定合同所涉事项应当由法人、非法人组织的权力机构或者决策机构决议,或者应当由法人、非法人组织的执行机构决定,法定代表人、负责人未取得授权而以法人、非法人组织的名义订立合同,未尽到合理审查义务的相对人主张该合同对法人、非法人组织发生效力并由其承担违约责任的,人民法院不予支持,但是法人、非法人组织有过错的,可以参照民法典第一百五十七条的规定判决其承担相应的赔偿责任。相对人已尽到合理审查义务,构成表见代表的,人民法院应当依据民法典第五百零四条的规定处理。

合同所涉事项未超越法律、行政法规规定的法定代表人或者负责人的代表权限,但是超越法人、非法人组织的章程或者权力机构等对代表权的限制,相对人主张该合同对法人、非法人组织发生效力并由其承担违约责任的,人民法院依法予以支持。但是,法人、非法人组织举证证明相对人知道或者应当知道该限制的除外。

法人、非法人组织承担民事责任后,向有过错的法定代表人、负责人追偿因越权代表行为造成的损失的,人民法院依法予以支持。法律、司法解释对法定代表人、负责人的民事责任另有规定的,依照其规定。

**(二)法人人格否认与出资人责任**

**1 第八十三条 [出资人滥用权利的责任承担]** 营利法人的出资人不得滥用出资人权利损害法人或者其他出资人的利益;滥用出资人权利造成法人或者其他出资人损失的,应当依法承担民事责任。

营利法人的出资人不得滥用法人独立地位和出资人有限责任损害法人债权人的利益;滥用法人独立地位和出资人有限责任,逃避债务,严重损害法人债权人的利益的,应当对法人债务承担连带责任。[2019年回忆~人格混同、连带责任]

**《公司法》**

第二十三条 公司股东滥用公司法人独立地位和股东有限责任,逃避债务,严重损害公司债权人利益的,应当对公司债务承担连带责任。

股东利用其控制的两个以上公司实施前款规定行为的,各公司应当对任一公司的债务承担连带责任。

只有一个股东的公司,股东不能证明公司财产独立于股东自己的财产的,应当对公司债务承担连带责任。[2023年回忆~一人有限责任公司的法人人格否定制度;2022年回忆~母子公司、一人公司、财产混同;2020年回忆~法人人格否认制度;2019年回忆~人格混同、连带责任]

**2 第八十四条 [利用关联关系造成损失的赔偿责任]** 营利法人的控股出资人、实际控制人、董事、监事、高级管理人员不得利用其关联关系损害法人的利益;利用关联关系造成法人损失的,应当承担赔偿责任。

**《公司法》**

第二十二条 公司的控股股东、实际控制人、董事、监事、高级管理人员不得利用关联关系损害公司利益。

违反前款规定,给公司造成损失的,应当承担赔偿责任。[2020年回忆~有限责任公司董、监、高关联交易损害公司利益]

# 专题四 民事法律行为

**考点10 有效的民事法律行为**

**第一百四十三条 [民事法律行为的有效条件]** 具备下列条件的民事法律行为有效:

(一)行为人具有相应的民事行为能力;

(二)意思表示真实;

(三)不违反法律、行政法规的强制性规定,不违背公序良俗。[2022年回忆~民事法律行为的有效条件]

**第一百四十五条 [限制民事行为能力人实施的民事法律行为]** 限制民事行为能力人实施的纯获利益的民事法律行为或者与其年龄、智力、精神健康状况相适应的民事法律行为有效;实施的其他民事法律行为经法定代理人同意或者追认后有效。

相对人可以催告法定代理人自收到通知之日起三十日内予以追认。法定代理人未作表示的,视为拒绝追认。民事法律行为被追认前,善意相对人有撤销的权利。撤销应当以通知的方式作出。

**《民法典》**

第五百零五条 [超越经营范围订立的合同效力]当事人超越经营范围订立的合同的效力,应当依照本法第一编第六章第三节和本编的有关规定确定,不得仅以超越经营范围确认合同无效。

第五百九十七条 [无权处分的违约责任]因出卖人未取得处分权致使标的物所有权不能转移的,买受人可以解除合同并请求出卖人承担违约责任。

法律、行政法规禁止或者限制转让的标的物,依照其规定。[2010年真题~无权处分合同的效力]

第七百零六条 [租赁合同登记对合同效力影响]当事人未依照法律、行政法规规定办理租赁合同登记备案手续的,不影响合同的效力。

**《买卖合同解释》**

第六条 出卖人就同一普通动产订立多重买卖合

同,在买卖合同均有效的情况下,买受人均要求实际履行合同的,应当按照以下情形分别处理:

(一)先行受领交付的买受人请求确认所有权已经转移的,人民法院应予支持;

(二)均未受领交付,先行支付价款的买受人请求出卖人履行交付标的物等合同义务的,人民法院应予支持;

(三)均未受领交付,也未支付价款,依法成立在先合同的买受人请求出卖人履行交付标的物等合同义务的,人民法院应予支持。

第七条　出卖人就同一船舶、航空器、机动车等特殊动产订立多重买卖合同,在买卖合同均有效的情况下,买受人均要求实际履行合同的,应当按照以下情形分别处理:

(一)先行受领交付的买受人请求出卖人履行办理所有权转移登记手续等合同义务的,人民法院应予支持;

(二)均未受领交付,先行办理所有权转移登记手续的买受人请求出卖人履行交付标的物等合同义务的,人民法院应予支持;

(三)均未受领交付,也未办理所有权转移登记手续,依法成立在先合同的买受人请求出卖人履行交付标的物和办理所有权转移登记手续等合同义务的,人民法院应予支持;

(四)出卖人将标的物交付给买受人之一,又为其他买受人办理所有权转移登记,已受领交付的买受人请求将标的物所有权登记在自己名下的,人民法院应予支持。

**《民间借贷规定》**

第十条　法人之间、非法人组织之间以及它们相互之间为生产、经营需要订立的民间借贷合同,除存在民法典第一百四十六条、第一百五十三条、第一百五十四条以及本规定第十三条规定的情形外,当事人主张民间借贷合同有效的,人民法院应予支持。

第十一条　法人或者非法人组织在本单位内部通过借款形式向职工筹集资金,用于本单位生产、经营,且不存在民法典第一百四十四条、第一百四十六条、第一百五十三条、第一百五十四条以及本规定第十三条规定的情形,当事人主张民间借贷合同有效的,人民法院应予支持。

第十二条　借款人或者出借人的借贷行为涉嫌犯罪,或者已经生效的裁判认定构成犯罪,当事人提起民事诉讼的,民间借贷合同并不当然无效。人民法院应当依据民法典第一百四十四条、第一百四十六条、第一百五十三条、第一百五十四条以及本规定第十三条之规定,认定民间借贷合同的效力。

担保人以借款人或者出借人的借贷行为涉嫌犯罪或者已经生效的裁判认定构成犯罪为由,主张不承担民事责任的,人民法院应当依据民间借贷合同与担保合同的效力、当事人的过错程度,依法确定担保人的民事责任。

第十三条　具有下列情形之一的,人民法院应当认定民间借贷合同无效:

(一)套取金融机构贷款转贷的;

(二)以向其他营利法人借贷、向本单位职工集资,或者以向公众非法吸收存款等方式取得的资金转贷的;

(三)未依法取得放贷资格的出借人,以营利为目的向社会不特定对象提供借款的;

(四)出借人事先知道或者应当知道借款人借款用于违法犯罪活动仍然提供借款的;

(五)违反法律、行政法规强制性规定的;

(六)违背公序良俗的。

**考点 11 附条件、附期限的民事法律行为**

**(一)附条件的民事法律行为**

**第一百五十八条　[附条件的民事法律行为]** 民事法律行为可以附条件,但是根据其性质不得附条件的除外。附生效条件的民事法律行为,自条件成就时生效。附解除条件的民事法律行为,自条件成就时失效。

**第一百五十九条　[条件成就或不成就的拟制]** 附条件的民事法律行为,当事人为自己的利益不正当地阻止条件成就的,视为条件已经成就;不正当地促成条件成就的,视为条件不成就。

**《民法典总则解释》**

第二十四条　民事法律行为所附条件不可能发生,当事人约定为生效条件的,人民法院应当认定民事法律行为不发生效力;当事人约定为解除条件的,应当认定未附条件,民事法律行为是否失效,依照民法典和相关法律、行政法规的规定认定。

**(二)附期限的民事法律行为**

**第一百六十条　[附期限的民事法律行为]** 民事法律行为可以附期限,但是根据其性质不得附期限的除外。附生效期限的民事法律行为,自期限届至时生效。附终止期限的民事法律行为,自期限届满时失效。

**考点 12 可撤销的民事法律行为**

**第一百四十七条　[重大误解]** 基于重大误解实施的民事法律行为,行为人有权请求人民法院或者仲裁机构予以撤销。〔2020 年回忆~可撤销的法律行为〕

**第一百四十八条　[欺诈]** 一方以欺诈手段,使对方在违背真实意思的情况下实施的民事法律行为,受欺诈方有权请求人民法院或者仲裁机构予以撤销。〔2020 年回忆~可撤销的法律行为〕

**第一百四十九条　[第三人欺诈]** 第三人实施欺诈行为,使一方在违背真实意思的情况下实施的民事法律行为,对方知道或者应当知道该欺诈行为的,受欺诈方有权请求人民法院或者仲裁机构予以撤销。〔2020 年回忆~可撤销的法律行为〕

**第一百五十条　[胁迫]** 一方或者第三人以胁迫手段,使对方在违背真实意思的情况下实施的民事法律行为,受胁迫方有权请求人民法院或者仲裁机构予以撤销。〔2020 年回忆~可撤销的法律行为〕

**第一百五十一条　[乘人之危导致的显失公平]** 一方利用对方处于危困状态、缺乏判断能力等情形,致使民事法律行为成立时显失公平的,受损害方有权请求人民法院或者仲裁机构予以撤销。〔2020 年回忆~可撤销的法律行为〕

第一百五十二条 [撤销权的消灭事由]有下列情形之一的,撤销权消灭:

(一)当事人自知道或者应当知道撤销事由之日起一年内、重大误解的当事人自知道或者应当知道撤销事由之日起九十日内没有行使撤销权;

(二)当事人受胁迫,自胁迫行为终止之日起一年内没有行使撤销权;

(三)当事人知道撤销事由后明确表示或者以自己的行为表明放弃撤销权。

当事人自民事法律行为发生之日起五年内没有行使撤销权的,撤销权消灭。

《民法典总则编解释》

第十九条 行为人对行为的性质、对方当事人或者标的物的品种、质量、规格、价格、数量等产生错误认识,按照通常理解如果不发生该错误认识行为人就不会作出相应意思表示的,人民法院可以认定为民法典第一百四十七条规定的重大误解。

行为人能够证明自己实施民事法律行为时存在重大误解,并请求撤销该民事法律行为的,人民法院依法予以支持;但是,根据交易习惯等认定行为人无权请求撤销的除外。

第二十条 行为人以其意思表示存在第三人转达错误为由请求撤销民事法律行为的,适用本解释第十九条的规定。

第二十一条 故意告知虚假情况,或者负有告知义务的人故意隐瞒真实情况,致使当事人基于错误认识作出意思表示的,人民法院可以认定为民法典第一百四十八条、第一百四十九条规定的欺诈。

第二十二条 以给自然人及其近亲属等的人身权利、财产权利以及其他合法权益造成损害或者以给法人、非法人组织的名誉、荣誉、财产权益等造成损害为要挟,迫使其基于恐惧心理作出意思表示的,人民法院可以认定为民法典第一百五十条规定的胁迫。

《民法典合同编通则解释》

第五条 第三人实施欺诈、胁迫行为,使当事人在违背真实意思的情况下订立合同,受到损失的当事人请求第三人承担赔偿责任的,人民法院依法予以支持;当事人亦有违背诚信原则的行为的,人民法院应当根据各自的过错确定相应的责任。但是,法律、司法解释对当事人与第三人的民事责任另有规定的,依照其规定。

第十一条 当事人一方是自然人,根据该当事人的年龄、智力、知识、经验并结合交易的复杂程度,能够认定其对合同的性质、合同订立的法律后果或者交易中存在的特定风险缺乏应有的认知能力的,人民法院可以认定该情形构成民法典第一百五十一条规定的"缺乏判断能力"。

第二十四条 合同不成立、无效、被撤销或者确定不发生效力,当事人请求返还财产,经审查财产能够返还的,人民法院应当根据案件具体情况,单独或者合并适用返还占有的标的物、更正登记簿册记载等方式;经审查财产不能返还或者没有必要返还的,人民法院应当以认定合同不成立、无效、被撤销或者确定不发生效力之日该财产的市场价值或者以其他合理方式计算的价值为基准判决折价补偿。

除前款规定的情形外,当事人还请求赔偿损失的,人民法院应当结合财产返还或者折价补偿的情况,综合考虑财产增值收益和贬值损失、交易成本的支出等事实,按照双方当事人的过错程度及原因力大小,根据诚信原则和公平原则,合理确定损失赔偿额。

合同不成立、无效、被撤销或者确定不发生效力,当事人的行为涉嫌违法且未经处理,可能导致一方或者双方通过违法行为获得不当利益的,人民法院应当向有关行政管理部门提出司法建议。当事人的行为涉嫌犯罪的,应当将案件线索移送刑事侦查机关;属于刑事自诉案件的,应当告知当事人可以向有管辖权的人民法院另行提起诉讼。

第二十五条 合同不成立、无效、被撤销或者确定不发生效力,有权请求返还价款或者报酬的当事人一方请求对方支付资金占用费的,人民法院应当在当事人请求的范围内按照中国人民银行授权全国银行间同业拆借中心公布的一年期贷款市场报价利率(LPR)计算。但是,占用资金的当事人对于合同不成立、无效、被撤销或者确定不发生效力没有过错的,应当以中国人民银行公布的同期同类存款基准利率计算。

双方互负返还义务,当事人主张同时履行的,人民法院应予支持;占有标的物的一方对标的物存在使用或者依法可以使用的情形,对方请求将其应支付的资金占用费与应收取的标的物使用费相互抵销的,人民法院应予支持,但是法律另有规定的除外。

### 考点 13 效力待定的民事法律行为

第一百四十五条 [限制民事行为能力人实施的民事法律行为]限制民事行为能力人实施的纯获利益的民事法律行为或者与其年龄、智力、精神健康状况相适应的民事法律行为有效;实施的其他民事法律行为经法定代理人同意或者追认后有效。

相对人可以催告法定代理人自收到通知之日起三十日内予以追认。法定代理人未作表示的,视为拒绝追认。民事法律行为被追认前,善意相对人有撤销的权利。撤销应当以通知的方式作出。

第一百七十一条 [无权代理]行为人没有代理权、超越代理权或者代理权终止后,仍然实施代理行为,未经被代理人追认的,对被代理人不发生效力。

相对人可以催告被代理人自收到通知之日起三十日内予以追认。被代理人未作表示的,视为拒绝追认。行为人实施的行为被追认前,善意相对人有撤销的权利。撤销应当以通知的方式作出。

行为人实施的行为未被追认的,善意相对人有权请求行为人履行债务或者就其受到的损害请求行为人赔偿。但是,赔偿的范围不得超过被代理人追认时相对人所能获得的利益。

相对人知道或者应当知道行为人无权代理的,相对人和行为人按照各自的过错承担责任。

**第五百九十七条** [无权处分的违约责任]因出卖人未取得处分权致使标的物所有权不能转移的,买受人可以解除合同并请求出卖人~~承担违约责任~~。

法律、行政法规禁止或者限制转让的标的物,依照其规定。

**《民法典合同编通则解释》**

**第十九条** 以转让或者设定财产权利为目的订立的合同,当事人或者真正权利人仅以让与人在订立合同时对标的物没有所有权或者处分权为由主张合同无效的,人民法院不予支持;因未取得真正权利人事后同意或者让与人事后未取得处分权导致合同不能履行,受让人主张解除合同并请求让与人承担违反合同的赔偿责任的,人民法院依法予以支持。

前款规定的合同被认定有效,且让与人已经将财产交付或者移转登记至受让人,真正权利人请求认定财产权利未发生变动或者请求返还财产的,人民法院应予支持。但是,受让人依据民法典第三百一十一条等规定善意取得财产权利的除外。

**考点14 无效的民事法律行为**

**第一百四十四条** [无民事行为能力人实施的民事法律行为]无民事行为能力人实施的民事法律行为无效。

**第一百四十六条** [虚假表示与隐藏行为效力]行为人与相对人以虚假的意思表示实施的民事法律行为无效。

以虚假的意思表示隐藏的民事法律行为的效力,依照有关法律规定处理。[2022年回忆~虚假表示与隐藏行为的效力;2017年真题~民间借贷与买卖型担保]

**第一百五十三条** [违反强制性规定及违背公序良俗的民事法律行为的效力]违反法律、行政法规的强制性规定的民事法律行为无效。但是,该强制性规定不导致该民事法律行为无效的除外。

违背公序良俗的民事法律行为无效。

**第一百五十四条** [恶意串通]行为人与相对人恶意串通,损害他人合法权益的民事法律行为无效。

**第一百五十五条** [无效或者被撤销民事法律行为自始无效]无效的或者被撤销的民事法律行为自始没有法律约束力。

**第一百五十六条** [民事法律行为部分无效]民事法律行为部分无效,不影响其他部分效力的,其他部分仍然有效。

**第一百五十七条** [民事法律行为无效、被撤销、不生效力的法律后果]民事法律行为无效、被撤销或者确定不发生效力后,行为人因该行为取得的财产,应当予以返还;不能返还或者没有必要返还的,应当折价补偿。有过错的一方应当赔偿对方由此所受到的损失;各方都有过错的,应当各自承担相应的责任。法律另有规定的,依照

其规定。

**《民法典》**

**第四百零一条** [流押条款的效力]抵押权人在债务履行期限届满前,与抵押人约定债务人不履行到期债务时抵押财产归债权人所有的,只能依法就抵押财产优先受偿。

**第四百二十八条** [流质条款的效力]质权人在债务履行期限届满前,与出质人约定债务人不履行到期债务时质押财产归债权人所有的,只能依法就质押财产优先受偿。

**第五百零六条** [免责条款无效情形]合同中的下列免责条款无效:

(一)造成对方人身损害的;

(二)因故意或者重大过失造成对方财产损失的。

**第五百零七条** [争议解决条款的独立性]合同不生效、无效、被撤销或者终止的,不影响合同中有关解决争议方法的条款的效力。

**第五百八十六条第二款** [定金]定金的数额由当事人约定;但是,不得超过主合同标的额的百分之二十,超过部分不产生定金的效力。实际交付的定金数额多于或者少于约定数额的,视为变更约定的定金数额。

**第七百零五条第一款** [租赁期限的最高限制]租赁期限不得超过二十年。超过二十年的,超过部分无效。

**《民法典合同编通则解释》**

**第十六条** 合同违反法律、行政法规的强制性规定,有下列情形之一,由行为人承担行政责任或者刑事责任能够实现强制性规定的立法目的的,人民法院可以依据民法典第一百五十三条第一款关于"该强制性规定不导致该民事法律行为无效的除外"的规定认定该合同不因违反强制性规定无效:

(一)强制性规定虽然旨在维护社会公共秩序,但是合同的实际履行对社会公共秩序造成的影响显著轻微,认定合同无效将导致案件处理结果有失公平公正;

(二)强制性规定旨在维护政府的税收、土地出让金等国家利益或者其他民事主体的合法利益而非合同当事人的民事权益,认定合同有效不会影响该规范目的的实现;

(三)强制性规定旨在要求当事人一方加强风险控制、内部管理等,对方无能力或者无义务审查合同是否违反强制性规定,认定合同无效将使其承担不利后果;

(四)当事人一方虽然在订立合同时违反强制性规定,但是在合同订立后其已经具备补正违反强制性规定的条件却违背诚信原则不予补正;

(五)法律、司法解释规定的其他情形。

法律、行政法规的强制性规定旨在规制合同订立后的履行行为,当事人以合同违反强制性规定为由请求认定合同无效的,人民法院不予支持。但是,合同履行必然导致违反强制性规定或者法律、司法解释另有规定的除外。

依据前两款认定合同有效,但是当事人的违法行为

未经处理的,人民法院应当向有关行政管理部门提出司法建议。当事人的行为涉嫌犯罪的,应当将案件线索移送刑事侦查机关;属于刑事自诉案件的,应当告知当事人可以向有管辖权的人民法院另行提起诉讼。

第十七条　合同虽然不违反法律、行政法规的强制性规定,但是有下列情形之一,人民法院应当依据民法典第一百五十三条第二款的规定认定合同无效:

(一)合同影响政治安全、经济安全、军事安全等国家安全的;

(二)合同影响社会稳定、公平竞争秩序或者损害社会公共利益等违背社会公共秩序的;

(三)合同背离社会公德、家庭伦理或者有损人格尊严等违背善良风俗的。

人民法院在认定合同是否违背公序良俗时,应当以社会主义核心价值观为导向,综合考虑当事人的主观动机和交易目的、政府部门的监管强度、一定期限内当事人从事类似交易的频次、行为的社会后果等因素,并在裁判文书中充分说明。当事人确因生活需要进行交易,未给社会公共秩序造成重大影响,且不影响国家安全,也不违背善良风俗的,人民法院不应当认定合同无效。

**《商品房买卖合同解释》**

第二条　出卖人未取得商品房预售许可证明,与买受人订立的商品房预售合同,应当认定无效,但是在起诉前取得商品房预售许可证明的,可以认定有效。

第七条　买受人以出卖人与第三人恶意串通,另行订立商品房买卖合同并将房屋交付使用,导致其无法取得房屋为由,请求确认出卖人与第三人订立的商品房买卖合同无效的,应予支持。

# 专题五　代理

**考点15-18** 代理

第一百六十二条　[代理的效力]代理人在代理权限内,以被代理人名义实施的民事法律行为,对被代理人发生效力。

第一百六十四条　[不当代理的民事责任]代理人不履行或者不完全履行职责,造成被代理人损害的,应当承担民事责任。

代理人和相对人恶意串通,损害被代理人合法权益的,代理人和相对人应当承担连带责任。

第一百六十八条　[禁止自己代理和双方代理]代理人不得以被代理人的名义与自己实施民事法律行为,但是被代理人同意或者追认的除外。

代理人不得以被代理人的名义与自己同时代理的其他人实施民事法律行为,但是被代理的双方同意或者追认的除外。

第一百六十九条　[复代理]代理人需要转委托第三人代理的,应当取得被代理人的同意或者追认。

转委托代理经被代理人同意或者追认的,被代理人可以就代理事务直接指示转委托的第三人,代理人仅就

第三人的选任以及对第三人的指示承担责任。

转委托代理未经被代理人同意或者追认的,代理人应当对转委托的第三人的行为承担责任;但是,在紧急情况下代理人为了维护被代理人的利益需要转委托第三人代理的除外。

第一百七十条　[职务代理]执行法人或者非法人组织工作任务的人员,就其职权范围内的事项,以法人或者非法人组织的名义实施的民事法律行为,对法人或者非法人组织发生效力。

法人或者非法人组织对执行其工作任务的人员职权范围的限制,不得对抗善意相对人。

第一百七十一条　[无权代理]行为人没有代理权、超越代理权或者代理权终止后,仍然实施代理行为,未经被代理人追认的,对被代理人不发生效力。

相对人可以催告被代理人自收到通知之日起三十日内予以追认。被代理人未作表示的,视为拒绝追认。行为人实施的行为被追认前,善意相对人有撤销的权利。撤销应当以通知的方式作出。

行为人实施的行为未被追认的,善意相对人有权请求行为人履行债务或者就其受到的损害请求行为人赔偿。但是,赔偿的范围不得超过被代理人追认时相对人所能获得的利益。

相对人知道或者应当知道行为人无权代理的,相对人和行为人按照各自的过错承担责任。

第一百七十二条　[表见代理]行为人没有代理权、超越代理权或者代理权终止后,仍然实施代理行为,相对人有理由相信行为人有代理权的,代理行为有效。[2018年回忆~表见代理、仲裁协议;表见代理及法律后果]

第五百零三条　[被代理人以默示方式追认无权代理]无权代理人以被代理人的名义订立合同,被代理人已经开始履行合同义务或者接受相对人履行的,视为对合同的追认。

**《民法典总则编解释》**

第二十五条　数个委托代理人共同行使代理权,其中一人或者数人未与其他委托代理人协商,擅自行使代理权的,依据民法典第一百七十一条、第一百七十二条等规定处理。

第二十六条　由于急病、通讯联络中断、疫情防控等特殊原因,委托代理人自己不能办理代理事项,又不能与被代理人及时取得联系,如不及时转委托第三人代理,会给被代理人的利益造成损失或者扩大损失的,人民法院应当认定为民法典第一百六十九条规定的紧急情况。

第二十七条　无权代理行为未被追认,相对人请求行为人履行债务或者赔偿损失的,由行为人就相对人知道或者应当知道行为人无权代理承担举证责任。行为人不能证明的,人民法院依法支持相对人的相应诉讼请求;行为人能够证明的,人民法院应当按照各自的过错认定行为人与相对人的责任。

第二十八条　同时符合下列条件的,人民法院可以

认定为民法典第一百七十二条规定的相对人有理由相信行为人有代理权：

（一）存在代理权的外观；

（二）相对人不知道行为人行为时没有代理权，且无过失。

因是否构成表见代理发生争议的，相对人应当就无权代理符合前款第一项规定的条件承担举证责任；被代理人应当就相对人不符合前款第二项规定的条件承担举证责任。

**《民法典合同编通则解释》**

第二十一条　法人、非法人组织的工作人员就超越其职权范围的事项以法人、非法人组织的名义订立合同，相对人主张该合同对法人、非法人组织发生效力并由其承担违约责任的，人民法院不予支持。但是，法人、非法人组织有过错的，人民法院可以参照民法典第一百五十七条的规定判决其承担相应的赔偿责任。前述情形，构成表见代理的，人民法院应当依据民法典第一百七十二条的规定处理。

合同所涉事项有下列情形之一的，人民法院应当认定法人、非法人组织的工作人员在订立合同时超越其职权范围：

（一）依法应当由法人、非法人组织的权力机构或者决策机构决议的事项；

（二）依法应当由法人、非法人组织的执行机构决定的事项；

（三）依法应当由法定代表人、负责人代表法人、非法人组织实施的事项；

（四）不属于通常情形下依其职权可以处理的事项。

合同所涉事项未超越依据前款确定的职权范围，但是超越法人、非法人组织对工作人员职权范围的限制，相对人主张该合同对法人、非法人组织发生效力并由其承担违约责任的，人民法院应予支持。但是，法人、非法人组织举证证明相对人知道或者应当知道该限制的除外。

法人、非法人组织承担民事责任后，向故意或者有重大过失的工作人员追偿的，人民法院依法予以支持。

第二十二条　法定代表人、负责人或者工作人员以法人、非法人组织的名义订立合同且未超越权限，法人、非法人组织仅以合同加盖的印章不是备案印章或者系伪造的印章为由主张该合同对其不发生效力的，人民法院不予支持。

合同系以法人、非法人组织的名义订立，但是仅有法定代表人、负责人或者工作人员签名或者按指印而未加盖法人、非法人组织的印章，相对人能够证明法定代表人、负责人或者工作人员在订立合同时未超越权限的，人民法院应当认定合同对法人、非法人组织发生效力。但是，当事人约定以加盖印章作为合同成立条件的除外。

合同仅加盖法人、非法人组织的印章而无人员签名或者按指印，相对人能够证明合同系法定代表人、负责人

或者工作人员在其权限范围内订立的，人民法院应当认定该合同对法人、非法人组织发生效力。

在前三款规定的情形下，法定代表人、负责人或者工作人员在订立合同时虽然超越代表或者代理权限，但是依据民法典第五百零四条的规定构成表见代表，或者依据民法典第一百七十二条的规定构成表见代理的，人民法院应当认定合同对法人、非法人组织发生效力。

第二十三条　法定代表人、负责人或者代理人与相对人恶意串通，以法人、非法人组织的名义订立合同，损害法人、非法人组织的合法权益，法人、非法人组织主张不承担民事责任的，人民法院应予支持。法人、非法人组织请求法定代表人、负责人或者代理人与相对人对因此受到的损失承担连带赔偿责任的，人民法院应予支持。

根据法人、非法人组织的举证，综合考虑当事人之间的交易习惯、合同在订立时是否显失公平、相关人员是否获取了不正当利益、合同的履行情况等因素，人民法院能够认定法定代表人、负责人或者代理人与相对人存在恶意串通的高度可能性的，可以要求前述人员就合同订立、履行的过程等相关事实作出陈述或者提供相应的证据。其无正当理由拒绝作出陈述，或者所作陈述不具合理性又不能提供相应证据的，人民法院可以认定恶意串通的事实成立。

# 专题六　诉讼时效与期间

**考点19　诉讼时效**

**1** 第一百八十八条　[普通诉讼时效]向人民法院请求保护民事权利的诉讼时效期间为三年。法律另有规定的，依照其规定。

诉讼时效期间自权利人知道或者应当知道权利受到损害以及义务人之日起计算。法律另有规定的，依照其规定。但是，自权利受到损害之日起超过二十年的，人民法院不予保护，有特殊情况的，人民法院可以根据权利人的申请决定延长。

**《民法典》**

第五百九十四条　[国际贸易合同诉讼时效和仲裁时效]因国际货物买卖合同和技术进出口合同争议提起诉讼或者申请仲裁的时效期间为四年。

**《民法典总则编解释》**

第三十五条　民法典第一百八十八条第一款规定的三年诉讼时效期间，可以适用民法典有关诉讼时效中止、中断的规定，不适用延长的规定。该条第二款规定的二十年期间不适用中止、中断的规定。

第三十六条　无民事行为能力人或者限制民事行为能力人的权利受到损害的，诉讼时效期间自其法定代理人知道或者应当知道权利受到损害以及义务人之日起计算，但是法律另有规定的除外。

第三十七条　无民事行为能力人、限制民事行为能力人的权利受到原法定代理人损害，且在取得、恢复完全

民事行为能力或者在原法定代理终止并确定新的法定代理人后,相应民事主体才知道或者应当知道权利受到损害的,有关请求权诉讼时效期间的计算适用民法典第一百八十八条第二款、本解释第三十六条的规定。

《诉讼时效规定》

第六条 返还不当得利请求权的诉讼时效期间,从当事人一方知道或者应当知道不当得利事实及对方当事人之日起计算。

第七条 管理人因无因管理行为产生的给付必要管理费用、赔偿损失请求权的诉讼时效期间,从无因管理行为结束并且管理人知道或者应当知道本人之日起计算。

本人因不当无因管理行为产生的赔偿损失请求权的诉讼时效期间,从其知道或者应当知道管理人及损害事实之日起计算。

《民法典时间效力规定》

第一条 民法典施行后的法律事实引起的民事纠纷案件,适用民法典的规定。

民法典施行前的法律事实引起的民事纠纷案件,适用当时的法律、司法解释的规定,但是法律、司法解释另有规定的除外。

民法典施行前的法律事实持续至民法典施行后,该法律事实引起的民事纠纷案件适用民法典的规定,但是法律、司法解释另有规定的除外。

第二条 民法典施行前的法律事实引起的民事纠纷案件,当时的法律、司法解释有规定,适用当时的法律、司法解释的规定,但是适用民法典的规定更有利于保护民事主体合法权益,更有利于维护社会和经济秩序,更有利于弘扬社会主义核心价值观的除外。

第三条 民法典施行前的法律事实引起的民事纠纷案件,当时的法律、司法解释没有规定而民法典有规定的,可以适用民法典的规定,但是明显减损当事人合法权益、增加当事人法定义务或者背离当事人合理预期的除外。

第四条 民法典施行前的法律事实引起的民事纠纷案件,当时的法律、司法解释仅有原则性规定而民法典有具体规定的,适用当时的法律、司法解释的规定,但是可以依据民法典具体规定进行裁判说理。

第五条 民法典施行前已经终审的案件,当事人申请再审或者按照审判监督程序决定再审的,不适用民法典的规定。

**2** 第一百九十二条 [诉讼时效届满的法律效果] 诉讼时效期间届满的,义务人可以提出不履行义务的抗辩。

诉讼时效期间届满后,义务人同意履行的,不得以诉讼时效期间届满为由抗辩;义务人已经自愿履行的,不得请求返还。

《诉讼时效规定》

第十八条 主债务诉讼时效期间届满,保证人享有主债务人的诉讼时效抗辩权。

保证人未主张前述诉讼时效抗辩权,承担保证责任后向主债务人行使追偿权的,人民法院不予支持,但主债务人同意给付的情形除外。

第十九条 诉讼时效期间届满,当事人一方向对方当事人作出同意履行义务的意思表示或者自愿履行义务后,又以诉讼时效期间届满为由进行抗辩的,人民法院不予支持。

当事人双方就原债务达成新的协议,债权人主张义务人放弃诉讼时效抗辩权的,人民法院应予支持。

超过诉讼时效期间,贷款人向借款人发出催收到期贷款通知单,债务人在通知单上签字或者盖章,能够认定借款人同意履行诉讼时效期间已经届满的义务的,对于贷款人关于借款人放弃诉讼时效抗辩权的主张,人民法院应予支持。

《民法典担保制度解释》

第三十五条 保证人知道或者应当知道主债权诉讼时效期间届满仍然提供保证或者承担保证责任,又以诉讼时效期间届满为由拒绝承担保证责任或者请求返还财产的,人民法院不予支持;保证人承担保证责任后向债务人追偿的,人民法院不予支持,但是债务人放弃诉讼时效抗辩的除外。

**3** 第一百九十三条 [诉讼时效援用] 人民法院不得主动适用诉讼时效的规定。

《诉讼时效规定》

第二条 当事人未提出诉讼时效抗辩,人民法院不应对诉讼时效问题进行释明。

第三条 当事人在一审期间未提出诉讼时效抗辩,在二审期间提出的,人民法院不予支持,但其基于新的证据能够证明对方当事人的请求权已过诉讼时效期间的情形除外。

当事人未按照前款规定提出诉讼时效抗辩,以诉讼时效期间届满为由申请再审或者提出再审抗辩的,人民法院不予支持。

**4** 第一百九十四条 [诉讼时效的中止] 在诉讼时效期间的最后六个月内,因下列障碍,不能行使请求权的,诉讼时效中止:

(一)不可抗力;

(二)无民事行为能力人或者限制民事行为能力人没有法定代理人,或者法定代理人死亡、丧失民事行为能力、丧失代理权;

(三)继承开始后未确定继承人或者遗产管理人;

(四)权利人被义务人或者其他人控制;

(五)其他导致权利人不能行使请求权的障碍。

自中止时效的原因消除之日起满六个月,诉讼时效期间届满。

第一百九十五条 [诉讼时效的中断] 有下列情形之一的,诉讼时效中断,从中断、有关程序终结时起,诉讼时效期间重新计算:

(一)权利人向义务人提出履行请求;

(二)义务人同意履行义务;

（三）权利人提起诉讼或者申请仲裁；

（四）与提起诉讼或者申请仲裁具有同等效力的其他情形。

**《诉讼时效规定》**

第八条　具有下列情形之一的，应当认定为民法典第一百九十五条规定的"权利人向义务人提出履行请求"，产生诉讼时效中断的效力：

（一）当事人一方直接向对方当事人送交主张权利文书，对方当事人在文书上签名、盖章、按指印或者虽未签名、盖章、按指印但能够以其他方式证明该文书到达对方当事人的；

（二）当事人一方以发送信件或者数据电文方式主张权利，信件或者数据电文到达或者应当到达对方当事人的；

（三）当事人一方为金融机构，依照法律规定或者当事人约定从对方当事人账户中扣收欠款本息的；

（四）当事人一方下落不明，对方当事人在国家级或者下落不明的当事人一方住所地的省级有影响的媒体上刊登具有主张权利内容的公告的，但法律和司法解释另有特别规定的，适用其规定。

前款第（一）项情形中，对方当事人为法人或者其他组织的，签收人可以是其法定代表人、主要负责人、负责收发信件的部门或者被授权主体；对方当事人为自然人的，签收人可以是自然人本人、同住的具有完全行为能力的亲属或者被授权主体。

第九条　权利人对同一债权中的部分债权主张权利，诉讼时效中断的效力及于剩余债权，但权利人明确表示放弃剩余债权的情形除外。

第十条　当事人一方向人民法院提交起诉状或者口头起诉的，诉讼时效从提交起诉状或者口头起诉之日起中断。

第十一条　下列事项之一，人民法院应当认定与提起诉讼具有同等诉讼时效中断的效力：

（一）申请支付令；

（二）申请破产、申报破产债权；

（三）为主张权利而申请宣告义务人失踪或死亡；

（四）申请诉前财产保全、诉前临时禁令等诉前措施；

（五）申请强制执行；

（六）申请追加当事人或者被通知参加诉讼；

（七）在诉讼中主张抵销；

（八）其他与提起诉讼具有同等诉讼时效中断效力的事项。

第十二条　权利人向人民调解委员会以及其他依法有权解决相关民事纠纷的国家机关、事业单位、社会团体等社会组织提出保护相应民事权利的请求，诉讼时效从提出请求之日起中断。

第十三条　权利人向公安机关、人民检察院、人民法院报案或者控告，请求保护其民事权利的，诉讼时效从其报案或者控告之日起中断。

上述机关决定不立案、撤销案件、不起诉的，诉讼时效期间从权利人知道或者应当知道不立案、撤销案件或者不起诉之日起重新计算；刑事案件进入审理阶段，诉讼时效期间从刑事裁判文书生效之日起重新计算。

第十四条　义务人作出分期履行、部分履行、提供担保、请求延期履行、制定清偿债务计划等承诺或者行为的，应当认定为民法典第一百九十五条规定的"义务人同意履行义务"。

第十五条　对于连带债权人中的一人发生诉讼时效中断效力的事由，应当认定对其他连带债权人也发生诉讼时效中断的效力。

对于连带债务人中的一人发生诉讼时效中断效力的事由，应当认定对其他连带债务人也发生诉讼时效中断的效力。

第十六条　债权人提起代位权诉讼的，应当认定对债权人的债权和债务人的债权均发生诉讼时效中断的效力。

第十七条　债权转让的，应当认定诉讼时效从债权转让通知到达债务人之日起中断。

债务承担情形下，构成原债务人对债务承认的，应当认定诉讼时效从债务承担意思表示到达债权人之日起中断。

**《民法典总则编解释》**

第三十八条　诉讼时效依据民法典第一百九十五条的规定中断后，在新的诉讼时效期间内，再次出现第一百九十五条规定的中断事由，可以认定为诉讼时效再次中断。

权利人向义务人的代理人、财产代管人或者遗产管理人等提出履行请求的，可以认定为民法典第一百九十五条规定的诉讼时效中断。

**5** 第一百九十六条　[不适用诉讼时效的情形]下列请求权不适用诉讼时效的规定：

（一）请求停止侵害、排除妨碍、消除危险；

（二）不动产物权和登记的动产物权的权利人请求返还财产；

（三）请求支付抚养费、赡养费或者扶养费；

（四）依法不适用诉讼时效的其他请求权。

**《诉讼时效规定》**

第一条　当事人可以对债权请求权提出诉讼时效抗辩，但对下列债权请求权提出诉讼时效抗辩的，人民法院不予支持：

（一）支付存款本金及利息请求权；

（二）兑付国债、金融债券以及向不特定对象发行的企业债券本息请求权；

（三）基于投资关系产生的缴付出资请求权；

（四）其他依法不适用诉讼时效规定的债权请求权。

**《民诉解释》**

第二百一十九条　当事人超过诉讼时效期间起诉的，人民法院应予受理。受理后对方当事人提出诉讼时效抗辩，人民法院经审理认为抗辩事由成立的，判决驳回原告的诉讼请求。

# 第二编 物 权

## 专题七 物权概述

**考点21** 基于法律行为的不动产物权变动

**第二百零九条** ［不动产物权的登记生效原则及其例外］不动产物权的设立、变更、转让和消灭,经依法登记,发生效力;未经登记,不发生效力,但是法律另有规定的除外。

依法属于国家所有的自然资源,所有权可以不登记。

**第二百一十四条** ［不动产物权变动的生效时间］不动产物权的设立、变更、转让和消灭,依照法律规定应当登记的,自记载于不动产登记簿时发生效力。

**第二百一十五条** ［合同效力和物权效力区分］当事人之间订立有关设立、变更、转让和消灭不动产物权的合同,除法律另有规定或者当事人另有约定外,自合同成立时生效;未办理物权登记的,不影响合同效力。〔2019年回忆~设立、变更、转让和消灭不动产物权的合同的效力;2015年真题~不动产物权合同的效力〕

**第二百一十七条** ［不动产登记簿与不动产权属证书的关系］不动产权属证书是权利人享有该不动产物权的证明。不动产权属证书记载的事项,应当与不动产登记簿一致;记载不一致的,除有证据证明不动产登记簿确有错误外,以不动产登记簿为准。

《民法典物权编解释(一)》

第二条 当事人有证据证明不动产登记簿的记载与真实权利状态不符,其为该不动产物权的真实权利人,请求确认其享有物权的,应予支持。〔2021年回忆~以不享有处分权的财产出资〕

《城市房地产管理法》

第三十二条 房地产转让、抵押时,房屋的所有权和该房屋占用范围内的土地使用权同时转让、抵押。

**考点22** 基于法律行为的动产物权变动

**第二百二十四条** ［动产物权变动生效时间］动产物权的设立和转让,自交付时发生效力,但是法律另有规定的除外。〔2010年真题~动产物权的变动〕

**第二百二十五条** ［船舶、航空器和机动车物权变动采取登记对抗主义］船舶、航空器和机动车等的物权的设立、变更、转让和消灭,未经登记,不得对抗善意第三人。〔2016年真题~特殊动产的特权登记〕

**第二百二十六条** ［简易交付］动产物权设立和转让前,权利人已经占有该动产的,物权自民事法律行为生效时发生效力。

**第二百二十七条** ［指示交付］动产物权设立和转让前,第三人占有该动产的,负有交付义务的人可以通过转让请求第三人返还原物的权利代替交付。

**第二百二十八条** ［占有改定］动产物权转让时,当事人又约定由出让人继续占有该动产的,物权自该约定生效时发生效力。

《民法典物权编解释(一)》

第六条 转让人转让船舶、航空器和机动车等所有权,受让人已经支付合理价款并取得占有,虽未经登记,但转让人的债权人主张其为民法典第二百二十五条所称的“善意第三人”的,不予支持,法律另有规定的除外。

**考点23** 非基于法律行为的物权变动(另见所有权的特别取得方法)

**第二百二十九条** ［法律文书、征收决定导致物权变动效力发生时间］因人民法院、仲裁机构的法律文书或者人民政府的征收决定等,导致物权设立、变更、转让或者消灭的,自法律文书或者征收决定等生效时发生效力。

**第二百三十条** ［因继承取得物权的生效时间］因继承取得物权的,自继承开始时发生效力。

**第二百三十一条** ［因事实行为设立或者消灭物权的生效时间］因合法建造、拆除房屋等事实行为设立或者消灭物权的,自事实行为成就时发生效力。

**第二百三十二条** ［非依民事法律行为享有的不动产物权变动］处分依照本节规定享有的不动产物权,依照法律规定需要办理登记的,未经登记,不发生物权效力。

《民法典物权编解释(一)》

第七条 人民法院、仲裁机构在分割共有不动产或者动产等案件中作出并依法生效的改变原有物权关系的判决书、裁决书、调解书,以及人民法院在执行程序中作出的拍卖成交裁定书、变卖成交裁定书、以物抵债裁定书,应当认定为民法典第二百二十九条所称导致物权设立、变更、转让或者消灭的人民法院、仲裁机构的法律文书。

第八条 依据民法典第二百二十九条至第二百三十一条规定享有物权,但尚未完成动产交付或者不动产登记的权利人,依据民法典第二百三十五条至第二百三十八条的规定,请求保护其物权的,应予支持。

**考点24** 预告登记、异议登记、更正登记

**第二百二十条** ［更正登记和异议登记］权利人、利害关系人认为不动产登记簿记载的事项错误的,可以申请更正登记。不动产登记簿记载的权利人书面同意更正或者有证据证明登记确有错误的,登记机构应当予以更正。

不动产登记簿记载的权利人不同意更正的,利害关系人可以申请异议登记。登记机构予以异议登记,申请人自异议登记之日起十五日内不提起诉讼的,异议登记失效。异议登记不当,造成权利人损害的,权利人可以向申请人请求损害赔偿。

**第二百二十一条** ［预告登记］当事人签订买卖房屋的协议或者签订其他不动产物权的协议,为保障将来实现物权,按照约定可以向登记机构申请预告登记。预告登记后,未经预告登记的权利人同意,处分该不动产的,不发生物权效力。

预告登记后,债权消灭或者自能够进行不动产登记之日起九十日内未申请登记的,预告登记失效。〔2015年真题~预告登记〕

《民法典物权编解释(一)》

第三条 异议登记因民法典第二百二十条第二款规定的事由失效后,当事人提起民事诉讼,请求确认物权归属的,应当依法受理。异议登记失效不影响人民法院对案件的实体审理。

第四条 未经预告登记的权利人同意,转让不动产所有权等物权,或者设立建设用地使用权、居住权、地役权、抵押权等其他物权的,应当依照民法典第二百二十一条第一款的规定,认定其不发生物权效力。〔2015年真题~买卖合同中的瑕疵担保义务,违约责任;预告登记〕

第五条 预告登记的买卖不动产物权的协议被认定无效、被撤销,或者预告登记的权利人放弃债权的,应当认定为民法典第二百二十一条第二款所称的"债权消灭"。

《民法典担保制度解释》

第五十二条 当事人办理抵押预告登记后,预告登记权利人请求就抵押财产优先受偿,经审查存在尚未办理建筑物所有权首次登记、预告登记的财产与办理建筑物所有权首次登记时的财产不一致、抵押预告登记已经失效等情形,导致不具备办理抵押登记条件的,人民法院不予支持;经审查已经办理建筑物所有权首次登记,且不存在预告登记失效等情形的,人民法院应予支持,并应当认定抵押权自预告登记之日起设立。

当事人办理了抵押预告登记,抵押人破产,经审查抵押财产属于破产财产,预告登记权利人主张就抵押财产优先受偿的,人民法院应当在受理破产申请时抵押财产的价值范围内予以支持,但是在人民法院受理破产申请前一年内,债务人对没有财产担保的债务设立抵押预告登记的除外。

**考点25** 物权的保护

第二百三十四条 [物权确认请求权]因物权的归属、内容发生争议的,利害关系人可以请求确认权利。

第二百三十五条 [返还原物请求权]无权占有不动产或者动产的,权利人可以请求返还原物。

第二百三十六条 [排除妨害、消除危险请求权]妨害物权或者可能妨害物权的,权利人可以请求排除妨害或者消除危险。

第二百三十八条 [物权损害赔偿请求权]侵害物权,造成权利人损害的,权利人可以依法请求损害赔偿,也可以依法请求承担其他民事责任。〔2012年真题~物上代位性、物权优先受偿权〕

# 专题八 所有权

**考点26** 建筑物区分所有权

第二百七十一条 [建筑物区分所有权]业主对建筑物内的住宅、经营性用房等专有部分享有所有权,对专有部分以外的共有部分享有共有和共同管理的权利。

第二百七十二条 [业主对专有部分的专有权]业主对其建筑物专有部分享有占有、使用、收益和处分的权

利。业主行使权利不得危及建筑物的安全,不得损害其他业主的合法权益。

第二百七十三条 [业主对共有部分的共有权及义务]业主对建筑物专有部分以外的共有部分,享有权利,承担义务;不得以放弃权利为由不履行义务。

业主转让建筑物内的住宅、经营性用房,其对共有部分享有的共有和共同管理的权利一并转让。

第二百七十七条 [设立业主大会和选举业主委员会]业主可以设立业主大会,选举业主委员会。业主大会、业主委员会成立的具体条件和程序,依照法律、法规的规定。

地方人民政府有关部门、居民委员会应当对设立业主大会和选举业主委员会给予指导和协助。

第二百七十八条 [由业主共同决定的事项以及表决规则]下列事项由业主共同决定:

(一)制定和修改业主大会议事规则;

(二)制定和修改管理规约;

(三)选举业主委员会或者更换业主委员会成员;

(四)选聘和解聘物业服务企业或者其他管理人;

(五)使用建筑物及其附属设施的维修资金;

(六)筹集建筑物及其附属设施的维修资金;

(七)改建、重建建筑物及其附属设施;

(八)改变共有部分的用途或者利用共有部分从事经营活动;

(九)有关共有和共同管理权利的其他重大事项。

业主共同决定事项,应当由专有部分面积占比三分之二以上的业主且人数占比三分之二以上的业主参与表决。决定前款第六项至第八项规定的事项,应当经参与表决专有部分面积四分之三以上的业主且参与表决人数四分之三以上的业主同意。决定前款其他事项,应当经参与表决专有部分面积过半数的业主且参与表决人数过半数的业主同意。

第二百七十九条 [业主将住宅转变为经营性用房应当遵循的规则]业主不得违反法律、法规以及管理规约,将住宅改变为经营性用房。业主将住宅改变为经营性用房的,除遵守法律、法规以及管理规约外,应当经有利害关系的业主一致同意。

第二百八十五条 [物业服务企业或其他接受业主委托的管理人的管理义务]物业服务企业或者其他管理人根据业主的委托,依照本法第三编有关物业服务合同的规定管理建筑区划内的建筑物及其附属设施,接受业主的监督,并及时答复业主对物业服务情况提出的询问。

物业服务企业或者其他管理人应当执行政府依法实施的应急处置措施和其他管理措施,积极配合开展相关工作。

第二百八十六条 [业主守法义务和业主大会与业主委员会职责]业主应当遵守法律、法规以及管理规约,相关行为应当符合节约资源、保护生态环境的要求。对于物业服务企业或者其他管理人执行政府依法实施的应急处置措施和其他管理措施,业主应当依法予以配合。

业主大会或者业主委员会,对任意弃置垃圾、排放污染物或者噪声、违反规定饲养动物、违章搭建、侵占通道、拒付物业费等损害他人合法权益的行为,有权依照法律、法规以及管理规约,请求行为人停止侵害、排除妨碍、消除危险、恢复原状、赔偿损失。

业主或者其他行为人拒不履行相关义务的,有关当事人可以向有关行政主管部门报告或者投诉,有关行政主管部门应当依法处理。

**《民法典》**

第九百三十七条 [物业服务合同的定义]物业服务合同是物业服务人在物业服务区域内,为业主提供建筑物及其附属设施的维修养护、环境卫生和相关秩序的管理维护等物业服务,业主支付物业费的合同。

物业服务人包括物业服务企业和其他管理人。

第九百四十二条 [物业服务人的义务]物业服务人应当按照约定和物业的使用性质,妥善维修、养护、清洁、绿化和经营管理物业服务区域内的业主共有部分,维护物业服务区域内的基本秩序,采取合理措施保护业主的人身、财产安全。

对物业服务区域内违反有关治安、环保、消防等法律法规的行为,物业服务人应当及时采取合理措施制止、向有关行政主管部门报告并协助处理。

第九百四十三条 [物业服务人的信息公开义务]物业服务人应当定期将服务的事项、负责人员、质量要求、收费项目、收费标准、履行情况,以及维修资金使用情况、业主共有部分的经营与收益情况等以合理方式向业主公开并向业主大会、业主委员会报告。

第九百四十四条 [业主支付物业费义务]业主应当按照约定向物业服务人支付物业费。物业服务人已经按照约定和有关规定提供服务的,业主不得以未接受或者无需接受相关物业服务为由拒绝支付物业费。

业主违反约定逾期不支付物业费的,物业服务人可以催告其在合理期限内支付;合理期限届满仍不支付的,物业服务人可以提起诉讼或者申请仲裁。

物业服务人不得采取停止供电、供水、供热、供燃气等方式催交物业费。

第九百四十五条 [业主的告知、协助义务]业主装饰装修房屋的,应当事先告知物业服务人,遵守物业服务人提示的合理注意事项,并配合其进行必要的现场检查。

业主转让、出租物业专有部分、设立居住权或者依法改变共有部分用途的,应当及时将相关情况告知物业服务人。

第九百四十六条 [业主解聘物业服务人]业主依照法定程序共同决定解聘物业服务人的,可以解除物业服务合同。决定解聘的,应当提前六十日书面通知物业服务人,但是合同对通知期限另有约定的除外。

依据前款规定解除合同造成物业服务人损失的,除不可归责于业主的事由外,业主应当赔偿损失。

**考点 27** 所有权的特别取得方法:善意取得

**第三百一十一条** [善意取得]无处分权人将不动产或者动产转让给受让人的,所有权人有权追回;除法律另有规定外,符合下列情形的,受让人取得该不动产或者动产的所有权:

(一)受让人受让该不动产或者动产时是善意;

(二)以合理的价格转让;

(三)转让的不动产或者动产依照法律规定应当登记的已经登记,不需要登记的已经交付给受让人。

受让人依据前款规定取得不动产或者动产的所有权的,原所有权人有权向无处分权人请求损害赔偿。

当事人善意取得其他物权的,参照适用前两款规定。[2023 年回忆~股权的善意取得;2019 年回忆~名义股东处分其名下股权;2017 年真题~股权对外转让、股权的善意取得]

**第三百一十三条** [善意取得的动产上原有的权利负担消灭及其例外]善意受让人取得动产后,该动产上的原有权利消灭。但是,善意受让人在受让时知道或者应当知道该权利的除外。

**第五百九十七条** [无权处分的违约责任]因出卖人未取得处分权致使标的物所有权不能转移的,买受人可以解除合同并请求出卖人承担违约责任。

法律、行政法规禁止或者限制转让的标的物,依照其规定。[2010 年真题~无权处分合同的效力]

《民法典物权编解释(一)》

第十四条 受让人受让不动产或者动产时,不知道转让人无处分权,且无重大过失的,应当认定受让人为善意。

真实权利人主张受让人不构成善意的,应当承担举证证明责任。

第十五条 具有下列情形之一的,应当认定不动产受让人知道转让人无处分权:

(一)登记簿上存在有效的异议登记;

(二)预告登记有效期内,未经预告登记的权利人同意;

(三)登记簿上已经记载司法机关或者行政机关依法裁定、决定查封或者以其他形式限制不动产权利的有关事项;

(四)受让人知道登记簿上记载的权利主体错误;

(五)受让人知道他人已经依法享有不动产物权。

真实权利人有证据证明不动产受让人应当知道转让人无处分权的,应当认定受让人具有重大过失。

第十六条 受让人受让动产时,交易的对象、场所或者时机等不符合交易习惯的,应当认定受让人具有重大过失。

第十七条 民法典第三百一十一条第一款第一项所称的"受让人受让该不动产或者动产时",是指依法完成不动产物权转移登记或者动产交付之时。

当事人以民法典第二百二十六条规定的方式交付动产的,转让动产民事法律行为生效时为动产交付之时;当事人以民法典第二百二十七条规定的方式交付动产的,转让人与受让人之间有关转让返还原物请求权的协议生效时为动产交付之时。

法律对不动产、动产物权的设立另有规定的,应当按照法律规定的时间认定权利人是否为善意。

第二十条 具有下列情形之一,受让人主张依据民法典第三百一十一条规定取得所有权的,不予支持:

(一)转让合同被认定无效;

(二)转让合同被撤销。

《公司法解释(三)》

第七条第一款 出资人以不享有处分权的财产出资,当事人之间对于出资行为效力产生争议的,人民法院可以参照民法典第三百一十一条的规定予以认定。〔2021年回忆~以不享有处分权的财产出资〕

第二十五条第一款 名义股东将登记于其名下的股权转让、质押或者以其他方式处分,实际出资人以其对于股权享有实际权利为由,请求认定处分股权行为无效的,人民法院可以参照民法典第三百一十一条的规定处理。〔2019年回忆~名义股东处分其名下股权;2014年真题~名义股东转让股权;2013年真题~股东的股权取得方式〕

第二十七条第一款 股权转让后尚未向公司登记机关办理变更登记,原股东将仍登记于其名下的股权转让、质押或者以其他方式处分,受让股东以其对于股权享有实际权利为由,请求认定处分股权行为无效的,人民法院可以参照民法典第三百一十一条的规定处理。

**考点28** 所有权的特别取得方法:拾得遗失物、发现埋藏物

第三百一十二条 [遗失物的善意取得]所有权人或者其他权利人有权追回遗失物。该遗失物通过转让被他人占有的,权利人有权向无处分权人请求损害赔偿,或者自知道或者应当知道受让人之日起二年内向受让人请求返还原物;但是,受让人通过拍卖或者向具有经营资格的经营者购得该遗失物的,权利人请求返还原物时应当支付受让人所付的费用。权利人向受让人支付所付费用后,有权向无处分权人追偿。

第三百一十六条 [遗失物的妥善保管义务]拾得人在遗失物送交有关部门前,有关部门在遗失物被领取前,应当妥善保管遗失物。因故意或者重大过失致使遗失物毁损、灭失的,应当承担民事责任。

第三百一十七条 [权利人领取遗失物时的费用支付义务]权利人领取遗失物时,应当向拾得人或者有关部门支付保管遗失物等支出的必要费用。

权利人悬赏寻找遗失物的,领取遗失物时应当按照承诺履行义务。

拾得人侵占遗失物的,无权请求保管遗失物等支出的费用,也无权请求权利人按照承诺履行义务。

第三百一十八条 [无人认领的遗失物的处理规则]遗失物自发布招领公告之日起一年内无人认领的,归国家所有。

第三百一十九条 [拾得漂流物、埋藏物或者隐藏物]拾得漂流物、发现埋藏物或者隐藏物的,参照适用拾得遗失物的有关规定。法律另有规定的,依照其规定。

**考点29** 所有权的特别取得方法:孳息及其归属

第三百二十一条 [孳息的归属]天然孳息,由所有权人取得;既有所有权人又有用益物权人的,由用益物权人取得。当事人另有约定的,按照其约定。

法定孳息,当事人有约定的,按照约定取得;没有约定或者约定不明确的,按照交易习惯取得。〔2017年真题~孳息的收取与孳息所有权归属、不当得利〕

《民法典》

第四百一十二条 [抵押财产孳息归属]债务人不履行到期债务或者发生当事人约定的实现抵押权的情形,致使抵押财产被人民法院依法扣押的,自扣押之日起,抵押权人有权收取该抵押财产的天然孳息或者法定孳息,但是抵押权人未通知应当清偿法定孳息义务人的除外。

前款规定的孳息应当先充抵收取孳息的费用。

第四百三十条 [质权人的孳息收取权]质权人有权收取质押财产的孳息,但是合同另有约定的除外。

前款规定的孳息应当先充抵收取孳息的费用。

第四百五十二条 [留置财产的孳息收取]留置权人有权收取留置财产的孳息。

前款规定的孳息应当先充抵收取孳息的费用。

第五百七十三条 [提存期间风险、孳息和提存费用负担]标的物提存后,毁损、灭失的风险由债权人承担。提存期间,标的物的孳息归债权人所有。提存费用由债权人负担。

第六百三十条 [买卖合同标的物孳息的归属]标的物在交付之前产生的孳息,归出卖人所有;交付之后产生的孳息,归买受人所有。但是,当事人另有约定的除外。

**考点30** 所有权的特别取得方法:添附

第三百二十二条 [添附]因加工、附合、混合而产生的物的归属,有约定的,按照约定;没有约定或者约定不明确的,依照法律规定;法律没有规定的,按照充分发挥物的效用以及保护无过错当事人的原则确定。因一方当事人的过错或者确定物的归属造成另一方当事人损害的,应当给予赔偿或者补偿。

**考点31** 共有

(一)共有财产的处分

第三百零一条 [共有人对共有财产重大事项的表决权规则]处分共有的不动产或者动产以及对共有的不动产或者动产作重大修缮、变更性质或者用途的,应当经占份额三分之二以上的按份共有人或者全体共同共有人同意,但是共有人之间另有约定的除外。

《民法典婚姻家庭编解释(一)》

第二十八条 一方未经另一方同意出售夫妻共同所有的房屋,第三人善意购买、支付合理对价并已办理不动

产登记,另一方主张追回该房屋的,人民法院不予支持。

夫妻一方擅自处分共同所有的房屋造成另一方损失,离婚时另一方请求赔偿损失的,人民法院应予支持。

**(二)共有财产的分割**

**第三百零三条** [共有物的分割规则]共有人约定不得分割共有的不动产或者动产,以维持共有关系的,应当按照约定,但是共有人有<u>重大理由需要分割</u>的,可以请求分割;没有约定或者约定不明确的,按份共有人可以<u>随时请求分割</u>,共同共有人在共有的基础丧失或者有重大理由需要分割时可以请求分割。因分割造成其他共有人损害的,<u>应当给予赔偿</u>。

**第三百零四条** [共有物分割的方式]共有人可以协商确定分割方式。达不成协议,共有的不动产或者动产可以分割且不会因分割减损价值的,应当对<u>实物予以分割</u>;难以分割或者因分割会减损价值的,应当对<u>折价</u>或者拍卖、变卖取得的价款予以分割。

共有人分割所得的不动产或者动产有瑕疵的,其他共有人应当分担损失。

**第一千零六十六条** [婚内分割夫妻共同财产]婚姻关系存续期间,有下列情形之一的,夫妻一方可以向人民法院请求分割共同财产:

(一)一方有<u>隐藏、转移、变卖、毁损、挥霍夫妻共同财产或者伪造夫妻共同债务等严重损害夫妻共同财产利益</u>的行为;

(二)一方负有法定扶养义务的人患重大疾病需要医治,另一方不同意支付相关医疗费用。

**《民法典婚姻家庭编解释(一)》**

**第三十八条** 婚姻关系存续期间,除民法典第一千零六十六条规定情形以外,夫妻一方请求分割共同财产的,人民法院不予支持。

**(三)按份共有人的优先购买权**

**第三百零五条** [按份共有人的优先购买权]按份共有人可以转让其享有的共有的不动产或者动产份额。其他共有人在同等条件下享有优先购买的权利。

**第三百零六条** [按份共有人行使优先购买权的规则]按份共有人转让其享有的共有的不动产或者动产份额的,<u>应当将转让条件及时通知其他共有人</u>。其他共有人应当在合理期限内行使优先购买权。

两个以上其他共有人主张行使优先购买权的,协商确定各自的购买比例;协商不成的,按照转让时各自的共有份额比例行使优先购买权。

**第三百零八条** [共有关系不明时对共有关系性质的推定]共有人对共有的不动产或者动产没有约定为按份共有或者共同共有,或者约定不明确的,除共有人具有家庭关系等外,视为按份共有。

**《民法典物权编解释(一)》**

**第九条** 共有份额的权利主体因继承、遗赠等原因发生变化时,其他按份共有人主张优先购买的,不予支持,但按份共有人之间另有约定的除外。

**第十条** 民法典第三百零五条所称的"同等条件",

应当综合共有份额的转让价格、价款履行方式及期限等因素确定。

**第十一条** 优先购买权的行使期间,按份共有人之间有约定的,按照约定处理;没有约定或者约定不明的,按照下列情形确定:

(一)转让人向其他按份共有人发出的包含同等条件内容的通知中载明行使期间的,以该期间为准;

(二)通知中未载明行使期间,或者载明的期间短于通知送达之日起十五日的,为十五日;

(三)转让人未通知的,为其他按份共有人知道或者应当知道最终确定的同等条件之日起十五日;

(四)转让人未通知,且无法确定其他按份共有人知道或者应当知道最终确定的同等条件的,为共有份额权属转移之日起六个月。

**第十二条** 按份共有人向共有人之外的人转让其份额,其他按份共有人根据法律、司法解释规定,请求按照同等条件优先购买该共有份额的,应予支持。其他按份共有人的请求具有下列情形之一的,不予支持:

(一)未在本解释第十一条规定的期间内主张优先购买,或者虽主张优先购买,但提出减少转让价款、增加转让人负担等实质性变更要求;

(二)以其优先购买权受到侵害为由,仅请求撤销共有份额转让合同或者认定该合同无效。

**第十三条** 按份共有人之间转让共有份额,其他按份共有人主张依据民法典第三百零五条规定优先购买的,不予支持,但按份共有人之间另有约定的除外。

**考点32** 相邻关系

**第二百八十八条** [处理相邻关系的原则]不动产的相邻权利人应当按照有利生产、方便生活、团结互助、公平合理的原则,正确处理相邻关系。

**第二百九十条** [相邻用水、排水、流水关系]不动产权利人应当为相邻权利人用水、排水提供必要的便利。

对自然流水的利用,应当在不动产的相邻权利人之间合理分配。对自然流水的排放,应当尊重自然流向。

**第二百九十一条** [相邻关系中的通行权]不动产权利人对相邻权利人因通行等<u>必须利用其土地</u>的,应当提供必要的便利。

**第二百九十二条** [相邻土地的利用]不动产权利人因建造、修缮建筑物以及铺设电线、电缆、水管、暖气和燃气管线等必须利用相邻土地、建筑物的,该土地、建筑物的权利人应当提供必要的便利。

**第二百九十三条** [相邻建筑物通风、采光、日照]建造建筑物,不得违反国家有关工程建设标准,不得妨碍相邻建筑物的通风、采光和日照。

**第二百九十四条** [相邻不动产之间不得排放、施放污染物]不动产权利人不得违反国家规定弃置固体废物,排放大气污染物、水污染物、土壤污染物、噪声、光辐射、电磁辐射等有害物质。

**第二百九十五条** [维护相邻不动产安全]不动产权

利人挖掘土地、建造建筑物、铺设管线以及安装设备等，不得危及相邻不动产的安全。

第二百九十六条 [相邻权的限度]不动产权利人因用水、排水、通行、铺设管线等利用相邻不动产的，应当尽量避免对相邻的不动产权利人造成损害。

# 专题九 用益物权

**考点33** 土地承包经营权

第三百三十一条 [土地承包经营权内容]土地承包经营权人依法对其承包经营的耕地、林地、草地等享有占有、使用和收益的权利，有权从事种植业、林业、畜牧业等农业生产。

第三百三十二条 [土地的承包期限]耕地的承包期为三十年。草地的承包期为三十年至五十年。林地的承包期为三十年至七十年。

前款规定的承包期限届满，由土地承包经营权人依照农村土地承包的法律规定继续承包。

第三百三十三条 [土地承包经营权的设立与登记]土地承包经营权自土地承包经营权合同生效时设立。

登记机构应当向土地承包经营权人发放土地承包经营权证、林权证等证书，并登记造册，确认土地承包经营权。

第三百三十四条 [土地承包经营权的互换、转让]土地承包经营权人依照法律规定，有权将土地承包经营权互换、转让。未经依法批准，不得将承包地用于非农建设。

第三百三十五条 [土地承包经营权流转的登记对抗主义]土地承包经营权互换、转让的，当事人可以向登记机构申请登记；未经登记，不得对抗善意第三人。

第三百三十六条 [承包地的调整]承包期内发包人不得调整承包地。

因自然灾害严重毁损承包地等特殊情形，需要适当调整承包的耕地和草地的，应当依照农村土地承包的法律规定办理。

第三百三十七条 [承包地的收回]承包期内发包人不得收回承包地。法律另有规定的，依照其规定。

第三百三十八条 [征收承包地的补偿规则]承包地被征收的，土地承包经营权人有权依据本法第二百四十三条的规定获得相应补偿。

第三百三十九条 [土地经营权的流转]土地承包经营权人可以自主决定依法采取出租、入股或者其他方式向他人流转土地经营权。

第三百四十条 [土地经营权人的基本权利]土地经营权人有权在合同约定的期限内占有农村土地，自主开展农业生产经营并取得收益。

第三百四十一条 [土地经营权的设立与登记]流转期限为五年以上的土地经营权，自流转合同生效时设立。当事人可以向登记机构申请土地经营权登记；未经登记，不得对抗善意第三人。

第三百四十二条 [以其他方式承包取得的土地经营权流转]通过招标、拍卖、公开协商等方式承包农村土地，经依法登记取得权属证书的，可以依法采取出租、入股、抵押或者其他方式流转土地经营权。

**考点34** 地役权

第三百七十二条 [地役权的定义]地役权人有权按照合同约定，利用他人的不动产，以提高自己的不动产的效益。

前款所称他人的不动产为供役地，自己的不动产为需役地。

第三百七十三条第一款 [地役权合同]设立地役权，当事人应当采用书面形式订立地役权合同。

第三百七十四条 [地役权的设立与登记]地役权自地役权合同生效时设立。当事人要求登记的，可以向登记机构申请地役权登记；未经登记，不得对抗善意第三人。

第三百七十五条 [供役地权利人的义务]供役地权利人应当按照合同约定，允许地役权人利用其不动产，不得妨害地役权人行使权利。

第三百七十六条 [地役权人的义务]地役权人应当按照合同约定的利用目的和方法利用供役地，尽量减少对供役地权利人物权的限制。

第三百七十七条 [地役权的期限]地役权期限由当事人约定；但是，不得超过土地承包经营权、建设用地使用权等用益物权的剩余期限。

第三百七十八条 [在享有或者负担地役权的土地上设立用益物权的规则]土地所有权人享有地役权或者负担地役权的，设立土地承包经营权、宅基地使用权等用益物权时，该用益物权人继续享有或者负担已经设立的地役权。

第三百七十九条 [土地所有权人在已设立用益物权的土地上设立地役权的规则]土地上已经设立土地承包经营权、建设用地使用权、宅基地使用权等用益物权的，未经用益物权人同意，土地所有权人不得设立地役权。

第三百八十条 [地役权的转让规则]地役权不得单独转让。土地承包经营权、建设用地使用权等转让的，地役权一并转让，但是合同另有约定的除外。

第三百八十一条 [地役权不得单独抵押]地役权不得单独抵押。土地经营权、建设用地使用权等抵押的，在实现抵押权时，地役权一并转让。

第三百八十二条 [需役地部分转让效果]需役地以及需役地上的土地承包经营权、建设用地使用权等部分转让时，转让部分涉及地役权的，受让人同时享有地役权。

第三百八十三条 [供役地部分转让效果]供役地以及供役地上的土地承包经营权、建设用地使用权等部分转让时，转让部分涉及地役权的，地役权对受让人具有法律约束力。

第三百八十四条　[供役地权利人解除权]地役权人有下列情形之一的，供役地权利人有权解除地役权合同，地役权消灭：

（一）违反法律规定或者合同约定，滥用地役权；

（二）有偿利用供役地，约定的付款期限届满后在合理期限内经两次催告未支付费用。

**考点35　居住权**

第三百六十七条　[居住权合同]设立居住权，当事人应当采用书面形式订立居住权合同。

居住权合同一般包括下列条款：

（一）当事人的姓名或者名称和住所；

（二）住宅的位置；

（三）居住的条件和要求；

（四）居住权期限；

（五）解决争议的方法。

第三百六十八条　[居住权的设立]居住权无偿设立，但是当事人另有约定的除外。设立居住权的，应当向登记机构申请居住权登记。居住权自登记时设立。

第三百六十九条　[居住权的限制性规定及例外]居住权不得转让、继承。设立居住权的住宅不得出租，但是当事人另有约定的除外。

第三百七十一条　[以遗嘱设立居住权的法律适用]以遗嘱方式设立居住权的，参照适用本章的有关规定。

# 专题十　担保物权

**考点36　共同担保**

第三百九十二条　[人保和物保并存时的处理规则]被担保的债权既有物的担保又有人的担保的，债务人不履行到期债务或者发生当事人约定的实现担保物权的情形，债权人应当按照约定实现债权；没有约定或者约定不明确，债务人自己提供物的担保的，债权人应当先就该物的担保实现债权；第三人提供物的担保的，债权人可以就物的担保实现债权，也可以请求保证人承担保证责任。提供担保的第三人承担担保责任后，有权向债务人追偿。〔2020年回忆~混合担保、混合担保的清偿顺序；2015年真题~混合担保、追偿权；2011年真题~混合担保规则、共同抵押规则〕

第六百九十九条　[共同保证]同一债务有两个以上保证人的，保证人应当按照保证合同约定的保证份额，承担保证责任；没有约定保证份额的，债权人可以请求任何一个保证人在其保证范围内承担保证责任。

《民法典担保制度解释》

第十三条　同一债务有两个以上第三人提供担保，担保人之间约定相互追偿及分担份额，承担了担保责任的担保人请求其他担保人按照约定分担份额的，人民法院应予支持；担保人之间约定承担连带共同担保，或者约定相互追偿但是未约定分担份额的，各担保人按照比例分担向债务人不能追偿的部分。

同一债务有两个以上第三人提供担保，担保人之间未对相互追偿作出约定且未约定承担连带共同担保，但是各担保人在同一份合同书上签字、盖章或者按指印，承担了担保责任的担保人请求其他担保人按照比例分担向债务人不能追偿部分的，人民法院应予支持。

除前两款规定的情形外，承担了担保责任的担保人请求其他担保人分担向债务人不能追偿部分的，人民法院不予支持。

第十四条　同一债务有两个以上第三人提供担保，担保人受让债权的，人民法院应当认定该行为系承担担保责任。受让债权的担保人作为债权人请求其他担保人承担担保责任的，人民法院不予支持；该担保人请求其他担保人分担相应份额的，依照本解释第十三条的规定处理。

第十八条　承担了担保责任或者赔偿责任的担保人，在其承担责任的范围内向债务人追偿的，人民法院应予支持。

同一债权既有债务人自己提供的物的担保，又有第三人提供的担保，承担了担保责任或者赔偿责任的第三人，主张行使债权人对债务人享有的担保物权的，人民法院应予支持。

**考点37　抵押权的设立**

**1 第四百零二条　[不动产抵押权的设立]**本法第三百九十五条第一款第一项至第三项规定的财产或者第五项规定的正在建造的建筑物抵押的，应当办理抵押登记。抵押权自登记时设立。〔2018年回忆~不动产抵押权设立〕

《民法典担保制度解释》

第四十六条　不动产抵押合同生效后未办理抵押登记手续，债权人请求抵押人办理抵押登记手续的，人民法院应予支持。

抵押财产因不可归责于抵押人自身的原因灭失或者被征收等导致不能办理抵押登记，债权人请求抵押人在约定的担保范围内承担责任的，人民法院不予支持；但是抵押人已经获得保险金、赔偿金或者补偿金等，债权人请求抵押人在其所获金额范围内承担赔偿责任的，人民法院依法予以支持。

因抵押人转让抵押财产或者其他可归责于抵押人自身的原因导致不能办理抵押登记，债权人请求抵押人在约定的担保范围内承担责任的，人民法院依法予以支持，但是不得超过抵押权能够设立时抵押人应当承担的责任范围。

第四十八条　当事人申请办理抵押登记手续时，因登记机构的过错致使其不能办理抵押登记，当事人请求登记机构承担赔偿责任的，人民法院依法予以支持。

第五十二条　当事人办理抵押预告登记后，预告登记权利人请求就抵押财产优先受偿，经审查存在尚未办理建筑物所有权首次登记、预告登记的财产与办理建筑物所有权首次登记时的财产不一致、抵押预告登记已经失效等情形，导致不具备办理抵押登记条件的，人民法院不予支持；经审查已经办理建筑物所有权首次登记，且不存在预告登记失效等情形的，人民法院应予支持，并应当认定抵押权自预告登记之日起设立。

当事人办理了抵押预告登记，抵押人破产，经审查抵押财产属于破产财产，预告登记权利人主张就抵押财产优先受偿的，人民法院应当在受理破产申请时抵押财产的价值范围内予以支持，但是在人民法院受理破产申请前一年内，债务人对没有财产担保的债务设立抵押预告登记的除外。〔2023 年回忆～抵押预告登记〕

**❷** 第四百零三条　〔动产抵押权的设立〕以动产抵押的，抵押权自抵押合同生效时设立；未经登记，不得对抗善意第三人。〔2011 年真题～动产浮动抵押权〕

第四百零四条　〔动产抵押权对抗效力的限制〕以动产抵押的，不得对抗正常经营活动中已经支付合理价款并取得抵押财产的买受人。〔2020 年回忆～动产抵押权；2011 年真题～动产浮动抵押权〕

《民法典担保制度解释》

第五十四条　动产抵押合同订立后未办理抵押登记，动产抵押权的效力按照下列情形分别处理：

（一）抵押人转让抵押财产，受让人占有抵押财产后，抵押权人向受让人请求行使抵押权的，人民法院不予支持，但是抵押权人能够举证证明受让人知道或者应当知道已经订立抵押合同的除外；

（二）抵押人将抵押财产出租给他人并移转占有，抵押权人行使抵押权的，租赁关系不受影响，但是抵押权人能够举证证明承租人知道或者应当知道已经订立抵押合同的除外；

（三）抵押人的其他债权人向人民法院申请保全或者执行抵押财产，人民法院已经作出财产保全裁定或者采取执行措施，抵押权人主张对抵押财产优先受偿的，人民法院不予支持；

（四）抵押人破产，抵押权人主张对抵押财产优先受偿的，人民法院不予支持。

第五十六条　买受人在出卖人正常经营活动中通过支付合理对价取得已被设立担保物权的动产，担保物权人请求就该动产优先受偿的，人民法院不予支持，但是有下列情形之一的除外：

（一）购买商品的数量明显超过一般买受人；

（二）购买出卖人的生产设备；

（三）订立买卖合同的目的在于担保出卖人或者第三人履行债务；

（四）买受人与出卖人存在直接或者间接的控制关系；

（五）买受人应当查询抵押登记而未查询的其他情形。

前款所称出卖人正常经营活动，是指出卖人的经营活动属于其营业执照明确记载的经营范围，且出卖人持续销售同类商品。前款所称担保物权人，是指已经办理登记的抵押权人、所有权保留买卖的出卖人、融资租赁合同的出租人。

**❸** 第四百零七条　〔抵押权的从属性〕抵押权不得与债权分离而单独转让或者作为其他债权的担保。债权转让的，担保该债权的抵押权一并转让，但是法律另有规定或者当事人另有约定的除外。

**考点38** 抵押物的转让

第四百零六条　〔抵押期间抵押财产转让应当遵循的规则〕抵押期间，抵押人可以转让抵押财产。当事人另有约定的，按照其约定。抵押财产转让的，抵押权不受影响。

抵押人转让抵押财产的，应当及时通知抵押权人。抵押权人能够证明抵押财产转让可能损害抵押权的，可以请求抵押人将转让所得的价款向抵押权人提前清偿债务或者提存。转让的价款超过债权数额的部分归抵押人所有，不足部分由债务人清偿。

《民法典担保制度解释》

第四十三条　当事人约定禁止或者限制转让抵押财产但是未将约定登记，抵押人违反约定转让抵押财产，抵押权人请求确认转让合同无效的，人民法院不予支持；抵押财产已经交付或者登记，抵押权人请求确认转让不发生物权效力的，人民法院不予支持，但是抵押权人有证据证明受让人知道的除外；抵押权人请求抵押人承担违约责任的，人民法院依法予以支持。

当事人约定禁止或者限制转让抵押财产且已经将约定登记，抵押人违反约定转让抵押财产，抵押权人请求确认转让合同无效的，人民法院不予支持；抵押财产已经交付或者登记，抵押权人主张转让不发生物权效力的，人民法院应予支持，但是因受让人代替债务人清偿债务导致抵押权消灭的除外。

**考点39** 抵押权的顺位

第四百一十四条　〔同一财产上多个抵押权的效力顺序〕同一财产向两个以上债权人抵押的，拍卖、变卖抵押财产所得的价款依照下列规定清偿：

（一）抵押权已经登记的，按照登记的时间先后确定清偿顺序；

（二）抵押权已经登记的先于未登记的受偿；

（三）抵押权未登记的，按照债权比例清偿。

其他可以登记的担保物权，清偿顺序参照适用前款规定。

《民法典》

第四百零九条　〔抵押权人放弃抵押权或抵押权顺位的法律后果〕抵押权人可以放弃抵押权或者抵押权的顺位。抵押权人与抵押人可以协议变更抵押权顺位以及被担保的债权数额等内容。但是，抵押权的变更未经其他抵押权人书面同意的，不得对其他抵押权人产生不利影响。

债务人以自己的财产设定抵押,抵押权人放弃该抵押权、抵押权顺位或者变更抵押权的,其他担保人在抵押权人丧失优先受偿权益的范围内免除担保责任,但是其他担保人承诺仍然提供担保的除外。

**考点41** 动产浮动抵押

**第三百九十六条** [浮动抵押]企业、个体工商户、农业生产经营者可以将现有的以及将有的生产设备、原材料、半成品、产品抵押,债务人不履行到期债务或者发生当事人约定的实现抵押权的情形,债权人有权就抵押财产确定时的动产优先受偿。〔2011年真题~动产浮动抵押〕

《民法典担保制度解释》

第五十七条第一款 担保人在设立动产浮动抵押并办理抵押登记后又购入或以融资租赁方式承租新的动产,下列权利人为担保价款债权或者租金的实现而订立担保合同,并在该动产交付后十日内办理登记,主张其权利优先于在先设立的浮动抵押权的,人民法院应予支持:

(一)在该动产上设立抵押权或者保留所有权的出卖人;

(二)为价款支付提供融资而在该动产上设立抵押权的债权人;

(三)以融资租赁方式出租该动产的出租人。

**考点42** 最高额抵押

**第四百二十条** [最高额抵押规则]为担保债务的履行,债务人或者第三人对一定期间内将要连续发生的债权提供担保财产的,债务人不履行到期债务或者发生当事人约定的实现抵押权的情形,抵押权人有权在最高债权额限度内就该担保财产优先受偿。

最高额抵押权设立前已经存在的债权,经当事人同意,可以转入最高额抵押担保的债权范围。

**第四百二十一条** [最高额抵押权担保的部分债权转让效力]最高额抵押担保的债权确定前,部分债权转让的,最高额抵押权不得转让,但是当事人另有约定的除外。

**第四百二十二条** [最高额抵押合同条款变更]最高额抵押担保的债权确定前,抵押权人与抵押人可以通过协议变更债权确定的期间、债权范围以及最高债权额。但是,变更的内容不得对其他抵押权人产生不利影响。

**第四百二十三条** [最高额抵押所担保债权的确定事由]有下列情形之一的,抵押权人的债权确定:

(一)约定的债权确定期间届满;

(二)没有约定债权确定期间或者约定不明确,抵押权人或者抵押人自最高额抵押权设立之日起满二年后请求确定债权;

(三)新的债权不可能发生;

(四)抵押权人知道或者应当知道抵押财产被查封、扣押;

(五)债务人、抵押人被宣告破产或者解散;

(六)法律规定债权确定的其他情形。

**第四百二十四条** [最高额抵押的法律适用]最高额抵押权除适用本节规定外,适用本章第一节的有关规定。

《民法典》

第六百九十条 [最高额保证合同]保证人与债权人可以协商订立最高额保证的合同,约定在最高债权额限度内就一定期间连续发生的债权提供保证。

最高额保证除适用本章规定外,参照适用本法第二编最高额抵押权的有关规定。

《民法典担保制度解释》

第十五条 最高额担保中的最高债权额,是指包括主债权及其利息、违约金、损害赔偿金、保管担保财产的费用、实现债权或者实现担保物权的费用等在内的全部债权,但是当事人另有约定的除外。

登记的最高债权额与当事人约定的最高债权额不一致的,人民法院应当依据登记的最高债权额确定债权人优先受偿的范围。

**考点43** 动产质权

**第四百二十九条** [质权的设立]质权自出质人交付质押财产时设立。〔2017年真题~个人独资企业的投资人责任承担、混同担保、质权的设立与消灭〕

**第四百三十一条** [质权人对质押财产处分的限制及其法律责任]质权人在质权存续期间,未经出质人同意,擅自使用、处分质押财产,造成出质人损害的,应当承担赔偿责任。

**第四百三十二条** [质物保管义务]质权人负有妥善保管质押财产的义务;因保管不善致使质押财产毁损、灭失的,应当承担赔偿责任。

质权人的行为可能使质押财产毁损、灭失的,出质人可以请求质权人将质押财产提存,或者请求提前清偿债务并返还质押财产。

**第四百三十三条** [质押财产保全]因不可归责于质权人的事由可能使质押财产毁损或者价值明显减少,足以危害质权人权利的,质权人有权请求出质人提供相应的担保;出质人不提供的,质权人可以拍卖、变卖质押财产,并与出质人协议将拍卖、变卖所得的价款提前清偿债务或者提存。

**第四百三十四条** [转质]质权人在质权存续期间,未经出质人同意转质,造成质押财产毁损、灭失的,应当承担赔偿责任。

**第四百三十五条** [放弃质权]质权人可以放弃质权。债务人以自己的财产出质,质权人放弃该质权的,其他担保人在质权人丧失优先受偿权益的范围内免除担保责任,但是其他担保人承诺仍然提供担保的除外。

《民法典担保制度解释》

第五十五条 债权人、出质人与监管人订立三方协议,出质人以通过一定数量、品种等概括描述能够确定范围的货物为债务的履行提供担保,当事人有证据证明监管人系受债权人的委托监管并实际控制该货物的,人民法院应当认定质权于监管人实际控制货物之日起设立。

监管人违反约定向出质人或者其他人放货、因保管不善导致货物毁损灭失，债权人请求监管人承担违约责任的，人民法院依法予以支持。

在前款规定情形下，当事人有证据证明监管人系受出质人委托监管该货物，或者虽然受债权人委托但是未实际履行监管职责，导致货物由出质人实际控制的，人民法院应当认定质权未设立。债权人可以基于质押合同的约定请求出质人承担违约责任，但是不得超过质权有效设立时出质人应当承担的责任范围。监管人未履行监管职责，债权人请求监管人承担责任的，人民法院依法予以支持。

**考点44 权利质权**

**第四百四十条** [可出质的权利的范围]债务人或者第三人有权处分的下列权利可以出质：

（一）汇票、本票、支票；

（二）债券、存款单；

（三）仓单、提单；

（四）可以转让的基金份额、股权；

（五）可以转让的注册商标专用权、专利权、著作权等知识产权中的财产权；

（六）现有的以及将有的应收账款；

（七）法律、行政法规规定可以出质的其他财产权利。[2022年回忆~可出质的权利的范围]

**第四百四十一条** [有价证券质权]以汇票、本票、支票、债券、存款单、仓单、提单出质的，质权自权利凭证交付质权人时设立；没有权利凭证的，质权自办理出质登记时设立。法律另有规定的，依照其规定。[2019年回忆~有价证券出质的形式要件及质权生效要件、对汇票进行质押的效力]

**第四百四十二条** [有价证券质权人行使权利的特别规定]汇票、本票、支票、债券、存款单、仓单、提单的兑现日期或者提货日期先于主债权到期的，质权人可以兑现或者提货，并与出质人协议将兑现的价款或者提取的货物提前清偿债务或者提存。

**第四百四十三条** [基金份额质权、股权质权]以基金份额、股权出质的，质权自办理出质登记时设立。

基金份额、股权出质后，不得转让，但是出质人与质权人协商同意的除外。出质人转让基金份额、股权所得的价款，应当向质权人提前清偿债务或者提存。[2022年回忆~股权质权、优先受偿权；2019年回忆~股权质押；2012年真题~股权质押]

**第四百四十四条** [知识产权质权]以注册商标专用权、专利权、著作权等知识产权中的财产权出质的，质权自办理出质登记时设立。

知识产权中的财产权出质后，出质人不得转让或者许可他人使用，但是出质人与质权人协商同意的除外。出质人转让或者许可他人使用出质的知识产权中的财产权所得的价款，应当向质权人提前清偿债务或者提存。

**第四百四十五条** [应收账款质权]以应收账款出质的，质权自办理出质登记时设立。

应收账款出质后，不得转让，但是出质人与质权人协商同意的除外。出质人转让应收账款所得的价款，应当向质权人提前清偿债务或者提存。[2022年回忆~应收账款质权]

《民法典担保制度解释》

**第五十三条** 当事人在动产和权利担保合同中对担保财产进行概括描述，该描述能够合理识别担保财产的，人民法院应当认定担保成立。[2022年回忆~权利担保]

**第五十八条** 以汇票出质，当事人以背书记载"质押"字样并在汇票上签章，汇票已经交付质权人的，人民法院应当认定质权自汇票交付质权人时设立。

**第五十九条** 存货人或者仓单持有人在仓单上以背书记载"质押"字样，并经保管人签章，仓单已经交付质权人的，人民法院应当认定质权自仓单交付质权人时设立。没有权利凭证的仓单，依法可以办理出质登记的，仓单质权自办理出质登记时设立。

出质人既以仓单出质，又以仓储物设立担保，按照公示的先后确定清偿顺序；难以确定先后的，按照债权比例清偿。

保管人为同一货物签发多份仓单，出质人在多份仓单上设立多个质权，按照公示的先后确定清偿顺序；难以确定先后的，按照债权比例受偿。

存在第二款、第三款规定的情形，债权人举证证明其损失系由出质人与保管人的共同行为所致，请求出质人与保管人承担连带赔偿责任的，人民法院应予支持。

**第六十条** 在跟单信用证交易中，开证行与开证申请人之间约定以提单作为担保的，人民法院应当依照民法典关于质权的有关规定处理。

在跟单信用证交易中，开证行依据其与开证申请人之间的约定或者跟单信用证的惯例持有提单，开证申请人未按照约定付款赎单，开证行主张对提单项下货物优先受偿的，人民法院应予支持；开证行主张对提单项下货物享有所有权的，人民法院不予支持。

在跟单信用证交易中，开证行依据其与开证申请人之间的约定或者跟单信用证的惯例，通过转让提单或者提单项下货物取得价款，开证申请人请求返还超出债权部分的，人民法院应予支持。

前三款规定不影响合法持有提单的开证行以提单持有人身份主张运输合同项下的权利。

**第六十一条** 以现有的应收账款出质，应收账款债务人向质权人确认应收账款的真实性后，又以应收账款不存在或者已经消灭为由主张不承担责任的，人民法院不予支持。

以现有的应收账款出质，应收账款债务人未确认应收账款的真实性，质权人以应收账款债务人为被告，请求就应收账款优先受偿，能够举证证明办理出质登记时应收账款真实存在的，人民法院应予支持；质权人不能举证证明办理出质登记时应收账款真实存在，仅以已经办理出质登记为由,请求就应收账款优先受偿的,人民法院不予支持。

以现有的应收账款出质,应收账款债务人已经向应收账款债权人履行了债务,质权人请求应收账款债务人履行债务的,人民法院不予支持,但是应收账款债务人接到质权人要求向其履行的通知后,仍然向应收账款债权人履行的除外。

以基础设施和公用事业项目收益权、提供服务或者劳务产生的债权以及其他将有的应收账款出质,当事人为应收账款设立特定账户,发生法定或者约定的质权实现事由时,质权人请求就该特定账户内的款项优先受偿的,人民法院应予支持;特定账户内的款项不足以清偿债务或未设立特定账户,质权人请求折价或者拍卖、变卖项目收益权等将有的应收账款,并以所得的价款优先受偿的,人民法院依法予以支持。

第六十六条 同一应收账款同时存在保理、应收账款质押和债权转让,当事人主张参照民法典第七百六十八条的规定确定优先顺序的,人民法院应予支持。

在有追索权的保理中,保理人以应收账款债权人或者应收账款债务人为被告提起诉讼,人民法院应予受理;保理人一并起诉应收账款债权人和应收账款债务人的,人民法院可以受理。

应收账款债权人向保理人返还保理融资款本息或者回购应收账款债权后,请求应收账款债务人向其履行应收账款债务的,人民法院应予支持。

### 考点45 留置权

**1** 第四百四十七条 [留置权的定义]债务人不履行到期债务,债权人可以留置已经合法占有的债务人的动产,并有权就该动产优先受偿。

前款规定的债权人为留置权人,占有的动产为留置财产。

《民法典》

第四百四十九条 [留置权适用范围的限制性规定]法律规定或者当事人约定不得留置的动产,不得留置。

**2** 第四百四十八条 [留置财产与债权的关系]债权人留置的动产,应当与债权属于同一法律关系,但是企业之间留置的除外。[2016年真题~留置权]

《民法典担保制度解释》

第六十二条 债务人不履行到期债务,债权人因同一法律关系留置合法占有的第三人的动产,并主张就该留置财产优先受偿的,人民法院应予支持。第三人以该留置财产并非债务人的财产为由请求返还的,人民法院不予支持。

企业之间留置的动产与债权并非同一法律关系,债务人以该债权不属于企业持续经营中发生的债权为由请求债权人返还留置财产的,人民法院应予支持。

企业之间留置的动产与债权并非同一法律关系,债权人留置第三人的财产,第三人请求债权人返还留置财产的,人民法院应予支持。

**3** 第四百五十条 [可分留置物]留置财产为可分物的,留置财产的价值应当相当于债务的金额。

《民法典担保制度解释》

第三十八条第一款 主债权未受全部清偿,担保物权人主张就担保财产的全部行使担保物权的,人民法院应予支持,但是留置权人行使留置权的,应当依照民法典第四百五十条的规定处理。

**4** 第四百五十一条 [留置权人保管义务]留置权人负有妥善保管留置财产的义务;因保管不善致使留置财产毁损、灭失的,应当承担赔偿责任。

**5** 第四百五十三条 [留置权的实现]留置权人与债务人应当约定留置财产后的债务履行期限;没有约定或者约定不明确的,留置权人应当给债务人六十日以上履行债务的期限,但是鲜活易腐等不易保管的动产除外。债务人逾期未履行的,留置权人可以与债务人协议以留置财产折价,也可以就拍卖、变卖留置财产所得的价款优先受偿。

留置财产折价或者变卖的,应当参照市场价格。

**6** 第四百五十七条 [留置权消灭]留置权人对留置财产丧失占有或者留置权人接受债务人另行提供担保的,留置权消灭。

### 考点46 担保物权的竞合

**(一)抵押权、质权、留置权竞合**

第四百一十五条 [既有抵押权又有质权的财产的清偿顺序]同一财产既设立抵押权又设立质权的,拍卖、变卖该财产所得的价款按照登记、交付的时间先后确定清偿顺序。

第四百五十六条 [留置权优先于其他担保物权效力]同一动产上已经设立抵押权或者质权,该动产又被留置的,留置权人优先受偿。

**(二)价款优先权**

第四百一十六条 [买卖价款抵押权]动产抵押担保的主债权是抵押物的价款,标的物交付后十日内办理抵押登记的,该抵押权人优先于抵押物买受人的其他担保物权人受偿,但是留置权人除外。

《民法典担保制度解释》

第五十七条 担保人在设立动产浮动抵押并办理抵押登记后又购入或者以融资租赁方式承租新的动产,下列权利人为担保价款债权或者租金的实现而订立担保合同,并在该动产交付后十日内办理登记,主张其权利优先于在先设立的浮动抵押权的,人民法院应予支持:

(一)在该动产上设立抵押或者保留所有权的出卖人;

(二)为价款支付提供融资而在该动产上设立抵押的债权人;

(三)以融资租赁方式出租该动产的出租人。

买受人取得动产但未付清价款或者承租人以融资租赁方式占有租赁物但是未付清全部租金,又以标的物为他人设立担保物权,前款所列权利人为担保价款债权或者租金的实现而订立担保合同，并在该动产交付后十日内办理登记，主张其权利优先于买受人为他人设立的担保物权的，人民法院应予支持。

同一动产上存在多个价款优先权的，人民法院应当按照登记的时间先后确定清偿顺序。

### 考点47 非典型担保

**《民法典担保制度解释》**

第六十三条 债权人与担保人订立担保合同，约定以法律、行政法规尚未规定可以担保的财产权利设立担保，当事人主张合同无效的，人民法院不予支持。当事人未在法定的登记机构依法进行登记，主张该担保具有物权效力的，人民法院不予支持。[2022年回忆~担保合同的效力]

第六十四条 在所有权保留买卖中，出卖人依法有权取回标的物，但是与买受人协商不成，当事人请求参照民事诉讼法"实现担保物权案件"的有关规定，拍卖、变卖标的物的，人民法院应予准许。

出卖人请求取回标的物，符合民法典第六百四十二条规定的，人民法院应予支持；买受人以抗辩或者反诉的方式主张拍卖、变卖标的物，并在扣除买受人未支付的价款以及必要费用后返还剩余款项的，人民法院应当一并处理。

第六十五条 在融资租赁合同中，承租人未按照约定支付租金，经催告后在合理期限内仍不支付，出租人请求承租人支付全部剩余租金，并以拍卖、变卖租赁物所得的价款受偿的，人民法院应予支持；当事人请求参照民事诉讼法"实现担保物权案件"的有关规定，以拍卖、变卖租赁物所得价款支付租金的，人民法院应予准许。

出租人请求解除融资租赁合同并收回租赁物，承租人以抗辩或者反诉的方式主张返还租赁物价值超过欠付租金以及其他费用的，人民法院应当一并处理。当事人对租赁物的价值有争议的，应当按照下列规则确定租赁物的价值：

（一）融资租赁合同有约定的，按照其约定；

（二）融资租赁合同未约定或者约定不明的，根据约定的租赁物折旧以及合同到期后租赁物的残值来确定；

（三）根据前两项规定的方法仍然难以确定，或者当事人认为根据前两项规定的方法确定的价值严重偏离租赁物实际价值的，根据当事人的申请委托有资质的机构评估。

第六十八条 债务人或者第三人与债权人约定将财产形式上转移至债权人名下，债务人不履行到期债务，债权人有权对财产折价或者以拍卖、变卖该财产所得价款偿还债务的，人民法院应当认定该约定有效。当事人已经完成财产权利变动的公示，债务人不履行到期债务，债权人请求参照民法典关于担保物权的规定就该财产优先受偿的，人民法院应予支持。

债务人或者第三人与债权人约定将财产形式上转移至债权人名下，债务人不履行到期债务，财产归债权人所有的，人民法院应当认定该约定无效，但是不影响当事人有关提供担保的意思表示的效力。当事人已经完成财产权利变动的公示，债务人不履行到期债务，债权人请求对该财产享有所有权的，人民法院不予支持；债权人请求参照民法典关于担保物权的规定对财产折价或者以拍卖、变卖该财产所得的价款优先受偿的，人民法院应予支持；债务人履行债务后请求返还财产，或者请求对财产折价或者以拍卖、变卖所得的价款清偿债务的，人民法院应予支持。

债务人与债权人约定将财产转移至债权人名下，在一定期间后再由债务人或者其指定的第三人以交易本金加上溢价款回购，债务人到期不履行回购义务，财产归债权人所有的，人民法院应当参照第二款规定处理。回购对象自始不存在的，人民法院应当依照民法典第一百四十六条第二款的规定，按照其实际构成的法律关系处理。[2022年回忆~让与担保；2021年回忆~让权让与担保]

第六十九条 股东以将其股权转移至债权人名下的方式为债务履行提供担保，公司或者公司的债权人以股东未履行或者未全面履行出资义务、抽逃出资等为由，请求作为名义股东的债权人与股东承担连带责任的，人民法院不予支持。[2021年回忆~股权让与担保]

**《民间借贷规定》**

第二十三条 当事人以订立买卖合同作为民间借贷合同的担保，借款到期后借款人不能还款，出借人请求履行买卖合同的，人民法院应当按照民间借贷法律关系审理。当事人根据法庭审理情况变更诉讼请求的，人民法院应当准许。

按照民间借贷法律关系审理作出的判决生效后，借款人不履行生效判决确定的金钱债务，出借人可以申请拍卖买卖合同标的物，以偿还债务。就拍卖所得的价款与应偿还借款本息之间的差额，借款人或者出借人有权主张返还或者补偿。[2018年回忆~民间借贷与买卖型担保]

# 专题十一 占 有

### 考点48 占有

第四百五十九条 [恶意占有人的损害赔偿责任]占有人因使用占有的不动产或者动产，致使该不动产或者动产受到损害的，恶意占有人应当承担赔偿责任。

第四百六十条 [权利人的返还请求权和占有人的费用求偿权]不动产或者动产被占有人占有的，权利人可以请求返还原物及其孳息；但是，应当支付善意占有人因维护该不动产或者动产支出的必要费用。

第四百六十一条 [占有物毁损或者灭失时占有人的责任]占有的不动产或者动产毁损、灭失，该不动产或者动产的权利人请求赔偿的，占有人应当将因毁损、灭失取得的保险金、赔偿金或者补偿金等返还给权利人；权利人的损害未得到足够弥补的，恶意占有人还应当赔偿损失。

**第四百六十二条** ［占有保护的方法］占有的不动产或者动产被侵占的,占有人有权请求返还原物;对妨害占有的行为,占有人有权请求排除妨害或者消除危险;因侵占或者妨害造成损害的,占有人有权依法请求损害赔偿。

占有人返还原物的请求权,自侵占发生之日起一年内未行使的,该请求权消灭。

# 第三编 合同

## 专题十二 债与合同概述

### 考点49 债的分类

**(一)选择之债**

**第五百一十五条** ［选择之债中债务人的选择权］标的有多项而债务人只需履行其中一项的,债务人享有选择权;但是,法律另有规定、当事人另有约定或者另有交易习惯的除外。

享有选择权的当事人在约定期限内或者履行期限届满未作选择,经催告后在合理期限内仍未选择的,选择权转移至对方。

**第五百一十六条** ［选择权的行使］当事人行使选择权应当及时通知对方,通知到达对方时,标的确定。标的确定后不得变更,但是经对方同意的除外。

可选择的标的发生不能履行情形的,享有选择权的当事人不得选择不能履行的标的,但是该不能履行的情形是由对方造成的除外。

**(二)连带之债**

**第五百一十八条** ［连带债权与连带债务］债权人为二人以上,部分或者全部债权人均可以请求债务人履行债务的,为连带债权;债务人为二人以上,债权人可以请求部分或者全部债务人履行全部债务的,为连带债务。

连带债权或者连带债务,由法律规定或者当事人约定。

**第五百一十九条** ［连带债务份额的确定及追偿］连带债务人之间的份额难以确定的,视为份额相同。

实际承担债务超过自己份额的连带债务人,有权就超出部分在其他连带债务人未履行的份额范围内向其追偿,并相应地享有债权人的权利,但是不得损害债权人的利益。其他连带债务人对债权人的抗辩,可以向该债务人主张。

被追偿的连带债务人不能履行其应分担份额的,其他连带债务人应当在相应范围内按比例分担。

**第五百二十条** ［部分连带债务人所生事项涉他效力］部分连带债务人履行、抵销债务或者提存标的物的,其他债务人对债权人的债务在相应范围内消灭;该债务人可以依据前条规定向其他债务人追偿。

部分连带债务人的债务被债权人免除的,在该连带债务人应当承担的份额范围内,其他债务人对债权人的债务消灭。

部分连带债务人的债务与债权人的债权同归于一人的,在扣除该债务人应当承担的份额后,债权人对其他债务人的债权继续存在。

债权人对部分连带债务人的给付受领迟延的,对其他连带债务人发生效力。

**第五百二十一条** ［连带债权内外部关系］连带债权人之间的份额难以确定的,视为份额相同。

实际受领债权的连带债权人,应当按比例向其他连带债权人返还。

连带债权参照适用本章连带债务的有关规定。

### 考点51 合同的相对性

**第四百六十五条** ［依法成立的合同受法律保护及合同相对性原则］依法成立的合同,受法律保护。

依法成立的合同,仅对当事人具有法律约束力,但是法律另有规定的除外。

**第五百二十二条** ［向第三人履行］当事人约定由债务人向第三人履行债务,债务人未向第三人履行债务或者履行债务不符合约定的,应当向债权人承担违约责任。

法律规定或者当事人约定第三人可以直接请求债务人向其履行债务,第三人未在合理期限内明确拒绝,债务人未向第三人履行债务或者履行债务不符合约定的,第三人可以请求债务人承担违约责任;债务人对债权人的抗辩,可以向第三人主张。

**第五百二十三条** ［第三人履行］当事人约定由第三人向债权人履行债务,第三人不履行债务或者履行债务不符合约定的,债务人应当向债权人承担违约责任。

**第五百二十四条** ［第三人代为履行］债务人不履行债务,第三人对履行该债务具有合法利益的,第三人有权向债权人代为履行;但是,根据债务性质、按照当事人约定或者依照法律规定只能由债务人履行的除外。

债权人接受第三人履行后,其对债务人的债权转让给第三人,但是债务人和第三人另有约定的除外。

**第五百九十三条** ［因第三人原因造成违约情况下的责任承担］当事人一方因第三人的原因造成违约的,应当依法向对方承担违约责任。当事人一方和第三人之间的纠纷,依照法律规定或者按照约定处理。

## 专题十三 合同的订立

### 考点52 合同的成立及效力

**(一)要约与要约邀请**

**第四百七十二条** ［要约的定义及其构成］要约是希望与他人订立合同的意思表示,该意思表示应当符合下列条件:

(一)内容具体确定;

(二)表明经受要约人承诺,要约人即受该意思表示约束。

**第四百七十三条** ［要约邀请］要约邀请是希望他人

向自己发出要约的表示。拍卖公告、招标公告、招股说明书、债券募集办法、基金招募说明书、商业广告和宣传、寄送的价目表等为要约邀请。

商业广告和宣传的内容符合要约条件的，构成要约。

**第四百七十四条** [要约的生效时间]要约生效的时间适用本法第一百三十七条的规定。

**第四百七十六条** [要约不得撤销情形]要约可以撤销，但是有下列情形之一的除外：

（一）要约人以确定承诺期限或者其他形式明示要约不可撤销；

（二）受要约人有理由认为要约是不可撤销的，并已经为履行合同做了合理准备工作。

**第四百七十八条** [要约失效]有下列情形之一的，要约失效：

（一）要约被拒绝；

（二）要约被依法撤销；

（三）承诺期限届满，受要约人未作出承诺；

（四）受要约人对要约的内容作出实质性变更。

《民法典》

第一百三十七条 [有相对人的意思表示的生效时间]以对话方式作出的意思表示，相对人知道其内容时生效。

以非对话方式作出的意思表示，到达相对人时生效。以非对话方式作出的采用数据电文形式的意思表示，相对人指定特定系统接收数据电文的，该数据电文进入该特定系统时生效；未指定特定系统的，相对人知道或者应当知道该数据电文进入其系统时生效。当事人对采用数据电文形式的意思表示的生效时间另有约定的，按照其约定。

《商品房买卖合同解释》

第三条 商品房的销售广告和宣传资料为要约邀请，但是出卖人就商品房开发规划范围内的房屋及相关设施所作的说明和允诺具体确定，并对商品房买卖合同的订立以及房屋价格的确定有重大影响的，构成要约。该说明和允诺即使未载入商品房买卖合同，亦应当为合同内容，当事人违反的，应当承担违约责任。

**（二）承诺**

**第四百八十一条** [承诺的期限]承诺应当在要约确定的期限内到达要约人。

要约没有确定承诺期限的，承诺应当依照下列规定到达：

（一）要约以对话方式作出的，应当即时作出承诺；

（二）要约以非对话方式作出的，承诺应当在合理期限内到达。

**第四百八十三条** [合同成立时间]承诺生效时合同成立，但是法律另有规定或者当事人另有约定的除外。

**第四百八十六条** [逾期承诺及效果]受要约人超过承诺期限发出承诺，或者在承诺期限内发出承诺，按照通常情形不能及时到达要约人的，为新要约；但是，要约人及时通知受要约人该承诺有效的除外。

**第四百八十七条** [迟到的承诺]受要约人在承诺期限内发出承诺，按照通常情形能够及时到达要约人，但是因其他原因致使承诺到达要约人时超过承诺期限的，除要约人及时通知受要约人因承诺超过期限不接受该承诺外，该承诺有效。

**第四百八十八条** [承诺对要约内容的实质性变更]承诺的内容应当与要约的内容一致。受要约人对要约的内容作出实质性变更的，为新要约。有关合同标的、数量、质量、价款或者报酬、履行期限、履行地点和方式、违约责任和解决争议方法等的变更，是对要约内容的实质性变更。

**第四百八十九条** [承诺对要约内容的非实质性变更]承诺对要约的内容作出非实质性变更的，除要约人及时表示反对或者要约表明承诺不得对要约的内容作出任何变更外，该承诺有效，合同的内容以承诺的内容为准。

**（三）合同的成立与生效**

（1）合同的成立

**第四百九十条** [采用书面形式订立合同的成立时间]当事人采用合同书形式订立合同的，自当事人均签名、盖章或者按指印时合同成立。在签名、盖章或者按指印之前，当事人一方已经履行主要义务，对方接受时，该合同成立。

法律、行政法规规定或者当事人约定合同应当采用书面形式订立，当事人未采用书面形式但是一方已经履行主要义务，对方接受时，该合同成立。

**第四百九十一条** [签订确认书的合同及电子合同成立时间]当事人采用信件、数据电文等形式订立合同要求签订确认书的，签订确认书时合同成立。

当事人一方通过互联网等信息网络发布的商品或者服务信息符合要约条件的，对方选择该商品或者服务并提交订单成功时合同成立，但是当事人另有约定的除外。

**第四百九十三条** [采用合同书订立合同的成立地点]当事人采用合同书形式订立合同的，最后签名、盖章或者按指印的地点为合同成立的地点，但是当事人另有约定的除外。

《民法典合同编通则解释》

第三条第一款 当事人对合同是否成立存在争议，人民法院能够确定当事人姓名或者名称、标的和数量的，一般应当认定合同成立。但是，法律另有规定或者当事人另有约定的除外。

第四条 采取招标方式订立合同，当事人请求确认合同自中标通知书到达中标人时成立的，人民法院应予支持。合同成立后，当事人拒绝签订书面合同的，人民法院应当依据招标文件、投标文件和中标通知书等确定合同内容。

采取现场拍卖、网络拍卖等公开竞价方式订立合同，当事人请求确认合同自拍卖师落槌、电子交易系统确认成交时成立的，人民法院应予支持。合同成立后，当事人拒绝签订成交确认书的，人民法院应当依据拍卖公告、竞买人的报价等确定合同内容。

产权交易所等机构主持拍卖、挂牌交易，其公布的拍卖公告、交易规则等文件公开确定了合同成立需要具备的条件，当事人请求确认合同自该条件具备时成立的，人民法院应予支持。

（2）合同的生效

**第五百零二条** ［合同生效时间及未办理批准手续的处理规则］依法成立的合同，自成立时生效，但是法律另有规定或者当事人另有约定的除外。

依照法律、行政法规的规定，合同应当办理批准等手续的，依照其规定。未办理批准等手续影响合同生效的，不影响合同中履行报批等义务条款以及相关条款的效力。应当办理申请批准等手续的当事人未履行义务的，对方可以请求其承担违反该义务的责任。

依照法律、行政法规的规定，合同的变更、转让、解除等情形应当办理批准等手续的，适用前款规定。

《民法典合同编通则解释》

第十二条　合同依法成立后，负有报批义务的当事人不履行报批义务或者履行报批义务不符合合同的约定或者法律、行政法规的规定，对方请求其继续履行报批义务的，人民法院应予支持；对方主张解除合同并请求其承担违反报批义务的赔偿责任的，人民法院应予支持。

人民法院判决当事人一方履行报批义务后，其仍不履行，对方主张解除合同并参照违反合同的违约责任请求其承担赔偿责任的，人民法院应予支持。

合同获得批准前当事人一方起诉请求对方履行合同约定的主要义务，经释明后拒绝变更诉讼请求的，人民法院应当判决驳回其诉讼请求，但是不影响其另行提起诉讼。

负有报批义务的当事人已经办理申请批准等手续或者已经履行生效判决确定的报批义务，批准机关决定不予批准，对方请求其承担赔偿责任的，人民法院不予支持。但是，因迟延履行报批义务等可归责于当事人的原因导致合同未获批准，对方请求赔偿因此受到的损失的，人民法院应当依据民法典第一百五十七条的规定处理。

### 考点53　格式条款

**第四百九十六条** ［格式条款］格式条款是当事人为了重复使用而预先拟定，并在订立合同时未与对方协商的条款。

采用格式条款订立合同的，提供格式条款的一方应当遵循公平原则确定当事人之间的权利和义务，并采取合理的方式提示对方注意免除或者减轻其责任等与对方有重大利害关系的条款，按照对方的要求，对该条款予以说明。提供格式条款的一方未履行提示或者说明义务，致使对方没有注意或者理解与其有重大利害关系的条款的，对方可以主张该条款不成为合同的内容。

**第四百九十七条** ［格式条款无效的情形］有下列情形之一的，该格式条款无效：

（一）具有本法第一编第六章第三节和本法第五百零六条规定的无效情形；

（二）提供格式条款一方不合理地免除或者减轻其责任、加重对方责任、限制对方主要权利；

（三）提供格式条款一方排除对方主要权利。

**第四百九十八条** ［格式条款的解释方法］对格式条款的理解发生争议的，应当按照通常理解予以解释。对格式条款有两种以上解释的，应当作出不利于提供格式条款一方的解释。格式条款和非格式条款不一致的，应当采用非格式条款。

《民法典》

第一百四十二条第一款　［意思表示的解释］有相对人的意思表示的解释，应当按照所使用的词句，结合相关条款、行为的性质和目的、习惯以及诚信原则，确定意思表示的含义。

第四百六十六条　［合同的解释规则］当事人对合同条款的理解有争议的，应当依据本法第一百四十二条第一款的规定，确定争议条款的含义。

合同文本采用两种以上文字订立并约定具有同等效力的，对各文本使用的词句推定具有相同含义。各文本使用的词句不一致的，应当根据合同的相关条款、性质、目的以及诚信原则等予以解释。

《民法典合同编通则解释》

第九条　合同条款符合民法典第四百九十六条第一款规定的情形，当事人仅以合同系依据合同示范文本制作或者双方已经明确约定合同条款不属于格式条款为由主张该条款不是格式条款的，人民法院不予支持。

从事经营活动的当事人一方仅以未实际重复使用为由主张其预先拟定且未与对方协商的合同条款不是格式条款的，人民法院不予支持。但是，有证据证明该条款不是为了重复使用而预先拟定的除外。

第十条　提供格式条款的一方在合同订立时采用通常足以引起对方注意的文字、符号、字体等明显标识，提示对方注意免除或者减轻其责任、排除或者限制对方权利等与对方有重大利害关系的异常条款的，人民法院可以认定其已经履行民法典第四百九十六条第二款规定的提示义务。

提供格式条款的一方按照对方的要求，就与对方有重大利害关系的异常条款的概念、内容及其法律后果以书面或者口头形式向对方作出通常能够理解的解释说明的，人民法院可以认定其已经履行民法典第四百九十六条第二款规定的说明义务。

提供格式条款的一方对其已经尽到提示义务或者说明义务承担举证责任。对于通过互联网等信息网络订立的电子合同，提供格式条款的一方仅以采取了设置勾选、弹窗等方式为由主张其已经履行提示义务或者说明义务的，人民法院不予支持，但是其举证符合前两款规定的除外。

《时间效力的规定》

第九条　民法典施行前订立的合同，提供格式条款一方未履行提示或者说明义务，涉及格式条款效力认定的,适用民法典第四百九十六条的规定。

**《消费者权益保护法》**

第二十六条　经营者在经营活动中使用格式条款的,应当以显著方式提请消费者注意商品或者服务的数量和质量、价款或者费用、履行期限和方式、安全注意事项和风险警示、售后服务、民事责任等与消费者有重大利害关系的内容,并按照消费者的要求予以说明。

经营者不得以格式条款、通知、声明、店堂告示等方式,作出排除或者限制消费者权利、减轻或者免除经营者责任、加重消费者责任等对消费者不公平、不合理的规定,不得利用格式条款并借助技术手段强制交易。

格式条款、通知、声明、店堂告示等含有前款所列内容的,其内容无效。

**考点54** 缔约过失责任

第五百条　[缔约过失责任]当事人在订立合同过程中有下列情形之一,造成对方损失的,应当承担赔偿责任:

(一)假借订立合同,恶意进行磋商;

(二)故意隐瞒与订立合同有关的重要事实或者提供虚假情况;

(三)有其他违背诚信原则的行为。[2021年回忆~缔约责任过失]

第五百零一条　[合同缔结人的保密义务]当事人在订立合同过程中知悉的商业秘密或者其他应当保密的信息,无论合同是否成立,不得泄露或者不正当地使用;泄露、不正当地使用该商业秘密或者信息,造成对方损失的,应当承担赔偿责任。

# 专题十四　合同的履行

**考点55** 合同履行与债的清偿

**(一)一般规则**

第五百零九条　[合同履行的原则]当事人应当按照约定全面履行自己的义务。

当事人应当遵循诚信原则,根据合同的性质、目的和交易习惯履行通知、协助、保密等义务。

当事人在履行合同过程中,应当避免浪费资源、污染环境和破坏生态。

第五百一十二条　[电子合同交付时间的认定]通过互联网等信息网络订立的电子合同的标的为交付商品并采用快递物流方式交付的,收货人的签收时间为交付时间。电子合同的标的为提供服务的,生成的电子凭证或者实物凭证中载明的时间为提供服务时间;前述凭证没有载明时间或者载明时间与实际提供服务时间不一致的,以实际提供服务的时间为准。

电子合同的标的物为采用在线传输方式交付的,合同标的物进入对方当事人指定的特定系统且能够检索识别的时间为交付时间。

电子合同当事人对交付商品或者提供服务的方式、

时间另有约定的,按照其约定。

第五百三十条　[债务人提前履行债务]债权人可以拒绝债务人提前履行债务,但是提前履行不损害债权人利益的除外。

债务人提前履行债务给债权人增加的费用,由债务人负担。

第五百三十一条　[债务人部分履行债务]债权人可以拒绝债务人部分履行债务,但是部分履行不损害债权人利益的除外。

债务人部分履行债务给债权人增加的费用,由债务人负担。

第五百三十二条　[当事人变化不影响合同效力]合同生效后,当事人不得因姓名、名称的变更或者法定代表人、负责人、承办人的变动而不履行合同义务。

**(二)代物清偿**

**《民法典合同编通则解释》**

第二十七条　债务人或者第三人与债权人在债务履行期限届满后达成以物抵债协议,不存在影响合同效力情形的,人民法院应当认定该协议自当事人意思表示一致时生效。

债务人或者第三人履行以物抵债协议后,人民法院应当认定相应的原债务同时消灭;债务人或者第三人未按照约定履行以物抵债协议,经催告后在合理期限内仍不履行,债权人选择请求履行原债务或者以物抵债协议的,人民法院应予支持,但是法律另有规定或者当事人另有约定的除外。

前款规定的以物抵债协议经人民法院确认或者人民法院根据当事人达成的以物抵债协议制作成调解书,债权人主张财产权利自确认书、调解书生效时发生变动或者具有对抗善意第三人效力的,人民法院不予支持。

债务人或者第三人以自己不享有所有权或者处分权的财产权利订立以物抵债协议的,依据本解释第十九条的规定处理。

第二十八条　债务人或者第三人与债权人在债务履行期限届满前达成以物抵债协议的,人民法院应当在审理债权债务关系的基础上认定该协议的效力。

当事人约定债务人到期没有清偿债务,债权人可以对抵债财产拍卖、变卖、折价以实现债权的,人民法院应当认定该约定有效。当事人约定债务人到期没有清偿债务,抵债财产归债权人所有的,人民法院应当认定该约定无效,但是不影响其他部分的效力;债权人请求对抵债财产拍卖、变卖、折价以实现债权的,人民法院应予支持。

当事人订立前款规定的以物抵债协议后,债务人或者第三人未将财产权利转移至债权人名下,债权人主张优先受偿的,人民法院不予支持;债务人或者第三人已将财产权利转移至债权人名下的,依据《最高人民法院关于适用〈中华人民共和国民法典〉有关担保制度的解释》第六十八条的规定处理。

(三)清偿顺序

**第五百六十条** [**数项债务的清偿抵充顺序**]债务人对同一债权人负担的数项债务种类相同,债务人的给付不足以清偿全部债务的,除当事人另有约定外,由债务人在清偿时指定其履行的债务。

债务人未作指定的,应当优先履行已经到期的债务;数项债务均到期的,优先履行对债权人缺乏担保或者担保最少的债务;均无担保或者担保相等的,优先履行债务人负担较重的债务;负担相同的,按照债务到期的先后顺序履行;到期时间相同的,按照债务比例履行。[2023年回忆~债的清偿抵充顺序]

**考点56** 合同履行中的第三人

(一)向第三人履行

**第五百二十二条** [**向第三人履行**]当事人约定由债务人向第三人履行债务,债务人未向第三人履行债务或者履行债务不符合约定的,应当向债权人承担违约责任。

法律规定或者当事人约定第三人可以直接请求债务人向其履行债务,第三人未在合理期限内明确拒绝,债务人未向第三人履行债务或者履行债务不符合约定的,第三人可以请求债务人承担违约责任;债务人对债权人的抗辩,可以向第三人主张。

《民法典合同编通则解释》

第二十九条 民法典第五百二十二条第二款规定的第三人请求债务人向自己履行债务的,人民法院应予支持;请求行使撤销权、解除权等民事权利的,人民法院不予支持,但是法律另有规定的除外。

合同依法被撤销或者被解除,债务人请求债权人返还财产的,人民法院应予支持。

债务人按照约定向第三人履行债务,第三人拒绝受领,债权人请求债务人向自己履行债务的,人民法院应予支持,但是债务人已经采取提存等方式消灭债务的除外。第三人拒绝受领或者受领迟延,债务人请求债权人赔偿因此造成的损失的,人民法院依法予以支持。

(二)由第三人履行

**第五百二十三条** [**第三人履行**]当事人约定由第三人向债权人履行债务,第三人不履行债务或者履行不符合约定的,债务人应当向债权人承担违约责任。

**第五百二十四条** [**第三人代为履行**]债务人不履行债务,第三人对履行该债务具有合法利益的,第三人有权向债权人代为履行;但是,根据债务性质、按照当事人约定或者依照法律规定只能由债务人履行的除外。

债权人接受第三人履行后,其对债务人的债权转让给第三人,但是债务人和第三人另有约定的除外。

《民法典合同编通则解释》

第三十条 下列民事主体,人民法院可以认定为民法典第五百二十四条第一款规定的对履行债务具有合法利益的第三人:

(一)保证人或者提供物的担保的第三人;

(二)担保财产的受让人、用益物权人、合法占有人;

(三)担保财产上的后顺位担保权人;

(四)对债务人的财产享有合法权益且该权益将因财产被强制执行而丧失的第三人;

(五)债务人为法人或者非法人组织的,其出资人或者设立人;

(六)债务人为自然人的,其近亲属;

(七)其他对履行债务具有合法利益的第三人。

第三人在其已经代为履行的范围内取得对债务人的债权,但是不得损害债权人的利益。

担保人代为履行债务取得债权后,向其他担保人主张担保权利的,依据《最高人民法院关于适用〈中华人民共和国民法典〉有关担保制度的解释》第十三条、第十四条、第十八条第二款等规定处理。

**考点57** 合同履行中的抗辩权

**第五百二十五条** [**同时履行抗辩权**]当事人互负债务,没有先后履行顺序的,应当同时履行。一方在对方履行之前有权拒绝其履行请求。一方在对方履行债务不符合约定时,有权拒绝其相应的履行请求。

**第五百二十六条** [**顺序履行抗辩权**]当事人互负债务,有先后履行顺序,应当先履行债务一方未履行的,后履行一方有权拒绝其履行请求。先履行一方履行债务不符合约定的,后履行一方有权拒绝其相应的履行请求。

**第五百二十七条** [**不安抗辩权**]应当先履行债务的当事人,有确切证据证明对方有下列情形之一的,可以中止履行:

(一)经营状况严重恶化;

(二)转移财产、抽逃资金,以逃避债务;

(三)丧失商业信誉;

(四)有丧失或者可能丧失履行债务能力的其他情形。

当事人没有确切证据中止履行的,应当承担违约责任。[2011年真题~不安抗辩权]

**第五百二十八条** [**不安抗辩权的行使**]当事人依据前条规定中止履行的,应当及时通知对方。对方提供适当担保的,应当恢复履行。中止履行后,对方在合理期限内未恢复履行能力且未提供适当担保的,视为以自己的行为表明不履行主要债务,中止履行的一方可以解除合同并可以请求对方承担违约责任。[2011年真题~不安抗辩权]

《民法典合同编通则解释》

第三十一条 当事人互负债务,一方以对方没有履行非主要债务为由拒绝履行自己的主要债务的,人民法院不予支持。但是,对方不履行非主要债务致使不能实现合同目的或者当事人另有约定的除外。

当事人一方起诉请求对方履行债务,被告依据民法典第五百二十五条的规定主张双方同时履行的抗辩且抗辩成立,被告未提起反诉的,人民法院应当判决被告在原告履行债务的同时履行自己的债务,并在判项中明确原告申请强制执行的,人民法院应当在原告履行自己的债务后对被告采取执行行为;被告提起反诉的,人民法院应当判决双方同时履行自己的债务,并在判项中明确任何一方申请强制执行的,人民法院应当在该当事人履行自己的债务后对对方采取执行行为。

当事人一方起诉请求对方履行债务,被告依据民法典第五百二十六条的规定主张原告应先履行的抗辩且抗辩成立的,人民法院应当驳回原告的诉讼请求,但是不影响原告履行债务后另行提起诉讼。

**考点58 情势变更**

**第五百三十三条 [情势变更]**合同成立后,合同的基础条件发生了当事人在订立合同时无法预见的、不属于商业风险的重大变化,继续履行合同对于当事人一方明显不公平的,受不利影响的当事人可以与对方重新协商;在合理期限内协商不成的,当事人可以请求人民法院或者仲裁机构变更或者解除合同。

人民法院或者仲裁机构应当结合案件的实际情况,根据公平原则变更或者解除合同。

**《民法典合同编通则解释》**

第三十二条 合同成立后,因政策调整或者市场供求关系异常变动等原因导致价格发生当事人在订立合同时无法预见的、不属于商业风险的涨跌,继续履行合同对于当事人一方明显不公平的,人民法院应当认定合同的基础条件发生了民法典第五百三十三条第一款规定的"重大变化"。但是,合同涉及市场属性活跃、长期以来价格波动较大的大宗商品以及股票、期货等风险投资型金融产品的除外。

合同的基础条件发生了民法典第五百三十三条第一款规定的重大变化,当事人请求变更合同的,人民法院不得解除合同;当事人一方请求变更合同,对方请求解除合同的,或者当事人一方请求解除合同,对方请求变更合同的,人民法院应当结合案件的实际情况,根据公平原则判决变更或者解除合同。

人民法院依据民法典第五百三十三条的规定判决变更或者解除合同的,应当综合考虑合同基础条件发生重大变化的时间、当事人重新协商的情况以及因合同变更或者解除给当事人造成的损失等因素,在判项中明确合同变更或者解除的时间。

当事人事先约定排除民法典第五百三十三条适用的,人民法院应当认定该约定无效。

# 专题十五 合同的保全

**考点59 合同的保全:债权人代位权与债权人撤销权**

**(一)债权人代位权**

**第五百三十五条 [债权人代位权]**因债务人怠于行使其债权或者与该债权有关的从权利,影响债权人的到期债权实现的,债权人可以向人民法院请求以自己的名义代位行使债务人对相对人的权利,但是该权利专属于

债务人自身的除外。

代位权的行使范围以债权人的到期债权为限。债权人行使代位权的必要费用,由债务人负担。

相对人对债务人的抗辩,可以向债权人主张。

**第五百三十六条 [保存行为]**债权人的债权到期前,债务人的债权或者与该债权有关的从权利存在诉讼时效期间即将届满或者未及时申报破产债权等情形,影响债权人的债权实现的,债权人可以代位向债务人的相对人请求其向债务人履行、向破产管理人申报或者作出其他必要的行为。

**《民法典合同编通则解释》**

第三十三条 债务人不履行其对债权人的到期债务,又不以诉讼或者仲裁方式向相对人主张其享有的债权或者与该债权有关的从权利,致使债权人的到期债权未能实现的,人民法院可以认定为民法典第五百三十五条规定的"债务人怠于行使其债权或者与该债权有关的从权利,影响债权人的到期债权实现"。

第三十四条 下列权利,人民法院可以认定为民法典第五百三十五条第一款规定的专属于债务人自身的权利:

(一)抚养费、赡养费或者扶养费请求权;

(二)人身损害赔偿请求权;

(三)劳动报酬请求权,但是超过债务人及其所扶养家属的生活必需费用的部分除外;

(四)请求支付基本养老保险金、失业保险金、最低生活保障金等保障当事人基本生活的权利;

(五)其他专属于债务人自身的权利。

第三十五条 债权人依据民法典第五百三十五条的规定对债务人的相对人提起代位权诉讼的,由被告住所地人民法院管辖,但是依法应当适用专属管辖规定的除外。

债务人或者相对人以双方之间的债权债务关系订有管辖协议为由提出异议的,人民法院不予支持。

第三十六条 债权人提起代位权诉讼后,债务人或者相对人以双方之间的债权债务关系订有仲裁协议为由对法院主管提出异议的,人民法院不予支持。但是,债务人或者相对人在首次开庭前就债务人与相对人之间的债权债务关系申请仲裁的,人民法院可以依法中止代位权诉讼。

第三十七条 债权人以债务人的相对人为被告向人民法院提起代位权诉讼,未将债务人列为第三人的,人民法院应当追加债务人为第三人。

两个以上债权人以债务人的同一相对人为被告提起代位权诉讼的,人民法院可以合并审理。债务人对相对人享有的债权不足以清偿其对两个以上债权人负担的债务的,人民法院应当按照债权人享有的债权比例确定相对人的履行份额,但是法律另有规定的除外。

第三十八条 债权人向人民法院起诉债务人后,又向同一人民法院对债务人的相对人提起代位权诉讼,属于该人民法院管辖的,可以合并审理。不属于该人民法

院管辖的,应当告知其向有管辖权的人民法院另行起诉;在起诉债务人的诉讼终结前,代位权诉讼应当中止。

第三十九条 在代位权诉讼中,债务人对超过债权人代位请求数额的债权部分起诉相对人,属于同一人民法院管辖的,可以合并审理。不属于同一人民法院管辖的,应当告知其向有管辖权的人民法院另行起诉;在代位权诉讼终结前,债务人对相对人的诉讼应当中止。

第四十条 代位权诉讼中,人民法院经审理认为债权人的主张不符合代位权行使条件的,应当驳回诉讼请求,但是不影响债权人根据新的事实再次起诉。

债务人的相对人仅以债权人提起代位权诉讼时债权人与债务人之间的债权债务关系未经生效法律文书确认为由,主张债权人提起的诉讼不符合代位权行使条件的,人民法院不予支持。

第四十一条 债权人提起代位权诉讼后,债务人无正当理由减免相对人的债务或者延长相对人的履行期限,相对人以此向债权人抗辩的,人民法院不予支持。

《诉讼时效规定》

第十六条 债权人提起代位权诉讼的,应当认定对债权人的债权和债务人的债权均发生诉讼时效中断的效力。

**(二)债权人撤销权**

第五百三十八条 [债权人对债务人无偿处分行为的撤销权]债务人以放弃其债权、放弃债权担保、无偿转让财产等方式无偿处分财产权益,或者恶意延长其到期债权的履行期限,影响债权人的债权实现的,债权人可以请求人民法院撤销债务人的行为。〔2020 年回忆～赠与的撤销、债权人撤销;2010 年真题～赠与合同、债权人撤销权〕

第五百三十九条 [债权人对债务人有偿处分行为的撤销权]债务人以明显不合理的低价转让财产、以明显不合理的高价受让他人财产或者为他人的债务提供担保,影响债权人的债权实现,债务人的相对人知道或者应当知道该情形的,债权人可以请求人民法院撤销债务人的行为。〔2020 年回忆～可撤销的法律行为;2019 年回忆～设立、变更、转让和消灭不动产物权的合同的效力,不合理转移财产情形下的债权人撤销权,债权人行使撤销权的客观要件〕

第五百四十条 [撤销权的行使范围]撤销权的行使范围以债权人的债权为限。债权人行使撤销权的必要费用,由债务人负担。

第五百四十一条 [撤销权的行使期间]撤销权自债权人知道或者应当知道撤销事由之日起一年内行使。自债务人的行为发生之日起五年内没有行使撤销权的,该撤销权消灭。

《民法典合同编通则解释》

第四十二条 对于民法典第五百三十九条规定的"明显不合理"的低价或者高价,人民法院应当按照交易当地一般经营者的判断,并参考交易时交易地的市场交易价或者物价部门指导价予以认定。

转让价格未达到交易时交易地的市场交易价或者指导价百分之七十的,一般可以认定为"明显不合理的低价";受让价格高于交易时交易地的市场交易价或者指导价百分之三十的,一般可以认定为"明显不合理的高价"。

债务人与相对人存在亲属关系、关联关系的,不受前款规定的百分之七十、百分之三十的限制。

第四十三条 债务人以明显不合理的价格,实施互易财产、以物抵债、出租或者承租财产、知识产权许可使用等行为,影响债权人的债权实现,债务人的相对人知道或者应当知道该情形,债权人请求撤销债务人的行为的,人民法院应当依据民法典第五百三十九条的规定予以支持。

第四十四条 债权人依据民法典第五百三十八条、第五百三十九条的规定提起撤销权诉讼的,应当以债务人和债务人的相对人为共同被告,由债务人或者相对人的住所地人民法院管辖,但是依法应当适用专属管辖规定的除外。

两个以上债权人就债务人的同一行为提起撤销权诉讼的,人民法院可以合并审理。

第四十五条 在债权人撤销权诉讼中,被撤销行为的标的可分,当事人主张在受影响的债权范围内撤销债务人的行为的,人民法院应予支持;被撤销行为的标的不可分,债权人主张将债务人的行为全部撤销的,人民法院应予支持。

债权人行使撤销权所支付的合理的律师代理费、差旅费等费用,可以认定为民法典第五百四十条规定的"必要费用"。

第四十六条 债权人在撤销权诉讼中同时请求债务人的相对人向债务人承担返还财产、折价补偿、履行到期债务等法律后果的,人民法院依法予以支持。

债权人请求受理撤销权诉讼的人民法院一并审理其与债务人之间的债权债务关系,属于该人民法院管辖的,可以合并审理。不属于该人民法院管辖的,应当告知其向有管辖权的人民法院另行起诉。

债权人依据其与债务人的诉讼、撤销权诉讼产生的生效法律文书申请强制执行的,人民法院可以就债务人对相对人享有的权利采取强制执行措施以实现债权人的债权。债权人在撤销权诉讼中,申请对相对人的财产采取保全措施的,人民法院依法予以准许。

# 专题十六 保证和定金(债权性担保)

**考点60** 定金

**1** 第五百八十六条 [定金]当事人可以约定一方向对方给付定金作为债权的担保。定金合同自实际交付定金时成立。

定金的数额由当事人约定;但是,不得超过主合同标的额的百分之二十,超过部分不产生定金的效力。实际交付的定金数额多于或者少于约定数额的,视为变更约定的定金数额。

**第五百八十七条** [定金罚则]债务人履行债务的,定金应当抵作价款或者收回。给付定金的一方不履行债务或者履行债务不符合约定,致使不能实现合同目的的,无权请求返还定金;收受定金的一方不履行债务或者履行债务不符合约定,致使不能实现合同目的的,应当双倍返还定金。

《民法典合同编通则解释》

第六十七条 当事人交付留置金、担保金、保证金、订约金、押金或者订金等,但是没有约定定金性质,一方主张适用民法典第五百八十七条规定的定金罚则的,人民法院不予支持。当事人约定了定金性质,但是未约定定金类型或者约定不明,一方主张为违约定金的,人民法院应予支持。

当事人约定以交付定金作为订立合同的担保,一方拒绝订立合同或者在磋商订立合同时违背诚信原则导致未能订立合同,对方主张适用民法典第五百八十七条规定的定金罚则的,人民法院应予支持。

当事人约定以交付定金作为合同成立或者生效条件,应当交付定金的一方未交付定金,但是合同主要义务已经履行完毕并为对方所接受的,人民法院应当认定合同在对方接受履行时已经成立或者生效。

当事人约定定金性质为解约定金,交付定金的一方主张以丧失定金为代价解除合同的,或者收受定金的一方主张以双倍返还定金为代价解除合同的,人民法院应予支持。

第六十八条 双方当事人均具有致使不能实现合同目的的违约行为,其中一方请求适用定金罚则的,人民法院不予支持。当事人一方仅有轻微违约,对方具有致使不能实现合同目的的违约行为,轻微违约方主张适用定金罚则,对方以轻微违约方也构成违约为由抗辩的,人民法院对该抗辩不予支持。

当事人一方已经部分履行合同,对方接受并主张按照未履行部分所占比例适用定金罚则的,人民法院应予支持。对方主张按照合同整体适用定金罚则的,人民法院不予支持,但是部分未履行致使不能实现合同目的的除外。

因不可抗力致使合同不能履行,非违约方主张适用定金罚则的,人民法院不予支持。

**☑ 第五百八十八条** [违约金与定金竞合选择权]当事人既约定违约金,又约定定金的,一方违约时,对方可以选择适用违约金或者定金条款。

定金不足以弥补一方违约造成的损失的,对方可以请求赔偿超过定金数额的损失。[2010年真题~违约金与定金竞合选择权]

**考点61** 保证合同的成立及保证方式
**(一)保证合同的一般规定**
(1)概念与特征

第六百八十一条 [保证合同的概念]保证合同是为保障债权的实现,保证人和债权人约定,当债务人不履行

到期债务或者发生当事人约定的情形时,保证人履行债务或者承担责任的合同。

**第六百八十二条** [保证合同的附从性及被确认无效后的责任分配]保证合同是主债权债务合同的从合同。主债权债务合同无效的,保证合同无效,但是法律另有规定的除外。

保证合同被确认无效后,债务人、保证人、债权人有过错的,应当根据其过错各自承担相应的民事责任。

《民法典担保制度解释》

第十七条 主合同有效而第三人提供的担保合同无效,人民法院应当区分不同情形确定担保人的赔偿责任:

(一)债权人与担保人均有过错的,担保人承担的赔偿责任不应超过债务人不能清偿部分的二分之一;

(二)担保人有过错而债权人无过错的,担保人对债务人不能清偿的部分承担赔偿责任;

(三)债权人有过错而担保人无过错的,担保人不承担赔偿责任。

主合同无效导致第三人提供的担保合同无效,担保人无过错的,不承担赔偿责任;担保人有过错的,其承担的赔偿责任不应超过债务人不能清偿部分的三分之一。

(二)保证合同的订立方式

**第六百八十五条** [保证合同的订立]保证合同可以是单独订立的书面合同,也可以是主债权债务合同中的保证条款。

第三人单方以书面形式向债权人作出保证,债权人接收且未提出异议的,保证合同成立。[2021年回忆~保证合同的成立]

《民法典担保制度解释》

第三十六条 第三人向债权人提供差额补足、流动性支持等类似承诺文件作为增信措施,具有提供担保的意思表示,债权人请求第三人承担保证责任的,人民法院应当依照保证的有关规定处理。

第三人向债权人提供的承诺文件,具有加入债务或者与债务人共同承担债务等意思表示的,人民法院应当认定为民法典第五百五十二条规定的债务加入。

前两款中第三人提供的承诺文件难以确定是保证还是债务加入的,人民法院应当将其认定为保证。

第三人向债权人提供的承诺文件不符合前三款规定的情形,债权人请求第三人承担保证责任或者连带责任的,人民法院不予支持,但是不影响其依据承诺文件请求第三人履行约定的义务或者承担相应的民事责任。

**(二)保证方式**

**第六百八十六条** [保证方式]保证的方式包括一般保证和连带责任保证。

当事人在保证合同中对保证方式没有约定或者约定不明确的,按照一般保证承担保证责任。[2022年回忆~一般保证责任;2017年真题~个人独资企业的投资人责任承担,混同担保,质权的消灭]

第六百八十七条 [一般保证及先诉抗辩权]当事人在保证合同中约定,债务人不能履行债务时,由保证人承

担保证责任的,为一般保证。

一般保证的保证人在主合同纠纷未经审判或者仲裁,并就债务人财产依法强制执行仍不能履行债务前,有权拒绝向债权人承担保证责任,但是有下列情形之一的除外:

(一)债务人下落不明,且无财产可供执行;

(二)人民法院已经受理债务人破产案件;

(三)债权人有证据证明债务人的财产不足以履行全部债务或者丧失履行债务能力;

(四)保证人书面表示放弃本款规定的权利。

**第六百八十八条　[连带责任保证]**当事人在保证合同中约定保证人和债务人对债务承担连带责任的,为连带责任保证。

连带责任保证的债务人不履行到期债务或者发生当事人约定的情形时,债权人可以请求债务人履行债务,也可以请求保证人在其保证范围内承担保证责任。〔2023年回忆~连带保证责任〕

**《民法典担保制度解释》**

第二十五条　当事人在保证合同中约定了保证人在债务人不能履行债务或者无力偿还债务时才承担保证责任等类似内容,具有债务人应当先承担责任的意思表示的,人民法院应当将其认定为一般保证。

当事人在保证合同中约定了保证人在债务人不履行债务或者未偿还债务时即承担保证责任、无条件承担保证责任等类似内容,不具有债务人应当先承担责任的意思表示的,人民法院应当将其认定为连带责任保证。〔2022年回忆~连带责任保证〕

第二十六条　一般保证中,债权人以债务人为被告提起诉讼的,人民法院应予受理。债权人未就主合同纠纷提起诉讼或者申请仲裁,仅起诉一般保证人的,人民法院应当驳回起诉。

一般保证中,债权人一并起诉债务人和保证人的,人民法院可以受理,但是在作出判决时,除有民法典第六百八十七条第二款但书规定的情形外,应当在判决书主文中明确,保证人仅对债务人财产依法强制执行后仍不能履行的部分承担保证责任。

债权人未对债务人的财产申请保全,或者保全的债务人的财产足以清偿债务,债权人申请对一般保证人的财产进行保全的,人民法院不予准许。〔2022年回忆~先诉抗辩权〕

**考点62　保证人及其权利**

第六百八十三条　[保证人的资格]机关法人不得为保证人,但是经国务院批准为使用外国政府或者国际经济组织贷款进行转贷的除外。

以公益为目的的非营利法人、非法人组织不得为保证人。

第七百条　[保证人的追偿权]保证人承担保证责任后,除当事人另有约定外,有权在其承担保证责任的范围内向债务人追偿,享有债权人对债务人的权利,但是不得

损害债权人的利益。

**第七百零一条　[保证人的抗辩权]**保证人可以主张债务人对债权人的抗辩。债务人放弃抗辩的,保证人仍有权向债权人主张抗辩。

**《民法典担保制度解释》**

第十八条　承担了担保责任或者赔偿责任的担保人,在其承担责任的范围内向债务人追偿的,人民法院应予支持。

同一债权既有债务人自己提供的物的担保,又有第三人提供的担保,承担了担保责任或者赔偿责任的第三人,主张行使债权人对债务人享有的担保物权的,人民法院应予支持。

**《民法典合同编通则解释》**

第三十条第三款　担保人代为履行债务取得债权后,向其他担保人主张担保权利的,依据《最高人民法院关于适用〈中华人民共和国民法典〉有关担保制度的解释》第十三条、第十四条、第十八条第二款等规定处理。

**考点63 共同保证**(见考点36)

**考点64 保证期间与保证债务的诉讼时效**

第六百九十二条　[保证期间]保证期间是确定保证人承担保证责任的期间,不发生中止、中断和延长。

债权人与保证人可以约定保证期间,但是约定的保证期间早于主债务履行期限或者与主债务履行期限同时届满的,视为没有约定;没有约定或者约定不明确的,保证期间为主债务履行期限届满之日起六个月。

债权人与债务人对主债务履行期限没有约定或者约定不明确的,保证期间自债权人请求债务人履行债务的宽限期届满之日起计算。

第六百九十三条　[保证期间届满的法律效果]一般保证的债权人未在保证期间对债务人提起诉讼或者申请仲裁的,保证人不再承担保证责任。

连带责任保证的债权人未在保证期间请求保证人承担保证责任的,保证人不再承担保证责任。

第六百九十四条　[保证债务的诉讼时效]一般保证的债权人在保证期间届满前对债务人提起诉讼或者申请仲裁的,从保证人拒绝承担保证责任的权利消灭之日起,开始计算保证债务的诉讼时效。

连带责任保证的债权人在保证期间届满前请求保证人承担保证责任的,从债权人请求保证人承担保证责任之日起,开始计算保证债务的诉讼时效。

**《民法典担保制度解释》**

第二十七条　一般保证的债权人取得对债务人赋予强制执行效力的公证债权文书后,在保证期间内向人民法院申请强制执行,保证人以债权人未在保证期间内对债务人提起诉讼或者申请仲裁为由主张不承担保证责任的,人民法院不予支持。

第二十八条　一般保证中,债权人依据生效法律文书对债务人的财产依法申请强制执行,保证债务诉讼时效的起算时间按照下列规则确定:

（一）人民法院作出终结本次执行程序裁定，或者依照民事诉讼法第二百五十七条(现为第二百六十八条)①第三项、第五项的规定作出终结执行裁定的，自裁定送达债权人之日起开始计算；

（二）人民法院自收到申请执行书之日起一年内未作出前项裁定的，自人民法院收到申请执行书满一年之日起开始计算，但是保证人有证据证明债务人仍有财产可供执行的除外。

一般保证的债权人在保证期间届满前对债务人提起诉讼或者申请仲裁，债权人举证证明存在民法典第六百八十七条第二款但书规定情形的，保证债务的诉讼时效自债权人知道或者应当知道该情形之日起开始计算。

第二十九条 同一债务有两个以上保证人，债权人以其已经在保证期间内依法向部分保证人行使权利为由，主张已经在保证期间内向其他保证人行使权利的，人民法院不予支持。

同一债务有两个以上保证人，保证人之间相互有追偿权，债权人未在保证期间内依法向部分保证人行使权利，导致其他保证人在承担保证责任后丧失追偿权，其他保证人主张在其不能追偿的范围内免除保证责任的，人民法院应予支持。

第三十条 最高额保证合同对保证期间的计算方式、起算时间等有约定的，按照其约定。

最高额保证合同对保证期间的计算方式、起算时间等没有约定或者约定不明，被担保债权的履行期限均已届满的，保证期间自债权确定之日起开始计算；被担保债权的履行期限尚未届满的，保证期间自最后到期债权的履行期限届满之日起开始计算。

前款所称债权确定之日，依照民法典第四百二十三条的规定认定。

第三十一条 一般保证的债权人在保证期间内对债务人提起诉讼或者申请仲裁后，又撤回起诉或者仲裁申请，债权人在保证期间届满前未再行提起诉讼或者申请仲裁，保证人主张不再承担保证责任的，人民法院应予支持。

连带责任保证的债权人在保证期间内对保证人提起诉讼或者申请仲裁后，又撤回起诉或者仲裁申请，起诉状副本或者仲裁申请书副本已经送达保证人的，人民法院应当认定债权人已经在保证期间内向保证人行使了权利。

第三十二条 保证合同约定保证人承担保证责任直至主债务本息还清时为止等类似内容的，视为约定不明，保证期间为主债务履行期限届满之日起六个月。

第三十三条 保证合同无效，债权人未在约定或者法定的保证期间内依法行使权利，保证人主张不承担赔偿责任的，人民法院应予支持。

第三十四条 人民法院在审理保证合同纠纷案件时，应当将保证期间是否届满、债权人是否在保证期间内依法行使权利等事实作为案件基本事实予以查明。

债权人在保证期间内未依法行使权利的，保证责任消灭。保证责任消灭后，债权人书面通知保证人要求承担保证责任，保证人在通知书上签字、盖章或者按指印，债权人请求保证人继续承担保证责任的，人民法院不予支持，但是债权人有证据证明成立了新的保证合同的除外。

第三十五条 保证人知道或者应当知道主债权诉讼时效期间届满仍然提供保证或者承担保证责任，又以诉讼时效期间届满为由拒绝承担保证责任或者请求返还财产的，人民法院不予支持；保证人承担保证责任后向债务人追偿的，人民法院不予支持，但是债务人放弃诉讼时效抗辩的除外。

# 专题十七 合同的变更、转让和权利义务终止

## 考点65 合同的变更

第五百四十三条 ［协议变更合同］当事人协商一致，可以变更合同。〔2018年回忆～表见代理、仲裁协议〕

第五百四十四条 ［合同变更不明确推定为未变更］当事人对合同变更的内容约定不明确的，推定为未变更。

## 考点67 债权转让与债务承担

### (一)债权转让

第五百四十五条 ［债权转让］债权人可以将债权的全部或者部分转让给第三人，但是有下列情形之一的除外：

（一）根据债权性质不得转让；

（二）按照当事人约定不得转让；

（三）依照法律规定不得转让。

当事人约定非金钱债权不得转让的，不得对抗善意第三人。当事人约定金钱债权不得转让的，不得对抗第三人。

第五百四十六条 ［债权转让的通知义务］债权人转让债权，未通知债务人的，该转让对债务人不发生效力。

债权转让的通知不得撤销，但是经受让人同意的除外。

第五百四十七条 ［债权转让从权利一并转让］债权人转让债权的，受让人取得与债权有关的从权利，但是该从权利专属于债权人自身的除外。

受让人取得从权利不因该从权利未办理转移登记手续或者未转移占有而受到影响。

第五百四十八条 ［债权转让中债务人抗辩］债务人接到债权转让通知后，债务人对让与人的抗辩，可以向受让人主张。

第五百四十九条 ［债权转让中债务人的抵销权］有下列情形之一的，债务人可以向受让人主张抵销：

（一）债务人接到债权转让通知时，债务人对让与人享有债权，且债务人的债权先于转让的债权到期或者同时到期；

---

① 编者注，下同。

（二）债务人的债权与转让的债权是基于同一合同产生。

**第五百五十条** ［债权转让费用的承担］因债权转让增加的履行费用，由让与人负担。

**第六百九十六条** ［债权转让时保证人的保证责任］债权人转让全部或者部分债权，未通知保证人的，该转让对保证人不发生效力。

保证人与债权人约定禁止债权转让，债权人未经保证人书面同意转让债权的，保证人对受让人不再承担保证责任。

《民法典合同编通则解释》

第四十七条 债权转让后，债务人向受让人主张其对让与人的抗辩，人民法院可以追加让与人为第三人。

债务转移后，新债务人主张原债务人对债权人的抗辩，人民法院可以追加原债务人为第三人。

当事人一方将合同权利义务一并转让后，对方就合同权利义务向受让人主张抗辩或者受让人就合同权利义务向对方主张抗辩的，人民法院可以追加让与人为第三人。

第四十八条 债务人在接到债权转让通知前已经向让与人履行，受让人请求债务人履行的，人民法院不予支持；债务人接到债权转让通知后仍然向让与人履行，受让人请求债务人履行的，人民法院应予支持。

让与人未通知债务人，受让人直接起诉债务人请求履行债务，人民法院经审理确认债权转让事实的，应当认定债权转让自起诉状副本送达时对债务人发生效力。债务人主张因未通知而给其增加的费用或者造成的损失从认定的债权数额中扣除的，人民法院依法予以支持。

第四十九条 债务人接到债权转让通知后，让与人以债权转让合同不成立、无效、被撤销或者确定不发生效力为由请求债务人向其履行的，人民法院不予支持。但是，该债权转让通知被依法撤销的除外。

受让人基于债务人对债权真实存在的确认受让债权后，债务人又以该债权不存在为由拒绝向受让人履行的，人民法院不予支持。但是，受让人知道或者应当知道该债权不存在的除外。

第五十条 让与人将同一债权转让给两个以上受让人，债务人以已经向最先通知的受让人履行为由主张其不再履行债务的，人民法院应予支持。债务人明知接受履行的受让人不是最先通知的受让人，最先通知的受让人请求债务人继续履行债务或者依据债权转让协议请求让与人承担违约责任的，人民法院应予支持；最先通知的受让人请求接受履行的受让人返还其接受的财产的，人民法院不予支持，但是接受履行的受让人明知该债权在其受让前已经转让给其他受让人的除外。

前款所称最先通知的受让人，是指最先到达债务人的转让通知中载明的受让人。当事人之间对通知到达时间有争议的，人民法院应当结合通知的方式等因素综合判断，而不能仅根据债务人认可的通知时间或者通知记载的时间予以认定。当事人采用邮寄、通讯电子系统等

方式发出通知的，人民法院应当以邮戳时间或者通讯电子系统记载的时间等作为认定通知到达时间的依据。

《诉讼时效规定》

第十七条 债权转让的，应当认定诉讼时效从债权转让通知到达债务人之日起中断。

债务承担情形下，构成原债务人对债务承认的，应当认定诉讼时效从债务承担意思表示到达债权人之日起中断。

（二）债务转移与债务加入

（1）债务转移

**第五百五十一条** ［债务转移］债务人将债务的全部或者部分转移给第三人的，应当经债权人同意。

债务人或者第三人可以催告债权人在合理期限内予以同意，债权人未作表示的，视为不同意。

**第五百五十三条** ［债务转移时新债务人抗辩］债务人转移债务的，新债务人可以主张原债务人对债权人的抗辩；原债务人对债权人享有债权的，新债务人不得向债权人主张抵销。

**第五百五十四条** ［从债务随主债务转移］债务人转移债务的，新债务人应当承担与主债务有关的从债务，但是该从债务专属于原债务人自身的除外。

**第六百九十七条** ［债务承担对保证责任的影响］债权人未经保证人书面同意，允许债务人转移全部或者部分债务，保证人对未经其同意转移的债务不再承担保证责任，但是债权人和保证人另有约定的除外。

第三人加入债务的，保证人的保证责任不受影响。

（2）债务加入

**第五百五十二条** ［债务加入］第三人与债务人约定加入债务并通知债权人，或者第三人向债权人表示愿意加入债务，债权人未在合理期限内明确拒绝，债权人可以请求第三人在其愿意承担的债务范围内和债务人承担连带债务。

《民法典合同编通则解释》

第五十一条 第三人加入债务并与债务人约定了追偿权，其履行债务后主张向债务人追偿的，人民法院应予支持；没有约定追偿权，第三人依照民法典关于不当得利等的规定，在其已经向债权人履行债务的范围内请求债务人向其履行的，人民法院应予支持，但是第三人知道或者应当知道加入债务会损害债务人利益的除外。

债务人就其对债权人享有的抗辩向加入债务的第三人主张的，人民法院应予支持。

《民法典担保制度解释》

第三十六条 第三人向债权人提供差额补足、流动性支持等类似承诺文件作为增信措施，具有提供担保的意思表示，债权人请求第三人承担保证责任的，人民法院应当依照保证的有关规定处理。

第三人向债权人提供的承诺文件，具有加入债务或者与债务人共同承担债务等意思表示的，人民法院应当认定为民法典第五百五十二条规定的债务加入。

前两款中第三人提供的承诺文件难以确定是保证还

是债务加入的,人民法院应当将其认定为保证。

第三人向债权人提供的承诺文件不符合前三款规定的情形,债权人请求第三人承担保证责任或者连带责任的,人民法院不予支持,但是不影响其依据承诺文件请求第三人履行约定的义务或者承担相应的民事责任。[2022年回忆~保证与债务加入]

**考点68** 合同的消灭:合同解除

**(一)类型**

**第五百六十二条** [合同的约定解除]当事人协商一致,可以解除合同。

当事人可以约定一方解除合同的事由。解除合同的事由发生时,解除权人可以解除合同。[2011年真题~约定解除权]

**第五百六十三条** [合同的法定解除]有下列情形之一的,当事人可以解除合同:

(一)因不可抗力致使不能实现合同目的;

(二)在履行期限届满前,当事人一方明确表示或者以自己的行为表明不履行主要债务;

(三)当事人一方迟延履行主要债务,经催告后在合理期限内仍未履行;

(四)当事人一方迟延履行债务或者有其他违约行为致使不能实现合同目的;

(五)法律规定的其他情形。

以持续履行的债务为内容的不定期合同,当事人可以随时解除合同,但是应当在合理期限之前通知对方。

[2018年回忆~合同的解除;2015年真题~预约合同]

**《民法典》**

**第五百二十八条** [不安抗辩权的行使]当事人依据前条规定中止履行的,应当及时通知对方。对方提供适当担保的,应当恢复履行。中止履行后,对方在合理期限内未恢复履行能力且未提供适当担保的,视为以自己的行为表明不履行主要债务,中止履行的一方可以解除合同并可以请求对方承担违约责任。[2011年真题~不安抗辩权]

**第五百三十三条** [情势变更]合同成立后,合同的基础条件发生了当事人在订立合同时无法预见的、不属于商业风险的重大变化,继续履行合同对于当事人一方明显不公平的,受不利影响的当事人可以与对方重新协商;在合理期限内协商不成的,当事人可以请求人民法院或者仲裁机构变更或者解除合同。

人民法院或者仲裁机构应当结合案件的实际情况,根据公平原则变更或者解除合同。

**《民法典合同编通则解释》**

**第五十二条** 当事人就解除合同协商一致时未对合同解除后的违约责任、结算和清理等问题作出处理,一方主张合同已经解除的,人民法院应予支持。但是,当事人另有约定的除外。

有下列情形之一的,除当事人一方另有意思表示外,人民法院可以认定合同解除:

(一)当事人一方主张行使法律规定或者合同约定的解除权,经审理认为不符合解除权行使条件但是对方同意解除;

(二)双方当事人均不符合解除权行使的条件但是均主张解除合同。

前两款情形下的违约责任、结算和清理等问题,人民法院应当依据民法典第五百六十六条、第五百六十七条和有关违约责任的规定处理。

**《商品房买卖合同解释》**

**第十一条** 根据民法典第五百六十三条的规定,出卖人迟延交付房屋或者买受人迟延支付购房款,经催告后在三个月的合理期限内仍未履行,解除权人请求解除合同的,应予支持,但当事人另有约定的除外。

法律没有规定或者当事人没有约定,经对方当事人催告后,解除权行使的合理期限为三个月。对方当事人没有催告的,解除权人知道或者应当知道解除事由之日起一年内行使。逾期不行使的,解除权消灭。

**《买卖合同解释》**

**第十九条** 出卖人没有履行或者不当履行从给付义务,致使买受人不能实现合同目的,买受人主张解除合同的,人民法院应当根据民法典第五百六十三条第一款第四项的规定,予以支持。

**(二)程序**

**1** **第五百六十四条** [解除权行使期限]法律规定或者当事人约定解除权行使期限,期限届满当事人不行使的,该权利消灭。

法律没有规定或者当事人没有约定解除权行使期限,自解除权人知道或者应当知道解除事由之日起一年内不行使,或者经对方催告后在合理期限内不行使的,该权利消灭。

**2** **第五百六十五条** [合同解除权的行使规则]当事人一方依法主张解除合同的,应当通知对方。合同自通知到达对方时解除;通知载明债务人在一定期限内不履行债务则合同自动解除,债务人在该期限内未履行债务的,合同自通知载明的期限届满时解除。对方对解除合同有异议的,任何一方当事人均可以请求人民法院或者仲裁机构确认解除行为的效力。

当事人一方未通知对方,直接以提起诉讼或者申请仲裁的方式依法主张解除合同,人民法院或者仲裁机构确认该主张的,合同自起诉状副本或者仲裁申请书副本送达对方时解除。

**《民法典合同编通则解释》**

**第五十三条** 当事人一方以通知方式解除合同,并以对方未在约定的异议期限或者其他合理期限内提出异议为由主张合同已经解除的,人民法院应当对其是否享有法律规定或者合同约定的解除权进行审查。经审查,享有解除权的,合同自通知到达对方时解除;不享有解除权的,不发生合同解除的效力。

**第五十四条** 当事人一方未通知对方,直接以提起诉讼的方式主张解除合同,撤诉后再次起诉主张解除合同,人民法院经审理支持该主张的,合同自再次起诉的起诉状副本送达对方时解除。但是,当事人一方撤诉后又通知对方解除合同且该通知已经到达对方的除外。

（三）效力

**第五百六十六条** ［合同解除的法律后果］合同解除后,尚未履行的,终止履行;已经履行的,根据履行情况和合同性质,当事人可以请求恢复原状或者采取其他补救措施,并有权请求赔偿损失。

合同因违约解除的,解除权人可以请求违约方承担违约责任,但是当事人另有约定的除外。

主合同解除后,担保人对债务人应当承担的民事责任仍应当承担担保责任,但是担保合同另有约定的除外。

〔2022年回忆~合同解除的法律后果〕

**第五百六十七条** ［结算、清理条款效力的独立性］合同的权利义务关系终止,不影响合同中结算和清理条款的效力。

《买卖合同解释》

第二十条　买卖合同因违约而解除后,守约方主张继续适用违约金条款的,人民法院应予支持;但约定的违约金过分高于造成的损失的,人民法院可以参照民法典第五百八十五条第二款的规定处理。

**考点69** 合同的消灭:其他方式

（一）抵销

**第五百六十八条** ［法定抵销］当事人互负债务,该债务的标的物种类、品质相同的,任何一方可以将自己的债务与对方的到期债务抵销;但是,根据债务性质、按照当事人约定或者依照法律规定不得抵销的除外。

当事人主张抵销的,应当通知对方。通知自到达对方时生效。抵销不得附条件或者附期限。

**第五百六十九条** ［约定抵销］当事人互负债务,标的物种类、品质不相同的,经协商一致,也可以抵销。

《民法典合同编通则解释》

第五十五条　当事人一方依据民法典第五百六十八条的规定主张抵销,人民法院经审理认为抵销权成立的,应当认定通知到达对方时双方互负的主债务、利息、违约金或者损害赔偿金等债务在同等数额内消灭。

第五十六条　行使抵销权的一方负担的数项债务种类相同,但是享有的债权不足以抵销全部债务,当事人因抵销的顺序发生争议的,人民法院可以参照民法典第五百六十条的规定处理。

行使抵销权的一方享有的债权不足以抵销其负担的包括主债务、利息、实现债权的有关费用在内的全部债务,当事人因抵销的顺序发生争议的,人民法院可以参照民法典第五百六十一条的规定处理。

第五十七条　因侵害自然人人身权益,或者故意、重大过失侵害他人财产权益产生的损害赔偿债务,侵权人主张抵销的,人民法院不予支持。

第五十八条　当事人互负债务,一方以其诉讼时效期间已经届满的债权通知对方主张抵销,对方提出诉讼

时效抗辩的,人民法院对该抗辩应予支持。一方的债权诉讼时效期间已经届满,对方主张抵销的,人民法院应予支持。

（二）提存

**第五百七十条** ［提存的条件］有下列情形之一,难以履行债务的,债务人可以将标的物提存:

（一）债权人无正当理由拒绝受领;

（二）债权人下落不明;

（三）债权人死亡未确定继承人、遗产管理人,或者丧失民事行为能力未确定监护人;

（四）法律规定的其他情形。

标的物不适于提存或者提存费用过高的,债务人依法可以拍卖或者变卖标的物,提存所得的价款。

**第五百七十一条** ［提存的成立］债务人将标的物或者将标的物依法拍卖、变卖所得价款交付提存部门时,提存成立。

提存成立的,视为债务人在其提存范围内已经交付标的物。

**第五百七十二条** ［提存的通知］标的物提存后,债务人应当及时通知债权人或者债权人的继承人、遗产管理人、监护人、财产代管人。

**第五百七十三条** ［提存期间风险、孳息和提存费用负担］标的物提存后,毁损、灭失的风险由债权人承担。提存期间,标的物的孳息归债权人所有。提存费用由债权人负担。

**第五百七十四条** ［提存物的领取与取回］债权人可以随时领取提存物。但是,债权人对债务人负有到期债务的,在债权人未履行债务或者提供担保之前,提存部门根据债务人的要求应当拒绝其领取提存物。

债权人领取提存物的权利,自提存之日起五年内不行使而消灭,提存物扣除提存费用后归国家所有。但是,债权人未履行对债务人的到期债务,或者债权人向提存部门书面表示放弃领取提存物权利的,债务人负担提存费用后有权取回提存物。

（三）免除

**第五百七十五条** ［债的免除］债权人免除债务人部分或者全部债务的,债权债务部分或者全部终止,但是债务人在合理期限内拒绝的除外。

（四）混同

**第五百七十六条** ［债权债务混同］债权和债务同归于一人的,债权债务终止,但是损害第三人利益的除外。

# 专题十八　违约责任

**考点70、71** 违约责任

① 第五百七十七条 ［违约责任的种类］当事人一方不履行合同义务或者履行合同义务不符合约定的,应当承担继续履行、采取补救措施或者赔偿损失等违约责任。〔2023年回忆~违约责任;2020年回忆~无权处分、违约责任〕

第五百七十八条　[预期违约责任]当事人一方明确表示或者以自己的行为表明不履行合同义务的,对方可以在履行期限届满前请求其承担违约责任。

第五百八十条　[非金钱债务的继续履行]当事人一方不履行非金钱债务或者履行非金钱债务不符合约定的,对方可以请求履行,但是有下列情形之一的除外:

(一)法律上或者事实上不能履行;

(二)债务的标的不适于强制履行或者履行费用过高;

(三)债权人在合理期限内未请求履行。

有前款规定的除外情形之一,致使不能实现合同目的的,人民法院或者仲裁机构可以根据当事人的请求终止合同权利义务关系,但是不影响违约责任的承担。

第五百八十一条　[替代履行]当事人一方不履行债务或者履行债务不符合约定,根据债务的性质不得强制履行的,对方可以请求其负担由第三人替代履行的费用。

第五百八十二条　[瑕疵履行违约责任]履行不符合约定的,应当按照当事人的约定承担违约责任。对违约责任没有约定或者约定不明确,依据本法第五百一十条的规定仍不能确定,受损害方根据标的的性质以及损失的大小,可以合理选择请求对方承担修理、重作、更换、退货、减少价款或者报酬等违约责任。

第五百八十三条　[违约损害赔偿责任]当事人一方不履行合同义务或者履行合同义务不符合约定的,在履行义务或者采取补救措施后,对方还有其他损失的,应当赔偿损失。

第五百八十四条　[法定的违约赔偿损失]当事人一方不履行合同义务或者履行合同义务不符合约定,造成对方损失的,损失赔偿额应当相当于因违约所造成的损失,包括合同履行后可以获得的利益;但是,不得超过违约一方订立合同时预见到或者应当预见到的因违约可能造成的损失。〔2015年真题~预约合同〕

第五百九十条　[因不可抗力不能履行合同]当事人一方因不可抗力不能履行合同的,根据不可抗力的影响,部分或者全部免除责任,但是法律另有规定的除外。因不可抗力不能履行合同的,应当及时通知对方,以减轻可能给对方造成的损失,并应当在合理期限内提供证明。

当事人迟延履行后发生不可抗力的,不免除其违约责任。

第五百九十一条　[非违约方防止损失扩大义务]当事人一方违约后,对方应当采取适当措施防止损失的扩大;没有采取适当措施致使损失扩大的,不得就扩大的损失请求赔偿。

当事人因防止损失扩大而支出的合理费用,由违约方负担。

第五百九十二条　[双方违约和与过错相抵]当事人都违反合同的,应当各自承担相应的责任。

当事人一方违约造成对方损失,对方对损失的发生有过错的,可以减少相应的损失赔偿额。

第五百九十三条　[因第三人原因造成违约情况下的责任承担]当事人一方因第三人的原因造成违约的,应

当依法向对方承担违约责任。当事人一方和第三人之间的纠纷,依照法律规定或者按照约定处理。

**《民法典合同编通则解释》**

第五十九条　当事人一方依据民法典第五百八十条第二款的规定请求终止合同权利义务关系的,人民法院一般应当以起诉状副本送达对方的时间作为合同权利义务关系终止的时间。根据案件的具体情况,以其他时间作为合同权利义务关系终止的时间更加符合公平原则和诚信原则的,人民法院可以以该时间作为合同权利义务关系终止的时间,但是应当在裁判文书中充分说明理由。

第六十条　人民法院依据民法典第五百八十四条的规定确定合同履行后可以获得的利益时,可以在扣除非违约方为订立、履行合同支出的费用等合理成本后,按照非违约方能够获得的生产利润、经营利润或者转售利润等计算。

非违约方依法行使合同解除权并实施了替代交易,主张按照替代交易价格与合同价格的差额确定合同履行后可以获得的利益的,人民法院依法予以支持;替代交易价格明显偏离替代交易发生时当地的市场价格,违约方主张按照市场价格与合同价格的差额确定合同履行后可以获得的利益的,人民法院应予支持。

非违约方依法行使合同解除权但是未实施替代交易,主张按照违约行为发生后合理期间内合同履行地的市场价格与合同价格的差额确定合同履行后可以获得的利益的,人民法院应予支持。

第六十三条　在认定民法典第五百八十四条规定的"违约一方订立合同时预见到或者应当预见到的因违约可能造成的损失"时,人民法院应当根据当事人订立合同的目的,综合考虑合同主体、合同内容、交易类型、交易习惯、磋商过程等因素,按照与违约方处于相同或者类似情况的民事主体在订立合同时预见到或者应当预见到的损失予以确定。

除合同履行后可以获得的利益外,非违约方主张还有其向第三人承担违约责任应当支出的额外费用等其他因违约所造成的损失,并请求违约方赔偿,经审理认为该损失系违约一方订立合同时预见到或者应当预见到的,人民法院应予以支持。

在确定违约损失赔偿额时,违约方主张扣除非违约方未采取适当措施导致的扩大损失、非违约方也有过错造成的相应损失、非违约方因违约获得的额外利益或者减少的必要支出的,人民法院依法予以支持。

**《买卖合同解释》**

第十七条第一款　标的物质量不符合约定,买受人依照民法典第五百八十二条的规定要求减少价款的,人民法院应予支持。当事人主张以符合约定的标的物和实际交付的标的物按交付时的市场价值计算差价的,人民法院应予支持。

第二十三条　买卖合同当事人一方因对方违约而获有利益,违约方主张从损失赔偿额中扣除该部分利益的,人民法院应予支持。

**②第五百八十五条** [违约金的约定]当事人可以约定一方违约时应当根据违约情况向对方支付一定数额的违约金，也可以约定因违约产生的损失赔偿额的计算方法。

约定的违约金低于造成的损失的，人民法院或者仲裁机构可以根据当事人的请求予以增加；约定的违约金过分高于造成的损失的，人民法院或者仲裁机构可以根据当事人的请求予以适当减少。

当事人就迟延履行约定违约金的，违约方支付违约金后，还应当履行债务。[2022年回忆~违约金的约定；2011年真题~违约金]

《民法典合同编通则解释》

第六十四条　当事人一方通过反诉或者抗辩的方式，请求调整违约金的，人民法院依法予以支持。

违约方主张约定的违约金过分高于违约造成的损失，请求予以适当减少的，应当承担举证责任。非违约方主张约定的违约金合理的，也应当提供相应的证据。

当事人仅以合同约定不得对违约金进行调整为由主张不予调整违约金的，人民法院不予支持。

第六十五条　当事人主张约定的违约金过分高于违约造成的损失，请求予以适当减少的，人民法院应当以民法典第五百八十四条规定的损失为基础，兼顾合同主体、交易类型、合同的履行情况、当事人的过错程度、履约背景等因素，遵循公平原则和诚信原则进行衡量，并作出裁判。

约定的违约金超过造成损失的百分之三十的，人民法院一般可以认定为过分高于造成的损失。

恶意违约的当事人一方请求减少违约金的，人民法院一般不予支持。

第六十六条　当事人一方请求对方支付违约金，对方以合同不成立、无效、被撤销、确定不发生效力、不构成违约或者非违约方不存在损失等为由抗辩，未主张调整过高的违约金的，人民法院应当就若不支持该抗辩，当事人是否请求调整违约金进行释明。第一审人民法院认为抗辩成立且未予释明，第二审人民法院认为应当判决支付违约金的，可以直接释明，并根据当事人的请求，在当事人就是否应当调整违约金充分举证、质证、辩论后，依法判决适当减少违约金。

被告因客观原因在第一审程序中未到庭参加诉讼，但是在第二审程序中到庭参加诉讼并请求减少违约金的，第二审人民法院可以在当事人就是否应当调整违约金充分举证、质证、辩论后，依法判决适当减少违约金。

# 专题十九　转移财产权利合同

**考点72** 买卖合同的成立与风险负担

**第六百零四条** [标的物的风险承担]标的物毁损、灭失的风险，在标的物交付之前由出卖人承担，交付之后由买受人承担，但是法律另有规定或者当事人另有约定的除外。[2017年真题~买卖合同中的风险承担]

**第六百零五条** [迟延交付标的物的风险负担]因买受人的原因致使标的物未按照约定的期限交付的，买受人应当自违反约定时起承担标的物毁损、灭失的风险。

**第六百零六条** [路货买卖中的标的物风险转移]出卖人出卖交由承运人运输的在途标的物，除当事人另有约定外，毁损、灭失的风险自合同成立时起由买受人承担。[2010年真题~在途货物买卖合同的风险承担]

**第六百零七条** [需要运输的标的物风险负担]出卖人按照约定将标的物运送至买受人指定地点并交付给承运人后，标的物毁损、灭失的风险由买受人承担。

当事人没有约定交付地点或者约定不明确，依据本法第六百零三条第二款第一项的规定标的物需要运输的，出卖人将标的物交付给第一承运人后，标的物毁损、灭失的风险由买受人承担。

**第六百零八条** [买受人不履行接受标的物义务的风险负担]出卖人按照约定或者依据本法第六百零三条第二款第二项的规定将标的物置于交付地点，买受人违反约定没有收取的，标的物毁损、灭失的风险自违反约定时起由买受人承担。

**第六百零九条** [未交付单证、资料的风险负担]出卖人按照约定未交付有关标的物的单证和资料的，不影响标的物毁损、灭失风险的转移。

**第六百一十条** [根本违约]因标的物不符合质量要求，致使不能实现合同目的的，买受人可以拒绝接受标的物或者解除合同。买受人拒绝接受标的物或者解除合同的，标的物毁损、灭失的风险由出卖人承担。

**第六百一十一条** [买受人承担风险与出卖人违约责任关系]标的物毁损、灭失的风险由买受人承担的，不影响因出卖人履行义务不符合约定，买受人请求其承担违约责任的权利。

《买卖合同解释》

第八条　民法典第六百零三条第二款第一项规定的"标的物需要运输的"，是指标的物由出卖人负责办理托运，承运人系独立于买卖合同当事人之外的运输业者的情形。标的物毁损、灭失的风险负担，按照民法典第六百零七条第二款的规定处理。

第九条　出卖人根据合同约定将标的物运送至买受人指定地点并交付给承运人后，标的物毁损、灭失的风险由买受人负担，但当事人另有约定的除外。

第十条　出卖人出卖交由承运人运输的在途标的物，在合同成立时知道或者应当知道标的物已经毁损、灭失却未告知买受人，买受人主张出卖人负担标的物毁损、灭失的风险的，人民法院应予支持。

第十一条　当事人对风险负担没有约定，标的物为种类物，出卖人未以装运单据、加盖标记、通知买受人等可识别的方式清楚地将标的物特定于买卖合同，买受人主张不负担标的物毁损、灭失的风险的，人民法院应予支持。

《商品房买卖合同解释》

第八条　对房屋的转移占有，视为房屋的交付使用，但当事人另有约定的除外。

房屋毁损、灭失的风险，在交付使用前由出卖人承担，交付使用后由买受人承担；买受人接到出卖人的书面交房通知，无正当理由拒绝接收的，房屋毁损、灭失的风险自书面交房通知确定的交付使用之日起由买受人承担，但法律另有规定或者当事人另有约定的除外。

**考点73 一物多卖**

《买卖合同解释》

第六条　出卖人就同一普通动产订立多重买卖合同，在买卖合同均有效的情况下，买受人均要求实际履行合同的，应当按照以下情形分别处理：

（一）先行受领交付的买受人请求确认所有权已经转移的，人民法院应予支持；

（二）均未受领交付，先行支付价款的买受人请求出卖人履行交付标的物等合同义务的，人民法院应予支持；

（三）均未受领交付，也未支付价款，依法成立在先合同的买受人请求出卖人履行交付标的物等合同义务的，人民法院应予支持。

**考点74 特种买卖合同**

**（一）分期付款买卖合同**

第六百三十四条　[分期付款买卖]分期付款的买受人未支付到期价款的数额达到全部价款的五分之一，经催告后在合理期限内仍未支付到期价款的，出卖人可以请求买受人支付全部价款或者解除合同。

出卖人解除合同的，可以向买受人请求支付该标的物的使用费。〔2023年回忆～分期付款买卖〕

《买卖合同解释》

第二十七条　民法典第六百三十四条第一款规定的"分期付款"，系指买受人将应付的总价款在一定期限内至少分三次向出卖人支付。

分期付款买卖合同的约定违反民法典第六百三十四条第一款的规定，损害买受人利益，买受人主张该约定无效的，人民法院应予支持。

第二十八条　分期付款买卖合同约定出卖人在解除合同时可以扣留已受领价金，出卖人扣留的金额超过标的物使用费以及标的物受损赔偿额，买受人请求返还超过部分的，人民法院应予支持。

当事人对标的物的使用费没有约定的，人民法院可以参照当地同类标的物的租金标准确定。

**（二）所有权保留买卖合同**

第六百四十一条　[标的物所有权保留条款]当事人可以在买卖合同中约定买受人未履行支付价款或者其他义务的，标的物的所有权属于出卖人。

出卖人对标的物保留的所有权，未经登记，不得对抗善意第三人。

第六百四十二条　[所有权保留中出卖人的取回权]当事人约定出卖人保留合同标的物的所有权，在标的物所有权转移前，买受人有下列情形之一，造成出卖人损害的，除当事人另有约定外，出卖人有权取回标的物：

（一）未按照约定支付价款，经催告后在合理期限内仍未支付；

（二）未按照约定完成特定条件；

（三）将标的物出卖、出质或者作出其他不当处分。

出卖人可以与买受人协商取回标的物；协商不成的，可以参照适用担保物权的实现程序。

第六百四十三条　[买受人回赎权及出卖人再出卖权]出卖人依据前条第一款的规定取回标的物后，买受人在双方约定或者出卖人指定的合理回赎期限内，消除出卖人取回标的物的事由的，可以请求回赎标的物。

买受人在回赎期限内没有回赎标的物，出卖人可以以合理价格将标的物出卖给第三人，出卖所得价款扣除买受人未支付的价款以及必要费用后仍有剩余的，应当返还买受人；不足部分由买受人清偿。

《买卖合同解释》

第二十五条　买卖合同当事人主张民法典第六百四十一条关于标的物所有权保留的规定适用于不动产的，人民法院不予支持。

第二十六条　买受人已经支付标的物总价款的百分之七十五以上，出卖人主张取回标的物的，人民法院不予支持。

在民法典第六百四十二条第一款第三项情形下，第三人依据民法典第三百一十一条的规定已经善意取得标的物所有权或者其他物权，出卖人主张取回标的物的，人民法院不予支持。

《民法典担保制度解释》

第六十四条　在所有权保留买卖中，出卖人依法有权取回标的物，但是与买受人协商不成，当事人请求参照民事诉讼法"实现担保物权案件"的有关规定，拍卖、变卖标的物的，人民法院应予准许。

出卖人请求取回标的物，符合民法典第六百四十二条规定的，人民法院应予支持；买受人以抗辩或者反诉的方式主张拍卖、变卖标的物，并在扣除买受人未支付的价款以及必要费用后返还剩余款项的，人民法院应当一并处理。

第六十七条　在所有权保留买卖、融资租赁等合同中，出卖人、出租人的所有权未经登记不得对抗的"善意第三人"的范围及其效力，参照本解释第五十四条的规定处理。

第五十四条　动产抵押合同订立后未办理抵押登记，动产抵押权的效力按照下列情形分别处理：

（一）抵押人转让抵押财产，受让人占有抵押财产后，抵押权人向受让人请求行使抵押权的，人民法院不予支持，但是抵押权人能够举证证明受让人知道或者应当知道已经订立抵押合同的除外；

（二）抵押人将抵押财产出租给他人并移转占有，抵押权人行使抵押权的，租赁关系不受影响，但是抵押权人能够举证证明承租人知道或者应当知道已经订立抵押合同的除外；

（三）抵押人的其他债权人向人民法院申请保全或者

执行抵押财产，人民法院已经作出财产保全裁定或者采取执行措施，抵押权人主张对抵押财产优先受偿的，人民法院不予支持；

（四）抵押人破产，抵押权人主张对抵押财产优先受偿的，人民法院不予支持。

**考点75** 商品房买卖合同

**（一）成立与效力**

《商品房买卖合同解释》

第三条 [宣传资料性质]商品房的销售广告和宣传资料为要约邀请，但是出卖人就商品房开发规划范围内的房屋及相关设施所作的说明和允诺具体确定，并对商品房买卖合同的订立以及房屋价格的确定有重大影响的，构成要约。该说明和允诺即使未载入商品房买卖合同，亦应当为合同内容，当事人违反的，应当承担违约责任。

第四条 [预收定金的处理]出卖人通过认购、订购、预订等方式向买受人收受定金作为订立商品房买卖合同担保的，如果因当事人一方原因未能订立商品房买卖合同，应当按照法律关于定金的规定处理；因不可归责于当事人双方的事由，导致商品房买卖合同未能订立的，出卖人应当将定金返还买受人。

第五条 [认购协议的性质]商品房的认购、订购、预订等协议具备《商品房销售管理办法》第十六条规定的商品房买卖合同的主要内容，并且出卖人已经按照约定收受购房款的，该协议应当认定为商品房买卖合同。

第六条 [预售备案的效力]当事人以商品房预售合同未按照法律、行政法规规定办理登记备案手续为由，请求确认合同无效的，不予支持。

当事人约定以办理登记备案手续为商品房预售合同生效条件的，从其约定，但当事人一方已经履行主要义务，对方接受的除外。

第七条 [恶意串通的无效规定]买受人以出卖人与第三人恶意串通，另行订立商品房买卖合同并将房屋交付使用，导致其无法取得房屋为由，请求确认出卖人与第三人订立的商品房买卖合同无效的，应予支持。

**（二）因违约而导致的解除合同**

（1）出卖人或买受人根本违约

《商品房买卖合同解释》

第九条 [房屋质量不合格]因房屋主体结构质量不合格不能交付使用，或者房屋交付使用后，房屋主体结构质量经核验确属不合格，买受人请求解除合同和赔偿损失的，应予支持。

第十条 [房屋质量影响正常居住使用]因房屋质量问题严重影响正常居住使用，买受人请求解除合同和赔偿损失的，应予支持。

交付使用的房屋存在质量问题，在保修期内，出卖人应当承担修复责任；出卖人拒绝修复或者在合理期限内拖延修复的，买受人可以自行或者委托他人修复。修复费用及修复期间造成的其他损失由出卖人承担。

第十一条 [迟延交房与迟延付款]根据民法典第五百六十三条的规定，出卖人迟延交付房屋或者买受人迟延支付购房款，经催告后在三个月的合理期限内仍未履行，解除权人请求解除合同的，应予支持，但当事人另有约定的除外。

法律没有规定或者当事人没有约定，经对方当事人催告后，解除权行使的合理期限为三个月。对方当事人没有催告的，解除权人自知道或者应当知道解除事由之日起一年内行使。逾期不行使的，解除权消灭。

第十五条 [无法办理登记]商品房买卖合同约定或者《城市房地产开发经营管理条例》第三十二条规定的办理不动产登记的期限届满后超过一年，由于出卖人的原因，导致买受人无法办理不动产登记，买受人请求解除合同和赔偿损失的，应予支持。

（2）涉及担保贷款的解除

《商品房买卖合同解释》

第十九条 [未能订立担保贷款合同]商品房买卖合同约定，买受人以担保贷款方式付款，因当事人一方原因未能订立商品房担保贷款合同并导致商品房买卖合同不能继续履行的，对方当事人可以请求解除合同和赔偿损失。因不可归责于当事人双方的事由未能订立商品房担保贷款合同并导致商品房买卖合同不能继续履行的，当事人可以请求解除合同，出卖人应当将收受的购房款本金及其利息或者定金返还买受人。

第二十条 [商品房买卖合同失效]因商品房买卖合同被确认无效或者被撤销、解除，致使商品房担保贷款合同的目的无法实现，当事人请求解除商品房担保贷款合同的，应予支持。

（3）诉讼及当事人

《商品房买卖合同解释》

第二十一条 [单独审理与合并审理]以担保贷款为付款方式的商品房买卖合同的当事人一方请求确认商品房买卖合同无效或者撤销、解除合同的，如果担保权人作为有独立请求权第三人提出诉讼请求，应当与商品房担保贷款合同纠纷合并审理；未提出诉讼请求的，仅处理商品房买卖合同纠纷。担保权人就商品房担保贷款合同纠纷另行起诉的，可以与商品房买卖合同纠纷合并审理。

商品房买卖合同被确认无效或者被撤销、解除后，商品房担保贷款合同也被解除的，出卖人应当将收受的购房贷款和购房款的本金及利息分别返还担保权人和买受人。

第二十二条 [未办理抵押登记的诉讼当事人]买受人未按照商品房担保贷款合同的约定偿还贷款，亦未与担保权人办理不动产抵押登记手续，担保权人起诉买受人，请求处分商品房买卖合同项下买受人合同权利的，应当通知出卖人参加诉讼；担保权人同时起诉出卖人时，如果出卖人为商品房担保贷款合同提供保证的，应当列为共同被告。

第二十三条 [已办理抵押登记的诉讼当事人]买受人未按照商品房担保贷款合同的约定偿还贷款，但是已经取得不动产权属证书并与担保权人办理了不动产抵押登记手续,抵押权人请求买受人偿还贷款或者就抵押的房屋优先受偿的,不应当追加出卖人为当事人,但出卖人提供保证的除外。

**考点76** 供用电、水、气、热力合同

第六百五十二条 [供电人中断供电时的通知义务]供电人因供电设施计划检修、临时检修、依法限电或者用电人违法用电等原因,需要中断供电时,应当按照国家有关规定事先通知用电人;未事先通知用电人中断供电,造成用电人损失的,应当承担赔偿责任。

第六百五十三条 [供电人抢修义务]因自然灾害等原因断电,供电人应当按照国家有关规定及时抢修;未及时抢修,造成用电人损失的,应当承担赔偿责任。

第六百五十四条 [用电人支付电费的义务]用电人应当按照国家有关规定和当事人的约定及时支付电费。用电人逾期不支付电费的,应当按照约定支付违约金。经催告用电人在合理期限内仍不支付电费和违约金的,供电人可以按照国家规定的程序中止供电。

供电人依据前款规定中止供电的,应当事先通知用电人。

第六百五十五条 [用电人安全用电义务]用电人应当按照国家有关规定和当事人的约定安全、节约和计划用电。用电人未按照国家有关规定和当事人的约定用电,造成供电人损失的,应当承担赔偿责任。

第六百五十六条 [供用水、气、热力合同参照适用供用电合同]供用水、供用气、供用热力合同,参照适用供用电合同的有关规定。

**考点77** 赠与合同

第六百五十八条 [赠与的任意撤销及限制]赠与人在赠与财产的权利转移之前可以撤销赠与。

经过公证的赠与合同或者依法不得撤销的具有救灾、扶贫、助残等公益、道德义务性质的赠与合同,不适用前款规定。〔2020年回忆~赠与的撤销、债权人撤销权〕

第六百六十条 [法定不得撤销赠与的赠与人不交付赠与财产的责任]经过公证的赠与合同或者依法不得撤销的具有救灾、扶贫、助残等公益、道德义务性质的赠与合同,赠与人不交付赠与财产的,受赠人可以请求交付。

依据前款规定应当交付的赠与财产因赠与人故意或者重大过失致使毁损、灭失的,赠与人应当承担赔偿责任。

第六百六十一条 [附义务的赠与合同]赠与可以附义务。

赠与附义务的,受赠人应当按照约定履行义务。

第六百六十二条 [赠与财产的瑕疵担保责任]赠与的财产有瑕疵的,赠与人不承担责任。附义务的赠与,赠与的财产有瑕疵的,赠与人在附义务的限度内承担与出卖人相同的责任。

赠与人故意不告知瑕疵或者保证无瑕疵,造成受赠

人损失的,应当承担赔偿责任。

第六百六十三条 [赠与人的法定撤销情形及撤销权行使期间]受赠人有下列情形之一的,赠与人可以撤销赠与:

(一)严重侵害赠与人或者赠与人近亲属的合法权益;

(二)对赠与人有扶养义务而不履行;

(三)不履行赠与合同约定的义务。

赠与人的撤销权,自知道或者应当知道撤销事由之日起一年内行使。

第六百六十四条 [赠与人的继承人或法定代理人的撤销权]因受赠人的违法行为致使赠与人死亡或者丧失民事行为能力的,赠与人的继承人或者法定代理人可以撤销赠与。

赠与人的继承人或者法定代理人的撤销权,自知道或者应当知道撤销事由之日起六个月内行使。

第六百六十五条 [撤销赠与的效力]撤销权人撤销赠与的,可以向受赠人请求返还赠与的财产。

第六百六十六条 [赠与义务的免除]赠与人的经济状况显著恶化,严重影响其生产经营或者家庭生活的,可以不再履行赠与义务。

**考点78** 借款合同

第六百七十条 [借款利息不得预先扣除]借款的利息不得预先在本金中扣除。利息预先在本金中扣除的,应当按照实际借款数额返还借款并计算利息。

第六百七十三条 [借款人违约使用借款的后果]借款人未按照约定的借款用途使用借款的,贷款人可以停止发放借款、提前收回借款或者解除合同。

第六百七十七条 [提前偿还借款]借款人提前返还借款的,除当事人另有约定外,应当按照实际借款的期间计算利息。

第六百七十九条 [自然人之间借款合同的成立]自然人之间的借款合同,自贷款人提供借款时成立。

第六百八十条 [借款利率和利息]禁止高利放贷,借款的利率不得违反国家有关规定。

借款合同对支付利息没有约定的,视为没有利息。

借款合同对支付利息约定不明确,当事人不能达成补充协议的,按照当地或者当事人的交易方式、交易习惯、市场利率等因素确定利息;自然人之间借款的,视为没有利息。

《民间借贷规定》

第十三条 具有下列情形之一的,人民法院应当认定民间借贷合同无效:

(一)套取金融机构贷款转贷的;

(二)以向其他营利法人借贷、向本单位职工集资,或者以向公众非法吸收存款等方式取得的资金转贷的;

(三)未依法取得放贷资格的出借人,以营利为目的向社会不特定对象提供借款的;

(四)出借人事先知道或者应当知道借款人借款用于

违法犯罪活动仍然提供借款的；

（五）违反法律、行政法规强制性规定的；

（六）违背公序良俗的。

第二十三条　当事人以订立买卖合同作为民间借贷合同的担保，借款到期后借款人不能还款，出借人请求履行买卖合同的，人民法院应当按照民间借贷法律关系审理。当事人根据法庭审理情况变更诉讼请求的，人民法院应当准许。

按照民间借贷法律关系审理作出的判决生效后，借款人不履行生效判决确定的金钱债务，出借人可以申请拍卖买卖合同标的物，以偿还债务。就拍卖所得的价款与应偿还借款本息之间的差额，借款人或者出借人有权主张返还或者补偿。〔2018年回忆~民间借贷与买卖型担保〕

第二十四条　借贷双方没有约定利息，出借人主张支付利息的，人民法院不予支持。

自然人之间借贷对利息约定不明，出借人主张支付利息的，人民法院不予支持。除自然人之间借贷的外，借贷双方对借贷利息约定不明，出借人主张利息的，人民法院应当结合民间借贷合同的内容，并根据当地或者当事人的交易方式、交易习惯、市场报价利率等因素确定利息。〔2022年回忆~借贷利益〕

第二十五条　出借人请求借款人按照合同约定利率支付利息的，人民法院应予支持，但是双方约定的利率超过合同成立时一年期贷款市场报价利率四倍的除外。

前款所称"一年期贷款市场报价利率"，是指中国人民银行授权全国银行间同业拆借中心自2019年8月20日起每月发布的一年期贷款市场报价利率。〔2022年回忆~借贷利益〕

第二十六条　借据、收据、欠条等债权凭证载明的借款金额，一般认定为本金。预先在本金中扣除利息的，人民法院应当将实际出借的金额认定为本金。

第二十八条　借贷双方对逾期利率有约定的，从其约定，但是以不超过合同成立时一年期贷款市场报价利率四倍为限。

未约定逾期利率或者约定不明的，人民法院可以区分不同情况处理：

（一）既未约定借期内利率，也未约定逾期利率，出借人主张借款人自逾期还款之日起参照当时一年期贷款市场报价利率标准计算的利息承担逾期还款违约责任的，人民法院应予支持；

（二）约定了借期内利率但是未约定逾期利率，出借人主张借款人自逾期还款之日起按照借期内利率支付资金占用期间利息的，人民法院应予支持。

第二十九条　出借人与借款人既约定了逾期利率，又约定了违约金或者其他费用，出借人可以选择主张逾期利息、违约金或者其他费用，也可以一并主张，但是总计超过合同成立时一年期贷款市场报价利率四倍的部分，人民法院不予支持。

第三十条　借款人可以提前偿还借款，但是当事人另有约定的除外。

借款人提前偿还借款并主张按照实际借款期限计算利息的，人民法院应予支持。

**考点79** 租赁合同

**（一）租赁合同中当事人的权利义务**

第七百零八条　[出租人义务]出租人应当按照约定将租赁物交付承租人，并在租赁期限内保持租赁物符合约定的用途。〔2013年真题~出租人对租赁物的维修义务〕

第七百一十条　[承租人合理使用租赁物的免责]承租人按照约定的方法或者根据租赁物的性质使用租赁物，致使租赁物受到损耗的，不承担赔偿责任。

第七百一十一条　[承租人未合理使用租赁物的责任]承租人未按照约定的方法或者未根据租赁物的性质使用租赁物，致使租赁物受到损失的，出租人可以解除合同并请求赔偿损失。

第七百一十二条　[出租人的维修义务]出租人应当履行租赁物的维修义务，但是当事人另有约定的除外。〔2013年真题~出租人对租赁物的维修义务〕

第七百一十三条　[租赁物的维修和维修费负担]承租人在租赁物需要维修时可以请求出租人在合理期限内维修。出租人未履行维修义务的，承租人可以自行维修，维修费用由出租人负担。因维修租赁物影响承租人使用的，应当相应减少租金或者延长租期。

因承租人的过错致使租赁物需要维修的，出租人不承担前款规定的维修义务。〔2013年真题~出租人对租赁物的维修义务〕

第七百二十条　[租赁物的收益归属]在租赁期限内因占有、使用租赁物获得的收益，归承租人所有，但是当事人另有约定的除外。

第七百二十三条　[出租人的权利瑕疵担保责任]因第三人主张权利，致使承租人不能对租赁物使用、收益的，承租人可以请求减少租金或者不支付租金。

第三人主张权利的，承租人应当及时通知出租人。

第七百三十一条　[租赁物质量不合格时承租人的解除权]租赁物危及承租人的安全或者健康的，即使承租人订立合同时明知该租赁物质量不合格，承租人仍然可以随时解除合同。

《**房屋租赁合同解释**》

第五条　出租人就同一房屋订立数份租赁合同，在合同均有效的情况下，承租人均主张履行合同的，人民法院按照下列顺序确定履行合同的承租人：

（一）已经合法占有租赁房屋的；

（二）已经办理登记备案手续的；

（三）合同成立在先的。

不能取得租赁房屋的承租人请求解除合同、赔偿损失的，依照民法典的有关规定处理。

第六条　承租人擅自变动房屋建筑主体和承重结构或者扩建，在出租人要求的合理期限内仍不予恢复原状，出租人请求解除合同并要求赔偿损失的，人民法院依照民法典第七百一十一条的规定处理。

**（二）租赁合同中装修装饰物的处理**

**第七百一十五条　[承租人对租赁物进行改善或增设他物]**承租人经出租人同意，可以对租赁物进行改善或者增设他物。

承租人未经出租人同意，对租赁物进行改善或者增设他物的，出租人可以请求承租人恢复原状或者赔偿损失。〔2013年真题～承租人对租赁物进行改善或增设他物〕

《房屋租赁合同解释》

第七条　承租人经出租人同意装饰装修，租赁合同无效时，未形成附合的装饰装修物，出租人同意利用的，可折价归出租人所有；不同意利用的，可由承租人拆除。因拆除造成房屋毁损的，承租人应当恢复原状。

已形成附合的装饰装修物，出租人同意利用的，可折价归出租人所有；不同意利用的，由双方各自按照导致合同无效的过错分担现值损失。

第八条　承租人经出租人同意装饰装修，租赁期间届满或者合同解除时，除当事人另有约定外，未形成附合的装饰装修物，可由承租人拆除。因拆除造成房屋毁损的，承租人应当恢复原状。

第九条　承租人经出租人同意装饰装修，合同解除时，双方对已形成附合的装饰装修物的处理没有约定的，人民法院按照下列情形分别处理：

（一）因出租人违约导致合同解除，承租人请求出租人赔偿剩余租赁期内装饰装修残值损失的，应予支持；

（二）因承租人违约导致合同解除，承租人请求出租人赔偿剩余租赁期内装饰装修残值损失的，不予支持。但出租人同意利用的，应在利用价值范围内予以适当补偿；

（三）因双方违约导致合同解除，剩余租赁期内的装饰装修残值损失，由双方根据各自的过错承担相应的责任；

（四）因不可归责于双方的事由导致合同解除的，剩余租赁期内的装饰装修残值损失，由双方按照公平原则分担。法律另有规定的，适用其规定。

第十条　承租人经出租人同意装饰装修，租赁期间届满时，承租人请求出租人补偿附合装饰装修费用的，不予支持。但当事人另有约定的除外。

第十一条　承租人未经出租人同意装饰装修或者扩建发生的费用，由承租人负担。出租人请求承租人恢复原状或者赔偿损失的，人民法院应予支持。

**（三）转租**

**第七百一十六条　[转租]**承租人经出租人同意，可以将租赁物转租给第三人。承租人转租的，承租人与出租人之间的租赁合同继续有效；第三人造成租赁物损失的，承租人应当赔偿损失。

承租人未经出租人同意转租的，出租人可以解除合同。〔2021年回忆～转租〕

**第七百一十七条　[转租期限]**承租人经出租人同意将租赁物转租给第三人，转租期限超过承租人剩余租赁期限的，超过部分的约定对出租人不具有法律约束力，但是出租人与承租人另有约定的除外。

**第七百一十八条　[出租人同意转租的推定]**出租人知道或者应当知道承租人转租，但是在六个月内未提出异议的，视为出租人同意转租。

**第七百一十九条　[次承租人的代为清偿权]**承租人拖欠租金的，次承租人可以代承租人支付其欠付的租金和违约金，但是转租合同对出租人不具有法律约束力的除外。

次承租人代为支付的租金和违约金，可以充抵次承租人应当向承租人支付的租金；超出其应付的租金数额的，可以向承租人追偿。〔2013年真题～合同的相对性、转租中的代为清偿权〕

**（四）承租人的权利**

**第七百二十五条　[买卖不破租赁]**租赁物在承租人按照租赁合同占有期限内发生所有权变动的，不影响租赁合同的效力。〔2021年回忆～买卖不破租赁〕

**第七百二十六条　[房屋承租人的优先购买权]**出租人出卖租赁房屋的，应当在出卖之前的合理期限内通知承租人，承租人享有以同等条件优先购买的权利；但是，房屋按份共有人行使优先购买权或者出租人将房屋出卖给近亲属的除外。

出租人履行通知义务后，承租人在十五日内未明确表示购买的，视为承租人放弃优先购买权。〔2021年回忆～承租人的优先购买权〕

**第七百二十七条　[承租人对拍卖房屋的优先购买权]**出租人委托拍卖人拍卖租赁房屋的，应当在拍卖五日前通知承租人。承租人未参加拍卖的，视为放弃优先购买权。

**第七百二十八条　[妨害承租人优先购买权的赔偿责任]**出租人未通知承租人或者有其他妨害承租人行使优先购买权情形的，承租人可以请求出租人承担赔偿责任。但是，出租人与第三人订立的房屋买卖合同的效力不受影响。

**第七百三十一条　[租赁物质量不合格时承租人的解除权]**租赁物危及承租人的安全或者健康的，即使承租人订立合同时明知该租赁物质量不合格，承租人仍然可以随时解除合同。

**第七百三十二条　[房屋承租人死亡时租赁关系的处理]**承租人在房屋租赁期限内死亡的，与其生前共同居住的人或者共同经营人可以按照原租赁合同租赁该房屋。

**第七百三十四条　[租赁期限届满的续租及优先承租权]**租赁期限届满，承租人继续使用租赁物，出租人没有提出异议的，原租赁合同继续有效，但是租赁期限为不定期。

租赁期限届满，房屋承租人享有以同等条件优先承租的权利。

**《房屋租赁合同解释》**

第十四条  租赁房屋在承租人按照租赁合同占有期限内发生所有权变动，承租人请求房屋受让人继续履行原租赁合同的，人民法院应予支持。但租赁房屋具有下列情形或者当事人另有约定的除外：

（一）房屋在出租前已设立抵押权，因抵押权人实现抵押权发生所有权变动的；

（二）房屋在出租前已被人民法院依法查封的。

第十五条  出租人与抵押权人协议折价、变卖租赁房屋偿还债务，应当在合理期限内通知承租人。承租人请求以同等条件优先购买房屋的，人民法院应予支持。

**《民法典时间效力规定》**

第二十一条  民法典施行前租赁期限届满，当事人主张适用民法典第七百三十四条第二款规定的，人民法院不予支持；租赁期限在民法典施行后届满，当事人主张适用民法典第七百三十四条第二款规定的，人民法院依法予以支持。

### 考点80 融资租赁合同

第七百三十七条  [融资租赁通谋虚伪表示]当事人以虚构租赁物方式订立的融资租赁合同无效。

第七百三十八条  [特定租赁物经营许可对合同效力影响]依照法律、行政法规的规定，对于租赁物的经营使用应当取得行政许可的，出租人未取得行政许可不影响融资租赁合同的效力。

第七百三十九条  [融资租赁标的物的交付]出租人根据承租人对出卖人、租赁物的选择订立的买卖合同，出卖人应当按照约定向承租人交付标的物，承租人享有与受领标的物有关的买受人的权利。

第七百四十一条  [承租人的索赔权]出租人、出卖人、承租人可以约定，出卖人不履行买卖合同义务的，由承租人行使索赔的权利。承租人行使索赔权利的，出租人应当协助。

第七百四十二条  [承租人行使索赔权的租金支付义务]承租人对出卖人行使索赔权利，不影响其履行支付租金的义务。但是，承租人依赖出租人的技能确定租赁物或者出租人干预选择租赁物的，承租人可以请求减免相应租金。

第七百四十五条  [租赁物的登记对抗效力]出租人对租赁物享有的所有权，未经登记，不得对抗善意第三人。

第七百四十七条  [租赁物瑕疵担保责任]租赁物不符合约定或者不符合使用目的的，出租人不承担责任。但是，承租人依赖出租人的技能确定租赁物或者出租人干预选择租赁物的除外。

第七百四十九条  [租赁物致人损害的责任承担]承租人占有租赁物期间，租赁物造成第三人人身损害或者财产损失的，出租人不承担责任。

第七百五十条  [租赁物的保管、使用、维修]承租人应当妥善保管、使用租赁物。

承租人应当履行占有租赁物期间的维修义务。

第七百五十一条  [承租人占有租赁物毁损、灭失的租金承担]承租人占有租赁物期间，租赁物毁损、灭失的，出租人有权请求承租人继续支付租金，但是法律另有规定或者当事人另有约定的除外。

第七百五十三条  [承租人擅自处分租赁物时出租人的解除权]承租人未经出租人同意，将租赁物转让、抵押、质押、投资入股或者以其他方式处分的，出租人可以解除融资租赁合同。

第七百五十七条  [租赁期满租赁物的归属]出租人和承租人可以约定租赁期限届满租赁物的归属；对租赁物的归属没有约定或者约定不明确，依据本法第五百一十条的规定仍不能确定的，租赁物的所有权归出租人。

第七百五十九条  [支付象征性价款时的租赁物归属]当事人约定租赁期限届满，承租人仅需向出租人支付象征性价款的，视为约定的租金义务履行完毕后租赁物的所有权归承租人。

第七百六十条  [融资租赁合同无效时租赁物的归属]融资租赁合同无效，当事人就该情形下租赁物的归属有约定的，按照其约定；没有约定或者约定不明确的，租赁物应当返还出租人。但是，因承租人原因致使合同无效，出租人不请求返还或者返还后会显著降低租赁物效用的，租赁物的所有权归承租人，由承租人给予出租人合理补偿。

**《融资租赁合同解释》**

第二条  承租人将其自有物出卖给出租人，再通过融资租赁合同将租赁物从出租人处租回的，人民法院不应仅以承租人和出卖人系同一人为由认定不构成融资租赁法律关系。

第四条  出租人转让其在融资租赁合同项下的部分或者全部权利，受让方以此为由请求解除或者变更融资租赁合同的，人民法院不予支持。

第五条  有下列情形之一，出租人请求解除融资租赁合同的，人民法院应予支持：

（一）承租人未按照合同约定的期限和数额支付租金，符合合同约定的解除条件，经出租人催告后在合理期限内仍不支付的；

（二）合同对于欠付租金解除合同的情形没有明确约定，但承租人欠付租金达到两期以上，或者数额达到全部租金百分之十五以上，经出租人催告后在合理期限内仍不支付的；

（三）承租人违反合同约定，致使合同目的不能实现的其他情形。

第十条  出租人既请求承租人支付合同约定的全部未付租金又请求解除融资租赁合同的，人民法院应告知其依照民法典第七百五十二条的规定作出选择。

出租人请求承租人支付合同约定的全部未付租金，人民法院判决后承租人未予履行，出租人再行起诉请求解除融资租赁合同、收回租赁物的，人民法院应予受理。

第十三条  出卖人与买受人因买卖合同发生纠纷，

或者出租人与承租人因融资租赁合同发生纠纷,当事人仅对其中一个合同关系提起诉讼,人民法院经审查后认为另一合同关系的当事人与案件处理结果有法律上的利害关系的,可以通知其作为第三人参加诉讼。

承租人与租赁物的实际使用人不一致,融资租赁合同当事人未对租赁物的实际使用人提起诉讼,人民法院经审查后认为租赁物的实际使用人与案件处理结果有法律上的利害关系的,可以通知其作为第三人参加诉讼。

承租人基于买卖合同和融资租赁合同直接向出卖人主张受领租赁物、索赔等买卖合同权利的,人民法院应通知出卖人作为第三人参加诉讼。

《民诉解释》

第十九条 财产租赁合同、融资租赁合同以租赁物使用地为合同履行地。合同对履行地有约定的,从其约定。

# 专题二十 完成工作交付成果合同

**考点81** 承揽合同

第七百七十条 [承揽合同的定义及类型]承揽合同是承揽人按照定作人的要求完成工作,交付工作成果,定作人支付报酬的合同。

承揽包括加工、定作、修理、复制、测试、检验等工作。

第七百七十二条 [承揽人独立完成主要工作]承揽人应当以自己的设备、技术和劳力,完成主要工作,但是当事人另有约定的除外。

承揽人将其承揽的主要工作交由第三人完成的,应当就该第三人完成的工作成果向定作人负责;未经定作人同意的,定作人也可以解除合同。

第七百七十三条 [承揽人对辅助性工作的责任]承揽人可以将其承揽的辅助工作交由第三人完成。承揽人将其承揽的辅助工作交由第三人完成的,应当就该第三人完成的工作成果向定作人负责。

第七百七十七条 [中途变更工作要求的责任]定作人中途变更承揽工作的要求,造成承揽人损失的,应当赔偿损失。

第七百八十六条 [共同承揽]共同承揽人对定作人承担连带责任,但是当事人另有约定的除外。

第七百八十七条 [定作人的任意解除权]定作人在承揽人完成工作前可以随时解除合同,造成承揽人损失的,应当赔偿损失。

**考点82** 建设工程合同

第七百八十九条 [建设工程合同形式]建设工程合同应当采用书面形式。

第七百九十一条 [总包与分包]发包人可以与总承包人订立建设工程合同,也可以分别与勘察人、设计人、施工人订立勘察、设计、施工承包合同。发包人不得将应当由一个承包人完成的建设工程支解成若干部分发包给数个承包人。

总承包人或者勘察、设计、施工承包人经发包人同意,可以将自己承包的部分工作交由第三人完成。第三人就其完成的工作成果与总承包人或者勘察、设计、施工承包人向发包人承担连带责任。承包人不得将其承包的全部建设工程转包给第三人或者将其承包的全部建设工程支解以后以分包的名义分别转包给第三人。

禁止承包人将工程分包给不具备相应资质条件的单位。禁止分包单位将其承包的工程再分包。建设工程主体结构的施工必须由承包人自行完成。

第七百九十三条 [建设工程施工合同无效的处理]建设工程施工合同无效,但是建设工程经验收合格的,可以参照合同关于工程价款的约定折价补偿承包人。

建设工程施工合同无效,且建设工程经验收不合格的,按照以下情形处理:

(一)修复后的建设工程经验收合格的,发包人可以请求承包人承担修复费用;

(二)修复后的建设工程经验收不合格的,承包人无权请求参照合同关于工程价款的约定折价补偿。

发包人对因建设工程不合格造成的损失有过错的,应当承担相应的责任。

第八百零七条 [工程价款的支付]发包人未按照约定支付价款的,承包人可以催告发包人在合理期限内支付价款。发包人逾期不支付的,除根据建设工程的性质不宜折价、拍卖外,承包人可以与发包人协议将该工程折价,也可以请求人民法院将该工程依法拍卖。建设工程的价款就该工程折价或者拍卖的价款优先受偿。

《建设工程施工合同解释(一)》

第一条一款 建设工程施工合同具有下列情形之一的,应当依据民法典第一百五十三条第一款的规定,认定无效:

(一)承包人未取得建筑业企业资质或者超越资质等级的;

(二)没有资质的实际施工人借用有资质的建筑施工企业名义的;

(三)建设工程必须进行招标而未招标或者中标无效的。

第二条 招标人和中标人另行签订的建设工程施工合同约定的工程范围、建设工期、工程质量、工程价款等实质性内容,与中标合同不一致,一方当事人请求按照中标合同确定权利义务的,人民法院应予支持。

招标人和中标人在中标合同之外就明显高于市场价格购买承建房产、无偿建设住房配套设施、让利、向建设单位捐赠财物等另行签订合同,变相降低工程价款,一方当事人以该合同背离中标合同实质性内容为由请求确认无效的,人民法院应予支持。

第三条 当事人以发包人未取得建设工程规划许可证等规划审批手续为由,请求确认建设工程施工合同无效的,人民法院应予支持,但发包人在起诉前取得建设工程规划许可证等规划审批手续的除外。

发包人能够办理审批手续而未办理,并以未办理审批手续为由请求确认建设工程施工合同无效的，人民法院不予支持。

第四条　承包人超越资质等级许可的业务范围签订建设工程施工合同，在建设工程竣工前取得相应资质等级，当事人请求按照无效合同处理的，人民法院不予支持。

第七条　缺乏资质的单位或者个人借用有资质的建筑施工企业名义签订建设工程施工合同，发包人请求出借方与借用方对建设工程质量不合格等因出借资质造成的损失承担连带赔偿责任的，人民法院应予支持。

第十五条　因建设工程质量发生争议的，发包人可以以总承包人、分包人和实际施工人为共同被告提起诉讼。

第十六条　发包人在承包人提起的建设工程施工合同纠纷案件中，以建设工程质量不符合合同约定或者法律规定为由，就承包人支付违约金或者赔偿修理、返工、改建的合理费用等损失提出反诉的，人民法院可以合并审理。

第二十四条　当事人就同一建设工程订立的数份建设工程施工合同均无效，但建设工程质量合格，一方当事人请求参照实际履行的合同关于工程价款的约定折价补偿承包人的，人民法院应予支持。

实际履行的合同难以确定，当事人请求参照最后签订的合同关于工程价款的约定折价补偿承包人的，人民法院应予支持。

第二十五条　当事人对垫资和垫资利息有约定，承包人请求按照约定返还垫资及其利息的，人民法院应予支持，但是约定的利息计算标准高于垫资时的同类贷款利率或者同期贷款市场报价利率的部分除外。

当事人对垫资没有约定的，按照工程欠款处理。

当事人对垫资利息没有约定，承包人请求支付利息的，人民法院不予支持。

第三十五条　与发包人订立建设工程施工合同的承包人，依据民法典第八百零七条的规定请求其承建工程的价款就工程折价或者拍卖的价款优先受偿的，人民法院应予支持。

第三十六条　承包人根据民法典第八百零七条规定享有的建设工程价款优先受偿权优于抵押权和其他债权。

第三十七条　装饰装修工程具备折价或者拍卖条件，装饰装修工程的承包人请求工程价款就该装饰装修工程折价或者拍卖的价款优先受偿的，人民法院应予支持。

第三十八条　建设工程质量合格，承包人请求其承建工程的价款就工程折价或者拍卖的价款优先受偿的，人民法院应予支持。

第三十九条　未竣工的建设工程质量合格，承包人请求其承建工程的价款就其承建工程部分折价或者拍卖的价款优先受偿的，人民法院应予支持。

第四十条　承包人建设工程价款优先受偿的范围依照国务院有关行政主管部门关于建设工程价款范围的规定确定。

承包人就逾期支付建设工程价款的利息、违约金、损害赔偿金等主张优先受偿的，人民法院不予支持。

第四十一条　承包人应当在合理期限内行使建设工程价款优先受偿权，但最长不得超过十八个月，自发包人应当给付建设工程价款之日起算。

第四十二条　发包人与承包人约定放弃或者限制建设工程价款优先受偿权，损害建筑工人利益，发包人根据该约定主张承包人不享有建设工程价款优先受偿权的，人民法院不予支持。

第四十三条　实际施工人以转包人、违法分包人为被告起诉的，人民法院应当依法受理。

实际施工人以发包人为被告主张权利的，人民法院应当追加转包人或者违法分包人为本案第三人，在查明发包人欠付转包人或者违法分包人建设工程价款的数额后，判决发包人在欠付建设工程价款范围内对实际施工人承担责任。

第四十四条　实际施工人依据民法典第五百三十五条规定，以转包人或者违法分包人怠于向发包人行使到期债权或者与该债权有关的从权利，影响其到期债权实现，提起代位权诉讼的，人民法院应予支持。

# 专题二十一　提供劳务合同

## 考点83　运输合同

### （一）客运合同

**第八百一十四条**　[客运合同的成立]客运合同自承运人向旅客出具客票时成立，但是当事人另有约定或者另有交易习惯的除外。

**第八百一十五条**　[按有效客票记载内容乘坐义务]旅客应当按照有效客票记载的时间、班次和座位号乘坐。旅客无票乘坐、超程乘坐、越级乘坐或者持不符合减价条件的优惠客票乘坐的，应当补交票款，承运人可以按照规定加收票款；旅客不支付票款的，承运人可以拒绝运输。

实名制客运合同的旅客丢失客票的，可以请求承运人挂失补办，承运人不得再次收取票款和其他不合理费用。

**第八百一十七条**　[按约定携带行李义务]旅客随身携带行李应当符合约定的限量和品类要求；超过限量或者违反品类要求携带行李的，应当办理托运手续。

**第八百一十八条**　[危险物品或者违禁物品的携带禁止]旅客不得随身携带或者在行李中夹带易燃、易爆、有毒、有腐蚀性、有放射性以及可能危及运输工具上人身和财产安全的危险物品或者违禁物品。

旅客违反前款规定的，承运人可以将危险物品或者违禁物品卸下、销毁或者送交有关部门。旅客坚持携带或者夹带危险物品或者违禁物品的，承运人应当拒绝运输。

**第八百二十条**　[承运人迟延运输或者有其他不能正常运输情形]承运人应当按照有效客票记载的时间、班次和座位号运输旅客。承运人迟延运输或者有其他不能正常运输情形的,应当及时告知和提醒旅客,采取必要的安置措施,并根据旅客的要求安排改乘其他班次或者退票;由此造成旅客损失的,承运人应当承担赔偿责任,但是不可归责于承运人的除外。

第八百二十一条 [承运人变更服务标准的后果]承运人擅自降低服务标准的,应当根据旅客的请求退票或者减收票款;提高服务标准的,不得加收票款。

第八百二十二条 [承运人尽力救助义务]承运人在运输过程中,应当尽力救助患有急病、分娩、遇险的旅客。

第八百二十三条 [旅客伤亡的赔偿责任]承运人应当对运输过程中旅客的伤亡承担赔偿责任;但是,伤亡是旅客自身健康原因造成的或者承运人证明伤亡是旅客故意、重大过失造成的除外。

前款规定适用于按照规定免票、持优待票或者经承运人许可搭乘的无票旅客。

第八百二十四条 [对行李的赔偿责任]在运输过程中旅客随身携带物品毁损、灭失,承运人有过错的,应当承担赔偿责任。

旅客托运的行李毁损、灭失的,适用货物运输的有关规定。

**(二)货运合同**

第八百二十九条 [托运人变更或解除的权利]在承运人将货物交付收货人之前,托运人可以要求承运人中止运输、返还货物、变更到达地或者将货物交给其他收货人,但是应当赔偿承运人因此受到的损失。

第八百三十条 [提货]货物运输到达后,承运人知道收货人的,应当及时通知收货人,收货人应当及时提货。收货人逾期提货的,应当向承运人支付保管费等费用。

第八百三十一条 [收货人对货物的检验]收货人提货时应当按照约定的期限检验货物。对检验货物的期限没有约定或者约定不明确,依据本法第五百一十条的规定仍不能确定的,应当在合理期限内检验货物。收货人在约定的期限或者合理期限内对货物的数量、毁损等未提出异议的,视为承运人已经按照运输单证的记载交付的初步证据。

第八百三十二条 [承运人对货损的赔偿责任]承运人对运输过程中货物的毁损、灭失承担赔偿责任。但是,承运人证明货物的毁损、灭失是因不可抗力、货物本身的自然性质或者合理损耗以及托运人、收货人的过错造成的,不承担赔偿责任。

第八百三十三条 [确定货损额的方法]货物的毁损、灭失的赔偿额,当事人有约定的,按照其约定;没有约定或者约定不明确,依据本法第五百一十条的规定仍不能确定的,按照交付或者应当交付时货物到达地的市场价格计算。法律、行政法规对赔偿额的计算方法和赔偿限额另有规定的,依照其规定。

第八百三十四条 [相继运输的责任承担]两个以上承运人以同一运输方式联运的,与托运人订立合同的承运人应当对全程运输承担责任;损失发生在某一运输区段的,与托运人订立合同的承运人和该区段的承运人承担连带责任。

第八百三十五条 [货物因不可抗力灭失的运费处理]货物在运输过程中因不可抗力灭失,未收取运费的,承运人不得请求支付运费;已经收取运费的,托运人可以请求返还。法律另有规定的,依照其规定。

第八百三十九条 [多式联运经营人的责任承担]多式联运经营人可以与参加多式联运的各区段承运人就多式联运合同的各区段运输约定相互之间的责任;但是,该约定不影响多式联运经营人对全程运输承担的义务。

> **考点84** 保管合同与仓储合同

**(一)保管合同**

第八百八十九条 [保管合同的报酬]寄存人应当按照约定向保管人支付保管费。

当事人对保管费没有约定或者约定不明确,依据本法第五百一十条的规定仍不能确定的,视为无偿保管。

第八百九十条 [保管合同的成立]保管合同自保管物交付时成立,但是当事人另有约定的除外。

第八百九十一条 [保管人给付保管凭证的义务]寄存人向保管人交付保管物的,保管人应当出具保管凭证,但是另有交易习惯的除外。

第八百九十二条 [保管人对保管物的妥善保管义务]保管人应当妥善保管保管物。

当事人可以约定保管场所或者方法。除紧急情况或者为维护寄存人利益外,不得擅自改变保管场所或者方法。

第八百九十三条 [寄存人如实告知义务]寄存人交付的保管物有瑕疵或者根据保管物的性质需要采取特殊保管措施的,寄存人应当将有关情况告知保管人。寄存人未告知,致使保管物受损失的,保管人不承担赔偿责任;保管人因此受损失的,除保管人知道或者应当知道且未采取补救措施外,寄存人应当承担赔偿责任。

第八百九十四条 [保管人亲自保管义务]保管人不得将保管物转交第三人保管,但是当事人另有约定的除外。

保管人违反前款规定,将保管物转交第三人保管,造成保管物损失的,应当承担赔偿责任。

第八百九十五条 [保管人不得使用或许可他人使用保管物义务]保管人不得使用或者许可第三人使用保管物,但是当事人另有约定的除外。

第八百九十六条 [保管人返还保管物的义务及危险通知义务]第三人对保管物主张权利的,除依法对保管物采取保全或者执行措施外,保管人应当履行向寄存人返还保管物的义务。

第三人对保管人提起诉讼或者对保管物申请扣押的,保管人应当及时通知寄存人。

第八百九十七条 [保管物毁损灭失责任]保管期内,因保管人保管不善造成保管物毁损、灭失的,保管人应当承担赔偿责任。但是，无偿保管人证明自己没有故意或者重大过失的，不承担赔偿责任。

**第八百九十八条 [寄存贵重物品的声明义务]**寄存人寄存货币、有价证券或者其他贵重物品的，应当向保管人声明，由保管人验收或者封存；寄存人未声明的，该物品毁损、灭失后，保管人可以按照一般物品予以赔偿。

**第八百九十九条 [保管物的领取及领取时间]**寄存人可以随时领取保管物。

当事人对保管期限没有约定或者约定不明确的，保管人可以随时请求寄存人领取保管物；约定保管期限的，保管人无特别事由，不得请求寄存人提前领取保管物。

**第九百条 [保管人归还原物及孳息的义务]**保管期限届满或者寄存人提前领取保管物的，保管人应当将原物及其孳息归还寄存人。

**(二)仓储合同**

**第九百零五条 [仓储合同的成立时间]**仓储合同自保管人和存货人意思表示一致时成立。

**第九百零八条 [保管人出具仓单、入库单义务]**存货人交付仓储物的，保管人应当出具仓单、入库单等凭证。

**第九百一十条 [仓单的转让和出质]**仓单是提取仓储物的凭证。存货人或者仓单持有人在仓单上背书并经保管人签名或者盖章的，可以转让提取仓储物的权利。

**第九百一十四条 [仓储物的提取]**当事人对储存期限没有约定或者约定不明确的，存货人或者仓单持有人可以随时提取仓储物，保管人也可以随时请求存货人或者仓单持有人提取仓储物，但是应当给予必要的准备时间。

**第九百一十五条 [仓储物的提取规则]**储存期限届满，存货人或者仓单持有人应当凭仓单、入库单等提取仓储物。存货人或者仓单持有人逾期提取的，应当加收仓储费；提前提取的，不减收仓储费。

**第九百一十七条 [保管不善的责任承担]**储存期内，因保管不善造成仓储物毁损、灭失的，保管人应当承担赔偿责任。因仓储物本身的自然性质、包装不符合约定或者超过有效储存期造成仓储物变质、损坏的，保管人不承担赔偿责任。

**考点85** 委托合同

**(一)含义**

**第九百一十九条 [委托合同的概念]**委托合同是委托人和受托人约定，由受托人处理委托人事务的合同。

**(二)转委托**

**第九百二十三条 [受托人亲自处理委托事务]**受托人应当亲自处理委托事务。经委托人同意，受托人可以转委托。转委托经同意或者追认的，委托人可以就委托事务直接指示转委托的第三人，受托人仅就第三人的选任及其对第三人的指示承担责任。转委托未经同意或者追认的，受托人应当对转委托的第三人的行为承担责任；但是，在紧急情况下受托人为了维护委托人的利益需要

转委托第三人的除外。

**(三)委托合同中的间接代理**

**第九百二十五条 [显名的间接代理]**受托人以自己的名义，在委托人的授权范围内与第三人订立的合同，第三人在订立合同时知道受托人与委托人之间的代理关系的，该合同直接约束委托人和第三人；但是，有确切证据证明该合同只约束受托人和第三人的除外。

**第九百二十六条 [隐名的间接代理]**受托人以自己的名义与第三人订立合同时，第三人不知道受托人与委托人之间的代理关系的，受托人因第三人的原因对委托人不履行义务，受托人应当向委托人披露第三人，委托人因此可以行使受托人对第三人的权利。但是，第三人与受托人订立合同时如果知道该委托人就不会订立合同的除外。

受托人因委托人的原因对第三人不履行义务，受托人应当向第三人披露委托人，第三人因此可以选择受托人或者委托人作为相对人主张其权利，但是第三人不得变更选定的相对人。

委托人行使受托人对第三人的权利的，第三人可以向委托人主张其对受托人的抗辩。第三人选定委托人作为其相对人的，委托人可以向第三人主张其对受托人的抗辩以及受托人对第三人的抗辩。

**(四)任意解除权**

**第九百三十三条 [任意解除权]**委托人或者受托人可以随时解除委托合同。因解除合同造成对方损失的，除不可归责于该当事人的事由外，无偿委托合同的解除方应当赔偿因解除时间不当造成的直接损失，有偿委托合同的解除方应当赔偿对方的直接损失和合同履行后可以获得的利益。[2018年回忆～合同的任意解除权]

**考点87** 行纪合同

**第九百五十一条 [行纪合同的概念]**行纪合同是行纪人以自己的名义为委托人从事贸易活动，委托人支付报酬的合同。

**第九百五十二条 [行纪人的费用负担]**行纪人处理委托事务支出的费用，由行纪人负担，但是当事人另有约定的除外。

**第九百五十六条 [行纪人的介入权]**行纪人卖出或者买入具有市场定价的商品，除委托人有相反的意思表示外，行纪人自己可以作为买受人或者出卖人。

行纪人有前款规定情形的，仍然可以请求委托人支付报酬。

**考点88** 中介合同

**第九百六十一条 [中介合同的概念]**中介合同是中介人向委托人报告订立合同的机会或者提供订立合同的媒介服务，委托人支付报酬的合同。

**第九百六十二条 [中介人的如实报告义务]**中介人应当就有关订立合同的事项向委托人如实报告。

中介人故意隐瞒与订立合同有关的重要事实或者提

供虚假情况,损害委托人利益的,不得请求支付报酬并应当承担赔偿责任。

第九百六十三条 [中介人的报酬请求权]中介人促成合同成立的,委托人应当按照约定支付报酬。对中介人的报酬没有约定或者约定不明确,依据本法第五百一十条的规定仍不能确定的,根据中介人的劳务合理确定。因中介人提供订立合同的媒介服务而促成合同成立的,由该合同的当事人平均负担中介人的报酬。

中介人促成合同成立的,中介活动的费用,由中介人负担。

# 专题二十二 技术合同

## 考点90 技术开发合同

### (一)含义

第八百五十一条 [技术开发合同的定义及种类]技术开发合同是当事人之间就新技术、新产品、新工艺、新品种或者新材料及其系统的研究开发所订立的合同。

技术开发合同包括委托开发合同和合作开发合同。技术开发合同应当采用书面形式。

当事人之间就具有实用价值的科技成果实施转化订立的合同,参照适用技术开发合同的有关规定。

### (二)发明创造的归属

第八百五十九条 [委托开发发明创造的归属和分享]委托开发完成的发明创造,除法律另有规定或者当事人另有约定外,申请专利的权利属于研究开发人。研究开发人取得专利权的,委托人可以依法实施该专利。

研究开发人转让专利申请权的,委托人享有以同等条件优先受让的权利。

第八百六十条 [合作开发发明创造专利申请权的归属和分享]合作开发完成的发明创造,申请专利的权利属于合作开发的当事人共有;当事人一方转让其共有的专利申请权的,其他各方享有以同等条件优先受让的权利。但是,当事人另有约定的除外。

合作开发的当事人一方声明放弃其共有的专利申请权的,除当事人另有约定外,可以由另一方单独申请或者由其他各方共同申请。申请人取得专利权的,放弃专利申请权的一方可以免费实施该专利。

合作开发的当事人一方不同意申请专利的,另一方或者其他各方不得申请专利。

### (三)技术成果的归属

第八百六十一条 [技术秘密成果的归属与分配]委托开发或者合作开发完成的技术秘密成果的使用权、转让权以及收益的分配办法,由当事人约定;没有约定或者约定不明确,依据本法第五百一十条的规定仍不能确定的,在没有相同技术方案被授予专利权前,当事人均有使用和转让的权利。但是,委托开发的研究开发人不得在向委托人交付研究开发成果之前,将研究开发成果转让给第三人。

## 考点91 技术转让合同和技术许可合同

### (一)含义

第八百六十三条 [技术转让合同和技术许可合同的种类及合同要件]技术转让合同包括专利权转让、专利申请权转让、技术秘密转让等合同。

技术许可合同包括专利实施许可、技术秘密使用许可等合同。

技术转让合同和技术许可合同应当采用书面形式。

### (二)专利实施许可

第八百六十五条 [专利实施许可合同的有效期限]专利实施许可合同仅在该专利权的存续期限内有效。专利权有效期限届满或者专利权被宣告无效的,专利权人不得就该专利与他人订立专利实施许可合同。

第八百六十七条 [专利实施许可合同被许可人的义务]专利实施许可合同的被许可人应当按照约定实施专利,不得许可约定以外的第三人实施该专利,并按照约定支付使用费。

### (三)改进技术成果的归属

第八百七十五条 [后续改进技术成果的分享办法]当事人可以按照互利的原则,在合同中约定实施专利、使用技术秘密后续改进的技术成果的分享办法;没有约定或者约定不明确,依据本法第五百一十条的规定仍不能确定的,一方后续改进的技术成果,其他各方无权分享。

## 考点92 技术服务合同

### (一)含义

第八百七十八条第二款 [技术咨询合同、技术服务合同的定义]技术服务合同是当事人一方以技术知识为对方解决特定技术问题所订立的合同,不包括承揽合同和建设工程合同。

### (二)权利义务

第八百八十二条 [技术服务合同委托人的义务]技术服务合同的委托人应当按照约定提供工作条件,完成配合事项,接受工作成果并支付报酬。

第八百八十三条 [技术服务合同受托人的义务]技术服务合同的受托人应当按照约定完成服务项目,解决技术问题,保证工作质量,并传授解决技术问题的知识。

第八百八十四条 [技术服务合同的当事人违约责任]技术服务合同的委托人不履行合同义务或者履行合同义务不符合约定,影响工作进度和质量,不接受或者逾期接受工作成果的,支付的报酬不得追回,未支付的报酬应当支付。

技术服务合同的受托人未按照约定完成服务工作的,应当承担免收报酬等违约责任。

# 专题二十三 合伙合同

## 考点93 合伙合同

第九百六十八条 [合伙人的出资义务]合伙人应当按照约定的出资方式、数额和缴付期限,履行出资义务。

第九百七十二条 [合伙的利润分配和亏损分担]合伙的利润分配和亏损分担，按照合伙合同的约定办理；合伙合同没有约定或者约定不明确的，由合伙人协商决定；协商不成的，由合伙人按照实缴出资比例分配、分担；无法确定出资比例的，由合伙人平均分配、分担。

第九百七十三条 [合伙人对合伙债务的连带责任及追偿权]合伙人对合伙债务承担连带责任。清偿合伙债务超过自己应当承担份额的合伙人，有权向其他合伙人追偿。

第九百七十四条 [合伙人转让财产份额的要求]除合伙合同另有约定外，合伙人向合伙人以外的人转让其全部或者部分财产份额的，须经其他合伙人一致同意。

第九百七十五条 [合伙人债权人代位行使权利的限制]合伙人的债权人不得代位行使合伙人依照本章规定和合伙合同享有的权利，但是合伙人享有的利益分配请求权除外。

第九百七十六条 [合伙期限的推定]合伙人对合伙期限没有约定或者约定不明确，依据本法第五百一十条的规定仍不能确定的，视为不定期合伙。

合伙期限届满，合伙人继续执行合伙事务，其他合伙人没有提出异议的，原合伙合同继续有效，但是合伙期限为不定期。

合伙人可以随时解除不定期合伙合同，但是应当在合理期限之前通知其他合伙人。

# 专题二十四　无因管理、不当得利

**考点94** 无因管理

第九百七十九条 [无因管理的定义及法律效果]管理人没有法定的或者约定的义务，为避免他人利益受损失而管理他人事务的，可以请求受益人偿还因管理事务而支出的必要费用；管理人因管理事务受到损失的，可以请求受益人给予适当补偿。

管理事务不符合受益人真实意思的，管理人不享有前款规定的权利；但是，受益人的真实意思违反法律或者违背公序良俗的除外。

第九百八十条 [不适当的无因管理]管理人管理事务不属于前条规定的情形，但是受益人享有管理利益的，受益人应当在其获得的利益范围内向管理人承担前条第一款规定的义务。

第九百八十一条 [管理人的善良管理义务]管理人管理他人事务，应当采取有利于受益人的方法。中断管理对受益人不利的，无正当理由不得中断。

第九百八十二条 [管理人的通知义务]管理人管理他人事务，能够通知受益人的，应当及时通知受益人。管理的事务不需要紧急处理的，应当等待受益人的指示。

第九百八十三条 [管理人的报告及移交财产义务]管理结束后，管理人应当向受益人报告管理事务的情况。管理人管理事务取得的财产，应当及时转交给受益人。

第九百八十四条 [本人对管理事务的追认]管理

管理事务经受益人事后追认的，从管理事务开始时起，适用委托合同的有关规定，但是管理人另有意思表示的除外。

《民法典》

第一百八十三条 [因保护他人民事权益而受损的责任承担]因保护他人民事权益使自己受到损害的，由侵权人承担民事责任，受益人可以给予适当补偿。没有侵权人、侵权人逃逸或者无力承担民事责任，受害人请求补偿的，受益人应当给予适当补偿。

第一百八十四条 [紧急救助的责任豁免]因自愿实施紧急救助行为造成受助人损害的，救助人不承担民事责任。

《诉讼时效规定》

第七条 管理人因无因管理行为产生的给付必要管理费用、赔偿损失请求权的诉讼时效期间，从无因管理行为结束并且管理人知道或者应当知道本人之日起计算。

本人因不当无因管理行为产生的赔偿损失请求权的诉讼时效期间，从其知道或者应当知道管理人及损害事实之日起计算。

**考点95** 不当得利

第九百八十五条 [不当得利的构成及除外情况]得利人没有法律根据取得不当利益的，受损失的人可以请求得利人返还取得的利益，但是有下列情形之一的除外：

（一）为履行道德义务进行的给付；

（二）债务到期之前的清偿；

（三）明知无给付义务而进行的债务清偿。

第九百八十六条 [善意得利人的返还责任]得利人不知道且不应当知道取得的利益没有法律根据，取得的利益已经不存在的，不承担返还该利益的义务。

第九百八十七条 [恶意得利人的返还责任]得利人知道或者应当知道取得的利益没有法律根据的，受损失的人可以请求得利人返还其取得的利益并依法赔偿损失。

第九百八十八条 [第三人的返还义务]得利人已经将取得的利益无偿转让给第三人的，受损失的人可以请求第三人在相应范围内承担返还义务。

《诉讼时效规定》

第六条 返还不当得利请求权的诉讼时效期间，从当事人一方知道或者应当知道不当得利事实及对方当事人之日起计算。

# 第四编　人格权

# 专题二十五　人格权

**考点96** 生命权、身体权、健康权

第一千零二条 [生命权]自然人享有生命权。自然人的生命安全和生命尊严受法律保护。任何组织或者个人不得侵害他人的生命权。

第一千零三条 [身体权]自然人享有身体权。自然人的身体完整和行动自由受法律保护。任何组织或者个

人不得侵害他人的身体权。

**第一千零四条 [健康权]**自然人享有健康权。自然人的身心健康受法律保护。任何组织或者个人不得侵害他人的健康权。

**第一千零五条 [法定救助义务]**自然人的生命权、身体权、健康权受到侵害或者处于其他危难情形的，负有法定救助义务的组织或者个人应当及时施救。

**第一千零六条 [人体捐献]**完全民事行为能力人有权依法自主决定无偿捐献其人体细胞、人体组织、人体器官、遗体。任何组织或者个人不得强迫、欺骗、利诱其捐献。

完全民事行为能力人依据前款规定同意捐献的，应当采用书面形式，也可以订立遗嘱。

自然人生前未表示不同意捐献的，该自然人死亡后，其配偶、成年子女、父母可以共同决定捐献，决定捐献应当采用书面形式。

**第一千零七条 [禁止买卖人体细胞、组织、器官和遗体]**禁止以任何形式买卖人体细胞、人体组织、人体器官、遗体。

违反前款规定的买卖行为无效。

**第一千零八条 [人体临床试验]**为研制新药、医疗器械或者发展新的预防和治疗方法，需要进行临床试验的，应当依法经相关主管部门批准并经伦理委员会审查同意，向受试者或者受试者的监护人告知试验目的、用途和可能产生的风险等详细情况，并经其书面同意。

进行临床试验的，不得向受试者收取试验费用。

**第一千零九条 [从事人体基因、胚胎等医学和科研活动的法定限制]**从事与人体基因、人体胚胎等有关的医学和科研活动，应当遵守法律、行政法规和国家有关规定，不得危害人体健康，不得违背伦理道德，不得损害公共利益。

**第一千零一十条 [性骚扰]**违背他人意愿，以言语、文字、图像、肢体行为等方式对他人实施性骚扰的，受害人有权依法请求行为人承担民事责任。

机关、企业、学校等单位应当采取合理的预防、受理投诉、调查处置等措施，防止和制止利用职权、从属关系等实施性骚扰。

**《关于审理人身损害赔偿案件适用法律若干问题的解释》**

第一条 因生命、身体、健康遭受侵害，赔偿权利人起诉请求赔偿义务人赔偿物质损害和精神损害的，人民法院应予受理。

本条所称"赔偿权利人"，是指因侵权行为或者其他致害原因直接遭受人身损害的受害人以及死亡受害人的近亲属。

本条所称"赔偿义务人"，是指因自己或者他人的侵权行为以及其他致害原因依法应当承担民事责任的自然人、法人或者非法人组织。

**考点97 姓名权与名称权**

**第一千零一十二条 [姓名权]**自然人享有姓名权，

有权依法决定、使用、变更或者许可他人使用自己的姓名，但是不得违背公序良俗。

**第一千零一十三条 [名称权]**法人、非法人组织享有名称权，有权依法决定、使用、变更、转让或者许可他人使用自己的名称。

**第一千零一十四条 [禁止侵害他人的姓名或名称]**任何组织或者个人不得以干涉、盗用、假冒等方式侵害他人的姓名权或者名称权。

**第一千零一十五条 [自然人姓氏的选取]**自然人应当随父姓或者母姓，但是有下列情形之一的，可以在父姓和母姓之外选取姓氏：

（一）选取其他直系长辈血亲的姓氏；

（二）因由法定扶养人以外的人扶养而选取扶养人姓氏；

（三）有不违背公序良俗的其他正当理由。

少数民族自然人的姓氏可以遵从本民族的文化传统和风俗习惯。

**第一千零一十七条 [姓名与名称的扩展保护]**具有一定社会知名度，被他人使用足以造成公众混淆的笔名、艺名、网名、译名、字号、姓名和名称的简称等，参照适用姓名权和名称权保护的有关规定。

**考点98 肖像权**

**第一千零一十八条 [肖像权及肖像]**自然人享有肖像权，有权依法制作、使用、公开或者许可他人使用自己的肖像。

肖像是通过影像、雕塑、绘画等方式在一定载体上所反映的特定自然人可以被识别的外部形象。

**第一千零一十九条 [肖像权的保护]**任何组织或者个人不得以丑化、污损，或者利用信息技术手段伪造等方式侵害他人的肖像权。未经肖像权人同意，不得制作、使用、公开肖像权人的肖像，但是法律另有规定的除外。

未经肖像权人同意，肖像作品权利人不得以发表、复制、发行、出租、展览等方式使用或者公开肖像权人的肖像。

**第一千零二十条 [肖像权的合理使用]**合理实施下列行为的，可以不经肖像权人同意：

（一）为个人学习、艺术欣赏、课堂教学或者科学研究，在必要范围内使用肖像权人已经公开的肖像；

（二）为实施新闻报道，不可避免地制作、使用、公开肖像权人的肖像；

（三）为依法履行职责，国家机关在必要范围内制作、使用、公开肖像权人的肖像；

（四）为展示特定公共环境，不可避免地制作、使用、公开肖像权人的肖像；

（五）为维护公共利益或者肖像权人合法权益，制作、使用、公开肖像权人的肖像的其他行为。

**考点99 名誉权**

**第一千零二十四条 [名誉权及名誉]**民事主体享有名誉权。任何组织或者个人不得以侮辱、诽谤等方式侵害他人的名誉权。

名誉是对民事主体的品德、声望、才能、信用等的社会评价。

**第一千零二十五条** [新闻报道、舆论监督与保护名誉权关系问题]行为人为公共利益实施新闻报道、舆论监督等行为，影响他人名誉的，不承担民事责任，但是有下列情形之一的除外：

（一）捏造、歪曲事实；

（二）对他人提供的严重失实内容未尽到合理核实义务；

（三）使用侮辱性言辞等贬损他人名誉。

**第一千零三十一条** [荣誉权]民事主体享有荣誉权。任何组织或者个人不得非法剥夺他人的荣誉称号，不得诋毁、贬损他人的荣誉。

获得的荣誉称号应当记载而没有记载的，民事主体可以请求记载；获得的荣誉称号记载错误的，民事主体可以请求更正。

**考点100 隐私权**

**第一千零三十二条** [隐私权及隐私]自然人享有隐私权。任何组织或者个人不得以刺探、侵扰、泄露、公开等方式侵害他人的隐私权。

隐私是自然人的私人生活安宁和不愿为他人知晓的私密空间、私密活动、私密信息。

**第一千零三十三条** [侵害隐私权的行为]除法律另有规定或者权利人明确同意外，任何组织或者个人不得实施下列行为：

（一）以电话、短信、即时通讯工具、电子邮件、传单等方式侵扰他人的私人生活安宁；

（二）进入、拍摄、窥视他人的住宅、宾馆房间等私密空间；

（三）拍摄、窥视、窃听、公开他人的私密活动；

（四）拍摄、窥视他人身体的私密部位；

（五）处理他人的私密信息；

（六）以其他方式侵害他人的隐私权。

**考点101 个人信息保护**

**第一千零三十四条** [个人信息保护]自然人的个人信息受法律保护。

个人信息是以电子或者其他方式记录的能够单独或者与其他信息结合识别特定自然人的各种信息，包括自然人的姓名、出生日期、身份证件号码、生物识别信息、住址、电话号码、电子邮箱、健康信息、行踪信息等。

个人信息中的私密信息，适用有关隐私权的规定；没有规定的，适用有关个人信息保护的规定。

**第一千零三十五条** [个人信息处理的原则]处理个人信息的，应当遵循合法、正当、必要原则，不得过度处理，并符合下列条件：

（一）征得该自然人或者其监护人同意，但是法律、行政法规另有规定的除外；

（二）公开处理信息的规则；

（三）明示处理信息的目的、方式和范围；

（四）不违反法律、行政法规的规定和双方的约定。

个人信息的处理包括个人信息的收集、存储、使用、加工、传输、提供、公开等。

**第一千零三十九条** [国家机关及其工作人员对个人信息的保密义务]国家机关、承担行政职能的法定机构及其工作人员对于履行职责过程中知悉的自然人的隐私和个人信息，应当予以保密，不得泄露或者向他人非法提供。

**考点102 人格权的保护**

**第九百九十五条** [人格权保护的请求权]人格权受到侵害的，受害人有权依照本法和其他法律的规定请求行为人承担民事责任。受害人的停止侵害、排除妨碍、消除危险、消除影响、恢复名誉、赔礼道歉请求权，不适用诉讼时效的规定。

**第九百九十六条** [人格权责任竞合下的精神损害赔偿]因当事人一方的违约行为，损害对方人格权并造成严重精神损害，受损害方选择请求其承担违约责任的，不影响受损害方请求精神损害赔偿。

**第九百九十七条** [申请法院责令停止侵害]民事主体有证据证明行为人正在实施或者即将实施侵害其人格权的违法行为，不及时制止将使其合法权益受到难以弥补的损害的，有权依法向人民法院申请采取责令行为人停止有关行为的措施。

**第一千条** [消除影响、恢复名誉、赔礼道歉责任方式]行为人因侵害人格权承担消除影响、恢复名誉、赔礼道歉等民事责任的，应当与行为的具体方式和造成的影响范围相当。

行为人拒不承担前款规定的民事责任的，人民法院可以采取在报刊、网络等媒体上发布公告或者公布生效裁判文书等方式执行，产生的费用由行为人负担。

**考点103 死者人格利益保护**

**第九百九十二条** [人格权不得放弃、转让、继承]人格权不得放弃、转让或者继承。

**第九百九十四条** [死者人格利益保护]死者的姓名、肖像、名誉、荣誉、隐私、遗体等受到侵害的，其配偶、子女、父母有权依法请求行为人承担民事责任；死者没有配偶、子女且父母已经死亡的，其他近亲属有权依法请求行为人承担民事责任。

# 第五编 婚姻家庭

## 专题二十六 结 婚

**考点104 结婚**

（一）有效婚姻

**第一千零四十七条** [法定婚龄]结婚年龄，男不得早于二十二周岁，女不得早于二十周岁。

**第一千零四十八条　[禁止结婚的情形]**直系血亲或者三代以内的旁系血亲禁止结婚。

**第一千零四十九条　[结婚程序]**要求结婚的男女双方应当亲自到婚姻登记机关申请结婚登记。符合本法规定的,予以登记,发给结婚证。完成结婚登记,即确立婚姻关系。未办理结婚登记的,应当补办登记。

**《民法典婚姻家庭编解释(一)》**

第六条　男女双方依据民法典第一千零四十九条规定补办结婚登记的,婚姻关系的效力从双方均符合民法典所规定的结婚的实质要件时起算。

第七条　未依据民法典第一千零四十九条规定办理结婚登记而以夫妻名义共同生活的男女,提起诉讼要求离婚的,应当区别对待:

(一)1994年2月1日民政部《婚姻登记管理条例》公布实施以前,男女双方已经符合结婚实质要件的,按事实婚姻处理。

(二)1994年2月1日民政部《婚姻登记管理条例》公布实施以后,男女双方符合结婚实质要件的,人民法院应当告知其补办结婚登记。未补办结婚登记的,依据本解释第三条规定处理。

第八条　未依据民法典第一千零四十九条规定办理结婚登记而以夫妻名义共同生活的男女,一方死亡,另一方以配偶身份主张享有继承权的,依据本解释第七条的原则处理。

第三条　当事人提起诉讼仅请求解除同居关系的,人民法院不予受理;已经受理的,裁定驳回起诉。

当事人因同居期间财产分割或者子女抚养纠纷提起诉讼的,人民法院应当受理。

**(二)无效婚姻**

**第一千零五十一条　[婚姻无效的情形]**有下列情形之一的,婚姻无效:

(一)重婚;

(二)有禁止结婚的亲属关系;

(三)未到法定婚龄。

**《民法典婚姻家庭编解释(一)》**

第九条　有权依据民法典第一千零五十一条规定向人民法院就已办理结婚登记的婚姻请求确认婚姻无效的主体,包括婚姻当事人及利害关系人。其中,利害关系人包括:

(一)以重婚为由的,为当事人的近亲属及基层组织;

(二)以未到法定婚龄为由的,为未到法定婚龄者的近亲属;

(三)以有禁止结婚的亲属关系为由的,为当事人的近亲属。

第十条　当事人依据民法典第一千零五十一条规定向人民法院请求确认婚姻无效,法定的无效婚姻情形在提起诉讼时已经消失的,人民法院不予支持。

第十一条　人民法院受理请求确认婚姻无效案件后,原告申请撤诉的,不予准许。

对婚姻效力的审理不适用调解,应当依法作出判决。

涉及财产分割和子女抚养的,可以调解。调解达成协议的,另行制作调解书;未达成调解协议的,应当一并作出判决。

第十三条　人民法院就同一婚姻关系分别受理了离婚和请求确认婚姻无效案件的,对于离婚案件的审理,应当待请求确认婚姻无效案件作出判决后进行。

第十四条　夫妻一方或者双方死亡后,生存一方或者利害关系人依据民法典第一千零五十一条的规定请求确认婚姻无效的,人民法院应当受理。

第十五条　利害关系人依据民法典第一千零五十一条的规定,请求人民法院确认婚姻无效的,利害关系人为原告,婚姻关系当事人双方为被告。

夫妻一方死亡的,生存一方为被告。

第十六条　人民法院审理重婚导致的无效婚姻案件时,涉及财产处理的,应当准许合法婚姻当事人作为有独立请求权的第三人参加诉讼。

第十七条　当事人以民法典第一千零五十一条规定的三种无效婚姻以外的情形请求确认婚姻无效的,人民法院应当判决驳回当事人的诉讼请求。

当事人以结婚登记程序存在瑕疵为由提起民事诉讼,主张撤销结婚登记的,告知其可以依法申请行政复议或者提起行政诉讼。

**(三)可撤销婚姻**

**1 第一千零五十二条　[受胁迫婚姻的撤销]**因胁迫结婚的,受胁迫的一方可以向人民法院请求撤销婚姻。

请求撤销婚姻的,应当自胁迫行为终止之日起一年内提出。

被非法限制人身自由的当事人请求撤销婚姻的,应当自恢复人身自由之日起一年内提出。

**《民法典婚姻家庭编解释(一)》**

第十八条　行为人以给另一方当事人或者其近亲属的生命、身体、健康、名誉、财产等方面造成损害为要挟,迫使另一方当事人违背真实意愿结婚的,可以认定为民法典第一千零五十二条所称的"胁迫"。

因受胁迫而请求撤销婚姻的,只能是受胁迫一方的婚姻关系当事人本人。

第十九条第一款　民法典第一千零五十二条规定的"一年",不适用诉讼时效中止、中断或者延长的规定。

**2 第一千零五十三条　[隐瞒重大疾病的可撤销婚姻]**一方患有重大疾病的,应当在结婚登记前如实告知另一方;不如实告知的,另一方可以向人民法院请求撤销婚姻。

请求撤销婚姻的,应当自知道或者应当知道撤销事由之日起一年内提出。

**(四)无效与被撤销婚姻的法律后果**

**第一千零五十四条　[婚姻无效或被撤销的法律后果]**无效的或者被撤销的婚姻自始没有法律约束力,当事人不具有夫妻的权利和义务。同居期间所得的财产,由当事人协议处理;协议不成的,由人民法院根据照顾无过错方的原则判决。对重婚导致的无效婚姻的财产处理,不得侵害合法婚姻当事人的财产权益。当事人所生的子女,适用本法关于父母子女的规定。

婚姻无效或者被撤销的,无过错方有权请求损害赔偿。

**《民法典婚姻家庭编解释(一)》**

第二十一条　人民法院根据当事人的请求,依法确认婚姻无效或者撤销婚姻的,应当收缴双方的结婚证书并将生效的判决书寄送当地婚姻登记管理机关。

第二十二条　被确认无效或者被撤销的婚姻,当事人同居期间所得的财产,除有证据证明为当事人一方所有的以外,按共同共有处理。

**(五)彩礼返还**

(1)彩礼的认定

**《最高人民法院关于审理涉彩礼纠纷案件适用法律若干问题的规定》**

第三条　人民法院在审理涉彩礼纠纷案件中,可以根据一方给付财物的目的,综合考虑双方当地习俗、给付的时间和方式、财物价值、给付人及接收人等事实,认定彩礼范围。

下列情形给付的财物,不属于彩礼:

(一)一方在节日、生日等有特殊纪念意义时点给付的价值不大的礼物、礼金;

(二)一方为表达或者增进感情的日常消费性支出;

(三)其他价值不大的财物。

(2)返还彩礼的情形

**《民法典婚姻家庭编解释(一)》**

第五条　当事人请求返还按照习俗给付的彩礼的,如果查明属于以下情形,人民法院应当予以支持:

(一)双方未办理结婚登记手续;

(二)双方办理结婚登记手续但确未共同生活;

(三)婚前给付并导致给付人生活困难。

适用前款第二项、第三项的规定,应当以双方离婚为条件。

**《最高人民法院关于审理涉彩礼纠纷案件适用法律若干问题的规定》**

第五条　双方已办理结婚登记且共同生活,离婚时一方请求返还按习俗给付的彩礼的,人民法院一般不予支持。但是,如果共同生活时间较短且彩礼数额过高的,人民法院可以根据彩礼实际使用及嫁妆情况,综合考虑彩礼数额、共同生活及孕育情况、双方过错等事实,结合当地习俗,确定是否返还以及返还的具体比例。

人民法院认定彩礼数额是否过高,应当综合考虑彩礼给付方所在地居民人均可支配收入、给付方家庭经济情况以及当地习俗等因素。

第六条　双方未办理结婚登记但已共同生活,一方请求返还按照习俗给付的彩礼的,人民法院应当根据彩礼实际使用及嫁妆情况,综合考虑共同生活及孕育情况、双方过错等事实,结合当地习俗,确定是否返还以及返还的具体比例。

(3)诉讼当事人

**《最高人民法院关于审理涉彩礼纠纷案件适用法律若干问题的规定》**

第四条　婚约财产纠纷中,婚约一方及其实际给付彩礼的父母可以作为共同原告;婚约另一方及其实际接收彩礼的父母可以作为共同被告。

离婚纠纷中,一方提出返还彩礼诉讼请求的,当事人仍为夫妻双方。

# 专题二十七　家庭关系

**考点105** 夫妻财产关系

**(一)夫妻共同财产**

**1** 第一千零六十二条　**[夫妻共同财产]** 夫妻在婚姻关系存续期间所得的下列财产,为夫妻的共同财产,归夫妻共同所有:

(一)工资、奖金、劳务报酬;

(二)生产、经营、投资的收益;

(三)知识产权的收益;

(四)继承或者受赠的财产,但是本法第一千零六十三条第三项规定的除外;

(五)其他应当归共同所有的财产。

夫妻对共同财产,有平等的处理权。

**《民法典婚姻家庭编解释(一)》**

第二十四条　民法典第一千零六十二条第一款第三项规定的"知识产权的收益",是指婚姻关系存续期间,实际取得或者已经明确可以取得的财产性收益。

第二十五条　婚姻关系存续期间,下列财产属于民法典第一千零六十二条规定的"其他应当归共同所有的财产":

(一)一方以个人财产投资取得的收益;

(二)男女双方实际取得或者应当取得的住房补贴、住房公积金;

(三)男女双方实际取得或者应当取得的基本养老金、破产安置补偿费。

第二十六条　夫妻一方个人财产在婚后产生的收益,除孳息和自然增值外,应认定为夫妻共同财产。

第二十七条　由一方婚前承租、婚后用共同财产购买的房屋,登记在一方名下的,应当认定为夫妻共同财产。

第二十九条　当事人结婚前,父母为双方购置房屋出资的,该出资应当认定为对自己子女个人的赠与,但父母明确表示赠与双方的除外。

当事人结婚后,父母为双方购置房屋出资的,依照约定处理;没有约定或者约定不明确的,按照民法典第一千零六十二条第一款第四项规定的原则处理。

**2** 第一千零六十六条　**[婚内分割夫妻共同财产]** 婚姻关系存续期间,有下列情形之一的,夫妻一方可以向人民法院请求分割共同财产:

(一)一方有隐藏、转移、变卖、毁损、挥霍夫妻共同财产或者伪造夫妻共同债务等严重损害夫妻共同财产利益的行为；

（二）一方负有法定扶养义务的人患重大疾病需要医治，另一方不同意支付相关医疗费用。

**《民法典婚姻家庭编解释（一）》**

第三十八条　婚姻关系存续期间，除民法典第一千零六十六条规定情形以外，夫妻一方请求分割共同财产的，人民法院不予支持。

**③ 第一千零八十七条　[离婚时夫妻共同财产的处理]** 离婚时，夫妻的共同财产由双方协议处理；协议不成的，由人民法院根据财产的具体情况，按照照顾子女、女方和无过错方权益的原则判决。

对夫或者妻在家庭土地承包经营中享有的权益等，应当依法予以保护。

**《民法典婚姻家庭编解释（一）》**

第七十三条　人民法院审理离婚案件，涉及分割夫妻共同财产中以一方名义在有限责任公司的出资额，另一方不是该公司股东的，按以下情形分别处理：

（一）夫妻双方协商一致将出资额部分或者全部转让给该股东的配偶，其他股东过半数同意，并且其他股东均明确表示放弃优先购买权的，该股东的配偶可以成为该公司股东；

（二）夫妻双方就出资额转让份额和转让价格等事项协商一致后，其他股东半数以上不同意转让，但愿意以同等条件购买该出资额的，人民法院可以对转让出资所得财产进行分割。其他股东半数以上不同意转让，也不愿意以同等条件购买该出资额的，视为其同意转让，该股东的配偶可以成为该公司股东。

用于证明前款规定的股东同意的证据，可以是股东会议材料，也可以是当事人通过其他合法途径取得的股东的书面声明材料。

第七十四条　人民法院审理离婚案件，涉及分割夫妻共同财产中以一方名义在合伙企业中的出资，另一方不是该企业合伙人的，当夫妻双方协商一致，将其合伙企业中的财产份额全部或者部分转让给对方时，按以下情形分别处理：

（一）其他合伙人一致同意的，该配偶依法取得合伙人地位；

（二）其他合伙人不同意转让，在同等条件下行使优先购买权的，可以对转让所得的财产进行分割；

（三）其他合伙人不同意转让，也不行使优先购买权，但同意该合伙人退伙或者削减部分财产份额的，可以对结算后的财产进行分割；

（四）其他合伙人既不同意转让，也不行使优先购买权，又不同意该合伙人退伙或者削减部分财产份额的，视为全体合伙人同意转让，该配偶依法取得合伙人地位。

第七十八条　夫妻一方婚前签订不动产买卖合同，以个人财产支付首付款并在银行贷款，婚后用夫妻共同财产还贷，不动产登记于首付款支付方名下的，离婚时该不动产由双方协议处理。

依前款规定不能达成协议的，人民法院可以判决该不动产归登记一方，尚未归还的贷款为不动产登记一方的个人债务。双方婚后共同还贷支付的款项及其相对应财产增值部分，离婚时应根据民法典第一千零八十七条第一款规定的原则，由不动产登记一方对另一方进行补偿。

第七十九条　婚姻关系存续期间，双方用夫妻共同财产出资购买以一方父母名义参加房改的房屋，登记在一方父母名下，离婚时另一方主张按照夫妻共同财产对该房屋进行分割的，人民法院不予支持。购买该房屋时的出资，可以作为债权处理。

**（二）夫妻个人财产**

**第一千零六十三条　[夫妻个人财产]** 下列财产为夫妻一方的个人财产：

（一）一方的婚前财产；

（二）一方因受到人身损害获得的赔偿或者补偿；

（三）遗嘱或者赠与合同中确定只归一方的财产；

（四）一方专用的生活用品；

（五）其他应当归一方的财产。

**《民法典婚姻家庭编解释（一）》**

第三十条　军人的伤亡保险金、伤残补助金、医药生活补助费属于个人财产。

第三十一条　民法典第一千零六十三条规定为夫妻一方的个人财产，不因婚姻关系的延续而转化为夫妻共同财产。但当事人另有约定的除外。

**（三）约定财产制**

**第一千零六十五条　[夫妻约定财产制]** 男女双方可以约定婚姻关系存续期间所得的财产以及婚前财产归各自所有、共同所有或者部分各自所有、部分共同所有。约定应当采用书面形式。没有约定或者约定不明确的，适用本法第一千零六十二条、第一千零六十三条的规定。

夫妻对婚姻关系存续期间所得的财产以及婚前财产的约定，对双方具有法律约束力。

夫妻对婚姻关系存续期间所得的财产约定归各自所有，夫或者妻一方对外所负的债务，相对人知道该约定的，以夫或者妻一方的个人财产清偿。

**考点106　夫妻债务归属与清偿**

**① 第一千零六十四条　[夫妻共同债务]** 夫妻双方共同签名或者夫妻一方事后追认等共同意思表示所负的债务，以及夫妻一方在婚姻关系存续期间以个人名义为家庭日常生活需要所负的债务，属于夫妻共同债务。

夫妻一方在婚姻关系存续期间以个人名义超出家庭日常生活需要所负的债务，不属于夫妻共同债务；但是，债权人能够证明该债务用于夫妻共同生活、共同生产经营或者基于夫妻双方共同意思表示的除外。[2019年回忆～夫妻共同债务的认定]

**《民法典婚姻家庭编解释（一）》**

第三十三条　债权人就一方婚前所负个人债务向债务人的配偶主张权利的，人民法院不予支持。但债权人能够证明所负债务用于婚后家庭共同生活的除外。

第三十四条　夫妻一方与第三人串通,虚构债务,第三人主张该债务为夫妻共同债务的,人民法院不予支持。

夫妻一方在从事赌博、吸毒等违法犯罪活动中所负债务,第三人主张该债务为夫妻共同债务的,人民法院不予支持。

第三十五条　当事人的离婚协议或者人民法院生效判决、裁定、调解书已经对夫妻财产分割问题作出处理的,债权人仍有权就夫妻共同债务向男女双方主张权利。

一方就夫妻共同债务承担清偿责任后,主张由另一方按照离婚协议或者人民法院的法律文书承担相应债务的,人民法院应予支持。

第三十六条　夫或者妻一方死亡的,生存一方应当对婚姻关系存续期间的夫妻共同债务承担清偿责任。

**2** 第一千零八十九条　[离婚时夫妻共同债务的清偿]离婚时,夫妻共同债务应当共同偿还。共同财产不足清偿或者财产归各自所有的,由双方协议清偿;协议不成的,由人民法院判决。

# 专题二十八　离　婚

### 考点108 协议离婚与诉讼离婚

**(一)协议离婚**

**第一千零七十六条　[协议离婚]**夫妻双方自愿离婚的,应当签订书面离婚协议,并亲自到婚姻登记机关申请离婚登记。

离婚协议应当载明双方自愿离婚的意思表示和对子女抚养、财产以及债务处理等事项协商一致的意见。

**第一千零七十七条　[离婚冷静期]**自婚姻登记机关收到离婚登记申请之日起三十日内,任何一方不愿意离婚的,可以向婚姻登记机关撤回离婚登记申请。

前款规定期限届满后三十日内,双方应当亲自到婚姻登记机关申请发给离婚证;未申请的,视为撤回离婚登记申请。

**(二)诉讼离婚**

(1)法定事由

**第一千零七十九条　[诉讼离婚]**夫妻一方要求离婚的,可以由有关组织进行调解或者直接向人民法院提起离婚诉讼。

人民法院审理离婚案件,应当进行调解;如果感情确已破裂,调解无效的,应当准予离婚。

有下列情形之一,调解无效的,应当准予离婚:

(一)重婚或者与他人同居;

(二)实施家庭暴力或者虐待、遗弃家庭成员;

(三)有赌博、吸毒等恶习屡教不改;

(四)因感情不和分居满二年;

(五)其他导致夫妻感情破裂的情形。

一方被宣告失踪,另一方提起离婚诉讼的,应当准予离婚。

经人民法院判决不准离婚后,双方又分居满一年,一方再次提起离婚诉讼的,应当准予离婚。

**《民法典婚姻家庭编解释(一)》**

第二十三条　夫以妻擅自中止妊娠侵犯其生育权为由请求损害赔偿的,人民法院不予支持;夫妻双方因是否生育发生纠纷,致使感情确已破裂,一方请求离婚的,人民法院经调解无效,应依照民法典第一千零七十九条第三款第五项的规定处理。

第六十三条　人民法院审理离婚案件,符合民法典第一千零七十九条第三款规定"应当准予离婚"情形的,不应当因当事人有过错而判决不准离婚。

(2)特殊规定

**第一千零八十一条　[现役军人离婚]**现役军人的配偶要求离婚,应当征得军人同意,但是军人一方有重大过错的除外。

**第一千零八十二条　[男方提出离婚的限制情形]**女方在怀孕期间、分娩后一年内或者终止妊娠后六个月内,男方不得提出离婚;但是,女方提出离婚或者人民法院认为确有必要受理男方离婚请求的除外。

### 考点109 离婚后的子女抚养与探望权

**(一)子女抚养**

**1** 第一千零八十四条　[离婚后子女的抚养]父母与子女间的关系,不因父母离婚而消除。离婚后,子女无论由父或者母直接抚养,仍是父母双方的子女。

离婚后,父母对于子女仍有抚养、教育、保护的权利和义务。

离婚后,不满两周岁的子女,以由母亲直接抚养为原则。已满两周岁的子女,父母双方对抚养问题协议不成的,由人民法院根据双方的具体情况,按照最有利于未成年子女的原则判决。子女已满八周岁的,应当尊重其真实意愿。

**《民法典婚姻家庭编解释(一)》**

第四十四条　离婚案件涉及未成年子女抚养的,对不满两周岁的子女,按照民法典第一千零八十四条第三款规定的原则处理。母亲有下列情形之一,父亲请求直接抚养的,人民法院应予支持:

(一)患有久治不愈的传染性疾病或者其他严重疾病,子女不宜与其共同生活;

(二)有抚养条件不尽抚养义务,而父亲要求子女随其生活;

(三)因其他原因,子女确不宜随母亲生活。

第四十五条　父母双方协议不满两周岁子女由父亲直接抚养,并对子女健康成长无不利影响的,人民法院应予支持。

第四十六条　对已满两周岁的未成年子女,父母均要求直接抚养,一方有下列情形之一的,可予优先考虑:

(一)已做绝育手术或者因其他原因丧失生育能力;

(二)子女随其生活时间较长,改变生活环境对子女健康成长明显不利;

(三)无其他子女,而另一方有其他子女;

（四）子女随其生活，对子女成长有利，而另一方患有久治不愈的传染性疾病或者其他严重疾病，或者有其他不利于子女身心健康的情形，不宜与子女共同生活。

第四十七条　父母抚养子女的条件基本相同，双方均要求直接抚养子女，但子女单独随祖父母或者外祖父母共同生活多年，且祖父母或者外祖父母要求并且有能力帮助子女照顾孙子女或者外孙子女的，可以作为父或者母直接抚养子女的优先条件予以考虑。

第四十八条　在有利于保护子女利益的前提下，父母双方协议轮流直接抚养子女的，人民法院应予支持。

第五十四条　生父与继母离婚或者生母与继父离婚时，对曾受其抚养教育的继子女，继父或者继母不同意继续抚养的，仍应由生父或者生母抚养。

第五十五条　离婚后，父一方要求变更子女抚养关系的，或者子女要求增加抚养费的，应当另行提起诉讼。

第五十六条　具有下列情形之一，父母一方要求变更子女抚养关系的，人民法院应予支持：

（一）与子女共同生活的一方因患严重疾病或者因伤残无力继续抚养子女的；

（二）与子女共同生活的一方不尽抚养义务或有虐待子女行为，或者其与子女共同生活对子女身心健康确有不利影响；

（三）已满八周岁的子女，愿随另一方生活，该方又有抚养能力；

（四）有其他正当理由需要变更。

第五十七条　父母双方协议变更子女抚养关系的，人民法院应予支持。

**2** 第一千零八十五条　[离婚后子女抚养费的负担]离婚后，子女由一方直接抚养的，另一方**应当负担部分或者全部抚养费**。负担费用的多少和期限的长短，由双方协议；协议不成的，由人民法院判决。

前款规定的协议或者判决，不妨碍子女在必要时向父母任何一方提出超过协议或者判决原定数额的合理要求。

***《民法典婚姻家庭编解释（一）》***

第四十九条　抚养费的数额，可以根据子女的实际需要、父母双方的负担能力和当地的实际生活水平确定。

有固定收入的，抚养费一般可以按其月总收入的百分之二十至三十的比例给付。负担两个以上子女抚养费的，比例可以适当提高，但一般不得超过月总收入的百分之五十。

无固定收入的，抚养费的数额可以依据当年总收入或者同行业平均收入，参照上述比例确定。

有特殊情况的，可以适当提高或者降低上述比例。

第五十条　抚养费应当定期给付，有条件的可以一次性给付。

第五十一条　父母一方无经济收入或者下落不明的，可以用其财物折抵抚养费。

第五十二条　父母双方可以协议由一方直接抚养子女并由直接抚养方负担子女全部抚养费。但是，直接抚养方的抚养能力明显不能保障子女所需费用，影响子女健康成长的，人民法院不予支持。

第五十三条　抚养费的给付期限，一般至子女十八周岁为止。

十六周岁以上不满十八周岁，以其劳动收入为主要生活来源，并能维持当地一般生活水平的，父母可以停止给付抚养费。

第五十八条　具有下列情形之一，子女要求有负担能力的父或者母增加抚养费的，人民法院应予支持：

（一）原定抚养费数额不足以维持当地实际生活水平；

（二）因子女患病、上学，实际需要已超过原定数额；

（三）有其他正当理由应当增加。

第五十九条　父母不得因子女变更姓氏而拒付子女抚养费。父或者母擅自将子女姓氏改为继母或继父姓氏而引起纠纷的，应当责令恢复原姓氏。

**（二）探望权**

**第一千零八十六条**　[探望子女权利]离婚后，不直接抚养子女的父或者母，有探望子女的权利，另一方有协助的义务。

行使探望权利的方式、时间由当事人协议；协议不成的，由人民法院判决。

父或者母探望子女，不利于子女身心健康的，由人民法院依法中止探望；中止的事由消失后，应当恢复探望。

***《民法典婚姻家庭编解释（一）》***

第六十五条　人民法院作出的生效的离婚判决中未涉及探望权，当事人就探望权问题单独提起诉讼的，人民法院应予受理。

第六十六条　当事人在履行生效判决、裁定或者调解书的过程中，一方请求中止探望的，人民法院在征询双方当事人意见后，认为需要中止探望的，依法作出裁定；中止探望的情形消失后，人民法院应当根据当事人的请求书面通知其恢复探望。

第六十七条　未成年子女、直接抚养子女的父或者母以及其他对未成年子女负担抚养、教育、保护义务的法定监护人，有权向人民法院提出中止探望的请求。

第六十八条　对于拒不协助另一方行使探望权的有关个人或者组织，可以由人民法院依法采取拘留、罚款等强制措施，但是不能对子女的人身、探望行为进行强制执行。

**考点110** 离婚时的救济

**（一）补偿请求权**

**第一千零八十八条**　[离婚经济补偿]夫妻一方因抚育子女、照料老年人、协助另一方工作等负担较多义务的，离婚时有权向另一方请求补偿，另一方应当给予补偿。具体办法由双方协议；协议不成的，由人民法院判决。

（二）帮助请求权

**第一千零九十条** ［离婚经济帮助］离婚时，如果一方生活困难，有负担能力的另一方应当给予适当帮助。具体办法由双方协议；协议不成的，由人民法院判决。

（三）赔偿请求权

**第一千零九十一条** ［离婚损害赔偿］有下列情形之一，导致离婚的，无过错方有权请求损害赔偿：

（一）重婚；

（二）与他人同居；

（三）实施家庭暴力；

（四）虐待、遗弃家庭成员；

（五）有其他重大过错。

《民法典婚姻家庭编解释（一）》

第八十六条 民法典第一千零九十一条规定的"损害赔偿"，包括物质损害赔偿和精神损害赔偿。涉及精神损害赔偿的，适用《最高人民法院关于确定民事侵权精神损害赔偿责任若干问题的解释》的有关规定。

第八十七条 承担民法典第一千零九十一条规定的损害赔偿责任的主体，为离婚诉讼当事人中无过错方的配偶。

人民法院判决不准离婚的案件，对于当事人基于民法典第一千零九十一条提出的损害赔偿请求，不予支持。

在婚姻关系存续期间，当事人不起诉离婚而单独依据民法典第一千零九十一条提起损害赔偿请求的，人民法院不予受理。

第八十八条 人民法院受理离婚案件时，应当将民法典第一千零九十一条等规定中当事人的有关权利义务，书面告知当事人。在适用民法典第一千零九十一条时，应当区分以下不同情况：

（一）符合民法典第一千零九十一条规定的无过错方作为原告基于该条规定向人民法院提起损害赔偿请求的，必须在离婚诉讼的同时提出。

（二）符合民法典第一千零九十一条规定的无过错方作为被告的离婚诉讼案件，如果被告不同意离婚也不基于该条规定提起损害赔偿请求的，可以就此单独提起诉讼。

（三）无过错方作为被告的离婚诉讼案件，一审时被告未基于民法典第一千零九十一条规定提出损害赔偿请求，二审期间提出的，人民法院应当进行调解；调解不成的，告知当事人另行起诉。双方当事人同意由第二审人民法院一并审理的，第二审人民法院可以一并裁判。

第八十九条 当事人在婚姻登记机关办理离婚登记手续后，以民法典第一千零九十一条规定为由向人民法院提出损害赔偿请求的，人民法院应当受理。但当事人在协议离婚时已经明确表示放弃该项请求的，人民法院不予支持。

第九十条 夫妻双方均有民法典第一千零九十一条规定的过错情形，一方或者双方向对方提出离婚损害赔偿请求的，人民法院不予支持。

**考点 111** 离婚夫妻共同财产的分割

**1 第一千零八十七条** ［离婚时夫妻共同财产的处理］离婚时，夫妻的共同财产由双方协议处理；协议不成的，由人民法院根据财产的具体情况，按照照顾子女、女方和无过错方权益的原则判决。

对夫或者妻在家庭土地承包经营中享有的权益等，应当依法予以保护。

《民法典婚姻家庭编解释（一）》

第七十条 夫妻双方协议离婚后就财产分割问题反悔，请求撤销财产分割协议的，人民法院应当受理。

人民法院审理后，未发现订立财产分割协议时存在欺诈、胁迫等情形的，应当依法驳回当事人的诉讼请求。

第七十一条 人民法院审理离婚案件，涉及分割发放到军人名下的复员费、自主择业费等一次性费用的，以夫妻婚姻关系存续年限乘以年平均值，所得数额为夫妻共同财产。

前款所称年平均值，是指将发放到军人名下的上述费用总额按具体年限均分得出的数额。其具体年限为人均寿命七十岁与军人入伍时实际年龄的差额。

第七十二条 夫妻双方分割共同财产中的股票、债券、投资基金份额等有价证券以及未上市股份有限公司股份时，协商不成或者按市价分配有困难的，人民法院可以根据数量按比例分配。

第七十三条 人民法院审理离婚案件，涉及分割夫妻共同财产中以一方名义在有限责任公司的出资额，另一方不是该公司股东的，按以下情形分别处理：

（一）夫妻双方协商一致将出资额部分或者全部转让给该股东的配偶，其他股东过半数同意，并且其他股东均明确表示放弃优先购买权的，该股东的配偶可以成为该公司股东；

（二）夫妻双方就出资额转让份额和转让价格等事项协商一致后，其他股东半数以上不同意转让，但愿意以同等条件购买该出资额的，人民法院可以对转让出资所得财产进行分割。其他股东半数以上不同意转让，也不愿意以同等条件购买该出资额的，视为其同意转让，该股东的配偶可以成为该公司股东。

用于证明前款规定的股东同意的证据，可以是股东会议材料，也可以是当事人通过其他合法途径取得的股东的书面声明材料。

第七十四条 人民法院审理离婚案件，涉及分割夫妻共同财产中以一方名义在合伙企业中的出资，另一方不是该企业合伙人的，当夫妻双方协商一致，将其合伙企业中的财产份额全部或者部分转让给对方时，按以下情形分别处理：

（一）其他合伙人一致同意的，该配偶依法取得合伙人地位；

（二）其他合伙人不同意转让，在同等条件下行使优先购买权的，可以对转让所得的财产进行分割；

（三）其他合伙人不同意转让，也不行使优先购买权，但同意该合伙人退伙或者削减部分财产份额的，可以对

结算后的财产进行分割;

(四)其他合伙人既不同意转让,也不行使优先购买权,又不同意该合伙人退伙或者削减部分财产份额的,视为全体合伙人同意转让,该合伙依法取得合伙人地位。

第七十五条 夫妻以一方名义投资设立个人独资企业的,人民法院分割夫妻在该个人独资企业中的共同财产时,应当按照以下情形分别处理:

(一)一方主张经营该企业的,对企业资产进行评估后,由取得企业资产所有权一方给予另一方相应的补偿;

(二)双方均主张经营该企业的,在双方竞价基础上,由取得企业资产所有权的一方给予另一方相应的补偿;

(三)双方均不愿意经营该企业的,按照《中华人民共和国个人独资企业法》等有关规定办理。

第七十六条 双方对夫妻共同财产中的房屋价值及归属无法达成协议时,人民法院按以下情形分别处理:

(一)双方均主张房屋所有权并且同意竞价取得的,应当准许;

(二)一方主张房屋所有权的,由评估机构按市场价格对房屋作出评估,取得房屋所有权的一方应当给予另一方相应的补偿;

(三)双方均不主张房屋所有权的,根据当事人的申请拍卖、变卖房屋,就所得价款进行分割。

第七十七条 离婚时双方对尚未取得所有权或者尚未取得完全所有权的房屋有争议且协商不成的,人民法院不宜判决房屋所有权的归属,应当根据实际情况判决由当事人使用。

当事人就前款规定的房屋取得完全所有权后,有争议的,可以另行向人民法院提起诉讼。

第七十八条 夫妻一方婚前签订不动产买卖合同,以个人财产支付首付款并在银行贷款,婚后用夫妻共同财产还贷,不动产登记于首付款支付方名下的,离婚时该不动产由双方协议处理。

依前款规定不能达成协议的,人民法院可以判决该不动产归登记一方,尚未归还的贷款为不动产登记一方的个人债务。双方婚后共同还贷支付的款项及其相对应财产增值部分,离婚时应根据民法典第一千零八十七条第一款规定的原则,由不动产登记一方对另一方进行补偿。

第七十九条 婚姻关系存续期间,双方用夫妻共同财产出资购买以一方父母名义参加房改的房屋,登记在一方父母名下,离婚时另一方主张按照夫妻共同财产对该房屋进行分割的,人民法院不予支持。购买该房屋时的出资,可以作为债权处理。

第八十条 离婚时夫妻一方尚未退休、不符合领取基本养老金条件,另一方请求按照夫妻共同财产分割基本养老金的,人民法院不予支持;婚后以夫妻共同财产缴纳基本养老保险费,离婚时一方主张将养老金账户中婚姻关系存续期间个人实际缴纳部分及利息作为夫妻共同财产分割的,人民法院应予支持。

第八十一条 婚姻关系存续期间,夫妻一方作为继承人依法可以继承的遗产,在继承人之间尚未实际分割,

起诉离婚时另一方请求分割的,人民法院应当告知当事人在继承人之间实际分割遗产后另行起诉。

第八十二条 夫妻之间订立借款协议,以夫妻共同财产出借给一方从事个人经营活动或者用于其他个人事务的,应视为双方约定处分夫妻共同财产的行为,离婚时可以按照借款协议的约定处理。

第八十三条 离婚后,一方以尚有夫妻共同财产未处理为由向人民法院起诉请求分割的,经审查该财产确属离婚时未涉及的夫妻共同财产,人民法院应当依法予以分割。

**2** 第一千零九十二条 [一方侵害夫妻财产的处理规则]夫妻一方隐藏、转移、变卖、毁损、挥霍夫妻共同财产,或者伪造夫妻共同债务企图侵占另一方财产的,在离婚分割夫妻共同财产时,对该方可以少分或者不分。离婚后,另一方发现有上述行为的,可以向人民法院提起诉讼,请求再次分割夫妻共同财产。

《民法典婚姻家庭编解释(一)》

第八十四条 当事人依据民法典第一千零九十二条的规定向人民法院提起诉讼,请求再次分割夫妻共同财产的诉讼时效期间为三年,从当事人发现之日起计算。

# 专题二十九 收 养

### 考点 112 收养
#### (一)收养关系的成立

第一千零九十八条 [收养人条件]收养人应当同时具备下列条件:

(一)无子女或者只有一名子女;

(二)有抚养、教育和保护被收养人的能力;

(三)未患有在医学上认为不应当收养子女的疾病;

(四)无不利于被收养人健康成长的违法犯罪记录;

(五)年满三十周岁。

第一千零九十九条 [三代以内旁系同辈血亲的收养]收养三代以内旁系同辈血亲的子女,可以不受本法第一千零九十三条第三项、第一千零九十四条第三项和第一千一百零二条规定的限制。

华侨收养三代以内旁系同辈血亲的子女,还可以不受本法第一千零九十八条第一项规定的限制。

第一千一百条 [收养人收养子女数量]无子女的收养人可以收养两名子女;有子女的收养人只能收养一名子女。

收养孤儿、残疾未成年人或者儿童福利机构抚养的查找不到生父母的未成年人,可以不受前款和本法第一千零九十八条第一项规定的限制。

第一千一百零一条 [共同收养]有配偶者收养子女,应当夫妻共同收养。

第一千一百零二条 [无配偶者收养异性子女的限制]无配偶者收养异性子女的,收养人与被收养人的年龄应当相差四十周岁以上。

第一千一百零三条 [收养继子女的特别规定]继父

或者继母经继子女的生父母同意,可以收养继子女,并可以不受本法第一千零九十三条第三项、第一千零九十四条第三项、第一千零九十八条和第一千一百条第一款规定的限制。

第一千一百零四条　[收养自愿原则]收养人收养与送养人送养,应当双方自愿。收养八周岁以上未成年人的,应当征得被收养人的同意。

第一千一百零五条第一款　[收养登记、收养协议、收养公证及收养评估]收养应当向县级以上人民政府民政部门登记。收养关系自登记之日起成立。

**(二)收养关系的解除**

第一千一百一十四条　[收养关系的协议解除与诉讼解除]收养人在被收养人成年以前,不得解除收养关系,但是收养人、送养人双方协议解除的除外。养子女八周岁以上的,应当征得本人同意。

收养人不履行抚养义务,有虐待、遗弃等侵害未成年养子女合法权益行为的,送养人有权要求解除养父母与养子女间的收养关系。送养人、收养人不能达成解除收养关系协议的,可以向人民法院提起诉讼。

第一千一百一十五条　[养父母与成年养子女解除收养关系]养父母与成年养子女关系恶化、无法共同生活的,可以协议解除收养关系。不能达成协议的,可以向人民法院提起诉讼。

第一千一百一十六条　[解除收养关系的登记]当事人协议解除收养关系的,应当到民政部门办理解除收养关系登记。

第一千一百一十七条　[收养关系解除的法律后果]收养关系解除后,养子女与养父母以及其他近亲属间的权利义务关系即行消除,与生父母以及其他近亲属间的权利义务关系自行恢复。但是,成年养子女与生父母以及其他近亲属间的权利义务关系是否恢复,可以协商确定。

第一千一百一十八条　[收养关系解除后生活费、抚养费支付]收养关系解除后,经养父母抚养的成年养子女,对缺乏劳动能力又缺乏生活来源的养父母,应当给付生活费。因养子女成年后虐待、遗弃养父母而解除收养关系的,养父母可以要求养子女补偿收养期间支出的抚养费。

生父母要求解除收养关系的,养父母可以要求生父母适当补偿收养期间支出的抚养费;但是,因养父母虐待、遗弃养子女而解除收养关系的除外。

# 第六编　继　承

## 专题三十　继承概述

**考点113** 继承的一般规定

**(一)继承的开始**

第一千一百二十一条　[继承的开始时间和死亡时间的推定]继承从被继承人死亡时开始。

相互有继承关系的数人在同一事件中死亡,难以确定死亡时间的,推定没有其他继承人的人先死亡。都有其他继承人的,辈分不同的,推定长辈先死亡;辈分相同的,推定同时死亡,相互不发生继承。

**(二)继承权的放弃**

第一千一百二十四条　[继承和遗赠的接受和放弃]继承开始后,继承人放弃继承的,应当在遗产处理前,以书面形式作出放弃继承的表示;没有表示的,视为接受继承。

受遗赠人应当在知道受遗赠后六十日内,作出接受或者放弃受遗赠的表示;到期没有表示的,视为放弃受遗赠。

《民法典继承编解释(一)》

第三十二条　继承人因放弃继承权,致其不能履行法定义务的,放弃继承权的行为无效。

第三十三条　继承人放弃继承应当以书面形式向遗产管理人或者其他继承人表示。

第三十四条　在诉讼中,继承人向人民法院以口头方式表示放弃继承的,要制作笔录,由放弃继承的人签名。

第三十五条　继承人放弃继承的意思表示,应当在继承开始后、遗产分割前作出。遗产分割后表示放弃的,不再是继承权,而是所有权。

第三十六条　遗产处理前或者在诉讼进行中,继承人对放弃继承反悔的,由人民法院根据其提出的具体理由,决定是否承认。遗产处理后,继承人对放弃继承反悔的,不予承认。

第三十七条　放弃继承的效力,追溯到继承开始的时间。

第四十四条　继承诉讼开始后,如继承人、受遗赠人中有既不愿参加诉讼,又不表示放弃实体权利的,应当追加为共同原告;继承人已书面表示放弃继承、受遗赠人在知道受遗赠后六十日内表示放弃受遗赠或者到期没有表示的,不再列为当事人。

**(三)继承权的丧失**

第一千一百二十五条　[继承权的丧失]继承人有下列行为之一的,丧失继承权:

(一)故意杀害被继承人;

(二)为争夺遗产而杀害其他继承人;

(三)遗弃被继承人,或者虐待被继承人情节严重;

(四)伪造、篡改、隐匿或者销毁遗嘱,情节严重;

(五)以欺诈、胁迫手段迫使或者妨碍被继承人设立、变更或者撤回遗嘱,情节严重。

继承人有前款第三项至第五项行为,确有悔改表现,被继承人表示宽恕或者事后在遗嘱中将其列为继承人的,该继承人不丧失继承权。

受遗赠人有本条第一款规定行为的,丧失受遗赠权。

《民法典继承编解释(一)》

第六条　继承人是否符合民法典第一千一百二十五条第一款第三项规定的"虐待被继承人情节严重",可以从实施虐待行为的时间、手段、后果和社会影响等方面认定。

虐待被继承人情节严重的,不论是否追究刑事责任,均可确认其丧失继承权。

第七条 继承人故意杀害被继承人的,不论是既遂还是未遂,均应当确认其丧失继承权。

第八条 继承人有民法典第一千一百二十五条第一款第一项或者第二项所列之行为,而被继承人以遗嘱将遗产指定由该继承人继承的,可以确认遗嘱无效,并确认该继承人丧失继承权。

第九条 继承人伪造、篡改、隐匿或者销毁遗嘱,侵害了缺乏劳动能力又无生活来源的继承人的利益,并造成其生活困难的,应当认定为民法典第一千一百二十五条第一款第四项规定的"情节严重"。

**(四)继承权的保护**
**《民法典继承编解释(一)》**

第四十四条 继承诉讼开始后,如继承人、受遗赠人中有既不愿参加诉讼,又不表示放弃实体权利的,应当追加为共同原告;继承人已书面表示放弃继承、受遗赠人在知道受遗赠后六十日内表示放弃受遗赠或到期没有表示的,不再列为当事人。

# 专题三十一 法定继承

**考点114** **法定继承人的范围和继承顺序**
**第一千一百二十七条** **[继承人的范围及继承顺序]**
遗产按照下列顺序继承:

(一)第一顺序:配偶、子女、父母;
(二)第二顺序:兄弟姐妹、祖父母、外祖父母。

继承开始后,由第一顺序继承人继承,第二顺序继承人不继承;没有第一顺序继承人继承的,由第二顺序继承人继承。

本编所称子女,包括婚生子女、非婚生子女、养子女和有扶养关系的继子女。

本编所称父母,包括生父母、养父母和有扶养关系的继父母。

本编所称兄弟姐妹,包括同父母的兄弟姐妹、同父异母或者同母异父的兄弟姐妹、养兄弟姐妹、有扶养关系的继兄弟姐妹。

**第一千一百二十九条** **[丧偶儿媳、女婿的继承权]**
丧偶儿媳对公婆,丧偶女婿对岳父母,尽了主要赡养义务的,作为第一顺序继承人。

**《民法典继承编解释(一)》**

第十条 被收养人对养父母尽了赡养义务,同时又对生父母扶养较多的,除可以依照民法典第一千一百二十七条的规定继承养父母的遗产外,还可以依照民法典第一千一百三十一条的规定分得生父母适当的遗产。

第十一条 继子女继承了继父母遗产的,不影响其继承生父母的遗产。

继父母继承了继子女遗产的,不影响其继承生子女的遗产。

第十二条 养子女与生子女之间、养子女与养子女之间,系养兄弟姐妹,可以互为第二顺序继承人。

被收养人与其亲兄弟姐妹之间的权利义务关系,因收养关系的成立而消除,不能互为第二顺序继承人。

第十三条 继兄弟姐妹之间的继承权,因继兄弟姐妹之间的扶养关系而发生。没有扶养关系的,不能互为第二顺序继承人。

继兄弟姐妹之间相互继承了遗产的,不影响其继承亲兄弟姐妹的遗产。

第十八条 丧偶儿媳对公婆、丧偶女婿对岳父母,无论其是否再婚,依照民法典第一千一百二十九条规定作为第一顺序继承人时,不影响其子女代位继承。

**考点115** **法定继承中遗产的分配**
**1** **第一千一百三十条** **[遗产分配规则]**同一顺序继承人继承遗产的份额,一般应当均等。

对生活有特殊困难又缺乏劳动能力的继承人,分配遗产时,应当予以照顾。

对被继承人尽了主要扶养义务或者与被继承人共同生活的继承人,分配遗产时,可以多分。

有扶养能力和有扶养条件的继承人,不尽扶养义务的,分配遗产时,应当不分或者少分。

继承人协商同意的,也可以不均等。

**《民法典继承编解释(一)》**

第十九条 对被继承人生活提供了主要经济来源,或者在劳务等方面给予了主要扶助的,应当认定其尽了主要赡养义务或主要扶养义务。

第二十二条 继承人有扶养能力和扶养条件,愿意尽扶养义务,但被继承人因有固定收入和劳动能力,明确表示不要求其扶养的,分配遗产时,一般不应因此而影响其继承份额。

第二十三条 有扶养能力和扶养条件的继承人虽然与被继承人共同生活,但对需要扶养的被继承人不尽扶养义务,分配遗产时,可以少分或者不分。

**2** **第一千一百三十一条** **[酌情分得遗产权]**对继承人以外的依靠被继承人扶养的人,或者继承人以外的对被继承人扶养较多的人,可以分给适当的遗产。

**《民法典继承编解释(一)》**

第二十条 依照民法典第一千一百三十一条规定可以分给适当遗产的人,分给他们遗产时,按具体情况可以多于或者少于继承人。

第二十一条 依照民法典第一千一百三十一条规定可以分给适当遗产的人,在其依法取得被继承人遗产的权利受到侵犯时,本人有权以独立的诉讼主体资格向人民法院提起诉讼。

**考点116** **代位继承与转继承**
**(一)代位继承**
**第一千一百二十八条** **[代位继承]**被继承人的子女

先于被继承人死亡的,由被继承人的子女的直系晚辈血亲代位继承。

被继承人的兄弟姐妹先于被继承人死亡的,由被继承人的兄弟姐妹的子女代位继承。

代位继承人一般只能继承被代位继承人有权继承的遗产份额。

《民法典继承编解释(一)》

第十四条　被继承人的孙子女、外孙子女、曾孙子女、外曾孙子女都可以代位继承,代位继承人不受辈数的限制。

第十五条　被继承人的养子女、已形成扶养关系的继子女的生子女可以代位继承;被继承人亲生子女的养子女可以代位继承;被继承人养子女的养子女可以代位继承;与被继承人已形成扶养关系的继子女的养子女也可以代位继承。

第十六条　代位继承人缺乏劳动能力又没有生活来源,或者对被继承人尽过主要赡养义务的,分配遗产时,可以多分。

第十七条　继承人丧失继承权的,其晚辈直系血亲不得代位继承。如该代位继承人缺乏劳动能力又没有生活来源,或者对被继承人尽赡养义务较多的,可以适当分给遗产。

**(二)转继承**

第一千一百五十二条　[转继承]继承开始后,继承人于遗产分割前死亡,并没有放弃继承的,该继承人应当继承的遗产转给其继承人,但是遗嘱另有安排的除外。

《民法典继承编解释(一)》

第三十八条　继承开始后,受遗赠人表示接受遗赠,并于遗产分割前死亡的,其接受遗赠的权利转移给他的继承人。

# 专题三十二　遗嘱继承、遗赠和遗赠扶养协议

**考点117** 遗嘱继承

**(一)遗嘱形式**

第一千一百三十四条　[自书遗嘱]自书遗嘱由遗嘱人亲笔书写,签名,注明年、月、日。

第一千一百三十五条　[代书遗嘱]代书遗嘱应当有两个以上见证人在场见证,由其中一人代书,并由遗嘱人、代书人和其他见证人签名,注明年、月、日。

第一千一百三十六条　[打印遗嘱]打印遗嘱应当有两个以上见证人在场见证。遗嘱人和见证人应当在遗嘱每一页签名,注明年、月、日。

第一千一百三十七条　[录音录像遗嘱]以录音录像形式立的遗嘱,应当有两个以上见证人在场见证。遗嘱人和见证人应当在录音录像中记录其姓名或者肖像,以及年、月、日。

第一千一百三十八条　[口头遗嘱]遗嘱人在危急情况下,可以立口头遗嘱。口头遗嘱应当有两个以上见证人在场见证。危急情况消除后,遗嘱人能够以书面或者录音录像形式立遗嘱的,所立的口头遗嘱无效。

第一千一百三十九条　[公证遗嘱]公证遗嘱由遗嘱人经公证机构办理。

**(二)遗嘱见证人**

第一千一百四十条　[作为遗嘱见证人的消极条件]下列人员不能作为遗嘱见证人:

(一)无民事行为能力人、限制民事行为能力人以及其他不具有见证能力的人;

(二)继承人、受遗赠人;

(三)与继承人、受遗赠人有利害关系的人。

《民法典继承编解释(一)》

第二十四条　继承人、受遗赠人的债权人、债务人,共同经营的合伙人,也应当视为与继承人、受遗赠人有利害关系,不能作为遗嘱的见证人。

**(三)遗嘱的撤回与变更**

第一千一百四十二条　[遗嘱的撤回与变更]遗嘱人可以撤回、变更自己所立的遗嘱。

立遗嘱后,遗嘱人实施与遗嘱内容相反的民事法律行为的,视为对遗嘱相关内容的撤回。

立有数份遗嘱,内容相抵触的,以最后的遗嘱为准。

**(四)遗嘱的无效**

第一千一百四十三条　[遗嘱无效的情形]无民事行为能力人或者限制民事行为能力人所立的遗嘱无效。

遗嘱必须表示遗嘱人的真实意思,受欺诈、胁迫所立的遗嘱无效。

伪造的遗嘱无效。

遗嘱被篡改的,篡改的内容无效。

《民法典继承编解释(一)》

第二十六条　遗嘱人以遗嘱处分了国家、集体或者他人财产,应当认定该部分遗嘱无效。

第二十八条　遗嘱人立遗嘱时必须具有完全民事行为能力。无民事行为能力人或者限制民事行为能力人所立的遗嘱,即使其本人后来具有完全民事行为能力,仍属无效遗嘱。遗嘱人立遗嘱时具有完全民事行为能力,后来成为无民事行为能力人或者限制民事行为能力人的,不影响遗嘱的效力。

**(五)附义务遗嘱**

第一千一百四十四条　[附义务的遗嘱继承或遗赠]遗嘱继承或者遗赠附有义务的,继承人或者受遗赠人应当履行义务。没有正当理由不履行义务的,经利害关系人或者有关组织请求,人民法院可以取消其接受附义务部分遗产的权利。

《民法典继承编解释(一)》

第二十九条　附义务的遗嘱继承或者遗赠,如义务能够履行,而继承人、受遗赠人无正当理由不履行,经受益人或者其他继承人请求,人民法院可以取消其接受附义务部分遗产的权利,由提出请求的继承人或者受益人负责按遗嘱人的意愿履行义务,接受遗产。

**考点 118 遗赠扶养协议**

**第一千一百五十八条** [遗赠扶养协议]自然人可以与继承人以外的组织或者个人签订遗赠扶养协议。按照协议,该组织或者个人承担该自然人生养死葬的义务,享有受遗赠的权利。

**《民法典》**

**第一千一百二十三条** [法定继承、遗嘱继承、遗赠和遗赠扶养协议的效力]继承开始后,按照法定继承办理;有遗嘱的,按照遗嘱继承或者遗赠办理;有遗赠扶养协议的,按照协议办理。

**《民法典继承编解释(一)》**

**第三条** 被继承人生前与他人订有遗赠扶养协议,同时又立有遗嘱的,继承开始后,如果遗赠扶养协议与遗嘱没有抵触,遗产分别按协议和遗嘱处理;如果有抵触,按协议处理,与协议抵触的遗嘱全部或者部分无效。

**第四十条** 继承人以外的组织或者个人与自然人签订遗赠扶养协议后,无正当理由不履行,导致协议解除的,不能享有受遗赠的权利,其支付的供养费用一般不予补偿;遗赠人无正当理由不履行,导致协议解除的,则应当偿还继承人以外的组织或者个人已支付的供养费用。

# 专题三十三 遗产的处理

**考点 119、120 遗产的处理**

**(一)遗产管理人**

**第一千一百四十五条** [遗产管理人的选任]继承开始后,遗嘱执行人为遗产管理人;没有遗嘱执行人的,继承人应当及时推选遗产管理人;继承人未推选的,由继承人共同担任遗产管理人;没有继承人或者继承人均放弃继承的,由被继承人生前住所地的民政部门或者村民委员会担任遗产管理人。

**(二)遗产分割**

(1)遗产的确定

**第一千一百五十三条** [遗产的确定]夫妻共同所有的财产,除有约定的外,遗产分割时,应当先将共同所有的财产的一半分出为配偶所有,其余的为被继承人的遗产。

遗产在家庭共有财产之中的,遗产分割时,应当先分出他人的财产。

(2)按法定继承分割的情形

**第一千一百五十四条** [按法定继承办理]有下列情形之一的,遗产中的有关部分按照法定继承办理:

(一)遗嘱继承人放弃继承或者受遗赠人放弃受遗赠;

(二)遗嘱继承人丧失继承权或者受遗赠人丧失受遗赠权;

(三)遗嘱继承人、受遗赠人先于遗嘱人死亡或者终止;

(四)遗嘱无效部分所涉及的遗产;

(五)遗嘱未处分的遗产。

(3)必留份与预留份

**1** **第一千一百四十一条** [必留份]遗嘱应当为缺乏劳动能力又没有生活来源的继承人保留必要的遗产份额。

**《民法典继承编解释(一)》**

**第二十五条** 遗嘱人未保留缺乏劳动能力又没有生活来源的继承人的遗产份额,遗产处理时,应当为该继承人留下必要的遗产,所剩余的部分,才可参照遗嘱确定的分配原则处理。

继承人是否缺乏劳动能力又没有生活来源,应当按遗嘱生效时该继承人的具体情况确定。

**2** **第一千一百五十五条** [胎儿预留份]遗产分割时,应当保留胎儿的继承份额。胎儿娩出时是死体的,保留的份额按照法定继承办理。

**《民法典继承编解释(一)》**

**第三十一条** 应当为胎儿保留的遗产份额没有保留的,应从继承人所继承的遗产中扣回。

为胎儿保留的遗产份额,如胎儿出生后死亡的,由其继承人继承;如胎儿娩出时是死体的,由被继承人的继承人继承。

(4)无人继承遗产的分割

**第一千一百六十条** [无人继承的遗产的处理]无人继承又无人受遗赠的遗产,归国家所有,用于公益事业;死者生前是集体所有制组织成员的,归所在集体所有制组织所有。

**(三)债务清偿**

**第一千一百五十九条** [遗产分割时的义务]分割遗产,应当清偿被继承人依法应当缴纳的税款和债务;但是,应当为缺乏劳动能力又没有生活来源的继承人保留必要的遗产。

**第一千一百六十一条** [限定继承]继承人以所得遗产实际价值为限清偿被继承人依法应当缴纳的税款和债务。超过遗产实际价值部分,继承人自愿偿还的不在此限。

继承人放弃继承的,对被继承人依法应当缴纳的税款和债务可以不负清偿责任。

**第一千一百六十三条** [既有法定继承又有遗嘱继承、遗赠时的债务清偿]既有法定继承又有遗嘱继承、遗赠的,由法定继承人清偿被继承人依法应当缴纳的税款和债务;超过法定继承遗产实际价值部分,由遗嘱继承人和受遗赠人按比例以所得遗产清偿。

# 第七编 侵权责任

# 专题三十四 侵权责任概述

**考点 121 侵权责任与免责**

**第一千一百七十三条** [过错相抵]被侵权人对同一

损害的发生或者扩大有过错的,可以减轻侵权人的责任。

**第一千一百七十四条** [受害人故意]损害是因受害人故意造成的,行为人不承担责任。

**第一千一百七十五条** [第三人过错]损害是因第三人造成的,第三人应当承担侵权责任。

**第一千一百七十六条** [自甘风险]自愿参加具有一定风险的文体活动,因其他参加者的行为受到损害的,受害人不得请求其他参加者承担侵权责任;但是,其他参加者对损害的发生有故意或者重大过失的除外。

活动组织者的责任适用本法第一千一百九十八条至第一千二百零一条的规定。

**第一千一百七十七条** [自力救济]合法权益受到侵害,情况紧迫且不能及时获得国家机关保护,不立即采取措施将使其合法权益受到难以弥补的损害的,受害人可以在保护自己合法权益的必要范围内采取扣留侵权人的财物等合理措施;但是,应当立即请求有关国家机关处理。

受害人采取的措施不当造成他人损害的,应当承担侵权责任。

**考点 122** 数人侵权

**第一千一百六十八条** [共同侵权]二人以上共同实施侵权行为,造成他人损害的,应当承担连带责任。

**第一千一百七十条** [共同危险行为]二人以上实施危及他人人身、财产安全的行为,其中一人或者数人的行为造成他人损害,能够确定具体侵权人的,由侵权人承担责任;不能确定具体侵权人的,行为人承担连带责任。

**第一千一百七十一条** [分别侵权的连带责任]二人以上分别实施侵权行为造成同一损害,每个人的侵权行为都足以造成全部损害的,行为人承担连带责任。

**第一千一百七十二条** [分别侵权的按份责任]二人以上分别实施侵权行为造成同一损害,能够确定责任大小的,各自承担相应的责任;难以确定责任大小的,平均承担责任。

《人身损害赔偿解释》

第二条 赔偿权利人起诉部分共同侵权人的,人民法院应当追加其他共同侵权人作为共同被告。赔偿权利人在诉讼中放弃对部分共同侵权人的诉讼请求的,其他共同侵权人对被放弃诉讼请求的被告应当承担的赔偿份额不承担连带责任。责任范围难以确定的,推定各共同侵权人承担同等责任。

人民法院应当将放弃诉讼请求的法律后果告知赔偿权利人,并将放弃诉讼请求的情况在法律文书中叙明。

# 专题三十五 特殊侵权责任

**考点 123** 用人单位责任

**第一千一百九十一条** [用人单位责任和劳务派遣单位、劳务用工单位责任]用人单位的工作人员因执行工作任务造成他人损害的,由用人单位承担侵权责任。用人单位承担侵权责任后,可以向有故意或者重大过失的工作人员追偿。

劳务派遣期间,被派遣的工作人员因执行工作任务造成他人损害的,由接受劳务派遣的用工单位承担侵权责任;劳务派遣单位有过错的,承担相应的责任。〔2014年真题~无意思联络的数人侵权、职务侵权;2013年真题~用人单位的替代产品、产品责任〕

《人身损害赔偿解释》

第三条 依法应当参加工伤保险统筹的用人单位的劳动者,因工伤事故遭受人身损害,劳动者或者其近亲属向人民法院起诉请求用人单位承担民事赔偿责任的,告知其按《工伤保险条例》的规定处理。

因用人单位以外的第三人侵权造成劳动者人身损害,赔偿权利人请求第三人承担民事赔偿责任的,人民法院应予支持。

**考点 124** 个人劳务关系中的侵权责任

**第一千一百九十二条** [个人劳务关系中的侵权责任]个人之间形成劳务关系,提供劳务一方因劳务造成他人损害的,由接受劳务一方承担侵权责任。接受劳务一方承担侵权责任后,可以向有故意或者重大过失的提供劳务一方追偿。提供劳务一方因劳务受到损害的,根据双方各自的过错承担相应的责任。

提供劳务期间,因第三人的行为造成提供劳务一方损害的,提供劳务一方有权请求第三人承担侵权责任,也有权请求接受劳务一方给予补偿。接受劳务一方补偿后,可以向第三人追偿。

《民法典》

**第一千一百九十三条** [承揽关系中的侵权责任]承揽人在完成工作过程中造成第三人损害或者自己损害的,定作人不承担侵权责任。但是,定作人对定作、指示或者选任有过错的,应当承担相应的责任。

**考点 125** 帮工侵权责任

《人身损害赔偿解释》

第四条 无偿提供劳务的帮工人,在从事帮工活动中致人损害的,被帮工人应当承担赔偿责任。被帮工人承担赔偿责任后有故意或者重大过失的帮工人追偿的,人民法院应予支持。被帮工人明确拒绝帮工的,不承担赔偿责任。

第五条 无偿提供劳务的帮工人因帮工活动遭受人身损害的,根据帮工人和被帮工人各自的过错承担相应的责任;被帮工人明确拒绝帮工的,被帮工人不承担赔偿责任,但可以在受益范围内予以适当补偿。

帮工人在帮工活动中因第三人的行为遭受人身损害的,有权请求第三人承担赔偿责任,也有权请求被帮工人予以适当补偿。被帮工人补偿后,可以向第三人追偿。

**考点 126** 违反安全保障义务的侵权责任

**第一千一百九十八条** [违反安全保障义务的侵权责任]宾馆、商场、银行、车站、机场、体育场馆、娱乐场所等经营场所、公共场所的经营者、管理者或者群众性活动的组织者,未尽到安全保障义务,造成他人损害的,应当承担侵权责任。

因第三人的行为造成他人损害的,由第三人承担侵权责任;经营者、管理者或者组织者未尽到安全保障义务的,承担相应的补充责任。经营者、管理者或者组织者承担补充责任后,可以向第三人追偿。

**考点127** 网络侵权责任

**第一千一百九十四条** [网络侵权责任]网络用户、网络服务提供者利用网络侵害他人民事权益的,应当承担侵权责任。法律另有规定的,依照其规定。

**第一千一百九十五条** ["通知与取下"制度]网络用户利用网络服务实施侵权行为的,权利人有权通知网络服务提供者采取删除、屏蔽、断开链接等必要措施。通知应当包括构成侵权的初步证据及权利人的真实身份信息。

网络服务提供者接到通知后,应当及时将该通知转送相关网络用户,并根据构成侵权的初步证据和服务类型采取必要措施;未及时采取必要措施的,对损害的扩大部分与该网络用户承担连带责任。

权利人因错误通知造成网络用户或者网络服务提供者损害的,应当承担侵权责任。法律另有规定的,依照其规定。

**第一千一百九十六条** ["反通知"制度]网络用户接到转送的通知后,可以向网络服务提供者提交不存在侵权行为的声明。声明应当包括不存在侵权行为的初步证据及网络用户的真实身份信息。

网络服务提供者接到声明后,应当将该声明转送发出通知的权利人,并告知其可以向有关部门投诉或者向人民法院提起诉讼。网络服务提供者在转送声明到达权利人后的合理期限内,未收到权利人已经投诉或者提起诉讼通知的,应当及时终止所采取的措施。

《信息网络侵害人身权益规定》

**第二条** 原告依据民法典第一千一百九十五条、第一千一百九十七条的规定起诉网络用户或者网络服务提供者的,人民法院应予受理。

原告仅起诉网络用户,网络用户请求追加涉嫌侵权的网络服务提供者为共同被告或者第三人的,人民法院应予准许。

原告仅起诉网络服务提供者,网络服务提供者请求追加可以确定的网络用户为共同被告或者第三人的,人民法院应予准许。

**第三条** 原告起诉网络服务提供者,网络服务提供者以涉嫌侵权的信息系网络用户发布为由抗辩的,人民法院可以根据原告的请求及案件的具体情况,责令网络服务提供者向人民法院提供能够确定涉嫌侵权的网络用户的姓名(名称)、联系方式、网络地址等信息。

网络服务提供者无正当理由拒不提供的,人民法院可以依照民事诉讼法第一百一十四条(现为第一百一十七条)的规定对网络服务提供者采取处罚等措施。

原告根据网络服务提供者提供的信息请求追加网络用户为被告的,人民法院应予准许。

**第五条** 其发布的信息被采取删除、屏蔽、断开链接等措施的网络用户,主张网络服务提供者承担违约责任或者侵权责任,网络服务提供者以收到民法典第一千一百九十五条第一款规定的有效通知为由抗辩的,人民法院应予支持。

**第八条** 网络用户或者网络服务提供者采取诽谤、诋毁等手段,损害公众对经营主体的信赖,降低其产品或者服务的社会评价,经营主体请求网络用户或者网络服务提供者承担侵权责任的,人民法院应依法予以支持。

**第十条** 被侵权人与构成侵权的网络用户或者网络服务提供者达成一方支付报酬,另一方提供删除、屏蔽、断开链接等服务的协议,人民法院应认定为无效。

擅自篡改、删除、屏蔽特定网络信息或者以断开链接的方式阻止他人获取网络信息,发布该信息的网络用户或者网络服务提供者请求侵权人承担侵权责任的,人民法院应予支持。接受他人委托实施该行为的,委托人与受托人承担连带责任。

**考点128** 监护人责任

**第一千一百八十八条** [监护人责任]无民事行为能力人、限制民事行为能力人造成他人损害的,由监护人承担侵权责任。监护人尽到监护职责的,可以减轻其侵权责任。

有财产的无民事行为能力人、限制民事行为能力人造成他人损害的,从本人财产中支付赔偿费用;不足部分,由监护人赔偿。

**考点129** 教育机构的侵权责任

**第一千一百九十九条** [教育机构对无民事行为能力人受到人身损害的过错推定责任]无民事行为能力人在幼儿园、学校或者其他教育机构学习、生活期间受到人身损害的,幼儿园、学校或者其他教育机构应当承担侵权责任;但是,能够证明尽到教育、管理职责的,不承担侵权责任。

**第一千二百条** [教育机构对限制民事行为能力人受到人身损害的过错责任]限制民事行为能力人在学校或者其他教育机构学习、生活期间受到人身损害,学校或者其他教育机构未尽到教育、管理职责的,应当承担侵权责任。

**第一千二百零一条** [受到校外人员人身损害时的责任分担]无民事行为能力人或者限制民事行为能力人在幼儿园、学校或者其他教育机构学习、生活期间,受到幼儿园、学校或者其他教育机构以外的第三人人身损害的,由第三人承担侵权责任;幼儿园、学校或者其他教育机构未尽到管理职责的,承担相应的补充责任。幼儿园、学校或者其他教育机构承担补充责任后,可以向第三人追偿。

**考点130** 产品责任

**第一千二百零三条** [被侵权人请求损害赔偿的途径和先行赔偿人追偿权]因产品存在缺陷造成他人损害

的,被侵权人可以向产品的生产者请求赔偿,也可以向产品的销售者请求赔偿。

产品缺陷由生产者造成的,销售者赔偿后,有权向生产者追偿。因销售者的过错使产品存在缺陷的,生产者赔偿后,有权向销售者追偿。〔2013年真题~用人单位的替代责任、产品责任〕

**第一千二百零四条** [生产者、销售者的第三人追偿权]因运输者、仓储者等第三人的过错使产品存在缺陷,造成他人损害的,产品的生产者、销售者赔偿后,有权向第三人追偿。

**第一千二百零七条** [产品责任中的惩罚性赔偿]明知产品存在缺陷仍然生产、销售,或者没有依据前条规定采取有效补救措施,造成他人死亡或者健康严重损害的,被侵权人有权请求相应的惩罚性赔偿。

《道路交通事故损害赔偿解释》

第九条 机动车存在产品缺陷导致交通事故造成损害,当事人请求生产者或者销售者依照民法典第七编第四章的规定承担赔偿责任的,人民法院应予支持。

《医疗损害责任纠纷解释》

第三条 患者因缺陷医疗产品受到损害,起诉部分或者全部医疗产品的生产者、销售者、药品上市许可持有人和医疗机构的,应予受理。

患者仅起诉医疗产品的生产者、销售者、药品上市许可持有人、医疗机构中部分主体,当事人依法申请追加其他主体为共同被告或者第三人的,应予准许。必要时,人民法院可以依法追加相关当事人参加诉讼。

患者因输入不合格的血液受到损害提起侵权诉讼的,参照适用前两款规定。

**考点131** 医疗损害责任

**第一千二百一十九条** [医疗机构说明义务与患者知情同意权]医务人员在诊疗活动中应当向患者说明病情和医疗措施。需要实施手术、特殊检查、特殊治疗的,医务人员应当及时向患者具体说明医疗风险、替代医疗方案等情况,并取得其明确同意;不能或者不宜向患者说明的,应当向患者的近亲属说明,并取得其明确同意。

医务人员未尽到前款义务,造成患者损害的,医疗机构应当承担赔偿责任。

**第一千二百二十条** [紧急情况下实施的医疗措施]因抢救生命垂危的患者等紧急情况,不能取得患者或者其近亲属意见的,经医疗机构负责人或者授权的负责人批准,可以立即实施相应的医疗措施。

**第一千二百二十二条** [医疗机构过错推定的情形]患者在诊疗活动中受到损害,有下列情形之一的,推定医疗机构有过错:

(一)违反法律、行政法规、规章以及其他有关诊疗规范的规定;

(二)隐匿或者拒绝提供与纠纷有关的病历资料;

(三)遗失、伪造、篡改或者违法销毁病历资料。

**第一千二百二十三条** [因药品、消毒产品、医疗器械的缺陷或输入不合格的血液的侵权责任]因药品、消毒产品、医疗器械的缺陷,或者输入不合格的血液造成患者损害的,患者可以向药品上市许可持有人、生产者、血液提供机构请求赔偿,也可以向医疗机构请求赔偿。患者向医疗机构请求赔偿的,医疗机构赔偿后,有权向负有责任的药品上市许可持有人、生产者、血液提供机构追偿。

**第一千二百二十四条** [医疗机构免责事由]患者在诊疗活动中受到损害,有下列情形之一的,医疗机构不承担赔偿责任:

(一)患者或者其近亲属不配合医疗机构进行符合诊疗规范的诊疗;

(二)医务人员在抢救生命垂危的患者等紧急情况下已经尽到合理诊疗义务;

(三)限于当时的医疗水平难以诊疗。

前款第一项情形中,医疗机构或者其医务人员也有过错的,应当承担相应的赔偿责任。

《医疗损害责任纠纷解释》

第五条 患者依据民法典第一千二百一十九条规定主张医疗机构承担赔偿责任的,应当按照前条第一款规定提交证据。

实施手术、特殊检查、特殊治疗的,医疗机构应当承担说明义务并取得患者或者患者近亲属明确同意,但属于民法典第一千二百二十条规定情形的除外。医疗机构提交患者或者患者近亲属明确同意证据的,人民法院可以认定医疗机构尽到说明义务,但患者有相反证据足以反驳的除外。

第十七条 医务人员违反民法典第一千二百一十九条第一款规定义务,但未造成患者人身损害,患者请求医疗机构承担损害赔偿责任的,不予支持。

第二十一条 因医疗产品的缺陷或者输入不合格血液受到损害,患者请求医疗机构,缺陷医疗产品的生产者、销售者、药品上市许可持有人或者血液提供机构承担赔偿责任的,应予支持。

医疗机构承担赔偿责任后,向缺陷医疗产品的生产者、销售者、药品上市许可持有人或者血液提供机构追偿的,应予支持。

因医疗机构的过错使医疗产品存在缺陷或者血液不合格,医疗产品的生产者、销售者、药品上市许可持有人或者血液提供机构承担赔偿责任后,向医疗机构追偿的,应予支持。

第二十二条 缺陷医疗产品与医疗机构的过错诊疗行为共同造成患者同一损害,患者请求医疗机构与医疗产品的生产者、销售者、药品上市许可持有人承担连带责任的,应予支持。

医疗机构或者医疗产品的生产者、销售者、药品上市许可持有人承担赔偿责任后,向其他责任主体追偿的,应当根据诊疗行为与缺陷医疗产品造成患者损害的原因力大小确定相应的数额。

输入不合格血液与医疗机构的过错诊疗行为共同造

成患者同一损害的,参照适用前两款规定。

第二十三条　医疗产品的生产者、销售者、药品上市许可持有人明知医疗产品存在缺陷仍然生产、销售,造成患者死亡或者健康严重损害,被侵权人请求生产者、销售者、药品上市许可持有人赔偿损失及二倍以下惩罚性赔偿的,人民法院应予支持。

**考点132** 机动车道路交通事故责任

第一千二百零九条　[租赁、借用机动车交通事故责任]因租赁、借用等情形机动车所有人、管理人与使用人不是同一人时,发生交通事故造成损害,属于该机动车一方责任的,由机动车使用人承担赔偿责任;机动车所有人、管理人对损害的发生有过错的,承担相应的赔偿责任。

第一千二百一十条　[转让并交付但未办理登记的机动车侵权责任]当事人之间已经以买卖或者其他方式转让并交付机动车但是未办理登记,发生交通事故造成损害,属于该机动车一方责任的,由受让人承担赔偿责任。[2017年真题~原告、被告诉讼地位的确定]

第一千二百一十一条　[挂靠机动车交通事故责任]以挂靠形式从事道路运输经营活动的机动车,发生交通事故造成损害,属于该机动车一方责任的,由挂靠人和被挂靠人承担连带责任。

第一千二百一十三条　[交通事故侵权救济来源的支付顺序]机动车发生交通事故造成损害,属于该机动车一方责任的,先由承保机动车强制保险的保险人在强制保险责任限额范围内予以赔偿;不足部分,由承保机动车商业保险的保险人按照保险合同的约定予以赔偿;仍然不足或者没有投保机动车商业保险的,由侵权人赔偿。

第一千二百一十七条　[好意同乘规则]非营运机动车发生交通事故造成无偿搭乘人损害,属于该机动车一方责任的,应当减轻其赔偿责任,但是机动车使用人有故意或者重大过失的除外。

《道路交通安全法》

第七十六条　机动车发生交通事故造成人身伤亡、财产损失的,由保险公司在机动车第三者责任强制保险责任限额范围内予以赔偿;不足的部分,按照下列规定承担赔偿责任:

(一)机动车之间发生交通事故的,由有过错的一方承担赔偿责任;双方都有过错的,按照各自过错的比例分担责任。

(二)机动车与非机动车驾驶人、行人之间发生交通事故,非机动车驾驶人、行人没有过错的,由机动车一方承担赔偿责任;有证据证明非机动车驾驶人、行人有过错的,根据过错程度适当减轻机动车一方的赔偿责任;机动车一方没有过错的,承担不超过百分之十的赔偿责任。

交通事故的损失是由非机动车驾驶人、行人故意碰撞机动车造成的,机动车一方不承担赔偿责任。

《道路交通事故损害赔偿解释》

第二条　被多次转让但是未办理登记的机动车发生

交通事故造成损害,属于该机动车一方责任,当事人请求由最后一次转让并交付的受让人承担赔偿责任的,人民法院应予支持。

第三条　套牌机动车发生交通事故造成损害,属于该机动车一方责任,当事人请求由套牌机动车的所有人或者管理人承担赔偿责任的,人民法院应予支持;被套牌机动车所有人或者管理人同意套牌的,应当与套牌机动车的所有人或者管理人承担连带责任。

第四条　拼装车、已达到报废标准的机动车或者依法禁止行驶的其他机动车被多次转让,并发生交通事故造成损害,当事人请求由所有的转让人和受让人承担连带责任的,人民法院应予支持。

第十四条　投保人允许的驾驶人驾驶机动车致使投保人遭受损害,当事人请求承保交强险的保险公司在责任限额范围内予以赔偿的,人民法院应予支持,但投保人为本车上人员的除外。

第二十二条　人民法院审理道路交通事故损害赔偿案件,应当将承保交强险的保险公司列为共同被告。但该保险公司已经在交强险责任限额范围内予以赔偿且当事人无异议的除外。

人民法院审理道路交通事故损害赔偿案件,当事人请求将承保商业三者险的保险公司列为共同被告的,人民法院应予准许。

**考点133** 环境污染和生态破坏责任

第一千二百二十九条　[环境污染和生态破坏侵权责任]因污染环境、破坏生态造成他人损害的,侵权人应当承担侵权责任。

第一千二百三十条　[环境污染、生态破坏侵权举证责任]因污染环境、破坏生态发生纠纷,行为人应当就法律规定的不承担责任或者减轻责任的情形及其行为与损害之间不存在因果关系承担举证责任。

第一千二百三十一条　[两个以上侵权人造成损害的责任分担]两个以上侵权人污染环境、破坏生态的,承担责任的大小,根据污染物的种类、浓度、排放量,破坏生态的方式、范围、程度,以及行为对损害后果所起的作用等因素确定。

第一千二百三十二条　[侵权人的惩罚性赔偿]侵权人违反法律规定故意污染环境、破坏生态造成严重后果的,被侵权人有权请求相应的惩罚性赔偿。

第一千二百三十三条　[因第三人过错污染环境、破坏生态的责任]因第三人的过错污染环境、破坏生态的,被侵权人可以向侵权人请求赔偿,也可以向第三人请求赔偿。侵权人赔偿后,有权向第三人追偿。

第一千二百三十四条　[生态环境损害修复责任]违反国家规定造成生态环境损害,生态环境能够修复的,国家规定的机关或者法律规定的组织有权请求侵权人在合理期限内承担修复责任。侵权人在期限内未修复的,国家规定的机关或者法律规定的组织可以自行或者委托他人进行修复,所需费用由侵权人负担。

**《环境侵权责任纠纷解释》**

第五条 被侵权人根据民法典第一千二百三十三条规定分别或者同时起诉侵权人、第三人的,人民法院应予受理。

被侵权人请求第三人承担赔偿责任的,人民法院应当根据第三人的过错程度确定其相应赔偿责任。

侵权人以第三人的过错污染环境、破坏生态造成损害为由主张不承担责任或者减轻责任的,人民法院不予支持。

第六条 被侵权人根据民法典第七编第七章的规定请求赔偿的,应当提供证明以下事实的证据材料:

(一)侵权人排放了污染物或者破坏了生态;

(二)被侵权人的损害;

(三)侵权人排放的污染物或者其次生污染物、破坏生态行为与损害之间具有关联性。

第九条 当事人申请通知一至两名具有专门知识的人出庭,就鉴定意见或者污染物认定、损害结果、因果关系、修复措施等专业问题提出意见的,人民法院可以准许。当事人未申请,人民法院认为有必要的,可以进行释明。

具有专门知识的人在法庭上提出的意见,经当事人质证,可以作为认定案件事实的根据。

第十四条 被侵权人请求修复生态环境的,人民法院可以依法裁判侵权人承担环境修复责任,并同时确定其不履行环境修复义务时应当承担的环境修复费用。

侵权人在生效裁判确定的期限内未履行环境修复义务的,人民法院可以委托其他人进行环境修复,所需费用由侵权人承担。

**考点 134** 饲养动物致人损害责任

第一千二百四十五条 [饲养动物损害责任一般规定]饲养的动物造成他人损害的,动物饲养人或者管理人应当承担侵权责任;但是,能够证明损害是因被侵权人故意或者重大过失造成的,可以不承担或者减轻责任。

第一千二百四十六条 [未对动物采取安全措施损害责任]违反管理规定,未对动物采取安全措施造成他人损害的,动物饲养人或者管理人应当承担侵权责任;但是,能够证明损害是因被侵权人故意造成的,可以减轻责任。

第一千二百四十七条 [禁止饲养的危险动物损害责任]禁止饲养的烈性犬等危险动物造成他人损害的,动物饲养人或者管理人应当承担侵权责任。

第一千二百四十八条 [动物园饲养动物损害责任]动物园的动物造成他人损害的,动物园应当承担侵权责任;但是,能够证明尽到管理职责的,不承担侵权责任。

第一千二百五十条 [因第三人过错致使动物致害责任]因第三人的过错致使动物造成他人损害的,被侵权人可以向动物饲养人或者管理人请求赔偿,也可以向第三人请求赔偿。动物饲养人或者管理人赔偿后,有权向第三人追偿。

**考点 135** 物件致人损害责任

第一千二百五十二条 [建筑物、构筑物或者其他设施倒塌、塌陷致害责任]建筑物、构筑物或者其他设施倒塌、塌陷造成他人损害的,由建设单位与施工单位承担连带责任,但是建设单位与施工单位能够证明不存在质量缺陷的除外。建设单位、施工单位赔偿后,有其他责任人的,有权向其他责任人追偿。

因所有人、管理人、使用人或者第三人的原因,建筑物、构筑物或者其他设施倒塌、塌陷造成他人损害的,由所有人、管理人、使用人或者第三人承担侵权责任。

第一千二百五十三条 [建筑物、构筑物或者其他设施及其搁置物、悬挂物脱落、坠落致害责任]建筑物、构筑物或者其他设施及其搁置物、悬挂物发生脱落、坠落造成他人损害,所有人、管理人或者使用人不能证明自己没有过错的,应当承担侵权责任。所有人、管理人或者使用人赔偿后,有其他责任人的,有权向其他责任人追偿。[2017 年真题~原告、被告地位的确定,共同诉讼人诉讼地位的确定,证明责任的特殊分配]

第一千二百五十四条 [高空抛掷物、坠落物致害责任]禁止从建筑物中抛掷物品。从建筑物中抛掷物品或者从建筑物上坠落的物品造成他人损害的,由侵权人依法承担侵权责任;经调查难以确定具体侵权人的,除能够证明自己不是侵权人的外,由可能加害的建筑物使用人给予补偿。可能加害的建筑物使用人补偿后,有权向侵权人追偿。

物业服务企业等建筑物管理人应当采取必要的安全保障措施防止前款规定情形的发生;未采取必要的安全保障措施的,应当依法承担未履行安全保障义务的侵权责任。

发生本条第一款规定的情形的,公安等机关应当依法及时调查,查清责任人。

第一千二百五十七条 [林木致害的责任]因林木折断、倾倒或者果实坠落等造成他人损害,林木的所有人或者管理人不能证明自己没有过错的,应当承担侵权责任。[2021 年回忆~林木折断、倾倒损害责任]

第一千二百五十八条 [公共场所或者道路施工致害责任和窨井等地下设施致害责任]在公共场所或者道路上挖掘、修缮安装地下设施等造成他人损害,施工人不能证明已经设置明显标志和采取安全措施的,应当承担侵权责任。

窨井等地下设施造成他人损害,管理人不能证明尽到管理职责的,应当承担侵权责任。

# 答 案 速 查

| | | |
|---|---|---|
| 1.B | 2.A | 3.D |
| 4.B | 5.D | 6.D |
| 7.C | 8.C | 9.D |
| 10.C | 11.ABCD | 12.ABD |
| 13.ABCD | 14.C | 15.D |
| 16.D | 17.B | 18.C |
| 19.BC(原答案为B) | 20.A | 21.D |
| 22.AB(原答案为ABD) | | 23.ABC |
| 24.ABCD | 25.BCD | 26.ABD |
| 27.B | 28.D(原答案为AD) | 29.AC |
| 30.ABC | 31.B | 32.B |
| 33.C | 34.D | 35.B |
| 36.ABCD | 37.D | 38.D |
| 39.AD | 40.BCD | 41.B |
| 42.C | 43.D | 44.ABD |
| 45.ACD | 46.B | 47.C |
| 48.CD | 49.C | 50.ABC |
| 51.D | 52.B | 53.AC(原答案为C) |
| 54.BCD | 55.A | 56.ABCD |
| 57.B | 58.D | 59.C |
| 60.ABCD | 61.D | 62.BCD |
| 63.A | 64.ABCD(原答案为ACD) | |
| 65.(1)C;(2)AC | 66.ABCD | 67.ABD |
| 68.BCD | 69.BC | 70.AD |
| 71.ABD | 72.D | 73.B |
| 74.C | 75.C | 76.ABC |
| 77.D | 78.ABC | 79.D |
| 80.D | 81.AD | 82.D |
| 83.BD | 84.D | 85.CD |
| 86.B | 87.D | 88.ABC |
| 89.ABD | 90.B | 91.C |
| 92.ABCD | 93.A | 94.ABCD |
| 95.A | 96.CD | 97.A |
| 98.(1)BD;(2)AD | | 99.A |
| 100.A | 101.ABCD(原答案为A) | |
| 102.D | 103.D | 104.ABC |
| 105.ABD | 106.B | 107.CD |
| 108.B | 109.B | 110.ACD |
| 111.BCD | 112.D | 113.BD |
| 114.C | 115.D | 116.A |
| 117.C | 118.BCD | 119.A |
| 120.D | 121.ABD | 122.C(原答案为D) |

| | | |
|---|---|---|
| 123.ABC | 124.ABCD | |
| 125.(1)C;(2)ABC;(3)D | | 126.AD |
| 127.ABC | 128.C(原答案为B) | 129.ACD |
| 130.ABCD | 131.(1)BD;(2)C;(3)D | |
| 132.A | 133.ACD | 134.B |
| 135.B | 136.D | 137.B |
| 138.B | 139.D | 140.AC |
| 141.AB | 142.BCD | 143.ABCD |
| 144.C | 145.BCD | 146.B |
| 147.(1)ABD;(2)BC | | 148.B |
| 149.B | 150.D | 151.ABCD |
| 152.BC | 153.A | 154.BCD |
| 155.BC | 156.AD | 157.BD |
| 158.B | 159.AB | 160.B |
| 161.AB | 162.ABCD | 163.C |
| 164.(1)ABCD(原答案为C);(2)D;(3)AC | | |
| 165.D(原答案为BD) | 166.AB | 167.A |
| 168.ABCD | 169.ABD | 170.BCD |
| 171.A | 172.ACD | |
| 173.ACD(原答案为CD) | | 174.AB |
| 175.D | 176.AC | 177.D |
| 178.ABC | 179.C | 180.C |
| 181.C | 182.AB | 183.C |
| 184.AD | 185.BD | 186.ABD |
| 187.BD | 188.(1)BC;(2)C | 189.ACD |
| 190.C | 191.AC | 192.D |
| 193.D | 194.D | 195.C |
| 196.BCD | 197.C | 198.AC |
| 199.C(原答案为CD) | 200.BC | 201.C |
| 202.B | 203.D | 204.C |
| 205.C | 206.D | 207.ABCD |
| 208.D | 209.BD | 210.ABCD |
| 211.B | 212.C | 213.B |
| 214.D(原答案为B) | 215.B | 216.ACD |
| 217.C | 218.ABCD | 219.BCD |
| 220.A | 221.ABD | 222.AB |
| 223.C | 224.ABD | 225.C |
| 226.D | 227.B | 228.C |
| 229.B | 230.A | 231.A |
| 232.ACD | 233.BCD | 234.AB |
| 235.BC | 236.A | 237.B |
| 238.ABD | 239.C | 240.D |

| 241.C | 242.A | 243.D |
|---|---|---|
| 244.BCD | 245.D | 246.BC |
| 247.AB | 248.C | 249.ABC |
| 250.ABCD | 251.ABC | |
| 252.BCD(原答案为BD) | | 253.BCD |
| 254.ABD | 255.B | 256.A |
| 257.ABC | 258.B | 259.BC |
| 260.D | 261.C | 262.BC |
| 263.B | 264.ABC | |
| 265.AC(原答案为ABC) | | 266.ABC |
| 267.A | 268.A | 269.A |
| 270.A | 271.ABCD | 272.AB |
| 273.B | 274.D | 275.AB |
| 276.D | 277.(1)AD;(2)BD | |
| 278.AC | 279.D | 280.A |
| 281.C | 282.C | 283.B |
| 284.(1)AC;(2)A | | 285.D |
| 286.AB | 287.ABCD | 288.AD |
| 289.A | 290.(1)D;(2)AC;(3)BC | |
| 291.D | 292.A | 293.D |
| 294.ABD | 295.AB | 296.AC |
| 297.AC | 298.A | 299.A |
| 300.ABC | 301.B | 302.ACD |
| 303.BCD | 304.C | 305.B |
| 306.ABC | 307.ABCD | 308.CD |
| 309.D | 310.AC | 311.C |
| 312.ACD(原答案为ABCD) | | 313.ABC |
| 314.ABC | 315.AC | 316.C |
| 317.C | 318.D | 319.AB |
| 320.CD | 321.C | 322.BCD |
| 323.ABD | 324.BC | 325.BD |
| 326.D | 327.ABC | |
| 328.BC(原答案为BCD) | | 329.ABCD |
| 330.C | 331.ACD | 332.ACD |
| 333.A | 334.ABD | 335.ABCD |
| 336.B | 337.C | 338.AC |
| 339.B | 340.ABD | 341.BCD |
| 342.B(原答案为C) | 343.ABC | 344.CD |
| 345.BC(原答案为BCD) | | 346.BCD |
| 347.BCD | 348.D | 349.BCD |
| 350.C(原答案为AC) | | 351.CD |
| 352.B | 353.C | 354.C |
| 355.C | 356.A | 357.C |
| 358.C | 359.(1)BC;(2)B | |
| 360.AB | 361.BCD | 362.C |

| 363.D | 364.AB | 365.D |
|---|---|---|
| 366.D | 367.B | 368.C |
| 369.D | 370.AD | |
| 371.D(原答案为BCD) | | 372.B |
| 373.BD | 374.C | |
| 375.BCD(原答案为CD) | | 376.D |
| 377.D | 378.B | 379.C |
| 380.B | 381.AC | 382.D |
| 383.ABD | 384.ABCD | 385.AB(原答案为A) |
| 386.ABD | 387.AC | 388.C |
| 389.ABD(原答案为ABCD) | | 390.AD |
| 391.BCD(原答案为D) | | 392.C |
| 393.ACD(原答案为B) | | 394.C |
| 395.D | 396.ABCD(原答案为B) | |
| 397.C | 398.D | 399.D |
| 400.CD(原答案为C) | | 401.C |
| 402.D | 403.C | 404.AB |
| 405.ABC | 406.ABC | 407.AC |
| 408.AC | 409.CD | 410.AC |
| 411.C | 412.C | 413.BCD |
| 414.AD | 415.D | 416.D |
| 417.CD(原答案为C) | | 418.A |
| 419.ABCD | 420.CD | 421.BC |
| 422.AD(原答案为ACD) | | 423.C |
| 424.ABCD | 425.BCD | 426.AC |
| 427.AC | 428.ACD | 429.AB |
| 430.A | 431.D | 432.ABCD |
| 433.AC | 434.A | 435.A |
| 436.A | 437.C | 438.ABC |
| 439.D | 440.B | 441.D |
| 442.C | 443.A | 444.B |
| 445.CD | 446.ACD | 447.CD |
| 448.AB | 449.ABCD | 450.BC |
| 451.ABCD(原答案为B) | | 452.D(原答案为A) |
| 453.A | 454.AC | 455.CD |
| 456.C | 457.D | 458.ACD |
| 459.C | 460.ACD | 461.A |
| 462.BC(原答案为ABC) | | 463.D |
| 464.A | 465.ABCD(原答案为ABD) | |
| 466.A | 467.A | 468.ABCD |
| 469.B | 470.C | 471.D |
| 472.ACD | 473.D | 474.BC |
| 475.C | 476.B | 477.BD |
| 478.AC | | |

# 目 录

# 刑法 ［试题］

## 专题一　刑法概说

**考点1　刑法的解释**

**1.** 2019 回忆／单

关于刑法的解释，下列哪一项说法是正确的？

- A. 按照体系解释，传播淫秽物品罪与传播性病罪的"传播"含义一致
- B. 依据论理解释，倒卖文物罪中的"倒卖"是指以牟利为目的，出售或为出售而购买国家禁止经营的文物
- C. 招摇撞骗罪是指冒充国家机关工作人员招摇撞骗。将副乡长冒充市长招摇撞骗解释为"冒充"国家机关工作人员招摇撞骗，不符合文理解释
- D. 将虐待罪的对象"家庭成员"解释为包括保姆在内，符合类推解释

**2.** 2018 回忆／多

关于刑法解释，下列哪些说法是正确的？

- A. 大炮的危险性比枪支严重，因此将非法制造大炮解释为非法制造枪支罪，属于扩大解释，不违反罪刑法定原则
- B. 根据当然解释，生产、销售假药罪中的假药是指完全没有疗效的药，因此有疗效的药不是假药
- C. 为境外非法提供国家秘密、情报罪中的"情报"应该缩小解释为"关系国家安全和利益、尚未公开或者依照有关规定不应公开的事项"
- D. 将假冒他人未注册的商标解释为假冒注册商标罪，违反罪刑法定原则

**3.** 2016/2/51/多①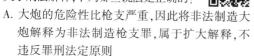

关于罪刑法定原则与刑法解释，下列哪些选项是正确的？

- A. 对甲法条中的"暴力"作扩大解释时，就不可能同时再作限制解释，但这并不意味着对乙法条中的"暴力"也须作扩大解释
- B. 《刑法》第237条规定的强制猥亵、侮辱罪中的"侮辱"，与《刑法》第246条规定的侮辱罪中的"侮辱"，客观内容相同、主观内容不同
- C. 当然解释是使刑法条文之间保持协调的解释方法，只要符合当然解释的原理，其解释结论就不会违反罪刑法定原则
- D. 对刑法分则条文的解释，必须同时符合两个要求：一是不能超出刑法用语可能具有的含义，二是必须符合分则条文的目的

**4.** 2015/2/51/多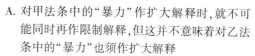

关于刑法解释，下列哪些选项是错误的？

- A. 《刑法》规定"以暴力、胁迫或者其他手段强奸妇女的"构成强奸罪。按照文理解释，可将丈夫强行与妻子性交的行为解释为"强奸妇女"
- B. 《刑法》对抢劫罪与强奸罪的手段行为均使用了"暴力、胁迫"的表述，且二罪的法定刑相同，故对二罪中的"暴力、胁迫"应作相同解释
- C. 既然将为了自己饲养而抢劫他人宠物的行为认定为抢劫罪，那么，根据当然解释，对于为了自己收养而抢劫他人婴儿的行为更应认定为抢劫罪，否则会导致罪刑不均衡
- D. 对中止犯中的"自动有效地防止犯罪结果发生"，既可解释为自动采取措施使得犯罪结果未发生；也可解释为自动采取防止犯罪结果发生的有效措施，而不管犯罪结果是否发生

**5.** 2014/2/3/单

关于刑法用语的解释，下列哪一选项是正确的？

- A. 按照体系解释，刑法分则中的"买卖"一词，均

---

① 指2016年／试卷二／第51题／多选——编者注。

指购买并卖出;单纯的购买或者出售,不属于"买卖"

B. 按照同类解释规则,对于刑法分则条文在列举具体要素后使用的"等"、"其他"用语,应按照所列举的内容、性质进行同类解释

C. 将明知是捏造的损害他人名誉的事实,在信息网络上散布的行为,认定为"捏造事实诽谤他人",属于当然解释

D. 将盗窃骨灰的行为认定为盗窃"尸体",属于扩大解释

**6.** 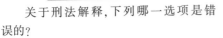 2013/2/3/单

关于刑法解释,下列哪一选项是错误的?

A. 学理解释中的类推解释结论,纳入司法解释后不属于类推解释

B. 将大型拖拉机解释为《刑法》第116条破坏交通工具罪的"汽车",至少是扩大解释乃至是类推解释

C.《刑法》分则有不少条文并列规定了"伪造"与"变造",但不排除在其他一些条文中将"变造"解释为"伪造"的一种表现形式

D.《刑法》第65条规定,不满18周岁的人不成立累犯;《刑法》第356条规定,因走私、贩卖、运输、制造、非法持有毒品罪被判过刑,又犯本节规定之罪的,从重处罚。根据当然解释的原理,对不满18周岁的人不适用《刑法》第356条

**7.** 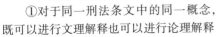 2011/2/51/多

①对于同一刑法条文中的同一概念,既可以进行文理解释也可以进行论理解释

②一个解释者对于同一刑法条文的同一概念,不可能同时既作扩大解释又作缩小解释

③刑法中类推解释被禁止,扩大解释被允许,但扩大解释的结论也可能是错误的

④当然解释追求结论的合理性,但并不必然符合罪刑法定原则

关于上述4句话的判断,下列哪些选项是错误的?

A. 第①句正确,第②③④句错误

B. 第①②句正确,第③④句错误

C. 第①③句正确,第②④句错误

D. 第①③④句正确,第②句错误

**8.** 2009/2/1/单

关于刑法解释的说法,下列哪一选项是正确的?

A. 将盗窃罪对象的"公私财物"解释为"他人的

财物",属于缩小解释

B. 将《刑法》第一百七十一条出售假币罪中的"出售"解释为"购买和销售",属于当然解释

C. 对随身携带枪支等国家禁止个人携带的器械以外的其他器械进行抢夺的,解释为以抢劫罪定罪,属于扩张解释

D. 将信用卡诈骗罪中的"信用卡"解释为"具有消费支付、信用贷款、转账结算、存取现金等全部功能或者部分功能的电子支付卡",属于类推解释

**9.**  2008/2/20/单

①立法解释是由立法机关作出的解 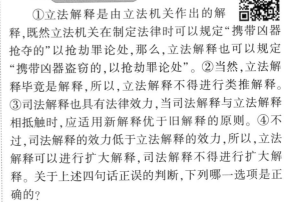 释,既然立法机关在制定法律时可以规定"携带凶器抢夺的"以抢劫罪论处,那么,立法解释也可以规定"携带凶器盗窃的,以抢劫罪论处"。②当然,立法解释毕竟是解释,所以,立法解释不得进行类推解释。③司法解释也具有法律效力,当司法解释与立法解释相抵触时,应适用新解释优于旧解释的原则。④不过,司法解释的效力低于立法解释的效力,所以,立法解释可以进行扩大解释,司法解释不得进行扩大解释。关于上述四句话正误的判断,下列哪一选项是正确的?

A. 第①句正确,其他错误

B. 第②句正确,其他错误

C. 第③句正确,其他错误

D. 第④句正确,其他错误

**考点2 刑法的基本原则**

**10.** 2014/2/1/单

关于公平正义理念与罪刑相适应原则的关系,下列哪一选项是错误的?

A. 公平正义是人类社会的共同理想,罪刑相适应原则与公平正义相吻合

B. 公平正义与罪刑相适应原则都要求在法律实施中坚持以事实为根据、以法律为准绳

C. 根据案件特殊情况,为做到罪刑相适应,促进公平正义,可由最高法院授权下级法院,在法定刑以下判处刑罚

D. 公平正义的实现需要正确处理法理与情理的关系,罪刑相适应原则要求做到罪刑均衡与刑罚个别化,二者并不矛盾

**11.** 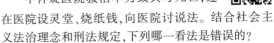 2014/2/2/单

甲怀疑医院救治不力致其母死亡,遂  在医院设灵堂、烧纸钱,向医院讨说法。结合社会主义法治理念和刑法规定,下列哪一看法是错误的?

A. 执法为民与服务大局的理念要求严厉打击涉医违法犯罪,对社会影响恶劣的涉医犯罪行

为,要依法从严惩处

 B. 甲属于起哄闹事,只有造成医院的秩序严重混乱的,才构成寻衅滋事罪

 C. 如甲母的死亡确系医院救治不力所致,则不能轻易将甲的行为认定为寻衅滋事罪

 D. 如以寻衅滋事罪判处甲有期徒刑 3 年、缓刑 3 年,为有效维护医疗秩序,法院可同时发布禁止令,禁止甲 1 年内出入医疗机构

**12.** 2014/2/51/多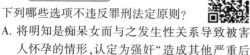

下列哪些选项不违反罪刑法定原则?

 A. 将明知是痴呆女而与之发生性关系导致被害人怀孕的情形,认定为强奸"造成其他严重后果"

 B. 将卡拉 OK 厅未经著作权人许可大量播放其音像制品的行为,认定为侵犯著作权罪中的"发行"

 C. 将重度醉酒后在高速公路超速驾驶机动车的行为,认定为以危险方法危害公共安全罪

 D.《刑法》规定了盗窃武装部队印章罪,未规定毁灭武装部队印章罪。为弥补处罚漏洞,将毁灭武装部队印章的行为认定为毁灭"国家机关"印章

**13.** 2013/2/1/单

甲给机场打电话谎称"3 架飞机上有炸弹",机场立即紧急疏散乘客,对飞机进行地毯式安检,3 小时后才恢复正常航班秩序。关于本案,下列哪一选项是正确的?

 A. 为维护社会稳定,无论甲的行为是否严重扰乱社会秩序,都应追究甲的刑事责任

 B. 为防范危害航空安全行为的发生,保护人民群众,应以危害公共安全相关犯罪判处甲死刑

 C. 从事实和法律出发,甲的行为符合编造、故意传播虚假恐怖信息罪的犯罪构成,应追究其刑事责任

 D. 对于散布虚假信息,危及航空安全,造成国内国际重大影响的案件,可突破司法程序规定,以高效办案取信社会

**14.** 2012/2/3/单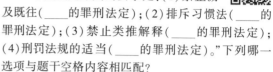

关于罪刑法定原则有以下观点:

①罪刑法定只约束立法者,不约束司法者

②罪刑法定只约束法官,不约束侦查人员

③罪刑法定只禁止类推适用刑法,不禁止适用习惯法

④罪刑法定只禁止不利于被告人的事后法,不禁止有利于被告人的事后法

下列哪一选项是正确的?

 A. 第①句正确,第②③④句错误

 B. 第①②句正确,第③④句错误

 C. 第④句正确,第①②③句错误

 D. 第①③句正确,第②④句错误

**15.** 2010/2/1/单

"罪刑法定原则的要求是:(1)禁止溯及既往(____的罪刑法定);(2)排斥习惯法(____的罪刑法定);(3)禁止类推解释(____的罪刑法定);(4)刑罚法规的适当(____的罪刑法定)。"下列哪一选项与题干空格内容相匹配?

 A. 事前——成文——确定——严格

 B. 事前——确定——成文——严格

 C. 事前——严格——成文——确定

 D. 事前——成文——严格——确定

### 考点3 刑法的适用范围(效力)

**16.** 2017/2/1/单

关于刑事司法解释的时间效力,下列哪一选项是正确的?

 A. 司法解释也是刑法的渊源,故其时间效力与《刑法》完全一样,适用从旧兼从轻原则

 B. 行为时无相关司法解释,新司法解释实施时正在审理的案件,应当依新司法解释办理

 C. 行为时有相关司法解释,新司法解释实施时正在审理的案件,仍须按旧司法解释办理

 D. 依行为时司法解释已审结的案件,若适用新司法解释有利于被告人的,应依新司法解释改判

**17.** 2013/2/4/单

《刑法修正案(八)》于 2011 年 5 月 1 日起施行。根据《刑法》第 12 条关于时间效力的规定,下列哪一选项是错误的?

 A. 2011 年 4 月 30 日前犯罪,犯罪后自首又有重大立功表现的,适用修正前的刑法条文,应当减轻或者免除处罚

 B. 2011 年 4 月 30 日前拖欠劳动者报酬,2011 年 5 月 1 日后以转移财产方式拒不支付劳动者报酬的,适用修正后的刑法条文

 C. 2011 年 4 月 30 日前组织出卖人体器官的,适用修正后的刑法条文

 D. 2011 年 4 月 30 日前扒窃财物数额未达到较大标准的,不得以盗窃罪论处

**18.** 2007/2/51/多

关于刑事管辖权,下列哪些选项是正确的?

 A. 甲在国外教唆陈某到中国境内实施绑架行为,

中国司法机关对甲的教唆犯罪有刑事管辖权

B. 隶属于中国某边境城市旅游公司的长途汽车在从中国进入 E 国境内之后，因争抢座位，F 国的汤姆一怒之下杀死了 G 国的杰瑞。对汤姆的杀人行为不适用中国刑法

C. 中国法院适用普遍管辖原则对劫持航空器的丙行使管辖权时，定罪量刑的依据是中国缔结或者参加的国际条约

D. 外国人丁在中国领域外对中国公民犯罪的，即使按照中国刑法的规定，该罪的最低刑为 3 年以上有期徒刑，也可能不适用中国刑法

**19.** 2005/2/3/单

某外国商人甲在我国领域内犯重婚罪，对甲应如何处置？

A. 适用我国刑法追究其刑事责任

B. 通过外交途径解决

C. 适用该外国刑法追究其刑事责任

D. 直接驱逐出境

**20.** 2005/2/56/多

下列哪些犯罪行为应实行属地管辖原则？

A. 外国人乘坐外国民航飞机进入中国领空后实施犯罪行为

B. 中国人乘坐外国船舶，当船舶行驶于公海上时实施犯罪行为

C. 外国人乘坐中国民航飞机进入法国领空后实施犯罪行为

D. 中国国家工作人员在外国实施我国刑法规定的犯罪行为

**21.** 2004/2/56/多

下列关于中国刑法适用范围的说法哪些是错误的？

A. 甲国公民汤姆教唆乙国公民约翰进入中国境内发展黑社会组织。即使约翰果真进入中国境内实施犯罪行为，也不能适用中国刑法对仅仅实施教唆行为的汤姆追究刑事责任

B. 中国公民赵某从甲国贩卖毒品到乙国后回到中国。由于赵某的犯罪行为地不在中国境内，行为也没有危害中国的国家或者国民的利益，所以，不能适用中国刑法

C. A 国公民丙在中国留学期间利用暑期外出旅游，途中为勒索财物，将 B 国在中国的留学生丁某从东北某市绑架到 C 国，中国刑法可以依据保护管辖原则对丙追究刑事责任

D. 中国公民在中华人民共和国领域外实施的犯罪行为，按照刑法规定的最高刑为 3 年以下有

期徒刑的，也可以适用中国刑法追究刑事责任

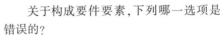

# 专题二 犯罪构成

### 考点4 构成要件要素的分类

**22.** 2014/2/4/单

关于构成要件要素，下列哪一选项是错误的？

A. 传播淫秽物品罪中的"淫秽物品"是规范的构成要件要素、客观的构成要件要素

B. 签订、履行合同失职被骗罪中的"签订、履行"是记述的构成要件要素、积极的构成要件要素

C. "被害人基于认识错误处分财产"是诈骗罪中的客观的构成要件要素、不成文的构成要件要素

D. "国家工作人员"是受贿罪的主体要素、规范的构成要件要素、主观的构成要件要素

**23.** 2012/2/51/多

《刑法》第 246 条规定："以暴力或者其他方法公然侮辱他人或者捏造事实诽谤他人，情节严重的，处三年以下有期徒刑、拘役、管制或者剥夺政治权利。"关于本条的理解，下列哪些选项是正确的？

A. "以暴力或者其他方法"属于客观的构成要件要素

B. "他人"属于记述的构成要件要素

C. "侮辱"、"诽谤"属于规范的构成要件要素

D. "三年以下有期徒刑、拘役、管制或者剥夺政治权利"属于相对确定的法定刑

**24.** 2008/2/51/多

关于构成要件要素的分类，下列哪些选项是正确的？

A. 贩卖淫秽物品牟利罪中的"贩卖"是记述的构成要件要素，"淫秽物品"是规范的构成要件要素

B. 贩卖毒品罪中的"贩卖"是记述的构成要件要素，"毒品"是规范的构成要件要素

C. 强制猥亵妇女罪中的"妇女"是记述的构成要件要素，"猥亵"是规范的构成要件要素

D. 抢劫罪的客观构成要件要素是成文的构成要件要素，"非法占有目的"是不成文的构成要件要素

### 考点5 危害行为

**25.** 2021 回忆/多

关于不作为犯罪，下列哪些说法是正确的？

A. 甲的同事张某见到甲饲养的金毛犬甚是喜

爱,伸手抚摸,不料却遭金毛犬撕咬。甲在一旁不制止,导致张某被咬成重伤。由于张某自己制造了危险,故甲不构成不作为犯罪

B. 乙事后发现自己销售的一批药品不合格,但并未召回,致一名患者死亡。由于销售劣药罪的行为只能是作为,且必须具有故意,故乙不构成犯罪

C. 丙夜间在办公室用电热炉煮面条,不慎将公司的一份重要文件引燃。丙本可将火扑灭,却因担心被人发现文件被毁会受到公司处罚,便逃离现场,最后酿成重大火灾。丙构成不作为的放火罪

D. 猎人丁在荒山发现一名弃婴,将弃婴抱回家,过几天后打算长期抚养。由于妻子强烈反对,丁次日将弃婴放至某菜市场门口,被他人抱走,不知去向。丁构成遗弃罪

**26.** 2019 回忆／多

关于不作为犯罪,下列哪些说法是正确的?

A. 警察李某抓捕了吸毒人员王某(女),进行强制戒毒。王某有一个5岁女儿独自在家,被王某锁在家里。王某将该情况告知李某,要求妥善安顿女儿。李某因疏忽而忘记此事。几天后,王某的女儿饿死在家中。李某成立不作为的玩忽职守罪

B. 吸毒人员吴某常常把自己年幼的孩子独自留在家中而出去吸毒。某次,吴某明知家中有孩子,出门十日才回家,其年幼孩子在被隔绝的家中饿死。吴某构成不作为的故意杀人罪

C. 赵某明知邻居钱某有癫痫,出于故意而与邻居钱某吵架,使其发病,浑身抽搐。赵某见状故意不救助,钱某因无人救助而死亡。赵某构成不作为的故意杀人罪

D. 孙某驾车不慎撞倒行人金某之后,为逃避法律责任,将昏迷的金某拖到隐蔽的山洞里,金某因无人救助而死亡。孙某构成不作为的故意杀人罪

**27.** 2018 回忆／多

甲是间歇性精神病患者,某日与妻子乙来到自己的父母家里。甲因琐事与父母发生争吵。争吵中甲的精神病发作,在这种状态下,甲持刀砍杀父母。乙在旁边,既不阻拦,也不呼救他人。甲砍了几刀后,清醒过来,匆忙与乙离开现场。二人回到家中,乙将二人身上的带血的衣服、鞋子全部洗掉了。父母因被砍而死亡。下列哪些说法是正确的?

A. 乙构成不作为的故意杀人罪

B. 假如证明,乙即使阻拦或呼救他人,父母还会被砍死,仍然可以认定乙的不作为与死亡结果之间具有因果关系

C. 乙构成不作为的故意杀人罪和帮助毁灭证据罪

D. 乙不构成帮助毁灭证据罪

**28.** 2016/2/1/单

关于不作为犯罪,下列哪一选项是正确的?

A. "法无明文规定不为罪"的原则当然适用于不作为犯罪,不真正不作为犯的作为义务必须源于法律的明文规定

B. 在特殊情况下,不真正不作为犯的成立不需要行为人具有作为可能性

C. 不真正不作为犯属于行为犯,危害结果并非不真正不作为犯的构成要件要素

D. 危害公共安全罪、侵犯公民人身权利罪、侵犯财产罪中均存在不作为犯

**29.** 2015/2/52/多

关于不作为犯罪,下列哪些选项是正确的?

A. 儿童在公共游泳池溺水时,其父甲、救生员乙均故意不救助。甲、乙均成立不作为犯罪

B. 在离婚诉讼期间,丈夫误认为自己无义务救助落水的妻子,致妻子溺水身亡的,成立过失的不作为犯罪

C. 甲在火灾之际,能救出母亲,但为救出女友而未救出母亲。如无排除犯罪的事由,甲构成不作为犯罪

D. 甲向乙的咖啡投毒,看到乙喝了一口后将咖啡递给丙,因担心罪行败露,甲未阻止丙喝咖啡,导致乙、丙均死亡。甲对乙是作为犯罪,对丙是不作为犯罪

**30.** 2014/2/5/单

关于不作为犯罪的判断,下列哪一选项是错误的?

A. 小偷翻墙入院行窃,被护院的藏獒围攻。主人甲认为小偷活该,任凭藏獒撕咬,小偷被咬死。甲成立不作为犯罪

B. 乙杀丙,见丙痛苦不堪,心生悔意,欲将丙送医。路人甲劝阻乙救助丙,乙遂离开,丙死亡。甲成立不作为犯罪的教唆犯

C. 甲看见儿子乙(8周岁)正掐住丙(3周岁)的脖子,因忙于炒菜,便未理会。等炒完菜,甲发现丙已窒息死亡。甲不成立不作为犯罪

D. 甲见有人掉入偏僻之地的深井,找来绳子救人,将绳子的一头扔至井底后,发现井下的是

仇人乙,便放弃拉绳子,乙因无人救助死亡。甲不成立不作为犯罪

**31.** 2013/2/5/单

甲女得知男友乙移情,怨恨中送其一双滚轴旱冰鞋,企盼其运动时摔伤。乙穿此鞋运动时,果真摔成重伤。关于本案的分析,下列哪一选项是正确的?

A. 甲的行为属于作为的危害行为

B. 甲的行为与乙的重伤之间存在刑法上的因果关系

C. 甲具有伤害乙的故意,但不构成故意伤害罪

D. 甲的行为构成过失致人重伤罪

**32.** 2013/2/51/多

关于不作为犯罪,下列哪些选项是正确的?

A. 船工甲见乙落水,救其上船后发现其是仇人,又将其推到水中,致其溺亡。甲的行为成立不作为犯罪

B. 甲为县公安局长,妻子乙为县税务局副局长。乙在家收受贿赂时,甲知情却不予制止。甲的行为不属于不作为的帮助,不成立受贿罪共犯

C. 甲意外将6岁幼童撞入河中。甲欲施救,乙劝阻,甲便未救助,致幼童溺亡。因只有甲有救助义务,乙的行为不成立犯罪

D. 甲将弃婴乙抱回家中,抚养多日后感觉麻烦,便于夜间将乙放到菜市场门口,期待次日晨被人抱走抚养,但乙被冻死。甲成立不作为犯罪

**33.** 2012/2/4/单

下列哪一选项构成不作为犯罪?

A. 甲到湖中游泳,见武某也在游泳。武某突然腿抽筋,向唯一在场的甲呼救。甲未予理睬,武某溺亡

B. 乙女拒绝周某求爱,周某说"如不答应,我就跳河自杀"。乙明知周某可能跳河,仍不同意。周某跳河后,乙未呼救,周某溺亡

C. 丙与贺某到水库游泳。丙为显示泳技,将不善游泳的贺某拉到深水区教其游泳。贺某忽然沉没,丙有点害怕,忙游上岸,贺某溺亡

D. 丁邀秦某到风景区漂流,在漂流筏转弯时,秦某的安全带突然松开致其摔落河中。丁未下河救人,秦某溺亡

**34.** 2011/2/52/多

关于不作为犯罪,下列哪些选项是正确的?

A. 宠物饲养人在宠物撕咬儿童时故意不制止,导致儿童被咬死的,成立不作为的故意杀人罪

B. 一般公民发现他人建筑物发生火灾故意不报警的,成立不作为的放火罪

C. 父母能制止而故意不制止未成年子女侵害行为的,可能成立不作为犯罪

D. 荒山狩猎人发现弃婴后不救助的,不成立不作为犯罪

**35.** 2010/2/52/多

关于不作为犯罪,下列哪些选项是正确的?

A. 甲在车间工作时,不小心使一根铁钻刺入乙的心脏,甲没有立即将乙送往医院而是逃往外地。医院证明,即使将乙送往医院,乙也不可能得到救治。甲不送乙就医的行为构成不作为犯罪

B. 甲盗伐树木时砸中他人,明知不立即救治将致人死亡,仍有意不救。甲不救助伤者的行为构成不作为犯罪

C. 甲带邻居小孩出门,小孩失足跌入粪塘,甲嫌脏不愿施救,就大声呼救,待乙闻声赶来救出小孩时,小孩死亡。甲不及时救助的行为构成不作为犯罪

D. 甲乱扔烟头导致所看仓库起火,能够扑救而不救,迅速逃离现场,导致火势蔓延财产损失巨大。甲不扑救的行为构成不作为犯罪

**考点6 危害结果**

**36.** 2017/2/2/单

关于危害结果,下列哪一选项是正确的?

A. 危害结果是所有具体犯罪的构成要件要素

B. 抽象危险是具体犯罪构成要件的危害结果

C. 以杀死被害人的方法当场劫取财物的,构成抢劫罪的结果加重犯

D. 骗取他人财物致使被害人自杀身亡的,成立诈骗罪的结果加重犯

**37.** 2008/2/1/单

关于危害结果的相关说法,下列哪一选项是错误的?

A. 甲男(25岁)明知孙某(女)只有13岁而追求她,在征得孙某同意后,与其发生性行为。甲的行为没有造成危害后果

B. 警察乙丢失枪支后未及时报告,清洁工王某捡拾该枪后立即上交。乙的行为没有造成严重后果

C. 丙诱骗5岁的孤儿离开福利院后,将其作为养子,使之过上了丰衣足食的生活。丙的行为造成了危害后果

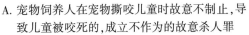

D. 丁恶意透支 3 万元,但经发卡银行催收后立即归还。丁的行为没有造成危害后果

**考点7** 因果关系

**38.** 2022 回忆/多

关于刑法上的因果关系,下列哪些说法是正确的?

A. 甲因生产经营急需资金,申请贷款时提供了伪造的材料,骗取了贷款,后因经营失败未能归还,给银行造成重大损失。伪造材料行为与银行重大损失之间没有因果关系

B. 溺水者乙抓住一个可以救命的漂浮物,该漂浮物属于甲所有,甲见状立即拿走漂浮物,导致乙溺水身亡。甲的行为与乙的死亡之间具有因果关系

C. 甲、乙在没有意思联络的情况下,均向丙开了一枪,且均打中非要害部位,丙因为两处受伤,失血过多而死亡。甲、乙的行为与丙的死亡之间具有因果关系

D. 甲、乙没有意思联络,均有杀害丙的故意。乙到达现场时暗中发现甲向丙的水杯中已经投了毒,乙便没有投毒,后丙喝水死亡。乙的行为与丙的死亡结果之间没有因果关系

**39.** 2021 回忆/单

关于因果关系的判断,下列哪一项说法是正确的?

A. 甲从 6 楼向下扔垃圾,不慎砸中楼下路过的彭某,致其死亡。虽然高空抛物造成伤害的概率很低,但甲的行为与彭某的死亡具有因果关系

B. 女服务员小丽下夜班后乘坐乙驾驶的出租车回家,要求乙按照手机导航路线行驶。途中乙选择了一条新的行驶路线,小丽以为乙要加害自己,跳车导致重伤。实际上乙没有加害意图。乙偏离原定路线的行为与小丽的重伤有因果关系

C. 丙对陆某家放火,陆某观察火势不大,便入户抢救贵重物品,不料火势突然变大,陆某被烧死。丙的放火行为与陆某的死亡没有因果关系

D. 丁盗窃郑某用于治病的资金,郑某陷入绝望,自杀身亡。丁的盗窃行为与郑某的死亡有因果关系

**40.** 2020 回忆/单

关于因果关系,下列哪一选项是正确的?

A. 甲驾车行驶在高速公路上,一直在自己的车道

上正常行驶。乙突然驾车从旁边车道挤过来,导致两车相撞,乙因事故受重伤。乙的重伤结果与甲的行为之间有因果关系

B. 甲在沙滩上将乙打昏,乙昏倒时面朝沙滩,甲以为乙已经死亡,遂离开,实际上乙是由于吸入沙子窒息而亡。甲的行为和乙的死亡结果之间没有因果关系

C. 甲带小孩小甲去公园玩,邻居奶奶带孙子出去玩,甲临时有事委托邻居奶奶照看小甲。在玩耍中,小甲准备从高处跳下来,邻居奶奶没有阻止,小甲摔成重伤。邻居奶奶不阻止的行为与小甲摔成重伤之间具有因果关系

D. 甲、乙系男女朋友,甲开车在高速路上行驶时两人吵架,乙要下车,要求甲停车。甲不停车,乙跳车摔成重伤,甲的行为与乙受伤结果之间具有因果关系

**41.** 2020 回忆/多

关于因果关系,下列哪些选项是正确的?

A. 甲醉酒在高速公路上正常行驶,同向行驶的乙突然超速撞到甲的车,使在甲前面行驶的车被撞,车里的人受重伤,甲的驾车行为和车主受伤结果之间没有因果关系

B. 甲、乙飙车竞速,乙撞上了正常行驶的丙,致丙重伤。丙的重伤结果和甲的飙车行为之间没有因果关系

C. 甲抢夺了乙的财物就跑,乙紧追不舍,甲在逃跑过程中跨越栏杆时,过失将栏杆带倒了。乙追赶过来后,撞向了被甲撞倒的栏杆,身受重伤。甲的行为与乙的重伤结果之间具有因果关系

D. 甲盗窃后在逃跑过程中过失推倒行人乙,导致乙受伤。乙的受伤结果与甲的行为之间具有因果关系

**42.** 2019 回忆/多

关于因果关系,下列哪些说法是正确的?

A. 甲驾车不慎撞倒乙,乙躺在路中央不动,甲逃逸。五分钟后,丙刹车不及从乙身上轧过去。后发现乙死亡,但无法查明是甲轧死的,还是乙轧死的。甲与乙的死亡有因果关系

B. 甲给乙的饮料里放了毒药,乙喝后四肢乏力。仇人丙看到乙,要杀死乙,乙因为无力反抗被丙用刀杀死。甲与乙的死亡有因果关系

C. 甲冒充房东,给几位承租人群发短信,要求他们交房租到特定账户。承租人丁信以为真,将短信转发给合租人丙。丙没注意到甲的短信,

但注意到乙的短信，便将款打到甲的指定账户。甲与丙的财产损失有因果关系

D. 医生甲想杀死病人乙，在针剂里放了毒药，给乙注射，乙死亡。事后查明，乙有特殊体质，注射正常针剂，不加毒药，乙也会死。甲与乙的死亡无因果关系

**43.** 2018 回忆/多

关于因果关系，下列哪些说法是正确的？

A. 贾某在公路上醉酒驾驶。公路路面上散落几个井盖。贾某因为醉酒没有注意到井盖，车轮轧过井盖，井盖飞起，砸中路边行人，导致行人重伤。贾某的醉酒行为与行人的重伤结果之间有因果关系

B. 甲、乙发生口角，甲踢伤乙，导致乙心脏病发作死亡。甲的行为与乙的死亡结果之间有因果关系

C. 甲和乙是警察，押解犯罪嫌疑人丙的过程中，丙中途以上厕所为由而逃跑。甲、乙的失职行为与丙的脱逃之间有因果关系

D. 甲为了杀乙，在饭中下毒药，乙中毒，家人送乙去医院，途中偶遇丁驾驶车辆在道路上横冲直撞报复社会，乙被当场撞死。甲的杀人行为与乙的死亡存在因果关系

**44.** 2017/2/52/多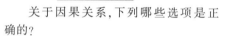

关于因果关系，下列哪些选项是正确的？

A. 甲以杀人故意用铁棒将刘某打昏后，以为刘某已死亡，为隐藏尸体将刘某埋入雪沟，致其被冻死。甲的前行为与刘某的死亡有因果关系

B. 乙夜间驾车撞倒李某后逃逸，李某被随后驶过的多辆汽车碾轧，但不能查明是哪辆车造成李某死亡。乙的行为与李某的死亡有因果关系

C. 丙将海洛因送给13周岁的王某吸食，造成王某吸毒过量身亡。丙的行为与王某的死亡有因果关系

D. 丁以杀害故意开车撞向周某，周某为避免被撞跳入河中，不幸溺亡。丁的行为与周某的死亡有因果关系

**45.** 2016/2/2/单

关于因果关系的认定，下列哪一选项是正确的？

A. 甲重伤王某致其昏迷。乞丐目睹一切，在甲离开后取走王某财物。甲的行为与王某的财产损失有因果关系

B. 乙纠集他人持凶器砍杀李某，将李某逼至江边，李某无奈跳江被淹死。乙的行为与李某的死亡无因果关系

C. 丙酒后开车被查。交警指挥丙停车不当，致石某的车撞上丙车，石某身亡。丙的行为与石某死亡无因果关系

D. 丁敲诈勒索陈某。陈某给丁汇款时，误将3万元汇到另一诈骗犯账户中。丁的行为与陈某的财产损失无因果关系

**46.** 2015/2/1/单

关于因果关系，下列哪一选项是正确的？

A. 甲跳楼自杀，砸死行人乙。这属于低概率事件，甲的行为与乙的死亡之间无因果关系

B. 集资诈骗案中，如出资人有明显的贪利动机，就不能认定非法集资行为与资金被骗结果之间有因果关系

C. 甲驾车将乙撞死后逃逸，第三人丙拿走乙包中贵重财物。甲的肇事行为与乙的财产损失之间有因果关系

D. 司法解释规定，虽交通肇事重伤3人以上但负事故次要责任的，不构成交通肇事罪。这说明即使有条件关系，也不一定能将结果归责于行为

**47.** 2015/2/53/多

关于因果关系，下列哪些选项是正确的？

A. 甲驾车经过十字路口右拐时，被行人乙扔出的烟头击中面部，导致车辆失控撞死丙。只要肯定甲的行为与丙的死亡之间有因果关系，甲就应当承担交通肇事罪的刑事责任

B. 甲强奸乙后，威胁不得报警，否则杀害乙。乙报警后担心被甲杀害，便自杀身亡。如无甲的威胁乙就不会自杀，故甲的威胁行为与乙的死亡之间有因果关系

C. 甲夜晚驾车经过无照明路段时，不小心撞倒丙后继续前行，随后的乙未注意，驾车从丙身上轧过。即使不能证明是甲直接轧死丙，也必须肯定甲的行为与丙的死亡之间有因果关系

D. 甲、乙等人因琐事与丙发生争执，进而在电梯口相互厮打，电梯门受外力挤压变形开启，致丙掉入电梯通道内摔死。虽然介入了电梯门非正常开启这一因素，也应肯定甲、乙等人的行为与丙的死亡之间有因果关系

**48.** 2014/2/6/单

关于因果关系的判断，下列哪一选项是正确的？

A. 甲伤害乙后,警察赶到。在警察将乙送医途中,车辆出现故障,致乙长时间得不到救助而亡。甲的行为与乙的死亡具有因果关系

B. 甲违规将行人丙撞成轻伤,丙昏倒在路中央,甲驾车逃窜。1分钟后,超速驾驶的乙发现丙时已来不及刹车,将丙轧死。甲的行为与丙的死亡没有因果关系

C. 甲以杀人故意向乙开枪,但由于不可预见的原因导致丙中弹身亡。甲的行为与丙的死亡没有因果关系

D. 甲向乙的茶水投毒,重病的乙喝了茶水后感觉更加难受,自杀身亡。甲的行为与乙的死亡没有因果关系

**49.** 2013/2/52/多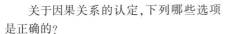

关于因果关系的认定,下列哪些选项是正确的?

A. 甲、乙无意思联络,同时分别向丙开枪,均未击中要害,因两个伤口同时出血,丙失血过多死亡。甲、乙的行为与丙的死亡之间具有因果关系

B. 甲等多人深夜追杀乙,乙被迫跑到高速公路上时被汽车撞死。甲等多人的行为与乙的死亡之间具有因果关系

C. 甲将妇女乙强拉上车,在高速公路上欲猥亵乙,乙在挣扎中被甩出车外,后车躲闪不及将乙轧死。甲的行为与乙的死亡之间具有因果关系

D. 甲对乙的住宅放火,乙为救出婴儿冲入住宅被烧死。乙的死亡由其冒险行为造成,与甲的放火行为之间没有因果关系

**50.** 2011/2/3/单

关于因果关系,下列哪一选项是错误的?

A. 甲将被害人衣服点燃,被害人跳河灭火而溺亡。甲行为与被害人死亡具有因果关系

B. 乙在被害人住宅放火,被害人为救婴儿冲入宅内被烧死。乙行为与被害人死亡具有因果关系

C. 丙在高速路将被害人推下车,被害人被后面车辆轧死。丙行为与被害人死亡具有因果关系

D. 丁毁坏被害人面容,被害人感觉无法见人而自杀。丁行为与被害人死亡具有因果关系

**51.** 2010/2/3/单

关于刑法上的因果关系,下列哪一判断是正确的?

---

A. 甲开枪射击乙,乙迅速躲闪,子弹击中乙身后的丙。甲的行为与丙的死亡之间不具有因果关系

B. 甲追赶小偷乙,乙慌忙中撞上疾驶汽车身亡。甲的行为与乙的死亡之间具有因果关系

C. 甲、乙没有意思联络,碰巧同时向丙开枪,且均打中了丙的心脏。甲、乙的行为与丙的死亡之间不具有因果关系

D. 甲以杀人故意向乙的食物中投放了足以致死的毒药,但在该毒药起作用前,丙开枪杀死了乙。甲的行为与乙的死亡之间不具有因果关系

**52.** 2008/2/52/多

关于因果关系,下列哪些选项是错误的?

A. 甲乘坐公交车时和司机章某发生争吵,狠狠踹了章某后背一脚。章某返身打甲时,公交车失控,冲向自行车道,撞死了骑车人程某。甲的行为与程某的死亡之间存在因果关系

B. 乙以杀人故意瞄准李某的头部开枪,但打中了李某的胸部(未打中心脏)。由于李某是血友病患者,最后流血不止而死亡。乙的行为与李某的死亡之间没有因果关系

C. 丙与同伙经预谋后同时向王某开枪,同伙射击的子弹打中王某的心脏,致王某死亡。由于丙射击的子弹没有打中王某,故丙的行为与王某的死亡之间没有因果关系

D. 丁以杀人故意对赵某实施暴力,导致赵某遭受濒临死亡的重伤。赵某在医院接受治疗时,医生存在一定过失,未能挽救赵某的生命。丁的行为与赵某的死亡之间没有因果关系

### 考点8 故意与过失

**53.** 2016/2/4/单

农民甲醉酒在道路上驾驶拖拉机,其认为拖拉机不属于《刑法》第133条之一规定的机动车。关于本案的分析,下列哪一选项是正确的?

A. 甲未能正确评价自身的行为,存在事实认识错误

B. 甲欠缺违法性认识的可能性,其行为不构成犯罪

C. 甲对危险驾驶事实有认识,具有危险驾驶的故意

D. 甲受认识水平所限,不能要求其对自身行为负责

**54.** 2016/2/5/单

吴某被甲、乙合法追捕。吴某的枪中

只有一发子弹,认识到开枪既可能打死甲也可能打死乙。设定吴某对甲、乙均有杀人故意,下列哪一分析是正确的?

  A. 如吴某一枪没有打中甲和乙,子弹从甲与乙的中间穿过,则对甲、乙均成立故意杀人罪未遂

  B. 如吴某一枪打中了甲,致甲死亡,则对甲成立故意杀人罪既遂,对乙成立故意杀人罪未遂,实行数罪并罚

  C. 如吴某一枪同时打中甲和乙,致甲死亡、乙重伤,则对甲成立故意杀人罪既遂,对乙仅成立故意伤害罪

  D. 如吴某一枪同时打中甲和乙,致甲、乙死亡,则对甲、乙均成立故意杀人罪既遂,实行数罪并罚

**55.** 2016/2/16/单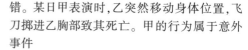

  贾某在路边将马某打倒在地,劫取其财物。离开时贾某为报复马某之前的反抗,往其胸口轻踢了一脚,不料造成马某心脏骤停死亡。设定贾某对马某的死亡具有过失,下列哪一分析是正确的?

  A. 贾某踢马某一脚,是抢劫行为的延续,构成抢劫致人死亡

  B. 贾某踢马某一脚,成立事后抢劫,构成抢劫致人死亡

  C. 贾某构成抢劫罪的基本犯,应与过失致人死亡罪数罪并罚

  D. 贾某构成抢劫罪的基本犯与故意伤害(致死)罪的想象竞合犯

**56.** 2013/2/6/单

  2010年某日,甲到乙家,发现乙家徒四壁。见桌上一块玉坠,断定是不值钱的仿制品,甲便顺手拿走。后甲对丙谎称玉坠乃秦代文物,值5万元,丙以3万元买下。经鉴定乃清代玉坠,市值5000元。关于本案的分析,下列哪一选项是错误的?

  A. 甲断定玉坠为不值钱的仿制品具有一定根据,对“数额较大”没有认识,缺乏盗窃犯罪故意,不构成盗窃罪

  B. 甲将所盗玉坠卖给丙,具有可罚性,不属于不可罚的事后行为

  C. 不应追究甲盗窃玉坠的刑事责任,但应追究甲诈骗丙的刑事责任

  D. 甲诈骗丙的诈骗数额为5万元,其中3万元既遂,2万元未遂

**57.** 2013/2/53/多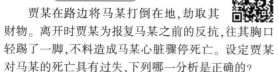

  关于犯罪故意、过失与认识错误的认定,下列哪些选项是错误的?

  A. 甲、乙是马戏团演员,甲表演飞刀精准,从未出

错。某日甲表演时,乙突然移动身体位置,飞刀掷进乙胸部致其死亡。甲的行为属于意外事件

  B. 甲、乙在路边争执,甲推乙一掌,致其被路过车辆轧死。甲的行为构成故意伤害(致死)罪

  C. 甲见楼下没人,将家中一块木板扔下,不料砸死躲在楼下玩耍的小孩乙。甲的行为属于意外事件

  D. 甲本欲用斧子砍死乙,事实上却拿了铁锤砸死乙。甲的错误属于方法错误,根据法定符合说,应认定为故意杀人既遂

**58.** 2012/2/5/单

下列哪一行为构成故意犯罪?

  A. 他人欲跳楼自杀,围观者大喊“怎么还不跳”,他人跳楼而亡

  B. 司机急于回家,行驶时闯红灯,把马路上的行人撞死

  C. 误将熟睡的孪生妻妹当成妻子,与其发生性关系

  D. 作客的朋友在家中吸毒,主人装作没看见

**59.** 2012/2/6/单

  甲与素不相识的崔某发生口角,推了他肩部一下,踢了他屁股一脚。崔某忽觉胸部不适继而倒地,在医院就医时死亡。经鉴定,崔某因患冠状粥样硬化性心脏病,致急性心力衰竭死亡。关于本案,下列哪一选项是正确的?

  A. 甲成立故意伤害罪,属于故意伤害致人死亡

  B. 甲的行为既不能认定为故意犯罪,也不能认定为意外事件

  C. 甲的行为与崔某死亡结果之间有因果关系,这是客观事实

  D. 甲主观上对崔某死亡具有预见可能性,成立过失致人死亡罪

**60.** 2012/2/52/多

下列哪些案件不构成过失犯罪?

  A. 老师因学生不守课堂纪律,将其赶出教室,学生跳楼自杀

  B. 汽车修理工恶作剧,将高压气泵塞入同事肛门充气,致其肠道、内脏严重破损

  C. 路人见义勇为追赶小偷,小偷跳河游往对岸,路人见状离去,小偷突然抽筋溺毙

  D. 邻居看见6楼儿童马上要从阳台摔下,遂伸手去接,因未能接牢,儿童摔成重伤

**61.** 2011/2/5/单 新法改编

关于故意的认识内容,下列哪一选项

是错误的？

A. 成立故意犯罪,不要求行为人认识到自己行为的违法性

B. 成立贩卖淫秽物品牟利罪,要求行为人认识到物品的淫秽性

C. 构成奸淫幼女,要求行为人明知是幼女

D. 成立为境外非法提供国家秘密罪,要求行为人认识到对方是境外的机构、组织或者个人,没有认识到而非法提供国家秘密的,不成立任何犯罪

**62.** 2011/2/6/单

关于过失犯的论述,下列哪一选项是错误的？

A. 只有实际发生危害结果时,才成立过失犯

B. 认识到可能发生危害结果,但结果的发生违背行为人意志的,成立过失犯

C. 过失犯罪,法律有规定的才负刑事责任。这里的"法律"不限于刑事法律

D. 过失犯的刑事责任一般轻于与之对应的故意犯的刑事责任

**63.** 2010/2/51/多

关于罪过,下列哪些选项是错误的？

A. 甲的玩忽职守行为虽然造成了公共财产损失,但在甲未认识到自己是国家机关工作人员时,就不存在罪过

B. 甲故意举枪射击仇人乙,但因为没有瞄准,将乙的名车毁坏。甲构成故意杀人未遂

C. 甲翻墙入院欲毒杀乙的名犬以泄愤,不料该犬对甲扔出的含毒肉块不予理会,直扑甲身,情急之下甲拔刀刺杀该犬。甲不构成故意毁坏财物罪,而属于意外事件

D. 甲因疏忽大意而致人死亡,甲应当预见而没有预见的危害结果,既可能是发生他人死亡的危害结果,也可能只是发生他人重伤的危害结果

**64.** 2008/2/2/单

关于故意的认识内容,下列哪一选项是正确的？

A. 甲明知自己的财物处于国家机关管理之中,但不知此时的个人财物应以公共财产论而窃回。甲缺乏成立盗窃罪所必须的对客观事实的认识,故不成立盗窃罪

B. 乙以非法占有财物的目的窃取军人的手提包时,明知手提包内可能有枪支仍然窃取,该手提包中果然有一支手枪。乙没有非法占有枪支的目的,故不成立盗窃枪支罪

C. 成立猥亵儿童罪,要求行为人知道被害人是或者可能是不满14周岁的儿童

D. 成立贩卖毒品罪,不仅要求行为人认识到自己贩卖的是毒品,而且要求行为人认识到所贩卖的毒品种类

**65.** 2008/2/4/单

甲在从事生产经营的过程中,不知道某种行为是否违法,于是以书面形式向法院咨询,法院正式书面答复该行为合法。于是,甲实施该行为,但该行为实际上违反刑法。关于本案,下列哪一选项是正确的？

A. 由于违法性认识不是故意的认识内容,所以,甲仍然构成故意犯罪

B. 甲没有违法性认识的可能性,所以不成立犯罪

C. 甲虽然不成立故意犯罪,但成立过失犯罪

D. 甲既可能成立故意犯罪,也可能成立过失犯罪

**考点9** 事实认识错误

**66.** 2021 回忆/多

关于刑法上的故意、过失的认定,下列哪些说法是不正确的？

A. 甲以为座位上是张某遗忘的手机,进而将手机拿走,实际上该手机是坐在旁边睡觉的陈某的。甲没有盗窃罪的故意,只有侵占罪的故意

B. 乙误以为自己运输的是假欧元,实际是假英镑。乙的认识错误属于具体的事实认识错误,成立运输假币罪

C. 丙雇用赵某伤害岳某,反复叮嘱"只要岳某伤,不要岳某死",但赵某仍致岳某死亡。丙对死亡结果不具有过失

D. 丁误以为宁某是13岁的男孩而出卖给他人,实际上宁某是15岁的女孩。丁仍成立拐卖儿童罪

**67.** 2020 回忆/任

甲欲开枪杀乙,误将丙当作乙杀死:根据观点一,甲成立故意杀人罪既遂。甲欲开枪杀乙,瞄准乙开枪,由于枪法不准,杀死乙身旁的丙:根据观点二,甲成立故意杀人罪既遂。下列说法正确的是:

A. 都是具体符合说

B. 都是法定符合说

C. 观点一是具体符合说,观点二是法定符合说

D. 观点一是法定符合说,观点二是具体符合说

**68.** 2017/2/53/多

甲、乙合谋杀害丙,计划由甲对丙实施

砍杀,乙持枪埋伏于远方暗处,若丙逃跑则伺机射杀。案发时,丙不知道乙的存在。为防止甲的不法侵害,丙开枪射杀甲,子弹与甲擦肩而过,击中远处的乙,致乙死亡。关于本案,下列哪些选项是正确的?

  A. 丙的行为属于打击错误,依具体符合说,丙对乙的死亡结果没有故意

  B. 丙的行为属于对象错误,依法定符合说,丙对乙的死亡结果具有故意

  C. 不论采取何种学说,丙对乙都不能构成正当防卫

  D. 不论采用何种学说,丙对甲都不构成故意杀人罪未遂

**69.** 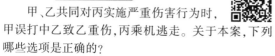 2016/2/52/多

  甲、乙共同对丙实施严重伤害行为时,甲误打中乙致乙重伤,丙乘机逃走。关于本案,下列哪些选项是正确的?

  A. 甲的行为属打击错误,按照具体符合说,成立故意伤害罪既遂

  B. 甲的行为属对象错误,按照法定符合说,成立故意伤害罪既遂

  C. 甲误打中乙属偶然防卫,但对丙成立故意伤害罪未遂

  D. 不管甲是打击错误、对象错误还是偶然防卫,乙都不可能成立故意伤害罪既遂

**70.**  2014/2/7/单

  关于事实认识错误,下列哪一选项是正确的?

  A. 甲本欲电话诈骗乙,但拨错了号码,对接听电话的丙实施了诈骗,骗取丙大量财物。甲的行为属于对象错误,成立诈骗既遂

  B. 甲本欲枪杀乙,但由于未能瞄准,将乙身旁的丙杀死。无论根据什么学说,甲的行为都成立故意杀人既遂

  C. 事前的故意属于抽象的事实认识错误,按照法定符合说,应按犯罪既遂处理

  D. 甲将吴某的照片交给乙,让乙杀吴,但乙误将王某当成吴某予以杀害。乙是对象错误,按照教唆犯从属于实行犯的原理,甲也是对象错误

**71.** 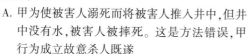 2011/2/53/多

  关于认识错误的判断,下列哪些选项是错误的?

  A. 甲为使被害人溺死而将被害人推入井中,但井中没有水,被害人被摔死。这是方法错误,甲行为成立故意杀人既遂

  B. 乙准备使被害人吃安眠药熟睡后将其勒死,但未待实施勒杀行为,被害人因吃了乙投放的

安眠药死亡。这是构成要件提前实现,乙行为成立故意杀人既遂

  C. 丙打算将含有毒药的巧克力寄给王某,但因写错地址而寄给了汪某,汪某吃后死亡。这既不是对象错误,也不是方法错误,丙的行为成立过失致人死亡罪

  D. 丁误将生父当作仇人杀害。具体符合说与法定符合说都认为丁的行为成立故意杀人既遂

**72.** 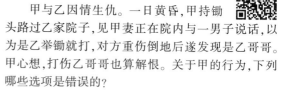 2010/2/54/多

  甲与乙因情生仇。一日黄昏,甲持锄头路过乙家院子,见甲妻正在院内与一男子说话,以为是乙举锄就打,对方重伤倒地后遂发现是乙哥哥。甲心想,打伤乙哥哥也算解恨。关于甲的行为,下列哪些选项是错误的?

  A. 甲的行为属于对象错误,成立过失致人重伤罪

  B. 甲的行为属于方法错误,成立故意伤害罪

  C. 根据法定符合说,甲对乙成立故意伤害(未遂)罪,对乙哥哥成立过失致人重伤罪

  D. 甲的行为不存在任何认识错误,理所当然成立故意伤害罪

**73.** 2008/2/3/单

  甲想杀害身材高大的乙,打算先用安眠药使乙昏迷,然后勒乙的脖子,致其窒息死亡。由于甲投放的安眠药较多,乙吞服安眠药后死亡。对此,下列哪一选项是正确的?

  A. 甲的预备行为导致了乙死亡,仅成立故意杀人预备

  B. 甲虽已着手实施杀人行为,但所预定的实行行为(勒乙的脖子)并未实施完毕,故只能认定为未实行终了的未遂

  C. 甲已着手实施杀人行为,应认定为故意杀人既遂

  D. 甲的行为是故意杀人预备与过失致人死亡罪的想象竞合犯,应从一重罪论处

**74.**  2008/2/54/多

  甲欲杀乙,便向乙开枪,但开枪的结果是将乙和丙都打死。关于本案,下列哪些选项是正确的?

  A. 根据具体符合说,甲对乙成立故意杀人既遂,对丙成立过失致人死亡罪

  B. 根据法定符合说,甲对乙与丙均成立故意杀人既遂

  C. 不管是根据具体符合说,还是根据法定符合说,甲对乙与丙均成立故意杀人既遂

  D. 不管是根据具体符合说,还是根据法定符合说,甲对乙成立故意杀人既遂,对丙成立过失

致人死亡罪

**75.** 2008/2/55/多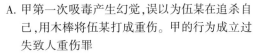

甲雇凶手乙杀丙,言明不要造成其他后果。乙几次杀丙均未成功,后来采取爆炸方法,对丙的住宅(周边没有其他人与物)进行爆炸,结果将丙的妻子丁炸死,但丙安然无恙。关于本案,下列哪些说法是错误的?

A. 甲与乙构成共同犯罪

B. 甲成立故意杀人罪(未遂)

C. 乙对丙成立故意杀人未遂,对丁成立过失致人死亡罪

D. 乙对丙成立爆炸罪,对丁成立过失致人死亡罪

# 专题三　犯罪排除事由

**考点10** 责任阻却事由:责任年龄、能力与期待可能性

**76.** 2020 回忆/多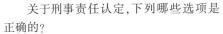

关于刑事责任认定,下列哪些选项是正确的?

A. 甲被乙欺骗而吸食面粉(实为毒品),甲吸食后出现幻觉认为乙是"恶魔",为了"保命"打死了乙。甲对乙的死亡结果不负刑事责任

B. 间歇性精神病人甲能够辨认但不能控制自己的行为,导致被害人死亡的,不负刑事责任

C. 76周岁的老人甲因生活琐事不满老伴许久,遂在老伴熟睡过程中拧开煤气罐致使老伴中毒身亡。甲虽然有责任能力,但不适用死刑

D. 14周岁的甲抢劫枪支、弹药、炸弹、危险物品的,不构成犯罪

**77.** 2017/2/3/单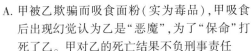

关于刑事责任能力的认定,下列哪一选项是正确的?

A. 甲先天双目失明,在大学读书期间因琐事致室友重伤。甲具有限定刑事责任能力

B. 乙是聋哑人,长期组织数名聋哑人在公共场所扒窃。乙属于相对有刑事责任能力

C. 丙服用安眠药陷入熟睡,致同床的婴儿被压迫窒息死亡。丙不具有刑事责任能力

D. 丁大醉后步行回家,嫌他人小汽车挡路,将车砸坏,事后毫无记忆。丁具有完全刑事责任能力

**78.** 2016/2/3/单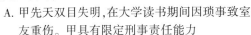

关于刑事责任能力,下列哪一选项是正确的?

A. 甲第一次吸毒产生幻觉,误以为伍某在追杀自己,用木棒将伍某打成重伤。甲的行为成立过失致人重伤罪

B. 乙以杀人故意刀砍陆某时突发精神病,继续猛砍致陆某死亡。不管采取何种学说,乙都成立故意杀人罪未遂

C. 丙因实施爆炸被抓,相关证据足以证明丙已满15周岁,但无法查明具体出生日期。不能追究丙的刑事责任

D. 丁在14周岁生日当晚故意砍杀张某,后心生悔意将其送往医院抢救,张某仍于次日死亡。应追究丁的刑事责任

**79.** 2015/2/2/单

关于责任年龄与责任能力,下列哪一选项是正确的?

A. 甲在不满14周岁时安放定时炸弹,炸弹于甲已满14周岁后爆炸,导致多人伤亡。甲对此不负刑事责任

B. 乙在精神正常时着手实行故意伤害犯罪,伤害过程中精神病突然发作,在丧失责任能力时抢走被害人财物。对乙应以抢劫罪论处

C. 丙将毒药投入丁的茶杯后精神病突然发作,丁在丙丧失责任能力时喝下毒药死亡。对丙应以故意杀人罪既遂论处

D. 戊为给自己杀人壮胆而喝酒,大醉后杀害他人。戊不承担故意杀人罪的刑事责任

**80.** 2015/2/55/多

关于故意与违法性的认识,下列哪些选项是正确的?

A. 甲误以为买卖黄金的行为构成非法经营罪,仍买卖黄金,但事实上该行为不违反《刑法》。甲有犯罪故意,成立犯罪未遂

B. 甲误以为自己盗窃枪支的行为仅成立盗窃罪。甲对《刑法》规定存在认识错误,因而无盗窃枪支罪的犯罪故意,对甲的量刑不能重于盗窃罪

C. 甲拘禁吸毒的陈某数日。甲认识到其行为剥夺了陈某的自由,但误以为《刑法》不禁止普通公民实施强制戒毒行为。甲有犯罪故意,应以非法拘禁罪追究刑事责任

D. 甲知道自己的行为有害,但不知是否违反《刑法》,遂请教中学语文教师乙,被告知不违法后,甲实施了该行为。但事实上《刑法》禁止该行为。乙的回答不影响甲成立故意犯罪

**81.** 2011/2/4/单

甲患抑郁症欲自杀,但无自杀勇气。

某晚,甲用事前准备的刀猛刺路人乙胸部,致乙当场死亡。随后,甲向司法机关自首,要求司法机关判处其死刑立即执行。对于甲责任能力的认定,下列哪一选项是正确的?

    A. 抑郁症属于严重精神病,甲没有责任能力,不承担故意杀人罪的责任

    B. 抑郁症不是严重精神病,但甲的想法表明其没有责任能力,不承担故意杀人罪的责任

    C. 甲虽患有抑郁症,但具有责任能力,应当承担故意杀人罪的责任

    D. 甲具有责任能力,但患有抑郁症,应当对其从轻或者减轻处罚

**82.** 2010/2/4/单

甲(十五周岁)的下列哪一行为成立犯罪?

    A. 春节期间放鞭炮,导致邻居失火,造成十多万元财产损失

    B. 骗取他人数额巨大财物,为抗拒抓捕,当场使用暴力将他人打成重伤

    C. 受意图骗取保险金的张某指使,将张某的汽车推到悬崖下毁坏

    D. 因偷拿苹果遭摊主喝骂,遂掏出水果刀将其刺成轻伤

**83.** 2009/2/2/单

关于犯罪主体,下列哪一选项是正确的?

    A. 甲(女,43 岁)吸毒后强制猥亵、侮辱孙某(智障女,19 岁),因强制猥亵、侮辱罪的主体只能是男性,故甲无罪

    B. 乙(15 岁)携带自制火药枪夺取妇女张某的挎包,因乙未使用该火药枪,故应当构成抢夺罪

    C. 丙(15 岁)在帮助李某扣押被害人王某索取债务时致王某死亡,丙不应当负刑事责任

    D. 丁是司法工作人员,也可构成放纵走私罪

**84.** 2008/2/53/多

《刑法》规定,在拐卖妇女、儿童过程中奸淫被拐卖的妇女的,仅定拐卖妇女、儿童罪。15 周岁的甲在拐卖幼女的过程中,强行奸淫幼女。对此,下列哪些选项是错误的?

    A.《刑法》第十七条第二款没有规定 15 周岁的人对拐卖妇女、儿童罪负刑事责任,所以,甲不负刑事责任

    B. 拐卖妇女、儿童罪包含了强奸罪,15 周岁的人应对强奸罪承担刑事责任,所以,对甲应认定为拐卖妇女、儿童罪

    C. 15 周岁的人犯强奸罪的应当负刑事责任,所

以,对甲应认定为强奸罪

    D. 拐卖妇女、儿童罪重于强奸罪,既然 15 周岁的人应对强奸罪承担刑事责任,就应对拐卖妇女、儿童罪承担刑事责任,所以,对甲应以拐卖妇女、儿童罪与强奸罪实行并罚

**考点 11 违法阻却事由之一:正当防卫与紧急避险**

**85.** 2023 回忆/单

甲、乙二人对丙素有仇怨,伺机报复。某日二人得知丙去了歌舞厅,于是也跟随前往。甲和乙商议由甲进去寻找丙,由乙在后门口蹲守。甲进去数分钟后,丙从后门出来,在乙没有看到丙的时候,丙掏出随身携带的铁棍击打乙,乙随即掏出随身携带的小刀回击,最后二人均负轻伤。关于甲、乙、丙三人的行为认定,下列哪一说法是正确的?

    A. 若乙成立正当防卫,甲也成立正当防卫

    B. 乙不因为一开始有伤害意图而影响正当防卫的构成

    C. 乙有过错,所以成立防卫过当

    D. 无论按照何种刑法学说,丙都不构成正当防卫

**86.** 2021 回忆/单

甲持刀闯进超市抢劫,超市员工乙反击。二人扭打中,乙夺下刀后随手扔掉,碰巧砸中旁边站立的丙的头部,致其重伤。甲未取得财物,出了超市后骑自行车逃跑。乙追上去将甲连人带车扑倒在地,乙也摔成重伤。下列哪一项说法是正确的?

    A. 乙致丙受伤,属于正当防卫,不负刑事责任

    B. 乙致丙受伤,系防卫过当

    C. 甲对丙的受伤负刑事责任

    D. 甲对乙的重伤不负刑事责任,不构成抢劫罪致人重伤

**87.** 2021 回忆/单

对于_____,应当立足_____在防卫时所处情境,按照_____的一般认知,依法作出合乎情理的判断,不能苛求防卫人。对于防卫人因为恐慌、紧张等心理,对不法侵害是否已经开始或者结束产生错误认识的,应当根据_____,依法作出妥当处理。关于上述空格内容,下列哪一选项是正确的?

    A. 不法侵害是否已经开始或者结束;防卫人;社会公众;主观相统一原则

    B. 不法侵害是否已经开始或者结束;社会公众;防卫人;罪刑相适应原则

    C. 是否严重危害人身;防卫人;社会公众;主客观相统一原则

D. 是否严重危害人身;社会公众;防卫人;罪刑相适应原则

**88．** 2020 回忆/单

甲在自家胡同口里看到乙背着蛇皮袋鬼鬼祟祟,怀疑乙是偷狗的,遂大喊一声,叫乙站住。乙放下蛇皮袋就跑,甲紧追不舍,追到后将乙打倒在地,系轻微伤。见乙躺在地上没有反抗,甲又朝乙面部踹了两脚,导致乙眼部充血视网膜脱落,最终乙因细菌感染严重而死亡。事后查明乙确有偷狗行为,蛇皮袋里是偷的狗。关于甲的行为,下列哪一项说法是正确的?

A. 成立正当防卫

B. 系假想防卫

C. 系故意伤害行为,构成故意伤害(致人死亡)罪

D. 属于防卫过当,但不承担责任

**89．** 2019 回忆/多

甲杀害乙,乙被迫防卫。路过的丙看到了,以为乙在侵害甲,想起甲是自己的仇人,就过去帮乙一起伤害甲。乙以为丙是见义勇为,过来协助自己。两人共同把甲打成了重伤。下列哪些说法是正确的?

A. 乙有正当防卫的意图,虽然将甲打成重伤,亦成立正当防卫

B. 如果认为正当防卫不需要有防卫意图,丙的行为亦成立正当防卫

C. 乙、丙二人的主观认识内容不同,因此无论根据何种学说,都不能用丙的行为定义乙的行为的性质

D. 乙、丙二人的主观认识内容不同,因此无论根据何种学说,乙、丙都不构成共同犯罪

**90．** 2019 回忆/任

关于不作为犯、正当防卫及紧急避险,下列说法正确的是:

A. 父亲撞见歹徒持刀抢劫女儿,与歹徒发生激烈搏斗,搏斗中杀死歹徒。父亲成立正当防卫

B. 身材高大的郑某深夜在家中听到厨房有动静,走过去一看,发现身材瘦小的小偷吴某正试图从窗户爬进来盗窃,下半身还卡在窗外,于是拿起菜刀将不易躲避的吴某砍成重伤。郑某成立正当防卫

C. 田某与妻子在河边散步,后田某坐在河边玩手机游戏。妻子不慎失足跌入水中,大声呼叫。田某见此情景仍玩手机游戏,不去施救。妻子溺水身亡。田某成立不作为故意杀人罪

D. 李某驾车不慎撞伤周某,导致周某重伤。李某的车辆坏了,无法行驶。为了尽快将周某送去医院,李某拦住了王某的车,要求王某帮忙送医院,王某拒绝。情急之下,李某将王某打成重伤,并抢去车辆将周某送去医院。李某成立正当防卫

**91．** 2018 回忆/任

甲驾车不慎将行人乙撞成重伤,甲想逃离。行人丙看到这一情景,要求甲将乙送往医院,甲拒绝并欲逃离。丙便将甲打成轻伤,威胁并强迫甲将乙送往医院。甲害怕被丙继续殴打,便答应将乙送往医院。丙的行为构成:

A. 正当防卫　　　B. 紧急避险

C. 故意伤害罪　　D. 防卫过当

**92．** 2017/2/4/单

关于正当防卫与紧急避险的比较,下列哪一选项是正确的?

A. 正当防卫中的不法"侵害"的范围,与紧急避险中的"危险"相同

B. 对正当防卫中不法侵害是否"正在进行"的认定,与紧急避险中危险是否"正在发生"的认定相同

C. 对正当防卫中防卫行为"必要限度"的认定,与紧急避险中避险行为"必要限度"的认定相同

D. 若正当防卫需具有防卫意图,则紧急避险也须具有避险意图

**93．** 2016/2/6/单

关于正当防卫与紧急避险,下列哪一选项是正确的?

A. 为保护国家利益实施的防卫行为,只有当防卫人是国家工作人员时,才成立正当防卫

B. 为制止正在进行的不法侵害,使用第三者的财物反击不法侵害人,导致该财物被毁坏的,对不法侵害人不可能成立正当防卫

C. 为摆脱合法追捕而侵入他人住宅的,考虑到人性弱点,可认定为紧急避险

D. 为保护个人利益免受正在发生的危险,不得已也可通过损害公共利益的方法进行紧急避险

**94．** 2015/2/4/单

鱼塘边工厂仓库着火,甲用水泵从乙的鱼塘抽水救火,致鱼塘中价值 2 万元的鱼苗死亡。仓库中价值 2 万元的商品因灭火及时未被烧毁。甲承认仓库边还有其他几家鱼塘,为报复才从乙的鱼塘抽水。关于本案,下列哪一选项是正确的?

A. 甲出于报复动机损害乙的财产,缺乏避险意图

B. 甲从乙的鱼塘抽水,是不得已采取的避险行为

C. 甲未能保全更大的权益,不符合避险限度要件

D. 对 2 万元鱼苗的死亡,甲成立故意毁坏财物罪

**95.**

甲深夜盗窃 5 万元财物,在离现场 1 公里的偏僻路段遇到乙。乙见甲形迹可疑,紧拽住甲,要甲给 5000 元才能走,否则就报警。甲见无法脱身,顺手一拳打中乙左眼,致其眼部受到轻伤,甲乘机离去。关于甲伤害乙的行为定性,下列哪一选项是正确的?

A. 构成转化型抢劫罪

B. 构成故意伤害罪

C. 属于正当防卫,不构成犯罪

D. 系过失致人轻伤,不构成犯罪

**96.** 2014/2/52/多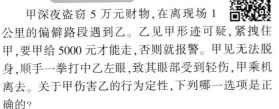

严重精神病患者乙正在对多名儿童实施重大暴力侵害,甲明知乙是严重精神病患者,仍使用暴力制止了乙的侵害行为,虽然造成乙重伤,但保护了多名儿童的生命。

观点:

①正当防卫针对的"不法侵害"不以侵害者具有责任能力为前提

②正当防卫针对的"不法侵害"以侵害者具有责任能力为前提

③正当防卫针对的"不法侵害"不以防卫人是否明知侵害者具有责任能力为前提

④正当防卫针对的"不法侵害"以防卫人明知侵害者具有责任能力为前提

结论:

a. 甲成立正当防卫

b. 甲不成立正当防卫

就上述案情,观点与结论对应错误的是下列哪些选项?

A. 观点①②与 a 结论对应;观点③④与 b 结论对应

B. 观点①③与 a 结论对应;观点②④与 b 结论对应

C. 观点②③与 a 结论对应;观点①④与 b 结论对应

D. 观点①④与 a 结论对应;观点②③与 b 结论对应

**97.** 2013/2/7/单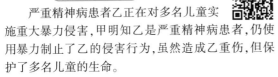

甲对正在实施一般伤害的乙进行正当防卫,致乙重伤(仍在防卫限度之内)。乙已无侵害能力,求甲将其送往医院,但甲不理会而离去。乙因流血过多死亡。关于本案,下列哪一选项是正确的?

A. 甲的不救助行为独立构成不作为的故意杀人罪

B. 甲的不救助行为独立构成不作为的过失致人死亡罪

C. 甲的行为属于防卫过当

D. 甲的行为仅成立正当防卫

**98.**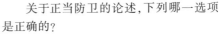

关于正当防卫的论述,下列哪一选项是正确的?

A. 甲将罪犯顾某扭送派出所途中,在汽车后座上死死摁住激烈反抗的顾某头部,到派出所时发现其已窒息死亡。甲成立正当防卫

B. 乙发现齐某驾驶摩托车抢劫财物即驾车追赶,2 车并行时摩托车撞到护栏,弹回与乙车碰撞后侧翻,齐某死亡。乙不成立正当防卫

C. 丙发现邻居刘某(女)正在家中卖淫,即将刘家价值 6000 元的防盗门砸坏,阻止其卖淫。丙成立正当防卫

D. 丁开枪将正在偷越国(边)境的何某打成重伤。丁成立正当防卫

**99.** 2011/2/7/单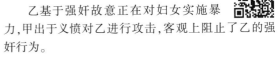

乙基于强奸故意正在对妇女实施暴力,甲出于义愤对乙进行攻击,客观上阻止了乙的强奸行为。

观点:

①正当防卫不需要有防卫认识

②正当防卫只需要防卫认识,即只要求防卫人认识到不法侵害正在进行

③正当防卫只需要防卫意志,即只要求防卫人具有保护合法权益的意图

④正当防卫既需要有防卫认识,也需要有防卫意志

结论:

a. 甲成立正当防卫

b. 甲不成立正当防卫

就上述案情,观点与结论对应正确的是哪一选项?

A. 观点①观点②与 a 结论对应;观点③观点④与 b 结论对应

B. 观点①观点③与 a 结论对应;观点②观点④与 b 结论对应

C. 观点②观点③与 a 结论对应;观点①观点④与 b 结论对应

D. 观点①观点④与 a 结论对应;观点②观点③与 b 结论对应

**100.** 2010/2/7/单

甲、乙两家有仇。某晚,两拨人在歌厅发生斗殴,甲、乙恰巧在场并各属一方。打斗中乙持刀砍伤甲小臂,甲用木棒击中乙头部,致乙死亡。关于甲的行为,下列哪一选项是正确的?

 A. 属于正当防卫　　B. 属于紧急避险
 C. 属于防卫过当　　D. 属于故意杀人

**101.** 2009/2/3/单

关于正当防卫,下列哪一选项是错误的?

 A. 制服不法侵害人后,又对其实施加害行为,成立故意犯罪

 B. 抢劫犯使用暴力取得财物后,对抢劫犯立即进行追击的,由于不法侵害尚未结束,属于合法行为

 C. 动物被饲主唆使侵害他人的,其侵害属于不法侵害;但动物对人的自发侵害,不是不法侵害

 D. 基于过失而实施的侵害行为,不是不法侵害

**102.** 2009/2/4/单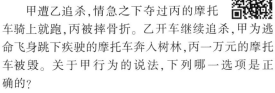

甲遭乙追杀,情急之下夺过丙的摩托车骑上就跑,丙被摔骨折。乙开车继续追杀,甲为逃命飞身跳下疾驶的摩托车奔入树林,丙一万元的摩托车被毁。关于甲行为的说法,下列哪一选项是正确的?

 A. 属于正当防卫

 B. 属于紧急避险

 C. 构成抢夺罪

 D. 构成故意伤害罪、故意毁坏财物罪

**103.** 2008/2/93/任

甲手持匕首寻找抢劫目标时,突遇精神病人丙持刀袭击。丙追赶甲至一死胡同,甲迫于无奈,与丙搏斗,将其打成重伤。此后,甲继续寻找目标,见到丁后便实施暴力,用匕首将其刺成重伤,使之丧失反抗能力,此时甲的朋友乙驾车正好经过此地,见状后下车和甲一起取走丁的财物(约2万元),然后逃跑,丁因伤势过重不治身亡。关于甲将精神病人丙打成重伤的行为,下列选项正确的是:

 A. 甲的行为属于正当防卫,因为对精神病人的不法侵害也可以进行正当防卫

 B. 甲的行为属于紧急避险,因为"不法"必须是主客观相统一的行为,而精神病人没有责任能力,其客观侵害行为不属于"不法"侵害,故只能进行紧急避险

 C. 甲的行为属于自救行为,因为甲当时只能依靠自己的力量救济自己的法益

 D. 甲的行为既不是正当防卫,也不是紧急避险,因为甲当时正在进行不法侵害,精神病人丙的行为客观上阻止了甲的不法行为,甲不得针对丙再进行正当防卫与紧急避险

### 考点12　违法阻却事由之二:被害人承诺

**104.** 2019 回忆/多

关于被害人承诺理论,下列哪些说法是正确的?

 A. 甲误以为自己养的马患了疾病,要求兽医对其进行安乐死。兽医知道市面上已经有治疗该疾病的药物,但不告知,仍实施了安乐死。事后甲了解到市面上已经有了治疗该疾病的药。甲的承诺无效

 B. 甲在城市里工作生活,在乡下有个房子。甲的乡下邻居乙发短信询问甲是否可以拆除甲家的院墙。甲本想发短信回复说"不行",不小心发成了"行"。乙便将甲家的院墙拆掉。甲的承诺有效

 C. 甲组织贩卖人体器官,与乙约定以十万元的价格将其肾脏移植给他人。乙的承诺无效

 D. 因路灯灯光反射到室内,甲误以为家里着火,恳求乙帮忙破门灭火,乙照做。甲的承诺有效

**105.** 2011/2/8/单

经被害人承诺的行为要排除犯罪的成立,至少符合下列4个条件:

 ①被害人对被侵害的＿＿＿＿具有处分权限
 ②被害人对所承诺的＿＿＿＿的意义、范围具有理解能力
 ③承诺出于被害人＿＿＿＿的意志
 ④被害人必须有＿＿＿＿的承诺

下列哪一选项与题干空格内容相匹配?

 A. 法益——事项——现实——真实
 B. 事项——法益——现实——真实
 C. 事项——法益——真实——现实
 D. 法益——事项——真实——现实

**106.** 2008/2/5/单

关于被害人承诺,下列哪一选项是正确的?

 A. 儿童赵某生活在贫困家庭,甲征得赵某父母的同意,将赵某卖至富贵人家。甲的行为得到了赵某父母的有效承诺,并有利于儿童的成长,故不构成拐卖儿童罪

 B. 在钱某家发生火灾之际,乙独自闯入钱某的住宅搬出贵重物品。由于乙的行为事后并未得到钱某的认可,故应当成立非法侵入住宅罪

 C. 孙某为戒掉网瘾,让其妻子丙将其反锁在没

有电脑的房间一星期。孙某对放弃自己人身自由的承诺是无效的，丙的行为依然成立非法拘禁罪

    D. 李某同意丁砍掉自己的一个小手指，而丁却砍掉了李某的大拇指。丁的行为成立故意伤害罪

## 专题四　犯罪形态

### 考点13　犯罪预备、未遂、中止与既遂的判断

**107.** 2023 回忆/多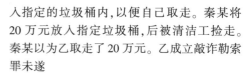

甲、乙共谋运输毒品，并且约定"如果被查，就开枪拒捕"。后二人在运输毒品时遇到警察抓捕，乙当即举手投降；甲看到乙投降，仍决定开枪，打死一名警察。下列哪些说法是正确的？

    A. 甲构成故意杀人罪既遂
    B. 乙构成故意杀人罪既遂
    C. 乙构成故意杀人罪预备阶段的中止
    D. 乙构成故意杀人罪实行阶段的中止

**108.** 2022 回忆/多

甲、乙共谋入户抢劫一户人家。乙在进入这户人家前感到害怕，告知甲想放弃，但没有劝甲放弃便离去。甲独自入户后，发现这户人家很穷，心生可怜，便放弃抢劫。下列哪些说法是正确的？

    A. 甲构成犯罪中止
    B. 乙构成犯罪中止
    C. 甲构成犯罪未遂
    D. 乙构成犯罪未遂

**109.** 2021 回忆/多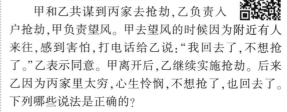

甲与乙（女）发生婚外情，欲与妻子丙离婚，丙不同意。乙让甲在牛奶中下毒杀害丙，甲同意。几天后，甲将一瓶毒牛奶递给丙喝。丙不知道牛奶有毒，又将牛奶递给身边的儿子丁喝。甲见状忙说"他喝过了，不用喝了"，然后就走开了。丁喝了毒牛奶后死亡。下列哪些说法是正确的？

    A. 甲对丙构成故意杀人罪未遂
    B. 甲对丁构成故意杀人罪既遂
    C. 乙对丙构成故意杀人罪未遂
    D. 乙对丁构成故意杀人罪既遂

**110.** 2021 回忆/单

关于侵犯财产罪的既遂和未遂，下列哪一项说法是正确的？

    A. 甲盗窃电瓶车，看守人朱某在监控室发现了甲的行为，故意等甲骑走车后几分钟才追赶，并抓到甲。甲成立盗窃罪未遂
    B. 乙敲诈勒索秦某，要求秦某将 20 万元现金放

入指定的垃圾桶内，以便自己取走。秦某将 20 万元放入指定垃圾桶后，被清洁工捡走。秦某以为乙取走了 20 万元。乙成立敲诈勒索罪未遂
    C. 丙在网上销售假酒，程某不知情而购买，并向支付平台支付了货款，待程某确认收货后货款会自动转入丙的账户。程某收到货后发现是假酒，便向支付平台申请退款，支付平台予以办理。丙构成诈骗罪既遂
    D. 丁进入曹某家盗窃，将财物装入口袋，被两个邻居发现。两个邻居报警，并守在曹某家门口，丁无法出门。几分钟后，警察赶到，在丁的口袋里发现盗窃的财物。丁构成盗窃罪既遂

**111.** 2020 回忆/多

甲和乙共谋到丙家去抢劫，乙负责入户抢劫，甲负责望风。甲去望风的时候因为附近有人来往，感到害怕，打电话给乙说："我回去了，不想抢了。"乙表示同意。甲离开后，乙继续实施抢劫。后来乙因为丙家里太穷，心生怜悯，不想抢了，也回去了。下列哪些说法是正确的？

    A. 甲是犯罪未遂
    B. 甲是犯罪中止
    C. 所有共同犯罪中，各共犯人的犯罪停止状态必须一致
    D. 乙是犯罪中止

**112.** 2019 回忆/多

存在以下刑法观点和相应的行为：

    观点一：基于同情、后悔而放弃犯罪，可以成立犯罪中止

    观点二：客观上能继续犯罪，主观上放弃犯罪，即使从伦理角度看不能继续犯罪，也能成立犯罪中止

    观点三：犯罪人经过理性判断，认为不能继续犯罪而放弃犯罪，属于犯罪未遂；犯罪人基于感性因素（同情、后悔、恐惧等非理性因素）而放弃犯罪，属于犯罪中止

    观点四：若从社会一般人的角度看，当时不能继续犯罪，那么可以认为，犯罪人也是在不能继续犯罪的情况下而放弃犯罪，不构成犯罪中止，而构成犯罪未遂

    行为一：甲举刀砍杀乙，乙求饶："请可怜可怜我！"甲见乙可怜而放弃犯罪

    行为二：甲举刀砍杀父亲，刀已经举起，又觉得对方是亲生父亲，难以下手，便放弃犯罪

    行为三：甲举刀砍杀妻子，此时年幼的孩子走进来，哀求甲不要杀妈妈。甲不忍心在孩子面前杀妻子，便放弃犯罪

行为四:甲准备朝乙开枪,警察们赶到,举枪朝向甲,要求甲住手。甲见状逃离

下列哪些说法是正确的?

    A. 根据观点一,行为一成立犯罪中止

    B. 根据观点二,行为二成立犯罪中止

    C. 根据观点三,行为三成立犯罪未遂

    D. 根据观点四,行为四成立犯罪未遂

**113.** 2017/2/5/单

甲冒充房主王某与乙签订商品房买卖合同,约定将王某的住房以 220 万元卖给乙,乙首付 100 万元给甲,待过户后再支付剩余的 120 万元。办理过户手续时,房管局工作人员识破甲的骗局并报警。根据司法解释,关于甲的刑事责任的认定,下列哪一选项是正确的?

    A. 以合同诈骗罪 220 万元未遂论处,酌情从重处罚

    B. 以合同诈骗罪 100 万元既遂论处,合同诈骗 120 万元作为未遂情节加以考虑

    C. 以合同诈骗罪 120 万元未遂论处,合同诈骗 100 万元既遂的情节不再单独处罚

    D. 以合同诈骗罪 100 万元既遂与合同诈骗罪 120 万元未遂并罚

**114.** 2016/2/15/单

甲为勒索财物,打算绑架富商之子吴某(5 岁)。甲欺骗乙、丙说:"富商欠我 100 万元不还,你们帮我扣押其子,成功后给你们每人 10 万元。"乙、丙将吴某扣押,但甲无法联系上富商,未能进行勒索。三天后,甲让乙、丙将吴某释放。吴某一人在回家路上溺水身亡。关于本案,下列哪一选项是正确的?

    A. 甲、乙、丙构成绑架罪的共同犯罪,但对乙、丙只能适用非法拘禁罪的法定刑

    B. 甲未能实施勒索行为,属绑架未遂;甲主动让乙、丙放人,属绑架中止

    C. 吴某的死亡结果应归责于甲的行为,甲成立绑架致人死亡的结果加重犯

    D. 不管甲是绑架未遂、绑架中止还是绑架既遂,乙、丙均成立犯罪既遂

**115.** 2016/2/53/多

关于犯罪未遂的认定,下列哪些选项是正确的?

    A. 甲以杀人故意将郝某推下过街天桥,见郝某十分痛苦,便拦下出租车将郝某送往医院。但郝某未受致命伤,即便不送医院也不会死亡。甲属于犯罪未遂

    B. 乙持刀拦路抢劫周某。周某说"把刀放下,我

给你钱"。乙信以为真,收起刀子,伸手要钱。周某乘乙不备,一脚踢倒乙后逃跑。乙属于犯罪未遂

    C. 丙见商场橱柜展示有几枚金锭(30 万元/枚),打开玻璃门拿起一枚就跑,其实是值 300 元的仿制品,真金锭仍在。丙属于犯罪未遂

    D. 丁资助林某从事危害国家安全的犯罪活动,但林某尚未实施相关犯罪活动即被抓获。丁属于资助危害国家安全犯罪活动罪未遂

**116.** 2015/2/5/单

下列哪一行为成立犯罪未遂?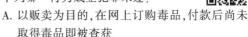

    A. 以贩卖为目的,在网上订购毒品,付款后尚未取得毒品即被查获

    B. 国家工作人员非法收受他人给予的现金支票后,未到银行提取现金即被查获

    C. 为谋取不正当利益,将价值 5 万元的财物送给国家工作人员,但第二天被退回

    D. 发送诈骗短信,受骗人上当后汇出 5 万元,但因误操作汇到无关第三人的账户

**117.** 2015/2/6/单

甲以杀人故意放毒蛇咬乙,后见乙痛苦不堪,心生悔意,便开车送乙前往医院。途中等红灯时,乙声称其实自己一直想死,突然跳车逃走,三小时后死亡。后查明,只要当时送医院就不会死亡。关于本案,下列哪一选项是正确的?

    A. 甲不对乙的死亡负责,成立犯罪中止

    B. 甲未能有效防止死亡结果发生,成立犯罪既遂

    C. 死亡结果不能归责于甲的行为,甲成立犯罪未遂

    D. 甲未能阻止乙跳车逃走,应以不作为的故意杀人罪论处

**118.** 2014/2/9/单

甲架好枪支准备杀乙,见已患绝症的乙跟跄走来,顿觉可怜,认为已无杀害必要。甲收起枪支,但不小心触动扳机,乙中弹死亡。关于甲的行为定性,下列哪一选项是正确的?

    A. 仅构成故意杀人罪(既遂)

    B. 仅构成过失致人死亡罪

    C. 构成故意杀人罪(中止)、过失致人死亡罪

    D. 构成故意杀人罪(未遂)、过失致人死亡罪

**119.** 2014/2/53/多

甲为杀乙,对乙下毒。甲见乙中毒后极度痛苦,顿生怜意,开车带乙前往医院。但因车速过快,车右侧撞上电线杆,坐在副驾驶位的乙被撞死。关于本案的分析,下列哪些选项是正确的?

    A. 如认为乙的死亡结果应归责于驾车行为,则甲

的行为成立故意杀人中止

  B. 如认为乙的死亡结果应归责于投毒行为,则甲的行为成立故意杀人既遂

  C. 只要发生了构成要件的结果,无论如何都不可能成立中止犯,故甲不成立中止犯

  D. 只要行为人真挚地防止结果发生,即使未能防止犯罪结果发生的,也应认定为中止犯,故甲成立中止犯

**120.** 2014/2/54/单

下列哪一选项中的甲属于犯罪未遂?①

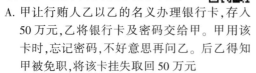

  A. 甲让行贿人乙以乙的名义办理银行卡,存入50万元,乙将银行卡及密码交给甲。甲用该卡时,忘记密码,不好意思再问乙。后乙得知甲被免职,将该卡挂失取回50万元

  B. 甲、乙共谋傍晚杀丙,甲向乙讲解了杀害丙的具体方法。傍晚乙如约到达现场,但甲却未去。乙按照甲的方法杀死丙

  C. 乙欲盗窃汽车,让甲将用于盗窃汽车的钥匙放在乙的信箱。甲同意,但错将钥匙放入丙的信箱,后乙用其他方法将车盗走

  D. 甲、乙共同杀害丙,以为丙已死,甲随即离开现场。一个小时后,乙在清理现场时发现丙未死,持刀杀死丙

**121.** 2013/2/54/多

关于故意犯罪形态的认定,下列哪些选项是正确的?

  A. 甲绑架幼女乙后,向其父勒索财物。乙父佯装不管乙安危,甲只好将乙送回。甲虽未能成功勒索财物,但仍成立绑架罪既遂

  B. 甲抢夺乙价值1万元项链时,乙紧抓不放,甲只抢得半条项链。甲逃走60余米后,觉得半条项链无用而扔掉。甲的行为未得逞,成立抢夺罪未遂

  C. 乙欲盗汽车,向甲借得盗车钥匙。乙盗车时发现该钥匙不管用,遂用其他工具盗得汽车。乙属于盗窃罪既遂,甲属于盗窃罪未遂

  D. 甲在珠宝柜台偷拿一枚钻戒后迅速逃离,慌乱中在商场内摔倒。保安扶起甲后发现其盗窃行为并将其控制。甲未能离开商场,属于盗窃罪未遂

**122.** 2012/2/8/单

甲欲杀乙,将乙打倒在地,掐住脖子致

乙深度昏迷。30分钟后,甲发现乙未死,便举刀刺乙,第一刀刺中乙腹部,第二刀扎在乙的皮带上,刺第三刀时刀柄折断。甲长叹"你命太大,整不死你,我服气了",遂将乙送医,乙得以保命。经查,第一刀已致乙

重伤。关于甲犯罪形态的认定,下列哪一选项是正确的?

  A. 故意杀人罪的未遂犯

  B. 故意杀人罪的中止犯

  C. 故意伤害罪的既遂犯

  D. 故意杀人罪的不能犯

**123.** 2012/2/53/多

因乙移情别恋,甲将硫酸倒入水杯带到学校欲报复乙。课间,甲、乙激烈争吵,甲欲以硫酸泼乙,但情急之下未能拧开杯盖,后甲因追乙离开教室。丙到教室,误将甲的水杯当作自己的杯子,拧开杯盖时硫酸淋洒一身,灼成重伤。关于本案,下列哪些选项是错误的?

  A. 甲未能拧开杯盖,其行为属于不可罚的不能犯

  B. 对丙的重伤,甲构成过失致人重伤罪

  C. 甲的行为和丙的重伤之间没有因果关系

  D. 甲对丙的重伤没有故意、过失,不需要承担刑事责任

**124.** 2012/2/54/多

关于犯罪停止形态的论述,下列哪些选项是正确的?

  A. 甲(总经理)召开公司会议,商定逃税。甲指使财务人员黄某将1笔500万元的收入在申报时予以隐瞒,但后来黄某又向税务机关如实申报,缴纳应缴税款。单位属于犯罪未遂,黄某属于犯罪中止

  B. 乙抢夺邹某现金20万元,后发现全部是假币。乙构成抢夺罪既遂

  C. 丙以出卖为目的,偷盗婴儿后,惧怕承担刑事责任,又将婴儿送回原处。丙构成拐卖儿童罪既遂,不构成犯罪中止

  D. 丁对仇人胡某连开数枪均未打中,胡某受惊心脏病突发死亡。丁成立故意杀人罪既遂

**125.** 2011/2/54/多

下列哪些选项不构成犯罪中止?

  A. 甲收买1名儿童打算日后卖出。次日,看到拐卖儿童犯罪分子被判处死刑的新闻,偷偷将儿童送回家

  B. 乙使用暴力绑架被害人后,被害人反复向乙求情,乙释放了被害人

  C. 丙加入某恐怖组织并参与了一次恐怖活动,后经家人规劝退出该组织

  D. 丁为国家工作人员,挪用公款3万元用于孩

---

  ① 原为多选题,根据新的命题观点答案有变化,调整为单选题。

子学费,4个月后主动归还

**126.** 2010/2/5/单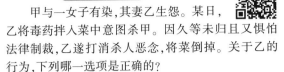

甲与一女子有染,其妻乙生怨。某日,乙将毒药拌入菜中意图杀甲。因久等未归且又惧怕法律制裁,乙遂打消杀人恶念,将菜倒掉。关于乙的行为,下列哪一选项是正确的?

　　A. 犯罪预备

　　B. 犯罪预备阶段的犯罪中止

　　C. 犯罪未遂

　　D. 犯罪实行阶段的犯罪中止

**127.** 2010/2/57/多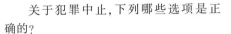

关于犯罪中止,下列哪些选项是正确的?

　　A. 甲欲杀乙,埋伏在路旁开枪射击但未打中乙。甲枪内尚有子弹,但担心杀人后被判处死刑,遂停止射击。甲成立犯罪中止

　　B. 甲入户抢劫时,看到客厅电视正在播放庭审纪实片,意识到犯罪要受刑罚处罚,于是向被害人赔礼道歉后离开。甲成立犯罪中止

　　C. 甲潜入乙家原打算盗窃巨额现金,入室后发现大量珠宝,便放弃盗窃现金的意思,仅窃取了珠宝。对于盗窃现金,甲成立犯罪中止

　　D. 甲向乙的饮食投放毒药后,乙呕吐不止,甲顿生悔意急忙开车送乙去医院,但由于交通事故耽误一小时,乙被送往医院时死亡。医生证明,早半小时送到医院乙就不会死亡。甲的行为仍然成立犯罪中止

**128.** 2009/2/5/单

甲因父仇欲重伤乙,将乙推倒在地举刀便砍,乙慌忙抵挡喊着说:"是丙逼我把你家老汉推下粪池的,不信去问丁。"甲信以为真,遂松开乙,乙趁机逃走。关于本案,下列哪一选项是正确的?

　　A. 甲不成立故意伤害罪

　　B. 甲成立故意伤害罪中止

　　C. 甲的行为具有正当性

　　D. 甲成立故意伤害罪未遂(不能犯)

**129.** 2009/2/52/多

甲欲枪杀仇人乙,但早有防备的乙当天穿着防弹背心,甲的子弹刚好打在防弹背心上,乙毫发无损。甲见状一边逃离现场,一边气呼呼地大声说:"我就不信你天天穿防弹背心,看我改天不收拾你!"关于本案,下列哪些选项是正确的?

　　A. 甲构成故意杀人中止

　　B. 甲构成故意杀人未遂

　　C. 甲的行为具有导致乙死亡的危险,应当成立犯罪

　　D. 甲不构成犯罪

**130.** 2008/2/6/单

甲潜入乙的住宅盗窃,将乙的皮箱(内有现金3万元)扔到院墙外,准备一会儿翻墙出去再捡。偶尔经过此处的丙发现皮箱无人看管,遂将其拿走,据为己有。15分钟后,甲来到院墙外,发现皮箱已无踪影。对于甲、丙行为的定性,下列哪一选项是正确的?

　　A. 甲成立盗窃罪(既遂),丙无罪

　　B. 甲成立盗窃罪(未遂),丙成立盗窃罪(既遂)

　　C. 甲成立盗窃罪(既遂),丙成立侵占罪

　　D. 甲成立盗窃罪(未遂),丙成立侵占罪

# 专题五　共同犯罪

### 考点14 共同犯罪的成立与共同正犯

**131.** 2023 回忆/单

下列乙的行为中,哪一项与甲构成共同犯罪?

　　A. 甲实施盗窃,乙在外面帮忙望风,甲盗得财物后离开,甲对乙的望风并不知情,且望风期间未发生任何事情

　　B. 甲为中转自己拐卖的妇女,向乙交代实情并请其收留自己和妇女两天,乙同意并提供住处

　　C. 乙明知甲在境外实施电信诈骗,仍为其烧香祈福

　　D. 甲正在实施寻衅滋事犯罪,乙用摄像机拍摄进行网络直播

**132.** 2018 回忆/单

赵某、钱某、孙某、李某四人合谋加害刘某,但四人未商议具体分工和计划,刘某最终死亡。经查明,赵某和钱某使用木棒殴打刘某,孙某使用拳头殴打刘某,李某手持铁棒在旁助威。刘某因头部受致命伤而死亡,但无法确认何人所为。以下哪一项说法是正确的?

　　A. 因无法确认何人所致致命伤,故四人无需对刘某死亡负刑事责任

　　B. 根据共同犯罪的原则,四人均需对刘某死亡负刑事责任

　　C. 孙某使用拳头殴打刘某,不足以致死,故不对刘某死亡负刑事责任

　　D. 李某手持铁棒在旁助威,故不对刘某死亡负刑事责任

**133.** 2017/2/6/单

甲欲前往张某家中盗窃。乙送甲一把擅自配制的张家房门钥匙,并告甲说,张家装有防盗

设备,若钥匙打不开就必须放弃盗窃,不可入室。甲用钥匙开张家房门,无法打开,本欲依乙告诫离去,但又不甘心,思量后破窗进入张家窃走数额巨大的财物。关于本案的分析,下列哪一选项是正确的?

A. 乙提供钥匙的行为对甲成功实施盗窃起到了促进作用,构成盗窃罪既遂的帮助犯

B. 乙提供的钥匙虽未起作用,但对甲实施了心理上的帮助,构成盗窃罪既遂的帮助犯

C. 乙欲帮助甲实施盗窃行为,因意志以外的原因未能得逞,构成盗窃罪的帮助犯未遂

D. 乙的帮助行为的影响仅延续至甲着手开门盗窃时,故乙成立盗窃罪未遂的帮助犯

**134.** 2017/2/7/单

甲欲杀丙,假意与乙商议去丙家"盗窃",由乙在室外望风,乙照办。甲进入丙家将丙杀害,出来后骗乙说未窃得财物。乙信以为真,怅然离去。关于本案的分析,下列哪一选项是正确的?

A. 甲欺骗乙望风,构成间接正犯。间接正犯不影响对共同犯罪的认定,甲、乙构成故意杀人罪的共犯

B. 乙企图帮助甲实施盗窃行为,却因意志以外的原因未能得逞,故对乙应以盗窃罪的帮助犯未遂论处

C. 对甲应以故意杀人罪论处,对乙以非法侵入住宅罪论处。两人虽然罪名不同,但仍然构成共同犯罪

D. 乙客观上构成故意杀人罪的帮助犯,但因其仅有盗窃故意,故应在盗窃罪法定刑的范围内对其量刑

**135.** 2017/2/91/任

某地政府为村民发放扶贫补贴,由各村村委会主任审核本村申请材料并分发补贴款。某村村委会主任王某、会计刘某以及村民陈某合谋伪造申请材料,企图每人套取5万元补贴款。王某任期届满,周某继任村委会主任后,政府才将补贴款拨到村委会。周某在分发补贴款时,发现了王某、刘某和陈某的企图,便只发给三人各3万元,将剩余6万元据为己有。三人心知肚明,但不敢声张。(事实一)

后周某又想私自非法获取土地征收款,欲找县国土局局长张某帮忙,遂送给县工商局局长李某10万元,托他找张某说情。李某与张某不熟,送5万元给县财政局局长胡某,让胡某找张某。胡某找到张某后,张某碍于情面,违心答应,但并未付诸行动。(事实二)

周某为感谢胡某,从村委会账户取款20万元购买玉器,并指使会计刘某将账做平。周某将玉器送胡某时,被胡某拒绝。周某只好将玉器退还商家,将

退款20万元返还至村委会账户,并让刘某再次平账。(事实三)

关于事实三的分析,下列选项正确的是:

A. 周某挪用村委会20万元购买玉器行贿,属挪用公款进行非法活动,构成挪用公款罪

B. 周某使用村委会20万元购买玉器,属贪污行为,但后又将20万元还回,构成犯罪中止

C. 刘某第一次帮周某将账面做平,属于帮周某成功实施犯罪行为,与周某构成共同犯罪

D. 刘某第二次帮周某将账面做平,属于作假证明掩护周某的犯罪行为,构成包庇罪

**136.** 2016/2/7/单

甲、乙、丙共同故意伤害丁,丁死亡。经查明,甲、乙都使用铁棒,丙未使用任何凶器;尸体上除一处致命伤外,再无其他伤害;可以肯定致命伤不是丙造成的,但不能确定是甲造成还是乙造成的。关于本案,下列哪一选项是正确的?

A. 因致命伤不是丙造成的,尸体上也没有其他伤害,故丙不成立故意伤害罪

B. 对甲与乙虽能认定为故意伤害罪,但不能认定为故意伤害(致死)罪

C. 甲、乙成立故意伤害(致死)罪,丙成立故意伤害罪但不属于伤害致死

D. 认定甲、乙、丙均成立故意伤害(致死)罪,与存疑时有利于被告的原则并不矛盾

**137.** 2015/2/7/单

15周岁的甲非法侵入某尖端科技研究所的计算机信息系统,18周岁的乙对此知情,仍应甲的要求为其编写侵入程序。关于本案,下列哪一选项是错误的?

A. 如认为责任年龄、责任能力不是共同犯罪的成立条件,则甲、乙成立共犯

B. 如认为甲、乙成立共犯,则乙成立非法侵入计算机信息系统罪的从犯

C. 不管甲、乙是否成立共犯,都不能认为乙成立非法侵入计算机信息系统罪的间接正犯

D. 由于甲不负刑事责任,对乙应按非法侵入计算机信息系统罪的片面共犯论处

**138.** 2015/2/56/多

甲在乙骑摩托车必经的偏僻路段精心设置路障,欲让乙摔死。丙得知甲的杀人计划后,诱骗仇人丁骑车经过该路段,丁果真摔死。关于本案,下列哪些选项是正确的?

A. 甲的行为和丁死亡之间有因果关系,甲有罪

B. 甲的行为属对象错误,构成故意杀人罪既遂

C. 丙对自己的行为无认识错误,构成故意杀人

罪既遂

    D. 丙利用甲的行为造成丁死亡,可能成立间接正犯

**139.** 2014/2/10/单

关于共同犯罪的论述,下列哪一选项是正确的?

    A. 无责任能力者与有责任能力者共同实施危害行为的,有责任能力者均为间接正犯

    B. 持不同犯罪故意的人共同实施危害行为的,不可能成立共同犯罪

    C. 在片面的对向犯中,双方都成立共同犯罪

    D. 共同犯罪是指二人以上共同故意犯罪,但不能据此否认片面的共犯

**140.** 2012/2/9/单

甲(15周岁)求乙(16周岁)为其抢夺作接应,乙同意。某夜,甲抢夺被害人的手提包(内有1万元现金),将包扔给乙,然后吸引被害人跑开。乙害怕坐牢,将包扔在草丛中,独自离去。关于本案,下列哪一选项是错误的?

    A. 甲不满16周岁,不构成抢夺罪

    B. 甲与乙构成抢夺罪的共犯

    C. 乙不构成抢夺罪的间接正犯

    D. 乙成立抢夺罪的中止犯

**141.** 2012/2/55/多

下列哪些选项中的双方行为人构成共同犯罪?

    A. 甲见卖淫秽影碟的小贩可怜,给小贩1000元,买下200张淫秽影碟

    B. 乙明知赵某已结婚,仍与其领取结婚证

    C. 丙送给国家工作人员10万元钱,托其将儿子录用为公务员

    D. 丁帮助组织卖淫的王某招募、运送卖淫女

**142.** 2011/2/55/多

关于共同犯罪的判断,下列哪些选项是正确的?

    A. 甲教唆赵某入户抢劫,但赵某接受教唆后实施拦路抢劫。甲是抢劫罪的共犯

    B. 乙为吴某入户盗窃望风,但吴某入户后实施抢劫行为。乙是盗窃罪的共犯

    C. 丙以为钱某要杀害他人为其提供了杀人凶器,但钱某仅欲伤害他人而使用了丙提供的凶器。丙对钱某造成的伤害结果不承担责任

    D. 丁知道孙某想偷车,便将盗车钥匙给孙某,后又在孙某盗车前要回钥匙,但孙某用其他方法盗窃了轿车。丁对孙某的盗车结果不承担责任

**143.** 2010/2/2/单

看守所值班武警甲擅离职守,在押的犯罪嫌疑人乙趁机逃走,但刚跑到监狱外的树林即被抓回。关于本案,下列哪一选项是正确的?

    A. 甲主观上是过失,乙是故意

    B. 甲、乙是事前无通谋的共犯

    C. 甲构成私放在押人员罪

    D. 乙不构成脱逃罪

**144.** 2010/2/6/单

关于共同犯罪,下列哪一选项是正确的?

    A. 甲、乙应当预见但没有预见山下有人,共同推下山上一块石头砸死丙。只有认定甲、乙成立共同过失犯罪,才能对甲、乙以过失致人死亡罪论处

    B. 甲明知乙犯故意杀人罪而为乙提供隐藏处和财物。甲、乙构成共同犯罪

    C. 交警甲故意为乙实施保险诈骗提供虚假鉴定结论。甲、乙构成共同犯罪

    D. 公安人员甲向犯罪分子乙通风报信助其逃避处罚。甲、乙成立共同犯罪

**145.** 2008/2/7/单

甲、乙夫妇因8岁的儿子严重残疾,生活完全不能自理而非常痛苦。一天,甲往儿子要喝的牛奶里放入"毒鼠强"时被乙看到,乙说:"这是毒药吧,你给他喝呀?"见甲不说话,乙叹了口气后就走开了。毒死儿子后,甲、乙二人一起掩埋尸体并对外人说儿子因病而死。关于甲、乙行为的定性,下列哪一选项是正确的?

    A. 甲与乙构成故意杀人的共同犯罪

    B. 甲构成故意杀人罪,乙构成包庇罪

    C. 甲构成故意杀人罪,乙构成遗弃罪

    D. 甲构成故意杀人罪,乙无罪

### 考点15 共犯人的分类及其刑事责任

**146.** 2019回忆/多

甲男喝醉酒后,女友乙要求甲开车送其回家。甲男表示自己醉酒了,不能开车,但是拗不过乙的坚持,只好同意。甲男驾车有十公里时,由于醉酒原因,不慎撞伤行人丙,致其重伤。下列哪些说法是正确的?

    A. 甲构成危险驾驶罪

    B. 乙构成危险驾驶罪(教唆犯)

    C. 甲构成交通肇事罪

    D. 乙构成交通肇事罪(教唆犯)

**147.** 2013/2/9/单

《刑法》第29条第1款规定:"教唆他

人犯罪的,应当按照他在共同犯罪中所起的作用处罚。教唆不满十八周岁的人犯罪的,应当从重处罚。"对于本规定的理解,下列哪一选项是错误的?

A. 无论是被教唆人接受教唆实施了犯罪,还是二人以上共同故意教唆他人犯罪,都能适用该款前段的规定

B. 该款规定意味着教唆犯也可能是从犯

C. 唆使不满14周岁的人犯罪因而属于间接正犯的情形时,也应适用该款后段的规定

D. 该款中的"犯罪"并无限定,既包括一般犯罪,也包括特殊身份的犯罪,既包括故意犯罪,也包括过失犯罪

**148.** 2009/2/6/单

关于教唆犯,下列哪一选项是正确的?

A. 甲唆使不满16周岁的乙强奸妇女丙,但乙只是抢夺了丙的财物一万元后即离开现场,甲应成立强奸罪、抢夺罪的教唆犯

B. 教唆犯不可能是实行犯,但可能是帮助犯

C. 教唆他人吸食、注射毒品的,成立吸食、注射毒品罪的教唆犯

D. 有的教唆犯是主犯,但所有的帮助犯都是从犯

**149.** 2008/2/91/任

四位学生在课堂上讨论共同犯罪时先后发表了以下观点,其中正确的选项是:

A. 甲:对于犯罪集团的首要分子,应当按照集团所犯的全部罪行处罚,即应当对集团成员所实施的全部犯罪承担刑事责任

B. 乙:在共同犯罪中起主要作用的是主犯,对于犯罪集团首要分子以外的主犯,应当按照其所参与的或者组织、指挥的全部犯罪处罚;对从犯的处罚应当轻于主犯,所以,对于从犯不得按照其所参与的全部犯罪处罚

C. 丙:犯罪集团的首要分子都是主犯,但聚众犯罪的首要分子不一定是主犯,因为聚众犯罪不一定成立共同犯罪

D. 丁:一开始被犯罪集团胁迫参加犯罪,但在着手实行后,非常积极,成为主要的实行人之一,在共同犯罪中起主要作用的,应认定为主犯

**考点16** 共犯的特殊问题:承继的共犯、片面的共犯、共犯与犯罪形态、共犯与身份、共犯与认识错误

**150.** 2019 回忆/多

乙请甲为自己的盗窃望风,仅要求甲看到主人丙回家就电话告知他。乙在户内盗窃时,甲看到丙回家,使用暴力阻拦,将丙打成重伤。乙顺利

窃得4000元后出门,甲告知乙自己殴打了丙,乙没表示异议。甲乙一同离去。下列哪些说法是正确的?

A. 若承认片面共同正犯,则对甲应以抢劫罪(致人重伤)论处,对乙以盗窃罪论处

B. 若承认片面共同正犯,则根据"部分实行、全部负责"原则,对甲乙二人均以抢劫罪(致人重伤)论处

C. 若否认片面共同正犯,则甲既构成故意伤害罪,又构成盗窃罪的帮助犯,择一重罪论处

D. 若否认片面共同正犯,则甲既构成故意伤害罪,又构成盗窃罪的帮助犯,数罪并罚

**151.** 2018 回忆/多

关于共犯理论,下列哪些说法是正确的?

A. 虽然自杀不构成犯罪,但教唆精神病患者自杀应构成故意杀人罪的间接正犯

B. 在共同犯罪中,可能存在部分共犯人成立既遂,部分共犯人成立中止的情形

C. 共犯人中有人产生同一犯罪构成内的认识错误,可能会影响其他共犯人的犯罪形态

D. 犯罪集团中的组织者、领导者,其他共同犯罪中的组织者、指挥者,均需对全部罪行负责

**152.** 2017/2/54/多

甲知道乙计划前往丙家抢劫,为帮助乙取得财物,便暗中先赶到丙家,将丙打昏后离去(丙受轻伤)。乙来到丙家时,发现丙已昏迷,以为是丙疾病发作晕倒,遂从丙家取走价值5万元的财物。关于本案的分析,下列哪些选项是正确的?

A. 若承认片面共同正犯,甲对乙的行为负责,对甲应以抢劫罪论处,对乙以盗窃罪论处

B. 若承认片面共同正犯,根据部分实行全部责任原则,对甲、乙二人均应以抢劫罪论处

C. 若否定片面共同正犯,甲既构成故意伤害罪,又构成盗窃罪,应从一重罪论处

D. 若否定片面共同正犯,乙无须对甲的故意伤害行为负责,对乙应以盗窃罪论处

**153.** 2013/2/55/多

关于共同犯罪,下列哪些选项是正确的?

A. 乙因妻丙外遇而决意杀之。甲对此不知晓,出于其他原因怂恿乙杀丙。后乙杀害丙。甲不构成故意杀人罪的教唆犯

B. 乙基于敲诈勒索的故意恐吓丙,在丙交付财物时,知情的甲中途加入帮乙取得财物。甲构成敲诈勒索罪的共犯

C. 乙、丙在五金店门前互殴,店员甲旁观。乙边

打边掏钱向甲买一羊角锤。甲递锤时对乙说"你用伤人可与我无关"。乙用该锤将丙打成重伤。卖羊角锤是甲的正常经营行为,甲不构成故意伤害罪的共犯

D. 甲极力劝说丈夫乙(国家工作人员)接受丙的贿赂,乙坚决反对,甲自作主张接受该笔贿赂。甲构成受贿罪的间接正犯

**154.** 2009/2/7/单

甲、乙共谋行抢。甲在偏僻巷道的出口望风,乙将路人丙的书包(内有现金一万元)一把夺下转身奔逃,丙随后追赶,欲夺回书包。甲在丙跑过巷道口时突然伸腿将丙绊倒,丙倒地后摔成轻伤,甲、乙乘机逃脱。甲、乙的行为构成何罪?

A. 甲、乙均构成抢夺罪
B. 甲、乙均构成抢劫罪
C. 甲构成抢劫罪,乙构成抢夺罪
D. 甲构成故意伤害罪,乙构成抢夺罪

**155.** 2009/2/51/多

甲欲去乙的别墅盗窃,担心乙别墅结构复杂难以找到贵重财物,就请熟悉乙家的丙为其标图。甲入室后未使用丙提供的图纸就找到乙价值100万元的珠宝,即携珠宝逃离现场。关于本案,下列哪些说法是正确的?

A. 甲构成盗窃罪,入户盗窃是法定的从重处罚情节
B. 丙不构成犯罪,因为客观上没能为甲提供实质的帮助
C. 即便甲未使用丙提供的图纸,丙也构成盗窃罪的共犯
D. 甲、丙构成盗窃罪的共犯,甲是主犯,丙是帮助犯

**156.** 2008/2/19/单

甲与乙共谋盗窃汽车,甲将盗车所需的钥匙交给乙。但甲后来向乙表明放弃犯罪之意,让乙还回钥匙。乙对甲说:"你等几分钟,我用你的钥匙配制一把钥匙后再还给你",甲要回了自己原来提供的钥匙。后乙利用自己配制的钥匙盗窃了汽车(价值5万元)。关于本案,下列哪一选项是正确的?

A. 甲的行为属于盗窃中止
B. 甲的行为属于盗窃预备
C. 甲的行为属于盗窃未遂
D. 甲与乙构成盗窃罪(既遂)的共犯

**157.** 2008/2/94/任

甲手持匕首寻找抢劫目标时,突遇精神病人丙持刀袭击。丙追赶甲至一死胡同,甲迫于无奈,与丙搏斗,将其打成重伤。此后,甲继续寻找目

标,见到丁后便实施暴力,用匕首将其刺成重伤,使之丧失反抗能力,此时甲的朋友乙驾车正好经过此地,见状后下车和甲一起取走丁的财物(约2万元),然后逃跑,丁因伤势过重不治身亡。关于乙与甲一起取走丁的财物的行为,下列选项正确的是:

A. 乙与甲成立抢劫罪的共同犯罪
B. 甲的行为构成抢劫罪,乙的行为属于抢夺罪,两者在抢夺罪这一重合犯罪之内成立共同犯罪,即成立抢夺罪的共同犯罪
C. 乙既不对丁的重伤承担刑事责任,也不对丁的死亡承担刑事责任
D. 乙不对丁的死亡承担刑事责任,但应对丁的重伤承担刑事责任

# 专题六 单位犯罪

考点17 单位犯罪

**158.** 2020 回忆/单

关于行为主体,下列哪一项说法是正确的?

A. 单位分支机构或内设机构不是独立法人单位,不能成为单位犯罪的主体
B. 犯罪集团和聚众犯罪的首要分子是一种特殊的身份犯
C. 已满14周岁不满16周岁的未成年人在绑架过程中杀害被绑架人的,对杀人行为承担刑事责任,对绑架行为不承担刑事责任
D. 单位犯罪本质上是单位主管人员与其他直接责任人员构成的特殊的共同犯罪

**159.** 2019 回忆/多

甲电器公司与其子公司乙物流公司涉嫌共同非法吸收公众存款5亿元。关于单位犯罪,下列哪些说法是正确的?

A. 如果甲电器公司能成立单位犯罪,那么乙物流公司实施违法行为且获得违法所得,就可认为乙物流公司构成单位犯罪
B. 如果甲电器公司能构成单位犯罪,但无法认定乙物流公司构成单位犯罪,那么可以将乙物流公司中按照甲电器公司的要求实施犯罪行为的人员作为其他直接责任人员,追究其自然人的刑事责任
C. 如果乙物流公司构成单位犯罪,但无法认定甲电器公司构成单位犯罪,那么可以追究甲电器公司中直接责任人员的自然人犯罪,并且该直接责任人员与乙物流公司可以构成共同犯罪
D. 如果因证据问题不能认定乙物流公司、甲电

器公司构成单位犯罪,那么可以追究两公司的直接责任人员的刑事责任

**160.** 2015/2/54/多

关于单位犯罪,下列哪些选项是正确的?

A. 就同一犯罪而言,单位犯罪与自然人犯罪的既遂标准完全相同

B.《刑法》第一百七十条未将单位规定为伪造货币罪的主体,故单位伪造货币的,相关自然人不构成犯罪

C. 经理赵某为维护公司利益,召集单位员工殴打法院执行工作人员,拒不执行生效判决的,成立单位犯罪

D. 公司被吊销营业执照后,发现其曾销售伪劣产品 20 万元。对此,应追究相关自然人销售伪劣产品罪的刑事责任

**161.** 2010/2/53/多

关于单位犯罪,下列哪些选项是错误的?

A. 单位只能成为故意犯罪的主体,不能成为过失犯罪的主体

B. 单位犯罪时,单位本身与直接负责的主管人员、直接责任人员构成共同犯罪

C. 对单位犯罪一般实行双罚制,但在实行单罚制时,只对单位处以罚金,不处罚直接负责的主管人员与直接责任人员

D. 对单位犯罪只能适用财产刑,既可能判处罚金,也可能判处没收财产

**162.** 2009/2/20/单

何经理为了销售本公司经营的医疗器械,安排公司监事刘某在与某市立医院联系销售业务过程中,按销售金额 25% 的比例给医院四位正、副院长回扣共计 25 万余元。本案中,该公司提供回扣的行为构成何罪?

A. 行贿罪

B. 对非国家工作人员行贿罪

C. 单位行贿罪

D. 对单位行贿罪

## 专题七　罪数形态

### 考点18 罪数

**163.** 2019 回忆/单

关于罪数的处理,下列哪一项说法是正确的?

A. "二人以上轮奸"只是强奸罪的法定刑升格条件,与强奸罪的关系不是特别法条与一般法条的关系

B. 甲发现自己盗窃到的是一件仿真品(价值 4000 元),冒充真品以 2 万元卖给他人。甲的变卖行为是不可罚的事后行为

C. 钱某分别实施了两次入户抢劫,一次持枪抢劫。钱某分别触犯了抢劫罪的加重犯,应数罪并罚

D. 周某抢劫了陈某的财物后,担心暴露,杀害了陈某。周某构成抢劫罪致人死亡和故意杀人罪的想象竞合

**164.** 2017/2/8/单

关于罪数的判断,下列哪一选项是正确的?

A. 甲为冒充国家机关工作人员招摇撞骗而盗窃国家机关证件,并持该证件招摇撞骗。甲成立盗窃国家机关证件罪和招摇撞骗罪,数罪并罚

B. 乙在道路上醉酒驾驶机动车,行驶 20 公里后,不慎撞死路人张某。因已发生实害结果,乙不构成危险驾驶罪,仅构成交通肇事罪

C. 丙以欺诈手段骗取李某的名画。李某发觉受骗,要求丙返还,丙施以暴力迫使李某放弃。丙构成诈骗罪与抢劫罪,数罪并罚

D. 已婚的丁明知杨某是现役军人的配偶,却仍然与之结婚。丁构成重婚罪与破坏军婚罪的想象竞合犯

**165.** 2016/2/11/单

关于法条关系,下列哪一选项是正确的(不考虑数额)?

A. 即使认为盗窃与诈骗是对立关系,一行为针对同一具体对象(同一具体结果)也完全可能同时触犯盗窃罪与诈骗罪

B. 即使认为故意杀人与故意伤害是对立关系,故意杀人罪与故意伤害罪也存在法条竞合关系

C. 如认为法条竞合仅限于侵害一犯罪客体的情形,冒充警察骗取数额巨大的财物时,就会形成招摇撞骗罪与诈骗罪的法条竞合

D. 即便认为贪污罪和挪用公款罪是对立关系,若行为人使用公款赌博,在不能查明其是否具有归还公款的意思时,也能认定构成挪用公款罪

**166.** 2016/2/13/单

陈某欲制造火车出轨事故,破坏轨道时将螺栓砸飞,击中在附近玩耍的幼童,致其死亡。

陈某的行为被及时发现,未造成火车倾覆、毁坏事故。关于陈某的行为性质,下列哪一选项是正确的?

A. 构成破坏交通设施罪的结果加重犯

B. 构成破坏交通设施罪的基本犯与故意杀人罪的想象竞合犯

C. 构成破坏交通设施罪的基本犯与过失致人死亡罪的想象竞合犯

D. 构成破坏交通设施罪的结果加重犯与过失致人死亡罪的想象竞合犯

**167.** 2016/2/54/多

关于罪数,下列哪些选项是正确的(不考虑数额或情节)?

A. 甲使用变造的货币购买商品,触犯使用假币罪与诈骗罪,构成想象竞合犯

B. 乙走私毒品,又走私假币构成犯罪的,以走私毒品罪和走私假币罪实行数罪并罚

C. 丙先后三次侵入军人家中盗窃军人制服,后身穿军人制服招摇撞骗。对丙应按牵连犯从一重罪处罚

D. 丁明知黄某在网上开设赌场,仍为其提供互联网接入服务。丁触犯开设赌场罪与帮助信息网络犯罪活动罪,构成想象竞合犯

**168.** 2015/2/3/单

警察带着警犬(价值3万元)追捕逃犯甲。甲枪中只有一发子弹,认识到开枪既可能只打死警察(希望打死警察),也可能只打死警犬,但一枪同时打中二者,导致警察受伤、警犬死亡。关于甲的行为定性,下列哪一选项是错误的?

A. 如认为甲只有一个故意,成立故意杀人罪未遂

B. 如认为甲有数个故意,成立故意杀人罪未遂与故意毁坏财物罪,数罪并罚

C. 如甲仅打中警犬,应以故意杀人罪未遂论处

D. 如甲未打中任何目标,应以故意杀人罪未遂论处

**169.** 2015/2/8/单

关于结果加重犯,下列哪一选项是正确的?

A. 故意杀人包含了故意伤害,故意杀人罪实际上是故意伤害罪的结果加重犯

B. 强奸罪、强制猥亵妇女罪的犯罪客体相同,强奸、强制猥亵行为致妇女重伤的,均成立结果加重犯

C. 甲将乙拘禁在宾馆20楼,声称只要乙还债就放人。乙无力还债,深夜跳楼身亡。甲的行为不成立非法拘禁罪的结果加重犯

D. 甲以胁迫手段抢劫乙时,发现仇人丙路过,于

是立即杀害丙。甲在抢劫过程中杀害他人,因抢劫致人死亡包括故意杀人死亡,故甲成立抢劫致人死亡的结果加重犯

**170.** 2015/2/9/单

甲窃得一包冰毒后交乙代为销售,乙销售后得款3万元与甲平分。关于本案,下列哪一选项是错误的?

A. 甲的行为触犯盗窃罪与贩卖毒品罪

B. 甲贩卖毒品的行为侵害了新的法益,应与盗窃罪实行并罚

C. 乙的行为触犯贩卖毒品罪、非法持有毒品罪、转移毒品罪与掩饰、隐瞒犯罪所得罪

D. 对乙应以贩卖毒品罪一罪论处

**171.** 2013/2/10/单

关于罪数判断,下列哪一选项是正确的?

A. 冒充警察招摇撞骗,骗取他人财物的,适用特别法条以招摇撞骗罪论处

B. 冒充警察实施抢劫,同时构成抢劫罪与招摇撞骗罪,属于想象竞合犯,从一重罪论处

C. 冒充军人进行诈骗,同时构成诈骗罪与冒充军人招摇撞骗罪的,从一重罪论处

D. 冒充军人劫持航空器的,成立冒充军人招摇撞骗罪与劫持航空器罪,实行数罪并罚

**172.** 2013/2/56/多

关于想象竞合犯的认定,下列哪些选项是错误的?

A. 甲向乙购买危险物质,商定4000元成交。甲先后将2000元现金和4克海洛因(折抵现金2000元)交乙后收货。甲的行为成立非法买卖危险物质罪与贩卖毒品罪的想象竞合犯,从一重罪论处

B. 甲女、乙男分手后,甲向乙索要青春补偿费未果,将其骗至别墅,让人看住乙。甲给乙母打电话,声称如不给30万元就准备收尸。甲成立非法拘禁罪和绑架罪的想象竞合犯,应以绑架罪论处

C. 甲为劫财在乙的茶水中投放2小时后起作用的麻醉药,随后离开乙家。2小时后甲回来,见乙不在(乙喝下该茶水后因事外出),便取走乙2万元现金。甲的行为成立抢劫罪与盗窃罪的想象竞合犯

D. 国家工作人员甲收受境外组织的3万美元后,将国家秘密非法提供给该组织。甲的行为成立受贿罪与为境外非法提供国家秘密罪的想象竞合犯

**173.** 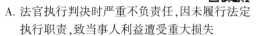 2012/2/21/单

下列哪一行为应以玩忽职守罪论处？

A. 法官执行判决时严重不负责任，因未履行法定执行职责，致当事人利益遭受重大损失

B. 检察官讯问犯罪嫌疑人甲，甲要求上厕所，因检察官违规打开械具后未跟随，致甲在厕所翻窗逃跑

C. 值班警察与女友电话聊天时接到杀人报警，又闲聊 10 分钟后才赶往现场，因延迟出警，致被害人被杀、歹徒逃走

D. 市政府基建负责人因听信朋友介绍，未经审查便与对方签订建楼合同，致被骗 300 万元

**174.** 2011/2/56/多

关于罪数的认定，下列哪些选项是错误的？

A. 引诱幼女卖淫后，又容留该幼女卖淫的，应认定为引诱、容留卖淫罪

B. 既然对绑架他人后故意杀害他人的不实行数罪并罚，那么对绑架他人后伤害他人的就更不能实行数罪并罚

C. 发现盗得的汽车质量有问题而将汽车推下山崖的，成立盗窃罪与故意毁坏财物罪，应当实行并罚

D. 明知在押犯脱逃后去杀害证人而私放，该犯果真将证人杀害的，成立私放在押人员罪与故意杀人罪，应当实行并罚

**175.**  2010/2/55/多

下列哪些情形属于吸收犯？

A. 制造枪支、弹药后又持有、私藏所制造的枪支、弹药的

B. 盗窃他人汽车后，谎称所盗汽车为自己的汽车出卖他人的

C. 套取金融机构信贷资金后又高利转贷他人的

D. 制造毒品后又持有该毒品的

**176.** 2010/2/58/多

下列哪些情形不能数罪并罚？

A. 投保人甲，为了骗取保险金杀害被保险人

B. 十五周岁的甲，盗窃时拒捕杀死被害人

C. 司法工作人员甲，刑讯逼供致被害人死亡

D. 运送他人偷越边境的甲，遇到检查将被运送人推进大海溺死

**177.** 2009/2/58/多

下列哪些情形可以成立抢劫致人死亡？

A. 甲冬日深夜抢劫王某财物，为压制王某的反抗

将其刺成重伤并取财后离去。三小时后，王某被冻死

B. 乙抢劫妇女高某财物，路人曾某上前制止，乙用自制火药枪将曾某打死

C. 丙和贺某共同抢劫严某财物，严某边呼救边激烈反抗。丙拔刀刺向严某，严某躲闪，丙将同伙贺某刺死

D. 丁盗窃邱某家财物准备驾车离开时被邱某发现，邱某站在车前阻止丁离开，丁开车将邱某撞死后逃跑

**178.**  2008/2/8/单

关于罪数的说法，下列哪一选项是错误的？

A. 甲在车站行窃时盗得一提包，回家一看才发现提包内仅有一支手枪。因为担心被人发现，甲便将手枪藏在浴缸下。甲非法持有枪支的行为，不属于不可罚的事后行为

B. 乙抢夺他人手机，并将该手机变卖，乙的行为构成抢夺罪和掩饰、隐瞒犯罪所得罪，应当数罪并罚

C. 丙非法行医 3 年多，导致 1 人死亡、1 人身体残疾。丙的行为既是职业犯，也是结果加重犯

D. 丁在绑架过程中，因被害人反抗而将其杀死，对丁不应当以绑架罪和故意杀人罪实行并罚

# 专题八　刑罚种类

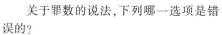

**考点19** 主刑

**179.**  2016/2/8/单

《刑法》第 64 条前段规定："犯罪分子违法所得的一切财物，应当予以追缴或者责令退赔"。关于该规定的适用，下列哪一选项是正确的？

A. 甲以赌博为业，但手气欠佳输掉 200 万元。输掉的 200 万元属于赌资，应责令甲全额退赔

B. 乙挪用公款炒股获利 500 万元用于购买房产（案发时贬值为 300 万元），应责令乙退赔 500 万元

C. 丙向国家工作人员李某行贿 100 万元。除向李某追缴 100 万元外，还应责令丙退赔 100 万元

D. 丁与王某共同窃取他人财物 30 万元。因二人均应对 30 万元负责，故应向二人各追缴 30 万元

**180.**  2016/2/9/单

关于职业禁止，下列哪一选项是正确的？

A. 利用职务上的便利实施犯罪的,不一定都属于"利用职业便利"实施犯罪

B. 行为人违反职业禁止的决定,情节严重的,应以拒不执行判决、裁定罪定罪处罚

C. 判处有期徒刑并附加剥夺政治权利,同时决定职业禁止的,在有期徒刑与剥夺政治权利均执行完毕后,才能执行职业禁止

D. 职业禁止的期限均为3年至5年

**181.** 2012/2/2/单

甲与乙女恋爱。乙因甲伤残提出分手,甲不同意,拉住乙不许离开,遭乙痛骂拒绝。甲绝望大喊:"我得不到你,别人也休想",连捅十几刀,致乙当场惨死。甲逃跑数日后,投案自首,有悔罪表现。关于本案的死刑适用,下列哪一说法符合法律实施中的公平正义理念?

A. 根据《刑法》规定,当甲的杀人行为被评价为"罪行极其严重"时,可判处甲死刑

B. 从维护《刑法》权威考虑,无论甲是否存在从轻情节,均应判处甲死刑

C. 甲轻率杀人,为严防效尤,即使甲自首悔罪,也应判处死刑立即执行

D. 应当充分考虑并尊重网民呼声,以此决定是否判处甲死刑立即执行

**182.** 2012/2/11/单

《刑法》第49条规定:_____的时候不满18周岁的人和_____的时候怀孕的妇女,不适用死刑。_____的时候已满75周岁的人,不适用死刑,但_____的除外。下列哪一选项与题干空格内容相匹配?

A. 犯罪——审判——犯罪——故意犯罪致人死亡

B. 审判——审判——犯罪——故意犯罪致人死亡

C. 审判——审判——审判——以特别残忍手段致人死亡

D. 犯罪——审判——审判——以特别残忍手段致人死亡

**183.** 2012/2/56/多

关于禁止令,下列哪些选项是错误的?

A. 甲因盗掘古墓葬罪被判刑7年,在执行5年后被假释,法院裁定假释时,可对甲宣告禁止令

B. 乙犯合同诈骗罪被判处缓刑,因附带民事赔偿义务尚未履行,法院可在禁止令中禁止其进入高档饭店消费

C. 丙因在公共厕所猥亵儿童被判处缓刑,法院可同时宣告禁止其进入公共厕所

D. 丁被判处管制,同时被禁止接触同案犯,禁止令的期限应从管制执行完毕之日起计算

**184.** 2009/2/11/单

关于犯罪数额的计算,下列哪一选项是正确的?

A. 甲15周岁时携带凶器抢夺他人财物价值3万元;17周岁时抢劫他人财物价值2万元。甲的犯罪数额是5万元

B. 乙收受贿赂15万元,将其中3万元作为单位招待费使用。乙的犯罪数额是12万元

C. 丙第一次诈骗6万元,第二次诈骗12万元,但用其中6万元补偿第一次诈骗行为被害人的全部损失。丙的犯罪数额是6万元

D. 丁盗窃他人价值6000元的手机,在销赃时夸大手机功能将其以1万元卖出。丁除成立盗窃罪外,还成立诈骗罪,诈骗数额是1万元

### 考点20 附加刑

**185.** 2010/2/56/多

关于没收财产,下列哪些选项是错误的?

A. 甲受贿100万元,巨额财产来源不明200万元,甲被判处死刑并处没收财产。甲被没收财产的总额至少应为300万元

B. 甲抢劫他人汽车被判处死刑并处没收财产。该汽车应上缴国库

C. 甲因走私罪被判处无期徒刑并处没收财产。此前所负赌债,经债权人请求应予偿还

D. 甲因受贿罪被判有期徒刑十年并处没收财产30万元,因妨害清算罪被判有期徒刑三年并处罚金二万元。没收财产和罚金应当合并执行

**186.** 2009/2/9/多

关于没收财产,下列哪些选项是不正确的?①

A. 甲抢劫数额巨大,对其可以判处罚金一万元并处没收财产

B. 乙犯诈骗罪被判处没收全部财产时,法院对乙未满18周岁的子女应当保留必需的生活费用,对乙的成年家属不必考虑

C. 丙盗窃珍贵文物情节严重,即便其没有可供执行的财产,亦应当判处没收财产

D. 丁为治病向李某借款五万元,一年后丁因犯罪被判处没收财产。无论李某是否提出请求,一旦法院发现该债务存在,就应当判决以没收的财产偿还

---

① 原为单选题,根据新法答案有变化,改编为多选题。

# 专题九 刑罚裁量

### 考点21 量刑情节

**187.** 2017/2/10/单

王某多次吸毒,某日下午在市区超市门口与同居女友沈某发生争吵。沈某欲离开,王某将其按倒在地,用菜刀砍死。后查明:王某案发时因吸毒出现精神病性障碍,导致辨认控制能力减弱。关于本案的刑罚裁量,下列哪一选项是错误的?

- A. 王某是偶犯,可酌情从轻处罚
- B. 王某刑事责任能力降低,可从轻处罚
- C. 王某在公众场合持刀行凶,社会影响恶劣,可从重处罚
- D. 王某与被害人存在特殊身份关系,可酌情从轻处罚

### 考点22 累犯

**188.** 2020 回忆/多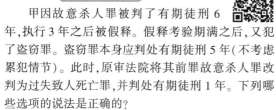

甲因故意杀人罪被判了有期徒刑6年,执行3年之后被假释。假释考验期满之后,又犯了盗窃罪。盗窃罪本身应判有期徒刑5年(不考虑累犯情节)。此时,原审法院将其前罪故意杀人罪改判为过失致人死亡罪,并判处有期徒刑1年。下列哪些选项的说法是正确的?

- A. 甲成立累犯
- B. 因为前罪是过失犯罪,所以甲不成立累犯
- C. 应将过失致人死亡罪和盗窃罪数罪并罚,确定判处的刑罚。再减去已经实际执行的刑罚(3年有期徒刑),即甲还需要执行的刑罚
- D. 直接将盗窃罪所判处的刑罚,减去被错误执行的刑罚,所剩3年有期徒刑为甲还需要执行的刑罚

**189.** 2015/2/10/单

关于累犯,下列哪一选项是正确的?

- A. 对累犯和犯罪集团的积极参加者,不适用缓刑
- B. 对累犯,如假释后对所居住的社区无不良影响的,法院可决定假释
- C. 对被判处无期徒刑的累犯,根据犯罪情节等情况,法院可同时决定对其限制减刑
- D. 犯恐怖活动犯罪被判处有期徒刑4年,刑罚执行完毕后的第12年又犯黑社会性质的组织犯罪的,成立累犯

**190.** 2010/2/8/单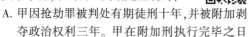

关于累犯,下列哪一判断是正确的?

- A. 甲因抢劫罪被判处有期徒刑十年,并被附加剥夺政治权利三年。甲在附加刑执行完毕之日

起五年之内又犯罪。甲成立累犯

- B. 甲犯抢夺罪于2005年3月假释出狱,考验期为剩余的二年刑期。甲从假释考验期满之日起五年内再故意犯重罪。甲成立累犯
- C. 甲犯危害国家安全罪五年徒刑期满,六年后又犯杀人罪。甲成立累犯
- D. 对累犯可以从重处罚

**191.** 2009/2/10/单

关于累犯,下列哪一选项是正确的?

- A. 甲因故意伤害罪被判七年有期徒刑,刑期自1990年8月30日至1997年8月29日止。甲于1995年5月20日被假释,于1996年8月25日犯交通肇事罪。甲构成累犯
- B. 乙因盗窃罪被判三年有期徒刑,2002年3月25日刑满释放,2007年3月20日因犯盗窃罪被判有期徒刑四年。乙构成累犯
- C. 丙因危害国家安全罪被判处五年有期徒刑,1996年4月21日刑满释放,2006年4月20日再犯同罪。丙不构成累犯
- D. 丁因失火罪被判处三年有期徒刑,刑期自1995年5月15日至1998年5月14日。丁于1998年5月15日在出狱回家途中犯故意伤害罪。丁构成累犯

### 考点23 自首与立功

**192.** 2023 回忆/多

关于立功,下列哪些说法是正确的?

- A. 张某在取保候审期间,利用网络教唆陈某贩卖毒品,然后联系公安机关将陈某抓获。张某不构成立功
- B. 李某在服刑期间,其家人在监狱外购买他人发明成果,并以李某名义申请并获得了该项发明专利。李某不构成立功
- C. 王某因行贿罪被抓,其交代了刘某向他索贿的事实。对王某应同时适用坦白与立功
- D. 钱某贩卖毒品被抓,检举并揭发了其上家周某贩卖毒品的事实。钱某构成立功

**193.** 2022 回忆/多

张某涉嫌诈骗罪被抓获归案,在刑事拘留期间潜逃。在潜逃期间,裴某向张某称自己有他人犯罪的线索,愿以3万元卖给张某。张某遂花3万元买到该犯罪线索。张某打电话将该犯罪线索提供给公安机关。该犯罪线索是某国有公司总经理的受贿罪事实,经查证属实。然后张某自动投案,如实供述了诈骗罪和潜逃的事实。下列哪些说法是正确的?

- A. 张某的潜逃行为构成脱逃罪
- B. 张某提供犯罪线索的行为不构成立功

C. 张某自动投案,如实供述,针对诈骗罪成立自首

D. 张某自动投案,如实供述,针对脱逃罪成立自首

**194.** 2017/2/9/单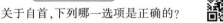

关于自首,下列哪一选项是正确的?

A. 甲绑架他人作为人质并与警察对峙,经警察劝说放弃了犯罪。甲是在"犯罪过程中"而不是"犯罪以后"自动投案,不符合自首条件

B. 乙交通肇事后留在现场救助伤员,并报告交管部门发生了事故。交警到达现场询问时,乙否认了自己的行为。乙不成立自首

C. 丙故意杀人后如实交代了自己的客观罪行,司法机关根据其交代认定其主观罪过为故意,丙辩称其为过失。丙不成立自首

D. 丁犯罪后,仅因形迹可疑而被盘问、教育,便交代了自己所犯罪行,但拒不交代真实身份。丁不属于如实供述,不成立自首

**195.** 2015/2/11/单

下列哪一选项成立自首?

A. 甲挪用公款后主动向单位领导承认了全部犯罪事实,并请求单位领导不要将自己移送司法机关

B. 乙涉嫌贪污被检察院讯问时,如实供述将该笔公款分给了国有单位职工,辩称其行为不是贪污

C. 丙参与共同盗窃后,主动投案并供述其参与盗窃的具体情况。后查明,系因分赃太少、得知举报有奖才投案

D. 丁因纠纷致程某轻伤后,报警说自己伤人了。报警后见程某举拳冲过来,丁以暴力致其死亡,并逃离现场

**196.** 2014/2/12/单

甲(民营企业销售经理)因合同诈骗罪被捕。在侦查期间,甲主动供述曾向国家工作人员乙行贿9万元,司法机关遂对乙进行追诉。后查明,甲的行为属于单位行贿,行贿数额尚未达到单位行贿罪的定罪标准。甲的主动供述构成下列哪一量刑情节?

A. 坦白　　　　B. 立功

C. 自首　　　　D. 准自首

**197.** 2012/2/57/多

下列哪些选项不构成立功?

A. 甲是唯一知晓同案犯裴某手机号的人,其主动供述裴某手机号,侦查机关据此采用技术侦查手段将裴某抓获

B. 乙因购买境外人士赵某的海洛因被抓获后,

按司法机关要求向赵某发短信"报平安",并表示还要购买毒品,赵某因此未离境,等待乙时被抓获

C. 丙被抓获后,通过律师转告其父想办法协助司法机关抓捕同案犯,丙父最终找到同案犯藏匿地点,协助侦查机关将其抓获

D. 丁被抓获后,向侦查机关提供同案犯的体貌特征,同案犯由此被抓获

**198.** 2009/2/53/多

关于自首中的"如实供述",下列哪些选项是错误的?

A. 甲自动投案后,如实交代自己的杀人行为,但拒绝说明凶器藏匿地点的,不成立自首

B. 乙犯有故意伤害罪、抢夺罪,自动投案后,仅如实供述抢夺行为,对伤害行为一直主张自己是正当防卫的,仍然可以成立自首

C. 丙虽未自动投案,但办案机关所掌握线索针对的贪污事实不成立,在此范围外丙交代贪污罪行的,应当成立自首

D. 丁自动投案并如实供述自己的罪行后又翻供,但在二审判决前又如实供述的,应当认定为自首

### 考点 24　数罪并罚

**199.** 2017/2/55/多

关于数罪并罚,下列哪些选项是正确的?

A. 甲犯某罪被判处有期徒刑2年,犯另一罪被判处拘役6个月。对甲只需执行有期徒刑

B. 乙犯某罪被判处有期徒刑2年,犯另一罪被判处管制1年。对乙应在有期徒刑执行完毕后,继续执行管制

C. 丙犯某罪被判处有期徒刑6年,执行4年后发现应被判处拘役的漏罪。数罪并罚后,对丙只需再执行尚未执行的2年有期徒刑

D. 丁犯某罪被判处有期徒刑6年,执行4年后被假释,在假释考验期内犯应被判处1年管制的新罪。对丁再执行2年有期徒刑后,执行1年管制

**200.** 2016/2/55/多

判决宣告以前一人犯数罪,数罪中有判处(1)和(2)的,执行(3);数罪中所判处的(4),仍须执行。将下列哪些选项内容填入以上相应括号内是正确的?

A. (1)死刑(2)有期徒刑(3)死刑(4)罚金

B. (1)无期徒刑(2)拘役(3)无期徒刑(4)没收财产

C. (1)有期徒刑(2)拘役(3)有期徒刑(4)附加刑
D. (1)拘役(2)管制(3)拘役(4)剥夺政治权利

**201.** 2012/2/12/单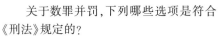

甲因走私武器被判处15年有期徒刑,剥夺政治权利5年;因组织他人偷越国境被判处14年有期徒刑,并处没收财产5万元,剥夺政治权利3年;因骗取出口退税被判处10年有期徒刑,并处罚金20万元。关于数罪并罚,下列哪一选项符合《刑法》规定?

A. 决定判处甲有期徒刑35年,没收财产25万元,剥夺政治权利8年

B. 决定判处甲有期徒刑20年,罚金25万元,剥夺政治权利8年

C. 决定判处甲有期徒刑25年,没收财产5万元,罚金20万元,剥夺政治权利6年

D. 决定判处甲有期徒刑23年,没收财产5万元,罚金20万元,剥夺政治权利8年

**202.** 2011/2/57/多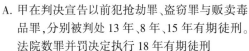

关于数罪并罚,下列哪些选项是符合《刑法》规定的?

A. 甲在判决宣告以前犯抢劫、盗窃罪与贩卖毒品罪,分别被判处13年、8年、15年有期徒刑。法院数罪并罚决定执行18年有期徒刑

B. 乙犯抢劫罪、盗窃罪分别被判处13年、6年有期徒刑,数罪并罚决定执行18年有期徒刑。在执行5年后,发现乙在判决宣告前还犯有贩卖毒品罪,应当判处15年有期徒刑。法院数罪并罚决定应当执行19年有期徒刑,已经执行的刑期,计算在新判决决定的刑期之内

C. 丙犯抢劫罪、盗窃罪分别被判处13年、8年有期徒刑,数罪并罚决定执行18年有期徒刑。在执行5年后,丙又犯故意伤害罪,被判处15年有期徒刑。法院在15年以上20年以下决定应当判处16年有期徒刑,已经执行的刑期,不计算在新判决决定的刑期之内

D. 丁在判决宣告前犯有3罪,被分别处罚金3万元、7万元和没收全部财产。法院不仅要合并执行罚金10万元,而且要没收全部财产

**考点25** 缓刑

**203.** 2017/2/56/多

关于缓刑的适用,下列哪些选项是错误的?

A. 甲犯抢劫罪,所适用的是"三年以上十年以下有期徒刑"的法定刑,缓刑只适用于被判处拘

役或者3年以下有期徒刑的罪犯,故对甲不得判处缓刑

B. 乙犯故意伤害罪与代替考试罪,分别被判处6个月拘役与1年管制。由于管制不适用缓刑,对乙所判处的拘役也不得适用缓刑

C. 丙犯为境外非法提供情报罪,被单处剥夺政治权利,执行完毕后又犯帮助恐怖活动罪,被判处拘役6个月。对丙不得宣告缓刑

D. 丁17周岁时犯抢劫罪被判处有期徒刑5年,刑满释放后的第4年又犯盗窃罪,应当判处有期徒刑2年。对丁不得适用缓刑

**204.** 2015/2/59/多

关于缓刑的适用,下列哪些选项是正确的?

A. 甲犯重婚罪和虐待罪,数罪并罚后也可能适用缓刑

B. 乙犯遗弃罪被判处管制1年,即使犯罪情节轻微,也不能宣告缓刑

C. 丙犯绑架罪但有立功情节,即使该罪的法定最低刑为5年有期徒刑,也可能适用缓刑

D. 丁17岁时因犯放火罪被判处有期徒刑5年,23岁时又犯伪证罪,仍有可能适用缓刑

**205.** 2013/2/11/单

被宣告_____的犯罪分子,在_____考验期内犯新罪或者发现判决宣告以前还有其他罪没有判决的,应当撤销_____,对新犯的罪或者新发现的罪作出判决,把前罪和后罪所判处的刑罚,依照《刑法》第69条的规定,决定执行的刑罚。

关于三个空格的填充内容,下列哪一选项是正确的?

A. 均应填"假释"

B. 均应填"缓刑"

C. 既可均填"假释",也可均填"缓刑"

D. 既不能均填"假释",也不能均填"缓刑"

**206.** 2011/2/10/单

关于缓刑的适用,下列哪一选项是错误的?

A. 被宣告缓刑的犯罪分子,在考验期内再犯罪的,应当数罪并罚,且不得再次宣告缓刑

B. 对于被宣告缓刑的犯罪分子,可以同时禁止其从事特定活动,进入特定区域、场所,接触特定的人

C. 对于黑社会性质组织的首要分子,不得适用缓刑

D. 被宣告缓刑的犯罪分子,在考验期内由公安机关考查,所在单位或者基层组织予以配合

**207.** 2008/2/9/单

徐某因犯故意伤害罪,于 2007 年 11 月 21 日被法院判处有期徒刑 1 年,缓期 2 年执行。在缓刑考验期限内,徐某伙同他人无故殴打学生傅某,致傅某轻微伤。当地公安局于 2008 年 4 月 3 日决定对徐某行政拘留 15 日,并于当日开始执行该行政拘留决定。行政拘留结束后,法院撤销对徐某的缓刑,决定收监执行。关于本案,下列哪一选项是正确的?

  A. 徐某被行政拘留的 15 天可以折抵刑期
  B. 徐某被行政拘留的 15 天不应当折抵刑期
  C. 应当将 1 年有期徒刑与 15 天的拘留按照限制加重原则实行并罚
  D. 15 天的行政拘留应当被 1 年有期徒刑吸收

# 专题十　刑罚执行

**考点26** 减刑与假释

**208.** 2017/2/11/单

在符合"执行期间,认真遵守监规,接受教育改造"的前提下,关于减刑、假释的分析,下列哪一选项是正确的?

  A. 甲因爆炸罪被判处有期徒刑 12 年,已服刑 10 年,确有悔改表现,无再犯危险。对甲可以假释
  B. 乙因行贿罪被判处有期徒刑 9 年,已服刑 5 年,确有悔改表现,无再犯危险。对乙可优先适用假释
  C. 丙犯贪污罪被判处无期徒刑,拒不交代贪污款去向,一直未退赃。丙已服刑 20 年,确有悔改表现,无再犯危险。对丙可假释
  D. 丁因盗窃罪被判处有期徒刑 5 年,已服刑 3 年,一直未退赃。丁虽在服刑中有重大技术革新,成绩突出,对其也不得减刑

**209.** 2015/2/12/单

关于假释的撤销,下列哪一选项是错误的?

  A. 被假释的犯罪分子,在假释考验期内犯新罪的,应撤销假释,按照先减后并的方法实行并罚
  B. 被假释的犯罪分子,在假释考验期内严重违反假释监督管理规定,即使假释考验期满后才被发现,也应撤销假释
  C. 在假释考验期内,发现被假释的犯罪分子在判决宣告前还有同种罪未判决的,应撤销假释
  D. 在假释考验期满后,发现被假释的犯罪分子

在判决宣告前有他罪未判决的,应撤销假释,数罪并罚

**210.** 2014/2/11/单

甲因在学校饭堂投毒被判处 8 年有期徒刑。服刑期间,甲认真遵守监规,接受教育改造,确有悔改表现。关于甲的假释,下列哪一说法是正确的?

  A. 可否假释,由检察机关决定
  B. 可否假释,由执行机关决定
  C. 服刑 4 年以上才可假释
  D. 不得假释

**211.** 2014/2/55/多

关于刑罚的具体运用,下列哪些选项是错误的?

  A. 甲 1998 年因间谍罪被判处有期徒刑 4 年。2010 年,甲因参加恐怖组织罪被判处有期徒刑 8 年。甲构成累犯
  B. 乙因倒卖文物罪被判处有期徒刑 1 年,罚金 5000 元;因假冒专利罪被判处有期徒刑 2 年,罚金 5000 元。对乙数罪并罚,决定执行有期徒刑 2 年 6 个月,罚金 1 万元。此时,即使乙符合缓刑的其他条件,也不可对乙适用缓刑
  C. 丙因无钱在网吧玩游戏而抢劫,被判处有期徒刑 1 年缓刑 1 年,并处罚金 2000 元,同时禁止丙在 12 个月内进入网吧。若在考验期限内,丙仍常进网吧,情节严重,则应对丙撤销缓刑
  D. 丁系特殊领域专家,因贪污罪被判处有期徒刑 8 年。丁遵守监规,接受教育改造,有悔改表现,无再犯危险。1 年后,因国家科研需要,经最高法院核准,可假释丁

**212.** 2013/2/57/多

关于减刑、假释的适用,下列哪些选项是错误的?

  A. 对所有未被判处死刑的犯罪分子,如认真遵守监规,接受教育改造,确有悔改表现,或者有立功表现的,均可减刑
  B. 无期徒刑减为有期徒刑的刑期,从裁定被执行之日起计算
  C. 被宣告缓刑的犯罪分子,不符合"认真遵守监规,接受教育改造"的减刑要件,不能减刑
  D. 在假释考验期限内犯新罪,假释考验期满后才发现的,不得撤销假释

**213.** 2010/2/10/单

关于减刑,下列哪一选项是正确的?

A. 减刑只适用于被判处拘役、有期徒刑、无期徒刑和死缓的犯罪分子

B. 对一名服刑犯人的减刑不得超过三次，否则有损原判决的权威性

C. 被判处无期徒刑的罪犯减刑后，实际执行时间可能超过十五年

D. 对被判处无期徒刑、死缓的罪犯的减刑，需要报请高级法院核准

**214.** 2009/2/12/单

关于假释，下列哪一选项是错误的？

A. 甲系被假释的犯罪分子，即便其在假释考验期内再犯新罪，也不构成累犯

B. 乙系危害国家安全的犯罪分子，对乙不能假释

C. 丙因犯罪被判处有期徒刑二年，缓刑三年。缓刑考验期满后，发现丙在缓刑考验期内的第七个月犯有抢劫罪，应当判处有期徒刑八年，数罪并罚决定执行九年。丙服刑六年时，因有悔罪表现而被裁定假释

D. 丁犯抢劫罪被判有期徒刑九年，犯寻衅滋事罪被判有期徒刑五年，数罪并罚后，决定执行有期徒刑十三年，对丁可以假释

**215.** 2008/2/57/多

关于假释，下列哪些选项是错误的？

A. 被判处有期徒刑的犯罪分子，执行原判刑期的二分之一，如果符合假释条件的，可以假释；如果有特殊情况，经高级人民法院核准，可以不受上述执行刑期的限制

B. 被假释的犯罪分子，在假释考验期内，遵守了各种相关规定，没有再犯新罪，也没有发现以前还有其他罪没有判决的，假释考验期满，剩余刑罚就不再执行

C. 被假释的犯罪分子，在假释考验期限内犯新罪的，应当撤销假释，按照先并后减的方法实行数罪并罚

D. 对于因杀人、绑架等暴力性犯罪判处10年以上有期徒刑的犯罪分子，不得假释；即使他们被减刑后，剩余刑期低于10年有期徒刑，也不得假释

# 专题十一　刑罚消灭

**考点27 追诉时效**

**216.** 2018 回忆/单

关于追诉期限的表述，下列哪一选项是正确的？

A. 追诉期限为15年的共同犯罪案件，有的犯

人被追究刑事责任，未被立案侦查的共犯人，在追诉期满后可以立案追究其刑事责任

B. 在共同犯罪案件中，在追诉期限内又犯新罪的共犯人，其前罪的追诉期限从犯后罪之日起重新计算，其他未犯新罪的共犯人的追诉期限也应一并中断

C. 国家工作人员在工作中严重失职，玩忽职守，多年后才发生致使国家利益遭受重大损失的危害结果，其追诉期限应当自重大损失的结果发生之日起计算

D. 法定最高刑为10年以上有期徒刑的故意犯罪，经过15年后，司法机关认为犯罪分子罪行严重，具有极大社会危险性的，应当立案追究其刑事责任

**217.** 2016/2/10/单

关于追诉时效，下列哪一选项是正确的？

A.《刑法》规定，法定最高刑为不满5年有期徒刑的，经过5年不再追诉。危险驾驶罪的法定刑为拘役，不能适用该规定计算危险驾驶罪的追诉时效

B. 在共同犯罪中，对主犯与从犯适用不同的法定刑时，应分别计算各自的追诉时效，不得按照主犯适用的法定刑计算从犯的追诉期限

C. 追诉时效实际上属于刑事诉讼的内容，刑事诉讼采取从新原则，故对刑法所规定的追诉时效，不适用从旧兼从轻原则

D. 刘某故意杀人后逃往国外18年，在国外因伪造私人印章（在我国不构成犯罪）被通缉时潜回国内。4年后，其杀人案件被公安机关发现。因追诉时效中断，应追诉刘某故意杀人的罪行

**218.** 2015/2/60/多

关于追诉时效，下列哪些选项是正确的？

A. 甲犯劫持航空器罪，即便经过30年，也可能被追诉

B. 乙于2013年1月10日挪用公款5万元用于结婚，2013年7月10日归还。对乙的追诉期限应从2013年1月10日起计算

C. 丙于2000年故意轻伤李某，直到2008年李某才报案，但公安机关未立案。2014年，丙因他事被抓。不能追诉丙故意伤害的刑事责任

D. 丁与王某共同实施合同诈骗犯罪。在合同诈骗罪的追诉期届满前，王某单独实施抢夺罪。对丁合同诈骗罪的追诉时效，应从王某犯抢夺罪之日起计算

**219.** 2014/2/56/多

1999 年 11 月,甲(17 周岁)因邻里纠纷,将邻居杀害后逃往外地。2004 年 7 月,甲诈骗他人 5000 元现金。2014 年 8 月,甲因扒窃 3000 元现金,被公安机关抓获。在讯问阶段,甲主动供述了杀人、诈骗罪行。关于本案的分析,下列哪些选项是错误的?

A. 前罪的追诉期限从犯后罪之日起计算,甲所犯三罪均在追诉期限内
B. 对甲所犯的故意杀人罪、诈骗罪与盗窃罪应分别定罪量刑后,实行数罪并罚
C. 甲如实供述了公安机关尚未掌握的罪行,成立自首,故对盗窃罪可从轻或者减轻处罚
D. 甲审判时已满 18 周岁,虽可适用死刑,但鉴于其有自首表现,不应判处死刑

**220.** 2009/2/55/多

1980 年初,张某强奸某妇女并将其杀害。1996 年末,张某因酒后驾车致人重伤。两案在 2007 年初被发现。关于张某的犯罪行为,下列哪些选项是错误的?

A. 应当以强奸罪、故意杀人罪和交通肇事罪追究其刑事责任,数罪并罚
B. 应当以强奸罪追究其刑事责任
C. 应当以故意杀人罪追究其刑事责任
D. 不应当追究任何刑事责任

## 专题十二　罪刑各论概说

**考点28　分论概说**

**221.** 2011/2/58/多

关于《刑法》分则条文的理解,下列哪些选项是错误的?

A. 即使没有《刑法》第二百六十九条的规定,对于犯盗窃罪,为毁灭罪证而当场使用暴力的行为,也要认定为抢劫罪
B. 即使没有《刑法》第二百六十七条第二款的规定,对于携带凶器抢夺的行为也应认定为抢劫罪
C. 即使没有《刑法》第一百九十六条第三款的规定,对于盗窃信用卡并在 ATM 取款的行为,也能认定为盗窃罪
D. 即使没有《刑法》第一百九十八条第四款的规定,对于保险事故的鉴定人故意提供虚假的证明文件为他人实施保险诈骗提供条件的,也应当认定为保险诈骗罪的共犯

## 专题十三　危害国家安全罪

**考点29　危害国家安全罪**

**222.** 2012/2/14/单

甲系海关工作人员,被派往某国考察。甲担心自己放纵走私被查处,拒不归国。为获得庇护,甲向某国难民署提供我国从未对外公布且影响我国经济安全的海关数据。关于本案,下列哪一选项是错误的?

A. 甲构成叛逃罪
B. 甲构成为境外非法提供国家秘密、情报罪
C. 对甲不应数罪并罚
D. 即使《刑法》分则对叛逃罪未规定剥夺政治权利,也应对甲附加剥夺 1 年以上 5 年以下政治权利

**223.** 2009/2/13/单

某国间谍戴某,结识了我某国家机关机要员黄某。戴某谎称来华投资建厂需了解政策动向,让黄某借工作之便为其搞到密级为"机密"的《内参报告》四份。戴某拿到文件后送给黄某一部手机,并为其子前往某国留学提供了六万元资金。对黄某的行为如何定罪处罚?

A. 资助危害国家安全犯罪活动罪、非法获取国家秘密罪,数罪并罚
B. 为境外窃取、刺探、收买、非法提供国家秘密、情报罪与受贿罪,数罪并罚
C. 非法获取国家秘密罪、受贿罪,数罪并罚
D. 故意泄露国家秘密罪、受贿罪,从一重罪处断

**224.** 2002/2/11/单

某国家机关工作人员甲借到 M 国探亲的机会滞留不归。一年后甲受雇于 M 国的一个专门收集有关中国军事情报的间谍组织,随后受该组织的指派潜回中国,找到其在某军区参谋部工作的战友乙,以 1 万美元的价格从乙手中购买了 3 份军事机密材料。对甲的行为应如何处理?

A. 以叛逃罪论处
B. 以叛逃罪和间谍罪论处
C. 以间谍罪论处
D. 以非法获取军事秘密罪论处

## 专题十四　危害公共安全罪

**考点30　危害公共安全罪**

**225.** 2022 回忆/单

下列哪一情形构成以危险方法危害公

共安全罪?

    A. 甲在公交车上因为玩手机错过了下车时间,与司机发生争吵,抢夺司机方向盘

    B. 乙从住宅区楼上向下投掷正在燃烧的蜂窝煤

    C. 丙为了杀戊,改装了戊的摩托车,戊骑上摩托车撞死了人

    D. 丁在公交车上与司机争吵打斗,导致与其他车辆相撞

**226．** 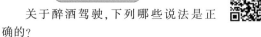 2022 回忆/多

关于醉酒驾驶,下列哪些说法是正确的?

    A. 乙向甲说明自己要参加酒会,向甲借车,甲予以出借。乙在酒会上喝醉酒,仍然驾车回家。甲成立危险驾驶罪的帮助犯

    B. 因为天冷,甲酒后发动汽车取暖,等待妻子来开车回家。甲不构成危险驾驶罪

    C. 甲和妻子乙一起喝酒,乙突发心脏病,旁边无人会开车,救护车也无法及时赶到,甲遂醉酒开车送乙去医院。甲不构成危险驾驶罪

    D. 甲和同事乙一起吃饭,乙喝了酒,甲未喝酒。饭后甲开车送乙回家,途中乙执意要开车,于是甲便停车,双方交换位置后由乙开车。甲不构成危险驾驶罪

**227．** 2020 回忆/多

下列哪些行为构成以危险方法危害公共安全犯罪?

    A. 甲把蜂窝煤点燃从高处扔向人群,引发火灾,导致多人伤亡

    B. 乘客乙在乘坐公交车时,与司机徐某发生争吵,在车辆行驶过程中,抢夺司机徐某手中的方向盘,导致车辆失控而撞死多人

    C. 公交车汽车司机丙与乘客孟某发生争吵,在遭受孟某的辱骂后,丙置行驶中的车辆于不顾,离开方向盘和乘客孟某扭打,导致交通事故,致多人伤亡

    D. 丁把机动车道上的窨井盖偷走,路过车辆与其他车辆相撞,发生严重交通事故,导致多人伤亡

**228．** 2018 回忆/多

甲是某汽车修理店老板,为了让司机  们前来补胎,在高速公路路口撒许多铁钉,致使许多车辆爆胎,险些发生重大事故。有些司机来到甲的修理店补胎,但不知道是甲撒的铁钉。下列哪些说法是正确的?

    A. 甲构成破坏交通设施罪

    B. 甲构成破坏交通工具罪

    C. 甲构故意毁坏财物罪

    D. 甲欺骗司机来补胎,构成诈骗罪

**229．**  2017/2/12/单

关于危害公共安全罪的认定,下列哪一选项是正确的?

    A. 猎户甲合法持有猎枪,猎枪被盗后没有及时报告,造成严重后果。甲构丢失枪支不报罪

    B. 乙故意破坏旅游景点的缆车的关键设备,致数名游客从空中摔下。乙构成破坏交通设施罪

    C. 丙吸毒后驾车将行人撞成重伤(负主要责任),但毫无觉察,驾车离去。丙构成交通肇事罪

    D. 丁被空姐告知"不得打开安全门",仍拧开安全门,致飞机不能正点起飞。丁构成破坏交通工具罪

**230．**  2017/2/57/多

下列哪些行为构成投放危险物质罪?

    A. 甲故意非法开启实验室装有放射性物质的容器,致使多名实验人员遭受辐射

    B. 乙投放毒害性、放射性、传染病病原体之外的其他有害物质,危害公共安全

    C. 丙欲制造社会恐慌气氛,将食品干燥剂粉末冒充炭疽杆菌,大量邮寄给他人

    D. 丁在食品中违法添加易使人形成瘾癖的罂粟壳粉末,食品在市场上极为畅销

**231．** 2016/2/12/单

甲对拆迁不满,在高速公路中间车道用树枝点燃一个焰高约20厘米的火堆,将其分成两堆后离开。火堆很快就被通行车辆轧灭。关于本案,下列哪一选项是正确的?

    A. 甲的行为成立放火罪

    B. 甲的行为成立以危险方法危害公共安全罪

    C. 如认为甲的行为不成立放火罪,那么其行为也不可能成立以危险方法危害公共安全罪

    D. 行为危害公共安全,但不构成放火、决水、爆炸等犯罪的,应以危险方法危害公共安全罪论处

**232．** 2016/2/56/多

乙成立恐怖组织并开展培训活动,甲为其提供资助。受培训的丙、丁为实施恐怖活动准备凶器。因案件被及时侦破,乙、丙、丁未能实施恐怖活动。关于本案,下列哪些选项是正确的?

    A. 甲构成帮助恐怖活动罪,不再适用《刑法》总则关于从犯的规定

    B. 乙构成组织、领导恐怖组织罪

C. 丙、丁构成准备实施恐怖活动罪

D. 对丙、丁定罪量刑时,不再适用《刑法》总则关于预备犯的规定

**233.** 甲将私家车借给无驾照的乙使用。乙夜间驾车与其叔丙出行,途中遇刘某过马路,不慎将其撞成重伤,车辆亦受损。丙下车查看情况,对乙谎称自己留下打电话叫救护车,让乙赶紧将车开走。乙离去后,丙将刘某藏匿在草丛中离开。刘某因错过抢救时机身亡。(事实一)

为逃避刑事责任,乙找到有驾照的丁,让丁去公安机关"自首",谎称案发当晚是丁驾车。丁照办。公安机关找甲取证时,甲想到若说是乙造成事故,自己作为被保险人就无法从保险公司获得车损赔偿,便谎称当晚将车借给了丁。(事实二)

后甲找到在私营保险公司当定损员的朋友陈某,告知其真相,请求其帮忙向保险公司申请赔偿。陈某遂向保险公司报告说是丁驾车造成事故,并隐瞒其他不利于甲的事实。甲顺利获得7万元保险赔偿。(事实三)

请回答第(1)~(3)题。

(1)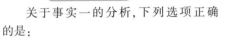

关于事实一的分析,下列选项正确的是:

A. 乙交通肇事后逃逸致刘某死亡,构成交通肇事逃逸致人死亡

B. 乙交通肇事且致使刘某死亡,构成交通肇事罪与过失致人死亡罪,数罪并罚

C. 丙与乙都应对刘某的死亡负责,构成交通肇事罪的共同正犯

D. 丙将刘某藏匿致使其错过抢救时机身亡,构成故意杀人罪

(2) 2016/2/87/任

关于事实二的分析,下列选项错误的是:

A. 伪证罪与包庇罪是相互排斥的关系,甲不可能既构成伪证罪又构成包庇罪

B. 甲的主观目的在于骗取保险金,没有妨害司法的故意,不构成妨害司法罪

C. 乙唆使了丁代替自己承担交通肇事的责任,就此构成教唆犯

D. 丁的"自首"行为干扰了司法机关的正常活动,触犯包庇罪

(3) 2016/2/88/任

关于事实三的分析,下列选项正确的是:

A. 甲对发生的保险事故编造虚假原因,骗取保险

---

金,触犯保险诈骗罪

B. 甲既触犯保险诈骗罪,又触犯诈骗罪,由于两罪性质不同,应数罪并罚

C. 陈某未将保险金据为己有,因欠缺非法占有目的不构成职务侵占罪

D. 陈某与甲密切配合,骗取保险金,两人构成保险诈骗罪的共犯

**234.** 2015/2/13/单
下列哪一行为应以危险驾驶罪论处?

A. 醉酒驾驶机动车,误将红灯看成绿灯,撞死2名行人

B. 吸毒后驾驶机动车,未造成人员伤亡,但危及交通安全

C. 在驾驶汽车前吃了大量荔枝,被交警以呼气式酒精检测仪测试到酒精含量达到醉酒程度

D. 将汽车误停在大型商场地下固定卸货车位,后在醉酒时将汽车从地下三层开到地下一层的停车位

**235.** 2014/2/13/单
乙(15周岁)在乡村公路驾驶机动车时失将吴某撞成重伤。乙正要下车救人,坐在车上的甲(乙父)说:"别下车!前面来了许多村民,下车会有麻烦。"乙便驾车逃走,吴某因流血过多而亡。关于本案,下列哪一选项是正确的?

A. 因乙不成立交通肇事罪,甲也不成立交通肇事罪

B. 对甲应按交通肇事罪的间接正犯论处

C. 根据司法实践,对甲应以交通肇事罪论处

D. 根据刑法规定,甲、乙均不成立犯罪

**236.** 2014/2/57/多
关于危害公共安全罪的论述,下列哪些选项是正确的?

A. 甲持有大量毒害性物质,乙持有大量放射性物质,甲用部分毒害性物质与乙交换了部分放射性物质。甲、乙的行为属于非法买卖危险物质

B. 吸毒者甲用毒害性物质与贩毒者乙交换毒品。甲、乙的行为属于非法买卖危险物质,乙的行为另触犯贩卖毒品罪

C. 依法配备公务用枪的甲,将枪赠与他人。甲的行为构成非法出借枪支罪

D. 甲父去世前告诉甲"咱家院墙内埋着5支枪",甲说"知道了",但此后甲什么也没做。甲的行为构成非法持有枪支罪

**237.** 2013/2/12/单
甲在建筑工地开翻斗车。某夜,甲开

车时未注意路况,当场将工友乙撞死、丙撞伤。甲背丙去医院,想到会坐牢,遂将丙弃至路沟后逃跑。丙不得救治而亡。关于本案,下列哪一选项是错误的?

A. 甲违反交通运输管理法规,因而发生重大事故,致人死伤,触犯交通肇事罪
B. 甲在作业中违反安全管理规定,发生重大伤亡事故,触犯重大责任事故罪
C. 甲不构成交通肇事罪与重大责任事故罪的想象竞合犯
D. 甲为逃避法律责任,将丙带离事故现场后遗弃,致丙不得救治而亡,还触犯故意杀人罪

**238.** 甲于某晚9时驾驶货车在县城主干道超车时,逆行进入对向车道,撞上乙驾驶的小轿车,乙被卡在车内无法动弹,乙车内黄某当场死亡,胡某受重伤。后查明,乙无驾驶资格,事发时略有超速,且未采取有效制动措施。(事实一)

甲驾车逃逸。急救人员5分钟后赶到现场,胡某因伤势过重被送医院后死亡。(事实二)

交警对乙车进行切割,试图将乙救出。此时,醉酒后的丙(血液中的酒精含量为152mg/100ml)与丁各自驾驶摩托车"飙车"经过此路段。(事实三)

丙发现乙车时紧急刹车,摩托车侧翻,猛烈撞向乙车左前门一侧,丙受重伤。20分钟后,交警将乙抬出车时,发现其已死亡。现无法查明乙被丙撞击前是否已死亡,也无法查明乙被丙撞击前所受创伤是否为致命伤。(事实四)

丁离开现场后,找到无业人员王某,要其假冒飙车者去公安机关投案。(事实五)

王某虽无替丁顶罪的意思,但仍要丁给其5万元酬劳,否则不答应丁的要求,丁只好付钱。王某第二天用该款购买100克海洛因藏在家中,用于自己吸食。5天后,丁被司法机关抓获。(事实六)

请回答第(1)~(6)题。

(1) 2013/2/86/任

关于事实一的分析,下列选项错误的是:

A. 甲违章驾驶,致黄某死亡、胡某重伤,构成交通肇事罪
B. 甲构成以危险方法危害公共安全罪和交通肇事罪的想象竞合犯
C. 甲对乙车内人员的死伤,具有概括故意
D. 乙违反交通运输管理法规,致同车人黄某当场死亡、胡某重伤,构成交通肇事罪

(2) 2013/2/87/任

关于事实二的分析,下列选项正确的是:

A. 胡某的死亡应归责于甲的肇事行为

B. 胡某的死亡应归责于甲的逃逸行为
C. 对甲应适用交通肇事"因逃逸致人死亡"的法定刑
D. 甲交通肇事后逃逸,如数日后向警方投案如实交代罪行的,成立自首

(3) 2013/2/88/任

关于事实三的定性,下列选项正确的是:

A. 丙、丁均触犯危险驾驶罪,属于共同犯罪
B. 丙构成以危险方法危害公共安全罪,丁构成危险驾驶罪
C. 丙、丁虽构成共同犯罪,但对丙结合事实四应按交通肇事罪定罪处罚,对丁应按危险驾驶罪定罪处罚
D. 丙、丁未能完成预定的飙车行为,但仍成立犯罪既遂

(4) 2013/2/89/任

关于事实四乙死亡的因果关系的判断,下列选项错误的是:

A. 甲的行为与乙死亡之间,存在因果关系
B. 丙的行为与乙死亡之间,存在因果关系
C. 处置现场的警察的行为与乙死亡之间,存在因果关系
D. 乙自身的过失行为与本人死亡之间,存在因果关系

(5) 2013/2/90/任

关于事实五的定性,下列选项错误的是:

A. 丁指使王某作伪证,构成妨害作证罪的教唆犯
B. 丁构成包庇罪的教唆犯
C. 丁的教唆行为属于教唆未遂,应以未遂犯追究刑事责任
D. 对丁的妨害作证行为与包庇行为应从一重罪处罚

(6) 2013/2/91/任

关于事实六的定性,下列选项错误的是:

A. 王某乘人之危索要财物,构成敲诈勒索罪
B. 丁基于不法原因给付5万元,故王某不构成诈骗罪
C. 王某购买毒品的数量大,为对方贩卖毒品起到了帮助作用,构成贩卖毒品罪的共犯
D. 王某将毒品藏在家中的行为,不构成窝藏毒品罪

**239.** 2012/2/15/单

下列哪一行为成立以危险方法危害公

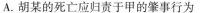

共安全罪?

  A. 甲驾车在公路转弯处高速行驶,撞翻相向行驶车辆,致 2 人死亡

  B. 乙驾驶越野车在道路上横冲直撞,撞翻数辆他人所驾汽车,致 2 人死亡

  C. 丙醉酒后驾车,刚开出 10 米就撞死 2 人

  D. 丁在繁华路段飙车,2 名老妇受到惊吓致心脏病发作死亡

**240．** 2012/2/58/多

警察甲为讨好妻弟乙,将公务用枪私自送乙把玩,丙乘乙在人前炫耀枪支时,偷取枪支送交派出所,揭发乙持枪的犯罪事实。关于本案,下列哪些选项是正确的?

  A. 甲私自出借枪支,构成非法出借枪支罪

  B. 乙非法持有枪支,构成非法持有枪支罪

  C. 丙构成盗窃枪支罪

  D. 丙揭发乙持枪的犯罪事实,构成刑法上的立功

**241．** 2010/2/11/单

甲将邻居交售粮站的稻米淋洒农药,取出部分作饵料,毒死麻雀后售与饭馆,非法获利 5,000 元。关于甲行为的定性,下列哪一选项是正确的?

  A. 构成故意毁坏财物罪

  B. 构成以危险方法危害公共安全罪和盗窃罪

  C. 仅构成以危险方法危害公共安全罪

  D. 构成投放危险物质罪和销售有毒、有害食品罪

**242．** 2010/2/12/单

某施工工地升降机操作工刘某未注意下方有人即按启动按钮,造成维修工张某当场被挤压身亡。刘某报告事故时隐瞒了自己按下启动按钮的事实。关于刘某行为的定性,下列哪一选项是正确的?

  A. (间接)故意杀人罪

  B. 过失致人死亡罪

  C. 谎报安全事故罪

  D. 重大责任事故罪

**243．** 2008/2/10/单

甲到本村乙家买柴油时,因屋内光线昏暗,甲欲点燃打火机看油量。乙担心引起火灾,上前阻止。但甲坚持说柴油见火不会燃烧,仍然点燃了打火机,结果引起油桶燃烧,造成火灾,导致甲、乙及一旁观看的丙被火烧伤,乙、丙经抢救无效死亡。后经检测,乙储存的柴油闪点不符合标准。甲的行为构成何罪?

  A. 危险物品肇事罪

  B. 失火罪

  C. 放火罪

  D. 重大责任事故罪

**244．** 2008/2/60/多

甲曾向乙借款 9000 元,后不想归还借款,便预谋毒死乙。甲将注射了"毒鼠强"的白条鸡挂在乙家门上,乙怀疑白条鸡有毒未食用。随后,甲又乘去乙家串门之机,将"毒鼠强"投放到乙家米袋内。后乙和其妻子、女儿喝过米汤中毒,乙死亡,其他人经抢救脱险。关于甲的行为,下列哪些选项是错误的?

  A. 构成投放危险物质罪

  B. 构成投放危险物质罪与抢劫罪的想象竞合犯

  C. 构成投放危险物质罪与故意杀人罪的想象竞合犯

  D. 构成抢劫罪与故意杀人罪的吸收犯

# 专题十五　破坏社会主义市场经济秩序罪

### 考点31　生产、销售伪劣商品罪

**245．** 2021 回忆/多

关于药品犯罪的认定,下列哪些说法是正确的?

  A. 生产、销售、提供假药罪是抽象危险犯,生产、销售、提供劣药罪是具体危险犯

  B. 生产、销售国务院药品监督管理部门禁止使用的药品的,构成生产、销售假药罪

  C. 药品使用单位或其人员销售、提供假药给他人的,成立销售、提供假药罪

  D. 擅自进口有疗效的药品在国内销售的,不成立销售假药罪,但可以成立妨害药品管理罪

**246．** 2016/2/57/多

关于生产、销售伪劣商品罪,下列哪些选项是正确的?

  A. 甲既生产、销售劣药,对人体健康造成严重危害,同时又生产、销售假药的,应实行数罪并罚

  B. 乙为提高猪肉的瘦肉率,在饲料中添加"瘦肉精"。由于生猪本身不是食品,故乙不构成生产有毒、有害食品罪

  C. 丙销售不符合安全标准的饼干,足以造成严重食物中毒事故,但销售金额仅有 500 元。对丙应以销售不符合安全标准的食品罪论处

  D. 丁明知香肠不符合安全标准,足以造成严重食源性疾患,但误以为没有毒害而销售,事实上香肠中掺有有毒的非食品原料。对丁应以

销售不符合安全标准的食品罪论处

**247.** 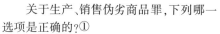 2014/2/58/多

关于生产、销售伪劣商品罪,下列哪些判决是正确的?

A. 甲销售的假药无批准文号,但颇有疗效,销售金额达 500 万元,如按销售假药罪处理会导致处罚较轻,法院以销售伪劣产品罪定罪处罚

B. 甲明知病死猪肉有害,仍将大量收购的病死猪肉,冒充合格猪肉在市场上销售。法院以销售有毒、有害食品罪定罪处罚

C. 甲明知贮存的苹果上使用了禁用农药,仍将苹果批发给零售商。法院以销售有毒、有害食品罪定罪处罚

D. 甲以为是劣药而销售,但实际上销售了假药,且对人体健康造成严重危害。法院以销售劣药罪定罪处罚

**248.** 2013/2/58/单

关于生产、销售伪劣商品罪,下列哪一选项是正确的?①

A. 甲未经批准进口一批药品销售给医院。虽该药品质量合格,甲的行为仍构成销售假药罪

B. 甲大量使用禁用农药种植大豆。甲的行为属于"在生产的食品中掺入有毒、有害的非食品原料",构成生产有毒、有害食品罪

C. 甲将纯净水掺入到工业酒精中,冒充白酒销售。甲的行为不属于"在生产、销售的食品中掺入有毒、有害的非食品原料",不成立生产、销售有毒、有害食品罪

D. 甲利用"地沟油"大量生产"食用油"后销售。因不能查明"地沟油"的具体毒害成分,对甲的行为不能以生产、销售有毒、有害食品罪论处

**249.** 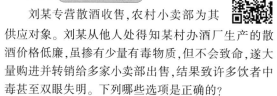 2009/2/56/多

刘某专营散酒收售,农村小卖部为其供应对象。刘某从他人处得知某村办酒厂生产的散酒价格低廉,虽掺有少量有毒物质,但不会致命,遂大量购进并转销给多家小卖部出售,结果致许多饮者中毒甚至双眼失明。下列哪些选项是正确的?

A. 造成饮用者中毒的直接责任人是某村办酒厂,应以生产和销售有毒、有害食品罪追究其刑事责任;刘某不清楚酒的有毒成分,可不负刑事责任

B. 对刘某应当以生产和销售有毒、有害食品罪追究刑事责任

C. 应当对构成犯罪者并处罚金或没收财产

D. 村办酒厂和刘某构成共同犯罪

**考点 32** 走私罪

**250.** 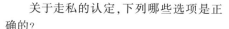 2020 回忆/多

关于走私的认定,下列哪些选项是正确的?

A. 甲以传播为目的,在家中登录境外网站,下载淫秽影片,发给几位朋友观看,甲构成走私淫秽物品罪

B. 乙向境外网站购买枪支,邮寄到境内家中,乙构成走私武器罪

C. 丙不知道法律是否允许公民携带黄金出境,将贴身佩戴的小金佛吊坠放在行李里带出国,构成走私贵重金属罪

D. 丁携带假币前往公海出售,没有卖掉,又带回境内,构成走私假币罪

**251.** 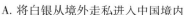 2015/2/61/多

下列哪些行为(不考虑数量),应以走私普通货物、物品罪论处?

A. 将白银从境外走私进入中国境内

B. 走私国家禁止进出口的旧机动车

C. 走私淫秽物品,有传播目的但无牟利目的

D. 走私无法组装并使用(不属于废物)的弹头、弹壳

**252.** 2011/2/11/单

关于走私犯罪,下列哪一选项是正确的?

A. 甲误将淫秽光盘当作普通光盘走私入境。虽不构成走私淫秽物品罪,但如按照普通光盘计算,其偷逃应缴税额较大时,应认定为走私普通货物、物品罪

B. 乙走私大量弹头、弹壳。由于弹头、弹壳不等于弹药,故乙不成立走私弹药罪

C. 丙走私枪支入境后非法出卖。此情形属于吸收犯,按重罪吸收轻罪的原则论处

D. 丁走私武器时以暴力抗拒缉私。此情形属于牵连犯,从一重罪论处

**考点 33** 妨害对公司、企业的管理秩序罪

**253.** 2020 回忆/单

甲本无意竞拍土地,但在得知报名参加竞拍会有人收购其竞拍资格后,就让自己的公司报名参加某市自然资源局组织的土地竞拍。甲的公司连续报名参加两次竞拍,果然有人收购其竞拍资格,获利 600 万元。第三次因无公司参与竞拍,甲自己退出了竞拍。甲的行为构成何罪?

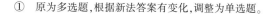

① 原为多选题,根据新法答案有变化,调整为单选题。

A. 串通投标罪

B. 强迫交易罪

C. 非法经营罪

D. 非国家工作人员受贿罪

**254.** 2013/2/13/单

甲向乙借款 50 万元注册成立 A 公司,乙与甲约定在 A 公司取得营业执照的第二天,乙的 B 公司向 A 公司借款 50 万元。A 公司取得营业执照后,由甲经手将 A 公司 50 万元借给 B 公司。关于甲的行为性质,下列哪一选项是正确的?

A. 虚报注册资本罪

B. 虚假出资罪

C. 抽逃出资罪

D. 无罪

**255.** 2013/2/20/多

国有 A 公司总经理甲发现 A 公司将从 B 公司购进的货物转手卖给某公司时,A 公司即可赚取 300 万元。甲便让其妻乙注册成立 C 公司,并利用其特殊身份,让 B 公司与 A 公司解除合同后,再将货物卖给 C 公司。C 公司由此获得 300 万元利润。关于甲的行为定性,下列哪些选项是正确的?①

A. 贪污罪

B. 为亲友非法牟利罪

C. 诈骗罪

D. 非法经营同类营业罪

**考点34 破坏金融管理秩序罪**

**256.** 2022 回忆/多

关于洗钱罪,下列哪些说法是错误的?

A.《刑法修正案(十一)》删除了洗钱罪关于"明知"的表述,这表明洗钱罪可以由过失构成

B. 诈骗罪、盗窃罪等财产犯罪的行为人自己实施洗钱行为,不可能构成洗钱罪

C. 洗钱罪的上游犯罪未经审判确定有罪,不得审判洗钱罪

D. 上游犯罪超过追诉时效,洗钱罪没有超过追诉时效的,可以追究洗钱罪的刑事责任

**257.** 2021 回忆/多

关于洗钱罪,下列哪些说法是正确的?

A. 甲欲向张某行贿,张某让甲直接将贿赂款汇到其境外的账户,甲照办。甲构成行贿罪与洗钱罪的想象竞合犯

B. 乙协助贩毒分子将贩毒所得赃款汇到境外,成立洗钱罪与转移毒赃罪的想象竞合犯

C. 贩毒分子丙将自己贩毒所得赃款汇到境外,成立洗钱罪与转移毒赃罪的想象竞合犯

D. 犯受贿罪的国家工作人员丁将受贿款汇到境

外的,应以受贿罪与洗钱罪实行数罪并罚

**258.** 2016/2/14/单

甲急需 20 万元从事养殖,向农村信用社贷款时被信用社主任乙告知,一个身份证只能贷款 5 万元,再借几个身份证可多贷。甲用自己的名义贷款 5 万元,另借用 4 个身份证贷款 20 万元,但由于经营不善,不能归还本息。关于本案,下列哪一选项是正确的?

A. 甲构成贷款诈骗罪,乙不构成犯罪

B. 甲构成骗取贷款罪,乙不构成犯罪

C. 甲构成骗取贷款罪,乙构成违法发放贷款罪

D. 甲不构成骗取贷款罪,乙构成违法发放贷款罪

**259.** 2015/2/15/单

下列哪一行为不成立使用假币罪(不考虑数额)?

A. 用假币缴纳罚款

B. 用假币兑换外币

C. 在朋友结婚时,将假币塞进红包送给朋友

D. 与网友见面时,显示假币以证明经济实力

**260.** 2013/2/14/单

关于货币犯罪,下列哪一选项是错误的?

A. 伪造货币罪中的"货币",包括在国内流通的人民币、在国内可兑换的境外货币,以及正在流通的境外货币

B. 根据《刑法》规定,伪造货币并出售或者运输伪造的货币的,依照伪造货币罪从重处罚。据此,行为人伪造美元,并运输他人伪造的欧元的,应按伪造货币罪从重处罚

C. 将低额美元的纸币加工成高额英镑的纸币的,属于伪造货币

D. 对人民币真币加工处理,使 100 元面额变为 50 元面额的,属于变造货币

**261.** 2011/2/12/单

关于洗钱罪的认定,下列哪一选项是错误的?

A.《刑法》第一百九十一条虽未明文规定侵犯财产罪是洗钱罪的上游犯罪,但是,黑社会性质组织实施的侵犯财产罪,依然是洗钱罪的上游犯罪

B. 将上游的毒品犯罪所得误认为是贪污犯罪所得而实施洗钱行为的,不影响洗钱罪的成立

---

① 原为单选题,根据命题观点答案有变化,调整为多选题。

C. 上游犯罪事实上可以确认,因上游犯罪人死亡依法不能追究刑事责任的,不影响洗钱罪的认定

D. 单位贷款诈骗应以合同诈骗罪论处,合同诈骗罪不是洗钱罪的上游犯罪。为单位贷款诈骗所得实施洗钱行为的,不成立洗钱罪

**262.** 2011/2/59/多

关于货币犯罪的认定,下列哪些选项是正确的?

A. 以使用为目的,大量印制停止流通的第三版人民币的,不成立伪造货币罪

B. 伪造正在流通但在我国尚无法兑换的境外货币的,成立伪造货币罪

C. 将白纸冒充假币卖给他人的,构成诈骗罪,不成立出售假币罪

D. 将一半真币与一半假币拼接,制造大量半真半假面额100元纸币的,成立变造货币罪

**263.** 2010/2/13/单

关于货币犯罪,下列哪一选项是正确的?

A. 以货币碎片为材料,加入其他纸张,制作成假币的,属于变造货币

B. 将金属货币熔化后,制作成较薄的、更多的金属货币的,属于变造货币

C. 将伪造的货币赠与他人的,属于使用假币

D. 运输假币并使用假币的,按运输假币罪从重处罚

**264.** 甲、乙预谋修车后以假币骗付。某日,甲、乙在某汽修厂修车后应付款4,850元,按照预谋甲将4,900元假币递给乙清点后交给修理厂职工丙,乙说:"修得不错,零钱不用找了",甲、乙随即上车。丙发现货币有假大叫"别走",甲迅即启动驶向厂门,丙扑向甲车前风挡,抓住雨刮器。乙对甲说:"太危险,快停车",甲仍然加速,致丙摔成重伤。

请回答(1)~(4)题。

(1) 2010/2/91/任

甲、乙用假币支付修车费被识破后开车逃跑的行为应定的罪名是:

A. 持有、使用假币罪

B. 诈骗罪

C. 抢夺罪

D. 抢劫罪

(2) 2010/2/92/任

对于丙的重伤,甲的罪过形式是:

A. 故意　　　　　B. 有目的的故意

C. 过失　　　　　D. 无认识的过失

(3) 2010/2/93/任

关于致丙重伤的行为,下列选项错误的是:

A. 乙明确叫甲停车,可以成立犯罪中止

B. 甲、乙构成故意伤害的共同犯罪

C. 甲的行为超出了共同犯罪故意,对于丙的重伤后果,乙不应当负责

D. 乙没有实施共同伤害行为,不构成犯罪

(4) 2010/2/94/任

对甲的定罪,下列选项错误的是:

A. 抢夺罪、故意伤害罪

B. 诈骗罪、以危险方法危害公共安全罪

C. 持有、使用假币罪、交通肇事罪

D. 抢劫罪、故意伤害罪

**265.** 2009/2/61/多

甲发现某银行的 ATM 机能够存入编号以"HD"开头的假币,于是窃取了三张借记卡,先后两次采取存入假币取出真币的方法,共从 ATM 机内获取 6000 元人民币。甲的行为构成何罪?

A. 使用假币罪　　　 B. 信用卡诈骗罪

C. 盗窃罪　　　　　 D. 以假币换取货币罪

**266.** 2008/2/11/单

X 公司系甲、乙二人合伙依法注册成立的公司,以钢材批发零售为营业范围。丙因自己的公司急需资金,便找到甲、乙借款,承诺向 X 公司支付高于银行利息五个百分点的利息,并另给甲、乙个人好处费。甲、乙见有利可图,即以购买钢材为由,以 X 公司的名义向某银行贷款 1000 万元,贷期半年。甲、乙将贷款按约定的利息标准借与丙,丙给甲、乙各 10 万元的好处费。半年后,丙将借款及利息还给 X 公司,甲、乙即向银行归还本息。关于甲、乙、丙行为的定性,下列哪一选项是正确的?

A. 甲、乙构成高利转贷罪,丙无罪

B. 甲、乙构成骗取贷款罪,丙无罪

C. 甲、乙构成高利转贷罪、非国家工作人员受贿罪,丙构成对非国家工作人员行贿罪

D. 甲、乙构成骗取贷款罪、非国家工作人员受贿罪,丙构成对非国家工作人员行贿罪

**考点35** 金融诈骗罪

**267.** 2017/2/14/单

关于诈骗犯罪的论述,下列哪一选项是正确的(不考虑数额)?

A. 与银行工作人员相勾结,使用伪造的银行存单,骗取银行巨额存款的,只能构成票据诈骗罪,不构成金融凭证诈骗罪

B. 单位以非法占有目的骗取银行贷款的,不能

以贷款诈骗罪追究单位的刑事责任,但可以该罪追究策划人员的刑事责任

C. 购买意外伤害保险,制造自己意外受重伤假象,骗取保险公司巨额保险金的,仅构成保险诈骗罪,不构成合同诈骗罪

D. 签订合同时并无非法占有目的,履行合同过程中才产生非法占有目的,后收受被害人货款逃匿的,不构成合同诈骗罪

**268．** 2017/2/58/多

关于信用卡诈骗罪,下列哪些选项是错误的?

A. 以非法占有目的,用虚假身份证明骗领信用卡后又使用该卡的,应以妨害信用卡管理罪与信用卡诈骗罪并罚

B. 根据司法解释,在自动柜员机(ATM 机)上擅自使用他人信用卡的,属于冒用他人信用卡的行为,构成信用卡诈骗罪

C. 透支时具有归还意思,透支后经发卡银行两次催收,超过 3 个月仍不归还的,属于恶意透支,成立信用卡诈骗罪

D. 《刑法》规定,盗窃信用卡并使用的,以盗窃罪论处。与此相应,拾得信用卡并使用的,就应以侵占罪论处

**269．** 2015/2/57/多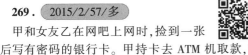

甲和女友乙在网吧上网时,捡到一张背后写有密码的银行卡。甲持卡去 ATM 机取款,前两次取出 5000 元。在准备再次取款时,乙走过来说:"注意,别出事",甲答:"马上就好。"甲又分两次取出 6000 元,并将该 6000 元递给乙。乙接过钱后站了一会儿说:"我走了,小心点。"甲接着又取出 7000 元。关于本案,下列哪些选项是正确的?

A. 甲拾得他人银行卡并在 ATM 机上使用,根据司法解释,成立信用卡诈骗罪

B. 对甲前两次取出 5000 元的行为,乙不负刑事责任

C. 乙接过甲取出的 6000 元,构成掩饰、隐瞒犯罪所得罪

D. 乙虽未持银行卡取款,也构成犯罪,犯罪数额是 1.3 万元

**270．** 2013/2/15/单

甲、乙为朋友。乙出国前,将自己的借记卡(背面写有密码)交甲保管。后甲持卡购物,将卡中 1.3 万元用完。乙回国后发现卡里没钱,便问甲是否用过此卡,甲否认。关于甲的行为性质,下列哪一选项是正确的?

A. 侵占罪　　　　　B. 信用卡诈骗罪

C. 诈骗罪　　　　　D. 盗窃罪

**271．** 2010/2/14/单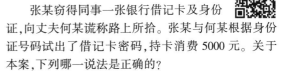

张某窃得同事一张银行借记卡及身份证,向丈夫何某谎称路上所拾。张某与何某根据身份证号码试出了借记卡密码,持卡消费 5000 元。关于本案,下列哪一说法是正确的?

A. 张某与何某均构成盗窃罪

B. 张某与何某均构成信用卡诈骗罪

C. 张某构成盗窃罪,何某构成信用卡诈骗罪

D. 张某构成信用卡诈骗罪,何某不构成犯罪

**272．** 2009/2/15/单

甲将自己的汽车藏匿,以汽车被盗为由向保险公司索赔。保险公司认为该案存有疑点,随即报警。在掌握充分证据后,侦查机关安排保险公司向甲"理赔"。甲到保险公司二楼财务室领取 20 万元赔偿金后,刚走到一楼即被守候的多名侦查人员抓获。关于甲的行为,下列哪一选项是正确的?

A. 保险诈骗罪未遂

B. 保险诈骗罪既遂

C. 保险诈骗罪预备

D. 合同诈骗罪

**考点 36 危害税收征管罪**

**273．** 2017/2/13/单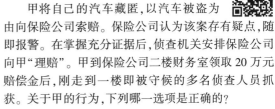

甲系外贸公司总经理,在公司会议上拍板:为物尽其用,将公司以来料加工方式申报进口的原材料剩料在境内销售。该行为未经海关许可,应缴税款 90 万元,公司亦未补缴。关于本案,下列哪一选项是正确的?

A. 虽未经海关许可,但外贸公司擅自销售原材料剩料的行为发生在我国境内,不属于走私行为

B. 外贸公司的销售行为有利于物尽其用,从利益衡量出发,应认定存在超法规的犯罪排除事由

C. 外贸公司采取隐瞒手段不进行纳税申报,逃避缴纳税款数额较大且占应纳税额的 10% 以上,构成逃税罪

D. 如海关下达补缴通知后,外贸公司补缴应纳税款,缴纳滞纳金,接受行政处罚,则不再追究外贸公司的刑事责任

**274．** 2012/2/61/多

①纳税人逃税,经税务机关依法下达追缴通知后,补缴应纳税款,缴纳滞纳金,已受行政处罚的,一律不予追究刑事责任

②纳税人逃避追缴欠税,经税务机关依法下达追缴通知后,补缴应纳税款,缴纳滞纳金,已受行政处罚的,应减轻或者免除处罚

③纳税人以暴力方法拒不缴纳税款,后主动补缴应纳税款,缴纳滞纳金,已受行政处罚的,不予追究刑事责任

④扣缴义务人逃税,经税务机关依法下达追缴通知后,补缴应纳税款,缴纳滞纳金,已受行政处罚的,不予追究刑事责任

关于上述观点的正误判断,下列哪些选项是错误的?

 A. 第①句正确,第②③④句错误

 B. 第①②句正确,第③④句错误

 C. 第①③句正确,第②④句错误

 D. 第①②③句正确,第④句错误

**275.** 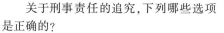 2009/2/54/多

关于刑事责任的追究,下列哪些选项是正确的?

 A. 甲非法从事资金支付结算业务,构成非法吸收公众存款罪

 B. 乙采取欺骗手段进行虚假纳税申报,逃避缴纳税款1000万元,但经税务机关依法下达追缴通知后,补缴了应纳税款。即便乙拒绝缴纳滞纳金,也不应当再对其追究刑事责任

 C. 丙明知赵某实施高利转贷行为获利200万元,而为其提供资金账户的,构成洗钱罪

 D. 丁组织多名男性卖淫,由于《刑法》第三百五十八条并未限定组织卖淫罪中的被组织者是妇女,对丁应当追究刑事责任

**276.** 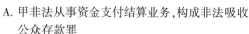 2008/2/59/多

关于骗取出口退税罪和虚开增值税发票罪的说法,下列哪些选项是正确的?

 A. 甲公司具有进出口经营权,明知他人意欲骗取国家出口退税款,仍违反国家规定允许他人自带客户、自带货源、自带汇票并自行报关,骗取国家出口退税款。对甲公司应以骗取出口退税罪论处

 B. 乙公司虚开用于骗取出口退税的发票,并利用该虚开的发票骗取数额巨大的出口退税,其行为构成虚开用于骗取出口退税发票罪与骗取出口退税罪,实行数罪并罚

 C. 丙公司缴纳200万元税款后,以假报出口的手段,一次性骗取国家出口退税款400万元,丙公司的行为分别构成逃税罪与骗取出口退税罪,实行数罪并罚

 D. 丁公司虚开增值税专用发票并骗取国家税款,数额特别巨大,情节特别严重,给国家利益造成特别重大损失。对丁公司应当以虚开增值税专用发票罪论处

### 考点37 侵犯知识产权罪

**277.** 2009/2/14/单

赵某多次临摹某著名国画大师的一幅名画,然后署上该国画大师姓名并加盖伪造印鉴,谎称真迹售得收入六万元。对赵某的行为如何定罪处罚?

 A. 按诈骗罪和侵犯著作权罪,数罪并罚

 B. 按侵犯著作权罪处罚

 C. 按生产、销售伪劣产品罪处罚

 D. 按非法经营罪处罚

**278.** 2005/2/94/任

甲公司拥有某项独家技术,每年为公司带来100万元利润,故对该技术严加保密。乙公司经理丙为获得该技术,带人将甲公司技术员丁在其回家路上强行拦截并推入丙的汽车,丁说如果他提供该技术资料就给他2万元,如果不提供就将他嫖娼之事公之于众。丁同意配合。次日丁向丙提供了该技术资料,并获得2万元报酬。丙的行为构成:

 A. 强迫交易罪    B. 敲诈勒索罪

 C. 绑架罪     D. 侵犯商业秘密罪

### 考点38 扰乱市场秩序罪

**279.** 2018 回忆/单

科研人员甲持有某上市公司股票,与该公司经理赵某因爱生恨。甲发现该公司出售的保健品没有任何保健功效(事实的确如此),为避免个人损失,将持有的60万元股票出售,后在互联网上公布该保健品无效的信息,并公布该公司经理为赵某,由此导致该股价大跌。该公司迫于压力,将赵某开除。下列哪一选项是正确的?

 A. 甲公布赵某个人信息的行为,构成侵犯公民个人信息罪

 B. 甲公布保健品无功效,不构成损害商品声誉罪

 C. 甲在公布信息之前卖掉股票,构成内幕交易罪

 D. 由于股价下跌,甲构成破坏生产经营罪

**280.** 2014/2/14/单

关于破坏社会主义市场经济秩序罪的认定,下列哪一选项是错误的?

 A. 采用运输方式将大量假币运到国外的,应以走私假币罪定罪量刑

 B. 以暴力、胁迫手段强迫他人借贷,情节严重的,触犯强迫交易罪

 C. 未经批准,擅自发行、销售彩票的,应以非法经营罪定罪处罚

 D. 为项目筹集资金,向亲戚宣称有高息理财产品,以委托理财方式吸收10名亲戚300万元资金的,构成非法吸收公众存款罪

**281.** 甲在国外旅游,见有人兜售高仿真人民币,用1万元换取10万元假币,将假币夹在书中寄回国内。(事实一)

赵氏调味品公司欲设加盟店,销售具有注册商标的赵氏调味品,派员工赵某物色合作者。甲知道自己不符加盟条件,仍找到赵某送其2万元真币和10万元假币,请其帮忙加盟事宜。赵某与甲签订开设加盟店的合作协议。(事实二)

甲加盟后,明知伪劣的"一滴香"调味品含有害非法添加剂,但因该产品畅销,便在"一滴香"上贴上赵氏调味品的注册商标私自出卖,前后共卖出5万多元"一滴香"。(事实三)

张某到加盟店欲批发1万元调味品,见甲态度不好表示不买了。甲对张某拳打脚踢,并说"涨价2000元,不付款休想走"。张某无奈付款1.2万元买下调味品。(事实四)

甲以银行定期存款4倍的高息放贷,很快赚了钱。随后,四处散发宣传单,声称为加盟店筹资,承诺3个月后还款并支付银行定期存款2倍的利息。甲从社会上筹得资金1000万,高利贷出,赚取息差。(事实五)

甲资金链断裂无法归还借款,但仍继续扩大宣传,又吸纳社会资金2000万元,以后期借款归还前期借款。后因亏空巨大,甲将余款500万元交给其子,跳楼自杀。(事实六)

请回答第(1)~(6)题。

（1）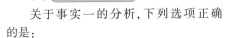 2012/2/86/任

关于事实一的分析,下列选项正确的是:

A. 用1万元真币换取10万元假币,构成购买假币罪

B. 扣除甲的成本1万元,甲购买假币的数额为9万元

C. 在境外购买人民币假币,危害我国货币管理制度,应适用保护管辖原则审理本案

D. 将假币寄回国内,属于走私假币,构成走私假币罪

（2）2012/2/87/任

关于事实二的定性,下列选项正确的是:

A. 甲将2万元真币送给赵某,构成行贿罪

B. 甲将10万假币冒充真币送给赵某,不构成诈骗罪

C. 赵某收受甲的财物,构成非国家工作人员受贿罪

D. 赵某被甲欺骗而订立合同,构成签订合同失职被骗罪

（3）2012/2/88/任

关于事实三的定性,下列选项正确的是:

A. 在"一滴香"上擅自贴上赵氏调味品注册商标,构成假冒注册商标罪

B. 因"一滴香"含有害人体的添加剂,甲构成销售有毒、有害食品罪

C. 卖出5万多元"一滴香",甲触犯销售伪劣产品罪

D. 对假冒注册商标行为与出售"一滴香"行为,应数罪并罚

（4）2012/2/89/任

关于事实四甲的定性,下列选项正确的是:

A. 应以抢劫罪论处

B. 应以寻衅滋事罪论处

C. 应以敲诈勒索罪论处

D. 应以强迫交易罪论处

（5）2012/2/90/任

关于事实五的定性,下列选项正确的是:

A. 以同期银行定期存款4倍的高息放贷,构成非法经营罪

B. 甲虽然虚构事实吸纳巨额资金,但不构成诈骗罪

C. 甲非法吸纳资金,构成非法吸收公众存款罪

D. 对甲应以非法经营罪和非法吸收公众存款罪进行数罪并罚

（6）2012/2/91/任

关于事实六的定性,下列选项正确的是:

A. 甲以非法占有为目的,非法吸纳资金,构成集资诈骗罪

B. 甲集资诈骗的数额为2000万元

C. 根据《刑法》规定,集资诈骗数额特别巨大的,可判处死刑

D. 甲已死亡,导致刑罚消灭,法院对余款500万元不能进行追缴

# 专题十六　侵犯公民人身权利、民主权利罪

**考点39** 侵犯公民生命、健康权利的犯罪

**282.** 2017/2/15/单

关于侵犯公民人身权利的犯罪,下列哪一选项是正确的?

A. 甲对家庭成员负有扶养义务而拒绝扶养,故意造成家庭成员死亡。甲不构成遗弃罪,成立不作为的故意杀人罪

B. 乙闯入银行营业厅挟持客户王某,以杀害王某相要挟,迫使银行职员交给自己 20 万元。乙不构成抢劫罪,仅成立绑架罪

C. 丙为报复周某,花 5000 元路费将周某 12 岁的孩子带至外地,以 2000 元的价格卖给他人。丙虽无获利目的,也构成拐卖儿童罪

D. 丁明知工厂主熊某强迫工人劳动,仍招募苏某等人前往熊某工厂做工。丁未亲自强迫苏某等人劳动,不构成强迫劳动罪

**283.** 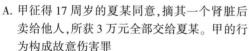 2016/2/58/多

关于侵犯公民人身权利罪的认定,下列哪些选项是正确的?

A. 甲征得 17 周岁的夏某同意,摘其一个肾脏后卖给他人,所获 3 万元全部交给夏某。甲的行为构成故意伤害罪

B. 乙将自己 1 岁的女儿出卖,获利 6 万元用于赌博。对乙出卖女儿的行为,应以遗弃罪追究刑事责任

C. 丙为索债将吴某绑于地下室。吴某挣脱后,驾车离开途中发生交通事故死亡。丙的行为不属于非法拘禁致人死亡

D. 丁和朋友为寻求刺激,在大街上追逐、拦截两位女生。丁的行为构成强制侮辱罪

**284.** 2015/2/16/单

甲以伤害故意砍乙两刀,随即心生杀意又砍两刀,但四刀中只有一刀砍中乙并致其死亡,且无法查明由前后四刀中的哪一刀造成死亡。关于本案,下列哪一选项是正确的?

A. 不管是哪一刀造成致命伤,都应认定为一个故意杀人罪既遂

B. 不管是哪一刀造成致命伤,只能分别认定为故意伤害罪既遂与故意杀人罪未遂

C. 根据日常生活经验,应推定为后两刀中的一刀造成致命伤,故应认定为故意伤害罪未遂与故意杀人罪既遂

D. 根据存疑时有利于被告人的原则,虽可分别认定为故意伤害罪未遂与故意杀人罪未遂,但杀人与伤害不是对立关系,故可按故意伤害(致死)罪处理本案

**285.** 2014/2/15/单

关于故意杀人罪、故意伤害罪的判断,下列哪一选项是正确的?

A. 甲的父亲乙身患绝症,痛苦不堪。甲根据乙的请求,给乙注射过量镇定剂致乙死亡。乙的同意是真实的,对甲的行为不应以故意杀人罪论处

B. 甲因口角,捅乙数刀,乙死亡。如甲不顾乙的死伤,则应按实际造成的死亡结果认定甲构成故意杀人罪,因为死亡与伤害结果都在甲的犯意之内

C. 甲谎称乙的女儿丙需要移植肾脏,让乙捐肾给丙。乙同意,但甲将乙的肾脏摘出后移植给丁。因乙同意捐献肾脏,甲的行为不成立故意伤害罪

D. 甲征得乙(17 周岁)的同意,将乙的左肾摘出,移植给乙崇拜的歌星。乙的同意有效,甲的行为不成立故意伤害罪

**286.**  2012/2/16/单

下列哪一行为不应以故意伤害罪论处?

A. 监狱监管人员吊打被监管人,致其骨折

B. 非法拘禁被害人,大力反扭被害人胳膊,致其胳膊折断

C. 经本人同意,摘取 17 周岁少年的肾脏 1 只,支付少年 5 万元补偿费

D. 黑社会成员因违反帮规,在其同意之下,被截断 1 截小指头

**287.**  2011/2/13/单

关于自伤,下列哪一选项是错误的?

A. 军人在战时自伤身体、逃避军事义务的,成立战时自伤罪

B. 帮助有责任能力成年人自伤的,不成立故意伤害罪

C. 受益人唆使 60 周岁的被保险人自伤、骗取保险金的,成立故意伤害罪与保险诈骗罪

D. 父母故意不救助自伤的 12 周岁儿子而致其死亡的,视具体情形成立故意杀人罪或者遗弃罪

**288.**  2011/2/14/单

关于故意伤害罪与组织出卖人体器官罪,下列哪一选项是正确的?

A. 非法经营尸体器官买卖的,成立组织出卖人体器官罪

B. 医生明知是未成年人,虽征得其同意而摘取其器官的,成立故意伤害罪

C. 组织他人出卖人体器官并不从中牟利的,不成立组织出卖人体器官罪

D. 组织者出卖一个肾脏获 15 万元,欺骗提供者说只卖了 5 万元的,应认定为故意伤害罪

**289.** 2008/2/61/多

关于侵犯人身权利犯罪的说法，下列哪些选项是错误的？

A. 私营矿主甲以限制人身自由的方法强迫农民工从事危重矿井作业，并雇用打手对农民工进行殴打，致多人伤残。甲的行为构成非法拘禁罪与故意伤害罪，应当实行并罚

B. 砖窑主乙长期非法雇佣多名不满16周岁的未成年人从事超强度体力劳动，并严重忽视生产作业安全，致使一名未成年人因堆砌的成品砖倒塌而被砸死。对乙的行为应以雇用童工从事危重劳动罪从重处罚

C. 丙以介绍高薪工作的名义从外地将多名成年男性农民工骗至砖窑主王某的砖窑场，以每人1000元的价格卖给王某从事强迫劳动。由于《刑法》仅规定了拐卖妇女、儿童罪，所以，对于丙的行为，无法以犯罪论处

D. 拘留所的监管人员对被监管人进行体罚虐待，致人死亡的，以故意杀人罪论处，不实行数罪并罚

**考点40 侵犯性权利的犯罪**

**290.** 2023 回忆/多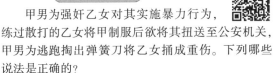

甲男为强奸乙女对其实施暴力行为，练过散打的乙女将甲制服后欲将其扭送至公安机关，甲男为逃跑掏出弹簧刀将乙女捅成重伤。下列哪些说法是正确的？

A. 甲男以奸淫为目的实施了暴力行为，导致了乙女重伤的加重结果，因为结果加重犯没有未遂，因此对甲应认定为强奸既遂

B. 犯盗窃罪为抗拒抓捕而当场使用暴力致人重伤的，应以抢劫罪致人重伤论处，但不能比照此规定对甲认定为强奸罪致人重伤

C. 根据刑法理论通说，在强奸罪的实行行为中致人重伤的，应当以强奸罪致人重伤论处，因此对甲应以强奸罪致人重伤论处

D. 甲带着奸淫目的实施暴力行为，但是因意志以外的原因未能得逞，以未遂论处，与故意伤害罪数罪并罚

**291.** 2007/2/12/多

关于强奸罪及相关犯罪的判断，下列哪些选项是正确的？①

A. 甲欲强奸某妇女遭到激烈反抗，一怒之下卡住该妇女喉咙，致其死亡后实施奸淫行为。甲的行为构成强奸罪的结果加重犯

B. 乙为迫使妇女王某卖淫而将王某强奸，对乙的行为应以强奸罪与强迫卖淫罪实行数罪并罚

C. 丙在组织他人偷越国（边）境过程中，强奸了被组织的妇女李某。丙的行为虽然触犯了组织他人偷越国（边）境罪与强奸罪，但只能以组织他人偷越国（边）境罪定罪量刑

D. 丁在拐卖妇女的过程中，强行奸淫了该妇女。丁的行为虽然触犯了拐卖妇女罪与强奸罪，但根据刑法规定，只能以拐卖妇女罪定罪量刑

**292.** 2006/2/57/单

对下列哪一行为不能认定为强奸罪？②

A. 拐卖妇女的犯罪分子奸淫被拐卖的妇女的

B. 甲利用职权、从属关系，以胁迫手段奸淫现役军人的妻子的

C. 利用迷信奸淫妇女的

D. 组织卖淫的犯罪分子强奸妇女后迫使其卖淫的

**考点41 侵犯妇女、儿童利益的犯罪**

**293.** 2021 回忆/任

关于拐卖妇女罪，下列说法正确的是：

A. 甲欲拐卖妇女，将妇女控制后没有找到买家。甲构成拐卖妇女罪的未遂

B. 乙欲拐卖妇女，将妇女控制后没有找到买家，便与妇女以夫妻名义共同生活。乙构成拐卖妇女罪

C. 丙收买被拐卖的妇女后，将其关押，后又将其卖掉。对丙仅以拐卖妇女罪论处

D. 丁欲收买一女为妻。陈某为被拐卖的妇女，愿意卖身脱离险地，丁遂向其支付30万元将其带回家。丁构成收买被拐卖的妇女罪

**294.** 2013/2/16/单

关于侮辱罪与诽谤罪的论述，下列哪一选项是正确的？

A. 为寻求刺激在车站扒光妇女衣服，引起他人围观的，触犯强制猥亵、侮辱罪，未触犯侮辱罪

B. 为报复妇女，在大街上边打妇女边骂"狐狸精"，情节严重的，应以侮辱罪论处，不以诽谤罪论处

C. 捏造他人强奸妇女的犯罪事实，向公安局和媒体告发，意图使他人受刑事追究，情节严重的，触犯诬告陷害罪，未触犯诽谤罪

D. 侮辱罪、诽谤罪属于亲告罪，未经当事人告诉，一律不得追究被告人的刑事责任

---

① 原为单题，根据新法答案有变化，调整为多选题。

② 原为多选题，根据新法答案有变化，调整为单选题。

**295.**  2013/2/59/多

关于侵犯人身权利罪,下列哪些选项是错误的?

  A. 医生甲征得乙(15 周岁)同意,将其肾脏摘出后移植给乙的叔叔丙。甲的行为不成立故意伤害罪

  B. 丈夫甲拒绝扶养因吸毒而缺乏生活能力的妻子乙,致乙死亡。因吸毒行为违法,乙的死亡只能由其本人负责,甲的行为不成立遗弃罪

  C. 乙盗窃甲价值 4000 余元财物,甲向派出所报案被拒后,向县公安局告发乙抢劫价值 4000 余元财物。公安局立案后查明了乙的盗窃事实。对甲的行为不应以诬告陷害罪论处

  D. 成年妇女甲与 13 周岁男孩乙性交,因性交不属于猥亵行为,甲的行为不成立猥亵儿童罪

**296.** 甲花 4 万元收买被拐卖妇女周某做智障儿子的妻子,周某不从,伺机逃走。甲为避免人财两空,以 3 万元将周某出卖。(事实一)

乙收买周某,欲与周某成为夫妻,周某不从,乙多次暴力强行与周某发生性关系。(事实二)

……

请回答(1)、(2)题。

**(1)**  2011/2/88/任

关于事实一的定性,下列选项正确的是:

  A. 甲行为应以收买被拐卖的妇女罪与拐卖妇女罪实行并罚

  B. 甲虽然实施了收买与拐卖二个行为,但由于二个行为具有牵连关系,对甲仅以拐卖妇女罪论处

  C. 甲虽然实施了收买与拐卖二个行为,但根据《刑法》的特别规定,对甲仅以拐卖妇女罪论处

  D. 由于收买与拐卖行为侵犯的客体相同,而且拐卖妇女罪的法定刑较重,对甲行为仅以拐卖妇女罪论处,也能做到罪刑相适应

**(2)**  2011/2/89/任

关于事实二的定性,下列选项错误的是:

  A. 乙行为成立收买被拐卖的妇女罪与强奸罪,应当实行并罚

  B. 乙行为仅成立收买被拐卖的妇女罪,因乙将周某当作妻子,故周某不能成为乙的强奸对象

  C. 乙行为仅成立收买被拐卖的妇女罪,因乙将周某当作妻子,故缺乏强奸罪的故意

  D. 乙行为仅成立强奸罪,因乙收买周某就是为了使周某成为妻子,故收买行为是强奸罪的预备行为

**297.**  2010/2/61/多

甲欲绑架女大学生乙卖往外地,乙强烈反抗,甲将乙打成重伤,并多次对乙实施强制猥亵行为。甲尚未将乙卖出便被公安人员抓获。关于甲行为的定性和处罚,下列哪些判断是错误的?

  A. 构成绑架罪、故意伤害罪与强制猥亵、侮辱罪,实行并罚

  B. 构成拐卖妇女罪、故意伤害罪、强制猥亵、侮辱罪,实行并罚

  C. 构成拐卖妇女罪、强制猥亵、侮辱罪,实行并罚

  D. 构成拐卖妇女罪、强制猥亵、侮辱罪,实行并罚,但由于尚未出卖,对拐卖妇女罪应适用未遂犯的规定

**298.**  2008/2/13/单

甲得知乙一直在拐卖妇女,便对乙说:"我的表弟丙没有老婆,你有合适的就告诉我一下"。不久,乙将拐骗的两名妇女带到甲家,甲与丙将其中一名妇女买下给丙做妻。关于本案,下列哪一选项是错误的?

  A. 乙构成拐卖妇女罪

  B. 甲构成拐卖妇女罪的共犯

  C. 甲构成收买被拐卖的妇女罪

  D. 丙构成收买被拐卖的妇女罪

**考点 42** 非法拘禁罪与绑架罪

**299.**  2020 回忆/多

下列哪些选项不属于绑架罪中的"杀害被绑架人"?

  A. 以勒索财物为目的控制被害人之后,故意伤害被害人,被害人因重伤而死亡

  B. 绑架被害人之后,为防止被害人出声,用毛巾塞住其嘴后离开,被害人窒息死亡

  C. 为勒索财物而着手绑架被害人,遭到被害人的激烈反抗,用绳子直接勒死被害人

  D. 取得赎金后,已经释放被害人,因担心被害人报警,开车追了 3 公里,杀死被害人

**300.** 2014/2/16/单

甲男(15 周岁)与乙女(16 周岁)因缺钱,共同绑架富之子丙,成功索得 50 万元赎金。甲担心丙将来可能认出他们,提议杀丙,乙同意。乙给甲一根绳子,甲用绳子勒死丙。关于本案的分析,下列哪一选项是错误的?

  A. 甲、乙均触犯故意杀人罪,因而对故意杀人罪成立共同犯罪

  B. 甲、乙均触犯故意杀人罪,对甲以故意杀人罪

论处,但对乙应以绑架罪论处

C. 丙系死于甲之手,乙未杀害丙,故对乙虽以绑架罪定罪,但对乙不能适用"杀害被绑架人"的规定

D. 对甲以故意杀人罪论处,对乙以绑架罪论处,与二人成立故意杀人罪的共同犯罪并不矛盾

**301.** `2014/2/59/多`

甲为要回 30 万元赌债,将乙扣押,但 2 天后乙仍无还款意思。甲等 5 人将乙押到一处山崖上,对乙说:"3 天内让你家人送钱来,如今天不答应,就摔死你。"乙勉强说只有能力还 5 万元。甲刚说完"一分都不能少",乙便跳崖。众人慌忙下山找乙,发现乙已坠亡。关于甲的行为定性,下列哪些选项是错误的?

A. 属于绑架致使被绑架人死亡

B. 属于抢劫致人死亡

C. 属于不作为的故意杀人

D. 成立非法拘禁,但不属于非法拘禁致人死亡

**302.** `2011/2/60/多`

《刑法》第二百三十八条第一款与第二款分别规定:"非法拘禁他人或者以其他方法非法剥夺他人人身自由的,处三年以下有期徒刑、拘役、管制或者剥夺政治权利。具有殴打、侮辱情节的,从重处罚。""犯前款罪,致人重伤的,处三年以上十年以下有期徒刑;致人死亡的,处十年以上有期徒刑。使用暴力致人伤残、死亡的,依照本法第二百三十四条、第二百三十二条的规定定罪处罚。"关于该条款的理解,下列哪些选项是正确的?

A. 第一款所称"殴打、侮辱"属于法定量刑情节

B. 第二款所称"犯前款罪,致人重伤"属于结果加重犯

C. 非法拘禁致人重伤并具有侮辱情节的,适用第二款的规定,侮辱情节不再是法定的从重处罚情节

D. 第二款规定的"使用暴力致人伤残、死亡",是指非法拘禁行为之外的暴力致人伤残、死亡

**303.** `2010/2/16/单`

甲持刀将乙逼入山中,让乙通知其母送钱赎人。乙担心其母心脏病发作,遂谎称开车撞人,需付五万元治疗费,其母信以为真。关于甲的行为性质,下列哪一选项是正确的?

A. 非法拘禁罪　　　B. 绑架罪

C. 抢劫罪　　　　　D. 诈骗罪

**304.** `2009/2/8/单`

为谋财绑架他人的,在下列哪一种情形下不应当判处死刑?

A. 甲绑架并伤害被绑架人致其残疾的

B. 乙杀死人质后隐瞒事实真相向人质亲友勒索赎金 10 万元的

C. 丙绑架人质后害怕罪行败露杀人灭口的

D. 丁控制人质时因捆绑太紧过失致被害人死亡的

**考点43** 其他侵犯公民人身、民主权利犯罪

**305.** `2017/2/16/单`

关于诬告陷害罪的认定,下列哪一选项是正确的(不考虑情节)?

A. 意图使他人受刑事追究,向司法机关诬告他人介绍卖淫的,不仅触犯诬告陷害罪,而且触犯侮辱罪

B. 法官明知被告人系被诬告,仍判决被告人有罪的,法官不仅触犯徇私枉法罪,而且触犯诬告陷害罪

C. 诬告陷害罪虽是侵犯公民人身权利的犯罪,但诬告企业犯逃税罪的,也能追究其诬告陷害罪的刑事责任

D. 15 周岁的人不对盗窃负刑事责任,故诬告 15 周岁的人犯盗窃罪的,不能追究行为人诬告陷害罪的刑事责任

**306.** `2017/2/59/多`

下列哪些行为构成侵犯公民个人信息罪(不考虑情节)?

A. 甲长期用高倍望远镜偷窥邻居的日常生活

B. 乙将单位数据库中病人的姓名、血型、DNA 等资料,卖给某生物制药公司

C. 丙将捡到的几本通讯簿在网上卖给他人,通讯簿被他人用于电信诈骗犯罪

D. 丁将收藏的多封 50 年代的信封(上有收件人姓名、单位或住址等信息)高价转让他人

**307.** `2015/2/62/多`

甲与乙(女)2012 年开始同居,生有一子丙。甲、乙虽未办理结婚登记,但以夫妻名义自居,周围群众公认二人是夫妻。对甲的行为,下列哪些分析是正确的?

A. 甲长期虐待乙的,构成虐待罪

B. 甲伤害丙(致丙轻伤)时,乙不阻止的,乙构成不作为的故意伤害罪

C. 甲如与丁(女)领取结婚证后,不再与乙同居,也不抚养丙的,可能构成遗弃罪

D. 甲如与丁领取结婚证后,不再与乙同居,某日采用暴力强行与乙性交的,构成强奸罪

**308.** 2012/2/17/单

关于侵犯人身权利罪的论述，下列哪一选项是错误的？

A. 强行与卖淫幼女发生性关系，事后给幼女 500 元的，构成强奸罪

B. 使用暴力强迫单位职工以外的其他人员在采石场劳动的，构成强迫劳动罪

C. 雇用 16 周岁未成年人从事高空、井下作业的，构成雇用童工从事危重劳动罪

D. 收留流浪儿童后，因儿童不听话将其出卖的，构成拐卖儿童罪

**309.** 2012/2/60/多

关于刑讯逼供罪的认定，下列哪些选项是错误的？

A. 甲系机关保卫处长，采用多日不让小偷睡觉的方式，迫其承认偷盗事实。甲构成刑讯逼供罪

B. 乙系教师，受聘为法院人民陪审员，因庭审时被告人刘某气焰嚣张，乙气愤不过，一拳致其轻伤。乙不构成刑讯逼供罪

C. 丙系检察官，为逼取口供殴打犯罪嫌疑人郭某，致其重伤。对丙应以刑讯逼供罪论处

D. 丁系警察，讯问时佯装要实施酷刑，犯罪嫌疑人因害怕承认犯罪事实。丁构成刑讯逼供罪

**310.** 甲花 4 万元收买被拐卖妇女周某做智障儿子的妻子，周某不从，伺机逃走。甲为避免人财两空，以 3 万元将周某出卖。(事实一)

乙收买周某，欲与周某成为夫妻，周某不从，乙多次暴力强行与周某发生性关系。(事实二)

不久，周某谎称怀孕要去医院检查，乙信以为真，周某乘机逃走向公安机关报案。警察丙带人先后抓获了甲、乙。讯问中，乙仅承认收买周某，拒不承认强行与周某发生性关系。丙恼羞成怒，当场将乙的一只胳膊打成重伤。乙大声呻吟，丙以为其佯装受伤不予理睬。(事实三)

深夜，丙上厕所，让门卫丁(临时工)帮忙看管乙。乙发现丁是老乡，请求丁放人。丁说："行，但你以后如被抓住，一定要说是自己逃走的。"乙答应后逃走，丁未阻拦。(事实四)

请回答第(1)、(2)题。

(1) 2011/2/90/任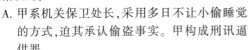

关于事实三的定性，下列选项正确的是：

A. 丙行为是刑讯逼供的结果加重犯

B. 对丙行为应以故意伤害罪从重处罚

C. 对丙行为应以刑讯逼供罪与过失致人重伤罪实行并罚

D. 对丙行为应以刑讯逼供罪和故意伤害罪实行并罚

(2) 2011/2/91/任

关于事实四，下列选项错误的是：

A. 乙构成脱逃罪，丁不构成犯罪

B. 乙构成脱逃罪，丁构成私放在押人员罪

C. 乙离开讯问室征得了丁的同意，不构成脱逃罪，丁构成私放在押人员罪

D. 乙与丁均不构成犯罪

**311.** 2010/2/18/单

甲任邮政中心信函分拣组长期间，先后三次将各地退回信函数万封(约 500 公斤)，以每公斤 0.4 元的价格卖给废品收购站，所得款项占为己有。关于本案，下列哪一选项是正确的？

A. 退回的信函不属于信件，甲的行为不成立侵犯通信自由罪

B. 退回的信函虽属于信件，但甲没有实施隐匿、毁弃与开拆行为，故不成立侵犯通信自由罪

C. 退回的信函处于邮政中心的管理过程中，属于公共财物，甲的行为成立贪污罪

D. 退回的信函被当作废品出卖也属于毁弃邮件，甲的行为成立私自毁弃邮件罪

# 专题十七　侵犯财产罪

### 考点44 抢劫罪与抢夺罪

**312.** 2023 回忆/多

关于财产犯罪，下列哪些说法是正确的？

A. 张某在肉摊小贩身后偷走小贩的剔骨刀，后张某趁乙不备，用剔骨刀割开乙的挎包背带，夺走挎包后逃走。张某构成抢夺罪

B. 徐某潜入陆某的家中偷窃珠宝，翻找过程中陆某回家，徐某为逃避抓捕，将陆某打倒后逃脱(未构成轻伤)。徐某构成抢劫罪未遂

C. 唐某为洗车店员工，在为刘某洗车过程中发现刘某汽车方向盘后和副驾上有两张彩票，遂偷走去兑奖，其中一张彩票中奖 2 万元，另一张未中奖。无论是哪张彩票中奖，唐某均构成盗窃既遂

D. 程某发现范某将电脑放置在商场一层维修部维修，便趁黑商场关门后前往商场门口，对门内的清洁工蒋某说维修部的电脑是自己的，让蒋某帮忙递给自己，蒋某遂将电脑交给程某。程某对蒋某构成诈骗罪

**313.** 2020 回忆/多

下列哪些选项中甲的行为构成抢劫致人重伤?

A. 甲抢劫乙后逃跑,被害人乙追甲,在追赶甲的过程中,摔成重伤

B. 甲抢劫丙后逃跑,丙抓住甲的手不放,甲将丙推开的过程中,过失造成丙重伤,然后逃离现场

C. 甲盗窃丁的财物后被丁发现并追赶,为了逃避追赶,甲使用暴力抗拒被害人丁的抓捕,导致被害人重伤

D. 甲在入室抢劫戊的过程中,对被害人戊实施了捆绑,逃跑时没有为戊松绑。戊爬到阳台上呼喊时,不慎摔成重伤

**314.** 2017/2/60/多

关于抢劫罪的认定,下列哪些选项是正确的?

A. 甲欲进王某家盗窃,正撬门时,路人李某经过。甲误以为李某是王某,会阻止自己盗窃,将李某打昏,再从王某家窃走财物。甲不构成抢劫既遂

B. 乙潜入周某家盗窃,正欲离开时,周某回家,进屋将乙堵在卧室内。乙掏出凶器对周某进行恐吓,迫使周某让其携带财物离开。乙构成入户抢劫

C. 丙窃取刘某汽车时被发现,驾刘某的汽车逃跑,刘某乘出租车追赶。途遇路人陈某过马路,丙也未减速,将陈某撞成重伤。丙构成抢劫致人重伤

D. 丁抢夺张某财物后逃跑,为阻止张某追赶,出于杀害故意向张某开枪射击。子弹未击中张某,但击中路人汪某,致其死亡。丁构成抢劫致人死亡

**315.** 2015/2/17/单

李某乘正在遛狗的老妇人王某不备,抢下王某装有 4000 元现金的手包就跑。王某让名贵的宠物狗追咬李某。李某见状在距王某 50 米处转身将狗踢死后逃跑。王某眼见一切,因激愤致心脏病发作而亡。关于本案,下列哪一选项是正确的?

A. 李某将狗踢死,属事后抢劫中的暴力行为

B. 李某将狗踢死,属对王某以暴力相威胁

C. 李某的行为满足事后抢劫的当场性要件

D. 对李某的行为应整体上评价为抢劫罪

**316.** 郑某等人多次预谋通过爆炸抢劫银行运钞车。为方便跟踪运钞车,郑某等人于 2012 年 4 月 6 日杀害一车主,将其面包车开走(事实一)。

后郑某等人制作了爆炸装置,并多次开面包车跟踪某银行运钞车,了解运钞车到某储蓄所收款的情况。郑某等人摸清运钞车情况后,于同年 6 月 8 日将面包车推下山崖(事实二)。

同年 6 月 11 日,郑某等人将放有爆炸装置的自行车停于储蓄所门前。当运钞车停在该所门前押款人员下车提押款时(当时附近没有行人),郑某遥控引爆爆炸装置,致 2 人死亡 4 人重伤(均为运钞人员),运钞车中的 230 万元人民币被劫走(事实三)。

请回答(1)~(3)题。

(1) 2014/2/86/任

关于事实一(假定具有非法占有目的),下列选项正确的是:

A. 抢劫致人死亡包括以非法占有为目的故意杀害他人后立即劫取财物的情形

B. 如认为抢劫致人死亡仅限于过失致人死亡,则对事实一只能认定为故意杀人罪与盗窃罪(如否认死者占有,则成立侵占罪),实行并罚

C. 事实一同时触犯故意杀人罪与抢劫罪

D. 事实一虽是为抢劫运钞车服务的,但依然成立独立的犯罪,应适用"抢劫致人死亡"的规定

(2) 2014/2/87/任

关于事实二的判断,下列选项正确的是:

A. 非法占有目的包括排除意思与利用意思

B. 对抢劫罪中的非法占有目的应与盗窃罪中的非法占有目的作相同理解

C. 郑某等人在利用面包车后毁坏面包车的行为,不影响非法占有目的的认定

D. 郑某等人事后毁坏面包车的行为属于不可罚的事后行为

(3) 2014/2/88/任

关于事实三的判断,下列选项正确的是:

A. 虽然当时附近没有行人,郑某等人的行为仍触犯爆炸罪

B. 触犯爆炸罪与故意杀人罪的行为只有一个,属于想象竞合

C. 爆炸行为亦可成为抢劫罪的手段行为

D. 对事实三应适用"抢劫致人重伤、死亡"的规定

**317.** 2012/2/59/多

甲、乙等人佯装乘客登上长途车。甲用枪控制司机,令司机将车开到偏僻路段;乙等人用刀控制乘客,命乘客交出随身财物。一乘客反抗,被

乙捅成重伤。财物到手下车时,甲打死司机。关于本案,下列哪些选项是正确的?

    A. 甲等人劫持汽车,构成劫持汽车罪

    B. 甲等人构成抢劫罪,属于在公共交通工具上抢劫

    C. 乙重伤乘客,无需以故意伤害罪另行追究刑事责任

    D. 甲开枪打死司机,需以故意杀人罪另行追究刑事责任

**318.** 2010/2/17/单

甲欠乙十万元久不归还,乙反复催讨。某日,甲持凶器闯入乙家,殴打乙致其重伤,迫乙交出十万元欠条并在已备好的还款收条上签字。关于甲的行为性质,下列哪一选项是正确的?

    A. 故意伤害罪

    B. 抢劫罪

    C. 非法侵入住宅罪

    D. 抢夺罪

**319.** 2010/2/59/多

关于抢夺罪,下列哪些判断是错误的?

    A. 甲驾驶汽车抢夺乙的提包,汽车能致人死亡属于凶器。甲的行为应认定为携带凶器抢夺罪

    B. 甲与乙女因琐事相互厮打时,乙的耳环(价值8,000元)掉在地上。甲假装摔倒在地迅速将耳环握在手中,乙见甲摔倒便离开了现场。甲的行为成立抢夺罪

    C. 甲骑着摩托车抢夺乙的背包,乙使劲抓住背包带,甲见状便加速行驶,乙被拖行十多米后松手。甲的行为属于情节特别严重的抢夺罪

    D. 甲明知行人乙的提包中装有毒品而抢夺,毒品虽然是违禁品,但也是财物。甲的行为成立抢夺罪

**320.** 2009/2/16/单

甲长期以赌博所得为主要生活来源。某日,甲在抢劫赌徒乙的赌资得逞后,为防止乙日后报案,将其杀死。对甲的处理,下列哪一选项是正确的?

    A. 应以故意杀人罪、抢劫罪并罚

    B. 应以抢劫罪从重处罚

    C. 应以赌博罪、抢劫罪并罚

    D. 应以赌博罪、抢劫罪、故意杀人罪并罚

**321.** 2009/2/17/单

甲对乙使用暴力,欲将其打残。乙慌忙掏出手机准备报警,甲一把夺过手机装进裤袋并将乙打成重伤。甲在离开现场五公里后,把乙价值7000元的手机扔进水沟。甲的行为构成何罪?

    A. 故意伤害罪、盗窃罪

    B. 故意伤害罪、抢劫罪

    C. 故意伤害罪、抢夺罪

    D. 故意伤害罪、故意毁坏财物罪

**322.** 2009/2/19/单

甲、乙、丙、丁共谋诱骗黄某参赌。四人先约黄某到酒店吃饭,甲借机将安眠药放入黄某酒中,想在打牌时趁黄某不清醒合伙赢黄某的钱。但因甲投放的药品剂量偏大,饭后刚开牌局黄某就沉沉睡去,四人趁机将黄某的钱包掏空后离去。上述四人的行为构成何罪?

    A. 赌博罪        B. 抢劫罪

    C. 盗窃罪        D. 诈骗罪

**323.** 2008/2/12/单

甲持西瓜刀冲入某银行储蓄所,将刀架在储蓄所保安乙的脖子上,喝令储蓄所职员丙交出现金1万元。见丙故意拖延时间,甲便在乙的脖子上划了一刀。刚取出5万元现金的储户丁看见乙血流不止,于心不忍,就拿出1万元扔给甲,甲得款后迅速逃离。对甲的犯罪行为,下列哪一选项是正确的?

    A. 抢劫罪(未遂)    B. 抢劫罪(既遂)

    C. 绑架罪          D. 敲诈勒索罪

**324.** 2008/2/15/单

甲乘在路上行走的妇女乙不注意之际,将乙价值12000元的项链一把抓走,然后逃跑。跑了50米之后,甲以为乙的项链根本不值钱,就转身回来,跑到乙跟前,打了乙两耳光,并说:"出来混,也不知道戴条好项链",然后将项链扔给乙。对甲的行为,应当如何定性?

    A. 抢夺罪(未遂)

    B. 抢夺罪(中止)

    C. 抢夺罪(既遂)

    D. 抢劫罪(转化型抢劫)

**325.** 2008/2/62/多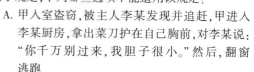

《刑法》第二百六十九条对转化型抢劫作出了规定,下列哪些选项不能适用该规定?

    A. 甲入室盗窃,被主人李某发现并追赶,甲进入李某厨房,拿出菜刀护在自己胸前,对李某说:"你千万别过来,我胆子很小。"然后,翻窗逃跑

    B. 乙抢夺王某的财物,王某让狼狗追赶乙。乙为脱身,打死了狼狗

    C. 丙骗取他人财物后,刚准备离开现场,骗局就被识破。被害人追赶丙。走投无路的丙从身上摸出短刀,扎在自己手臂上,并对被害人说:"你们再追,我就死在你们面前。"被害人见丙

鲜血直流,一下愣住了。丙迅速逃离现场

D. 丁在一网吧里盗窃财物并往外逃跑时,被管理人员顾某发现。丁为阻止顾某的追赶,提起网吧门边的开水壶,将开水泼在顾某身上,然后逃离现场

**考点45 盗窃罪**

**326.** 2022 回忆/多

甲将自己 5000 元购买的新自行车借给乙,并约定"乙如果丢失自行车,须按照三倍的价格赔偿"。几日后丙从乙处偷走该车。甲得知消息后,因能得到三倍赔偿,心中窃喜。丙得知乙需要按照三倍价格赔偿,便向乙提出"按照 5000 元价格将车卖给你"。乙迫于无奈,从丙处购买了该车。下列哪些说法是错误的?

A. 丙构成盗窃罪既遂

B. 丙构成盗窃罪中止

C. 丙同时构成盗窃罪和敲诈勒索罪,想象竞合,择一重罪论处

D. 丙的盗窃行为实际上不违背所有权人甲的意愿,因此不构成盗窃罪

**327.** 2020 回忆/任

甲、乙约定结伴爬山,在大巴上,甲看到乙睡着,将乙的手机偷出来,将乙的微信里的余额转到自己账户上,然后把乙的手机放进自己的背包,打算下车后扔掉。下车后,乙问甲看到自己的手机了吗?甲谎称是不是落在车上了。乙自认倒霉。后来,甲没有扔掉乙的手机,而是谎称手机是自己的,卖给不知情的丙。下列说法正确的是:

A. 甲对手机构成侵占罪

B. 甲对微信余额构成盗窃罪

C. 甲对手机和微信余额构成相同罪名的犯罪

D. 甲对丙构成诈骗罪

**328.** 2019 回忆/多

甲公司将共享单车投放在街边。下列哪些行为构成盗窃?

A. 乙将共享单车的锁拆掉,放在自家楼下,专供自己免费使用

B. 乙正常使用完共享单车后,将车停在自家楼下,方便自己下次扫码使用

C. 乙将市区的共享单车偷偷搬到偏远农村,供村民扫码使用

D. 乙将市区的共享单车偷偷搬到偏远农村,供村民免费使用

**329.** 2018 回忆/单

甲骑摩托车载着乙,遇到一段路比较

崎岖。甲下车推车,乙提出自己骑车过去,在前方等甲。甲答应,看着乙骑车前去。乙竟然骑车扬长而去。乙的行为构成何罪?

A. 诈骗罪　　　　B. 抢夺罪

C. 盗窃罪　　　　D. 侵占罪

**330.** 2017/2/17/单

郑某冒充银行客服发送短信,称张某手机银行即将失效,需重新验证。张某信以为真,按短信提示输入银行卡号、密码等信息后,又将收到的编号为 135423 的"验证码"输入手机页面。后张某发现,其实是将 135423 元汇入了郑某账户。关于本案的分析,下列哪一选项是正确的?

A. 郑某将张某作为工具加以利用,实现转移张某财产的目的,应以盗窃罪论处

B. 郑某虚构事实,对张某实施欺骗并导致张某处分财产,应以诈骗罪论处

C. 郑某骗取张某的银行卡号、密码等个人信息,应以侵犯公民个人信息罪论处

D. 郑某利用电信网络,为实施诈骗而发布信息,应以非法利用信息网络罪论处

**331.** 2017/2/86/任

某小区五楼刘某家的抽油烟机发生故障,王某与李某上门检测后,决定拆下搬回维修站修理。刘某同意。王某与李某搬运抽油烟机至四楼时,王某发现其中藏有一包金饰,遂暗自将之塞入衣兜。(事实一)

……

关于事实一的分析,下列选项正确的是:

A. 王某从抽油烟机中窃走金饰,破除刘某对金饰的占有,构成盗窃罪

B. 王某未经李某同意,窃取李某与其共同占有的金饰,应构成盗窃罪

C. 刘某客观上已将抽油烟机及机内金饰交给王某代为保管,王某取走金饰的行为构成侵占罪

D. 刘某将金饰遗忘在抽油烟机内,王某将其据为己有,是非法侵占他人遗忘物,构成侵占罪

**332.** 2016/2/59/多

下列哪些行为构成盗窃罪(不考虑数额)?

A. 酒店服务员甲在帮客人拎包时,将包中的手机放入自己的口袋据为己有

B. 客人在小饭馆吃饭时,将手机放在收银台边上充电,请服务员乙帮忙照看。乙假意答应,却将手机据为己有

C. 旅客将行李放在托运柜台旁,到相距 20 余米的另一柜台问事时,机场清洁工丙将该行李拿

走据为己有

D. 顾客购物时将车钥匙遗忘在收银台,收银员问是谁的,丁谎称是自己的,然后持该钥匙将顾客的车开走

**333.** 2016/2/18/单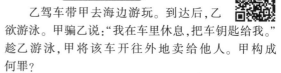

乙女在路上被铁丝绊倒,受伤不能动,手中钱包(内有现金5000元)摔出七八米外。路过的甲捡起钱包时,乙大喊"我的钱包不要拿",甲说"你不要喊,我拿给你",乙信以为真没有再喊。甲捡起钱包后立即逃走。关于本案,下列哪一选项是正确的?

A. 甲以其他方法抢劫他人财物,成立抢劫罪

B. 甲以欺骗方法使乙信以为真,成立诈骗罪

C. 甲将乙的遗忘物据为己有,成立侵占罪

D. 只能在盗窃罪或者抢夺罪中,择一定性甲的行为

**334.** 2015/2/19/单

菜贩刘某将蔬菜装入袋中,放在居民小区路旁长条桌上,写明"每袋20元,请将钱放在铁盒内"。然后,刘某去3公里外的市场卖菜。小区理发店的店员经常好奇地出来看看是否有人偷菜。甲数次公开拿走蔬菜时假装往铁盒里放钱。关于甲的行为定性(不考虑数额),下列哪一选项是正确的?

A. 甲乘人不备,公然拿走刘某所有的蔬菜,构成抢夺罪

B. 蔬菜为经常出来看看的店员占有,甲构成盗窃罪

C. 甲假装放钱而实际未放钱,属诈骗行为,构成诈骗罪

D. 刘某虽距现场3公里,但仍占有蔬菜,甲构成盗窃罪

**335.** 2014/2/60/多

甲的下列哪些行为属于盗窃(不考虑数额)?

A. 某大学的学生进食堂吃饭时习惯于用手机、钱包等物占座后,再去购买饭菜。甲将学生乙用于占座的钱包拿走

B. 乙进入面馆,将手机放在大厅6号桌的空位上,表示占座,然后到靠近窗户的地方看看有没有更合适的座位。在7号桌吃面的甲将手机拿走

C. 乙将手提箱忘在出租车的后备箱。后甲搭乘该出租车时,将自己的手提箱也放进后备箱,并在下车时将乙的手提箱一并拿走

D. 乙全家外出打工,委托邻居甲照看房屋。有人来村里购树,甲将乙家山头上的树谎称为自家的树,卖给购树人,得款3万元

**336.** 2013/2/17/单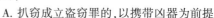

乙驾车带甲去海边游玩。到达后,乙欲游泳。甲骗乙说:"我在车里休息,把车钥匙给我。"趁乙游泳,甲将该车开往外地卖给他人。甲构成何罪?

A. 侵占罪

B. 盗窃罪

C. 诈骗罪

D. 盗窃罪与诈骗罪的竞合

**337.** 2013/2/60/多

甲潜入他人房间欲盗窃,忽见床上坐起一老妪,哀求其不要拿她的东西。甲不理睬而继续翻找,拿走一条银项链(价值400元)。关于本案的分析,下列哪些选项是正确的?

A. 甲并未采取足以压制老妪反抗的方法取得财物,不构成抢劫罪

B. 如认为区分盗窃罪与抢夺罪的关键在于是秘密取得财物还是公然取得财物,则甲的行为属于抢夺行为;如甲作案时携带了凶器,则对甲应以抢劫罪论处

C. 如采取B选项的观点,因甲作案时未携带凶器,也未秘密窃取财物,又不符合抢夺罪"数额较大"的要件,无法以侵犯财产罪追究甲的刑事责任

D. 如认为盗窃行为并不限于秘密窃取,则甲的行为属于入户盗窃,可按盗窃罪追究甲的刑事责任

**338.** 2011/2/16/单

关于盗窃罪的理解,下列哪一选项是正确的?

A. 扒窃成立盗窃罪的,以携带凶器为前提

B. 扒窃仅限于窃取他人衣服口袋内体积较小的财物

C. 扒窃时无论窃取数额大小,即使窃得一张白纸,也成立盗窃罪既遂

D. 入户盗窃成立盗窃罪的,既不要求数额较大,也不要求多次盗窃

**339.** 2011/2/61/多

下列哪些选项的行为人具有非法占有目的?

A. 男性基于癖好入户窃取女士内衣

B. 为了燃柴取暖而窃取他人木质家具

C. 骗取他人钢材后作为废品卖给废品回收公司

D. 杀人后为避免公安机关识别被害人身份,将被害人钱包等物丢弃

**340.** 2010/2/62/多

下列哪些行为属于盗窃？

A. 甲穿过铁丝网从高尔夫球场内"拾得"大量高尔夫球

B. 甲在夜间翻入公园内，从公园水池中"捞得"旅客投掷的大量硬币

C. 甲在宾馆房间"拾得"前一顾客遗忘的笔记本电脑一台

D. 甲从一辆没有关好门的小轿车内"拿走"他人公文包

**341.** 2009/2/18/单

甲系私营速递公司卸货员，主要任务是将公司收取的货物从汽车上卸下，再按送达地重新装车。某晚，乘公司监督人员上厕所之机，甲将客户托运的一台价值一万元的摄像机夹带出公司大院，藏在门外沟渠里，并伪造被盗现场。关于甲的行为，下列哪一选项是正确的？

A. 诈骗罪

B. 职务侵占罪

C. 盗窃罪

D. 侵占罪

**342.** 2008/2/16/单

某地突发百年未遇的冰雪灾害，乙离开自己的住宅躲避自然灾害。两天后，大雪压垮了乙的房屋，家中财物散落一地。灾后最先返回的邻居甲路过乙家时，将乙垮塌房屋中的 2 万元现金拿走。关于甲行为的定性，下列哪一选项是正确的？

A. 构成盗窃罪

B. 构成侵占罪

C. 构成抢夺罪

D. 仅成立民法上的不当得利，不构成犯罪

**343.** 2008/2/64/多

关于盗窃行为的定性，下列哪些选项是正确的？

A. 盗窃伪造的货币的行为，不成立盗窃罪

B. 盗窃伪造的国家机关印章的行为，不成立盗窃国家机关印章罪

C. 盗窃伪造的信用卡并使用的行为，不适用《刑法》第一百九十六条关于"盗窃信用卡并使用"的规定

D. 盗窃企业违规制造的枪支的行为，不成立盗窃枪支罪

**考点46 敲诈勒索罪**

**344.** 2011/2/15/单

甲预谋拍摄乙与卖淫女的裸照，迫使

乙交付财物。一日，甲请乙吃饭，叫卖淫女丙相陪。饭后，甲将乙、丙送上车。乙、丙刚到乙宅，乙便被老板电话叫走，丙亦离开。半小时后，甲持相机闯入乙宅发现无人，遂拿走了乙的 3 万元现金。关于甲的行为性质，下列哪一选项是正确的？

A. 抢劫未遂与盗窃既遂

B. 抢劫既遂与盗窃既遂的想象竞合

C. 敲诈勒索预备与盗窃既遂

D. 敲诈勒索未遂与盗窃既遂的想象竞合

**考点47 诈骗罪**

**345.** 2021回忆/任

构成诈骗罪，要求处分财物具有处分行为和处分意识。下列选项中，存在处分意识的是：

A. 甲伪造车辆凭证，以汽车作抵押向王某借款20万元，随后逃走，该汽车实际上为赵某所有

B. 乙请客吃饭，吃完后对服务员表示送朋友到门口再回来买单。服务员同意。乙到门口后趁机逃走

C. 丙用技术手段将其工厂电表上的用电量大幅调低，查表员上门查表收费时，以丙修改后的度数为标准收取了电费

D. 丁在超市购物，从一箱饮料中取出一瓶饮料，将一瓶茅台酒放入其中封存好，然后拿到收银台结账。收银员以一箱饮料的价格收取了费用

**346.** 2019回忆/单

甲冒充家电维修人员，想把陈某家的冰箱骗到手。某日，甲来到陈某家，开门的却是陈某家保姆，甲误把保姆当成陈某，谎称商家搞活动，正在以旧换新。保姆以为甲事前跟陈某商量好了，就把冰箱给了甲。下列哪一项说法是正确的？

A. 甲构成狭义的因果关系错误

B. 甲构成打击错误

C. 由于甲未认识到被骗对象是保姆，构成诈骗罪未遂

D. 甲构成诈骗罪既遂

**347.** 2018回忆/单

乙用朋友甲的淘宝账户购买一件商品，向商家支付了货款，填写了自己的收件地址。商家发货时，想核对下收件地址，联系到了甲。甲明知是乙购买了货物，仍谎称地址错误，提供了自己的地址。商家将货物寄给了甲。下列哪一项说法是正确的？

A. 甲对乙构成盗窃罪

B. 甲对商家构成诈骗罪

C. 甲构成三角诈骗

D. 甲构成侵占罪

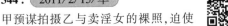

**348．** 2017/2/88/任

某小区五楼刘某家的抽油烟机发生故障，王某与李某上门检测后，决定拆下搬回维修站修理。刘某同意。王某与李某搬运抽油烟机至四楼时，王某发现其中藏有一包金饰，遂暗自将之塞入衣兜。（事实一）

王某与李某将抽油烟机搬走后，刘某想起自己此前曾将金饰藏于其中，追赶前来，见王某神情可疑，便要其返还金饰。王某为洗清嫌疑，乘乱将金饰转交李某，李某心领神会，接过金饰藏于裤兜中。刘某确定王某身上没有金饰后，转身再找李某索要。李某突然一拳击倒刘某，致其倒地重伤。李某与王某随即逃走。（事实二）

后王某建议李某将金饰出售，得款二人平分，李某同意。李某明知金饰价值1万元，却向亲戚郭某谎称金饰为朋友委托其出售的限量版，售价5万元。郭某信以为真，花5万元买下金饰。拿到钱后，李某心生贪念，对王某称金饰仅卖得1万元，分给王某5000元。（事实三）

关于事实三的分析，下列选项正确的是：

A. 李某对郭某进行欺骗，导致郭某以高价购买赃物，构成诈骗罪

B. 李某明知金饰是犯罪所得而出售，构成掩饰、隐瞒犯罪所得罪

C. 李某欺骗王某放弃对剩余2万元销赃款的返还请求，构成诈骗罪

D. 李某虽将金饰卖得5万元，但王某所犯财产犯罪的数额为1万元

**349．** 2016/2/17/单

关于诈骗罪的认定，下列哪一选项是正确的（不考虑数额）？

A. 甲利用信息网络，诱骗他人点击虚假链接，通过预先植入的木马程序取得他人财物。即使他人不知点击链接会转移财产，甲也成立诈骗罪

B. 乙虚构可供交易的商品，欺骗他人点击付款链接，取得他人财物的，由于他人知道自己付款，故乙触犯诈骗罪

C. 丙将钱某门前停放的摩托车谎称是自己的，卖给孙某，让其骑走。丙就钱某的摩托车成立诈骗罪

D. 丁侵入银行计算机信息系统，将刘某存折中的5万元存款转入自己的账户。对丁应以诈骗罪论处

**350．** 2015/2/18/单

乙全家外出数月，邻居甲主动帮乙照看房屋。某日，甲谎称乙家门口的一对石狮为自家所有，将石狮卖给外地人，得款1万元据为己有。关于甲的行为定性，下列哪一选项是错误的？

A. 甲同时触犯侵占罪与诈骗罪

B. 如认为购买者无财产损失，则甲仅触犯盗窃罪

C. 如认为购买者有财产损失，则甲同时触犯盗窃罪与诈骗罪

D. 不管购买者是否存在财产损失，甲都触犯盗窃罪

**351．** 2015/2/63/多

下列哪些行为触犯诈骗罪（不考虑数额）？

A. 甲对李某家的保姆说："李某现在使用的手提电脑是我的，你还给我吧。"保姆信以为真，将电脑交给甲

B. 甲对持有外币的乙说："你手上拿的是假币，得扔掉，否则要坐牢。"乙将外币扔掉，甲乘机将外币捡走

C. 甲为灾民募捐，一般人捐款几百元。富商经过募捐地点时，甲称："不少人都捐一、二万元，您多捐点吧。"富商信以为真，捐款2万元

D. 乙窃取摩托车，准备骑走。甲觉其可疑，装成摩托车主人的样子说："你想把我的车骑走啊？"乙弃车逃走，甲将摩托车据为己有

**352．** 2014/2/19/单

乙购物后，将购物小票随手扔在超市门口。甲捡到小票，立即拦住乙说："你怎么把我购买的东西拿走？"乙莫名其妙，甲便向乙出示小票，两人发生争执。适逢交警丙路过，乙请丙判断是非，丙让乙将商品还给甲，有口难辩的乙只好照办。关于本案的分析（不考虑数额），下列哪一选项是错误的？

A. 如认为交警丙没有处分权限，则甲的行为不成立诈骗罪

B. 如认为盗窃必须表现为秘密窃取，则甲的行为不成立盗窃罪

C. 如认为抢夺必须表现为乘人不备公然夺取，则甲的行为不成立抢夺罪

D. 甲虽未实施恐吓行为，但如乙心生恐惧而交出商品的，甲的行为构成敲诈勒索罪

**353．** 2013/2/61/多

关于诈骗罪的理解和认定，下列哪些选项是错误的？

A. 甲曾借给好友乙1万元。乙还款时未要回借条。一年后，甲故意拿借条要乙还款。乙明知但碍于情面，又给甲1万元。甲虽获得1万元，但不能认定为诈骗既遂

B. 甲发现乙出国后其房屋无人居住,便伪造房产证,将该房租给丙住了一年,收取租金 2 万元。甲的行为构成诈骗罪

C. 甲请客(餐费 1 万元)后,发现未带钱,便向餐厅经理谎称送走客人后再付款。经理信以为真,甲趁机逃走。不管怎样理解处分意识,对甲的行为都应以诈骗罪论处

D. 乙花 2 万元向甲购买假币,后发现是一堆白纸。由于购买假币的行为是违法的,乙不是诈骗罪的受害人,甲不成立诈骗罪

**354.** 甲将一只壶的壶底落款"民國叁年"磨去,放在自己的古玩店里出卖。某日,钱某看到这只壶,误以为是明代文物。甲见钱某询问,谎称此壶确为明代古董,钱某信以为真,按明代文物交款买走。又一日,顾客李某看上一幅标价很高的赝品,以为名家亲笔,但心存怀疑。甲遂拿出虚假证据,证明该画为名家亲笔。李某以高价买走赝品。

请回答第(1)、(2)题。

(1) 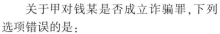 2011/2/86/任

关于甲对钱某是否成立诈骗罪,下列选项错误的是:

A. 甲的行为完全符合诈骗罪的犯罪构成,成立诈骗罪

B. 钱某自己有过错,甲不成立诈骗罪

C. 钱某已误以为是明代古董,甲没有诈骗钱某

D. 古玩投资有风险,古玩买卖无诈骗,甲不成立诈骗罪

(2) 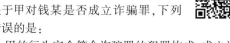 2011/2/87/任

关于甲对李某是否成立诈骗罪,下列选项正确的是:

A. 甲的行为完全符合诈骗罪的犯罪构成,成立诈骗罪

B. 标价高不是诈骗行为,虚假证据证明该画为名家亲笔则是诈骗行为

C. 李某已有认识错误,甲强化其认识错误的行为不是诈骗行为

D. 甲拿出虚假证据的行为与结果之间没有因果关系,甲仅成立诈骗未遂

**355.**  2009/2/59/多

欣欣在高某的金店选购了一条项链,高某趁欣欣接电话之际,将为其进行礼品包装的项链调换成款式相同的劣等品(两条项链差价约 3000元)。欣欣回家后很快发现项链被"调包",即返回该店要求退还,高某以发票与实物不符为由拒不退换。关于高某的行为,下列哪些说法是错误的?

A. 构成盗窃罪

B. 构成诈骗罪

C. 构成侵占罪

D. 不构成犯罪,属民事纠纷

**356.** 2008/2/14/单

甲在某银行的存折上有 4 万元存款。某日,甲将存款全部取出,但由于银行职员乙工作失误,未将存折底卡销毁。半年后,甲又去该银行办理存储业务,乙对甲说:"你的 4 万元存款已到期。"甲听后,灵机一动,对乙谎称存折丢失。乙为甲办理了挂失手续,甲取走 4 万元。甲的行为构成何罪?

A. 侵占罪

B. 盗窃罪(间接正犯)

C. 诈骗罪

D. 金融凭证诈骗罪

**357.** 2008/2/58/多

某日,甲醉酒驾车将行人乙撞死,急忙将尸体运到 X 地掩埋。10 天后,甲得知其单位要在 X 地施工,因担心乙的尸体被人发现,便将乙的尸体从 X 地转移至 Y 地。在转移尸体时,甲无意中发现了乙的身份证和信用卡。此后,甲持乙的身份证和信用卡,从银行柜将乙的信用卡中的 5 万元转入自己的信用卡,并以乙的身份证办理入网手续并使用移动电话,造成电信资费损失 8000 余元。甲的行为构成何罪?

A. 交通肇事罪

B. 侵占罪

C. 信用卡诈骗罪

D. 诈骗罪

### 考点48 侵占罪与职务侵占罪

**358.** 2023 回忆/多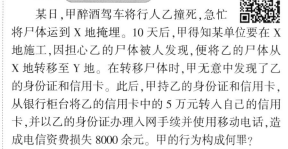

国家公职人员苏某让私有企业经理万某利用职务便利报销其旅游费 5 万元,万某考虑到以后还需要苏某审批企业补助款的发放,便以业务费用的名目为苏某报销了旅游费。关于苏某的行为,下列哪些说法是正确的?

A. 构成贪污罪

B. 构成职务侵占罪

C. 构成受贿罪

D. 不构成犯罪

**359.** 2017/2/18/单

下列哪一行为成立侵占罪?

A. 张某欲向县长钱某行贿,委托甲代为将 5 万元贿赂款转交钱某。甲假意答应,拿到钱后据为己有

B. 乙将自己的房屋出售给赵某,虽收取房款却未进行所有权转移登记,后又将房屋出售给李某

C. 丙发现洪灾灾区的居民已全部转移,遂进入

居民房屋,取走居民来不及带走的贵重财物

D. 丁分期付款购买汽车,约定车款付清前汽车由丁使用,所有权归卖方。丁在车款付清前将车另售他人

**360.** 2014/2/17/单

公司保安甲在休假期内,以"第二天晚上要去医院看望病人"为由,欺骗保安乙,成功和乙换岗。当晚,甲将其看管的公司仓库内价值 5 万元的财物运走变卖。甲的行为构成下列哪一犯罪?

A. 盗窃罪　　　　B. 诈骗罪
C. 职务侵占罪　　D. 侵占罪

**361.** 2014/2/18/单

乙(16 周岁)进城打工,用人单位要求乙提供银行卡号以便发放工资。乙忘带身份证,借用老乡甲的身份证以甲的名义办理了银行卡。乙将银行卡号提供给用人单位后,请甲保管银行卡。数月后,甲持该卡到银行柜台办理密码挂失,取出 1 万余元现金,拒不退还。甲的行为构成下列哪一犯罪?

A. 信用卡诈骗罪
B. 诈骗罪
C. 盗窃罪(间接正犯)
D. 侵占罪

**362.** 2012/2/18/单

不计数额,下列哪一选项构成侵占罪?

A. 甲是个体干洗店老板,洗衣时发现衣袋内有钱,将钱藏匿
B. 乙受公司委托外出收取货款,隐匿收取的部分货款
C. 丙下飞机时发现乘客钱包掉在座位底下,捡起钱包离去
D. 丁是宾馆前台服务员,客人将礼品存于前台让朋友自取。丁见久无人取,私吞礼品

**363.** 2011/2/62/多

关于侵占罪的认定(不考虑数额),下列哪些选项是错误的?

A. 甲将他人停放在车棚内未上锁的自行车骑走卖掉。甲行为构成侵占罪
B. 乙下车取自己行李时将后备厢内乘客遗忘的行李箱一并拿走变卖。乙行为构成侵占罪
C. 丙在某大学食堂将学生用于占座的手机拿走卖掉。丙行为成立侵占罪
D. 丁受托为外出邻居看房,将邻居锁在柜里的手提电脑拿走变卖。丁行为成立侵占罪

**364.** 2008/2/63/多

下列哪些行为应以职务侵占罪论处?

A. 甲系某村民小组的组长,利用职务上的便利,将村民小组集体财产非法据为己有,数额达到 5 万元
B. 乙为村委会主任,利用协助乡政府管理和发放救灾款物之机,将 5 万元救灾款非法据为己有
C. 丙是某国有控股公司部门经理,利用职务上的便利,将本单位的 5 万元公款非法据为己有
D. 丁与某私营企业的部门经理李某内外勾结,利用李某职务上的便利,共同将该单位的 5 万元资金非法据为己有

**365.** 2012/2/1/单

老板甲春节前转移资产,拒不支付农民工工资。劳动部门下达责令支付通知书后,甲故意失踪。公安机关接到报警后,立即抽调警力,迅速将甲抓获。在侦查期间,甲主动支付了所欠工资。起诉后,法院根据《刑法修正案(八)》拒不支付劳动报酬罪认定甲的行为,甲表示认罪。关于此案,下列哪一说法是错误的?

A.《刑法修正案(八)》增设拒不支付劳动报酬罪,体现了立法服务大局、保护民生的理念
B. 公安机关积极破案解决社会问题,发挥了保障民生的作用
C. 依据《刑法修正案(八)》对欠薪案的审理,体现了惩教并举、引导公民守法、社会向善的作用
D. 甲已支付所欠工资,可不再追究甲的刑事责任,以利于实现良好的社会效果

# 专题十八　妨害社会管理秩序罪

### 考点49 扰乱公共秩序罪

**366.** 2021 回忆/任

甲购买乙公司一批工程车辆,双方约定分期付款,乙公司先行交付车辆,等到甲付完尾款后车辆所有权归甲所有。乙公司的这些工程车辆均内置了定位监控系统,方便追踪定位车辆位置。甲找到丙,丙通过技术手段破坏了这批车辆的定位监控系统,然后将车辆变卖。下列说法正确的是:

A. 丙构成破坏计算机信息系统罪
B. 丙构成非法侵入计算机信息系统罪
C. 丙构成非法控制计算机信息系统罪
D. 甲构成侵占罪

**367.** 2018 回忆/多

关于组织、领导、参加黑社会性质组织罪,下列哪些说法是正确的?

A. 黑社会性质组织实施的犯罪中,组织者的刑事

责任必然大于实际实行者

B. 在组织、领导、参加黑社会性质组织罪中,行为人积极配合司法机关,对于侦破案件有重大作用的,可以认定为立功

C. 在组织、领导、参加黑社会性质组织罪中,行为人知道黑社会性质组织的规模,也知道该组织在实施违法犯罪活动,但其不认为该组织是黑社会性质组织,因此其不构成组织、领导、参加黑社会性质组织罪

D. 在组织、领导、参加黑社会性质组织罪中,组织者退出黑社会性质组织,其只对组织期间的犯罪活动负刑事责任

**368.** 2016/2/19/单

下列哪一行为应以妨害公务罪论处?

A. 甲与傅某相互斗殴,警察处理完毕后让各自回家。傅某当即离开,甲认为警察的处理不公平,朝警察小腿踢一脚后逃走

B. 乙夜间入户盗窃时,发现户主戴某是警察,窃得财物后正要离开时被戴某发现。为摆脱抓捕,乙对戴某使用暴力致其轻微伤

C. 丙为使其弟逃跑,将前来实施行政拘留的警察打倒在地,其弟顺利逃走

D. 丁在组织他人偷越国(边)境的过程中,以暴力方法抗拒警察检查

**369.** 2015/2/58/多

甲在公园游玩时遇见仇人胡某,顿生杀死胡某的念头,便欺骗随行的朋友乙、丙说:"我们追逐胡某,让他出洋相。"三人捡起木棒追逐胡某,致公园秩序严重混乱。将胡某追到公园后门偏僻处后,乙、丙因故离开。随后甲追上胡某,用木棒重击其头部,致其死亡。关于本案,下列哪些选项是正确的?

A. 甲触犯故意杀人罪与寻衅滋事罪

B. 乙、丙的追逐行为是否构成寻衅滋事罪,与该行为能否产生救助胡某的义务是不同的问题

C. 乙、丙的追逐行为使胡某处于孤立无援的境地,但无法预见甲会杀害胡某,不成立过失致人死亡罪

D. 乙、丙属寻衅滋事致人死亡,应从重处罚

**370.** 2014/2/20/单

首要分子甲通过手机指令所有参与者"和对方打斗时,下手重一点"。在聚众斗殴过程中,被害人被谁的行为重伤致死这一关键事实已无法查明。关于本案的分析,下列哪一选项是正确的?

A. 对甲应以故意杀人罪定罪量刑

B. 甲是教唆犯,未参与打斗,应认定为从犯

C. 所有在现场斗殴者都构成故意杀人罪

D. 对积极参加者按故意杀人罪定罪,对其他参加者按聚众斗殴罪定罪

**371.** 2013/2/62/多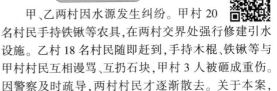

甲、乙两村因水源发生纠纷。甲村 20 名村民手持铁锹等农具,在两村交界处强行修建引水设施。乙村 18 名村民随即赶到,手持木棍、铁锹等与甲村村民互相漫骂、互扔石块,甲村 3 人被砸成重伤。因警察及时疏导,两村村民才逐渐散去。关于本案,下列哪些选项是正确的?

A. 村民为争水源而斗殴,符合聚众斗殴罪的主观要件

B. 不分一般参加斗殴还是积极参加斗殴,甲、乙两村村民均触犯聚众斗殴罪

C. 因警察及时疏导,两村未发生持械斗殴,属于聚众斗殴未遂

D. 对扔石块将甲村 3 人砸成重伤的乙村村民,应以故意伤害罪论处

**372.** 2010/2/19/单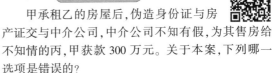

甲承租乙的房屋后,伪造身份证与房产证交与中介公司,中介公司不知有假,为其售房给不知情的丙,甲获款 300 万元。关于本案,下列哪一选项是错误的?

A. 甲的行为触犯了伪造居民身份证罪与伪造国家机关证件罪,同时是诈骗罪的教唆犯

B. 甲是诈骗罪、伪造居民身份证罪与伪造国家机关证件罪的正犯

C. 伪造居民身份证罪、伪造国家机关证件罪与诈骗罪之间具有牵连关系

D. 由于存在牵连关系,对甲的行为应以诈骗罪从重处罚

**考点50** 妨害司法罪

**373.** 2023 回忆/多

关于窝藏罪,下列哪些说法是正确的?

A. 陈某杀人后,甲说:"你安心逃跑,我帮你照顾你的妻子。"甲构成窝藏罪

B. 董某杀人后,本欲投案自首,乙让董某赶紧逃走,董某遂潜逃外地。乙构成窝藏罪

C. 张某杀人逃跑后,其妻丙照顾张某起居。丙不构成窝藏罪

D. 王某杀人后准备逃匿,其朋友丁为其提供管制刀具。丁不构成窝藏罪

**374.** 2019 回忆/多

甲于 2012 年借给乙 90 万元。一年后乙通过银行转账将 90 万元转给甲。因为有银行转账记录,乙未向甲要回欠条。甲将欠条涂改为 2018 年借

给乙90万元,并向法院起诉,要求乙还款(本息100万元)。乙以银行转账记录为证据,主张自己已经还款。法官经过调查,最终作出乙败诉的判决,判决乙应向甲还款100万元。关于本案,下列哪些说法是正确的?

A. 甲的行为构成虚假诉讼罪与诈骗罪,两罪在一审判决作出时既遂

B. 甲的行为构成诉讼诈骗,法官是受骗人,乙是受害人

C. 甲的行为构成虚假诉讼罪和诈骗罪的想象竞合

D. 法官构成民事枉法裁判罪

**375.** 2017/2/19/单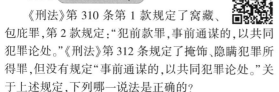

《刑法》第310条第1款规定了窝藏、包庇罪,第2款规定:"犯前款罪,事前通谋的,以共同犯罪论处。"《刑法》第312条规定了掩饰、隐瞒犯罪所得罪,但没有规定"事前通谋的,以共同犯罪论处。"关于上述规定,下列哪一说法是正确的?

A. 若事前通谋之罪的法定刑低于窝藏、包庇罪的法定刑,即使事前通谋的,也应以窝藏、包庇罪论处

B. 即使《刑法》第310条没有第2款的规定,对于事前通谋事后窝藏、包庇的,也应以共同犯罪论处

C. 因缺乏明文规定,事前通谋事后掩饰、隐瞒犯罪所得的,不能以共同犯罪论处

D. 事前通谋事后掩饰、隐瞒犯罪所得罪的,属于想象竞合,应从一重罪处罚

**376.** 2017/2/87/任

某小区五楼刘某家的抽油烟机发生故障,王某与李某上门检测后,决定拆下搬回维修站修理。刘某同意。王某与李某搬运抽油烟机至四楼时,王某发现其中藏有一包金饰,遂暗自将之塞入衣兜。(事实一)

王某与李某将抽油烟机搬走后,刘某想起自己此前曾将金饰藏于其中,追赶前来,见王某神情可疑,便要其返还金饰。王某为洗清嫌疑,乘乱将金饰转交李某,李某心领神会,接过金饰藏于裤兜中。刘某确定王某身上没有金饰后,转身再找李某索要。李某突然一拳击倒刘某,致其倒地重伤。李某与王某随即逃走。(事实二)

……

关于事实二的分析,下列选项正确的是:

A. 李某接过金饰,协助王某拒不返还他人财物,构成侵占罪的帮助犯

B. 李某帮助王某转移犯罪所得的金饰,构成掩饰、隐瞒犯罪所得罪

C. 李某为窝藏赃物将刘某打伤,属事后抢劫,构

成抢劫(致人重伤)罪

D. 王某利用李某打伤刘某的行为顺利逃走,也属事后抢劫,构成抢劫罪

**377.** 2016/2/20/单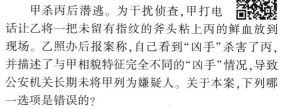

甲杀丙后潜逃。为干扰侦查,甲打电话让乙将一把未留有指纹的斧头粘上丙的鲜血放到现场。乙照办后报案称,自己看到"凶手"杀害了丙,并描述了与甲相貌特征完全不同的"凶手"情况,导致公安机关长期未将甲列为嫌疑人。关于本案,下列哪一选项是错误的?

A. 乙将未留有指纹的斧头放到现场,成立帮助伪造证据罪

B. 对乙伪造证据的行为,甲不负刑事责任

C. 乙捏造事实诬告陷害他人,成立诬告陷害罪

D. 乙向公安机关虚假描述"凶手"的相貌特征,成立包庇罪

**378.** 2015/2/20/单

甲杀人后将凶器忘在现场,打电话告诉乙真相,请乙帮助扔掉凶器。乙随即把凶器藏在自家地窖里。数月后,甲生活无着落准备投案自首时,乙向甲汇款2万元,使其继续在外生活。关于本案,下列哪一选项是正确的?

A. 乙藏匿凶器的行为不属毁灭证据,不成立帮助毁灭证据罪

B. 乙向甲汇款2万元不属帮助甲逃匿,不成立窝藏罪

C. 乙的行为既不成立帮助毁灭证据罪,也不成立窝藏罪

D. 甲虽唆使乙毁灭证据,但不能认定为帮助毁灭证据罪的教唆犯

**379.** 2014/2/61/多

甲的下列哪些行为成立帮助毁灭证据罪(不考虑情节)?

A. 甲、乙共同盗窃了丙的财物。为防止公安人员提取指纹,甲在丙报案前擦掉了两人留在现场的指纹

B. 甲、乙是好友。乙的重大贪污罪行被丙发现。甲是丙的上司,为防止丙作证,将丙派往境外工作

C. 甲得知乙放火致人死亡后未清理现场痕迹,便劝说乙回到现场毁灭证据

D. 甲经过犯罪嫌疑人乙的同意,毁灭了对乙有利的无罪证据

**380.** 2012/2/19/单

甲路过偏僻路段,看到其友乙强奸丙的犯罪事实。甲的下列哪一行为构成包庇罪?

A. 用手机向乙通报公安机关抓捕乙的消息

B. 对侦查人员的询问沉默不语

C. 对侦查人员声称乙、丙系恋人，因乙另有新欢遭丙报案诬陷

D. 经法院通知，无正当理由，拒绝出庭作证

**381.** 2011/2/17/单

下列哪一选项的行为应以掩饰、隐瞒犯罪所得罪论处？

A. 甲用受贿所得 1000 万元购买了一处别墅

B. 乙明知是他人用于抢劫的汽车而更改车身颜色

C. 丙与抢劫犯事前通谋后代为销售抢劫财物

D. 丁明知是他人盗窃的汽车而为其提供伪造的机动车来历凭证

**382.** 2009/2/62/单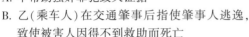

下列哪一行为构成包庇罪？①

A. 甲帮助强奸罪犯毁灭证据

B. 乙（乘车人）在交通肇事后指使肇事人逃逸，致使被害人因得不到救助而死亡

C. 丙明知实施杀人、放火犯罪行为是恐怖组织所为，而作假证明予以包庇

D. 丁系歌舞厅老板，在公安机关查处卖淫嫖娼违法行为时为违法者通风报信，情节严重

**383.** 2009/2/63/多

甲抢劫出租车，将被害司机尸体藏入后备箱后打电话给堂兄乙，请其帮忙。乙帮助甲把尸体埋掉，并把被害司机的证件、衣物等烧掉。两天后，甲把抢来的出租车送给乙。乙的行为构成何罪？

A. 抢劫罪

B. 包庇罪

C. 掩饰、隐瞒犯罪所得罪

D. 帮助毁灭证据罪

**384.** 2008/2/17/单

甲欠乙 10 万元久拖不还，乙向法院起诉并胜诉后，甲在履行期限内仍不归还。于是，乙向法院申请强制执行。当法院的执行人员持强制执行裁定书到甲家执行时，甲率领家人手持棍棒在门口守候，并将试图进入室内的执行人员打成重伤。甲的行为构成何罪？

A. 拒不执行判决、裁定罪

B. 聚众扰乱社会秩序罪

C. 妨害公务罪

D. 故意伤害罪

**考点51** 妨害国（边）境管理罪

**385.** 2022 回忆/多

某旅游公司法定代表人朱某组织 12 人偷越国（边）境，朱某让下属候某将 12 人带至国内边境某城市，然后将人分成两组，由荣某带领其中 7 人，由罗某带领其中 5 人，分别偷越边境。荣某带领这组人顺利偷越了边境，罗某带领的这组人尚未出境便被抓。下列哪些说法是正确的？

A. 荣某构成犯罪既遂

B. 朱某和侯某构成犯罪既遂

C. 罗某构成犯罪既遂

D. 本案应按照单位犯罪处理

**考点52** 妨害文物管理罪

**386.** 2010/2/63/多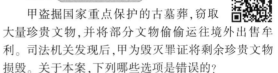

甲盗掘国家重点保护的古墓葬，窃取大量珍贵文物，并将部分文物偷偷运往境外出售牟利。司法机关发现后，甲为毁灭罪证将剩余珍贵文物损毁。关于本案，下列哪些选项是错误的？

A. 运往境外出售与损毁文物，属于不可罚的事后行为，对甲应以盗掘古墓葬罪、窃窃罪论处

B. 损毁文物是为自己毁灭证据的行为，不成立犯罪，对甲应以盗掘古墓葬罪、盗窃罪、走私文物罪论处

C. 盗窃文物是盗掘古墓葬罪的法定刑升格条件，对甲应以盗掘古墓葬罪、走私文物罪、故意损毁文物罪论处

D. 盗掘古墓葬罪的成立不以盗窃文物为前提，对甲应以盗掘古墓葬罪、盗窃罪、走私文物罪、故意损毁文物罪论处

**考点53** 危害公共卫生罪

**387.** 2013/2/18/单

医生甲退休后，擅自为人看病 2 年多。某日，甲为乙治疗，需注射青霉素。乙自述以前曾注射过青霉素，甲便未做皮试就给乙注射青霉素，乙因青霉素过敏而死亡。关于本案，下列哪一选项是正确的？

A. 以非法行医罪的结果加重犯论处

B. 以非法行医罪的基本犯论处

C. 以过失致人死亡罪论处

D. 以医疗事故罪论处

**考点54** 破坏环境资源保护罪

**388.** 2023 回忆/单

袁某身穿林业工作人员的衣服，假扮林业工作人员采伐林木，引起路人围观，但路人均认为他是工作人员，故未制止。后袁某将林木运

---

① 原为多选题，根据命题观点答案有变化，调整为单选题。

走卖掉。关于袁某的行为性质,下列哪一选项是正确的?

    A. 盗窃罪        B. 盗伐林木罪

    C. 滥伐林木罪    D. 诈骗罪

**389.** 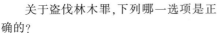 2017/2/20/单

关于盗伐林木罪,下列哪一选项是正确的?

    A. 甲盗伐本村村民张某院落外面的零星树木,如果盗伐数量较大,构成盗伐林木罪

    B. 乙在林区盗伐珍贵林木,数量较大,如同时触犯其他法条构成其他犯罪,应数罪并罚

    C. 丙将邻县国有林区的珍贵树木移植到自己承包的林地精心养护使之成活的,不属于盗伐林木

    D. 丁在林区偷扒数量不多的具有药用价值的树皮,致使数量较大的林木枯死的,构成盗伐林木罪

**390.** 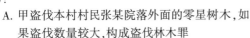 2013/2/19/单

甲公司竖立的广告牌被路边树枝遮挡,甲公司在未取得采伐许可的情况下,将遮挡广告牌的部分树枝砍掉,所砍树枝共计6立方米。关于本案,下列哪一选项是正确的?

    A. 盗伐林木包括砍伐树枝,甲公司的行为成立盗伐林木罪

    B. 盗伐林木罪是行为犯,不以破坏林木资源为要件,甲公司的行为成立盗伐林木罪

    C. 甲公司不以非法占有为目的,只成立滥伐林木罪

    D. 不能以盗伐林木罪判处甲公司罚金

**考点55** 走私、贩卖、运输、制造毒品罪

**391.**  2020 回忆/多

关于毒品犯罪,下列哪些选项是正确的?

    A. 甲想戒毒,便把自己所有的毒品给了乙,刚刚交到乙手上就被警察发现,甲构成非法持有毒品的共犯

    B. 甲从卖家乙处网购少量毒品用于吸食,待甲付款后,乙将毒品运往甲的住处。甲构成运输毒品罪的共犯

    C. 甲贩卖毒品给乙,交付完毕后当场被警察抓获。甲构成贩卖毒品罪,乙构成非法持有毒品罪

    D. 甲毒瘾发作,找毒贩乙购买毒品,毒贩乙嫌甲的购买量小而拒绝出卖。后经甲苦苦哀求,乙遂将毒品卖给甲。甲构成贩卖毒品罪的教唆犯

**392.** 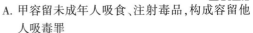 2017/2/61/多

关于毒品犯罪,下列哪些选项是正确的?

    A. 甲容留未成年人吸食、注射毒品,构成容留他人吸毒罪

    B. 乙随身携带藏有毒品的行李入关,被现场查获,构成走私毒品罪既遂

    C. 丙乘广州至北京的火车运输毒品,快到武汉时被查获,构成运输毒品罪既遂

    D. 丁以牟利为目的容留刘某吸食毒品并向其出卖毒品,构成容留他人吸毒罪和贩卖毒品罪,应数罪并罚

**393.**  2016/2/61/多

关于毒品犯罪,下列哪些选项是正确的?

    A. 甲无牟利目的,为江某代购仅用于吸食的毒品,达到非法持有毒品罪的数量标准。对甲应以非法持有毒品罪定罪

    B. 乙为蒋某代购仅用于吸食的毒品,在交通费等必要开销之外收取了若干"劳务费"。对乙应以贩卖毒品罪论处

    C. 丙与曾某互不知情,受雇于同一雇主,各自运输海洛因500克。丙将海洛因从一地运往另一地后,按雇主吩咐交给曾某,曾某再运往第三地。丙应对运输1000克海洛因负责

    D. 丁盗窃他人200克毒品后,将该毒品出卖。对丁应以盗窃罪和贩卖毒品罪实行数罪并罚

**394.** 甲在强制戒毒所戒毒时,无法抗拒毒瘾,设法逃出戒毒所。甲径直到毒贩陈某家,以赊账方式买了少量毒品过瘾。后甲逃往乡下,告知朋友乙详情,请乙收留。乙让甲住下(事实一)。

甲对陈某的毒品动起了歪脑筋,探知陈某将毒品藏在厨房灶膛内。某夜,甲先用毒包子毒死陈某的2条看门狗(价值6000元),然后翻进陈某院墙,从厨房灶膛拿走陈某50克纯冰毒(事实二)。

甲拿出40克冰毒,让乙将40克冰毒和80克其他物质混合,冒充120克纯冰毒卖出(事实三)。

请回答第(1)~(3)题。

(1)  2014/2/89/任

关于事实一,下列选项正确的是:

    A. 甲是依法被关押的人员,其逃出戒毒所的行为构成脱逃罪

    B. 甲购买少量毒品是为了自吸,购买毒品的行为不构成犯罪

    C. 陈某出卖毒品给甲,虽未收款,仍属于贩卖毒品既遂

    D. 乙收留甲的行为构成窝藏罪

（2）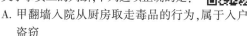 2014/2/90/任

关于事实二的判断，下列选项正确的是：

A. 甲翻墙入院从厨房取走毒品的行为，属于入户盗窃

B. 甲进入陈某厨房的行为触犯非法侵入住宅罪

C. 甲毒死陈某看门狗的行为是盗窃预备与故意毁坏财物罪的想象竞合

D. 对甲盗窃50克冰毒的行为，应以盗窃罪论处，根据盗窃情节轻重量刑

（3）2014/2/91/任

关于事实三的判断，下列选项正确的是：

A. 甲让乙卖出冰毒应定性为甲事后处理所盗赃物，对此不应追究甲的刑事责任

B. 乙将40克冰毒掺杂、冒充120克纯冰毒卖出的行为，符合诈骗罪的构成要件

C. 甲、乙既成立诈骗罪的共犯，又成立贩卖毒品罪的共犯

D. 乙在冰毒中掺杂使假，不构成制造毒品罪

**395.**  2012/2/62/多

关于毒品犯罪的论述，下列哪些选项是错误的？

A. 非法买卖制毒物品的，无论数量多少，都应追究刑事责任

B. 缉毒警察掩护、包庇走私毒品的犯罪分子的，构成放纵走私罪

C. 强行给他人注射毒品，使人形成毒瘾的，应以故意伤害罪论处

D. 窝藏毒品犯罪所得的财物的，属于窝藏毒赃罪与掩饰、隐瞒犯罪所得罪的法条竞合，应以窝藏毒赃罪定罪处刑

**396.**  2011/2/18/单

关于非法持有毒品罪，下列哪一选项是正确的？

A. 非法持有毒品的，无论数量多少都应当追究刑事责任

B. 持有毒品不限于本人持有，包括通过他人持有

C. 持有毒品者非所有者时，必须知道谁是所有者

D. 因贩卖而持有毒品的，应当实行数罪并罚

**397.**  2008/2/65/多

甲、乙均为吸毒人员，且关系密切。乙因买不到毒品，多次让甲将自己吸食的毒品转让几克给乙，甲每次均以购买价转让毒品给乙，未从中牟利。关于本案，下列哪些选项是错误的？

A. 贩卖毒品罪必须以营利为目的，故甲的行为不成立贩卖毒品罪

B. 贩卖毒品罪以获利为要件，故甲的行为不成立贩卖毒品罪

C. 甲属于无偿转让毒品，不属于贩卖毒品，故不成立贩卖毒品罪

D. 甲只是帮助乙吸食毒品，《刑法》没有将吸食毒品规定为犯罪，故甲不成立犯罪

**考点56** 组织、强迫、引诱、容留、介绍卖淫罪

**398.**  2004/2/89/任

对刑法关于组织、强迫、引诱、容留、介绍卖淫罪的规定，下列解释正确的是：

A. 引诱、容留、介绍卖淫罪，包括引诱、容留、介绍男性向同性卖淫

B. 引诱成年人甲卖淫、容留成年人乙卖淫的，成立引诱、容留卖淫罪，不实行并罚

C. 引诱幼女甲卖淫，容留幼女乙卖淫的，成立引诱幼女卖淫罪与容留卖淫罪，实行并罚

D. 引诱幼女向他人卖淫后又嫖宿该幼女的，以引诱幼女卖淫罪论处，从重处罚

**考点57** 制作、贩卖、传播淫秽物品罪

**399.**  2017/2/51/多

根据有关司法解释，关于利用互联网实施的犯罪行为，下列哪些说法是正确的？

A. 在网络上建立赌博网站的，属于开设赌场

B. 通过网络传播淫秽视频的，属于传播淫秽物品

C. 在网络上传播电子盗版书的，属于复制发行他人文字作品

D. 盗用他人网络账号、密码上网，造成他人电信资费损失的，属于盗窃他人财物

**400.**  2010/2/64/多

关于利用互联网传播淫秽物品牟利的犯罪，可以由哪些主体构成？

A. 网站建立者

B. 网站直接管理者

C. 电信业务经营者

D. 互联网信息服务提供者

**401.**  2002/2/2/单

孙某制作、复制大量的淫秽光盘，除出卖外，还多次将淫秽光盘借给许多人观看。对其行为应如何处理？

A. 以制作、复制、贩卖、传播淫秽物品牟利罪处理

B. 以组织播放淫秽音像制品罪从重处罚

C. 以制作、复制、贩卖、传播淫秽物品牟利罪和传播淫秽物品罪数罪并罚

D. 以传播淫秽物品罪从重处罚

# 专题十九　贪污贿赂罪

### 考点58　贪污罪

**402.** 〔2022 回忆/单〕

甲国有公司派遣的管理人员吴某、乙建筑公司的王某和监理公司的刘某共谋，王某以虚构水泥的方式使甲公司多付款 200 万元给乙公司，吴某和刘某确认签字，然后王某从中取出 60 万元，三人各分 20 万元，其余 140 万元用于乙公司运营。关于吴某、王某和刘某三人的行为，下列哪一说法是正确的？

A. 即使王某不是国家工作人员，仍然构成贪污罪，金额为 200 万元

B. 刘某构成受贿罪，金额为 20 万元

C. 吴某构成行贿罪，金额为 40 万元

D. 吴某虽然不是乙公司工作人员，仍构成职务侵占罪

**403.** 〔2017/2/21/单〕

国有甲公司领导王某与私企乙公司签订采购合同，以 10 万元的价格向乙公司采购一批设备。后王某发现，丙公司销售的相同设备仅为 6 万元。王某虽有权取消合同，但却与乙公司老总刘某商议，由王某花 6 万元从丙公司购置设备交给乙公司，再由乙公司以 10 万元的价格卖给甲公司。经王某签字批准，甲公司将 10 万元货款支付给乙公司后，刘某再将 10 万元返给王某。刘某为方便以后参与甲公司采购业务，完全照办。关于本案的分析，下列哪一选项是正确的？

A. 王某利用职务上的便利套取公款，构成贪污罪，贪污数额为 10 万元

B. 王某利用与乙公司签订合同的机会谋取私利，应以职务侵占罪论处

C. 刘某为谋取不正当利益，事后将货款交给王某，刘某行为构成贪污罪

D. 刘某协助王某骗取公款，但因其并非国家工作人员，故构成诈骗罪

**404.** 〔2017/2/89/任〕

某地政府为村民发放扶贫补贴，由各村村委会主任审核本村申请材料并分发补贴款。某村村委会主任王某、会计刘某以及村民陈某合谋伪造申请材料，企图每人套取 5 万元补贴款。王某任期届满，周某继任村委会主任后，政府才将补贴款拨到村委会。周某在分发补贴款时，发现了王某、刘某和陈某的企图，便只发给三人各 3 万元，将剩余 6 万元据为己有。三人心知肚明，但不敢声张。（事实一）

……

关于事实一的分析，下列选项正确的是：

A. 王某拿到补贴款时已经离任，不能认定其构成贪污罪

B. 刘某参与伪造申请材料，构成贪污罪，贪污数额为 3 万元

C. 陈某虽为普通村民，但参与他人贪污行为，构成贪污罪

D. 周某擅自侵吞补贴款，构成贪污罪，贪污数额为 6 万元

**405.** 甲送给国有收费站站长吴某 3 万元，与其约定：甲在高速公路另开出口帮货车司机逃费，吴某想办法让人对此不予查处，所得由二人分成。后甲组织数十人，锯断高速公路一侧隔离栏、填平隔离沟（恢复原状需 3 万元），形成一条出口。路过的很多货车司机知道经过收费站要收 300 元，而给甲 100 元即可绕过收费站继续前行。甲以此方式共得款 30 万元，但骗吴某仅得 20 万元，并按此数额分成。

请回答第（1）~（3）题。

**（1）** 〔2015/2/86/任〕

关于甲锯断高速公路隔离栏的定性，下列分析正确的是：

A. 任意损毁公私财物，情节严重，应以寻衅滋事罪论处

B. 聚众锯断高速公路隔离栏，成立聚众扰乱交通秩序罪

C. 锯断隔离栏的行为，即使得到吴某的同意，也构成故意毁坏财物罪

D. 锯断隔离栏属破坏交通设施，在危及交通安全时，还触犯破坏交通设施罪

**（2）** 〔2015/2/87/任〕

关于甲非法获利的定性，下列分析正确的是：

A. 擅自经营收费站收费业务，数额巨大，构成非法经营罪

B. 即使收钱时冒充国有收费站工作人员，也不构成招摇撞骗罪

C. 未使收费站工作人员基于认识错误免收司机过路费，不构成诈骗罪

D. 骗吴某仅得 20 万元的行为，构成隐瞒犯罪所得罪

**（3）** 〔2015/2/88/任〕

围绕吴某的行为，下列论述正确的是：

A. 利用职务上的便利侵吞本应由收费站收取的费用，成立贪污罪

B. 贪污数额为 30 万元

C. 收取甲 3 万元，利用职务便利为甲谋利益，成

立受贿罪
　　D. 贪污罪与受贿罪成立牵连犯,应从一重罪处断

**406.** 2011/2/63/多

关于贪污罪的认定,下列哪些选项是正确的?

　　A. 国有公司中从事公务的甲,利用职务便利将本单位收受的回扣据为己有,数额较大。甲行为构成贪污罪

　　B. 土地管理部门的工作人员乙,为农民多报青苗数,使其从房地产开发商处多领取 20 万元补偿款,自己分得 10 万元。乙行为构成贪污罪

　　C. 村民委员会主任丙,在协助政府管理土地征用补偿费时,利用职务便利将其中数额较大款项据为己有。丙行为构成贪污罪

　　D. 国有保险公司工作人员丁,利用职务便利编造未发生的保险事故进行虚假理赔,将骗取的 5 万元保险金据为己有。丁行为构成贪污罪

**407.** 2008/2/18/单

某国有公司出纳甲意图非法占有本人保管的公共财物,但不使用自己手中的钥匙和所知道的密码,而是使用铁棍将自己保管的保险柜打开并取走现金 3 万元。之后,甲伪造作案现场,声称失窃。关于本案,下列哪一选项是正确的?

　　A. 甲虽然是国家工作人员,但没有利用职务上的便利,故应认定为盗窃罪

　　B. 甲虽然没有利用职务上的便利,但也不属于将他人占有的财物转移为自己占有,故应认定为侵占罪

　　C. 甲将自己基于职务保管的财物据为己有,应成立贪污罪

　　D. 甲实际上是通过欺骗手段获得财物的,应认定为诈骗罪

**考点59 挪用公款罪**

**408.** 2021 回忆/任

齐某系某国有企业财务主管,刘某恳惑齐某挪用公款 300 万元交自己进行投资,承诺两个月后归还本金,获利平分。齐某照办。后刘某用其中的 100 万元进行投资,其余 200 万元用于购房。两个月后,刘某将 300 万元归还给齐某,齐某立即归还给单位。齐某和刘某挪用公款的数额分别是:

　　A. 均是 100 万元
　　B. 均是 300 万元
　　C. 齐某 300 万元,刘某 100 万元
　　D. 齐某 100 万元,刘某 300 万元

**409.** 2014/2/62/多

根据《刑法》与司法解释的规定,国家工作人员挪用公款进行营利活动、数额达到 1 万元或者挪用公款进行非法活动、数额达到 5000 元的,以挪用公款罪论处。国家工作人员甲利用职务便利挪用公款 1.2 万元,将 8000 元用于购买股票、4000 元用于赌博,在 1 个月内归还 1.2 万元。关于本案的分析,下列哪些选项是错误的?

　　A. 对挪用公款的行为,应按用途区分行为的性质与罪数;甲实施了两个挪用行为,对两个行为不能综合评价,甲的行为不成立挪用公款罪

　　B. 甲虽只实施了一个挪用公款行为,但由于既未达到挪用公款进行营利活动的数额要求,也未达到挪用公款进行非法活动的数额要求,故不构成挪用公款罪

　　C. 国家工作人员购买股票属于非法活动,故应认定甲属于挪用公款 1.2 万元进行非法活动,甲的行为成立挪用公款罪

　　D. 可将赌博行为评价为营利活动,认定甲属于挪用公款 1.2 万元进行营利活动,故甲的行为成立挪用公款罪

**410.** 2012/2/20/单

甲恳求国有公司财务主管乙,从单位挪用 10 万元供他炒股,并将一块名表送给乙。乙做假账将 10 万元交与甲,甲表示尽快归还。20 日后,乙用个人财产归还单位 10 万元。关于本案,下列哪一选项是错误的?

　　A. 甲、乙勾结私自动用公款,构成挪用公款罪的共犯

　　B. 乙虽 20 日后主动归还 10 万元,甲、乙仍属于挪用公款罪既遂

　　C. 乙非法收受名表,构成受贿罪

　　D. 对乙不能以挪用公款罪与受贿罪进行数罪并罚

**411.** 2010/2/20/单

下列哪一情形不属于“挪用公款归个人使用”?

　　A. 国家工作人员甲,将公款借给其弟炒股

　　B. 国家机关工作人员甲,以个人名义将公款借给原工作过的国有企业使用

　　C. 某县工商局长甲,以单位名义将公款借给某公司使用

　　D. 某国有公司总经理甲,擅自决定以本公司名义将公款借给某国有事业单位使用,以安排其子在该单位就业

**412.** 2008/2/92/任

国有公司财务人员甲于 2007 年 6 月挪用单位救灾款 100 万元,供自己购买股票,后股价大跌,甲无力归还该款项。2008 年 1 月,甲挪用单位办公经费 70 万元为自己购买商品房。两周后,甲采取销毁账目的手段,使挪用的办公经费 70 万元中的 50 万元难以在单位财务账上反映出来。甲一直未归还上述所有款项。关于甲的行为定性,下列选项正确的是:

　　A. 甲挪用救灾款的行为,不构成挪用特定款物罪

　　B. 甲挪用办公经费的行为构成挪用公款罪,挪用数额为 70 万元

　　C. 甲挪用办公经费后销毁账目且未归还的行为构成贪污罪,贪污数额为 50 万元

　　D. 对于甲应当以挪用公款罪、贪污罪实行并罚

**考点60 贿赂类犯罪**

**413.** 2022 回忆/单

在受贿人收下银行卡后,关于受贿罪既遂、未遂的判断,下列哪一说法是正确的?

　　A. 如银行卡里无资金,也构成既遂

　　B. 如银行卡里资金是定期存款,非活期存款,构成未遂

　　C. 收下银行卡后就构成既遂

　　D. 如银行卡里有资金且可支配使用,构成既遂

**414.** 2021 回忆/任

甲的丈夫涉嫌职务犯罪被监察机关留置。乙找到甲说:"给我 50 万元打点打点,肯定能把你丈夫捞出来。"甲遂交给乙 50 万元。实际上,乙只想用 10 万元打点关系。后乙将 40 万元用于偿还个人债务,另将 10 万元交给丙,让丙送给监察机关工作人员丁,请丁帮忙。丁当场拒收。下列说法正确的是:

　　A. 甲构成行贿罪既遂,数额为 50 万元

　　B. 乙构成诈骗罪既遂,数额为 40 万元

　　C. 乙和丙构成行贿罪未遂,数额为 10 万元

　　D. 假如丁收受 10 万元后立即上交有关机关,则乙、丙构成行贿罪既遂

**415.** 2020 回忆/单

甲设立 A 公司,注册资本为 1000 万元,因有事相求于乙,甲提出将 10% 股权送给国家工作人员乙,乙同意并办理了注册登记。之后乙持有的股票的价格涨到了 200 万元。甲又以 600 万元的价格回购该部分股权。乙的受贿金额是多少?

　　A. 200 万元　　　　B. 600 万元

　　C. 500 万元　　　　D. 400 万元

**416.** 2020 回忆/任

关于贿赂犯罪,下列说法正确的是:

　　A. 甲向国家工作人员乙行贿,甲带了 100 万元现金去乙的办公室,乙对甲说:"钱先放你那里吧。"甲遂将现金带回并放进自己的保险箱里,直至案发时也没有移动。甲行贿 100 万元既遂,乙受贿 100 万元既遂

　　B. 乙利用职务便利违法为甲开具彩票经营同意书,并欺骗甲需要支付 10 万元才能开具,甲信以为真支付 10 万元给乙。乙受贿 10 万元既遂

　　C. 甲向国家工作人员乙行贿,给了乙一张空白支票,支票最高金额为 999 万元,甲为确保乙能够支取,在自己相应账户上存有数千万元资金。直至案发时,乙也没有填写支票上的数字。甲行贿 999 万元既遂,乙受贿 999 万元既遂

　　D. 甲向国家工作人员乙行贿,给了乙一张 500 万元的银行卡,并告知其卡内余额,乙收下后,没有查看余额,也没有使用,直至案发时,卡上余额连本带息共 600 万元。甲行贿 500 万元,乙受贿 600 万元

**417.** 2017/2/62/多

关于受贿罪,下列哪些选项是正确的?

　　A. 国家工作人员明知其近亲属利用自己的职务行为受贿的,构成受贿罪

　　B. 国家工作人员虚假承诺利用职务之便为他人谋利,收取他人财物的,构成受贿罪

　　C. 国家机关工作人员实施渎职犯罪并收受贿赂,同时构成渎职罪和受贿罪的,除《刑法》有特别规定外,以渎职罪和受贿罪数罪并罚

　　D. 国家工作人员明知他人有请托事项而收受其财物,视为具备"为他人谋取利益"的构成要件,是否已实际为他人谋取利益,不影响受贿的认定

**418.** 2017/2/90/任

某地政府为村民发放扶贫补贴,由各村村委会主任审核本村申请材料并分发补贴款。某村村委会主任王某、会计刘某以及村民陈某合谋伪造申请材料,企图每人套取 5 万元补贴款。王某任期届满,周某继任村委会主任后,政府才将补贴款拨到村委会。周某在分发补贴款时,发现了王某、刘某和陈某的企图,便只发给三人各 3 万元,将剩余 6 万元据为己有。三人心知肚明,但不敢声张。(事实一)

后周某又想私自非法获取土地征收款,欲找县国土局局长张某帮忙,遂送给县工商局局长李某 10 万元,托其找张某说情。李某与张某不熟,送 5 万元给县财政局局长胡某,让胡某找张某。胡某找到张某后,张某碍于情面,违心答应,但并未付诸行动。(事实二)

　　......

关于事实二的分析,下列选项正确的是:

A. 周某为达非法目的,向国家工作人员行贿,构成行贿罪

B. 李某请托胡某帮忙,并送给胡某5万元,构成行贿罪

C. 李某未利用自身职务行为为周某谋利,但构成受贿罪既遂

D. 胡某收受李某财物进行斡旋,但未成功,构成受贿罪未遂

**419.** 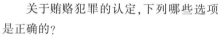 2016/2/21/单

国家工作人员甲听到有人敲门,开门后有人扔进一个包就跑。甲发现包内有20万元现金,推测是有求于自己职务行为的乙送的。甲打电话问乙时被告知"不要问是谁送的,收下就是了"(事实上是乙安排丙送的),并重复了前几天的请托事项。甲虽不能确定是乙送的,但还是允诺为乙谋取利益。关于本案,下列哪一选项是正确的?

A. 甲没有主动索取、收受财物,不构成受贿罪

B. 甲没有受贿的直接故意,间接故意不可能构成受贿罪,故甲不构成受贿罪

C. 甲允诺为乙谋取利益与收受20万元现金之间无因果关系,故不构成受贿罪

D. 即使认为甲不构成受贿罪,乙与丙也构成行贿罪

**420.** 2016/2/62/多

关于贿赂犯罪的认定,下列哪些选项是正确的?

A. 甲是公立高校普通任课教师,在学校委派其招生时,利用职务便利收受考生家长10万元。甲成立受贿罪

B. 乙是国有医院副院长,收受医药代表10万元,承诺为病人开处方时多开相关药品。乙成立非国家工作人员受贿罪

C. 丙是村委会主任,在村集体企业招投标过程中,利用职务收受他人财物10万元,为其谋利。丙成立非国家工作人员受贿罪

D. 丁为国有公司临时工,与本公司办理采购业务的副总经理相勾结,收受10万元回扣归二人所有。丁构成受贿罪

**421.** 甲是A公司(国有房地产公司)领导,因私人事务欠蔡某600万元。蔡某让甲还钱,甲提议以A公司在售的商品房偿还债务,蔡某同意。甲遂将公司一套价值600万元的商品房过户给蔡某,并在公司财务账目上记下自己欠公司600万元。三个月后,甲将账作平,至案发时亦未归还欠款。(事实一)

A公司有工程项目招标。为让和自己关系好的

私营公司老板程某中标,甲刻意安排另外两家公司与程某一起参与竞标。甲让这两家公司和程某分别制作工程预算和标书,但各方约定,若这两家公司中标,就将工程转包给程某。程某最终在A公司预算范围内以最优报价中标。为感谢甲,程某花5000元购买仿制古董赠与甲。甲以为是价值20万元的真品,欣然接受。(事实二)

甲曾因公务为A公司垫付各种费用5万元,但由于票据超期,无法报销。为挽回损失,甲指使知情的程某虚构与A公司的劳务合同并虚开发票。甲在合同上加盖公司公章后,找公司财务套取"劳务费"5万元。(事实三)

请回答第(1)~(3)题。

(1)  2016/2/89/任

关于事实一的分析,下列选项正确的是:

A. 甲将商品房过户给蔡某的行为构成贪污罪

B. 甲将商品房过户给蔡某的行为构成挪用公款罪

C. 甲虚假平账,不再归还600万元,构成贪污罪

D. 甲侵占公司600万元,应与挪用公款罪数罪并罚

(2)  2016/2/90/任

关于事实二的分析,下列选项正确的是:

A. 程某虽与其他公司串通参与投标,但不构成串通投标罪

B. 甲安排程某与他人串通投标,构成串通投标罪的教唆犯

C. 程某以行贿的意思向甲赠送仿制古董,构成行贿罪既遂

D. 甲以受贿的意思收下程某的仿制古董,构成受贿罪既遂

(3)  2016/2/91/任

关于事实三的分析,下列选项错误的是:

A. 甲以非法手段骗取国有公司的财产,构成诈骗罪

B. 甲具有非法占有公共财物的目的,构成贪污罪

C. 程某协助甲对公司财务人员进行欺骗,构成诈骗罪与贪污罪的想象竞合犯

D. 程某并非国家工作人员,但帮助国家工作人员贪污,构成贪污罪的帮助犯

**422.** 2015/2/21/单

根据《刑法》规定,国家工作人员利用本人职权或者(1)形成的便利条件,通过其他(2)职

务上的行为,为请托人谋取(3),索取请托人财物或者收受请托人财物的,以(4)论处。这在刑法理论上称为(5)。将下列哪一选项内容填充到以上相应位置是正确的?

A. (1)地位(2)国家机关工作人员(3)利益(4)利用影响力受贿罪(5)间接受贿

B. (1)职务(2)国家工作人员(3)利益(4)受贿罪(5)斡旋受贿

C. (1)职务(2)国家机关工作人员(3)不正当利益(4)利用影响力受贿罪(5)间接受贿

D. (1)地位(2)国家工作人员(3)不正当利益(4)受贿罪(5)斡旋受贿

**423.** 2014/2/21/多

交警甲和无业人员乙勾结,让乙告知超载司机"只交罚款一半的钱,即可优先通行";司机交钱后,乙将交钱司机的车号报给甲,由在高速路口执勤的甲放行。二人利用此法共得 32 万元,乙留下 10 万元,余款归甲。关于本案的分析,下列哪些选项是正确的?①

A. 甲、乙构成受贿罪共犯

B. 甲、乙构成贪污罪共犯

C. 甲、乙构成滥用职权罪共犯

D. 乙的受贿数额是 32 万元

**424.** 2013/2/63/多

关于受贿相关犯罪的认定,下列哪些选项是正确的?

A. 甲知道城建局长张某吸毒,以提供海洛因为条件请其关照工程招标,张某同意。甲中标后,送给张某 50 克海洛因。张某构成受贿罪

B. 乙系人社局副局长,乙父让乙将不符合社保条件的几名亲戚纳入社保范围后,收受亲戚送来的 3 万元。乙父构成利用影响力受贿罪

C. 国企退休厂长王某(正处级)利用其影响,让现任厂长帮忙,在本厂推销保险产品后,王某收受保险公司 3 万元。王某不构成受贿罪

D. 法院院长告知某企业经理赵某"如给法院捐赠 500 万元办公经费,你们那个案件可以胜诉"。该企业胜诉后,给法院单位账户打入 500 万元。应认定法院构成单位受贿罪

**425.** 2011/2/19/单

大学生甲为获得公务员面试高分,送给面试官乙(某机关领导)2 瓶高档白酒,乙拒绝。次日,甲再次到乙家,偷偷将一块价值 1 万元的金币放在茶几上离开。乙不知情。保姆以为乙知道此事,将金币放入乙的柜子。对于本案,下列哪一选项是错误的?

A. 甲的行为成立行贿罪

B. 乙的行为不构成受贿罪

C. 认定甲构成行贿罪与乙不构成受贿罪不矛盾

D. 保姆的行为成立利用影响力受贿罪

**426.** 2010/2/65/多

关于贿赂犯罪,下列哪些选项是错误的?

A. 国家工作人员利用职务便利,为请托人谋取利益并收受其财物而构成受贿罪的,请托人当然构成行贿罪

B. 因被勒索给予国家工作人员以财物的,当然不构成行贿罪

C. 行贿人在被追诉前主动交代行贿行为的,可以从轻或者减轻处罚

D. 某国家机关利用其职权或地位形成的便利条件,通过其他国家机关的职务行为,为请托人谋取利益,索取请托人财物的,构成单位受贿罪

**427.** 2009/2/60/多

甲向乙行贿五万元,乙收下后顺手藏于自家沙发垫下,匆忙外出办事。当晚,丙潜入乙家盗走该五万元。事后查明,该现金全部为假币。下列哪些选项是正确的?

A. 甲用假币行贿,其行为成立行贿罪未遂,是实行终了的未遂

B. 丙的行为没有侵犯任何人的合法财产,不构成盗窃罪

C. 乙虽然收受假币,但其行为仍构成受贿罪

D. 丙的行为侵犯了乙的占有权,构成盗窃罪

**428.** 2009/2/64/多

根据《刑法》有关规定,下列哪些说法是正确的?

A. 甲系某国企总经理之妻,甲让其夫借故辞退企业财务主管,而以好友陈某取而代之,陈某赠甲一辆价值 12 万元的轿车。甲构成犯罪

B. 乙系已离职的国家工作人员,请接任处长为缺少资质条件的李某办理了公司登记,收取李某 10 万元。乙构成犯罪

C. 丙系某国家机关官员之子,利用其父管理之便,请其父下属将不合条件的某企业列入政府采购范围,收受该企业 5 万元。丙构成犯罪

D. 丁系国家工作人员,在主管土地拍卖工作时向一家房地产公司通报了重要情况,使其如愿

---

① 原为单选题,根据新的命题观点答案有变化,调整为多选题。

获得黄金地块。丁退休后，该公司为表示感谢，自作主张送与丁价值 5 万元的按摩床。丁构成犯罪

**429.** 甲为某国有企业出纳，为竞争公司财务部主任职位欲向公司副总经理乙行贿。甲通过涂改账目等手段从公司提走 20 万元，委托总经理办公室秘书丙将 15 万元交给乙，并要丙在转交该款时一定为自己提升一事向乙"美言几句"。乙收下该款。8 天后，乙将收受钱款一事报告了公司总经理，并将 15 万元交到公司纪检部门。

1 个月后，甲得知公司委任其他人担任财务部主任，恼羞成怒找到乙说："还我 15 万，我去把公司钱款补上。你还必须付我 10 万元精神损害赔偿，否则我就将你告到检察院。"乙反复向甲说明钱已上交不能退还，但甲并不相信。数日后，甲携带一桶汽油闯入乙办公室纵火，导致室内空调等财物被烧毁。

请回答（1）～（4）题。

（1）2009/2/91/任
关于甲从公司提出公款 20 万元并将其中一部分行贿给乙的行为，下列选项错误的是：
　A. 甲构成贪污罪，数额是 20 万元；行贿罪与贪污罪之间是牵连关系，不再单独定罪
　B. 甲构成贪污罪、行贿罪，数罪并罚，贪污数额是 5 万元，行贿 15 万元
　C. 甲构成贪污罪、行贿罪，数罪并罚，贪污数额是 20 万元，行贿 15 万元
　D. 甲对乙说过要"去把公司钱款补上"，应当构成挪用公款罪，数额是 20 万元，再与行贿罪并罚

（2）2009/2/92/任
关于乙的行为，下列选项错误的是：
　A. 乙构成受贿罪既遂
　B. 乙构成受贿罪中止
　C. 乙犯罪以后上交赃物的行为，属于酌定从轻处罚情节
　D. 乙不构成犯罪

（3）2009/2/93/任
关于丙的行为，下列选项正确的是：
　A. 丙构成受贿罪共犯
　B. 丙构成介绍贿赂罪
　C. 丙构成行贿罪共犯
　D. 丙没有实行行为，不构成犯罪

（4）2009/2/94/任
关于甲得知财务部主任由他人担任后实施的行为，下列选项错误的是：
　A. 甲的行为只构成放火罪

　B. 甲索要 10 万元"精神损害赔偿"的行为不构成敲诈勒索罪
　C. 甲的行为是敲诈勒索罪与放火罪的想象竞合犯
　D. 甲的行为是敲诈勒索罪与放火罪的吸收犯

**430.** 2008/2/56/多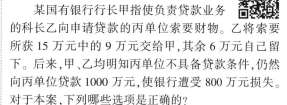
某国有银行行长甲指使负责贷款业务的科长乙向申请贷款的丙单位索要财物。乙将索要所获 15 万元中的 9 万元交给甲，其余 6 万元自己留下。后来，甲、乙均明知丙单位不具备贷款条件，仍然向丙单位贷款 1000 万元，使银行遭受 800 万元损失。对于本案，下列哪些选项是正确的？
　A. 甲的受贿数额是 9 万元
　B. 乙的受贿数额是 15 万元
　C. 甲、乙均构成违法发放贷款罪
　D. 对于甲、乙的违法发放贷款罪和受贿罪，应当数罪并罚

考点61 巨额财产来源不明罪
**431.** 2012/2/63/多
国家工作人员甲与民办小学教师乙是夫妻。甲、乙支出明显超过合法收入，差额达 300 万元。甲、乙拒绝说明财产来源。一审中，甲交代 300 万元系受贿所得，经查证属实。关于本案，下列哪些选项是正确的？
　A. 甲构成受贿罪
　B. 甲不构成巨额财产来源不明罪
　C. 乙不构成巨额财产来源不明罪
　D. 乙构成掩饰、隐瞒犯罪所得罪

# 专题二十　渎职罪

考点62 渎职罪
**432.** 2021 回忆/多
关于渎职犯罪，下列哪些说法是正确的？
　A. 市场监管执法人员甲明知钱某生产的口罩是伪劣产品，涉嫌犯罪，仍向其通风报信，帮助其逃避处罚。甲构成包庇罪
　B. 铁路警察乙发现吴某盗窃，因收了吴某的钱财，对吴某不予立案。乙构成徇私枉法罪和受贿罪，择一重罪论处
　C. 监狱管理人员丙在罪犯孙某执行有期徒刑期间，利用职权私下让其回家，要求其按时返回。丙构成私放在押人员罪
　D. 警察丁利用职权，使无资格获取驾驶证的周某取得驾驶证。某日，周某违章驾车、酿成车祸，致人死亡。丁构成滥用职权罪

**433.** 2017/2/63/多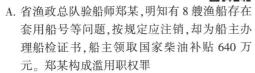

关于渎职罪,下列哪些选项是正确的?

A. 省渔政总队验船师郑某,明知有 8 艘渔船存在套用船号等问题,按规定应注销,却为船主办理船检证书,船主领取国家柴油补贴 640 万元。郑某构成滥用职权罪

B. 刑警曾某办理冯某抢劫案,明知冯某被取保候审后未定期到派出所报到,曾某也未依法传唤冯某或将案件移送起诉或变更强制措施。期间,冯某再次犯罪。曾某构成徇私枉法罪

C. 律师于某担任被告人马某的辩护人,从法院复印马某贪污案的案卷材料,允许马某亲属朱某查阅。朱某随后游说证人,使数名证人向于某出具了虚假证明材料。于某构成故意泄露国家秘密罪

D. 公安局协警闫某,在协助抓捕行动中,向领导黑社会性质组织的李某通风报信,导致李某等主要犯罪分子潜逃。闫某构成帮助犯罪分子逃避处罚罪

**434.** 2016/2/63/多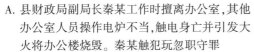

关于渎职犯罪,下列哪些选项是正确的?

A. 县财政局副局长秦某工作时擅离办公室,其他办公室人员操作电炉不当,触电身亡并引发大火将办公楼烧毁。秦某触犯玩忽职守罪

B. 县卫计局执法监督大队队长武某,未能发现何某在足疗店内非法开诊所行医,该诊所开张三天即造成一患者死亡。武某触犯玩忽职守罪

C. 负责建房审批工作的干部柳某,徇情为拆迁范围内违规修建的房屋补办了建设许可证,房主凭此获得补偿款 90 万元。柳某触犯滥用职权罪

D. 县长郑某擅自允许未经环境评估的水电工程开工,导致该县水域内濒危野生鱼类全部灭绝。郑某触犯滥用职权罪

**435.** 朱某系某县民政局副局长,率县福利企业年检小组到同学黄某任厂长的电气厂年检时,明知该厂的材料有虚假、残疾员工未达法定人数,但朱某以该材料为准,使其顺利通过年检。为此,电气厂享受了不应享受的退税优惠政策,获取退税 300 万元。黄某动用关系,帮朱某升任民政局局长。检察院在调查朱某时发现,朱某有 100 万元财产明显超过合法收入,但其拒绝说明来源。在审查起诉阶段,朱某交代 100 万元系在澳门赌场所赢,经查证属实。

请回答第(1)~(3)题。

(1) 2015/2/89/任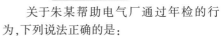

关于朱某帮助电气厂通过年检的行为,下列说法正确的是:

A. 其行为与国家损失 300 万元税收之间,存在因果关系

B. 属滥用职权,构成滥用职权罪

C. 属徇私舞弊,使国家税收遭受损失,同时构成徇私舞弊不征、少征税款罪

D. 事后虽获得了利益(升任局长),但不构成受贿罪

(2) 2015/2/90/任

关于朱某 100 万元财产的来源,下列分析正确的是:

A. 其财产、支出明显超过合法收入,这是巨额财产来源不明罪的实行行为

B. 在审查起诉阶段已说明 100 万元的来源,故不能以巨额财产来源不明罪提起公诉

C. 在澳门赌博,数额特别巨大,构成赌博罪

D. 作为国家工作人员,在澳门赌博,应依属人管辖原则追究其赌博的刑事责任

(3) 2015/2/91/任

关于黄某使电气厂获取 300 万元退税的定性,下列分析错误的是:

A. 具有逃税性质,触犯逃税罪

B. 具有诈骗属性,触犯诈骗罪

C. 成立逃税罪与提供虚假证明文件罪,应数罪并罚

D. 属单位犯罪,应对电气厂判处罚金,并对黄某判处相应的刑罚

**436.** 2014/2/63/任

丙实施抢劫犯罪后,分管公安工作的副县长甲滥用职权,让侦办此案的警察乙想办法使丙无罪。乙明知丙有罪,但为徇私情,采取毁灭证据的手段使丙未受起诉。关于本案的分析,下列哪些选项是正确的?

A. 因甲是国家机关工作人员,故甲是滥用职权罪的实行犯

B. 因甲居于领导地位,故甲是徇私枉法罪的间接正犯

C. 因甲实施了两个实行行为,故应实行数罪并罚

D. 乙的行为同时触犯徇私枉法罪与帮助毁灭证据罪、滥用职权罪,但因只有一个行为,应以徇私枉法罪论处

**437.** 2013/2/21/单

乙的孙子丙因涉嫌抢劫被刑拘。乙托甲设法使丙脱罪,并承诺事成后付其 10 万元。甲与

公安局副局长丁早年认识,但多年未见面。甲托丁对丙作无罪处理,丁不同意,甲便以揭发隐私要挟,丁被迫按甲的要求处理案件。后甲收到乙 10 万元现金。关于本案,下列哪一选项是错误的?

　　A. 对于"关系密切"应根据利用影响力受贿罪的实质进行解释,不能仅从形式上限定为亲朋好友

　　B. 根据 A 选项的观点,"关系密切"包括具有制约关系的情形,甲构成利用影响力受贿罪

　　C. 丁构成徇私枉法罪,甲构成徇私枉法罪的教唆犯

　　D. 甲的行为同时触犯利用影响力受贿罪与徇私枉法罪,应从一重罪论处

**438.** 2011/2/20/单

　　刘某以赵某对其犯故意伤害罪,向法院提起刑事附带民事诉讼。因赵某妹妹曾拒绝本案主审法官王某的求爱,故王某在明知证据不足、指控犯罪不能成立的情况下,毁灭赵某无罪证据,认定赵某构成故意伤害罪,并宣告免予刑罚处罚。对王某的定罪,下列哪一选项是正确的?

　　A. 徇私枉法罪

　　B. 滥用职权罪

　　C. 玩忽职守罪

　　D. 帮助毁灭证据罪

**439.** 2009/2/65/多

　　关于徇私枉法罪,下列哪些选项是正确的?

　　A. 甲(警察)与犯罪嫌疑人陈某曾是好友,在对陈某采取监视居住期间,故意对其放任不管,导致陈某逃匿,司法机关无法对其追诉。甲成立徇私枉法罪

　　B. 乙(法官)为报复被告人赵某对自己的出言不逊,故意在刑事附带民事判决中加大赵某对被害人的赔偿数额,致使赵某多付 10 万元。乙不成立徇私枉法罪

　　C. 丙(鉴定人)在收取犯罪嫌疑人盛某的钱财后,将被害人的伤情由重伤改为轻伤,导致盛某轻判。丙不成立徇私枉法罪

　　D. 丁(法官)为打击被告人程某,将对程某不起诉的理由从"证据不足,指控犯罪不能成立"擅自改为"可以免除刑罚"。丁成立徇私枉法罪

# 专题二十一　军人违反职责罪

**考点63** 军人违反职责罪

**440.** 2004/2/84/任

可能构成战时自伤罪的情况是:

A. 预备役人员张某在战时为逃避征召,自伤身体

B. 战士李某为尽早脱离战场,在敌人火力猛烈向我方阵地射击时,故意将手臂伸出掩体之外,被敌人子弹击中,无法继续作战

C. 战士王某战时奉命守卫仓库,站岗时因困倦睡着,导致仓库失窃,为了掩盖过错,他用匕首自伤身体,谎称遭到抢劫

D. 战士陈某为了立功当英雄,战时自伤身体,谎称在与偷袭的敌人交火时受伤

# 刑法 ［考点法条］

## 专题一 刑法概说

**考点2 刑法的基本原则**

第三条 ［罪刑法定原则］法律明文规定为犯罪行为的,依照法律定罪处刑;法律没有明文规定为犯罪行为的,不得定罪处刑。

第五条 ［罪刑相适应原则］刑罚的轻重,应当与犯罪分子所犯罪行和承担的刑事责任相适应。

**考点3 刑法的适用范围(效力)**

(一)刑法的空间效力

第六条 ［属地管辖］凡在中华人民共和国领域内犯罪的,除法律有特别规定的以外,都适用本法。

《刑法》

第九条 ［普遍管辖］对于中华人民共和国缔结或者参加的国际条约所规定的罪行,中华人民共和国在所承担条约义务的范围内行使刑事管辖权的,适用本法。

第十一条 ［享有外交特权和豁免权的外国人的刑事责任］享有外交特权和豁免权的外国人的刑事责任,通过外交途径解决。

《刑诉解释》

第六条 在国际列车上的犯罪,根据我国与相关国家签订的协定确定管辖;没有协定的,由该列车始发或者前方停靠的中国车站所在地负责审判铁路运输刑事案件的人民法院管辖。

(二)属人管辖权

第七条 ［属人管辖］中华人民共和国公民在中华人民共和国领域外犯本法规定之罪的,适用本法,但是按本法规定的最高刑为三年以下有期徒刑的,可以不予追究。

中华人民共和国国家工作人员和军人在中华人民共和国领域外犯本法规定之罪的,适用本法。

(三)从旧兼从轻

第十二条 ［刑法的溯及力］中华人民共和国成立以后本法施行以前的行为,如果当时的法律不认为是犯罪的,适用当时的法律;如果当时的法律认为是犯罪的,依照本法总则第四章第八节的规定应当追诉的,按照当时的法律追究刑事责任,但是如果本法不认为是犯罪或者处刑较轻的,适用本法。

本法施行以前,依照当时的法律已经作出的生效判决,继续有效。

## 专题二 犯罪构成

**考点8 故意与过失**

第十四条 ［故意犯罪］明知自己的行为会发生危害社会的结果,并且希望或者放任这种结果发生,因而构成犯罪的,是故意犯罪。

故意犯罪,应当负刑事责任。

第十五条 ［过失犯罪］应当预见自己的行为可能发生危害社会的结果,因为疏忽大意而没有预见,或者已经预见而轻信能够避免,以致发生这种结果的,是过失犯罪。

过失犯罪,法律有规定的才负刑事责任。

## 专题三 犯罪排除事由

**考点10 责任阻却事由:责任年龄、能力与期待可能性**

(一)刑事责任年龄

第十七条 ［刑事责任年龄］已满十六周岁的人犯罪,应当负刑事责任。

已满十四周岁不满十六周岁的人,犯故意杀人、故意伤害致人重伤或者死亡、强奸、抢劫、贩卖毒品、放火、爆炸、投放危险物质罪的,应当负刑事责任。

已满十二周岁不满十四周岁的人,犯故意杀人、故意伤害罪,致人死亡或者以特别残忍手段致人重伤造成严重残疾,情节恶劣,经最高人民检察院核准追诉的,应当负刑事责任。

对依照前三款规定追究刑事责任的不满十八周岁的人,应当从轻或者减轻处罚。

因不满十六周岁不予刑事处罚的,责令其父母或者其他监护人加以管教;在必要的时候,依法进行专门矫治教育。

第十七条之一 ［已满七十五周岁的人的刑事责任］已满七十五周岁的人故意犯罪的,可以从轻或者减轻处罚;过失犯罪的,应当从轻或者减轻处罚。

《未成年人刑事案件解释》

第二条 刑法第十七条规定的"周岁",按照公历的年、月、日计算,从周岁生日的第二天起算。

第三条 审理未成年人刑事案件,应当查明被告人实施被指控的犯罪时的年龄。裁判文书中应当写明被告人出生的年、月、日。

第四条 对于没有充分证据证明被告人实施被指控的犯罪时已经达到法定刑事责任年龄且确实无法查明的,应当推定其没有达到相应法定刑事责任年龄。

相关证据足以证明被告人实施被指控的犯罪时已经达到法定刑事责任年龄,但是无法准确查明被告人具体出生日期的,应当认定其达到相应法定刑事责任年龄。

第五条 已满十四周岁不满十六周岁的人实施刑法第十七条第二款规定以外的行为,如果同时触犯了刑法

第十七条第二款规定的,应当依照刑法第十七条第二款的规定确定罪名,定罪处罚。

第八条　已满十六周岁不满十八周岁的人出于以大欺小、以强凌弱或者寻求精神刺激,随意殴打其他未成年人,多次对其他未成年人强拿硬要或者任意损毁公私财物,扰乱学校及其他公共场所秩序,情节严重的,以寻衅滋事罪定罪处罚。

第十条　已满十四周岁不满十六周岁的人盗窃、诈骗、抢夺他人财物,为窝藏赃物、抗拒抓捕或者毁灭罪证,当场使用暴力,故意伤害致人重伤或者死亡,或者故意杀人的,应当分别以故意伤害或者故意杀人罪定罪处罚。

已满十六周岁不满十八周岁的人犯盗窃、诈骗、抢夺罪,为窝藏赃物、抗拒抓捕或者毁灭罪证而当场使用暴力或者以暴力相威胁的,应当依照刑法第二百六十九条的规定定罪处罚;情节轻微的,可不以抢劫罪定罪处罚。

第十二条　行为人在达到法定刑事责任年龄前后均实施了犯罪行为,只能依法追究其达到法定刑事责任年龄后实施的犯罪行为的刑事责任。

行为人在年满十八周岁前后实施了不同种犯罪行为,对其年满十八周岁以前实施的犯罪应当依法从轻或者减轻处罚。行为人在年满十八周岁前后实施了同种犯罪行为,在量刑时应当考虑对年满十八周岁以前实施的犯罪,适当给予从轻或者减轻处罚。

第十三条　未成年人犯罪只有罪行极其严重的,才可以适用无期徒刑。对已满十四周岁不满十六周岁的人犯罪一般不判处无期徒刑。

### (二)刑事责任能力

第十八条　[刑事责任能力]精神病人在不能辨认或者不能控制自己行为的时候造成危害结果,经法定程序鉴定确认的,不负刑事责任,但是应当责令他的家属或者监护人严加看管和医疗;在必要的时候,由政府强制医疗。

间歇性的精神病人在精神正常的时候犯罪,应当负刑事责任。

尚未完全丧失辨认或者控制自己行为能力的精神病人犯罪的,应当负刑事责任,但是可以从轻或者减轻处罚。

[自陷醉酒的人的刑事责任]醉酒的人犯罪,应当负刑事责任。

第十九条　[聋哑人、盲人的刑事责任]又聋又哑的人或者盲人犯罪,可以从轻、减轻或者免除处罚。

**考点11** 违法阻却事由之一:正当防卫与紧急避险

第二十条　[正当防卫]为了使国家、公共利益、本人或者他人的人身、财产和其他权利免受正在进行的不法侵害,而采取的制止不法侵害的行为,对不法侵害人造成损害的,属于正当防卫,不负刑事责任。

[防卫过当]正当防卫明显超过必要限度造成重大损害的,应当负刑事责任,但是应当减轻或者免除处罚。

[特殊防卫]对正在进行行凶、杀人、抢劫、强奸、绑架以及其他严重危及人身安全的暴力犯罪,采取防卫行为,造成不法侵害人伤亡的,不属于防卫过当,不负刑事责任。

[2018年回忆~防卫过当、非法拘禁罪;2013年真题~正当防卫]①

第二十一条　[紧急避险]为了使国家、公共利益、本人或者他人的人身、财产和其他权利免受正在发生的危险,不得已采取的紧急避险行为,造成损害的,不负刑事责任。

[避险过当]紧急避险超过必要限度造成不应有的损害的,应当负刑事责任,但是应当减轻或者免除处罚。

[避险主体限制]第一款中关于避免本人危险的规定,不适用于职务上、业务上负有特定责任的人。

**《依法适用正当防卫制度的指导意见》**

1.把握立法精神,严格公正办案。正当防卫是法律赋予公民的权利。要准确理解和把握正当防卫的法律规定和立法精神,对于符合正当防卫成立条件的,坚决依法认定。要切实防止"谁能闹谁有理""谁死伤谁有理"的错误做法,坚决捍卫"法不能向不法让步"的法治精神。

2.立足具体案情,依法准确认定。要立足防卫人防卫时的具体情境,综合考虑案件发生的整体经过,结合一般人在类似情境下的可能反应,依法准确把握防卫的时间、限度等条件。要充分考虑防卫人面临不法侵害时的紧迫状态和紧张心理,防止在事后以正常情况下冷静理性、客观精确的标准去评判防卫人。

3.坚持法理情统一,维护公平正义。认定是否构成正当防卫、是否防卫过当以及对防卫过当裁量刑罚时,要注重查明前因后果,分清是非曲直,确保案件处理于法有据、于理应当、于情相容,符合人民群众的公平正义观念,实现法律效果与社会效果的有机统一。

## 专题四　犯罪形态

**考点13** 犯罪预备、未遂、中止与既遂的判断

第二十二条　[犯罪预备]为了犯罪,准备工具、制造条件的,是犯罪预备。

对于预备犯,可以比照既遂犯从轻、减轻处罚或者免除处罚。

第二十三条　[犯罪未遂]已经着手实行犯罪,由于犯罪分子意志以外的原因而未得逞的,是犯罪未遂。

对于未遂犯,可以比照既遂犯从轻或者减轻处罚。[2022年回忆~犯罪形态;2021年回忆~故意杀人罪的犯罪未遂、犯罪中止;2019年回忆~犯罪未遂、敲诈勒索罪;2011年真题~犯罪未遂、诈骗罪、敲诈勒索罪]

第二十四条　[犯罪中止]在犯罪过程中,自动放弃犯罪或者自动有效地防止犯罪结果发生的,是犯罪中止。

对于中止犯,没有造成损害的,应当免除处罚;造成损害的,应当减轻处罚。[2021年回忆~故意杀人罪的犯罪未遂、犯罪中止;2015年真题~犯罪中止、故意杀人罪]

## 专题五　共同犯罪

**考点15** 共犯人的分类及其刑事责任

第二十五条　[共同犯罪]共同犯罪是指二人以上共

---

①　主客观重点法条以灰底标注,并注明主观题考查年份及考点。

同故意犯罪。

[共同过失犯罪]二人以上共同过失犯罪,不以共同犯罪论处;应当负刑事责任的,按照他们所犯的罪分别处罚。〔2022年回忆~共同犯罪;2020年回忆~共同犯罪、滥伐林木罪、徇私枉法罪;共同犯罪、实行过限、盗窃罪、敲诈勒索罪;2019年回忆~共同犯罪、抢劫罪;共同犯罪、故意杀人罪、故意伤害罪;2018年回忆~共同犯罪、故意伤害罪;2016年真题~共同犯罪、绑架罪;2014年真题~共同犯罪、从犯、贪污罪;2012年真题~共同犯罪、受贿罪〕

**第二十六条** [主犯]组织、领导犯罪集团进行犯罪活动的或者在共同犯罪中起主要作用的,是主犯。

[犯罪集团]三人以上为共同实施犯罪而组成的较为固定的犯罪组织,是犯罪集团。

[犯罪集团首要分子的责任]对组织、领导犯罪集团的首要分子,按照集团所犯的全部罪行处罚。

[其他主犯责任]对于第三款规定以外的主犯,应当按照其所参与的或者组织、指挥的全部犯罪处罚。

**第二十七条** [从犯]在共同犯罪中起次要或者辅助作用的,是从犯。

对于从犯,应当从轻、减轻处罚或者免除处罚。〔2023年回忆~诈骗罪的帮助犯、从犯;2014年真题~共同犯罪、从犯、贪污罪〕

**第二十九条** [教唆犯]教唆他人犯罪的,应当按照他在共同犯罪中所起的作用处罚。教唆不满十八周岁的人犯罪的,应当从重处罚。

如果被教唆的人没有犯被教唆的罪,对于教唆犯,可以从轻或者减轻处罚。〔2012年真题~教唆犯、盗窃罪、故意毁坏财物罪〕

# 专题六 单位犯罪

**考点17** 单位犯罪

**第三十条** [单位犯罪]公司、企业、事业单位、机关、团体实施的危害社会的行为,法律规定为单位犯罪的,应当负刑事责任。

**第三十一条** [单位犯罪的处罚原则]单位犯罪的,对单位判处罚金,并对其直接负责的主管人员和其他直接责任人员判处刑罚。本法分则和其他法律另有规定的,依照规定。

**《刑法第30条的解释》**

公司、企业、事业单位、机关、团体等单位实施刑法规定的危害社会的行为,刑法分则和其他法律未规定追究单位的刑事责任的,对组织、策划、实施该危害社会行为的人依法追究刑事责任。

**《单位犯罪案件有关问题的解释》**

**第一条** 刑法第三十条规定的"公司、企业、事业单位",既包括国有、集体所有的公司、企业、事业单位,也包括依法设立的合资经营、合作经营企业和具有法人资格的独资、私营等公司、企业、事业单位。

**第二条** 个人为进行违法犯罪活动而设立的公司、企业、事业单位实施犯罪的,或者公司、企业、事业单位设

立后,以实施犯罪为主要活动的,不以单位犯罪论处。

# 专题八 刑罚种类

**考点19** 主刑

**(一)死刑、死缓的适用对象及核准程序**

**第四十八条** [死刑、死缓的适用对象]死刑只适用于罪行极其严重的犯罪分子。对于应当判处死刑的犯罪分子,如果不是必须立即执行的,可以判处死刑同时宣告缓期二年执行。

[死刑、死缓的核准程序]死刑除依法由最高人民法院判决的以外,都应当报请最高人民法院核准。死刑缓期执行的,可以由高级人民法院判决或者核准。

**第四十九条** [死刑适用对象的限制]犯罪的时候不满十八周岁的人和审判的时候怀孕的妇女,不适用死刑。

审判的时候已满七十五周岁的人,不适用死刑,但以特别残忍手段致人死亡的除外。

**(二)死缓及减为有期徒刑的刑期计算**

**第五十一条** [死缓期间及减为有期徒刑的刑期计算]死刑缓期执行的期间,从判决确定之日起计算。死刑缓期执行减为有期徒刑的刑期,从死刑缓期执行期满之日起计算。

**《刑法》**

**第四十一条** [管制刑期的计算和折抵]管制的刑期,从判决执行之日起计算;判决执行以前先行羁押的,羁押一日折抵刑期二日。

**第四十四条** [拘役刑期的计算和折抵]拘役的刑期,从判决执行之日起计算;判决执行以前先行羁押的,羁押一日折抵刑期一日。

**第四十七条** [有期徒刑刑期的计算与折抵]有期徒刑的刑期,从判决执行之日起计算;判决执行以前先行羁押的,羁押一日折抵刑期一日。

**第五十条** [死缓的变更]判处死刑缓期执行的,在死刑缓期执行期间,如果没有故意犯罪,二年期满以后,减为无期徒刑;如果确有重大立功表现,二年期满以后,减为二十五年有期徒刑;如果故意犯罪,情节恶劣的,报请最高人民法院核准后执行死刑;对于故意犯罪未执行死刑的,死刑缓期执行的期间重新计算,并报最高人民法院备案。

[死缓的限制减刑]对被判处死刑缓期执行的累犯以及因故意杀人、强奸、抢劫、绑架、放火、爆炸、投放危险物质或者有组织的暴力性犯罪被判处死刑缓期执行的犯罪分子,人民法院根据犯罪情节等情况可以同时决定对其限制减刑。

**考点20** 附加刑

**(一)剥夺政治权利的期限及执行**

**第五十五条** [剥夺政治权利的期限]剥夺政治权利的期限,除本法第五十七条规定外,为一年以上五年以下。

判处管制附加剥夺政治权利的,剥夺政治权利的期限与管制的期限相等,同时执行。

**第五十八条** [剥夺政治权利的刑期计算、效力与执行]附加剥夺政治权利的刑期，从徒刑、拘役执行完毕之日或者从假释之日起计算；剥夺政治权利的效力当然施用于主刑执行期间。

被剥夺政治权利的犯罪分子，在执行期间，应当遵守法律、行政法规和国务院公安部门有关监督管理的规定，服从监督；不得行使本法第五十四条规定的各项权利。

《刑法》

**第五十七条** [剥夺政治权利终身及其变更]对于被判处死刑、无期徒刑的犯罪分子，应当剥夺政治权利终身。

在死刑缓期执行减为有期徒刑或者无期徒刑减为有期徒刑的时候，应当把附加剥夺政治权利的期限改为三年以上十年以下。

**(二)罚金和没收财产**

(1)罚金

**① 第五十二条** [罚金数额的确定依据]判处罚金，应当根据犯罪情节决定罚金数额。

《未成年人刑事案件解释》

**第十五条** 对未成年罪犯实施刑法规定的"并处"没收财产或者罚金的犯罪，应当依法判处相应的财产刑；对未成年罪犯实施刑法规定的"可以并处"没收财产或者罚金的犯罪，一般不判处财产刑。

对未成年罪犯判处罚金刑时，应当依法从轻或者减轻判处，并根据犯罪情节，综合考虑其缴纳罚金的能力，确定罚金数额。但罚金的最低数额不得少于五百元人民币。

对被判处罚金刑的未成年罪犯，其监护人或者其他人自愿代为垫付罚金的，人民法院应当允许。

《适用财产刑的规定》

**第一条** 刑法规定"并处"没收财产或者罚金的犯罪，人民法院在对犯罪分子判处主刑的同时，必须依法判处相应的财产刑；刑法规定"可以并处"没收财产或者罚金的犯罪，人民法院应当根据案件具体情况及犯罪分子的财产状况，决定是否适用财产刑。

**第二条** 人民法院应当根据犯罪情节，如违法所得数额、造成损失的大小等，并综合考虑犯罪分子缴纳罚金的能力，依法判处罚金。刑法没有明确规定罚金数额标准的，罚金的最低数额不能少于一千元。

对未成年犯罪应当从轻或者减轻判处罚金，但罚金的最低数额不能少于五百元。

**第四条** 犯罪情节较轻，适用单处罚金不致再危害社会并具有下列情形之一的，可以依法单处罚金：

(一)偶犯或者初犯；

(二)自首或者有立功表现的；

(三)犯罪时不满十八周岁的；

(四)犯罪预备、中止或者未遂的；

(五)被胁迫参加犯罪的；

(六)全部退赃并有悔罪表现的；

(七)其他可以依法单处罚金的情形。

**② 第五十三条** [罚金的缴纳方式]罚金在判决指定的期限内一次或者分期缴纳。期满不缴纳的，强制缴纳。对于不能全部缴纳罚金的，人民法院在任何时候发现被执行人有可以执行的财产，应当随时追缴。

由于遭遇不能抗拒的灾祸等原因缴纳确实有困难的，经人民法院裁定，可以延期缴纳、酌情减少或者免除。

《适用财产刑的规定》

**第五条** 刑法第五十三条规定的"判决指定的期限"应当在判决书中予以确定；"判决指定的期限"应为从判决发生法律效力第2日起最长不超过3个月。

**第六条** 刑法第五十三条规定的"由于遭遇不能抗拒的灾祸缴纳确实有困难的"，主要是指因遭受火灾、水灾、地震等灾祸而丧失财产；罪犯因重病、伤残等而丧失劳动能力，或者需要罪犯抚养的近亲属患有重病，需支付巨额医药费等，确实没有财产可供执行的情形。

具有刑法第五十三条规定"可以酌情减少或者免除"事由的，由罪犯本人、亲属或者犯罪单位向负责执行的人民法院提出书面申请，并提供相应的证明材料。人民法院审查以后，根据实际情况，裁定减少或者免除应当缴纳的罚金数额。

**第十条** 财产刑由第一审人民法院执行。

犯罪分子的财产在异地的，第一审人民法院可以委托财产所在地人民法院代为执行。

(2)没收财产

**① 第五十九条** [没收财产的范围]没收财产是没收犯罪分子个人所有财产的一部或者全部。没收全部财产的，应当对犯罪分子个人及其扶养的家属保留必需的生活费用。

在判处没收财产的时候，不得没收属于犯罪分子家属所有或者应有的财产。

《刑事诉讼法》

**第二百七十二条** 没收财产的判决，无论附加适用或者独立适用，都由人民法院执行；在必要的时候，可以会同公安机关执行。

**第二百九十八条** 对于贪污贿赂犯罪、恐怖活动犯罪等重大犯罪案件，犯罪嫌疑人、被告人逃匿，在通缉一年后不能到案，或者犯罪嫌疑人、被告人死亡，依照刑法规定应当追缴其违法所得及其他涉案财产的，人民检察院可以向人民法院提出没收违法所得的申请。

公安机关认为有前款规定情形的，应当写出没收违法所得意见书，移送人民检察院。

没收违法所得的申请应当提供与犯罪事实、违法所得相关的证据材料，并列明财产的种类、数量、所在地及查封、扣押、冻结的情况。

人民法院在必要的时候，可以查封、扣押、冻结申请没收的财产。

**② 第六十条** [正当债务的偿还]没收财产以前犯罪分子所负的正当债务，需要以没收的财产偿还的，经债权人请求，应当偿还。

《刑法》

**第三十六条** [赔偿经济损失]由于犯罪行为而使被

害人遭受经济损失的,对犯罪分子除依法给予刑事处罚外,并应根据情况判处赔偿经济损失。

[民事赔偿优先]承担民事赔偿责任的犯罪分子,同时被判处罚金,其财产不足以全部支付的,或者被判处没收财产的,应当先承担对被害人的民事赔偿责任。

**《适用财产刑的规定》**

第七条 刑法第六十条规定的"没收财产以前犯罪分子所负的正当债务",是指犯罪分子在判决生效前所负他人的合法债务。

# 专题九 刑罚裁量

**考点22 累犯**

第六十五条 [一般累犯]被判处有期徒刑以上刑罚的犯罪分子,刑罚执行完毕或者赦免以后,在五年以内再犯应当判处有期徒刑以上刑罚之罪的,是累犯,应当从重处罚,但是过失犯罪和不满十八周岁的人犯罪的除外。

前款规定的期限,对于被假释的犯罪分子,从假释期满之日起计算。

第六十六条 [特别累犯]危害国家安全犯罪、恐怖活动犯罪、黑社会性质的组织犯罪的犯罪分子,在刑罚执行完毕或者赦免以后,在任何时候再犯上述任一类罪的,都以累犯论处。

**《刑法》**

第七十四条 [累犯不适用缓刑]对于累犯和犯罪集团的首要分子,不适用缓刑。

第八十一条第二款 [假释的适用条件]对累犯以及因故意杀人、强奸、抢劫、绑架、放火、爆炸、投放危险物质或者有组织的暴力性犯罪被判处十年以上有期徒刑、无期徒刑的犯罪分子,不得假释。

**《认定累犯如何确定刑罚执行完毕以后"五年以内"起始日期的批复》**

刑法第六十五条第一款规定的"刑罚执行完毕",是指刑罚执行到期应予释放之日。认定累犯,确定刑罚执行完毕以后"五年以内"的起始日期,应当从刑满释放之日起计算。

**考点23 自首和立功**
**(一)自首**

第六十七条 [一般自首]犯罪以后自动投案,如实供述自己的罪行的,是自首。对于自首的犯罪分子,可以从轻或者减轻处罚。其中,犯罪较轻的,可以免除处罚。

[特别自首]被采取强制措施的犯罪嫌疑人、被告人和正在服刑的罪犯,如实供述司法机关还未掌握的本人其他罪行的,以自首论。

[坦白]犯罪嫌疑人虽不具有前两款规定的自首情节,但是如实供述自己罪行的,可以从轻处罚;因其如实供述自己罪行,避免特别严重后果发生的,可以减轻处罚。[2023年回忆~自首;2019年回忆~自首、立功、行贿罪;2011年真题~自首]

**《自首和立功解释》**

第一条 根据刑法第六十七条第一款的规定,犯罪以后自动投案,如实供述自己的罪行的,是自首。

(一)自动投案,是指犯罪事实或者犯罪嫌疑人未被司法机关发觉,或者虽被发觉,但犯罪嫌疑人尚未受到讯问、未被采取强制措施时,主动、直接向公安机关、人民检察院或者人民法院投案。

犯罪嫌疑人向其所在单位、城乡基层组织或者其他有关负责人员投案的;犯罪嫌疑人因病、伤或者为了减轻犯罪后果,委托他人先代为投案,或者先以信电投案的;罪行尚未被司法机关发觉,仅因形迹可疑,被有关组织或者司法机关盘问、教育后,主动交代自己的罪行的;犯罪后逃跑,在被通缉、追捕过程中,主动投案的;经查实确已准备去投案,或者正在投案途中,被公安机关捕获的,应当视为自动投案。

并非出于犯罪嫌疑人主动,而是经亲友规劝、陪同投案的;公安机关通知犯罪嫌疑人的亲友,或者亲友主动报案后,将犯罪嫌疑人送去投案的,也应当视为自动投案。

犯罪嫌疑人自动投案后又逃跑的,不能认定为自首。

(二)如实供述自己的罪行,是指犯罪嫌疑人自动投案后,如实交代自己的主要犯罪事实。

犯有数罪的犯罪嫌疑人仅如实供述所犯数罪中部分犯罪的,只对如实供述部分犯罪的行为,认定为自首。

共同犯罪案件中的犯罪嫌疑人,除如实供述自己的罪行,还应当供述所知的同案犯,主犯则应当供述所知其他同案犯的共同犯罪事实,才能认定为自首。

犯罪嫌疑人自动投案并如实供述自己的罪行后又翻供的,不能认定为自首;但在一审判决前又能如实供述的,应当认定为自首。[2023年回忆~自首的认定]

第二条 根据刑法第六十七条第二款的规定,被采取强制措施的犯罪嫌疑人、被告人和已宣判的罪犯,如实供述司法机关尚未掌握的罪行,与司法机关已掌握的或者判决确定的罪行属不同种罪行的,以自首论。

第三条 根据刑法第六十七条第一款的规定,对于自首的犯罪分子,可以从轻或者减轻处罚;对于犯罪较轻的,可以免除处罚。具体确定从轻、减轻还是免除处罚,应当根据犯罪轻重,并考虑自首的具体情节。

第四条 被采取强制措施的犯罪嫌疑人、被告人和已宣判的罪犯,如实供述司法机关尚未掌握的罪行,与司法机关已掌握的或者判决确定的罪行属同种罪行的,可以酌情从轻处罚;如实供述的同种罪行较重的,一般应当从轻处罚。

**《自首和立功意见》**
一、关于"自动投案"的具体认定

《解释》第1条第(一)项规定七种应当视为自动投案的情形,体现了犯罪嫌疑人投案的主动性和自愿性。根据《解释》第1条第(一)项的规定,犯罪嫌疑人具有以下情形之一的,也应当视为自动投案:1.犯罪后主动报案,虽未表明自己是作案人,但没有逃离现场,在司法机关询问时交代自己罪行的;2.明知他人报案而在现场等待,抓捕时无拒捕行为,供认犯罪事实的;3.在司法机关未确定犯罪嫌疑人，尚在一般性排查询问时主动交代自己罪行的;4. 因特定违法行为被采取劳动教养①、行政拘留、司法拘留、强制隔离戒毒等行政、司法强制措施期间,主动向执行机关交代尚未被掌握的犯罪行为的;5. 其他符合立法本意,应当视为自动投案的情形。

罪行未被有关部门、司法机关发觉,仅因形迹可疑被盘问、教育后,主动交代了犯罪事实的,应当视为自动投案,但有关部门、司法机关在其身上、随身携带的物品、驾乘的交通工具等处发现与犯罪有关的物品的,不能认定为自动投案。

交通肇事后保护现场、抢救伤者,并向公安机关报告的,应认定为自动投案,构成自首的,因上述行为同时系犯罪嫌疑人的法定义务,对其是否从宽、从宽幅度要适当从严掌握。交通肇事逃逸后自动投案,如实供述自己罪行,应认定为自首,但应依法以较重法定刑为基准,视情决定对其是否从宽处罚以及从宽处罚的幅度。

犯罪嫌疑人被亲友采用捆绑等手段送到司法机关,或者在亲友带领侦查人员前来抓捕时无拒捕行为,并如实供述犯罪事实的,虽然不能认定为自动投案,但可以参照法律对自首的有关规定酌情从轻处罚。

二、关于"如实供述自己的罪行"的具体认定

《解释》第1条第(二)项规定如实供述自己的罪行,除供述自己的主要犯罪事实外,还应包括姓名、年龄、职业、住址、前科等情况。犯罪嫌疑人供述的身份等情况与真实情况虽有差别,但不影响定罪量刑的,应认定为如实供述自己的罪行。犯罪嫌疑人自动投案后隐瞒自己的真实身份等情况,影响对其定罪量刑的,不能认定为如实供述自己的罪行。

犯罪嫌疑人多次实施同种罪行的,应当综合考虑已交代的犯罪事实与未交代的犯罪事实的危害程度,决定是否认定为如实供述主要犯罪事实。虽然投案后没有交代全部犯罪事实,但如实交代的犯罪情节重于未交代的犯罪情节,或者如实交代的犯罪数额多于未交代的犯罪数额,一般应认定为如实供述自己的主要犯罪事实。无法区分已交代的与未交代的犯罪情节的严重程度,或者已交代的犯罪数额与未交代的犯罪数额相当,一般不认定为如实供述自己的主要犯罪事实。

犯罪嫌疑人自动投案时虽然没有交代自己的主要犯罪事实,但在司法机关掌握其主要犯罪事实之前主动交代的,应认定为如实供述自己的罪行。

三、关于"司法机关还未掌握的本人其他罪行"和"不同种罪行"的具体认定

犯罪嫌疑人、被告人在被采取强制措施期间,向司法机关主动如实供述本人的其他罪行,该罪行能否认定为司法机关已掌握,应根据不同情形区别对待。如果该罪行已被通缉,一般应以该司法机关是否在通缉令发布范围内作出判断,不在通缉令发布范围内的,应认定为还未掌握,在通缉令发布范围内的,应视为已掌握;如果该罪行已录入全国公安信息网络在逃人员信息数据库,应视为已掌握。如果该罪行未被通缉、也未录入全国公安信息网络在逃人员信息数据库,应以该司法机关是否已实际掌握该罪行为标准。

犯罪嫌疑人、被告人在被采取强制措施期间如实供述本人其他罪行,该罪行与司法机关已掌握的罪行属同种罪行还是不同种罪行,一般应以罪名区分。虽然如实供述的其他罪行的罪名与司法机关已掌握犯罪的罪名不同,但如实供述的其他罪行与司法机关已掌握的犯罪属选择性罪名或者在法律、事实上密切关联,如因受贿被采取强制措施后,又交代因受贿为他人谋取利益行为,构成滥用职权罪的,应认定为同种罪行。

**(二)立功**

**第六十八条** [立功]犯罪分子有<u>揭发他人犯罪行为,查证属实的,或者提供重要线索,从而得以侦破其他案件等立功表现的,可以从轻或者减轻处罚;有重大立功表现的,可以减轻或者免除处罚</u>。[2019年回忆~自首、立功、行贿罪;2011年真题~立功]

《自首和立功解释》

第五条 根据刑法第六十八条第一款的规定,犯罪分子到案后有检举、揭发他人犯罪行为,包括共同犯罪案件中的犯罪分子揭发同案犯共同犯罪以外的其他犯罪,经查证属实;提供侦破其他案件的重要线索,经查证属实;阻止他人犯罪活动;协助司法机关抓捕其他犯罪嫌疑人(包括同案犯);具有其他有利于国家和社会的突出表现的,应当认定为有立功表现。

第六条 共同犯罪案件的犯罪分子到案后,揭发同案犯共同犯罪事实的,可以酌情予以从轻处罚。

第七条 根据刑法第六十八条第一款的规定,犯罪分子有检举、揭发他人重大犯罪行为,经查证属实;提供侦破其他重大案件的重要线索,经查证属实;阻止他人重大犯罪活动;协助司法机关抓捕其他重大犯罪嫌疑人(包括同案犯);对国家和社会有其他重大贡献等表现的,应当认定为有重大立功表现。

<u>前款所称"重大犯罪"、"重大案件"、"重大犯罪嫌疑人"的标准,一般是指犯罪嫌疑人、被告人可能被判处无期徒刑以上刑罚或者案件在本省、自治区、直辖市或者全国范围内有较大影响等情形。</u>[2021年回忆~认罪认罚中的重大立功]

《自首和立功意见》

四、关于立功线索来源的具体认定

犯罪分子通过贿买、暴力、胁迫等非法手段,或者被羁押后与律师、亲友会见过程中违反监管规定,获取他人犯罪线索并"检举揭发"的,不能认定为有立功表现。

犯罪分子将本人以往查办犯罪职务活动中掌握的,或者从负有查办犯罪、监管职责的国家工作人员处获取的他人犯罪线索予以检举揭发的,不能认定为有立功表现。

犯罪分子亲友为使犯罪分子"立功",向司法机关提供他人犯罪线索、协助抓捕犯罪嫌疑人的,不能认定为犯罪分子有立功表现。

----

① 劳动教养制度现已废止,编者注。

五、关于"协助抓捕其他犯罪嫌疑人"的具体认定

犯罪分子具有下列行为之一,使司法机关抓获其他犯罪嫌疑人的,属于《解释》第5条规定的"协助司法机关抓捕其他犯罪嫌疑人":1.按照司法机关的安排,以打电话、发信息等方式将其他犯罪嫌疑人(包括同案犯)约至指定地点的;2.按照司法机关的安排,当场指认、辨认其他犯罪嫌疑人(包括同案犯)的;3.带领侦查人员抓获其他犯罪嫌疑人(包括同案犯)的;4.提供司法机关尚未掌握的其他案件犯罪嫌疑人的联络方式、藏匿地址,等等。

犯罪分子提供同案犯姓名、住址、体貌特征等基本情况,或者提供犯罪前、犯罪中掌握、使用的同案犯联络方式、藏匿地址,司法机关据此抓捕同案犯的,不能认定为协助司法机关抓捕同案犯。

**《职务犯罪认定自首、立功等量刑情节的意见》**
**二、关于立功的认定和处理**

立功必须是犯罪分子本人实施的行为。为使犯罪分子得到从轻处理,犯罪分子的亲友直接向有关机关揭发他人犯罪行为,提供侦破其他案件的重要线索,或者协助司法机关抓捕其他犯罪嫌疑人的,不应当认定为犯罪分子的立功表现。

据以立功的他人罪行材料应当指明具体犯罪事实;据以立功的线索或者协助行为对于侦破案件或者抓捕犯罪嫌疑人要有实际作用。犯罪分子揭发他人犯罪行为时没有指明具体犯罪事实的;揭发的犯罪事实与查实的犯罪事实不具有关联性的;提供的线索或者协助行为对于其他案件的侦破或者其他犯罪嫌疑人的抓捕不具有实际作用的,不能认定为立功表现。

犯罪分子揭发他人犯罪行为,提供侦破其他案件重要线索的,必须经查证属实,才能认定为立功。审查是否构成立功,不仅要审查办案机关的说明材料,还要审查有关事实和证据以及与案件定性处罚相关的法律文书,如立案决定书、逮捕决定书、侦查终结报告、起诉意见书、起诉书或者判决书等。

据以立功的线索、材料来源有下列情形之一的,不能认定为立功:(1)本人通过非法手段或者非法途径获取的;(2)本人因原担任的查禁犯罪等职务获取的;(3)他人违反监管规定向犯罪分子提供的;(4)负有查禁犯罪活动职责的国家机关工作人员或者其他国家工作人员利用职务便利提供的。

犯罪分子检举、揭发的他人犯罪,提供侦破其他案件的重要线索,阻止他人的犯罪活动,或者协助司法机关抓捕的其他犯罪嫌疑人、犯罪嫌疑人、被告人依法可能被判处无期徒刑以上刑罚的,应当认定为有重大立功表现。其中,可能被判处无期徒刑以上刑罚,是指根据犯罪行为的事实、情节可能判处无期徒刑以上刑罚。案件已经判决的,以实际判处的刑罚为准。但是,根据犯罪行为的事实、情节应判处无期徒刑以上刑罚,因被判刑人有法定情节经依法从轻、减轻处罚后判处有期徒刑的,应当认定为重大立功。

对于具有立功情节的犯罪分子,应当根据犯罪的事实、性质、情节和对于社会的危害程度,结合立功表现所起作用的大小、所破获案件的罪行轻重、所抓获犯罪嫌疑人可能判处的法定刑以及立功的时机等具体情节,依法决定是否从轻、减轻或者免除处罚以及从轻、减轻处罚的幅度。

**考点24 数罪并罚**

**第六十九条** [判决宣告前一人犯数罪的并罚]判决宣告以前一人犯数罪的,除判处死刑和无期徒刑的以外,应当在总和刑期以下、数刑中最高刑期以上,酌情决定执行的刑期,但是管制最高不能超过三年,拘役最高不能超过一年,有期徒刑总和刑期不满三十五年的,最高不能超过二十年,总和刑期在三十五年以上的,最高不能超过二十五年。

数罪中有判处有期徒刑和拘役的,执行有期徒刑。数罪中有判处有期徒刑和管制,或者拘役和管制的,有期徒刑、拘役执行完毕后,管制仍须执行。

数罪中有判处附加刑的,附加刑仍须执行,其中附加刑种类相同的,合并执行,种类不同的,分别执行。〔2018年回忆~数罪并罚〕

**第七十条** [判决宣告后刑罚执行完毕前发现漏罪的并罚]判决宣告以后,刑罚执行完毕以前,发现被判刑的犯罪分子在判决宣告以前还有其他罪没有判决的,应当对新发现的罪作出判决,把前后两个判决所判处的刑罚,依照本法第六十九条的规定,决定执行的刑罚。已经执行的刑期,应当计算在新判决决定的刑期以内。

**第七十一条** [判决宣告后刑罚执行完毕前又犯新罪的并罚]判决宣告以后,刑罚执行完毕以前,被判刑的犯罪分子又犯罪的,应当对新犯的罪作出判决,把前罪没有执行的刑罚和后罪所判处的刑罚,依照本法第六十九条的规定,决定执行的刑罚。

**考点25 缓刑**

**第七十二条** [缓刑的适用条件]对于被判处拘役、三年以下有期徒刑的犯罪分子,同时符合下列条件的,可以宣告缓刑,对其中不满十八周岁的人、怀孕的妇女和已满七十五周岁的人,应当宣告缓刑:

(一)犯罪情节较轻;

(二)有悔罪表现;

(三)没有再犯罪的危险;

(四)宣告缓刑对所居住社区没有重大不良影响。

宣告缓刑,可以根据犯罪情况,同时禁止犯罪分子在缓刑考验期限内从事特定活动,进入特定区域、场所,接触特定的人。

[被宣告缓刑的犯罪分子的附加刑的执行]被宣告缓刑的犯罪分子,如果被判处附加刑,附加刑仍须执行。

**第七十七条** [缓刑的撤销及其处理]被宣告缓刑的犯罪分子,在缓刑考验期限内犯新罪或者发现判决宣告以前还有其他罪没有判决的,应当撤销缓刑,对新犯的罪或者新发现的罪作出判决,把前罪和后罪所判处的刑罚,依照本法第六十九条的规定,决定执行的刑罚。

被宣告缓刑的犯罪分子,在缓刑考验期限内,违反法

律、行政法规或者国务院有关部门关于缓刑的监督管理规定,或者违反人民法院判决中的禁止令,情节严重的,应当撤销缓刑,执行原判刑罚。

**《刑法》**

第七十三条 [缓刑的考验期限]拘役的缓刑考验期限为原判刑期以上一年以下,但是不能少于二个月。

有期徒刑的缓刑考验期限为原判刑期以上五年以下,但是不能少于一年。

缓刑考验期限,从判决确定之日起计算。

第七十四条 [累犯不适用缓刑]对于累犯和犯罪集团的首要分子,不适用缓刑。

第七十五条 [缓刑犯应遵守的规定]被宣告缓刑的犯罪分子,应当遵守下列规定:

(一)遵守法律、行政法规,服从监督;

(二)按照考察机关的规定报告自己的活动情况;

(三)遵守考察机关关于会客的规定;

(四)离开所居住的市、县或者迁居,应当报经考察机关批准。

第七十六条 [缓刑的考察机关及其积极后果]对宣告缓刑的犯罪分子,在缓刑考验期限内,依法实行社区矫正,如果没有本法第七十七条规定的情形,缓刑考验期满,原判的刑罚就不再执行,并公开予以宣告。

**《办理醉酒危险驾驶刑事案件的意见》**

第十四条 对符合刑法第七十二条规定的醉驾被告人,依法宣告缓刑。具有下列情形之一的,一般不适用缓刑:

(一)造成交通事故致他人轻微伤或者轻伤,且负事故全部或者主要责任的;

(二)造成交通事故且负事故全部或者主要责任,未赔偿损失的;

(三)造成交通事故后逃逸的;

(四)未取得机动车驾驶证驾驶汽车的;

(五)血液酒精含量超过180毫克/100毫升的;

(六)服用国家规定管制的精神药品或者麻醉药品后驾驶的;

(七)采取暴力手段抗拒公安机关依法检查,或者实施妨害司法行为的;

(八)五年内曾因饮酒后驾驶机动车被查获或者受过行政处罚的;

(九)曾因危险驾驶行为被判决有罪或者作相对不起诉的;

(十)其他情节恶劣的情形。

**《强奸、猥亵未成年人刑事案件解释》**

第十二条 对强奸未成年人的成年被告人判处刑罚时,一般不适用缓刑。

对于判处刑罚同时宣告缓刑的,可以根据犯罪情况,同时宣告禁止令,禁止犯罪分子在缓刑考验期限内从事与未成年人有关的工作、活动,禁止其进入中小学校、幼儿园及其他未成年人集中的场所。确因本人就学、居住等原因,经执行机关批准的除外。

# 专题十 刑罚执行

**考点26** 减刑与假释

**(一)减刑**

第七十八条 [减刑的适用条件与限度]被判处管制、拘役、有期徒刑、无期徒刑的犯罪分子,在执行期间,如果认真遵守监规,接受教育改造,确有悔改表现的,或者有立功表现的,可以减刑;有下列重大立功表现之一的,应当减刑:

(一)阻止他人重大犯罪活动的;

(二)检举监狱内外重大犯罪活动,经查证属实的;

(三)有发明创造或者重大技术革新的;

(四)在日常生产、生活中舍己救人的;

(五)在抗御自然灾害或者排除重大事故中,有突出表现的;

(六)对国家和社会有其他重大贡献的。

减刑以后实际执行的刑期不能少于下列期限:

(一)判处管制、拘役、有期徒刑的,不能少于原判刑期的二分之一;

(二)判处无期徒刑的,不能少于十三年;

(三)人民法院依照本法第五十条第二款规定限制减刑的死刑缓期执行的犯罪分子,缓期执行期满后依法减为无期徒刑的,不能少于二十五年,缓期执行期满后依法减为二十五年有期徒刑的,不能少于二十年。

**《刑法》**

第五十条 [死缓的变更]判处死刑缓期执行的,在死刑缓期执行期间,如果没有故意犯罪,二年期满以后,减为无期徒刑;如果确有重大立功表现,二年期满以后,减为二十五年有期徒刑;如果故意犯罪,情节恶劣的,报请最高人民法院核准后执行死刑;对于故意犯罪未执行死刑的,死刑缓期执行的期间重新计算,并报最高人民法院备案。

[死缓的限制减刑]对被判处死刑缓期执行的累犯以及因故意杀人、强奸、抢劫、绑架、放火、爆炸、投放危险物质或者有组织的暴力性犯罪被判处死刑缓期执行的犯罪分子,人民法院根据犯罪情节等情况可以同时决定对其限制减刑。

**《减刑、假释规定》**

第二条 对于罪犯符合刑法第七十八条第一款规定"可以减刑"条件的案件,在办理时应当综合考察罪犯犯罪的性质和具体情节、社会危害程度、原判刑罚及生效裁判中财产性判项的履行情况、交付执行后的一贯表现等因素。

第三条 "确有悔改表现"是指同时具备以下条件:

(一)认罪悔罪;

(二)遵守法律法规及监规,接受教育改造;

(三)积极参加思想、文化、职业技术教育;

(四)积极参加劳动,努力完成劳动任务。

对职务犯罪、破坏金融管理秩序和金融诈骗犯罪、组织(领导、参加、包庇、纵容)黑社会性质组织犯罪等罪犯,不积极退赃、协助追缴赃款赃物、赔偿损失，或者服刑期间利用个人影响力和社会关系等不正当手段图获得减刑、假释的，不认定其"确有悔改表现"。

罪犯在刑罚执行期间的申诉权利应当依法保护，对其正当申诉不能不加分析地认为是不认罪悔罪。

第四条 具有下列情形之一的，可以认定为有"立功表现"：

（一）阻止他人实施犯罪活动的；

（二）检举、揭发监狱内外犯罪活动，或者提供重要的破案线索，经查证属实的；

（三）协助司法机关抓捕其他犯罪嫌疑人的；

（四）在生产、科研中进行技术革新，成绩突出的；

（五）在抗御自然灾害或者排除重大事故中，表现积极的；

（六）对国家和社会有其他较大贡献的。

第（四）项、第（六）项中的技术革新或其他较大贡献应当由罪犯在刑罚执行期间独立或者为主完成，并经省级主管部门确认。

第五条 具有下列情形之一的，应当认定为有"重大立功表现"：

（一）阻止他人实施重大犯罪活动的；

（二）检举监狱内外重大犯罪活动，经查证属实的；

（三）协助司法机关抓捕其他重大犯罪嫌疑人的；

（四）有发明创造或者重大技术革新的；

（五）在日常生产、生活中舍己救人的；

（六）在抗御自然灾害或者排除重大事故中，有突出表现的；

（七）对国家和社会有其他重大贡献的。

第（四）项中的发明创造或者重大技术革新应当是罪犯在刑罚执行期间独立或为主完成并经国家主管部门确认的发明专利，且不包括实用新型专利和外观设计专利；第（七）项中的其他重大贡献应当由罪犯在刑罚执行期间独立或为主完成，并经国家主管部门确认。

第十二条 被判处死刑缓期执行的罪犯经过一次或者几次减刑后，其实际执行的刑期不得少于十五年，死刑缓期执行期间不包括在内。

死刑缓期执行罪犯在缓期执行期间不服从监管、抗拒改造，尚未构成犯罪的，在减为无期徒刑后再减刑时应当适当从严。

第十三条 被限制减刑的死刑缓期执行罪犯，减为无期徒刑后，符合减刑条件的，执行五年以上方可减刑。减刑间隔时间和减刑幅度依照本规定第十一条的规定执行。

第十四条 被限制减刑的死刑缓期执行罪犯，减为有期徒刑后再减刑时，一次减刑不超过六个月有期徒刑，两次减刑间隔时间不得少于二年。有重大立功表现的，间隔时间可以适当缩短，但一次减刑不超过一年有期徒刑。

第十五条 对被判处终身监禁的罪犯，在死刑缓期执行期满依法减为无期徒刑的裁定中，应当明确终身监禁，不得再减刑或者假释。

第十六条 被判处管制、拘役的罪犯，以及判决生效后剩余刑期不满二年有期徒刑的罪犯，符合减刑条件的，可以酌情减刑，减刑起始时间可以适当缩短，但实际执行的刑期不得少于原判刑期的二分之一。

第十七条 被判处有期徒刑罪犯减刑时，对附加剥夺政治权利的期限可以酌减。酌减后剥夺政治权利的期限，不得少于一年。

被判处死刑缓期执行、无期徒刑的罪犯减为有期徒刑时，应当将附加剥夺政治权利的期限减为七年以上十年以下，经过一次或者几次减刑后，最终剥夺政治权利的期限不得少于三年。

第十八条 被判处拘役或者三年以下有期徒刑，并宣告缓刑的罪犯，一般不适用减刑。

前款规定的罪犯在缓刑考验期内有重大立功表现的，可以参照刑法第七十八条的规定予以减刑，同时应当依法缩减其缓刑考验期。缩减后，拘役的缓刑考验期限不得少于二个月，有期徒刑的缓刑考验期限不得少于一年。

第十九条 对在报请减刑前的服刑期间不满十八周岁，且所犯罪行不属于刑法第八十一条第二款规定情形的罪犯，认罪悔罪，遵守法律法规及监规，积极参加学习、劳动，应当视为确有悔改表现。

对上述罪犯减刑时，减刑幅度可以适当放宽，或者减刑起始时间、间隔时间可以适当缩短，但放宽的幅度和缩短的时间不得超过本规定中相应幅度、时间的三分之一。

第二十条 老年罪犯、患严重疾病罪犯或者身体残疾罪犯减刑时，应当主要考察其认罪悔罪的实际表现。

对基本丧失劳动能力，生活难以自理的上述罪犯减刑时，减刑幅度可以适当放宽，或者减刑起始时间、间隔时间可以适当缩短，但放宽的幅度和缩短的时间不得超过本规定中相应幅度、时间的三分之一。

第二十一条 被判处有期徒刑、无期徒刑的罪犯在刑罚执行期间又故意犯罪，新罪被判处有期徒刑的，自新罪判决确定之日起三年内不予减刑；新罪被判处无期徒刑的，自新罪判决确定之日起四年内不予减刑。

罪犯在死刑缓期执行期间又故意犯罪，未被执行死刑的，死刑缓期执行的期间重新计算，减为无期徒刑后五年内不予减刑。

被判处死刑缓期执行罪犯减刑后，在刑罚执行期间又故意犯罪的，依照第一款规定处理。

**《减刑、假释补充规定》**

第一条 对拒不认罪悔罪的，或者确有履行能力而不履行或者不全部履行生效裁判中财产性判项的，不予假释，一般不予减刑。

第二条 被判处十年以上有期徒刑，符合减刑条件的，执行三年以上方可减刑；被判处不满十年有期徒刑，符合减刑条件的，执行二年以上方可减刑。

确有悔改表现或者有立功表现的，一次减刑不超过六个月有期徒刑；确有悔改表现并有立功表现的，一次减刑不超过九个月有期徒刑；有重大立功表现的，一次减刑不超过一年有期徒刑。

被判处十年以上有期徒刑的,两次减刑之间应当间隔二年以上;被判处不满十年有期徒刑的,两次减刑之间应当间隔一年六个月以上。

第三条　被判处无期徒刑,符合减刑条件的,执行四年以上方可减刑。

确有悔改表现或者有立功表现的,可以减为二十三年有期徒刑;确有悔改表现并有立功表现的,可以减为二十二年以上二十三年以下有期徒刑;有重大立功表现的,可以减为二十一年以上二十二年以下有期徒刑。

无期徒刑减为有期徒刑后再减刑时,减刑幅度比照本规定第二条的规定执行。两次减刑之间应当间隔二年以上。

第四条　被判处死刑缓期执行的,减为无期徒刑后,符合减刑条件的,执行四年以上方可减刑。

确有悔改表现或者有立功表现的,可以减为二十五年有期徒刑;确有悔改表现并有立功表现的,可以减为二十四年六个月以上二十五年以下有期徒刑;有重大立功表现的,可以减为二十四年以上二十四年六个月以下有期徒刑。

减为有期徒刑后再减刑时,减刑幅度比照本规定第二条的规定执行。两次减刑之间应当间隔二年以上。

第五条　罪犯有重大立功表现的,减刑时可以不受上述起始时间和间隔时间的限制。

第六条　对本规定所指贪污贿赂罪犯适用假释时,应当从严掌握。

## (二)假释

### (1)假释的适用条件

**第八十一条　[假释的适用条件]** 被判处有期徒刑的犯罪分子,执行原判刑期二分之一以上,被判处无期徒刑的犯罪分子,实际执行十三年以上,如果认真遵守监规,接受教育改造,确有悔改表现,没有再犯罪的危险的,可以假释。如果有特殊情况,经最高人民法院核准,可以不受上述执行刑期的限制。

对累犯以及因故意杀人、强奸、抢劫、绑架、放火、爆炸、投放危险物质或者有组织的暴力性犯罪被判处十年以上有期徒刑、无期徒刑的犯罪分子,不得假释。

对犯罪分子决定假释时,应当考虑其假释后对所居住社区的影响。

**《减刑、假释规定》**

第二十二条　办理假释案件,认定"没有再犯罪的危险",除符合刑法第八十一条规定的情形外,还应当根据犯罪的具体情节、原判刑罚情况,在刑罚执行中的一贯表现,罪犯的年龄、身体状况、性格特征,假释后生活来源以及监管条件等因素综合考虑。

第二十三条　被判处有期徒刑的罪犯假释时,执行原判刑期二分之一的时间,应当从判决执行之日起计算,判决执行以前先行羁押的,羁押一日折抵刑期一日。

被判处无期徒刑的罪犯假释时,刑法中关于实际执行刑期不得少于十三年的时间,应当从判决生效之日起计算。判决生效以前先行羁押的时间不予折抵。

被判处死刑缓期执行的罪犯减为无期徒刑或者有期

徒刑后,实际执行十五年以上,方可假释,该实际执行时间应当从死刑缓期执行期满之日起计算。死刑缓期执行期间不包括在内,判决确定以前先行羁押的时间不予折抵。

### (2)假释的撤销及撤销的后果

**第八十六条　[假释的撤销及其处理]** 被假释的犯罪分子,在假释考验期限内犯新罪,应当撤销假释,依照本法第七十一条的规定实行数罪并罚。

在假释考验期限内,发现被假释的犯罪分子在判决宣告以前还有其他罪没有判决的,应当撤销假释,依照本法第七十条的规定实行数罪并罚。

被假释的犯罪分子,在假释考验期限内,有违反法律、行政法规或者国务院有关部门关于假释的监督管理规定的行为,尚未构成新的犯罪的,应当依照法定程序撤销假释,收监执行未执行完毕的刑罚。

**《刑法》**

第七十一条　[判决宣告后刑罚执行完毕前又犯新罪的并罚]判决宣告以后,刑罚执行完毕以前,被判刑的犯罪分子又犯罪的,应当对新犯的罪作出判决,把前罪没有执行的刑罚和后罪所判处的刑罚,依照本法第六十九条的规定,决定执行的刑罚。

第八十四条　[假释犯应遵守的规定]被宣告假释的犯罪分子,应当遵守下列规定:

(一)遵守法律、行政法规,服从监督;

(二)按照监督机关的规定报告自己的活动情况;

(三)遵守监督机关关于会客的规定;

(四)离开所居住的市、县或者迁居,应当报经监督机关批准。

第八十六条　[假释的撤销及其处理]被假释的犯罪分子,在假释考验期限内犯新罪,应当撤销假释,依照本法第七十一条的规定实行数罪并罚。

在假释考验期限内,发现被假释的犯罪分子在判决宣告以前还有其他罪没有判决的,应当撤销假释,依照本法第七十条的规定实行数罪并罚。

被假释的犯罪分子,在假释考验期限内,有违反法律、行政法规或者国务院有关部门关于假释的监督管理规定的行为,尚未构成新的犯罪的,应当依照法定程序撤销假释,收监执行未执行完毕的刑罚。

**《减刑、假释规定》**

第二十九条　罪犯在假释考验期内违反法律、行政法规或者国务院有关部门关于假释的监督管理规定的,作出假释裁定的人民法院,应当在收到报请机关或者检察机关撤销假释建议书后及时审查,作出是否撤销假释的裁定,并送达报请机关,同时抄送人民检察院、公安机关和原刑罚执行机关。

罪犯在逃的,撤销假释裁定书可以作为对罪犯进行追捕的依据。

第三十条　依照刑法第八十六条规定被撤销假释的罪犯,一般不得再假释。但依照该条第二款被撤销假释的罪犯,如果罪犯对漏罪曾作如实供述但原判未予认定,或者漏罪系其自首,符合假释条件的,可以再假释。

被撤销假释的罪犯,收监后符合减刑条件的,可以减刑,但减刑起始时间自收监之日起计算。

# 专题十一  刑罚消灭

**考点27** 追诉时效

**第八十七条**  [追诉期限]犯罪经过下列期限不再追诉:

(一)法定最高刑为<u>不满五年</u>有期徒刑的,<u>经过五年</u>;

(二)法定最高刑为<u>五年以上不满十年</u>有期徒刑的,<u>经过十年</u>;

(三)法定最高刑为<u>十年以上</u>有期徒刑的,<u>经过十五年</u>;

(四)法定最高刑为<u>无期徒刑、死刑</u>的,<u>经过二十年</u>。如果二十年以后认为必须追诉的,须报请<u>最高人民检察院核准</u>。〔2019年回忆~诉讼时效〕

**第八十八条**  [不受追诉期限限制的情形]在人民检察院、公安机关、国家安全机关<u>立案侦查</u>或者在人民法院<u>受理案件</u>以后,<u>逃避侦查或者审判</u>的,不受追诉期限的限制。

被害人在追诉期限内提出控告,人民法院、人民检察院、公安机关应当立案而不予立案的,不受追诉期限的限制。

**第八十九条**  [追诉期限的计算]追诉期限从犯罪之日起计算;犯罪行为有连续或者继续状态的,从犯罪行为终了之日起计算。

[追诉期限的中断]在追诉期限以内又犯罪的,前罪追诉的期限从犯后罪之日起计算。

# 专题十二  刑法各论概说

**考点28** 分论概说

**(一)法律拟制常考情形**

**第一百九十六条第三款**  [盗窃罪]盗窃信用卡并使用的,依照本法第二百六十四条的规定定罪处罚。〔2023年回忆~信用卡诈骗罪;2022年回忆~信用卡诈骗罪;2019年回忆~信用卡诈骗罪、盗窃罪;2015年真题~信用卡诈骗罪、盗窃罪;掩饰、隐瞒犯罪所得罪、信用卡诈骗罪;2011年真题~信用卡诈骗罪〕

**第二百三十八条**  [非法拘禁罪]非法拘禁他人或者以其他方法非法剥夺他人人身自由的,处三年以下有期徒刑、拘役、管制或者剥夺政治权利。具有殴打、侮辱情节的,从重处罚。

[结果加重犯、转化犯]犯前款罪,致人重伤的,处三年以上十年以下有期徒刑;致人死亡的,处十年以上有期徒刑。使用暴力致人伤残、死亡的,依照本法第二百三十四条、第二百三十二条的规定定罪处罚。

[索债型非法拘禁]为索取债务非法扣押、拘禁他人的,依照前两款的规定处罚。

国家机关工作人员利用职权犯前三款罪的,依照前款的规定从重处罚。〔2022年回忆~非法拘禁罪;2021年回忆~注意规定与法律拟制、非法拘禁罪的罪数关系;2018年回忆~防卫过当、非法拘禁罪;2016年真题~故意杀人罪、非法拘禁罪〕

**第二百四十七条**  [刑讯逼供罪;暴力取证罪]司法工作人员对犯罪嫌疑人、被告人实行刑讯逼供或者使用暴力逼取证人证言的,处三年以下有期徒刑或者拘役。致人伤残、死亡的,依照本法第二百三十四条、第二百三十二条的规定定罪从重处罚。

**第二百四十八条**  [虐待被监管人罪]监狱、拘留所、看守所等监管机构的监管人员对被监管人进行殴打或者体罚虐待,情节严重的,处三年以下有期徒刑或者拘役;情节特别严重的,处三年以上十年以下有期徒刑。致人伤残、死亡的,依照本法第二百三十四条、第二百三十二条的规定定罪从重处罚。

监管人员指使被监管人殴打或者体罚虐待其他被监管人的,依照前款的规定处罚。

**第二百六十七条第二款**  [携带凶器抢夺定抢劫罪]携带凶器抢夺的,依照本法第二百六十三条的规定定罪处罚。

**第二百六十九条**  [(转化型)抢劫罪]犯盗窃、诈骗、抢夺罪,为窝藏赃物、抗拒抓捕或者毁灭罪证而当场使用暴力或者以暴力相威胁的,依照本法第二百六十三条的规定定罪处罚。〔2021年回忆~转化型抢劫〕

**第二百八十九条**  [聚众"打砸抢"行为的定性]聚众"打砸抢",致人伤残、死亡的,依照本法第二百三十四条、第二百三十二条的规定定罪处罚。毁坏或者抢走公私财物的,除判令退赔外,对首要分子,依照本法第二百六十三条的规定定罪处罚。

**第二百九十二条第二款**  [聚众斗殴罪][转化犯]聚众斗殴,致人重伤、死亡的,依照本法第二百三十四条、第二百三十二条的规定定罪处罚。

**第三百三十三条**  [非法组织卖血罪;强迫卖血罪]非法组织他人出卖血液的,处五年以下有期徒刑,并处罚金;以暴力、威胁方法强迫他人出卖血液的,处五年以上十年以下有期徒刑,并处罚金。

[转化犯]有前款行为,对他人造成伤害的,依照本法第二百三十四条的规定定罪处罚。

**第三百六十二条**  [窝藏、包庇罪]旅馆业、饮食服务业、文化娱乐业、出租汽车业等单位的人员,在公安机关查处卖淫、嫖娼活动时,为违法犯罪分子通风报信,情节严重的,依照本法第三百一十条的规定定罪处罚。

**(二)注意规定常考情形**

**第二百八十七条**  [利用计算机实施犯罪的罪名认定]利用计算机实施金融诈骗、盗窃、贪污、挪用公款、窃取国家秘密或者其他犯罪的,依照本法有关规定定罪处罚。

**第三百四十九条**  [包庇毒品犯罪分子罪;窝藏、转移、隐瞒毒品、毒赃罪]包庇走私、贩卖、运输、制造毒品的犯罪分子的,为犯罪分子窝藏、转移、隐瞒毒品或者犯罪所得的财物的,处三年以下有期徒刑、拘役或者管制;情节严重的,处三年以上十年以下有期徒刑。

[包庇毒品犯罪分子罪]缉毒人员或者其他国家机关工作人员掩护、包庇走私、贩卖、运输、制造毒品的犯罪分子的,依照前款的规定从重处罚。

犯前两款罪,事先通谋的,以走私、贩卖、运输、制造毒品罪的共犯论处。

**第三百五十五条** [非法提供麻醉药品、精神药品罪]依法从事生产、运输、管理、使用国家管制的麻醉药品、精神药品的人员,违反国家规定,向吸食、注射毒品的人提供国家规定管制的能够使人形成瘾癖的麻醉药品、精神药品的,处三年以下有期徒刑或者拘役,并处罚金;情节严重的,处三年以上七年以下有期徒刑,并处罚金。向走私、贩卖毒品的犯罪分子或者以牟利为目的,向吸食、注射毒品的人提供国家规定管制的能够使人形成瘾癖的麻醉药品、精神药品的,依照本法第三百四十七条的规定定罪处罚。

单位犯前款罪的,对单位判处罚金,并对其直接负责的主管人员和其他直接责任人员,依照前款的规定处罚。

**第三百八十二条** [贪污罪]国家工作人员利用职务上的便利,侵吞、窃取、骗取或者以其他手段非法占有公共财物的,是贪污罪。

受国家机关、国有公司、企业、事业单位、人民团体委托管理、经营国有财产的人员,利用职务上的便利,侵吞、窃取、骗取或者以其他手段非法占有国有财物的,以贪污论。

与前两款所列人员勾结,伙同贪污的,以共犯论处。[2014年真题~贪污罪;共同犯罪、从犯、贪污罪;2012年真题~贪污罪]

**第三百八十四条** [挪用公款罪]国家工作人员利用职务上的便利,挪用公款归个人使用,进行非法活动的,或者挪用公款数额较大、进行营利活动的,或者挪用公款数额较大、超过三个月未还的,是挪用公款罪,处五年以下有期徒刑或者拘役;情节严重的,处五年以上有期徒刑。挪用公款数额巨大不退还的,处十年以上有期徒刑或者无期徒刑。

挪用用于救灾、抢险、防汛、优抚、扶贫、移民、救济款物归个人使用的,从重处罚。[2010年真题~挪用公款罪]

# 专题十三 危害国家安全罪

**考点29 危害国家安全罪**

**第一百零七条** [资助危害国家安全犯罪活动罪]境内外机构、组织或者个人资助实施本章第一百零二条、第一百零三条、第一百零四条、第一百零五条规定之罪的,对直接责任人员,处五年以下有期徒刑、拘役、管制或者剥夺政治权利;情节严重的,处五年以上有期徒刑。

**第一百零九条** [叛逃罪]国家机关工作人员在履行公务期间,擅离岗位,叛逃境外或者在境外叛逃的,处五年以下有期徒刑、拘役、管制或者剥夺政治权利;情节严重的,处五年以上十年以下有期徒刑。

掌握国家秘密的国家工作人员叛逃境外或者在境外叛逃的,依照前款的规定从重处罚。

**第一百一十条** [间谍罪]有下列间谍行为之一,危

害国家安全的,处十年以上有期徒刑或者无期徒刑;情节较轻的,处三年以上十年以下有期徒刑:

(一)参加间谍组织或者接受间谍组织及其代理人的任务的;

(二)为敌人指示轰击目标的。

**第一百一十一条** [为境外窃取、刺探、收买、非法提供国家秘密、情报罪]为境外的机构、组织、人员窃取、刺探、收买、非法提供国家秘密或者情报的,处五年以上十年以下有期徒刑;情节特别严重的,处十年以上有期徒刑或者无期徒刑;情节较轻的,处五年以下有期徒刑、拘役、管制或者剥夺政治权利。

# 专题十四 危害公共安全罪

**考点30 危害公共安全罪**

**(一)放火、爆炸、投毒类犯罪**

**第一百一十四条** [放火罪;决水罪;爆炸罪;投放危险物质罪;以危险方法危害公共安全罪(危险犯)]放火、决水、爆炸以及投放毒害性、放射性、传染病病原体等物质或者以其他危险方法危害公共安全,尚未造成严重后果的,处三年以上十年以下有期徒刑。[2012年真题~不作为犯罪、放火罪]

**第一百一十五条** [放火罪;决水罪;爆炸罪;投放危险物质罪;以危险方法危害公共安全罪(实害犯)]放火、决水、爆炸以及投放毒害性、放射性、传染病病原体等物质或者以其他危险方法致人重伤、死亡或者使公私财产遭受重大损失的,处十年以上有期徒刑、无期徒刑或者死刑。

[失火罪;过失决水罪;过失爆炸罪;过失投放危险物质罪;过失以危险方法危害公共安全罪]过失犯前款罪的,处三年以上七年以下有期徒刑;情节较轻的,处三年以下有期徒刑或者拘役。

《妨害预防、控制突发传染病疫情等灾害的解释》

第一条 故意传播突发传染病病原体,危害公共安全的,依照刑法第一百一十四条、第一百一十五条第一款的规定,按照以危险方法危害公共安全罪定罪处罚。患有突发传染病或者疑似突发传染病而拒绝接受检疫、强制隔离或者治疗,过失造成传染病传播,情节严重,危害公共安全的,依照刑法第一百一十五条第二款的规定,按照过失以危险方法危害公共安全罪定罪处罚。

《关于醉酒驾车犯罪法律适用问题的意见》

一、准确适用法律,依法严惩醉酒驾车犯罪

刑法规定,醉酒的人犯罪,应当负刑事责任。行为人明知酒后驾车违法、醉酒驾车会危害公共安全,却无视法律醉酒驾车,特别是在肇事后继续驾车冲撞,造成重大伤亡,说明行为人主观上对持续发生的危害结果我持放任态度,具有危害公共安全的故意。对此类醉酒驾车造成重大伤亡的,应依法以危险方法危害公共安全罪定罪。

**(二)恐怖活动相关犯罪**

**第一百二十条** [组织、领导、参加恐怖组织罪]组织、领导恐怖活动组织的,处十年以上有期徒刑或者无期徒刑,并处没收财产;积极参加的,处三年以上十年以下

有期徒刑,并处罚金;其他参加的,处三年以下有期徒刑、拘役、管制或者剥夺政治权利,可以并处罚金。

[数罪并罚]犯前款罪并实施杀人、爆炸、绑架等犯罪的,依照数罪并罚的规定处罚。

**第一百二十条之一** [帮助恐怖活动罪]资助恐怖活动组织、实施恐怖活动的个人的,或者资助恐怖活动培训的,处五年以下有期徒刑、拘役、管制或者剥夺政治权利,并处罚金;情节严重的,处五年以上有期徒刑,并处罚金或者没收财产。

为恐怖活动组织、实施恐怖活动或者恐怖活动培训招募、运送人员的,依照前款的规定处罚。

单位犯前两款罪的,对单位判处罚金,并对其直接负责的主管人员和其他直接责任人员,依照第一款的规定处罚。

**第一百二十条之二** [准备实施恐怖活动罪]有下列情形之一的,处五年以下有期徒刑、拘役、管制或者剥夺政治权利,并处罚金;情节严重的,处五年以上有期徒刑,并处罚金或者没收财产:

(一)为实施恐怖活动准备凶器、危险物品或者其他工具的;

(二)组织恐怖活动培训或者积极参加恐怖活动培训的;

(三)为实施恐怖活动与境外恐怖活动组织或者人员联络的;

(四)为实施恐怖活动进行策划或者其他准备的。

[择一重处]有前款行为,同时构成其他犯罪的,依照处罚较重的规定定罪处罚。

**第一百二十条之三** [宣扬恐怖主义、极端主义、煽动实施恐怖活动罪]以制作、散发宣扬恐怖主义、极端主义的图书、音频视频资料或者其他物品,或者通过讲授、发布信息等方式宣扬恐怖主义、极端主义的,或者煽动实施恐怖活动的,处五年以下有期徒刑、拘役、管制或者剥夺政治权利,并处罚金;情节严重的,处五年以上有期徒刑,并处罚金或者没收财产。

**第一百二十条之四** [利用极端主义破坏法律实施罪]利用极端主义煽动、胁迫群众破坏国家法律确立的婚姻、司法、教育、社会管理等制度实施的,处三年以下有期徒刑、拘役或者管制,并处罚金;情节严重的,处三年以上七年以下有期徒刑,并处罚金;情节特别严重的,处七年以上有期徒刑,并处罚金或者没收财产。

**第一百二十条之五** [强制穿戴宣扬恐怖主义、极端主义服饰、标志罪]以暴力、胁迫等方式强制他人在公共场所穿着、佩戴宣扬恐怖主义、极端主义服饰、标志的,处三年以下有期徒刑、拘役或者管制,并处罚金。

**第一百二十条之六** [非法持有宣扬恐怖主义、极端主义物品罪]明知是宣扬恐怖主义、极端主义的图书、音频视频资料或者其他物品而非法持有,情节严重的,处三年以下有期徒刑、拘役或者管制,并处或者单处罚金。

**(三)交通肇事罪与危险驾驶罪**

(1)交通肇事罪

**第一百三十三条** [交通肇事罪]违反交通运输管理法规,因而发生重大事故,致人重伤、死亡或者使公私财产遭受重大损失的,处三年以下有期徒刑或者拘役;交通运输肇事后逃逸或者有其他特别恶劣情节的,处三年以上七年以下有期徒刑;因逃逸致人死亡的,处七年以上有期徒刑。

**《交通肇事刑事案件解释》**

第二条 交通肇事具有下列情形之一的,处三年以下有期徒刑或者拘役:

(一)死亡一人或者重伤三人以上,负事故全部或者主要责任的;

(二)死亡三人以上,负事故同等责任的;

(三)造成公共财产或者他人财产直接损失,负事故全部或者主要责任,无能力赔偿数额在三十万元以上的。

交通肇事致一人以上重伤,负事故全部或者主要责任,并具有下列情形之一的,以交通肇事罪定罪处罚:

(一)酒后、吸食毒品后驾驶机动车辆的;

(二)无驾驶资格驾驶机动车辆的;

(三)明知是安全装置不全或者安全机件失灵的机动车辆而驾驶的;

(四)明知是无牌证或者已报废的机动车辆而驾驶的;

(五)严重超载驾驶的;

(六)为逃避法律追究逃离事故现场的。

第三条 "交通运输肇事后逃逸",是指行为人具有本解释第二条第一款规定和第二款第(一)至(五)项规定的情形之一,在发生交通事故后,为逃避法律追究而逃跑的行为。

第四条 交通肇事具有下列情形之一的,属于"有其他特别恶劣情节",处三年以上七年以下有期徒刑:

(一)死亡二人以上或者重伤五人以上,负事故全部或者主要责任的;

(二)死亡六人以上,负事故同等责任的;

(三)造成公共财产或者他人财产直接损失,负事故全部或者主要责任,无能力赔偿数额在六十万元以上的。

第五条 "因逃逸致人死亡",是指行为人在交通肇事后为逃避法律追究而逃跑,致使被害人因得不到救助而死亡的情形。

交通肇事后,单位主管人员、机动车辆所有人、承包人或者乘车人指使肇事人逃逸,致使被害人因得不到救助而死亡的,以交通肇事罪的共犯论处。

第六条 行为人在交通肇事后为逃避法律追究,将被害人带离事故现场后隐藏或者遗弃,致使被害人无法得到救助而死亡或者严重残疾的,应当分别依照刑法第二百三十二条、第二百三十四条第二款的规定,以故意杀人罪或者故意伤害罪定罪处罚。

第七条 单位主管人员、机动车辆所有人或者机动车辆承包人指使、强令他人违章驾驶造成重大交通事故,具有本解释第二条规定情形之一的,以交通肇事罪定罪处罚。

第八条 在实行公共交通管理的范围内发生重大交通事故的,依照刑法第一百三十三条和本解释的有关规定办理。

在公共交通管理的范围外，驾驶机动车辆或者使用其他交通工具致人伤亡或者致使公共财产或者他人财产遭受重大损失，构成犯罪的，分别依照刑法第一百三十四条、第一百三十五条、第二百三十三条等规定定罪处罚。

(2)危险驾驶罪

**第一百三十三条之一** [危险驾驶罪]在道路上驾驶机动车，有下列情形之一的，处拘役，并处罚金：

(一)追逐竞驶，情节恶劣的；

(二)醉酒驾驶机动车的；

(三)从事校车业务或者旅客运输，严重超过额定乘员载客，或者严重超过规定时速行驶的；

(四)违反危险化学品安全管理规定运输危险化学品，危及公共安全的。

[监督者责任]机动车所有人、管理人对前款第三项、第四项行为负有直接责任的，依照前款的规定处罚。

[择一重处]有前两款行为，同时构成其他犯罪的，依照处罚较重的规定定罪处罚。

**《办理醉酒危险驾驶刑事案件的意见》**

第四条第一款 在道路上驾驶机动车，经呼气酒精含量检测，显示血液酒精含量达到80毫克/100毫升以上的，公安机关应当依照刑事诉讼法和本意见的规定决定是否立案。对情节显著轻微、危害不大，不认为是犯罪的，不予立案。

第五条 醉驾案件中"道路""机动车"的认定适用道路交通安全法有关"道路""机动车"的规定。

对机关、企事业单位、厂矿、校园、居民小区等单位管辖范围内的路段是否认定为"道路"，应当以其是否具有"公共性"，是否"允许社会机动车通行"作为判断标准。只允许单位内部机动车、特定来访机动车通行的，可以不认定为"道路"。

第十条 醉驾具有下列情形之一，尚不构成其他犯罪的，从重处理：

(一)造成交通事故且负事故全部或者主要责任的；

(二)造成交通事故后逃逸的；

(三)未取得机动车驾驶证驾驶汽车的；

(四)严重超员、超载、超速驾驶的；

(五)服用国家规定管制的精神药品或者麻醉药品后驾驶的；

(六)驾驶机动车从事客运活动且载有乘客的；

(七)驾驶机动车从事校车业务且载有师生的；

(八)在高速公路上驾驶的；

(九)驾驶重型载货汽车的；

(十)运输危险化学品、危险货物的；

(十一)逃避、阻碍公安机关依法检查的；

(十二)实施威胁、打击报复、引诱、贿买证人、鉴定人等人员或者毁灭、伪造证据等妨害司法行为的；

(十三)二年内曾因饮酒后驾驶机动车被查获或者受过行政处罚的；

(十四)五年内曾因危险驾驶行为被判决有罪或者作相对不起诉的；

(十五)其他需要从重处理的情形。

第十二条 醉驾具有下列情形之一，且不具有本意见第十条规定情形的，可以认定为情节显著轻微、危害不大，依照刑法第十三条、刑事诉讼法第十六条的规定处理：

(一)血液酒精含量不满150毫克/100毫升的；

(二)出于急救伤病人员等紧急情况驾驶机动车，且不构成紧急避险的；

(三)在居民小区、停车场等场所挪车、停车入位等短距离驾驶机动车的；

(四)由他人驾驶至居民小区、停车场等场所短距离接替驾驶停放机动车的，或者为了交由他人驾驶，自居民小区、停车场等场所短距离驶出的；

(五)其他情节显著轻微的情形。

醉酒后出于急救伤病人员等紧急情况，不得已驾驶机动车，构成紧急避险的，依照刑法第二十一条的规定处理。

第十六条 醉驾同时构成交通肇事罪、过失以危险方法危害公共安全罪、以危险方法危害公共安全罪等其他犯罪的，依照处罚较重的规定定罪，依法从严追究刑事责任。

醉酒驾驶机动车，以暴力、威胁方法阻碍公安机关依法检查，又构成妨害公务罪、袭警罪等其他犯罪的，依照数罪并罚的规定处罚。

**(四)妨害安全驾驶罪**

**第一百三十三条之二** [妨害安全驾驶罪]对行驶中的公共交通工具的驾驶人员使用暴力或者抢控驾驶操纵装置，干扰公共交通工具正常行驶，危及公共安全的，处一年以下有期徒刑、拘役或者管制，并处或者单处罚金。

前款规定的驾驶人员在行驶的公共交通工具上擅离职守，与他人互殴或者殴打他人，危及公共安全的，依照前款的规定处罚。

有前两款行为，同时构成其他犯罪的，依照处罚较重的规定定罪处罚。

**《刑法》**

第一百一十七条 [破坏交通设施罪(危险犯)]破坏轨道、桥梁、隧道、公路、机场、航道、灯塔、标志或者进行其他破坏活动，足以使火车、汽车、电车、船只、航空器发生倾覆、毁坏危险，尚未造成严重后果的，处三年以上十年以下有期徒刑。

第一百一十九条 [破坏交通工具罪；破坏交通设施罪；破坏电力设备罪；破坏易燃易爆设备罪(实害犯)]破坏交通工具、交通设施、电力设备、燃气设备、易燃易爆设备，造成严重后果的，处十年以上有期徒刑、无期徒刑或者死刑。

[过失损坏交通工具罪；过失损坏交通设施罪；过失损坏电力设备罪；过失损坏易燃易爆设备罪]过失犯前款罪的，处三年以上七年以下有期徒刑；情节较轻的，处三年以下有期徒刑或者拘役。

**(五)重大责任事故罪**

**第一百三十四条** [重大责任事故]在生产、作业中违反有关安全管理的规定,因而发生重大伤亡事故或者造成其他严重后果的,处三年以下有期徒刑或者拘役;情节特别恶劣的,处三年以上七年以下有期徒刑。

**[强令、组织他人违章冒险作业罪]** 强令他人违章冒险作业,或者明知存在重大事故隐患而不排除,仍冒险组织作业,因而发生重大伤亡事故或者造成其他严重后果的,处五年以下有期徒刑或者拘役;情节特别恶劣的,处五年以上有期徒刑。

**《刑法》**

第一百三十四条之一 [危险作业罪]在生产、作业中违反有关安全管理的规定,有下列情形之一,具有发生重大伤亡事故或者其他严重后果的现实危险的,处一年以下有期徒刑、拘役或者管制:

(一)关闭、破坏直接关系生产安全的监控、报警、防护、救生设备、设施,或者篡改、隐瞒、销毁其相关数据、信息的;

(二)因存在重大事故隐患被依法责令停产停业、停止施工、停止使用有关设备、设施、场所或者立即采取排除危险的整改措施,而拒不执行的;

(三)涉及安全生产的事项未经依法批准或者许可,擅自从事矿山开采、金属冶炼、建筑施工,以及危险物品生产、经营、储存等高度危险的生产作业活动的。

# 专题十五 破坏社会主义市场经济秩序罪

**考点31** 生产、销售伪劣商品罪

**(一)生产、销售伪劣产品罪**

**第一百四十条** [生产、销售伪劣产品罪]生产者、销售者在产品中掺杂、掺假,以假充真,以次充好或者以不合格产品冒充合格产品,销售金额五万元以上不满二十万元的,处二年以下有期徒刑或者拘役,并处或者单处销售金额百分之五十以上二倍以下罚金;销售金额二十万元以上不满五十万元的,处二年以上七年以下有期徒刑,并处销售金额百分之五十以上二倍以下罚金;销售金额五十万元以上不满二百万元的,处七年以上有期徒刑,并处销售金额百分之五十以上二倍以下罚金;销售金额二百万元以上的,处十五年有期徒刑或者无期徒刑,并处销售金额百分之五十以上二倍以下罚金或者没收财产。

**《刑法》**

第一百五十条 [单位犯本节之罪的处罚]单位犯本节第一百四十条至第一百四十八条规定之罪的,对单位判处罚金,并对其直接负责的主管人员和其他直接责任人员,依照各该条的规定处罚。

**《生产、销售伪劣商品刑事案件解释》**

第二条 刑法第一百四十条、第一百四十九条规定的"销售金额",是指生产者、销售者出售伪劣产品后所得和应得的全部违法收入。

伪劣产品尚未销售,货值金额达到刑法第一百四十条规定的销售金额3倍以上的,以生产、销售伪劣产品罪(未遂)定罪处罚。

货值金额以违法生产、销售的伪劣产品的标价计算;没有标价的,按照同类合格产品的市场中间价格计算。货值金额难以确定的,按照国家计划委员会、最高人民法院、最高人民检察院、公安部1997年4月22日联合发布的《扣押、追缴、没收物品估价管理办法》的规定,委托指定的估价机构确定。

多次实施生产、销售伪劣产品行为,未经处理的,伪劣产品的销售金额或者货值金额累计计算。

第九条 知道或者应当知道他人实施生产、销售伪劣商品犯罪,而为其提供贷款、资金、账号、发票、证明、许可证件,或者提供生产、经营场所或者运输、仓储、保管、邮寄等便利条件,或者提供制假生产技术的,以生产、销售伪劣商品犯罪的共犯论处。

第十条 实施生产、销售伪劣商品犯罪,同时构成侵犯知识产权、非法经营等其他犯罪的,依照处罚较重的规定定罪处罚。

第十一条 实施刑法第一百四十条至第一百四十八条规定的犯罪,又以暴力、威胁方法抗拒查处,构成其他犯罪的,依照数罪并罚的规定处罚。

**(二)生产、销售提供假药罪**

**第一百四十一条** [生产、销售、提供假药罪]生产、销售假药的,处三年以下有期徒刑或者拘役,并处罚金;对人体健康造成严重危害或者有其他严重情节的,处三年以上十年以下有期徒刑,并处罚金;致人死亡或者有其他特别严重情节的,处十年以上有期徒刑、无期徒刑或者死刑,并处罚金或者没收财产。

药品使用单位的人员明知是假药而提供给他人使用的,依照前款的规定处罚。

**《刑法》**

第一百四十二条 [生产、销售、提供劣药罪]生产、销售劣药,对人体健康造成严重危害的,处三年以上十年以下有期徒刑,并处罚金;后果特别严重的,处十年以上有期徒刑或者无期徒刑,并处罚金或者没收财产。

药品使用单位的人员明知是劣药而提供给他人使用的,依照前款的规定处罚。

第一百四十二条之一 [妨害药品管理罪]违反药品管理法规,有下列情形之一,足以严重危害人体健康的,处三年以下有期徒刑或者拘役,并处或者单处罚金;对人体健康造成严重危害或者有其他严重情节的,处三年以上七年以下有期徒刑,并处罚金:

(一)生产、销售国务院药品监督管理部门禁止使用的药品的;

(二)未取得药品相关批准证明文件生产、进口药品或者明知是上述药品而销售的;

(三)药品申请注册中提供虚假的证明、数据、资料、样品或者采取其他欺骗手段的;

(四)编造生产、检验记录的。

有前款行为,同时又构成本法第一百四十一条、第一百四十二条规定之罪或者其他犯罪的,依照处罚较重的规定定罪处罚。

第一百四十三条　[生产、销售不符合安全标准的食品罪]生产、销售不符合食品安全标准的食品，足以造成严重食物中毒事故或者其他严重食源性疾病的，处三年以下有期徒刑或者拘役，并处罚金；对人体健康造成严重危害或者有其他严重情节的，处三年以上七年以下有期徒刑，并处罚金；后果特别严重的，处七年以上有期徒刑或者无期徒刑，并处罚金或者没收财产。

第一百四十四条　[生产、销售有毒、有害食品罪]在生产、销售的食品中掺入有毒、有害的非食品原料的，或者销售明知掺有有毒、有害的非食品原料的食品的，处五年以下有期徒刑，并处罚金；对人体健康造成严重危害或者有其他严重情节的，处五年以上十年以下有期徒刑，并处罚金；致人死亡或者有其他特别严重情节的，依照本法第一百四十一条的规定处罚。

### 考点32 走私罪

**第一百五十一条**　[走私武器、弹药罪；走私核材料罪；走私假币罪]走私武器、弹药、核材料或者伪造的货币的，处七年以上有期徒刑，并处罚金或者没收财产；情节特别严重的，处无期徒刑，并处没收财产；情节较轻的，处三年以上七年以下有期徒刑，并处罚金。

[走私文物罪；走私贵重金属罪；走私珍贵动物、珍贵动物制品罪]走私国家禁止出口的文物、黄金、白银和其他贵重金属或者国家禁止进出口的珍贵动物及其制品的，处五年以上十年以下有期徒刑，并处罚金；情节特别严重的，处十年以上有期徒刑或者无期徒刑，并处没收财产；情节较轻的，处五年以下有期徒刑，并处罚金。

[走私国家禁止进出口的货物、物品罪]走私珍稀植物及其制品等国家禁止进出口的其他货物、物品的，处五年以下有期徒刑或者拘役，并处或者单处罚金；情节严重的，处五年以上有期徒刑，并处罚金。

单位犯本条规定之罪的，对单位判处罚金，并对其直接负责的主管人员和其他直接责任人员，依照本条各款的规定处罚。

《刑法》

第一百五十三条　[走私普通货物、物品罪]走私本法第一百五十一条、第一百五十二条、第三百四十七条规定以外的货物、物品的，根据情节轻重，分别依照下列规定处罚：

(一)走私货物、物品偷逃应缴税额较大或者一年内曾因走私被给予二次行政处罚后又走私的，处三年以下有期徒刑或者拘役，并处偷逃应缴税额一倍以上五倍以下罚金。

(二)走私货物、物品偷逃应缴税额巨大或者有其他严重情节的，处三年以上十年以下有期徒刑，并处偷逃应缴税额一倍以上五倍以下罚金。

(三)走私货物、物品偷逃应缴税额特别巨大或者有其他特别严重情节的，处十年以上有期徒刑或者无期徒刑，并处偷逃应缴税额一倍以上五倍以下罚金或者没收财产。

单位犯前款罪的，对单位判处罚金，并对其直接负责

的主管人员和其他直接责任人员，处三年以下有期徒刑或者拘役；情节严重的，处三年以上十年以下有期徒刑；情节特别严重的，处十年以上有期徒刑。

对多次走私未经处理的，按照累计走私货物、物品的偷逃应缴税额处罚。

### 考点33 妨害对公司、企业的管理秩序罪

**(一)虚假出资、抽逃出资罪**

**第一百五十九条**　[虚假出资、抽逃出资罪]公司发起人、股东违反公司法的规定未交付货币、实物或者未转移财产权，虚假出资，或者在公司成立后又抽逃其出资，数额巨大、后果严重或者有其他严重情节的，处五年以下有期徒刑或者拘役，并处或者单处虚假出资金额或者抽逃出资金额百分之二以上百分之十以下罚金。

单位犯前款罪的，对单位判处罚金，并对其直接负责的主管人员和其他直接责任人员，处五年以下有期徒刑或者拘役。

《刑法》

第一百五十八条　[虚报注册资本罪]申请公司登记使用虚假证明文件或者采取其他欺诈手段虚报注册资本，欺骗公司登记主管部门，取得公司登记，虚报注册资本数额巨大、后果严重或者有其他严重情节的，处三年以下有期徒刑或者拘役，并处或者单处虚报注册资本金额百分之一以上百分之五以下罚金。

单位犯前款罪的，对单位判处罚金，并对其直接负责的主管人员和其他直接责任人员，处三年以下有期徒刑或者拘役。

**(二)非国家工作人员受贿罪**

**第一百六十三条**　[非国家工作人员受贿罪]公司、企业或者其他单位的工作人员，利用职务上的便利，索取他人财物或者非法收受他人财物，为他人谋取利益，数额较大的，处三年以下有期徒刑或者拘役，并处罚金；数额巨大或者有其他严重情节的，处三年以上十年以下有期徒刑，并处罚金；数额特别巨大或者有其他特别严重情节的，处十年以上有期徒刑或者无期徒刑，并处罚金。

公司、企业或者其他单位的工作人员在经济往来中，利用职务上的便利，违反国家规定，收受各种名义的回扣、手续费，归个人所有的，依照前款的规定处罚。

[受贿罪]国有公司、企业或者其他国有单位中从事公务的人员和国有公司、企业或者其他国有单位委派到非国有公司、企业以及其他单位从事公务的人员有前两款行为的，依照本法第三百八十五条、第三百八十六条的规定定罪处罚。〔2012年真题~非非国家工作人员受贿罪〕

《刑法》

第九十三条　[国家工作人员的范围]本法所称国家工作人员，是指国家机关中从事公务的人员。

国有公司、企业、事业单位、人民团体中从事公务的人员和国家机关、国有公司、企业、事业单位委派到非国有公司、企业、事业单位、社会团体从事公务的人员，以及其他依照法律从事公务的人员，以国家工作人员论。

第一百六十四条　[对非国家工作人员行贿罪]为谋

取不正当利益,给予公司、企业或者其他单位的工作人员以财物,数额较大的,处三年以下有期徒刑或者拘役,并处罚金;数额巨大的,处三年以上十年以下有期徒刑,并处罚金。

[对外国公职人员、国际公共组织官员行贿罪]为谋取不正当商业利益,给予外国公职人员或者国际公共组织官员以财物的,依照前款的规定处罚。

单位犯前两款罪的,对单位判处罚金,并对其直接负责的主管人员和其他直接责任人员,依照第一款的规定处罚。

[追诉前主动交待从宽]行贿人在被追诉前主动交待行贿行为的,可以减轻处罚或者免除处罚。

第一百八十四条 [非国家工作人员受贿罪的提示条款]银行或者其他金融机构的工作人员在金融业务活动中索取他人财物或者非法收受他人财物,为他人谋取利益的,或者违反国家规定,收受各种名义的回扣、手续费,归个人所有的,依照本法第一百六十三条的规定定罪处罚。

[受贿罪的提示条款]国有金融机构工作人员和国有金融机构委派到非国有金融机构从事公务的人员有前款行为的,依照本法第三百八十五条、第三百八十六条的规定定罪处罚。

**考点34 破坏金融管理秩序罪**
**(一)假币相关犯罪**
第一百七十条 [伪造货币罪]伪造货币的,处三年以上十年以下有期徒刑,并处罚金;有下列情形之一的,处十年以上有期徒刑或者无期徒刑,并处罚金或者没收财产:
(一)伪造货币集团的首要分子;
(二)伪造货币数额特别巨大的;
(三)有其他特别严重情节的。

第一百七十一条 [出售、购买、运输假币罪]出售、购买伪造的货币或者明知是伪造的货币而运输,数额较大的,处三年以下有期徒刑或者拘役,并处二万元以上二十万元以下罚金;数额巨大的,处三年以上十年以下有期徒刑,并处五万元以上五十万元以下罚金;数额特别巨大的,处十年以上有期徒刑或者无期徒刑,并处五万元以上五十万元以下罚金或者没收财产。

[金融工作人员购买假币、以假币换取货币罪]银行或者其他金融机构的工作人员购买伪造的货币或者利用职务上的便利,以伪造的货币换取货币的,处三年以上十年以下有期徒刑,并处二万元以上二十万元以下罚金;数额巨大或者有其他严重情节的,处十年以上有期徒刑或者无期徒刑,并处二万元以上二十万元以下罚金或者没收财产;情节较轻的,处三年以下有期徒刑或者拘役,并处或者单处一万元以上十万元以下罚金。

[伪造并出售、运输定伪货币罪]伪造货币并出售或者运输伪造的货币的,依照本法第一百七十条的规定定罪从重处罚。

第一百七十二条 [持有、使用假币罪]明知是伪造的货币而持有、使用,数额较大的,处三年以下有期徒刑或者拘役,并处或者单处一万元以上十万元以下罚金;数额巨大的,处三年以上十年以下有期徒刑,并处二万元以上二十万元以下罚金;数额特别巨大的,处十年以上有期徒刑,并处五万元以上五十万元以下罚金或者没收财产。

第一百七十三条 [变造货币罪]变造货币,数额较大的,处三年以下有期徒刑或者拘役,并处或者单处一万元以上十万元以下罚金;数额巨大的,处三年以上十年以下有期徒刑,并处二万元以上二十万元以下罚金。

**(二)洗钱罪**
第一百九十一条 [洗钱罪]为掩饰、隐瞒毒品犯罪、黑社会性质的组织犯罪、恐怖活动犯罪、走私犯罪、贪污贿赂犯罪、破坏金融管理秩序犯罪、金融诈骗犯罪的所得及其产生的收益的来源和性质,有下列行为之一的,没收实施以上犯罪的所得及其产生的收益,处五年以下有期徒刑或者拘役,并处或者单处罚金;情节严重的,处五年以上十年以下有期徒刑,并处罚金:
(一)提供资金帐户的;
(二)将财产转换为现金、金融票据、有价证券的;
(三)通过转帐或者其他支付结算方式转移资金的;
(四)跨境转移资产的;
(五)以其他方法掩饰、隐瞒犯罪所得及其收益的来源和性质的。

单位犯前款罪的,对单位判处罚金,并对其直接负责的主管人员和其他直接责任人员,依照前款的规定处罚。

**《审理洗钱等刑事案件的解释》**
第一条 刑法第一百九十一条、第三百一十二条规定的"明知",应当结合被告人的认知能力,接触他人犯罪所得及其收益的情况,犯罪所得及其收益的种类、数额,犯罪所得及其收益的转换、转移方式以及被告人的供述等主、客观因素进行认定。

具有下列情形之一的,可以认定被告人明知系犯罪所得及其收益,但有证据证明确实不知道的除外:
(一)知道他人从事犯罪活动,协助转换或者转移财物的;
(二)没有正当理由,通过非法途径协助转换或者转移财物的;
(三)没有正当理由,以明显低于市场的价格收购财物的;
(四)没有正当理由,协助转换或者转移财物,收取明显高于市场的"手续费"的;
(五)没有正当理由,协助他人将巨额现金散存于多个银行账户或者在不同银行账户之间频繁划转的;
(六)协助近亲属或者其他关系密切的人转换或者转移与其职业或者财产状况明显不符的财物的;
(七)其他可以认定行为人明知的情形。

被告人将刑法第一百九十一条规定的某一上游犯罪的犯罪所得及其收益误认为刑法第一百九十一条规定的上游犯罪范围内的其他犯罪所得及其收益的,不影响刑法第一百九十一条规定的"明知"的认定。

第三条 明知是犯罪所得及其产生的收益而予以掩

饰、隐瞒,构成刑法第三百一十二条规定的犯罪,同时又构成刑法第一百九十一条或者第三百四十九条规定的犯罪的,依照处罚较重的规定定罪处罚。

第四条　刑法第一百九十一条、第三百一十二条、第三百四十九条规定的犯罪,应当以上游犯罪事实成立为认定前提。上游犯罪尚未依法裁判,但查证属实的,不影响刑法第一百九十一条、第三百一十二条、第三百四十九条规定的犯罪的审判。

上游犯罪事实可以确认,因行为人死亡等原因依法不予追究刑事责任的,不影响刑法第一百九十一条、第三百一十二条、第三百四十九条规定的犯罪的认定。

上游犯罪事实可以确认,依法以其他罪名定罪处罚的,不影响刑法第一百九十一条、第三百一十二条、第三百四十九条规定的犯罪的认定。

本条所称"上游犯罪",是指产生刑法第一百九十一条、第三百一十二条、第三百四十九条规定的犯罪所得及其收益的各种犯罪行为。

**考点35　金融诈骗罪**
**(一)信用卡诈骗罪与妨害信用卡管理罪**
**(1)信用卡诈骗罪**

**第一百九十六条　[信用卡诈骗罪]** 有下列情形之一,进行信用卡诈骗活动,数额较大的,处五年以下有期徒刑或者拘役,并处二万元以上二十万元以下罚金;数额巨大或者有其他严重情节的,处五年以上十年以下有期徒刑,并处五万元以上五十万元以下罚金;数额特别巨大或者有其他特别严重情节的,处十年以上有期徒刑或者无期徒刑,并处五万元以上五十万元以下罚金或者没收财产:

(一)使用伪造的信用卡,或者使用以虚假的身份证明骗领的信用卡的;
(二)使用作废的信用卡的;
(三)冒用他人信用卡的;
(四)恶意透支的。

前款所称恶意透支,是指持卡人以非法占有为目的,超过规定限额或者规定期限透支,并且经发卡银行催收后仍不归还的行为。

**[盗窃罪]** 盗窃信用卡并使用的,依照本法第二百六十四条的规定定罪处罚。[2023年回忆~信用卡诈骗罪;2022年回忆~信用卡诈骗罪;2019年回忆~信用卡诈骗罪、盗窃罪;2015年真题~信用卡诈骗罪、盗窃罪、掩饰、隐瞒犯罪所得罪、信用卡诈骗罪;2011年真题~信用卡诈骗罪]

**《有关信用卡规定的解释》**

刑法规定的"信用卡",是指由商业银行或者其他金融机构发行的具有消费支付、信用贷款、转账结算、存取现金等全部功能或者部分功能的电子支付卡。

**《妨害信用卡管理刑事案件解释》**

第五条　使用伪造的信用卡、以虚假的身份证明骗领的信用卡、作废的信用卡或者冒用他人信用卡,进行信用卡诈骗活动,数额在五千元以上不满五万元的,应当认定为刑法第一百九十六条规定的"数额较大";数额在五

万元以上不满五十万元的,应当认定为刑法第一百九十六条规定的"数额巨大";数额在五十万元以上的,应当认定为刑法第一百九十六条规定的"数额特别巨大"。

刑法第一百九十六条第一款第三项所称"冒用他人信用卡",包括以下情形:

(一)拾得他人信用卡并使用的;
(二)骗取他人信用卡并使用的;
(三)窃取、收买、骗取或者以其他非法方式获取他人信用卡信息资料,并通过互联网、通讯终端等使用的;
(四)其他冒用他人信用卡的情形。

第六条　持卡人以非法占有为目的,超过规定限额或者规定期限透支,经发卡银行两次有效催收后超过三个月仍不归还的,应当认定为刑法第一百九十六条规定的"恶意透支"。

对于是否以非法占有为目的,应当综合持卡人信用记录、还款能力和意愿、申领和透支信用卡的状况、透支资金的用途、透支后的表现、未按规定还款的原因等情节作出判断。不得单纯依据持卡人未按规定还款的事实认定非法占有目的。

具有以下情形之一的,应当认定为刑法第一百九十六条第二款规定的"以非法占有为目的",但有证据证明持卡人确实不具有非法占有目的的除外:

(一)明知没有还款能力而大量透支,无法归还的;
(二)使用虚假资信证明申领信用卡后透支,无法归还的;
(三)透支后通过逃匿、改变联系方式等手段,逃避银行催收的;
(四)抽逃、转移资金,隐匿财产,逃避还款的;
(五)使用透支的资金进行犯罪活动的;
(六)其他非法占有资金,拒不归还的情形。

第七条　催收同时符合下列条件的,应当认定为本解释第六条规定的"有效催收":

(一)在透支超过规定限额或者规定期限后进行;
(二)催收应当采用能够确认持卡人收悉的方式,但持卡人故意逃避催收的除外;
(三)两次催收至少间隔三十日;
(四)符合催收的有关规定或者约定。

对于是否属于有效催收,应当根据发卡银行提供的电话录音、信息送达记录、信函送达回执、电子邮件送达记录、持卡人或者其家属签字以及其他催收原始证据材料作出判断。

发卡银行提供的相关证据材料,应当有银行工作人员签名和银行公章。

第八条　恶意透支,数额在五万元以上不满五十万元的,应当认定为刑法第一百九十六条规定的"数额较大";数额在五十万元以上不满五百万元的,应当认定为刑法第一百九十六条规定的"数额巨大";数额在五百万元以上的,应当认定为刑法第一百九十六条规定的"数额特别巨大"。

第九条第一款　恶意透支的数额,是指公安机关刑事立案时尚未归还的实际透支的本金数额,不包括利息、

复利、滞纳金、手续费等发卡银行收取的费用。归还或者支付的数额，应当认定为归还实际透支的本金。

第十条　恶意透支数额较大，在提起公诉前全部归还或者具有其他情节轻微情形的，可以不起诉；在一审判决前全部归还或者具有其他情节轻微情形的，可以免予刑事处罚。但是，曾因信用卡诈骗受过两次以上处罚的除外。

第十一条　发卡银行违规以信用卡透支形式变相发放贷款，持卡人未按规定归还的，不适用刑法第一百九十六条"恶意透支"的规定。构成其他犯罪的，以其他犯罪论处。

第十二条　违反国家规定，使用销售终端机具（POS机）等方法，以虚构交易、虚开价格、现金退货等方式向信用卡持卡人直接支付现金，情节严重的，应当依据刑法第二百二十五条的规定，以非法经营罪定罪处罚。

……

持卡人以非法占有为目的，采用上述方式恶意透支，应当追究刑事责任的，依照刑法第一百九十六条的规定，以信用卡诈骗罪定罪处罚。

**《拾得他人信用卡并在自动柜员机（ATM机）上使用的行为如何定性问题的批复》**

拾得他人信用卡并在自动柜员机（ATM机）上使用的行为，属于刑法第一百九十六条第一款第（三）项规定的"冒用他人信用卡"的情形，构成犯罪的，以信用卡诈骗罪追究刑事责任。

**（2）妨害信用卡管理罪**

**第一百七十七条之一　[妨害信用卡管理罪]** 有下列情形之一，妨害信用卡管理的，处三年以下有期徒刑或者拘役，并处或者单处一万元以上十万元以下罚金；数量巨大或者有其他严重情节的，处三年以上十年以下有期徒刑，并处二万元以上二十万元以下罚金：

（一）明知是伪造的信用卡而持有、运输的，或者明知是伪造的空白信用卡而持有、运输，数量较大的；

（二）非法持有他人信用卡，数量较大的；

（三）使用虚假的身份证明骗领信用卡的；

（四）出售、购买、为他人提供伪造的信用卡或者以虚假的身份证明骗领的信用卡的。

**[窃取、收买、非法提供信用卡信息罪]** 窃取、收买或者非法提供他人信用卡信息资料的，依照前款规定处罚。

银行或者其他金融机构的工作人员利用职务上的便利，犯第二款罪的，从重处罚。〔2023年回忆~妨害信用卡管理罪〕

**《妨害信用卡管理刑事案件解释》**

第一条　复制他人信用卡、将他人信用卡信息资料写入磁条介质、芯片或者以其他方法伪造信用卡一张以上的，应当认定为刑法第一百七十七条第一款第四项规定的"伪造信用卡"，以伪造金融票证罪定罪处罚。

伪造空白信用卡10张以上的，应当认定为刑法第177条第1款第四项规定的"伪造信用卡"，以伪造金融票证罪定罪处罚。

……

第二条　明知是伪造的空白信用卡而持有、运输十张以上不满一百张的，应当认定为刑法第一百七十七条之一第一款第一项规定的"数量较大"；非法持有他人信用卡五张以上不满五十张的，应当认定为刑法第一百七十七条之一第一款第二项规定的"数量较大"。

有下列情形之一的，应当认定为刑法第一百七十七条之一第一款规定的"数量巨大"：

（一）明知是伪造的信用卡而持有、运输十张以上的；

（二）明知是伪造的空白信用卡而持有、运输一百张以上的；

（三）非法持有他人信用卡五十张以上的；

（四）使用虚假的身份证明骗领信用卡十张以上的；

（五）出售、购买、为他人提供伪造的信用卡或者以虚假的身份证明骗领的信用卡十张以上的。

违背他人意愿，使用其居民身份证、军官证、士兵证、港澳居民往来内地通行证、台湾居民来往大陆通行证、护照等身份证明申领信用卡的，或者使用伪造、变造的身份证明申领信用卡的，应当认定为刑法第一百七十七条之一第一款第三项规定的"使用虚假的身份证明骗领信用卡"。

第三条　窃取、收买、非法提供他人信用卡信息资料，足以伪造可进行交易的信用卡，或者足以使他人以信用卡持卡人名义进行交易，涉及信用卡一张以上不满五张的，依照刑法第一百七十七条之一第二款的规定，以窃取、收买、非法提供信用卡信息罪定罪处罚；涉及信用卡五张以上的，应当认定为刑法第一百七十七条之一第一款规定的"数量巨大"。

**（二）贷款诈骗罪与骗取贷款罪**

**（1）贷款诈骗罪**

**第一百九十三条　[贷款诈骗罪]** 有下列情形之一，以非法占有为目的，诈骗银行或者其他金融机构的贷款，数额较大的，处五年以下有期徒刑或者拘役，并处二万元以上二十万元以下罚金；数额巨大或者有其他严重情节的，处五年以上十年以下有期徒刑，并处五万元以上五十万元以下罚金；数额特别巨大或者有其他特别严重情节的，处十年以上有期徒刑或者无期徒刑，并处五万元以上五十万元以下罚金或者没收财产：

（一）编造引进资金、项目等虚假理由的；

（二）使用虚假的经济合同的；

（三）使用虚假的证明文件的；

（四）使用虚假的产权证明作担保或者超出抵押物价值重复担保的；

（五）以其他方法诈骗贷款的。〔2022年回忆~贷款诈骗罪；2019年回忆~贷款诈骗罪〕

**《全国法院审理金融犯罪案件工作座谈会纪要》**

二、（三）关于金融诈骗罪

2. 贷款诈骗罪的认定和处理。贷款诈骗犯罪是案发较多的金融诈骗犯罪之一。审理贷款诈骗犯罪案件，应当注意以下两个问题：

一是单位不能构成贷款诈骗罪。根据刑法第三十条和第一百九十三条的规定，单位不构成贷款诈骗罪。对于单位实施的贷款诈骗行为，不能以贷款诈骗罪定罪处罚，也不能以贷款诈骗罪追究直接负责的主管人员和其他直接责任人员的刑事责任。但是，在司法实践中，对于单位十分明显地以非法占有为目的，利用签订、履行借款合同诈骗银行或其他金融机构贷款，符合刑法第二百二十四条规定的合同诈骗罪构成要件的，应当以合同诈骗罪定罪处罚。

二是要严格区分贷款诈骗与贷款纠纷的界限。对于合法取得贷款后，没有按规定的用途使用贷款，到期没有归还贷款的，不能以贷款诈骗罪定罪处罚；对于确有证据证明行为人不具有非法占有的目的，因不具备贷款的条件而采取了欺骗手段获取贷款，案发时有能力履行还贷义务，或者案发时不能归还贷款是因为意志以外的原因，如因经营不善、被骗、市场风险等，不应以贷款诈骗罪处罚。

(2) 骗取贷款罪

**第一百七十五条之一** [骗取贷款、票据承兑、金融票证罪]以欺骗手段取得银行或者其他金融机构贷款、票据承兑、信用证、保函等，给银行或者其他金融机构造成重大损失的，处三年以下有期徒刑或者拘役，并处或者单处罚金；给银行或者其他金融机构造成特别重大损失或者有其他特别严重情节的，处三年以上七年以下有期徒刑，并处罚金。

单位犯前款罪的，对单位判处罚金，并对其直接负责的主管人员和其他直接责任人员，依照前款的规定处罚。
[2019 年回忆～骗取贷款罪]

(三) 保险诈骗罪

**第一百九十八条** [保险诈骗罪]有下列情形之一，进行保险诈骗活动，数额较大的，处五年以下有期徒刑或者拘役，并处一万元以上十万元以下罚金；数额巨大或者有其他严重情节的，处五年以上十年以下有期徒刑，并处二万元以上二十万元以下罚金；数额特别巨大或者有其他特别严重情节的，处十年以上有期徒刑，并处二万元以上二十万元以下罚金或者没收财产：

(一) 投保人故意虚构保险标的，骗取保险金的；

(二) 投保人、被保险人或者受益人对发生的保险事故编造虚假的原因或者夸大损失的程度，骗取保险金的；

(三) 投保人、被保险人或者受益人编造未曾发生的保险事故，骗取保险金的；

(四) 投保人、被保险人故意造成财产损失的保险事故，骗取保险金的；

(五) 投保人、受益人故意造成被保险人死亡、伤残或者疾病，骗取保险金的。

[数罪并罚]有前款第四项、第五项所列行为，同时构成其他犯罪的，依照数罪并罚的规定处罚。

单位犯第一款罪的，对单位判处罚金，并对其直接负责的主管人员和其他直接责任人员，处五年以下有期徒刑或者拘役；数额巨大或者有其他严重情节的，处五年以上十年以下有期徒刑；数额特别巨大或者有其他特别严重情节的，处十年以上有期徒刑。

[共犯]保险事故的鉴定人、证明人、财产评估人故意

提供虚假的证明文件，为他人诈骗提供条件的，以保险诈骗的共犯论处。[2022 年回忆～保险诈骗罪]

《刑法》

第一百八十三条 [职务侵占罪的提示条款]保险公司的工作人员利用职务上的便利，故意编造未曾发生的保险事故进行虚假理赔，骗取保险金归自己所有的，依照本法第二百七十一条的规定定罪处罚。

[贪污罪的提示条款]国有保险公司工作人员和国有保险公司委派到非国有保险公司从事公务的人员有前款行为的，依照本法第三百八十二条、第三百八十三条的规定定罪处罚。

考点36 **危害税收征管罪**

**第二百零一条** [逃税罪]纳税人采取欺骗、隐瞒手段进行虚假纳税申报或者不申报，逃避缴纳税款数额较大并且占应纳税额百分之十以上的，处三年以下有期徒刑或者拘役，并处罚金；数额巨大并且占应纳税额百分之三十以上的，处三年以上七年以下有期徒刑，并处罚金。

扣缴义务人采取前款所列手段，不缴或者少缴已扣、已收税款，数额较大的，依照前款的规定处罚。

对多次实施前两款行为，未经处理的，按照累计数额计算。

[责任阻却事由]有第一款行为，经税务机关依法下达追缴通知后，补缴应纳税款，缴纳滞纳金，已受行政处罚的，不予追究刑事责任；但是，五年内因逃避缴纳税款受过刑事处罚或者被税务机关给予二次以上行政处罚的除外。

《刑法》

第二百零四条 [骗取出口退税罪]以假报出口或者其他欺骗手段，骗取国家出口退税款，数额较大的，处五年以下有期徒刑或者拘役，并处骗取税款一倍以上五倍以下罚金；数额巨大或者有其他严重情节的，处五年以上十年以下有期徒刑，并处骗取税款一倍以上五倍以下罚金；数额特别巨大或者有其他特别严重情节的，处十年以上有期徒刑或者无期徒刑，并处骗取税款一倍以上五倍以下罚金或者没收财产。

[先缴税后骗退税的处理]纳税人缴纳税款后，采取前款规定的欺骗方法，骗取所缴纳的税款的，依照本法第二百零一条的规定定罪处罚；骗取税款超过所缴纳的税款部分，依照前款的规定处罚。

第二百一十一条 [单位犯危害税收征管罪的处罚规定]单位犯本节第二百零一条、第二百零三条、第二百零四条、第二百零七条、第二百零八条、第二百零九条规定之罪的，对单位判处罚金，并对其直接负责的主管人员和其他直接责任人员，依照各该条的规定处罚。

考点37 **侵犯知识产权罪**

(一) 假冒注册商标罪

**第二百一十三条** [假冒注册商标罪]未经注册商标所有人许可，在同一种商品、服务上使用与其注册商标相同的商标，情节严重的，处三年以下有期徒刑，并处或者单处罚金；情节特别严重的，处三年以上十年以下有期徒

刑,并处罚金。

**《刑法》**

第二百一十四条 [销售假冒注册商标的商品罪]销售明知是假冒注册商标的商品,违法所得数额较大或者有其他严重情节的,处三年以下有期徒刑,并处或者单处罚金;违法所得数额巨大或者有其他特别严重情节的,处三年以上十年以下有期徒刑,并处罚金。

第二百二十条 [单位犯侵犯知识产权罪的处罚规定]单位犯本节第二百一十三条至第二百一十九条之一规定之罪的,对单位判处罚金,并对其直接负责的主管人员和其他直接责任人员,依照本节各该条的规定处罚。

**《知识产权刑事案件解释》**

第八条 刑法第二百一十三条规定的"相同的商标",是指与被假冒的注册商标完全相同,或者与被假冒的注册商标在视觉上基本无差别、足以对公众产生误导的商标。

刑法第二百一十三条规定的"使用",是指将注册商标或者假冒的注册商标用于商品、商品包装或者容器以及产品说明书、商品交易文书,或者将注册商标或者假冒的注册商标用于广告宣传、展览以及其他商业活动等行为。

第十三条 实施刑法第二百一十三条规定的假冒注册商标犯罪,又销售该假冒注册商标的商品,构成犯罪的,应当依照刑法第二百一十三条的规定,以假冒注册商标罪定罪处罚。

实施刑法第二百一十三条规定的假冒注册商标犯罪,又销售明知是他人的假冒注册商标的商品,构成犯罪的,应当实行数罪并罚。

**（二）侵犯著作权罪**

第二百一十七条 [侵犯著作权罪]以营利为目的,有下列侵犯著作权或者与著作权有关的权利的情形之一,违法所得数额较大或者有其他严重情节的,处三年以下有期徒刑,并处或者单处罚金;违法所得数额巨大或者有其他特别严重情节的,处三年以上十年以下有期徒刑,并处罚金:

（一）未经著作权人许可,复制发行、通过信息网络向公众传播其文字作品、音乐、美术、视听作品、计算机软件及法律、行政法规规定的其他作品的;

（二）出版他人享有专有出版权的图书的;

（三）未经录音录像制作者许可,复制发行、通过信息网络向公众传播其制作的录音录像的;

（四）未经表演者许可,复制发行录有其表演的录音录像制品,或者通过信息网络向公众传播其表演的;

（五）制作、出售假冒他人署名的美术作品的;

（六）未经著作权人或者与著作权有关的权利人许可,故意避开或者破坏权利人为其作品、录音录像制品等采取的保护著作权或者与著作权有关的权利的技术措施的。

**《刑法》**

第二百一十八条 [销售侵权复制品罪]以营利为目的,销售明知是本法第二百一十七条规定的侵权复制品,

违法所得数额巨大或者有其他严重情节的,处五年以下有期徒刑,并处或者单处罚金。

第二百二十条 [单位犯侵犯知识产权罪的处罚规定]单位犯本节第二百一十三条至第二百一十九条之一规定之罪的,对单位判处罚金,并对其直接负责的主管人员和其他直接责任人员,依照本节各该条的规定处罚。

**《知识产权刑事案件解释》**

第十四条 实施刑法第二百一十七条规定的侵犯著作权犯罪,又销售该侵权复制品,构成犯罪的,应当依照刑法第二百一十七条的规定,以侵犯著作权罪定罪处罚。

实施刑法第二百一十七条规定的侵犯著作权犯罪,又销售明知是他人的侵权复制品,构成犯罪的,应当实行数罪并罚。

**考点38 扰乱市场秩序罪**

**（一）合同诈骗罪**

第二百二十四条 [合同诈骗罪]有下列情形之一,以非法占有为目的,在签订、履行合同过程中,骗取对方当事人财物,数额较大的,处三年以下有期徒刑或者拘役,并处或者单处罚金;数额巨大或者有其他严重情节的,处三年以上十年以下有期徒刑,并处罚金;数额特别巨大或者有其他特别严重情节的,处十年以上有期徒刑或者无期徒刑,并处罚金或者没收财产:

（一）以虚构的单位或者冒用他人名义签订合同的;

（二）以伪造、变造、作废的票据或者其他虚假的产权证明作担保的;

（三）没有实际履行能力,以先履行小额合同或者部分履行合同的方法,诱骗对方当事人继续签订和履行合同的;

（四）收受对方当事人给付的货物、货款、预付款或者担保财产后逃匿的;

（五）以其他方法骗取对方当事人财物的。[2019年回忆~合同诈骗罪]

**（二）非法经营罪**

第二百二十五条 [非法经营罪]违反国家规定,有下列非法经营行为之一,扰乱市场秩序,情节严重的,处五年以下有期徒刑或者拘役,并处或者单处违法所得一倍以上五倍以下罚金;情节特别严重的,处五年以上有期徒刑,并处违法所得一倍以上五倍以下罚金或者没收财产:

（一）未经许可经营法律、行政法规规定的专营、专卖物品或者其他限制买卖的物品的;

（二）买卖进出口许可证、进出口原产地证明以及其他法律、行政法规规定的经营许可证或者批准文件的;

（三）未经国家有关主管部门批准非法经营证券、期货、保险业务的,或者非法从事资金支付结算业务的;

（四）其他严重扰乱市场秩序的非法经营行为。

**《刑法》**

第一百六十五条 [非法经营同类营业罪]国有公司、企业的董事、监事、高级管理人员,利用职务便利,自己经营或者为他人经营与其所任职公司、企业同类的营

业，获取非法利益，数额巨大的，处三年以下有期徒刑或者拘役，并处或者单处罚金；数额特别巨大的，处三年以上七年以下有期徒刑，并处罚金。

其他公司、企业的董事、监事、高级管理人员违反法律、行政法规规定，实施前款行为，致使公司、企业利益遭受重大损失的，依照前款的规定处罚。

第二百二十四条之一　[组织、领导传销活动罪]组织、领导以推销商品、提供服务等经营活动为名，要求参加者以缴纳费用或者购买商品、服务等方式获得加入资格，并按照一定顺序组成层级，直接或者间接以发展人员的数量作为计酬或者返利依据，引诱、胁迫参加者继续发展他人参加，骗取财物，扰乱经济社会秩序的传销活动的，处五年以下有期徒刑或者拘役，并处罚金；情节严重的，处五年以上有期徒刑，并处罚金。

# 专题十六　侵犯公民人身权利、民主权利罪

**考点39**　侵犯公民生命、健康权利的犯罪

第二百三十二条　[故意杀人罪]故意杀人的，处死刑、无期徒刑或者十年以上有期徒刑；情节较轻的，处三年以上十年以下有期徒刑。[2019年回忆~共同犯罪、故意杀人罪、故意伤害罪；2016年真题~侵占罪、故意杀人罪、抢劫罪；故意杀人罪、事前的故意；故意杀人罪、间接正犯；故意杀人罪、非法拘禁罪；2015年真题~故意杀人罪、结果提前发生的处理；2013年真题~盗窃罪、故意杀人罪；2011年真题~故意杀人罪]

第二百三十四条　[故意伤害罪]故意伤害他人身体的，处三年以下有期徒刑、拘役或者管制。

犯前款罪，致人重伤的，处三年以上十年以下有期徒刑；致人死亡或者以特别残忍手段致人重伤造成严重残疾的，处十年以上有期徒刑、无期徒刑或者死刑。本法另有规定的，依照规定。[2022年回忆~故意伤害罪；2019年回忆~共同犯罪、故意杀人罪、故意伤害罪；2018年回忆~共同犯罪、故意伤害罪]

《刑法》

第十七条第二款　[刑事责任年龄]已满十二周岁不满十四周岁的人，犯故意杀人、故意伤害罪，致人死亡或者以特别残忍手段致人重伤造成严重残疾，情节恶劣，经最高人民检察院核准追诉的，应当负刑事责任。

第二十条第三款　[特殊防卫]对正在进行行凶、杀人、抢劫、强奸、绑架以及其他严重危及人身安全的暴力犯罪，采取防卫行为，造成不法侵害人伤亡的，不属于防卫过当，不负刑事责任。[2018年回忆~防卫过当、非法拘禁罪；2013年真题~正当防卫]

第二百三十八条第二款　[结果加重犯、转化犯]犯前款罪，致人重伤的，处三年以上十年以下有期徒刑；致人死亡的，处十年以上有期徒刑。使用暴力致人伤残、死亡的，依照本法第二百三十四条、第二百三十二条的规定定罪处罚。[2021年回忆~注意规定与法律拟制、非法拘禁罪的罪数关系]

第二百四十一条第三款　[非法拘禁罪；故意伤害罪；侮辱罪]收买被拐卖的妇女、儿童，非法剥夺、限制其人身自由或者有伤害、侮辱等犯罪行为的，依照本法的有关规定定罪处罚。

第二百四十七条　[刑讯逼供罪；暴力取证罪]司法工作人员对犯罪嫌疑人、被告人实行刑讯逼供或者使用暴力逼取证人证言的，处三年以下有期徒刑或者拘役。致人伤残、死亡的，依照本法第二百三十四条、第二百三十二条的规定定罪从重处罚。

第二百四十八条　[虐待被监管人罪]监狱、拘留所、看守所等监管机构的监管人员对被监管人进行殴打或者体罚虐待，情节严重的，处三年以下有期徒刑或者拘役；情节特别严重的，处三年以上十年以下有期徒刑。致人伤残、死亡的，依照本法第二百三十四条、第二百三十二条的规定定罪从重处罚。

监管人员指使被监管人殴打或者体罚虐待其他被监管人的，依照前款的规定处罚。

第二百九十二条第二款　[转化犯]聚众斗殴，致人重伤、死亡的，依照本法第二百三十四条、第二百三十二条的规定定罪处罚。

第三百三十三条第二款　[转化犯]有前款行为，对他人造成伤害的，依照本法第二百三十四条的规定定罪处罚。

《组织、利用邪教组织破坏法律实施等刑事案件的解释》

第十一条　组织、利用邪教组织、制造、散布迷信邪说，组织、策划、煽动、胁迫、教唆、帮助其成员或者他人实施自杀、自伤的，依照刑法第二百三十二条、第二百三十四条的规定，以故意杀人罪或者故意伤害罪定罪处罚。

《交通肇事刑事案件解释》

第六条　行为人在交通肇事后为逃避法律追究，将被害人带离事故现场后隐藏或者遗弃，致使被害人无法得到救助而死亡或者严重残疾的，应当分别依照刑法第二百三十二条、第二百三十四条第二款的规定，以故意杀人罪或者故意伤害罪定罪处罚。

《危害生产安全刑事案件解释》

第十条　在安全事故发生后，直接负责的主管人员和其他直接责任人员故意阻挠开展抢救，导致人员死亡或者重伤，或者为了逃避法律追究，对被害人进行隐藏、遗弃，致使被害人因无法得到救助而死亡或者重度残疾的，分别依照刑法第二百三十二条、第二百三十四条的规定，以故意杀人罪或者故意伤害罪定罪处罚。

**考点40**　侵犯性权利的犯罪

第二百三十六条　[强奸罪]以暴力、胁迫或者其他手段强奸妇女的，处三年以上十年以下有期徒刑。

奸淫不满十四周岁的幼女的，以强奸论，从重处罚。

强奸妇女、奸淫幼女，有下列情形之一的，处十年以上有期徒刑、无期徒刑或者死刑：

（一）强奸妇女、奸淫幼女情节恶劣的；

（二）强奸妇女、奸淫幼女多人的；

（三）在公共场所当众强奸妇女、奸淫幼女的；

（四）二人以上轮奸的；

（五）奸淫不满十周岁的幼女或者造成幼女伤害的；

（六）致使被害人重伤、死亡或者造成其他严重后果的。

**《刑法》**

第二百三十六条之一 ［负有照护职责人员性侵罪］对已满十四周岁不满十六周岁的未成年女性负有监护、收养、看护、教育、医疗等特殊职责的人员，与该未成年女性发生性关系的，处三年以下有期徒刑；情节恶劣的，处三年以上十年以下有期徒刑。

有前款行为，同时又构成本法第二百三十六条规定之罪的，依照处罚较重的规定定罪处罚。

**《关于办理性侵害未成年人刑事案件的意见》**

第十七条 知道或者应当知道对方是不满十四周岁的幼女，而实施奸淫等性侵害行为的，应当认定行为人"明知"对方是幼女。

对不满十二周岁的被害人实施奸淫等性侵害行为的，应当认定行为人"明知"对方是幼女。

对已满十二周岁不满十四周岁的被害人，从其身体发育状况、言谈举止、衣着特征、生活作息规律等观察可能是幼女，而实施奸淫等性侵害行为的，应当认定行为人"明知"对方是幼女。

第十八条 在校园、游泳馆、儿童游乐场、学生集体宿舍等公共场所对未成年人实施强奸、猥亵犯罪，只要有其他多人在场，不论在场人员是否实际看到，均可以依照刑法第二百三十六条第三款、第二百三十七条的规定，认定为在公共场所"当众"强奸、猥亵。

**《强奸、猥亵未成年人刑事案件解释》**

第一条 奸淫幼女的，依照刑法第二百三十六条第二款的规定从重处罚。具有下列情形之一的，应当适用较重的从重处罚幅度：

（一）负有特殊职责的人员实施奸淫的；

（二）采用暴力、胁迫等手段实施奸淫的；

（三）侵入住宅或者学生集体宿舍实施奸淫的；

（四）对农村留守女童、严重残疾或者精神发育迟滞的被害人实施奸淫的；

（五）利用其他未成年人诱骗、介绍、胁迫被害人的；

（六）曾因强奸、猥亵犯罪被判处刑罚的。

强奸已满十四周岁的未成年女性，具有前款第一项、第三项至第六项规定的情形之一，或者致使被害人轻伤、患梅毒、淋病等严重性病的，依照刑法第二百三十六条第一款的规定定罪，从重处罚。

第二条 强奸已满十四周岁的未成年女性或者奸淫幼女，具有下列情形之一的，应当认定为刑法第二百三十六条第三款第一项规定的"强奸妇女、奸淫幼女情节恶劣"：

（一）负有特殊职责的人员多次实施强奸、奸淫的；

（二）有严重摧残、凌辱行为的；

（三）非法拘禁或者利用毒品诱骗、控制被害人的；

（四）多次利用其他未成年人诱骗、介绍、胁迫被害人的；

（五）长期实施强奸、奸淫的；

（六）奸淫精神发育迟滞的被害人致使怀孕的；

（七）对强奸、奸淫过程或者被害人身体隐私部位制作视频、照片等影像资料，以此胁迫对被害人实施强奸、奸淫，或者致使影像资料向多人传播，暴露被害人身份的；

（八）其他情节恶劣的情形。

第三条 奸淫幼女，具有下列情形之一的，应当认定为刑法第二百三十六条第三款第五项规定的"造成幼女伤害"：

（一）致使幼女轻伤的；

（二）致使幼女患梅毒、淋病等严重性病的；

（三）对幼女身心健康造成其他伤害的情形。

第四条 强奸已满十四周岁的未成年女性或者奸淫幼女，致使其感染艾滋病病毒的，应当认定为刑法第二百三十六条第三款第六项规定的"致使被害人重伤"。

第五条 对已满十四周岁不满十六周岁的未成年女性负有特殊职责的人员，与该未成年女性发生性关系，具有下列情形之一的，应当认定为刑法第二百三十六条之一规定的"情节恶劣"：

（一）长期发生性关系的；

（二）与多名被害人发生性关系的；

（三）致使被害人感染艾滋病病毒或者患梅毒、淋病等严重性病的；

（四）对发生性关系的过程或者被害人身体隐私部位制作视频、照片等影像资料，致使影像资料向多人传播，暴露被害人身份的；

（五）其他情节恶劣的情形。

第六条 对已满十四周岁的未成年女性负有特殊职责的人员，利用优势地位或者被害人孤立无援的境地，迫使被害人与其发生性关系的，依照刑法第二百三十六条的规定，以强奸罪定罪处罚。

**考点41 侵犯妇女、儿童利益的犯罪**

**（一）拐卖妇女、儿童罪**

**第二百四十条** ［拐卖妇女、儿童罪］拐卖妇女、儿童的，处五年以上十年以下有期徒刑，并处罚金；有下列情形之一的，处十年以上有期徒刑或者无期徒刑，并处罚金或者没收财产；情节特别严重的，处死刑，并处没收财产：

（一）拐卖妇女、儿童集团的首要分子；

（二）拐卖妇女、儿童三人以上的；

（三）奸淫被拐卖的妇女的；

（四）诱骗、强迫被拐卖的妇女卖淫或者将被拐卖的妇女卖给他人迫使其卖淫的；

（五）以出卖为目的，使用暴力、胁迫或者麻醉方法绑架妇女、儿童的；

（六）以出卖为目的，偷盗婴幼儿的；

（七）造成被拐卖的妇女、儿童或者其亲属重伤、死亡或者其他严重后果的；

（八）将妇女、儿童卖往境外的。

拐卖妇女、儿童是指以出卖为目的，有拐骗、绑架、收买、贩卖、接送、中转妇女、儿童的行为之一的。

**《拐卖妇女儿童犯罪案件解释》**

第一条 对婴幼儿采取欺骗、利诱等手段使其脱离监护人或者看护人的，视为刑法第二百四十条第一款第(六)项规定的"偷盗婴幼儿"。

第二条 医疗机构、社会福利机构等单位的工作人员以非法获利为目的，将所诊疗、护理、抚养的儿童出卖给他人的，以拐卖儿童罪论处。

第三条 以介绍婚姻为名，采取非法扣押身份证件、限制人身自由等方式，或者利用妇女人地生疏、语言不通、孤立无援等境况，违背妇女意志，将其出卖给他人的，应当以拐卖妇女罪追究刑事责任。

以介绍婚姻为名，与被介绍妇女串通骗取他人钱财，数额较大的，应当以诈骗罪追究刑事责任。

第九条 刑法第二百四十条、第二百四十一条规定的儿童，是指不满十四周岁的人。其中，不满一周岁的为婴儿，一周岁以上不满六周岁的为幼儿。

**《关于依法惩治拐卖妇女儿童犯罪的意见》**

五、定性

14. 犯罪嫌疑人、被告人参与拐卖妇女、儿童犯罪活动的多个环节，只有部分环节的犯罪事实查证清楚、证据确实、充分的，可以对该环节的犯罪事实依法予以认定。

15. 以出卖为目的强抢儿童，或者捡拾儿童后予以出卖，符合刑法第二百四十条第二款规定的，应当以拐卖儿童罪论处。

以抚养为目的偷盗婴幼儿或者拐骗儿童，之后予以出卖的，以拐卖儿童罪论处。

16. 以非法获利为目的，出卖亲生子女的，应当以拐卖妇女、儿童罪论处。

17. 要严格区分借送养之名出卖亲生子女与民间送养行为的界限。区分的关键在于行为人是否具有非法获利的目的。应当通过审查将子女"送"人的背景和原因、有无收取钱财及收取钱财的多少、对方是否具有抚养目的及有无抚养能力等事实，综合判断行为人是否具有非法获利的目的。

具有下列情形之一的，可以认定属于出卖亲生子女，应当以拐卖妇女、儿童罪论处：

(1)将生育作为非法获利手段，生育后即出卖子女的；

(2)明知对方不具有抚养目的，或者根本不考虑对方是否具有抚养目的，为收取钱财将子女"送"给他人的；

(3)为收取明显不属于"营养费"、"感谢费"的巨额钱财将子女"送"给他人的；

(4)其他足以反映行为人具有非法获利目的的"送养"行为的。

不是出于非法获利目的，而是迫于生活困难，或者受重男轻女思想影响，私自将没有独立生活能力的子女送给他人抚养，包括收取少量"营养费"、"感谢费"的，属于民间送养行为，不能以拐卖妇女、儿童罪论处。对私自送养导致子女身心健康受到严重损害，或者具有其他恶劣情节，符合遗弃罪特征的，可以遗弃罪论处；情节显著轻

微危害不大的，可由公安机关依法予以行政处罚。

18. 将妇女拐卖给有关场所，致使被拐卖的妇女被迫卖淫或者从事其他色情服务的，以拐卖妇女罪论处。

有关场所的经营管理人员事前与拐卖妇女的犯罪人通谋的，对该经营管理人员以拐卖妇女罪的共犯论处；同时构成拐卖妇女罪和组织卖淫罪的，择一重罪论处。

19. 医疗机构、社会福利机构等单位的工作人员以非法获利为目的，将所诊疗、护理、抚养的儿童贩卖给他人的，以拐卖儿童罪论处。

六、共同犯罪

21. 明知他人拐卖妇女、儿童，仍然向其提供被拐卖妇女、儿童的健康证明、出生证明或者其他帮助的，以拐卖妇女、儿童罪的共犯论处。

明知他人收买被拐卖的妇女、儿童，仍然向其提供被收买妇女、儿童的户籍证明、出生证明或者其他帮助的，以收买被拐卖的妇女、儿童罪的共犯论处，但是，收买人未被追究刑事责任的除外。

认定是否"明知"，应当根据证人证言、犯罪嫌疑人、被告人及其同案人供述和辩解，结合提供帮助的人次，以及是否明显违反相关规章制度、工作流程等，予以综合判断。

22. 明知他人系拐卖儿童的"人贩子"，仍然利用从事诊疗、福利救助等工作的便利或者了解被拐卖方情况的条件，居间介绍的，以拐卖儿童罪的共犯论处。

23. 对于拐卖妇女、儿童犯罪的共犯，应当根据各被告人在共同犯罪中的分工、地位、作用，参与拐卖的人数、次数，以及分赃数额等，准确区分主从犯。

对于组织、领导、指挥拐卖妇女、儿童的某一个或者某几个犯罪环节，或者积极参与实施拐骗、绑架、收买、贩卖、接送、中转妇女、儿童等犯罪行为，起主要作用的，应当认定为主犯。

对于仅提供被拐卖妇女、儿童信息或者相关证明文件，或者进行居间介绍，起辅助或者次要作用，没有获利或者获利较少的，一般可认定为从犯。

对于各被告人在共同犯罪中的地位、作用区别不明显的，可以不区分主从犯。

七、一罪与数罪

24. 拐卖妇女、儿童，又奸淫被拐卖的妇女、儿童，或者诱骗、强迫被拐卖的妇女、儿童卖淫的，以拐卖妇女、儿童罪处罚。

25. 拐卖妇女、儿童，又对被拐卖的妇女、儿童实施故意杀害、伤害、猥亵、侮辱等行为，构成其他犯罪的，依照数罪并罚的规定处罚。

26. 拐卖妇女、儿童或者收买被拐卖的妇女、儿童，又组织、教唆被拐卖、收买的妇女、儿童进行犯罪的，以拐卖妇女、儿童罪或者收买被拐卖的妇女、儿童罪与其所组织、教唆的罪数罪并罚。

27. 拐卖妇女、儿童或者收买被拐卖的妇女、儿童，又组织、教唆被拐卖、收买的未成年妇女、儿童进行盗窃、诈骗、抢夺、敲诈勒索等违反治安管理活动的，以拐卖妇女、儿童罪或者收买被拐卖的妇女、儿童罪与组织未成年人

进行违反治安管理活动罪数罪并罚。

**(二)收买被拐卖的妇女、儿童罪**

**第二百四十一条** [收买被拐卖的妇女、儿童罪]收买被拐卖的妇女、儿童的,处三年以下有期徒刑、拘役或者管制。

[强奸罪]收买被拐卖的妇女,强行与其发生性关系的,依照本法第二百三十六条的规定定罪处罚。

[非法拘禁罪;故意伤害罪;侮辱罪]收买被拐卖的妇女、儿童,非法剥夺、限制其人身自由或者有伤害、侮辱等犯罪行为的,依照本法的有关规定定罪处罚。

[数罪并罚]收买被拐卖的妇女、儿童,并有第二款、第三款规定的犯罪行为的,依照数罪并罚的规定处罚。

[收买后又出卖定拐卖妇女、儿童罪]收买被拐卖的妇女、儿童又出卖的,依照本法第二百四十条的规定定罪处罚。

[从宽事由]收买被拐卖的妇女、儿童,对被买儿童没有虐待行为,不阻碍对其进行解救的,可以从轻处罚;按照被买妇女的意愿,不阻碍其返回原居住地的,可以从轻或者减轻处罚。

**《拐卖妇女儿童犯罪案件解释》**

**第四条** 在国家机关工作人员排查来历不明儿童或者进行解救时,将所收买的儿童藏匿、转移或者实施其他妨碍解救行为,经说服教育仍不配合的,属于刑法第二百四十一条第六款规定的"阻碍对其进行解救"。

**第五条** 收买被拐卖的妇女,业已形成稳定的婚姻家庭关系,解救时被买妇女自愿继续留在当地共同生活的,可以视为"按照被买妇女的意愿,不阻碍其返回原居住地"。

**第六条** 收买被拐卖的妇女、儿童后又组织、强迫卖淫或者组织乞讨、进行违反治安管理活动等构成其他犯罪的,依照数罪并罚的规定处罚。

**第七条** 收买被拐卖的妇女、儿童,又以暴力、威胁方法阻碍国家机关工作人员解救被收买的妇女、儿童,或者聚众阻碍国家机关工作人员解救被收买的妇女、儿童,构成妨害公务罪、聚众阻碍解救被收买的妇女、儿童罪的,依照数罪并罚的规定处罚。

**第八条** 出于结婚目的收买被拐卖的妇女,或者出于抚养目的收买被拐卖的儿童,涉及多名家庭成员、亲友参与的,对其中起主要作用的人员应当依法追究刑事责任。

**《关于依法惩治拐卖妇女儿童犯罪的意见》**

20. 明知是被拐卖的妇女、儿童而收买,具有下列情形之一的,以收买被拐卖的妇女、儿童罪论处;同时构成其他犯罪的,依照数罪并罚的规定处罚:

(1)收买被拐卖的妇女后,违背被收买妇女的意愿,阻碍其返回原居住地的;

(2)阻碍对被收买妇女、儿童进行解救的;

(3)非法剥夺、限制被收买妇女、儿童的人身自由,情节严重,或者对被收买妇女、儿童有强奸、伤害、侮辱、虐待等行为的;

(4)所收买的妇女、儿童被解救后又再次收买的;

(5)组织、诱骗、强迫被收买的妇女、儿童从事乞讨、苦役,或者盗窃、传销、卖淫等违法犯罪活动的;

(6)造成被收买妇女、儿童或者其亲属重伤、死亡以及其他严重后果的;

(7)具有其他严重情节的。

被追诉前主动向公安机关报案或者向有关单位反映,愿意让被收买妇女返回原居住地,或将被收买儿童送回其家庭,或者将被收买妇女、儿童交给公安、民政、妇联等机关、组织,没有其他严重情节的,可以不追究刑事责任。

**(三)妨害公务罪与聚众阻碍解救被收买的妇女、儿童罪**

**第二百四十二条** [妨害公务罪]以暴力、威胁方法阻碍国家机关工作人员解救被收买的妇女、儿童的,依照本法第二百七十七条的规定定罪处罚。

[聚众阻碍解救被收买的妇女、儿童罪]聚众阻碍国家机关工作人员解救被收买的妇女、儿童的首要分子,处五年以下有期徒刑或者拘役;其他参与者使用暴力、威胁方法的,依照前款的规定处罚。

**《刑法》**

**第四百一十六条** [不解救被拐卖、绑架妇女、儿童罪]对被拐卖、绑架的妇女、儿童负有解救职责的国家机关工作人员,接到被拐卖、绑架的妇女、儿童及其家属的解救要求或者接到其他人的举报,而对被拐卖、绑架的妇女、儿童不进行解救,造成严重后果的,处五年以下有期徒刑或者拘役。

**考点42 非法拘禁罪与绑架罪**

**(一)非法拘禁罪**

**第二百三十八条** [非法拘禁罪]非法拘禁他人或者以其他方法非法剥夺他人人身自由的,处三年以下有期徒刑、拘役、管制或者剥夺政治权利。具有殴打、侮辱情节的,从重处罚。

[结果加重犯、转化犯]犯前款罪,致人重伤的,处三年以上十年以下有期徒刑;致人死亡的,处十年以上有期徒刑。使用暴力致人伤残、死亡的,依照本法第二百三十四条、第二百三十二条的规定定罪处罚。[2021年回忆~注意规定与法律拟制、非法拘禁罪的罪数关系]

[索债型非法拘禁]为索取债务非法扣押、拘禁他人的,依照前两款的规定处罚。

国家机关工作人员利用职权犯前三款罪的,依照前三款的规定从重处罚。[2022年回忆~非法拘禁罪;2018年回忆~防卫过当、非法拘禁罪;2016年真题~故意杀人罪、非法拘禁罪]

**《刑法》**

**第二百四十一条第三款** [非法拘禁罪;故意伤害罪;侮辱罪]收买被拐卖的妇女、儿童,非法剥夺、限制其人身自由或者有伤害、侮辱等犯罪行为的,依照本法的有关规定定罪处罚。

**第二百九十三条之一** [催收非法债务罪]有下列情

形之一,催收高利放贷等产生的非法债务,情节严重的,处三年以下有期徒刑、拘役或者管制,并处或者单处罚金:

(一)使用暴力、胁迫方法的;

(二)限制他人人身自由或者侵入他人住宅的;

(三)恐吓、跟踪、骚扰他人的。

**《对为索取法律不予保护的债务非法拘禁他人行为如何定罪问题的解释》**

行为人为索取高利贷、赌债等法律不予保护的债务,非法扣押、拘禁他人的,依照刑法第二百三十八条的规定定罪处罚。

**《渎职侵权犯罪案件立案标准的规定》**

二、国家机关工作人员利用职权实施的侵犯公民人身权利、民主权利犯罪案件

(一)国家机关工作人员利用职权实施的非法拘禁案(第二百三十八条)

非法拘禁罪是指以拘禁或者其他方法非法剥夺他人人身自由的行为。

国家机关工作人员利用职权非法拘禁,涉嫌下列情形之一的,应予立案:

1、非法剥夺他人人身自由24小时以上的;

2、非法剥夺他人人身自由,并使用械具或者捆绑等恶劣手段,或者实施殴打、侮辱、虐待行为的;

3、非法拘禁,造成被拘禁人轻伤、重伤、死亡的;

4、非法拘禁,情节严重,导致被拘禁人自杀、自残造成重伤、死亡,或者精神失常的;

5、非法拘禁3人次以上的;

6、司法工作人员对明知是没有违法犯罪事实的人而非法拘禁的;

7、其他非法拘禁应予追究刑事责任的情形。

**《实施"软暴力"的刑事案件的意见》**

六、有组织地多次短时间非法拘禁他人的,应当认定为《刑法》第二百三十八条规定的"以其他方法非法剥夺他人人身自由"。非法拘禁他人三次以上、每次持续时间在四小时以上,或者非法拘禁他人累计时间在十二小时以上的,应当以非法拘禁罪定罪处罚。

(二)绑架罪

**第二百三十九条 [绑架罪]** 以勒索财物为目的绑架他人的,或者绑架他人作为人质的,处十年以上有期徒刑或者无期徒刑,并处罚金或者没收财产;情节较轻的,处五年以上十年以下有期徒刑,并处罚金。

犯前款罪,杀害被绑架人的,或者故意伤害被绑架人,致人重伤、死亡的,处无期徒刑或者死刑,并处没收财产。

以勒索财物为目的偷盗婴幼儿的,依照前两款的规定处罚。[2016年真题~侵占罪、故意杀人罪、抢劫罪、绑架罪]

**《抢劫、抢夺刑事案件的意见》**

九、关于抢劫罪与相似犯罪的界限

3. 抢劫罪与绑架罪的界限

绑架罪是侵害他人人身自由权利的犯罪,其与抢劫罪的区别在于:第一,主观方面不尽相同。抢劫罪中,行为人一般出于非法占有他人财物的故意实施抢劫行为,绑架罪中,行为人既可能为勒索他人财物而实施绑架行为,也可能出于其他非经济目的实施绑架行为;第二,行为手段不尽相同。抢劫罪表现为行为人劫取财物一般应在同一时间、同一地点,具有"当场性";绑架罪表现为行为人以杀害、伤害等方式向被绑架人的亲属或其他人或单位发出威胁,索取赎金或提出其他非法要求,劫取财物一般不具有"当场性"。

绑架过程中又当场劫取被害人随身携带财物的,同时触犯绑架罪和抢劫罪两罪名,应择一重罪定罪处罚。

**《对在绑架过程中以暴力、胁迫等手段当场劫取被害人财物的行为如何适用法律问题的答复》**

行为人在绑架过程中,又以暴力、胁迫等手段当场劫取被害人财物,构成犯罪的,择一重罪处罚。

**考点43** 其他侵犯公民人身、民主权利犯罪

(一)诬告陷害罪

**第二百四十三条 [诬告陷害罪]** 捏造事实诬告陷害他人,意图使他人受刑事追究,情节严重的,处三年以下有期徒刑、拘役或者管制;造成严重后果的,处三年以上十年以下有期徒刑。

**[从重情节]** 国家机关工作人员犯前款罪的,从重处罚。

**[对故意要素的提示性规定]** 不是有意诬陷,而是错告,或者检举失实的,不适用前两款的规定。

**《刑法》**

第二百五十四条 [报复陷害罪] 国家机关工作人员滥用职权、假公济私,对控告人、申诉人、批评人、举报人实行报复陷害的,处二年以下有期徒刑或者拘役;情节严重的,处二年以上七年以下有期徒刑。

(二)非法侵入住宅罪

**第二百四十五条 [非法搜查罪;非法侵入住宅罪]** 非法搜查他人身体、住宅,或者非法侵入他人住宅的,处三年以下有期徒刑或者拘役。

司法工作人员滥用职权,犯前款罪的,从重处罚。

[2022年回忆~非法侵入住宅罪]

**《宪法》**

第三十九条 〔住宅不受侵犯〕中华人民共和国公民的住宅不受侵犯。禁止非法搜查或者非法侵入公民的住宅。

**《治安管理处罚法》**

第四十条 [对恐怖、残忍表演,强迫劳动,侵犯他人人身和住宅行为的处罚] 有下列行为之一的,处十日以上十五日以下拘留,并处五百元以上一千元以下罚款;情节较轻的,处五日以上十日以下拘留,并处二百元以上五百元以下罚款:

(一)组织、胁迫、诱骗不满十六周岁的人或者残疾人进行恐怖、残忍表演的;

(二)以暴力、威胁或者其他手段强迫他人劳动的;

(三)非法限制他人人身自由、非法侵入他人住宅或者非法搜查他人身体的。

### (三)侮辱罪

**第二百四十六条** [**侮辱罪、诽谤罪**]以暴力或者其他方法公然侮辱他人或者捏造事实诽谤他人,情节严重的,处三年以下有期徒刑、拘役、管制或者剥夺政治权利。

[**告诉才处理**]前款罪,告诉的才处理,但是严重危害社会秩序和国家利益的除外。

通过信息网络实施第一款规定的行为,被害人向人民法院告诉,但提供证据确有困难的,人民法院可以要求公安机关提供协助。

《刑法》

第二百三十七条第一、二款 [**强制猥亵、侮辱罪**]以暴力、胁迫或者其他方法强制猥亵他人或者侮辱妇女的,处五年以下有期徒刑或者拘役。

聚众或者在公共场所当众犯前款罪的,或者有其他恶劣情节的,处五年以上有期徒刑。

第二百四十一条第三款 [**非法拘禁罪;故意伤害罪;侮辱罪**]收买被拐卖的妇女、儿童,非法剥夺、限制其人身自由或者有伤害、侮辱等犯罪行为的,依照本法的有关规定定罪处罚。

### (四)刑讯逼供罪、暴力取证罪

**第二百四十七条** [**刑讯逼供罪;暴力取证罪**]司法工作人员对犯罪嫌疑人、被告人实行刑讯逼供或者使用暴力逼取证人证言的,处三年以下有期徒刑或者拘役。致人伤残、死亡的,依照本法第二百三十四条、第二百三十二条的规定定罪从重处罚。

《刑法》

第九十四条 [**司法工作人员的范围**]本法所称司法工作人员,是指有侦查、检察、审判、监管职责的工作人员。

### (五)侵犯公民个人信息罪

**第二百五十三条之一** [**侵犯公民个人信息罪**]违反国家有关规定,向他人出售或者提供公民个人信息,情节严重的,处三年以下有期徒刑或者拘役,并处或者单处罚金;情节特别严重的,处三年以上七年以下有期徒刑,并处罚金。

违反国家有关规定,将在履行职责或者提供服务过程中获得的公民个人信息,出售或者提供给他人的,依照前款的规定从重处罚。

窃取或者以其他方法非法获取公民个人信息的,依照第一款的规定处罚。

单位犯前三款罪的,对单位判处罚金,并对其直接负责的主管人员和其他直接责任人员,依照各该款的规定处罚。

### (六)虐待罪

**第二百六十条** [**虐待罪**]虐待家庭成员,情节恶劣的,处二年以下有期徒刑、拘役或者管制。

[**结果加重犯**]犯前款罪,致使被害人重伤、死亡的,处二年以上七年以下有期徒刑。

[**告诉才处理**]第一款罪,告诉的才处理,但被害人没有能力告诉,或者因受到强制、威吓无法告诉的除外。

《刑法》

第二百六十条之一 [**虐待被监护、看护人罪**]对未

成年人、老年人、患病的人、残疾人等负有监护、看护职责的人虐待被监护、看护的人,情节恶劣的,处三年以下有期徒刑或者拘役。

单位犯前款罪的,对单位判处罚金,并对其直接负责的主管人员和其他直接责任人员,依照前款的规定处罚。

[**想象竞合**]有第一款行为,同时构成其他犯罪的,依照处罚较重的规定定罪处罚。

# 专题十七 侵犯财产罪

### 考点44 抢劫罪与抢夺罪

#### (一)抢劫罪

**第二百六十三条** [**抢劫罪**]以暴力、胁迫或者其他方法抢劫公私财物的,处三年以上十年以下有期徒刑,并处罚金;有下列情形之一的,处十年以上有期徒刑、无期徒刑或者死刑,并处罚金或者没收财产:

(一)入户抢劫的;

(二)在公共交通工具上抢劫的;

(三)抢劫银行或者其他金融机构的;

(四)多次抢劫或者抢劫数额巨大的;

(五)抢劫致人重伤、死亡的;

(六)冒充军警人员抢劫的;

(七)持枪抢劫的;

(八)抢劫军用物资或者抢险、救灾、救济物资的。

[2019年回忆~共同犯罪、抢劫罪;2016年真题~侵占罪、故意杀人罪、抢劫罪]

**第二百六十七条第二款** [**携带凶器抢夺定抢劫罪**]携带凶器抢夺的,依照本法第二百六十三条的规定定罪处罚。

**第二百六十九条** [**(转化型)抢劫罪**]犯盗窃、诈骗、抢夺罪,为窝藏赃物、抗拒抓捕或者毁灭罪证而当场使用暴力或者以暴力相威胁的,依照本法第二百六十三条的规定定罪处罚。[2021年回忆~转化型抢劫]

《刑法》

第十七条第二款 [**刑事责任年龄**]已满十四周岁不满十六周岁的人,犯故意杀人、故意伤害致人重伤或者死亡、强奸、抢劫、贩卖毒品、放火、爆炸、投放危险物质罪的,应当负刑事责任。

第二十条第三款 [**特殊防卫**]对正在进行行凶、杀人、抢劫、强奸、绑架以及其他严重危及人身安全的暴力犯罪,采取防卫行为,造成不法侵害人伤亡的,不属于防卫过当,不负刑事责任。[2018年回忆~防卫过当、非法拘禁罪;2013年真题~正当防卫]

第二百八十九条 [**聚众"打砸抢"行为的定性**]聚众"打砸抢",致人伤残、死亡的,依照本法第二百三十四条、第二百三十二条的规定定罪处罚。毁坏或者抢走公私财物的,除判令退赔外,对首要分子,依照本法第二百六十三条的规定定罪处罚。

《抢劫案件解释》

第一条 刑法第二百六十三条第(一)项规定的"入户抢劫",是指为实施抢劫行为而进入他人生活的与外界

相对隔离的住所,包括封闭的院落、牧民的帐篷、渔民作为家庭生活场所的渔船、为生活租用的房屋等进行抢劫的行为。

对于入户盗窃,因被发现而当场使用暴力或者以暴力相威胁的行为,应当认定为入户抢劫。

第二条　刑法第二百六十三条第(二)项规定的"在公共交通工具上抢劫",既包括在从事旅客运输的各种公共汽车,大、中型出租车,火车,船只,飞机等正在运营中的机动公共交通工具上对旅客、司售、乘务人员实施的抢劫,也包括对运行途中的机动公共交通工具加以拦截后,对公共交通工具上的人员实施的抢劫。

第三条　刑法第二百六十三条第(三)项规定的"抢劫银行或者其他金融机构",是指抢劫银行或者其他金融机构的经营资金、有价证券和客户的资金等。

抢劫正在使用中的银行或者其他金融机构的运钞车的,视为"抢劫银行或者其他金融机构"。

第四条　刑法第二百六十三条第(四)项规定的"抢劫数额巨大"的认定标准,参照各地确定的盗窃罪数额巨大的认定标准执行。

第五条　刑法第二百六十三条第(七)项规定的"持枪抢劫",是指行为人使用枪支或者向被害人显示持有、佩带的枪支进行抢劫的行为。"枪支"的概念和范围,适用《中华人民共和国枪支管理法》的规定。

第六条　刑法第二百六十七条第二款规定的"携带凶器抢夺",是指行为人随身携带枪支、爆炸物、管制刀具等国家禁止个人携带的器械进行抢夺或者为了实施犯罪而携带其他器械进行抢夺的行为。

**《抢劫、抢夺刑事案件的意见》**

一、关于"入户抢劫"的认定

根据《抢劫解释》第一条规定,认定"入户抢劫"时,应当注意以下三个问题:一是"户"的范围。"户"在这里是指住所,其特征表现为供他人家庭生活和与外界相对隔离两个方面,前者为功能特征,后者为场所特征。一般情况下,集体宿舍、旅店宾馆、临时搭建工棚等不应认定为"户",但在特定情况下,如果确实具有上述两个特征的,也可以认定为"户"。二是"入户"目的的非法性。进入他人住所须以实施抢劫等犯罪为目的。抢劫行为虽然发生在户内,但行为人不以实施抢劫等犯罪为目的进入他人住所,而是在户内临时起意实施抢劫的,不属于"入户抢劫"。三是暴力或者暴力胁迫行为必须发生在户内。入户实施盗窃被发现,行为人为窝藏赃物、抗拒抓捕或者毁灭罪证而当场使用暴力或者以暴力相威胁的,如果暴力或暴力胁迫行为发生在户内,可以认定为"入户抢劫";如果发生在户外,不能认定为"入户抢劫"。

二、关于"在公共交通工具上抢劫"的认定

公共交通工具承载的旅客具有不特定多数人的特点。根据《抢劫解释》第二条规定,"在公共交通工具上抢劫"主要是指在从事旅客运输的各种公共汽车、大、中型出租车、火车、船只、飞机等正在运营中的机动公共交通工具上对旅客、司售、乘务人员实施的抢劫。在未运营中的大、中型公共交通工具上针对司售、乘务人员抢劫的,

或者在小型出租车上抢劫的,不属于"在公共交通工具上抢劫"。

三、关于"多次抢劫"的认定

刑法第二百六十三条第(四)项中的"多次抢劫"是指抢劫三次以上。

对于"多次"的认定,应以行为人实施的每一次抢劫行为均已构成犯罪为前提,综合考虑犯罪故意的产生、犯罪行为实施的时间、地点等因素,客观分析、认定。对于行为人基于一个犯意实施犯罪的,如在同一地点同时对在场的多人实施抢劫的;或基于同一犯意在同一地点实施连续抢劫犯罪的,如在同一地点连续地对途经此地的多人进行抢劫的;或在一次犯罪中对一栋居民楼房中的几户居民连续实施入户抢劫的,一般应认定为一次犯罪。

四、关于"携带凶器抢夺"的认定

《抢劫解释》第六条规定,"携带凶器抢夺",是指行为人随身携带枪支、爆炸物、管制刀具等国家禁止个人携带的器械进行抢夺或者为了实施犯罪而携带其他器械进行抢夺的行为。行为人随身携带国家禁止个人携带的器械以外的其他器械抢夺,但有证据证明该器械确实不是为了实施犯罪准备的,不以抢劫罪定罪;行为人随身携带凶器有意加以显示、能为被害人察觉到的,直接适用刑法第二百六十三条的规定定罪处罚;行为人携带凶器抢夺后,在逃跑过程中为窝藏赃物、抗拒抓捕或者毁灭罪证而当场使用暴力或者以暴力相威胁的,适用刑法第二百六十七条第二款的规定定罪处罚。

五、关于转化抢劫的认定

行为人实施盗窃、诈骗、抢夺行为,未达到"数额较大",为窝藏赃物、抗拒抓捕或者毁灭罪证当场使用暴力或者以暴力相威胁,情节较轻、危害不大的,一般不以犯罪论处;但具有下列情节之一的,可依照刑法第二百六十九条的规定,以抢劫罪定罪处罚:

(1)盗窃、诈骗、抢夺接近"数额较大"标准的;

(2)入户或在公共交通工具上盗窃、诈骗、抢夺后在户外或交通工具外实施上述行为的;

(3)使用暴力致人轻微伤以上后果的;

(4)使用凶器或以凶器相威胁的;

(5)具有其他严重情节的。

六、关于抢劫犯罪数额的计算

抢劫信用卡后使用、消费的,其实际使用、消费的数额为抢劫数额;抢劫信用卡后未实际使用、消费的,不计数额,根据情节轻重量刑。所抢信用卡数额巨大,但未实际使用、消费或者实际使用、消费的数额未达到巨大标准的,不适用"抢劫数额巨大"的法定刑。

为抢劫其他财物,劫取机动车辆当作犯罪工具或者逃跑工具使用的,被劫取机动车辆的价值计入抢劫数额;为实施抢劫以外的其他犯罪劫取机动车辆的,以抢劫罪和实施的其他犯罪实行数罪并罚。

抢劫存折、机动车辆的数额计算,参照执行《关于审理盗窃案件具体应用法律若干问题的解释》的相关规定。

七、关于抢劫特定财物行为的定性

以毒品、假币、淫秽物品等违禁品为对象,实施抢劫

的,以抢劫罪定罪;抢劫的违禁品数量作为量刑情节予以考虑。抢劫违禁品后又以违禁品实施其他犯罪的,应以抢劫罪与具体实施的其他犯罪实行数罪并罚。

抢劫赌资、犯罪所得的赃款赃物的,以抢劫罪定罪,但行为人仅以其所输赌资或所赢赌债为抢劫对象,一般不以抢劫罪定罪处罚。构成其他犯罪的,依照刑法的相关规定处罚。

为个人使用,以暴力、胁迫等手段取得家庭成员或近亲属财产的,一般不以抢劫罪定罪处罚,构成其他犯罪的,依照刑法的相关规定处理;教唆或者伙同他人采取暴力、胁迫等手段劫取家庭成员或近亲属财产的,可以抢劫罪定罪处罚。

### 八、关于抢劫罪数的认定

行为人实施伤害、强奸等犯罪行为,在被害人未失去知觉,利用被害人不能反抗、不敢反抗的处境,临时起意劫取他人财物的,应以此前所实施的具体犯罪与抢劫罪实行数罪并罚;在被害人失去知觉或者没有发觉的情形下,以及实施故意杀人犯罪行为之后,临时起意拿走他人财物的,应以此前所实施的具体犯罪与盗窃罪实行数罪并罚。

### 九、关于抢劫罪与相似犯罪的界限

1. 冒充正在执行公务的人民警察、联防人员,以抓卖淫嫖娼、赌博等违法行为为名非法占有财物的行为定性

行为人冒充正在执行公务的人民警察"抓赌""抓嫖",没收赌资或者罚款的行为,构成犯罪的,以招摇撞骗罪从重处罚;在实施上述行为中使用暴力或者暴力威胁的,以抢劫罪定罪处罚。行为人冒充治安联防队员"抓赌""抓嫖",没收赌资或者罚款的行为,构成犯罪的,以敲诈勒索罪定罪处罚;在实施上述行为中使用暴力或者暴力威胁的,以抢劫罪定罪处罚。

2. 以暴力、胁迫手段索取超出正常交易价钱、费用的钱财的行为定性

从事正常商品买卖、交易或者劳动服务的人,以暴力、胁迫手段迫使他人交出与合理价钱、费用相差不大的钱物,情节严重的,以强迫交易罪定罪处罚;以非法占有为目的,以买卖、交易、服务为幌子采用暴力、胁迫手段迫使他人交出与合理价钱、费用相差悬殊的钱物的,以抢劫罪定罪处刑。在具体认定时,既要考虑超出合理价钱、费用的绝对数额,还要考虑超出合理价钱、费用的比例,加以综合判断。

3. 抢劫罪与绑架罪的界限

绑架罪是侵害他人人身自由权利的犯罪,其与抢劫罪的区别在于:第一,主观方面不尽相同。抢劫罪中,行为人一般出于非法占有他人财物的故意实施抢劫行为,绑架罪中,行为人既可能为勒索他人财物而实施绑架行为,也可能出于其他非经济目的实施绑架行为;第二,行为手段不尽相同。抢劫罪表现为行为人劫取财物一般应在同一时间、同一地点,具有"当场性";绑架罪表现为行为人以杀害、伤害等方式向被绑架人的亲属或其他人或单位发出威胁,索取赎金或提出其他非法要求,劫取财物一般不具有"当场性"。

绑架过程中又当场劫取被害人随身携带财物的,同时触犯绑架罪和抢劫罪两罪名,应择一重罪定罪处罚。

4. 抢劫罪与寻衅滋事罪的界限

寻衅滋事罪是严重扰乱社会秩序的犯罪,行为人实施寻衅滋事的行为时,客观上也可能表现为强拿硬要公私财物的特征。这种强拿硬要的行为与抢劫罪的区别在于:前者行为人主观上还具有逞强好胜和通过强拿硬要来填补其精神空虚等目的,后者行为人一般只具有非法占有他人财物的目的;前者行为人客观上一般不以严重侵犯他人人身权利的方法强拿硬要财物,而后者行为人则以暴力、胁迫等方式作为劫取他人财物的手段。司法实践中,对于未成年人使用或威胁使用轻微暴力强抢少量财物的行为,一般不宜以抢劫罪定罪处罚。其行为符合寻衅滋事罪特征的,可以寻衅滋事罪定罪处罚。

5. 抢劫罪与故意伤害罪的界限

行为人为索取债务,使用暴力、暴力威胁等手段的,一般不以抢劫罪定罪处罚。构成故意伤害等其他犯罪的,依照刑法第二百三十四条等规定处罚。

### 十、抢劫罪的既遂、未遂的认定

抢劫罪侵犯的是复杂客体,既侵犯财产权利又侵犯人身权利,具备劫取财物或者造成他人轻伤以上后果两者之一的,均属抢劫既遂;既未劫取财物,又未造成他人人身伤害后果的,属抢劫未遂。据此,刑法第二百六十三条规定的八种处罚情节中除"抢劫致人重伤、死亡的"这一结果加重情节之外,其余七种处罚情节同样存在既遂、未遂问题,其中属抢劫未遂的,应当根据刑法关于加重情节的法定刑规定,结合未遂犯的处理原则量刑。

### 十一、驾驶机动车、非机动车夺取他人财物行为的定性

对于驾驶机动车、非机动车(以下简称"驾驶车辆")夺取他人财物的,一般以抢夺罪从重处罚。但具有下列情形之一,应当以抢劫罪定罪处罚:

(1)驾驶车辆,逼挤、撞击或强行逼倒他人以排除他人反抗,乘机夺取财物的;

(2)驾驶车辆强抢财物时,因被害人不放手而采取强拉硬拽方法劫取财物的;

(3)行为人明知其驾驶车辆强行夺取他人财物的手段会造成他人伤亡的后果,仍然强行夺取并放任造成财物持有人轻伤以上后果的。

**《关于审理抢劫刑事案件适用法律若干问题的指导意见》**

二、关于抢劫犯罪部分加重处罚情节的认定

1. 认定"入户抢劫",要注重审查行为人"入户"的目的,将"入户抢劫"与"在户内抢劫"区别开来。以侵害户内人员的人身、财产为目的,入户后实施抢劫,包括入户实施盗窃、诈骗等犯罪而转化为抢劫的,应当认定为"入户抢劫"。因访友办事等原因经户内人员允许入户后,临时起意实施抢劫,或者临时起意实施盗窃、诈骗等犯罪而转化为抢劫的,不应认定为"入户抢劫"。

对于部分时间从事经营、部分时间用于生活起居的场所,行为人在非营业时间强行入内抢劫或者以购物等

为名骗开房门入内抢劫的，应认定为"入户抢劫"。对于部分用于经营、部分用于生活且之间有明确隔离的场所，行为人进入生活场所实施抢劫的，应认定为"入户抢劫"；如场所之间没有明确隔离，行为人在营业时间入内实施抢劫的，不认定为"入户抢劫"，但在非营业时间入内实施抢劫的，应认定为"入户抢劫"。

2.“公共交通工具”，包括从事旅客运输的各种公共汽车，大、中型出租车，火车，地铁，轻轨，轮船，飞机等，不含小型出租车。对于虽不具有商业营运执照，但实际从事旅客运输的大、中型交通工具，可认定为"公共交通工具"。接送职工的单位班车、接送师生的校车等大、中型交通工具，视为"公共交通工具"。

“在公共交通工具上抢劫”，既包括在处于运营状态的公共交通工具上对旅客及司售、乘务人员实施抢劫，也包括拦截运营途中的公共交通工具对旅客及司售、乘务人员实施抢劫，但不包括在未运营的公共交通工具上针对司售、乘务人员实施抢劫。以暴力、胁迫或者麻醉等手段对公共交通工具上的特定人员实施抢劫的，一般应认定为"在公共交通工具上抢劫"。

3. 认定"抢劫数额巨大"，参照各地认定盗窃罪数额巨大的标准执行。抢劫数额以实际抢劫到的财物数额为依据。对以数额巨大的财物为明确目标，由于意志以外的原因，未能抢到财物或实际抢得的财物数额不大的，应同时认定"抢劫数额巨大"和犯罪未遂的情节，根据刑法有关规定，结合未遂犯的处理原则量刑。

根据《两抢意见》第六条第一款规定，抢劫信用卡后使用、消费的，以行为人实际使用、消费的数额为抢劫数额。由于行为人意志以外的原因无法实际使用、消费的部分，虽不计入抢劫数额，但应作为量刑情节考虑。通过银行转账或者电子支付、手机银行等支付平台获取抢劫财物的，以行为人实际获取的财物为抢劫数额。

4. 认定"冒充军警人员抢劫"，要注重对行为人是否穿着军警制服、携带枪支、是否出示军警证件等情节进行综合审查，判断是否足以使他人误以为是军警人员。对于行为人仅穿着类似军警的服装或仅以言语宣称系军警人员但未携带枪支、也未出示军警证件而实施抢劫的，要结合抢劫地点、时间、暴力或威胁的具体情形，依照常人判断标准，确定是否认定为"冒充军警人员抢劫"。

军警人员利用自身的真实身份实施抢劫的，不认定为"冒充军警人员抢劫"，应依法从重处罚。

三、关于转化型抢劫犯罪的认定

根据刑法第二百六十九条的规定，"犯盗窃、诈骗、抢夺罪，为窝藏赃物、抗拒抓捕或者毁灭罪证而当场使用暴力或者以暴力相威胁的"，依照抢劫罪定罪处罚。"犯盗窃、诈骗、抢夺罪"，主要是指行为人已经着手实施盗窃、诈骗、抢夺行为，一般不考察盗窃、诈骗、抢夺行为是否既遂。但是所涉财物数额明显低于"数额较大"的标准，又不具有《两抢意见》第五条所列五种情节之一的，不构成抢劫罪。"当场"是指在盗窃、诈骗、抢夺的现场以及行为人刚离开现场即被他人发现并抓捕的情形。

对于以摆脱的方式逃脱抓捕，暴力强度较小，未造成轻伤以上后果的，可不认定为"使用暴力"，不以抢劫罪论处。

入户或者在公共交通工具上盗窃、诈骗、抢夺后，为了窝藏赃物、抗拒抓捕或者毁灭罪证，在户内或者公共交通工具上当场使用暴力或者以暴力相威胁的，构成"入户抢劫"或者"在公共交通工具上抢劫"。

两人以上共同实施盗窃、诈骗、抢夺犯罪，其中部分行为人为窝藏赃物、抗拒抓捕或者毁灭罪证而当场使用暴力或者以暴力相威胁的，对于其余行为人是否以抢劫罪共犯论处，主要看其对实施暴力或者以暴力相威胁的行为人是否形成共同犯意、提供帮助。基于一定意思联络，对实施暴力或者以暴力相威胁的行为人提供帮助或实际成为帮凶的，可以抢劫共犯论处。

《未成年人刑事案件解释》

第十条　已满十四周岁不满十六周岁的人盗窃、诈骗、抢夺他人财物，为窝藏赃物、抗拒抓捕或者毁灭罪证，当场使用暴力，故意伤害致人重伤或者死亡，或者故意杀人的，应当分别以故意伤害罪或者故意杀人罪定罪处罚。

已满十六周岁不满十八周岁的人犯盗窃、诈骗、抢夺罪，为窝藏赃物、抗拒抓捕或者毁灭罪证而当场使用暴力或者以暴力相威胁的，应当依照刑法第二百六十九条的规定定罪处罚；情节轻微的，可以不以抢劫罪定罪处罚。

**(二)抢夺罪**

**第二百六十七条　[抢夺罪]** 抢夺公私财物，数额较大的，或者多次抢夺的，处三年以下有期徒刑、拘役或者管制，并处或者单处罚金；数额巨大或者有其他严重情节的，处三年以上十年以下有期徒刑，并处罚金；数额特别巨大或者有其他特别严重情节的，处十年以上有期徒刑或者无期徒刑，并处罚金或者没收财产。

**[携带凶器抢夺定抢劫罪]** 携带凶器抢夺的，依照本法第二百六十三条的规定定罪处罚。

《抢夺刑事案件解释》

第一条　抢夺公私财物价值一千元至三千元以上、三万元至八万元以上、二十万元至四十万元以上的，应当分别认定为刑法第二百六十七条规定的"数额较大"、"数额巨大"、"数额特别巨大"。

各省、自治区、直辖市高级人民法院、人民检察院可以根据本地区经济发展状况，并考虑社会治安状况，在前款规定的数额幅度内，确定本地区执行的具体数额标准，报最高人民法院、最高人民检察院批准。

第二条　抢夺公私财物，具有下列情形之一的，"数额较大"的标准按照前条规定标准的百分之五十确定：

(一)曾因抢劫、抢夺或者聚众哄抢受过刑事处罚的；

(二)一年内曾因抢夺或者哄抢受过行政处罚的；

(三)一年内抢夺三次以上的；

(四)驾驶机动车、非机动车抢夺的；

(五)组织、控制未成年人抢夺的；

(六)抢夺老年人、未成年人、孕妇、携带婴幼儿的人、残疾人、丧失劳动能力人的财物的；

(七)在医院抢夺病人或者其亲友财物的；

（八）抢夺救灾、抢险、防汛、优抚、扶贫、移民、救济款物的；

（九）自然灾害、事故灾害、社会安全事件等突发事件期间，在事件发生地抢夺的；

（十）导致他人轻伤或者精神失常等严重后果的。

第三条 抢夺公私财物，具有下列情形之一的，应当认定为刑法第二百六十七条规定的"其他严重情节"：

（一）导致他人重伤的；

（二）导致他人自杀的；

（三）具有本解释第二条第三项至第十项规定的情形之一，数额达到本解释第一条规定的"数额巨大"百分之五十的。

第四条 抢夺公私财物，具有下列情形之一的，应当认定为刑法第二百六十七条规定的"其他特别严重情节"：

（一）导致他人死亡的；

（二）具有本解释第二条第三项至第十项规定的情形之一，数额达到本解释第一条规定的"数额特别巨大"百分之五十的。

第五条 抢夺公私财物数额较大，但未造成他人轻伤以上伤害，行为人系初犯，认罪、悔罪、退赃、退赔，且具有下列情形之一的，可以认定为犯罪情节轻微，不起诉或者免予刑事处罚；必要时，由有关部门依法予以行政处罚：

（一）具有法定从宽处罚情节的；

（二）没有参与分赃或者获赃较少，且不是主犯的；

（三）被害人谅解的；

（四）其他情节轻微、危害不大的。

第六条 驾驶机动车、非机动车夺取他人财物，具有下列情形之一的，应当以抢劫罪定罪处罚：

（一）夺取他人财物时因被害人不放手而强行夺取的；

（二）驾驶车辆逼挤、撞击或者强行逼倒他人夺取财物的；

（三）明知会致人伤亡仍然强行夺取并放任造成财物持有人轻伤以上后果的。

### 考点45 盗窃罪

**第二百六十四条** ［盗窃罪］盗窃公私财物，数额较大的，或者多次盗窃、入户盗窃、携带凶器盗窃、扒窃的，处三年以下有期徒刑、拘役或者管制，并处或者单处罚金；数额巨大或者有其他严重情节的，处三年以上十年以下有期徒刑，并处罚金；数额特别巨大或者有其他特别严重情节的，处十年以上有期徒刑或者无期徒刑，并处罚金或者没收财产。〔2023年回忆~盗窃罪；2022年回忆~盗窃罪；2020年回忆~共同犯罪、实行过限、盗窃罪、敲诈勒索罪；2019年回忆~盗窃罪；信用卡诈骗罪、盗窃罪；2018年回忆~盗窃罪、诈骗罪；2015年真题~死者的占有、盗窃罪、侵占罪；信用卡诈骗罪、盗窃罪；2013年真题~盗窃罪、故意杀人罪；2012年真题~教唆犯、盗窃罪、故意毁坏财物罪；2011年真题~盗窃罪、侵占罪；2010年真题~盗窃罪〕

**第二百六十五条** ［盗窃罪提示条款］以牟利为目的，盗接他人通信线路、复制他人电信码号或者明知是盗接、复制的电信设备、设施而使用的，依照本法第二百六十四条的规定定罪处罚。

《盗窃刑事案件解释》

第一条 盗窃公私财物价值一千元至三千元以上、三万元至十万元以上、三十万元至五十万元以上的，应当分别认定为刑法第二百六十四条规定的"数额较大"、"数额巨大"、"数额特别巨大"。

各省、自治区、直辖市高级人民法院、人民检察院可以根据本地区经济发展状况，并考虑社会治安状况，在前款规定的数额幅度内，确定本地区执行的具体数额标准，报最高人民法院、最高人民检察院批准。

在跨地区运行的公共交通工具上盗窃，盗窃地点无法查证的，盗窃数额是否达到"数额较大"、"数额巨大"、"数额特别巨大"，应当根据受理案件所在地省、自治区、直辖市高级人民法院、人民检察院确定的有关数额标准认定。

盗窃毒品等违禁品，应当按照盗窃罪处理的，根据情节轻重量刑。

第二条 盗窃公私财物，具有下列情形之一的，"数额较大"的标准可以按照前条规定标准的百分之五十确定：

（一）曾因盗窃受过刑事处罚的；

（二）一年内曾因盗窃受过行政处罚的；

（三）组织、控制未成年人盗窃的；

（四）自然灾害、事故灾害、社会安全事件等突发事件期间，在事件发生地盗窃的；

（五）盗窃残疾人、孤寡老人、丧失劳动能力人的财物的；

（六）在医院盗窃病人或者其亲友财物的；

（七）盗窃救灾、抢险、防汛、优抚、扶贫、移民、救济款物的；

（八）因盗窃造成严重后果的。

第三条 二年内盗窃三次以上的，应当认定为"多次盗窃"。

非法进入供他人家庭生活，与外界相对隔离的住所盗窃的，应当认定为"入户盗窃"。

携带枪支、爆炸物、管制刀具等国家禁止个人携带的器械盗窃，或者为了实施违法犯罪携带其他足以危害他人人身安全的器械盗窃的，应当认定为"携带凶器盗窃"。

在公共场所或者公共交通工具上盗窃他人随身携带的财物的，应当认定为"扒窃"。

第四条 盗窃的数额，按照下列方法认定：

（一）被盗财物有有效价格证明的，根据有效价格证明认定；无有效价格证明，或者根据价格证明认定盗窃数额明显不合理的，应当按照有关规定委托估价机构估价；

（二）盗窃外币的，按照盗窃时中国外汇交易中心或者中国人民银行授权机构公布的人民币对该货币的中间价折合成人民币计算；中国外汇交易中心或者中国人民银行授权机构未公布汇率中间价的外币，按照盗窃时境内银行人民币对该货币的中间价折算成人民币,或者该货币在境内银行、国际外汇市场对美元汇率,与人民币对美元汇率中间价进行套算;

(三)盗窃电力、燃气、自来水等财物,盗窃数量能够查实的,按照查实的数量计算盗窃数额;盗窃数量无法查实的,以盗窃前六个月月均正常用量减去盗窃后计量仪表显示的月均用量推算盗窃数额;盗窃前正常使用不足六个月的,按照正常使用期间的月均用量减去盗窃后计量仪表显示的月均用量推算盗窃数额;

(四)明知是盗接他人通信线路、复制他人电信码号的电信设备、设施而使用的,按照合法用户为其支付的费用认定盗窃数额;无法直接确认的,以合法用户的电信设备、设施被盗接、复制后的月缴费额减去被盗接、复制前六个月的月均电话费推算盗窃数额;合法用户使用电信设备、设施不足六个月的,按照实际使用的月均电话费推算盗窃数额;

(五)盗接他人通信线路、复制他人电信码号出售的,按照销赃数额认定盗窃数额。

盗窃行为给失主造成的损失大于盗窃数额的,损失数额可以作为量刑情节考虑。

第五条 盗窃有价支付凭证、有价证券、有价票证的,按照下列方法认定盗窃数额:

(一)盗窃不记名、不挂失的有价支付凭证、有价证券、有价票证的,应当按票面数额和盗窃时所得的孳息、奖金或者奖品等可得收益一并计算盗窃数额;

(二)盗窃记名的有价支付凭证、有价证券、有价票证,已经兑现的,按照兑现部分的财物价值计算盗窃数额;没有兑现,但失主无法通过挂失、补领、补办手续等方式避免损失的,按照给失主造成的实际损失计算盗窃数额。

第六条 盗窃公私财物,具有本解释第二条第三项至第八项规定情形之一,或者入户盗窃、携带凶器盗窃,数额达到本解释第一条规定的"数额巨大"、"数额特别巨大"百分之五十的,可以分别认定为刑法第二百六十四条规定的"其他严重情节"或者"其他特别严重情节"。

第七条 盗窃公私财物数额较大,行为人认罪、悔罪,退赃、退赔,且具有下列情形之一,情节轻微的,可以不起诉或者免予刑事处罚;必要时,由有关部门予以行政处罚:

(一)具有法定从宽处罚情节的;

(二)没有参与分赃或者获赃较少且不是主犯的;

(三)被害人谅解的;

(四)其他情节轻微、危害不大的。

第八条 偷拿家庭成员或者近亲属的财物,获得谅解的,一般可以不认为是犯罪;追究刑事责任的,应当酌情从宽。

第九条 盗窃国有馆藏一般文物、三级文物、二级以上文物的,应当分别认定为刑法第二百六十四条规定的"数额较大"、"数额巨大"、"数额特别巨大"。

盗窃多件不同等级国有馆藏文物的,三件同级文物可以视为一件高一级文物。

盗窃民间收藏的文物的,根据本解释第四条第一款第一项的规定认定盗窃数额。

第十条 偷开他人机动车的,按照下列规定处理:

(一)偷开机动车,导致车辆丢失的,以盗窃罪定罪处罚;

(二)为盗窃其他财物,偷开机动车作为犯罪工具使用后非法占有车辆,或者将车辆遗弃导致丢失的,被盗车辆的价值计入盗窃数额;

(三)为实施其他犯罪,偷开机动车作为犯罪工具使用后非法占有车辆,或者将车辆遗弃导致丢失的,以盗窃罪和其他犯罪数罪并罚;将车辆送回未造成丢失的,按照其所实施的其他犯罪从重处罚。

第十一条 盗窃公私财物并造成财物损毁的,按照下列规定处理:

(一)采用破坏性手段盗窃公私财物,造成其他财物损毁的,以盗窃罪从重处罚;同时构成盗窃罪和其他犯罪的,择一重罪从重处罚;

(二)实施盗窃犯罪后,为掩盖罪行或者报复等,故意毁坏其他财物构成犯罪的,以盗窃罪和构成的其他犯罪数罪并罚;

(三)盗窃行为未构成犯罪,但损毁财物构成其他犯罪的,以其他犯罪定罪处罚。

第十二条 盗窃未遂,具有下列情形之一的,应当依法追究刑事责任:

(一)以数额巨大的财物为盗窃目标的;

(二)以珍贵文物为盗窃目标的;

(三)其他情节严重的情形。

盗窃既有既遂,又有未遂,分别达到不同量刑幅度的,依照处罚较重的规定处理;达到同一量刑幅度的,以盗窃罪既遂处罚。

第十三条 单位组织、指使盗窃,符合刑法第二百六十四条及本解释有关规定的,以盗窃罪追究组织者、指使者、直接实施者的刑事责任。

第十四条 因犯盗窃罪,依法判处罚金刑的,应当在一千元以上盗窃数额的二倍以下判处罚金;没有盗窃数额或者盗窃数额无法计算的,应当在一千元以上十万元以下判处罚金。

**《破坏森林资源刑事解释》**

第九条 将国家、集体、他人所有并已经伐倒的树木窃为己有,以及偷砍他人房前屋后、自留地种植的零星树木,数额较大的,依照刑法第二百六十四条的规定,以盗窃罪定罪处罚。

第十五条 非法实施采种、采脂、挖笋、掘根、剥树皮等行为,牟取经济利益数额较大的,依照刑法第二百六十四条的规定,以盗窃罪定罪处罚。同时构成其他犯罪的,依照处罚较重的规定定罪处罚。

**《未成年人刑事案件解释》**

第九条 已满十六周岁不满十八周岁的人实施盗窃行为未超过三次,盗窃数额虽已达到"数额较大"标准,但案发后能如实供述全部盗窃事实并积极退赃,且具有下列情形之一的,可以认定为"情节显著轻微危害不大",不

认为是犯罪:

(一)系又聋又哑的人或者盲人;

(二)在共同盗窃中起次要或者辅助作用,或者被胁迫;

(三)具有其他轻微情节的。

已满十六周岁不满十八周岁的人盗窃未遂或者中止的,可不认为是犯罪。

已满十六周岁不满十八周岁的人盗窃自己家庭或者近亲属财物,或者盗窃其他亲属财物但其他亲属要求不予追究的,可不按犯罪处理。

**《扰乱电信市场管理秩序案件解释》**

第七条　将电信卡非法充值后使用,造成电信资费损失数额较大的,依照刑法第二百六十四条的规定,以盗窃罪定罪处罚。

第八条　盗用他人公共信息网络上网账号、密码上网,造成他人电信资费损失数额较大的,依照刑法第二百六十四条的规定,以盗窃罪定罪处罚。

### 考点46　敲诈勒索罪

**第二百七十四条　[敲诈勒索罪]**敲诈勒索公私财物,数额较大或者多次敲诈勒索的,处三年以下有期徒刑、拘役或者管制,并处或者单处罚金;数额巨大或者有其他严重情节的,处三年以上十年以下有期徒刑,并处罚金;数额特别巨大或者有其他特别严重情节的,处十年以上有期徒刑,并处罚金。〔2021年回忆~承继的共犯、敲诈勒索罪;2020年回忆~共同犯罪、实行过限、盗窃罪、敲诈勒索罪;2019年回忆~犯罪未遂、敲诈勒索罪;2016年真题~诈骗罪、敲诈勒索罪;2011年真题~犯罪未遂、诈骗罪、敲诈勒索罪;2010年真题~诈骗罪、敲诈勒索罪〕

**《敲诈勒索刑事案件解释》**

第一条　敲诈勒索公私财物价值二千元至五千元以上、三万元至十万元以上、三十万元至五十万元以上的,应当分别认定为刑法第二百七十四条规定的"数额较大"、"数额巨大"、"数额特别巨大"。

各省、自治区、直辖市高级人民法院、人民检察院可以根据本地区经济发展状况和社会治安状况,在前款规定的数额幅度内,共同研究确定本地区执行的具体数额标准,报最高人民法院、最高人民检察院批准。

第二条　敲诈勒索公私财物,具有下列情形之一的,"数额较大"的标准可以按照本解释第一条规定标准的百分之五十确定:

(一)曾因敲诈勒索受过刑事处罚的;

(二)一年内曾因敲诈勒索受过行政处罚的;

(三)对未成年人、残疾人、老年人或者丧失劳动能力人敲诈勒索的;

(四)以将要实施放火、爆炸等危害公共安全犯罪或者故意杀人、绑架等严重侵犯公民人身权利犯罪相威胁敲诈勒索的;

(五)以黑恶势力名义敲诈勒索的;

(六)利用或者冒充国家机关工作人员、军人、新闻工作者等特殊身份敲诈勒索的;

(七)造成其他严重后果的。

第三条　二年内敲诈勒索三次以上的,应当认定为刑法第二百七十四条规定的"多次敲诈勒索"。

第四条　敲诈勒索公私财物,具有本解释第二条第三项至第七项规定的情形之一,数额达到本解释第一条规定的"数额巨大"、"数额特别巨大"百分之八十的,可以分别认定为刑法第二百七十四条规定的"其他严重情节"、"其他特别严重情节"。

第五条　敲诈勒索数额较大,行为人认罪、悔罪,退赃、退赔,并具有下列情形之一的,可以认定为犯罪情节轻微,不起诉或者免予刑事处罚,由有关部门依法予以行政处罚:

(一)具有法定从宽处罚情节的;

(二)没有参与分赃或者获赃较少且不是主犯的;

(三)被害人谅解的;

(四)其他情节轻微、危害不大的。

第六条　敲诈勒索近亲属的财物,获得谅解的,一般不认为是犯罪;认定为犯罪的,应当酌情从宽处理。

被害人对敲诈勒索的发生存在过错的,根据被害人过错程度和案件其他情况,可以对行为人酌情从宽处理;情节显著轻微危害不大的,不认为是犯罪。

第七条　明知他人实施敲诈勒索犯罪,为其提供信用卡、手机卡、通讯工具、通讯传输通道、网络技术支持等帮助的,以共同犯罪论处。

第八条　对犯敲诈勒索罪的被告人,应当在二千元以上、敲诈勒索数额的二倍以下判处罚金;被告人没有获得财物的,应当在二千元以上十万元以下判处罚金。

### 考点47　诈骗罪

**第二百六十六条　[诈骗罪]**诈骗公私财物,数额较大的,处三年以下有期徒刑、拘役或者管制,并处或者单处罚金;数额巨大或者有其他严重情节的,处三年以上十年以下有期徒刑,并处罚金;数额特别巨大或者有其他特别严重情节的,处十年以上有期徒刑或者无期徒刑,并处罚金或者没收财产。本法另有规定的,依照规定〔2023年回忆~诈骗罪及其帮助犯;2020年回忆~行贿罪、诈骗罪;2018年回忆~盗窃罪、诈骗罪;2016年真题~诈骗罪、敲诈勒索罪;2011年真题~犯罪未遂、诈骗罪、敲诈勒索罪;2010年真题~诈骗罪、敲诈勒索罪〕

**《刑法》**

第二百一十条第二款　[诈骗特种发票定诈骗罪]使用欺骗手段骗取增值税专用发票或者可以用于骗取出口退税、抵扣税款的其他发票的,依照本法第二百六十六条的规定定罪处罚。

第三百条第三款　犯第一款罪又有奸淫妇女、诈骗财物等犯罪行为的,依照数罪并罚的规定处罚。

**《诈骗刑事案件解释》**

第一条　诈骗公私财物价值三千元至一万元以上、三万元至十万元以上、五十万元以上的,应当分别认定为刑法第二百六十六条规定的"数额较大"、"数额巨大"、"数额特别巨大"。

各省、自治区、直辖市高级人民法院、人民检察院可以结合本地区经济社会发展状况，在前款规定的数额幅度内，共同研究确定本地区执行的具体数额标准，报最高人民法院、最高人民检察院备案。

第二条 诈骗公私财物达到本解释第一条规定的数额标准，具有下列情形之一的，可以依照刑法第二百六十六条的规定酌情从严惩处：

（一）通过发送短信、拨打电话或者利用互联网、广播电视、报刊杂志等发布虚假信息，对不特定多数人实施诈骗的；

（二）诈骗救灾、抢险、防汛、优抚、扶贫、移民、救济、医疗款物的；

（三）以赈灾募捐名义实施诈骗的；

（四）诈骗残疾人、老年人或者丧失劳动能力人的财物的；

（五）造成被害人自杀、精神失常或者其他严重后果的。

诈骗数额接近本解释第一条规定的"数额巨大"、"数额特别巨大"的标准，并具有前款规定的情形之一或者属于诈骗集团首要分子的，应当分别认定为刑法第二百六十六条规定的"其他严重情节"、"其他特别严重情节"。

第三条 诈骗公私财物虽已达到本解释第一条规定的"数额较大"的标准，但具有下列情形之一，且行为人认罪、悔罪的，可以根据刑法第三十七条、刑事诉讼法第一百四十二条（现第一百七十七条）的规定不起诉或者免予刑事处罚：

（一）具有法定从宽处罚情节的；

（二）一审宣判前全部退赃、退赔的；

（三）没有参与分赃或者获赃较少且不是主犯的；

（四）被害人谅解的；

（五）其他情节轻微、危害不大的。

第四条 诈骗近亲属的财物，近亲属谅解的，一般可不按犯罪处理。

诈骗近亲属的财物，确有追究刑事责任必要的，具体处理也应酌情从宽。

第五条 诈骗未遂，以数额巨大的财物为诈骗目标的，或者具有其他严重情节的，应当定罪处罚。

利用发送短信、拨打电话、互联网等电信技术手段对不特定多数人实施诈骗，诈骗数额难以查证，但具有下列情形之一的，应当认定为刑法第二百六十六条规定的"其他严重情节"，以诈骗罪（未遂）定罪处罚：

（一）发送诈骗信息五千条以上的；

（二）拨打诈骗电话五百人次以上的；

（三）诈骗手段恶劣、危害严重的。

实施前款规定行为，数量达到前款第（一）、（二）项规定标准十倍以上的，或者诈骗手段特别恶劣、危害特别严重的，应当认定为刑法第二百六十六条规定的"其他特别严重情节"，以诈骗罪（未遂）定罪处罚。

第六条 诈骗既有既遂，又有未遂，分别达到不同量刑幅度的，依照处罚较重的规定处罚；达到同一量刑幅度的，以诈骗罪既遂处罚。

第七条 明知他人实施诈骗犯罪，为其提供信用卡、手机卡、通讯工具、通讯传输通道、网络技术支持、费用结算等帮助的，以共同犯罪论处。

第八条 冒充国家机关工作人员进行诈骗，同时构成诈骗罪和招摇撞骗罪的，依照处罚较重的规定定罪处罚。

第九条 案发后查封、扣押、冻结在案的诈骗财物及其孳息，权属明确的，应当发还被害人；权属不明确的，可按被骗款物占查封、扣押、冻结在案的财物及其孳息总额的比例发还被害人，但已获退赔的应予扣除。

第十条 行为人已将诈骗财物用于清偿债务或者转让给他人，具有下列情形之一的，应当依法追缴：

（一）对方明知是诈骗财物而收取的；

（二）对方无偿取得诈骗财物的；

（三）对方以明显低于市场的价格取得诈骗财物的；

（四）对方取得诈骗财物系源于非法债务或者违法犯罪活动的。

他人善意取得诈骗财物的，不予追缴。

**《刑法第266条的解释》**

以欺诈、伪造证明材料或者其他手段骗取养老、医疗、工伤、失业、生育等社会保险金或者其他社会保障待遇的，属于刑法第二百六十六条规定的诈骗公私财物的行为。

**《扰乱电信市场管理秩序案件解释》**

第九条 以虚假、冒用的身份证件办理入网手续并使用移动电话，造成电信资费损失数额较大的，依照刑法第二百六十六条的规定，以诈骗罪定罪处罚。

**考点48 侵占罪与职务侵占罪**

**第二百七十条** ［侵占罪］将代为保管的他人财物非法占为己有，数额较大，拒不退还的，处二年以下有期徒刑、拘役或者罚金；数额巨大或者有其他严重情节的，处二年以上五年以下有期徒刑，并处罚金。

将他人的遗忘物或者埋藏物非法占为己有，数额较大，拒不交出的，依照前款的规定处罚。

［告诉才处理］本条罪，告诉的才处理。［2023年回忆~侵占罪；2016年真题~侵占罪、故意杀人罪、抢劫罪；2015年真题~死者的占有、盗窃罪、侵占罪；2013年真题~侵占罪；2011年真题~盗窃罪、侵占罪］

**第二百七十一条** ［职务侵占罪］公司、企业或者其他单位的工作人员，利用职务上的便利，将本单位财物非法占为己有，数额较大的，处三年以下有期徒刑或者拘役，并处罚金；数额巨大的，处三年以上十年以下有期徒刑，并处罚金；数额特别巨大的，处十年以上有期徒刑或者无期徒刑，并处罚金。

［贪污罪的提示条款］国有公司、企业或者其他国有单位中从事公务的人员和国有公司、企业或者其他国有单位委派到非国有公司、企业以及其他单位从事公务的人员有前款行为的，依照本法第三百八十二条、第三百八十三条的规定定罪处罚。

**第二百七十二条** ［挪用资金罪］公司、企业或者其他单位的工作人员,利用职务上的便利,挪用本单位资金归个人使用或者借贷给他人,数额较大、超过三个月未还的,或者虽未超过三个月,但数额较大、进行营利活动的,或者进行非法活动的,处三年以下有期徒刑或者拘役;挪用本单位资金数额巨大的,处三年以上七年以下有期徒刑;数额特别巨大的,处七年以上有期徒刑。

[挪用公款罪的提示条款]国有公司、企业或者其他国有单位中从事公务的人员和国有公司、企业或者其他国有单位委派到非国有公司、企业以及其他单位从事公务的人员有前款行为的,依照本法第三百八十四条的规定定罪处罚。

有第一款行为,在提起公诉前将挪用的资金退还的,可以从轻或者减轻处罚。其中,犯罪较轻的,可以减轻或者免除处罚。

《贪污贿赂刑事案件解释》

第十一条第一款 刑法第163条规定的非国家工作人员受贿罪、第271条规定的职务侵占罪中的"数额较大""数额巨大"的数额起点,按照本解释关于受贿罪、贪污罪相对应的数额标准规定的2倍、5倍执行。

《最高人民法院关于审理贪污、职务侵占案件如何认定共同犯罪几个问题的解释》

第一条 行为人与国家工作人员勾结,利用国家工作人员的职务便利,共同侵吞、窃取、骗取或者以其他手段非法占有公共财物的,以贪污罪共犯论处。

第二条 行为人与公司、企业或者其他单位的人员勾结,利用公司、企业或者其他单位人员的职务便利,共同将该单位财物非法占为己有,数额较大的,以职务侵占罪共犯论处。

第三条 公司、企业或者其他单位中,不具有国家工作人员身份的人与国家工作人员勾结,分别利用各自的职务便利,共同将本单位财物非法占为己有的,按照主犯的犯罪性质定罪。

# 专题十八　妨害社会管理秩序罪

### 考点49　扰乱公共秩序罪

**(一)妨害公务罪**

第二百七十七条 [妨害公务罪]以暴力、威胁方法阻碍国家机关工作人员依法执行职务的,处三年以下有期徒刑、拘役、管制或者罚金。

以暴力、威胁方法阻碍全国人民代表大会和地方各级人民代表大会代表依法执行代表职务的,依照前款的规定处罚。

在自然灾害和突发事件中,以暴力、威胁方法阻碍红十字会工作人员依法履行职责的,依照第一款的规定处罚。

故意阻碍国家安全机关、公安机关依法执行国家安全工作任务,未使用暴力、威胁方法,造成严重后果的,依照第一款的规定处罚。

[袭警罪]暴力袭击正在依法执行职务的人民警察的,处三年以下有期徒刑、拘役或者管制;使用枪支、管制刀具,或者以驾驶机动车撞击等手段,严重危及其人身安全的,处三年以上七年以下有期徒刑。

**(二)招摇撞骗罪**

第二百七十九条 [招摇撞骗罪]冒充国家机关工作人员招摇撞骗的,处三年以下有期徒刑、拘役、管制或者剥夺政治权利;情节严重的,处三年以上十年以下有期徒刑。

冒充人民警察招摇撞骗的,依照前款的规定从重处罚。

《刑法》

第三百七十二条 [冒充军人招摇撞骗罪]冒充军人招摇撞骗的,处三年以下有期徒刑、拘役、管制或者剥夺政治权利;情节严重的,处三年以上十年以下有期徒刑。

第四百五十条 [本章适用对象]本章适用于中国人民解放军的现役军官、文职干部、士兵及具有军籍的学员和中国人民武装警察部队的现役警官、文职干部、士兵及具有军籍的学员以及文职人员、执行军事任务的预备役人员和其他人员。

**(三)伪造、变造、买卖身份证件罪**

第二百八十条 [伪造、变造、买卖国家机关公文、证件、印章罪;盗窃、抢夺、毁灭国家机关公文、证件、印章罪]伪造、变造、买卖或者盗窃、抢夺、毁灭国家机关的公文、证件、印章的,处三年以下有期徒刑、拘役、管制或者剥夺政治权利,并处罚金;情节严重的,处三年以上十年以下有期徒刑,并处罚金。

[伪造公司、企业、事业单位、人民团体印章罪]伪造公司、企业、事业单位、人民团体的印章的,处三年以下有期徒刑、拘役、管制或者剥夺政治权利,并处罚金。

[伪造、变造、买卖身份证件罪]伪造、变造、买卖居民身份证、护照、社会保障卡、驾驶证等依法可以用于证明身份的证件的,处三年以下有期徒刑、拘役、管制或者剥夺政治权利,并处罚金;情节严重的,处三年以上七年以下有期徒刑,并处罚金。

第二百八十条之一 [使用虚假身份证件、盗用身份证件罪]在依照国家规定应当提供身份证明的活动中,使用伪造、变造的或者盗用他人的居民身份证、护照、社会保障卡、驾驶证等依法可以用于证明身份的证件,情节严重的,处拘役或者管制,并处或者单处罚金。

有前款行为,同时构成其他犯罪的,依照处罚较重的规定定罪处罚。

**(四)考试相关犯罪**

第二百八十四条之一 [组织考试作弊罪]在法律规定的国家考试中,组织作弊的,处三年以下有期徒刑或者拘役,并处或者单处罚金;情节严重的,处三年以上七年以下有期徒刑,并处罚金。

为他人实施前款犯罪提供作弊器材或者其他帮助的,依照前款的规定处罚。

[非法出售、提供试题、答案罪]为实施考试作弊行为,向他人非法出售或者提供第一款规定的考试的试题、答案的,依照第一款的规定处罚。

[代替考试罪]代替他人或者让他人代替自己参加第

一款规定的考试的,处拘役或者管制,并处或者单处罚金。

**(五)计算机系统相关犯罪**

**第二百八十五条** [非法侵入计算机信息系统罪]违反国家规定,侵入国家事务、国防建设、尖端科学技术领域的计算机信息系统的,处三年以下有期徒刑或者拘役。

[非法获取计算机信息系统数据、非法控制计算机信息系统罪]违反国家规定,侵入前款规定以外的计算机信息系统或者采用其他技术手段,获取该计算机信息系统中存储、处理或者传输的数据,或者对该计算机信息系统实施非法控制,情节严重的,处三年以下有期徒刑或者拘役,并处或者单处罚金;情节特别严重的,处三年以上七年以下有期徒刑,并处罚金。

[提供侵入、非法控制计算机信息系统程序、工具罪]提供专门用于侵入、非法控制计算机信息系统的程序、工具,或者明知他人实施侵入、非法控制计算机信息系统的违法犯罪行为而为其提供程序、工具,情节严重的,依照前款的规定处罚。

单位犯前三款罪的,对单位判处罚金,并对其直接负责的主管人员和其他直接责任人员,依照各该款的规定处罚。

**第二百八十六条** [破坏计算机信息系统罪]违反国家规定,对计算机信息系统功能进行删除、修改、增加、干扰,造成计算机信息系统不能正常运行,后果严重的,处五年以下有期徒刑或者拘役;后果特别严重的,处五年以上有期徒刑。

违反国家规定,对计算机信息系统中存储、处理或者传输的数据和应用程序进行删除、修改、增加的操作,后果严重的,依照前款的规定处罚。

故意制作、传播计算机病毒等破坏性程序,影响计算机系统正常运行,后果严重的,依照第一款的规定处罚。

单位犯前三款罪的,对单位判处罚金,并对其直接负责的主管人员和其他直接责任人员,依照第一款的规定处罚。

**第二百八十六条之一** [拒不履行信息网络安全管理义务罪]网络服务提供者不履行法律、行政法规规定的信息网络安全管理义务,经监管部门责令采取改正措施而拒不改正,有下列情形之一的,处三年以下有期徒刑、拘役或者管制,并处或者单处罚金:

(一)致使违法信息大量传播的;

(二)致使用户信息泄露,造成严重后果的;

(三)致使刑事案件证据灭失,情节严重的;

(四)有其他严重情节的。

单位犯前款罪的,对单位判处罚金,并对其直接负责的主管人员和其他直接责任人员,依照前款的规定处罚。

有前两款行为,同时构成其他犯罪的,依照处罚较重的规定定罪处罚。

**第二百八十七条之一** [非法利用信息网络罪]利用信息网络实施下列行为之一,情节严重的,处三年以下有期徒刑或者拘役,并处或者单处罚金:

(一)设立用于实施诈骗、传授犯罪方法、制作或者销售违禁物品、管制物品等违法犯罪活动的网站、通讯群组的;

(二)发布有关制作或者销售毒品、枪支、淫秽物品等违禁物品、管制物品或者其他违法犯罪信息的;

(三)为实施诈骗等违法犯罪活动发布信息的。

单位犯前款罪的,对单位判处罚金,并对其直接负责的主管人员和其他直接责任人员,依照第一款的规定处罚。

有前两款行为,同时构成其他犯罪的,依照处罚较重的规定定罪处罚。

**第二百八十七条之二** [帮助信息网络犯罪活动罪]明知他人利用信息网络实施犯罪,为其犯罪提供互联网接入、服务器托管、网络存储、通讯传输等技术支持,或者提供广告推广、支付结算等帮助,情节严重的,处三年以下有期徒刑或者拘役,并处或者单处罚金。

单位犯前款罪的,对单位判处罚金,并对其直接负责的主管人员和其他直接责任人员,依照第一款的规定处罚。

有前两款行为,同时构成其他犯罪的,依照处罚较重的规定定罪处罚。〔2023年回忆~帮助信息网络犯罪活动罪〕

**(六)编造、故意传播虚假信息罪**

**第二百九十一条之一** [投放虚假危险物质罪;编造、故意传播虚假恐怖信息罪]投放虚假的爆炸性、毒害性、放射性、传染病病原体等物质,或者编造爆炸威胁、生化威胁、放射威胁等恐怖信息,或者明知是编造的恐怖信息而故意传播,严重扰乱社会秩序的,处五年以下有期徒刑、拘役或者管制;造成严重后果的,处五年以上有期徒刑。

[编造、故意传播虚假信息罪]编造虚假的险情、疫情、灾情、警情,在信息网络或者其他媒体上传播,或者明知是上述虚假信息,故意在信息网络或者其他媒体上传播,严重扰乱社会秩序的,处三年以下有期徒刑、拘役或者管制;造成严重后果的,处三年以上七年以下有期徒刑。

**(七)高空抛物罪**

**第二百九十一条之二** [高空抛物罪]从建筑物或者其他高空抛掷物品,情节严重的,处一年以下有期徒刑、拘役或者管制,并处或者单处罚金。

有前款行为,同时构成其他犯罪的,依照处罚较重的规定定罪处罚。

**《依法妥善审理高空抛物、坠物案件的意见》**

5.准确认定高空抛物犯罪。对于高空抛物行为,应当根据行为人的动机、抛物场所、抛掷物的情况以及造成的后果等因素,全面考量行为的社会危害程度,准确判断行为性质,正确适用罪名,准确裁量刑罚。

故意从高空抛弃物品,尚未造成严重后果,但足以危害公共安全的,依照刑法第一百一十四条规定的以危险方法危害公共安全罪定罪处罚;致人重伤、死亡或者使公私财产遭受重大损失的,依照刑法第一百一十五条第一款的规定处罚。为伤害、杀害特定人员实施上述行为的,依照故意伤害罪、故意杀人罪定罪处罚。

### (八)赌博罪、开设赌场罪

**第三百零三条** [赌博罪]以营利为目的,聚众赌博或者以赌博为业的,处三年以下有期徒刑、拘役或者管制,并处罚金。

[开设赌场罪]开设赌场的,处五年以下有期徒刑、拘役或者管制,并处罚金;情节严重的,处五年以上十年以下有期徒刑,并处罚金。

[组织参与国(境)外赌博罪]组织中华人民共和国公民参与国(境)外赌博,数额巨大或者有其他严重情节的,依照前款的规定处罚。

《赌博刑事案件解释》

**第二条** 以营利为目的,在计算机网络上建立赌博网站,或者为赌博网站担任代理,接受投注的,属于刑法第三百零三条规定的"开设赌场"。

**第四条** 明知他人实施赌博犯罪活动,而为其提供资金、计算机网络、通讯、费用结算等直接帮助的,以赌博罪的共犯论处。

**第六条** 未经国家批准擅自发行、销售彩票,构成犯罪的,依照刑法第二百二十五条第(四)项的规定,以非法经营罪定罪处罚。

**第七条** 通过赌博或者为国家工作人员赌博提供资金的形式实施行贿、受贿行为,构成犯罪的,依照刑法关于贿赂犯罪的规定定罪处罚。

**第九条** 不以营利为目的,进行带有少量财物输赢的娱乐活动,以及提供棋牌室等娱乐场所只收取正常的场所和服务费用的经营行为等,不以赌博论处。

### 考点50 妨害司法罪

#### (一)伪证罪

**第三百零五条** [伪证罪]在刑事诉讼中,证人、鉴定人、记录人、翻译人对与案件有重要关系的情节,故意作虚假证明、鉴定、记录、翻译,意图陷害他人或者隐匿罪证的,处三年以下有期徒刑或者拘役;情节严重的,处三年以上七年以下有期徒刑。

《刑法》

**第二百四十三条** [诬告陷害罪]捏造事实诬告陷害他人,意图使他人受刑事追究,情节严重的,处三年以下有期徒刑、拘役或者管制;造成严重后果的,处三年以上十年以下有期徒刑。

[从重情节]国家机关工作人员犯前款罪的,从重处罚。

[对故意要素的提示性规定]不是有意诬陷,而是错告,或者检举失实的,不适用前两款的规定。

#### (二)辩护人、诉讼代理人毁灭证据、伪造证据、妨害作证罪

**第三百零六条** [辩护人、诉讼代理人毁灭证据、伪造证据、妨害作证罪]在刑事诉讼中,辩护人、诉讼代理人毁灭、伪造证据,帮助当事人毁灭、伪造证据,威胁、引诱证人违背事实改变证言或者作伪证的,处三年以下有期徒刑或者拘役;情节严重的,处三年以上七年以下有期徒刑。

辩护人、诉讼代理人提供、出示、引用的证人证言或者其他证据失实,不是有意伪造的,不属于伪造证据。

《刑法》

**第三百零七条** [妨害作证罪]以暴力、威胁、贿买等方法阻止证人作证或者指使他人作伪证的,处三年以下有期徒刑或者拘役;情节严重的,处三年以上七年以下有期徒刑。

[帮助毁灭、伪造证据罪]帮助当事人毁灭、伪造证据,情节严重的,处三年以下有期徒刑或者拘役。

司法工作人员犯前两款罪的,从重处罚。

#### (三)虚假诉讼罪

**第三百零七条之一** [虚假诉讼罪]以捏造的事实提起民事诉讼,妨害司法秩序或者严重侵害他人合法权益的,处三年以下有期徒刑、拘役或者管制,并处或者单处罚金;情节严重的,处三年以上七年以下有期徒刑,并处罚金。

单位犯前款罪的,对单位判处罚金,并对其直接负责的主管人员和其他直接责任人员,依照前款的规定处罚。

[罪数规定]有第一款行为,非法占有他人财产或者逃避合法债务,又构成其他犯罪的,依照处罚较重的规定定罪从重处罚。

司法工作人员利用职权,与他人共同实施前三款行为的,从重处罚;同时构成其他犯罪的,依照处罚较重的规定定罪从重处罚。

《虚假诉讼刑事案件解释》

**第一条** 采取伪造证据、虚假陈述等手段,实施下列行为之一,捏造民事法律关系,虚构民事纠纷,向人民法院提起民事诉讼的,应当认定为刑法第三百零七条之一第一款规定的"以捏造的事实提起民事诉讼":

(一)与夫妻一方恶意串通,捏造夫妻共同债务的;

(二)与他人恶意串通,捏造债权债务关系和以物抵债协议的;

(三)与公司、企业的法定代表人、董事、监事、经理或者其他管理人员恶意串通,捏造公司、企业债务或者担保义务的;

(四)捏造知识产权侵权关系或者不正当竞争关系的;

(五)在破产案件审理过程中申报捏造的债权的;

(六)与被执行人恶意串通,捏造债权或者对查封、扣押、冻结财产的优先权、担保物权的;

(七)单方或者与他人恶意串通,捏造身份、合同、侵权、继承等民事法律关系的其他行为。

隐瞒债务已经全部清偿的事实,向人民法院提起民事诉讼,要求他人履行债务的,以"以捏造的事实提起民事诉讼"论。

向人民法院申请执行基于捏造的事实作出的仲裁裁决、公证债权文书,或者在民事执行过程中以捏造的事实对执行标的提出异议、申请参与执行财产分配的,属于刑法第三百零七条之一第一款规定的"以捏造的事实提起民事诉讼"。

**第二条** 以捏造的事实提起民事诉讼,有下列情形

之一的,应当认定为刑法第三百零七条之一第一款规定的"妨害司法秩序或者严重侵害他人合法权益":

(一)致使人民法院基于捏造的事实采取财产保全或者行为保全措施的;

(二)致使人民法院开庭审理,干扰正常司法活动的;

(三)致使人民法院基于捏造的事实作出裁判文书、制作财产分配方案,或者立案执行基于捏造的事实作出的仲裁裁决、公证债权文书的;

(四)多次以捏造的事实提起民事诉讼的;

(五)曾因以捏造的事实提起民事诉讼被采取民事诉讼强制措施或者受过刑事追究的;

(六)其他妨害司法秩序或者严重侵害他人合法权益的情形。

**(四)窝藏、包庇罪**

**第三百一十条** [窝藏、包庇罪]明知是犯罪的人而为其提供隐藏处所、财物,帮助其逃匿或者作假证明包庇的,处三年以下有期徒刑、拘役或者管制;情节严重的,处三年以上十年以下有期徒刑。

[事前通谋定共犯]犯前款罪,事前通谋的,以共同犯罪论处。

**第三百六十二条** [窝藏、包庇罪]旅馆业、饮食服务业、文化娱乐业、出租汽车业等单位的人员,在公安机关查处卖淫、嫖娼活动时,为违法犯罪分子通风报信,情节严重的,依照本法第三百一十条的规定定罪处罚。

《窝藏、包庇刑事案件解释》

第一条 明知是犯罪的人,为帮助其逃匿,实施下列行为之一的,应当依照刑法第三百一十条第一款的规定,以窝藏罪定罪处罚:

(一)为犯罪的人提供房屋或者其他可以用于隐藏的处所的;

(二)为犯罪的人提供车辆、船只、航空器等交通工具,或者提供手机等通讯工具的;

(三)为犯罪的人提供金钱的;

(四)其他为犯罪的人提供隐藏处所、财物,帮助其逃匿的情形。

保证人在犯罪的人取保候审期间,协助其逃匿,或者明知犯罪的人的藏匿地点、联系方式,但拒绝向司法机关提供的,应当依照刑法第三百一十条第一款的规定,对保证人以窝藏罪定罪处罚。

虽然为犯罪的人提供隐藏处所、财物,但不是出于帮助犯罪的人逃匿的目的,不以窝藏罪定罪处罚;对未履行法定报告义务的行为人,依法移送有关主管机关给予行政处罚。

第二条 明知是犯罪的人,为帮助其逃避刑事追究,或者帮助其获得从宽处罚,实施下列行为之一的,应当依照刑法第三百一十条第一款的规定,以包庇罪定罪处罚:

(一)故意顶替犯罪的人欺骗司法机关的;

(二)故意向司法机关作虚假陈述或者提供虚假证明,以证明犯罪的人没有实施犯罪行为,或者犯罪的人所实施行为不构成犯罪的;

(三)故意向司法机关提供虚假证明,以证明犯罪的

人具有法定从轻、减轻、免除处罚情节的;

(四)其他作假证明包庇的行为。

第六条 认定窝藏、包庇罪,以被窝藏、包庇的人的行为构成犯罪为前提。

被窝藏、包庇的人实施的犯罪事实清楚,证据确实、充分,但尚未到案、尚未依法裁判或者因不具有刑事责任能力依法未予追究刑事责任的,不影响窝藏、包庇罪的认定。但是,被窝藏、包庇的人归案后被宣告无罪的,应当依照法定程序宣告窝藏、包庇行为人无罪。

第七条 为帮助同一个犯罪的人逃避刑事处罚,实施窝藏、包庇行为,又实施洗钱行为,或者掩饰、隐瞒犯罪所得及其收益行为,或者帮助毁灭证据行为,或者伪证行为的,依照处罚较重的犯罪定罪,并从重处罚,不实行数罪并罚。

第八条 共同犯罪人之间互相实施的窝藏、包庇行为,不以窝藏、包庇罪定罪处罚,但对共同犯罪以外的犯罪人实施窝藏、包庇行为的,以所犯共同犯罪和窝藏、包庇罪并罚。

**(五)掩饰、隐瞒犯罪所得、犯罪所得收益罪**

**第三百一十二条** [掩饰、隐瞒犯罪所得、犯罪所得收益罪]明知是犯罪所得及其产生的收益而予以窝藏、转移、收购、代为销售或者以其他方法掩饰、隐瞒的,处三年以下有期徒刑、拘役或者管制,并处或者单处罚金;情节严重的,处三年以上七年以下有期徒刑,并处罚金。

单位犯前款罪的,对单位判处罚金,并对其直接负责的主管人员和其他直接责任人员,依照前款的规定处罚。

[2023年回忆~掩饰、隐瞒犯罪所得、犯罪所得收益罪;2015年真题~掩饰、隐瞒犯罪所得罪,信用卡诈骗罪]

《掩饰、隐瞒犯罪所得、犯罪所得收益刑事案件解释》

第一条 明知是犯罪所得及其产生的收益而予以窝藏、转移、收购、代为销售或者以其他方法掩饰、隐瞒,具有下列情形之一的,应当依照刑法第三百一十二条第一款的规定,以掩饰、隐瞒犯罪所得、犯罪所得收益罪定罪处罚:

(一)一年内曾因掩饰、隐瞒犯罪所得及其产生的收益行为受过行政处罚,又实施掩饰、隐瞒犯罪所得及其产生的收益行为的;

(二)掩饰、隐瞒的犯罪所得系电力设备、交通设施、广播电视设施、公用电信设施、军事设施或者救灾、抢险、防汛、优抚、扶贫、移民、救济款物的;

(三)掩饰、隐瞒行为致使上游犯罪无法及时查处,并造成公私财物损失无法挽回的;

(四)实施其他掩饰、隐瞒犯罪所得及其产生的收益行为,妨害司法机关对上游犯罪进行追究的。

人民法院审理掩饰、隐瞒犯罪所得、犯罪所得收益刑事案件,应综合考虑上游犯罪的性质、掩饰、隐瞒犯罪所得及其收益的情节、后果及社会危害程度等,依法定罪处罚。

司法解释对掩饰、隐瞒涉及计算机信息系统数据、计算机信息系统控制权的犯罪所得及其产生的收益行为构成犯罪已有规定的,审理此类案件依照该规定。

依照全国人民代表大会常务委员会《关于〈中华人民共和国刑法〉第三百四十一条、第三百一十二条的解释》，明知是非法狩猎的野生动物而收购，数量达到五十只以上的，以掩饰、隐瞒犯罪所得罪定罪处罚。

第二条　掩饰、隐瞒犯罪所得及其产生的收益行为符合本解释第一条的规定，认罪、悔罪并退赃、退赔，且具有下列情形之一的，可以认定为犯罪情节轻微，免予刑事处罚：

（一）具有法定从宽处罚情节的；

（二）为近亲属掩饰、隐瞒犯罪所得及其产生的收益，且系初犯、偶犯的；

（三）有其他情节轻微情形的。

第四条　掩饰、隐瞒犯罪所得及其产生的收益的数额，应当以实施掩饰、隐瞒行为时为准。收购或者代为销售财物的价格高于其实际价值的，以收购或者代为销售的价格计算。

多次实施掩饰、隐瞒犯罪所得及其产生的收益行为，未经行政处罚，依法应当追诉的，犯罪所得、犯罪所得收益的数额应当累计计算。

第五条　事前与盗窃、抢劫、诈骗、抢夺等犯罪分子通谋，掩饰、隐瞒犯罪所得及其产生的收益的，以盗窃、抢劫、诈骗、抢夺等犯罪的共犯论处。

第六条　对犯罪所得及其产生的收益实施盗窃、抢劫、诈骗、抢夺行为，构成犯罪的，分别以盗窃罪、抢劫罪、诈骗罪、抢夺罪等定罪处罚。

第七条　明知是犯罪所得及其产生的收益而予以掩饰、隐瞒，构成刑法第三百一十二条规定的犯罪，同时构成其他犯罪的，依照处罚较重的规定定罪处罚。

第八条　认定掩饰、隐瞒犯罪所得、犯罪所得收益罪，以上游犯罪事实成立为前提。上游犯罪尚未依法裁判，但查证属实的，不影响掩饰、隐瞒犯罪所得、犯罪所得收益罪的认定。

上游犯罪事实经查证属实，但因行为人未达到刑事责任年龄等原因依法不予追究刑事责任的，不影响掩饰、隐瞒犯罪所得、犯罪所得收益罪的认定。

第九条　盗用单位名义实施掩饰、隐瞒犯罪所得及其产生的收益行为，违法所得由行为人私分的，依照刑法和司法解释有关自然人犯罪的规定定罪处罚。

第十条　通过犯罪直接得到的赃款、赃物，应当认定为刑法第三百一十二条规定的"犯罪所得"。上游犯罪的行为人对犯罪所得进行处理后得到的孳息、租金等，应当认定为刑法第三百一十二条规定的"犯罪所得产生的收益"。

明知是犯罪所得及其产生的收益而采取窝藏、转移、收购、代为销售以外的方法，如居间介绍买卖、收受、持有、使用、加工、提供资金账户，协助将财物转换为现金、金融票据、有价证券，协助将资金转移、汇往境外等，应当认定为刑法第三百一十二条规定的"其他方法"。

第十一条　掩饰、隐瞒犯罪所得、犯罪所得收益罪是选择性罪名，审理此类案件，应当根据具体犯罪行为及其指向的对象，确定适用的罪名。

《危害药品安全刑事案件解释》

第十三条　明知系利用医保骗保购买的药品而非法收购、销售，金额五万元以上的，应当依照刑法第三百一十二条的规定，以掩饰、隐瞒犯罪所得罪定罪处罚；指使、教唆、授意他人利用医保骗保购买药品，进而非法收购、销售，符合刑法第二百六十六条规定的，以诈骗罪定罪处罚。

对于利用医保骗保购买药品的行为人是否追究刑事责任，应当综合骗取医保基金的数额、手段、认罪悔罪态度等案件具体情节，依法妥当决定。利用医保骗保购买药品的行为人是否被追究刑事责任，不影响对非法收购、销售有关药品的行为人定罪处罚。

对于第一款规定的主观明知，应当根据药品标志、收购渠道、价格、规模及药品追溯信息等综合认定。

《刑法第341条、第312条的解释》

知道或者应当知道是国家重点保护的珍贵、濒危野生动物及其制品，为食用或者其他目的而非法购买的，属于刑法第三百四十一条第一款规定的非法收购国家重点保护的珍贵、濒危野生动物及其制品的行为。

知道或者应当知道是刑法第三百四十一条第二款规定的非法狩猎的野生动物而购买的，属于刑法第三百一十二条第一款规定的明知是犯罪所得而收购的行为。

**考点51　妨害国（边）境管理罪**

**第三百一十八条**　[组织他人偷越国（边）境罪]组织他人偷越国（边）境的，处二年以上七年以下有期徒刑，并处罚金；有下列情形之一的，处七年以上有期徒刑或者无期徒刑，并处罚金或者没收财产：

（一）组织他人偷越国（边）境集团的首要分子；

（二）多次组织他人偷越国（边）境或者组织他人偷越国（边）境人数众多的；

（三）造成被组织人重伤、死亡的；

（四）剥夺或者限制被组织人人身自由的；

（五）以暴力、威胁方法抗拒检查的；

（六）违法所得数额巨大的；

（七）有其他特别严重情节的。

犯前款罪，对被组织人有杀害、伤害、强奸、拐卖等犯罪行为，或者对检查人员有杀害、伤害等犯罪行为的，依照数罪并罚的规定处罚。

《刑法》

第二百九十四条第二款　[入境发展黑社会组织罪]境外的黑社会组织的人员到中华人民共和国境内发展组织成员的，处三年以上十年以下有期徒刑。

第三百二十二条　[偷越国（边）境罪]违反国（边）境管理法规，偷越国（边）境，情节严重的，处一年以下有期徒刑、拘役或者管制，并处罚金；为参加恐怖活动组织、接受恐怖活动培训或者实施恐怖活动，偷越国（边）境的，处一年以上三年以下有期徒刑，并处罚金。

第三百五十八条第四款　[协助组织卖淫罪]为组织卖淫的人招募、运送人员或者有其他协助组织他人卖淫行为的，处五年以下有期徒刑，并处罚金；情节严重的，处五年以上十年以下有期徒刑,并处罚金。

**考点53 危害公共卫生罪**

**第三百三十六条** [非法行医罪]未取得医生执业资格的人非法行医,情节严重的,处三年以下有期徒刑、拘役或者管制,并处或者单处罚金;严重损害就诊人身体健康的,处三年以上十年以下有期徒刑,并处罚金;造成就诊人死亡的,处十年以上有期徒刑,并处罚金。

[非法进行节育手术罪]未取得医生执业资格的人擅自为他人进行节育复通手术、假节育手术、终止妊娠手术或者摘取宫内节育器,情节严重的,处三年以下有期徒刑、拘役或者管制,并处或者单处罚金;严重损害就诊人身体健康的,处三年以上十年以下有期徒刑,并处罚金;造成就诊人死亡的,处十年以上有期徒刑,并处罚金。

《刑法》

第三百三十五条 [医疗事故罪]医务人员由于严重不负责任,造成就诊人死亡或者严重损害就诊人身体健康的,处三年以下有期徒刑或者拘役。

《非法行医刑事案件解释》

第一条 具有下列情形之一的,应认定为刑法第三百三十六条第一款规定的"未取得医生执业资格的人非法行医":

(一)未取得或者以非法手段取得医师资格从事医疗活动的;

(二)被依法吊销医师执业证书期间从事医疗活动的;

(三)未取得乡村医生执业证书,从事乡村医疗活动的;

(四)家庭接生员实施家庭接生以外的医疗行为的。

第二条 具有下列情形之一的,应认定为刑法第三百三十六条第一款规定的"情节严重":

(一)造成就诊人轻度残疾、器官组织损伤导致一般功能障碍的;

(二)造成甲类传染病传播、流行或者有传播、流行危险的;

(三)使用假药、劣药或不符合国家规定标准的卫生材料、医疗器械,足以严重危害人体健康的;

(四)非法行医被卫生行政部门行政处罚两次以后,再次非法行医的;

(五)其他情节严重的情形。

第三条 具有下列情形之一的,应认定为刑法第三百三十六条第一款规定的"严重损害就诊人身体健康":

(一)造成就诊人中度以上残疾、器官组织损伤导致严重功能障碍的;

(二)造成三名以上就诊人轻度残疾、器官组织损伤导致一般功能障碍的。

第四条 非法行医行为系造成就诊人死亡的直接、主要原因的,应认定为刑法第三百三十六条第一款规定的"造成就诊人死亡"。

非法行医行为并非造成就诊人死亡的直接、主要原因的,可不认定为刑法第三百三十六条第一款规定的"造成就诊人死亡"。但是,根据案件情况,可以认定为刑法第三百三十六条第一款规定的"情节严重"。

第五条 实施非法行医犯罪,同时构成生产、销售假药罪,生产、销售劣药罪,诈骗罪等其他犯罪的,依照刑法处罚较重的规定定罪处罚。

**考点54 破坏环境资源保护罪**
**(一)污染环境罪**

**第三百三十八条** [污染环境罪]违反国家规定,排放、倾倒或者处置有放射性的废物、含传染病病原体的废物、有毒物质或者其他有害物质,严重污染环境的,处三年以下有期徒刑或者拘役,并处或者单处罚金;情节严重的,处三年以上七年以下有期徒刑,并处罚金;有下列情形之一的,处七年以上有期徒刑,并处罚金:

(一)在饮用水水源保护区、自然保护地核心保护区等依法确定的重点保护区域排放、倾倒、处置有放射性的废物、含传染病病原体的废物、有毒物质,情节特别严重的;

(二)向国家确定的重要江河、湖泊水域排放、倾倒、处置有放射性的废物、含传染病病原体的废物、有毒物质,情节特别严重的;

(三)致使大量永久基本农田基本功能丧失或者遭受永久性破坏的;

(四)致使多人重伤、严重疾病,或者致人严重残疾、死亡的。

有前款行为,同时构成其他犯罪的,依照处罚较重的规定定罪处罚。

《刑法》

第三百四十六条 [单位犯本节之罪的处罚]单位犯本节第三百三十八条至第三百四十五条规定之罪的,对单位判处罚金,并对其直接负责的主管人员和其他直接责任人员,依照本节各该条的规定处罚。

《环境污染刑事案件解释》

第一条 实施刑法第三百三十八条规定的行为,具有下列情形之一的,应当认定为"严重污染环境":

(一)在饮用水水源保护区、自然保护地核心保护区等依法确定的重点保护区域排放、倾倒、处置有放射性的废物、含传染病病原体的废物、有毒物质的;

(二)非法排放、倾倒、处置危险废物三吨以上的;

(三)排放、倾倒、处置含铅、汞、镉、铬、砷、铊、锑的污染物,超过国家或者地方污染物排放标准三倍以上的;

(四)排放、倾倒、处置含镍、铜、锌、银、钒、锰、钴的污染物,超过国家或者地方污染物排放标准十倍以上的;

(五)通过暗管、渗井、渗坑、裂隙、溶洞、灌注、非紧急情况下开启大气应急排放通道等逃避监管的方式排放、倾倒、处置有放射性的废物、含传染病病原体的废物、有毒物质的;

(六)二年内曾因在重污染天气预警期间,违反国家规定,超标排放二氧化硫、氮氧化物等实行排放总量控制的大气污染物受过二次以上行政处罚,又实施此类行为的;

（七）重点排污单位、实行排污许可重点管理的单位篡改、伪造自动监测数据或者干扰自动监测设施，排放化学需氧量、氨氮、二氧化硫、氮氧化物等污染物的；

（八）二年内曾因违反国家规定，排放、倾倒、处置有放射性的废物、含传染病病原体的废物、有毒物质受过二次以上行政处罚，又实施此类行为的；

（九）违法所得或者致使公私财产损失三十万元以上的；

（十）致使乡镇集中式饮用水水源取水中断十二小时以上的；

（十一）其他严重污染环境的情形。

第二条　实施刑法第三百三十八条规定的行为，具有下列情形之一的，应当认定为"情节严重"：

（一）在饮用水水源保护区、自然保护地核心保护区等依法确定的重点保护区域排放、倾倒、处置有放射性的废物、含传染病病原体的废物、有毒物质，造成相关区域的生态功能退化或者野生生物资源严重破坏的；

（二）向国家确定的重要江河、湖泊水域排放、倾倒、处置有放射性的废物、含传染病病原体的废物、有毒物质，造成相关水域的生态功能退化或者水生生物资源严重破坏的；

（三）非法排放、倾倒、处置危险废物一百吨以上的；

（四）违法所得或者致使公私财产损失一百万元以上的；

（五）致使县级城区集中式饮用水水源取水中断十二小时以上的；

（六）致使永久基本农田、公益林地十亩以上，其他农用地二十亩以上，其他土地五十亩以上基本功能丧失或者遭受永久性破坏的；

（七）致使森林或者其他林木死亡五十立方米以上，或者幼树死亡二千五百株以上的；

（八）致使疏散、转移群众五千人以上的；

（九）致使三十人以上中毒的；

（十）致使一人以上重伤、严重疾病或者三人以上轻伤的；

（十一）其他情节严重的情形。

第三条　实施刑法第三百三十八条规定的行为，具有下列情形之一的，应当处七年以上有期徒刑，并处罚金：

（一）在饮用水水源保护区、自然保护地核心保护区等依法确定的重点保护区域排放、倾倒、处置有放射性的废物、含传染病病原体的废物、有毒物质，具有下列情形之一的：

1. 致使设区的市级城区集中式饮用水水源取水中断十二小时以上的；

2. 造成自然保护地主要保护的生态系统严重退化，或者主要保护的自然景观损毁的；

3. 造成国家重点保护的野生动植物资源或者国家重点保护物种栖息地、生长环境严重破坏的；

4. 其他情节特别严重的情形。

（二）向国家确定的重要江河、湖泊水域排放、倾倒、

处置有放射性的废物、含传染病病原体的废物、有毒物质，具有下列情形之一的：

1. 造成国家确定的重要江河、湖泊水域生态系统严重退化的；

2. 造成国家重点保护的野生动植物资源严重破坏的；

3. 其他情节特别严重的情形。

（三）致使永久基本农田五十亩以上基本功能丧失或者遭受永久性破坏的；

（四）致使三人以上重伤、严重疾病，或者一人以上严重残疾、死亡的。

第六条　实施刑法第三百三十八条规定的行为，行为人认罪认罚，积极修复生态环境，有效合规整改的，可以从宽处罚；犯罪情节轻微的，可以不起诉或者免予刑事处罚；情节显著轻微危害不大的，不作为犯罪处理。

## （二）盗伐林木罪

**第三百四十五条　[盗伐林木罪]**盗伐森林或者其他林木，数量较大的，处三年以下有期徒刑、拘役或者管制，并处或者单处罚金；数量巨大的，处三年以上七年以下有期徒刑，并处罚金；数量特别巨大的，处七年以上有期徒刑，并处罚金。

**[滥伐林木罪]**违反森林法的规定，滥伐森林或者其他林木，数量较大的，处三年以下有期徒刑、拘役或者管制，并处或者单处罚金；数量巨大的，处三年以上七年以下有期徒刑，并处罚金。

**[非法收购、运输盗伐、滥伐的林木罪]**非法收购、运输明知是盗伐、滥伐的林木，情节严重的，处三年以下有期徒刑、拘役或者管制，并处或者单处罚金；情节特别严重的，处三年以上七年以下有期徒刑，并处罚金。

盗伐、滥伐国家级自然保护区内的森林或者其他林木的，从重处罚。〔2020年回忆～共同犯罪、滥伐林木罪、徇私枉法罪〕

### 《破坏森林资源刑事案件解释》

第三条　以非法占有为目的，具有下列情形之一的，应当认定为刑法第三百四十五条第一款规定的"盗伐森林或者其他林木"：

（一）未取得采伐许可证，擅自采伐国家、集体或者他人所有的林木的；

（二）违反森林法第五十六条第三款的规定，擅自采伐国家、集体或者他人所有的林木的；

（三）在采伐许可证规定的地点以外采伐国家、集体或者他人所有的林木的。

不以非法占有为目的，违反森林法的规定，进行开垦、采石、采砂、采土或其他活动，造成国家、集体或者他人所有的林木毁坏，符合刑法第二百七十五条规定的，以故意毁坏财物罪定罪处罚。

第四条　盗伐森林或者其他林木，涉案林木具有下列情形之一的，应当认定为刑法第三百四十五条第一款规定的"数量较大"：

（一）立木蓄积五立方米以上的；

（二）幼树二百株以上的；

（三）数量虽未分别达到第一项、第二项规定标准，但按相应比例折算合计达到有关标准的；

（四）价值二万元以上的。

实施前款规定的行为，达到第一项至第四项规定标准十倍、五十倍以上的，应当分别认定为刑法第三百四十五条第一款规定的"数量巨大""数量特别巨大"。

实施盗伐林木的行为，所涉林木系风倒、火烧、水毁或者林业有害生物等自然原因死亡或者严重毁损的，在决定应否追究刑事责任和裁量刑罚时，应当从严把握；情节显著轻微危害不大的，不作为犯罪处理。

第五条　具有下列情形之一的，应当认定为刑法第三百四十五条第二款规定的"滥伐森林或者其他林木"：

（一）未取得采伐许可证，或者违反采伐许可证规定的时间、地点、数量、树种、方式，任意采伐本单位或者本人所有的林木的；

（二）违反森林法第五十六条第三款的规定，任意采伐本单位或者本人所有的林木的；

（三）在采伐许可证规定的地点，超过规定的数量采伐国家、集体或者他人所有的林木的。

林木权属存在争议，一方未取得采伐许可证擅自砍伐的，以滥伐林木论处。

第六条　滥伐森林或者其他林木，涉案林木具有下列情形之一的，应当认定为刑法第三百四十五条第二款规定的"数量较大"：

（一）立木蓄积二十立方米以上的；

（二）幼树一千株以上的；

（三）数量虽未分别达到第一项、第二项规定标准，但按相应比例折算合计达到有关标准的；

（四）价值五万元以上的。

实施前款规定的行为，达到第一项至第四项规定标准五倍以上的，应当认定为刑法第三百四十五条第二款规定的"数量巨大"。

实施滥伐林木的行为，所涉林木系风倒、火烧、水毁或者林业有害生物等自然原因死亡或者严重毁损的，一般不以犯罪论处；确有必要追究刑事责任的，应当从宽处理。

第七条　认定刑法第三百四十五条第三款规定的"明知是盗伐、滥伐的林木"，应当根据涉案林木的销售价格、来源以及收购、运输行为违反有关规定等情节，结合行为人的职业要求、经历经验、前科情况等作出综合判断。

具有下列情形之一的，可以认定行为人明知是盗伐、滥伐的林木，但有相反证据或者能够作出合理解释的除外：

（一）收购明显低于市场价格出售的林木的；

（二）木材经营加工企业伪造、涂改产品或者原料出入库台账的；

（三）交易方式明显不符合正常习惯的；

（四）逃避、抗拒执法检查的；

（五）其他足以认定行为人明知的情形。

第八条　非法收购、运输明知是盗伐、滥伐的林木，具有下列情形之一的，应当认定为刑法第三百四十五条第三款规定的"情节严重"：

（一）涉案林木立木蓄积二十立方米以上的；

（二）涉案幼树一千株以上的；

（三）涉案林木数量虽未分别达到第一项、第二项规定标准，但按相应比例折算合计达到有关标准的；

（四）涉案林木价值五万元以上的；

（五）其他情节严重的情形。

实施前款规定的行为，达到第一项至第四项规定标准五倍以上或者具有其他特别严重情节的，应当认定为刑法第三百四十五条第三款规定的"情节特别严重"。

第九条　多次实施本解释规定的行为，未经处理，且依法应当追诉的，数量、数额累计计算。

第十条　伪造、变造、买卖采伐许可证，森林、林地、林木权属证书以及占用或者征用林地审核同意书等国家机关批准的林业证件、文件构成犯罪的，依照刑法第二百八十条第一款的规定，以伪造、变造、买卖国家机关公文、证件罪定罪处罚。

买卖允许进出口证明书等经营许可证明，同时构成刑法第二百二十五条、第二百八十条规定之罪的，依照处罚较重的规定定罪处罚。

第十一条　下列行为，符合刑法第二百六十四条规定的，以盗窃罪定罪处罚：

（一）盗窃国家、集体或者他人所有并已经伐倒的树木的；

（二）偷砍他人在自留地或者房前屋后种植的零星树木的。

非法实施采种、采脂、掘根、剥树皮等行为，符合刑法第二百六十四条规定的，以盗窃罪论处。在决定应否追究刑事责任和裁量刑罚时，应当综合考虑对涉案林木资源的损害程度以及行为人获利数额、行为动机、前科情况等情节；认为情节显著轻微危害不大的，不作为犯罪处理。

第十三条　单位犯刑法第三百四十二条、第三百四十四条、第三百四十五条规定之罪的，依照本解释规定的相应自然人犯罪的定罪量刑标准，对直接负责的主管人员和其他直接责任人员定罪处罚，并对单位判处罚金。

**考点55　走私、贩卖、运输、制造毒品罪**

**第三百四十七条　[走私、贩卖、运输、制造毒品罪]** 走私、贩卖、运输、制造毒品，无论数量多少，都应当追究刑事责任，予以刑事处罚。

走私、贩卖、运输、制造毒品，有下列情形之一的，处十五年有期徒刑、无期徒刑或者死刑，并处没收财产：

（一）走私、贩卖、运输、制造鸦片一千克以上、海洛因或者甲基苯丙胺五十克以上或者其他毒品数量大的；

（二）走私、贩卖、运输、制造毒品集团的首要分子；

（三）武装掩护走私、贩卖、运输、制造毒品的；

（四）以暴力抗拒检查、拘留、逮捕，情节严重的；

（五）参与有组织的国际贩毒活动的。

走私、贩卖、运输、制造鸦片二百克以上不满一千克、海洛因或者甲基苯丙胺十克以上不满五十克或者其他毒品数量较大的,处七年以上有期徒刑,并处罚金。

走私、贩卖、运输、制造鸦片不满二百克、海洛因或者甲基苯丙胺不满十克或者其他少量毒品的,处三年以下有期徒刑、拘役或者管制,并处罚金;情节严重的,处三年以上七年以下有期徒刑,并处罚金。

单位犯第二款、第三款、第四款罪的,对单位判处罚金,并对其直接负责的主管人员和其他直接责任人员,依照各该款的规定处罚。

利用、教唆未成年人走私、贩卖、运输、制造毒品,或者向未成年人出售毒品的,从重处罚。

对多次走私、贩卖、运输、制造毒品,未经处理的,毒品数量累计计算。

**第三百五十条　[非法生产、买卖、运输制毒物品、走私制毒物品罪]**违反国家规定,非法生产、买卖、运输醋酸酐、乙醚、三氯甲烷或者其他用于制造毒品的原料、配剂,或者携带上述物品进出境,情节较重的,处三年以下有期徒刑、拘役或者管制,并处罚金;情节严重的,处三年以上七年以下有期徒刑,并处罚金;情节特别严重的,处七年以上有期徒刑,并处罚金或者没收财产。

明知他人制造毒品而为其生产、买卖、运输前款规定的物品的,以制造毒品罪的共犯论处。

单位犯前两款罪的,对单位判处罚金,并对其直接负责的主管人员和其他直接责任人员,依照前两款的规定处罚。

《刑法》

第一百五十七条　[武装掩护走私、抗拒缉私的处罚]武装掩护走私的,依照本法第一百五十一条第一款的规定从重处罚。

[妨害公务数罪并罚]以暴力、威胁方法抗拒缉私的,以走私罪和本法第二百七十七条规定的阻碍国家机关工作人员依法执行职务罪,依照数罪并罚的规定处罚。

第三百五十六条　[毒品再犯]因走私、贩卖、运输、制造、非法持有毒品罪被判过刑,又犯本节规定之罪的,从重处罚。

第三百五十七条　[毒品的解释]本法所称的毒品,是指鸦片、海洛因、甲基苯丙胺(冰毒)、吗啡、大麻、可卡因以及国家规定管制的其他能够使人形成瘾癖的麻醉药品和精神药品。

毒品的数量以查证属实的走私、贩卖、运输、制造、非法持有毒品的数量计算,不以纯度折算。

《毒品犯罪案件解释》

第三条　在实施走私、贩卖、运输、制造毒品犯罪的过程中,携带枪支、弹药或者爆炸物用于掩护的,应当认定为刑法第三百四十七条第二款第三项规定的"武装掩护走私、贩卖、运输、制造毒品"。枪支、弹药、爆炸物种类的认定,依照相关司法解释的规定执行。

在实施走私、贩卖、运输、制造毒品犯罪的过程中,以暴力抗拒检查、拘留、逮捕,造成执法人员死亡、重伤、多人轻伤或者具有其他严重情节的,应当认定为刑法第三百四十七条第二款第四项规定的"以暴力抗拒检查、拘留、逮捕,情节严重"。

第四条　走私、贩卖、运输、制造毒品,具有下列情形之一的,应当认定为刑法第三百四十七条第四款规定的"情节严重":

(一)向多人贩卖毒品或者多次走私、贩卖、运输、制造毒品的;

(二)在戒毒场所、监管场所贩卖毒品的;

(三)向在校学生贩卖毒品的;

(四)组织、利用残疾人、严重疾病患者、怀孕或者正在哺乳自己婴儿的妇女走私、贩卖、运输、制造毒品的;

(五)国家工作人员走私、贩卖、运输、制造毒品的;

(六)其他情节严重的情形。

第十四条　利用信息网络,设立用于实施传授制造毒品、非法生产制毒物品的方法,贩卖毒品,非法买卖制毒物品或者组织他人吸食、注射毒品等违法犯罪活动的网站、通讯群组,或者发布实施前述违法犯罪活动的信息,情节严重的,应当依照刑法第二百八十七条之一的规定,以非法利用信息网络罪定罪处罚。

实施刑法第二百八十七条之一、第二百八十七条之二规定的行为,同时构成贩卖毒品罪、非法买卖制毒物品罪、传授犯罪方法罪等犯罪的,依照处罚较重的规定定罪处罚。

**考点56　组织、强迫、引诱、容留、介绍卖淫罪**

**第三百五十八条　[组织卖淫罪;强迫卖淫罪]**组织、强迫他人卖淫的,处五年以上十年以下有期徒刑,并处罚金;情节严重的,处十年以上有期徒刑或者无期徒刑,并处罚金或者没收财产。

组织、强迫未成年人卖淫的,依照前款的规定从重处罚。

犯前两款罪,并有杀害、伤害、强奸、绑架等犯罪行为的,依照数罪并罚的规定处罚。

[协助组织卖淫罪]为组织卖淫的人招募、运送人员或者有其他协助组织他人卖淫行为的,处五年以下有期徒刑,并处罚金;情节严重的,处五年以上十年以下有期徒刑,并处罚金。

《刑法》

第三百五十九条　[引诱、容留、介绍卖淫罪]引诱、容留、介绍他人卖淫的,处五年以下有期徒刑、拘役或者管制,并处罚金;情节严重的,处五年以上有期徒刑,并处罚金。

[引诱幼女卖淫罪]引诱不满十四周岁的幼女卖淫的,处五年以上有期徒刑,并处罚金。

第三百六十一条　[特殊业务人员的提示条款]旅馆业、饮食服务业、文化娱乐业、出租汽车业等单位的人员,利用本单位的条件,组织、强迫、引诱、容留、介绍他人卖淫的,依照本法第三百五十八条、第三百五十九条的规定定罪处罚。

前款所列单位的主要负责人,犯前款罪的,从重处罚。

**《组织、强迫、引诱、容留、介绍卖淫刑事案件解释》**

第一条  以招募、雇佣、纠集等手段,管理或者控制他人卖淫,卖淫人员在 3 人以上的,应当认定为刑法第三百五十八条规定的"组织他人卖淫"。

组织卖淫者是否设置固定的卖淫场所、组织卖淫者人数多少、规模大小,不影响组织卖淫行为的认定。

第二条  组织他人卖淫,具有下列情形之一的,应当认定为刑法第三百五十八条第一款规定的"情节严重":

(一)卖淫人员累计达 10 人以上的;

(二)卖淫人员中未成年人、孕妇、智障人员、患有严重性病的人累计达 5 人以上的;

(三)组织境外人员在境内卖淫或者组织境内人员出境卖淫的;

(四)非法获利人民币 100 万元以上的;

(五)造成被组织卖淫的人自残、自杀或者其他严重后果的;

(六)其他情节严重的情形。

第三条  在组织卖淫犯罪活动中,对被组织卖淫的人有引诱、容留、介绍卖淫行为的,依照处罚较重的规定定罪处罚。但是,对被组织卖淫的人以外的其他人有引诱、容留、介绍卖淫行为的,应当分别定罪,实行数罪并罚。

第四条  明知他人实施组织卖淫犯罪活动而为其招募、运送人员或者充当保镖、打手、管账人等的,依照刑法第三百五十八条第四款的规定,以协助组织卖淫罪定罪处罚,不以组织卖淫罪的从犯论处。

在具有营业执照的会所、洗浴中心等经营场所担任保洁员、收银员、保安员等,从事一般服务性、劳务性工作,仅领取正常薪酬,且无前款所列协助组织卖淫行为的,不认定为协助组织卖淫罪。

第五条  协助组织他人卖淫,具有下列情形之一的,应当认定为刑法第三百五十八条第四款规定的"情节严重":

(一)招募、运送卖淫人员累计达 10 人以上的;

(二)招募、运送的卖淫人员中未成年人、孕妇、智障人员、患有严重性病的人累计达 5 人以上的;

(三)协助组织境外人员在境内卖淫或者协助组织境内人员出境卖淫的;

(四)非法获利人民币 50 万元以上的;

(五)造成被招募、运送或者被组织卖淫的人自残、自杀或者其他严重后果的;

(六)其他情节严重的情形。

第六条  强迫他人卖淫,具有下列情形之一的,应当认定为刑法第三百五十八条第一款规定的"情节严重":

(一)卖淫人员累计达 5 人以上的;

(二)卖淫人员中未成年人、孕妇、智障人员、患有严重性病的人累计达 3 人以上的;

(三)强迫不满 14 周岁的幼女卖淫的;

(四)造成被强迫卖淫的人自残、自杀或者其他严重后果的;

(五)其他情节严重的情形。

行为人既有组织卖淫犯罪行为,又有强迫卖淫犯罪

行为,且具有下列情形之一的,以组织、强迫卖淫"情节严重"论处:

(一)组织卖淫、强迫卖淫行为中具有本解释第二条、本条前款规定的"情节严重"情形之一的;

(二)卖淫人员累计达到本解释第二条第一、二项规定的组织卖淫"情节严重"人数标准的;

(三)非法获利数额相加达到本解释第二条第四项规定的组织卖淫"情节严重"数额标准的。

第七条  根据刑法第三百五十八条第三款的规定,犯组织、强迫卖淫罪,并有杀害、伤害、强奸、绑架等犯罪行为的,依照数罪并罚的规定处罚。协助组织卖淫行为人参与实施上述行为的,以共同犯罪论处。

根据刑法第三百五十八条第二款的规定,组织、强迫未成年人卖淫的,应当从重处罚。

第八条  引诱、容留、介绍他人卖淫,具有下列情形之一的,应当依照刑法第三百五十九条第一款的规定定罪处罚:

(一)引诱他人卖淫的;

(二)容留、介绍 2 人以上卖淫的;

(三)容留、介绍未成年人、孕妇、智障人员、患有严重性病的人卖淫的;

(四)1 年内曾因引诱、容留、介绍卖淫行为被行政处罚,又实施容留、介绍卖淫行为的;

(五)非法获利人民币 1 万元以上的。

利用信息网络发布招嫖违法信息,情节严重的,依照刑法第二百八十七条之一的规定,以非法利用信息网络罪定罪处罚。同时构成介绍卖淫罪的,依照处罚较重的规定定罪处罚。

引诱、容留、介绍他人卖淫是否以营利为目的,不影响犯罪的成立。

引诱不满 14 周岁的幼女卖淫的,依照刑法第三百五十九条第二款的规定,以引诱幼女卖淫罪定罪处罚。

被引诱卖淫的人员中既有不满 14 周岁的幼女,又有其他人员的,分别以引诱幼女卖淫罪和引诱卖淫罪定罪,实行并罚。

第九条  引诱、容留、介绍他人卖淫,具有下列情形之一的,应当认定为刑法第三百五十九条第一款规定的"情节严重":

(一)引诱 5 人以上或者引诱、容留、介绍 10 人以上卖淫的;

(二)引诱 3 人以上的未成年人、孕妇、智障人员、患有严重性病的人卖淫,或者引诱、容留、介绍 5 人以上该类人员卖淫的;

(三)非法获利人民币 5 万元以上的;

(四)其他情节严重的情形。

# 专题十九  贪污贿赂罪

**考点58** 贪污罪

**第三百八十二条**  [贪污罪]国家工作人员利用职务上的便利,侵吞、窃取、骗取或者以其他手段非法占有公共

财物的,是贪污罪。

受国家机关、国有公司、企业、事业单位、人民团体委托管理、经营国有财产的人员,利用职务上的便利,侵吞、窃取、骗取或者以其他手段非法占有国有财物的,以贪污论。

与前两款所列人员勾结,伙同贪污的,以共犯论处。

[2014年真题~贪污罪;共同犯罪、从犯、贪污罪;2012年真题~贪污罪]

**第三百八十三条** [对犯贪污罪的处罚规定]对犯贪污罪的,根据情节轻重,分别依照下列规定处罚:

(一)贪污数额较大或者有其他较重情节的,处三年以下有期徒刑或者拘役,并处罚金。

(二)贪污数额巨大或者有其他严重情节的,处三年以上十年以下有期徒刑,并处罚金或者没收财产。

(三)贪污数额特别巨大或者有其他特别严重情节的,处十年以上有期徒刑或者无期徒刑,并处罚金或者没收财产;数额特别巨大,并使国家和人民利益遭受特别重大损失的,处无期徒刑或者死刑,并处没收财产。

对多次贪污未经处理的,按照累计贪污数额处罚。

犯第一款罪,在提起公诉前如实供述自己罪行、真诚悔罪、积极退赃,避免、减少损害结果的发生,有第一项规定情形的,可以从轻、减轻或者免除处罚;有第二项、第三项规定情形的,可以从轻处罚。

犯第一款罪,有第三项规定情形被判处死刑缓期执行的,人民法院根据犯罪情节等情况可以同时决定在其死刑缓期执行二年期满依法减为无期徒刑后,终身监禁,不得减刑、假释。

**第三百九十四条** [贪污罪]国家工作人员在国内公务活动或者对外交往中接受礼物,依照国家规定应当交公而不交公,数额较大的,依照本法第三百八十二条、第三百八十三条的规定定罪处罚。

《刑法》

**第九十一条** [公共财产的范围]本法所称公共财产,是指下列财产:

(一)国有财产;

(二)劳动群众集体所有的财产;

(三)用于扶贫和其他公益事业的社会捐助或者专项基金的财产。

在国家机关、国有公司、企业、集体企业和人民团体管理、使用或者运输中的私人财产,以公共财产论。

**第九十三条** [国家工作人员的范围]本法所称国家工作人员,是指国家机关中从事公务的人员。

国有公司、企业、事业单位、人民团体中从事公务的人员和国家机关、国有公司、企业、事业单位委派到非国有公司、企业、事业单位、社会团体从事公务的人员,以及其他依照法律从事公务的人员,以国家工作人员论。

**第一百八十三条第二款** [贪污罪的提示条款]国有保险公司工作人员和国有保险公司委派到非国有保险公司从事公务的人员有前款行为的,依照本法第三百八十二条、第三百八十三条的规定定罪处罚。

**第二百七十一条第二款** [贪污罪的提示条款]国有

公司、企业或者其他国有单位中从事公务的人员和国有公司、企业或者其他国有单位委派到非国有公司、企业以及其他单位从事公务的人员有前款行为的,依照本法第三百八十二条、第三百八十三条的规定定罪处罚。

《贪污贿赂刑事案件解释》

**第一条** 贪污或者受贿数额在三万元以上不满二十万元的,应当认定为刑法第三百八十三条第一款规定的"数额较大",依法判处三年以下有期徒刑或者拘役,并处罚金。

贪污数额在一万元以上不满三万元,具有下列情形之一的,应当认定为刑法第三百八十三条第一款规定的"其他较重情节",依法判处三年以下有期徒刑或者拘役,并处罚金:

(一)贪污救灾、抢险、防汛、优抚、扶贫、移民、救济、防疫、社会捐助等特定款物的;

(二)曾因贪污、受贿、挪用公款受过党纪、行政处分的;

(三)曾因故意犯罪受过刑事追究的;

(四)赃款赃物用于非法活动的;

(五)拒不交待赃款赃物去向或者拒不配合追缴工作,致使无法追缴的;

(六)造成恶劣影响或者其他严重后果的。

受贿数额在一万元以上不满三万元,具有前款第二项至第六项规定的情形之一,或者具有下列情形之一的,应当认定为刑法第三百八十三条第一款规定的"其他较重情节",依法判处三年以下有期徒刑或者拘役,并处罚金:

(一)多次索贿的;

(二)为他人谋取不正当利益,致使公共财产、国家和人民利益遭受损失的;

(三)为他人谋取职务提拔、调整的。

**第二条** 贪污或者受贿数额在二十万元以上不满三百万元的,应当认定为刑法第三百八十三条第一款规定的"数额巨大",依法判处三年以上十年以下有期徒刑,并处罚金或者没收财产。

贪污数额在十万元以上不满二十万元,具有本解释第一条第二款规定的情形之一的,应当认定为刑法第三百八十三条第一款规定的"其他严重情节",依法判处三年以上十年以下有期徒刑,并处罚金或者没收财产。

受贿数额在十万元以上不满二十万元,具有本解释第一条第三款规定的情形之一的,应当认定为刑法第三百八十三条第一款规定的"其他严重情节",依法判处三年以上十年以下有期徒刑,并处罚金或者没收财产。

**第三条** 贪污或者受贿数额在三百万元以上的,应当认定为刑法第三百八十三条第一款规定的"数额特别巨大",依法判处十年以上有期徒刑、无期徒刑或者死刑,并处罚金或者没收财产。

贪污数额在一百五十万元以上不满三百万元,具有本解释第一条第二款规定的情形之一的,应当认定为刑法第三百八十三条第一款规定的"其他特别严重情节",依法判处十年以上有期徒刑、无期徒刑或者死刑,并处罚金或者没收财产。

受贿数额在一百五十万元以上不满三百万元，具有本解释第一条第三款规定的情形之一的，应当认定为刑法第三百八十三条第一款规定的"其他特别严重情节"，依法判处十年以上有期徒刑、无期徒刑或者死刑，并处罚金或者没收财产。

第四条　贪污、受贿数额特别巨大，犯罪情节特别严重、社会影响特别恶劣、给国家和人民利益造成特别重大损失的，可以判处死刑。

符合前款规定的情形，但具有自首、立功，如实供述自己罪行、真诚悔罪、积极退赃，或者避免、减少损害结果的发生等情节，不是必须立即执行的，可以判处死刑缓期二年执行。

符合第一款规定情形的，根据犯罪情节等情况可以判处死刑缓期二年执行，同时裁判决定在其死刑缓期执行二年期满依法减为无期徒刑后，终身监禁，不得减刑、假释。

**考点59　挪用公款罪**

**第三百八十四条　[挪用公款罪]** 国家工作人员利用职务上的便利，挪用公款归个人使用，进行非法活动的，或者挪用公款数额较大、进行营利活动的，或者挪用公款数额较大、超过三个月未还的，是挪用公款罪，处五年以下有期徒刑或者拘役；情节严重的，处五年以上有期徒刑。挪用公款数额巨大不退还的，处十年以上有期徒刑或者无期徒刑。

挪用用于救灾、抢险、防汛、优抚、扶贫、移民、救济款物归个人使用的，从重处罚。[2010年真题～挪用公款罪]

**《刑法》**

第一百八十五条第二款　[挪用公款罪的提示条款]
国有商业银行、证券交易所、期货交易所、证券公司、期货经纪公司、保险公司或者其他国有金融机构的工作人员和国有商业银行、证券交易所、期货交易所、证券公司、期货经纪公司、保险公司或者其他国有金融机构委派到前款规定中的非国有机构从事公务的人员有前款行为的，依照本法第三百八十四条的规定定罪处罚。

第二百七十二条第二款　[挪用公款罪的提示条款]
国有公司、企业或者其他国有单位中从事公务的人员和国有公司、企业或者其他国有单位委派到非国有公司、企业以及其他单位从事公务的人员有前款行为的，依照本法第三百八十四条的规定定罪处罚。

**《挪用公款案件解释》**

第一条　刑法第三百八十四条规定的"挪用公款归个人使用"，包括挪用者本人使用或者给他人使用。

挪用公款给私有公司、私有企业使用的，属于挪用公款归个人使用。

第二条　对挪用公款罪，应区分三种不同情况予以认定：

（一）挪用公款归个人使用，数额较大、超过三个月未还的，构成挪用公款罪。

挪用正在生息或者需要支付利息的公款归个人使用，数额较大，超过三个月但在案发前全部归还本金的，可以从轻处罚或者免除处罚。给国家、集体造成的利息损失应予追缴。挪用公款数额巨大，超过三个月，案发前全部归还的，可以酌情从轻处罚。

（二）挪用公款数额较大、归个人进行营利活动的，构成挪用公款罪，不受挪用时间和是否归还的限制。在案发前部分或者全部归还本息的，可以从轻处罚；情节轻微的，可以免除处罚。

挪用公款存入银行、用于集资、购买股票、国债等，属于挪用公款进行营利活动。所获取的利息、收益等违法所得，应当追缴，但不计入挪用公款的数额。

（三）挪用公款归个人使用，进行赌博、走私等非法活动的，构成挪用公款罪，不受"数额较大"和挪用时间的限制。

挪用公款给他人使用，不知道使用人用公款进行营利活动或者用于非法进行营利活动或者用于非法活动，数额较大、超过三个月未还的，构成挪用公款罪；明知使用人用于营利活动或者非法活动的，应当认定为挪用人挪用公款进行营利活动或者非法活动。

第四条　多次挪用公款不还，挪用公款数额累计计算；多次挪用公款，并以后次挪用的公款归还前次挪用的公款，挪用公款数额以案发时未还的实际数额认定。

第五条　"挪用公款数额巨大不退还的"，是指挪用公款数额巨大，因客观原因在一审宣判前不能退还的。

第六条　携带挪用的公款潜逃的，依照刑法第三百八十二条、第三百八十三条的规定定罪处罚。

第七条　因挪用公款索取、收受贿赂构成犯罪的，依照数罪并罚的规定处罚。

挪用公款进行非法活动构成其他犯罪的，依照数罪并罚的规定处罚。

第八条　挪用公款给他人使用，使用人与挪用人共谋，指使或者参与策划取得挪用款的，以挪用公款罪的共犯定罪处罚。

**《刑法第384条第1款的解释》**

有下列情形之一的，属于挪用公款"归个人使用"：

（一）将公款供本人、亲友或者其他自然人使用的；

（二）以个人名义将公款供其他单位使用的；

（三）个人决定以单位名义将公款供其他单位使用，谋取个人利益的。

**《贪污贿赂刑事案件解释》**

第五条　挪用公款归个人使用，进行非法活动，数额在三万元以上的，应当依照刑法第三百八十四条的规定以挪用公款罪追究刑事责任；数额在三百万元以上的，应当认定为刑法第三百八十四条第一款规定的"数额巨大"。具有下列情形之一的，应当认定为刑法第三百八十四条第一款规定的"情节严重"：

（一）挪用公款数额在一百万元以上的；

（二）挪用救灾、抢险、防汛、优抚、扶贫、移民、救济特定款物，数额在五十万元以上不满一百万元的；

（三）挪用公款不退还，数额在五十万元以上不满一

百万元的;

(四)其他严重的情节。

第六条 挪用公款归个人使用,进行营利活动或者超过三个月未还,数额在五万元以上的,应当认定为刑法第三百八十四条第一款规定的"数额较大";数额在五百万元以上的,应当认定为刑法第三百八十四条第一款规定的"数额巨大"。具有下列情形之一的,应当认定为刑法第三百八十四条第一款规定的"情节严重":

(一)挪用公款数额在二百万元以上的;

(二)挪用救灾、抢险、防汛、优抚、扶贫、移民、救济特定款物,数额在一百万元以上不满二百万元的;

(三)挪用公款不退还,数额在一百万元以上不满二百万元的;

(四)其他严重的情节。

**考点60 贿赂类犯罪**

**(一)受贿犯罪**

**第三百八十五条** [受贿罪]国家工作人员利用职务上的便利,索取他人财物的,或者非法收受他人财物,为他人谋取利益的,是受贿罪。

[经济受贿]国家工作人员在经济往来中,违反国家规定,收受各种名义的回扣、手续费,归个人所有的,以受贿论处。[2014年真题~为亲友非法牟利罪、受贿罪;从犯、受贿罪;2012年真题~共犯、受贿罪]

**第三百八十六条** [对犯受贿罪的处罚规定]对犯受贿罪的,根据受贿所得数额及情节,依照本法第三百八十三条的规定处罚。索贿的从重处罚。

**第三百八十八条** [斡旋型受贿罪]国家工作人员利用本人职权或者地位形成的便利条件,通过其他国家工作人员职务上的行为,为请托人谋取不正当利益,索取请托人财物或者收受请托人财物的,以受贿论处。[2023年回忆~斡旋受贿;2019年回忆~斡旋受贿]

**第三百八十八条之一** [利用影响力受贿罪]国家工作人员的近亲属或者其他与该国家工作人员关系密切的人,通过该国家工作人员职务上的行为,或者利用该国家工作人员职权或者地位形成的便利条件,通过其他国家工作人员职务上的行为,为请托人谋取不正当利益,索取请托人财物或者收受请托人财物,数额较大或者有其他较重情节的,处三年以下有期徒刑或者拘役,并处罚金;数额巨大或者有其他严重情节的,处三年以上七年以下有期徒刑,并处罚金;数额特别巨大或者有其他特别严重情节的,处七年以上有期徒刑,并处罚金或者没收财产。

离职的国家工作人员或者其近亲属以及其他与其关系密切的人,利用该离职的国家工作人员原职权或者地位形成的便利条件实施前款行为的,依照前款的规定定罪处罚。[2013年真题~介绍贿赂罪、利用影响力受贿罪]

**《刑法》**

**第一百六十三条** [非国家工作人员受贿罪]公司、企业或者其他单位的工作人员,利用职务上的便利,索取他人财物或者非法收受他人财物,为他人谋取利益,数额较大的,处三年以下有期徒刑或者拘役,并处罚金;数额巨大或者有其他严重情节的,处三年以上十年以下有期徒

刑,并处罚金;数额特别巨大或者有其他特别严重情节的,处十年以上有期徒刑或者无期徒刑,并处罚金。

公司、企业或者其他单位的工作人员在经济往来中,利用职务上的便利,违反国家规定,收受各种名义的回扣、手续费,归个人所有的,依照前款的规定处罚。

[受贿罪]国有公司、企业或者其他国有单位中从事公务的人员和国有公司、企业或者其他国有单位委派到非国有公司、企业以及其他单位从事公务的人员有前两款行为的,依照本法第三百八十五条、第三百八十六条的规定定罪处罚。[2012年真题~非国家工作人员受贿罪]

**第一百六十六条** [为亲友非法牟利罪]国有公司、企业、事业单位的工作人员,利用职务便利,有下列情形之一,致使国家利益遭受重大损失的,处三年以下有期徒刑或者拘役,并处或者单处罚金;致使国家利益遭受特别重大损失的,处三年以上七年以下有期徒刑,并处罚金:

(一)将本单位的盈利业务交由自己的亲友进行经营的;

(二)以明显高于市场的价格从自己的亲友经营管理的单位采购商品、接受服务或者以明显低于市场的价格向自己的亲友经营管理的单位销售商品、提供服务的;

(三)从自己的亲友经营管理的单位采购、接受不合格商品、服务的。

其他公司、企业的工作人员违反法律、行政法规规定,实施前款行为,致使公司、企业利益遭受重大损失的,依照前款的规定处罚。[2014年真题~为亲友非法牟利罪、受贿罪]

第一百八十四条第二款 [受贿罪的提示条款]国有金融机构工作人员和国有金融机构委派到非国有金融机构从事公务的人员有前款行为的,依照本法第三百八十五、第三百八十六条的规定定罪处罚。

**《贪污贿赂刑事案件解释》**

第十二条 贿赂犯罪中的"财物",包括货币、物品和财产性利益。财产性利益包括可以折算为货币的物质利益如房屋装修、债务免除等,以及需要支付货币的其他利益如会员服务、旅游等。后者的犯罪数额,以实际支付或者应当支付的数额计算。

第十三条 具有下列情形之一的,应当认定为"为他人谋取利益",构成犯罪的,应当依照刑法关于受贿犯罪的规定定罪处罚:

(一)实际或者承诺为他人谋取利益的;

(二)明知他人有具体请托事项的;

(三)履职时未被请托,但事后基于该履职事由收受他人财物的。

国家工作人员索取、收受具有上下级关系的下属或者具有行政管理关系的被管理人员的财物价值3万元以上,可能影响职权行使的,视为承诺为他人谋取利益。

第十五条 对多次受贿未经处理的,累计计算受贿数额。

国家工作人员利用职务上的便利为请托人谋取利益前后多次收受请托人财物,受请托之前收受的财物数额在一万元以上的,应当一并计入受贿数额。

第十六条　国家工作人员出于贪污、受贿的故意，非法占有公共财物、收受他人财物之后，将赃款赃物用于单位公务支出或者社会捐赠的，不影响贪污罪、受贿罪的认定，但量刑时可以酌情考虑。

特定关系人索取、收受他人财物，国家工作人员知道后未退还或者上交的，应当认定国家工作人员具有受贿故意。

第十七条　国家工作人员利用职务上的便利，收受他人财物，为他人谋取利益，同时构成受贿罪和刑法分则第三章第三节、第九章规定的渎职犯罪的，除刑法另有规定外，以受贿罪和渎职犯罪数罪并罚。

第十八条　贪污贿赂犯罪分子违法所得的一切财物，应当依照刑法第六十四条的规定予以追缴或者责令退赔，对被害人的合法财产应当及时返还。对尚未追缴到案或者尚未足额退赔的违法所得，应当继续追缴或者责令退赔。

第十九条　对贪污罪、受贿罪判处三年以下有期徒刑或者拘役的，应当并处十万元以上五十万元以下的罚金；判处三年以上十年以下有期徒刑的，应当并处二十万元以上犯罪数额二倍以下的罚金或者没收财产；判处十年以上有期徒刑或者无期徒刑的，应当并处五十万元以上犯罪数额二倍以下的罚金或者没收财产。

对刑法规定并处罚金的其他贪污贿赂犯罪，应当在十万元以上犯罪数额二倍以下判处罚金。

**《办理受贿刑事案件的意见》**

一、关于以交易形式收受贿赂问题

国家工作人员利用职务上的便利为请托人谋取利益，以下列交易形式收受请托人财物的，以受贿论处：

（1）以明显低于市场的价格向请托人购买房屋、汽车等物品的；

（2）以明显高于市场的价格向请托人出售房屋、汽车等物品的；

（3）以其他交易形式非法收受请托人财物的。

受贿数额按照交易时当地市场价格与实际支付价格的差额计算。

前款所列市场价格包括商品经营者事先设定的不针对特定人的最低优惠价格。根据商品经营者事先设定的各种优惠交易条件，以优惠价格购买商品的，不属于受贿。

二、关于收受干股问题

干股是指未出资而获得的股份。国家工作人员利用职务上的便利为请托人谋取利益，收受请托人提供的干股的，以受贿论处。进行了股权转让登记，或者相关证据证明股份发生了实际转让的，受贿数额按转让行为时股份价值计算，所分红利按受贿孳息处理。股份未实际转让，以股份分红名义获取利益的，实际获利数额应当认定为受贿数额。

三、关于以开办公司等合作投资名义收受贿赂问题

国家工作人员利用职务上的便利为请托人谋取利益，由请托人出资，"合作"开办公司或者进行其他"合作"投资的，以受贿论处。受贿数额为请托人给国家工作人员的出资额。

国家工作人员利用职务上的便利为请托人谋取利益，以合作开办公司或者其他合作投资的名义获取"利润"，没有实际出资和参与管理、经营的，以受贿论处。

四、关于以委托请托人投资证券、期货或者其他委托理财的名义收受贿赂问题

国家工作人员利用职务上的便利为请托人谋取利益，以委托请托人投资证券、期货或者其他委托理财的名义，未实际出资而获取"收益"，或者虽然实际出资，但获取"收益"明显高于出资应得收益的，以受贿论处。受贿数额，前一情形，以"收益"计算；后一情形，以"收益"额与出资应得收益额的差额计算。

五、关于以赌博形式收受贿赂的认定问题

根据《最高人民法院、最高人民检察院关于办理赌博刑事案件具体应用法律若干问题的解释》第七条规定，国家工作人员利用职务上的便利为请托人谋取利益，通过赌博方式收受请托人财物的，构成受贿。

实践中应注意区分贿赂与赌博活动、娱乐活动的界限。具体认定时，主要应当结合以下因素进行判断：(1)赌博的背景、场合、时间、次数；(2)赌资来源；(3)其他赌博参与者有无事先通谋；(4)输赢钱物的具体情况和金额大小。

六、关于特定关系人"挂名"领取薪酬问题

国家工作人员利用职务上的便利为请托人谋取利益，要求或者接受请托人以给特定关系人安排工作为名，使特定关系人不实际工作却获取所谓薪酬的，以受贿论处。

七、关于由特定关系人收受贿赂问题

国家工作人员利用职务上的便利为请托人谋取利益，授意请托人以本意见所列形式，将有关财物给予特定关系人的，以受贿论处。

特定关系人与国家工作人员通谋，共同实施前款行为的，对特定关系人以受贿罪的共犯论处。特定关系人以外的其他人与国家工作人员通谋，由国家工作人员利用职务上的便利为请托人谋取利益，收受请托人财物后双方共同占有的，以受贿罪的共犯论处。

八、关于收受贿赂物品未办理权属变更问题

国家工作人员利用职务上的便利为请托人谋取利益，收受请托人房屋、汽车等物品，未变更权属登记或者借用他人名义办理权属变更登记的，不影响受贿的认定。

认定以房屋、汽车等物品为对象的受贿，应注意与借用的区分。具体认定时，除双方交代或者书面协议之外，主要应当结合以下因素进行判断：(1)有无借用的合理事由；(2)是否实际使用；(3)借用时间的长短；(4)有无归还的条件；(5)有无归还的意思表示及行为。

九、关于收受财物后退还或者上交问题

国家工作人员收受请托人财物后及时退还或者上交的，不是受贿。

国家工作人员受贿后，因自身或者与其受贿有关联的人、事被查处，为掩饰犯罪而退还或者上交的，不影响认定受贿罪。

十、关于在职时为请托人谋利,离职后收受财物问题

国家工作人员利用职务上的便利为请托人谋取利益之前或者之后,约定在其离职后收受请托人财物,并在离职后收受的,以受贿论处。

国家工作人员利用职务上的便利为请托人谋取利益,离职前后连续收受请托人财物的,离职前后收受部分均应计入受贿数额。

十一、关于"特定关系人"的范围

本意见所称"特定关系人",是指与国家工作人员有近亲属、情妇(夫)以及其他共同利益关系的人。

**《国家工作人员利用职务上的便利为他人谋取利益退休后收受财物行为如何处理问题的批复》**

国家工作人员利用职务上的便利为请托人谋取利益,并与请托人事先约定,在其离退休后收受请托人财物,构成犯罪的,以受贿罪定罪处罚。

**(二)行贿犯罪**

**第三百八十九条　[行贿罪]** 为谋取不正当利益,给予国家工作人员以财物的,是行贿罪。

在经济往来中,违反国家规定,给予国家工作人员以财物,数额较大的,或者违反国家规定,给予国家工作人员以各种名义的回扣、手续费的,以行贿论处。

因被勒索给予国家工作人员以财物,没有获得不正当利益的,不是行贿。〔2023 年回忆～行贿罪;2020 年回忆～行贿罪、诈骗罪;2019 年回忆～自首、立功、行贿罪;2014 年真题～行贿罪〕

**第三百九十条　[对行贿罪的处罚]** 对犯行贿罪的,处三年以下有期徒刑或者拘役,并处罚金;因行贿谋取不正当利益,情节严重的,或者使国家利益遭受重大损失的,处三年以上十年以下有期徒刑,并处罚金;情节特别严重的,或者使国家利益遭受特别重大损失的,处十年以上有期徒刑或者无期徒刑,并处罚金或者没收财产。

有下列情形之一的,从重处罚:

(一)多次行贿或者向多人行贿的;

(二)国家工作人员行贿的;

(三)在国家重点工程、重大项目中行贿的;

(四)为谋取职务、职级晋升、调整行贿的;

(五)对监察、行政执法、司法工作人员行贿的;

(六)在生态环境、财政金融、安全生产、食品药品、防灾救灾、社会保障、教育、医疗等领域行贿,实施违法犯罪活动的;

(七)将违法所得用于行贿的。

行贿人在被追诉前主动交待行贿行为的,可以从轻或者减轻处罚。其中,犯罪较轻的,对调查突破、侦破重大案件起关键作用的,或者有重大立功表现的,可以减轻或者免除处罚。

**第三百九十条之一　[对有影响力的人行贿罪]** 为谋取不正当利益,向国家工作人员的近亲属或者其他与该国家工作人员关系密切的人,或者向离职的国家工作人员或者其近亲属以及其他与其关系密切的人行贿,处三年以下有期徒刑或者拘役,并处罚金;情节严重的,或者使国家利益遭受重大损失的,处三年以上七年以下有

期徒刑,并处罚金;情节特别严重的,或者使国家利益遭受特别重大损失的,处七年以上十年以下有期徒刑,并处罚金。

单位犯前款罪的,对单位判处罚金,并对其直接负责的主管人员和其他直接责任人员,处三年以下有期徒刑或者拘役,并处罚金。

**第三百九十一条　[对单位行贿罪]** 为谋取不正当利益,给予国家机关、国有公司、企业、事业单位、人民团体以财物的,或者在经济往来中,违反国家规定,给予各种名义的回扣、手续费的,处三年以下有期徒刑或者拘役,并处罚金;情节严重的,处三年以上七年以下有期徒刑,并处罚金。

单位犯前款罪的,对单位判处罚金,并对其直接负责的主管人员和其他直接责任人员,依照前款的规定处罚。

**第三百九十二条　[介绍贿赂罪]** 向国家工作人员介绍贿赂,情节严重的,处三年以下有期徒刑或者拘役,并处罚金。

介绍贿赂人在被追诉前主动交待介绍贿赂行为的,可以减轻处罚或者免除处罚。〔2013 年真题～介绍贿赂罪、利用影响力受贿罪〕

**第三百九十三条　[单位行贿罪;行贿罪]** 单位为谋取不正当利益而行贿,或者违反国家规定,给予国家工作人员以回扣、手续费,情节严重的,对单位判处罚金,并对其直接负责的主管人员和其他直接责任人员,处三年以下有期徒刑或者拘役,并处罚金;情节特别严重的,处三年以上十年以下有期徒刑,并处罚金。因行贿取得的违法所得归个人所有的,依照本法第三百八十九条、第三百九十条的规定定罪处罚。

**《行贿刑事案件解释》**

第一条　为谋取不正当利益,向国家工作人员行贿,数额在一万元以上的,应当依照刑法第三百九十条的规定追究刑事责任。

第二条　因行贿谋取不正当利益,具有下列情形之一的,应当认定为刑法第三百九十条第一款规定的"情节严重":

(一)行贿数额在二十万元以上不满一百万元的;

(二)行贿数额在十万元以上不满二十万元,并具有下列情形之一的:

1.向三人以上行贿的;

2.将违法所得用于行贿的;

3.为实施违法犯罪活动,向负有食品、药品、安全生产、环境保护等监督管理职责的国家工作人员行贿,严重危害民生、侵犯公众生命财产安全的;

4.向行政执法机关、司法机关的国家工作人员行贿,影响行政执法和司法公正的;

(三)其他情节严重的情形。

第三条　因行贿谋取不正当利益,造成直接经济损失数额在一百万元以上的,应当认定为刑法第三百九十条第一款规定的"使国家利益遭受重大损失"。

第四条　因行贿谋取不正当利益,具有下列情形之一的,应当认定为刑法第三百九十条第一款规定的"情

特别严重"：

（一）行贿数额在一百万元以上的；

（二）行贿数额在五十万元以上不满一百万元，并具有下列情形之一的：

1.向三人以上行贿的；

2.将违法所得用于行贿的；

3.为实施违法犯罪活动，向负有食品、药品、安全生产、环境保护等监督管理职责的国家工作人员行贿，严重危害民生、侵犯公众生命财产安全的；

4.向行政执法机关、司法机关的国家工作人员行贿，影响行政执法和司法公正的；

（三）造成直接经济损失数额在五百万元以上的；

（四）其他情节特别严重的情形。

第五条　多次行贿未经处理的，按照累计行贿数额处罚。

第六条　行贿人谋取不正当利益的行为构成犯罪的，应当与行贿犯罪实行数罪并罚。

第七条　因行贿人在被追诉前主动交待行贿行为而破获相关受贿案件的，对行贿人不适用刑法第六十八条关于立功的规定，依照刑法第三百九十条第二款的规定，可以减轻或者免除处罚。

单位行贿的，在被追诉前，单位集体决定或者单位负责人决定主动交待单位行贿行为的，依照刑法第三百九十条第二款的规定，对单位及相关责任人员可以减轻处罚或者免除处罚；受委托直接办理单位行贿事项的直接责任人员在被追诉前主动交待自己知道的单位行贿行为的，对该直接责任人员可以依照刑法第三百九十条第二款的规定减轻处罚或者免除处罚。

第八条　行贿人被追诉后如实供述自己罪行的，依照刑法第六十七条第三款的规定，可以从轻处罚；因其如实供述自己罪行，避免特别严重后果发生的，可以减轻处罚。

第九条　行贿人揭发受贿人与其行贿无关的其他犯罪行为，查证属实的，依照刑法第六十八条关于立功的规定，可以从轻、减轻或者免除处罚。

第十条　实施行贿犯罪，具有下列情形之一的，一般不适用缓刑和免予刑事处罚：

（一）向三人以上行贿的；

（二）因行贿受过行政处罚或者刑事处罚的；

（三）为实施违法犯罪活动而行贿的；

（四）造成严重危害后果的；

（五）其他不适用缓刑和免予刑事处罚的情形。

具有刑法第三百九十条第二款规定的情形的，不受前款规定的限制。

第十一条　行贿犯罪取得的不正当财产性利益应当依照刑法第六十四条的规定予以追缴、责令退赔或者返还被害人。

因行贿犯罪取得财产性利益以外的经营资格、资质或者职务晋升等其他不正当利益，建议有关部门依照相关规定予以处理。

第十二条　行贿犯罪中的"谋取不正当利益"，是指行贿人谋取的利益违反法律、法规、规章、政策规定，或者要求国家工作人员违反法律、法规、规章、政策、行业规范的规定，为自己提供帮助或者方便条件。

违背公平、公正原则，在经济、组织人事管理等活动中，谋取竞争优势的，应当认定为"谋取不正当利益"。

第十三条　刑法第三百九十条第二款规定的"被追诉前"，是指检察机关对行贿人的行贿行为刑事立案前。

**《贪污贿赂刑事案件解释》**

第七条　为谋取不正当利益，向国家工作人员行贿，数额在三万元以上的，应当依照刑法第三百九十条的规定以行贿罪追究刑事责任。

行贿数额在一万元以上不满三万元，具有下列情形之一的，应当依照刑法第三百九十条的规定以行贿罪追究刑事责任：

（一）向三人以上行贿的；

（二）将违法所得用于行贿的；

（三）通过行贿谋取职务提拔、调整的；

（四）向负有食品、药品、安全生产、环境保护等监督管理职责的国家工作人员行贿，实施非法活动的；

（五）向司法工作人员行贿，影响司法公正的；

（六）造成经济损失数额在五十万元以上不满一百万元的。

第八条　犯行贿罪，具有下列情形之一的，应当认定为刑法第三百九十条第一款规定的"情节严重"：

（一）行贿数额在一百万元以上不满五百万元的；

（二）行贿数额在五十万元以上不满一百万元，并具有本解释第七条第二款第一项至第五项规定的情形之一的；

（三）其他严重的情节。

为谋取不正当利益，向国家工作人员行贿，造成经济损失数额在一百万元以上不满五百万元的，应当认定为刑法第三百九十条第一款规定的"使国家利益遭受重大损失"。

第九条　犯行贿罪，具有下列情形之一的，应当认定为刑法第三百九十条第一款规定的"情节特别严重"：

（一）行贿数额在五百万元以上的；

（二）行贿数额在二百五十万元以上不满五百万元，并具有本解释第七条第二款第一项至第五项规定的情形之一的；

（三）其他特别严重的情节。

为谋取不正当利益，向国家工作人员行贿，造成经济损失数额在五百万元以上的，应当认定为刑法第三百九十条第一款规定的"使国家利益遭受特别重大损失"。

第十条　刑法第三百八十八条之一规定的利用影响力受贿罪的定罪量刑适用标准，参照本解释关于受贿罪的规定执行。

刑法第三百九十条之一规定的对有影响力的人行贿罪的定罪量刑适用标准，参照本解释关于行贿罪的规定执行。

单位对有影响力的人行贿数额在二十万元以上的，应当依照刑法第三百九十条之一的规定以对有影响力的人行贿罪追究刑事责任。

# 专题二十 渎职罪

## 考点 62 渎职罪

### (一)滥用职权罪、玩忽职守罪

**第三百九十七条** [滥用职权罪;玩忽职守罪]国家机关工作人员滥用职权或者玩忽职守,致使公共财产、国家和人民利益遭受重大损失的,处三年以下有期徒刑或者拘役;情节特别严重的,处三年以上七年以下有期徒刑。本法另有规定的,依照规定。

国家机关工作人员徇私舞弊,犯前款罪的,处五年以下有期徒刑或者拘役;情节特别严重的,处五年以上十年以下有期徒刑。本法另有规定的,依照规定。

**《渎职刑事案件解释(一)》**

第二条 国家机关工作人员实施滥用职权或者玩忽职守犯罪行为,触犯刑法分则第九章第三百九十八条至第四百一十九条规定的,依照该规定定罪处罚。

国家机关工作人员滥用职权或者玩忽职守,因不具备徇私舞弊等情形,不符合刑法分则第九章第三百九十八条至第四百一十九条的规定,但依法构成第三百九十七条规定的犯罪的,以滥用职权罪或者玩忽职守罪定罪处罚。

第三条 国家机关工作人员实施渎职犯罪并收受贿赂,同时构成受贿罪的,除刑法另有规定外,以渎职犯罪和受贿罪数罪并罚。

第四条 国家机关工作人员实施渎职行为,放纵他人犯罪或者帮助他人逃避刑事处罚,构成犯罪的,依照渎职罪的规定定罪处罚。

国家机关工作人员与他人共谋,利用其职务行为帮助他人实施其他犯罪行为,同时构成渎职犯罪和共谋实施的其他犯罪共犯的,依照处罚较重的规定定罪处罚。

国家机关工作人员与他人共谋,既利用其职务行为帮助他人实施其他犯罪,又以非职务行为与他人共同实施该其他犯罪行为,同时构成渎职犯罪和其他犯罪的共犯的,依照数罪并罚的规定定罪处罚。

第五条 国家机关负责人员违法决定,或者指使、授意、强令其他国家机关工作人员违法履行务或者不履行职务,构成刑法分则第九章规定的渎职犯罪的,应当依法追究刑事责任。

以"集体研究"形式实施的渎职犯罪,应当依照刑法分则第九章的规定追究国家机关负有责任的人员的刑事责任。对于具体执行人员,应当在综合认定其行为性质、是否提出反对意见、危害结果大小等情节的基础上决定是否追究刑事责任和应当判处的刑罚。

第七条 依法或者受委托行使国家行政管理职权的公司、企业、事业单位的工作人员,在行使行政管理职权时滥用职权或者玩忽职守,构成犯罪的,应当依照《全国人民代表大会常务委员会关于〈中华人民共和国刑法〉第九章渎职罪主体适用问题的解释》的规定,适用渎职罪的规定追究刑事责任。

**《刑法第九章渎职罪主体适用问题的解释》**

全国人大常委会根据司法实践中遇到的情况,讨论了刑法第九章渎职罪主体的适用问题,解释如下:

在依照法律、法规规定行使国家行政管理职权的组织中从事公务的人员,或者在受国家机关委托代表国家机关行使职权的组织中从事公务的人员,或者虽未列入国家机关人员编制但在国家机关中从事公务的人员,在代表国家机关行使职权时,有渎职行为,构成犯罪的,依照刑法关于渎职罪的规定追究刑事责任。

### (二)徇私枉法罪

**第三百九十九条** [徇私枉法罪]司法工作人员徇私枉法、徇情枉法,对明知是无罪的人而使他受追诉、对明知是有罪的人而故意包庇不使他受追诉,或者在刑事审判活动中故意违背事实和法律作枉法裁判的,处五年以下有期徒刑或者拘役;情节严重的,处五年以上十年以下有期徒刑;情节特别严重的,处十年以上有期徒刑。

[民事、行政枉法裁判罪]在民事、行政审判活动中故意违背事实和法律作枉法裁判,情节严重的,处五年以下有期徒刑或者拘役;情节特别严重的,处五年以上十年以下有期徒刑。

[执行判决、裁定失职罪;执行判决、裁定滥用职权罪]在执行判决、裁定活动中,严重不负责任或者滥用职权,不依法采取诉讼保全措施、不履行法定执行职责,或者违法采取诉讼保全措施、强制执行措施,致使当事人或者其他人的利益遭受重大损失的,处五年以下有期徒刑或者拘役;致使当事人或者其他人的利益遭受特别重大损失的,处五年以上十年以下有期徒刑。

[罪数规定]司法工作人员收受贿赂,有前三款行为的,同时又构成本法第三百八十五条规定之罪的,依照处罚较重的规定定罪处罚。[2023年回忆~徇私枉法罪;2020年回忆~共同犯罪、滥伐林木罪、徇私枉法罪]

# 专题二十一 军人违反职责罪

## 考点 63 军人违反职责罪

**第四百三十一条第二款** [为境外窃取、刺探、收买、非法提供军事秘密罪]为境外的机构、组织、人员窃取、刺探、收买、非法提供军事秘密的,处五年以上十年以下有期徒刑;情节严重的,处十年以上有期徒刑、无期徒刑或者死刑。

**第四百三十四条** [战时自伤罪]战时自伤身体,逃避军事义务的,处三年以下有期徒刑;情节严重的,处三年以上七年以下有期徒刑。

# 答案速查

1.B　　2.ACD　　3.AD
4.BCD　　5.B　　6.A
7.ABCD　　8.C　　9.B
10.C　　11.D　　12.ACD
13.C　　14.C　　15.D
16.B　　17.C　　18.ABD
19.A　　20.AC　　21.ABC
22.D　　23.ABCD　　24.ACD
25.CD　　26.ABCD　　27.ABD
28.D　　29.ACD　　30.C
31.C　　32.BD　　33.C
34.ACD　　35.BCD　　36.C
37.A　　38.ABCD　　39.A
40.C　　41.ABD　　42.AC
43.BC　　44.ABCD　　45.C
46.D　　47.CD　　48.D
49.ABC　　50.D　　51.D
52.BCD　　53.C　　54.A
55.C　　56.D　　57.BCD
58.D　　59.C　　60.ABCD
61.D　　62.C　　63.ACD
64.C　　65.B　　66.CD
67.BC　　68.AD　　69.CD
70.A　　71.AC　　72.ABCD
73.C　　74.AB　　75.BCD
76.ABC　　77.D　　78.A
79.C　　80.CD　　81.C
82.B　　83.C　　84.ABD
85.B　　86.D　　87.A
88.C　　89.ABCD　　90.AC
91.A　　92.D　　93.D
94.B　　95.C　　96.ACD
97.C　　98.B　　99.A
100.D　　101.D　　102.B
103.A　　104.ABD　　105.D
106.D　　107.AC　　108.AB
109.ABC　　110.B　　111.BD
112.ABD　　113.B　　114.D
115.BC　　116.D　　117.A
118.C　　119.AB　　120.D（原答案为 CD）
121.AC　　122.B（原答案为 A）　123.ACD
124.ABCD　　125.ABCD　　126.B
127.ABD（原答案为 AB）　　128.B

129.BC　　130.C　　131.B
132.B　　133.D　　134.C
135.C　　136.D　　137.D
138.ACD（原答案为 ABCD）　　139.D
140.D　　141.BCD　　142.ABD
143.A　　144.C　　145.A
146.ABC　　147.D　　148.D
149.CD　　150.AC　　151.ABC
152.ACD　　153.AB　　154.C
155.CD　　156.D　　157.AC
158.C　　159.ABCD　　160.AD
161.ABCD　　162.C　　163.C
164.A　　165.D　　166.C
167.BD　　168.B　　169.C
170.C　　171.C　　172.ABCD
173.C　　174.ABCD　　175.AD
176.BC　　177.ABCD　　178.B
179.B　　180.B　　181.A
182.D　　183.ACD　　184.A
185.ABCD（原答案为 ABC）
186.ABCD（原答案为 C）　　187.B
188.BD　　189.D　　190.B
191.B　　192.ABD　　193.AD
194.B　　195.C　　196.B
197.ACD　　198.AD　　199.ABCD
200.ABC　　201.D　　202.ABCD
203.ABD　　204.ABCD　　205.B
206.D　　207.B　　208.B
209.D　　210.C　　211.AB
212.ABCD　　213.C　　214.B
215.ABC　　216.C　　217.B
218.AC　　219.ABCD　　220.ABD
221.AB　　222.C　　223.B
224.C　　225.D　　226.BC
227.ABCD　　228.ABCD　　229.C
230.AB　　231.C　　232.ABCD
233.（1）D；（2）ABC；（3）AD　　234.D
235.C　　236.ABCD　　237.A
238.（1）BCD；（2）AD；（3）AD；（4）ABCD；（5）ABCD；
（6）ABC　　239.B　　240.AB
241.D　　242.D　　243.B
244.ABCD　　245.CD　　246.ACD
247.CD（原答案为 ACD）　　248.B（原答案为 AB）

249.BC　250.BD　251.AD

252.A　253.D　254.D

255.BD(原答案为 A)　256.ABC

257.ABD　258.D　259.D

260.B　261.D　262.ABC

263.C　264.(1)A;(2)A;(3)AB;(4)ABCD

265.AC　266.C　267.B

268.ACD　269.ABD　270.B

271.C　272.A　273.C

274.ABCD　275.CD　276.ACD

277.B　278.D　279.B

280.D　281.(1)AD;(2)BC;(3)ABC;(4)D;

(5)BC;(6)AB(原答案为 ABC)　282.C

283.AC　284.D　285.B

286.D　287.C　288.B

289.ABC　290.BD　291.BD(原答案为 D)

292.A(原答案为 AD)　293.BC

294.B　295.ABD

296.(1)CD;(2)BCD　297.ABD

298.B　299.ABD　300.C

301.ABC　302.ABD　303.B

304.D(原答案为 A)　305.C　306.BC

307.ABCD　308.C　309.ACD

310.(1)B;(2)ABCD　311.D

312.ABC　313.BCD　314.ABD

315.C　316.(1)ABCD;(2)ABCD;(3)ABCD

317.ABCD　318.B　319.ABC

320.D　321.D　322.B

323.A(原答案为 B)　324.C　325.ABC

326.BCD　327.BCD　328.AD

329.C　330.A　331.A

332.ABCD　333.D　334.D

335.ABCD　336.B　337.ABCD

338.D　339.ABC　340.ABCD

341.C　342.A　343.BC

344.C　345.AC　346.D

347.A　348.AD　349.B

350.A　351.ABD　352.D

353.BCD　354.(1)BCD;(2)AB

355.BCD　356.C　357.ACD

358.BC　359.D　360.C

361.D　362.A　363.ABCD

364.ACD　365.D　366.AD

367.BD　368.C　369.ABC

370.A　371.AD　372.A

373.BCD　374.BC　375.B

376.B　377.C　378.D

379.CD　380.C　381.D

382.C(原答案为 CD)　383.CD

384.D　385.AB　386.ABD

387.A　388.B　389.D

390.D　391.AC　392.ABCD

393.ABD　394.(1)BC;(2)ABCD;(3)BCD

395.ABC　396.B　397.ABCD

398.ABC　399.ABD(原答案为 ABCD)

400.ABCD　401.C　402.A

403.C　404.C

405.(1)CD;(2)BC;(3)AC(原答案为 ABC)

406.ACD　407.C　408.A

409.ABC　410.D　411.C

412.ACD　413.D　414.BCD

415.C　416.ABC　417.ABCD

418.ABC　419.D　420.ABCD

421.(1)C;(2)A;(3)ABCD　422.D

423.ABCD(原答案为 B)　424.ABCD

425.D　426.ABD(原答案为 ABCD)

427.CD　428.ABC

429.(1)ABD;(2)ABC;(3)C;(4)ABCD

430.BCD　431.ABC　432.BCD

433.AD　434.CD

435.(1)ABD;(2)B;(3)ACD　436.AD

437.D　438.A　439.ACD

440.B

# 目 录

# 行政法与行政诉讼法［试题］

## 专题一　行政法概述

**考点1** 行政法的基本原则

**1.** 2022 回忆/单

在不使用行政强制措施也能实现行政管理目的的情况下,应当放弃实施行政强制措施。该说法体现了哪一项行政法原则的要求?

- A. 公平公正原则
- B. 比例原则
- C. 考虑相关因素原则
- D. 行政效率原则

**2.** 2021 回忆/多

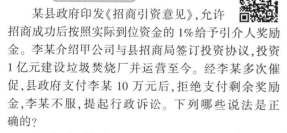

某县政府印发《招商引资意见》,允许招商成功后按照实际到位资金的1%给予引介人奖励金。李某介绍甲公司与县招商局签订投资协议,投资1亿元建设垃圾焚烧厂并运营至今。经李某多次催促,县政府支付李某 10 万元后,拒绝支付剩余奖励金,李某不服,提起行政诉讼。下列哪些说法是正确的?

- A.《招商引资意见》属于具体行政行为
- B. 李某获得的 10 万元奖励金可免缴个人所得税
- C. 县政府拒绝支付剩余奖励金的行为违反了信赖保护原则
- D. 投资协议履行过程中发生争议,甲公司可以提起行政诉讼

**3.** 2019 回忆/单

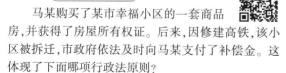

马某购买了某市幸福小区的一套商品房,并获得了房屋所有权证。后来,因修建高铁,该小区被拆迁,市政府依法及时向马某支付了补偿金。这体现了下面哪项行政法原则?

- A. 高效便民
- B. 程序正当
- C. 诚实守信
- D. 权责一致

**4.** 2013/2/76/多①

合法行政是行政法的重要原则。下列哪些做法违反了合法行政要求?

- A. 某规章规定行政机关对行政许可事项进行监

督时,不得妨碍被许可人正常的生产经营活动
- B. 行政机关要求行政处罚听证申请人承担组织听证的费用
- C. 行政机关将行政强制措施权委托给另一行政机关行使
- D. 行政机关对行政许可事项进行监督时发现直接关系公共安全、人身健康的重要设备存在安全隐患,责令停止使用和立即改正

**5.** 2012/2/78/多

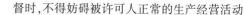

合理行政是依法行政的基本要求之一。下列哪些做法体现了合理行政的要求?

- A. 行政机关在作出重要决定时充分听取公众的意见
- B. 行政机关要平等对待行政管理相对人
- C. 行政机关行使裁量权所采取的措施符合法律目的
- D. 非因法定事由并经法定程序,行政机关不得撤销已生效的行政决定

**6.** 2011/2/78/多

依法行政是法治国家对政府行政活动提出的基本要求,而合法行政则是依法行政的根本。下列哪些做法违反合法行政的要求?

- A. 因蔬菜价格上涨销路看好,某镇政府要求村民拔掉麦子改种蔬菜
- B. 为解决残疾人就业难,某市政府发布《促进残疾人就业指导意见》,对录用残疾人达一定数量的企业予以奖励
- C. 孙某受他人胁迫而殴打他人致轻微伤,某公安局决定对孙某从轻处罚
- D. 某市政府发布文件规定,外地物流公司到本地运输货物,应事前得到当地交通管理部门的准许,并缴纳道路特别通行费

**7.** 2013/2/78/多

某县政府发布通知,对直接介绍外地

---

① 指 2013 年/试卷二/第76 题/多选——编者注。

企业到本县投资的单位和个人按照投资项目实际到位资金金额的千分之一奖励。经张某引荐,某外地企业到该县投资500万元,但县政府拒绝支付奖励金。县政府的行为不违反下列哪些原则或要求?

 A. 比例原则   B. 行政公开

 C. 程序正当   D. 权责一致

**8.** 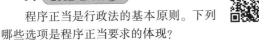 2012/2/76/多

执法为民是社会主义法治的本质要求,行政机关和公务员在行政执法中应当自觉践行。下列哪些做法直接体现了执法为民理念?

 A. 行政机关将行政许可申请书格式文本的费用由2元降为1元

 B. 行政机关安排工作人员主动为前来办事的人员提供咨询

 C. 工商局①要求所属机构提高办事效率,将原20工作日办结事项减至15工作日办结

 D. 某区设立办事大厅,要求相关执法部门进驻并设立办事窗口

**9.** 2012/2/77/多

程序正当是行政法的基本原则。下列哪些选项是程序正当要求的体现?

 A. 实施行政管理活动,注意听取公民、法人或其他组织的意见

 B. 对因违法行政给当事人造成的损失主动进行赔偿

 C. 严格在法律授权的范围内实施行政管理活动

 D. 行政执法中要求与其管理事项有利害关系的公务员回避

**10.** 2014/2/76/多

高效便民是行政管理的基本要求,是服务型政府的具体体现。下列哪些选项体现了这一要求?

 A. 简化行政机关内部办理行政许可流程

 B. 非因法定事由并经法定程序,行政机关不得撤回和变更已生效的行政许可

 C. 对办理行政许可的当事人提出的问题给予及时、耐心的答复

 D. 对违法实施行政许可给当事人造成侵害的执法人员予以责任追究

**11.** 2014/2/78/多

廖某在某镇沿街路边搭建小棚经营杂货,县建设局下发限期拆除通知后强制拆除,并对廖某作出罚款2万元的处罚。廖某起诉,法院审理认为廖某所建小棚未占用主干道,其违法行为没有严重到既需要拆除又需要实施顶格处罚的程度,判决将罚款改为1000元。法院判决适用了下列哪些原则?

 A. 行政公开   B. 比例原则

 C. 合理行政   D. 诚实守信

**12.** 2014/2/77/多

程序正当是当代行政法的基本原则,遵守程序是行政行为合法的要求之一。下列哪些做法违背了这一要求?

 A. 某环保局对当事人的处罚听证,由本案的调查人员担任听证主持人

 B. 某县政府自行决定征收基本农田35公顷

 C. 某公安局拟给予甲拘留10日的治安处罚,告知其可以申请听证

 D. 乙违反治安管理的事实清楚,某公安派出所当场对其作出罚款500元的处罚决定

# 专题二 行政主体

**考点2** 国务院行政机构的设置与编制管理

**13.** 2021 回忆/单

国务院扶贫开发领导小组是国务院的议事协调机构。为了建立防止返贫的长效机制,保证脱贫成效持续稳定发展,2021年2月,在国务院扶贫开发领导小组办公室的基础上组建国务院的直属机构国家乡村振兴局。下列哪一选项是正确的?

 A. 国务院扶贫开发领导小组有独立的人员编制

 B. 国务院扶贫开发领导小组主管特定业务,行使行政管理职能

 C. 国家乡村振兴局的设立由国务院决定

 D. 国家乡村振兴局无权制定规章

**14.** 2013/2/44/单 改编

国家能源局为国务院组成部门管理的国家局。关于国家能源局,下列哪一说法是正确的?

 A. 有权制定规章

 B. 主管国务院的某项专门业务,具有独立的行政管理职能

 C. 该局的设立由国务院编制管理机关提出方案,报国务院决定

 D. 该局增设司级内设机构,由国务院编制管理机关审核批准

**15.**  2011/2/40/单

国家禁毒委员会为国务院议事协调机构。关于该机构,下列哪一说法是正确的?

---

 ① 2018年和2023年国家机构改革后部分国家机构名称有所调整,只要对试题的理解和作答没有影响的,本书均原汁原味地予以保留;有影响的,本书根据现行机构名称予以调整。

A. 撤销由国务院机构编制管理机关决定

B. 可以规定行政措施

C. 议定事项经国务院同意，由有关的行政机关按各自的职责负责办理

D. 可以设立司、处两级内设机构

**16.** 2010/2/40/单

国务院某部拟合并处级内设机构。关于机构合并，下列哪一说法是正确的？

A. 该部决定，报国务院机构编制管理机关备案

B. 该部提出方案，报国务院机构编制管理机关批准

C. 国务院机构编制管理机关决定，报国务院备案

D. 国务院机构编制管理机关提出方案，报国务院决定

**17.** 2014/2/43/单

国家税务总局为国务院直属机构。就其设置及编制，下列哪一说法是正确的？

A. 设立由全国人大及其常委会最终决定

B. 合并由国务院最终决定

C. 编制的增加由国务院机构编制管理机关最终决定

D. 依法履行国务院基本的行政管理职能

**18.** 2017/2/43/单

关于国务院行政机构设置和编制管理的说法，下列哪一选项是正确的？

A. 国务院议事协调机构的撤销经由国务院常务会议讨论通过后，由国务院总理提交国务院全体会议讨论决定

B. 国务院行政机构增设司级内设机构，由国务院机构编制管理机关提出方案，报国务院决定

C. 国务院议事协调机构的编制根据工作需要单独确定

D. 国务院行政机构的编制在国务院行政机构设立时确定

**考点3** 地方行政机构的设置与编制管理

**19.** 2019 回忆/单

甲省乙市人民政府拟将本市的自然资源管理局与国土资源局合并，应当报哪个机关予以批准？

A. 国务院

B. 甲省人民政府

C. 乙市人大常委会

D. 甲省人大常委会

**20.** 2012/2/44/单

根据行政法规规定，县级以上地方各级政府机构编制管理机关应当评估行政机构和编制

的执行情况。关于此评估，下列哪一说法是正确的？

A. 评估应当定期进行

B. 评估具体办法由国务院制定

C. 评估结果是调整机构编制的直接依据

D. 评估同样适用于国务院行政机构和编制的调整

**21.** 2016/2/43/单

根据规定，地方的事业单位机构和编制管理办法由省、自治区、直辖市人民政府机构编制管理机关拟定，报国务院机构编制管理机关审核后，由下列哪一机关发布？

A. 国务院

B. 省、自治区、直辖市人民政府

C. 国务院机构编制管理机关

D. 省、自治区、直辖市人民政府机构编制管理机关

**22.** 2011/2/98/任

甲市为乙省政府所在地的市。关于甲市政府行政机构设置和编制管理，下列说法正确的是：

A. 在一届政府任期内，甲市政府的工作部门应保持相对稳定

B. 乙省机构编制管理机关与甲市机构编制管理机关为上下级领导关系

C. 甲市政府的行政编制总额，由甲市政府提出，报乙省政府批准

D. 甲市政府根据调整职责的需要，可以在行政编制总额内调整市政府有关部门的行政编制

**23.** 2009/2/50/单

关于地方政府机构设置和编制管理，下列哪一选项是正确的？

A. 政府机构编制管理机关实行省以下垂直管理体制

B. 地方政府在设置机构时应当充分考虑财政的供养能力

C. 县级以上政府的行政机构可以要求下级政府设立与其业务对口的行政机构

D. 地方事业单位机构设置和编制管理办法，由国务院机构编制管理机关审核发布

**24.** 2015/2/45/单

甲市某县环保局与水利局对职责划分有异议，双方协商无法达成一致意见。关于异议的处理，下列哪一说法是正确的？

A. 提请双方各自上一级主管机关协商确定

B. 提请县政府机构编制管理机关决定

C. 提请县政府机构编制管理机关提出协调意见，并由该机构编制管理机关报县政府决定

D. 提请县政府提出处理方案,经甲市政府机构编制管理机关审核后报甲市政府批准

# 专题三 公务员

**考点4** 公务员处分制度

**25.** 2008/2/39/多

关于行政机关公务员处分的说法,下列哪些选项是错误的?①

A. 行政诉讼的生效判决撤销某行政机关所作的决定,即应给予该机关的负责人张某行政处分

B. 工商局干部李某主动交代自己的违法行为,即应减轻处分

C. 某环保局科长王某因涉嫌违纪被立案调查,即应暂停其履行职务

D. 财政局干部田某因涉嫌违纪被立案调查,即不应允许其挂职锻炼

**26.** 2010/2/41/单

关于国家机关公务员处分的做法或说法,下列哪一选项是正确的?

A. 张某受记过处分期间,因表现突出被晋升一档工资

B. 孙某撤职处分被解除后,虽不能恢复原职但应恢复原级别

C. 童某受记大过处分,处分期间为 24 个月

D. 田某主动交代违纪行为,主动采取措施有效避免损失,应减轻处分

**27.** 2008/2/98/任

某行政机关负责人孙某因同时违反财经纪律和玩忽职守被分别给予撤职和记过处分。下列说法正确的是:

A. 应只对孙某执行撤职处分

B. 应同时降低孙某的级别

C. 对孙某的处分期为 36 个月

D. 解除对孙某的处分后,即应恢复其原职务

**28.** 2017/2/44/单

某县工商局科员李某因旷工被给予警告处分。关于李某的处分,下列哪一说法是正确的?

A. 处分决定可以口头方式通知李某

B. 处分决定自作出之日起生效

C. 受处分期间为 12 个月

D. 李某在受处分期间不得晋升工资档次

**考点5** 公务员的其他制度

**29.** 2022 回忆/单

何某是某市政府公务员,因工作疏忽

造成损失,市政府对其进行了诫勉。关于公务员的诫勉,下列哪一说法是正确的?

A. 诫勉是机关对公务员的监督措施

B. 被诫勉的公务员不得交流

C. 被诫勉的公务员不得晋升职务

D. 公务员可以对诫勉行为提出申诉

**30.** 2022 回忆/多

陈某是某市公安局二级主任科员。关于其职级,下列哪些说法是正确的?

A. 二级主任科员是陈某的职级

B. 若陈某符合任职资历要求,可晋升一级主任科员

C. 若陈某认为自己应晋升一级主任科员而未获得晋升,可以依法提出申诉

D. 对陈某应采用定期考核,以年度考核的方式进行

**31.** 2020 回忆/单

根据《公务员法》规定,聘任制公务员按照国家规定实行协议工资制,关于协议工资制的具体办法,由哪一部门制定?

A. 中央公务员主管部门

B. 省级以上人力资源和社会保障主管部门

C. 省级以上公务员主管部门

D. 国务院人力资源和社会保障主管部门

**32.** 2019 回忆/单

关于公务员的下列说法,哪一选项是错误的?

A. 国家公务员实行职务和职级并行

B. 公务员的领导职务、职级与级别是确定公务员工资以及其他待遇的依据

C. 公务员职级可以采用委任制和聘任制

D. 只能在县处级以下设立职级

**33.** 2018 回忆/单

县安监局局长赵某在本县发生的煤矿事故中处置失职,造成重大损失,引咎辞去领导职务。关于引咎辞职,以下哪一说法是正确的?

A. 赵某失去公务员身份

B. 属于对赵某的行政处分

C. 属于对赵某的行政问责

D. 是对赵某行政处分的必经程序

**34.** 2012/2/43/单

关于公务员录用的做法,下列哪一选项是正确的?

---

① 原为单选题,根据新法答案有变化,调整为多选题。

A. 县公安局经市公安局批准,简化程序录用一名特殊职位的公务员

B. 区财政局录用一名曾被开除过公职但业务和能力优秀的人为公务员

C. 市环保局以新录用的公务员李某试用期满不合格为由,决定取消录用

D. 国务院卫生行政部门规定公务员录用体检项目和标准,报中央公务员主管部门备案

**35.** 2010/2/98/任

关于聘任制公务员,下列做法正确的是:

A. 某县保密局聘任两名负责保密工作的计算机程序员

B. 某县财政局与所聘任的一名精算师实行协议工资制

C. 某市林业局聘任公务员的合同期限为 10 年

D. 某县公安局聘任网络管理员的合同需经上级公安机关批准

**36.** 2009/2/42/多

下列哪些做法不属于公务员交流制度?①

A. 沈某系某高校副校长,调入国务院某部任副司长

B. 刘某系某高校行政人员,被聘为某区法院书记员

C. 吴某系某国有企业经理,调入市国有资产管理委员会任处长

D. 郑某系某部人事司副处长,到某市挂职担任市委组织部副部长

**37.** 2016/2/76/多

财政局干部李某在机关外兼职。关于李某兼职,下列哪些说法是正确的?

A. 为发挥个人专长可在外兼职

B. 兼职应经有关机关批准

C. 不得领取兼职报酬

D. 兼职情况应向社会公示

**38.** 2013/2/79/多

孙某为某行政机关的聘任制公务员,双方签订聘任合同。下列哪些说法是正确的?

A. 对孙某的聘任须按照公务员考试录用程序进行公开招聘

B. 该机关应按照《公务员法》和聘任合同对孙某进行管理

C. 对孙某的工资可以按照国家规定实行协议工资

D. 如孙某与该机关因履行聘任合同发生争议,

可以向人事争议仲裁委员会申请仲裁

**39.** 2014/2/44/单

王某经过考试成为某县财政局新录用的公务员,但因试用期满不合格被取消录用。下列哪一说法是正确的?

A. 对王某的试用期限,由某县财政局确定

B. 对王某的取消录用,应当适用辞退公务员的规定

C. 王某不服取消录用向法院提起行政诉讼的,法院应当不予受理

D. 对王某的取消录用,在性质上属于对王某的不予录用

**40.** 2015/2/76/多

关于公务员的辞职和辞退,下列哪些说法是正确的?

A. 重要公务尚未处理完毕的公务员,不得辞去公职

B. 领导成员对重大事故负有领导责任的,应引咎辞去公职

C. 对患病且在规定的医疗期内的公务员,不得辞退

D. 被辞退的公务员,可根据国家有关规定享受失业保险

**41.** 2017/2/76/多

根据《公务员法》规定,经省级以上公务员主管部门批准,机关根据工作需要可以对下列哪些职位实行聘任制?

A. 涉及国家秘密的职位

B. 专业性较强的职位

C. 辅助性职位

D. 机关急需的职位

**42.** 2007/2/85/多

下列哪些情形违反《公务员法》有关回避的规定?

A. 张某担任家乡所在县的县长

B. 刘某是工商局局长,其侄担任工商局人事处科员

C. 王某是税务局工作人员,参加调查一企业涉嫌偷漏税款案,其妻之弟任该企业的总经理助理

D. 李某是公安局局长,其妻在公安局所属派出所担任户籍警察

---

① 原为单选题,根据新法答案有变化,调整为多选题。

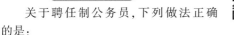

# 专题四　抽象行政行为

**43.** 2021 回忆/单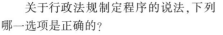

为促进某市自由贸易试验区的发展，有关机关决定在该市暂时停止实施行政法规《国际海运运输条例》的部分规定。该决定应由下列哪一主体作出？

A. 某市人民政府

B. 某市人民代表大会

C. 全国人大常委会

D. 国务院

**44.** 2008/2/41/单 新法改编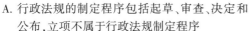

关于行政法规制定程序的说法，下列哪一选项是正确的？

A. 行政法规的制定程序包括起草、审查、决定和公布，立项不属于行政法规制定程序

B. 几个部门共同起草的行政法规送审稿报送国务院，应当由牵头部门主要负责人签署

C. 对重要的行政法规送审稿，国务院法制机构经国务院同意后向社会公布

D. 行政法规应当在公布后30日内由国务院办公厅报全国人大常委会备案

**45.** 2016/2/100/任

行政法规条文本身需进一步明确界限或作出补充规定的，应对行政法规进行解释。关于行政法规的解释，下列说法正确的是：

A. 解释权属于国务院

B. 解释行政法规的程序，适用行政法规制定程序

C. 解释可由国务院授权国务院有关部门公布

D. 行政法规的解释与行政法规具有同等效力

**46.** 2011/2/85/多

国务院法制机构在审查起草部门报送的行政法规送审稿时认为，该送审稿规定的主要制度存在较大争议，且未与有关部门协商。对此，可以采取下列哪些处理措施？

A. 缓办

B. 移交其他部门起草

C. 退回起草部门

D. 向社会公布，公开征求意见

**47.** 2010/2/42/单

关于行政法规的决定与公布，下列哪一说法是正确的？

A. 行政法规均应由国务院常务会议审议通过

B. 行政法规草案在国务院常务会议审议时，可由起草部门作说明

C. 行政法规草案经国务院审议报国务院总理签署前，不得再作修改

D. 行政法规公布后由国务院法制机构报全国人大常委会备案

**48.** 2014/2/46/单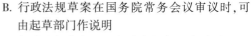

《计算机信息网络国际联网安全保护管理办法》于1997年12月11日经国务院批准，由公安部于1997年12月30日以公安部部令发布。该办法属于哪一性质的规范？

A. 行政法规

B. 国务院的决定

C. 规章

D. 一般规范性文件

**49.** 2017/2/45/单

关于行政法规的立项，下列哪一说法是正确的？

A. 省政府认为需要制定行政法规的，可于每年年初编制国务院年度立法工作计划前向国务院报请立项

B. 国务院法制机构根据有关部门报送的立项申请汇总研究，确定国务院年度立法工作计划

C. 列入国务院年度立法工作计划的行政法规项目应适应改革、发展、稳定的需要

D. 国务院年度立法工作计划一旦确定不得调整

**50.** 2007/2/46/单

关于行政法规，下列哪一选项是正确的？

A. 行政法规可以设定行政拘留处罚

B. 行政法规对法律设定的行政许可作出具体规定时可以增设行政许可

C. 行政法规的决定程序依照国务院组织法的有关规定办理

D. 行政法规之间对同一事项的新的一般规定与旧的特别规定不一致，不能确定如何适用时，由国务院法制机构裁决

**51.** 2021 回忆/单

2021年，国家市场监督管理总局和生态环境部联合制定了《机动车排放召回管理规定》。下列说法正确的是：

A. 该规定属于行政法规

B. 该规定的解释主体是国家市场监督管理总局

C. 公民个人认为该规章同法律抵触的，可以向国务院书面提出审查建议

D. 国家市场监督管理总局依据上述规定,责令某企业召回已上市销售的不符合排放标准的机动车,该行为属于行政处罚.

**52.** 2020 回忆/多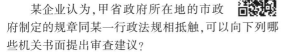

甲省乙市政府制定规则《城市生活垃圾分类管理办法》,对违反垃圾分类投放规则的单位和个人作出了罚款规定。关于该办法,下列哪些说法是正确的?

A. 符合地方政府规章立法事项范围
B. 公布后应在中国政府法制信息网刊载
C. 应当报甲省政府备案,不需要报国务院备案
D. 设定的罚款不能超出该省人大常委会对政府规章规定的罚款限额

**53.** 2010/2/80/多

某企业认为,甲省政府所在地的市政府制定的规章同某一行政法规相抵触,可以向下列哪些机关书面提出审查建议?

A. 国务院
B. 国务院法制机构
C. 甲省政府
D. 全国人大常委会

**54.** 2016/2/77/多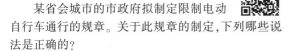

某省会城市的市政府拟制定限制电动自行车通行的规章。关于此规章的制定,下列哪些说法是正确的?

A. 应先列入市政府年度规章制定工作计划中,未列入不得制定
B. 起草该规章应广泛听取有关机关、组织和公民的意见
C. 此规章送审稿的说明应对制定规章的必要性、规定的主要措施和有关方面的意见等情况作出说明
D. 市政府法制机构认为制定此规章基本条件尚不成熟,可将规章送审稿退回起草单位

**55.** 2014/2/97/任

有关规章的决定和公布,下列说法正确的是:

A. 审议规章草案时须由起草单位作说明
B. 地方政府规章须经政府全体会议决定
C. 部门联合规章须由联合制定的部门首长共同署名公布,使用主办机关的命令序号
D. 规章公布后须及时在全国范围内发行的有关报纸上刊登

**56.** 2009/2/39/单

下列哪一项符合规章制定的要求?

A. 某省政府所在地的市政府将其制定的规章定名为“条例”
B. 某省政府在规章公布后 60 日向省人大常委会备案
C. 基于简化行政管理手续考虑,对涉及国务院甲乙两部委职权范围的事项,甲部单独制定规章加以规范
D. 某省政府制定的规章既规定行政机关必要的职权,又规定行使该职权应承担的责任

**57.** 2017/2/77/多

关于规章的起草和审查,下列哪些说法是正确的?

A. 起草规章可邀请专家参加,但不能委托专家起草
B. 起草单位就规章起草举行听证会,应制作笔录,如实记录发言人的主要观点和理由
C. 起草规章应广泛听取有关机关、组织和公民的意见
D. 如制定规章的基本条件不成熟,法制机构应将规章送审稿退回起草单位

# 专题五 具体行政行为概述

**考点8** 具体行政行为的概念与判断

**58.** 2021 回忆/多

下列哪些行为属于具体行政行为?

A. 市场监督管理局发文要求某电商平台合法合规经营
B. 防汛指挥部发布大雨蓝色预警,请市民出行注意安全
C. 中国证监会对某公司负责人采取终身禁入证券市场措施
D. 某省证监局向某证券公司出具警示函,指出其执业过程中存在的问题并责令采取整改措施

**59.** 2020 回忆/多

某市政建设管理部门依法授予甲公司城市管道燃气独占专营权。在甲公司经营权与营业权存续期间,该市政建设管理部门确定了城市管道燃气项目招标方案,并举行招标,乙公司中标。对招标行为,甲公司向法院提起诉讼。下列哪些说法是正确的?

A. 授予甲公司城市管道燃气独占专营权的行为属于民事行为
B. 授予甲公司城市管道燃气独占专营权的行为属于行政许可

C. 如果法院受理此案,乙公司为第三人

D. 市政建设管理部门的行为,违背了信赖利益保护原则

**60.** 2019 回忆/单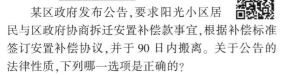

某区政府发布公告,要求阳光小区居民与区政府协商拆迁安置补偿款事宜,根据补偿标准签订安置补偿协议,并于90日内搬离。关于公告的法律性质,下列哪一选项是正确的?

A. 行政协议

B. 行政指导

C. 单方行政行为

D. 行政强制

**61.** 2010/2/46/单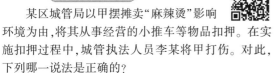

某区城管局以甲摆摊叫卖"麻辣烫"影响环境为由,将其从事经营的小推车等物品扣押。在实施扣押过程中,城管执法人员李某将甲打伤。对此,下列哪一说法是正确的?

A. 扣押甲物品的行为,属于行政强制执行措施

B. 李某殴打甲的行为,属于事实行为

C. 因甲被打伤,扣押甲物品的行为违法

D. 甲被打伤的损失,应由李某个人赔偿

**62.** 2009/2/41/单

经甲公司申请,市建设局给其颁发建设工程规划许可证。后该局在复核中发现甲公司在申请时报送的企业法人营业执照已经超过有效期,遂依据《行政许可法》规定,撤销该公司的规划许可证,并予以注销。甲公司不服,向法院提起诉讼。市建设局撤销甲公司规划许可证的行为属于下列哪一类别?

A. 行政处罚

B. 行政强制措施

C. 行政行为的撤销

D. 行政检查

**63.** 2016/2/44/单

为落实淘汰落后产能政策,某区政府发布通告:凡在本通告附件所列名单中的企业两年内关闭。提前关闭或者积极配合的给予一定补贴,逾期不履行的强制关闭。关于通告的性质,下列哪一选项是正确的?

A. 行政规范性文件

B. 具体行政行为

C. 行政给付

D. 行政强制

**64.** 2017/2/46/单

行政机关所实施的下列行为中,哪一项属于具体行政行为?

A. 公安交管局在辖区内城市快速路入口处悬挂"危险路段,谨慎驾驶"的横幅

B. 县公安局依照《刑事诉讼法》对李某进行拘留

C. 区政府对王某作出房屋征收决定

D. 因民间纠纷引起的打架斗殴双方经公安派出所调解达成的协议

**考点9** 具体行政行为的基本理论

**65.** 2023 回忆/多

关于无效具体行政行为,下列哪些说法是正确的?

A. 具体行政行为一经确认无效即应当对当事人进行国家赔偿

B. 确认无效的具体行政行为对作为当事人一方的行政机关无拘束力

C. 我国法律尚未对具体行政行为的无效情形作出明确规定

D. 滥用职权的具体行政行为在被撤销前具有法律效力

**66.** 2019 回忆/多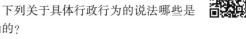

下列关于具体行政行为的说法哪些是正确的?

A. 确定力是指具体行政行为一经生效,行政机关和相对人必须遵守

B. 2014年修改的《行政诉讼法》中并未出现具体行政行为这一用语

C. 具体行政行为是指对特定人或者特定事项的一次性处理

D. 授益性行政行为与裁量性行政行为是相对应的

**67.** 2018 回忆/单

国外某品牌婴儿配方奶粉在该国引起婴儿呕吐及胃肠不适症状,海关总署发布公告,提醒国内消费者谨慎通过直邮方式从境外购买该品牌婴儿配方奶粉。下列哪一说法是正确的?

A. 该公告是具有强制力的行政决定

B. 海关总署是国务院直属事业单位

C. 该公告属于负担的具体行政行为

D. 该公告属于事实行为

**68.** 2013/2/85/多

关于具体行政行为的合法性与效力,下列哪些说法是正确的?

A. 遵守法定程序是具体行政行为合法的必要条件

B. 无效行政行为可能有多种表现形式,无法完全列举

C. 因具体行政行为废止致使当事人的合法权益

受到损失的,应给予赔偿

D. 申请行政复议会导致具体行政行为丧失拘束力

**69.** 2010/2/81/多

关于具体行政行为的效力,下列哪些说法是正确的?

A. 可撤销的具体行政行为在被撤销之前,当事人应受其约束

B. 具体行政行为废止前给予当事人的利益,在该行为废止后应收回

C. 为某人设定专属权益的行政行为,如此人死亡其效力应终止

D. 对无效具体行政行为,任何人都可以向法院起诉主张其无效

**70.** 2009/2/80/多

关于具体行政行为的成立和效力,下列哪些选项是错误的?

A. 与抽象行政行为不同,具体行政行为一经成立即生效

B. 行政强制执行是实现具体行政行为执行力的制度保障

C. 未经送达领受程序的具体行政行为也具有法律约束力

D. 因废止具体行政行为给当事人造成损失的,国家应当给予赔偿

**71.** 2014/2/99/任

有关具体行政行为的效力和合法性,下列说法正确的是:

A. 具体行政行为一经成立即生效

B. 具体行政行为违法是导致其效力终止的唯一原因

C. 行政机关的职权主要源自行政组织法和授权法的规定

D. 滥用职权是具体行政行为构成违法的独立理由

**72.** 2015/2/46/单

某地连续发生数起以低价出售物品引诱当事人至屋内后实施抢劫的事件,当地公安局通过手机短信告知居民保持警惕以免上当受骗。公安局的行为属于下列哪一性质?

A. 履行行政职务的行为

B. 负担性的行为

C. 准备性行政行为

D. 强制行为

**73.** 2006/2/40/单

下列哪一选项是关于具体行政行为拘

束力的正确理解?

①具体行政行为具有不再争议性,相对人不得改变具体行政行为

②行政主体非经法定程序不得任意改变或撤销具体行政行为

③相对人必须遵守和实际履行具体行政行为规定的义务

④具体行政行为在行政复议或行政诉讼期间不停止执行

A. ①②　　　　　　B. ①②④

C. ②③　　　　　　D. ③④

# 专题六　行政许可

### 考点10 行政许可的设定

**74.** 2023 回忆/单

水利部依照《中华人民共和国水法》制定了《水行政处罚实施办法》(中华人民共和国水利部令第55号)。该办法可以规定下列哪一项内容?

A. 规定行政处罚的级别管辖

B. 补充设定行政处罚

C. 规定行政处罚适用简易程序的特殊条件

D. 规定依普通程序作出处罚决定的期限

**75.** 2016/2/79/多

关于行政许可的设定权限,下列哪些说法是不正确的?

A. 必要时省政府制定的规章可设定企业的设立登记及其前置性行政许可

B. 地方性法规可设定应由国家统一确定的公民、法人或者其他组织的资格、资质的行政许可

C. 必要时国务院部门可采用发布决定的方式设定临时性行政许可

D. 省政府报国务院批准后可在本区域停止实施行政法规设定的有关经济事务的行政许可

**76.** 2010/2/82/多

下列哪些地方性法规的规定违反《行政许可法》?

A. 申请餐饮服务许可证,须到当地餐饮行业协会办理认证手续

B. 申请娱乐场所表演许可证,文化主管部门收取的费用由财政部门按一定比例返还

C. 外地人员到本地经营网吧,应当到本地电信管理部门注册并缴纳特别管理费

D. 申请建设工程规划许可证,需安装建设主管部门指定的节能设施

**77.** 2023 回忆/单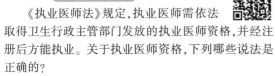

齐某自行购置了一台新车准备从事网约车营运,向甲市乙区交通运输管理局申请网约车营运许可。依照甲市制发的《网约车运营管理规定》,车龄 3 年以上才可申领网约车营运许可,乙区交通运输管理局据此拒绝了齐某的申请。齐某不服,向法院提起诉讼。诉讼期间,乙区交通运输管理局为齐某发放了营运许可,但齐某未撤诉。对此,下列哪一说法是正确的?

A. 网约车许可属于特许

B. 齐某不可以通过电子邮件申请网约车营运许可

C. 乙区交通运输管理局应当在 30 日内作出许可决定

D. 法院应当判决确认乙区交通运输管理局拒绝发证行为违法

**78.** 2016/2/78/多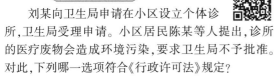

《执业医师法》规定,执业医师需依法取得卫生行政主管部门发放的执业医师资格,并经注册后方能执业。关于执业医师资格,下列哪些说法是正确的?

A. 该资格属于直接关系人身健康,需按照技术规范通过检验、检测确定申请人条件的许可

B. 对《执业医师法》规定的取得资格的条件和要求,部门规章不得作出具体规定

C. 卫生行政主管部门组织执业医师资格考试,应公开举行

D. 卫生行政主管部门组织执业医师资格考试,不得组织强制性考前培训

**79.** 2010/2/43/单

刘某向卫生局申请在小区设立个体诊所,卫生局受理申请。小区居民陈某等人提出,诊所的医疗废物会造成环境污染,要求卫生局不予批准。对此,下列哪一选项符合《行政许可法》规定?

A. 刘某既可以书面也可以口头申请设立个体诊所

B. 卫生局受理刘某申请后,应当向其出具加盖本机关专用印章和注明日期的书面凭证

C. 如陈某等人提出听证要求,卫生局同意并听证的,组织听证的费用应由陈某承担

D. 如卫生局拒绝刘某申请,原则上应作出书面决定,必要时口头告知即可

**80.** 2009/2/40/单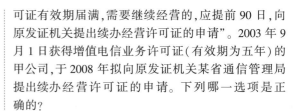

2001 年原信息产业部制定的《电信业务经营许可证管理办法》(简称《办法》)规定"经营许可证有效期届满,需要继续经营的,应提前 90 日,向原发证机关提出续办经营许可证的申请"。2003 年 9 月 1 日获得增值电信业务许可证(有效期为五年)的甲公司,于 2008 年拟向原发证机关某省通信管理局提出续办经营许可证的申请。下列哪一选项是正确的?

A. 因《办法》为规章,所规定的延续许可证申请期限无效

B. 因《办法》在《行政许可法》制定前颁布,所规定的延续许可证申请期限无效

C. 如甲公司依法提出申请,某省通信管理局应在甲公司许可证有效期届满前作出是否准予延续的决定

D. 如甲公司依法提出申请,某省通信管理局在 60 日内不予答复的,视为拒绝延续

**81.** 2013/2/47/单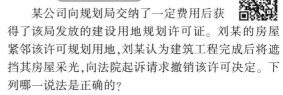

某公司向规划局交纳了一定费用后获得了该局发放的建设用地规划许可证。刘某的房屋紧邻该许可规划用地,刘某认为建筑工程完成后将遮挡其房屋采光,向法院起诉请求撤销该许可决定。下列哪一说法是正确的?

A. 规划局发放许可证不得向某公司收取任何费用

B. 因刘某不是该许可的利害关系人,规划局审查和决定发放许可证无需听取其意见

C. 因刘某不是该许可的相对人,不具有原告资格

D. 因建筑工程尚未建设,刘某权益受侵犯不具有现实性,不具有原告资格

**82.** 2011/2/99/任

关于行政许可实施程序的听证规定,下列说法正确的是:

A. 行政机关应在举行听证 7 日前将时间、地点通知申请人、利害关系人

B. 行政机关可视情况决定是否公开举行听证

C. 申请人、利害关系人对听证主持人可以依照规定提出回避申请

D. 举办听证的行政机关应当制作笔录,听证笔录应当交听证参与人确认无误后签字或者盖章

**83.** 2009/2/90/多

关于公告,下列哪些选项是正确的?

A. 行政机关认为需要听证的涉及公共利益的重大许可事项应当向社会公告

B. 行政许可直接涉及申请人与他人之间重大利益关系的,申请人、利害关系人提出听证申请的,行政机关应当予以公告

C. 行政机关在其法定权限范围内,依据法律委托其他行政机关实施行政许可,对受委托行政机关和受委托实施许可的内容应予以公告

D. 被许可人以欺骗、贿赂等不正当手段取得行政许可,行政机关予以撤销的,应当向社会公告

**84.** 2017/2/47/单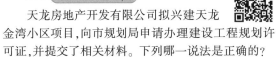

天龙房地产开发有限公司拟兴建天龙金湾小区项目,向市规划局申请办理建设工程规划许可证,并提交了相关材料。下列哪一说法是正确的?

A. 公司应到市规划局办公场所提出申请

B. 公司应对其申请材料实质内容的真实性负责

C. 公司的申请材料不齐全的,市规划局应作出不受理决定

D. 市规划局为公司提供的申请格式文本可收取工本费

**考点 12** 行政许可的撤销、撤回、注销与吊销

**85.** 2022 回忆/单

关于行政许可的撤销与注销,下列哪一项说法是正确的?

A. 均为行政处罚行为

B. 均为可诉行政行为

C. 均为依申请行政行为

D. 均为可裁量行政行为

**86.** 2019 回忆/多

某区规划局批准了大地房地产开发公司的土地开发申请,并向其颁发了建设工程规划许可证,后查明该公司在申请规划许可时提供了虚假材料,于是,某区规划局将该许可证予以撤销。下列哪些说法是正确的?

A. 颁发建设工程规划许可证不得收取任何费用

B. 批准开发申请应当向社会公开

C. 撤销建设工程规划许可证的行为属于行政处罚

D. 若大地房地产开发公司提起行政复议,复议机关为区政府

**87.** 2011/2/42/单

某市安监局向甲公司发放《烟花爆竹生产企业安全生产许可证》后,发现甲公司所提交的申请材料系伪造。对于该许可证的处理,下列哪一选项是正确的?

A. 吊销　　　　B. 撤销

C. 撤回　　　　D. 注销

**88.** 2008/2/87/多

对下列哪些情形,行政机关应当办理

行政许可的注销手续?

A. 张某取得律师执业证书后,发生交通事故成为植物人

B. 田某违法经营的网吧被吊销许可证

C. 李某依法向国土资源管理部门申请延续采矿许可,国土资源管理部门在规定期限内未予答复

D. 刘某通过行贿取得行政许可证后,被行政机关发现并撤销其许可

**89.** 2015/2/47/单

食品药品监督管理局向一药店发放药品经营许可证。后接举报称,该药店存在大量非法出售处方药的行为,该局在调查中发现药店的药品经营许可证系提供虚假材料欺骗所得。关于对许可证的处理,该局下列哪一做法是正确的?

A. 撤回

B. 撤销

C. 吊销

D. 待有效期限届满后注销

**90.** 2017/2/78/多

下列哪些情形中,行政机关应依法办理行政许可的注销手续?

A. 某企业的产品生产许可证有效期限届满未申请延续的

B. 某企业的旅馆业特种经营许可证被认定为以贿赂手段取得而被撤销的

C. 某房地产开发公司取得的建设工程规划许可证被吊销的

D. 拥有执业医师资格证的王医生死亡的

**91.** 2007/2/81/多

刘某参加考试并取得《医师资格证书》,后市卫生局查明刘某在报名时提供的系虚假材料,于是向刘某送达《行政许可证件撤销告知书》。刘某提出听证申请,被拒绝。市卫生局随后撤销了刘某的《医师资格证书》。下列哪些选项是正确的?

A. 市卫生局有权撤销《医师资格证书》

B. 撤销《医师资格证书》的行为应当履行听证程序

C. 市政府有权撤销《医师资格证书》

D. 市卫生局撤销《医师资格证书》后应依照法定程序将其注销

**考点 13** 行政许可和行政处罚的比较

**92.** 2016/2/80/单

关于一个行政机关行使有关行政机关的行政许可权和行政处罚权的安排,下列哪一说

法是正确的?①

    A. 涉及行政处罚的,由国务院或者经国务院授权的省、自治区、直辖市政府决定

    B. 涉及行政许可的,由经国务院批准的省、自治区、直辖市政府决定

    C. 限制人身自由的行政处罚只能由公安机关行使,不得交由其他行政机关行使

    D. 由公安机关行使的行政许可,不得交由其他行政机关行使

**93.** 2011/2/41/单

关于规章,下列哪一说法是正确的?

    A. 较大的市的人民政府制定的规章可以在上位法设定的行政许可事项范围内,对实施该行政许可作出具体规定

    B. 行政机关实施许可不得收取任何费用,但规章另有规定的,依照其规定

    C. 规章可以授权具有管理公共事务职能的组织实施行政处罚

    D. 违法行为在二年内未被发现的,不再给予行政处罚,但规章另有规定的除外

**94.** 2015/2/77/多

对下列哪些拟作出的决定,行政机关应告知当事人有权要求听证?

    A. 税务局扣押不缴纳税款的某企业价值 200 万元的商品

    B. 交通局吊销某运输公司的道路运输经营许可证

    C. 规划局发放的建设用地规划许可证,直接涉及申请人与附近居民之间的重大利益关系

    D. 公安局处以张某行政拘留 10 天的处罚

# 专题七　行政处罚

**考点14** 行政处罚的种类

**95.** 2010/2/44/单

下列哪一行为属于行政处罚?

    A. 公安交管局暂扣违章驾车张某的驾驶执照六个月

    B. 工商局对一企业有效期届满未申请延续的营业执照予以注销

    C. 卫生局对流行性传染病患者强制隔离

    D. 食品药品监督局责令某食品生产者召回其已上市销售的不符合食品安全标准的食品

**96.** 2016/2/81/多

下列哪些行政行为不属于行政处罚?

    A. 质监局对甲企业涉嫌冒用他人商品识别代码

    的产品予以先行登记保存

    B. 食品药品监管局责令乙企业召回已上市销售的不符合药品安全标准的药品

    C. 环保局对排污超标的丙企业作出责令停产 6 个月的决定

    D. 工商局责令销售不合格产品的丁企业支付消费者 3 倍赔偿金

**考点15** 行政处罚的设定

**97.** 2013/2/48/单

关于部门规章的权限,下列哪一说法是正确的?

    A. 尚未制定法律、行政法规,对违反管理秩序的行为,可以设定暂扣许可证的行政处罚

    B. 尚未制定法律、行政法规,且属于规章制定部门职权的,可以设定扣押财物的行政强制措施

    C. 可以在上位法设定的行政许可事项范围内,对实施该许可作出具体规定

    D. 可以设定除限制人身自由以外的行政处罚

**考点16** 行政处罚决定程序与执行程序

**98.** 2021 回忆/任

甲市政府发布《关于限制道路通行的通告》,自 7 月 20 日至 7 月 25 日某路段禁止通行。甲市乙区公安分局交警大队通过监控发现李某违反限行规定,对其作出 200 元罚款决定。李某向乙区政府申请行政复议,乙区政府复议维持。后李某提起诉讼。关于本案,下列说法正确的是:

    A.《关于限制道路通行的通告》是具体行政行为

    B. 对李某的处罚可适用简易程序

    C. 被告是乙区公安分局交警大队和区政府

    D. 对李某的监控记录未经审核不得作为证据使用

**99.** 2019 回忆/多

某超市售卖过期变质的酸奶,区市监局对其作出没收酸奶和罚款 1 万元的处罚决定,但超市逾期不缴纳罚款。对此,下列哪些说法是正确的?

    A. 区市监局可以按日加处 3% 的罚款

    B. 区市监局可以拍卖酸奶抵扣罚款

    C. 区市监局可以和超市签订执行协议,约定分期缴纳罚款

    D. 区市监局作出处罚决定时可以告知超市有申请听证的权利

**100.** 2011/2/44/单

质监局发现王某生产的饼干涉嫌违法

---

① 原为多选题,根据新法答案有变化,调整为单选题。

使用添加剂,遂将饼干先行登记保存,期限为 1 个月。有关质监局的先行登记保存行为,下列哪一说法是正确的?

A. 系对王某的权利义务不产生实质影响的行为
B. 可以由 2 名执法人员在现场直接作出
C. 采取该行为的前提是证据可能灭失或以后难以取得
D. 登记保存的期限合法

**101.** 2011/2/48/单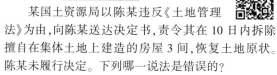

某国土资源局以陈某违反《土地管理法》为由,向陈某送达决定书,责令其在 10 日内拆除擅自在集体土地上建造的房屋 3 间,恢复土地原状。陈某未履行决定。下列哪一说法是错误的?

A. 国土资源局的决定书应载明,不服该决定申请行政复议或提起行政诉讼的途径和期限
B. 国土资源局的决定为负担性具体行政行为
C. 因《土地管理法》对起诉期限有特别规定,陈某对决定不服提起诉讼的,应依该期限规定
D. 如陈某不履行决定又未在法定期限内申请复议或起诉的,国土资源局可以自行拆除陈某所建房屋

**102.** 2009/2/85/多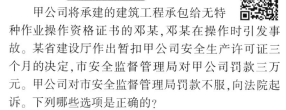

甲公司将承建的建筑工程承包给无特种作业操作资格证书的邓某,邓某在操作时引发事故。某省建设厅作出暂扣甲公司安全生产许可证三个月的决定,市安全监督管理局对甲公司罚款三万元。甲公司对市安全监督管理局罚款不服,向法院起诉。下列哪些选项是正确的?

A. 如甲公司对某省建设厅的决定也不服,向同一法院起诉的,法院可以决定合并审理
B. 市安全监督管理局不能适用简易程序作出罚款 3 万元的决定
C. 某省建设厅作出暂扣安全生产许可证决定前,应为甲公司组织听证
D. 因市安全监督管理局的罚款决定违反一事不再罚要求,法院应判决撤销

**103.** 2017/2/82/多

根据相关法律规定,在行政决定作出前,当事人有权就下列哪些情形要求举行听证?

A. 区工商分局决定对个体户王某销售的价值 10 万元的假冒他人商标的服装予以扣押
B. 县公安局以非法种植罂粟为由对陈某处以 3000 元罚款
C. 区环保局责令排放污染物严重的某公司停业整顿
D. 胡某因酒后驾车,被公安交管部门吊销驾驶证

**考点 17** 治安管理处罚

**104.** 2021 回忆/多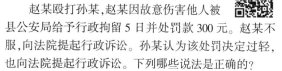

赵某殴打孙某,赵某因故意伤害他人被县公安局给予行政拘留 5 日并处罚款 300 元。赵某不服,向法院提起行政诉讼。孙某认为该处罚决定过轻,也向法院提起行政诉讼。下列哪些说法是正确的?

A. 县公安局作出处罚决定前,可以组织听证
B. 应当暂缓执行赵某的行政拘留处罚决定
C. 法院应当合并审理
D. 经审理被诉处罚决定明显不当的,法院可以变更为行政拘留 10 日并处罚款 500 元

**105.** 2019 回忆/多

张三以刻划方式损坏博物馆里的文物,区公安分局决定对其作出拘留 15 日的处罚。张三对此不服,提起诉讼。下列哪些说法是正确的?

A. 张三的行为属于妨害公共安全的行为
B. 公安分局应当告知张三有申请听证的权利
C. 若张三申请行政复议,应当向区政府提出
D. 张三可以申请暂缓执行行政拘留

**106.** 2012/2/47/单

经传唤调查,某区公安分局以散布谣言、谎报险情为由,决定对孙某处以 15 日行政拘留,并处 500 元罚款。下列哪一选项是正确的?

A. 传唤孙某时,某区公安分局应当将传唤的原因和依据告知孙某
B. 传唤后对孙某的询问查证时间不得超过 48 小时
C. 孙某对处罚决定不服申请行政复议,应向市公安局申请
D. 如孙某对处罚决定不服直接起诉的,应暂缓执行行政拘留的处罚决定

**107.** 2011/2/81/多

某区公安分局以沈某收购赃物为由,拟对沈某处以 1000 元罚款。该分局向沈某送达了听证告知书,告知其可以在 3 日内提出听证申请,沈某遂提出听证要求。次日,该分局在未进行听证的情况下向沈某送达 1000 元罚款决定。沈某申请复议。下列哪些说法是正确的?

A. 该分局在作出决定前,应告知沈某处罚的事实、理由和依据
B. 沈某申请复议的期限为 60 日
C. 该分局不进行听证并不违法
D. 该罚款决定违法

**108.** 2016/2/45/单

李某多次发送淫秽短信、干扰他人正常

生活,公安机关经调查拟对李某作出行政拘留 10 日的处罚。关于此处罚决定,下列哪一做法是适当的?

    A. 由公安派出所作出

    B. 依当场处罚程序作出

    C. 应及时通知李某的家属

    D. 紧急情况下可以口头方式作出

**109.** 2013/2/46/单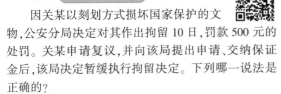

因关某以刻划方式损坏国家保护的文物,公安分局决定对其作出拘留 10 日、罚款 500 元的处罚。关某申请复议,并向该局提出申请、交纳保证金后,该局决定暂缓执行拘留决定。下列哪一说法是正确的?

    A. 关某的行为属于妨害公共安全的行为

    B. 公安分局应告知关某有权要求举行听证

    C. 复议机关只能是公安分局的上一级公安机关

    D. 如复议机关撤销对关某的处罚,公安分局应当及时收取的保证金退还关某

**110.** 2011/2/46/单

市政府决定,将牛某所在村的集体土地征收转为建设用地。因对补偿款数额不满,牛某对现场施工进行阻挠。市公安局接警后派警察到现场处理。经口头传唤和调查后,该局对牛某处以 10 日拘留。牛某不服处罚起诉,法院受理。下列哪一说法是正确的?

    A. 市公安局警察口头传唤牛某构成违法

    B. 牛某在接受询问时要求就被询问事项自行提供书面材料,不予准许

    C. 市政府征收土地决定的合法性不属于本案的审查范围

    D. 本案不适用变更判决

**111.** 2010/2/83/多

公安局认定朱某嫖娼,对其拘留 15 日并处罚款 5000 元。关于此案,下列哪些说法是正确的?

    A. 对朱某的处罚决定书应载明处罚的执行方式和期限

    B. 如朱某要求听证,公安局应当及时依法举行听证

    C. 朱某有权陈述和申辩,公安局必须充分听取朱某的意见

    D. 如朱某对拘留和罚款处罚不服起诉,该案应由公安局所在地的法院管辖

**112.** 2009/2/88/多

某县公安局接到有人在薛某住所嫖娼的电话举报,遂派员前往检查。警察到达举报现场,敲门未开破门入室,只见薛某一人。薛某拒绝在检查笔录上签字,警察在笔录上注明这一情况。薛某认为检查行为违法,提起行政诉讼。下列哪些选项是正确的?

    A. 某县公安局应当对电话举报进行登记

    B. 警察对薛某住所进行检查时不得少于二人

    C. 警察对薛某住所进行检查时应当出示工作证件和县级以上政府公安机关开具的检查证明文件

    D. 因薛某未在警察制作的检查笔录上签字,该笔录在行政诉讼中不具有证据效力

**113.** 2014/2/79/多

某公安局以刘某引诱他人吸食毒品为由对其处以 15 日拘留,并处 3000 元罚款的处罚。刘某不服,向法院提起行政诉讼。下列哪些说法是正确的?

    A. 公安局在作出处罚决定前传唤刘某询问查证,询问查证时间最长不得超过 24 小时

    B. 对刘某的处罚不应当适用听证程序

    C. 如刘某为外国人,可以附加适用限期出境

    D. 刘某向法院起诉的期限为 3 个月

**114.** 2015/2/48/单

公安局以田某等人哄抢一货车上的财物为由,对田某处以 15 日行政拘留处罚,田某不服申请复议。下列哪一说法是正确的?

    A. 田某的行为构成扰乱公共秩序

    B. 公安局对田某哄抢的财物应予以登记

    C. 公安局对田某传唤后询问查证不得超过 12 小时

    D. 田某申请复议的期限为 6 个月

**115.** 2017/2/79/多

某公安派出所以李某放任所饲养的烈性犬恐吓张某为由对李某处以 500 元罚款。关于该处罚决定,下列哪些说法是正确的?

    A. 公安派出所可以自己名义作出决定

    B. 可当场作出处罚决定

    C. 应将处罚决定书副本抄送张某

    D. 如李某不服处罚决定向法院起诉,应以该派出所所属的公安局为被告

# 专题八　行政强制

**考点18** 行政强制行为的判定

**116.** 2021 回忆/多

甲市乙区税务局认定某公司骗取出口退税,遂作出《税务行政处理决定书》,决定追缴其所骗取的税款 500 万元。该公司拒绝上缴,后乙区税务

局从其公司银行账户中强制扣缴 500 万元。该公司不服《税务行政处理决定书》，向甲市税务局申请行政复议，甲市税务局作出维持决定。该公司不服，提起行政诉讼。下列哪些说法是正确的？

- A. 该公司的复议申请期限为 60 日
- B. 追缴税款的决定属于行政处罚
- C. 甲市税务局和乙区税务局为共同被告
- D. 强制扣缴属于行政强制执行

**117.** 2020 回忆/多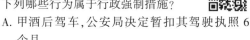

下列哪些行为属于行政强制措施？

- A. 甲酒后驾车，公安局决定暂扣其驾驶执照 6 个月
- B. 公安局发现乙醉酒影响公共秩序，将其带离现场并约束其至酒醒
- C. 市场监督管理局发现丙销售未经检验检疫的猪肉，决定暂扣其未售出的猪肉
- D. 税务局认定丁公司涉嫌转移财产逃税，扣押其相当于应缴税款的商品

**118.** 2013/2/43/单

李某长期吸毒，多次自费戒毒均未成 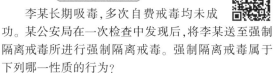 功。某公安局在一次检查中发现后，将李某送至强制隔离戒毒所进行强制隔离戒毒。强制隔离戒毒属于下列哪一性质的行为？

- A. 行政处罚
- B. 行政强制措施
- C. 行政强制执行
- D. 行政许可

**119.** 2012/2/99/任

某交通局在检查中发现张某所驾驶货 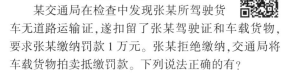 车无道路运输证，遂扣留了张某驾驶证和车载货物，要求张某缴纳罚款 1 万元。张某拒绝缴纳，交通局将车载货物拍卖抵缴罚款。下列说法正确的有？

- A. 扣留驾驶证的行为为行政强制措施
- B. 扣留车载货物的行为为行政强制措施
- C. 拍卖车载货物的行为为行政强制措施
- D. 拍卖车载货物的行为为行政强制执行

**120.** 2013/2/97/任

市林业局接到关于孙某毁林采矿的举报，遂致函当地县政府，要求调查。县政府召开专题会议形成会议纪要：由县林业局、矿产资源管理局与安监局负责调查处理。经调查并与孙某沟通，三部门形成处理意见：要求孙某合法开采，如发现有毁林或安全事故，将依法查处。再次接到举报后，三部门共同发出责令孙某立即停止违法开采、对被破坏的生态进行整治的通知。责令孙某立即停止违法开采的性质是：

- A. 行政处罚
- B. 行政强制措施
- C. 行政征收
- D. 行政强制执行

**121.** 2012/2/84/多

规划局认定一公司所建房屋违反规划，向该公司发出《拆除所建房屋通知》，要求公司在 15 日内拆除房屋。到期后，该公司未拆除所建房屋，该局发出《关于限期拆除所建房屋的通知》，要求公司在 10 日内自动拆除，否则将依法强制执行。下列说法是正确的？

- A. 《拆除所建房屋通知》与《关于限期拆除所建房屋的通知》性质不同
- B. 《关于限期拆除所建房屋的通知》系行政处罚
- C. 公司可以对《拆除所建房屋通知》提起行政诉讼
- D. 在作出《拆除所建房屋通知》时，规划局可以适用简易程序

**122.** 2016/2/46/单

下列哪一行政行为不属于行政强制措施？

- A. 审计局封存转移会计凭证的被审计单位的有关资料
- B. 公安交通执法大队暂扣酒后驾车的贾某机动车驾驶证 6 个月
- C. 税务局扣押某企业价值相当于应纳税款的商品
- D. 公安机关对醉酒的王某采取约束性措施至酒醒

**123.** 2014/2/45/单

某县公安局开展整治非法改装机动车的专项行动，向社会发布通知：禁止改装机动车，发现非法改装机动车的，除依法暂扣行驶证、驾驶证 6 个月外，机动车所有人须到指定场所学习交通法规 5 日并出具自行恢复原貌的书面保证，不自行恢复的予以强制恢复。某县公安局依此通知查处 10 辆机动车，要求其所有人到指定场所学习交通法规 5 日并出具自行恢复原貌的书面保证。下列哪一说法是正确的？

- A. 通知为具体行政行为
- B. 要求 10 名机动车所有人学习交通法规 5 日的行为为行政指导
- C. 通知所指的暂扣行驶证、驾驶证 6 个月为行政处罚
- D. 通知所指的强制恢复为行政强制措施

**考点19 行政强制措施**

**124.** 2021 回忆/多

甲市乙区消防救援大队的执法人员在

消防监督检查中发现某酒店自动消防设施老旧,不再具备防火灭火功能,不及时整改将严重威胁公共安全,遂根据甲市地方性法规的相关规定对该酒店进行临时查封。该酒店不服,向法院提起行政诉讼。下列哪些说法是正确的?

A. 作出查封决定前,应当告知该酒店经营者可以申请听证
B. 对查封决定不服,应当向乙区政府申请行政复议
C. 该酒店对执法人员的身份合法性有异议的,可以要求执法人员出庭说明
D. 甲市地方性法规有权设定查封

**125．** 2012/2/48/单

某市质监局发现一公司生产劣质产品,查封了公司的生产厂房和设备,之后决定没收全部劣质产品、罚款 10 万元。该公司逾期不缴纳罚款。下列哪一选项是错误的?

A. 实施查封时应制作现场笔录
B. 对公司的处罚不能适用简易程序
C. 对公司逾期缴纳罚款,质监局可以每日按罚款数额的 3% 加处罚款
D. 质监局可以通知该公司的开户银行划拨其存款

**126．** 2012/2/80/多

某工商局以涉嫌非法销售汽车为由扣押某公司 5 辆汽车。下列哪些说法是错误的?

A. 工商局可以委托城管执法局实施扣押
B. 工商局扣押汽车的最长期限为 90 日
C. 对扣押车辆,工商局可以委托第三人保管
D. 对扣押车辆进行检测的费用,由某公司承担

**127．** 2016/2/82/多

某工商局因陈某擅自设立互联网上网服务营业场所扣押其从事违法经营活动的电脑 15 台,后作出没收被扣电脑的决定。下列哪些说法是正确的?

A. 工商局应制作并当场交付扣押决定书和扣押清单
B. 因扣押电脑数量较多,作出扣押决定前工商局应告知陈某享有要求听证的权利
C. 对扣押的电脑,工商局不得使用
D. 因扣押行为系过程性行政行为,陈某不能单独对扣押行为提起行政诉讼

**128．** 2013/2/80/多

某工商分局接举报称肖某超范围经营,经现场调查取证初步认定举报属实,遂扣押与其经营相关物品,制作扣押财物决定及财物清单。关于扣押程序,下列哪些说法是正确的?

A. 扣押时应当通知肖某到场
B. 扣押清单一式二份,由肖某和该工商分局分别保存
C. 对扣押物品发生的合理保管费用,由肖某承担
D. 该工商分局应当妥善保管扣押的物品

**129．** 2014/2/47/单

某区公安分局以非许可运输烟花爆竹为由,当场扣押孙某杂货店的烟花爆竹 100 件。关于此扣押,下列哪一说法是错误的?

A. 执法人员应当在返回该分局后立即向该分局负责人报告并补办批准手续
B. 扣押时应当制作现场笔录
C. 扣押时应当制作并当场交付扣押决定书和清单
D. 扣押应当由某区公安分局具备资格的行政执法人员实施

**130．** 2015/2/78/多

某公安交管局交通大队民警发现王某驾驶的电动三轮车未悬挂号牌,遂作出扣押的强制措施。关于扣押应遵守的程序,下列哪些说法是正确的?

A. 由两名以上交通大队行政执法人员实施扣押
B. 当场告知王某扣押的理由和依据
C. 当场向王某交付扣押决定书
D. 将三轮车及其车上的物品一并扣押,当场交付扣押清单

**131．** 2017/2/48/单

某市质监局发现王某开设的超市销售伪劣商品,遂依据《产品质量法》对发现的伪劣商品实施扣押。关于扣押的实施,下列哪一说法是错误的?

A. 因扣押发生的保管费用由王某承担
B. 应制作现场笔录
C. 应制作并当场交付扣押决定书和扣押清单
D. 不得扣押与违法行为无关的财物

**考点20** 行政强制执行

**132．** 2023 回忆/单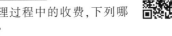

关于行政管理过程中的收费,下列哪一说法是正确的?

A. 代履行的费用一律由当事人承担
B. 因扣押财物发生的保管费用由当事人承担
C. 行政机关申请法院强制执行时的强制执行费用由被执行人承担
D. 行政机关实施行政许可时依规章规定可以收取费用

**133.** 2021 回忆/多

某区河务局认定某公司在河滩违法存放工程废土,决定对其罚款 10 万元。该公司没有在法定期限内申请行政复议或者提起行政诉讼,也没有在指定期限内缴纳罚款。河务局向法院申请强制执行。下列哪些说法是不正确的?

A. 申请法院强制执行前,河务局应当催告该公司履行义务

B. 应当由法院执行庭对罚款决定的合法性进行审查

C. 应当向该公司所在地的基层人民法院申请强制执行

D. 如法院经审查后认为符合执行条件的,应判决准予执行

**134.** 2019 回忆/多

马某在沿街边违法修建房屋,区规划局向马某发出《拆除违章建筑通知》,要求马某在 30 日内拆除违建房屋。到期后,马某未自行拆除该房屋,区规划局遂立即组织人员将该违建房屋强制拆除。下列哪些说法是正确的?

A. 马某就《拆除违章建筑通知》起诉,法院应当受理本案

B. 区规划局强制拆除的行为违法

C.《拆除违章建筑通知》的性质为行政指导

D. 就区规划局组织人员强制拆除的行为,马某应先申请行政复议,对复议决定不服才能向法院起诉

**135.** 2018 回忆/单

区规划局向某电信公司作出了规划许可和建设许可,许可电信公司修建职工宿舍,但电信公司在修建时,超出规划范围,多修筑了 1000 平方米的地下室,并在地面搭建了 500 平方米的工棚供职工居住。对此,区规划局应当采取以下哪一做法?

A. 立即组织人员予以强制拆除

B. 要求某电信公司申请补发地下室规划许可证

C. 责令某电信公司限期拆除,并可对其予以罚款

D. 要求某电信公司申请补发临时建筑规划许可证

**136.** 2008/2/47/多

某市建设委员会以某公司的房屋占压输油、输气管道线为由,作出限期拆除决定,要求某公司自收到决定之日起 10 日内自行拆除。但某公司逾期未拆除,亦未在法定期限内提起诉讼,某市建设委员会申请法院强制执行。下列哪些选项是错误的?①

A. 若法律、法规赋予某市建设委员会有自行强

执行权,法院即应不受理其申请

B. 某市建设委员会应当向其所在地的法院申请强制执行

C. 接受申请的法院应当在受理申请之日起 30 日内作出是否准予强制执行的裁定

D. 若在某市建设委员会申请强制执行前,某公司已对限期拆除决定提起诉讼,法院无权在诉讼期间执行拆除决定

**137.** 2015/2/49/单

在行政强制执行过程中,行政机关依法与甲达成执行协议。事后,甲应当履行协议而不履行,行政机关可采取下列哪一措施?

A. 申请法院强制执行

B. 恢复强制执行

C. 以甲为被告提起民事诉讼

D. 以甲为被告提起行政诉讼

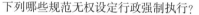

**138.** 2017/2/80/多

下列哪些规范无权设定行政强制执行?

A. 法律　　　　　B. 行政法规

C. 地方性法规　　D. 部门规章

**139.** 2017/2/81/多

林某在河道内修建了"农家乐"休闲旅社,在紧急防汛期,防汛指挥机构认为需要立即清除该建筑物,林某无法清除。对此,下列哪些说法是正确的?

A. 防汛指挥机构可决定立即实施代履行

B. 如林某提起行政诉讼,防汛指挥机构应暂停强制清除

C. 在法定节假日,防汛指挥机构也可强制清除

D. 防汛指挥机构可与林某签订执行协议约定分阶段清除

# 专题九　其他行政行为

**考点21 行政协议及诉讼**

**140.** 2023 回忆/多

县政府与甲公司签订了征地补偿协议后,迟迟未支付征地补偿金。甲公司向法院提起诉讼,请求法院判令县政府支付补偿金和约定的违约金。对此,下列哪些说法是正确的?

A. 诉讼时效依照《民法典》处理

B. 可以参照《民法典》对民事合同的规定处理本案

---

① 原为单选题,根据新法答案有变化,调整为多选题。

C. 甲公司应就被告是否履行支付补偿金义务进行举证

D. 法院不能支持给付违约金的主张

**141.** 2022 回忆/单

老张和小张是父子关系,老张是户主。小张以老张的名义与区政府签订了房屋征收补偿协议。后老张以不知情为由向法院提起诉讼,请求确认该协议无效。对此,下列哪一说法是错误的?

A. 若协议约定发生争议后案件由区法院管辖,则该约定内容无效

B. 若协议无效事由在一审法庭辩论终结前消除,法院可驳回原告起诉

C. 法院应当审查区政府签订协议行为的合法性

D. 法院不能通过民事诉讼程序确认协议无效

**142.** 2021 回忆/任

李某房屋位于某拆迁规划范围内,区政府与李某签订《房屋拆迁补偿协议》,约定拆迁补偿款为 200 万元,后区政府发现对李某房屋补偿面积认定存在重大偏差,导致对李某房屋补偿面积的计算方法有误,补偿安置标准超过其应得补偿标准,遂将协议约定的拆迁补偿款单方变更为 150 万元。李某不服,提起行政诉讼。下列说法不正确的是:

A. 李某起诉期限适用行政诉讼法及其司法解释关于起诉期限的规定

B. 区政府单方变更拆迁补偿款违反职权法定原则,构成违法

C. 李某应当先申请行政复议才能提起行政诉讼

D. 若李某不履行协议约定的搬迁义务,区政府可以向法院提起反诉

**143.** 2021 回忆/单

某区政府与甲签订《棚户区改造征收补偿协议》,约定协议履行争议可以申请仲裁。后甲以其签署协议受到胁迫为由,诉请法院判决解除该补偿协议。关于本案,下列哪一项说法是正确的?

A. 因存在仲裁条款,法院应裁定不予受理

B. 甲承担解除协议的举证责任

C. 本案不适用调解

D. 因存在仲裁条款,该协议无效

**144.** 2020 回忆/任

为开发统一的数码产品网络电召平台,甲市政府与宝昌股份有限责任公司签订了为期 6 年的特许经营协议,由宝昌公司开发网络电召平台并提供日常维护,并约定协议期间甲市政府将禁止其他公司单独开发电召平台。2 年后,由于政府换届,甲市政府单方提前解除了与宝昌公司的协议。请回答下述(1)(2)两题。

(1)根据上述案例,下列说法正确的是:

A. 对于甲市政府与宝昌公司签订特许经营协议的行为,宝昌公司的竞争对手乙公司可以提起行政诉讼

B. 对于甲市政府单方提前解除协议的行为,宝昌公司可以提起民事诉讼

C. 对于甲市政府单方提前解除协议的行为,宝昌公司应当按照行政诉讼的起诉期起诉

D. 对于甲市政府单方提前解除协议的行为,宝昌公司应当按照民事诉讼的规定缴纳诉讼费用

(2)若宝昌公司对甲市政府解除协议的行为不服,向法院提起行政诉讼,下列说法正确的是:

A. 如果特许经营协议中约定了发生争议由协议订立地法院管辖,可以按照协议的约定确定管辖法院

B. 审理本案可以参照适用相关民事法律规范

C. 如果协议能够继续履行,法院可判决被告继续履行协议

D. 如果协议不能继续履行,法院可判决被告采取相应的补救措施,并对原告的损失予以补偿

**考点 22** 行政给付

**145.** 2019 回忆/多

李某请求民政局向其支付抚恤金,遭民政局拒绝。李某诉至法院,要求判令民政局履行法定职责,同时申请法院先予执行。法院经审理查明,民政局负有给付义务而拒绝履行不符合法律规定。对此,下列哪些说法是正确的?

A. 李某提出先予执行申请时,应提供相应担保

B. 法院应当判决民政局在一定期限内履行相应的给付义务

C. 如果李某未先向行政机关提出申请的,法院应当裁定驳回起诉

D. 如果法院认为给付义务明显不属于民政局权限范围的,可以裁定驳回起诉

# 专题十 政府信息公开

**考点 23** 政府信息公开

**146.** 2020 回忆/多

某造纸厂超标排污,影响当地居民饮水安全。甲向区生态环境局申请公开造纸厂的环评文件,区生态环境局征求造纸厂意见,造纸厂认为文件中存在大量商业秘密,不同意公开,区生态环境局即以涉及商业秘密为由拒绝公开。下列哪些选项是正确的?

A. 区生态环境局征求造纸厂意见,若造纸厂逾期未答复,则视为同意公开

B. 区生态环境局拒绝公开违法
C. 对于拒绝决定，甲应当先申请行政复议后才可以再提起行政诉讼
D. 甲申请信息公开时应当提供身份证明

**147.** 2019 回忆/多

陈某在一个月内连续十次向县政府申请公开防汛信息，县政府均按其申请予以公开。三日后，陈某又向县政府提出公开防汛信息申请，县政府可以采取的正确处理方式有哪些？
A. 可以向陈某收取相应信息处理费用
B. 可以陈某不具有申请人资格为由不予提供
C. 可以陈某此前多次重复申请为由不予处理
D. 可以要求陈某说明理由

**148.** 2011/2/43/单

刘某系某工厂职工，该厂经区政府批准后改制。刘某向区政府申请公开该厂进行改制的全部档案、拖欠原职工工资如何处理等信息。区政府作出拒绝公开的答复，刘某向法院起诉。下列哪一说法是正确的？
A. 区政府在作出拒绝答复时，应告知刘某并说明理由
B. 刘某向法院起诉的期限为二个月
C. 此案应由区政府所在地的区法院管辖
D. 因刘某与所申请的信息无利害关系，区政府拒绝公开答复是合法的

**149.** 2008/2/42/多

下列哪些信息是县级和乡（镇）人民政府均应重点主动公开的政府信息？[1]
A. 征收或征用土地、房屋拆迁及其补偿、补助费用的发放、使用情况
B. 社会公益事项建设情况
C. 政府集中采购项目的目录、标准及实施情况
D. 执行计划生育政策的情况

**150.** 2013/2/45/单 新法改编

田某为在校大学生，以从事研究为由向某工商局提出申请，要求公开该局 2012 年度作出的所有行政处罚决定书，该局拒绝公开。田某不服，向法院起诉。下列哪一项说法是正确的？
A. 因田某不具有申请人资格，拒绝公开合法
B. 因行政处罚决定为重点公开的政府信息，拒绝公开违法
C. 田某应先申请复议再向法院起诉
D. 田某的起诉期限为 6 个月

**151.** 2011/2/79/多

某镇政府主动公开一胎生育证发放情

况的信息。下列哪些说法是正确的？
A. 该信息属于镇政府重点公开的信息
B. 镇政府可以通过设立的信息公告栏公开该信息
C. 在无法律、法规或者规章特别规定的情况下，镇政府应当在该信息形成之日起 3 个月内予以公开
D. 镇政府应当及时向公共图书馆提供该信息

**152.** 2010/2/45/多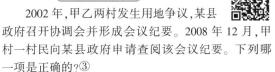

区房管局向某公司发放房屋拆迁许可证。被拆迁人王某向区房管局提出申请，要求公开该公司办理拆迁许可证时所提交的建设用地规划许可证，区房管局作出拒绝公开的答复。对此，下列哪些说法是正确的？[2]
A. 王某提出申请时，应出示有效身份证件
B. 因王某与申请公开的信息无利害关系，拒绝公开是正确的
C. 因区房管局不是所申请信息的制作主体，拒绝公开是正确的
D. 拒绝答复应自收到王某申请之日起 1 个月内作出

**153.** 2009/2/81/单

2002 年，甲乙两村发生用地争议，某县政府召开协调会并形成会议纪要。2008 年 12 月，甲村一村民向某县政府申请查阅该会议纪要。下列哪一项是正确的？[3]
A. 该村民可以口头提出申请
B. 因会议纪要形成于《政府信息公开条例》实施前，故不受《条例》规范
C. 因会议纪要不属于政府信息，某县政府可以不予公开
D. 如某县政府提供有关信息，可以向该村民收取检索、复制、邮寄等费用

**154.** 2014/2/48/多

某乡属企业多年未归还方某借给的资金，双方发生纠纷。方某得知乡政府曾发过 5 号文件和 210 号文件处分了该企业的资产，遂向乡政府递交申请，要求公开两份文件。乡政府不予公开，理由是 5 号文件涉及第三方，且已口头征询其意见，其答复是该文件涉及商业秘密，不同意公开，而 210 号文件不存在。方某向法院起诉。下列哪些说法是正确的？[4]

---

① 原为单选题，根据新法答案有变化，调整为多选题。
② 原为单选题，根据新法答案有变化，调整为多选题。
③ 原为多选题，根据新法答案有变化，调整为单选题。
④ 原为单选题，根据新法答案有变化，调整为多选题。

A. 方某申请时应当出示有效身份证明或者证明文件

B. 对所申请的政府信息,方某不具有申请人资格

C. 乡政府不公开 5 号文件合法

D. 方某能够提供 210 号文件由乡政府制作的相关线索的,可以申请法院调取证据

**155.** 2015/2/50/多

某环保公益组织以一企业造成环境污染为由提起环境公益诉讼,后因诉讼需要,向县环保局申请公开该企业的环境影响评价报告、排污许可证信息。环保局以该组织无申请资格和该企业在该县有若干个基地,申请内容不明确为由拒绝公开。下列哪些说法是正确的?①

A. 该组织提出申请时应出示其负责人的有效身份证明

B. 该组织的申请符合根据自身生产、生活、科研等特殊需要要求,环保局认为其无申请资格不成立

C. 对该组织的申请内容是否明确,环保局的认定和处理是正确的

D. 该组织所申请信息属于依法不应当公开的信息

**156.** 2015/2/79/多

沈某向住建委申请公开一企业向该委提交的某危改项目纳入危改范围的意见和申报材料。该委以信息中有企业联系人联系电话和地址等个人隐私为由拒绝公开,沈某起诉,法院受理。下列哪些说法是正确的?

A. 在作出拒绝公开决定前,住建委无需书面征求企业联系人是否同意公开的意见

B. 本案的起诉期限为 6 个月

C. 住建委应对拒绝公开的根据及履行法定告知和说明理由义务的情况举证

D. 住建委拒绝公开答复合法

**157.** 2017/2/97/任

某环保联合会对某公司提起环境民事公益诉讼,因在诉讼中需要该公司的相关环保资料,遂向县环保局提出申请公开该公司的排污许可证、排污口数量和位置等有关环境信息。申请书中载明了单位名称、住所地、联系人及电话并加盖了公章、获取信息的方式等。县环保局收到申请后,要求环保联合会提供申请人身份的证明材料。环保联合会提供了社会团体登记证复印件。县环保局以申请公开的内容不明确为由拒绝公开,该环保联合会遂提起行政诉讼。关于本案的信息公开申请及其处理,下列说法正确的是:

A. 环保联合会可采用数据电文形式提出信息公开

B. 环保联合会不具有提出此信息公开申请的资格

C. 县环保局有权要求环保联合会提供申请人身份的证明材料

D. 县环保局认为申请内容不明确的,应告知环保联合会作出更改、补充

# 专题十一 行政复议

### 考点24 行政复议参加人与行政复议机关

**158.** 2019 回忆/多

某公司工作人员张某下班途中发生车祸死亡,公司请求市劳动局予以工伤认定,劳动局驳回了其认定请求。张某妻子不服,向市政府申请复议。下列哪些说法是正确的?

A. 工伤认定的性质为行政裁决

B. 张某妻子不具有申请人资格

C. 公司可委托代理人参加行政复议

D. 市政府发现劳动局决定违法,可以制作行政复议意见书

**159.** 2009/2/45/单

关于行政复议第三人,下列哪一选项是错误的?

A. 第三人可以委托一至二名代理人参加复议

B. 第三人不参加行政复议,不影响复议案件的审理

C. 复议机关应为第三人查阅有关材料提供必要条件

D. 第三人与申请人逾期不起诉又不履行复议决定的强制执行制度不同

**160.** 2008/2/84/多

为严格本地生猪屠宰市场管理,某县政府以文件形式规定,凡本县所有猪类屠宰单位和个人,须在规定期限内到生猪管理办公室申请办理生猪屠宰证,违者予以警告或罚款。个体户张某未按文件规定申请办理生猪屠宰证,生猪管理办公室予以罚款 200 元。下列哪些说法是错误的?

A. 若张某在对罚款不服申请复议时一并对县政府文件提出审查申请,复议机关应当转送有权机关依法处理

B. 某县政府的文件属违法设定许可和处罚,有权机关应依据《行政处罚法》和《行政许可法》

对相关责任人给予行政处分

C. 生猪管理办公室若以自己名义作出罚款决定,张某申请复议应以其为被申请人

D. 若张某直接向法院起诉,应以某县政府为被告

**161.** 2011/2/84/单
甲市乙区公安分局所辖派出所以李某制造噪声干扰他人正常生活为由,处以 500 元罚款。李某不服申请复议。下列哪一机关可以成为本案的复议机关?①

A. 乙区公安分局　　B. 乙区政府
C. 甲市公安局　　　D. 甲市政府

**162.** 2009/2/98/任 新法改编
2002 年底,王某按照县税务局要求缴纳税款 12 万元。2008 年初,王某发现多缴税款 2 万元。同年 7 月 5 日,王某向县税务局提出退税书面申请。7 月 13 日,县税务局向王某送达不予退税决定。王某在复议机关维持县税务局决定后向法院起诉。下列选项正确的是:

A. 复议机关是县税务局的上一级税务局

B. 复议机关应自收到王某复议申请书之日起二个月内作出复议决定

C. 被告为县税务局

D. 是否适用《税收征收管理法》"纳税人自结算缴纳税款之日起三年内发现的,可以向税务机关要求退还多缴的税款"的规定,是本案审理的焦点之一

**163.** 2014/2/80/多
《反不正当竞争法》规定,当事人对监督检查部门作出的处罚决定不服的,可以自收到处罚决定之日起 15 日内向上一级主管机关申请复议;对复议决定不服的,可以自收到复议决定书之日起 15 日内向法院提起诉讼;也可以直接向法院提起诉讼。某县工商局认定某企业利用广告对商品作引人误解的虚假宣传,构成不正当竞争,处 10 万元罚款。该企业不服,申请复议。下列哪些说法是正确的?

A. 复议机关应当为该工商局的上一级工商局

B. 申请复议期间为 15 日

C. 如复议机关作出维持决定,该企业向法院起诉,起诉期限为 15 日

D. 对罚款决定,该企业可以不经复议直接向法院起诉

**164.** 2014/2/49/多
某区环保局因某新建水电站未报批环境影响评价文件,且已投入生产使用,给予其罚款 10 万元的处罚。水电站不服,申请复议,复议机关作出

维持处罚的复议决定书。下列哪些说法是正确的?②

A. 复议机关应当为某区政府

B. 如复议期间案件涉及法律适用问题,需要有权机关作出解释,行政复议终止

C. 复议决定书一经送达,即发生法律效力

D. 水电站对复议决定不服向法院起诉,应由复议机关所在地的法院管辖

**165.** 2017/2/84/多
县食药局认定某公司用超保质期的食品原料生产食品,根据《食品安全法》没收违法生产的食品和违法所得,并处 5 万元罚款。公司不服申请行政复议。下列哪些说法是正确的?

A. 公司可向市食药局申请行政复议,也可向县政府申请行政复议

B. 公司可委托 1 至 2 名代理人参加行政复议

C. 公司提出行政复议申请时错列被申请人的,行政复议机构应告知公司变更被申请人

D. 对县食药局的决定,申请行政复议是向法院起诉的必经前置程序

**考点 25** 行政复议的申请与受理

**166.** 2010/2/48/单
《环境保护法》规定,当事人对行政处罚决定不服,可以在接到处罚通知之日起 15 日内申请复议,也可以在接到处罚通知之日起 15 日内直接向法院起诉。某县环保局依据《环境保护法》对违法排污企业作出罚款处罚决定,该企业不服。对此,下列哪一说法是正确的?

A. 如该企业申请复议,申请复议的期限应为 60 日

B. 如该企业直接起诉,提起诉讼的期限应为 3 个月

C. 如该企业逾期不缴纳罚款,县环保局可从该企业的银行账户中划拨相应款项

D. 如该企业逾期不缴纳罚款,县环保局可扣押该企业的财产并予以拍卖

**167.** 2016/2/48/单
某区食品药品监管局以某公司生产经营超过保质期的食品违反《食品安全法》为由,作出处罚决定。公司不服,申请行政复议。关于此案,下列哪一说法是正确的?

A. 申请复议期限为 60 日

B. 公司不得以电子邮件形式提出复议申请

C. 行政复议机关不能进行调解

---

① 原为多选题,根据新法答案有变化,调整为单选题。
② 原为单选题,根据新法答案有变化,调整为多选题。

D. 公司如在复议决定作出前撤回申请,行政复议中止

### 考点26 行政复议与行政诉讼的关系

**168.** 2013/2/83/多

当事人对下列哪些事项既可以申请行政复议也可以提起行政诉讼?

A. 行政机关对民事纠纷的调解

B. 出入境边防检查机关对外国人采取的遣送出境措施

C. 是否征收反倾销税的决定

D. 税务机关作出的处罚决定

**169.** 2008/2/82/多

肖某提出农村宅基地用地申请,乡政府审核后报县政府审批。肖某收到批件后,不满批件所核定的面积。下列哪些选项是正确的?

A. 肖某须先申请复议,方能提起行政诉讼

B. 肖某申请行政复议,复议机关为县政府的上一级政府

C. 肖某申请行政复议,应当自签收批件之日起60日内提出复议申请

D. 肖某提起行政诉讼,县政府是被告,乡政府为第三人

**170.** 2008/2/85/多

某县地税局将个体户沈某的纳税由定额缴税变更为自行申报,并在认定沈某申报税额低于过去纳税额后,要求沈某缴纳相应税款、滞纳金,并处以罚款。沈某不服,对税务机关下列哪些行为可以直接向法院提起行政诉讼?

A. 由定额缴税变更为自行申报的决定

B. 要求缴纳税款的决定

C. 要求缴纳滞纳金的决定

D. 罚款决定

**171.** 2005/2/44/单

甲省乙市人民政府决定征用乙市某村全部土地用于建设,甲省人民政府作出了批准乙市在该村征用土地的批复。其后,乙市规划建设局授予丁公司拆迁许可证,决定拆除该村一组住户的房屋。一组住户不服,欲请求救济。下列哪一种说法不正确?

A. 住户对甲省人民政府征用土地的批复不服,应当先申请复议再提起诉讼

B. 住户可以对乙市人民政府征用补偿决定提起诉讼

C. 住户可以对乙市规划建设局授予丁公司拆迁许可证的行为提起诉讼

D. 住户可以请求甲省人民政府撤销乙市规划建设局授予丁公司拆迁许可证的行为

### 考点27 行政复议的审理

**172.** 2012/2/49/单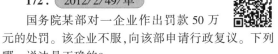

国务院某部对一企业作出罚款50万元的处罚。该企业不服,向该部申请行政复议。下列哪一说法是正确的?

A. 在行政复议中,不应对罚款决定的适当性进行审查

B. 企业委托代理人参加行政复议的,可以口头委托

C. 如在复议过程中企业撤回复议的,即不得再以同一事实和理由提出复议申请

D. 如企业对复议决定不服向国务院申请裁决,企业对国务院的裁决不服向法院起诉的,法院不予受理

**173.** 2013/2/50/单

甲市乙区政府决定征收某村集体土地100亩。该村50户村民不服,申请行政复议。下列哪一说法是错误的?

A. 申请复议的期限为30日

B. 村民应推选1至5名代表参加复议

C. 甲市政府为复议机关

D. 如要求申请人补正申请材料,应在收到复议申请之日起5日内书面通知申请人

**174.** 2017/2/83/多

关于行政复议案件的审理和决定,下列哪些说法是正确的?

A. 行政复议期间涉及专门事项需要鉴定的,当事人可自行委托鉴定机构进行鉴定

B. 对重大、复杂的案件,被申请人提出采取听证方式审理的,行政复议机构应采取听证方式审理

C. 申请人在行政复议决定作出前自愿撤回行政复议申请的,经行政复议机构同意,可以撤回

D. 行政复议人员调查取证时应向当事人或者有关人员出示证件

### 考点28 行政复议决定与执行

**175.** 2010/2/84/多

关于行政复议有关事项的处理,下列哪些说法是正确的?

A. 申请人因不可抗力不能参加行政复议致行政复议中止满60日的,行政复议终止

B. 复议进行现场勘验的,现场勘验所用时间不计入复议审理期限

C. 申请人对行政拘留不服申请复议,复议期间因申请人同一违法行为涉嫌犯罪,该行政拘留变更为刑事拘留的,行政复议中止

D. 行政复议期间涉及专门事项需要鉴定的，当事人可以自行委托鉴定机构进行鉴定

**176.** 2008/2/45/单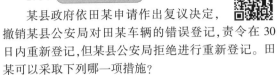

某县政府依田某申请作出复议决定，撤销某县公安局对田某车辆的错误登记，责令在30日内重新登记，但某县公安局拒绝进行重新登记。田某可以采取下列哪一项措施？

A. 申请法院强制执行
B. 对某县公安局的行为申请行政复议
C. 向法院提起行政诉讼
D. 请求某县政府责令某县公安局登记

**177.** 市工商局认定豪美公司的行为符合《广告法》第28条第2款第2项规定的"商品或者服务有关的允诺等信息与实际情况不符，对购买行为有实质性影响"情形，属发布虚假广告，予以行政处罚。豪美公司向市政府申请行政复议，市政府受理。

请回答第(1)、(2)题。

**(1)** 2016/2/97/任 新法改编

关于此案的复议，下列说法正确的是：

A. 豪美公司委托代理人参加复议，应提交授权委托书
B. 应由2名以上行政复议人员参加审理
C. 市政府应为公司查阅有关材料提供必要条件
D. 如处罚决定认定事实不清，证据不足，市政府不得作出变更决定

**(2)** 2016/2/98/任 新法改编

如市政府在法定期限内不作出复议决定，下列说法正确的是：

A. 有监督权的行政机关可督促市政府加以改正
B. 可对市政府负有责任的领导人员和直接负责人员依法给予警告、记过、记大过的行政处分
C. 豪美公司可向法院起诉要求市政府履行复议职责
D. 豪美公司可针对原处罚决定向法院起诉市工商局

**178.** 2015/2/80/多 新法改编

某区工商分局对一公司未取得出版物经营许可证销售电子出版物100套的行为，予以取缔，并罚款6000元。该公司向区政府申请复议。下列哪些说法是正确的？

A. 公司可委托代理人代为参加行政复议
B. 在复议过程中区工商分局不得自行向申请人和其他有关组织或个人收集证据
C. 区政府应采取听取当事人意见的方式审查此案
D. 如区工商分局的决定明显不当，区政府应予以撤销

**179.** 2007/2/48/多

齐某不服市政府对其作出的决定，向省政府申请行政复议，市政府在法定期限内提交了答辩，但没有提交有关证据、依据。开庭时市政府提交了作出行政行为的法律和事实依据，并说明由于市政府办公场所调整，所以延迟提交证据。下列哪些选项是不正确的？①

A. 省政府应接受市政府延期提交的证据材料
B. 省政府应中止案件的审理
C. 省政府应撤销市政府的具体行政行为
D. 省政府应维持市政府的具体行政行为

# 专题十二　行政诉讼概述

### 考点29 行政诉讼与民事诉讼的关系

**180.** 2015/2/81/多

法院审理行政案件，对下列哪些事项，《行政诉讼法》没有规定的，适用《民事诉讼法》的相关规定？

A. 受案范围、管辖
B. 期间、送达、财产保全
C. 开庭审理、调解、中止诉讼
D. 检察院对受理、审理、裁判、执行的监督

**181.** 2010/2/99/任

张某通过房产经纪公司购买王某一套住房并办理了转让登记手续，后王某以房屋买卖合同无效为由，向法院起诉要求撤销登记行为。行政诉讼过程中，王某又以张某为被告就房屋买卖合同的效力提起民事诉讼。下列选项正确的是：

A. 本案行政诉讼中止，等待民事诉讼的判决结果
B. 法院可以决定民事与行政案件合并审理
C. 如法院判决房屋买卖合同无效，应当判决驳回王某的行政诉讼请求
D. 如法院判决房屋买卖合同有效，应当判决确认转让登记行为合法

### 考点30 行政附带民事诉讼

**182.** 2016/2/85/多

甲、乙两村因土地使用权发生争议，县政府裁决使用权归甲村。乙村不服向法院起诉撤销县政府的裁决，并请求法院判定使用权归乙村。关于乙村提出的土地使用权归属请求，下列哪些说法是正确的？

A. 除非有正当理由的，乙村应于第一审开庭审理前提出

---

① 原为单选题，根据新法答案有变化，调整为多选题。

B. 法院作出不予准许决定的,乙村可申请复议一次

C. 法院应当独立案

D. 法院应另行组成合议庭审理

**183.** 2006/2/43/单

区工商局以涉嫌虚假宣传为由扣押了王某财产,王某不服诉至法院。在此案的审理过程中,法院发现王某涉嫌受贿犯罪需追究刑事责任。法院的下列哪种做法是正确的?

A. 终止案件审理,将有关材料移送有管辖权的司法机关处理

B. 继续审理,待案件审理终结后,将有关材料移送有管辖权的司法机关处理

C. 中止案件审理,将有关材料移送有管辖权的司法机关处理,待刑事诉讼程序终结后,恢复案件审理

D. 继续审理,将有关材料移送有管辖权的司法机关处理

# 专题十三 行政诉讼的受案范围

**184.** 2020 回忆/多

秦某下班路上驾驶摩托车侧翻倒地死亡,交警大队多次调查未查明事故原因。因为交通事故原因客观上无法查清,交警大队出具了《道路交通事故证明》,记载了人员、受伤时间、经过等情况。秦某所供职的玉竹公司向社会保障局申请工伤认定,该局以《道路交通事故证明》未查明原因为由不予认定工伤,出具了《工伤认定中止书》。秦某妻子对《工伤认定中止书》不服提起诉讼,下列哪些说法是正确的?

A.《道路交通事故证明》为行政裁决

B.《工伤认定中止书》属于行政诉讼受案范围

C. 秦某妻子起诉时应当附身份证明

D. 玉竹公司可作为本案第三人

**185.** 2019 回忆/任

甲公司向河水中超标排放污水,区环保局向其送达《限期整改通知》,要求其在规定时间内达标排放。期限届满,经过检测,甲公司排放污水仍然不符合国家标准,于是区环保局对该公司作出《水污染防治设施验收不合格认定书》,后责令该公司停业整顿。甲公司就责令停业整顿提起行政诉讼,对此,下列说法正确的是:

A.《限期整改通知》属于行政指导,不属于行政诉讼受案范围

B.《水污染防治设施验收不合格认定书》不属于

行政诉讼受案范围

C. 区环保局作出责令停业整顿决定前,应当告知甲公司有申请听证的权利

D. 法院可以作出先予执行裁定

**186.** 2019 回忆/任

甲去某电信营业厅办理手机入网,被某电信公司收取了定价为 50 元的 SIM 卡卡费,甲认为将手机 SIM 卡定价为 50 元/张属于违法收费,要求市场监督管理局对该公司进行查处,退还自己被违法收取的 50 元卡费。市场监督管理局进行调查后答复:"省通管局和省改委联合下发的《关于电信全业务套餐资费优化方案的批复》规定:SIM 卡收费上限标准:入网 50 元/张。我局非常感谢您对物价工作的支持和帮助。"下列选项正确的是:

A. 甲的行为属于信访行为

B. 市场监督管理局的行为属于对信访问题的复查

C. 若甲对市场监督管理局的答复不服,可以提起行政诉讼

D. 甲可就《关于电信全业务套餐资费优化方案的批复》提起行政诉讼

**187.** 2012/2/85/多

法院应当受理下列哪些对政府信息公开行为提起的诉讼?

A. 黄某要求市政府提供公开发行的 2010 年市政府公报,遭拒绝后向法院起诉

B. 某公司认为工商局向李某公开的政府信息侵犯其商业秘密向法院起诉

C. 村民申请乡政府公开财政收支信息,因乡政府拒绝公开向法院起诉

D. 甲市居民高某向乙市政府申请公开该市副市长的兼职情况,乙市政府以其不具有申请人资格为由拒绝公开,高某向法院起诉

**188.** 2008/2/44/单

下列哪一选项不属于行政诉讼的受案范围?

A. 因某企业排污影响李某的鱼塘,李某要求某环保局履行监督职责,遭拒绝后向法院起诉

B. 某市政府发出通知,要求非本地生产乳制品须经本市技术监督部门检验合格方可在本地销售,违者予以处罚。某外地乳制品企业对通知提起诉讼

C. 刘某与某公司签订房屋预售合同,某区房管局对此进行预售预购登记。后刘某了解到某公司向其销售的房屋系超出规划面积和预售面积房屋,遂以某区房管局违法办理登记为由

提起诉讼

D.《公司登记管理条例》规定,设立公司应当先向工商登记管理机关申请名称预先核准。张某对名称预先核准决定不服提起诉讼

**189.** 2016/2/83/多

对于下列起诉,哪些不属于行政诉讼受案范围?

A. 某公司与县政府签订天然气特许经营协议,双方发生纠纷后该公司以县政府不依法履行协议向法院起诉

B. 环保局干部孙某对定期考核被定为不称职向法院起诉

C. 李某与房屋征收主管部门签订国有土地上的房屋征收补偿安置协议,后李某不履行协议,房屋征收主管部门向法院起诉

D. 县政府发布全县征地补偿安置标准的文件,村民万某以文件确定的补偿标准过低为由向法院起诉

**190.** 2013/2/98/任

市林业局接到关于孙某毁林采矿的举报,遂致函当地县政府,要求调查。县政府召开专题会议形成会议纪要:由县林业局、矿产资源管理局与安监局负责调查处理。经调查并与孙某沟通,三部门形成处理意见:要求孙某合法开采,如发现有毁林或安全事故,将依法查处。再次接到举报后,三部门共同发出责令孙某立即停止违法开采,对被破坏的生态进行整治的通知。

就上述事件中的行为的属性及是否属于行政诉讼受案范围,下列说法正确的是:

A. 市林业局的致函不具有可诉性

B. 县政府的会议纪要具有可诉性

C. 三部门的处理意见是行政合同行为

D. 三部门的通知具有可诉性

**191.** 2011/2/80/多

下列当事人提起的诉讼,哪些属于行政诉讼受案范围?

A. 某造纸厂向市水利局申请发放取水许可证,市水利局作出不予许可决定,该厂不服而起诉

B. 食品药品监管局向申请餐饮服务许可证的李某告知补正申请材料的通知,李某认为通知内容违法而起诉

C. 化肥厂附近居民要求环保局提供对该厂排污许可证监督检查记录,遭到拒绝后起诉

D. 某国土资源局以建城市绿化带为由撤回向一公司发放的国有土地使用权证,该公司不服而起诉

**192.** 2015/2/98/任

下列选项属于行政诉讼受案范围的是:

A. 方某在妻子失踪后向公安局报案要求立案侦查,遭拒绝后向法院起诉确认公安局的行为违法

B. 区房管局以王某不履行双方签订的房屋征收补偿协议为由向法院起诉

C. 某企业以工商局滥用行政权力限制竞争为由向法院起诉

D. 黄某不服市政府发布的征收土地补偿费标准直接向法院起诉

**193.** 2017/2/49/单

下列哪一选项属于法院行政诉讼的受案范围?

A. 张某对劳动争议仲裁裁决不服向法院起诉的

B. 某外国人对出入境边检机关实施遣送出境措施不服申请行政复议,对复议决定不服向法院起诉的

C. 财政局工作人员李某对定期考核为不称职不服向法院起诉的

D. 某企业对县政府解除与其签订的政府特许经营协议不服向法院起诉的

# 专题十四　行政诉讼的管辖

### 考点33　级别管辖

**194.** 2020 回忆/单

某区市场监督管理局以生产不符合标准的运动服为由对某公司处以罚款6000元,没收违法所得2万元,某公司不服向区政府申请复议,区政府将没收违法所得改为1万元后,维持了其他处罚。某公司不服提起诉讼。下列哪一说法是正确的?

A. 本案被告是区市场监督管理局

B. 本案可以由区市场监督管理局所在地的中院管辖

C. 没收违法所得是行为罚

D. 如果该公司拒绝缴纳罚款,区市场监督管理局可对其加处罚款,但加处罚款的标准要告知公司

**195.** 2011/2/100/任

甲县政府设立的临时机构基础设施建设指挥部,认定有10户居民的小区自建的围墙及附属房系违法建筑,指令乙镇政府具体负责强制拆除。10户居民对此决定不服起诉。下列说法正确的是:

A. 本案被告为乙镇政府

B. 本案应由中级法院管辖

C. 如 10 户居民在指定期限内未选定诉讼代表人的，法院可以依职权指定

D. 如 10 户居民对此决定申请复议，复议机关为甲县政府

**196.** 2016/2/49/单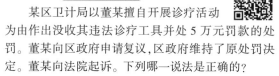

某区卫计局以董某擅自开展诊疗活动为由作出没收其违法诊疗工具并处 5 万元罚款的处罚。董某向区政府申请复议，区政府维持了原处罚决定。董某向法院起诉。下列哪一说法是正确的？

A. 如董某只起诉区卫计局，法院应追加区政府为第三人

B. 本案应以区政府确定案件的级别管辖

C. 本案可由区卫计局所在地的法院管辖

D. 法院应对原处罚决定和复议决定进行合法性审查，但不对复议决定作出判决

**考点34** 地域管辖

**197.** 2022 回忆/多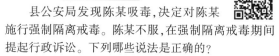

县公安局发现陈某吸毒，决定对陈某施行强制隔离戒毒。陈某不服，在强制隔离戒毒期间提起行政诉讼。下列哪些说法是正确的？

A. 强制隔离戒毒是行政强制执行

B. 强制隔离戒毒只能由法律设定

C. 陈某可以口头委托其近亲属以陈某名义提起行政诉讼

D. 陈某经常居住地法院对本案有管辖权

**198.** 2012/2/79/多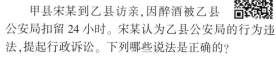

甲县宋某到乙县访亲，因醉酒被乙县公安局扣留 24 小时。宋某认为乙县公安局的行为违法，提起行政诉讼。下列哪些说法是正确的？

A. 扣留宋某的行为为行政处罚

B. 甲县法院对此案有管辖权

C. 乙县法院对此案有管辖权

D. 宋某的亲戚为本案的第三人

**199.** 2009/2/86/多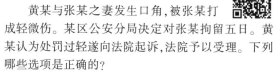

黄某与张某之妻发生口角，被张某打成轻微伤。某区公安分局决定对张某拘留五日。黄某认为处罚过轻遂向法院起诉，法院予以受理。下列哪些选项是正确的？

A. 某区公安分局在给予张某拘留处罚后，应及时通知其家属

B. 张某之妻为本案的第三人

C. 本案既可以由某区公安分局所在地的法院管辖，也可以由黄某所在地的法院管辖

D. 张某不符合申请暂缓执行拘留的条件

**200.** 2008/2/83/单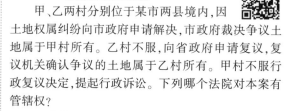

A 市李某驾车送人前往 B 市，在 B 市甲区与乙区居民范某的车相撞，并将后者打伤。B 市甲区公安分局决定扣留李某的汽车，对其拘留 5 日并处罚款 300 元。下列哪一选项是正确的？①

A. 李某可向 B 市公安局申请行政复议

B. 对扣留汽车行为，李某可向甲区人民法院起诉

C. 李某应先申请复议，方能提起行政诉讼

D. 范某可向乙区人民法院起诉

**201.** 2007/2/39/单

甲、乙两村分别位于某市两县境内，因土地权属纠纷向市政府申请解决，市政府裁决争议土地属于甲村所有。乙村不服，向省政府申请复议，复议机关确认争议的土地属于乙村所有。甲村不服行政复议决定，提起行政诉讼。下列哪个法院对本案有管辖权？

A. 争议土地所在地的基层人民法院

B. 争议土地所在地的中级人民法院

C. 市政府所在地的基层人民法院

D. 省政府所在地的中级人民法

# 专题十五　行政诉讼参加人

**考点35** 行政诉讼的原告

**202.** 2012/2/46/单

经王某请求，国家专利复审机构宣告授予李某的专利权无效，并于 2011 年 5 月 20 日向李某送达决定书。6 月 10 日李某因交通意外死亡。李某妻子不服决定，向法院提起行政诉讼。下列哪一说法是正确的？

A. 李某妻子应以李某代理人身份起诉

B. 法院应当通知王某作为第三人参加诉讼

C. 本案原告的起诉期限为 60 日

D. 本案原告应先申请行政复议再起诉

**203.** 2013/2/82/多

一公司为股份制企业，认为行政机关作出的决定侵犯企业经营自主权，下列哪些主体有权以该公司的名义提起行政诉讼？

A. 股东　　　　　　B. 股东大会

C. 股东代表大会　　D. 董事会

**204.** 2009/2/47/单

某市工商局发现，某中外合资游戏软件开发公司生产的一种软件带有暴力和色情内容，决

定没收该软件,并对该公司处以三万元罚款。中方投资者接受处罚,但外方投资者认为处罚决定既损害公司的利益也侵害自己的权益,向法院提起行政诉讼。下列哪一选项是正确的?

A. 外方投资者只能以合资公司的名义起诉

B. 外方投资者可以自己的名义起诉

C. 法院受理外方投资者起诉后,应追加未起诉的中方投资者为共同原告

D. 外方投资者只能以保护自己的权益为由提起诉讼

**205．** 2008/2/86/多

甲厂是某市建筑装潢公司下属的独立核算的集体企业,2007 年 1 月某市建筑装潢公司经批准与甲厂脱离隶属关系。2007 年 4 月,行政机关下达文件批准某市建筑装潢公司的申请,将甲厂并入另一家集体企业乙厂。对此行为,下列何者有权向法院起诉?

A. 甲厂

B. 乙厂

C. 甲厂法定代表人

D. 乙厂法定代表人

**206．** 2008/2/100/任

甲公司与乙公司开办中外合资企业丙公司,经营房地产。因急需周转资金,丙公司与某典当行签订合同,以某宗国有土地作抵押贷款。典当期满后,丙公司未按约定回赎,某典当行遂与丁公司签订协议,将土地的使用权出售给丁公司。经丁公司申请,2001 年 4 月 17 日市国土局的派出机构办理土地权属变更登记。丙公司未参与变更土地登记过程。2008 年 3 月 3 日甲公司查询土地抵押登记情况,得知该土地使用权已变更至丁公司名下。甲公司对变更土地登记行为不服向法院起诉。下列说法正确的是:

A. 甲公司有权以自己的名义起诉

B. 若丙公司对变更土地登记行为不服,应当自 2008 年 3 月 3 日起 3 个月内起诉

C. 丙公司与某典当行签订的合同是否合法,是本案的审理对象

D. 对市国土局与派出机构之间的关系性质,法院可以依法调取证据

**207．** 2007/2/40/多

甲市政府批复同意本市乙区政府征用乙区某村丙小组非耕地 63 亩,并将其中 48 亩使用权出让给某公司用于建设商城。该村丙小组袁某等村民认为,征地中有袁某等 32 户村民的责任田 32 亩,区政府虽以耕地标准进行补偿但以非耕地报批的做法违法,

遂向法院提起行政诉讼。下列哪些选项是正确的?

A. 袁某等 32 户村民可以以某村丙小组的名义起诉

B. 袁某等 32 户村民可以以自己名义起诉

C. 应当以乙区人民政府为被告

D. 法院经审理如果发现征地批复违法,应当判决撤销

**考点36** 行政诉讼的被告

**208．** 2022 回忆/任

甲公司在生产经营中存在用非食品原料生产食品的违法行为,某县市场监督管理局对其作出没收用于违法生产经营的非食品原料和违法所得,并罚款 10 万元的行政处罚。甲公司不服向县政府申请复议,县政府将罚款改为 8 万元后,维持了其他处罚。甲公司不服提起诉讼。下列说法错误的是:

A. 本案被告是县市场监督管理局

B. 本案可以由县市场监督管理局所在地的中级法院管辖

C. 没收违法生产经营的非食品原料是行为罚

D. 如果甲公司以县政府为被告提起诉讼且拒绝追加被告,法院应当追加县市场监督管理局为共同被告

**209．** 2020 回忆/单

甲县政府认为某广告公司在高速公路设置的广告牌妨碍视线,责令其限期拆除,广告公司逾期未拆除,甲县乙镇政府自行组织人员拆除了广告牌。广告公司将甲县政府诉至法院,要求确认强制拆除行为违法。对此,下列哪一项说法是正确的?

A. 法院应当通知乙镇政府作为第三人参加诉讼

B. 法院应当通知广告公司变更乙镇政府作为被告

C. 法院应当将乙镇政府追加为共同被告

D. 若拆除行为违法,广告公司提出赔偿请求的,法院应当进行调解,调解不成,告知就赔偿事项另行起诉

**210．** 2019 回忆/多

甲为区城管局工作人员,在执法过程中与商贩乙发生肢体冲突,将乙打成轻微伤。区公安局对甲作出拘留 5 天、罚款 500 元的处罚决定。甲向区政府申请复议,区政府认为甲打伤乙属于职务行为,遂撤销了区公安局的处罚决定。乙不服,提起诉讼。下列哪些选项是正确的?

A. 本案争议焦点是甲的行为是否属于职务行为

B. 被告可就打人一事提起反诉

C. 本案被告是区政府

D. 乙可以成为第三人

**211.** 2012/2/97/任 新法改编

某药厂以本厂过期药品作为主原料，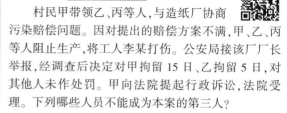更改生产日期和批号生产出售。甲市乙县药监局以该厂违反《药品管理法》第49条第1款关于违法生产药品规定，决定没收药品并处罚款20万元。药厂不服向县政府申请复议，县政府依《药品管理法》第49条第3款关于生产劣药行为的规定，决定维持处罚决定。药厂起诉。关于本案的被告和管辖，下列说法正确的是：

- A. 被告为乙县药监局和乙县政府，由乙县法院管辖
- B. 被告为乙县药监局和乙县政府，甲市中级法院对此案有管辖权
- C. 被告为乙县政府，乙县法院对此案有管辖权
- D. 被告为乙县政府，由甲市中级法院管辖

**212.** 2013/2/100/任

村民甲、乙因自留地使用权发生争议，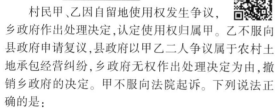乡政府作出处理决定，认定使用权归甲。乙不服向县政府申请复议，县政府以甲乙二人争议属于农村土地承包经营纠纷，乡政府无权作出处理决定为由，撤销乡政府的决定。甲不服向法院起诉。下列说法正确的是：

- A. 县政府撤销乡政府决定的同时应当确定系争土地权属
- B. 甲的代理人的授权委托书应当载明委托事项和具体权限
- C. 本案被告为县政府
- D. 乙与乡政府为本案的第三人

**213.** 2010/2/86/任

县计生委认定孙某违法生育第二胎，决定对孙某征收社会抚养费40000元。孙某向县政府申请复议，要求撤销该决定。县政府维持该决定，并在征收总额中补充列入遗漏的3000元未婚生育社会抚养费。孙某不服，向法院起诉。下列哪些选项是正确的？

- A. 此案的被告应为县计生委与县政府
- B. 此案应由中级法院管辖
- C. 此案的复议决定违法
- D. 被告应当在收到起诉状副本之日起10日内提交答辩状

**214.** 2007/2/44/单

某派出所以扰乱公共秩序为由扣押了高某的拖拉机。高某不服，以派出所为被告提起行政诉讼。诉讼中，法院认为被告应是县公安局，要求变更被告，高某不同意。法院下列哪种做法是正确的？

- A. 以派出所为被告继续审理本案

- B. 以县公安局为被告审理本案
- C. 裁定驳回起诉
- D. 裁定终结诉讼

### 考点37 行政诉讼第三人

**215.** 2012/2/82/多

村民甲带领乙、丙等人，与造纸厂协商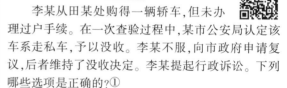污染赔偿问题。因对提出的赔偿方案不满，甲、乙、丙等人阻止生产，将工人李某打伤。公安局接该厂厂长举报，经调查后决定对甲拘留15日、乙拘留5日，对其他人未作处罚。甲向法院提起行政诉讼，法院受理。下列哪些人员不能成为本案的第三人？

- A. 丙　　　　　　B. 乙
- C. 李某　　　　　D. 造纸厂厂长

**216.** 2009/2/46/多 新法改编

李某从田某处购得一辆轿车，但未办理过户手续。在一次查验过程中，某市公安局认定该车系走私车，予以没收。李某不服，向市政府申请复议，后者维持了没收决定。李某提起行政诉讼。下列哪些选项是正确的？①

- A. 市政府为本案的被告
- B. 田某不能成为本案的第三人
- C. 市公安局所在地的法院对本案有管辖权
- D. 市政府所在地的法院对本案有管辖权

**217.** 2009/2/84/多

段某拥有两块山场的山林权证。林改期间，王某认为该山场是自家的土改山，要求段某返还。经村委会协调，段某同意把部分山场给与王某，并签订了协议。事后，段某反悔，对协议提出异议。王某请镇政府调处，镇政府依王某提交的协议书复印件，向王某发放了山林权证。段某不服，向县政府申请复议，在县政府作出维持决定后向法院起诉。下列哪些选项是正确的？

- A. 对镇政府的行为，段某不能直接向法院提起行政诉讼
- B. 县政府为本案第三人
- C. 如当事人未能提供协议书原件，法院不能以协议书复印件单独作为定案依据
- D. 如段某与王某在诉讼中达成新的协议，可视为本案被诉具体行政行为发生改变

**218.** 2007/2/80/单

区城乡建设局批复同意某银行住宅楼选址，并向其颁发许可证。拟建的住宅楼与张某等

---

① 原为单选题，根据新法答案有变化，调整为多选题。

120户居民居住的住宅楼间距为9.45米。张某等20人认为该批准行为违反了国家有关规定，向法院提起了行政诉讼。对此，下列哪一选项是错误的？①

A. 因该批准行为涉及张某等人相邻权，故张某等人有权提起行政诉讼

B. 张某等20户居民应当推选2至5名诉讼代表人参加诉讼

C. 法院可以通知未起诉的100户居民作为第三人参加诉讼

D. 张某等20户居民应当提供符合法定起诉条件的证据材料

# 专题十六　行政诉讼程序

## 考点38　行政诉讼的提起

**219.** 2014/2/84/单

2009年3月15日，严某向某市房管局递交出让方为郭某（严某之母）、受让方为严某的房产交易申请表以及相关材料。4月20日，该局向严某核发房屋所有权证。后因家庭纠纷郭某想出售该房产时发现房产已不在名下，于2013年12月5日以该局为被告提起诉讼，要求撤销向严某核发的房屋所有权证，并给自己核发新证。一审法院判决维持被诉行为，郭某提出上诉。下列哪一项说法是正确的？②

A. 本案的起诉期限为2年

B. 本案的起诉期限从2009年4月20日起算

C. 如诉讼中郭某解除对诉讼代理人的委托，在其书面报告法院后，法院应当通知其他当事人

D. 第二审法院应对一审法院的裁判和被诉具体行政行为是否合法进行全面审查

**220.** 2017/2/98/任　新法改编

某环保联合会对某公司提起环境民事公益诉讼，因在诉讼中需要该公司的相关环保资料，遂向县环保局提出申请公开该公司的排污许可证、排污口数量和位置等有关环境信息。申请书中载明了单位名称、住所地、联系人及电话并加盖了公章、获取信息的方式等。县环保局收到申请后，要求环保联合会提供申请人身份的证明材料。环保联合会提供了社会团体登记证复印件。县环保局以申请公开的内容不明确为由拒绝公开，环保联合会不服，向县政府申请复议，县政府予以维持，该环保联合会遂提起行政诉讼。

关于本案的起诉，下列说法正确的是：

A. 本案由县环保局所在地法院或者环保联合会所在地的法院管辖

B. 起诉期限为6个月

C. 如法院当场不能判定起诉是否符合条件的，应接受起诉状，出具注明收到日期的书面凭证，并在7日内决定是否立案

D. 如法院当场不能判定起诉是否符合条件，经7日内仍不能作出判断的，应裁定暂缓立案

## 考点39　行政诉讼的受理

**221.** 2009/2/100/任　新法改编

郑某因某厂欠缴其社会养老保险费，向区社保局投诉。2004年9月22日，该局向该厂送达《决定书》，要求郑某缴纳养老保险费1万元。同月30日，该局向郑某送达告知书，称其举报一事属实，并要求他缴纳养老保险费（个人缴纳部分）2000元。郑某不服区社保局的《决定书》向法院起诉，法院的生效判决未支持郑某的请求。2005年4月19日，郑某不服告知书向区政府申请复议，后者作出不予受理决定，郑某不服提起诉讼。下列选项正确的是：

A. 郑某向区政府提出的复议申请已超过申请期限

B. 区政府所在地的法院对本案有管辖权

C. 郑某的起诉属重复起诉

D. 如郑某对告知书不服直接向法院起诉，法院可以被诉行为系重复处理行为为由不受理郑某的起诉

**222.** 2010/2/100/任

2006年5月9日，县公安局以甲偷开乙的轿车为由，向其送达1000元罚款的处罚决定书。甲不服，于同月19日向县政府申请行政复议。6月8日，复议机关同意甲撤回复议申请。6月20日，甲就该处罚决定向法院提起行政诉讼。下列说法正确的是：

A. 对甲偷开的轿车县公安局可以扣押

B. 如甲能够证明撤回复议申请违背其真实意思表示，可以同一事实和理由再次对该处罚决定提出复议申请

C. 甲逾期不缴纳1000元罚款，县公安局可以每日按罚款数额的3%加处罚款

D. 法院不应当受理甲的起诉

**223.** 2017/2/42/单

李某和钱某参加省教委组织的"省中小学教师自学考试"，后省教委以"通报"形式，对李某、钱某等4名作弊考生进行了处理，并通知当次考试各科成绩作废，3年之内不准报考。李某、钱某等均得知该通报内容。李某向省政府递交了行政复议申

---

① 原为多选题，根据新法答案有变化，调整为单选题。

② 原为多选题，根据新法答案有变化，调整为单选题。

请书,省政府未予答复。李某诉至法院。下列哪一选项是错误的?

A. 法院应当受理李某对通报不服提起的诉讼

B. 李某对省教委提起诉讼后,法院可以通知钱某作为第三人参加诉讼

C. 法院应当受理李某对省政府不予答复行为提起的诉讼

D. 钱某在诉讼程序中提供的、被告在行政程序中未作为处理依据的证据可以作为认定被诉处理决定合法的依据

### 考点40 第一审普通程序

**224.** `2006/2/83/多`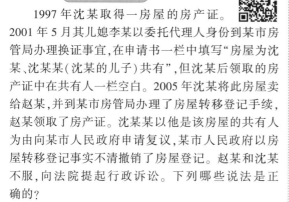

1997年沈某取得一房屋的房产证。2001年5月其儿媳李某以委托代理人身份到某市房管局办理换证事宜,在申请书一栏中填写"房屋为沈某、沈某某(沈某的儿子)共有",但沈某后领取的房产证中在共有人一栏空白。2005年沈某将此房屋卖给赵某,并到某市房管局办理了房屋转移登记手续,赵某领取了房产证。沈某某以他是该房屋的共有人为由向某市人民政府申请复议,某市人民政府以房屋转移登记事实不清撤销了房屋登记。赵某和沈某不服,向法院提起行政诉讼。下列哪些说法是正确的?

A. 沈某某和李某为本案的第三人

B. 某市房管局办理此房屋转移登记行为是否合法不属本案的审查对象

C. 某市房管局为沈某办理换证行为是否合法不属本案的审查对象

D. 李某是否有委托代理权是法院审理本案的核心

### 考点41 行政诉讼简易程序

**225.** `2023 回忆/单`

某区市场监管局以个体户周某销售不合格食品为由,对其作出罚款2000元的决定。周某未在法定期限内到指定银行缴纳罚款,且向区政府申请行政复议,区政府作出复议维持决定。周某以区市场监管局为被告向法院提起诉讼,法院通知周某追加区政府为被告,周某不同意。对此,下列哪一说法是正确的?

A. 法院应当将区政府列为第三人

B. 法院可以适用简易程序审理本案

C. 由区市场监管局对罚款行为的合法性承担举证责任

D. 诉讼期间对周某的加处罚款连续计算

**226.** `2022 回忆/多`

李某向市国土局申请公开其房屋所在

区域土地进行征收的相关政府信息,但市国土局超过法定期限未予公开。李某向市政府申请复议,市政府认为相关内容涉密,决定不予公开。李某不服复议决定,提起诉讼,法院适用简易程序对本案进行了审理。下列哪些选项是正确的?

A. 如果当事人双方协商举证期限的,法院应当适用其协商的期限

B. 法院可以短信方式送达裁判文书

C. 法院可以通过电话传唤当事人到庭参加诉讼

D. 若李某对市国土局未予公开政府信息的行为直接提起诉讼,法院应当不予受理

**227.** `2017/2/99/任`

某环保联合会对某公司提起环境民事公益诉讼,因在诉讼中需要该公司的相关环保资料,遂向县环保局提出申请公开该公司的排污许可证、排污口数量和位置等有关环境信息。申请书中载明了单位名称、住所地、联系人及电话并加盖了公章、获取信息的方式等。县环保局收到申请后,要求环保联合会提供申请人身份的证明材料。环保联合会提供了社会团体登记证复印件。县环保局以申请公开的内容不明确为由拒绝公开,该环保联合会遂提起行政诉讼。

若法院受理此案,关于此案的审理,下列说法正确的是:

A. 法院审理第一审行政案件,当事人各方同意适用简易程序的,可适用简易程序

B. 县环保局负责人出庭应诉的,可另委托1至2名诉讼代理人

C. 县环保局应当对拒绝的根据及履行法定告知和说明理由义务的情况举证

D. 法院应要求环保联合会对其所申请的信息与其自身生产、生活、科研等需要的相关性进行举证

**228.** `2016/2/84/多`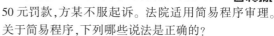

交警大队以方某闯红灯为由当场处以50元罚款,方某不服起诉。法院适用简易程序审理。关于简易程序,下列哪些说法是正确的?

A. 由审判员一人独任审理

B. 法院应在立案之日起30日内审结,有特殊情况需延长的经批准可延长

C. 法院在审理过程中发现不宜适用简易程序的,裁定转为普通程序

D. 对适用简易程序作出的判决,当事人不得提出上诉

**229.** `2016/2/47/单`

甲公司与乙公司发生纠纷向工商局申

请公开乙公司的工商登记信息。该局公开了乙公司的名称、注册号、住所、法定代表人等基本信息,但对经营范围、从业人数、注册资本等信息拒绝公开。甲公司向法院起诉,法院受理。关于此事,下列哪一说法是正确的?

A. 甲公司应先向工商局的上一级工商局申请复议,对复议决定不服再向法院起诉
B. 工商局应当对拒绝公开的依据以及履行法定告知和说明理由义务的情况举证
C. 本案审理不适用简易程序
D. 因相关信息不属政府信息,拒绝公开合法

# 专题十七　行政诉讼证据

### 考点42 举证责任

**230.** 2022回忆/任

镇政府趁姜某不在家时,在夜间对姜某违章修建的房屋进行了强制拆除。姜某起诉要求法院确认强制拆除行为违法,并赔偿房屋内物品的损失。姜某提供了过路村民卢某的证言,证明房屋是在夜间被强制拆除的。镇政府提供了工作人员谢某的证言,证明房屋不是夜间被拆除的。以下说法正确的是:

A. 卢某的证言优于谢某的证言
B. 姜某应对自己的损失承担举证责任
C. 姜某的房屋是违章建筑,镇政府不需要赔偿姜某损失
D. 如果强制拆除行为违法,法院应当予以撤销

**231.** 2012/2/81/多

田某认为区人社局记载有关他的社会保障信息有误,要求更正,该局拒绝。田某向法院起诉。下列哪些说法是正确的?

A. 田某应先申请行政复议再向法院起诉
B. 区人社局应对拒绝更正的理由进行举证和说明
C. 田某应提供区人社局记载有关他的社会保障信息有误的事实根据
D. 法院应判决区人社局在一定期限内更正

**232.** 2010/2/89/多

市城管执法局委托镇政府负责对一风景区域进行城管执法。镇政府接到举报并经现场勘验,认定刘某擅自建房并组织强制拆除。刘某父亲和嫂子称房屋系二人共建,拆除行为侵犯合法权益,向法院起诉,法院予以受理。关于此案,下列哪些说法是正确的?

A. 此案的被告是镇政府

B. 刘某父亲和嫂子应当提供证据证明房屋为二人共建或与拆除行为有利害关系
C. 如法院对拆除房屋进行现场勘验,应当邀请当地基层组织或当事人所在单位派人参加
D. 被告应当提供证据和依据证明有拆除房屋的决定权和强制执行的权力

**233.** 2012/2/98/任

某药厂以本厂过期药品作为主原料,更改生产日期和批号生产出售。甲市乙县药监局以该厂违反《药品管理法》第49条第1款关于违法生产药品规定,决定没收药品并处罚款20万元。药厂不服向县政府申请复议,县政府依《药品管理法》第49条第3款关于生产劣药行为的规定,决定维持处罚决定。药厂起诉。关于本案的举证与审理裁判,下列说法正确的有:

A. 法院应对被诉行政行为和药厂的行为是否合法一并审理和裁判
B. 药厂提供的证明被诉行政行为违法的证据不成立的,不能免除被告对被诉行政行为合法性的举证责任
C. 如在本案庭审过程中,药厂要求证人出庭作证的,法院不予准许
D. 法院对本案的裁判,应当以证据证明的案件事实为依据

### 考点43 证据的种类及提供证据的要求

**234.** 2014/2/98/任

经夏某申请,某县社保局作出认定,夏某晚上下班途中驾驶摩托车与行人发生交通事故受重伤,属于工伤。夏某供职的公司认为其发生交通事故系醉酒所致,向法院起诉要求撤销认定。某县社保局向法院提交了公安局交警大队交通事故认定书、夏某住院的病案和夏某同事孙某的证言。下列说法正确的是:

A. 夏某为本案的第三人
B. 某县社保局提供的证据均系书证
C. 法院对夏某住院的病案是否为原件的审查,系对证据真实性的审查
D. 如有证据证明交通事故确系夏某醉酒所致,法院应判决撤销某县社保局的认定

**235.** 2007/2/84/多

县烟草专卖局发现刘某销售某品牌外国香烟,执法人员表明了自己的身份,并制作了现场笔录。因刘某拒绝签名,随行电视台记者张某作为见证人在笔录上签名,该局当场制作《行政处罚决定书》,没收15条外国香烟。刘某不服该决定,提起行政诉讼。诉讼中,县烟草专卖局向法院提交了现场笔

录、县电视台拍摄的现场录像、张某的证词。下列哪些选项是正确的?

 A. 现场录像应当提供原始载体

 B. 张某的证词有张某的签字后,即可作为证人证言使用

 C. 现场笔录必须有执法人员和刘某的签名

 D. 法院收到县烟草专卖局提供的证据应当出具收据,由经办人员签名或盖章

**考点44** 证据的保全

**236.** 2009/2/87/多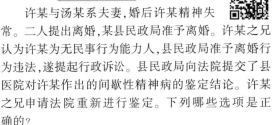

许某与汤某系夫妻,婚后许某精神失常。二人提出离婚,某县民政局准予离婚。许某之兄认为许某为无民事行为能力人,县民政局准予离婚行为违法,遂提起行政诉讼。县民政局向法院提交了县医院对许某作出的间歇性精神病的鉴定结论。许某之兄申请法院重新进行鉴定。下列哪些选项是正确的?

 A. 原告需对县民政局准予离婚行为违法承担举证责任

 B. 鉴定结论应有鉴定人的签名和鉴定部门的盖章

 C. 当事人申请法院重新鉴定可以口头提出

 D. 当事人申请法院重新鉴定应当在举证期限内提出

**237.** 2007/2/45/单

关于行政诉讼中的证据保全申请,下列哪一选项是正确的?

 A. 应当在第一次开庭前以书面形式提出

 B. 应当在举证期限届满前以书面形式提出

 C. 应当在举证期限届满前以口头形式提出

 D. 应当在第一次开庭前以口头形式提出

**考点45** 质证及证据的审核认定

**238.** 2008/2/50/单

某区城管执法局以甲工厂的房屋建筑违法为由强行拆除,拆除行为被认定违法后,甲工厂要求某区城管执法局予以赔偿,遭到拒绝后向法院起诉。甲工厂除提供证据证明房屋损失外,还提供了甲工厂工人刘某与当地居民谢某的证言,以证明房屋被拆除时,房屋有办公用品、机械设备未搬出,应予赔偿。某区城管执法局提交了甲工厂工人李某和执法人员张某的证言,以证明房屋内没有物品。下列哪一选项是正确的?

 A. 法院不能因李某为甲工厂工人而不采信其证言

 B. 法院收到甲工厂提交的证据材料,应当出具收据,由经办人员签名并加盖法院印章

 C. 张某的证言优于谢某的证言

 D. 在庭审过程中,甲工厂要求刘某出庭作证,法院应不予准许

**239.** 2008/2/89/多

某市卫生局经调查取证,认定某公司实施了未经许可擅自采集血液的行为,依据有关法律和相关规定,决定取缔该公司非法采集血液的行为,同时没收 5 只液氮生物容器。下列哪些说法是正确的?

 A. 市卫生局在调查时,执法人员不得少于两人,并应当向当事人出示证件

 B. 若市卫生局当场作出决定,某公司不服申请复议的期限应自决定作出之日起计算

 C. 若某公司起诉,市卫生局向法院提供的现场笔录的效力,优于某公司的证人对现场的描述

 D. 没收 5 只液氮生物容器属于保全措施

**240.** 2015/2/84/多

梁某酒后将邻居张某家的门、窗等物品砸坏。县公安局接警后,对现场进行拍照、制作现场笔录,并请县价格认证中心作价格鉴定意见,对梁某作出行政拘留 8 日处罚。梁某向法院起诉,县公安局向法院提交照片、现场笔录和鉴定意见。下列哪些说法是正确的?

 A. 照片为书证

 B. 县公安局提交的现场笔录无当事人签名的,不具有法律效力

 C. 县公安局提交的鉴定意见应有县价格认证中心的盖章和鉴定人的签名

 D. 梁某对现场笔录的合法性有异议的,可要求县公安局的相关执法人员作为证人出庭作证

**241.** 2005/2/45/单 新法改编

黄某在与陈某的冲突中被陈某推倒后摔成轻微伤,甲县公安局以此对陈某作出行政拘留 15 日的决定。陈某不服申请复议,甲县政府经调查并补充了王某亲眼看到黄某摔伤的证言后维持了原处罚决定。陈某向法院提起诉讼。庭审中,陈某提出该处罚未经过负责人集体讨论,一审法院遂要求被告补充提供该处罚由负责人集体讨论决定的记录。下列哪一种说法是正确的?

 A. 本案被告是甲县政府

 B. 王某的证言只能作为证明甲县政府的复议决定合法的证据

 C. 法院要求被告补充记录的做法不符合法律规定

 D. 法院对被告提供的记录形成时间所作的审查

不属于对证据的关联性审查

# 专题十八 行政诉讼的法律适用

**考点46** 行政诉讼的法律适用

**242．** 2019回忆/多

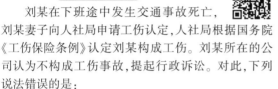

2019年2月,国务院发布了《关于在市场监管领域全面推行部门联合"双随机、一公开"监管的意见》(国发〔2019〕5号)。对此,下列哪些说法是正确的?

A. 该意见为行政法规

B. 该意见可以作为法官裁判的依据

C. 该意见可以作为制定部门规章的依据

D. 对该意见不能进行附带性审查

**243．** 2021回忆/任

刘某在下班途中发生交通事故死亡,刘某妻子向人社局申请工伤认定,人社局根据国务院《工伤保险条例》认定刘某构成工伤。刘某所在的公司认为不构成工伤事故,提起行政诉讼。对此,下列说法错误的是:

A. 工伤认定是行政裁决

B. 法院应当参照《工伤保险条例》作出判决

C. 该公司在诉讼中可以要求法院一并审查《工伤保险条例》

D. 本案可以适用撤销判决

# 专题十九 行政案件审理中的特殊制度

**考点47** 规范性文件的附带审查

**244．** 2023回忆/单

某区交通局依据市交通局制发的《客运经营管理办法》认定张某违法从事客运经营,对其罚款2000元。张某诉至法院请求撤销该处罚决定,并审查《客运经营管理办法》的合法性。法院审理认定《客运经营管理办法》与上位法规定不一致,判决撤销了罚款决定。双方当事人均未提出上诉。对此,下列哪一说法是正确的?

A. 本案的被告是区交通局和市交通局

B. 张某最迟应在法院判决前提出对《客运经营管理办法》的审查申请

C. 法院可直接向市交通局提出修改《客运经营管理办法》的司法建议

D. 法院应在裁判生效后3个月内就《客运经营管理办法》存在的问题向上一级法院备案

**245．** 2019回忆/任

区公安局依据省公安厅和司法厅联合

制定的《律师管理意见》对涉嫌寻衅滋事的律师王某罚款5000元,王某对处罚不服提起诉讼,一并要求审查《律师管理意见》。下列说法不正确的是:

A. 法院在对该文件审查过程中,应当听取两个制定机关的意见

B. 两个制定机关申请出庭陈述意见,法院应当准许

C. 一审法院可以向省人大常委会提出修改该文件的司法建议

D. 法院有权宣告该文件无效

**考点48** 先予执行

**246．** 2020回忆/单

朱某失业后向区民政局申请最低生活保障金,区民政局认为朱某不符合申请资格予以拒绝,朱某提起行政诉讼。在诉讼过程中,朱某申请先予执行。下列哪一说法是正确的?

A. 朱某申请先予执行应当提供担保

B. 如果法院作出先予执行裁定,区民政局不服可以申请复议

C. 朱某应先申请行政复议后,才能在诉讼中提出先予执行申请

D. 本案应适用确认违法判决

**247．** 2015/2/85/多 新法改编

丁某以其房屋作抵押向孙某借款,双方到房管局办理手续,提交了房产证原件及载明房屋面积100平方米、借款50万元的房产抵押合同,该局以此出具房屋他项权证。丁某未还款,法院拍卖房屋,但因房屋面积只有70平方米,孙某遂以该局办理手续时未尽核实义务造成其15万元债权无法实现为由,起诉要求认定该局行为违法并赔偿损失。对此案,下列哪些说法是错误的?

A. 法院可根据孙某申请裁定先予执行

B. 孙某应对房管局的行为造成其损失提供证据

C. 孙某对房屋抵押存在过错的,应当减轻房管局的赔偿责任

D. 孙某的请求不属国家赔偿范围

**考点49** 被告改变被诉行政行为的处理与撤诉制度

**248．** 2009/2/99/任

下列情况属于或可以视为行政诉讼中被告改变被诉具体行政行为的是:

A. 被诉公安局把拘留三日的处罚决定改为罚款500元

B. 被诉土地局更正被诉处罚决定中不影响决定性质和内容的文字错误

C. 被诉工商局未在法定期限答复原告的请求,

在二审期间作出书面答复

D. 县政府针对甲乙两村土地使用权争议作出的处理决定被诉后,甲乙两村达成和解,县政府书面予以认可

**考点 50** 行政机关负责人出庭应诉

**249.** 2019 回忆/任

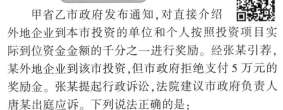

甲省乙市政府发布通知,对直接介绍外地企业到本市投资的单位和个人按照投资项目实际到位资金金额的千分之一进行奖励。经张某引荐,某外地企业到该市投资,但市政府拒绝支付 5 万元的奖励金。张某提起行政诉讼,法院建议市政府负责人唐某出庭应诉。下列说法正确的是:

A. 唐某出庭应诉,可以另行委托两名诉讼代理人

B. 若唐某因公不能出庭,可委托律师代其出庭应诉

C. 若唐某不出庭,也不委托代理人出庭,法院可以传唤其出庭

D. 法院应当适用简易程序进行审理

**考点 51** 行政公益诉讼

**250.** 2022 回忆/多

某公司私自占有公共土地,破坏了森林资源,县林草局对该公司作出罚款 10 万元的决定,并责令其恢复原状。事后,县林草局收缴了该公司的罚款,但没有及时督促该公司恢复原状。县检察院以县林草局没有及时履行要求该公司恢复原状的法定职责向法院起诉。对此,下列哪些说法是正确的?

A. 县检察院起诉前要先向县林草局发出检察建议

B. 检察院的起诉期限是 6 个月

C. 县林草局可以代该公司恢复原状

D. 责令恢复原状是行政处罚

**251.** 2021 回忆/多

某森林公安局以某公司违规铲除植被为由,责令其恢复植被,并罚款 3 万元。该公司缴纳罚款后,森林公安局即办理了结案手续。森林检察院发现这一情况后,向森林公安局发出责令该公司恢复植被的检察建议,森林公安局未予理睬。森林检察院遂向法院提起诉讼。关于本案,下列哪些说法是正确的?

A. 本案是行政公益诉讼

B. 检察院提出检察建议是公益诉讼的前置程序

C. 只有民间公益诉讼组织不提起诉讼,检察院才能提起诉讼

D. 检察院的起诉期限是 3 个月

# 专题二十　行政诉讼的裁判与执行

**考点 52** 行政诉讼第一审判决

**252.** 2008/2/43/单

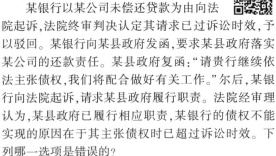

某银行以某公司未偿还贷款为由向法院起诉,法院终审判决认定其请求已过诉讼时效,予以驳回。某银行向某县政府发函,要求某县政府落实某公司的还款责任。某县政府复函:"请贵行继续依法主张债权,我们将配合做好有关工作。"尔后,某银行向法院起诉,请求某县政府履行职责。法院经审理认为,某县政府已履行相应职责,某银行的债权不能实现的原因在于其主张债权时已超过诉讼时效。下列哪一选项是错误的?

A. 本案应由中级法院管辖

B. 因法院的生效判决已对某银行与某公司的民事关系予以确认,某县政府不能重新进行确定

C. 法院应当判决确认某县政府的复函合法

D. 法院应当判决驳回某银行的诉讼请求

**253.** 2008/2/48/单

某县政府与甲开发公司签订《某地区改造项目协议书》,对某地区旧城改造范围、拆迁补偿费及支付方式和期限等事宜加以约定。乙公司持有经某市政府批准取得的国有土地使用证的第 15 号地块,位于某地区改造范围。甲开发公司获得改造范围内新建的房屋预售许可证,并向社会公开预售。乙公司认为某县政府以协议形式规划、管理和利用项目改造的行为违法,向法院起诉,法院受理。下列哪一选项是正确的?

A. 某县政府与甲开发公司签订的《某地区改造项目协议书》属内部协议

B. 某县政府应当依职权先行收回乙公司持有的第 15 号地块国有土地使用证

C. 因乙公司不是《某地区改造项目协议书》的当事人,法院应驳回起诉

D. 若法院经审理查明,某县政府以协议形式规划、管理和利用项目改造的行为违法,应当判决确认某县政府的行为违法,并责令采取补救措施

**254.** 2013/2/81/多

2012 年 9 月,某计划生育委员会以李某、周某二人于 2010 年 7 月违法超生第二胎,作出要求其缴纳社会抚养费 12 万元,逾期不缴纳每月加收千分之二滞纳金的决定。二人不服,向法院起诉。下列哪些说法是正确的?

A. 加处的滞纳金数额不得超出 12 万元

B. 本案为共同诉讼

C. 二人的违法行为发生在 2010 年 7 月,到 2012 年 9 月已超过《行政处罚法》规定的追究责任的期限,故决定违法

D. 法院不能作出允许少缴或免缴社会抚养费的变更判决

**255.** `2011/2/82/多` 新法改编

余某拟大修房屋,向县规划局提出申请,该局作出不予批准答复。余某向县政府申请复议,在后者作出维持决定后,向法院起诉。县规划局向法院提交县政府批准和保存的余某房屋所在中心村规划布局图的复印件一张,余某提交了其房屋现状的录像,证明其房屋已破旧不堪。下列哪些说法是正确的?

A. 县规划局提交的该复印件,应加盖县政府的印章

B. 余某提交的录像应注明制作方法和制作时间

C. 如法院认定余某的请求不成立,可以判决驳回余某的诉讼请求

D. 如法院认定余某的请求成立,在对县规划局的行为作出裁判的同时,应对县政府的复议决定作出裁判

**256.** `2015/2/99/任`

某镇政府以一公司所建钢架大棚未取得乡村建设规划许可证为由责令限期拆除。该公司逾期不拆除,镇政府现场向其送达强拆通知书,组织人员拆除了大棚。该公司向法院起诉要求撤销强拆行为。如一审法院审理认为强拆行为违反法定程序,可作出的判决有:

A. 撤销判决

B. 确认违法判决

C. 履行判决

D. 变更判决

**257.** `2007/2/83/多`

罗某受到朱某的人身威胁,向公安机关报案,公安机关未采取任何措施。三天后,罗某了解到朱某因涉嫌抢劫被刑事拘留。罗某以公安机关不履行法定职责为由向法院提起行政诉讼,同时提出行政赔偿请求,要求赔偿精神损失。法院经审理认为,公安机关确未履行法定职责。下列哪些选项是正确的?

A. 因朱某已被刑事拘留,法院应当判决驳回罗某起诉

B. 法院应当判决确认公安机关不履行职责行为违法

C. 法院应当判决公安机关赔偿罗某的精神损失

D. 法院应当判决驳回罗某的行政赔偿请求

**258.** `2007/2/87/多`

秦某租住江某房屋,后伪造江某的身份证和房屋所有权证,将房屋卖给不知情的吴某。房屋登记部门办理过户时未发现材料有假,便向吴某发放了房屋所有权证。江某发现房屋被卖时秦某已去向不明。江某以登记错误为由,提起行政诉讼要求撤销登记。下列哪些选项是正确的?

A. 法院应判决房屋登记部门撤销颁发给吴某的房屋所有权证

B. 吴某是善意第三人,房屋登记部门不应当撤销给吴某颁发的房屋所有权证

C. 江某应当先申请行政复议,对复议决定不服的,才能向法院起诉

D. 江某提起行政诉讼最长期限是 20 年,自房屋登记机关作出过户登记之日起计算

**考点 53** 行政诉讼第二审判决

**259.** `2011/2/50/单`

县环保局以一企业逾期未完成限期治理任务为由,决定对其加收超标准排污费并处以罚款 1 万元。该企业认为决定违法诉至法院,提出赔偿请求。一审法院经审理维持县环保局的决定。该企业提出上诉。下列哪一说法是正确的?

A. 加收超标准排污费和罚款均为行政处罚

B. 一审法院开庭审理时,如该企业未经法庭许可中途退庭,法院应予训诫

C. 二审法院认为需要改变一审判决的,应同时对县环保局的决定作出判决

D. 一审法院如遗漏了该企业的赔偿请求,二审法院应裁定撤销一审判决,发回重审

**260.** `2009/2/48/多`

某区公安分局以蔡某殴打孙某为由对蔡某拘留十日并处罚款 500 元。蔡某向法院起诉,要求撤销处罚决定和赔偿损失。一审法院经审理认定处罚决定违法。下列哪些选项是正确的?①

A. 蔡某所在地的法院对本案无管辖权

B. 一审法院应判决撤销拘留决定,返还罚款 500 元、按照国家上年度职工日平均工资赔偿拘留十日的损失和一定的精神抚慰金

C. 如一审法院的判决遗漏了蔡某的赔偿请求,二审法院应当裁定撤销一审判决,发回重审

D. 如蔡某在二审期间提出赔偿请求,二审法院可以进行调解,调解不成的,应告知蔡某另行起诉

---

① 原为单选题,根据新法答案有变化,调整为多选题。

**261.** 2017/2/100/任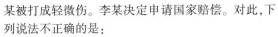

县政府以某化工厂不符合国家产业政策、污染严重为由，决定强制关闭该厂。该厂向法院起诉要求撤销该决定，并提出赔偿请求。一审法院认定县政府决定违法，予以撤销，但未对赔偿请求作出裁判，县政府提出上诉。下列说法正确的是：

A. 本案第一审应由县法院管辖

B. 二审法院不得以不开庭方式审理该上诉案件

C. 二审法院应对一审法院的判决和被诉行政行为进行全面审查

D. 如二审法院经审查认为依法不应给予该厂赔偿的，应判决驳回其赔偿请求

**262.** 2007/2/93/任

某公司提起行政诉讼，要求撤销区教育局作出的《关于不同意申办花蕾幼儿园的批复》，并要求法院判令该局在 20 日内向花蕾幼儿园颁发独立的《办学许可证》。一审法院经审理后作出确认区教育局批复违法的判决，但未就颁发《办学许可证》的诉讼请求作出判决。该公司不服一审判决，提起上诉。下列说法正确的是：

A. 二审法院应当裁定撤销一审判决

B. 二审法院应当维持一审判决

C. 二审法院可以裁定发回一审法院重审

D. 二审法院应当裁定发回一审法院重审，一审法院应当另行组成合议庭进行审理

**考点54** 行政诉讼裁判的执行

**263.** 2010/2/87/单

某公司向区教委申请《办学许可证》，遭拒后向法院提起诉讼，法院判决区教委在判决生效后 30 日内对该公司申请进行重新处理。判决生效后，区教委逾期拒不履行，某公司申请强制执行。关于法院可采取的执行措施，下列哪一项是正确的？①

A. 对区教委按日处 100 元的罚款

B. 对区教委的主要负责人处以罚款

C. 经法院院长批准，对区教委直接责任人予以司法拘留

D. 责令由市教委对该公司的申请予以处理

# 专题二十一 国家赔偿概述

**考点55** 国家赔偿概述

**264.** 2018 回忆/任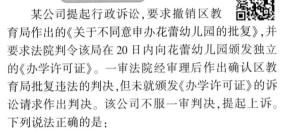

李某因为走私被甲区公安分局抓获，甲区公安分局对李某拘留 5 日。李某不服提起复议，甲区政府作出拘留 15 日的决定。在拘留期间，李某被牢头向某殴打，拘留所看管人员不予制止，致使李

某被打成轻微伤。李某决定申请国家赔偿。对此，下列说法不正确的是：

A. 如李某对拘留 15 日提起行政诉讼，甲区公安分局与甲区政府都是被告

B. 如李某对拘留 15 日提起行政赔偿诉讼，甲区公安分局与甲区政府承担连带赔偿责任

C. 李某在拘留所中被向某殴打，属于民事侵权行为，拘留所不承担国家赔偿责任

D. 李某在被拘留期间被殴打，应当由赔偿义务机关证明其行为与损害结果之间是否存在因果关系

# 专题二十二 行政赔偿

**考点56** 行政赔偿义务机关及赔偿程序

**265.** 2022 回忆/多

某县政府组织工作人员对岳某的房屋强制拆除，岳某认为工作人员事先未通知其转移物品，导致屋内物品毁损，请求法院确认县政府行为违法，法院判决确认强制拆除行为违法。后岳某向县政府请求赔偿，县政府一直未予回复，岳某遂向法院提起行政赔偿诉讼，请求赔偿房屋、屋内损失，并要求县政府追究相关人员的违法责任。下列哪些说法是正确的？

A. 若因强制拆除行为导致岳某对财产损失无法举证，应由县政府承担举证责任

B. 县政府追究相关人员的违法责任不属于法院审查范围

C. 岳某提出行政赔偿诉讼的起诉期限为 6 个月

D. 本案应当由中级人民法院管辖

**266.** 2013/2/84/多

某区规划局以一公司未经批准擅自搭建地面工棚为由，限期自行拆除。该公司逾期未拆除。根据规划局的请求，区政府组织人员将违法建筑拆除，并将拆下的钢板作为建筑垃圾运走。如该公司申请国家赔偿，下列哪些说法是正确的？

A. 可以向区规划局提出赔偿请求

B. 区政府为赔偿义务机关

C. 申请国家赔偿之前应先申请确认运走钢板的行为违法

D. 应当对自己的主张提供证据

**267.** 2010/2/88/多 新法改编

关于行政赔偿诉讼，下列哪些选项是正确的？

---

① 原为多选题，根据新法答案有变化，调整为单选题。

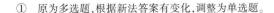

A. 两个以上行政机关分别实施违法行政行为造成同一损害，每个行政机关的行为都足以造成全部损害的，根据过错各自承担相应责任

B. 原告在二审程序中提出行政赔偿请求的，人民法院可以组织各方调解，调解不成的，告知其另行起诉

C. 如复议决定加重损害，赔偿请求人只对复议机关提出行政赔偿诉讼的，复议机关为被告

D. 提起行政诉讼时一并提出行政赔偿请求的，可以在提起诉讼后至法院一审判决前提出，人民法院应予受理

**268.** 2007/2/89/多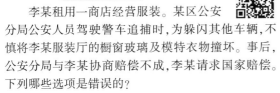

李某租用一商店经营服装。某区公安分局公安人员驾驶警车追捕时，为躲闪其他车辆，不慎将李某服装厅的橱窗玻璃及模特衣物撞坏。事后，公安分局与李某协商赔偿不成，李某请求国家赔偿。下列哪些选项是错误的？

A. 公安分局应作为赔偿义务机关，因为李某曾与其协商赔偿

B. 公安分局不应作为赔偿义务机关，因该公安人员的行为属于与行使职权无关的个人行为

C. 公安分局不应作为赔偿义务机关，因为该公安人员的行为不是违法行使职权，应按行政补偿解决

D. 公安分局应作为赔偿义务机关，因为该公安人员的行为属于与行使职权有关的行为

# 专题二十三　司法赔偿

## 考点57 司法赔偿义务机关

**269.** 2023 回忆/多

程某殴打罗某，鉴定机关鉴定罗某构成二级轻伤。2021年11月12日，县公安局以程某构成故意伤害罪为由决定立案侦查，11月30日将程某刑事拘留，后县检察院作出逮捕决定。2022年5月3日，鉴定机关经过重新鉴定，罗某构成轻微伤。县公安局决定撤销案件，程某同日被释放。程某遂申请国家赔偿。对此，下列哪些说法是不正确的？

A. 赔偿义务机关是县检察院

B. 鉴定机关鉴定错误，应当承担赔偿责任

C. 赔偿期间是2021年11月12日到2022年5月3日

D. 赔偿义务机关如拒绝赔偿，程某可直接向法院赔偿委员会申请作出赔偿决定

**270.** 2012/2/83/多

区公安分局以涉嫌故意伤害罪为由将

方某刑事拘留，区检察院批准对方某的逮捕。区法院判处方某有期徒刑3年，方某上诉。市中级法院以事实不清为由发回区法院重审。区法院重审后，判决方某无罪。判决生效后，方某请求国家赔偿。下列哪些说法是错误的？

A. 区检察院和区法院为共同赔偿义务机关

B. 区公安分局为赔偿义务机关

C. 方某应当先向区法院提出赔偿请求

D. 如区检察院在审查起诉阶段决定撤销案件，方某请求国家赔偿的，区检察院为赔偿义务机关

**271.** 2008/2/40/单 新法改编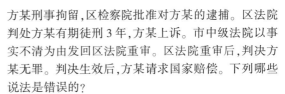

甲市乙区公安分局以孙某涉嫌诈骗罪为由将其刑事拘留，并经乙区检察院批准逮捕。后因案情特殊由丙区检察院提起公诉。2006年，丙区法院判处孙某有期徒刑3年，孙某不服上诉，甲市中级法院裁定发回丙区法院重新审理。重审期间，丙区检察院经准许撤回起诉，并最终作出不起诉决定。孙某申请国家赔偿。关于赔偿义务机关，下列哪一选项是正确的？

A. 乙区公安分局、乙区检察院和丙区法院

B. 丙区检察院和丙区法院

C. 乙区检察院和丙区法院

D. 丙区法院

## 考点58 司法赔偿范围

**272.** 2021 回忆/任

赵某因涉嫌犯罪被立案侦查，后经县检察院批准逮捕，县法院一审认定赵某犯甲罪，判处有期徒刑1年，缓刑2年；犯乙罪，判处有期徒刑2年，缓刑2年；合并执行2年，缓刑2年半。判决当日赵某被释放。后赵某上诉，市中级法院判决维持原判。赵某申请省高院再审。省高院判决撤销甲罪，对乙罪判处有期徒刑2年，缓刑2年。关于本案，下列说法正确的是：

A. 如果赔偿赵某的话，赔偿义务机关是市中级法院

B. 对于赵某所犯甲罪，国家应予赔偿

C. 对于赵某所犯乙罪，国家不予赔偿

D. 赵某雇请律师的费用不属于赔偿范围

**273.** 2010/2/50/多

2009年2月10日，王某因涉嫌诈骗被县公安局刑事拘留，2月24日，县检察院批准逮捕王某。4月10日，县法院以诈骗罪判处王某3年有期徒刑，缓期2年执行。5月10日，县公安局根据县法院变更强制措施的决定，对王某采取取保候审措施。王某上诉，6月1日，市中级法院维持原判。王

某申诉,12 月 10 日,市中级法院再审认定王某行为不构成诈骗,撤销原判。对此,下列哪些说法是不正确的?①

    A. 因王某被判无罪,国家应当对王某在 2009 年 2 月 10 日至 12 月 10 日期间的损失承担赔偿责任

    B. 因王某被判处有期徒刑缓期执行,国家不承担赔偿责任

    C. 因王某被判无罪,国家应当对王某在 2009 年 6 月 1 日至 12 月 10 日期间的损失承担赔偿责任

    D. 因王某被判无罪,国家应当对王某在 2009 年 2 月 10 日至 5 月 10 日期间的损失承担赔偿责任

**274.**　`2009/2/89/多`

2006 年 12 月 5 日,王某因涉嫌盗窃被某县公安局刑事拘留,同月 11 日被县检察院批准逮捕。2008 年 3 月 4 日王某被一审法院判处有期徒刑二年,王某不服提出上诉。2008 年 6 月 5 日,二审法院维持原判,判决交付执行。2009 年 3 月 2 日,法院经再审以王某犯罪时不满 16 周岁为由撤销生效判决,改判其无罪并当庭释放。王某申请国家赔偿,下列哪些选项是错误的?

    A. 国家应当对王某从 2008 年 6 月 5 日到 2009 年 3 月 2 日被羁押的损失承担赔偿责任

    B. 国家应当对王某从 2006 年 12 月 11 日到 2008 年 3 月 4 日被羁押的损失承担赔偿责任

    C. 国家应当对王某从 2006 年 12 月 5 日到 2008 年 3 月 4 日被羁押的损失承担赔偿责任

    D. 国家应当对王某从 2008 年 3 月 4 日到 2009 年 3 月 2 日被羁押的损失承担赔偿责任

**考点59** 司法赔偿程序

**275.**　`2018 回忆/多`

徐某涉嫌贪污罪被区检察院逮捕,区法院经审理认为徐某构成职务侵占,但由于其违法情形不严重,故决定免予追究刑事责任。徐某未上诉,后一审判决生效。之后,市中级人民法院通过再审宣告徐某无罪。徐某申请国家赔偿,法院赔偿委员会认为之前判决为免予追究其刑事责任,不应当予以赔偿。下列哪些选项是正确的?

    A. 徐某可以向区检察院的上一级检察院申请复议

    B. 徐某可以向市中级法院赔偿委员会申请赔偿

    C. 不予赔偿的理由不符合法律规定

    D. 赔偿义务机关为区检察院和区法院

**276.**　`2014/2/50/单`

甲市乙县法院强制执行生效民事判决时执行了案外人李某的财产且无法执行回转。李某向乙县法院申请国家赔偿,遭到拒绝后申请甲市中级法院赔偿委员会作出赔偿决定。赔偿委员会适用质证程序审理。下列哪一说法是正确的?

    A. 乙县法院申请不公开质证,赔偿委员会应当予以准许

    B. 李某对乙县法院主张的不利于自己的事实,既未表示承认也未否认的,即视为对该项事实的承认

    C. 赔偿委员会根据李某的申请调取的证据,作为李某提供的证据进行质证

    D. 赔偿委员会应当对质证活动进行全程同步录音录像

**277.**　`2014/2/100/任`

某县公安局以沈某涉嫌销售伪劣商品罪为由将其刑事拘留,并经县检察院批准逮捕。后检察院决定不起诉。沈某申请国家赔偿,赔偿义务机关拒绝。下列说法正确的是:

    A. 县公安局为赔偿义务机关

    B. 赔偿义务机关拒绝赔偿,应当书面通知沈某

    C. 国家应当给予沈某赔偿

    D. 对拒绝赔偿,沈某可以向县检察院的上一级检察院申请复议

**278.**　`2012/2/50/单`

县公安局以李某涉嫌盗窃为由将其刑事拘留,并经县检察院批准逮捕。县法院判处李某有期徒刑 5 年。李某上诉,市中级法院改判李某无罪。李某向赔偿义务机关申请国家赔偿。下列哪一说法是正确的?

    A. 县检察院为赔偿义务机关

    B. 李某申请国家赔偿前应先申请确认刑事拘留和逮捕行为违法

    C. 李某请求国家赔偿的时效自羁押行为被确认为违法之日起计算

    D. 赔偿义务机关可以与李某就赔偿方式进行协商

**279.**　`2011/2/45/单`

李某被县公安局以涉嫌盗窃为由刑事拘留,后被释放。李某向县公安局申请国家赔偿,遭到拒绝,经复议后,向市中级法院赔偿委员会申请作出赔偿决定。下列哪一说法是正确的?

①　原为单选题,根据新法答案有变化,调整为多选题。

A. 李某应向赔偿委员会递交赔偿申请书一式四份

B. 县公安局可以委托律师作为代理人

C. 县公安局应对李某的损失与刑事拘留行为之间是否存在因果关系提供证据

D. 李某不服中级法院赔偿委员会作出的赔偿决定的,可以向上一级法院赔偿委员会申请复议一次

**280.** 2013/2/99/任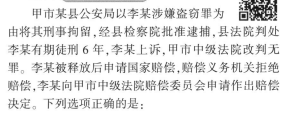

甲市某县公安局以李某涉嫌盗窃罪为由将其刑事拘留,经县检察院批准逮捕,县法院判处李某有期徒刑 6 年,李某上诉,甲市中级法院改判无罪。李某被释放后申请国家赔偿,赔偿义务机关拒绝赔偿,李某向甲市中级法院赔偿委员会申请作出赔偿决定。下列选项正确的是:

A. 赔偿义务机关拒绝赔偿的,应书面通知李某并说明不予赔偿的理由

B. 李某向甲市中级法院赔偿委员会申请作出赔偿决定前,应当先向甲市检察院申请复议

C. 对李某申请赔偿案件,甲市中级法院赔偿委员会可指定一名审判员审理和作出决定

D. 如甲市中级法院赔偿委员会作出赔偿决定,赔偿义务机关认为确有错误的,可以向该省高级法院赔偿委员会提出申诉

**281.** 2015/2/100/任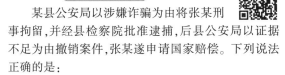

某县公安局以涉嫌诈骗为由将张某刑事拘留,并经县检察院批准逮捕,后县公安局以证据不足为由撤销案件,张某遂申请国家赔偿。下列说法正确的是:

A. 赔偿义务机关为县公安局和县检察院

B. 张某的赔偿请求不属国家赔偿范围

C. 张某当面递交赔偿申请书,赔偿义务机关应当场出具加盖本机关专用印章并注明收讫日期的书面凭证

D. 如赔偿义务机关拒绝赔偿,张某可向法院提起赔偿诉讼

**282.** 2017/2/50/单

某市公安局以朱某涉嫌盗窃罪于 2013 年 7 月 25 日将其刑事拘留,经市检察院批准逮捕。2015 年 9 月 11 日,市中级法院判决朱某无罪,朱某被释放。2016 年 3 月 15 日,朱某以无罪被羁押为由申请国家赔偿,要求支付侵犯人身自由的赔偿金,赔礼道歉,赔偿精神损害抚慰金 200 万元。下列哪一说法是正确的?

A. 市检察院为赔偿义务机关

B. 朱某不能以口头方式提出赔偿申请

C. 限制人身自由的时间是计算精神抚慰金的唯一标准

D. 侵犯朱某人身自由的每日赔偿金应按照 2014 年度职工日平均工资计算

**考点60** 民事、行政司法赔偿

**283.** 2008/2/88/单

甲公司向某区法院起诉要求乙公司返还货款 15 万元,并请求依法保全乙公司价值 10 万元的汽车。在甲公司提供担保后,法院准予采取保全措施。二审法院最终维持某区法院要求乙公司返还货款 10 万元的判决。甲公司在申请强制执行时,发现诉讼期间某区法院在乙公司没有提供担保的情况下已解除保全措施,乙公司已变卖汽车、转移货款,致判决无法执行。甲公司要求某区法院赔偿损失。下列哪一项说法是正确的?①

A.《国家赔偿法》未明确规定法院在民事诉讼过程中违法解除保全措施应承担赔偿责任,故甲公司的请求不成立

B. 违法采取保全措施应包括依法不应当解除而解除保全措施

C. 就某区法院的措施是否属国家赔偿范围问题,受理赔偿诉讼的法院可以进行调解

D. 甲公司应当先申请确认某区法院解除保全措施的行为违法

**284.** 2013/2/49/单

某法院以杜某逾期未履行偿债判决为由,先将其房屋查封,后裁定将房屋过户以抵债。杜某认为强制执行超过申请数额而申请国家赔偿,要求赔偿房屋过户损失 30 万元,查封造成屋内财产毁损和丢失 5000 元,误工损失 2000 元,以及精神损失费 1 万元。下列哪一事项属于国家赔偿范围?

A. 2000 元　　　　B. 5000 元

C. 1 万元　　　　D. 30 万元

**285.** 2017/2/85/多

关于民事、行政诉讼中的司法赔偿,下列哪些说法是正确的?

A. 对同一妨害诉讼的行为重复采取罚款措施的,属于违法采取对妨害诉讼的强制措施

B. 执行未生效法律文书的,属于对判决、裁定及其他生效法律文书执行错误

C. 受害人对损害结果的发生或者扩大也有过错的,国家不承担赔偿责任

D. 因正当防卫造成损害后果的,国家不承担赔偿责任

---

① 原为多选题,根据新法答案有变化,调整为单选题。

# 专题二十四  国家赔偿方式、标准和费用

## 考点61 国家赔偿方式与标准

**286.** 2021 回忆/多

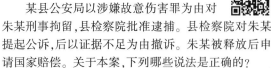

某县公安局以涉嫌故意伤害罪为由对朱某刑事拘留,县检察院批准逮捕。县检察院对朱某提起公诉,后以证据不足为由撤诉。朱某被释放后申请国家赔偿。关于本案,下列哪些说法是正确的?

A. 给予朱某的精神损害抚慰金不得低于侵犯人身自由赔偿金的两倍
B. 赔偿义务机关不可就赔偿项目与朱某进行协商
C. 对赔偿决定不服,朱某可以向赔偿义务机关的上一级机关申请复议
D. 赔偿义务机关应为县检察院

**287.** 2019 回忆/任

县国土资源局认定某建筑材料公司存在非法采砂行为,责令其停产停业。建筑材料公司不服,提起行政诉讼。法院认为县国土资源局认定错误,对其决定予以撤销。县国土资源局应当予以赔偿的项目包括:

A. 设备租金
B. 留守职工工资
C. 预期利润
D. 缴纳的水资源费

**288.** 2012/2/100/任

廖某在监狱服刑,因监狱管理人员放纵被同室服刑人员殴打,致一条腿伤残。廖某经6个月治疗,部分丧失劳动能力,申请国家赔偿。下列属于国家赔偿范围的有:

A. 医疗费
B. 残疾生活辅助具费
C. 残疾赔偿金
D. 廖某扶养的无劳动能力人的生活费

**289.** 2008/2/99/任

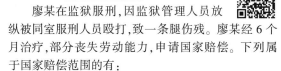

张某租用农贸市场一门面从事经营。因赵某提出该门面属于他而引起争议,工商局扣缴张某的营业执照,致使张某停业2个月之久。张某在工商局返还营业执照后,提出赔偿请求。下列属于国家赔偿范围的是:

A. 门面租赁费

B. 食品过期不能出售造成的损失
C. 张某无法经营的经济损失
D. 停业期间张某依法缴纳的税费

**290.** 2016/2/50/单

某县公安局于2012年5月25日以方某涉嫌合同诈骗罪将其刑事拘留,同年6月26日取保候审,8月11日检察院决定批准逮捕方某。2013年5月11日,法院以指控依据不足为由判决方某无罪,方某被释放。2014年3月2日方某申请国家赔偿。下列哪一说法是正确的?

A. 县公安局为赔偿义务机关
B. 赔偿义务机关可就赔偿方式和数额与方某协商,但不得就赔偿项目进行协商
C. 方某2012年6月26日至8月11日取保候审,不属于国家赔偿范围
D. 对方某的赔偿金标准应按照2012年度国家职工日平均工资计算

**291.** 2011/2/83/多

2006年9月7日,县法院以销售伪劣产品罪判处杨某有期徒刑8年,并处罚金45万元,没收其推土机一台。杨某不服上诉,12月6日,市中级法院维持原判交付执行。杨某仍不服,向省高级法院提出申诉。2010年9月9日,省高级法院宣告杨某无罪释放。2011年4月,杨某申请国家赔偿。关于本案的赔偿范围和标准,下列哪些说法是正确的?

A. 对杨某被羁押,每日赔偿金按国家上年度职工日平均工资计算
B. 返还45万罚金并支付银行同期存款利息
C. 如被没收推土机已被拍卖的,应给付拍卖所得的价款及相应的赔偿金
D. 本案不存在支付精神损害抚慰金的问题

**292.** 2009/2/49/单

2001年5月李某被某县公安局刑事拘留,后某县检察院以证据不足退回该局补充侦查,2002年11月李某被取保候审。2004年,县公安局撤销案件。次年3月,李某提出国家赔偿申请。县公安局于2005年12月作出给予李某赔偿的决定书。李某以赔偿数额过低为由,于2006年先后向市公安局和市法院赔偿委员会提出复议和申请,二者均作出维持决定。对李某被限制人身自由的赔偿金,应按照下列哪个年度的国家职工日平均工资计算?

A. 2002年度
B. 2003年度
C. 2004年度
D. 2005年度

# 行政法与行政诉讼法 [考点法条]

## 专题一　行政法概述

**考点1** 行政法的基本原则

**(一)合法行政原则**

《行政许可法》

第四条　[行政许可法定原则]设定和实施行政许可,应当依照法定的权限、范围、条件和程序。

《行政处罚法》

第四条　公民、法人或者其他组织违反行政管理秩序的行为,应当给予行政处罚的,依照本法由法律、法规、规章规定,并由行政机关依照本法规定的程序实施。

《行政强制法》

第四条　[依法强制原则]行政强制的设定和实施,应当依照法定的权限、范围、条件和程序。

**(二)合理行政原则**

《行政许可法》

第五条第一款　[公开、公平、公正原则]设定和实施行政许可,应当遵循公开、公平、公正、非歧视的原则。

《行政处罚法》

第五条第二款　设定和实施行政处罚必须以事实为依据,与违法行为的事实、性质、情节以及社会危害程度相当。

《行政强制法》

第五条　[适当原则]行政强制的设定和实施,应当适当。采用非强制手段可以达到行政管理目的的,不得设定和实施行政强制。

**(三)程序正当原则**

《行政许可法》

第五条第二款　[公开、公平、公正原则]有关行政许可的规定应当公布;未经公布的,不得作为实施行政许可的依据。行政许可的实施和结果,除涉及国家秘密、商业秘密或个人隐私的外,应当公开。未经申请人同意,行政机关及其工作人员、参与专家评审等的人员不得披露申请人提交的商业秘密、未披露信息或者保密商务信息,法律另有规定或者涉及国家安全、重大社会公共利益的除外;行政机关依法公开申请人前述信息的,允许申请人在合理期限内提出异议。

第十九条　[设定行政许可的听证]起草法律草案、法规草案和省、自治区、直辖市人民政府规章草案,拟设定行政许可的,起草单位应采取听证会、论证会等形式听取意见,并向制定机关说明设定该行政许可的必要性、对经济和社会可能产生的影响以及听取和采纳意见的情况。

第二十条　[定期评价与适时评价制度]行政许可的设定机关应当定期对其设定的行政许可进行评价;对已设定的行政许可,认为通过本法第十三条所列方式能够解决的,应当对设定该行政许可的规定及时予以修改或者废止。

行政许可的实施机关可以对已设定的行政许可的实施情况及存在的必要性适时进行评价,并将意见报告该行政许可的设定机关。

公民、法人或者其他组织可以向行政许可的设定机关和实施机关就行政许可的设定和实施提出意见和建议。

《行政处罚法》

第五条第三款　对违法行为给予行政处罚的规定必须公布;未经公布的,不得作为行政处罚的依据。

《政府信息公开条例》

第六条　行政机关应当及时、准确地公开政府信息。

行政机关发现影响或者可能影响社会稳定、扰乱社会和经济管理秩序的虚假或者不完整信息的,应当发布准确的政府信息予以澄清。

第十四条　依法确定为国家秘密的政府信息,法律、行政法规禁止公开的政府信息,以及公开后可能危及国家安全、公共安全、经济安全、社会稳定的政府信息,不予公开。

第十五条　涉及商业秘密、个人隐私等公开会对第三方合法权益造成损害的政府信息,行政机关不得公开。但是,第三方同意公开或者行政机关认为不公开会对公共利益造成重大影响的,予以公开。[2020 年回忆~政府信息公开]①

《公务员法》

第七十六条　[公务回避]公务员执行公务时,有下列情形之一的,应当回避:

(一)涉及本人利害关系的;

(二)涉及与本人有本法第七十四条第一款所列亲属关系人员的利害关系的;

(三)其他可能影响公正执行公务的。

**(四)诚实守信原则**

《行政许可法》

第八条　[信赖保护原则]公民、法人或者其他组织依法取得的行政许可受法律保护,行政机关不得擅自改变已经生效的行政许可。

行政许可所依据的法律、法规、规章修改或者废止,或者准予行政许可所依据的客观情况发生重大变化的,为了公共利益的需要,行政机关可以依法变更或者撤回已经生效的行政许可。由此给公民、法人或者其他组织造成财产损失的,行政机关应当依法给予补偿。[2021 年回忆~行政许可中的补偿责任]

--------

① 主客观重点法条以灰底标注,并注明主观题考查年份及考点。

（五）高效便民原则

《行政许可法》

第六条 [便民原则]实施行政许可，应当遵循便民的原则，提高办事效率，提供优质服务。

第二十五条 [集中许可权]经国务院批准，省、自治区、直辖市人民政府根据精简、统一、效能的原则，可以决定一个行政机关行使有关行政机关的行政许可权。

第二十六条 [一个窗口对外和一站式办理]行政许可需要行政机关内设的多个机构办理的，该行政机关应当确定一个机构统一受理行政许可申请，统一送达行政许可决定。

行政许可依法由地方人民政府两个以上部门分别实施的，本级人民政府可以确定一个部门受理行政许可申请并转告有关部门分别提出意见后统一办理，或者组织有关部门联合办理、集中办理。

# 专题二 行政主体

**考点2** 国务院行政机构的设置与编制管理

（一）国务院机构的种类

《国务院行政机构设置和编制管理条例》

第六条 [机构种类和职能]国务院行政机构根据职能分为国务院办公厅、国务院组成部门、国务院直属机构、国务院办事机构、国务院组成部门管理的国家行政机构和国务院议事协调机构。

国务院办公厅协助国务院领导处理国务院日常工作。

国务院组成部门依法分别履行国务院基本的行政管理职能。国务院组成部门包括各部、各委员会、中国人民银行和审计署。

国务院直属机构主管国务院的某项专门业务，具有独立的行政管理职能。

国务院办事机构协助国务院总理办理专门事项，不具有独立的行政管理职能。

国务院组成部门管理的国家行政机构由国务院组成部门管理，主管特定业务，行使行政管理职能。

国务院议事协调机构承担跨国务院行政机构的重要业务工作的组织协调任务。国务院议事协调机构议定的事项，经国务院同意，由有关的行政机构按照各自的职责负责办理。在特殊或者紧急的情况下，经国务院同意，国务院议事协调机构可以规定临时性的行政管理措施。

（二）国务院机构的设置

（1）设立、撤销、合并

《国务院行政机构设置和编制管理条例》

第七条 [办公厅和组成部门的设立程序]依照国务院组织法的规定，国务院设立办公厅。

国务院组成部门的设立、撤销或者合并由国务院机构编制管理机关提出方案，经国务院常务会议讨论通过后，由国务院总理提请全国人民代表大会决定；在全国人民代表大会闭会期间，提请全国人民代表大会常务委员会决定。

第八条 [直属机构、办事机构、部门管理国家局的设立程序]国务院直属机构、国务院办事机构和国务院组成部门管理的国家行政机构的设立、撤销或者合并由国务院机构编制管理机关提出方案，报国务院决定。

第十一条 [议事协调机构的设立程序]国务院议事协调机构的设立、撤销或者合并，由国务院机构编制管理机关提出方案，报国务院决定。

第十三条 [国务院行政机构的内设机构]国务院办公厅、国务院组成部门、国务院直属机构、国务院办事机构在职能分解的基础上设立司、处两级内设机构；国务院组成部门管理的国家行政机构根据工作需要可以设立司、处两级内设机构，也可以只设立处级内设机构。

第十四条 [司级、处级内设机构设置程序]国务院行政机构的司级内设机构的增设、撤销或者合并，经国务院机构编制管理机关审核方案，报国务院批准。

国务院行政机构的处级内设机构的设立、撤销或者合并，由国务院行政机构根据国家有关规定决定，按年度报国务院机构编制管理机关备案。

（2）职能调整

《国务院行政机构设置和编制管理条例》

第十二条 [国务院行政机构职能调整程序]国务院行政机构设立后，需要对职能进行调整的，由国务院机构编制管理机关提出方案，报国务院决定。

（三）国务院机构的编制管理

《国务院行政机构设置和编制管理条例》

第十七条 [编制管理原则]国务院行政机构的编制依据职能配置和职位分类，按照精简的原则确定。

前款所称编制，包括人员的数量定额和领导职数。

第十八条 [编制的确定和方案]国务院行政机构的编制在国务院行政机构设立时确定。

国务院行政机构的编制方案，应当包括下列事项：

（一）机构人员定额和人员结构比例；

（二）机构领导职数和司级内设机构领导职数。

第十九条 [增减编制的程序]国务院行政机构增加或者减少编制，由国务院机构编制管理机关审核方案，报国务院批准。

第二十条 [议事协调机构的编制]国务院议事协调机构不单独确定编制，所需要的编制由承担具体工作的国务院行政机构解决。

**考点3** 地方行政机构的设置与编制管理

（一）机构设置

《地方各级人民政府机构设置和编制管理条例》

第九条 [设置程序]地方各级人民政府行政机构的设立、撤销、合并或者变更规格、名称，由本级人民政府提出方案，经上一级人民政府机构编制管理机关审核后，报上一级人民政府批准；其中，县级以上地方各级人民政府行政机构的设立、撤销或者合并，还应当依法报本级人民代表大会常务委员会备案。

第十条 [职责管理与协调机制]地方各级人民政府

行政机构职责相同或者相近的,原则上由一个行政机构承担。

行政机构之间对职责划分有异议的,应当主动协商解决。协商一致的,报本级人民政府机构编制管理机关备案;协商不一致的,应当提请本级人民政府机构编制管理机关提出协调意见,由机构编制管理机关报本级人民政府决定。

**第十二条　[议事协调机构的办事机构的设立]** 县级以上地方各级人民政府的议事协调机构不单独设立办事机构,具体工作由有关的行政机构承担。

**第十三条　[内设机构的设立]** 地方各级人民政府行政机构根据工作需要和精干的原则,设立必要的内设机构。县级以上地方各级人民政府行政机构的内设机构的设立、撤销、合并或者变更规格、名称,由该行政机构报本级人民政府机构编制管理机关审批。

**(二)编制管理**

**《地方各级人民政府机构设置和编制管理条例》**

**第十五条　[类别和使用范围]** 机构编制管理机关应当按照编制的不同类别和使用范围审批编制。地方各级人民政府行政机构应当使用行政编制,事业单位应当使用事业编制,不得混用、挤占、挪用或者自行设定其他类别的编制。

**第十六条　[总额管理和审批程序]** 地方各级人民政府的行政编制总额,由省、自治区、直辖市人民政府提出,经国务院机构编制管理机关审核后,报国务院批准。

**第十七条　[专项管理]** 根据工作需要,国务院机构编制管理机关报经国务院批准,可以在地方行政编制总额内对特定的行政机构的行政编制实行专项管理。

**第十八条　[分级管理]** 地方各级人民政府根据调整职责的需要,可以在行政编制总额内调整本级人民政府有关部门的行政编制。但是,在同一个行政区域不同层级之间调配使用行政编制的,应当由省、自治区、直辖市人民政府机构编制管理机关报国务院机构编制管理机关审批。

**第十九条　[议事协调机构的编制]** 地方各级人民政府议事协调机构不单独确定编制,所需要的编制由承担具体工作的行政机构解决。

# 专题三　公务员

**考点4** 公务员处分制度

**《公务员法》**

**第六十二条　[处分的种类]** 处分分为:警告、记过、记大过、降级、撤职、开除。

**第六十三条　[处分的原则和程序]** 对公务员的处分,应当事实清楚、证据确凿、定性准确、处理恰当、程序合法、手续完备。

公务员违纪违法的,应当由处分决定机关决定对公务员违纪违法的情况进行调查,并将调查认定的事实以及拟给予处分的依据告知公务员本人。公务员有权进行陈述和申辩;处分决定机关不得因公务员申辩而加重处分。

处分决定机关认为对公务员应当给予处分的,应当在规定的期限内,按照管理权限和规定的程序作出处分决定。处分决定应当以书面形式通知公务员本人。

**第六十四条　[中止权利和处分期间]** 公务员在受处分期间不得晋升职务、职级和级别,其中受记过、记大过、降级、撤职处分的,不得晋升工资档次。

受处分的期间为:警告,六个月;记过,十二个月;记大过,十八个月;降级、撤职,二十四个月。

受撤职处分的,按规定降低级别。

**第六十五条　[处分的解除]** 公务员受开除以外的处分,在受处分期间有悔改表现,并且没有再发生违纪违法行为的,处分期满后自动解除。

解除处分后,晋升工资档次、级别和职务、职级不再受原处分的影响。但是,解除降级、撤职处分的,不视为恢复原级别、原职务、原职级。

**考点5** 公务员的其他制度

**(一)公务员的录用**

**《公务员法》**

**第二十三条　[公务员录用的办法]** 录用担任一级主任科员以下及其他相当职级层次的公务员,采取公开考试、严格考察、平等竞争、择优录取的办法。

民族自治地方依照前款规定录用公务员时,依照法律和有关规定对少数民族报考者予以适当照顾。

**第二十四条　[录用的组织机关]** 中央机关及其直属机构公务员的录用,由中央公务员主管部门负责组织。地方各级机关公务员的录用,由省级公务员主管部门负责组织,必要时省级公务员主管部门可以授权设区的市级公务员主管部门组织。

**第二十五条　[报考的附加条件]** 报考公务员,除应当具备本法第十三条规定的条件以外,还应当具备省级以上公务员主管部门规定的拟任职位所要求的资格条件。

国家对行政机关中初次从事行政处罚决定审核、行政复议、行政裁决、法律顾问的公务员实行统一法律职业资格考试制度,由国务院司法行政部门商有关部门组织实施。

**第二十六条　[不得录用的人员]** 下列人员不得录用为公务员:

(一)因犯罪受过刑事处罚的;

(二)被开除中国共产党党籍的;

(三)被开除公职的;

(四)被依法列为失信联合惩戒对象的;

(五)有法律规定不得录用为公务员的其他情形的。

**第二十七条　[编制限额和职位空缺]** 录用公务员,应当在规定的编制限额内,并有相应的职位空缺。

**第二十八条　[招考公告]** 录用公务员,应当发布招考公告。招考公告应当载明招考的职位、名额、报考资格条件、报考需要提交的申请材料以及其他报考须知事项。

招录机关应当采取措施,便利公民报考。

第二十九条 [报考申请的审查]招录机关根据报考资格条件对报考申请进行审查。报考者提交的申请材料应当真实、准确。

第三十条 [录用考试的形式和内容]公务员录用考试采取笔试和面试等方式进行,考试内容根据公务员应当具备的基本能力和不同职位类别、不同层级机关分别设置。

第三十一条 [考察人选的确定、复审、考察和体检]招录机关根据考试成绩确定考察人选,并进行报考资格复审、考察和体检。

体检的项目和标准根据职位要求确定。具体办法由中央公务员主管部门会同国务院卫生健康行政部门规定。

第三十二条 [拟录用人员名单提出、公示、备案或审批]招录机关根据考试成绩、考察情况和体检结果,提出拟录用人员名单,并予以公示。公示期不少于五个工作日。

公示期满,中央一级招录机关应当将拟录用人员名单报中央公务员主管部门备案;地方各级招录机关应当将拟录用人员名单报省级或者设区的市级公务员主管部门审批。

第三十三条 [特殊职位公务员的录用]录用特殊职位的公务员,经省级以上公务员主管部门批准,可以简化程序或者采用其他测评办法。

第三十四条 [试用期]新录用的公务员试用期为一年。试用期满合格的,予以任职;不合格的,取消录用。

(二)公务回避
《公务员法》
第七十六条 [公务回避]公务员执行公务时,有下列情形之一的,应当回避:

(一)涉及本人利害关系的;

(二)涉及与本人有本法第七十四条第一款所列亲属关系人员的利害关系的;

(三)其他可能影响公正执行公务的。

《公务员法》
第七十四条 [亲属回避]公务员之间有夫妻关系、直系血亲关系、三代以内旁系血亲关系以及近姻亲关系的,不得在同一机关双方直接隶属于同一领导人员的职位或者有直接上下级领导关系的职位工作,也不得在其中一方担任领导职务的机关从事组织、人事、纪检、监察、审计和财务工作。

公务员不得在其配偶、子女及其配偶经营的企业、营利性组织的行业监管或者主管部门担任领导成员。

因地域或者工作性质特殊,需要变通执行任职回避的,由省级以上公务员主管部门规定。

(三)公务员的辞职和辞退
《公务员法》
第八十六条 [不得辞去公职的情形]公务员有下列情形之一的,不得辞去公职:

(一)未满国家规定的最低服务年限的;

(二)在涉及国家秘密等特殊职位任职或者离开上述职位不满国家规定的脱密期限的;

(三)重要公务尚未处理完毕,且须由本人继续处理的;

(四)正在接受审计、纪律审查、监察调查,或者涉嫌犯罪,司法程序尚未终结的;

(五)法律、行政法规规定的其他不得辞去公职的情形。

第八十八条 [辞退的法定事由]公务员有下列情形之一的,予以辞退:

(一)在年度考核中,连续两年被确定为不称职的;

(二)不胜任现职工作,又不接受其他安排的;

(三)因所在机关调整、撤销、合并或者缩减编制员额需要调整工作,本人拒绝合理安排的;

(四)不履行公务员义务,不遵守法律和公务员纪律,经教育仍无转变,不适合继续在机关工作,又不宜给予开除处分的;

(五)旷工或者因公外出、请假期满无正当理由逾期不归连续超过十五天,或者一年内累计超过三十天的。

第八十九条 [不得辞退的情形]对有下列情形之一的公务员,不得辞退:

(一)因公致残,被确认丧失或者部分丧失工作能力的;

(二)患病或者负伤,在规定的医疗期内的;

(三)女性公务员在孕期、产假、哺乳期内的;

(四)法律、行政法规规定的其他不得辞退的情形。

(四)申诉制度
《公务员法》
第九十五条 [申请复核、申诉]公务员对涉及本人的下列人事处理不服的,可以自知道该人事处理之日起三十日内向原处理机关申请复核;对复核结果不服的,可以自接到复核决定之日起十五日内,按照规定向同级公务员主管部门或者作出该人事处理的机关的上一级机关提出申诉;也可以不经复核,自知道该人事处理之日起三十日内直接提出申诉:

(一)处分;

(二)辞退或者取消录用;

(三)降职;

(四)定期考核定为不称职;

(五)免职;

(六)申请辞职、提前退休未予批准;

(七)不按照规定确定或者扣减工资、福利、保险待遇;

(八)法律、法规规定可以申诉的其他情形。

对省级以下机关作出的申诉处理决定不服的,可以向作出处理决定的上一级机关提出再申诉。

受理公务员申诉的机关应当组成公务员申诉公正委员会,负责受理和审理公务员的申诉案件。

公务员对监察机关作出的涉及本人的处理决定不服向监察机关申请复审、复核的,按照有关规定办理。

《公务员法》
第九十六条 [复核、申诉决定的作出]原处理机关应当自接到复核申请书后的三十日内作出复核决定,并以书面形式告知申请人。受理公务员申诉的机关应当自受理之日起六十日内作出处理决定;案情复杂的,可以适当延长,但是延长时间不得超过三十日。

复核、申诉期间不停止人事处理的执行。

公务员不因申请复核、提出申诉而被加重处理。

# 专题四　抽象行政行为

**考点6** 行政法规

## (一)制定权限

《立法法》

**第十二条**　本法第十一条规定的事项尚未制定法律的,全国人民代表大会及其常务委员会有权作出决定,授权国务院可以根据实际需要,对其中的部分事项先制定行政法规,但是有关犯罪和刑罚、对公民政治权利的剥夺和限制人身自由的强制措施和处罚、司法制度等事项除外。

**第十三条**　授权决定应当明确授权的目的、事项、范围、期限以及被授权机关实施授权决定应当遵循的原则等。

授权的期限不得超过五年,但是授权决定另有规定的除外。

被授权机关应当在授权期限届满的六个月以前,向授权机关报告授权决定实施的情况,并提出是否需要制定有关法律的意见;需要继续授权的,可以提出相关意见,由全国人民代表大会及其常务委员会决定。

**第十四条**　授权立法事项,经过实践检验,制定法律的条件成熟时,由全国人民代表大会及其常务委员会及时制定法律。法律制定后,相应立法事项的授权终止。

**第十五条**　被授权机关应当严格按照授权决定行使被授予的权力。

被授权机关不得将被授予的权力转授给其他机关。

**第七十二条**　国务院根据宪法和法律,制定行政法规。

行政法规可以就下列事项作出规定:

(一)为执行法律的规定需要制定行政法规的事项;

(二)宪法第八十九条规定的国务院行政管理职权的事项。

应当由全国人民代表大会及其常务委员会制定法律的事项,国务院根据全国人民代表大会及其常务委员会的授权决定先制定的行政法规,经过实践检验,制定法律的条件成熟时,国务院应当及时提请全国人民代表大会及其常务委员会制定法律。

## (二)制定程序

(1)立项

《行政法规制定程序条例》

**第四条第一款**　[报告制度]制定政治方面法律的配套行政法规,应当按照有关规定及时报告党中央。

**第八条第一款**　[报请立项]国务院有关部门认为需要制定行政法规的,应当于国务院编制年度立法工作计划前,向国务院报请立项。

**第九条第一款**　[立法要求]国务院法制机构应当根据国家总体工作部署,对行政法规立项申请和公开征集的行政法规制定项目建议进行评估论证,突出重点,统筹兼顾,拟订国务院年度立法工作计划,报党中央、国务院批准后向社会公布。

**第十条第三款**　[立法计划]国务院年度立法工作计划在执行中可以根据实际情况予以调整。

(2)起草

《立法法》

**第七十四条第一款**　行政法规由国务院有关部门或者国务院法制机构具体负责起草,重要行政管理的法律、行政法规草案由国务院法制机构组织起草。行政法规在起草过程中,应当广泛听取有关机关、组织、人民代表大会代表和社会公众的意见。听取意见可以采取座谈会、论证会、听证会等多种形式。

《行政法规制定程序条例》

**第四条第二款**　[报告制度]制定经济、文化、社会、生态文明等方面重大体制和重大政策调整的重要行政法规,应当将行政法规草案或者行政法规草案涉及的重大问题按照有关规定及时报告党中央。

**第十条第一款**　[立法计划]对列入国务院年度立法工作计划的行政法规项目,承担起草任务的部门应当抓紧工作,按照要求上报国务院;上报国务院前,应当与国务院法制机构沟通。

**第十一条**　[起草部门]行政法规由国务院组织起草。国务院年度立法工作计划确定行政法规由国务院的一个部门或者几个部门具体负责起草工作,也可以确定由国务院法制机构起草或者组织起草。

**第十三条**　[听取意见]起草行政法规,起草部门应当深入调查研究,总结实践经验,广泛听取有关机关、组织和公民的意见。涉及社会公众普遍关注的热点难点问题和经济社会发展遇到的突出矛盾,减损公民、法人和其他组织权利或者增加其义务,对社会公众有重要影响等重大利益调整事项的,应当进行论证咨询。听取意见可以采取召开座谈会、论证会、听证会等多种形式。

起草行政法规,起草部门应当将行政法规草案及其说明等向社会公布,征求意见,但是经国务院决定不公布的除外。向社会公布征求意见的期限一般不少于30日。

起草专业性较强的行政法规,起草部门可以吸收相关领域的专家参与起草工作,或者委托有关专家、教学科研单位、社会组织起草。

**第十四条**　[协商制度]起草行政法规,起草部门应当就涉及其他部门的职责或者与其他部门关系紧密的规定,与有关部门充分协商,涉及部门职责分工、行政许可、财政支持、税收优惠政策的,应当征得机构编制、财政、税务等相关部门同意。

**第十六条**　[送审稿的签署]起草部门向国务院报送的行政法规草案送审稿(以下简称行政法规送审稿),应当由起草部门主要负责人签署。

起草行政法规,涉及几个部门共同职责需要共同起草的,应当共同起草,达成一致意见后联合报送行政法规送审稿。几个部门共同起草的行政法规送审稿,应当由该几个部门主要负责人共同签署。

(3)审查

**《行政法规制定程序条例》**

第十八条 [审查标准]报送国务院的行政法规送审稿,由国务院法制机构负责审查。

国务院法制机构主要从以下方面对行政法规送审稿进行审查:

(一)是否严格贯彻落实党的路线方针政策和决策部署,是否符合宪法和法律的规定,是否遵循立法确定的立法原则;

(二)是否符合本条例第十二条的要求;

(三)是否与有关行政法规协调、衔接;

(四)是否正确处理有关机关、组织和公民对送审稿主要问题的意见;

(五)其他需要审查的内容。

第十九条 [缓办退回]行政法规送审稿有下列情形之一的,国务院法制机构可以缓办或者退回起草部门:

(一)制定行政法规的基本条件尚不成熟或者发生重大变化的;

(二)有关部门对送审稿规定的主要制度存在较大争议,起草部门未征得机构编制、财政、税务等相关部门同意的;

(三)未按照本条例有关规定公开征求意见的;

(四)上报送审稿不符合本条例第十五条、第十六条、第十七条规定的。

第二十条 [征求意见]国务院法制机构应当将行政法规送审稿或者行政法规送审稿涉及的主要问题发送国务院有关部门、地方人民政府、有关组织和专家等各方面征求意见。国务院有关部门、地方人民政府应当在规定期限内反馈书面意见,并加盖本单位或者本单位办公厅(室)印章。

国务院法制机构可以将行政法规送审稿或者修改稿及其说明等向社会公布,征求意见。向社会公布征求意见的期限一般不少于30日。

第二十二条 [听证]行政法规送审稿涉及重大利益调整的,国务院法制机构应当进行论证咨询,广泛听取有关方面的意见。论证咨询可以采取座谈会、论证会、听证会、委托研究等多种形式。

行政法规送审稿涉及重大利益调整或者存在重大意见分歧,对公民、法人或者其他组织的权利义务有较大影响,人民群众普遍关注的,国务院法制机构可以举行听证会,听取有关机关、组织和公民的意见。

第二十三条 [协调程序]国务院有关部门对行政法规送审稿涉及的主要制度、方针政策、管理体制、权限分工等有不同意见的,国务院法制机构应当进行协调,力求达成一致意见。对有较大争议的重要立法事项,国务院法制机构可以委托有关专家、教学科研单位、社会组织进行评估。

经过充分协调不能达成一致意见的,国务院法制机

构、起草部门应当将争议的主要问题、有关部门的意见以及国务院法制机构的意见及时报国务院领导协调,或者报国务院决定。

第二十五条 [传批]行政法规草案由国务院法制机构主要负责人提出请国务院常务会议审议的建议;对调整范围单一、各方面意见一致或者依据法律制定的配套行政法规草案,可以采取传批方式,由国务院法制机构直接提请国务院审批。

(4)决定与公布

**《行政法规制定程序条例》**

第二十六条 [审议与说明]行政法规草案由国务院常务会议审议,或者由国务院审批。

国务院常务会议审议行政法规草案时,由国务院法制机构或者起草部门作说明。

第二十七条 [签署公布]国务院法制机构应当根据国务院对行政法规草案的审议意见,对行政法规草案进行修改,形成草案修改稿,报请总理签署国务院令公布施行。

签署公布行政法规的国务院令载明该行政法规的施行日期。

第二十八条 [标准文本]行政法规签署公布后,及时在国务院公报和中国政府法制信息网以及在全国范围内发行的报纸上刊载。国务院法制机构应当及时汇编出版行政法规的国家正式版本。

在国务院公报上刊登的行政法规文本为标准文本。

第二十九条 [施行日期]行政法规应当自公布之日起30日后施行;但是,涉及国家安全、外汇汇率、货币政策的确定以及公布后不立即施行将有碍行政法规施行的,可以自公布之日起施行。

(5)备案

**《行政法规制定程序条例》**

第三十条 [备案]行政法规在公布后的30日内由国务院办公厅报全国人民代表大会常务委员会备案。

(6)解释

**《行政法规制定程序条例》**

第三十一条 [解释]行政法规有下列情形之一的,由国务院解释:

(一)行政法规的规定需要进一步明确具体含义的;

(二)行政法规制定后出现新的情况,需要明确适用行政法规依据的。

国务院法制机构研究拟订行政法规解释草案,报国务院同意后,由国务院公布或者由国务院授权国务院有关部门公布。

行政法规的解释与行政法规具有同等效力。

第三十二条 [解释要求]国务院各部门和省、自治区、直辖市人民政府可以向国务院提出行政法规解释要求。

第三十三条 [答复]对属于行政工作中具体应用行政法规的问题,省、自治区、直辖市人民政府法制机构以及国务院有关部门法制机构请求国务院法制机构解释的,国务院法制机构可以研究答复;其中涉及重大问题

的,由国务院法制机构提出意见,报国务院同意后答复。

(7)监督

《行政法规制定程序条例》

**第三十六条** [清理]国务院法制机构或者国务院有关部门应当根据全面深化改革、经济社会发展需要以及上位法规定,及时组织开展行政法规清理工作。对不适应全面深化改革和经济社会发展要求、不符合上位法规定的行政法规,应当及时修改或者废止。

**第三十七条** [评估]国务院法制机构或者国务院有关部门可以组织对有关行政法规或者行政法规中的有关规定进行立法后评估,并把评估结果作为修改、废止有关行政法规的重要参考。

## 考点7 行政规章

### (一)制定主体及权限

《立法法》

**第九十一条** 国务院各部、委员会、中国人民银行、审计署和具有行政管理职能的直属机构以及法律规定的机构,可以根据法律和国务院的行政法规、决定、命令,在本部门的权限范围内,制定规章。

部门规章规定的事项应当属于执行法律或者国务院的行政法规、决定、命令的事项。没有法律或者国务院的行政法规、决定、命令的依据,部门规章不得设定减损公民、法人和其他组织权利或者增加其义务的规范,不得增加本部门的权力或者减少本部门的法定职责。

**第九十二条** 涉及两个以上国务院部门职权范围的事项,应当提请国务院制定行政法规或者由国务院有关部门联合制定规章。

**第九十三条** 省、自治区、直辖市和设区的市、自治州的人民政府,可以根据法律、行政法规和本省、自治区、直辖市的地方性法规,制定规章。

地方政府规章可以就下列事项作出规定:

(一)为执行法律、行政法规、地方性法规的规定需要制定规章的事项;

(二)属于本行政区域的具体行政管理事项。

设区的市、自治州的人民政府根据本条第一款、第二款制定地方政府规章,限于城乡建设与管理、生态文明建设、历史文化保护、基层治理等方面的事项。已经制定的地方政府规章,涉及上述事项范围以外的,继续有效。

除省、自治区的人民政府所在地的市,经济特区所在地的市和国务院已经批准的较大的市以外,其他设区的市、自治州的人民政府开始制定规章的时间,与本省、自治区人民代表大会常务委员会确定的本市、自治州开始制定地方性法规的时间同步。

应当制定地方性法规但条件尚不成熟的,因行政管理迫切需要,可以先制定地方政府规章。规章实施满两年需要继续实施规章所规定的行政措施的,应当提请本级人民代表大会或者其常务委员会制定地方性法规。

没有法律、行政法规、地方性法规的依据,地方政府规章不得设定减损公民、法人和其他组织权利或者增加其义务的规范。

《规章制定程序条例》

**第九条** [联合制定规章]涉及国务院两个以上部门职权范围的事项,制定行政法规条件尚不成熟,需要制定规章的,国务院有关部门应当联合制定规章。

有前款规定情形的,国务院有关部门单独制定的规章无效。

### (二)制定程序

(1)立项

《规章制定程序条例》

**第十条** [报请立项]国务院部门内设机构或者其他机构认为需要制定部门规章的,应当向该部门报请立项。

省、自治区、直辖市和设区的市、自治州的人民政府所属工作部门或者下级人民政府认为需要制定地方政府规章的,应当向该省、自治区、直辖市或者设区的市、自治州的人民政府报请立项。

国务院部门,省、自治区、直辖市和设区的市、自治州的人民政府,可以向社会公开征集规章制定项目建议。

(2)起草

《规章制定程序条例》

**第十四条** [起草机构]部门规章由国务院部门组织起草,地方政府规章由省、自治区、直辖市和设区的市、自治州的人民政府组织起草。

国务院部门可以确定规章由其一个或者几个内设机构或者其他机构具体负责起草工作,也可以确定由其法制机构起草或者组织起草。

省、自治区、直辖市和设区的市、自治州的人民政府可以确定规章由其一个部门或者几个部门具体负责起草工作,也可以确定由其法制机构起草或者组织起草。

**第十五条** [研究论证]起草规章,应当深入调查研究,总结实践经验,广泛听取有关机关、组织和公民的意见。听取意见可以采取书面征求意见、座谈会、论证会、听证会等多种形式。

起草规章,除依法需要保密的外,应当将规章草案及其说明等向社会公布,征求意见。向社会公布征求意见的期限一般不少于30日。

起草专业性较强的规章,可以吸收相关领域的专家参与起草工作,或者委托有关专家、教学科研单位、社会组织起草。

**第十六条** [听证]起草规章,涉及社会公众普遍关注的热点难点问题和经济社会发展遇到的突出矛盾,减损公民、法人和其他组织权利或者增加其义务,对社会公众有重要影响等重大利益调整事项,起草单位应当进行论证咨询,广泛听取有关方面的意见。

起草的规章涉及重大利益调整或者存在重大意见分歧,对公民、法人或者其他组织的权利义务有较大影响,人民群众普遍关注,需要进行听证的,起草单位应当举行听证会听取意见。听证会依照下列程序组织:

(一)听证会公开举行,起草单位应当在举行听证会的30日前公布听证会的时间、地点和内容;

(二)参加听证会的有关机关、组织和公民对起草的规章,有权提问和发表意见;

（三）听证会应当制作笔录，如实记录发言人的主要观点和理由；

（四）起草单位应当认真研究听证会反映的各种意见，起草的规章在报送审查时，应当说明对听证会意见的处理情况及其理由。

**第十八条** ［说明标准］起草单位应当将规章送审稿及其说明、对规章送审稿主要问题的不同意见和其他有关材料按规定报送审查。

报送审查的规章送审稿，应当由起草单位主要负责人签署；几个起草单位共同起草的规章送审稿，应当由该几个起草单位主要负责人共同签署。

规章送审稿的说明应当对制定规章的必要性、规定的主要措施、有关方面的意见及其协调处理情况等作出说明。

有关材料主要包括所规范领域的实际情况和相关数据、实践中存在的主要问题、汇总的意见、听证会笔录、调研报告、国内外有关立法资料等。

（3）审查

《规章制定程序条例》

**第二十条** ［缓办退回］规章送审稿有下列情形之一的，法制机构可以缓办或者退回起草单位：

（一）制定规章的基本条件尚不成熟或者发生重大变化的；

（二）有关机构或者部门对规章送审稿规定的主要制度存在较大争议，起草单位未与有关机构或者部门充分协商的；

（三）未按照本条例有关规定公开征求意见的；

（四）上报送审稿不符合本条例第十八条规定的。

**第二十一条** ［征求意见］法制机构应当将规章送审稿或者规章送审稿涉及的主要问题发送有关机关、组织和专家征求意见。

法制机构可以将规章送审稿或者修改稿及其说明等向社会公布，征求意见。向社会公布征求意见的期限一般不少于30日。

**第二十三条** ［听证］规章送审稿涉及重大利益调整的，法制机构应当进行论证咨询，广泛听取有关方面的意见。论证咨询可以采取座谈会、论证会、听证会、委托研究等多种形式。

规章送审稿涉及重大利益调整或者存在重大意见分歧，对公民、法人或者其他组织的权利义务有较大影响，人民群众普遍关注，起草单位在起草过程中未举行听证会的，法制机构经本部门或者本级人民政府批准，可以举行听证会。举行听证会的，应当依照本条例第十六条规定的程序组织。

**第二十四条** ［协调处理］有关机构或者部门对规章送审稿涉及的主要措施、管理体制、权限分工等问题有不同意见的，法制机构应当进行协调，力求达成一致意见。对有较大争议的重要立法事项，法制机构可以委托有关专家、教学科研单位、社会组织进行评估。

经过充分协调不能达成一致意见的，法制机构应当将主要问题、有关机构或者部门的意见和法制机构的意见及时报本部门或者本级人民政府领导协调，或者报本部门或者本级人民政府决定。

**第二十五条** ［草案说明］法制机构应当认真研究各方面的意见，与起草单位协商后，对规章送审稿进行修改，形成规章草案和对草案的说明。说明应当包括制定规章拟解决的主要问题、确立的主要措施以及与有关部门的协调情况等。

规章草案和说明由法制机构主要负责人签署，提出提请本部门或者本级人民政府有关会议审议的建议。

（4）决定与公布

《规章制定程序条例》

**第二十七条** ［决定程序］部门规章应当经部务会议或者委员会会议决定。

地方政府规章应当经政府常务会议或者全体会议决定。

**第二十八条** ［审议说明］审议规章草案时，由法制机构作说明，也可以由起草单位作说明。

**第二十九条** ［公布］法制机构应当根据有关会议审议意见对规章草案进行修改，形成草案修改稿，报请本部门首长或者省长、自治区主席、市长、自治州州长签署命令予以公布。

**第三十一条** ［标准文本］部门规章签署公布后，及时在国务院公报或者部门公报和中国政府法制信息网以及在全国范围内发行的报纸上刊载。

地方政府规章签署公布后，及时在本级人民政府公报和中国政府法制信息网以及在本行政区域范围内发行的报纸上刊载。

在国务院公报或者部门公报和地方人民政府公报上刊登的规章文本为标准文本。

（5）备案

《立法法》

**第一百零九条** 行政法规、地方性法规、自治条例和单行条例、规章应当在公布后的三十日内依照下列规定报有关机关备案：

……

（四）部门规章和地方政府规章报国务院备案；地方政府规章应当同时报本级人民代表大会常务委员会备案；设区的市、自治州的人民政府制定的规章应当同时报省、自治区的人民代表大会常务委员会和人民政府备案；

……

（6）解释

《规章制定程序条例》

**第三十三条** ［解释］规章解释权属于规章制定机关。

规章有下列情形之一的，由制定机关解释：

（一）规章的规定需要进一步明确具体含义的；

（二）规章制定后出现新的情况，需要明确适用规章依据的。

规章解释由规章制定机关的法制机构参照规章送审稿审查程序提出意见，报请制定机关批准后公布。

规章的解释同规章具有同等效力。

第三十五条 [审查建议]国家机关、社会团体、企业事业组织、公民认为规章同法律、行政法规相抵触的，可以向国务院书面提出审查的建议，由国务院法制机构研究并提出处理意见，按照规定程序处理。

国家机关、社会团体、企业事业组织、公民认为设区的市、自治州的人民政府规章同法律、行政法规相抵触或者违反其他上位法的规定的，也可以向本省、自治区人民政府书面提出审查的建议，由省、自治区人民政府法制机构研究并提出处理意见，按照规定程序处理。

(7)监督

《规章制定程序条例》

第四条 [报告制度]制定政治方面法律的配套规章，应当按照有关规定及时报告党中央或者同级党委(党组)。

制定重大经济社会方面的规章，应当按照有关规定及时报告同级党委(党组)。

# 专题六 行政许可

**考点10** 行政许可的设定

**1** 第十四条 [行政许可的设定]本法第十二条所列事项，法律可以设定行政许可。尚未制定法律的，行政法规可以设定行政许可。

必要时，国务院可以采用发布决定的方式设定行政许可。实施后，除临时性行政许可事项外，国务院应当及时提请全国人民代表大会及其常务委员会制定法律，或者自行制定行政法规。

第十五条 [地方性法规、省级政府规章设定许可的限制]本法第十二条所列事项，尚未制定法律、行政法规的，地方性法规可以设定行政许可；尚未制定法律、行政法规和地方性法规的，因行政管理的需要，确需立即实施行政许可的，省、自治区、直辖市人民政府规章可以设定临时性的行政许可。临时性的行政许可实施满一年需要继续实施的，应当提请本级人民代表大会及其常务委员会制定地方性法规。

地方性法规和省、自治区、直辖市人民政府规章，不得设定应当由国家统一确定的公民、法人或者其他组织的资格、资质的行政许可；不得设定企业或者其他组织的设立登记及其前置性行政许可。其设定的行政许可，不得限制其他地区的个人或者企业到本地区从事生产经营和提供服务，不得限制其他地区的商品进入本地区市场。[2017年真题~行政许可的设定；2011年真题~前置性许可]

第十六条 [行政法规、地方性法规、规章的行政许可规定权]行政法规可以在法律设定的行政许可事项范围内，对实施该行政许可作出具体规定。

地方性法规可以在法律、行政法规设定的行政许可事项范围内，对实施该行政许可作出具体规定。

规章可以在上位法设定的行政许可事项范围内，对实施该行政许可作出具体规定。

法规、规章对实施上位法设定的行政许可作出的具体规定，不得增设行政许可；对行政许可条件作出的具体规定，不得增设违反上位法的其他条件。[2017年真题~行政许可的设定]

《行政处罚法》

第十一条 行政法规可以设定除限制人身自由以外的行政处罚。

法律对违法行为已经作出行政处罚规定，行政法规需要作出具体规定的，必须在法律规定的给予行政处罚的行为、种类和幅度的范围内规定。

法律对违法行为未作出行政处罚规定，行政法规为实施法律，可以补充设定行政处罚。拟补充设定行政处罚的，应当通过听证会、论证会等形式广泛听取意见，并向制定机关作出书面说明。行政法规报送备案时，应当说明补充设定行政处罚的情况。

第十二条 地方性法规可以设定除限制人身自由、吊销营业执照以外的行政处罚。

法律、行政法规对违法行为已经作出行政处罚规定，地方性法规需要作出具体规定的，必须在法律、行政法规规定的给予行政处罚的行为、种类和幅度的范围内规定。

法律、行政法规对违法行为未作出行政处罚规定，地方性法规为实施法律、行政法规，可以补充设定行政处罚。拟补充设定行政处罚的，应当通过听证会、论证会等形式广泛听取意见，并向制定机关作出书面说明。地方性法规报送备案时，应当说明补充设定行政处罚的情况。

第十三条 国务院部门规章可以在法律、行政法规规定的给予行政处罚的行为、种类和幅度的范围内作出具体规定。

尚未制定法律、行政法规的，国务院部门规章对违反行政管理秩序的行为，可以设定警告、通报批评或者一定数额罚款的行政处罚。罚款的限额由国务院规定。

第十四条 地方政府规章可以在法律、法规规定的给予行政处罚的行为、种类和幅度的范围内作出具体规定。

尚未制定法律、法规的，地方政府规章对违反行政管理秩序的行为，可以设定警告、通报批评或者一定数额罚款的行政处罚。罚款的限额由省、自治区、直辖市人民代表大会常务委员会规定。

《行政强制法》

第十条 [行政强制措施的设定权]行政强制措施由法律设定。

尚未制定法律，且属于国务院行政管理职权事项的，行政法规可以设定除本法第九条第一项、第四项和应当由法律规定的行政强制措施以外的其他行政强制措施。

尚未制定法律、行政法规，且属于地方性事务的，地方性法规可以设定本法第九条第二项、第三项的行政强制措施。

法律、法规以外的其他规范性文件不得设定行政强制措施。

第十一条 [行政强制措施设定的统一性]法律对行政强制措施的对象、条件、种类作了规定的，行政法规、地方性法规不得作出扩大规定。

法律中未设定行政强制措施的，行政法规、地方性法规不得设定行政强制措施。但是，法律规定特定事项由行政法规规定具体管理措施的，行政法规可以设定除本法第九条第一项、第四项和应当由法律规定的行政强制措施以外的其他行政强制措施。

**2** 第十七条 [设定行政许可的排除范围]除本法第十四条、第十五条规定的外，其他规范性文件一律不得设定行政许可。

《行政处罚法》

第十六条 除法律、法规、规章外，其他规范性文件不得设定行政处罚。

**3** 第二十一条 [设定行政许可后的停止实施条件]省、自治区、直辖市人民政府对行政法规设定的有关经济事务的行政许可，根据本行政区域经济和社会发展情况，认为通过本法第十三条所列方式能够解决的，报国务院批准后，可以在本行政区域内停止实施该行政许可。

《行政处罚法》

第十五条 国务院部门和省、自治区、直辖市人民政府及其有关部门应当定期组织评估行政处罚的实施情况和必要性，对不适当的行政处罚事项及种类、罚款数额等，应当提出修改或者废止的建议。

**考点11 行政许可的实施机关与实施程序**

**（一）行政许可的集中实施（与行政处罚、行政强制比较）**

第二十五条 [集中许可权]经国务院批准，省、自治区、直辖市人民政府根据精简、统一、效能的原则，可以决定一个行政机关行使有关行政机关的行政许可权。

第二十六条 [一个窗口对外和一站式办理]行政许可需要行政机关内设的多个机构办理的，该行政机关应当确定一个机构统一受理行政许可申请，统一送达行政许可决定。

行政许可依法由地方人民政府两个以上部门分别实施的，本级人民政府可以确定一个部门受理行政许可申请并转告有关部门分别提出意见后统一办理，或者组织有关部门联合办理、集中办理。

《行政处罚法》

第十八条 国家在城市管理、市场监管、生态环境、文化市场、交通运输、应急管理、农业等领域推行建立综合行政执法制度，相对集中行政处罚权。

国务院或者省、自治区、直辖市人民政府可以决定一个行政机关行使有关行政机关的行政处罚权。

限制人身自由的行政处罚权只能由公安机关和法律规定的其他机关行使。

《行政强制法》

第十七条第二款 依据《中华人民共和国行政处罚法》的规定行使相对集中行政处罚权的行政机关，可以实施法律、法规规定的与行政处罚权有关的行政强制措施。

**（二）行政许可实施的一般程序**

第二十九条 [行政许可申请]公民、法人或者其他组织从事特定活动，依法需要取得行政许可的，应当向行政机关提出申请。申请书需要采用格式文本的，行政机关应当向申请人提供行政许可申请书格式文本。申请书格式文本中不得包含与申请行政许可事项没有直接关系

的内容。

申请人可以委托代理人提出行政许可申请。但是，依法应当由申请人到行政机关办公场所提出行政许可申请的除外。

行政许可申请可以通过信函、电报、电传、传真、电子数据交换和电子邮件等方式提出。

第三十一条 [诚信原则]申请人申请行政许可，应当如实向行政机关提交有关材料和反映真实情况，并对其申请材料实质内容的真实性负责。行政机关不得要求申请人提交与其申请的行政许可事项无关的技术资料和其他材料。

行政机关及其工作人员不得以转让技术作为取得行政许可的条件；不得在实施行政许可的过程中，直接或者间接地要求转让技术。

第三十二条 [对申请的不同处理]行政机关对申请人提出的行政许可申请，应当根据下列情况分别作出处理：

（一）申请事项依法不需要取得行政许可的，应当即时告知申请人不受理；

（二）申请事项依法不属于本行政机关职权范围的，应当即时作出不予受理的决定，并告知申请人向有关行政机关申请；

（三）申请材料存在可以当场更正的错误的，应当允许申请人当场更正；

（四）申请材料不齐全或者不符合法定形式的，应当当场或者在五日内一次告知申请人需要补正的全部内容，逾期不告知的，自收到申请材料之日起即为受理；

（五）申请事项属于本行政机关职权范围，申请材料齐全、符合法定形式，或者申请人按照本行政机关的要求提交全部补正申请材料的，应当受理行政许可申请。

行政机关受理或者不予受理行政许可申请，应当出具加盖本行政机关专用印章和注明日期的书面凭证。

第三十四条 [对申请的审查与决定]行政机关应当对申请人提交的申请材料进行审查。

申请人提交的申请材料齐全、符合法定形式，行政机关能够当场作出决定的，应当当场作出书面的行政许可决定。

根据法定条件和程序，需要对申请材料的实质内容进行核实的，行政机关应当指派两名以上工作人员进行核查。

第三十六条 [利害关系人的知情权]行政机关对行政许可申请进行审查时，发现行政许可事项直接关系他人重大利益的，应当告知该利害关系人。申请人、利害关系人有权进行陈述和申辩。行政机关应当听取申请人、利害关系人的意见。

第三十八条 [行政许可书面决定]申请人的申请符合法定条件、标准的，行政机关应当依法作出准予行政许可的书面决定。

行政机关依法作出不予行政许可的书面决定的，应当说明理由，并告知申请人享有依法申请行政复议或者提起行政诉讼的权利。

**第四十条** [公开准予许可决定]行政机关作出的准予行政许可决定，应当予以公开，公众有权查阅。

**第四十二条** [行政许可的期限]除可以当场作出行政许可决定的外，行政机关应当自受理行政许可申请之日起二十日内作出行政许可决定。二十日内不能作出决定的，经本行政机关负责人批准，可以延长十日，并应当将延长期限的理由告知申请人。但是，法律、法规另有规定的，依照其规定。

依照本法第二十六条的规定，行政许可采取统一办理或者联合办理、集中办理的，办理的时间不得超过四十五日；四十五日内不能办结的，经本级人民政府负责人批准，可以延长十五日，并应当将延长期限的理由告知申请人。

**第四十三条** [下级行政机关的审查期限]依法应当先经下级行政机关审查后报上级行政机关决定的行政许可，下级行政机关应当自其受理行政许可申请之日起二十日内审查完毕。但是，法律、法规另有规定的，依照其规定。

**第四十四条** [颁布许可证件的期限]行政机关作出准予行政许可的决定，应当自作出决定之日起十日内向申请人颁发、送达行政许可证件，或者加贴标签、加盖检验、检测、检疫印章。

**第四十五条** [期限计算的特殊规定]行政机关作出行政许可决定，依法需要听证、招标、拍卖、检验、检测、检疫、鉴定和专家评审的，所需时间不计算在本节规定的期限内。行政机关应当将所需时间书面告知申请人。

**(三)行政许可实施的听证程序**

**第四十六条** [听证的前提条件]法律、法规、规章规定实施行政许可应当听证的事项，或者行政机关认为需要听证的其他涉及公共利益的重大行政许可事项，行政机关应当向社会公告，并举行听证。

**第四十七条** [告知听证权制度]行政许可直接涉及申请人与他人之间重大利益关系的，行政机关在作出行政许可决定前，应当告知申请人、利害关系人享有要求听证的权利；申请人、利害关系人在被告知听证权利之日起五日内提出听证申请的，行政机关应当在二十日内组织听证。

申请人、利害关系人不承担行政机关组织听证的费用。

**第四十八条** [听证程序及听证笔录]听证按照下列程序进行：

(一)行政机关应当于举行听证的七日前将举行听证的时间、地点通知申请人、利害关系人，必要时予以公告；

(二)听证应当公开举行；

(三)行政机关应当指定审查该行政许可申请的工作人员以外的人员为听证主持人，申请人、利害关系人认为主持人与该行政许可事项有直接利害关系的，有权申请回避；

(四)举行听证时，审查该行政许可申请的工作人员应当提供审查意见的证据、理由，申请人、利害关系人可以提出证据，并进行申辩和质证；

(五)听证应当制作笔录，听证笔录应当交听证参加人确认无误后签字或者盖章。

行政机关应当根据听证笔录，作出行政许可决定。

**(四)行政许可的延续**

**第五十条** [延续许可]被许可人需要延续依法取得的行政许可的有效期的，应当在该行政许可有效期届满三十日前向作出行政许可决定的行政机关提出申请。但是，法律、法规、规章另有规定的，依照其规定。

行政机关应当根据被许可人的申请，在该行政许可有效期届满前作出是否准予延续的决定；逾期未作决定的，视为准予延续。〔2016年真题～行政许可的延续〕

**考点12** 行政许可的撤销、撤回、注销与吊销

**(一)责令改正**

**第六十六条** [违法履行义务的处理]被许可人未依法履行开发利用自然资源义务或者未依法履行利用公共资源义务的，行政机关应当责令限期改正；被许可人在规定期限内不改正的，行政机关应当依照有关法律、行政法规的规定予以处理。〔2022年回忆～被许可人的法律责任〕

**(二)撤销**

**第六十九条** [撤销许可的情形]有下列情形之一的，作出行政许可决定的行政机关或者其上级行政机关，根据利害关系人的请求或者依据职权，可以撤销行政许可：

(一)行政机关工作人员滥用职权、玩忽职守作出准予行政许可决定的；

(二)超越法定职权作出准予行政许可决定的；

(三)违反法定程序作出准予行政许可决定的；

(四)对不具备申请资格或者不符合法定条件的申请人准予行政许可的；

(五)依法可以撤销行政许可的其他情形。

被许可人以欺骗、贿赂等不正当手段取得行政许可的，应当予以撤销。

依照前两款的规定撤销行政许可，可能对公共利益造成重大损害的，不予撤销。

依照本条第一款的规定撤销行政许可，被许可人的合法权益受到损害的，行政机关应当依法给予赔偿。依照本条第二款的规定撤销行政许可的，被许可人基于行政许可取得的利益不受保护。

**《行政许可案件规定》**

**第七条** 作为被诉行政许可行为基础的其他行政决定或者文书存在以下情形之一的，人民法院不予认可：

(一)明显缺乏事实根据；

(二)明显缺乏法律依据；

(三)超越职权；

(四)其他重大明显违法情形。〔2012年真题～法院对行政许可案件的审理〕

**(三)注销**

**第七十条** [注销许可的情形]有下列情形之一的，行政机关应当依法办理有关行政许可的注销手续：

（一）行政许可有效期届满未延续的；

（二）赋予公民特定资格的行政许可，该公民死亡或者丧失行为能力的；

（三）法人或者其他组织依法终止的；

（四）行政许可依法被撤销、撤回，或者行政许可证件依法被吊销的；

（五）因不可抗力导致行政许可事项无法实施的；

（六）法律、法规规定的应当注销行政许可的其他情形。

**（四）撤回**

**第八条第二款　[许可的撤回]** 行政许可所依据的法律、法规、规章修改或者废止，或者准予行政许可所依据的客观情况发生重大变化的，为了**公共利益**的需要，行政机关可以依法变更或者撤回已经生效的行政许可。由此给公民、法人或者其他组织造成财产损失的，行政机关应当依法给予补偿。〔2021年回忆~行政许可中的补偿责任〕

# 专题七　行政处罚

**考点14** 行政处罚的种类

**第二条**　行政处罚是指行政机关依法对违反行政管理秩序的公民、法人或者其他组织，以**减损权益**或者**增加义务**的方式予以惩戒的行为。〔2022年回忆~治安管理处罚行为的认定〕

**第九条**　行政处罚的种类：

（一）警告、通报批评；

（二）罚款、没收违法所得、没收非法财物；

（三）暂扣许可证件、降低资质等级、吊销许可证件；

（四）限制开展生产经营活动、责令停产停业、责令关闭、限制从业；

（五）行政拘留；

（六）法律、行政法规规定的其他行政处罚。

**《治安管理处罚法》**

**第十条**　[治安处罚的种类]治安管理处罚的种类分为：

（一）警告；

（二）罚款；

（三）行政拘留；

（四）吊销公安机关发放的许可证。

对违反治安管理的外国人，可以附加适用限期出境或者驱逐出境。

**《行政强制法》**

**第二条**　[行政强制的定义]本法所称行政强制，包括行政强制措施和行政强制执行。

行政强制措施，是指行政机关在行政管理过程中，为制止违法行为、防止证据损毁、避免危害发生、控制危险扩大等情形，依法对公民的人身自由实施暂时性限制，或者对公民、法人或者其他组织的财物实施暂时性控制的行为。

行政强制执行，是指行政机关或者行政机关申请人民法院，对不履行行政决定的公民、法人或者其他组织，

依法强制履行义务的行为。

**第九条**　[行政强制措施的种类]行政强制措施的种类：

（一）限制公民人身自由；

（二）查封场所、设施或者财物；

（三）扣押财物；

（四）冻结存款、汇款；

（五）其他行政强制措施。

**第十二条**　[行政强制执行的方式]行政强制执行的方式：

（一）加处罚款或者滞纳金；

（二）划拨存款、汇款；

（三）拍卖或者依法处理查封、扣押的场所、设施或者财物；

（四）排除妨碍、恢复原状；

（五）代履行；

（六）其他强制执行方式。

**考点15** 行政处罚的设定

**（一）法律**

**第十条**　法律可以设定各种行政处罚。

限制人身自由的行政处罚，只能由法律设定。

**（二）行政法规**

**第十一条**　行政法规可以设定除限制人身自由以外的行政处罚。

法律对违法行为已经作出行政处罚规定，行政法规需要作出具体规定的，必须在法律规定的给予行政处罚的行为、种类和幅度的范围内规定。

法律对违法行为未作出行政处罚规定，行政法规为实施法律，可以补充设定行政处罚。拟补充设定行政处罚的，应当通过听证会、论证会等形式广泛听取意见，并向制定机关作出书面说明。行政法规报送备案时，应当说明补充设定行政处罚的情况。

**（三）地方性法规**

**第十二条**　地方性法规可以设定除限制人身自由、吊销营业执照以外的行政处罚。

法律、行政法规对违法行为已经作出行政处罚规定，地方性法规需要作出具体规定的，必须在法律、行政法规规定的给予行政处罚的行为、种类和幅度的范围内规定。

法律、行政法规对违法行为未作出行政处罚规定，地方性法规为实施法律、行政法规，可以补充设定行政处罚。拟补充设定行政处罚的，应当通过听证会、论证会等形式广泛听取意见，并向制定机关作出书面说明。地方性法规报送备案时，应当说明补充设定行政处罚的情况。

**（四）规章**

**第十三条**　国务院部门规章可以在法律、行政法规规定的给予行政处罚的行为、种类和幅度的范围内作出具体规定。

尚未制定法律、行政法规的，国务院部门规章对违反行政管理秩序的行为，可以设定警告、通报批评或者一定数额罚款的行政处罚。罚款的限额由国务院规定。

**第十四条** 地方政府规章可以在法律、法规规定的给予行政处罚的行为、种类和幅度的范围内作出具体规定。

尚未制定法律、法规的，地方政府规章对违反行政管理秩序的行为，可以设定警告、通报批评或者一定数额罚款的行政处罚。罚款的限额由省、自治区、直辖市人民代表大会常务委员会规定。

**考点16 行政处罚决定程序与执行程序**
**(一)行政处罚的实施机关**
(1)行政机关

**1 第十七条** 行政处罚由具有行政处罚权的行政机关在法定职权范围内实施。

《治安管理处罚法》

第九十一条 [处罚决定机关]治安管理处罚由县级以上人民政府公安机关决定;其中警告、五百元以下的罚款可以由公安派出所决定。

**2 第十八条** 国家在城市管理、市场监管、生态环境、文化市场、交通运输、应急管理、农业等领域推行建立综合行政执法制度，相对集中行政处罚权。

国务院或者省、自治区、直辖市人民政府可以决定一个行政机关行使有关行政机关的行政处罚权。

限制人身自由的行政处罚权只能由公安机关和法律规定的其他机关行使。

(2)授权组织

**第十九条** 法律、法规授权的具有管理公共事务职能的组织可以在法定授权范围内实施行政处罚。

(3)委托组织

**第二十条** 行政机关依照法律、法规、规章的规定，可以在其法定权限内书面委托符合本法第二十一条规定条件的组织实施行政处罚。行政机关不得委托其他组织或者个人实施行政处罚。

委托书应当载明委托的具体事项、权限、期限等内容。委托行政机关和受委托组织应当将委托书向社会公布。

委托行政机关对受委托组织实施行政处罚的行为应当负责监督，并对该行为的后果承担法律责任。

受委托组织在委托范围内，以委托行政机关名义实施行政处罚;不得再委托其他组织或者个人实施行政处罚。

**第二十一条** 受委托组织必须符合以下条件:

(一)依法成立并具有管理公共事务职能;

(二)有熟悉有关法律、法规、规章和业务并取得行政执法资格的工作人员;

(三)需要进行技术检查或者技术鉴定的，应当有条件组织进行相应的技术检查或者技术鉴定。

**(二)行政处罚的实施规则**
(1)一事不再罚

**第二十九条** 对当事人的同一个违法行为，不得给予两次以上罚款的行政处罚。同一个违法行为违反多个法律规范应当给予罚款处罚的，按照罚款数额高的规定处罚。

(2)从轻、减轻、不予处罚的情形

**1 第三十条** 不满十四周岁的未成年人有违法行为的，不予行政处罚，责令监护人加以管教;已满十四周岁不满十八周岁的未成年人有违法行为的，应当从轻或者减轻行政处罚。

《治安管理处罚法》

第十二条 已满十四周岁不满十八周岁的人违反治安管理的，从轻或者减轻处罚;不满十四周岁的人违反治安管理的，不予处罚，但是应当责令其监护人严加管教。

**2 第三十二条** 当事人有下列情形之一，应当从轻或者减轻行政处罚:

(一)主动消除或者减轻违法行为危害后果的;

(二)受他人胁迫或者诱骗实施违法行为的;

(三)主动供述行政机关尚未掌握的违法行为的;

(四)配合行政机关查处违法行为有立功表现的;

(五)法律、法规、规章规定其他应当从轻或者减轻行政处罚的。

《治安管理处罚法》

第十九条 [减轻或者免除处罚的情形]违反治安管理有下列情形之一的，减轻处罚或者不予处罚:

(一)情节特别轻微的;

(二)主动消除或者减轻违法后果，并取得被侵害人谅解的;

(三)出于他人胁迫或者诱骗的;

(四)主动投案，向公安机关如实陈述自己的违法行为的;

(五)有立功表现的。

第二十条 [从重处罚的情形]违反治安管理有下列情形之一的，从重处罚:

(一)有较严重后果的;

(二)教唆、胁迫、诱骗他人违反治安管理的;

(三)对报案人、控告人、举报人、证人打击报复的;

(四)六个月内曾受过治安管理处罚的。

**3 第三十三条** 违法行为轻微并及时改正，没有造成危害后果的，不予行政处罚。初次违法且危害后果轻微并及时改正的，可以不予行政处罚。

当事人有证据足以证明没有主观过错的，不予行政处罚。法律、行政法规另有规定的，从其规定。

对当事人的违法行为依法不予行政处罚的，行政机关应当对当事人进行教育。

《治安管理处罚法》

第九条 [治安案件调解处理]对于因民间纠纷引起的打架斗殴或者损毁他人财物等违反治安管理行为，情节较轻的，公安机关可以调解处理。经公安机关调解，当事人达成协议的，不予处罚。经调解未达成协议或者达成协议后不履行的，公安机关应当依照本法的规定对违反治安管理行为人给予处罚，并告知当事人可以就民事争议依法向人民法院提起民事诉讼。

第二十一条 [不执行行政拘留的情形]违反治安管理行为人有下列情形之一，依照本法应当给予行政拘留处罚的，不执行行政拘留处罚:

（一）已满十四周岁不满十六周岁的；

（二）已满十六周岁不满十八周岁，初次违反治安管理的；

（三）七十周岁以上的；

（四）怀孕或者哺乳自己不满一周岁婴儿的。

（3）处罚时效

**第三十六条** 违法行为在二年内未被发现的，不再给予行政处罚；涉及公民生命健康安全、金融安全且有危害后果的，上述期限延长至五年。法律另有规定的除外。

前款规定的期限，从违法行为发生之日起计算；违法行为有连续或者继续状态的，从行为终了之日起计算。

（4）新旧法的适用

**第三十七条** 实施行政处罚，适用违法行为发生时的法律、法规、规章的规定。但是，作出行政处罚决定时，法律、法规、规章已被修改或者废止，且新的规定处罚较轻或者不认为是违法的，适用新的规定。

（5）处罚的无效情形

**第三十八条** 行政处罚没有依据或者实施主体不具有行政主体资格的，行政处罚无效。

违反法定程序构成重大且明显违法的，行政处罚无效。

**（三）行政处罚程序**

（1）一般规定

**第三十九条** 行政处罚的实施机关、立案依据、实施程序和救济渠道等信息应当公示。

**第四十二条** 行政处罚应当由具有行政执法资格的执法人员实施。执法人员不得少于两人，法律另有规定的除外。

执法人员应当文明执法，尊重和保护当事人合法权益。

**第四十四条** 行政机关在作出行政处罚决定之前，应当告知当事人拟作出的行政处罚内容及事实、理由、依据，并告知当事人依法享有的陈述、申辩、要求听证等权利。

**第四十五条** 当事人有权进行陈述和申辩。行政机关必须充分听取当事人的意见，对当事人提出的事实、理由和证据，应当进行复核；当事人提出的事实、理由或者证据成立的，行政机关应当采纳。

行政机关不得因当事人陈述、申辩而给予更重的处罚。

**第四十七条** 行政机关应当依法以文字、音像等形式，对行政处罚的启动、调查取证、审核、决定、送达、执行等进行全过程记录，归档保存。

**第四十八条** 具有一定社会影响的行政处罚决定应当依法公开。

公开的行政处罚决定被依法变更、撤销、确认违法或者确认无效的，行政机关应当在三日内撤回行政处罚决定信息并公开说明理由。

**第四十九条** 发生重大传染病疫情等突发事件，为了控制、减轻和消除突发事件引起的社会危害，行政机关对违反突发事件应对措施的行为，依法快速、从重处罚。

**第五十条** 行政机关及其工作人员对实施行政处罚过程中知悉的国家秘密、商业秘密或者个人隐私，应当依法予以保密。

（2）简易程序

**第五十一条** 违法事实确凿并有法定依据，对公民处以二百元以下、对法人或者其他组织处以三千元以下罚款或者警告的行政处罚的，可以当场作出行政处罚决定。法律另有规定的，从其规定。

**第六十八条** 依照本法第五十一条的规定当场作出行政处罚决定，有下列情形之一，执法人员可以当场收缴罚款：

（一）依法给予一百元以下罚款的；

（二）不当场收缴事后难以执行的。

**第六十九条** 在边远、水上、交通不便地区，行政机关及其执法人员依照本法第五十一条、第五十七条的规定作出罚款决定后，当事人到指定的银行或者通过电子支付系统缴纳罚款确有困难，经当事人提出，行政机关及其执法人员可以当场收缴罚款。

**《治安管理处罚法》**

第一百条 违反治安管理行为事实清楚，证据确凿，处警告或者二百元以下罚款的，可以当场作出治安管理处罚决定。

（3）普通程序

**第五十五条** 执法人员在调查或者进行检查时，应当主动向当事人或者有关人员出示执法证件。当事人或者有关人员有权要求执法人员出示执法证件。执法人员不出示执法证件的，当事人或者有关人员有权拒绝接受调查或者检查。

当事人或者有关人员应当如实回答询问，并协助调查或者检查，不得拒绝或者阻挠。询问或者检查应当制作笔录。〔2017年真题～行政处罚法的登记和保存制度〕

**第五十六条** 行政机关在收集证据时，可以采取抽样取证的方法；在证据可能灭失或者以后难以取得的情况下，经行政机关负责人批准，可以先行登记保存，并应当在七日内及时作出处理决定，在此期间，当事人或者有关人员不得销毁或者转移证据。〔2017年真题～行政处罚法的登记和保存制度〕

**第五十七条第二款** 对情节复杂或者重大违法行为给予行政处罚，行政机关负责人应当集体讨论决定。

**第五十八条** 有下列情形之一，在行政机关负责人作出行政处罚的决定之前，应当由从事行政处罚决定法制审核的人员进行法制审核；未经法制审核或者审核未通过的，不得作出决定：

（一）涉及重大公共利益的；

（二）直接关系当事人或者第三人重大权益，经过听证程序的；

（三）案件情况疑难复杂、涉及多个法律关系的；

（四）法律、法规规定应当进行法制审核的其他情形。

行政机关中初次从事行政处罚决定法制审核的人员，应当通过国家统一法律职业资格考试取得法律职业资格。

**第五十九条第二款** 行政处罚决定书必须盖有作出行政处罚决定的行政机关的印章。

**第六十条** 行政机关应当自行政处罚案件立案之日起九十日内作出行政处罚决定。法律、法规、规章另有规定的,从其规定。

**第六十一条** 行政处罚决定书应当在宣告后当场交付当事人;当事人不在场的,行政机关应当在七日内依照《中华人民共和国民事诉讼法》的有关规定,将行政处罚决定书送达当事人。

当事人同意并签订确认书的,行政机关可以采用传真、电子邮件等方式,将行政处罚决定书送达当事人。

(4)听证程序

**第六十三条** 行政机关拟作出下列行政处罚决定,应当告知当事人有要求听证的权利,当事人要求听证的,行政机关应当组织听证:

(一)较大数额罚款;

(二)没收较大数额违法所得、没收较大价值非法财物;

(三)降低资质等级、吊销许可证件;

(四)责令停产停业、责令关闭、限制从业;

(五)其他较重的行政处罚;

(六)法律、法规、规章规定的其他情形。

当事人不承担行政机关组织听证的费用。〔2014年真题~行政处罚的听证程序〕

**第六十四条** 听证应当依照以下程序组织:

(一)当事人要求听证的,应当在行政机关告知后五日内提出;

(二)行政机关应当在举行听证的七日前,通知当事人及有关人员听证的时间、地点;

(三)除涉及国家秘密、商业秘密或者个人隐私依法予以保密外,听证公开举行;

(四)听证由行政机关指定的非本案调查人员主持;当事人认为主持人与本案有直接利害关系的,有权申请回避;

(五)当事人可以亲自参加听证,也可以委托一至二人代理;

(六)当事人及其代理人无正当理由拒不出席听证或者未经许可中途退出听证的,视为放弃听证权利,行政机关终止听证;

(七)举行听证时,调查人员提出当事人违法的事实、证据和行政处罚建议,当事人进行申辩和质证;

(八)听证应当制作笔录。笔录应当交当事人或者其代理人核对无误后签字或者盖章。当事人或者其代理人拒绝签字或者盖章的,由听证主持人在笔录中注明。

〔2017年真题~行政处罚的听证程序〕

《治安管理处罚法》

**第九十八条** [听证程序]公安机关作出吊销许可证以及处二千元以上罚款的治安管理处罚决定前,应当告知违反治安管理行为人有权要求举行听证;违反治安管理行为人要求听证的,公安机关应当及时依法举行听证。

《行政许可法》

**第四十六条** [听证的前提条件]法律、法规、规章规定实施行政许可应当听证的事项,或者行政机关认为需要听证的其他涉及公共利益的重大行政许可事项,行政机关应当向社会公告,并举行听证。

**第四十七条** [告知听证权制度]行政许可直接涉及申请人与他人之间重大利益关系的,行政机关在作出行政许可决定前,应当告知申请人、利害关系人享有要求听证的权利;申请人、利害关系人在被告知听证权利之日起五日内提出听证申请的,行政机关应当在二十日内组织听证。

申请人、利害关系人不承担行政机关组织听证的费用。

**第四十八条** [听证程序及听证笔录]听证按照下列程序进行:

(一)行政机关应当于举行听证的七日前将举行听证的时间、地点通知申请人、利害关系人,必要时予以公告;

(二)听证应当公开举行;

(三)行政机关应当指定审查该行政许可申请的工作人员以外的人员为听证主持人,申请人、利害关系人认为主持人与该行政许可事项有直接利害关系的,有权申请回避;

(四)举行听证时,审查该行政许可申请的工作人员应当提供审查意见的证据、理由,申请人、利害关系人可以提出证据,并进行申辩和质证;

(五)听证应当制作笔录,听证笔录应当交听证参加人确认无误后签字或者盖章。

行政机关应当根据听证笔录,作出行政许可决定。

**(四)行政处罚的执行措施**

**第七十二条** 当事人逾期不履行行政处罚决定的,作出行政处罚决定的行政机关可以采取下列措施:

(一)到期不缴纳罚款的,每日按罚款数额的百分之三加处罚款,加处罚款的数额不得超出罚款的数额;

(二)根据法律规定,将查封、扣押的财物拍卖、依法处理或者将冻结的存款、汇款划拨抵缴罚款;

(三)根据法律规定,采取其他行政强制执行方式;

(四)依照《中华人民共和国行政强制法》的规定申请人民法院强制执行。

行政机关批准延期、分期缴纳罚款的,申请人民法院强制执行的期限,自暂缓或者分期缴纳罚款期限结束之日起计算。

**第七十三条** 当事人对行政处罚决定不服,申请行政复议或者提起行政诉讼的,行政处罚不停止执行,法律另有规定的除外。

当事人对限制人身自由的行政处罚决定不服,申请行政复议或者提起行政诉讼的,可以向作出决定的机关提出暂缓执行申请。符合法律规定情形的,应当暂缓执行。

当事人申请行政复议或者提起行政诉讼的,加处罚款的数额在行政复议或者行政诉讼期间不予计算。

**考点 17** 治安管理处罚

**(一)治安管理处罚程序**

**第八十二条** [传唤]需要传唤违反治安管理行为人接受调查的,经公安机关办案部门负责人批准,使用传唤证传唤。对现场发现的违反治安管理行为人,人民警察经出示工作证件,可以口头传唤,但应当在询问笔录中注明。公安机关应当将传唤的原因和依据告知被传唤人。对无正当理由不接受传唤或者逃避传唤的人,可以强制传唤。〔2011 年真题~传唤制度〕

**第八十三条** [及时询问查证]对违反治安管理行为人,公安机关传唤后应当及时询问查证,询问查证的时间不得超过八小时;情况复杂,依照本法规定可能适用行政拘留处罚的,询问查证的时间不得超过二十四小时。

公安机关应当及时将传唤的原因和处所通知被传唤人家属。

**第八十四条** [询问笔录]询问笔录应当交被询问人核对;对没有阅读能力的,应当向其宣读。记载有遗漏或者差错的,被询问人可以提出补充或者更正。被询问人确认笔录无误后,应当签名或者盖章,询问的人民警察也应当在笔录上签名。

被询问人要求就被询问事项自行提供书面材料的,应当准许;必要时,人民警察也可以要求被询问人自行书写。

询问不满十六周岁的违反治安管理行为人,应当通知其父母或者其他监护人到场。

**第八十五条** [询问被害人和证人]人民警察询问被侵害人或者其他证人,可以到其所在单位或者住处进行;必要时,也可以通知其到公安机关提供证言。

人民警察在公安机关以外询问被侵害人或者其他证人,应当出示工作证件。

询问被侵害人或者其他证人,同时适用本法第八十四条的规定。

**第八十七条** [检查]公安机关对与违反治安管理行为有关的场所、物品、人身可以进行检查。检查时,人民警察不得少于二人,并应当出示工作证件和县级以上人民政府公安机关开具的检查证明文件。对确有必要立即进行检查的,人民警察经出示工作证件,可以当场检查,但检查公民住所应当出示县级以上人民政府公安机关开具的检查证明文件。

检查妇女的身体,应当由女性工作人员进行。

**第八十八条** [检查笔录]检查的情况应当制作检查笔录,由检查人、被检查人和见证人签名或者盖章;被检查人拒绝签名的,人民警察应当在笔录上注明。

**第八十九条** [扣押和登记]公安机关办理治安案件,对与案件有关的需要作为证据的物品,可以扣押;对被侵害人或者善意第三人合法占有的财产,不得扣押,应当予以登记。对与案件无关的物品,不得扣押。

对扣押的物品,应当会同在场见证人和被扣押物品持有人查点清楚,当场开列清单一式二份,由调查人员、见证人和持有人签名或者盖章,一份交给持有人,另一份附卷备查。

对扣押的物品,应当妥善保管,不得挪作他用;对不宜长期保存的物品,按照有关规定处理。经查明与案件无关的,应当及时退还;经核实属于他人合法财产的,应当登记后立即退还;满六个月无人对该财产主张权利或者无法查清权利人的,应当公开拍卖或者按照国家有关规定处理,所得款项上缴国库。

**第九十一条** [处罚决定机关]治安管理处罚由县级以上人民政府公安机关决定;其中警告、五百元以下的罚款可以由公安派出所决定。

**(二)行政拘留的暂缓执行**

**第一百零七条** [行政拘留的暂缓招待]被处罚人不服行政拘留处罚决定,申请行政复议、提起行政诉讼的,可以向公安机关提出暂缓执行行政拘留的申请。公安机关认为暂缓执行行政拘留不致发生社会危险的,由被处罚人或者其近亲属提出符合本法第一百零八条规定条件的担保人,或者按每日行政拘留二百元的标准交纳保证金,行政拘留的处罚决定暂缓执行。

**第一百零八条** [担保人的条件]担保人应当符合下列条件:

(一)与本案无牵连;

(二)享有政治权利,人身自由未受到限制;

(三)在当地有常住户口和固定住所;

(四)有能力履行担保义务。

**第一百零九条** [担保人的义务]担保人应当保证被担保人不逃避行政拘留处罚的执行。

担保人不履行担保义务,致使被担保人逃避行政拘留处罚的执行的,由公安机关对其处三千元以下罚款。

**第一百一十条** [保证金的没收]被决定给予行政拘留处罚的人交纳保证金,暂缓行政拘留后,逃避行政拘留处罚的执行的,保证金予以没收并上缴国库,已经作出的行政拘留决定仍应执行。

**第一百一十一条** [保证金的退还]行政拘留的处罚决定被撤销,或者行政拘留处罚开始执行的,公安机关收取的保证金应当及时退还交纳人。

# 专题八 行政强制

**考点 18** 行政强制行为的判定

**(一)行政强制措施**

**第九条** [行政强制措施的种类]行政强制措施的种类:

(一)限制公民人身自由;

(二)查封场所、设施或者财物;

(三)扣押财物;

(四)冻结存款、汇款;

(五)其他行政强制措施。

**第十条** [行政强制措施的设定权]行政强制措施由法律设定。

尚未制定法律,且属于国务院行政管理职权事项的,行政法规可以设定除本法第九条第一项、第四项和应当由法律规定的行政强制措施以外的其他行政强制措施。

尚未制定法律、行政法规,且属于地方性事务的,地方性法规可以设定本法第九条第二项、第三项的行政强制措施。

法律、法规以外的其他规范性文件不得设定行政强制措施。

**(二)行政强制执行**

**第十二条** [行政强制执行的方式]行政强制执行的方式:

(一)加处罚款或者滞纳金;

(二)划拨存款、汇款;

(三)拍卖或者依法处理查封、扣押的场所、设施或者财物;

(四)排除妨碍、恢复原状;

(五)代履行;

(六)其他强制执行方式。

**第十三条** [行政强制执行的设定权]行政强制执行由法律设定。

法律没有规定行政机关强制执行的,作出行政决定的行政机关应当申请人民法院强制执行。〔2023年回忆~行政强制执行的权限〕

**考点19** 行政强制措施

**(一)一般程序**

**第十七条** [实施主体]行政强制措施由法律、法规规定的行政机关在法定职权范围内实施。行政强制措施权不得委托。

依据《中华人民共和国行政处罚法》的规定行使相对集中行政处罚权的行政机关,可以实施法律、法规规定的与行政处罚权有关的行政强制措施。

行政强制措施应当由行政机关具备资格的行政执法人员实施,其他人员不得实施。

**第十八条** [一般程序]行政机关实施行政强制措施应当遵守下列规定:

(一)实施前须向行政机关负责人报告并经批准;

(二)由两名以上行政执法人员实施;

(三)出示执法身份证件;

(四)通知当事人到场;

(五)当场告知当事人采取行政强制措施的理由、依据以及当事人依法享有的权利、救济途径;

(六)听取当事人的陈述和申辩;

(七)制作现场笔录;

(八)现场笔录由当事人和行政执法人员签名或者盖章,当事人拒绝的,在笔录中予以注明;

(九)当事人不到场的,邀请见证人到场,由见证人和行政执法人员在现场笔录上签名或者盖章;

(十)法律、法规规定的其他程序。

**第十九条** [即时强制的程序]情况紧急,需要当场实施行政强制措施的,行政执法人员应当在二十四小时内向行政机关负责人报告,并补办批准手续。行政机关负责人认为不应当采取行政强制措施的,应当立即解除。

**第二十条** [限制人身自由的程序]依照法律规定实施限制公民人身自由的行政强制措施,除应当履行本法第十八条规定的程序外,还应当遵守下列规定:

(一)当场告知或者实施行政强制措施后立即通知当事人家属实施行政强制措施的行政机关、地点和期限;

(二)在紧急情况下当场实施行政强制措施的,在返回行政机关后,立即向行政机关负责人报告并补办批准手续;

(三)法律规定的其他程序。

实施限制人身自由的行政强制措施不得超过法定期限。实施行政强制措施的目的已经达到或者条件已经消失,应当立即解除。

**(二)查封、扣押程序**

**第二十三条** [实施对象]查封、扣押限于涉案的场所、设施或者财物,不得查封、扣押与违法行为无关的场所、设施或者财物;不得查封、扣押公民个人及其所扶养家属的生活必需品。

当事人的场所、设施或者财物已被其他国家机关依法查封的,不得重复查封。

**第二十四条** [实施程序]行政机关决定实施查封、扣押的,应当履行本法第十八条规定的程序,制作并当场交付查封、扣押决定书和清单。

查封、扣押决定书应当载明下列事项:

(一)当事人的姓名或者名称、地址;

(二)查封、扣押的理由、依据和期限;

(三)查封、扣押场所、设施或者财物的名称、数量等;

(四)申请行政复议或者提起行政诉讼的途径和期限;

(五)行政机关的名称、印章和日期。

查封、扣押清单一式二份,由当事人和行政机关分别保存。

**第二十五条** [期限]查封、扣押的期限不得超过三十日;情况复杂的,经行政机关负责人批准,可以延长,但是延长期限不得超过三十日。法律、行政法规另有规定的除外。

延长查封、扣押的决定应当及时书面告知当事人,并说明理由。

对物品需要进行检测、检验、检疫或者技术鉴定的,查封、扣押的期间不包括检测、检验、检疫或者技术鉴定的期间。检测、检验、检疫或者技术鉴定的期间应当明确,并书面告知当事人。检测、检验、检疫或者技术鉴定的费用由行政机关承担。

**第二十六条** [对财产的保管]对查封、扣押的场所、设施或者财物,行政机关应当妥善保管,不得使用或者损毁;造成损失的,应当承担赔偿责任。

对查封的场所、设施或者财物,行政机关可以委托第三人保管,第三人不得损毁或者擅自转移、处置。因第三人的原因造成的损失,行政机关先行赔付后,有权向第三人追偿。

因查封、扣押发生的保管费用由行政机关承担。

## 考点20 行政强制执行

**(一)行政机关强制执行程序**

(1)一般规定

**第三十五条** [催告程序]行政机关作出强制执行决定前,应当事先催告当事人履行义务。催告应当以书面形式作出,并载明下列事项:

(一)履行义务的期限;

(二)履行义务的方式;

(三)涉及金钱给付的,应当有明确的金额和给付方式;

(四)当事人依法享有的陈述权和申辩权。〔2012年真题~行政机关强制执行程序〕

**第三十六条** [陈述、申辩权利]当事人收到催告书后有权进行陈述和申辩。行政机关应当充分听取当事人的意见,对当事人提出的事实、理由和证据,应当进行记录、复核。当事人提出的事实、理由或者证据成立的,行政机关应当采纳。〔2012年真题~行政机关强制执行程序〕

**第三十七条** [强制执行决定]经催告,当事人逾期仍不履行行政决定,且无正当理由的,行政机关可以作出强制执行决定。

强制执行决定应当以书面形式作出,并载明下列事项:

(一)当事人的姓名或者名称、地址;

(二)强制执行的理由和依据;

(三)强制执行的方式和时间;

(四)申请行政复议或者提起行政诉讼的途径和期限;

(五)行政机关的名称、印章和日期。

在催告期间,对有证据证明有转移或者隐匿财物迹象的,行政机关可以作出立即强制执行决定。

**第三十八条** [催告书、行政强制决定书的送达]催告书、行政强制执行决定书应当直接送达当事人。当事人拒绝接收或者无法直接送达的,应当依照《中华人民共和国民事诉讼法》的有关规定送达。

**第三十九条** [中止执行]有下列情形之一的,中止执行:

(一)当事人履行行政决定确有困难或者暂无履行能力的;

(二)第三人对执行标的主张权利,确有理由的;

(三)执行可能造成难以弥补的损失,且中止执行不损害公共利益的;

(四)行政机关认为需要中止执行的其他情形。

中止执行的情形消失后,行政机关应当恢复执行。对没有明显社会危害,当事人确无能力履行,中止执行满三年未恢复执行的,行政机关不再执行。

**第四十条** [终结执行]有下列情形之一的,终结执行:

(一)公民死亡,无遗产可供执行,又无义务承受人的;

(二)法人或者其他组织终止,无财产可供执行,又无义务承受人的;

(三)执行标的灭失的;

(四)据以执行的行政决定被撤销的;

(五)行政机关认为需要终结执行的其他情形。

**第四十一条** [执行回转]在执行中或者执行完毕后,据以执行的行政决定被撤销、变更,或者执行错误的,应当恢复原状或者退还财物;不能恢复原状或者退还财物的,依法给予赔偿。

**第四十二条** [执行和解]实施行政强制执行,行政机关可以在不损害公共利益和他人合法权益的情况下,与当事人达成执行协议。执行协议可以约定分阶段履行;当事人采取补救措施的,可以减免加处的罚款或者滞纳金。

执行协议应当履行。当事人不履行执行协议的,行政机关应当恢复强制执行。

**第四十三条** [文明执法]行政机关不得在夜间或者法定节假日实施行政强制执行。但是,情况紧急的除外。

行政机关不得对居民生活采取停止供水、供电、供热、供燃气等方式迫使当事人履行相关行政决定。

**第四十四条** [强制拆除]对违法的建筑物、构筑物、设施等需要强制拆除的,应当由行政机关予以公告,限期当事人自行拆除。当事人在法定期限内不申请行政复议或者提起行政诉讼,又不拆除的,行政机关可以依法强制拆除。〔2018年回忆~行政强制拆除〕

《土地管理法》

第八十三条 依照本法规定,责令限期拆除在非法占用的土地上新建的建筑物和其他设施的,建设单位或者个人必须立即停止施工,自行拆除;对继续施工的,作出处罚决定的机关有权制止。建设单位或者个人对责令限期拆除的行政处罚决定不服的,可以在接到责令限期拆除决定之日起十五日内,向人民法院起诉;期满不起诉又不自行拆除的,由作出处罚决定的机关依法申请人民法院强制执行,费用由违法者承担。

《城乡规划法》

第六十五条 在乡、村庄规划区内未依法取得乡村建设规划许可证或者未按照乡村建设规划许可证的规定进行建设的,由乡、镇人民政府责令停止建设、限期改正;逾期不改正的,可以拆除。

第六十八条 城乡规划主管部门作出责令停止建设或者限期拆除的决定后,当事人不停止建设或者逾期不拆除的,建设工程所在地县级以上地方人民政府可以责成有关部门采取查封施工现场、强制拆除等措施。

(2)执行罚(金钱给付义务的履行)

**第四十五条** [加处罚款或者滞纳金]行政机关依法作出金钱给付义务的行政决定,当事人逾期不履行的,行政机关可以依法加处罚款或者滞纳金。加处罚款或者滞纳金的标准应当告知当事人。

加处罚款或者滞纳金的数额不得超出金钱给付义务的数额。

**第四十六条** [强制执行]行政机关依照本法第四十五条规定实施加处罚款或者滞纳金超过三十日,经催告当事人仍不履行的,具有行政强制执行权的行政机关可以强制执行。

行政机关实施强制执行前,需要采取查封、扣押、冻结措施的,依照本法第三章规定办理。

没有行政强制执行权的行政机关应当申请人民法院强制执行。但是,当事人在法定期限内不申请行政复议或者提起行政诉讼,经催告仍不履行的,在实施行政管理过程中已经采取查封、扣押措施的行政机关,可以将查封、扣押的财物依法拍卖抵缴罚款。

《行政处罚法》

第七十二条　当事人逾期不履行行政处罚决定的,作出行政处罚决定的行政机关可以采取下列措施:

(一)到期不缴纳罚款的,每日按罚款数额的百分之三加处罚款,加处罚款的数额不得超出罚款的数额;

(二)根据法律规定,将查封、扣押的财物拍卖、依法处理或者将冻结的存款、汇款划拨抵缴罚款;

……

《税收征收管理法》

第三十二条　纳税人未按照规定期限缴纳税款的,扣缴义务人未按照规定期限解缴税款的,税务机关除责令限期缴纳外,从滞纳税款之日起,按日加收滞纳税款万分之五的滞纳金。

《社会保险法》

第八十六条　用人单位未按时足额缴纳社会保险费的,由社会保险费征收机构责令限期缴纳或者补足,并自欠缴之日起,按日加收万分之五的滞纳金;逾期仍不缴纳的,由有关行政部门处欠缴数额一倍以上三倍以下的罚款。

(3)代履行

第五十条　[实施条件]行政机关依法作出要求当事人履行排除妨碍、恢复原状等义务的行政决定,当事人逾期不履行,经催告仍不履行,其后果已经或者将危害交通安全、造成环境污染或者破坏自然资源的,行政机关可以代履行,或者委托没有利害关系的第三人代履行。

第五十一条　[实施程序]代履行应当遵守下列规定:

(一)代履行前送达决定书,代履行决定书应当载明当事人的姓名或者名称、地址,代履行的理由和依据、方式和时间、标的、费用预算以及代履行人;

(二)代履行三日前,催告当事人履行,当事人履行的,停止代履行;

(三)代履行时,作出决定的行政机关应当派员到场监督;

(四)代履行完毕,行政机关到场监督的工作人员、代履行人和当事人或者见证人应当在执行文书上签名或者盖章。

代履行的费用按照成本合理确定,由当事人承担。但是,法律另有规定的除外。

代履行不得采用暴力、胁迫以及其他非法方式。

第五十二条　[紧急清除]需要立即清除道路、河道、航道或者公共场所的遗洒物、障碍物或者污染物,当事人不能清除的,行政机关可以决定立即实施代履行;当事人

不在场的,行政机关应当在事后立即通知当事人,并依法作出处理。

**(二)法院非诉执行程序**

**1** 第五十三条　[非诉执行的条件]当事人在法定期限内不申请行政复议或者提起行政诉讼,又不履行行政决定的,没有行政强制执行权的行政机关可以自期限届满之日起三个月内,依照本章规定申请人民法院强制执行。

《行政诉讼法解释》

第一百五十六条　没有强制执行权的行政机关申请人民法院强制执行其行政行为,应当自被执行人的法定起诉期限届满之日起三个月内提出。逾期申请的,除有正当理由外,人民法院不予受理。

第一百五十八条第一款　行政机关根据法律的授权对平等主体之间民事争议作出裁决后,当事人在法定期限内不起诉又不履行,作出裁决的行政机关在申请执行的期限内未申请人民法院强制执行的,生效行政裁决确定的权利人或者其继承人、权利承受人在六个月内可以申请人民法院强制执行。

第一百五十九条　行政机关或者行政行为确定的权利人申请人民法院强制执行前,有充分理由认为被执行人可能逃避执行的,可以申请人民法院采取财产保全措施。后者申请强制执行的,应当提供相应的财产担保。

**2** 第五十四条　[催告与执行管辖]行政机关申请人民法院强制执行前,应当催告当事人履行义务。催告书送达十日后当事人仍未履行义务的,行政机关可以向所在地有管辖权的人民法院申请强制执行;执行对象是不动产的,向不动产所在地有管辖权的人民法院申请强制执行。

《行政诉讼法解释》

第一百五十七条第一款　行政机关申请人民法院强制执行其行政行为的,由申请人所在地的基层人民法院受理;执行对象为不动产的,由不动产所在地的基层人民法院受理。

**3** 第五十六条　[对申请的受理]人民法院接到行政机关强制执行的申请,应当在五日内受理。

行政机关对人民法院不予受理的裁定有异议的,可以在十五日内向上一级人民法院申请复议,上一级人民法院应当自收到复议申请之日起十五日内作出是否受理的裁定。

**4** 第五十七条　[书面审查]人民法院对行政机关强制执行的申请进行书面审查,对符合本法第五十五条规定,且行政决定具备法定执行效力的,除本法第五十八条规定的情形外,人民法院应当自受理之日起七日内作出执行裁定。

第五十八条　[实质审查]人民法院发现有下列情形之一的,在作出裁定前可以听取被执行人和行政机关的意见:

(一)明显缺乏事实根据的;

(二)明显缺乏法律、法规依据的;

（三）其他明显违法并损害被执行人合法权益的。

人民法院应当自受理之日起**三十日**内作出是否执行的裁定。裁定不予执行的，应当说明理由，并在**五日**内将不予执行的裁定送达行政机关。

行政机关对人民法院不予执行的裁定有异议的，可以自收到裁定之日起**十五日**内向上一级人民法院申请复议，上一级人民法院应当自收到复议申请之日起**三十日**内作出是否执行的裁定。

**《行政诉讼法解释》**

**第一百六十条** 人民法院受理行政机关申请执行其行政行为的案件后，应当在**七日**内由行政审判庭对行政行为的合法性进行审查，并作出是否准予执行的裁定。

人民法院在作出裁定前发现行政行为明显违法并损害被执行人合法权益的，应当听取被执行人和行政机关的意见，并自受理之日起**三十日**内作出是否准予执行的裁定。

需要采取强制执行措施的，由本院负责强制执行非诉行政行为的机构执行。

**第一百六十一条** 被申请执行的行政行为有下列情形之一的，人民法院应当裁定不准予执行：

（一）实施主体不具有行政主体资格的；

（二）明显缺乏事实根据的；

（三）明显缺乏法律、法规依据的；

（四）其他明显违法并损害被执行人合法权益的情形。

行政机关对不准予执行的裁定有异议的，在十五日内向上一级人民法院申请复议，上一级人民法院应当在收到复议申请之日起三十日内作出裁定。

**⑤ 第五十九条** ［**申请立即执行**］因情况紧急，为保障公共安全，行政机关可以申请人民法院立即执行。经人民法院院长批准，人民法院应当自作出执行裁定之日起五日内执行。

# 专题十 政府信息公开

**考点23** 政府信息公开
**（一）政府信息公开的主体与范围**
（1）公开主体
**第十条** 行政机关制作的政府信息，由制作该政府信息的行政机关负责公开。行政机关从公民、法人和其他组织获取的政府信息，由保存该政府信息的行政机关负责公开；行政机关获取的其他行政机关的政府信息，由制作或者最初获取该政府信息的行政机关负责公开。法律、法规对政府信息公开的权限另有规定的，从其规定。

行政机关设立的派出机构、内设机构依照法律、法规对外以自己名义履行行政管理职能的，可以由该派出机构、内设机构负责与所履行行政管理职能有关的政府信息公开工作。

两个以上行政机关共同制作的政府信息，由牵头制作的行政机关负责公开。

（2）公开范围

**第十三条** 除本条例第十四条、第十五条、第十六条规定的政府信息外，政府信息应当公开。

行政机关公开政府信息，采取主动公开和依申请公开的方式。〔2020年回忆~政府信息公开；2013年真题~政府信息公开〕

**第十四条** 依法确定为国家秘密的政府信息，法律、行政法规禁止公开的政府信息，以及公开后可能危及国家安全、公共安全、经济安全、社会稳定的政府信息，不予公开。

**第十五条** 涉及商业秘密、个人隐私等公开会对第三方合法权益造成损害的政府信息，行政机关不得公开。但是，第三方同意公开或者行政机关认为不公开会对公共利益造成重大影响的，予以公开。〔2020年回忆~政府信息公开〕

**第十六条** 行政机关的内部事务信息，包括人事管理、后勤管理、内部工作流程等方面的信息，可以不予公开。

行政机关在履行行政管理职能过程中形成的讨论记录、过程稿、磋商信函、请示报告等过程性信息以及行政执法案卷信息，可以不予公开。法律、法规、规章规定上述信息应当公开的，从其规定。

**《政府信息公开行政案件规定》**

**第八条** 政府信息涉及国家秘密、商业秘密、个人隐私的，人民法院应当认定属于不予公开范围。

政府信息涉及商业秘密、个人隐私，但权利人同意公开，或者不公开可能对公共利益造成重大影响的，不受前款规定的限制。

**第十一条** 被告公开政府信息涉及原告商业秘密、个人隐私且不存在公共利益等法定事由的，人民法院应当判决确认公开政府信息的行为违法，并可以责令被告采取相应的补救措施；造成损害的，根据原告请求依法判决被告承担赔偿责任。政府信息尚未公开的，应当判决行政机关不得公开。

诉讼期间，原告申请停止公开涉及其商业秘密、个人隐私的政府信息，人民法院经审查认为公开该政府信息会造成难以弥补的损失，并且停止公开不损害公共利益的，可以依照《中华人民共和国行政诉讼法》第四十四条（现第五十六条）的规定，裁定暂时停止公开。

**（二）主动公开**

**第十九条** 对涉及公众利益调整、需要公众广泛知晓或者需要公众参与决策的政府信息，行政机关应当主动公开。

**第二十条** 行政机关应当依照本条例第十九条的规定，主动公开本行政机关的下列政府信息：

（一）行政法规、规章和规范性文件；

（二）机关职能、机构设置、办公地址、办公时间、联系方式、负责人姓名；

（三）国民经济和社会发展规划、专项规划、区域规划及相关政策；

（四）国民经济和社会发展统计信息；

（五）办理行政许可和其他对外管理服务事项的依据、条件、程序以及办理结果；

（六）实施行政处罚、行政强制的依据、条件、程序以及本行政机关认为具有一定社会影响的行政处罚决定；

（七）财政预算、决算信息；

（八）行政事业性收费项目及其依据、标准；

（九）政府集中采购项目的目录、标准及实施情况；

（十）重大建设项目的批准和实施情况；

（十一）扶贫、教育、医疗、社会保障、促进就业等方面的政策、措施及其实施情况；

（十二）突发公共事件的应急预案、预警信息及应对情况；

（十三）环境保护、公共卫生、安全生产、食品药品、产品质量的监督检查情况；

（十四）公务员招考的职位、名额、报考条件等事项以及录用结果；

（十五）法律、法规、规章和国家有关规定规定应当主动公开的其他政府信息。

**第二十一条** 除本条例第二十条规定的政府信息外，设区的市级、县级人民政府及其部门还应当根据本地方的具体情况，主动公开涉及市政建设、公共服务、公益事业、土地征收、房屋征收、治安管理、社会救助等方面的政府信息；乡(镇)人民政府还应当根据本地方的具体情况，主动公开贯彻落实农业农村政策、农田水利工程建设运营、农村土地承包经营权流转、宅基地使用情况审核、土地征收、房屋征收、筹资筹劳、社会救助等方面的政府信息。

**(三)依申请公开**

(1)申请

**第二十九条** 公民、法人或者其他组织申请获取政府信息的，应当向行政机关的政府信息公开工作机构提出，并采用包括信件、数据电文在内的书面形式；采用书面形式确有困难的，申请人可以口头提出，由受理该申请的政府信息公开工作机构代为填写政府信息公开申请。

政府信息公开申请应当包括下列内容：

（一）申请人的姓名或者名称、身份证明、联系方式；

（二）申请公开的政府信息的名称、文号或者便于行政机关查询的其他特征性描述；

（三）申请公开的政府信息的形式要求，包括获取信息的方式、途径。

(2)处理

**第三十条** 政府信息公开申请内容不明确的，行政机关应当给予指导和释明，并自收到申请之日起7个工作日内一次性告知申请人作出补正，说明需要补正的事项和合理的补正期限。答复期限自行政机关收到补正的申请之日起计算。申请人无正当理由逾期不补正的，视为放弃申请，行政机关不再处理该政府信息公开申请。

**第三十二条** 依申请公开的政府信息公开会损害第三方合法权益的，行政机关应当书面征求第三方的意见。第三方应当自收到征求意见书之日起15个工作日内提出意见。第三方逾期未提出意见的，由行政机关依照本条例的规定决定是否公开。第三方不同意公开且有合理理由的，行政机关不予公开。行政机关认为不公开可能对公共利益造成重大影响的，可以决定予以公开，并将决定公开的政府信息内容和理由书面告知第三方。

**第三十三条** 行政机关收到政府信息公开申请，能够当场答复的，应当当场予以答复。

行政机关不能当场答复的，应当自收到申请之日起20个工作日内予以答复；需要延长答复期限的，应当经政府信息公开工作机构负责人同意并告知申请人，延长的期限最长不得超过20个工作日。

行政机关征求第三方和其他机关意见所需时间不计算在前款规定的期限内。

**第三十五条** 申请人申请公开政府信息的数量、频次明显超过合理范围，行政机关可以要求申请人说明理由。行政机关认为申请理由不合理的，告知申请人不予处理；行政机关认为申请理由合理，但是无法在本条例第三十三条规定的期限内答复申请人的，可以确定延迟答复的合理期限并告知申请人。

(3)答复

**第三十七条** 申请公开的信息中含有不应当公开或者不属于政府信息的内容，但是能够作区分处理的，行政机关应当向申请人提供可以公开的政府信息内容，并对不予公开的内容说明理由。

**第三十八条** 行政机关向申请人提供的信息，应当是已制作或者获取的政府信息。除依照本条例第三十七条的规定能够作区分处理的外，需要行政机关对现有政府信息进行加工、分析的，行政机关可以不予提供。

**第三十九条** 申请人以政府信息公开申请的形式进行信访、投诉、举报等活动，行政机关应当告知申请人不作为政府信息公开申请处理并可以告知通过相应渠道提出。

申请人提出的申请内容为要求行政机关提供政府公报、报刊、书籍等公开出版物，行政机关可以告知获取的途径。

(4)费用

**第四十二条** 行政机关依申请提供政府信息，不收取费用。但是，申请人申请公开政府信息的数量、频次明显超过合理范围的，行政机关可以收取信息处理费。

行政机关收取信息处理费的具体办法由国务院价格主管部门会同国务院财政部门、全国政府信息公开工作主管部门制定。

**(四)政府信息公开的救济**

**第四十七条** 政府信息公开工作主管部门应当加强对政府信息公开工作的日常指导和监督检查，对行政机关未按照要求开展政府信息公开工作的，予以督促整改或者通报批评；需要对负有责任的领导人员和直接责任人员追究责任的，依法向有权机关提出处理建议。

公民、法人或者其他组织认为行政机关未按照要求主动公开政府信息或者对政府信息公开申请不依法答复处理的，可以向政府信息公开工作主管部门提出。政府信息公开工作主管部门查证属实的，应当予以督促整改或者通报批评。

第五十一条 公民、法人或者其他组织认为行政机关在政府信息公开工作中侵犯其合法权益的,可以向上一级行政机关或者政府信息公开工作主管部门投诉、举报,也可以范围、申请资格、救济途径依法申请行政复议或者提起行政诉讼。

《政府信息公开案件规定》

第三条 公民、法人或者其他组织认为行政机关不依法履行主动公开政府信息义务,直接向人民法院提起诉讼的,应当告知其先向行政机关申请获取相关政府信息。对行政机关的答复或者逾期不予答复不服的,可以向人民法院提起诉讼。[2013年真题~政府信息公开行政诉讼]

# 专题十一 行政复议

## 考点24 行政复议参加人与行政复议机关

### (一)行政复议参加人

第十四条 [申请人]依照本法申请行政复议的公民、法人或者其他组织是申请人。

有权申请行政复议的公民死亡的,其近亲属可以申请行政复议。有权申请行政复议的法人或者其他组织终止的,其权利义务承受人可以申请行政复议。

有权申请行政复议的公民为无民事行为能力人或者限制民事行为能力人的,其法定代理人可以代为申请行政复议。

第十六条 [第三人]申请人以外的同被申请行政复议的行政行为或者行政复议案件处理结果有利害关系的公民、法人或者其他组织,可以作为第三人申请参加行政复议,或者由行政复议机构通知其作为第三人参加行政复议。

第三人不参加行政复议,不影响行政复议案件的审理。

第十七条 [委托代理人]申请人、第三人可以委托一至二名律师、基层法律服务工作者或者其他代理人代为参加行政复议。

申请人、第三人委托代理人的,应当向行政复议机构提交授权委托书、委托人及被委托人的身份证明文件。授权委托书应当载明委托事项、权限和期限。申请人、第三人变更或者解除代理人权限的,应当书面告知行政复议机构。

第十九条 [被申请人]公民、法人或者其他组织对行政行为不服申请行政复议的,作出行政行为的行政机关或者法律、法规、规章授权的组织是被申请人。

两个以上行政机关以共同的名义作出同一行政行为的,共同作出行政行为的行政机关是被申请人。

行政机关委托的组织作出行政行为的,委托的行政机关是被申请人。

作出行政行为的行政机关被撤销或者职权变更的,继续行使其职权的行政机关是被申请人。

### (二)行政复议机关

第二十四条 [县级以上地方人民政府管辖]县级以上地方各级人民政府管辖下列行政复议案件:

(一)对本级人民政府工作部门作出的行政行为不服的;

(二)对下一级人民政府作出的行政行为不服的;

(三)对本级人民政府依法设立的派出机关作出的行政行为不服的;

(四)对本级人民政府或者其工作部门管理的法律、法规、规章授权的组织作出的行政行为不服的。

除前款规定外,省、自治区、直辖市人民政府同时管辖对本机关作出的行政行为不服的行政复议案件。

省、自治区人民政府依法设立的派出机关参照设区的市级人民政府的职责权限,管辖相关行政复议案件。

对县级以上地方各级人民政府工作部门依法设立的派出机构依照法律、法规、规章规定,以派出机构的名义作出的行政行为不服的行政复议案件,由本级人民政府管辖;其中,对直辖市、设区的市人民政府工作部门按照行政区划设立的派出机构作出的行政行为不服的,也可以由其所在地的人民政府管辖。

第二十五条 [国务院部门管辖]国务院部门管辖下列行政复议案件:

(一)对本部门作出的行政行为不服的;

(二)对本部门依法设立的派出机构依照法律、行政法规、部门规章规定,以派出机构的名义作出的行政行为不服的;

(三)对本部门管理的法律、行政法规、部门规章授权的组织作出的行政行为不服的。

第二十六条 [原级行政复议决定的救济途径]对省、自治区、直辖市人民政府依照本法第二十四条第二款的规定,国务院部门依照本法第二十五条第一项的规定作出的行政复议决定不服的,可以向人民法院提起行政诉讼;也可以向国务院申请裁决,国务院依照本法的规定作出最终裁决。

第二十七条 [垂直领导行政机关等管辖]对海关、金融、外汇管理等实行垂直领导的行政机关、税务和国家安全机关的行政行为不服的,向上一级主管部门申请行政复议。

第二十八条 [司法行政部门的管辖]对履行行政复议机构职责的地方人民政府司法行政部门的行政行为不服的,可以向本级人民政府申请行政复议,也可以向上一级司法行政部门申请行政复议。

## 考点25 行政复议的申请与受理

### (一)行政复议的申请

(1)申请期限

第二十条 [申请期限]公民、法人或者其他组织认为行政行为侵犯其合法权益的,可以自知道或者应当知道该行政行为之日起六十日内提出行政复议申请;但是法律规定的申请期限超过六十日的除外。

因不可抗力或者其他正当理由耽误法定申请期限的,申请期限自障碍消除之日起继续计算。

行政机关作出行政行为时,未告知公民、法人或者其他组织申请行政复议的权利、行政复议机关和申请期限的,申请期限自公民、法人或者其他组织知道或者应当知道申请行政复议的权利、行政复议机关和申请期限之日起计算,但是自知道或者应当知道行政行为内容之日起最长不得超过一年。

**第二十一条　[不动产行政复议申请期限]**因不动产提出的行政复议申请自行政行为作出之日起超过二十年,其他行政复议申请自行政行为作出之日起超过五年的,行政复议机关不予受理。

(2)申请方式

**第二十二条　[申请形式]**申请人申请行政复议,可以书面申请;书面申请有困难的,也可以口头申请。

书面申请的,可以通过邮寄或者行政复议机关指定的互联网渠道等方式提交行政复议申请书,也可以当面提交行政复议申请书。行政机关通过互联网渠道送达行政行为决定书的,应当同时提供提交行政复议申请书的互联网渠道。

口头申请的,行政复议机关应当当场记录申请人的基本情况、行政复议请求、申请行政复议的主要事实、理由和时间。

申请人对两个以上行政行为不服的,应当分别申请行政复议。

**(二)行政复议的受理**

(1)受理的审查

**第三十条　[受理条件]**行政复议机关收到行政复议申请后,应当在五日内进行审查。对符合下列规定的,行政复议机关应当予以受理:

(一)有明确的申请人和符合本法规定的被申请人;

(二)申请人与被申请行政复议的行政行为有利害关系;

(三)有具体的行政复议请求和理由;

(四)在法定申请期限内提出;

(五)属于本法规定的行政复议范围;

(六)属于本机关的管辖范围;

(七)行政复议机关未受理过该申请人就同一行政行为提出的行政复议申请,并且人民法院未受理过该申请人就同一行政行为提起的行政诉讼。

对不符合前款规定的行政复议申请,行政复议机关应当在审查期限内决定不予受理并说明理由;不属于本机关管辖的,还应当在不予受理决定中告知申请人有管辖权的行政复议机关。

行政复议申请的审查期限届满,行政复议机关未作出不予受理决定的,审查期限届满之日起视为受理。

**第三十一条　[申请材料补正]**行政复议申请材料不齐全或者表述不清楚,无法判断行政复议申请是否符合本法第三十条第一款规定的,行政复议机关应当自收到申请之日起五日内书面通知申请人补正。补正通知应当一次性载明需要补正的事项。

申请人应当自收到补正通知之日起十日内提交补正材料。有正当理由不能按期补正的,行政复议机关可以延长合理的补正期限。无正当理由逾期不补正的,视为申请人放弃行政复议申请,并记录在案。

行政复议机关收到补正材料后,依照本法第三十条的规定处理。

(2)对不作为的救济

**第三十四条　[复议前置等情形的诉讼衔接]**法律、行政法规规定应当先向行政复议机关申请行政复议、对行政复议决定不服再向人民法院提起行政诉讼的,行政复议机关决定不予受理、驳回申请或者受理后超过行政复议期限不作答复的,公民、法人或者其他组织可以自收到决定书之日起或者行政复议期限届满之日起十五日内,依法向人民法院提起行政诉讼。

**第三十五条　[对行政复议受理的监督]**公民、法人或者其他组织依法提出行政复议申请,行政复议机关无正当理由不予受理、驳回申请或者受理后超过行政复议期限不作答复的,申请人有权向上级行政机关反映,上级行政机关应当责令其纠正;必要时,上级行政复议机关可以直接受理。

**考点26** 行政复议与行政诉讼的关系

**第四十四条　[复议与诉讼的关系]**对属于人民法院受案范围的行政案件,公民、法人或者其他组织可以先向行政机关申请复议,对复议决定不服的,再向人民法院提起诉讼;也可以直接向人民法院提起诉讼。

法律、法规规定应当先向行政机关申请复议,对复议决定不服再向人民法院提起诉讼的,依照法律、法规的规定。

**第四十五条　[复议后的起诉期限]**公民、法人或者其他组织不服复议决定的,可以在收到复议决定书之日起十五日内向人民法院提起诉讼。复议机关逾期不作决定的,申请人可以在复议期满之日起十五日内向人民法院提起诉讼。法律另有规定的除外。〔2022年回忆~复议案件起诉期限;2013年真题~起诉与受理;2012年真题~起诉期限的确定〕

《行政诉讼法解释》

第五十六条　法律、法规规定应当先申请复议,公民、法人或者其他组织未申请复议直接提起诉讼的,人民法院裁定不予立案。

依照行政诉讼法第四十五条的规定,复议机关不受理复议申请或者在法定期限内不作出复议决定,公民、法人或者其他组织不服,依法向人民法院提起诉讼的,人民法院应当依法立案。

第五十七条　法律、法规未规定行政复议为提起行政诉讼必经程序,公民、法人或者其他组织既提起诉讼又申请行政复议的,由先立案的机关管辖;同时立案的,由公民、法人或者其他组织选择。公民、法人或者其他组织已经申请行政复议,在法定复议期间内又向人民法院提起诉讼的,人民法院裁定不予立案。

第五十八条　法律、法规未规定行政复议为提起行政诉讼必经程序,公民、法人或者其他组织向复议机关申请行政复议后,又经复议机关同意撤回复议申请,在法定起诉期限内对原行政行为提起诉讼的,人民法院应当依法立案。

《行政复议法》

第二十三条 [行政复议前置]有下列情形之一的，申请人应当先向行政复议机关申请行政复议，对行政复议决定不服的，可以再依法向人民法院提起行政诉讼：

（一）对当场作出的行政处罚决定不服；

（二）对行政机关作出的侵犯其已经依法取得的自然资源的所有权或者使用权的决定不服；

（三）认为行政机关存在本法第十一条规定的未履行法定职责情形；

（四）申请政府信息公开，行政机关不予公开；

（五）法律、行政法规规定应当先向行政复议机关申请行政复议的其他情形。

对前款规定的情形，行政机关在作出行政行为时应当告知公民、法人或者其他组织先向行政复议机关申请行政复议。

第二十九条第二款 [行政复议和行政诉讼的选择]公民、法人或者其他组织向人民法院提起行政诉讼，人民法院已经依法受理的，不得申请行政复议。

第三十四条 [复议前置等情形的诉讼衔接]法律、行政法规规定应当先向行政复议机关申请行政复议、对行政复议决定不服再向人民法院提起行政诉讼的，行政复议机关决定不予受理、驳回申请或者受理后超过行政复议期限不作答复的，公民、法人或者其他组织可以自收到决定书之日起或者行政复议期限届满之日起十五日内，依法向人民法院提起行政诉讼。

《税收征收管理法》

第八十八条 纳税人、扣缴义务人、纳税担保人同税务机关在纳税上发生争议时，必须先依照税务机关的纳税决定缴纳或者解缴税款及滞纳金或者提供相应的担保，然后可以依法申请行政复议；对行政复议决定不服的，可以依法向人民法院起诉。

当事人对税务机关的处罚决定、强制执行措施或者税收保全措施不服的，可以依法申请行政复议，也可以依法向人民法院起诉。

当事人对税务机关的处罚决定逾期不申请行政复议也不向人民法院起诉、又不履行的，作出处罚决定的税务机关可以采取本法第四十条规定的强制执行措施，或者申请人民法院强制执行。

《反垄断法》

第六十五条 [对行政处罚决定不服的救济途径]对反垄断执法机构依据本法第三十四条、第三十五条作出的决定不服的，可以先依法申请行政复议；对行政复议决定不服的，可以依法提起行政诉讼。

对反垄断执法机构作出的前款规定以外的决定不服的，可以依法申请行政复议或者提起行政诉讼。

**考点 27** 行政复议的审理

**（一）普通程序**

第四十九条 [听取意见程序]适用普通程序审理的行政复议案件，行政复议机构应当当面或者通过互联网、电话等方式听取当事人的意见，并将听取的意见记录在案。因当事人原因不能听取意见的，可以书面审理。

第五十条 [听证情形和人员组成]审理重大、疑难、复杂的行政复议案件，行政复议机构应当组织听证。

行政复议机构认为有必要听证，或者申请人请求听证的，行政复议机构可以组织听证。

听证由一名行政复议人员任主持人，两名以上行政复议人员任听证员，一名记录员制作听证笔录。

第五十一条 [听证程序和要求]行政复议机构组织听证的，应当于举行听证的五日前将听证的时间、地点和拟听证事项书面通知当事人。

申请人无正当理由拒不参加听证的，视为放弃听证权利。

被申请人的负责人应当参加听证。不能参加的，应当说明理由并委托相应的工作人员参加听证。

第五十二条 [行政复议委员会组成和职责]县级以上各级人民政府应当建立相关政府部门、专家、学者等参与的行政复议委员会，为办理行政复议案件提供咨询意见，并就行政复议工作中的重大事项和共性问题研究提出意见。行政复议委员会的组成和开展工作的具体办法，由国务院行政复议机构制定。

审理行政复议案件涉及下列情形之一的，行政复议机构应当提请行政复议委员会提出咨询意见：

（一）案情重大、疑难、复杂；

（二）专业性、技术性较强；

（三）本法第二十四条第二款规定的行政复议案件；

（四）行政复议机构认为有必要。

行政复议机构应当记录行政复议委员会的咨询意见。

**（二）简易程序**

第五十三条 [简易程序适用情形]行政复议机关审理下列行政复议案件，认为事实清楚、权利义务关系明确、争议不大的，可以适用简易程序：

（一）被申请行政复议的行政行为是当场作出；

（二）被申请行政复议的行政行为是警告或者通报批评；

（三）案件涉及款额三千元以下；

（四）属于政府信息公开案件。

除前款规定以外的行政复议案件，当事人各方同意适用简易程序的，可以适用简易程序。

第五十四条第二款 [简易程序书面答复]适用简易程序审理的行政复议案件，可以书面审理。

第五十五条 [简易程序向普通程序转换]适用简易程序审理的行政复议案件，行政复议机构认为不宜适用简易程序的，经行政复议机构的负责人批准，可以转为普通程序审理。

**（三）附带审查程序**

第十三条 [行政复议附带审查申请范围]公民、法人或者其他组织认为行政机关的行政行为所依据的下列规范性文件不合法，在对行政行为申请行政复议时，可以一并向行政复议机关提出对该规范性文件的附带审查申请：

（一）国务院部门的规范性文件；

（二）县级以上地方各级人民政府及其工作部门的规范性文件；

（三）乡、镇人民政府的规范性文件；

（四）法律、法规、规章授权的组织的规范性文件。

前款所列规范性文件不含规章。规章的审查依照法律、行政法规办理。

**第五十六条** ［**规范性文件审查处理**］申请人依照本法第十三条的规定提出对有关规范性文件的附带审查申请，行政复议机关有权处理的，应当在<u>三十日内</u>依法处理；无权处理的，应当在<u>七日内</u>转送有权处理的行政机关依法处理。

**第五十七条** ［**行政行为依据审查处理**］行政复议机关在对被申请人作出的行政行为进行审查时，认为其依据不合法，本机关有权处理的，应当在<u>三十日内</u>依法处理；无权处理的，应当在<u>七日内</u>转送有权处理的国家机关依法处理。

**第五十八条** ［**附带审查处理程序**］行政复议机关依照本法第五十六条、第五十七条的规定有权处理有关规范性文件或者依据的，行政复议机构应当<u>自行政复议中止之日起三日内</u>，书面通知规范性文件或者依据的制定机关就相关条款的合法性提出书面答复。制定机关应当自收到书面通知之日起<u>十日内</u>提交书面答复及相关材料。

行政复议机构认为必要时，可以要求规范性文件或者依据的制定机关当面说明理由，制定机关应当配合。

**第五十九条** ［**附带审查处理结果**］行政复议机关依照本法第五十六条、第五十七条的规定有权处理有关规范性文件或者依据，认为相关条款<u>合法</u>的，在行政复议决定书中一并告知；认为相关条款超越权限或者违反上位法的，决定<u>停止</u>该条款的执行，并责令制定机关予以纠正。

**第六十条** ［**接受转送机关的职责**］依照本法第五十六条、第五十七条的规定接受转送的行政机关、国家机关应当自收到转送之日起<u>六十日内</u>，将处理意见回复转送的行政复议机关。

**考点28** 行政复议决定与执行

**（一）决定期限**

**第六十二条** ［**行政复议审理期限**］适用普通程序审理的行政复议案件，行政复议机关应当自受理申请之日起<u>六十日内</u>作出行政复议决定；但是<u>法律规定的行政复议期限少于六十日的除外</u>。情况复杂，不能在规定期限内作出行政复议决定的，经行政复议机构的负责人批准，可以适当延长，并书面告知当事人；但是延长期限最多不得超过三十日。

适用简易程序审理的行政复议案件，行政复议机关应当自受理申请之日起<u>三十日内</u>作出行政复议决定。

**（二）决定类型**

**第六十三条** ［**变更决定**］行政行为有下列情形之一的，行政复议机关决定<u>变更</u>该行政行为：

（一）事实清楚，证据确凿，适用依据正确，程序合法，但是内容不适当；

（二）事实清楚，证据确凿，程序合法，但是未正确适用依据；

（三）事实不清、证据不足，经行政复议机关查清事实和证据。

行政复议机关<u>不得</u>作出对申请人更为不利的变更决定，但是<u>第三人提出相反请求的除外</u>。

**第六十四条** ［**撤销或者部分撤销、责令重作**］行政行为有下列情形之一的，行政复议机关决定撤销或者部分撤销该行政行为，并可以责令被申请人在一定期限内重新作出行政行为：

（一）主要事实不清、证据不足；

（二）违反法定程序；

（三）适用的依据不合法；

（四）超越职权或者滥用职权。

行政复议机关责令被申请人重新作出行政行为的，被申请人<u>不得</u>以同一事实和理由作出与被申请行政复议的行政行为相同或者基本相同的行政行为，但是行政复议机关以<u>违反法定程序</u>为由决定撤销或者部分撤销的除外。

**第六十五条** ［**确认违法**］行政行为有下列情形之一的，行政复议机关不撤销该行政行为，但是<u>确认该行政行为违法</u>：

（一）依法应予撤销，但是撤销会给国家利益、社会公共利益造成重大损害；

（二）程序轻微违法，但是对申请人权利不产生实际影响。

行政行为有下列情形之一，不需要撤销或者责令履行的，行政复议机关<u>确认该行政行为违法</u>：

（一）行政行为违法，但是不具有可撤销内容；

（二）被申请人改变原违法行政行为，申请人仍要求撤销或者确认该行政行为违法；

（三）被申请人不履行或者拖延履行法定职责，责令履行没有意义。

**第六十六条** ［**责令履行**］被申请人不履行法定职责的，行政复议机关决定被申请人在一定期限内履行。

**第六十七条** ［**确认无效**］行政行为有实施主体不具有行政主体资格或者没有依据等重大且明显违法情形，申请人申请确认行政行为无效的，行政复议机关确认该行政行为<u>无效</u>。

**第六十八条** ［**维持决定**］行政行为认定事实清楚，证据确凿，适用依据正确，程序合法，内容适当的，行政复议机关决定维持该行政行为。

**第六十九条** ［**驳回行政复议请求**］行政复议机关受理申请人认为被申请人<u>不履行法定职责</u>的行政复议申请后，发现被申请人没有相应法定职责或者在受理前已经履行法定职责的，决定驳回申请人的行政复议请求。

**第七十条** ［**被申请人不提交书面答复等情形的处理**］被申请人不按照本法第四十八条、第五十四条的规定提出书面答复、提交作出行政行为的证据、依据和其他有关材料的，视为该行政行为没有证据、依据，行政复议机关决定撤销、部分撤销该行政行为,确认该行政行为违法、无效或者决定被申请人在一定期限内履行,但是行政行为涉及第三人合法权益,第三人提供证据的除外。

**第七十一条** [行政协议案件处理]被申请人不依法订立、不依法履行、未按照约定履行或者违法变更、解除行政协议的,行政复议机关决定被申请人承担依法订立、继续履行、采取补救措施或者赔偿损失等责任。

被申请人变更、解除行政协议合法,但是未依法给予补偿或者补偿不合理的,行政复议机关决定被申请人依法给予合理补偿。

**第七十二条** [行政复议期间赔偿请求的处理]申请人在申请行政复议时一并提出行政赔偿请求,行政复议机关对依照《中华人民共和国国家赔偿法》的有关规定应当不予赔偿的,在作出行政复议决定时,应当同时决定驳回行政赔偿请求;对符合《中华人民共和国国家赔偿法》的有关规定应当给予赔偿的,在决定撤销或者部分撤销、变更行政行为或者确认行政行为违法、无效时,应当同时决定被申请人依法给予赔偿;确认行政行为违法的,还可以同时责令被申请人采取补救措施。

申请人在申请行政复议时没有提出行政赔偿请求的,行政复议机关在依法决定撤销或者部分撤销、变更罚款,撤销或者部分撤销违法集资、没收财物、征收征用、摊派费用以及对财产的查封、扣押、冻结等行政行为时,应当同时责令被申请人返还财产,解除对财产的查封、扣押、冻结措施,或者赔偿相应的价款。

**(三)复议调解与和解**

**第七十三条** [行政复议调解处理]当事人经调解达成协议的,行政复议机关应当制作行政复议调解书,经各方当事人签字或者签章,并加盖行政复议机关印章,即具有法律效力。

调解未达成协议或者调解书生效前一方反悔的,行政复议机关应当依法审查或者及时作出行政复议决定。

**第七十四条** [行政复议和解处理]当事人在行政复议决定作出前可以自愿达成和解,和解内容不得损害国家利益、社会公共利益和他人合法权益,不得违反法律、法规的强制性规定。

当事人达成和解后,由申请人向行政复议机构撤回行政复议申请。行政复议机构准予撤回行政复议申请、行政复议机关决定终止行政复议的,申请人不得再以同一事实和理由提出行政复议申请。但是,申请人能够证明撤回行政复议申请违背其真实意愿的除外。

**(四)复议意见书**

**第七十六条** [行政复议意见书]行政复议机关在办理行政复议案件过程中,发现被申请人或者其他下级行政机关的有关行政行为违法或者不当的,可以向其制发行政复议意见书。有关机关应当自收到行政复议意见书之日起六十日内,将纠正相关违法或者不当行政行为的情况报送行政复议机关。

**(五)决定的执行**

**第七十七条** [被申请人履行义务]被申请人应当履行行政复议决定书、调解书、意见书。

被申请人不履行或者无正当理由拖延履行行政复议决定书、调解书、意见书的,行政复议机关或者有关上级行政机关应当责令其限期履行,并可以约谈被申请人的有关负责人或者予以通报批评。

**第七十八条** [行政复议决定书、调解书的强制执行]申请人、第三人逾期不起诉又不履行行政复议决定书、调解书的,或者不履行最终裁决的行政复议决定的,按照下列规定分别处理:

(一)维持行政行为的行政复议决定书,由作出行政行为的行政机关依法强制执行,或者申请人民法院强制执行;

(二)变更行政行为的行政复议决定书,由行政复议机关依法强制执行,或者申请人民法院强制执行;

(三)行政复议调解书,由行政复议机关依法强制执行,或者申请人民法院强制执行。

# 专题十二　行政诉讼概述

**考点29、30** 行政诉讼与民事诉讼的关系

**(一)行政附带民事诉讼制度**

**第六十一条** [行政诉讼与民事诉讼的交叉]在涉及行政许可、登记、征收、征用和行政机关对民事争议所作的裁决的行政诉讼中,当事人申请一并解决相关民事争议的,人民法院可以一并审理。

在行政诉讼中,人民法院认为行政案件的审理需以民事诉讼的裁判为依据的,可以裁定中止行政诉讼。

《行政诉讼法解释》

**第一百三十七条** 公民、法人或者其他组织请求一并审理行政诉讼法第六十一条规定的相关民事争议,应当在第一审开庭审理前提出;有正当理由的,也可以在法庭调查中提出。

**第一百三十八条** 人民法院决定在行政诉讼中一并审理相关民事争议,或者案件当事人一致同意相关民事争议在行政诉讼中一并解决,人民法院准许的,由受理行政案件的人民法院管辖。

公民、法人或者其他组织请求一并审理相关民事争议,人民法院经审查发现行政案件已经超过起诉期限,民事案件尚未立案的,告知当事人另行提起民事诉讼;民事案件已经立案的,由原审判组织继续审理。

人民法院在审理行政案件中发现民事争议为解决行政争议的基础,当事人没有请求人民法院一并审理相关民事争议的,人民法院应当告知当事人依法申请一并解决民事争议。当事人就民事争议另行提起民事诉讼并已立案的,人民法院应当中止行政诉讼的审理。民事争议处理期间不计算在行政诉讼审理期限内。

**第一百三十九条** 有下列情形之一的,人民法院应当作出不予准许一并审理民事争议的决定,并告知当事人可以依法通过其他渠道主张权利:

(一)法律规定应当由行政机关先行处理的;

(二)违反民事诉讼法专属管辖规定或者协议管辖约定的;

（三）约定仲裁或者已经提起民事诉讼的；

（四）其他不宜一并审理民事争议的情形。

对不予准许的决定可以申请复议一次。

第一百四十条　人民法院在行政诉讼中一并审理相关民事争议的，民事争议应当单独立案，由同一审判组织审理。

人民法院审理行政机关对民事争议所作裁决的案件，一并审理民事争议的，不另行立案。

第一百四十一条　人民法院一并审理相关民事争议，适用民事法律规范的相关规定，法律另有规定的除外。

当事人在调解中对民事权益的处分，不能作为审查被诉行政行为合法性的根据。

第一百四十二条　对行政争议和民事争议应当分别裁判。

当事人仅对行政裁判或者民事裁判提出上诉的，未上诉的裁判在上诉期满后即发生法律效力。第一审人民法院应当将全部案卷一并移送第二审人民法院，由行政审判庭审理。第二审人民法院发现未上诉的生效裁判确有错误的，应当按照审判监督程序再审。

第一百四十三条　行政诉讼原告在宣判前申请撤诉的，是否准许由人民法院裁定。人民法院裁定准许行政诉讼原告撤诉，但其对已经提起的一并审理相关民事争议不撤诉的，人民法院应当继续审理。

第一百四十四条　人民法院一并审理相关民事争议，应当按照行政案件、民事案件的标准分别收取诉讼费用。

**（二）在行政诉讼中适用民事诉讼的相关规定**

**第一百零一条**　[适用民事诉讼法规定]人民法院审理行政案件，关于期间、送达、财产保全、开庭审理、调解、中止诉讼、终结诉讼、简易程序、执行等，以及人民检察院对行政案件受理、审理、裁判、执行的监督，本法没有规定的，适用《中华人民共和国民事诉讼法》的相关规定。

# 专题十三　行政诉讼的受案范围

**考点32** 行政诉讼受案范围

**1 第十二条**　[受案范围]人民法院受理公民、法人或者其他组织提起的下列诉讼：

（一）对行政拘留、暂扣或者吊销许可证和执照、责令停产停业、没收违法所得、没收非法财物、罚款、警告等行政处罚不服的；

（二）对限制人身自由或者对财产的查封、扣押、冻结等行政强制措施和行政强制执行不服的；

（三）申请行政许可，行政机关拒绝或者在法定期限内不予答复，或者对行政机关作出的有关行政许可的其他决定不服的；

（四）对行政机关作出的关于确认土地、矿藏、水流、森林、山岭、草原、荒地、滩涂、海域等自然资源的所有权或者使用权的决定不服的；

（五）对征收、征用决定及其补偿决定不服的；

（六）申请行政机关履行保护人身权、财产权等合法权益的法定职责，行政机关拒绝履行或者不予答复的；

（七）认为行政机关侵犯其经营自主权或者农村土地承包经营权、农村土地经营权的；

（八）认为行政机关滥用行政权力排除或者限制竞争的；

（九）认为行政机关违法集资、摊派费用或者违法要求履行其他义务的；

（十）认为行政机关没有依法支付抚恤金、最低生活保障待遇或者社会保险待遇的；

（十一）认为行政机关不依法履行、未按照约定履行或者违法变更、解除政府特许经营协议、土地房屋征收补偿协议等协议的；

（十二）认为行政机关侵犯其他人身权、财产权等合法权益的。

除前款规定外，人民法院受理法律、法规规定可以提起诉讼的其他行政案件。[2023年回忆～行政协议诉讼的性质；2011年真题～行政诉讼的受案范围]

**《行政诉讼法解释》**

**第一条第一款**　公民、法人或者其他组织对行政机关及其工作人员的行政行为不服，依法提起诉讼的，属于人民法院行政诉讼的受案范围。

**《行政许可案件规定》**

**第一条**　公民、法人或者其他组织认为行政机关作出的行政许可决定以及相应的不作为，或者行政机关就行政许可的变更、延续、撤回、注销、撤销等事项作出的有关具体行政行为及其相应的不作为侵犯其合法权益，提起行政诉讼的，人民法院应当依法受理。

**第二条**　公民、法人或者其他组织认为行政机关未公开行政许可决定或者未提供行政许可监督检查记录侵犯其合法权益，提起行政诉讼的，人民法院应当依法受理。

**第三条**　公民、法人或者其他组织仅就行政许可过程中的告知补正申请材料、听证等通知行为提起行政诉讼的，人民法院不予受理，但导致许可程序对上述主体事实上终止的除外。

**《行政协议案件规定》**

**第一条**　行政机关为了实现行政管理或者公共服务目标，与公民、法人或者其他组织协商订立的具有行政法上权利义务内容的协议，属于行政诉讼法第十二条第一款第十一项规定的行政协议。

**第二条**　公民、法人或者其他组织就下列行政协议提起行政诉讼的，人民法院应当依法受理：

（一）政府特许经营协议；

（二）土地、房屋等征收征用补偿协议；

（三）矿业权等国有自然资源使用权出让协议；

（四）政府投资的保障性住房的租赁、买卖等协议；

（五）符合本规定第一条规定的政府与社会资本合作协议；

（六）其他行政协议。

**第三条**　因行政机关订立的下列协议提起诉讼的，不属于人民法院行政诉讼的受案范围：

（一）行政机关之间因公务协助等事由而订立的协议；

（二）行政机关与其工作人员订立的劳动人事协议。

第四条　因行政协议的订立、履行、变更、终止等发生纠纷，公民、法人或者其他组织作为原告，以行政机关为被告提起行政诉讼的，人民法院应当依法受理。

因行政机关委托的组织订立的行政协议发生纠纷的，委托的行政机关是被告。

第五条　下列与行政协议有利害关系的公民、法人或者其他组织提起行政诉讼的，人民法院应当依法受理：

（一）参与招标、拍卖、挂牌等竞争性活动，认为行政机关应当依法与其订立行政协议但行政机关拒绝订立，或者认为行政机关与他人订立行政协议损害其合法权益的公民、法人或者其他组织；

（二）认为征收征用补偿协议损害其合法权益的被征收征用土地、房屋等不动产的用益物权人、公房承租人；

（三）其他认为行政协议的订立、履行、变更、终止等行为损害其合法权益的公民、法人或者其他组织。〔2020年回忆~行政协议的定义；行政诉讼中原告的认定〕

第六条　人民法院受理行政协议案件后，被告就该协议的订立、履行、变更、终止等提起反诉的，人民法院不予准许。

第七条　当事人书面协议约定选择被告所在地、原告所在地、协议履行地、协议订立地、标的物所在地等与争议有实际联系地点的人民法院管辖的，人民法院从其约定，但违反级别管辖和专属管辖的除外。

第八条　公民、法人或者其他组织向人民法院提起民事诉讼，生效法律文书以涉案协议属于行政协议为由裁定不予立案或者驳回起诉，当事人又提起行政诉讼的，人民法院应当依法受理。

《政府信息公开行政案件规定》

第一条　公民、法人或者其他组织认为下列政府信息公开工作中的具体行政行为侵犯其合法权益，依法提起行政诉讼的，人民法院应当受理：

（一）向行政机关申请获取政府信息，行政机关拒绝提供或者逾期不予答复的；

（二）认为行政机关提供的政府信息不符合其在申请中要求的内容或者法律、法规规定的适当形式的；

（三）认为行政机关主动公开或者依他人申请公开政府信息侵犯其商业秘密、个人隐私的；

（四）认为行政机关提供的与其自身相关的政府信息记录不准确，要求该行政机关予以更正，该行政机关拒绝更正、逾期不予答复或者不予转送有权机关处理的；

（五）认为行政机关在政府信息公开工作中的其他具体行政行为侵犯其合法权益的。

公民、法人或者其他组织认为政府信息公开行政行为侵犯其合法权益造成损害的，可以一并或单独提起行政赔偿诉讼。

**❷ 第十三条　[受案范围的排除事项]** 人民法院不受理公民、法人或者其他组织对下列事项提起的诉讼：

（一）国防、外交等国家行为；

（二）行政法规、规章或者行政机关制定、发布的具有普遍约束力的决定、命令；

（三）行政机关对行政机关工作人员的奖惩、任免等决定；

（四）法律规定由行政机关最终裁决的行政行为。

《行政诉讼法解释》

第一条第二款　下列行为不属于人民法院行政诉讼的受案范围：

（一）公安、国家安全等机关依照刑事诉讼法的明确授权实施的行为；

（二）调解行为以及法律规定的仲裁行为；

（三）行政指导行为；

（四）驳回当事人对行政行为提起申诉的重复处理行为；

（五）行政机关作出的不产生外部法律效力的行为；

（六）行政机关为作出行政行为而实施的准备、论证、研究、层报、咨询等过程性行为；

（七）行政机关根据人民法院的生效裁判、协助执行通知书作出的执行行为，但行政机关扩大执行范围或者采取违法方式实施的除外；

（八）上级行政机关基于内部层级监督关系对下级行政机关作出的听取报告、执法检查、督促履责等行为；

（九）行政机关针对信访事项作出的登记、受理、交办、转送、复查、复核意见等行为；

（十）对公民、法人或者其他组织权利义务不产生实际影响的行为。

第二条　行政诉讼法第十三条第一项规定的"国家行为"，是指国务院、中央军事委员会、国防部、外交部等根据宪法和法律的授权，以国家的名义实施的有关国防和外交事务的行为，以及经宪法和法律授权的国家机关宣布紧急状态等行为。

行政诉讼法第十三条第二项规定的"具有普遍约束力的决定、命令"，是指行政机关针对不特定对象发布的能反复适用的规范性文件。

行政诉讼法第十三条第三项规定的"对行政机关工作人员的奖惩、任免等决定"，是指行政机关作出的涉及行政机关工作人员公务员权利义务的决定。

行政诉讼法第十三条第四项规定的"法律规定由行政机关最终裁决的行政行为"中的"法律"，是指全国人民代表大会及其常务委员会制定、通过的规范性文件。

《政府信息公开行政案件规定》

第二条　公民、法人或者其他组织对下列行为不服提起行政诉讼的，人民法院不予受理：

（一）因申请内容不明确，行政机关要求申请人作出更改、补充且对申请人权利义务不产生实际影响的告知行为；

（二）要求行政机关提供政府公报、报纸、杂志、书籍等公开出版物，行政机关予以拒绝的；

（三）要求行政机关为其制作、搜集政府信息，或者对若干政府信息进行汇总、分析、加工，行政机关予以拒绝的；

（四）行政程序中的当事人、利害关系人以政府信息公开名义申请查阅案卷材料，行政机关告知其应当按照相关法律、法规的规定办理的。

**《审计法》**

第五十三条　被审计单位对审计机关作出的有关财务收支的审计决定不服的，可以依法申请行政复议或者提起行政诉讼。

被审计单位对审计机关作出的有关财政收支的审计决定不服的，可以提请审计机关的本级人民政府裁决，<u>本级人民政府的裁决为最终决定</u>。

**《出境入境管理法》**

第三十六条　公安机关出入境管理机构作出的不予办理普通签证延期、换发、补发，不予办理外国人停留居留证件、不予延长居留期限的决定为最终决定。

第六十四条　外国人对依照本法规定对其实施的继续盘问、拘留审查、限制活动范围、遣送出境措施不服的，可以依法申请行政复议，该行政复议决定为最终决定。

其他境外人员对依照本法规定对其实施的遣送出境措施不服，申请行政复议的，适用前款规定。

第八十一条　外国人从事与停留居留事由不相符的活动，或者有其他违反中国法律、法规规定，不适宜在中国境内继续停留居留情形的，可以处限期出境。

外国人违反本法规定，情节严重，尚不构成犯罪的，公安部可以处驱逐出境。公安部的处罚决定为最终决定。

被驱逐出境的外国人，自被驱逐出境之日起十年内不准入境。

# 专题十四　行政诉讼的管辖

**考点33　级别管辖**

第十四条　[基层法院管辖]基层人民法院管辖第一审行政案件。

第十五条　[中院管辖]中级人民法院管辖下列第一审行政案件：

（一）对国务院部门<u>或者县级以上地方人民政府</u>所作的行政行为提起诉讼的案件；

（二）海关处理的案件；

（三）本辖区内重大、复杂的案件；

（四）其他法律规定由中级人民法院管辖的案件。[2022年回忆~中院管辖；2021年回忆~中级人民法院的级别管辖；2012年真题~级别管辖的确定]

第十六条　[高院管辖]高级人民法院管辖本辖区内重大、复杂的第一审行政案件。

第十七条　[最高法院管辖]最高人民法院管辖全国范围内重大、复杂的第一审行政案件。

**《行政诉讼法解释》**

第五条　有下列情形之一的，属于行政诉讼法第十五条第三项规定的"本辖区内重大、复杂的案件"：

（一）社会影响重大的共同诉讼案件；

（二）涉外或者涉及香港特别行政区、澳门特别行政区、台湾地区的案件；

（三）其他重大、复杂案件。

第六条　当事人以案件重大复杂为由，认为有管辖权的基层人民法院不宜行使管辖权或者根据行政诉讼法第五十二条的规定，向中级人民法院起诉，中级人民法院应当根据不同情况在七日内分别作出以下处理：

（一）决定自行审理；

（二）指定本辖区其他基层人民法院管辖；

（三）书面告知当事人向有管辖权的基层人民法院起诉。

第七条　基层人民法院对其管辖的第一审行政案件，认为需要由中级人民法院审理或者指定管辖的，可以报请中级人民法院决定。中级人民法院应根据不同情况在七日内分别作出以下处理：

（一）决定自行审理；

（二）指定本辖区其他基层人民法院管辖；

（三）决定由报请的人民法院审理。

第一百三十四条第三款　复议机关作共同被告的案件，以作出原行政行为的行政机关确定案件的级别管辖。

**《行政协议案件规定》**

第二十六条　行政协议约定仲裁条款的，人民法院应当确认该条款无效，但法律、行政法规或者我国缔结、参加的国际条约另有规定的除外。[2020年回忆~行政协议案件的管辖]

**考点34　地域管辖**

**1** 第十八条　[一般地域管辖、跨区管辖]行政案件由最初作出行政行为的行政机关所在地人民法院管辖。经复议的案件，也可以由复议机关所在地人民法院管辖。

经最高人民法院批准，高级人民法院可以根据审判工作的实际情况，确定若干人民法院跨行政区域管辖行政案件。[2022年回忆~一般地域管辖、跨区管辖；2011年真题~行政诉讼的管辖法院]

**《行政协议案件规定》**

第七条　当事人书面协议约定选择被告所在地、原告所在地、协议履行地、协议订立地、标的物所在地等与争议有实际联系地点的人民法院管辖的，人民法院从其约定，但违反级别管辖和专属管辖的除外。

**2** 第十九条　[限制人身自由案件的管辖]对限制人身自由的行政强制措施不服提起的诉讼，由被告所在地或者原告所在地人民法院管辖。

**《行政诉讼法解释》**

第八条　行政诉讼法第十九条规定的"原告所在地"，包括原告的户籍所在地、经常居住地和被限制人身自由地。

对行政机关基于同一事实，既采取限制公民人身自由的行政强制措施，又采取其他行政强制措施或者行政处罚不服的，由被告所在地或者原告所在地的人民法院管辖。

**3** 第二十条　[不动产案件的管辖]因不动产提起的行政诉讼，由不动产所在地人民法院管辖。

《行政诉讼法解释》

第九条 行政诉讼法第二十条规定的"因不动产提起的行政诉讼"是指因行政行为导致不动产物权变动而提起的诉讼。

不动产已登记的，以不动产登记簿记载的所在地为不动产所在地；不动产未登记的，以不动产实际所在地为不动产所在地。

# 专题十五 行政诉讼参加人

## 考点35 行政诉讼的原告

**第二十五条** [原告资格]行政行为的相对人以及其他与行政行为有利害关系的公民、法人或者其他组织，有权提起诉讼。

有权提起诉讼的公民死亡，其近亲属可以提起诉讼。

有权提起诉讼的法人或者其他组织终止，承受其权利的法人或者其他组织可以提起诉讼。

人民检察院在履行职责中发现生态环境和资源保护、食品药品安全、国有财产保护、国有土地使用权出让等领域负有监督管理职责的行政机关违法行使职权或者不作为，致使国家利益或者社会公共利益受到侵害的，应当向行政机关提出检察建议，督促其依法履行职责。行政机关不依法履行职责的，人民检察院依法向人民法院提起诉讼。[2022年回忆~原告资格；2015年真题~行政诉讼当事人；2011年真题~原告的确定]

《行政诉讼法解释》

第十二条 有下列情形之一的，属于行政诉讼法第二十五条第一款规定的"与行政行为有利害关系"：

（一）被诉的行政行为涉及其相邻权或者公平竞争权的；

（二）在行政复议等行政程序中被追加为第三人的；

（三）要求行政机关依法追究加害人法律责任的；

（四）撤销或者变更行政行为涉及其合法权益的；

（五）为维护自身合法权益向行政机关投诉，具有处理投诉职责的行政机关作出或者未作出处理的；

（六）其他与行政行为有利害关系的情形。

第十三条 债权人以行政机关对债务人所作的行政行为损害债权实现为由提起行政诉讼的，人民法院应当告知其就民事争议提起民事诉讼，但行政机关作出行政行为时依法应予保护或者应予考虑的除外。

第十四条 行政诉讼法第二十五条第二款规定的"近亲属"，包括配偶、父母、子女、兄弟姐妹、祖父母、外祖父母、孙子女、外孙子女和其他具有扶养、赡养关系的亲属。

公民因被限制人身自由而不能提起诉讼的，其近亲属可以依其口头或者书面委托以该公民的名义提起诉讼。近亲属起诉时无法与被限制人身自由的公民取得联系，近亲属可以先行起诉，并在诉讼中补充提交委托证明。

第十五条 合伙企业向人民法院提起诉讼的，应当以核准登记的字号为原告。未依法登记领取营业执照的

个人合伙的全体合伙人为共同原告；全体合伙人可以推选代表人，被推选的代表人，应当由全体合伙人出具推选书。

个体工商户向人民法院提起诉讼的，以营业执照上登记的经营者为原告。有字号的，以营业执照上登记的字号为原告，并应当注明该字号经营者的基本信息。

第十六条 股份制企业的股东大会、股东会、董事会等认为行政机关作出的行政行为侵犯企业经营自主权的，可以企业名义提起诉讼。

联营企业、中外合资或者合作企业的联营、合资、合作各方，认为联营、合资、合作企业权益或者自己一方合法权益受行政行为侵害的，可以自己的名义提起诉讼。

非国有企业被行政机关注销、撤销、合并、强令兼并、出售、分立或者改变企业隶属关系的，该企业或者其法定代表人可以提起诉讼。

第十七条 事业单位、社会团体、基金会、社会服务机构等非营利法人的出资人、设立人认为行政行为损害法人合法权益的，可以自己的名义提起诉讼。

第十八条 业主委员会对于行政机关作出的涉及业主共有利益的行政行为，可以自己的名义提起诉讼。

业主委员会不起诉的，专有部分占建筑物总面积过半数或者占总户数过半数的业主可以提起诉讼。

## 考点36 行政诉讼的被告

**第二十六条** [被告资格]公民、法人或者其他组织直接向人民法院提起诉讼的，作出行政行为的行政机关是被告。

经复议的案件，复议机关决定维持原行政行为的，作出原行政行为的行政机关和复议机关是共同被告；复议机关改变原行政行为的，复议机关是被告。

复议机关在法定期限内未作出复议决定，公民、法人或者其他组织起诉原行政行为的，作出原行政行为的行政机关是被告；起诉复议机关不作为的，复议机关是被告。

两个以上行政机关作出同一行政行为的，共同作出行政行为的行政机关是共同被告。

行政机关委托的组织所作的行政行为，委托的行政机关是被告。

行政机关被撤销或者职权变更的，继续行使其职权的行政机关是被告。[2023年回忆~行政诉讼的被告；2022年回忆~当事人、共同被告；2018年回忆~行政诉讼的被告制度；2017年真题~行政诉讼的被告制度；2015年真题~行政诉讼当事人；2012年真题~被告资格的确认]

《行政诉讼法解释》

第十九条 当事人不服经上级行政机关批准的行政行为，向人民法院提起诉讼的，以在对外发生法律效力的文书上署名的机关为被告。[2021年回忆~行政诉讼的被告]

第二十条 行政机关组建并赋予行政管理职能但不具有独立承担法律责任能力的机构，以自己的名义作出行政行为，当事人不服提起诉讼的，应当以组建该机构的行政机关为被告。

法律、法规或者规章授权行使行政职权的行政机关内设机构、派出机构或者其他组织，超出法定授权范围实施行政行为，当事人不服提起诉讼的，应当以实施该行为的机构或者组织为被告。〔2023年回忆~行政诉讼的被告〕

没有法律、法规或者规章规定，行政机关授权其内设机构、派出机构或者其他组织行使行政职权的，属于行政诉讼法第二十六条规定的委托。当事人不服提起诉讼的，应当以该行政机关为被告。

第二十一条　当事人对由国务院、省级人民政府批准设立的开发区管理机构作出的行政行为不服提起诉讼的，以该开发区管理机构为被告；对由国务院、省级人民政府批准设立的开发区管理机构所属职能部门作出的行政行为不服提起诉讼的，以其职能部门为被告；对其他开发区管理机构所属职能部门作出的行政行为不服提起诉讼的，以开发区管理机构为被告；开发区管理机构没有行政主体资格的，以设立该机构的地方人民政府为被告。

第二十二条　行政诉讼法第二十六条第二款规定的"复议机关改变原行政行为"，是指复议机关改变原行政行为所认定的主要事实和证据，改变原行政行为所适用的规范依据，但未改变原行政行为处理结果的，视为复议机关维持原行政行为。

复议机关确认原行政行为无效，属于改变原行政行为。

复议机关确认原行政行为违法，属于改变原行政行为，但复议机关以违反法定程序为由确认原行政行为违法的除外。

第二十三条　行政机关被撤销或者职权变更，没有继续行使其职权的行政机关的，以其所属的人民政府为被告；实行垂直领导的，以垂直领导的上一级行政机关为被告。

第二十四条　当事人对村民委员会或者居民委员会依据法律、法规、规章的授权履行行政管理职责的行为不服提起诉讼的，以村民委员会或者居民委员会为被告。

当事人对村民委员会、居民委员会受行政机关委托作出的行为不服提起诉讼的，以委托的行政机关为被告。

当事人对高等学校等事业单位以及律师协会、注册会计师协会等行业协会依据法律、法规、规章的授权实施的行政行为不服提起诉讼的，以该事业单位、行业协会为被告。

当事人对高等学校等事业单位以及律师协会、注册会计师协会等行业协会受行政机关委托作出的行为不服提起诉讼的，以委托的行政机关为被告。

第二十五条　市、县级人民政府确定的房屋征收部门组织实施房屋征收与补偿工作过程中作出行政行为，被征收人不服提起诉讼的，以房屋征收部门为被告。

征收实施单位受房屋征收部门委托，在委托范围内从事的行为，被征收人不服提起诉讼的，应当以房屋征收部门为被告。

第一百三十三条　行政诉讼法第二十六条第二款规定的"复议机关决定维持原行政行为"，包括复议机关驳回复议申请或者复议请求的情形，但以复议申请不符合受理条件为由驳回的除外。

第一百三十四条　复议机关决定维持原行政行为的，作出原行政行为的行政机关和复议机关是共同被告。原告只起诉作出原行政行为的行政机关或者复议机关的，人民法院应当告知原告追加被告。原告不同意追加的，人民法院应当将另一机关列为共同被告。

行政复议决定既有维持原行政行为内容，又有改变原行政行为内容或者不予受理申请内容的，作出原行政行为的行政机关和复议机关为共同被告。

复议机关作共同被告的案件，以作出原行政行为的行政机关确定案件的级别管辖。〔2022年回忆~被告的确定〕

### 《行政许可案件规定》

第四条　当事人不服行政许可决定提起诉讼的，以作出行政许可决定的机关为被告；行政许可依法须经上级行政机关批准，当事人对批准或者不批准行为不服一并提起诉讼的，以上级行政机关为共同被告；行政许可依法须经下级行政机关或者管理公共事务的组织初步审查并上报，当事人对不予初步审查或者不予上报不服提起诉讼的，以下级行政机关或者管理公共事务的组织为被告。

第五条　行政机关依据行政许可法第26条第2款规定统一办理行政许可的，当事人对行政许可行为不服提起诉讼，以对当事人作出具有实质影响的不利行为的机关为被告。

### 《政府信息公开行政案件规定》

第四条　公民、法人或者其他组织对国务院部门、地方各级人民政府及县级以上地方人民政府部门依申请公开政府信息行政行为不服提起诉讼的，以作出答复的机关为被告；逾期未作出答复的，以受理申请的机关为被告。

公民、法人或者其他组织对主动公开政府信息行政行为不服提起诉讼的，以公开该政府信息的机关为被告。

公民、法人或者其他组织对法律、法规授权的具有管理公共事务职能的组织公开政府信息的行为不服提起诉讼的，以该组织为被告。

有下列情形之一的，应当以在对外发生法律效力的文书上署名的机关为被告：

（一）政府信息公开与否的答复依法报经有权机关批准的；

（二）政府信息是否可以公开系由国家保密行政管理部门或者省、自治区、直辖市保密行政管理部门确定的；

（三）行政机关在公开政府信息前与有关行政机关进行沟通、确认的。

### 《最高人民法院关于正确确定县级以上地方人民政府行政诉讼被告资格若干问题的规定》

第一条　法律、法规、规章规定属于县级以上地方人民政府职能部门的行政职权，县级以上地方人民政府通过听取报告、召开会议、组织研究、下发文件等方式进行指导,公民、法人或者其他组织不服县级以上地方人民政府的指导行为提起诉讼的,人民法院应当释明,告知其以具体实施行政行为的职能部门为被告。

第二条 县级以上地方人民政府根据城乡规划法的规定,责成有关职能部门对违法建筑实施强制拆除,公民、法人或者其他组织不服强制拆除行为提起诉讼,人民法院应当根据行政诉讼法第二十六条第一款的规定,以作出强制拆除决定的行政机关为被告;没有强制拆除决定书的,以具体实施强制拆除行为的职能部门为被告。

第三条 公民、法人或者其他组织对集体土地征收中强制拆除房屋等行为不服提起诉讼的,除有证据证明系县级以上地方人民政府具体实施外,人民法院应当根据行政诉讼法第二十六条第一款的规定,以作出强制拆除决定的行政机关为被告;没有强制拆除决定书的,以具体实施强制拆除等行为的行政机关为被告。

县级以上地方人民政府已经作出国有土地上房屋征收与补偿决定,公民、法人或者其他组织不服具体实施房屋征收与补偿工作中的强制拆除房屋等行为提起诉讼的,人民法院应当根据行政诉讼法第二十六条第一款的规定,以作出强制拆除决定的行政机关为被告;没有强制拆除决定书的,以县级以上地方人民政府确定的房屋征收部门为被告。〔2023年回忆~房屋征收与补偿的被告〕

第四条 公民、法人或者其他组织向县级以上地方人民政府申请履行法定职责或者给付义务,法律、法规、规章规定该职责或者义务属于下级人民政府或者相应职能部门的行政职权,县级以上地方人民政府已经转送下级人民政府或者相应职能部门处理并告知申请人,申请人起诉要求履行法定职责或者给付义务的,以下级人民政府或者相应职能部门为被告。

第五条 县级以上地方人民政府确定的不动产登记机构或者其他实际履行该职责的职能部门按照《不动产登记暂行条例》的规定办理不动产登记,公民、法人或者其他组织不服提起诉讼的,以不动产登记机构或者实际履行该职责的职能部门为被告。

公民、法人或者其他组织对《不动产登记暂行条例》实施之前由县级以上地方人民政府作出的不动产登记行为不服提起诉讼的,以继续行使其职权的不动产登记机构或者实际履行该职责的职能部门为被告。

第六条 县级以上地方人民政府根据《中华人民共和国政府信息公开条例》的规定,指定具体机构负责政府信息公开日常工作,公民、法人或者其他组织对该指定机构以自己名义所作的政府信息公开行为不服提起诉讼的,以该指定机构为被告。

第七条 被诉行政行为不是县级以上地方人民政府作出,公民、法人或者其他组织以县级以上地方人民政府作为被告的,人民法院应当予以指导和释明,告知其向有管辖权的人民法院起诉;公民、法人或者其他组织经人民法院释明仍不变更的,人民法院可以裁定不予立案,也可以将案件移送有管辖权的人民法院。

**考点37** 行政诉讼第三人

第二十九条 [第三人]公民、法人或者其他组织同被诉行政行为有利害关系但没有提起诉讼,或者同案件处理结果有利害关系的,可以作为第三人申请参加诉讼,或者由人民法院通知参加诉讼。

人民法院判决第三人承担义务或者减损第三人权益的,第三人有权依法提起上诉。〔2022年回忆~第三人〕

《行政诉讼法解释》

第二十六条第二款 应当追加被告而原告不同意追加的,人民法院应当通知其以第三人的身份参加诉讼,但行政复议机关作共同被告的除外。

第二十八条 人民法院追加共同诉讼的当事人时,应当通知其他当事人。应当追加的原告,已明确表示放弃实体权利的,可不予追加;既不愿意参加诉讼,又不放弃实体权利的,应追加为第三人,其不参加诉讼,不能阻碍人民法院对案件的审理和裁判。

第三十条 行政机关的同一行政行为涉及两个以上利害关系人,其中一部分利害关系人对行政行为不服提起诉讼,人民法院应当通知没有起诉的其他利害关系人作为第三人参加诉讼。

与行政案件处理结果有利害关系的第三人,可以申请参加诉讼,或者由人民法院通知其参加诉讼。人民法院判决其承担义务或者减损其权益的第三人,有权提出上诉或者申请再审。

行政诉讼法第二十九条规定的第三人,因不能归责于本人的事由未参加诉讼,但有证据证明发生法律效力的判决、裁定、调解书损害其合法权益的,可以依照行政诉讼法第九十条的规定,自知道或者应当知道其合法权益受到损害之日起六个月内,向上一级人民法院申请再审。〔2012年真题~行政诉讼的第三人〕

《专利法》

第四十六条第二款 [异议的审查]对国务院专利行政部门宣告专利权无效或者维持专利权的决定不服的,可以自收到通知之日起三个月内向人民法院起诉。人民法院应当通知无效宣告请求程序的对方当事人作为第三人参加诉讼。

# 专题十六 行政诉讼程序

**考点38** 行政诉讼的提起

(一)起诉条件

第四十九条 [起诉条件]提起诉讼应当符合下列条件:

(一)原告是符合本法第二十五条规定的公民、法人或者其他组织;

(二)有明确的被告;

(三)有具体的诉讼请求和事实根据;

(四)属于人民法院受案范围和受诉人民法院管辖。

(二)起诉期限

**1** 第四十五条 [复议后的起诉期限]公民、法人或者其他组织不服复议决定的,可以在收到复议决定书之日起十五日内向人民法院提起诉讼。复议机关逾期不作决定的,申请人可以在复议期满之日起十五日内向人民法院提起诉讼。法律另有规定的除外。〔2022年回忆~复议后的起诉期限;2013年真题~起诉与受理;2012年真题~起诉期限的确定〕

**《行政诉讼法解释》**

第五十六条第二款 依照行政诉讼法第四十五条的规定,复议机关不受理复议申请或者在法定期限内不作出复议决定,公民、法人或者其他组织不服,依法向人民法院提起诉讼的,人民法院应当依法立案。

第五十九条 公民、法人或者其他组织向复议机关申请行政复议后,复议机关作出维持决定的,应当以复议机关和原行为机关为共同被告,并以复议决定送达时间确定起诉期限。

**2 第四十六条 [一般案件的起诉期限]**公民、法人或者其他组织直接向人民法院提起诉讼的,应当自知道或者应当知道作出行政行为之日起六个月内提出。法律另有规定的除外。

因不动产提起诉讼的案件自行政行为作出之日起超过二十年,其他案件自行政行为作出之日起超过五年提起诉讼的,人民法院不予受理。〔2018年回忆~起诉期限〕

**《行政诉讼法解释》**

第六十四条 行政机关作出行政行为时,未告知公民、法人或者其他组织起诉期限的,起诉期限从公民、法人或者其他组织知道或者应当知道起诉期限之日起计算,但从知道或者应当知道行政行为内容之日起最长不得超过一年。

复议决定未告知公民、法人或者其他组织起诉期限的,适用前款规定。〔2022年回忆~起诉期限;2021年回忆~行政不作为案件的起诉期限〕

第六十五条 公民、法人或者其他组织不知道行政机关作出的行政行为内容的,其起诉期限从知道或者应当知道该行政行为内容之日起计算,但最长不得超过行政诉讼法第四十六条第二款规定的起诉期限。〔2022年回忆~起诉期限〕

**《行政协议案件规定》**

第二十五条 公民、法人或者其他组织对行政机关不依法履行、未按照约定履行行政协议提起诉讼的,诉讼时效参照民事法律规范确定;对行政机关变更、解除行政协议等行政行为提起诉讼的,起诉期限依照行政诉讼法及其司法解释确定。

**3 第四十七条 [不作为案件的起诉期限]**公民、法人或者其他组织申请行政机关履行保护其人身权、财产权等合法权益的法定职责,行政机关在接到申请之日起两个月内不履行的,公民、法人或者其他组织可以向人民法院提起诉讼。法律、法规对行政机关履行职责的期限另有规定的,从其规定。

公民、法人或者其他组织在紧急情况下请求行政机关履行保护其人身权、财产权等合法权益的法定职责,行政机关不履行的,提起诉讼不受前款规定期限的限制。〔2021年回忆~行政不作为案件的起诉期限〕

**《行政诉讼法解释》**

第六十六条 公民、法人或者其他组织依照行政诉讼法第四十七条第一款的规定,对行政机关不履行法定职责提起诉讼的,应当在行政机关履行法定职责期限届满之日起六个月内提出。〔2021年回忆~行政不作为案件的起诉期限〕

**4 第四十八条 [起诉期限的扣除和申请延长]**公民、法人或者其他组织因不可抗力或者其他不属于其自身的原因耽误起诉期限的,被耽误的时间不计算在起诉期限内。

公民、法人或者其他组织因前款规定以外的其他特殊情况耽误起诉期限的,在障碍消除后十日内,可以申请延长期限,是否准许由人民法院决定。

**(三)起诉方式**

第五十条 [起诉方式]起诉应当向人民法院递交起诉状,并按照被告人数提出副本。

书写起诉状确有困难的,可以口头起诉,由人民法院记入笔录,出具注明日期的书面凭证,并告知对方当事人。

**考点39 行政诉讼的受理**
**(一)起诉审查**

第五十一条第一~三款 [登记立案]人民法院在接到起诉状时对符合本法规定的起诉条件的,应当登记立案。

对当场不能判定是否符合本法规定的起诉条件的,应当接收起诉状,出具注明收到日期的书面凭证,并在七日内决定是否立案。不符合起诉条件的,作出不予立案的裁定。裁定书应当载明不予立案的理由。原告对裁定不服的,可以提起上诉。

起诉状内容欠缺或者有其他错误的,应当给予指导和释明,并一次性告知当事人需要补正的内容。不得未经指导和释明即以起诉不符合条件为由不接收起诉状。〔2015年真题~对起诉的审查和处理〕

**《行政诉讼法解释》**

第五十三条 人民法院对符合起诉条件的案件应当立案,依法保障当事人行使诉讼权利。

对当事人依法提起的诉讼,人民法院应当根据行政诉讼法第五十一条的规定接收起诉状。能够判断符合起诉条件的,应当当场登记立案;当场不能判断是否符合起诉条件的,应当在接收起诉状后七日内决定是否立案;七日内仍不能作出判断的,应当先予立案。

第五十五条 依照行政诉讼法第五十一条的规定,人民法院应当就起诉状内容和材料是否完备以及是否符合行政诉讼法规定的起诉条件进行审查。

起诉状内容或者材料欠缺的,人民法院应当给予指导和释明,并一次性全面告知当事人需要补正的内容、补充的材料及期限。在指定期限内补正并符合起诉条件的,应当登记立案。当事人拒绝补正或者经补正仍不符合起诉条件的,退回诉状并记录在册;坚持起诉的,裁定不予立案,并载明不予立案的理由。

第六十二条　人民法院判决撤销行政机关的行政行为后，公民、法人或者其他组织对行政机关重新作出的行政行为不服向人民法院起诉的，人民法院应当依法立案。

第六十三条　行政机关作出行政行为时，没有制作或者没有送达法律文书，公民、法人或者其他组织只要能证明行政行为存在，并在法定期限内起诉的，人民法院应当依法立案。

**（二）起诉人的救济途径**

第五十一条第四款　[登记立案] 对于不接收起诉状、接收起诉状后不出具书面凭证，以及不一次性告知当事人需要补正的起诉状内容的，当事人可以向上级人民法院投诉，上级人民法院应当责令改正，并对直接负责的主管人员和其他直接责任人员依法给予处分。〔2015 年真题～对起诉的审查和处理〕

第五十二条　[法院不立案的救济方式] 人民法院既不立案，又不作出不予立案裁定的，当事人可以向上一级人民法院起诉。上一级人民法院认为符合起诉条件的，应当立案、审理，也可以指定其他下级人民法院立案、审理。

**（三）裁定驳回起诉**

《行政诉讼法解释》

第六十九条　有下列情形之一，已经立案的，应当裁定驳回起诉：

（一）不符合行政诉讼法第四十九条规定的；

（二）超过法定起诉期限且无行政诉讼法第四十八条规定情形的；

（三）错列被告且拒绝变更的；

（四）未按照法律规定由法定代理人、指定代理人、代表人为诉讼行为的；

（五）未按照法律、法规规定先向行政机关申请复议的；

（六）重复起诉的；

（七）撤回起诉后无正当理由再行起诉的；

（八）行政行为对其合法权益明显不产生实际影响的；

（九）诉讼标的已为生效裁判或者调解书所羁束的；

（十）其他不符合法定起诉条件的情形。

前款所列情形可以补正或者更正的，人民法院应当指定期间责令补正或者更正；在指定期间已经补正或者更正的，应当依法审理。

人民法院经过阅卷、调查或者询问当事人，认为不需要开庭审理的，可以迳行裁定驳回起诉。

第一百零六条　当事人就已经提起诉讼的事项在诉讼过程中或者裁判生效后再次起诉，同时具有下列情形的，构成重复起诉：

（一）后诉与前诉的当事人相同；

（二）后诉与前诉的诉讼标的相同；

（三）后诉与前诉的诉讼请求相同，或者后诉的诉讼请求被前诉裁判所包含。

**考点40** 第一审普通程序

**（一）审前程序**

**1** 第六十七条　[发送起诉状副本和提出答辩状] 人民法院应当在立案之日起五日内，将起诉状副本发送被告。被告应当在收到起诉状副本之日起十五日内向人民法院提交作出行政行为的证据和所依据的规范性文件，并提出答辩状。人民法院应当在收到答辩状之日起五日内，将答辩状副本发送原告。

被告不提出答辩状的，不影响人民法院审理。

《行政诉讼法解释》

第七十条　起诉状副本送达被告后，原告提出新的诉讼请求的，人民法院不予准许，但有正当理由的除外。

第七十一条　人民法院适用普通程序审理案件，应当在开庭三日前用传票传唤当事人。对证人、鉴定人、勘验人、翻译人员，应当用通知书通知其到庭。当事人或者其他诉讼参与人在外地的，应当留有必要的在途时间。

**2** 第六十八条　[审判组织形式] 人民法院审理行政案件，由审判员组成合议庭，或者由审判员、陪审员组成合议庭。合议庭的成员，应当是三人以上的单数。

**（二）审理与宣判**

**1** 第八十条　[公开宣判] 人民法院对公开审理和不公开审理的案件，一律公开宣判判决。

当庭宣判的，应当在十日内发送判决书；定期宣判的，宣判后立即发给判决书。

宣判判决时，必须告知当事人上诉权利、上诉期限和上诉的人民法院。〔2015 年真题～行政诉讼一审判决〕

**2** 第八十一条　[一审期限] 人民法院应当在立案之日起六个月内作出第一审判决。有特殊情况需要延长的，由高级人民法院批准，高级人民法院审理第一审案件需要延长的，由最高人民法院批准。

《行政诉讼法解释》

第五十条第三款　基层人民法院申请延长审理期限，应当直接报请高级人民法院批准，同时报中级人民法院备案。

**考点41** 行政诉讼简易程序

**（一）适用范围与审理程序**

第八十二条　[简易程序的适用情形] 人民法院审理下列第一审行政案件，认为事实清楚、权利义务关系明确、争议不大的，可以适用简易程序：

（一）被诉行政行为是依法当场作出的；

（二）案件涉及款额二千元以下的；

（三）属于政府信息公开案件的。

除前款规定以外的第一审行政案件，当事人各方同意适用简易程序的，可以适用简易程序。

发回重审、按照审判监督程序再审的案件不适用简易程序。

第八十三条　[简易程序的审判组织形式和审限] 适用简易程序审理的行政案件，由审判员一人独任审理，并应当在立案之日起四十五日内审结。

《行政诉讼法解释》

第一百零三条 适用简易程序审理的行政案件,人民法院可以用口头通知、电话、短信、传真、电子邮件等简便方式传唤当事人、通知证人、送达裁判文书以外的诉讼文书。

以简便方式送达的开庭通知,未经当事人确认或者没有其他证据证明当事人已经收到的,人民法院不得缺席判决。

第一百零四条 适用简易程序案件的举证期限由人民法院确定,也可以由当事人协商一致并经人民法院准许,但不得超过十五日。被告要求书面答辩的,人民法院可以确定合理的答辩期间。

人民法院应当将举证期限和开庭日期告知双方当事人,并向当事人说明逾期举证以及拒不到庭的法律后果,由双方当事人在笔录和开庭传票的送达回证上签名或者捺印。

当事人双方均表示同意立即开庭或者缩短举证期限、答辩期间的,人民法院可以立即开庭审理或者确定近期开庭。

**(二)程序转化**

第八十四条 [简易程序与普通程序的转换]人民法院在审理过程中,发现案件不宜适用简易程序的,裁定转为普通程序。

《行政诉讼法解释》

第一百零五条 人民法院发现案情复杂,需要转为普通程序审理的,应当在审理期限届满前作出裁定并将合议庭组成人员及相关事项书面通知双方当事人。

案件转为普通程序审理的,审理期限自人民法院立案之日起计算。

# 专题十七 行政诉讼证据

**考点42** 举证责任

**(一)被告举证责任**

第三十四条 [被告举证责任]被告对作出的行政行为负有举证责任,应当提供作出该行政行为的证据和所依据的规范性文件。

被告不提供或者无正当理由逾期提供证据,视为没有相应证据。但是,被诉行政行为涉及第三人合法权益,第三人提供证据的除外。

《行政诉讼法解释》

第一百三十五条 复议机关决定维持原行政行为的,人民法院应当在审查原行政行为合法性的同时,一并审查复议决定的合法性。

作出原行政行为的行政机关和复议机关对原行政行为合法性共同承担举证责任,可以由其中一个机关实施举证行为。复议机关对复议决定的合法性承担举证责任。

复议机关作共同被告的案件,复议机关在复议程序中依法收集和补充的证据,可以作为人民法院认定复议决定和原行政行为合法的依据。

《行政诉讼证据规定》

第一条第一款 根据行政诉讼法第三十二条(现为第三十四条)①和第四十三条(现为第六十七条)的规定,被告对作出的具体行政行为负有举证责任,应当在收到起诉状副本之日起十日内,提供据以作出被诉具体行政行为的全部证据和所依据的规范性文件。被告不提供或者无正当理由逾期提供证据的,视为被诉具体行政行为没有相应的证据。

第二条 原告或者第三人提出其在行政程序中没有提出的反驳理由或者证据的,经人民法院准许,被告可以在第一审程序中补充相应的证据。

第四条 公民、法人或者其他组织向人民法院起诉时,应当提供其符合起诉条件的相应的证据材料。

在起诉被告不作为的案件中,原告应当提供其在行政程序中曾经提出申请的证据材料。但有下列情形的除外:

(一)被告应当依职权主动履行法定职责的;

(二)原告因被告受理申请的登记制度不完备等正当事由不能提供相关证据材料并能够作出合理说明的。

被告认为原告起诉超过法定期限的,由被告承担举证责任。

《行政许可案件规定》

第八条 被告不提供或者无正当理由逾期提供证据的,与被诉行政许可行为有利害关系的第三人可以向人民法院提供;第三人对无法提供的证据,可以申请人民法院调取;人民法院在当事人无争议,但涉及国家利益、公共利益或他人合法权益的情况下,也可以依职权调取证据。

第三人提供或者人民法院调取的证据能够证明行政许可行为合法的,人民法院应当判决驳回原告的诉讼请求。

《行政协议案件规定》

第十条第一款 被告对于自己具有法定职权、履行法定程序、履行相应法定职责以及订立、履行、变更、解除行政协议等行为的合法性承担举证责任。

《政府信息公开行政案件规定》

第五条第一至四款 被告拒绝向原告提供政府信息的,应当对拒绝的根据以及履行法定告知和说明理由义务的情况举证。

因公共利益决定公开涉及商业秘密、个人隐私政府信息的,被告应当对认定公共利益以及不公开可能对公共利益造成重大影响的理由进行举证和说明。

被告拒绝更正与原告相关的政府信息记录的,应当对拒绝的理由进行举证和说明。

被告能够证明政府信息涉及国家秘密,请求在诉讼中不予提交的,人民法院应当准许。

**(二)原告举证权利与责任**

**1** 第三十七条 [原告举证权利]原告可以提供证明行政行为违法的证据。原告提供的证据不成立的,不免除被告的举证责任。

---

① 编者注,下同。

《行政诉讼证据规定》

第六条　原告可以提供证明被诉具体行政行为违法的证据。原告提供的证据不成立的，不免除被告对被诉具体行政行为合法性的举证责任。

**❷ 第三十八条　[原告举证责任]** 在起诉被告不履行法定职责的案件中，原告应当提供其向被告提出申请的证据。但有下列情形之一的除外：

（一）被告应当依职权主动履行法定职责的；

（二）原告因正当理由不能提供证据的。

在行政赔偿、补偿的案件中，原告应当对行政行为造成的损害提供证据。因被告的原因导致原告无法举证的，由被告承担举证责任。[2018年回忆～举证责任分配]

《行政诉讼法解释》

第四十七条　根据行政诉讼法第三十八条第二款的规定，在行政赔偿、补偿案件中，因被告的原因导致原告无法就损害情况举证的，应当由被告就该损害情况承担举证责任。

对于各方主张损失的价值无法认定的，应当由负有举证责任的一方当事人申请鉴定，但法律、法规、规章规定行政机关在作出行政行为时依法应当评估或者鉴定的除外；负有举证责任的当事人拒绝申请鉴定的，由其承担不利的法律后果。

当事人的损失因客观原因无法鉴定的，人民法院应当结合当事人的主张和在案证据，遵循法官职业道德，运用逻辑推理和生活经验、生活常识等，酌情确定赔偿数额。

《行政诉讼证据规定》

第四条　公民、法人或者其他组织向人民法院起诉时，应当提供其符合起诉条件的相应的证据材料。

在起诉被告不作为的案件中，原告应当提供其在行政程序中曾经提出申请的证据材料。但有下列情形的除外：

（一）被告应当依职权主动履行法定职责的；

（二）原告因被告受理申请的登记制度不完备等正当事由不能提供相关证据材料并能够作出合理说明的。

被告认为原告起诉超过法定期限的，由被告承担举证责任。

第五条　在行政赔偿诉讼中，原告应当对被诉具体行政行为造成损害的事实提供证据。

第七条　原告或者第三人应当在开庭审理前或者人民法院指定的交换证据之日提供证据。因正当事由申请延期提供证据的，经人民法院准许，可以在法庭调查中提供。逾期提供证据的，视为放弃举证权利。

原告或者第三人在第一审程序中无正当事由未提供而在第二审程序中提供的证据，人民法院不予接纳。

《行政协议案件规定》

第十条第二、三款　原告主张撤销、解除行政协议的，对撤销、解除行政协议的事由承担举证责任。

对行政协议是否履行发生争议的，由负有履行义务的当事人承担举证责任。

《政府信息公开行政案件规定》

第五条第七款　原告起诉被告拒绝更正政府信息记录的，应当提供其向被告提出过更正申请以及政府信息与其自身相关且记录不准确的事实根据。

**（三）举证期限**

（1）被告举证期限

**第六十七条第一款　[被告提交证据期限]** 人民法院应当在立案之日起五日内，将起诉状副本发送被告。被告应当在收到起诉状副本之日起十五日内向人民法院提交作出行政行为的证据和所依据的规范性文件，并提出答辩状。人民法院应当在收到答辩状之日起五日内，将答辩状副本发送原告。

（2）原告举证期限

《行政诉讼法解释》

第三十五条　原告或者第三人应当在开庭审理前或者人民法院指定的交换证据清单之日提供证据。因正当事由申请延期提供证据的，经人民法院准许，可以在法庭调查中提供。逾期提供证据的，人民法院应当责令其说明理由；拒不说明理由或者理由不成立的，视为放弃举证权利。

原告或者第三人在第一审程序中无正当事由未提供而在第二审程序中提供的证据，人民法院不予接纳。

**考点43　证据的种类及提供证据的要求**

**第三十三条　[证据种类]** 证据包括：

（一）书证；

（二）物证；

（三）视听资料；

（四）电子数据；

（五）证人证言；

（六）当事人的陈述；

（七）鉴定意见；

（八）勘验笔录、现场笔录。

以上证据经法庭审查属实，才能作为认定案件事实的根据。

《行政诉讼证据规定》

第十条　根据行政诉讼法第三十一条（现为第三十三条）第一款第（一）项的规定，当事人向人民法院提供书证的，应当符合下列要求：

（一）提供书证的原件，原本、正本和副本均属于书证的原件。提供原件确有困难的，可以提供与原件核对无误的复印件、照片、节录本；

（二）提供由有关部门保管的书证原件的复制件、影印件或者抄录件的，应当注明出处，经该部门核对无异后加盖其印章；

（三）提供报表、图纸、会计账册、专业技术资料、科技文献等书证的，应当附有说明材料；

（四）被告提供的被诉具体行政行为所依据的询问、陈述、谈话类笔录，应当有行政执法人员、被询问人、陈述人、谈话人签名或者盖章。

法律、法规、司法解释和规章对书证的制作形式另有规定的，从其规定。

第十一条　根据行政诉讼法第三十一条（现为第三十三条）第一款第（二）项的规定，当事人向人民法院提供

物证的,应当符合下列要求:

(一)提供原物。提供原物确有困难的,可以提供与原物核对无误的复制件或者证明该物证的照片、录像等其他证据;

(二)原物为数量较多的种类物的,提供其中的一部分。

第十二条 根据行政诉讼法第三十一条(现为第三十三条)第一款第(三)项的规定,当事人向人民法院提供计算机数据或者录音、录像等视听资料的,应当符合下列要求:

(一)提供有关资料的原始载体。提供原始载体确有困难的,可以提供复制件;

(二)注明制作方法、制作时间、制作人和证明对象等;

(三)声音资料应当附有该声音内容的文字记录。

第十三条 根据行政诉讼法第三十一条第一款第(四)项[现为第三十三条第一款第(五)项]的规定,当事人向人民法院提供证人证言的,应当符合下列要求:

(一)写明证人的姓名、年龄、性别、职业、住址等基本情况;

(二)有证人的签名,不能签名的,应当以盖章等方式证明;

(三)注明出具日期;

(四)附有居民身份证复印件等证明证人身份的文件。

第十四条 根据行政诉讼法第三十一条第一款第(六)项[现为第三十三条第一款第(五)项]的规定,被告向人民法院提供的在行政程序中采用的鉴定结论,应当载明委托人和委托鉴定的事项、向鉴定部门提交的相关材料、鉴定的依据和使用的科学技术手段、鉴定部门和鉴定人鉴定资格的说明,并应有鉴定人的签名和鉴定部门的盖章。通过分析获得的鉴定结论,应当说明分析过程。

第十五条 根据行政诉讼法第三十一条第一款第(七)项[现为第三十三条第一款第(八)项]的规定,被告向人民法院提供的现场笔录,应当载明时间、地点和事件等内容,并由执法人员和当事人签名。当事人拒绝签名或者不能签名的,应当注明原因。有其他人在现场的,可由其他人签名。法律、法规和规章对现场笔录的制作形式另有规定的,从其规定。

第十六条 当事人向人民法院提供的在中华人民共和国领域外形成的证据,应当说明来源,经所在国公证机关证明,并经中华人民共和国驻该国使领馆认证,或者履行中华人民共和国与证据所在国订立的有关条约中规定的证明手续。

当事人提供的在中华人民共和国香港特别行政区、澳门特别行政区和台湾地区内形成的证据,应当具有按照有关规定办理的证明手续。

第十七条 当事人向人民法院提供外文书证或者外国语视听资料的,应当附有由具有翻译资质的机构翻译的或者其他翻译准确的中文译本,由翻译机构盖章或者翻译人员签名。

### 考点45 质证及证据的审核认定

第四十三条 [质证、认证、非法证据的排除]证据应当在法庭上出示,并由当事人互相质证。对涉及国家秘密、商业秘密和个人隐私的证据,不得在公开开庭时出示。

人民法院应当按照法定程序,全面、客观地审查核实证据。对未采纳的证据应当在裁判文书中说明理由。

以非法手段取得的证据,不得作为认定案件事实的根据。

**《行政诉讼证据规定》**

第五十三条 人民法院裁判行政案件,应当以证据证明的案件事实为依据。

第五十四条 法庭应当对经过庭审质证的证据和无需质证的证据进行逐一审查和对全部证据综合审查,遵循法官职业道德,运用逻辑推理和生活经验,进行全面、客观和公正地分析判断,确定证据材料与案件事实之间的证明关系,排除不具有关联性的证据材料,准确认定案件事实。

第五十五条 法庭应当根据案件的具体情况,从以下方面审查证据的合法性:

(一)证据是否符合法定形式;

(二)证据的取得是否符合法律、法规、司法解释和规章的要求;

(三)是否有影响证据效力的其他违法情形。

第五十六条 法庭应当根据案件的具体情况,从以下方面审查证据的真实性:

(一)证据形成的原因;

(二)发现证据时的客观环境;

(三)证据是否为原件、原物,复制件、复制品与原件、原物是否相符;

(四)提供证据的人或者证人与当事人是否有利害关系;

(五)影响证据真实性的其他因素。

第五十七条 下列证据材料不能作为定案依据:

(一)严重违反法定程序收集的证据材料;

(二)以偷拍、偷录、窃听等手段获取侵害他人合法权益的证据材料;

(三)以利诱、欺诈、胁迫、暴力等不正当手段获取的证据材料;

(四)当事人无正当事由超出举证期限提供的证据材料;

(五)在中华人民共和国领域以外或者在中华人民共和国香港特别行政区、澳门特别行政区和台湾地区形成的未办理法定证明手续的证据材料;

(六)当事人无正当理由拒不提供原件、原物,又无其他证据印证,且对方当事人不予认可的证据的复制件或者复制品;

(七)被当事人或者他人进行技术处理而无法辨明真伪的证据材料;

(八)不能正确表达意志的证人提供的证言;

(九)不具备合法性和真实性的其他证据材料。

第五十八条 以违反法律禁止性规定或者侵犯他人合法权益的方法取得的证据,不能作为认定案件事实的依据。

第五十九条 被告在行政程序中依照法定程序要求原告提供证据,原告依法应当提供而拒不提供,在诉讼程序中提供的证据,人民法院一般不予采纳。

第六十条 下列证据不能作为认定被诉具体行政行为合法的依据:

(一)被告及其诉讼代理人在作出具体行政行为后或者在诉讼程序中自行收集的证据;

(二)被告在行政程序中非法剥夺公民、法人或者其他组织依法享有的陈述、申辩或者听证权利所采用的证据;

(三)原告或者第三人在诉讼程序中提供的、被告在行政程序中未作为具体行政行为依据的证据。

第六十一条 复议机关在复议程序中收集和补充的证据,或者作出原具体行政行为的行政机关在复议程序中未向复议机关提交的证据,不能作为人民法院认定原具体行政行为合法的依据。

第六十二条 对被告在行政程序中采纳的鉴定意见,原告或者第三人提出证据证明有下列情形之一的,人民法院不予采纳:

(一)鉴定人不具备鉴定资格;

(二)鉴定程序严重违法;

(三)鉴定意见错误、不明确或者内容不完整。

第六十三条 证明同一事实的数个证据,其证明效力一般可以按照下列情形分别认定:

(一)国家机关以及其他职能部门依职权制作的公文文书优于其他书证;

(二)鉴定意见、现场笔录、勘验笔录、档案材料以及经过公证或者登记的书证优于其他书证、视听资料和证人证言;

(三)原件、原物优于复制件、复制品;

(四)法定鉴定部门的鉴定意见优于其他鉴定部门的鉴定意见;

(五)法庭主持勘验所制作的勘验笔录优于其他部门主持勘验所制作的勘验笔录;

(六)原始证据优于传来证据;

(七)其他证人证言优于与当事人有亲属关系或者其他密切关系的证人提供的对该当事人有利的证言;

(八)出庭作证的证人证言优于未出庭作证的证人证言;

(九)数个种类不同、内容一致的证据优于一个孤立的证据。

第六十四条 以有形载体固定或者显示的电子数据交换、电子邮件以及其他数据资料,其制作情况和真实性经对方当事人确认,或者以公证等其他有效方式予以证明的,与原件具有同等的证明效力。

第六十五条 在庭审中一方当事人或者其代理人在代理权限范围内对另一方当事人陈述的案件事实明确表示认可的,人民法院可以对该事实予以认定。但有相反

证据足以推翻的除外。

第六十六条 在行政赔偿诉讼中,人民法院主持调解时当事人为达成调解协议而对案件事实的认可,不得在其后的诉讼中作为对其不利的证据。

第六十七条 在不受外力影响的情况下,一方当事人提供的证据,对方当事人明确表示认可的,可以认定该证据的证明效力;对方当事人予以否认,但不能提供充分的证据进行反驳的,可以综合全案情况审查认定该证据的证明效力。

第六十八条 下列事实法庭可以直接认定:

(一)众所周知的事实;

(二)自然规律及定理;

(三)按照法律规定推定的事实;

(四)已经依法证明的事实;

(五)根据日常生活经验法则推定的事实。

前款(一)、(三)、(四)、(五)项,当事人有相反证据足以推翻的除外。

第六十九条 原告确有证据证明被告持有的证据对原告有利,被告无正当事由拒不提供的,可以推定原告的主张成立。

第七十条 生效的人民法院裁判文书或者仲裁机构裁决文书确认的事实,可以作为定案依据。但是如果发现裁判文书或者裁决文书认定的事实有重大问题的,应当中止诉讼,通过法定程序予以纠正后恢复诉讼。

第七十一条 下列证据不能单独作为定案依据:

(一)未成年人所作的与其年龄和智力状况不相适应的证言;

(二)与一方当事人有亲属关系或者其他密切关系的证人所作的对该当事人有利的证言,或者与一方当事人有不利关系的证人所作的对该当事人不利的证言;

(三)应当出庭作证而无正当理由不出庭作证的证人证言;

(四)难以识别是否经过修改的视听资料;

(五)无法与原件、原物核对的复制件或者复制品;

(六)经一方当事人或者他人改动,对方当事人不予认可的证据材料;

(七)其他不能单独作为定案依据的证据材料。

第七十二条 庭审中经过质证的证据,能够当庭认定的,应当当庭认定;不能当庭认定的,应当在合议庭合议时认定。

人民法院应当在裁判文书中阐明证据是否采纳的理由。

第七十三条 法庭发现当庭认定的证据有误,可以按照下列方式纠正:

(一)庭审结束前发现错误的,应当重新进行认定;

(二)庭审结束后宣判前发现错误的,在裁判文书中予以更正并说明理由,也可以再次开庭予以认定;

(三)有新的证据材料可能推翻已认定的证据的,应当再次开庭予以认定。

**《行政诉讼法解释》**

第四十一条 有下列情形之一,原告或者第三人要

求相关行政执法人员出庭说明的,人民法院可以准许:

(一)对现场笔录的合法性或者真实性有异议的;

(二)对扣押财产的品种或者数量有异议的;

(三)对检验的物品取样或者保管有异议的;

(四)对行政执法人员身份的合法性有异议的;

(五)需要出庭说明的其他情形。

第四十三条　有下列情形之一的,属于行政诉讼法第四十三条第三款规定的"以非法手段取得的证据":

(一)严重违反法定程序收集的证据材料;

(二)以违反法律强制性规定的手段获取且侵害他人合法权益的证据材料;

(三)以利诱、欺诈、胁迫、暴力等手段获取的证据材料。

# 专题十八　行政诉讼的法律适用

**考点46** 行政诉讼的法律适用

第六十三条　[法律适用]人民法院审理行政案件,以法律和行政法规、地方性法规为依据。地方性法规适用于本行政区域内发生的行政案件。

人民法院审理民族自治地方的行政案件,并以该民族自治地方的自治条例和单行条例为依据。

人民法院审理行政案件,参照规章。

《行政诉讼法解释》

第一百条　人民法院审理行政案件,适用最高人民法院司法解释的,应当在裁判文书中援引。

人民法院审理行政案件,可以在裁判文书中引用合法有效的规章及其他规范性文件。

《行政协议案件规定》

第二十七条　人民法院审理行政协议案件,应当适用行政诉讼法的规定;行政诉讼法没有规定的,参照适用民事诉讼法的规定。

人民法院审理行政协议案件,可以参照适用民事法律规范关于民事合同的相关规定。〔2020年回忆~行政协议诉讼时效的确定〕

《最高人民法院关于审理行政案件适用法律规范问题的座谈会纪要》(节录)

现行有效的行政法规有以下三种类型:一是国务院制定并公布的行政法规;二是立法法施行以前,按照当时有效的行政法规制定程序,经国务院批准、由国务院部门公布的行政法规。但在立法法施行以后,经国务院批准、由国务院部门公布的规范性文件,不再属于行政法规;三是在清理行政法规时由国务院确认的其他行政法规。

行政审判实践中,经常涉及有关部门为指导法律执行或者实施行政措施而作出的具体应用解释和制定的其他规范性文件,主要是:国务院部门以及省、市、自治区和较大的市的人民政府或其主管部门对于具体应用法律、法规或规章作出的解释;县级以上人民政府及其主管部门制定发布的具有普遍约束力的决定、命令或其他规范性文件。行政机关往往将这些具体应用解释和其他规范性文件作为具体行政行为的直接依据。这些具体应用解

释和规范性文件不是正式的法律渊源,对人民法院不具有法律规范意义上的约束力。但是,人民法院经审查认为被诉具体行政行为依据的具体应用解释和其他规范性文件合法、有效并合理、适当的,在认定被诉具体行政行为合法性时应承认其效力;人民法院可以在裁判理由中对具体应用解释和其他规范性文件是否合法、有效、合理或适当进行评述。

# 专题十九　行政案件审理中的特殊制度

**考点47** 规范性文件的附带审查

**1** 第五十三条　[其他规范性文件的附带审查]公民、法人或者其他组织认为行政行为所依据的国务院部门和地方人民政府及其部门制定的规范性文件不合法,在对行政行为提起诉讼时,可以一并请求对该规范性文件进行审查。

前款规定的规范性文件不含规章。〔2016年真题~行政诉讼程序〕

《行政诉讼法解释》

第一百四十五条　公民、法人或者其他组织在对行政行为提起诉讼时一并请求对所依据的规范性文件审查的,由行政行为案件管辖法院一并审查。

第一百四十六条　公民、法人或者其他组织请求人民法院一并审查行政诉讼法第五十三条规定的规范性文件,应当在第一审开庭审理前提出;有正当理由的,也可以在法庭调查中提出。

**2** 第六十四条　[规范性文件审查和处理方式]人民法院在审理行政案件中,经审查认为本法第五十三条规定的规范性文件不合法的,不作为认定行政行为合法的依据,并向制定机关提出处理建议。

《行政诉讼法解释》

第一百四十七条　人民法院在对规范性文件审查过程中,发现规范性文件可能不合法的,应当听取规范性文件制定机关的意见。

制定机关申请出庭陈述意见的,人民法院应当准许。

行政机关未陈述意见或者未提供相关证明材料的,不能阻止人民法院对规范性文件进行审查。

第一百四十八条　人民法院对规范性文件进行一并审查时,可以从规范性文件制定机关是否超越权限或者违反法定程序、作出行政行为所依据的条款以及相关条款等方面进行。

有下列情形之一的,属于行政诉讼法第六十四条规定的"规范性文件不合法":

(一)超越制定机关的法定职权或者超越法律、法规、规章的授权范围的;

(二)与法律、法规、规章等上位法的规定相抵触的;

(三)没有法律、法规、规章依据,违法增加公民、法人和其他组织义务或者减损公民、法人和其他组织合法权益的;

（四）未履行法定批准程序、公开发布程序，严重违反制定程序的；

（五）其他违反法律、法规以及规章规定的情形。

第一百四十九条　人民法院经审查认为行政行为所依据的规范性文件合法的，应当作为认定行政行为合法的依据；经审查认为规范性文件不合法的，不作为人民法院认定行政行为合法的依据，并在裁判理由中予以阐明。作出生效裁判的人民法院应当向规范性文件的制定机关提出处理建议，并可以抄送制定机关的同级人民政府、上一级行政机关、监察机关以及规范性文件的备案机关。

规范性文件不合法的，人民法院可以在裁判生效之日起三个月内，向规范性文件制定机关提出修改或者废止该规范性文件的司法建议。

规范性文件由多个部门联合制定的，人民法院可以向该规范性文件的主办机关或者共同上一级行政机关发送司法建议。

接收司法建议的行政机关应当在收到司法建议之日起六十日内予以书面答复。情况紧急的，人民法院可以建议制定机关或者其上一级行政机关立即停止执行该规范性文件。〔2016年真题~行政诉讼程序〕

第一百五十条　人民法院认为规范性文件不合法的，应当在裁判生效后报送上一级人民法院进行备案。涉及国务院部门、省级行政机关制定的规范性文件，司法建议还应当分别层报最高人民法院、高级人民法院备案。

第一百五十一条　各级人民法院院长对本院已经发生法律效力的判决、裁定，发现规范性文件合法性认定错误，认为需要再审的，应当提交审判委员会讨论。

最高人民法院对地方各级人民法院已经发生法律效力的判决、裁定，上级人民法院对下级人民法院已经发生法律效力的判决、裁定，发现规范性文件合法性认定错误的，有权提审或者指令下级人民法院再审。

**考点48　先予执行**

第五十七条　[先予执行]人民法院对起诉行政机关没有依法支付抚恤金、最低生活保障金和工伤、医疗社会保险金的案件，权利义务关系明确、不先予执行将严重影响原告生活的，可以根据原告的申请，裁定先予执行。

当事人对先予执行裁定不服的，可以申请复议一次。复议期间不停止裁定的执行。

《行政诉讼法解释》

第一百一十八条　按照审判监督程序决定再审的案件，裁定中止原判决、裁定、调解书的执行，但支付抚恤金、最低生活保障费或者社会保险待遇的案件，可以不中止执行。

上级人民法院决定提审或者指令下级人民法院再审的，应当作出裁定，裁定应当写明中止原判决的执行；情况紧急的，可以将中止执行的裁定口头通知负责执行的人民法院或者作出生效判决、裁定的人民法院，但应当在口头通知后十日内发出裁定书。

**考点49　被告改变被诉行政行为的处理与撤诉制度**

第六十二条　[撤诉制度]人民法院对行政案件宣告

判决或者裁定前，原告申请撤诉的，或者被告改变其所作的行政行为，原告同意并申请撤诉的，是否准许，由人民法院裁定。

《行政诉讼法解释》

第六十条　人民法院裁定准许原告撤诉后，原告以同一事实和理由重新起诉的，人民法院不予立案。

准予撤诉的裁定确有错误，原告申请再审的，人民法院应当通过审判监督程序撤销原准予撤诉的裁定，重新对案件进行审理。

第六十一条　原告或者上诉人未按规定的期限预交案件受理费，又不提出缓交、减交、免交申请，或者提出申请未获批准的，按自动撤诉处理。在按撤诉处理后，原告或者上诉人在法定期限内再次起诉或者上诉，并依法解决诉讼费预交问题的，人民法院应予立案。

第八十条　原告或者上诉人在庭审中明确拒绝陈述或者以其他方式拒绝陈述，导致庭审无法进行，经法庭释明法律后果后仍不陈述意见的，视为放弃陈述权利，由其承担不利的法律后果。

当事人申请撤诉或者依法可以按撤诉处理的案件，当事人有违反法律的行为需要依法处理的，人民法院可以不准许撤诉或者不按撤诉处理。

法庭辩论终结后原告申请撤诉，人民法院可以准许，但涉及到国家利益和社会公共利益的除外。

第八十一条　被告在一审期间改变被诉行政行为的，应当书面告知人民法院。

原告或者第三人对改变后的行政行为不服提起诉讼的，人民法院应当就改变后的行政行为进行审理。

被告改变原违法行政行为，原告仍要求确认原行政行为违法的，人民法院应当依法作出确认判决。

原告起诉被告不作为，在诉讼中被告作出行政行为，原告不撤诉的，人民法院应当就不作为依法作出确认判决。

第一百四十三条　行政诉讼原告在宣判前申请撤诉的，是否准许由人民法院裁定。人民法院裁定准许行政诉讼原告撤诉，但其对已经提起的一并审理相关民事争议不撤诉的，人民法院应当继续审理。

《行政诉讼撤诉规定》

第一条　人民法院经审查认为被诉具体行政行为违法或者不当，可以在宣告判决或者裁定前，建议被告改变其所作的具体行政行为。

第二条　被告改变被诉具体行政行为，原告申请撤诉，符合下列条件的，人民法院应当裁定准许：

（一）申请撤诉是当事人真实意思表示；

（二）被告改变被诉具体行政行为，不违反法律、法规的禁止性规定，不超越或者放弃职权，不损害公共利益和他人合法权益；

（三）被告已经改变或者决定改变被诉具体行政行为，并书面告知人民法院；

（四）第三人无异议。

第三条　有下列情形之一的，属于行政诉讼法第五十一条(现第六十二条)规定的"被告改变其所作的具体行政行为"：

(一)改变被诉具体行政行为所认定的主要事实和证据；

(二)改变被诉具体行政行为所适用的规范依据且对定性产生影响；

(三)撤销、部分撤销或者变更被诉具体行政行为处理结果。〔2019年回忆~行政诉讼程序；撤诉的条件〕

第四条　有下列情形之一的，可以视为"被告改变其所作的具体行政行为"：

(一)根据原告的请求依法履行法定职责；

(二)采取相应的补救、补偿等措施；

(三)在行政裁决案件中，书面认可原告与第三人达成的和解。

第五条　被告改变被诉具体行政行为，原告申请撤诉，有履行内容且履行完毕的，人民法院可以裁定准许撤诉；不能即时或者一次性履行的，人民法院可以裁定准许撤诉，也可以裁定中止审理。

第七条　申请撤诉不符合法定条件，或者被告改变被诉具体行政行为后当事人不撤诉的，人民法院应当及时作出裁判。

第八条　第二审或者再审期间行政机关改变被诉具体行政行为，当事人申请撤回上诉或者再审申请的，参照本规定。

准许撤回上诉或者再审申请的裁定可以载明行政机关改变被诉具体行政行为的主要内容及履行情况，并可以根据案件具体情况，在裁定理由中明确被诉具体行政行为或者原裁判全部或者部分不再执行。〔2019年回忆~行政诉讼程序；撤诉的条件〕

**考点50** 行政机关负责人出庭应诉

**第三条第三款**　[行政机关负责人出庭应诉]被诉行政机关负责人应当出庭应诉。不能出庭的，应当委托行政机关相应的工作人员出庭。

**《行政诉讼法解释》**

第一百二十八条　行政诉讼法第三条第三款规定的行政机关负责人，包括行政机关的正职、副职负责人以及其他参与分管的负责人。

行政机关负责人出庭应诉的，可以另行委托一至二名诉讼代理人。行政机关负责人不能出庭的，应当委托行政机关相应的工作人员出庭，不得仅委托律师出庭。

第一百二十九条　涉及重大公共利益、社会高度关注或者可能引发群体性事件等案件以及人民法院书面建议行政机关负责人出庭的案件，被诉行政机关负责人应当出庭。

被诉行政机关负责人出庭应诉的，应当在当事人及其诉讼代理人基本情况、案件由来部分予以列明。

行政机关负责人有正当理由不能出庭应诉的，应当向人民法院提交情况说明，并加盖行政机关印章或者由该机关主要负责人签字认可。

行政机关拒绝说明理由的，不发生阻止案件审理的效果，人民法院可以向监察机关、上一级行政机关提出司法建议。

第一百三十条　行政诉讼法第三条第三款规定的"行政机关相应的工作人员"，包括该行政机关具有国家行政编制身份的工作人员以及其他依法履行公职的人员。

被诉行政行为是地方人民政府作出的，地方人民政府法制工作机构的工作人员，以及被诉行政行为具体承办机关工作人员，可以视为被诉人民政府相应的工作人员。

第一百三十一条　行政机关负责人出庭应诉的，应当向人民法院提交能够证明该行政机关负责人职务的材料。

行政机关委托相应的工作人员出庭应诉的，应当向人民法院提交加盖行政机关印章的授权委托书，并载明工作人员的姓名、职务和代理权限。

第一百三十二条　行政机关负责人和行政机关相应的工作人员均不出庭，仅委托律师出庭的或者人民法院书面建议行政机关负责人出庭应诉，行政机关负责人不出庭应诉的，人民法院应当记录在案和在裁判文书中载明，并可以建议有关机关依法作出处理。

**《行政机关负责人出庭应诉规定》**

第一条　行政诉讼法第三条第三款规定的被诉行政机关负责人应当出庭应诉，是指被诉行政机关负责人依法应当在第一审、第二审、再审等诉讼程序中出庭参加诉讼，行使诉讼权利，履行诉讼义务。

法律、法规、规章授权独立行使行政职权的行政机关内设机构、派出机构或者其他组织的负责人出庭应诉，适用本规定。

应当追加为被告而原告不同意追加，人民法院通知以第三人身份参加诉讼的行政机关，其负责人出庭应诉活动参照前款规定。

第二条　行政诉讼法第三条第三款规定的被诉行政机关负责人，包括行政机关的正职、副职负责人、参与分管被诉行政行为实施工作的副职级别的负责人以及其他参与分管的负责人。

被诉行政机关委托的组织或者下级行政机关的负责人，不能作为被诉行政机关负责人出庭。

第三条　有共同被告的行政案件，可以由共同被告协商确定行政机关负责人出庭应诉；也可以由人民法院确定。

第四条　对于涉及食品药品安全、生态环境和资源保护、公共卫生安全等重大公共利益，社会高度关注或者可能引发群体性事件等的案件，人民法院应当通知行政机关负责人出庭应诉。

有下列情形之一，需要行政机关负责人出庭的，人民法院可以通知行政机关负责人出庭应诉：

(一)被诉行政行为涉及公民、法人或者其他组织重大人身、财产权益的；

(二)行政公益诉讼；

（三）被诉行政机关的上级机关规范性文件要求行政机关负责人出庭应诉的；

（四）人民法院认为需要通知行政机关负责人出庭应诉的其他情形。

第六条 行政机关负责人出庭应诉的，应当于开庭前向人民法院提交出庭应诉负责人的身份证明。身份证明应当载明该负责人的姓名、职务等基本信息，并加盖行政机关印章。

人民法院应当对出庭应诉负责人的身份证明进行审查，经审查认为不符合条件，可以补正的，应当告知行政机关予以补正；不能补正或者补正可能影响正常开庭的，视为行政机关负责人未出庭应诉。

第七条 对于同一审级需要多次开庭的同一案件，行政机关负责人到庭参加一次庭审的，一般可以认定其已经履行出庭应诉义务，但人民法院通知行政机关负责人再次出庭的除外。

行政机关负责人在一个审理程序中出庭应诉，不免除其在其他审理程序出庭应诉的义务。

第八条 有下列情形之一的，属于行政诉讼法第三条第三款规定的行政机关负责人不能出庭的情形：

（一）不可抗力；

（二）意外事件；

（三）需要履行他人不能代替的公务；

（四）无法出庭的其他正当事由。

第九条 行政机关负责人有正当理由不能出庭的，应当提交相关证明材料，并加盖行政机关印章或者由该机关主要负责人签字认可。

人民法院应当对行政机关负责人不能出庭的理由以及证明材料进行审查。

行政机关负责人有正当理由不能出庭，行政机关申请延期开庭审理的，人民法院可以准许；人民法院也可以依职权决定延期开庭审理。

第十条 行政诉讼法第三条第三款规定的相应的工作人员，是指被诉行政机关中具体行使行政职权的工作人员。

行政机关委托行使行政职权的组织或者下级行政机关的工作人员，可以视为行政机关相应的工作人员。

人民法院应当参照本规定第六条第二款的规定，对行政机关相应的工作人员的身份证明进行审查。〔2018年回忆～行政机关负责人出庭制度〕

第十二条 有下列情形之一的，人民法院应当向监察机关、被诉行政机关的上一级行政机关提出司法建议：

（一）行政机关负责人未出庭应诉，且未说明理由或者理由不成立的；

（二）行政机关有正当理由申请延期开庭审理，人民法院准许后再次开庭审理时行政机关负责人仍未能出庭应诉，且无正当理由的；

（三）行政机关负责人和行政机关相应的工作人员均不出庭应诉的；

（四）行政机关负责人未经法庭许可中途退庭的；

（五）人民法院在庭审中要求行政机关负责人就有关问题进行解释或者说明，行政机关负责人拒绝解释或者说明，导致庭审无法进行的。

有前款情形之一的，人民法院应当记录在案并在裁判文书中载明。

第十三条 当事人对行政机关具有本规定第十二条第一款情形提出异议的，人民法院可以在庭审笔录中载明，不影响案件的正常审理。

原告以行政机关具有本规定第十二条第一款情形为由拒不到庭、未经法庭许可中途退庭的，人民法院可以按照撤诉处理。

原告以行政机关具有本规定第十二条第一款情形为由在庭审中明确拒绝陈述或者以其他方式拒绝陈述，导致庭审无法进行，经法庭释明法律后果后仍不陈述意见的，人民法院可以视为放弃陈述权利，由其承担相应的法律后果。

**考点51 行政公益诉讼**

**第二十五条第四款　[原告资格]** 人民检察院在履行职责中发现生态环境和资源保护、食品药品安全、国有财产保护、国有土地使用权出让等领域负有监督管理职责的行政机关违法行使职权或者不作为，致使国家利益或者社会公共利益受到侵害的，应当向行政机关提出检察建议，督促其依法履行职责。行政机关不依法履行职责的，人民检察院依法向人民法院提起诉讼。〔2015年真题～行政诉讼当事人；2011年真题～原告的确定〕

《检察公益诉讼解释》

第五条第二款 基层人民检察院提起的第一审行政公益诉讼案件，由被诉行政机关所在地基层人民法院管辖。

第六条 人民检察院办理公益诉讼案件，可以向有关行政机关以及其他组织、公民调查收集证据材料；有关行政机关以及其他组织、公民应当配合；需要采取证据保全措施的，依照民事诉讼法、行政诉讼法相关规定办理。

第八条 人民法院开庭审理人民检察院提起的公益诉讼案件，应当在开庭三日前向人民检察院送达出庭通知书。

人民检察院应当派员出庭，并应当自收到人民法院出庭通知书之日起三日内向人民法院提交派员出庭通知书。派员出庭通知书应当写明出庭人员的姓名、法律职务以及出庭履行的具体职责。

第十条 人民检察院不服人民法院第一审判决、裁定的，可以向上一级人民法院提起上诉。

第二十一条 人民检察院在履行职责中发现生态环境和资源保护、食品药品安全、国有财产保护、国有土地使用权出让等领域负有监督管理职责的行政机关违法行使职权或者不作为，致使国家利益或者社会公共利益受到侵害的，应当向行政机关提出检察建议，督促其依法履行职责。

行政机关应当在收到检察建议书之日起两个月内依法履行职责，并书面回复人民检察院。出现国家利益或者社会公共利益损害继续扩大等紧急情形的，行政机关应当在十五日内书面回复。

行政机关不依法履行职责的,人民检察院依法向人民法院提起诉讼。

# 专题二十　行政诉讼的裁判与执行

**考点 52** 行政诉讼第一审判决

**1** 第六十九条　[驳回原告诉讼请求判决]行政行为证据确凿,适用法律、法规正确,符合法定程序的,或者原告申请被告履行法定职责或者给付义务理由不成立的,人民法院判决驳回原告的诉讼请求。

《行政许可案件规定》

第八条第二款　第三人提供或者人民法院调取的证据能够证明行政许可行为合法的,人民法院应当判决驳回原告的诉讼请求。

《行政协议案件规定》

第十六条第一款　在履行行政协议过程中,可能出现严重损害国家利益、社会公共利益的情形,被告作出变更、解除协议的行政行为后,原告请求撤销该行为,人民法院经审理认为该行为合法的,判决驳回原告诉讼请求;给原告造成损失的,判决被告予以补偿。

**2** 第七十条　[撤销判决和重新作出判决]行政行为有下列情形之一的,人民法院判决撤销或者部分撤销,并可以判决被告重新作出行政行为:
　　(一)主要证据不足的;
　　(二)适用法律、法规错误的;
　　(三)违反法定程序的;
　　(四)超越职权的;
　　(五)滥用职权的;
　　(六)明显不当的。[2022 年回忆~撤销判决和重新作出判决]

第七十一条　[重新作出判决对被告的限制]人民法院判决被告重新作出行政行为的,被告不得以同一的事实和理由作出与原行政行为基本相同的行政行为。

《行政诉讼法解释》

第八十九条　复议决定改变原行政行为错误,人民法院判决撤销复议决定时,可以一并责令复议机关重新作出复议决定或者判决恢复原行政行为的法律效力。

第九十条　人民法院判决被告重新作出行政行为,被告重新作出的行政行为与原行政行为的结果相同,但主要事实或者主要理由有改变的,不属于行政诉讼法第七十一条规定的情形。

人民法院以违反法定程序为由,判决撤销被诉行政行为的,行政机关重新作出行政行为不受行政诉讼法第七十一条规定的限制。

行政机关以同一事实和理由重新作出与原行政行为基本相同的行政行为,人民法院应当根据行政诉讼法第七十条、第七十一条的规定判决撤销或者部分撤销,并根据行政诉讼法第九十六条的规定处理。

《行政许可案件规定》

第十一条　人民法院审理不予行政许可决定案件,

认为原告请求准予许可的理由成立,且被告没有裁量余地的,可以在判决理由中写明,并判决撤销不予许可决定,责令被告重新作出决定。

《行政协议案件规定》

第十四条　原告认为行政协议存在胁迫、欺诈、重大误解、显失公平等情形而请求撤销,人民法院经审理认为符合法律规定可撤销情形的,可以依法判决撤销该协议。

第十五条　行政协议无效、被撤销或者确定不发生效力后,当事人因行政协议取得的财产,人民法院应当判决予以返还;不能返还的,判决折价补偿。

因被告的原因导致行政协议被确认无效或者被撤销,可以同时判决责令被告采取补救措施;给原告造成损失的,人民法院应当判决被告予以赔偿。

第十六条第二款　被告变更、解除行政协议的行政行为存在行政诉讼法第七十条规定情形的,人民法院判决撤销或者部分撤销,并可以责令被告重新作出行政行为。

《政府信息公开行政案件规定》

第九条第一款　被告对依法应当公开的政府信息拒绝或者部分拒绝公开的,人民法院应当撤销或者部分撤销被诉不予公开决定,并判决被告在一定期限内公开。尚需被告调查、裁量的,判决其在一定期限内重新答复。[2012 年真题~政府信息公开行政诉讼]

**3** 第七十二条　[履行判决]人民法院经过审理,查明被告不履行法定职责的,判决被告在一定期限内履行。

《行政诉讼法解释》

第九十一条　原告请求被告履行法定职责的理由成立,被告违法拒绝履行或者无正当理由逾期不予答复的,人民法院可以根据行政诉讼法第七十二条的规定,判决被告在一定期限内依法履行原告请求的法定职责;尚需被告调查或者裁量的,应当判决被告针对原告的请求重新作出处理。[2021 年回忆~行政诉讼履行判决]

《行政许可案件规定》

第十二条　被告无正当理由拒绝原告查阅行政许可决定及有关档案材料或者监督检查记录的,人民法院可以判决被告在法定或者合理期限内准予原告查阅。

《行政协议案件规定》

第十六条第三款　被告变更、解除行政协议的行政行为违法,人民法院可以依据行政诉讼法第七十八条的规定判决被告继续履行协议、采取补救措施;给原告造成损失的,判决被告予以赔偿。

《政府信息公开行政案件规定》

第九条第二至四款　被告提供的政府信息不符合申请人要求的内容或者法律、法规规定的适当形式的,人民法院应当判决被告按照申请人要求的内容或者法律、法规规定的适当形式提供。

人民法院经审理认为被告不予公开的政府信息内容可以作区分处理的,应当判决被告限期公开可以公开的内容。

被告依法应当更正而不更正与原告相关的政府信息记录的,人民法院应当判决被告在一定期限内更正。尚需被告调查、裁量的,判决其在一定期限内重新答复。被告无权更正的,判决其转送有权更正的行政机关处理。[2012 年真题~政府信息公开行政诉讼]

❹ 第七十三条 [给付判决]人民法院经过审理,查明被告依法负有给付义务的,判决被告履行给付义务。

《行政诉讼法解释》

第九十二条 原告申请被告依法履行支付抚恤金、最低生活保障待遇或者社会保险待遇等给付义务的理由成立,被告依法负有给付义务而拒绝或者拖延履行义务的,人民法院可以根据行政诉讼法第七十三条的规定,判决被告在一定期限内履行相应的给付义务。

第九十三条 原告请求被告履行法定职责或者依法履行支付抚恤金、最低生活保障待遇或者社会保险待遇等给付义务,原告未先向行政机关提出申请的,人民法院裁定驳回起诉。

人民法院经审理认为原告所请求履行的法定职责或者给付义务明显不属于行政机关权限范围的,可以裁定驳回起诉。

❺ 第七十四条 [确认违法判决]行政行为有下列情形之一的,人民法院判决确认违法,但不撤销行政行为:

(一)行政行为依法应当撤销,但撤销会给国家利益、社会公共利益造成重大损害的;

(二)行政行为程序轻微违法,但对原告权利不产生实际影响的。

行政行为有下列情形之一,不需要撤销或者判决履行的,人民法院判决确认违法:

(一)行政行为违法,但不具有可撤销内容的;

(二)被告改变原违法行政行为,原告仍要求确认原行政行为违法的;

(三)被告不履行或者拖延履行法定职责,判决履行没有意义的。〔2022年回忆~确认违法判决〕

《行政诉讼法解释》

第八十一条 被告在一审期间改变被诉行政行为的,应当书面告知人民法院。

原告或者第三人对改变后的行政行为不服提起诉讼的,人民法院应当就改变后的行政行为进行审理。

被告改变原违法行政行为,原告仍要求确认原行政行为违法的,人民法院应当依法作出确认判决。

原告起诉被告不作为,在诉讼中被告作出行政行为,原告不撤诉的,人民法院应当就不作为依法作出确认判决。

第九十六条 有下列情形之一,且对原告依法享有的听证、陈述、申辩等重要程序性权利不产生实质损害的,属于行政诉讼法第七十四条第一款第二项规定的"程序轻微违法":

(一)处理期限轻微违法;

(二)通知、送达等程序轻微违法;

(三)其他程序轻微违法的情形。

《行政许可案件规定》

第十条 被诉准予行政许可决定违反当时的法律规范但符合新的法律规范的,判决确认该决定违法;准予行政许可决定不损害公共利益和利害关系人合法权益的,判决驳回原告的诉讼请求。

❻ 第七十五条 [确认无效判决]行政行为有实施主体不具有行政主体资格或者没有依据等重大且明显违法情形,原告申请确认行政行为无效的,人民法院判决确认无效。

第七十六条 [确认违法和无效判决的补充规定]人民法院判决确认违法或者无效的,可以同时判决责令被告采取补救措施;给原告造成损失的,依法判决被告承担赔偿责任。

《行政诉讼法解释》

第九十四条 公民、法人或者其他组织起诉请求撤销行政行为,人民法院经审查认为行政行为无效的,应当作出确认无效的判决。

公民、法人或者其他组织起诉请求确认行政行为无效,人民法院审查认为行政行为不属于无效情形,经释明,原告请求撤销行政行为的,应当继续审理并依法作出相应判决;原告请求撤销行政行为但超过法定起诉期限的,裁定驳回起诉;原告拒绝变更诉讼请求的,判决驳回其诉讼请求。

第九十五条 人民法院经审理认为被诉行政行为违法或者无效,可能给原告造成损失,经释明,原告请求一并解决行政赔偿争议的,人民法院可以就赔偿事项进行调解;调解不成的,应当一并判决。人民法院也可以告知其就赔偿事项另行提起诉讼。

第九十九条 有下列情形之一的,属于行政诉讼法第七十五条规定的"重大且明显违法":

(一)行政行为实施主体不具有行政主体资格;

(二)减损权利或者增加义务的行政行为没有法律规范依据;

(三)行政行为的内容客观上不可能实施;

(四)其他重大且明显违法的情形。

第一百三十六条第六款 原行政行为被撤销、确认违法或者无效,给原告造成损失的,应当由作出原行政行为的行政机关承担赔偿责任;因复议决定加重损害的,由复议机关对加重部分承担赔偿责任。

《行政协议案件规定》

第十二条 行政协议存在行政诉讼法第七十五条规定的重大且明显违法情形的,人民法院应当确认行政协议无效。

人民法院可以适用民事法律规范确认行政协议无效。

行政协议无效的原因在一审法庭辩论终结前消除的,人民法院可以确认行政协议有效。

第十三条 法律、行政法规规定应当经过其他机关批准等程序后生效的行政协议,在一审法庭辩论终结前未获得批准的,人民法院应当确认该协议未生效。

行政协议约定被告负有履行批准程序等义务而被告未履行,原告要求被告承担赔偿责任的,人民法院应予支持。

第十五条 行政协议无效、被撤销或者确定不发生效力后,当事人因行政协议取得的财产,人民法院应当判决予以返还;不能返还的,判决折价补偿。

因被告的原因导致行政协议被确认无效或者被撤

销,可以同时判决责令被告采取补救措施;给原告造成损失的,人民法院应当判决被告予以赔偿。

**7** 第七十七条 [变更判决]行政处罚明显不当,或者其他行政行为涉及对款额的确定、认定确有错误的,人民法院可以判决变更。

人民法院判决变更,不得加重原告的义务或者减损原告的权益。但利害关系人同为原告,且诉讼请求相反的除外。

**8** 第七十八条 [行政协议案件被告违约责任判决]被告不依法履行、未按照约定履行或者违法变更、解除本法第十二条第一款第十一项规定的协议,人民法院判决被告承担继续履行、采取补救措施或者赔偿损失等责任。

被告变更、解除本法第十二条第一款第十一项规定的协议合法,但未依法给予补偿的,人民法院判决给予补偿。

《行政协议案件的规定》

第十九条 被告未依法履行、未按照约定履行行政协议,人民法院可以依据行政诉讼法第七十八条的规定,结合原告诉讼请求,判决被告继续履行,并明确继续履行的具体内容;被告无法履行或者继续履行无实际意义的,人民法院可以判决被告采取相应的补救措施;给原告造成损失的,判决被告予以赔偿。

原告要求按照约定的违约金条款或者定金条款予以赔偿的,人民法院应当支持。

第二十条 被告明确表示或者以自己的行为表明不履行行政协议,原告在履行期限届满之前向人民法院起诉请求其承担违约责任的,人民法院应当支持。

第二十一条 被告或者其他行政机关因国家利益、社会公共利益的需要依法行使行政职权,导致原告履行不能、履行费用明显增加或者遭受损失,原告请求判令被告给予补偿的,人民法院应当支持。

第二十二条 原告以被告违约为由请求人民法院判令其承担违约责任,人民法院经审理认为行政协议无效的,应当向原告释明,并根据原告变更后的诉讼请求判决确认行政协议无效;因被告的行为造成行政协议无效的,人民法院可以依法判决被告承担赔偿责任。原告经释明后拒绝变更诉讼请求的,人民法院可以判决驳回其诉讼请求。

**9** 第七十九条 [复议维持决定和原行政行为一并裁判]复议机关与作出原行政行为的行政机关为共同被告的案件,人民法院应当对复议决定和原行政行为一并作出裁判。[2015年真题~行政诉讼一审判决]

《行政诉讼法解释》

第一百三十六条 人民法院对原行政行为作出判决的同时,应当对复议决定一并作出相应判决。

人民法院依职权追加作出原行政行为的行政机关或者复议机关为共同被告的,对原行政行为或者复议决定可以作出相应判决。

人民法院判决撤销原行政行为和复议决定的,可以判决作出原行政行为的行政机关重新作出行政行为。

人民法院判决作出原行政行为的行政机关履行法定

职责或者给付义务的,应当同时判决撤销复议决定。

原行政行为合法、复议决定违法的,人民法院可以判决撤销复议决定或者确认复议决定违法,同时判决驳回原告针对原行政行为的诉讼请求。

原行政行为被撤销、确认违法或者无效,给原告造成损失的,应当由作出原行政行为的行政机关承担赔偿责任;因复议决定加重损害的,由复议机关对加重部分承担赔偿责任。

原行政行为不符合复议或者诉讼受案范围等受理条件,复议机关作出维持决定的,人民法院应当裁定一并驳回对原行政行为和复议决定的起诉。[2022年回忆~复议机关作被告时人民法院判决]

**10** 第八十条 [公开宣判]人民法院对公开审理和不公开审理的案件,一律公开宣告判决。

当庭宣判的,应当在十日内发送判决书;定期宣判的,宣判后立即发给判决书。

宣告判决时,必须告知当事人上诉权利、上诉期限和上诉的人民法院。[2015年真题~行政诉讼一审判决]

**考点53** 行政诉讼第二审判决

第八十九条 [二审的裁判]人民法院审理上诉案件,按照下列情形,分别处理:

(一)原判决、裁定认定事实清楚,适用法律、法规正确的,判决或者裁定驳回上诉,维持原判决、裁定;

(二)原判决、裁定认定事实错误或者适用法律、法规错误的,依法改判、撤销或者变更;

(三)原判决认定基本事实不清、证据不足的,发回原审人民法院重审,或者查清事实后改判;

(四)原判决遗漏当事人或者违法缺席判决等严重违反法定程序的,裁定撤销原判决,发回原审人民法院重审。

原审人民法院对发回重审的案件作出判决后,当事人提起上诉的,第二审人民法院不得再次发回重审。

人民法院审理上诉案件,需要改变原审判决的,应当同时对被诉行政行为作出判决。

《行政诉讼法解释》

第一百零九条 第二审人民法院经审理认为原审人民法院不予立案或者驳回起诉的裁定确有错误且当事人的起诉符合起诉条件的,应当裁定撤销原审人民法院的裁定,指令原审人民法院依法立案或者继续审理。

第二审人民法院裁定发回原审人民法院重新审理的行政案件,原审人民法院应当另行组成合议庭进行审理。

原审判决遗漏了必须参加诉讼的当事人或者诉讼请求的,第二审人民法院应当裁定撤销原审判决,发回重审。

原审判决遗漏行政赔偿请求,第二审人民法院经审查认为依法不应予以赔偿的,应当判决驳回行政赔偿请求。

原审判决遗漏行政赔偿请求,第二审人民法院经审理认为依法应予以赔偿的,在确认被诉行政行为违法的同时,可以就行政赔偿问题进行调解;调解不成的,应当就行政赔偿部分发回重审。

当事人在第二审期间提出行政赔偿请求的,第二审人民法院可以进行调解;调解不成的,应当告知当事人另行起诉。[2019年回忆~二审法院的裁判]

## 考点 54 行政诉讼裁判的执行

### (一)对相对人的执行措施

**第九十五条** [对相对人拒绝履行的执行措施]公民、法人或者其他组织拒绝履行判决、裁定、调解书的,行政机关或者第三人可以向第一审人民法院申请强制执行,或者由行政机关依法强制执行。

《行政诉讼法解释》

第一百五十三条 申请执行的期限为二年。申请执行时效的中止、中断,适用法律有关规定。

申请执行的期限从法律文书规定的履行期间最后一日起计算;法律文书规定分期履行的,从规定的每次履行期间的最后一日起计算;法律文书中没有规定履行期限的,从该法律文书送达当事人之日起计算。

逾期申请的,除有正当理由外,人民法院不予受理。

第一百五十四条 发生法律效力的行政判决书、行政裁定书、行政赔偿判决书和行政调解书,由第一审人民法院执行。

第一审人民法院认为情况特殊,需要由第二审人民法院执行的,可以报请第二审人民法院执行;第二审人民法院可以决定由其执行,也可以决定由第一审人民法院执行。

《行政协议案件的规定》

第二十四条 公民、法人或者其他组织未按照行政协议约定履行义务,经催告后不履行,行政机关可以作出要求其履行协议的书面决定。公民、法人或者其他组织收到书面决定后在法定期限内未申请行政复议或者提起行政诉讼,且仍不履行,协议内容具有可执行性的,行政机关可以向人民法院申请强制执行。

法律、行政法规规定行政机关对行政协议享有监督协议履行的职权,公民、法人或者其他组织未按照约定履行义务,经催告后不履行,行政机关可以依法作出处理决定。公民、法人或者其他组织在收到该处理决定后在法定期限内未申请行政复议或者提起行政诉讼,且仍不履行,协议内容具有可执行性的,行政机关可以向人民法院申请强制执行。

### (二)对行政机关的执行措施

**第九十六条** [对行政机关拒绝履行的执行措施]行政机关拒绝履行判决、裁定、调解书的,第一审人民法院可以采取下列措施:

(一)对应当归还的罚款或者应当给付的款额,通知银行从该行政机关的账户内划拨;

(二)在规定期限内不履行的,从期满之日起,对该行政机关负责人按日处五十元至一百元的罚款;

(三)将行政机关拒绝履行的情况予以公告;

(四)向监察机关或者该行政机关的上一级行政机关提出司法建议。接受司法建议的机关,根据有关规定进行处理,并将处理情况告知人民法院;

(五)拒不履行判决、裁定、调解书,社会影响恶劣的,可以对该行政机关直接负责的主管人员和其他直接责任人员予以拘留;情节严重,构成犯罪的,依法追究刑事责任。

《行政诉讼法解释》

第一百五十二条 对发生法律效力的行政判决书、行政裁定书、行政赔偿判决书和行政调解书,负有义务的一方当事人拒绝履行的,对方当事人可以依法申请人民法院强制执行。

人民法院判决行政机关履行行政赔偿、行政补偿或者其他行政给付义务,行政机关拒不履行的,对方当事人可以依法向法院申请强制执行。

# 专题二十二 行政赔偿

## 考点 56 行政赔偿义务机关及赔偿程序

### (一)行政赔偿义务机关

**1 第七条** [赔偿义务机关的确认]行政机关及其工作人员行使行政职权侵犯公民、法人和其他组织的合法权益造成损害的,该行政机关为赔偿义务机关。

两个以上行政机关共同行使行政职权时侵犯公民、法人和其他组织的合法权益造成损害的,共同行使行政职权的行政机关为共同赔偿义务机关。

法律、法规授权的组织在行使授予的行政权力时侵犯公民、法人和其他组织的合法权益造成损害的,被授权的组织为赔偿义务机关。

受行政机关委托的组织或者个人在行使受委托的行政权力时侵犯公民、法人和其他组织的合法权益造成损害的,委托的行政机关为赔偿义务机关。

赔偿义务机关被撤销的,继续行使其职权的行政机关为赔偿义务机关;没有继续行使其职权的行政机关的,撤销该赔偿义务机关的行政机关为赔偿义务机关。

《行政赔偿规定》

第八条 两个以上行政机关共同实施侵权行政行为造成损害的,共同侵权行政机关为共同被告。赔偿请求人坚持对其中一个或者几个侵权机关提起行政赔偿诉讼,以被起诉的机关为被告,未被起诉的机关追加为第三人。

第十条 行政机关依据行政诉讼法第九十七条的规定申请人民法院强制执行其行政行为,因据以强制执行的行政行为违法而发生行政赔偿诉讼的,申请强制执行的行政机关为被告。

**2 第八条** [经过行政复议的赔偿责任]经复议机关复议的,最初造成侵权行为的行政机关为赔偿义务机关,但复议机关的复议决定加重损害的,复议机关对加重的部分履行赔偿义务。

《行政赔偿规定》

第九条 原行政行为造成赔偿请求人损害,复议决定加重损害的,复议机关与原行政行为机关为共同被告。赔偿请求人坚持对作出原行政行为机关或者复议机关提起行政赔偿诉讼,以被起诉的机关为被告,未被起诉的机关追加为第三人。

### (二)行政赔偿程序

**1 第九条** [赔偿请求的提出]赔偿义务机关有本法第三条、第四条规定情形之一的,应当给予赔偿。

赔偿请求人要求赔偿,应当先向赔偿义务机关提出,也可以在申请行政复议或者提起行政诉讼时一并提出。

**第十条** [共同赔偿义务机关的连带责任]赔偿请求人可以向共同赔偿义务机关中的任何一个赔偿义务机关要求赔偿,该赔偿义务机关应当先予赔偿。

**第十四条** [起诉期限]赔偿义务机关在规定期限内未作出是否赔偿的决定,赔偿请求人可以自期限届满之日起三个月内,向人民法院提起诉讼。

赔偿请求人对赔偿的方式、项目、数额有异议的,或者赔偿义务机关作出不予赔偿决定的,赔偿请求人可以自赔偿义务机关作出赔偿或者不予赔偿决定之日起三个月内,向人民法院提起诉讼。

《行政赔偿规定》

第六条 公民、法人或者其他组织一并提起行政赔偿诉讼中的当事人地位,按照其在行政诉讼中的地位确定,行政诉讼与行政赔偿诉讼当事人不一致的除外。

第七条 受害的公民死亡,其继承人和其他有扶养关系的人可以提起行政赔偿诉讼,并提供该公民死亡证明、赔偿请求人与死亡公民之间的关系证明。

受害的公民死亡,支付受害公民医疗费、丧葬费等合理费用的人可以依法提起行政赔偿诉讼。

有权提起行政赔偿诉讼的法人或者其他组织分立、合并、终止,承受其权利的法人或者其他组织可以依法提起行政赔偿诉讼。

第十三条 行政行为未被确认为违法,公民、法人或者其他组织提起行政赔偿诉讼的,人民法院应当视为提起行政诉讼时一并提起行政赔偿诉讼。

行政行为已被确认为违法,并符合下列条件的,公民、法人或者其他组织可以单独提起行政赔偿诉讼:

(一)原告具有行政赔偿请求资格;

(二)有明确的被告;

(三)有具体的赔偿请求和受损害的事实根据;

(四)赔偿义务机关已先行处理或者超过法定期限不予处理;

(五)属于人民法院行政赔偿诉讼的受案范围和受诉人民法院管辖;

(六)在法律规定的起诉期限内提起诉讼。

第十五条 公民、法人或者其他组织应当自知道或者应当知道行政行为侵犯其合法权益之日起两年内,向赔偿义务机关申请行政赔偿。赔偿义务机关在收到赔偿申请之日起两个月内未作出赔偿决定的,公民、法人或者其他组织可以依照行政诉讼法有关规定提起诉讼。

第十六条 公民、法人或者其他组织提起行政诉讼时一并请求行政赔偿的,适用行政诉讼法有关起诉期限的规定。

第十七条 公民、法人或者其他组织仅对行政复议决定中的行政赔偿部分有异议,自复议决定书送达之日起十五日内提起行政赔偿诉讼的,人民法院应当依法受理。

行政机关作出有赔偿内容的行政复议决定时,未告知公民、法人或者其他组织起诉期限的,起诉期限从公民、法人或者其他组织知道或者应当知道起诉期限之日起计算,但从知道或者应当知道行政复议决定内容之日起最长不得超过一年。

**❷ 第十五条** [举证责任]人民法院审理行政赔偿案件,赔偿请求人和赔偿义务机关对自己提出的主张,应当提供证据。

赔偿义务机关采取行政拘留或者限制人身自由的强制措施期间,被限制人身自由的人死亡或者丧失行为能力的,赔偿义务机关的行为与被限制人身自由的人的死亡或者丧失行为能力是否存在因果关系,赔偿义务机关应当提供证据。

《行政赔偿规定》

第十一条 行政赔偿诉讼中,原告应当对行政行为造成的损害提供证据;因被告的原因导致原告无法举证的,由被告承担举证责任。

人民法院对于原告主张的生产和生活所必需物品的合理损失,应当予以支持;对于原告提出的超出生产和生活所必需的其他贵重物品、现金损失,可以结合案件相关证据予以认定。〔2023年回忆~行政赔偿诉讼的举证责任〕

第十二条 原告主张其被限制人身自由期间受到身体伤害,被告否认相关损害事实或者损害与违法行政行为存在因果关系的,被告应当提供相应的证据证明。

# 专题二十三 司法赔偿

**考点57** 司法赔偿义务机关

**第二十一条** [赔偿义务机关的确定]行使侦查、检察、审判职权的机关以及看守所、监狱管理机关及其工作人员在行使职权时侵犯公民、法人和其他组织的合法权益造成损害的,该机关为赔偿义务机关。

对公民采取拘留措施,依照本法的规定应当给予国家赔偿的,作出拘留决定的机关为赔偿义务机关。

对公民采取逮捕措施后决定撤销案件、不起诉或者判决宣告无罪的,作出逮捕决定的机关为赔偿义务机关。

再审改判无罪的,作出原生效判决的人民法院为赔偿义务机关。二审改判无罪,以及二审发回重审后作无罪处理的,作出一审有罪判决的人民法院为赔偿义务机关。

《刑事赔偿解释》

第十条 看守所及其工作人员在行使职权时侵犯公民合法权益造成损害的,看守所的主管机关为赔偿义务机关。

第十一条 对公民采取拘留措施后又采取逮捕措施,国家承担赔偿责任的,作出逮捕决定的机关为赔偿义务机关。

第十二条 一审判决有罪,二审发回重审后具有下列情形之一的,属于国家赔偿法第二十一条第四款规定的重审无罪赔偿,作出一审有罪判决的人民法院为赔偿义务机关:

（一）原审人民法院改判无罪并已发生法律效力的；

（二）重审期间人民检察院作出不起诉决定的；

（三）人民检察院在重审期间撤回起诉超过三十日或者人民法院决定按撤诉处理超过三十日未作出不起诉决定的。

依照审判监督程序再审后作无罪处理的，作出原生效判决的人民法院为赔偿义务机关。

**《民事、行政诉讼司法赔偿解释》**

第十八条　人民法院在民事、行政诉讼过程中，违法采取对妨害诉讼的强制措施、保全措施、先予执行措施，或者对判决、裁定及其他生效法律文书执行错误，系因上一级人民法院复议改变原裁决所致的，由该上一级人民法院作为赔偿义务机关。

### 考点58　司法赔偿范围

**1 第十七条　[侵犯人身权的情形]** 行使侦查、检察、审判职权的机关以及看守所、监狱管理机关及其工作人员在行使职权时有下列侵犯人身权情形之一的，受害人有取得赔偿的权利：

（一）违反刑事诉讼法的规定对公民采取拘留措施的，或者依照刑事诉讼法规定的条件和程序对公民采取拘留措施，但是拘留时间超过刑事诉讼法规定的时限，其后决定撤销案件、不起诉或者判决宣告无罪终止追究刑事责任的；

（二）对公民采取逮捕措施后，决定撤销案件、不起诉或者判决宣告无罪终止追究刑事责任的；

（三）依照审判监督程序再审改判无罪，原判刑罚已经执行的；

（四）刑讯逼供或者以殴打、虐待等行为或者唆使、放纵他人以殴打、虐待等行为造成公民身体伤害或者死亡的；

（五）违法使用武器、警械造成公民身体伤害或者死亡的。[2011年真题~国家赔偿的范围]

**《刑事赔偿解释》**

第二条　解除、撤销拘留或者逮捕措施后虽尚未撤销案件、作出不起诉决定或者判决宣告无罪，但是符合下列情形之一的，属于国家赔偿法第十七条第一项、第二项规定的终止追究刑事责任：

（一）办案机关决定对犯罪嫌疑人终止侦查的；

（二）解除、撤销取保候审、监视居住、拘留、逮捕措施后，办案机关超过一年未移送起诉、作出不起诉决定或者撤销案件的；

（三）取保候审、监视居住法定期限届满后，办案机关超过一年未移送起诉、作出不起诉决定或者撤销案件的；

（四）人民检察院撤回起诉超过三十日未作出不起诉决定的；

（五）人民法院决定按撤诉处理后超过三十日，人民检察院未作出不起诉决定的；

（六）人民法院准许刑事自诉案件自诉人撤诉的，或者人民法院决定对刑事自诉案件按撤诉处理的。

赔偿义务机关有证据证明尚未终止追究刑事责任，且经人民法院赔偿委员会审查属实的，应当决定驳回赔偿请求人的赔偿申请。

第五条　对公民采取刑事拘留措施后终止追究刑事责任，具有下列情形之一的，属于国家赔偿法第十七条第一项规定的违法刑事拘留：

（一）违反刑事诉讼法规定的条件采取拘留措施的；

（二）违反刑事诉讼法规定的程序采取拘留措施的；

（三）依照刑事诉讼法规定的条件和程序对公民采取拘留措施，但是拘留时间超过刑事诉讼法规定的时限。

违法刑事拘留的人身自由赔偿金自拘留之日起计算。

第六条　数罪并罚的案件经再审改判部分罪名不成立，监禁期限超出再审判决确定的刑期，公民对超期监禁申请国家赔偿的，应当决定予以赔偿。

**2 第十八条　[侵犯财产权的情形]** 行使侦查、检察、审判职权的机关以及看守所、监狱管理机关及其工作人员在行使职权时有下列侵犯财产权情形之一的，受害人有取得赔偿的权利：

（一）违法对财产采取查封、扣押、冻结、追缴等措施的；

（二）依照审判监督程序再审改判无罪，原判罚金、没收财产已经执行的。

**3 第十九条　[不承担赔偿责任的情形]** 属于下列情形之一的，国家不承担赔偿责任：

（一）因公民自己故意作虚伪供述，或者伪造其他有罪证据被羁押或者被判处刑罚的；

（二）依照刑法第十七条、第十八条规定不负刑事责任的人被羁押的；

（三）依照刑事诉讼法第十五条（现第十六条）、第一百七十三条第二款（现第一百七十七条第二款）、第二百七十三条第二款（现第二百八十四条第二款）、第二百七十九条（现第二百九十条）规定不追究刑事责任的人被羁押的；

（四）行使侦查、检察、审判职权的机关以及看守所、监狱管理机关的工作人员与行使职权无关的个人行为；

（五）因公民自伤、自残等故意行为致使损害发生的；

（六）法律规定的其他情形。

**《执行国家赔偿法几个问题的解释》**

四、根据赔偿法第二十六条、第二十七条（现第三十三条、第三十四条）的规定，人民法院判处管制、有期徒刑缓刑、剥夺政治权利等刑罚的人被依法改判无罪的，国家不承担赔偿责任，但是，赔偿请求人在判决生效前被羁押的，依法有权取得赔偿。

**《刑事赔偿解释》**

第七条　根据国家赔偿法第十九条第二项、第三项的规定，依照刑法第十七条、第十八条规定不负刑事责任的人和依照刑事诉讼法第十五条（现第十六条）、第一百七十三条第二款（现第一百七十七条第二款）规定不追究刑事责任的人被羁押，国家不承担赔偿责任。但是，对起诉后经人民法院错判拘役、有期徒刑、无期徒刑并已执行的，人民法院应当对该判决确定后继续监禁期间侵犯公民人身自由权的情形予以赔偿。

第八条 赔偿义务机关主张依据国家赔偿法第十九条第一项、第五项规定的情形免除赔偿责任的，应当就该免责事由的成立承担举证责任。

**考点59** 司法赔偿程序

第二十二条 [赔偿请求的提出]赔偿义务机关有本法第十七条、第十八条规定情形之一的，应当给予赔偿。

赔偿请求人要求赔偿，应当先向赔偿义务机关提出。

赔偿请求人提出赔偿请求，适用本法第十一条、第十二条的规定。

第二十四条 [申请复议]赔偿义务机关在规定期限内未作出是否赔偿的决定，赔偿请求人可以自期限届满之日起三十日内向赔偿义务机关的上一级机关申请复议。

赔偿请求人对赔偿的方式、项目、数额有异议的，或者赔偿义务机关作出不予赔偿决定的，赔偿请求人可以自赔偿义务机关作出赔偿或者不予赔偿决定之日起三十日内，向赔偿义务机关的上一级机关申请复议。

赔偿义务机关是人民法院的，赔偿请求人可以依照本条规定向其上一级人民法院赔偿委员会申请作出赔偿决定。

第二十五条 [复议期限]复议机关应当自收到申请之日起两个月内作出决定。

赔偿请求人不服复议决定的，可以在收到复议决定之日起三十日内向复议机关所在地的同级人民法院赔偿委员会申请作出赔偿决定；复议机关逾期不作决定的，赔偿请求人可以自期限届满之日起三十日内向复议机关所在地的同级人民法院赔偿委员会申请作出赔偿决定。

# 专题二十四 国家赔偿方式、标准和费用

**考点61** 国家赔偿方式与标准

**1** 第三十三条 [侵犯人身自由赔偿金的计算]侵犯公民人身自由的，每日赔偿金按照国家上年度职工日平均工资计算。

《刑事赔偿解释》

第二十一条 国家赔偿法第三十三条、第三十四条规定的上年度，是指赔偿义务机关作出赔偿决定时的上一年度；复议机关或者人民法院赔偿委员会改变原赔偿决定，按照新作出决定时的上一年度国家职工平均工资标准计算人身自由赔偿金。

作出赔偿决定、复议决定时国家上一年度职工平均工资尚未公布的，以已经公布的最近年度职工平均工资为准。

**2** 第三十四条 [侵犯生命健康权赔偿金的计算]侵犯公民生命健康权的，赔偿金按下列规定计算：

（一）造成身体伤害的，应当支付医疗费、护理费，以及赔偿因误工减少的收入。减少的收入每日的赔偿金按照国家上年度职工日平均工资计算，最高额为国家上年

度职工年平均工资的五倍；

（二）造成部分或者全部丧失劳动能力的，应当支付医疗费、护理费、残疾生活辅助具费、康复费等因残疾而增加的必要支出和继续治疗所必需的费用，以及残疾赔偿金。残疾赔偿金根据丧失劳动能力的程度，按照国家规定的伤残等级确定，最高不超过国家上年度职工年平均工资的二十倍。造成全部丧失劳动能力的，对其扶养的无劳动能力的人，还应当支付生活费；

（三）造成死亡的，应当支付死亡赔偿金、丧葬费，总额为国家上年度职工年平均工资的二十倍。对死者生前扶养的无劳动能力的人，还应当支付生活费。

前款第二项、第三项规定的生活费的发放标准，参照当地最低生活保障标准执行。被扶养的人是未成年人的，生活费给付至十八周岁止；其他无劳动能力的人，生活费给付至死亡时止。

**3** 第三十五条 [精神损害赔偿]有本法第三条或者第十七条规定情形之一，致人精神损害的，应当在侵权行为影响的范围内，为受害人消除影响，恢复名誉，赔礼道歉；造成严重后果的，应当支付相应的精神损害抚慰金。

《行政赔偿规定》

第二十六条 有下列情形之一的，属于国家赔偿法第三十五条规定的"造成严重后果"：

（一）受害人被非法限制人身自由超过六个月；

（二）受害人经鉴定为轻伤以上或者残疾；

（三）受害人经诊断、鉴定为精神障碍或者精神残疾，且与违法行政行为存在关联；

（四）受害人名誉、荣誉、家庭、职业、教育等方面遭受严重损害，且与违法行政行为存在关联。

有下列情形之一的，可以认定为后果特别严重：

（一）受害人被限制人身自由十年以上；

（二）受害人死亡；

（三）受害人经鉴定为重伤或者残疾一至四级，且生活不能自理；

（四）受害人经诊断、鉴定为严重精神障碍或者精神残疾一至二级，生活不能自理，且与违法行政行为存在关联。

第三十条 被告有国家赔偿法第三条规定情形之一，致人精神损害的，人民法院应当判决其在违法行政行为影响的范围内，为受害人消除影响、恢复名誉、赔礼道歉；消除影响、恢复名誉和赔礼道歉的履行方式，可以双方协商，协商不成的，人民法院应当责令被告以适当的方式履行。造成严重后果的，应当判决支付相应的精神损害抚慰金。

《国家赔偿案件确定精神损害赔偿责任的解释》

第二条 公民以人身权受到侵犯为由提出国家赔偿申请，未请求精神损害赔偿，或者未同时请求消除影响、恢复名誉、赔礼道歉以及精神损害抚慰金的，人民法院应当向其释明。经释明后不变更请求，案件审结后又基于同一侵权事实另行提出申请的，人民法院不予受理。

第三条 赔偿义务机关有国家赔偿法第三条、第十

七条规定情形之一,依法应当承担国家赔偿责任的,可以同时认定该侵权行为致人精神损害。但是赔偿义务机关有证据证明该公民不存在精神损害,或者认定精神损害违背公序良俗的除外。

第四条 侵权行为致人精神损害,应当为受害人消除影响、恢复名誉或者赔礼道歉;侵权行为致人精神损害并造成严重后果,应当在支付精神损害抚慰金的同时,视案件具体情形,为受害人消除影响、恢复名誉或者赔礼道歉。

消除影响、恢复名誉与赔礼道歉,可以单独适用,也可以合并适用,并应当与侵权行为的具体方式和造成的影响范围相当。

第八条 致人精神损害,造成严重后果的,精神损害抚慰金一般应当在国家赔偿法第三十三条、第三十四条规定的人身自由赔偿金、生命健康赔偿金总额的百分之五十以下(包括本数)酌定;后果特别严重,或者虽然不具有本解释第七条第二款规定情形,但是确有证据证明前述标准不足以抚慰的,可以在百分之五十以上酌定。

第十条 精神损害抚慰金的数额一般不少于一千元;数额在一千元以上的,以千为计数单位。

赔偿请求人请求的精神损害抚慰金少于一千元,且其请求事由符合本解释规定的造成严重后果情形,经释明不予变更的,按照其请求数额支付。

**4** 第三十六条 [侵犯财产权赔偿金的计算]侵犯公民、法人和其他组织的财产权造成损害的,按照下列规定处理:

(一)处罚款、罚金、追缴、没收财产或者违法征收、征用财产的,返还财产;

(二)查封、扣押、冻结财产的,解除对财产的查封、扣押、冻结,造成财产损坏或者灭失的,依照本条第三项、

四项的规定赔偿;

(三)应当返还的财产损坏的,能够恢复原状的恢复原状,不能恢复原状的,按照损害程度给付相应的赔偿金;

(四)应当返还的财产灭失的,给付相应的赔偿金;

(五)财产已经拍卖或者变卖的,给付拍卖或者变卖所得的价款;变卖的价款明显低于财产价值的,应当支付相应的赔偿金;

(六)吊销许可证和执照、责令停产停业的,赔偿停产停业期间必要的经常性费用开支;

(七)返还执行的罚款或者罚金、追缴或者没收的金钱,解除冻结的存款或者汇款的,应当支付银行同期存款利息;

(八)对财产权造成其他损害的,按照直接损失给予赔偿。

《行政赔偿规定》

第二十八条 下列损失属于国家赔偿法第三十六条第六项规定的"停产停业期间必要的经常性费用开支":

(一)必要留守职工的工资;

(二)必须缴纳的税款、社会保险费;

(三)应当缴纳的水电费、保管费、仓储费、承包费;

(四)合理的房屋场地租金、设备租金、设备折旧费;

(五)维系停产停业期间运营所需的其他基本开支。

第二十九条 下列损失属于国家赔偿法第三十六条第八项规定的"直接损失":

(一)存款利息、贷款利息、现金利息;

(二)机动车停运期间的营运损失;

(三)通过行政补偿程序依法应当获得的奖励、补贴等;

(四)对财产造成的其他实际损失。

# 答 案 速 查

1.B     2.CD     3.C

4.BC     5.BC     6.ACD

7.ABCD     8.BCD     9.AD

10.AC     11.BC     12.AD

13.C     14.C     15.C

16.A     17.B     18.D

19.B     20.A     21.B

22.AD     23.B     24.C

25.ABCD(原答案为 D)     26.D

27.AB     28.B     29.A

30.AD     31.A     32.D

33.C     34.C     35.B

36.BD(原答案为 B)   37.BC     38.BCD

39.C     40.CD     41.BC

42.ABC     43.D     44.D(原答案为 C)

45.ACD     46.AC     47.B

48.A     49.C     50.C

51.C     52.ABD     53.AC

54.BCD     55.C     56.D

57.BC     58.CD     59.BCD

60.C     61.B     62.C

63.B     64.C     65.BD

66.BC     67.D     68.AB

69.AC     70.ACD     71.CD

72.A     73.C     74.D

75.ABC     76.ABCD     77.D

78.CD     79.B     80.C

81.A     82.ACD     83.AC

84.B     85.B     86.ABD

87.B     88.ABD     89.B

90.ABCD     91.ACD     92.B(原答案为 ABC)

93.A     94.BC     95.A

96.ABD     97.C     98.BCD

99.AC     100.C     101.D

102.AB     103.BCD     104.ACD

105.CD     106.A     107.ABD

108.C     109.D     110.C

111.ABCD(原答案为 ABC)     112.ABC

113.AC(原答案为 ACD)     114.B

115.AC     116.ACD     117.BCD

118.B     119.ABD     120.B

121.AC     122.B     123.C

124.BCD     125.D     126.ABD

127.AC     128.ABD     129.A

130.ABC     131.A     132.C

133.BCD     134.AB     135.C

136.ABC(原答案为 C)     137.B

138.BCD     139.AC     140.AB

141.B     142.BCD     143.B

144.(1)AC;(2)ABC     145.BCD

146.BCD     147.AD     148.A

149.AC(原答案为 A)     150.D

151.BD(原答案为 ABD)     152.AC(原答案为 C)

153.A(原答案为 AD)     154.AD(原答案为 D)

155.AB(原答案为 B)     156.BC

157.ACD(原答案为 AD)     158.CD

159.D     160.ABC     161.B(原答案为 AB)

162.AD(原答案为 ABCD)     163.CD

164.AC(原答案为 C)

165.BC(原答案为 ABC)     166.A

167.A     168.CD     169.BC

170.CD     171.A     172.D

173.A     174.ABCD(原答案为 ACD)

175.BD     176.D

177.(1)ABC;(2)ABCD

178.ABC(原答案为 AB)

179.ABCD(原答案为 C)     180.BCD

181.A     182.AB     183.D

184.BCD     185.C     186.C

187.BCD     188.B     189.BCD

190.AD     191.ACD     192.C

193.D     194.D     195.BC

196.C     197.BCD     198.BC

199.AD     200.B(原答案为 AB)201.B

202.B     203.BCD     204.B

205.ABCD     206.AD     207.BD

208.ABC     209.B     210.ACD

211.A(原答案为 D)   212.BCD(原答案为 BC)

213.BC(原答案为 BCD)     214.C

215.AD     216.CD(原答案为 C)

217.AC     218.C(原答案为 BC)

219.D(原答案为 CD)     220.BC

221.AB(原答案为 A)     222.BC

223.D     224.BC     225.B

226.CD     227.ABC     228.AC

229.B     230.A     231.BC

232.BCD     233.BD     234.ACD

235.AD     236.BD     237.B

238.A     239.ABC

240.AC(原答案为 ACD)     241.D

242.CD     243.ABCD     244.C

245.ACD     246.B     247.AD

248.ACD     249.A     250.ABC

251.AB     252.C     253.D

254.AB(原答案为 ABD)

255.ABCD(原答案为 ABC)     256.B

257.BD     258.AD     259.C

260.AD(原答案为 D)     261.CD

262.AD     263.B(原答案为 BC)

264.ABCD     265.ABD     266.BD

267.BC     268.ABD     269.BCD

270.AB     271.D     272.CD

273.ABCD(原答案为 D)     274.BCD

275.BC     276.C     277.BCD

278.D     279.A     280.AD

281.C     282.A     283.B(原答案为 BD)

284.B     285.ABD     286.CD

287.ABD     288.ABC     289.AD

290.C     291.AB     292.C

# 目 录

# 民事诉讼法与仲裁制度 ［试题］

## 专题一　民事诉讼与民事诉讼法

**考点1　民事诉讼与民事诉讼法**

**1.** 〔2023 回忆/多〕

甲公司拖欠黄某劳动报酬 6 万元，双方经人民调解委员会调解达成协议，甲公司在 1 个月之内向黄某支付 6 万元。1 个月后，甲公司并未支付劳动报酬。关于对黄某的救济方式，下列哪些说法是正确的？

A. 向劳动争议仲裁委员会申请仲裁

B. 就调解协议直接向法院起诉

C. 持调解协议向法院申请强制执行

D. 持调解协议向法院申请支付令

**2.** 〔2017/3/95/任①〕

2015 年 4 月，居住在 B 市（直辖市）东城区的林剑与居住在 B 市西城区的钟阳（二人系位于 B 市北城区正和钢铁厂的同事）签订了一份借款合同，约定钟阳向林剑借款 20 万元，月息 1%，2017 年 1 月 20 日前连本带息一并返还。合同还约定，如因合同履行发生争议，可向 B 市东城区仲裁委员会仲裁。至 2017 年 2 月，钟阳未能按时履约。2017 年 3 月，二人到正和钢铁厂人民调解委员会（下称调解委员会）请求调解。调解委员会委派了三位调解员主持该纠纷的调解。如调解委员会调解失败，解决的办法有：

A. 双方自行协商达成和解协议

B. 在双方均同意的情况下，要求林剑居住地的街道居委会的人民调解委员会组织调解

C. 依据借款合同的约定通过仲裁的方式解决

D. 通过诉讼方式解决

## 专题二　民事诉讼法的基本原则与基本制度

**考点2　民事诉讼基本原则**

**3.** 〔2022 回忆/单〕

甲购买了乙公司生产的电热水器，后因质量问题发生纠纷诉至法院。法院组织双方当事人采用线上视频方式质证，乙公司同意，甲明确拒绝。法院遂以甲拒绝理由不正当为由，认为甲放弃了质证的权利。法院的行为直接违反了下列哪一民事诉讼法基本原则？

A. 对等原则

B. 同等原则

C. 平等原则

D. 在线诉讼原则

**4.** 〔2022 回忆/单〕

黄某通过网上购物平台购买了微尼公司出售的商品，因商品质量发生纠纷，黄某诉至某互联网法院。法院受理后决定线上开庭，微尼公司同意，黄某以其不具备网上开庭条件为由拒绝。关于本案的审理方式，下列哪一说法是正确的？

A. 法院应依职权适用线上审理

B. 法院应线下开庭审理

C. 可以采取微尼公司线上开庭、黄某线下开庭的方式

D. 本案为互联网购物纠纷，应由互联网法院专属管辖

**5.** 〔2014/3/35/单〕

社会主义法治的价值追求是公平正义，因此必须坚持法律面前人人平等原则。下列哪一民事诉讼基本原则最能体现法律面前人人平等原则的内涵？

A. 检察监督原则

B. 诚实信用原则

C. 当事人诉讼权利平等原则

D. 同等原则和对等原则

**6.** 〔2014/3/36/单〕

依法治国要求树立法律权威，依法办事，因此在民事纠纷解决的过程中，各方主体都须遵守法律的规定。下列哪一行为违背了相关法律？

A. 法院主动对确有错误的生效调解书启动再审

B. 派出所民警对民事纠纷进行调解

C. 法院为下落不明的被告指定代理人参加调解

---

① 指 2017 年/试卷三/第 95 题/不定项——编者注。

D. 人民调解委员会主动调解当事人之间的民间纠纷

**7.** 2014/3/37/单

根据《民事诉讼法》规定的诚信原则的基本精神,下列哪一选项符合诚信原则?
A. 当事人以欺骗的方法形成不正当诉讼状态
B. 证人故意提供虚假证言
C. 法院根据案件审理情况对当事人提供的证据不予采信
D. 法院对当事人提出的证据任意进行取舍或否定

**8.** 2013/3/45/单

关于民事诉讼基本原则的表述,下列哪一选项是正确的?
A. 外国人在我国进行民事诉讼时,与中国人享有同等的诉讼权利义务,体现了当事人诉讼权利平等原则
B. 法院未根据当事人的自认进行事实认定,违背了处分原则
C. 当事人主张的法律关系与法院根据案件事实作出的认定不一致时,根据处分原则,当事人可以变更诉讼请求
D. 环保组织向法院提起公益诉讼,体现了支持起诉原则

**9.** 2011/3/38/单

关于民事诉讼法基本原则在民事诉讼中的具体体现,下列哪一说法是正确的?
A. 当事人有权决定是否委托代理人代为进行诉讼,是诉讼权利平等原则的体现
B. 当事人均有权委托代理人代为进行诉讼,是处分原则的体现
C. 原告与被告在诉讼中有一些不同但相对等的权利,是同等原则的体现
D. 当事人达成调解协议不仅要自愿,内容也不得违法,是法院调解自愿和合法原则的体现

**10.** 2010/3/88/任

王某与钱某系夫妻,因感情不和王某提起离婚诉讼,一审法院经审理判决不准予离婚。王某不服提出上诉,二审法院经审理认为应当判决离婚,并对财产分割与子女抚养一并作出判决。关于二审法院的判决,下列哪些选项违反了《民事诉讼法》的原则或制度?
A. 处分原则
B. 辩论原则
C. 两审终审制度
D. 回避制度

**11.** 2010/3/97/任

丙承租了甲、乙共有的房屋,因未付租金被甲、乙起诉。一审法院判决丙支付甲、乙租金及利息共计10000元,分五个月履行,每月给付2000元。甲、乙和丙均不服该判决,提出上诉;乙请求改判丙一次性支付所欠的租金10000元。甲请求法院判决解除与丙之间租赁关系。丙认为租赁合同中没有约定利息,甲、乙也没有要求给付利息,一审法院不应当判决自己给付利息,请求判决变更一审判决的相关内容。丙还提出,为修缮甲、乙的出租房自己花费了3000元,请求抵销部分租金。

关于一审法院判决丙给付甲、乙利息的做法,下列说法正确的是:
A. 违背了民事诉讼的处分原则
B. 违背了民事诉讼的辩论原则
C. 违背了民事诉讼的当事人诉讼权利平等原则
D. 违背了民事诉讼的同等原则

**12.** 2009/3/82/多

关于辩论原则的表述,下列哪些选项是正确的?
A. 当事人辩论权的行使仅局限于一审程序中开庭审理的法庭调查和法庭辩论阶段
B. 当事人向法院提出起诉状和答辩状是其行使辩论权的一种表现
C. 证人出庭陈述证言是证人行使辩论权的一种表现
D. 督促程序不适用辩论原则

**13.** 2008/3/38/单

甲向法院起诉,要求判决乙返还借款本金2万元。在案件审理中,借款事实得以认定,同时,法院还查明乙逾期履行还款义务近一年,法院遂根据银行同期定期存款利息,判决乙还甲借款本金2万元,利息520元。关于法院对该案判决的评论,下列哪一选项是正确的?
A. 该判决符合法律规定,实事求是,全面保护了权利人的合法权益
B. 该判决不符合法律规定,违反了民事诉讼的处分原则
C. 该判决不符合法律规定,违反了民事诉讼的辩论原则
D. 该判决不符合法律规定,违反了民事诉讼的平等原则

**考点3** 民事诉讼基本制度

**14.** 2023 回忆/多

黄某因侵权纠纷起诉柳某,一审法院适用简易程序,由审判员王某独任审理。后柳某不服

一审判决提起上诉,二审法院以基本事实不清为由裁定发回重审。关于重审的程序和审判组织,下列哪些说法是正确的?

  A. 应适用普通程序,王某不得作为合议庭组成人员

  B. 应适用简易程序,王某不得作为审判员审理本案

  C. 应适用普通程序,由王某之外的其他法官独任审理

  D. 应适用普通程序,人民陪审员可以参与合议庭

**15.** 2016/3/35/单

  不同的审判程序,审判组织的组成往往是不同的。关于审判组织的适用,下列哪一选项是正确的?

  A. 适用简易程序审理的案件,当事人不服一审判决上诉后发回重审的,可由审判员独任审判

  B. 适用简易程序审理的案件,判决生效后启动再审程序进行再审的,可由审判员独任审判

  C. 适用普通程序审理的案件,当事人双方同意,经上级法院批准,可由审判员独任审判

  D. 适用选民资格案件审理程序的案件,应组成合议庭审理,而且只能由审判员组成合议庭

**16.** 2015/3/36/单

  某区法院审理原告许某与被告某饭店食物中毒纠纷一案。审前,法院书面告知许某合议庭由审判员甲、乙和人民陪审员丙组成时,许某未提出回避申请。开庭后,许某始知人民陪审员丙与被告法定代表人是亲兄弟,遂提出回避申请。关于本案的回避,下列哪一说法是正确的?

  A. 许某可在知道丙与被告法定代表人是亲兄弟时提出回避申请

  B. 法院对回避申请作出决定前,丙不停止参与本案审理

  C. 应由审判长决定丙是否应回避

  D. 法院作出回避决定后,许某可对此提出上诉

**17.** 2012/3/36/单

  唐某作为技术人员参与了甲公司一项新产品研发,并与该公司签订了为期 2 年的服务与保密合同。合同履行 1 年后,唐某被甲公司的竞争对手乙公司高薪挖走,负责开发类似的产品。甲公司起诉至法院,要求唐某承担违约责任并保守其原知晓的产品。关于该案的审判,下列哪一说法是正确的?

  A. 只有在唐某与甲公司共同提出申请不公开审理此案的情况下,法院才可以不公开审理

  B. 根据法律的规定,该案不应当公开审理,但应

当公开宣判

  C. 法院可以根据当事人的申请不公开审理此案,但应当公开宣判

  D. 法院应当公开审理此案并公开宣判

**18.** 2010/3/37/单

  关于回避,下列哪一说法是正确的?

  A. 当事人申请担任审判长的审判人员回避的,应由审委会决定

  B. 当事人申请陪审员回避的,应由审判长决定

  C. 法院驳回当事人的回避申请,当事人不服而申请复议,复议期间被申请回避人不停止参与本案的审理工作

  D. 如当事人申请法院翻译人员回避,可由合议庭决定

**19.** 2010/3/38/单

  关于合议庭评议案件,下列哪一表述是正确的?

  A. 审判长意见与多数意见不同的,以其意见为准判决

  B. 陪审员意见得到支持、形成多数的,可按该意见判决

  C. 合议庭意见存在分歧的,也可提交院长审查决定

  D. 审判人员的不同意见均须写入笔录

**20.** 2008/3/83/多

  根据我国《民事诉讼法》和相关司法解释的规定,下列关于审判组织的哪些表述是正确的?

  A. 再审程序中只能由审判员组成合议庭

  B. 二审法院裁定发回重审的案件,原审法院应当组成合议庭进行审理

  C. 法院适用特别程序审理案件,陪审员不参加案件的合议庭

  D. 中级法院作为一审法院时,合议庭可以由审判员与陪审员共同组成,作为二审法院时,合议庭则一律由审判员组成

# 专题三 诉

### 考点4 诉讼标的

**21.** 2021回忆/单

  朱某向杨某借款 20 万元,借期 1 年,双方约定利息 1 万元,到期不归还借款支付罚息 2 万元。后朱某到期未偿还借款,杨某起诉要求朱某归还本金 20 万元,支付利息 2 万元,并要求支付逾期还款的罚息 1 万元。关于本案诉讼标的的数量,下列哪一表述是正确的?

A. 仅有一个诉讼标的

B. 本金和利息一个诉讼标的,罚息一个诉讼标的

C. 本金一个诉讼标的,利息和罚息一个诉讼标的

D. 本金、利息、罚息共三个诉讼标的

**22.** `2011/3/37/单`

甲因乙久拖房租不付,向法院起诉,要求乙支付半年房租 6000 元。在案件开庭审理前,甲提出书面材料,表示时间已过去 1 个月,乙应将房租增至 7000 元。关于法院对甲增加房租的要求的处理,下列哪一选项是正确的?

A. 作为新的诉讼受理,合并审理

B. 作为诉讼标的变更,另案审理

C. 作为诉讼请求增加,继续审理

D. 不予受理,告知甲可以另行起诉

**23.** `2009/3/37/单`

刘某习惯每晚将垃圾袋放在家门口,邻居王某认为会招引苍蝇并影响自己出入家门。王某为此与刘某多次交涉未果,遂向法院提起诉讼,要求刘某不得将垃圾袋放在家门口,以保证自家的正常通行和维护环境卫生。关于本案的诉讼标的,下列哪一选项是正确的?

A. 王某要求刘某不得将垃圾袋放在家门口的请求

B. 王某要求法院保障自家正常通行权的请求

C. 王某要求刘某维护环境卫生的请求

D. 王某和刘某之间的相邻关系

**考点5 诉的分类**

**24.** `2023 回忆/任`

甲公司与乙公司签订设备租赁合同,后甲公司发现乙公司违规使用设备,遂发函告知乙公司须按章操作,乙公司未予理会。甲公司提起诉讼,请求法院确认乙公司违规使用设备,解除双方之间的设备租赁合同,判令乙公司返还设备并支付违约金。关于本案诉的类型,下列表述正确的是:

A. 请求确认违规使用设备是确认之诉

B. 请求解除设备租赁合同是形成之诉

C. 请求返还设备是给付之诉

D. 请求支付违约金是给付之诉

**25.** `2015/3/37/单`

李某驾车不慎追尾撞坏刘某轿车,刘某向法院起诉要求李某将车修好。在诉讼过程中,刘某变更诉讼请求,要求李某赔偿损失并赔礼道歉。针对本案的诉讼请求变更,下列哪一说法是正确的?

A. 该诉的诉讼标的同时发生变更

B. 法院应依法不允许刘某变更诉讼请求

C. 该诉成为变更之诉

D. 该诉仍属给付之诉

**26.** `2013/3/37/单`

关于诉的分类的表述,下列哪一选项是正确的?

A. 孙某向法院申请确认其妻无民事行为能力,属于确认之诉

B. 周某向法院申请宣告自己与吴某的婚姻无效,属于变更之诉

C. 张某在与王某协议离婚后,又向法院起诉,主张离婚损害赔偿,属于给付之诉

D. 赵某代理女儿向法院诉请前妻将抚养费从每月 1000 元增加为 2000 元,属于给付之诉

**27.** `2008/3/86/任` 新法改编

关于诉的种类的表述,下列哪些选项是正确的?

A. 甲公司以乙公司订立合同时存在欺诈为由,诉至法院要求撤销合同,属于变更之诉

B. 甲公司以乙公司的履行不符合约定为由,诉至法院要求乙公司继续履行,属于给付之诉

C. 甲向法院起诉乙,要求返还借款 1000 元,乙称自己根本没有向甲借过钱,该诉讼属于确认之诉

D. 甲公司起诉乙公司,要求乙公司立即停止施工或采取有效措施降低噪音,属于变更之诉

**考点6 反诉**

**28.** `2019 回忆/单`

甲起诉乙,审理过程中乙提起反诉。后甲撤回起诉,法院以原告撤回起诉为由裁定驳回了乙的反诉。乙对该裁定不服,提起上诉,二审法院应当如何处理?

A. 组织当事人调解,调解不成,告知另行起诉

B. 裁定驳回上诉,维持原裁定

C. 撤销原裁定,同时发回重审

D. 撤销原裁定,同时指定原审法院审理

**29.** `2014/3/43/单`

刘某与曹某签订房屋租赁合同,后刘某向法院起诉,要求曹某依约支付租金。曹某向法院提出的下列哪一主张可能构成反诉?

A. 刘某的支付租金请求权已经超过诉讼时效

B. 租赁合同无效

C. 自己无支付能力

D. 自己已经支付了租金

**30.** `2013/3/80/多`

关于反诉,下列哪些表述是正确的?

A. 反诉的原告只能是本诉的被告

B. 反诉与本诉必须适用同一种诉讼程序

C. 反诉必须在答辩期届满前提出

D. 反诉与本诉之间须存在牵连关系，因此必须源于同一法律关系

**31.** 2012/3/80/多

关于反诉，下列哪些表述是正确的？

A. 反诉应当向受理本诉的法院提出，且该法院对反诉所涉及的案件也享有管辖权

B. 反诉中的诉讼请求是独立的，它不会因为本诉的撤销而撤销

C. 反诉如果成立，将产生本诉的诉讼请求被依法驳回的法律后果

D. 本诉与反诉的当事人具有同一性，因此，当事人在本诉与反诉中诉讼地位是相同的

**32.** 2012/3/100/任

2009年2月，家住甲市A区的赵刚向家住甲市B区的李强借了5000元，言明2010年2月之前偿还。到期后赵刚一直没有还钱。

2010年3月，李强找到赵刚家追讨该债务，发生争吵。赵刚因所牵宠物狗易受惊，遂对李强说："你不要大声喊，狗会咬你。"李强不理，仍然叫骂，并指着狗叫喊。该狗受惊，扑向李强并将其咬伤。李强治伤花费6000元。

李强起诉要求赵刚返还欠款5000元、支付医药费6000元，并向法院提交了赵刚书写的借条，其向赵刚转账5000元的银行转账凭证、本人病历、医院的诊断书（复印件）、医院处方（复印件）、发票等。

赵刚称，其向李强借款是事实，但在2010年1月卖给李强一块玉石，价值5000元，说好用玉石货款清偿借款。当时李强表示同意，并称之后会把借条还给赵刚，但其一直未还该借条。

赵刚还称，李强故意激怒狗，被狗咬伤的责任应由李强自己承担。对此，赵刚提交了邻居孙某出具的书面证词，该证词描述了李强当时骂人和骂狗的情形。

赵刚认为，李强提交的诊断书、医院处方均为复印件，没有证明力。

关于赵刚"用玉石货款清偿借款"的辩称，下列选项正确的是：

A. 将该辩称作为赵刚偿还借款的反驳意见来审查，审查的结果可以作为判决的根据

B. 赵刚应当以反诉的形式提出请求，法院可以与本诉合并进行审理

C. 赵刚必须另行起诉，否则法院不予处理

D. 赵刚既可以反诉的形式提出，也可另行起诉

**33.** 2010/3/100/任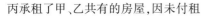

丙承租了甲、乙共有的房屋，因未付租

金被甲、乙起诉。一审法院判决丙支付甲、乙租金及利息共计10000元，分五个月履行，每月给付2000元。甲、乙和丙均不服该判决，提出上诉：乙请求改判丙一次性支付所欠的租金10000元。甲请求法院判决解除与丙之间租赁关系。丙认为租赁合同中没有约定利息，甲、乙也没有要求给付利息，一审法院不应当判决自己给付利息，请求判决变更一审判决的相关内容。丙还提出，为修缮甲、乙的出租房自己花费了3000元，请求抵销部分租金。

关于丙提出用房屋修缮款抵销租金的请求，二审法院正确的处理办法是：

A. 查明事实后直接判决

B. 不予审理

C. 经当事人同意进行调解解决，调解不成的，发回重审

D. 经当事人同意进行调解解决，调解不成的，告知丙另行起诉

**34.** 2009/3/36/单

甲公司起诉要求乙公司交付货物。被告乙公司向法院主张合同无效，应由原告甲公司承担合同无效的法律责任。关于本案被告乙公司主张的性质，下列哪一说法是正确的？

A. 该主张构成了反诉

B. 该主张是一种反驳

C. 该主张仅仅是一种事实主张

D. 该主张是一种证据

**考点7 诉的合并与分离**

**35.** 2022 回忆/多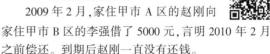

乙向甲借款100万元逾期未还。甲认为乙与丙恶意串通，通过虚假交易方式将乙的财产转移至丙名下，遂向法院起诉，请求判决撤销乙和丙之间的买卖合同，并判令丙将买卖合同所涉款项交付给自己，用于偿还乙拖欠的债务。关于甲向法院提出的请求之间的关系，下列哪些说法是正确的？

A. 诉的主体合并　　B. 诉的客体合并

C. 诉的重叠合并　　D. 诉的预备合并

**36.** 2012/3/97/任

2009年2月，家住甲市A区的赵刚向家住甲市B区的李强借了5000元，言明2010年2月之前偿还。到期后赵刚一直没有还钱。

2010年3月，李强找到赵刚家追讨该债务，发生争吵。赵刚因所牵宠物狗易受惊，遂对李强说："你不要大声喊，狗会咬你。"李强不理，仍然叫骂，并指着狗叫喊。该狗受惊，扑向李强并将其咬伤。李强治伤花费6000元。

李强起诉要求赵刚返还欠款5000元、支付医药

费 6000 元,并向法院提交了赵刚书写的借条、其向赵刚转账 5000 元的银行转账凭证、本人病历、医院的诊断书(复印件)、医院处方(复印件)、发票等。

赵刚称,其向李强借款是事实,但在 2010 年 1 月卖给李强一块玉石,价值 5000 元,说好用玉石货款清偿借款。当时李强表示同意,并称之后会把借条还给赵刚,但其一直未还该借条。

赵刚还称,李强故意激怒狗,被狗咬伤的责任应由李强自己承担。对此,赵刚提交了邻居孙某出具的书面证词,该证词描述了李强当时骂人和骂狗的情形。

赵刚认为,李强提交的诊断书、医院处方均为复印件,没有证明力。

关于法院对李强提出的返还欠款 5000 元和支付医药费 6000 元的诉讼审理,下列选项正确的是:
A. 可以分别审理,分别作出判决
B. 可以合并审理,一起作出判决
C. 可以合并审理,分别作出判决
D. 必须分别审理,分别作出判决

# 专题四　主管与管辖

**考点8 管辖概述**

**37.** 2014/3/39/单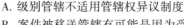
关于管辖,下列哪一表述是正确的?
A. 军人与非军人之间的民事诉讼,都应由军事法院管辖,体现了专门管辖的原则
B. 中外合资企业与外国公司之间的合同纠纷,应由中国法院管辖,体现了维护司法主权的原则
C. 最高法院通过司法解释授予部分基层法院专利纠纷案件初审管辖权,体现了平衡法院案件负担的原则
D. 不动产纠纷由不动产所在地法院管辖,体现了管辖恒定的原则

**考点9 级别管辖**

**38.** 2015/3/77/多
根据《民事诉讼法》相关司法解释,下列哪些法院对专利纠纷案件享有管辖权?
A. 知识产权法院
B. 所有的中级法院
C. 最高法院确定的中级法院
D. 最高法院确定的基层法院

**39.** 2012/3/78/多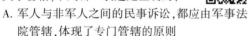
根据《民事诉讼法》和司法解释的相关规定,关于级别管辖,下列哪些表述是正确的?

A. 级别管辖不适用管辖权异议制度
B. 案件被移送管辖有可能是因为受诉法院违反了级别管辖的规定而发生的
C. 管辖权转移制度是对级别管辖制度的变通和个别的调整
D. 当事人可以通过协议变更案件的级别管辖

**40.** 2011/3/39/单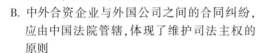
根据《民事诉讼法》和相关司法解释,关于中级法院,下列哪一表述是正确的?
A. 既可受理一审涉外案件,也可受理一审非涉外案件
B. 审理案件组成合议庭时,均不可邀请陪审员参加
C. 审理案件均须以开庭审理的方式进行
D. 对案件所作出的判决均为生效判决

**41.** 2009/3/35/单
关于民事案件的级别管辖,下列哪一选项是正确的?
A. 第一审民事案件原则上由基层法院管辖
B. 涉外案件的管辖权全部属于中级法院
C. 高级法院管辖的一审民事案件包括在本辖区内有重大影响的民事案件和它认为应当由自己审理的案件
D. 最高法院仅管辖在全国有重大影响的民事案件

**考点10 地域管辖**

**42.** 2022 回忆/任
A 区的甲公司与 B 区的乙公司签订买卖合同,约定合同履行地为 C 区,若合同履行发生纠纷向守约方所在地法院起诉。后双方因商品质量发生纠纷,甲公司声称自己是守约方,向 A 区法院起诉乙公司。乙公司在答辩期内提出管辖权异议,主张自己才是守约方,应当由 B 区法院管辖。关于本案的管辖法院,下列说法正确的是:
A. 可由 A 区法院管辖
B. 可由 B 区法院管辖
C. 可由 C 区法院管辖
D. 因双方都可能是守约方,A、B 区法院均有管辖权

**43.** 2021 回忆/单
A 区的甲公司与 B 区的乙公司签订合同,约定合同履行地在 C 区。两公司随后又达成补充协议,约定发生纠纷由 C 区法院管辖。后经乙公司同意,甲公司将合同转让给 D 区的丙公司,丙公司对补充协议并不知情。后丙公司起诉乙公司要求履行合同,乙公司主张转让合同无效。关于本案,下列哪一法院有管辖权?

A. A区法院　　　　　B. B区法院
C. C区法院　　　　　D. D区法院

**44.** 2021 回忆/多

曹某向詹某借款10万元,双方约定合同履行发生纠纷由曹某所在地的甲法院管辖,后詹某又与宁某就该笔借款签订保证合同,约定合同履行发生纠纷由宁某所在地的乙法院管辖。后因曹某拖欠借款发生纠纷,詹某提起诉讼。下列哪些选项是正确的?

A. 起诉曹某和宁某,应由甲法院管辖
B. 起诉曹某和宁某,应由乙法院管辖
C. 单独起诉曹某,应由甲法院管辖
D. 单独起诉宁某,应由乙法院管辖

**45.** 2016/3/77/多

A市东区居民朱某(男)与A市西县刘某结婚,婚后双方住A市东区。一年后,公司安排刘某赴A市南县分公司工作。三年之后,因感情不和朱某向A市东区法院起诉离婚。东区法院受理后,发现刘某经常居住地在南县,其对该案无管辖权,遂裁定将案件移送南县法院。南县法院收到案件后,认为无管辖权,将案件移送刘某户籍所在地西县法院。西县法院收到案件后也认为无管辖权。关于本案的管辖问题,下列哪些说法是正确的?

A. 东区法院有管辖权
B. 南县法院有管辖权
C. 西县法院有管辖权
D. 西县法院认为自己没有管辖权,应当裁定移送有管辖权的法院

**46.** 住所地在H省K市L区的甲公司与住所地在F省E市D区的乙公司签订了一份钢材买卖合同,价款数额为90万元。合同在B市C区签订,双方约定合同履行地为W省Z市Y区,同时约定如因合同履行发生争议,由B市仲裁委员会仲裁。合同履行过程中,因钢材质量问题,甲公司与乙公司发生争议,甲公司欲申请仲裁解决。因B市有两个仲裁机构,分别为丙仲裁委员会和丁仲裁委员会(两个仲裁委员会所在地都在B市C区),乙公司认为合同中的仲裁条款无效,欲向有关机构申请确认仲裁条款无效。

请回答第(1)、(2)题。

(1) 2016/3/96/任

如相关机构确认仲裁条款无效,甲公司欲与乙公司达成协议,确定案件的管辖法院。关于双方可以协议选择的管辖法院,下列选项正确的是:

A. H省K市L区法院
B. F省E市D区法院
C. B市C区法院
D. W省Z市Y区法院

(2) 2016/3/97/任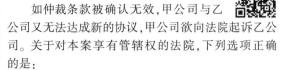

如仲裁条款被确认无效,甲公司与乙公司又无法达成新的协议,甲公司欲向法院起诉乙公司。关于对本案享有管辖权的法院,下列选项正确的是:

A. H省K市L区法院
B. F省E市D区法院
C. W省Z市Y区法院
D. B市C区法院

**47.** 2015/3/95/任

主要办事机构在A县的五环公司与主要办事机构在B县的四海公司于C县签订购货合同,约定:货物交付地在D县;若合同的履行发生争议,由原告所在地或者合同签订地的基层法院管辖。现五环公司起诉要求四海公司支付货款。四海公司辩称已将货款交给五环公司业务员付某。五环公司承认付某是本公司业务员,但认为其无权代理本公司收取货款,且付某也没有将四海公司声称的货款交给本公司。四海公司向法庭出示了盖有五环公司印章的授权委托书,证明付某有权代理五环公司收取货款,但五环公司对该授权书的真实性不予认可。根据案情,法院依当事人的申请通知付某参加(参与)了诉讼。

对本案享有管辖权的法院包括:

A. A县法院　　　　　B. B县法院
C. C县法院　　　　　D. D县法院

**48.** 2014/3/96/任

甲县的葛某和乙县的许某分别拥有位于丙县的云峰公司50%的股份。后由于二人经营理念不合,已连续四年未召开股东会,无法形成股东会决议。许某遂向法院请求解散公司,并在法院受理后申请保全公司的主要资产(位于丁县的一块土地的使用权)。

依据法律,对本案享有管辖权的法院是:

A. 甲县法院　　　　　B. 乙县法院
C. 丙县法院　　　　　D. 丁县法院

**49.** 2009年2月,家住甲市A区的赵刚向家住甲市B区的李强借了5000元,言明2010年2月之前偿还。到期后赵刚一直没有还钱。

2010年3月,李强找到赵刚家追讨该债务,发生争吵。赵刚因所牵宠物狗易受惊,遂对李强说:"你不要大声喊,狗会咬你。"李强不理,仍然叫骂,并指着狗叫喊。该狗受惊,扑向李强并将其咬伤。李强治伤花费6000元。

李强起诉要求赵刚返还欠款5000元,支付医药费6000元,并向法院提交了赵刚书写的借条、其向赵

刚转账 5000 元的银行转账凭证、本人病历、医院的诊断书(复印件)、医院处方(复印件)、发票等。

赵刚称,其向李强借款是事实,但在 2010 年 1 月卖给李强一块玉石,价值 5000 元,说好用玉石货款清偿借款。当时李强表示同意,并称之后会把借条还给赵刚,但其一直未还该借条。

赵刚还称,李强故意激怒狗,被狗咬伤的责任应由李强自己承担。对此,赵刚提交了邻居孙某出具的书面证词,该证词描述了李强当时骂人和骂狗的情形。

赵刚认为,李强提交的诊断书、医院处方均为复印件,没有证明力。

请回答第(1)、(2)题。

(1) 2012/3/95/任

关于李强与赵刚之间欠款的诉讼管辖,下列选项正确的是:

A. 甲市 A 区法院
B. 甲市 B 区法院
C. 甲市中级法院
D. 应当专属甲市 A 区法院

(2) 2012/3/96/任

关于李强要求赵刚支付医药费的诉讼管辖,下列选项正确的是:

A. 甲市 A 区法院
B. 甲市 B 区法院
C. 甲市中级法院
D. 应当专属甲市 A 区法院

**50.** 2009/3/98/任

常年居住在 Y 省 A 县的王某早年丧妻,独自一人将两个儿子和一个女儿养大成人。大儿子王甲居住在 Y 省 B 县,二儿子王乙居住在 Y 省 C 县,女儿王丙居住在 W 省 D 县。2000 年以来,王某的日常生活费用主要来自大儿子王甲每月给的 800 元生活费。2003 年 12 月,由于物价上涨,王某要求二儿子王乙每月也给一些生活费,但王乙以自己没有固定的工作、收入不稳定为由拒绝。于是,王某将王乙告到法院,要求王乙每月支付给自己赡养费 500 元。

关于对本案享有管辖权的法院,下列选项正确的是:

A. Y 省 A 县法院    B. Y 省 B 县法院
C. Y 省 C 县法院    D. W 省 D 县法院

**考点 11** 选择管辖与裁定管辖

**51.** 2014/3/78/多

根据《民事诉讼法》和相关司法解释的规定,法院的下列哪些做法是违法的?

A. 在一起借款纠纷中,原告张海起诉被告李河

时,李河居住在甲市 A 区。A 区法院受理案件后,李河搬到甲市 D 区居住,该法院知悉后将案件移送 D 区法院

B. 王丹在乙市 B 区被黄玫打伤,以为黄玫居住乙市 B 区,而向该区法院提起侵权诉讼。乙市 B 区法院受理后,查明黄玫的居住地是乙市 C 区,遂将案件移送乙市 C 区法院

C. 丙省高院规定,本省中院受理诉讼标的额 1000 万元至 5000 万元的财产案件。丙省 E 市中院受理一起标的额为 5005 万元的案件后,向丙省高院报请审理该案

D. 居住地为丁市 H 区的孙溪要求居住地为丁市 G 区的赵山依约在丁市 K 区履行合同。后因赵山下落不明,孙溪以赵山为被告向丁市 H 区法院提起违约诉讼,该法院以本院无管辖权为由裁定不予受理

**52.** 2013/3/79/多

关于管辖制度的表述,下列哪些选项是不正确的?

A. 对下落不明或者宣告失踪的人提起的民事诉讼,均应由原告住所地法院管辖

B. 因共同海损或者其他海损事故请求损害赔偿提起的诉讼,被告住所地法院享有管辖权

C. 甲区法院受理某技术转让合同纠纷案后,发现自己没有级别管辖权,将案件移送至甲市中院审理,这属于管辖权的转移

D. 当事人可以书面约定纠纷的管辖法院,这属于选择管辖

**53.** 2010/3/39/单

某省甲市 A 区法院受理一起保管合同纠纷案件,根据被告管辖权异议,A 区法院将案件移送该省乙市 B 区法院审理。乙市 B 区法院经审查认为,A 区法院移送错误,本案应归甲市 A 区法院管辖,发生争议。关于乙市 B 区法院的做法,下列哪一选项是正确的?

A. 将案件退回甲市 A 区法院
B. 将案件移送同级第三方法院管辖
C. 报请乙市中级法院指定管辖
D. 与甲市 A 区法院协商不成,报请该省高级法院指定管辖

**54.** 2009/3/80/多

2008 年 7 月,家住 A 省的陈大因赡养费纠纷,将家住 B 省甲县的儿子陈小诉至甲县法院,该法院受理了此案。2008 年 8 月,经政府正式批准,陈小居住的甲县所属区域划归乙县管辖。甲县法院以管辖区域变化对该案不再具有管辖权为由,将该案

移送至乙县法院。乙县法院则根据管辖恒定原则,将案件送至甲县法院。下列哪些说法是正确的?

  A. 乙县法院对该案没有管辖权

  B. 甲县法院的移送管辖是错误的

  C. 乙县法院不得将该案送还甲县法院

  D. 甲县法院对该案没有管辖权

**55.** `2008/3/82/多`

  李某在甲市 A 区新购一套住房,并请甲市 B 区的装修公司对其新房进行装修。在装修过程中,装修工人不慎将水管弄破,导致楼下住户的家具被淹毁。李某与该装修公司就赔偿问题交涉未果,遂向甲市 B 区法院起诉。B 区法院认为该案应由 A 区法院审理,于是裁定将该案移送至 A 区法院,A 区法院认为该案应由 B 区法院审理,不接受移送,又将案件退回 B 区法院。关于本案的管辖,下列哪些选项是正确的?

  A. 甲市 A、B 区法院对该案都有管辖权

  B. 李某有权向甲市 B 区法院起诉

  C. 甲市 B 区法院的移送管辖是错误的

  D. A 区法院不接受移送,将案件退回 B 区法院是错误的

**考点 12　管辖权异议**

**56.** `2018 回忆/单`

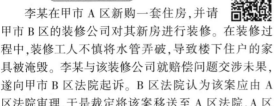

  张某想在乙区买一个店铺,和甲县的赵某签订了中介合同,经赵某联系,张某和乙区的孙某签订了店铺买卖合同。后孙某不肯交房并办理过户,张某将赵某、孙某起诉到甲县法院,要求交付店铺、办理过户。甲县法院判决孙某交付店铺、办理过户,以赵某不是适格被告为由判决驳回张某对赵某的诉讼请求。孙某不服上诉,认为既然赵某不是适格被告,那么赵某的住所地甲县法院就没有管辖权,故而在二审中提出管辖权异议。二审法院应当如何处理?

  A. 移送管辖

  B. 指定管辖

  C. 对管辖权异议不予审查

  D. 撤销原判,发回重审

**57.** `2017/3/36/单`

  住所在 A 市 B 区的甲公司与住所在 A 市 C 区的乙公司签订了一份买卖合同,约定履行地为 D 县。合同签订后尚未履行,因货款支付方式发生争议,乙公司诉至 D 县法院。甲公司就争议的付款方式提交了答辩状。经审理,法院判决甲公司败诉。甲公司不服,以一审法院无管辖权为由提起上诉,要求二审法院撤销一审判决,驳回起诉。关于本案,下列哪一表述是正确的?

  A. D 县法院有管辖权,因 D 县是双方约定的合同

履行地

  B. 二审法院对上诉人提出的管辖权异议不予审查,裁定驳回异议

  C. 二审法院应裁定撤销一审判决,发回一审法院重审

  D. 二审法院应裁定撤销一审判决,裁定将案件移送有管辖权的法院审理

**58.** `2016/3/78/多`

  法院受理案件后,被告提出管辖异议,依据法律和司法解释规定,其可以采取下列哪些救济措施?

  A. 向受诉法院提出管辖权异议,要求受诉法院对管辖权的归属进行审查

  B. 向受诉法院的上级法院提出异议,要求上级法院对案件的管辖权进行审查

  C. 在法院对管辖异议驳回的情况下,可以对该裁定提起上诉

  D. 在法院对案件审理终结后,可以以管辖错误作为法定理由申请再审

**59.** `2011/3/95/任`

  2011 年 7 月 11 日,A 市升湖区法院受理了黎明丽(女)诉张成功(男)离婚案。7 月 13 日,升湖区法院向张成功送达了起诉状副本。7 月 18 日,张成功向升湖区法院提交了答辩状,未对案件的管辖权提出异议。8 月 2 日,张成功向升湖区法院提出管辖权异议申请,称其与黎明丽已分居 2 年,分别居住于 A 市安平区各自父母家中。A 市升湖区法院以申请管辖权异议超过申请期限为由,裁定驳回张成功管辖权异议申请。后,升湖区法院查明情况,遂裁定将案件移送安平区法院。安平区法院接受移送,确定适用简易程序审理此案。

  安平区法院在案件开庭审理时组织调解。

  黎明丽声称:2005 年 12 月,其与张成功结婚,后因张成功有第三者陈佳,感情已破裂,现要求离婚。黎明丽提出,离婚后儿子张好帅由其行使监护权,张成功每月支付抚养费 1500 元。现双方存款 36 万元(存折在张成功手中),由 2 人平分,生活用品归各自所有,不存在其他共有财产分割争议。

  张成功承认:2005 年 12 月,其与黎明丽结婚,自己现在有了第三者,36 万元存款在自己手中,同意离婚,同意生活用品归各自所有,同意不存在其他共有财产分割争议。不同意支付张好帅抚养费,因其是黎明丽与前男友所生。

  黎明丽承认:张好帅是其与前男友所生,但在户籍登记上,张成功与张好帅为父子关系,多年来父子相称,形成事实上的父子关系,故要求张成功支付抚养费。

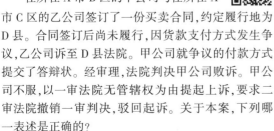

调解未能达成协议。在随后的庭审中，黎明丽坚持提出的请求；张成功对调解中承认的多数事实和同意的请求予以认可，但否认了有第三者一事，仍不同意支付张好帅抚养费。黎明丽要求法院通知第三者陈佳以无独立请求权的第三人身份参加诉讼。

安平区法院作出判决：解除黎明丽、张成功婚姻关系；张好帅由黎明丽行使监护权，张成功每月支付抚养费700元；存款双方平分，生活用品归个人所有，不存在其他共有财产分割争议。法院根据调解中被告承认自己有第三者的事实，认定双方感情破裂，张成功存在过失。

关于本案管辖，下列选项正确的是：
 A. 张成功行使管辖异议权符合法律的规定
 B. 张成功主张管辖异议的理由符合法律规定
 C. 升湖区法院驳回张成功的管辖异议符合法律规定
 D. 升湖区法院对案件进行移送符合法律规定

**60.** 2010/3/50/单
红光公司起诉蓝光公司合同纠纷一案，A市B区法院受理后，蓝光公司提出管辖权异议，认为本案应当由A市中级法院管辖。B区法院裁定驳回蓝光公司异议，蓝光公司提起上诉。此时，红光公司向B区法院申请撤诉，获准。关于本案，下列哪一选项是正确的？
 A. B区法院裁定准予撤诉是错误的，因为蓝光公司已经提起上诉
 B. 红光公司应当向A市中级法院申请撤诉，并由其裁定是否准予撤诉
 C. B区法院应当待A市中级法院就蓝光公司的上诉作出裁定后，再裁定是否准予撤诉
 D. B区法院裁定准予撤诉后，二审法院不再对管辖权异议的上诉进行审查

# 专题五　当事人

**考点13** 当事人概述（当事人能力、当事人适格、当事人权利义务）

**61.** 2022 回忆/多
张某驾车将行人秦某撞倒，经查，张某所驶车辆系刘某所有，某日被金某盗窃后金某将车出借给张某。现秦某拟提起诉讼，关于起诉，下列哪些选项是正确的？
 A. 以张某为被告向法院提起诉讼
 B. 以金某为被告向法院提起诉讼
 C. 以刘某为被告向法院提起诉讼
 D. 张某、金某为被告向法院提起诉讼

**62.** 2014/3/81/多
根据民事诉讼理论和相关法律法规，关于当事人的表述，下列哪些选项是正确的？
 A. 依法解散、依法被撤销的法人可以自己的名义作为当事人进行诉讼
 B. 被宣告为无行为能力的成年人可以自己的名义作为当事人进行诉讼
 C. 不是民事主体的非法人组织依法可以自己的名义作为当事人进行诉讼
 D. 中国消费者协会可以自己的名义作为当事人，对侵害众多消费者权益的企业提起公益诉讼

**63.** 2013/3/38/单 新法改编
关于当事人能力和正当当事人的表述，下列哪一选项是正确的？
 A. 一般而言，应以当事人是否对诉讼标的有确认利益，作为判断当事人适格与否的标准
 B. 一般而言，诉讼标的的主体即是本案的正当当事人
 C. 未成年人均不具有诉讼行为能力
 D. 破产企业清算组对破产企业财产享有管理权，可以清算组名义起诉或应诉

**64.** 2012/3/81/多
关于当事人能力与当事人适格的概念，下列哪些表述是正确的？
 A. 当事人能力又称当事人诉讼权利能力，当事人适格又称正当当事人
 B. 有当事人能力的人一定是适格当事人
 C. 适格当事人一定具有当事人能力
 D. 当事人能力与当事人适格均由法律明确加以规定

**65.** 2008/3/44/单
关于当事人适格的表述，下列哪一选项是错误的？
 A. 当事人诉讼权利能力是作为抽象的诉讼当事人的资格，它与具体的诉讼没有直接的联系；当事人适格是作为具体的诉讼当事人资格，是针对具体的诉讼而言的
 B. 一般来讲，应当以当事人是否是所争议的民事法律关系的主体，作为判断当事人适格标准，但在某些例外情况下，非民事法律关系或民事权利主体，也可以作为适格当事人
 C. 清算组织、遗产管理人、遗嘱执行人是适格的当事人，原因在于根据权利主体意思或法律规定对他人的民事法律关系享有管理权
 D. 检察院就生效民事判决提起抗诉，抗诉的检

察院是适格的当事人

**考点14** 原告、被告和第三人

**66.** 2019 回忆/单

张某有一套房屋,张某死后,其子张甲和张乙因遗产继承产生纠纷,张甲将张乙诉至法院。诉讼中,邻县张某的女儿张丙向法院主张继承遗产,下列表述哪一项是正确的?

  A. 张甲是原告,张乙是被告

  B. 张甲、张丙是原告,张乙是被告

  C. 张丙是原告,张甲、张乙是被告

  D. 张甲是原告,张乙是被告,张丙是有独立请求权的第三人

**67.** 2017/3/78/多

李立与陈山就财产权属发生争议提起确权诉讼。案外人王强得知此事,提起诉讼主张该财产的部分产权,法院同意王强参加诉讼。诉讼中,李立经法院同意撤回起诉。关于该案,下列哪些选项是正确的?

  A. 王强是有独立请求权的第三人

  B. 王强是必要的共同诉讼人

  C. 李立撤回起诉后,法院应裁定终结诉讼

  D. 李立撤回起诉后,法院应以王强为原告、李立和陈山为被告另案处理,诉讼继续进行

**68.** 2016/3/37/单

小桐是由菲特公司派遣到苏拉公司工作的人员,在一次完成苏拉公司分配的工作任务时,失误造成路人周某受伤,因赔偿问题周某起诉至法院。关于本案被告的确定,下列哪一选项是正确的?

  A. 起诉苏拉公司时,应追加菲特公司为共同被告

  B. 起诉苏拉公司时,应追加菲特公司为无独立请求权第三人

  C. 起诉菲特公司时,应追加苏拉公司为共同被告

  D. 起诉菲特公司时,应追加苏拉公司为无独立请求权第三人

**69.** 2016/3/38/单
丁一诉弟弟丁二继承纠纷一案,在一审中,妹妹丁爽向法院递交诉状,主张应由自己继承系争的遗产,并向法院提供了父亲生前所立的其过世后遗产全部由丁爽继承的遗嘱。法院予以合并审理,开庭审理前,丁一表示撤回起诉,丁二认为该遗嘱是伪造的,要求继续进行诉讼。法院裁定准予丁一撤诉后,在程序上,下列哪一选项是正确的?

  A. 丁爽为另案原告,丁二为另案被告,诉讼继续进行

  B. 丁爽为另案原告,丁一、丁二为另案被告,诉讼继续进行

  C. 丁一、丁爽为另案原告,丁二为另案被告,诉讼继续进行

  D. 丁爽、丁二为另案原告,丁一为另案被告,诉讼继续进行

**70.** 2016/3/79/多

程某诉刘某借款诉讼过程中,程某将对刘某因该借款而形成的债权转让给了谢某。依据相关规定,下列哪些选项是正确的?

  A. 如程某撤诉,法院可以准许其撤诉

  B. 如谢某申请以无独立请求权第三人身份参加诉讼,法院可予以准许

  C. 如谢某申请替代程某诉讼地位的,法院可以根据案件的具体情况决定是否准许

  D. 如法院不予准许谢某申请替代程某诉讼地位的,可以追加谢某为无独立请求权的第三人

**71.** 2015/3/38/单

赵某与刘某将共有商铺出租给陈某。刘某瞒着赵某,与陈某签订房屋买卖合同,将商铺转让给陈某,后因该合同履行发生纠纷,刘某将陈某诉至法院。赵某得知后,坚决不同意刘某将商铺让与陈某。关于本案相关人的诉讼地位,下列哪一说法是正确的?

  A. 法院应依职权追加赵某为共同原告

  B. 赵某应以刘某侵权起诉,陈某为无独立请求权第三人

  C. 赵某应作为无独立请求权第三人

  D. 赵某应作为有独立请求权第三人

**72.** 2015/3/39/单

徐某开设打印设计中心并以自己名义登记领取了个体工商户营业执照,该中心未起字号。不久,徐某应征入伍,将该中心转让给同学李某经营,未办理工商变更登记。后该中心承接广告公司业务,款项已收却未能按期交货,遭广告公司起诉。下列哪一选项是本案的适格被告?

  A. 李某

  B. 李某和徐某

  C. 李某和该中心

  D. 李某、徐某和该中心

**73.** 2015/3/97/任

主要办事机构在 A 县的五环公司与主要办事机构在 B 县的四海公司于 C 县签订购销合同,约定:货物交付地在 D 县;若合同的履行发生争议,由原告所在地或者合同签订地的基层法院管辖。现五环公司起诉要求四海公司支付货款。四海公司辩称已将货款交给五环公司业务员付某。五环公司承认付某是本公司业务员,但认为其无权代理本公司收取

货款,且付某也没有将四海公司声称的货款交给本公司。四海公司向法庭出示了盖有五环公司印章的授权委托书,证明付某有权代理五环公司收取货款,但五环公司对该授权书的真实性不予认可。根据案情,法院依当事人的申请通知付某参加(参与)了诉讼。

根据案情和法律规定,付某参加(参与)诉讼,在诉讼中所居地位是:

A. 共同原告

B. 共同被告

C. 无独立请求权第三人

D. 证人

**74．** 2014/3/95/任

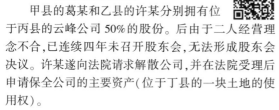

甲县的葛某和乙县的许某分别拥有位于丙县的云峰公司 50% 的股份。后由于二人经营理念不合,已连续四年未召开股东会,无法形成股东会决议。许某遂向法院请求解散公司,并在法院受理后申请保全公司的主要资产(位于丁县的一块土地的使用权)。

关于本案当事人的表述,下列说法正确的是:

A. 许某是原告

B. 葛某是被告

C. 云峰公司可以是无独立请求权第三人

D. 云峰公司可以是有独立请求权第三人

**75．** 2012/3/45/单

2010 年 7 月,甲公司不服 A 市 B 区法院对其与乙公司买卖合同纠纷的判决,上诉至 A 市中级法院,A 市中级法院经审理维持原判决。2011 年 3 月,甲公司与丙公司合并为丁公司。之后,丁公司法律顾问在复查原甲公司的相关材料时,发现上述案件具备申请再审的法定事由。关于该案件的再审,下列哪一说法是正确的?

A. 应由甲公司向法院申请再审

B. 应由甲公司与丙公司共同向法院申请再审

C. 应由丁公司向法院申请再审

D. 应由丁公司以案外人身份向法院申请再审

**76．** 2011/3/45/单

三合公司诉两江公司合同纠纷一案,经法院审理后判决两江公司败诉。此后,两江公司与海大公司合并成立了大江公司。在对两江公司财务进行审核时,发现了一份对前述案件事实认定极为重要的证据。关于该案的再审,下列哪一说法是正确的?

A. 应当由两江公司申请再审并参加诉讼

B. 应当由海大公司申请再审并参加诉讼

C. 应当由大江公司申请再审并参加诉讼

D. 应当由两江公司申请再审,但必须由大江公司参加诉讼

**77．** 2011/3/80/多

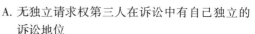

关于无独立请求权第三人,下列哪些说法是错误的?

A. 无独立请求权第三人在诉讼中有自己独立的诉讼地位

B. 无独立请求权第三人有权提出管辖异议

C. 一审判决没有判决无独立请求权第三人承担民事责任的,无独立请求权的第三人不可以作为上诉人或被上诉人

D. 无独立请求权第三人有权申请参加诉讼和参加案件的调解活动,与案件原、被告达成调解协议

**78．** 2011/3/97/任

2011 年 7 月 11 日,A 市升湖区法院受理了黎明丽(女)诉张成功(男)离婚案。7 月 13 日,升湖区法院向张成功送达了起诉状副本。7 月 18 日,张成功向升湖区法院提交了答辩状,未对案件的管辖权提出异议。8 月 2 日,张成功向升湖区法院提出管辖权异议申请,称其与黎明丽已分居 2 年,分别居住于 A 市安平区各自父母家中。A 市升湖区法院以申请管辖权异议超过申请期限为由,裁定驳回张成功管辖权异议申请。后,升湖区法院查明情况,遂裁定将案件移送安平区法院。安平区法院接受移送,确定适用简易程序审理此案。

安平区法院在案件开庭审理时组织调解。

黎明丽声称:2005 年 12 月,其与张成功结婚,后因张成功有第三者陈佳,感情已破裂,现要求离婚。黎明丽提出,离婚后儿子张好帅由其行使监护权,张成功每月支付抚养费 1500 元。现双方存款 36 万元(存折在张成功手中),由 2 人平分,生活用品归各自所有,不存在其他共有财产分割争议。

张成功承认:2005 年 12 月,其与黎明丽结婚,自己现在有了第三者,36 万元存款在自己手中,同意离婚,同意生活用品归各自所有,同意不存在其他共有财产分割争议。不同意支付张好帅抚养费,因其是黎明丽与前男友所生。

黎明丽承认:张好帅是其与前男友所生,但在户籍登记上,张成功与张好帅为父子关系,多年来父子相称,形成事实上的父子关系,故要求张成功支付抚养费。

调解未能达成协议。在随后的庭审中,黎明丽坚持提出的请求;张成功对调解中承认的多数事实和同意的请求予以认可,但否认了有第三者一事,仍不同意支付张好帅抚养费。黎明丽要求法院通知第三者陈佳以无独立请求权的第三人身份参加诉讼。

安平区法院作出判决:解除黎明丽、张成功婚姻关系;张好帅由黎明丽行使监护权,张成功每月支付

抚养费700元;存款双方平分,生活用品归个人所有,不存在其他共有财产分割争议。法院根据调解中被告承认自己有第三者的事实,认定双方感情破裂,张成功存在过失。

对黎明丽要求陈佳以无独立请求权第三人参加诉讼的请求,下列选项正确的是:

A. 法院可以根据黎明丽的请求,裁定追加陈佳为无独立请求权第三人

B. 如张成功同意,法院可通知陈佳以无独立请求权第三人名义参加诉讼

C. 无论张成功是否同意,法院通知陈佳以无独立请求权第三人名义参加诉讼都是错误的

D. 如陈佳同意,法院可通知陈佳以无独立请求权第三人名义参加诉讼

**79.** `2010/3/40/单`

甲乙丙三人合伙开办电脑修理店,店名为"一通电脑行",依法登记。甲负责对外执行合伙事务。顾客丁进店送修电脑时,被该店修理人员戊的工具碰伤。丁拟向法院起诉。关于本案被告的确定,下列哪一选项是正确的?

A. "一通电脑行"为被告

B. 甲为被告

C. 甲乙丙三人为共同被告,并注明"一通电脑行"字号

D. 甲乙丙戊四人为共同被告

**80.** `2010/3/41/单`

甲为有独立请求权第三人,乙为无独立请求权第三人,关于甲、乙诉讼权利和义务,下列哪一说法是正确的?

A. 甲只能以起诉的方式参加诉讼,乙以申请或经法院通知的方式参加诉讼

B. 甲具有当事人的诉讼地位,乙不具有当事人的诉讼地位

C. 甲的诉讼行为可对本诉的当事人发生效力,乙的诉讼行为对本诉的当事人不发生效力

D. 任何情况下,甲有上诉权,而乙无上诉权

**81.** `2009/3/39/单`

甲与乙对一古董所有权发生争议诉至法院。诉讼过程中,丙声称古董属自己所有,主张对古董的所有权。下列哪一说法是正确的?

A. 如丙没有起诉,法院可以依职权主动追加其作为有独立请求权第三人

B. 如丙起诉后认为受案法院无管辖权,可以提出管辖权异议

C. 如丙起诉后经法院传票传唤,无正当理由拒不到庭,应当视为撤诉

D. 如丙起诉后,甲与乙达成协议经法院同意而撤诉,应当驳回丙的起诉

**82.** `2009/3/97/任`

常年居住在 Y 省 A 县的王某早年丧妻,独自一人将两个儿子和一个女儿养大成人。大儿子王甲居住在 Y 省 B 县,二儿子王乙居住在 Y 省 C 县,女儿王丙居住在 W 省 D 县。2000 年以来,王某的日常生活费用主要来自大儿子王甲每月给的 800 元生活费。2003 年 12 月,由于物价上涨,王某要求二儿子王乙每月也给一些生活费,但王乙以自己没有固定的工作、收入不稳定为由拒绝。于是,王某将王乙告到法院,要求王乙每月支付给自己赡养费 500 元。

关于本案当事人的确定,下列选项正确的是:

A. 王某是本案的唯一原告

B. 王乙是本案的唯一被告

C. 王乙与王丙应当是本案的被告,王甲不是本案的被告

D. 王乙、王丙和王甲应当是本案的被告

**83.** `2008/3/42/单`

张某将邻居李某和李某的父亲打伤,李某以张某为被告向法院提起诉讼。在法院受理该案时,李某的父亲也向法院起诉,对张某提出索赔请求。法院受理了李某父亲的起诉,在征得当事人同意的情况下决定将上述两案并案审理。在本案中,李某的父亲居于什么诉讼地位?

A. 必要共同诉讼的共同原告

B. 有独立请求权的第三人

C. 普通共同诉讼的共同原告

D. 无独立请求权的第三人

**考点15** 共同诉讼

**84.** `2017/3/37/单`

马迪由阳光劳务公司派往五湖公司担任驾驶员。因五湖公司经常要求加班,且不发加班费,马迪与五湖公司发生争议,向劳动争议仲裁委员会申请仲裁。关于本案仲裁当事人的确定,下列哪一表述是正确的?

A. 马迪是申请人,五湖公司为被申请人

B. 马迪是申请人,五湖公司和阳光劳务公司为被申请人

C. 马迪是申请人,五湖公司为被申请人,阳光劳务公司可作为第三人参加诉讼

D. 马迪和阳光劳务公司为申请人,五湖公司为被申请人

**85.** `2016/3/36/单`

精神病人姜某冲入向阳幼儿园将入托

的小明打伤,小明的父母与姜某的监护人朱某及向阳幼儿园协商赔偿事宜无果,拟向法院提起诉讼。关于本案当事人的确定,下列哪一选项是正确的?

    A. 姜某是被告,朱某是无独立请求权第三人

    B. 姜某与朱某是共同被告,向阳幼儿园是无独立请求权第三人

    C. 向阳幼儿园与姜某是共同被告

    D. 姜某、朱某、向阳幼儿园是共同被告

**86.** 2013/3/77/多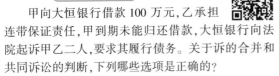

甲向大恒银行借款 100 万元,乙承担连带保证责任,甲到期未能归还借款,大恒银行向法院起诉甲乙二人,要求其履行债务。关于诉的合并和共同诉讼的判断,下列哪些选项是正确的?

    A. 本案属于诉的主体的合并

    B. 本案属于诉的客体的合并

    C. 本案属于必要共同诉讼

    D. 本案属于普通共同诉讼

**87.** 2010/3/46/单

甲在丽都酒店就餐,顾客乙因地板湿滑不慎滑倒,将热汤洒到甲身上,甲被烫伤。甲拟向法院提起诉讼。关于本案当事人的确定,下列哪一说法是正确的?

    A. 甲起诉丽都酒店,乙是第三人

    B. 甲起诉乙,丽都酒店是第三人

    C. 甲起诉,只能以乙或丽都酒店为单一被告

    D. 甲起诉丽都酒店,乙是共同被告

**88.** 2009/3/38/单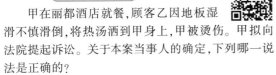

王甲两岁,在幼儿园入托。一天,为幼儿园送货的刘某因王甲将其衣服弄湿,便打了王甲一记耳光,造成王甲左耳失聪。王甲的父亲拟代儿子向法院起诉。关于本案被告的确定,下列哪一选项是正确的?

    A. 刘某是本案唯一的被告

    B. 幼儿园是本案唯一的被告

    C. 刘某和幼儿园是本案共同被告

    D. 刘某是本案被告,幼儿园是本案无独立请求权第三人

**89.** 2008/3/84/多

李某和张某到华美购物中心采购结婚物品。张某因购物中心打蜡地板太滑而摔倒,致使左臂骨折,住院治疗花费了大量医疗费,婚期也因而推迟。当时,购物中心负责地板打蜡的郑某目睹事情的发生经过。受害人认为购物中心存在过错,于是,起诉要求其赔偿经济损失以及精神损害赔偿。关于本案诉讼参与人,下列哪些选项是正确的?

    A. 李某、张某应为本案的共同原告

    B. 李某、郑某可以作为本案的证人

    C. 华美购物中心为本案的被告

    D. 华美购物中心与郑某为本案共同被告

### 考点16 诉讼代表人

**90.** 2023 回忆/单

某公司在其财务报告中虚构业绩上市发行,导致投资者利益受损。经韩某等 80 名投资者授权,投资者保护基金会提起特别代表人诉讼。法院依法认定共有 5080 名投资者受到虚假陈述影响,在公告期届满后 15 日内仅有范某一人声明退出诉讼。关于本案判决对投资者的约束力,下列哪一说法是正确的?

    A. 如代表人败诉,判决仅约束韩某等 80 名投资者,其他投资者可另行起诉

    B. 如代表人胜诉,判决约束除范某之外的 5079 名投资者

    C. 如代表人胜诉,判决约束全部 5080 名投资者

    D. 如代表人败诉,判决仅约束基金会,所有投资者均可另行起诉

**91.** 2011/3/48/单

某企业使用霉变面粉加工馒头,潜在受害人不可确定。甲、乙、丙、丁等 20 多名受害者提起损害赔偿诉讼,但未能推选出诉讼代表人。法院建议由甲、乙作为诉讼代表人,但丙、丁等人反对。关于本案,下列哪一选项是正确的?

    A. 丙、丁等人作为诉讼代表人参加诉讼

    B. 丙、丁等人推选代表人参加诉讼

    C. 诉讼代表人由法院指定

    D. 在丙、丁等人不认可诉讼代表人情况下,本案裁判对丙、丁等人没有约束力

**92.** 2008/3/48/单

A 厂生产的一批酱油由于香精投放过多,对人体有损害。报纸披露此消息后,购买过该批酱油的消费者纷纷起诉 A 厂,要求赔偿损失。甲和乙被推选为诉讼代表人参加诉讼。下列哪一选项是正确的?

    A. 甲和乙因故不能参加诉讼,法院可以指定另一名当事人为诉讼代表人代表当事人进行诉讼

    B. 甲因病不能参加诉讼,可以委托一至两人作为诉讼代理人,而无需征得被代表的当事人的同意

    C. 甲和乙可以自行决定变更诉讼请求,但事后应当及时告知其他当事人

    D. 甲和乙经超过半数原告方当事人同意,可以和 A 厂签订和解协议

# 专题六 诉讼代理人

**考点17** 委托诉讼代理人

**93.** 2015/3/78/多

律师作为委托诉讼代理人参加诉讼,应向法院提交下列哪些材料?

A. 律师所在的律师事务所与当事人签订的协议书

B. 当事人的授权委托书

C. 律师的执业证

D. 律师事务所的证明

**94.** 2013/3/42/单

某市法院受理了中国人郭某与外国人珍妮的离婚诉讼,郭某委托黄律师作为代理人,授权委托书中仅写明代理范围为"全权代理"。关于委托代理的表述,下列哪一选项是正确的?

A. 郭某已经委托了代理人,可以不出庭参加诉讼

B. 法院可以向黄律师送达诉讼文书,其签收行为有效

C. 黄律师可以代为放弃诉讼请求

D. 如果珍妮要委托代理人代为诉讼,必须委托中国公民

**考点18** 法定诉讼代理人

**95.** 2021 回忆/单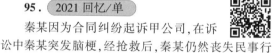

秦某因为合同纠纷起诉甲公司,在诉讼中秦某突发脑梗,经抢救后,秦某仍然丧失民事行为能力。秦某的父亲希望撤回起诉,以专心为秦某治疗;秦某的妻子表示希望继续诉讼。本案法院应当如何处理?

A. 追加秦某的妻子为共同原告

B. 变更秦某的妻子为原告诉讼继续进行

C. 追加秦某的妻子为法定代理人,诉讼继续进行

D. 根据秦某父亲的请求,裁定准予撤回起诉

**96.** 2011/3/82/多

关于法定诉讼代理人,下列哪些认识是正确的?

A. 代理权的取得不是根据其所代理的当事人的委托授权

B. 在诉讼中可以按照自己的意志代理被代理人实施所有诉讼行为

C. 在诉讼中死亡的,产生与当事人死亡同样的法律后果

D. 所代理的当事人在诉讼中取得行为能力的,法定诉讼代理人则自动转化为委托代理人

# 专题七 民事证据

**考点19** 证据的种类(法定分类)

**97.** 2017/3/79/多

杨青(15岁)与何翔(14岁)两人经常嬉戏打闹,一次,杨青失手将何翔推倒,致何翔成了植物人。当时在场的还有何翔的弟弟何军(11岁)。法院审理时,何军以证人身份出庭。关于何军作证,下列哪些说法不能成立?

A. 何军只有11岁,无诉讼行为能力,不具有证人资格,故不可作为证人

B. 何军是何翔的弟弟,应回避

C. 何军作为未成年人,其所有证言依法都不具有证明力

D. 何军作为何翔的弟弟,证言具有明显的倾向性,其证言不能单独作为认定案件事实的根据

**98.** 2016/3/80/单

哥哥王文诉弟弟王武遗产继承一案,王文向法院提交了一份其父生前关于遗产分配方案的遗嘱复印件,遗嘱中有"本遗嘱的原件由王武负责保管"字样,并有王武的签名。王文在举证责任期间书面申请法院责令王武提交遗嘱原件,法院通知王武提交,但王武无正当理由拒绝提交。在此情况下,依据相关规定,下列哪一行为是合法的?①

A. 王文可向法院提交遗嘱的复印件

B. 法院可依法对王武进行拘留

C. 法院可认定王文所主张的该遗嘱能证明的事实为真实

D. 法院可根据王武的行为而判决支持王文的各项诉讼请求

**99.** 2015/3/79/多

张志军与邻居王昌因琐事发生争吵并相互殴打,之后,张志军诉至法院要求王昌赔偿医药费等损失共计3000元。在举证期限届满前,张志军向法院申请事发时在场的方强(26岁)、路芳(30岁)、蒋勇(13岁)出庭作证,法院准其请求。开庭时,法院要求上列证人签署保证书,方强签了保证书,路芳拒签保证书,蒋勇未签署保证书。法院因此允许方强、蒋勇出庭作证,未允许路芳出庭作证。张志军在开庭时向法院提供了路芳的书面证言,法院对该证言不同意组织质证。关于本案,法院的下列哪些做法是合法的?

A. 批准张志军要求事发时在场人员出庭作证的申请

---

① 原为多选题,根据新法答案有变化,调整为单选题。

B．允许蒋勇出庭作证
C．不允许路芳出庭作证
D．对路芳的证言不同意组织质证

**100．** 2014/3/38/多

在一起侵权诉讼中，原告申请由其弟袁某(某大学计算机系教授)作为专家辅助人出庭对专业技术问题予以说明。下列哪些表述是正确的?①

A．被告以袁某是原告的近亲属为由申请其回避，法院应批准
B．袁某在庭上的陈述是一种法定证据
C．被告可对袁某进行询问
D．袁某出庭的费用，由败诉方当事人承担

**101．** 2014/3/48/单

张某驾车与李某发生碰撞，交警赶到现场后用数码相机拍摄了碰撞情况，后李某提起诉讼，要求张某赔偿损失，并向法院提交了一张光盘，内附交警拍摄的照片。该照片属于下列哪一种证据?

A．书证
B．鉴定意见
C．勘验笔录
D．电子数据

**102．** 2013/3/50/单

甲公司诉乙公司专利侵权，乙公司是否侵权成为焦点。经法院委托，丙鉴定中心出具了鉴定意见书，认定侵权。乙公司提出异议，并申请某大学燕教授出庭说明专业意见。关于鉴定的说法，下列哪一选项是正确的?

A．丙鉴定中心在鉴定过程中可以询问当事人
B．丙鉴定中心应当派员出庭，但有正当理由不能出庭的除外
C．如果燕教授出庭，其诉讼地位是鉴定人
D．燕教授出庭费用由乙公司垫付，最终由败诉方承担

**103．** 2011/3/83/多

根据证据理论和《民事诉讼法》以及相关司法解释，关于证人证言，下列哪些选项是正确的?

A．限制行为能力的未成年人可以附条件地作为证人
B．证人因出庭作证而支出的合理费用，由提供证人的一方当事人承担
C．证人在法院组织双方当事人交换证据时出席陈述证言的，可视为出庭作证
D．"未成年人所作的与其年龄和智力状况不相当的证言不能单独作为认定案件事实的依据"，是关于证人证言证明力的规定

**104．** 2008/3/45/多

关于证人的表述，下列哪些选项是正确的?②

A．王某是未成年人，因此，王某没有证人资格，不能作为证人
B．原告如果要在诉讼中申请证人出庭作证，应当在举证期限届满前提出，并经法院许可
C．甲公司的诉讼代理人乙律师是目击案件情况发生的人，对方当事人丙可以向法院申请乙作为证人出庭作证，如法院准许，则乙不得再作为甲公司的诉讼代理人
D．李某在法庭上宣读未到庭的证人的书面证言，该书面证言能够代替证人出庭作证

**考点20 证据的分类(理论分类)**

**105．** 2020 回忆/多

林某向法院起诉郑某，提交了一张银行转账的凭证，证明自己借给郑某50万元。在诉讼中，郑某主张林某借钱给自己是为了偿还对自己的欠款。下列哪些说法是正确的。

A．林某提交的银行转账凭证属于直接证据
B．林某提交的银行转账凭证属于间接证据
C．郑某对林某曾经向自己借款的事实承担举证责任
D．林某应对借款给郑某的事实承担证明责任

**106．** 2017/3/39/单

王某诉钱某返还借款案审理中，王某向法院提交了一份有钱某签名、内容为钱某向王某借款5万元的借条，证明借款的事实;钱某向法院提交了一份有王某签名、内容为王某收到钱某返还借款5万元并说明借条因王某过失已丢失的收条。经法院质证，双方当事人确定借条和收条所说的5万元是相对应的款项。关于本案，下列哪一选项是错误的?

A．王某承担钱某向其借款事实的证明责任
B．钱某自认了向王某借款的事实
C．钱某提交的收条是案涉借款事实的反证
D．钱某提交的收条是案涉还款事实的本证

**107．** 2016/3/39/单

战某打电话向牟某借款5万元，并发短信提供账号，牟某当日即转款。之后，因战某拒不还款，牟某起诉要求战某偿还借款。在诉讼中，战某否认向牟某借款的事实，主张牟某转的款是为偿还之前向自己借的款，并向法院提交了证据;牟某也向法院提供了一些证据，以证明战某向其借款5万元的事

---

① 原为单选题，根据新法答案有变化，调整为多选题。
② 原为单选题，根据新法答案有变化，调整为多选题。

实。关于这些证据的种类和类别的确定,下列哪一选项是正确的?

  A. 牟某提供的银行转账凭证属于书证,该证据对借款事实而言是直接证据

  B. 牟某提供的记载战某表示要向其借款 5 万元的手机短信属于电子数据,该证据对借款事实而言是间接证据

  C. 牟某提供的记载战某表示要向其借款 5 万元的手机通话录音属于电子数据,该证据对借款事实而言是直接证据

  D. 战某提供一份牟某书写的向其借款 10 万元的借条复印件,该证据对牟某主张战某借款的事实而言属于反证

**108.** 2012/3/98/任

2009 年 2 月,家住甲市 A 区的赵刚向家住甲市 B 区的李强借了 5000 元,言明 2010 年 2 月之前偿还。到期后赵刚一直没有还钱。

2010 年 3 月,李强找到赵刚家追讨该债务,发生争吵。赵刚因所牵宠物狗易受惊,遂对李强说:"你不要大声喊,狗会咬你。"李强不理,仍然叫骂,并指着狗叫喊。该狗受惊,扑向李强并将其咬伤。李强治伤花费 6000 元。

李强起诉要求赵刚返还欠款 5000 元、支付医药费 6000 元,并向法院提交了赵刚书写的借条、其向赵刚转账 5000 元的银行转账凭证、本人病历、医院的诊断书(复印件)、医院处方(复印件)、发票等。

赵刚称,其向李强借款是事实,但在 2010 年 1 月卖给李强一块玉石,价值 5000 元,说好用玉石货款清偿借款。当时李强表示同意,并称之后会把借条还给赵刚,但其一直未还该借条。

赵刚还称,李强故意激怒狗,被狗咬伤的责任应由李强自己承担。对此,赵刚提交了邻居孙某出具的书面证词,该证词描述了李强当时骂人和骂狗的情形。

赵刚认为,李强提交的诊断书、医院处方均为复印件,没有证明力。

关于赵刚向李强借款 5000 元的证据证明问题,下列选项正确的是:

  A. 李强提出的借条是本证

  B. 李强提出的其向赵刚转账 5000 元的银行转账凭证是直接证据

  C. 赵刚承认借款事实属于自认

  D. 赵刚所言已用卖玉石的款项偿还借款属于反证

**109.** 2010/3/83/多

周某与某书店因十几本工具书损毁发生纠纷,书店向法院起诉,并向法院提交了被损毁图

书以证明遭受的损失。关于本案被损毁图书,属于下列哪些类型的证据?

  A. 直接证据    B. 间接证据

  C. 书证      D. 物证

**110.** 2009/3/40/单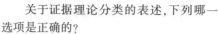

关于证据理论分类的表述,下列哪一选项是正确的?

  A. 传来证据有可能是直接证据

  B. 诉讼中原告提出的证据都是本证,被告提出的证据都是反证

  C. 证人转述他人所见的案件事实属于间接证据

  D. 一个客观与合法的间接证据可以单独作为认定案件事实的依据

**考点21** 证据保全

**111.** 2013/3/46/单

甲县吴某与乙县宝丰公司在丙县签订了甜橙的买卖合同,货到后发现甜橙开始腐烂,未达到合同约定的质量标准。吴某退货无果,拟向法院起诉,为了证明甜橙的损坏状况,向法院申请诉前证据保全。关于诉前保全,下列哪一表述是正确的?

  A. 吴某可以向甲、乙、丙县法院申请诉前证据保全

  B. 法院应当在收到申请 15 日内裁定是否保全

  C. 法院在保全证据时,可以主动采取行为保全措施,减少吴某的损失

  D. 如果法院采取了证据保全措施,可以免除吴某对甜橙损坏状况提供证据的责任

# 专题八 民事诉讼中的证明

**考点22** 证明对象

**112.** 2022 回忆/单

中国 A 公司与甲国 B 公司签订贸易合同,约定合同适用甲国法律。后双方发生纠纷,A 公司依约向中国法院提起诉讼,为明确甲国法律内容,A 公司申请某大学国际法研究中心主任童某出庭。下列哪一项说法是正确的?

  A. 童某可以作为鉴定人出庭

  B. 童某可以作为证人出庭

  C. 童某可以作为专家辅助人出庭

  D. 甲国法律的内容不是证明对象,没有规定童某必须出庭

**113.** 2021 回忆/任

甲向乙借款 60 万元,期限两年,丙提

供连带保证。甲只在第一年还款 6 万元，后乙持甲欠其 60 万元的借条起诉，称双方口头约定 10% 的利息，偿还的 6 万元乃第一年的利息，请求法院判令两被告归还 60 万元借款本金以及第二年的利息共 66 万元。第一次开庭时，甲承认 6 万元是利息，第二次开庭时，甲改口称双方未约定利息，第一年还款 6 万元属于本金，现只欠乙 54 万元。丙始终拒绝承认约定过利息。各方均无其他证据。关于本案，下列表述正确的是：

A. 甲第一次自认有效，应向乙归还 66 万元
B. 丙未承认约定利息的事实，甲的表述不构成自认，应归还 54 万元
C. 丙应承担 60 万元的担保责任
D. 丙应与甲一并向乙归还 54 万元

**114.** 2020 回忆/任

下列说法中构成民事诉讼中的自认的是：

A. 甲在开庭结束回去的路上对乙说："你在法庭上说我欠你 5 万元，这是事实。但法官问我，我就不承认，气死你"
B. 甲拿出了乙在庭前写的材料，材料内容是乙承认向甲借钱的事实，并注明有时间及地点
C. 甲说乙向他借钱了，法官问乙的时候乙说我和好多同事借钱了，但我不记得有没有甲。法官说请你确认，乙说我真记不清楚了
D. 庭前质证的时候甲承认向乙借款 3 万元，但辩称自己已经还钱。庭审的时候乙说甲借了没还，于是甲说："既然你不承认我还了钱，那我也不承认向你借了钱"

**115.** 2015/3/40/单

下列哪一情形可以产生自认的法律后果？

A. 被告在答辩状中对原告主张的事实予以承认
B. 被告在诉讼调解过程中对原告主张的事实予以承认，但该调解最终未能成功
C. 被告认可其与原告存在收养关系
D. 被告承认原告主张的事实，但该事实与法院查明的事实不符

**116.** 2011 年 7 月 11 日，A 市升湖区法院受理了黎明丽（女）诉张成功（男）离婚案。7 月 13 日，升湖区法院向张成功送达了起诉状副本。7 月 18 日，张成功向升湖区法院提交了答辩状，未对案件的管辖权提出异议。8 月 2 日，张成功向升湖区法院提出管辖权异议申请，称其与黎明丽已分居 2 年，分别居住于 A 市安平区各自父母家中。A 市升湖区法院以申请管辖权异议超过申请期限为由，裁定驳回张成功管辖权异议申请。后，升湖区法院查明情况，遂裁定将案件

移送安平区法院。安平区法院接受移送，确定适用简易程序审理此案。

安平区法院在案件开庭审理时组织调解。

黎明丽声称：2005 年 12 月，其与张成功结婚，后因张成功有第三者陈佳，感情已破裂，现要求离婚。黎明丽提出，离婚后儿子张好帅由其行使监护权，张成功每月支付抚养费 1500 元。现双方存款 36 万元（存折在张成功手中），由 2 人平分，生活用品归各自所有，不存在其他共有财产分割争议。

张成功承认：2005 年 12 月，其与黎明丽结婚，自己现在有了第三者，36 万元存款在自己手中，同意离婚，同意生活用品归各自所有，同意不存在其他财产分割争议。不同意支付张好帅抚养费，因其是黎明丽与前男友所生。

黎明丽承认：张好帅是其与前男友所生，但在户籍登记上，张成功与张好帅为父子关系，多年来父子相称，形成事实上的父子关系，故要求张成功支付抚养费。

调解未能达成协议。在随后的庭审中，黎明丽坚持提出的请求；张成功对调解中承认的多数事实和同意的请求予以认可，但否认了有第三者一事，仍不同意支付张好帅抚养费。黎明丽要求法院通知第三者陈佳以无独立请求权的第三人身份参加诉讼。

安平区法院作出判决：解除黎明丽、张成功婚姻关系；张好帅由黎明丽行使监护权，张成功每月支付抚养费 700 元；存款双方平分，生活用品归个人所有，不存在其他共有财产分割争议。法院根据调解中被告承认自己有第三者的事实，认定双方感情破裂，张成功存在过失。

请回答第（1）、（2）题。

**（1）** 2011/3/98/任

下列双方当事人的承认，不构成证据制度中自认的是：

A. 张成功承认与黎明丽存在婚姻关系
B. 张成功承认家中存款 36 万元在自己手中
C. 张成功同意生活用品归各自所有
D. 黎明丽承认张成功不是张好帅的亲生父亲

**（2）** 2011/3/99/任

下列可以作为法院判决根据的选项是：

A. 张成功承认与黎明丽没有其他财产分割争议
B. 张成功承认家中 36 万元存款在自己手中
C. 黎明丽提出张成功每月应当支付张好帅抚养费 1500 元的主张
D. 张成功在调解中承认自己有第三者

**117.** 2010/3/48/单

郭某诉张某财产损害一案，法院进行

了庭前调解,张某承认对郭某财产造成损害,但在赔偿数额上双方无法达成协议。关于本案,下列哪一选项是正确的?

A. 张某承认对郭某财产造成损害,已构成自认

B. 张某承认对郭某财产造成损害,可作为对张某不利的证据使用

C. 郭某仍需对张某造成财产损害的事实举证证明

D. 法院无需开庭审理,本案事实清楚可直接作出判决

**118．** 2009/3/42/单

关于自认的说法,下列哪一选项是错误的?

A. 自认的事实允许用相反的证据加以推翻

B. 身份关系诉讼中不涉及身份关系的案件事实可以适用自认

C. 调解中的让步不构成诉讼上的自认

D. 当事人一般授权的委托代理人一律不得进行自认

**考点23** 证明责任与证明标准

**119．** 2023 回忆/多

甲在门口堆放杂物,邻居乙的孩子丙路过,被倒塌的杂物砸伤。因赔偿协商无果,乙以丙的名义向法院提起诉讼。诉讼中,甲主张丙走路时故意将杂物推倒。关于本案的证明责任的分配,下列哪些说法是正确的?

A. 甲堆放杂物倒塌的事实,由乙承担证明责任

B. 丙被砸伤的事实,由乙承担证明责任

C. 丙故意将杂物推倒的事实,由甲承担证明责任

D. 甲没有主观过错的事实,由甲承担证明责任

**120．** 2017/3/40/单

薛某雇杨某料理家务。一天,杨某乘电梯去楼下扔掉厨房垃圾时,袋中的碎玻璃严重划伤电梯中的邻居乔某。乔某诉至法院,要求赔偿其各项损失3万元。关于本案,下列哪一说法是正确的?

A. 乔某应起诉杨某,并承担杨某主观有过错的证明责任

B. 乔某应起诉杨某,由杨某承担其主观无过错的证明责任

C. 乔某应起诉薛某,由薛某承担其主观无过错的证明责任

D. 乔某应起诉薛某,薛某主观是否有过错不是本案的证明对象

**121．** 2016/3/40/单

刘月购买甲公司的化肥,使用后农作物生长异常。刘月向法院起诉,要求甲公司退款并赔偿损失。诉讼中甲公司否认刘月的损失是因其出售的化肥质量问题造成的,刘月向法院提供了本村吴某起诉甲公司损害赔偿案件的判决书,以证明甲公司出售的化肥有质量问题且与其所受损害有因果关系。关于本案刘月所受损害与使用甲公司化肥因果关系的证明责任分配,下列哪一选项是正确的?

A. 应由刘月负担有因果关系的证明责任

B. 应由甲公司负担无因果关系的证明责任

C. 应由法院依职权裁量分配证明责任

D. 应由双方当事人协商分担证明责任

**122．** 2015/3/96/任

主要办事机构在A县的五环公司与主要办事机构在B县的四海公司于C县签订购货合同,约定:货物交付地在D县;若合同的履行发生争议,由原告所在地或者合同签订地的基层法院管辖。现五环公司起诉要求四海公司支付货款。四海公司辩称已将货款交给五环公司业务员付某。五环公司承认付某是本公司业务员,但认为其无权代理本公司收取货款,且付某也没有将四海公司声称的货款交给本公司。四海公司向法庭出示了盖有五环公司印章的授权委托书,证明付某有权代理五环公司收取货款,但五环公司对该授权书的真实性不予认可。根据案情,法院依当事人的申请通知付某参加(参与)了诉讼。

本案需要由四海公司承担证明责任的事实包括:

A. 四海公司已经将货款交付给了五环公司业务员付某

B. 付某是五环公司业务员

C. 五环公司授权付某代理收取货款

D. 付某将收取的货款交到五环公司

**123．** 2014/3/45/单

下列关于证明的哪一表述是正确的?

A. 经过公证的书证,其证明力一般大于传来证据和间接证据

B. 经验法则可验证的事实都不需要当事人证明

C. 在法国居住的雷诺委托赵律师代理在我国的民事诉讼,其授权委托书需要经法国公证机关证明,并经我国驻法国使领馆认证后,方发生效力

D. 证明责任是一种不利的后果,会随着诉讼的进行,在当事人之间来回移转

**124．** 2012/3/37/单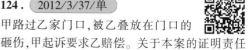

甲路过乙家门口,被乙叠放在门口的砖头砸伤,甲起诉要求乙赔偿。关于本案的证明责任分配,下列哪一说法是错误的?

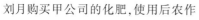

A. 乙叠放砖头倒塌的事实,由原告甲承担证明责任

B. 甲受损害的事实,由原告甲承担证明责任

C. 甲所受损害是由于乙叠放砖头倒塌砸伤的事实,由原告甲承担证明责任

D. 乙有主观过错的事实,由原告甲承担证明责任

**125.** 2012/3/99/任

2009 年 2 月,家住甲市 A 区的赵刚向家住甲市 B 区的李强借了 5000 元,言明 2010 年 2 月之前偿还。到期后赵刚一直没有还钱。

2010 年 3 月,李强找到赵刚家追讨该债务,发生争吵。赵刚因所牵宠物狗易受惊,遂对李强说:"你不要大声喊,狗会咬你。"李强不理,仍然叫骂,并指着狗叫喊。该狗受惊,扑向李强并将其咬伤。李强治伤花费 6000 元。

李强起诉要求赵刚返还欠款 5000 元、支付医药费 6000 元,并向法院提交了赵刚书写的借条、其向赵刚转账 5000 元的银行转账凭证、本人病历、医院的诊断书(复印件)、医院处方(复印件)、发票等。

赵刚称,其向李强借款是事实,但在 2010 年 1 月卖给李强一块玉石,价值 5000 元,说好用玉石货款清偿借款。当时李强表示同意,并称之后会把借条还给赵刚,但其一直未还该借条。

赵刚还称,李强故意激怒狗,被狗咬伤的责任应由李强自己承担。对此,赵刚提交了邻居孙某出具的书面证词,该证词描述了李强当时骂人和骂狗的情形。

赵刚认为,李强提交的诊断书、医院处方均为复印件,没有证明力。

关于本案李强被狗咬伤的证据证明问题,下列选项正确的是:

A. 赵刚的证人提出的书面证词属于书证

B. 李强提交的诊断书、医院处方为复印件,肯定无证明力

C. 李强是因为挑逗赵刚的狗而被狗咬伤的事实的证明责任由赵刚承担

D. 李强受损害与被赵刚的狗咬伤之间具有因果关系的证明责任由李强承担

**126.** 2011/3/84/多

关于证明责任,下列哪些说法是正确的?

A. 只有在待证事实处于真伪不明情况下,证明责任的后果才会出现

B. 对案件中的同一事实,只有一方当事人负有证明责任

C. 当事人对其主张的某一事实没有提供证据证

明,必将承担败诉的后果

D. 证明责任的结果责任不会在原、被告间相互转移

**127.** 2008/3/33/单

王某承包了 20 亩鱼塘。某日,王某发现鱼塘里的鱼大量死亡,王某认为鱼的死亡是因为附近的腾达化工厂排污引起,遂起诉腾达化工厂请求赔偿。腾达化工厂辩称,根本没有向王某的鱼塘进行排污。关于化工厂是否向鱼塘排污的事实举证责任,下列哪一选项是正确的?

A. 根据"谁主张、谁举证"的原则,应当由主张存在污染事实的王某负举证责任

B. 根据"谁主张、谁举证"的原则,应当由主张自己没有排污行为的腾达化工厂负举证责任

C. 根据"举证责任倒置"的规则,应当由腾达化工厂负举证责任

D. 根据本证与反证的分类,应当由腾达化工厂负举证责任

**128.** 2008/3/80/多

三个小孩在公路边玩耍,此时,一辆轿车急速驶过,三小孩捡起石子向轿车扔去,坐在后排座位的刘某被一石子击中。刘某将三小孩起诉至法院。关于本案举证责任分配,下列哪些选项是正确的?

A. 刘某应对三被告向轿车投掷石子的事实承担举证责任

B. 刘某应对其所受到损失承担举证责任

C. 三被告对投掷石子与刘某所受损害之间不存在因果关系承担举证责任

D. 三被告应对其主观没有过错承担举证责任

**考点24** 证明程序之一:举证期限

**129.** 2016/3/41/单

李某起诉王某要求返还 10 万元借款并支付利息 5000 元,并向法院提交了王某亲笔书写的借条。王某辩称,已还 2 万元,李某还出具了收条,但王某并未在法院要求的时间内提交证据。法院一审判决王某返还李某 10 万元并支付 5000 元利息,王某不服提起上诉,并称一审期间未找到收条,现找到了并提交法院。关于王某迟延提交收条的法律后果,下列哪一选项是正确的?

A. 因不属于新证据,法院不予采纳

B. 法院应采纳该证据,并对王某进行训诫

C. 如果李某同意,法院可以采纳该证据

D. 法院应当责令王某说明理由,视情况决定是否采纳该证据

**130.** 2013/3/40/单

大皮公司因买卖纠纷起诉小华公司，双方商定了 25 天的举证时限，法院认可。时限届满后，小华公司提出还有一份发货单没有提供，申请延长举证时限，被法院驳回。庭审时小华公司向法庭提交该发货单。尽管大皮公司反对，但法院在对小华公司予以罚款后仍对该证据进行质证。下列哪一诉讼行为不符合举证时限的相关规定？

　　A. 双方当事人协议确定举证时限
　　B. 双方确定了 25 天的举证时限
　　C. 小华公司在举证时限届满后申请延长举证时限
　　D. 法院不顾大皮公司反对，依然组织质证

**考点25 证明程序之二：法院调查收集证据**

**131.** 2012/3/83/多

关于法院依职权调查事项的范围，下列哪些选项是正确的？

　　A. 本院是否享有对起诉至本院案件的管辖权
　　B. 委托诉讼代理人的代理权限范围
　　C. 当事人是否具有诉讼权利能力
　　D. 合议庭成员是否存在回避的法定事由

**132.** 2008/3/90/任

关于民事诉讼中的证据收集，下列哪些选项是正确的？

　　A. 在王某诉齐某合同纠纷一案中，该合同可能存在损害第三人利益的事实，在此情况下法院可以主动收集证据
　　B. 在胡某诉黄某侵权一案中，因客观原因胡某未能提供一项关键证据，在此情况下胡某可以申请法院收集证据
　　C. 在周某诉贺某借款纠纷一案中，周某因自己没有时间收集证据，于是申请法院调查收集证据，在此情况下法院应当进行调查收集
　　D. 在武某诉赵某一案中，武某申请法院调查收集证据，但未获法院准许，武某可以向受案法院申请复议一次

**考点26 证明程序之三：质证与证据的认定**

**133.** 2021 回忆/单

甲起诉乙要求归还借款 10 万元，乙向法庭提交了具有甲签名的收条复印件，其内容表述为"已收到乙归还的借款 10 万元"。关于该收条复印件，下列哪一项说法是正确的？

　　A. 该收条为直接证据
　　B. 该收条为反证
　　C. 该收条没有证据能力
　　D. 该收条没有证明力

**134.** 2018 回忆/单

甲向乙借款，但未签订书面协议，甲长期不归还借款。乙约谈甲并私自录音，在约谈中甲承认向乙借款 10 万元，利息为 5000 元，并请求乙减免。乙随后将该录音剪辑后作为主要证据向法院提起诉讼。下列说法正确的是：

　　A. 该录音符合法律规定，具有证据能力
　　B. 该录音经过剪辑后存有疑点，不具有证据能力
　　C. 该录音是为达成和解而作出的妥协，不具有证据能力
　　D. 该录音是乙私自录制的，未经甲同意，不具有证据能力

**135.** 2017/3/80/多

叶某诉汪某借款纠纷案，叶某向法院提交了一份内容为汪某向叶某借款 3 万元并收到该 3 万元的借条复印件，上有"本借条原件由汪某保管，借条复印件与借条原件具有同等效力"字样，并有汪某的署名。法院据此要求汪某提供借条原件，汪某以证明责任在原告为由拒不提供，后又称找不到借条原件。证人刘某作证称，他是汪某向叶某借款的中间人，汪某向叶某借款的事实确实存在；另外，汪某还告诉刘某，他在叶某起诉之后把借条原件烧毁，汪某在法院质证中也予以承认。在此情况下，下列哪些选项是正确的？

　　A. 法院可根据叶某提交的借条复印件，结合刘某的证言对案涉借款事实进行审查判断
　　B. 叶某提交给法院的借条复印件是案涉借款事实的传来证据
　　C. 法院可认定汪某向叶某借款 3 万元的事实
　　D. 法院可对汪某进行罚款、拘留

**136.** 2013/3/85/多

高某诉张某合同纠纷案，终审高某败诉。高某向检察院反映，其在一审中提交了偷录双方谈判过程的录音带，其中有张某承认货物存在严重质量问题的陈述，足以推翻原判，但法院从未组织质证。对此，检察院提起抗诉。关于再审程序中证据的表述，下列哪些选项是正确的？

　　A. 再审质证应当由高某、张某和检察院共同进行
　　B. 该录音带属于电子数据，高某应当提交证据原件进行质证
　　C. 虽然该录音带系高某偷录，但仍可作为质证对象
　　D. 如再审法院认定该录音带涉及商业秘密，应当依职权决定不公开质证

**137.** 2008/3/98/任

某省海兴市的《现代企业经营》杂志刊

登了一篇自由撰稿人吕某所写的报道,内容涉及同省龙门市甲公司的经营方式。甲公司负责人汪某看到该篇文章后,认为《现代企业经营》作为一本全省范围内发行的杂志,其所发文章内容严重失实,损害了甲公司的名誉,使公司的经营受到影响。于是甲公司向法院起诉要求《现代企业经营》杂志社和吕某赔偿损失 5 万元,并进行赔礼道歉。一审法院仅判决杂志社赔偿甲公司 3 万元,未对“赔礼道歉”的请求进行处理。杂志社认为赔偿数额过高,不服一审判决提起上诉。

在案件的一审过程中,关于本案的证据,下列选项正确的是:

- A. 因旷工而被甲公司开除了的甲公司原员工于某所提供的证言不能单独作为认定案件事实的证据
- B. 吕某在采访甲公司某名保安时,采用录音笔偷录下双方的谈话,因该录音比较模糊,所以不能单独作为认定案件事实的证据
- C. 甲公司提供的考勤数据表,属于一方当事人提出的证据,不能单独作为认定案件事实的证据
- D.《现代企业经营》杂志社在庭审过程中,收到了甲公司员工刚刚提供的反映甲公司员工作息时间的一份材料,该材料可以作为新证据提交法庭

# 专题九　人民法院调解

### 考点27 法院调解

**138.** 2020 回忆/多

岳某起诉刘某离婚,在诉讼中二人达成调解协议,法院据此制作调解书,并通知岳某和刘某到法院领取调解书。岳某到法院领取并签收了调解书,刘某一直未领取。后岳某反悔,不愿意离婚,下列哪些说法是正确的?

- A. 岳某可以反悔,法院应当依调解协议制作判决书
- B. 岳某可以反悔,法院应当根据案件审理情况制作判决书
- C. 岳某不能反悔,因为其已经签收调解书
- D. 岳某可以向法院申请撤回起诉

**139.** 2016/3/42/单

甲公司因合同纠纷向法院提起诉讼,要求乙公司支付货款 280 万元。在法院的主持下,双方达成调解协议。协议约定:乙公司在调解书生效后 10 日内支付 280 万元本金,另支付利息 5 万元。为保证协议履行,双方约定由丙公司为乙公司提供担保,

丙公司同意。法院据此制作调解书送达各方,但丙公司反悔拒绝签收。关于本案,下列哪一选项是正确的?

- A. 调解协议内容尽管超出了当事人诉讼请求,但仍具有合法性
- B. 丙公司反悔拒绝签收调解书,法院可以采取留置送达
- C. 因丙公司反悔,调解书对其没有效力,但对甲公司、乙公司仍具有约束力
- D. 因丙公司反悔,法院应当及时作出判决

**140.** 2016/3/85/多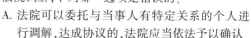

达善公司因合同纠纷向甲市 A 区法院起诉美国芙泽公司,经法院调解双方达成调解协议。关于本案的处理,下列哪些选项是正确的?

- A. 法院应当制作调解书
- B. 法院调解书送达双方当事人后即发生法律效力
- C. 当事人要求根据调解协议制作判决书的,法院应当予以准许
- D. 法院可以将调解协议记入笔录,由双方签字即发生法律效力

**141.** 2012/3/35/单

村民甲、乙因相邻关系发生纠纷,甲诉至法院,要求判决乙准许其从乙承包的土地上通过。审理中,法院主动了解和分析甲通过乙土地的合理性,听取其他村民的意见,并请村委会主任做双方工作,最终促成双方同意调解。调解时邀请了村中有声望的老人及当事人的共同朋友参加,双方互相让步达成协议,恢复和睦关系。关于法院的做法,下列哪一说法是正确的?

- A. 法院突破审判程序,违反了依法裁判原则
- B. 他人参与调解,影响当事人意思表达,违反了辩论原则
- C. 双方让步放弃诉求和权益,违反了处分原则
- D. 体现了司法运用法律手段,发挥调解功能,能动履职的要求

**142.** 2011/3/42/单

根据《民事诉讼法》及相关司法解释,关于法院调解,下列哪一选项是错误的?

- A. 法院可以委托与当事人有特定关系的个人进行调解,达成协议的,法院应当依法予以确认
- B. 当事人在诉讼中自行达成和解协议的,可以申请法院依法确认和解协议并制作调解书
- C. 法院制作的调解书生效后都具有执行力
- D. 法院调解书确定的担保条款的条件成就时,当事人申请执行的,法院应当依法执行

**143.** 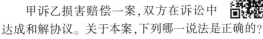 2011/3/96/任

2011年7月11日,A市升湖区法院受理了黎明丽(女)诉张成功(男)离婚案。7月13日,升湖区法院向张成功送达了起诉状副本。7月18日,张成功向升湖区法院提交了答辩状,未对案件的管辖权提出异议。8月2日,张成功向升湖区法院提出管辖权异议申请,称其与黎明丽已分居2年,分别居住于A市安平区各自父母家中。A市升湖区法院以申请管辖权异议超过申请期限为由,裁定驳回张成功管辖权异议申请。后,升湖区法院查明情况,遂裁定将案件移送安平区法院。安平区法院接受移送,确定适用简易程序审理此案。

安平区法院在案件开庭审理时组织调解。

黎明丽声称:2005年12月,其与张成功结婚,后因张成功有第三者陈佳,感情已破裂,现要求离婚。黎明丽提出,离婚后儿子张好帅由其行使监护权,张成功每月支付抚养费1500元。现双方存款36万元(存折在张成功手中),由2人平分,生活用品各自所有,不存在其他共有财产分割争议。

张成功承认:2005年12月,其与黎明丽结婚,自己现在有了第三者,36万元存款在自己手中,同意离婚,同意生活用品归各自所有,同意不存在其他共有财产分割争议。不同意支付张好帅抚养费,因其是黎明丽与前男友所生。

黎明丽承认:张好帅是其与前男友所生,但在户籍登记上,张成功与张好帅为父子关系,多年来父子相称,形成事实上的父子关系,故要求张成功支付抚养费。

调解未能达成协议。在随后的庭审中,黎明丽坚持提出的请求;张成功对调解中承认的多数事实和同意的请求予以认可,但否认了有第三者一事,仍不同意支付张好帅抚养费。黎明丽要求法院通知第三者陈佳以无独立请求权的第三人身份参加诉讼。

安平区法院作出判决:解除黎明丽、张成功婚姻关系;张好帅由黎明丽行使监护权,张成功每月支付抚养费700元;存款双方平分,生活用品归个人所有,不存在其他共有财产分割争议。法院根据调解中被告承认自己有第三者的事实,认定双方感情破裂,张成功存在过失。

关于本案调解,下列选项正确的是:

A. 法院在开庭审理时先行调解的做法符合法律或司法解释规定

B. 法院在开庭审理时如不先行组织调解,将违反法律或司法解释规定

C. 当事人未达成调解协议,法院在当事人同意情况下可以再次组织调解

D. 当事人未达成调解协议,法院未再次组织调

解违法

### 考点28 诉讼和解

**144.** 2012/3/39/单

甲诉乙损害赔偿一案,双方在诉讼中达成和解协议。关于本案,下列哪一说法是正确的?

A. 当事人无权向法院申请撤诉

B. 因当事人已达成和解协议,法院应当裁定终结诉讼程序

C. 当事人可以申请法院依和解协议内容制作调解书

D. 当事人可以申请法院依和解协议内容制作判决书

**145.** 2009/3/84/多

关于民事诉讼中的法院调解与诉讼和解的区别,下列哪些选项是正确的?

A. 法院调解是法院行使审判权的一种方式,诉讼和解是当事人对自己的实体权利和诉讼权利进行处分的一种方式

B. 法院调解的主体包括双方当事人和审理该案件的审判人员,诉讼和解的主体只有双方当事人

C. 法院调解以《民事诉讼法》为依据,具有程序上的要求,诉讼和解没有严格的程序要求

D. 经过法院调解达成的调解协议生效后如有给付内容则具有强制执行力,经过诉讼和解达成的和解协议即使有给付内容也不具有强制执行力

# 专题十 期间、送达

### 考点29 期间

**146.** 2015/3/41/单

张兄与张弟因遗产纠纷诉至法院,一审判决张兄胜诉。张弟不服,却在赴法院提交上诉状的路上被撞昏迷,待其经抢救苏醒时已超过上诉期限一天。对此,下列哪一说法是正确的?

A. 法律上没有途径可对张弟上诉权予以补救

B. 因意外事故耽误上诉期限,法院应依职权决定顺延期限

C. 张弟可在清醒后10日内,申请顺延期限,是否准许,由法院决定

D. 上诉期限为法定期间,张弟提出顺延期限,法院不应准许

**147.** 2012/3/38/单

关于《民事诉讼法》规定的期间制度,下列哪一选项是正确的?

A. 法定期间都属于绝对不可变期间

B. 涉外案件的审理不受案件审结期限的限制

C. 当事人从外地到法院参加诉讼的在途期间不包括在期间内

D. 当事人有正当理由耽误了期间,法院应当依职权为其延展期间

**148.** 2011/3/41/单

根据《民事诉讼法》和民事诉讼理论,关于期间,下列哪一选项是正确的?

A. 法定期间都是不可变期间,指定期间都是可变期间

B. 法定期间的开始日及期间中遇有节假日的,应当在计算期间时予以扣除

C. 当事人参加诉讼的在途期间不包括在期间内

D. 遇有特殊情况,法院可依职权变更原确定的指定期间

**考点30 送达**

**149.** 2023 回忆/单

高某因合同纠纷起诉冯某,法院工作人员到冯某家中送达起诉状副本时,发现家中无人,通过冯某的邻居了解到冯某在外地务工,已一年多未回来居住。对此,法院可采取下列哪种方式完成送达?

A. 电子送达　　　　B. 留置送达

C. 邮寄送达　　　　D. 公告送达

**150.** 2018 回忆/单

法院通过电子邮件告知甲领取判决书,甲让诉讼代理人乙代取,乙发现甲败诉,对判决结果不认可,拒签送达回证,送达人员在回证上注明乙拒收,由有关见证人签名。关于本案的送达,下列哪一选项是正确的?

A. 构成直接送达

B. 构成委托送达

C. 构成电子送达

D. 构成留置送达

**151.** 2014/3/42/多 新法改编

张某诉美国人海斯买卖合同一案,由于海斯在我国无住所,法院无法与其联系,遂要求张某提供双方的电子邮件地址,电子送达了诉讼文书,并在电子邮件中告知双方当事人在收到诉讼文书后予以回复,但开庭之前法院只收到张某的回复,一直未收到海斯的回复。后法院在海斯缺席的情况下,对案件作出判决,驳回张某的诉讼请求,并同样以电子送达的方式送达判决书,但法院也只收到了张某的回复,没有收到海斯的回复。关于本案诉讼文书的电子送达,下列哪些做法是合法的?①

A. 向张某送达举证通知书

B. 向张某送达缺席判决书

C. 向海斯送达举证通知书

D. 向海斯送达缺席判决书

**152.** 2013/3/39/多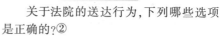

关于法院的送达行为,下列哪些选项是正确的?②

A. 陈某以马某不具有选民资格向法院提起诉讼,由于马某拒不签收判决书,法院向其留置送达

B. 法院通过邮寄方式向葛某送达开庭传票,葛某未寄回送达回证,送达无效,应当重新送达

C. 法院在审理张某和赵某借款纠纷时,委托赵某所在学校代为送达起诉状副本和应诉通知

D. 经许某同意,法院用电子邮件方式向其送达证据保全裁定书

**153.** 2009/3/43/单

甲起诉要求与妻子乙离婚,法院经审理判决不予准许。书记员两次到甲住所送达判决书,甲均拒绝签收。书记员的下列哪一做法是正确的?

A. 将判决书交给甲的妻子乙转交

B. 将判决书交给甲住所地居委会转交

C. 请甲住所地居委会主任到场见证并将判决书留在甲住所

D. 将判决书交给甲住所地派出所转交

# 专题十一　保全和先予执行

**考点31 保全制度**

**154.** 2021 回忆/单

小丁大学毕业后未找到工作,寄住在舅舅家中。舅舅嫌弃小丁不思进取、游手好闲,经常辱骂小丁,小丁不堪其辱,遂向甲市乙区法院申请禁止令,要求禁止舅舅辱骂自己,获得法院支持。舅舅认为自己对小丁只是正常管教,对禁止令有异议。对此,舅舅可采取下列哪一救济措施?

A. 向甲市中级法院上诉

B. 向乙区法院申请复议

C. 向乙区法院申请再审

D. 向乙区法院提出申诉

**155.** 2019 回忆/任

位于某省青山县的甲公司和该省白水县的乙公司订立水果买卖合同,甲公司付款后,乙公司迟迟不发货,甲公司担心乙公司的发货能力,于是

---

① 原为单选题,根据新法答案有变化,调整为多选题。

② 原为单选题,根据新法答案有变化,调整为多选题。

向水果仓库所在地丰源县法院申请保全,法院采取相应保全措施后,甲公司向白水县法院提起诉讼。下列选项正确的是:

A. 甲公司应当提供担保

B. 丰源县法院应当冻结这批水果

C. 白水县法院受理案件后,丰源县法院应当将保全的财产一并移送白水县法院

D. 白水县法院受理案件后,应当将案件移送丰源县法院

**156.**  2016/3/43/单

李某与温某之间债权债务纠纷经甲市M区法院审理作出一审判决,要求温某在判决生效后15日内偿还对李某的欠款。双方均未提起上诉。判决履行期内,李某发现温某正在转移财产,温某位于甲市N区有可供执行的房屋一套,故欲申请法院对该房屋采取保全措施。关于本案,下列哪一选项是正确的?

A. 此时案件已经审理结束且未进入执行阶段,李某不能申请法院采取保全措施

B. 李某只能向作出判决的甲市M区法院申请保全

C. 李某可向甲市M区法院或甲市N区法院申请保全

D. 李某申请保全后,其在生效判决书指定的履行期间届满后15日内不申请执行的,法院应当解除保全措施

**157.**  2015/3/80/多

李根诉刘江借款纠纷一案在法院审理,李根申请财产保全,要求法院扣押刘江向某小额贷款公司贷款时质押给该公司的两块名表。法院批准了该申请,并在没有征得该公司同意的情况下采取保全措施。对此,下列哪些选项是错误的?

A. 一般情况下,某小额贷款公司保管的两块名表应交由法院保管

B. 某小额贷款公司因法院采取保全措施而丧失了对两块名表的质权

C. 某小额贷款公司因法院采取保全措施而丧失了对两块名表的优先受偿权

D. 法院可以不经某小额贷款公司同意对其保管的两块名表采取保全措施

**158.**  2015/3/81/多

甲公司生产的"晴天牌"空气清新器销量占据市场第一,乙公司见状,将自己生产的同类型产品注册成"清天牌",并全面仿照甲公司产品,使消费者难以区分。为此,甲公司欲起诉乙公司侵权,同时拟申请诉前禁令,禁止乙公司销售该产品。关于诉

前保全,下列哪些选项是正确的?

A. 甲公司可向有管辖权的法院申请采取保全措施,并应当提供担保

B. 甲公司可向被申请人住所地法院申请采取保全措施,法院受理后,须在48小时内作出裁定

C. 甲公司可向有管辖权的法院申请采取保全措施,并应当在30天内起诉

D. 甲公司如未在规定期限内起诉,保全措施自动解除

**159.**  2014/3/97/任

甲县的葛某和乙县的许某分别拥有位于丙县的云峰公司50%的股份。后由于二人经营理念不合,已连续四年未召开股东会,无法形成股东会决议。许某遂向法院请求解散公司,并在法院受理后申请保全公司的主要资产(位于丁县的一块土地的使用权)。

关于许某的财产保全申请,下列说法正确的是:

A. 本案是给付之诉,法院可作出保全裁定

B. 本案是变更之诉,法院不可作出保全裁定

C. 许某在申请保全时应提供担保

D. 如果法院认为采取保全措施将影响云峰公司的正常经营,应驳回保全申请

**160.**  2008/3/43/单

甲公司以乙公司为被告向法院提起诉讼,要求乙公司支付拖欠的货款100万元。在诉讼中,甲公司申请对乙公司一处价值90万元的房产采取保全措施,并提供担保。一审法院在作出财产保全裁定之后发现,乙公司在向丙银行贷款100万元时已将该房产和一辆小轿车抵押给丙银行。关于本案,下列哪一说法是正确的?

A. 一审法院不能对该房产采取保全措施,因为该房产已抵押给丙银行

B. 一审法院可以对该房产采取保全措施,但是需要征得丙银行的同意

C. 一审法院可以对该房产采取保全措施,但是丙银行仍然享有优先受偿权

D. 一审法院可以对该房产采取保全措施,同时丙银行的优先受偿权丧失

**161.**  2008/3/87/任

A地甲公司与B地乙公司签订买卖合同,约定合同履行地在C地,乙到期未能交货。甲多次催货未果,便向B地基层法院起诉,要求判令乙按照合同约定交付货物,并支付违约金。法院受理后,甲得知乙将货物放置于其设在D地的仓库,并且随时可能转移。下列哪些选项是错误的?

A. 甲如果想申请财产保全,必须向货物所在地的

D 地基层法院提出

    B. 甲如果要向法院申请财产保全,必须提供担保

    C. 受诉法院如果认为确有必要,可以直接作出财产保全裁定

    D. 法院受理甲的财产保全申请后,应当在48小时内作出财产保全裁定

### 考点32 先予执行

**162.** 2022 回忆/单

杜某是甲公司员工,因公司拖欠工资多次追索无果,杜某向甲公司所在地的劳动争议仲裁委员会申请劳动争议仲裁。案件受理后,因生活严重困难,杜某向仲裁庭申请先予执行。关于仲裁庭对申请的处理,下列哪一表述是正确的?

    A. 移送甲公司住所地法院审查

    B. 裁定先予执行,由劳动争议仲裁委员会执行

    C. 裁定先予执行,移送甲公司住所地法院执行

    D. 不准许先予执行

**163.** 2012/3/82/多

关于财产保全和先予执行,下列选项是正确的?

    A. 二者的裁定都可以根据当事人的申请或法院依职权作出

    B. 二者适用的案件范围相同

    C. 当事人提出财产保全或先予执行的申请时,法院可以责令其提供担保,当事人拒绝提供担保的,驳回申请

    D. 对财产保全和先予执行的裁定,当事人不可以上诉,但可以申请复议一次

**164.** 2009/3/99/任

常年居住在 Y 省 A 县的王某早年丧妻,独自一人将两个儿子和一个女儿养大成人。大儿子王甲居住在 Y 省 B 县,二儿子王乙居住在 Y 省 C 县,女儿王丙居住在 W 省 D 县。2000 年以来,王某的日常生活费用主要来自大儿子王甲每月给的 800 元生活费。2003 年 12 月,由于物价上涨,王某要求二儿子王乙每月也给一些生活费,但王乙以自己没有固定的工作、收入不稳定为由拒绝。于是,王某将王乙告到法院,要求王乙每月支付给自己赡养费 500 元。

诉讼过程中,Y 省适逢十年不遇的冰雪天气,王某急需生煤炉取暖,但已无钱买煤。王某听说王乙准备把自己存折上 3,000 多元钱转到一个朋友的账户上。对此,王某可以向法院申请采取的措施是:

    A. 对妨害民事诉讼的强制措施

    B. 诉讼保全措施

    C. 证据保全措施

    D. 先予执行措施

## 专题十二 对妨害民事诉讼行为的强制措施

### 考点33 对妨害民事诉讼行为的强制措施

**165.** 2019 回忆/多

李某在网上发表言论捏造某公众人物胡某与多名女性发生或保持不正当性关系,胡某为此提起诉讼,法院终审判决李某赔礼道歉。判决生效后,李某未在指定时间内履行赔礼道歉的义务。对此,可以对李某采取下列哪些措施?

    A. 责令李某支付迟延履行金

    B. 采取公告、登报等方式,将判决主要内容公之于众,费用由李某承担

    C. 责令李某支付加倍迟延履行期间的债务利息

    D. 对李某采取拘留、罚款等措施

## 专题十三 普通程序

### 考点34 起诉与受理

**166.** 2019 回忆/多

甲公司欠乙公司货款 500 万元,乙公司起诉甲公司还款,法院判决支持了乙公司的诉讼请求。后乙公司发现甲公司对丙公司享有 300 万元债权,且怠于行使,于是提起诉讼,要求丙公司直接向其清偿 300 万元。下列哪些说法是正确的?

    A. 乙公司的行为构成重复起诉

    B. 乙公司的行为不构成重复起诉

    C. 乙公司可以提起代位权诉讼

    D. 法院应不予受理,受理的应当裁定驳回起诉

**167.** 2017/3/42/单

甲、乙两公司签订了一份家具买卖合同,因家具质量问题,甲公司起诉乙公司要求更换家具并支付违约金 3 万元。法院经审理判决乙公司败诉,乙公司未上诉。之后,乙公司向法院起诉,要求确认该家具买卖合同无效。对乙公司的起诉,法院应采取下列哪一处理方式?

    A. 予以受理    B. 裁定不予受理

    C. 裁定驳回起诉    D. 按再审处理

**168.** 2015/3/48/单

张丽因与王旭感情不和,长期分居,向法院起诉要求离婚。法院向王旭送达应诉通知书,发现王旭已于张丽起诉前因意外事故死亡。关于本案,法院应作出下列哪一裁判?

    A. 诉讼终结的裁定

    B. 驳回起诉的裁定

C. 不予受理的裁定

D. 驳回诉讼请求的判决

**169.** `2013/3/44/单`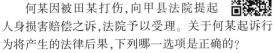

何某因被田某打伤,向甲县法院提起人身损害赔偿之诉,法院予以受理。关于何某起诉行为将产生的法律后果,下列哪一选项是正确的?

A. 何某的诉讼时效中断

B. 田某的答辩期开始起算

C. 甲县法院取得排他的管辖权

D. 田某成为适格被告

**170.** `2012/3/79/多`

关于起诉与受理的表述,下列哪些选项是正确的?

A. 法院裁定驳回起诉的,原告再次起诉符合条件的,法院应当受理

B. 法院按撤诉处理后,当事人以同一诉讼请求再次起诉的,法院应当受理

C. 判决不准离婚的案件,当事人没有新事实和新理由再次起诉的,法院一律不予受理

D. 当事人超过诉讼时效起诉的,法院应当受理

**171.** `2010/3/36/单`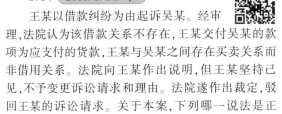

王某以借款纠纷为由起诉吴某。经审理,法院认为该借款关系不存在,王某交付吴某的款项为应支付的货款,王某与吴某之间存在买卖关系而非借用关系。法院向王某作出说明,但王某坚持己见,不予变更诉讼请求和理由。法院遂作出裁定,驳回王某的诉讼请求。关于本案,下列哪一说法是正确的?

A. 法院违反了不告不理原则

B. 法院适用裁判形式错误

C. 法院违反了辩论原则

D. 法院违反了处分原则

**172.** `2009/3/100/任`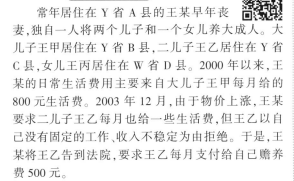

常年居住在 Y 省 A 县的王某早年丧妻,独自一人将两个儿子和一个女儿养大成人。大儿子王甲居住在 Y 省 B 县,二儿子王乙居住在 Y 省 C 县,女儿王丙居住在 W 省 D 县。2000 年以来,王某的日常生活费用主要来自大儿子王甲每月给的 800 元生活费。2003 年 12 月,由于物价上涨,王某要求二儿子王乙每月也给一些生活费,但王乙以自己没有固定的工作、收入不稳定为由拒绝。于是,王某将王乙告到法院,要求王乙每月支付给自己赡养费 500 元。

本案于 2004 年 6 月调解结案,王某生活费有了增加。但 2008 年 3 月后,由于王某经常要看病,原调解书确定王乙所给的赡养费用及王甲所给费用已经不

足以维持王某的日常开支,王某欲增加赡养费。对此,王某可以采取的法律措施是:

A. 增加诉讼请求,要求法院对原来的案件继续审理

B. 申请对原来的案件进行再审

C. 另行提起诉讼

D. 根据一事不再理的原则,王某不可以要求继续审理或申请再审,也不可以另行起诉,只可以协商解决

### 考点35 开庭审理

**173.** `2023 回忆/单`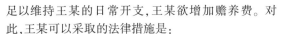

谢某租住余某的房屋,某日不慎损坏了屋内的实木地板。二人就赔偿协商无果,余某起诉谢某要求解除租赁合同并赔偿修复款 1 万元,法院判决余某胜诉。谢某不服一审判决提起上诉。二审法院以事实不清为由,裁定发回重审。在重审期间,因地板材料涨价,余某变更诉讼请求,要求谢某将地板恢复原状。关于本案,下列哪一说法是正确的?

A. 法院不能按照原审证据材料认定事实

B. 余某应受到原一审程序的约束

C. 法院应根据余某变更后的诉讼请求审理案件

D. 法院应当驳回余某变更诉讼请求的要求

**174.** `2021 回忆/单`

某省规定不超过 3000 万元的财产纠纷由基层法院管辖。龙玉公司在该省甲市乙区法院起诉丰和公司支付工程款 2500 万元。法庭辩论终结后,合议庭评议一致决定支持龙玉公司的诉讼请求。准备写判决书时,龙玉公司变更诉讼请求要求丰和公司支付工程款 3500 万元。对此,法院的下列哪一做法是正确的?

A. 直接移送甲市中级法院审理

B. 直接就 2500 万元诉讼请求作出判决

C. 重新进行法庭调查

D. 丰和公司提出管辖权异议后移送管辖

**175.** `2013/3/36/单`

执法为民是社会主义法治的本质要求,据此,法院和法官应在民事审判中遵守诉讼程序,履行释明义务。下列哪一审判行为符合执法为民的要求?

A. 在李某诉赵某的欠款纠纷中,法官向赵某释明诉讼时效,建议赵某提出诉讼时效抗辩

B. 在张某追索赡养费的案件中,法官依职权作出先予执行裁定

C. 在杜某诉阎某的离婚案件中,法官向当事人释明可以同时提出离婚损害赔偿

D. 在罗某诉华兴公司房屋买卖合同纠纷中,法

官主动走访现场,进行勘察,并据此支持了罗某的请求

**176.** [2013/3/43/单]
下列哪一选项中法院的审判行为,只能发生在开庭审理阶段?
A. 送达法律文书
B. 组织当事人进行质证
C. 调解纠纷,促进当事人达成和解
D. 追加必须参加诉讼的当事人

**考点36 撤诉和缺席判决**

**177.** [2009/3/46/单]
齐某起诉宋某要求返还借款八万元,法院适用普通程序审理并向双方当事人送达出庭传票,因被告宋某不在家,宋某的妻子代其签收了传票。开庭时,被告宋某未出庭。经查,宋某已离家出走,下落不明。关于法院对本案的处理,下列哪一选项是正确的?
A. 法院对本案可以进行缺席判决
B. 法院应当对被告宋某重新适用公告方式送达传票
C. 法院应当通知宋某的妻子以诉讼代理人的身份参加诉讼
D. 法院应当裁定中止诉讼

**178.** [2008/3/79/多]
关于对当事人及其法定代理人的缺席判决,下列哪些选项是正确的?
A. 原告经法院传票传唤,无正当理由拒不到庭的,或者未经法庭许可中途退庭的,可以按撤诉处理;被告反诉的,法院可以缺席判决
B. 无民事行为能力人离婚案件,当事人的法定代理人应当到庭,法定代理人不能到庭的,法院应当在查清事实的基础上,依法作出缺席判决
C. 有独立请求权第三人经法院传票传唤,无正当理由拒不到庭的,或者未经法庭许可中途退庭的,法院可以缺席判决
D. 无独立请求权第三人经法院传票传唤,无正当理由拒不到庭的,或者未经法庭许可中途退庭的,法院可以缺席判决

**考点37 诉讼阻碍(延期审理、诉讼中止与终结)**

**179.** [2021 回忆/单]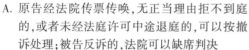
殷某和郑某办理结婚手续后,殷某向法院起诉确认婚姻无效。诉讼过程中郑某突发疾病死亡,其没有任何直系亲属。对此,法院的下列哪一做法是正确的?

A. 裁定诉讼终结
B. 裁定诉讼中止
C. 继续审理后作出判决
D. 追加民政部门为诉讼参加人

**180.** [2020 回忆/多]
甲与乙签订了借款合同,丙系该合同的连带保证人。借款期限届满后,甲一直未还钱,且甲涉嫌诈骗。乙向公安局举报甲存在诈骗行为,然后向法院起诉丙要求其还钱。关于本案的处理方式,下列选项中哪些说法是正确的?
A. 法院应裁定中止民事诉讼,等待刑事案件审理完毕后再恢复民事诉讼程序
B. 法院应当追加甲为共同被告
C. 本案的民事诉讼程序与刑事诉讼程序互不影响,各自进行
D. 就甲存在欺诈这一事实,本案民事诉讼和刑事诉讼程序的证明标准相同

**181.** [2017/3/81/多]
对张男诉刘女离婚案(两人无子女,刘父已去世),因刘女为无行为能力人,法院准许其母李某以法定代理人身份代其诉讼。2017 年 7 月 3 日,法院判决二人离婚,并对双方共有财产进行了分割。该判决同日送达双方当事人,李某对解除其女儿与张男的婚姻关系无异议,但对共有财产分割有意见,拟提起上诉。2017 年 7 月 10 日,刘女身亡。在此情况下,本案将产生哪些法律后果?
A. 本案诉讼中止,视李某是否就一审判决提起上诉而确定案件是否终结
B. 本案诉讼终结
C. 一审判决生效,二人的夫妻关系根据判决解除,李某继承判决分配给刘女的财产
D. 一审判决未生效,二人的共有财产应依法分割,张男与李某对刘女的遗产均有继承权

**182.** [2011/3/81/多]
法院开庭审理时一方当事人未到庭,关于可能出现的法律后果,下列哪些选项是正确的?
A. 延期审理
B. 按原告撤诉处理
C. 缺席判决
D. 采取强制措施拘传未到庭的当事人到庭

**183.** [2009/3/47/单]
甲起诉与乙离婚,一审法院判决不予准许。甲不服一审判决提起上诉,在甲将上诉状递交原审法院后第三天,乙遇车祸死亡。此时,原审法院尚未将上诉状转交给二审法院。关于本案的处理,下列哪一选项是正确的?

A. 终结诉讼
B. 驳回上诉
C. 不予受理上诉
D. 中止诉讼

**184.** 2009/3/85/多

法院对于诉讼中有关情况的处理，下列哪些做法是正确的？

A. 甲起诉其子乙请求给付赡养费。开庭审理前，法院依法对甲、乙进行了传唤，但开庭时乙未到庭，也未向法院说明理由。法院裁定延期审理

B. 甲、乙人身损害赔偿一案，甲在前往法院的路上，胃病发作住院治疗。法院决定延期审理

C. 甲诉乙离婚案件，在案件审理中甲死亡。法院裁定按甲撤诉处理

D. 原告在诉讼中因车祸成为植物人，在原告法定代理人没有确定的期间，法院裁定中止诉讼

**185.** 2008/3/37/单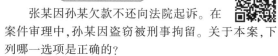

张某因孙某欠款不还向法院起诉。在案件审理中，孙某因盗窃被刑事拘留。关于本案，下列哪一选项是正确的？

A. 法院应当裁定中止诉讼，待对孙某的刑事审判结束后再恢复诉讼程序

B. 法院应当裁定终结诉讼，并告知张某提起刑事附带民事诉讼

C. 法院应当继续审理此案

D. 法院应当将此案与孙某盗窃案合并审理

**186.** 2008/3/40/单

法院对于诉讼中有关情况的处理，下列哪一做法是正确的？

A. 杨某与赵某损害赔偿一案，杨某在去往法院开庭的路上，突遇车祸，被送至医院急救。法院遂决定中止诉讼

B. 毛某与安某专利侵权纠纷一案，法庭审理过程中，发现需要重新进行鉴定，法院裁定延期审理

C. 甲公司诉乙公司合同纠纷一案，审理过程中，甲公司与其他公司合并，法院裁定诉讼终结

D. 丙公司诉丁公司租赁纠纷一案，法院审理中，发现本案必须以另一案的审理结果为依据，而该案又尚未审结，遂裁定诉讼中止

**考点38** 一审判决、裁定与决定

**187.** 2023 回忆/单

徐某驾车撞伤唐某，起诉后法院判决徐某赔偿唐某 10 万元。该判决履行 1 年后，唐某左腿疼痛，经鉴定系车祸后遗症。唐某再次起诉，要求徐某赔偿 5 万元。关于法院对唐某再次起诉的处理，下列哪一说法是正确的？

A. 既判力对标准时之前发生的事实有拘束力，应裁定驳回起诉

B. 既判力对标准时之后发生的事实没有拘束力，应予以受理

C. 车祸后遗症是既判力标准时之前发生的事实，应告知徐某申请再审

D. 车祸后遗症是既判力标准时之后发生的事实，应告知徐某申请再审

**188.** 2021 回忆/任

甲因合同纠纷起诉乙，要求乙返还合同金额 5 万元，法院审理中查明合同金额应为 50 万元。法官询问甲，甲表示知晓合同金额，但因乙背信弃义，要分 10 次起诉给他教训。关于本案，下列说法正确的是：

A. 法院对 50 万元作出判决不违反处分原则

B. 法院应对 5 万元作出判决，其既判力及于 50 万元

C. 法院应对 5 万元作出判决，其既判力仅及于 5 万元

D. 经过乙同意，法院可以将剩余 45 万元一并判决

**189.** 2021 回忆/单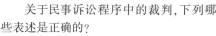

郝某与刘某自愿结婚，刘某的母亲坚决反对，以刘某未达婚龄为由请求法院确认二人婚姻关系无效，但刘某坚决反对，刘某的母亲无奈之下向法院申请撤回起诉。法院应当如何处理？

A. 调解结案

B. 裁定驳回起诉

C. 裁定准许撤回起诉

D. 不准许撤回起诉，判决确认婚姻无效

**190.** 2014/3/82/多

关于民事诉讼程序中的裁判，下列哪些表述是正确的？

A. 判决解决民事实体问题，而裁定主要处理案件的程序问题，少数涉及实体问题

B. 判决都必须以书面形式作出，某些裁定可以口头方式作出

C. 一审判决都允许上诉，一审裁定有的允许上诉，有的不能上诉

D. 财产案件的生效判决都有执行力，大多数裁定都没有执行力

**191.** 2012/3/41/单

甲公司诉乙公司货款纠纷一案，A 市

B 区法院在审理中查明甲公司的权利主张已超过诉讼时效(乙公司并未提出时效抗辩),遂判决驳回甲公司的诉讼请求。判决作出后上诉期间届满之前,B 区法院发现其依职权适用诉讼时效规则是错误的。关于本案的处理,下列哪一说法是正确的?

    A. 因判决尚未发生效力,B 区法院可以将判决书予以收回,重新作出新的判决

    B. B 区法院可以将判决书予以收回,恢复庭审并向当事人释明时效问题,视具体情况重新作出判决

    C. B 区法院可以作出裁定,纠正原判决中的错误

    D. 如上诉期间届满当事人未上诉的,B 区法院可以决定再审,纠正原判决中的错误

**192.** `2012/3/47/单`

关于民事诉讼的裁定,下列哪一选项是正确的?

    A. 裁定可以适用于不予受理、管辖权异议和驳回诉讼请求

    B. 当事人有正当理由没有到庭的,法院应当裁定延期审理

    C. 裁定的拘束力通常只及于当事人、诉讼参与人和审判人员

    D. 当事人不服一审法院作出的裁定,可以向上一级法院提出上诉

**193.** `2011/3/100/任`

2011 年 7 月 11 日,A 市升湖区法院受理了黎明丽(女)诉张成功(男)离婚案。7 月 13 日,升湖区法院向张成功送达了起诉状副本。7 月 18 日,张成功向升湖区法院提交了答辩状,未对案件的管辖权提出异议。8 月 2 日,张成功向升湖区法院提出管辖权异议申请,称其与黎明丽已分居 2 年,分别居住于 A 市安平区各自父母家中。A 市升湖区法院以申请管辖权异议超过申请期限为由,裁定驳回张成功管辖权异议申请。后,升湖区法院查明情况,遂裁定将案件移送安平区法院。安平区法院接受移送,确定适用简易程序审理此案。

安平区法院在案件开庭审理时组织调解。

黎明丽声称:2005 年 12 月,其与张成功结婚,后因张成功有第三者陈佳,感情已破裂,现要求离婚。黎明丽提出,离婚后儿子张好帅由其行使监护权,张成功每月支付抚养费 1500 元。现双方存款 36 万元(存折在张成功手中),由 2 人平分,生活用品归各自所有,不存在其他共有财产分割争议。

张成功承认:2005 年 12 月,其与黎明丽结婚,自己现在有了第三者,36 万元存款在自己手中,同意离婚,同意生活用品归各自所有,同意不存在其他共有财产分割争议。不同意支付张好帅抚养费,因其是黎明丽与前男友所生。

黎明丽承认:张好帅是其与前男友所生,但在户籍登记上,张成功与张好帅为父子关系,多年来父子相称,形成事实上的父子关系,故要求张成功支付抚养费。

调解未能达成协议。在随后的庭审中,黎明丽坚持提出的请求;张成功对调解中承认的多数事实和同意的请求予以认可,但否认了有第三者一事,仍不同意支付张好帅抚养费。黎明丽要求法院通知第三者陈佳以无独立请求权的第三人身份参加诉讼。

安平区法院作出判决:解除黎明丽、张成功婚姻关系;张好帅由黎明丽行使监护权,张成功每月支付抚养费 700 元;存款双方平分,生活用品归个人所有,不存在其他共有财产分割争议。法院根据调解中被告承认自己有第三者的事实,认定双方感情破裂,张成功存在过失。

关于法院宣判时应当向双方当事人告知的内容,下列选项正确的是:

    A. 上诉权利

    B. 上诉期限

    C. 上诉法院

    D. 判决生效前不得另行结婚

# 专题十四　简易程序

### 考点39　简易程序

**194.** `2017/3/43/单`

夏某因借款纠纷起诉陈某,法院决定适用简易程序审理。法院依夏某提供的被告地址送达时,发现有误,经多方了解和查证也无法确定准确地址。对此,法院下列哪一处理是正确的?

    A. 将案件转为普通程序审理

    B. 采取公告方式送达

    C. 裁定中止诉讼

    D. 裁定驳回起诉

**195.** `2015/3/83/多`

郑飞诉万雷侵权纠纷一案,虽不属于事实清楚、权利义务关系明确、争议不大的案件,但双方当事人约定适用简易程序进行审理,法院同意并以电子邮件的方式向双方当事人通知了开庭时间(双方当事人均未回复)。开庭时被告万雷无正当理由不到庭,法院作出了缺席判决。送达判决书时法院通过各种方式均未联系上万雷,遂采取了公告送达方式送达了判决书。对此,法院下列的哪些行为是违法的?

    A. 同意双方当事人的约定,适用简易程序对案件进行审理

    B. 以电子邮件的方式向双方当事人通知开庭时间

C. 作出缺席判决

D. 采取公告方式送达判决书

**196.** 2014/3/79/多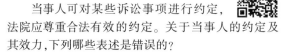

当事人可对某些诉讼事项进行约定，法院应尊重合法有效的约定。关于当事人的约定及其效力，下列哪些表述是错误的？

A. 当事人约定"合同是否履行无法证明时，应以甲方主张的事实为准"，法院应根据该约定分配证明责任

B. 当事人在诉讼和解中约定"原告撤诉后不得以相同的事由再次提起诉讼"，法院根据该约定不能再受理原告的起诉

C. 当事人约定"如果起诉，只能适用普通程序"，法院根据该约定不能适用简易程序审理

D. 当事人约定"双方必须亲自参加开庭审理，不得无故缺席"，如果被告委托了代理人参加开庭，自己不参加开庭，法院应根据该约定在对被告两次传唤后对其拘传

**197.** 2013/3/41/单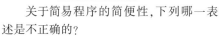

关于简易程序的简便性，下列哪一表述是不正确的？

A. 受理程序简便，可以当即受理，当即审理

B. 审判程序简便，可以不按法庭调查、法庭辩论的顺序进行

C. 庭审笔录简便，可以不记录诉讼权利义务的告知、原被告的诉辩意见等通常性程序内容

D. 裁判文书简便，可以简化裁判文书的事实认定或判决理由部分

**198.** 2011/3/43/单

下列哪一选项属于《民事诉讼法》直接规定、具有简易程序特点的内容？

A. 原告起诉或被告答辩时要向法院提供明确的送达地址

B. 适用简易程序审理的劳动合同纠纷在开庭审理时应先行调解

C. 在简易程序中，法院指定举证期限可以少于30天

D. 适用简易程序审理民事案件时，审判组织一律采用独任制

**199.** 2010/3/87/多

关于适用简易程序的表述，下列哪些选项是正确的？

A. 基层法院适用普通程序审理的民事案件，当事人双方可协议并经法院同意适用简易程序审理

B. 经双方当事人一致同意，法院制作判决书时

可对认定事实或者判决理由由部分适当简化

C. 法院可口头方式传唤当事人出庭

D. 当事人对案件事实无争议的，法院可不开庭径行判决

**200.** 2008/3/46/单

甲与乙因借款合同发生纠纷，甲向某区法院提起诉讼，法院受理案件后，准备适用普通程序进行审理。甲为了能够尽快结案，建议法院适用简易程序对案件进行审理，乙也同意适用简易程序。下列哪一选项是正确的？

A. 普通程序审理的案件不能适用简易程序，因此，法院不可同意适用简易程序

B. 法院有权将普通程序审理转为简易程序，因此，甲、乙的意见无意义

C. 甲、乙可以自愿协商选择适用简易程序，无须经法院同意

D. 甲、乙有权自愿选择适用简易程序，但须经法院同意

**考点40** 小额诉讼程序

**201.** 2022 回忆/多

A区的甲向B区的乙租赁仓库，仓库位于C区，月租金1万元。双方约定合同履行发生纠纷，向被告住所地法院起诉。因甲累计拖欠租金5万元，乙向A区法院起诉。A区法院适用小额诉讼程序审理，甲提出管辖权异议，称本案应由C区法院专属管辖，A区法院裁定驳回。A区法院作出的判决生效后，甲申请再审。关于本案，下列哪些表述是正确的？

A. 甲可对驳回管辖权异议裁定提起上诉

B. 甲不可对驳回管辖权异议裁定提起上诉

C. 甲可向A区法院申请再审

D. 甲可向C区法院申请再审

**202.** 2021 回忆/多

美国人麦克在中国生活期间，花费500元向中国卖家网购一件衬衫，因衬衫质量问题产生纠纷，麦克向互联网法院起诉。关于本案可适用的程序规则，下列哪些选项是正确的？

A. 决定线下开庭审理

B. 电子送达判决书

C. 审判员独任审理

D. 适用小额诉讼程序审理

**203.** 2016/3/81/多

李某诉谭某返还借款一案，M市N区法院按照小额诉讼案件进行审理，判决谭某返还借款。判决生效后，谭某认为借款数额远高于法律规定的小额案件的数额，不应按小额案件审理，遂向法院

申请再审。法院经审查,裁定予以再审。关于该案再审程序适用,下列哪些选项是正确的?

  A. 谭某应当向 M 市中级法院申请再审

  B. 法院应当组成合议庭审理

  C. 对作出的再审判决当事人可以上诉

  D. 作出的再审判决仍实行一审终审

**204．** 2015/3/84/多

根据《民事诉讼法》相关司法解释,下列哪些案件不适用小额诉讼程序?

  A. 人身关系案件

  B. 涉外民事案件

  C. 海事案件

  D. 发回重审的案件

**205．** 2014/3/40/单

赵洪诉陈海返还借款 100 元,法院决定适用小额诉讼程序审理。关于该案的审理,下列哪一选项是错误的?

  A. 应在开庭审理时先行调解

  B. 应开庭审理,但经过赵洪和陈海的书面同意后,可书面审理

  C. 应当庭宣判

  D. 应一审终审

## 专题十五　第二审程序

### 考点41　上诉的提起与受理

**206．** 2017/3/44/单

甲、乙、丙三人共同致丁身体损害,丁起诉三人要求赔偿 3 万元。一审法院经审理判决甲、乙、丙分别赔偿 2 万元、8000 元和 2000 元,三人承担连带责任。甲认为丙赔偿 2000 元的数额过低,提起上诉。关于本案二审当事人诉讼地位的确定,下列哪一选项是正确的?

  A. 甲为上诉人,丙为被上诉人,乙为原审被告,丁为原审原告

  B. 甲为上诉人,丙、丁为被上诉人,乙为原审被告

  C. 甲、乙为上诉人,丙为被上诉人,丁为原审原告

  D. 甲、乙、丙为上诉人,丁为被上诉人

**207．** 2016/3/44/单

甲、乙、丙诉丁遗产继承纠纷一案,甲不服法院作出的一审判决,认为分配给丙和丁的遗产份额过多,提起上诉。关于本案二审当事人诉讼地位的确定,下列哪一选项是正确的?

  A. 甲是上诉人,乙、丙、丁是被上诉人

  B. 甲、乙是上诉人,丙、丁是被上诉人

  C. 甲、乙、丙是上诉人,丁是被上诉人

  D. 甲是上诉人,乙为原审原告,丙、丁为被上诉人

**208．** 2016/3/45/单

甲公司诉乙公司买卖合同纠纷一案,法院判决乙公司败诉并承担违约责任,乙公司不服提起上诉。在二审中,甲公司与乙公司达成和解协议,并约定双方均将提起之诉予以撤回。关于两个公司的撤诉申请,下列哪一说法是正确的?

  A. 应当裁定准许双方当事人的撤诉申请,并裁定撤销一审判决

  B. 应当裁定准许乙公司撤回上诉,不准许甲公司撤回起诉

  C. 不应准许双方撤诉,应依双方和解协议制作调解书

  D. 不应准许双方撤诉,应依双方和解协议制作判决书

**209．** 2013/3/48/单

甲对乙享有 10 万元到期债权,乙无力清偿,且怠于行使对丙的 15 万元债权,甲遂对丙提起代位权诉讼,法院依法追加乙为第三人。一审判决甲胜诉,丙应向甲给付 10 万元。乙、丙均提起上诉,乙请求法院判令丙向其支付剩余 5 万元债务,丙请求法院判令甲对乙的债权不成立。关于二审当事人地位的表述,下列哪一选项是正确的?

  A. 丙是上诉人,甲是被上诉人

  B. 乙、丙是上诉人,甲是被上诉人

  C. 乙是上诉人,甲、丙是被上诉人

  D. 丙是上诉人,甲、乙是被上诉人

**210．** 2013/3/78/多

下列哪些情况下,法院不应受理当事人的上诉请求?

  A. 宋某和卢某借款纠纷一案,卢某终审败诉,宋某向区法院申请执行,卢某提出执行管辖异议,区法院裁定驳回卢某异议。卢某提起上诉

  B. 曹某向市中院诉刘某侵犯其专利权,要求赔偿损失 1 元钱,中院驳回其请求。曹某提起上诉

  C. 孙某将朱某打伤,经当地人民调解委员会调解达成协议,并申请法院进行了司法确认。后朱某反悔提起上诉

  D. 尹某诉与林某离婚,法院审查中发现二人系禁婚的近亲属,遂判决二人婚姻无效。尹某提起上诉

**211．** 2011/3/40/单

吴某被王某打伤后诉至法院,王某败诉。一审判决书送达王某时,其当即向送达人郑某表示上诉,但因其不识字,未提交上诉状。关于王某行

为的法律效力,下列哪一选项是正确的?

    A. 王某已经表明上诉,产生上诉效力

    B. 郑某将王某的上诉要求告知法院后,产生上诉效力

    C. 王某未提交上诉状,不产生上诉效力

    D. 王某口头上诉经二审法院同意后,产生上诉效力

**212．** 2010/3/98/任

丙承租了甲、乙共有的房屋,因未付租金被甲、乙起诉。一审法院判决丙支付甲、乙租金及利息共计 10000 元,分五个月履行,每月给付 2000 元。甲、乙和丙均不服该判决,提出上诉:乙请求改判丙一次性支付所欠的租金 10000 元。甲请求法院判决解除与丙之间租赁关系。丙认为租赁合同中没有约定利息,甲、乙也没有要求给付利息,一审法院不应当判决自己给付利息,请求判决变更一审判决的相关内容。丙还提出,为修缮甲、乙的出租房自己花费了 3000 元,请求抵销部分租金。

关于二审中当事人地位的确定,下列选项正确的是:

    A. 丙是上诉人,甲、乙是被上诉人

    B. 甲、乙是上诉人,丙是被上诉人

    C. 乙、丙是上诉人,甲是被上诉人

    D. 甲、乙、丙都是上诉人

**考点42** 二审审理程序

**213．** 2020 回忆/多

甲与乙的离婚诉讼,一审法院判决不准离婚。甲不服提出上诉,二审法院认为应当判决离婚,于是对财产分割问题进行调解,但双方无法达成合意,二审法院遂将案件发回重审。发回重审后,一审法院再次判决不准离婚,甲再次提出上诉。此时二审法院应当如何处理本案?

    A. 二审法院可以先针对婚姻关系部分作出判决

    B. 二审法院应当再次撤销原判,将案件发回重审

    C. 二审法院应当直接改判

    D. 二审法院可以告知当事人对财产部分另行起诉

**214．** 2017/3/46/单

石山公司起诉建安公司请求返还 86 万元借款及支付 5 万元利息,一审判决石山公司胜诉,建安公司不服提起上诉。二审中,双方达成和解协议:石山公司放弃 5 万元利息主张,建安公司在撤回上诉后 15 日内一次性付清 86 万元本金。建安公司向二审法院申请撤回上诉后,并未履行还款义务。关于石山公司的做法,下列哪一表述是正确的?

    A. 可依和解协议申请强制执行

    B. 可依一审判决申请强制执行

    C. 可依和解协议另行起诉

    D. 可依和解协议申请司法确认

**215．** 2016/3/47/单

王某诉赵某借款纠纷一案,法院一审判决赵某偿还王某债务,赵某不服,提出上诉。二审期间,案外人李某表示,愿以自己的轿车为赵某偿还债务提供担保。三人就此达成书面和解协议后,赵某撤回上诉,法院准许。一个月后,赵某反悔并不履行和解协议。关于王某实现债权,下列哪一选项是正确的?

    A. 依和解协议对赵某向法院申请强制执行

    B. 依和解协议对赵某、李某向法院申请强制执行

    C. 依一审判决对赵某向法院申请强制执行

    D. 依一审判决与和解协议对赵某、李某申请强制执行

**216．** 2015/3/44/单

齐远、张红是夫妻,因感情破裂诉至法院离婚,提出解除婚姻关系、子女抚养、住房分割等诉讼请求。一审判决准予离婚并对子女抚养问题作出判决。齐远不同意离婚提出上诉。二审中,张红增加诉讼请求,要求分割诉讼期间齐远继承其父的遗产。下列哪一说法是正确的?

    A. 一审漏判的住房分割诉讼请求,二审可调解,调解不成,发回重审

    B. 二审增加的遗产分割诉讼请求,二审可调解,调解不成,发回重审

    C. 住房和遗产分割的两个诉讼请求,二审可合并调解,也可一并发回重审

    D. 住房和遗产分割的两个诉讼请求,经当事人同意,二审法院可一并裁判

**217．** 2012/3/42/单

经审理,一审法院判决被告王某支付原告刘某欠款本息共计 22 万元,王某不服提起上诉。二审中,双方当事人达成和解协议,约定:王某在 3 个月内向刘某分期偿付 20 万元,刘某放弃利息请求。案件经王某申请撤回上诉而终结。约定的期限届满后,王某只支付了 15 万元。刘某欲寻求法律救济。下列哪一说法是正确的?

    A. 只能向一审法院重新起诉

    B. 只能向一审法院申请执行一审判决

    C. 可向一审法院申请执行和解协议

    D. 可向二审法院提出上诉

**218．** 2012/3/43/单

关于民事诉讼二审程序的表述,下列哪一选项是错误的?

A. 二审案件的审理,遇有二审程序没有规定的情形,应当适用一审普通程序的相关规定

B. 二审案件的审理,以开庭审理为原则

C. 二审案件调解的结果变更了一审判决内容的,应当在调解书中写明"撤销原判"

D. 二审案件的审理,应当由法官组成的合议庭进行审理

**219.** 2010/3/80/多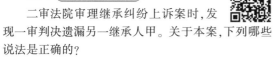

二审法院审理继承纠纷上诉案时,发现一审判决遗漏另一继承人甲。关于本案,下列哪些说法是正确的?

A. 为避免诉讼拖延,二审法院可依职权直接改判

B. 二审法院可根据自愿原则进行调解,调解不成的裁定撤销原判决发回重审

C. 甲应列为本案的有独立请求权第三人

D. 甲应是本案的共同原告

**220.** 2010/3/99/任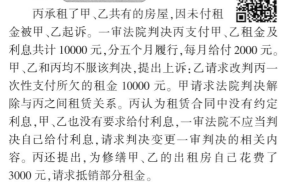

丙承租了甲、乙共有的房屋,因未付租金被甲、乙起诉。一审法院判决丙支付甲、乙租金及利息共计 10000 元,分五个月履行,每月给付 2000 元。甲、乙和丙均不服该判决,提出上诉:乙请求改判丙一次性支付所欠的租金 10000 元。甲请求法院判决解除与丙之间租赁关系。丙认为租赁合同中没有约定利息,甲、乙也没有要求给付利息,一审法院不应当判决自己给付利息,请求判决变更一审判决的相关内容。丙还提出,为修缮甲、乙的出租房自己花费了 3000 元,请求抵销部分租金。

关于甲上诉请求解除与丙的租赁关系,下列选项正确的是:

A. 二审法院查明事实后直接判决

B. 二审法院直接裁定发回重审

C. 二审法院经当事人同意进行调解解决

D. 甲在上诉中要求解除租赁关系的请求,须经乙同意

**221.** 2009/3/45/单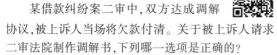

某借款纠纷案二审中,双方达成调解协议,被上诉人当场将欠款付清。关于被上诉人请求二审法院制作调解书,下列哪一选项是正确的?

A. 可以不制作调解书,因为当事人之间的权利义务已经实现

B. 可以不制作调解书,因为本案属于法律规定可以不制作调解书的情形

C. 应当制作调解书,因为二审法院的调解结果除解决纠纷外,还具有对一审法院的判决效力发生影响的功能

D. 应当制作调解书,因为被上诉人已经提出请

求,法院应当予以尊重

**222.** 2008/3/99/任

某省海兴市的《现代企业经营》杂志刊登了一篇自由撰稿人吕某所写的报道,内容涉及同省龙门市甲公司的经营方式。甲公司负责人汪某看到该篇文章后,认为《现代企业经营》作为一本全省范围内发行的杂志,其所发文章内容严重失实,损害了甲公司的名誉,使公司的经营受到影响。于是甲公司向法院起诉要求《现代企业经营》杂志社和吕某赔偿损失 5 万元,并进行赔礼道歉。一审法院仅判决杂志社赔偿甲公司 3 万元,未对"赔礼道歉"的请求进行处理。杂志社认为赔偿数额过高,不服一审判决提起上诉。

关于二审法院对本案的处理,下列选项正确的是:

A. 由于"赔礼道歉"的诉讼请求并不在上诉请求的范围之中,二审法院不得对其进行审理

B. 针对一审中"赔礼道歉"的诉讼请求,二审法院应根据当事人自愿的原则进行调解,调解不成的,发回重审

C. 针对一审中"赔礼道歉"的诉讼请求,二审法院应根据当事人自愿的原则进行调解,调解不成的,径行判决

D. 针对一审中"赔礼道歉"的诉讼请求,二审法院应根据当事人自愿的原则进行调解,调解不成的,告知甲公司另行起诉

**考点43** 二审的判决与裁定

**223.** 2022 回忆/单

甲在网上购买乙公司生产的家具,乙公司将家具送到甲父母家安装调试好之后要求付款遭拒,遂起诉甲要求支付家具款。甲独自出庭应诉,一审法院判决原告胜诉。甲不服提起上诉,二审法院发现甲是 15 岁的学生。关于二审法院对本案的处理,下列哪一说法是正确的?

A. 裁定驳回起诉

B. 裁定撤销原判,发回重审

C. 通知甲的法定代理人出庭,继续审理

D. 继续审理后作出判决

**224.** 2020 回忆/单

甲、乙互殴,甲被乙打伤,向法院起诉乙向其支付赔偿金,法院判决甲胜诉。乙不服提起上诉,二审期间,甲、乙达成和解协议,向法院申请撤回起诉,法院经审查发现和解协议内容与原判决认定的事实不一致。法院应当如何处理?

A. 准许撤回起诉,一审判决生效

B. 不准许撤回起诉,根据审理结果作出判决

C. 不准许撤回起诉,应当撤销原判,发回重审

D. 准予撤回起诉,一并裁定撤销原判

**225.** 2017/3/45/单

张某诉新立公司买卖合同纠纷案,新立公司不服一审判决提起上诉。二审中,新立公司与张某达成协议,双方同意撤回起诉和上诉。关于本案,下列哪一选项是正确的?

A. 起诉应在一审中撤回,二审中撤回起诉的,法院不应准许

B. 因双方达成合意撤回起诉和上诉的,法院可准许张某二审中撤回起诉

C. 二审法院应裁定撤销一审判决并发回重审,一审法院重审时准许张某撤回起诉

D. 二审法院可裁定新立公司撤回上诉,而不许张某撤回起诉

**226.** 2017/3/82/多

朱某诉力胜公司商品房买卖合同纠纷案,朱某要求判令被告支付违约金 5 万元;因房屋质量问题,请求被告修缮,费用由被告支付。一审法院判决被告败诉,认可了原告全部诉讼请求。力胜公司不服令其支付 5 万元违约金的判决,提起上诉。二审法院发现一审法院关于房屋有质量问题的事实认定,证据不充分。关于二审法院对本案的处理,下列哪些说法是正确的?

A. 应针对上诉人不服违约金判决的请求进行审理

B. 可对房屋修缮问题在查明事实的情况下依法改判

C. 应针对上诉人上诉请求所涉及的事实认定和法律适用进行审理

D. 应全面审查一审法院对案件的事实认定和法律适用

**227.** 2016/3/46/单

某死亡赔偿案件,二审法院在将判决书送达当事人签收后,发现其中死亡赔偿金计算错误(数学上的错误),导致总金额少了 7 万余元。关于二审法院如何纠正,下列哪一选项是正确的?

A. 应当通过审判监督程序,重新制作判决书

B. 直接作出改正原判决的新判决书并送达双方当事人

C. 作出裁定书予以补正

D. 报请上级法院批准后作出裁定予以补正

**228.** 2015/3/82/多

章俊诉李泳借款纠纷案在某县法院适用简易程序审理。县法院判决后,章俊上诉,二审法院以事实不清为由发回重审。县法院征得当事人同意后,适用简易程序重审此案。在答辩期间,李泳提出管辖权异议,县法院不予审查。案件开庭前,章俊增加了诉讼请求,李泳提出反诉,县法院受理了章俊提出的增加诉讼请求,但以重审不可提出反诉为由拒绝受理李泳的反诉。关于本案,该县法院的下列哪些做法是正确的?

A. 征得当事人同意后,适用简易程序重审此案

B. 对李泳提出的管辖权异议不予审查

C. 受理章俊提出的增加诉讼请求

D. 拒绝受理李泳的反诉

**229.** 2014/3/47/单

甲诉乙人身损害赔偿一案,一审法院根据甲的申请,冻结了乙的银行账户,并由李法官独任审理。后甲胜诉,乙提出上诉。二审法院认为一审事实不清,裁定撤销原判,发回重审。关于重审,下列哪一表述是正确的?

A. 由于原判已被撤销,一审中的审判行为无效,保全措施也应解除

B. 由于原判已被撤销,一审中的诉讼行为无效,法院必须重新指定举证时限

C. 重审时不能再适用简易程序,应组成合议庭,李法官可作为合议庭成员参加重审

D. 若重审法院判决甲胜诉,乙再次上诉,二审法院认为重审认定的事实依然错误,则只能在查清事实后改判

**230.** 2008/3/36/单

甲公司与乙公司因合同纠纷向 A 市 B 区法院起诉,乙公司应诉。经开庭审理,法院判决甲公司胜诉。乙公司不服 B 区法院的一审判决,以双方签订了仲裁协议为由向 A 市中级法院提起上诉,要求据此撤销一审判决,驳回甲公司的起诉。A 市中级法院应当如何处理?

A. 裁定撤销一审判决,驳回甲公司的起诉

B. 应当首先审查仲裁协议是否有效,如果有效,则裁定撤销一审判决,驳回甲公司的起诉

C. 应当裁定撤销一审判决,发回原审法院重审

D. 应当裁定驳回乙公司的上诉,维持原判决

# 专题十六 审判监督程序

**考点44** 再审的启动

**231.** 2021 回忆/单

甲向乙借款 50 万元,由丙提供保证,保证合同中未约定保证方式。后因借款清偿发生纠纷,一审法院判决认定丙承担连带保证责任。丙不服提起上诉,二审法院判决丙承担一般保证责任。判决

生效后,丙以签订保证合同时意思表示错误不应承担保证责任为由申请再审。关于对丙申请的处理,下列哪一做法是正确的?

A. 裁定再审后组织调解,调解不成,告知另行起诉
B. 裁定再审后组织调解,调解不成,裁定发回重审
C. 裁定不予受理再审申请
D. 裁定驳回再审申请

**232.** 2015/3/42/单

关于法院制作的调解书,下列哪一说法是正确的?

A. 经法院调解,老李和小李维持收养关系,可不制作调解书
B. 某夫妻解除婚姻关系的调解书生效后,一方以违反自愿为由可申请再审
C. 检察院对调解书的监督方式只能是提出检察建议
D. 执行过程中,达成和解协议的,法院可根据当事人的要求制作成调解书

**233.** 2014/3/80/多

就瑞成公司与建华公司的合同纠纷,某省甲市中院作出了终审裁判。建华公司不服,打算启动再审程序。后其向甲市检察院申请检察建议,甲市检察院经过审查,作出驳回申请的决定。关于检察监督,下列哪些表述是正确的?

A. 建华公司可在向该省高院申请再审的同时,申请检察建议
B. 在甲市检察院驳回检察建议申请后,建华公司可向该省检察院申请抗诉
C. 甲市检察院在审查检察建议申请过程中,可向建华公司调查核实案情
D. 甲市检察院在审查检察建议申请过程中,可向瑞成公司调查核实案情

**234.** 2013/3/49/单

关于检察监督,下列哪一选项是正确的?

A. 甲县检察院认为乙县法院的生效判决适用法律错误,对其提出检察建议
B. 丙市检察院就合同纠纷向仲裁委员会提出检察建议,要求重新仲裁
C. 丁县检察院认为丁县法院某法官在制作除权判决时收受贿赂,向该法院提出检察建议
D. 戊县检察院认为戊县法院认定某公民为无民事行为能力人的判决存在程序错误,报请上级检察院提起抗诉

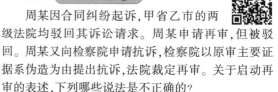

**235.** 2013/3/81/多

周某因合同纠纷起诉,甲省乙市的两级法院均驳回其诉讼请求。周某申请再审,但被驳回。周某又向检察院申请抗诉,检察院以原审主要证据系伪造为由提出抗诉,法院裁定再审。关于启动再审的表述,下列哪些说法是不正确的?

A. 周某只应向甲省高院申请再审
B. 检察院抗诉后,应当由接受抗诉的法院审查后,作出是否再审的裁定
C. 法院应当在裁定再审的同时,裁定撤销原判
D. 法院应当在裁定再审的同时,裁定中止执行

**236.** 2011/3/77/多

根据《民事诉讼法》以及相关司法解释,关于离婚诉讼,下列哪些选项是正确的?

A. 被告下落不明的,案件由原告住所地法院管辖
B. 一方当事人死亡的,诉讼终结
C. 判决生效后,不允许当事人申请再审
D. 原则上不公开审理,因其属于法定不公开审理案件范围

**237.** 2010/3/42/单

李某向 A 公司追索劳动报酬。诉讼中,李某向法院申请先予执行部分劳动报酬,法院经查驳回李某申请。李某不服,申请复议。法院审查后再次驳回李某申请。李某对复议结果仍不服,遂向上一级法院申请再审。关于上一级法院对该再审申请的处理,下列哪一选项是正确的?

A. 裁定再审
B. 决定再审
C. 裁定不予受理
D. 裁定驳回申请

**238.** 2010/3/47/单

张某诉季某人身损害赔偿一案判决生效后,张某以法院剥夺其辩论权为由申请再审,在法院审查张某再审申请期间,检察院对该案提出抗诉。关于法院的处理方式,下列哪一选项是正确的?

A. 法院继续对当事人的再审申请进行审查,并裁定是否再审
B. 法院应当审查检察院的抗诉是否成立,并裁定是否再审
C. 法院应当审查检察院的抗诉是否成立,如不成立,再继续审查当事人的再审申请
D. 法院直接裁定再审

**239.** 2009/3/87/任

甲公司诉乙公司合同纠纷案,南山市 S 县法院进行了审理并作出驳回甲公司诉讼请求的判

决,甲公司未提出上诉。判决生效后,甲公司因收集到新的证据申请再审。下列哪些选项是正确的?

A. 甲公司应当向 S 县法院申请再审
B. 甲公司应当向南山市中级法院申请再审
C. 法院应当适用一审程序再审本案
D. 法院应当适用二审程序再审本案

**240．** 2008/3/35/单

赵某与黄某因某项财产所有权发生争议,赵某向法院提起诉讼,经一、二审法院审理后,判决该项财产属赵某所有。此后,陈某得知此事,向二审法院反映其是该财产的共同所有人,并提供了相关证据。二审法院经审查,决定对此案进行再审。关于此案的说法,下列哪一选项是正确的?

A. 陈某不是本案一、二审当事人,不能参加再审程序
B. 二审法院可以直接通知陈某参加再审程序,并根据自愿原则进行调解,调解不成的,告知陈某另行起诉
C. 二审法院可以直接通知陈某参加再审程序,并根据自愿原则进行调解,调解不成的,裁定撤销一、二审判决,发回原审法院重审
D. 二审法院只能裁定撤销一、二审判决,发回原审法院重审

**考点45 再审审理程序**

**241．** 2020 回忆/多

甲公司依据供货合同要求乙公司履行货款,向法院提起诉讼,一审和二审乙公司均败诉。后乙公司向法院申请再审,上级法院认为事实不清,指定下级法院再审。再审期间甲公司要求增加违约金,乙公司以货物质量不合格为由提起反诉,主张解除合同。法院应当如何处理?

A. 对于增加违约金的请求,法院应调解处理
B. 对于解除合同的请求,法院应调解处理
C. 对于增加违约金的请求,法院应告知另行起诉
D. 对于解除合同的请求,法院应告知另行起诉

**242．** 2019 回忆/单

甲起诉乙,要求乙返还借款 10 万元。一审法院判决乙败诉,当事人均未上诉。判决生效后,乙向法院申请再审。在再审过程中,法院发现甲和乙已经达成了和解协议,并且乙已经向甲支付完毕。法院应如何处理?

A. 继续再审
B. 驳回再审请求
C. 判决执行一审判决
D. 裁定终结再审程序

**243．** 2018 回忆/单

甲、乙两公司发生合同纠纷,某区人民法院判决甲公司胜诉,双方均未上诉。判决生效后,乙公司拒不履行生效判决,甲公司向区人民法院申请执行。在执行中,甲、乙公司达成和解协议,并且当即履行完毕,区人民法院裁定执行终结。后乙公司发现新证据,据此向市中级人民法院申请再审,法院应当如何处理?

A. 执行回转
B. 裁定驳回再审申请
C. 可对执行和解协议合法性审查
D. 可裁定终结对再审申请的审查

**244．** 2015/3/46/单

周立诉孙华人身损害赔偿案,一审法院适用简易程序审理,电话通知双方当事人开庭,孙华无故未到庭,法院缺席判决孙华承担赔偿周立医疗费。判决书生效后,周立申请强制执行,执行程序开始,孙华向一审法院提出再审申请。法院裁定再审,未裁定中止原判决的执行。关于本案,下列哪一说法是正确的?

A. 法院电话通知当事人开庭是错误的
B. 孙华以法院未传票通知其开庭即缺席判决为由,提出再审申请是符合法律规定的
C. 孙华应向二审法院提出再审申请,而不可向原一审法院申请再审
D. 法院裁定再审,未裁定中止原判决的执行是错误的

**245．** 2014/3/50/单

万某起诉吴某人身损害赔偿一案,经过两级法院审理,均判决支持万某的诉讼请求,吴某不服,申请再审。再审中万某未出席开庭审理,也未向法院说明理由。对此,法院的下列哪一做法是正确的?

A. 裁定撤诉,视为撤回起诉
B. 裁定撤诉,视为撤回再审申请
C. 裁定诉讼中止
D. 缺席判决

**246．** 2013/3/82/多

韩某起诉翔鹭公司要求其依约交付电脑,并支付迟延履行违约金 5 万元。经县市两级法院审理,韩某均胜诉。后翔鹭公司以原审适用法律错误为由申请再审,省高院裁定再审后,韩某变更诉讼请求为解除合同,支付迟延履行违约金 10 万元。再审法院最终维持原判。关于再审程序的表述,下列哪些选项是正确的?

A. 省高院可以亲自提审,提审应当适用二审程序
B. 省高院可以指令原审法院再审,原审法院再

审时应当适用一审程序

C. 再审法院对韩某变更后的请求应当不予审查

D. 对于维持原判的再审裁判,韩某认为有错误的,可以向检察院申请抗诉

**247．** 2010/3/82/多

关于再审程序的说法,下列哪些选项是正确的?

A. 在再审中,当事人提出新的诉讼请求的,原则上法院应根据自愿原则进行调解,调解不成的告知另行起诉

B. 在再审中,当事人增加诉讼请求的,原则上法院应根据自愿原则进行调解,调解不成的裁定发回重审

C. 按照第一审程序再审案件时,经法院许可原审原告可撤回起诉

D. 在一定条件下,案外人可申请再审

**248．** 2009/3/88/任

林某诉张某房屋纠纷案,经某中级法院一审判决后,林某没有上诉,而是于收到判决书20日后,向省高级法院申请再审。其间,张某向中级法院申请执行判决。省高级法院经审查,认为一审判决确有错误,遂指令作出判决的中级法院再审。下列哪些说法是正确的?

A. 高级法院指令再审的同时,应作出撤销原判决的裁定

B. 中级法院再审时应作出撤销原判决的裁定

C. 中级法院应裁定中止原裁判的执行

D. 中级法院应适用一审程序再审该案

# 专题十七　公益诉讼与第三人撤销之诉

**考点46** 公益诉讼

**249．** 2021 回忆/单

某化工厂排污造成河流严重污染,某环保协会对此提起公益诉讼,要求化工厂赔偿河流污染治理费用300万元。法院经过审理后认为300万元不足以修复环境污染造成的损害,遂建议某环保协会将诉讼请求增加为500万元。某环保协会将诉讼请求变更为500万元,法院判决支持了某环保协会的全部诉讼请求,关于本案表述正确的是:

A. 公益诉讼案件一审终审,当事人无权上诉

B. 某环保协会应当先行通知行政机关处理后再提起公益诉讼

C. 法院建议某环保协会将诉讼请求变更为500万,违反了处分原则

D. 本案应当由中院一审管辖

**250．** 2019 回忆/单

某造纸厂因环保设备不达标,排放的污水对环境造成破坏,极大地影响了周边居民的生活。某市环保协会对该厂提起诉讼。张某因该厂的污染行为受到损害,也想参与本案的诉讼。关于法院的做法,下列哪一选项是正确的?

A. 将张某列为有独立请求权的第三人

B. 将张某列为无独立请求权的第三人

C. 通知张某另行起诉

D. 将张某列为共同原告

**251．** 大洲公司超标排污导致河流污染,公益环保组织甲向A市中级法院提起公益诉讼,请求判令大洲公司停止侵害并赔偿损失。法院受理后,在公告期间,公益环保组织乙也向A市中级法院提起公益诉讼,请求判令大洲公司停止侵害、赔偿损失和赔礼道歉。公益案件审理终结后,渔民梁某以大洲公司排放的污水污染了其承包的鱼塘为由提起诉讼,请求判令赔偿其损失。

请回答第(1)～(3)题。

（1） 2017/3/98/任

对乙组织的起诉,法院的正确处理方式是:

A. 予以受理,与甲组织提起的公益诉讼合并审理

B. 予以受理,作为另案单独审理

C. 属重复诉讼,不予受理

D. 允许其参加诉讼,与甲组织列为共同原告

（2） 2017/3/99/任

公益环保组织因与大洲公司在诉讼中达成和解协议申请撤诉,法院的正确处理方式是:

A. 应将和解协议记入笔录,准许公益环保组织的撤诉申请

B. 不准许公益环保组织的撤诉申请

C. 应将双方的和解协议内容予以公告

D. 应依职权根据和解协议内容制作调解书

（3） 2017/3/100/任

对梁某的起诉,法院的正确处理方式是:

A. 属重复诉讼,裁定不予受理

B. 不予受理,告知其向公益环保组织请求给付

C. 应予受理,但公益诉讼中已提出的诉讼请求不得再次提出

D. 应予受理,其诉讼请求不受公益诉讼影响

**252．** 2015/3/35/单

某品牌手机生产商在手机出厂前预装众多程序,大幅侵占标明内存,某省消费者保护协会以侵害消费者知情权为由提起公益诉讼,法院受理了

该案。下列哪一说法是正确的?

    A. 本案应当由侵权行为地或者被告住所地中级法院管辖

    B. 本案原告没有撤诉权

    C. 本案当事人不可以和解,法院也不可以调解

    D. 因该案已受理,购买该品牌手机的消费者甲若以前述理由诉请赔偿,法院不予受理

**253.** `2013/3/35/单`

根据 2012 年修改的《民事诉讼法》,关于公益诉讼的表述,下列哪一选项是错误的?

    A. 公益诉讼规则的设立,体现了依法治国的法治理念

    B. 公益诉讼的起诉主体只限于法律授权的机关或团体

    C. 公益诉讼规则的设立,有利于保障我国经济社会全面协调发展

    D. 公益诉讼的提起必须以存在实际损害为前提

**考点47** 第三人撤销之诉

**254.** `2023 回忆/单`

某化工厂违规排污导致河流污染,周边居民 10 余人起诉,法院受理后发出公告,又有 30 多人向法院登记。法院审理后判决化工厂向每个当事人赔偿 5 万元。判决生效后,下游的周某向法院起诉化工厂,认为自己的损失有 10 万元,但法院裁定适用先前对其他当事人赔偿 5 万元的判决。周某认为先前的判决有错误,提起第三人撤销之诉。关于法院的处理方式,下列哪一做法是正确的?

    A. 裁定撤销赔偿 5 万元的判决

    B. 判决撤销赔偿 5 万元的判决

    C. 裁定不予受理

    D. 判决驳回诉讼请求

**255.** `2022 回忆/单`

庄某到甲超市购买了乙公司生产的面包,发现面包有异味,遂起诉甲超市退款并赔偿,法院判决庄某胜诉。该判决生效后,乙公司认为面包不存在质量问题,向法院对该判决提起第三人撤销之诉,甲超市认可乙公司的主张。关于本案,下列一说法是正确的?

    A. 甲超市应作为第三人撤销之诉的共同原告

    B. 甲超市应作为第三人撤销之诉的被告

    C. 甲超市应作为第三人撤销之诉的第三人

    D. 法院应裁定驳回乙公司的起诉

**256.** `2021 回忆/任`

庞某是甲公司的股东,持股比例为 51%。乙公司起诉甲公司主张对某块土地的使用权,

法院判决乙公司胜诉。判决生效后,乙公司申请强制执行。庞某提出第三人撤销之诉,主张拥有该块土地使用权。经查,甲公司在判决生效前已经以市场价格将该土地使用权转让给庞某,庞某已经支付价款,并完成了土地使用权转让登记。下列关于本案的表述正确的是:

    A. 本案判决未侵犯庞某合法权益,庞某不能提出第三人撤销之诉

    B. 如果庞某因自身原因没有参加原审,则不能提起第三人撤销之诉

    C. 乙公司可以另行起诉请求撤销甲公司与庞某之间的土地使用权转让合同

    D. 乙公司可以申请法院执行该判决

**257.** `2017/3/38/单`

丙公司因法院对甲公司诉乙公司工程施工合同案的一审判决(未提起上诉)损害其合法权益,向 A 市 B 县法院提起撤销诉讼。案件审理中,检察院提起抗诉,A 市中级法院对该案进行再审,B 县法院裁定将撤销诉讼并入再审程序。关于中级法院对丙公司提出的撤销诉讼请求的处理,下列哪一表述是正确的?

    A. 将丙公司提出的诉讼请求一并审理,作出判决

    B. 根据自愿原则进行调解,调解不成的,告知丙公司另行起诉

    C. 根据自愿原则进行调解,调解不成的,裁定撤销原判发回重审

    D. 根据自愿原则进行调解,调解不成的,恢复第三人撤销诉讼程序

**258.** `2014/3/41/单`

关于第三人撤销之诉,下列哪一说法是正确的?

    A. 法院受理第三人撤销之诉后,应中止原裁判的执行

    B. 第三人撤销之诉是确认原审裁判错误的确认之诉

    C. 第三人撤销之诉由原审法院的上一级法院管辖,但当事人一方人数众多或者双方当事人为公民的案件,应由原审法院管辖

    D. 第三人撤销之诉的客体包括生效的民事判决、裁定和调解书

# 专题十八 特别程序

**考点48** 特别程序

**259.** `2023 回忆/任`

郭某下落不明满 2 年,其妻秦某申请

宣告失踪,法院指定秦某作为财产代管人。后秦某因财产处置与郭某之母白某发生纠纷,白某想自己担任财产代管人,而秦某想指定其已成年的儿子小张担任财产代管人。关于本案的处理,下列说法正确的是:

    A. 秦某向法院请求变更财产代管人,适用特别程序审理

    B. 白某请求变更财产代管人应以秦某为被告起诉,适用特别程序审理

    C. 白某请求变更财产代管人应以秦某为被告起诉,适用普通程序审理

    D. 白某请求变更财产代管人可以小张为被告起诉,适用普通程序审理

**260.** `2017/3/47/单`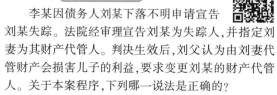

    李某因债务人刘某下落不明申请宣告刘某失踪。法院经审理宣告刘某为失踪人,并指定刘妻为其财产代管人。判决生效后,刘父认为由刘妻代管财产会损害儿子的利益,要求变更刘某的财产代管人。关于本案程序,下列哪一说法是正确的?

    A. 李某无权申请刘某失踪

    B. 刘父应提起诉讼变更财产代管人,法院适用普通程序审理

    C. 刘父应向法院申请变更刘妻的财产代管权,法院适用特别程序审理

    D. 刘父应向法院申请再审变更财产代管权,法院适用再审程序审理

**261.** 2015 年 4 月,居住在 B 市(直辖市)东城区的林剑与居住在 B 市西城区的钟阳(二人系位于 B 市北城区正和钢铁厂的同事)签订了一份借款合同,约定钟阳向林剑借款 20 万元,月息 1%,2017 年 1 月 20 日前连本带息一并返还。合同还约定,如因合同履行发生争议,可向 B 市东城区仲裁委员会仲裁。至 2017 年 2 月,钟阳未能按时履约。2017 年 3 月,二人到正和钢铁厂人民调解委员会(下称调解委员会)请求调解。调解委员会委派了三位调解员主持该纠纷的调解。

请回答第(1)、(2)题。

**(1)** `2017/3/96/任`

    如调解成功,林剑与钟阳在调解委员会的主持下达成如下协议:2017 年 5 月 15 日之前,钟阳向林剑返还借款 20 万元,支付借款利息 2 万元。该协议有林剑、钟阳的签字,盖有调解委员会的印章和三位调解员的签名。钟阳未按时履行该调解协议,林剑拟提起诉讼。在此情况下,下列说法正确的是:

    A. 应以调解委员会为被告

    B. 应以钟阳为被告

    C. 应以调解委员会和钟阳为共同被告

    D. 应以钟阳为被告,调解委员会为无独立请求权的第三人

**(2)** `2017/3/97/任`

    如调解成功,林剑与钟阳在调解委员会的主持下达成了调解协议,相关人员希望该调解协议被司法确认,下列说法正确的是:

    A. 应由林剑或钟阳向有管辖权的法院申请

    B. 应由林剑、钟阳共同向有管辖权的法院申请

    C. 应在调解协议生效之日起 30 日内提出申请,申请可以是书面方式,也可以是口头方式

    D. 对申请的案件有管辖权的法院包括:B 市西城区法院、B 市东城区法院和 B 市北城区法院

**262.** `2015/3/43/单`

    甲县法院受理居住在乙县的成某诉居住在甲县的罗某借款纠纷案。诉讼过程中,成某出差归途所乘航班失踪,经全力寻找仍无成某生存的任何信息,主管方宣布机上乘客不可能生还,成妻遂向乙县法院申请宣告成某死亡。对此,下列哪一说法是正确的?

    A. 乙县法院应当将宣告死亡案移送至甲县法院审理

    B. 借款纠纷案与宣告死亡案应当合并审理

    C. 甲县法院应当裁定中止诉讼

    D. 甲县法院应当裁定终结诉讼

**263.** `2015/3/45/单`

    李云将房屋出售给王亮,后因合同履行发生争议,经双方住所地人民调解委员会调解,双方达成调解协议,明确王亮付清房款后,房屋的所有权归属王亮。为确保调解协议的效力,双方约定向法院提出司法确认申请,李云随即长期出差在外。下列哪一说法是正确的?

    A. 本案系不动产交易,应向房屋所在地法院提出司法确认申请

    B. 李云长期出差在外,王亮向法院提出确认申请,法院可受理

    C. 李云出差两个月后,双方向法院提出确认申请,法院可受理

    D. 本案的调解协议内容涉及物权确权,法院不予受理

**264.** `2014/3/44/单`

    甲公司与银行订立了标的额为 8000 万元的贷款合同,甲公司董事长美国人汤姆用自己位于 W 市的三套别墅为甲公司提供抵押担保。贷款到期后甲公司无力归还,银行向法院申请适用特别程序实现对别墅的抵押权。关于本案的分析,下列哪一选项是正确的?

    A. 由于本案标的金额巨大,且具有涉外因素,银行应向 W 市中院提交书面申请

  B. 本案的被申请人只应是债务人甲公司

  C. 如果法院经过审查,作出拍卖裁定,可直接移交执行庭进行拍卖

  D. 如果法院经过审查,驳回银行申请,银行可就该抵押权益向法院起诉

**265.** 2012/3/44/单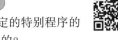

  关于《民事诉讼法》规定的特别程序的表述,下列哪一选项是正确的?

  A. 适用特别程序审理的案件都是非讼案件

  B. 起诉人或申请人与案件都有直接的利害关系

  C. 适用特别程序审理的案件都是一审终审

  D. 陪审员通常不参加适用特别程序案件的审理

**266.** 2010/3/35/单

  张某与李某产生邻里纠纷,张某将李某打伤。为解决赔偿问题,双方同意由人民调解委员会进行调解。经调解员黄某调解,双方达成赔偿协议。关于该纠纷的处理,下列哪一说法是正确的?

  A. 张某如反悔不履行协议,李某可就协议向法院提起诉讼

  B. 张某如反悔不履行协议,李某可向法院提起人身损害赔偿诉讼

  C. 张某如反悔不履行协议,李某可向法院申请强制执行调解协议

  D. 张某可以调解委员会未组成合议庭调解为由,向法院申请撤销调解协议

**267.** 2009/3/49/单

  在基层人大代表换届选举中,村民刘某发现选举委员会公布的选民名单中遗漏了同村村民张某的名字,遂向选举委员会提出申诉。选举委员会认为,刘某不是本案的利害关系人无权提起申诉,故驳回了刘某的申诉,刘某不服诉至法院。下列哪一选项是错误的?

  A. 张某、刘某和选举委员会的代表都必须参加诉讼

  B. 法院应该驳回刘某的起诉,因刘某与案件没有直接利害关系

  C. 选民资格案件关系到公民的重要政治权利,只能由审判员组成合议庭进行审理

  D. 法院对选民资格案件做出的判决是终审判决,当事人不得对此提起上诉

# 专题十九　督促程序

**考点49** 督促程序

**268.** 2019 回忆/多

  甲公司欠乙公司货款,丙公司提供抵押担保。因到期甲公司未支付货款,乙公司向法院申请对甲公司发出支付令。支付令发出后,乙公司将丙公司起诉至法院,要求其履行担保责任。以下哪些选项是正确的?

  A. 该支付令对甲公司有拘束力,对丙公司没有拘束力

  B. 该支付令对甲公司和丙公司均有拘束力

  C. 乙公司对丙公司提起诉讼,不影响支付令效力

  D. 乙公司对丙公司提起诉讼,支付令失效

**269.** 2017/3/83/多

  甲公司购买乙公司的产品,丙公司以其房产为甲公司提供抵押担保。因甲公司未按约支付120万元货款,乙公司向A市B县法院申请支付令。法院经审查向甲公司发出支付令,甲公司拒绝签收。甲公司未在法定期间提出异议,而以乙公司提供的产品有质量问题为由向A市C区法院提起诉讼。关于本案,下列哪些表述是正确的?

  A. 甲公司拒绝签收支付令,法院可采取留置送达

  B. 甲公司提起诉讼,法院应裁定中止督促程序

  C. 乙公司可依支付令向法院申请执行甲公司的财产

  D. 乙公司可依支付令向法院申请执行丙公司的担保财产

**270.** 2016/3/82/多

  单某将八成新手机以4000元的价格卖给卢某,双方约定:手机交付卢某,卢某先付款1000元,待试用一周没有问题后再付3000元。但试用期满卢某并未按约定支付余款,多次催款无果后单某向M法院申请支付令。M法院经审查后向卢某发出支付令,但卢某拒绝签收,法院采取了留置送达。20天后,卢某向N法院起诉,以手机有质量问题要求解除与单某的买卖合同,并要求单某退还1000元付款。根据本案,下列哪些选项是正确的?

  A. 卢某拒绝签收支付令,M法院采取留置送达是正确的

  B. 单某可以依支付令向法院申请强制执行

  C. 因卢某向N法院提起了诉讼,支付令当然失效

  D. 因卢某向N法院提起了诉讼,M法院应当裁定终结督促程序

**271.** 2015/3/47/单

  甲向乙借款20万元,丙是甲的担保人,现已到偿还期限,经多次催讨未果,乙向法院申请支付令。法院受理并审查后,向甲送达支付令。甲在法定期间未提出异议,但以借款不成立为由向另一法院提起诉讼。关于本案,下列哪一说法是正确的?

A. 甲向另一法院提起诉讼,视为对支付令提出异议
B. 甲向另一法院提起诉讼,法院应裁定终结督促程序
C. 甲在法定期间未提出书面异议,不影响支付令效力
D. 法院发出的支付令,对丙具有拘束力

**272.** 〔2014/3/46/单〕

黄某向法院申请支付令,督促陈某返还借款。送达支付令时,陈某拒绝签收,法官遂进行留置送达。12天后,陈某以已经归还借款为由向法院提起书面异议。黄某表示希望法院彻底解决自己与陈某的借款问题。下列哪一说法是正确的?
A. 支付令不能留置送达,法官的送达无效
B. 提出支付令异议的期间是10天,陈某的异议不发生效力
C. 陈某的异议并未否认二人之间存在借贷法律关系,因而不影响支付令的效力
D. 法院应将本案转为诉讼程序审理

**273.** 〔2013/3/84/多〕

胡某向法院申请支付令,督促彗星公司缴纳房租。彗星公司收到后立即提出书面异议称,根据租赁合同,彗星公司的装修款可以抵销租金,因而自己并不拖欠租金。对于法院收到该异议后的做法,下列哪些选项是正确的?
A. 对双方进行调解,促进纠纷的解决
B. 终结督促程序
C. 将案件转为诉讼程序审理,但彗星公司不同意的除外
D. 将案件转为诉讼程序审理,但胡某不同意的除外

**274.** 〔2011/3/85/多〕

甲公司因乙公司拖欠货款向A县法院申请支付令,经审查甲公司的申请符合法律规定,A县法院向乙公司发出支付令。乙公司收到支付令后在法定期间没有履行给付货款的义务,而是向A县法院提起诉讼,要求甲公司承担因其提供的产品存在质量问题的违约责任。关于本案,下列哪些选项是正确的?
A. 支付令失效
B. 甲公司可以持支付令申请强制执行
C. A县法院应当受理乙公司的起诉
D. A县法院不应受理乙公司的起诉

**275.** 〔2008/3/49/单〕

甲公司向乙公司购买了5万元的苹果,甲公司以乙公司提供的苹果不符合约定为由拒绝付款。为此,乙公司向法院申请支付令,要求甲公司支付货款。在支付令异议期间,甲公司既不提出异议又不履行义务,而是向另一法院提起诉讼,要求退货。下列说法中哪一项是正确的?
A. 甲公司的起诉行为使支付令失去效力
B. 甲公司的起诉行为不能阻止支付令的效力
C. 甲公司的起诉行为产生债务人异议的法律后果
D. 甲公司起诉后,受理支付令申请的法院应裁定终结督促程序

# 专题二十 公示催告程序

**考点50** 公示催告程序

**276.** 〔2022 回忆/任〕

张某不慎遗失汇票一张,为防止利益受损,向该汇票支付地的基层法院申请公示催告。因公告期内无人申报权利,经张某申请,法院作出除权判决。关于本案除权判决的性质,下列表述正确的是:
A. 因申请人可凭判决要求支付票据上记载的金钱数额,可作为执行根据
B. 因不具有解决实质争议的效果,属于非诉程序的判决
C. 因具有推定票据权利归申请人所有的效果,属于确权判决
D. 因具有排除他人对票据享有权利的效果,属于形成判决

**277.** 〔2017/3/48/单〕

海昌公司因丢失票据申请公示催告,期间届满无人申报权利,海昌公司遂申请除权判决。在除权判决作出前,家佳公司看到权利申报公告,向法院申报权利。对此,法院下列哪一做法是正确的?
A. 因公示催告期满,裁定驳回家佳公司的权利申报
B. 裁定追加家佳公司参加案件的除权判决审理程序
C. 应裁定终结公示催告程序
D. 作出除权判决,告知家佳公司另行起诉

**278.** 〔2016/3/83/多〕

大界公司就其遗失的一张汇票向法院申请公示催告,法院经审查受理案件并发布公告。在公告期间,盘堂公司持被公示催告的汇票向法院申报权利。对于盘堂公司的权利申报,法院实施的下列哪些行为是正确的?

A. 应当通知大界公司到法院查看盘堂公司提交的汇票

　　B. 若盘堂公司出具的汇票与大界公司申请公示的汇票一致,则应当开庭审理

　　C. 若盘堂公司出具的汇票与大界公司申请公示的汇票不一,则应当驳回盘堂公司的申请

　　D. 应当责令盘堂公司提供证明其对出示的汇票享有所有权的证据

**279.** 2015/3/85/多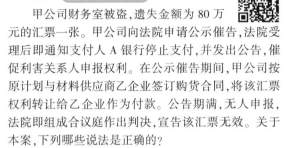

　　甲公司财务室被盗,遗失金额为80万元的汇票一张。甲公司向法院申请公示催告,法院受理后即通知支付人A银行停止支付,并发出公告,催促利害关系人申报权利。在公示催告期间,甲公司按原计划与材料供应商乙企业签订购货合同,将该汇票权利转让给乙企业作为付款。公告期满,无人申报,法院即组成合议庭作出判决,宣告该汇票无效。关于本案,下列哪些说法是正确的?

　　A. A银行应当停止支付,直至公示催告程序终结

　　B. 甲公司将该汇票权利转让给乙企业的行为有效

　　C. 甲公司若未提出申请,法院可以作出宣告该汇票无效的判决

　　D. 法院若判决宣告汇票无效,应当组成合议庭

**280.** 2012/3/46/单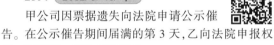

　　甲公司因票据遗失向法院申请公示催告。在公示催告期间届满的第3天,乙向法院申报权利。下列哪一说法是正确的?

　　A. 因公示催告期间已经届满,法院应当驳回乙的权利申报

　　B. 法院应当开庭,就失票的权属进行调查,组织当事人进行辩论

　　C. 法院应当对乙的申报进行形式审查,并通知甲到场查验票据

　　D. 法院应当审查乙迟延申报权利是否具有正当事由,并分别情况作出处理

**281.** 2009/3/89/任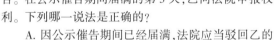

　　甲公司因遗失汇票,向A市B区法院申请公示催告。在公示催告期间,乙公司向B区法院申报权利。关于本案,下列哪些说法是正确的?

　　A. 对乙公司的申报,法院只就申报的汇票与甲公司申请公示催告的汇票是否一致进行形式审查,不进行权利归属的实质审查

　　B. 乙公司申报权利时,法院应当组织双方当事人进行法庭调查与辩论

　　C. 乙公司申报权利时,法院应当组成合议庭审理

　　D. 乙公司申报权利成立时,法院应当裁定终结公示催告程序

# 专题二十一　执行程序

## 考点51 执行程序

**282.** 2023 回忆/单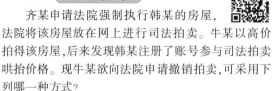

　　齐某申请法院强制执行韩某的房屋,法院将该房屋放在网上进行司法拍卖。牛某以高价拍得该房屋,后来发现韩某注册了账号参与司法拍卖哄抬价格。现牛某欲向法院申请撤销拍卖,可采用下列哪一种方式?

　　A. 向房屋所在地法院起诉韩某

　　B. 向韩某住所地法院起诉韩某

　　C. 向执行法院申请执行标的异议

　　D. 向执行法院申请执行行为异议

**283.** 2022 回忆/多

　　张三向李四出借一个价值5万元的古董瓷盘,约定10日后归还。但几个月后李四仍未返还,张三将其诉至法院,法院判决李四向张三返还瓷盘。张三申请强制执行,经查实该瓷盘已被李四失手打碎,双方达成执行和解协议,约定李四将其所有的另一个瓷盘交付张三。法院裁定中止执行,之后李四认为自己的瓷盘更值钱,于是反悔拒绝交付。关于本案的处理,下列哪些说法是正确的?

　　A. 张三可起诉要求李四履行和解协议

　　B. 张三可申请法院执行和解协议

　　C. 张三可申请法院恢复执行原判决

　　D. 法院可执行李四5万元的其他财产

**284.** 2017/3/41/单

　　易某依法院对王某支付其5万元损害赔偿金之判决申请执行。执行中,法院扣押了王某的某项财产。案外人谢某提出异议,称该财产是其借与王某使用的,该财产为自己所有。法院经审查,认为谢某异议理由成立,遂裁定中止对该财产的执行。关于本案的表述,下列哪一选项是正确的?

　　A. 易某不服该裁定提起异议之诉的,由易某承担对谢某不享有该财产所有权的证明责任

　　B. 易某不服该裁定提起异议之诉的,由谢某承担对其享有该财产所有权的证明责任

　　C. 王某不服该裁定提起异议之诉的,由王某承担对谢某不享有该财产所有权的证明责任

　　D. 王某不服该裁定提起异议之诉的,由王某承担对其享有该财产所有权的证明责任

**285.** 2017/3/49/单

　　钱某在甲、乙、丙三人合伙开设的饭店就餐时被砸伤,遂以营业执照上登记的字号"好安逸"饭店为被告提起诉讼,要求赔偿医疗费等费用25万

元。法院经审理,判决被告赔偿钱某 19 万元。执行过程中,"好安逸"饭店支付了 8 万元后便再无财产可赔。对此,法院应采取下列哪一处理措施?

A. 裁定终结执行

B. 裁定终结本次执行

C. 裁定中止执行,告知当事人另行起诉合伙人承担责任

D. 裁定追加甲、乙、丙为被执行人,执行其财产

**286．** 2017/3/77/多

汤某设宴为母祝寿,向成某借了一尊清代玉瓶装饰房间。毛某来祝寿时,看上了玉瓶,提出购买。汤某以 30 万元将玉瓶卖给了毛某,并要其先付钱,寿典后 15 日内交付玉瓶。毛某依约履行,汤某以种种理由拒绝交付。毛某诉至甲县法院,要求汤某交付玉瓶,得到判决支持。汤某未上诉,判决生效。在该判决执行时,成某知晓了上述情况。对此,成某依法可采取哪些救济措施?

A. 以案外人身份向甲县法院直接申请再审

B. 向甲县法院提出执行异议

C. 向甲县法院提出第三人撤销之诉

D. 向甲县法院申诉,要求甲县法院依职权对案件启动再审

**287．** 2017/3/84/多

龙前铭申请执行郝辉损害赔偿一案,法院查扣了郝辉名下的一辆汽车。查扣后,郝辉的两个哥哥向法院主张该车系三兄弟共有。法院经审查,确认该汽车为三兄弟共有。关于该共同财产的执行,下列哪些表述是正确的?

A. 因涉及案外第三人的财产,法院应裁定中止对该财产的执行

B. 法院可查扣该共有财产

C. 共有人可对该共有财产协议分割,经债权人同意有效

D. 龙前铭可对该共有财产提起析产诉讼

**288．** 2016/3/48/单

甲向法院申请执行郭某的财产,乙、丙和丁向法院申请参与分配,法院根据郭某财产以及各执行申请人债权状况制定了财产分配方案。甲和乙认为分配方案不合理,向法院提出了异议,法院根据甲和乙的意见,对分配方案进行修正后,丙和丁均反对。关于本案,下列哪一表述是正确的?

A. 丙、丁应向执行法院的上一级法院申请复议

B. 甲、乙应向执行法院的上一级法院申请复议

C. 丙、丁应以甲和乙为被告向执行法院提起诉讼

D. 甲、乙应以丙和丁为被告向执行法院提起诉讼

**289．** 2016/3/49/单

何某依法院生效判决向法院申请执行甲的财产,在执行过程中,甲突发疾病猝死。法院询问甲的继承人是否继承遗产,甲的继承人乙表示继承,其他继承人均表示放弃继承。关于该案执行程序,下列哪一选项是正确的?

A. 应裁定延期执行

B. 应直接执行被执行人甲的遗产

C. 应裁定变更乙为被执行人

D. 应裁定变更甲的全部继承人为被执行人

**290．** 2016/3/84/多

田某拒不履行法院令其迁出钟某房屋的判决,因钟某已与他人签订租房合同,房屋无法交给承租人,使钟某遭受损失,钟某无奈之下向法院申请强制执行。法院受理后,责令田某 15 日内迁出房屋,但田某仍拒不履行。关于法院对田某可以采取的强制执行措施,下列哪些选项是正确的?

A. 罚款

B. 责令田某向钟某赔礼道歉

C. 责令田某双倍补偿钟某所受到的损失

D. 责令田某加倍支付以钟某所受损失为基数的同期银行利息

**291．** 2015/3/49/多

甲乙双方合同纠纷,经仲裁裁决,乙须偿付甲货款 100 万元,利息 5 万元,分 5 期偿还。乙未履行该裁决。甲据此向法院申请执行,在执行过程中,双方达成和解协议,约定乙一次性支付货款 100 万元,甲放弃利息 5 万元并撤回执行申请。和解协议生效后,乙反悔,未履行和解协议。关于本案,下列哪些说法是正确的?①

A. 对甲撤回执行的申请,法院裁定中止执行

B. 甲可向法院申请执行和解协议

C. 甲可以乙违反和解协议为由提起诉讼

D. 甲可向法院申请执行原仲裁裁决,法院恢复执行

**292．** 张山承租林海的商铺经营饭店,因拖欠房租被诉至饭店所在地甲法院,法院判决张山偿付林海房租及利息,张山未履行判决。经律师调查发现,张山除所居住房以外,其名下另有一套房屋,林海遂向该房屋所在地乙法院申请执行。乙法院对该套房屋进行查封拍卖。执行过程中,张山前妻宁虹向乙法院提出书面异议,称两人离婚后该房屋已由丙法院判决归其所有,目前尚未办理房屋变更登记手续。

请回答第(1)～(3)题。

————————————

① 原为单选题,根据新法答案有变化,调整为多选题。

（1） 2015/3/98/任

对于宁虹的异议，乙法院的正确处理是：

A. 应当自收到异议之日起 15 日内审查

B. 若异议理由成立，裁定撤销对该房屋的执行

C. 若异议理由不成立，裁定驳回

D. 应当告知宁虹直接另案起诉

（2）2015/3/99/任

如乙法院裁定支持宁虹的请求，林海不服提出执行异议之诉，有关当事人的诉讼地位是：

A. 林海是原告，张山是被告，宁虹是第三人

B. 林海和张山是共同原告，宁虹是被告

C. 林海是原告，张山和宁虹是共同被告

D. 林海是原告，宁虹是被告，张山视其态度而定

（3）2015/3/100/任

乙法院裁定支持宁虹的请求，林海提出执行异议之诉，下列说法可成立的是：

A. 林海可向甲法院提起执行异议之诉

B. 如乙法院审理该案，应适用普通程序

C. 宁虹应对自己享有涉案房屋所有权承担证明责任

D. 如林海未对执行异议裁定提出诉讼，张山可以提出执行异议之诉

**293．** 2014/3/49/单

对于甲和乙的借款纠纷，法院判决乙应归还甲借款。进入执行程序后，由于乙无现金，法院扣押了乙住所处的一架钢琴准备拍卖。乙提出钢琴是其父亲的遗物，申请用一台价值与钢琴相当的相机替换钢琴。法院认为相机不足以抵偿乙的债务，未予同意。乙认为扣押行为错误，提出异议。法院经过审查，驳回该异议。关于乙的救济渠道，下列哪一表述是正确的？

A. 向执行法院申请复议

B. 向执行法院的上一级法院申请复议

C. 向执行法院提起异议之诉

D. 向原审法院申请再审

**294．** 2014/3/85/单

甲诉乙返还 10 万元借款。胜诉后进入执行程序，乙表示自己没有现金，只有一枚祖传玉石可抵债。法院经过调解，说服甲接受玉石抵债，双方达成和解协议并当即交付了玉石。后甲发现此玉石为赝品，价值不足千元，遂申请法院恢复执行。关于执行和解，下列哪一项说法是正确的？①

A. 法院不应在执行中劝说甲接受玉石抵债

B. 由于和解协议已经即时履行，法院无须再将和解协议记入笔录

C. 由于和解协议已经即时履行，法院可裁定执

---

行中止

D. 法院应恢复执行

**295．** 兴源公司与郭某签订钢材买卖合同，并书面约定本合同一切争议由中国国际经济贸易仲裁委员会仲裁。兴源公司支付 100 万元预付款后，因郭某未履约依法解除了合同。郭某一直未将预付款返还，兴源公司遂提出返还货款的仲裁请求，仲裁庭适用简易程序审理，并作出裁决，支持该请求。

由于郭某拒不履行裁决，兴源公司申请执行。郭某无力归还 100 万元现金，但可以收藏的多幅字画提供执行担保。担保期满后郭某仍无力还款，法院在准备执行该批字画时，朱某向法院提出异议，主张自己才是这些字画的所有权人，郭某只是代为保管。

请回答第（1）~（3）题。

（1） 2013/3/98/任

针对本案中郭某拒不履行债务的行为，法院采取的正确的执行措施是：

A. 依职权决定限制郭某乘坐飞机

B. 要求郭某报告当前的财产情况

C. 强制郭某加倍支付迟延履行期间的债务利息

D. 根据郭某的申请，对拖欠郭某货款的金康公司发出履行通知

（2）2013/3/99/任

如果法院批准了郭某的执行担保申请，驳回了朱某的异议，关于执行担保的效力和救济，下列选项正确的是：

A. 批准执行担保后，应当裁定终结执行

B. 担保期满后郭某仍无力偿债，法院根据兴源公司申请方可恢复执行

C. 恢复执行后，可以执行作为担保财产的字画

D. 恢复执行后，既可以执行字画，也可以执行郭某的其他财产

（3）2013/3/100/任

关于朱某的异议和处理，下列选项正确的是：

A. 朱某应当以书面方式提出异议

B. 法院在审查异议期间，不停止执行活动，可以对字画采取保全措施和处分措施

C. 如果朱某对驳回异议的裁定不服，可以提出执行标的异议之诉

D. 如果朱某对驳回异议的裁定不服，可以申请再审

**296．** 2011/3/46/单

执行程序的参与分配制度对适用条件

---

① 原为多选题，根据新法答案有变化，调整为单选题。

作了规定。下列哪一选项不属于参与分配适用的条件?

  A. 被执行人的财产无法清偿所有的债权

  B. 被执行人为法人或其他组织而非自然人

  C. 有多个申请人对同一被申请人享有债权

  D. 参与分配的债权只限于金钱债权

**297.** 2011/3/47/单

  关于执行行为异议与案外人对诉讼标的的异议的比较,下列哪一选项是错误的?

  A. 异议都是在执行过程中提出

  B. 异议都应当向执行法院提出

  C. 申请异议当事人有部分相同

  D. 申请异议人对法院针对异议所作裁定不服,可采取的救济手段相同

**298.** 2010/3/45/单

  法院受理甲出版社、乙报社著作权纠纷案,判决乙赔偿甲 10 万元,并登报赔礼道歉。判决生效后,乙交付 10 万元,但未按期赔礼道歉,甲申请强制执行。执行中,甲、乙自行达成口头协议,约定乙免于赔礼道歉,但另付甲一万元。关于法院的做法,下列哪一选项是正确的?

  A. 不允许,因协议内容超出判决范围,应当继续执行生效判决

  B. 允许,法院视为申请人撤销执行申请

  C. 允许,将当事人协议内容记入笔录,由甲、乙签字或盖章

  D. 允许,根据当事人协议内容制作调解书

**299.** 2010/3/49/单

  甲公司申请强制执行乙公司的财产,法院将乙公司的一处房产列为执行标的。执行中,丙银行向法院主张,乙公司已将该房产抵押贷款,并以自己享有抵押权为由提出异议。乙公司否认将房产抵押给丙银行。经审查,法院驳回丙银行的异议。丙银行拟向法院起诉,关于本案被告的确定,下列哪一选项是正确的?

  A. 丙银行只能以乙公司为被告起诉

  B. 丙银行只能以甲公司为被告起诉

  C. 丙银行可选择甲公司为被告起诉,也可选择乙公司为被告起诉

  D. 丙银行应当以甲公司和乙公司为共同被告起诉

**300.** 2010/3/90/任

  根据《民事诉讼法》和相关司法解释规定,关于执行程序中的当事人,对下列哪些事项可享有异议权?

  A. 法院对某案件的执行管辖权

  B. 执行法院的执行行为的合法性

  C. 执行标的的所有权归属

  D. 执行法院作出的执行中止的裁定

**301.** 2009/3/50/单

  在民事执行中,被执行人朱某申请暂缓执行,提出由吴某以自有房屋为其提供担保,申请执行人刘某同意。法院作出暂缓执行裁定,期限为六个月。对于暂缓执行期限届满后朱某仍不履行义务的情形,下列哪一选项是正确的?

  A. 刘某应起诉吴某,取得执行依据可申请执行吴某的担保房产

  B. 朱某财产不能清偿全部债务时刘某方能起诉吴某,取得执行依据可申请执行吴某的担保房产

  C. 朱某财产不能清偿刘某债权时法院方能执行吴某的担保房产

  D. 法院可以直接裁定执行吴某的担保房产

**302.** 2009/3/86/任

  关于民事审判程序与民事执行程序的关系,下列哪些说法是错误的?

  A. 民事审判程序是确认民事权利义务的程序,民事执行程序是实现民事权利义务关系的程序

  B. 法院对案件裁定进行再审时,应当裁定终结执行

  C. 民事审判程序是民事执行程序的前提

  D. 民事执行程序是民事审判程序的继续

**303.** 2008/3/89/任

  执行法院对下列哪些财产不得采取执行措施?

  A. 被执行人未发表的著作

  B. 被执行人及其所扶养家属完成义务教育所必需的物品

  C. 金融机构交存在中国人民银行的存款准备金和备付金

  D. 金融机构的营业场所

# 专题二十二 涉外民事诉讼程序

**考点52** 涉外民事诉讼程序

**304.** 2014/3/84/多

  2012 年 1 月,中国甲市公民李虹(女)与美国留学生琼斯(男)在中国甲市登记结婚,婚后两人一直居住在甲市 B 区。2014 年 2 月,李虹提起离婚诉讼,甲市 B 区法院受理了该案件,适用普通程序审理。关于本案,下列哪些表述是正确的?

  A. 本案的一审审理期限为 6 个月

B. 法院送达诉讼文书时,对李虹与琼斯可采取同样的方式

C. 不服一审判决,李虹的上诉期为 15 天,琼斯的上诉期为 30 天

D. 美国驻华使馆法律参赞可以个人名义作为琼斯的诉讼代理人参加诉讼

**305．** `2013/3/47/单`

关于涉外民事诉讼管辖的表述,下列哪一选项是正确的?

A. 凡是涉外诉讼与我国法院所在地存在一定实际联系的,我国法院都有管辖权,体现了诉讼与法院所在地实际联系原则

B. 当事人在不违反级别管辖和专属管辖的前提下,可以约定各类涉外民事案件的管辖法院,体现了尊重当事人原则

C. 中外合资经营企业与其他民事主体的合同纠纷,专属我国法院管辖,体现了维护国家主权原则

D. 重大的涉外案件由中级以上级别的法院管辖,体现了便于当事人诉讼原则

**306．** `2010/3/85/多`

住所位于我国 A 市 B 区的甲公司与美国乙公司在我国 M 市 N 区签订了一份买卖合同,美国乙公司在我国 C 市 D 区设有代表处。甲公司因乙公司提供的产品质量问题诉至法院。关于本案,下列哪些选项是正确的?

A. M 市 N 区法院对本案有管辖权

B. C 市 D 区法院对本案有管辖权

C. 法院向乙公司送达时,可向乙公司设在 C 市 D 区的代表处送达

D. 如甲公司不服一审判决,应当在一审判决书送达之日起十五日内提起上诉

**307．** `2009/3/90/任`

中国公民甲与外国公民乙因合同纠纷诉至某市中级法院,法院判决乙败诉。判决生效后,甲欲请求乙所在国家的法院承认和执行该判决。关于甲可以利用的途径,下列哪些说法是正确的?

A. 可以直接向有管辖权的外国法院申请承认和执行

B. 可以向中国法院申请,由法院根据我国缔结或者参加的国际条约,或者按照互惠原则,请求外国法院承认和执行

C. 可以向司法行政部门申请,由司法行政部门根据我国缔结或者参加的国际条约,或者按照互惠原则,请求外国法院承认和执行

D. 可以向外交部门申请,由外交部门向外国中央司法机关请求协助

**308．** `2008/3/50/多`

关于涉外民事诉讼及仲裁中相关问题的说法,下列哪些选项是错误的?①

A. 涉外民事诉讼的财产保全,只能依申请开始,法院不能依职权进行

B. 涉外财产保全中的诉前财产保全,法院可以责令申请人提供担保

C. 涉外仲裁裁决在外国的承认与执行,只能由当事人向有关外国法院申请

D. 涉外民事判决的承认与执行,既可以由当事人向有管辖权的外国法院申请,也可以由人民法院请求外国法院承认与执行

**309．** `2008/3/81/多`

根据《民事诉讼法》的规定,我国法院与外国法院可以进行司法协助,互相委托,代为一定的诉讼行为。但是在下列哪些情况下,我国法院应予以驳回或说明理由退回外国法院?

A. 委托事项同我国的主权、安全不相容的

B. 不属于我国法院职权范围的

C. 违反我国法律的基本准则或者我国国家利益、社会利益的

D. 外国法院委托我国法院代为送达法律文书,未附中文译本的

# 专题二十三　仲裁与仲裁法概述

### 考点 53 仲裁与仲裁法概述

**310．** `2020 回忆/任`

洪县的李某和成县的辛某因买卖合同发生纠纷,双方约定由成县仲裁委仲裁解决该买卖合同纠纷。后李某向成县法院起诉,法院受理了该案件。首次开庭前,辛某主张双方存在仲裁协议,李某当庭将辛某打伤。双方当事人就医药费赔偿问题达成仲裁协议,由 C 仲裁委或者 D 仲裁委仲裁。辛某向 C 仲裁委申请仲裁,首次开庭,双方当事人对仲裁协议没有异议。在仲裁委的调解下,双方当事人达成调解协议,仲裁委依据调解协议制作了调解书。关于本案,说法正确的是:

A. 当事人可以仲裁协议无效为由申请撤销仲裁调解书

B. 当事人约定由 C 仲裁委或 D 仲裁委仲裁的仲裁协议并非当然无效

C. C 仲裁委受理案件是错误的

---

① 原为单选题,根据新法答案有变化,调整为多选题。

D. 成县法院应裁定驳回起诉

**311.** `2012/3/85/多`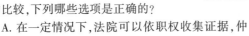

关于法院与仲裁庭在审理案件有关权限的比较,下列哪些选项是正确的?

A. 在一定情况下,法院可以依职权收集证据,仲裁庭也可以自行收集证据

B. 对专门性问题需要鉴定的,法院可以指定鉴定部门鉴定,仲裁庭也可以指定鉴定部门鉴定

C. 当事人在诉讼中或仲裁中达成和解协议的,法院可以根据当事人的申请制作判决书,仲裁庭也可以根据当事人的申请制作裁决书

D. 当事人协议不愿写明争议事实和判(裁)决理由的,法院可以在判决书中不予写明,仲裁庭也可以在裁决书中不予写明

**312.** `2011/3/36/单`

关于民事仲裁与民事诉讼的区别,下列哪一选项是正确的?

A. 具有给付内容的生效判决书都具有执行力,具有给付内容的生效裁决书没有执行力

B. 诉讼中当事人可以申请财产保全,在仲裁中不可以申请财产保全

C. 仲裁不需对案件进行开庭审理,诉讼原则上要对案件进行开庭审理

D. 仲裁机构是民间组织,法院是国家机关

# 专题二十四 仲裁协议

### 考点54 仲裁协议

**313.** `2022 回忆/多`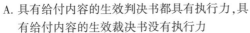

A市甲公司与B市乙公司签订建设工程施工合同,合同约定,合同履行发生纠纷可向A市的A仲裁委员会或B市的B仲裁委员会申请仲裁。合同发生纠纷后,甲公司向仲裁委员会申请仲裁,乙公司请求确认仲裁协议无效。关于本案,下列哪些说法是正确的?

A. 甲公司可向A仲裁委员会申请仲裁

B. 甲公司可向B仲裁委员会申请仲裁

C. 乙公司可向A仲裁委员会申请确认仲裁协议效力

D. 乙公司可向B市中级人民法院申请确认仲裁协议效力

**314.** `2017/3/35/单`

住所在M省甲县的旭日公司与住所在N省乙县的世新公司签订了一份建筑工程施工合同,工程地为M省丙县,并约定如合同履行发生争议,在北京适用《中国国际经济贸易仲裁委员会仲裁规则》进行仲裁。履行过程中,因工程款支付问题发生争议,世新公司拟通过仲裁或诉讼解决纠纷,但就在哪个仲裁机构进行仲裁,双方产生分歧。对此,下列哪一部门对该案享有管辖权?

A. 北京仲裁委员会

B. 中国国际经济贸易仲裁委员会

C. M省甲县法院

D. M省丙县法院

**315.** `2017/3/50/单`

住所在A市B区的两江公司与住所在M市N区的百向公司,在两江公司的分公司所在地H市J县签订了一份产品购销合同,并约定如发生合同纠纷可向设在W市的仲裁委员会申请仲裁(W市有两个仲裁委员会)。因履行合同发生争议,两江公司向W市的一个仲裁委员会申请仲裁。仲裁委员会受理后,百向公司拟向法院申请认定仲裁协议无效。百向公司应向下列哪一法院提出申请?

A. 可向W市中级法院申请

B. 只能向M市中级法院申请

C. 只能向A市中级法院申请

D. 可向H市中级法院申请

**316.** `2017/3/85/多`

住所在北京市C区的甲公司与住所在北京市H区的乙公司在天津市J区签订了一份买卖合同,约定合同履行发生争议,由北京仲裁委员会仲裁或者向H区法院提起诉讼。合同履行过程中,双方发生争议,甲公司到北京仲裁委员会申请仲裁,仲裁委员会受理并向乙公司送达了甲公司的申请书副本。在仲裁庭主持首次开庭的答辩阶段,乙公司对仲裁协议的效力提出异议。仲裁庭对此作出了相关的意思表示。此后,乙公司又向法院提出对仲裁协议的效力予以认定的申请。下列哪些选项是正确的?

A. 双方当事人约定的仲裁协议原则有效

B. 仲裁庭对案件管辖权作出决定应有仲裁委员会的授权

C. 仲裁庭对乙公司的申请应予以驳回,继续审理案件

D. 乙公司应向天津市中级法院申请认定仲裁协议的效力

**317.** `2016/3/95/任`

住所地在H省K市L区的甲公司与住所地在F省E市D区的乙公司签订了一份钢材买卖合同,价款数额为90万元。合同在B市C区签订,双方约定合同履行地为W省Z市Y区,同时约定如因合同履行发生争议,由B市仲裁委员会仲裁。合同履行过程中,因钢材质量问题,甲公司与乙公司发生

争议,甲公司欲申请仲裁解决。因B市有两个仲裁机构,分别为丙仲裁委员会和丁仲裁委员会(两个仲裁委员会所在地都在B市C区),乙公司认为合同中的仲裁条款无效,欲向有关机构申请确认仲裁条款无效。依据法律和司法解释的规定,乙公司可以向有关机构申请确认仲裁条款无效。关于确认的机构,下列选项正确的是:

A. 丙仲裁委员会

B. 丁仲裁委员会

C. B市中级法院

D. B市C区法院

**318.** 2016/3/98/任

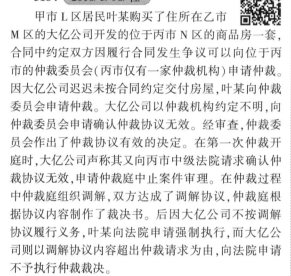

甲市L区居民叶某购买了住所在乙市M区的大亿公司开发的位于丙市N区的商品房一套,合同中约定双方因履行合同发生争议可以向位于丙市的仲裁委员会(丙市仅有一家仲裁机构)申请仲裁。因大亿公司迟迟未按合同约定交付房屋,叶某向仲裁委员会申请仲裁。大亿公司以仲裁机构约定不明,向仲裁委员会申请确认仲裁协议无效。经审查,仲裁委员会作出了仲裁协议有效的决定。在第一次仲裁开庭时,大亿公司声称其又向丙市中级法院请求确认仲裁协议无效,申请仲裁庭中止案件审理。在仲裁过程中仲裁组织调解,双方达成了调解协议,仲裁庭根据协议内容制作了裁决书。后因大亿公司不按调解协议履行义务,叶某向法院申请强制执行,而大亿公司则以调解协议内容超出仲裁请求为由,向法院申请不予执行仲裁裁决。

大亿公司向丙市中级法院请求确认仲裁协议无效,对此,正确的做法是:

A. 丙市中级法院应予受理并进行审查

B. 丙市中级法院不予受理

C. 仲裁庭在法院就仲裁协议效力作出裁定之前,应当中止仲裁程序

D. 仲裁庭应继续开庭审理

**319.** 2015/3/50/单

大成公司与华泰公司签订投资合同,约定了仲裁条款:如因合同效力和合同履行发生争议,由A仲裁委员会仲裁。合作中双方发生争议,大成公司遂向A仲裁委员会提出仲裁申请,要求确认投资合同无效。A仲裁委员会受理。华泰公司提交答辩称,如合同无效,仲裁条款当然无效,故A仲裁委员会无权受理本案。随即,华泰公司向法院申请确认仲裁协议无效,大成公司见状,向A仲裁委员会提出请求确认仲裁协议有效。关于本案,下列哪一说法是正确的?

A. A仲裁委员会无权确认投资合同是否有效

B. 投资合同无效,仲裁条款即无效

C. 仲裁条款是否有效,应由法院作出裁定

D. 仲裁条款是否有效,应由A仲裁委员会作出决定

**320.** 2014/3/98/任

B市的京发公司与T市的蓟门公司签订了一份海鲜买卖合同,约定交货地在T市,并同时约定"涉及本合同的争议,提交S仲裁委员会仲裁。"京发公司收货后,认为海鲜等级未达到合同约定,遂向S仲裁委员会提起解除合同的仲裁申请,仲裁委员会受理了该案。在仲裁规则确定的期限内,京发公司选定仲裁员李某作为本案仲裁庭的仲裁员,蓟门公司未选定仲裁员,双方当事人也未共同选定第三名仲裁员,S仲裁委主任指定张某为本案仲裁庭仲裁员、刘某为本案首席仲裁员,李某、张某、刘某共同组成本案的仲裁庭,仲裁委向双方当事人送达了开庭通知。

开庭当日,蓟门公司未到庭,也未向仲裁庭说明未到庭的理由。仲裁庭对案件进行了审理并作出缺席裁决。在评议裁决结果时,李某和张某均认为蓟门公司存在严重违约行为,合同应解除,而刘某认为合同不应解除,拒绝在裁决书上签名。最终,裁决书上只有李某和张某的签名。

S仲裁委员会将裁决书向双方当事人进行送达时,蓟门公司拒绝签收,后蓟门公司向法院提出撤销仲裁裁决的申请。关于本案中仲裁庭组成,下列说法正确的是:

A. 京发公司有权选定李某为本案仲裁员

B. 仲裁委主任有权指定张某为本案仲裁员

C. 仲裁委主任有权指定刘某为首席仲裁员

D. 本案仲裁庭的组成合法

**321.** 兴源公司与郭某签订钢材买卖合同,并书面约定本合同一切争议由中国国际经济贸易仲裁委员会仲裁。兴源公司支付100万元预付款后,因郭某未履约依法解除了合同。郭某一直未将预付款返还,兴源公司遂提出返还货款的仲裁请求,仲裁庭适用简易程序审理,并作出裁决,支持该请求。

由于郭某拒不履行裁决,兴源公司申请执行。郭某无力归还100万元现金,但可以收藏的多幅字画提供执行担保。担保期满后郭某仍无力还款,法院在准备执行该批字画时,朱某向法院提出异议,主张自己才是这些字画的所有权人,郭某只是代为保管。

请回答下列(1)(2)题。

(1) 2013/3/95/任

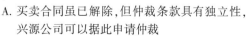

关于仲裁协议的表述,下列选项正确的是:

A. 买卖合同虽已解除,但仲裁条款具有独立性,兴源公司可以据此申请仲裁

B. 兴源公司返还货款的请求是基于不当得利请求权，与买卖合同无关，不应据此申请仲裁

C. 仲裁协议未约定适用简易程序，仲裁庭不应适用简易程序审理

D. 双方选择的中国国际经济贸易仲裁委员会是涉外仲裁机构，本案不具有涉外因素，应当重新选择

（2）2013/3/97/任

假设在执行过程中，郭某向法院提出异议，认为本案并非合同纠纷，不属于仲裁协议约定的纠纷范围。法院对该异议正确的处理方式是：

A. 裁定执行中止

B. 经过审理，裁定不予执行仲裁裁决的，同时裁定终结执行

C. 经过审理，可以通知仲裁委员会重新仲裁

D. 不予支持该异议

**322.** 2012/3/48/单

武当公司与洪湖公司签订了一份钢材购销合同，同时约定，因合同效力或合同的履行发生纠纷提交 A 仲裁委员会或 B 仲裁委员会仲裁解决。合同签订后，洪湖公司以本公司具体承办人超越权限签订合同为由，主张合同无效。关于本案，下列哪一说法是正确的？

A. 因当事人约定了 2 个仲裁委员会，仲裁协议当然无效

B. 因洪湖公司承办人员超越权限签订合同导致合同无效，仲裁协议当然无效

C. 洪湖公司如向法院起诉，法院应当受理

D. 洪湖公司如向法院起诉，法院应当裁定不予受理

**323.** 2010/3/43/单

甲、乙因遗产继承发生纠纷，双方书面约定由某仲裁委员会仲裁。后甲反悔，向遗产所在地法院起诉。法院受理后，乙向法院声明双方签订了仲裁协议。关于法院的做法，下列哪一选项是正确的？

A. 裁定驳回起诉

B. 裁定驳回诉讼请求

C. 裁定将案件移送某仲裁委员会审理

D. 法院裁定仲裁协议无效，对案件继续审理

**324.** 2010/3/84/多

甲公司与乙公司签订了一份钢材购销合同，约定因该合同发生纠纷双方可向 A 仲裁委员会申请仲裁，也可向合同履行地 B 法院起诉。关于本案，下列哪些选项是正确的？

A. 双方达成的仲裁协议无效

B. 双方达成的管辖协议有效

C. 如甲公司向 A 仲裁委员会申请仲裁，乙公司在仲裁庭首次开庭前未提出异议，A 仲裁委员会可对该案进行仲裁

D. 如甲公司向 B 法院起诉，乙公司在法院首次开庭时对法院管辖提出异议，法院应当驳回甲公司的起诉

# 专题二十五　仲裁程序

**考点55** 仲裁的申请、受理与审理程序

**325.** 2016/3/50/单

甲公司与乙公司因合同纠纷向某仲裁委员会申请仲裁，第一次开庭后，甲公司的代理律师发现合议庭首席仲裁员苏某与乙公司的老总汪某在一起吃饭，遂向仲裁庭提出回避申请。关于本案仲裁程序，下列哪一选项是正确的？

A. 苏某的回避应由仲裁委员会集体决定

B. 苏某回避后，合议庭应重新组成

C. 已经进行的仲裁程序应继续进行

D. 当事人可请求已进行的仲裁程序重新进行

**326.** 2014/3/77/多

甲县的佳华公司与乙县的亿龙公司订立的烟叶买卖合同中约定，如果因为合同履行发生争议，应提交 A 仲裁委员会仲裁。佳华公司交货后，亿龙公司认为烟叶质量与约定不符，且正在霉变，遂准备提起仲裁，并对烟叶进行证据保全。关于本案的证据保全，下列哪些表述是正确的？

A. 在仲裁程序启动前，亿龙公司可直接向甲县法院申请证据保全

B. 在仲裁程序启动后，亿龙公司既可直接向甲县法院申请证据保全，也可向 A 仲裁委员会申请证据保全

C. 法院根据亿龙公司申请采取证据保全措施时，可要求其提供担保

D. A 仲裁委员会收到保全申请后，应提交给烟叶所在地的中级法院

**327.** 2012/3/49/单

某仲裁委员会在开庭审理甲公司与乙公司合同纠纷一案时，乙公司对仲裁庭中的一名仲裁员提出了回避申请。经审查后，该仲裁员依法应予回避，仲裁委员会重新确定了仲裁员。关于仲裁程序如何进行，下列哪一选项是正确的？

A. 已进行的仲裁程序应当重新进行

B. 已进行的仲裁程序有效，仲裁程序应当继续进行

C. 当事人请求已进行的仲裁程序重新进行的，仲裁程序应当重新进行

D. 已进行的仲裁程序是否重新进行,仲裁庭有权决定

**328.** 2010/3/44/单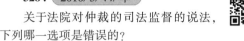

关于法院对仲裁的司法监督的说法,下列哪一选项是错误的?

A. 仲裁当事人申请财产保全,应当向仲裁机构申请,由仲裁机构将该申请移交给相关法院

B. 仲裁当事人申请撤销仲裁裁决被法院驳回,此后以相同理由申请不予执行,法院不予支持

C. 仲裁当事人在仲裁程序中没有提出对仲裁协议效力的异议,此后以仲裁协议无效为由申请撤销或不予执行,法院不予支持

D. 申请撤销仲裁裁决或申请不予执行仲裁裁决程序中,法院可通知仲裁机构在一定期限内重新仲裁

**329.** 2008/3/88/任

民事诉讼与商事仲裁都是解决民事纠纷的有效方式,但两者在制度上有所区别。下列哪些选项是正确的?

A. 民事诉讼可以解决各类民事纠纷,仲裁不适用与身份关系有关的民事纠纷

B. 民事诉讼实行两审终审,仲裁实行一裁终局

C. 民事诉讼判决书需要审理案件的全体审判人员签署,仲裁裁决则可由部分仲裁庭成员签署

D. 民事诉讼中财产保全由法院负责执行,而仲裁机构则不介入任何财产保全活动

**考点56** 仲裁调解、和解与裁决

**330.** 2021 回忆/任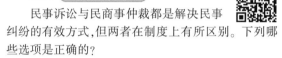

岳某与申某签订药材买卖合同,双方约定合同履行发生纠纷向某市仲裁委员会申请仲裁。后因申某供应的药材质量不合格,岳某就赔偿事宜向某市仲裁委员会申请仲裁。仲裁过程中,经仲裁庭调解,双方达成调解协议。关于仲裁调解,下列表述不正确的是:

A. 如申某不履行调解协议,岳某可以向仲裁机构所在地法院申请执行

B. 如调解达成协议后申某即时向岳某履行,仲裁庭无须制作调解书

C. 仲裁庭应根据调解协议制作仲裁裁决书

D. 仲裁庭应根据调解协议制作仲裁调解书

**331.** 2016/3/99/任

甲市 L 区居民叶某购买了住所在乙市 M 区的大亿公司开发的位于丙市 N 区的商品房一套,合同中约定双方因履行合同发生争议可以向位于丙市的仲裁委员会(丙市仅有一家仲裁机构)申请仲裁。因大亿公司迟迟未按合同约定交付房屋,叶某向仲裁委员会申请仲裁。大亿公司以仲裁机构约定不明,向仲裁委员会申请确认仲裁协议无效。经审查,仲裁委员会作出了仲裁协议有效的决定。在第一次仲裁开庭时,大亿公司声称其又向丙市中级法院请求确认仲裁协议无效,申请仲裁庭中止案件审理。在仲裁过程中仲裁庭组织调解,双方达成了调解协议,仲裁庭根据协议内容制作了裁决书。后因大亿公司不按调解协议履行义务,叶某向法院申请强制执行,而大亿公司则以调解协议内容超出仲裁请求为由,向法院申请不予执行仲裁裁决。

双方当事人在仲裁过程中达成调解协议,仲裁庭正确的结案方式是:

A. 根据调解协议制作调解书

B. 应当依据调解协议制作裁决书

C. 将调解协议内容记入笔录,由双方当事人签字后即发生法律效力

D. 根据调解协议的结果制作裁决书

**332.** 2014/3/99/任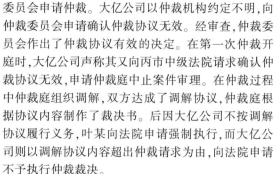

B 市的京发公司与 T 市的蓟门公司签订了一份海鲜买卖合同,约定交货地在 T 市,并同时约定"涉及本合同的争议,提交 S 仲裁委员会仲裁。"京发公司收货后,认为海鲜等级未达到合同约定,遂向 S 仲裁委员会提起解除合同的仲裁申请,仲裁委员会受理了该案。在仲裁规则确定的期限内,京发公司选定仲裁员李某作为本案仲裁庭的仲裁员,蓟门公司未选定仲裁员,双方当事人也未共同选定第三名仲裁员,S 仲裁委主任指定张某为本案仲裁庭仲裁员、刘某为本案首席仲裁员,李某、张某、刘某共同组成本案的仲裁庭,仲裁委向双方当事人送达了开庭通知。

开庭当日,蓟门公司未到庭,也未向仲裁庭说明未到庭的理由。仲裁庭对案件进行了审理并作出缺席裁决。在评议裁决结果时,李某和张某均认为蓟门公司存在严重违约行为,合同应解除,而刘某认为合同不应解除,拒绝在裁决书上签名。最终,裁决书上只有李某和张某的签名。

S 仲裁委员会将裁决书向双方当事人进行送达时,蓟门公司拒绝签收,后蓟门公司向法院提出撤销仲裁裁决的申请。关于本案的裁决书,下列表述正确的是:

A. 裁决书应根据仲裁庭中的多数意见,支持京发公司的请求

B. 裁决书应根据首席仲裁员的意见,驳回京发公司的请求

C. 裁决书可支持京发公司的请求,但必须有首席仲裁员的签名

D. 无论蓟门公司是否签收,裁决书自作出之日起生效

**333.** 2011/3/50/单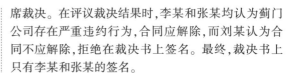

根据《仲裁法》，仲裁庭作出的裁决书生效后，在下列哪一情形下仲裁庭不可进行补正？

A. 裁决书认定的事实错误

B. 裁决书中的文字错误

C. 裁决书中的计算错误

D. 裁决书遗漏了仲裁评议中记录的仲裁庭已经裁决的事项

**334.** 2010/3/81/多

关于仲裁调解，下列哪些表述是正确的？

A. 仲裁调解达成协议的，仲裁庭应当根据协议制作调解书或根据协议结果制作裁决书

B. 对于事实清楚的案件，仲裁庭可依职权进行调解

C. 仲裁调解达成协议的，经当事人、仲裁员在协议上签字后即发生效力

D. 仲裁庭在作出裁决前可先行调解

**335.** 2008/3/39/单

南沙公司与北极公司因购销合同发生争议，南沙公司向仲裁委员会申请仲裁，在仲裁中双方达成和解协议，南沙公司向仲裁庭申请撤回仲裁申请。之后，北极公司拒不履行和解协议。下列哪一选项是正确的？

A. 南沙公司可以根据原仲裁协议申请仲裁

B. 南沙公司应与北极公司重新达成仲裁协议后，才可以申请仲裁

C. 南沙公司可以直接向法院起诉

D. 仲裁庭可以裁定恢复仲裁程序

# 专题二十六　申请撤销仲裁裁决

### 考点57 申请撤销仲裁裁决

**336.** 2014/3/100/任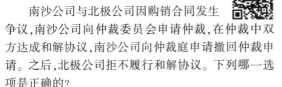

B市的京发公司与T市的蓟门公司签订了一份海鲜买卖合同，约定交货地在T市，并同时约定"涉及本合同的争议，提交S仲裁委员会仲裁。"京发公司收货后，认为海鲜等级未达到合同约定，遂向S仲裁委员会提起解除合同的仲裁申请，仲裁委员会受理了该案。在仲裁规则确定的期限内，京发公司选定仲裁员李某作为本案仲裁庭的仲裁员，蓟门公司未选定仲裁员，双方当事人也未共同选定第三名仲裁员，S仲裁委主任指定张某为本案仲裁庭仲裁员、刘某为本案首席仲裁员，李某、张某、刘某共同组成本案的仲裁庭，仲裁委向双方当事人送达了开庭通知。

开庭当日，蓟门公司未到庭，也未向仲裁庭说明未到庭的理由。仲裁庭对案件进行了审理并作出缺

席裁决。在评议裁决结果时，李某和张某均认为蓟门公司存在严重违约行为，合同应解除，而刘某认为合同不应解除，拒绝在裁决书上签名。最终，裁决书上只有李某和张某的签名。

S仲裁委员会将裁决书向双方当事人进行送达时，蓟门公司拒绝签收，后蓟门公司向法院提出撤销仲裁裁决的申请。

关于蓟门公司撤销仲裁裁决的申请，下列表述正确的是：

A. 蓟门公司应向S仲裁委所在地中院提出申请

B. 法院应适用普通程序审理该撤销申请

C. 法院可以适用法律错误为由撤销S仲裁委的裁决

D. 法院应以缺席裁决违反法定程序为由撤销S仲裁委的裁决

**337.** 2010/3/86/任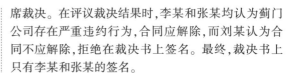

甲公司因与乙公司合同纠纷申请仲裁，要求解除合同。某仲裁委员会经审理裁决解除双方合同，还裁决乙公司赔偿甲公司损失六万元。关于本案的仲裁裁决，下列哪些表述是正确的？

A. 因仲裁裁决超出了当事人请求范围，乙公司可申请撤销超出甲公司请求部分的裁决

B. 因仲裁裁决超出了当事人请求范围，乙公司可向法院提起诉讼

C. 因仲裁裁决超出了当事人请求范围，乙公司可向法院申请再审

D. 乙公司可申请不予执行超出甲公司请求部分的仲裁裁决

**338.** 2008/3/41/单

某仲裁委员会对甲公司与乙公司之间的买卖合同一案作出裁决后，发现该裁决存在超裁情形，甲公司与乙公司均对裁决持有异议。关于此仲裁裁决，下列哪一选项是正确的？

A. 该仲裁委员会可以直接变更已生效的裁决，重新作出新的裁决

B. 甲公司或乙公司可以请求该仲裁委员会重新作出仲裁裁决

C. 该仲裁委员会申请法院撤销此仲裁裁决

D. 甲公司或乙公司可以请求法院撤销此仲裁裁决

# 专题二十七　仲裁裁决的执行与不予执行

### 考点58 仲裁裁决的执行与不予执行

**339.** 2016/3/100/任

甲市L区居民叶某购买了住所在乙市

M区的大亿公司开发的位于丙市N区的商品房一套，合同中约定双方因履行合同发生争议可以向位于丙市的仲裁委员会(丙市仅有一家仲裁机构)申请仲裁。因大亿公司迟迟未按合同约定交付房屋，叶某向仲裁委员会申请仲裁。大亿公司以仲裁机构约定不明，向仲裁委员会申请确认仲裁协议无效。经审查，仲裁委员会作出了仲裁协议有效的决定。在第一次仲裁开庭时，大亿公司声称其又向丙市中级法院请求确认仲裁协议无效，申请仲裁庭中止案件审理。在仲裁过程中仲裁庭组织调解，双方达成了调解协议，仲裁庭根据协议内容制作了裁决书。后因大亿公司不按调解协议履行义务，叶某向法院申请强制执行，而大亿公司则以调解协议内容超出仲裁请求为由，向法院申请不予执行仲裁裁决。

大亿公司以调解协议超出仲裁请求范围请求法院不予执行仲裁裁决，法院正确的做法是：

A. 不支持，继续执行

B. 应支持，并裁定不予执行

C. 应告知当事人申请撤销仲裁裁决，并裁定中止执行

D. 应支持，必要时可通知仲裁庭重新仲裁

**340.**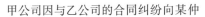

甲公司因与乙公司的合同纠纷向某仲裁委员会申请仲裁，甲公司的仲裁请求得到仲裁庭的支持。裁决作出后，乙公司向法院申请撤销仲裁裁决。法院在审查过程中，甲公司向法院申请强制执行仲裁裁决。关于本案，下列哪一说法是正确的？

A. 法院对撤销仲裁裁决申请的审查，不影响法院对该裁决的强制执行

B. 法院不应当受理甲公司的执行申请

C. 法院应当受理甲公司的执行申请，同时应当告知乙公司向法院申请裁定不予执行仲裁裁决

D. 法院应当受理甲公司的执行申请，受理后应当裁定中止执行

**341.** 2011/3/49/单

甲不履行仲裁裁决，乙向法院申请执行。甲拟提出不予执行的申请并提出下列证据证明仲裁裁决应不予执行。针对下列哪一选项，法院可裁定驳回甲的申请？

A. 甲、乙没有订立仲裁条款或达成仲裁协议

B. 仲裁庭组成违反法定程序

C. 裁决事项超出仲裁机构权限范围

D. 仲裁裁决没有根据经当事人质证的证据认定事实

# 民事诉讼法与仲裁制度 [考点法条]

## 专题一　民事诉讼与民事诉讼法

**考点1** 民事诉讼与民事诉讼法

**第三条** [适用范围]人民法院受理公民之间、法人之间、其他组织之间以及他们相互之间因财产关系和人身关系提起的民事诉讼,适用本法的规定。

**第四条** [空间效力]凡在中华人民共和国领域内进行民事诉讼,必须遵守本法。

**第一百二十七条** [对特殊情形的处理]人民法院对下列起诉,分别情形,予以处理:

(一)依照行政诉讼法的规定,属于行政诉讼受案范围的,告知原告提起行政诉讼;

(二)依照法律规定,双方当事人达成书面仲裁协议申请仲裁、不得向人民法院起诉的,告知原告向仲裁机构申请仲裁;

(三)依照法律规定,应当由其他机关处理的争议,告知原告向有关机关申请解决;

(四)对不属于本院管辖的案件,告知原告向有管辖权的人民法院起诉;

(五)对判决、裁定、调解书已经发生法律效力的案件,当事人又起诉的,告知原告申请再审,但人民法院准许撤诉的裁定除外;

(六)依照法律规定,在一定期限内不得起诉的案件,在不得起诉的期限内起诉的,不予受理;

(七)判决不准离婚和调解和好的离婚案件,判决、调解维持收养关系的案件,没有新情况、新理由,原告在六个月内又起诉的,不予受理。

**第二百七十条** [适用本法原则]在中华人民共和国领域内进行涉外民事诉讼,适用本编规定。本编没有规定的,适用本法其他有关规定。

## 专题二　民事诉讼法的基本原则与基本制度

**考点2** 民事诉讼基本原则

**第五条** [同等原则和对等原则]外国人、无国籍人、外国企业和组织在人民法院起诉、应诉,同中华人民共和国公民、法人和其他组织有同等的诉讼权利义务。

外国法院对中华人民共和国公民、法人和其他组织的民事诉讼权利加以限制的,中华人民共和国人民法院对该国公民、企业和组织的民事诉讼权利,实行对等原则。

**第八条** [诉讼权利平等原则]民事诉讼当事人有平等的诉讼权利。人民法院审理民事案件,应当保障和便利当事人行使诉讼权利,对当事人在适用法律上一律平等。

**第九条** [法院调解原则]人民法院审理民事案件,应当根据自愿和合法的原则进行调解;调解不成的,应当及时判决。

**第十二条** [辩论原则]人民法院审理民事案件时,当事人有权进行辩论。

**第十三条** [诚信原则和处分原则]民事诉讼应当遵循诚信原则。

当事人有权在法律规定的范围内处分自己的民事权利和诉讼权利。

《民事诉讼法》

**第一百一十五条** [虚假诉讼的认定]当事人之间恶意串通,企图通过诉讼、调解等方式侵害国家利益、社会公共利益或者他人合法权益的,人民法院应当驳回其请求,并根据情节轻重予以罚款、拘留;构成犯罪的,依法追究刑事责任。

当事人单方捏造民事案件基本事实,向人民法院提起诉讼,企图侵害国家利益、社会公共利益或者他人合法权益的,适用前款规定。

**第一百一十六条** [对恶意串通,通过诉讼、仲裁、调解等方式逃避履行法律文书确定的义务的强制措施]被执行人与他人恶意串通,通过诉讼、仲裁、调解等方式逃避履行法律文书确定的义务的,人民法院应当根据情节轻重予以罚款、拘留;构成犯罪的,依法追究刑事责任。

**考点3** 民事诉讼基本制度

**(一)回避制度**

**第四十八条** [回避申请]当事人提出回避申请,应当说明理由,在案件开始审理时提出;回避事由在案件开始审理后知道的,也可以在法庭辩论终结前提出。

被申请回避的人员在人民法院作出是否回避的决定前,应当暂停参与本案的工作,但案件需要采取紧急措施的除外。

**第四十九条** [回避决定的程序]院长担任审判长或者独任审判员时的回避,由审判委员会决定;审判人员的回避,由院长决定;其他人员的回避,由审判长或者独任审判员决定。

**第五十条** [回避决定的时限及效力]人民法院对当事人提出的回避申请,应当在申请提出的三日内,以口头或者书面形式作出决定。申请人对决定不服的,可以在接到决定时申请复议一次。复议期间,被申请回避的人员,不停止参与本案的工作。人民法院对复议申请,应当在三日内作出复议决定,并通知复议申请人。

**《民诉解释》**

第四十五条 在一个审判程序中参与过本案审判工作的审判人员,不得再参与该案其他程序的审判。

发回重审的案件,在一审法院作出裁判后又进入第二审程序的,原第二程序中审判人员不受前款规定的限制。

第四十六条 审判人员有应当回避的情形,没有自行回避,当事人也没有申请其回避的,由院长或者审判委员会决定其回避。

**(二)公开审判制度**

第一百三十七条 [公开审理及例外]人民法院审理民事案件,除涉及国家秘密、个人隐私或者法律另有规定的以外,应当公开进行。

离婚案件,涉及商业秘密的案件,当事人申请不公开审理的,可以不公开审理。

**《民诉解释》**

第二百二十条 民事诉讼法第七十一条、第一百三十七条、第一百五十九条规定的商业秘密,是指生产工艺、配方、贸易联系、购销渠道等当事人不愿公开的技术秘密、商业情报及信息。

**(三)合议庭与独任制(审判组织)**

**1** 第四十条 [一审审判组织]人民法院审理第一审民事案件,由审判员、人民陪审员共同组成合议庭或者由审判员组成合议庭。合议庭的成员人数,必须是单数。

适用简易程序审理的民事案件,由审判员一人独任审理。基层人民法院审理的基本事实清楚、权利义务关系明确的第一审民事案件,可以由审判员一人适用普通程序独任审理。

人民陪审员在参加审判活动时,除法律另有规定外,与审判员有同等的权利义务。

**2** 第四十一条 [二审和再审审判组织]人民法院审理第二审民事案件,由审判员组成合议庭。合议庭的成员人数,必须是单数。

中级人民法院对第一审适用简易程序审结或者不服裁定提起上诉的第二审民事案件,事实清楚、权利义务关系明确的,经双方当事人同意,可以由审判员一人独任审理。

发回重审的案件,原审人民法院应当按照第一审程序另行组成合议庭。

审理再审案件,原来是第一审的,按第一审程序另行组成合议庭;原来是第二审的或者是上级人民法院提审的,按照第二审程序另行组成合议庭。

**3** 第四十二条 [不适用独任制的情形]人民法院审理下列民事案件,不得由审判员一人独任审理:

(一)涉及国家利益、社会公共利益的案件;

(二)涉及群体性纠纷,可能影响社会稳定的案件;

(三)人民群众广泛关注或者其他社会影响较大的案件;

(四)属于新类型或者疑难复杂的案件;

(五)法律规定应当组成合议庭审理的案件;

(六)其他不宜由审判员一人独任审理的案件。

**《民事诉讼法》**

第一百八十五条 [一审终审与独任审理]依照本章程序审理的案件,实行一审终审。选民资格案件或者重大、疑难的案件,由审判员组成合议庭审理;其他案件由审判员一人独任审理。

**《民诉解释》**

第三百六十七条 实现担保物权案件可以由审判员一人独任审查。担保财产标的额超过基层人民法院管辖范围的,应当组成合议庭进行审查。

第四百五十二条 适用公示催告程序审理案件,可由审判员一人独任审理;判决宣告票据无效的,应当组成合议庭审理。

**4** 第四十三条 [独任制向合议制转换]人民法院在审理过程中,发现案件不宜由审判员一人独任审理的,应当裁定转由合议庭审理。

当事人认为案件由审判员一人独任审理违反法律规定的,可以向人民法院提出异议。人民法院对当事人提出的异议应当审查,异议成立的,裁定转由合议庭审理;异议不成立的,裁定驳回。

**《民诉解释》**

第四十五条 在一个审判程序中参与过本案审判工作的审判人员,不得再参与该案其他程序的审判。

发回重审的案件,在一审法院作出裁判后又进入第二审程序的,原第二程序中审判人员不受前款规定的限制。

# 专题三 诉

**考点6** 反诉

第五十四条 [诉讼请求的放弃、变更、承认、反驳及反诉]原告可以放弃或者变更诉讼请求。被告可以承认或者反驳诉讼请求,有权提起反诉。

第一百四十三条 [合并审理]原告增加诉讼请求,被告提出反诉,第三人提出与本案有关的诉讼请求,可以合并审理。

**《民诉解释》**

第二百三十二条 在案件受理后,法庭辩论结束前,原告增加诉讼请求,被告提出反诉,第三人提出与本案有关的诉讼请求,可以合并审理的,人民法院应当合并审理。

第二百三十三条 反诉的当事人应当限于本诉的当事人的范围。

反诉与本诉的诉讼请求基于相同法律关系、诉讼请求之间具有因果关系,或者反诉与本诉的诉讼请求基于相同事实的,人民法院应当合并审理。

反诉应由其他人民法院专属管辖,或者与本诉的诉讼标的及诉讼请求所依据的事实、理由无关联的,裁定不予受理,告知另行起诉。

第二百三十九条 人民法院准许本诉原告撤诉的,

应当对反诉继续审理;被告申请撤回反诉的,人民法院应予准许。

第二百五十一条　二审裁定撤销一审判决发回重审的案件,当事人申请变更、增加诉讼请求或者提出反诉,第三人提出与本案有关的诉讼请求的,依照民事诉讼法第一百四十三条规定处理。

第二百五十二条　再审裁定撤销原判决、裁定发回重审的案件,当事人申请变更、增加诉讼请求或者提出反诉,符合下列情形之一的,人民法院应当准许:

(一)原审未合法传唤缺席判决,影响当事人行使诉讼权利的;

(二)追加新的诉讼当事人的;

(三)诉讼标的物灭失或者发生变化致使原诉讼请求无法实现的;

(四)当事人申请变更、增加的诉讼请求或者提出的反诉,无法通过另诉解决的。

第三百二十六条　在第二审程序中,原审原告增加独立的诉讼请求或者原审被告提出反诉的,第二审人民法院可以根据当事人自愿的原则就新增加的诉讼请求或者反诉进行调解;调解不成的,告知当事人另行起诉。

双方当事人同意由第二审人民法院一并审理的,第二审人民法院可以一并裁判。

# 专题四　主管与管辖

### 考点9　级别管辖

第十九条　[中级法院管辖]中级人民法院管辖下列第一审民事案件:

(一)重大涉外案件;

(二)在本辖区有重大影响的案件;

(三)最高人民法院确定由中级人民法院管辖的案件。

**《民诉解释》**

第一条　民事诉讼法第十九条第一项规定的重大涉外案件,包括争议标的额大的案件、案情复杂的案件,或者一方当事人人数众多等具有重大影响的案件。

第二条　专利纠纷案件由知识产权法院、最高人民法院确定的中级人民法院和基层人民法院管辖。

海事、海商案件由海事法院管辖。

第二百八十三条　公益诉讼案件由侵权行为地或者被告住所地中级人民法院管辖,但法律、司法解释另有规定的除外。

因污染海洋环境提起的公益诉讼,由污染发生地、损害结果地或者采取预防污染措施地海事法院管辖。

对同一侵权行为分别向两个以上人民法院提起公益诉讼的,由最先立案的人民法院管辖,必要时由它们的共同上级人民法院指定管辖。

第五百二十条　有下列情形之一,人民法院可以认定为涉外民事案件:

(一)当事人一方或者双方是外国人、无国籍人、外国企业或者组织的;

(二)当事人一方或者双方的经常居所地在中华人民共和国领域外的;

(三)标的物在中华人民共和国领域外的;

(四)产生、变更或者消灭民事关系的法律事实发生在中华人民共和国领域外的;

(五)可以认定为涉外民事案件的其他情形。

### 考点10　地域管辖

**(一)一般地域管辖**

**1** 第二十二条　[被告住所地、经常居住地法院管辖]对公民提起的民事诉讼,由被告住所地人民法院管辖;被告住所地与经常居住地不一致的,由经常居住地人民法院管辖。

对法人或者其他组织提起的民事诉讼,由被告住所地人民法院管辖。

同一诉讼的几个被告住所地、经常居住地在两个以上人民法院辖区的,各该人民法院都有管辖权。

**《民诉解释》**

第三条　公民的住所地是指公民的户籍所在地,法人或者其他组织的住所地是指法人或者其他组织的主要办事机构所在地。

法人或者其他组织的主要办事机构所在地不能确定的,法人或者其他组织的注册地或者登记地为住所地。

第四条　公民的经常居住地是指公民离开住所地至起诉时已连续居住一年以上的地方,但公民住院就医的地方除外。

第五条　对没有办事机构的个人合伙、合伙型联营体提起的诉讼,由被告注册登记地人民法院管辖。没有注册登记,几个被告又不在同一辖区的,被告住所地的人民法院都有管辖权。

第六条　被告被注销户籍的,依照民事诉讼法第二十三条规定确定管辖;原告、被告均被注销户籍的,由被告居住地人民法院管辖。

第七条　当事人的户籍迁出后尚未落户,有经常居住地的,由该地人民法院管辖;没有经常居住地的,由其原户籍所在地人民法院管辖。

第八条　双方当事人都被监禁或者被采取强制性教育措施的,由被告原住所地人民法院管辖。被告被监禁或者被采取强制性教育措施一年以上的,由被告被监禁地或者被采取强制性教育措施地人民法院管辖。

第二十一条　因财产保险合同纠纷提起的诉讼,如果保险标的物是运输工具或者运输中的货物,可以由运输工具登记注册地、运输目的地、保险事故发生地人民法院管辖。

因人身保险合同纠纷提起的诉讼,可以由被保险人住所地人民法院管辖。

**2** 第二十三条　[原告住所地、经常居住地法院管辖]下列民事诉讼,由原告住所地人民法院管辖;原告住所地与经常居住地不一致的,由原告经常居住地人民法院管辖:

(一)对不在中华人民共和国领域内居住的人提起的

有关身份关系的诉讼;

（二）对下落不明或者宣告失踪的人提起的有关身份关系的诉讼;

（三）对被采取强制性教育措施的人提起的诉讼;

（四）对被监禁的人提起的诉讼。

《民诉解释》

第九条　追索赡养费、扶养费、抚养费案件的几个被告住所地不在同一辖区的,可以由原告住所地人民法院管辖。

第十条　不服指定监护或者变更监护关系的案件,可以由被监护人住所地人民法院管辖。

第十一条　双方当事人均为军人或者军队单位的民事案件由军事法院管辖。

第十二条　夫妻一方离开住所地超过一年,另一方起诉离婚的案件,可以由原告住所地人民法院管辖。

夫妻双方离开住所地超过一年,一方起诉离婚的案件,由被告经常居住地人民法院管辖;没有经常居住地的,由原告起诉时被告居住地人民法院管辖。

第十三条　在国内结婚并定居国外的华侨,如定居国法院以离婚诉讼须由婚姻缔结地法院管辖为由不予受理,当事人向人民法院提出离婚诉讼的,由婚姻缔结地或者一方在国内的最后居住地人民法院管辖。

第十四条　在国外结婚并定居国外的华侨,如定居国法院以离婚诉讼须由国籍所属国法院管辖为由不予受理,当事人向人民法院提出离婚诉讼的,由一方原住所地或者在国内的最后居住地人民法院管辖。

第十五条　中国公民一方居住在国外,一方居住在国内,不论哪一方向人民法院提起离婚诉讼,国内一方住所地人民法院都有权管辖。国外一方在居住国法院起诉,国内一方向人民法院起诉的,受诉人民法院有权管辖。

第十六条　中国公民双方在国外但未定居,一方向人民法院起诉离婚的,应由原告或者被告原住所地人民法院管辖。

第十七条　已经离婚的中国公民,双方均定居国外,仅就国内财产分割提起诉讼的,由主要财产所在地人民法院管辖。

**（二）特殊地管辖**

**❶ 第二十四条　［合同纠纷的地域管辖］**因合同纠纷提起的诉讼,由被告住所地或者合同履行地人民法院管辖。

《民诉解释》

第十八条　合同约定履行地点的,以约定的履行地点为合同履行地。

合同对履行地点没有约定或者约定不明确,争议标的为给付货币的,接收货币一方所在地为合同履行地;交付不动产的,不动产所在地为合同履行地;其他标的,履行义务一方所在地为合同履行地。即时结清的合同,交易行为地为合同履行地。

合同没有实际履行,当事人双方住所地都不在合同约定的履行地的,由被告住所地人民法院管辖。〔2023年回忆~合同履行地〕①

第十九条　财产租赁合同、融资租赁合同以租赁物使用地为合同履行地。合同对履行地有约定的,从其约定。

第二十条　以信息网络方式订立的买卖合同,通过信息网络交付标的的,以买受人住所地为合同履行地;通过其他方式交付标的的,收货地为合同履行地。合同对履行地有约定的,从其约定。

《民间借贷规定》

第三条　借贷双方就合同履行地未约定或者约定不明确,事后未达成补充协议,按照合同相关条款或者交易习惯仍不能确定的,以接受货币一方所在地为合同履行地。

**❷ 第二十七条　［公司纠纷的地域管辖］**因公司设立、确认股东资格、分配利润、解散等纠纷提起的诉讼,由公司住所地人民法院管辖。

《公司法》

第十条　公司以其主要办事机构所在地为住所。

《民诉解释》

第二十二条　因股东名册记载、请求变更公司登记、股东知情权、公司决议、公司合并、公司分立、公司减资、公司增资等纠纷提起的诉讼,依照民事诉讼法第二十七条规定确定管辖。

**❸ 第二十九条　［侵权纠纷的地域管辖］**因侵权行为提起的诉讼,由侵权行为地或者被告住所地人民法院管辖。〔2012年真题~特殊地域管辖〕

《民诉解释》

第二十四条　民事诉讼法第二十九条规定的侵权行为地,包括侵权行为实施地、侵权结果发生地。

第二十五条　信息网络侵权行为实施地包括实施被诉侵权行为的计算机等信息设备所在地,侵权结果发生地包括被侵权人住所地。

第二十六条　因产品、服务质量不合格造成他人财产、人身损害提起的诉讼,产品制造地、产品销售地、服务提供地、侵权行为地和被告住所地人民法院都有管辖权。

**（三）专属管辖**

第三十四条　［专属管辖］下列案件,由本条规定的人民法院专属管辖:

（一）因不动产纠纷提起的诉讼,由不动产所在地人民法院管辖;

（二）因港口作业中发生纠纷提起的诉讼,由港口所在地人民法院管辖;

（三）因继承遗产纠纷提起的诉讼,由被继承人死亡时住所地或者主要遗产所在地人民法院管辖。〔2021年回忆~专属管辖〕

《民事诉讼法》

第二百七十三条　［专属管辖］因在中华人民共和国履行中外合资经营企业合同、中外合作经营企业合同、中外合作勘探开发自然资源合同发生纠纷提起的诉讼,由中华人民共和国人民法院管辖。

---

① 主客观重点法条以灰底标注,并注明主观题考查年份及考点。

《民诉解释》

第二十八条 民事诉讼法第三十四条第一项规定的不动产纠纷是指因不动产的权利确认、分割、相邻关系等引起的物权纠纷。

农村土地承包经营合同纠纷、房屋租赁合同纠纷、建设工程施工合同纠纷、政策性房屋买卖合同纠纷，按照不动产纠纷确定管辖。

不动产已登记的，以不动产登记簿记载的所在地为不动产所在地；不动产未登记的，以不动产实际所在地为不动产所在地。〔2023年回忆~专属管辖；2021年回忆~专属管辖〕

第五百二十九条 涉外合同或者其他财产权益纠纷的当事人，可以书面协议选择被告住所地、合同履行地、合同签订地、原告住所地、标的物所在地、侵权行为地等与争议有实际联系地点的外国法院管辖。

根据民事诉讼法第三十四条和第二百七十三条(现为第二百七十九条)①规定，属于中华人民共和国法院专属管辖的案件，当事人不得协议选择外国法院管辖，但协议选择仲裁的除外。

（四）协议管辖

第三十五条 ［协议管辖］合同或者其他财产权益纠纷的当事人可以书面协议选择被告住所地、合同履行地、合同签订地、原告住所地、标的物所在地等与争议有实际联系的地点的人民法院管辖，但不得违反本法对级别管辖和专属管辖的规定。〔2020年回忆~协议管辖；2010年真题~协议管辖〕

《民诉解释》

第二十九条 民事诉讼法第三十五条规定的书面协议，包括书面合同中的协议管辖条款或者诉讼前以书面形式达成的选择管辖的协议。

第三十条 根据管辖协议，起诉时能够确定管辖法院的，从其约定；不能确定的，依照民事诉讼法的相关规定确定管辖。

管辖协议约定两个以上与争议有实际联系的地点的人民法院管辖，原告可以向其中一个人民法院起诉。

第三十一条 经营者使用格式条款与消费者订立管辖协议，未采取合理方式提请消费者注意，消费者主张管辖协议无效的，人民法院应予支持。

第三十二条 管辖协议约定由一方当事人住所地人民法院管辖，协议签订后当事人住所地变更的，由签订管辖协议时的住所地人民法院管辖，但当事人另有约定的除外。

第三十三条 合同转让的，合同的管辖协议对合同受让人有效，但转让时受让人不知道有管辖协议，或者转让协议另有约定且原合同相对人同意的除外。

第三十四条 当事人因同居或者在解除婚姻、收养关系后发生财产争议，约定管辖的，可以适用民事诉讼法第三十五条规定确定管辖。

**考点11** 选择管辖与裁定管辖

（一）选择管辖

第三十六条 ［选择管辖］两个以上人民法院都有管辖权的诉讼，原告可以向其中一个人民法院起诉；原告向两个以上有管辖权的人民法院起诉的，由最先立案的人民法院管辖。〔2010年真题~协议管辖〕

《民诉解释》

第三十六条 两个以上人民法院都有管辖权的诉讼，先立案的人民法院不得将案件移送给另一个有管辖权的人民法院。人民法院在立案前发现其他有管辖权的人民法院已先立案的，不得重复立案；立案后发现其他有管辖权的人民法院已先立案的，裁定将案件移送给先立案的人民法院。

（二）裁定管辖

**1** 第三十七条 ［移送管辖］人民法院发现受理的案件不属于本院管辖的，应当移送有管辖权的人民法院，受移送的人民法院应当受理。受移送的人民法院认为受移送的案件依照规定不属于本院管辖的，应当报请上级人民法院指定管辖，不得再自行移送。

《民诉解释》

第三十五条 当事人在答辩期间届满后未应诉答辩，人民法院在一审开庭前，发现案件不属于本院管辖的，应当裁定移送有管辖权的人民法院。

第三十六条 两个以上人民法院都有管辖权的诉讼，先立案的人民法院不得将案件移送给另一个有管辖权的人民法院。人民法院在立案前发现其他有管辖权的人民法院已先立案的，不得重复立案；立案后发现其他有管辖权的人民法院已先立案的，裁定将案件移送给先立案的人民法院。

第三十七条 案件受理后，受诉人民法院的管辖权不受当事人住所地、经常居住地变更的影响。

第三十八条 有管辖权的人民法院受理案件后，不得以行政区域变更为由，将案件移送给变更后有管辖权的人民法院。判决后的上诉案件和依审判监督程序提审的案件，由原审人民法院的上级人民法院进行审判；上级人民法院指令再审、发回重审的案件，由原审人民法院再审或者重审。

第三十九条 人民法院对管辖异议审查后确定有管辖权的，不因当事人提起反诉、增加或者变更诉讼请求等改变管辖，但违反级别管辖、专属管辖规定的除外。

人民法院发回重审或者按第一审程序再审的案件，当事人提出管辖异议的，人民法院不予审查。

**2** 第三十八条 ［指定管辖］有管辖权的人民法院由于特殊原因，不能行使管辖权的，由上级人民法院指定管辖。

人民法院之间因管辖权发生争议，由争议双方协商解决；协商解决不了的，报请它们的共同上级人民法院指定管辖。

《民诉解释》

第四十条 依照民事诉讼法第三十八条第二款规定，发生管辖权争议的两个人民法院因协商不成报请它

───────────

① 编者注，下同。

们的共同上级人民法院指定管辖时,双方为同属一个地、市辖区的基层人民法院的,由该地、市的中级人民法院及时指定管辖;同属一个省、自治区、直辖市的两个人民法院的,由该省、自治区、直辖市的高级人民法院及时指定管辖;双方为跨省、自治区、直辖市的人民法院,高级人民法院协商不成的,由最高人民法院及时指定管辖。

依照前款规定报请上级人民法院指定管辖时,应当逐级进行。

第四十一条　人民法院依照民事诉讼法第三十八条第二款规定指定管辖的,应当作出裁定。

对报请上级人民法院指定管辖的案件,下级人民法院应当中止审理。指定管辖裁定作出前,下级人民法院对案件作出判决、裁定的,上级人民法院应当在裁定指定管辖的同时,一并撤销下级人民法院的判决、裁定。

**❸ 第三十九条 ［管辖权的转移］**上级人民法院有权审理下级人民法院管辖的第一审民事案件;确有必要将本院管辖的第一审民事案件交下级人民法院审理的,应当报请其上级人民法院批准。

下级人民法院对它所管辖的第一审民事案件,认为需要由上级人民法院审理的,可以报请上级人民法院审理。

**《民诉解释》**

第四十二条　下列第一审民事案件,人民法院依照民事诉讼法第三十九条第一款规定,可以在开庭前交下级人民法院审理:

(一)破产程序中有关债务人的诉讼案件;

(二)当事人人数众多且不方便诉讼的案件;

(三)最高人民法院确定的其他类型案件。

人民法院交下级人民法院审理前,应当报请其上级人民法院批准。上级人民法院批准后,人民法院应当裁定将案件交下级人民法院审理。

**考点12 管辖权异议**

**第一百三十条 ［对管辖权异议的审查和处理］**人民法院受理案件后,当事人对管辖权有异议的,应当在提交答辩状期间提出。人民法院对当事人提出的异议,应当审查。异议成立的,裁定将案件移送有管辖权的人民法院;异议不成立的,裁定驳回。

当事人未提出管辖异议,并**应诉答辩或者提出反诉**的,视为受诉人民法院有管辖权,但违反级别管辖和专属管辖规定的除外。［2022年回忆~管辖权异议］

**《民诉解释》**

第二百二十三条　当事人在提交答辩状期间提出管辖异议,又针对起诉状的内容进行答辩的,人民法院应当依照民事诉讼法第一百三十条第一款的规定,对管辖异议进行审查。

当事人未提出管辖异议,就案件实体内容进行答辩、陈述或者反诉的,可以认定为民事诉讼法第一百三十条第二款规定的应诉答辩。

**《民事级别管辖异议规定》**

第一条　被告在提交答辩状期间提出管辖权异议,认为受诉人民法院违反级别管辖规定,案件应当由上级

人民法院或者下级人民法院管辖的,受诉人民法院应当审查,并在受理异议之日起十五日内作出裁定:

(一)异议不成立的,裁定驳回;

(二)异议成立的,裁定移送有管辖权的人民法院。

第二条　在管辖权异议裁定作出前,原告申请撤回起诉,受诉人民法院作出准予撤回起诉裁定的,对管辖权异议不再审查,并在裁定书中一并写明。

第三条　提交答辩状期间届满后,原告增加诉讼请求金额致使案件标的额超过受诉人民法院级别管辖标准,被告提出管辖权异议,请求由上级人民法院管辖的,人民法院应当按照本规定第一条审查并作出裁定。

第四条　对于应由上级人民法院管辖的第一审民事案件,下级人民法院不得报请上级人民法院交其审理。

第五条　被告以受诉人民法院同时违反级别管辖和地域管辖规定为由提出管辖权异议的,受诉人民法院应当一并作出裁定。

第六条　当事人未依法提出管辖权异议,但受诉人民法院发现其没有级别管辖权的,应当将案件移送有管辖权的人民法院审理。

第七条　对人民法院就级别管辖异议作出的裁定,当事人不服提起上诉的,第二审人民法院应当依法审理并作出裁定。

第八条　对于将案件移送上级人民法院管辖的裁定,当事人未提出上诉,但受移送的上级人民法院认为确有错误的,可以依职权裁定撤销。

第九条　经最高人民法院批准的第一审民事案件级别管辖标准的规定,应当作为审理民事级别管辖异议案件的依据。

# 专题五　当事人

**考点14 原告、被告和第三人**

**❶ 第五十一条 ［当事人范围］**公民、法人和其他组织可以作为民事诉讼的当事人。

法人由其法定代表人进行诉讼。其他组织由其主要负责人进行诉讼。

**《民诉解释》**

第五十条　法人的法定代表人以依法登记的为准,但法律另有规定的除外。依法不需要办理登记的法人,以其正职负责人为法定代表人;没有正职负责人的,以其主持工作的副职负责人为法定代表人。

法定代表人已经变更,但未完成登记,变更后的法定代表人要求代表法人参加诉讼的,人民法院可以准许。

其他组织,以其主要负责人为代表人。

第五十一条　在诉讼中,法人的法定代表人变更的,由新的法定代表人继续进行诉讼,并应向人民法院提交新的法定代表人身份证明书。原法定代表人进行的诉讼行为有效。

前款规定,适用于其他组织参加的诉讼。

第五十二条　民事诉讼法第五十一条规定的其他组织是指合法成立、有一定的组织机构和财产,但又不具备

法人资格的组织,包括:

(一)依法登记领取营业执照的个人独资企业;

(二)依法登记领取营业执照的合伙企业;

(三)依法登记领取我国营业执照的中外合作经营企业、外资企业;

(四)依法成立的社会团体的分支机构、代表机构;

(五)依法设立并领取营业执照的法人的分支机构;

(六)依法设立并领取营业执照的商业银行、政策性银行和非银行金融机构的分支机构;

(七)经依法登记领取营业执照的乡镇企业、街道企业;

(八)其他符合本条规定条件的组织。

**第五十三条** 法人非依法设立的分支机构,或者虽依法设立,但没有领取营业执照的分支机构,以设立该分支机构的法人为当事人。

**第五十四条** 以挂靠形式从事民事活动,当事人请求由挂靠人和被挂靠人依法承担民事责任的,该挂靠人和被挂靠人为共同诉讼人。〔2016年真题~原告、被告诉讼地位的确定〕

**第五十五条** 在诉讼中,一方当事人死亡,需要等待继承人表明是否参加诉讼的,裁定中止诉讼。人民法院应当及时通知继承人作为当事人承担诉讼,被继承人已经进行的诉讼行为对承担诉讼的继承人有效。

**第五十六条** 法人或者其他组织的工作人员执行工作任务造成他人损害的,该法人或者其他组织为当事人。〔2010年真题~原告、被告诉讼地位的确定;一审漏判的处理〕

**第五十七条** 提供劳务一方因劳务造成他人损害,受害人提起诉讼的,以接受劳务一方为被告。

**第六十一条** 当事人之间的纠纷经人民调解委员会或者其他依法设立的调解组织调解达成协议后,一方当事人不履行调解协议,另一方当事人向人民法院提起诉讼的,应以对方当事人为被告。

**第六十二条** 下列情形,以行为人为当事人:

(一)法人或者其他组织应登记而未登记,行为人即以该法人或者其他组织名义进行民事活动的;

(二)行为人没有代理权、超越代理权或者代理权终止后以被代理人名义进行民事活动的,但相对人有理由相信行为人有代理权的除外;

(三)法人或者其他组织依法终止后,行为人仍以其名义进行民事活动的。

**第六十四条** 企业法人解散的,依法清算并注销前,以该企业法人为当事人;未依法清算即被注销的,以该企业法人的股东、发起人或者出资人为当事人。

**第六十八条** 居民委员会、村民委员会或者村民小组与他人发生民事纠纷的,居民委员会、村民委员会或者有独立财产的村民小组为当事人。

**第六十九条** 对侵害死者遗体、遗骨以及姓名、肖像、名誉、荣誉、隐私等行为提起诉讼的,死者的近亲属为当事人。

**❷ 第五十九条** 〔第三人〕对当事人双方的诉讼标的,第三人认为有独立请求权的,有权提起诉讼。

对当事人双方的诉讼标的,第三人虽然没有独立请求权,但案件处理结果同他有法律上的利害关系的,可以申请参加诉讼,或者由人民法院通知他参加诉讼。人民法院判决承担民事责任的第三人,有当事人的诉讼权利义务。

前两款规定的第三人,因不能归责于本人的事由未参加诉讼,但有证据证明发生法律效力的判决、裁定、调解书的部分或者全部内容错误,损害其民事权益的,可以自知道或者应当知道其民事权益受到损害之日起六个月内,向作出该判决、裁定、调解书的人民法院提起诉讼。人民法院经审理,诉讼请求成立的,应当改变或者撤销原判决、裁定、调解书;诉讼请求不成立的,驳回诉讼请求。

《民诉解释》

**第八十一条** 根据民事诉讼法第五十九条的规定,有独立请求权的第三人有权向人民法院提出诉讼请求和事实、理由,成为当事人;无独立请求权的第三人,可以申请或者由人民法院通知参加诉讼。

第一审程序中未参加诉讼的第三人,申请参加第二审程序的,人民法院可以准许。

**第八十二条** 在一审诉讼中,无独立请求权的第三人无权提出管辖异议,无权放弃、变更诉讼请求或者申请撤诉,被判决承担民事责任的,有权提起上诉。

**第一百二十七条** 民事诉讼法第五十九条第三款、第二百一十二条以及本解释第三百七十二条、第三百八十二条、第三百九十九条、第四百二十条、第四百二十一条规定的六个月,民事诉讼法第二百三十条规定的一年,为不变期间,不适用诉讼时效中止、中断、延长的规定。

**第二百九十条** 第三人对已经发生法律效力的判决、裁定、调解书提起撤销之诉的,应当自知道或者应当知道其民事权益受到损害之日起六个月内,向作出生效判决、裁定、调解书的人民法院提出,并应当提供存在下列情形的证据材料:

(一)因不能归责于本人的事由未参加诉讼;

(二)发生法律效力的判决、裁定、调解书的全部或者部分内容错误;

(三)发生法律效力的判决、裁定、调解书内容错误损害其民事权益。

**考点15** 共同诉讼

**第五十五条** 〔共同诉讼〕当事人一方或者双方为二人以上,其诉讼标的是共同的,或者诉讼标的是同一种类、人民法院认为可以合并审理并经当事人同意的,为共同诉讼。

共同诉讼的一方当事人对诉讼标的有共同权利义务的,其中一人的诉讼行为经其他共同诉讼人承认,对其他共同诉讼人发生效力;对诉讼标的没有共同权利义务的,其中一人的诉讼行为对其他共同诉讼人不发生效力。

《民诉解释》

**第五十四条** 以挂靠形式从事民事活动,当事人请求由挂靠人和被挂靠人依法承担民事责任的,该挂靠人和被挂靠人为共同诉讼人。〔2016年真题~原告、被告诉讼地位的确定〕

第五十八条　在劳务派遣期间，被派遣的工作人员因执行工作任务造成他人损害的，以接受劳务派遣的用工单位为当事人。当事人主张劳务派遣单位承担责任的，该劳务派遣单位为共同被告。

第五十九条　在诉讼中，个体工商户以营业执照上登记的经营者为当事人。有字号的，以营业执照上登记的字号为当事人，但应同时注明该字号经营者的基本信息。

营业执照上登记的经营者与实际经营者不一致的，以登记的经营者和实际经营者为共同诉讼人。

第六十条　在诉讼中，未依法登记领取营业执照的个人合伙的全体合伙人为共同诉讼人。个人合伙有依法核准登记的字号的，应在法律文书中注明登记的字号。全体合伙人可以推选代表人；被推选的代表人，应由全体合伙人出具推选书。

第六十三条　企业法人合并的，因合并前的民事活动发生的纠纷，以合并后的企业为当事人；企业法人分立的，因分立前的民事活动发生的纠纷，以分立后的企业为共同诉讼人。

第六十五条　借用业务介绍信、合同专用章、盖章的空白合同书或者银行账户的，出借单位和借用人为共同诉讼人。

第六十六条　因保证合同纠纷提起的诉讼，债权人向保证人和被保证人一并主张权利的，人民法院应当将保证人和被保证人列为共同被告。保证合同约定为一般保证，债权人仅起诉保证人的，人民法院应当通知被保证人作为共同被告参加诉讼；债权人仅起诉被保证人的，可以只列被保证人为被告。

第六十七条　无民事行为能力人、限制民事行为能力人造成他人损害的，无民事行为能力人、限制民事行为能力人和其监护人为共同被告。〔2011年真题~原告、被告诉讼地位的确定；必要共同诉讼〕

第七十条　在继承遗产的诉讼中，部分继承人起诉的，人民法院应通知其他继承人作为共同原告参加诉讼；被通知的继承人不愿意参加诉讼又未明确表示放弃实体权利的，人民法院仍应将其列为共同原告。

第七十一条　原告起诉被代理人和代理人，要求承担连带责任的，被代理人和代理人为共同被告。

原告起诉代理人和相对人，要求承担连带责任的，代理人和相对人为共同被告。

第七十二条　共有财产权受到他人侵害，部分共有权人起诉的，其他共有权人为共同诉讼人。

第七十三条　必须共同进行诉讼的当事人没有参加诉讼的，人民法院应当依照民事诉讼法第一百三十五条的规定，通知其参加；当事人也可以向人民法院申请追加。人民法院对当事人提出的申请，应当进行审查，申请理由不成立的，裁定驳回；申请理由成立的，书面通知被追加的当事人参加诉讼。

第七十四条　人民法院追加共同诉讼的当事人时，应当通知其他当事人。应当追加的原告，已明确表示放弃实体权利的，可不予追加；既不愿意参加诉讼，又不放弃实体权利的，仍应追加为共同原告，其不参加诉讼，不

影响人民法院对案件的审理和依法作出判决。

《民间借贷规定》

第四条　保证人为借款人提供连带责任保证，出借人仅起诉借款人的，人民法院可以不追加保证人为共同被告；出借人仅起诉保证人的，人民法院可以追加借款人为共同被告。

保证人为借款人提供一般保证，出借人仅起诉保证人的，人民法院应当追加借款人为共同被告；出借人仅起诉借款人的，人民法院可以不追加保证人为共同被告。

### 考点16　诉讼代表人

**第五十六条**　[当事人人数确定的代表人诉讼]当事人一方人数众多的共同诉讼，可以由当事人推选代表人进行诉讼。代表人的诉讼行为对其所代表的当事人发生效力，但代表人变更、放弃诉讼请求或者承认对方当事人的诉讼请求，进行和解，必须经被代表的当事人同意。

**第五十七条**　[当事人人数不确定的代表人诉讼]诉讼标的是同一种类、当事人一方人数众多在起诉时人数尚未确定的，人民法院可以发出公告，说明案件情况和诉讼请求，通知权利人在一定期间向人民法院登记。

向人民法院登记的权利人可以推选代表人进行诉讼；推选不出代表人的，人民法院可以与参加登记的权利人商定代表人。

代表人的诉讼行为对其所代表的当事人发生效力，但代表人变更、放弃诉讼请求或者承认对方当事人的诉讼请求，进行和解，必须经被代表的当事人同意。

人民法院作出的判决、裁定，对参加登记的全体权利人发生效力。未参加登记的权利人在诉讼时效期间提起诉讼的，适用该判决、裁定。

《民诉解释》

第七十五条　民事诉讼法第五十六条、第五十七条和第二百零六条规定的人数众多，一般指十人以上。

第七十六条　依照民事诉讼法第五十六条规定，当事人一方人数众多在起诉时确定的，可以由全体当事人推选共同的代表人，也可以由部分当事人推选自己的代表人；推选不出代表人的当事人，在必要的共同诉讼中可以自己参加诉讼，在普通的共同诉讼中可以另行起诉。

第七十七条　根据民事诉讼法第五十七条规定，当事人一方人数众多在起诉时不确定的，由当事人推选代表人。当事人推选不出的，可以由人民法院提出人选与当事人协商；协商不成的，也可以由人民法院在起诉的当事人中指定代表人。

第七十八条　民事诉讼法第五十六条和第五十七条规定的代表人为二至五人，每位代表人可以委托一至二人作为诉讼代理人。

第七十九条　依照民事诉讼法第五十七条规定受理的案件，人民法院可以发出公告，通知权利人向人民法院登记。公告期间根据案件的具体情况确定，但不得少于三十日。

第八十条　根据民事诉讼法第五十七条规定向人民法院登记的权利人，应当证明其与对方当事人的法律关系和所受到的损害。证明不了的，不予登记，权利人可以

另行起诉。人民法院的裁判在登记的范围内执行。未参加登记的权利人提起诉讼，人民法院认定其请求成立的，裁定适用人民法院已作出的判决、裁定。

# 专题六　诉讼代理人

### 考点17　委托诉讼代理人

第六十一条　[委托诉讼代理人]当事人、法定代理人可以委托一至二人作为诉讼代理人。

下列人员可以被委托为诉讼代理人：

(一)律师、基层法律服务工作者；

(二)当事人的近亲属或者工作人员；

(三)当事人所在社区、单位以及有关社会团体推荐的公民。

第六十二条　[委托诉讼代理权的取得和权限]委托他人代为诉讼，必须向人民法院提交由委托人签名或者盖章的授权委托书。

授权委托书必须记明委托事项和权限。诉讼代理人代为承认、放弃、变更诉讼请求，进行和解，提起反诉或者上诉，必须有委托人的特别授权。

侨居在国外的中华人民共和国公民从国外寄交或者托交的授权委托书，必须经中华人民共和国驻该国的使领馆证明；没有使领馆的，由与中华人民共和国有外交关系的第三国驻该国的使领馆证明，再转由中华人民共和国驻该第三国使领馆证明，或者由当地的爱国华侨团体证明。

[2011年真题~委托诉讼代理人的权限]

第六十五条　[离婚诉讼代理的特别规定]离婚案件有诉讼代理人的，本人除不能表达意思的以外，仍应出庭；确因特殊情况无法出庭的，必须向人民法院提交书面意见。

《民诉解释》第八十八条　诉讼代理人除根据民事诉讼法第六十二条规定提交授权委托书外，还应当按照下列规定向人民法院提交相关材料：

(一)律师应当提交律师执业证、律师事务所证明材料；

(二)基层法律服务工作者应当提交法律服务工作者执业证、基层法律服务所出具的介绍信以及当事人一方位于本辖区内的证明材料；

(三)当事人的近亲属应当提交身份证件和与委托人有近亲属关系的证明材料；

(四)当事人的工作人员应当提交身份证件和与当事人有合法劳动人事关系的证明材料；

(五)当事人所在社区、单位推荐的公民应当提交身份证件、推荐材料和当事人属于该社区、单位的证明材料；

(六)有关社会团体推荐的公民应当提交身份证件和符合本解释第八十七条规定条件的证明材料。

第八十九条　当事人向人民法院提交的授权委托书，应当在开庭审理前送交人民法院。授权委托书仅写"全权代理"而无具体授权的，诉讼代理人无权代为承认、放弃、变更诉讼请求，进行和解，提出反诉或者提起上诉。

适用简易程序审理的案件，双方当事人同时到庭并

径行开庭审理的，可以当场口头委托诉讼代理人，由人民法院记入笔录。

第五百二十六条　涉外民事诉讼中的外籍当事人，可以委托本国人为诉讼代理人，也可以委托本国律师以非律师身份担任诉讼代理人；外国驻华使领馆官员，受本国公民的委托，可以以个人名义担任诉讼代理人，但在诉讼中不享有外交或者领事特权和豁免。

《民法典》第一百六十五条　委托代理授权采用书面形式的，授权委托书应当载明代理人的姓名或者名称、代理事项、权限和期限，并由被代理人签名或者盖章。

### 考点18　法定诉讼代理人

第六十条　[法定诉讼代理人]无诉讼行为能力人由他的监护人作为法定代理人代为诉讼。法定代理人之间互相推诿代理责任的，由人民法院指定其中一人代为诉讼。

《民诉解释》第八十三条　在诉讼中，无民事行为能力人、限制民事行为能力人的监护人是他的法定代理人。事先没有确定监护人的，可以由有监护资格的人协商确定；协商不成的，由人民法院在他们之中指定诉讼中的法定代理人。当事人没有民法典第二十七条、第二十八条规定的监护人的，可以指定民法典第三十二条规定的有关组织担任诉讼中的法定代理人。

# 专题七　民事证据

### 考点19　证据的种类(法定分类)

(一)种类划分

第六十六条　[证据的种类]证据包括：

(一)当事人的陈述；

(二)书证；

(三)物证；

(四)视听资料；

(五)电子数据；

(六)证人证言；

(七)鉴定意见；

(八)勘验笔录。

证据必须查证属实，才能作为认定事实的根据。

[2012年真题~书证的概念与特点、电子数据与视听资料的区别、本证与反证、直接证据与间接证据、原始证据与传来证据]

(二)书证与物证

第七十三条　[书证和物证]书证应当提交原件。物证应当提交原物。提交原件或者原物确有困难的，可以提交复制品、照片、副本、节录本。

提交外文书证，必须附有中文译本。

《民诉证据规定》第二十一条　人民法院调查收集的书证，可以是原件，也可以是经核对无误的副本或者复制件。是副本或

者复制件的,应当在调查笔录中说明来源和取证情况。

第二十二条　人民法院调查收集的物证应当是原物。被调查人提供原物确有困难的,可以提供复制品或者影像资料。提供复制品或者影像资料的,应当在调查笔录中说明取证情况。

第四十八条　控制书证的当事人无正当理由拒不提交书证的,人民法院可以认定对方当事人所主张的书证内容为真实。

控制书证的当事人存在《最高人民法院关于适用〈中华人民共和国民事诉讼法〉的解释》第一百一十三条规定情形的,人民法院可以认定对方当事人主张以该书证证明的事实为真实。

**《民诉解释》**

第一百一十一条　民事诉讼法第七十三条规定的提交书证原件确有困难,包括下列情形:

(一)书证原件遗失、灭失或者毁损的;

(二)原件在对方当事人控制之下,经合法通知提交而拒不提交的;

(三)原件在他人控制之下,而其有权不提交的;

(四)原件因篇幅或者体积过大而不便提交的;

(五)承担举证证明责任的当事人通过申请人民法院调查收集或者其他方式无法获得书证原件的。

前款规定情形,人民法院应当结合其他证据和案件具体情况,审查判断书证复制品等能否作为认定案件事实的根据。

第一百一十二条　书证在对方当事人控制之下的,承担举证证明责任的当事人可以在举证期限届满前书面申请人民法院责令对方当事人提交。

申请理由成立的,人民法院应当责令对方当事人提交,因提交书证所产生的费用,由申请人负担。对方当事人无正当理由拒不提交的,人民法院可以认定申请人所主张的书证内容为真实。

第一百一十三条　持有书证的当事人以妨碍对方当事人使用为目的,毁灭有关书证或者实施其他致使书证不能使用行为的,人民法院可以依照民事诉讼法第一百一十四条规定,对其处以罚款、拘留。

第一百一十四条　国家机关或者其他依法具有社会管理职能的组织,在其职权范围内制作的文书所记载的事项推定为真实,但有相反证据足以推翻的除外。必要时,人民法院可以要求制作文书的机关或者组织对文书的真实性予以说明。〔2016年真题～证据交换与质证〕

第一百一十五条　单位向人民法院提出的证明材料,应当由单位负责人及制作证明材料的人员签名或者盖章,并加盖单位印章。人民法院就单位出具的证明材料,可以向单位及制作证明材料的人员进行调查核实。必要时,可以要求制作证明材料的人员出庭作证。

单位及制作证明材料的人员拒绝人民法院调查核实,或者制作证明材料的人员无正当理由拒绝出庭作证的,该证明材料不得作为认定案件事实的根据。

**(三)视听资料和电子数据**

第七十四条　[视听资料]人民法院对视听资料,应当辨别真伪,并结合本案的其他证据,审查确定能否作为认定事实的根据。

**《民诉解释》**

第一百一十六条　视听资料包括录音资料和影像资料。

电子数据是指通过电子邮件、电子数据交换、网上聊天记录、博客、微博客、手机短信、电子签名、域名等形成或者存储在电子介质中的信息。

存储在电子介质中的录音资料和影像资料,适用电子数据的规定。

**《民诉证据规定》**

第十四条　电子数据包括下列信息、电子文件:

(一)网页、博客、微博客等网络平台发布的信息;

(二)手机短信、电子邮件、即时通信、通讯群组等网络应用服务的通信信息;

(三)用户注册信息、身份认证信息、电子交易记录、通信记录、登录日志等信息;

(四)文档、图片、音频、视频、数字证书、计算机程序等电子文件;

(五)其他以数字化形式存储、处理、传输的能够证明案件事实的信息。

第十五条　当事人以视听资料作为证据的,应当提供存储该视听资料的原始载体。

当事人以电子数据作为证据的,应当提供原件。电子数据的制作者制作的与原件一致的副本,或者直接来源于电子数据的打印件或其他可以显示、识别的输出介质,视为电子数据的原件。〔2022年回忆～电子数据〕

第二十三条　人民法院调查收集视听资料、电子数据,应当要求被调查人提供原始载体。

提供原始载体确有困难的,可以提供复制件。提供复制件的,人民法院应当在调查笔录中说明其来源和制作经过。

人民法院对视听资料、电子数据采取证据保全措施的,适用前款规定。

**(四)证人证言**

(1)证人资格

第七十五条　[证人的义务]凡是知道案件情况的单位和个人,都有义务出庭作证。有关单位的负责人应当支持证人作证。

不能正确表达意思的人,不能作证。

**《民诉证据规定》**

第六十七条　不能正确表达意思的人,不能作为证人。

待证事实与其年龄、智力状况或者精神健康状况相适应的无民事行为能力人和限制民事行为能力人,可以作为证人。

(2)证人出庭

第七十六条　[证人不出庭作证的情形]经人民法院通知,证人应当出庭作证。有下列情形之一的,经人民法院许可,可以通过书面证言、视听传输技术或者视听资料等方式作证:

(一)因健康原因不能出庭的;

(二)因路途遥远,交通不便不能出庭的;

(三)因自然灾害等不可抗力不能出庭的;

(四)其他有正当理由不能出庭的。

**《民诉解释》**

第一百一十七条　当事人申请证人出庭作证的,应当在举证期限届满前提出。

符合本解释第九十六条第一款规定情形的,人民法院可以依职权通知证人出庭作证。

未经人民法院通知,证人不得出庭作证,但双方当事人同意并经人民法院准许的除外。

第一百一十九条　人民法院在证人出庭作证前应当告知其如实作证的义务以及作伪证的法律后果,并责令其签署保证书,但无民事行为能力人和限制民事行为能力人除外。

证人签署保证书适用本解释关于当事人签署保证书的规定。

第一百二十条　证人拒绝签署保证书的,不得作证,并自行承担相关费用。

**《民诉证据规定》**

第六十八条　人民法院应当要求证人出庭作证,接受审判人员和当事人的询问。证人在审理前的准备阶段或者人民法院调查、询问等双方当事人在场时陈述证言的,视为出庭作证。

双方当事人同意证人以其他方式作证并经人民法院准许的,证人可以不出庭作证。

无正当理由未出庭的证人以书面等方式提供的证言,不得作为认定案件事实的根据。

第七十三条　证人应当就其作证的事项进行连续陈述。

当事人及其法定代理人、诉讼代理人或者旁听人员干扰证人陈述的,人民法院应当及时制止,必要时可以依照民事诉讼法第一百一十条(现为第一百一十七条)的规定进行处罚。

第七十四条　审判人员可以对证人进行询问。当事人及其诉讼代理人经审判人员许可后可以询问证人。

询问证人时其他证人不得在场。

人民法院认为有必要的,可以要求证人之间进行对质。

第七十八条　当事人及其诉讼代理人对证人的询问与待证事实无关,或者存在威胁、侮辱证人或不适当引导等情形的,审判人员应当及时制止。必要时可以依照民事诉讼法第一百一十条(现为第一百一十七条)、第一百一十一条(现为第一百一十八条)的规定进行处罚。

证人故意作虚假陈述,诉讼参与人或者其他人以暴力、威胁、贿买等方法妨碍证人作证,或者在证人作证后以侮辱、诽谤、诬陷、恐吓、殴打等方式对证人打击报复的,人民法院应当根据情节,依照民事诉讼法第一百一十一条(现为第一百一十八条)的规定,对行为人进行处罚。

(3)出庭费用

**第七十七条　[证人出庭作证费用的承担]**证人因履行出庭作证义务而支出的交通、住宿、就餐等必要费用以及误工损失,由败诉一方当事人负担。当事人申请证人作证的,由该当事人先行垫付;当事人没有申请,人民法院通知证人作证的,由人民法院先行垫付。

**《民诉解释》**

第一百一十八条　民事诉讼法第七十七条规定的证人因履行出庭作证义务而支出的交通、住宿、就餐等必要费用,按照机关事业单位工作人员差旅费用和补贴标准计算;误工损失按照国家上年度职工日平均工资标准计算。

人民法院准许证人出庭作证申请的,应当通知申请人预缴证人出庭作证费用。

第一百二十条　证人拒绝签署保证书的,不得作证,并自行承担相关费用。

(五)鉴定意见

(1)申请鉴定

**第七十九条　[申请鉴定]**当事人可以就查明事实的专门性问题向人民法院申请鉴定。当事人申请鉴定的,由双方当事人协商确定具备资格的鉴定人;协商不成的,由人民法院指定。

当事人未申请鉴定,人民法院对专门性问题认为需要鉴定的,应当委托具备资格的鉴定人进行鉴定。

**《民诉解释》**

第一百二十一条　当事人申请鉴定,可以在举证期限届满前提出。申请鉴定的事项与待证事实无关联,或者对证明待证事实无意义的,人民法院不予准许。

人民法院准许当事人鉴定申请的,应当组织双方当事人协商确定具备相应资格的鉴定人。当事人协商不成的,由人民法院指定。

符合依职权调查收集证据条件的,人民法院应当依职权委托鉴定,在询问当事人的意见后,指定具备相应资格的鉴定人。

**《民诉证据规定》**

第三十条　人民法院在审理案件过程中认为待证事实需要通过鉴定意见证明的,应当向当事人释明,并指定提出鉴定申请的期间。

符合《民诉解释》第九十六条第一款规定情形的,人民法院应当依职权委托鉴定。[2020年回忆~鉴定]

第三十一条　当事人申请鉴定,应当在人民法院指定期间内提出,并预交鉴定费用。逾期不提出申请或者不预交鉴定费用的,视为放弃申请。

对需要鉴定的待证事实负有举证责任的当事人,在人民法院指定期间内无正当理由不提出鉴定申请或者不预交鉴定费用,或者拒不提供相关材料,致使待证事实无法查明的,应当承担举证不能的法律后果。

第三十二条　人民法院准许鉴定申请的,应当组织双方当事人协商确定具备相应资格的鉴定人。当事人协商不成的,由人民法院指定。

人民法院依职权委托鉴定的,可以在询问当事人的意见后,指定具备相应资格的鉴定人。

人民法院在确定鉴定人后应当出具委托书,委托书中应当载明鉴定事项、鉴定范围、鉴定目的和鉴定期限。

[2020年回忆~鉴定]

第三十三条　鉴定开始之前,人民法院应当要求鉴定人签署承诺书。承诺书中应当载明鉴定人保证客观、公正、诚实地进行鉴定,保证出庭作证,如作虚假鉴定应当承担法律责任等内容。

鉴定人故意作虚假鉴定的,人民法院应当责令其退还鉴定费用,并根据情节,依照民事诉讼法第一百一十一条(现为第一百一十四条)的规定进行处罚。

第三十四条　人民法院应当组织当事人对鉴定材料进行质证。未经质证的材料,不得作为鉴定的根据。

经人民法院准许,鉴定人可以调取证据、勘验物证和现场、询问当事人或者证人。

(2)鉴定人出庭作证

**第八十一条　[鉴定人出庭作证的义务]** 当事人对鉴定意见有<u>异议</u>或者人民法院认为鉴定人有<u>必要</u>出庭的,鉴定人应当出庭作证。经人民法院<u>通知</u>,鉴定人拒不出庭作证的,鉴定意见<u>不得</u>作为认定事实的根据;支付鉴定费用的当事人可以要求返还鉴定费用。

**《民诉解释》**

第三十七条　人民法院收到鉴定书后,应当及时将副本送交当事人。

当事人对鉴定书的内容有异议的,应当在人民法院指定期间内以书面方式提出。

对于当事人的异议,人民法院应当要求鉴定人作出解释、说明或者补充。人民法院认为有必要的,可以要求鉴定人对当事人未提出异议的内容进行解释、说明或者补充。〔2020年回忆~鉴定〕

第三十八条　当事人在收到鉴定人的书面答复后仍有异议的,人民法院应当根据《诉讼费用交纳办法》第十一条的规定,通知有异议的当事人预交鉴定人出庭费用,并通知鉴定人出庭。有异议的当事人不预交鉴定人出庭费用的,视为放弃异议。

双方当事人对鉴定意见均有异议的,分摊预交鉴定人出庭费用。〔2020年回忆~鉴定〕

第三十九条　鉴定人出庭费用按照证人出庭作证费用的标准计算,由败诉的当事人负担。因鉴定意见不明确或者有瑕疵需要鉴定人出庭的,出庭费用由其自行负担。

人民法院委托鉴定时已经确定鉴定人出庭费用包含在鉴定费用中的,不再通知当事人预交。

第四十条　当事人申请重新鉴定,存在下列情形之一的,人民法院应当准许:

(一)鉴定人不具备相应资格的;

(二)鉴定程序严重违法的;

(三)鉴定意见明显依据不足的;

(四)鉴定意见不能作为证据使用的其他情形。

存在前款第一项至第三项情形的,鉴定人已经收取的鉴定费用应当退还。拒不退还的,依照本规定第八十一条第二款的规定处理。

对鉴定意见的瑕疵,可以通过补正、补充鉴定或者补充质证、重新质证等方法解决的,人民法院不予准许重新鉴定的申请。

重新鉴定的,原鉴定意见不得作为认定案件事实的根据。

(3)有专门知识的人出庭

**第八十二条　[对鉴定意见的查证]** 当事人可以申请人民法院通知有专门知识的人出庭,就鉴定人作出的鉴定意见或者专业问题提出意见。

**《民诉解释》**

第一百二十二条　当事人可以依照民事诉讼法第八十二条的规定,在举证期限届满前申请一至二名具有专门知识的人出庭,代表当事人对鉴定意见进行质证,或者对案件事实所涉及的专业问题提出意见。

具有专门知识的人在法庭上就专业问题提出的意见,视为当事人的陈述。

人民法院准许当事人申请的,相关费用由提出申请的当事人负担。

第一百二十三条　人民法院可以对出庭的具有专门知识的人进行询问。经法庭准许,当事人可以对出庭的具有专门知识的人进行询问,当事人各自申请的具有专门知识的人可以就案件中的有关问题进行对质。

具有专门知识的人不得参与专业问题之外的法庭审理活动。

(六)勘验笔录

**第八十三条　[勘验笔录]** 勘验物证或者现场,勘验人必须出示人民法院的证件,并邀请当地基层组织或者当事人所在单位派人参加。当事人或者当事人的成年家属应当到场,拒不到场的,不影响勘验的进行。

有关单位和个人根据人民法院的通知,有义务保护现场,协助勘验工作。

勘验人应当将勘验情况和结果制作笔录,由勘验人、当事人和被邀参加人签名或者盖章。

**《民诉解释》**

第一百二十四条　人民法院认为有必要的,可以根据当事人的申请或者依职权对物证或者现场进行勘验。勘验时应当保护他人的隐私和尊严。

人民法院可以要求鉴定人参与勘验。必要时,可以要求鉴定人在勘验中进行鉴定。

**考点21 证据保全**

(一)诉讼中证据保全

**第八十四条　[证据保全]** 在证据可能灭失或者以后难以取得的情况下,当事人可以在<u>诉讼过程中</u>向人民法院申请保全证据,人民法院也可以<u>主动</u>采取保全措施。

因情况紧急,在证据可能灭失或者以后难以取得的情况下,利害关系人可以在提起<u>诉讼</u>或者申请<u>仲裁</u>前向<u>证据所在地</u>、<u>被申请人住所地</u>或者<u>对案件有管辖权</u>的人民法院申请保全证据。

证据保全的其他程序,参照适用本法第九章保全的有关规定。

**《民诉解释》**

第九十八条　当事人根据民事诉讼法第八十四条第

一款规定申请证据保全的,可以在举证期限届满前书面提出。

证据保全可能对他人造成损失的,人民法院应当责令申请人提供相应的担保。

**《民诉证据规定》**

第二十五条　当事人或者利害关系人根据民事诉讼法第八十一条(现为第八十四条)的规定申请证据保全的,申请书应当载明需要保全的证据的基本情况、申请保全的理由以及采取何种保全措施等内容。

当事人根据民事诉讼法第八十一条(现为第八十四条)第一款的规定申请证据保全的,应当在举证期限届满前向人民法院提出。

法律、司法解释对诉前证据保全有规定的,依照其规定办理。

第二十七条　人民法院进行证据保全,可以要求当事人或者诉讼代理人到场。

根据当事人的申请和具体情况,人民法院可以采取查封、扣押、录音、录像、复制、鉴定、勘验等方法进行证据保全,并制作笔录。

在符合证据保全目的的情况下,人民法院应当选择对证据持有人利益影响最小的保全措施。

**(二)诉前证据保全**

**第一百零四条　[诉前保全]**利害关系人因情况紧急,不立即申请保全将会使其合法权益受到难以弥补的损害的,可以在提起诉讼或者申请仲裁前向被保全财产所在地、被申请人住所地或者对案件有管辖权的人民法院申请采取保全措施。申请人应当提供担保,不提供担保的,裁定驳回申请。

人民法院接受申请后,必须在四十八小时内作出裁定;裁定采取保全措施的,应当立即开始执行。

申请人在人民法院采取保全措施后三十日内不依法提起诉讼或者申请仲裁的,人民法院应当解除保全。

**《民诉解释》**

第二十七条　当事人申请诉前保全后没有在法定期间起诉或者申请仲裁,给被申请人、利害关系人造成损失引起的诉讼,由采取保全措施的人民法院管辖。

当事人申请诉前保全后在法定期间内起诉或者申请仲裁,被申请人、利害关系人因保全受到损失提起的诉讼,由受理起诉的人民法院或者采取保全措施的人民法院管辖。

第一百六十条　当事人向采取诉前保全措施以外的其他有管辖权的人民法院起诉的,采取诉前保全措施的人民法院应当将保全手续移送受理案件的人民法院。诉前保全的裁定视为受移送人民法院作出的裁定。

# 专题八　民事诉讼中的证明

**考点22　证明对象**

**(一)免证事实**

**《民诉解释》**

第九十三条　下列事实,当事人无须举证证明:

(一)自然规律以及定理、定律;

(二)众所周知的事实;

(三)根据法律规定推定的事实;

(四)根据已知的事实和日常生活经验法则推定出的另一事实;

(五)已为人民法院发生法律效力的裁判所确认的事实;

(六)已为仲裁机构生效裁决所确认的事实;

(七)已为有效公证文书所证明的事实。

前款第二项至第四项规定的事实,当事人有相反证据足以反驳的除外;第五项至第七项规定的事实,当事人有相反证据足以推翻的除外。

**(二)自认**

**《民诉解释》**

第九十二条　一方当事人在法庭审理中,或者在起诉状、答辩状、代理词等书面材料中,对于己不利的事实明确表示承认的,另一方当事人无需举证证明。

对于涉及身份关系、国家利益、社会公共利益等应当由人民法院依职权调查的事实,不适用前款自认的规定。

自认的事实与查明的事实不符的,人民法院不予确认。

**《民诉证据规定》**

第三条　在诉讼过程中,一方当事人陈述的于己不利的事实,或者对于己不利的事实明确表示承认的,另一方当事人无需举证证明。

在证据交换、询问、调查过程中,或者在起诉状、答辩状、代理词等书面材料中,当事人明确承认于己不利的事实的,适用前款规定。

第四条　一方当事人对于另一方当事人主张的于己不利的事实既不承认也不否认,经审判人员说明并询问后,其仍然不明确表示肯定或者否定的,视为对该事实的承认。

第五条　当事人委托诉讼代理人参加诉讼的,除授权委托书明确排除的事项外,诉讼代理人的自认视为当事人的自认。

当事人在场对诉讼代理人的自认明确否认的,不视为自认。

第六条　普通共同诉讼中,共同诉讼人中一人或者数人作出的自认,对作出自认的当事人发生效力。

必要共同诉讼中,共同诉讼人中一人或者数人作出自认而其他共同诉讼人予以否认的,不发生自认的效力。其他共同诉讼人既不承认也不否认,经审判人员说明并询问后仍然不明确表示意见的,视为全体共同诉讼人的自认。

第七条　一方当事人对于另一方当事人主张的于己不利的事实有所限制或者附加条件予以承认的,由人民法院综合案件情况决定是否构成自认。

第八条　《最高人民法院关于适用〈中华人民共和国民事诉讼法〉的解释》第九十六条第一款规定的事实,不适用有关自认的规定。

自认的事实与已经查明的事实不符的,人民法院不予确认。

第九条　有下列情形之一，当事人在法庭辩论终结前撤销自认的，人民法院应当准许：

（一）经对方当事人同意的；

（二）自认是在受胁迫或者重大误解情况下作出的。

人民法院准许当事人撤销自认的，应当作出口头或者书面裁定。

**考点23** 证明责任与证明标准

**（一）证明责任**

**第六十七条第一款** ［举证责任］当事人对自己提出的主张，有责任提供证据。［2016年真题~证明责任的分配］

《民诉解释》

第九十条　当事人对自己提出的诉讼请求所依据的事实或者反驳对方诉讼请求所依据的事实，应当提供证据加以证明，但法律另有规定的除外。

在作出判决前，当事人未能提供证据或者证据不足以证明其事实主张的，由负有举证证明责任的当事人承担不利的后果。［2021年回忆~证明责任的分配］

第九十一条　人民法院应当依照下列原则确定举证证明责任的承担，但法律另有规定的除外：

（一）主张法律关系存在的当事人，应当对产生该法律关系的基本事实承担举证证明责任；

（二）主张法律关系变更、消灭或者权利受到妨害的当事人，应当对该法律关系变更、消灭或者权利受到妨害的基本事实承担举证证明责任。［2021年回忆~证明责任的分配］

《民法典》

第一千一百九十九条　［教育机构对无民事行为能力人受到人身损害的过错推定责任］无民事行为能力人在幼儿园、学校或者其他教育机构学习、生活期间受到人身损害的，幼儿园、学校或者其他教育机构应当承担侵权责任；但是，能够证明尽到教育、管理职责的，不承担侵权责任。

第一千二百一十八条　［医疗损害责任归责原则］患者在诊疗活动中受到损害，医疗机构或者其医务人员有过错的，由医疗机构承担赔偿责任。

第一千二百二十二条　［医疗机构过错推定的情形］患者在诊疗活动中受到损害，有下列情形之一的，推定医疗机构有过错：

（一）违反法律、行政法规、规章以及其他有关诊疗规范的规定；

（二）隐匿或者拒绝提供与纠纷有关的病历资料；

（三）遗失、伪造、篡改或者违法销毁病历资料。

第一千二百三十条　［环境污染、生态破坏侵权责任］因污染环境、破坏生态发生纠纷，行为人应当就法律规定的不承担责任或者减轻责任的情形及其行为与损害之间不存在因果关系承担举证责任。

第一千二百四十五条　［饲养动物损害责任一般规定］饲养的动物造成他人损害的，动物饲养人或者管理人应当承担侵权责任；但是，能够证明损害是因被侵权人故意或者重大过失造成的，可以不承担或者减轻责任。

第一千二百五十三条　［建筑物、构筑物或者其他设施及其搁置物、悬挂物脱落、坠落致害责任］建筑物、构筑物或者其他设施及其搁置物、悬挂物发生脱落、坠落造成他人损害，所有人、管理人或者使用人不能证明自己没有过错的，应当承担侵权责任。所有人、管理人或者使用人赔偿后，有其他责任人的，有权向其他责任人追偿。［2017年真题~原告、被告地位的确定；共同诉讼人诉讼地位的确定，证明责任的特殊分配］

**（二）证明标准**

《民诉解释》

第一百零八条　对负有举证证明责任的当事人提供的证据，人民法院经审查并结合相关事实，确信待证事实的存在具有高度可能性的，应当认定该事实存在。

对一方当事人为反驳负有举证证明责任的当事人所主张事实而提供的证据，人民法院经审查并结合相关事实，认为待证事实真伪不明的，应当认定该事实不存在。

法律对于待证事实所应达到的证明标准另有规定的，从其规定。

第一百零九条　当事人对欺诈、胁迫、恶意串通事实的证明，以及对口头遗嘱或者赠与事实的证明，人民法院确信该待证事实存在的可能性能够排除合理怀疑的，应当认定该事实存在。

**考点24** 证明程序之一：举证责任

**第六十八条** ［举证期限及逾期后果］当事人对自己提出的主张应当及时提供证据。

人民法院根据当事人的主张和案件审理情况，确定当事人应当提供的证据及其期限。当事人在该期限内提供证据确有困难的，可以向人民法院申请延长期限，人民法院根据当事人的申请适当延长。当事人逾期提供证据的，人民法院应当责令其说明理由；拒不说明理由或者理由不成立的，人民法院根据不同情形可以不予采纳证据，或者采纳该证据但予以训诫、罚款。

《民诉解释》

第九十九条　人民法院应当在审理前的准备阶段确定当事人的举证期限。举证期限可以由当事人协商，并经人民法院准许。

人民法院确定举证期限，第一审普通程序案件不得少于十五日，当事人提供新的证据的第二审案件不得少于十日。

举证期限届满后，当事人对已经提供的证据，申请提供反驳证据或者对证据来源、形式等方面的瑕疵进行补正的，人民法院可以酌情再次确定举证期限，该期限不受前款规定的限制。

第一百条　当事人申请延长举证期限的，应当在举证期限届满前向人民法院提出书面申请。

申请理由成立的，人民法院应当准许，适当延长举证期限，并通知其他当事人。延长的举证期限适用于其他当事人。

申请理由不成立的，人民法院不予准许，并通知申请人。

第一百零一条　当事人逾期提供证据的,人民法院应当责令其说明理由,必要时可以要求其提供相应的证据。

当事人因客观原因逾期提供证据,或者对方当事人对逾期提供证据未提出异议的,视为未逾期。

第一百零二条　当事人因故意或者重大过失逾期提供的证据,人民法院不予采纳。但该证据与案件基本事实有关的,人民法院应当采纳,并依照民事诉讼法第六十八条、第一百一十八条第一款的规定予以训诫、罚款。

当事人非因故意或者重大过失逾期提供的证据,人民法院应当采纳,并对当事人予以训诫。

当事人一方要求另一方赔偿因逾期提供证据致使其增加的交通、住宿、就餐、误工、证人出庭作证等必要费用的,人民法院可予支持。

### 考点25　证明程序之二:法院调查收集证据

第六十七条第二款　[法院调查收集证据]当事人及其诉讼代理人因客观原因不能自行收集的证据,或者人民法院认为审理案件需要的证据,人民法院应当调查收集。

**《民诉解释》**

第九十四条　民事诉讼法第六十七条第二款规定的当事人及其诉讼代理人因客观原因不能自行收集的证据包括:

(一)证据由国家有关部门保存,当事人及其诉讼代理人无权查阅调取的;

(二)涉及国家秘密、商业秘密或者个人隐私的;

(三)当事人及其诉讼代理人因客观原因不能自行收集的其他证据。

当事人及其诉讼代理人因客观原因不能自行收集的证据,可以在举证期限届满前书面申请人民法院调查收集。

第九十六条　民事诉讼法第六十七条第二款规定的人民法院认为审理案件需要的证据包括:

(一)涉及可能损害国家利益、社会公共利益的;

(二)涉及身份关系的;

(三)涉及民事诉讼法第五十八条规定诉讼的;

(四)当事人有恶意串通损害他人合法权益可能的;

(五)涉及依职权追加当事人、中止诉讼、终结诉讼、回避等程序性事项的。

除前款规定外,人民法院调查收集证据,应当依照当事人的申请进行。

第九十七条　人民法院调查收集证据,应当由两人以上共同进行。调查材料要由调查人、被调查人、记录人签名、捺印或者盖章。

**《民诉证据规定》**

第二十条　当事人及其诉讼代理人申请人民法院调查收集证据,应当在举证期限届满前提交书面申请。

申请书应当载明被调查人的姓名或者单位名称、住所地等基本情况、所要调查收集的证据名称或者内容、需要由人民法院调查收集证据的原因及其要证明的事实以及明确的线索。

### 考点26　证明程序之三:质证与证据的认定

第七十一条　[证据的公开与质证]证据应当在法庭上出示,并由当事人互相质证。对涉及国家秘密、商业秘密和个人隐私的证据应当保密,需要在法庭出示的,不得在公开开庭时出示。

**《民诉解释》**

第一百零三条　证据应当在法庭上出示,由当事人互相质证。未经当事人质证的证据,不得作为认定案件事实的根据。

当事人在审理前的准备阶段认可的证据,经审判人员在庭审中说明后,视为质证过的证据。

涉及国家秘密、商业秘密、个人隐私或者法律规定应当保密的证据,不得公开质证。〔2016年真题~证据交换与质证〕

第一百零四条　人民法院应当组织当事人围绕证据的真实性、合法性以及与待证事实的关联性进行质证,并针对证据有无证明力和证明力大小进行说明和辩论。

能够反映案件真实情况、与待证事实相关联、来源和形式符合法律规定的证据,应当作为认定案件事实的根据。

第一百零五条　人民法院应当按照法定程序,全面、客观地审核证据,依照法律规定,运用逻辑推理和日常生活经验法则,对证据有无证明力和证明力大小进行判断,并公开判断的理由和结果。

第一百零六条　对以严重侵害他人合法权益、违反法律禁止性规定或者严重违背公序良俗的方法形成或者获取的证据,不得作为认定案件事实的根据。

第一百零七条　在诉讼中,当事人为达成调解协议或者和解协议作出妥协而认可的事实,不得在后续的诉讼中作为对其不利的根据,但法律另有规定或者当事人均同意的除外。

第一百零八条　对负有举证证明责任的当事人提供的证据,人民法院经审查并结合相关事实,确信待证事实的存在具有高度可能性的,应当认定该事实存在。

对一方当事人为反驳负有举证证明责任的当事人所主张事实而提供的证据,人民法院经审查并结合相关事实,认为待证事实真伪不明的,应当认定该事实不存在。

法律对于待证事实所应达到的证明标准另有规定的,从其规定。〔2022年回忆~证据的审核认定〕

第一百零九条　当事人对欺诈、胁迫、恶意串通事实的证明,以及对口头遗嘱或者赠与事实的证明,人民法院确信该待证事实存在的可能性能够排除合理怀疑的,应当认定该事实存在。〔2022年回忆~证据的审查认定〕

第一百一十条　人民法院认为有必要的,可以要求当事人本人到庭,就案件有关事实接受询问。在询问当事人之前,可以要求其签署保证书。

保证书应当载明据实陈述、如有虚假陈述愿意接受处罚等内容。当事人应当在保证书上签名或者捺印。

负有举证证明责任的当事人拒绝到庭、拒绝接受询问或者拒绝签署保证书,待证事实又欠缺其他证据证明的,人民法院对其主张的事实不予认定。

《民诉证据规定》

第六十条　当事人在审理前的准备阶段或者人民法院调查、询问过程中发表过质证意见的证据，视为质证过的证据。

当事人要求以书面方式发表质证意见，人民法院在听取对方当事人意见后认为有必要的，可以准许。人民法院应当及时将书面质证意见送交对方当事人。

第六十一条　对书证、物证、视听资料进行质证时，当事人应当出示证据的原件或者原物。但有下列情形之一的除外：

（一）出示原件或者原物确有困难并经人民法院准许出示复制件或者复制品的；

（二）原件或者原物已不存在，但有证据证明复制件、复制品与原件或者原物一致的。

第六十二条　质证一般按下列顺序进行：

（一）原告出示证据，被告、第三人与原告进行质证；

（二）被告出示证据，原告、第三人与被告进行质证；

（三）第三人出示证据，原告、被告与第三人进行质证。

人民法院根据当事人申请调查收集的证据，审判人员对调查收集证据的情况进行说明后，由提出申请的当事人与对方当事人、第三人进行质证。

人民法院依职权调查收集的证据，由审判人员对调查收集证据的情况进行说明后，听取当事人的意见。

第九十条　下列证据不能单独作为认定案件事实的根据：

（一）当事人的陈述；

（二）无民事行为能力人或者限制民事行为能力人所作的与其年龄、智力状况或者精神健康状况不相当的证言；

（三）与一方当事人或者其代理人有利害关系的证人陈述的证言；

（四）存有疑点的视听资料、电子数据；

（五）无法与原件、原物核对的复制件、复制品。

# 专题九　人民法院调解

### 考点27　法院调解

**1** 第九十六条　[法院调解原则]人民法院审理民事案件，根据当事人自愿的原则，在事实清楚的基础上，分清是非，进行调解。

《民诉解释》

第一百四十二条　人民法院受理案件后，经审查，认为法律关系明确、事实清楚的，在征得当事人双方同意后，可以径行调解。

第一百四十三条　适用特别程序、督促程序、公示催告程序的案件，婚姻等身份关系确认案件以及其他根据案件性质不能进行调解的案件，不得调解。

第一百四十四条　人民法院审理民事案件，发现当事人之间恶意串通，企图通过和解、调解方式侵害他人合法权益的，应当依照民事诉讼法第一百一十二条的规定处理。

第一百四十五条　人民法院审理民事案件，应当根据自愿、合法的原则进行调解。当事人一方或者双方坚持不愿调解的，应当及时裁判。

人民法院审理离婚案件，应当进行调解，但不应久调不决。

第一百四十六条　人民法院审理民事案件，调解过程不公开，但当事人同意公开的除外。

调解协议内容不公开，但为保护国家利益、社会公共利益、他人合法权益，人民法院认为确有必要公开的除外。

主持调解以及参与调解的人员，对调解过程以及调解过程中获悉的国家秘密、商业秘密、个人隐私和其他不宜公开的信息，应当保守秘密，但为保护国家利益、社会公共利益、他人合法权益的除外。

**2** 第九十九条　[调解协议的达成]调解达成协议，必须双方自愿，不得强迫。调解协议的内容不得违反法律规定。

《民事调解工作规定》

第六条　当事人可以自行提出调解方案，主持调解的人员也可以提出调解方案供当事人协商时参考。

第七条　调解协议内容超出诉讼请求的，人民法院可以准许。

第八条　人民法院对于调解协议约定一方不履行协议应当承担民事责任的，应予准许。

调解协议约定一方不履行协议，另一方可以请求人民法院对案件作出裁判的条款，人民法院不予准许。

第十条　调解协议具有下列情形之一的，人民法院不予确认：

（一）侵害国家利益、社会公共利益的；

（二）侵害案外人利益的；

（三）违背当事人真实意思的；

（四）违反法律、行政法规禁止性规定的。

《民诉解释》

第一百四十八条　当事人自行和解或者调解达成协议后，请求人民法院按照和解协议或者调解协议的内容制作判决书的，人民法院不予准许。

无民事行为能力人的离婚案件，由其法定代理人进行诉讼。法定代理人与对方达成协议要求发给判决书的，可根据协议内容制作判决书。

**3** 第一百条　[调解书的制作、送达和效力]调解达成协议，人民法院应当制作调解书。调解书应当写明诉讼请求、案件的事实和调解结果。

调解书由审判人员、书记员署名，加盖人民法院印章，送达双方当事人。

调解书经双方当事人签收后，即具有法律效力。

《民事调解工作规定》

第九条　调解协议约定一方提供担保或者案外人同意为当事人提供担保的，人民法院应当准许。

案外人提供担保的，人民法院制作调解书应当列明担保人，并将调解书送交担保人。担保人不签收调解书的，不影响调解书生效。

当事人或者案外人提供的担保符合民法典规定的条件时生效。

第十一条 当事人不能对诉讼费用如何承担达成协议的，不影响调解协议的效力。人民法院可以直接决定当事人承担诉讼费用的比例，并将决定记入调解书。

第十二条 对调解书的内容既不享有权利又不承担义务的当事人不签收调解书的，不影响调解书的效力。

第十三条 当事人以民事调解书与调解协议的原意不一致为由提出异议，人民法院审查后认为异议成立的，应当根据调解协议裁定补正民事调解书的相关内容。

第十四条 当事人就部分诉讼请求达成调解协议的，人民法院可以就此先行确认并制作调解书。

当事人就主要诉讼请求达成调解协议，请求人民法院对未达成协议的诉讼请求提出处理意见并表示接受该处理结果的，人民法院的处理意见是调解协议的一部分内容，制作调解书的记入调解书。

第十五条 调解书确定的担保条款条件或者承担民事责任的条件成就时，当事人申请执行的，人民法院应当依法执行。

不履行调解协议的当事人按照前款规定承担了调解书确定的民事责任后，对方当事人又要求其承担民事诉讼法第二百五十三条(现为第二百六十四条)规定的迟延履行责任的，人民法院不予支持。

第十六条 调解书约定给付特定标的物的，调解协议达成前该物上已经存在的第三人的物权和优先权不受影响。第三人在执行过程中对执行标的物提出异议的，应当按照民事诉讼法第二百二十七条(现为第二百三十八条)规定处理。

第十七条 人民法院对刑事附带民事诉讼案件进行调解，依照本规定执行。

第十八条 本规定实施前人民法院已经受理的案件，在本规定施行后尚未审结的，依照本规定执行。

第十九条 本规定实施前最高人民法院的有关司法解释与本规定不一致的，适用本规定。

《民诉解释》

第一百三十三条 调解书应当直接送达当事人本人，不适用留置送达。当事人本人因故不能签收的，可由其指定的代收人签收。

第一百四十九条 调解书需经当事人签收后才发生法律效力的，应当以最后收到调解书的当事人签收的日期为调解书生效日期。

**4** 第一百零一条 [不需要制作调解书的案件]下列案件调解达成协议，人民法院可以不制作调解书：

（一）调解和好的离婚案件；

（二）调解维持收养关系的案件；

（三）能够即时履行的案件；

（四）其他不需要制作调解书的案件。

对不需要制作调解书的协议，应当记入笔录，由双方当事人、审判人员、书记员签名或者盖章后，即具有法律效力。

《民诉解释》

第一百五十一条 根据民事诉讼法第一百零一条第一款第四项规定，当事人各方同意在调解协议上签名或者盖章后即发生法律效力的，经人民法院审查确认后，应当记入笔录或者将调解协议附卷，并由当事人、审判人员、书记员签名或者盖章后即具有法律效力。

前款规定情形，当事人请求制作调解书的，人民法院审查确认后可以制作调解书送交当事人。当事人拒收调解书的，不影响调解协议的效力。

**5** 第一百零二条 [调解不成或调解后反悔的处理]调解未达成协议或者调解书送达前一方反悔的，人民法院应当及时判决。

《民事调解工作规定》

第十五条 调解书确定的担保条款条件或者承担民事责任的条件成就时，当事人申请执行的，人民法院应当依法执行。

不履行调解协议的当事人按照前款规定承担了调解书确定的民事责任后，对方当事人又要求其承担民事诉讼法第二百五十三条(现为第二百六十四条)规定的迟延履行责任的，人民法院不予支持。

第十六条 调解书约定给付特定标的物的，调解协议达成前该物上已经存在的第三人的物权和优先权不受影响。第三人在执行过程中对执行标的物提出异议的，应当按照民事诉讼法第二百二十七条(现为第二百三十八条)规定处理。

《民诉解释》

第一百四十五条 人民法院审理民事案件，应当根据自愿、合法的原则进行调解。当事人一方或者双方坚持不愿调解的，应当及时裁判。

人民法院审理离婚案件，应当进行调解，但不应久调不决。

第一百四十七条 人民法院调解案件时，当事人不能出庭的，经其特别授权，可由其委托代理人参加调解，达成的调解协议，可由委托代理人签名。

离婚案件当事人确因特殊情况无法出庭参加调解的，除本人不能表达意志的以外，应当出具书面意见。

第一百四十八条 当事人自行和解或者调解达成协议后，请求人民法院按照和解协议或者调解协议的内容制作判决书的，人民法院不予准许。

无民事行为能力人的离婚案件，由其法定代理人进行诉讼。法定代理人与对方达成协议要求发给判决书的，可根据协议内容制作判决书。

第一百五十条 人民法院调解民事案件，需由无独立请求权的第三人承担责任的，应当经其同意。该第三人在调解书送达前反悔的，人民法院应当及时裁判。

# 专题十 期间、送达

**考点29** 期间

第八十五条 [期间的种类和计算]期间包括法定期间和人民法院指定的期间。

期间以时、日、月、年计算。期间开始的时和日,不计算在期间内。

期间届满的最后一日是法定节假日的,以法定节假日后的第一日为期间届满的日期。

期间不包括在途时间,诉讼文书在期满前交邮的,不算过期。

**第八十六条　[期间的耽误和顺延]**当事人因不可抗拒的事由或者其他<u>正当理由</u>耽误期限的,在障碍消除后的<u>十日内</u>,可以<u>申请顺延</u>期限,是否准许,由人民法院决定。

《民诉解释》

第一百二十五条　依照民事诉讼法第八十五条第二款规定,民事诉讼中以时起算的期间从次时起算;以日、月、年计算的期间从次日起算。

第一百二十六条　民事诉讼法第一百二十六条规定的立案期限,因起诉状内容欠缺通知原告补正的,从补正后交人民法院的次日起算。由上级人民法院转交下级人民法院立案的案件,从受诉人民法院收到起诉状的次日起算。

第一百二十七条　民事诉讼法第五十九条第三款、第二百一十二条(现为第二百一十六条)以及本解释第三百七十二条、第三百八十二条、第三百九十九条、第四百二十条、第四百二十一条规定的六个月,民事诉讼法第二百三十条(现为第二百三十四条)规定的一年,为不变期间,不适用诉讼时效中止、中断、延长的规定。

第一百二十八条　再审案件按照第一审程序或者第二审程序审理的,适用民事诉讼法第一百五十二条、第一百八十三条规定的审限。审限自再审立案的次日起算。

第一百二十九条　对申请再审案件,人民法院应当自受理之日起三个月内审查完毕,但公告期间、当事人和解期间等不计入审查期限。有特殊情况需要延长的,由本院院长批准。

**考点30 送达**

**1 第八十八条　[直接送达]**送达诉讼文书,应当直接送交受送达人。受送达人是公民的,本人不在交他的同住成年家属签收;受送达人是法人或者其他组织的,应当由法人的法定代表人、其他组织的主要负责人或者该法人、组织负责收件的人签收;受送达人有诉讼代理人的,可以送交其代理人签收;受送达人已向人民法院指定代收人的,送交代收人签收。

受送达人的同住成年家属,法人或者其他组织的负责收件的人,诉讼代理人或者代收人在送达回证上签收的日期为送达日期。

《民诉解释》

第一百三十一条　人民法院直接送达诉讼文书的,可以通知当事人到人民法院领取。当事人到达人民法院,拒绝签署送达回证的,视为送达。审判人员、书记员应当在送达回证上注明送达情况并签名。

人民法院可以在当事人住所地以外向当事人直接送达诉讼文书。当事人拒绝签署送达回证的,采用拍照、录

像等方式记录送达过程即视为送达。审判人员、书记员应当在送达回证上注明送达情况并签名。

**2 第八十九条　[留置送达]**受送达人或者他的同住成年家属拒绝接收诉讼文书的,送达人可以邀请有关基层组织或者所在单位的代表到场,说明情况,在送达回证上记明拒收事由和日期,由送达人、见证人签名或者盖章,把诉讼文书留在受送达人的住所;也可以把诉讼文书留在受送达人的住所,并采用拍照、录像等方式记录送达过程,即视为送达。

《民诉解释》

第一百三十条　向法人或者其他组织送达诉讼文书,应当由法人的法定代表人、该组织的主要负责人或者办公室、收发室、值班室等负责收件的人签收或者盖章,拒绝签收或者盖章的,适用留置送达。

民事诉讼法第八十九条规定的有关基层组织和所在单位的代表,可以是受送达人住所地的居民委员会、村民委员会的工作人员以及受送达人所在单位的工作人员。

第一百三十二条　受送达人有诉讼代理人的,人民法院既可以向受送达人送达,也可以向其诉讼代理人送达。受送达人指定诉讼代理人为代收人的,向诉讼代理人送达时,适用留置送达。

第一百三十三条　调解书应当直接送达当事人本人,不适用留置送达。当事人本人因故不能签收的,可由其指定的代收人签收。

**3 第九十条　[电子送达]**经受送达人同意,人民法院可以采用能够确认其收悉的电子方式送达诉讼文书。通过电子方式送达的判决书、裁定书、调解书,受送达人提出需要纸质文书的,人民法院应当提供。

采用前款方式送达的,以送达信息<u>到达受送达人特定系统</u>的日期为送达日期。

《民诉解释》

第一百三十五条　电子送达可以采用传真、电子邮件、移动通信等即时收悉的特定系统作为送达媒介。

民事诉讼法第九十条第二款规定的到达受送达人特定系统的日期,为人民法院对应系统显示发送成功的日期,但受送达人证明到达其特定系统的日期与人民法院对应系统显示发送成功的日期<u>不一致</u>的,以受送达人证明到达其特定系统的日期为准。

第一百三十六条　受送达人同意采用电子方式送达的,应当在送达地址确认书中予以确认。

**4 第九十一条　[委托送达与邮寄送达]**直接送达诉讼文书有困难的,可以委托其他人民法院代为送达,或者邮寄送达。邮寄送达的,以回执上注明的收件日期为送达日期。

**5 第九十五条　[公告送达]**受送达人下落不明,或者用本节规定的其他方式无法送达的,公告送达。自发出公告之日起,经过<u>三十日</u>,即视为送达。

公告送达,应当在案卷中记明原因和经过。

《民诉解释》

第一百三十八条　公告送达可以在法院的公告栏和受送达人住所地张贴公告,也可以在报纸、信息网络等媒

体上刊登公告,发出公告日期以最后张贴或者刊登的日期为准。对公告送达方式有特殊要求的,应当按要求的方式进行。公告期满,即视为送达。

人民法院在受送达人住所地张贴公告的,应当采取拍照、录像等方式记录张贴过程。

第一百三十九条 公告送达应当说明公告送达的原因;公告送达起诉状或者上诉状副本的,应当说明起诉或者上诉要点,受送达人答辩期限及逾期不答辩的法律后果;公告送达传票,应当说明出庭的时间和地点及逾期不出庭的法律后果;公告送达判决书、裁定书的,应当说明裁判主要内容,当事人有权上诉的,还应当说明上诉权利、上诉期限和上诉的人民法院。

第一百四十条 适用简易程序的案件,不适用公告送达。

# 专题十一 保全和先予执行

**考点31 保全制度**
**(一)保全的种类及适用**
**1 第一百零三条** [诉讼保全]人民法院对于可能因当事人一方的行为或者其他原因,使判决难以执行或者造成当事人其他损害的案件,根据对方当事人的申请,可以裁定对其财产进行保全、责令其作出一定行为或者禁止其作出一定行为;当事人没有提出申请的,人民法院在必要时也可以裁定采取保全措施。

人民法院采取保全措施,可以责令申请人提供担保,申请人不提供担保的,裁定驳回申请。

人民法院接受申请后,对情况紧急的,必须在四十八小时内作出裁定;裁定采取保全措施的,应当立即开始执行。

**《民诉解释》**
第一百五十二条 人民法院依照民事诉讼法第一百零三条、第一百零四条规定,在采取诉前保全、诉讼保全措施时,责令利害关系人或者当事人提供担保的,应当书面通知。

利害关系人申请诉前保全的,应当提供担保。申请诉前财产保全的,应当提供相当于请求保全数额的担保;情况特殊的,人民法院可以酌情处理。申请诉前行为保全的,担保的数额由人民法院根据案件的具体情况决定。

在诉讼中,人民法院依申请或者依职权采取保全措施的,应当根据案件的具体情况,决定当事人是否应当提供担保以及担保的数额。

**《财产保全案件规定》**
第四条 人民法院接受财产保全申请后,应当在五日内作出裁定;需要提供担保的,应当在提供担保后五日内作出裁定;裁定采取保全措施的,应当在五日内开始执行。对情况紧急的,必须在四十八小时内作出裁定;裁定采取保全措施的,应当立即开始执行。

**《公司法解释(二)》**
第三条 股东提起解散公司诉讼时,向人民法院申请财产保全或者证据保全的,在股东提供担保且不影响

公司正常经营的情形下,人民法院可予以保全。

**2 第一百零四条** [诉前保全]利害关系人因情况紧急,不立即申请保全将会使其合法权益受到难以弥补的损害的,可以在提起诉讼或者申请仲裁前向被保全财产所在地、被申请人住所地或者对案件有管辖权的人民法院申请采取保全措施。申请人应当提供担保,不提供担保的,裁定驳回申请。

人民法院接受申请后,必须在四十八小时内作出裁定;裁定采取保全措施的,应当立即开始执行。

申请人在人民法院采取保全措施后三十日内不依法提起诉讼或者申请仲裁的,人民法院应当解除保全。

**《民诉解释》**
第二十七条 当事人申请诉前保全后没有在法定期间起诉或者申请仲裁,给被申请人、利害关系人造成损失引起的诉讼,由采取保全措施的人民法院管辖。

当事人申请诉前保全后在法定期间内起诉或者申请仲裁,被申请人、利害关系人因保全受到损失提起的诉讼,由受理起诉的人民法院或者采取保全措施的人民法院管辖。

第一百六十条 当事人向采取诉前保全措施以外的其他有管辖权的人民法院起诉的,采取诉前保全措施的人民法院应当将保全手续移送受理案件的人民法院。诉前保全的裁定视为受移送人民法院作出的裁定。

**(二)保全措施**
**第一百零六条** [财产保全的措施]财产保全采取查封、扣押、冻结或者法律规定的其他方法。人民法院保全财产后,应当立即通知被保全财产的人。

财产已被查封、冻结的,不得重复查封、冻结。

**《民诉解释》**
第一百五十三条 人民法院对季节性商品、鲜活、易腐烂变质以及其他不宜长期保存的物品采取保全措施时,可以责令当事人及时处理,由人民法院保存价款;必要时,人民法院可予以变卖,保存价款。

第一百五十四条 人民法院在财产保全中采取查封、扣押、冻结财产措施时,应当妥善保管被查封、扣押、冻结的财产。不宜由人民法院保管的,人民法院可以指定被保全人负责保管;不宜由被保全人保管的,可以委托他人或者申请保全人保管。

查封、扣押、冻结担保物权人占有的担保财产,一般由担保物权人保管;由人民法院保管的,质权、留置权不因采取保全措施而消灭。

第一百五十五条 由人民法院指定被保全人保管的财产,如果继续使用对该财产的价值无重大影响,可以允许被保全人继续使用;由人民法院保管或者委托他人、申请保全人保管的财产,人民法院和其他保管人不得使用。

第一百五十六条 人民法院采取财产保全的方法和措施,依照执行程序相关规定办理。

第一百五十七条 人民法院对抵押物、质押物、留置物可以采取财产保全措施,但不影响抵押权人、质权人、留置权人的优先受偿权。

第一百五十八条 人民法院对债务人到期应得的收

益,可以采取财产保全措施,限制其支取,通知有关单位协助执行。

**第一百五十九条** 债务人的财产不能满足保全请求,但对他人有到期债权的,人民法院可以依债权人的申请裁定该他人不得对本案债务人清偿。该他人要求偿付的,由人民法院提存财物或者价款。

**第一百六十一条** 对当事人不服一审判决提起上诉的案件,在第二审人民法院接到报送的案件之前,当事人有转移、隐匿、出卖或者毁损财产等行为,必须采取保全措施的,由第一审人民法院依当事人申请或者依职权采取。第一审人民法院的保全裁定,应当及时报送第二审人民法院。

**第一百六十二条** 第二审人民法院裁定对第一审人民法院采取的保全措施予以续保或者采取新的保全措施的,可以自行实施,也可以委托第一审人民法院实施。

再审人民法院裁定对原保全措施予以续保或者采取新的保全措施的,可以自行实施,也可以委托原审人民法院或者执行法院实施。

**第一百六十三条** 法律文书生效后,进入**执行程序前**,债权人因对方当事人转移财产等紧急情况,不申请保全将可能导致生效法律文书不能执行或者难以执行的,可以向执行法院申请采取保全措施。债权人在法律文书指定的履行期间届满后五日内不申请执行的,人民法院应当解除保全。

**第一百六十四条** 对申请保全人或者他人提供的担保财产,人民法院应当依法办理查封、扣押、冻结等手续。

**(三)保全的解除**

**第一百零七条** [保全的解除]财产纠纷案件,被申请人提供担保的,人民法院应当裁定解除保全。

**《民诉解释》**

**第一百六十五条** 人民法院裁定采取保全措施后,除作出保全裁定的人民法院自行解除或者其上级人民法院决定解除外,在保全期限内,任何单位不得解除保全措施。

**第一百六十六条** 裁定采取保全措施后,有下列情形之一的,人民法院应当作出解除保全裁定:

(一)保全错误的;

(二)申请人撤回保全申请的;

(三)申请人的起诉或者诉讼请求被生效裁判驳回的;

(四)人民法院认为应当解除保全的其他情形。

解除以登记方式实施的保全措施的,应当向登记机关发出协助执行通知书。

**第一百六十七条** 财产保全的被保全人提供其他等值担保财产且有利于执行的,人民法院可以裁定变更保全标的物为被保全人提供的担保财产。

**第一百六十八条** 保全裁定未经人民法院依法撤销或者解除,进入执行程序后,自动转为执行中的查封、扣押、冻结措施,期限连续计算,执行法院无需重新制作裁定书,但查封、扣押、冻结期限届满的除外。

**考点 32** 先予执行

**第一百零九条** [先予执行的范围]人民法院对下列案件,根据当事人的申请,可以裁定先予执行:

(一)追索赡养费、扶养费、抚养费、抚恤金、医疗费用的;

(二)追索劳动报酬的;

(三)因情况紧急需要先予执行的。

**第一百一十条** [先予执行的条件]人民法院裁定先予执行的,应当符合下列条件:

(一)当事人之间权利义务关系明确,不先予执行将严重影响申请人的生活或者生产经营的;

(二)被申请人有履行能力。

人民法院可以责令申请人提供担保,申请人不提供担保的,驳回申请。申请人败诉的,应当赔偿被申请人因先予执行遭受的财产损失。

**第一百一十一条** [对保全或先予执行不服的救济程序]当事人对保全或者先予执行的裁定不服的,可以申请复议一次。复议期间不停止裁定的执行。

**《民诉解释》**

**第一百六十九条** 民事诉讼法规定的先予执行,人民法院应当在受理案件后终审判决作出前采取。先予执行应当限于当事人诉讼请求的范围,并以当事人的生活、生产经营的急需为限。

**第一百七十条** 民事诉讼法第一百零九条第三项规定的情况紧急,包括:

(一)需要立即停止侵害、排除妨碍的;

(二)需要立即制止某项行为的;

(三)追索恢复生产、经营急需的保险理赔费的;

(四)需要立即返还社会保险金、社会救助资金的;

(五)不立即返还款项,将严重影响权利人生活和生产经营的。

**第一百七十一条** 当事人对保全或者先予执行裁定不服的,可以自收到裁定书之日起五日内向作出裁定的人民法院申请复议。人民法院应当在收到复议申请后十日内审查。裁定正确的,驳回当事人的申请;裁定不当的,变更或者撤销原裁定。

**第一百七十二条** 利害关系人对保全或者先予执行的裁定不服申请复议的,由作出裁定的人民法院依照民事诉讼法第一百一十一条规定处理。

**第一百七十三条** 人民法院先予执行后,根据发生法律效力的判决,申请人应当返还因先予执行所取得的利益,适用民事诉讼法第二百四十条(现为第二百四十四条)的规定。

# 专题十二　对妨害民事诉讼行为的强制措施

**考点 33** 对妨害民事诉讼行为的强制措施

**第一百一十二条** [拘传的适用]人民法院对必须到庭的被告,经两次传票传唤,无正当理由拒不到庭的,可以拘传。

第一百一十五条 [虚假诉讼的认定]当事人之间恶意串通,企图通过诉讼、调解等方式侵害国家利益、社会公共利益或者他人合法权益的,人民法院应当驳回其请求,并根据情节轻重予以罚款、拘留;构成犯罪的,依法追究刑事责任。

当事人单方捏造民事案件基本事实,向人民法院提起诉讼,企图侵害国家利益、社会公共利益或者他人合法权益的,适用前款规定。

第一百一十六条 [对恶意串通,通过诉讼、仲裁、调解等方式逃避履行法律文书确定的义务的强制措施]被执行人与他人恶意串通,通过诉讼、仲裁、调解等方式逃避履行法律文书确定的义务的,人民法院应当根据情节轻重予以罚款、拘留;构成犯罪的,依法追究刑事责任。

第一百一十七条 [对拒不履行协助义务的单位的强制措施]有义务协助调查、执行的单位有下列行为之一的,人民法院除责令其履行协助义务外,并可以予以罚款:

(一)有关单位拒绝或者妨碍人民法院调查取证的;

(二)有关单位接到人民法院协助执行通知书后,拒不协助查询、扣押、冻结、划拨、变价财产的;

(三)有关单位接到人民法院协助执行通知书后,拒不协助扣留被执行人的收入、办理有关财产权证照转移手续、转交有关票证、证照或者其他财产的;

(四)其他拒绝协助执行的。

人民法院对有前款规定的行为之一的单位,可以对其主要负责人或者直接责任人员予以罚款;对仍不履行协助义务的,可以予以拘留;并可以向监察机关或者有关机关提出予以纪律处分的司法建议。

第一百一十八条 [罚款金额和拘留期限]对个人的罚款金额,为人民币十万元以下。对单位的罚款金额,为人民币五万元以上一百万元以下。

拘留的期限,为十五日以下。

被拘留的人,由人民法院交公安机关看管。在拘留期间,被拘留人承认并改正错误的,人民法院可以决定提前解除拘留。

第一百一十九条 [拘传、罚款、拘留的批准]拘传、罚款、拘留必须经院长批准。

拘传应当发拘传票。

罚款、拘留应当用决定书。对决定不服的,可以向上一级人民法院申请复议一次。复议期间不停止执行。

《民诉解释》

第一百七十四条 民事诉讼法第一百一十二条规定的必须到庭的被告,是指负有赡养、抚育、扶养义务和不到庭就无法查清案情的被告。

人民法院对必须到庭才能查清案件基本事实的原告,经两次传票传唤,无正当理由拒不到庭的,可以拘传。

第一百八十四条 对同一妨害民事诉讼行为的罚款、拘留不得连续适用。发生新的妨害民事诉讼行为的,人民法院可以重新予以罚款、拘留。

第一百八十五条 被罚款、拘留的人不服罚款、拘留

决定申请复议的,应当自收到决定书之日起三日内提出。上级人民法院应当在收到复议申请后五日内作出决定,并将复议结果通知下级人民法院和当事人。

第一百九十一条 单位有民事诉讼法第一百一十五条或者第一百一十六条规定行为的,人民法院应当对该单位进行罚款,并可以对其主要负责人或者直接责任人员予以罚款、拘留;构成犯罪的,依法追究刑事责任。

# 专题十三 普通程序

**考点34** 起诉与受理

**1** 第一百二十二条 [起诉的实质要件]起诉必须符合下列条件:

(一)原告是与本案有直接利害关系的公民、法人和其他组织;

(二)有明确的被告;

(三)有具体的诉讼请求和事实、理由;

(四)属于人民法院受理民事诉讼的范围和受诉人民法院管辖。[2022年回忆~起诉的实质要件;2011年真题~起诉条件和方式]

《民诉解释》

第二百零八条 人民法院接到当事人提交的民事起诉状时,对符合民事诉讼法第一百二十二条的规定,且不属于第一百二十七条规定情形的,应当登记立案;对当场不能判定是否符合起诉条件的,应当接收起诉材料,并出具注明收到日期的书面凭证。

需要补充必要相关材料的,人民法院应当及时告知当事人。在补齐相关材料后,应当在七日内决定是否立案。

立案后发现不符合起诉条件或者属于民事诉讼法第一百二十七条规定情形的,裁定驳回起诉。

第二百零九条 原告提供被告的姓名或者名称、住所等信息具体明确,足以使被告与他人相区别的,可以认定为有明确的被告。

起诉状写被告信息不足以认定明确的被告的,人民法院可以告知原告补正。原告补正后仍不能确定明确的被告的,人民法院裁定不予受理。

**2** 第一百二十四条 [起诉状的内容]起诉状应当记明下列事项:

(一)原告的姓名、性别、年龄、民族、职业、工作单位、住所、联系方式,法人或者其他组织的名称、住所和法定代表人或者主要负责人的姓名、职务、联系方式;

(二)被告的姓名、性别、工作单位、住所等信息,法人或者其他组织的名称、住所等信息;

(三)诉讼请求和所根据的事实与理由;

(四)证据和证据来源,证人姓名和住所。

《民诉解释》

第二百一十条 原告在起诉状中有谩骂和人身攻击之辞的,人民法院应当告知其修改后提起诉讼。

**3** 第一百二十六条 [起诉权和受理程序]人民法院应当保障当事人依照法律规定享有的起诉权利。对符

合本法第一百二十二条的起诉,必须受理。符合起诉条件的,应当在七日内立案,并通知当事人;不符合起诉条件的,应当在七日内作出裁定书,不予受理;原告对裁定不服的,可以提起上诉。

**《民诉解释》**

第一百二十六条　民事诉讼法第一百二十六条规定的立案期限,因起诉状内容欠缺通知原告补正的,从补正后交人民法院的次日起算。由上级人民法院转交下级人民法院立案的案件,从受诉人民法院收到起诉状的次日起算。

**4** 第一百二十七条　[对特殊情形的处理]人民法院对下列起诉,分别情形,予以处理:

(一)依照行政诉讼法的规定,属于行政诉讼受案范围的,告知原告提起行政诉讼;

(二)依照法律规定,双方当事人达成书面仲裁协议申请仲裁、不得向人民法院起诉的,告知原告向仲裁机构申请仲裁;

(三)依照法律规定,应当由其他机关处理的争议,告知原告向有关机关申请解决;

(四)对不属于本院管辖的案件,告知原告向有管辖权的人民法院起诉;

(五)对判决、裁定、调解书已经发生法律效力的案件,当事人又起诉的,告知原告申请再审,但人民法院准许撤诉的裁定除外;

(六)依照法律规定,在一定期限内不得起诉的案件,在不得起诉的期限内起诉的,不予受理;

(七)判决不准离婚和调解和好的离婚案件,判决、调解维持收养关系的案件,没有新情况、新理由,原告在六个月内又起诉的,不予受理。

**《民诉解释》**

第二百一十一条　对本院没有管辖权的案件,告知原告向有管辖权的人民法院起诉;原告坚持起诉的,裁定不予受理;立案后发现本院没有管辖权的,应当将案件移送有管辖权的人民法院。

第二百一十二条　裁定不予受理、驳回起诉的案件,原告再次起诉,符合起诉条件且不属于民事诉讼法第一百二十七条规定情形的,人民法院应受理。

第二百一十三条　原告应当预交而未预交案件受理费,人民法院应当通知其预交,通知后仍不预交或者申请减、缓、免未获批准而仍不预交的,裁定按撤诉处理。

第二百一十四条　原告撤诉或者人民法院按撤诉处理后,原告以同一诉讼请求再次起诉的,人民法院应予受理。

原告撤诉或者按撤诉处理的离婚案件,没有新情况、新理由,六个月内又起诉的,比照民事诉讼法第一百二十七条第七项的规定不予受理。[2023年回忆～原告撤诉的后果]

第二百一十五条　依照民事诉讼法第一百二十七条第二项的规定,当事人在书面合同中订有仲裁条款,或者在发生纠纷后达成书面仲裁协议,一方向人民法院起诉的,人民法院应当告知原告向仲裁机构申请仲裁,其坚持

起诉的,裁定不予受理,但仲裁条款或者仲裁协议不成立、无效、失效、内容不明无法执行的除外。

第二百一十六条　在人民法院首次开庭前,被告以有书面仲裁协议为由对受理民事案件提出异议的,人民法院应当进行审查。

经审查符合下列情形之一的,人民法院应当裁定驳回起诉:

(一)仲裁机构或者人民法院已经确认仲裁协议有效的;

(二)当事人没有在仲裁庭首次开庭前对仲裁协议的效力提出异议的;

(三)仲裁协议符合仲裁法第十六条规定且不具有仲裁法第十七条规定情形的。[2022年回忆～对受理民事案件提出异议的审查]

第二百一十七条　夫妻一方下落不明,另一方诉至人民法院,只要求离婚,不申请宣告下落不明人失踪或者死亡的案件,人民法院应当受理,对下落不明人公告送达诉讼文书。

第二百一十八条　赡养费、扶养费、抚养费案件,裁判发生法律效力后,因新情况、新理由,一方当事人再行起诉要求增加或者减少费用的,人民法院应作为新案受理。

第二百一十九条　当事人超过诉讼时效期间起诉的,人民法院应予受理。受理后对方当事人提出诉讼时效抗辩,人民法院经审理认为抗辩事由成立的,判决驳回原告的诉讼请求。

第二百四十七条　当事人就已经提起诉讼的事项在诉讼过程中或者裁判生效后再次起诉,同时符合下列条件的,构成重复起诉:

(一)后诉与前诉的当事人相同;

(二)后诉与前诉的诉讼标的相同;

(三)后诉与前诉的诉讼请求相同,或者后诉的诉讼请求实质上否定前诉裁判结果。

当事人重复起诉的,裁定不予受理;已经受理的,裁定驳回起诉,但法律、司法解释另有规定的除外。[2019年回忆～重复起诉;2018年回忆～重复起诉]

**5** 第一百三十五条　[当事人的追加]必须共同进行诉讼的当事人没有参加诉讼的,人民法院应当通知其参加诉讼。

**《民诉解释》**

第七十三条　必须共同进行诉讼的当事人没有参加诉讼的,人民法院应当依照民事诉讼法第一百三十五条的规定,通知其参加;当事人也可以向人民法院申请追加。人民法院对当事人提出的申请,应当进行审查,申请理由不成立的,裁定驳回;申请理由成立的,书面通知被追加的当事人参加诉讼。

第七十四条　人民法院追加共同诉讼的当事人时,应当通知其他当事人。应当追加的原告,已明确表示放弃实体权利的,可不予追加;既不愿意参加诉讼,又不放弃实体权利的,仍应追加为共同原告,其不参加诉讼,不影响人民法院对案件的审理和依法作出判决。

第二百二十一条　基于同一事实发生的纠纷，当事人分别向同一人民法院起诉的，人民法院可以合并审理。

第二百二十二条　原告在起诉状中直接列写第三人的，视为其申请人民法院追加该第三人参加诉讼。是否通知第三人参加诉讼，由人民法院审查决定。

### 考点35　开庭审理

**1** 第一百四十三条　[合并审理]原告增加诉讼请求，被告提出反诉，第三人提出与本案有关的诉讼请求，可以合并审理。

《民诉解释》

第二百三十二条　在案件受理后，法庭辩论结束前，原告增加诉讼请求，被告提出反诉，第三人提出与本案有关的诉讼请求，可以合并审理的，人民法院应当合并审理。

第二百三十三条　反诉的当事人应当限于本诉的当事人的范围。

反诉与本诉的诉讼请求基于相同法律关系、诉讼请求之间具有因果关系，或者反诉与本诉的诉讼请求基于相同事实的，人民法院应当合并审理。

反诉应由其他人民法院专属管辖，或者与本诉的诉讼标的及诉讼请求所依据的事实、理由无关联的，裁定不予受理，告知另行起诉。

**2** 第一百五十二条　[一审审限]人民法院适用普通程序审理的案件，应当在立案之日起六个月内审结。有特殊情况需要延长的，经本院院长批准，可以延长六个月；还需要延长的，报请上级人民法院批准。

### 考点36　撤诉和缺席判决

**1** 第一百四十六条　[原告不到庭和中途退庭的处理]原告经传票传唤，无正当理由拒不到庭的，或者未经法庭许可中途退庭的，可以按撤诉处理；被告反诉的，可以缺席判决。

《民诉解释》

第二百三十四条　无民事行为能力人的离婚诉讼，当事人的法定代理人应当到庭；法定代理人不能到庭的，人民法院应当在查清事实的基础上，依法作出判决。

第二百三十五条　无民事行为能力的当事人的法定代理人，经传票传唤无正当理由拒不到庭，属于原告方的，比照民事诉讼法第一百四十六条的规定，按撤诉处理；属于被告方的，比照民事诉讼法第一百四十七条的规定，缺席判决。必要时，人民法院可以拘传其到庭。

第二百三十六条　有独立请求权的第三人经人民法院传票传唤，无正当理由拒不到庭的，或者未经法庭许可中途退庭的，比照民事诉讼法第一百四十六条的规定，按撤诉处理。

**2** 第一百四十七条　[被告不到庭和中途退庭的处理]被告经传票传唤，无正当理由拒不到庭的，或者未经法庭许可中途退庭的，可以缺席判决。

《民诉解释》

第二百四十条　无独立请求权的第三人经人民法院传票传唤，无正当理由拒不到庭的，或者未经法庭许可中途退庭的，不影响案件的审理。

第二百四十一条　被告经传票传唤无正当理由拒不到庭，或者未经法庭许可中途退庭的，人民法院应当按期开庭或者继续开庭审理，对到庭的当事人诉讼请求、双方的诉辩理由以及已经提交的证据及其他诉讼材料进行审理后，可以依法缺席判决。

**3** 第一百四十八条　[原告申请撤诉的处理]宣判前，原告申请撤诉的，是否准许，由人民法院裁定。

人民法院裁定不准许撤诉的，原告经传票传唤，无正当理由拒不到庭的，可以缺席判决。

《民诉解释》

第二百三十七条　有独立请求权的第三人参加诉讼后，原告申请撤诉，人民法院在准许原告撤诉后，有独立请求权的第三人作为另案原告，原案原告、原案被告作为另案被告，诉讼继续进行。

第二百三十八条　当事人申请撤诉或者依法可以按撤诉处理的案件，如果当事人有违反法律的行为需要依法处理的，人民法院可以不准许撤诉或者不按撤诉处理。

法庭辩论终结后原告申请撤诉，被告不同意的，人民法院可以不予准许。[2023年回忆~原告申请撤诉]

第二百三十九条　人民法院准许本诉原告撤诉的，应当对反诉继续审理；被告申请撤回反诉的，人民法院应予准许。

### 考点37　诉讼阻碍（延期审理、诉讼中止与终结）

第一百四十九条　[延期审理]有下列情形之一的，可以延期开庭审理：

（一）必须到庭的当事人和其他诉讼参与人有正当理由没有到庭的；

（二）当事人临时提出回避申请的；

（三）需要通知新的证人到庭，调取新的证据，重新鉴定、勘验，或者需要补充调查的；

（四）其他应当延期的情形。

第一百五十三条　[诉讼中止]有下列情形之一的，中止诉讼：

（一）一方当事人死亡，需要等待继承人表明是否参加诉讼的；

（二）一方当事人丧失诉讼行为能力，尚未确定法定代理人的；

（三）作为一方当事人的法人或者其他组织终止，尚未确定权利义务承受人的；

（四）一方当事人因不可抗拒的事由，不能参加诉讼的；

（五）本案必须以另一案的审理结果为依据，而另一案尚未审结的；

（六）其他应当中止诉讼的情形。

中止诉讼的原因消除后，恢复诉讼。

第一百五十四条　[诉讼终结]有下列情形之一的，终结诉讼：

（一）原告死亡，没有继承人，或者继承人放弃诉讼权利的；

（二）被告死亡，没有遗产，也没有应当承担义务的人的；

（三）离婚案件一方当事人死亡的；

（四）追索赡养费、扶养费、抚养费以及解除收养关系案件的一方当事人死亡的。

**《民诉解释》**

第二百四十六条　裁定中止诉讼的原因消除，恢复诉讼程序时，不必撤销原裁定，从人民法院通知或者准许当事人双方继续进行诉讼时起，中止诉讼的裁定即失去效力。

**《企业破产法》**

第二十条　[民事诉讼或仲裁的变化]人民法院受理破产申请后，已经开始而尚未终结的有关债务人的民事诉讼或者仲裁应当中止；在管理人接管债务人的财产后，该诉讼或者仲裁继续进行。[2018年回忆~管辖权转移的情形、指定管辖]

**考点38　一审判决、裁定与决定**

**1** 第一百五十一条　[宣告判决]人民法院对公开审理或者不公开审理的案件，一律公开宣告判决。

当庭宣判的，应当在十日内发送判决书；定期宣判的，宣判后立即发给判决书。

宣告判决时，必须告知当事人上诉权利、上诉期限和上诉的法院。

宣告离婚判决，必须告知当事人在判决发生法律效力前不得另行结婚。

**《民诉解释》**

第一百四十一条　人民法院在定期宣判时，当事人拒不签收判决书、裁定书的，应视为送达，并在宣判笔录中记明。

**2** 第一百五十七条　[裁定]裁定适用于下列范围：

（一）不予受理；

（二）对管辖权有异议的；

（三）驳回起诉；

（四）保全和先予执行；

（五）准许或者不准许撤诉；

（六）中止或者终结诉讼；

（七）补正判决书中的笔误；

（八）中止或者终结执行；

（九）撤销或者不予执行仲裁裁决；

（十）不予执行公证机关赋予强制执行效力的债权文书；

（十一）其他需要裁定解决的事项。

对前款第一项至第三项裁定，可以上诉。

裁定书应当写明裁定结果和作出该裁定的理由。裁定书由审判人员、书记员署名，加盖人民法院印章。口头裁定的，记入笔录。

**《民诉解释》**

第二百四十七条　当事人就已经提起诉讼的事项在诉讼过程中或者裁判生效后再次起诉，同时符合下列条件的，构成重复起诉：

（一）后诉与前诉的当事人相同；

（二）后诉与前诉的诉讼标的相同；

（三）后诉与前诉的诉讼请求相同，或者后诉的诉讼请求实质上否定前诉裁判结果。

当事人重复起诉的，裁定不予受理；已经受理的，裁定驳回起诉，但法律、司法解释另有规定的除外。

**3** 第一百五十八条　[一审裁判的生效]最高人民法院的判决、裁定，以及依法不准上诉或者超过上诉期没有上诉的判决、裁定，是发生法律效力的判决、裁定。

**《民诉解释》**

第二百四十八条　裁判发生法律效力后，发生新的事实，当事人再次提起诉讼的，人民法院应当依法受理。

第二百四十九条　在诉讼中，争议的民事权利义务转移的，不影响当事人的诉讼主体资格和诉讼地位。人民法院作出的发生法律效力的判决、裁定对受让人具有拘束力。

受让人申请以无独立请求权的第三人身份参加诉讼的，人民法院可予准许。受让人申请替代当事人承担诉讼的，人民法院可以根据案件的具体情况决定是否准许；不予准许的，可以追加其为无独立请求权的第三人。

第二百五十条　依照本解释第二百四十九条规定，人民法院准许受让人替代当事人承担诉讼的，裁定变更当事人。

变更当事人后，诉讼程序以受让人为当事人继续进行，原当事人应当退出诉讼。原当事人已经完成的诉讼行为对受让人具有拘束力。

**4** 第一百五十九条　[判决、裁定的公开]公众可以查阅发生法律效力的判决书、裁定书，但涉及国家秘密、商业秘密和个人隐私的内容除外。

# 专题十四　简易程序

**考点39　简易程序**

**1** 第一百六十条　[简易程序的适用范围]基层人民法院和它派出的法庭审理事实清楚、权利义务关系明确、争议不大的简单的民事案件，适用本章规定。

基层人民法院和它派出的法庭审理前款规定以外的民事案件，当事人双方也可以约定适用简易程序。

**《民诉解释》**

第二百五十六条　民事诉讼法第一百六十条规定的简单民事案件中的事实清楚，是指当事人对争议的事实陈述基本一致，并能提供相应的证据，无须人民法院调查收集证据即可查明事实；权利义务关系明确是指能明确区分谁是责任的承担者，谁是权利的享有者；争议不大是指当事人对案件的是非、责任承担以及诉讼标的争执无原则分歧。

第二百五十七条　下列案件，不适用简易程序：

（一）起诉时被告下落不明的；

（二）发回重审的；

（三）当事人一方人数众多的；

（四）适用审判监督程序的；

（五）涉及国家利益、社会公共利益的；

（六）第三人起诉请求改变或者撤销生效判决、裁定、调解书的；

（七）其他不宜适用简易程序的案件。

第二百六十四条　当事人双方根据民事诉讼法第一百六十条第二款规定约定适用简易程序的，应当在开庭前提出。口头提出的，记入笔录，由双方当事人签名或者捺印确认。

本解释第二百五十七条规定的案件，当事人约定适用简易程序的，人民法院不予准许。

**2** 第一百六十二条　[简易程序的传唤方式]基层人民法院和它派出的法庭审理简单的民事案件，可以用简便方式传唤当事人和证人、送达诉讼文书、审理案件，但应当保障当事人陈述意见的权利。

《民诉解释》

第二百六十一条第一、二款　适用简易程序审理案件，人民法院可以依照民事诉讼法第九十条、第一百六十二条的规定采取捎口信、电话、短信、传真、电子邮件等简便方式传唤双方当事人、通知证人和送达诉讼文书。

以简便方式送达的开庭通知，未经当事人确认或者没有其他证据证明当事人已经收到的，人民法院不得缺席判决。

第二百六十六条　适用简易程序案件的举证期限由人民法院确定，也可以由当事人协商一致并经人民法院准许，但不得超过十五日。被告要求书面答辩的，人民法院可在征得其同意的基础上，合理确定答辩期间。

人民法院应当将举证期限和开庭日期告知双方当事人，并向当事人说明逾期举证以及拒不到庭的法律后果，由双方当事人在笔录和开庭传票的送达回证上签名或者捺印。

当事人双方均表示不需要举证期限、答辩期间的，人民法院可以立即开庭审理或者确定开庭日期。

第二百六十七条　适用简易程序审理案件，可以简便方式进行审理前的准备。

第二百六十八条　对没有委托律师、基层法律服务工作者代理诉讼的当事人，人民法院在庭审过程中可以对回避、自认、举证证明责任等相关内容向其作必要的解释或者说明，并在庭审过程中适当提示当事人正确行使诉讼权利、履行诉讼义务。

**3** 第一百六十三条　[简易程序的独任审理]简单的民事案件由审判员一人独任审理，并不受本法第一百三十九条、第一百四十一条、第一百四十四条规定的限制。

《民诉解释》

第二百五十九条　当事人双方可就开庭方式向人民法院提出申请，由人民法院决定是否准许。经当事人双方同意，可以采用视听传输技术等方式开庭。

第二百六十一条第三款　适用简易程序审理案件，由审判员独任审判，书记员担任记录。

第二百六十二条　人民法庭制作的判决书、裁定书、调解书，必须加盖基层人民法院印章，不得用人民法庭的

印章代替基层人民法院的印章。

第二百七十条　适用简易程序审理的案件，有下列情形之一的，人民法院在制作判决书、裁定书、调解书时，对认定事实或者裁判理由部分可以适当简化：

（一）当事人达成调解协议并需要制作民事调解书的；

（二）一方当事人明确表示承认对方全部或者部分诉讼请求的；

（三）涉及商业秘密、个人隐私的案件，当事人一方要求简化裁判文书中的相关内容，人民法院认为理由正当的；

（四）当事人双方同意简化的。

**4** 第一百六十四条　[简易程序的审限]人民法院适用简易程序审理案件，应当在立案之日起三个月内审结。有特殊情况需要延长的，经本院院长批准，可以延长一个月。

《民诉解释》

第二百五十八条　适用简易程序审理的案件，审理期限到期后，有特殊情况需要延长的，经本院院长批准，可以延长审理期限。延长后的审理期限累计不得超过四个月。

人民法院发现案件不宜适用简易程序，需要转为普通程序审理的，应当在审理期限届满前作出裁定并将审判人员及相关事项书面通知双方当事人。

案件转为普通程序审理的，审理期限自人民法院立案之日计算。

**5** 第一百七十条　[简易程序转为普通程序]人民法院在审理过程中，发现案件不宜适用简易程序的，裁定转为普通程序。

《民诉解释》

第二百六十条　已经按照普通程序审理的案件，在开庭后不得转为简易程序审理。

第二百六十九条　当事人就案件适用简易程序提出异议，人民法院经审查，异议成立的，裁定转为普通程序；异议不成立的，裁定驳回。裁定以口头方式作出的，应当记入笔录。

转为普通程序的，人民法院应当将审判人员及相关事项以书面形式通知双方当事人。

转为普通程序前，双方当事人已确认的事实，可以不再进行举证、质证。

**考点40** 小额诉讼程序

**1** 第一百六十五条　[小额诉讼程序]基层人民法院和它派出的法庭审理事实清楚、权利义务关系明确、争议不大的简单金钱给付民事案件，标的额为各省、自治区、直辖市上年度就业人员年平均工资百分之五十以下的，适用小额诉讼的程序审理，实行一审终审。

基层人民法院和它派出的法庭审理前款规定的民事案件，标的额超过各省、自治区、直辖市上年度就业人员年平均工资百分之五十但在二倍以下的，当事人双方也可以约定适用小额诉讼的程序。

《民诉解释》

第二百七十一条 人民法院审理小额诉讼案件,适用民事诉讼法第一百六十五条的规定,实行一审终审。

第二百七十二条 民事诉讼法第一百六十五条规定的各省、自治区、直辖市上年度就业人员平均工资,是指已经公布的各省、自治区、直辖市上一年度就业人员年平均工资。在上一年度就业人员年平均工资公布前,以已经公布的最近年度就业人员年平均工资为准。

第二百七十三条 海事法院可以适用小额诉讼的程序审理海事、海商案件。案件标的额应当以实际受理案件的海事法院或者其派出法庭所在的省、自治区、直辖市上年度就业人员年平均工资为基数计算。

第二百七十四条 人民法院受理小额诉讼案件,应当向当事人告知该类案件的审判组织、一审终审、审理期限、诉讼费用交纳标准等相关事项。

第二百七十五条 小额诉讼案件的举证期限由人民法院确定,也可以由当事人协商一致并经人民法院准许,但一般不超过七日。

被告要求书面答辩的,人民法院可以在征得其同意的基础上合理确定答辩期间,但最长不得超过十五日。

当事人到庭后表示不需要举证期限和答辩期间的,人民法院可立即开庭审理。

第二百七十六条 当事人对小额诉讼案件提出管辖异议的,人民法院应当作出裁定。裁定一经作出即生效。

第二百七十七条 人民法院受理小额诉讼案件后,发现起诉不符合民事诉讼法第一百二十二条规定的起诉条件的,裁定驳回起诉。裁定一经作出即生效。

第二百八十条 小额诉讼案件的裁判文书可以简化,主要记载当事人基本信息、诉讼请求、裁判主文等内容。

第二百八十一条 人民法院审理小额诉讼案件,本解释没有规定的,适用简易程序的其他规定。

第四百二十四条 对小额诉讼案件的判决、裁定,当事人以民事诉讼法第二百零七条(现为第二百二十一条)规定的事由向原审人民法院申请再审的,人民法院应当受理。申请再审事由成立的,应当裁定再审,组成合议庭进行审理。作出的再审判决、裁定,当事人不得上诉。

当事人以不应按小额诉讼案件审理为由向原审人民法院申请再审的,人民法院应当受理。理由成立的,应当裁定再审,组成合议庭审理。作出的再审判决、裁定,当事人可以上诉。

**2** 第一百六十六条 [不适用小额诉讼程序的案件]人民法院审理下列民事案件,不适用小额诉讼的程序:

(一)人身关系、财产确权案件;

(二)涉外案件;

(三)需要评估、鉴定或者对诉前评估、鉴定结果有异议的案件;

(四)一方当事人下落不明的案件;

(五)当事人提出反诉的案件;

(六)其他不宜适用小额诉讼的程序审理的案件。

第一百六十七条 [小额诉讼的审理方式]人民法院适用小额诉讼的程序审理案件,可以一次开庭审结并且当庭宣判。

第一百六十八条 [小额诉讼的审限]人民法院适用小额诉讼的程序审理案件,应当在立案之日起两个月内审结。有特殊情况需要延长的,经本院院长批准,可以延长一个月。

第一百六十九条 [小额诉讼程序转化及当事人异议权]人民法院在审理过程中,发现案件不宜适用小额诉讼的程序的,应当适用简易程序的其他规定审理或者裁定转为普通程序。

当事人认为案件适用小额诉讼的程序审理违反法律规定的,可以向人民法院提出异议。人民法院对当事人提出的异议应当审查,异议成立的,应当适用简易程序的其他规定审理或者裁定转为普通程序;异议不成立的,裁定驳回。

《民诉解释》

第二百七十八条 因当事人申请增加或者变更诉讼请求、提出反诉、追加当事人等,致使案件不符合小额诉讼案件条件的,应当适用简易程序的其他规定审理。

前款规定案件,应当适用普通程序审理的,裁定转为普通程序。

适用简易程序的其他规定或者普通程序审理前,双方当事人已确认的事实,可以不再进行举证、质证。

第二百七十九条 当事人对按照小额诉讼案件审理有异议的,应当在开庭前提出。人民法院经审查,异议成立的,适用简易程序的其他规定审理或者裁定转为普通程序;异议不成立的,裁定驳回。裁定以口头方式作出的,应当记入笔录。

# 专题十五 第二审程序

**考点41** 上诉的提起与受理

**1** 第一百七十一条 [上诉权]当事人不服地方人民法院第一审判决的,有权在判决书送达之日起十五日内向上一级人民法院提起上诉。

当事人不服地方人民法院第一审裁定的,有权在裁定书送达之日起十日内向上一级人民法院提起上诉。

《民诉解释》

第二百四十四条 可以上诉的判决书、裁定书不能同时送达双方当事人的,上诉期从各自收到判决书、裁定书之日计算。

第三百一十五条 双方当事人和第三人都提起上诉的,均列为上诉人。人民法院可以依职权确定第二审程序中当事人的诉讼地位。

第三百一十七条 必要共同诉讼人的一人或者部分人提起上诉的,按下列情形分别处理:

(一)上诉仅对与对方当事人之间权利义务分担有意见,不涉及其他共同诉讼人利益的,对方当事人为被上诉人,未上诉的同一方当事人依原审诉讼地位列明;

(二)上诉仅对共同诉讼人之间权利义务分担有意

见,不涉及对方当事人利益的,未上诉的同一方当事人为被上诉人,对方当事人依原审诉讼地位列明;

(三)上诉对双方当事人之间以及共同诉讼人之间权利义务承担有意见的,未提起上诉的其他当事人均为被上诉人。

第三百一十九条 无民事行为能力人、限制民事行为能力人的法定代理人,可以代理当事人提起上诉。

第三百二十条 上诉案件的当事人死亡或者终止的,人民法院依法通知其权利义务承继者参加诉讼。

需要终结诉讼的,适用民事诉讼法第一百五十四条规定。

**2** 第一百七十三条 [上诉的提起]上诉状应当通过原审人民法院提出,并按照对方当事人或者代表人的人数提出副本。

当事人直接向第二审人民法院上诉的,第二审人民法院应当在五日内将上诉状移交原审人民法院。

《民诉解释》

第三百一十六条 民事诉讼法第一百七十三条、第一百七十四条规定的对方当事人包括被上诉人和原审其他当事人。

**3** 第一百七十四条 [上诉的受理]原审人民法院收到上诉状,应当在五日内将上诉状副本送达对方当事人,对方当事人在收到之日起十五日内提出答辩状。人民法院应当在收到答辩状之日起五日内将副本送达上诉人。对方当事人不提出答辩状的,不影响人民法院审理。

原审人民法院收到上诉状、答辩状,应当在五日内连同全部案卷和证据,报送第二审人民法院。

**考点42** 二审审理程序

**1** 第一百七十五条 [二审的审理范围]第二审人民法院应当对上诉请求的有关事实和适用法律进行审查。

《民诉解释》

第三百二十一条 第二审人民法院应当围绕当事人的上诉请求进行审理。

当事人没有提出请求的,不予审理,但一审判决违反法律禁止性规定,或者损害国家利益、社会公共利益、他人合法权益的除外。

第三百二十四条 对当事人在第一审程序中已经提出的诉讼请求,原审人民法院未作审理、判决的,第二审人民法院可以根据当事人自愿的原则进行调解;调解不成的,发回重审。

第三百二十五条 必须参加诉讼的当事人或者有独立请求权的第三人,在第一审程序中未参加诉讼,第二审人民法院可以根据当事人自愿的原则予以调解;调解不成的,发回重审。

第三百二十六条 在第二审程序中,原审原告增加独立的诉讼请求或者原审被告提出反诉的,第二审人民法院可以根据当事人自愿的原则就新增加的诉讼请求或者反诉进行调解;调解不成的,告知当事人另行起诉。

双方当事人同意由第二审人民法院一并审理的,第

二审人民法院可以一并裁判。

第三百二十七条 一审判决不准离婚的案件,上诉后,第二审人民法院认为应当判决离婚的,可以根据当事人自愿的原则,与子女抚养、财产问题一并调解;调解不成的,发回重审。

双方当事人同意由第二审人民法院一并审理的,第二审人民法院可以一并裁判。

**2** 第一百七十六条 [二审的审理方式和地点]第二审人民法院对上诉案件应当开庭审理。经过阅卷、调查和询问当事人,对没有提出新的事实、证据或者理由,人民法院认为不需要开庭审理的,可以不开庭审理。

第二审人民法院审理上诉案件,可以在本院进行,也可以到案件发生地或者原审人民法院所在地进行。

《民诉解释》

第三百二十二条 开庭审理的上诉案件,第二审人民法院可以依照民事诉讼法第一百三十六条第四项规定进行审理前的准备。

第三百三十一条 第二审人民法院对下列上诉案件,依照民事诉讼法第一百七十六条规定可以不开庭审理:

(一)不服不予受理、管辖权异议和驳回起诉裁定的;

(二)当事人提出的上诉请求明显不能成立的;

(三)原判决、裁定认定事实清楚,但适用法律错误的;

(四)原判决严重违反法定程序,需要发回重审的。

**考点43** 二审的判决与裁定

**1** 第一百七十七条 [二审裁判]第二审人民法院对上诉案件,经过审理,按照下列情形,分别处理:

(一)原判决、裁定认定事实清楚,适用法律正确的,以判决、裁定方式驳回上诉,维持原判决、裁定;

(二)原判决、裁定认定事实错误或者适用法律错误的,以判决、裁定方式依法改判、撤销或者变更;

(三)原判决认定基本事实不清的,裁定撤销原判决,发回原审人民法院重审,或者查清事实后改判;

(四)原判决遗漏当事人或者违法缺席判决等严重违反法定程序的,裁定撤销原判决,发回原审人民法院重审。

原审人民法院对发回重审的案件作出判决后,当事人提起上诉的,第二审人民法院不得再次发回重审。〔2017年真题~必要共同诉讼当事人、送达、缺席判决、上诉案件的裁判;2012年真题~上诉案件的裁判;2010年真题~上诉案件的调解〕

《民诉解释》

第二百五十一条 二审裁定撤销一审判决发回重审的案件,当事人申请变更、增加诉讼请求或者提出反诉,第三人提出与本案有关的诉讼请求的,依照民事诉讼法第一百四十三条规定处理。

第三百二十三条 下列情形,可以认定为民事诉讼法第一百七十七条第一款第四项规定的严重违反法定程序:

(一)审判组织的组成不合法的;

(二)应当回避的审判人员未回避的;

（三）无诉讼行为能力人未经法定代理人代为诉讼的；

（四）违法剥夺当事人辩论权利的。

第三百二十八条 人民法院依照第二审程序审理案件，认为依法不应由人民法院受理的，可以由第二审人民法院直接裁定撤销原裁判，驳回起诉。

第三百二十九条 人民法院依照第二审程序审理案件，认为第一审人民法院受理案件违反专属管辖规定的，应当裁定撤销原裁判并移送有管辖权的人民法院。

第三百三十条 第二审人民法院查明第一审人民法院作出的不予受理裁定有错误的，应当在撤销原裁定的同时，指令第一审人民法院立案受理；查明第一审人民法院作出的驳回起诉裁定有错误的，应当在撤销原裁定的同时，指令第一审人民法院审理。

第三百三十二条 原判决、裁定认定事实或者适用法律虽有瑕疵，但裁判结果正确的，第二审人民法院可以在判决、裁定中纠正瑕疵后，依照民事诉讼法第一百七十七条第一款第一项规定予以维持。

第三百三十三条 民事诉讼法第一百七十七条第一款第三项规定的基本事实，是指用以确定当事人主体资格、案件性质、民事权利义务等对原判决、裁定的结果有实质性影响的事实。

第三百三十四条 在第二审程序中，作为当事人的法人或者其他组织分立的，人民法院可以直接将分立后的法人或者其他组织列为共同诉讼人；合并的，将合并后的法人或者其他组织列为当事人。

❷ 第一百八十条 ［上诉的撤回］第二审人民法院判决宣告前，上诉人申请撤回上诉的，是否准许，由第二审人民法院裁定。

《民诉解释》

第三百三十五条 在第二审程序中，当事人申请撤回上诉，人民法院经审查认为一审判决确有错误，或者当事人之间恶意串通损害国家利益、社会公共利益、他人合法权益的，不应准许。

第三百三十六条 在第二审程序中，原审原告申请撤回起诉，经其他当事人同意，且不损害国家利益、社会公共利益、他人合法权益的，人民法院可以准许。准许撤诉的，应当一并裁定撤销一审裁判。

原审原告在第二审程序中撤回起诉后重复起诉的，人民法院不予受理。

第三百三十七条 当事人在第二审程序中达成和解协议的，人民法院可以根据当事人的请求，对双方达成的和解协议进行审查并制作调解书送达当事人；因和解而申请撤诉，经审查符合撤诉条件的，人民法院应予准许。

# 专题十六 审判监督程序

**考点44** 再审的启动

（一）法院启动再审

第二百零九条 ［人民法院决定再审］各级人民法院

院长对本院已经发生法律效力的判决、裁定、调解书，发现确有错误，认为需要再审的，应当提交审判委员会讨论决定。

最高人民法院对地方各级人民法院已经发生法律效力的判决、裁定、调解书，上级人民法院对下级人民法院已经发生法律效力的判决、裁定、调解书，发现确有错误的，有权提审或者指令下级人民法院再审。

《审判监督程序解释》

第二十一条 当事人未申请再审、人民检察院未抗诉的案件，人民法院发现原判决、裁定、调解协议有损害国家利益、社会公共利益等确有错误情形的，应当依照民事诉讼法第一百九十八条（现为第二百零九条）的规定提起再审。

（二）检察院启动再审

**第二百一十九条 ［人民检察院提起抗诉］**最高人民检察院对各级人民法院已经发生法律效力的判决、裁定，上级人民检察院对下级人民法院已经发生法律效力的判决、裁定，发现有本法第二百一十一条规定情形之一的，或者发现调解书损害国家利益、社会公共利益的，应当提出抗诉。

地方各级人民检察院对同级人民法院已经发生法律效力的判决、裁定，发现有本法第二百一十一条规定情形之一的，或者发现调解书损害国家利益、社会公共利益的，可以向同级人民法院提出检察建议，并报上级人民检察院备案；也可以提请上级人民检察院向同级人民法院提出抗诉。

各级人民检察院对审判监督程序以外的其他审判程序中审判人员的违法行为，有权向同级人民法院提出检察建议。

《民诉解释》

第四百一十一条 人民检察院依法对损害国家利益、社会公共利益的发生法律效力的判决、裁定、调解书提出抗诉，或者经人民检察院检察委员会讨论决定提出再审检察建议的，人民法院应予受理。

第四百一十二条 人民检察院对已经发生法律效力的判决以及不予受理、驳回起诉的裁定依法提出抗诉的，人民法院应予受理，但适用特别程序、督促程序、公示催告程序、破产程序以及解除婚姻关系的判决、裁定等不适用审判监督程序的判决、裁定除外。

（三）当事人申请再审

❶ **第二百一十条 ［当事人申请再审］**当事人对已经发生法律效力的判决、裁定，认为有错误的，可以向上一级人民法院申请再审；当事人一方人数众多或者当事人双方为公民的案件，也可以向原审人民法院申请再审。当事人申请再审的，不停止判决、裁定的执行。〔2016 年真题～申请再审的条件；2010 年真题～申请再审的管辖法院〕

《民诉解释》

第三百七十三条 当事人死亡或者终止的，其权利义务承继者可以根据民事诉讼法第二百零六条（现为第二百一十条）、第二百零八条（现为第二百一十二条）的规定申请再审。

判决、调解书生效后，当事人将判决、调解书确认的债权转让，债权受让人对该判决、调解书不服申请再审的，人民法院不予受理。

第三百七十四条　民事诉讼法第二百零六条(现为第二百一十条)规定的人数众多的一方当事人，包括公民、法人和其他组织。

民事诉讼法第二百零六条规定的当事人双方为公民的案件，是指原告和被告均为公民的案件。

第三百七十七条　当事人一方人数众多或者当事人双方为公民的案件，当事人分别向原审人民法院和上一级人民法院申请再审且不能协商一致的，由原审人民法院受理。

第三百七十九条　当事人认为发生法律效力的不予受理、驳回起诉的裁定错误的，可以申请再审。

**2** 第二百一十一条　[再审事由]当事人的申请符合下列情形之一的，人民法院应当再审：

(一)有新的证据，足以推翻原判决、裁定的；

(二)原判决、裁定认定的基本事实缺乏证据证明的；

(三)原判决、裁定认定事实的主要证据是伪造的；

(四)原判决、裁定认定事实的主要证据未经质证的；

(五)对审理案件需要的主要证据，当事人因客观原因不能自行收集，书面申请人民法院调查收集，人民法院未调查收集的；

(六)原判决、裁定适用法律确有错误的；

(七)审判组织的组成不合法或者依法应当回避的审判人员没有回避的；

(八)无诉讼行为能力人未经法定代理人代为诉讼或者应当参加诉讼的当事人，因不能归责于本人或者其诉讼代理人的事由，未参加诉讼的；

(九)违反法律规定，剥夺当事人辩论权利的；

(十)未经传票传唤，缺席判决的；

(十一)原判决、裁定遗漏或者超出诉讼请求的；

(十二)据以作出原判决、裁定的法律文书被撤销或者变更的；

(十三)审判人员审理该案件时有贪污受贿，徇私舞弊、枉法裁判行为的。〔2010年真题~申请再审的事实和理由、再审的审判程序〕

《民诉解释》

第三百八十五条　再审申请人提供的新的证据，能够证明原判决、裁定认定基本事实或者裁判结果错误的，应当认定为民事诉讼法第二百零七条(现为第二百一十一条)第一项规定的情形。

对于符合前款规定的证据，人民法院应当责令再审申请人说明其逾期提供该证据的理由；拒不说明理由或者理由不成立的，依照民事诉讼法第六十八条第二款和本解释第一百零二条的规定处理。〔2010年真题~申请再审的事实和理由、再审的审判程序〕

第三百八十六条　再审申请人证明其提交的新的证据符合下列情形之一的，可以认定逾期提供证据的理由成立：

(一)在原审庭审结束前已经存在，因客观原因于庭

审结束后才发现的；

(二)在原审庭审结束前已经发现，但因客观原因无法取得或者在规定的期限内不能提供的；

(三)在原审庭审结束后形成，无法据此另行提起诉讼的。

再审申请人提交的证据在原审中已经提供，原审人民法院未组织质证且未作为裁判根据的，视为逾期提供证据的理由成立，但原审人民法院依照民事诉讼法第六十八条规定不予采纳的除外。

第三百八十七条　当事人对原判决、裁定认定事实的主要证据在原审中拒绝发表质证意见或者质证中未对证据发表质证意见的，不属于民事诉讼法第二百零七条(现为第二百一十一条)第四项规定的未经质证的情形。

第三百八十八条　有下列情形之一，导致判决、裁定结果错误的，应当认定为民事诉讼法第二百零七条(现为第二百一十一条)第六项规定的原判决、裁定适用法律确有错误：

(一)适用的法律与案件性质明显不符的；

(二)确定民事责任明显违背当事人约定或者法律规定的；

(三)适用已经失效或者尚未施行的法律的；

(四)违反法律溯及力规定的；

(五)违反法律适用规则的；

(六)明显违背立法原意的。

第三百八十九条　原审开庭过程中有下列情形之一的，应当认定为民事诉讼法第二百零七条(现为第二百一十一条)第九项规定的剥夺当事人辩论权利：

(一)不允许当事人发表辩论意见的；

(二)应当开庭审理而未开庭审理的；

(三)违反法律规定送达起诉状副本或者上诉状副本，致使当事人无法行使辩论权利的；

(四)违法剥夺当事人辩论权利的其他情形。

第三百九十条　民事诉讼法第二百零七条(现为第二百一十一条)第十一项规定的诉讼请求，包括一审诉讼请求、二审上诉请求，但当事人未对一审判决、裁定遗漏或者超出诉讼请求提起上诉的除外。

第三百九十一条　民事诉讼法第二百零七条(现为第二百一十一条)第十二项规定的法律文书包括：

(一)发生法律效力的判决书、裁定书、调解书；

(二)发生法律效力的仲裁裁决书；

(三)具有强制执行效力的公证债权文书。

第三百九十二条　民事诉讼法第二百零七条(现为第二百一十一条)第十三项规定的审判人员审理该案件时有贪污受贿、徇私舞弊、枉法裁判行为，是指已经由生效刑事法律文书或者纪律处分决定所确认的行为。

**3** 第二百一十二条　[调解书的再审]当事人对已经发生法律效力的调解书，提出证据证明调解违反自愿原则或者调解协议的内容违反法律的，可以申请再审。经人民法院审查属实的，应当再审。

《民诉解释》

第三百八十二条　当事人对已经发生法律效力的调

解书申请再审,应当在调解书发生法律效力后六个月内提出。

**④ 第二百一十三条 [不得申请再审的案件]** 当事人对已经发生法律效力的解除婚姻关系的判决、调解书,不得申请再审。

《民诉解释》

第三百七十八条 适用特别程序、督促程序、公示催告程序、破产程序等非讼程序审理的案件,当事人不得申请再审。

第三百八十条 当事人就离婚案件中的财产分割问题申请再审,如涉及判决中已分割的财产,人民法院应当依照民事诉讼法第二百零七条的规定进行审查,符合再审条件的,应当裁定再审;如涉及判决中未作处理的夫妻共同财产,应当告知当事人另行起诉。

第三百八十一条 当事人申请再审,有下列情形之一的,人民法院不予受理:

(一)再审申请被驳回后再次提出申请的;

(二)对再审判决、裁定提出申请的;

(三)在人民检察院对当事人的申请作出不予提出再审检察建议或者抗诉决定后又提出申请的。

前款第一项、第二项规定情形,人民法院应当告知当事人可以向人民检察院申请再审检察建议或者抗诉,但因人民检察院提出再审检察建议或者抗诉而再审作出的判决、裁定除外。

**⑤ 第二百一十六条 [当事人申请再审的期限]** 当事人申请再审,应当在判决、裁定发生法律效力后六个月内提出;有本法第二百一十一条第一项、第三项、第十二项、第十三项规定情形的,自知道或者应当知道之日起六个月内提出。

《民诉解释》

第一百二十七条 民事诉讼法第五十九条第三款、第二百一十二条(现为第二百一十六条)以及本解释第三百七十二条、第三百八十二条、第三百九十九条、第四百二十条、第四百二十一条规定的六个月,民事诉讼法第二百三十条(现为第二百三十四条)规定的一年,为不变期间,不适用诉讼时效中止、中断、延长的规定。

(四)当事人申请检察建议或抗诉

第二百二十条 [当事人申请再审检察建议及抗诉的条件]有下列情形之一的,当事人可以向人民检察院申请检察建议或者抗诉:

(一)人民法院驳回再审申请的;

(二)人民法院逾期未对再审申请作出裁定的;

(三)再审判决、裁定有明显错误的。

人民检察院对当事人的申请应当在三个月内进行审查,作出提出或者不予提出检察建议或者抗诉的决定。当事人不得再次向人民检察院申请检察建议或者抗诉。

《民诉解释》

第四百一十三条 人民检察院依照民事诉讼法第二百一十六条(现为第二百二十条)第一款第三项规定对有明显错误的再审判决、裁定提出抗诉或者再审检察建议的,人民法院应予受理。

第四百一十四条 地方各级人民检察院依当事人的申请对生效判决、裁定向同级人民法院提出再审检察建议,符合下列条件的,应予受理:

(一)再审检察建议书和原审当事人申请书及相关证据材料已经提交;

(二)建议再审的对象为依照民事诉讼法和本解释规定可以进行再审的判决、裁定;

(三)再审检察建议书列明该判决、裁定有民事诉讼法第二百一十五条(现为第二百一十九条)第二款规定情形;

(四)符合民事诉讼法第二百一十六条(现为第二百二十条)第一款第一项、第二项规定情形的;

(五)再审检察建议经该人民检察院检察委员会讨论决定。

不符合前款规定的,人民法院可以建议人民检察院予以补正或者撤回;不予补正或者撤回的,应当函告人民检察院不予受理。

**考点45 再审审理程序**

**① 第二百二十五条第二款 [再审案件管辖法院]** 因当事人申请裁定再审的案件由中级人民法院以上的人民法院审理,但当事人依照本法第二百一十条的规定选择向基层人民法院申请再审的除外。最高人民法院、高级人民法院裁定再审的案件,由本院再审或者交其他人民法院再审,也可以交原审人民法院再审。

《审判监督程序解释》

第十八条 上一级人民法院经审查认为申请再审事由成立的,一般由本院提审。最高人民法院、高级人民法院也可以指定与原审人民法院同级的其他人民法院再审,或者指令原审人民法院再审。

第十九条 上一级人民法院可以根据案件的影响程度以及案件参与人等情况,决定是否指定再审。需要指定再审的,应当考虑便利当事人行使诉讼权利以及便利人民法院审理等因素。

接受指定再审的人民法院,应当按照民事诉讼法第二百零七条(现为第二百二十八条)第一款规定的程序审理。

第二十条 有下列情形之一的,不得指令原审人民法院再审:

(一)原审人民法院对该案无管辖权的;

(二)审判人员在审理该案件时有贪污受贿,徇私舞弊,枉法裁判行为的;

(三)原判决、裁定系经原审人民法院审判委员会讨论作出的;

(四)其他不宜指令原审人民法院再审的。

**② 第二百二十七条 [中止原判决的执行及例外]** 按照审判监督程序决定再审的案件,裁定中止原判决、裁定、调解书的执行,但追索赡养费、扶养费、抚养费、抚恤金、医疗费用、劳动报酬等案件,可以不中止执行。

《民诉解释》

第三百九十四条 人民法院对已经发生法律效力的

判决、裁定、调解书依法决定再审，依照民事诉讼法第二百一十三条(现为第二百一十七条)规定，需要中止执行的，应当在再审裁定中同时写明中止原判决、裁定、调解书的执行；情况紧急的，可以将中止执行裁定口头通知负责执行的人民法院，并在通知后十日内发出裁定书。

**③ 第二百一十八条　[再审案件的审理程序]** 人民法院按照审判监督程序再审的案件，发生法律效力的判决、裁定是由第一审法院作出的，按照第一审程序审理，所作的判决、裁定，当事人可以上诉；发生法律效力的判决、裁定是由第二审法院作出的，按照第二审程序审理，所作的判决、裁定，是发生法律效力的判决、裁定；上级人民法院按照审判监督程序提审的，按照第二审程序审理，所作的判决、裁定是发生法律效力的判决、裁定。

人民法院审理再审案件，应当另行组成合议庭。

[2016年真题~再审审理的审判程序、再审案件审理范围；2010年真题~申请再审的事实和理由、再审的审判程序]

*《民诉解释》*

第一百二十八条　再审案件按照第一审程序或者第二审程序审理的，适用民事诉讼法第一百五十二条、第一百八十三条规定的审限。审限自再审立案的次日起算。

第一百二十九条　对申请再审案件，人民法院应当自受理之日起三个月内审查完毕，但公告期间、当事人和解期间等不计入审查期限。有特殊情况需要延长的，由本院院长批准。

第四百条　再审申请审查期间，有下列情形之一的，裁定终结审查：

(一)再审申请人死亡或者终止，无权利义务承继者或者权利义务承继者声明放弃再审申请的；

(二)在给付之诉中，负有给付义务的被申请人死亡或者终止，无可供执行的财产，也没有应当承担义务的人的；

(三)当事人达成和解协议且已履行完毕的，但当事人在和解协议中声明不放弃申请审查权利的除外；

(四)他人未经授权以当事人名义申请再审的；

(五)原审或者上一级人民法院已经裁定再审的；

(六)有本解释第三百八十一条第一款规定情形的。

第四百零一条　人民法院审理再审案件应当组成合议庭开庭审理，但按照第二审程序审理，有特殊情况或者双方当事人已经通过其他方式充分表达意见，且书面同意不开庭审理的除外。

符合缺席判决条件的，可以缺席判决。

第四百零三条　人民法院审理再审案件应当围绕再审请求进行。当事人的再审请求超出原诉讼请求的，不予审理；符合另案诉讼条件的，告知当事人可以另行起诉。

被申请人及原审其他当事人在庭审辩论结束前提出的再审请求，符合民事诉讼法第二百一十二条(现为第二百一十六条)规定的，人民法院应当一并审理。

人民法院经再审，发现已经发生法律效力的判决、裁定损害国家利益、社会公共利益、他人合法权益的，应当一并审理。[2016年真题~再审审理的审判程序、再审案件审理范围]

第四百零四条　再审审理期间，有下列情形之一的，可以裁定终结再审程序：

(一)再审申请人在再审期间撤回再审请求，人民法院准许的；

(二)再审申请人经传票传唤，无正当理由拒不到庭的，或者未经法庭许可中途退庭，按撤回再审请求处理的；

(三)人民检察院撤回抗诉的；

(四)有本解释第四百条第一项至第四项规定情形的。

因人民检察院提出抗诉裁定再审的案件，申请抗诉的当事人有前款规定的情形，且不损害国家利益、社会公共利益或者他人合法权益的，人民法院应当裁定终结再审程序。

再审程序终结后，人民法院裁定中止执行的原生效判决自动恢复执行。

第四百零五条　人民法院经再审审理认为，原判决、裁定认定事实清楚、适用法律正确的，应予维持；原判决、裁定认定事实、适用法律虽有瑕疵，但裁判结果正确的，应当在再审判决、裁定中纠正瑕疵后予以维持。

原判决、裁定认定事实、适用法律错误，导致裁判结果错误的，应当依法改判、撤销或者变更。

第四百零六条　按照第二审程序再审的案件，人民法院经审理认为不符合民事诉讼法规定的起诉条件或者符合民事诉讼法第一百二十七条规定不予受理情形的，应当裁定撤销一、二审判决，驳回起诉。

第四百零七条　人民法院对调解书裁定再审后，按照下列情形分别处理：

(一)当事人提出的调解违反自愿原则的事由不成立，且调解书的内容不违反法律强制性规定的，裁定驳回再审申请；

(二)人民检察院抗诉或者再审检察建议所主张的损害国家利益、社会公共利益的理由不成立的，裁定终结再审程序。

前款规定情形，人民法院裁定中止执行的调解书需要继续执行的，自动恢复执行。

第四百零八条　一审原告在再审审理程序中申请撤回起诉，经其他当事人同意，且不损害国家利益、社会公共利益、他人合法权益的，人民法院可以准许。裁定准许撤诉的，应当一并撤销原判决。

一审原告在再审审理程序中撤回起诉后重复起诉的，人民法院不予受理。

第四百零九条　当事人提交新的证据致使再审改判，因再审申请人或者申请检察监督当事人的过错未能在原审程序中及时举证，被申请人等当事人请求补偿其增加的交通、住宿、就餐、误工等必要费用的，人民法院应予支持。

第四百一十条　部分当事人到庭并达成调解协议，其他当事人未作出书面表示的，人民法院应当在判决中对该事实作出表述；调解协议内容不违反法律规定，且不损害其他当事人合法权益的，可以在判决主文中予以确认。

**4** 第二百二十二条 [抗诉案件裁定再审的期限及审理法院]人民检察院提出抗诉的案件,接受抗诉的人民法院应当自收到抗诉书之日起三十日内作出再审的裁定;有本法第二百一十一条第一项至第五项规定情形之一的,可以交下一级人民法院再审,但经该下一级人民法院再审的除外。

**《民诉解释》**

第四百一十五条 人民检察院依当事人的申请对生效判决、裁定提出抗诉,符合下列条件的,人民法院应当在三十日内裁定再审:

(一)抗诉书和原审当事人申请书及相关证据材料已经提交;

(二)抗诉对象为依照民事诉讼法和本解释规定可以进行再审的判决、裁定;

(三)抗诉书列明该判决、裁定有民事诉讼法第二百一十五条(现为第二百一十九条)第一款规定情形;

(四)符合民事诉讼法第二百一十六条(现为第二百二十条)第一款第一项、第二项规定情形。

不符合前款规定的,人民法院可以建议人民检察院予以补正或者撤回;不予补正或者撤回的,人民法院可以裁定不予受理。

第四百一十六条 当事人的再审申请被上级人民法院裁定驳回后,人民检察院对原判决、裁定、调解书提出抗诉,抗诉事由符合民事诉讼法第二百零七条(现为第二百一十一条)第一项至第五项规定情形之一的,受理抗诉的人民法院可以交由下一级人民法院再审。

第四百一十七条 人民法院收到再审检察建议后,应当组成合议庭,在三个月内进行审查,发现原判决、裁定、调解书确有错误,需要再审的,依照民事诉讼法第二百零五条(现为第二百零九条)规定裁定再审,并通知当事人;经审查,决定不予再审的,应当书面回复人民检察院。

第四百一十八条 人民法院审理因人民检察院抗诉或者检察建议裁定再审的案件,不受此前已经作出的驳回当事人再审申请裁定的影响。

# 专题十七 公益诉讼与第三人撤销之诉

**考点46** 公益诉讼

第五十八条 [公益诉讼]对污染环境、侵害众多消费者合法权益等损害社会公共利益的行为,法律规定的机关和有关组织可以向人民法院提起诉讼。

人民检察院在履行职责中发现破坏生态环境和资源保护、食品药品安全领域侵害众多消费者合法权益等损害社会公共利益的行为,在没有前款规定的机关和组织或者前款规定的机关和组织不提起诉讼的情况下,可以向人民法院提起诉讼。前款规定的机关或者组织提起诉讼的,人民检察院可以支持起诉。

**《民诉解释》**

第二百八十二条 环境保护法、消费者权益保护法等法律规定的机关和有关组织对污染环境、侵害众多消费者合法权益等损害社会公共利益的行为,根据民事诉讼法第五十八条规定提起公益诉讼,符合下列条件的,人民法院应当受理:

(一)有明确的被告;

(二)有具体的诉讼请求;

(三)有社会公共利益受到损害的初步证据;

(四)属于人民法院受理民事诉讼的范围和受诉人民法院管辖。

第二百八十三条 公益诉讼案件由侵权行为地或者被告住所地中级人民法院管辖,但法律、司法解释另有规定的除外。

因污染海洋环境提起的公益诉讼,由污染发生地、损害结果地或者采取预防污染措施地海事法院管辖。

对同一侵权行为分别向两个以上人民法院提起公益诉讼的,由最先立案的人民法院管辖,必要时由它们的共同上级人民法院指定管辖。

第二百八十四条 人民法院受理公益诉讼案件后,应当在十日内书面告知相关行政主管部门。

第二百八十五条 人民法院受理公益诉讼案件后,依法可以提起诉讼的其他机关和有关组织,可以在开庭前向人民法院申请参加诉讼。人民法院准许参加诉讼的,列为共同原告。

第二百八十六条 人民法院受理公益诉讼案件,不影响同一侵权行为的受害人根据民事诉讼法第一百二十二条规定提起诉讼。

第二百八十七条 对公益诉讼案件,当事人可以和解,人民法院可以调解。

当事人达成和解或者调解协议后,人民法院应当将和解或者调解协议进行公告。公告期间不得少于三十日。

公告期满后,人民法院经审查,和解或者调解协议不违反社会公共利益的,应当出具调解书;和解或者调解协议违反社会公共利益的,不予出具调解书,继续对案件进行审理并依法作出裁判。

第二百八十八条 公益诉讼案件的原告在法庭辩论终结后申请撤诉的,人民法院不予准许。

第二百八十九条 公益诉讼案件的裁判发生法律效力后,其他依法具有原告资格的机关和有关组织就同一侵权行为另行提起公益诉讼的,人民法院裁定不予受理,但法律、司法解释另有规定的除外。

**考点47** 第三人撤销之诉

第五十九条第三款 [第三人撤销之诉]前两款规定的第三人,因不能归责于本人的事由未参加诉讼,但有证据证明发生法律效力的判决、裁定、调解书的部分或者全部内容错误,损害其民事权益的,可以自知道或者应当知道其民事权益受到损害之日起六个月内,向作出该判决、裁定、调解书的人民法院提起诉讼。人民法院经审理,诉讼请求成立的,应当改变或者撤销原判决、裁定、调解书;诉讼请求不成立的,驳回诉讼请求。[2019年回忆~不合理转移财产情形下的债权人撤销权]

**《民诉解释》**

第八十二条 在一审诉讼中，无独立请求权的第三人无权提出管辖异议，无权放弃、变更诉讼请求或者申请撤诉，被判决承担民事责任的，有权提起上诉。

第二百九十二条 人民法院对第三人撤销之诉案件，应当组成合议庭开庭审理。

第二百九十五条 对下列情形提起第三人撤销之诉的，人民法院不予受理：

（一）适用特别程序、督促程序、公示催告程序、破产程序等非讼程序处理的案件；

（二）婚姻无效、撤销或者解除婚姻关系等判决、裁定、调解书中涉及身份关系的内容；

（三）民事诉讼法第五十七条规定的未参加登记的权利人对代表人诉讼案件的生效裁判；

（四）民事诉讼法第五十八条规定的损害社会公共利益行为的受害人对公益诉讼案件的生效裁判。

第二百九十六条 第三人提起撤销之诉，人民法院应当将该第三人列为原告，生效判决、裁定、调解书的当事人列为被告，但生效判决、裁定、调解书中没有承担责任的无独立请求权的第三人列为第三人。

第二百九十七条 受理第三人撤销之诉案件后，原告提供相应担保，请求中止执行的，人民法院可以准许。

第二百九十八条 对第三人撤销或者部分撤销发生法律效力的判决、裁定、调解书内容的请求，人民法院经审理，按下列情形分别处理：

（一）请求成立且确认其民事权利的主张全部或部分成立的，改变原判决、裁定、调解书内容的错误部分；

（二）请求成立，但确认其全部或部分民事权利的主张不成立，或者未提出确认其民事权利请求的，撤销原判决、裁定、调解书内容的错误部分；

（三）请求不成立的，驳回诉讼请求。

对前款规定裁判不服的，当事人可以上诉。

原判决、裁定、调解书的内容未改变或者未撤销的部分继续有效。

第二百九十九条 第三人撤销之诉案件审理期间，人民法院对生效判决、裁定、调解书裁定再审的，受理第三人撤销之诉的人民法院应当裁定将第三人的诉讼请求并入再审程序。但有证据证明原审当事人之间恶意串通损害第三人合法权益的，人民法院应当先行审理第三人撤销之诉案件，裁定中止再审诉讼。

第三百条 第三人诉讼请求并入再审程序审理的，按照下列情形分别处理：

（一）按照第一审程序审理的，人民法院应当对第三人的诉讼请求一并审理，所作的判决可以上诉；

（二）按照第二审程序审理的，人民法院可以调解，调解达不成协议的，应当裁定撤销原判决、裁定、调解书，发回一审法院重审，重审时应当列明第三人。

第三百零一条 第三人提起撤销之诉后，未中止生效判决、裁定、调解书执行的，执行法院对第三人依照民事诉讼法第二百三十四条（现为第二百三十八条）规定提出的执行异议，应予审查。第三人不服驳回执行异议裁定，申请对原判决、裁定、调解书再审的，人民法院不予受理。

案外人对人民法院驳回其执行异议裁定不服，认为原判决、裁定、调解书内容错误损害其合法权益的，应当根据民事诉讼法第二百三十四条（现为第二百三十八条）规定申请再审，提起第三人撤销之诉的，人民法院不予受理。

**［2015年真题~第三人撤销之诉与案外人申请再审的关系］**

# 专题十八 特别程序

**考点48 特别程序**

**（一）特别程序的适用**

第一百八十四条 ［特别程序的适用范围］人民法院审理选民资格案件、宣告失踪或者宣告死亡案件、指定遗产管理人案件、认定公民无民事行为能力或者限制民事行为能力案件、认定财产无主案件、确认调解协议案件和实现担保物权案件，适用本章规定。本章没有规定的，适用本法和其他法律的有关规定。

第一百八十五条 ［一审终审与独任审理］依照本章程序审理的案件，实行一审终审。选民资格案件或者重大、疑难的案件，由审判员组成合议庭审理；其他案件由审判员一人独任审理。

第一百八十六条 ［特别程序的转换］人民法院在依照本章程序审理案件的过程中，发现本案属于民事权益争议的，应当裁定终结特别程序，并告知利害关系人可以另行起诉。

第一百八十七条 ［特别程序的审限］人民法院适用特别程序审理的案件，应当在立案之日起三十日内或者公告期满后三十日内审结。有特殊情况需要延长的，由本院院长批准。但审理选民资格的案件除外。

**（二）选民资格案件**

第一百八十八条 ［起诉与管辖］公民不服选举委员会对选民资格的申诉所作的处理决定，可以在选举日的五日以前向选区所在地基层人民法院起诉。

第一百八十九条 ［审理、审限及判决］人民法院受理选民资格案件后，必须在选举日前审结。

审理时，起诉人、选举委员会的代表和有关公民必须参加。

人民法院的判决书，应当在选举日前送达选举委员会和起诉人，并通知有关公民。

**（三）宣告失踪、死亡案件**

第一百九十条 ［宣告失踪案件的提起］公民下落不明满二年，利害关系人申请宣告其失踪的，向下落不明人住所地基层人民法院提出。

申请书应当写明下落不明的事实、时间和请求，并附有公安机关或者其他有关机关关于该公民下落不明的书面证明。

第一百九十一条 [宣告死亡案件的提起]公民下落不明满四年，或者因意外事件下落不明满二年，或者因意外事件下落不明，经有关机关证明该公民不可能生存，利害关系人申请宣告其死亡的，向下落不明人住所地基层人民法院提出。

申请书应当写明下落不明的事实、时间和请求，并附有公安机关或者其他有关机关关于该公民下落不明的书面证明。

《民诉解释》

第三百四十一条 宣告失踪或者宣告死亡案件，人民法院可以根据申请人的请求，清理下落不明人的财产，并指定案件审理期间的财产管理人。公告期满后，人民法院判决宣告失踪的，应当同时依照民法典第四十二条的规定指定失踪人的财产代管人。

第三百四十二条 失踪人的财产代管人经人民法院指定后，代管人申请变更代管的，比照民事诉讼法特别程序的有关规定进行审理。申请理由成立的，裁定撤销申请人的代管人身份，同时另行指定财产代管人；申请理由不成立的，裁定驳回申请。

失踪人的其他利害关系人申请变更代管的，人民法院应当告知其以原指定的代管人为被告起诉，并按普通程序进行审理。

第三百四十三条 人民法院判决宣告公民失踪后，利害关系人向人民法院申请宣告失踪人死亡，自失踪之日起满四年的，人民法院应当受理，宣告失踪的判决即是该公民失踪的证明，审理中仍应依照民事诉讼法第一百九十二条规定进行公告。

第三百四十四条 符合法律规定的多个利害关系人提出宣告失踪、宣告死亡申请的，列为共同申请人。

第三百四十五条 寻找下落不明人的公告应当记载下列内容：

（一）被申请人应当在规定期间内向受理法院申报其具体地址及其联系方式。否则，被申请人将被宣告失踪、宣告死亡；

（二）凡知悉被申请人生存现状的人，应当在公告期间内将其所知道情况向受理法院报告。

**（四）指定遗产管理人案件**

第一百九十四条 [指定遗产管理人的管辖]对遗产管理人的确定有争议，利害关系人申请指定遗产管理人的，向被继承人死亡时住所地或者主要遗产所在地基层人民法院提出。

申请书应当写明被继承人死亡的时间、申请事由和具体请求，并附有被继承人死亡的相关证据。

第一百九十五条 [遗产管理人的指定原则]人民法院受理申请后，应当审查核实，并按照有利于遗产管理的原则，判决指定遗产管理人。

第一百九十六条 [遗产管理人的变更]被指定的遗产管理人死亡、终止、丧失民事行为能力或者存在其他无法继续履行遗产管理职责情形的，人民法院可以根据利害关系人或者本人的申请另行指定遗产管理人。

第一百九十七条 [遗产管理人的另行指定]遗产管理人违反遗产管理职责，严重侵害继承人、受遗赠人或者债权人合法权益的，人民法院可以根据利害关系人的申请，撤销其遗产管理人资格，并依法指定新的遗产管理人。

**（五）确认调解协议案件**

**1** 第二百零五条 [调解协议的司法确认]经依法设立的调解组织调解达成调解协议，申请司法确认的，由双方当事人自调解协议生效之日起三十日内，共同向下列人民法院提出：

（一）人民法院邀请调解组织开展先行调解的，向作出邀请的人民法院提出；

（二）调解组织自行开展调解的，向当事人住所地、标的物所在地、调解组织所在地的基层人民法院提出；调解协议所涉纠纷应当由中级人民法院管辖的，向相应的中级人民法院提出。

《民诉解释》

第三百五十一条 申请司法确认调解协议的，双方当事人应当本人或者由符合民事诉讼法第六十一条规定的代理人依照民事诉讼法第二百零一条（现为第二百零五条）的规定提出申请。

第三百五十二条 调解组织自行开展的调解，有两个以上调解组织参与的，符合民事诉讼法第二百零一条（现为第二百零五条）规定的各调解组织所在地人民法院均有管辖权。

双方当事人可以共同向符合民事诉讼法第二百零一条（现为第二百零五条）规定的其中一个有管辖权的人民法院提出申请；双方当事人共同向两个以上有管辖权的人民法院提出申请的，由最先立案的人民法院管辖。

第三百五十三条 当事人申请司法确认调解协议，可以采用书面形式或者口头形式。当事人口头申请的，人民法院应当记入笔录，并由当事人签名、捺印或者盖章。

第三百五十四条 当事人申请司法确认调解协议，应当向人民法院提交调解协议、调解组织主持调解的证明，以及与调解协议相关的财产权利证明等材料，并提供双方当事人的身份、住所、联系方式等基本信息。

当事人未提交上述材料的，人民法院应当要求当事人限期补交。

**2** 第二百零六条 [审查及裁定]人民法院受理申请后，经审查，符合法律规定的，裁定调解协议有效，一方当事人拒绝履行或者未全部履行的，对方当事人可以向人民法院申请执行；不符合法律规定的，裁定驳回申请，当事人可以通过调解方式变更原调解协议或者达成新的调解协议，也可以向人民法院提起诉讼。

《民诉解释》

第三百五十五条 当事人申请司法确认调解协议，有下列情形之一的，人民法院裁定不予受理：

（一）不属于人民法院受理范围的；

（二）不属于收到申请的人民法院管辖的；

（三）申请确认婚姻关系、亲子关系、收养关系等身份关系无效、有效或者解除的；

（四）涉及适用其他特别程序、公示催告程序、破产程序审理的；

（五）调解协议内容涉及物权、知识产权确权的。

人民法院受理申请后，发现有上述不予受理情形的，应当裁定驳回当事人的申请。

第三百五十六条　人民法院审查相关情况时，应当通知双方当事人共同到场对案件进行核实。

人民法院经审查，认为当事人的陈述或者提供的证明材料不充分、不完备或者有疑义的，可以要求当事人限期补充陈述或者补充证明材料。必要时，人民法院可以向调解组织核实有关情况。

第三百五十七条　确认调解协议的裁定作出前，当事人撤回申请的，人民法院可以裁定准许。

当事人无正当理由未在限期内补充陈述、补充证明材料或者拒不接受询问的，人民法院可以按撤回申请处理。

第三百五十八条　经审查，调解协议有下列情形之一的，人民法院应当裁定驳回申请：

（一）违反法律强制性规定的；

（二）损害国家利益、社会公共利益、他人合法权益的；

（三）违背公序良俗的；

（四）违反自愿原则的；

（五）内容不明确的；

（六）其他不能进行司法确认的情形。

**（六）实现担保物权案件**

**❶** 第二百零七条　[实现担保物权案件的提起]申请实现担保物权，由担保物权人以及其他有权请求实现担保物权的人依照民法典等法律，向担保财产所在地或者担保物权登记地基层人民法院提出。

《民诉解释》

第三百五十九条　民事诉讼法第二百零三条（现为第二百零七条）规定的担保物权人，包括抵押权人、质权人、留置权人；其他有权请求实现担保物权的人，包括抵押人、出质人、财产被留置的债务人或者所有权人等。

第三百六十条　实现票据、仓单、提单等有权利凭证的权利质权案件，可以由权利凭证持有人住所地人民法院管辖；无权利凭证的权利质权，由出质登记地人民法院管辖。

第三百六十一条　实现担保物权案件属于海事法院等专门人民法院管辖的，由专门人民法院管辖。

第三百六十二条　同一债权的担保物有多个且所在地不同，申请人分别向有管辖权的人民法院申请实现担保物权的，人民法院应当依法受理。

第三百六十三条　依照民法典第三百九十二条的规定，被担保的债权既有物的担保又有人的担保，当事人对实现担保物权的顺序有约定，实现担保物权的申请违反该约定的，人民法院裁定不予受理；没有约定或者约定不明的，人民法院应当受理。

第三百六十四条　同一财产上设立多个担保物权，登记在先的担保物权尚未实现的，不影响后顺位的担保

物权人向人民法院申请实现担保物权。

**❷** 第二百零八条　[审查及裁定]人民法院受理申请后，经审查，符合法律规定的，裁定拍卖、变卖担保财产，当事人依据该裁定可以向人民法院申请执行；不符合法律规定的，裁定驳回申请，当事人可以向人民法院提起诉讼。

《民诉解释》

第三百六十七条　实现担保物权案件可以由审判员一人独任审查。担保财产标的额超过基层人民法院管辖范围的，应当组成合议庭进行审查。

第三百六十八条　人民法院审查实现担保物权案件，可以询问申请人、被申请人、利害关系人，必要时可以依职权调查相关事实。

第三百六十九条　人民法院应当就主合同的效力、期限、履行情况，担保物权是否有效设立、担保财产的范围、被担保的债权范围、被担保的债权是否已届清偿期等担保物权实现的条件，以及是否损害他人合法权益等内容进行审查。

被申请人或者利害关系人提出异议的，人民法院应当一并审查。〔2019年回忆~名义股东处分股权后，实际出资人的救济〕

第三百七十条　人民法院审查后，按下列情形分别处理：

（一）当事人对实现担保物权无实质性争议且实现担保物权条件成就的，裁定准许拍卖、变卖担保财产；

（二）当事人对实现担保物权有部分实质性争议的，可以就无争议部分裁定准许拍卖、变卖担保财产；

（三）当事人对实现担保物权有实质性争议的，裁定驳回申请，并告知申请人向人民法院提起诉讼。

第三百七十一条　人民法院受理申请后，申请人对担保财产提出保全申请的，可以按照民事诉讼法关于诉讼保全的规定办理。

第三百七十二条　适用特别程序作出的判决、裁定，当事人、利害关系人认为有错误的，可以向作出该判决、裁定的人民法院提出异议。人民法院经审查，异议成立或者部分成立的，作出新的判决、裁定撤销或者改变原判决、裁定；异议不成立的，裁定驳回。

对人民法院作出的确认调解协议、准许实现担保物权的裁定，当事人有异议的，应当自收到裁定之日起十五日内提出；利害关系人有异议的，自知道或者应当知道其民事权益受到侵害之日起六个月内提出。

# 专题十九　督促程序

**考点49** 督促程序

**❶** 第二百二十五条　[支付令的申请]债权人请求债务人给付金钱、有价证券，符合下列条件的，可以向有管辖权的基层人民法院申请支付令：

（一）债权人与债务人没有其他债务纠纷的；

（二）支付令能够送达债务人的。

申请书应当写明请求给付金钱或者有价证券的数量

和所根据的事实、证据。

《民诉解释》

第四百二十九条　向债务人本人送达支付令，债务人拒绝接收的，人民法院可以留置送达。

**2** 第二百二十七条　[审理]人民法院受理申请后，经审查债权人提供的事实、证据，对债权债务关系明确、合法的，应当在受理之日起十五日内向债务人发出支付令；申请不成立的，裁定予以驳回。

债务人应当自收到支付令之日起十五日内清偿债务，或者向人民法院提出书面异议。

债务人在前款规定的期间不提出异议又不履行支付令的，债权人可以向人民法院申请执行。

**3** 第二百二十八条　[支付令的异议及失效的处理]人民法院收到债务人提出的书面异议后，经审查，异议成立的，应当裁定终结督促程序，支付令自行失效。

支付令失效的，转入诉讼程序，但申请支付令的一方当事人不同意提起诉讼的除外。

《民诉解释》

第四百三十条　有下列情形之一的，人民法院应当裁定终结督促程序，已发出支付令的，支付令自行失效：

（一）人民法院受理支付令申请后，债权人就同一债权债务关系又提起诉讼的；

（二）人民法院发出支付令之日起三十日内无法送达债务人的；

（三）债务人收到支付令前，债权人撤回申请的。

第四百三十一条　债务人在收到支付令后，未在法定期间提出书面异议，而向其他人民法院起诉的，不影响支付令的效力。

债务人超过法定期间提出异议的，视为未提出异议。

第四百三十二条　债权人基于同一债权债务关系，在同一支付令申请中向债务人提出多项支付请求，债务人仅就其中一项或者几项请求提出异议的，不影响其他各项请求的效力。

第四百三十三条　债权人基于同一债权债务关系，就可分之债向多个债务人提出支付请求，多个债务人中的一人或者几人提出异议的，不影响其他请求的效力。

第四百三十四条　对设有担保的债务的主债务人发出的支付令，对担保人没有拘束力。

债权人就担保关系单独提起诉讼的，支付令自人民法院受理案件之日起失效。

第四百三十六条　债务人对债务本身没有异议，只是提出缺乏清偿能力、延缓债务清偿期限、变更债务清偿方式等异议的，不影响支付令的效力。

人民法院经审查认为异议不成立的，裁定驳回。

债务人的口头异议无效。

第四百三十七条　人民法院作出终结督促程序或者驳回异议裁定前，债务人请求撤回异议的，应当裁定准许。

债务人对撤回异议反悔的，人民法院不予支持。

第四百三十八条　支付令失效后，申请支付令的一方当事人不同意提起诉讼的，应当自收到终结督促程序裁定之日起七日内向受理申请的人民法院提出。

申请支付令的一方当事人不同意提起诉讼的，不影响其向其他有管辖权的人民法院提起诉讼。

第四百三十九条　支付令失效后，申请支付令的一方当事人自收到终结督促程序裁定之日起七日内未向受理申请的人民法院表明不同意提起诉讼的，视为向受理申请的人民法院起诉。

债权人提出支付令申请的时间，即为向人民法院起诉的时间。

# 专题二十　公示催告程序

**考点50** 公示催告程序

**1** 第二百二十九条　[公示催告程序的提起]按照规定可以背书转让的票据持有人，因票据被盗、遗失或者灭失，可以向票据支付地的基层人民法院申请公示催告。依照法律规定可以申请公示催告的其他事项，适用本章规定。

申请人应当向人民法院递交申请书，写明票面金额、发票人、持票人、背书人等票据主要内容和申请的理由、事实。

**2** 第二百三十条　[受理、止付通知与公告]人民法院决定受理申请，应当同时通知支付人停止支付，并在三日内发出公告，催促利害关系人申报权利。公示催告的期间，由人民法院根据情况决定，但不得少于六十日。

《民诉解释》

第四百四十七条　公告期间不得少于六十日，且公示催告期间届满日不得早于票据付款日后十五日。

第四百五十三条　公示催告申请人撤回申请，应在公示催告前提出；公示催告期间申请撤回的，人民法院可以径行裁定终结公示催告程序。

**3** 第二百三十一条　[止付通知和公告的效力]支付人收到人民法院停止支付的通知，应当停止支付，至公示催告程序终结。

公示催告期间，转让票据权利的行为无效。

**4** 第二百三十二条　[利害关系人申报权利]利害关系人应当在公示催告期间向人民法院申报。

人民法院收到利害关系人的申报后，应当裁定终结公示催告程序，并通知申请人和支付人。

申请人或者申报人可以向人民法院起诉。

《民诉解释》

第四百四十八条　在申报期届满后、判决作出之前，利害关系人申报权利的，应当适用民事诉讼法第二百二十八条（现为第二百三十二条）第二款、第三款规定处理。

**5** 第二百三十三条　[除权判决]没有人申报的，人民法院应当根据申请人的申请，作出判决，宣告票据无效。判决应当公告，并通知支付人。自判决公告之日起，申请人有权向支付人请求支付。

第二百三十四条　[除权判决的撤销]利害关系人因正当理由不能在判决前向人民法院申报的，自知道或者应当知道判决公告之日起一年内，可以向作出判决的人民法院起诉。

# 专题二十一　执行程序

## 考点51　执行程序

### (一)执行依据及管辖

**第二百三十五条　[执行依据及管辖]** 发生法律效力的民事判决、裁定,以及刑事判决、裁定中的财产部分,由第一审人民法院或者与第一审人民法院同级的被执行的财产所在地人民法院执行。

法律规定由人民法院执行的其他法律文书,由被执行人住所地或者被执行的财产所在地人民法院执行。

**《民诉解释》**

第四百六十条　发生法律效力的实现担保物权裁定、确认调解协议裁定、支付令,由作出裁定、支付令的人民法院或者与其同级的被执行财产所在地的人民法院执行。

认定财产无主的判决,由作出判决的人民法院将无主财产收归国家或者集体所有。

### (二)对违法的执行行为的异议

**第二百三十六条　[对违法的执行行为的异议]** 当事人、利害关系人认为执行行为违反法律规定的,可以向负责执行的人民法院提出书面异议。当事人、利害关系人提出书面异议的,人民法院应当自收到书面异议之日起十五日内审查,理由成立的,裁定撤销或者改正;理由不成立的,裁定驳回。当事人、利害关系人对裁定不服的,可以自裁定送达之日起十日内向上一级人民法院申请复议。

**《执行程序解释》**

第六条　当事人、利害关系人依照民事诉讼法第二百二十五条(现为第二百三十六条)规定申请复议的,应当采取书面形式。

第九条　执行异议审查和复议期间,不停止执行。

被执行人、利害关系人提供充分、有效的担保请求停止相应处分措施的,人民法院可以准许;申请执行人提供充分、有效的担保请求继续执行的,应当继续执行。

**《执行异议和复议规定》**

第五条　有下列情形之一的,当事人以外的自然人、法人和非法人组织,可以作为利害关系人提出执行行为异议:

(一)认为人民法院的执行行为违法,妨碍其轮候查封、扣押、冻结的债权受偿的;

(二)认为人民法院的拍卖措施违法,妨碍其参与公平竞价的;

(三)认为人民法院的拍卖、变卖或者以物抵债措施违法,侵害其对执行标的的优先购买权的;

(四)认为人民法院要求协助执行的事项超出其协助范围或者违反法律规定的;

(五)认为其他合法权益受到人民法院违法执行行为侵害的。

第六条第一款　当事人、利害关系人依照民事诉讼法第二百二十五条(现为第二百三十六条)规定提出异议

的,应当在执行程序终结之前提出,但对终结执行措施提出异议的除外。

第十一条　人民法院审查执行异议或者复议案件,应当依法组成合议庭。

指令重新审查的执行异议案件,应当另行组成合议庭。

办理执行实施案件的人员不得参与相关执行异议和复议案件的审查。

第十二条　人民法院对执行异议和复议案件实行书面审查。案情复杂、争议较大的,应当进行听证。

第十三条　执行异议、复议案件审查期间,异议人、复议申请人申请撤回异议、复议申请的,是否准许由人民法院裁定。

第十五条　当事人、利害关系人对同一执行行为有多个异议事由,但未在异议审查过程中一并提出,撤回异议或者被裁定驳回异议后,再次就该执行行为提出异议的,人民法院不予受理。

案外人撤回异议或者被裁定驳回异议后,再次就同一执行标的提出异议的,人民法院不予受理。

第二十八条　金钱债权执行中,买受人对登记在被执行人名下的不动产提出异议,符合下列情形且其权利能够排除执行的,人民法院应予支持:

(一)在人民法院查封之前已签订合法有效的书面买卖合同;

(二)在人民法院查封之前已合法占有该不动产;

(三)已支付全部价款,或者已按照合同约定支付部分价款且将剩余价款按照人民法院的要求交付执行;

(四)非因买受人自身原因未办理过户登记。

第二十九条　金钱债权执行中,买受人对登记在被执行的房地产开发企业名下的商品房提出异议,符合下列情形且其权利能够排除执行的,人民法院应予支持:

(一)在人民法院查封之前已签订合法有效的书面买卖合同;

(二)所购商品房系用于居住且买受人名下无其他用于居住的房屋;

(三)已支付的价款超过合同约定总价款的百分之五十。

第三十条　金钱债权执行中,对被查封的办理了受让物权预告登记的不动产,受让人提出停止处分异议的,人民法院应予支持;符合物权登记条件,受让人提出排除执行异议的,应予支持。〔2022年回忆~执行行为异议〕

### (三)案外人执行标的的异议与执行异议之诉

**第二百三十八条　[案外人异议]** 执行过程中,案外人对执行标的提出书面异议的,人民法院应当自收到书面异议之日起十五日内审查,理由成立的,裁定中止对该标的的执行;理由不成立的,裁定驳回。案外人、当事人对裁定不服,认为原判决、裁定错误的,依照审判监督程序办理;与原判决、裁定无关的,可以自裁定送达之日起十五日内向人民法院提起诉讼。〔2019年回忆~名义股东处分股权后实际出资人的救济;2015年真题~执行程序中的一般制度、第三人撤销之诉与案外人申请再审的关系〕

《民诉解释》

第三百零二条　根据民事诉讼法第二百三十四条(现为第二百三十八条)规定,案外人、当事人对执行异议裁定不服,自裁定送达之日起十五日内向人民法院提起执行异议之诉的,由执行法院管辖。

第三百零三条　案外人提起执行异议之诉,除符合民事诉讼法第一百二十二条规定外,还应当具备下列条件:

(一)案外人的执行异议申请已经被人民法院裁定驳回;

(二)有明确的排除对执行标的执行的诉讼请求,且诉讼请求与原判决、裁定无关;

(三)自执行异议裁定送达之日起十五日内提起。

人民法院应当在收到起诉状之日起十五日内决定是否立案。

第三百零四条　申请执行人提起执行异议之诉,除符合民事诉讼法第一百二十二条规定外,还应当具备下列条件:

(一)依案外人执行异议申请,人民法院裁定中止执行;

(二)有明确的对执行标的的继续执行的诉讼请求,且诉讼请求与原判决、裁定无关;

(三)自执行异议裁定送达之日起十五日内提起。

人民法院应当在收到起诉状之日起十五日内决定是否立案。

第三百零五条　案外人提起执行异议之诉的,以申请执行人为被告。被执行人反对案外人异议的,被执行人为共同被告;被执行人不反对案外人异议的,可以列被执行人为第三人。

第三百零六条　申请执行人提起执行异议之诉的,以案外人为被告。被执行人反对申请执行人主张的,以案外人和被执行人为共同被告;被执行人不反对申请执行人主张的,可以列被执行人为第三人。

第三百零七条　申请执行人对中止执行裁定未提起执行异议之诉,被执行人提起执行异议之诉的,人民法院告知其另行起诉。

第三百零八条　人民法院审理执行异议之诉案件,适用普通程序。

第三百零九条　案外人或者申请执行人提起执行异议之诉的,案外人应当就其对执行标的享有足以排除强制执行的民事权益承担举证证明责任。

第三百一十条　对案外人提起的执行异议之诉,人民法院经审理,按照下列情形分别处理:

(一)案外人就执行标的享有足以排除强制执行的民事权益的,判决不得执行该执行标的;

(二)案外人就执行标的不享有足以排除强制执行的民事权益的,判决驳回诉讼请求。

案外人同时提出确认其权利的诉讼请求的,人民法院可以在判决中一并作出裁判。

第三百一十一条　对申请执行人提起的执行异议之诉,人民法院经审理,按照下列情形分别处理:

(一)案外人就执行标的不享有足以排除强制执行的民事权益的,判决准许执行该执行标的;

(二)案外人就执行标的享有足以排除强制执行的民事权益的,判决驳回诉讼请求。

第三百一十二条　对案外人执行异议之诉,人民法院判决不得对执行标的的执行的,执行异议裁定失效。

对申请执行人执行异议之诉,人民法院判决准许对该执行标的的执行的,执行异议裁定失效,执行法院可以根据申请执行人的申请或者依职权恢复执行。

第三百一十三条　案外人执行异议之诉审理期间,人民法院不得对执行标的的进行处分。申请执行人请求人民法院继续执行并提供相应担保的,人民法院可以准许。

被执行人与案外人恶意串通,通过执行异议、执行异议之诉妨害执行的,人民法院应当依照民事诉讼法第一百一十六条规定处理。申请执行人因此受到损害的,可以提起诉讼要求被执行人、案外人赔偿。

第三百一十四条　人民法院对执行标的的裁定中止执行后,申请执行人在法律规定的期间内未提起执行异议之诉的,人民法院应当自起诉期限届满之日起七日内解除对该执行标的采取的执行措施。

第四百二十一条　根据民事诉讼法第二百三十四条(现为第二百三十八条)规定,案外人对驳回其执行异议的裁定不服,认为原判决、裁定、调解书内容错误损害其民事权益的,可以自执行异议裁定送达之日起六个月内,向作出原判决、裁定、调解书的人民法院申请再审。

第四百二十二条　根据民事诉讼法第二百三十四条(现为第二百三十八条)规定,人民法院裁定再审后,案外人属于必要的共同诉讼当事人的,依照本解释第四百二十条第二款规定处理。

案外人不是必要的共同诉讼当事人的,人民法院仅审理原判决、裁定、调解书对其民事权益造成损害的内容。经审理,再审请求成立的,撤销或者改变原判决、裁定、调解书;再审请求不成立的,维持原判决、裁定、调解书。

第四百六十二条　根据民事诉讼法第二百三十四条(现为第二百三十八条)规定,案外人对执行标的的提出异议的,应当在该执行标的的执行程序终结前提出。

第四百六十三条　案外人对执行标的的提出的异议,经审查,按照下列情形分别处理:

(一)案外人对执行标的的不享有足以排除强制执行的权益的,裁定驳回其异议;

(二)案外人对执行标的的享有足以排除强制执行的权益的,裁定中止执行。

驳回案外人执行异议裁定送达案外人之日起十五日内,人民法院不得对执行标的的进行处分。

第四百七十七条　在执行中,被执行人通过仲裁程序将人民法院查封、扣押、冻结的财产确权或者分割给案外人的,不影响人民法院执行程序的进行。

案外人不服的,可以根据民事诉讼法第二百三十四条(现为第二百三十八条)规定提出异议。

第四百九十九条　人民法院执行被执行人对他人的到期债权,可以作出冻结债权的裁定,并通知该他人向申请执行人履行。

该他人对到期债权有异议,申请执行人请求对异议部分强制执行的,人民法院不予支持。利害关系人对到期债权有异议的,人民法院应当按照民事诉讼法第二百三十四条(现为第二百三十八条)规定处理。

对生效法律文书确定的到期债权,该他人予以否认的,人民法院不予支持。

### 《执行程序解释》

第十五条　案外人异议审查期间,人民法院不得对执行标的进行处分。

案外人向人民法院提供充分、有效的担保请求解除对异议标的的查封、扣押、冻结的,人民法院可以准许;申请执行人提供充分、有效的担保请求继续执行的,应当继续执行。

因案外人提供担保解除查封、扣押、冻结有错误,致使该标的无法执行的,人民法院可以直接执行担保财产;申请执行人提供担保请求继续执行有错误,给对方造成损失的,应当予以赔偿。

### (四)委托执行

第二百四十条　[委托执行]被执行人或者被执行的财产在外地的,可以委托当地人民法院代为执行。受委托人民法院收到委托函件后,必须在十五日内开始执行,不得拒绝。执行完毕后,应当将执行结果及时函复委托人民法院;在三十日内如果还未执行完毕,也应当将执行情况函告委托人民法院。

受委托人民法院自收到委托函件之日起十五日内不执行的,委托人民法院可以请求受委托人民法院的上级人民法院指令受委托人民法院执行。

### (五)执行和解

第二百四十一条　[执行和解]在执行中,双方当事人自行和解达成协议的,执行员应当将协议内容记入笔录,由双方当事人签名或者盖章。

申请执行人因受欺诈、胁迫与被执行人达成和解协议,或者当事人不履行和解协议的,人民法院可以根据当事人的申请,恢复对原生效法律文书的执行。

### 《民诉解释》

第四百六十四条　申请执行人与被执行人达成和解协议后请求中止执行或者撤回执行申请的,人民法院可以裁定中止执行或者终结执行。

第四百六十五条　一方当事人不履行或者不完全履行在执行中双方自愿达成的和解协议,对方当事人申请执行原生效法律文书的,人民法院应当恢复执行,但和解协议已履行的部分应当扣除。和解协议已经履行完毕的,人民法院不予恢复执行。

第四百六十六条　申请恢复执行原生效法律文书,适用民事诉讼法第二百四十六条(现为第二百五十条)申请执行期间的规定。申请执行期间因达成执行中的和解协议而中断,其期间自和解协议约定履行期限的最后一日起重新计算。

### 《执行和解规定》

第二条　和解协议达成后,有下列情形之一的,人民法院可以裁定中止执行:

(一)各方当事人共同向人民法院提交书面和解协议的;

(二)一方当事人向人民法院提交书面和解协议,其他当事人予以认可的;

(三)当事人达成口头和解协议,执行人员将和解协议内容记入笔录,由各方当事人签名或者盖章的。

第六条　当事人达成以物抵债执行和解协议的,人民法院不得依据该协议作出以物抵债裁定。

第九条　被执行人一方不履行执行和解协议的,申请执行人可以申请恢复执行原生效法律文书,也可以就履行执行和解协议向执行法院提起诉讼。

第十条　申请恢复执行原生效法律文书,适用民事诉讼法第二百三十九条(现为第二百五十条)申请执行期间的规定。

当事人不履行执行和解协议的,申请恢复执行期间自执行和解协议约定履行期间的最后一日起计算。

第十一条　申请执行人以被执行人一方不履行执行和解协议为由申请恢复执行,人民法院经审查,理由成立的,裁定恢复执行;有下列情形之一的,裁定不予恢复执行:

(一)执行和解协议履行完毕后申请恢复执行的;

(二)执行和解协议约定的履行期限尚未届至或者履行条件尚未成就的,但符合民法典第五百七十八条规定情形的除外;

(三)被执行人一方正在按照执行和解协议约定履行义务的;

(四)其他不符合恢复执行条件的情形。

第十二条　当事人、利害关系人认为恢复执行或者不予恢复执行违反法律规定的,可以依照民事诉讼法第二百二十五条(现为第二百二十九条)规定提出异议。

第十三条　恢复执行后,对申请执行人就履行执行和解协议提起的诉讼,人民法院不予受理。

第十四条　申请执行人就履行执行和解协议提起诉讼,执行法院受理后,可以裁定终结原生效法律文书的执行。执行中的查封、扣押、冻结措施,自动转为诉讼中的保全措施。

第十五条　执行和解协议履行完毕,申请执行人因被执行人迟延履行、瑕疵履行遭受损害的,可以向执行法院另行提起诉讼。

第十六条　当事人、利害关系人认为执行和解协议无效或者应予撤销的,可以向执行法院提起诉讼。执行和解协议被确认无效或者撤销后,申请执行人可以据此申请恢复执行。

被执行人以执行和解协议无效或者应予撤销为由提起诉讼的,不影响申请执行人申请恢复执行。

第十七条　恢复执行后,执行和解协议已经履行部分应当依法扣除。当事人、利害关系人认为人民法院的扣除行为违反法律规定的,可以依照民事诉讼法第二百二十五条(现为第二百二十九条)规定提出异议。

### (六)执行担保

**第二百四十二条** [执行担保]在执行中,被执行人向人民法院提供担保,并经申请执行人同意的,人民法院可以决定暂缓执行及暂缓执行的期限。被执行人逾期仍不履行的,人民法院有权执行被执行人的担保财产或者担保人的财产。

**《民诉解释》**

第四百六十七条　人民法院依照民事诉讼法第二百三十八条(现为第二百四十二条)规定决定暂缓执行的,如果担保是有期限的,暂缓执行的期限应当与担保期限一致,但最长不得超过一年。被执行人或者担保人对担保的财产在暂缓执行期间有转移、隐藏、变卖、毁损等行为的,人民法院可以恢复强制执行。

第四百六十八条　根据民事诉讼法第二百三十八条(现为第二百四十二条)规定向人民法院提供执行担保的,可以由被执行人或者他人提供财产担保,也可以由他人提供保证。担保人应当具有代为履行或者代为承担赔偿责任的能力。

他人提供执行保证的,应当向执行法院出具保证书,并将保证书副本送交申请执行人。被执行人或者他人提供财产担保的,应当参照民法典的有关规定办理相应手续。

第四百六十九条　被执行人在人民法院决定暂缓执行的期限届满后仍不履行义务的,人民法院可以直接执行担保财产,或者裁定执行担保人的财产,但执行担保人的财产以担保人应当履行义务部分的财产为限。

**《执行担保规定》**

第二条　执行担保可以由被执行人提供财产担保,也可以由他人提供财产担保或者保证。

第三条　被执行人或者他人提供执行担保的,应当向人民法院提交担保书,并将担保书副本送交申请执行人。

第六条　被执行人或者他人提供执行担保,申请执行人同意的,应当向人民法院出具书面同意意见,也可以由执行人员将其同意的内容记入笔录,并由申请执行人签名或者盖章。

第七条　被执行人或者他人提供财产担保,可以依照民法典规定办理登记等担保物权公示手续;已经办理公示手续的,申请执行人可以依法主张优先受偿权。

申请执行人申请人民法院查封、扣押、冻结担保财产的,人民法院应当准许,但担保书另有约定的除外。

第八条　人民法院决定暂缓执行的,可以暂缓全部执行措施的实施,但担保书另有约定的除外。

第九条　担保书内容与事实不符,且对申请执行人合法权益产生实质影响的,人民法院可以依申请执行人的申请恢复执行。

第十条　暂缓执行的期限应当与担保书约定一致,但最长不得超过一年。

第十一条　暂缓执行期限届满后被执行人仍不履行义务,或者暂缓执行期间担保人有转移、隐藏、变卖、毁损担保财产等行为的,人民法院可以依申请执行人的申请恢复执行,并直接裁定执行担保财产或者保证人的财产,不得将担保人变更、追加为被执行人。

执行担保财产或者保证人的财产,以担保人应当履行义务部分的财产为限。被执行人有便于执行的现金、银行存款的,应当优先执行现金、银行存款。

第十二条　担保期间自暂缓执行期限届满之日起计算。

担保书中没有记载担保期间或者记载不明的,担保期间为一年。

第十四条　担保人承担担保责任后,提起诉讼向被执行人追偿的,人民法院应予受理。

**《执行工作规定(试行)》**

54. 人民法院在审理案件期间,保证人为被执行人提供保证,人民法院据此未对被执行人的财产采取保全措施或解除保全措施的,案件审结后如果被执行人无财产可供执行或其财产不足清偿债务时,即使生效法律文书中未确定保证人承担责任,人民法院有权裁定执行保证人在保证责任范围内的财产。

### (七)执行中变更、追加当事人(执行承担)

**第二百四十三条** [被执行主体的变更]作为被执行人的公民死亡的,以其遗产偿还债务。作为被执行人的法人或者其他组织终止的,由其权利义务承受人履行义务。

**《民诉解释》**

第四百七十条　依照民事诉讼法第二百三十九条(现为第二百四十三条)规定,执行中作为被执行人的法人或者其他组织分立、合并的,人民法院可以裁定变更后的法人或者其他组织为被执行人;被注销的,如果依照有关实体法的规定有权利义务承受人的,可以裁定该权利义务承受人为被执行人。

第四百七十一条　其他组织在执行中不能履行法律文书确定的义务的,人民法院可以裁定执行对该其他组织依法承担义务的法人或者公民个人的财产。

第四百七十二条　在执行中,作为被执行人的法人或者其他组织名称变更的,人民法院可以裁定变更后的法人或者其他组织为被执行人。

第四百七十三条　作为被执行人的公民死亡,其遗产继承人没有放弃继承的,人民法院可以裁定变更被执行人,由该继承人在遗产的范围内偿还债务。继承人放弃继承的,人民法院可以直接执行被执行人的遗产。

**《民事执行中变更、追加当事人的规定》**

第十条　作为被执行人的自然人死亡或被宣告死亡,申请执行人申请变更、追加该自然人的遗产管理人、继承人、受遗赠人或其他因该自然人死亡或被宣告死亡取得遗产的主体为被执行人,在遗产范围内承担责任的,人民法院应予支持。

作为被执行人的自然人被宣告失踪,申请执行人申请变更该自然人的财产代管人为被执行人,在代管的财产范围内承担责任的,人民法院应予支持。

第十三条　作为被执行人的个人独资企业,不能清偿生效法律文书确定的债务,申请执行人申请变更、追加其出资人为被执行人的,人民法院应予支持。个人独资企业出资人作为被执行人的,人民法院可以直接执行该个人独资企业的财产。

个体工商户的字号为被执行人的,人民法院可以直接执行该字号经营者的财产。

第十四条　作为被执行人的合伙企业,不能清偿生效法律文书确定的债务,申请执行人申请变更、追加普通合伙人为被执行人的,人民法院应予支持。

作为被执行人的有限合伙企业,财产不足以清偿生效法律文书确定的债务,申请执行人申请变更、追加未按期足额缴纳出资的有限合伙人为被执行人,在未足额缴纳出资的范围内承担责任的,人民法院应予支持。

第十五条　作为被执行人的法人分支机构,不能清偿生效法律文书确定的债务,申请执行人申请变更、追加该法人为被执行人的,人民法院应予支持。法人直接管理的责任财产仍不能清偿债务的,人民法院可以直接执行该法人其他分支机构的财产。

作为被执行人的法人,直接管理的责任财产不能清偿生效法律文书确定债务的,人民法院可以直接执行该法人分支机构的财产。

第十七条　作为被执行人的营利法人,财产不足以清偿生效法律文书确定的债务,申请执行人申请变更、追加未缴纳或未足额缴纳出资的股东、出资人或依公司法规定对该出资承担连带责任的发起人为被执行人,在尚未缴纳出资的范围内依法承担责任的,人民法院应予支持。

第十九条　作为被执行人的公司,财产不足以清偿生效法律文书确定的债务,其股东未依法履行出资义务即转让股权,申请执行人申请变更、追加该原股东或依公司法规定对该出资承担连带责任的发起人为被执行人,在未依法出资的范围内承担责任的,人民法院应予支持。

第二十条　作为被执行人的一人有限责任公司,财产不足以清偿生效法律文书确定的债务,股东不能证明公司财产独立于自己的财产,申请执行人申请变更、追加该股东为被执行人,对公司债务承担连带责任的,人民法院应予支持。〔2022年回忆~一人公司财产混同时变更、追加被执行人〕

第二十一条　作为被执行人的公司,未经清算即办理注销登记,导致公司无法进行清算,申请执行人申请变更、追加有限责任公司的股东、股份有限公司的董事和控股股东为被执行人,对公司债务承担连带清偿责任的,人民法院应予支持。

第三十条　被申请人、申请人或其他执行当事人对执行法院作出的变更、追加裁定或驳回申请裁定不服的,可以自裁定书送达之日起十日内向上一级人民法院申请复议,但依据本规定第三十二条的规定应当提起诉讼的除外。

第三十二条　被申请人或申请人对执行法院依据本规定第十四条第二款、第十七条至第二十一条规定作出的变更、追加裁定或驳回申请裁定不服的,可以自裁定书送达之日起十五日内,向执行法院提起执行异议之诉。

被申请人提起执行异议之诉的,以申请人为被告。申请人提起执行异议之诉的,以被申请人为被告。〔2022年回忆~执行异议之诉〕

**(八)执行的申请和移送**

**1** 第二百四十七条　[申请执行与移送执行]发生法律效力的民事判决、裁定,当事人必须履行。一方拒绝履行的,对方当事人可以向人民法院申请执行,也可以由审判员移送执行员执行。

调解书和其他应当由人民法院执行的法律文书,当事人必须履行。一方拒绝履行的,对方当事人可以向人民法院申请执行。

《执行工作规定(试行)》

16. 人民法院受理执行案件应当符合下列条件:

(1)申请或移送执行的法律文书已经生效;

(2)申请执行人是生效法律文书确定的权利人或其继承人、权利承受人;〔2021年回忆~执行申请人〕

(3)申请执行的法律文书有给付内容,且执行标的和被执行人明确;

(4)义务人在生效法律文书确定的期限内未履行义务;

(5)属于受申请执行的人民法院管辖。

人民法院对符合上述条件的申请,应当在七日内予以立案;不符合上述条件之一的,应当在七日内裁定不予受理。

17. 生效法律文书的执行,一般应当由当事人依法提出申请。

发生法律效力的具有给付赡养费、扶养费、抚育费内容的法律文书、民事制裁决定书,以及刑事附带民事判决、裁定、调解书,由审判庭移送执行机构执行。

**2** 第二百四十六条　[申请执行期间]申请执行的期间为二年。申请执行时效的中止、中断,适用法律有关诉讼时效中止、中断的规定。

前款规定的期间,从法律文书规定履行期间的最后一日起计算;法律文书规定分期履行的,从最后一期履行期限届满之日起计算;法律文书未规定履行期间的,从法律文书生效之日起计算。

《民诉解释》

第四百八十条　人民法院应当在收到申请执行书或者移交执行书后十日内发出执行通知。

执行通知中除应责令被执行人履行法律文书确定的义务外,还应通知其承担民事诉讼法第二百六十条(现为第二百六十四条)规定的迟延履行利息或者迟延履行金。

第四百八十一条　申请执行人超过申请执行时效期间向人民法院申请强制执行的,人民法院应予受理。被执行人对申请执行时效期间提出异议,人民法院经审查异议成立的,裁定不予执行。

被执行人履行全部或者部分义务后,又以不知道申请执行时效期间届满为由请求执行回转的,人民法院不予支持。

《执行程序解释》

第十九条　在申请执行时效期间的最后六个月内,

因不可抗力或者其他障碍不能行使请求权的，申请执行时效中止。从中止时效的原因消除之日起，申请执行时效期间继续计算。

第二十条 申请执行时效因申请执行、当事人双方达成和解协议、当事人一方提出履行要求或者同意履行义务而中断。从中断时起，申请执行时效期间重新计算。

第二十一条 生效法律文书规定债务人负有不作为义务的，申请执行时效期间从债务人违反不作为义务之日起计算。

### (九)对财产的一般执行措施与参与分配
#### (1)执行措施

**第二百五十三条第一款 [被执行人存款等财产的执行]** 被执行人未按执行通知履行法律文书确定的义务，人民法院有权向有关单位查询被执行人的存款、债券、股票、基金份额等财产情况。人民法院有权根据不同情形扣押、冻结、划拨、变价被执行人的财产。人民法院查询、扣押、冻结、划拨、变价的财产不得超出被执行人应当履行义务的范围。[2018年回忆～案外人对执行标的的异议]

《民诉解释》

第四百八十四条 对被执行的财产，人民法院非经查封、扣押、冻结不得处分。对银行存款等各类可以直接扣划的财产，人民法院的扣划裁定同时具有冻结的法律效力。

第四百八十五条 人民法院冻结被执行人的银行存款的期限不得超过一年，查封、扣押动产的期限不得超过两年，查封不动产、冻结其他财产权的期限不得超过三年。

申请执行人申请延长期限的，人民法院应当在查封、扣押、冻结期限届满前办理续行查封、扣押、冻结手续，续行期限不得超过前款规定的期限。

人民法院也可以依职权办理续行查封、扣押、冻结手续。

《执行工作规定(试行)》

26. 金融机构擅自解冻被人民法院冻结的款项，致冻结款项被转移的，人民法院有权责令其限期追回已转移的款项。在限期内未能追回的，应当裁定该金融机构在转移的款项范围内以自己的财产向申请执行人承担责任。

28. 作为被执行人的自然人，其收入转为储蓄存款的，应当责令其交出存单。拒不交出的，人民法院应当作出提取其存款的裁定，向金融机构发出协助执行通知书，由金融机构提取被执行人的存款交人民法院或存入人民法院指定的账户。

29. 被执行人在有关单位的收入尚未支取的，人民法院应当作出裁定，向该单位发出协助执行通知书，由其协助扣留或提取。

30. 有关单位收到人民法院协助执行被执行人收入的通知后，擅自向被执行人或其他人支付的，人民法院有权责令其限期追回；逾期未追回的，应当裁定其在支付的数额内向申请执行人承担责任。

31. 人民法院对被执行人所有的其他人享有抵押权、质押权或留置权的财产，可以采取查封、扣押措施。财产拍卖、变卖后所得价款，应当在抵押权人、质押权人或留置权人优先受偿后，其余额部分用于清偿申请执行人的债权。

32. 被执行人或其他人擅自处分已被查封、扣押、冻结财产的，人民法院有权责令责任人限期追回财产或承担相应的赔偿责任。

33. 被执行人申请对人民法院查封的财产自行变卖的，人民法院可以准许，但应当监督其按照合理价格在指定的期限内进行，并控制变卖的价款。

34. 拍卖、变卖被执行人的财产成交后，必须即时钱物两清。

委托拍卖、组织变卖被执行人财产所发生的实际费用，从所得价款中优先扣除。所得价款超出执行标的数额和执行费用的部分，应当退还被执行人。

35. 被执行人不履行生效法律文书确定的义务，人民法院有权裁定禁止被执行人转让其专利权、注册商标专用权、著作权(财产权部分)等知识产权。上述权利有登记主管部门的，应当同时向有关部门发出协助执行通知书，要求其不得办理财产权转移手续，必要时可以责令被执行人将产权或使用权证照交人民法院保存。

对前款财产权，可以采取拍卖、变卖等执行措施。

36. 对被执行人从有关企业中应得的已到期的股息或红利等收益，人民法院有权裁定禁止被执行人提取和有关企业向被执行人支付，并要求有关企业直接向申请执行人支付。

对被执行人预期从有关企业中应得的股息或红利等收益，人民法院可以采取冻结措施，禁止到期后被执行人提取和有关企业向被执行人支付。到期后人民法院可从有关企业中提取，并出具提取收据。

37. 对被执行人在其他股份有限公司中持有的股份凭证(股票)，人民法院可以扣押，并强制被执行人按照公司法的有关规定转让，也可以直接采取拍卖、变卖的方式进行处分，或直接将股票抵偿给债权人，用于清偿被执行人的债务。

38. 对被执行人在有限责任公司、其他法人企业中的投资权益或股权，人民法院可以采取冻结措施。

冻结投资权益或股权的，应当通知有关企业不得办理被冻结投资权益或股权的转移手续，不得向被执行人支付股息或红利。被冻结的投资权益或股权，被执行人不得自行转让。

39. 被执行人在其独资开办的法人企业中拥有的投资权益被冻结后，人民法院可以直接裁定予以转让，以转让所得清偿其对申请执行人的债务。

对被执行人在有限责任公司中被冻结的投资权益或股权，人民法院可以依据《中华人民共和国公司法》第七十一条、第七十二条、第七十三条的规定，征得全体股东过半数同意后，予以拍卖、变卖或以其他方式转让。不同意转让的股东，应当购买该转让的投资权益或股权，不购买的，视为同意转让，不影响执行。

人民法院也可允许并监督被执行人自行转让其投资

权益或股权,将转让所得收益用于清偿对申请执行人的债务。

40.有关企业收到人民法院发出的协助冻结通知后,擅自向被执行人支付股息或红利,或擅自为被执行人办理已冻结股权的转移手续,造成已转移的财产无法追回的,应当在所支付的股息或红利或转移的股权价值范围内向申请执行人承担责任。〔2022年回忆~违法执行通知的责任承担〕

《查封、扣押、冻结财产规定》

第三条 人民法院对被执行人下列的财产不得查封、扣押、冻结:

(一)被执行人及其所扶养家属生活所必需的衣服、家具、炊具、餐具及其他家庭生活必需的物品;

(二)被执行人及其所扶养家属所必需的生活费用。当地有最低生活保障标准的,必需的生活费用依照该标准确定;

(三)被执行人及其所扶养家属完成义务教育所必需的物品;

(四)未公开的发明或者未发表的著作;

(五)被执行人及其所扶养家属用于身体缺陷所必需的辅助工具、医疗物品;

(六)被执行人所得的勋章及其他荣誉表彰的物品;

(七)根据《中华人民共和国缔结条约程序法》,以中华人民共和国、中华人民共和国政府或者中华人民共和国政府部门名义同外国、国际组织缔结的条约、协定和其他具有条约、协定性质的文件中规定免于查封、扣押、冻结的财产;

(八)法律或者司法解释规定的其他不得查封、扣押、冻结的财产。

第四条 对被执行人及其所扶养家属生活所必需的居住房屋,人民法院可以查封,但不得拍卖、变卖或者抵债。

第七条 查封不动产的,人民法院应当张贴封条或者公告,并可以提取保存有关财产权证照。

查封、扣押、冻结已登记的不动产、特定动产及其他财产权,应当通知有关登记机关办理登记手续。未办理登记手续的,不得对抗其他已经办理了登记手续的查封、扣押、冻结行为。〔2023年回忆~查封不动产〕

第八条 查封尚未进行权属登记的建筑物时,人民法院应当通知其管理人或者该建筑物的实际占有人,并在显著位置张贴公告。〔2023年回忆~查封未作出权属登记的不动产〕

第十四条 被执行人将其财产出卖给第三人,第三人已经支付部分价款并实际占有该财产,但根据合同约定被执行人保留所有权的,人民法院可以查封、扣押、冻结;第三人要求继续履行合同,向人民法院交付全部余款后,裁定解除查封、扣押、冻结。

第十六条 被执行人购买第三人的财产,已经支付部分价款并实际占有该财产,第三人依合同约定保留所有权的,人民法院可以查封、扣押、冻结。保留所有权已办理登记的,第三人的剩余价款从该财产变价款中优先支付;第三人主张取回该财产的,可以依据民事诉讼法第二百二十七条(现为第二百三十一条)规定提出异议。

(2)参与分配

《民诉解释》

第五百零六条 被执行人为公民或者其他组织,在执行程序开始后,被执行人的其他已经取得执行依据的债权人发现被执行人的财产不能清偿所有债权的,可以向人民法院申请参与分配。

对人民法院查封、扣押、冻结的财产有优先权、担保物权的债权人,可以直接申请参与分配,主张优先受偿权。〔2014年真题~执行程序中的一般性制度〕

第五百零七条 申请参与分配,申请人应当提交申请书。申请书应当写明参与分配和被执行人不能清偿所有债权的事实、理由,并附有执行依据。

参与分配申请应当在执行程序开始后,被执行人的财产执行终结前提出。

第五百零八条 参与分配执行中,执行所得价款扣除执行费用,并清偿应当优先受偿的债权后,对于普通债权,原则上按照其占全部申请参与分配债权数额的比例受偿。清偿后的剩余债务,被执行人应当继续清偿。债权人发现被执行人有其他财产的,可以随时请求人民法院执行。

第五百零九条 多个债权人对执行财产申请参与分配的,执行法院应当制作财产分配方案,并送达各债权人和被执行人。债权人或者被执行人对分配方案有异议的,应当自收到分配方案之日起十五日内向执行法院提出书面异议。〔2014年真题~执行程序中的一般性制度〕

第五百一十条第一、二款 债权人或者被执行人对分配方案提出书面异议的,执行法院应当通知未提出异议的债权人、被执行人。

未提出异议的债权人、被执行人自收到通知之日起十五日内未提出反对意见的,执行法院依异议人的意见对分配方案审查修正后进行分配;提出反对意见的,应当通知异议人。异议人可以自收到通知之日起十五日内,以提出反对意见的债权人、被执行人为被告,向执行法院提起诉讼;异议人逾期未提起诉讼的,执行法院按照原分配方案进行分配。〔2014年真题~执行程序中的一般性制度〕

《执行工作规定(试行)》

55.多份生效法律文书确定金钱给付内容的多个债权人分别对同一被执行人申请执行,各债权人对执行标的物均无担保物权的,按照执行法院采取执行措施的先后顺序受偿。

多个债权人的债权种类不同的,基于所有权和担保物权而享有的债权,优先于金钱债权受偿。有多个担保物权的,按照各担保物权成立的先后顺序清偿。

一份生效法律文书确定金钱给付内容的多个债权人对同一被执行人申请执行,执行的财产不足清偿全部债务的,各债权人对执行标的物均无担保物权的,按照各债权比例受偿。

56.对参与被执行人财产的具体分配,应当由首先查封、扣押或冻结的法院主持进行。

首先查封、扣押、冻结的法院所采取的执行措施如系为执行财产保全裁定，具体分配应当在该院案件审理终结后进行。

**（十）对到期债权的执行措施（代位执行）**

**《执行工作规定（试行）》**

45. 被执行人不能清偿债务，但对本案以外的第三人享有到期债权的，人民法院可以依申请执行人或被执行人的申请，向第三人发出履行到期债务的通知（以下简称履行通知）。履行通知必须直接送达第三人。

履行通知应当包含下列内容：

（1）第三人直接向申请执行人履行其对被执行人所负的债务，不得向被执行人清偿；

（2）第三人应当在收到履行通知后的十五日内向申请执行人履行债务；

（3）第三人对履行到期债权有异议的，应当在收到履行通知后的十五日内向执行法院提出；

（4）第三人违背上述义务的法律后果。〔2022年回忆~对第三人债权执行〕

46. 第三人对履行通知的异议一般应当以书面形式提出，口头提出的，执行人员应记入笔录，并由第三人签字或盖章。

47. 第三人在履行通知指定的期间内提出异议的，人民法院不得对第三人强制执行，对提出的异议不进行审查。〔2022年回忆~提出异议的不进行审查〕

48. 第三人提出自己无履行能力或其与申请执行人无直接法律关系，不属于本规定所指的异议。

第三人对债务部分承认、部分有异议的，可以对其承认的部分强制执行。〔2022年回忆~被代位执行债务人的异议〕

49. 第三人在履行通知指定的期限内没有提出异议，而又不履行的，执行法院有权裁定对其强制执行。此裁定同时送达第三人和被执行人。

50. 被执行人收到人民法院履行通知后，放弃其对第三人的债权或延缓第三人履行期限的行为无效，人民法院仍可在第三人无异议又不履行的情况下予以强制执行。

51. 第三人收到人民法院要求其履行到期债务的通知后，擅自向被执行人履行，造成已向被执行人履行的财产不能追回的，除在已履行的财产范围内与被执行人承担连带清偿责任外，可以追究其妨害执行的责任。

52. 在对第三人作出强制执行裁定后，第三人确无财产可供执行的，不得就第三人对他人享有的到期债权强制执行。

53. 第三人按照人民法院履行通知向申请执行人履行了债务或已被强制执行后，人民法院应当出具有关证明。

# 专题二十二　涉外民事诉讼程序

**考点52** 涉外民事诉讼程序

**第二百七十六条** 〔**特殊地域管辖**〕因涉外民事纠纷，对在中华人民共和国领域内没有住所的被告提起除身份关系以外的诉讼，如果合同签订地、合同履行地、诉讼标的物所在地、可供扣押财产所在地、侵权行为地、代表机构住所地位于中华人民共和国领域内的，可以由合同签订地、合同履行地、诉讼标的物所在地、可供扣押财产所在地、侵权行为地、代表机构住所地人民法院管辖。

除前款规定外，涉外民事纠纷与中华人民共和国存在其他适当联系的，可以由人民法院管辖。

**第二百七十七条** 〔**涉外民事纠纷的协议管辖**〕涉外民事纠纷的当事人书面协议选择人民法院管辖的，可以由人民法院管辖。

**第二百七十八条** 〔**涉外民事纠纷的应诉管辖**〕当事人未提出管辖异议，并应诉答辩或者提出反诉的，视为人民法院有管辖权。

**第二百七十九条** 〔**专属管辖**〕下列民事案件，由人民法院专属管辖：

（一）因在中华人民共和国领域内设立的法人或者其他组织的设立、解散、清算，以及该法人或者其他组织作出的决议的效力等纠纷提起的诉讼；

（二）因与在中华人民共和国领域内审查授予的知识产权的有效性有关的纠纷提起的诉讼；

（三）因在中华人民共和国领域内履行中外合资经营企业合同、中外合作经营企业合同、中外合作勘探开发自然资源合同发生纠纷提起的诉讼。

**第二百八十条** 〔**排他性管辖协议**〕当事人之间的同一纠纷，一方当事人向外国法院起诉，另一方当事人向人民法院起诉，或者一方当事人既向外国法院起诉，又向人民法院起诉，人民法院依照本法有管辖权的，可以受理。当事人订立排他性管辖协议选择外国法院管辖且不违反本法对专属管辖的规定，不涉及中华人民共和国主权、安全或者社会公共利益的，人民法院可以裁定不予受理；已经受理的，裁定驳回起诉。

**第二百八十一条** 〔**平行诉讼的处理**〕人民法院依据前条规定受理案件后，当事人以外国法院已经先于人民法院受理为由，书面申请人民法院中止诉讼的，人民法院可以裁定中止诉讼，但是存在下列情形之一的除外：

（一）当事人协议选择人民法院管辖，或者纠纷属于人民法院专属管辖；

（二）由人民法院审理明显更为方便。

外国法院未采取必要措施审理案件，或者未在合理期限内审结的，依当事人的书面申请，人民法院应当恢复诉讼。

外国法院作出的发生法律效力的判决、裁定，已经被人民法院全部或者部分承认，当事人对已经获得承认的部分又向人民法院起诉的，裁定不予受理；已经受理的，裁定驳回起诉。

**第二百八十二条** 〔**不方便法院原则**〕人民法院受理的涉外民事案件，被告提出管辖异议，且同时有下列情形的，可以裁定驳回起诉，告知原告向更为方便的外国法院提起诉讼：

（一）案件争议的基本事实不是发生在中华人民共和

国领域内,人民法院审理案件和当事人参加诉讼均明显不方便;

(二)当事人之间不存在选择人民法院管辖的协议;

(三)案件不属于人民法院专属管辖;

(四)案件不涉及中华人民共和国主权、安全或者社会公共利益;

(五)外国法院审理案件更为方便。

裁定驳回起诉后,外国法院对纠纷拒绝行使管辖权,或者未采取必要措施审理案件,或者未在合理期限内审结,当事人又向人民法院起诉的,人民法院应当受理。

**仲裁法**

# 专题二十三　仲裁与仲裁法概述

**考点53** 仲裁与仲裁法概述

第三条　[适用范围的例外]下列纠纷不能仲裁:

(一)婚姻、收养、监护、扶养、继承纠纷;

(二)依法应当由行政机关处理的行政争议。

第四条　[自愿仲裁原则]当事人采用仲裁方式解决纠纷,应当双方自愿,达成仲裁协议。没有仲裁协议,一方申请仲裁的,仲裁委员会不予受理。[2018年回忆～表见代理、仲裁协议]

第五条　[或裁或审原则]当事人达成仲裁协议,一方向人民法院起诉的,人民法院不予受理,但仲裁协议无效的除外。

第九条　[一裁终局制度]仲裁实行一裁终局的制度。裁决作出后,当事人就同一纠纷再申请仲裁或者向人民法院起诉的,仲裁委员会或者人民法院不予受理。

裁决被人民法院依法裁定撤销或者不予执行的,当事人就该纠纷可以根据双方重新达成的仲裁协议申请仲裁,也可以向人民法院起诉。

# 专题二十四　仲裁协议

**考点54** 仲裁协议

**1** 第十七条　[仲裁协议无效的情形]有下列情形之一的,仲裁协议无效:

(一)约定的仲裁事项超出法律规定的仲裁范围的;

(二)无民事行为能力人或者限制民事行为能力人订立的仲裁协议的;

(三)一方采取胁迫手段,迫使对方订立仲裁协议的。

《仲裁法解释》

第七条　当事人约定争议可以向仲裁机构申请仲裁也可以向人民法院起诉的,仲裁协议无效。但一方向仲裁机构申请仲裁,另一方未在仲裁法第二十条第二款规定期间内提出异议的除外。

**2** 第十八条　[对内容不明确的仲裁协议的处理]仲裁协议对仲裁事项或者仲裁委员会没有约定或者约定不明确的,当事人可以补充协议;达不成补充协议的,仲

裁协议无效。

《仲裁法解释》

第三条　仲裁协议约定的仲裁机构名称不准确,但能够确定具体的仲裁机构的,应当认定选定了仲裁机构。

第四条　仲裁协议仅约定纠纷适用的仲裁规则的,视为未约定仲裁机构,但当事人达成补充协议或者按照约定的仲裁规则能够确定仲裁机构的除外。

第五条　仲裁协议约定两个以上仲裁机构的,当事人可以协议选择其中的一个仲裁机构申请仲裁;当事人不能就仲裁机构选择达成一致的,仲裁协议无效。

第六条　仲裁协议约定由某地的仲裁机构仲裁且该地仅有一个仲裁机构的,该仲裁机构视为约定的仲裁机构。该地有两个以上仲裁机构的,当事人可以协议选择其中的一个仲裁机构申请仲裁;当事人不能就仲裁机构选择达成一致的,仲裁协议无效。

第八条　当事人订立仲裁协议后合并、分立的,仲裁协议对其权利义务的继受人有效。

当事人订立仲裁协议后死亡的,仲裁协议对承继其仲裁事项中的权利义务的继承人有效。

前两款规定情形,当事人订立仲裁协议时另有约定的除外。

第九条　债权债务全部或者部分转让的,仲裁协议对受让人有效,但当事人另有约定、在受让债权债务时受让人明确反对或者不知有单独仲裁协议的除外。

第十一条第一款　合同约定解决争议适用其他合同、文件中的有效仲裁条款的,发生合同争议时,当事人应当按照该仲裁条款提请仲裁。

**3** 第十九条　[合同的变更、解除、终止或者无效对仲裁协议效力的影响]仲裁协议独立存在,合同的变更、解除、终止或者无效,不影响仲裁协议的效力。

仲裁庭有权确认合同的效力。

《仲裁法解释》

第十条　合同成立后未生效或者被撤销的,仲裁协议效力的认定适用仲裁法第十九条第一款的规定。

当事人在订立合同时就争议达成仲裁协议的,合同未成立不影响仲裁协议的效力。

**4** 第二十条　[对仲裁协议的异议]当事人对仲裁协议的效力有异议的,可以请求仲裁委员会作出决定或者请求人民法院作出裁定。一方请求仲裁委员会作出决定,另一方请求人民法院作出裁定的,由人民法院裁定。

当事人对仲裁协议的效力有异议,应当在仲裁庭首次开庭前提出。

《仲裁法解释》

第七条　当事人约定争议可以向仲裁机构申请仲裁也可以向人民法院起诉的,仲裁协议无效。但一方向仲裁机构申请仲裁,另一方未在仲裁法第二十条第二款规定期间内提出异议的除外。

第十三条　依照仲裁法第二十条第二款的规定,当事人在仲裁庭首次开庭前没有对仲裁协议的效力提出异议,而后向人民法院申请确认仲裁协议无效的,人民法院

不予受理。

仲裁机构对仲裁协议的效力作出决定后，当事人向人民法院申请确认仲裁协议效力或者申请撤销仲裁机构的决定的，人民法院不予受理。

第十五条 人民法院审理仲裁协议效力确认案件，应当组成合议庭进行审查，并询问当事人。

第十六条 对涉外仲裁协议的效力审查，适用当事人约定的法律；当事人没有约定适用的法律但约定了仲裁地的，适用仲裁地法律；没有约定适用的法律也没有约定仲裁地或者仲裁地约定不明的，适用法院地法律。

《仲裁司法审查案件若干问题的规定》

第二条 申请确认仲裁协议效力的案件，由仲裁协议约定的仲裁机构所在地、仲裁协议签订地、申请人住所地、被申请人住所地的中级人民法院或者专门人民法院管辖。

《破产法解释（三）》

第八条 债务人、债权人对债权表记载的债权有异议的，应当说明理由和法律依据。经管理人解释或调整后，异议人仍然不服的，或者管理人不予解释或调整的，异议人应当在债权人会议核查结束后十五日内向人民法院提起债权确认的诉讼。当事人之间在破产申请受理前订立有仲裁条款或仲裁协议的，应当向选定的仲裁机构申请确认债权债务关系。

# 专题二十五 仲裁程序

## 考点55 仲裁的申请、受理与审理程序

第二十一条 [申请仲裁的条件]当事人申请仲裁应当符合下列条件：

（一）有仲裁协议；

（二）有具体的仲裁请求和事实、理由；

（三）属于仲裁委员会的受理范围。[2018年回忆～仲裁与民事诉讼的关系]

第二十六条 [仲裁协议的当事人一方向人民法院起诉的处理]当事人达成仲裁协议，一方向人民法院起诉未声明有仲裁协议，人民法院受理后，另一方在首次开庭前提交仲裁协议的，人民法院应当驳回起诉，但仲裁协议无效的除外；另一方在首次开庭前未对人民法院受理该案提出异议的，视为放弃仲裁协议，人民法院应当继续审理。[2022年回忆～仲裁协议的当事人一方向人民法院起诉的处理]

《仲裁法解释》

第十四条 仲裁法第二十六条规定的"首次开庭"是指答辩期满后人民法院组织的第一次开庭审理，不包括审前程序中的各项活动。

第三十一条 [仲裁员的选任]当事人约定由三名仲裁员组成仲裁庭的，应当各自选定或者各自委托仲裁委员会主任指定一名仲裁员，第三名仲裁员由当事人共同选定或者共同委托仲裁委员会主任指定。第三名仲裁员是首席仲裁员。

当事人约定由一名仲裁员成立仲裁庭的，应当由当事人共同选定或者共同委托仲裁委员会主任指定仲裁员。

第三十二条 [仲裁员的指定]当事人没有在仲裁规则规定的期限内约定仲裁庭的组成方式或者选定仲裁员的，由仲裁委员会主任指定。

第三十六条 [回避的决定]仲裁员是否回避，由仲裁委员会主任决定；仲裁委员会主任担任仲裁员时，由仲裁委员会集体决定。

第三十七条 [仲裁员的重新确定]仲裁员因回避或者其他原因不能履行职责的，应当依照本法规定重新选定或者指定仲裁员。

因回避而重新选定或者指定仲裁员后，当事人可以请求已进行的仲裁程序重新进行，是否准许，由仲裁庭决定；仲裁庭也可以自行决定已进行的仲裁程序是否重新进行。

第三十八条 [仲裁员的除名]仲裁员有本法第三十四条第四项规定的情形，情节严重的，或者有本法第五十八条第六项规定的情形的，应当依法承担法律责任，仲裁委员会应当将其除名。[2018年回忆～撤销仲裁裁决的条件]

第三十九条 [仲裁审理的方式]仲裁应当开庭进行。当事人协议不开庭的，仲裁庭可以根据仲裁申请书、答辩书以及其他材料作出裁决。

第四十条 [开庭审理的方式]仲裁不公开进行。当事人协议公开的，可以公开进行，但涉及国家秘密的除外。

第四十二条 [当事人缺席的处理]申请人经书面通知，无正当理由不到庭或者未经仲裁庭许可中途退庭的，可以视为撤回仲裁申请。

被申请人经书面通知，无正当理由不到庭或者未经仲裁庭许可中途退庭的，可以缺席裁决。

## 考点56 仲裁调解、和解与裁决

第四十九条 [仲裁和解]当事人申请仲裁后，可以自行和解。达成和解协议的，可以请求仲裁庭根据和解协议作出裁决书，也可以撤回仲裁申请。

第五十条 [达成和解协议、撤回仲裁申请后反悔的处理]当事人达成和解协议，撤回仲裁申请后反悔的，可以根据仲裁协议申请仲裁。

第五十一条 [仲裁调解]仲裁庭在作出裁决前，可以先行调解。当事人自愿调解的，仲裁庭应当调解。调解不成的，应当及时作出裁决。

调解达成协议的，仲裁庭应当制作调解书或者根据协议的结果制作裁决书。调解书与裁决书具有同等法律效力。

第五十三条 [仲裁裁决的作出]裁决应当按照多数仲裁员的意见作出，少数仲裁员的不同意见可以记入笔录。仲裁庭不能形成多数意见时，裁决应当按照首席仲裁员的意见作出。

第五十四条 [裁决书的内容]裁决书应当写明仲裁请求、争议事实、裁决理由、裁决结果、仲裁费用的负担和

裁决日期。当事人协议不愿写明争议事实和裁决理由的,可以不写。裁决书由仲裁员签名,加盖仲裁委员会印章。对裁决持不同意见的仲裁员,可以签名,也可以不签名。

**第五十六条** [裁决书的补正]对裁决书中的文字、计算错误或者仲裁庭已经裁决但在裁决书中遗漏的事项,仲裁庭应当补正;当事人自收到裁决书之日起三十日内,可以请求仲裁庭补正。

# 专题二十六　申请撤销仲裁裁决

### 考点57 申请撤销仲裁裁决

**1 第五十八条** [申请撤销仲裁裁决的法定情形]当事人提出证据证明裁决有下列情形之一的,可以向仲裁委员会所在地的中级人民法院申请撤销裁决:

(一)没有仲裁协议的;

(二)裁决的事项不属于仲裁协议的范围或者仲裁委员会无权仲裁的;

(三)仲裁庭的组成或者仲裁的程序违反法定程序的;

(四)裁决所根据的证据是伪造的;

(五)对方当事人隐瞒了足以影响公正裁决的证据的;

(六)仲裁员在仲裁该案时有索贿受贿,徇私舞弊,枉法裁决行为的。

人民法院经组成合议庭审查核实裁决有前款规定情形之一的,应当裁定撤销。

人民法院认定该裁决违背社会公共利益的,应当裁定撤销。

**《仲裁法解释》**

第十七条　当事人以不属于仲裁法第五十八条或者民事诉讼法第二百五十八条(现为第二百九十一条)规定的事由申请撤销仲裁裁决的,人民法院不予支持。

第十八条　仲裁法第五十八条第一款第一项规定的"没有仲裁协议"是指当事人没有达成仲裁协议。仲裁协议被认定无效或者被撤销的,视为没有仲裁协议。

第十九条　当事人以仲裁裁决事项超出仲裁协议范围为由申请撤销仲裁裁决,经审查属实的,人民法院应当撤销仲裁裁决中的超裁部分。但超裁部分与其他裁决事项不可分的,人民法院应当撤销仲裁裁决。

第二十条　仲裁法第五十八条规定的"违反法定程序",是指违反仲裁法规定的仲裁程序和当事人选择的仲裁规则可能影响案件正确裁决的情形。

第二十四条　当事人申请撤销仲裁裁决的案件,人民法院应当组成合议庭审理,并询问当事人。

第二十五条　人民法院受理当事人撤销仲裁裁决的申请后,另一方当事人申请执行同一仲裁裁决的,受理执行申请的人民法院应当在受理后裁定中止执行。

第二十六条　当事人向人民法院申请撤销仲裁裁决被驳回后,又在执行程序中以相同理由提出不予执行抗辩的,人民法院不予支持。

第二十七条　当事人在仲裁程序中未对仲裁协议的效力提出异议,在仲裁裁决作出后以仲裁协议无效为由主张撤销仲裁裁决或者提出不予执行抗辩的,人民法院不予支持。

当事人在仲裁程序中对仲裁协议的效力提出异议,在仲裁裁决作出后又以此为由主张撤销仲裁裁决或者提出不予执行抗辩,经审查符合仲裁法第五十八条或者民事诉讼法第二百一十三条(现为第二百四十四条)、第二百五十八条(现为第二百八十一条)规定的,人民法院应予支持。

**2 第六十一条** [申请撤销仲裁裁决的后果]人民法院受理撤销裁决的申请后,认为可以由仲裁庭重新仲裁的,通知仲裁庭在一定期限内重新仲裁,并裁定中止撤销程序。仲裁庭拒绝重新仲裁的,人民法院应当裁定恢复撤销程序。

**《仲裁法解释》**

第二十一条　当事人申请撤销国内仲裁裁决的案件属于下列情形之一的,人民法院可以依照仲裁法第六十一条的规定通知仲裁庭在一定期限内重新仲裁:

(一)仲裁裁决所根据的证据是伪造的;

(二)对方当事人隐瞒了足以影响公正裁决的证据的。

人民法院应当在通知中说明要求重新仲裁的具体理由。

第二十二条　仲裁庭在人民法院指定的期限内开始重新仲裁的,人民法院应当裁定终结撤销程序;未开始重新仲裁的,人民法院应当裁定恢复撤销程序。

第二十三条　当事人对重新仲裁裁决不服的,可以在重新仲裁裁决书送达之日起六个月内依据仲裁法第五十八条规定向人民法院申请撤销。

# 专题二十七　仲裁裁决的执行与不予执行

### 考点58 仲裁裁决的执行与不予执行

**第六十三条** [仲裁裁决的不予执行]被申请人提出证据证明裁决有民事诉讼法第二百一十三条第二款规定的情形之一的,经人民法院组成合议庭审查核实,裁定不予执行。

**《仲裁法解释》**

第二十八条　当事人请求不予执行仲裁调解书或者根据当事人之间的和解协议作出的仲裁裁决书的,人民法院不予支持。

**《民事诉讼法》**

第二百四十四条第二款　被申请人提出证据证明仲裁裁决有下列情形之一的,经人民法院组成合议庭审查核实,裁定不予执行:

(一)当事人在合同中没有订有仲裁条款或者事后没有达成书面仲裁协议的;

(二)裁决的事项不属于仲裁协议的范围或者仲裁机构无权仲裁的;

（三）仲裁庭的组成或者仲裁的程序违反法定程序的；

（四）裁决所根据的证据是伪造的；

（五）对方当事人向仲裁机构隐瞒了足以影响公正裁决的证据的；

（六）仲裁员在仲裁该案时有贪污受贿，徇私舞弊，枉法裁决行为的。

第二百八十一条　对中华人民共和国涉外仲裁机构作出的裁决，被申请人提出证据证明仲裁裁决有下列情形之一的，经人民法院组成合议庭审查核实，裁定不予执行：

（一）当事人在合同中没有订有仲裁条款或者事后没有达成书面仲裁协议的；

（二）被申请人没有得到指定仲裁员或者进行仲裁程序的通知，或者由于其他不属于被申请人负责的原因未能陈述意见的；

（三）仲裁庭的组成或者仲裁的程序与仲裁规则不符的；

（四）裁决的事项不属于仲裁协议的范围或者仲裁机构无权仲裁的。

人民法院认定执行该裁决违背社会公共利益的，裁定不予执行。

**《民诉解释》**

第四百七十五条　仲裁机构裁决的事项，部分有民事诉讼法第二百四十四条（现为第二百四十八条）第二款、第三款规定情形的，人民法院应当裁定对该部分不予执行。

应当不予执行部分与其他部分不可分的，人民法院应当裁定不予执行仲裁裁决。

第四百七十六条　依照民事诉讼法第二百四十四条（现为第二百四十八条）第二款、第三款规定，人民法院裁定不予执行仲裁裁决后，当事人对该裁定提出执行异议或者复议的，人民法院不予受理。当事人可以就该民事纠纷重新达成书面仲裁协议申请仲裁，也可以向人民法院起诉。

# 答 案 速 查

| | | |
|---|---|---|
| 1. AD | 2. ABD | 3. D |
| 4. C | 5. C | 6. C |
| 7. C | 8. C | 9. D |
| 10. ABC | 11. A | 12. BD |
| 13. B | 14. AD | 15. D |
| 16. A | 17. C | 18. C |
| 19. D | 20. BCD | 21. A |
| 22. C | 23. D | 24. CD |
| 25. D | 26. C | 27. AB |
| 28. D | 29. B | 30. AB |
| 31. AB | 32. BD | 33. D |
| 34. A | 35. BD | 36. AC |
| 37. C | 38. ACD | 39. BC |
| 40. A | 41. A | 42. BC |
| 43. B | 44. ACD | 45. AB |
| 46. (1) ABCD; (2) BC | | 47. AC |
| 48. C | 49. (1) AB; (2) A | 50. ABCD |
| 51. ABC | 52. ABCD | 53. D |
| 54. ABC | 55. ABCD | 56. C |
| 57. B | 58. AC | 59. BC(原答案为 BCD) |
| 60. D | 61. ABD | 62. BCD |
| 63. B | 64. AC | 65. D |
| 66. B | 67. AD | 68. C |
| 69. B | 70. ABCD | 71. D |
| 72. B | 73. D | 74. A |
| 75. C | 76. C | 77. BC |
| 78. C | 79. C | 80. A |
| 81. C | 82. AD | 83. C |
| 84. B | 85. D | 86. AD(原答案为 AC) |
| 87. D | 88. C | 89. BC |
| 90. B | 91. C | 92. B |
| 93. BCD | 94. B | 95. C |
| 96. AB | 97. ABC | 98. A(原答案为 AC) |
| 99. ABCD | 100. BC(原答案为 C) | |
| 101. D | 102. A | 103. ACD |
| 104. BC(原答案为 C) | 105. BD | 106. C |
| 107. B | 108. AC | 109. AD |
| 110. A | 111. D | 112. C |
| 113. BD | 114. CD | 115. A |
| 116. (1) ACD; (2) AB | | 117. C |
| 118. D | 119. ABCD | 120. D |
| 121. B | 122. AC | 123. C |
| 124. D | 125. CD | 126. ABD |

| | | |
|---|---|---|
| 127. A | 128. AB(原答案为 ABC) | |
| 129. B | 130. C | 131. ABCD |
| 132. AB(原答案为 ABD) | | 133. A |
| 134. A | 135. ABCD | 136. CD |
| 137. ABD | 138. CD | 139. A |
| 140. ABC | 141. D | 142. C |
| 143. ABC | 144. C | 145. ABCD |
| 146. C | 147. B | 148. D |
| 149. D | 150. A | 151. AB(原答案为 A) |
| 152. AD(原答案为 A) | | 153. C |
| 154. B | 155. AC | 156. C |
| 157. ABC | 158. ABC | 159. CD |
| 160. C | 161. ABD | 162. C |
| 163. CD | 164. BD | 165. ABD |
| 166. BC | 167. B | 168. B |
| 169. A | 170. ABD | 171. B |
| 172. C | 173. C | 174. B |
| 175. C | 176. B | 177. A |
| 178. ABD | 179. C | 180. CD |
| 181. BD | 182. ABCD | 183. A(原答案为 D) |
| 184. BD | 185. C | 186. D |
| 187. B | 188. B | 189. D |
| 190. AB | 191. D | 192. C |
| 193. ABCD | 194. D | 195. CD |
| 196. ABCD | 197. C | 198. D |
| 199. ABC | 200. C(原答案为 D) | 201. BC |
| 202. ABC | 203. BC | 204. ABD |
| 205. B | 206. A | 207. D |
| 208. A | 209. A | 210. ACD |
| 211. C | 212. D | 213. AD |
| 214. B | 215. C | 216. A |
| 217. B | 218. C | 219. BD |
| 220. CD | 221. C | 222. B |
| 223. B | 224. D | 225. B |
| 226. AC | 227. C | 228. BC |
| 229. D | 230. D | 231. D |
| 232. A | 233. CD | 234. C |
| 235. ABC | 236. AB | 237. D |
| 238. D | 239. BD | 240. C |
| 241. CD | 242. D | 243. D |
| 244. B | 245. D | 246. ACD |
| 247. CD | 248. CD | 249. D |
| 250. C | 251. (1) D; (2) BCD; (3) D | |

| 252.A | 253.D | 254.C | 295.(1)ABCD；(2)CD；(3)AC | 296.B |
|---|---|---|---|---|
| 255.B | 256.BD | 257.C | 297.D | 298.C | 299.D |
| 258.D | 259.AC | 260.B | 300.AB | 301.D | 302.BCD |
| 261.(1)B；(2)BC | | 262.C | 303.ABCD | 304.BD | 305.A |
| 263.D | 264.D | 265.C | 306.ABCD | 307.AB | 308.AB(原答案为B) |
| 266.A | 267.B | 268.AD | 309.ABCD | 310.C | 311.AB |
| 269.AC | 270.AB | 271.C | 312.D | 313.CD | 314.D |
| 272.D | 273.BD | 274.AC | 315.D | 316.BC | 317.ABC |
| 275.B | 276.B | 277.C | 318.BD | 319.C | 320.ABCD |
| 278.AC | 279.AD | 280.C | 321.(1)A；(2)D | 322.C | 323.D |
| 281.AD | 282.D | 283.AC | 324.ABC | 325.D | 326.AC |
| 284.B | 285.D | 286.BCD | 327.D | 328.D | 329.ABC |
| 287.BCD | 288.D | 289.C | 330.ABCD | 331.AD | 332.AD |
| 290.AC | 291.CD(原答案为D) | | 333.A | 334.AD | 335.A |
| 292.(1)AC；(2)D；(3)BC | | 293.B | 336.A | 337.AD | 338.D |
| 294.A(原答案为AD) | | | 339.A | 340.D | 341.D |

# 目　录

| 考　点 | 试题 | 法条 |
|---|---|---|

# 刑事诉讼法 ［试题］

## 第一编 总 论

## 专题一 刑事诉讼法概述

**考点1 刑事诉讼法与刑法的关系**

**1.** 2016/2/64/多①

刑事诉讼法的独立价值之一是具有影响刑事实体法实现的功能。下列哪些选项体现了这一功能？

A. 被告人与被害人达成刑事和解而被法院量刑时从轻处理

B. 因排除犯罪嫌疑人的口供，检察院作出证据不足不起诉的决定

C. 侦查机关对于已超过追诉期限的案件不予立案

D. 只有被告人一方上诉的案件，二审法院判决时不得对被告人判处重于原判的刑罚

**考点2 刑事诉讼的基本理念和范畴**

**2.** 2017/2/22/单

关于我国刑事诉讼构造，下列哪一选项是正确的？

A. 自诉案件审理程序适用当事人主义诉讼构造

B. 被告人认罪案件审理程序中不存在控辩对抗

C. 侦查程序已形成控辩审三方构造

D. 审查起诉程序中只存在控辩关系

**3.** 2015/2/22/单

关于刑事诉讼价值的理解，下列哪一选项是错误的？

A. 公正在刑事诉讼价值中居于核心的地位

B. 通过刑事程序规范国家刑事司法权的行使，是秩序价值的重要内容

C. 效益价值属刑事诉讼法的工具价值，而不属刑事诉讼法的独立价值

D. 适用强制措施遵循比例原则是公正价值的应有之义

**4.** 2014/2/22/单

社会主义法治公平正义的实现，应当高度重视程序的约束作用，避免法治活动的任意性和随意化。据此，下列哪一说法是正确的？

A. 程序公正是实体公正的保障，只要程序公正就能实现实体公正

B. 刑事程序的公开与透明有助于发挥程序的约束作用

C. 为实现程序的约束作用，违反法定程序收集的证据均应予以排除

D. 对复杂程度不同的案件进行程序上的繁简分流会限制程序的约束作用

**5.** 2014/2/24/单

关于刑事诉讼构造，下列哪一选项是正确的？

A. 刑事诉讼价值观决定了刑事诉讼构造

B. 混合式诉讼构造是当事人主义吸收职权主义的因素形成的

C. 职权主义诉讼构造适用于实体真实的诉讼目的

D. 当事人主义诉讼构造与控制犯罪是矛盾的

**6.** 2014/2/64/多

关于"宪法是静态的刑事诉讼法、刑事诉讼法是动态的宪法"，下列哪些选项是正确的？

A. 有关刑事诉讼的程序性条款，构成各国宪法中关于人权保障条款的核心

B. 刑事诉讼法关于强制措施的适用权限、条件、程序与辩护等规定，都直接体现了宪法关于公民人身、住宅、财产不受非法逮捕、搜查、扣押以及被告人有权获得辩护等规定的精神

C. 刑事诉讼法规范和限制了国家权力，保障了公民享有宪法规定的基本人权和自由

D. 宪法关于人权保障的条款，都要通过刑事诉讼法保证刑法的实施来实现

---

① 指 2016 年/试卷二/第 64 题/多选——编者注。

**7.** 2013/2/22/单

在刑事司法实践中坚持不偏不倚、不枉不纵、秉公执法原则，反映了我国刑事诉讼"惩罚犯罪与保障人权并重"的理论观点。如果有观点认为"司法机关注重发现案件真相的立足点是防止无辜者被错误定罪"，该观点属于下列哪一种学说？

A. 正当程序主义

B. 形式真实发现主义

C. 积极实体真实主义

D. 消极实体真实主义

**8.** 2013/2/23/单

在刑事诉讼中，法官消极中立，通过当事人举证、辩论发现事实真相，并由当事人推动诉讼进程。这种诉讼构造属于下列哪一种类型？

A. 职权主义　　　　B. 当事人主义

C. 纠问主义　　　　D. 混合主义

**9.** 2012/2/22/单

关于《刑事诉讼法》"尊重和保障人权，保护公民的人身权利、财产权利、民主权利和其他权利"的规定，下列哪一选项是正确的？

A. 体现了以人为本、保障和维护公民基本权利和自由的理念

B. 体现了犯罪嫌疑人、被告人权利至上的理念

C. 体现了实体公正与程序公正并重的理念

D. 体现了公正优先，兼顾效率的理念

**10.** 2012/2/23/单

甲发现自家优质甜瓜常被人夜里偷走，怀疑乙所为。某夜，甲带上荧光恐怖面具，在乙偷瓜时突然怪叫，乙受到惊吓精神失常。甲后悔不已，主动承担乙的治疗费用。公安机关以涉嫌过失致人重伤将甲拘留，乙父母向公安机关表示已谅解甲，希望不追究甲的责任。在公安机关主持下，乙父母与甲签订和解协议，公安机关将案件移送检察院并提出从宽处理建议。下列社会主义法治理念和刑事诉讼理念的概括，哪一选项与本案处理一致？

A. 既要充分发挥司法功能，又要构建多元化的矛盾纠纷化解机制

B. 既要坚持法律面前人人平等，又要考虑对特殊群体区别对待

C. 既要追求公平正义，又要兼顾诉讼效率

D. 既要高度重视程序的约束作用，又不应忽略实体公正

**11.** 2012/2/64/多

关于刑事诉讼的秩序价值的表述，下列哪些选项是正确的？

A. 通过惩罚犯罪维护社会秩序

B. 追究犯罪的活动必须是有序的

C. 刑事司法权的行使，必须受到刑事程序的规范

D. 效率越高，越有利于秩序的实现

# 专题二　刑事诉讼法的基本原则

### 考点3　刑事诉讼基本原则的特点

**12.** 2014/2/65/多

关于刑事诉讼基本原则，下列哪些说法是正确的？

A. 体现刑事诉讼基本规律，有着深厚的法律理论基础和丰富的思想内涵

B. 既可由法律条文明确表述，也可体现于刑事诉讼法的指导思想、目的、任务、具体制度和程序之中

C. 既包括一般性原则，也包括独有原则

D. 与规定具体制度、程序的规范不同，基本原则不具有法律约束力，只具有倡导性、指引性

### 考点4　具有法定情形不予追究刑事责任原则

**13.** 2014/2/23/单

社会主义法治要通过法治的一系列原则加以体现。具有法定情形不予追究刑事责任是《刑事诉讼法》确立的一项基本原则，下列哪一案件的处理体现了这一原则？

A. 甲涉嫌盗窃，立案后发现涉案金额400余元，公安机关决定撤销案件

B. 乙涉嫌抢夺，检察院审查起诉后认为犯罪情节轻微，不需要判处刑罚，决定不起诉

C. 丙涉嫌诈骗，法院审理后认为其主观上不具有非法占有他人财物的目的，作出无罪判决

D. 丁涉嫌抢劫，检察院审查起诉后认为证据不足，决定不起诉

**14.** 2009/2/30/单

检察院立案侦查甲刑讯逼供案。被害人父亲要求甲赔偿丧葬费等经济损失。侦查中，甲因病猝死。对于此案，检察院下列哪一做法是正确的？

A. 移送法院以便审理附带民事诉讼部分

B. 撤销案件

C. 决定不起诉

D. 决定不起诉并对民事部分一并作出处理

**15.** 2008/2/66/多

关于依法不追究刑事责任的情形，下列哪些选项是正确的？

A. 犯罪嫌疑人甲和被害人乙在审查起诉阶段就赔偿达成协议，被害人乙要求不追究甲刑事责任

B. 甲侵占案,被害人乙没有起诉

C. 高某犯罪情节轻微,对社会危害不大

D. 犯罪嫌疑人白某在被抓获前自杀身亡

**考点5 严格遵守法律程序原则**

**16.** 2015/2/64/多

关于程序法定,下列哪些说法是正确的?

A. 程序法定要求法律预先规定刑事诉讼程序

B. 程序法定是大陆法系国家法定原则的重要内容之一

C. 英美国家实行判例制度而不实行程序法定

D. 以法律为准绳意味着我国实行程序法定

**17.** 2012/2/65/多

二审法院发现一审法院的审理违反《刑事诉讼法》关于公开审判、回避等规定的,应当裁定撤销原判、发回原审法院重新审判。关于该规定,下列哪些说法是正确的?

A. 体现了分工负责、互相配合、互相制约的原则

B. 体现了严格遵守法定程序原则的要求

C. 表明违反法定程序严重的,应当承担相应法律后果

D. 表明程序公正具有独立的价值

**考点6 未经法院依法判决,对任何人都不得确定有罪原则**

**18.** 2013/2/64/多

社会主义法治的公平正义,要通过法治的一系列基本原则加以体现。"未经法院依法判决,对任何人都不得确定有罪"是《刑事诉讼法》确立的一项基本原则。关于这一原则,下列哪些说法是正确的?

A. 明确了定罪权的专属性,法院以外任何机关、团体和个人都无权行使这一权力

B. 确定被告人有罪需要严格依照法定程序进行

C. 表明我国刑事诉讼法已经全面认同和确立无罪推定原则

D. 按照该规定,可以得出疑罪从无的结论

**考点7 保障诉讼参与人的诉讼权利原则**

**19.** 2016/2/65/多

关于保障诉讼参与人的诉讼权利原则,下列哪些选项是正确的?

A. 是对《宪法》和《刑事诉讼法》尊重和保障人权的具体化

B. 保障诉讼参与人的诉讼权利,核心在于保护犯罪嫌疑人、被告人的辩护权

C. 要求诉讼参与人在享有诉讼权利的同时,还应承担法律规定的诉讼义务

D. 保障受犯罪侵害的人的起诉权和上诉权,是这一原则的重要内容

**考点8 认罪认罚从宽原则**

**20.** 2022 回忆/多

胡某在与白某交往期间,以投资为由从白某处骗得5万元,后因涉嫌诈骗被立案侦查。在审查起诉阶段,胡某认罪认罚,积极退还部分款项并取得白某谅解。在法院适用速裁程序审理此案时,胡某辩称欺骗白某感情为真,但5万元系借款,会积极退赔剩余款项。对此,下列哪些说法是正确的?

A. 检察院可提出加重犯罪嫌疑人刑罚的量刑建议

B. 胡某的表态不影响对"认罪"的认定

C. 法院可将速裁程序转为简易程序继续审理

D. 法院仍可按照积极退赔从宽量刑

**21.** 2021 回忆/任

蔡某涉嫌寻衅滋事,人民检察院对蔡某决定逮捕,蔡某在侦查阶段拒不认罪,在审查起诉之后自愿认罪认罚,但是在赔偿方面未与被害人付某达成一致意见。关于本案认罪认罚程序的适用,人民检察院的下列处理正确的是:

A. 人民检察院向人民法院提起公诉时可以建议法院适用速裁程序审理

B. 人民检察院可积极促成蔡某与付某进行刑事和解

C. 人民检察院应及时对蔡某进行羁押必要性审查

D. 若人民检察院认为可以对蔡某使用非监禁刑,可以自行进行社会调查

**22.** 2021 回忆/多

陈某实施合同诈骗后向公安机关自首,主动交代犯罪事实,并自愿认罪认罚。关于本案处理,下列哪些选项是正确的?

A. 陈某的认罪认罚可导致程序从简,包括降低证据要求

B. 如陈某有转移财产行为,不应适用认罪认罚从宽制度

C. 如陈某不同意适用速裁程序,不影响认定其认罚

D. 陈某的自首与认罪认罚可作重复评价

**23.** 2021 回忆/多

岳某因涉嫌抢夺罪被立案侦查,后被移送审查起诉,下列关于其认罪认罚的说法正确的是:

A. 岳某在审查起诉阶段拒绝签署认罪认罚具结

书,不影响其在审判阶段认罪认罚

B. 岳某在侦查阶段被逮捕后,若其认罪认罚,检察院应当开展羁押必要性审查

C. 若检察院在审查起诉阶段发现岳某在侦查阶段认罪认罚不是其真实意愿,可以重新对岳某开展认罪认罚工作

D. 在侦查阶段,岳某认罪认罚,但没有委托辩护人,也拒绝值班律师提供法律帮助,侦查机关应当通知法律援助机构为其提供法律援助辩护

**24．** ● 2021 回忆/多

关于认罪认罚从宽制度,下列哪些表述是正确的?

A. 甲犯数罪,但只认其中一罪,对其全案不得适用认罪认罚从宽制度

B. 乙是穷凶极恶的杀人犯,即使其认罪认罚并且积极赔偿并取得了被害人亲属谅解,也可对其不予从宽处罚

C. 认罪认罚从宽制度只能适用某一诉讼阶段

D. 丙在审查、起诉时认罪认罚,到了审判阶段不认罪认罚的,不能适用认罪认罚从宽制度

**考点9** 其他基本原则

**25．** ● 2017/2/64/多

某市发生一起社会影响较大的绑架杀人案。在侦查阶段,因案情重大复杂,市检察院提前介入侦查工作。检察官在开展勘验、检查等侦查措施时在场,并就如何进一步收集、固定和完善证据以及适用法律向公安机关提出了意见,对已发现的侦查活动中的违法行为提出了纠正意见。关于检察院提前介入侦查,下列哪些选项是正确的?

A. 侵犯了公安机关的侦查权,违反了侦查权、检察权、审判权由专门机关依法行使的原则

B. 体现了分工负责,互相配合,互相制约的原则

C. 体现了检察院依法对刑事诉讼实行法律监督的原则

D. 有助于严格遵守法律程序原则的实现

# 专题三 刑事诉讼中的专门机关和诉讼参与人

**考点10** 专门机关

**26．** ● 2021 回忆/多

下列关于检察院办理刑事案件的表述,哪些是正确的?

A. 检察办案组办理案件时应当请求检察长或副检察长担任主办检察官

B. 以检察院名义制发的法律文书,检察长可以授权检察官签发

C. 检察委员会可以对部分办案事项作出决定并承担相应司法责任

D. 上级检察院认为下级检察院作出的不起诉决定错误,可以撤销不起诉决定

**27．** ● 2017/2/65/多

某案件经中级法院一审判决后引起社会的广泛关注。为回应社会关注和保证办案质量,在案件由高级法院作出二审判决前,基于我国法院和检察院的组织体系与上下级关系,最高法院和最高检察院可采取下列哪些措施?

A. 最高法院可听取高级法院对该案的汇报并就如何审理提出意见

B. 最高法院可召开审判业务会议对该案的实体和程序问题进行讨论

C. 最高检察院可听取省检察院的汇报并对案件事实、证据进行审查

D. 最高检察院可决定检察机关在二审程序中如何发表意见

**28．** ● 2016/2/23/单

关于监狱在刑事诉讼中的职权,下列哪一选项是正确的?

A. 监狱监管人员指使被监管人体罚虐待其他被监管人的犯罪,由监狱进行侦查

B. 罪犯在监狱内犯罪并被发现判决时所没有发现的罪行,应由监狱一并侦查

C. 被判处有期徒刑罪犯的暂予监外执行均应当由监狱提出书面意见,报省级以上监狱管理部门批准

D. 被判处有期徒刑罪犯的减刑应当由监狱提出建议书,并报法院审核裁定

**29．** ● 2015/2/65/多

关于公检法机关的组织体系及其在刑事诉讼中的职权,下列哪些选项是正确的?

A. 公安机关统一领导、分级管理,对超出自己管辖的地区发布通缉令,应报有权的上级公安机关发布

B. 基于检察一体化,检察院独立行使职权是指检察系统整体独立行使职权

C. 检察院上下级之间是领导关系,上级检察院认为下级检察院二审抗诉不当的,可直接向同级法院撤回抗诉

D. 法院上下级之间是监督指导关系,上级法院如认为下级法院审理更适宜,可将自己管辖的案件交由下级法院审理

**30.** 2017/2/66/多

在袁某涉嫌故意杀害范某的案件中，下列哪些人员属于诉讼参与人？

A. 侦查阶段为袁某提供少数民族语言翻译的翻译人员

B. 公安机关负责死因鉴定的法医

C. 就证据收集合法性出庭说明情况的侦查人员

D. 法庭调查阶段就范某死因鉴定意见出庭发表意见的有专门知识的人

**31.** 2017/2/67/多

犯罪嫌疑人、被告人在刑事诉讼中享有的诉讼权利可分为防御性权利和救济性权利。下列哪些选项属于犯罪嫌疑人、被告人享有的救济性权利？

A. 侦查机关讯问时，犯罪嫌疑人有申辩自己无罪的权利

B. 对办案人员人身侮辱的行为，犯罪嫌疑人有提出控告的权利

C. 对办案机关应退还取保候审保证金而不退还的，犯罪嫌疑人有申诉的权利

D. 被告人认为一审判决量刑畸重，有提出上诉的权利

**32.** 2015/2/66/多

关于刑事诉讼当事人中的被害人的诉讼权利，下列哪些选项是正确的？

A. 撤回起诉、申请回避

B. 委托诉讼代理人、提起自诉

C. 申请复议、提起上诉

D. 申请抗诉、提出申诉

**33.** 2014/2/25/单

关于被害人在刑事诉讼中的权利，下列哪一选项是正确的？

A. 自公诉案件立案之日起有权委托诉讼代理人

B. 对因作证而支出的交通、住宿、就餐等费用，有权获得补助

C. 对法院作出的强制医疗决定不服的，可向作出决定的法院申请复议一次

D. 对检察院作出的附条件不起诉决定不服的，可向上一级检察院申诉

**34.** 2009/2/66/多

高某系一抢劫案的被害人。关于高某的诉讼权利，下列哪些选项是正确的？

A. 有权要求不公开自己的姓名和报案行为

B. 如公安机关不立案，有权要求告知不立案的原因

C. 作为证据使用的鉴定意见，经申请可以补充或者重新鉴定

D. 如检察院作出不起诉决定，也可以直接向法院提起自诉

**35.** 2007/2/76/多

下列哪些人是承担控诉职能的诉讼参与人？

A. 公诉人　　　　　B. 自诉人

C. 被害人　　　　　D. 控方证人

**36.** 2006/2/22/单

关于被害人在法庭审理中的诉讼权利，下列哪一选项是错误的？

A. 有权委托诉讼代理人

B. 有权申请回避

C. 无权参与刑事部分的法庭调查和辩论，只能参加附带民事诉讼部分的审理活动

D. 对刑事判决部分不能提起上诉

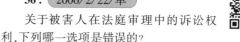

# 专题四　管　辖

**37.** 2020 回忆/多

张某和李某结婚，婚后育一子张小某。8 年后，张某和李某离婚，张小某随父亲张某一同生活，次年，张某与陈某再婚。在生活中，继母陈某长期虐待张小某，下列哪些表述是正确的？

A. 陈某虐待张小某，李某可以向法院提起自诉

B. 陈某虐待张小某，邻居王某可以向法院提起自诉

C. 陈某虐待张小某，张小某没有能力告诉，公安机关可以对陈某立案侦查

D. 陈某虐待张小某，只有张某可以向法院提起自诉

**38.** 2019 回忆/单

张某涉嫌贩卖毒品罪在 A 省 B 市被立案侦查，侦查中聘请该市著名律师陈某为辩护人，下列哪一项说法是正确的？

A. 辩护人陈某在 B 市甲区帮助张某隐瞒证据毁灭罪证，可以由 B 市公安机关立案侦查

B. 辩护人陈某在 B 市乙区犯盗窃罪，可以由 B 市下属的乙区公安局立案侦查

C. 辩护人陈某涉嫌向张某案件的侦查人员行贿，可以由与 B 市同级的 C 市公安局立案侦查

D. 辩护人陈某在 B 市丙区涉嫌强奸罪，应当由 B 市以外的侦查机关立案侦查

**39.** 2015/2/67/多

孙某系甲省乙市海关科长，与走私集团通谋，利用职权走私国家禁止出口的文物，情节特别严重。关于本案管辖，下列哪些选项是正确的？

A. 可由公安机关立案侦查

B. 经甲省检察院决定，可由检察院立案侦查

C. 甲省检察院决定立案侦查后可根据案件情况自行侦查

D. 甲省检察院决定立案侦查后可根据案件情况指定甲省丙市检察院侦查

**40.** 2009/2/22/单

下列哪一案件应由公安机关直接受理立案侦查？

A. 林业局副局长王某违法发放林木采伐许可证案

B. 吴某破坏乡长选举案

C. 负有解救被拐卖儿童职责的李某利用职务阻碍解救案

D. 某地从事实验、保藏传染病菌种的钟某，违反国务院卫生行政部门的有关规定，造成传染病菌种扩散构成犯罪的案件

**考点13 审判管辖**

**41.** 2023 回忆/单

岳某被某市甲区法院判决构成诈骗罪后提出上诉。市中级法院审理期间，岳某另一起案件涉嫌诈骗罪被起诉至该市乙区法院。关于本案，市中级法院的下列哪一做法是正确的？

A. 中止审理，等待乙区法院的审理结果

B. 继续审理，暂不用考虑另一诈骗案件

C. 撤销原判，一并提审两个诈骗案件

D. 发回重审，由甲区法院将另一诈骗案件并案审理

**42.** 2020 回忆/多

中国公民甲乘坐某国船只，在公海上航行，甲与另一中国公民乙发生口角，遂殴打起来，致其死亡并将其抛入海中。下列选项正确的有：

A. 在中国的初次停泊处法院可以管辖

B. 乙在离境前居住地法院有管辖权

C. 甲入境后居所地法院有管辖权

D. 甲在中国入境地法院有管辖权

**43.** 2019 回忆/多

案发前，曾任甲市乙区法院院长的齐某是甲市中院副院长，也是该院审委会成员，后因涉嫌职务犯罪被起诉至乙区法院。关于该案的处理，下列哪些说法是不正确的？

A. 齐某可以申请甲市乙区法院全体人员回避

B. 乙区法院可以直接请求省高院指定其他法院管辖

C. 乙区法院可以报请上一级法院指定管辖

D. 乙区法院可以直接移送至甲市以外的法院管辖

**44.** 2016/2/24/多

甲省 A 市副市长涉嫌受贿 2000 万元，为保证诉讼顺利进行，拟指定甲省 B 市管辖。关于本案指定管辖，下列哪些选项是不正确的？①

A. 如指定 B 市中级法院审理，应由 B 市检察院侦查并提起公诉

B. 甲省检察院可指定 B 市检察院审查起诉并指定 B 市中级法院审理

C. 可由最高检察院直接指定 B 市检察院立案侦查

D. 如甲省高级法院指定 B 市中级法院审理，A 市中级法院应将案卷材料移送 B 市中级法院

**45.** 2014/2/66/多

某县破获一抢劫团伙，涉嫌多次入户抢劫，该县法院审理后认为，该团伙中只有主犯赵某可能被判处无期徒刑。关于该案的移送管辖，下列哪些选项是正确的？

A. 应当将赵某移送中级法院审理，其余被告人继续在县法院审理

B. 团伙中的未成年被告人应当一并移送中级法院审理

C. 中级法院审查后认为赵某不可能被判处无期徒刑，可不同意移送

D. 中级法院同意移送的，应当书面通知其同级检察院

**46.** 2013/2/65/多

周某采用向计算机植入木马程序的方法窃取齐某的网络游戏账号、密码等信息，将窃取到的相关数据存放在其租用的服务器中，并利用这些数据将齐某游戏账户内的金币、点券等虚拟商品放在第三方网络交易平台上进行售卖，获利 5000 元。下列哪些地区的法院对本案具有管辖权？

A. 周某计算机所在地

B. 齐某计算机所在地

C. 周某租用的服务器所在地

D. 经营该网络游戏的公司所在地

**47.** 2011/2/23/单

美国人杰克与香港居民赵某在内地私

---

① 原为单选题，根据新法答案有变化，调整为多选题。

藏枪支、弹药,公安人员查缉枪支、弹药时,赵某以暴力方法阻碍公安人员依法执行职务。下列哪一说法是正确的?

A. 全案由犯罪地的基层法院审判,因为私藏枪支、弹药罪和妨碍公务罪都不属于可能判处无期徒刑以上刑罚的案件

B. 杰克由犯罪地中级法院审判,赵某由犯罪地的基层法院审判

C. 杰克由犯罪地中级法院审判,赵某由中级法院根据具体案件情况而决定是否交由基层法院审判

D. 全案由犯罪地的中级法院审判

**48．** `2006/2/25/单`

王某担任甲省副省长期间受贿 50 多万元,有关法院指定乙省 W 市中级人民法院管辖。该项指定应当由下列哪一法院作出?

A. 甲省高级人民法院
B. 乙省高级人民法院
C. W 市中级人民法院
D. 最高人民法院

**49．** `2006/2/66/多`

甲非法拘禁乙于某市 A 区,后又用汽车经该市 B 区、C 区,将乙转移到 D 区继续拘禁。对于甲所涉非法拘禁案,下列哪些法院依法享有管辖权?

A. A 区法院 　　　B. B 区法院
C. C 区法院 　　　D. D 区法院

**考点 14** 特殊情况的管辖

**50．** `2021 回忆/多`

我国某省居民姜某乘船从甲市出发前往乙市,在船途经丙市水域时,姜某在船上厕所拍摄淫秽视频。后船到达乙市后,姜某又乘车前往丁市,在丁市网上传播淫秽视频。该船均在我国水域航行。下列哪些法院具有管辖权?

A. 甲市人民法院
B. 乙市人民法院
C. 丙市人民法院
D. 丁市人民法院

**51．** `2018 回忆/多`

甲、乙为 A 市人,2018 年 2 月一同赴斯里兰卡务工。甲、乙经过协商,在斯里兰卡通过微信的方式对住在 B 市的朋友丙进行敲诈勒索,丙向甲和乙各转账了 10 万元。丙的家人得知后报警,B 市某区公安机关对甲、乙立案侦查。一年后,甲从 C 市回国并居住于 D 市,乙从 E 市回国并定居。下列哪些法院对本案具有管辖权?

A. A 市法院 　　　B. C 市法院

C. D 市法院 　　　D. E 市法院

**52．** `2016/2/92/任`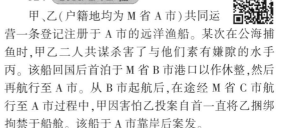

甲、乙(户籍地均为 M 省 A 市)共同运营一条登记注册于 A 市的远洋渔船。某次在公海捕鱼时,甲乙二人共谋杀害了与他们素有嫌隙的水手丙。该船回国后首泊于 M 省 B 市港口以作休整,然后再航行至 A 市。从 B 市起航后,在途经 M 省 C 市航行至 A 市过程中,甲因害怕乙投案自首一直将乙捆绑拘禁于船舱。该船在 A 市靠岸后案发。

关于本案管辖,下列选项正确的是:

A. 故意杀人案和非法拘禁案应分别由中级法院和基层法院审理

B. A 市和 C 市对非法拘禁案有管辖权

C. B 市中级法院对故意杀人案有管辖权

D. A 市中级法院对故意杀人案有管辖权

**53．** `2008/2/21/单`

张某,甲市人,中国乙市远洋运输公司"黎明号"货轮船员。"黎明号"航行在公海时,张某因与另一船员李某发生口角将其打成重伤。货轮返回中国首泊丙市港口时,张某趁机潜逃,后在丁市被抓获。该案应当由下列哪一法院行使管辖权?

A. 甲市法院 　　　B. 乙市法院
C. 丙市法院 　　　D. 丁市法院

# 专题五 回 避

**考点 15** 回避的对象与理由

**54．** `2022 回忆/单`

张某涉嫌诈骗一案由甲市乙县法院审理,法官王某担任审判长,林某担任书记员。一审判决张某有期徒刑 5 年,张某以事实不清为由提起上诉。二审由甲市中院审理,法官赵某担任审判长,后裁定发回重审。重审期间,王某被任命为乙县法院的专职审委会委员。该案经合议庭报请审委会讨论后,改判张某有期徒刑 4 年,张某不服再次上诉。下列哪一说法是正确的?

A. 二审法院应当开庭审理

B. 该案被发回重审后,林某不能继续担任该案的书记员

C. 王某不能参与审委会对该案的讨论

D. 张某再次提起上诉后,赵某不能作为该案的审判长

**55．** `2017/2/24/单`

齐某在 A 市 B 区利用网络捏造和散布虚假事实,宣称刘某系当地黑社会组织"大哥",A 市中级法院院长王某为其"保护伞"。刘某以齐某诽谤

为由,向 B 区法院提起自诉。关于本案处理,下列哪一选项是正确的?

    A. B 区法院可以该案涉及王某为由裁定不予受理

    B. B 区法院受理该案后应请求上级法院指定管辖

    C. B 区法院受理该案后,王某应自行回避

    D. 齐某可申请 A 市中级法院及其下辖的所有基层法院法官整体回避

**56.** 2015/2/68/多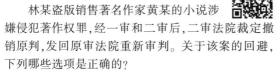

未成年人小付涉嫌故意伤害袁某,袁某向法院提起自诉。小付的父亲委托律师黄某担任辩护人,袁某委托其在法学院上学的儿子担任诉讼代理人。本案中,下列哪些人有权要求审判人员回避?

    A. 黄某        B. 袁某

    C. 袁某的儿子    D. 小付的父亲

**57.** 2014/2/67/多

林某盗版销售著名作家黄某的小说涉嫌侵犯著作权罪,经一审和二审后,二审法院裁定撤销原判,发回原审法院重新审判。关于该案的回避,下列哪些选项是正确的?

    A. 一审法院审判委员会委员甲系林某辩护人妻子的弟弟,黄某的代理律师可申请其回避

    B. 一审书记员乙系林某的表弟而未回避,二审法院可以此为由裁定发回原审法院重审

    C. 一审合议庭审判长丙系黄某的忠实读者,应当回避

    D. 丁系二审合议庭成员,如果林某对一审法院重新审判作出的裁判不服再次上诉至二审法院,丁应当自行回避

**考点16** 回避的程序

**58.** 2013/2/28/单

法院审理过程中,被告人赵某在最后陈述时,以审判长数次打断其发言为理由申请更换审判长。对于这一申请,下列哪一说法是正确的?

    A. 赵某的申请理由不符合法律规定,法院院长应当驳回申请

    B. 赵某在法庭调查前没有申请回避,法院院长应当驳回申请

    C. 如法院作出驳回申请的决定,赵某可以在决定作出后五日内向上级法院提出上诉

    D. 如法院作出驳回申请的决定,赵某可以向上级法院申请复议一次

**59.** 2011/2/24/单 新法改编

郭某(16 岁)与罗某发生争执,被打成轻伤,遂向法院提起自诉。法庭审理中,罗某提出,审

判员李某曾在开庭前违反规定与自诉人父亲及姐姐会见,要求李某回避,但郭某父亲及姐姐均否认此事。法院院长经过审查作出李某回避的决定。下列何人有权要求对回避决定进行复议?

    A. 郭某        B. 郭某父亲

    C. 李某        D. 均无权复议

**60.** 2010/2/21/单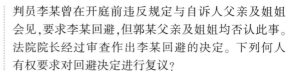

甲涉嫌刑讯逼供罪被立案侦查。甲以该案侦查人员王某与被害人存在近亲属关系为由,提出回避申请。对此,下列哪一选项是错误的?

    A. 王某可以口头提出自行回避的申请

    B. 作出回避决定以前,王某不能停止案件的侦查工作

    C. 王某的回避由公安机关负责人决定

    D. 如甲的回避申请被驳回,甲有权申请复议一次

**61.** 2007/2/34/单

庭审过程中,被告人赵某指出,公诉人的书记员李某曾在侦查阶段担任鉴定人,并据此要求李某回避。对于赵某的回避申请,下列哪一选项是正确的?

    A. 法庭应以不属于法定回避情形为由当庭驳回

    B. 法庭应以符合法庭回避情形为由当庭作出回避决定

    C. 李某应否回避需提交法院院长决定

    D. 李某应否回避需提交检察院检察长决定

# 专题六 辩护与代理

**考点17** 有效辩护原则

**62.** 2015/2/69/多

关于有效辩护原则,下列哪些理解是正确的?

    A. 有效辩护原则的确立有助于实现控辩平等对抗

    B. 有效辩护是一项主要适用于审判阶段的原则,但侦查、审查起诉阶段对辩护人权利的保障是审判阶段实现有效辩护的前提

    C. 根据有效辩护原则的要求,法庭审理过程中一般不应限制被告人及其辩护人发言的时间

    D. 指派没有刑事辩护经验的律师为可能被判处无期徒刑、死刑的被告人提供法律援助,有违有效辩护原则

**考点18** 辩护的种类

**63.** 2013/2/38/单

在法庭审判中,被告人翻供,否认犯罪,并当庭拒绝律师为其进行有罪辩护。合议庭对此

问题的处理,下列哪一选项是正确的?

  A. 被告人有权拒绝辩护人辩护,合议庭应当准许

  B. 辩护律师独立辩护,不受当事人意思表示的约束,合议庭不应当准许拒绝辩护

  C. 属于应当提供法律援助的情形的,合议庭不应当准许拒绝辩护

  D. 有多名被告人的案件,部分被告人拒绝辩护人辩护的,合议庭不应当准许

**64.** 〔2008/2/26/单〕

关于辩护,下列哪一选项是正确的?

  A. 被告人王某在犯罪时 17 周岁,在审判时已满 18 周岁,法院应当为其指定辩护人

  B. 被告人李某可能被判处死刑,在审判时法院为其指定辩护人。在法庭审理过程中,李某当庭拒绝指定的辩护人为其辩护,法院另行为其指定辩护人。在重新开庭审理后,李某再次拒绝法院为其指定的辩护人,合议庭不予准许

  C. 法院为外籍被告人汤姆(25 周岁)指定了辩护人,在法庭审理过程中,汤姆拒绝法院为其指定的辩护人,提出自行委托辩护人,法庭准许后,汤姆自行委托了辩护人。再次开庭审理后,汤姆再次拒绝辩护人为其辩护,要求另行委托辩护人,合议庭不予准许

  D. 被告人当庭拒绝辩护人为其辩护的,法庭应当允许,宣布延期审理。延期审理的期限为十日,准备辩护时间计入审限

**考点19** 辩护人的诉讼地位

**65.** 〔2007/2/66/多〕

关于律师担任刑事案件被告人的辩护人,下列哪些选项是正确的?

  A. 辩护人不是被告人的代言人

  B. 辩护人应当维护被告人的合法权益

  C. 辩护人须按照被告人的要求作无罪辩护

  D. 辩护人有权独立发表辩护意见

**考点20** 辩护人的范围

**66.** 〔2016/2/25/单〕

  法官齐某从 A 县法院辞职后,在其妻洪某开办的律师事务所从业。关于齐某与洪某的辩护人资格,下列哪一选项是正确的?

  A. 齐某不得担任 A 县法院审理案件的辩护人

  B. 齐某和洪某不得分别担任同案犯罪嫌疑人的辩护人

  C. 齐某和洪某不得同时担任同一犯罪嫌疑人的辩护人

  D. 洪某可以律师身份担任 A 县法院审理案件的辩护人

**67.** 〔2013/2/29/单〕

  鲁某与洪某共同犯罪,洪某在逃。沈律师为鲁某担任辩护人。案件判决生效三年后,洪某被抓获并被起诉。关于沈律师可否担任洪某辩护人,下列哪一说法是正确的?

  A. 沈律师不得担任洪某辩护人

  B. 如果洪某系法律援助对象,沈律师可以担任洪某辩护人

  C. 如果被告人洪某同意,沈律师可以担任洪某辩护人

  D. 如果公诉人未提出异议,沈律师可以担任洪某辩护人

**68.** 〔2009/2/23/单〕

  郭某涉嫌招摇撞骗罪。在检察机关审查起诉时,郭某希望委托辩护人。下列哪一人员可以被委托担任郭某的辩护人?

  A. 郭某的爷爷,美籍华人

  B. 郭某的儿子,16 岁

  C. 郭某的朋友甲,曾为郭某招摇撞骗伪造国家机关证件

  D. 郭某的朋友乙,司法行政部门负责人

**考点21** 辩护人的诉讼权利和诉讼义务

**69.** 〔2017/2/25/单〕

  成年人钱甲教唆未成年人小沈实施诈骗犯罪,钱甲委托其在邻市检察院担任检察官助理的哥哥钱乙担任辩护人,小沈由法律援助律师武某担任辩护人。关于本案处理,下列哪一选项是正确的?

  A. 钱甲被拘留后,钱乙可为其申请取保候审

  B. 本案移送审查起诉时,公安机关应将案件移送情况告知钱乙

  C. 检察院讯问小沈时,武某可在场

  D. 如检察院对钱甲和小沈分案起诉,法院可并案审理

**70.** 〔2016/2/26/单〕

  郭某涉嫌参加恐怖组织罪被逮捕,随后委托律师姜某担任辩护人。关于姜某履行辩护职责,下列哪一选项是正确的?

  A. 姜某到看守所会见郭某时,可带 1 至 2 名律师助理协助会见

  B. 看守所可对姜某与郭某的往来信件进行必要的检查,但不得截留、复制

  C. 姜某申请法院收集、调取证据而法院不同意的,法院应书面说明不同意的理由

  D. 法庭审理中姜某作无罪辩护的,也可当庭对郭某从轻量刑的问题发表辩护意见

**71.** 2016/2/27/单

根据《刑事诉讼法》的规定,辩护律师收集到的下列哪一证据应及时告知公安机关、检察院?

A. 强奸案中被害人系精神病人的证据

B. 故意伤害案中犯罪嫌疑人系正当防卫的证据

C. 投放危险物质案中犯罪嫌疑人案发时在外地出差的证据

D. 制造毒品案中犯罪嫌疑人犯罪时刚满16周岁的证据

**72.** 2012/2/25/单

关于辩护律师在刑事诉讼中享有的权利和承担的义务,下列哪一说法是正确的?

A. 在侦查期间可以向犯罪嫌疑人核实证据

B. 会见在押的犯罪嫌疑人、被告人,可以了解案件有关情况

C. 收集到的有利于犯罪嫌疑人的证据,均应及时告知公安机关、检察院

D. 在执业活动中知悉犯罪嫌疑人、被告人曾经实施犯罪的,应及时告知司法机关

**73.** 2011/2/64/多

关于犯罪嫌疑人、被告人有权获得辩护原则,下列哪些说法是正确的?

A. 在任何情况下,对任何犯罪嫌疑人、被告人都不得以任何理由限制或者剥夺其辩护权

B. 辩护权是犯罪嫌疑人、被告人最基本的诉讼权利,有关机关应当为每个犯罪嫌疑人、被告人免费提供律师帮助

C. 为保障辩护权,任何机关都有为犯罪嫌疑人、被告人提供辩护帮助的义务

D. 辩护不应当仅是形式上的,而且应当是实质意义上的

**74.** 2006/2/67/多

犯罪嫌疑人甲委托其弟乙作为自己的辩护人。在审查起诉阶段,乙享有哪些诉讼权利?

A. 甲被超期羁押时,有权要求解除强制措施

B. 申请检察人员回避

C. 向检察机关陈述辩护意见

D. 经被害人同意,向其收集与本案有关的材料

### 考点22 值班律师制度

**75.** 2023 回忆/单

秦某因涉嫌运输毒品罪被批准逮捕,未委托辩护人。审查起诉期间,值班律师彭某为秦某提供法律帮助。关于本案的处理,下列哪一选项是正确的?

A. 即使秦某未约见彭某,彭某也可经办案机关许可主动会见秦某

B. 即使秦某自愿认罪认罚,彭某也可以量刑建议过重为由拒绝在具结书上签字

C. 为了彭某的安全,办案机关可在彭某会见秦某时安排人员在场

D. 检察院应准许彭某查阅、摘抄、复制案卷材料

**76.** 2020 回忆/单

下列关于值班律师的哪一项表述是正确的?

A. 值班律师依法享有会见权、阅卷权以及提出建议权

B. 值班律师为犯罪嫌疑人、被告人提供法律咨询是辩护权的体现

C. 值班律师可以出庭为被告人发表对案件的看法

D. 犯罪嫌疑人、被告人拒绝认罪认罚的案件不适用值班律师制度

**77.** 2019 回忆/多

甲、乙两人聚众斗殴均被提起公诉,需要值班律师提供法律帮助。以下关于值班律师的说法哪些是正确的?

A. 审查起诉阶段,甲认罪认罚需要值班律师提供法律咨询,值班律师要求阅卷的,检察院应当准许

B. 甲在值班律师在场时签署了认罪认罚具结书,然后自行聘请了辩护人,值班律师在场签订的认罪认罚具结书自动失效

C. 审查起诉阶段,犯罪嫌疑人认罪认罚的,人民检察院应当听取值班律师意见

D. 一名值班律师能同时为甲、乙两名犯罪嫌疑人提供法律咨询

### 考点23 刑事代理

**78.** 2012/2/24/单

关于诉讼代理人参加刑事诉讼,下列哪一说法是正确的?

A. 诉讼代理人的权限依据法律规定而设定

B. 除非法律有明文规定,诉讼代理人也享有被代理人享有的诉讼权利

C. 诉讼代理人应当承担被代理人依法负有的义务

D. 诉讼代理人的职责是帮助被代理人行使诉讼权利

**79.** 2010/2/22/单

在张某故意毁坏李某汽车案中,张某聘请赵律师为辩护人,李某聘请孙律师为诉讼代理人。关于该案辩护人和诉讼代理人,下列哪一选项是

正确的?

  A. 赵律师、孙律师均自案件移送审查起诉之日起方可接受委托担任辩护人、诉讼代理人

  B. 赵律师、孙律师均有权申请该案的审判人员和公诉人员回避

  C. 赵律师可在审判中向张某发问,孙律师无权向张某发问

  D. 赵律师应以张某的意见作为辩护意见,孙律师应以李某的意见为代理意见

**80.** `2009/2/67/多`

  关于刑事诉讼法定代理人与诉讼代理人的区别,下列哪些选项是正确的?

  A. 法定代理人基于法律规定或法定程序产生,诉讼代理人基于被代理人委托产生

  B. 法定代理人的权利源于法律授权,诉讼代理人的权利源于委托协议授权

  C. 法定代理人可以违背被代理人的意志进行诉讼活动,诉讼代理人的代理活动不得违背被代理人的意志

  D. 法定代理人可以代替被代理人陈述案情,诉讼代理人不能代替被代理人陈述案情

**81.** `2008/2/27/单`

  根据《刑事诉讼法》的规定,下列何人有权委托诉讼代理人?

  A. 涉嫌强奸罪被告人的父亲

  B. 抢劫案被害人的胞妹

  C. 伤害案中附带民事被告人的胞弟

  D. 虐待案自诉人的胞妹

# 专题七　刑事证据

**考点24　证据的基本属性**

**82.** `2014/2/27/单`

  关于证据的关联性,下列哪一选项是正确的?

  A. 关联性仅指证据事实与案件事实之间具有因果关系

  B. 具有关联性的证据即具有可采性

  C. 证据与待证事实的关联度决定证据证明力的大小

  D. 类似行为一般具有关联性

**考点25　刑事证据规则**

**83.** `2020回忆/多`

  下列哪些行为属于非法取证,应当依法予以排除?

  A. 甲侦查人员询问女证人,以公开其隐私相威胁,证人因担心隐私被公开造成家庭矛盾被迫提供证言

  B. 乙侦查人员首次讯问犯罪嫌疑人时通过暴力方式获取了供述,第二次讯问时没有采用暴力方式,犯罪嫌疑人作出了同样的供述

  C. 丙侦查人员对犯罪嫌疑人连续讯问25小时,但期间保持其正常饮食

  D. 丁侦查人员威胁犯罪嫌疑人不如实供述就让他正在准备高考的儿子作为证人接受询问,犯罪嫌疑人担心影响其儿子考试作出的供述

**84.** `2017/2/26/单`

  下列哪一证据规则属于调整证据证明力的规则?

  A. 传闻证据规则

  B. 非法证据排除规则

  C. 关联性规则

  D. 意见证据规则

**85.** `2016/2/29/单`

  公安机关发现一具被焚烧过的尸体,因地处偏僻且天气恶劣,无法找到见证人,于是对勘验过程进行了全程录像,并在笔录中注明原因。法庭审理时,辩护人以勘验时没有见证人在场为由,申请排除勘验现场收集的物证。关于本案证据,下列哪一选项是正确的?

  A. 因违反取证程序的一般规定,应当排除

  B. 应予以补正或作出合理解释,否则予以排除

  C. 不仅物证应当排除,对物证的鉴定意见等衍生证据也应排除

  D. 有勘验过程全程录像并在笔录中已注明理由,不予排除

**86.** `2015/2/26/单`

  下列哪一选项属于传闻证据?

  A. 甲作为专家辅助人在法庭上就一起伤害案的鉴定意见提出的意见

  B. 乙了解案件情况但因重病无法出庭,法官自行前往调查核实的证人证言

  C. 丙作为技术人员"就证明讯问过程合法性的同步录音录像是否经过剪辑"在法庭上所作的说明

  D. 丁曾路过发生杀人案的院子,其开庭审理时所作的"当时看到一个人从那里走出来,好像喝了许多酒"的证言

**87.** `2014/2/28/单`

  下列哪一选项所列举的证据属于补强证据?

  A. 证明讯问过程合法的同步录像材料

B. 证明获取被告人口供过程合法,经侦查人员签名并加盖公章的书面说明材料

C. 根据被告人供述提取到的隐蔽性极强、并能与被告人供述和其他证据相印证的物证

D. 对与被告人有利害冲突的证人所作的不利被告人的证言的真实性进行佐证的书证

**88.** 2014/2/93/任

赵某、石某抢劫杀害李某,被路过的王某、张某看见并报案。赵某、石某被抓获后,2名侦查人员负责组织辨认。关于辨认笔录的审查与认定,下列选项正确的是:

A. 如对尸体的辨认过程没有录像,则辨认结果不得作为定案证据

B. 如侦查人员组织辨认时没有见证人在场,则辨认结果不得作为定案的根据

C. 如在辨认前没有详细向辨认人询问被辨认对象的具体特征,则辨认结果不得作为定案证据

D. 如对赵某的辨认只有笔录,没有赵某的照片,无法获悉辨认真实情况的,也可补正或进行合理解释

**89.** 2013/2/68/多

在法庭审理过程中,被告人屠某、沈某和证人朱某提出在侦查期间遭到非法取证,要求确认其审前供述或证言不具备证据能力。下列哪些情形下应当根据法律规定排除上述证据?

A. 将屠某"大"字型吊铐在窗户的铁栏杆上,双脚离地

B. 对沈某进行引诱,说"讲了就可以回去"

C. 对沈某进行威胁,说"不讲就把你老婆一起抓进来"

D. 对朱某进行威胁,说"不配合我们的工作就把你关进来"

**90.** 2012/2/27/单

关于辨认程序不符合有关规定,经补正或者作出合理解释后,辨认笔录可以作为证据使用的情形,下列哪一选项是正确的?

A. 辨认前使辨认人见到辨认对象的

B. 供辨认的对象数量不符合规定的

C. 案卷中只有辨认笔录,没有被辨认对象的照片、录像等资料,无法获悉辨认的真实情况的

D. 辨认活动没有个别进行的

**91.** 2012/2/28/单

下列哪一选项表明我国基本确立了自白任意性规则?

A. 侦查人员在讯问犯罪嫌疑人的时候,可以对讯问过程进行录音或者录像

B. 不得强迫任何人证实自己有罪

C. 逮捕后应当立即将被逮捕人送交看守所羁押

D. 不得以连续拘传的方式变相拘禁犯罪嫌疑人、被告人

**92.** 2012/2/40/单

关于补强证据,下列哪一说法是正确的?

A. 应当具有证据能力

B. 可以和被补强证据来源相同

C. 对整个待证事实有证明作用

D. 应当是物证或者书证

**93.** 2012/2/42/单

关于证人证言的收集程序和方式存在瑕疵,经补正或者作出合理解释后,可以作为证据使用的情形,下列哪一选项是正确的?

A. 询问证人时没有个别进行的

B. 询问笔录反映出在同一时间内,同一询问人员询问不同证人的

C. 询问聋哑人时应当提供翻译而未提供的

D. 没有经证人核对确认并签名(盖章)、捺指印的

**94.** 2012/2/67/多

关于非法证据的排除,下列哪些说法是正确的?

A. 非法证据排除的程序,可以根据当事人等申请而启动,也可以由法庭依职权启动

B. 申请排除以非法方法收集的证据的,应当提供相关线索或者材料

C. 检察院应当对证据收集的合法性加以证明

D. 只有确认存在《刑事诉讼法》第54条规定的以非法方法收集证据情形时,才可以对有关证据应当予以排除

**95.** 2011/2/26/单

"证人猜测性、评论性、推断性的证言,不能作为证据使用",系下列哪一证据规则的要求?

A. 传闻证据规则

B. 意见证据规则

C. 补强证据规则

D. 最佳证据规则

**考点26** 刑事证据的种类

**96.** 2022 回忆/多

因罗某涉嫌重大毒品犯罪,公安机关决定对其采取技术侦查。该案侦查终结后起诉至法院。审理期间,法院依职权通知鉴定人佟某、曾某出庭作证。关于本案的处理,下列哪些说法是正确的?

A. 检察院应将通过技术侦查所获得的电子数据

的原始介质移送至法院

B. 法院可以在庭外核实通过技术侦查获得的电子数据

C. 如佟某不到庭,法院审查后可以将其出具的鉴定意见作为定案的根据

D. 对出庭的鉴定人曾某的询问,发问顺序应由审判长决定

**97.** 2017/2/92/任

甲、乙二人系药材公司仓库保管员,涉嫌5次共同盗窃其保管的名贵药材,涉案金额40余万元。一审开庭审理时,药材公司法定代表人丙参加庭审。经审理,法院认定了其中4起盗窃事实,另1起因证据不足未予认定,甲和乙以职务侵占罪分别被判处有期徒刑3年和1年。

关于本案证据,下列选项正确的是:

A. 侦查机关制作的失窃药材清单是书证

B. 为查实销赃情况而从通信公司调取的通话记录清单是书证

C. 甲将部分销赃所得10万元存入某银行的存折是物证

D. 因部分失窃药材不宜保存而在法庭上出示的药材照片是物证

**98.** 2010/2/23/单

法院审理一起受贿案时,被告人石某称因侦查人员刑讯不得已承认犯罪事实,并讲述受到刑讯的具体时间。检察机关为证明侦查讯问程序合法,当庭播放了有关讯问的录音录像,并提交了书面说明。关于该录音录像的证据种类,下列哪一选项是正确的?

A. 犯罪嫌疑人供述和辩解

B. 视听资料

C. 书证

D. 物证

**99.** 2009/2/24/单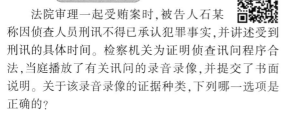

张某、李某共同抢劫被抓获。张某下列哪一陈述属于证人证言?

A. 我确实参加了抢劫银行

B. 李某逼我去抢的

C. 李某策划了整个抢劫,抢的钱他拿走了一大半

D. 李某在这次抢劫前还杀了赵某

**100.** 2009/2/69/多

关于证人与鉴定人的共同特征,下列哪些选项是正确的?

A. 是当事人以外的人

B. 与案件或案件当事人没有利害关系

C. 具有不可替代性

D. 有义务出席法庭接受控辩双方询问

**101.** 2008/2/30/单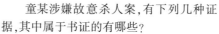

某银行被盗,侦查机关将沈某确定为犯罪嫌疑人。在进行警犬辨认时,一"功勋警犬"在发案银行四处闻了闻后,猛地扑向沈某。随后,侦查人员又对沈某进行心理测试,测试结论显示,只要犯罪嫌疑人说没偷,测谎仪就显示其撒谎。关于可否作为认定案件事实的根据,下列哪一选项是正确的?

A. 警犬辨认和心理测试结论均可以

B. 警犬辨认可以,心理测试结论不可以

C. 警犬辨认不可以,心理测试结论可以

D. 警犬辨认和心理测试结论均不可以

**102.** 2005/2/69/多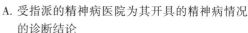

下列哪些证据属于书证?

A. 某强奸案,在犯罪嫌疑人住处收集的笔记本,其中记载着其作案经过及对被害人的描述

B. 某贪污案,为查明账册涂改人而进行鉴定的笔迹

C. 某故意伤害案,证人书写的书面证词

D. 某走私淫秽物品案,犯罪嫌疑人非法携带的淫秽书刊

**103.** 2003/2/63/多

童某涉嫌故意杀人案,有下列几种证据,其中属于书证的有哪些?

A. 受指派的精神病医院为其开具的精神病情况的诊断结论

B. 案发现场找到的童某写的一封尚未邮寄出去的家信,通过对信上的笔迹鉴定,找到了犯罪嫌疑人童某

C. 童某单位开具的关于童某一贯表现的证明

D. 被害人临死之前在地上写下的一组数字,通过数字查到了童某的门房号码

**考点27 刑事证据的分类**

**104.** 2022 回忆/单

甲手写并复印了多份恐吓信敲诈乙,后案发,甲被逮捕。在讯问时,甲供述了自己敲诈勒索的过程,乙向公安机关提交了自己书写的关于被敲诈的情况说明。甲在看守所羁押期间把自己作案的过程告诉了同监室的丙,丙向看守所管理人员举报了甲。对此,下列哪一说法是正确的?

A. 甲复印的恐吓信是传来证据

B. 乙提交的情况说明是传闻证据

C. 恐吓信是言词证据

D. 丙的证言可以对甲的口供补强

**105.** 2016/2/67/多

甲驾车将昏迷的乙送往医院，并垫付了医疗费用。随后赶来的乙的家属报警称甲驾车撞倒乙。急救中，乙曾短暂清醒并告诉医生自己系被车辆撞倒。医生将此话告知警察，并称从甲送乙入院时的神态看，甲应该就是肇事者。关于本案证据，下列哪些选项是正确的？

A. 甲垫付医疗费的行为与交通肇事不具有关联性

B. 乙告知医生"自己系被车辆撞倒"属于直接证据

C. 医生基于之前乙的陈述，告知警察乙系被车辆撞倒，属于传来证据

D. 医生认为甲是肇事者的证词属于符合一般生活经验的推断性证言，可作为定案依据

**106.** 2015/2/25/单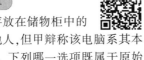

甲涉嫌盗窃室友乙存放在储物柜中的笔记本电脑一台并转卖他人，但甲辩称该电脑系其本人所有，只是暂存于乙处。下列哪一选项既属于原始证据，又属于直接证据？

A. 侦查人员在乙储物柜的把手上提取的甲的一枚指纹

B. 侦查人员在室友丙手机中直接提取的视频，内容为丙偶然拍下的甲打开储物柜取走电脑的过程

C. 室友丁的证言，内容是曾看到甲将一台相同的笔记本电脑交给乙保管

D. 甲转卖电脑时出具的现金收条

**107.** 2011/2/25/单

张某伪造、变造国家机关公文、证件、印章案的下列哪一证据既属于言词证据，又属于间接证据？

A. 用于伪造、变造国家机关公文、证件、印章的设备、工具

B. 伪造、变造的国家机关公文、证件、印章

C. 张某关于实施伪造、变造行为的供述

D. 判别国家机关公文、证件、印章真伪的鉴定意见

**108.** 2010/2/24/单

下列哪一选项既属于原始证据，又属于间接证据？

A. 被告人丁某承认伤害被害人的供述

B. 证人王某陈述看到被告人丁某在案发现场擦拭手上血迹的证言

C. 证人李某陈述被害人向他讲过被告人丁某伤害她的经过

D. 被告人丁某精神病鉴定意见的抄本

**109.** 2008/2/35/单

甲致乙重伤，收集到下列证据，其中既属于直接证据，又属于原始证据的是哪一项？

A. 有被害人血迹的匕首

B. 证人看到甲身上有血迹，从现场走出的证言

C. 匕首上留下的指印与甲的指纹同一的鉴定意见

D. 乙对甲伤害自己过程的陈述

**110.** 2008/2/74/多

下列哪些选项属于实物证据？

A. 杀人案中现场勘验笔录

B. 贪污案中证明贪污数额的账册

C. 强奸案中证明被害人精神状态的鉴定意见

D. 伤害案中证明伤害发生过程情况的监控录像

**考点28 证据的审查认定**

**111.** 2017/2/96/任

某小学发生一起猥亵儿童案，三年级女生甲向校长许某报称被老师杨某猥亵。许某报案后，侦查人员通过询问许某了解到甲向其陈述的被杨某猥亵的经过。侦查人员还通过询问甲了解到，另外两名女生乙和丙也可能被杨某猥亵，乙曾和甲谈到被杨某猥亵的经过，甲曾目睹杨某在课间猥亵丙。讯问杨某时，杨某否认实施猥亵行为，并表示他曾举报许某贪污，许某报案是对他的打击报复。

关于本案证据，下列选项正确的是：

A. 甲向公安机关反映的情况，既是被害人陈述，也是证人证言

B. 关于甲被猥亵的经过，许某的证言可作为甲陈述的补强证据

C. 关于乙被猥亵的经过，甲的证言属于传闻证据，不得作为定案的依据

D. 甲、乙、丙因年幼，其陈述或证言必须有其他证据印证才能采信

**112.** 2016/2/68/多

辩护律师在庭审中对控方证据提出异议，主张这些证据不得作为定案依据。对下列哪些证据的异议，法院应当予以支持？

A. 因证人拒不到庭而无法当庭询问的证人证言

B. 被告人提供了有关刑讯逼供的线索及材料，但公诉人不能证明讯问合法的被告人庭前供述

C. 工商行政管理部门关于查处被告人非法交易行为时的询问笔录

D. 侦查人员在办案场所以外的地点询问被害人所获得的被害人陈述

**113.** 2016/2/95/任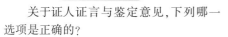

甲女与乙男在某社交软件互加好友，手机网络聊天过程中，甲女多次向乙男发送暧昧言语和色情图片，表示可以提供有偿性服务。二人于酒店内见面后因价钱谈不拢而争吵，乙男强行将甲女留在房间内，并采用胁迫手段与其发生性关系。后甲女向公安机关报案，乙男则辩称双方系自愿发生性关系。

乙男提供了二人之前的网络聊天记录。关于这一网络聊天记录，下列选项正确的是：

A. 属电子数据的一种
B. 必须随原始的聊天时使用的手机移送才能作为定案的依据
C. 只有经甲女核实认可后才能作为定案的依据
D. 因不具有关联性而不得作为本案定罪量刑的依据

**114.** 2015/2/23/单

关于证人证言与鉴定意见，下列哪一选项是正确的？

A. 证人证言只能由自然人提供，鉴定意见可由单位出具
B. 生理上、精神上有缺陷的人有时可以提供证人证言，但不能出具鉴定意见
C. 如控辩双方对证人证言和鉴定意见有异议的，相应证人和鉴定人均应出庭
D. 证人应出庭而不出庭的，其庭前证言仍可作为证据；鉴定人应出庭而不出庭的，鉴定意见不得作为定案根据

**115.** 2014/2/29/单

关于鉴定人与鉴定意见，下列哪一选项是正确的？

A. 经法院通知，鉴定人无正当理由拒不出庭的，可由院长签发强制令强制其出庭
B. 鉴定人有正当理由无法出庭的，法院可中止审理，另行聘请鉴定人重新鉴定
C. 经辩护人申请而出庭的具有专门知识的人，可向鉴定人发问
D. 对鉴定意见的审查和认定，受到意见证据规则的规制

**116.** 2014/2/69/多

某地法院审理齐某组织、领导、参加黑社会性质组织罪，关于对作证人员的保护，下列哪些选项是正确的？

A. 可指派专人对被害人甲的人身和住宅进行保护
B. 证人乙可申请不公开真实姓名、住址等个人信息

C. 法院通知侦查人员丙出庭说明讯问的合法性，为防止黑社会组织报复，对其采取不向被告人暴露外貌、真实声音的措施
D. 为保护警方卧底丁的人身安全，丁可不出庭作证，由审判人员在庭外核实丁的证言

**117.** 2012/2/72/多

关于证人出庭作证，下列哪些说法是正确的？

A. 需要出庭作证的警察就其执行职务时目击的犯罪情况出庭作证，适用证人作证的规定
B. 警察就其非执行职务时目击的犯罪情况出庭作证，不适用证人作证的规定
C. 对了解案件情况的人，确有必要时，可以强制到庭作证
D. 证人没有正当理由拒绝出庭作证的，只有情节严重，才可以处以拘留，且拘留不可以超过10日

**118.** 2011/2/27/单

关于证据的审查判断，下列哪一说法是正确的？

A. 被害人有生理缺陷，对案件事实的认知和表达存在一定困难，故其陈述在任何情况下都不得采信
B. 与被告人有利害冲突的证人提供的对被告人不利的证言，在任何情况下都不得采信
C. 公安机关制作的放火案的勘验、检查笔录没有见证人签名，一律不得采信
D. 搜查获得的杀人案凶器，未附搜查笔录，不能证明该凶器来源，一律不得采信

**119.** 2011/2/66/多

具有特定情形的下列哪些证据不能作为定案的根据？

A. 视听资料的制作时间、地点存有异议，不能作出合理解释，也没有提供必要证明的
B. 在做DNA检测时送检材料与比对样本属于同一个来源的
C. 证人在犯罪现场听到被告人喊"给他点厉害瞧瞧"的陈述
D. 犯罪嫌疑人拒绝签名、盖章而由侦查人员在笔录上注明情况的讯问笔录

**考点29** 刑事诉讼证明

**120.** 2017/2/70/多

关于我国刑事诉讼的证明主体，下列哪些选项是正确的？

A. 故意毁坏财物案中的附带民事诉讼原告人是

证明主体

B. 侵占案中提起反诉的被告人是证明主体

C. 妨害公务案中就执行职务时目击的犯罪情况出庭作证的警察是证明主体

D. 证明主体都是刑事诉讼主体

**121．**  2016/2/30/单

关于《刑事诉讼法》规定的证明责任分担,下列哪一选项是正确的?

A. 公诉案件中检察院负有证明被告人有罪的责任,证明被告人无罪的责任由被告方承担

B. 自诉案件的证明责任分配依据"谁主张,谁举证"的法则确定

C. 巨额财产来源不明案中,被告人承担说服责任

D. 非法持有枪支案中,被告人负有提出证据的责任

**122．** 2016/2/69/多

下列哪些选项属于刑事诉讼中的证明对象?

A. 行贿案中,被告人知晓其谋取的系不正当利益的事实

B. 盗窃案中,被告人的亲友代为退赃的事实

C. 强奸案中,用于鉴定的体液检材是否被污染的事实

D. 侵占案中,自诉人申请期间恢复而提出的其突遭车祸的事实,且被告人和法官均无异议

**123．** 2011/2/74/多

关于死刑案件的证明对象的表述,下列哪些选项是正确的?

A. 被指控的犯罪事实的发生

B. 被告人实施犯罪的时间、地点、手段、后果以及其他情节

C. 被害人有无过错及过错程度

D. 被告人的近亲属是否协助抓获被告人

**124．** 2010/2/25/单

甲乙两家曾因宅基地纠纷诉至法院,尽管有法院生效裁判,但甲乙两家关于宅基地的争议未得到根本解决。一日,甲、乙因各自车辆谁先过桥引发争执继而扭打,甲拿起车上的柴刀砍中乙颈部,乙当场死亡。对此,下列哪一选项是不需要用证据证明的免证事实?

A. 甲的身份状况

B. 甲用柴刀砍乙颈部的时间、地点、手段、后果

C. 甲用柴刀砍乙颈部时精神失常

D. 法院就甲乙两家宅基地纠纷所作出的裁判事项

**125．**  2009/2/70/多

关于刑事诉讼中的证明责任,下列哪些选项是正确的?

A. 总是与一定的积极诉讼主张相联系,否认一方不负证明责任

B. 总是与一定的不利诉讼后果相联系,受到不利裁判的不一定承担证明责任

C. 是提出证据责任与说服责任的统一,提出证据并非完全履行了证明责任

D. 是专属于控诉方独自承担的责任,具有一定的责任排他性

**126．** 2009/2/71/多

关于吴某涉嫌故意泄露国家秘密罪,下列哪些选项属于需要运用证据加以证明的事实?

A. 吴某是否为国家机关工作人员

B. 是否存在为吴某所实施的被指控事实

C. 被指控事实是否情节严重

D. 是否具有法定或酌定从重、从轻、减轻及免除处罚的情节

**127．** 2008/2/32/单

下列案件能够作出有罪认定的是哪一选项?

A. 甲供认自己强奸了乙,乙否认,该案没有其他证据

B. 甲指认乙强奸了自己,乙坚决否认,该案没有其他证据

C. 某单位资金 30 万元去向不明,会计说局长用了,局长说会计用了,该案没有其他证据

D. 甲乙二人没有通谋,各自埋伏,几乎同时向丙开枪,后查明丙身中一弹,甲乙对各自犯罪行为供认不讳,但收集到的证据无法查明这一枪到底是谁打中的

**128．**  2008/2/69/多

石某杀人后弃尸河中。在法庭审理中,对下列哪些事实不必提出证据证明?

A. 被弃尸的河流从案发村镇穿过的事实

B. 刑法关于杀人罪的法律规定

C. 检察机关和石某都没有异议的案件基本事实

D. 石某的精神状态

**129．** 2005/2/97/任

关于我国刑事诉讼中证明责任的分担,下列说法正确的是:

A. 犯罪嫌疑人应当如实回答侦查人员的提问,承担证明自己无罪的责任

B. 自诉人对其控诉承担提供证据予以证明的责任

C. 律师进行无罪辩护时必须承担提供证据证明其主张成立的责任

D. 在巨额财产来源不明案中,检察机关应当证明国家工作人员的财产明显超过合法收入且差额巨大这一事实的存在

# 专题八 强制措施

### 考点30 强制措施适用的原则

**130.** 2019 回忆/多

下列关于强制措施性质的表述哪些是正确的?

A. 对证据不足的犯罪嫌疑人不予逮捕,体现了强制措施的法定性原则

B. 对在住处监视居住的犯罪嫌疑人,发现可能妨碍侦查而采取指定居所监视居住,体现了比例原则

C. 侦查阶段认为被逮捕的犯罪嫌疑人社会危险性降低,决定释放犯罪嫌疑人,体现了变更性原则

D. 检察院为了更方便讯问犯罪嫌疑人而批准逮捕,体现了必要性原则

**131.** 2017/2/71/多

我国强制措施的适用应遵循变更性原则。下列哪些情形符合变更性原则的要求?

A. 拘传期间因在身边发现犯罪证据而直接予以拘留

B. 犯罪嫌疑人在取保候审期间被发现另有其他罪行,要求其相应地增加保证金的数额

C. 犯罪嫌疑人在取保候审期间违反规定后对其先行拘留

D. 犯罪嫌疑人被羁押的案件,不能在法律规定的侦查羁押期限内办结的,予以释放

### 考点31 拘传

**132.** 2020 回忆/多

郑某因涉嫌盗窃被某区公安分局立案侦查,区公安分局对郑某采取拘传措施。对此,下列说法哪些是不正确的?

A. 某区公安分局对郑某采取拘传措施,需要经过上一级公安机关批准

B. 某区公安分局在拘传郑某前需要先传唤郑某

C. 某区公安分局如果需要对郑某采取取保候审措施,拘传时间可以延长至24小时

D. 某区公安分局可以拘传郑某至指定的酒店进行讯问

**133.** 2012/2/66/多

关于拘传,下列哪些说法是正确的?

A. 对在现场发现的犯罪嫌疑人,经出示工作证件可以口头拘传,并在笔录中注明

B. 拘传持续的时间不得超过12小时

C. 案情特别重大、复杂,需要采取拘留、逮捕措施的,拘传持续的时间不得超过24小时

D. 对于被拘传的犯罪嫌疑人,可以连续讯问24小时

**134.** 2008/2/28/单

关于法院可以决定对什么人采取拘传这一刑事强制措施,下列哪一选项是正确的?

A. 某公司涉嫌生产、销售伪劣产品罪,作为该公司诉讼代表人而拒不出庭的高某

B. 抢夺案中非在押的被告人陈某

C. 盗窃案中非在押的犯罪嫌疑人卢某

D. 贿赂案中拒不出庭的证人李某

### 考点32 取保候审

**135.** 2023 回忆/单

居住在甲市的叶某在乙市旅行期间殴打韩某,致其轻伤。叶某被乙市公安机关立案侦查并取保候审。关于叶某的取保候审,下列哪一说法是正确的?

A. 叶某的取保候审应在乙市执行

B. 公安机关应对叶某优先适用保证人保证

C. 公安机关可要求叶某不得向韩某发送短信

D. 如公安机关对叶某撤销案件,取保候审自动解除

**136.** 2016/2/31/单

甲与邻居乙发生冲突致乙轻伤,甲被刑事拘留期间,甲的父亲代为与乙达成和解,公安机关决定对甲取保候审。关于甲在取保候审期间应遵守的义务,下列哪一选项是正确的?

A. 将驾驶证件交执行机关保存

B. 不得与乙接触

C. 工作单位调动的,在24小时内报告执行机关

D. 未经公安机关批准,不得进入特定的娱乐场所

**137.** 2015/2/27/单

郭某涉嫌报复陷害申诉人蒋某,侦查机关因郭某可能毁灭证据将其拘留。在拘留期限即将届满时,因逮捕郭某的证据尚不充足,侦查机关责令其交纳2万元保证金取保候审。关于本案处理,下列哪一选项是正确的?

A. 取保候审由本案侦查机关执行

B. 如郭某表示无力全额交纳保证金,可降低保证金数额,同时责令其提出保证人

C. 可要求郭某在取保候审期间不得进入蒋某居住的小区

D. 应要求郭某在取保候审期间不得变更住址

**138．** 2014/2/30/单

未成年人郭某涉嫌犯罪被检察院批准逮捕。在审查起诉中,经羁押必要性审查,拟变更为取保候审并适用保证人保证。关于保证人,下列哪一选项是正确的?

A. 可由郭某的父亲担任保证人,并由其交纳1000元保证金

B. 可要求郭某的父亲和母亲同时担任保证人

C. 如果保证人协助郭某逃匿,应当依法追究保证人的刑事责任,并要求其承担相应的民事连带赔偿责任

D. 保证人未履行保证义务应处罚款的,由检察院决定

**139．** 2013/2/31/单

关于取保候审的程序限制,下列哪一选项是正确的?

A. 保证金应当由决定机关统一收取,存入指定银行的专门账户

B. 对于可能判处徒刑以上刑罚的,不得采取取保候审措施

C. 对同一犯罪嫌疑人不得同时使用保证金担保和保证人担保两种方式

D. 对违反取保候审规定,需要予以逮捕的,不得对犯罪嫌疑人、被告人先行拘留

**140．** 2010/2/68/多

关于被法院决定取保候审的被告人在取保候审期间应当遵守的法定义务,下列哪些选项是正确的?

A. 未经法院批准不得离开所居住的市、县

B. 未经公安机关批准不得会见他人

C. 在传讯的时候及时到案

D. 不得以任何形式干扰证人作证

**141．** 2009/2/72/多

甲涉嫌盗窃罪被逮捕。甲父为其申请取保候审,公安机关要求甲父交纳10万元保证金。甲父请求减少保证金的数额。公安机关在确定保证金数额时应当考虑下列哪些情况?

A. 当地经济水平落后

B. 甲和甲父靠种地为生且无其他收入,生活贫困

C. 甲只偷他人一头牛,可能判处的刑罚不重

D. 甲无前科,社会危险性小,妨碍诉讼可能性小

**142．** 2008/2/33/单

甲将潜艇的部署情况非法提供给一外国著名军事杂志。在审判过程中,法院决定对其取保候审。关于对甲取保候审的执行机关,下列哪一选项是正确的?

A. 法院
B. 公安机关
C. 军队保卫部门
D. 国家安全机关

**考点33** 监视居住

**143．** 2019 回忆/多

高某从某市甲区邮寄毒品给乙区的许某,许某在乙区与宋某交易时被当场抓获。关于本案的诉讼程序,下列哪些说法是正确的?

A. 乙区公安机关拘留许某2天后通知了许某的家属

B. 乙区公安机关通知甲区公安机关协助抓捕甲区的高某

C. 经宋某同意并带领,公安机关没有搜查证对其住处进行搜查

D. 公安机关查封宋某的唯一住所后,可以对其指定居所监视居住

**144．** 2012/2/68/多

在符合逮捕条件时,对下列哪些人员可以适用监视居住措施?

A. 甲患有严重疾病、生活不能自理

B. 乙正在哺乳自己婴儿

C. 丙系生活不能自理的人的唯一扶养人

D. 丁系聋哑人

**考点34** 拘留

**145．** 2015/2/28/单

章某涉嫌故意伤害致人死亡,因犯罪后企图逃跑被公安机关先行拘留。关于本案程序,下列哪一选项是正确的?

A. 拘留章某时,必须出示拘留证

B. 拘留章某后,应在12小时内将其送看守所羁押

C. 拘留后对章某的所有讯问都必须在看守所内进行

D. 因怀疑章某携带管制刀具,拘留时公安机关无需搜查证即可搜查其身体

**146．** 2012/2/29/单

甲涉嫌黑社会性质组织犯罪,10月5日上午10时被刑事拘留。下列哪一处置是违法的?

A. 甲于当月6日上午10时前被送到看守所羁押

B. 甲涉嫌黑社会性质组织犯罪,因考虑通知家属有碍进一步侦查,决定暂不通知

C. 甲在当月 6 日被送至看守所之前,公安机关对其进行了讯问

D. 讯问后,发现甲依法需要逮捕,当月 8 日提请检察院审批

**147.** 2008/2/76/多

对下列哪些重大犯罪嫌疑分子,公安机关可以执行先行拘留?

A. 为投毒而买毒药的甲

B. 在其住处发现被盗金项链的乙

C. 被举报挪用公款企图逃跑的丙

D. 不讲真实姓名、住址,身份不明的丁

**148.** 2005/2/27/单

下列关于司法拘留、行政拘留与刑事拘留的表述,哪一项是正确的?

A. 司法拘留是对妨害诉讼的强制措施,行政拘留是行政制裁方法,被司法拘留和行政拘留的人均羁押在行政拘留所;刑事拘留是一种强制措施,被刑事拘留的人羁押在看守所

B. 司法拘留、行政拘留、刑事拘留都是一种处罚手段

C. 司法拘留、行政拘留、刑事拘留都是一种强制措施

D. 司法拘留、行政拘留、刑事拘留均可由公安机关决定

### 考点35 逮捕

**149.** 2021 回忆/多

甲、乙二人因涉嫌生产、销售不符合安全标准的食品罪,被刑事拘留并报请检察院审查逮捕。关于本案的审查逮捕程序,下列哪些说法是正确的?

A. 甲认罪认罚,检察院应对其进行讯问

B. 因本案在当地有重大影响,检察院可采取当面听取侦查人员、犯罪嫌疑人、辩护人等意见的方式进行公开审查

C. 因本案案情重大复杂,检察院可在收到提请批准逮捕书后 20 日内作出是否批准逮捕的决定

D. 乙未满 16 周岁,检察院对其作出不批准逮捕及终止侦查的决定

**150.** 2017/2/72/多

甲、乙涉嫌非法拘禁罪被取保候审。本案提起公诉后,法院认为对甲可继续适用取保候审,乙因有伪造证据的行为而应予逮捕。对于法院适用强制措施,下列哪些选项是正确的?

A. 对甲可变更为保证人保证

B. 决定逮捕之前可先行拘留乙

C. 逮捕乙后应在 24 小时内讯问

D. 逮捕乙后,同级检察院可主动启动对乙的羁押必要性审查

**151.** 2016/2/32/单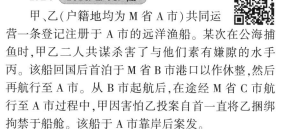

甲乙二人涉嫌猥亵儿童,甲被批准逮捕,乙被取保候审。案件起诉到法院后,乙被法院决定逮捕。关于本案羁押必要性审查,下列哪一选项是正确的?

A. 在审查起诉阶段对甲进行审查,由检察院公诉部门办理

B. 对甲可进行公开审查并听取被害儿童法定代理人的意见

C. 检察院可依职权对乙进行审查

D. 经审查发现乙系从犯、具有悔罪表现且可能宣告缓刑,不予羁押不致发生社会危险性的,检察院应要求法院变更强制措施

**152.** 2016/2/93/任

甲、乙(户籍地均为 M 省 A 市)共同运营一条登记注册于 A 市的远洋渔船。某次在公海捕鱼时,甲乙二人共谋杀害了与他们素有嫌隙的水手丙。该船回国后首泊于 M 省 B 市港口以作休整,然后再航行至 A 市。从 B 市起航后,在途经 M 省 C 市航行至 A 市过程中,甲因害怕乙投案自首一直将乙捆绑拘禁于船舱。该船于 A 市靠岸后案发。

关于本案强制措施的适用,下列选项正确的是:

A. 拘留甲后,应在送看守所羁押后 24 小时以内通知甲的家属

B. 如有证据证明乙参与了故意杀害丙,应逮捕甲

C. 拘留乙后,应在 24 小时内进行讯问

D. 如乙因捆绑拘禁时间过长致身体极度虚弱而生活无法自理的,可在拘留后转为监视居住

**153.** 2015/2/29/多

王某涉嫌在多个市县连续组织淫秽表演,2014 年 9 月 15 日被刑事拘留,随即聘请律师担任辩护人,10 月 17 日被检察院批准逮捕,12 月 5 日被移送检察院审查起诉。关于律师提请检察院进行羁押必要性审查,下列哪些选项是不正确的?①

A. 10 月 14 日提出申请,检察院应受理

B. 11 月 18 日提出申请,检察院应告知其先向侦查机关申请变更强制措施

C. 12 月 3 日提出申请,由检察院承担监所检察工作的部门负责审查

D. 12 月 10 日提出申请,由检察院公诉部门负责审查

① 原为单选题,根据新法答案有变化,调整为多选题。

**154.** 2013/2/67/多

检察机关审查批准逮捕,下列哪些情形存在时应当讯问犯罪嫌疑人?

A. 犯罪嫌疑人的供述前后反复且与其他证据矛盾

B. 犯罪嫌疑人要求向检察机关当面陈述

C. 侦查机关拘留犯罪嫌疑人 36 小时以后将其送交看守所羁押

D. 犯罪嫌疑人是聋哑人

**155.** 2012/2/26/单

检察院审查批准逮捕时,遇有下列哪一情形依法应当讯问犯罪嫌疑人?

A. 辩护律师提出要求的

B. 犯罪嫌疑人要求向检察人员当面陈述的

C. 犯罪嫌疑人要求会见律师的

D. 共同犯罪的

**156.** 2011/2/67/多

逮捕条件中"有证据证明有犯罪事实"是指同时具备下列哪些情形?

A. 有证据证明犯罪事实已经发生

B. 有证据证明的犯罪事实应当是主要犯罪事实

C. 有证据证明犯罪事实是犯罪嫌疑人实施的

D. 证明犯罪嫌疑人实施犯罪的证据已有查证属实的

**考点 36** 强制措施的变更和解除

**157.** 2020 回忆/单

经过羁押必要性审查,下列情形中人民检察院应当向办案机关提出释放或者变更强制措施建议,下列哪一选项正确?

A. 被告人认罪认罚

B. 没有证据证明有犯罪事实或者犯罪行为系犯罪嫌疑人、被告人所为

C. 被告人与被害方依法自愿达成和解协议,且已经履行完毕

D. 被告人患有严重疾病,生活不能自理

**158.** 2016/2/70/多

下列哪些情形,法院应当变更或解除强制措施?

A. 甲涉嫌绑架被逮捕,案件起诉至法院时发现怀有身孕

B. 乙涉嫌非法拘禁被逮捕,被法院判处有期徒刑 2 年,缓期 2 年执行,判决尚未发生法律效力

C. 丙涉嫌妨害公务被逮捕,在审理过程中突发严重疾病

D. 丁涉嫌故意伤害被逮捕,因对被害人伤情有异议而多次进行鉴定,致使该案无法在法律规定的一审期限内审结

**159.** 2014/2/31/单

关于犯罪嫌疑人的审前羁押,下列哪一选项是错误的?

A. 基于强制措施适用的必要性原则,应当尽量减少审前羁押

B. 审前羁押是临时性的状态,可根据案件进展和犯罪嫌疑人的个人情况予以变更

C. 经羁押必要性审查认为不需要继续羁押的,检察院应及时释放或变更为其他非羁押强制措施

D. 案件不能在法定办案期限内办结的,应当解除羁押

**160.** 2008/2/34/多 新法改编

关于应当变更为取保候审、监视居住或解除强制措施,下列哪些选项是不正确的?

A. 甲被逮捕后发现患有严重疾病

B. 乙被逮捕后经检查正在怀孕

C. 丙被逮捕后侦查羁押期限届满仍须继续查证

D. 丁被逮捕后一审法院判处有期徒刑 1 年缓刑 2 年,判决尚未发生效力

# 专题九　附带民事诉讼

**考点 37** 附带民事诉讼当事人

**161.** 2017/2/28/单

甲系某地交通运输管理所工作人员,在巡查执法时致一辆出租车发生重大交通事故,司机乙重伤,乘客丙当场死亡,出租车严重受损。甲以滥用职权罪被提起公诉。关于本案处理,下列哪一选项是正确的?

A. 乙可成为附带民事诉讼原告人

B. 交通运输管理所可成为附带民事诉讼被告人

C. 丙的妻子提起附带民事诉讼的,法院应裁定不予受理

D. 乙和丙的近亲属可与甲达成刑事和解

**162.** 2014/2/32/单

韩某和苏某共同殴打他人,致被害人李某死亡、吴某轻伤,韩某还抢走吴某的手机。后韩某被抓获,苏某在逃。关于本案的附带民事诉讼,下列哪一选项是正确的?

A. 李某的父母和祖父母都有权提起附带民事诉讼

B. 韩某和苏某应一列为附带民事诉讼的被告人

C. 吴某可通过附带民事诉讼要求韩某赔偿手机

D. 吴某在侦查阶段与韩某就民事赔偿达成调解协议并全部履行后又提起附带民事诉讼,法院不予受理

**考点38** 附带民事诉讼的提起与审判程序

**163.** 2016/2/71/多
甲、乙殴打丙,致丙长期昏迷,乙在案发后潜逃,检察院以故意伤害罪对甲提起公诉。关于本案,下列哪些选项是正确的?
　A. 丙的妻子、儿子和弟弟都可成为附带民事诉讼原告人
　B. 甲、乙可作为附带民事诉讼共同被告人,对故意伤害丙造成的物质损失承担连带赔偿责任
　C. 丙因昏迷无法继续履行与某公司签订的合同造成的财产损失不属于附带民事诉讼的赔偿范围
　D. 如甲的朋友愿意代为赔偿,法院应准许并可作为酌定量刑情节考虑

**164.** 2015/2/30/单
法院可以受理被害人提起的下列哪一附带民事诉讼案件?
　A. 抢夺案,要求被告人赔偿被夺走并变卖的手机
　B. 寻衅滋事案,要求被告人赔偿所造成的物质损失
　C. 虐待被监管人案,要求被告人赔偿因体罚虐待致身体损害所产生的医疗费
　D. 非法搜查案,要求被告人赔偿因非法搜查所导致的物质损失

**165.** 2013/2/32/单
王某被姜某打伤致残,在开庭审判前向法院提起附带民事诉讼,并提出财产保全的申请。法院对于该申请的处理,下列哪一选项是正确的?
　A. 不予受理
　B. 可以采取查封、扣押或者冻结被告人财产的措施
　C. 只有在王某提供担保后,法院才予以财产保全
　D. 移送财产所在地的法院采取保全措施

**166.** 张一、李二、王三因口角与赵四发生斗殴,赵四因伤势过重死亡。其中张一系未成年人,王三情节轻微未被起诉,李二在一审开庭前意外死亡。
请回答第(1)、(2)题。

(1) 2013/2/95/任
本案依法负有民事赔偿责任的人是:
　A. 张一、李二
　B. 张一父母、李二父母
　C. 张一父母、王三

D. 张一父母、李二父母、王三
(2) 2013/2/96/任
在一审过程中,如果发生附带民事诉讼原、被告当事人不到庭情形,法院的下列做法正确的是:
　A. 赵四父母经传唤,无正当理由不到庭,法庭应当择期审理
　B. 赵四父母到庭后未经法庭许可中途退庭,法庭应当按撤诉处理
　C. 王三经传唤,无正当理由不到庭,法庭应当采取强制手段强制其到庭
　D. 李二父母未经法庭许可中途退庭,就附带民事诉讼部分,法庭应当缺席判决

**167.** 2012/2/30/单
关于附带民事诉讼案件诉讼程序中的保全措施,下列哪一说法是正确的?
　A. 法院应当采取保全措施
　B. 附带民事诉讼原告人和检察院都可以申请法院采取保全措施
　C. 采取保全措施,不受《民事诉讼法》规定的限制
　D. 财产保全的范围不限于犯罪嫌疑人、被告人的财产或与本案有关的财产

**168.** 2011/2/28/单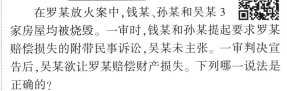
在罗某放火案中,钱某、孙某和吴某3家房屋均被烧毁。一审时,钱某和孙某提起要求罗某赔偿损失的附带民事诉讼,吴某未主张。一审判决宣告后,吴某欲让罗某赔偿财产损失。下列哪一说法是正确的?
　A. 吴某可另行提起附带民事诉讼
　B. 吴某不得再提起附带民事诉讼,可在刑事判决生效后另行提起民事诉讼
　C. 吴某可提出上诉,请求法院在二审程序中判令罗某予以赔偿
　D. 吴某既可另行提起附带民事诉讼,也可单独提起民事诉讼

**169.** 2010/2/76/单
某县检察院以涉嫌故意伤害罪对十六岁的马某提起公诉,被害人刘某提起附带民事诉讼。对此,下列哪一选项是正确的?①
　A. 在审理该案时,法院只能适用《刑法》、《刑事诉讼法》等有关的刑事法律
　B. 在审查起诉阶段,马某、刘某已就赔偿达成协议且马某按照协议给付了刘某五万元,法院仍

---

① 原为多选题,根据新法答案有变化,调整为单选题。

可以受理刘某提起的附带民事诉讼

C. 法院受理附带民事诉讼后,应当将附带民事起诉状副本送达马某,或者将口头起诉的内容通知马某

D. 法院可以决定查封或者扣押被告人马某的财产

**170.** 2009/2/28/多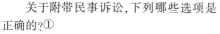

关于附带民事诉讼,下列哪些选项是正确的?①

A. 在侦查、审查起诉阶段,被害人提出赔偿要求经记录在案的,公安机关、检察院可以对民事赔偿部分进行调解

B. 在侦查、审查起诉阶段,经调解当事人达成协议并已给付,被害人又向法院提起附带民事诉讼的,法院不再受理

C. 法院审理刑事附带民事诉讼案件,可以进行调解

D. 附带民事诉讼经调解达成协议并当庭执行完毕的,无需制作调解书,也不需记入笔录

## 专题十 期间、送达

**考点39** 期间

**171.** 2017/2/29/单

卢某妨害公务案于 2016 年 9 月 21 日一审宣判,并当庭送达判决书。卢某于 9 月 30 日将上诉书交给看守所监管人员黄某,但黄某因忙于个人事务直至 10 月 8 日上班时才寄出,上诉书于 10 月 10 日寄到法院。关于一审判决生效,下列哪一选项是正确的?

A. 一审判决于 9 月 30 日生效

B. 因黄某耽误上诉期间,卢某将上诉书交予黄某时,上诉期间中止

C. 因黄某过失耽误上诉期间,卢某可申请期间恢复

D. 上诉书寄到法院时一审判决尚未生效

**172.** 2015/2/31/单

关于办案期限重新计算的说法,下列哪一选项是正确的?

A. 甲盗窃汽车案,在侦查过程中发现其还涉嫌盗窃 1 辆普通自行车,重新计算侦查羁押期限

B. 乙受贿案,检察院审查起诉时发现一笔受贿款项证据不足,退回补充侦查后再次移送审查起诉时,重新计算审查起诉期限

C. 丙聚众斗殴案,在处理完丙提出的有关检察院书记员应当回避的申请后,重新计算一审审理期限

D. 丁贩卖毒品案,二审法院决定开庭审理并通

知同级检察院阅卷,检察院阅卷结束后,重新计算二审审理期限

**173.** 2014/2/33/单

关于期间的计算,下列哪一选项是正确的?

A. 重新计算期限包括公检法的办案期限和当事人行使诉讼权利的期限两种情况

B. 上诉状或其他法律文书在期满前已交邮的不算过期,已交邮是指在期间届满前将上诉状或其他法律文书递交邮局或投入邮筒内

C. 法定期间不包括路途上的时间,比如有关诉讼文书材料在公检法之间传递的时间应当从法定期间内扣除

D. 犯罪嫌疑人、被告人在押的案件,在羁押场所以外对患有严重疾病的犯罪嫌疑人、被告人进行医治的时间,应当从法定羁押期间内扣除

**174.** 2013/2/33/单

关于刑期计算,下列哪一说法是不正确的?

A. 甲被判处拘役六个月,其被指定居所监视居住 154 天的期间折抵刑期 154 天

B. 乙通过贿赂手段被暂予监外执行,其在监外执行的 267 天不计入执行刑期

C. 丙在暂予监外执行期间脱逃,脱逃的 78 天不计入执行刑期

D. 丁被判处管制,其判决生效前被逮捕羁押 208 天的期间折抵刑期 416 天

**175.** 2011/2/29/多

关于期间的计算,下列哪些说法是不正确的?②

A. 因被告人脱逃而中止审理的期间,计入审理期限

B. 法院对提起公诉案件进行审查的期限,不计入审理期限

C. 被告人要求法院另行指定辩护律师,自合议庭同意而宣布延期审理之日起至第 10 日止准备辩护的时间,计入审理期限

D. 因当事人和辩护人申请调取新的证据而延期审理的时间,不计入审理期限

**176.** 2010/2/34/多

下列哪些段时间应计入一审案件审理期限?③

---

① 原为单选题,根据新法答案有变化,调整为多选题。

② 原为单选题,根据新法答案有变化,调整为多选题。

③ 原为单选题,根据新法答案有变化,调整为多选题。

A. 需要延长审理期限的案件,办理报请高级法院批准手续的时间

B. 当事人申请重新鉴定,经法院同意延期审理的时间

C. 检察院补充侦查完毕后重新移送法院的案件,法院收到案件之日以前补充侦查的时间

D. 法院改变管辖的案件,自改变管辖决定作出至改变后的法院收到案件之日的时间

**177.** 2008/2/22/单

根据《刑事诉讼法》及有关司法解释的规定,下列哪一项办案期限是不能重新计算的?

A. 补充侦查完毕后的审查起诉期限

B. 发现犯罪嫌疑人另有重要罪行后的侦查羁押期限

C. 处理当事人回避申请后的法庭审理期限

D. 检察院补充侦查完毕移送法院继续审理的审理期限

**考点40 送达**

**178.** 2013/2/70/多

被告人徐某为未成年人,法院书记员到其住处送达起诉书副本,徐某及其父母拒绝签收。关于该书记员处理这一问题的做法,下列哪些选项是正确的?

A. 邀请见证人到场

B. 在起诉书副本上注明拒收的事由和日期,该书记员和见证人签名或盖章

C. 采取拍照、录像等方式记录送达过程

D. 将起诉书副本留在徐某住处

# 第二编 分 论

## 专题十一 立 案

**考点41 立案材料的来源和条件**

**179.** 2017/2/30/单

环卫工人马某在垃圾桶内发现一名刚出生的婴儿后向公安机关报案,公安机关紧急将婴儿送医院成功抢救后未予立案。关于本案的立案程序,下列哪一选项是正确的?

A. 确定遗弃婴儿的原因后才能立案

B. 马某对公安机关不予立案的决定可申请复议

C. 了解婴儿被谁遗弃的知情人可向检察院控告

D. 检察院可向公安机关发出要求说明不立案理由通知书

**考点42 立案程序和立案监督**

**180.** 2018 回忆/多

甲因酒后驾车被某县公安局交警大队查获,经鉴定,甲每百毫升血液中含酒精90mg,属于醉酒驾车。交警大队随后将甲移送刑警大队以追究危险驾驶罪的刑事责任。刑警大队3天后对甲作出了不立案决定。下列哪些选项是不正确的?

A. 甲有权向某县公安局复议

B. 甲有权向某县公安局的上一级机关复核

C. 交警队有权向某县公安局复议

D. 交警队有权向某县公安局的上一级机关复核

**181.** 2016/2/72/多

公安机关获知有多年吸毒史的王某近期可能从事毒品制售活动,遂对其展开初步调查工作。关于这一阶段公安机关可以采取的措施,下列哪些选项是正确的?

A. 监听

B. 查询王某的银行存款

C. 询问王某

D. 通缉

**182.** 2015/2/32/单

甲公司以虚构工程及伪造文件的方式,骗取乙工程保证金400余万元。公安机关接到乙控告后,以尚无明确证据证明甲涉嫌犯罪为由不予立案。关于本案,下列哪一选项是正确的?

A. 乙应先申请公安机关复议,只有不服复议决定的才能请求检察院立案监督

B. 乙请求立案监督,检察院审查后认为公安机关应立案的,可通知公安机关立案

C. 公安机关接到检察院立案通知后仍不立案的,经省级检察院决定,检察院可自行立案侦查

D. 乙可直接向法院提起自诉

**183.** 2013/2/34/单

卢某坠楼身亡,公安机关排除他杀,不予立案。但卢某的父母坚称他杀可能性大,应当立案,请求检察院监督。检察院的下列哪一做法是正确的?

A. 要求公安机关说明不立案理由

B. 拒绝受理并向卢某的父母解释不立案原因

C. 认为符合立案条件的,可以立案并交由公安机关侦查

D. 认为公安机关不立案理由不能成立的,应当建议公安机关立案

**184.** 2009/2/26/单

国家机关工作人员李某多次利用职务

之便向境外间谍机构提供涉及国家机密的情报,同事赵某发现其行迹后决定写信揭发李某。关于赵某行为的性质,下列哪一选项是正确的?

  A. 控告    B. 告诉
  C. 举报    D. 报案

# 专题十二 侦 查

### 考点43 侦查行为

**185.** 2023 回忆/多

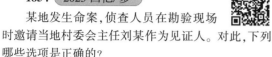

某地发生命案,侦查人员在勘验现场时邀请当地村委会主任刘某作为见证人。对此,下列哪些选项是正确的?

  A. 刘某如请求公安机关予以安全保护,公安机关应采取保护措施
  B. 刘某应在勘验笔录上签字或者盖章
  C. 刘某属于本案的诉讼参与人
  D. 勘验笔录的真实性有争议时,法庭可通知刘某出庭

**186.** 2017/2/23/单

1996 年 11 月,某市发生一起故意杀人案。2017 年 3 月,当地公安机关根据案发时现场物证中提取的 DNA 抓获犯罪嫌疑人陆某。2017 年 7 月,最高检察院对陆某涉嫌故意杀人案核准追诉。在最高检察院核准前,关于本案处理,下列哪一选项是正确的?

  A. 不得侦查本案
  B. 可对陆某先行拘留
  C. 不得对陆某批准逮捕
  D. 可对陆某提起公诉

**187.** 2017/2/31/单

关于侦查辨认,下列哪一选项是正确的?

  A. 强制猥亵案,让犯罪嫌疑人对被害人进行辨认
  B. 盗窃案,让犯罪嫌疑人到现场辨认藏匿赃物的房屋
  C. 故意伤害案,让犯罪嫌疑人和被害人一起对凶器进行辨认
  D. 刑讯逼供案,让被害人在 4 张照片中辨认犯罪嫌疑人

**188.** 2017/2/69/多

甲涉嫌利用木马程序盗取 Q 币并转卖他人,公安机关搜查其住处时,发现一个 U 盘内存储了用于盗取账号密码的木马程序。关于该 U 盘的处理,下列哪些选项是正确的?

  A. 应扣押 U 盘并制作笔录

  B. 检查 U 盘内的电子数据时,应将 U 盘拆分过程进行录像
  C. 公安机关移送审查起诉时,对 U 盘内提取的木马程序,应附有该木马程序如何盗取账号密码的说明
  D. 如 U 盘未予封存,且不能补正或作出合理解释的,U 盘内提取的木马程序不得作为定案的根据

**189.** 2017/2/73/多

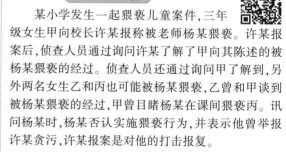

在朱某危险驾驶案的辩护过程中,辩护律师查看了侦查机关录制的讯问同步录像。同步录像中的下列哪些行为违反法律规定?

  A. 后续讯问的侦查人员与首次讯问的侦查人员完全不同
  B. 朱某请求自行书写供述,侦查人员予以拒绝
  C. 首次讯问时未告知朱某可聘请律师
  D. 其中一次讯问持续了 14 个小时

**190.** 2017/2/95/任

某小学发生一起猥亵儿童案件,三年级女生甲向校长许某报称被老师杨某猥亵。许某报案后,侦查人员通过询问许某了解到甲向其陈述的被杨某猥亵的经过。侦查人员还通过询问甲了解到,另外两名女生乙和丙也可能被杨某猥亵,乙曾和甲谈到被杨某猥亵的经过,甲曾目睹杨某在课间猥亵丙。讯问杨某时,杨某否认实施猥亵行为,并表示他曾举报许某贪污,许某报案是对他的打击报复。

  关于本案侦查措施,下列选项正确的是:

  A. 经出示工作证件,侦查人员可在学校询问甲
  B. 询问乙时,可由学校的其他老师在场并代行乙的诉讼权利
  C. 可通过侦查实验确定甲能否在其所描述的时间、地点看到杨某猥亵丙
  D. 搜查杨某在学校内的宿舍时,可由许某在场担任见证人

**191.** 2016/2/34/单

某地发生一起以爆炸手段故意杀人致多人伤亡的案件。公安机关立案侦查后,王某被确定为犯罪嫌疑人。关于本案辨认,下列哪一选项是正确的?

  A. 证人甲辨认制造爆炸物的工具时,混杂了另外 4 套同类工具
  B. 证人乙辨认犯罪嫌疑人时未同步录音或录像,辨认笔录不得作为定案的依据
  C. 证人丙辨认犯罪现场时没有见证人在场,辨认笔录不得作为定案的依据
  D. 王某作为辨认人时,陪衬物不受数量的限制

**192.** 2016/2/94/任

甲、乙(户籍地均为 M 省 A 市)共同运营一条登记注册于 A 市的远洋渔船。某次在公海捕鱼时,甲乙二人共谋杀害了与他们素有嫌隙的水手丙。该船回国后首泊于 M 省 B 市港口以作休整,然后再航行至 A 市。从 B 市起航后,在途经 M 省 C 市航行至 A 市过程中,甲因害怕乙投案自首一直将乙捆绑拘禁于船舱。该船于 A 市靠岸后案发。

本案公安机关开展侦查。关于侦查措施,下列选项正确的是:

A. 讯问甲的过程应当同步录音或录像

B. 可在讯问乙的过程中一并收集乙作为非法拘禁案的被害人的陈述

C. 在该船只上进行犯罪现场勘查时,应邀请见证人在场

D. 可查封该船只进一步收集证据

**193.** 2015/2/94/任

鲁某与关某涉嫌贩卖冰毒 500 余克,B 省 A 市中级法院开庭审理后,以鲁某犯贩卖毒品罪,判处死刑立即执行,关某犯贩卖毒品罪,判处死刑缓期二年执行。一审宣判后,关某以量刑过重为由向 B 省高级法院提起上诉,鲁某未上诉,检察院也未提起抗诉。关于本案侦查,下列选项正确的是:

A. 本案经批准可采用控制下交付的侦查措施

B. 对鲁某采取技术侦查的期限不得超过 9 个月

C. 侦查机关只有在对鲁某与关某立案后,才能派遣侦查人员隐匿身份实施侦查

D. 通过技术侦查措施收集到的证据材料可作为定案的依据,但须经法庭调查程序查证属实或由审判人员在庭外予以核实

**194.** 2014/2/34/单

关于勘验、检查,下列哪一选项是正确的?

A. 为保证侦查活动的规范性与合法性,只有侦查人员可进行勘验、检查

B. 侦查人员进行勘验、检查,必须持有侦查机关的证明文件

C. 检查妇女的身体,应当由女工作人员或者女医师进行

D. 勘验、检查应当有见证人在场,勘验、检查笔录上没有见证人签名的,不得作为定案的根据

**195.** 2014/2/70/多

关于讯问犯罪嫌疑人,下列哪些选项是正确的?

A. 在拘留犯罪嫌疑人之前,一律不得对其进行讯问

B. 在拘留犯罪嫌疑人之后,可在送看守所羁押前进行讯问

C. 犯罪嫌疑人被拘留送看守所之后,讯问应当在看守所内进行

D. 对于被指定居所监视居住的犯罪嫌疑人,应当在指定的居所进行讯问

**196.** 2014/2/92/任

赵某、石某抢劫杀害李某,被路过的王某、张某看见并报案。赵某、石某被抓获后,2 名侦查人员负责组织辨认。关于辨认的程序,下列选项正确的是:

A. 在辨认尸体时,只将李某尸体与另一尸体作为辨认对象

B. 在 2 名侦查人员的主持下,将赵某混杂在 9 名具有类似特征的人员中,由王某、张某个别进行辨认

C. 在对石某进行辨认时,9 名被辨认人员中的 4 名民警因紧急任务离开,在 2 名侦查人员的主持下,将石某混杂在 5 名人员中,由王某、张某个别进行辨认

D. 根据王某、张某的要求,辨认在不暴露他们身份的情况下进行

**197.** 2013/2/30/单

在一起聚众斗殴案件发生时,证人甲乙丙丁四人在现场目睹事实经过,侦查人员对上述四名证人进行询问。关于询问证人的程序和方式,下列哪一选项是错误的?

A. 在现场立即询问证人甲

B. 传唤证人乙到公安机关提供证言

C. 到证人丙租住的房屋询问证人丙

D. 到证人丁提出的其工作单位附近的快餐厅询问证人丁

**198.** 2013/2/35/单

对侦查所实施的司法控制,包括对某些侦查行为进行事后审查。下列哪一选项是正确的?

A. 事后审查的对象主要包括逮捕、羁押、搜查等

B. 事后审查主要针对的是强行性侦查措施

C. 采取这类侦查行为不可以由侦查机关独立作出决定

D. 对于这类行为,公民认为侦查机关侵犯其合法权益的,可以寻求司法途径进行救济

**199.** 2013/2/69/多

在侦查过程中,下列哪些行为违反我国刑事诉讼法的规定?

A. 侦查人员拒绝律师讯问时在场的要求

B. 公安机关变更逮捕措施,没有通知原批准的检察院

C. 公安机关认为检察院不批准逮捕的决定有错误,提出复议前继续拘留犯罪嫌疑人

D. 侦查机关未告知犯罪嫌疑人家属指定居所监视居住的理由和处所

**200.** 2012/2/71/多

关于技术侦查,下列哪些说法是正确的?

A. 适用于严重危害社会的犯罪案件

B. 必须在立案后实施

C. 公安机关和检察院都有权决定并实施

D. 获得的材料需要经过转化才能在法庭上使用

**201.** 侦查措施是查明案件事实的手段,与公民的权利保障密切相关。

请回答第(1)~(3)题。

(1) 2012/2/92/任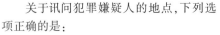

关于讯问犯罪嫌疑人的地点,下列选项正确的是:

A. 对不需要逮捕、拘留的犯罪嫌疑人,可以传唤到犯罪嫌疑人所在市、县的公安局进行讯问

B. 对不需要逮捕、拘留的犯罪嫌疑人,可以传唤到犯罪嫌疑人所在市、县的公司内进行讯问

C. 对于已经被逮捕羁押的犯罪嫌疑人,应当在看守所内进行讯问

D. 犯罪现场发现的犯罪嫌疑人,可以当场口头传唤,但须出示工作证并在讯问笔录中注明

(2) 2012/2/93/任

关于询问被害人,下列选项正确的是:

A. 侦查人员可以在现场进行询问

B. 侦查人员可以在指定的地点进行询问

C. 侦查人员可以通知被害人到侦查机关接受询问

D. 询问笔录应当交被害人核对,如记载有遗漏或者差错,被害人可以提出补充或者改正

(3) 2012/2/94/任

关于查封、扣押措施,下列选项正确的是:

A. 查封、扣押犯罪嫌疑人与案件有关的各种财物、文件只能在勘验、搜查中实施

B. 根据侦查犯罪的需要,可以依照规定扣押犯罪嫌疑人的存款、汇款、债券、股票、基金份额等财产

C. 侦查人员认为需要扣押犯罪嫌疑人的邮件、电报的时候,可通知邮电机关将有关的邮件、电报检交扣押

D. 对于查封、扣押的财物、文件、邮件、电报,经查明确实与案件无关的,应当在 3 日以内解除查封、扣押,予以退还

**202.** 2011/2/69/单

公安机关抓获一起抢夺案犯罪嫌疑人黄某、王某。王某声称被错抓,公安机关决定组织对王某进行辨认。关于公安机关的做法,下列哪一选项是正确的?①

A. 让 2 名被害人一同对王某进行辨认

B. 让黄某单独对王某进行辨认

C. 在辨认时没有安排见证人在场

D. 将王某混在其他 5 名被辨认人当中

**203.** 2010/2/67/多

关于司法鉴定,下列哪些选项是正确的?

A. 某鉴定机构的三名鉴定人共同对某杀人案进行法医类鉴定,这三名鉴定人依照诉讼法律规定实行回避

B. 某鉴定机构的鉴定人钱某对某盗窃案进行了声像资料鉴定,该司法鉴定应由钱某负责

C. 当事人对鉴定人胡某的鉴定意见有异议,经法院通知,胡某应当出庭作证

D. 鉴定人刘某、廖某、徐某共同对被告人的精神状况进行了鉴定,刘某和廖某意见一致,但徐某有不同意见,应当按照刘某和廖某的意见作出结论

**204.** 2009/2/27/单

关于侦查中的检查与搜查,下列哪一说法是正确的?

A. 搜查的对象可以是活人的身体,检查只能对现场、物品、尸体进行

B. 搜查只能由侦查人员进行,检查可以由具有专门知识的人在侦查人员主持下进行

C. 搜查应当出示搜查证,检查不需要任何证件

D. 搜查和检查对任何对象都可以强制进行

**205.** 2009/2/68/多

关于扣押物证、书证,下列哪些做法是正确的?

A. 侦查人员在搜查钱某住宅时,发现一份能够证明钱某无罪的证据,对此证据予以扣押

B. 在杜某故意杀人案中,侦查机关依法扣押杜某一些物品和文件。对与案件无关的物品和文件,侦查机关应当在五日内解除扣押、冻结,

---

① 原为多选题,根据新法答案有变化,调整为单选题。

退还杜某

C. 公安机关在侦查刘某盗窃案中,可以依照规定查询、冻结刘某的存款、汇款

D. 在对周某盗窃罪审查起诉中,周某死亡,检察院决定将依法冻结的周某赃款的一部分上缴国库,其余部分返还给被害人

**206.** 2007/2/30/单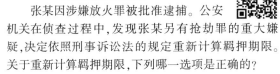

张某因涉嫌放火罪被批准逮捕。公安机关在侦查过程中,发现张某另有抢劫罪的重大嫌疑,决定依照刑事诉讼法的规定重新计算羁押期限。关于重新计算羁押期限,下列哪一选项是正确的?

A. 报同级检察院批准

B. 报同级检察院备案

C. 报上一级公安机关批准

D. 报上一级公安机关备案

**207.** 2006/2/33/单

黄某住甲市 A 区,因涉嫌诈骗罪被甲市检察院批准逮捕。由于案情复杂,期限届满侦查不能终结,侦查机关报请有关检察机关批准延长一个月。其后,由于该案重大复杂,涉及面广,取证困难,侦查机关报请有关检察机关批准后,又延长了二个月。但是,延长二个月后,仍不能侦查终结,且根据已查明的犯罪事实,对黄某可能判处无期徒刑,侦查机关第三次报请检察院批准再延长二个月。在报请延长手续问题上,下列哪一选项是错误的?

A. 第一次延长,须经甲市检察院批准

B. 第二次延长,须经甲市检察院的上一级检察院批准

C. 第二次延长,须经甲市所属的省检察院批准

D. 第三次延长,须经甲市所属的省检察院批准

**考点44** 侦查终结

**208.** 2016/2/33/单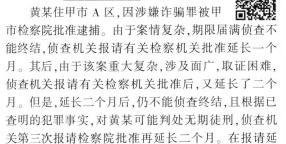

甲乙二人在餐厅吃饭时言语不合进而互相推搡,乙突然倒地死亡,县公安局以甲涉嫌过失致人死亡立案侦查。经鉴定乙系特殊体质,其死亡属意外事件,县公安局随即撤销案件。关于乙的近亲属的诉讼权利,下列哪一选项是正确的?

A. 就撤销案件向县公安局申请复议

B. 就撤销案件向县公安局的上一级公安局申请复核

C. 向检察院侦查监督部门申请立案监督

D. 直接向法院对甲提起刑事附带民事诉讼

**209.** 2012/2/39/单

关于侦查程序中的辩护权保障和情况告知,下列哪一选项是正确的?

A. 辩护律师提出要求的,侦查机关可以听取辩护律师的意见,并记录在案

B. 辩护律师提出书面意见的,可以附卷

C. 侦查终结移送审查起诉时,将案件移送情况告知犯罪嫌疑人或者其辩护律师

D. 侦查终结移送审查起诉时,将案件移送情况告知犯罪嫌疑人及其辩护律师

**考点45** 补充侦查

**210.** 2015/2/70/多

关于补充侦查,下列哪些选项是正确的?

A. 审查批捕阶段,只有不批准逮捕的,才能通知公安机关补充侦查

B. 审查起诉阶段的补充侦查以两次为限

C. 审判阶段检察院应自行侦查,不得退回公安机关补充侦查

D. 审判阶段法院不得建议检察院补充侦查

# 专题十三 起诉

**考点46** 起诉概述

**211.** 2013/2/36/单

只要有足够证据证明犯罪嫌疑人构成犯罪,检察机关就必须提起公诉。关于这一制度的法理基础,下列哪一选项是正确的?

A. 起诉便宜主义

B. 起诉法定主义

C. 公诉垄断主义

D. 私人诉追主义

**212.** 2010/2/70/多

关于我国刑事起诉制度,下列哪些选项是正确的?

A. 实行公诉为主、自诉为辅的犯罪追诉机制

B. 公诉为主表明公诉机关可主动干预自诉

C. 实行的起诉原则为起诉法定主义为主,兼采起诉便宜主义

D. 起诉法定为主要求凡构成犯罪的必须起诉

**考点47** 审查起诉

**213.** 2021 回忆/任

梁某因贪污被甲省乙市监察机关立案调查。留置期间梁某认罪认罚,积极退赃,监察机关经调查,认为犯罪事实清楚,证据确实、充分,依法移送人民检察院。在审查起诉期间,梁某拒绝律师为其辩护,下列说法正确的是:

A. 人民检察院应当通知值班律师为梁某提供法律援助

B. 乙市监察机关决定留置应当报请甲省监察机关批准

C. 监察机关可以向检察院提出认罪认罚建议

D. 移送审查起诉后,留置措施自动解除,检察院应当对梁某先行拘留

**214.** 2016/2/35/单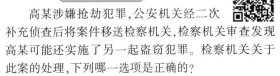

甲、乙共同实施抢劫,该案经两次退回补充侦查后,检察院发现甲在两年前曾实施诈骗犯罪。关于本案,下列哪一选项是正确的?

A. 应将全案退回公安机关依法处理

B. 对新发现的犯罪自行侦查,查清犯罪事实后一并提起公诉

C. 将新发现的犯罪移送公安机关侦查,待公安机关查明事实移送审查起诉后一并提起公诉

D. 将新发现的犯罪移送公安机关立案侦查,对已查清的犯罪事实提起公诉

**215.** 2013/2/25/单

高某涉嫌抢劫犯罪,公安机关经二次补充侦查后将案件移送检察机关,检察机关审查发现高某可能还实施了另一起盗窃犯罪。检察机关关于此案的处理,下列哪一选项是正确的?

A. 再次退回公安机关补充侦查,并要求在一个月内补充侦查完毕

B. 要求公安机关收集并提供新发现的盗窃犯罪的证据材料

C. 对新发现的盗窃犯罪自行侦查,并要求公安机关提供协助

D. 将新发现的盗窃犯罪移送公安机关另行立案侦查,对已经查清的抢劫犯罪提起公诉

**216.** 2013/2/66/多 新法改编

法院审理郑某涉嫌滥用职权犯罪案件,在宣告判决前,检察院发现郑某和张某接受秦某巨款,涉嫌贿赂犯罪,事实清楚,证据确实、充分。对于新发现犯罪嫌疑人和遗漏罪行的处理,下列哪些做法是正确的?

A. 法院可以主动将张某、秦某追加为被告人一并审理

B. 检察院可以补充起诉郑某、张某和秦某的贿赂犯罪

C. 检察院可以将张某、秦某追加为被告人,要求法院一并审理

D. 检察院应当撤回起诉,将三名犯罪嫌疑人以两个罪名重新起诉

**217.** 2009/2/29/单

关于检察院审查起诉,下列哪一选项

是正确的?

A. 认为需要对公安机关的勘验、检查进行复验、复查的,可以自行复验、复查

B. 发现侦查人员以非法方法收集证据的,应当自行调查取证

C. 对已经退回公安机关二次补充侦查的案件,在审查起诉中又发现新的犯罪事实的,应当将已侦查的案件和新发现的犯罪一并移送公安机关立案侦查

D. 共同犯罪中部分犯罪嫌疑人潜逃的,应当中止对全案的审查,待潜逃犯罪嫌疑人归案后重新开始审查起诉

**考点48 不起诉**

**218.** 2022回忆/多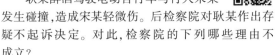

耿某醉酒驾驶电动自行车与行人宋某发生碰撞,造成宋某轻微伤。后检察院对耿某作出存疑不起诉决定。对此,检察院的下列哪些理由不成立?

A. 交通事故责任认定书确认耿某负主要责任,宋某负次要责任

B. 耿某辩称知道醉酒不能驾驶轿车,但不知道不能驾驶电动自行车

C. 鉴定机构承认耿某的血液样本被污染

D. 耿某驾驶的车符合法律规定的非机动车的标准

**219.** 2018回忆/多

张三系某县财政局局长,因涉嫌贪污被某县监察委员会立案调查,调查终结后,某县监察委员会将案件移送某县检察院审查起诉。下列表述哪些是错误的?

A. 某县检察院经过审查认为需要补充核实证据,应当对案件自行补充侦查

B. 某县检察院经过审查认为需要补充核实证据,可以直接作出不起诉决定

C. 某县检察院经过审查认为证据不足,经过二次退回某县监察委员会补充调查后仍然认为证据不足,可以直接作出不起诉决定

D. 某县检察院作出不起诉决定后,某县监察委员会不服,有权向某县检察院提请复议

**220.** 2017/2/32/单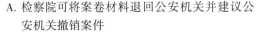

叶某涉嫌飞车抢夺行人财物被立案侦查。移送审查起诉后,检察院认为实施该抢夺行为的另有其人。关于本案处理,下列哪一选项是正确的?

A. 检察院可将案卷材料退回公安机关并建议公安机关撤销案件

B. 在两次退回公安机关补充侦查后,检察院应

作出证据不足不起诉的决定

C. 检察院作出不起诉决定后，被害人不服向法院提起自诉，法院受理后，不起诉决定视为自动撤销

D. 如最高检察院认为对叶某的不起诉决定确有错误的，可直接撤销不起诉决定

**221.** 2015/2/33/单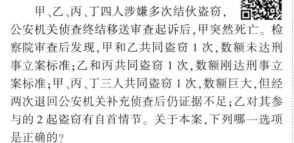
甲、乙、丙、丁四人涉嫌多次结伙盗窃，公安机关侦查终结移送审查起诉后，甲突然死亡。检察院审查后发现，甲和乙共同盗窃1次，数额未达刑事立案标准；乙和丙共同盗窃1次，数额刚达刑事立案标准；甲、丙、丁三人共同盗窃1次，数额巨大，但经两次退回公安机关补充侦查后仍证据不足；乙对其参与的2起盗窃有自首情节。关于本案，下列哪一选项是正确的？

A. 对甲可作出酌定不起诉决定

B. 对乙可作出法定不起诉决定

C. 对丙应作出证据不足不起诉决定

D. 对丁应作出证据不足不起诉决定

**222.** 2014/2/35/单
检察院对孙某敲诈勒索案审查起诉后认为，作为此案关键证据的孙某口供系刑讯所获，依法应予排除。在排除该口供后，其他证据显然不足以支持起诉，因而作出不起诉决定。关于该案处理，下列哪一选项是错误的？

A. 检察院的不起诉属于存疑不起诉

B. 检察院未经退回补充侦查即作出不起诉决定违反《刑事诉讼法》的规定

C. 检察院排除刑讯获得的口供，体现了法律监督机关的属性

D. 检察院不起诉后，又发现新的证据，符合起诉条件时，可提起公诉

**223.** 2011/2/31/单
被害人对于检察院作出不起诉决定不服而在7日内提出申诉时，下列哪一说法是正确的？

A. 由作出决定的检察院受理被害人的申诉

B. 由与作出决定的检察院相对应的法院受理被害人的申诉

C. 被害人提出申诉同时又向法院起诉的，法院应裁定驳回起诉

D. 被害人提出申诉后又撤回的，仍可向法院起诉

**224.** 2008/2/24/单
某看守所干警甲，因涉嫌虐待被监管人乙被立案侦查。在审查起诉期间，A地基层检察院认为甲情节显著轻微，不构成犯罪，遂作不起诉处理。

关于该决定，下列哪一选项是正确的？

A. 公安机关有权申请复议复核

B. 某甲有权向原决定检察院申诉

C. 某乙有权向上一级检察院申诉

D. 申诉后，上级检察院维持不起诉决定的，某乙可以向该地的中级法院提起自诉

# 专题十四　刑事审判概述

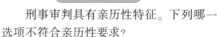

**考点49** 刑事审判的特征

**225.** 2014/2/36/单
刑事审判具有亲历性特征。下列哪一选项不符合亲历性要求？

A. 证人因路途遥远无法出庭，采用远程作证方式在庭审过程中作证

B. 首次开庭并对出庭证人的证言质证后，某合议庭成员因病无法参与审理，由另一人民陪审员担任合议庭成员继续审理并作出判决

C. 某案件独任审判员在公诉人和辩护人共同参与下对部分证据进行庭外调查核实

D. 第二审法院对决定不开庭审理的案件，通过讯问被告人，听取被害人、辩护人和诉讼代理人的意见进行审理

**考点50** 刑事审判原则

**226.** 2017/2/74/多
《关于推进以审判为中心的刑事诉讼制度改革的意见》第13条要求完善法庭辩论规则，确保控辩意见发表在法庭。法庭应当充分听取控辩双方意见，依法保障被告人及其辩护人的辩论辩护权。关于这一规定的理解，下列哪些选项是正确的？

A. 符合我国刑事审判模式逐步弱化职权主义色彩的发展方向

B. 确保控辩意见发表在法庭，核心在于保障被告人和辩护人能充分发表意见

C. 体现了刑事审判的公开性

D. 被告人认罪的案件的法庭辩论，主要围绕量刑进行

**227.** 2016/2/22/单
《中共中央关于全面深化改革若干重大问题的决定》提出"让审理者裁判、由裁判者负责"。结合刑事诉讼基本原理，关于这一表述的理解，下列哪一选项是正确的？

A. 体现了我国刑事诉讼职能的进一步细化与完善

B. 体现了刑事诉讼直接原则的要求

C. 体现了刑事审判的程序性特征

D. 体现了刑事审判控辩式庭审方式改革的方向

**228.** 2013/2/37/单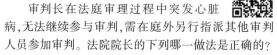

开庭审判过程中,一名陪审员离开法庭处理个人事务,辩护律师提出异议并要求休庭,审判长予以拒绝,四十分钟后陪审员返回法庭继续参与审理。陪审员长时间离开法庭的行为违背下列哪一审判原则?

A. 职权主义原则
B. 证据裁判规则
C. 直接言词原则
D. 集中审理原则

**229.** 2011/2/32/单

审判长在法庭审理过程中突发心脏病,无法继续参与审判,需在庭外另行指派其他审判人员参加审判。法院院长的下列哪一做法是正确的?

A. 指派一名陪审员担任审判长重新审理
B. 指派一名审判员担任审判长继续审理
C. 指派一名陪审员并指定原合议庭一名审判员担任审判长继续审理
D. 指定一名审判员担任审判长重新审理

**230.** 2010/2/73/多

下列哪些选项体现了集中审理原则的要求?

A. 案件一旦开始审理即不得更换法官
B. 法庭审理应不中断地进行
C. 更换法官或者庭审中断时间较长的,应当重新进行审理
D. 法庭审理应当公开进行

**231.** 2009/2/25/单

下列哪一选项体现直接言词原则的要求?

A. 法官亲自收集证据
B. 法官亲自在法庭上听取当事人、证人及其他诉讼参与人的口头陈述
C. 法庭审理尽可能不中断地进行
D. 法庭审理应当公开进行证据调查与辩论

考点**51** 审级制度

**232.** 2017/2/33/单

下列哪一选项属于两审终审制的例外?

A. 自诉案件的刑事调解书经双方当事人签收后,即具有法律效力,不得上诉
B. 地方各级法院的第一审判决,法定期限内没有上诉、抗诉,期满即发生法律效力
C. 在法定刑以下判处刑罚的判决,报请最高法院核准后生效

D. 法院可通过再审,撤销或者改变已生效的二审判决

**233.** 2009/2/32/单

关于两审终审制度,下列哪一选项是正确的?

A. 一个案件只有经过两级法院审理裁判才能生效
B. 经过两级法院审判所作的裁判都是生效裁判
C. 一个案件经过两级法院审判后对所作的裁判不能上诉
D. 一个案件经过两级法院审判后当事人就不能对判决、裁定提出异议

考点**52** 审判组织

**234.** 2020 回忆/多

关于合议庭,下列哪些说法是错误的?

A. 对于疑难、复杂、重大的案件,合议庭认为难以作出决定的,由合议庭直接提交审判委员会讨论决定
B. 合议庭进行评议的时候,如果意见分歧,应当按审判长的意见作出决定
C. 人民法院审判上诉案件,应当由审判员三人至七人组成合议庭进行
D. 合议庭的成员人数应当是单数

**235.** 2019 回忆/多

关于审判组织,下列说法不正确的是:

A. 最高人民法院审理一审案件可以由 1 个审判员和 2 个人民陪审员组成合议庭
B. 某国企高管张某贪污 1 亿元,社会影响重大,市检察院公诉到中级人民法院,本案应当由人民陪审员和法官组成七人合议庭审理
C. 某区法院审理精神病人的强制医疗程序应当由 3 名审判员组成合议庭审理
D. 某县法院适用简易程序审理刘某侵占案,则应当由审判员 1 人独任审理

考点**53** 人民陪审员制度

**236.** 2021 回忆/多

闵某是七人合议庭中的人民陪审员,关于闵某的权利,下列选项说法正确的是:

A. 合议庭评议,可以就法律问题发表意见
B. 开庭前可以查阅案卷
C. 庭审中经审判长同意可以询问证人
D. 判决书副本应当送给闵某

**237.** 2020 回忆/任

下列关于人民陪审员制度的表述,正确的是:

A. 人民陪审员可以组织自诉人和被告人进行调解

B. 三人合议庭中,人民陪审员只对事实问题进行表决

C. 人民陪审员参加七人的合议庭,由二个法官和五个陪审员组成

D. 人民陪审员由法院院长任命

**238．** 2015/2/35/单

罗某作为人民陪审员参与 D 市中级法院的案件审理工作。关于罗某的下列哪一说法是正确的?

A. 担任人民陪审员,必须经 D 市人大常委会任命

B. 同法官享有同等权利,也能担任合议庭审判长

C. 可参与中级法院二审案件审理,并对事实认定、法律适用独立行使表决权

D. 可要求合议庭将案件提请院长决定是否提交审委会讨论决定

**239．** 2013/2/26/多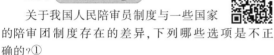

关于我国人民陪审员制度与一些国家的陪审团制度存在的差异,下列哪些选项是不正确的?①

A. 人民陪审员制度目的在于协助法院完成审判任务,陪审团制度目的在于制约法官

B. 人民陪审员与法官行使相同职权,陪审团与法官存在职权分工

C. 人民陪审员在成年公民中随机选任,陪审团从有选民资格的人员中聘任

D. 是否适用人民陪审员制度取决于当事人的意愿,陪审团适用于所有案件

**240．** 2011/2/35/单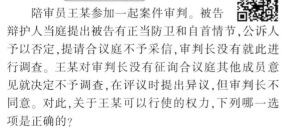

陪审员王某参加一起案件审判。被告辩护人当庭提出被告有正当防卫和自首情节,公诉人予以否定,提请合议庭不予采信,审判长没有就此进行调查。王某对审判长没有征询合议庭其他成员意见就决定不予调查,在评议时提出异议,但审判长不同意。对此,关于王某可以行使的权力,下列哪一选项是正确的?

A. 要求合议庭将案件提请院长决定是否展开调查

B. 要求合议庭将案件提交审判委员会讨论决定

C. 提请院长决定是否提交审判委员会讨论决定

D. 要求合议庭提请院长决定是否提交审判委员会讨论决定

**241．** 2009/2/74/多

张某系某基层法院陪审员,可以参与

审判下列哪些案件?

A. 所在区基层法院适用简易程序审理的案件

B. 所在市中级法院审理的一审案件

C. 所在市中级法院审理的二审案件

D. 所在省高级法院审理的一审案件

# 专题十五　第一审程序

### 考点 54 公诉案件庭前审查

**242．** 2010/2/71/多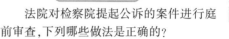

法院对检察院提起公诉的案件进行庭前审查,下列哪些做法是正确的?

A. 发现被告人张某在起诉前已从看守所脱逃的,退回检察院

B. 法院裁定准许撤诉的抢劫案,检察院因被害人范某不断上访重新起诉的,不予受理

C. 起诉时提供的一名外地证人石某没有列明住址和通讯处的,通知检察院补送

D. 某被告人被抓获后始终一言不发,也没有任何有关姓名、年龄、住址、单位等方面的信息或线索的,不予受理

**243．** 2008/2/71/多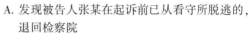

某县法院在对杨某绑架案进行庭前审查中,发现下列哪些情形时,应当将案件退回检察机关?

A. 杨某在绑架的过程中杀害了人质

B. 杨某在审查起诉期间从看守所逃脱

C. 检察机关移送起诉材料未附证据目录

D. 检察机关移送起诉材料欠缺已经委托辩护人的住址、通讯处

**244．** 2007/2/25/多

法院对公诉案件进行审查后,应当根据不同情况作出处理。据此,下列哪些选项是错误的?②

A. 对于不属于本院管辖的,应当通知检察院撤回起诉

B. 对于被告人不在案的,应当决定退回检察院

C. 法院裁定准许撤诉的案件,没有新的事实、证据,检察院重新起诉的,应当裁定驳回起诉

D. 法院作出了证据不足、指控的犯罪不能成立的无罪判决的案件,检察院依据新的事实、证据材料重新起诉的,法院应当根据禁止重复追诉原则不予受理

---

① 原为单选题,根据新法答案有变化,调整为多选题。

② 原为单选题,根据新法答案有变化,调整为多选题。

**245.** 2015/2/72/多

高某利用职务便利多次收受贿赂,还雇凶将举报他的下属王某打成重伤。关于本案庭前会议,下列哪些选项是正确的?

A. 高某可就案件管辖提出异议

B. 王某提起附带民事诉讼的,可调解

C. 高某提出其口供系刑讯所得,法官可在审查讯问时同步录像的基础上决定是否排除口供

D. 庭前会议上出示过的证据,庭审时举证、质证可简化

**246.** 2014/2/71/多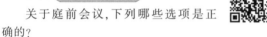

关于庭前会议,下列哪些选项是正确的?

A. 被告人有参加庭前会议的权利

B. 被害人提起附带民事诉讼的,审判人员可在庭前会议中进行调解

C. 辩护人申请排除非法证据的,可在庭前会议中就是否排除作出决定

D. 控辩双方可在庭前会议中就出庭作证的证人名单进行讨论

**考点 56 法庭审判程序**

**247.** 2022 回忆/任

刘某在家突发疾病,其丈夫醉酒归来后立即拨打120,但救护车无法及时赶到。情急之下,刘某丈夫驾车送其去医院。事后刘某丈夫被人民检察院以危险驾驶罪提起公诉。关于本案的审理,下列说法正确的是:

A. 法庭辩论中辩护人提出案发道路人员稀少的新事实,法院应恢复法庭调查

B. 庭审后,辩护人提交120接听记录作为紧急避险的证据,该记录经庭外征求意见后可作为定案的根据

C. 法院应对刘某危险驾驶的起因进行审查

D. 若法院适用速裁程序审理本案,则无须对定案证据进行质证

**248.** 2021 回忆/任

检察院以关某涉嫌盗窃罪提起公诉,关某表示认罪认罚,人民检察院建议对关某判处4年有期徒刑,法院适用简易程序审理本案。判决宣告前,法院发现关某还另有盗窃事实没有移送,于是通知检察院,检察院没有在指定时间内予以回复。下列关于法院的做法正确的是:

A. 将简易程序转为普通程序进行审理

B. 应当对关某判处有期徒刑4年

C. 可以就新发现的犯罪事实自行调查

D. 应当就起诉书指控的事实作出裁判

**249.** 2019 回忆/单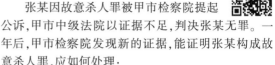

张某因故意杀人罪被甲市检察院提起公诉,甲市中级法院以证据不足,判决张某无罪。一年后,甲市检察院发现新的证据,能证明张某构成故意杀人罪,应如何处理:

A. 甲市检察院建议甲市中级法院撤销原无罪判决后,再提起公诉

B. 甲市检察院直接提起公诉

C. 甲市检察院抗诉提起再审

D. 甲市检察院建议甲市中级法院主动再审

**250.** 2016/2/36/多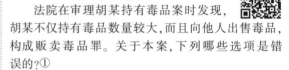

法院在审理胡某持有毒品案时发现,胡某不仅持有毒品数量较大,而且向他人出售毒品,构成贩卖毒品罪。关于本案,下列哪些选项是错误的?①

A. 如胡某承认出售毒品,法院可直接改判

B. 法院可在听取控辩双方意见基础上直接改判

C. 法院可建议检察院补充或者变更起诉

D. 法院可建议检察院退回补充侦查

**251.** 2016/2/96/任

甲女与乙男在某社交软件互加好友,手机网络聊天过程中,甲女多次向乙男发送暧昧言语和色情图片,表示可以提供有偿性服务。二人于酒店内见面后因价钱谈不拢而争吵,乙男强行将甲女留在房间内,并采用胁迫手段与其发生性关系。后甲女向公安机关报案,乙男则辩称双方系自愿发生性关系。

本案后起诉至法院,关于本案审理程序,下列选项正确的是:

A. 应当不公开审理

B. 甲女因出庭作证而支出的交通、住宿的费用,法院应给予补助

C. 甲女可向法院提起附带民事诉讼要求乙男赔偿因受侵害而支出的医疗费

D. 公诉人讯问乙男后,甲女可就强奸的犯罪事实向乙男发问

**252.** 2015/2/36/多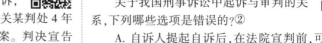

关于我国刑事诉讼中起诉与审判的关系,下列哪些选项是错误的?②

A. 自诉人提起自诉后,在法院宣判前,可随时撤回自诉,法院应准许

B. 法院只能就起诉的罪名是否成立作出裁判

① 原为单选题,根据新法答案有变化,调整为多选题。

② 原为单选题,根据新法答案有变化,调整为多选题。

C. 在法庭审理过程中,法院可建议检察院补充、变更起诉

D. 对检察院提起公诉的案件,法院判决无罪后,检察院不能再次起诉

**253.** 2013/2/39/单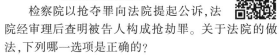

检察院以抢夺罪向法院提起公诉,法院经审理后查明被告人构成抢劫罪。关于法院的做法,下列哪一选项是正确的?

A. 应当建议检察院改变起诉罪名,不能直接以抢劫罪定罪

B. 可以直接以抢劫罪定罪,不必建议检察院改变起诉罪名

C. 只能判决无罪,检察院应以抢劫罪另行起诉

D. 应当驳回起诉,检察院应以抢劫罪另行起诉

**254.** 2013/2/74/多

被告人刘某在案件审理期间死亡,法院作出终止审理的裁定。其亲属坚称刘某清白,要求法院作出无罪判决。对于本案的处理,下列哪些选项是正确的?

A. 应当裁定终止审理

B. 根据已查明的案件事实和认定的证据,能够确认无罪的,应当判决宣告刘某无罪

C. 根据刘某亲属要求,应当撤销终止审理的裁定,改判无罪

D. 根据刘某亲属要求,应当以审判监督程序重新审理该案

**255.** 2012/2/69/多

审理一起团伙犯罪案时,因涉及多个罪名和多名被告人、被害人,审判长为保障庭审秩序,提高效率,在法庭调查前告知控辩双方注意事项。下列哪些做法是错误的?

A. 公诉人和被告人仅就刑事部分进行辩论,被害人和被告人仅就附带民事部分进行辩论

B. 控辩双方仅在法庭辩论环节就证据的合法性、相关性问题进行辩论

C. 控辩双方可就证据问题、事实问题、程序问题以及法律适用问题进行辩论

D. 为保证控方和每名辩护人都有发言时间,控方和辩方发表辩论意见时间不超过30分钟

**256.** 2011/2/70/多

关于量刑程序,下列哪些说法是正确的?

A. 检察院可以在公诉意见书中提出量刑建议

B. 合议庭在评议前向到庭旁听的人发放调查问卷了解他们对量刑的意见

C. 简易程序审理的案件,被告人自愿承认指控的犯罪事实和罪名且知悉认罪法律后果的,法

庭审理可以直接围绕量刑问题进行

D. 辩护人无权委托有关方面制作涉及未成年人的社会调查报告

**257.** 2009/2/34/单

检察院以涉嫌盗窃罪对赵某提起公诉。经审理,法院认为证明指控事实的证据间存在矛盾且无法排除,同时查明赵某年龄认定有误,该案发生时赵某未满16周岁。关于本案,法院应当采取下列哪一做法?

A. 将案件退回检察院

B. 终止审理

C. 作证据不足、指控的犯罪不能成立的无罪判决

D. 判决宣告赵某不负刑事责任

**258.** 2008/2/38/单

按照我国《刑事诉讼法》的规定,关于法庭审理活动先后顺序的排列,下列哪一选项的组合是正确的?

①宣读勘验笔录;②公诉人发表公诉词;③讯问被告人;④询问证人、鉴定人;⑤出示物证;⑥被告人最后陈述。

A. ②③⑤④①⑥

B. ③④⑤①②⑥

C. ②④⑤①⑥③

D. ③④①⑤②⑥

**259.** 2008/2/78/多

在法庭审理中,控方向法庭出示被告人实施抢劫时所持的匕首。关于该匕首,应当履行的法庭调查程序,下列哪些选项是正确的?

A. 让被害人辨认

B. 让被告人辨认

C. 听取辩护人意见

D. 听取诉讼代理人意见

**考点57** 延期审理、中止审理和终止审理

**260.** 2012/2/31/单

下列哪一选项属于刑事诉讼中适用中止审理的情形?

A. 由于申请回避而不能进行审判的

B. 需要重新鉴定的

C. 被告人患有严重疾病,长时间无法出庭的

D. 检察人员发现提起公诉的案件需要补充侦查,提出建议的

**261.** 2008/2/70/多

关于刑事案件的延期审理和中止审理,下列哪些说法是正确的?

A. 延期审理适用于法庭审理过程中,中止审理适

用于法院受理案件后至作出判决前

  B. 导致延期审理的原因是庭审自身出现障碍，因而不停止法庭审理以外的诉讼活动，导致中止审理的原因是出现了不能抗拒的情况，使诉讼活动无法正常进行，因而暂停诉讼活动

  C. 延期审理的案件再行开庭的时间具有可预见性，中止审理的案件再行开庭的时间往往无法预见

  D. 不论延期审理还是中止审理，其时间都计入审理期限

**262.** 2008/2/77/多 新法改编

  在下列哪些情形下，经公诉人建议法庭延期审理的时间一次不得超过一个月？

  A. 发现事实不清、证据不足的

  B. 发现遗漏罪行、遗漏同案犯罪嫌疑人，需要补充侦查或者补充提供证据的

  C. 发现遗漏罪行或者遗漏同案犯罪嫌疑人，虽不需要补充侦查和补充提供证据，但需要补充、追加起诉的

  D. 申请人民法院通知证人、鉴定人出庭作证的

**考点58 法庭秩序**

**263.** 2012/2/70/多

  关于对法庭审理中违反法庭秩序的人员可采取的措施，下列哪些选项是正确的？

  A. 警告制止

  B. 强行带出法庭

  C. 只能在1000元以下处以罚款

  D. 只能在10日以下处以拘留

**考点59 自诉案件审理程序**

**264.** 2021 回忆/单

  甲因乙诽谤自己从事淫秽色情行业，对自己造成不良影响，遂向法院提起自诉。后来由于该案社会影响重大、情节严重，危害社会公共秩序，公安机关决定立案侦查，检察院对乙依法提起公诉。下列哪一项说法是正确的？

  A. 在自诉案件审理中，若乙认罪认罚且同意适用速裁程序，可以适用速裁程序

  B. 在公诉案件审理中，若乙认罪认罚且同意适用速裁程序，可以适用速裁程序

  C. 在检察院提起公诉后，法院可以对自诉和公诉案件一并审理

  D. 不论作为公诉案件还是自诉案件，如果乙真心悔过，双方可以和解

**265.** 2018 回忆/多

  小张（女）与单位同事小陈自由恋爱，但小张的父亲老张一直嫌弃小陈家贫而横加干涉，并多次殴打小陈逼迫小陈离开小张，小张一气之下到某县法院对老张以暴力干涉婚姻自由罪提起自诉。法院立案后，在开庭审理前，小张念及父女情义，要求撤回起诉。下列表述不正确的是：

  A. 小张请求撤回起诉，某县法院应当裁定准许

  B. 小张请求撤回起诉，某县法院应当裁定驳回起诉

  C. 若某县法院发现小张证据不足，又提不出补充证据，应当说服小张撤诉，小张拒不撤诉的，应当裁定驳回起诉

  D. 若某县法院发现小张证据不足，又提不出补充证据，应当说服小张撤诉或者裁定驳回起诉

**266.** 2014/2/37/单

  关于自诉案件的程序，下列哪一选项是正确的？

  A. 不论被告人是否羁押，自诉案件与普通公诉案件的审理期限都相同

  B. 不论在第一审程序还是第二审程序中，在宣告判决前，当事人都可和解

  C. 不论当事人在第一审还是第二审审理中提出反诉的，法院都应当受理

  D. 在第二审程序中调解结案的，应当裁定撤销第一审裁判

**267.** 2011/2/72/多

  关于自诉案件的和解和调解，下列哪些说法是正确的？

  A. 和解和调解适用于自诉案件

  B. 和解和调解都适用于告诉才处理和被害人有证据证明的轻微案件

  C. 和解和调解应当制作调解书、和解协议，由审判人员和书记员署名并加盖法院印章

  D. 对于当事人已经签收调解书或法院裁定准许自诉人撤诉的案件，被告人被羁押的，应当予以解除

**268.** 2010/2/31/单

  某法院在审理张某自诉伤害案中，发现被告人还实施过抢劫。对此，下列哪一做法是正确的？

  A. 继续审理伤害案，将抢劫案移送有管辖权的公安机关

  B. 鉴于伤害案属于可以公诉的案件，将伤害案与抢劫案一并移送有管辖权的公安机关

  C. 继续审理伤害案，建议检察院对抢劫案予以起诉

  D. 对伤害案延期审理，待检察院对抢劫案起诉

后一并予以审理

**269.** 2010/2/74/多

下列哪些案件法院审理时可以调解?
A.《刑法》规定告诉才处理的案件
B. 被害人有证据证明的轻微刑事案件
C. 检察院决定不起诉后被害人提起自诉的案件
D. 刑事诉讼中的附带民事诉讼案件

**270.** 2009/2/33/单

关于自诉案件,下列哪一选项是正确的?
A. 法院都可以进行调解
B. 当事人在宣告判决前,可以自行和解
C. 被告人在诉讼过程中可以提起反诉
D. 只能由被害人亲自告诉

**271.** 2008/2/72/多

关于自诉案件的审理,下列哪些做法是正确的?
A. 甲、乙系一起伤害案件的自诉人,案件审理中甲撤回起诉,法院继续案件审理
B. 某伤害案,因检察院作出不起诉决定,被害人提起自诉,审理中自诉人与被告人和解而撤回自诉,法院经审查准许
C. 某遗弃案,被告人在第二审程序中提出反诉,法院予以受理并与原自诉合并审理
D. 某侵犯知识产权案,第二审中当事人和解,法院裁定准许撤回自诉并撤销一审判决

**考点60** 简易程序

**272.** 2017/2/34/单

下列哪一案件可适用简易程序审理?
A. 甲为境外非法提供国家秘密案,情节较轻,可能判处3年以下有期徒刑
B. 乙抢劫案,可能判处10年以上有期徒刑,检察院未建议适用简易程序
C. 丙传播淫秽物品案,经审查认为,情节显著轻微,可能不构成犯罪
D. 丁暴力取证案,可能被判处拘役,丁的辩护人作无罪辩护

**273.** 2017/2/93/任

甲、乙二人系药材公司仓库保管员,涉嫌5次共同盗窃其保管的名贵药材,涉案金额40余万元。一审开庭审理时,药材公司法定代表人丙参加庭审。经审理,法院认定了其中4起盗窃事实,另1起因证据不足未予认定,甲和乙以职务侵占罪分别被判处有期徒刑3年和1年。

关于丙参与法庭审理,下列选项正确的是:

A. 丙可委托诉讼代理人参加法庭审理
B. 公诉人讯问甲和乙后,丙可就犯罪事实向甲、乙发问
C. 丙可代表药材公司在附带民事诉讼中要求甲和乙赔偿被窃的药材损失
D. 丙反对适用简易程序的,应转为普通程序审理

**274.** 2016/2/28/单

王某系聋哑人,因涉嫌盗窃罪被提起公诉。关于本案,下列哪一选项是正确的?
A. 讯问王某时,如有必要可通知通晓聋哑手势的人参加
B. 王某没有委托辩护人,应通知法律援助机构指派律师为其提供辩护
C. 辩护人经通知未到庭,经王某同意,法院决定开庭审理
D. 因事实清楚且王某认罪,实行独任审判

**275.** 2016/2/37/单

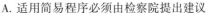

甲犯抢夺罪,法院经审查决定适用简易程序审理。关于本案,下列哪一选项是正确的?
A. 适用简易程序必须由检察院提出建议
B. 如被告人已提交承认指控犯罪事实的书面材料,则无需再当庭询问其对指控的意见
C. 不需要调查证据,直接围绕罪名确定和量刑问题进行审理
D. 如无特殊情况,应当庭宣判

**276.** 2014/2/72/多

方某涉嫌在公众场合侮辱高某和任某,高某向法院提起自诉。关于本案的审理,下列哪些选项是正确的?
A. 如果任某担心影响不好不愿起诉,任某的父亲可代为起诉
B. 法院通知任某参加诉讼并告知其不参加的法律后果,任某仍未到庭,视为放弃告诉,该案宣判后,任某不得再行自诉
C. 方某的弟弟系该案关键目击证人,经法院通知其无正当理由不出庭作证的,法院可强制其到庭
D. 本案应当适用简易程序审理

**277.** 2014/2/73/多

关于简易程序,下列哪些选项是正确的?
A. 甲涉嫌持枪抢劫,法院决定适用简易程序,并由两名审判员和一名人民陪审员组成合议庭进行审理
B. 乙涉嫌盗窃,未满16周岁,法院只有在征得乙

的法定代理人和辩护人同意后,才能适用简易程序

C. 丙涉嫌诈骗并对罪行供认不讳,但辩护人为其做无罪辩护,法院决定适用简易程序

D. 丁涉嫌故意伤害,经审理认为可能不构成犯罪,遂转为普通程序审理

**278.** 2011/2/71/多

关于适用简易程序审理刑事案件变更为适用普通程序,下列哪些说法是正确的?

A. 法院可以决定直接变更为普通程序审理,不需要将案件退回检察院

B. 对于自诉案件变更为普通程序的,按照自诉案件程序审理

C. 自诉案件由简易程序转化为普通程序时原起诉仍然有效,自诉人不必另行起诉

D. 在适用普通程序后又发现可适用简易程序时,可以再次变更为简易程序

**279.** 2009/2/76/多

关于简易程序,下列哪些选项是正确的?

A. 自诉案件都可以适用简易程序

B. 即使适用简易程序,被告人最后陈述也不能取消

C. 被告人委托辩护人的,辩护人应当出庭

D. 经审判员准许,被告人可以同公诉人进行辩论

**考点61** 速裁程序

**280.** 2019 回忆/多

蒋某酒后醉驾发生交通事故,导致被害人轻伤,自己也截肢瘫痪。关于该案的刑事诉讼程序,下列哪些说法是不正确的?

A. 由于蒋某瘫痪,因此可以不签署认罪认罚具结书

B. 法院可以到蒋某家里开庭审理该案

C. 适用速裁程序审理该案,审理期限可以延长至15日

D. 如果被害人提起附带民事诉讼,则该案不能适用速裁程序

**281.** 2018 回忆/多

关于速裁程序,下列哪些说法是不正确的?

A. 法院适用速裁程序审理案件,应当在10日内审结

B. 适用速裁程序应当当庭宣判

C. 适用速裁程序审理案件,不应当进行法庭调查、法庭辩论,但在判决宣告前应当听取辩护

人的意见

D. 对被告人适用速裁程序审理后发现可能判处的有期徒刑超过1年的,应当组成合议庭重新审理

**考点62** 单位犯罪案件审理程序

**282.** 2021 回忆/单

甲公司涉嫌走私普通货物品罪,公司的法定代表人曹某也被追责,乙律师事务所的律师程某担任甲公司的诉讼代表人。关于本案的诉讼代表人和辩护人,下列哪一项说法是正确的?

A. 程某担任诉讼代表人既可由甲公司委托,也可由检察机关指派

B. 曹某不可委托乙律师事务所的其他律师担任其辩护人

C. 程某在本案中行使辩护职能

D. 程某可以一并担任甲公司的辩护人

**283.** 2015/2/37/单

某国有银行涉嫌违法发放贷款造成重大损失,该行长因系直接负责的主管人员也被追究刑事责任,信贷科科长齐某因较为熟悉银行贷款业务被确定为单位的诉讼代表人。关于本案审理程序,下列哪一选项是正确的?

A. 如该案在开庭审理前召开庭前会议,应通知齐某参加

B. 齐某无正当理由拒不出庭的,可拘传其到庭

C. 齐某可当庭拒绝银行委托的辩护律师为该行辩护

D. 齐某没有最后陈述的权利

**284.** 迅辉制药股份公司主要生产健骨消痛丸,公司法定代表人陆某指令保管员韩某采用不登记入库、销售人员打白条领取产品的方法销售,逃避缴税65万元。迅辉公司及陆某以逃税罪被起诉到法院。

请回答第(1)~(3)题。

(1) 2013/2/92/任

可以作为迅辉公司单位犯罪的诉讼代表人的是:

A. 公司法定代表人陆某

B. 被单位委托的职工王某

C. 保管员韩某

D. 公司副经理李某

(2) 2013/2/93/任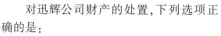

对迅辉公司财产的处置,下列选项正确的是:

A. 涉及违法所得及其孳息,尚未被追缴的,法院应当追缴

B. 涉及违法所得及其孳息,尚未被查封、扣押、

冻结的,法院应当查封、扣押、冻结

C. 为了保证判决的执行,对迅辉公司财产,法院应当先行查封、扣押、冻结

D. 如果迅辉公司能够提供担保,对其财产也可以不采取查封、扣押、冻结

(3) 2013/2/94/任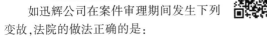

如迅辉公司在案件审理期间发生下列变故,法院的做法正确的是:

A. 公司被撤销,不能免除单位和单位主管人员的刑事责任

B. 公司被注销,对单位不再追诉,对主管人员继续审理

C. 公司被合并,仍应将迅辉公司列为被告单位,并以其在新单位的财产范围承担责任

D. 公司被分立,应将分立后的单位列为被告单位,并以迅辉公司在新单位的财产范围承担责任

285. 2009/2/31/单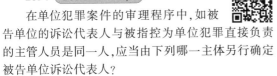

在单位犯罪案件的审理程序中,如被告单位的诉讼代表人与被指控为单位犯罪直接负责的主管人员是同一人,应当由下列哪一主体另行确定被告单位诉讼代表人?

A. 被告单位

B. 被告单位的直接主管机关

C. 检察院

D. 法院

286. 2008/2/29/单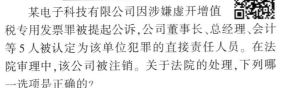

某电子科技有限公司因涉嫌虚开增值税专用发票罪被提起公诉,公司董事长、总经理、会计等5人被认定为该单位犯罪的直接责任人员。在法院审理中,该公司被注销。关于法院的处理,下列哪一选项是正确的?

A. 继续审理

B. 终止审理

C. 终止审理,建议检察机关对公司董事长、总经理、会计等另行起诉

D. 退回检察机关,建议检察机关对公司董事长、总经理、会计等另行起诉

**考点63 一审裁判**

287. 2017/2/35/单

在一审法院审理中出现下列哪一特殊情形时,应以判决的形式作出裁判?

A. 经审理发现犯罪已过追诉时效且不是必须追诉的

B. 自诉人未经法庭准许中途退庭的

C. 经审理发现被告人系精神病人,在不能控制

自己行为时造成危害结果的

D. 被告人在审理过程中死亡,根据已查明的案件事实和认定的证据,尚不能确认其无罪的

288. 2010/2/35/单

关于刑事判决与裁定的区别,下列哪一选项是正确的?

A. 判决解决案件的实体问题,裁定解决案件的程序问题

B. 一案中只能有一个判决,裁定可以有若干个

C. 判决只能以书面的形式表现,裁定只以口头作出

D. 不服判决与不服裁定的上诉、抗诉期限不同

289. 法院在刑事案件的审理过程中,根据对案件的不同处理需要使用判决、裁定和决定。请根据有关法律规定及刑事诉讼原理,回答第(1)~(3)题。

(1) 2009/2/95/任

关于判决、裁定、决定的适用对象,下列选项正确的是:

A. 判决不适用于解决案件的程序问题

B. 裁定不适用于解决案件的实体问题

C. 决定只适用于解决案件的程序问题

D. 解决案件的程序问题只能用决定

(2) 2009/2/96/任

关于一个案件中适用判决、裁定、决定的数量,下列选项正确的是:

A. 在一个案件中,可以有多个判决

B. 在一个案件中,可以有多个裁定

C. 在一个案件中,可以有多个决定

D. 在一个案件中,可以只有决定,而没有判决或裁定

(3) 2009/2/97/任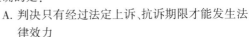

关于判决、裁定、决定的效力,下列选项正确的是:

A. 判决只有经过法定上诉、抗诉期限才能发生法律效力

B. 裁定一经作出立即发生法律效力

C. 有些决定可以申请复议,复议期间不影响决定的效力

D. 法院减刑、假释裁定的法律效力并不最终确定,检察院认为不当而提出纠正意见的,法院应当重新组成合议庭进行审理,作出最终裁定

290. 2007/2/36/单

检察院以涉嫌诈骗罪对某甲提起公诉。经法庭审理,法院认定,某甲的行为属于刑法规定的"将代为保管的他人财物非法占为己有并拒不退还"的侵占行为。对于本案,检察院拒不撤回起诉时,

法院的哪种处理方法是正确的?

  A. 裁定驳回起诉

  B. 裁定终止审理

  C. 迳行作出无罪判决

  D. 以侵占罪作出有罪判决

**291.** 2006/2/79/多

  下列哪些选项属于法院应当终止审理的情形?

  A. 张某涉销售赃物一案,经审理认为情节显著轻微危害不大的

  B. 赵某涉嫌抢劫一案,赵某在第一审开庭审理前发病猝死的

  C. 李某以遭受遗弃为由提起自诉,法院审查后不予立案的

  D. 王某以遭受虐待为由提起自诉,后又撤一回自诉的

# 专题十六 第二审程序

### 考点64 第二审程序的提起

**292.** 2015/2/38/单

  黄某倒卖文物案于 2014 年 5 月 28 日一审终结。6 月 9 日(星期一),法庭宣判黄某犯倒卖文物罪,判处有期徒刑 4 年并立即送达了判决书,黄某当即提起上诉,但于 6 月 13 日经法院准许撤回上诉;检察院以量刑畸轻为由于 6 月 12 日提起抗诉,上级检察院认为抗诉不当,于 6 月 17 日向同级法院撤回了抗诉。关于一审判决生效的时间,下列哪一选项是正确的?

  A. 6 月 9 日    B. 6 月 17 日

  C. 6 月 19 日    D. 6 月 20 日

**293.** 2011/2/22/单

  关于法定代理人对法院一审判决、裁定的上诉权,下列哪一说法是错误的?

  A. 自诉人高某的法定代理人有独立上诉权

  B. 被告人李某的法定代理人有独立上诉权

  C. 被害人方某的法定代理人有独立上诉权

  D. 附带民事诉讼当事人吴某的法定代理人对附带民事部分有独立上诉权

**294.** 2005/2/76/多

  甲与乙婚后六年,乙又与另一男子相爱,并通过熟人办理了结婚登记手续。甲得知后将乙起诉至法院,乙被法院以重婚罪判处有期徒刑一年。对本案第一审判决,哪些人享有独立上诉权?

  A. 甲      B. 乙

  C. 甲、乙的父母   D. 乙的辩护人

**295.** 2005/2/34/单

  叶某因挪用资金罪被判处有期徒刑一年缓刑两年,判决宣告时叶某表示不上诉。其被解除羁押后经向他人咨询,认为自己不构成犯罪,于是又想提出上诉。下列哪一项是正确的?

  A. 叶某已明确表示不上诉,因此不能再提起上诉

  B. 需经法院同意,叶某才能上诉

  C. 在上诉期满前,叶某有权提出上诉

  D. 叶某可在上诉期满前提出上诉,但因一审判决未生效,需对他重新收押

**296.** 2002/2/92/任

  一起共同抢劫案件,被告人张某被判处有期徒刑 5 年,被告人王某被判处有期徒刑 1 年。在一审宣判后,张某当即表示上诉,王某则表示不上诉,人民检察院没有抗诉。关于本案被告人的上诉问题,下列哪些说法是正确的?

  A. 因王某已表示不上诉,因此在第一审判决书送达后,人民法院即可将其交付执行

  B. 在上诉期限内,被告人王某仍然可以提起上诉

  C. 在上诉期限内,被告人张某有权撤回上诉

  D. 在上诉期满后,被告人张某便无权撤回其上诉

### 考点65 上诉不加刑原则

**297.** 2022 回忆/单

  甲因涉嫌盗窃罪和诈骗罪被提起公诉,一审法院判处甲盗窃罪有期徒刑 5 年、诈骗罪有期徒刑 5 年,两罪合并执行 8 年。甲不服判决提起上诉,检察院未抗诉。二审法院认为事实不清、证据不足,发回重审。重审后,一审法院判处甲盗窃罪有期徒刑 6 年,诈骗罪不予追究刑事责任,检察院对该判决提起抗诉。下列哪一说法是正确的?

  A. 发回重审后一审法院改判盗窃罪 6 年有期徒刑违反了上诉不加刑原则

  B. 检察院抗诉后,二审法院对盗窃罪的判罚不能超过有期徒刑 6 年

  C. 检察院抗诉后,二审法院对两罪的判罚合并执行不得超过有期徒刑 6 年

  D. 检察院抗诉后,二审法院对两罪的判罚合并执行不得超过有期徒刑 8 年

**298.** 2011/2/93/任

  根据有关立法及司法解释的规定,对被判处死刑缓期执行的被告人可以同时决定对其限制减刑,因而涉及相关诉讼程序方面的问题。高级法院审理判处死刑缓期执行没有限制减刑的上诉案件,认为原判事实清楚、证据充分,但确有必要限制减刑的,下列处理程序正确的是:

A. 直接改判

B. 发回重新审判

C. 维持原判不再纠正

D. 二审判决、裁定生效后,按照审判监督程序重新审判

**299.** `2010/2/36/多`

某法院判决赵某犯诈骗罪处有期徒刑四年,犯盗窃罪处有期徒刑九年,合并执行有期徒刑十一年。赵某提出上诉。中级法院经审理认为,判处刑罚不当,犯诈骗罪应处有期徒刑五年,犯盗窃罪应处有期徒刑八年。根据上诉不加刑原则,下列哪些做法是正确的?①

A. 以事实不清、证据不足为由发回原审法院重新审理

B. 直接改判两罪刑罚,分别为五年和八年,合并执行十二年

C. 直接改判两罪刑罚,分别为五年和八年,合并执行仍为十一年

D. 维持一审判决

**300.** `2010/2/77/多`

朱某自诉陈某犯诽谤罪,法院审理后,陈某反诉朱某侮辱罪。法院审查认为,符合反诉条件,合并审理此案,判处陈某有期徒刑一年,判处朱某有期徒刑一年。两人不服,均以对对方量刑过轻、己方量刑过重为由提出上诉。关于二审法院的判决,下列哪些选项是正确的?

A. 如认为对两人量刑均过轻,可同时加重朱某和陈某的刑罚

B. 如认为对某一人的量刑过轻,可加重该人的刑罚

C. 即使认为对两人量刑均过轻,也不得同时加重朱某和陈某的刑罚

D. 如认为一审量刑过轻,只能通过审判监督程序纠正

**301.** `2009/2/35/多`

下列哪些选项不违反上诉不加刑原则?②

A. 一审法院认定马某犯伤害罪判处有期徒刑三年,马某上诉,检察院没有抗诉,二审法院认为一审判决认定事实不清,发回原审法院重新审判

B. 一审法院认定赵某犯抢夺罪判处有期徒刑五年,赵某上诉,检察院没有抗诉,二审法院在没有改变刑期的情况下将罪名改判为抢劫罪

C. 一审法院以盗窃罪判处金某有期徒刑二年、王某有期徒刑一年,金某、王某没有实施犯

罪为由提起上诉,检察院认为对金某量刑畸轻提出抗诉,二审法院经审理认为一审对金某、王某量刑均偏轻,但仅对金某改判为五年

D. 一审法院认定石某犯杀人罪判处死刑立即执行,犯抢劫罪判处无期徒刑,数罪并罚决定执行死刑立即执行。石某上诉后,二审法院认为石某在抢劫现场杀人只构成抢劫罪一个罪,遂撤销一审对杀人罪的认定,以抢劫罪判处死刑立即执行

### 考点66 二审审理与裁判

**302.** `2021 回忆/多`

张某因挪用资金罪被甲市乙区法院判处有期徒刑1年,乙区人民检察院以量刑畸轻为由抗诉,甲市中院以事实不清,证据不足为由将本案发回重审,乙区法院改判挪用公款罪但刑期不变。张某不服提起上诉,下列哪些行为是正确的?

A. 如甲市检察院认为抗诉不当,应要求乙区检察院撤回抗诉

B. 如甲市中院重审发现乙区法院违反回避制度,应将本案再次发回重审

C. 甲市中院不能对张某改判为有期徒刑2年

D. 甲市中院曾参与本案审判的合议庭人员应回避

**303.** `2017/2/94/任`

甲、乙二人系药材公司仓库保管员,涉嫌5次共同盗窃其保管的名贵药材,涉案金额40余万元。一审开庭审理时,药材公司法定代表人丙参加庭审。经审理,法院认定了其中4起盗窃事实,另1起因证据不足未予认定,甲和乙以职务侵占罪分别被判处有期徒刑3年和1年。

一审判决作出后,乙以量刑过重为由提出上诉,甲未上诉,检察院未抗诉。关于本案二审程序,下列选项正确的是:

A. 二审法院受理案件后应通知同级检察院查阅案卷

B. 二审法院可审理并认定一审法院未予认定的1起盗窃事实

C. 二审法院审理后认为乙符合适用缓刑的条件,将乙改判为有期徒刑2年,缓刑2年

D. 二审期间,甲可另行委托辩护人为其辩护

**304.** `2016/2/38/单`

龚某因生产不符合安全标准的食品罪被一审法院判处有期徒刑5年,并被禁止在刑罚执行完毕之日起3年内从事食品加工行业。龚某以量刑

① 原为单选题,根据新法答案有变化,调整为多选题。

② 原为单选题,根据新法答案有变化,调整为多选题。

畸重为由上诉,检察院未抗诉。关于本案二审,下列哪一选项是正确的?

A. 应开庭审理

B. 可维持有期徒刑 5 年的判决,并将职业禁止的期限变更为 4 年

C. 如认为原判认定罪名不当,二审法院可在维持原判刑罚不变的情况下改判为生产有害食品罪

D. 发回重审后,如检察院变更起诉罪名为生产有害食品罪,一审法院可改判并加重龚某的刑罚

**305.** 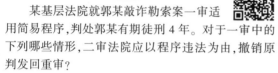 2016/2/73/多

某基层法院就郭某敲诈勒索案一审适用简易程序,判处郭某有期徒刑 4 年。对于一审中的下列哪些情形,二审法院应以程序违法为由,撤销原判发回重审?

A. 未在开庭 10 日前向郭某送达起诉书副本

B. 由一名审判员独任审理

C. 公诉人没有对被告人进行发问

D. 应公开审理但未公开审理

**306.** 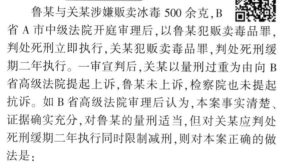 2015/2/95/任

鲁某与关某涉嫌贩卖冰毒 500 余克,B省 A 市中级法院开庭审理后,以鲁某犯贩卖毒品罪,判处死刑立即执行,关某犯贩卖毒品罪,判处死刑缓期二年执行。一审宣判后,关某以量刑过重为由向 B 省高级法院提起上诉,鲁某未上诉,检察院也未提起抗诉。如 B 省高级法院审理后认为,本案事实清楚、证据确实充分,对鲁某的量刑适当,但对关某应判处死刑缓期二年执行同时限制减刑,则对本案正确的做法是:

A. 二审应开庭审理

B. 由于未提起抗诉,同级检察院可不派员出席法庭

C. 高级法院可将全案发回 A 市中级法院重新审判

D. 高级法院可维持对鲁某的判决,并改判关某死刑缓期二年执行同时限制减刑

**307.** 2014/2/38/单

甲乙丙三人共同实施故意杀人,一审法院判处甲死刑立即执行、乙无期徒刑、丙有期徒刑 10 年。丙以量刑过重为由上诉,甲和乙未上诉,检察院未抗诉。关于本案的第二审程序,下列哪一选项是正确的?

A. 可不开庭审理

B. 认为没有必要的,甲可不再到庭

C. 由于乙没有上诉,其不得另行委托辩护人为其辩护

D. 审理后认为原判事实不清且对丙的量刑过轻,发回一审法院重审,一审法院重审后可加重丙的刑罚

**308.**  2011/2/37/单

关于发回重审,下列哪一说法是不正确的?

A. 发回重审原则上不能超过二次

B. 在发回重审裁定书中应详细阐明发回重审的理由及法律根据

C. 一审剥夺或者限制了当事人的法定诉讼权利,可能影响公正审判的,应当发回重审

D. 发回重审应当撤销原判

**309.** 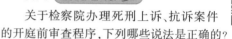 2011/2/73/多

关于检察院办理死刑上诉、抗诉案件的开庭前审查程序,下列哪些说法是正确的?

A. 应当讯问被告人,听取被告人的上诉理由或者辩解

B. 应当听取辩护人的意见

C. 应当询问证人

D. 可以听取被害人的意见

**310.** 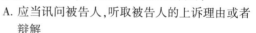 2009/2/79/多

下列哪些二审案件依法应当开庭审理?

A. 甲犯贪污罪被一审判处有期徒刑五年,检察院认为量刑畸轻而抗诉的

B. 乙犯伤害罪被一审判处无期徒刑,乙上诉的

C. 丙犯抢劫罪被一审判处死刑缓期二年执行,丙对事实、证据无异议,以量刑过重为由上诉的

D. 丁犯杀人罪被一审判处死刑立即执行,丁上诉的

**311.**  2008/2/67/多

甲杀人案,犯罪手段残忍,影响恶劣,第一审法院为防止被害人家属和旁听群众在法庭上过于激愤影响顺利审判,决定作为特例不公开审理。经审理,第一审法院判处甲死刑立即执行,甲上诉。对于本案,第二审法院下列哪些做法是正确的?

A. 组成合议庭

B. 把案件作为第一审案件审理

C. 审理后改判

D. 撤销原判,发回重审

**312.**  2004/2/33/单

某人民法院对被告人曹某等共同抢劫一案作出一审判决。曹某对犯罪事实供认不讳,仅以

量刑过重为由提出上诉,其他被告人未提出上诉,人民检察院也未抗诉。二审法院经审理认为曹某构成犯罪,但曹某在二审作出裁判前因病死亡。二审法院应当如何处理该案件?

A. 裁定全案终止审理,原判决自行生效
B. 裁定对上诉终止审理,维持一审判决
C. 裁定撤销一审判决,发回原审法院重审
D. 宣布对曹某终止审理,对其他被告人仍应作出判决或裁定

**313.** 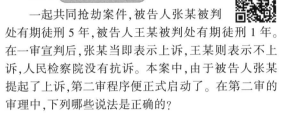 2002/2/93/任

一起共同抢劫案件,被告人张某被判处有期徒刑 5 年,被告人王某被判处有期徒刑 1 年。在一审宣判后,张某当即表示上诉,王某则表示不上诉,人民检察院没有抗诉。本案中,由于被告人张某提起了上诉,第二审程序便正式启动了。在第二审的审理中,下列哪些说法是正确的?

A. 没有提起上诉的被告人王某有权委托辩护人
B. 提起上诉的被告人张某有权委托辩护人
C. 被告人王某应当参加第二审的法庭调查
D. 被告人王某应当参加第二审的法庭辩论

# 专题十七　死刑复核程序

**考点67** 判处死刑立即执行案件的复核程序

**314.** 2020 回忆/多

关于死刑复核及执行的相关程序,下列哪些选项是错误的?

A. 甲被判处死刑立即执行,执行前要求会见他的前妻,人民法院应当及时通知
B. 同案审理的案件中,仅乙一人被判处死刑立即执行,其他未被判处死刑的同案被告人需要待最高人民法院核准乙的死刑后再交付执行
C. 最高人民法院对死刑作出核准后,不再接受律师的辩护意见
D. 死刑执行前发现罪犯丙是聋哑人,应当暂停执行,并层报最高人民法院

**315.**  2017/2/36/单

段某因贩卖毒品罪被市中级法院判处死刑立即执行,段某上诉后省高级法院维持了一审判决。最高法院复核后认为,原判认定事实清楚,但量刑过重,依法不应当判处死刑,不予核准,发回省高级法院重新审判。关于省高级法院重新审判,下列哪一选项是正确的?

A. 应另行组成合议庭
B. 应由审判员 5 人组成合议庭

C. 应开庭审理
D. 可直接改判死刑缓期 2 年执行,该判决为终审判决

**316.** 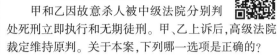 2016/2/39/单

甲和乙因故意杀人被中级法院分别判处死刑立即执行和无期徒刑。甲、乙上诉后,高级法院裁定维持原判。关于本案,下列哪一选项是正确的?

A. 高级法院裁定维持原判后,对乙的判决即已生效
B. 高级法院应先复核再报请最高法院核准
C. 最高法院如认为原判决对乙的犯罪事实未查清,可查清后对乙改判并核准甲的死刑
D. 最高法院如认为甲的犯罪事实不清、证据不足,不予核准死刑的,只能使用裁定

**317.** 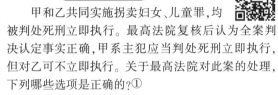 2014/2/39/多

甲和乙共同实施拐卖妇女、儿童罪,均被判处死刑立即执行。最高法院复核后认为全案判决认定事实正确,甲系主犯应当判处死刑立即执行,但对乙可不立即执行。关于最高法院对此案的处理,下列哪些选项是正确的?①

A. 将乙改判为死缓,并裁定核准甲死刑
B. 对乙作出改判,并判决核准甲死刑
C. 对全案裁定不予核准,撤销原判,发回重审
D. 裁定核准甲死刑,撤销对乙的判决,发回重审

**318.** 2013/2/75/多

张某因犯故意杀人罪和爆炸罪,一审均被判处死刑立即执行,张某未上诉,检察机关也未抗诉。最高法院经复核后认为,爆炸罪的死刑判决事实不清、证据不足,但故意杀人罪死刑判决认定事实和适用法律正确、量刑适当。关于此案的处理,下列哪些选项是错误的?

A. 对全案裁定核准死刑
B. 裁定核准故意杀人罪死刑判决,并对爆炸罪死刑判决予以改判
C. 裁定核准故意杀人罪死刑判决,并撤销爆炸罪的死刑判决,发回重审
D. 对全案裁定不予核准,并撤销原判,发回重审

**319.**  2012/2/33/单

关于死刑复核程序,下列哪一选项是正确的?

A. 最高法院复核死刑案件,可以不讯问被告人
B. 最高法院复核死刑案件,应当听取辩护律师的意见

① 原为单选题,根据新法答案有变化,调整为多选题。

C. 在复核死刑案件过程中,最高检察院应当向最高法院提出意见

D. 最高法院应当将死刑复核结果通报最高检察院

**320.** 2010/2/37/单

被告人甲犯数罪被判死刑,甲向辩护人咨询死刑复核程序的有关情况,辩护人对此作出的下列哪一答案符合法律及司法解释的规定?

A. 应当调查甲的人际关系

B. 应当为甲指定辩护人

C. 应当审查甲犯罪的情节、后果及危害程度

D. 应当开庭审理并通知检察院派员出庭

**321.** 2008/2/79/多

关于死刑复核程序,下列哪些选项是正确的?

A. 赵某因故意杀人罪和贩毒罪分别被判处死刑,最高法院对案件进行复核时,认为赵某贩毒罪的死刑判决认定事实和适用法律正确、量刑适当、程序合法,但故意杀人罪的死刑判决事实不清、证据不足,遂对全案裁定不予核准,撤销原判,发回重审

B. 钱某因绑架罪和抢劫罪分别被判处死刑,最高法院在对案件进行复核时,发现钱某绑架罪的死刑判决认定事实和适用法律正确、量刑适当、诉讼程序合法,抢劫罪的死刑判决认定事实清楚,但依法不应当判处死刑,遂对绑架罪作出核准死刑的判决,对抢劫罪的死刑判决予以改判

C. 孙某伙同李某持枪抢劫银行被分别判处死刑,最高法院进行复核时发现孙某的死刑判决认定事实和适用法律正确、量刑适当、程序合法,李某的死刑判决认定事实不清、证据不足,遂对全案裁定不予核准

D. 周某伙同吴某劫持航空器致人重伤被分别判处死刑,最高法院在复核时发现周某的死刑判决认定事实和适用法律正确、量刑适当、程序合法,吴某的死刑判决认定事实清楚,但依法不应当判处死刑,遂对周某作出核准死刑的判决,对吴某的死刑判决予以改判

**考点68** 判处死刑缓期二年执行案件的复核程序

**322.** 2015/2/96/任

鲁某与关某涉嫌贩卖冰毒 500 余克,B 省 A 市中级法院开庭审理后,以鲁某犯贩卖毒品罪,判处死刑立即执行,关某犯贩卖毒品罪,判处死刑缓期二年执行。一审宣判后,关某以量刑过重为由向 B 省高级法院提起上诉,鲁某未上诉,检察院也未提起

抗诉。如 B 省高级法院审理后认为,一审判决认定事实和适用法律正确、量刑适当,裁定驳回关某的上诉,维持原判,则对本案进行死刑复核的正确程序是:

A. 对关某的死刑缓期二年执行判决,B 省高级法院不再另行复核

B. 最高法院复核鲁某的死刑立即执行判决,应由审判员三人组成合议庭进行

C. 如鲁某在死刑复核阶段委托律师担任辩护人的,死刑复核合议庭应在办公场所当面听取律师意见

D. 最高法院裁定不予核准鲁某死刑的,可发回 A 市中级法院或 B 省高级法院重新审理

**323.** 2011/2/36/单

关于死刑缓期执行限制减刑案件的审理程序,下列哪一说法是正确的?

A. 对一审法院作出的限制减刑的判决,被告人的辩护人、近亲属可以独立提起上诉

B. 高级法院认为原判对被告人判处死刑缓期执行适当但限制减刑不当的,应当改判,撤销限制减刑

C. 最高法院复核死刑案件,认为可以判处死刑缓期执行并限制减刑的,可以裁定不予核准,发回重新审判

D. 最高法院复核死刑案件,认为对部分被告人应当适用死刑缓期执行的,如符合《刑法》限制减刑规定,应当裁定不予核准,发回重新审判

**324.** 2011/2/92/任

根据有关立法及司法解释的规定,对被判处死刑缓期执行的被告人可以同时决定对其限制减刑,因而涉及相关诉讼程序方面的问题。关于犯罪分子可以适用死刑缓期执行限制减刑的案件,下列选项正确的是:

A. 绑架案件

B. 抢劫案件

C. 爆炸案件

D. 有组织的暴力性案件

# 专题十八　审判监督程序

**考点69** 审判监督程序的功能和理念

**325.** 2016/2/74/多

《最高人民法院关于适用〈中华人民共和国刑事诉讼法〉的解释》第 386 条规定,除检察院抗诉的以外,再审一般不得加重原审被告人的刑罚。关于这一规定的理解,下列哪些选项是正确的?

A. 体现了刑事诉讼惩罚犯罪和保障人权基本理念的平衡

B. 体现了刑事诉讼具有追求实体真实与维护正当程序两方面的目的

C. 再审不加刑有例外,上诉不加刑也有例外

D. 审判监督程序的纠错功能决定了再审不加刑存在例外情形

**考点70** 审判监督程序的提起

**326.** 2017/2/75/多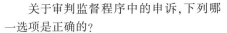

王某因间谍罪被甲省乙市中级法院一审判处死刑,缓期 2 年执行。王某没有上诉,检察院没有抗诉。判决生效后,发现有新的证据证明原判决认定的事实确有错误。下列哪些机关有权对本案提起审判监督程序?

A. 乙市中级法院

B. 甲省高级法院

C. 甲省检察院

D. 最高检察院

**327.** 2015/2/39/单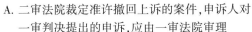

关于审判监督程序中的申诉,下列哪一选项是正确的?

A. 二审法院裁定准许撤回上诉的案件,申诉人对一审判决提出的申诉,应由一审法院审理

B. 上一级法院对未经终审法院审理的申诉,应直接审理

C. 对经两级法院依照审判监督程序复查均驳回的申诉,法院不再受理

D. 对死刑案件的申诉,可由原核准的法院审查,也可交由原审法院审查

**328.** 2010/2/38/单

甲因犯抢劫罪被市检察院提起公诉,经一审法院审理,判处死刑缓期二年执行。甲上诉,省高级法院核准死缓判决。根据审判监督程序规定,下列哪一做法是错误的?

A. 最高法院自行对该案重新审理,依法改判

B. 最高法院指令省高级法院再审

C. 最高检察院对该案向最高法院提出抗诉

D. 省检察院对该案向省高院提出抗诉

**考点71** 审判监督审理程序

**329.** 2021 回忆/任

甲、乙因诈骗罪被判处 3 年有期徒刑,缓期 3 年执行。二审判决生效 2 年后,在另一起诈骗案中发现该案事实认定有误,甲系为丙顶罪,且分担了乙的部分犯罪事实,于是人民检察院依法对本案提起抗诉,原二审法院依法对本案重新审理。关于本案

的再审程序,下列说法正确的是:

A. 再审中可以对乙加重处罚

B. 应当重新组成合议庭审理

C. 再审过程中可以对甲暂停执行未执行完毕的有期徒刑

D. 法院可以决定逮捕乙

**330.** 2014/2/75/多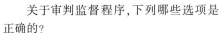

关于审判监督程序,下列哪些选项是正确的?

A. 只有当事人及其法定代理人、近亲属才能对已经发生法律效力的裁判提出申诉

B. 原审法院依照审判监督程序重新审判的案件,应当另行组成合议庭

C. 对于依照审判监督程序重新审判后可能改判无罪的案件,可中止原判决、裁定的执行

D. 上级法院指令下级法院再审的,一般应当指令原审法院以外的下级法院审理

**331.** 2013/2/40/单

法院就被告人"钱某"盗窃案作出一审判决,判决生效后检察院发现"钱某"并不姓钱,于是在确认其真实身份后向法院提出其冒用他人身份,但该案认定事实和适用法律正确。关于法院对此案的处理,下列哪一选项是正确的?

A. 可以建议检察院提出抗诉,通过审判监督程序加以改判

B. 可以自行启动审判监督程序加以改判

C. 可以撤销原判并建议检察机关重新起诉

D. 可以用裁定对判决书加以更正

**332.** 2012/2/34/单

关于审判监督程序,下列哪一选项是正确的?

A. 对于原判决事实不清楚或者证据不足的,应当指令下级法院再审

B. 上级法院指令下级法院再审的,应当指令原审法院以外的下级法院审理;由原审法院审理更为适宜的,也可以指令原审法院审理

C. 不论是否属于由检察院提起抗诉的再审案件,逮捕由检察院决定

D. 法院按照审判监督程序审判的案件,应当决定中止原判决、裁定的执行

**333.** 2011/2/38/单

邢某因涉嫌强奸罪被判处有期徒刑。刑罚执行期间,邢某父母找到证人金某,证明案发时邢某正与金某在外开会,邢某父母提出申诉。法院对该案启动再审。关于原判决的执行,下列哪一说法是正确的?

A. 继续执行原判决

B. 由再审法院裁定中止执行原判决

C. 由再审法院决定中止执行原判决

D. 报省级法院决定中止原判决

**334.** 2009/2/37/单

关于生效裁判申诉的审查处理,下列哪一选项是正确的?

A. 赵某强奸案的申诉,由上级法院转交下级法院审查处理,不立申诉卷

B. 二审法院将不服本院裁判的刘某抢劫案的申诉交一审法院审查,一审法院审查后直接作出处理

C. 李某对最高法院核准死刑的案件的申诉,最高法院可以直接处理,也可以交原审法院审查。交原审法院审查的,原审法院应当写出审查报告,提出处理意见,逐级报最高法院审定

D. 高某受贿案的申诉,经两级法院处理后不服又申诉,法院不再受理

**335.** 2008/2/75/多

下列再审案件,哪些可以不开庭审理?

A. 李某抢劫案,原判事实清楚、证据确实充分,但适用法律错误,量刑畸重

B. 葛某受贿案,葛某已死亡

C. 张某、卞某为同案原审被告人,张某在交通十分不便的边远地区监狱服刑,提审到庭确有困难,但未经抗诉的检察院同意

D. 陈某强奸案,原生效裁判于 1979 年之前作出

# 专题十九　涉外刑事诉讼程序与司法协助制度

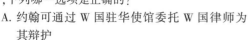考点72　涉外刑事诉讼程序

**336.** 2017/2/42/单

W 国人约翰涉嫌在我国某市 A 区从事间谍活动被立案侦查并提起公诉。关于本案诉讼程序,下列哪一选项是正确的?

A. 约翰可通过 W 国驻华使馆委托 W 国律师为其辩护

B. 本案由 A 区法院一审

C. 约翰精通汉语,开庭时法院可不为其配备翻译人员

D. 给约翰送达的法院判决书应为中文本

**337.** 2010/2/79/多

下列哪些案件适用涉外刑事诉讼程序?

A. 在公海航行的我国货轮被索马里海盗抢劫的

案件

B. 我国国内一起贩毒案件的关键目击证人在诉讼时身在国外

C. 陈某经营的煤矿发生重大安全事故后携款潜逃国外的案件

D. 我驻某国大使馆内中方工作人员甲、乙因看世界杯而发生斗殴的故意伤害案件

**338.** 2011/2/95/任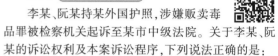

李某、阮某持某外国护照,涉嫌贩卖毒品罪被检察机关起诉至某市中级法院。关于李某、阮某的诉讼权利及本案诉讼程序,下列说法正确的是:

A. 即使李某、阮某能够使用中文交流,也应当允许其使用本国语言进行诉讼

B. 向李某、阮某送达中文本诉讼文书时,可以附有李某、阮某通晓的外文译本

C. 李某、阮某只能委托具有中华人民共和国律师资格并依法取得执业证书的律师作为辩护人

D. 如我国缔结或参加的国际条约中有关于刑事诉讼程序具体规定的,审理该案均适用该条约的规定

考点73　刑事司法协助

**339.** 2009/2/38/单

根据我国涉外刑事案件审理程序规定,下列哪一选项是正确的?

A. 国籍不明又无法查清的,以中国国籍对待,不适用涉外刑事案件审理程序

B. 法院审判涉外刑事案件,不公开审理

C. 对居住在国外的中国籍当事人,可以委托我国使、领馆代为送达

D. 外国法院通过外交途径请求我国法院向外国驻华使、领馆商务参赞送达法律文书的,应由我国有关高级法院送达

# 专题二十　执　行

考点74　执行机关

**340.** 2016/2/40/单

关于生效裁判执行,下列哪一做法是正确的?

A. 甲被判处管制 1 年,由公安机关执行

B. 乙被判处有期徒刑 1 年宣告缓刑 2 年,由社区矫正机构执行

C. 丙被判处有期徒刑 1 年 6 个月,在被交付执行前,剩余刑期 5 个月,由看守所代为执行

D. 丁被判处 10 年有期徒刑并处没收财产,没收

财产部分由公安机关执行

**341．** 2013/2/24/单
赵某因绑架罪被甲省 A 市中级法院判处死刑缓期两年执行，后交付甲省 B 市监狱执行。死刑缓期执行期间，赵某脱逃至乙省 C 市实施抢劫被抓获，C 市中级法院一审以抢劫罪判处无期徒刑。赵某不服判决，向乙省高级法院上诉。乙省高级法院二审维持一审判决。此案最终经最高法院核准死刑立即执行。关于执行赵某死刑的法院，下列哪一选项是正确的？

    A．A 市中级法院
    B．B 市监狱
    C．C 市中级法院
    D．乙省高级法院

**342．** 2011/2/96/任
李某、阮某持某外国护照，涉嫌贩卖毒品罪被检察机关起诉至某市中级法院。如李某、阮某被判处刑罚同时附加判处罚金，下列说法正确的是：

    A．李某、阮某在判决确定期限内未足额缴纳的，法院应当在期满后强制缴纳
    B．李某、阮某未全部缴纳罚金的，在其后发现有可供执行财产，法院可以追缴
    C．李某、阮某在判处罚金之前所负正当债务应偿还的，经债权人提出请求，先行予以偿还
    D．法院发现李某、阮某有可供执行的财产需要查封、扣押、冻结的，可以采取查封、扣押、冻结措施

**343．** 在一起共同犯罪案件中，主犯王某被判处有期徒刑 15 年，剥夺政治权利 3 年，并处没收个人财产；主犯朱某被判处有期徒刑 10 年，剥夺政治权利 2 年，罚金 2 万元人民币；从犯李某被判处有期徒刑 8 个月；从犯周某被判处管制 1 年，剥夺政治权利 1 年。请回答（1）~（3）题。

  （1）2008/2/95/任
在本案中，由监狱执行刑罚的罪犯是：
    A．王某　　　　B．朱某
    C．李某　　　　D．周某

  （2）2008/2/96/任 新法改编
对周某刑罚的执行机关是：
    A．人民法院
    B．公安机关
    C．监狱
    D．社区矫正机构

  （3）2008/2/97/任
所判刑罚既需要法院执行，又需要公

安机关执行的罪犯是：
    A．王某　　　　B．周某
    C．李某　　　　D．朱某

### 考点75 各种判决、裁定的执行程序

**344．** 2018 回忆/多
甲因抢劫罪在某市中级法院受审，经过审理，法院在刑事裁判中认定其抢劫的财物涉及现金 10 万元，电脑一台（发票价值 1 万元）、古玩花瓶一件（发票价值 100 万元）、手表一块（发票价值 1 万元）。法院应当对下列哪些财物进行追缴？

    A．抢劫的电脑，当二手商品在网络平台上卖出 6000 元
    B．抢劫的现金，用于偿还赌债
    C．抢劫的古玩花瓶，以 10 万元的价格卖给古玩收藏家
    D．抢劫的手表，送给了不知情的女友

**345．** 2017/2/37/单
甲纠集他人多次在市中心寻衅滋事，造成路人乙轻伤、丙的临街商铺严重受损。甲被起诉到法院后，乙和丙提起附带民事诉讼。法院判处甲有期徒刑 6 年，罚金 1 万元，赔偿乙医疗费 1 万元，赔偿丙财产损失 4 万元。判决生效交付执行后，查明甲除 1 辆汽车外无其他财产，且甲曾以该汽车抵押获取小额贷款，尚欠银行贷款 2.5 万元，银行主张优先受偿。法院以 8 万元的价格拍卖了甲的汽车。关于此 8 万元的执行顺序，下列哪一选项是正确的？

    A．医疗费→银行贷款→财产损失→罚金
    B．医疗费→财产损失→银行贷款→罚金
    C．银行贷款→医疗费→财产损失→罚金
    D．医疗费→财产损失→罚金→银行贷款

**346．** 2015/2/40/单
关于刑事裁判涉财产部分执行，下列哪一说法是正确的？

    A．对侦查机关查封、冻结、扣押的财产，法院执行时可直接裁定处置，无需侦查机关出具解除手续
    B．法院续行查封、冻结、扣押的顺位无需与侦查机关的顺位相同
    C．刑事裁判涉财产部分的裁判内容应明确具体，涉案财产和被害人均应在判决书主文中详细列明
    D．刑事裁判涉财产部分，应由与一审法院同级的财产所在地的法院执行

**347．** 2014/2/74/多
关于有期徒刑缓刑、拘役缓刑的执行，

下列哪些选项是正确的?

 A. 对宣告缓刑的罪犯,法院应当核实其居住地

 B. 法院应当向罪犯及原所在单位或居住地群众宣布犯罪事实、期限及应遵守的规定

 C. 罪犯在缓刑考验期内犯新罪应当撤销缓刑的,由原审法院作出裁定

 D. 法院撤销缓刑的裁定,一经作出立即生效

**348．** 被告人王某故意杀人案经某市中级法院审理,认为案件事实清楚,证据确实、充分。请根据下列条件,回答(1)～(2)题。

(1) 2010/2/95/任

如王某被判处死刑立即执行,下列选项正确的是:

 A. 核准死刑立即执行的机关是最高法院

 B. 签发死刑立即执行命令的是最高法院审判委员会

 C. 王某由作出一审判决的法院执行

 D. 王某由法院交由监狱或指定的羁押场所执行

(2) 2010/2/96/任

如王某被判处无期徒刑,附加剥夺政治权利,下列选项正确的是:

 A. 无期徒刑的执行机关是监狱

 B. 剥夺政治权利的执行机关是公安机关

 C. 对王某应当剥夺政治权利终身

 D. 如王某减刑为有期徒刑,剥夺政治权利的期限应改为十五年

**考点76 死刑执行的变更**

**349．** 2008/2/68/多

《刑事诉讼法》规定,下级法院接到最高法院执行死刑的命令后,发现有关情形时,应当停止执行,并且立即报告最高法院,由最高法院作出裁定。下列哪些情形应当适用该规定?

 A. 发现关键定罪证据可能是刑讯逼供所得

 B. 判决书认定的年龄错误,实际年龄未满18周岁

 C. 提供一重大银行抢劫案线索,经查证属实

 D. 罪犯正在怀孕

**考点77 暂予监外执行**

**350．** 2017/2/38/单

张某居住于甲市 A 区,曾任甲市 B 区某局局长,因受贿罪被 B 区法院判处有期徒刑5年,执行期间突发严重疾病而被决定暂予监外执行。张某在监外执行期间违反规定,被决定收监执行。关于本案,下列哪一选项是正确的?

 A. 暂予监外执行由 A 区法院决定

 B. 暂予监外执行由 B 区法院决定

 C. 暂予监外执行期间由 A 区司法行政机关实行社区矫正

 D. 收监执行由 B 区法院决定

**351．** 2014/2/26/单

钱某涉嫌纵火罪被提起公诉,在法庭审理过程中被诊断患严重疾病,法院判处其有期徒刑8年,同时决定予以监外执行。下列哪一选项是错误的?

 A. 决定监外执行时应当将暂予监外执行决定抄送检察院

 B. 钱某监外执行期间,应当对其实行社区矫正

 C. 如钱某拒不报告行踪、脱离监管,应当予以收监

 D. 如法院作出收监决定,钱某不服,可向上一级法院申请复议

**352．** 2012/2/35/单

下列哪一选项是2012年《刑事诉讼法修正案》新增加的规定内容?

 A. 怀孕或者正在哺乳自己婴儿的妇女可以暂予监外执行

 B. 监狱、看守所提出暂予监外执行的书面意见的,应当将书面意见的副本抄送检察院

 C. 决定或者批准暂予监外执行的机关应当将暂予监外执行决定抄送检察院

 D. 检察院认为暂予监外执行不当的,应当在法定期间内将书面意见送交决定或者批准暂予监外执行的机关

**考点78 减刑、假释**

**353．** 2018 回忆/单

张三因抢劫罪被判处有期徒刑十年,在服刑期间表现良好,符合减刑条件。关于减刑的审理程序,下列哪一选项是正确的?

 A. 张三应当对自己符合减刑条件承担证明责任

 B. 法院可以书面审理张三的减刑案件

 C. 法院可以由一名法官独任审理张三的减刑案件

 D. 如果有证人,审理中应当通知证人出庭证明张三具有减刑行为

**354．** 2015/2/41/单

关于减刑、假释案件审理程序,下列哪一选项是正确的?

 A. 甲因抢劫罪和绑架罪被法院决定执行有期徒刑20年,对甲的减刑,应由其服刑地高级法院作出裁定

 B. 乙因检举他人重大犯罪活动被报请减刑的,法院应通知乙参加减刑庭审

C. 丙因受贿罪被判处有期徒刑 5 年,对丙的假释,可书面审理,但必须提讯丙

D. 丁因强奸罪被判处无期徒刑,对丁的减刑,可聘请律师到庭发表意见

# 第三编　特别程序

## 专题二十一　未成年人刑事案件诉讼程序

**考点79** 未成年人刑事案件诉讼程序

**355．** 2021 回忆/任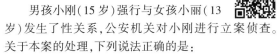

男孩小刚(15 岁)强行与女孩小丽(13 岁)发生了性关系,公安机关对小刚进行立案侦查。关于本案的处理,下列说法正确的是:

　　A. 由于小刚涉嫌的罪名较重,不适用附条件不起诉

　　B. 审查起诉期间,小刚父亲对小刚认罪认罚有异议,可将异议内容在认罪认罚具结书中注明,但不影响对小刚从宽处罚

　　C. 在对小丽进行询问时,如果其法定代理人或者合适成年人不在场,其被害人陈述不得作为定案根据

　　D. 法庭审理中,法庭可以通知对小刚在侦查阶段进行社会调查的社会工作者出庭说明情况

**356．** 2017/2/39/单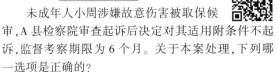

未成年人小周涉嫌故意伤害被取保候审,A 县检察院审查起诉后决定对其适用附条件不起诉,监督考察期限为 6 个月。关于本案处理,下列哪一选项是正确的?

　　A. 作出附条件不起诉决定后,应释放小周

　　B. 本案审查起诉期限自作出附条件不起诉决定之日起中止

　　C. 监督考察期间,如小周经批准迁居 B 县继续上学,改由 B 县检察院负责监督考察

　　D. 监督考察期间,如小周严格遵守各项规定,表现优异,可将考察期限缩短为 5 个月

**357．** 2016/2/75/多

未成年人小天因涉嫌盗窃被检察院适用附条件不起诉。关于附条件不起诉可以附带的条件,下列哪些选项是正确的?

　　A. 完成一个疗程四次的心理辅导

　　B. 每周参加一次公益劳动

　　C. 每个月向检察官报告日常花销和交友情况

　　D. 不得离开所居住的县

**358．** 2015/2/71/多

《全国人大常委会关于〈刑事诉讼法〉第二百七十一条第二款(现为第 282 条第 2 款)的解释》规定,检察院办理未成年人刑事案件,在作出附条件不起诉决定以及考验期满作出不起诉决定前,应听取被害人的意见。被害人对检察院作出的附条件不起诉的决定和不起诉的决定,可向上一级检察院申诉,但不能向法院提起自诉。关于这一解释的理解,下列哪些选项是正确的?

　　A. 增加了听取被害人陈述意见的机会

　　B. 有利于对未成年犯罪嫌疑人的转向处置

　　C. 体现了对未成年犯罪嫌疑人的特殊保护

　　D. 是刑事公诉独占主义的一种体现

**359．** 2015/2/73/多

律师邹某受法律援助机构指派,担任未成年人陈某的辩护人。关于邹某的权利,下列哪些说法是正确的?

　　A. 可调查陈某的成长经历、犯罪原因、监护教育等情况,并提交给法院

　　B. 可反对法院对该案适用简易程序,法院因此只能采用普通程序审理

　　C. 可在陈某最后陈述后进行补充陈述

　　D. 可在有罪判决宣告后,受法庭邀请参与对陈某的法庭教育

**360．** 2015/2/74/多 新法改编

甲、乙系初三学生,因涉嫌抢劫同学丙(三人均不满 16 周岁)被立案侦查。关于该案诉讼程序,下列哪些选项是正确的?

　　A. 审查批捕讯问时,甲拒绝为其提供的合适成年人到场且有正当理由的,应在征求其意见后另行通知其他合适成年人到场

　　B. 讯问乙时,因乙的法定代理人无法到场而通知其伯父到场,其伯父可代行乙的控告权

　　C. 法庭审理询问丙时,应通知丙的法定代理人到场

　　D. 如该案适用简易程序审理,甲的法定代理人不能到场时可不再通知其他合适成年人到场

**361．** 黄某(17 周岁,某汽车修理店职工)与吴某(16 周岁,高中学生)在餐馆就餐时因琐事与赵某(16 周岁,高中学生)发生争吵,并殴打赵某致其轻伤。检察院审查后,综合案件情况,拟对黄某作出附条件不起诉决定,对吴某作出不起诉决定。请回答第(1)~(3)题。

　　(1) 2014/2/94/任

关于本案审查起诉的程序,下列选项正确的是:

A. 应当对黄某、吴某的成长经历、犯罪原因和监护教育等情况进行社会调查

B. 在讯问黄某、吴某和询问赵某时，应当分别通知他们的法定代理人到场

C. 应当分别听取黄某、吴某的辩护人的意见

D. 拟对黄某作出附条件不起诉决定，应当听取赵某及其法定代理人与诉讼代理人的意见

（2）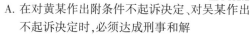 2014/2/95/任

关于对黄某的考验期，下列选项正确的是：

A. 从宣告附条件不起诉决定之日起计算

B. 不计入检察院审查起诉的期限

C. 可根据黄某在考验期间的表现，在法定范围内适当缩短或延长

D. 如黄某违反规定被撤销附条件不起诉决定而提起公诉，已经过的考验期可折抵刑期

（3）2014/2/96/任

关于本案的办理，下列选项正确的是：

A. 在对黄某作出附条件不起诉决定、对吴某作出不起诉决定时，必须达成刑事和解

B. 检察院对黄某作出附条件不起诉决定、对吴某作出不起诉决定时，可要求他们向赵某赔礼道歉、赔偿损失

C. 在附条件不起诉考验期内，检察院可将黄某移交有关机构监督考察

D. 检察院对黄某作出附条件不起诉决定、对吴某作出不起诉决定后，均应将相关材料装订成册，予以封存

**362.** 2013/2/72/多

检察机关对未成年人童某涉嫌犯罪的案件进行审查后决定附条件不起诉。在考验期间，下列哪些情况下可以对童某撤销不起诉的决定、提起公诉？

A. 根据新的证据确认童某更改过年龄，在实施涉嫌犯罪行为时已满十八周岁的

B. 发现决定附条件不起诉以前还有其他犯罪需要追诉的

C. 违反考察机关有关附条件不起诉的监管规定，情节严重的

D. 违反治安管理规定，情节严重的

**363.** 2012/2/36/单

关于附条件不起诉，下列哪一说法是错误的？

A. 只适用于未成年人案件

B. 应当征得公安机关、被害人的同意

C. 未成年犯罪嫌疑人及其法定代理人对附条件不起诉有异议的应当起诉

D. 有悔罪表现时，才可以附条件不起诉

**364.** 2012/2/73/多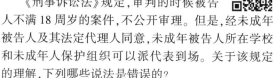

《刑事诉讼法》规定，审判的时候被告人不满18周岁的案件，不公开审理。但是，经未成年被告人及其法定代理人同意，未成年被告人所在学校和未成年人保护组织可以派代表到场。关于该规定的理解，下列哪些说法是错误的？

A. 该规定意味着经未成年被告人及其法定代理人同意，可以公开审理

B. 未成年被告人所在学校和未成年人保护组织派代表到场是公开审理的特殊形式

C. 未成年被告人所在学校和未成年人保护组织经同意派代表到场是为了维护未成年被告人合法权益和对其进行教育

D. 未成年被告人所在学校和未成年人保护组织经同意派代表到场与审判的时候被告人不满18周岁的案件不公开审理并不矛盾

**365.** 2012/2/74/多

关于犯罪记录封存的适用条件，下列哪些选项是正确的？

A. 犯罪的时候不满18周岁

B. 被判处5年有期徒刑以下刑罚

C. 初次犯罪

D. 没有受过其他处罚

**366.** 2011/2/33/多

赵某因涉嫌抢劫犯罪被抓获，作案时未满18周岁，案件起诉到法院时已年满18周岁。下列哪些说法是不正确的？①

A. 本案由少年法庭审理

B. 对赵某不公开审理

C. 对赵某进行审判，可以通知其法定代理人到场

D. 对赵某进行审判，应当通知其监护人到场

**367.** 2010/2/78/多

根据《人民检察院办理未成年人刑事案件的规定》，关于检察院审查批捕未成年犯罪嫌疑人，下列哪些做法是正确的？

A. 讯问未成年犯罪嫌疑人，应当通知法定代理人到场

B. 讯问女性未成年犯罪嫌疑人，应当有女检察人员参加

C. 讯问未成年犯罪嫌疑人一般不得使用戒具

D. 对难以判断犯罪嫌疑人实际年龄，影响案

① 原为单选题，根据新法答案有变化，调整为多选题。

认定的,应当作出不批准逮捕的决定

**368.** 2009/2/77/多 新法改编

关于审理未成年人刑事案件,下列哪些选项是正确的?

A. 不能适用简易程序

B. 询问未成年被害人、证人时,应当采取同步录音录像等措施,尽量一次完成

C. 休庭时,可以允许法定代理人或者其他成年近亲属、教师会见未成年被告人

D. 对未成年人案件,宣告判决应当公开进行

**369.** 2008/2/73/多

对于犯罪情节轻微,且具有规定情形,依照《刑法》不需要判处刑罚或者免除刑罚的未成年犯罪嫌疑人,一般应当依法作出不起诉决定。下列哪些情形适用该规定?

A. 被胁迫参与犯罪的

B. 是又聋又哑的人的

C. 因紧急避险过当构成犯罪的

D. 有自首或者重大立功表现的

# 专题二十二　当事人和解的公诉案件诉讼程序

**考点80** 当事人和解的公诉案件诉讼程序

**370.** 2022 回忆/单

甲交通肇事致乙死亡,在审查起诉中,甲与乙的妻子丙达成和解协议,并认罪认罚,签署具结书。法院适用速裁程序审理,但甲在庭审中态度恶劣,不愿悔罪,丙反悔,不再同意和解。一审法院宣判后,甲以事实不清、证据不足为由提起上诉。上诉期间甲态度好转,又与丙达成和解。关于本案的处理,下列哪一说法是正确的?

A. 若甲已全部履行和解协议约定的赔偿损失内容,一审法院对丙的反悔应予不支持

B. 法院可继续适用速裁程序审理本案

C. 对于两人第二次达成和解,法院应听取检察院的意见

D. 二审法院应裁定撤销原判,发回重审

**371.** 2017/2/40/单

董某(17岁)在某景点旅游时,点燃荒草不慎引起大火烧毁集体所有的大风公司林地,致大风公司损失5万元,被检察院提起公诉。关于本案处理,下列哪一选项是正确的?

A. 如大风公司未提起附带民事诉讼,检察院可代为提起,并将大风公司列为附带民事诉讼原告人

B. 董某与大风公司既可就是否对董某免除刑事处分达成和解,也可就民事赔偿达成和解

C. 双方刑事和解时可约定由董某在1年内补栽树苗200棵

D. 如双方达成刑事和解,检察院经法院同意可撤回起诉并对董某适用附条件不起诉

**372.** 2016/2/41/单

下列哪一案件可以适用当事人和解的公诉案件诉讼程序?

A. 甲因侵占罪被免除处罚2年后,又涉嫌故意伤害致人轻伤

B. 乙涉嫌寻衅滋事,在押期间由其父亲代为和解,被害人表示同意

C. 丙涉嫌过失致人重伤,被害人系限制行为能力人,被害人父亲愿意代为和解

D. 丁涉嫌破坏计算机信息系统,被害人表示愿意和解

**373.** 2015/2/75/多

甲因琐事与乙发生口角进而厮打,推搡之间,不慎致乙死亡。检察院以甲涉嫌过失致人死亡提起公诉,乙母丙向法院提起附带民事诉讼。关于本案处理,下列哪些选项是正确的?

A. 法院可对附带民事部分进行调解

B. 如甲与丙经法院调解达成协议,调解协议中约定的赔偿损失内容可分期履行

C. 如甲提出申请,法院可组织甲与丙协商以达成和解

D. 如甲与丙达成刑事和解,其约定的赔偿损失内容可分期履行

**374.** 2014/2/40/单

甲因邻里纠纷失手致乙死亡,甲被批准逮捕。案件起诉后,双方拟通过协商达成和解。对于此案的和解,下列哪一选项是正确的?

A. 由于甲在押,其近亲属可自行与被害方进行和解

B. 由于乙已经死亡,可由其近亲属代为和解

C. 甲的辩护人和乙近亲属的诉讼代理人可参与和解协商

D. 由于甲在押,和解协议中约定的赔礼道歉可由其近亲属代为履行

**375.** 2013/2/71/多

李某因琐事将邻居王某打成轻伤。案发后,李家积极赔偿,赔礼道歉,得到王家谅解。如检察院根据双方和解对李某作出不起诉决定,需要同时具备下列哪些条件?

A. 双方和解具有自愿性、合法性

B. 李某实施伤害的犯罪情节轻微,不需要判处刑罚

C. 李某五年以内未曾故意犯罪

D. 公安机关向检察院提出从宽处理的建议

**376.** 2012/2/37/单

对于适用当事人和解的公诉案件诉讼程序而达成和解协议的案件,下列哪一做法是错误的?

A. 公安机关可以撤销案件

B. 检察院可以向法院提出从宽处罚的建议

C. 对于犯罪情节轻微,不需要判处刑罚的,检察院可以不起诉

D. 法院可以依法对被告人从宽处罚

**377.** 2012/2/75/多

关于可以适用当事人和解的公诉案件诉讼程序的案件范围,下列哪些选项是正确的?

A. 交通肇事罪

B. 暴力干涉婚姻自由罪

C. 过失致人死亡罪

D. 刑讯逼供罪

## 专题二十三　缺席审判程序

考点81 缺席审判程序

**378.** 2020 回忆/多

下列关于我国刑事缺席审判程序的表述,哪些是正确的?

A. 绿豆涉嫌受贿罪,逃往境外,某市监察委员会移送起诉,某市检察院认为受贿事实已经查清,证据确实、充分,依法应当追究刑事责任的,可以向某市中级法院提起公诉

B. 东柱涉嫌间谍罪,逃往境外,某市国家安全机关移送起诉,某市检察院认为间谍事实已经查清,证据确实、充分,依法应当追究刑事责任的,可以向某市中级法院提起公诉

C. 白晶涉嫌盗窃罪在某县法院受审,在法庭审理过程中,白晶突然身染重病,法院裁定中止审理。6个月后,白晶仍无法出庭受审,白晶申请某县法院恢复审理,某县法院进行缺席审判

D. 南山涉嫌诈骗罪在某县法院受审,在法庭审理过程中,南山突患重病死亡,某县法院认为现有证据能够证明南山无罪,缺席进行审理并作出判决

**379.** 2019 回忆/多

贾士隐因涉嫌贪污犯罪被某市监察委

员会立案调查,贾士隐逃往巴西。某市监察委员会移送某市检察院起诉,某市检察院向某市中级法院提起公诉。下列表述哪些是正确的?

A. 某市中级法院应当将传票和某市检察院的起诉书副本送达贾士隐

B. 若某市中级法院无法将传票和某市检察院的起诉书副本送达贾士隐,不能缺席审判

C. 若某市中级法院缺席审理,贾士隐及其近亲属没有委托辩护人,某市中级法院应当通知法律援助机构指派律师为贾士隐提供辩护

D. 若某市中级法院依法作出判决后,贾士隐的妻子对判决不服,有权直接向某省高级法院上诉

## 专题二十四　犯罪嫌疑人、被告人逃匿、死亡案件违法所得的没收程序

考点82 犯罪嫌疑人、被告人逃匿、死亡案件违法所得的没收程序

**380.** 2022 回忆/任

陈某因受贿案发后逃匿,甲市检察院向甲市中院提起违法所得没收申请。陈某妻子赵某申请参加庭审,后开庭时又无故退庭。甲市中院作出没收裁定后,赵某提起上诉。二审期间,利害关系人马某申请参加诉讼,并说明自己因为生病住院没能参加一审。二审过程中,陈某回国投案自首。关于本案的办理,下列说法正确的是:

A. 赵某无故退庭后,法庭可以转为不开庭审理

B. 法院应准许马某参加诉讼

C. 陈某投案后,法院应当裁定中止审理

D. 若甲市检察院对陈某以受贿罪向甲市中院提起公诉,甲市中院应另行组成合议庭审理

**381.** 2015/2/93/任

李某(女)家住甲市,系该市某国有公司会计,涉嫌贪污公款500余万元,被甲市检察院立案侦查后提起公诉,甲市中级法院受理该案后,李某脱逃,下落不明。关于李某脱逃后的诉讼程序,下列选项正确的是:

A. 李某脱逃后,法院可中止审理

B. 在通缉李某一年不到案后,甲市检察院可向甲市中级法院提出没收李某违法所得的申请

C. 李某的近亲属只能在6个月的公告期内申请参加诉讼

D. 在审理没收违法所得的案件过程中,李某被抓捕归案的,法院应裁定终止审理

**382.** 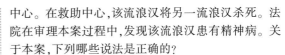 2014/2/41/单

A市原副市长马某,涉嫌收受贿赂2000余万元。为保证公正审判,上级法院指令与本案无关的B市中级法院一审。B市中级法院受理此案后,马某突发心脏病不治身亡。关于此案处理,下列哪一选项是错误的?

A. 应当由法院作出终止审理的裁定,再由检察院提出没收违法所得的申请

B. 应当由B市中级法院的同一审判组织对是否没收违法所得继续进行审理

C. 如裁定没收违法所得,而马某妻子不服的,可在5日内提出上诉

D. 如裁定没收违法所得,而其他利害关系人不服的,有权上诉

**383.** 2014/2/42/单

下列哪一选项不属于犯罪嫌疑人、被告人逃匿、死亡案件违法所得没收程序中的"违法所得及其他涉案财产"?

A. 刘某恐怖活动犯罪案件中从其住处搜出的管制刀具

B. 赵某贪污案赃款存入银行所得的利息

C. 王某恐怖活动犯罪案件中制造爆炸装置使用的所在单位的仪器和设备

D. 周某贿赂案受贿所得的古玩

**384.** 2012/2/38/单

关于犯罪嫌疑人、被告人逃匿、死亡案件违法所得的没收程序,下列哪一说法是正确的?

A. 贪污贿赂犯罪案件的犯罪嫌疑人潜逃,通缉1年后不能到案的,依照《刑法》规定应当追缴其违法所得及其他涉案财产的,公安机关可以向法院提出没收违法所得的申请

B. 在A选项所列情形下,检察院可以向法院提出没收违法所得的申请

C. 没收违法所得及其他涉案财产的申请,由犯罪地的基层法院组成合议庭进行审理

D. 没收违法所得案件审理中,在逃犯罪嫌疑人被抓获的,法院应当中止审理

# 专题二十五 依法不负刑事责任的精神病人的强制医疗程序

**考点83** 依法不负刑事责任的精神病人的强制医疗程序

**385.** 2021回忆/多

某市发现一名流浪汉,因不知道其姓名,也找不到任何家属,救助人员将其送往该市救助中心。在救助中心,该流浪汉将另一流浪汉杀死。法院在审理本案过程中,发现该流浪汉患有精神病。关于本案,下列哪些说法是正确的?

A. 法院有权对其采取临时保护性羁押措施

B. 当地民政局可以派代表担任流浪汉的法定代理人出庭

C. 法院决定采取强制医疗措施应一并确认强制医疗期限

D. 法院可以临时邀请精神病专家作为人民陪审员

**386.** 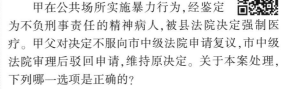 2017/2/41/单

甲在公共场所实施暴力行为,经鉴定为不负刑事责任的精神病人,被县法院决定强制医疗。甲父对决定不服向市中级法院申请复议,市中级法院审理后驳回申请,维持原决定。关于本案处理,下列哪一选项是正确的?

A. 复议期间可暂缓执行强制医疗决定,但应采取临时的保护性约束措施

B. 应由公安机关将甲送交强制医疗

C. 强制医疗6个月后,甲父才能申请解除强制医疗

D. 申请解除强制医疗应向市中级法院提出

**387.** 2016/2/42/单

甲将乙杀害,经鉴定甲系精神病人,检察申请法院适用强制医疗程序。关于本案,下列哪一选项是正确的?

A. 法院审理该案,应当会见甲

B. 甲没有委托诉讼代理人的,法院可通知法律援助机构指派律师担任其诉讼代理人

C. 甲出庭的,应由其法定代理人或诉讼代理人代为发表意见

D. 经审理发现甲具有部分刑事责任能力,依法应当追究刑事责任的,转为普通程序继续审理

**388.** 2015/2/42/单

依法不负刑事责任的精神病人的强制医疗程序是一种特别程序。关于其特别之处,下列哪一说法是正确的?

A. 不同于普通案件奉行的不告不理原则,法院可未经检察院对案件的起诉或申请而启动这一程序

B. 不同于普通案件审理时被告人必须到庭,可在被申请人不到庭的情况下审理并作出强制医疗的决定

C. 不同于普通案件中的抗诉或上诉,被决定强制医疗的人可通过向上一级法院申请复议启动二审程序

D. 开庭审理时无需区分法庭调查与法庭辩论阶段

**389.** `2013/2/41/单`

公安机关在案件侦查中,发现打砸多辆机动车的犯罪嫌疑人何某神情呆滞,精神恍惚。经鉴定,何某属于依法不负刑事责任的精神病人。关于公安机关对此案的处理,下列哪一选项是正确的?

A. 写出强制医疗意见书,移送检察院向法院提出强制医疗申请

B. 撤销案件,将何某交付其亲属并要求其积极治疗

C. 移送强制医疗机构对何某进行诊断评估

D. 何某的亲属没有能力承担监护责任的,可以采取临时的保护性约束措施

**390.** `2013/2/42/单`

法院受理叶某涉嫌故意杀害郭某案后,发现其可能符合强制医疗条件。经鉴定,叶某属于依法不负刑事责任的精神病人,法院审理后判决宣告叶某不负刑事责任,同时作出对叶某强制医疗的决定。关于此案的救济程序,下列哪一选项是错误的?

A. 对叶某强制医疗的决定,检察院可以提出纠正意见

B. 叶某的法定代理人可以向上一级法院申请复议

C. 叶某对强制医疗决定可以向上一级法院提出上诉

D. 郭某的近亲属可以向上一级法院申请复议

**391.** 犯罪嫌疑人刘某涉嫌故意杀人被公安机关立案侦查。在侦查过程中,侦查人员发现刘某行为异常。经鉴定,刘某属于依法不负刑事责任的精神病人,需要对其实施强制医疗。

请回答第(1)、(2)题。

(1) `2012/2/95/任`

关于有权启动强制医疗程序的主体,下列选项正确的是:

A. 公安机关

B. 检察院

C. 法院

D. 刘某的监护人、法定代理人以及受害人

(2) `2012/2/96/任`

法院审理刘某强制医疗一案,下列做法不符合法律规定的是:

A. 由审判员和人民陪审员共3人组成合议庭

B. 鉴于刘某自愿放弃委托诉讼代理人,法院只通知了刘某的法定代理人到场

C. 法院认为刘某符合强制医疗的条件,依法对刘某作出强制医疗的裁定

D. 本案受害人不服法院对刘某强制医疗裁定,可申请检察院依法提起抗诉

# 刑事诉讼法 [考点法条]

## 第一编　总　则

### 专题一　刑事诉讼法概述

**考点2** 刑事诉讼的基本理念和范畴

第二条　[立法任务]中华人民共和国刑事诉讼法的任务,是保证准确、及时地查明犯罪事实,正确应用法律,惩罚犯罪分子,保障无罪的人不受刑事追究,教育公民自觉遵守法律,积极同犯罪行为作斗争,维护社会主义法制,尊重和保障人权,保护公民的人身权利、财产权利、民主权利和其他权利,保障社会主义建设事业的顺利进行。

《高检规则》

第二条　人民检察院在刑事诉讼中的任务,是立案侦查直接受理的案件、审查逮捕、审查起诉和提起公诉、对刑事诉讼实行法律监督,保证准确、及时查明犯罪事实,正确应用法律,惩罚犯罪分子,保障无罪的人不受刑事追究,保障刑事法律的统一正确实施,维护社会主义法制,尊重和保障人权,保护公民的人身权利、财产权利、民主权利和其他权利,保障社会主义建设事业的顺利进行。

### 专题二　刑事诉讼法的基本原则

**考点4** 具有法定情形不予追究刑事责任原则

第十六条　[具有法定情形不予追究刑事责任]有下列情形之一的,不追究刑事责任,已经追究的,应当撤销案件,或者不起诉,或者终止审理,或者宣告无罪:

(一)情节显著轻微、危害不大,不认为是犯罪的;

(二)犯罪已过追诉时效期限的;

(三)经特赦令免除刑罚的;

(四)依照刑法告诉才处理的犯罪,没有告诉或者撤回告诉的;

(五)犯罪嫌疑人、被告人死亡的;

(六)其他法律规定免予追究刑事责任的。

《刑事诉讼法》

第一百七十七条第一、二款　[不起诉的情形和程序]犯罪嫌疑人没有犯罪事实,或者有本法第十六条规定的情形之一的,人民检察院应当作出不起诉决定。

对于犯罪情节轻微,依照刑法规定不需要判处刑罚或者免除刑罚的,人民检察院可以作出不起诉决定。

《高检规则》

第三百六十五条　人民检察院对于监察机关或者公安机关移送起诉的案件,发现犯罪嫌疑人没有犯罪事实,或者符合刑事诉讼法第十六条规定的情形之一的,经检

察长批准,应当作出不起诉决定。

对于犯罪事实并非犯罪嫌疑人所为,需要重新调查或者侦查的,应当在作出不起诉决定后书面说明理由,将案卷材料退回监察机关或者公安机关并建议重新调查或者侦查。

《刑法》

第八十七条　[追诉期限]犯罪经过下列期限不再追诉:

(一)法定最高刑为不满五年有期徒刑的,经过五年;

(二)法定最高刑为五年以上不满十年有期徒刑的,经过十年;

(三)法定最高刑为十年以上有期徒刑的,经过十五年;

(四)法定最高刑为无期徒刑、死刑的,经过二十年。如果二十年以后认为必须追诉的,须报请最高人民检察院核准。[2019年回忆～追诉时效]①

**考点6** 未经法院依法判决,对任何人都不得确定有罪原则

**1** 第七条　[三机关相互关系]人民法院、人民检察院和公安机关进行刑事诉讼,应当分工负责,互相配合,互相制约,以保证准确有效地执行法律。[2020年回忆～人民检察院提起诉讼的程序]

**2** 第十二条　[法院定罪]未经人民法院依法判决,对任何人都不得确定有罪。

《推进以审判为中心的刑事诉讼制度改革的意见》

一、未经人民法院依法判决,对任何人都不得确定有罪。人民法院、人民检察院和公安机关办理刑事案件,应当分工负责,互相配合,互相制约,保证准确、及时地查明犯罪事实,正确应用法律,惩罚犯罪分子,保障无罪的人不受刑事追究。

**考点8** 认罪认罚从宽原则

第十五条　[认罪认罚制度]犯罪嫌疑人、被告人自愿如实供述自己的罪行,承认指控的犯罪事实,愿意接受处罚的,可以依法从宽处理。

《刑事诉讼法》

第八十一条第二款　[逮捕的条件]批准或者决定逮捕,应当将犯罪嫌疑人、被告人涉嫌犯罪的性质、情节,认罪认罚等情况,作为是否可能发生社会危险性的考虑因素。

第一百二十条第二款　[对如实供述从宽处理]侦查人员在讯问犯罪嫌疑人的时候,应当告知犯罪嫌疑人享有的诉讼权利,如实供述自己罪行可以从宽处理和认罪

---

①　主客观重点法条以灰底标注,并注明主观题考查年份及考点。

认罚的法律规定。

第一百七十二条第一款 ［审查起诉的期限］人民检察院对于监察机关、公安机关移送起诉的案件，应当在一个月以内作出决定，重大、复杂的案件，可以延长十五日；犯罪嫌疑人认罪认罚，符合速裁程序适用条件的，应当在十日以内作出决定，对可能判处的有期徒刑超过一年的，可以延长至十五日。

第一百七十三条 ［审查起诉的程序］人民检察院审查案件，应当讯问犯罪嫌疑人，听取辩护人或者值班律师、被害人及其诉讼代理人的意见，并记录在案。辩护人或者值班律师、被害人及其诉讼代理人提出书面意见的，应当附卷。

犯罪嫌疑人认罪认罚的，人民检察院应当告知其享有的诉讼权利和认罪认罚的法律规定，听取犯罪嫌疑人、辩护人或者值班律师、被害人及其诉讼代理人对下列事项的意见，并记录在案：

（一）涉嫌的犯罪事实、罪名及适用的法律规定；

（二）从轻、减轻或者免除处罚等从宽处罚的建议；

（三）认罪认罚后案件审理适用的程序；

（四）其他需要听取意见的事项。

人民检察院依照前两款规定听取值班律师意见的，应当提前为值班律师了解案件有关情况提供必要的便利。

第一百七十四条 ［认罪认罚具结书］犯罪嫌疑人自愿认罪，同意量刑建议和程序适用的，应当在辩护人或者值班律师在场的情况下签署认罪认罚具结书。

犯罪嫌疑人认罪认罚，有下列情形之一的，不需要签署认罪认罚具结书：

（一）犯罪嫌疑人是盲、聋、哑人，或者是尚未完全丧失辨认或者控制自己行为能力的精神病人的；

（二）未成年犯罪嫌疑人的法定代理人、辩护人对未成年人认罪认罚有异议的；

（三）其他不需要签署认罪认罚具结书的情形。

第一百七十六条第二款 ［提起公诉的条件、程序］犯罪嫌疑人认罪认罚的，人民检察院应当就主刑、附加刑、是否适用缓刑等提出量刑建议，并随案移送认罪认罚具结书等材料。

第一百九十条第二款 ［开庭］被告人认罪认罚的，审判长应当告知被告人享有的诉讼权利和认罪认罚的法律规定，审查认罪认罚的自愿性和认罪认罚具结书内容的真实性、合法性。

第二百零一条第一款 ［认罪认罚的定罪量刑］对于认罪认罚案件，人民法院依法作出判决时，一般应当采纳人民检察院指控的罪名和量刑建议，但有下列情形的除外：

（一）被告人的行为不构成犯罪或者不应当追究其刑事责任的；

（二）被告人违背意愿认罪认罚的；

（三）被告人否认指控的犯罪事实的；

（四）起诉指控的罪名与审理认定的罪名不一致的；

（五）其他可能影响公正审判的情形。

第二百二十二条 ［速裁程序的适用条件及审判组织］基层人民法院管辖的可能判处三年有期徒刑以下刑罚的案件，案件事实清楚，证据确实、充分，被告人认罪认罚并同意适用速裁程序的，可以适用速裁程序，由审判员一人独任审判。

人民检察院在提起公诉的时候，可以建议人民法院适用速裁程序。

**《适用认罪认罚从宽制度的指导意见》**

5.适用阶段和适用案件范围。认罪认罚从宽制度贯穿刑事诉讼全过程，适用于侦查、起诉、审判各个阶段。

认罪认罚从宽制度没有适用罪名和可能判处刑罚的限定，所有刑事案件都可以适用，不能因罪轻、罪重或者罪名特殊等原因而剥夺犯罪嫌疑人、被告人自愿认罪认罚获得从宽处理的机会。但"可以"适用不是一律适用，犯罪嫌疑人、被告人认罪认罚后是否从宽，由司法机关根据案件具体情况决定。

6."认罪"的把握。认罪认罚从宽制度中的"认罪"，是指犯罪嫌疑人、被告人自愿如实供述自己的罪行，对指控的犯罪事实没有异议。承认指控的主要犯罪事实，仅对个别事实情节提出异议，或者虽然对行为性质提出辩解但表示接受司法机关认定意见的，不影响"认罪"的认定。犯罪嫌疑人、被告人犯数罪，仅如实供述其中一罪或部分罪名事实的，全案不作"认罪"的认定，不适用认罪认罚从宽制度，但如实供述的部分，人民检察院可以提出从宽处罚的建议，人民法院可以从宽处罚。〔2023年回忆~认罪认罚从宽制度〕

7."认罚"的把握。认罪认罚从宽制度中的"认罚"，是指犯罪嫌疑人、被告人真诚悔罪，愿意接受处罚。"认罚"，在侦查阶段表现为表示愿意接受处罚；在审查起诉阶段表现为接受人民检察院拟作出的起诉或不起诉决定，认可人民检察院的量刑建议，签署认罪认罚具结书；在审判阶段表现为当庭确认自愿签署具结书，愿意接受刑罚处罚。

"认罚"考察的重点是犯罪嫌疑人、被告人的悔罪态度和悔罪表现，应当结合退赃退赔、赔偿损失、赔礼道歉等因素来考量。犯罪嫌疑人、被告人虽然表示"认罚"，却暗中串供、干扰证人作证、毁灭、伪造证据或者隐匿、转移财产，有赔偿能力而不赔偿损失，则不能适用认罪认罚从宽制度。犯罪嫌疑人、被告人享有程序选择权，不同意适用速裁程序、简易程序的，不影响"认罚"的认定。〔2023年回忆~认罪认罚从宽制度〕

8."从宽"的理解。从宽处理既包括实体上从宽处罚，也包括程序上从简处理。"可以从宽"，是指一般应当体现法律规定和政策精神，予以从宽处理。但可以从宽不是一律从宽，对犯罪性质和危害后果特别严重、犯罪手段特别残忍、社会影响特别恶劣的犯罪嫌疑人、被告人，认罪认罚不足以从轻处罚的，依法不予从宽处罚。

办理认罪认罚案件，应当依照刑法、刑事诉讼法的基本原则，根据犯罪的事实、性质、情节和对社会的危害程度，结合法定、酌定的量刑情节，综合考虑认罪认罚的具体情况，依法决定是否从宽、如何从宽。对于减轻、免除处罚，应当于法有据；不具备减轻处罚情节的，应当在法定幅度以内提出从轻处罚的量刑建议和量刑；对其中犯罪情节轻微不需要判处刑罚的,可以依法作出不起诉决定或者判决免予刑事处罚。

9.从宽幅度的把握。办理认罪认罚案件,应当区别认罪认罚的不同诉讼阶段、对查明案件事实的价值和意义、是否确有悔罪表现,以及罪行严重程度等,综合考量确定从宽的限度和幅度。在刑罚评价上,主动认罪优于被动认罪、早认罪优于晚认罪,彻底认罪优于不彻底认罪,稳定认罪优于不稳定认罪。

认罪认罚的从宽幅度一般应当大于仅有坦白,或者虽认罪但不认罚的从宽幅度。对犯罪嫌疑人、被告人具有自首、坦白情节,同时认罪认罚的,应当在法定刑幅度内给予相对更大的从宽幅度。认罪认罚与自首、坦白不作重复评价。

对罪行较轻、人身危险性较小的,特别是初犯、偶犯,从宽幅度可以大一些;罪行较重、人身危险性较大的,以及累犯、再犯,从宽幅度应当从严把握。

10.获得法律帮助权。人民法院、人民检察院、公安机关办理认罪认罚案件,应当保障犯罪嫌疑人、被告人获得有效法律帮助,确保其了解认罪认罚的性质和法律后果,自愿认罪认罚。

犯罪嫌疑人、被告人自愿认罪认罚,没有辩护人的,人民法院、人民检察院、公安机关(看守所)应当通知值班律师为其提供法律咨询、程序选择建议、申请变更强制措施等法律帮助。符合通知辩护条件的,应当依法通知法律援助机构指派律师为其提供辩护。

人民法院、人民检察院、公安机关(看守所)应当告知犯罪嫌疑人、被告人有权约见值班律师,获得法律帮助,并为其约见值班律师提供便利。犯罪嫌疑人、被告人及其近亲属提出法律帮助请求的,人民法院、人民检察院、公安机关(看守所)应当通知值班律师为其提供法律帮助。

16.听取意见。办理认罪认罚案件,应当听取被害人及其诉讼代理人的意见,并将犯罪嫌疑人、被告人是否与被害方达成和解协议、调解协议或者赔偿被害方损失,取得被害方谅解,作为从宽处罚的重要考虑因素。人民检察院、公安机关听取意见情况应当记录在案并随案移送。

18.被害方异议的处理。被害人及其诉讼代理人不同意对认罪认罚的犯罪嫌疑人、被告人从宽处理的,不影响认罪认罚从宽制度的适用。犯罪嫌疑人、被告人认罪认罚,但没有退赃退赔、赔偿损失,未能与被害方达成调解或者和解协议的,从宽时应当予以酌减。犯罪嫌疑人、被告人自愿认罪并且愿意积极赔偿损失,但由于被害方赔偿请求明显不合理,未能达成调解或者和解协议的,一般不影响对犯罪嫌疑人、被告人从宽处理。

49.被告人当庭认罪认罚案件的处理。被告人在侦查、审查起诉阶段没有认罪认罚,但当庭认罪,愿意接受处罚的,人民法院应当根据审理查明的事实,就定罪和量刑听取控辩双方意见,依法作出裁判。

50.第二审程序中被告人认罪认罚案件的处理。被告人在第一审程序中未认罪认罚,在第二审程序中认罪认罚的,审理程序依照刑事诉讼法规定的第二审程序进行。

第二审人民法院应当根据其认罪认罚的价值、作用决定是否从宽,并依法作出裁判。确定从宽幅度时应当与第一审程序认罪认罚有所区别。

51.不起诉后反悔的处理。因犯罪嫌疑人认罪认罚,人民检察院依照刑事诉讼法第一百七十七条第二款作出不起诉决定后,犯罪嫌疑人否认指控的犯罪事实或者不积极履行赔礼道歉、退赃退赔、赔偿损失等义务的,人民检察院应当进行审查,区分下列情形依法作出处理:

(一)发现犯罪嫌疑人没有犯罪事实,或者符合刑事诉讼法第十六条规定的情形之一的,应当撤销原不起诉决定,依法重新作出不起诉决定;

(二)认为犯罪嫌疑人仍属于犯罪情节轻微,依照刑法规定不需要判处刑罚或者免除刑罚的,可以维持原不起诉决定;

(三)排除认罪认罚因素后,符合起诉条件的,应当根据案件具体情况撤销原不起诉决定,依法提起公诉。

52.起诉前反悔的处理。犯罪嫌疑人认罪认罚,签署认罪认罚具结书,在人民检察院提起公诉前反悔的,具结书失效,人民检察院应当在全面审查事实证据的基础上,依法提起公诉。

53.审判阶段反悔的处理。案件审理过程中,被告人反悔不再认罪认罚的,人民法院应当根据审理查明的事实,依法作出裁判。需要转换程序的,依照本意见的相关规定处理。

# 专题三　刑事诉讼中的专门机关和诉讼参与人

**考点10** 专门机关

**第三条** [国家专门机关职权]对刑事案件的侦查、拘留、执行逮捕、预审,由公安机关负责。检察、批准逮捕、检察机关直接受理的案件的侦查、提起公诉,由人民检察院负责。审判由人民法院负责。除法律特别规定的以外,其他任何机关、团体和个人都无权行使这些权力。

人民法院、人民检察院和公安机关进行刑事诉讼,必须严格遵守本法和其他法律的有关规定。

**第四条** [国家安全机关职权]国家安全机关依照法律规定,办理危害国家安全的刑事案件,行使与公安机关相同的职权。

**第五条** [法、检独立行使职权]人民法院依照法律规定独立行使审判权,人民检察院依照法律规定独立行使检察权,不受行政机关、社会团体和个人的干涉。

**第三百零八条** [特殊案件的管辖权]军队保卫部门对军队内部发生的刑事案件行使侦查权。

中国海警局履行海上维权执法职责,对海上发生的刑事案件行使侦查权。

对罪犯在监狱内犯罪的案件由监狱进行侦查。

军队保卫部门、中国海警局、监狱办理刑事案件,适用本法的有关规定。

**（一）概念界定**

**第一百零八条** ［有关法律用语的解释］本法下列用语的含意是：

（一）"侦查"是指公安机关、人民检察院对于刑事案件，依照法律进行的收集证据、查明案情的工作和有关的强制性措施；

（二）"当事人"是指被害人、自诉人、犯罪嫌疑人、被告人、附带民事诉讼的原告人和被告人；

（三）"法定代理人"是指被代理人的父母、养父母、监护人和负有保护责任的机关、团体的代表；

（四）"诉讼参与人"是指当事人、法定代理人、诉讼代理人、辩护人、证人、鉴定人和翻译人员；

（五）"诉讼代理人"是指公诉案件的被害人及其法定代理人或者近亲属、自诉案件的自诉人及其法定代理人委托代为参加诉讼的人和附带民事诉讼的当事人及其法定代理人委托代为参加诉讼的人；

（六）"近亲属"是指夫、妻、父、母、子、女、同胞兄弟姊妹。

**（二）证人**

（1）证人作证

**第六十二条** ［证人的资格与义务］凡是知道案件情况的人，都有作证的义务。

生理上、精神上有缺陷或者年幼，<u>不能辨别是非、不能正确表达的人，不能作证人。</u>

**第一百九十二条** ［证人、鉴定人出庭作证义务］公诉人、当事人或者辩护人对证人证言有异议，且该证人证言对案件定罪量刑有重大影响，人民法院认为证人有必要出庭作证的，证人应当出庭作证。

人民警察就其执行职务时目击的犯罪情况作为证人出庭作证，适用前款规定。

公诉人、当事人或者辩护人对鉴定意见有异议，人民法院认为鉴定人有必要出庭，鉴定人应当出庭作证。经人民法院通知，鉴定人拒不出庭作证的，鉴定意见不得作为定案的根据。

**第一百九十三条** ［强制证人出庭及例外、对不出庭的处罚］经人民法院通知，证人没有正当理由不出庭作证的，人民法院可以强制其到庭，但是被告人的配偶、父母、子女除外。

证人没有正当理由拒绝出庭或者出庭后拒绝作证的，予以训诫，情节严重的，<u>经院长批准</u>，处以十日以下拘留。被处罚人对拘留决定不服的，可以向上一级人民法院申请复议。复议期间不停止执行。

《刑诉解释》

第二百四十六条 公诉人可以提请法庭通知证人、鉴定人、有专门知识的人、调查人员、侦查人员或者其他人员出庭，或者出示证据。被害人及其法定代理人、诉讼代理人，附带民事诉讼原告人及其诉讼代理人也可以提出申请。

在控诉方举证后，被告人及其法定代理人、辩护人可以提请法庭通知证人、鉴定人、有专门知识的人、调查人

员、侦查人员或者其他人员出庭，或者出示证据。

第二百五十三条 证人具有下列情形之一，无法出庭作证的，人民法院可以准许其不出庭：

（一）庭审期间身患严重疾病或者行动极为不便的；

（二）居所远离开庭地点且交通极为不便的；

（三）身处国外短期无法回国的；

（四）有其他客观原因，确实无法出庭的。

具有前款规定情形的，可以通过视频等方式作证。

《高检规则》

第四百零四条 公诉人对证人证言有异议，且该证人证言对案件定罪量刑有重大影响的，可以申请人民法院通知证人出庭作证。

人民警察就其执行职务时目击的犯罪情况作为证人出庭作证，适用前款规定。

公诉人对鉴定意见有异议的，可以申请人民法院通知鉴定人出庭作证。经人民法院通知，鉴定人拒不出庭作证的，公诉人可以建议法庭不予采纳该鉴定意见作为定案的根据，也可以申请法庭重新通知鉴定人出庭作证或者申请重新鉴定。

必要时，公诉人可以申请法庭通知有专门知识的人出庭，就鉴定人作出的鉴定意见提出意见。

当事人或者辩护人、诉讼代理人对证人证言、鉴定意见有异议，公诉人认为必要时，可以申请人民法院通知证人、鉴定人出庭作证。

（2）证人保护

**第六十三条** ［证人及其近亲属的保护］人民法院、人民检察院和公安机关应当保障证人及其近亲属的安全。

对证人及其近亲属进行威胁、侮辱、殴打或者打击报复，构成犯罪的，依法追究刑事责任；尚不够刑事处罚的，依法给予治安管理处罚。

**第六十四条** ［特定案件中证人、鉴定人、被害人及其近亲属的保护］对于<u>危害国家安全犯罪、恐怖活动犯罪、黑社会性质的组织犯罪、毒品犯罪等案件</u>，证人、鉴定人、被害人因在诉讼中作证，<u>本人或者其近亲属的人身安全面临危险的</u>，人民法院、人民检察院和公安机关应当采取以下一项或者多项保护措施：

（一）不公开真实姓名、住址和工作单位等个人信息；

（二）采取不暴露外貌、真实声音等出庭作证措施；

（三）禁止特定的人员接触证人、鉴定人、被害人及其近亲属；

（四）对人身和住宅采取专门性保护措施；

（五）其他必要的保护措施。

证人、鉴定人、被害人认为因在诉讼中作证，本人或者其近亲属的人身安全面临危险的，可以向人民法院、人民检察院、公安机关请求予以保护。

人民法院、人民检察院、公安机关依法采取保护措施，有关单位和个人应当配合。

**第六十五条** ［证人作证补助］证人因履行作证义务而支出的交通、住宿、就餐等费用，应当给予补助。证人作证的补助列入司法机关业务经费，由同级政府财政予

以保障。

有工作单位的证人作证,所在单位不得克扣或者变相克扣其工资、奖金及其他福利待遇。

### (三)单位当事人(诉讼代表人)

**《刑诉解释》**

第三百三十六条 被告单位的诉讼代表人,应当是法定代表人、实际控制人或者主要负责人;法定代表人、实际控制人或者主要负责人被指控为单位犯罪直接责任人员或因客观原因无法出庭的,应当由被告单位委托其他负责人或者职工作为诉讼代表人。但是,有关人员被指控为单位犯罪直接责任人员或者知道案件情况、负有作证义务的除外。

依据前款规定难以确定诉讼代表人的,可以由被告单位委托律师等单位以外的人员作为诉讼代表人。

诉讼代表人不得同时担任被告单位或者被指控为单位犯罪直接责任人员的有关人员的辩护人。〔2021年回忆~诉讼代表人的确定〕

第三百三十七条 开庭审理单位犯罪案件,应当通知被告单位的诉讼代表人出庭;诉讼代表人不符合前条规定的,应当要求人民检察院另行确定。

被告单位的诉讼代表人不出庭的,应当按照下列情形分别处理:

(一)诉讼代表人系被告单位的法定代表人、实际控制人或者主要负责人,无正当理由拒不出庭的,可以拘传其到庭;因客观原因无法出庭,或者下落不明的,应当要求人民检察院另行确定诉讼代表人;

(二)诉讼代表人系其他人员的,应当要求人民检察院另行确定诉讼代表人。

第三百三十八条 被告单位的诉讼代表人享有刑事诉讼法规定的有关被告人的诉讼权利。开庭时,诉讼代表人席位置于审判台前左侧,与辩护人席并列。

# 专题四 管 辖

### 考点12 立案管辖

第十九条 [立案管辖]刑事案件的侦查由公安机关进行,法律另有规定的除外。

人民检察院在对诉讼活动实行法律监督中发现的司法工作人员利用职权实施的非法拘禁、刑讯逼供、非法搜查等侵犯公民权利、损害司法公正的犯罪,可以由人民检察院立案侦查。对于公安机关管辖的国家机关工作人员利用职权实施的重大犯罪案件,需要由人民检察院直接受理的时候,经省级以上人民检察院决定,可以由人民检察院立案侦查。

自诉案件,由人民法院直接受理。

**《刑事诉讼法》**

第三百零八条 [特殊案件的管辖权]军队保卫部门对军队内部发生的刑事案件行使侦查权。

中国海警局履行海上维权执法职责,对海上发生的刑事案件行使侦查权。

对罪犯在监狱内犯罪的案件由监狱进行侦查。

军队保卫部门、中国海警局、监狱办理刑事案件,适用本法的有关规定。

**《监察法》**

第十五条 监察机关对下列公职人员和有关人员进行监察:

(一)中国共产党机关、人民代表大会及其常务委员会机关、人民政府、监察委员会、人民法院、人民检察院、中国人民政治协商会议各级委员会机关、民主党派机关和工商业联合会机关的公务员,以及参照《中华人民共和国公务员法》管理的人员;

(二)法律、法规授权或者受国家机关依法委托管理公共事务的组织中从事公务的人员;

(三)国有企业管理人员;

(四)公办的教育、科研、文化、医疗卫生、体育等单位中从事管理的人员;

(五)基层群众性自治组织中从事管理的人员;

(六)其他依法履行公职的人员。

第三十四条 人民法院、人民检察院、公安机关、审计机关等国家机关在工作中发现公职人员涉嫌贪污贿赂、失职渎职等职务违法或者职务犯罪的问题线索,应当移送监察机关,由监察机关依法调查处置。

被调查人既涉嫌严重职务违法或者职务犯罪,又涉嫌其他违法犯罪的,一般应当由监察机关为主调查,其他机关予以协助。

**《高检规则》**

第十四条 人民检察院办理直接受理侦查的案件,由设区的市级人民检察院立案侦查。基层人民检察院发现犯罪线索的,应当报设区的市级人民检察院决定立案侦查。

设区的市级人民检察院根据案件情况也可以将案件交由基层人民检察院立案侦查,或者要求基层人民检察院协助侦查。对于刑事执行派出检察院辖区内与刑事执行活动有关的犯罪线索,可以交由刑事执行派出检察院立案侦查。

最高人民检察院、省级人民检察院发现犯罪线索的,可以自行立案侦查,也可以将犯罪线索交由指定的省级人民检察院或者设区的市级人民检察院立案侦查。

第十七条 人民检察院办理直接受理侦查的案件,发现犯罪嫌疑人同时涉嫌监察机关管辖的职务犯罪线索的,应当及时与同级监察机关沟通。

经沟通,认为全案由监察机关管辖更为适宜的,人民检察院应当将案件和相应职务犯罪线索一并移送监察机关;认为由监察机关和人民检察院分别管辖更为适宜的,人民检察院应当将监察机关管辖的相应职务犯罪线索移送监察机关,对依法由人民检察院管辖的犯罪案件继续侦查。

人民检察院应当及时将沟通情况报告上一级人民检察院。沟通期间不得停止对案件的侦查。

第十八条 人民检察院办理直接受理侦查的案件涉及公安机关管辖的刑事案件,应当将属于公安机关管辖的刑事案件移送公安机关。如果涉嫌的主罪属于公安机关管辖,由公安机关为主侦查,人民检察院予以配合;如果涉嫌的主罪属于人民检察院管辖,由人民检察院为主侦查,公安机关予以配合。

对于一人犯数罪、共同犯罪、共同犯罪的犯罪嫌疑人还实施其他犯罪、多个犯罪嫌疑人实施的犯罪存在关联,并案处理有利于查明案件事实和诉讼进行的,人民检察院可以在职责范围内对相关犯罪案件并案处理。

**《公安部规定》**

第十五条 刑事案件由犯罪地的公安机关管辖。如果由犯罪嫌疑人居住地的公安机关管辖更为适宜的,可以由犯罪嫌疑人居住地的公安机关管辖。

法律、司法解释或者其他规范性文件对有关犯罪案件的管辖作出特别规定的,从其规定。

第二十一条 几个公安机关都有权管辖的刑事案件,由最初受理的公安机关管辖。必要时,可以由主要犯罪地的公安机关管辖。

具有下列情形之一的,公安机关可以在职责范围内并案侦查:

(一)一人犯数罪的;

(二)共同犯罪的;

(三)共同犯罪的犯罪嫌疑人还实施其他犯罪的;

(四)多个犯罪嫌疑人实施的犯罪存在关联,并案处理有利于查明犯罪事实的。

**《六机关规定》**

3. 具有下列情形之一的,人民法院、人民检察院、公安机关可以在其职责范围内并案处理:

(一)一人犯数罪的;

(二)共同犯罪的;

(三)共同犯罪的犯罪嫌疑人、被告人还实施其他犯罪的;

(四)多个犯罪嫌疑人、被告人实施的犯罪存在关联,并案处理有利于查明案件事实的。

**《刑诉解释》**

第一条 人民法院直接受理的自诉案件包括:

(一)告诉才处理的案件:

1. 侮辱、诽谤案(刑法第二百四十六条规定的,但严重危害社会秩序和国家利益的除外);

2. 暴力干涉婚姻自由案(刑法第二百五十七条第一款规定的);

3. 虐待案(刑法第二百六十条第一款规定的,但被害人没有能力告诉或者因受到强制、威吓无法告诉的除外);

4. 侵占案(刑法第二百七十条规定的)。

(二)人民检察院没有提起公诉,被害人有证据证明的轻微刑事案件:

1. 故意伤害案(刑法第二百三十四条第一款规定的);

2. 非法侵入住宅案(刑法第二百四十五条规定的);

3. 侵犯通信自由案(刑法第二百五十二条规定的);

4. 重婚案(刑法第二百五十八条规定的);

5. 遗弃案(刑法第二百六十一条规定的);

6. 生产、销售伪劣商品案(刑法分则第三章第一节规

定的,但严重危害社会秩序和国家利益的除外);

7. 侵犯知识产权案(刑法分则第三章第七节规定的,但严重危害社会秩序和国家利益的除外);

8. 刑法分则第四章、第五章规定的,可能判处三年有期徒刑以下刑罚的案件。

本项规定的案件,被害人直接向人民法院起诉的,人民法院应当依法受理。对其中证据不足,可以由公安机关受理的,或者认为对被告人可能判处三年有期徒刑以上刑罚的,应当告知被害人向公安机关报案,或者移送公安机关立案侦查。

(三)被害人有证据证明对被告人侵犯自己人身、财产权利的行为应当依法追究刑事责任,且有证据证明曾经提出控告,而公安机关或者人民检察院不予追究被告人刑事责任的案件。

**《办理信息网络犯罪案件适用刑事诉讼程序的意见》**

一、关于信息网络犯罪案件的范围

1. 本意见所称信息网络犯罪案件包括:

(1)危害计算机信息系统安全犯罪案件;

(2)拒不履行信息网络安全管理义务、非法利用信息网络、帮助信息网络犯罪活动的犯罪案件;

(3)主要行为通过信息网络实施的诈骗、赌博、侵犯公民个人信息等其他犯罪案件。

二、关于信息网络犯罪案件的管辖

2. 信息网络犯罪案件由犯罪地公安机关立案侦查。必要时,可以由犯罪嫌疑人居住地公安机关立案侦查。

信息网络犯罪案件的犯罪地包括用于实施犯罪行为的网络服务使用的服务器所在地,网络服务提供者所在地,被侵害的信息网络系统及其管理者所在地,犯罪过程中犯罪嫌疑人、被害人或者其他涉案人员使用的信息网络系统所在地,被害人被侵害时所在地以及被害人财产遭受损失地等。

涉及多个环节的信息网络犯罪案件,犯罪嫌疑人为信息网络犯罪提供帮助的,其犯罪地、居住地或者被帮助对象的犯罪地公安机关可以立案侦查。

3. 有多个犯罪地的信息网络犯罪案件,由最初受理的公安机关或者主要犯罪地公安机关立案侦查。有争议的,按照有利于查清犯罪事实、有利于诉讼的原则,协商解决;经协商无法达成一致的,由共同上级公安机关指定有关公安机关立案侦查。需要提请批准逮捕、移送审查起诉、提起公诉的,由立案侦查的公安机关所在地的人民检察院、人民法院受理。

4. 具有下列情形之一的,公安机关、人民检察院、人民法院可以在其职责范围内并案处理:

(1)一人犯数罪的;

(2)共同犯罪的;

(3)共同犯罪的犯罪嫌疑人、被告人还实施其他犯罪的;

(4)多个犯罪嫌疑人、被告人实施的犯罪行为存在关联,并案处理有利于查明全部案件事实的。

对为信息网络犯罪提供程序开发、互联网接入、服务器托管、网络存储、通讯传输等技术支持,或者广告推广、

支付结算等帮助,涉嫌犯罪的,可以依照第一款的规定并案侦查。

有关公安机关依照前两款规定并案侦查的案件,需要提请批准逮捕、移送审查起诉、提起公诉的,由该公安机关所在地的人民检察院、人民法院受理。

5.并案侦查的共同犯罪或者关联犯罪案件,犯罪嫌疑人人数众多、案情复杂的,公安机关可以分案移送审查起诉。分案移送审查起诉的,应当对并案侦查的依据、分案移送审查起诉的理由作出说明。

对于前款规定的案件,人民检察院可以分案提起公诉,人民法院可以分案审理。

分案处理应当以有利于保障诉讼质量和效率为前提,并不得影响当事人质证权等诉讼权利的行使。

6.依照前条规定分案处理,公安机关、人民检察院、人民法院在分案前有管辖权的,分案后对相关案件的管辖权不受影响。根据具体情况,分案处理的相关案件可以由不同审级的人民法院分别审理。

7.对于共同犯罪或者已并案侦查的关联犯罪案件,部分犯罪嫌疑人未到案,但不影响对已到案共同犯罪或者关联犯罪的犯罪嫌疑人、被告人的犯罪事实认定的,可以先行追究已到案犯罪嫌疑人、被告人的刑事责任。之前未到案的犯罪嫌疑人、被告人归案后,可以由原办案机关所在地公安机关、人民检察院、人民法院管辖其所涉及的案件。

8.对于具有特殊情况,跨省(自治区、直辖市)指定异地公安机关侦查更有利于查清犯罪事实、保证案件公正处理的重大信息网络犯罪案件,以及在境外实施的信息网络犯罪案件,公安部可以商最高人民检察院和最高人民法院指定侦查管辖。

9.人民检察院对于审查起诉的案件,按照刑事诉讼法的管辖规定,认为应当由上级人民检察院或者同级其他人民检察院起诉的,应当将案件移送有管辖权的人民检察院,并通知移送起诉的公安机关。人民检察院认为需要依照刑事诉讼法的规定指定审判管辖的,应当协商同级人民法院办理指定管辖有关事宜。

10.犯罪嫌疑人被多个公安机关立案侦查的,有关公安机关一般应当协商并案处理,并依法移送案件。协商不成的,可以报请共同上级公安机关指定管辖。

人民检察院对于审查起诉的案件,发现犯罪嫌疑人还有犯罪被异地公安机关立案侦查的,应当通知移送审查起诉的公安机关。

人民法院对于提起公诉的案件,发现被告人还有其他犯罪被审查起诉、立案侦查的,可以协商人民检察院、公安机关并案处理,但可能造成审判过分迟延的除外。决定对有关犯罪并案处理,符合《中华人民共和国刑事诉讼法》第二百零四条规定的,人民检察院可以建议人民法院延期审理。

**考点13** 审判管辖
(一)级别管辖
**1** 第二十一条　[中级法院管辖]中级人民法院管辖下列第一审刑事案件:

(一)危害国家安全、恐怖活动案件;

(二)可能判处无期徒刑、死刑的案件。

《刑事诉讼法》

第二百九十一条　[缺席判决的条件]对于贪污贿赂犯罪案件,以及需要及时进行审判,经最高人民检察院核准的严重危害国家安全犯罪、恐怖活动犯罪案件,犯罪嫌疑人、被告人在境外,监察机关、公安机关移送起诉,人民检察院认为犯罪事实已经查清,证据确实、充分,依法应当追究刑事责任的,可以向人民法院提起公诉。人民法院进行审查后,对于起诉书中有明确的指控犯罪事实,符合缺席审判程序适用条件的,应当决定开庭审判。

前款案件,由犯罪地、被告人离境前居住地或者最高人民法院指定的中级人民法院组成合议庭进行审理。

第二百九十九条第一款　[没收违法所得的审理程序]没收违法所得的申请,由犯罪地或者犯罪嫌疑人、被告人居住地的中级人民法院组成合议庭进行审理。

《刑诉解释》

第十四条　人民检察院认为可能判处无期徒刑、死刑,向中级人民法院提起公诉的案件,中级人民法院受理后,认为不需要判处无期徒刑、死刑的,应当依法审判,不再交基层人民法院审判。

第十五条　一人犯数罪、共同犯罪或者其他需要并案审理的案件,其中一人或者一罪属于上级人民法院管辖的,全案由上级人民法院管辖。

**2** 第二十四条　[级别管辖变通]上级人民法院在必要的时候,可以审判下级人民法院管辖的第一审刑事案件;下级人民法院认为案情重大、复杂需要由上级人民法院审判的第一审刑事案件,可以请求移送上一级人民法院审判。

《刑诉解释》

第十六条　上级人民法院决定审判下级人民法院管辖的第一审刑事案件的,应当向下级人民法院下达改变管辖决定书,并书面通知同级人民检察院。

第十七条　基层人民法院对可能判处无期徒刑、死刑的第一审刑事案件,应当移送中级人民法院审判。

基层人民法院对下列第一审刑事案件,可以请求移送中级人民法院审判:

(一)重大、复杂案件;

(二)新类型的疑难案件;

(三)在法律适用上具有普遍指导意义的案件。

需要将案件移送中级人民法院审判的,应当在报请院长决定后,至迟于案件审理期限届满十五日以前书面请求移送。中级人民法院应当在接到申请后十日以内作出决定。不同意移送的,应当下达不同意移送决定书,由请求移送的人民法院依法审判;同意移送的,应当下达同意移送决定书,并书面通知同级人民检察院。

第十八条　有管辖权的人民法院因案件涉及本院院长需要回避或者其他原因,不宜行使管辖权的,可以请求移送上一级人民法院管辖。上一级人民法院可以管辖,也可以指定与提出请求的人民法院同级的其他人民法院管辖。[2020年回忆~职务违法和职务犯罪行为的立案管辖和审判回避]

第十六条　上级人民检察院在必要的时候，可以直接立案侦查或者组织、指挥、参与侦查下级人民检察院管辖的案件。下级人民检察院认为案情重大、复杂，需要由上级人民检察院立案侦查的案件，可以请求移送上级人民检察院立案侦查。

**（二）地域管辖**

**第二十五条　[地域管辖]**刑事案件由犯罪地的人民法院管辖。如果由被告人居住地的人民法院审判更为适宜的，可以由被告人居住地的人民法院管辖。

《刑诉解释》

第二条　犯罪地包括犯罪行为地和犯罪结果地。

针对或者主要利用计算机网络实施的犯罪，犯罪地包括用于实施犯罪行为的网络服务使用的服务器所在地，网络服务提供者所在地，被侵害的信息网络系统及其管理者所在地，犯罪过程中被告人、被害人使用的信息网络系统所在地，以及被害人被侵害时所在地和被害人财产遭受损失地等。

第三条　被告人的户籍地为其居住地。经常居住地与户籍地不一致的，经常居住地为其居住地。经常居住地为被告人被追诉前已连续居住一年以上的地方，但住院就医的除外。

被告单位登记的住所地为其居住地。主要营业地或者主要办事机构所在地与登记的住所地不一致的，主要营业地或者主要办事机构所在地为其居住地。

第四条　在中华人民共和国内水、领海发生的刑事案件，由犯罪地或者被告人登陆地的人民法院管辖。由被告人居住地的人民法院审判更为适宜的，可以由被告人居住地的人民法院管辖。

第五条　在列车上的犯罪，被告人在列车运行途中被抓获的，由前方停靠站所在地负责审判铁路运输刑事案件的人民法院管辖。必要时，也可以由始发站或者终点站所在地负责审判铁路运输刑事案件的人民法院管辖。

被告人不是在列车运行途中被抓获的，由负责该列车乘务的铁路公安机关对应的审判铁路运输刑事案件的人民法院管辖；被告人在列车运行途经车站被抓获的，也可以由该车站所在地负责审判铁路运输刑事案件的人民法院管辖。

第六条　在国际列车上的犯罪，根据我国与相关国家签订的协定确定管辖；没有协定的，由该列车始发或者前方停靠的中国车站所在地负责审判铁路运输刑事案件的人民法院管辖。

第七条　在中华人民共和国领域外的中国船舶内的犯罪，由该船舶最初停泊的中国口岸所在地或者被告人登陆地、入境地的人民法院管辖。

第八条　在中华人民共和国领域外的中国航空器内的犯罪，由该航空器在中国最初降落地的人民法院管辖。

第九条　中国公民在中国驻外使领馆内的犯罪，由其主管单位所在地或者原户籍地的人民法院管辖。

第十条　中国公民在中华人民共和国领域外的犯罪，由其登陆地、入境地、离境前居住地或者现居住地的人民法院管辖；被害人是中国公民的，也可以由被害人离境前居住地或者现居住地的人民法院管辖。

第十一条　外国人在中华人民共和国领域外对中华人民共和国国家或者公民犯罪，根据《中华人民共和国刑法》应当受处罚的，由该外国人登陆地、入境地或者入境后居住地的人民法院管辖，也可以由被害人离境前居住地或者现居住地的人民法院管辖。

第十二条　对中华人民共和国缔结或者参加的国际条约所规定的罪行，中华人民共和国在所承担条约义务的范围内行使刑事管辖权的，由被告人被抓获地、登陆地或者入境地的人民法院管辖。

第十三条　正在服刑的罪犯在判决宣告前还有其他罪没有判决的，由原审地人民法院管辖；由罪犯服刑地或者犯罪地的人民法院审判更为适宜的，可以由罪犯服刑地或者犯罪地的人民法院管辖。

罪犯在服刑期间又犯罪的，由服刑地的人民法院管辖。

罪犯在脱逃期间又犯罪的，由服刑地的人民法院管辖。但是，在犯罪地抓获罪犯并发现其在脱逃期间犯罪的，由犯罪地的人民法院管辖。

**（三）移送管辖和指定管辖**

（1）移送管辖

**第二十六条　[优先管辖、移送管辖]**几个同级人民法院都有权管辖的案件，由最初受理的人民法院审判。在必要的时候，可以移送主要犯罪地的人民法院审判。

《刑诉解释》

第十九条　两个以上同级人民法院都有管辖权的案件，由最初受理的人民法院审判。必要时，可以移送主要犯罪地的人民法院审判。

管辖权发生争议的，应当在审理期限内协商解决；协商不成的，由争议的人民法院分别层报共同的上级人民法院指定管辖。

（2）指定管辖

**第二十七条　[指定管辖]**上级人民法院可以指定下级人民法院审判管辖不明的案件，也可以指定下级人民法院将案件移送其他人民法院审判。

《刑诉解释》

第二十条　管辖不明的案件，上级人民法院可以指定下级人民法院审判。

有关案件，由犯罪地、被告人居住地以外的人民法院审判更为适宜的，上级人民法院可以指定下级人民法院管辖。

第二十一条　上级人民法院指定管辖，应当将指定管辖决定书送达被指定管辖的人民法院和其他有关的人民法院。

第二十二条　原受理案件的人民法院在收到上级人民法院改变管辖决定书、同意移送决定书或者指定其他人民法院管辖的决定书后，对公诉案件，应当书面通知同级人民检察院，并将案卷材料退回，同时书面通知当事人；对自诉案件，应当将案卷材料移送被指定管辖的人民法院,并书面通知当事人。

第二十三条 第二审人民法院发回重新审判的案件,人民检察院撤回起诉后,又向原第一审人民法院的下级人民法院重新提起公诉的,下级人民法院应当将有关情况层报原第二审人民法院。原第二审人民法院根据具体情况,可以决定将案件移送原第一审人民法院或者其他人民法院审判。

**《高检规则》**

第二十条 对管辖不明确的案件,可以由有关人民检察院协商确定管辖。

第二十一条 几个人民检察院都有权管辖的案件,由最初受理的人民检察院管辖。必要时,可以由主要犯罪地的人民检察院管辖。

第二十二条 对于下列案件,上级人民检察院可以指定管辖:

(一)管辖有争议的案件;

(二)需要改变管辖的案件;

(三)需要集中管辖的特定类型的案件;

(四)其他需要指定管辖的案件。

对前款案件的审查起诉指定管辖的,人民检察院应当与相应的人民法院协商一致。对前款第三项案件的审查逮捕指定管辖的,人民检察院应当与相应的公安机关协商一致。

**《公安部规定》**

第二十二条 对管辖不明确或者有争议的刑事案件,可以由有关公安机关协商。协商不成的,由共同的上级公安机关指定管辖。

对情况特殊的刑事案件,可以由共同的上级公安机关指定管辖。

提请上级公安机关指定管辖时,应当在有关材料中列明犯罪嫌疑人基本情况、涉嫌罪名、案件基本事实、管辖争议情况、协商情况和指定管辖理由,经公安机关负责人批准后,层报有权指定管辖的上级公安机关。

第二十三条 上级公安机关指定管辖的,应当将指定管辖决定书分别送达被指定管辖的公安机关和其他有关的公安机关,并根据办案需要抄送同级人民法院、人民检察院。

原受理案件的公安机关,在收到上级公安机关指定其他公安机关管辖的决定书后,不再行使管辖权,同时应当将犯罪嫌疑人、涉案财物以及案卷材料等移送被指定管辖的公安机关。

对指定管辖的案件,需要逮捕犯罪嫌疑人的,由被指定管辖的公安机关提请同级人民检察院审查批准;需要提起公诉的,由该公安机关移送同级人民检察院审查决定。

(3)并案处理

**《刑诉解释》**

第二十四条 人民法院发现被告人还有其他犯罪被起诉的,可以并案审理;涉及同种犯罪的,一般应当并案审理。

人民法院发现被告人还有其他犯罪被审查起诉、立案侦查、立案调查的,可以参照前款规定协商人民检察院、公安机关、监察机关并案处理,但可能造成审判过分迟延的除外。

根据前两款规定并案处理的案件,由最初受理地的人民法院审判。必要时,可以由主要犯罪地的人民法院审判。〔2021年回忆~并案处理的适用〕

第二十五条 第二审人民法院在审理过程中,发现被告人还有其他犯罪没有判决的,参照前条规定处理。第二审人民法院决定并案审理的,应当发回第一审人民法院,由第一审人民法院作出处理。〔2021年回忆~并案处理的适用〕

第二百二十条 对一案起诉的共同犯罪或者关联犯罪案件,被告人人数众多、案情复杂,人民法院经审查认为,分案审理更有利于保障庭审质量和效率的,可以分案审理。分案审理不得影响当事人质证权等诉讼权利的行使。

对分案起诉的共同犯罪或者关联犯罪案件,人民法院经审查认为,合并审理更有利于查明案件事实、保障诉讼权利、准确定罪量刑的,可以并案审理。〔2022年回忆~分案审理〕

第四百零四条 第二审人民法院认为第一审判决事实不清、证据不足的,可以在查清事实后改判,也可以裁定撤销原判,发回原审人民法院重新审判。

有多名被告人的案件,部分被告人的犯罪事实不清、证据不足或者有新的犯罪事实需要追诉,且有关犯罪与其他同案被告人没有关联的,第二审人民法院根据案件情况,可以对该部分被告人分案处理,将该部分被告人发回原审人民法院重新审判。原审人民法院重新作出判决后,被告人上诉或者人民检察院抗诉,其他被告人的案件尚未作出第二审判决、裁定的,第二审人民法院可以并案审理。〔2021年回忆~二审中部分发回重审与并案审理〕

# 专题五　回　避

**考点15** 回避的对象与理由

第二十九条 [回避对象与理由]审判人员、检察人员、侦查人员有下列情形之一的,应当自行回避,当事人及其法定代理人也有权要求他们回避:

(一)是本案的当事人或者是当事人的近亲属的;

(二)本人或者他的近亲属和本案有利害关系的;

(三)担任过本案的证人、鉴定人、辩护人、诉讼代理人的;

(四)与本案当事人有其他关系,可能影响公正处理案件的。

**《刑诉解释》**

第二十七条 审判人员具有下列情形之一的,应当自行回避,当事人及其法定代理人有权申请其回避:

(一)是本案的当事人或者是当事人的近亲属的;

(二)本人或者其近亲属与本案有利害关系的;

(三)担任过本案的证人、鉴定人、辩护人、诉讼代理

人、翻译人员的;

(四)与本案的辩护人、诉讼代理人有近亲属关系的;

(五)与本案当事人有其他利害关系,可能影响公正审判的。

第二十八条 审判人员具有下列情形之一的,当事人及其法定代理人有权申请其回避:

(一)违反规定会见本案当事人、辩护人、诉讼代理人的;

(二)为本案当事人推荐、介绍辩护人、诉讼代理人,或者为律师、其他人员介绍办理本案的;

(三)索取、接受本案当事人及其委托的人的财物或者其他利益的;

(四)接受本案当事人及其委托的人的宴请,或者参加由其支付费用的活动的;

(五)向本案当事人及其委托的人借用款物的;

(六)有其他不正当行为,可能影响公正审判的。

第二十九条 参与过本案调查、侦查、审查起诉工作的监察、侦查、检察人员,调至人民法院工作的,不得担任本案的审判人员。

在一个审判程序中参与过本案审判工作的合议庭组成人员或者独任审判员,不得再参与本案其他程序的审判。但是,发回重新审判的案件,在第一审人民法院作出裁判后又进入第二审程序、在法定刑以下判处刑罚的复核程序或者死刑复核程序的,原第二审程序、在法定刑以下判处刑罚的复核程序或者死刑复核程序中的合议庭组成人员不受本款规定的限制。

第三十条 依照法律和有关规定应当实行任职回避的,不得担任案件的审判人员。

第三十一条 人民法院应当依法告知当事人及其法定代理人有权申请回避,并告知其合议庭组成人员、独任审判员、法官助理、书记员等人员的名单。

第三十二条 审判人员自行申请回避,或者当事人及其法定代理人申请审判人员回避的,可以口头或者书面提出,并说明理由,由院长决定。

院长自行申请回避,或者当事人及其法定代理人申请院长回避的,由审判委员会讨论决定。审判委员会讨论时,由副院长主持,院长不得参加。

### 考点16 回避的程序

**第三十一条** [回避的决定权与回避效力]审判人员、检察人员、侦查人员的回避,应当分别由院长、检察长、公安机关负责人决定;院长的回避,由本院审判委员会决定;检察长和公安机关负责人的回避,由同级人民检察院检察委员会决定。

对侦查人员的回避作出决定前,侦查人员不能停止对案件的侦查。

对驳回申请回避的决定,当事人及其法定代理人可以申请复议一次。

《刑诉解释》

第三十四条 应当回避的审判人员没有自行回避,当事人及其法定代理人也没有申请其回避的,院长或者

审判委员会应当决定其回避。

第三十五条 对当事人及其法定代理人提出的回避申请,人民法院可以口头或者书面作出决定,并将决定告知申请人。

当事人及其法定代理人申请回避被驳回的,可以在接到决定时申请复议一次。不属于刑事诉讼法第二十九条、第三十条规定情形的回避申请,由法庭当庭驳回,并不得申请复议。

第三十八条 法官助理、书记员、翻译人员和鉴定人适用审判人员回避的有关规定,其回避问题由院长决定。

《高检规则》

第三十四条 对人民检察院直接受理的案件进行侦查的人员或者进行补充侦查的人员在回避决定作出以前和复议期间,不得停止对案件的侦查。

第三十六条 被决定回避的检察长在回避决定作出以前所取得的证据和进行的诉讼行为是否有效,由检察委员会根据案件具体情况决定。

被决定回避的其他检察人员在回避决定作出以前所取得的证据和进行的诉讼行为是否有效,由检察长根据案件具体情况决定。

被决定回避的公安机关负责人在回避决定作出以前所进行的诉讼行为是否有效,由作出决定的人民检察院检察委员会根据案件具体情况决定。

## 专题六 辩护与代理

### 考点18 辩护的种类

#### (一)委托辩护

**第三十四条** [委托辩护人的时间]犯罪嫌疑人自被侦查机关第一次讯问或者采取强制措施之日起,有权委托辩护人;在侦查期间,只能委托律师作为辩护人。被告人有权随时委托辩护人。

侦查机关在第一次讯问犯罪嫌疑人或者对犯罪嫌疑人采取强制措施的时候,应当告知犯罪嫌疑人有权委托辩护人。人民检察院自收到移送审查起诉的案件材料之日起三日以内,应当告知犯罪嫌疑人有权委托辩护人。人民法院自受理案件之日起三日以内,应当告知被告人有权委托辩护人。犯罪嫌疑人、被告人在押期间要求委托辩护人的,人民法院、人民检察院和公安机关应当及时转达其要求。

犯罪嫌疑人、被告人在押的,也可以由其监护人、近亲属代为委托辩护人。

辩护人接受犯罪嫌疑人、被告人委托后,应当及时告知办理案件的机关。

《刑诉解释》

第四十四条 被告人没有委托辩护人的,人民法院自受理案件之日起三日以内,应当告知其有权委托辩护人;被告人因经济困难或者其他原因没有委托辩护人的,应当告知其可以申请法律援助;被告人属于应当提供法律援助情形的,应当告知其将依法通知法律援助机构指派律师为其提供辩护。

被告人没有委托辩护人，法律援助机构也没有指派律师为其提供辩护的，人民法院应当告知被告人有权约见值班律师，并为被告人约见值班律师提供便利。

告知可以采取口头或者书面方式。

第四十五条　审判期间，在押的被告人要求委托辩护人的，人民法院应当在三日以内向其监护人、近亲属或者其指定的人员转达要求。被告人应当提供有关人员的联系方式。有关人员无法通知的，应当告知被告人。

第四十六条　人民法院收到在押被告人提出的法律援助或者法律帮助申请，应当依照有关规定及时转交法律援助机构或者通知值班律师。

第五十二条　审判期间，辩护人接受被告人委托的，应当在接受委托之日起三日以内，将委托手续提交人民法院。

接受法律援助机构指派为被告人提供辩护的，适用前款规定。

《高检规则》

第四十条　人民检察院负责侦查的部门在第一次讯问犯罪嫌疑人或者对其采取强制措施时，应当告知犯罪嫌疑人有权委托辩护人，并告知其如果因经济困难或者其他原因没有委托辩护人的，可以申请法律援助。属于刑事诉讼法第三十五条规定情形的，应当告知犯罪嫌疑人有权获得法律援助。

人民检察院自收到移送起诉案卷材料之日起三日以内，应当告知犯罪嫌疑人有权委托辩护人，并告知其如果因经济困难或者其他原因没有委托辩护人的，可以申请法律援助。属于刑事诉讼法第三十五条规定情形的，应当告知犯罪嫌疑人有权获得法律援助。

当面口头告知的，应当记入笔录，由被告知人签名；电话告知的，应当记录在案；书面告知的，应当将送达回执入卷。

第四十一条　在押或者被指定居所监视居住的犯罪嫌疑人向人民检察院提出委托辩护人要求的，人民检察院应当及时向其监护人、近亲属或者其指定的人员转达要求，并记录在案。

第四十五条　辩护人接受委托后告知人民检察院，或者法律援助机构指派律师后通知人民检察院的，人民检察院负责案件管理的部门应当及时登记辩护人的相关信息，并将有关情况和材料及时通知、移交办案部门。

负责案件管理的部门对办理业务的辩护律师，应当查验其律师执业证书、律师事务所证明和授权委托书或者法律援助公函。对其他辩护人、诉讼代理人，应当查验其身份证明和授权委托书。

《公安部规定》

第四十三条　公安机关在第一次讯问犯罪嫌疑人或者对犯罪嫌疑人采取强制措施的时候，应当告知犯罪嫌疑人有权委托律师作为辩护人，并告知其如果因经济困难或者其他原因没有委托辩护律师的，可以向法律援助机构申请法律援助。告知的情形应当记录在案。

对于同案的犯罪嫌疑人委托同一名辩护律师的，或者两名以上未同案处理但实施的犯罪存在关联的犯罪嫌疑人委托同一名辩护律师的，公安机关应当要求其更换辩护律师。

第四十四条　犯罪嫌疑人可以自己委托辩护律师。犯罪嫌疑人在押的，也可以由其监护人、近亲属代为委托辩护律师。

犯罪嫌疑人委托辩护律师的请求可以书面提出，也可以口头提出。口头提出的，公安机关应当制作笔录，由犯罪嫌疑人签名、捺指印。

第四十五条　在押的犯罪嫌疑人向看守所提出委托辩护律师要求的，看守所应当及时将其请求转达给办案部门，办案部门应当及时向犯罪嫌疑人委托的辩护律师或者律师事务所转达该项请求。

在押的犯罪嫌疑人仅提出委托辩护律师的要求，但提不出具体对象的，办案部门应当及时通知犯罪嫌疑人的监护人、近亲属代为委托辩护律师。犯罪嫌疑人无监护人或者近亲属的，办案部门应当及时通知当地律师协会或者司法行政机关为其推荐辩护律师。

《人民检察院办理未成年人刑事案件规定》

第十一条　人民检察院受理案件后，应当向未成年犯罪嫌疑人及其法定代理人了解其委托辩护人的情况，并告知其有权委托辩护人。

未成年犯罪嫌疑人没有委托辩护人的，人民检察院应当书面通知法律援助机构指派律师为其提供辩护。

《依法保障律师执业权利的规定》

第六条　辩护律师接受犯罪嫌疑人、被告人委托或者法律援助机构的指派后，应当告知办案机关，并可以依法向办案机关了解犯罪嫌疑人、被告人涉嫌或者被指控的罪名及当时已查明的该罪的主要事实，犯罪嫌疑人、被告人被采取、变更、解除强制措施的情况，侦查机关延长侦查羁押期限等情况，办案机关应当依法及时告知辩护律师。

办案机关作出移送审查起诉、退回补充侦查、提起公诉、延期审理、二审不开庭审理、宣告判决等重大程序性决定的，以及人民检察院将直接受理立案侦查案件报请上一级人民检察院审查决定逮捕的，应当依法及时告知辩护律师。

**（二）法律援助辩护**

**1** 第三十五条　[法律援助辩护]犯罪嫌疑人、被告人因经济困难或者其他原因没有委托辩护人的，本人及其近亲属可以向法律援助机构提出申请。对符合法律援助条件的，法律援助机构应当指派律师为其提供辩护。

犯罪嫌疑人、被告人是盲、聋、哑人，或者是尚未完全丧失辨认或者控制自己行为能力的精神病人，没有委托辩护人的，人民法院、人民检察院和公安机关应当通知法律援助机构指派律师为其提供辩护。

犯罪嫌疑人、被告人可能被判处无期徒刑、死刑，没有委托辩护人的，人民法院、人民检察院和公安机关应当通知法律援助机构指派律师为其提供辩护。

《刑诉解释》

第四十七条　对下列没有委托辩护人的被告人，人民法院应当通知法律援助机构指派律师为其提供辩护：

（一）盲、聋、哑人；

（二）尚未完全丧失辨认或者控制自己行为能力的精神病人；

（三）可能被判处无期徒刑、死刑的人。

高级人民法院复核死刑案件，被告人没有委托辩护人的，应当通知法律援助机构指派律师为其提供辩护。

死刑缓期执行期间故意犯罪的案件，适用前两款规定。

第四十八条　具有下列情形之一，被告人没有委托辩护人的，人民法院可以通知法律援助机构指派律师为其提供辩护：

（一）共同犯罪案件中，其他被告人已经委托辩护人的；

（二）案件有重大社会影响的；

（三）人民检察院抗诉的；

（四）被告人的行为可能不构成犯罪的；

（五）有必要指派律师提供辩护的其他情形。

第四十九条　人民法院通知法律援助机构指派律师提供辩护的，应当将法律援助通知书、起诉书副本或者判决书送达法律援助机构；决定开庭审理的，除适用简易程序或者速裁程序审理的以外，应当在开庭十五日以前将上述材料送达法律援助机构。

法律援助通知书应当写明案由、被告人姓名、提供法律援助的理由、审判人员的姓名和联系方式；已确定开庭审理的，应当写明开庭的时间、地点。

第五十一条　对法律援助机构指派律师为被告人提供辩护，被告人的监护人、近亲属又代为委托辩护人的，应当听取被告人的意见，由其确定辩护人人选。

第五十二条　审判期间，辩护人接受被告人委托的，应当在接受委托之日起三日以内，将委托手续提交人民法院。

接受法律援助机构指派为被告人提供辩护的，适用前款规定。

第三百六十一条　适用简易程序审理的案件，符合刑事诉讼法第三十五条第一款规定的，人民法院应当告知被告人及其近亲属可以申请法律援助。

《高检规则》

第四十二条　人民检察院办理直接受理侦查案件和审查起诉案件，发现犯罪嫌疑人是盲、聋、哑人或者是尚未完全丧失辨认或者控制自己行为能力的精神病人，或者可能被判处无期徒刑、死刑，没有委托辩护人的，应当自发现之日起三日以内书面通知法律援助机构指派律师为其提供辩护。

第四十三条　人民检察院收到在押或者被指定居所监视居住的犯罪嫌疑人提出的法律援助申请，应当在二十四小时以内将申请材料转交法律援助机构，并通知犯罪嫌疑人的监护人、近亲属或者其委托的其他人员协助提供有关证件、证明等材料。

第四十四条　属于应当提供法律援助的情形，犯罪嫌疑人拒绝法律援助机构指派的律师作为辩护人的，人

民检察院应当查明拒绝的原因。有正当理由的，予以准许，但犯罪嫌疑人需另行委托辩护人；犯罪嫌疑人未另行委托辩护人的，应当书面通知法律援助机构另行指派律师为其提供辩护。

《公安部规定》

第四十六条　符合下列情形之一，犯罪嫌疑人没有委托辩护人的，公安机关应当自发现该情形之日起三日以内通知法律援助机构为犯罪嫌疑人指派辩护律师：

（一）犯罪嫌疑人是盲、聋、哑人，或者是尚未完全丧失辨认或者控制自己行为能力的精神病人；

（二）犯罪嫌疑人可能被判处无期徒刑、死刑。

第四十七条　公安机关收到在押的犯罪嫌疑人提出的法律援助申请后，应当在二十四小时以内将其申请转交所在地的法律援助机构，并在三日以内通知申请人的法定代理人、近亲属或者其委托的其他人员协助提供有关证件、证明等相关材料。犯罪嫌疑人的法定代理人、近亲属或者其委托的其他人员地址不详无法通知的，应当在转交申请时一并告知法律援助机构。

犯罪嫌疑人拒绝法律援助机构指派的律师作为辩护人或者自行委托辩护人的，公安机关应当在三日以内通知法律援助机构。

第四十八条　辩护律师接受犯罪嫌疑人委托或者法律援助机构的指派后，应当及时告知公安机关并出示律师执业证书、律师事务所证明和委托书或者法律援助公函。

**2** 第二百七十八条　[未成年人犯罪案件法律援助]未成年犯罪嫌疑人、被告人没有委托辩护人的，人民法院、人民检察院、公安机关应当通知法律援助机构指派律师为其提供辩护。

《刑诉解释》

第五百六十四条　审判时不满十八周岁的未成年被告人没有委托辩护人的，人民法院应当通知法律援助机构指派熟悉未成年人身心特点的律师为其提供辩护。

第五百六十五条　未成年被害人及其法定代理人因经济困难或者其他原因没有委托诉讼代理人的，人民法院应当帮助其申请法律援助。

《高检规则》

第四百六十条　人民检察院受理案件后，应当向未成年犯罪嫌疑人及其法定代理人了解其委托辩护人的情况，并告知其有权委托辩护人。

未成年犯罪嫌疑人没有委托辩护人的，人民检察院应当书面通知法律援助机构指派律师为其提供辩护。

对于公安机关未通知法律援助机构指派律师为未成年犯罪嫌疑人提供辩护的，人民检察院应当提出纠正意见。

**3** 第二百九十三条　[委托辩护、应当法援]人民法院缺席审判案件，被告人有权委托辩护人，被告人的近亲属可以代为委托辩护人。被告人及其近亲属没有委托辩护人的，人民法院应当通知法律援助机构指派律师为其提供辩护。

**考点20 辩护人的范围**

**第三十三条 [辩护方式和辩护人范围]** 犯罪嫌疑人、被告人除自己行使辩护权以外，还可以委托一至二人作为辩护人。下列的人可以被委托为辩护人：

（一）律师；

（二）人民团体或者犯罪嫌疑人、被告人所在单位推荐的人；

（三）犯罪嫌疑人、被告人的监护人、亲友。

<u>正在</u>被执行刑罚或者依法被剥夺、限制人身自由的人，不得担任辩护人。

被开除公职和被吊销律师、公证员执业证书的人，不得担任辩护人，但系犯罪嫌疑人、被告人的监护人、近亲属的除外。

**《刑诉解释》**

第四十条 人民法院审判案件，应当充分保障被告人依法享有的辩护权利。

被告人除自己行使辩护权以外，还可以委托辩护人辩护。下列人员不得担任辩护人：

（一）正在被执行刑罚或者处于缓刑、假释考验期间的人；

（二）依法被剥夺、限制人身自由的人；

（三）被开除公职或者被吊销律师、公证员执业证书的人；

（四）人民法院、人民检察院、监察机关、公安机关、国家安全机关、监狱的现职人员；

（五）人民陪审员；

（六）与本案审理结果有利害关系的人；

（七）外国人或者无国籍人；

（八）无行为能力或者限制行为能力的人。

前款第三项至第七项规定的人员，如果是被告人的监护人、近亲属，由被告人委托担任辩护人的，可以准许。

第四十一条 审判人员和人民法院其他工作人员从人民法院离任后二年内，不得以律师身份担任辩护人。

审判人员和人民法院其他工作人员从人民法院离任后，不得担任原任职法院所审理案件的辩护人，但系被告人的监护人、近亲属的除外。

审判人员和人民法院其他工作人员的配偶、子女或者父母不得担任其任职法院所审理案件的辩护人，但系被告人的监护人、近亲属的除外。

第四十二条 对接受委托担任辩护人的，人民法院应当核实其身份证明和授权委托书。

第四十三条 一名被告人可以委托一至二人作为辩护人。

一名辩护人不得为两名以上的同案被告人，或者未同案处理但犯罪事实存在关联的被告人辩护。

**《律师法》**

第十一条 公务员不得兼任执业律师。

律师担任各级人民代表大会常务委员会组成人员的，任职期间不得从事诉讼代理或者辩护业务。

第四十一条 曾经担任法官、检察官的律师，从人民法院、人民检察院离任后二年内，不得担任诉讼代理人或

者辩护人。

**《法官法》**

第二十二条 法官不得兼任人民代表大会常务委员会的组成人员，不得兼任行政机关、监察机关、检察机关的职务，不得兼任企业或者其他营利性组织、事业单位的职务，不得兼任律师、仲裁员和公证员。

第三十六条 法官从人民法院离任后两年内，不得以律师身份担任诉讼代理人或者辩护人。

法官从人民法院离任后，不得担任原任职法院办理案件的诉讼代理人或者辩护人，但是作为当事人的监护人或者近亲属代理诉讼或者进行辩护的除外。

法官被开除后，不得担任诉讼代理人或者辩护人，但是作为当事人的监护人或者近亲属代理诉讼或者进行辩护的除外。

**《检察官法》**

第三十七条 检察官从人民检察院离任后两年内，不得以律师身份担任诉讼代理人或者辩护人。

检察官从人民检察院离任后，不得担任原任职检察院办理案件的诉讼代理人或者辩护人，但是作为当事人的监护人或者近亲属代理诉讼或者进行辩护的除外。

检察官被开除后，不得担任诉讼代理人或者辩护人，但是作为当事人的监护人或者近亲属代理诉讼或者进行辩护的除外。

**考点21 辩护人的诉讼权利和诉讼义务**

**（一）辩护人的权利**

（1）会见通信权

**第三十九条 [辩护人的会见通信权]** 辩护律师可以同在押的犯罪嫌疑人、被告人会见和通信。其他辩护人经人民法院、人民检察院许可，也可以同在押的犯罪嫌疑人、被告人会见和通信。

辩护律师持律师执业证书、律师事务所证明和委托书或者法律援助公函要求会见在押的犯罪嫌疑人、被告人的，看守所应当及时安排会见，至迟不得超过<u>四十八小时</u>。

<u>危害国家安全犯罪、恐怖活动犯罪案件</u>，在侦查期间辩护律师会见在押的犯罪嫌疑人，<u>应当经侦查机关许可</u>。上述案件，侦查机关应当事先通知看守所。

辩护律师会见在押的犯罪嫌疑人、被告人，可以了解案件有关情况，提供法律咨询等；自案件<u>移送审查起诉之日起</u>，可以向犯罪嫌疑人、被告人核实有关证据。辩护律师会见犯罪嫌疑人、被告人时<u>不被监听</u>。

辩护律师同被监视居住的犯罪嫌疑人、被告人会见、通信，适用第一款、第三款、第四款的规定。

**《刑诉解释》**

第五十六条 辩护律师可以同在押的或者被监视居住的被告人会见和通信。其他辩护人经人民法院许可，也可以同在押的或者被监视居住的被告人会见和通信。

**《依法保障律师执业权利的规定》**

第七条 辩护律师到看守所会见在押的犯罪嫌疑人、被告人，看守所在查验律师执业证书、律师事务所证

明和委托书或者法律援助公函后,应当及时安排会见。能当时安排的,应当当时安排;不能当时安排的,看守所应当向辩护律师说明情况,并保证辩护律师在四十八小时以内会见到押的犯罪嫌疑人、被告人。

看守所安排会见不得附加其他条件或者变相要求辩护律师提交法律规定以外的其他文件、材料,不得以未收到办案机关通知为由拒绝安排辩护律师会见。

看守所应当设立会见预约平台,采取网上预约、电话预约等方式为辩护律师会见提供便利,但不得以未预约会见为由拒绝安排辩护律师会见。

辩护律师会见在押的犯罪嫌疑人、被告人时,看守所应当采取必要措施,保障会见顺利和安全进行。律师会见在押的犯罪嫌疑人、被告人的,看守所应当保障律师履行辩护职责需要的时间和次数,并与看守所工作安排和办案机关侦查工作相协调。辩护律师会见犯罪嫌疑人、被告人时不被监听,办案机关不得派员在场。在律师会见室不足的情况下,看守所经辩护律师书面同意,可以安排在讯问室会见,但应当关闭录音、监听设备。犯罪嫌疑人、被告人委托两名律师担任辩护人的,两名辩护律师可以共同会见,也可以单独会见。辩护律师可以带一名律师助理协助会见。助理人员随同辩护律师参加会见的,应当出示律师事务所证明和律师执业证书或申请律师执业人员实习证。办案机关应当核实律师助理的身份。

第八条　在押的犯罪嫌疑人、被告人提出解除委托关系的,办案机关应当要求其出具或签署书面文件,并在三日以内转交受委托的律师或者律师事务所。辩护律师可以要求会见在押的犯罪嫌疑人、被告人,当面向其确认解除委托关系,看守所应当安排会见;但犯罪嫌疑人、被告人书面拒绝会见的,看守所应当将有关书面材料转交辩护律师,不予安排会见。

在押的犯罪嫌疑人、被告人的监护人、近亲属解除代为委托辩护律师关系的,经犯罪嫌疑人、被告人同意的,看守所应当允许新代为委托的辩护律师会见,由犯罪嫌疑人、被告人确认新的委托关系;犯罪嫌疑人、被告人不同意解除原辩护律师的委托关系的,看守所应当终止新代为委托的辩护律师会见。

第九条　辩护律师在侦查期间要求会见危害国家安全犯罪、恐怖活动犯罪、特别重大贿赂犯罪案件在押的犯罪嫌疑人的,应当向侦查机关提出申请。侦查机关应当依法及时审查辩护律师提出的会见申请,在三日以内将是否许可的决定书面答复辩护律师,并明确告知负责与辩护律师联系的部门及工作人员的联系方式。对许可会见的,应当向辩护律师出具许可决定文书;因有碍侦查或者可能泄露国家秘密而不许可会见的,应当向辩护律师说明理由。有碍侦查或者可能泄露国家秘密的情形消失后,应当许可会见,并及时通知看守所和辩护律师。对特别重大贿赂案件在侦查终结前,侦查机关应当许可辩护律师至少会见一次犯罪嫌疑人。

侦查机关不得随意解释和扩大前款所述三类案件的范围,限制律师会见。

第十条　自案件移送审查起诉之日起,辩护律师会

见犯罪嫌疑人、被告人,可以向其核实有关证据。

第十一条　辩护律师会见在押的犯罪嫌疑人、被告人,可以根据需要制作会见笔录,并要求犯罪嫌疑人、被告人确认无误后在笔录上签名。

第十二条　辩护律师会见在押的犯罪嫌疑人、被告人需要翻译人员随同参加的,应当提前向办案机关提出申请,并提交翻译人员身份证明及其所在单位出具的证明。办案机关应当及时审查并在三日以内作出是否许可的决定。许可翻译人员参加会见的,应当向辩护律师出具许可决定文书,并通知看守所。不许可的,应当向辩护律师书面说明理由,并通知其更换。

翻译人员应当持办案机关许可决定文书和本人身份证明,随同辩护律师参加会见。

第十三条　看守所应当及时传递辩护律师同犯罪嫌疑人、被告人的往来信件。看守所可以对信件进行必要的检查,但不得截留、复制、删改信件,不得向办案机关提供信件内容,但信件内容涉及危害国家安全、公共安全、严重危害他人人身安全以及涉嫌串供、毁灭证据等情形的除外。

**《律师法》**

第三十三条　律师担任辩护人的,有权持律师执业证书、律师事务所证明和委托书或者法律援助公函,依照刑事诉讼法的规定会见在押或者被监视居住的犯罪嫌疑人、被告人。辩护律师会见犯罪嫌疑人、被告人时不被监听。

**《公安部规定》**

第五十二条　对危害国家安全犯罪案件、恐怖活动犯罪案件,办案部门应当在将犯罪嫌疑人送看守所羁押时书面通知看守所;犯罪嫌疑人被监视居住的,应当在送交执行时书面通知执行机关。

辩护律师在侦查期间要求会见前款规定案件的在押或者被监视居住的犯罪嫌疑人,应当向办案部门提出申请。

对辩护律师提出的会见申请,办案部门应当在收到申请后三日以内,报经县级以上公安机关负责人批准,作出许可或者不许可的决定,书面通知辩护律师,并及时通知看守所或者执行监视居住的部门。除有碍侦查或者可能泄露国家秘密的情形外,应当作出许可的决定。

公安机关不许可会见的,应当说明理由。有碍侦查或者可能泄露国家秘密的情形消失后,公安机关应当许可会见。

有下列情形之一的,属于本条规定的"有碍侦查":

(一)可能毁灭、伪造证据,干扰证人作证或者串供的;

(二)可能引起犯罪嫌疑人自残、自杀或者逃跑的;

(三)可能引起同案犯逃避、妨碍侦查的;

(四)犯罪嫌疑人的家属与犯罪有牵连的。

第五十三条　辩护律师要求会见在押的犯罪嫌疑人,看守所应当在查验其律师执业证书、律师事务所证明和委托书或者法律援助公函后,在四十八小时以内安排律师会见到犯罪嫌疑人,同时通知办案部门。

侦查期间,辩护律师会见危害国家安全犯罪案件、恐怖活动犯罪案件在押或者被监视居住的犯罪嫌疑人时,看守所或者监视居住执行机关还应当查验侦查机关的许可决定文书。

第五十四条　辩护律师会见在押或者被监视居住的犯罪嫌疑人需要聘请翻译人员的,应当向办案部门提出申请。办案部门应当在收到申请后三日以内,报经县级以上公安机关负责人批准,作出许可或者不许可的决定,书面通知辩护律师。对于具有本规定第三十二条所列情形之一的,作出不予许可的决定,并通知其更换;不具有相关情形的,应当许可。

翻译人员参与会见的,看守所或者监视居住执行机关应当查验公安机关的许可决定文书。

第五十五条　辩护律师会见在押或者被监视居住的犯罪嫌疑人时,看守所或者监视居住执行机关应当采取必要的管理措施,保障会见顺利进行,并告知其遵守会见的有关规定。辩护律师会见犯罪嫌疑人时,公安机关不得监听,不得派员在场。

辩护律师会见在押或者被监视居住的犯罪嫌疑人时,违反法律规定或者会见的规定的,看守所或者监视居住执行机关应当制止。对于严重违反规定或者不听劝阻的,可以决定停止本次会见,并及时通报其所在的律师事务所、所属的律师协会以及司法行政机关。

(2)阅卷权

**第四十条　[辩护人的阅卷权利]**辩护律师自人民检察院对案件审查起诉之日起,可以查阅、摘抄、复制本案的案卷材料。其他辩护人经人民法院、人民检察院许可,也可以查阅、摘抄、复制上述材料。

**《刑诉解释》**

第五十三条　辩护律师可以查阅、摘抄、复制案卷材料。其他辩护人经人民法院许可,也可以查阅、摘抄、复制案卷材料。合议庭、审判委员会的讨论记录以及其他依法不公开的材料不得查阅、摘抄、复制。

辩护人查阅、摘抄、复制案卷材料的,人民法院应当提供便利,并保证必要的时间。

值班律师查阅案卷材料的,适用前两款规定。

复制案卷材料可以采用复印、拍照、扫描、电子数据拷贝等方式。

第五十四条　对作为证据材料向人民法院移送的讯问录音录像,辩护律师申请查阅的,人民法院应当准许。

第五十五条　查阅、摘抄、复制案卷材料,涉及国家秘密、商业秘密、个人隐私的,应当保密;对不公开审理案件的信息、材料,或者在办案过程中获悉的案件重要信息、证据材料,不得违反规定泄露、披露,不得用于办案以外的用途。人民法院可以要求相关人员出具承诺书。

违反前款规定的,人民法院可以通报司法行政机关或者有关部门,建议给予相应处罚;构成犯罪的,依法追究刑事责任。

第五十六条　辩护律师可以同在押的或者被监视居住的被告人会见和通信。其他辩护人经人民法院许可,也可以同在押的或者被监视居住的被告人会见和通信。

**《高检规则》**

第四十七条　自人民检察院对案件审查起诉之日起,应当允许辩护律师查阅、摘抄、复制本案的案卷材料。案卷材料包括案件的诉讼文书和证据材料。

人民检察院直接受理侦查案件移送起诉,审查起诉案件退回补充侦查、改变管辖、提起公诉的,应当及时告知辩护律师。

第四十八条　自人民检察院对案件审查起诉之日起,律师以外的辩护人向人民检察院申请查阅、摘抄、复制本案的案卷材料或者申请同在押、被监视居住的犯罪嫌疑人会见和通信的,由人民检察院负责捕诉的部门进行审查并作出是否许可的决定,在三日以内书面通知申请人。

人民检察院许可律师以外的辩护人同在押或者被监视居住的犯罪嫌疑人通信的,可以要求看守所或者公安机关将书信送交人民检察院进行检查。

律师以外的辩护人申请查阅、摘抄、复制案卷材料或者申请同在押、被监视居住的犯罪嫌疑人会见和通信,具有下列情形之一的,人民检察院可以不予许可:

(一)同案犯罪嫌疑人在逃的;

(二)案件事实不清、证据不足,或者遗漏罪行、遗漏同案犯罪嫌疑人需要补充侦查的;

(三)涉及国家秘密或者商业秘密的;

(四)有事实表明存在串供、毁灭、伪造证据或者危害证人人身安全可能的。

第四十九条　辩护律师或者经过许可的其他辩护人到人民检察院查阅、摘抄、复制本案的案卷材料,由负责案件管理的部门及时安排,由办案部门提供案卷材料。因办案部门工作等原因无法及时安排的,应当向辩护人说明,并自即日起三个工作日以内安排辩护人阅卷,办案部门应当予以配合。

人民检察院应当为辩护人查阅、摘抄、复制案卷材料设置专门的场所或者电子卷宗阅卷终端设备。必要时,人民检察院可以派员在场协助。

辩护人复制案卷材料可以采取复印、拍照、扫描、刻录等方式,人民检察院不收取费用。

第三百六十条　人民检察院对于犯罪嫌疑人、被告人或者证人等翻供、翻证的材料以及对犯罪嫌疑人、被告人有利的其他证据材料,应当移送人民法院。

**《依法保障律师执业权利的规定》**

第十三条　看守所应当及时传递辩护人同犯罪嫌疑人、被告人的往来信件。看守所可以对信件进行必要的检查,但不得截留、复制、删改信件,不得向办案机关提供信件内容,但信件内容涉及危害国家安全、公共安全、严重危害他人人身安全以及涉嫌串供、毁灭证据等情形的除外。

第十四条　辩护律师自人民检察院对案件审查起诉之日起,可以查阅、摘抄、复制本案的案卷材料,人民检察院检察委员会的讨论记录、人民法院合议庭、审判委员会的讨论记录以及其他依法不能公开的材料除外。

人民检察院、人民法院应当为辩护律师查阅、摘抄、复制案卷材料提供便利,有条件的地方可以推行电子化阅卷,允许刻录、下载材料。侦查机关应当在案件移送审查起诉后三日以内,人民检察院应当在提起公诉后三日以内,将案件移送情况告知辩护律师。案件提起公诉后,人民检察院对案卷所附证据材料有调整或者补充的,应当及时告知辩护律师。辩护律师对调整或者补充的证据材料,有权查阅、摘抄、复制。辩护律师办理申诉、抗诉案件,在人民检察院、人民法院经审查决定立案后,可以持律师执业证书、律师事务所证明和委托书或者法律援助公函到案卷档案管理部门、持有案卷档案的办案部门查阅、摘抄、复制已经审理终结案件的案卷材料。

辩护律师提出阅卷要求的,人民检察院、人民法院应当当时安排辩护律师阅卷,无法当时安排的,应当向辩护律师说明并安排其在三个工作日以内阅卷,<u>不得限制辩护律师阅卷的次数和时间</u>。有条件的地方可以设立阅卷预约平台。

人民检察院、人民法院应当为辩护律师阅卷提供场所和便利,配备必要的设备。因复制材料发生费用的,只收取工本费。律师办理法律援助案件复制材料发生的费用,应当予以免收或者减收。辩护律师可以采用复印、拍照、扫描、电子数据拷贝等方式复制案卷材料,可以根据需要带律师助理协助阅卷。办案机关应当核实律师助理的身份。

辩护律师查阅、摘抄、复制的案卷材料属于国家秘密的,应当经过人民检察院、人民法院同意并遵守国家保密规定。律师不得违反规定,披露、散布案件重要信息和案卷材料,或者将其用于本案辩护、代理以外的其他用途。

《律师法》

第三十四条　律师担任辩护人的,自人民检察院对案件审查起诉之日起,有权查阅、摘抄、复制本案的案卷材料。

（3）调查取证权

**1** 第四十一条　[辩护人申请调取证据的权利]辩护人认为在侦查、审查起诉期间公安机关、人民检察院收集的证明犯罪嫌疑人、被告人无罪或者罪轻的证据材料未提交的,有权申请人民检察院、人民法院调取。

《刑诉解释》

第五十七条　辩护人认为在调查、侦查、审查起诉期间监察机关、公安机关、人民检察院收集的证明被告人无罪或者罪轻的证据材料未随案移送,申请人民法院调取的,应当以书面形式提出,并提供相关线索或者材料。人民法院接受申请后,应当向人民检察院调取。人民检察院移送相关证据材料后,人民法院应当及时通知辩护人。

《高检规则》

第五十条　案件提请批准逮捕或者移送起诉后,辩护人认为公安机关在侦查期间收集的证明犯罪嫌疑人无罪或者罪轻的证据材料未提交,申请人民检察院向公安机关调取的,人民检察院负责捕诉的部门应当及时审查。经审查,认为辩护人申请调取的证据已收集并且与案件事实有联系的,应当予以调取;认为辩护人申请调取的证据未收集或者与案件事实没有联系的,应当决定不予调

取并向辩护人说明理由。公安机关移送相关证据材料的,人民检察院应当在三日以内告知辩护人。

人民检察院办理直接受理侦查的案件,适用前款规定。

《六机关规定》

27. 刑事诉讼法第三十九条(现第四十一条)规定:"辩护人认为在侦查、审查起诉期间公安机关、人民检察院收集的证明犯罪嫌疑人、被告人无罪或者罪轻的证据材料未提交的,有权申请人民检察院、人民法院调取。"第一百九十一条(现第一百九十六条)第一款规定:"法庭审理过程中,合议庭对证据有疑问的,可以宣布休庭,对证据进行调查核实。"第一百九十二条(现第一百九十七条)第一款规定:"法庭审理过程中,当事人和辩护人、诉讼代理人有权申请通知新的证人到庭,调取新的物证,申请重新鉴定或者勘验。"根据上述规定,自案件移送审查起诉之日起,人民检察院可以根据辩护人的申请,向公安机关调取未提交的证明犯罪嫌疑人、被告人无罪或者罪轻的证据材料。在法庭审理过程中,人民法院可以根据辩护人的申请,向人民检察院调取未提交的证明被告人无罪或者罪轻的证据材料,也可以向人民检察院调取需要调查核实的证据材料。公安机关、人民检察院应当自收到要求调取证据材料决定书后三日内移交。

**2** 第四十三条　[辩护律师的调查取证权]辩护律师经证人或者其他有关单位和个人同意,可以向他们收集与本案有关的材料,也可以申请人民检察院、人民法院收集、调取证据,或者申请人民法院通知证人出庭作证。

辩护律师经人民检察院或者人民法院许可,并且经被害人或者其近亲属、被害人提供的证人同意,可以向他们收集与本案有关的材料。

《刑诉解释》

第五十八条　辩护律师申请向被害人及其近亲属、被害人提供的证人收集与本案有关的材料,人民法院认为确有必要的,应当签发准许调查书。

第五十九条　辩护律师向证人或者有关单位、个人收集、调取与本案有关的证据材料,因证人或者有关单位、个人不同意,申请人民法院收集、调取,或者申请通知证人出庭作证,人民法院认为确有必要的,应当同意。

第六十条　辩护律师直接申请人民法院向证人或者有关单位、个人收集、调取证据材料,人民法院认为确有必要,且不宜或者不能由辩护律师收集、调取的,应当同意。

人民法院向有关单位收集、调取的书面证据材料,必须由提供人签名,并加盖单位印章;向个人收集、调取的书面证据材料,必须由提供人签名。

人民法院对有关单位、个人提供的证据材料,应当出具收据,写明证据材料的名称、收到的时间、件数、页数以及是否为原件等,由书记员、法官助理或者审判人员签名。

收集、调取证据材料后,应当及时通知辩护律师查阅、摘抄、复制,并告知人民检察院。

第六十一条　本解释第五十八条至第六十条规定的

申请,应当以书面形式提出,并说明理由,写明需要收集、调取证据材料的内容或者需要调查问题的提纲。

对辩护律师的申请,人民法院应当在五日以内作出是否准许、同意的决定,并通知申请人;决定不准许、不同意的,应当说明理由。

**《高检规则》**

第五十二条 案件移送起诉后,辩护律师依据刑事诉讼法第四十三条第一款的规定申请人民检察院收集、调取证据的,人民检察院负责捕诉的部门应当及时审查。经审查,认为需要收集、调取证据的,应当决定收集、调取并制作笔录附卷;决定不予收集、调取的,应当书面说明理由。

人民检察院根据辩护律师的申请收集、调取证据时,辩护律师可以在场。

第五十三条 辩护律师申请人民检察院许可其向被害人或者其近亲属、被害人提供的证人收集与本案有关材料的,人民检察院负责捕诉的部门应当及时进行审查。人民检察院应当在五日以内作出是否许可的决定,通知辩护律师;不予许可的,应当书面说明理由。

**《六机关规定》**

第十六条 在刑事诉讼审查起诉、审理期间,辩护律师书面申请调取公安机关、人民检察院在侦查、审查起诉期间收集但未提交的证明犯罪嫌疑人、被告人无罪或者罪轻的证据材料的,人民检察院、人民法院应当依法及时审查。经审查,认为辩护律师申请调取的证据材料已收集并且与案件事实有联系的,应当及时调取。相关证据材料提交后,人民检察院、人民法院应当及时通知辩护律师查阅、摘抄、复制。经审查决定不予调取的,应当书面说明理由。

第十七条 辩护律师申请向被害人或者其近亲属、被害人提供的证人收集与本案有关的材料的,人民检察院、人民法院应当在七日以内作出是否许可的决定,并通知辩护律师。辩护律师书面提出有关申请时,办案机关不许可的,应当书面说明理由;辩护律师口头提出申请的,办案机关可以口头答复。

第十八条 辩护律师申请人民检察院、人民法院收集、调取证据的,人民检察院、人民法院应当在三日以内作出是否同意的决定,并通知辩护律师。辩护律师书面提出有关申请时,办案机关不同意的,应当书面说明理由;辩护律师口头提出申请的,办案机关可以口头答复。

第十九条 辩护律师申请向正在服刑的罪犯收集与案件有关的材料的,监狱和其他监管机关在查验律师执业证书、律师事务所证明和犯罪嫌疑人、被告人委托书或者法律援助公函后,应当及时安排并提供合适的场所和便利。

正在服刑的罪犯属于辩护律师所承办案件的被害人或者其近亲属、被害人提供的证人的,应当经人民检察院或者人民法院许可。

第二十条 在民事诉讼、行政诉讼过程中,律师因客观原因无法自行收集证据的,可以依法向人民法院申请调取。经审查符合规定的,人民法院应当予以调取。

**《律师法》**

第三十五条 受委托的律师根据案情的需要,可以申请人民检察院、人民法院收集、调取证据或者申请人民法院通知证人出庭作证。

律师自行调查取证的,凭律师执业证书和律师事务所证明,可以向有关单位或者个人调查与承办法律事务有关的情况。

**(4) 审判阶段辩护权保障**

**《刑诉解释》**

第六十八条 律师担任辩护人、诉讼代理人,经人民法院准许,可以带一名助理参加庭审。律师助理参加庭审的,可以从事辅助工作,但不得发表辩护、代理意见。

**《关于依法保障律师执业权利的规定》**

第三十一条 法庭审理过程中,法官应当注重诉讼权利平等和控辩平衡。对于律师发问、质证、辩论的内容、方式、时间等,法庭应当依法公正保障,以便律师充分发表意见,查清案件事实。

法庭审理过程中,法官可以对律师的发问、辩论进行引导,除发言过于重复、相关问题已在庭前会议达成一致、与案件无关或者侮辱、诽谤、威胁他人,故意扰乱法庭秩序等情形外,法官不得随意打断或者制止律师按程序进行的发言。

第三十五条 辩护律师作无罪辩护的,可以当庭就量刑问题发表辩护意见,也可以庭后提交量刑辩护意见。

**(5) 人身保障权**

**《公安部规定》**

第五十六条 辩护人或者其他任何人在刑事诉讼中,违反法律规定,实施干扰诉讼活动行为的,应当依法追究法律责任。

辩护人实施干扰诉讼活动行为,涉嫌犯罪,属于公安机关管辖的,应当由办理辩护人所承办案件的公安机关报请上一级公安机关指定其他公安机关立案侦查,或者由上一级公安机关立案侦查。不得指定原承办案件公安机关的下级公安机关立案侦查。辩护人是律师的,立案侦查的公安机关应当及时通知其所在的律师事务所、所属的律师协会以及司法行政机关。

**《关于依法保障律师执业权利的规定》**

第四十条 侦查机关依法对在诉讼活动中涉嫌犯罪的律师采取强制措施后,应当在四十八小时以内通知其所在的律师事务所或者所属的律师协会。

**(二) 辩护人的义务**

**1 第四十四条 [辩护人的义务]** 辩护人或者其他任何人,不得帮助犯罪嫌疑人、被告人隐匿、毁灭、伪造证据或者串供,不得威胁、引诱证人作伪证以及进行其他干扰司法机关诉讼活动的行为。

违反前款规定的,应当依法追究法律责任,辩护人涉嫌犯罪的,应当由办理辩护人所承办案件的侦查机关以外的侦查机关办理。辩护人是律师的,应当及时通知其所在的律师事务所或者所属的律师协会。

**《高检规则》**

第六十条 人民检察院发现辩护人有帮助犯罪嫌疑

人、被告人隐匿、毁灭、伪造证据、串供，或者威胁、引诱证人作伪证以及其他干扰司法机关诉讼活动的行为，可能涉嫌犯罪的，应当将涉嫌犯罪的线索或者证据材料移送有管辖权的机关依法处理。

人民检察院发现辩护律师在刑事诉讼中违反法律、法规或者执业纪律的，应当及时向其所在的律师事务所、所属的律师协会以及司法行政机关通报。

**《六机关规定》**

9. 刑事诉讼法第四十二条（现第四十四条）第二款中规定："违反前款规定的，应当依法追究法律责任，辩护人涉嫌犯罪的，应当由办理辩护人所承办案件的侦查机关以外的侦查机关办理。"根据上述规定，公安机关、人民检察院发现辩护人涉嫌犯罪，或者接受报案、控告、举报、有关机关的移送，依照侦查管辖分工进行审查后认为符合立案条件的，应当按照规定报请办理辩护人所承办案件的侦查机关的上一级侦查机关指定其他侦查机关立案侦查，或者由上一级侦查机关立案侦查。不得指定办理辩护人所承办案件的侦查机关的下级侦查机关立案侦查。

**《依法保障律师执业权利的规定》**

第四十条 侦查机关依法对在诉讼活动中涉嫌犯罪的律师采取强制措施后，应当在四十八小时以内通知其所在的律师事务所或者所属的律师协会。

**《律师法》**

第三十七条第三款 律师在参与诉讼活动中涉嫌犯罪的，侦查机关应当及时通知其所在的律师事务所或者所属的律师协会；被依法拘留、逮捕的，侦查机关应当依照刑事诉讼法的规定通知该律师的家属。

**《公安部规定》**

第五十六条 辩护人或者其他任何人在刑事诉讼中，违反法律规定，实施干扰诉讼活动行为的，应当依法追究法律责任。

辩护人实施干扰诉讼活动行为，涉嫌犯罪，属于公安机关管辖的，应当由办理辩护人所承办案件的公安机关报请上一级公安机关指定其他公安机关立案侦查，或者由上一级公安机关立案侦查。不得指定原承办案件公安机关的下级公安机关立案侦查。辩护人是律师的，立案侦查的公安机关应当及时通知其所在的律师事务所、所属的律师协会以及司法行政机关。

**《关于推进以审判为中心的刑事诉讼制度改革的意见》**

十八、辩护人或者其他任何人，不得帮助犯罪嫌疑人、被告人隐匿、毁灭、伪造证据或者串供，不得威胁、引诱证人作伪证以及进行其他干扰司法机关诉讼活动的行为。对于实施上述行为的，应当依法追究法律责任。

**2** 第四十二条 [辩护人应当及时告知的证据]辩护人收集的有关犯罪嫌疑人不在犯罪现场、未达到刑事责任年龄、属于依法不负刑事责任的精神病人的证据，应当及时告知公安机关、人民检察院。

**《刑法》**

第十七条 已满十六周岁的人犯罪，应当负刑事责任。

已满十四周岁不满十六周岁的人，犯故意杀人、故意伤害致人重伤或者死亡、强奸、抢劫、贩卖毒品、放火、爆炸、投放危险物质罪的，应当负刑事责任。

已满十二周岁不满十四周岁的人，犯故意杀人、故意伤害罪，致人死亡或者以特别残忍手段致人重伤造成严重残疾，情节恶劣，经最高人民检察院核准追诉的，应当负刑事责任。

对依照前三款规定追究刑事责任的不满十八周岁的人，应当从轻或者减轻处罚。

因不满十六周岁不予刑事处罚的，责令其父母或者其他监护人加以管教；在必要的时候，依法进行专门矫治教育。

第十八条 精神病人在不能辨认或者不能控制自己行为的时候造成危害结果，经法定程序鉴定确认的，不负刑事责任，但是应当责令他的家属或者监护人严加看管和医疗；在必要的时候，由政府强制医疗。

间歇性的精神病人在精神正常的时候犯罪，应当负刑事责任。

尚未完全丧失辨认或者控制自己行为能力的精神病人犯罪的，应当负刑事责任，但是可以从轻或者减轻处罚。

醉酒的人犯罪，应当负刑事责任。

**《高检规则》**

第五十一条 在人民检察院侦查、审查逮捕、审查起诉过程中，辩护人收集的有关犯罪嫌疑人不在犯罪现场、未达到刑事责任年龄、属于依法不负刑事责任的精神病人的证据，告知人民检察院的，人民检察院应当及时审查。

**《公安部规定》**

第五十八条 案件侦查终结前，辩护律师提出要求的，公安机关应当听取辩护律师的意见，根据情况进行核实，并记录在案。辩护律师提出书面意见的，应当附卷。

对辩护律师收集的犯罪嫌疑人不在犯罪现场、未达到刑事责任年龄、属于依法不负刑事责任的精神病人的证据，公安机关应当进行核实并将有关情况记录在案，有关证据应当附卷。

**3** 第四十八条 [辩护律师的保密义务及其例外]辩护律师对在执业活动中知悉的委托人的有关情况和信息，有权予以保密。但是，辩护律师在执业活动中知悉委托人或者其他人，准备或者正在实施危害国家安全、公共安全以及严重危害他人人身安全的犯罪的，应当及时告知司法机关。

**《刑诉解释》**

第六十七条 辩护律师向人民法院告知其委托人或者其他人准备实施、正在实施危害国家安全、公共安全以及严重危害他人人身安全犯罪的，人民法院应当记录在案，立即转告主管机关依法处理，并为反映有关情况的辩护律师保密。

**《高检规则》**

第五十九条 辩护律师告知人民检察院其委托人或者其他人员准备实施、正在实施危害国家安全、危害公共安全以及严重危及他人人身安全犯罪的,人民检察院应当接受并立即移送有关机关依法处理。

人民检察院应当为反映情况的辩护律师保密。

**《律师法》**

第三十八条　律师应当保守在执业活动中知悉的国家秘密、商业秘密,不得泄露当事人的隐私。

律师对在执业活动中知悉的委托人和其他人不愿泄露的有关情况和信息,应当予以保密。但是,委托人或者其他人准备或者正在实施危害国家安全、公共安全以及严重危害他人人身安全的犯罪事实和信息除外。

**《公安部规定》**

第五十七条　辩护律师对在执业活动中知悉的委托人的有关情况和信息,有权予以保密。但是,辩护律师在执业活动中知悉委托人或者其他人,准备或者正在实施危害国家安全、公共安全以及严重危害他人人身安全的犯罪的,应当及时告知司法机关。

**考点22　值班律师制度**

**第三十六条　[值班律师提供帮助]**法律援助机构可以在人民法院、看守所等场所派驻值班律师。犯罪嫌疑人、被告人没有委托辩护人,法律援助机构没有指派律师为其提供辩护的,由值班律师为犯罪嫌疑人、被告人提供法律咨询、程序选择建议、申请变更强制措施、对案件处理提出意见等法律帮助。

人民法院、人民检察院、看守所应当告知犯罪嫌疑人、被告人有权约见值班律师,并为犯罪嫌疑人、被告人约见值班律师提供便利。〔2021年回忆~值班律师的地位和作用〕

**《法律援助值班律师工作办法》**

第六条　值班律师依法提供以下法律帮助:

(一)提供法律咨询;

(二)提供程序选择建议;

(三)帮助犯罪嫌疑人、被告人申请变更强制措施;

(四)对案件处理提出意见;

(五)帮助犯罪嫌疑人、被告人及其近亲属申请法律援助;

(六)法律法规规定的其他事项。

值班律师在认罪认罚案件中,还应当提供以下法律帮助:

(一)向犯罪嫌疑人、被告人释明认罪认罚的性质和法律规定;

(二)对人民检察院指控罪名、量刑建议、诉讼程序适用等事项提出意见;

(三)犯罪嫌疑人签署认罪认罚具结书时在场。

值班律师办理案件时,可以应犯罪嫌疑人、被告人的约见进行会见,也可以经办案机关允许主动会见;自人民检察院对案件审查起诉之日起可以查阅案卷材料、了解案情。

第十条　犯罪嫌疑人签署认罪认罚具结书时,值班律师对犯罪嫌疑人认罪认罚自愿性、人民检察院量刑建议、程序适用等均无异议的,应当在具结书上签名,同时

留存一份复印件归档。

值班律师对人民检察院量刑建议、程序适用有异议的,在确认犯罪嫌疑人系自愿认罪认罚后,应当在具结书上签字,同时可以向人民检察院提出法律意见。

犯罪嫌疑人拒绝值班律师帮助的,值班律师无需在具结书上签字,应当将犯罪嫌疑人签字拒绝法律帮助的书面材料留存一份归档。

第十一条　对于被羁押的犯罪嫌疑人、被告人,在不同诉讼阶段,可以由派驻看守所的同一值班律师提供法律帮助。对于未被羁押的犯罪嫌疑人、被告人,前一诉讼阶段的值班律师可以在后续诉讼阶段继续为犯罪嫌疑人、被告人提供法律帮助。

第十五条　依法应当通知值班律师提供法律帮助而犯罪嫌疑人、被告人明确拒绝的,公安机关、人民检察院、人民法院应当记录在案。

前一诉讼程序犯罪嫌疑人、被告人明确拒绝值班律师法律帮助的,后一诉讼程序的办案机关仍需告知其有权获得值班律师法律帮助的权利,有关情况应当记录在案。

第二十条　值班律师在人民检察院、人民法院现场值班的,应当按照法律援助机构的安排,或者人民检察院、人民法院送达的通知,及时为犯罪嫌疑人、被告人提供法律帮助。

犯罪嫌疑人、被告人提出法律帮助申请,看守所转交给现场值班律师的,值班律师应当根据看守所的安排及时提供法律帮助。

值班律师通过电话、网络值班的,应当及时提供法律帮助,疑难案件可以另行预约咨询时间。

第二十一条　侦查阶段,值班律师可以向侦查机关了解犯罪嫌疑人涉嫌的罪名及案件有关情况;案件进入审查起诉阶段后,值班律师可以查阅案卷材料,了解案情,人民检察院、人民法院应当及时安排,并提供便利。已经实现卷宗电子化的地方,人民检察院、人民法院可以安排在线阅卷。

第二十三条　值班律师提供法律帮助时,应当出示律师执业证或者律师工作证或者相关法律文书,表明值班律师身份。

第二十五条　值班律师在提供法律帮助过程中,犯罪嫌疑人、被告人向值班律师表示愿意认罪认罚的,值班律师应当及时告知相关的公安机关、人民检察院、人民法院。

第二十九条　值班律师提供法律帮助时,应当遵守相关法律法规、执业纪律和职业道德,依法保守国家秘密、商业秘密和个人隐私,不得向他人泄露工作中掌握的案件情况,不得向受援人收取财物或者谋取不正当利益。

**《公安部规定》**

第四十九条第二款　没有委托辩护人、法律援助机构没有指派律师提供辩护的犯罪嫌疑人、被告人,向看守所申请由值班律师提供法律帮助的,看守所应当在二十四小时内通知值班律师。

# 专题七　刑事证据

**考点25** 刑事证据规则
非法证据排除规则

**1 第五十六条** ［非法证据排除规则］采用刑讯逼供等非法方法收集的犯罪嫌疑人、被告人供述和采用暴力、威胁等非法方法收集的证人证言、被害人陈述，应当予以排除。收集物证、书证不符合法定程序，可能严重影响司法公正的，应当予以补正或者作出合理解释；不能补正或者作出合理解释的，对该证据应当予以排除。

在侦查、审查起诉、审判时发现有应当排除的证据的，应当依法予以排除，不得作为起诉意见、起诉决定和判决的依据。〔2015年真题~非法证据排除规则〕

《刑诉解释》

第一百二十三条　采用下列非法方法收集的被告人供述，应当予以排除：

（一）采用殴打、违法使用戒具等暴力方法或者变相肉刑的恶劣手段，使被告人遭受难以忍受的痛苦而违背意愿作出的供述；

（二）采用以暴力或者严重损害本人及其近亲属合法权益相威胁的方法，使被告人遭受难以忍受的痛苦而违背意愿作出的供述；

（三）采用非法拘禁等非法限制人身自由的方法收集的被告人供述。

第一百二十四条　采用刑讯逼供方法使被告人作出供述，之后被告人受该刑讯逼供行为影响而作出的与该供述相同的重复性供述，应当一并排除，但下列情形除外：

（一）调查、侦查期间，监察机关、侦查机关根据控告、举报或者自己发现等，确认或者不能排除以非法方法收集证据而更换调查、侦查人员，其他调查、侦查人员再次讯问时告知有关权利和认罪的法律后果，被告人自愿供述的；

（二）审查逮捕、审查起诉和审判期间，检察人员、审判人员讯问时告知诉讼权利和认罪的法律后果，被告人自愿供述的。

第一百二十五条　采用暴力、威胁以及非法限制人身自由等非法方法收集的证人证言、被害人陈述，应当予以排除。

第一百二十六条　收集物证、书证不符合法定程序，可能严重影响司法公正的，应当予以补正或者作出合理解释；不能补正或者作出合理解释的，对该证据应当予以排除。

认定"可能严重影响司法公正"，应当综合考虑收集证据违反法定程序以及所造成后果的严重程度等情况。

《高检规则》

第六十七条　对采用下列方法收集的犯罪嫌疑人供述，应当予以排除：

（一）采用殴打、违法使用戒具等暴力方法或者变相肉刑的恶劣手段，使犯罪嫌疑人遭受难以忍受的痛苦而

违背意愿作出的供述；

（二）采用以暴力或者严重损害本人及其近亲属合法权益等进行威胁的方法，使犯罪嫌疑人遭受难以忍受的痛苦而违背意愿作出的供述；

（三）采用非法拘禁等非法限制人身自由的方法收集的供述。

第六十八条　对采用刑讯逼供方法使犯罪嫌疑人作出供述，之后犯罪嫌疑人受该刑讯逼供行为影响而作出的与该供述相同的重复性供述，应当一并排除，但下列情形除外：

（一）侦查期间，根据控告、举报或者自己发现等，公安机关确认或者不能排除以非法方法收集证据而更换侦查人员，其他侦查人员再次讯问时告知诉讼权利和认罪认罚的法律规定，犯罪嫌疑人自愿供述的；

（二）审查逮捕、审查起诉期间，检察人员讯问时告知诉讼权利和认罪认罚的法律规定，犯罪嫌疑人自愿供述的。

第六十九条　采用暴力、威胁以及非法限制人身自由等非法方法收集的证人证言、被害人陈述，应当予以排除。

第七十条　收集物证、书证不符合法定程序，可能严重影响司法公正的，人民检察院应当及时要求公安机关补正或者作出书面解释；不能补正或者无法作出合理解释的，对该证据应当予以排除。

对公安机关的补正或者解释，人民检察院应当予以审查。经补正或者作出合理解释的，可以作为批准或者决定逮捕、提起公诉的依据。

第七十一条　对重大案件，人民检察院驻看守所检察人员在侦查终结前应当对讯问合法性进行核查并全程同步录音、录像，核查情况应当及时通知本院负责捕诉的部门。

负责捕诉的部门认为确有刑讯逼供等非法取证情形的，应当要求公安机关依法排除非法证据，不得作为提请批准逮捕、移送起诉的依据。

《公安部规定》

第七十一条　采用刑讯逼供等非法方法收集的犯罪嫌疑人供述和采用暴力、威胁等非法方法收集的证人证言、被害人陈述，应当予以排除。

收集物证、书证、视听资料、电子数据违反法定程序，可能严重影响司法公正的，应当予以补正或者作出合理解释；不能补正或者作出合理解释的，对该证据应当予以排除。

在侦查阶段发现有应当排除的证据的，经县级以上公安机关负责人批准，应当依法予以排除，不得作为提请批准逮捕、移送审查起诉的依据。

人民检察院认为可能存在以非法方法收集证据情形，要求公安机关进行说明的，公安机关应当及时进行调查，并向人民检察院作出书面说明。

第七十二条　人民法院认为现有证据材料不能证明证据收集的合法性，通知有关侦查人员或者公安机关其他人员出庭说明情况的，有关侦查人员或者其他人员应

当出庭。必要时,有关侦查人员或者其他人员也可以要求出庭说明情况。侦查人员或者其他人员出庭,应当向法庭说明证据收集过程,并就相关情况接受发问。

经人民法院通知,人民警察应当就其执行职务时目击的犯罪情况出庭作证。

**《刑事案件严格排除非法证据若干问题的规定》**

第一条　严禁刑讯逼供和以威胁、引诱、欺骗以及其他非法方法收集证据,不得强迫任何人证实自己有罪。对一切案件的判处都要重证据,重调查研究,不轻信口供。

第二条　采取殴打、违法使用戒具等暴力方法或者变相肉刑的恶劣手段,使犯罪嫌疑人、被告人遭受难以忍受的痛苦而违背意愿作出的供述,应当予以排除。

第三条　采用以暴力或者严重损害本人及其近亲属合法权益等进行威胁的方法,使犯罪嫌疑人、被告人遭受难以忍受的痛苦而违背意愿作出的供述,应当予以排除。

[2015年真题~非法证据排除规则]

第四条　采用非法拘禁等非法限制人身自由的方法收集的犯罪嫌疑人、被告人供述,应当予以排除。

第五条　采用刑讯逼供方法使犯罪嫌疑人、被告人作出供述,之后犯罪嫌疑人、被告人受该刑讯逼供行为影响而作出的与该供述相同的重复性供述,应当一并排除,但下列情形除外:

(一)侦查期间,根据控告、举报或者自己发现等,侦查机关确认或者不能排除以非法方法收集证据而更换侦查人员,其他侦查人员再次讯问时告知诉讼权利和认罪的法律后果,犯罪嫌疑人自愿供述的;

(二)审查逮捕、审查起诉和审判期间,检察人员、审判人员讯问时告知诉讼权利和认罪的法律后果,犯罪嫌疑人、被告人自愿供述的。

第六条　采用暴力、威胁以及非法限制人身自由等非法方法收集的证人证言、被害人陈述,应当予以排除。

第七条　收集物证、书证不符合法定程序,可能严重影响司法公正的,应当予以补正或者作出合理解释;不能补正或者作出合理解释的,对有关证据应当予以排除。

[2015年真题~非法证据排除规则]

**❷ 第五十七条　[以非法方法收集证据的处理]**人民检察院接到报案、控告、举报或者发现侦查人员以非法方法收集证据的,应当进行调查核实。对于确有以非法方法收集证据情形的,应当提出纠正意见;构成犯罪的,依法追究刑事责任。

**《高检规则》**

第七十二条　人民检察院发现侦查人员以非法方法收集证据的,应当及时进行调查核实。

当事人及其辩护人或者值班律师、诉讼代理人报案、控告、举报侦查人员采用刑讯逼供等非法方法收集证据,并提供涉嫌非法取证的人员、时间、地点、方式和内容等材料或者线索的,人民检察院应当受理并进行审查。根据现有材料无法证明证据收集合法性的,应当及时进行调查核实。

上一级人民检察院接到对侦查人员采用刑讯逼供等

非法方法收集证据的报案、控告、举报,可以直接进行调查核实,也可以交由下级人民检察院调查核实。交由下级人民检察院调查核实的,下级人民检察院应当及时将调查结果报告上一级人民检察院。

人民检察院决定调查核实的,应当及时通知公安机关。

第七十三条　人民检察院经审查认定存在非法取证行为的,对该证据应当予以排除,其他证据不能证明犯罪嫌疑人实施犯罪行为的,应当不批准或者决定逮捕。已经移送起诉的,可以依法将案件退回监察机关补充调查或者退回公安机关补充侦查,或者作出不起诉决定。被排除的非法证据应当随案移送,并写明为依法排除的非法证据。

对于侦查人员的非法取证行为,尚未构成犯罪的,应当依法向其所在机关提出纠正意见。对于需要补正或者作出合理解释的,应当提出明确要求。

对于非法取证行为涉嫌犯罪需要追究刑事责任的,应当依法立案侦查。

**《刑事案件严格排除非法证据若干问题的规定》**

第十四条　犯罪嫌疑人及其辩护人在侦查期间可以向人民检察院申请排除非法证据。对犯罪嫌疑人及其辩护人提供相关线索或者材料的,人民检察院应当调查核实。调查结论应当书面告知犯罪嫌疑人及其辩护人。对确有以非法方法收集证据情形的,人民检察院应当向侦查机关提出纠正意见。

侦查机关对审查认定的非法证据,应当予以排除,不得作为提请批准逮捕、移送审查起诉的根据。

对重大案件,人民检察院驻看守所检察人员应当在侦查终结前询问犯罪嫌疑人,核查是否存在刑讯逼供、非法取证情形,并同步录音录像。经核查,确有刑讯逼供、非法取证情形的,侦查机关应当及时排除非法证据,不得作为提请批准逮捕、移送审查起诉的根据。

第十五条　对侦查终结的案件,侦查机关应当全面审查证明证据收集合法性的证据材料,依法排除非法证据。排除非法证据后,证据不足的,不得移送审查起诉。

侦查机关发现办案人员非法取证的,应当依法作出处理,并可另行指派侦查人员重新调查取证。[2015年真题~负有非法证据排除义务的机关]

第十六条　审查逮捕、审查起诉期间讯问犯罪嫌疑人,应当告知其有权申请排除非法证据,并告知诉讼权利和认罪的法律后果。

第十七条　审查逮捕、审查起诉期间,犯罪嫌疑人及其辩护人申请排除非法证据,并提供相关线索或者材料的,人民检察院应当调查核实。调查结论应当书面告知犯罪嫌疑人及其辩护人。

人民检察院在审查起诉期间发现侦查人员以刑讯逼供等非法方法收集证据的,应当依法排除相关证据并提出纠正意见,必要时人民检察院可以自行调查取证。

人民检察院对审查认定的非法证据,应当予以排除,不得作为批准或者决定逮捕、提起公诉的根据。被排除的非法证据应当随案移送,并写明为依法排除的非法证据。

[2015年真题~负有非法证据排除义务的机关]

第十八条 人民检察院依法排除非法证据后，证据不足，不符合逮捕、起诉条件的，不得批准或者决定逮捕、提起公诉。

对于人民检察院排除有关证据导致对涉嫌的重要犯罪事实未予认定，从而作出不批准逮捕、不起诉决定，或者对涉嫌的部分重要犯罪事实决定不起诉的，公安机关、国家安全机关可要求复议、提请复核。

**3 第五十八条 [法庭审理中非法证据的处理]** 法庭审理过程中，审判人员认为可能存在本法第五十六条规定的以非法方法收集证据情形的，应当对证据收集的合法性进行法庭调查。

当事人及其辩护人、诉讼代理人有权申请人民法院对以非法方法收集的证据依法予以排除。申请排除以非法方法收集的证据的，应当提供相关线索或者材料。

**第五十九条 [证据合法性的证明]** 在对证据收集的合法性进行法庭调查的过程中，人民检察院应当对证据收集的合法性加以证明。

现有证据材料不能证明证据收集的合法性的，人民检察院可以提请人民法院通知有关侦查人员或者其他人员出庭说明情况；人民法院可以通知有关侦查人员或者其他人员出庭说明情况。有关侦查人员或者其他人员也可以要求出庭说明情况。经人民法院通知，有关人员应当出庭。

**《刑诉解释》**

第一百二十七条 当事人及其辩护人、诉讼代理人申请人民法院排除以非法方法收集的证据的，应当提供涉嫌非法取证的人员、时间、地点、方式、内容等相关线索或者材料。

第一百二十八条 人民法院向被告人及其辩护人送达起诉书副本时，应当告知其申请排除非法证据的，应当在开庭审理前提出，但庭审期间才发现相关线索或者材料的除外。

第一百二十九条 开庭审理前，当事人及其辩护人、诉讼代理人申请人民法院排除非法证据的，人民法院应当在开庭前及时将申请书或者申请笔录及相关线索、材料的复制件送交人民检察院。

第一百三十条 开庭审理前，人民法院可以召开庭前会议，就非法证据排除等问题了解情况，听取意见。

在庭前会议中，人民检察院可以通过出示有关证据材料等方式，对证据收集的合法性加以说明。必要时，可以通知调查人员、侦查人员或者其他人员参加庭前会议，说明情况。

第一百三十五条 法庭决定对证据收集的合法性进行调查的，由公诉人通过宣读调查、侦查讯问笔录、出示提讯登记、体检记录、对讯问合法性的核查材料等证据材料，有针对性地播放讯问录音录像，提请法庭通知有关调查人员、侦查人员或者其他人员出庭说明情况等方式，证明证据收集的合法性。

讯问录音录像涉及国家秘密、商业秘密、个人隐私或者其他不宜公开内容的，法庭可以决定对讯问录音录像不公开播放、质证。

公诉人提交的取证过程合法的说明材料，应当经有关调查人员、侦查人员签名，并加盖单位印章。未经签名或者盖章的，不得作为证据使用。上述说明材料不能单独作为证明取证过程合法的根据。

**《高检规则》**

第七十四条 人民检察院认为可能存在以刑讯逼供等非法方法收集证据情形的，可以书面要求监察机关或者公安机关对证据收集的合法性作出说明。说明应当加盖单位公章，并由调查人员或者侦查人员签名。

第七十五条 对于公安机关立案侦查的案件，存在下列情形之一的，人民检察院在审查逮捕、审查起诉和审判阶段，可以调取公安机关讯问犯罪嫌疑人的录音、录像，对证据收集的合法性以及犯罪嫌疑人、被告人供述的真实性进行审查：

（一）认为讯问活动可能存在刑讯逼供等非法取证行为的；

（二）犯罪嫌疑人、被告人或者辩护人提出犯罪嫌疑人、被告人供述系非法取得，并提供相关线索或者材料的；

（三）犯罪嫌疑人、被告人提出讯问活动违反法定程序或者翻供，并提供相关线索或者材料的；

（四）犯罪嫌疑人、被告人或者辩护人提出讯问笔录内容不真实，并提供相关线索或者材料的；

（五）案情重大、疑难、复杂的。

人民检察院调取公安机关讯问犯罪嫌疑人的录音、录像，公安机关未提供，人民检察院经审查认为不能排除有刑讯逼供等非法取证行为的，相关供述不得作为批准逮捕、提起公诉的依据。

人民检察院直接受理侦查的案件，负责侦查的部门移送审查逮捕、移送起诉时，应当将讯问录音、录像连同案卷材料一并移送审查。

第七十六条 对于提起公诉的案件，被告人及其辩护人提出审前供述系非法取得，并提供相关线索或者材料的，人民检察院可以将讯问录音、录像连同案卷材料一并移送人民法院。

第七十七条 在法庭审理过程中，被告人或者辩护人对讯问活动合法性提出异议，公诉人可以要求被告人及其辩护人提供相关线索或者材料。必要时，公诉人可以提请法庭当庭播放相关时段的讯问录音、录像，对有关异议或者事实进行质证。

需要播放的讯问录音、录像中涉及国家秘密、商业秘密、个人隐私或者含有其他不宜公开内容的，公诉人应当建议在法庭组成人员、公诉人、侦查人员、被告人及其辩护人范围内播放。因涉及国家秘密、商业秘密、个人隐私或者其他犯罪线索等内容，人民检察院对讯问录音、录像的相关内容进行技术处理的，公诉人应当向法庭作出说明。

**《依法保障律师执业权利的规定》**

第二十三条 辩护律师在侦查、审查起诉、审判期间发现案件有关证据存在刑事诉讼法第五十四条（现第五十六条）规定的情形的，可以向办案机关申请排除非法证据。

辩护律师在开庭以前申请排除非法证据,人民法院对证据收集合法性有疑问的,应当依照刑事诉讼法第一百八十二条(现第一百八十七条)第二款的规定召开庭前会议,就非法证据排除问题了解情况,听取意见。

辩护律师申请排除非法证据的,办案机关应当听取辩护律师的意见,按照法定程序审查核实相关证据,并依法决定是否予以排除。

### 《刑事案件严格排除非法证据若干问题的规定》

第二十三条 人民法院向被告人及其辩护人送达起诉书副本时,应当告知其有权申请排除非法证据。

被告人及其辩护人申请排除非法证据,应当在开庭审理前提出,但在庭审期间发现相关线索或者材料等情形除外。人民法院应当在开庭审理前将申请书和相关线索或者材料的复制件送交人民检察院。〔2015年真题~负有非法证据排除义务的机关〕

第二十四条 被告人及其辩护人在开庭审理前申请排除非法证据,未提供相关线索或者材料,不符合法律规定的申请条件的,人民法院对申请不予受理。

第二十五条 被告人及其辩护人在开庭审理前申请排除非法证据,按照法律规定提供相关线索或者材料的,人民法院应当召开庭前会议。人民检察院应当通过出示有关证据材料等方式,有针对性地对证据收集的合法性作出说明。人民法院可以核实情况,听取意见。

人民检察院可以决定撤回有关证据,撤回的证据,没有新的理由,不得在庭审中出示。

被告人及其辩护人可以撤回排除非法证据的申请。撤回申请后,没有新的线索或者材料,不得再次对有关证据提出排除申请。

第二十六条 公诉人、被告人及其辩护人在庭前会议中对证据收集是否合法未达成一致意见,人民法院对证据收集的合法性有疑问的,应当在庭审中进行调查;人民法院对证据收集的合法性没有疑问,且没有新的线索或者材料表明可能存在非法取证的,可以决定不再进行调查。

第二十七条 被告人及其辩护人申请人民法院通知侦查人员或者其他人员出庭,人民法院认为现有证据材料不能证明证据收集的合法性,确有必要通知上述人员出庭作证或者说明情况的,可以通知上述人员出庭。

第二十八条 公诉人宣读起诉书后,法庭应当宣布开庭审理前对证据收集合法性的审查及处理情况。

第二十九条 被告人及其辩护人在开庭审理前未申请排除非法证据,在法庭审理过程中提出申请的,应当说明理由。

对前述情形,法庭经审查,对证据收集的合法性有疑问的,应当进行调查;没有疑问的,应当驳回申请。

法庭驳回排除非法证据申请后,被告人及其辩护人没有新的线索或者材料,以相同理由再次提出申请的,法庭不再审查。

第三十条 庭审期间,法庭决定对证据收集的合法性进行调查的,应当先行当庭调查。但为防止庭审过分迟延,也可以在法庭调查结束前进行调查。

第三十一条 公诉人对证据收集的合法性加以证明,可以出示讯问笔录、提讯登记、体检记录、采取强制措施或者侦查措施的法律文书、侦查终结前对讯问合法性的核查材料等证据材料,有针对性地播放讯问录音录像,提请法庭通知侦查人员或者其他人员出庭说明情况。

被告人及其辩护人可以出示相关线索或者材料,并申请法庭播放特定时段的讯问录音录像。

侦查人员或者其他人员出庭,应当向法庭说明证据收集过程,并就相关情况接受发问。对发问方式不当或者内容与证据收集的合法性无关的,法庭应当制止。

公诉人、被告人及其辩护人可以对证据收集的合法性进行质证、辩论。

第三十二条 法庭对控辩双方提供的证据有疑问的,可以宣布休庭,对证据进行调查核实。必要时,可以通知公诉人、辩护人到场。

第三十三条 法庭对证据收集的合法性进行调查后,应当当庭作出是否排除有关证据的决定。必要时,可以宣布休庭,由合议庭评议或者提交审判委员会讨论,再次开庭时宣布决定。

在法庭作出是否排除有关证据的决定前,不得对有关证据宣读、质证。

第三十五条 人民法院排除非法证据后,案件事实清楚,证据确实、充分,依据法律认定被告人有罪的,应当作出有罪判决;证据不足,不能认定被告人有罪的,应当作出证据不足、指控的犯罪不能成立的无罪判决;案件部分事实清楚,证据确实、充分的,依法认定该部分事实。〔2015年真题~证据适用规则和盗窃罪认定〕

第三十六条 人民法院对证据收集合法性的审查、调查结论,应当在裁判文书中写明,并说明理由。

第三十七条 人民法院对证人证言、被害人陈述等证据收集合法性的审查、调查,参照上述规定。

第三十八条 人民检察院、被告人及其法定代理人提出抗诉、上诉,对第一审人民法院有关证据收集合法性的审查、调查结论提出异议的,第二审人民法院应当审查。

被告人及其辩护人在第一审程序中未申请排除非法证据,在第二审程序中提出申请的,应当说明理由。第二审人民法院应当审查。

人民检察院在第一审程序中未出示证据证明证据收集的合法性,第一审人民法院依法排除有关证据的,人民检察院在第二审程序中不得出示之前未出示的证据,但在第一审程序后发现的除外。

第三十九条 第二审人民法院对证据收集合法性的调查,参照上述第一审程序的规定。

第四十条 第一审人民法院对被告人及其辩护人排除非法证据的申请未予审查,并以有关证据作为定案根据,可能影响公正审判的,第二审人民法院可以裁定撤销原判,发回原审人民法院重新审判。

第一审人民法院对依法应当排除的非法证据未予排除的,第二审人民法院可以依法排除非法证据。排除非法证据后,原判决认定事实和适用法律正确、量刑适当的,应当裁定驳回上诉或者抗诉,维持原判;原判决认定事实没有错误,但适用法律有错误,或者量刑不当的,应当改判;原判决事实不清楚或者证据不足的,可以裁定撤销原判,发回原审人民法院重新审判。

第四十一条 审判监督程序、死刑复核程序中对证据收集合法性的审查、调查,参照上述规定。

**《公安部规定》**

第七十二条 人民法院认为现有证据材料不能证明证据收集的合法性,通知有关侦查人员或者公安机关其他人员出庭说明情况的,有关侦查人员或者其他人员应当出庭。必要时,有关侦查人员或者其他人员也可以要求出庭说明情况。侦查人员或者其他人员出庭,应当向法庭说明证据收集过程,并就相关情况接受发问。

经人民法院通知,人民警察应当就其执行职务时目击的犯罪情况出庭作证。

**考点26、28 证据的种类和审查认定**

**1** 第五十条 [证据定义及种类]可以用于证明案件事实的材料,都是证据。

证据包括:

(一)物证;

(二)书证;

(三)证人证言;

(四)被害人陈述;

(五)犯罪嫌疑人、被告人供述和辩解;

(六)鉴定意见;

(七)勘验、检查、辨认、侦查实验等笔录;

(八)视听资料、电子数据。

证据必须经过查证属实,才能作为定案的根据。

〔2020年回忆~证据;2015年真题~证据种类及适用规则〕

**《刑诉解释》**

第八十二条 对物证、书证应当着重审查以下内容:

(一)物证、书证是否为原物、原件,是否经过辨认、鉴定;物证的照片、录像、复制品或者书证的副本、复制件是否与原物、原件相符,是否由二人以上制作,有无制作人关于制作过程以及原物、原件存放于何处的文字说明和签名;

(二)物证、书证的收集程序、方式是否符合法律、有关规定;经勘验、检查、搜查提取、扣押的物证、书证,是否附有相关笔录、清单,笔录、清单是否经调查人员或者侦查人员、物品持有人、见证人签名,没有签名的,是否注明原因;物品的名称、特征、数量、质量等是否注明清楚;

(三)物证、书证在收集、保管、鉴定过程中是否受损或者改变;

(四)物证、书证与案件事实有无关联;对现场遗留与犯罪有关的具备鉴定条件的血迹、体液、毛发、指纹等生物样本、痕迹、物品,是否已作DNA鉴定、指纹鉴定等,并与被告人或者被害人的相应生物特征、物品等比对;

(五)与案件事实有关联的物证、书证是否全面收集。

〔2023年回忆~书证的审查与认定〕

第八十三条 据以定案的物证应当是原物。原物不便搬运、不易保存、依法应当返还或者依法应当由有关部门保管、处理的,可以拍摄、制作足以反映原物外形和特征的照片、录像、复制品。必要时,审判人员可以前往保管场所查看原物。

物证的照片、录像、复制品,不能反映原物的外形和特征的,不得作为定案的根据。

物证的照片、录像、复制品,经与原物核对无误、经鉴定或者以其他方式确认真实的,可以作为定案的根据。

第八十四条 据以定案的书证应当是原件。取得原件确有困难的,可以使用副本、复制件。

对书证的更改或者更改迹象不能作出合理解释,或者书证的副本、复制件不能反映原件及其内容的,不得作为定案的根据。

书证的副本、复制件,经与原件核对无误、经鉴定或者以其他方式确认真实的,可以作为定案的根据。〔2023年回忆~书证的审查与认定〕

第八十六条 在勘验、检查、搜查过程中提取、扣押的物证、书证,未附笔录或者清单,不能证明物证、书证来源的,不得作为定案的根据。

物证、书证的收集程序、方式有下列瑕疵,经补正或者作出合理解释的,可以采用:

(一)勘验、检查、搜查、提取笔录或者扣押清单上没有调查人员或者侦查人员、物品持有人、见证人签名,或者对物品的名称、特征、数量、质量等注明不详的;

(二)物证的照片、录像、复制品,书证的副本、复制件未注明与原件核对无异,无复制时间,或者无被收集、调取人签名的;

(三)物证的照片、录像、复制品,书证的副本、复制件没有制作人关于制作过程和原物、原件存放地点的说明,或者说明中无签名的;

(四)有其他瑕疵的。

物证、书证的来源、收集程序有疑问,不能作出合理解释的,不得作为定案的根据。

第八十八条 处于明显醉酒、中毒或者麻醉等状态,不能正常感知或者正确表达的证人所提供的证言,不得作为证据使用。

证人的猜测性、评论性、推断性的证言,不得作为证据使用,但根据一般生活经验判断符合事实的除外。

第八十九条 证人证言具有下列情形之一的,不得作为定案的根据:

(一)询问证人没有个别进行的;

(二)书面证言没有经证人核对确认的;

(三)询问聋、哑人,应当提供通晓聋、哑手势的人员而未提供的;

(四)询问不通晓当地通用语言、文字的证人,应当提供翻译人员而未提供的。

第九十条 证人证言的收集程序、方式有下列瑕疵,经补正或者作出合理解释的,可以采用;不能补正或者作出合理解释的,不得作为定案的根据:

(一)询问笔录没有填写询问人、记录人、法定代理人

姓名以及询问的起止时间、地点的;

(二)询问地点不符合规定的;

(三)询问笔录没有记录告知证人有关权利义务和法律责任的;

(四)询问笔录反映出在同一时段,同一询问人员询问不同证人的;

(五)询问未成年人,其法定代理人或者合适成年人不在场的。

第九十一条 证人当庭作出的证言,经控辩双方质证、法庭查证属实的,应当作为定案的根据。

证人当庭作出的证言与其庭前证言矛盾,证人能够作出合理解释,并有其他证据印证的,应当采信其庭审证言;不能作出合理解释,而其庭前证言有其他证据印证的,可以采信其庭前证言。

经人民法院通知,证人没有正当理由拒绝出庭或者出庭后拒绝作证,法庭对其证言的真实性无法确认的,该证人证言不得作为定案的根据。

第九十二条 对被害人陈述的审查与认定,参照适用本节的有关规定。

第九十三条 对被告人供述和辩解应当着重审查以下内容:

(一)讯问的时间、地点,讯问人的身份、人数以及讯问方式等是否符合法律、有关规定;

(二)讯问笔录的制作、修改是否符合法律、有关规定,是否注明讯问的具体起止时间和地点,首次讯问时是否告知被告人有关权利和法律规定,被告人是否核对确认;

(三)讯问未成年被告人时,是否通知其法定代理人或者合适成年人到场,有关人员是否到场;

(四)讯问女性未成年被告人时,是否有女性工作人员在场;

(五)有无以刑讯逼供等非法方法收集被告人供述的情形;

(六)被告人的供述是否前后一致,有无反复以及出现反复的原因;

(七)被告人的供述和辩解是否全部随案移送;

(八)被告人的辩解内容是否符合案情和常理,有无矛盾;

(九)被告人的供述和辩解与同案被告人的供述和辩解以及其他证据能否相互印证,有无矛盾;存在矛盾的,能否得到合理解释。

必要时,可以结合现场执法音视频记录、讯问录音录像、被告人进出看守所的健康检查记录、笔录等,对被告人的供述和辩解进行审查。

第九十四条 被告人供述具有下列情形之一的,不得作为定案的根据:

(一)讯问笔录没有经被告人核对确认的;

(二)讯问聋、哑人,应当提供通晓聋、哑手势的人员而未提供的;

(三)讯问不通晓当地通用语言、文字的被告人,应当提供翻译人员而未提供的;

(四)讯问未成年人,其法定代理人或者合适成年人不在场的。〔2020年回忆~非法证据排除〕

第九十五条 讯问笔录有下列瑕疵,经补正或者作出合理解释的,可以采用;不能补正或者作出合理解释的,不得作为定案的根据:

(一)讯问笔录填写的讯问时间、讯问地点、讯问人、记录人、法定代理人等有误或者存在矛盾的;

(二)讯问人没有签名的;

(三)首次讯问笔录没有记录告知被讯问人有关权利和法律规定的。

第九十六条 审查被告人供述和辩解,应当结合控辩双方提供的所有证据以及被告人的全部供述和辩解进行。

被告人庭审中翻供,但不能合理说明翻供原因或者其辩解与全案证据矛盾,而其庭前供述与其他证据相互印证的,可以采信其庭前供述。

被告人庭前供述和辩解存在反复,但庭审中供认,且与其他证据相互印证的,可以采信其庭审供述;被告人供述和辩解存在反复,庭审中不供认,且无其他证据与庭前供述印证的,不得采信其庭前供述。

第九十七条 对鉴定意见应当着重审查以下内容:

(一)鉴定机构和鉴定人是否具有法定资质;

(二)鉴定人是否存在应当回避的情形;

(三)检材的来源、取得、保管、送检是否符合法律、有关规定,与相关提取笔录、扣押清单等记载的内容是否相符,检材是否可靠;

(四)鉴定意见的形式要件是否完备,是否注明提起鉴定的事由、鉴定委托人、鉴定机构、鉴定要求、鉴定过程、鉴定方法、鉴定日期等相关内容,是否由鉴定机构盖章并由鉴定人签名;

(五)鉴定程序是否符合法律、有关规定;

(六)鉴定的过程和方法是否符合相关专业的规范要求;

(七)鉴定意见是否明确;

(八)鉴定意见与案件事实有无关联;

(九)鉴定意见与勘验、检查笔录及相关照片等其他证据是否矛盾;存在矛盾的,能否得到合理解释;

(十)鉴定意见是否依法及时告知相关人员,当事人对鉴定意见有无异议。〔2020年回忆~证据种类〕

第九十八条 鉴定意见具有下列情形之一的,不得作为定案的根据:

(一)鉴定机构不具备法定资质,或者鉴定事项超出该鉴定机构业务范围、技术条件的;

(二)鉴定人不具备法定资质,不具有相关专业技术或者职称,或者违反回避规定的;

(三)送检材料、样本来源不明,或者因污染不具备鉴定条件的;

(四)鉴定对象与送检材料、样本不一致的;

(五)鉴定程序违反规定的;

(六)鉴定过程和方法不符合相关专业的规范要求的;

(七)鉴定文书缺少签名、盖章的;

(八)鉴定意见与案件事实没有关联的;

(九)违反有关规定的其他情形。

第九十九条　经人民法院通知,鉴定人拒不出庭作证的,鉴定意见不得作为定案的根据。

鉴定人由于不能抗拒的原因或者有其他正当理由无法出庭的,人民法院可以根据情况决定延期审理或者重新鉴定。

鉴定人无正当理由拒不出庭作证的,人民法院应当通报司法行政机关或者有关部门。

第一百条　因无鉴定机构,或者根据法律、司法解释的规定,指派、聘请有专门知识的人就案件的专门性问题出具的报告,可以作为证据使用。

对前款规定的报告的审查与认定,参照适用本节的有关规定。

经人民法院通知,出具报告的人拒不出庭作证的,有关报告不得作为定案的根据。

第一百零一条　有关部门对事故进行调查形成的报告,在刑事诉讼中可以作为证据使用;报告中涉及专门性问题的意见,经法庭查证属实,且调查程序符合法律、有关规定的,可以作为定案的根据。

第一百零四条　对辨认笔录应当着重审查辨认的过程、方法,以及辨认笔录的制作是否符合有关规定。

第一百零五条　辨认笔录具有下列情形之一的,不得作为定案的根据:

(一)辨认不是在调查人员、侦查人员主持下进行的;

(二)辨认前使辨认人见到辨认对象的;

(三)辨认活动没有个别进行的;

(四)辨认对象没有混杂在具有类似特征的其他对象中,或者供辨认的对象数量不符合规定的;

(五)辨认中给辨认人明显暗示或者明显有指认嫌疑的;

(六)违反有关规定,不能确定辨认笔录真实性的其他情形。

第一百零八条　对视听资料应当着重审查以下内容:

(一)是否附有提取过程的说明,来源是否合法;

(二)是否为原件,有无复制及复制份数;是复制件的,是否附有无法调取原件的原因、复制件制作过程和原件存放地点的说明,制作人、原视听资料持有人是否签名;

(三)制作过程中是否存在威胁、引诱当事人等违反法律、有关规定的情形;

(四)是否写明制作人、持有人的身份,制作的时间、地点、条件和方法;

(五)内容和制作过程是否真实,有无剪辑、增加、删改等情形;

(六)内容与案件事实有无关联。

对视听资料有疑问的,应当进行鉴定。

第一百零九条　视听资料具有下列情形之一的,不得作为定案的根据:

(一)系篡改、伪造或者无法确定真伪的;

(二)制作、取得的时间、地点、方式等有疑问,不能作

出合理解释的。

第一百一十条　对电子数据是否真实,应当着重审查以下内容:

(一)是否移送原始存储介质;在原始存储介质无法封存、不便移动时,有无说明原因,并注明收集、提取过程及原始存储介质的存放地点或者电子数据的来源等情况;

(二)是否具有数字签名、数字证书等特殊标识;

(三)收集、提取的过程是否可以重现;

(四)如有增加、删除、修改等情形的,是否附有说明;

(五)完整性是否可以保证。

第一百一十一条　对电子数据是否完整,应当根据保护电子数据完整性的相应方法进行审查、验证:

(一)审查原始存储介质的扣押、封存状态;

(二)审查电子数据的收集、提取过程,查看录像;

(三)比对电子数据完整性校验值;

(四)与备份的电子数据进行比较;

(五)审查冻结后的访问操作日志;

(六)其他方法。

第一百一十二条　对收集、提取电子数据是否合法,应当着重审查以下内容:

(一)收集、提取电子数据是否由二名以上调查人员、侦查人员进行,取证方法是否符合相关技术标准;

(二)收集、提取电子数据,是否附有笔录、清单,并经调查人员、侦查人员、电子数据持有人、提供人、见证人签名或者盖章;没有签名或者盖章的,是否注明原因;对电子数据的类别、文件格式等是否注明清楚;

(三)是否依照有关规定由符合条件的人员担任见证人,是否对相关活动进行录像;

(四)采用技术调查、侦查措施收集、提取电子数据的,是否依法经过严格的批准手续;

(五)进行电子数据检查的,检查程序是否符合有关规定。

第一百一十三条　电子数据的收集、提取程序有下列瑕疵,经补正或者作出合理解释的,可以采用;不能补正或者作出合理解释的,不得作为定案的根据:

(一)未以封存状态移送的;

(二)笔录或者清单上没有调查人员或者侦查人员、电子数据持有人、提供人、见证人签名或者盖章的;

(三)对电子数据的名称、类别、格式等注明不清的;

(四)有其他瑕疵的。〔2020年回忆~电子数据〕

第一百一十四条　电子数据具有下列情形之一的,不得作为定案的根据:

(一)系篡改、伪造或者无法确定真伪的;

(二)有增加、删除、修改等情形,影响电子数据真实性的;

(三)其他无法保证电子数据真实性的情形。〔2020年回忆~电子数据〕

第一百一十五条　对视听资料、电子数据,还应当审查是否移送文字抄清材料以及对绰号、暗语、俗语、方言等不易理解内容的说明。未移送的,必要时,可以要求人

民检察院移送。

**《办理刑事案件收集提取和审查判断电子数据的规定》**

第一条 电子数据是案件发生过程中形成的,以数字化形式存储、处理、传输的,能够证明案件事实的数据。

电子数据包括但不限于下列信息、电子文件:

(一)网页、博客、微博客、朋友圈、贴吧、网盘等网络平台发布的信息;

(二)手机短信、电子邮件、即时通信、通讯群组等网络应用服务的通信信息;

(三)用户注册信息、身份认证信息、电子交易记录、通信记录、登录日志等信息;

(四)文档、图片、音视频、数字证书、计算机程序等电子文件。

以数字化形式记载的证人证言、被害人陈述以及犯罪嫌疑人、被告人供述和辩解等证据,不属于电子数据。确有必要的,对相关证据的收集、提取、移送、审查,可以参照适用本规定。

第十条 由于客观原因无法或者不宜依据第八条、第九条的规定收集、提取电子数据的,可以采取打印、拍照或者录像等方式固定相关证据,并在笔录中说明原因。

第十五条 收集、提取电子数据,应当根据刑事诉讼法的规定,由符合条件的人员担任见证人。由于客观原因无法由符合条件的人员担任见证人的,应当在笔录中注明情况,并对相关活动进行录像。

针对同一现场多个计算机信息系统收集、提取电子数据的,可以由一名见证人见证。

第十八条第一款 收集、提取的原始存储介质或者电子数据,应当以封存状态随案移送,并制作电子数据的备份一并移送。

第十九条 对侵入、非法控制计算机信息系统的程序、工具以及计算机病毒等无法直接展示的电子数据,应当附电子数据属性、功能等情况的说明。

对数据统计量、数据同一性等问题,侦查机关应当出具说明。

**2** 第五十三条 [运用证据要求]公安机关提请批准逮捕书、人民检察院起诉书、人民法院判决书,必须忠实于事实真象。故意隐瞒事实真象的,应当追究责任。

**《刑诉解释》**

第一百三十九条 对证据的真实性,应当综合全案证据进行审查。

对证据的证明力,应当根据具体情况,从证据与案件事实的关联程度、证据之间的联系等方面进行审查判断。

第一百四十条 没有直接证据,但间接证据同时符合下列条件的,可以认定被告人有罪:

(一)证据已经查证属实;

(二)证据之间相互印证,不存在无法排除的矛盾和无法解释的疑问;

(三)全案证据形成完整的证据链;

(四)根据证据认定案件事实足以排除合理怀疑,结论具有唯一性;

(五)运用证据进行的推理符合逻辑和经验。[2023年回忆~间接证据]

第一百四十一条 根据被告人的供述、指认提取到了隐蔽性很强的物证、书证,且被告人的供述与其他证明犯罪事实发生的证据相互印证,并排除串供、逼供、诱供等可能性的,可以认定被告人有罪。

第一百四十二条 对监察机关、侦查机关出具的被告人到案经过、抓获经过等材料,应当审查是否有出具该说明材料的办案人员、办案机关的签名、盖章。

对到案经过、抓获经过或者确定被告人有重大嫌疑的根据有疑问的,应当通知人民检察院补充说明。

第一百四十三条 下列证据应当慎重使用,有其他证据印证的,可以采信:

(一)生理上、精神上有缺陷,对案件事实的认知和表达存在一定困难,但尚未丧失正确认知、表达能力的被害人、证人和被告人所作的陈述、证言和供述;

(二)与被告人有亲属关系或者其他密切关系的证人所作的有利于被告人的证言,或者与被告人有利害冲突的证人所作的不利于被告人的证言。[2023年回忆~证据的审查]

第一百四十四条 证明被告人自首、坦白、立功的证据材料,没有加盖接受被告人投案、坦白、检举揭发等的单位的印章,或者接受人员没有签名的,不得作为定案的根据。

对被告人及其辩护人提出有自首、坦白、立功的事实和理由,有关机关未予认定,或者有关机关提出被告人有自首、坦白、立功表现,但证据材料不全的,人民法院应当要求有关机关提供证明材料,或者要求有关人员作证,并结合其他证据作出认定。

第一百四十五条 证明被告人具有累犯、毒品再犯情节等的证据材料,应当包括前罪的裁判文书、释放证明等材料;材料不全的,应当通知人民检察院提供。

第一百四十六条 审查被告人实施被指控的犯罪时或者审判时是否达到相应法定责任年龄,应当根据户籍证明、出生证明文件、学籍卡、人口普查登记、无利害关系人的证言等证据综合判断。

证明被告人已满十二周岁、十四周岁、十六周岁、十八周岁或者不满七十五周岁的证据不足的,应当作出有利于被告人的认定。

**《公安部规定》**

第六十八条 公安机关提请批准逮捕书、起诉意见书必须忠实于事实真象。故意隐瞒事实真象的,应当依法追究责任。

**考点29** 刑事诉讼证明

**(一)刑事证明对象与证明责任**

第五十一条 [被告人有罪的举证]公诉案件中被告人有罪的举证责任由人民检察院承担,自诉案件中被告人有罪的举证责任由自诉人承担。

**《刑诉解释》**

第七十二条 应当运用证据证明的案件事实包括:

(一)被告人、被害人的身份;

(二)被指控的犯罪是否存在;

（三）被指控的犯罪是否为被告人所实施；

（四）被告人有无刑事责任能力，有无罪过，实施犯罪的动机、目的；

（五）实施犯罪的时间、地点、手段、后果以及案件起因等；

（六）是否系共同犯罪或者犯罪事实存在关联，以及被告人在犯罪中的地位、作用；

（七）被告人有无从重、从轻、减轻、免除处罚情节；

（八）有关涉案财物处理的事实；

（九）有关附带民事诉讼的事实；

（十）有关管辖、回避、延期审理等的程序事实；

（十一）与定罪量刑有关的其他事实。

认定被告人有罪和对被告人从重处罚，适用证据确实、充分的证明标准。

**《高检规则》**

第六十一条　人民检察院认定案件事实，应当以证据为根据。

公诉案件中被告人有罪的举证责任由人民检察院承担。人民检察院在提起公诉指控犯罪时，应当提出确实、充分的证据，并运用证据加以证明。

人民检察院提起公诉，应当秉持客观公正立场，对被告人有罪、罪重、罪轻的证据都应当向人民法院提出。

第四百零一条　在法庭审理中，下列事实不必提出证据进行证明：

（一）为一般人共同知晓的常识性事实；

（二）人民法院生效裁判所确认并且未依审判监督程序重新审理的事实；

（三）法律、法规的内容以及适用等属于审判人员履行职务所应当知晓的事实；

（四）在法庭审理中不存在异议的程序事实；

（五）法律规定的推定事实；

（六）自然规律或者定律。

第五百二十九条　人民法院对没收违法所得的申请进行审理，人民检察院应当承担举证责任。

人民法院对没收违法所得的申请开庭审理的，人民检察院应当派员出席法庭。

**《推进以审判为中心的刑事诉讼制度改革的意见》**

八、进一步完善公诉机制，被告人有罪的举证责任，由人民检察院承担。对被告人不认罪的，人民检察院应当强化庭前准备和当庭讯问、举证、质证。

**（二）刑事证明标准**

**第五十五条　[适用口供的原则]** 对一切案件的判处都要重证据，重调查研究，不轻信口供。只有被告人供述，没有其他证据的，不能认定被告人有罪和处以刑罚；没有被告人供述，证据确实、充分的，可以认定被告人有罪和处以刑罚。

证据确实、充分，应当符合以下条件：

（一）定罪量刑的事实都有证据证明；

（二）据以定案的证据均经法定程序查证属实；

（三）综合全案证据，对所认定事实已排除合理怀疑。

[2023年回忆~证明标准；2015年真题~证据种类及适用规则]

**《建立健全防范刑事冤假错案工作机制的意见》**

6. 定罪证据不足的案件，应当坚持疑罪从无原则，依法宣告被告人无罪，不得降格作出"留有余地"的判决。

定罪证据确实、充分，但影响量刑的证据存疑的，应当在量刑时作出有利于被告人的处理。

死刑案件，认定对被告人适用死刑的事实证据不足的，不得判处死刑。

7. 重证据，重调查研究，切实改变"口供至上"的观念和做法，注重实物证据的审查和运用。只有被告人供述，没有其他证据的，不能认定被告人有罪。

# 专题八　强制措施

**考点32　取保候审**

**（一）取保候审的适用条件与执行机关**

**第六十七条　[取保候审]** 人民法院、人民检察院和公安机关对有下列情形之一的犯罪嫌疑人、被告人，可以取保候审：

（一）可能判处管制、拘役或者独立适用附加刑的；

（二）可能判处有期徒刑以上刑罚，采取取保候审不致发生社会危险性的；

（三）患有严重疾病、生活不能自理，怀孕或者正在哺乳自己婴儿的妇女，采取取保候审不致发生社会危险性的；

（四）羁押期限届满，案件尚未办结，需要采取取保候审的。

取保候审由公安机关执行。

**《刑事诉讼法》**

第六十六条　[拘传、取保候审、监视居住的概括性规定] 人民法院、人民检察院和公安机关根据案件情况，对犯罪嫌疑人、被告人可以拘传、取保候审或者监视居住。

**《高检规则》**

第八十七条　人民检察院对于严重危害社会治安的犯罪嫌疑人，以及其他犯罪性质恶劣、情节严重的犯罪嫌疑人不得取保候审。

**（二）取保候审的保证方式**

**第六十八条　[取保候审的保证方式]** 人民法院、人民检察院和公安机关决定对犯罪嫌疑人、被告人取保候审，应当责令犯罪嫌疑人、被告人提出保证人或者交纳保证金。

**《刑事诉讼法》**

第六十九条　[保证人的条件] 保证人必须符合下列条件：

（一）与本案无牵连；

（二）有能力履行保证义务；

（三）享有政治权利，人身自由未受到限制；

（四）有固定的住处和收入。

第七十条　[保证人的义务] 保证人应当履行以下义务：

（一）监督被保证人遵守本法第七十一条的规定；

（二）发现被保证人可能发生或者已经发生违反本法第七十一条规定的行为的，应当及时向执行机关报告。

被保证人有违反本法第七十一条规定的行为，保证人未履行保证义务的，对保证人处以罚款，构成犯罪的，依法追究刑事责任。

第七十二条　[保证金数额]取保候审的决定机关应当综合考虑保证诉讼活动正常进行的需要，被取保候审人的社会危险性、案件的性质、情节，可能判处刑罚的轻重，被取保候审人的经济状况等情况，确定保证金的数额。

提供保证金的人应当将保证金存入执行机关指定银行的专门账户。

**《刑诉解释》**

第一百五十条　被告人具有刑事诉讼法第六十七条第一款规定情形之一的，人民法院可以决定取保候审。

对被告人决定取保候审的，应当责令其提出保证人或者交纳保证金，不得同时使用保证人保证与保证金保证。

第一百五十七条　根据案件事实和法律规定，认为已经构成犯罪的被告人在取保候审期间逃匿的，如果系保证人协助被告人逃匿，或者保证人明知被告人藏匿地点但拒绝向司法机关提供，对保证人应当依法追究责任。

第一百五十八条　人民法院发现使用保证金保证的被取保候审人违反刑事诉讼法第七十一条第一款、第二款规定的，应当书面通知公安机关依法处理。

人民法院收到公安机关已经没收保证金的书面通知或者变更强制措施的建议后，应当区别情形，在五日以内责令被告人具结悔过，重新交纳保证金或者提出保证人，或者变更强制措施，并通知公安机关。

人民法院决定对被依法没收保证金的被告人继续取保候审的，取保候审的期限连续计算。

第一百六十二条　人民检察院、公安机关已经对犯罪嫌疑人取保候审、监视居住，案件起诉至人民法院后，需要继续取保候审、监视居住或者变更强制措施的，人民法院应当在七日以内作出决定，并通知人民检察院、公安机关。

决定继续取保候审、监视居住的，应当重新办理手续，期限重新计算；继续使用保证金保证的，不再收取保证金。

**《六机关规定》**

14. 对保候审保证人是否履行了保证义务，由公安机关认定，对保证人的罚款决定，也由公安机关作出。

**《取保候审规定》**

第四条　对犯罪嫌疑人、被告人决定取保候审的，应当责令其提出保证人或者交纳保证金。

对同一犯罪嫌疑人、被告人决定取保候审的，不得同时使用保证人保证和保证金保证。对未成年人取保候审的，应当优先适用保证人保证。

第五条　采取保证金形式取保候审的，保证金的起点数额为人民币一千元；被取保候审人为未成年人的，保

证金的起点数额为人民币五百元。

决定机关应当综合考虑保证诉讼活动正常进行的需要，被取保候审人的社会危险性，案件的性质、情节，可能判处刑罚的轻重，被取保候审人的经济状况等情况，确定保证金的数额。

**（三）被取保候审人的义务与责任**

第七十一条　[被取保候审人的义务及违反义务的处理]被取保候审的犯罪嫌疑人、被告人应当遵守以下规定：

（一）未经执行机关批准不得离开所居住的市、县；

（二）住址、工作单位和联系方式发生变动的，在二十四小时以内向执行机关报告；

（三）在传讯的时候及时到案；

（四）不得以任何形式干扰证人作证；

（五）不得毁灭、伪造证据或者串供。

人民法院、人民检察院和公安机关可以根据案件情况，责令被取保候审的犯罪嫌疑人、被告人遵守以下一项或者多项规定：

（一）不得进入特定的场所；

（二）不得与特定的人员会见或者通信；

（三）不得从事特定的活动；

（四）将护照等出入境证件、驾驶证件交执行机关保存。

被取保候审的犯罪嫌疑人、被告人违反前两款规定，已交纳保证金的，没收部分或者全部保证金，并且区别情形，责令犯罪嫌疑人、被告人具结悔过，重新交纳保证金、提出保证人，或者监视居住、予以逮捕。

对违反取保候审规定，需要予以逮捕的，可以对犯罪嫌疑人、被告人先行拘留。

**考点 33　监视居住**

**（一）监视居住的条件（适用对象）**

第七十四条　[监视居住的条件]人民法院、人民检察院和公安机关对符合逮捕条件，有下列情形之一的犯罪嫌疑人、被告人，可以监视居住：

（一）患有严重疾病、生活不能自理的；

（二）怀孕或者正在哺乳自己婴儿的妇女；

（三）系生活不能自理的人的唯一扶养人；

（四）因为案件的特殊情况或者办理案件的需要，采取监视居住措施更为适宜的；

（五）羁押期限届满，案件尚未办结，需要采取监视居住措施的。

对符合取保候审条件，但犯罪嫌疑人、被告人不能提出保证人，也不交纳保证金的，可以监视居住。

监视居住由公安机关执行。[2013 年真题～指定居所监视居住的适用]

**《高检规则》**

第一百四十一条　对符合刑事诉讼法第七十四条第一款规定的犯罪嫌疑人，人民检察院经审查认为不需要逮捕的，可以在作出不批准逮捕决定的同时，向公安机关提出采取监视居住措施的建议。

《公安部规定》

第一百零九条第二、四款 对人民检察院决定不批准逮捕的犯罪嫌疑人，需要继续侦查，并且符合监视居住条件的，可以监视居住。

对于被取保候审人违反本规定第八十九条、第九十条规定的，可以监视居住。

**(二)监视居住的程序**

**第七十五条 [监视居住的执行]**监视居住应当在犯罪嫌疑人、被告人的住处执行；无固定住处的，可以在指定的居所执行。对于涉嫌危害国家安全犯罪、恐怖活动犯罪，在住处执行可能有碍侦查的，经上一级公安机关批准，也可以在指定的居所执行。但是，不得在羁押场所、专门的办案场所执行。

指定居所监视居住的，除无法通知的以外，应当在执行监视居住后二十四小时以内，通知被监视居住人的家属。

被监视居住的犯罪嫌疑人、被告人委托辩护人，适用本法第三十四条的规定。

人民检察院对指定居所监视居住的决定和执行是否合法实行监督。〔2013年真题~指定居所监视居住的适用〕

《刑诉解释》

第一百六十条第二款 人民法院决定对被告人监视居住的，应当核实其住处；没有固定住处的，应当为其指定居所。

第一百六十一条 人民法院向被告人宣布监视居住决定后，应当将监视居住决定书等相关材料送交被告人住处或者指定居所所在地的公安机关执行。

对被告人指定居所监视居住后，人民法院应当在二十四小时以内，将监视居住的原因和处所通知其家属；确实无法通知的，应当记录在案。

《高检规则》

第一百一十六条 监视居住应当在犯罪嫌疑人的住处执行。犯罪嫌疑人无固定住处的，可以在指定的居所执行。

固定住处是指犯罪嫌疑人在办案机关所在地的市、县内工作、生活的合法居所。

指定的居所应当符合下列条件：

(一)具备正常的生活、休息条件；

(二)便于监视、管理；

(三)能够保证安全。

采取指定居所监视居住，不得在看守所、拘留所、监狱等羁押、监管场所以及留置室、讯问室等专门的办案场所、办公区域执行。

第一百一十七条 在指定的居所执行监视居住，除无法通知的以外，人民检察院应当在执行监视居住后二十四小时以内，将指定居所监视居住的原因通知被监视居住人的家属。无法通知的，应当将原因写明附卷。无法通知的情形消除后，应当立即通知。

无法通知包括下列情形：

(一)被监视居住人无家属；

(二)与其家属无法取得联系；

(三)受自然灾害等不可抗力阻碍。

第一百一十八条 对于公安机关、人民法院决定指定居所监视居住的案件，由批准或者决定的公安机关、人民法院的同级人民检察院负责捕诉的部门对决定是否合法实行监督。

人民检察院决定指定居所监视居住的案件，由负责控告申诉检察的部门对决定是否合法实行监督。

第一百一十九条 被指定居所监视居住人及其法定代理人、近亲属或者辩护人认为指定居所监视居住决定存在违法情形，提出控告或者举报的，人民检察院应当受理。

人民检察院可以要求有关机关提供指定居所监视居住决定书和相关案卷材料。经审查，发现存在下列违法情形之一的，应当及时通知其纠正：

(一)不符合指定居所监视居住的适用条件的；

(二)未按法定程序履行批准手续的；

(三)在决定过程中有其他违反刑事诉讼法规定的行为的。

第一百二十条 对于公安机关、人民法院决定指定居所监视居住的案件，由人民检察院负责刑事执行检察的部门对指定居所监视居住的执行活动是否合法实行监督。发现存在下列违法情形之一的，应当及时提出纠正意见：

(一)执行机关收到指定居所监视居住决定书、执行通知书等法律文书后不派员执行或者不及时派员执行的；

(二)在执行指定居所监视居住后二十四小时以内没有通知被监视居住人的家属的；

(三)在羁押场所、专门的办案场所执行监视居住的；

(四)为被监视居住人通风报信、私自传递信件、物品的；

(五)违反规定安排辩护人同被监视居住人会见、通信，或者违法限制被监视居住人与辩护人会见、通信的；

(六)对被监视居住人刑讯逼供、体罚、虐待或者变相体罚、虐待的；

(七)有其他侵犯被监视居住人合法权利行为或者其他违法行为的。

被监视居住人及其法定代理人、近亲属或者辩护人认为执行机关或者执行人员存在上述违法情形，提出控告或者举报的，人民检察院应当受理。

人民检察院决定指定居所监视居住的案件，由负责控告申诉检察的部门对指定居所监视居住的执行活动是否合法实行监督。

《公安部规定》

第一百一十二条 固定住处，是指被监视居住人在办案机关所在的市、县内生活的合法住处；指定的居所，是指公安机关根据案件情况，在办案机关所在的市、县内为被监视居住人指定的生活居所。

指定的居所应当符合下列条件：

(一)具备正常的生活、休息条件；

（二）便于监视、管理；

（三）保证安全。

公安机关不得在羁押场所、专门的办案场所或者办公场所执行监视居住。

**第一百一十三条** 指定居所监视居住的，除无法通知的以外，应当制作监视居住通知书，在执行监视居住后二十四小时以内，由决定机关通知被监视居住人的家属。

有下列情形之一的，属于本条规定的"无法通知"：

（一）不讲真实姓名、住址、身份不明的；

（二）没有家属的；

（三）提供的家属联系方式无法取得联系的；

（四）因自然灾害等不可抗力导致无法通知的。

无法通知的情形消失以后，应当立即通知被监视居住人的家属。

无法通知家属的，应当在监视居住通知书中注明原因。

**第一百一十七条** 公安机关决定监视居住的，由被监视居住人住处或者指定居所所在地的派出所执行，办案部门可以协助执行。必要时，也可以由办案部门负责执行，派出所或者其他部门协助执行。

**第一百一十八条** 人民法院、人民检察院决定监视居住的，负责执行的县级公安机关应当在收到法律文书和有关材料后二十四小时以内，通知被监视居住人住处或者指定居所所在地的派出所，核实被监视居住人身份、住处或者居所等情况后执行。必要时，可以由人民法院、人民检察院协助执行。

负责执行的派出所应当及时将执行情况通知决定监视居住的机关。

**《六机关规定》**

15.指定居所监视居住的，不得要求被监视居住人支付费用。

**（三）监视居住的期限**

**第七十六条** [监视居住的刑期折抵]指定居所监视居住的期限应当折抵刑期。被判处管制的，监视居住一日折抵刑期一日；被判处拘役、有期徒刑的，监视居住二日折抵刑期一日。

**第七十九条** [取保候审和监视居住的期限]人民法院、人民检察院和公安机关对犯罪嫌疑人、被告人取保候审最长不得超过十二个月，监视居住最长不得超过六个月。

在取保候审、监视居住期间，不得中断对案件的侦查、起诉和审理。对于发现不应当追究刑事责任或者取保候审、监视居住期限届满的，应当及时解除取保候审、监视居住。解除取保候审、监视居住，应当及时通知被取保候审、监视居住人和有关单位。

**（四）被监视居住人的义务**

**第七十七条** [被监视居住人的义务]被监视居住的犯罪嫌疑人、被告人应当遵守以下规定：

（一）未经执行机关批准不得离开执行监视居住的处所；

（二）未经执行机关批准不得会见他人或者通信；

（三）在传讯的时候及时到案；

（四）不得以任何形式干扰证人作证；

（五）不得毁灭、伪造证据或者串供；

（六）将护照等出入境证件、身份证件、驾驶证件交执行机关保存。

被监视居住的犯罪嫌疑人、被告人违反前款规定，情节严重的，可以予以逮捕；需要予以逮捕的，可以对犯罪嫌疑人、被告人先行拘留。

**《高检规则》**

**第一百一十一条** 犯罪嫌疑人有下列违反监视居住规定的行为，人民检察院应当对犯罪嫌疑人予以逮捕：

（一）故意实施新的犯罪行为；

（二）企图自杀、逃跑；

（三）实施毁灭、伪造证据或者串供、干扰证人作证行为，足以影响侦查、审查起诉工作正常进行；

（四）对被害人、证人、鉴定人、举报人、控告人及其他人员实施打击报复。

犯罪嫌疑人有下列违反监视居住规定的行为，人民检察院可以对犯罪嫌疑人予以逮捕：

（一）未经批准，擅自离开执行监视居住的处所，造成严重后果，或者两次未经批准，擅自离开执行监视居住的处所；

（二）未经批准，擅自会见他人或者通信，造成严重后果，或者两次未经批准，擅自会见他人或者通信；

（三）经传讯不到案，造成严重后果，或者两次经传讯不到案。

有前两款情形，需要对犯罪嫌疑人予以逮捕的，可以先行拘留。

**《公安部规定》**

**第一百二十条** 被监视居住人有正当理由要求离开住处或者指定的居所以及要求会见他人或者通信的，应当经负责执行的派出所或者办案部门负责人批准。

人民法院、人民检察院决定监视居住的，负责执行的派出所在批准被监视居住人离开住处或者指定的居所以及与他人会见或者通信前，应当征得决定监视居住的机关同意。

**第一百二十一条** 被监视居住人违反应当遵守的规定，公安机关应当区分情形责令被监视居住人具结悔过或者给予治安管理处罚。情节严重的，可以予以逮捕；需要予以逮捕的，可以对其先行拘留。

人民法院、人民检察院决定监视居住的，被监视居住人违反应当遵守的规定，负责执行的派出所应当及时通知决定监视居住的机关。

**考点34 拘留**

**（一）拘留的条件**

**第八十二条** [拘留的条件]公安机关对于现行犯或者重大嫌疑分子，如果有下列情形之一的，可以先行拘留：

（一）正在预备犯罪、实行犯罪或者在犯罪后即时被发觉的；

（二）被害人或者在场亲眼看见的人指认他犯罪的；

（三）在身边或者住处发现有犯罪证据的；

（四）犯罪后企图自杀、逃跑或者在逃的；

（五）有毁灭、伪造证据或者串供可能的；

（六）不讲真实姓名、住址，身份不明的；

（七）有流窜作案、多次作案、结伙作案重大嫌疑的。

**《高检规则》**

第一百二十一条　人民检察院对于具有下列情形之一的犯罪嫌疑人，可以决定拘留：

（一）犯罪后企图自杀、逃跑或者在逃的；

（二）有毁灭、伪造证据或者串供可能的。

**《公安部规定》**

第一百二十四条　公安机关对于现行犯或者重大嫌疑分子，有下列情形之一的，可以先行拘留：

（一）正在预备犯罪、实行犯罪或者在犯罪后即时被发觉的；

（二）被害人或者在场亲眼看见的人指认他犯罪的；

（三）在身边或者住处发现有犯罪证据的；

（四）犯罪后企图自杀、逃跑或者在逃的；

（五）有毁灭、伪造证据或者串供可能的；

（六）不讲真实姓名、住址，身份不明的；

（七）有流窜作案、多次作案、结伙作案重大嫌疑的。

**（二）拘留的程序**

**1** 第八十三条　[异地拘留、逮捕]公安机关在异地执行拘留、逮捕的时候，应当通知被拘留、逮捕人所在地的公安机关，被拘留、逮捕人所在地的公安机关应当予以配合。

**2** 第八十五条　[拘留]公安机关拘留人的时候，必须出示拘留证。

拘留后，应当立即将被拘留人送看守所羁押，至迟不得超过二十四小时。除无法通知或者涉嫌危害国家安全犯罪、恐怖活动犯罪通知可能有碍侦查的情形以外，应当在拘留后二十四小时以内，通知被拘留人的家属。有碍侦查的情形消失以后，应当立即通知被拘留人的家属。

**《高检规则》**

第一百二十二条　人民检察院作出拘留决定后，应当将有关法律文书和案由、犯罪嫌疑人基本情况的材料送交同级公安机关执行。必要时，人民检察院可以协助公安机关执行。

拘留后，应当立即将被拘留人送看守所羁押，至迟不得超过二十四小时。

第一百二十三条　对犯罪嫌疑人拘留后，除无法通知的以外，人民检察院应当在二十四小时以内，通知被拘留人的家属。

无法通知的，应当将原因写明附卷。无法通知的情形消除后，应当立即通知其家属。

**《公安部规定》**

第一百二十五条　拘留犯罪嫌疑人，应当填写呈请拘留报告书，经县级以上公安机关负责人批准，制作拘留证。执行拘留时，必须出示拘留证，并责令被拘留人在拘留证上签名、捺指印，拒绝签名、捺指印的，侦查人员应当注明。

紧急情况下，对于符合本规定第一百二十四条所列情形之一的，经出示人民警察证，可以将犯罪嫌疑人口头传唤至公安机关后立即审查，办理法律手续。

第一百二十六条　拘留后，应当立即将被拘留人送看守所羁押，至迟不得超过二十四小时。

异地执行拘留，无法及时将犯罪嫌疑人押解回管辖地的，应当在宣布拘留后立即将其送抓获地看守所羁押，至迟不得超过二十四小时。到达管辖地后，应当立即将犯罪嫌疑人送看守所羁押。

第一百二十七条　除无法通知或者涉嫌危害国家安全犯罪、恐怖活动犯罪通知可能有碍侦查的情形以外，应当在拘留后二十四小时以内制作拘留通知书，通知被拘留人的家属。拘留通知书应当写明拘留原因和羁押处所。

本条规定的"无法通知"的情形适用本规定第一百一十三条第二款的规定。

有下列情形之一的，属于本条规定的"有碍侦查"：

（一）可能毁灭、伪造证据，干扰证人作证或者串供的；

（二）可能引起同案犯逃避、妨碍侦查的；

（三）犯罪嫌疑人的家属与犯罪有牵连的。

无法通知、有碍侦查的情形消失以后，应当立即通知被拘留人的家属。

对于没有在二十四小时以内通知家属的，应当在拘留通知书中注明原因。

第一百五十三条　看守所应当凭公安机关签发的拘留证、逮捕证收押被拘留、逮捕的犯罪嫌疑人、被告人。犯罪嫌疑人、被告人被送至看守所羁押时，看守所应当在拘留证、逮捕证上注明犯罪嫌疑人、被告人到达看守所的时间。

查获被通缉、脱逃的犯罪嫌疑人以及执行追捕、押解任务需要临时寄押的，应当持通缉令或者其他有关法律文书并经寄押地县级以上公安机关负责人批准，送看守所寄押。

临时寄押的犯罪嫌疑人出所时，看守所应当出具羁押该犯罪嫌疑人的证明，载明该犯罪嫌疑人基本情况、羁押原因、入所出所时间。

第一百五十四条　看守所收押犯罪嫌疑人、被告人和罪犯，应当进行健康和体表检查，并予以记录。

第一百五十五条　看守所收押犯罪嫌疑人、被告人和罪犯，应当对其人身和携带的物品进行安全检查。发现违禁物品、犯罪证据和可疑物品，应当制作笔录，由被羁押人签名、捺指印后，送办案机关处理。

对女性的人身检查，应当由女工作人员进行。

**《六机关规定》**

16. 刑事诉讼法规定，拘留由公安机关执行。对于人民检察院直接受理的案件，人民检察院作出的拘留决定，应当送达公安机关执行，公安机关应当立即执行，人民检察院可以协助公安机关执行。

**3** 第八十六条 [拘留后的讯问]公安机关对被拘留的人,应当在拘留后的二十四小时以内进行讯问。在发现不应当拘留的时候,必须立即释放,发给释放证明。

《高检规则》

第一百二十四条 对被拘留的犯罪嫌疑人,应当在拘留后二十四小时以内进行讯问。

第一百二十五条 对被拘留的犯罪嫌疑人,发现不应当拘留的,应当立即释放;依法可以取保候审或者监视居住的,按照本规则的有关规定办理取保候审或者监视居住手续。

对被拘留的犯罪嫌疑人,需要逮捕的,按照本规则的有关规定办理逮捕手续;决定不予逮捕的,应当及时变更强制措施。

《公安部规定》

第一百二十八条 对被拘留的人,应当在拘留后二十四小时以内进行讯问。发现不应当拘留的,应当经县级以上公安机关负责人批准,制作释放通知书,看守所凭释放通知书发给被拘留人释放证明书,将其立即释放。

**(三)拘留的期限**

第九十一条 [提请批捕和批捕的期限]公安机关对被拘留的人,认为需要逮捕的,应当在拘留后的三日以内,提请人民检察院审查批准。在特殊情况下,提请审查批准的时间可以延长一日至四日。

对于流窜作案、多次作案、结伙作案的重大嫌疑分子,提请审查批准的时间可以延长至三十日。

人民检察院应当自接到公安机关提请批准逮捕书后的七日以内,作出批准逮捕或者不批准逮捕的决定。人民检察院不批准逮捕的,公安机关应当在接到通知后立即释放,并且将执行情况及时通知人民检察院。对于需要继续侦查,并且符合取保候审、监视居住条件的,依法取保候审或者监视居住。

《公安部规定》

第一百二十九条 对被拘留的犯罪嫌疑人,经过审查认为需要逮捕的,应当在拘留后的三日以内,提请人民检察院审查批准。在特殊情况下,经县级以上公安机关负责人批准,提请审查批准逮捕的时间可以延长一日至四日。

对流窜作案、多次作案、结伙作案的重大嫌疑分子,经县级以上公安机关负责人批准,提请审查批准逮捕的时间可以延长至三十日。

本条规定的"流窜作案",是指跨市、县管辖范围连续作案,或者在居住地作案后逃窜到外市、县继续作案;"多次作案",是指三次以上作案;"结伙作案",是指二人以上共同作案。

第一百三十条 犯罪嫌疑人不讲真实姓名、住址,身份不明的,应当对其身份进行调查。对符合逮捕条件的犯罪嫌疑人,也可以按其自报的姓名提请批准逮捕。

第一百三十一条 对被拘留的犯罪嫌疑人审查后,根据案件情况报经县级以上公安机关负责人批准,分别作出如下处理:

(一)需要逮捕的,在拘留期限内,依法办理提请批准逮捕手续;

(二)应当追究刑事责任,但不需要逮捕的,依法直接向人民检察院移送审查起诉,或者依法办理取保候审或者监视居住手续后,向人民检察院移送审查起诉;

(三)拘留期限届满,案件尚未办结,需要继续侦查的,依法办理取保候审或者监视居住手续;

(四)具有本规定第一百八十六条规定情形之一的,释放被拘留人,发给释放证明书;需要行政处理的,依法予以处理或者移送有关部门。

《高检规则》

第一百二十六条 人民检察院直接受理侦查的案件,拘留犯罪嫌疑人的羁押期限为十四日,特殊情况下可以延长一日至三日。

第一百四十二条 对于监察机关移送起诉的已采取留置措施的案件,人民检察院应当在受理案件后,及时对犯罪嫌疑人作出拘留决定,交公安机关执行。执行拘留后,留置措施自动解除。

第一百四十三条 人民检察院应当在执行拘留后十日以内,作出是否逮捕、取保候审或者监视居住的决定。特殊情况下,决定的时间可以延长一日至四日。

人民检察院决定采取强制措施的期间不计入审查起诉期限。

**考点35 逮捕**

**(一)逮捕的条件**

第八十一条 [逮捕的条件]对有证据证明有犯罪事实,可能判处徒刑以上刑罚的犯罪嫌疑人、被告人,采取取保候审尚不足以防止发生下列社会危险性的,应当予以逮捕:

(一)可能实施新的犯罪的;

(二)有危害国家安全、公共安全或者社会秩序的现实危险的;

(三)可能毁灭、伪造证据,干扰证人作证或者串供的;

(四)可能对被害人、举报人、控告人实施打击报复的;

(五)企图自杀或者逃跑的。

批准或者决定逮捕,应当将犯罪嫌疑人、被告人涉嫌犯罪的性质、情节,认罪认罚等情况,作为是否可能发生社会危险性的考虑因素。

对有证据证明有犯罪事实,可能判处十年有期徒刑以上刑罚的,或者有证据证明有犯罪事实,可能判处徒刑以上刑罚,曾经故意犯罪或者身份不明的,应当予以逮捕。

被取保候审、监视居住的犯罪嫌疑人、被告人违反取保候审、监视居住规定,情节严重的,可以予以逮捕。

**(二)逮捕的权限**

第八十条 [逮捕的权限]逮捕犯罪嫌疑人、被告人,必须经过人民检察院批准或者人民法院决定,由公安机关执行。

**《刑事诉讼法》**

第八十九条　[批准逮捕权]人民检察院审查批准逮捕犯罪嫌疑人由检察长决定。重大案件应当提交检察委员会讨论决定。

第九十条　[审查批捕阶段的补充侦查]人民检察院对于公安机关提请批准逮捕的案件进行审查后，应当根据情况分别作出批准逮捕或者不批准逮捕的决定。对于批准逮捕的决定，公安机关应当立即执行，并且将执行情况及时通知人民检察院。对于不批准逮捕的，人民检察院应当说明理由，需要补充侦查的，应当同时通知公安机关。

**《刑诉解释》**

第一百六十七条　人民法院作出逮捕决定后，应当将逮捕决定书等相关材料送交公安机关执行，并将逮捕决定书抄送人民检察院。逮捕被告人后，人民法院应当将逮捕的原因和羁押的处所，在二十四小时以内通知其家属；确实无法通知的，应当记录在案。

**《六机关规定》**

17.对于人民检察院批准逮捕的决定，公安机关应当立即执行，并将执行回执及时送达批准逮捕的人民检察院。如果未能执行，也应当将回执送达人民检察院，并写明未能执行的原因。对于人民检察院决定不批准逮捕的，公安机关在收到不批准逮捕决定书后，应当立即释放在押的犯罪嫌疑人或者变更强制措施，并将执行回执在收到不批准逮捕决定书后的三日内送达作出不批准逮捕决定的人民检察院。

**《高检规则》**

第二百八十二条　对公安机关提请批准逮捕的犯罪嫌疑人，已经被拘留的，人民检察院应当在收到提请批准逮捕书后七日以内作出是否批准逮捕的决定；未被拘留的，应当在收到提请批准逮捕书后十五日以内作出是否批准逮捕的决定，重大、复杂案件，不得超过二十日。

第二百八十八条　人民检察院办理公安机关提请批准逮捕的案件，发现遗漏应当逮捕的犯罪嫌疑人的，应当经检察长批准，要求公安机关提请批准逮捕。公安机关不提请批准逮捕或者说明的不提请批准逮捕的理由不成立的，人民检察院可以直接作出逮捕决定，送达公安机关执行。

第二百八十九条　对已经作出的批准逮捕决定发现确有错误的，人民检察院应当撤销原批准逮捕决定，送达公安机关执行。

对已经作出的不批准逮捕决定发现确有错误，需要批准逮捕的，人民检察院应当撤销原不批准逮捕决定，并重新作出批准逮捕决定，送达公安机关执行。

对因撤销原批准逮捕决定而被释放的犯罪嫌疑人或者逮捕后公安机关变更为取保候审、监视居住的犯罪嫌疑人，又发现需要逮捕的，人民检察院应当重新办理逮捕手续。

第二百九十四条　外国人、无国籍人涉嫌危害国家安全犯罪的案件或者涉及国与国之间政治、外交关系的案件以及在适用法律上确有疑难的案件，需要逮捕犯罪嫌疑人的，按照刑事诉讼法关于管辖的规定，分别由基层人民检察院或者设区的市级人民检察院审查并提出意见，层报最高人民检察院审查。最高人民检察院认为需要逮捕的，经征求外交部的意见后，作出批准逮捕的批复；认为不需要逮捕的，作出不批准逮捕的批复。基层人民检察院或者设区的市级人民检察院根据最高人民检察院的批复，依法作出批准或者不批准逮捕的决定。层报过程中，上级人民检察院认为不需要逮捕的，应当作出不批准逮捕的批复。报送的人民检察院根据批复依法作出不批准逮捕的决定。

基层人民检察院或者设区的市级人民检察院认为不需要逮捕的，可以直接依法作出不批准逮捕的决定。

外国人、无国籍人涉嫌本条第一款规定以外的其他犯罪案件，决定批准逮捕的人民检察院应当在作出批准逮捕决定后四十八小时以内报上一级人民检察院备案，同时向同级人民政府外事部门通报。上一级人民检察院经审查发现批准逮捕决定错误的，应当依法及时纠正。

第二百九十五条　人民检察院办理审查逮捕的危害国家安全犯罪案件，应当报上一级人民检察院备案。

上一级人民检察院经审查发现错误的，应当依法及时纠正。

**(三)逮捕的通知和讯问**

第八十八条　[审查逮捕时应当讯问的情形]人民检察院审查批准逮捕，可以讯问犯罪嫌疑人；有下列情形之一的，应当讯问犯罪嫌疑人：

(一)对是否符合逮捕条件有疑问的；

(二)犯罪嫌疑人要求向检察人员当面陈述的；

(三)侦查活动可能有重大违法行为的。

人民检察院审查批准逮捕，可以询问证人等诉讼参与人，听取辩护律师的意见；辩护律师提出要求的，应当听取辩护律师的意见。

第九十三条　[逮捕的程序与通知]公安机关逮捕人的时候，必须出示逮捕证。

逮捕后，应当立即将被逮捕人送看守所羁押。除无法通知的以外，应当在逮捕后二十四小时以内，通知被逮捕人的家属。

**《刑事诉讼法》**

第九十六条　[不当强制措施的撤销或变更]人民法院、人民检察院和公安机关如果发现对犯罪嫌疑人、被告人采取强制措施不当的，应当及时撤销或者变更。公安机关释放被逮捕的人或者变更逮捕措施的，应当通知原批准的人民检察院。

**《刑诉解释》**

第一百六十七条　人民法院作出逮捕决定后，应当将逮捕决定书等相关材料送交公安机关执行，并将逮捕决定书抄送人民检察院。逮捕被告人后，人民法院应当将逮捕的原因和羁押的处所，在二十四小时以内通知其家属；确实无法通知的，应当记录在案。

第一百六十八条　人民法院对决定逮捕的被告人，应当在逮捕后二十四小时以内讯问。发现不应当逮捕的，应当立即释放。必要时，可以依法变更强制措施。

第一百七十条 被逮捕的被告人具有下列情形之一的,人民法院应当立即释放;必要时,可以依法变更强制措施:

(一)第一审人民法院判决被告人无罪、不负刑事责任或者免予刑事处罚的;

(二)第一审人民法院判处管制、宣告缓刑、单独适用附加刑,判决尚未发生法律效力的;

(三)被告人被羁押的时间已到第一审人民法院对其判处的刑期期限的;

(四)案件不能在法律规定的期限内审结的。

第一百七十一条 人民法院决定释放被告人的,应当立即将释放通知书送交公安机关执行。

《高检规则》

第二百八十条 人民检察院办理审查逮捕案件,可以讯问犯罪嫌疑人;具有下列情形之一的,应当讯问犯罪嫌疑人:

(一)对是否符合逮捕条件有疑问的;

(二)犯罪嫌疑人要求向检察人员当面陈述的;

(三)侦查活动可能有重大违法行为的;

(四)案情重大、疑难、复杂的;

(五)犯罪嫌疑人认罪认罚的;

(六)犯罪嫌疑人系未成年人的;

(七)犯罪嫌疑人是盲、聋、哑人或者是尚未完全丧失辨认或者控制自己行为能力的精神病人的。

讯问未被拘留的犯罪嫌疑人,讯问前应当听取公安机关的意见。

办理审查逮捕案件,对被拘留的犯罪嫌疑人不予讯问的,应当送达听取犯罪嫌疑人意见书,由犯罪嫌疑人填写后及时收回审查并附卷。经审查认为应当讯问犯罪嫌疑人的,应当及时讯问。

**考点36** 强制措施的变更和解除
羁押必要性审查

第九十五条 [羁押必要性审查]犯罪嫌疑人、被告人被逮捕后,人民检察院仍应当对羁押的必要性进行审查。对不需要继续羁押的,应当建议予以释放或者变更强制措施。有关机关应当在十日以内将处理情况通知人民检察院。

《高检规则》

第五百七十三条 犯罪嫌疑人、被告人被逮捕后,人民检察院仍应当对羁押的必要性进行审查。

第五百七十四条 人民检察院在办案过程中可以依职权主动进行羁押必要性审查。

犯罪嫌疑人、被告人及其法定代理人、近亲属或者辩护人可以申请人民检察院进行羁押必要性审查。申请时应当说明不需要继续羁押的理由,有相关证据或者其他材料的应当提供。

看守所根据在押人员身体状况,可以建议人民检察院进行羁押必要性审查。

第五百七十五条 负责捕诉的部门依法对侦查和审判阶段的羁押必要性进行审查。经审查认为不需要继续

羁押的,应当建议公安机关或者人民法院释放犯罪嫌疑人、被告人或者变更强制措施。

审查起诉阶段,负责捕诉的部门经审查认为不需要继续羁押的,应当直接释放犯罪嫌疑人或者变更强制措施。

负责刑事执行检察的部门收到有关材料或者发现不需要继续羁押的,应当及时将有关材料和意见移送负责捕诉的部门。

第五百七十六条 办案机关对应的同级人民检察院负责控告申诉检察的部门或者负责案件管理的部门收到羁押必要性审查申请后,应当在当日移送本院负责捕诉的部门。

其他人民检察院收到羁押必要性审查申请的,应当告知申请人向办案机关对应的同级人民检察院提出申请,或者在二日以内将申请材料移送办案机关对应的同级人民检察院,并告知申请人。

第五百七十七条 人民检察院可以采取以下方式进行羁押必要性审查:

(一)审查犯罪嫌疑人、被告人不需要继续羁押的理由和证明材料;

(二)听取犯罪嫌疑人、被告人及其法定代理人、辩护人的意见;

(三)听取被害人及其法定代理人、诉讼代理人的意见,了解是否达成和解协议;

(四)听取办案机关的意见;

(五)调查核实犯罪嫌疑人、被告人的身体健康状况;

(六)需要采取的其他方式。

必要时,可以依照有关规定进行公开审查。

# 专题九 附带民事诉讼

**考点38** 附带民事诉讼的提起与审判程序

**1** 第一百零一条 [附带民诉的提起]被害人由于被告人的犯罪行为而遭受物质损失的,在刑事诉讼过程中,有权提起附带民事诉讼。被害人死亡或者丧失行为能力的,被害人的法定代理人、近亲属有权提起附带民事诉讼。

如果是国家财产、集体财产遭受损失的,人民检察院在提起公诉的时候,可以提起附带民事诉讼。

《刑诉解释》

第一百七十五条 被害人因人身权利受到犯罪侵犯或者财物被犯罪分子毁坏而遭受物质损失的,有权在刑事诉讼过程中提起附带民事诉讼;被害人死亡或者丧失行为能力的,其法定代理人、近亲属有权提起附带民事诉讼。

因受到犯罪侵犯,提起附带民事诉讼或者单独提起民事诉讼要求赔偿精神损失的,人民法院一般不予受理。[2023年回忆~附带民事诉讼的赔偿范围]

第一百七十六条 被告人非法占有、处置被害人财产的,应当依法予以追缴或者责令退赔。被害人提起附带民事诉讼的,人民法院不予受理。追缴、退赔的情况,可以作为量刑情节考虑。

第一百七十七条　国家机关工作人员在行使职权时，侵犯他人人身、财产权利构成犯罪，被害人或者其法定代理人、近亲属提起附带民事诉讼的，人民法院不予受理，但应当告知其可以依法申请国家赔偿。

第一百七十八条　人民法院受理刑事案件后，对符合刑事诉讼法第一百零一条和本解释第一百七十五条第一款规定的，可以告知被害人或者其法定代理人、近亲属有权提起附带民事诉讼。

有权提起附带民事诉讼的人放弃诉讼权利的，应当准许，并记录在案。

第一百七十九条　国家财产、集体财产遭受损失，受损失的单位未提起附带民事诉讼，人民检察院在提起公诉时提起附带民事诉讼的，人民法院应当受理。

人民检察院提起附带民事诉讼的，应当列为附带民事诉讼原告人。

被告人非法占有、处置国家财产、集体财产，依照本解释第一百七十六条的规定处理。

第一百八十一条　被害人或者其法定代理人、近亲属仅对部分共同侵害人提起附带民事诉讼的，人民法院应当告知其可以对其他共同侵害人，包括没有被追究刑事责任的共同侵害人，一并提起附带民事诉讼，但共同犯罪案件中同案犯在逃的除外。

被害人或者其法定代理人、近亲属放弃对其他共同侵害人的诉讼权利的，人民法院应当告知其相应法律后果，并在裁判文书中说明其放弃诉讼请求的情况。

第一百八十二条　附带民事诉讼的起诉条件是：

（一）起诉人符合法定条件；

（二）有明确的被告人；

（三）有请求赔偿的具体要求和事实、理由；

（四）属于人民法院受理附带民事诉讼的范围。

第一百八十三条　共同犯罪案件，同案犯在逃的，不应列为附带民事诉讼被告人。逃跑的同案犯到案后，被害人或者其法定代理人、近亲属可以对其提起附带民事诉讼，但已经从其他共同犯罪人处获得足额赔偿的除外。

第一百八十四条　附带民事诉讼应当在刑事案件立案后及时提起。

提起附带民事诉讼应当提交附带民事起诉状。

第一百八十五条　侦查、审查起诉期间，有权提起附带民事诉讼的人提出赔偿要求，经公安机关、人民检察院调解，当事人双方已经达成协议并全部履行，被害人或者其法定代理人、近亲属又提起附带民事诉讼的，人民法院不予受理，但有证据证明调解违反自愿、合法原则的除外。

第一百八十六条　被害人或者其法定代理人、近亲属提起附带民事诉讼的，人民法院应当在七日以内决定是否受理。符合刑事诉讼法第一百零一条以及本解释有关规定的，应当受理；不符合的，裁定不予受理。

第一百八十七条　人民法院受理附带民事诉讼后，应当在五日以内将附带民事起诉状副本送达附带民事诉讼被告人及其法定代理人，或者将口头起诉的内容及时通知附带民事诉讼被告人及其法定代理人，并制作笔录。

人民法院送达附带民事起诉状副本时，应当根据刑事案件的审理期限，确定被告人及其法定代理人的答辩准备时间。

第一百八十八条　附带民事诉讼当事人对自己提出的主张，有责任提供证据。

第一百九十五条　附带民事诉讼原告人经传唤，无正当理由拒不到庭，或者未经法庭许可中途退庭的，应当按撤诉处理。

刑事被告人以外的附带民事诉讼被告人经传唤，无正当理由拒不到庭，或者未经法庭许可中途退庭的，附带民事部分可以缺席判决。

刑事被告人以外的附带民事诉讼被告人下落不明，或者用公告送达以外的其他方式无法送达，可能导致刑事案件审判过分迟延的，可以不将其列为附带民事诉讼被告人，告知附带民事诉讼原告人另行提起民事诉讼。

**2** 第一百零二条　[财产保全]人民法院在必要的时候，可以采取保全措施，查封、扣押或者冻结被告人的财产。附带民事诉讼原告人或者人民检察院可以申请人民法院采取保全措施。人民法院采取保全措施，适用民事诉讼法的有关规定。

《刑诉解释》

第一百八十九条　人民法院对可能因被告人的行为或者其他原因，使附带民事判决难以执行的案件，根据附带民事诉讼原告人的申请，可以裁定采取保全措施，查封、扣押或者冻结被告人的财产；附带民事诉讼原告人未提出申请的，必要时，人民法院也可以采取保全措施。

有权提起附带民事诉讼的人因情况紧急，不立即申请保全将会使其合法权益受到难以弥补的损害的，可以在提起附带民事诉讼前，向被保全财产所在地、被申请人居住地或者对案件有管辖权的人民法院申请采取保全措施。申请人在人民法院受理刑事案件后十五日以内未提起附带民事诉讼的，人民法院应当解除保全措施。

人民法院采取保全措施，适用民事诉讼法第一百条（现为第一百零三条）①至第一百零五条（现为第一百零八条）的有关规定，但民事诉讼法第一百零一条（现为第一百零四条）第三款的规定除外。

《民事诉讼法》

第一百零四条　利害关系人因情况紧急，不立即申请保全将会使其合法权益受到难以弥补的损害的，可以在提起诉讼或者申请仲裁前向被保全财产所在地、被申请人住所地或者对案件有管辖权的人民法院申请采取保全措施。申请人应当提供担保，不提供担保的，裁定驳回申请。

人民法院接受申请后，必须在四十八小时内作出裁定；裁定采取保全措施的，应当立即开始执行。

申请人在人民法院采取保全措施后三十日内不依法提起诉讼或者申请仲裁的，人民法院应当解除保全。

---

① 编者注，下同。

**❸ 第一百零三条** [附带民诉的调解]人民法院审理附带民事诉讼案件,可以进行调解,或者根据物质损失情况作出判决、裁定。

《刑诉解释》

第一百九十条　人民法院审理附带民事诉讼案件,可以根据自愿、合法的原则进行调解。经调解达成协议的,应当制作调解书。调解书经双方当事人签收后即具有法律效力。

调解达成协议并即时履行完毕的,可以不制作调解书,但应当制作笔录,经双方当事人、审判人员、书记员签名后即发生法律效力。

第一百九十一条　调解未达成协议或者调解书签收前当事人反悔的,附带民事诉讼应当同刑事诉讼一并判决。

第一百九十二条　对附带民事诉讼作出判决,应当根据犯罪行为造成的物质损失,结合案件具体情况,确定被告人应当赔偿的数额。

犯罪行为造成被害人人身损害的,应当赔偿医疗费、护理费、交通费等为治疗和康复支付的合理费用,以及因误工减少的收入。造成被害人残疾的,还应当赔偿残疾生活辅助器具费等费用;造成被害人死亡的,还应当赔偿丧葬费等费用。

驾驶机动车致人伤亡或者造成公私财产重大损失,构成犯罪的,依照《中华人民共和国道路交通安全法》第七十六条的规定确定赔偿责任。

附带民事诉讼当事人就民事赔偿问题达成调解、和解协议的,赔偿范围、数额不受第二款、第三款规定的限制。〔2023年回忆~赔偿数额〕

第一百九十七条　人民法院认定公诉案件被告人的行为不构成犯罪,对已经提起的附带民事诉讼,经调解不能达成协议的,可以一并作出刑事附带民事判决,也可以告知附带民事原告人另行提起民事诉讼。

人民法院准许人民检察院撤回起诉的公诉案件,对已经提起的附带民事诉讼,可以进行调解;不宜调解或者经调解不能达成协议的,应当裁定驳回起诉,并告知附带民事诉讼原告人可以另行提起民事诉讼。〔2014年真题~强制医疗案件中附带民事诉讼案件的审理〕

第一百九十八条　第一审期间未提起附带民事诉讼,在第二审期间提起的,第二审人民法院可以依法进行调解;调解不成的,告知当事人可以在刑事判决、裁定生效后另行提起民事诉讼。

第二百条　被害人或者其法定代理人、近亲属在刑事诉讼过程中未提起附带民事诉讼,另行提起民事诉讼的,人民法院可以进行调解,或者根据本解释第一百九十二条第二款、第三款的规定作出判决。

**❹ 第一百零四条** [附带民诉的审理]附带民事诉讼应当同刑事案件一并审判,只有为了防止刑事案件审判的过分迟延,才可以在刑事案件审判后,由同一审判组织继续审理附带民事诉讼。〔2022年回忆~附带民事诉讼〕

《刑诉解释》

第一百九十三条　人民检察院提起附带民事诉讼

的,人民法院经审理,认为附带民事诉讼被告人依法应当承担赔偿责任的,应当判令附带民事诉讼被告人直接向遭受损失的单位作出赔偿;遭受损失的单位已经终止,有权利义务继承人的,应当判令其向继承人作出赔偿;没有权利义务继承人的,应当判令其向人民检察院交付赔偿款,由人民检察院上缴国库。

第一百九十六条　附带民事诉讼应当同刑事案件一并审判,只有为了防止刑事案件审判的过分迟延,才可以在刑事案件审判后,由同一审判组织继续审理附带民事诉讼;同一审判组织的成员确实不能继续参与审判的,可以更换。〔2022年回忆~附带民事诉讼的审理〕

第一百九十九条　人民法院审理附带民事诉讼案件,不收取诉讼费。〔2023年回忆~附带民事诉讼的诉讼费;2014年真题~强制医疗案件中附带民事诉讼案件的审理〕

# 专题十　期间、送达

**考点39** 期间

**❶ 第一百零五条** [期间计算]期间以时、日、月计算。

期间开始的时和日不算在期间以内。

法定期间不包括路途上的时间。上诉状或者其他文件在期满前已经交邮的,不算过期。

期间的最后一日为节假日的,以节假日后的第一日为期满日期,但犯罪嫌疑人、被告人或者罪犯在押期间,应当至期满之日为止,不得因节假日而延长。

《刑诉解释》

第二百零二条　以月计算的期间,自本月某日至下月同日为一个月;期限起算日为本月最后一日的,至下月最后一日为一个月;下月同日不存在的,自本月某日至下月最后一日为一个月;半个月一律按十五日计算。

以年计算的刑期,自本年本月某日至次年同月同日的前一日为一年;次年同月同日不存在的,自本年本月某日至次年同月最后一日的前一日为一年。以月计算的刑期,自本月某日至下月同日的前一日为一个月;刑期起算日为本月最后一日的,至下月最后一日的前一日为一个月;下月同日不存在的,自本月某日至下月最后一日的前一日为一个月;半个月一律按十五日计算。

第六百二十七条　审理申请没收违法所得案件的期限,参照公诉案件第一审普通程序和第二审程序的审理期限执行。

公告期间和请求刑事司法协助的时间不计入审理期限。

**❷ 第一百零六条** [期间的耽误与恢复]当事人由于不能抗拒的原因或者有其他正当理由而耽误期限的,在障碍消除后五日以内,可以申请继续进行应当在期满以前完成的诉讼活动。

前款申请是否准许,由人民法院裁定。

《刑诉解释》

第二百零三条　当事人由于不能抗拒的原因或者有

其他正当理由而耽误期限,依法申请继续进行应当在期满前完成的诉讼活动的,人民法院查证属实后,应当裁定准许。

### 考点40 送达

**第一百零七条** [送达]送达传票、通知书和其他诉讼文件应当交给收件人本人;如果本人不在,可以交给他的成年家属或者所在单位的负责人员代收。

收件人本人或者代收人拒绝接收或者拒绝签名、盖章的时候,送达人可以邀请他的邻居或者其他见证人到场,说明情况,把文件留在他的住处,在送达证上记明拒绝的事由、送达的日期,由送达人签名,即认为已经送达。

**《刑诉解释》**

第二百零四条 送达诉讼文书,应当由收件人签收。收件人不在的,可以由其成年家属或者所在单位负责收件的人员代收。收件人或者代收人在送达回证上签收的日期为送达日期。

收件人或者代收人拒绝签收的,送达人可以邀请见证人到场,说明情况,在送达回证上注明拒收的事由和日期,由送达人、见证人签名或者盖章,将诉讼文书留在收件人、代收人的住处或者单位;也可以把诉讼文书留在受送达人的住处,并采用拍照、录像等方式记录送达过程,即视为送达。

第二百零五条 直接送达诉讼文书有困难的,可以委托收件人所在地的人民法院代为送达或者邮寄送达。

第二百零六条 委托送达的,应当将委托函、委托送达的诉讼文书及送达回证寄送受托法院。受托法院收到后,应当登记,在十日以内送达收件人,并将送达回证寄送委托法院;无法送达的,应当告知委托法院,并将诉讼文书及送达回证退回。

第二百零七条 邮寄送达的,应当将诉讼文书、送达回证邮寄给收件人。签收日期为送达日期。

第二百零八条 诉讼文书的收件人是军人的,可以通过其所在部队团级以上单位的政治部门转交。

收件人正在服刑的,可以通过执行机关转交。

收件人正在接受专门矫治教育等的,可以通过相关机构转交。

由有关部门、单位代为转交诉讼文书的,应当请有关部门、单位收到后立即交件人签名,并将送达回证及时寄送人民法院。

# 第二编 分 论

## 专题十一 立 案

### 考点42 立案程序和立案监督

#### (一)立案程序

**1 第一百零九条** [立案权]公安机关或者人民检察院发现犯罪事实或者犯罪嫌疑人,应当按照管辖范围,立案侦查。

**2 第一百一十条** [立案材料来源]任何单位和个人发现有犯罪事实或者犯罪嫌疑人,有权利也有义务向公安机关、人民检察院或者人民法院报案或者举报。

被害人对侵犯其人身、财产权利的犯罪事实或者犯罪嫌疑人,有权向公安机关、人民检察院或者人民法院报案或者控告。

公安机关、人民检察院或者人民法院对于报案、控告、举报,都应当接受。对于不属于自己管辖的,应当移送主管机关处理,并且通知报案人、控告人、举报人;对于不属于自己管辖而又必须采取紧急措施的,应当先采取紧急措施,然后移送主管机关。

犯罪人向公安机关、人民检察院或者人民法院自首的,适用第三款规定。

**3 第一百一十一条** [报案、控告、举报的形式、要求及保护措施]报案、控告、举报可以用书面或者口头提出。接受口头报案、控告、举报的工作人员,应当写成笔录,经宣读无误后,由报案人、控告人、举报人签名或者盖章。

接受控告、举报的工作人员,应当向控告人、举报人说明诬告应负的法律责任。但是,只要不是捏造事实,伪造证据,即使控告、举报的事实有出入,甚至是错告的,也要和诬告严格加以区别。

公安机关、人民检察院或者人民法院应当保障报案人、控告人、举报人及其近亲属的安全。报案人、控告人、举报人如果不愿公开自己的姓名和报案、控告、举报的行为,应当为他保守秘密。

**《公安部规定》**

第一百六十九条 公安机关对于公民扭送、报案、控告、举报或者犯罪嫌疑人自动投案的,都应当立即接受,问明情况,并制作笔录,经核对无误后,由扭送人、报案人、控告人、举报人、投案人签名、捺指印。必要时,应当对接受过程录音录像。

第一百七十一条 公安机关接受案件时,应当制作受案登记表和受案回执,并将受案回执交扭送人、报案人、控告人、举报人。扭送人、报案人、控告人、举报人无法取得联系或者拒绝接受回执的,应当在回执中注明。

第一百七十二条 公安机关接受控告、举报的工作人员,应当向控告人、举报人说明诬告应负的法律责任。但是,只要不是捏造事实、伪造证据,即使控告、举报的事实有出入,甚至是错告的,也要和诬告严格加以区别。

第一百七十三条 公安机关应当保障扭送人、报案人、控告人、举报人及其近亲属的安全。

扭送人、报案人、控告人、举报人如果不愿意公开自己的身份,应当为其保守秘密,并在材料中注明。

**4 第一百一十二条** [对立案材料的处理]人民法院、人民检察院或者公安机关对于报案、控告、举报和自首的材料,应当按照管辖范围,迅速进行审查,认为有犯罪事实需要追究刑事责任的时候,应当立案;认为没有犯罪事实,或者犯罪事实显著轻微,不需要追究刑事责任的时候,不予立案,并且将不立案的原因通知控告人。控告人如果不服,可以申请复议。

《公安部规定》

第一百七十四条 对接受的案件，或者发现的犯罪线索，公安机关应当迅速进行审查。发现案件事实或者线索不明的，必要时，经办案部门负责人批准，可以进行调查核实。

调查核实过程中，公安机关可以依照有关法律和规定采取询问、查询、勘验、鉴定和调取证据材料等不限制被调查对象人身、财产权利的措施。但是，不得对被调查对象采取强制措施，不得查封、扣押、冻结被调查对象的财产，不得采取技术侦查措施。

第一百七十八条 公安机关接受案件后，经审查，认为有犯罪事实需要追究刑事责任，且属于自己管辖的，经县级以上公安机关负责人批准，予以立案；认为没有犯罪事实，或者犯罪事实显著轻微不需要追究刑事责任，或者具有其他依法不追究刑事责任情形的，经县级以上公安机关负责人批准，不予立案。

对有控告人的案件，决定不予立案的，公安机关应当制作不予立案通知书，并在三日以内送达控告人。

决定不予立案后又发现新的事实或者证据，或者发现原认定事实错误，需要追究刑事责任的，应当及时立案处理。

第一百七十九条 控告人对不予立案决定不服的，可以在收到不予立案通知书后七日以内向作出决定的公安机关申请复议；公安机关应当在收到复议申请后三十日以内作出决定，并将决定书送达控告人。

控告人对不予立案的复议决定不服的，可以在收到复议决定书后七日以内向上一级公安机关申请复核；上一级公安机关应当在收到复核申请后三十日以内作出决定。对上级公安机关撤销不予立案决定的，下级公安机关应当执行。

案情重大、复杂的，公安机关可以延长复议、复核时限，但是延长时限不得超过三十日，并书面告知申请人。

第一百八十二条 对人民检察院要求说明不立案理由的案件，公安机关应当在收到通知书后七日以内，对不立案的情况、依据和理由作出书面说明，回复人民检察院。公安机关作出立案决定的，应当将立案决定书复印件送达人民检察院。

人民检察院通知公安机关立案的，公安机关应当在收到通知书后十五日以内立案，并将立案决定书复印件送达人民检察院。

第一百八十三条 人民检察院认为公安机关不应当立案而立案，提出纠正意见的，公安机关应当进行调查核实，并将有关情况回复人民检察院。

《高检规则》

第一百七十一条 人民检察院对于直接受理的案件，经审查认为有犯罪事实需要追究刑事责任的，应当制作立案报告书，经检察长批准后予以立案。

符合立案条件，但犯罪嫌疑人尚未确定的，可以依已查明的犯罪事实作出立案决定。

对具有下列情形之一的，报请检察长决定不予立案：

(一)具有刑事诉讼法第十六条规定情形之一的；

(二)认为没有犯罪事实的；

(三)事实或者证据尚不符合立案条件的。

第一百七十二条 对于其他机关或者本院其他办案部门移送的案件线索，决定不予立案的，负责侦查的部门应当制作不立案通知书，写明案由和案件来源、决定不立案的原因和法律依据，自作出不立案决定之日起十日以内送达移送案件线索的机关或者部门。

## (二)立案监督

第一百一十三条 [立案监督]人民检察院认为公安机关对应当立案侦查的案件而不立案侦查的，或者被害人认为公安机关对应当立案侦查的案件而不立案侦查，向人民检察院提出的，人民检察院应当要求公安机关说明不立案的理由。人民检察院认为公安机关不立案理由不能成立的，应当通知公安机关立案，公安机关接到通知后应当立案。

《高检规则》

第五百五十七条 被害人及其法定代理人、近亲属或者行政执法机关，认为公安机关对其控告或者移送的案件应当立案侦查而不立案侦查，或者当事人认为公安机关不应当立案而立案，向人民检察院提出的，人民检察院应当受理并进行审查。

人民检察院发现公安机关可能存在应当立案侦查而不立案侦查情形的，应当依法进行审查。

人民检察院接到控告、举报或者发现行政执法机关不移送涉嫌犯罪案件的，经检察长批准，应当向行政执法机关提出检察意见，要求其按照管辖规定向公安机关移送涉嫌犯罪案件。

第五百五十九条 人民检察院经审查，认为需要公安机关说明不立案理由的，应当要求公安机关书面说明不立案的理由。

对于有证据证明公安机关可能存在违法动用刑事手段插手民事、经济纠纷，或者利用立案实施报复陷害、敲诈勒索以及谋取其他非法利益等违法立案情形，尚未提请批准逮捕或者移送起诉的，人民检察院应当要求公安机关书面说明立案理由。

第五百六十条 人民检察院要求公安机关说明不立案或者立案理由，应当书面通知公安机关，并且告知公安机关在收到通知后七日以内，书面说明不立案或者立案的情况、依据和理由，连同有关证据材料回复人民检察院。

第五百六十一条 公安机关说明不立案或者立案的理由后，人民检察院应当进行审查。认为公安机关不立案或者立案理由不能成立的，经检察长决定，应当通知公安机关立案或者撤销案件。

人民检察院认为公安机关不立案或者立案理由成立的，应当在十日以内将不立案或者立案的依据和理由告知被害人及其法定代理人、近亲属或者行政执法机关。

第五百六十三条 人民检察院通知公安机关立案或者撤销案件，应当制作通知立案书或者通知撤销案件书，说明依据和理由，连同证据材料送达公安机关，并且告知公安机关应当在收到通知立案书后十五日以内立案，对通知撤销案件书没有异议的应当立即撤销案件,并将立案决定书或者撤销案件决定书及时送达人民检察院。

第五百六十四条 人民检察院通知公安机关立案或者撤销案件的,应当依法对执行情况进行监督。

公安机关在收到通知立案书或者通知撤销案件书后超过十五日不予立案或者未要求复议、提请复核也不撤销案件的,人民检察院应当发出纠正违法通知书。公安机关仍不纠正的,报上一级人民检察院协商同级公安机关处理。

公安机关立案后三个月以内未侦查终结的,人民检察院可以向公安机关发出立案监督案件催办函,要求公安机关及时向人民检察院反馈侦查工作进展情况。

第五百六十六条 人民检察院负责捕诉的部门发现本院负责侦查的部门对应当立案侦查的案件不立案侦查或者对不应当立案侦查的案件立案侦查的,应当建议负责侦查的部门立案侦查或者撤销案件。建议不被采纳的,应当报请检察长决定。

**《六机关规定》**

18. 刑事诉讼法第一百一十一条(现第一百一十三条)规定:"人民检察院认为公安机关对应当立案侦查的案件而不立案侦查的,或者被害人认为公安机关对应当立案侦查的案件而不立案侦查,向人民检察院提出的,人民检察院应当要求公安机关说明不立案的理由。人民检察院认为公安机关不立案理由不能成立的,应当通知公安机关立案,公安机关接到通知后应当立案。"根据上述规定,公安机关收到人民检察院要求说明不立案理由通知书后,应当在七日内将说明情况书面答复人民检察院。人民检察院认为公安机关不立案理由不能成立,发出通知立案书时,应当将有关证明应当立案的材料同时移送公安机关。公安机关收到通知立案书后,应当在十五日内决定立案,并将立案决定书送达人民检察院。

# 专题十二 侦 查

### 考点43 侦查行为

#### (一)讯问犯罪嫌疑人

**1 第一百一十八条** [讯问主体和地点]讯问犯罪嫌疑人必须由人民检察院或者公安机关的侦查人员负责进行。讯问的时候,侦查人员不得少于二人。

犯罪嫌疑人被送交看守所羁押以后,侦查人员对其进行讯问,应当在看守所内进行。

**《高检规则》**

第一百八十二条 讯问犯罪嫌疑人,由检察人员负责进行。讯问时,检察人员或者检察人员和书记员不得少于二人。

讯问同案的犯罪嫌疑人,应当个别进行。

**《公安部规定》**

第二百零二条 讯问犯罪嫌疑人,必须由侦查人员进行。讯问的时候,侦查人员不得少于二人。

讯问同案的犯罪嫌疑人,应当个别进行。

**2 第一百一十九条** [传唤和拘传犯罪嫌疑人]对不需要逮捕、拘留的犯罪嫌疑人,可以传唤到犯罪嫌疑人所在市、县内的指定地点或者到他的住处进行讯问,但是应当出示人民检察院或者公安机关的证明文件。对在现场发现的犯罪嫌疑人,经出示工作证件,可以口头传唤,但应当在讯问笔录中注明。

传唤、拘传持续的时间不得超过十二小时;案情特别重大、复杂,需要采取拘留、逮捕措施的,传唤、拘传持续的时间不得超过二十四小时。

不得以连续传唤、拘传的形式变相拘禁犯罪嫌疑人。传唤、拘传犯罪嫌疑人,应当保证犯罪嫌疑人的饮食和必要的休息时间。〔2022年回忆~传唤、拘传〕

**《高检规则》**

第八十三条 拘传的时间从犯罪嫌疑人到案时开始计算。犯罪嫌疑人到案后,应当责令其在拘传证上填写到案时间,签名或者盖章,并捺指印,然后立即讯问。拘传结束后,应当责令犯罪嫌疑人在拘传证上填写拘传结束时间。犯罪嫌疑人拒绝填写的,应当在拘传证上注明。

一次拘传持续的时间不得超过十二小时;案情特别重大、复杂,需要采取拘留、逮捕措施的,拘传持续的时间不得超过二十四小时。两次拘传间隔的时间一般不得少于十二小时,不得以连续拘传的方式变相拘禁犯罪嫌疑人。

拘传犯罪嫌疑人,应当保证犯罪嫌疑人的饮食和必要的休息时间。

第八十四条 人民检察院拘传犯罪嫌疑人,应当在犯罪嫌疑人所在市、县内的地点进行。

犯罪嫌疑人工作单位与居住地不在同一市、县的,拘传应当在犯罪嫌疑人工作单位所在的市、县内进行;特殊情况下,也可以在犯罪嫌疑人居住地所在的市、县内进行。

第八十五条 需要对被拘传的犯罪嫌疑人变更强制措施的,应当在拘传期限内办理变更手续。

在拘传期间决定不采取其他强制措施的,拘传期限届满,应当结束拘传。

第一百八十三条 对于不需要逮捕、拘留的犯罪嫌疑人,可以传唤到犯罪嫌疑人所在市、县内的指定地点或者到他的住处进行讯问。

传唤犯罪嫌疑人,应当出示传唤证和工作证件,并责令犯罪嫌疑人在传唤证上签名或者盖章,并捺指印。

犯罪嫌疑人到案后,应当由其在传唤证上填写到案时间。传唤结束时,应当由其在传唤证上填写传唤结束时间。拒绝填写的,应当在传唤证上注明。

对在现场发现的犯罪嫌疑人,经出示工作证件,可以口头传唤,并将传唤的原因和依据告知被传唤人。在讯问笔录中应当注明犯罪嫌疑人到案时间、到案经过和传唤结束时间。

本规则第八十四条第二款的规定适用于传唤犯罪嫌疑人。

第一百八十四条 传唤犯罪嫌疑人时,其家属在场的,应当当场将传唤的原因和处所口头告知其家属,并在讯问笔录中注明。其家属不在场的,应当及时将传唤的原因和处所通知被传唤人家属。无法通知的,应当在讯问笔录中注明。

第一百八十五条 传唤持续的时间不得超过十二小时。案情特别重大、复杂,需要采取拘留、逮捕措施的,传唤持续的时间不得超过二十四小时。两次传唤间隔的时间一般不得少于十二小时,不得以连续传唤的方式变相拘禁犯罪嫌疑人。

传唤犯罪嫌疑人,应当保证犯罪嫌疑人的饮食和必要的休息时间。

第一百八十六条 犯罪嫌疑人被送交看守所羁押后,检察人员对其进行讯问,应当填写提讯、提解证,在看守所讯问室进行。

因辨认、鉴定、侦查实验或者追缴犯罪有关财物的需要,经检察长批准,可以提押犯罪嫌疑人出所,并应当由两名以上法警押解。不得以讯问为目的将犯罪嫌疑人提押出所进行讯问。

**《公安部规定》**

第七十八条 公安机关根据案件情况对需要拘传的犯罪嫌疑人,或者经过传唤没有正当理由不到案的犯罪嫌疑人,可以拘传到其所在市、县公安机关执法办案场所进行讯问。

需要拘传的,应当填写呈请拘传报告书,并附有关材料,报县级以上公安机关负责人批准。〔2022年回忆~拘传〕

第七十九条 公安机关拘传犯罪嫌疑人应当出示拘传证,并责令其在拘传证上签名、捺指印。

犯罪嫌疑人到案后,应当责令其在拘传证上填写到案时间;拘传结束后,应当由其在拘传证上填写拘传结束时间。犯罪嫌疑人拒绝填写的,侦查人员应当在拘传证上注明。〔2022年回忆~拘传〕

第八十条 拘传持续的时间不得超过十二小时;案情特别重大、复杂,需要采取拘留、逮捕措施的,经县级以上公安机关负责人批准,拘传持续的时间不得超过二十四小时。不得以连续拘传的形式变相拘禁犯罪嫌疑人。

拘传期限届满,未作出采取其他强制措施决定的,应当立即结束拘传。〔2022年回忆~拘传〕

第一百九十八条 讯问犯罪嫌疑人,除下列情形之外,应当在公安机关执法办案场所的讯问室进行:

(一)紧急情况下在现场进行讯问的;

(二)对有严重伤病或者残疾、行动不便,以及正在怀孕的犯罪嫌疑人,在其住处或者就诊的医疗机构进行讯问的。

对于已送交看守所羁押的犯罪嫌疑人,应当在看守所讯问室进行讯问。

对于正在被执行行政拘留、强制隔离戒毒的人员以及正在监狱服刑的罪犯,可以在其执行场所进行讯问。

对于不需要拘留、逮捕的犯罪嫌疑人,经办案部门负责人批准,可以传唤到犯罪嫌疑人所在市、县公安机关执法办案场所或者到他的住处进行讯问。

第一百九十九条 传唤犯罪嫌疑人时,应当出示传

唤证和侦查人员的人民警察证,并责令其在传唤证上签名、捺指印。

犯罪嫌疑人到案后,应当由其在传唤证上填写到案时间。传唤结束时,应当由其在传唤证上填写传唤结束时间。犯罪嫌疑人拒绝填写的,侦查人员应当在传唤证上注明。

对在现场发现的犯罪嫌疑人,侦查人员经出示人民警察证,可以口头传唤,并将传唤的原因和依据告知被传唤人。在讯问笔录中应当注明犯罪嫌疑人到案方式,并由犯罪嫌疑人注明到案时间和传唤结束时间。

对自动投案或者群众扭送到公安机关的犯罪嫌疑人,可以依法传唤。

第二百条 传唤持续的时间不得超过十二小时。案情特别重大、复杂,需要采取拘留、逮捕措施的,经办案部门负责人批准,传唤持续的时间不得超过二十四小时。不得以连续传唤的形式变相拘禁犯罪嫌疑人。

传唤期限届满,未作出采取其他强制措施决定的,应当立即结束传唤。

第二百零一条 传唤、拘传、讯问犯罪嫌疑人,应当保证犯罪嫌疑人的饮食和必要的休息时间,并记录在案。

**3** 第一百二十条 [对如实供述从宽处理]侦查人员在讯问犯罪嫌疑人的时候,应当首先讯问犯罪嫌疑人是否有犯罪行为,让他陈述有罪的情节或者无罪的辩解,然后向他提出问题。犯罪嫌疑人对侦查人员的提问,应当如实回答。但是对与本案无关的问题,有拒绝回答的权利。

侦查人员在讯问犯罪嫌疑人的时候,应当告知犯罪嫌疑人享有的诉讼权利,如实供述自己罪行可以从宽处理和认罪认罚的法律规定。

**《高检规则》**

第一百八十七条 讯问犯罪嫌疑人一般按照下列顺序进行:

(一)核实犯罪嫌疑人的基本情况,包括姓名、出生年月日、户籍地、公民身份号码、民族、职业、文化程度、工作单位及职务、住所、家庭情况、社会经历、是否属于人大代表、政协委员等;

(二)告知犯罪嫌疑人在侦查阶段的诉讼权利,有权自行辩护或者委托律师辩护,告知其如实供述自己罪行可以依法从宽处理和认罪认罚的法律规定;

(三)讯问犯罪嫌疑人是否有犯罪行为,让他陈述有罪的事实或者无罪的辩解,应当允许其连贯陈述。

犯罪嫌疑人对检察人员的提问,应当如实回答。但是对与本案无关的问题,有拒绝回答的权利。

讯问犯罪嫌疑人时,应当告知犯罪嫌疑人将对讯问进行全程同步录音、录像。告知情况应当在录音、录像中予以反映,并记入笔录。

讯问时,对犯罪嫌疑人提出的辩解要认真查核。严禁刑讯逼供和以威胁、引诱、欺骗以及其他非法的方法获取供述。

**《公安部规定》**

第二百零三条 侦查人员讯问犯罪嫌疑人时,应当

首先讯问犯罪嫌疑人是否有犯罪行为，并告知犯罪嫌疑人享有的诉讼权利，如实供述自己罪行可以从宽处理以及认罪认罚的法律规定，让他陈述有罪的情节或者无罪的辩解，然后向他提出问题。

犯罪嫌疑人对侦查人员的提问，应当如实回答。但是对与本案无关的问题，有拒绝回答的权利。

第一次讯问，应当问明犯罪嫌疑人的姓名、别名、曾用名、出生年月日、户籍所在地、现住地、籍贯、出生地、民族、职业、文化程度、政治面貌、工作单位、家庭情况、社会经历，是否属于人大代表、政协委员，是否受过刑事处罚或者行政处理等情况。

**4** 第一百二十一条 [讯问聋、哑人的要求]讯问聋、哑的犯罪嫌疑人，应当有通晓聋、哑手势的人参加，并且将这种情况记明笔录。

《刑诉解释》

第九十四条 被告人供述具有下列情形之一的，不得作为定案的根据：

……

(二)讯问聋、哑人，应当提供通晓聋、哑手势的人员而未提供的；

《公安部规定》

第二百零四条 讯问聋、哑的犯罪嫌疑人，应当有通晓聋、哑手势的人参加，并在讯问笔录上注明犯罪嫌疑人的聋、哑情况，以及翻译人员的姓名、工作单位和职业。

讯问不通晓当地语言文字的犯罪嫌疑人，应当配备翻译人员。

**5** 第一百二十二条 [讯问笔录与书面供词]讯问笔录应当交犯罪嫌疑人核对，对于没有阅读能力的，应当向他宣读。如果记载有遗漏或者差错，犯罪嫌疑人可以提出补充或者改正。犯罪嫌疑人承认笔录没有错误后，应当签名或者盖章。侦查人员也应当在笔录上签名。犯罪嫌疑人请求自行书写供述的，应当准许。必要的时候，侦查人员也可以要犯罪嫌疑人亲笔书写供词。

**6** 第一百二十三条 [讯问过程同步录音、录像]侦查人员在讯问犯罪嫌疑人的时候，可以对讯问过程进行录音或者录像；对于可能判处无期徒刑、死刑的案件或者其他重大犯罪案件，应当对讯问过程进行录音或者录像。

录音或者录像应当全程进行，保持完整性。

《高检规则》

第一百九十条 人民检察院办理直接受理侦查的案件，应当在每次讯问犯罪嫌疑人时，对讯问过程实行全程录音、录像，并在讯问笔录中注明。

《公安部规定》

第二百零八条 讯问犯罪嫌疑人，在文字记录的同时，可以对讯问过程进行录音录像。对于可能判处无期徒刑、死刑的案件或者其他重大犯罪案件，应当对讯问过程进行录音录像。

前款规定的"可能判处无期徒刑、死刑的案件"，是指应当适用的法定刑或者量刑档次包含无期徒刑、死刑的案件。"其他重大犯罪案件"，是指致人重伤、死亡的严重

危害公共安全犯罪、严重侵犯公民人身权利犯罪，以及黑社会性质组织犯罪、严重毒品犯罪等重大故意犯罪案件。

对讯问过程录音录像的，应当对每一次讯问全程不间断进行，保持完整性。不得选择性地录制，不得剪接、删改。

**(二)搜查**

**1** 第一百三十八条 [搜查证]进行搜查，必须向被搜查人出示搜查证。

在执行逮捕、拘留的时候，遇有紧急情况，不另用搜查证也可以进行搜查。

《高检规则》

第二百零五条 搜查时，应当向被搜查人或者他的家属出示搜查证。

在执行逮捕、拘留的时候，遇有下列紧急情况之一，不另用搜查证也可以进行搜查：

(一)可能随身携带凶器的；

(二)可能隐藏爆炸、剧毒等危险物品的；

(三)可能隐匿、毁弃、转移犯罪证据的；

(四)可能隐匿其他犯罪嫌疑人的；

(五)其他紧急情况。

搜查结束后，搜查人员应当在二十四小时以内补办有关手续。

《公安部规定》

第二百二十三条 进行搜查，必须向被搜查人出示搜查证，执行搜查的侦查人员不得少于二人。

第二百二十四条 执行拘留、逮捕的时候，遇有下列紧急情况之一的，不用搜查证也可以进行搜查：

(一)可能随身携带凶器的；

(二)可能隐藏爆炸、剧毒等危险物品的；

(三)可能隐匿、毁弃、转移犯罪证据的；

(四)可能隐匿其他犯罪嫌疑人的；

(五)其他突然发生的紧急情况。

**2** 第一百三十九条 [搜查程序]在搜查的时候，应当有被搜查人或者他的家属，邻居或者其他见证人在场。

搜查妇女的身体，应当由女工作人员进行。

《高检规则》

第二百零七条 搜查时，如果遇到阻碍，可以强制进行搜查。对以暴力、威胁方法阻碍搜查的，应当予以制止，或者由司法警察将其带离现场。阻碍搜查构成犯罪的，应当依法追究刑事责任。

**(三)技术侦查措施**

**1** 第一百五十条 [技术侦查措施的适用情形]公安机关在立案后，对于危害国家安全犯罪、恐怖活动犯罪、黑社会性质的组织犯罪、重大毒品犯罪或者其他严重危害社会的犯罪案件，根据侦查犯罪的需要，经过严格的批准手续，可以采取技术侦查措施。

人民检察院在立案后，对于利用职权实施的严重侵犯公民人身权利的重大犯罪案件，根据侦查犯罪的需要，经过严格的批准手续，可以采取技术侦查措施，按照规定交有关机关执行。

追捕被通缉或者批准、决定逮捕的在逃的犯罪嫌疑人、被告人，经过批准，可以采取追捕所必需的技术侦查措施。[2013年真题~检察机关技术侦查措施的适用；技术侦查措施的适用条件]

《高检规则》

第二百二十七条　人民检察院在立案后,对于利用职权实施的严重侵犯公民人身权利的重大犯罪案件,经过严格的批准手续,可以采取技术侦查措施,交有关机关执行。

第二百二十八条　人民检察院办理直接受理侦查的案件,需要追捕被通缉或者决定逮捕的在逃犯罪嫌疑人、被告人的,经过批准,可以采取追捕所必需的技术侦查措施,不受本规则第二百二十七条规定的案件范围的限制。

《公安部规定》

第二百六十三条　公安机关在立案后,根据侦查犯罪的需要,可以对下列严重危害社会的犯罪案件采取技术侦查措施:

(一)危害国家安全犯罪、恐怖活动犯罪、黑社会性质的组织犯罪、重大毒品犯罪案件;

(二)故意杀人、故意伤害致人重伤或者死亡、强奸、抢劫、绑架、放火、爆炸、投放危险物质等严重暴力犯罪案件;

(三)集团性、系列性、跨区域性重大犯罪案件;

(四)利用电信、计算机网络、寄递渠道等实施的重大犯罪案件,以及针对计算机网络实施的重大犯罪案件;

(五)其他严重危害社会的犯罪案件,依法可能判处七年以上有期徒刑的。

公安机关追捕被通缉或者批准、决定逮捕的在逃犯罪嫌疑人、被告人,可以采取追捕所必需的技术侦查措施。

第二百六十四条　技术侦查措施是指由设区的市一级以上公安机关负责技术侦查的部门实施的记录监控、行踪监控、通信监控、场所监控等措施。

技术侦查措施的适用对象是犯罪嫌疑人、被告人以及与犯罪活动直接关联的人员。

第二百六十五条　需要采取技术侦查措施的,应当制作呈请采取技术侦查措施报告书,报设区的市一级以上公安机关负责人批准,制作采取技术侦查措施决定书。

人民检察院等部门决定采取技术侦查措施,交公安机关执行的,由设区的市一级以上公安机关按照规定办理相关手续后,交负责技术侦查的部门执行,并将执行情况通知人民检察院等部门。

**②第一百五十一条　[技术侦查措施的期限]**批准决定应当根据侦查犯罪的需要,确定采取技术侦查措施的种类和适用对象。批准决定自签发之日起<u>三个月</u>以内有效。对于不需要继续采取技术侦查措施的,应当及时解除;对于复杂、疑难案件,期限届满仍有必要继续采取技术侦查措施的,经过批准,有效期可以延长,<u>每次不得超过三个月</u>。[2013年真题~技术侦查措施的适用条件]

《高检规则》

第二百二十九条　人民检察院采取技术侦查措施应当根据侦查犯罪的需要,确定采取技术侦查措施的种类和适用对象,按照有关规定报请批准。批准决定自签发之日起三个月以内有效。对于不需要继续采取技术侦查措施的,应当及时解除;对于复杂、疑难案件,期限届满仍

有必要继续采取技术侦查措施的,应当在期限届满前十日以内制作呈请延长技术侦查措施期限报告书,写明延长的期限及理由,经过原批准机关批准,有效期可以延长,每次不得超过三个月。

采取技术侦查措施收集的材料作为证据使用的,批准采取技术侦查措施的法律文书<u>应当附卷</u>,辩护律师可以依法<u>查阅、摘抄、复制</u>。

《公安部规定》

第二百六十六条　批准采取技术侦查措施的决定自签发之日起三个月以内有效。

在有效期限内,对不需要继续采取技术侦查措施的,办案部门应当立即书面通知负责技术侦查的部门解除技术侦查措施;负责技术侦查的部门认为需要解除技术侦查措施的,报批准机关负责人批准,制作解除技术侦查措施决定书,并及时通知办案部门。

对复杂、疑难案件,采取技术侦查措施的有效期限届满仍需要继续采取技术侦查措施的,经负责技术侦查的部门审核后,报批准机关负责人批准,制作延长技术侦查措施期限决定书。批准延长期限,每次不得超过三个月。

有效期限届满,负责技术侦查的部门应当立即解除技术侦查措施。

《六机关规定》

20.刑事诉讼法第一百四十九条(现第一百五十一条)中规定:"批准决定应当根据侦查犯罪的需要,确定采取技术侦查措施的种类和适用对象。"采取技术侦查措施收集的材料作为证据使用的,批准采取技术侦查措施的法律文书<u>应当附卷</u>,辩护律师可以依法<u>查阅、摘抄、复制</u>,在审判过程中可以向法庭出示。

**❸第一百五十二条　[侦查措施的实施]**采取技术侦查措施,必须严格按照批准的措施种类、适用对象和期限执行。

侦查人员对采取技术侦查措施过程中知悉的国家秘密、商业秘密和个人隐私,应当保密;对采取技术侦查措施获取的与案件无关的材料,必须及时销毁。

采取技术侦查措施获取的材料,只能用于对犯罪的侦查、起诉和审判,不得用于其他用途。

公安机关依法采取技术侦查措施,有关单位和个人应当配合,并对有关情况予以保密。[2013年真题~技术侦查措施的适用条件]

《高检规则》

第二百三十条　采取技术侦查措施收集的物证、书证及其他证据材料,检察人员应当制作相应的说明材料,写明获取证据的时间、地点、数量、特征以及采取技术侦查措施的批准机关、种类等,并签名和盖章。

对于使用技术侦查措施获取的证据材料,如果可能危及特定人员的人身安全、涉及国家秘密或者公开后可能暴露侦查秘密或者严重损害商业秘密、个人隐私的,应当采取不暴露有关人员身份、技术方法等保护措施。必要时,可以建议不在法庭上质证,由审判人员在庭外对证据进行核实。

第二百三十一条　检察人员对采取技术侦查措施过

程中知悉的国家秘密、商业秘密和个人隐私,应当保密;对采取技术侦查措施获取的与案件无关的材料,应当及时销毁,并对销毁情况制作记录。

采取技术侦查措施获取的证据、线索及其他有关材料,只能用于对犯罪的侦查、起诉和审判,不得用于其他用途。

**《公安部规定》**

第二百六十七条　采取技术侦查措施,必须严格按照批准的措施种类、适用对象和期限执行。

在有效期限内,需要变更技术侦查措施种类或者适用对象的,应当按照本规定第二百六十五条规定重新办理批准手续。

第二百六十八条　采取技术侦查措施收集的材料在刑事诉讼中可以作为证据使用。使用技术侦查措施收集的材料作为证据时,可能危及有关人员的人身安全,或者可能产生其他严重后果的,应当采取不暴露有关人员身份和使用的技术设备、侦查方法等保护措施。

采取技术侦查措施收集的材料作为证据使用的,采取技术侦查措施决定书应当附卷。

第二百六十九条　采取技术侦查措施收集的材料,应当严格依照有关规定存放,只能用于对犯罪的侦查、起诉和审判,不得用于其他用途。

采取技术侦查措施收集的与案件无关的材料,必须及时销毁,并制作销毁记录。

第二百七十条　侦查人员对采取技术侦查措施过程中知悉的国家秘密、商业秘密和个人隐私,应当保密。

公安机关依法采取技术侦查措施,有关单位和个人应当配合,并对有关情况予以保密。

**《刑诉解释》**

第一百一十六条第一款　依法采取技术调查、侦查措施收集的材料在刑事诉讼中可以作为证据使用。

第一百一十八条　移送技术调查、侦查证据材料的,应当附采取技术调查、侦查措施的法律文书、技术调查、侦查证据材料清单和有关说明材料。

移送采用技术调查、侦查措施收集的视听资料、电子数据的,应当制作新的存储介质,并附制作说明,写明原始证据材料、原始存储介质的存放地点等信息,由制作人签名,并加盖单位印章。

第一百一十九条　对采取技术调查、侦查措施收集的证据材料,除根据相关证据材料所属的证据种类,依照本章第二节至第七节的相应规定进行审查外,还应当着重审查以下内容:

(一)技术调查、侦查措施所针对的案件是否符合法律规定;

(二)技术调查措施是否经过严格的批准手续,按照规定交有关机关执行;技术侦查措施是否在刑事立案后,经过严格的批准手续;

(三)采取技术调查、侦查措施的种类、适用对象和期限是否按照批准决定载明的内容执行;

(四)采取技术调查、侦查措施收集的证据材料与其他证据是否矛盾;存在矛盾的,能否得到合理解释。

第一百二十条　采取技术调查、侦查措施收集的证据材料,应当经过当庭出示、辨认、质证等法庭调查程序查证。

当庭调查技术调查、侦查证据材料可能危及有关人员的人身安全,或者可能产生其他严重后果的,法庭应当采取不暴露有关人员身份和技术调查、侦查措施使用的技术设备、技术方法等保护措施。必要时,审判人员可以在庭外对证据进行核实。

第一百二十一条　采用技术调查、侦查证据作为定案根据的,人民法院在裁判文书中可以表述相关证据的名称、证据种类和证明对象,但不得表述有关人员身份和技术调查、侦查措施使用的技术设备、技术方法等。

**4** 第一百五十三条　[**秘密侦查、控制下交付**]为了查明案情,在必要的时候,经公安机关负责人决定,可以由有关人员隐匿其身份实施侦查。但是,不得诱使他人犯罪,不得采用可能危害公共安全或者发生重大人身危险的方法。

对涉及给付毒品等违禁品或者财物的犯罪活动,公安机关根据侦查犯罪的需要,可以依照规定实施控制下交付。[2013年真题~技术侦查措施的适用条件]

**5** 第一百五十四条　[**特殊侦查措施获得材料的证据效力**]依照本节规定采取侦查措施收集的材料在刑事诉讼中可以作为证据使用。如果使用该证据可能危及有关人员的人身安全,或者可能产生其他严重后果的,应当采取不暴露有关人员身份、技术方法等保护措施,必要的时候,可以由审判人员在庭外对证据进行核实。[2013年真题~技术侦查措施的适用条件]

### 考点44　侦查终结

**(一)侦查终结的条件和手续**

**1** 第一百六十一条　[**听取辩护律师意见**]在案件侦查终结前,辩护律师提出要求的,侦查机关应当听取辩护律师的意见,并记录在案。辩护律师提出书面意见的,应当附卷。

**2** 第一百六十二条　[**侦查终结的条件和手续**]公安机关侦查终结的案件,应当做到犯罪事实清楚,证据确实、充分,并且写出起诉意见书,连同案卷材料、证据一并移送同级人民检察院审查决定;同时将案件移送情况告知犯罪嫌疑人及其辩护律师。

犯罪嫌疑人自愿认罪的,应当记录在案,随案移送,并在起诉意见书中写明有关情况。[2011年真题~犯罪认定标准]

**《公安部规定》**

第二百八十四条　对侦查终结的案件,公安机关应当全面审查证明证据收集合法性的证据材料,依法排除非法证据。排除非法证据后证据不足的,不得移送审查起诉。

公安机关发现侦查人员非法取证的,应当依法作出处理,并可另行指派侦查人员重新调查取证。

第二百八十六条　侦查终结案件的处理,由县级以上公安机关负责人批准;重大、复杂、疑难的案件应当经过集体讨论。

第二百八十七条 侦查终结后,应当将全部案卷材料按照要求装订立卷。

向人民检察院移送案件时,只移送诉讼卷,侦查卷由公安机关存档备查。

第二百八十九条 对侦查终结的案件,应当制作起诉意见书,经县级以上公安机关负责人批准后,连同全部案卷材料、证据,以及辩护律师提出的意见,一并移送同级人民检察院审查决定;同时将案件移送情况告知犯罪嫌疑人及其辩护律师。

犯罪嫌疑人自愿认罪的,应当记录在案,随案移送,并在起诉意见书中写明有关情况;认为案件符合速裁程序适用条件的,可以向人民检察院提出适用速裁程序的建议。

第二百九十条 对于犯罪嫌疑人在境外,需要及时进行审判的严重危害国家安全犯罪、恐怖活动犯罪案件,应当在侦查终结后层报公安部批准,移送同级人民检察院审查起诉。

在审查起诉或者缺席审理过程中,犯罪嫌疑人、被告人向公安机关自动投案或者被公安机关抓获的,公安机关应当立即通知人民检察院、人民法院。

第二百九十二条 被害人提出附带民事诉讼的,应当记录在案;移送审查起诉时,应当在起诉意见书末页注明。

**(二)侦查的羁押期限**

**1** **第一百五十六条** [一般侦查羁押期限]对犯罪嫌疑人逮捕后的侦查羁押期限不得超过二个月。案情复杂、期限届满不能终结的案件,可以经上一级人民检察院批准延长一个月。

《高检规则》

第三百零五条 人民检察院办理直接受理侦查的案件,对犯罪嫌疑人逮捕后的侦查羁押期限不得超过二个月。案情复杂、期限届满不能终结的案件,可以经上一级人民检察院批准延长一个月。

第三百零九条 公安机关需要延长侦查羁押期限的,人民检察院应当要求其在侦查羁押期限届满七日前提请批准延长侦查羁押期限。

人民检察院办理直接受理侦查的案件,负责侦查的部门认为需要延长侦查羁押期限的,应当按照前款规定向本院负责捕诉的部门移送延长侦查羁押期限意见书及有关材料。

对于超过法定羁押期限提请延长侦查羁押期限的,不予受理。

第三百一十条 人民检察院审查批准或者决定延长侦查羁押期限,由负责捕诉的部门办理。

受理案件的人民检察院对延长侦查羁押期限的意见审查后,应当提出是否同意延长侦查羁押期限的意见,将公安机关延长侦查羁押期限的意见和本院的审查意见层报有决定权的人民检察院审查决定。

第三百一十一条 对于同时具备下列条件的案件,人民检察院应当作出批准延长侦查羁押期限一个月的决定:

(一)符合刑事诉讼法第一百五十六条的规定;

(二)符合逮捕条件;

(三)犯罪嫌疑人有继续羁押的必要。

第三百一十二条 犯罪嫌疑人虽然符合逮捕条件,但经审查,公安机关在对犯罪嫌疑人执行逮捕后二个月内未有效开展侦查工作或者侦查取证工作没有实质进展的,人民检察院可以作出不批准延长侦查羁押期限的决定。

犯罪嫌疑人不符合逮捕条件,需要撤销下级人民检察院逮捕决定的,上级人民检察院在作出不批准延长侦查羁押期限决定的同时,应当作出撤销逮捕的决定,或者通知下级人民检察院撤销逮捕决定。

第三百一十三条 有决定权的人民检察院作出批准延长侦查羁押期限或者不批准延长侦查羁押期限的决定后,应当将决定书交由最初受理案件的人民检察院送达公安机关。

最初受理案件的人民检察院负责捕诉的部门收到批准延长侦查羁押期限决定书或者不批准延长侦查羁押期限决定书,应当书面告知本院负责刑事执行检察的部门。

**2** **第一百五十七条** [特殊侦查羁押期限]因为特殊原因,在较长时间内不宜交付审判的特别重大复杂的案件,由最高人民检察院报请全国人民代表大会常务委员会批准延期审理。

**3** **第一百五十八条** [重大复杂案件的侦查羁押期限的延长]下列案件在本法第一百五十六条规定的期限届满不能侦查终结的,经省、自治区、直辖市人民检察院批准或者决定,可以延长二个月:

(一)交通十分不便的边远地区的重大复杂案件;

(二)重大的犯罪集团案件;

(三)流窜作案的重大复杂案件;

(四)犯罪涉及面广,取证困难的重大复杂案件。

《高检规则》

第三百零六条 设区的市级人民检察院和基层人民检察院办理直接受理侦查的案件,符合刑事诉讼法第一百五十八条规定,在本规则第三百零五条规定的期限届满前不能侦查终结的,经省级人民检察院批准,可以延长二个月。

省级人民检察院直接受理侦查的案件,有前款情形的,可以直接决定延长二个月。

《公安部规定》

第一百四十九条 下列案件在本规定第一百四十八条规定的期限届满不能侦查终结的,应当制作提请批准延长侦查羁押期限意见书,经县级以上公安机关负责人批准,在期限届满七日前送请同级人民检察院层报省、自治区、直辖市人民检察院批准,延长二个月:

(一)交通十分不便的边远地区的重大复杂案件;

(二)重大的犯罪集团案件;

(三)流窜作案的重大复杂案件;

(四)犯罪涉及面广,取证困难的重大复杂案件。

**4** **第一百五十九条** [侦查羁押期限再延长二个月的情形]对犯罪嫌疑人可能判处十年有期徒刑以上刑罚,

依照本法第一百五十八条规定延长期限届满，仍不能侦查终结的，经省、自治区、直辖市人民检察院批准或者决定，可以<u>再延长二个月</u>。

《高检规则》

第三百零七条 设区的市级人民检察院和基层人民检察院办理直接受理侦查的案件，对犯罪嫌疑人可能判处十年有期徒刑以上刑罚，依照本规则第三百零六条的规定依法延长羁押期限届满，仍不能侦查终结的，经省级人民检察院批准，可以再延长二个月。

省级人民检察院办理直接受理侦查的案件，有前款情形的，可以直接决定再延长二个月。

🔟 第一百六十条 [侦查羁押期限的重新计算和不计算]在侦查期间，发现犯罪嫌疑人<u>另有重要罪行</u>的，自发现之日起依照本法第一百五十六条的规定重新计算侦查羁押期限。

犯罪嫌疑人不讲真实姓名、住址，身份不明的，应当对其身份进行调查，侦查羁押期限自查清其身份之日起计算，但是不得停止对其犯罪行为的侦查取证。对于犯罪事实清楚，证据确实、充分，确实无法查明其身份的，也可以按其自报的姓名起诉、审判。

《高检规则》

第三百一十五条 人民检察院在侦查期间发现犯罪嫌疑人另有重要罪行的，自发现之日起依照本规则第三百零五条的规定重新计算侦查羁押期限。

另有重要罪行是指与逮捕时的罪行不同种的重大犯罪或者同种的影响罪名认定、量刑档次的重大犯罪。

第三百一十六条 人民检察院重新计算侦查羁押期限，应当由负责侦查的部门提出重新计算侦查羁押期限的意见，移送本院负责捕诉的部门审查。负责捕诉的部门审查后应当提出是否同意重新计算侦查羁押期限的意见，报检察长决定。

第三百一十七条 对公安机关重新计算侦查羁押期限的备案，由负责捕诉的部门审查。负责捕诉的部门认为公安机关重新计算侦查羁押期限不当的，应当提出纠正意见。

第三百一十八条 人民检察院直接受理侦查的案件，不能在法定侦查羁押期限内侦查终结的，应当依法释放犯罪嫌疑人或者变更强制措施。

第三百一十九条 负责捕诉的部门审查延长侦查羁押期限、审查重新计算侦查羁押期限，可以讯问犯罪嫌疑人，听取辩护律师和侦查人员的意见，调取案卷及相关材料等。

《公安部规定》

第一百五十一条 在侦查期间，发现犯罪嫌疑人另有重要罪行的，应当自发现之日起五日以内报县级以上公安机关负责人批准后，重新计算侦查羁押期限，制作变更羁押期限通知书，送达看守所，并报批准逮捕的检察院备案。

前款规定的"另有重要罪行"，是指与逮捕时的罪行不同种的重大犯罪以及同种犯罪而将影响罪名认定、量刑档次的重大犯罪。

第一百五十二条 犯罪嫌疑人不讲真实姓名、住址，身份不明的，应当对其身份进行调查。经县级以上公安机关负责人批准，侦查羁押期限自查清其身份之日起计算，但不得停止对其犯罪行为的侦查取证。

对于犯罪事实清楚，证据确实、充分，确实无法查明其身份的，按其自报的姓名移送人民检察院审查起诉。

《六机关规定》

22. 刑事诉讼法第一百五十八条(现第一百六十条)第一款规定："在侦查期间，发现犯罪嫌疑人另有重要罪行的，自发现之日起依照本法第一百五十四条(现第一百五十六条)的规定重新计算侦查羁押期限。"公安机关依照上述规定重新计算侦查羁押期限的，<u>不需要经人民检察院批准</u>，但应当报人民检察院备案，人民检察院可以进行监督。

**考点45 补充侦查**

第九十条 [审查批捕阶段的补充侦查]人民检察院对于公安机关提请批准逮捕的案件进行审查后，应当根据情况分别作出批准逮捕或者不批准逮捕的决定。对于批准逮捕的决定，公安机关应当立即执行，并且将执行情况及时通知人民检察院。对于不批准逮捕的，人民检察院应当说明理由，需要<u>补充侦查</u>的，应当同时通知公安机关。

《高检规则》

第二百八十五条 对公安机关提请批准逮捕的犯罪嫌疑人，具有本规则第一百三十九条至第一百四十一条规定情形，人民检察院作出不批准逮捕决定的，应当说明理由，连同案卷材料送达公安机关执行。需要补充侦查的，应当制作补充侦查提纲，送交公安机关。

人民检察院办理审查逮捕案件，不另行侦查，不得直接提出采取保候审措施的意见。

对于因犯罪嫌疑人没有犯罪事实、具有刑事诉讼法第十六条规定的情形之一或者证据不足，人民检察院拟作出不批准逮捕决定的，应当经检察长批准。

《公安部规定》

第一百三十八条 对于人民检察院不批准逮捕并通知补充侦查的，公安机关应当按照人民检察院的补充侦查提纲补充侦查。

公安机关补充侦查完毕，认为符合逮捕条件的，应当重新提请批准逮捕。

# 专题十三 起 诉

**考点47 审查起诉**

1️⃣ 第一百七十条 [与监察委移送案件衔接]人民检察院对于监察机关移送起诉的案件，依照本法和监察法的有关规定进行审查。人民检察院经审查，认为需要补充核实的，应当退回监察机关补充调查，必要时可以自行补充侦查。

对于监察机关移送起诉的已采取留置措施的案件，人民检察院应当对犯罪嫌疑人先行拘留，留置措施自动解除。人民检察院应当在拘留后的十日以内作出是否逮捕、取保候审或者监视居住的决定。在特殊情况下，决定的时间可以延长一日至四日。人民检察院决定采取强制措施的期间不计入审查起诉期限。

《高检规则》

第三百二十九条 监察机关移送起诉的案件，需要依照刑事诉讼法的规定指定审判管辖的，人民检察院应当在监察机关移送起诉二十日前协商同级人民法院办理指定管辖有关事宜。

《监察法》

第二十二条 被调查人涉嫌贪污贿赂、失职渎职等严重职务违法或者职务犯罪，监察机关已经掌握其部分违法犯罪事实及证据，仍有重要问题需要进一步调查，并有下列情形之一的，经监察机关依法审批，可以将其留置在特定场所：

（一）涉及案情重大、复杂的；

（二）可能逃跑、自杀的；

（三）可能串供或者伪造、隐匿、毁灭证据的；

（四）可能有其他妨碍调查行为的。

对涉嫌行贿犯罪或者共同职务犯罪的涉案人员，监察机关可以依照前款规定采取留置措施。

留置场所的设置、管理和监督依照国家有关规定执行。

第四十七条 对监察机关移送的案件，人民检察院依照《中华人民共和国刑事诉讼法》对被调查人采取强制措施。

人民检察院经审查，认为犯罪事实已经查清，证据确实、充分，依法应当追究刑事责任的，应当作出起诉决定。

人民检察院经审查，认为需要补充核实的，应当退回监察机关补充调查，必要时可以自行补充侦查。对于补充调查的案件，应当在一个月内补充调查完毕。补充调查以二次为限。

人民检察院对于有《中华人民共和国刑事诉讼法》规定的不起诉的情形的，经上一级人民检察院批准，依法作出不起诉的决定。监察机关认为不起诉的决定有错误的，可以向上一级人民检察院提请复议。

**2** 第一百七十二条 ［审查起诉的期限］人民检察院对于监察机关、公安机关移送起诉的案件，应当在一个月以内作出决定，重大、复杂的案件，可以延长十五日；犯罪嫌疑人认罪认罚，符合速裁程序适用条件的，应当在十日以内作出决定，对可能判处的有期徒刑超过一年的，可以延长至十五日。

人民检察院审查起诉的案件，改变管辖的，从改变后的人民检察院收到案件之日起计算审查起诉期限。

**3** 第一百七十三条 ［审查起诉的程序］人民检察院审查案件，应当讯问犯罪嫌疑人，听取辩护人或者值班律师、被害人及其诉讼代理人的意见，并记录在案。辩护人或者值班律师、被害人及其诉讼代理人提出书面意见的，应当附卷。

犯罪嫌疑人认罪认罚的，人民检察院应当告知其享有的诉讼权利和认罪认罚的法律规定，听取犯罪嫌疑人、辩护人或者值班律师、被害人及其诉讼代理人对下列事项的意见，并记录在案：

（一）涉嫌的犯罪事实、罪名及适用的法律规定；

（二）从轻、减轻或者免除处罚等从宽处罚的建议；

（三）认罪认罚后案件审理适用的程序；

（四）其他需要听取意见的事项。

人民检察院依照前两款规定听取值班律师意见的，应当提前为值班律师了解案件有关情况提供必要的便利。

《高检规则》

第二百六十九条 犯罪嫌疑人认罪认罚的，人民检察院应当告知其享有的诉讼权利和认罪认罚的法律规定，听取犯罪嫌疑人、辩护人或者值班律师、被害人及其诉讼代理人对下列事项的意见，并记录在案：

（一）涉嫌的犯罪事实、罪名及适用的法律规定；

（二）从轻、减轻或者免除处罚等从宽处罚的建议；

（三）认罪认罚后案件审理适用的程序；

（四）其他需要听取意见的事项。

依照前款规定听取值班律师意见的，应当提前为值班律师了解案件有关情况提供必要的便利。自人民检察院对案件审查起诉之日起，值班律师可以查阅案卷材料，了解案情。人民检察院应当为值班律师查阅案卷材料提供便利。

人民检察院不采纳辩护人或者值班律师所提意见的，应当向其说明理由。

第三百三十七条 人民检察院在审查起诉阶段认为需要逮捕犯罪嫌疑人的，应当经检察长决定。

第三百三十九条 人民检察院对案件进行审查后，应当依法作出起诉或者不起诉以及是否提起附带民事诉讼、附带民事公益诉讼的决定。

**4** 第一百七十四条 ［认罪认罚具结书］犯罪嫌疑人自愿认罪，同意量刑建议和程序适用的，应当在辩护人或者值班律师在场的情况下签署认罪认罚具结书。

犯罪嫌疑人认罪认罚，有下列情形之一的，不需要签署认罪认罚具结书：

（一）犯罪嫌疑人是盲、聋、哑人，或者是尚未完全丧失辨认或者控制自己行为能力的精神病人的；

（二）未成年犯罪嫌疑人的法定代理人、辩护人对未成年人认罪认罚有异议的；

（三）其他不需要签署认罪认罚具结书的情形。

**5** 第一百七十五条 ［审查起诉中的补充侦查］人民检察院审查案件，可以要求公安机关提供法庭审判所必需的证据材料；认为可能存在本法第五十六条规定的以非法方法收集证据情形的，可以要求其对证据收集的合法性作出说明。

人民检察院审查案件，对于需要补充侦查的，可以退回公安机关补充侦查，也可以自行侦查。

对于补充侦查的案件，应当在一个月以内补充侦查完毕。补充侦查以二次为限。补充侦查完毕移送人民检察院后，人民检察院重新计算审查起诉期限。

对于二次补充侦查的案件，人民检察院仍然认为证据不足,不符合起诉条件的,应当作出不起诉的决定。

**《刑诉解释》**

第二百七十四条　审判期间,公诉人发现案件需要补充侦查,建议延期审理的,合议庭可以同意,但建议延期审理不得超过两次。

人民检察院将补充收集的证据移送人民法院的,人民法院应当通知辩护人、诉讼代理人查阅、摘抄、复制。

补充侦查期限届满后,人民检察院未将补充的证据材料移送人民法院的,人民法院可以根据在案证据作出判决、裁定。

第二百七十七条　审判期间,合议庭发现被告人可能有自首、坦白、立功等法定量刑情节,而人民检察院移送的案卷中没有相关证据材料的,应当通知人民检察院在指定时间内移送。

审判期间,被告人提出新的立功线索的,人民法院可以建议人民检察院补充侦查。

**《高检规则》**

第三百四十一条　人民检察院在审查起诉中发现有应当排除的非法证据,应当依法排除,同时可以要求监察机关或者公安机关另行指派调查人员或者侦查人员重新取证。必要时,人民检察院也可以自行调查取证。

第三百四十二条　人民检察院认为犯罪事实不清、证据不足或者存在遗漏罪行、遗漏同案犯罪嫌疑人等情形需要补充侦查的,应当制作补充侦查提纲,连同案卷材料一并退回公安机关补充侦查。人民检察院也可以自行侦查,必要时可以要求公安机关提供协助。

第三百四十三条　人民检察院对于监察机关移送起诉的案件,认为需要补充调查的,应当退回监察机关补充调查。必要时,可以自行补充侦查。

需要退回补充调查的案件,人民检察院应当出具补充调查决定书、补充调查提纲,写明补充调查的事项、理由、调查方向、需补充收集的证据及其证明作用等,连同案卷材料一并送交监察机关。

人民检察院决定退回补充调查的案件,犯罪嫌疑人已被采取强制措施的,应当将退回补充调查情况书面通知强制措施执行机关。监察机关需要讯问的,看守所应当予以配合。

第三百四十四条　对于监察机关移送起诉的案件,具有下列情形之一的,人民检察院可以自行补充侦查:

(一)证人证言、犯罪嫌疑人供述和辩解、被害人陈述的内容主要情节一致,个别情节不一致的;

(二)物证、书证等证据材料需要补充鉴定的;

(三)其他由人民检察院查证更为便利、更有效率、更有利于查清案件事实的情形。

自行补充侦查完毕后,应当将相关证据材料入卷,同时抄送监察机关。人民检察院自行补充侦查的,可以商请监察机关提供协助。

第三百四十五条　人民检察院负责捕诉的部门对本院负责侦查的部门移送起诉的案件进行审查后,认为犯罪事实不清、证据不足或者存在遗漏罪行、遗漏同案犯罪嫌疑人等情形需要补充侦查的,应当制作补充侦查提纲,连同案卷材料一并退回负责侦查的部门补充侦查。必要时,也可以自行侦查,可以要求负责侦查的部门予以协助。

第三百四十六条　退回监察机关补充调查、退回公安机关补充侦查的案件,均应当在一个月以内补充调查、补充侦查完毕。

补充调查、补充侦查以二次为限。

补充调查、补充侦查完毕移送起诉后,人民检察院重新计算审查起诉期限。

人民检察院负责捕诉的部门退回本院负责侦查的部门补充侦查的期限、次数按照本条第一款至第三款的规定执行。

第三百四十七条　补充侦查期限届满,公安机关未将案件重新移送起诉的,人民检察院应当要求公安机关说明理由。

人民检察院发现公安机关违反法律规定撤销案件的,应当提出纠正意见。

第三百四十八条　人民检察院在审查起诉中决定自行侦查的,应当在审查起诉期限内侦查完毕。

第三百四十九条　人民检察院对已经退回监察机关二次补充调查或者退回公安机关二次补充侦查的案件,在审查起诉中又发现新的犯罪事实,应当将线索移送监察机关或者公安机关。对已经查清的犯罪事实,应当依法提起公诉。

第三百五十条　对于在审查起诉期间改变管辖的案件,改变后的人民检察院对于符合刑事诉讼法第一百七十五条第二款规定的案件,可以经原受理案件的人民检察院协助,直接退回原侦查案件的公安机关补充侦查,也可以自行侦查。改变管辖前后退回补充侦查的次数总共不得超过二次。

**《六机关规定》**

31. 法庭审理过程中,被告人揭发他人犯罪行为或者提供重要线索,人民检察院认为需要进行查证的,可以建议补充侦查。

**《公安部规定》**

第二百九十五条　侦查终结,移送人民检察院审查起诉的案件,人民检察院退回公安机关补充侦查的,公安机关接到人民检察院退回补充侦查的法律文书后,应当按照补充侦查提纲在一个月以内补充侦查完毕。

补充侦查以二次为限。

第二百九十六条　对人民检察院退回补充侦查的案件,根据不同情况,报县级以上公安机关负责人批准,分别作如下处理:

(一)原认定犯罪事实不清或者证据不够充分的,应当在查清事实、补充证据后,制作补充侦查报告书,移送人民检察院审查;对确实无法查明的事项或者无法补充的证据,应当书面向人民检察院说明情况;

(二)在补充侦查过程中,发现新的同案犯或者新的罪行,需要追究刑事责任的,应当重新制作起诉意见书,移送人民检察院审查;

(三)发现原认定的犯罪事实有重大变化,不应当追究刑事责任的，应当撤销案件或者对犯罪嫌疑人终止侦查，并将有关情况通知退查的人民检察院；

（四）原认定犯罪事实清楚，证据确实、充分，人民检察院退回补充侦查不当的，应当说明理由，移送人民检察院审查。

### 考点48 不起诉

**1 第一百七十七条** ［不起诉的情形和程序］犯罪嫌疑人没有犯罪事实，或者有本法第十六条规定的情形之一的，人民检察院应当作出不起诉决定。

对于犯罪情节轻微，依照刑法规定不需要判处刑罚或者免除刑罚的，人民检察院可以作出不起诉决定。

人民检察院决定不起诉的案件，应当同时对侦查中查封、扣押、冻结的财物解除查封、扣押、冻结。对被不起诉人需要给予行政处罚、处分或者需要没收其违法所得的，人民检察院应当提出检察意见，移送有关主管机关处理。有关主管机关应当将处理结果及时通知人民检察院。

**《高检规则》**

第三百六十五条 人民检察院对于监察机关或者公安机关移送起诉的案件，发现犯罪嫌疑人没有犯罪事实，或者符合刑事诉讼法第十六条规定的情形之一的，经检察长批准，应当作出不起诉决定。

对于犯罪事实并非犯罪嫌疑人所为，需要重新调查或者侦查的，应当在作出不起诉决定后书面说明理由，将案卷材料退回监察机关或者公安机关并建议重新调查或者侦查。

第三百六十六条 负责捕诉的部门对于本院负责侦查的部门移送起诉的案件，发现具有本规则第三百六十五条第一款规定情形的，应当退回本院负责侦查的部门，建议撤销案件。

第三百六十七条 人民检察院对于二次退回补充调查或者补充侦查的案件，仍然认为证据不足，不符合起诉条件的，经检察长批准，依法作出不起诉决定。

人民检察院对于经过一次退回补充调查或者补充侦查的案件，认为证据不足，不符合起诉条件，且没有再次退回补充调查或者补充侦查必要的，经检察长批准，可以作出不起诉决定。

第三百六十八条 具有下列情形之一，不能确定犯罪嫌疑人构成犯罪和需要追究刑事责任的，属于证据不足，不符合起诉条件：

（一）犯罪构成要件事实缺乏必要的证据予以证明的；

（二）据以定罪的证据存在疑问，无法查证属实的；

（三）据以定罪的证据之间、证据与案件事实之间的矛盾不能合理排除的；

（四）根据证据得出的结论具有其他可能性，不能排除合理怀疑的；

（五）根据证据认定案件事实不符合逻辑和经验法则，得出的结论明显不符合常理的。

第三百六十九条 人民检察院根据刑事诉讼法第一

百七十五条第四款规定决定不起诉的，在发现新的证据，符合起诉条件时，可以提起公诉。

第三百七十条 人民检察院对于犯罪情节轻微，依照刑法规定不需要判处刑罚或者免除刑罚的，经检察长批准，可以作出不起诉决定。

第三百七十一条 人民检察院直接受理侦查的案件，以及监察机关移送起诉的案件，拟作不起诉决定的，应当报请上一级人民检察院批准。

第三百七十二条 人民检察院决定不起诉的，应当制作不起诉决定书。

不起诉决定书的主要内容包括：

（一）被不起诉人的基本情况，包括姓名、性别、出生年月日、出生地和户籍地、公民身份号码、民族、文化程度、职业、工作单位及职务、住址，是否受过刑事处分，采取强制措施的情况以及羁押处所等；如果是单位犯罪，应当写明犯罪单位的名称和组织机构代码、所在地址、联系方式，法定代表人和诉讼代表人的姓名、职务、联系方式；

（二）案由和案件来源；

（三）案件事实，包括否定或者指控被不起诉人构成犯罪的事实以及作为不起诉决定根据的事实；

（四）不起诉的法律根据和理由，写明作出不起诉决定适用的法律条款；

（五）查封、扣押、冻结的涉案财物的处理情况；

（六）有关告知事项。

第三百七十三条 人民检察院决定不起诉的案件，可以根据案件的不同情况，对被不起诉人予以训诫或者责令具结悔过、赔礼道歉、赔偿损失。

对被不起诉人需要给予行政处罚、政务处分或者其他处分的，经检察长批准，人民检察院应当提出检察意见，连同不起诉决定书一并移送有关主管机关处理，并要求有关主管机关及时通报处理情况。

第三百七十四条 人民检察院决定不起诉的案件，应当同时书面通知作出查封、扣押、冻结决定的机关或者执行查封、扣押、冻结决定的机关解除查封、扣押、冻结。

第三百七十五条 人民检察院决定不起诉的案件，需要没收违法所得的，经检察长批准，应当提出检察意见，移送有关主管机关处理，并要求有关主管机关及时通报处理情况。具体程序可以参照本规则第二百四十八条的规定办理。

**《公安部规定》**

第二百九十三条 人民检察院作出不起诉决定的，如果被不起诉人在押，公安机关应当立即办理释放手续。除依法转为行政案件办理外，应当根据人民检察院解除查封、扣押、冻结财物的书面通知，及时解除查封、扣押、冻结。

人民检察院提出对被不起诉人给予行政处罚、处分或者没收其违法所得的检察意见，移送公安机关处理的，公安机关应当将处理结果及时通知人民检察院。

**《人民检察院办理未成年人刑事案件规定》**

第二十六条 对于犯罪情节轻微，具有下列情形之一，依照刑法规定不需要判处刑罚或者免除刑罚的未成

年犯罪嫌疑人,一般应当依法作出不起诉决定:

（一）被胁迫参与犯罪的;

（二）犯罪预备、中止、未遂的;

（三）在共同犯罪中起次要或者辅助作用的;

（四）系又聋又哑的人或者盲人的;

（五）因防卫过当或者紧急避险过当构成犯罪的;

（六）有自首或者立功表现的;

（七）其他依照刑法规定不需要判处刑罚或者免除刑罚的情形。

第二十七条　对于未成年人实施的轻伤害案件、初次犯罪、过失犯罪、犯罪未遂的案件以及被诱骗或者被教唆实施的犯罪案件等,情节轻微,犯罪嫌疑人确有悔罪表现,当事人双方自愿就民事赔偿达成协议并切实履行或者经被害人同意并提供有效担保,符合刑法第三十七条规定的,人民检察院可以依照刑事诉讼法第一百七十三条(现第一百七十七条)第二款的规定作出不起诉决定,并可以根据案件的不同情况,予以训诫或者责令具结悔过、赔礼道歉、赔偿损失,或者由主管部门予以行政处罚。

**《关于推进以审判为中心的刑事诉讼制度改革的意见》**

九、完善不起诉制度,对未达到法定证明标准的案件,人民检察院应当依法作出不起诉决定,防止事实不清、证据不足的案件进入审判程序。完善撤回起诉制度,规范撤回起诉的条件和程序。

**❷ 第一百七十九条　[公安机关对不起诉决定的复议、复核]** 对于公安机关移送起诉的案件,人民检察院决定不起诉的,应当将不起诉决定书送达公安机关。公安机关认为不起诉的决定有错误的时候,可以要求复议,如果意见不被接受,可以向上一级人民检察院提请复核。

**《高检规则》**

第三百七十八条　对于监察机关或者公安机关移送起诉的案件,人民检察院决定不起诉的,应当将不起诉决定书送达监察机关或者公安机关。

第三百七十九条　监察机关认为不起诉的决定有错误,向上一级人民检察院提请复议的,上一级人民检察院应当在收到提请复议意见书后三十日以内,经检察长批准,作出复议决定,通知监察机关。

公安机关认为不起诉决定有错误要求复议的,人民检察院负责捕诉的部门应当另行指派检察官或者检察官办案组进行审查,并在收到要求复议意见书后三十日以内,经检察长批准,作出复议决定,通知公安机关。

第三百八十条　公安机关对不起诉决定提请复核的,上一级人民检察院应当在收到提请复核意见书后三十日以内,经检察长批准,作出复核决定,通知提请复核的公安机关和下级人民检察院。经复核认为下级人民检察院不起诉决定错误的,应当指令下级人民检察院纠正,或者撤销、变更下级人民检察院作出的不起诉决定。

**❸ 第一百八十条　[被害人对不起诉决定的异议]** 对于有被害人的案件,决定不起诉的,人民检察院应当将不起诉决定书送达被害人。被害人如果不服,可以自收到决定书后七日以内向上一级人民检察院申诉,请求提

起公诉。人民检察院应当将复查决定告知被害人。对人民检察院维持不起诉决定的,被害人可以向人民法院起诉。被害人也可以不经申诉,直接向人民法院起诉。人民法院受理案件后,人民检察院应当将有关案件材料移送人民法院。

**《高检规则》**

第三百八十一条　被害人不服不起诉决定,在收到不起诉决定书后七日以内提出申诉的,由作出不起诉决定的人民检察院的上一级人民检察院负责捕诉的部门进行复查。

被害人向作出不起诉决定的人民检察院提出申诉的,作出决定的人民检察院应当将申诉材料连同案卷一并报送上一级人民检察院。

第三百八十二条　被害人不服不起诉决定,在收到不起诉决定书七日以后提出申诉的,由作出不起诉决定的人民检察院负责控告申诉检察的部门进行审查。经审查,认为不起诉决定正确的,出具审查结论直接答复申诉人,并做好释法说理工作;认为不起诉决定可能存在错误的,移送负责捕诉的部门进行复查。

第三百八十三条　人民检察院应当将复查决定书送达被害人、被不起诉人和作出不起诉决定的人民检察院。

上级人民检察院经复查作出起诉决定的,应当撤销下级人民检察院的不起诉决定,交由下级人民检察院提起公诉,并将复查决定抄送移送起诉的监察机关或者公安机关。

第三百八十四条　人民检察院收到人民法院受理被害人对被不起诉人起诉的通知后,应当终止复查,将作出不起诉决定所依据的有关案卷材料移送人民法院。

**❹ 第一百八十一条　[被不起诉人对酌定不起诉决定的申诉]** 对于人民检察院依照本法第一百七十七条第二款规定作出的不起诉决定,被不起诉人如果不服,可以自收到决定书后七日以内向人民检察院申诉。人民检察院应当作出复查决定,通知被不起诉的人,同时抄送公安机关。

**《高检规则》**

第三百八十五条　对于人民检察院依照刑事诉讼法第一百七十七条第二款规定作出的不起诉决定,被不起诉人不服,在收到不起诉决定书后七日以内提出申诉的,应当由作出决定的人民检察院负责捕诉的部门进行复查;被不起诉人在收到不起诉决定书七日以后提出申诉的,由负责控告申诉检察的部门进行审查。经审查,认为不起诉决定正确的,出具审查结论直接答复申诉人,并做好释法说理工作;认为不起诉决定可能存在错误的,移送负责捕诉的部门复查。

人民检察院应当将复查决定书送达被不起诉人、被害人。复查后,撤销不起诉决定,变更不起诉的事实或者法律依据的,应当同时将复查决定书抄送移送起诉的监察机关或者公安机关。

第三百八十六条　人民检察院复查不服不起诉决定的申诉,应当在立案后三个月以内经检察长批准作出复查决定。案情复杂的,不得超过六个月。

第三百八十七条　被害人、被不起诉人对不起诉决定不服提出申诉的，应当递交申诉书，写明申诉理由。没有书写能力的，也可以口头提出申诉。人民检察院应当根据其口头提出的申诉制作笔录。

第三百八十八条　人民检察院发现不起诉决定确有错误，符合起诉条件的，应当撤销不起诉决定，提起公诉。

第三百八十九条　最高人民检察院对地方各级人民检察院的起诉、不起诉决定，上级人民检察院对下级人民检察院的起诉、不起诉决定，发现确有错误的，应当予以撤销或者指令下级人民检察院纠正。

**5** 第一百八十二条　[如实供述之结案处理]犯罪嫌疑人自愿如实供述涉嫌犯罪的事实，有重大立功或者案件涉及国家重大利益的，经最高人民检察院核准，公安机关可以撤销案件，人民检察院可以作出不起诉决定，也可以对涉嫌数罪中的一项或者多项不起诉。

根据前款规定不起诉或者撤销案件的，人民检察院、公安机关应当及时对查封、扣押、冻结的财物及其孳息作出处理。〔2021 年回忆～构成重大立功的核准撤案〕

# 专题十四　刑事审判概述

**考点50** 刑事审判原则

第一百八十八条　[公开审理、不公开审理]人民法院审判第一审案件应当公开进行。但是有关国家秘密或者个人隐私的案件，不公开审理；涉及商业秘密的案件，当事人申请不公开审理的，可以不公开审理。

不公开审理的案件，应当当庭宣布不公开审理的理由。

《刑诉解释》

第八十一条　公开审理案件时，公诉人、诉讼参与人提出涉及国家秘密、商业秘密或者个人隐私的证据的，法庭应当制止；确与本案有关的，可以根据具体情况，决定将案件转为不公开审理，或者对相关证据的法庭调查不公开进行。

第二百二十二条　审判案件应当公开进行。

案件涉及国家秘密或者个人隐私的，不公开审理；涉及商业秘密，当事人提出申请的，法庭可以决定不公开审理。

不公开审理的案件，任何人不得旁听，但具有刑事诉讼法第二百八十五条规定情形的除外。

第五百五十七条　开庭审理时被告人不满十八周岁的案件，一律不公开审理。经未成年被告人及其法定代理人同意，未成年被告人所在学校和未成年人保护组织可以派代表到场。到场代表的人数和范围，由法庭决定。经法庭同意，到场代表可以参与对未成年被告人的法庭教育工作。

对依法公开审理，但可能需要封存犯罪记录的案件，不得组织人员旁听；有旁听人员的，应当告知其不得传播案件信息。

第五百七十八条　对未成年人刑事案件，宣告判决应当公开进行。

对依法应当封存犯罪记录的案件，宣判时，不得组织人员旁听；有旁听人员的，应当告知其不得传播案件信息。

**考点52** 审判组织

**1** 第一百八十三条　[合议庭组成]基层人民法院、中级人民法院审判第一审案件，应当由审判员三人或者由审判员和人民陪审员共三人或者七人组成合议庭进行，但是基层人民法院适用简易程序、速裁程序的案件可以由审判员一人独任审判。

高级人民法院审判第一审案件，应当由审判员三人至七人或者由审判员和人民陪审员共三人或者七人组成合议庭进行。

最高人民法院审判第一审案件，应当由审判员三人至七人组成合议庭进行。

人民法院审判上诉和抗诉案件，由审判员三人或者五人组成合议庭进行。

合议庭的成员人数应当是单数。〔2022 年回忆～合议庭的组成〕

《刑诉解释》

第二百一十二条　合议庭由审判员担任审判长。院长或者庭长参加审理案件时，由其本人担任审判长。

审判员依法独任审判时，行使与审判长相同的职权。

第二百一十三条　基层人民法院、中级人民法院、高级人民法院审判下列第一审刑事案件，由审判员和人民陪审员组成合议庭进行：

（一）涉及群体利益、公共利益的；

（二）人民群众广泛关注或者其他社会影响较大的；

（三）案情复杂或者有其他情形，需要由人民陪审员参加审判的。

基层人民法院、中级人民法院、高级人民法院审判下列第一审刑事案件，由审判员和人民陪审员组成七人合议庭进行：

（一）可能判处十年以上有期徒刑、无期徒刑、死刑，且社会影响重大的；

（二）涉及征地拆迁、生态环境保护、食品药品安全，且社会影响重大的；

（三）其他社会影响重大的。〔2021 年回忆～合议庭的组成及分工〕

《人民陪审员法》

第十四条　人民陪审员和法官组成合议庭审判案件，由法官担任审判长，可以组成三人合议庭，也可以由法官三人与人民陪审员四人组成七人合议庭。

第十五条　人民法院审判第一审刑事、民事、行政案件，有下列情形之一的，由人民陪审员和法官组成合议庭进行：

（一）涉及群体利益、公共利益的；

（二）人民群众广泛关注或者其他社会影响较大的；

（三）案情复杂或者有其他情形，需要由人民陪审员参加审判的。

人民法院审判前款规定的案件，法律规定由法官独任审理或者由法官组成合议庭审理的,从其规定。

第十六条 人民法院审判下列第一审案件,由人民陪审员和法官组成七人合议庭进行:

(一)可能判处十年以上有期徒刑、无期徒刑、死刑,社会影响重大的刑事案件;

(二)根据民事诉讼法、行政诉讼法提起的公益诉讼案件;

(三)涉及征地拆迁、生态环境保护、食品药品安全,社会影响重大的案件;

(四)其他社会影响重大的案件。

第十七条 第一审刑事案件被告人、民事案件原告或者被告、行政案件原告申请由人民陪审员参加合议庭审判的,人民法院可以决定由人民陪审员和法官组成合议庭审判。

**②** 第一百八十四条 [合议庭评议原则]合议庭进行评议的时候,如果意见分歧,应当按多数人的意见作出决定,但是少数人的意见应当写入笔录。评议笔录由合议庭的组成人员签名。

《刑诉解释》

第二百一十四条 开庭审理和评议案件,应当由同一合议庭进行。合议庭成员在评议案件时,应当独立发表意见并说明理由。意见分歧的,应当按多数意见作出决定,但少数意见应当记入笔录。评议笔录由合议庭的组成人员在审阅确认无误后签名。评议情况应当保密。

《人民陪审员法》

第二十三条 合议庭评议案件,实行少数服从多数的原则。人民陪审员同合议庭其他组成人员意见分歧的,应当将其意见写入笔录。

合议庭组成人员意见有重大分歧的,人民陪审员或者法官可以要求合议庭将案件提请院长决定是否提交审判委员会讨论决定。

# 专题十五 第一审程序

**考点55 庭前准备**

**①** 第一百八十六条 [公诉案件开庭审判的条件]人民法院对提起公诉的案件进行审查后,对于起诉书中有明确的指控犯罪事实的,应当决定开庭审判。

《六机关规定》

25.刑事诉讼法第一百八十一条(现第一百八十六条)规定:"人民法院对提起公诉的案件进行审查后,对于起诉书中有明确的指控犯罪事实的,应当决定开庭审判。"对于人民检察院提起公诉的案件,人民法院都应当受理。人民法院对提起公诉的案件进行审查后,对于起诉书中有明确的指控犯罪事实并且附有案卷材料、证据的,应当决定开庭审判,不得以上述材料不充足为由而不开庭审判。如果人民检察院移送的材料中缺少上述材料的,人民法院可以通知人民检察院补充材料,人民检察院应当自收到通知之日起三日内补送。

人民法院对提起公诉的案件进行审查的期限计入人民法院的审理期限。

**②** 第一百八十七条 [庭前准备]人民法院决定开庭审判后,应当确定合议庭的组成人员,将人民检察院的起诉书副本至迟在开庭十日以前送达被告人及其辩护人。

在开庭以前,审判人员可以召集公诉人、当事人和辩护人、诉讼代理人,对回避、出庭证人名单、非法证据排除等与审判相关的问题,了解情况,听取意见。

人民法院确定开庭日期后,应当将开庭的时间、地点通知人民检察院,传唤当事人,通知辩护人、诉讼代理人、证人、鉴定人和翻译人员,传票和通知书至迟在开庭三日以前送达。公开审判的案件,应当在开庭三日以前先期公布案由、被告人姓名、开庭时间和地点。

上述活动情形应当写入笔录,由审判人员和书记员签名。〔2016年真题~庭前会议对非法证据的处理〕

《刑诉解释》

第二百二十一条 开庭审理前,人民法院应当进行下列工作:

(一)确定审判长及合议庭组成人员;

(二)开庭十日以前将起诉书副本送达被告人、辩护人;

(三)通知当事人、法定代理人、辩护人、诉讼代理人在开庭五日以前提供证人、鉴定人名单,以及拟出庭出示的证据;申请证人、鉴定人、有专门知识的人出庭的,应当列明有关人员的姓名、性别、年龄、职业、住址、联系方式;

(四)开庭三日以前将开庭的时间、地点通知人民检察院;

(五)开庭三日以前将传唤当事人的传票和通知辩护人、诉讼代理人、法定代理人、证人、鉴定人等出庭的通知书送达;通知有关人员出庭,也可以采取电话、短信、传真、电子邮件、即时通讯等能够确认对方收悉的方式;对被害人人数众多的涉众型犯罪案件,可以通过互联网公布相关文书,通知有关人员出庭;

(六)公开审理的案件,在开庭三日以前公布案由、被告人姓名、开庭时间和地点。

上述工作情况应当记录在案。

第二百二十六条 案件具有下列情形之一的,人民法院可以决定召开庭前会议:

(一)证据材料较多、案情重大复杂的;

(二)控辩双方对事实、证据存在较大争议的;

(三)社会影响重大的;

(四)需要召开庭前会议的其他情形。

第二百二十七条 控辩双方可以申请人民法院召开庭前会议,提出申请应当说明理由。人民法院经审查认为有必要的,应当召开庭前会议;决定不召开的,应当告知申请人。

第二百二十八条 庭前会议可以就下列事项向控辩双方了解情况,听取意见:

(一)是否对案件管辖有异议;

(二)是否申请有关人员回避;

(三)是否申请不公开审理;

(四)是否申请排除非法证据;

(五)是否提供新的证据材料;

（六）是否申请重新鉴定或者勘验；

（七）是否申请收集、调取证明被告人无罪或者罪轻的证据材料；

（八）是否申请证人、鉴定人、有专门知识的人、调查人员、侦查人员或者其他人员出庭，是否对出庭人员名单有异议；

（九）是否对涉案财物的权属情况和人民检察院的处理建议有异议；

（十）与审判相关的其他问题。

庭前会议中，人民法院可以开展附带民事调解。

对第一款规定中可能导致庭审中断的程序性事项，人民法院可以在庭前会议后依法作出处理，并在庭审中说明处理决定和理由。控辩双方没有新的理由，在庭审中再次提出有关申请或者异议的，法庭可以在说明庭前会议情况和处理决定理由后，依法予以驳回。

庭前会议情况应当制作笔录，由参会人员核对后签名。

第二百二十九条　庭前会议中，审判人员可以询问控辩双方对证据材料有无异议，对有异议的证据，应当在庭审时重点调查；无异议的，庭审时举证、质证可以简化。

第二百三十条　庭前会议由审判长主持，合议庭其他审判员也可以主持庭前会议。

召开庭前会议应当通知公诉人、辩护人到场。

庭前会议准备就非法证据排除了解情况、听取意见，或者准备询问控辩双方对证据材料的意见的，应当通知被告人到场。有多名被告人的案件，可以根据情况确定参加庭前会议的被告人。

第二百三十一条　庭前会议一般不公开进行。

根据案件情况，庭前会议可以采用视频等方式进行。

第二百三十二条　人民法院在庭前会议中听取控辩双方对案件事实、证据材料的意见后，对明显事实不清、证据不足的案件，可以建议人民检察院补充材料或者撤回起诉。建议撤回起诉的案件，人民检察院不同意的，开庭审理后，没有新的事实和理由，一般不准许撤回起诉。

第二百三十三条　对召开庭前会议的案件，可以在开庭时告知庭前会议情况。对庭前会议中达成一致意见的事项，法庭在向控辩双方核实后，可以当庭予以确认；未达成一致意见的事项，法庭可以归纳控辩双方争议焦点，听取控辩双方意见，依法作出处理。

控辩双方在庭前会议中就有关事项达成一致意见，在庭审中反悔的，除有正当理由外，法庭一般不再进行处理。

《高检规则》

第三百九十五条　在庭前会议中，公诉人可以对案件管辖、回避、出庭证人、鉴定人、有专门知识的人的名单、辩护人提供的无罪证据、非法证据排除、不公开审理、延期审理、适用简易程序或者速裁程序、庭审方案等与审判相关的问题提出和交换意见，了解辩护人收集的证据等情况。

对辩护人收集的证据有异议的，应当提出，并简要说明理由。

公诉人通过参加庭前会议，了解案件事实、证据和法律适用的争议和不同意见，解决有关程序问题，为参加法庭审理做好准备。

第三百九十六条　当事人、辩护人、诉讼代理人在庭前会议中提出证据系非法取得，人民法院认为可能存在以非法方法收集证据情形的，人民检察院应当对证据收集的合法性进行说明。需要调查核实的，在开庭审理前进行。

### 考点56　法庭审判程序

**（一）开庭**

**第一百九十条**　[开庭]开庭的时候，审判长查明当事人是否到庭，宣布案由；宣布合议庭的组成人员、书记员、公诉人、辩护人、诉讼代理人、鉴定人和翻译人员的名单；告知当事人有权对合议庭组成人员、书记员、公诉人、鉴定人和翻译人员申请回避；告知被告人享有辩护权利。

被告人认罪认罚的，审判长应当告知被告人享有的诉讼权利和认罪认罚的法律规定，审查认罪认罚的自愿性和认罪认罚具结书内容的真实性、合法性。

《刑诉解释》

第二百二十五条　被害人、诉讼代理人经传唤或者通知未到庭，不影响开庭审理的，人民法院可以开庭审理。

辩护人经通知未到庭，被告人同意的，人民法院可以开庭审理，但被告人属于应当提供法律援助情形的除外。

第二百三十六条　审判长宣布案件的来源、起诉的案由、附带民事诉讼当事人的姓名及是否公开审理；不公开审理的，应当宣布理由。

第二百三十九条　审判长应当询问当事人及其法定代理人、辩护人、诉讼代理人是否申请回避、申请何人回避和申请回避的理由。

当事人及其法定代理人、辩护人、诉讼代理人申请回避的，依照刑事诉讼法及本解释的有关规定处理。

同意或者驳回回避申请的决定及复议决定，由审判长宣布，并说明理由。必要时，也可以由院长到庭宣布。

**（二）法庭调查**

**1** **第一百九十一条**　[法庭调查]公诉人在法庭上宣读起诉书后，被告人、被害人可以就起诉书指控的犯罪进行陈述，公诉人可以讯问被告人。

被害人、附带民事诉讼的原告人和辩护人、诉讼代理人，经审判长许可，可以向被告人发问。

审判人员可以讯问被告人。

《刑诉解释》

第二百四十条　审判长宣布法庭调查开始后，应当先由公诉人宣读起诉书；公诉人宣读起诉书后，审判长应当询问被告人对起诉书指控的犯罪事实和罪名有无异议。

有附带民事诉讼的，公诉人宣读起诉书后，由附带民事诉讼原告人或者其法定代理人、诉讼代理人宣读附带民事起诉状。

第二百四十一条　在审判长主持下，被告人、被害可以就起诉书指控的犯罪事实分别陈述。

第二百四十二条　在审判长主持下，公诉人可以就起诉书指控的犯罪事实讯问被告人。

经审判长准许，被害人及其法定代理人、诉讼代理人可以就公诉人讯问的犯罪事实补充发问；附带民事诉讼原告人及其法定代理人、诉讼代理人可以就附带民事部分的事实向被告人发问；被告人的法定代理人、辩护人，附带民事诉讼被告人及其法定代理人、诉讼代理人可以在控诉方、附带民事诉讼原告方就某一问题讯问、发问完毕后向被告人发问。

根据案件情况，就证据问题对被告人的讯问、发问可以在举证、质证环节进行。

第二百四十三条　讯问同案审理的被告人，应当分别进行。

第二百四十四条　经审判长准许，控辩双方可以向被害人、附带民事诉讼原告人发问。

第二百四十五条　必要时，审判人员可以讯问被告人，也可以向被告人、附带民事诉讼当事人发问。

*《高检规则》*

第四百零二条　讯问被告人、询问证人不得采取可能影响陈述或者证言客观真实的诱导性发问以及其他不当发问方式。

辩护人向被告人或者证人进行诱导性发问以及其他不当发问可能影响陈述或者证言的客观真实的，公诉人可以要求审判长制止或者要求对该项陈述或者证言不予采纳。

讯问共同犯罪案件的被告人、询问证人应当个别进行。

被告人、证人、被害人对同一事实的陈述存在矛盾的，公诉人可以建议法庭传唤有关被告人、通知有关人员同时到庭对质，必要时可以建议法庭询问被害人。

第四百零三条　被告人在庭审中的陈述与在侦查、审查起诉中的供述一致或者不一致的内容不影响定罪量刑的，可以不宣读被告人供述笔录。

被告人在庭审中的陈述与在侦查、审查起诉中的供述不一致，足以影响定罪量刑的，可以宣读被告人供述笔录，并针对笔录中被告人的供述内容对被告人进行讯问，或者提出其他证据进行证明。

**2** 第一百九十二条　[证人、鉴定人出庭作证义务]公诉人、当事人或者辩护人、诉讼代理人对证人证言有异议，且该证人证言对案件定罪量刑有重大影响，人民法院认为证人有必要出庭作证的，证人应当出庭作证。

人民警察就其执行职务时目击的犯罪情况作为证人出庭作证，适用前款规定。

公诉人、当事人或者辩护人、诉讼代理人对鉴定意见有异议，人民法院认为鉴定人有必要出庭的，鉴定人应当出庭作证。经人民法院通知，鉴定人拒不出庭作证的，鉴定意见不得作为定案的根据。

*《刑诉解释》*

第二百四十六条　公诉人可以提请法庭通知证人、鉴定人、有专门知识的人、调查人员、侦查人员或者其他人员出庭，或者出示证据。被害人及其法定代理人、诉讼代理人，附带民事诉讼原告人及其诉讼代理人也可以提出申请。

在控诉方举证后，被告人及其法定代理人、辩护人可以提请法庭通知证人、鉴定人、有专门知识的人、调查人员、侦查人员或者其他人员出庭，或者出示证据。

第二百四十七条　控辩双方申请证人出庭作证，出示证据，应当说明证据的名称、来源和拟证明的事实。法庭认为有必要的，应当准许；对方提出异议，认为有关证据与案件无关或者明显重复、不必要，法庭经审查异议成立的，可以不予准许。

第二百四十九条　公诉人、当事人或者辩护人、诉讼代理人对证人证言有异议，且该证人证言对定罪量刑有重大影响，或者对鉴定意见有异议，人民法院认为证人、鉴定人有必要出庭作证的，应当通知证人、鉴定人出庭。

控辩双方对侦破经过、证据来源、证据真实性或者合法性等有异议，申请调查人员、侦查人员或者有关人员出庭，人民法院认为有必要的，应当通知调查人员、侦查人员或者有关人员出庭。

第二百五十条　公诉人、当事人及其辩护人、诉讼代理人申请法庭通知有专门知识的人出庭，就鉴定意见提出意见的，应当说明理由。法庭认为有必要的，应当通知有专门知识的人出庭。

申请有专门知识的人出庭，不得超过二人。有多种类鉴定意见的，可以相应增加人数。

第二百五十一条　为查明案件事实、调查核实证据，人民法院可以依职权通知证人、鉴定人、有专门知识的人、调查人员、侦查人员或者其他人员出庭。

第二百五十二条　人民法院通知有关人员出庭的，可以要求控辩双方予以协助。

第二百五十三条　证人具有下列情形之一，无法出庭作证的，人民法院可以准许其不出庭：

（一）庭审期间身患严重疾病或者行动极为不便的；

（二）居所远离开庭地点且交通极为不便的；

（三）身处国外短期无法回国的；

（四）有其他客观原因，确实无法出庭的。

具有前款规定情形的，可以通过视频等方式作证。

*《高检规则》*

第四百零四条　公诉人对证人证言有异议，且该证人证言对案件定罪量刑有重大影响的，可以申请人民法院通知证人出庭作证。

人民警察就其执行职务时目击的犯罪情况作为证人出庭作证，适用前款规定。

公诉人对鉴定意见有异议的，可以申请人民法院通知鉴定人出庭作证。经人民法院通知，鉴定人拒不出庭作证的，公诉人可以建议法庭不予采纳该鉴定意见作为定案的根据，也可以申请法庭重新通知鉴定人出庭作证或者申请重新鉴定。

必要时，公诉人可以申请法庭通知有专门知识的人出庭，就鉴定人作出的鉴定意见提出意见。

当事人或者辩护人、诉讼代理人对证人证言、鉴定意见有异议的,公诉人认为必要时,可以申请人民法院通知证人、鉴定人出庭作证。

第四百零五条　证人应当由人民法院通知并负责安排出庭作证。

对于经人民法院通知而未到庭的证人或者出庭后拒绝作证的证人的证言笔录,公诉人应当当庭宣读。

对于经人民法院通知而未到庭的证人的证言笔录存在疑问,确实需要证人出庭作证,且可以强制其到庭的,公诉人应当建议人民法院强制证人到庭作证和接受质证。

**❸ 第一百九十三条　[强制证人出庭及例外、对不出庭的处罚]**经人民法院通知,证人没有正当理由不出庭作证的,人民法院可以强制其到庭,但是被告人的配偶、父母、子女除外。

证人没有正当理由拒绝出庭或者出庭后拒绝作证的,予以训诫,情节严重的,经院长批准,处以十日以下拘留。被处罚人对拘留决定不服的,可以向上一级人民法院申请复议。复议期间不停止执行。

《刑诉解释》

第二百五十五条　强制证人出庭的,应当由院长签发强制证人出庭令,由法警执行。必要时,可以商请公安机关协助。

**❹ 第一百九十四条　[调查核实证言、鉴定意见]**证人作证,审判人员应当告知他要如实地提供证言和有意作伪证或者隐匿罪证要负的法律责任。公诉人、当事人和辩护人、诉讼代理人经审判长许可,可以对证人、鉴定人发问。审判长认为发问的内容与案件无关的时候,应当制止。

审判人员可以询问证人、鉴定人。

《刑诉解释》

第二百五十八条　证人出庭的,法庭应当核实其身份、与当事人以及本案的关系,并告知其有关权利义务和法律责任。证人应当保证向法庭如实提供证言,并在保证书上签名。

第二百五十九条　证人出庭后,一般先向法庭陈述证言;其后,经审判长许可,由申请通知证人出庭的一方发问,发问完毕后,对方也可以发问。

法庭依职权通知证人出庭的,发问顺序由审判长根据案件情况确定。

第二百六十一条　向证人发问应当遵循以下规则:

(一)发问的内容应当与本案事实有关;

(二)不得以诱导方式发问;

(三)不得威胁证人;

(四)不得损害证人的人格尊严。

对被告人、被害人、附带民事诉讼当事人、鉴定人、有专门知识的人、调查人员、侦查人员或者其他人员的讯问、发问,适用前款规定。

第二百六十二条　控辩双方的讯问、发问方式不当或者内容与本案无关的,对方可以提出异议,申请审判长制止,审判长应当判明情况予以支持或者驳回;对方未提出异议的,审判长也可以根据情况予以制止。

第二百六十三条　审判人员认为必要时,可以询问证人、鉴定人、有专门知识的人、调查人员、侦查人员或者其他人员。

第二百六十四条　向证人、调查人员、侦查人员发问应当分别进行。

第二百六十五条　证人、鉴定人、有专门知识的人、调查人员、侦查人员或者其他人员不得旁听对本案的审理。有关人员作证或者发表意见后,审判长应当告知其退庭。

《高检规则》

第四百零七条　必要时,公诉人可以建议法庭采取不暴露证人、鉴定人、被害人外貌、真实声音等出庭作证保护措施,或者建议法庭根据刑事诉讼法第一百五十四条的规定在庭外对证据进行核实。

**❺ 第一百九十五条　[调查核实证据]**公诉人、辩护人应当向法庭出示物证,让当事人辨认,对未到庭的证人的证言笔录、鉴定人的鉴定意见、勘验笔录和其他作为证据的文书,应当当庭宣读。审判人员应当听取公诉人、当事人和辩护人、诉讼代理人的意见。

《刑诉解释》

第二百四十八条　已经移送人民法院的案卷和证据材料,控辩双方需要出示的,可以向法庭提出申请,法庭可以准许。案卷和证据材料应当在质证后当庭归还。

需要播放录音录像或者需要将证据材料交由法庭、公诉人或者诉讼参与人查看的,法庭可以指令值庭法警或者相关人员予以协助。

第二百六十七条　举证方当庭出示证据后,由对方发表质证意见。

第二百六十八条　对可能影响定罪量刑的关键证据和控辩双方存在争议的证据,一般应当单独举证、质证,充分听取质证意见。

对控辩双方无异议的非关键证据,举证方可以仅就证据的名称及拟证明的事实作出说明。

召开庭前会议的案件,举证、质证可以按照庭前会议确定的方式进行。

根据案件和庭审情况,法庭可以对控辩双方的举证、质证方式进行必要的指引。

第二百六十九条　审理过程中,法庭认为有必要的,可以传唤同案被告人、分案审理的共同犯罪或者关联犯罪案件的被告人等到庭对质。

第二百七十条　当庭出示的证据,尚未移送人民法院的,应当在质证后当庭移交。

《高检规则》

第四百零八条　对于鉴定意见、勘验、检查、辨认、侦查实验等笔录和其他作为证据的文书以及经人民法院通知而未到庭的被害人的陈述笔录,公诉人应当当庭宣读。

第四百零九条　公诉人向法庭出示物证,一般应当出示原物,原物不易搬运、不易保存或者已返还被害人的,可以出示反映原物外形和特征的照片、录像、复制品,并向法庭说明情况及与原物的同一性。

公诉人向法庭出示书证,一般应当出示原件。获取书证原件确有困难的,可以出示书证副本或者复制件,并向法庭说明情况及与原件的同一性。

公诉人向法庭出示物证、书证,应当对该物证、书证所要证明的内容、获取情况作出说明,并向当事人、证人等问明物证的主要特征,让其辨认。对该物证、书证进行鉴定的,应当宣读鉴定意见。

**6** 第一百九十六条　[休庭调查]法庭审理过程中,合议庭对证据有疑问的,可以宣布休庭,对证据进行调查核实。

人民法院调查核实证据,可以进行<u>勘验、检查、查封、扣押、鉴定和查询、冻结</u>。

《刑诉解释》

第二百七十一条　法庭对证据有疑问的,可以告知公诉人、当事人及其法定代理人、辩护人、诉讼代理人补充证据或作出说明;必要时,可以宣布休庭,对证据进行调查核实。

对公诉人、当事人及其法定代理人、辩护人、诉讼代理人补充的和审判人员庭外调查核实取得的证据,应当经过当庭质证才能作为定案的根据。但是,对不影响定罪量刑的非关键证据、有利于被告人的量刑证据以及认定被告人有犯罪前科的裁判文书等证据,经庭外征求意见,控辩双方没有异议的除外。

有关情况,应当记录在案。

《高检规则》

第四百一十条　在法庭审理过程中,被告人及其辩护人提出被告人庭前供述系非法取得,审判人员认为需要进行法庭调查的,公诉人可以通过出示讯问笔录、提讯登记、体检记录、采取强制措施或者侦查措施的法律文书、侦查终结前对讯问合法性进行核查的材料等证据材料,有针对性地播放讯问录音、录像,提请法庭通知调查人员、侦查人员或者其他人员出庭说明情况等方式,对证据收集的合法性加以证明。

审判人员认为可能存在刑事诉讼法第五十六条规定的以非法方法收集其他证据的情形,需要进行法庭调查的,公诉人可以参照前款规定对证据收集的合法性进行证明。

公诉人不能当庭证明证据收集的合法性,需要调查核实的,可以建议法庭休庭或者延期审理。

在法庭审理期间,人民检察院可以要求监察机关或者公安机关对证据收集的合法性进行说明或者提供相关证明材料。必要时,可以自行调查核实。

第四百一十一条　公诉人对证据收集的合法性进行证明后,法庭仍有疑问的,可以建议法庭休庭,由人民法院对相关证据进行调查核实。人民法院调查核实证据,通知人民检察院派员到场的,人民检察院可以派员到场。

第四百一十六条　人民法院根据申请收集、调取的证据或者在合议庭休庭后自行调查取得的证据,应当经过庭审出示、质证才能决定是否作为判决的依据。未经庭审出示、质证直接采纳为判决依据的,人民检察院应当提出纠正意见。

**7** 第一百九十七条　[调取新证据]法庭审理过程中,当事人和辩护人、诉讼代理人有权申请通知新的证人到庭,调取新的物证,申请重新鉴定或者勘验。

公诉人、当事人和辩护人、诉讼代理人可以申请法庭通知有专门知识的人出庭,<u>就鉴定人作出的鉴定意见提出意见</u>。

法庭对于上述申请,应当作出是否同意的决定。

第二款规定的有专门知识的人出庭,适用鉴定人的有关规定。

《刑诉解释》

第二百七十二条　公诉人申请出示开庭前未移送或者提交人民法院的证据,辩护方提出异议的,审判长应当要求公诉人说明理由;理由成立并确有出示必要的,应当准许。

辩护方提出需要对新的证据作辩护准备的,法庭可以宣布休庭,并确定准备辩护的时间。

辩护方申请出示开庭前未提交的证据,参照适用前两款规定。

第二百七十三条　法庭审理过程中,控辩双方申请通知新的证人到庭,调取新的证据,申请重新鉴定或者勘验的,应当提供证人的基本信息、证据的存放地点,说明拟证明的事项,申请重新鉴定或者勘验的理由。法庭认为有必要的,应当同意,并宣布休庭;根据案件情况,可以决定延期审理。

人民法院决定重新鉴定的,应当及时委托鉴定,并将鉴定意见告知人民检察院、当事人及其辩护人、诉讼代理人。

第二百七十五条　人民法院向人民检察院调取需要调查核实的证据材料,或者根据被告人、辩护人的申请,向人民检察院调取在调查、侦查、审查起诉期间收集的有关被告人无罪或者罪轻的证据材料,应当通知人民检察院在收到调取证据材料决定书后三日以内移交。

**(三)法庭辩论和最后陈述**

第一百九十八条　[法庭辩论和最后陈述]法庭审理过程中,对与定罪、量刑有关的事实、证据都应当进行调查、辩论。

经审判长许可,公诉人、当事人和辩护人、诉讼代理人可以对证据和案件情况发表意见并且可以互相辩论。

审判长在宣布辩论终结后,被告人有最后陈述的<u>权利</u>。

《刑诉解释》

第二百八十条　合议庭认为案件事实已经调查清楚的,应当由审判长宣布法庭调查结束,开始就定罪、量刑、涉案财物处理的事实、证据、适用法律等问题进行法庭辩论。

第二百八十一条　法庭辩论应当在审判长的主持下,按照下列顺序进行:

(一)公诉人发言;

(二)被害人及其诉讼代理人发言;

(三)被告人自行辩护;

(四)辩护人辩护;

(五)控辩双方进行辩论。

第二百八十二条　人民检察院可以提出量刑建议并说明理由;建议判处管制、宣告缓刑的,一般应当附有调查评估报告,或者附有委托调查函。

当事人及其辩护人、诉讼代理人可以对量刑提出意见并说明理由。

第二百八十三条　对被告人认罪的案件,法庭辩论时,应当指引控辩双方主要围绕量刑和其他有争议的问题进行。

对被告人不认罪或者辩护人作无罪辩护的案件,法庭辩论时,可以指引控辩双方先辩论定罪问题,后辩论量刑和其他问题。

第二百八十四条　附带民事部分的辩论应当在刑事部分的辩论结束后进行,先由附带民事诉讼原告人及其诉讼代理人发言,后由附带民事诉讼被告人及其诉讼代理人答辩。

第二百八十六条　法庭辩论过程中,合议庭发现与定罪、量刑有关的新的事实,有必要调查的,审判长可以宣布恢复法庭调查,在对新的事实调查后,继续法庭辩论。

第二百八十七条　审判长宣布法庭辩论终结后,合议庭应当保证被告人充分行使最后陈述的权利。

被告人在最后陈述中多次重复自己的意见的,法庭可以制止;陈述内容蔑视法庭、公诉人,损害他人及社会公共利益,或者与本案无关的,应当制止。

在公开审理的案件中,被告人最后陈述的内容涉及国家秘密、个人隐私或者商业秘密的,应当制止。

第二百八十八条　被告人在最后陈述中提出新的事实、证据,合议庭认为可能影响正确裁判的,应当恢复法庭调查;被告人提出新的辩解理由,合议庭认为可能影响正确裁判的,应当恢复法庭辩论。

第二百八十九条　公诉人当庭发表与起诉书不同的意见,属于变更、追加、补充或者撤回起诉的,人民法院应当要求人民检察院在指定时间内以书面方式提出;必要时,可以宣布休庭。人民检察院在指定时间内未提出的,人民法院应当根据法庭审理情况,就起诉书指控的犯罪事实依法作出判决、裁定。

人民检察院变更、追加、补充起诉的,人民法院应当给予被告人及其辩护人必要的准备时间。

第二百九十条　辩护人应当及时将书面辩护意见提交人民法院。

**《高检规则》**

第四百一十七条　在法庭审理过程中,经审判长许可,公诉人可以逐一对正在调查的证据和案件情况发表意见,并同被告人、辩护人进行辩论。证据调查结束时,公诉人应当发表总结性意见。

在法庭辩论中,公诉人与被害人、诉讼代理人意见不一致的,公诉人应当认真听取被害人、诉讼代理人的意见,阐明自己的意见和理由。

第四百一十八条第一款　人民检察院向人民法院提出量刑建议的,公诉人应当在发表公诉意见时提出。

第四百一十九条　适用普通程序审理的认罪认罚案件,公诉人可以建议适当简化法庭调查、辩论程序。

**《规范量刑程序的意见》**

第五条　符合下列条件的案件,人民检察院提起公诉时可以提出量刑建议;被告人认罪认罚的,人民检察院应当提出量刑建议:

(一)犯罪事实清楚,证据确实、充分;

(二)提出量刑建议所依据的法定从重、从轻、减轻或者免除处罚等量刑情节已查清;

(三)提出量刑建议所依据的酌定从重、从轻处罚等量刑情节已查清。

第十条　在刑事诉讼中,自诉人、被告人及其辩护人、被害人及其诉讼代理人可以提出量刑意见,并说明理由,人民检察院、人民法院应当记录在案并附卷。

第十二条　适用速裁程序审理的案件,在确认被告人认罪认罚的自愿性和认罪认罚具结书内容的真实性、合法性后,一般不再进行法庭调查、法庭辩论,但在判决宣告前应当听取辩护人的意见和被告人的最后陈述意见。

适用速裁程序审理的案件,应当当庭宣判。

第十三条　适用简易程序审理的案件,在确认被告人对起诉书指控的犯罪事实和罪名没有异议,自愿认罪且知悉认罪的法律后果后,法庭审理可以直接围绕量刑进行,不再区分法庭调查、法庭辩论,但在判决宣告前应当听取被告人的最后陈述意见。

适用简易程序审理的案件,一般应当当庭宣判。

第十四条　适用普通程序审理的被告人认罪案件,在确认被告人了解起诉书指控的犯罪事实和罪名,自愿认罪且知悉认罪的法律后果后,法庭审理主要围绕量刑和其他有争议的问题进行,可以适当简化法庭调查、法庭辩论程序。

第十五条　对于被告人不认罪或者辩护人做无罪辩护的案件,法庭调查和法庭辩论分别进行。

在法庭调查阶段,应当在查明定罪事实的基础上,查明有关量刑事实,被告人及其辩护人可以出示证明被告人无罪或者罪轻的证据,当庭发表质证意见。

在法庭辩论阶段,审判人员引导控辩双方先辩论定罪问题。在定罪辩论结束后,审判人员告知控辩双方可以围绕量刑问题进行辩论,发表量刑建议或者意见,并说明依据和理由。被告人及其辩护人参加量刑问题的调查的,不影响作无罪辩解或者辩护。

第十八条　人民法院、人民检察院、侦查机关或者辩护人委托有关方面制作涉及未成年人的社会调查报告的,调查报告应当在法庭上宣读,并进行质证。

第十九条　在法庭审理中,审判人员对量刑证据有疑问的,可以宣布休庭,对证据进行调查核实,必要时也可以要求人民检察院补充调查核实。人民检察院补充调查核实有关证据,必要时可以要求侦查机关提供协助。

对于控辩双方补充的证据,应当经过庭审质证才能作为定案的根据。但是,对于有利于被告人的量刑证据,经庭外征求意见,控辩双方没有异议的除外。

**(一)延期审理**

**第二百零四条** [延期审理]在法庭审判过程中,遇有下列情形之一,影响审判进行的,可以延期审理:

(一)需要通知新的证人到庭,调取新的物证,重新鉴定或者勘验的;

(二)检察人员发现提起公诉的案件需要补充侦查,提出建议的;

(三)由于申请回避而不能进行审判的。

**《高检规则》**

**第四百二十条** 在法庭审判过程中,遇有下列情形之一的,公诉人可以建议法庭延期审理:

(一)发现事实不清、证据不足,或者遗漏罪行、遗漏同案犯罪嫌疑人,需要补充侦查或者补充提供证据的;

(二)被告人揭发他人犯罪行为或者提供重要线索,需要补充侦查进行查证的;

(三)发现遗漏罪行或者遗漏同案犯罪嫌疑人,虽不需要补充侦查和补充提供证据,但需要补充、追加起诉的;

(四)申请人民法院通知证人、鉴定人出庭作证或者有专门知识的人出庭提出意见的;

(五)需要调取新的证据,重新鉴定或者勘验的;

(六)公诉人出示、宣读开庭前移送人民法院的证据以外的证据,或者补充、追加、变更起诉,需要给予被告人、辩护人必要时间进行辩护准备的;

(七)被告人、辩护人向法庭出示公诉人不掌握的与定罪量刑有关的证据,需要调查核实的;

(八)公诉人对证据收集的合法性进行证明,需要调查核实的。

在人民法院开庭审理前发现具有前款情形之一的,人民检察院可以建议人民法院延期审理。

**第四百二十一条** 法庭宣布延期审理后,人民检察院应当在补充侦查期限内提请人民法院恢复法庭审理或者撤回起诉。

公诉人在法庭审理过程中建议延期审理的次数不得超过两次,每次不得超过一个月。

**第四百二十二条** 在审理过程中,对于需要补充提供法庭审判所必需的证据或者补充侦查的,人民检察院应当自行收集证据和进行侦查,必要时可以要求监察机关或者公安机关提供协助;也可以书面要求监察机关或者公安机关补充提供证据。

人民检察院补充侦查,适用本规则第六章、第九章、第十章的规定。

补充侦查不得超过一个月。

**(二)中止审理**

**第二百零六条** [中止审理]在审判过程中,有下列情形之一,致使案件在较长时间内无法继续审理的,可以中止审理:

(一)被告人患有严重疾病,无法出庭的;

(二)被告人脱逃的;

(三)自诉人患有严重疾病,无法出庭,未委托诉讼代理人出庭的;

(四)由于不能抗拒的原因。

中止审理的原因消失后,应当恢复审理。中止审理的期间不计入审理期限。

**《刑诉解释》**

**第三百一十四条** 有多名被告人的案件,部分被告人具有刑事诉讼法第二百零六条第一款规定情形的,人民法院可以对全案中止审理;根据案件情况,也可以对该部分被告人中止审理,对其他被告人继续审理。

对中止审理的部分被告人,可以根据案件情况另案处理。

**(一)自诉案件的范围及审理特点**

**第二百一十条** [自诉案件范围]自诉案件包括下列案件:

(一)告诉才处理的案件;

(二)被害人有证据证明的轻微刑事案件;

(三)被害人有证据证明对被告人侵犯自己人身、财产权利的行为应当依法追究刑事责任,而公安机关或者人民检察院不予追究被告人刑事责任的案件。

**第二百一十二条** [自诉案件的调解、和解和撤诉]人民法院对自诉案件,可以进行调解;自诉人在宣告判决前,可以同被告人自行和解或者撤回自诉。本法第二百一十条第三项规定的案件不适用调解。

人民法院审理自诉案件的期限,被告人被羁押的,适用本法第二百零八条第一款、第二款的规定;未被羁押的,应当在受理后六个月以内宣判。

**第二百一十三条** [反诉]自诉案件的被告人在诉讼过程中,可以对自诉人提起反诉。反诉适用自诉的规定。

**《刑诉解释》**

**第三百二十三条** 自诉人明知有其他共同侵害人,但只对部分侵害人提起自诉的,人民法院应当受理,并告知其放弃告诉的法律后果;自诉人放弃告诉,判决宣告后又对其他共同侵害人就同一事实提起自诉的,人民法院不予受理。

共同被害人中只有部分人告诉的,人民法院应当通知其他被害人参加诉讼,并告知其不参加诉讼的法律后果。被通知人接到通知后表示不参加诉讼或者不出庭的,视为放弃告诉。第一审宣判后,被通知人就同一事实又提起自诉的,人民法院不予受理。但是,当事人另行提起民事诉讼的,不受本解释限制。

**第三百二十四条** 被告人实施两个以上犯罪行为,分别属于公诉案件和自诉案件,人民法院可以一并审理。对自诉部分的审理,适用本章的规定。

**第三百二十五条** 自诉案件当事人因客观原因不能取得的证据,申请人民法院调取的,应当说明理由,并提供相关线索或者材料。人民法院认为有必要的,应当及时调取。

对通过信息网络实施的侮辱、诽谤行为,被害人向人民法院告诉,但提供证据确有困难的,人民法院可以要求公安机关提供协助。

第三百二十六条 对犯罪事实清楚、有足够证据的自诉案件,应当开庭审理。

第三百二十七条 自诉案件符合简易程序适用条件的,可以适用简易程序审理。

不适用简易程序审理的自诉案件,参照适用公诉案件第一审普通程序的有关规定。

第三百二十八条 人民法院审理自诉案件,可以在查明事实、分清是非的基础上,根据自愿、合法的原则进行调解。调解达成协议的,应当制作刑事调解书,由审判人员、法官助理、书记员署名,并加盖人民法院印章。调解书经双方当事人签收后,即具有法律效力。调解没有达成协议,或者调解书签收前当事人反悔的,应当及时作出判决。

刑事诉讼法第二百一十条第三项规定的案件不适用调解。

第三百二十九条 判决宣告前,自诉案件的当事人可以自行和解,自诉人可以撤回自诉。

人民法院经审查,认为和解、撤回自诉确属自愿的,应当裁定准许;认为系被强迫、威吓等,并非自愿,不予准许。

第三百三十条 裁定准许撤诉的自诉案件,被告人被采取强制措施的,人民法院应当立即解除。

第三百三十一条 自诉人经两次传唤,无正当理由拒不到庭,或者未经法庭准许中途退庭的,人民法院应当裁定按撤诉处理。

部分自诉人撤诉或者被裁定按撤诉处理的,不影响案件的继续审理。

第三百三十二条 被告人在自诉案件审判期间下落不明的,人民法院可以裁定中止审理;符合条件的,可以对被告人依法决定逮捕。

第三百三十三条 对自诉案件,应当参照刑事诉讼法第二百条和本解释第二百九十五条的有关规定作出判决。对依法宣告无罪的案件,有附带民事诉讼的,其附带民事部分可以依法进行调解或者一并作出判决,也可以告知附带民事诉讼原告人另行提起民事诉讼。

第三百三十四条 告诉才处理和被害人有证据证明的轻微刑事案件的被告人或者其法定代理人在诉讼过程中,可以对自诉人提起反诉。反诉必须符合下列条件:

(一)反诉的对象必须是本案自诉人;

(二)反诉的内容必须是与本案有关的行为;

(三)反诉的案件必须符合本解释第一条第一项、第二项的规定。

反诉案件适用自诉案件的规定,应当与自诉案件一并审理。自诉人撤诉的,不影响反诉案件的继续审理。

**(二)自诉案件的庭前审查**

**第二百一十一条 [自诉案件审查后的处理]** 人民法院对于自诉案件进行审查后,按照下列情形分别处理:

(一)犯罪事实清楚,有足够证据的案件,应当开庭审判;

(二)缺乏罪证的自诉案件,如果自诉人提不出补充

证据,应当说服自诉人撤回自诉,或者裁定驳回。

自诉人经两次依法传唤,无正当理由拒不到庭的,或者未经法庭许可中途退庭的,按撤诉处理。

法庭审理过程中,审判人员对证据有疑问,需要调查核实的,适用本法第一百九十六条的规定。

**《刑诉解释》**

第三百二十条 对自诉案件,人民法院应当在十五日以内审查完毕。经审查,符合受理条件的,应当决定立案,并书面通知自诉人或者代为告诉人。

具有下列情形之一的,应当说服自诉人撤回起诉;自诉人不撤回起诉的,裁定不予受理:

(一)不属于本解释第一条规定的案件的;

(二)缺乏罪证的;

(三)犯罪已过追诉时效期限的;

(四)被告人死亡的;

(五)被告人下落不明的;

(六)除因证据不足而撤诉的以外,自诉人撤诉后,就同一事实又告诉的;

(七)经人民法院调解结案后,自诉人反悔,就同一事实再行告诉的;

(八)属于本解释第一条第二项规定的案件,公安机关正在立案侦查或者人民检察院正在审查起诉的;

(九)不服人民检察院对未成年犯罪嫌疑人作出的附条件不起诉决定或者附条件不起诉考验期满后作出的不起诉决定,向人民法院起诉的。

第三百二十一条 对已经立案,经审查缺乏罪证的自诉案件,自诉人提不出补充证据的,人民法院应当说服其撤回起诉或者裁定驳回起诉;自诉人撤回起诉或者被驳回起诉后,又提出了新的足以证明被告人有罪的证据,再次提起自诉的,人民法院应当受理。

**考点60 简易程序**

**1 第二百一十四条 [简易程序的适用条件]** 基层人民法院管辖的案件,符合下列条件的,可以适用简易程序审判:

(一)案件事实清楚、证据充分的;

(二)被告人承认自己所犯罪行,对指控的犯罪事实没有异议的;

(三)被告人对适用简易程序没有异议的。

人民检察院在提起公诉的时候,可以建议人民法院适用简易程序。〔2022年回忆~简易程序〕

**《刑诉解释》**

第三百五十九条 基层人民法院受理公诉案件后,经审查认为案件事实清楚、证据充分的,在将起诉书副本送达被告人时,应当询问被告人对指控的犯罪事实的意见,告知其适用简易程序的法律规定。被告人对指控的犯罪事实没有异议并同意适用简易程序的,可以决定适用简易程序,并在开庭前通知人民检察院和辩护人。

对人民检察院建议或者被告人及其辩护人申请适用简易程序审理的案件,依照前款规定处理;不符合简易程序适用条件的,应当通知人民检察院或者被告人及其辩护人。〔2022年回忆~简易程序〕

《高检规则》

第四百三十条 人民检察院对于基层人民法院管辖的案件，符合下列条件的，可以建议人民法院适用简易程序审理：

（一）案件事实清楚、证据充分的；

（二）被告人承认自己所犯罪行，对指控的犯罪事实没有异议的；

（三）被告人对适用简易程序没有异议的。

第四百三十二条 基层人民检察院审查案件，认为案件事实清楚、证据充分的，应当在讯问犯罪嫌疑人时，了解其是否承认自己所犯罪行，对指控的犯罪事实有无异议，告知其适用简易程序的法律规定，确认其是否同意适用简易程序。

《人民检察院办理未成年人刑事案件规定》

第五十五条 对于符合适用简易程序审理条件的未成年人刑事案件，人民检察院应当在提起公诉时向人民法院提出适用简易程序审理的建议。

**2** 第二百一十五条 ［不适用简易程序的情况］有下列情形之一的，不适用简易程序：

（一）被告人是盲、聋、哑人，或者是尚未完全丧失辨认或者控制自己行为能力的精神病人的；

（二）有重大社会影响的；

（三）共同犯罪案件中部分被告人不认罪或者对适用简易程序有异议的；

（四）其他不宜适用简易程序审理的。

《刑诉解释》

第三百六十条 具有下列情形之一的，不适用简易程序：

（一）被告人是盲、聋、哑人的；

（二）被告人是尚未完全丧失辨认或者控制自己行为能力的精神病人的；

（三）案件有重大社会影响的；

（四）共同犯罪案件中部分被告人不认罪或者对适用简易程序有异议的；

（五）辩护人作无罪辩护的；

（六）被告人认罪但经审查认为可能不构成犯罪的；

（七）不宜适用简易程序审理的其他情形。〔2022年回忆~简易程序〕

第五百六十六条 对未成年人刑事案件，人民法院决定适用简易程序审理的，应当征求未成年被告人及其法定代理人、辩护人的意见。上述人员提出异议的，不适用简易程序。

《高检规则》

第四百三十一条 具有下列情形之一的，人民检察院不得建议人民法院适用简易程序：

（一）被告人是盲、聋、哑人，或者是尚未完全丧失辨认或者控制自己行为能力的精神病人的；

（二）有重大社会影响的；

（三）共同犯罪案件中部分被告人不认罪或者对适用简易程序有异议的；

（四）比较复杂的共同犯罪案件；

（五）辩护人作无罪辩护或者对主要犯罪事实有异议的；

（六）其他不宜适用简易程序的。

人民法院决定适用简易程序审理的案件，人民检察院认为具有刑事诉讼法第二百一十五条规定情形之一的，应当向人民法院提出纠正意见；具有其他不宜适用简易程序情形的，人民检察院可以建议人民法院不适用简易程序。

**3** 第二百一十六条 ［简易程序的支持公诉］适用简易程序审理案件，对可能判处三年有期徒刑以下刑罚的，可以组成合议庭进行审判，也可以由审判员一人独任审判；对可能判处的有期徒刑超过三年的，应当组成合议庭进行审判。

适用简易程序审理公诉案件，人民检察院应当派员出席法庭。

《刑诉解释》

第三百六十一条 适用简易程序审理的案件，符合刑事诉讼法第三十五条第一款规定的，人民法院应当告知被告人及其近亲属可以申请法律援助。〔2022年回忆~简易程序〕

第三百六十二条 适用简易程序审理案件，人民法院应当在开庭前将开庭的时间、地点通知人民检察院、自诉人、被告人、辩护人，也可以通知其他诉讼参与人。

通知可以采用简便方式，但应当记录在案。〔2022年回忆~简易程序〕

第三百六十三条 适用简易程序审理案件，被告人有辩护人的，应当通知其出庭。〔2022年回忆~简易程序〕

第三百六十六条 适用简易程序独任审判过程中，发现对被告人可能判处的有期徒刑超过三年的，应当转由合议庭审理。〔2022年回忆~简易程序〕

**4** 第二百一十七条 ［适用简易程序的前置程序］适用简易程序审理案件，审判人员应当询问被告人对指控的犯罪事实的意见，告知被告人适用简易程序审理的法律规定，确认被告人是否同意适用简易程序审理。

**5** 第二百一十八条 ［简易程序的法庭辩论］适用简易程序审理案件，经审判人员许可，被告人及其辩护人可以同公诉人、自诉人及其诉讼代理人互相辩论。

**6** 第二百一十九条 ［简易程序的程序简化］适用简易程序审理案件，不受本章第一节关于送达期限、讯问被告人、询问证人、鉴定人、出示证据、法庭辩论程序规定的限制。但在判决宣告前应当听取被告人的最后陈述意见。

《刑诉解释》

第三百六十五条 适用简易程序审理案件，可以对庭审作如下简化：

（一）公诉人可以摘要宣读起诉书；

（二）公诉人、辩护人、审判人员对被告人的讯问、发问可以简化或者省略；

（三）对控辩双方无异议的证据，可以仅就证据的名称及所证明的事项作出说明；对控辩双方有异议或者法庭认为有必要调查核实的证据，应当出示，并进行质证；

（四）控辩双方对与定罪量刑有关的事实、证据没有异议的，法庭审理可以直接围绕罪名确定和量刑问题进行。

适用简易程序审理案件，判决宣告前应当听取被告人的最后陈述。〔2022年回忆~简易程序〕

第三百六十七条 适用简易程序审理案件，裁判文书可以简化。

适用简易程序审理案件，一般应当当庭宣判。〔2022年回忆~简易程序〕

《高检规则》

第四百三十四条 公诉人出席简易程序法庭时，应当主要围绕量刑以及其他有争议的问题进行法庭调查和法庭辩论。在确认被告人庭前收到起诉书并对起诉书指控的犯罪事实没有异议后，可以简化宣读起诉书，根据案件情况决定是否讯问被告人，询问证人、鉴定人和出示证据。

根据案件情况，公诉人可以建议法庭简化法庭调查和法庭辩论程序。

**7** 第二百二十条 [简易程序的审限]适用简易程序审理案件，人民法院应当在受理后二十日以内审结；对可能判处的有期徒刑超过三年的，可以延长至一个半月。〔2022年回忆~简易程序〕

**8** 第二百二十一条 [简易程序变更为普通程序]人民法院在审理过程中，发现不宜适用简易程序的，应当按照本章第一节或者第二节的规定重新审理。

《刑诉解释》

第三百六十八条 适用简易程序审理案件，在法庭审理过程中，具有下列情形之一的，应当转为普通程序审理：

（一）被告人的行为可能不构成犯罪的；

（二）被告人可能不负刑事责任的；

（三）被告人当庭对起诉指控的犯罪事实予以否认的；

（四）案件事实不清、证据不足的；

（五）不应当或者不宜适用简易程序的其他情形。

决定转为普通程序审理的案件，审理期限应当从作出决定之日起计算。〔2022年回忆~简易程序〕

《高检规则》

第四百三十五条 适用简易程序审理的公诉案件，公诉人发现不宜适用简易程序审理的，应当建议法庭按照第一审普通程序重新审理。

第四百三十六条 转为普通程序审理的案件，公诉人需要为出席法庭进行准备的，可以建议人民法院延期审理。

**考点61** 速裁程序

**1** 第二百二十二条 [速裁程序的适用条件及审判组织]基层人民法院管辖的可能判处三年有期徒刑以下刑罚的案件，案件事实清楚，证据确实、充分，被告人认罪

认罚并同意适用速裁程序的，可以适用速裁程序，由审判员一人独任审判。

人民检察院在提起公诉的时候，可以建议人民法院适用速裁程序。

《刑诉解释》

第三百六十九条 对人民检察院在提起公诉时建议适用速裁程序的案件，基层人民法院经审查认为案件事实清楚，证据确实、充分，可能判处三年有期徒刑以下刑罚的，在将起诉书副本送达被告人时，应当告知被告人适用速裁程序的法律规定，询问其是否同意适用速裁程序。被告人同意适用速裁程序的，可以决定适用速裁程序，并在开庭前通知人民检察院和辩护人。

对人民检察院未建议适用速裁程序的案件，人民法院经审查认为符合速裁程序适用条件的，可以决定适用速裁程序，并在开庭前通知人民检察院和辩护人。

被告人及其辩护人可以向人民法院提出适用速裁程序的申请。

《高检规则》

第四百三十七条 人民检察院对基层人民法院管辖的案件，符合下列条件的，在提起公诉时，可以建议人民法院适用速裁程序审理：

（一）可能判处三年有期徒刑以下刑罚；

（二）案件事实清楚，证据确实、充分；

（三）被告人认罪认罚、同意适用速裁程序。

第四百三十九条 公安机关、犯罪嫌疑人及其辩护人建议适用速裁程序，人民检察院经审查认为符合条件的，可以建议人民法院适用速裁程序审理。

公安机关、辩护人未建议适用速裁程序，人民检察院经审查认为符合速裁程序适用条件，且犯罪嫌疑人同意适用的，可以建议人民法院适用速裁程序审理。

**2** 第二百二十三条 [不适用速裁程序的情形]有下列情形之一的，不适用速裁程序：

（一）被告人是盲、聋、哑人，或者是尚未完全丧失辨认或者控制自己行为能力的精神病人的；

（二）被告人是未成年人的；

（三）案件有重大社会影响的；

（四）共同犯罪案件中部分被告人对指控的犯罪事实、罪名、量刑建议或者适用速裁程序有异议的；

（五）被告人与被害人或者其法定代理人没有就附带民事诉讼赔偿等事项达成调解或者和解协议的；

（六）其他不宜适用速裁程序审理的。

《刑诉解释》

第三百七十条 具有下列情形之一的，不适用速裁程序：

（一）被告人是盲、聋、哑人的；

（二）被告人是尚未完全丧失辨认或者控制自己行为能力的精神病人的；

（三）被告人是未成年人的；

（四）案件有重大社会影响的；

（五）共同犯罪案件中部分被告人对指控的犯罪事实、罪名、量刑建议或者适用速裁程序有异议的；

（六）被告人与被害人或者其法定代理人没有就附带民事诉讼赔偿等事项达成调解、和解协议的；

（七）辩护人作无罪辩护的；

（八）其他不宜适用速裁程序的情形。

**3** **第二百二十四条** [速裁程序的程序简化]适用速裁程序审理案件，~~不受本章第一节规定的送达期限的限制~~，~~一般不进行法庭调查、法庭辩论~~，~~但在判决宣告前应当听取辩护人的意见和被告人的最后陈述意见~~。

适用速裁程序审理案件，~~应当当庭宣判~~。

《刑诉解释》

第三百七十一条 适用速裁程序审理案件，人民法院应当在开庭前将开庭的时间、地点通知人民检察院、被告人、辩护人，也可以通知其他诉讼参与人。

通知可以采用简便方式，但应当记录在案。

第三百七十二条 适用速裁程序审理案件，可以集中开庭，逐案审理。公诉人简要宣读起诉书后，审判人员应当当庭询问被告人对指控事实、证据、量刑建议以及适用速裁程序的意见，核实具结书签署的自愿性、真实性、合法性，并核实附带民事诉讼赔偿等情况。

第三百七十三条 适用速裁程序审理案件，一般不进行法庭调查、法庭辩论，但在判决宣告前应当听取辩护人的意见和被告人的最后陈述。

第三百七十四条 适用速裁程序审理案件，裁判文书可以简化。

适用速裁程序审理案件，应当当庭宣判。

《高检规则》

第四百四十条 人民检察院建议人民法院适用速裁程序的案件，起诉书内容可以适当简化，重点写明指控的事实和适用的法律。

第四百四十一条 人民法院适用速裁程序审理的案件，人民检察院应当派员出席法庭。

第四百四十二条 公诉人出席速裁程序法庭时，可以简要宣读起诉书指控的犯罪事实、证据、适用法律及量刑建议，一般不再讯问被告人。

**4** **第二百二十五条** [速裁程序的审限]适用速裁程序审理案件，人民法院应当在受理后十日以内审结；对可能判处的有期徒刑超过一年的，可以延长至十五日。

**5** **第二百二十六条** [速裁程序转为普通或简易程序]人民法院在审理过程中，发现有被告人的行为不构成犯罪或者不应当追究其刑事责任、被告人违背意愿认罪认罚、被告人否认指控的犯罪事实或者其他不宜适用速裁程序审理的情形的，应当按照本章第一节或者第三节的规定重新审理。

《刑诉解释》

第三百七十五条 适用速裁程序审理案件，在法庭审理过程中，具有下列情形之一的，应当转为普通程序或者简易程序审理：

（一）被告人的行为可能不构成犯罪或者不应当追究刑事责任的；

（二）被告人违背意愿认罪认罚的；

（三）被告人否认指控的犯罪事实的；

（四）案件疑难、复杂或者对适用法律有重大争议的；

（五）其他不宜适用速裁程序的情形。

第三百七十六条 决定转为普通程序或者简易程序审理的案件，审理期限应当从作出决定之日起计算。

《高检规则》

第四百四十三条 适用速裁程序审理的案件，人民检察院发现有不宜适用速裁程序审理情形的，应当建议人民法院转为普通程序或者简易程序重新审理。

第四百四十四条 转为普通程序审理的案件，公诉人需要为出席法庭进行准备的，可以建议人民法院延期审理。

### 考点63 一审裁判

**（一）裁判**

**第二百条** [判决]在被告人最后陈述后，审判长宣布休庭，合议庭进行评议，根据已经查明的事实、证据和有关的法律规定，分别作出以下判决：

（一）案件事实清楚，证据确实、充分，依据法律认定被告人有罪的，应当作出有罪判决；

（二）依据法律认定被告人无罪的，应当作出无罪判决；

（三）证据不足，不能认定被告人有罪的，应当作出证据不足、指控的犯罪不能成立的无罪判决。

《刑诉解释》

第二百九十一条 被告人最后陈述后，审判长应当宣布休庭，由合议庭进行评议。

第二百九十五条 对第一审公诉案件，人民法院审理后，应当按照下列情形分别作出判决、裁定：

（一）起诉指控的事实清楚，证据确实、充分，依据法律认定指控被告人的罪名成立的，应当作出有罪判决；

（二）起诉指控的事实清楚，证据确实、充分，但指控的罪名不当的，应当依据法律和审理认定的事实作出有罪判决；

（三）案件事实清楚，证据确实、充分，依据法律认定被告人无罪的，应当判决宣告被告人无罪；

（四）证据不足，不能认定被告人有罪的，应当以证据不足、指控的犯罪不能成立，判决宣告被告人无罪；

（五）案件部分事实清楚，证据确实、充分的，应当作出有罪或者无罪的判决；对事实不清、证据不足部分，不予认定；

（六）被告人因未达到刑事责任年龄，不予刑事处罚的，应当判决宣告被告人不负刑事责任；

（七）被告人是精神病人，在不能辨认或者不能控制自己行为时造成危害结果，不予刑事处罚的，应当判决宣告被告人不负刑事责任；被告人符合强制医疗条件的，应当依照本解释第二十六章的规定进行审理并作出判决；

（八）犯罪已过追诉时效期限且不是必须追诉，或者经特赦令免除刑罚的，应当裁定终止审理；

（九）属于告诉才处理的案件，应当裁定终止审理，并告知被害人有权提起自诉；

（十）被告人死亡的，应当裁定终止审理；但有证据证明被告人无罪,经缺席审理确认无罪的,应当判决宣告被告人无罪。

对涉案财物,人民法院应当根据审理查明的情况,依照本解释第十八章的规定作出处理。

具有第一款第二项规定情形的,人民法院应当在判决前听取控辩双方的意见,保障被告人、辩护人充分行使辩护权。必要时,可以再次开庭,组织控辩双方围绕被告人的行为构成何罪及如何量刑进行辩论。

**第二百九十六条** 在开庭后、宣告判决前,人民检察院要求撤回起诉的,人民法院应当审查撤回起诉的理由,作出是否准许的裁定。

**第二百九十七条** 审判期间,人民法院发现新的事实,可能影响定罪量刑的,或者需要补查补证的,应当通知人民检察院,由其决定是否补充、变更、追加起诉或者补充侦查。

人民检察院不同意或者在指定时间内未回复书面意见的,人民法院应当就起诉指控的事实,依照本解释第二百九十五条的规定作出判决、裁定。[2016年真题~补充起诉程序]

**第二百九十八条** 对按照本解释第二百一十九条第一款第五项规定受理的案件,人民法院应当在判决中写明被告人曾被人民检察院提起公诉,因证据不足,指控的犯罪不能成立,被人民法院依法判决宣告无罪的情况;前案依照刑事诉讼法第二百条第三项规定作出的判决不予撤销。

**第二百九十九条** 合议庭成员、法官助理、书记员应当在评议笔录上签名,在判决书、裁定书等法律文书上署名。

**第三百零一条** 庭审结束后、评议前,部分合议庭成员不能继续履行审判职责的,人民法院应当依法更换合议庭组成人员,重新开庭审理。

评议后、宣判前,部分合议庭成员因调动、退休等正常原因不能参加宣判,在不改变原评议结论的情况下,可以由审判本案的其他审判员宣判,裁判文书上仍署审判本案的合议庭成员的姓名。

**(二)量刑**

**第二百零一条** [认罪认罚的定罪量刑]对于认罪认罚案件,人民法院依法作出判决时,一般应当采纳人民检察院指控的罪名和量刑建议,但有下列情形的除外:

(一)被告人的行为不构成犯罪或者不应当追究其刑事责任的;

(二)被告人违背意愿认罪认罚的;

(三)被告人否认指控的犯罪事实的;

(四)起诉指控的罪名与审理认定的罪名不一致的;

(五)其他可能影响公正审判的情形。

人民法院经审理认为量刑建议明显不当,或者被告人、辩护人对量刑建议提出异议的,人民检察院可以调整量刑建议。人民检察院不调整量刑建议或者调整量刑建议后仍然明显不当的,人民法院应当依法作出判决。

**《高检规则》**

**第四百一十八条第二款** 对认罪认罚案件,人民法院经审理认为人民检察院的量刑建议明显不当向人民检察院提出的,或者被告人、辩护人对量刑建议提出异议的,人民检察院可以调整量刑建议。

**《适用认罪认罚从宽制度的指导意见》**

32.提起公诉。人民检察院向人民法院提起公诉的,应当在起诉书中写明被告人认罪认罚情况,提出量刑建议,并移送认罪认罚具结书等材料。量刑建议书可以另行制作,也可以在起诉书中写明。

33.量刑建议的提出。犯罪嫌疑人认罪认罚的,人民检察院应当就主刑、附加刑、是否适用缓刑等提出量刑建议。人民检察院提出量刑建议前,应当充分听取犯罪嫌疑人、辩护人或者值班律师的意见,尽量协商一致。

办理认罪认罚案件,人民检察院一般应当提出确定刑量刑建议。对新类型、不常见犯罪案件,量刑情节复杂的重罪案件等,也可以提出幅度刑量刑建议。提出量刑建议,应当说明理由和依据。

犯罪嫌疑人认罪认罚没有其他法定量刑情节的,人民检察院可以根据犯罪的事实、性质等,在基准刑基础上适当减让提出确定刑量刑建议。有其他法定量刑情节的,人民检察院应当综合认罪认罚和其他法定量刑情节,参照相关量刑规范提出确定刑量刑建议。

犯罪嫌疑人在侦查阶段认罪认罚的,主刑从宽的幅度可以在前款基础上适当放宽;被告人在审判阶段认罪认罚的,在前款基础上可以适当缩减。建议判处罚金刑的,参照主刑的从宽幅度提出确定的数额。

34.速裁程序的办案期限。犯罪嫌疑人认罪认罚,人民检察院经审查,认为符合速裁程序适用条件的,应当在十日以内作出是否提起公诉的决定;对可能判处的有期徒刑超过一年的,可以在十五日以内作出是否提起公诉的决定。

35.侦查阶段的社会调查。犯罪嫌疑人认罪认罚,可能判处管制、宣告缓刑的,公安机关可以委托犯罪嫌疑人居住地的社区矫正机构进行调查评估。

公安机关在侦查阶段委托社区矫正机构进行调查评估,社区矫正机构在公安机关移送审查起诉后完成调查评估的,应当及时将评估意见提交受理案件的人民检察院或者人民法院,并抄送公安机关。

37.审判阶段的社会调查。被告人认罪认罚,人民法院拟判处管制或者宣告缓刑的,可以及时委托被告人居住地的社区矫正机构进行调查评估,也可以自行调查评估。

社区矫正机构出具的调查评估意见,是人民法院判处管制、宣告缓刑的重要参考。对没有委托社区矫正机构进行调查评估或者判决前未收到社区矫正机构调查评估报告的认罪认罚案件,人民法院经审理认为被告人符合管制、缓刑适用条件的,可以判处管制、宣告缓刑。

38.司法行政机关的职责。受委托的社区矫正机构应当根据委托机关的要求,对犯罪嫌疑人、被告人的居所情况、家庭和社会关系、一贯表现、犯罪行为的后果和影响、居住地村(居)民委员会和被害人意见、拟禁止的事项等进行调查了解,形成评估意见,及时提交委托机关。

## (三)宣判

**第二百零二条** [宣告判决]宣告判决,一律公开进行。

当庭宣告判决的,应当在五日以内将判决书送达当事人和提起公诉的人民检察院;定期宣告判决的,应当在宣告后立即将判决书送达当事人和提起公诉的人民检察院。判决书应当同时送达辩护人、诉讼代理人。

《刑诉解释》

第三百零二条 当庭宣告判决的,应当在五日以内送达判决书。定期宣告判决的,应当在宣判前,先期公告宣判的时间和地点,传唤当事人并通知公诉人、法定代理人、辩护人和诉讼代理人;判决宣告后,应当立即送达判决书。

第三百零三条 判决书应当送达人民检察院、当事人、法定代理人、辩护人、诉讼代理人,并可以送达被告人的近亲属。被害人死亡,其近亲属申请领取判决书的,人民法院应当及时提供。

判决生效后,还应当送达被告人的所在单位或者户籍地的公安派出所,或者被告单位的注册登记机关。被告人系外国人,且在境内有居住地的,应当送达居住地的公安派出所。

第三百零四条 宣告判决,一律公开进行。宣告判决结果时,法庭内全体人员应当起立。

公诉人、辩护人、诉讼代理人、被害人、自诉人或者附带民事诉讼原告人未到庭的,不影响宣判的进行。

《高检规则》

第四百二十三条 人民法院宣告判决前,人民检察院发现被告人的真实身份或者犯罪事实与起诉书中叙述的身份或者指控犯罪事实不符的,或者事实、证据没有变化,但罪名、适用法律与起诉书不一致的,可以变更起诉。发现遗漏同案犯罪嫌疑人或者罪行的,应当要求公安机关补充移送起诉或者补充侦查;对于犯罪事实清楚,证据确实、充分的,可以直接追加、补充起诉。〔2016年真题~补充起诉程序〕

第四百二十四条 人民法院宣告判决前,人民检察院发现具有下列情形之一的,经检察长批准,可以撤回起诉:

(一)不存在犯罪事实的;

(二)犯罪事实并非被告人所为的;

(三)情节显著轻微、危害不大,不认为是犯罪的;

(四)证据不足或证据发生变化,不符合起诉条件的;

(五)被告人因未达到刑事责任年龄,不负刑事责任的;

(六)法律、司法解释发生变化导致不应当追究被告人刑事责任的;

(七)其他不应当追究被告人刑事责任的。

对于撤回起诉的案件,人民检察院应当在撤回起诉后三十日以内作出不起诉决定。需要重新调查或者侦查的,应当在作出不起诉决定后将案卷材料退回监察机关或者公安机关,建议监察机关或者公安机关重新调查或者侦查,并书面说明理由。

对于撤回起诉的案件,没有新的事实或者新的证据,人民检察院不得再行起诉。

新的事实是指原起诉书中未指控的犯罪事实。该犯罪事实触犯的罪名既可以是原指控罪名的同一罪名,也可以是其他罪名。

新的证据是指撤回起诉后收集、调取的足以证明原指控犯罪事实的证据。

## (四)审理期限

**第二百零八条** [公诉案件审理期限]人民法院审理公诉案件,应当在受理后二个月以内宣判,至迟不得超过三个月。对于可能判处死刑的案件或者附带民事诉讼的案件,以及有本法第一百五十八条规定情形之一的,经上一级人民法院批准,可以延长三个月;因特殊情况还需要延长的,报请最高人民法院批准。

人民法院改变管辖的案件,从改变后的人民法院收到案件之日起计算审理期限。

人民检察院补充侦查的案件,补充侦查完毕移送人民法院后,人民法院重新计算审理期限。〔2023年回忆~公诉案件审理期限〕

《刑事诉讼法》

第一百五十八条 [重大复杂案件的侦查羁押期限的延长]下列案件在本法第一百五十六条规定的期限届满不能侦查终结的,经省、自治区、直辖市人民检察院批准或者决定,可以延长二个月:

(一)交通十分不便的边远地区的重大复杂案件;

(二)重大的犯罪集团案件;

(三)流窜作案的重大复杂案件;

(四)犯罪涉及面广,取证困难的重大复杂案件。

《刑诉解释》

第二百一十一条 审判期间,对被告人作精神病鉴定的时间不计入审理期限。

# 专题十六　第二审程序

**考点64** 第二审程序的提起

## (一)上诉、抗诉主体及期限

**1 第二百二十七条** [上诉的主体]被告人、自诉人和他们的法定代理人,不服地方各级人民法院第一审的判决、裁定,有权用书状或者口头向上一级人民法院上诉。被告人的辩护人和近亲属,经被告人同意,可以提出上诉。

附带民事诉讼的当事人和他们的法定代理人,可以对地方各级人民法院第一审的判决、裁定中的附带民事诉讼部分,提出上诉。

对被告人的上诉权,不得以任何借口加以剥夺。

《刑诉解释》

第三百二十二条 自诉人对不予受理或者驳回起诉的裁定不服的,可以提起上诉。

第二审人民法院查明第一审人民法院作出的不予受理裁定有错误的,应当在撤销原裁定的同时,指令第一审人民法院立案受理;查明第一审人民法院驳回起诉裁定有错误的,应当在撤销原裁定的同时,指令第一审人民法院进行审理。

第三百七十八条　地方各级人民法院在宣告第一审判决、裁定时,应当告知被告人、自诉人及其法定代理人不服判决和准许撤回起诉、终止审理等裁定的,有权在法定期限内以书面或者口头形式,通过本院或者直接向上一级人民法院提出上诉;被告人的辩护人、近亲属经被告人同意,也可以提出上诉;附带民事诉讼当事人及其法定代理人,可以对判决、裁定中的附带民事部分提出上诉。

被告人、自诉人、附带民事诉讼当事人及其法定代理人是否提出上诉,以其在上诉期满前最后一次的意思表示为准。

第三百七十九条　人民法院受理的上诉案件,一般应当有上诉状正本及副本。

上诉状内容一般包括:第一审判决、裁定书的文号和上诉人收到的时间,第一审人民法院的名称,上诉的请求和理由,提出上诉的时间。被告人的辩护人、近亲属经被告人同意提出上诉的,还应当写明其与被告人的关系,并应当以被告人作为上诉人。

第六百五十一条　向人民法院提出自诉、上诉、申诉、申请等的,应当以书面形式提出。书写有困难的,除另有规定的以外,可以口头提出,由人民法院工作人员制作笔录或者记录在案,并向口述人宣读或者交其阅读。

**2** 第二百二十八条　[抗诉的主体]地方各级人民检察院认为本级人民法院第一审的判决、裁定确有错误的时候,应当向上一级人民法院提出抗诉。

《高检规则》

第五百八十四条　人民检察院认为同级人民法院第一审判决、裁定具有下列情形之一的,应当提出抗诉:

(一)认定的事实确有错误或者据以定罪量刑的证据不确实、不充分的;

(二)有确实、充分证据证明有罪判无罪,或者无罪判有罪的;

(三)重罪轻判,轻罪重判,适用刑罚明显不当的;

(四)认定罪名不正确,一罪判数罪、数罪判一罪,影响量刑或者造成严重社会影响的;

(五)免除刑事处罚或者适用缓刑、禁止令、限制减刑等错误的;

(六)人民法院在审理过程中严重违反法律规定的诉讼程序的。

第五百八十五条　人民检察院在收到人民法院第一审判决书或者裁定书后,应当及时审查。对于需要提出抗诉的案件,应当报请检察长决定。

**3** 第二百二十九条　[公诉案件被害人请求抗诉]被害人及其法定代理人不服地方各级人民法院第一审的判决的,自收到判决书后五日以内,有权请求人民检察院提出抗诉。人民检察院自收到被害人及其法定代理人的请求后五日以内,应当作出是否抗诉的决定并且答复请求人。

《高检规则》

第五百八十八条　被害人及其法定代理人不服地方

各级人民法院第一审的判决,在收到判决书后五日以内请求人民检察院提出抗诉的,人民检察院应当立即进行审查,在收到被害人及其法定代理人的请求后五日以内作出是否抗诉的决定,并且答复请求人。经审查认为应当抗诉的,适用本规则第五百八十四条至第五百八十七条的规定办理。

被害人及其法定代理人在收到判决书五日以后请求人民检察院提出抗诉的,由人民检察院决定是否受理。

**4** 第二百三十条　[上诉、抗诉的期限]不服判决的上诉和抗诉的期限为十日,不服裁定的上诉和抗诉的期限为五日,从接到判决书、裁定书的第二日起算。

《刑诉解释》

第三百八十条　上诉、抗诉必须在法定期限内提出。不服判决的上诉、抗诉的期限为十日;不服裁定的上诉、抗诉的期限为五日。上诉、抗诉的期限,从接到判决书、裁定书的第二日起计算。

对附带民事判决、裁定的上诉、抗诉期限,应当按照刑事部分的上诉、抗诉期限确定。附带民事部分另行审判的,上诉期限也应当按照刑事诉讼法规定的期限确定。

第三百八十三条　上诉人在上诉期限内要求撤回上诉的,人民法院应当准许。

上诉人在上诉期满后要求撤回上诉的,第二审人民法院经审查,认为原判认定事实和适用法律正确,量刑适当的,应当裁定准许;认为原判确有错误的,应当不予准许,继续按照上诉案件审理。

被判处死刑立即执行的被告人提出上诉,在第二审开庭后宣告裁判前申请撤回上诉的,应当不予准许,继续按照上诉案件审理。

《高检规则》

第五百八十六条　人民检察院对同级人民法院第一审判决的抗诉,应当在接到判决书后第二日起十日以内提出;对第一审裁定的抗诉,应当在接到裁定书后第二日起五日以内提出。

**(二)上诉、抗诉程序**

**1** 第二百三十一条　[上诉的程序]被告人、自诉人、附带民事诉讼的原告人和被告人通过原审人民法院提出上诉的,原审人民法院应当在三日以内将上诉状连同案卷、证据移送上一级人民法院,同时将上诉状副本送交同级人民检察院和对方当事人。

被告人、自诉人、附带民事诉讼的原告人和被告人直接向第二审人民法院提出上诉的,第二审人民法院应当在三日以内将上诉状交原审人民法院送交同级人民检察院和对方当事人。

《刑诉解释》

第三百八十一条　上诉人通过第一审人民法院提出上诉的,第一审人民法院应当审查。上诉符合法律规定的,应当在上诉期满后三日以内将上诉状连同案卷、证据移送上一级人民法院,并将上诉状副本送交同级人民检察院和对方当事人。

第三百八十二条　上诉人直接向第二审人民法院提出上诉的,第二审人民法院应当在收到上诉状后三日以内将上诉状交第一审人民法院。第一审人民法院应当审查上诉是否符合法律规定。符合法律规定的，应当在接到上诉状后三日以内将上诉状连同案卷、证据移送上一级人民法院，并将上诉状副本送交同级人民检察院和对方当事人。

**2** 第二百三十二条 ［抗诉的程序］地方各级人民检察院对同级人民法院第一审判决、裁定的抗诉，应当通过原审人民法院提出抗诉书，并且将抗诉书抄送上一级人民检察院。原审人民法院应当将抗诉书连同案卷、证据移送上一级人民法院，并且将抗诉书副本送交当事人。

上级人民检察院如果认为抗诉不当，可以向同级人民法院撤回抗诉，并且通知下级人民检察院。

《刑诉解释》

第三百八十四条 地方各级人民检察院对同级人民法院第一审判决、裁定的抗诉，应当通过第一审人民法院提交抗诉书。第一审人民法院应当在抗诉期满后三日以内将抗诉书连同案卷、证据移送上一级人民法院，并将抗诉书副本送交当事人。

第三百八十五条 人民检察院在抗诉期限内要求撤回抗诉的，人民法院应当准许。

人民检察院在抗诉期满后要求撤回抗诉的，第二审人民法院可以裁定准许，但是认为原判存在将无罪判为有罪、轻罪重判等情形的，应当不予准许，继续审理。

上级人民检察院认为下级人民检察院抗诉不当，向第二审人民法院要求撤回抗诉的，适用前两款规定。

第三百八十六条 在上诉、抗诉期满前撤回上诉、抗诉的，第一审判决、裁定在上诉、抗诉期满之日起生效。在上诉、抗诉期满后要求撤回上诉、抗诉，第二审人民法院裁定准许的，第一审判决、裁定应当自第二审裁定书送达上诉人或者抗诉机关之日起生效。

《高检规则》

第五百八十七条 人民检察院对同级人民法院第一审判决、裁定的抗诉，应当制作抗诉书，通过原审人民法院向上一级人民法院提出，并将抗诉书副本连同案卷材料报送上一级人民检察院。

第五百八十九条 上一级人民检察院对下级人民检察院按照第二审程序提出抗诉的案件，认为抗诉正确的，应当支持抗诉。

上一级人民检察院认为抗诉不当的，应当听取下级人民检察院的意见。听取意见后，仍然认为抗诉不当的，应当向同级人民法院撤回抗诉，并且通知下级人民检察院。

上一级人民检察院在上诉、抗诉期限内，发现下级人民检察院应当提出抗诉而没有提出抗诉的案件，可以指令下级人民检察院依法提出抗诉。

上一级人民检察院支持或者部分支持抗诉意见的，可以变更、补充抗诉理由，及时制作支持抗诉意见书，并通知提出抗诉的人民检察院。

第五百九十条 第二审人民法院发回原审人民法院按照第一审程序重新审判的案件，如果人民检察院认为重新审判的判决、裁定确有错误的，可以按照第二审程序

提出抗诉。

考点65 上诉不加刑原则

第二百三十七条 ［上诉不加刑原则及其例外］第二审人民法院审理被告人或者他的法定代理人、辩护人、近亲属上诉的案件，不得加重被告人的刑罚。第二审人民法院发回原审人民法院重新审判的案件，除有新的犯罪事实，人民检察院补充起诉的以外，原审人民法院也不得加重被告人的刑罚。

人民检察院提出抗诉或者自诉人提出上诉的，不受前款规定的限制。〔2016年真题~上诉不加刑原则〕

《刑诉解释》

第四百零一条 审理被告人或者其法定代理人、辩护人、近亲属提出上诉的案件，不得对被告人的刑罚作出实质不利的改判，并应当执行下列规定：

（一）同案审理的案件，只有部分被告人上诉的，既不得加重上诉人的刑罚，也不得加重其他同案被告人的刑罚；

（二）原判认定的罪名不当的，可以改变罪名，但不得加重刑罚或者对刑罚执行产生不利影响；

（三）原判认定的罪数不当的，可以改变罪数，并调整刑罚，但不得加重决定执行的刑罚或者对刑罚执行产生不利影响；

（四）原判对被告人宣告缓刑的，不得撤销缓刑或者延长缓刑考验期；

（五）原判没有宣告职业禁止、禁止令的，不得增加宣告；原判宣告职业禁止、禁止令的，不得增加内容、延长期限；

（六）原判对被告人判处死刑缓期执行没有限制减刑、决定终身监禁的，不得限制减刑、决定终身监禁；

（七）原判判处的刑罚不当、应当适用附加刑而没有适用的，不得直接加重刑罚、适用附加刑。原判判处的刑罚畸轻，必须依法改判的，应当在第二审判决、裁定生效后，依照审判监督程序重新审判。

人民检察院抗诉或者自诉人上诉的案件，不受前款规定的限制。

第四百零二条 人民检察院只对部分被告人的判决提出抗诉，或者自诉人只对部分被告人的判决提出上诉的，第二审人民法院不得对其他同案被告人加重刑罚。

第四百零三条 被告人或者其法定代理人、辩护人、近亲属提出上诉，人民检察院未提出抗诉的案件，第二审人民法院发回重新审判后，除有新的犯罪事实且人民检察院补充起诉的以外，原审人民法院不得加重被告人的刑罚。

对前款规定的案件，原审人民法院对上诉发回重新审判的案件依法作出判决后，人民检察院抗诉的，第二审人民法院不得改判为重于原审人民法院第一次判处的刑罚。

考点66 二审审理与裁判

（一）二审审理方式

第二百三十四条 ［二审开庭审理的范围］第二审人

民法院对于下列案件,应当组成合议庭,开庭审理:

(一)被告人、自诉人及其法定代理人对第一审认定的事实、证据提出异议,可能影响定罪量刑的上诉案件;

(二)被告人被判处死刑的上诉案件;

(三)人民检察院抗诉的案件;

(四)其他应当开庭审理的案件。

第二审人民法院决定不开庭审理的,应当讯问被告人,听取其他当事人、辩护人、诉讼代理人的意见。

第二审人民法院开庭审理上诉、抗诉案件,可以到案件发生地或者原审人民法院所在地进行。

《刑诉解释》

第三百九十三条 下列案件,根据刑事诉讼法第二百三十四条的规定,应当开庭审理:

(一)被告人、自诉人及其法定代理人对第一审认定的事实、证据提出异议,可能影响定罪量刑的上诉案件;

(二)被告人被判处死刑的上诉案件;

(三)人民检察院抗诉的案件;

(四)应当开庭审理的其他案件。

被判处死刑的被告人没有上诉,同案的其他被告人上诉的案件,第二审人民法院应当开庭审理。

第三百九十四条 对上诉、抗诉案件,第二审人民法院经审查,认为原判事实不清、证据不足,或者具有刑事诉讼法第二百三十八条规定的违反法定诉讼程序情形,需要发回重新审判的,可以不开庭审理。

第三百九十八条 开庭审理上诉、抗诉案件,除参照适用第一审程序的有关规定外,应当按照下列规定进行:

(一)法庭调查阶段,审判人员宣读第一审判决书、裁定书后,上诉案件由上诉人或者辩护人先宣读上诉状或者陈述上诉理由,抗诉案件由检察员先宣读抗诉书;既有上诉又有抗诉的案件,先由检察员宣读抗诉书,再由上诉人或者辩护人宣读上诉状或者陈述上诉理由;

(二)法庭辩论阶段,上诉案件,先由上诉人、辩护人发言,后由检察员、诉讼代理人发言;抗诉案件,先由检察员、诉讼代理人发言,后由被告人、辩护人发言;既有上诉又有抗诉的案件,先由检察员、诉讼代理人发言,后由上诉人、辩护人发言。

第三百九十九条 开庭审理上诉、抗诉案件,可以重点围绕对第一审判决、裁定有争议的问题或者有疑问的部分进行。根据案件情况,可以按照下列方式审理:

(一)宣读第一审判决书,可以只宣读案由、主要事实、证据名称和判决主文等;

(二)法庭调查应当重点围绕对第一审判决提出异议的事实、证据以及新的证据等进行;对没有异议的事实、证据和情节,可以直接确认;

(三)对同案审理案件中未上诉的被告人,未被申请出庭或者人民法院认为没有必要到庭的,可以不再传唤到庭;

(四)被告人犯有数罪的案件,对其中事实清楚且无异议的犯罪,可以不在庭审时审理。

同案审理的案件,未提出上诉、人民检察院也未对其判决提出抗诉的被告人要求出庭的,应当准许。出庭的

被告人可以参加法庭调查和辩论。

第四百条 第二审案件依法不开庭审理的,应当讯问被告人,听取其他当事人、辩护人、诉讼代理人的意见。合议庭全体成员应当阅卷,必要时应当提交书面阅卷意见。

## (二)二审对一审判决的处理

**1 第二百三十六条 [二审裁判结果]**第二审人民法院对不服第一审判决的上诉、抗诉案件,经过审理后,应当按照下列情形分别处理:

(一)原判决认定事实和适用法律正确、量刑适当的,应当裁定驳回上诉或者抗诉,维持原判;

(二)原判决认定事实没有错误,但适用法律有错误,或者量刑不当的,应当改判;

(三)原判决事实不清楚或者证据不足的,可以在查清事实后改判;也可以裁定撤销原判,发回原审人民法院重新审判。

原审人民法院对于依照前款第三项规定发回重新审判的案件作出判决后,被告人提出上诉或者人民检察院提出抗诉的,第二审人民法院应当依法作出判决或者裁定,不得再发回原审人民法院重新审判。〔2023年回忆~二审对一审判决的处理〕

《刑诉解释》

第三百七十七条 适用速裁程序审理的案件,第二审人民法院依照刑事诉讼法第二百三十六条第一款第三项的规定发回原审人民法院重新审判的,原审人民法院应当适用第一审普通程序重新审判。

第四百零四条 第二审人民法院认为第一审判决事实不清、证据不足的,可以在查清事实后改判,也可以裁定撤销原判,发回原审人民法院重新审判。

有多名被告人的案件,部分被告人的犯罪事实不清、证据不足或者有新的犯罪事实需要追诉,且有关犯罪与其他同案被告人没有关联的,第二审人民法院根据案件情况,可以对该部分被告人分案处理,将该部分被告人发回原审人民法院重新审判。原审人民法院重新作出判决后,被告人上诉或者人民检察院抗诉,其他被告人的案件尚未作出第二审判决、裁定的,第二审人民法院可以并案审理。〔2021年回忆~二审中部分发回重审与并案审理〕

第四百零五条 原判事实不清、证据不足,第二审人民法院发回重新审判的案件,原审人民法院重新作出判决后,被告人上诉或者人民检察院抗诉的,第二审人民法院应当依法作出判决、裁定,不得再发回重新审判。

第四百零七条 第二审人民法院审理对刑事部分提出上诉、抗诉,附带民事部分已经发生法律效力的案件,发现第一审判决、裁定中的附带民事部分确有错误的,应当依照审判监督程序对附带民事部分予以纠正。

第四百零八条 刑事附带民事诉讼案件,只有附带民事诉讼当事人及其法定代理人上诉的,第一审刑事部分的判决在上诉期满后即发生法律效力。

应当送监执行的第一审刑事被告人是第二审附带民事诉讼被告人的,在第二审附带民事诉讼案件审结前,可以暂缓送监执行。

第四百零九条　第二审人民法院审理对附带民事部分提出上诉,刑事部分已经发生法律效力的案件,应当对全案进行审查,并按照下列情形分别处理:

(一)第一审判决的刑事部分并无不当的,只需就附带民事部分作出处理;

(二)第一审判决的刑事部分确有错误的,依照审判监督程序对刑事部分进行再审,并将附带民事部分与刑事部分一并审理。

第四百一十条　第二审期间,第一审附带民事诉讼原告人增加独立的诉讼请求或者第一审附带民事诉讼被告人提出反诉的,第二审人民法院可以根据自愿、合法的原则进行调解;调解不成的,告知当事人另行起诉。

第四百一十一条　对第二审自诉案件,必要时可以调解,当事人也可以自行和解。调解结案的,应当制作调解书,第一审判决、裁定视为自动撤销。当事人自行和解的,依照本解释第三百二十九条的规定处理;裁定准许撤回自诉的,应当撤销第一审判决、裁定。

第四百一十二条　第二审期间,自诉案件的当事人提出反诉的,应当告知其另行起诉。

第四百一十三条　第二审人民法院可以委托第一审人民法院代为宣判,并向当事人送达第二审判决书、裁定书。第一审人民法院应当在代为宣判后五日以内将宣判笔录送交第二审人民法院,并在送达完毕后及时将送达回证送交第二审人民法院。

委托宣判的,第二审人民法院应当直接向同级人民检察院送达第二审判决书、裁定书。

第二审判决、裁定是终审的判决、裁定的,自宣告之日起发生法律效力。

第四百一十四条　报请最高人民法院核准在法定刑以下判处刑罚的案件,应当按照下列情形分别处理:

(一)被告人未上诉、人民检察院未抗诉的,在上诉、抗诉期满后三日以内报请上一级人民法院复核。上级人民法院同意原判的,应当书面层报最高人民法院核准;不同意的,应当裁定发回重新审判,或者按照第二审程序提审;

(二)被告人上诉或者人民检察院抗诉的,上一级人民法院维持原判,或者改判后仍在法定刑以下判处刑罚的,应当依照前项规定层报最高人民法院核准。

第四百一十五条　对符合刑法第六十三条第二款规定的案件,第一审人民法院未在法定刑以下判处刑罚的,第二审人民法院可以在法定刑以下判处刑罚,并层报最高人民法院核准。

第四百一十六条　报请最高人民法院核准在法定刑以下判处刑罚的案件,应当报送判决书、报请核准的报告各五份,以及全部案卷、证据。

第四百一十七条　对在法定刑以下判处刑罚的案件,最高人民法院予以核准的,应当作出核准裁定书;不予核准的,应当作出不核准裁定书,并撤销原判决、裁定,发回原审人民法院重新审判或者指定其他下级人民法院重新审判。

第四百一十八条　依照本解释第四百一十四条、第

四百一十七条规定发回第二审人民法院重新审判的案件,第二审人民法院可以直接改判;必须通过开庭查清事实、核实证据或者纠正原审程序违法的,应当开庭审理。

第四百一十九条　最高人民法院和上级人民法院复核在法定刑以下判处刑罚案件的审理期限,参照适用刑事诉讼法第二百四十三条的规定。

第四百二十条　报请最高人民法院核准因罪犯具有特殊情况,不受执行刑期限制的假释案件,应当按照下列情形分别处理:

(一)中级人民法院依法作出假释裁定后,应当报请高级人民法院复核。高级人民法院同意的,应当书面报请最高人民法院核准;不同意的,应当裁定撤销中级人民法院的假释裁定;

(二)高级人民法院依法作出假释裁定的,应当报请最高人民法院核准。

第四百二十一条　报请最高人民法院核准因罪犯具有特殊情况,不受执行刑期限制的假释案件,应当报送报请核准的报告、罪犯具有特殊情况的报告、假释裁定书各五份,以及全部案卷。

第四百二十二条　对因罪犯具有特殊情况,不受执行刑期限制的假释案件,最高人民法院予以核准的,应当作出核准裁定书;不予核准的,应当作出不核准裁定书,并撤销原裁定。

**❷ 第二百三十八条　[应当发回重审的情形]** 第二审人民法院发现第一审人民法院的审理有下列违反法律规定的诉讼程序的情形之一的,应当裁定撤销原判,发回原审人民法院重新审判:

(一)违反本法有关公开审判的规定的;

(二)违反回避制度的;

(三)剥夺或者限制了当事人的法定诉讼权利,可能影响公正审判的;

(四)审判组织的组成不合法的;

(五)其他违反法律规定的诉讼程序,可能影响公正审判的。〔2023年回忆~二审对一审判决的处理〕

第二百三十九条　[发回重审的审判]原审人民法院对于发回重新审判的案件,应当另行组成合议庭,依照第一审程序进行审判。对于重新审判后的判决,依照本法第二百二十七条、第二百二十八条、第二百二十九条的规定可以上诉、抗诉。

《刑诉解释》

第四百零六条　第二审人民法院发现原审人民法院在重新审判过程中,有刑事诉讼法第二百三十八条规定的情形之一,或者违反第二百三十九条规定的,应当裁定撤销原判,发回重新审判。

**❸ 第二百四十条　[对裁定的二审]**第二审人民法院对不服第一审裁定的上诉或者抗诉,经过审查后,应当参照本法第二百三十六条、第二百三十八条和第二百三十九条的规定,分别情形用裁定驳回上诉、抗诉,或者撤销、变更原裁定。〔2016年真题~发回重审案件再次上诉的审理程序〕

**❹ 第二百四十一条　[重审期限]**第二审人民法院

发回原审人民法院重新审判的案件,原审人民法院从收到发回的案件之日起,重新计算审理期限。

**第二百四十三条** [二审审理期限]第二审人民法院受理上诉、抗诉案件,应当在二个月以内审结。对于可能判处死刑的案件或者附带民事诉讼的案件,以及有本法第一百五十八条规定情形之一的,经省、自治区、直辖市高级人民法院批准或者决定,可以延长二个月;因特殊情况还需要延长的,报请最高人民法院批准。

最高人民法院受理上诉、抗诉案件的审理期限,由最高人民法院决定。〔2016年真题~发回重审案件再次上诉的审理程序〕

《刑诉解释》

第四百一十九条 最高人民法院和上级人民法院复核在法定刑以下判处刑罚案件的审理期限,参照适用刑事诉讼法第二百四十三条的规定。

# 专题十七 死刑复核程序

**考点67** 判处死刑立即执行案件的复核程序

**1** **第二百四十七条** [死刑层报程序]中级人民法院判处死刑的第一审案件,被告人不上诉的,应当由高级人民法院复核后,报请最高人民法院核准。高级人民法院不同意判处死刑的,可以提审或者发回重新审判。

高级人民法院判处死刑的第一审案件被告人不上诉的,和判处死刑的第二审案件,都应当报请最高人民法院核准。

《刑诉解释》

第四百二十三条 报请最高人民法院核准死刑的案件,应当按照下列情形分别处理:

(一)中级人民法院判处死刑的第一审案件,被告人未上诉、人民检察院未抗诉的,在上诉、抗诉期满后十日以内报请高级人民法院复核。高级人民法院同意判处死刑的,应当在作出裁定后十日以内报请最高人民法院核准;认为原判认定的某一具体事实或者引用的法律条款等存在瑕疵,但判处被告人死刑并无不当的,可以在纠正后作出核准的判决、裁定;不同意判处死刑的,应当依照第二审程序提审或者发回重新审判;

(二)中级人民法院判处死刑的第一审案件,被告人上诉或者人民检察院抗诉,高级人民法院裁定维持的,应当在作出裁定后十日以内报请最高人民法院核准;

(三)高级人民法院判处死刑的第一审案件,被告人未上诉、人民检察院未抗诉的,应当在上诉、抗诉期满后十日以内报请最高人民法院核准。

高级人民法院复核死刑案件,应当讯问被告人。

**2** **第二百四十九条** [死刑复核的合议庭]最高人民法院复核死刑案件,高级人民法院复核死刑缓期执行的案件,应当由审判员三人组成合议庭进行。

**3** **第二百五十条** [最高人民法院死刑复核结果]最高人民法院复核死刑案件,应当作出核准或者不核准死刑的裁定。对于不核准死刑的,最高人民法院可以发回重新审判或者予以改判。

《刑诉解释》

第四百二十九条 最高人民法院复核死刑案件,应当按照下列情形分别处理:

(一)原判认定事实和适用法律正确、量刑适当、诉讼程序合法的,应当裁定核准;

(二)原判认定的某一具体事实或者引用的法律条款等存在瑕疵,但判处被告人死刑并无不当的,可以在纠正后作出核准的判决、裁定;

(三)原判事实不清、证据不足的,应当裁定不予核准,并撤销原判,发回重新审判;

(四)复核期间出现新的影响定罪量刑的事实、证据的,应当裁定不予核准,并撤销原判,发回重新审判;

(五)原判认定事实正确、证据充分,但依法不应当判处死刑的,应当裁定不予核准,并撤销原判,发回重新审判;根据案件情况,必要时,也可以依法改判;

(六)原审违反法定诉讼程序,可能影响公正审判的,应当裁定不予核准,并撤销原判,发回重新审判。

第四百三十条 最高人民法院裁定不予核准死刑的,根据案件情况,可以发回第二审人民法院或者第一审人民法院重新审判。

对最高人民法院发回第二审人民法院重新审判的案件,第二审人民法院一般不得发回第一审人民法院重新审判。

第一审人民法院重新审判的,应当开庭审理。第二审人民法院重新审判的,可以直接改判;必须通过开庭查清事实、核实证据或者纠正原审程序违法的,应当开庭审理。

第四百三十一条 高级人民法院依照复核程序审理后报请最高人民法院核准死刑,最高人民法院裁定不予核准,发回高级人民法院重新审判的,高级人民法院可以依照第二审程序提审或者发回重新审判。

第四百三十二条 最高人民法院裁定不予核准死刑,发回重新审判的案件,原审人民法院应当另行组成合议庭审理,但本解释第四百二十九条第四项、第五项规定的案件除外。

第四百三十三条 依照本解释第四百三十条、第四百三十一条发回重新审判的案件,第一审人民法院判处死刑、死刑缓期执行的,上一级人民法院依照第二审程序或者复核程序审理后,应当依法作出判决或者裁定,不得再发回重新审判。但是,第一审人民法院有刑事诉讼法第二百三十八条规定的情形或者违反刑事诉讼法第二百三十九条规定的除外。

**4** **第二百五十一条** [最高人民法院死刑复核程序]最高人民法院复核死刑案件,应当讯问被告人,辩护律师提出要求的,应当听取辩护律师的意见。

在复核死刑案件过程中,最高人民检察院可以向最高人民法院提出意见。最高人民法院应当将死刑复核结果通报最高人民检察院。

《刑诉解释》

第四百三十四条 死刑复核期间,辩护律师要求当面反映意见的,最高人民法院有关合议庭应当在办公场所听取其意见,并制作笔录;辩护律师提出书面意见的,应当附卷。

**《高检规则》**

第六百零二条 最高人民检察院依法对最高人民法院的死刑复核活动实行法律监督。

省级人民检察院依法对高级人民法院复核未上诉且未抗诉死刑立即执行案件和死刑缓期二年执行案件的活动实行法律监督。

第六百零五条 省级人民检察院发现死刑复核案件被告人有自首、立功、怀孕或者被告人家属与被害人家属达成赔偿谅解协议等新的重大情况,影响死刑适用的,应当及时向最高人民检察院报告。

第六百零七条 对于适用死刑存在较大分歧或者在全国有重大影响的死刑第二审案件,省级人民检察院应当及时报最高人民检察院备案。

**《办理死刑复核案件听取辩护律师意见的办法》**

第一条 死刑复核案件的辩护律师可以向最高人民法院立案庭查询立案信息。辩护律师查询时,应当提供本人姓名、律师事务所名称、被告人姓名、案由,以及报请复核的高级人民法院的名称及案号。

最高人民法院立案庭能够立即答复的,应当立即答复,不能立即答复的,应当在二个工作日内答复,答复内容为案件是否立案及承办案件的审判庭。

第二条 律师接受被告人、被告人近亲属的委托或者法律援助机构的指派,担任死刑复核案件辩护律师的,应当在接受委托或者指派之日起三个工作日内向最高人民法院相关审判庭提交有关手续。

辩护律师应当在接受委托或者指派之日起一个半月内提交辩护意见。

第四条 辩护律师可以到最高人民法院办公场所查阅、摘抄、复制案卷材料。但依法不公开的材料不得查阅、摘抄、复制。

第五条 辩护律师要求当面反映意见的,案件承办法官应当及时安排。

一般由案件承办法官与书记员当面听取辩护律师意见,也可以由合议庭其他成员或者全体成员与书记员当面听取。

第六条 当面听取辩护律师意见,应当在最高人民法院或者地方人民法院办公场所进行。辩护律师可以携律师助理参加。当面听取意见的人员应当核实辩护律师和律师助理的身份。

第七条 当面听取辩护律师意见时,应当制作笔录,由辩护律师签名后附卷。辩护律师提交相关材料的,应当接收并开列收取清单一式二份,一份交给辩护律师,另一份附卷。

第八条 当面听取辩护律师意见时,具备条件的人民法院应当指派工作人员全程录音、录像。其他在场人员不得自行录音、录像、拍照。

第九条 复核终结后,受委托进行宣判的人民法院应当在宣判后五个工作日内将最高人民法院裁判文书送达辩护律师。

**考点68 判处死刑缓期二年执行案件的复核程序**

第二百四十八条 [死缓核准]中级人民法院判处死刑缓期二年执行的案件,由高级人民法院核准。

**《刑诉解释》**

第四百二十八条 高级人民法院复核死刑缓期执行案件,应当按照下列情形分别处理:

(一)原判认定事实和适用法律正确、量刑适当、诉讼程序合法的,应当裁定核准;

(二)原判认定的某一具体事实或者引用的法律条款等存在瑕疵,但判处被告人死刑缓期执行并无不当的,可以在纠正后作出核准的判决、裁定;

(三)原判认定事实正确,但适用法律有错误,或者量刑过重的,应当改判;

(四)原判事实不清、证据不足的,可以裁定不予核准,并撤销原判,发回重新审判,或者依法改判;

(五)复核期间出现新的影响定罪量刑的事实、证据的,可以裁定不予核准,并撤销原判,发回重新审判,或者依照本解释第二百七十一条的规定审理后依法改判;

(六)原审违反法定诉讼程序,可能影响公正审判的,应当裁定不予核准,并撤销原判,发回重新审判。

复核死刑缓期执行案件,不得加重被告人的刑罚。

**《关于死刑缓期执行限制减刑案件审理程序若干问题的规定》**

第三条 高级人民法院审理或者复核判处死刑缓期执行并限制减刑的案件,认为原判对被告人判处死刑缓期执行适当,但判决限制减刑不当的,应当改判,撤销限制减刑。

第四条 高级人民法院审理判处死刑缓期执行没有限制减刑的上诉案件,认为原判事实清楚、证据充分,但应当限制减刑的,不得直接改判,也不得发回重新审判。确有必要限制减刑的,应当在第二审判决、裁定生效后,按照审判监督程序重新审判。

高级人民法院复核判处死刑缓期执行没有限制减刑的案件,认为应当限制减刑的,不得以提高审级等方式对被告人限制减刑。

第五条 高级人民法院审理判处死刑的第二审案件,对被告人改判死刑缓期执行的,如果符合刑法第五十条第二款的规定,可以同时决定对其限制减刑。

高级人民法院复核判处死刑后没有上诉、抗诉的案件,认为应当改判死刑缓期执行并限制减刑的,可以提审或者发回重新审判。

第六条 最高人民法院复核死刑案件,认为对被告人可以判处死刑缓期执行并限制减刑的,应当裁定不予核准,并撤销原判,发回重新审判。

一案中两名以上被告人被判处死刑,最高人民法院复核后,对其中部分被告人改判死刑缓期执行的,如果符合刑法第五十条第二款的规定,可以同时决定对其限制减刑。

第七条 人民法院对被判处死刑缓期执行的被告人所作的限制减刑决定,应当在判决书主文部分单独作为一项予以宣告。

# 专题十八　审判监督程序

## 考点70 审判监督程序的提起

### (一)审判监督程序中的申诉

**1** **第二百五十二条** [申诉的主体及效力]当事人及其法定代理人、近亲属，对已经发生法律效力的判决、裁定，可以向人民法院或者人民检察院提出申诉，但是不能停止判决、裁定的执行。

《刑诉解释》

第四百五十一条　当事人及其法定代理人、近亲属对已经发生法律效力的判决、裁定提出申诉的，人民法院应当审查处理。

案外人认为已经发生法律效力的判决、裁定侵害其合法权益，提出申诉的，人民法院应当审查处理。

申诉可以委托律师代为进行。

第四百五十三条　申诉由终审人民法院审查处理。但是，第二审人民法院裁定准许撤回上诉的案件，申诉人对第一审判决提出申诉的，可以由第一审人民法院审查处理。

上一级人民法院对未经终审人民法院审查处理的申诉，可以告知申诉人向终审人民法院提出申诉，或者直接交终审人民法院审查处理，并告知申诉人；案件疑难、复杂、重大的，也可以直接审查处理。

对未经终审人民法院及其上一级人民法院审查处理，直接向上级人民法院申诉的，上级人民法院应当告知申诉人向下级人民法院提出。

第四百五十四条　最高人民法院或者上级人民法院可以指定终审人民法院以外的人民法院对申诉进行审查。被指定的人民法院审查后，应当制作审查报告，提出处理意见，层报最高人民法院或者上级人民法院审查处理。

第四百五十五条　对死刑案件的申诉，可以由原核准的人民法院直接审查处理，也可以交由原审人民法院审查。原审人民法院应当制作审查报告，提出处理意见，层报原核准的人民法院审查处理。

第四百五十六条　对立案审查的申诉案件，人民法院可以听取当事人和原办案单位的意见，也可以对原判据以定罪量刑的证据和新的证据进行核实。必要时，可以进行听证。

《高检规则》

第五百九十三条　当事人及其法定代理人、近亲属认为人民法院已经发生法律效力的判决、裁定确有错误，向人民检察院申诉的，由作出生效判决、裁定的人民法院的同级人民检察院依法办理。

当事人及其法定代理人、近亲属直接向上级人民检察院申诉的，上级人民检察院可以交由作出生效判决、裁定的人民法院的同级人民检察院受理；案情重大、疑难、复杂的，上级人民检察院可以直接受理。

当事人及其法定代理人、近亲属对人民法院已经发生法律效力的判决、裁定提出申诉，经人民检察院复查决定不予抗诉后继续提出申诉的，上一级人民检察院应当受理。[2017年真题~当事人向人民检察院申诉的程序]

第五百九十四条　对不服人民法院已经发生法律效力的判决、裁定的申诉，经两级人民检察院办理且省级人民检察院已经复查的，如果没有新的证据，人民检察院不再复查，但原审被告人可能被宣告无罪或者判决、裁定有其他重大错误可能的除外。[2017年真题~当事人向人民检察院申诉的程序]

第五百九十五条　人民检察院对已经发生法律效力的判决、裁定的申诉复查后，认为需要提请或者提出抗诉的，报请检察长决定。

地方各级人民检察院对不服同级人民法院已经发生法律效力的判决、裁定的申诉复查后，认为需要提出抗诉的，应当提请上一级人民检察院抗诉。

上级人民检察院对下一级人民检察院提请抗诉的申诉案件进行审查后，认为需要提出抗诉的，应当向同级人民法院提出抗诉。

人民法院开庭审理时，同级人民检察院应当派员出席法庭。[2017年真题~当事人向人民检察院申诉的程序]

第五百九十六条　人民检察院对不服人民法院已经发生法律效力的判决、裁定的申诉案件复查终结后，应当制作刑事申诉复查通知书，在十日以内通知申诉人。

经复查向上一级人民检察院提请抗诉的，应当在上一级人民检察院作出是否抗诉的决定后制作刑事申诉复查通知书。

**2** **第二百五十三条** [再审的条件]当事人及其法定代理人、近亲属的申诉符合下列情形之一的，人民法院应当重新审判：

(一)有新的证据证明原判决、裁定认定的事实确有错误，可能影响定罪量刑的；

(二)据以定罪量刑的证据不确实、不充分、依法应当予以排除，或者证明案件事实的主要证据之间存在矛盾的；

(三)原判决、裁定适用法律确有错误的；

(四)违反法律规定的诉讼程序，可能影响公正审判的；

(五)审判人员在审理该案件的时候，有贪污受贿，徇私舞弊，枉法裁判行为的。

《刑诉解释》

第四百五十七条　对立案审查的申诉案件，应当在三个月以内作出决定，至迟不得超过六个月。因案件疑难、复杂、重大或其他特殊原因需要延长审查期限的，参照本解释第二百二十条的规定处理。

经审查，具有下列情形之一的，应当根据刑事诉讼法第二百五十三条的规定，决定重新审判：

(一)有新的证据证明原判决、裁定认定的事实确有错误，可能影响定罪量刑的；

(二)据以定罪量刑的证据不确实、不充分、依法应当排除的；

(三)证明案件事实的主要证据之间存在矛盾的；

(四)主要事实依据被依法变更或者撤销的；

(五)认定罪名错误的；

(六)量刑明显不当的；

（七）对违法所得或者其他涉案财物的处理确有明显错误的；

（八）违反法律关于溯及力规定的；

（九）违反法定诉讼程序，可能影响公正裁判的；

（十）审判人员在审理该案件时有贪污受贿、徇私舞弊、枉法裁判行为的。

申诉不具有上述情形的，应当说服申诉人撤回申诉；对仍然坚持申诉的，应当书面通知驳回。

第四百五十八条　具有下列情形之一，可能改变原判决、裁定据以定罪量刑的事实的证据，应当认定为刑事诉讼法第二百五十三条第一项规定的"新的证据"：

（一）原判决、裁定生效后新发现的证据；

（二）原判决、裁定生效前已经发现，但未予收集的证据；

（三）原判决、裁定生效前已经收集，但未经质证的证据；

（四）原判决、裁定所依据的鉴定意见，勘验、检查等笔录被改变或者否定的；

（五）原判决、裁定所依据的被告人供述、证人证言等证据发生变化，影响定罪量刑，且有合理理由的。

第四百五十九条　申诉人对驳回申诉不服的，可以向上一级人民法院申诉。上一级人民法院经审查认为申诉不符合刑事诉讼法第二百五十三条和本解释第四百五十七条第二款规定的，应当说服申诉人撤回申诉；对仍然坚持申诉的，应当驳回或者通知不予重新审判。

**（二）提起审判监督程序的主体**

**第二百五十四条　[提起再审的主体、理由]**各级人民法院院长对本院已经发生法律效力的判决和裁定，如果发现在认定事实上或者在适用法律上确有错误，必须提交审判委员会处理。

最高人民法院对各级人民法院已经发生法律效力的判决和裁定，上级人民法院对下级人民法院已经发生法律效力的判决和裁定，如果发现确有错误，有权提审或者指令下级人民法院再审。

最高人民检察院对各级人民法院已经发生法律效力的判决和裁定，上级人民检察院对下级人民法院已经发生法律效力的判决和裁定，如果发现确有错误，有权按照审判监督程序向同级人民法院提出抗诉。

人民检察院抗诉的案件，接受抗诉的人民法院应当组成合议庭重新审理，对于原判决事实不清楚或者证据不足的，可以指令下级人民法院再审。

**第二百五十五条　[指令再审的审理法院]**上级人民法院指令下级人民法院再审的，应当指令原审人民法院以外的下级人民法院审理；由原审人民法院审理更为适宜的，也可以指令原审人民法院审理。

《刑诉解释》

第四百六十条　各级人民法院院长发现本院已经发生法律效力的判决、裁定确有错误的，应当提交审判委员会讨论决定是否再审。

第四百六十一条　上级人民法院发现下级人民法院已经发生法律效力的判决、裁定确有错误的，可以指令下级人民法院再审；原判决、裁定认定事实正确但适用法律错误，或者案件疑难、复杂、重大，或者有不宜由原审人民法院审理情形的，也可以提审。

上级人民法院指令下级人民法院再审的，一般应当指令原审人民法院以外的下级人民法院审理；由原审人民法院审理更有利于查明案件事实、纠正裁判错误的，可以指令原审人民法院审理。〔2017年真题～再审的启动程序〕

第四百六十二条　对人民检察院依照审判监督程序提出抗诉的案件，人民法院应当在收到抗诉书后一个月以内立案。但是，有下列情形之一的，应当区别情况予以处理：

（一）不属于本院管辖的，应当将案件退回人民检察院；

（二）按照抗诉书提供的住址无法向被抗诉的原审被告人送达抗诉书的，应当通知人民检察院在三日以内重新提供原审被告人的住址；逾期未提供的，将案件退回人民检察院；

（三）以有新的证据为由提出抗诉，但未附相关证据材料或者有关证据不是指向原起诉事实的，应当通知人民检察院在三日以内补送相关材料；逾期未补送的，将案件退回人民检察院。

决定退回的抗诉案件，人民检察院经补充相关材料后再次抗诉，经审查符合受理条件的，人民法院应当受理。

《高检规则》

第五百九十一条　人民检察院认为人民法院已经发生法律效力的判决、裁定确有错误，具有下列情形之一的，应当按照审判监督程序向人民法院提出抗诉：

（一）有新的证据证明原判决、裁定认定的事实确有错误，可能影响定罪量刑的；

（二）据以定罪量刑的证据不确实、不充分的；

（三）据以定罪量刑的证据依法应当予以排除的；

（四）据以定罪量刑的主要证据之间存在矛盾的；

（五）原判决、裁定的主要事实依据被依法变更或者撤销的；

（六）认定罪名错误且明显影响量刑的；

（七）违反法律关于追诉时效期限的规定的；

（八）量刑明显不当的；

（九）违反法律规定的诉讼程序，可能影响公正审判的；

（十）审判人员在审理案件的时候有贪污受贿，徇私舞弊，枉法裁判行为的。

对于同级人民法院已经发生法律效力的判决、裁定，人民检察院认为可能有错误的，应当另行指派检察官或者检察官办案组进行审查。经审查，认为有前款规定情形之一的，应当提请上一级人民检察院提出抗诉。

对已经发生法律效力的判决、裁定的审查，参照本规则第五百八十五条的规定办理。

第五百九十二条 对于高级人民法院判处死刑缓期二年执行的案件，省级人民检察院认为确有错误提请抗诉的，一般应当在收到生效判决、裁定后三个月以内提出，至迟不得超过六个月。

第五百九十七条 最高人民检察院发现各级人民法院已经发生法律效力的判决或者裁定，上级人民检察院发现下级人民法院已经发生法律效力的判决或者裁定确有错误时，可以直接向同级人民法院提出抗诉，或者指令作出生效判决、裁定人民法院的上一级人民检察院向同级人民法院提出抗诉。

第五百九十八条 人民检察院按照审判监督程序向人民法院提出抗诉的，应当将抗诉书副本报送上一级人民检察院。

第五百九十九条 对按照审判监督程序提出抗诉的案件，人民检察院认为人民法院再审作出的判决、裁定仍然确有错误的，如果案件是依照第一审程序审判的，同级人民检察院应当按照第二审程序向上一级人民法院提出抗诉；如果案件是依照第二审程序审判的，上一级人民检察院应当按照审判监督程序向同级人民法院提出抗诉。

第六百条 人民检察院办理按照第二审程序、审判监督程序抗诉的案件，认为需要对被告人采取强制措施的，参照本规则相关规定。决定采取强制措施应当经检察长批准。

第六百零一条 人民检察院对自诉案件的判决、裁定的监督，适用本节的规定。

**考点71 审判监督审理程序**

**第二百五十六条** [再审的审理]人民法院按照审判监督程序重新审判的案件，由原审人民法院审理的，应当另行组成合议庭进行。如果原来是第一审案件，应当依照第一审程序进行审判，所作的判决、裁定，可以上诉、抗诉；如果原来是第二审案件，或者是上级人民法院提审的案件，应当依照第二审程序进行审判，所作的判决、裁定，是终审的判决、裁定。

人民法院开庭审理的再审案件，同级人民检察院应当派员出席法庭。

《刑诉解释》

第四百六十五条 依照审判监督程序重新审判的案件，人民法院应当重点针对申诉、抗诉和决定再审的理由进行审理。必要时，应当对原判决、裁定认定的事实、证据和适用法律进行全面审查。

第四百六十六条 原审人民法院审理依照审判监督程序重新审判的案件，应当另行组成合议庭。

原来是第一审案件，应当依照第一审程序进行审判，所作的判决、裁定可以上诉、抗诉；原来是第二审案件，或者是上级人民法院提审的案件，应当依照第二审程序进行审判，所作的判决、裁定是终审的判决、裁定。

符合刑事诉讼法第二百九十六条、第二百九十七条规定的，可以缺席审判。[2017年真题~再审的启动程序]

第四百六十七条 对依照审判监督程序重新审判的

案件，人民法院在依照第一审程序进行审判的过程中，发现原审被告人还有其他犯罪的，一般应当并案审理，但分案审理更为适宜的，可以分案审理。

第四百六十八条 开庭审理再审案件，再审决定书或者抗诉书只针对部分原审被告人，其他同案原审被告人不出庭不影响审理的，可以不出庭参加诉讼。

第四百六十九条 除人民检察院抗诉的以外，再审一般不得加重原审被告人的刑罚。再审决定书或者抗诉书只针对部分原审被告人的，不得加重其他同案原审被告人的刑罚。

第四百七十条 人民法院审理人民检察院抗诉的再审案件，人民检察院在开庭审理前撤回抗诉的，应当裁定准许；人民检察院接到出庭通知后不派员出庭，且未说明原因的，可以裁定按撤回抗诉处理，并通知诉讼参与人。

人民法院审理申诉人申诉的再审案件，申诉人在再审期间撤回申诉的，可以裁定准许；但认为原判确有错误的，应当不予准许，继续按照再审案件审理。申诉人经依法通知无正当理由拒不到庭，或者未经法庭许可中途退庭的，可以裁定按撤回申诉处理，但申诉人不是原审当事人的除外。

第四百七十一条 开庭审理的再审案件，系人民法院决定再审的，由合议庭组成人员宣读再审决定书；系人民检察院抗诉的，由检察员宣读抗诉书；系申诉人申诉的，由申诉人或者其辩护人、诉讼代理人陈述申诉理由。

第四百七十二条 再审案件经过重新审理后，应当按照下列情形分别处理：

（一）原判决、裁定认定事实和适用法律正确、量刑适当的，应当裁定驳回申诉或者抗诉，维持原判决、裁定；

（二）原判决、裁定定罪准确、量刑适当，但在认定事实、适用法律等方面有瑕疵的，应当裁定纠正并维持原判决、裁定；

（三）原判决、裁定认定事实没有错误，但适用法律错误或者量刑不当的，应当撤销原判决、裁定，依法改判；

（四）依照第二审程序审理的案件，原判决、裁定事实不清、证据不足的，可以在查清事实后改判，也可以裁定撤销原判，发回原审人民法院重新审判。

原判决、裁定事实不清或者证据不足，经审理事实已经查清的，应当根据查清的事实依法裁判；事实仍无法查清，证据不足，不能认定被告人有罪的，应当撤销原判决、裁定，判决宣告被告人无罪。

第四百七十三条 原判决、裁定认定被告人姓名等身份信息有误，但认定事实和适用法律正确、量刑适当的，作出生效判决、裁定的人民法院可以通过裁定对有关信息予以更正。

第四百七十四条 对再审改判宣告无罪并依法享有申请国家赔偿权利的当事人，人民法院宣判时，应当告知其在判决发生法律效力后可以依法申请国家赔偿。

《高检规则》

第四百五十四条 人民法院开庭审理再审案件，同级人民检察院应当派员出席法庭。

第四百五十五条　人民检察院对于人民法院按照审判监督程序重新审判的案件,应当对原判决、裁定认定的事实、证据、适用法律进行全面审查,重点审查有争议的案件事实、证据和法律适用问题。

第四百五十六条　人民检察院派员出席再审法庭,如果再审案件按照第一审程序审理,参照本章第一节有关规定执行;如果再审案件按照第二审程序审理,参照本章第四节有关规定执行。

**《刑事再审案件开庭审理程序规定(试行)》**

第四条　参与过本案第一审、第二审、复核程序审判的合议庭组成人员,不得参与本案的再审程序的审判。

第五条　人民法院审理下列再审案件,应当依法开庭审理:

(一)依照第一审程序审理的;

(二)依照第二审程序需要对事实或者证据进行审理的;

(三)人民检察院按照审判监督程序提出抗诉的;

(四)可能对原审被告人(原审上诉人)加重刑罚的;

(五)有其他应当开庭审理情形的。

第六条　下列再审案件可以不开庭审理:

(一)原判决、裁定认定事实清楚,证据确实、充分,但适用法律错误,量刑畸重的;

(二)1979年《中华人民共和国刑事诉讼法》施行以前裁判的;

(三)原审被告人(原审上诉人)、原审自诉人已经死亡、或者丧失刑事责任能力的;

(四)原审被告人(原审上诉人)在交通十分不便的边远地区监狱服刑,提押到庭确有困难的;但人民检察院提出抗诉的,人民法院应征得人民检察院的同意;

(五)人民法院按照审判监督程序决定再审,按本规定第九条第(五)项规定,经两次通知,人民检察院不派员出庭的。

第七条　人民法院审理共同犯罪再审案件,如果人民法院再审决定书或者人民检察院抗诉书只对部分同案原审被告人(同案原审上诉人)提起再审,其他未涉及的同案原审被告人(同案原审上诉人)不出庭不影响案件审理的,可以不出庭参与诉讼;

部分同案原审被告人(同案原审上诉人)具有本规定第六条第(三)、(四)项规定情形不能出庭的,不影响案件的开庭审理。

第八条　除人民检察院抗诉的以外,再审一般不得加重原审被告人(原审上诉人)的刑罚。

根据本规定第六条第(二)、(三)、(四)、(五)、(六)项、第七条的规定,不具备开庭条件可以不开庭审理的,或者可以不出庭参加诉讼的,不得加重未出庭原审被告人(原审上诉人)、同案原审被告人(同案原审上诉人)的刑罚。

第十条　人民法院审理人民检察院提出抗诉的再审案件,对人民检察院接到出庭通知后未出庭的,应当裁定按人民检察院撤回抗诉处理,并通知诉讼参与人。

# 专题十九　涉外刑事诉讼程序与司法协助制度

### 考点72　涉外刑事诉讼程序

**《刑诉解释》**

第四百七十五条　本解释所称的涉外刑事案件是指:

(一)在中华人民共和国领域内,外国人犯罪或者我国公民对外国、外国人犯罪的案件;

(二)符合刑法第七条、第十条规定情形的我国公民在中华人民共和国领域外犯罪的案件;

(三)符合刑法第八条、第十条规定情形的外国人犯罪的案件;

(四)符合刑法第九条规定情形的中华人民共和国在所承担国际条约义务范围内行使管辖权的案件。

第四百七十九条　涉外刑事案件审判期间,人民法院应当将下列事项及时通报同级人民政府外事主管部门,并依照有关规定通知有关国家驻华使领馆:

(一)人民法院决定对外国籍被告人采取强制措施的情况,包括外国籍当事人的姓名(包括译名)、性别、入境时间、护照或者证件号码、采取的强制措施及法律依据、羁押地点等;

(二)开庭的时间、地点、是否公开审理等事项;

(三)宣判的时间、地点。

涉外刑事案件宣判后,应当将处理结果及时通报同级人民政府外事主管部门。

对外国籍被告人执行死刑的,死刑裁决下达后执行前,应当通知其国籍国驻华使领馆。

外国籍被告人在案件审理中死亡的,应当及时通报同级人民政府外事主管部门,并通知有关国家驻华使领馆。

第四百八十条　需要向有关国家驻华使领馆通知有关事项的,应当层报高级人民法院,由高级人民法院按照下列规定通知:

(一)外国籍当事人国籍国与我国签订有双边领事条约的,根据条约规定办理;未与我国签订双边领事条约,但参加《维也纳领事关系公约》的,根据公约规定办理;未与我国签订领事条约,也未参加《维也纳领事关系公约》,但与我国有外交关系的,可以根据外事主管部门的意见,按照互惠原则,根据有关规定和国际惯例办理;

(二)在外国驻华领馆领区内发生的涉外刑事案件,通知有关外国驻该地区的领馆;在外国领馆领区外发生的涉外刑事案件,通知有关外国驻华使馆;与我国有外交关系,但未设使领馆的国家,可以通知其代管国家驻华使领馆;无代管国家、代管国家不明的,可以不通知;

(三)双边领事条约规定通知时限的,应当在规定的期限内通知;没有规定的,应当根据或者参照《维也纳领事关系公约》和国际惯例尽快通知,至迟不得超过七日;

(四)双边领事条约没有规定必须通知,外国籍当事人要求不通知其国籍国驻华使领馆的,可以不通知,但应当由其本人出具书面声明。

高级人民法院向外国驻华使领馆通知有关事项,必要时,可以请人民政府外事主管部门协助。

第四百八十二条 涉外刑事案件审判期间,外国籍被告人在押,其籍国驻华使领馆官员要求探视的,可以向受理案件的人民法院所在地的高级人民法院提出。人民法院应当根据我国与被告人国籍国签订的双边领事条约规定的时限予以安排;没有条约规定的,应当尽快安排。必要时,可以请人民政府外事主管部门协助。

涉外刑事案件审判期间,外国籍被告人在押,其监护人、近亲属申请会见的,可以向受理案件的人民法院所在地的高级人民法院提出,并依照本解释第四百八十六条的规定提供与被告人关系的证明。人民法院经审查认为不妨碍案件审判的,可以批准。

被告人拒绝接受探视、会见的,应当由其本人出具书面声明。拒绝出具书面声明的,应当记录在案;必要时,应当录音录像。

探视、会见被告人应当遵守我国法律规定。

第四百八十三条 人民法院审理涉外刑事案件,应当公开进行,但依法不应公开审理的除外。

公开审理的涉外刑事案件,外国籍当事人国籍国驻华使领馆官员要求旁听的,可以向受理案件的人民法院所在地的高级人民法院提出申请,人民法院应当安排。

第四百八十四条 人民法院审判涉外刑事案件,使用中华人民共和国通用的语言、文字,应当为外国籍当事人提供翻译。翻译人员应当在翻译文件上签名。

人民法院的诉讼文书为中文本。外国籍当事人不通晓中文的,应当附有外文译本,译本不加盖人民法院印章,以中文本为准。

外国籍当事人通晓中国语言、文字,拒绝他人翻译,或者不需要诉讼文书外文译本的,应当由其本人出具书面声明。拒绝出具书面声明的,应当记录在案;必要时,应当录音录像。

第四百八十五条 外国籍被告人委托律师辩护,或者外国籍附带民事诉讼原告人、自诉人委托律师代理诉讼的,应当委托具有中华人民共和国律师资格并依法取得执业证书的律师。

外国籍被告人在押的,其监护人、近亲属或者其籍国驻华使领馆可以代为委托辩护人。其监护人、近亲属代为委托的,应当提供与被告人关系的有效证明。

外国籍当事人委托其监护人、近亲属担任辩护人、诉讼代理人的,被委托人应当提供与当事人关系的有效证明。经审查,符合刑事诉讼法、有关司法解释规定的,人民法院应当准许。

外国籍被告人没有委托辩护人的,人民法院可以通知法律援助机构为其指派律师提供辩护。被告人拒绝辩护人辩护的,应当由其出具书面声明,或者将其口头声明记录在案;必要时,应当录音录像。被告人属于应当提供法律援助情形的,依照本解释第五十条规定处理。

第四百八十七条 对涉外刑事案件的被告人,可以

决定限制出境;对开庭审理案件时必须到庭的证人,可以要求暂缓出境。限制外国人出境的,应当通报同级人民政府外事主管部门和当事人国籍国驻华使领馆。

人民法院决定限制外国人和中国公民出境的,应当书面通知被限制出境的人在案件审理终结前不得离境,并可以采取扣留护照或者其他出入境证件的办法限制其出境;扣留证件的,应当履行必要手续,并发给本人扣留证件的证明。

需要对外国人和中国公民在口岸采取边控措施的,受理案件的人民法院应当按照规定制作边控对象通知书,并附有关法律文书,层报高级人民法院办理交控手续。紧急情况下,需要采取临时边控措施的,受理案件的人民法院可以先向有关口岸所在地出入境边防检查机关交控,但应当在七日以内按照规定层报高级人民法院办理手续。

### 考点 73 刑事司法协助

**(一)协助依据**

《刑诉解释》

第四百九十一条 请求和提供司法协助,应当依照《中华人民共和国国际刑事司法协助法》、我国与有关国家、地区签订的刑事司法协助条约、移管被判刑人条约和有关法律规定进行。

对请求书的签署机关、请求书及所附材料的语言文字、有关办理期限和具体程序等事项,在不违反中华人民共和国法律的基本原则的情况下,可以按照刑事司法协助条约规定或者双方协商办理。

**(二)拒绝情形**

《刑诉解释》

第四百九十二条 外国法院请求的事项有损中华人民共和国的主权、安全、社会公共利益以及违反中华人民共和国法律的基本原则的,人民法院不予协助;属于有关法律规定的可以拒绝提供刑事司法协助情形的,可以不予协助。

**(三)具体程序**

《刑诉解释》

第四百九十三条 人民法院请求外国提供司法协助的,应当层报最高人民法院,经最高人民法院审核同意后交由有关对外联系机关及时向外国提出请求。

外国法院请求我国提供司法协助,有关对外联系机关认为属于人民法院职权范围的,经最高人民法院审核同意后转有关人民法院办理。

第四百九十四条 人民法院请求外国提供司法协助的请求书,应当依照刑事司法协助条约的规定提出;没有条约或者条约没有规定的,应当载明法律规定的相关信息并附相关材料。请求书及其所附材料应当以中文制作,并附有被请求国官方文字的译本。

外国请求我国法院提供司法协助的请求书,应当依照刑事司法协助条约的规定提出;没有条约或者条约没有规定的,应当载明我国法律规定的相关信息并附相关材料。请求书及所附材料应当附有中文译本。

## (四)域外送达

**《刑诉解释》**

第四百九十五条 人民法院向在中华人民共和国领域外居住的当事人送达刑事诉讼文书,可以采用下列方式:

(一)根据受送达人所在国与中华人民共和国缔结或者共同参加的国际条约规定的方式送达;

(二)通过外交途径送达;

(三)对中国籍当事人,所在国法律允许或者经所在国同意的,可以委托我国驻受送达人所在国的使领馆代为送达;

(四)当事人是自诉案件的自诉人或者附带民事诉讼原告人的,可以向有权代其接受送达的诉讼代理人送达;

(五)当事人是外国单位的,可以向其在中华人民共和国领域内设立的代表机构或者有权接受送达的分支机构、业务代办人送达;

(六)受送达人所在国法律允许的,可以邮寄送达;自邮寄之日起满三个月,送达回证未退回,但根据各种情况足以认定已经送达的,视为送达;

(七)受送达人所在国法律允许的,可以采用传真、电子邮件等能够确认受送达人收悉的方式送达。

# 专题二十 执 行

**考点75、76 执行程序**

**(一)死刑、无期徒刑和有期徒刑的执行**

**1** 第二百六十二条 [死刑的停止执行]下级人民法院接到最高人民法院执行死刑的命令后,应当在七日以内交付执行。但是发现有下列情形之一的,应当停止执行,并且立即报告最高人民法院,由最高人民法院作出裁定:

(一)在执行前发现判决可能有错误的;

(二)在执行前罪犯揭发重大犯罪事实或者有其他重大立功表现,可能需要改判的;

(三)罪犯正在怀孕。

前款第一项、第二项停止执行的原因消失后,必须报请最高人民法院院长再签发执行死刑的命令才能执行;由于前款第三项原因停止执行的,应当报请最高人民法院依法改判。

**《刑诉解释》**

第四百九十九条 最高人民法院的执行死刑命令,由高级人民法院交付第一审人民法院执行。第一审人民法院接到执行死刑命令后,应当在七日以内执行。

在死刑缓期执行期间故意犯罪,最高人民法院核准执行死刑的,由罪犯服刑地的中级人民法院执行。

第五百条 下级人民法院在接到执行死刑命令后、执行前,发现有下列情形之一的,应当暂停执行,并立即将请求停止执行死刑的报告和相关材料层报最高人民法院:

(一)罪犯可能有其他犯罪的;

(二)共同犯罪的其他犯罪嫌疑人到案,可能影响罪

犯量刑的;

(三)共同犯罪的其他罪犯被暂停或者停止执行死刑,可能影响罪犯量刑的;

(四)罪犯揭发重大犯罪事实或者有其他重大立功表现,可能需要改判的;

(五)罪犯怀孕的;

(六)判决、裁定可能有影响定罪量刑的其他错误的。

最高人民法院经审查,认为可能影响罪犯定罪量刑的,应当裁定停止执行死刑;认为不影响的,应当决定继续执行死刑。

第五百零一条 最高人民法院在执行死刑命令签发后、执行前,发现有前条第一款规定情形的,应当立即裁定停止执行死刑,并将有关材料移交下级人民法院。

第五百零二条 下级人民法院接到最高人民法院停止执行死刑的裁定后,应当会同有关部门调查核实停止执行死刑的事由,并及时将调查结果和意见层报最高人民法院审核。

第五百零三条 对下级人民法院报送的停止执行死刑的调查结果和意见,由最高人民法院原作出核准死刑判决、裁定的合议庭负责审查;必要时,另行组成合议庭进行审查。

第五百零四条 最高人民法院对停止执行死刑的案件,应当按照下列情形分别处理:

(一)确认罪犯怀孕的,应当改判;

(二)确认罪犯有其他犯罪,依法应当追诉的,应当裁定不予核准死刑,撤销原判,发回重新审判;

(三)确认原判决、裁定有错误或者罪犯有重大立功表现,需要改判的,应当裁定不予核准死刑,撤销原判,发回重新审判;

(四)确认原判决、裁定没有错误,罪犯没有重大立功表现,或者重大立功表现不影响原判决、裁定执行的,应当裁定继续执行死刑,并由院长重新签发执行死刑的命令。

**《高检规则》**

第六百四十九条 执行死刑前,人民检察院发现具有下列情形之一的,应当建议人民法院立即停止执行,并层报最高人民检察院负责死刑复核监督的部门:

(一)被执行人并非应当执行死刑的罪犯的;

(二)罪犯犯罪时不满十八周岁,或者审判的时候已满七十五周岁,依法不应当适用死刑的;

(三)罪犯正在怀孕的;

(四)共同犯罪的其他犯罪嫌疑人到案,共同犯罪的其他罪犯被暂停或者停止执行死刑,可能影响罪犯量刑的;

(五)罪犯可能有其他犯罪的;

(六)罪犯揭发他人重大犯罪事实或者有其他重大立功表现,可能需要改判的;

(七)判决、裁定可能有影响定罪量刑的其他错误的。

在执行死刑活动中,发现人民法院有侵犯被执行死刑罪犯的人身权、财产权或者其近亲属、继承人合法权利等违法情形的,人民检察院应当依法提出纠正意见。

**❷ 第二百六十四条　[死缓、无期、有期执行]** 罪犯被交付执行刑罚的时候，应当由交付执行的人民法院在判决生效后十日以内将有关的法律文书送达公安机关、监狱或者其他执行机关。

对被判处死刑缓期二年执行、无期徒刑、有期徒刑的罪犯，由公安机关依法将该罪犯送交监狱执行刑罚。对被判处有期徒刑的罪犯，在被交付执行刑罚前，剩余刑期在三个月以下的，由看守所代为执行。对被判处拘役的罪犯，由公安机关执行。

对未成年犯应当在未成年犯管教所执行刑罚。

执行机关应当将罪犯及时收押，并且通知罪犯家属。

判处有期徒刑、拘役的罪犯，执行期满，应当由执行机关发给释放证明书。

《刑诉解释》

第五百一十一条　被判处死刑缓期执行、无期徒刑、有期徒刑、拘役的罪犯，第一审人民法院应当在判决、裁定生效后十日以内，将判决书、裁定书、起诉书副本、自诉状复印件、执行通知书、结案登记表送达公安机关、监狱或者其他执行机关。

第五百一十二条　同案审理的案件中，部分被告人被判处死刑，对未被判处死刑的同案被告人需要羁押执行刑罚的，应当根据前条规定及时交付执行。但是，该同案被告人参与实施有关死刑之罪的，应当在复核讯问被判处死刑的被告人后交付执行。

第五百一十三条　执行通知书回执经看守所盖章后，应当附卷备查。

第五百一十四条　罪犯在被交付执行前，因有严重疾病、怀孕或者正在哺乳自己婴儿的妇女、生活不能自理的原因，依法提出暂予监外执行的申请的，有关病情诊断、妊娠检查和生活不能自理的鉴别，由人民法院负责组织进行。

《高检规则》

第六百二十五条　人民检察院发现人民法院、公安机关、看守所等机关的交付执行活动具有下列情形之一的，应当依法提出纠正意见：

（一）交付执行的第一审人民法院没有在法定期间内将判决书、裁定书、人民检察院的起诉书副本、自诉状复印件、执行通知书、结案登记表等法律文书送达公安机关、监狱、社区矫正机构等执行机关的；

（二）对被判处死刑缓期二年执行、无期徒刑或者有期徒刑余刑在三个月以上的罪犯，公安机关、看守所自接到人民法院执行通知书等法律文书后三十日以内，没有将成年罪犯送交监狱执行刑罚，或者没有将未成年罪犯送交未成年犯管教所执行刑罚的；

（三）对需要收监执行刑罚而判决、裁定生效前未被羁押的罪犯，第一审人民法院没有及时将罪犯收监送交公安机关，并将判决书、裁定书、执行通知书等法律文书送达公安机关的；

（四）公安机关对需要收监执行刑罚但下落不明的罪犯，在收到人民法院的判决书、裁定书、执行通知书等法律文书后，没有及时抓捕、通缉的；

（五）对被判处管制、宣告缓刑或者人民法院决定暂予监外执行的罪犯，在判决、裁定生效后或者收到人民法院暂予监外执行决定后，未依法交付罪犯居住地社区矫正机构执行，或者对被单处剥夺政治权利的罪犯，在判决、裁定生效后，未依法交付罪犯居住地公安机关执行的，或者人民法院依法交付执行，社区矫正机构或者公安机关应当接收而拒绝接收的；

（六）其他违法情形。

第六百五十条　判处被告人死刑缓期二年执行的判决、裁定在执行过程中，人民检察院监督的内容主要包括：

（一）死刑缓期执行期满，符合法律规定应当减为无期徒刑、有期徒刑条件的，监狱是否及时提出减刑建议提请人民法院裁定，人民法院是否依法裁定；

（二）罪犯在缓期执行期间故意犯罪，监狱是否依法侦查和移送起诉；罪犯确系故意犯罪，情节恶劣，查证属实，应当执行死刑的，人民法院是否依法核准或者裁定执行死刑。

被判处死刑缓期二年执行的罪犯在死刑缓期执行期间故意犯罪，执行机关向人民检察院移送起诉的，由罪犯服刑所在地设区的市级人民检察院审查决定是否提起公诉。

人民检察院发现人民法院对被判处死刑缓期二年执行的罪犯减刑不当的，应当依照本规则第六百三十九条、第六百四十条的规定，向人民法院提出纠正意见。罪犯在死刑缓期执行期间又故意犯罪，经人民检察院起诉后，人民法院仍然予以减刑的，人民检察院应当依照本规则相关规定，向人民法院提出抗诉。

**(二)刑事裁判涉财产部分的执行**

**第二百七十一条　[罚金的执行]** 被判处罚金的罪犯，期满不缴纳的，人民法院应当强制缴纳；如果由于遭遇不能抗拒的灾祸等原因缴纳确实有困难的，经人民法院裁定，可以延期缴纳、酌情减少或者免除。

**第二百七十二条　[没收财产的执行]** 没收财产的判决，无论附加适用或者独立适用，都由人民法院执行；在必要的时候，可以会同公安机关执行。

《刑诉解释》

第五百二十二条　刑事裁判涉财产部分和附带民事裁判应当由人民法院执行的，由第一审人民法院负责裁判执行的机构执行。

第五百二十三条　罚金在判决规定的期限内一次或者分期缴纳。期满无故不缴纳或者未足额缴纳的，人民法院应当强制缴纳。经强制缴纳仍不能全部缴纳的，在任何时候，包括主刑执行完毕后，发现被执行人有可供执行的财产的，应当追缴。

行政机关对被告人就同一事实已经处以罚款的，人民法院判处罚金时应当折抵，扣除行政处罚已执行的部分。

第五百二十四条　因遭遇不能抗拒的灾祸等原因缴纳罚金确有困难，被执行人申请延期缴纳、酌情减少或者免除罚金的，应当提交相关证明材料。人民法院应当在收到申请后一个月以内作出裁定。符合法定条件的,应当准许;不符合条件的,驳回申请。

第五百二十五条　判处没收财产的,判决生效后,应当立即执行。

第五百二十六条　执行财产刑,应当参照被扶养人住所地政府公布的上年度当地居民最低生活费标准,保留被执行人及其所扶养人的生活必需费用。

第五百二十七条　被判处财产刑,同时又承担附带民事赔偿责任的被执行人,应当先履行民事赔偿责任。

第五百二十八条　执行刑事裁判涉财产部分、附带民事裁判过程中,当事人、利害关系人认为执行行为违反法律规定,或者案外人对被执行标的书面提出异议的,人民法院应当参照民事诉讼法的有关规定处理。

第五百二十九条　执行刑事裁判涉财产部分、附带民事裁判过程中,具有下列情形之一的,人民法院应当裁定终结执行:

(一)据以执行的判决、裁定被撤销的;

(二)被执行人死亡或者被执行死刑,且无财产可供执行的;

(三)被判处罚金的单位终止,且无财产可供执行的;

(四)依照刑法第五十三条规定免除罚金的;

(五)应当终结执行的其他情形。

裁定终结执行后,发现被执行人的财产有被隐匿、转移等情形的,应当追缴。

第五百三十条　被执行财产在外地的,第一审人民法院可以委托财产所在地的同级人民法院执行。

第五百三十一条　刑事裁判涉财产部分、附带民事裁判全部或者部分被撤销的,已经执行的财产应当全部或者部分返还被执行人;无法返还的,应当依法赔偿。

第五百三十二条　刑事裁判涉财产部分、附带民事裁判的执行,刑事诉讼法及有关刑事司法解释没有规定的,参照适用民事执行的有关规定。

### 《刑事裁判涉财产部分执行的若干规定》

第一条　本规定所称刑事裁判涉财产部分的执行,是指发生法律效力的刑事裁判主文确定的下列事项的执行:

(一)罚金、没收财产;

(二)责令退赔;

(三)处置随案移送的赃款赃物;

(四)没收随案移送的供犯罪所用本人财物;

(五)其他应当由人民法院执行的相关事项。

刑事附带民事裁判的执行,适用民事执行的有关规定。

第二条　刑事裁判涉财产部分,由第一审人民法院执行。第一审人民法院可以委托财产所在地的同级人民法院执行。

第三条　人民法院办理刑事裁判涉财产部分执行案件的期限为六个月。有特殊情况需要延长的,经本院院长批准,可以延长。

第四条　人民法院刑事审判中可能判处被告人财产刑、责令退赔的,刑事审判部门应当依法对被告人的财产状况进行调查;发现可能隐匿、转移财产的,应当及时查

封、扣押、冻结其相应财产。

第五条　刑事审判或者执行中,对于侦查机关已经采取的查封、扣押、冻结,人民法院应当在期限届满前及时续行查封、扣押、冻结。人民法院续行查封、扣押、冻结的顺位与侦查机关查封、扣押、冻结的顺位相同。

对侦查机关查封、扣押、冻结的财产,人民法院执行中可以直接裁定处置,无需侦查机关出具解除手续,但裁定中应当指明侦查机关查封、扣押、冻结的事实。

第六条　刑事裁判涉财产部分的裁判内容,应当明确、具体。涉案财物或者被害人人数较多,不宜在判决主文中详细列明的,可以概括叙明并另附清单。

判处没收部分财产的,应当明确没收的具体财物或者金额。

判处追缴或者责令退赔的,应当明确追缴或者退赔的金额或财物的名称、数量等相关情况。

第九条　判处没收财产的,应当执行刑事裁判生效时被执行人合法所有的财产。

执行没收财产或罚金刑,应当参照被扶养人住所地政府公布的上年度当地居民最低生活费标准,保留被执行人及其所扶养家属的生活必需费用。

第十条　对赃款赃物及其收益,人民法院应当一并追缴。

被执行人将赃款赃物投资或者置业,对因此形成的财产及其收益,人民法院应予追缴。

被执行人将赃款赃物与其他合法财产共同投资或者置业,对因此形成的财产中与赃款赃物对应的份额及其收益,人民法院应予追缴。

对于被害人的损失,应当按照刑事裁判认定的实际损失予以发还或者赔偿。

第十一条　被执行人将刑事裁判认定为赃款赃物的涉案财物用于清偿债务、转让或者设置其他权利负担,具有下列情形之一的,人民法院应予追缴:

(一)第三人明知是涉案财物而接受的;

(二)第三人无偿或者以明显低于市场的价格取得涉案财物的;

(三)第三人通过非法债务清偿或者违法犯罪活动取得涉案财物的;

(四)第三人通过其他恶意方式取得涉案财物的。

第三人善意取得涉案财物的,执行程序中不予追缴。作为原所有人的被害人对该涉案财物主张权利的,人民法院应当告知其通过诉讼程序处理。

第十二条　被执行财产需要变价的,人民法院执行机构应当依法采取拍卖、变卖等变价措施。

涉案财物最后一次拍卖未能成交,需要上缴国库的,人民法院应当通知有关财政机关以该次拍卖保留价予以接收;有关财政机关要求继续变价的,可以进行无保留价拍卖。需要退赔被害人的,以该次拍卖保留价以物退赔;被害人不同意以物退赔的,可以进行无保留价拍卖。

第十三条　被执行人在执行中同时承担刑事责任、民事责任,其财产不足以支付的,按照下列顺序执行:

(一)人身损害赔偿中的医疗费用;

（二）退赔被害人的损失；

（三）其他民事债务；

（四）罚金；

（五）没收财产。

债权人对执行标的依法享有优先受偿权，其主张优先受偿的，人民法院应当在前款第（一）项规定的医疗费用受偿后，予以支持。

第十四条　执行过程中，当事人、利害关系人认为执行行为违反法律规定，或者案外人对执行标的主张足以阻止执行的实体权利，向执行法院提出书面异议的，执行法院应当依照民事诉讼法第二百二十五条（现为第二百三十六条）的规定处理。

人民法院审查案外人异议、复议，应当公开听证。

第十五条　执行过程中，案外人或被害人认为刑事裁判中对涉案财物是否属于赃款赃物认定错误或者应予认定而未认定，向执行法院提出书面异议，可以通过裁定补正的，执行机构应当将异议材料移送刑事审判部门处理；无法通过裁定补正的，应当告知异议人通过审判监督程序处理。

### 考点77　暂予监外执行

#### （一）暂予监外执行的条件及批准、决定机关

第二百六十五条　[暂予监外执行] 对被判处有期徒刑或者拘役的罪犯，有下列情形之一的，可以暂予监外执行：

（一）有严重疾病需要保外就医的；

（二）怀孕或者正在哺乳自己婴儿的妇女；

（三）生活不能自理，适用暂予监外执行不致危害社会的。

对被判处无期徒刑的罪犯，有前款第二项规定情形的，可以暂予监外执行。

对适用保外就医可能有社会危险性的罪犯，或者自伤自残的罪犯，不得保外就医。

对罪犯确有严重疾病，必须保外就医的，由省级人民政府指定的医院诊断并开具证明文件。

在交付执行前，暂予监外执行由交付执行的人民法院决定；在交付执行后，暂予监外执行由监狱或者看守所提出书面意见，报省级以上监狱管理机关或者设区的市一级以上公安机关批准。

《六机关规定》

33.刑事诉讼法第二百五十四条（现第二百六十五条）第五款中规定："在交付执行前，暂予监外执行由交付执行的人民法院决定"。对于被告人可能被判处拘役、有期徒刑、无期徒刑，符合暂予监外执行条件的，被告人及其辩护人有权向人民法院提出暂予监外执行的申请，看守所可以将有关情况通报人民法院。人民法院应当进行审查，并在交付执行前作出是否暂予监外执行的决定。

#### （二）暂予监外执行的监督

第二百六十六条　[检察院对暂予监外执行的监督] 监狱、看守所提出暂予监外执行的书面意见的，应当将书面意见的副本抄送人民检察院。人民检察院可以向决定或者批准机关提出书面意见。

第二百六十七条　[暂予监外执行的监督] 决定或者批准暂予监外执行的机关应当将暂予监外执行决定抄送人民检察院。人民检察院认为暂予监外执行不当的，应当自接到通知之日起一个月以内将书面意见送交决定或者批准暂予监外执行的机关，决定或者批准暂予监外执行的机关接到人民检察院的书面意见后，应当立即对该决定进行重新核查。

《刑诉解释》

第五百一十五条　被判处无期徒刑、有期徒刑或者拘役的罪犯，符合刑事诉讼法第二百六十五条第一款、第二款的规定，人民法院决定暂予监外执行的，应当制作暂予监外执行决定书，写明罪犯基本情况、判决确定的罪名和刑罚、决定暂予监外执行的原因、依据等。

人民法院在作出暂予监外执行决定前，应当征求人民检察院的意见。

人民检察院认为人民法院的暂予监外执行决定不当，在法定期限内提出书面意见的，人民法院应当立即对该决定重新核查，并在一个月以内作出决定。

对暂予监外执行的罪犯，适用本解释第五百一十九条的有关规定，依法实行社区矫正。

人民法院决定暂予监外执行的，由看守所或者执行取保候审、监视居住的公安机关自收到决定之日起十日以内将罪犯移送社区矫正机构。

《高检规则》

第六百二十九条　人民检察院发现人民法院、监狱、看守所、公安机关暂予监外执行的活动具有下列情形之一的，应当依法提出纠正意见：

（一）将不符合法定条件的罪犯提请、决定暂予监外执行的；

（二）提请、决定暂予监外执行的程序违反法律规定或者没有完备的合法手续，或者对于需要保外就医的罪犯没有省级人民政府指定医院的诊断证明和开具的证明文件的；

（三）监狱、看守所提出暂予监外执行书面意见，没有同时将书面意见副本抄送人民检察院的；

（四）罪犯被决定或者批准暂予监外执行后，未依法交付罪犯居住地社区矫正机构实行社区矫正的；

（五）对符合暂予监外执行条件的罪犯没有依法提请暂予监外执行的；

（六）人民法院在作出暂予监外执行决定前，没有依法征求人民检察院意见的；

（七）发现罪犯不符合暂予监外执行条件，在暂予监外执行期间严重违反暂予监外执行监督管理规定，或者暂予监外执行的条件消失且刑期未满，应当收监执行而未及时收监执行的；

（八）人民法院决定将暂予监外执行的罪犯收监执行，并将有关法律文书送达公安机关、监狱、看守所后，监狱、看守所未及时收监执行的；

（九）对不符合暂予监外执行条件的罪犯通过贿赂、欺骗等非法手段被暂予监外执行以及在暂予监外执行期间脱逃的罪犯，监狱、看守所未建议人民法院将其监外执

行期间、脱逃期间不计入执行刑期或者对罪犯执行刑期计算的建议违法、不当的；

（十）暂予监外执行的罪犯刑期届满，未及时办理释放手续的；

（十一）其他违法情形。

第六百三十二条　人民检察院经审查认为暂予监外执行不当的，应当自接到通知之日起一个月以内，向决定或者批准暂予监外执行的机关提出纠正意见。下级人民检察院认为暂予监外执行不当的，应当立即层报决定或者批准暂予监外执行的机关的同级人民检察院，由其决定是否向决定或者批准暂予监外执行的机关提出纠正意见。

第六百三十四条　对于暂予监外执行的罪犯，人民检察院发现罪犯不符合暂予监外执行条件、严重违反有关暂予监外执行的监督管理规定或者暂予监外执行的情形消失而罪犯刑期未满的，应当通知执行机关收监执行，或者建议决定或者批准暂予监外执行的机关作出收监执行决定。

（三）暂予监外执行的收监

第二百六十八条　[暂予监外执行的收监]对暂予监外执行的罪犯，有下列情形之一的，应当及时收监：

（一）发现不符合暂予监外执行条件的；

（二）严重违反有关暂予监外执行监督管理规定的；

（三）暂予监外执行的情形消失后，罪犯刑期未满的。

对于人民法院决定暂予监外执行的罪犯应当予以收监的，由人民法院作出决定，将有关的法律文书送达公安机关、监狱或者其他执行机关。

不符合暂予监外执行条件的罪犯通过贿赂等非法手段被暂予监外执行的，在监外执行的期间不计入执行刑期。罪犯在暂予监外执行期间脱逃的，脱逃的期间不计入执行刑期。

罪犯在暂予监外执行期间死亡的，执行机关应当及时通知监狱或者看守所。

《全国人民代表大会常务委员会关于〈中华人民共和国刑事诉讼法〉第二百五十四条第五款、第二百五十七条第二款的解释》

罪犯在被交付执行前，因有严重疾病、怀孕或者正在哺乳自己婴儿的妇女、生活不能自理的原因，依法提出暂予监外执行的申请的，有关病情诊断、妊娠检查和生活不能自理的鉴别，由人民法院负责组织进行。

根据刑事诉讼法第二百五十七条（现第二百六十八条）第二款的规定，对人民法院决定暂予监外执行的罪犯，有刑事诉讼法第二百五十七条（现第二百六十八条）第一款规定的情形，依法应当予以收监的，在人民法院作出决定后，由公安机关依照刑事诉讼法第二百五十三条（现第二百六十四条）第二款的规定送交执行刑罚。

《刑诉解释》

第五百一十六条　人民法院收到社区矫正机构的收监执行建议书后，经审查，确认暂予监外执行的罪犯具有下列情形之一的，应当作出收监执行的决定：

（一）不符合暂予监外执行条件的；

（二）未经批准离开所居住的市、县，经警告拒不改正，或者拒不报告行踪，脱离监管的；

（三）因违反监督管理规定受到治安管理处罚，仍不改正的；

（四）受到执行机关两次警告，仍不改正的；

（五）保外就医期间不按规定提交病情复查情况，经警告拒不改正的；

（六）暂予监外执行的情形消失后，刑期未满的；

（七）保证人丧失保证条件或者因不履行义务被取消保证人资格，不能在规定期限内提出新的保证人的；

（八）违反法律、行政法规和监督管理规定，情节严重的其他情形。

第五百一十七条　人民法院应当在收到社区矫正机构的收监执行建议书后三十日以内作出决定。收监执行决定书一经作出，立即生效。

人民法院应当将收监执行决定书送达社区矫正机构和公安机关，并抄送人民检察院，由公安机关将罪犯交付执行。

第五百一十八条　被收监执行的罪犯有不计入执行刑期情形的，人民法院应当在作出收监决定时，确定不计入执行刑期的具体时间。

《六机关规定》

34. 刑事诉讼法第二百五十七条（现第二百六十八条）第三款规定："不符合暂予监外执行条件的罪犯通过贿赂等非法手段被暂予监外执行的，在监外执行的期间不计入执行刑期。罪犯在暂予监外执行期间脱逃的，脱逃的期间不计入执行刑期。"对于人民法院决定暂予监外执行的罪犯具有上述情形的，人民法院在决定予以收监的同时，应当确定不计入刑期的期间。对于监狱管理机关或者公安机关决定暂予监外执行的罪犯具有上述情形的，罪犯被收监后，所在监狱或者看守所应当及时向所在地的中级人民法院提出不计入执行刑期的建议书，由人民法院审核裁定。

《公安部规定》

第三百一十条第三款　不符合暂予监外执行条件的罪犯通过贿赂等非法手段被暂予监外执行的，或者罪犯在暂予监外执行期间脱逃的，罪犯被收监执行后，所在看守所应当提出不计入执行刑期的建议，经设区的市一级以上公安机关审查同意后，报请所在地中级以上人民法院审核裁定。

# 第三编　特别程序

## 专题二十一　未成年人刑事案件诉讼程序

**考点 79** 未成年人刑事案件诉讼程序

**1** 第二百八十条　[未成年人犯罪案件中强制措施的适用]对未成年犯罪嫌疑人、被告人应当严格限制适用逮捕措施。人民检察院审查批准逮捕和人民法院决定逮捕，应当讯问未成年犯罪嫌疑人、被告人，听取辩护律师的意见。

对被拘留、逮捕和执行刑罚的未成年人与成年人应当分别关押、分别管理、分别教育。

**《高检规则》**

第四百六十二条　人民检察院对未成年犯罪嫌疑人审查逮捕，应当根据未成年犯罪嫌疑人涉嫌犯罪的性质、情节、主观恶性、有无监护与社会帮教条件、认罪认罚等情况，综合衡量其社会危险性，严格限制适用逮捕措施。

第四百六十三条　对于罪行较轻，具备有效监护条件或者社会帮教措施，没有社会危险性或者社会危险性较小的未成年犯罪嫌疑人，应当不批准逮捕。

对于罪行比较严重，但主观恶性不大，有悔罪表现，具备有效监护条件或者社会帮教措施，具有下列情形之一，不逮捕不致发生社会危险性的未成年犯罪嫌疑人，可以不批准逮捕：

（一）初次犯罪、过失犯罪的；

（二）犯罪预备、中止、未遂的；

（三）防卫过当、避险过当的；

（四）有自首或者立功表现的；

（五）犯罪后认罪认罚，或者积极退赃，尽力减少和赔偿损失，被害人谅解的；

（六）不属于共同犯罪的主犯或者集团犯罪中的首要分子的；

（七）属于已满十四周岁不满十六周岁的未成年人或者系在校学生的；

（八）其他可以不批准逮捕的情形。

对于没有固定住所、无法提供保证人的未成年犯罪嫌疑人适用取保候审的，可以指定合适的成年人作为保证人。

第四百六十四条　审查逮捕未成年犯罪嫌疑人，应当重点查清其是否已满十四、十六、十八周岁。

对犯罪嫌疑人实际年龄难以判断，影响对该犯罪嫌疑人是否应当负刑事责任认定的，应当不批准逮捕。需要补充侦查的，同时通知公安机关。

**《人民检察院办理未成年人刑事案件的规定》**

第十三条　人民检察院办理未成年犯罪嫌疑人审查逮捕案件，应当根据未成年犯罪嫌疑人涉嫌犯罪的事实、主观恶性、有无监护与社会帮教条件等，综合衡量其社会危险性，严格限制适用逮捕措施，可捕可不捕的不捕。

第十八条　讯问未成年犯罪嫌疑人一般不得使用械具。对于确有人身危险性，必须使用械具的，在现实危险消除后，应当立即停止使用。

第二十一条　对未成年犯罪嫌疑人作出批准逮捕决定后，应当依法进行羁押必要性审查。对不需要继续羁押的，应当及时建议予以释放或者变更强制措施。

第五十一条　人民检察院审查未成年人与成年人共同犯罪案件，一般应当将未成年人与成年人分案起诉。但是具有下列情形之一的，可以不分案起诉：

（一）未成年人系犯罪集团的组织者或者其他共同犯罪中的主犯的；

（二）案件重大、疑难、复杂，分案起诉可能妨碍案件审理的；

（三）涉及刑事附带民事诉讼，分案起诉妨碍附带民事诉讼部分审理的；

（四）具有其他不宜分案起诉情形的。

对分案起诉至同一人民法院的未成年人与成年人共同犯罪案件，由未成年人刑事检察机构一并办理更为适宜的，经检察长决定，可以由未成年人刑事检察机构一并办理。

分案起诉的未成年人与成年人共同犯罪案件，由不同机构分别办理的，应当相互了解案件情况，提出量刑建议时，注意全案的量刑平衡。

**❷ 第二百八十一条　[讯问、审判未成年犯罪嫌疑人、被告人的特殊规定]** 对于未成年人刑事案件，在讯问和审判的时候，应当通知未成年犯罪嫌疑人、被告人的法定代理人到场。无法通知、法定代理人不能到场或者法定代理人是共犯的，也可以通知未成年犯罪嫌疑人、被告人的其他成年亲属，所在学校、单位、居住地基层组织或者未成年人保护组织的代表到场，并将有关情况记录在案。到场的法定代理人可以代为行使未成年犯罪嫌疑人、被告人的诉讼权利。

到场的法定代理人或者其他人员认为办案人员在讯问、审判中侵犯未成年人合法权益的，可以提出意见。讯问笔录、法庭笔录应当交给到场的法定代理人或者其他人员阅读或者向他宣读。

讯问女性未成年犯罪嫌疑人，应当有女工作人员在场。

审判未成年人刑事案件，未成年被告人最后陈述后，其法定代理人可以进行补充陈述。

询问未成年被害人、证人，适用第一款、第二款、第三款的规定。

**《刑诉解释》**

第五百五十五条　人民法院审理未成年人刑事案件，在讯问和开庭时，应当通知未成年被告人的法定代理人到场。法定代理人无法通知、不能到场或者是共犯的，也可以通知合适成年人到场，并将有关情况记录在案。

到场的法定代理人或者其他人员，除依法行使刑事诉讼法第二百八十一条第二款规定的权利外，经法庭同意，可以参与对未成年被告人的法庭教育等工作。

适用简易程序审理未成年人刑事案件，适用前两款规定。

第五百五十六条　询问未成年被害人、证人，适用前条规定。

审理未成年人遭受性侵害或者暴力伤害案件，在询问未成年被害人、证人时，应当采取同步录音录像等措施，尽量一次完成；未成年被害人、证人是女性的，应当由女性工作人员进行。

第五百六十七条　被告人实施被指控的犯罪时不满十八周岁，开庭时已满十八周岁、不满二十周岁的，人民法院开庭时，一般应当通知其近亲属到庭。经法庭同意，近亲属可以发表意见。近亲属无法通知、不能到场或者是共犯的,应当记录在案。

第五百七十条 开庭前和休庭时,法庭根据情况,可以安排未成年被告人与其法定代理人或者合适成年人会见。

第五百七十一条 人民法院应当在辩护台靠近旁听区一侧为未成年被告人的法定代理人或者合适成年人设置席位。

审理可能判处五年有期徒刑以下刑罚或者过失犯罪的未成年人刑事案件,可以采取适合未成年人特点的方式设置法庭席位。

第五百七十二条 未成年被告人或者其法定代理人当庭拒绝辩护人辩护的,适用本解释第三百一十一条第二款、第三款的规定。

重新开庭后,未成年被告人或者其法定代理人再次当庭拒绝辩护人辩护的,不予准许。重新开庭时被告人已满十八周岁的,可以准许,但不得再另行委托辩护人或者要求另行指派律师,由其自行辩护。

第五百七十三条 法庭审理过程中,审判人员应当根据未成年被告人的智力发育程度和心理状态,使用适合未成年人的语言表达方式。

发现有对未成年被告人威胁、训斥、诱供或者讽刺等情形的,审判长应当制止。

第五百七十四条 控辩双方提出对未成年被告人判处管制、宣告缓刑等量刑建议的,应当向法庭提供有关未成年被告人能够获得监护、帮教以及对所居住社区无重大不良影响的书面材料。

第五百七十五条 对未成年被告人情况的调查报告,以及辩护人提交的有关未成年被告人情况的书面材料,法庭应当审查并听取控辩双方意见。上述报告和材料可以作为办理案件和教育未成年人的参考。

人民法院可以通知作出调查报告的人员出庭说明情况,接受控辩双方和法庭的询问。

第五百七十六条 法庭辩论结束后,法庭可以根据未成年人的生理、心理特点和案件情况,对未成年被告人进行法治教育;判决未成年被告人有罪的,宣判后,应当对未成年被告人进行法治教育。

对未成年被告人进行教育,其法定代理人以外的成年亲属或者教师、辅导员等参与有利于感化、挽救未成年人的,人民法院应当邀请其参加有关活动。

适用简易程序审理的案件,对未成年被告人进行法庭教育,适用前两款规定。

**《高检规则》**

第四百六十五条 在审查逮捕、审查起诉中,人民检察院应当讯问未成年犯罪嫌疑人,听取辩护人的意见,并制作笔录附卷。辩护人提出书面意见的,应当附卷。对于辩护人提出犯罪嫌疑人无罪、罪轻或者减轻、免除刑事责任、不适宜羁押或者侦查活动有违法情形等意见的,检察人员应当进行审查,并在相关工作文书中叙明辩护人提出的意见,说明是否采纳的情况和理由。

讯问未成年犯罪嫌疑人,应当通知其法定代理人到场,告知法定代理人依法享有的诉讼权利和应当履行的义务。到场的法定代理人可以代为行使未成年犯罪嫌疑人的诉讼权利,代为行使权利时不得损害未成年犯罪嫌疑人的合法权益。

无法通知、法定代理人不能到场或者法定代理人是共犯的,也可以通知未成年犯罪嫌疑人的其他成年亲属,所在学校、单位或者居住地的村民委员会、居民委员会、未成年人保护组织的代表到场,并将有关情况记录在案。未成年犯罪嫌疑人明确拒绝法定代理人以外的合适成年人到场,且有正当理由的,人民检察院可以准许,但应当在征求其意见后通知其他合适成年人到场。

到场的法定代理人或者其他人员认为检察人员在讯问中侵犯未成年犯罪嫌疑人合法权益提出意见的,人民检察院应当记录在案。对合理意见,应当接受并纠正。讯问笔录应当交由到场的法定代理人或者其他人员阅读或者向其宣读,并由其在笔录上签名或者盖章,并捺指印。

讯问女性未成年犯罪嫌疑人,应当有女性检察人员参加。

询问未成年被害人、证人,适用本条第二款至第五款的规定。询问应当以一次为原则,避免反复询问。

第四百六十六条 讯问未成年犯罪嫌疑人应当保护其人格尊严。

讯问未成年犯罪嫌疑人一般不得使用戒具。对于确有人身危险性必须使用戒具的,在现实危险消除后应当立即停止使用。

**《人民检察院办理未成年人刑事案件的规定》**

第十七条 人民检察院办理未成年犯罪嫌疑人审查逮捕案件,应当讯问未成年犯罪嫌疑人,听取辩护律师的意见,并制作笔录附卷。

讯问未成年犯罪嫌疑人,应当根据该未成年人的特点和案件情况,制定详细的讯问提纲,采取适宜该未成年人的方式进行,讯问用语应当准确易懂。

讯问未成年犯罪嫌疑人,应当告知其依法享有的诉讼权利,告知其如实供述案件事实的法律规定和意义,核实其是否有自首、立功、坦白等情节,听取其有罪的供述或者无罪、罪轻的辩解。

讯问未成年犯罪嫌疑人,应当通知其法定代理人到场,告知法定代理人依法享有的诉讼权利和应当履行的义务。无法通知、法定代理人不能到场或者法定代理人是共犯的,也可以通知未成年犯罪嫌疑人的其他成年亲属,所在学校、单位或者居住地的村民委员会、居民委员会、未成年人保护组织的代表等合适成年人到场,并将有关情况记录在案。到场的法定代理人可以代为行使未成年犯罪嫌疑人的诉讼权利,行使时不得侵犯未成年犯罪嫌疑人的合法权益。

未成年犯罪嫌疑人明确拒绝法定代理人以外的合适成年人到场,人民检察院可以准许,但应当另行通知其他合适成年人到场。

到场的法定代理人或者其他人员认为办案人员在讯问中侵犯未成年犯罪嫌疑人合法权益的,可以提出意见。

讯问笔录应当交由到场的法定代理人或者其他人员阅读或者向其宣读，并由其在笔录上签字、盖章或者捺指印确认。

讯问女性未成年犯罪嫌疑人，应当有女性检察人员参加。

询问未成年被害人、证人，适用本条第四款至第七款的规定。

**❸ 第二百八十二条　[附条件不起诉的适用条件]**

对于未成年人涉嫌刑法分则第四章、第五章、第六章规定的犯罪，可能判处一年有期徒刑以下刑罚，符合起诉条件，但有悔罪表现的，人民检察院可以作出附条件不起诉的决定。人民检察院在作出附条件不起诉的决定以前，应当听取公安机关、被害人的意见。

对附条件不起诉的决定，公安机关要求复议、提请复核或者被害人申诉的，适用本法第一百七十九条、第一百八十条的规定。

未成年犯罪嫌疑人及其法定代理人对人民检察院决定附条件不起诉有异议的，人民检察院应当作出起诉的决定。

**《全国人民代表大会常务委员会关于〈中华人民共和国刑事诉讼法〉第二百七十一条①第二款的解释》**

人民检察院办理未成年人刑事案件，在作出附条件不起诉的决定以及考验期满作出不起诉的决定以前，应当听取被害人的意见。被害人对人民检察院对未成年犯罪嫌疑人作出的附条件不起诉的决定和不起诉的决定，可以向上一级人民检察院申诉，不适用刑事诉讼法第一百七十六条(现第一百八十条)关于被害人可以向人民法院起诉的规定。

**《高检规则》**

第四百六十九条　对于符合刑事诉讼法第二百八十二条第一款规定条件的未成年人刑事案件，人民检察院可以作出附条件不起诉的决定。

人民检察院在作出附条件不起诉的决定以前，应当听取公安机关、被害人、未成年犯罪嫌疑人及其法定代理人、辩护人的意见，并制作笔录附卷。

第四百七十条　未成年犯罪嫌疑人及其法定代理人对拟作出附条件不起诉决定提出异议的，人民检察院应当提起公诉。但是，未成年犯罪嫌疑人及其法定代理人提出无罪辩解，人民检察院经审查认为无罪辩解理由成立的，应当按照本规则第三百六十五条的规定作出不起诉决定。

未成年犯罪嫌疑人及其法定代理人对案件作附条件不起诉处理没有异议，仅对所附条件及考验期有异议的，人民检察院可以依法采纳其合理的意见，对考察的内容、方式、时间等进行调整；其意见不利于对未成年犯罪嫌疑人帮教，人民检察院不采纳的，应当进行释法说理。

人民检察院作出起诉决定前，未成年犯罪嫌疑人及其法定代理人撤回异议的，人民检察院可以依法作出附条件不起诉决定。

第四百七十一条　人民检察院作出附条件不起诉的决定后，应当制作附条件不起诉决定书，并在三日以内送达公安机关、被害人或者其近亲属及其诉讼代理人、未成年犯罪嫌疑人及其法定代理人、辩护人。

人民检察院应当面向未成年犯罪嫌疑人及其法定代理人宣布附条件不起诉决定，告知考验期限、在考验期内应当遵守的规定以及违反规定应负的法律责任，并制作笔录附卷。

第四百七十二条　对附条件不起诉的决定，公安机关要求复议、提请复核或者被害人提出申诉的，具体程序参照本规则第三百七十九条至第三百八十三条的规定。被害人不服附条件不起诉决定的，应当告知其不适用刑事诉讼法第一百八十条关于被害人可以向人民法院起诉的规定，并做好释法说理工作。

前款规定的复议、复核、申诉由相应人民检察院负责未成年人检察的部门进行审查。

**《人民检察院办理未成年人刑事案件的规定》**

第二十九条　对于犯罪时已满十四周岁不满十八周岁的未成年人，同时符合下列条件的，人民检察院可以作出附条件不起诉决定：

(一)涉嫌刑法分则第四章、第五章、第六章规定的犯罪；

(二)根据具体犯罪事实、情节，可能被判处一年有期徒刑以下刑罚；

(三)犯罪事实清楚，证据确实、充分，符合起诉条件；

(四)具有悔罪表现。

第三十条　人民检察院在作出附条件不起诉的决定以前，应当听取公安机关、被害人、未成年犯罪嫌疑人的法定代理人、辩护人的意见，并制作笔录附卷。被害人是未成年人的，还应当听取被害人的法定代理人、诉讼代理人的意见。

第三十三条　人民检察院作出附条件不起诉的决定后，应当制作附条件不起诉决定书，并在三日以内送达公安机关、被害人或者其近亲属及其诉讼代理人、未成年犯罪嫌疑人及其法定代理人、辩护人。

送达时，应当告知被害人或者其近亲属及其诉讼代理人，如果对附条件不起诉决定不服，可以自收到附条件不起诉决定书后七日以内向上一级人民检察院申诉。

人民检察院应当面向未成年犯罪嫌疑人及其法定代理人宣布附条件不起诉决定，告知考验期限、在考验期内应当遵守的规定和违反规定应负的法律责任，以及可以对附条件不起诉决定提出异议，并制作笔录附卷。

第三十四条　未成年犯罪嫌疑人在押的，作出附条件不起诉决定后，人民检察院应当作出释放或者变更强制措施的决定。

第三十九条　人民检察院在作出附条件不起诉决定后，应当在十日内将附条件不起诉决定书报上级人民检察院主管部门备案。

上级人民检察院认为下级人民检察院作出的附条件不起诉决定不适当的，应当及时撤销下级人民检察院作

① 现为第二百八十二条，编者注。

出的附条件不起诉决定，下级人民检察院应当执行。

❹第二百八十三条 ［附条件不起诉的考验期］在附条件不起诉的考验期内，由人民检察院对被附条件不起诉的未成年犯罪嫌疑人进行监督考察。未成年犯罪嫌疑人的监护人，应当对未成年犯罪嫌疑人加强管教，配合人民检察院做好监督考察工作。

附条件不起诉的考验期为六个月以上一年以下，从人民检察院作出附条件不起诉的决定之日起计算。

被附条件不起诉的未成年犯罪嫌疑人，应当遵守下列规定：

（一）遵守法律法规，服从监督；

（二）按照考察机关的规定报告自己的活动情况；

（三）离开所居住的市、县或者迁居，应当报经考察机关批准；

（四）按照考察机关的要求接受矫治和教育。

《高检规则》

第四百七十三条 人民检察院作出附条件不起诉决定的，应当确定考验期。考验期为六个月以上一年以下，从人民检察院作出附条件不起诉的决定之日起计算。

第四百七十四条 在附条件不起诉的考验期内，由人民检察院对被附条件不起诉的未成年犯罪嫌疑人进行监督考察。人民检察院应当要求未成年犯罪嫌疑人的监护人对未成年犯罪嫌疑人加强管教，配合人民检察院做好监督考察工作。

人民检察院可以会同未成年犯罪嫌疑人的监护人、所在学校、单位、居住地的村民委员会、居民委员会、未成年人保护组织等的有关人员，定期对未成年犯罪嫌疑人进行考察、教育，实施跟踪帮教。

第四百七十五条 人民检察院对于被附条件不起诉的未成年犯罪嫌疑人，应当监督考察其是否遵守下列规定：

（一）遵守法律法规，服从监督；

（二）按照规定报告自己的活动情况；

（三）离开所居住的市、县或者迁居，应当报经批准；

（四）按照要求接受矫治和教育。

第四百七十六条 人民检察院可以要求被附条件不起诉的未成年犯罪嫌疑人接受下列矫治和教育：

（一）完成戒瘾治疗、心理辅导或者其他适当的处遇措施；

（二）向社区或者公益团体提供公益劳动；

（三）不得进入特定场所，与特定的人员会见或者通信，从事特定的活动；

（四）向被害人赔偿损失、赔礼道歉等；

（五）接受相关教育；

（六）遵守其他保护被害人安全以及预防再犯的禁止性规定。

第四百七十七条 考验期届满，检察人员应当制作附条件不起诉考察意见书，提出起诉或者不起诉的意见，报请检察长决定。

考验期满作出不起诉的决定以前，应当听取被害人意见。

《人民检察院办理未成年人刑事案件的规定》

第四十条 人民检察院决定附条件不起诉的，应当确定考验期。考验期为六个月以上一年以下，从人民检察院作出附条件不起诉的决定之日起计算。考验期不计入案件审查起诉期限。

考验期的长短应当与未成年犯罪嫌疑人所犯罪行的轻重、主观恶性的大小和人身危险性的大小、一贯表现及帮教条件等相适应，根据未成年犯罪嫌疑人在考验期的表现，可以在法定期限范围内适当缩短或者延长。

第四十三条 在附条件不起诉的考验期内，人民检察院应当对被附条件不起诉的未成年犯罪嫌疑人进行监督考察。未成年犯罪嫌疑人的监护人应当对未成年犯罪嫌疑人加强管教，配合人民检察院做好监督考察工作。

人民检察院可以会同未成年犯罪嫌疑人的监护人、所在学校、单位、居住地的村民委员会、居民委员会、未成年人保护组织等的有关人员定期对未成年犯罪嫌疑人进行考察、教育，实施跟踪帮教。

第四十四条 未成年犯罪嫌疑人经批准离开所居住的市、县或者迁居，作出附条件不起诉决定的人民检察院可以要求迁入地的人民检察院协助进行考察，并将考察结果函告作出附条件不起诉决定的人民检察院。

❺第二百八十四条 ［考验期满的后果］被附条件不起诉的未成年犯罪嫌疑人，在考验期内有下列情形之一的，人民检察院应当撤销附条件不起诉的决定，提起公诉：

（一）实施新的犯罪或者发现决定附条件不起诉以前还有其他犯罪需要追诉的；

（二）违反治安管理规定或者考察机关有关附条件不起诉的监督管理规定，情节严重的。

被附条件不起诉的未成年犯罪嫌疑人，在考验期内没有上述情形，考验期满的，人民检察院应当作出不起诉的决定。

《高检规则》

第四百七十九条 被附条件不起诉的未成年犯罪嫌疑人，在考验期内具有下列情形之一的，人民检察院应当撤销附条件不起诉的决定，提起公诉：

（一）实施新的犯罪的；

（二）发现决定附条件不起诉以前还有其他犯罪需要追诉的；

（三）违反治安管理规定，造成严重后果，或者多次违反治安管理规定的；

（四）违反有关附条件不起诉的监督管理规定，造成严重后果，或者多次违反有关附条件不起诉的监督管理规定的。

第四百八十条 被附条件不起诉的未成年犯罪嫌疑人，在考验期内没有本规则第四百七十九条规定的情形，考验期满的，人民检察院应当作出不起诉的决定。

《人民检察院办理未成年人刑事案件的规定》

第四十五条 考验期届满，办案人员应当制作附条件不起诉考察意见书，提出起诉或者不起诉的意见，经部门负责人审核，报请检察长决定。

人民检察院应当在审查起诉期限内作出起诉或者不起诉的决定。

作出附条件不起诉决定的案件,审查起诉期限自人民检察院作出附条件不起诉决定之日起中止计算,自考验期限届满之日起或者人民检察院作出撤销附条件不起诉决定之日起恢复计算。

第四十七条　对于未成年犯罪嫌疑人在考验期内实施新的犯罪或者在决定附条件不起诉以前还有其他犯罪需要追诉的,人民检察院应当移送侦查机关立案侦查。

第四十八条　被附条件不起诉的未成年犯罪嫌疑人,在考验期内没有本规定第四十六条规定的情形,考验期满的,人民检察院应当作出不起诉的决定。

第四十九条　对于附条件不起诉的案件,不起诉决定宣布后六个月内,办案人员可以对被不起诉的未成年人进行回访,巩固帮教效果,并做好相关记录。

第五十条　对人民检察院依照刑事诉讼法第一百七十三条(现第一百七十七条)第二款规定作出的不起诉决定和经附条件不起诉考验期满不起诉的,在向被不起诉的未成年人及其法定代理人宣布不起诉决定书时,应当充分阐明不起诉的理由和法律依据,并结合社会调查,围绕犯罪行为对被害人、对本人及家庭、对社会等造成的危害,导致犯罪行为发生的原因及应当吸取的教训等,对被不起诉的未成年人开展必要的教育。如果侦查人员、合适成年人、辩护人、社工等参加有利于教育被不起诉未成年人的,经被不起诉的未成年人及其法定代理人同意,可以邀请他们参加,但要严格控制参与人范围。

对于犯罪事实清楚,但因未达刑事责任年龄不起诉、年龄证据存疑而不起诉的未成年犯罪嫌疑人,参照上述规定举行不起诉宣布教育仪式。

**6** 第二百八十五条　[未成年人犯罪案件的不公开审理]审判的时候被告人不满十八周岁的案件,不公开审理。但是,经未成年被告人及其法定代理人同意,未成年被告人所在学校和未成年人保护组织可以派代表到场。

**7** 第二百八十六条　[犯罪记录封存制度]犯罪的时候不满十八周岁,被判处五年有期徒刑以下刑罚的,应当对相关犯罪记录予以封存。

犯罪记录被封存的,不得向任何单位和个人提供,但司法机关为办案需要或者有关单位根据国家规定进行查询的除外。依法进行查询的单位,应当对被封存的犯罪记录的情况予以保密。

# 专题二十二　当事人和解的公诉案件诉讼程序

**考点80** 当事人和解的公诉案件诉讼程序

第二百八十八条　[刑事和解的适用条件]下列公诉案件,犯罪嫌疑人、被告人真诚悔罪,通过向被害人赔偿损失、赔礼道歉等方式获得被害人谅解,被害人自愿和解的,双方当事人可以和解:

(一)因民间纠纷引起,涉嫌刑法分则第四章、第五章规定的犯罪案件,可能判处三年有期徒刑以下刑罚的;

(二)除渎职犯罪以外的可能判处七年有期徒刑以下刑罚的过失犯罪案件。

犯罪嫌疑人、被告人在五年以内曾经故意犯罪的,不适用本章规定的程序。

第二百八十九条　[自行和解]双方当事人和解的,公安机关、人民检察院、人民法院应当听取当事人和其他有关人员的意见,对和解的自愿性、合法性进行审查,并主持制作和解协议书。

第二百九十条　[和解的效力]对于达成和解协议的案件,公安机关可以向人民检察院提出从宽处理的建议。人民检察院可以向人民法院提出从宽处罚的建议;对于犯罪情节轻微、不需要判处刑罚的,可以作出不起诉的决定。人民法院可以依法对被告人从宽处罚。

《刑诉解释》

第五百九十四条　双方当事人在侦查、审查起诉期间已经达成和解协议并全部履行,被害人或者其法定代理人、近亲属又提起附带民事诉讼的,人民法院不予受理,但有证据证明和解违反自愿、合法原则的除外。

# 专题二十三　缺席审判程序

**考点81** 缺席审判程序

**1** 第二百九十一条　[缺席判决的条件]对于贪污贿赂犯罪案件,以及需要及时进行审判,经最高人民检察院核准的严重危害国家安全犯罪、恐怖活动犯罪案件,犯罪嫌疑人、被告人在境外,监察机关、公安机关移送起诉,人民检察院认为犯罪事实已经查清,证据确实、充分,依法应当追究刑事责任的,可以向人民法院提起公诉。人民法院进行审查后,对于起诉书中有明确的指控犯罪事实,符合缺席审判程序适用条件的,应当决定开庭审判。

前款案件,由犯罪地、被告人离境前居住地或者最高人民法院指定的中级人民法院组成合议庭进行审理。

《刑诉解释》

第五百九十九条　对人民检察院依照刑事诉讼法第二百九十一条第一款的规定提起公诉的案件,人民法院审查后,应当按照下列情形分别处理:

(一)符合缺席审判程序适用条件,属于本院管辖,且材料齐全的,应当受理;

(二)不属于可以适用缺席审判程序的案件范围、不属于本院管辖或者不符合缺席审判程序的其他适用条件的,应当退回人民检察院;

(三)材料不全的,应当通知人民检察院在三十日以内补送;三十日以内不能补送的,应当退回人民检察院。

第六百条　对人民检察院依照刑事诉讼法第二百九十一条第一款的规定提起公诉的案件,人民法院立案后,应当将传票和起诉书副本送达被告人,传票应当载明被告人到案期限以及不按要求到案的法律后果等事项;应当将起诉书副本送达被告人近亲属,告知其有权代为委托辩护人,并通知其敦促被告人归案。

第六百零一条　人民法院审理人民检察院依照刑事诉讼法第二百九十一条第一款的规定提起公诉的案件,

被告人有权委托或者由近亲属代为委托一至二名辩护人。委托律师担任辩护人的，应当委托具有中华人民共和国律师资格并依法取得执业证书的律师；在境外委托的，应当依照本解释第四百八十六条的规定对授权委托进行公证、认证。

被告人及其近亲属没有委托辩护人的，人民法院应当通知法律援助机构指派律师为被告人提供辩护。

被告人及其近亲属拒绝法律援助机构指派的律师辩护的，依照本解释第五十条第二款的规定处理。

第六百零二条　人民法院审理人民检察院依照刑事诉讼法第二百九十一条第一款的规定提起公诉的案件，被告人的近亲属申请参加诉讼的，应当在收到起诉书副本后、第一审开庭前提出，并提供与被告人关系的证明材料。有多名近亲属的，应当推选一至二人参加诉讼。

对被告人的近亲属提出申请的，人民法院应当及时审查决定。

第六百零三条　人民法院审理人民检察院依照刑事诉讼法第二百九十一条第一款的规定提起公诉的案件，参照适用公诉案件第一审普通程序的有关规定。被告人的近亲属参加诉讼的，可以发表意见，出示证据，申请法庭通知证人、鉴定人等出庭，进行辩论。

第六百零四条　对人民检察院依照刑事诉讼法第二百九十一条第一款的规定提起公诉的案件，人民法院审理后应当参照本解释第二百九十五条的规定作出判决、裁定。

作出有罪判决的，应当达到证据确实、充分的证明标准。

经审理认定的罪名不属于刑事诉讼法第二百九十一条第一款规定的罪名的，应当终止审理。

适用缺席审判程序审理案件，可以对违法所得及其他涉案财产一并作出处理。

《高检规则》

第五百零五条　对于监察机关移送起诉的贪污贿赂犯罪案件，犯罪嫌疑人、被告人在境外，人民检察院认为犯罪事实已经查清，证据确实、充分，依法应当追究刑事责任的，可以向人民法院提起公诉。

对于公安机关移送起诉的需要及时进行审判的<u>严重危害国家安全犯罪、恐怖活动犯罪</u>案件，犯罪嫌疑人、被告人在境外，人民检察院认为犯罪事实已经查清，<u>证据确实、充分</u>，依法应当追究刑事责任的，<u>经最高人民检察院核准</u>，可以向人民法院提起公诉。

前两款规定的案件，由有管辖权的<u>中级人民法院</u>的同级人民检察院提起公诉。

人民检察院提起公诉的，应当向人民法院提交被告人已出境的证据。

**❷ 第二百九十二条** ［缺席判决文书送达］人民法院应当通过有关国际条约规定的或者外交途径提出的司法协助方式，或者被告人所在地法律允许的其他方式，将<u>传票和人民检察院的起诉书副本送达被告人</u>。传票和起诉书副本送达后，被告人未按要求到案的，人民法院应当<u>开庭审理</u>，依法作出判决，并对违法所得及其他涉案财产

作出处理。

**❸ 第二百九十三条** ［委托辩护、应当法援］人民法院缺席审判案件，被告人有权委托辩护人，被告人的近亲属可以代为委托辩护人。被告人及其近亲属没有委托辩护人的，人民法院<u>应当通知法律援助机构指派律师为其提供辩护</u>。

**❹ 第二百九十四条** ［缺席判决的上诉权、抗诉权］人民法院应当将判决书送达被告人及其近亲属、辩护人。

被告人或者其近亲属不服判决的，有权向上一级人民法院上诉。辩护人经被告人或者其近亲属同意，可以提出上诉。

人民检察院认为人民法院的判决确有错误的，应当向上一级人民法院提出抗诉。

**❺ 第二百九十五条** ［重新审理的情形］在审理过程中，被告人自动投案或者被抓获的，人民法院应当重新审理。

罪犯在判决、裁定发生法律效力后到案的，人民法院应当将罪犯交付执行刑罚。交付执行刑罚前，人民法院应当告知罪犯有权对判决、裁定提出异议。罪犯对判决、裁定提出异议的，人民法院应当重新审理。

依照生效判决、裁定对罪犯的财产进行的处理确有错误的，应当予以返还、赔偿。

《高检规则》

第五百零九条　审查起诉期间，犯罪嫌疑人<u>自动投案或者被抓获</u>的，人民检察院应当重新审查。

对严重危害国家安全犯罪、恐怖活动犯罪案件报请核准期间，犯罪嫌疑人自动投案或者被抓获的，报请核准的人民检察院应当<u>及时撤回报请，重新审查案件</u>。

第五百一十条　提起公诉后被告人到案，人民法院拟重新审理的，人民检察院应当<u>商人民法院将案件撤回并重新审查</u>。

**❻ 第二百九十六条** ［中止之缺席判决］因被告人患有严重疾病无法出庭，中止审理超过六个月，被告人仍无法出庭，被告人及其法定代理人、近亲属申请或者同意恢复审理的，人民法院可以在被告人不出庭的情况下缺席审理，依法作出判决。

《刑诉解释》

第六百零五条　因被告人患有严重疾病导致缺乏受审能力，无法出庭受审，中止审理超过六个月，被告人仍无法出庭，被告人及其法定代理人、近亲属申请或者同意恢复审理的，人民法院可以根据刑事诉讼法第二百九十六条的规定缺席审判。

符合前款规定的情形，被告人无法表达意愿的，其法定代理人、近亲属可以代为申请或者同意恢复审理。

《高检规则》

第五百一十一条　因被告人患有<u>严重疾病无法出庭，中止审理超过六个月，被告人仍无法出庭，被告人及其法定代理人、近亲属申请或者同意恢复审理</u>的，人民检察院可以建议人民法院适用缺席审判程序审理。

**❼ 第二百九十七条** ［死亡、审监之缺席判决］被告人死亡的，人民法院应当裁定终止审理，但有证据证明被

告人无罪,人民法院经缺席审理确认无罪的,应当依法作出判决。

人民法院按照审判监督程序重新审判的案件,被告人死亡的,人民法院可以缺席审理,依法作出判决。

《刑诉解释》

第六百零六条 人民法院受理案件后被告人死亡的,应当裁定终止审理;但有证据证明被告人无罪,经缺席审理确认无罪的,应当判决宣告被告人无罪。

前款所称"有证据证明被告人无罪,经缺席审理确认无罪",包括案件事实清楚,证据确实、充分,依据法律认定被告人无罪的情形,以及证据不足,不能认定被告人有罪的情形。

第六百零七条 人民法院按照审判监督程序重新审判的案件,被告人死亡的,可以缺席审理。有证据证明被告人无罪,经缺席审理确认被告人无罪的,应当判决宣告被告人无罪;虽然构成犯罪,但原判量刑畸重的,应当依法作出判决。

# 专题二十四 犯罪嫌疑人、被告人逃匿、死亡案件违法所得的没收程序

**考点82** 犯罪嫌疑人、被告人逃匿、死亡案件违法所得的没收程序

第二百九十八条 [违法所得的没收程序的启动]对于贪污贿赂犯罪、恐怖活动犯罪等**重大犯罪案件**,犯罪嫌疑人、被告人**逃匿**,在通缉一年后不能到案,或者犯罪嫌疑人、被告人**死亡**,依照刑法规定**应当追缴**其违法所得及其他涉案财产的,人民检察院可以向人民法院提出没收违法所得的申请。

公安机关认为有前款规定情形的,应当**写出没收违法所得意见书**,移送人民检察院。

没收违法所得的申请应当提供与犯罪事实、违法所得相关的证据材料,并列明财产的种类、数量、所在地及查封、扣押、冻结的情况。

人民法院在必要的时候,可以查封、扣押、冻结申请没收的财产。

第二百九十九条 [没收违法所得的审理程序]没收违法所得的申请,由**犯罪地**或者犯罪嫌疑人、被告人**居住地**的中级人民法院组成合议庭进行审理。

人民法院受理没收违法所得的申请后,应当发出公告。公告期间为**六个月**。犯罪嫌疑人、被告人的近亲属和其他利害关系人有权申请参加诉讼,也可以委托诉讼代理人参加诉讼。

人民法院在公告期满后对没收违法所得的申请进行审理。利害关系人参加诉讼的,人民法院**应当开庭审理**。

第三百条 [违法所得的没收程序的审理结果]人民法院经审理,对经查证属于违法所得及其他涉案财产,除依法返还被害人的以外,应当裁定予以没收;对不属于应当追缴的财产的,应当裁定驳回申请,解除查封、扣押、冻结措施。

对于人民法院依照前款规定作出的裁定,犯罪嫌疑人、被告人的近亲属和其他利害关系人或者人民检察院可以提出上诉、抗诉。

第三百零一条 [终止审理和财产返还、赔偿]在审理过程中,在逃的犯罪嫌疑人、被告人自动投案或者被抓获的,人民法院应当**终止审理**。

没收犯罪嫌疑人、被告人财产确有错误的,应当予以返还、赔偿。

《刑诉解释》

第六百一十条 在省、自治区、直辖市或者全国范围内具有较大影响的犯罪案件,或者犯罪嫌疑人、被告人逃匿境外的犯罪案件,应当认定为刑事诉讼法第二百九十八条第一款规定的"重大犯罪案件"。

# 专题二十五 依法不负刑事责任的精神病人的强制医疗程序

**考点83** 依法不负刑事责任的精神病人的强制医疗程序

**1** 第三百零二条 [精神病人强制医疗程序的适用条件]实施暴力行为,危害公共安全或者严重危害公民人身安全,经法定程序鉴定依法不负刑事责任的精神病人,有继续危害社会可能的,可以予以强制医疗。[2014年真题~强制医疗程序的适用条件]

《高检规则》

第五百三十四条 对于实施暴力行为,危害公共安全或者严重危害公民人身安全,已经达到犯罪程度,经法定程序鉴定依法不负刑事责任的精神病人,有继续危害社会可能的,人民检察院应当向人民法院提出强制医疗的申请。

提出强制医疗的申请以及对强制医疗决定的监督,由负责捕诉的部门办理。

**2** 第三百零三条 [强制医疗程序的申请和决定]根据本章规定对精神病人强制医疗的,由人民法院决定。

公安机关发现精神病人符合强制医疗条件的,应当**写出强制医疗意见书**,移送人民检察院。对于公安机关移送的或者在审查起诉过程中发现的精神病人符合强制医疗条件的,人民检察院应当向人民法院提出强制医疗的申请。人民法院在审理案件过程中发现被告人符合强制医疗条件的,可以作出强制医疗的决定。

对实施暴力行为的精神病人,在人民法院决定强制医疗前,公安机关可以采取临时的保护性约束措施。

《刑诉解释》

第六百三十一条 人民检察院申请对依法不负刑事责任的精神病人强制医疗的案件,由被申请人实施暴力行为所在地的基层人民法院管辖;由被申请人居住地的人民法院审判更为适宜的,可以由被申请人居住地的基层人民法院管辖。

第六百四十条 第二审人民法院在审理刑事案件过程中,发现被告人可能符合强制医疗条件的,可以依照强

制医疗程序对案件作出处理,也可以裁定发回原审人民法院重新审判。

《高检规则》

第五百三十五条 强制医疗的申请由被申请人实施暴力行为所在地的基层人民检察院提出;由被申请人居住地的人民检察院提出更为适宜的,可以由被申请人居住地的基层人民检察院提出。

第五百三十九条 人民检察院应当在接到公安机关移送的强制医疗意见书后三十日以内作出是否提出强制医疗申请的决定。

对于公安机关移送的强制医疗案件,经审查认为不符合刑事诉讼法第三百零二条规定条件的,应当作出不提出强制医疗申请的决定,并向公安机关书面说明理由。认为需要补充证据的,应当书面要求公安机关补充证据,必要时也可以自行调查。

公安机关补充证据的时间不计入人民检察院办案期限。

第五百四十条 人民检察院发现公安机关应当启动强制医疗程序而不启动的,可以要求公安机关在七日以内书面说明不启动的理由。

经审查,认为公安机关不启动理由不能成立的,应当通知公安机关启动强制医疗程序。

公安机关收到启动强制医疗程序通知书后,未按要求启动强制医疗程序的,人民检察院应当提出纠正意见。

第五百四十二条 人民检察院发现公安机关对涉案精神病人不应当采取临时保护性约束措施而采取的,应当提出纠正意见。

认为公安机关应当采取临时保护性约束措施而未采取的,应当建议公安机关采取临时保护性约束措施。

第五百四十三条 在审查起诉中,犯罪嫌疑人经鉴定系依法不负刑事责任的精神病人的,人民检察院应当作出不起诉决定。认为符合刑事诉讼法第三百零二条规定条件的,应当向人民法院提出强制医疗的申请。

**3 第三百零四条 [对强制医疗程序申请的审理]**人民法院受理强制医疗的申请后,应当组成合议庭进行审理。

人民法院审理强制医疗案件,应当通知被申请人或者被告人的法定代理人到场。被申请人或者被告人没有委托诉讼代理人的,人民法院应当通知法律援助机构指派律师为其提供法律帮助。〔2014年真题~强制医疗案件的审理程序〕

《刑诉解释》

第六百三十四条 审理强制医疗案件,应当通知被申请人或者被告人的法定代理人到场;被申请人或者被告人的法定代理人经通知未到场的,可以通知被申请人或者被告人的其他近亲属到场。

被申请人或者被告人没有委托诉讼代理人的,应当自受理强制医疗申请或者发现被告人符合强制医疗条件之日起三日以内,通知法律援助机构指派律师担任其诉讼代理人,为其提供法律帮助。〔2014年真题~强制医疗案件的审理程序〕

第六百三十五条 审理强制医疗案件,应当组成合议庭,开庭审理。但是,被申请人、被告人的法定代理人请求不开庭审理,并经人民法院审查同意的除外。

审理强制医疗案件,应当会见被申请人,听取被害人及其法定代理人的意见。

第六百三十六条 开庭审理申请强制医疗的案件,按照下列程序进行:

(一)审判长宣布法庭调查开始后,先由检察员宣读申请书,后由被申请人的法定代理人、诉讼代理人发表意见;

(二)法庭依次就被申请人是否实施了危害公共安全或者严重危害公民人身安全的暴力行为、是否属于依法不负刑事责任的精神病人、是否有继续危害社会的可能进行调查;调查时,先由检察员出示证据,后由被申请人的法定代理人、诉讼代理人出示证据,并进行质证;必要时,可以通知鉴定人出庭对鉴定意见作出说明;

(三)法庭辩论阶段,先由检察员发言,后由被申请人的法定代理人、诉讼代理人发言,并进行辩论。

被申请人要求出庭,人民法院经审查其身体和精神状态,认为可以出庭的,应当准许。出庭的被申请人,在法庭调查、辩论阶段,可以发表意见。

检察员宣读申请书后,被申请人的法定代理人、诉讼代理人无异议的,法庭调查可以简化。

《高检规则》

第五百四十四条 人民法院对强制医疗案件开庭审理的,人民检察院应当派员出席法庭。

**4 第三百零五条 [强制医疗的审理期限和申请复议]**人民法院经审理,对于被申请人或者被告人符合强制医疗条件的,应当在一个月以内作出强制医疗的决定。

被决定强制医疗的人、被害人及其法定代理人、近亲属对强制医疗决定不服的,可以向上一级人民法院申请复议。〔2014年真题~被强制医疗当事人的救济权〕

《刑诉解释》

第六百三十七条 对申请强制医疗的案件,人民法院审理后,应当按照下列情形分别处理:

(一)符合刑事诉讼法第三百零二条规定的强制医疗条件的,应当作出对被申请人强制医疗的决定;

(二)被申请人属于依法不负刑事责任的精神病人,但不符合强制医疗条件的,应当作出驳回强制医疗申请的决定;被申请人已经造成危害结果的,应当同时责令其家属或者监护人严加看管和医疗;

(三)被申请人具有完全或者部分刑事责任能力,依法应当追究刑事责任的,应当作出驳回强制医疗申请的决定,并退回人民检察院依法处理。

第六百四十一条 人民法院决定强制医疗的,应当在作出决定后五日以内,向公安机关送达强制医疗决定书和强制医疗执行通知书,由公安机关将被决定强制医疗的人送交强制医疗。

第六百四十二条 被决定强制医疗的人、被害人及其法定代理人、近亲属对强制医疗决定不服的,可以自收到决定书第二日起五日以内向上一级人民法院申请复议。复议期间不停止执行强制医疗的决定。

第六百四十三条　对不服强制医疗决定的复议申请,上一级人民法院应当组成合议庭审理,并在一个月以内,按照下列情形分别作出复议决定:

(一)被决定强制医疗的人符合强制医疗条件的,应当驳回复议申请,维持原决定;

(二)被决定强制医疗的人不符合强制医疗条件的,应当撤销原决定;

(三)原审违反法定诉讼程序,可能影响公正审判的,应当撤销原决定,发回原审人民法院重新审判。

第六百四十四条　对本解释第六百三十九条第一项规定的判决、决定,人民检察院提出抗诉,同时被决定强制医疗的人、被害人及其法定代理人、近亲属申请复议的,上一级人民法院应当依照第二审程序一并处理。

第六百四十九条　审理强制医疗案件,本章没有规定的,参照适用本解释的有关规定。

**《高检规则》**

第五百四十九条　人民法院收到被决定强制医疗的人、被害人及其法定代理人、近亲属复议申请后,未组成合议庭审理,或者未在一个月以内作出复议决定,或者有其他违法行为的,人民检察院应当提出纠正意见。

第五百五十条　人民检察院对于人民法院批准解除强制医疗的决定实行监督,发现人民法院解除强制医疗的决定不当的,应当提出纠正意见。

# 答 案 速 查

| | | |
|---|---|---|
| 1.ABD | 2.D | 3.C |
| 4.B | 5.C | 6.ABC |
| 7.D | 8.B | 9.A |
| 10.A | 11.ABC | 12.ABC |
| 13.A | 14.B | 15.BD |
| 16.ABD | 17.BCD | 18.AB |
| 19.ABC | 20.AD | 21.ACD |
| 22.BC | 23.ABC | 24.ABD |
| 25.BCD | 26.CD | 27.CD |
| 28.D | 29.AB | 30.AB |
| 31.BCD | 32.BD | 33.D |
| 34.ABCD | 35.BC | 36.C |
| 37.AC | 38.B | 39.ABCD |
| 40.D | 41.D | 42.BCD |
| 43.ABD | 44.ABCD(原答案为 C) | |
| 45.CD | 46.ABCD | 47.A |
| 48.D | 49.ABCD | 50.BCD |
| 51.ABD | 52.BC | 53.C |
| 54.C | 55.B | 56.ABCD |
| 57.AB | 58.A | 59.D |
| 60.C | 61.D | 62.ACD |
| 63.A | 64.B | 65.ABD |
| 66.D | 67.A | 68.D |
| 69.A | 70.D | 71.C |
| 72.B | 73.AD | 74.ABC(原答案为 AC) |
| 75.A | 76.A | 77.ACD |
| 78.D | 79.B(原答案为 A) | 80.ABC |
| 81.B | 82.C | 83.ABC |
| 84.C | 85.D | 86.B |
| 87.D | 88.D | 89.AD |
| 90.C | 91.B | 92.A |
| 93.B | 94.ABC | 95.B |
| 96.BD | 97.BD(原答案为 B) | 98.B |
| 99.D | 100.AD | 101.D |
| 102.AD | 103.CD | 104.B |
| 105.AC | 106.C | 107.D |
| 108.B | 109.D | 110.ABD |
| 111.A | 112.BC | 113.A |
| 114.D | 115.C | 116.ABD |
| 117.AD | 118.D | |
| 119.AB(原答案为 ABD) | | 120.ABD |
| 121.D | 122.AB | 123.ABCD |
| 124.D | 125.ABC | 126.ABCD |

| | | |
|---|---|---|
| 127.D | 128.AB | 129.BD |
| 130.AC | 131.ACD | 132.ABCD |
| 133.BC | 134.B | 135.C |
| 136.C | 137.C | 138.B |
| 139.C | 140.CD | |
| 141.BCD(原答案为 ABCD) | | 142.D |
| 143.BD | 144.ABC | 145.D |
| 146.B | 147.ABCD | 148.A |
| 149.AB | 150.ACD | 151.C |
| 152.BCD | 153.ABCD(原答案为 C) | |
| 154.ABCD | 155.B | 156.ACD |
| 157.B | 158.BD | 159.C |
| 160.ABCD | 161.C | 162.D |
| 163.ACD | 164.B | 165.B |
| 166.(1)D;(2)B | 167.B | 168.B |
| 169.D(原答案为 BD) | | 170.AC(原答案为 A) |
| 171.D | 172.B | 173.C |
| 174.A | 175.ABCD(原答案为 D) | |
| 176.AB(原答案为 A) | | 177.C |
| 178.ACD | 179.D | 180.ABD |
| 181.BC | 182.D | 183.A |
| 184.C | 185.BD | 186.B |
| 187.B | 188.ABCD | 189.BCD |
| 190.AC | 191.A | 192.ACD |
| 193.ACD | 194.B | 195.BC |
| 196.ABD | 197.B | 198.D |
| 199.BC | 200.AB | |
| 201.(1)ABCD;(2)ACD;(3)D | | 202.B(原答案为 BC) |
| 203.ABC | 204.B | 205.AC |
| 206.B | 207.A | 208.D |
| 209.D | 210.ABC | 211.B |
| 212.AC | 213.ABCD | 214.D |
| 215.D | 216.BC | 217.A |
| 218.ABD | 219.ABCD | 220.D |
| 221.D | 222.B | 223.D |
| 224.C | 225.B | 226.ABD |
| 227.B | 228.C | 229.D |
| 230.ABC | 231.B | 232.C |
| 233.C | 234.ABC | 235.ACD |
| 236.ABD | 237.A | 238.D |
| 239.ABCD(原答案为 B) | | 240.D |
| 241.ABD(原答案为 BD) | | |
| 242.AC(原答案为 ABC) | | 243.AB |

244.ABCD(原答案为 B)　　　　　　245.AB

246.BD　　　247.C　　　248.D

249.B　　　250.ABCD(原答案为 C)

251.ACD　　　252.ABCD(原答案为 C)

253.B　　　254.AB　　　255.ABD

256.AC　　　257.C　　　258.B

259.ABCD　　　260.C　　　261.ABC

262.ABCD　　　263.ABC　　　264.D

265.BC　　　266.B　　　267.BD

268.A　　　269.ABD(原答案为 AB)

270.B　　　271.ABD　　　272.B

273.AB　　　274.B　　　275.D

276.BC　　　277.ABD

278.ABC(原答案为 BC)　　　　　　279.BD

280.ACD　　　281.ACD　　　282.C

283.C　　　284.(1)B;(2)ABD;(3)BC

285.C　　　286.A　　　287.C

288.D　　　289.(1)AC;(2)ABCD;(3)CD

290.B　　　291.BD　　　292.D(原答案为 C)

293.C　　　294.AB　　　295.C

296.BC　　　297.D　　　298.D

299.CD(原答案为 D)　　　　　　300.AB

301.ABCD(原答案为 D)　　　　　　302.BC

303.D　　　304.C　　　305.BD

306.A　　　307.B　　　308.A

309.ABD　　　310.ACD(原答案为 AD)

311.AD　　　312.D　　　313.AB

314.ABCD　　　315.D　　　316.D

317.BC(原答案为 B)　　　　　　318.ABC

319.D　　　320.C　　　321.ABCD

322.ABD　　　323.B　　　324.ABCD

325.ABD　　　326.BD　　　327.D

328.D　　　329.ABC　　　330.BCD

331.D　　　332.B　　　333.C(原答案为 B)

334.C　　　335.ABD　　　336.D

337.ABC　　　338.A　　　339.C

340.B　　　341.B　　　342.A(原答案为 AC)

343.(1)ABC(原答案为 AB);(2)BD;(3)AD

344.BCD　　　345.A　　　346.A

347.AD　　　348.(1)AC;(2)ABC

349.ABCD　　　350.C　　　351.D

352.B　　　353.B　　　354.B

355.AD　　　356.B　　　357.ABC

358.ABC　　　359.ABD　　　360.AC

361.(1)BCD;(2)BC;(3)B　　　362.ABCD

363.B　　　364.AB　　　365.AB

366.ABCD(原答案为 A)　　　　　　367.ABCD

368.CD　　　369.ABCD　　　370.C

371.C　　　372.C　　　373.ABC

374.C　　　375.ABC　　　376.A

377.AC　　　378.ACD　　　379.ABCD

380.AB　　　381.ABD　　　382.B

383.C　　　384.B　　　385.BD

386.B　　　387.A　　　388.B

389.B　　　390.C

391.(1)BC;(2)BCD

# 目 录

# 商法［试题］

 扫一扫,"码"上做题

微信扫码,即可线上做题、看解析。
多种做题模式:章节自测、单科集训、随机演练等。

## 专题一 公司法

### 第一节 公司法概述

**考点1 公司的分类**

**1.** 2017/3/25/单①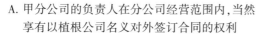

植根农业是北方省份一家从事农产品加工的公司。为拓宽市场,该公司在南方某省分别设立甲分公司与乙分公司。关于分公司的法律地位与责任,下列哪一选项是错误的?

  A. 甲分公司的负责人在分公司经营范围内,当然享有以植根公司名义对外签订合同的权利

  B. 植根公司的债权人在植根公司直接管理的财产不能清偿债务时,可主张强制执行各分公司的财产

  C. 甲分公司的债权人在甲分公司直接管理的财产不能清偿债务时,可主张强制执行植根公司的财产

  D. 乙分公司的债权人在乙分公司直接管理的财产不能清偿债务时,不得主张强制执行甲分公司直接管理的财产

**2.** 2014/3/25/单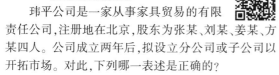

玮平公司是一家从事家具贸易的有限责任公司,注册地在北京,股东为张某、刘某、姜某、方某四人。公司成立两年后,拟设立分公司或子公司以开拓市场。对此,下列哪一表述是正确的?

  A. 在北京市设立分公司,不必申领分公司营业执照

  B. 在北京市以外设立分公司,须经登记并领取营业执照,且须独立承担民事责任

  C. 在北京市以外设立分公司,其负责人只能由张某、刘某、姜某、方某中的一人担任

  D. 在北京市以外设立子公司,即使是全资子公司,亦须独立承担民事责任

**3.** 甲公司欲单独出资设立一家子公司。甲公司的法律顾问就此向公司管理层提供了一份法律意见书,涉及子公司的设立、组织机构、经营管理、法律责任等方面的问题。请回答第(1)~(3)题。

**(1)** 2010/3/94/任

关于子公司设立问题,下列说法正确的是:

  A. 子公司的名称中应当体现甲公司的名称字样

  B. 子公司的营业地可不同于甲公司的营业地

  C. 甲公司对子公司的注册资本必须在子公司成立时一次足额缴清

  D. 子公司的组织形式只能是有限责任公司

**(2)** 2010/3/95/任 新法改编

关于子公司的组织机构与经营管理,下列说法正确的是:

  A. 子公司可不设董事会,设一名董事

  B. 子公司可自己单独出资再设立一家全资子公司

  C. 子公司的法定代表人应当由甲公司的法定代表人担任

  D. 子公司的经营范围不能超过甲公司的经营范围

**(3)** 2010/3/96/任

关于子公司的财产性质、法律地位、法律责任等问题,下列说法正确的是:

  A. 子公司的财产所有权属于甲公司,但由子公司独立使用

  B. 当子公司财产不足清偿债务时,甲公司仅对子公司的债务承担补充清偿责任

  C. 子公司具有独立法人资格

  D. 子公司进行诉讼活动时以自己的名义进行

**考点2 有限责任原则和公司法人人格否认**

**4.** 2020 回忆/单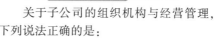

甲公司的两个股东是张某和赵某。张某是控股股东,并派人担任甲公司董事长。后张某将甲公司的大部分资产无偿调用,并且该笔资金调用在甲公司财务上没有任何体现。待债权人乙公司要求甲公司偿还货款时,发现甲公司的资产不足以清偿。现债权人乙公司直接起诉张某,请求张某对甲公司债

---

① 指 2017 年/试卷三/第 25 题/单选——编者注。

务承担连带责任。关于本案当事人的诉讼地位,下列哪一选项是正确的?

    A. 乙公司为原告,张某为被告

    B. 法院应告知乙公司追加甲公司为共同被告

    C. 法院应告知乙公司追加甲公司为第三人

    D. 法院裁定不予受理

**5.** 2016/3/27/单

零盛公司的两个股东是甲公司和乙公司。甲公司持股70%并派员担任董事长,乙公司持股30%。后甲公司将零盛公司的资产全部用于甲公司的一个大型投资项目,待债权人丙公司要求零盛公司偿还货款时,发现零盛公司的资产不足以清偿。关于本案,下列哪一选项是正确的?

    A. 甲公司对丙公司应承担清偿责任

    B. 甲公司和乙公司按出资比例对丙公司承担清偿责任

    C. 甲公司和乙公司对丙公司承担连带清偿责任

    D. 丙公司只能通过零盛公司的破产程序来受偿

## 第二节　公司的设立

**考点3** 发起人及发起人责任

**6.** 2022 回忆/多

甲、乙、丙约定共同设立利城公司,并约定设立过程中产生的费用和债务由三人平均分担。在公司的筹备过程中,甲以自己的名义与德盛公司签订合同,购买办公用品若干,货款50万元。乙以设立中利城公司的名义与菱菲公司签署房屋租赁合同,租赁五间房屋作为利城公司的办公室。丙外出旅游的路上,发生交通事故,将丁撞伤,丙负全责。后利城公司设立失败,下列哪些说法是正确的?

    A. 甲、乙、丙应按约定的份额对德盛公司承担责任

    B. 菱菲公司有权要求甲、乙、丙承担连带责任

    C. 如果乙对菱菲公司清偿了全部的债务,有权要求甲、丙按约定比例分担责任

    D. 丁有权要求甲、乙、丙承担连带责任

**7.** 2016/3/25/单

李某和王某正在磋商物流公司的设立之事。通大公司出卖一批大货车,李某认为物流公司需要,便以自己的名义与通大公司签订了购买合同,通大公司交付了货车,但尚有150万元车款未收到。后物流公司未能设立。关于本案,下列哪一说法是正确的?

    A. 通大公司可以向王某提出付款请求

    B. 通大公司只能请求李某支付车款

    C. 李某、王某对通大公司的请求各承担50%的责任

    D. 李某、王某按拟定的出资比例向通大公司承担责任

**8.** 2011/3/68/多

甲、乙、丙、丁拟设立一家商贸公司,就设立事宜分工负责,其中丙负责租赁公司运营所需仓库。因公司尚未成立,丙为方便签订合同,遂以自己名义与戊签订仓库租赁合同。关于该租金债务及其责任,下列哪些表述是正确的?

    A. 无论商贸公司是否成立,戊均可请求丙承担清偿责任

    B. 商贸公司成立后,如其使用该仓库,戊可请求其承担清偿责任

    C. 商贸公司成立后,戊即可请求商贸公司承担清偿责任

    D. 商贸公司成立后,戊即可请求丙和商贸公司承担连带清偿责任

**考点4** 公司资本

**9.** 2014/3/68/多

2014年5月,甲乙丙丁四人拟设立一家有限责任公司。关于该公司的注册资本与出资,下列哪些表述是正确的?

    A. 公司注册资本可以登记为1元人民币

    B. 公司章程应载明其注册资本

    C. 公司营业执照不必载明其注册资本

    D. 公司章程可以要求股东出资须经验资机构验资

**10.** 2010/3/26/单

甲乙丙三人拟成立一家小规模商贸有限责任公司,注册资本为八万元,甲以一辆面包车出资,乙以货币出资,丙以实用新型专利出资。对此,下列哪一表述是正确的?

    A. 甲出资的面包车无需移转所有权,但须交公司管理和使用

    B. 乙的货币出资不能少于二万元

    C. 丙的专利出资作价可达到四万元

    D. 公司首期出资不得低于注册资本的30%

**考点5** 公司的章程

**11.** 2019 回忆/单

甲、乙、丙、丁四人共同出资成立瀚林公司。协商制定公司章程时甲未出席,乙、丙、丁一致同意章程规定并签字,乙伪造了甲的签字。公司成立后,四位股东协商一致共同签署一份协议,就股东之间的权利义务等事宜进行了约定。下列哪一项说法是正确的?

    A. 四位股东签署的协议是公司章程的一部分

B．公司章程经过四分之三的股东通过，已经生效

C．四位股东协商一致签署的协议具有与公司章程相同的法律效力

D．公司章程未经登记不能对抗第三人

**12．** 2016/3/28/单

烽源有限公司的章程规定，金额超过10万元的合同由董事会批准。蔡某是烽源公司的总经理。因公司业务需要车辆，蔡某便将自己的轿车租给烽源公司，并约定年租金15万元。后蔡某要求公司支付租金，股东们获知此事，一致认为租金太高，不同意支付。关于本案，下列哪一选项是正确的？

A．该租赁合同无效

B．股东会可以解聘蔡某

C．该章程规定对蔡某没有约束力

D．烽源公司有权拒绝支付租金

**13．** 2016/3/68/多

科鼎有限公司设立时，股东们围绕公司章程的制订进行讨论，并按公司的实际需求拟定条款规则。关于该章程条款，下列哪些说法是正确的？

A．股东会会议召开7日前通知全体股东

B．公司解散需全体股东同意

C．董事表决权按所代表股东的出资比例行使

D．全体监事均由不担任董事的股东出任

**14．** 2013/3/68/多

甲、乙、丙设立一有限公司，制定了公司章程。下列哪些约定是合法的？

A．甲、乙、丙不按照出资比例分配红利

B．由董事会直接决定公司的对外投资事宜

C．甲、乙、丙不按照出资比例行使表决权

D．由董事会直接决定其他人经投资而成为公司股东

## 第三节　公司的股东和股东权利

**考点6** 股东资格的取得与确认

**15．** 2020 回忆/多

潘某购买了岳某持有的甲公司股权，签订了股权转让协议，当天支付给岳某部分股权转让款，剩余的部分分期支付。甲公司随后将潘某写入了股东名册，但尚未在工商行政管理部门办理股权变更登记。对此，下列哪些说法是正确的？

A．在办理股权变更登记后，潘某才能取得股权

B．潘某已经取得支付了股权转让款的那部分股权

C．因为尚未办理股权变更登记，不得对抗善意第三人

D．潘某已经取得了购买的全部股权

**16．** 2019 回忆/多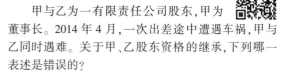

甲是鼎泰公司股东，经公司过半数股东同意后于2018年3月和乙签署了股权转让合同，约定自2018年1月1日开始计算乙的股东收益。但是，鼎泰公司的股东名册及相关文件至2018年5月才变更完成。2018年4月，公司召开股东会决议向股东分红，但未分配给乙。下列哪些说法是正确的？

A．乙有权申请法院确认公司分红决议无效

B．2018年4月决议作出后，鼎泰公司有权依据章程向甲分配利润

C．2018年4月决议作出后，乙可以向鼎泰公司主张分红

D．乙于2018年5月鼎泰公司办完变更手续后取得股权

**17．** 2014/3/26/单

甲与乙为一有限责任公司股东，甲为董事长。2014年4月，一次出差途中遭遇车祸，甲与乙同时遇难。关于甲、乙股东资格的继承，下列哪一表述是错误的？

A．在公司章程未特别规定时，甲、乙的继承人均可主张股东资格继承

B．在公司章程未特别规定时，甲的继承人可以主张继承股东资格与董事长职位

C．公司章程可以规定甲、乙的继承人继承股东资格的条件

D．公司章程可以规定甲、乙的继承人不得继承股东资格

**18．** 2014/3/27/单

严某为鑫佳有限责任公司股东。关于公司对严某签发出资证明书，下列哪一选项是正确的？

A．在严某认缴公司章程所规定的出资后，公司即须签发出资证明书

B．若严某遗失出资证明书，其股东资格并不因此丧失

C．出资证明书须载明严某以及其他股东的姓名、各自所缴纳的出资额

D．出资证明书在法律性质上属于有价证券

**19．** 2014/3/69/多

关于有限责任公司股东名册制度，下列哪些表述是正确的？

A．公司负有置备股东名册的法定义务

B．股东名册须提交于公司登记机关

C．股东可依据股东名册的记载，向公司主张行使股东权利

D．就股东事项，股东名册记载与公司登记之间

不一致时,以公司登记为准

**20．** 2012/3/26/单

甲、乙、丙拟共同出资 50 万元设立一有限公司。公司成立后,在其设置的股东名册中记载了甲乙丙 3 人的姓名与出资额等事项,但在办理公司登记时遗漏了丙,使得公司登记的文件中股东只有甲乙 2 人。下列哪一说法是正确的?

A. 丙不能取得股东资格

B. 丙取得股东资格,但不能参与当年的分红

C. 丙取得股东资格,但不能对抗第三人

D. 丙不能取得股东资格,但可以参与当年的分红

**21．** 2009/3/25/单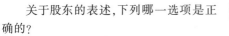

关于股东的表述,下列哪一选项是正确的?

A. 股东应当具有完全民事行为能力

B. 股东资格可以作为遗产继承

C. 非法人组织不能成为公司的股东

D. 外国自然人不能成为我国公司的股东

**考点7 名义股东与实际股东**

**22．** 2020 回忆/单

甲、乙、丙是某公司的股东,乙所持股份的实际出资人为丁,甲、丙对此知情,未提出异议。后乙将所持股份全部转让给甲,并办理了转让登记。下列说法哪一项是正确的?

A. 丁有权撤销甲、乙之间的股份转让协议

B. 丙有权就所转让股份优先行使购买权

C. 甲有权主张自己取得乙转让的股份

D. 丁可以要求甲返还股份

**23．** 2017/3/69/多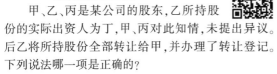

胡铭是从事进出口贸易的茂福公司的总经理,姚顺曾短期任职于该公司,2016 年初离职。2016 年 12 月,姚顺发现自己被登记为贝达公司的股东。经查,贝达公司实际上是胡铭与其友张莉、王威共同设立的,也从事进出口贸易。胡铭为防止茂福公司发现自己的行为,用姚顺留存的身份信息等材料,将自己的股权登记在姚顺名下。就本案,下列哪些选项是错误的?

A. 姚顺可向贝达公司主张利润分配请求权

B. 姚顺有权参与贝达公司股东会并进行表决

C. 在姚顺名下股权的出资尚未缴纳时,贝达公司的债权人可向姚顺主张补充赔偿责任

D. 在姚顺名下股权的出资尚未缴纳时,张莉、王威只能要求胡铭履行出资义务

**24．** 高才、李一、曾平各出资 40 万元,拟设立"鄂汉食品有限公司"。高才手头只有 30 万元的现金,就让朋友艾瑟为其垫付 10 万元,并许诺一旦公司成立,就将该 10 万元从公司中抽回偿还给艾瑟。而李一与其妻闻菲正在闹离婚,为避免可能的纠纷,遂与其弟李三商定,由李三出面与高、曾设立公司,但出资与相应的投资权益均归李一。公司于 2012 年 5 月成立,在公司登记机关登记的股东为高才、李三、曾平,高才为董事长兼法定代表人,曾平为总经理。请回答(1)、(2)题。

**(1)** 2012/3/93/任

关于李一与李三的约定以及股东资格,下列表述正确的是:

A. 二人间的约定有效

B. 对公司来说,李三具有股东资格

C. 在与李一的离婚诉讼中,闻菲可以要求分割李一实际享有的股权

D. 李一可以实际履行出资义务为由,要求公司变更自己为股东

**(2)** 2012/3/94/任

2012 年 7 月,李三买房缺钱,遂在征得其他股东同意后将其名下的公司股权以 42 万元的价格,出卖给王二,并在公司登记机关办理了变更登记等手续。下列表述正确的是:

A. 李三的股权转让行为属于无权处分行为

B. 李三与王二之间的股权买卖合同为有效合同

C. 王二可以取得该股权

D. 就因股权转让所导致的李一投资权益损失,李一可以要求李三承担赔偿责任

**25．** 2011/3/26/单

某市房地产主管部门领导王大伟退休后,与其友张三、李四共同出资设立一家房地产中介公司。王大伟不想让自己的名字出现在公司股东名册上,在未告知其弟王小伟的情况下,直接持王小伟的身份证等证件,将王小伟登记为公司股东。下列哪一表述是正确的?

A. 公司股东应是王大伟

B. 公司股东应是王小伟

C. 王大伟和王小伟均为公司股东

D. 公司债权人有权请求王小伟对公司债务承担相应的责任

**考点8 股东出资及出资瑕疵责任**

**26．** 2020 回忆/多

甲、乙、丙、丁设立迅飞软件有限公司。甲认缴出资 1000 万元,以厂房 20 年使用权出资。乙认缴出资 300 万元,以其对某公司的 300 万元债权出资。丙认缴出资 200 万元,以房屋出资。丁实缴出

30 万元并担任设立主要负责人。公司成立后,发现丙的房屋其实是虚假出资,房屋归继承人戊所有,董事长丁对此事知情。乙对某公司 300 万元的债权因公司破产只分得 100 万元。对此,下列哪些说法是正确的?

A. 债权不是法定出资形式,乙的该项出资不合法
B. 迅飞公司有权向乙追缴出资 200 万元
C. 甲以厂房使用权出资不合法,需要以厂房所有权出资
D. 迅飞公司不能取得丙出资房屋的所有权

**27.** 2019 回忆/单

2017 年,甲与乙出资设立了陶然公司,甲的持股比例是 75%,担任公司的法定代表人。公司章程约定两股东应于 2022 年缴足出资。后陶然公司欲吸纳丙入股,并与丙签订入股协议,约定:甲、乙应于 2020 年缴足出资,此条件是丙入股陶然公司的必要条件。甲代表陶然公司与丙在协议上签字盖章。乙对此不知情。后丙履行了出资义务,但陶然公司未修改公司章程。甲、乙应于什么时间缴足出资?

A. 甲、乙应于 2022 年缴足出资
B. 甲应于 2020 年缴足出资,乙应于 2022 年缴足出资
C. 甲应于 2022 年缴足出资,乙应于 2020 年缴足出资
D. 甲、乙应于 2020 年缴足出资

**28.** 2018 回忆/任 新法改编

李某、张某、赵某、贺某四人出资创办了甲公司,由李某、张某、赵某三人组成董事会。公司章程约定,李某认缴出资 400 万元,其余三人分别认缴出资 200 万元,公司成立后 3 个月内缴足出资。出资期限届满后,经公司多次催缴,李某仍未缴纳出资。1 年后,公司召开董事会会议,李某未出席,张某、赵某一致同意,通过了向李某发出失权通知的决议。对此下列说法正确的是:

A. 李某系甲公司董事,未出席此次董事会,该决议无效
B. 李某自收到失权通知之日起,丧失其股权
C. 若李某丧失股权,甲公司应当对其股权依法注销
D. 在董事会作出决议之前,若甲公司对外债务不能清偿,李某仍需在未缴纳出资的范围内承担赔偿责任

**29.** 2017/3/27/单

甲有限责任公司成立于 2014 年 4 月,注册资本为 1000 万元,文某是股东之一,持有 40% 的股权。文某已实缴其出资的 30%,剩余出资按公司章

程规定,应在 2017 年 5 月缴足。2015 年 12 月,文某以其所占甲公司股权的 60% 作为出资,评估作价为 200 万元,与唐某共同设立乙公司。对此,下列哪一选项是正确的?

A. 因实际出资尚未缴纳完毕,故文某对乙公司的股权出资存在权利瑕疵
B. 如甲公司经营不善,使得文某用来出资的股权在 1 年后仅值 100 万元,则文某应补足差额
C. 如至 2017 年 5 月文某不缴纳其对甲公司的剩余出资,则甲公司有权要求其履行
D. 如至 2017 年 5 月文某不缴纳其对甲公司的剩余出资,则乙公司有权要求其履行

**30.** 2017/3/70/多

榴风公司章程规定:股东夏某应于 2016 年 6 月 1 日前缴清货币出资 100 万元。夏某认为公司刚成立,业务尚未展开,不需要这么多现金,便在出资后通过银行的熟人马某将这笔钱转入其妻的理财账户,用于购买基金。对此,下列哪些说法是正确的?

A. 榴风公司可要求夏某补足出资
B. 榴风公司可要求马某承担连带责任
C. 榴风公司的其他股东可要求夏某补足出资
D. 榴风公司的债权人得知此事后可要求夏某补足出资

**31.** 2014/3/29/单

2014 年 5 月,甲、乙、丙三人共同出资设立一家有限责任公司。甲的下列哪一行为不属于抽逃出资行为?

A. 将出资款项转入公司账户验资后又转出去
B. 虚构债权债务关系将其出资转出去
C. 利用关联交易将其出资转出去
D. 制作虚假财务会计报表虚增利润进行分配

**32.** 2013/3/29/单

甲公司于 2012 年 12 月申请破产。法院受理后查明:在 2012 年 9 月,因甲公司无法清偿欠乙公司 100 万元的货款,而甲公司董事长汪某却有 150 万元的出资未缴纳,乙公司要求汪某承担偿还责任,汪某随后确实支付给乙公司 100 万元。下列哪一表述是正确的?

A. 就汪某对乙公司的支付行为,管理人不得主张撤销
B. 汪某目前尚未缴纳的出资额应为 150 万元
C. 管理人有义务要求汪某履行出资义务
D. 汪某就其未履行的出资义务,可主张诉讼时效抗辩

**33.** 2012/3/25/单

甲、乙、丙成立一家科贸有限公司，约定公司注册资本 100 万元，甲、乙、丙各按 20%、30%、50% 的比例出资。甲、乙缴足了出资，丙仅实缴 30 万元。公司章程对于红利分配没有特别约定。当年年底公司进行分红。下列哪一说法是正确的？

　　A. 丙只能按 30% 的比例分红

　　B. 应按实缴注册资本 80 万元，由甲、乙、丙按各自的实际出资比例分红

　　C. 由于丙违反出资义务，其他股东可通过决议取消其当年分红资格

　　D. 丙有权按 50% 的比例分红，但应当承担未足额出资的违约责任

**34.** 2012/3/92/任

高才、李一、曾平各出资 40 万元，拟设立"鄂汉食品有限公司"。高才手头只有 30 万元的现金，就让朋友艾瑟为其垫付 10 万元，并许诺一旦公司成立，就将该 10 万元从公司中抽回偿还给艾瑟。而李一与其妻闻菲正在闹离婚，为避免可能的纠纷，遂与其弟李三商定，由李三出面与高、曾设立公司，但出资与相应的投资权益均归李一。公司于 2012 年 5 月成立，在公司登记机关登记的股东为高才、李三、曾平，高才为董事长兼法定代表人，曾平为总经理。

公司成立后，高才以公司名义，与艾瑟签订一份买卖合同，约定公司向艾瑟购买 10 万元的食材。合同订立后第 2 天，高才就指示公司财务转账付款，而实际上艾瑟从未经营过食材，也未打算履行该合同。对此，下列表述正确的是：

　　A. 高才与艾瑟间垫付出资的约定，属于抽逃出资行为，应为无效

　　B. 该食材买卖合同属于恶意串通行为，应为无效

　　C. 高才通过该食材买卖合同而转移 10 万元的行为构成抽逃出资行为

　　D. 在公司不能偿还债务时，公司债权人可以在 10 万元的本息范围内，要求高才承担补充赔偿责任

**35.** 2011/3/69/多

甲、乙、丙、丁计划设立一家从事技术开发的天际有限责任公司，按照公司设立协议，甲以其持有的君则房地产开发有限公司 20% 的股权作为其出资。下列哪些情形会导致甲无法全面履行其出资义务？

　　A. 君则公司章程中对该公司股权是否可用作对其他公司的出资形式没有明确规定

　　B. 甲对君则公司尚未履行完毕其出资义务

　　C. 甲已将其股权出质给其债权人戊

　　D. 甲以其股权作为出资转让给天际公司时，君则公司的另一股东已主张行使优先购买权

**36.** 2011/3/70/多

张三、李四、王五成立天问投资咨询有限公司，张三、李四各以现金 50 万元出资，王五以价值 20 万元的办公设备出资。张三任公司董事长，李四任公司总经理。公司成立后，股东的下列哪些行为可构成股东抽逃出资的行为？

　　A. 张三与自己所代表的公司签订一份虚假购货合同，以支付货款的名义，由天问公司支付给自己 50 万元

　　B. 李四以公司总经理身份，与自己所控制的另一公司签订设备购置合同，将 15 万元的设备款虚报成 65 万元，并已由天问公司实际转账支付

　　C. 王五擅自将天问公司若干贵重设备拿回家

　　D. 3 人决议制作虚假财务会计报表虚增利润，并进行分配

**37.** 2010/3/72/多 新法改编

甲乙丙三人共同组建一有限责任公司。公司成立后，甲将其 20% 股权中的 5% 转让给第三人丁，丁通过受让股权成为公司股东。甲、乙均按期足额缴纳出资，但发现由丙出资的机器设备的实际价值明显低于公司章程所确定的数额。对此，下列哪些表述是错误的？

　　A. 由丙补交其差额，甲、乙和丁对其承担连带责任

　　B. 由丙补交其差额，不足部分由甲、乙和丁补足

　　C. 由丙补交其差额，甲、乙对其承担连带责任

　　D. 由丙补交其差额，其他股东不承担责任

**考点9 股东的其他义务**

**38.** 2008/3/31/单

甲公司出资 20 万元、乙公司出资 10 万元共同设立丙有限责任公司。丁公司系甲公司的子公司。在丙公司经营过程中，甲公司多次利用其股东地位通过公司决议让丙公司以高于市场同等水平的价格从丁公司进货，致使丙公司产品因成本过高而严重滞销，造成公司亏损。下列哪一选项是正确的？

　　A. 丁公司应当对丙公司承担赔偿责任

　　B. 甲公司应当对乙公司承担赔偿责任

　　C. 甲公司应当对丙公司承担赔偿责任

　　D. 丁公司、甲公司共同对丙公司承担赔偿责任

**考点10 股东的知情权和分红权**

**39.** 2023 回忆/多

甲有限公司的股东李某持股比例为

3%。甲公司全体股东约定,李某不参与公司的经营管理,不过问公司事务,但分红比例为5%。后甲公司连续3年未进行利润分配,李某直接向法院提起知情权之诉,要求查阅甲公司会计账簿等资料。诉讼中,甲公司提出了李某在其他同类公司中参股投资的证据以及李某放弃知情权换取高额分红权的协议。据此,下列哪些选项是正确的?

    A. 李某应先向甲公司主张查阅,被拒绝后才可以起诉

    B. 李某有权查阅并复制甲公司的会计账簿

    C. 李某放弃知情权换取高额分红权的协议无效

    D. 法院应当支持甲公司拒绝李某查阅公司会计账簿的主张

**40.** 2020 回忆/任

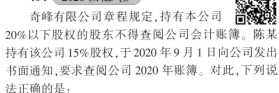

奇峰有限公司章程规定,持有本公司20%以下股权的股东不得查阅公司会计账簿。陈某持有该公司15%股权,于2020年9月1日向公司发出书面通知,要求查阅公司2020年账簿。对此,下列说法正确的是:

    A. 公司有权依据公司章程拒绝陈某的请求

    B. 陈某可以委托律师至公司查阅公司股东会会议决议,公司应当予以配合

    C. 陈某因行使知情权而发生的费用,由公司承担

    D. 若陈某被公司拒绝,可向法院起诉,要求行使知情权,并确认相应章程条款无效

**41.** 2019 回忆/多

甲公司是乙公司的股东,根据公司章程,乙公司应每月向股东按时报告销售分析、人事支出等财务资料,但乙公司没有按章程报告。甲公司向法院起诉要求乙公司履行义务,乙公司主张这是财务账簿数据,根据公司章程规定,需要总经理审批才能向甲公司报告,但因为甲公司的阻挠,乙公司还没有总经理。下列有关说法哪些是正确的?

    A. 因相关事项未经总经理审批,乙公司有权拒绝向甲公司报告相关财务数据

    B. 甲公司应先向乙公司书面申请查阅相关财务账簿数据,被拒绝后,才能向法院起诉

    C. 甲公司应先推动乙公司聘任总经理,经其审批后方能查阅相关财务资料

    D. 未经总经理审批,乙公司也应向甲公司报告相关财务资料

**42.** 2019 回忆/多

赵某独资设立甲公司,并担任公司的董事和法定代表人。因经营需要,甲公司向朱某筹措资金500万元,并约定朱某取得甲公司2%的股权,甲公司向朱某出具了股权凭证。据查,朱某是乙公司的法定代表人,乙公司与甲公司的经营范围基本相同。因为朱某该笔资金的引入,甲公司经营渐有起色,终于扭亏为盈。后甲公司未进行分红,朱某提出查阅甲公司的账簿并主张分红。下列哪些说法是正确的?

    A. 朱某可向法院提起诉讼请求甲公司分红

    B. 朱某可自行召集并主持股东会决议分红

    C. 赵某可以朱某查账目的不正当为由拒绝其查账请求

    D. 朱某可以委托律师代为查账

**43.** 2018 回忆/单

甲、乙、丙、丁、戊共同出资设立春和有限公司,其中甲持股1%,乙持股2%,丙持股17%,丁持股30%,戊持股50%。丙与好友陆某签署代持股协议,约定由陆某实际出资并享有投资收益。戊担任公司的董事长。公司章程规定,持股比例低于5%的股东不得查阅公司的会计账簿。对此,下列哪一项说法是正确的?

    A. 甲有权查阅公司的会计账簿

    B. 丙无权查阅公司的会计账簿

    C. 陆某有权查阅公司的会计账簿

    D. 丁有权查阅并复制公司的会计账簿

**44.** 2016/3/26/单

张某是红叶有限公司的小股东,持股5%;同时,张某还在枫林有限公司任董事,而红叶公司与枫林公司均从事保险经纪业务。红叶公司多年没有给张某分红,张某一直对其会计账簿存有疑惑。关于本案,下列哪一选项是正确的?

    A. 张某可以用口头或书面形式提出查账请求

    B. 张某可以提议召开临时股东会表决查账事宜

    C. 红叶公司有权要求张某先向监事会提出查账请求

    D. 红叶公司有权以张某的查账目的不具有正当性为由拒绝其查账请求

**45.** 2013/3/27/多

关于股东或合伙人知情权的表述,下列哪些选项是正确的?①

    A. 有限公司股东有权查阅并复制公司会计账簿

    B. 股份公司股东有权查阅并复制董事会会议记录

    C. 有限公司股东可以知情权受到侵害为由提起解散公司之诉

    D. 普通合伙人有权查阅合伙企业会计账簿等财务资料

---

① 原为单选题,根据新法答案有变化,调整为多选题。

### 考点11 股东代表诉讼

**46.** 2022 回忆/多

甲公司系一家未上市的股份公司。股东为郝某（持股 46%）、岳某（持股 5%）、胡某（持股 1%）等 18 人。武某为甲公司的法定代表人。2022 年 4 月 6 日，郝某在未经股东大会决议的情形下，指令武某为郝某好友名下的乙公司 1000 万元的债务向丙公司提供担保，并出具了伪造的股东大会决议。2022 年 6 月 10 日，岳某将自己名下的股份转让给了宁某，并完成了股东的变更登记。2022 年 10 月，因乙公司无力偿还债务，丙公司要求甲公司承担保证责任，岳某等股东因此知晓该事宜，并发现如甲公司承担连带责任将会给公司正常经营造成极大的损失。因此，岳某等人向律师咨询如何保证公司正常运营。对此，律师给出的下列哪些意见是正确的？

- A. 在情形紧急的情况下，岳某可向郝某、武某提起股东代表诉讼
- B. 在情形紧急的情况下，胡某可向郝某、武某提起股东代表诉讼
- C. 在情形紧急的情况下，宁某可向郝某、武某提起股东代表诉讼
- D. 如提起股东代表诉讼，应列公司为第三人，但胜诉利益应归公司所有

**47.** 2019 回忆/多

枫蓝股份公司经营良好，但近几年没有给股东分配利润，持有公司 2% 股份的股东张某非常不满。现查明：枫蓝公司董事长郭某与和悦公司董事长黄某是夫妻，枫蓝公司与和悦公司存在巨额的业务往来，对和悦公司存在利益输送。张某要求监事会维护公司权益，监事会不置可否。关于张某的维权事宜，下列哪些说法是正确的？

- A. 张某的维权诉讼，枫蓝公司应为第三人
- B. 张某的维权诉讼，应以郭某和监事会为共同被告
- C. 张某的维权诉讼，应以公司为被告
- D. 张某的维权诉讼中，公司其他股东以相同诉讼请求申请参加诉讼的，应列为共同原告

**48.** 2012/3/27/单

郑贺为甲有限公司的经理，利用职务之便为其妻吴悠经营的乙公司谋取本来属于甲公司的商业机会，致甲公司损失 50 万元。甲公司小股东付冰欲通过诉讼维护公司利益。关于付冰的做法，下列哪一选项是正确的？

- A. 必须先书面请求甲公司董事会对郑贺提起诉讼
- B. 必须先书面请求甲公司监事会对郑贺提起诉讼

---

- C. 只有在董事会拒绝起诉情况下，才能请求监事会对郑贺提起诉讼
- D. 只有在其股权达到 1% 时，才能请求甲公司有关部门对郑贺提起诉讼

**49.** 2008/3/75/多

刘某是甲有限责任公司的董事长兼总经理。任职期间，多次利用职务之便，指示公司会计将资金借贷给一家主要由刘某的儿子投资设立的乙公司。对此，持有公司股权 0.5% 的股东王某认为甲公司应该起诉乙公司还款，但公司不可能起诉，王某便自行直接向法院对乙公司提起股东代表诉讼。下列哪些选项是正确的？

- A. 王某持有公司股权不足 1%，不具有提起股东代表诉讼的资格
- B. 王某不能直接提起诉讼，必须先向监事会提出请求
- C. 王某应以甲公司的名义起诉，但无需甲公司盖章或刘某签字
- D. 王某应以自己的名义起诉，但诉讼请求应是将借款返还给甲公司

## 第四节 公司的组织机构

### 考点12 公司的组织机构

**50.** 2023 回忆/任

某有限责任公司董事会共有甲、乙、丙三人。乙书面通知公司辞任董事，被股东会拒绝。丙因管理不力，给公司造成重大损失，股东会通过决议解任了其董事职务，并委派丁担任董事。对此，下面说法正确的是：

- A. 乙的辞任行为有效，股东会不能拒绝
- B. 乙有权不再履行董事职务
- C. 股东会解任丙的决议作出后即生效
- D. 该公司仍要支付丙任期内剩余年限的薪酬

**51.** 2019 回忆/单

德丰有限公司的股东胡某是公司的大股东和法定代表人，2018 年 9 月，胡某召集股东会商议收购全景公司的股权事宜，此次股东会没有通知持有公司百分之一股权的小股东郑某。胡某提议转让德丰公司的一块土地使用权给全景公司作为受让股权的对价，在胡某操作下，股东会通过该决议并让秘书代替郑某签字，郑某知道后坚决不同意，诉至法院。该股东会决议效力如何？

- A. 该股东会决议有效
- B. 该股东会决议无效
- C. 该股东会决议可撤销
- D. 该股东会决议不成立

**52.** (2018 回忆/单)

甲有限公司成立于 2018 年 5 月,陈某持有公司 80% 的股权,并担任公司董事长,秦某持有公司 7% 的股权。公司章程规定,公司召开股东会,应该提前 7 天以书面形式通知全体股东。为了扩大公司规模,陈某认为甲公司应当与乙公司合并,并提议召开股东会,但因准备匆忙,在会议召开前 7 天以电话形式通知秦某。甲公司股东会以代表 90% 表决权的股东同意,代表 3% 表决权的股东反对,秦某拒绝在决议上签字的情况下,通过了与乙公司合并的决议。下列哪一项说法是正确的?

A. 该次股东会会议的召集程序违反法律规定,秦某可以主张该决议无效

B. 该次股东会会议的召集程序违反法律规定,秦某可以要求撤销该决议

C. 秦某有权要求公司以合理的价格回购其所持有的甲公司的股权

D. 若秦某针对股东决议效力提起相关诉讼,应当以公司为被告,其他股东列为第三人

**53.** (2017/3/71/多)

茂森股份公司效益一直不错,为提升公司治理现代化,增强市场竞争力并顺利上市,公司决定重金聘请知名职业经理人王某担任总经理。对此,下列哪些选项是正确的?

A. 对王某的聘任以及具体的薪酬,由茂森公司董事会决定

B. 王某受聘总经理后,就其职权范围的事项,有权以茂森公司名义对外签订合同

C. 王某受聘总经理后,有权决定聘请其好友田某担任茂森公司的财务总监

D. 王某受聘总经理后,公司一旦发现其不称职,可通过股东会决议将其解聘

**54.** (2016/3/69/多) 新法改编

紫云有限公司设有股东会、董事会和监事会。近期公司的几次投标均失败,董事会对此的解释是市场竞争激烈,对手强大。但监事会认为是因为董事狄某将紫云公司的标底暗中透露给其好友的公司。对此,监事会有权采取下列哪些处理措施?

A. 提议召开董事会

B. 提议召开股东会

C. 提议解任狄某

D. 聘请律师协助调查

**55.** 源圣公司有甲、乙、丙三位股东。2015 年 10 月,源圣公司考察发现某环保项目发展前景可观,为解决资金不足问题,经人推荐,霓美公司出资 1 亿元现金入股源圣公司,并办理了股权登记。增资后,霓

美公司持股 60%,甲持股 25%,乙持股 8%,丙持股 7%,霓美公司总经理陈某兼任源圣公司董事长。2015 年 12 月,霓美公司在陈某授意下将当时出资的 1 亿元现金全部转入霓美旗下的天富公司账户用于投资房地产。后因源圣公司现金不足,最终未能获得该环保项目,前期投入的 500 万元也无法收回。陈某忙于天富公司的房地产投资事宜,对此事并不关心。请回答第(1)~(3)题。

**(1)** (2016/3/92/任)

针对公司现状,甲、乙、丙认为应当召开源圣公司股东会,但陈某拒绝召开,而公司监事会对此事保持沉默。下列说法正确的是:

A. 甲可召集和主持股东会

B. 乙可召集和主持股东会

C. 丙可召集和主持股东会

D. 甲、乙、丙可共同召集和主持股东会

**(2)** (2016/3/93/任)

若源圣公司的股东会得以召开,该次股东会就霓美公司将资金转入天富公司之事进行决议。关于该次股东会决议的内容,根据有关规定,下列选项正确的是:

A. 陈某连带承担返还 1 亿元的出资义务

B. 霓美公司承担 1 亿元的利息损失

C. 限制霓美公司的利润分配请求权

D. 解除霓美公司的股东资格

**(3)** (2016/3/94/任)

就源圣公司前期投入到环保项目 500 万元的损失问题,甲、乙、丙认为应当向霓美公司索赔,多次书面请求监事会无果。下列说法正确的是:

A. 甲可以起诉霓美公司

B. 乙、丙不能起诉霓美公司

C. 若甲起诉并胜诉获赔,则赔偿款归甲

D. 若甲起诉并胜诉获赔,则赔偿款归源圣公司

**56.** (2015/3/26/多)

荣吉有限公司是一家商贸公司,刘壮任董事长,马姝任公司总经理。关于马姝所担任的总经理职位,下列哪些选项是不正确的?①

A. 担任公司总经理须经刘壮的聘任

B. 享有以公司名义对外签订合同的法定代理权

C. 有权制定公司的劳动纪律制度

D. 有权聘任公司的财务经理

**57.** (2015/3/68/单)

钱某为益扬有限公司的董事,赵某为

---

① 原为单选题,根据新法答案有变化,调整为多选题

公司的职工代表监事。公司为钱某、赵某支出的下列哪一项费用须经公司股东会批准?①

 A. 钱某的年薪

 B. 钱某的董事责任保险费

 C. 赵某的差旅费

 D. 赵某的社会保险费

**58.** 2013/3/25/多 新法改编

新余有限公司共有股东 4 人,未设董事会,股东刘某为公司唯一董事。在公司章程无特别规定的情形下,刘某可以行使下列哪些职权?②

 A. 决定公司的投资方案

 B. 否决其他股东对外转让股权行为的效力

 C. 决定聘任公司经理

 D. 决定公司的利润分配方案

**59.** 2012/3/68/多 新法改编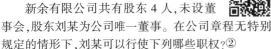

方圆公司与富春机械厂均为国有企业,合资设立富圆公司,出资比例为 30% 与 70%。关于富圆公司董事会的组成,下列哪些说法是正确的?

 A. 董事会成员中的职工代表由股东会选举产生

 B. 董事张某任期内辞职,在新选出董事就任前,张某仍应履行董事职责

 C. 富圆公司董事长可由小股东方圆公司派人担任

 D. 方圆公司和富春机械厂可通过公司章程约定不按出资比例分红

**60.** 2010/3/25/单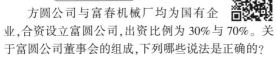

甲乙丙丁戊五人共同组建一有限公司。出资协议约定甲以现金十万元出资,甲已缴纳六万元出资,尚有四万元未缴纳。某次公司股东会上,甲请求免除其四万元的出资义务。股东会五名股东,其中四名表示同意,投反对票的股东丙向法院起诉,请求确认该股东会决议无效。对此,下列哪一表述是正确的?

 A. 该决议无效,甲的债务未免除

 B. 该决议有效,甲的债务已经免除

 C. 该决议需经全体股东同意才能有效

 D. 该决议属于可撤销,除甲以外的任一股东均享有撤销权

**61.** 2008/3/77/多 新法改编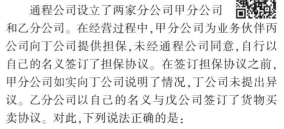

华胜股份有限公司于 2006 年召开董事会临时会议,董事长甲及乙、丙、丁、戊等共五位董事出席,董事会中其余 4 名成员未出席。董事会表决之前,丁因意见与众人不合,中途退席,但董事会经与会董事一致通过,最后仍作出决议。下列哪些选项是错误的?

 A. 该决议有效,因其已由出席会议董事的过半数通过

 B. 该决议不成立,因丁退席使董事的同意票不足全体董事表决票的二分之一

 C. 该决议是否有效取决于公司股东会的最终意见

 D. 该决议是否有效取决于公司监事会的审查意见

**考点 13** 公司担保

**62.** 2021 回忆/任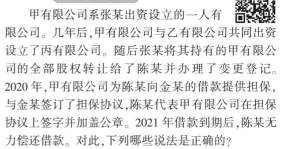

通程公司设立了两家分公司甲分公司和乙分公司。在经营过程中,甲分公司为业务伙伴丙公司向丁公司提供担保,未经通程公司同意,自行以自己的名义签订了担保协议。在签订担保协议之前,甲分公司如实向丁公司说明了情况,丁公司未提出异议。乙分公司以自己的名义与戊公司签订了货物买卖协议。对此,下列说法正确的是:

 A. 甲分公司以自己的名义签订的担保协议无效

 B. 丙公司无法偿债时,丁公司可要求通程公司承担担保责任

 C. 乙分公司签订的买卖协议对通程公司具有法律效力

 D. 戊公司须先向乙分公司主张合同责任才可向通程公司主张责任

**63.** 2021 回忆/多

甲有限公司系张某出资设立的一人有限公司。几年后,甲有限公司与乙有限公司共同出资设立了丙有限公司。随后张某将其持有的甲有限公司的全部股权转让给了陈某并办理了变更登记。2020 年,甲有限公司为陈某向金某的借款提供担保,与金某签订了担保协议,陈某代表甲有限公司在担保协议上签字并加盖公章。2021 年借款到期后,陈某无力偿还借款。对此,下列哪些说法是正确的?

 A. 甲有限公司应对借款承担担保责任

 B. 该担保协议因未经股东会决议,故担保无效

 C. 陈某如无法证明甲有限公司财产独立,则须就公司其他债务承担连带责任

 D. 丙有限公司可就张某和陈某的股权转让主张优先购买权

**64.** 2008/3/30/单

公司在经营活动中可以以自己的财产为他人提供担保。关于担保的表述中,下列哪一选项是正确的?

 A. 公司经理可以决定为本公司的客户提供担保

 B. 公司董事长可以决定为本公司的客户提供担保

---

① 原为多选题,根据新法答案有变化,调整为单选题。

② 原为单选题,根据新法答案有变化,调整为多选题。

C. 公司董事会可以决定为本公司的股东提供担保

D. 公司股东会可以决定为本公司的股东提供担保

### 第五节 公司的董事、监事、高级管理人员

**考点 14** 公司董事、监事、高级管理人员的资格和义务

**65．** 2023 回忆/单

下列哪一项人员可以担任公司的董事？

A. 甲因炒股欠下巨额债务不清偿，被法院列入失信人员名单

B. 乙曾因挪用公款受到刑事处罚，执行期满 4 年

C. 丙曾主导公司盲目借款，最终导致该公司巨额负债而在 2 年前被破产清算

D. 丁 2 年前担任一家长期负债公司的法定代表人，上任后不久该公司即被责令关闭

**66．** 2019 回忆/单

绿都公司是由阳光公司和张某、李某共同出资设立的有限公司，阳光公司派甲和乙担任绿都公司的董事。在绿都公司运营期间，甲以乙在绿都公司决策时总不为阳光公司的利益着想为由，向阳光公司报告。阳光公司未经绿都公司其他董事同意，将乙召回，派驻丙作为绿都公司的董事。下列哪一项说法是正确的？

A. 乙一经召回就丧失了绿都公司的董事身份

B. 丙取得了绿都公司的董事身份

C. 甲和乙应对阳光公司尽忠实、勤勉义务

D. 甲和乙应对绿都公司尽忠实、勤勉义务

**67．** 2017/3/26/单

彭兵是一家(非上市)股份有限公司的董事长，依公司章程规定，其任期于 2017 年 3 月届满。由于股东间的矛盾，公司未能按期改选出新一届董事会。此后对于公司内部管理，董事间彼此推诿，彭兵也无心公司事务，使得公司随后的一项投资失败，损失 100 万元。对此，下列哪一选项是正确的？

A. 因已届期，彭兵不再履行董事长职务

B. 虽已届期，董事会成员仍须履行董事职务

C. 就公司 100 万元损失，彭兵应承担全部赔偿责任

D. 对彭兵的行为，公司股东有权提起股东代表诉讼

**68．** 2013/3/70/多

李方为平昌公司董事长。债务人姜呈向平昌公司偿还 40 万元时，李方要其将该款打到自己指定的个人账户。随即李方又将该款借给刘黎，借期一年，年息 12%。下列哪些表述是正确的？

A. 该 40 万元的所有权，应归属平昌公司

B. 李方因其行为已不再具有担任董事长的资格

C. 在姜呈为善意时，其履行行为有效

D. 平昌公司可要求李方返还利息

**69．** 2008/3/76/多

甲公司于 2008 年 7 月依法成立，现有数名推荐的董事人选，依照《公司法》规定，下列哪些人员不能担任公司董事？

A. 王某，因担任企业负责人犯重大责任事故罪于 2001 年 6 月被判处三年有期徒刑，2004 年刑满释放

B. 张某，与他人共同投资设立一家有限责任公司，持股 70%，该公司长期经营不善，负债累累，于 2006 年被宣告破产

C. 徐某，2003 年向他人借款 100 万元，为期 2 年，但因资金被股市套住至今未清偿

D. 赵某，曾任某音像公司董事长，该公司因未经著作权人许可大量复制音像制品于 2006 年 5 月被工商部门吊销营业执照，赵某负有个人责任

### 第六节 公司的财务与会计制度

**考点 15** 公司的财务会计报告制度

**70．** 2014/3/71/多

关于公司的财务行为，下列哪些选项是正确的？

A. 在会计年度终了时，公司须编制财务会计报告，并自行审计

B. 公司的法定公积金不足以弥补以前年度亏损时，则在提取本年度法定公积金之前，应先用当年利润弥补亏损

C. 公司可用其资本公积金来弥补公司的亏损

D. 公司可将法定公积金转为公司资本，但所留存的该项公积金不得少于转增前公司注册资本的百分之二十五

**考点 16** 公司的收益分配制度

**71．** 2022 回忆/多

羽伦公司是一家非上市的股份公司，成立于 2020 年 4 月，公司注册资本 1 亿元，股东共认缴出资 2 亿元。2021 年 4 月，该公司财务报表显示，2020 年羽伦公司亏损 0.4 亿元人民币。因市场好转，2022 年 4 月的公司财务报表显示，羽伦公司 2021 年实现税后净利润 0.8 亿元。据此，下列哪些说法是正确的？

A. 2020 年 4 月，羽伦公司应将 1 亿元计入资本公积金

B. 就 0.8 亿元税后利润，羽伦公司应当先弥补上一年度亏损

C. 就 0.8 亿元税后利润应当提取 0.08 亿元法定公积金

D. 羽伦公司董事会有权决定提取一定比例的任意公积金

**72.** 紫霞股份有限公司是一家从事游戏开发的非上市公司,注册资本 5000 万元,已发行股份总额为 1000 万股。公司成立后经营状况一直不佳,至 2015 年底公司账面亏损 3000 万元。2016 年初,公司开发出一款游戏,备受玩家追捧,市场异常火爆,年底即扭亏为盈,税后利润达 7000 万元。

请回答第(1)、(2)题。

(1) 2017/3/92/任

2016 年底,为回馈股东多年的付出,紫霞公司决定分配利润。此时公司的法定公积金余额仅为 5 万元。就此次利润分配行为,下列选项正确的是:

A. 公司应提取的法定公积金数额为 400 万元

B. 公司可提取法定公积金的上限为税后利润的一半,即 3500 万元

C. 经股东会决议,公司可提取任意公积金 1000 万元

D. 公司向股东可分配利润的上限为 3605 万元

(2) 2017/3/93/任

如紫霞公司在 2016 年底的分配利润中,最后所提取的各项公积金数额总计为 2800 万元,关于该公积金的用途,下列选项正确的是:

A. 可用于弥补公司 2016 年度的实际亏损

B. 可将其中的 1500 万元用于新款游戏软件的研发

C. 可将其中 1000 万元的任意公积金全部用于公司资本的增加

D. 可将其中 1000 万元的法定公积金用于公司资本的增加

## 第七节 公司的变更、合并与分立

**考点17** 公司合并和分立

**73.** 2015/3/69/多

张某、李某为甲公司的股东,分别持股 65% 与 35%,张某为公司董事长。为谋求更大的市场空间,张某提出吸收合并乙公司的发展战略。关于甲公司的合并行为,下列哪些表述是正确的?

A. 只有取得李某的同意,甲公司内部的合并决议才能有效

B. 在合并决议作出之日起 15 日内,甲公司须通知其债权人

C. 债权人自接到通知之日起 30 日内,有权对甲公司的合并行为提出异议

D. 合并乙公司后,甲公司须对原乙公司的债权人负责

**74.** 2011/3/25/单

白阳有限公司分立为阳春有限公司与白雪有限公司时,在对原债权人甲的关系上,下列哪一说法是错误的?

A. 白阳公司应在作出分立决议之日起 10 日内通知甲

B. 甲在接到分立通知书后 30 日内,可要求白阳公司清偿债务或提供相应的担保

C. 甲可向分立后的阳春公司与白雪公司主张连带清偿责任

D. 白阳公司在分立前可与甲就债务偿还问题签订书面协议

**75.** 2009/3/72/多

甲公司欠乙公司货款 100 万元、丙公司货款 50 万元。2009 年 9 月,甲公司与丁公司达成意向,拟由丁公司兼并甲公司。乙公司原欠丁公司租金 80 万元。下列哪些表述是正确的?

A. 甲公司与丁公司合并后,两个公司的法人主体资格同时归于消灭

B. 甲公司与丁公司合并后,丁公司可以向乙公司主张债务抵销

C. 甲公司与丁公司合并时,丙公司可以要求甲公司或丁公司提供履行债务的担保

D. 甲公司与丁公司合并时,应当分别由甲公司和丁公司的董事会作出合并决议

**考点18** 公司形式变更

**76.** 2018 回忆/多

秦川有限公司注册资本 1 亿元,股东为甲、乙、丙三人。因经营有方,公司持续盈利,至 2018 年公司净资产总额已达 2 亿元。为拓展市场,为上市做准备,公司经决议变更为股份有限公司。以下哪些说法是正确的?

A. 如变更后公司注册资本为 2 亿元,则不必另行办理增资的变更登记

B. 如变更后公司注册资本为 2.5 亿元,新增部分可以由甲、乙、丙认购

C. 如变更后公司注册资本为 2.5 亿元,则增加注册资本可向社会公开募集,不能定向募集

D. 如变更后发现原公司净资产计算错误,漏记 2000 万元对外债务,则差额由甲、乙、丙承担连带补足责任

**考点19** 公司增资和减资(注册资本变更)

**77.** 2017/3/68/多

湘星公司成立于 2012 年,甲、乙、丙三人是其股东,出资比例为 7∶2∶1,公司经营状况良好。2017 年初,为拓展业务,甲提议公司注册资本增

资 1000 万元。关于该增资程序的有效完成,下列哪些说法是正确的?

  A. 三位股东不必按原出资比例增资

  B. 三位股东不必实际缴足增资

  C. 公司不必修改公司章程

  D. 公司不必办理变更登记

**78.** `2013/3/26/单`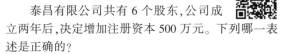

  泰昌有限公司共有 6 个股东,公司成立两年后,决定增加注册资本 500 万元。下列哪一表述是正确的?

  A. 股东会关于新增注册资本的决议,须经三分之二以上股东同意

  B. 股东认缴的新增出资额可分期缴纳

  C. 股东有权要求按照认缴出资比例来认缴新增注册资本的出资

  D. 一股东未履行其新增注册资本出资义务时,公司董事长须承担连带责任

**考点20** 公司其他事项变更

**79.** `2013/3/69/单`

  华昌有限公司有 8 个股东,麻某为董事长。2013 年 5 月,公司经股东会决议,决定变更为股份公司,由公司全体股东作为发起人,发起设立华昌股份公司。下列哪一选项是正确的?①

  A. 该股东会决议应由全体股东一致同意

  B. 发起人所认购的股份,应在股份公司成立后两年内缴足

  C. 变更后股份公司的董事长,当然由麻某担任

  D. 变更后的股份公司在其企业名称中,可继续使用"华昌"字号

**80.** `2010/3/75/多`

  关于商事登记,下列哪些说法是正确的?

  A. 公司的分支机构应办理营业登记

  B. 被吊销营业执照的企业即丧失主体资格

  C. 企业改变经营范围应办理变更登记

  D. 企业未经清算不能办理注销登记

## 第八节 公司的解散与清算

**考点21** 公司的解散与清算

**81.** `2023 回忆/多`

  甲、乙、丙共同出资设立一家有限责任公司,甲担任管理公司事务的董事。在公司经营过程中,乙、丙二人与甲理念不合,看不惯甲的管理方式,自 2018 年 8 月起,公司再也没有召开股东会会议。2021 年 10 月,乙请求法院判决解散公司,并得到法院支持。2022 年 3 月 24 日,公司组成清算组进行清算。

同年 4 月 20 日,债权人丁在进行债权登记时,得知清算组将会计账簿弄丢,无法继续清算。据此,下列哪些说法是正确的?

  A. 丁可以以清算组为被告提起诉讼

  B. 丁可以以公司为被告提起诉讼

  C. 丁可以要求甲、乙、丙承担补充赔偿责任

  D. 丁可以要求甲、乙、丙承担连带责任

**82.** `2021 回忆/多`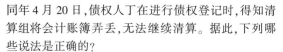

  成泰公司设立于 2015 年,其投资建设了成泰商厦。公司有股东王某、张某和李某三人,其中王某和张某系夫妻,分别持股 51% 和 40%。2018 年王某和张某因感情发生纠纷,夫妻关系破裂,至此公司再未有效召开股东会。因城市发展,成泰商厦的租金持续上涨,公司盈利颇丰。下列哪些说法是正确的?

  A. 王某有权以自己的名义请求法院解散公司

  B. 张某有权以自己的名义请求法院解散公司

  C. 李某请求法院解散公司,应列公司为被告

  D. 因该公司经营状况良好,因此法院不应裁判解散公司

**83.** `2015/3/27/单`

  李桃是某股份公司发起人之一,持有 14% 的股份。在公司成立后的两年多时间里,各董事之间矛盾不断,不仅使公司原定上市计划难以实现,更导致公司经营管理出现严重困难。关于李桃可采取的法律措施,下列哪一说法是正确的?

  A. 可起诉各董事履行对公司的忠实义务和勤勉义务

  B. 可同时提起解散公司的诉讼和对公司进行清算的诉讼

  C. 在提起解散公司诉讼时,可直接要求法院采取财产保全措施

  D. 在提起解散公司诉讼时,应以公司为被告

**84.** `2014/3/28/单`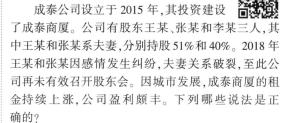

  某经营高档餐饮的有限责任公司,成立于 2004 年。最近四年来,因受市场影响,公司业绩逐年下滑,各董事间又长期不和,公司经营管理几近瘫痪。股东张某提起解散公司诉讼。对此,下列哪一表述是正确的?

  A. 可同时提起清算公司的诉讼

  B. 可向法院申请财产保全

  C. 可将其他股东列为共同被告

  D. 如法院就解散公司诉讼作出判决,仅对公司具有法律拘束力

---

  ① 原为多选题,根据新法答案有变化,调整为单选题。

**85.** 2014/3/70/多 新法改编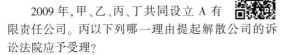

因公司章程所规定的营业期限届满，蒙玛有限公司进入清算程序。关于该公司的清算，下列哪些选项是错误的？

A. 在公司逾期不成立清算组时，公司债权人可直接申请法院指定组成清算组

B. 公司在清算期间，由清算组代表公司参加诉讼

C. 债权人未在规定期限内申报债权的，则不得补充申报

D. 法院组织清算的，清算方案报法院备案后，清算组即可执行

**86.** 2012/3/28/单

2012年5月，东湖有限公司股东申请法院对公司进行司法清算，法院为其指定相关人员组成清算组。关于该清算组成员，下列哪一选项是错误的？

A. 公司债权人唐某

B. 公司董事长程某

C. 公司财务总监钱某

D. 公司聘请的某律师事务所

**87.** 2011/3/27/单

2009年，甲、乙、丙、丁共同设立A有限责任公司。丙以下列哪一理由提起解散公司的诉讼法院应予受理？

A. 以公司董事长甲严重侵害其股东知情权，其无法与甲合作为由

B. 以公司管理层严重侵害其利润分配请求权，其股东利益受重大损失为由

C. 以公司被吊销企业法人营业执照而未进行清算为由

D. 以公司经营管理发生严重困难，继续存续会使股东利益受到重大损失为由

**88.** 2009/3/73/多

甲为某有限公司股东，持有该公司15%的表决权股。甲与公司的另外两个股东长期意见不合，已两年未开成公司股东会，公司经营管理出现困难，甲与其他股东多次协商未果。在此情况下，甲可以采取下列哪些措施解决问题？

A. 请求法院解散公司

B. 请求公司以合理的价格收购其股权

C. 将股权转让给另外两个股东退出公司

D. 经另外两个股东同意撤回出资以退出公司

**89.** 2008/3/32/单

甲、乙、丙三人共同设立云台有限责任公司，出资比例分别为70%、25%、5%。自2005年开始，公司的生产经营状况严重恶化，股东之间互不配合，不能作出任何有效决议，甲提议通过股权转让摆脱困境被其他股东拒绝。下列哪一选项是正确的？

A. 只有控股股东甲可以向法院请求解散公司

B. 只有甲、乙可以向法院请求解散公司

C. 甲、乙、丙中任何一人都可向法院请求解散公司

D. 不应解散公司，而应通过收购股权等方式解决问题

## 第九节 有限责任公司

**考点22** 有限责任公司的设立

**90.** 2015/3/25/单

张某与潘某欲共同设立一家有限责任公司。关于公司的设立，下列哪一说法是错误的？

A. 张某、潘某签订公司设立书面协议可代替制定公司章程

B. 公司的注册资本可约定为50元人民币

C. 公司可以张某姓名作为公司名称

D. 张某、潘某二人可约定以潘某住所作为公司住所

**考点23** 有限责任公司的股权转让

**91.** 2023 回忆/任

甲、乙、丙、丁为红英有限公司的股东。甲和第三人戊签订股权转让协议，乙反对并要求对其中60%的股权行使优先购买权，但被甲拒绝。在戊支付完股权转让款后，公司高管李某因为疏忽未给戊办理股权变更登记手续。后甲将该股权质押给丁。关于本案，下列说法正确的是：

A. 甲拒绝乙的优先购买权请求是合法的

B. 对于给戊造成的损失，甲和李某应承担连带责任

C. 戊因未办理股权变更登记手续而不能取得该股权

D. 丁符合善意取得要件，可以取得该股权质权

**92.** 2017/3/28/单

汪某为兴荣有限责任公司的股东，持股34%。2017年5月，汪某因不能偿还永平公司的货款，永平公司向法院申请强制执行汪某在兴荣公司的股权。关于本案，下列哪一选项是正确的？

A. 永平公司在申请强制执行汪某的股权时，应通知兴荣公司的其他股东

B. 兴荣公司的其他股东自通知之日起1个月内，可主张行使优先购买权

C. 如汪某所持股权的50%在价值上即可清偿债务，则永平公司不得强制执行其全部股权

D. 如在股权强制拍卖中由丁某拍定，则丁某取得汪某股权的时间为变更登记办理完毕时

**93.** 2015/3/70/多 新法改编

甲持有硕昌有限公司69%的股权，任该公司董事长；乙、丙为公司另外两个股东。因打算移居海外，甲拟出让其全部股权。对此，下列哪些说法是错误的？
A. 不必征得乙、丙的同意，甲即可对外转让自己的股权
B. 若公司章程限制甲转让其股权，则甲可直接修改章程中的限制性规定，以使其股权转让行为合法
C. 甲可将其股权分割为两部分，分别转让给乙、丙
D. 甲对外转让其全部股权时，乙或丙均可就甲所转让股权的一部分主张优先购买权

**94.** 2009/3/26/单 新法改编

甲、乙、丙为某有限责任公司股东。现甲欲对外转让其股份，下列哪一判断是正确的？
A. 甲必须就此事书面通知乙、丙
B. 在任何情况下，乙、丙均享有优先购买权
C. 在符合对外转让条件的情况下，受让人应当将股权转让款支付给公司
D. 未经工商变更登记，受让人不能取得公司股东资格

**95.** 2008/3/74/多

周某向钱某转让其持有的某有限责任公司的全部股权，并签署了股权转让协议。关于该股权转让和股东的认定问题，下列哪些选项是正确的？
A. 在公司登记机关办理股权变更登记前股东仍然是周某
B. 在出资证明书移交给钱某后，钱某即成为公司股东
C. 在公司变更股东名册后，钱某即成为公司股东
D. 在公司登记机关办理股权登记后该股权转让取得对抗效力

**考点24** 有限责任公司的股权回购

**96.** 2019回忆/多

天禄公司由甲、乙、丙、丁四人出资设立，甲持股25%，公司章程规定公司的经营期限为10年。到期后，因公司运营不好，甲主张按章程规定解散公司，但其他股东均不同意解散。公司召开股东会讨论此事，在甲反对、其他股东均同意的情况下作出股东会决议，决定修改公司章程，延长公司的经营期

限至2035年。下列有关甲的维权措施，哪些是正确的？
A. 甲可向法院起诉确认该股东会决议无效
B. 甲可向公司主张以合理的价格收购其股权
C. 甲可与乙协商转让其股权
D. 甲可向法院起诉请求强制解散天禄公司

**97.** 2013/3/28/单

香根餐饮有限公司有股东甲、乙、丙三人，分别持股51%、14%与35%，经营数年后，公司又开设一家分店，由丙任其负责人。后因公司业绩不佳，甲召集股东会，决议将公司的分店转让。对该决议，丙不同意。下列哪一表述是正确的？
A. 丙可以该决议程序违法为由，主张撤销
B. 丙可以该决议损害其利益为由，提起解散公司之诉
C. 丙可以要求公司按照合理的价格收购其股权
D. 公司可以丙不履行股东义务为由，以股东会决议解除其股东资格

**98.** 2010/3/71/多

甲乙等六位股东各出资30万元于2004年2月设立一有限责任公司，五年来公司效益一直不错，但为了扩大再生产一直未向股东分配利润。2009年股东会上，乙提议进行利润分配，但股东会仍然作出不分配利润的决议。对此，下列哪些表述是错误的？
A. 该股东会决议无效
B. 乙可请求法院撤销该股东会决议
C. 乙有权请求公司以合理价格收购其股权
D. 乙可不经其他股东同意而将其股份转让给第三人

**考点25** 一人公司

**99.** 2011/3/28/多

张平以个人独资企业形式设立"金地"肉制品加工厂。2011年5月，因瘦肉精事件影响，张平为减少风险，打算将加工厂改换成一人有限公司形式。对此，下列哪些表述是错误的？①
A. 因原投资人和现股东均为张平一人，故加工厂不必进行清算即可变更登记为一人有限公司
B. 新成立的一人有限公司仍可继续使用原商号"金地"
C. 张平为设立一人有限公司，须一次足额缴纳其全部出资额
D. 如张平未将一人有限公司的财产独立于自己的财产，则应对公司债务承担连带责任

---

① 原为单选题，根据新法答案有变化，调整为多选题。

**100.** 2010/3/27/多

张某为避免合作矛盾与问题,不想与人合伙或合股办企业,欲自己单干。朋友对此提出以下建议,其中哪些建议是错误的?①

A."可选择开办独资企业,也可选择开办一人有限公司"

B."如选择开办一人公司,那么注册资本不能少于 10 万元"

C."如选择开办独资企业,则必须自己进行经营管理"

D."可同时设立一家一人公司和一家独资企业"

**101.** 2009/3/95/任

张某有 200 万元资金,打算在烟台投资设立一家注册资本为 300 万元左右的餐饮企业。关于如何设立与管理企业,请回答。

如张某拟设立一家一人有限责任公司,下列表述正确的是:

A.注册资本不能低于 50 万元

B.可以再参股其他有限公司

C.只能由张某本人担任法定代表人

D.可以再投资设立一家一人有限责任公司

## 第十节　股份有限公司

**考点 26　股份有限公司的设立**

**102.** 2016/3/70/多 新法改编

甲、乙、丙等拟以募集方式设立厚亿股份公司。经过较长时间的筹备,公司设立的各项事务逐渐完成,现大股东甲准备组织召开公司成立大会。下列哪些表述是正确的?

A.厚亿公司的章程应在成立大会上通过

B.甲、乙、丙等出资的验资证明应由成立大会审核

C.厚亿公司的经营计划应在成立大会上决定

D.设立厚亿公司的各种费用应由成立大会审核

**103.** 2014/3/72/多

顺昌有限公司等五家公司作为发起人,拟以募集方式设立一家股份有限公司。关于公开募集程序,下列哪些表述是正确的?

A.发起人应与依法设立的证券公司签订承销协议,由其承销公开募集的股份

B.证券公司应与银行签订协议,由该银行代收所发行股份的股款

C.发行股份的股款缴足后,须经依法设立的验资机构验资并出具证明

D.由发起人主持召开公司成立大会,选举董事会成员、监事会成员与公司总经理

**104.** 2010/3/73/多 新法改编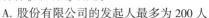

关于股份有限公司的设立,下列哪些表述符合《公司法》规定?

A.股份有限公司的发起人最多为 200 人

B.发起人之间的关系性质属于合伙关系

C.采取募集方式设立时,发起人不能在公司成立后分期缴纳出资

D.发起人之间如发生纠纷,该纠纷的解决应当同时适用《民法典》和《公司法》

**考点 27　股份有限公司的股份转让**

**105.** 2016/3/29/单

唐宁是沃运股份有限公司的发起人和董事之一,持有公司 15%的股份。因公司未能上市,唐宁对沃运公司的发展前景担忧,欲将所持股份转让。关于此事,下列哪一说法是正确的?

A.唐宁可要求沃运公司收购其股权

B.唐宁可以不经其他股东同意对外转让其股份

C.若章程禁止发起人转让股份,则唐宁的股份不得转让

D.若唐宁出让其股份,其他发起人可依法主张优先购买权

**考点 28　股份有限公司的股份回购**

**106.** 2019 回忆/多

某上市公司因产品发生质量问题引发消费者不满,公司对此事件的处理方案不妥,引发舆论负面评价,导致股价持续下跌。为了扭转股价下跌的趋势,公司拟用未分配利润回购公司股份。关于该公司的股份回购,下列哪些说法是正确的?

A.该回购事项需通过股东大会决议

B.回购股份不能超过已经发行股份的 10%

C.股份回购应通过公开集中交易进行

D.公司回购的股份应当在半年内注销或转让

**107.** 2017/3/94/任

紫霞股份有限公司是一家从事游戏开发的非上市公司,注册资本 5000 万元,已发行股份总额为 1000 万股。公司成立后经营状况一直不佳,至 2015 年底公司账面亏损 3000 万元。2016 年初,公司开发出一款游戏,备受玩家追捧,市场异常火爆,年底即扭亏为盈,税后利润达 7000 万元。

进入 2017 年,紫霞公司保持良好的发展势头。为进一步激励员工,公司于 8 月决定收购本公司的部分股份,用于职工奖励。关于此问题,下列选项正确的是:

A. 公司此次可收购的本公司股份的上限为100万股
B. 公司可动用任意公积金作为此次股份收购的资金
C. 收购本公司股份后,公司可在两年内完成实施对职工的股份奖励
D. 如在2017年底公司仍持有所收购的股份,则在利润分配时不得对该股份进行利润分配

**考点29** 上市公司特殊规定

**108.** 2016/3/71/多

星煌公司是一家上市公司。现董事长吴某就星煌公司向坤诚公司的投资之事准备召开董事会。因公司资金比较紧张,且其中一名董事梁某的妻子又在坤诚公司任副董事长,有部分董事对此投资事宜表示异议。关于本案,下列哪些选项是正确的?

A. 梁某不应参加董事会表决
B. 吴某可代梁某在董事会上表决
C. 若参加董事会人数不足,则应提交股东会审议
D. 星煌公司不能投资于坤诚公司

**109.** 2015/3/28/单

甲公司是一家上市公司。关于该公司的独立董事制度,下列哪一表述是正确的?

A. 甲公司董事会成员中应当至少包括1/3的独立董事
B. 任职独立董事的,至少包括一名会计专业人士和一名法律专业人士
C. 除在甲公司外,各独立董事在其他上市公司同时兼任独立董事的,不得超过5家
D. 各独立董事不得直接或间接持有甲公司已发行的股份

# 专题二 合伙企业法

**考点30** 普通合伙企业

(一)普通合伙企业的设立

**110.** 2022 回忆/任

甲、乙、丙共同出资设立一家玩具店(普通合伙企业)。甲用一套商住房屋的使用权和现金30万元出资。房屋交付玩具店作为经营店面,但是没有过户登记。现金按合伙协议约定应于2025年12月底前缴纳。后因经营不佳,玩具店欠丁公司货款到期无力偿还。下列说法正确的是:

A. 丁公司可要求甲对玩具店提前缴纳出资
B. 丁公司可要求甲对玩具店未清偿的债务承担无限连带责任
C. 甲应将房屋过户给玩具店并办理登记手续

D. 甲可以未到出资期限抗辩丁公司的偿债请求

**111.** 2011/3/29/单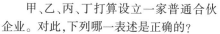

甲、乙、丙、丁打算设立一家普通合伙企业。对此,下列哪一表述是正确的?

A. 各合伙人不得以劳务作为出资
B. 如乙仅以其房屋使用权作为出资,则不必办理房屋产权过户登记
C. 该合伙企业名称中不得以任何一个合伙人的名字作为商号或字号
D. 合伙协议经全体合伙人签名、盖章并经登记后生效

(二)普通合伙企业的财产与损益分配

**112.** 2013/3/92/任

高崎、田一、丁福三人共同出资200万元,于2011年4月设立"高田丁科技投资中心(普通合伙)",从事软件科技的开发与投资。其中高崎出资160万元,田、丁分别出资20万元,由高崎担任合伙事务执行人。

2012年6月,丁福为向钟冉借钱,作为担保方式,而将自己的合伙财产份额出质给钟冉。下列说法正确的是:

A. 就该出质行为,高、田二人均享有一票否决权
B. 该合伙财产份额质权,须经合伙协议记载与工商登记才能生效
C. 在丁福伪称已获高、田二人同意,而钟冉又是善意时,钟冉善意取得该质权
D. 在丁福未履行还款义务,如钟冉享有质权并主张以拍卖方式实现时,高、田二人享有优先购买权

**113.** 2010/3/34/单

关于合伙企业的利润分配,如合伙协议未作约定且合伙人协商不成,下列哪一选项是正确的?

A. 应当由全体合伙人平均分配
B. 应当由全体合伙人按实缴出资比例分配
C. 应当由全体合伙人按合伙协议约定的出资比例分配
D. 应当按合伙人的贡献决定如何分配

(三)普通合伙企业事务的执行

**114.** 2020 回忆/任

诚意商行是秦某和郑某共同出资设立的普通合伙企业,于2020年4月完成设立登记并领取营业执照,合伙协议约定秦某是合伙事务执行人。2020年3月,在合伙企业筹备阶段,秦某以合伙企业名义和甲公司签了一份购买测温仪的合同。2020年5月,郑某了解到乙公司还有测温仪存货,遂以合伙企

业名义和乙公司签订了购买合同。后来市场测温仪需求大降,甲公司现在要求还款,乙公司要求履行合同。关于本案,下列说法不正确的是:

A. 秦某与甲公司签订的购买测温仪的合同,不得以诚意商行的名义签订

B. 乙公司无权要求郑某承担责任

C. 乙公司可主张秦某、郑某对合伙企业债务承担连带责任

D. 郑某无权以合伙企业的名义对外签订合同,故乙公司无权要求诚意商行履行合同

**115.** 2019 回忆/多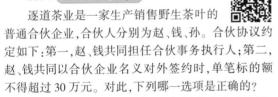

甲和乙设立冰封火锅店(普通合伙企业),出资比例分别是80%和20%,合伙协议约定甲是合伙企业事务执行人。后甲聘请国外留学回来的丙担任火锅店的经营管理人员,全权负责火锅店的运营事务。乙后来得知此消息,但未对此事表态。丙大胆更换了火锅店的大厨和服务员,火锅店生意日渐好转,终扭亏为盈。一年后,为扩大火锅店的规模,丙以合伙企业名义向丁借款100万元用于火锅店的经营,并以火锅店的店面做抵押。下列哪些说法是正确的?

A. 丙无权以火锅店店面做抵押

B. 丙无权更换大厨和服务员

C. 丙自乙知情后正式成为火锅店的经营管理人员

D. 丙无权以合伙企业名义向丁借款

**116.** 2017/3/29/单

逐道茶业是一家生产销售野生茶叶的普通合伙企业,合伙人分别为赵、钱、孙。合伙协议约定如下:第一,赵、钱共同担任合伙事务执行人;第二,赵、钱共同以合伙企业名义对外签约时,单笔标的额不得超过30万元。对此,下列哪一选项是正确的?

A. 赵单独以合伙企业名义,与甲茶农达成协议,以12万元的价格收购其茶园的茶叶,该协议为有效约定

B. 孙单独以合伙企业名义,与乙茶农达成协议,以10万元的价格收购其茶园的茶叶,该协议为无效约定

C. 赵、钱共同以合伙企业名义,与丙茶叶公司签订价值28万元的明前茶销售合同,该合同为有效约定

D. 赵、钱共同以合伙企业名义,与丁茶叶公司签订价值35万元的明前茶销售合同,该合同为无效约定

**117.** 2015/3/29/单

某普通合伙企业为内部管理与拓展市场的需要,决定聘请陈东为企业经营管理人。对此,

下列哪一表述是正确的?

A. 陈东可以同时具有合伙人身份

B. 对陈东的聘任须经全体合伙人的一致同意

C. 陈东作为经营管理人,有权以合伙企业的名义对外签订合同

D. 合伙企业对陈东对外代表合伙企业权利的限制,不得对抗第三人

**118.** 甲、乙、丙三人共同商定出资设立一家普通合伙企业,其中约定乙以其所有房屋的使用权出资,企业的财务由甲负责。2015年4月,该合伙企业亏损巨大。5月,见股市大涨,在丙不知情的情况下,甲与乙直接将企业账户中的400万元资金,以企业名义委托给某投资机构来进行股市投资。同时,乙自己也将上述房屋以600万元变卖并过户给丁,房款全部用来炒股。至6月下旬,投入股市资金所剩无几。丙得知情况后突发脑溢血死亡。

请回答第(1)~(3)题。

(1) 2015/3/92/任

关于甲、乙将400万元资金委托投资股市的行为,下列说法正确的是:

A. 属于无权处分行为

B. 属于改变合伙企业经营范围的行为

C. 就委托投资失败,甲、乙应负连带赔偿责任

D. 就委托投资失败,该受托的投资机构须承担连带责任

(2) 2015/3/93/任

关于乙将房屋出卖的行为,下列选项正确的是:

A. 构成无权处分行为

B. 丁取得该房屋所有权

C. 丁无权要求合伙企业搬出该房屋

D. 乙对合伙企业应承担违约责任

(3) 2015/3/94/任

假设丙有继承人戊,则就戊的权利,下列说法错误的是:

A. 自丙死亡之时起,戊即取得合伙企业的合伙人资格

B. 因合伙企业账面上已处于亏损状态,戊可要求解散合伙企业并进行清算

C. 就甲委托投资股市而失败的行为,戊可直接向甲主张赔偿

D. 就乙出卖房屋而给企业造成的损失,戊可直接向乙主张赔偿

**119.** 2014/3/73/多

通源商务中心为一家普通合伙企业,合伙人为赵某、钱某、孙某、李某、周某。就合伙事务

的执行,合伙协议约定由赵某、钱某二人负责。下列哪些表述是正确的?

    A. 孙某仍有权以合伙企业的名义对外签订合同

    B. 对赵某、钱某的业务执行行为,李某享有监督权

    C. 对赵某、钱某的业务执行行为,周某享有异议权

    D. 赵某以合伙企业名义对外签订合同时,钱某享有异议权

**120.** 王某、张某、田某、朱某共同出资180万元,于2012年8月成立绿园商贸中心(普通合伙)。其中王某、张某各出资40万元,田某、朱某各出资50万元;就合伙事务的执行,合伙协议未特别约定。请回答第(1)、(2)题。

(1) 2014/3/92/任

2013年9月,鉴于王某、张某业务能力不足,经合伙人会议决定,王某不再享有对外签约权,而张某的对外签约权仅限于每笔交易额3万元以下。关于该合伙人决议,下列选项正确的是:

    A. 因违反合伙人平等原则,剥夺王某对外签约权的决议应为无效

    B. 王某可以此为由向其他合伙人主张赔偿其损失

    C. 张某此后对外签约的标的额超过3万元时,须事先征得王某、田某、朱某的同意

    D. 对张某的签约权限制,不得对抗善意相对人

(2) 2014/3/93/任

2014年1月,田某以合伙企业的名义,自京顺公司订购价值80万元的节日礼品,准备在春节前转销给某单位。但对这一礼品订购合同的签订,朱某提出异议。就此,下列选项正确的是:

    A. 因对合伙企业来说,该合同标的额较大,故田某在签约前应取得朱某的同意

    B. 朱某的异议不影响该合同的效力

    C. 就田某的签约行为所产生的债务,王某无须承担无限连带责任

    D. 就田某的签约行为所产生的债务,朱某须承担无限连带责任

**121.** 2011/3/30/单

赵、钱、孙、李设立一家普通合伙企业。经全体合伙人会议决定,委托赵与钱执行合伙事务,对外代表合伙企业。对此,下列哪一表述是错误的?

    A. 孙、李仍享有执行合伙事务的权限

    B. 孙、李有权监督赵、钱执行合伙事务的情况

    C. 如赵单独执行某一合伙事务,钱可以对赵执行的事务提出异议

    D. 如赵执行事务违反合伙协议,孙、李有权决定撤销对赵的委托

**122.** 张、王、李、赵各出资四分之一,设立通程酒吧(普通合伙企业)。合伙协议未约定合伙期限。现围绕合伙份额转让、酒吧管理等事项,回答第(1)、(2)题。

(1) 2011/3/93/任

酒吧开业1年后,经营环境急剧变化,全体合伙人开会,协商对策。按照《合伙企业法》规定,下列事项的表决属于有效表决的是:

    A. 张某认为"通程"二字没有吸引力,提议改为"同升酒吧"。王某、赵某同意,但李某反对

    B. 鉴于生意清淡,王某提议暂停业1个月,装修整顿。张某、赵某同意,但李某反对

    C. 鉴于酒吧之急需,赵某提议将其一批咖啡机卖给酒吧。张某、王某同意,但李某反对

    D. 鉴于4人缺乏酒吧经营之道,李某提议聘任其友汪某为合伙经营管理人。张某、王某同意,但赵某反对

(2) 2011/3/94/任

经全体合伙人同意,林某被聘任为酒吧经营管理人,在其受聘期间自主决定采取的下列管理措施符合《合伙企业法》规定的是:

    A. 为改变经营结构扩大影响力,将经营范围扩展至法国红酒代理销售业务

    B. 为改变资金流量不足情况,以酒吧不动产为抵押,向某银行借款50万元

    C. 为营造气氛,以酒吧名义与某音乐师签约,约定音乐师每晚在酒吧表演2小时

    D. 为整顿员工工作纪律,开除2名经常被顾客投诉的员工,招聘3名新员工

(四)普通合伙企业与第三人(债务人)的关系

**123.** 2016/3/2/单

甲企业是由自然人安珺与乙企业(个人独资)各出资50%设立的普通合伙企业,欠丙企业货款50万元,由于经营不善,甲企业全部资产仅剩20万元。现所欠货款到期,相关各方因货款清偿发生纠纷。对此,下列哪一表述是正确的?

    A. 丙企业只能要求安珺与乙企业各自承担15万元的清偿责任

    B. 丙企业只能要求甲企业承担清偿责任

    C. 欠款应先以甲企业的财产偿还,不足部分由安珺与乙企业承担无限连带责任

    D. 就乙企业对丙企业的应偿债务,乙企业投资人不承担责任

**124.** 2016/3/30/单

兰艺咖啡店是罗飞、王曼设立的普通合伙企业,合伙协议约定罗飞是合伙事务执行人且承担全部亏损。为扭转经营亏损局面,王曼将兰艺咖啡店加盟某知名品牌,并以合伙企业的名义向陈阳借款20万元支付了加盟费。陈阳现在要求还款。关于本案,下列哪一说法是正确的?

    A. 王曼无权以合伙企业的名义向陈阳借款

    B. 兰艺咖啡店应以全部财产对陈阳承担还款责任

    C. 王曼不承担对陈阳的还款责任

    D. 兰艺咖啡店、王曼和罗飞对陈阳的借款承担无限连带责任

**125.** 2015/3/71/多

2015年6月,刘璋向顾谐借款50万元用来炒股,借期1个月,结果恰遇股市动荡,刘璋到期不能还款。经查明,刘璋为某普通合伙企业的合伙人,持有44%的合伙份额。对此,下列哪些说法是正确的?

    A. 顾谐可主张以刘璋自该合伙企业中所分取的收益来清偿债务

    B. 顾谐可主张对刘璋合伙份额进行强制执行

    C. 对刘璋的合伙份额进行强制执行时,其他合伙人不享有优先购买权

    D. 顾谐可直接向合伙企业要求对刘璋进行退伙处理,并以退伙结算所得来清偿债务

**126.** 2014/3/94/任

王某、张某、田某、朱某共同出资180万元,于2012年8月成立绿园商贸中心(普通合伙)。其中王某、张某各出资40万元,田某、朱某各出资50万元;就合伙事务的执行,合伙协议未特别约定。2014年4月,朱某因抄底买房,向刘某借款50万元,约定借期四个月。四个月后,因房地产市场不景气,朱某亏损不能还债。关于刘某对朱某实现债权,下列选项正确的是:

    A. 可代位行使朱某在合伙企业中的权利

    B. 可就朱某在合伙企业中分得的收益主张清偿

    C. 可申请对朱某的合伙财产份额进行强制执行

    D. 就朱某的合伙份额享有优先受偿权

**127.** 2012/3/72/多

周橘、郑桃、吴柚设立一家普通合伙企业,从事服装贸易经营。郑桃因炒股欠下王椰巨额债务。下列哪些表述是正确的?

    A. 王椰可以郑桃从合伙企业中分取的利益来受偿

    B. 郑桃不必经其他人同意,即可将其合伙财产份额直接抵偿给王椰

    C. 王椰可申请强制执行郑桃的合伙财产份额

    D. 对郑桃的合伙财产份额的强制执行,周橘和吴柚享有优先购买权

**128.** 2010/3/33/单

根据《合伙企业法》规定,第三人有理由相信有限合伙人为普通合伙人并与其交易的,该有限合伙人对该笔交易承担与普通合伙人同样的责任。关于此规定在合伙法原理上的称谓,下列哪一选项是正确的?

    A. 事实合伙

    B. 表见普通合伙

    C. 特殊普通合伙

    D. 隐名合伙

**129.** 2010/3/74/多

张某向陈某借款50万作为出资,与李某、王某成立一家普通合伙企业。二年后借款到期,张某无力还款。对此,下列哪些说法是正确的?

    A. 经李某和王某同意,张某可将自己的财产份额作价转让给陈某,以抵销部分债务

    B. 张某可不经李某和王某同意,将其在合伙中的份额进行出质,用获得的贷款偿还债务

    C. 陈某可直接要求法院强制执行张某在合伙企业中的财产以实现自己的债权

    D. 陈某可要求李某和王某对张某的债务承担连带责任

**130.** 2008/3/25/单

甲、乙、丙、丁成立一普通合伙企业,一年后甲转为有限合伙人。此前,合伙企业欠银行债务30万元,该债务直至合伙企业因严重资不抵债被宣告破产仍未偿还。对该30万元银行债务的偿还,下列哪一选项是正确的?

    A. 乙、丙、丁应按合伙份额对该笔债务承担清偿责任,甲无须承担责任

    B. 各合伙人均应对该笔债务承担无限连带责任

    C. 乙、丙、丁应对该笔债务承担无限连带责任,甲无须承担责任

    D. 合伙企业已宣告破产,债务归于消灭,各合伙人无须偿还该笔债务

**(五)普通合伙人的入伙与退伙**

**131.** 2021回忆/多

甲、乙、丙于2019年开了一家川菜馆(普通合伙),合伙协议约定经营期限为10年。后因市场不景气,该企业一直经营不佳。2021年3月,因资金短缺,甲等三位合伙人邀请丁入伙。出于对甲等三人的信任,丁未对该合伙企业调查,即签订了入伙

协议,并登记成为合伙人。丁入伙后得知了企业的真实经营状况,后悔不已,遂要求撤销入伙协议,但遭到甲等三人的反对。丁见撤销协议无望,于是转而要求退伙。2021年6月1日,甲等三人同意,合伙企业于2021年6月10日为丁办理了退伙的变更登记。下列哪些说法是正确的?

  A. 丁签订入伙协议后即应对入伙前合伙企业的债务承担无限连带责任

  B. 丁有权主张因为重大误解撤销入伙协议

  C. 丁的退伙应当于2021年6月1日起生效

  D. 对于2021年6月10日后该企业对外所负债务,丁也应承担无限连带责任

**132.** 2014/3/30/单

2010年5月,贾某以一套房屋作为投资,与几位朋友设立一家普通合伙企业,从事软件开发。2014年6月,贾某举家移民海外,故打算自合伙企业中退出。对此,下列哪一选项是正确的?

  A. 在合伙协议未约定合伙期限时,贾某向其他合伙人发出退伙通知后,即发生退伙效力

  B. 因贾某的退伙,合伙企业须进行清算

  C. 退伙后贾某可向合伙企业要求返还该房屋

  D. 贾某对退伙前合伙企业的债务仍须承担无限连带责任

**133.** 2013/3/71/多

甲、乙、丙于2010年成立一家普通合伙企业,三人均享有合伙事务执行权。2013年3月1日,甲被法院宣告为无民事行为能力人。3月5日,丁因不知情找到甲谈一笔生意,甲以合伙人身份与丁签订合同。下列哪些选项是错误的?

  A. 因丁不知情,故该合同有效,对合伙企业具有约束力

  B. 乙与丙可以甲丧失行为能力为由,一致决议将其除名

  C. 乙与丙可以甲丧失行为能力为由,一致决议将其转为有限合伙人

  D. 如甲因丧失行为能力而退伙,其退伙时间为其无行为能力判决的生效时间

**134.** 2011/3/71/多

2009年3月,周、吴、郑、王以普通合伙企业形式开办一家湘菜馆。2010年7月,吴某因车祸死亡,其妻欧某为唯一继承人。在下列哪些情形中,欧某不能通过继承的方式取得该合伙企业的普通合伙人资格?

  A. 吴某之父对欧某取得合伙人资格表示异议

  B. 合伙协议规定合伙人须具有国家一级厨师资格证,欧某不具有

  C. 郑某不愿意接纳欧某为合伙人

  D. 欧某因夫亡突遭打击,精神失常,经法院宣告为无民事行为能力人

**135.** 2011/3/92/任

张、王、李、赵各出资四分之一,设立通程酒吧(普通合伙企业)。合伙协议未约定合伙期限。

酒吧开业半年后,张某在经营理念上与其他合伙人冲突,遂产生退伙想法。下列说法正确的是:

  A. 可将其份额转让给王某,且不必事先告知赵某、李某

  B. 可经王某、赵某同意后,将其份额转让给李某的朋友刘某

  C. 可主张发生其难以继续参加合伙的事由,向其他人要求立即退伙

  D. 可在不给合伙事务造成不利影响的前提下,提前30日通知其他合伙人要求退伙

**136.** 2009/3/28/单

普通合伙企业合伙人李某因车祸遇难,生前遗嘱指定16岁的儿子李明为其全部财产继承人。下列哪一表述是错误的?

  A. 李明有权继承其父在合伙企业中的财产份额

  B. 如其他合伙人均同意,李明可以取得有限合伙人资格

  C. 如合伙协议约定合伙人必须是完全行为能力人,则李明不能成为合伙人

  D. 应当待李明成年后由其本人作出其是否愿意成为合伙人的意思表示

**137.** 2008/3/26/单

2007年1月,甲、乙、丙设立一普通合伙企业。2008年2月,甲与戊结婚。2008年7月,甲因车祸去世。甲除戊外没有其他亲人,合伙协议对合伙人资格取得或丧失未作约定。下列哪一选项是正确的?

  A. 合伙企业中甲的财产份额属于夫妻共同财产

  B. 戊依法自动取得合伙人地位

  C. 经乙、丙一致同意,戊取得合伙人资格

  D. 只能由合伙企业向戊退还甲在合伙企业中的财产份额

**考点31 特殊的普通合伙企业**

**138.** 2015/3/72/多

君平昌成律师事务所是一家采取特殊普通合伙形式设立的律师事务所,曾君、郭昌是其中的两名合伙人。在一次由曾君主办、郭昌辅办的诉讼代理业务中,因二人的重大过失而泄露客户商业秘密,导致该所对客户应承担巨额赔偿责任。关于该客户的求偿,下列哪些说法是正确的?

A. 向该所主张全部赔偿责任

B. 向曾君主张无限连带赔偿责任

C. 向郭昌主张补充赔偿责任

D. 向该所其他合伙人主张连带赔偿责任

### 考点32 有限合伙企业

**139．** 2021 回忆/单

某游戏室是一家有限合伙企业,其中宁某是普通合伙人,谢某、崔某均为有限合伙人。两年后,郑某作为有限合伙人入伙,其入伙协议约定:郑某出资 10 万元,分期缴纳,以其进行游戏机维护工作的工资逐月抵充。入伙协议签订后,宁某并未办理变更登记。后谢某将其份额转让给合伙企业以外的第三人,但未按照合伙协议的约定提前 30 日通知其他合伙人。崔某将合伙企业的份额出质给了甲公司作为自己的融资担保。据此,下列哪一说法是正确的?

A. 合伙协议中关于郑某的出资约定合法有效

B. 因合伙企业未变更登记,所以郑某不具有合伙人资格

C. 谢某因未提前 30 日通知其他合伙人,所以转让无效

D. 崔某的出质行为因未得到其他合伙人的一致同意而无效

**140．** 2019 回忆/多

杨某、段某、郭某、黄某、周某是某有限合伙企业的合伙人,其中杨某是普通合伙人,其余四人是有限合伙人。合伙协议对合伙份额的转让、质押等处分行为未作约定。下列哪些说法是正确的?

A. 杨某死亡后,其合法继承人有权继承杨某在该合伙企业中的份额

B. 段某的债权人申请法院执行段某的合伙份额偿还债务,其他合伙人不能主张优先购买权

C. 郭某对外转让其合伙份额时,其他合伙人无权主张优先购买权

D. 黄某可随时转让其合伙份额给周某

**141．** 2017/3/72/多

雀凰投资是有限合伙企业,从事私募股权投资活动。2017 年 3 月,三江有限公司决定入伙雀凰投资,成为其有限合伙人。对此,下列哪些选项是错误的?

A. 如合伙协议无特别约定,则须经全体普通合伙人一致同意,三江公司才可成为新的有限合伙人

B. 对入伙前雀凰投资的对外负债,三江公司仅以实缴出资额为限承担责任

C. 三江公司入伙后,有权查阅雀凰投资的财务会计账簿

D. 如合伙协议无特别约定,则三江公司入伙后,原则上不得自营与雀凰投资相竞争的业务

**142．** 2016/3/72/多

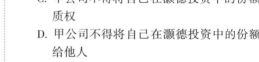

灏德投资是一家有限合伙企业,专门从事新能源开发方面的风险投资。甲公司是灏德投资的有限合伙人,乙和丙是普通合伙人。关于合伙协议的约定,下列哪些选项是正确的?

A. 甲公司派驻灏德投资的员工不领取报酬,其劳务折抵 10% 的出资

B. 甲公司不得与其他公司合作从事新能源方面的风险投资

C. 甲公司不得将自己在灏德投资中的份额设定质权

D. 甲公司不得将自己在灏德投资中的份额转让给他人

**143．** 2015/3/30/单

李军退休后于 2014 年 3 月,以 20 万元加入某有限合伙企业,成为有限合伙人。后该企业的另一名有限合伙人退出,李军便成为唯一的有限合伙人。2014 年 6 月,李军不幸发生车祸,虽经抢救保住性命,但已成为植物人。对此,下列哪一表述是正确的?

A. 就李军入伙前该合伙企业的债务,李军仅需以 20 万元为限承担责任

B. 如李军因负债累累而丧失偿债能力,该合伙企业有权要求其退伙

C. 因李军已成为植物人,故该合伙企业有权要求其退伙

D. 因唯一的有限合伙人已成为植物人,故该有限合伙企业应转为普通合伙企业

**144．** 高崎、田一、丁福三人共同出资 200 万元,于 2011 年 4 月设立"高田丁科技投资中心（普通合伙）",从事软件科技的开发与投资。其中高崎出资 160 万元,田、丁分别出资 20 万元,由高崎担任合伙事务执行人。

请回答第(1)、(2)题:

(1) 2013/3/93/任

2013 年 2 月,高崎为减少自己的风险,向田、丁二人提出转变为有限合伙人的要求。对此,下列说法正确的是:

A. 须经田、丁二人的一致同意

B. 未经合伙企业登记机关登记,不得对抗第三人

C. 转变后,高崎可以出资最多为由,要求继续担任合伙事务执行人

D. 转变后,对于 2013 年 2 月以前的合伙企业债务,经各合伙人决议,高崎可不承担无限连带责任

(2) 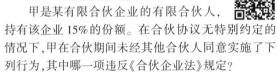 2013/3/94/任

2013 年 5 月,有限合伙人高崎将其一半合伙财产份额转让给贾骏。同年 6 月,高崎的债权人李耕向法院申请强制执行其另一半合伙财产份额。对此,下列项正确的是:

    A. 高崎向贾骏转让合伙财产份额,不必经田、丁的同意

    B. 就高崎向贾骏转让的合伙财产份额,田、丁可主张优先购买权

    C. 李耕申请法院强制执行高崎的合伙财产份额,不必经田、丁的同意

    D. 就李耕申请法院强制执行高崎的合伙财产份额,田、丁可主张优先购买权

**145.** 2009/3/27/单

甲是某有限合伙企业的有限合伙人,持有该企业 15% 的份额。在合伙协议无特别约定的情况下,甲在合伙期间未经其他合伙人同意实施了下列行为,其中哪一项违反《合伙企业法》规定?

    A. 将自购的机器设备出租给合伙企业使用

    B. 以合伙企业的名义购买汽车一辆归合伙企业使用

    C. 以自己在合伙企业中的财产份额向银行提供质押担保

    D. 提前一个月通知其他合伙人将其部分合伙份额转让给合伙人以外的人

**146.** 2009/3/74/多

甲乙丙三人拟共同设立一个有限合伙企业,下列哪些表述是错误的?

    A. 该有限合伙企业至少应当有一个普通合伙人

    B. 经合伙协议约定,有限合伙人可以货币、实物、劳务、知识产权或其他财产作价出资

    C. 经合伙协议约定,有限合伙人可以执行部分合伙事务

    D. 如有限合伙人转为普通合伙人,则对其作为有限合伙人期间企业的债务不承担连带责任

**147.** 2008/3/69/多

甲、乙、丙、丁欲设立一有限合伙企业,合伙协议中约定了如下内容,其中哪些符合法律规定?

    A. 甲仅以出资额为限对企业债务承担责任,同时被推举为合伙事务执行人

    B. 丙以其劳务出资,为普通合伙人,其出资份额经各合伙人商定为 5 万元

    C. 合伙企业的利润由甲、乙、丁三人分配,丙仅按营业额提取一定比例的劳务报酬

    D. 经全体合伙人同意,有限合伙人可以全部转为普通合伙人,普通合伙人也可以全部转为有限合伙人

**148.** 2008/3/70/多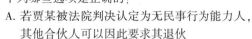

贾某是一有限合伙企业的有限合伙人。下列哪些选项是正确的?

    A. 若贾某被法院判决认定为无民事行为能力人,其他合伙人可以因此要求其退伙

    B. 若贾某死亡,其继承人可以取得贾某在有限合伙企业中的资格

    C. 若贾某转为普通合伙人,其必须对其作为有限合伙人期间企业发生的债务承担无限连带责任

    D. 如果合伙协议没有限制,贾某可以不经过其他合伙人同意而将其在合伙企业中的财产份额出质

**考点 33** 合伙的解散与清算

**149.** 2018 回忆/多

甲、乙共同经营一家普通合伙企业,共同决定聘请丙担任合伙企业的经营管理人员。后因经营管理不善该合伙企业面临破产,甲、乙授权丙负责组织清算。在清算过程中,丙收受丁的好处若干,擅自免除了丁对合伙企业的 100 万元债务,并虚构了合伙企业对戊的一笔 20 万元债务。下列哪些说法是正确的?

    A. 丙不能担任合伙企业的清算人

    B. 丙应对合伙企业的债权人承担赔偿责任

    C. 丙应对该合伙企业承担赔偿责任

    D. 合伙企业注销后,甲和乙对合伙企业债务仍应承担无限连带责任

# 专题三 个人独资企业法

**考点 34** 个人独资企业法

**150.** 2017/3/30/单

"李老汉私房菜"是李甲投资开设的个人独资企业。关于该企业遇到的法律问题,下列哪一选项是正确的?

    A. 如李甲在申请企业设立登记时,明确表示以其家庭共有财产作为出资,则该企业是以家庭成员为全体合伙人的普通合伙企业

    B. 如李甲一直让其子李乙负责企业的事务管理,则应认定为以家庭共有财产作为企业的出资

    C. 如李甲决定解散企业,则在解散后 5 年内,李甲对企业存续期间的债务,仍应承担偿还责任

    D. 如李甲死后该企业由其子李乙与其女李丙共

同继承,则该企业必须分立为两家个人独资企业

**151.** 2013/3/30/单

关于合伙企业与个人独资企业的表述,下列哪一选项是正确的?
   A. 二者的投资人都只能是自然人
   B. 二者的投资人都一律承担无限责任
   C. 个人独资企业可申请变更登记为普通合伙企业
   D. 合伙企业不能申请变更登记为个人独资企业

**152.** 2012/3/29/单

为开拓市场需要,个人独资企业主曾水决定在某市设立一个分支机构,委托朋友霍火为分支机构负责人。关于霍火的权利和义务,下列哪一表述是正确的?
   A. 应承担该分支机构的民事责任
   B. 可以从事与企业总部相竞争的业务
   C. 可以将自己的货物直接出卖给分支机构
   D. 经曾水同意可以分支机构财产为其弟提供抵押担保

**153.** 2009/3/96/任

张某有 200 万元资金,打算在烟台投资设立一家注册资本为 300 万元左右的餐饮企业。关于如何设立与管理企业,请回答。

如张某拟设立一家个人独资企业,下列表述正确的是:
   A. 该企业的名称中不能含有"公司"字样
   B. 如张某死亡,其继承人可以继承投资人的身份
   C. 如该企业解散,必须由法院指定的清算人进行清算
   D. 该企业应当依法缴纳企业所得税

## 专题四　外商投资法

### 考点35 外商投资法

**154.** 2020 回忆/多

某外商在外商投资准入负面清单之外,以股权转让的方式入股了甲公司。原股权出让人乙公司反悔,认为该股权转让投资合同未经有关部门批准,是无效的合同,现诉诸法院。依有关规定及司法解释,下列哪些选项是正确的?
   A. 乙公司以股权转让投资合同未经有关部门批准为由主张合同无效的,人民法院不予支持
   B. 若该股权转让投资合同签订于《外商投资法》施行前,不适用负面清单的规定
   C. 国家对负面清单之外的外商投资,给予最惠

国待遇
   D. 对外商投资负面清单以外的领域,依内外资一致的原则实施管理

**155.** 2019 回忆/多

关于我国《外商投资法》对外商投资企业的投资保护措施,下列说法错误的有哪些?
   A. 为保障在外商投资过程中开展技术合作,行政机关及其工作人员可以利用行政手段强制转让技术
   B. 地方政府制定涉及外商投资的规范性文件,可根据当地经济和社会发展需要设置市场准入和退出条件
   C. 地方政府及其有关部门可依权限和程序改变向外国投资者作出的政策承诺
   D. 在任何情况下,国家对外国投资者的投资均不实行征收

## 专题五　企业破产法

### 考点36 破产原因、破产案件的申请和受理

**156.** 2022 回忆/单

甲公司欠乙公司货款 1500 万元。1 年后,乙公司索要时,发现甲公司尚有 1000 万元的资产,但是法定代表人不知所踪,公司也不再经营。对此,下列哪一项说法是正确的?
   A. 乙公司没有向法院申请确认合同债权,不能向法院申请破产
   B. 乙公司没有向法院确认甲公司资不抵债,法院不能受理其破产申请
   C. 乙公司应当向甲公司所在地的中级法院申请破产
   D. 乙公司可以直接向法院申请对甲公司进行破产清算

**157.** 2021 回忆/单

甲公司被法院裁定破产,管理人接管财产后,通知甲公司门店的出租方乙公司解除租赁协议。乙公司拒绝,表示该协议约定租期为 10 年,目前尚有 3 年租期,且按照租赁协议的约定,任何一方无权提前解除协议,对协议履行存在争议的应提交北京仲裁委仲裁。下列哪一说法是正确的?
   A. 协议应由管理人向北京仲裁委提交仲裁申请时解除
   B. 协议自管理人通知乙公司解除决定时即自然解除
   C. 如仲裁委裁定解除,应自裁定书送达债权人时解除

D. 协议应继续履行,除非双方一致合意解除

**158.**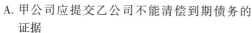

2013年3月,债权人甲公司对债务人乙公司提出破产申请。下列哪些选项是正确的?

A. 甲公司应提交乙公司不能清偿到期债务的证据

B. 甲公司应提交乙公司资产不足以清偿全部债务的证据

C. 乙公司就甲公司的破产申请,在收到法院通知之日起七日内可向法院提出异议

D. 如乙公司对甲公司所负债务存在连带保证人,则其可以该保证人具有清偿能力为由,主张其不具备破产原因

**159.** 2012/3/71/多

中南公司不能清偿到期债务,债权人天一公司向法院提出对其进行破产清算的申请,但中南公司以其账面资产大于负债为由表示异议。天一公司遂提出各种事由,以证明中南公司属于明显缺乏清偿能力的情形。下列哪些选项符合法律规定的关于债务人明显缺乏清偿能力、无法清偿债务的情形?

A. 因房地产市场萎缩,构成中南公司核心资产的房地产无法变现

B. 中南公司陷入管理混乱,法定代表人已潜至海外

C. 天一公司已申请法院强制执行中南公司财产,仍无法获得清偿

D. 中南公司已出售房屋质量纠纷多,市场信誉差

**考点37** 破产管理人

**160.** 2016/3/31/单

祺航公司向法院申请破产,法院受理并指定甲为管理人。债权人会议决定设立债权人委员会。现昊泰公司提出要受让祺航公司的全部业务与资产。甲的下列哪一做法是正确的?

A. 代表祺航公司决定是否向昊泰公司转让业务与资产

B. 将该转让事宜交由法院决定

C. 提议召开债权人会议决议该转让事宜

D. 作出是否转让的决定并将该转让事宜报告债权人委员会

**161.** 2009/3/76/多

某破产案件中,债权人向法院提出更换管理人的申请。申请书中指出了如下事实,其中哪些属于主张更换管理人的正当事由?

A. 管理人列席债权人会议时,未如实报告债务人财产接管情况,并拒绝回答部分债权人询问

B. 管理人将债务人的一处房产转让给第三人,未报告债权人委员会

C. 债权人对债务人在破产申请前曾以还债为名向关联企业划转大笔资金的情况多次要求调查,但管理人一再拖延

D. 管理人将对外追收债款的诉讼业务交给其所在律师事务所办理,并单独计收代理费

**考点38** 债务人财产的范围

**162.** 2009/3/29/单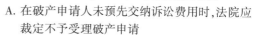

甲公司严重资不抵债,因不能清偿到期债务向法院申请破产。下列哪一财产属于债务人财产?

A. 甲公司购买的一批在途货物,但尚未支付货款

B. 甲公司从乙公司租用的一台设备

C. 属于甲公司但已抵押给银行的一处厂房

D. 甲公司根据代管协议合法占有的委托人丙公司的两处房产

**考点39** 破产费用和共益债务

**163.** 2017/3/73/多

舜泰公司因资产不足以清偿全部到期债务,法院裁定其重整。管理人为维持公司运行,向齐某借款20万元支付水电费和保安费,约定如1年内还清就不计利息。1年后舜泰公司未还款,还因不能执行重整计划被法院宣告破产。关于齐某的债权,下列哪些选项是正确的?

A. 与舜泰公司的其他债权同等受偿

B. 应从舜泰公司的财产中随时清偿

C. 齐某只能主张返还借款本金20万元

D. 齐某可主张返还本金20万元和逾期还款的利息

**164.** 2012/3/30/单

某公司经营不善,现进行破产清算。关于本案的诉讼费用,下列哪一说法是错误的?

A. 在破产申请人未预先交纳诉讼费用时,法院应裁定不予受理破产申请

B. 该诉讼费用可由债务人财产随时清偿

C. 债务人财产不足时,诉讼费用应先于共益费用受清偿

D. 债务人财产不足以清偿诉讼费用等破产费用的,破产管理人应提请法院终结破产程序

**考点40** 撤销权、追回权、抵押权和取回权

**165.** 2020回忆/任

甲、乙为某公司股东,各自认缴出资100万元。2020年1月1日,法院受理了某公司的破

产申请。此时,股东甲认缴出资期限已经届满,但仍未向公司缴纳出资。根据公司章程规定,股东乙的出资期限为 2020 年 10 月 1 日。对此,下列说法正确的是:

A. 管理人有权要求甲向公司缴纳出资
B. 管理人有权要求乙向公司缴纳出资
C. 公司欠甲 100 万元货款,甲可主张以其出资债务与公司对其负债抵销
D. 公司欠乙 100 万元货款,乙可主张以其出资债务与公司对其负债抵销

**166.** 2016/3/73/多

法院受理了利捷公司的破产申请。管理人甲发现,利捷公司与翰扬公司之间的债权债务关系较为复杂。下列哪些说法是正确的?

A. 翰扬公司的某一项债权有房产抵押,可在破产受理后行使抵押权
B. 翰扬公司与利捷公司有一合同未履行完毕,甲可解除该合同
C. 翰扬公司曾租给利捷公司的一套设备被损毁,侵权人之前向利捷公司支付了赔偿金,翰扬公司不能主张取回该笔赔偿金
D. 茹洁公司对利捷公司负有债务,在破产受理后茹洁公司受让了翰扬公司的一项债权,因此茹洁公司无需再向利捷公司履行等额的债务

**167.** 2014/3/31/单

2014 年 6 月经法院受理,甲公司进入破产程序。现查明,甲公司所占有的一台精密仪器,实为乙公司委托甲公司承运而交付给甲公司的。关于乙公司的取回权,下列哪一表述是错误的?

A. 取回权的行使,应在破产财产变价方案或和解协议、重整计划草案提交债权人会议表决之前
B. 乙公司未在规定期限内行使取回权,则其取回权即归于消灭
C. 管理人否认乙公司的取回权时,乙公司可以诉讼方式主张其权利
D. 乙公司未支付相关运输、保管等费用时,保管人可拒绝其取回该仪器

**168.** 2014/3/74/多

甲公司因不能清偿到期债务且明显缺乏清偿能力,遂于 2014 年 3 月申请破产,且法院已受理。经查,在此前半年内,甲公司针对若干债务进行了个别清偿。关于管理人的撤销权,下列哪些表述是正确的?

A. 甲公司清偿对乙银行所负的且以自有房产设定抵押担保的贷款债务的,管理人可以主张撤销

B. 甲公司清偿对丙公司所负的且经法院判决所确定的货款债务的,管理人可以主张撤销
C. 甲公司清偿对丁公司所负的为维系基本生产所需的水电费债务的,管理人不得主张撤销
D. 甲公司清偿对戊所负的劳动报酬债务的,管理人不得主张撤销

**169.** 2012/3/70/多

甲公司依据买卖合同,在买受人乙公司尚未付清全部货款的情况下,将货物发运给乙公司。乙公司尚未收到该批货物时,向法院提出破产申请,且法院已裁定受理。对此,下列哪些选项是正确的?

A. 乙公司已经取得该批货物的所有权
B. 甲公司可以取回在运货物
C. 乙公司破产管理人在支付全部价款情况下,可以请求甲公司交付货物
D. 货物运到后,甲公司对乙公司的价款债权构成破产债权

**170.** 2011/3/31/单

2010 年 8 月 1 日,某公司申请破产。8 月 10 日,法院受理并指定了管理人。该公司出现的下列哪一行为属于《破产法》中的欺诈破产行为,管理人有权请求法院予以撤销?

A. 2009 年 7 月 5 日,将市场价格 100 万元的仓库以 30 万元出售给母公司
B. 2009 年 10 月 15 日,将公司一辆价值 30 万元的汽车赠与甲
C. 2010 年 5 月 5 日,向乙银行偿还欠款 50 万元及利息 4 万元
D. 2010 年 6 月 10 日,以协议方式与债务人丙相互抵销 20 万元债务

**考点 41** 债权申报

**171.** 2021 回忆/任

甲公司向丙公司借款 2000 万元,期限 5 年。对于该笔借款,乙公司向丙公司出具了担保函,约定到期后若甲公司不能清偿债务,则由乙公司承担清偿责任。后甲公司被法院裁定破产,丙公司向管理人申报了全部债权。此后不久,乙公司也被法院裁定破产。对此,下列说法正确的是:

A. 若丙公司向乙公司追偿,乙公司有权主张先诉抗辩权
B. 乙公司有权以将来求偿权向甲公司管理人申报债权
C. 丙公司有权向甲公司和乙公司分别申报全部债权
D. 针对甲公司和乙公司的债权和担保债权均停止计息

**172.** 2019 回忆/多

2018 年 12 月,甲房地产开发公司为开发东方家园小区,向建设银行贷款 5000 万元,约定两年后清偿。乙公司对此贷款提供连带责任担保。2019 年 5 月,甲公司开发的楼盘销售不利导致资金链断裂,不能清偿到期债务,被法院受理破产。2 个月后,乙公司业务不景气也被法院受理破产。下列哪些说法是正确的?

A. 当甲公司被受理破产时,乙公司可用其将来求偿权申报债权

B. 当甲公司被受理破产时,乙公司在向建设银行清偿债务后才能向甲公司追偿

C. 当乙公司被受理破产后,建设银行可分别向甲公司和乙公司申报全额债权

D. 当乙公司对建设银行履行保证责任后,不可向甲公司追偿

**173.** 2015/3/73/多

A 公司因经营不善,资产已不足以清偿全部债务,经申请进入破产还债程序。关于破产债权的申报,下列哪些表述是正确的?

A. 甲对 A 公司的债权虽未到期,仍可以申报

B. 乙对 A 公司的债权因附有条件,故不能申报

C. 丙对 A 公司的债权虽然诉讼未决,但丙仍可以申报

D. 职工丁对 A 公司的伤残补助请求权,应予以申报

**174.** 2011/3/73/多

2011 年 9 月 1 日,某法院受理了湘江服装公司的破产申请并指定了管理人,管理人开始受理债权申报。下列哪些请求权属于可以申报的债权?

A. 甲公司的设备余款给付请求权,但根据约定该余款的支付时间为 2011 年 10 月 30 日

B. 乙公司请求湘江公司加工一批服装的合同履行请求权

C. 丙银行的借款偿还请求权,但该借款已经设定财产抵押担保

D. 当地税务机关对湘江公司作出的 8 万元行政处罚决定

**175.** 2010/3/32/单

辽沈公司因不能清偿到期债务而申请破产清算。法院受理后,管理人开始受理债权人的债权申报。对此,下列哪一债权人申报的债权属于应当受偿的破产债权?

A. 债权人甲的保证人,以其对辽沈公司的将来求偿权进行的债权申报

B. 债权人乙,以其已超过诉讼时效的债权进行

C. 债权人丙,要求辽沈公司作为承揽人继续履行承揽合同进行的债权申报

D. 某海关,以其对辽沈公司进行处罚尚未收取的罚款进行的债权申报

**176.** 2008/3/73/多

甲公司向乙银行贷款 100 万元,由 A 公司和 B 公司作为共同保证人,并以甲公司的厂房作抵押担保。其后,甲公司因严重资不抵债而向法院申请破产。法院裁定受理破产申请,并指定了破产管理人。下列哪些选项是正确的?

A. 管理人可以优先清偿乙银行的债务

B. 如 A 公司已代甲公司偿还了乙银行贷款,则其可向管理人申报 100 万元债权

C. 如乙银行不申报债权,则 A 公司或 B 公司均可向管理人申报 100 万元债权

D. 如乙银行已申报债权并获 40 万元分配,则剩余 60 万债权因破产程序终结而消灭

**考点 42** 债权人会议和债权人委员会

**177.** 2019 回忆/单

润土商贸有限公司因管理混乱经营陷入困境,于 2019 年 1 月经法院裁定进入破产程序,天明律师事务所被指定为破产管理人。2019 年 3 月底,经债权人会议决议,成立债权人委员会。后春水公司与天明律师事务所接洽合作事宜,准备受让润土公司全部的库存和营业事务。关于本案,下列哪一项表述是错误的?

A. 债权人委员会应包含一名润土公司的职工代表或工会代表

B. 天明律师事务所应将与春水公司的合作事宜事先制作财产管理或者变价方案,并提交债权人会议通过

C. 若天明律师事务所的方案未被债权人会议通过,其可以提交给债权人委员会进行表决

D. 天明律师事务所在实施与春水公司的合作方案前,应报告债权人委员会

**178.** 2012/3/31/单

在某公司破产案件中,债权人会议经出席会议的有表决权的债权人过半数通过,并且其所代表的债权额占无财产担保债权总额的 60%,就若干事项形成决议。该决议所涉下列哪一事项不符合《破产法》的规定?

A. 选举 8 名债权人代表与 1 名职工代表组成债权人委员会

B. 通过债务人财产的管理方案

C. 申请法院更换管理人

D. 通过和解协议

**考点43　重整程序**

**179．** 2020 回忆/单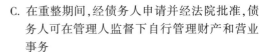

甲公司申请重整,管理人引进重整投资人乙公司。现要提交重整计划,计划要求持股 5%以上的股东无偿转让股权至乙公司,确保最终乙公司持股比例达到 67%;对公司持股不足 5% 的股东的股权暂不调整,但需无条件接受重整计划。李某为持有 3% 股权的股东。对此重整计划草案的表决,下列哪一项说法是正确的?

A. 应经持股 5% 以上的所有股东同意

B. 李某应当参加重整计划表决

C. 需经过甲公司全体股东同意

D. 若乙公司和其他债权人同意,无需甲公司股东再作表决

**180．** 2018 回忆/任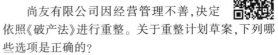

2017 年 3 月,鸿飞公司申请重整,重整计划经法院批准后,2017 年 9 月变更公司为清风公司。岳某于 2017 年 1 月借给鸿飞公司 100 万元,约定借款期限为 20 日,后由于岳某忙于个人事务,未主张其债权。2018 年 8 月,岳某在整理其账单时,发现借条,遂向公司主张还款。下列说法正确的是:

A. 因岳某未在重整计划期间申报债权,故其不得向清风公司主张债权

B. 应按照重整计划在同等效力条件下偿还岳某的借款

C. 应由清风公司履行债务

D. 重整计划对岳某不具有法律效力

**181．** 2017/3/31/单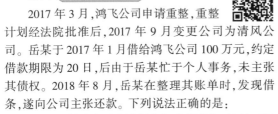

思瑞公司不能清偿到期债务,债权人向法院申请破产清算。法院受理并指定了管理人。在宣告破产前,持股 20% 的股东甲认为如引进战略投资者乙公司,思瑞公司仍有生机,于是向法院申请重整。关于重整,下列哪一选项是正确的?

A. 如甲申请重整,必须附有乙公司的投资承诺

B. 如债权人反对,则思瑞公司不能开始重整

C. 如思瑞公司开始重整,则管理人应辞去职务

D. 只要思瑞公司的重整计划草案获得法院批准,重整程序就终止

**182．** 2015/3/31/单

关于破产重整的申请与重整期间,下列哪一表述是正确的?

A. 只有在破产清算申请受理后,债务人才能向法院提出重整申请

B. 重整期间为法院裁定债务人重整之日起至重整计划执行完毕时

C. 在重整期间,经债务人申请并经法院批准,债务人可在管理人监督下自行管理财产和营业事务

D. 在重整期间,就债务人所承租的房屋,即使租期已届至,出租人也不得请求返还

**183．** 2013/3/74/多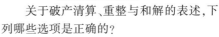

尚友有限公司因经营管理不善,决定依照《破产法》进行重整。关于重整计划草案,下列哪些选项是正确的?

A. 在尚友公司自行管理财产与营业事务时,由其自己制作重整计划草案

B. 债权人参加讨论重整计划草案的债权人会议时,应按法定的债权分类,分组对该草案进行表决

C. 出席会议的同一表决组的债权人过半数同意重整计划草案,即为该组通过重整计划草案

D. 三分之二以上表决组通过重整计划草案,重整计划即为通过

**184．** 2010/3/79/多

关于破产清算、重整与和解的表述,下列哪些选项是正确的?

A. 债务人一旦被宣告破产,则不可能再进入重整或者和解程序

B. 破产案件受理后,只有债务人才能提出和解申请

C. 即使债务人未出现现实的资不抵债情形,也可申请重整程序

D. 重整是破产案件的必经程序

**185．** 2009/3/30/单

关于破产案件受理后、破产宣告前的程序转换,下列哪一表述是正确的?

A. 如为债务人申请破产清算的案件,债权人可以申请和解

B. 如为债权人申请债务人破产清算的案件,债务人可以申请重整

C. 如为债权人申请债务人重整的案件,债务人可以申请破产清算

D. 如为债权人申请债务人破产清算的案件,债务人的出资人可以申请和解

# 专题六　票据法

**考点44　票据法基本制度**

（一）票据的特征

**186．** 2014/3/32/单

依票据法原理,票据具有无因性、设权

性、流通性、文义性、要式性等特征。关于票据特征的表述，下列哪一项是错误的？

- A. 没有票据，就没有票据权利
- B. 任何类型的票据都必须能够进行转让
- C. 票据的效力不受票据赖以发生的原因行为的影响
- D. 票据行为的方式若存在瑕疵，不影响票据的效力

（二）票据权利瑕疵

**187.** `2019 回忆/多`

甲公司给乙公司开了一张汇票，付款人为工商银行。乙公司向工商银行确认此票据有效，到期付款。乙公司随后将此票据背书转让给张某。张某遗失此汇票被刘某捡到，刘某仿造张某的签章，把汇票背书转让给丙公司履行其与丙公司的货款给付义务，丙公司按照约定向刘某交货，刘某收到货后将之转卖，携款潜逃。丙公司请求工商银行付款时被告知，经张某申请，法院已经对此票据进行了除权判决。下列哪些说法是正确的？

- A. 工商银行不应对丙公司承担付款责任
- B. 甲公司应对丙公司承担票据付款责任
- C. 乙公司不应对丙公司承担票据付款责任
- D. 刘某应对丙公司承担付款责任

**188.** `2016/3/74/多`

甲公司为清偿对乙公司的欠款，开出一张收款人是乙公司财务部长李某的汇票。李某不慎将汇票丢失，王某拾后在汇票上伪造了李某的签章，并将汇票背书转让给外地的丙公司，用来支付购买丙公司电缆的货款，王某收到电缆后转卖得款，之后不知所踪。关于本案，下列哪些说法是正确的？

- A. 甲公司应当承担票据责任
- B. 李某不承担票据责任
- C. 王某应当承担票据责任
- D. 丙公司应当享有票据权利

**189.** `2013/3/31/单`

甲未经乙同意而以乙的名义签发一张商业汇票，汇票上记载的付款人为丙银行。丁取得该汇票后将其背书转让给戊。下列哪一说法是正确的？

- A. 乙可以无权代理为由拒绝承担该汇票上的责任
- B. 丙银行可以该汇票是无权代理为由而拒绝付款
- C. 丁对甲的无权代理行为不知情时，丁对戊不承担责任
- D. 甲未在该汇票上签章，故甲不承担责任

**190.** `2012/3/74/多`

甲公司签发一张汇票给乙，票面记载金额为 10 万元，乙取得汇票后背书转让给丙，丙取得该汇票后又背书转让给丁，但将汇票的记载金额由 10 万元变更为 20 万元。之后，丁又将汇票最终背书转让给戊。其中，乙的背书签章已不能辨别是在记载金额变更之前，还是在变更之后。下列哪些选项是正确的？

- A. 甲应对戊承担 10 万元的票据责任
- B. 乙应对戊承担 20 万元的票据责任
- C. 丙应对戊承担 20 万元的票据责任
- D. 丁应对戊承担 10 万元的票据责任

**191.** `2008/3/72/多`

甲向乙开具金额为 100 万元的汇票以支付货款。乙取得该汇票后背书转让给丙，丙又背书转让给丁，丁再背书转让给戊。现查明，甲、乙之间并无真实交易关系，丙为未成年人，票据金额被丁变造。下列哪些选项是正确的？

- A. 尽管甲、乙之间没有真实交易，但该汇票仍然有效
- B. 尽管丙为未成年人，但其在票据上的签章仍然有效
- C. 尽管票据金额已被丁变造，但该汇票仍然有效
- D. 戊不能向甲、乙行使票据上的追索权

（三）失票救济

**192.** `2018 回忆/单`

甲公司向乙公司采购一批商品，为了支付货款，向乙公司签发一张由甲公司出票、乙公司收款、城市银行付款的银行承兑汇票，金额 100 万元，城市银行对汇票进行了承兑。2018 年 2 月，乙公司将此票据背书转让给丙公司。2018 年 3 月，丙公司办公楼失火，票据被烧毁，仅有留档的复印件，甲公司、乙公司均在此复印件上加盖印章以说明彼此的交易情况。下列哪一项说法是正确的？

- A. 丙公司凭票据复印件向城市银行提示付款，城市银行应无条件承担付款责任
- B. 丙公司可持票据复印件向乙公司主张付款责任
- C. 丙公司可持票据复印件向甲公司主张付款责任
- D. 城市银行无需承担票据责任

**193.** `2017/3/32/单`

亿凡公司与五悦公司签订了一份买卖合同，由亿凡公司向五悦公司供货；五悦公司经连续背书，交付给亿凡公司一张已由银行承兑的汇票。亿凡公司持该汇票请求银行付款时，得知该汇票已被五

悦公司申请公示催告,但法院尚未作出除权判决。关于本案,下列哪一选项是正确的?

 A. 银行对该汇票不再承担付款责任

 B. 五悦公司因公示催告可行使票据权利

 C. 亿凡公司仍享有该汇票的票据权利

 D. 法院应作出判决宣告票据无效

**194．** 2014/3/75/多

甲向乙购买原材料,为支付货款,甲向乙出具金额为 50 万元的商业汇票一张,丙银行对该汇票进行了承兑。后乙不慎将该汇票丢失,被丁拾到。乙立即向付款人丙银行办理了挂失止付手续。下列哪些选项是正确的?

 A. 乙因丢失票据而确定性地丧失了票据权利

 B. 乙在遗失汇票后,可直接提起诉讼要求丙银行付款

 C. 如果丙银行向丁支付了票据上的款项,则丙应向乙承担赔偿责任

 D. 乙在通知挂失止付后十五日内,应向法院申请公示催告

**195．** 2012/3/32/单

关于票据丧失时的法律救济方式,下列哪一说法是错误的?

 A. 通知票据付款人挂失止付

 B. 申请法院公示催告

 C. 向法院提起诉讼

 D. 不经挂失止付不能申请公示催告或者提起诉讼

（四）票据抗辩

**196．** 2016/3/32/单

甲公司为履行与乙公司的箱包买卖合同,签发一张以乙公司为收款人、某银行为付款人的汇票,银行也予以了承兑。后乙公司将该汇票背书赠与给丙。此时,甲公司发现乙公司的箱包为假冒伪劣产品。关于本案,下列哪一选项是正确的?

 A. 该票据无效

 B. 甲公司不能拒绝乙公司的票据权利请求

 C. 丙应享有票据权利

 D. 银行应承担票据责任

**197．** 2011/3/74/多

潇湘公司为支付货款向楚天公司开具一张金额为 20 万元的银行承兑汇票,付款银行为甲银行。潇湘公司收到楚天公司货物后发现有质量问题,立即通知甲银行停止付款。另外,楚天公司尚欠甲银行贷款 30 万元未清偿。下列哪些说法是错误的?

 A. 该汇票须经甲银行承兑后才发生付款效力

 B. 根据票据的无因性原理,甲银行不得以楚天公司尚欠其贷款未还为由拒绝付款

 C. 如甲银行在接到潇湘公司通知后仍向楚天公司付款,由此造成的损失甲银行应承担责任

 D. 潇湘公司有权以货物质量瑕疵为由请求甲银行停止付款

**198．** 2010/3/76/多

2005 年 10 月 5 日,甲、乙签订房屋买卖合同,约定年底前办理房屋过户登记。乙签发一张面额 80 万元的转账支票给甲以支付房款。一星期后,甲提示银行付款。2006 年 1 月中旬,甲到银行要求支付支票金额,但此时乙尚未将房屋登记过户给乙。对此,下列哪些说法是正确的?

 A. 尽管甲尚未履行房屋过户登记义务,但银行无权拒绝支付票据金额

 B. 如甲向乙主张票据权利,因甲尚未办理房屋的过户登记,乙可拒付票据金额

 C. 如被银行拒付,甲可根据房屋买卖合同要求乙支付房款

 D. 如该支票遗失,甲即丧失票据权利

**199．** 2009/3/31/单

甲公司购买乙公司电脑 20 台,向乙公司签发金额为 10 万元的商业承兑汇票一张,丁公司在汇票上签章承诺:"本汇票已经本单位承兑,到期日无条件付款"。当该汇票的持票人行使付款请求权时,下列哪一说法是正确的?

 A. 如该汇票已背书转让给丙公司,丙公司恰好欠汇票付款人某银行 10 万元到期贷款,则银行可以提出抗辩而拒绝付款

 B. 如该汇票已背书转让给丙公司,则甲公司可以乙公司交付的电脑质量存在瑕疵为抗辩理由拒绝向丙公司付款

 C. 因该汇票已经丁公司无条件承兑,故丁公司不可能再以任何理由对持票人提出抗辩

 D. 甲公司在签发汇票时可以签注"以收到货物为付款条件"

**考点45** 汇票

**200．** 2023 回忆/单

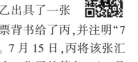

2022 年 6 月 20 日,甲向乙出具了一张汇票。7 月 1 日,乙将该张汇票背书给了丙,并注明"7月 30 日前不得转让给他人"。7 月 15 日,丙将该张汇票背书给了丁。丁为了偿还对 A 公司的债务,于 7 月 28 日直接将该张汇票交给了 A 公司的财务负责人王某。据此,下列哪一项说法是正确的?

 A. 因王某是 A 公司财务负责人,A 公司享有票据权利

B. 王某是持票人,享有票据权利

C. 丙将该票据转让给丁是无效背书,丁不享有票据权利

D. 丁向乙追索时,乙有权拒绝承担票据责任

**201.** 2020回忆/单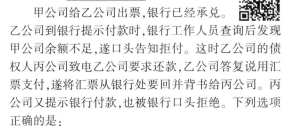

甲公司为支付货款,将一张已经银行承兑的汇票交付给乙,但是未注明背书人乙的名字。后乙用该张汇票支付丙的货款。丙觉得汇票没有乙的签章,不放心,于是乙请来丁为汇票进行担保,但是未记载被保证人名称。后丙要求承兑人付款时,承兑人拒绝付款。下列哪一项说法是正确的?

A. 丙应先向甲行使票据追索权,后再向丁行使

B. 乙对丙不需负担任何法律责任

C. 未记载被保证人名称,丁的保证无效

D. 汇票的被保证人是承兑人

**202.** 2020回忆/任

甲公司给乙公司出票,银行已经承兑。乙公司到银行提示付款时,银行工作人员查询后发现甲公司余额不足,遂口头告知拒付。这时乙公司的债权人丙公司致电乙公司要求还款,乙公司答复说用汇票支付,遂将汇票从银行处要回并背书给丙公司。丙公司又提示银行付款,也被银行口头拒绝。下列选项正确的是:

A. 乙公司对丙公司的债务因交付票据而消灭

B. 银行口头拒付,应承担民事责任

C. 乙公司不得将此票据背书转让给丙公司

D. 甲公司应对丙公司承担票据责任

**203.** 2015/3/32/单

甲从乙处购置一批家具,给乙签发一张金额为40万元的汇票。乙将该汇票背书转让给丙。丙请丁在该汇票上为"保证"记载并签章,随后又将其背书转让给戊。戊请求银行承兑时,被银行拒绝。对此,下列哪一选项是正确的?

A. 丁可以采取附条件保证方式

B. 若丁在其保证中未记载保证日期,则以出票日期为保证日期

C. 戊只有在向丙行使追索权遭拒绝后,才能向丁请求付款

D. 在丁对戊付款后,丁只能向丙行使追索权

**204.** 2013/3/75/多

关于汇票的表述,下列哪些选项是正确的?

A. 汇票可以质押,当持票人将汇票交付给债权人时质押生效

B. 如汇票上记载的付款人在承兑之前即已破产,出票人仍须承担付款责任

C. 汇票的出票人既可以是银行、公司,也可以是自然人

D. 如汇票上未记载出票日期,该汇票无效

**205.** 2011/3/32/单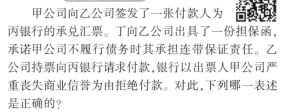

甲公司开具一张金额50万元的汇票,收款人为乙公司,付款人为丙银行。乙公司收到后将该汇票背书转让给丁公司。下列哪一说法是正确的?

A. 乙公司将票据背书转让给丁公司后即退出票据关系

B. 丁公司的票据债务人包括乙公司和丙银行,但不包括甲公司

C. 乙公司背书转让时不得附加任何条件

D. 如甲公司在出票时于汇票上记载有"不得转让"字样,则乙公司的背书转让行为依然有效,但持票人不得向甲公司行使追索权

**206.** 2010/3/29/单

甲公司向乙公司签发了一张付款人为丙银行的承兑汇票。丁向乙公司出具了一份担保函,承诺甲公司不履行债务时其承担连带保证责任。乙公司持票向丙银行请求付款,银行以出票人甲公司严重丧失商业信誉为由拒绝付款。对此,下列哪一表述是正确的?

A. 乙公司只能要求丁承担保证责任

B. 丙银行拒绝付款不符合法律规定

C. 乙公司应先向甲公司行使追索权,不能得到清偿时方能向丁追偿

D. 丁属于票据法律关系的非基本当事人

**207.** 2009/3/77/多

甲公司在与乙公司交易中获得由乙公司签发的面额50万元的汇票一张,付款人为丙银行。甲公司向丁某购买了一批货物,将汇票背书转让给丁某以支付货款,并记载"不得转让"字样。后丁某又将此汇票背书给戊某。如戊某在向丙银行提示承兑时遭拒绝,戊某可向谁行使追索权?

A. 丁某　　　　　B. 乙公司

C. 甲公司　　　　D. 丙银行

**208.** 2008/3/28/单

甲公司在交易中取得汇票一张,金额10万元,汇票签发人为乙公司,甲公司在承兑时被拒绝。其后,甲公司在一次交易中需支付丙公司10万元货款,于是甲公司将该汇票背书转让给丙公司,丙公司承兑时亦被拒绝。下列哪一选项是正确的?

A. 丙公司有权要求甲公司给付汇票上的金额

B. 丙公司有权要求甲公司返还交易中的对价

C. 丙公司有权向乙公司行使追索权要求其给付汇票上的金额

D. 丙公司应当请求甲公司承担侵权赔偿责任

### 考点46 支票

**209．** 2021 回忆/单

甲公司安排业务员叶某向乙公司采购燃油工程车，并由甲公司开具支票，支票中注明"见票一个月内支付"，但未填写金额和收款人，授权叶某在支付车款时具体填写。叶某前往乙公司后，发现电动工程车品质更优，擅自主张购买了电动工程车，在填写了金额和收款人后将支票交给了乙公司。后甲公司拒绝接受电动工程车并主张解除买卖合同。下列哪一项说法是正确的？

A. 因未记载金额而支票无效

B. 因未记载收款人而支票无效

C. 因叶某填写金额和收款人而支票无效

D. "见票一个月内支付"的记载无效

**210．** 2017/3/74/多

东霖公司向忠谐公司购买一个元器件，应付价款 960 元。东霖公司为付款开出一张支票，因金额较小，财务人员不小心将票据金额仅填写了数码的"￥960 元"，没有记载票据金额的中文大写。忠谐公司业务员也没细看，拿到支票后就放入文件袋。关于该支票，下列哪些选项是正确的？

A. 该支票出票行为无效

B. 忠谐公司不享有票据权利

C. 东霖公司应承担票据责任

D. 该支票在使用前应补记票据金额的中文大写

**211．** 2015/3/74/多

关于支票的表述，下列哪些选项是正确的？

A. 现金支票在其正面注明后，可用于转账

B. 支票出票人所签发的支票金额不得超过其付款时在付款人处实有的存款金额

C. 支票上不得另行记载付款日期，否则该记载无效

D. 支票上未记载收款人名称的，该支票无效

## 专题七　证券法

### 考点47 证券法

**212．** 2020 回忆/单

甲公司为上市公司，为解决扩建项目的资金缺口，甲公司于 2020 年 5 月 25 日通过公开发行公司债券的方式，募集资金 1 亿元，聘请乙证券公司为债券受托管理人。下列哪一项说法是正确的？

A. 债券持有人会议不能决议解除对乙证券公司

的聘请

B. 若甲公司到期不能兑付债券本息，则乙证券公司可接受部分债券持有人的委托，以自己的名义代表债券持有人起诉

C. 若甲公司改变所募集资金的用途，则乙证券公司有权以自己的名义代表债券持有人起诉

D. 甲公司可将所募集资金的一部分用于弥补扩建项目带来的亏损

**213．** 2018 回忆/多

甲公司持有乙公司（上市公司）6.04% 的股份，为其第四大股东。2017 年 10 月 31 日，甲公司减持套现 2.9% 的乙公司股份。3 个月后，乙公司股价开始上扬，甲公司又增持 1.86% 的股份。对此，下列哪些选项是正确的？

A. 就增持事项，甲公司须在 3 日之内向证券监管机构和证券交易所作出书面报告，通知乙公司，并予公告

B. 就减持事项，乙公司应立即向证券监管机构和证券交易所报送临时报告，并予公告

C. 就减持事项，甲公司需在 3 日之内向证券监管机构和证券交易所作出书面报告

D. 甲公司在增持后的 3 日内，不得再行买卖乙公司的股票

**214．** 2017/3/75/多

甲在证券市场上陆续买入力扬股份公司的股票，持股达 6% 时才公告，被证券监督管理机构以信息披露违法为由处罚。之后甲欲继续购入力扬公司股票，力扬公司的股东乙、丙反对，持股 4% 的股东丁同意。对此，下列哪些说法是正确的？

A. 甲的行为已违法，故无权再买入力扬公司股票

B. 乙可邀请其他公司对力扬公司展开要约收购

C. 丙可主张甲已违法，故应撤销其先前购买股票的行为

D. 丁可与甲签订股权转让协议，将自己所持全部股份卖给甲

**215．** 2016/3/75/多

吉达公司是一家上市公司，公告称其已获得某地块的国有土地使用权。嘉豪公司资本雄厚，看中了该地块的潜在市场价值，经过细致财务分析后，拟在证券市场上对吉达公司进行收购。下列哪些说法是正确的？

A. 若收购成功，吉达公司即丧失上市资格

B. 若收购失败，嘉豪公司仍有权继续购买吉达公司的股份

C. 嘉豪公司若采用要约收购则不得再与吉达公司的大股东协议购买其股份

D. 待嘉豪公司持有吉达公司已发行股份30%时,应向其全体股东发出不得变更的收购要约

**216.** 2012/3/34/单

为扩大生产规模,筹集公司发展所需资金,鄂神股份有限公司拟发行总值为1亿元的股票。下列哪一说法符合《证券法》的规定?

A. 根据需要可向特定对象公开发行股票
B. 董事会决定后即可径自发行
C. 可采取溢价发行方式
D. 不必将股票发行情况上报证券监管机构备案

**217.** 2011/3/33/单

股票和债券是我国《证券法》规定的主要证券类型。关于股票与债券的比较,下列哪一表述是正确的?

A. 有限责任公司和股份有限公司都可以成为股票和债券的发行主体
B. 股票和债券具有相同的风险性
C. 债券的流通性强于股票的流通性
D. 股票代表股权,债券代表债权

**218.** 2010/3/30/单

某上市公司因披露虚假年度财务报告,导致投资者在证券交易中蒙受重大损失。关于对此承担民事赔偿责任的主体,下列哪一选项是错误的?

A. 该上市公司的监事
B. 该上市公司的实际控制人
C. 该上市公司财务报告的刊登媒体
D. 该上市公司的证券承销商

**219.** 2009/3/34/单

关于证券交易所,下列哪一表述是正确的?

A. 会员制证券交易所从事业务的盈余和积累的财产可按比例分配给会员
B. 证券交易所总经理由理事会选举产生并报国务院证券监督管理机构批准
C. 证券交易所制定和修改章程应报国务院证券监督管理机构备案
D. 证券交易所的设立和解散必须由国务院决定

**220.** 2009/3/78/多

某证券公司在业务活动中实施了下列行为,其中哪些违反《证券法》规定?

A. 经股东会决议为公司股东提供担保
B. 为其客户买卖证券提供融资服务
C. 对其客户证券买卖的收益作出不低于一定比

例的承诺
D. 接受客户的全权委托,代理客户决定证券买卖的种类与数量

**221.** 2008/1/67/多

某上市公司招股说明书中列明的募集资金用途是环保新技术研发。现公司董事会决议将募集资金用于购置办公大楼。对此,下列哪些选项是正确的?

A. 未经股东大会决议批准,公司董事会不得实施此项购置计划
B. 如果股东大会决议不批准,公司董事会坚持此项购置计划,证券监督管理机构有权责令该公司改正
C. 证券监督管理机构有权对擅自改变募集资金用途的该公司责任人员处以罚款
D. 在未经股东大会批准而实施了此项购置计划的情况下,该公司可以通过发行新股来解决环保新技术研发的资金需求

**222.** 2008/1/68/多

某上市公司董事吴某,持有该公司6%的股份。吴某将其持有的该公司股票在买入后的第5个月卖出,获利600万元。关于此收益,下列哪些选项是正确的?

A. 该收益应当全部归公司所有
B. 该收益应由公司董事会负责收回
C. 董事会不收回该收益的,股东有权要求董事会限期收回
D. 董事会未在规定期限内执行股东关于收回吴某收益的要求的,股东有权代替董事会以公司名义直接向法院提起收回该收益的诉讼

**223.** 2008/1/69/多

证券公司的下列行为,哪些是《证券法》所禁止的?

A. 为客户买卖证券提供融资融券服务
B. 有偿使用客户的交易结算资金
C. 将自营账户借给他人使用
D. 接受客户的全权委托

**考点48** 证券投资基金法

**224.** 2017/3/33/单

某基金管理公司在2003年曾公开发售一只名为"基金利达"的封闭式基金。该基金原定封闭期15年,现即将到期,拟转换为开放式基金继续运行。关于该基金的转换,下列哪一选项是正确的?

A. 须经国务院证券监督管理机构核准
B. 转换后该基金应保持一定比例的现金或政府债券

C. 基金份额持有人大会就该转换事宜的决定应经有效表决权的 1/2 以上通过

D. 转换后基金份额持有人有权查阅或复制该基金的相关会计账簿等财务资料

**225.** 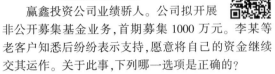 2016/3/33/单

赢鑫投资公司业绩骄人。公司拟开展非公开募集基金业务,首期募集 1000 万元。李某等老客户知悉后纷纷表示支持,愿意将自己的资金继续交其运作。关于此事,下列哪一选项是正确的?

A. 李某等合格投资者的人数可以超过 200 人

B. 赢鑫公司可在全国性报纸上推介其业绩及拟募集的基金

C. 赢鑫公司可用所募集的基金购买其他的基金份额

D. 赢鑫公司就其非公开募集基金业务应向中国证监会备案

**226.**  2015/3/75/多

张某手头有一笔闲钱欲炒股,因对炒股不熟便购买了某证券投资基金。关于张某作为基金份额持有人所享有的权利,下列哪些表述是正确的?

A. 按份额享有基金财产收益

B. 参与分配清算后的剩余基金财产

C. 可回赎但不能转让所持有的基金份额

D. 可通过基金份额持有人大会来更换基金管理人

**227.**  2012/3/73/多

华新基金管理公司是信泰证券投资基金(信泰基金)的基金管理人。华新公司的下列哪些行为是不符合法律规定的?

A. 从事证券投资时,将信泰基金的财产独立于自己固有的财产

B. 以信泰基金的财产为公司大股东鑫鑫公司提供担保

C. 就其管理的信泰基金与其他基金的财产,规定不同的基金收益条款

D. 向信泰基金份额持有人承诺年收益率不低于 12%

**228.** 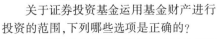 2008/1/66/多

关于证券投资基金运用基金财产进行投资的范围,下列哪些选项是正确的?

A. 可以买卖该基金管理人发行的债券

B. 可以买卖上市交易的股票、债券

C. 不得从事承担无限责任的投资

D. 不得用于承销证券

# 专题八 保险法

### 考点49 保险法概述

**229.** 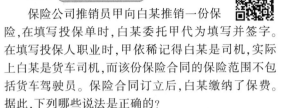 2022 回忆/多

保险公司推销员甲向白某推销一份保险,在填写投保单时,白某委托甲代为填写并签字。在填写投保人职业时,甲依稀记得白某是司机,实际上白某是货车司机,而该份保险合同的保险范围不包括货车驾驶员。保险合同订立后,白某缴纳了保费。据此,下列哪些说法是正确的?

A. 甲不是白某的代理人

B. 甲是白某的代理人

C. 保险公司可以解除保险合同

D. 保险公司应当承担保险责任

**230.**  2018 回忆/单

2017 年,张某向甲公司投保重大疾病险,投保时隐瞒了患有乙肝的事实。保险合同订立前,甲公司要求张某到乙医院体检,并提交体检报告。因医院的医生工作失误,未能诊断出张某的乙肝病情。2018 年 2 月,张某因患乙肝入院治疗,花去医疗费等 6 万余元。2018 年 7 月,甲公司得知张某隐瞒病情投保的事实。下列哪一项说法是正确的?

A. 甲公司有权不解除保险合同,但不予赔偿

B. 如果甲公司解除保险合同,应当向张某退还保费

C. 若张某投保时,提交体检报告明确显示其患有乙肝,甲公司不能拒绝赔偿

D. 张某到甲公司指定的医院体检,免除了其如实告知的义务

**231.** 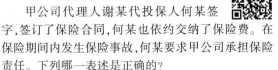 2016/3/76/多

甲公司投保了财产损失险的厂房被烧毁,甲公司伪造证明,夸大此次火灾的损失,向保险公司索赔 100 万元,保险公司为查清此事,花费 5 万元。关于保险公司的权责,下列哪些选项是正确的?

A. 应当向甲公司给付约定的保险金

B. 有权向甲公司主张 5 万元花费损失

C. 有权拒绝向甲公司给付保险金

D. 有权解除与甲公司的保险合同

**232.** 2014/3/34/单

甲公司代理人谢某代投保人何某签字,签订了保险合同,何某也依约缴纳了保险费。在保险期间内发生保险事故,何某要求甲公司承担保险责任。下列哪一表述是正确的?

A. 谢某代签字,应由谢某承担保险责任

B. 甲公司承保错误,无须承担保险责任

C. 何某已经交纳了保险费,应由甲公司承担保险责任

D. 何某默认谢某代签字有过错,应由何某和甲公司按过错比例承担责任

**233．** 2014/3/76/多

关于投保人在订立保险合同时的告知义务,下列哪些表述是正确的?

A. 投保人的告知义务,限于保险人询问的范围和内容

B. 当事人对询问范围及内容有争议的,投保人负举证责任

C. 投保人未如实告知投保单询问表中概括性条款时,则保险人可以此为由解除合同

D. 在保险合同成立后,保险人获悉投保人未履行如实告知义务,但仍然收取保险费,则保险人不得解除合同

**234．** 2013/3/34/单

甲公司将其财产向乙保险公司投保。因甲公司要向银行申请贷款,乙公司依甲公司指示将保险单直接交给银行。下列哪一表述是正确的?

A. 因保险单未送达甲公司,保险合同不成立

B. 如保险单与投保单内容不一致,则应以投保单为准

C. 乙公司同意承保时,保险合同成立

D. 如甲公司未缴纳保险费,则保险合同不成立

**235．** 2011/3/75/多

依据《保险法》规定,保险合同成立后,保险人原则上不得解除合同。下列哪些情形下保险人可以解除合同?

A. 人身保险中投保人在交纳首期保险费后未按期交纳后续保费

B. 投保人虚报被保险人年龄,保险合同成立已1年6个月

C. 投保人在投保时故意未告知投保汽车曾遇严重交通事故致发动机受损的事实

D. 投保人未履行对保险标的安全维护之责任

**236．** 2009/3/79/多

关于保险利益,下列哪些表述是错误的?

A. 保险利益本质上是一种经济上的利益,即可以用金钱衡量的利益

B. 人身保险的投保人在保险事故发生时,对保险标的应当具有保险利益

C. 财产保险的被保险人在保险合同订立时,对保险标的应当具有保险利益

D. 责任保险的投保人在保险合同订立时,对保险标的应当具有保险利益

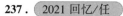

**考点50** 人身保险合同

**237．** 2021 回忆/任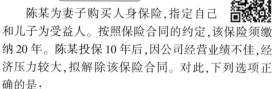

陈某为妻子购买人身保险,指定自己和儿子为受益人。按照保险合同的约定,该保险须缴纳20年。陈某投保10年后,因公司经营业绩不佳,经济压力较大,拟解除该保险合同。对此,下列选项正确的是:

A. 须经妻子的同意方可解除

B. 须经儿子的同意方可解除

C. 合同解除后,陈某有权主张保单现金价值

D. 合同解除后,妻子有权主张保单现金价值

**238．** 2017/3/76/多

李某于2000年为自己投保,约定如其意外身故则由妻子王某获得保险金20万元,保险期间为10年。2009年9月1日起李某下落不明,2014年4月法院宣告李某死亡。王某起诉保险公司主张该保险金。关于本案,下列哪些选项是正确的?

A. 保险合同应无效

B. 王某有权主张保险金

C. 李某死亡日期已超保险期间,故保险公司不承担保险责任

D. 如李某确系2009年9月1日下落不明,则保险公司应承担保险责任

**239．** 2016/3/34/单

杨某为其妻王某购买了某款人身保险,该保险除可获得分红外,还约定若王某意外死亡,则保险公司应当支付保险金20万元。关于该保险合同,下列哪一说法是正确的?

A. 若合同成立2年后王某自杀,则保险公司不支付保险金

B. 王某可让杨某代其在被保险人同意处签字

C. 经王某口头同意,杨某即可将该保险单质押

D. 若王某现为无民事行为能力人,则无需经其同意该保险合同即有效

**240．** 2015/3/34/单

甲以自己为被保险人向某保险公司投保健康险,指定其子乙为受益人,保险公司承保并出具保单。两个月后,甲突发心脏病死亡。保险公司经调查发现,甲两年前曾做过心脏搭桥手术,但在填写投保单以及回答保险公司相关询问时,甲均未如实告知。对此,下列哪一表述是正确的?

A. 因甲违反如实告知义务,故保险公司对甲可主张违约责任

B. 保险公司有权解除保险合同

C. 保险公司即使不解除保险合同,仍有权拒绝

乙的保险金请求

D. 保险公司虽可不必支付保险金,但须退还保险费

**241.** `2013/3/76/多`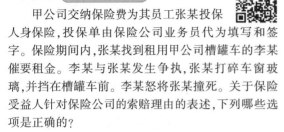

甲公司交纳保险费为其员工张某投保人身保险,投保单由保险公司业务员代为填写和签字。保险期间内,张某找到租用甲公司槽罐车的李某催要租金。李某与张某发生争执,张某打碎车窗玻璃,并挡在槽罐车前。李某怒将张某撞死。关于保险受益人针对保险公司的索赔理由的表述,下列哪些选项是正确的?

A. 投保单虽是保险公司业务员代为填写和签字,但甲公司交纳了保险费,因此保险合同成立

B. 张某的行为不构成犯罪,保险公司不得以此为由主张免责

C. 张某的行为属于合法的自助行为,保险公司应予理赔

D. 张某的死亡与张某的行为并无直接因果关系,保险公司应予理赔

**242.** `2012/3/33/单`

甲向某保险公司投保人寿保险,指定其秘书乙为受益人。保险期间内,甲、乙因交通事故意外身亡,且不能确定死亡时间的先后。该起交通事故由事故责任人丙承担全部责任。现甲的继承人和乙的继承人均要求保险公司支付保险金。下列哪一选项是正确的?

A. 保险金应全部交给甲的继承人

B. 保险金应全部交给乙的继承人

C. 保险金应由甲和乙的继承人平均分配

D. 某保险公司承担保险责任后有权向丙追偿

**243.** `2010/3/31/单`

根据《保险法》规定,人身保险投保人对下列哪一类人员具有保险利益?

A. 与投保人关系密切的邻居

B. 与投保人已离婚但仍一起生活的前妻

C. 与投保人有劳动关系的劳动者

D. 与投保人合伙经营的合伙人

**244.** `2010/3/77/多`

2007年7月,陈某为其母投保人身保险时,为不超过保险公司规定的承保年龄,在申报被保险人年龄时故意少报了二岁。2009年9月保险公司发现了此情形。对此,下列哪些选项是正确的?

A. 保险公司有权解除保险合同,但需退还投保人已交的保险费

B. 保险公司无权解除保险合同

C. 如此时发生保险事故,保险公司不承担给付

保险金的责任

D. 保险人有权要求投保人补交少交的保险费,但不能免除其保险责任

**245.** `2010/3/78/多`

甲为其妻乙投保意外伤害保险,指定其子丙为受益人。对此,下列哪些选项是正确的?

A. 甲指定受益人时须经乙同意

B. 如因第三人导致乙死亡,保险公司承担保险金赔付责任后有权向该第三人代位求偿

C. 如乙变更受益人无须甲同意

D. 如丙先于乙死亡,则出现保险事故时保险金作为乙的遗产由甲继承

**246.** `2009/3/32/单`

丁某于2005年5月为其九周岁的儿子丁海购买一份人身保险。至2008年9月,丁某已支付了三年多的保险费。当年10月,丁海患病住院,因医院误诊误治致残。关于本案,下列哪一表述是正确的?

A. 丁某可以在向保险公司索赔的同时要求医院承担赔偿责任

B. 应当先由保险公司支付保险金,再由保险公司向医院追偿

C. 丁某应先向医院索赔,若医院拒绝赔偿或无法足额赔偿,再要求保险公司支付保险金

D. 丁某不能用诉讼方式要求保险公司支付保险金

**考点51** 财产保险合同

**247.** `2019回忆/单`

蒋某为中天公司调试某设备,双方约定,如果因蒋某的原因造成损失,蒋某只需要承担一半的赔偿责任。后来,中天公司为该设备投保了财产损失险,但未将与蒋某的约定告知保险公司,保险公司也未询问针对此设备有无免责约定。不久,蒋某在调试设备时因擅自修改设备参数,引起火灾,造成该设备损失20万元。下列说法正确的是哪一项?

A. 保险公司向中天公司赔偿后,可向蒋某追偿10万元

B. 保险公司向中天公司赔偿后,可向蒋某追偿20万元

C. 保险公司主张代位求偿的管辖法院,依保险合同关系确定

D. 如果保险公司已经向中天公司赔偿,可向中天公司主张返还赔偿金

**248.** `2017/3/34/单`

姜某的私家车投保商业车险,年保险

费为 3000 元。姜某发现当网约车司机收入不错,便用手机软件接单载客,后辞职专门跑网约车。某晚,姜某载客途中与他人相撞,造成车损 10 万元。姜某向保险公司索赔,保险公司调查后拒赔。关于本案,下列哪一选项是正确的?

A. 保险合同无效

B. 姜某有权主张约定的保险金

C. 保险公司不承担赔偿保险金的责任

D. 保险公司有权解除保险合同并不退还保险费

**249.** 2015/3/76/多

潘某请好友刘某观赏自己收藏的一件古玩,不料刘某一时大意致其落地摔毁。后得知,潘某已在甲保险公司就该古玩投保了不足额财产险。关于本案,下列哪些表述是正确的?

A. 潘某可请求甲公司赔偿全部损失

B. 若刘某已对潘某进行全部赔偿,则甲公司可拒绝向潘某支付保险赔偿金

C. 甲公司对潘某赔偿保险金后,在向刘某行使保险代位求偿权时,既可以自己的名义,也可以潘某的名义

D. 若甲公司支付的保险金不足以弥补潘某的全部损失,则就未取得赔偿的部分,潘某对刘某仍有赔偿请求权

**250.** 2012/3/75/多

甲参加乙旅行社组织的沙漠一日游,乙旅行社为此向红星保险公司购买了旅行社责任保险。丙客运公司受乙旅行社之托,将甲运送到沙漠,丙公司为此向白云保险公司购买了承运人责任保险。丙公司在运送过程中发生交通事故,致甲死亡,丙公司负事故全责。甲的继承人为丁。在通常情形下,下列哪些表述是正确的?

A. 乙旅行社有权要求红星保险公司直接对丁支付保险金

B. 丙公司有权要求白云保险公司直接对丁支付保险金

C. 丁有权直接要求红星保险公司支付保险金

D. 丁有权直接要求白云保险公司支付保险金

**251.** 2011/3/34/单

张三向保险公司投保了汽车损失险。某日,张三的汽车被李四撞坏,花去修理费 5000 元。张三向李四索赔,双方达成如下书面协议:张三免除李四修理费 1000 元,李四将为张三提供 3 次免费咨询服务,剩余的 4000 元由张三向保险公司索赔。后张三请求保险公司按保险合同支付保险金 5000 元。下列哪一说法是正确的?

A. 保险公司应当按保险合同全额支付保险金

5000 元,且不得向李四求偿

B. 保险公司仅应当承担 4000 元保险金的赔付责任,且有权向李四求偿

C. 因张三免除了李四 1000 元的债务,保险公司不再承担保险金给付责任

D. 保险公司应当全额支付 5000 元保险金,再向李四求偿

**252.** 2009/3/33/单

潘某向保险公司投保了一年期的家庭财产保险。保险期间内,潘某一家外出,嘱托保姆看家。某日,保姆外出忘记锁门,窃贼乘虚而入,潘某家被盗财物价值近 5000 元。下列哪一表述是正确的?

A. 应由保险公司赔偿,保险公司赔偿后无权向保姆追偿

B. 损失系因保姆过错所致,保险公司不承担赔偿责任

C. 潘某应当向保险公司索赔,不能要求保姆承担赔偿责任

D. 潘某只能要求保姆赔偿,不能向保险公司索赔

**253.** 2008/3/27/单

甲将自己的汽车向某保险公司投保财产损失险,附加盗抢险,保险金额按车辆价值确定为 20 万元。后该汽车被盗,在保险公司支付了全部保险金额之后,该车辆被公安机关追回。关于保险金和车辆的处置方法,下列哪一选项是正确的?

A. 甲无需退还受领的保险金,但车辆归保险公司所有

B. 车辆归甲所有,但甲应退还受领的保险金

C. 甲无需退还保险金,车辆应归甲所有

D. 应由甲和保险公司协商处理保险金与车辆的归属

**254.** 2008/3/71/多

王某将自己居住的房屋向某保险公司投保家庭财产保险。保险合同有效期内,该房屋因邻居家的小孩玩火而被部分毁损,损失 10 万元。下列哪些选项是错误的?

A. 王某应当先向邻居索赔,在邻居无力赔偿的前提下才能向保险公司索赔

B. 王某可以放弃对邻居的赔偿请求权,单独向保险公司索赔

C. 若王某已从邻居处得到 10 万元的赔偿,其仍可向保险公司索赔

D. 若王某从保险公司得到的赔偿不足 10 万元,其仍可向邻居索赔

# 专题九　海商法

**考点52** 船舶物权

**255.** 2014/3/33/单

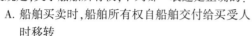

依据我国《海商法》和《民法典》①的相关规定,关于船舶所有权,下列哪一表述是正确的?

- A. 船舶买卖时,船舶所有权自船舶交付给买受人时移转
- B. 船舶建造完成后,须办理船舶所有权的登记才能确定其所有权的归属
- C. 船舶不能成为共同共有的客体
- D. 船舶所有权不能由自然人继承

**256.** 2013/3/33/单

依据我国《海商法》和《民法典》②的相关规定,关于船舶物权的表述,下列哪一选项是正确的?

- A. 甲的船舶撞坏乙的船舶,则乙就其损害赔偿对甲的船舶享有留置权
- B. 甲以其船舶为乙设定抵押担保,则一经签订抵押合同,乙即享有抵押权
- C. 以建造中的船舶设定抵押权的,抵押权仅在办理登记后才能产生效力
- D. 同一船舶上设立数个抵押权时,其顺序以抵押合同签订的先后为准

**257.** 2012/3/76/多

关于船舶担保物权及针对船舶的请求权的表述,下列哪些选项是正确的?

- A. 海难救助的救助款项给付请求,先于在船舶营运中发生的人身伤亡赔偿请求而受偿
- B. 船舶在营运中因侵权行为产生的财产赔偿请求,先于船舶吨税、引航费等的缴付请求而受偿
- C. 因保存、拍卖船舶和分配船舶价款产生的费用,应从船舶拍卖所得价款中先行拨付
- D. 船舶优先权先于船舶留置权与船舶抵押权受偿

**258.** 2011/3/76/多

南岳公司委托江北造船公司建造船舶一艘。船舶交付使用时南岳公司尚欠江北公司费用200万元。南岳公司以该船舶抵押向银行贷款500万元。后该船舶不慎触礁,需修理费50万元,有多名船员受伤,需医药费等40万元。如以该船舶的价值清偿上述债务,下列哪些表述是正确的?

- A. 修船厂的留置权优先于银行的抵押权
- B. 船员的赔偿请求权优先于修船厂的留置权

- C. 造船公司的造船费用请求权优先于银行的抵押权
- D. 银行的抵押权优先于修船厂的留置权

# 专题十　信托法

**考点53** 信托法

**259.** 2022 回忆/任

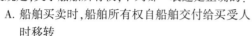

2020年8月1日,李某和信托公司签订了信托合同,约定购买"金源一号"信托产品,李某为唯一受益人。8月5日,李某如约将300万元打入信托公司的信托资金专用账户。8月10日,"金源一号"开售后,信托公司仅购买了200万元的信托产品。2022年8月,"金源一号"到期清算,双方发生争议。据此,下列说法正确的是:

- A. 因信托公司只购买了200万元的信托产品,李某只能主张200万元的本金和信托收益
- B. 因李某按约定转入了300万元,有权主张300万元的本金和信托收益
- C. 李某无权主张300万元的本金和信托收益
- D. 李某有权主张返还剩余100万元的本金和预期收益

**260.** 2022 回忆/多

齐某作为委托人与甲信托公司签订了《单一信托合同》,合同中未约定向甲公司支付报酬。甲公司在齐某的指示下分三笔向乙公司发放了信托贷款。后齐某与甲公司因为报酬问题产生争议。下列哪些说法是正确的?

- A. 虽然未约定报酬,但甲公司有权请求支付报酬
- B. 因双方未约定报酬,故甲公司无权请求支付报酬
- C. 甲公司应对齐某承担信托义务
- D. 未约定报酬不影响信托合同的成立

---

① 原题为《物权法》,为与新法相适应,此处修改为《民法典》。

② 原题为《物权法》,为与新法相适应,此处修改为《民法典》。

# 经济法 [试题]

## 专题十一　反垄断法

### 考点54　反垄断法

**261.** 2022 回忆/多

某市玉米行业协会和会员企业签订协议，内容是：为增强中小经营者的竞争力，要求玉米均定价为2.6元/斤，会员企业必须按照协议销售，否则禁止使用该协会的商标。据此，下列哪些选项是不正确的？

A. 该协议属于纵向垄断协议
B. 该协议属于横向垄断协议
C. 该协会的行为属于滥用市场支配地位
D. 该协议构成反垄断豁免，是有效协议

**262.** 2021 回忆/单

甲公司和乙公司共同设立丙公司，达到国务院规定的经营者集中申报标准，但未向国家市场监管部门进行申报。丙公司成立后一年内没有实施排除、限制竞争的行为。关于市场监管部门的行政处罚，下列哪一选项是正确的？

A. 都不处罚
B. 处罚甲公司和乙公司
C. 处罚甲、乙、丙三家公司
D. 处罚丙公司

**263.** 2017/1/28/单

某景区多家旅行社、饭店、商店和客运公司共同签订《关于加强服务协同提高服务水平的决定》，约定了统一的收费方式、服务标准和收入分配方案。有人认为此举构成横向垄断协议。根据《反垄断法》，下列哪一说法是正确的？

A. 只要在一个竞争性市场中的经营者达成协调市场行为的协议，就违反该法
B. 只要经营者之间的协议涉及商品或服务的价格、标准等问题，就违反该法
C. 如经营者之间的协议有利于提高行业服务质量和经济效益，就不违反该法
D. 如经营者之间的协议不具备排除、限制竞争的效果，就不违反该法

**264.** 2016/1/28/单

某燃气公司在办理燃气入户前，要求用户缴纳一笔"预付气费款"，否则不予供气。待不再用气时，用户可申请返还该款项。经查，该款项在用户日常购气中不能冲抵燃气费。根据《反垄断法》的规定，下列哪一说法是正确的？

A. 反垄断机构执法时应界定该公司所涉相关市场
B. 只要该公司在当地独家经营，就能认定其具有市场支配地位
C. 如该公司的上游气源企业向其收取预付款，该公司就可向客户收取"预付气费款"
D. 县政府规定了"一个地域只能有一家燃气供应企业"，故该公司行为不构成垄断

**265.** 2016/1/67/多

某县会计师行业自律委员会成立之初，达成统筹分配当地全行业整体收入的协议，要求当年市场份额提高的会员应分出自己的部分收入，补贴给市场份额降低的会员。事后，有会员向省级工商行政管理部门书面投诉。关于此事，下列哪些说法是正确的？

A. 该协议限制了当地会计师行业的竞争，具有违法性
B. 抑强扶弱有利于培育当地会计服务市场，法律不予禁止
C. 此事不能由省级工商行政管理部门受理，应由该委员会成员自行协商解决
D. 即使该协议尚未实施，如构成违法，也可予以查处

**266.** 2015/1/67/多

某市甲、乙、丙三大零售企业达成一致协议，拒绝接受产品供应商丁的供货。丙向反垄断执法机构举报并提供重要证据，经查，三企业构成垄断协议行为。关于三企业应承担的法律责任，下列哪些选项是正确的？

A. 该执法机构应责令三企业停止违法行为，没收违法所得，并处以相应罚款
B. 丙企业举报有功，可酌情减轻或免除处罚

C. 如丁因垄断行为遭受损失的，三企业应依法承担民事责任

D. 如三企业行为后果极为严重，应追究其刑事责任

**267.** 2014/1/64/多

某省 L 市旅游协会为防止零团费等恶性竞争，召集当地旅行社商定对游客统一报价，并根据各旅行社所占市场份额，统一分配景点返佣、古城维护费返佣等收入。此计划实施前，甲旅行社主动向反垄断执法机构报告了这一情况并提供了相关证据。关于本案，下列哪些判断是错误的？

A. 旅游协会的行为属于正当的行业自律行为

B. 由于尚未实施，旅游协会的行为不构成垄断行为

C. 如构成垄断行为，L 市发改委可对其处以 50 万元以下的罚款

D. 如构成垄断行为，对甲旅行社可酌情减轻或免除处罚

**268.** 2013/1/27/单

某品牌白酒市场份额较大且知名度较高，因销量急剧下滑，生产商召集经销商开会，令其不得低于限价进行销售，对违反者将扣除保证金、减少销售配额直至取消销售资格。关于该行为的性质，下列哪一判断是正确的？

A. 维护品牌形象的正当行为

B. 滥用市场支配地位的行为

C. 价格同盟行为

D. 纵向垄断协议行为

**269.** 2013/1/64/多

某县政府规定：施工现场不得搅拌混凝土，只能使用预拌的商品混凝土。2012 年，县建材协会组织协调县内 6 家生产企业达成协议，各自按划分的区域销售商品混凝土。因货少价高，一些施工单位要求县工商局处理这些企业的垄断行为。根据《反垄断法》，下列哪些选项是错误的？

A. 县政府的规定属于行政垄断行为

B. 县建材协会的行为违反了《反垄断法》

C. 县工商局有权对 6 家企业涉嫌垄断的行为进行调查和处理

D. 被调查企业承诺在反垄断执法机构认可的期限内采取具体措施消除该行为后果的，该机构可决定终止调查

**270.** 2011/1/64/多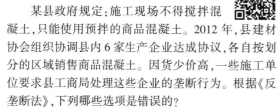

关于市场支配地位，下列哪些说法是正确的？

A. 有市场支配地位而无滥用该地位的行为者，不

为《反垄断法》所禁止

B. 市场支配地位的认定，只考虑经营者在相关市场的市场份额

C. 其他经营者进入相关市场的难易程度，不影响市场支配地位的认定

D. 一个经营者在相关市场的市场份额达到二分之一的，推定为有市场支配地位

**271.** 2010/1/66/多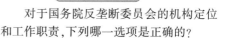

根据《反垄断法》规定，关于经营者集中的说法，下列哪些选项是正确的？

A. 经营者集中就是指企业合并

B. 经营者集中实行事前申报制，但允许在实施集中后补充申报

C. 经营者集中被审查时，参与集中者的市场份额及其市场控制力是一个重要的考虑因素

D. 经营者集中如被确定为可能具有限制竞争的效果，将会被禁止

**272.** 2009/1/24/单

对于国务院反垄断委员会的机构定位和工作职责，下列哪一选项是正确的？

A. 是承担反垄断执法职责的法定机构

B. 应当履行协调反垄断行政执法工作的职责

C. 可以授权国务院相关部门负责反垄断执法工作

D. 可以授权省、自治区、直辖市人民政府的相应机构负责反垄断执法工作

**273.** 2009/1/66/多

根据《反垄断法》规定，下列哪些选项不构成垄断协议？

A. 某行业协会组织本行业的企业就防止进口原料时的恶性竞争达成保护性协议

B. 三家大型房地产公司的代表聚会，就商品房价格达成共识，随后一致采取涨价行动

C. 某品牌的奶粉含有毒物质的事实被公布后，数家大型零售公司联合声明拒绝销售该产品

D. 数家大型煤炭企业就采用一种新型矿山安全生产技术达成一致意见

**274.** 2008/1/71/多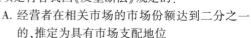

关于市场支配地位推定制度，下列哪些选项是符合我国《反垄断法》规定的？

A. 经营者在相关市场的市场份额达到二分之一的，推定为具有市场支配地位

B. 两个经营者在相关市场的市场份额合计达到三分之二，其中有的经营者市场份额不足十分之一的，不应当推定该经营者具有市场支配地位

C. 三个经营者在相关市场的市场份额合计达到

四分之三，其中有两个经营者市场份额合计不足五分之一的，不应当推定该两个经营者具有市场支配地位

D. 被推定具有市场支配地位的经营者，有证据证明不具有市场支配地位的，不应当认定其具有市场支配地位

**275.** 2008/1/72/多

滥用行政权力排除、限制竞争的行为，是我国《反垄断法》规制的垄断行为之一。关于这种行为，下列哪些选项是正确的？

A. 实施这种行为的主体，不限于行政机关

B. 实施这种行为的主体，不包括中央政府部门

C. 《反垄断法》对这种行为的规制，限定在商品流通和招投标领域

D. 《反垄断法》对这种行为的规制，主要采用行政责任的方式

# 专题十二　反不正当竞争法

考点55 反不正当竞争法

**276.** 2022 回忆/单

金硕巅峰公司是一家经营多年的教育培训机构，其广告"金硕巅峰，已助众多考生圆梦金硕"在当地颇有影响。前程公司为其同行，在自己网站上大力宣传并推广其"金硕 VIP 全程班"。关于前程公司的行为，下列哪一说法是正确的？

A. 属于合法的竞争行为

B. 构成虚假或引人误解的商业宣传行为

C. 构成混淆行为

D. 构成互联网不正当竞争行为

**277.** 2020 回忆/多

乙是国内大型视频网站，购买了一批热播电视剧的独家网络播放权。用户可以免费收看乙网站的热播电视剧，但不可避免需要同时收看片头片尾广告，乙网站以收取广告费盈利。甲开发出广告屏蔽软件，可屏蔽乙网站加载的广告，并招商播放第三方的广告。对此，下列说法正确的有哪些？

A. 甲的行为构成不正当竞争

B. 甲开发的屏蔽广告软件仅为一项技术手段，基于"技术无罪"不构成违法

C. 如不能确定乙网站损失金额，按照甲收取的广告费用计算

D. 乙网站调查甲行为所支付的所有费用应由甲赔偿

**278.** 2019 回忆/多

甲公司取得了热播电视剧《明天会更

好》的独家网络直播权，赵某嫌该剧片头广告时间过长，开发出屏蔽该片头广告的软件，并在其社交主页上提供了专门的下载通道，受到网民追捧。随后赵某用此软件招商，播放乙公司的产品广告，收益颇丰。下列说法正确的是：

A. 赵某的行为有利于消费者，不应被禁止

B. 赵某的行为构成不正当竞争行为

C. 赵某并非经营者，所以其不是不正当竞争行为的适格主体

D. 甲公司的实际损失难以计算的，可按赵某向乙公司收取的报酬确定赔偿金额

**279.** 2018 回忆/单

姚某在使用甲网站的搜索引擎时，在搜索结果页面出现前总会弹出宣传页面，严重遮挡搜索结果页面。经查，乙网络技术公司为甲网站提供技术支持，其插入宣传页面的行为未经甲网站允许。关于乙公司的行为，下列哪一说法是正确的？

A. 属于合理利用网络资源

B. 构成虚假广告宣传行为

C. 构成不正当竞争行为

D. 无需经甲网站同意

**280.** 2017/1/29/单

某蛋糕店开业之初，为扩大影响，增加销售，出钱雇人排队抢购。不久，该店门口便时常排起长队，销售盛况的照片也频频出现于网络等媒体，附近同类店家生意随之清淡。对此行为，下列哪一说法是正确的？

A. 属于正当的营销行为

B. 构成混淆行为

C. 构成虚假宣传行为

D. 构成商业贿赂行为

**281.** 2016/1/68/多

甲县善福公司（简称甲公司）的前身为创始于清末的陈氏善福铺，享誉百年，陈某继承祖业后注册了该公司，并规范使用其商业标识。乙县善福公司（简称乙公司）系张某先于甲公司注册，且持有"善福100"商标权。乙公司在其网站登载善福铺的历史及荣誉，还在其产品包装标注"百年老牌""创始于清末"等字样，但均未证明其与善福铺存在历史联系。甲、乙公司存在竞争关系。关于此事，下列哪些说法是正确的？

A. 陈某注册甲公司的行为符合诚实信用原则

B. 乙公司登载善福铺历史及标注字样的行为损害了甲公司的商誉

C. 甲公司使用"善福公司"的行为侵害了乙公司的商标权

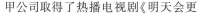

D. 乙公司登载善福铺历史及标注字样的行为构成虚假宣传行为

**282.** 2015/1/68/多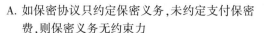

甲公司拥有"飞鸿"注册商标,核定使用的商品为酱油等食用调料。乙公司成立在后,特意将"飞鸿"登记为企业字号,并在广告、企业厂牌、商品上突出使用。乙公司使用违法添加剂生产酱油被媒体曝光后,甲公司的市场声誉和产品销量受到严重影响。关于本案,下列哪些说法是正确的?

A. 乙公司侵犯了甲公司的注册商标专用权

B. 乙公司将"飞鸿"登记为企业字号并突出使用的行为构成不正当竞争行为

C. 甲公司因调查乙公司不正当竞争行为所支付的合理费用应由乙公司赔偿

D. 甲公司应允许乙公司在不变更企业名称的情况下以其他商标生产销售合格的酱油

**283.** 2014/1/27/单

红心地板公司在某市电视台投放广告,称"红心牌原装进口实木地板为你分忧",并称"强化木地板甲醛高、不耐用"。此后,本地市场上的强化木地板销量锐减。经查明,该公司生产的实木地板是用进口木材在国内加工而成。关于该广告行为,下列哪一选项是正确的?

A. 属于正当竞争行为

B. 仅属于诋毁商誉行为

C. 仅属于虚假宣传行为

D. 既属于诋毁商誉行为,又属于虚假宣传行为

**284.** 2014/1/65/多

甲酒厂为扩大销量,精心摹仿乙酒厂知名白酒的包装、装潢。关于甲厂摹仿行为,下列哪些判断是错误的?

A. 如果乙厂的包装、装潢未获得外观设计专利,则甲厂摹仿行为合法

B. 如果甲厂在包装、装潢上标明了自己的厂名、厂址、商标,则不构成混淆行为

C. 如果甲厂白酒的包装、装潢不足以使消费者误认为是乙厂白酒,则不构成混淆行为

D. 如果乙厂白酒的长期消费者留意之下能够辨别出二者差异,则不构成混淆行为

**285.** 2013/1/65/多

甲厂与工程师江某签订了保密协议。江某在劳动合同终止后应聘至同行业的乙厂,并帮助乙厂生产出与甲厂相同技术的发动机。甲厂认为保密义务理应包括竞业限制义务,江某不得到乙厂工作,乙厂和江某共同侵犯其商业秘密。关于此案,下列哪些选项是正确的?

A. 如保密协议只约定保密义务,未约定支付保密费,则保密义务无约束力

B. 如双方未明确约定江某负有竞业限制义务,则江某有权到乙厂工作

C. 如江某违反保密协议的要求,向乙厂披露甲厂的保密技术,则构成侵犯商业秘密

D. 如乙厂能证明其未利诱江某披露甲厂的保密技术,则不构成侵犯商业秘密

**286.** 2012/1/27/单

某县"大队长酒楼"自创品牌后声名渐隆,妇孺皆知。同县的"牛记酒楼"经暗访发现,"大队长酒楼"经营特色是,服务员统一着 20 世纪 60 年代服装,播放该年代歌曲,店堂装修、菜名等也具有时代印记。"牛记酒楼"遂改名为"老社长酒楼",服装、歌曲、装修、菜名等一应照搬。根据《反不正当竞争法》的规定,"牛记酒楼"的行为属于下列哪一种行为?

A. 正当的竞争行为

B. 侵犯商业秘密行为

C. 混淆行为

D. 虚假宣传行为

**287.** 2012/1/64/多

下列哪些选项属于不正当竞争行为?

A. 甲灯具厂捏造乙灯具厂偷工减料的事实,私下告诉乙厂的几家重要客户

B. 甲公司发布高薪招聘广告,乙公司数名高管集体辞职前往应聘,甲公司予以聘用

C. 甲电器厂产品具有严重瑕疵,媒体误报道为乙电器厂产品,甲厂未主动澄清

D. 甲厂使用与乙厂知名商品近似的名称、包装和装潢,消费者经仔细辨别方可区别二者差异

**288.** 2010/1/67/多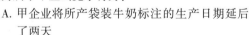

根据《反不正当竞争法》规定,下列哪些行为属于不正当竞争行为?

A. 甲企业将所产袋装牛奶标注的生产日期延后了两天

B. 乙企业举办抽奖式有奖销售,最高奖为 5000 元购物券,并规定用购物券购物满 1000 元的可再获一次抽奖机会

C. 丙企业规定,销售一台电脑给中间人 5% 佣金,可不入账

D. 丁企业为清偿债务,按低于成本的价格销售商品

**289.** 2008/1/74/多

甲公司为宣传其"股神"股票交易分析软件,高价聘请记者发表文章,称"股神"软件是"股民心中的神灵",贬称过去的同类软件"让多少股民欲哭

无泪",并称乙公司的软件"简直是垃圾"。根据《反不正当竞争法》的规定,下列哪些选项是正确的?

A. 只有乙公司才能起诉甲公司的诋毁商誉的行为

B. 甲公司的行为只有出于故意才能构成诋毁商誉行为

C. 只有证明记者拿了甲公司的钱财,才能认定其参与诋毁商誉行为

D. 只有证明甲公司捏造和散布了虚假事实,才能认定其构成不正当竞争

# 专题十三　消费者权益保护法

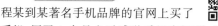
**考点56**　消费者权益保护法

**290.** 2022 回忆/多
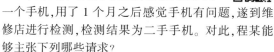
程某到某著名手机品牌的官网上买了一个手机,用了 1 个月之后感觉手机有问题,遂到维修店进行检测,检测结果为二手手机。对此,程某能够主张下列哪些请求?

A. 以存在欺诈为由,撤销买卖合同

B. 要求退还旧手机,换一台新手机

C. 主张三倍的惩罚性赔偿

D. 保留该手机,主张补偿差价

**291.** 2020 回忆/多
陈某在点餐网外卖平台订餐,在"纯真拉面"餐厅点了一份牛肉拉面,价款 50 元。11 点 10 分,短信提示外卖已送出。11 点 29 分,短信告知订单因配送问题被取消,且 50 元餐费被退回。陈某向点餐网质询,对方反馈:该订单是因配送问题被系统自动取消,此种情形在点餐网偶有发生。陈某起诉点餐网欺诈消费者,主张 500 元的赔偿。法院查明该订单配送服务方为点餐网平台,取消订单确系因配送问题。以下选项哪些是正确的?

A. 点餐网应向陈某退回 50 元餐费

B. 点餐网应向陈某赔偿 500 元

C. 点餐网应向陈某赔偿 150 元

D. 纯真拉面餐厅应向陈某赔偿 500 元

**292.** 2016/1/69/多
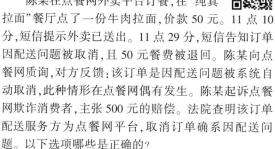
甲在乙公司办理了手机通讯服务,业务单约定:如甲方(甲)预付费使用完毕而未及时补交款项,乙方(乙公司)有权暂停甲方的通讯服务,由此造成损失,乙方概不担责。甲预付了费用,1 年后发现所用手机被停机,经查询方得知公司有"话费有效期满暂停服务"的规定,此时账户尚有余额,遂诉之。关于此事,下列哪些说法是正确的?

A. 乙公司侵犯了甲的知情权

B. 乙公司提供格式条款时应提醒甲注意暂停服

务的情形

C. 甲有权要求乙公司退还全部预付费

D. 法院应支持甲要求乙公司承担惩罚性赔偿的请求

**293.** 2015/1/27/单

甲在 A 银行办理了一张可异地跨行存取款的银行卡,并曾用该银行卡在 A 银行一台自动取款机上取款。甲取款数日后,发现该卡内的全部存款被人在异地 B 银行的自动取款机上取走。后查明:甲在 A 银行取款前一天,某盗卡团伙已在该自动取款机上安装了摄像和读卡装置(一周后被发现);甲对该卡和密码一直妥善保管,也从未委托他人使用。关于甲的存款损失,下列哪一说法是正确的?

A. 自行承担部分损失

B. 有权要求 A 银行赔偿

C. 有权要求 A 银行和 B 银行赔偿

D. 只能要求复制盗刷银行卡的罪犯赔偿

**294.** 某商场使用了由东方电梯厂生产、亚林公司销售的自动扶梯。某日营业时间,自动扶梯突然逆向运行,造成顾客王某、栗某和商场职工薛某受伤,其中栗某受重伤,经治疗半身瘫痪,数次自杀未遂。现查明,该型号自动扶梯在全国已多次发生相同问题,但电梯厂均通过更换零部件、维修进行处理,并未停止生产和销售。

请回答第(1)、(2)题。

(1) 2015/1/95/任

关于赔偿主体及赔偿责任,下列选项正确的是:

A. 顾客王某、栗某有权请求商场承担赔偿责任

B. 受害人有权请求电梯厂和亚林公司承担赔偿责任

C. 电梯厂和亚林公司承担连带赔偿责任

D. 商场和电梯厂承担按份赔偿责任

(2) 2015/1/96/任
关于顾客王某与栗某可主张的赔偿费用,下列选项正确的是:

A. 均可主张为治疗支出的合理费用

B. 均可主张因误工减少的收入

C. 栗某可主张精神损害赔偿

D. 栗某可主张所受损失 2 倍以下的惩罚性赔偿

**295.** 2014/1/66/多
张某从某网店购买一套汽车坐垫。货到拆封后,张某因不喜欢其花色款式,多次与网店交涉要求退货。网店的下列哪些回答是违法的?

A. 客户下单时网店曾提示"一经拆封,概不退货",故对已拆封商品不予退货

B. 该商品无质量问题,花色款式也是客户自选,故退货理由不成立,不予退货

C. 如网店同意退货,客户应承担退货的运费

D. 如网店同意退货,货款只能在一个月后退还

**296．** 2014/1/68/多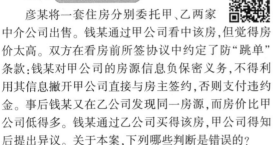

彦某将一套住房分别委托甲、乙两家中介公司出售。钱某通过甲公司看中该房,但觉得房价太高。双方在看房前所签协议中约定了防"跳单"条款:钱某对甲公司的房源信息负保密义务,不得利用其信息撇开甲公司直接与房主签约,否则支付违约金。事后钱某又在乙公司发现同一房源,而房价比甲公司低得多。钱某通过乙公司买得该房,甲公司得知后提出异议。关于本案,下列哪些判断是错误的?

A. 防"跳单"条款限制了消费者的自主选择权

B. 甲公司抬高房价侵害了消费者的公平交易权

C. 乙公司的行为属于不正当竞争行为

D. 钱某侵犯了甲公司的商业秘密

**297．** 2011/1/65/多

F公司是一家专营进口高档家具的企业。媒体曝光该公司有部分家具是在国内生产后,以"先出口,再进口"的方式取得进口报关凭证,在销售时标注为外国原产,以高于出厂价数倍的价格销售。此时,已经在F公司购买家具的顾客,可以行使下列哪些权利?

A. 顾客有权要求F公司提供所售商品的产地、制造商、采购价格、材料等真实信息并提供充分证明

B. 如F公司不能提供所售商品的真实信息和充分证明,顾客有权要求退货

C. 如能够确认F公司对所售商品的产地、材质等有虚假陈述,顾客有权要求双倍返还价款

D. 即使F公司提供了所售商品的真实信息和充分证明,顾客仍有权以"对公司失去信任"为由要求退货

**298．** 2010/1/68/多

甲公司租赁乙公司大楼举办展销会,向众商户出租展台,消费者李某在其中丙公司的展台购买了一台丁公司生产的家用电器,使用中出现质量问题并造成伤害,李某索赔时遇上述公司互相推诿。上述公司的下列哪些主张是错误的?

A. 丙公司认为属于产品质量问题,应找丁公司解决

B. 乙公司称自己与产品质量问题无关,不应承担责任

C. 丁公司认为产品已交丙公司包销,自己不再负责

D. 甲公司称展销会结束后,丙公司已撤离,自己无法负责

**299．** 2009/1/25/单

郭某与10岁的儿子到饭馆用餐,如厕时将手提包留在座位上嘱咐儿子看管,回来后发现手提包丢失。郭某要求饭馆赔偿被拒绝,遂提起民事诉讼。根据消费者安全保障权,下列哪一说法是正确的?

A. 饭馆应保障顾客在接受服务时的财产安全,并承担顾客随身物品遗失的风险

B. 饭馆应保证其提供的饮食服务符合保障人身、财产安全的要求,但并不承担对顾客随身物品的保管义务,也不承担顾客随身物品遗失的风险

C. 饭馆应对顾客妥善保管随身物品作出明显提示,否则应当对顾客的物品丢失承担赔偿责任

D. 饭馆应确保其服务环境绝对安全,应当对顾客在饭馆内遭受的一切损失承担赔偿责任

**300．** 2008/1/24/单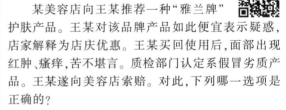

某美容店向王某推荐一种"雅兰牌"护肤产品。王某对该品牌产品如此便宜表示疑惑,店家解释为店庆优惠。王某买回使用后,面部出现红肿、瘙痒,苦不堪言。质检部门认定系假冒劣质产品。王某遂向美容店索赔。对此,下列哪一选项是正确的?

A. 美容店不知道该产品为假名牌,不应承担责任

B. 美容店不是假名牌的生产者,不应承担责任

C. 王某对该产品有怀疑仍接受了服务,应承担部分责任

D. 美容店违反了保证商品和服务安全的义务,应当承担全部责任

# 专题十四　产品质量法

### 考点57 产品质量法

**301．** 2023/回忆/单

韩某购买了一张箱体床,生产厂家承诺:保质期3年,终身维修。3年后的某天晚上,韩某在正常睡觉时床体坠落,导致其右臂骨折。厂家对该床存在的缺陷没有明显提示,我国目前关于箱体床并无国家标准。对此,下列哪一说法是正确的?

A. 由于没有国家标准,无法确定该床是否存在缺陷

B. 韩某摔伤属于意外事件,厂家不用赔偿

C. 虽然超过保质期,厂家依然要赔偿

D. 韩某索赔时要提供产品质量缺陷的证明

**302．** 2017/1/30/单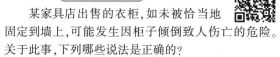

霍某在靓顺公司购得一辆汽车,使用半年后前去靓顺公司维护保养。工作人员告诉霍某该车气囊电脑存在故障,需要更换。霍某认为此为产品质量问题,要求靓顺公司免费更换,靓顺公司认为是霍某使用不当所致,要求其承担更换费用。经查,该车气囊电脑不符合产品说明所述质量。对此,下列哪一说法是正确的?

A. 霍某有权请求靓顺公司承担违约责任
B. 霍某只能请求该车生产商承担免费更换责任
C. 霍某有权请求靓顺公司承担产品侵权责任
D. 靓顺公司和该车生产商应当连带承担产品侵权责任

**303．** 2016/1/70/多

某家具店出售的衣柜,如未被恰当地固定到墙上,可能发生因柜子倾倒致人伤亡的危险。关于此事,下列哪些说法是正确的?

A. 该柜质量应符合产品安全性的要求
B. 该柜本身或其包装上应有警示标志或者中文警示说明
C. 质检部门对这种柜子进行抽查,可向该店收取检验费
D. 如该柜被召回,该店应承担购买者因召回支出的全部费用

**304．** 2013/1/66/多

孙某从某超市买回的跑步机在使用中出现故障并致其受伤。经查询得知,该型号跑步机数年前已被认定为不合格产品,超市从总经销商煌煌商贸公司依正规渠道进货。下列哪些选项是正确的?

A. 孙某有权向该跑步机生产商索赔
B. 孙某有权向煌煌商贸公司、超市索赔
C. 超市向孙某赔偿后,有权向该跑步机生产商索赔
D. 超市向孙某赔偿后,有权向煌煌商贸公司索赔

**305．** 2012/1/28/多

赵某从某商场购买了某厂生产的高压锅,烹饪时邻居钱某到其厨房聊天,高压锅爆炸致2人受伤。下列哪些选项是错误的?①

A. 钱某不得依据《消费者权益保护法》请求赔偿
B. 如高压锅被认定为缺陷产品,赵某可向该厂也可向该商场请求赔偿
C. 如高压锅未被认定为缺陷产品则该厂不承担赔偿责任
D. 如该商场证明目前科技水平尚不能发现缺陷存在则不承担赔偿责任

# 专题十五　食品安全法

### 考点58　食品安全法

**306．** 2023 回忆/多

甲公司研发了一款营养米糊,通过了食品检验机构的检验。为了推广该营养米糊,甲公司承诺向贫困地区捐赠1000罐,并获得了食品行业协会的宣传推荐。消费者姜某在乙公司开办的集中交易市场上,于丙公司(无食品经营许可证)的摊位上购买了该营养米糊,回家饮用后身体不适。经查,该营养米糊农药残留超标,但食品检验机构未检测出来。据此,姜某可向谁主张赔偿?

A. 食品检验机构
B. 食品行业协会
C. 乙公司
D. 丙公司

**307．** 2020 回忆/任

甲公司为了宣传其新开发的某保健品,擅自篡改食品安全监管部门审批的批准文号。甲公司委托乙广告公司设计了该保健品的广告,聘请大腕明星张三做代言人。现查明张三从未服用过该保健品,只是碍于情面为其推荐。现甲公司在报纸和电视上高频率地发布该广告。部分消费者服用后引起心律不齐,经鉴定该保健品中含有不得添加的药物。根据相关法律,下列判断正确的是:

A. 当地食品安全监督管理部门需要对消费者承担连带责任
B. 乙广告公司只有在明知该保健品功效虚假的情况下才承担法律责任
C. 明星张三须承担连带责任
D. 发布该广告的报纸和电视台无需对消费者承担连带责任

**308．** 2018 回忆/多

梁某在星光商场购得进口葡萄酒5瓶,共计1000元。该葡萄酒中文标签标明"酒精度11%"和保质期等内容,外文标签标明"酒精度10.8%"等内容。梁某以"葡萄酒有违食品安全标准为由"诉求获得1万元的额外赔偿。经查,该葡萄酒酒精度实测数为10.92%,在法定合理误差范围内,星光商场也能证明该葡萄酒系安全食品。对此,下列说法正确的是:

A. 该葡萄酒的标签应当清楚明确,不得误导消费者

---

① 原为单选题,根据新法答案有变化,调整为多选题。

B. 梁某的诉求应得到法院的支持

C. 该葡萄酒的标签存在瑕疵,应由食品安全监督管理部门责令改正,并处以罚款

D. 该葡萄酒的保质期标识应当显著标注

**309.** 2017/1/67/多

李某花 2000 元购得某省 M 公司生产的苦茶一批,发现其备案标准并非苦茶的标准,且保质期仅为 9 个月,但产品包装上显示为 18 个月,遂要求该公司支付 2 万元的赔偿金。对此,下列哪些说法是正确的?

A. 李某的索赔请求于法有据

B. 茶叶的食品安全国家标准由国家卫健委制定、公布并提供标准编号

C. 没有苦茶的食品安全国家标准时,该省卫健委可制定地方标准,待国家标准制定后,酌情存废

D. 国家鼓励该公司就苦茶制定严于食品安全国家标准或地方标准的企业标准,在该公司适用,并报该省卫健委备案

**310.** 2016/1/71/多

李某从超市购得橄榄调和油,发现该油标签上有"橄榄"二字,侧面标示"配料:大豆油,橄榄油",吊牌上写明:"添加了特等初榨橄榄油",遂诉之。经查,李某事前曾多次在该超市"知假买假"。关于此案,下列哪些说法是正确的?

A. 该油的质量安全管理,应遵守《农产品质量安全法》的规定

B. 该油未标明橄榄油添加量,不符合食品安全标准要求

C. 如李某只向该超市索赔,该超市应先行赔付

D. 超市以李某"知假买假"为由进行抗辩,法院不予支持

**311.** 2014/1/67/多

曾某在某超市以 80 元购买酸奶数盒,食用后全家上吐下泻,为此支付医疗费 800 元。事后发现,其所购的酸奶在出售时已超过保质期,曾某遂要求超市赔偿。对此,下列哪些判断是正确的?

A. 销售超过保质期的食品属于违反法律禁止性规定的行为

B. 曾某在购买时未仔细查看商品上的生产日期,应当自负其责

C. 曾某有权要求该超市退还其购买酸奶所付的价款

D. 曾某有权要求该超市赔偿 800 元医疗费,并增加赔偿 800 元

**312.** 2013/1/28/单

红星超市发现其经营的"荷叶牌"速冻水饺不符合食品安全标准,拟采取的下列哪一措施是错误的?

A. 立即停止经营该品牌水饺

B. 通知该品牌水饺生产商和消费者

C. 召回已销售的该品牌水饺

D. 记录停止经营和通知情况

**313.** 2013/1/67/多 新法改编

某省发现有大米被镉污染的情况,立即部署各地成立联合执法组,彻查市场中的大米及米制品。对此,下列哪些说法是正确的?

A. 大米、米制品的质量安全管理须以《食品安全法》为依据

B. 应依照《食品安全法》有关规定公布大米、米制品安全有关信息

C. 县有关部门进入某米粉加工厂检查时,该厂不得以商业秘密为由予以拒绝

D. 虽已构成重大食品安全事故,但影响仅限于该省,可由省食品安全监督管理部门公布有关食品安全信息

**314.** 2012/1/65/多 新法改编

D 市 S 县发生重大食品安全事故。根据《食品安全法》的规定,关于有关部门采取的措施,下列哪些选项是正确的?

A. 接收病人的 S 县医院立即向 S 县食品安全监管、卫生行政部门报告

B. 接到报告的 S 县食品安全监管部门及时向 S 县政府和 D 市食品安全监管部门报告

C. S 县食品安全监管部门立即成立食品安全事故处置指挥部

D. S 县食品安全监管部门在必要时可直接向国务院食品安全监管部门报告事故及其处理信息

**315.** 2011/1/28/单

关于食品添加剂管制,下列哪一说法符合《食品安全法》的规定?

A. 向食品生产者供应新型食品添加剂的,必须持有省级卫生行政部门发放的特别许可证

B. 未获得食品添加剂销售许可的企业,不得销售含有食品添加剂的食品

C. 生产含有食品添加剂的食品的,必须给产品包装加上载有"食品添加剂"字样的标签

D. 销售含有食品添加剂的食品的,必须在销售场所设置载明"食品添加剂"字样的专柜

**316.** 2010/1/25/单

某企业明知其产品不符合食品安全标准，仍予以销售，造成消费者损害。关于该企业应承担的法律责任，下列哪一说法是错误的？

A. 除按消费者请求赔偿实际损失外，并按消费者要求支付所购食品价款十倍的赔偿金

B. 应当承担民事赔偿责任和缴纳罚款、罚金的，优先支付罚款、罚金

C. 可能被采取的强制措施种类有责令改正、警告、停产停业、没收、罚款、吊销许可证

D. 如该企业被吊销食品生产许可证，其直接负责的主管人员五年内不得从事食品生产经营管理工作

**317.** 2009/1/67/多

关于国家食品安全风险监测制度，下列哪些表述是正确的？

A. 食品安全风险监测制度以食源性疾病、食品污染以及食品中的有害因素为监测对象

B. 食品安全风险监测计划由国务院卫生行政部门会同有关部门制定、实施

C. 通过食品安全风险监测发现食品安全隐患时，国务院卫生行政部门应当立即进行检验和食品安全风险评估

D. 食品安全风险监测信息是制定、修订食品安全标准和对食品安全实施监督管理的科学依据

# 专题十六　商业银行法

### 考点59 商业银行法

**318.** 2023 回忆/多

某商业银行因房地产开发商不能按期归还贷款，遂通过同业拆借获得资金再放贷，如此反复拆借放贷，最终导致资金链断裂。对于该商业银行的违法行为，下列哪些处理措施是正确的？

A. 由中国人民银行决定接管

B. 由国家金融监督管理总局决定接管

C. 由中国人民银行责令停业整顿

D. 由中国人民银行处以罚款

**319.** 2020 回忆/单

张某与蓝音文化传媒公司之间因为劳动合同的履行发生纠纷，该争议在劳动仲裁机构进行仲裁。蓝音公司先前为张某等员工在某银行开设了个人银行账户，用于发放劳动报酬，因蓝音公司怀疑张某违反劳动合同私自参与商业演出并获得巨额报酬，于是请求银行提供张某最近1年在该行的个人账

户明细。对此事件，下列判断正确的是哪一项？

A. 银行应向劳动仲裁委员会提供张某个人账户明细

B. 银行应对存款人信息保守秘密，任何情况下都不得对外提供

C. 银行可以向蓝音公司提供张某个人账户明细

D. 银行有权拒绝劳动仲裁委员会和蓝音公司的查询请求

**320.** 2018 回忆/多

某商业银行在贷款发放和管理中存在严重违反审慎经营规则的行为，未遵守资产负债比例要求，导致该银行的资金链受到重创，严重影响了存款人的利益，国务院银行业监督管理机构决定对其接管，接管期1年。下列有关说法正确的是：

A. 该商业银行被接管期间，储户的存款利息不变

B. 接管组可以委托建设银行托管该商业银行的业务

C. 如果接管期限届满前该商业银行被宣告破产，接管应终止

D. 尽管接管期限届满前该商业银行恢复运营能力，接管措施也应该维持至接管期限届满

**321.** 2017/1/68/多

某商业银行推出"校园贷"业务，旨在向在校大学生提供额度不等的消费贷款。对此，下列哪些说法是错误的？

A. 银行向在校大学生提供"校园贷"业务，须经国务院银监机构审批或备案

B. 在校大学生向银行申请"校园贷"业务，无论资信如何，都必须提供担保

C. 银行应对借款大学生的学习、恋爱经历、父母工作等情况进行严格审查

D. 银行为提高"校园贷"业务发放效率，审查人员和放贷人员可同为一人

**322.** 2014/1/28/单

某商业银行通过同业拆借获得一笔资金。关于该拆入资金的用途，下列哪一选项是违法的？

A. 弥补票据结算的不足

B. 弥补联行汇差头寸的不足

C. 发放有担保的短期固定资产贷款

D. 解决临时性周转资金的需要

**323.** 2014/1/69/多

某市商业银行2010年通过实现抵押权取得某大楼的所有权，2013年卖出该楼获利颇丰。2014年该银行决定修建自用办公楼，并决定入股某知名房地产企业。该银行的下列哪些做法是合法的？

A. 2010 年实现抵押权取得该楼所有权

B. 2013 年出售该楼

C. 2014 年修建自用办公楼

D. 2014 年入股某房地产企业

**324.**  2013/1/29/单

根据现行银行贷款制度,关于商业银行贷款,下列哪一说法是正确的?

A. 商业银行与借款人订立贷款合同,可采取口头、书面或其他形式

B. 借款合同到期未偿还,经展期后到期仍未偿还的贷款,为呆账贷款

C. 政府部门强令商业银行向市政建设项目发放贷款的,商业银行有权拒绝

D. 商业银行对关系人提出的贷款申请,无论是信用贷款还是担保贷款,均应予拒绝

**325.** 2012/1/66/多

根据《商业银行法》,关于商业银行分支机构,下列哪些说法是错误的?

A. 在中国境内应当按行政区划设立

B. 经地方政府批准即可设立

C. 分支机构不具有法人资格

D. 拨付各分支机构营运资金额的总和,不得超过总行资本金总额的70%

**326.** 2012/1/67/多

根据《商业银行法》,关于商业银行的设立和变更,下列哪些说法是正确的?

A. 国务院银行业监督管理机构可以根据审慎监管的要求,在法定标准的基础上提高商业银行设立的注册资本最低限额

B. 商业银行的组织形式、组织机构适用《公司法》

C. 商业银行的分立、合并不适用《公司法》

D. 任何单位和个人购买商业银行股份总额5%以上的,应事先经国务院银行业监督管理机构批准

**327.** 李大伟是 M 城市商业银行的董事,其妻张霞为 S 公司的总经理,其子李小武为 L 公司的董事长。2009 年 9 月,L 公司向 M 银行的下属分行申请贷款 1000 万元。其间,李大伟对分行负责人谢二宝施加压力,令其按低于同类贷款的优惠利息发放此笔贷款。L 公司提供了由保证人陈富提供的一张面额为 2000 万元的个人储蓄存单作为贷款质押。贷款到期后,L 公司无力偿还,双方发生纠纷。根据《商业银行法》的规定,请回答(1)~(3)题。

(1) 2011/1/92/任

关于 M 银行向 L 公司发放贷款的行

为,下列判断正确的是:

A. L 公司为 M 银行的关系人,依照法律规定,M 银行不得向 L 公司发放任何贷款

B. L 公司为 M 银行的关系人,依照法律规定,M 银行可以向 L 公司发放担保贷款,但不得提供优于其他借款人同类贷款的条件

C. 该贷款合同无效

D. 该贷款合同有效

(2) 2011/1/93/任

关于李大伟在此项贷款交易中的行为,下列判断正确的是:

A. 李大伟强令下属机构发放贷款,是《商业银行法》禁止的行为

B. 该贷款合同无效,李大伟应当承担由合同无效引起的一切损失

C. 该贷款合同有效,李大伟应当承担因不正当优惠条件给银行造成的包括利息差额在内的损失

D. 分行负责人谢二宝也应当承担相应的赔偿责任

(3)  2011/1/94/任

现查明,保证人陈富为 S 公司财务总监,其用于质押的存单是以 S 公司的资金办理的存储。并查明,L 公司取得贷款后,曾向 S 公司管理层支付 50 万元报酬。对此,下列判断正确的是:

A. S 公司公款私存,是我国银行法禁止的行为

B. S 公司公款私存,只是一般的财务违纪行为

C. S 公司管理层获取的 50 万元报酬应当由国务院银行业监督管理机构予以收缴

D. S 公司管理层获取的 50 万元报酬应当归 S 公司所有

**328.** 2010/1/69/多

商业银行出现下列哪些行为时,中国人民银行有权建议银行业监督管理机构责令停业整顿或吊销经营许可证?

A. 未经批准分立、合并的

B. 未经批准发行、买卖金融债券的

C. 提供虚假财务报告、报表和统计报表的

D. 违反规定同业拆借的

**329.** 某城市商业银行在合并多家城市信用社的基础上设立,其资产质量差,经营队伍弱,长期以来资本充足率、资产流动性、存贷款比例等指标均不能达到监管标准。根据有关法律规定,请回答第(1)~(3)题。

(1) 2009/1/95/任 改编

某日,该银行行长卷款潜逃。事发后,

大量存款户和票据持有人前来提款。该银行现有资金不能应付这些提款请求，又不能由同行获得拆借资金。根据相关法律，下列判断正确的是：

A. 该银行即将发生信用危机
B. 该银行可以由国家金融监督管理总局实行接管
C. 该银行可以由中国人民银行实施托管
D. 该银行可以由当地人民政府实施机构重组

（2）2009/1/96/任

在作出对该银行的行政处置决定后，负责处置的机构对该银行的人员采取了以下措施，其中符合法律规定的是：

A. 对该行全体人员发出通知，要求各自坚守岗位，认真履行职责
B. 该行副行长邱某、薛某持有出境旅行证件却拒不交出。对此，通知出境管理机关阻止其出境
C. 该行董事范某欲抛售其持有的一批股票。对此，申请司法机关禁止其转让股票
D. 该行会计师佘某欲将自己的一处房屋转让给他人。对此，通知房产管理部门停止办理该房屋的过户登记

（3）2009/1/97/任

经采取处置措施，该银行仍不能在规定期限内恢复正常经营能力，且资产情况进一步恶化，各方人士均认为可适用破产程序。如该银行申请破产，应当遵守的规定是：

A. 该银行应当证明自己已经不能支付到期债务，且资产不足以清偿全部债务
B. 该银行在提出破产申请前应当成立清算组
C. 该银行在向法院提交破产申请前应当得到国家金融监督管理总局的同意
D. 该银行在向法院提交破产申请时应当提交债务清偿方案和职工安置方案

**330.** 2008/1/23/单

关于商业银行贷款法律制度，下列哪一选项是错误的？

A. 商业银行贷款应当实行审贷分离、分级审批的制度
B. 商业银行可以根据贷款数额以及贷款期限，自行确定贷款利率
C. 商业银行贷款，应当遵守资本充足率不得低于百分之八的规定
D. 商业银行贷款，应当对借款人的借款用途、偿还能力、还款方式等情况进行严格审查

## 专题十七　银行业监督管理法

### 考点60 银行业监督管理法

**331.** 2021 回忆/多

某商业银行的流动性比率低于20%，银行业监督管理机构责令其限期改正。某商业银行认为其流动性并不影响正常经营，逾期未进行改正。对此，银行业监管机构有权对该商业银行采取哪些措施？

A. 暂停其部分业务
B. 限制其新设分支机构
C. 限制其董事和高管人员的权利
D. 限制其对外转让资产

**332.** 2018 回忆/单

某商业银行董事长张某授意该银行隐瞒亏损并提供虚假财务报告，导致该商业银行被吊销经营许可证，后被撤销清算。在此之前，该商业银行曾因未遵守关于资产负债的比例违规发放贷款被国务院银行业监督管理机构处以罚款，该罚款尚未缴纳。该商业银行被撤销清算期间，发现未缴纳上一年度税款，还有一笔税款因商业银行计算错误而未缴纳。下列相关说法正确的是：

A. 在清算时，清算组应优先清偿包含企业所得税在内的欠缴税款
B. 在清算期间，该银行应先向国务院银行业监督管理机构缴纳罚款
C. 在该商业银行被清算期间，经国务院银行业监督管理机构负责人批准，可申请司法机关禁止张某出售其自有房屋
D. 因计算错误未缴的税款，税务机关可要求该商业银行补缴但不能收取滞纳金

**333.** 2016/1/72/多 改编

陈某在担任某信托公司总经理期间，该公司未按照金融企业会计制度和公司财务规则严格管理和审核资金使用，违法开展信托业务，造成公司重大损失。对此，陈某负有直接管理责任。关于此事，下列哪些说法是正确的？

A. 该公司严重违反审慎经营规则
B. 国家金融监督管理总局可责令该公司停业整顿
C. 国家市场监督管理总局可吊销该公司的金融许可证
D. 国家金融监督管理总局可取消陈某一定期限直至终身的任职资格

**334.** 2013/1/68/多 改编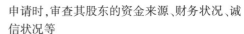

某商业银行决定推出一批新型理财产品,但该业务品种在已获批准的业务范围之外。该银行在报批的同时要求下属各分行开展试销。对此,下列哪些选项是正确的?

 A. 该业务品种应由国家金融监督管理总局审批

 B. 该业务品种应由中国人民银行审批

 C. 因该业务品种在批准前即进行试销,有关部门有权对该银行进行处罚

 D. 该业务品种在批准前进行的试销交易为效力待定的民事行为

**335.** 2013/1/69/多

某商业银行违反审慎经营规则,造成资本和资产状况恶化,严重危及稳健运行,损害存款人和其他客户合法权益。对此,银行业监督管理机构对该银行依法可采取下列哪些措施?

 A. 限制分配红利和其他收入

 B. 限制工资总额

 C. 责令调整高级管理人员

 D. 责令减员增效

**336.** 2012/1/29/单

根据《银行业监督管理法》,国务院银行业监督管理机构有权对银行业金融机构的信用危机依法进行处置。关于处置规则,下列哪一说法是错误的?

 A. 该信用危机必须已经发生

 B. 该信用危机必须达到严重影响存款人和其他客户合法权益的程度

 C. 国务院银行业监督管理机构可以依法对该银行业金融机构实行接管

 D. 国务院银行业监督管理机构也可以促成其机构重组

**337.** 2011/1/29/单

关于《银行业监督管理法》的适用范围,下列哪一说法是正确的?

 A. 信托投资公司适用本法

 B. 金融租赁公司不适用本法

 C. 金融资产管理公司不适用本法

 D. 财务公司不适用本法

**338.** 2010/1/26/单

下列哪一选项不属于国务院银行业监督管理机构职责范围?

 A. 审查批准银行业金融机构的设立、变更、终止以及业务范围

 B. 受理银行业金融机构设立申请或者资本变更

申请时,审查其股东的资金来源、财务状况、诚信状况等

 C. 审查批准或者备案银行业金融机构业务范围内的业务品种

 D. 接收商业银行交存的存款准备金和存款保险金

**339.** 2010/1/70/多

银行业监督管理机构依法对银行业金融机构进行检查时,经设区的市一级以上银行业监督管理机构负责人批准,可以对与涉嫌违法事项有关的单位和个人采取下列哪些措施?

 A. 询问有关单位或者个人,要求其对有关情况作出说明

 B. 查阅、复制有关财务会计、财产权登记等文件与资料

 C. 对涉嫌转移或者隐匿违法资金的账户予以冻结

 D. 对可能被转移、隐匿、毁损或者伪造的文件与资料予以先行登记保存

**340.** 2008/1/22/单

某省银行业监督管理局依法对某城市商业银行进行现场检查时,发现该行有巨额非法票据承兑,可能引发系统性银行业风险。根据《银行业监督管理法》的规定,应当立即向下列何人报告?

 A. 该省人民政府主管金融工作的负责人

 B. 国务院主管金融工作的负责人

 C. 中国人民银行负责人

 D. 国务院银行业监督管理机构负责人

# 专题十八　企业所得税法

### 考点**61** 企业所得税法

**341.** 2019 回忆/多

某公司生产新型手机充电宝,经营良好,2018 年销售额达 1 亿元,利润 1000 万元。同年,该公司支出如下:①购买原材料 5000 万元;②以融资租赁方式租出厂房的折旧费 100 万元;③补缴上年度所欠的企业所得税 100 万元;④向贫困地区捐赠扶贫资金 100 万元;⑤设备租赁费 500 万元;⑥明星演唱会赞助费 100 万元;⑦专利使用费 1000 万元。以上支出,哪些可以在 2018 年度纳税所得额中扣除?

 A. ④⑦     B. ①⑤

 C. ③⑤     D. ②⑥

**342.** 2017/1/70/多

A 基金在我国境外某群岛注册并设置总部,该群岛系低税率地区。香港 B 公司和浙江 C 公

司在浙江签约设立杭州 D 公司,其中 B 公司占 95%的股权,后 D 公司获杭州公路收费权。F 公司在该群岛注册成立,持有 B 公司 100%的股权。随后,A 基金通过认购新股方式获得了 F 公司 26%的股权,多年后又将该股权转让给境外 M 上市公司。M 公司对外披露其实际收购标的为 D 公司股权。经查,A 基金、F 公司和 M 公司均不从事实质性经营活动,F 公司股权的转让价主要取决于 D 公司的估值。对此,根据我国税法,下列哪些说法是正确的?

A. A 基金系非居民企业
B. D 公司系居民企业
C. A 基金应就股权转让所得向我国税务机关进行纳税申报
D. 如 A 基金进行纳税申报,我国税务机关有权按照合理方法调整其应纳税收入

**343.** `2013/1/92/任`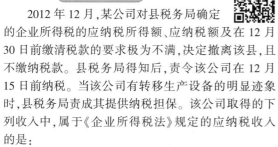

2012 年 12 月,某公司对县税务局确定的企业所得税的应纳税所得额、应纳税额及在 12 月 30 日前缴清税款的要求极为不满,决定撤离该县,且不缴纳税款。县税务局得知后,责令该公司在 12 月 15 日前纳税。当该公司有转移生产设备的明显迹象时,县税务局责成其提供纳税担保。该公司取得的下列收入中,属于《企业所得税法》规定的应纳税收入的是:

A. 财政拨款　　　　B. 销售产品收入
C. 专利转让收入　　D. 国债利息收入

**344.** `2010/1/71/多`

根据《企业所得税法》规定,下列哪些表述是正确的?

A. 国家对鼓励发展的产业和项目给予企业所得税优惠
B. 国家对需要重点扶持的高新技术企业可以适当提高其企业所得税税率
C. 企业从事农、林、牧、渔业项目的所得可以免征、减征企业所得税
D. 企业安置残疾人员所支付的工资可以在计算应纳税所得额时加计扣除

**345.** `2009/1/27/单`

关于企业所得税的说法,下列哪一选项是错误的?

A. 在我国境内,企业和其他取得收入的组织为企业所得税的纳税人
B. 个人独资企业、合伙企业不是企业所得税的纳税人
C. 企业所得税的纳税人分为居民企业和非居民企业,二者的适用税率完全不同

D. 企业所得税的税收优惠,居民企业和非居民企业都有权享受

**346.** `2008/1/19/单`

我国《企业所得税法》不适用于下列哪一种企业?

A. 内资企业
B. 外国企业
C. 合伙企业
D. 外商投资企业

**347.** `2008/1/20/单`

在计算企业应纳税所得额时,下列哪一项支出可以加计扣除?

A. 新技术、新产品、新工艺的研究开发费用
B. 为安置残疾人员所购置的专门设施
C. 赞助支出
D. 职工教育经费

# 专题十九　个人所得税法

**考点62** 个人所得税法

**348.** `2021 回忆/单`

李某在北京有住所,在总部位于北京的甲公司工作多年,于 2020 年 6 月被甲公司派往德国工作,但其工资仍由甲公司按月支付。李某没有其他个人所得。关于李某缴纳个人所得税,下列哪一说法是正确的?

A. 李某应在 2021 年 3 月至 6 月办理汇算清缴
B. 李某无需自己的纳税人识别号,应由甲公司代扣代缴
C. 甲公司应当按年计算,按月预扣预缴李某的个人所得税
D. 李某在德国工作期间为非居民纳税人,应当按月计算缴纳个人所得税

**349.** `2019 回忆/单`

我国作家程某创作完成小说《天有多高》,出版后大卖,程某因此获 50 万元稿酬,用该笔稿酬购了一辆新能源电动汽车。后该小说在国外获奖,由某国际组织发放奖金 60 万元,并被外国某电影公司购买了改编权,获得该公司支付的特许权使用费 150 万元。关于程某纳税的税款,下列说法正确的是:

A. 程某获得的稿酬应按比例缴纳个人所得税
B. 程某获得的奖金不应缴纳个人所得税
C. 购买新能源电动汽车应该免纳车船税
D. 程某在国外获得的特许权使用费不应缴纳个人所得税

**350.** 2016/1/29/单

根据《个人所得税法》，关于个人所得税的征缴，下列哪一说法是正确的?

A. 自然人买彩票多倍投注，所获一次性奖金特别高的，可实行加成征收

B. 扣缴义务人履行代扣代缴义务的，税务机关按照所扣缴的税款付给2%的手续费

C. 在中国境内无住所又不居住的个人，在境内取得的商业保险赔款，应缴纳个人所得税

D. 夫妻双方每月取得的工资薪金所得可合并计算，减除费用7000元后的余额，为应纳税所得额

**351.** 2015/1/69/单

关于个人所得税，下列哪一项表述是正确的?[1]

A. 以课税对象为划分标准，个人所得税属于动态财产税

B. 非居民纳税人是指不具有中国国籍但有来源于中国境内所得的个人

C. 居民纳税人从中国境内、境外取得的所得均应依法缴纳个人所得税

D. 劳务报酬所得适用比例税率，对劳务报酬所得一次收入畸高的，可实行加成征收

**352.** 2014/1/71/多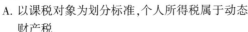

2012年外国人约翰来到中国，成为某合资企业经理，迄今一直居住在北京。根据《个人所得税法》，约翰获得的下列哪些收入应在我国缴纳个人所得税?

A. 从该合资企业领取的薪金

B. 出租其在华期间购买的房屋获得的租金

C. 在中国某大学开设讲座获得的酬金

D. 在美国杂志上发表文章获得的稿酬

**353.** 2010/1/72/多

纳税义务人具有下列哪些情形的，应当按规定办理个人所得税纳税申报?

A. 个人所得超过国务院规定数额的

B. 在两处以上取得工资、薪金所得的

C. 从中国境外取得所得的

D. 取得应纳税所得没有扣缴义务人的

# 专题二十　车船税法

**考点63** 车船税法

**354.** 2022 回忆/多

关于纯电动乘用车所涉税法，下列哪些说法是错误的?

A. 获赠该类汽车的合伙企业应缴纳企业所得税

B. 对购买该汽车的自然人免征车船税

C. 抽奖获得该类汽车的外国人应缴纳噪声类环境保护税

D. 进口该类汽车的贸易公司应缴纳增值税和消费税

**355.** 2016/1/73/多

关于税收优惠制度，根据我国税法，下列哪些说法是正确的?

A. 个人进口大量化妆品，免征消费税

B. 武警部队专用的巡逻车，免征车船税

C. 企业从事渔业项目的所得，可免征、减征企业所得税

D. 农民张某某网上销售从其他农户处收购的山核桃，免征增值税

# 专题二十一　增值税法

**考点64** 增值税法

**356.** 2009/1/26/单

关于增值税的说法，下列哪一选项是错误的?

A. 增值税的税基是销售货物或者提供加工、修理修配劳务以及进口货物的增值额

B. 增值税起征点的范围只限于个人

C. 农业生产者销售自产农业产品的，免征增值税

D. 进口图书、报纸、杂志的，免征增值税

# 专题二十二　消费税法

**考点65** 消费税法

**357.** 2017/1/69/多

某教师在税务师培训班上就我国财税法制有下列说法，其中哪些是正确的?

A. 当税法有漏洞时，依据税收法定原则，不允许以类推适用方法来弥补税法漏洞

B. 增值税的纳税人分为一般纳税人和小规模纳税人，小规模纳税人的适用税率统一为3%

C. 消费税的征税对象为应税消费品，包括一次性竹制筷子和复合地板等

D. 车船税纳税义务发生时间为取得车船使用权或管理权的当年，并按年申报缴纳

① 原为多选题，根据新法答案有变化，调整为单选题。

# 专题二十三 税收征收管理法

## 考点66 税收征收管理法概述

**358.** 2011/1/66/多

下列哪些法律渊源是地方政府开征、停征某种税收的依据？

A. 全国人大及其常委会制定的法律
B. 国务院依据法律授权制定的行政法规
C. 国务院有关部委制定的部门规章
D. 地方人大、地方政府发布的地方法规

**359.** 2011/1/67/多

关于纳税人享有的权利，下列哪些选项是正确的？

A. 向税务机关了解税收法律规定和纳税程序
B. 申请减税、免税、退税
C. 对税务机关的决定不服时，提出申辩，申请行政复议
D. 合法权益因税务机关违法行政而受侵害时，请求国家赔偿

**360.** 2009/1/68/多

2001年修订的《税收征收管理法》规定了纳税人的权利，下列哪些情形符合纳税人权利的规定？

A. 张某要求查询丈夫的个人所得税申报信息，税务机关以保护纳税人秘密权为由予以拒绝
B. 甲公司对税务机关征收的一笔增值税计算方法有疑问，要求予以解释
C. 乙公司不服税收机关对其采取冻结银行存款的税收保全措施，申请行政复议
D. 个体工商户陈某认为税务所长在征税过程中对自己滥用职权故意刁难，向上级税务机关提出控告

## 考点67 税务管理

**361.** 2012/1/30/单

根据税收征收管理法规，关于税务登记，下列哪一说法是错误的？

A. 从事生产、经营的纳税人，应在领取营业执照后，在规定时间内办理税务登记，领取税务登记证件
B. 从事生产、经营的纳税人在银行开立账户，应出具税务登记证件，其账号应当向税务机关报告
C. 纳税人税务登记内容发生变化，不需到工商行政管理机关或其他机关办理变更登记的，可不向原税务登记机关申报办理变更税务登记

D. 从事生产、经营的纳税人外出经营，在同一地累计超过180天的，应在营业地办理税务登记手续

**362.** 2012/1/69/多

根据税收征收管理法规，关于从事生产、经营的纳税人账簿，下列哪些说法是正确的？

A. 纳税人生产、经营规模小又确无建账能力的，可聘请经税务机关认可的财会人员代为建账和办理账务
B. 纳税人使用计算机记账的，应在使用前将会计电算化系统的会计核算软件、使用说明书及有关资料报送主管税务机关备案
C. 纳税人会计制度健全，能够通过计算机正确、完整计算其收入和所得情况的，其计算机输出的完整的书面会计记录，可视同会计账簿
D. 纳税人的账簿、记账凭证、报表、完税凭证、发票、出口凭证以及其他有关涉税资料，除另有规定外，应当保存10年

**363.** 2011/1/30/单

关于扣缴义务人，下列哪一说法是错误的？

A. 是依法负有代扣代缴、代收代缴税款义务的单位和个人
B. 应当按时向税务机关报送代扣代缴、代收代缴税款报告表和其他有关资料
C. 可以向税务机关申请延期报送代扣代缴、代收代缴税款报告表和其他有关资料
D. 应当直接到税务机关报送代扣代缴、代收代缴税款报告表和其他有关资料

## 考点68 税收征收与保障

**364.** 2023 回忆/多

甲公司向乙公司出售房屋，双方签约后甲公司向税务局预缴税款700万元。后房屋买卖合同依法解除，甲公司向乙公司承诺在月底返还购房款。关于甲公司预交的税款，下列哪些说法是正确的？

A. 税务局仅需退还预征税款700万元
B. 税务局不仅需退还预征税款，还应加算银行同期存款利息
C. 甲公司申请退还税款的期限是3年
D. 退还期限的起算时间是甲公司预缴税款之日

**365.** 2017/1/71/多

昌昌公司委托拍卖行将其房产拍卖后，按成交价向税务部门缴纳了相关税款，并取得了完税凭证。3年后，县地税局稽查局检查税费缴纳情

况时,认为该公司房产拍卖成交价过低,不及市场价的一半。遂作出税务处理决定:重新核定房产交易价,追缴相关税款,加收滞纳金。经查,该公司所涉拍卖行为合法有效,也不存在逃税、骗税等行为。关于此事,下列哪些说法是正确的?

A. 该局具有独立执法主体资格

B. 该公司申报的房产拍卖价明显偏低时,该局就可核定其应纳税额

C. 该局向该公司加收滞纳金的行为违法

D. 该公司对税务处理决定不服,可申请行政复议,对复议决定不服,才可提起诉讼

**366.** 2014/1/29/单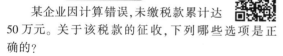

某企业流动资金匮乏,一直拖欠缴纳税款。为恢复生产,该企业将办公楼抵押给某银行获得贷款。此后,该企业因排污超标被环保部门罚款。现银行、税务部门和环保部门均要求拍卖该办公楼以偿还欠款。关于拍卖办公楼所得价款的清偿顺序,下列哪一选项是正确的?

A. 银行贷款优先于税款

B. 税款优先于银行贷款

C. 罚款优先于税款

D. 三种欠款同等受偿,拍卖所得不足时按比例清偿

**367.** 2014/1/70/多

某企业因计算错误,未缴税款累计达50万元。关于该税款的征收,下列哪些选项是正确的?

A. 税务机关可追征未缴的税款

B. 税务机关可追征滞纳金

C. 追征期可延长到5年

D. 追征时不受追征期的限制

**368.** 2013/1/70/多

甲公司欠税40万元,税务局要查封其相应价值产品。甲公司经理说:"乙公司欠我公司60万元货款,贵局不如行使代位权直接去乙公司收取现金。"该局遂通知乙公司缴纳甲公司的欠税,乙公司不配合;该局责令其限期缴纳,乙公司逾期未缴纳;该局随即采取了税收强制执行措施。关于税务局的行为,下列哪些选项是错误的?

A. 只要甲公司欠税,乙公司又欠甲公司货款,该局就有权行使代位权

B. 如代位权成立,即使乙公司不配合,该局也有权直接向乙公司行使

C. 本案中,该局有权责令乙公司限期缴纳

D. 本案中,该局有权向乙公司采取税收强制执行措施

**369.** 2013/1/93/任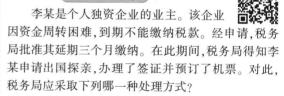

2012年12月,某公司对县税务局确定的企业所得税的应纳税所得额、应纳税额及在12月30日前缴清税款的要求极为不满,决定撤离该县,且不缴纳税款。县税务局得知后,责令该公司在12月15日前纳税。当该公司有转移生产设备的明显迹象时,县税务局责成其提供纳税担保。

就该公司与税务局的纳税争议,下列说法正确的是:

A. 如该公司不提供纳税担保,经批准,税务局有权书面通知该公司开户银行从其存款中扣缴税款

B. 如该公司不提供纳税担保,经批准,税务局有权扣押、查封该公司价值相当于应纳税款的产品

C. 如该公司对应纳税额发生争议,应先依税务局的纳税决定缴纳税款,然后可申请行政复议,对复议决定不服的,可向法院起诉

D. 如该公司对税务局的税收保全措施不服,可申请行政复议,也可直接向法院起诉

**370.** 2008/1/21/单

李某是个人独资企业的业主。该企业因资金周转困难,到期不能缴纳税款。经申请,税务局批准其延期三个月缴纳。在此期间,税务局得知李某申请出国探亲,办理了签证并预订了机票。对此,税务局应采取下列哪一种处理方式?

A. 责令李某在出境前提供担保

B. 李某是在延期期间出境,无须采取任何措施

C. 告知李某:欠税人在延期期间一律不得出境

D. 直接通知出境管理机关阻止其出境

## 专题二十四　审计法

### 考点69 审计法

**371.** 2022 回忆/多

某省国有银行的贷款问题涉及处于两个地级市的企业。关于对该银行的审计,下列哪些说法是正确的?

A. 由两市的审计局协商管辖

B. 由省审计厅指定一个市的审计局管辖

C. 审计机关应对该银行的内部审计进行监督

D. 审计机关应将审计报告和审计决定报送给本级政府

**372.** 2021 回忆/多

某电力公司将收取的居民电费存在员工陆某名下,后陆某挪用了居民电费并篡改了公司的

会计账簿,导致众多居民利益受损。审计机关在对该公司进行审计时,有权采取哪些措施?

    A. 冻结该公司的银行账户

    B. 查询该公司的银行账户

    C. 查询员工陆某的银行账户

    D. 封存该公司的会计账簿

**373.** 2017/1/31/单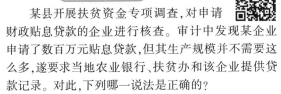

    某县开展扶贫资金专项调查,对申请财政贴息贷款的企业进行核查。审计中发现某企业申请了数百万元贴息贷款,但其生产规模并不需要这么多,遂要求当地农业银行、扶贫办和该企业提供贷款记录。对此,下列哪一说法是正确的?

    A. 只有审计署才能对当地农业银行的财政收支情况进行审计监督

    B. 只有经银监机构同意,该县审计局才能对当地农业银行的财务收支进行审计监督

    C. 该县审计局经上一级审计局副职领导批准,有权查询当地扶贫办在银行的账户

    D. 申请财政贴息的该企业并非国有企业,故该县审计局无权对其进行审计调查

**374.** 2016/1/65/多

    国家实行审计监督制度。为加强国家的审计监督,全国人大常委会于1994年通过了《审计法》,并于2006年进行了修正。关于审计监督制度,下列哪些理解是正确的?

    A.《审计法》的制定与执行是在实施宪法的相关规定

    B. 地方各级审计机关对本级人大常委会和上一级审计机关负责

    C. 国务院各部门和地方各级政府的财政收支应当依法接受审计监督

    D. 国有的金融机构和企业事业组织的财务收支应当依法接受审计监督

**375.** 2016/1/74/多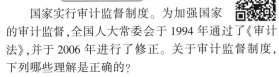

    某县污水处理厂系扶贫项目,由地方财政投资数千万元,某公司负责建设。关于此项目的审计监督,下列哪些说法是正确的?

    A. 审计机关对该项目的预算执行情况和决算,进行审计监督

    B. 审计机关经银监局局长批准,可冻结该项目在银行的存款

    C. 审计组应在向审计机关报送审计报告后,向该公司征求对该报告的意见

    D. 审计机关对该项目作出审计决定,而上级审计机关认为其违反国家规定的,可直接作出变更或撤销的决定

**376.** 2015/1/28/单

    为大力发展交通,某市出资设立了某高速公路投资公司。该市审计局欲对其实施年度审计监督。关于审计事宜,下列哪一说法是正确的?

    A. 该公司既非政府机关也非事业单位,审计局无权审计

    B. 审计局应在实施审计3日前,向该公司送达审计通知书

    C. 审计局欲查询该公司在金融机构的账户,应经局长批准并委托该市法院查询

    D. 审计局欲检查该公司与财政收支有关的资料和资产,应委托该市税务局检查

**377.** 2009/1/69/多

    下列哪些属于审计机关的审计监督范围?

    A. 国家的事业组织和使用财政资金的其他事业组织的财务支出

    B. 国有金融机构和国有企业的资产、负债、损益

    C. 政府投资的建设项目的财务收支

    D. 国际组织贷款项目的财务收支

# 专题二十五　土地管理法

**考点70** 土地管理法

**378.** 2020 回忆/单

    根据土地利用总体规划,某镇东部耕地被划定为蔬菜生产基地,关于该基地的耕地保护,下列哪一项说法是正确的?

    A. 经省政府批准,国家建设工程可占用该基地的部分耕地

    B. 该基地内可挖塘养鱼

    C. 该基地可在从事蔬菜生产的同时适当发展林果业

    D. 镇政府应将该蔬菜生产基地的位置、范围信息向社会公告

**379.** 2014/1/72/多

    某公司取得出让土地使用权后,超过出让合同约定的动工开发日期满两年仍未动工,市政府决定收回该土地使用权。该公司认为,当年交付的土地一直未完成征地拆迁,未达到出让合同约定的条件,导致项目迟迟不能动工。为此,该公司提出两项请求,一是撤销收回土地使用权的决定,二是赔偿公司因工程延误所受的损失。对这两项请求,下列哪些判断是正确的?

    A. 第一项请求属于行政争议

    B. 第二项请求属于民事争议

    C. 第一项请求须先由县级以上政府处理,当事

D. 第二项请求须先由县级以上政府处理,当事人不服的才可向法院起诉

**380.** 2012/1/72/多

农户甲外出打工,将自己房屋及宅基地使用权一并转让给同村农户乙,5年后甲返回该村。关于甲返村后的住宅问题,下列哪些说法是错误的?

A. 由于甲无一技之长,在外找不到工作,只能返乡务农。政府应再批给甲一处宅基地建房

B. 根据"一户一宅"的原则,甲作为本村村民应拥有自己的住房。政府应再批给甲一处宅基地建房

C. 由于农村土地具有保障功能,宅基地不得买卖,甲乙之间的转让合同无效。乙应返还房屋及宅基地使用权

D. 由于与乙的转让合同未经有关政府批准,转让合同无效。乙应返还房屋及宅基地使用权

**381.** 2011/1/70/多

某市政府在土地管理中的下列哪些行为违反了《土地管理法》的规定?

A. 甲公司在市郊申请使用一片国有土地修建经营性墓地,市政府批准其以划拨方式取得土地使用权

B. 乙公司投标取得一块商品房开发用地的出让土地使用权,市政府同意其在房屋建成销售后缴纳土地出让金

C. 丙公司以出让方式在本市规划区取得一块工业用地,市国土局在未征得市规划局同意的情况下,将该土地的用途变更为住宅建设用地

D. 丁公司在城市规划区取得一块临时用地,使用已达6年,并在该处修建了永久性建筑,市政府未收回土地,还为该建筑发放了房屋产权证

**382.** 2010/1/75/多

关于国有土地,下列哪些说法是正确的?

A. 国有土地可以是建设用地,也可以是农用地

B. 国有土地可以确定给单位使用,也可以确定给个人使用

C. 国有土地可以有偿使用,也可以无偿使用

D. 国有土地使用权可以有期限,也可以无期限

**383.** 2009/1/28/单

关于承包经营集体土地可以从事的生产活动,下列哪一选项符合《土地管理法》规定?

A. 种植业、林业

B. 种植业、林业、畜牧业

C. 种植业、林业、畜牧业、渔业

D. 种植业、林业、畜牧业、渔业、农产品加工业

**384.** 2008/1/26/单

根据《土地管理法》的规定,关于土地权益的纠纷,下列哪一选项是错误的?

A. 村民甲与村卫生所发生土地使用权争议,协商不成可找乡政府处理,对乡政府处理决定不服还可向法院起诉

B. 村民乙与邻居发生宅基地纠纷,应先向县土地主管部门申请行政调处,对调处决定不服的,可以土地主管部门为被告向法院提起行政诉讼

C. 村民丙因土地承包经营权与村委会发生纠纷,协商调解不成可向农村土地承包仲裁机构申请仲裁,对仲裁裁决不服还可以向法院起诉

D. 村民丁因擅自占地建房被县土地主管部门处罚,如对行政处罚决定不服可以向法院提起行政诉讼

# 专题二十六 城乡规划法

### 考点71 城乡规划法

**385.** 2019 回忆/单

某市环保公司按规划准备建设一个垃圾填埋场,欲申请划拨土地进行建设。其申请划拨土地的步骤,下列哪一选项是正确的?

①报有关部门审核建设项目;②向规划部门提出建设用地规划许可申请;③规划部门核发选址意见书;④规划部门核发建设用地规划许可证;⑤土地主管部门划拨土地。

A. ①③②④⑤　　　　B. ③①②④⑤

C. ②④①③⑤　　　　D. ②④⑤③①

**386.** 2017/1/95/任

某市混凝土公司新建临时搅拌站,在试运行期间通过暗管将污水直接排放到周边,严重破坏当地环境。公司经理还指派员工潜入当地环境监测站内,用棉纱堵塞空气采集器,造成自动监测数据多次出现异常。有关部门对其处罚后,公司生产经营发生严重困难,拟裁员20人以上。

关于该临时搅拌站建设,下列说法正确的是:

A. 如在该市规划区内进行建设的,应经市城管执法部门批准

B. 如该搅拌站影响该市近期建设规划的实施,有关部门不得批准

C. 如该搅拌站系未经批准进行临时建设的,由市政府责令限期拆除

D. 如该搅拌站超过批准时限不拆除的,由市城乡规划部门采取强制拆除措施

**387.** 2016/1/30/单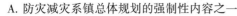

某镇拟编制并实施镇总体规划,根据《城乡规划法》的规定,下列哪一说法是正确的?

  A. 防灾减灾系镇总体规划的强制性内容之一

  B. 在镇总体规划确定的建设用地范围以外,可设立经济开发区

  C. 镇政府编制的镇总体规划,报上一级政府审批后,再经镇人大审议

  D. 建设单位报批公共垃圾填埋场项目,应向国土部门申请核发选址意见书

**388.** 2014/1/30/单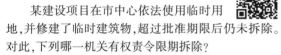

某房地产公司开发一幢大楼,实际占用土地的面积超出其依法获得的出让土地使用权面积,实际建筑面积也超出了建设工程规划许可证规定的面积。关于对该公司的处罚,下列哪一选项是正确的?

  A. 只能由土地行政主管部门按非法占用土地予以处罚

  B. 只能由城乡规划主管部门按违章建筑予以处罚

  C. 根据一事不再罚原则,由当地政府确定其中一种予以处罚

  D. 由土地行政主管部门、城乡规划主管部门分别予以处罚

**389.** 2013/1/30/单

某建设项目在市中心依法使用临时用地,并修建了临时建筑物,超过批准期限后仍未拆除。对此,下列哪一机关有权责令限期拆除?

  A. 市环保行政主管部门

  B. 市土地行政主管部门

  C. 市城乡规划行政主管部门

  D. 市建设行政主管部门

**390.** 2011/1/71/多

某镇政府正在编制本镇规划。根据《城乡规划法》,下列哪些建设项目应当在规划时予以优先安排?

  A. 镇政府办公楼、招待所

  B. 供水、供电、道路、通信设施

  C. 商业街、工业园、公园

  D. 学校、幼儿园、卫生院、文化站

**391.** 2010/1/76/多

村民王某创办的乡镇企业打算在村庄规划区内建设一间农产品加工厂,就有关审批手续向镇政府咨询。关于镇政府的答复,下列哪些选项符合《城乡规划法》规定?

  A. "你应当向镇政府提出申请,由镇政府报县政府城乡规划局核发乡村建设规划许可证。"

  B. "你的加工厂使用的土地不能是农地。如确

实需要占用农地,必须依照土地管理法的有关规定办理农地转用审批手续。"

  C. "你必须先办理用地审批手续,然后才能办理乡村建设规划许可证。"

  D. "你必须在规划批准后,严格按照规划条件进行建设,绝对不允许作任何变更。"

**392.** 2009/1/75/多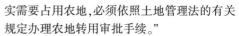

根据《城乡规划法》规定,下列哪些选项属于城乡规划的种类?

  A. 城乡规划包括城镇体系规划、城市规划、镇规划、乡规划和村庄规划

  B. 城市规划、镇规划分为总体规划和详细规划

  C. 详细规划分为控制性详细规划和修建性详细规划

  D. 修建性详细规划分为建设用地规划和建设工程规划

**393.** 2008/1/27/单

关于城市规划区内以出让方式提供国有土地使用权,根据《城乡规划法》的规定,下列哪一选项是错误的?

  A. 出让前,城市人民政府城乡规划主管部门应当依据控制性详细规划,提出出让地块的位置、使用性质、开发强度等规划条件

  B. 出让地块的规划条件,应当作为国有土地使用权出让合同的组成部分

  C. 未确定规划条件的地块,不得出让国有土地使用权

  D. 在签订国有土地使用权出让合同前,建设单位应当持建设项目的批准、核准、备案文件,向城市人民政府城乡规划主管部门领取建设用地规划许可证

# 专题二十七　城市房地产管理法

### 考点72 城市房地产管理法

**394.** 2019 回忆/多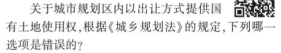

甲房地产开发公司从某市政府以出让方式获得一地块的土地使用权,进行商品房开发,楼盘建设过半投入约2亿元,甲房地产开发公司因资金链断裂无以为继,无奈将此土地使用权及地上建筑一并转给乙房地产开发公司。下列说法错误的是:

  A. 乙房地产开发公司获得土地使用权后需重新与某市政府签订土地使用权出让合同

  B. 某市政府可向甲房地产开发公司收取不超过2亿元的土地闲置费

  C. 乙房地产开发公司获得土地使用权后可经甲

房地产开发公司同意改变土地用途

  D. 甲房地产开发公司应缴纳全部的土地出让金并获得土地使用权证书，才可转让土地使用权

**395.** 2017/1/74/多

  在加大房地产市场宏观调控的形势下，某市政府对该市房地产开发的管理现状进行检查，发现以下情况，其中哪些做法是需要纠正的？

  A. 房地产建设用地的供应，在充分利用现有建设用地的同时，放宽占用农用地和开发未利用地的条件

  B. 土地使用权出让，符合土地利用总体规划、城市规划或年度建设用地计划之一即可

  C. 预售商品房，要求开发商交清全部土地使用权出让金，取得土地使用权证书，并持有建设工程规划许可证等

  D. 采取税收减免等方面的优惠措施，鼓励房地产开发企业开发建设商业办公类住宅，方便市民改作居住用途

**396.** 2015/1/72/多

  甲企业将其厂房及所占划拨土地一并转让给乙企业，乙企业依法签订了出让合同，土地用途为工业用地。5年后，乙企业将其转让给丙企业，丙企业欲将用途改为商业开发。关于该不动产权利的转让，下列哪些说法是正确的？

  A. 甲向乙转让时应报经有批准权的政府审批

  B. 乙向丙转让时，应已支付全部土地使用权出让金，并取得国有土地使用权证书

  C. 丙受让时改变土地用途，须取得有关国土部门和规划部门的同意

  D. 丙取得该土地及房屋时，其土地使用年限应重新计算

**397.** 2013/1/72/多

  甲公司以出让方式取得某地块50年土地使用权，用于建造写字楼。土地使用权满3年时，甲公司将该地块的使用权转让给乙公司，但将该地块上已建成的一幢楼房留作自用。对此，下列哪些选项是正确的？

  A. 如该楼房已取得房屋所有权证，则甲公司可只转让整幅地块的使用权而不转让该楼房

  B. 甲公司在土地使用权出让合同中载明的权利、义务应由乙公司整体承受

  C. 乙公司若要改变原土地使用权出让合同约定的土地用途，取得原出让方的同意即可

  D. 乙公司受让后，可以在其土地使用权的使用年限满46年之前申请续期

**398.** 甲房地产公司与乙国有工业公司签订《合作协议》，在乙公司原有的仓库用地上开发商品房。双方约定，共同成立"玫园置业有限公司"（以下简称"玫园公司"）。甲公司投入开发资金，乙公司负责将该土地上原有的划拨土地使用权转变为出让土地使用权，然后将出让土地使用权作为出资投入玫园公司。

  玫园公司与丙劳务派遣公司签订协议，由其派遣王某到玫园公司担任保洁员。不久，甲、乙产生纠纷，经营停顿。玫园公司以签订派遣协议时所依据的客观情况发生重大变化为由，将王某退回丙公司，丙公司遂以此为由解除王某的劳动合同。

  请回答（1）~（3）题。

  （1）2012/1/92/任

  关于该土地使用权由划拨转为出让，下列说法正确的是：

  A. 将划拨土地使用权转为出让土地使用权后再行转让属于土地投机，为法律所禁止

  B. 乙公司应当先将划拨土地使用权转让给玫园公司，然后由后者向政府申请办理土地使用权出让合同

  C. 该土地使用权由划拨转为出让，应当报有批准权的政府审批，经批准后方可办理土地使用权出让手续

  D. 如乙公司取得该地块的出让土地使用权，则只能自己进行开发，不能与他人合作开发

  （2）2012/1/93/任

  关于甲、乙双方签订的《合作协议》的性质，下列选项正确的是：

  A. 房地产开发合同

  B. 房地产转让合同

  C. 土地使用权转让合同

  D. 国有资产合作经营合同

  （3）2012/1/94/任

  开发期间，由于政府实施商品房限购政策，甲公司因其已开发项目滞销而陷入财务困境，致玫园公司经营陷于停顿，甲乙双方发生纠纷，乙公司主张合同无效。下列理由依法不能成立的是：

  A. 该合同为乙公司前任经理所签订，现该经理已被撤换

  B. 签订合同时，该土地还是划拨土地使用权

  C. 根据《合作协议》，乙公司仅享有玫园公司40%的股份，现在因该地段新建地铁导致地价上涨，乙公司所占股份偏低，属于国有资产流失

  D. 乙公司无房地产开发资格，无权参与房地产开发

**399.** 2011/1/72/多

  下列哪些机构属于房地产中介服务机构？

  A. 房地产咨询机构

B. 房地产经纪机构

C. 房地产职业培训机构

D. 房地产价格评估机构

**400.** 2010年1月,高某与某房地产开发公司签订了一份《预售商品房认购书》。《认购书》约定,公司为高某预留所选房号,双方于公司取得商品房预售许可证时正式签订商品房预售合同。《认购书》还约定,认购人于签订认购书时缴纳"保证金"一万元,该款于双方签订商品房预售合同时自动转为合同定金,如认购人接到公司通知后七日内不签订商品房预售合同,则该款不予退还。同年2月,高某接到公司已经取得商品房预售许可证的通知,立即前往公司签订了商品房预售合同,并当场缴纳了首期购房款80万元。同年5月,高某接到公司通知:房屋预售合同解除。经了解,该套房屋已经被公司以更高价格出售给第三人。双方发生争议。请回答第(1)~(3)题。

(1) 2010/1/95/任

公司主张,双方在签订《预售商品房认购书》时,公司尚未取得商品房预售许可证,故该《认购书》无效,以此为基础订立的商品房预售合同也应无效。对此,下列判断正确的是:

A. 法律规定,取得商品房预售许可证是商品房预售的必备条件之一

B. 《预售商品房认购书》不是商品房预售合同,不以取得商品房销售许可证为条件

C. 双方签订商品房预售合同时,公司已具备商品房预售的法定条件,该合同有效

D. 因施工进度及竣工交付日期变化的,房屋可另售他人

(2) 2010/1/96/任

公司还主张,公司在解除商品房预售合同时,该合同尚未报区政府房地产管理局备案,故不受法律保护。对此,下列判断正确的是:

A. 登记备案是商品房预售合同的法定生效要件,该合同未经登记备案不受法律保护

B. 登记备案是商品房预售人的法定义务,但不是合同的生效条件,该合同应受法律保护

C. 登记备案是商品房预售合同当事人的权利,未登记备案不影响该合同的效力

D. 商品房预售合同无需登记备案,当事人在房屋交付时办理产权登记即可

(3) 2010/1/97/任

经双方协商,高某同意解除商品房预售合同。但在款项支付问题上,双方发生分歧。高某要求返还80万元首期房款本息并双倍返还定金。公司主张只退还80万元首期房款和一万元"保证金"。

对此,下列判断正确的是:

A. 商品房预售合同无约束力,只能按公司的意见办理退款

B. 商品房预售合同有效,但《预售商品房认购书》无效,故应按公司的意见办理退款

C. 《预售商品房认购书》和商品房预售合同均有效,应该支持高某的主张

D. 开发商违约,高某有权请求赔偿损失

**401.** 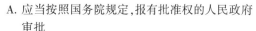 2009/1/76/多

关于以划拨方式取得土地使用权的房地产转让时适用的《房地产管理法》特殊规定,下列哪些表述是正确的?

A. 应当按照国务院规定,报有批准权的人民政府审批

B. 有批准权的人民政府准予转让的,可以决定由受让方办理土地使用权出让手续,也可以允许其不办理土地使用权出让手续

C. 办理土地使用权出让手续的,受让方应缴纳土地使用权出让金

D. 不办理土地使用权出让手续的,受让方应缴纳土地使用权转让费,转让方应当按规定将转让房地产所获收益中的土地收益上缴国家

# 专题二十八 不动产登记

考点73 **不动产登记暂行条例**

**402.** 2020回忆/多

关于不动产登记程序,下列哪些判断符合《不动产登记暂行条例》的规定?

A. 因买卖、设定抵押权等申请不动产登记的,应当由当事人双方共同申请

B. 继承、接受遗赠取得不动产权利的,可以由当事人单方申请

C. 若不动产申请存在尚未解决的权属争议的,不动产登记机构应当不予登记

D. 对在建建筑物办理抵押权登记的,不动产登记机构可以对申请登记的不动产进行实地查看

**403.** 2015/1/29/单

申请不动产登记时,下列哪一情形应由当事人双方共同申请?

A. 赵某放弃不动产权利,申请注销登记

B. 钱某接受不动产遗赠,申请转移登记

C. 孙某将房屋抵押给银行以获得贷款,申请抵押登记

D. 李某认为登记于周某名下的房屋为自己所有,申请更正登记

# 环境资源法 ［试题］

## 专题二十九　环境保护法

**考点74** 环境影响评价法

**404.** 2021 回忆/单

某商场的承建商组织编制了环境影响报告书并获得批准。由于商场建设资金一直未到位，6年后才落实资金准备开工。关于开工的环境影响评价文件，下列哪一说法是正确的？

　　A. 按照先前编制的环境影响报告书实施即可

　　B. 开工时需要补充填报环境影响登记表

　　C. 环境影响报告书应报原审批部门重新审核

　　D. 应组织环境影响的后评价，并报原审批部门备案

**405.** 2019 回忆/多

通城公司在甲省承包一条高速公路的修建工程，该高速公路横跨甲、乙两省，环境影响评价文件已经审批。在准备开工时，通城公司发现该公路需要延长到丙省。关于该公司的环评文件报批的相关事宜，下列说法正确的是：

　　A. 该公路的环境影响评价文件应由丙省的生态环境主管部门审批

　　B. 在原环境影响评价文件上作相应补充，由丙省的生态环境主管部门审批

　　C. 未经生态环境主管部门审批环评文件，该公路不得开工建设

　　D. 应对此公路项目重新进行环境影响评价

**406.** 2016/1/31/单

某采石场扩建项目的环境影响报告书获批后，采用的爆破技术发生重大变动，其所生粉尘将导致周边居民的农作物受损。关于此事，下列哪一说法是正确的？

　　A. 建设单位应重新报批该采石场的环境影响报告书

　　B. 建设单位应组织环境影响的后评价，并报审批部门批准

　　C. 该采石场的环境影响评价，应当与规划的环境影响评价完全相同

　　D. 居民将来主张该采石场承担停止侵害的侵权责任，受3年诉讼时效的限制

**407.** 2014/1/31/单

某省A市和B市分别位于同一河流的上下游。A市欲建农药厂。在环境影响评价书报批时，B市环境保护行政主管部门认为该厂对本市影响很大，对该环境影响评价结论提出异议。在此情况下，该环境影响评价书应当由下列哪一部门审批？

　　A. 省政府发改委

　　B. 省人大常委会

　　C. 省农药生产行政监管部门

　　D. 省环境保护行政主管部门

**408.** 2010/1/77/多

我国对建设项目的环境影响评价实行分类管理制度。根据《环境影响评价法》的规定，下列哪些说法是正确的？

　　A. 可能造成重大环境影响的建设项目，应当编制环境影响报告书，对产生的环境影响进行全面评价

　　B. 可能造成轻度环境影响的建设项目，应当编制环境影响报告表，对产生的环境影响进行分析或者专项评价

　　C. 环境影响很小的建设项目，不需要进行环境影响评价，无需填报环境影响评价文件

　　D. 环境影响报告书和环境影响报告表，应当由具有相应资质的机构编制

**考点75** 环境保护法

（一）环境保护的基本制度

**409.** 2017/1/96/任

某市混凝土公司新建临时搅拌站，在试运行期间通过暗管将污水直接排放到周边，严重破坏当地环境。公司经理还指派员工潜入当地环境监测站内，用棉纱堵塞空气采集器，造成自动监测数据多次出现异常。有关部门对其处罚后，公司生产经营发生严重困难，拟裁员20人以上。

　　关于该公司的行为，下列说法正确的是：

　　A. 如该公司应报批而未报批该搅拌站的环评文

件,不得在缴纳罚款后再向审批部门补报

B. 该公司将防治污染的设施与该搅拌站同时正式投产使用前,可在搅拌站试运行期间停运治污设施

C. 该公司的行为受到罚款处罚时,可由市环保部门自该处罚之日的次日起,按照处罚数额按日连续处罚

D. 针对该公司逃避监管的违法行为,市环保部门可先行拘留责任人员,再将案件移送公安机关

**410.** 2015/1/31/单

关于我国生态保护制度,下列哪一表述是正确的?

A. 国家只在重点生态功能区划定生态保护红线

B. 国家应积极引进外来物种以丰富我国生物的多样性

C. 国家应加大对生态保护地区的财政转移支付力度

D. 国家应指令受益地区对生态保护地区给予生态保护补偿

**411.** 2015/1/73/多

某市政府接到省环境保护主管部门的通知:暂停审批该市新增重点污染物排放总量的建设项目环境影响评价文件。下列哪些情况可导致此次暂停审批?

A. 未完成国家确定的环境质量目标

B. 超过国家重点污染物排放总量控制指标

C. 当地环境保护主管部门对重点污染物监管不力

D. 当地重点排污单位未按照国家有关规定和监测规范安装使用监测设备

**412.** 2014/1/73/多

关于环境质量标准和污染物排放标准,下列哪些说法是正确的?

A. 国家环境质量标准是制定国家污染物排放标准的根据之一

B. 国家污染物排放标准由国务院环境保护行政主管部门制定

C. 国家环境质量标准中未作规定的项目,省级政府可制定地方环境质量标准,并报国务院环境保护行政主管部门备案

D. 地方污染物排放标准由省级环境保护行政主管部门制定,报省级政府备案

**413.** 2010/1/28/多

根据《环境保护法》规定,关于污染物

排放标准,下列哪些说法是错误的?①

A. 省级地方政府对国家污染物排放标准中已作规定和未作规定的项目,都可以制定地方污染物排放标准

B. 对国家污染物排放标准中已作规定的项目,在制定地方污染物排放标准时,可以因地制宜,严于或宽于国家污染物排放标准

C. 地方污染物排放标准须报国务院环境保护行政主管部门备案

D. 凡是向已有地方污染物排放标准的区域排放污染物的,应当执行地方污染物排放标准

**414.** 2009/1/77/多

根据《环境保护法》规定,下列哪些选项属于农业环境保护的措施?

A. 防治土地沙化、盐渍化、贫瘠化、沼泽化

B. 防治植被破坏、水土流失、水源枯竭

C. 推广植物病虫害的综合防治

D. 合理使用化肥、农药及植物生长激素

(二)环境法律责任

**415.** 2023 回忆/多

张某在鱼塘养殖鱼苗,附近绿叶公司排放的污水导致鱼苗大量死亡。绿叶公司已依法取得排污许可证,且经当地环境主管部门多次检测,其排放的污水均符合有关标准。对此,下列哪些说法是正确的?

A. 张某应在3年内向绿叶公司提起侵权之诉

B. 绿叶公司应当承担赔偿责任

C. 可以从绿叶公司缴纳的排污费中划转相应款项赔付给张某

D. 当地环境主管部门可对绿叶公司采取行政强制措施

**416.** 2019 回忆/多

清水河流经某省甲、乙两个城市,位于上游甲市的某化工厂非法排放污水,污染了整个清水河,甲、乙两市的沿岸土地和百姓深受其害,甲市环保联合会遂对该化工厂向甲市法院提起了环境侵权公益诉讼。现乙市的环保公益组织欲向乙市法院提起环境侵权公益诉讼,下列相关说法正确的是:

A. 提起公益诉讼的环保组织应在设区的市级以上民政部门登记

B. 甲、乙两市的法院可以分别受理相应案件

C. 由甲市法院管辖本案

D. 如果法院对公益诉讼作出裁决后,受害个人不能再针对此污染行为提起侵权诉讼

---

① 原为单选题,根据新法答案有变化,调整为多选题。

**417.** 2015/1/30/单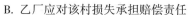

某省天洋市滨海区一石油企业位于海边的油库爆炸，泄漏的石油严重污染了近海生态环境。下列哪一主体有权提起公益诉讼(其中所列组织均专门从事环境保护公益活动连续 5 年以上且无违法记录)？

A. 受损海产养殖户推选的代表赵某
B. 依法在滨海区民政局登记的"海蓝志愿者"组织
C. 依法在邻省的省民政厅登记的环境保护基金会
D. 在国外设立但未在我国民政部门登记的"海洋之友"团体

**418.** 2015/1/74/多

某化工厂排放的污水会影响鱼类生长，但其串通某环境影响评价机构获得虚假环评文件从而得以建设。该厂后来又串通某污水处理设施维护机构，使其污水处理设施虚假显示从而逃避监管。该厂长期排污致使周边水域的养殖鱼类大量死亡。面对养殖户的投诉，当地环境保护主管部门一直未采取任何查处措施。对于养殖户的赔偿请求，下列哪些单位应承担连带责任？

A. 化工厂
B. 环境影响评价机构
C. 污水处理设施维护机构
D. 当地环境保护主管部门

**419.** 2013/1/73/多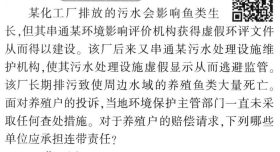

因连降大雨，某厂设计流量较小的排污渠之污水溢出，流入张某承包的鱼塘，致鱼大量死亡。张某诉至法院，要求该厂赔偿。该厂提出的下列哪些抗辩事由是依法不能成立的？

A. 本市环保主管部门证明，我厂排污从未超过国家及地方排污标准
B. 天降大雨属于不可抗力，依法应予免责
C. 经有关机构鉴定，死鱼是全市最近大规模爆发的水生动物疫病所致
D. 张某鱼塘地势低洼，未对污水流入采取防范措施，其损失咎由自取

**420.** 2012/1/73/多

甲化工厂和乙造纸厂排放污水，造成某村农作物减产。当地环境主管部门检测认定，甲排污中的有机物超标 3 倍，是农作物减产的原因，乙排污未超标，但其中的悬浮物仍对农作物减产有一定影响。关于甲、乙厂应承担的法律责任，下列哪些选项是正确的？

A. 甲厂应对该村损失承担赔偿责任
B. 乙厂应对该村损失承担赔偿责任
C. 环境主管部门有权追究甲厂的行政责任
D. 环境主管部门有权追究乙厂的行政责任

**421.** 2008/1/28/单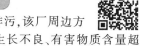

由于某化工厂长期排污，该厂周边方圆一公里内的庄稼蔬菜生长不良、有害物质含量超标，河塘鱼类无法繁衍，该地域内三个村庄几年来多人患有罕见的严重疾病。根据《环境保护法》的规定，下列哪一选项是错误的？

A. 受害的三个村的村委会和受害村民有权对该厂提起民事诉讼
B. 因环境污染引起的民事诉讼的时效为 3 年
C. 环境污染民事责任的归责原则实行公平责任原则
D. 环境污染致害的因果关系证明，受害方不负举证责任

# 专题三十　森林法

### 考点76 森林法

**422.** 2022 回忆/单

甲县乙乡某村民打算将自己承包的集体林地里的枣树砍掉，改种樱桃树。关于其申请林木采伐许可证，下列哪一说法是正确的？

A. 无需申请林木采伐许可证
B. 甲县林业局可委托乙乡政府颁发采伐许可证
C. 如甲县今年采伐限额已满，则明年自动取得采伐许可证
D. 如同村其他村民有采伐许可证，该村民可以租用

**423.** 2019 回忆/单

甲公司经营困难，以其所有的经济林地使用权和林木入股乙公司，同时将已取得的《林木采伐许可证》转让给乙公司。后乙公司得知，甲公司以其经济林地使用权向某商业银行抵押贷款尚未归还，乙公司与甲公司发生争议，要求甲公司尽快解除抵押。以下说法正确的是：

A. 在争议期间，乙公司可以砍伐经济林地上的林木
B. 乙公司与甲公司的争议可请县政府解决
C. 乙公司可以直接向法院起诉
D. 乙公司可以将经济林地变更为建设用地

**424.** 2019 回忆/单

某学校为更新校园园林景观，需要采伐校园现有树木，栽种新的树木，向当地林业局申请采伐许可证。许可证上注明采伐树木 10 棵，而该学

校采伐树木 20 棵。针对该学校的行为，下列说法正确的是：

A.该学校可以要求林业局补种 10 棵相同树木，学校承担相应费用

B.林业局可以要求该学校补种 10 棵相同树木，并且处罚该学校额外补种 50 棵相同树木

C.林业局可以对该学校罚款 1 万，并责令次年内补种 10 棵相同树木

D.该学校申请采伐许可证，需要同时提交有关采伐的地点、林种、树种、面积、蓄积、方式、更新措施和林木权属等内容的材料

**425.** 2018 回忆/单

某市林业局与规划局正在编制当地林业远期发展规划，下列说法正确的是：

A.林业发展规划不是建设规划，无需进行环境影响评价

B.应在林业发展规划编制过程中组织环境影响评价，编写有关环境影响的篇章或说明

C.林业发展规划属于专门性规划，草案上报审批前应进行环境影响评价，并向审批机关提出环境影响报告书

D.为了促进林业发展规划的审批，应明确环境保护林的对外转让价，并征求公众意见

# 专题三十一 矿产资源法

**考点77** 矿产资源法

**426.** 2021 回忆/单

某省发现一大型稀土矿，某矿业公司获准开采。该公司开采时发现部分地域还有伴生的放射性矿产。关于开采这些矿产资源的审批，下列哪一说法是正确的？

A. 均应取得国务院有关主管部门的审批

B. 均应取得该省有关主管部门的审批

C. 开采稀土矿应取得国务院地质矿产主管部门的审批，开采放射性矿产应取得该省有关主管部门的审批

D. 开采稀土矿应取得该省有关主管部门的审批，开采放射性矿产应取得国务院地质矿产主管部门的审批

**427.** 2021 回忆/多

钨矿为国家保护性开采的矿种。某公司经批准经营一处大型钨矿山，从事钨矿开采冶炼业务。赵某原为该公司工程师，离职后在矿区边的铁路旁开了一家建材店。赵某离职后从事的下列开采行为哪些是违法的？

A. 在矿区内开采零星分散的钨矿

B. 在矿区外开采零星分散的钨矿

C. 在矿区外开采只能用作普通建筑材料的砂、石

D. 在铁路旁开采只能用作普通建筑材料的砂、石

**428.** 2020 回忆/任

甲村发现储量可观的油田，乙公司经批准获得了探矿权并对位于甲村的油田进行勘查。后乙公司获得了该油田的采矿权，2020 年 5 月乙公司被丙公司收购。下列有关说法正确的是：

A. 在甲村发现的油田归甲村集体经济组织所有

B. 要开采在甲村发现的油田需经甲村 2/3 以上的村民同意

C. 乙公司有权优先取得勘查作业区内油田的采矿权

D. 丙公司经批准可以获得该油田的采矿权

**429.** 2018 回忆/多

甲公司与乙公司签署《合作协议》，约定双方合作对某县山区进行铁矿资源勘探，由此所获得的收益由双方平分。对此，下列说法正确的是：

A.甲公司和乙公司勘探铁矿资源需要县政府审批

B.由于矿区位于城乡接合部，地面部分归集体所有，地下资源归甲公司和乙公司所有

C.甲公司和乙公司完成勘探后，有权优先获得勘查作业区内铁矿资源的采矿权

D.甲公司和乙公司在勘查中，完成最低的勘查投入后，经依法批准，可将探矿权转让

# 劳动与社会保障法［试题］

## 专题三十二　劳动合同法

### 考点78　劳动合同

**430．** 2023 回忆/单

贾某兼职做外卖骑手，与某互联网平台公司在线订立了《网约配送协议》，协议载明：贾某同意按照平台发送的配送信息自主选择接受服务订单，接单后及时完成配送，服务费按照平台统一标准按单结算。从事餐饮外卖配送业务期间，公司未对其上线接单时间、接单量提出要求，也未对其配送行为提出要求。贾某每周送外卖最多 3 天、每天送外卖 1～3 小时不等。该平台公司会在规定区域内随机安排订单，骑手们登录专用的 APP 抢订单送餐。出现配送超时、客户差评等情形时，平台公司核实情况后按照统一标准扣减服务费。关于贾某与该平台公司之间的关系，下列哪一选项是正确的？

A. 非全日制合同
B. 劳动合同
C. 劳务合同
D. 劳务派遣合同

**431．** 2022 回忆/单

2020 年 1 月 8 日，雄飞公司与张某签订为期 1 年的劳动合同，张某负责撰写《雄飞公司发展史》。同年 12 月 8 日，张某外出旅游受伤，按规定享受了医疗期 3 个月。2021 年 6 月 8 日，张某向雄飞公司交付该书稿。关于该劳动合同期满的时间，下列哪一选项是正确的？

A. 2020 年 12 月 8 日
B. 2021 年 1 月 8 日
C. 2021 年 3 月 8 日
D. 2021 年 6 月 8 日

**432．** 2021 回忆/多

某公司与公司工会经平等协商签订了一份集体合同。关于该集体合同，下列哪些说法是正确的？

A. 集体合同约定劳动者每个月加班 2 天，年休假多放 5 天

B. 集体合同经双方代表签字后，还需由公司与工会签订专门协议才能生效
C. 如因履行集体合同发生争议，经双方协商不成，公司工会可申请仲裁
D. 集体合同报送劳动行政部门后，劳动行政部门 15 日内未提出异议就生效

**433．** 2017/1/72/多

农民姚某于 2016 年 3 月 8 日进入红海公司工作，双方未签订书面劳动合同，红海公司也未给姚某缴纳基本养老保险，姚某向社保机构缴纳了基本养老保险费。同年 12 月 8 日，姚某以红海公司未为其缴纳社会保险为由申请辞职。经查，姚某的工资属于所在地最低工资标准额。关于此事，下列哪些说法是正确的？

A. 姚某自 2016 年 3 月 8 日起即与红海公司建立劳动关系
B. 红海公司自 2016 年 4 月 8 日起，应向姚某每月支付两倍的工资
C. 姚某应参加新型农村社会养老保险，而不应参加基本养老保险
D. 姚某就红海公司未缴养老保险费而发生争议的，可要求社保行政部门或社保费征收机构处理

**434．** 2017/1/73/多

关于集体劳动合同，根据《劳动合同法》，下列哪些说法是正确的？

A. 甲公司尚未建立工会时，经其 2/3 以上的职工推举的代表，可直接与公司订立集体合同
B. 乙公司系建筑企业，其订立的行业性集体合同，报劳动行政部门备案后即行生效
C. 丙公司依法订立的集体合同，对全体劳动者，不论是否为工会会员，均适用
D. 因履行集体合同发生争议，丁公司工会与公司协商不成时，工会可依法申请仲裁、提起诉讼

**435．** 2017/1/97/任

某市混凝土公司新建临时搅拌站，在

试运行期间通过暗管将污水直接排放到周边,严重破坏当地环境。公司经理还指派员工潜入当地环境监测站内,用棉纱堵塞空气采集器,造成自动监测数据多次出现异常。有关部门对其处罚后,公司生产经营发生严重困难,拟裁员20人以上。当该公司裁员时,下列说法正确的是:

A. 无须向劳动者支付经济补偿金

B. 应优先留用与本公司订立无固定期限劳动合同的职工

C. 不得裁减在该公司连续工作满15年的女职工

D. 不得裁减非因公负伤且在规定医疗期内的劳动者

**436.** 王某,女,1990年出生,于2012年2月1日入职某公司,从事后勤工作,双方口头约定每月工资为人民币3000元,试用期1个月。2012年6月30日,王某因无法胜任经常性的夜间高处作业而提出离职,经公司同意,双方办理了工资结算手续,并于同日解除了劳动关系。同年8月,王某以双方未签书面劳动合同为由,向当地劳动争议仲裁委申请仲裁,要求公司再支付工资12000元。

请回答第(1)~(3)题。

(1) 2016/1/95/任

关于女工权益,根据《劳动法》,下列说法正确的是:

A. 公司应定期安排王某进行健康检查

B. 公司不能安排王某在经期从事高处作业

C. 若王某怀孕6个月以上,公司不得安排夜班劳动

D. 若王某在哺乳婴儿期间,公司不得安排夜班劳动

(2) 2016/1/96/任

关于该劳动合同的订立与解除,下列说法正确的是:

A. 王某与公司之间视作已订立无固定期限劳动合同

B. 该劳动合同期限自2012年3月1日起算

C. 该公司应向王某支付半个月工资的经济补偿金

D. 如王某不能胜任且经培训仍不能胜任工作,公司提前30日以书面形式通知王某,可将其辞退

(3) 2016/1/97/任

如当地月最低工资标准为1500元,关于该仲裁,下列说法正确的是:

A. 王某可直接向劳动争议仲裁委申请仲裁

B. 如王某对该仲裁裁决不服,可向法院起诉

C. 如公司对该仲裁裁决不服,可向法院起诉

D. 如公司有相关证据证明仲裁裁决程序违法时,可向有关法院申请撤销裁决

**437.** 2015/1/70/多

某厂工人田某体检时被初诊为脑瘤,万念俱灰,既不复检也未经请假就外出旅游。该厂以田某连续旷工超过15天,严重违反规章制度为由解除劳动合同。对于由此引起的劳动争议,下列哪些说法是正确的?

A. 该厂单方解除劳动合同,应事先将理由通知工会

B. 因田某严重违反规章制度,无论是否在规定的医疗期内该厂均有权解除劳动合同

C. 如该厂解除劳动合同的理由成立,无需向田某支付经济补偿金

D. 如该厂解除劳动合同的理由违法,田某有权要求继续履行劳动合同并主张经济补偿金2倍的赔偿金

**438.** 李某原在甲公司就职,适用不定时工作制。2012年1月,因甲公司被乙公司兼并,李某成为乙公司职工,继续适用不定时工作制。2012年12月,由于李某在年度绩效考核中得分最低,乙公司根据公司绩效考核制度中"末位淘汰"的规定,决定终止与李某的劳动关系。李某于2013年11月提出劳动争议仲裁申请,主张:原劳动合同于2012年3月到期后,乙公司一直未与本人签订新的书面劳动合同,应从4月起每月支付二倍的工资;公司终止合同违法,应恢复本人的工作。

请回答第(1)~(3)题:

(1) 2014/1/87/任

关于乙公司兼并甲公司时李某的劳动合同及工作年限,下列选项正确的是:

A. 甲公司与李某的原劳动合同继续有效,由乙公司继续履行

B. 如原劳动合同继续履行,在甲公司的工作年限合并计算为乙公司的工作年限

C. 甲公司还可与李某经协商一致解除其劳动合同,由乙公司新签劳动合同替代原劳动合同

D. 如解除原劳动合同时甲公司已支付经济补偿,乙公司在依法解除或终止劳动合同计算支付经济补偿金的工作年限时,不再计算在甲公司的工作年限

(2) 2014/1/89/任

关于恢复用工的仲裁请求,下列选项正确的是:

A. 李某是不定时工作制的劳动者,该公司有权对

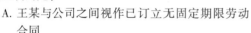

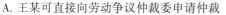

其随时终止用工

 B. 李某不是非全日制用工的劳动者,该公司无权对其随时终止用工

 C. 根据该公司末位淘汰的规定,劳动合同应当终止

 D. 该公司末位淘汰的规定违法,劳动合同终止违法

(3) **2014/1/90/任**

如李某放弃请求恢复工作而要求其他补救,下列选项正确的是:

 A. 李某可主张公司违法终止劳动合同,要求支付赔偿金

 B. 李某可主张公司规章制度违法损害劳动者权益,要求即时辞职及支付经济补偿金

 C. 李某可同时获得违法终止劳动合同的赔偿金和即时辞职的经济补偿金

 D. 违法终止劳动合同的赔偿金的数额多于即时辞职的经济补偿金

**439.** 某公司聘用首次就业的王某,口头约定劳动合同期限2年,试用期3个月,月工资1200元,试用期满后1500元。

2012年7月1日起,王某上班,不久即与同事李某确立恋爱关系。9月,由经理办公会讨论决定并征得工会主席同意,公司公布施行《工作纪律规定》,要求同事不得有恋爱或婚姻关系,否则一方必须离开公司。公司据此解除王某的劳动合同。

经查明,当地月最低工资标准为1000元,公司与王某一直未签订书面劳动合同,但为王某买了失业保险。

请回答第(1)、(2)题:

(1) **2013/1/94/任**

关于双方约定的劳动合同内容,下列符合法律规定的说法是:

 A. 试用期超过法定期限

 B. 试用期工资符合法律规定

 C. 8月1日起,公司未与王某订立书面劳动合同,应每月付其两倍的工资

 D. 8月1日起,如王某拒不与公司订立书面劳动合同,公司有权终止其劳动关系,且无需支付经济补偿

(2) **2013/1/95/任**

关于该《工作纪律规定》,下列说法正确的是:

 A. 制定程序违法

 B. 有关婚恋的规定违法

 C. 依据该规定解除王某的劳动合同违法

 D. 该公司执行该规定给王某造成损害的,应承担赔偿责任

**440.**  **2011/1/68/多**

某公司从事出口加工,有职工500人。因国际金融危机影响,订单锐减陷入困境,拟裁减职工25人。公司决定公布后,职工提出异议。下列哪些说法缺乏法律依据?

 A. 职工甲:公司裁减决定没有经过职工代表大会批准,无效

 B. 职工乙:公司没有进入破产程序,不能裁员

 C. 职工丙:我一家4口,有70岁老母10岁女儿,全家就我有工作,公司不能裁减我

 D. 职工丁:我在公司销售部门曾连续3年评为优秀,对公司贡献大,公司不能裁减我

**441.** 邓某系K制药公司技术主管。2008年2月,邓某私自接受Y制药公司聘请担任其技术顾问。5月,K公司得知后质问邓某。邓某表示自愿退出K公司,并承诺5年内不以任何直接或间接方式在任何一家制药公司任职或提供服务,否则将向K公司支付50万元违约金。2009年,K公司发现邓某已担任Y公司的副总经理,并持有Y公司20%股份,而且Y公司新产品已采用K公司研发的配方。K公司以Y公司和邓某为被告提起侵犯商业秘密的诉讼。请回答第(1)、(2)题。

(1) **2011/1/95/任**

关于Y公司和邓某的行为,下列说法正确的是:

 A. Y公司的行为构成侵犯他人商业秘密

 B. 邓某的行为构成侵犯他人商业秘密

 C. Y公司的行为构成违反竞业禁止义务

 D. 邓某的行为构成违反竞业禁止义务

(2) **2011/1/96/任**

案件审理期间邓某提出,本案纠纷起因于自己与K公司的劳动关系,应属劳动争议案件,故K公司应向劳动争议仲裁机构提起仲裁申请,遂请求法院裁定驳回起诉。关于该主张,下列说法正确的是:

 A. 侵犯商业秘密本质上属于侵权,违反竞业禁止本质上属于违约

 B. 本案存在法律关系竞合,K公司有选择权

 C. 劳动关系优先于商事关系

 D. 邓某的主张应予支持

**442.**  **2010/1/27/单**

关于非全日制用工的说法,下列哪一选项不符合《劳动合同法》规定?

 A. 从事非全日制用工的劳动者与多个用人单位

订立劳动合同的,后订立的合同不得影响先订立合同的履行

B. 非全日制用工合同不得约定试用期

C. 非全日制用工终止时,用人单位应当向劳动者支付经济补偿

D. 非全日制用工劳动报酬结算支付周期最长不得超过十五日

**443.** `2009/1/71/多`

2009 年 2 月,下列人员向所在单位提出订立无固定期限劳动合同,哪些人具备法定条件?

A. 赵女士于 1995 年 1 月到某公司工作,1999 年 2 月辞职,2002 年 1 月回到该公司工作

B. 钱先生于 1985 年进入某国有企业工作。2006 年 3 月,该企业改制成为私人控股的有限责任公司,年满 50 岁的钱先生与公司签定了三年期的劳动合同

C. 孙女士于 2000 年 2 月进入某公司担任技术开发工作,签定了为期三年、到期自动续期三年且续期次数不限的劳动合同。2009 年 1 月,公司将孙女士提升为技术部副经理

D. 李先生原为甲公司的资深业务员,于 2008 年 2 月被乙公司聘请担任市场开发经理,约定:先签定一年期合同,如果李先生于期满时提出请求,可以与公司签定无固定期限劳动合同

**444.** `2008/1/70/多`

关于当事人订立无固定期限劳动合同,下列哪些选项符合法律规定?

A. 赵某到某公司应聘,提议在双方协商一致的基础上订立无固定期限劳动合同

B. 王某在某公司连续工作满十年,要求与该公司签订无固定期限劳动合同

C. 李某在某国有企业连续工作满十年,距法定退休年龄还有十二年,在该企业改制重新订立劳动合同时,主张企业有义务与自己订立无固定期限劳动合同

D. 杨某在与某公司连续订立的第二次固定期限劳动合同到期,公司提出续订时,杨某要求与该公司签订无固定期限劳动合同

**考点79** 劳务派遣

**445.** `2021 回忆/多`

甲公司派遣职工严某到乙公司工作。甲公司提前 30 天通知严某,由于与乙公司之间的劳务派遣协议即将到期,要求严某与其推荐的丙劳务公司签订劳动合同,或者双方协商解除劳动合同,但均被严某拒绝。30 天后,甲公司解除了与严某的劳动合同。严某认为甲公司单方解除劳动合同违法,申请

仲裁,要求甲公司支付赔偿金。对此,下列哪些说法是不正确的?

A. 甲公司有权解除劳动合同,但应支付经济补偿金

B. 甲公司解除劳动合同违法,但若其愿意继续履行原劳动合同,则无需支付赔偿金

C. 若应支付赔偿金,应由甲公司承担

D. 若应支付赔偿金,乙公司应承担连带责任

**446.** `2015/1/71/多`

友田劳务派遣公司(住所地为甲区)将李某派遣至金科公司(住所地为乙区)工作。在金科公司按劳务派遣协议向友田公司支付所有费用后,友田公司从李某的首月工资中扣减了 500 元,李某提出异议。对此争议,下列哪些说法是正确的?

A. 友田公司作出扣减工资的决定,应就其行为的合法性负举证责任

B. 如此案提交劳动争议仲裁,当事人一方对仲裁裁决不服的,有权向法院起诉

C. 李某既可向甲区也可向乙区的劳动争议仲裁机构申请仲裁

D. 对于友田公司给李某造成的损害,友田公司和金科公司应承担连带责任

**447.** `2013/1/71/多`

甲公司与梁某签订劳动合同后,与乙公司签订劳务派遣协议,派梁某到乙公司做车间主任,派遣期 3 个月。2012 年 1 月至 2013 年 7 月,双方已连续 6 次续签协议,梁某一直在乙公司工作。2013 年 6 月,梁某因追索上一年加班费与乙公司发生争议,申请劳动仲裁。下列哪些选项是正确的?

A. 乙公司是在辅助性工作岗位上使用梁某,符合法律规定

B. 乙公司是在临时性工作岗位上使用梁某,符合法律规定

C. 梁某申请仲裁不受仲裁时效期间的限制

D. 梁某申请仲裁时应将甲公司和乙公司作为共同当事人

**448.** 甲房地产公司与乙国有工业公司签订《合作协议》,在乙公司原有的仓库用地上开发商品房。双方约定,共同成立"玫园置业有限公司"(以下简称"玫园公司")。甲公司投入开发资金,乙公司负责将该土地上原有的划拨土地使用权转变为出让土地使用权,然后将出让土地使用权作为出资投入玫园公司。

玫园公司与丙劳务派遣公司签订协议,由其派遣王某到玫园公司担任保洁员。不久,甲、乙产生纠纷,经营停顿。玫园公司以签订派遣协议时所依据的客

观情况发生重大变化为由,将王某退回丙公司,丙公司遂以此为由解除王某的劳动合同。

请回答(1)、(2)题:

(1)  2012/1/95/任

根据《劳动合同法》,王某的用人单位是:

A. 甲公司　　　　　B. 乙企业
C. 丙公司　　　　　D. 玫园公司

(2) 2012/1/96/任

关于王某劳动关系解除问题,下列选项正确的是:

A. 玫园公司有权将王某退回丙公司
B. 丙公司有权解除与王某的劳动合同
C. 王某有权要求丙公司继续履行劳动合同
D. 王某如不愿回到丙公司,有权要求其支付赔偿金

**449.** 2008 年 5 月,松园劳务派遣有限责任公司(简称"松园公司")与天利房地产开发有限责任公司(简称"天利公司")签订劳务派遣协议,将李某派遣到天利公司工作。根据有关法律规定,请回答第(1)~(3)题。

(1) 2008/1/95/任

松园公司与天利公司协商劳务派遣协议的下列条款中,不符合法律规定的有:

A. 李某在天利公司的工作岗位,可不在劳务派遣协议中约定,由天利公司根据需要灵活决定
B. 李某在天利公司的工作期限,可以在劳务派遣协议中约定为四个周期,每个周期为半年,每个周期结束前订立新的劳务派遣协议
C. 李某在天利公司的劳动报酬,应当在劳务派遣协议中约定
D. 双方对劳务派遣协议的内容负保密义务,不得向包括李某在内的任何人披露

(2) 2008/1/96/任

松园公司和天利公司对李某的下列做法中,不符合法律规定的有:

A. 松园公司与李某签订到期可续签的一年期劳动合同
B. 松园公司从李某每月工资中提取 5% 作为员工集体福利费
C. 天利公司要求李某缴纳 5000 元岗位责任保证金
D. 天利公司告知李某无权参加本公司工会

(3) 2008/1/97/任

天利公司将李某再派遣到自己的子公司,被李某拒绝。天利公司遂以李某不服从工作安排

为由将其退回松园公司。随后,松园公司以李某已无工作为由解除劳动合同。对此,下列表述错误的是:

A. 天利公司可以对李某进行再派遣,但不能因李某拒绝而将其退回
B. 松园公司不得因李某已无工作而解除劳动合同
C. 李某可以将天利公司或者松园公司作为被申请人,申请劳动争议仲裁
D. 李某可以就其因劳动合同解除而受到的损失,请求天利公司和松园公司共同承担赔偿责任

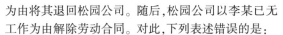

# 专题三十三　劳动法

### 考点80 劳动法

**450.** 2020 回忆/任

2019 年 3 月 1 日,张某通过招聘入职甲公司。入职后,张某发现自己已经怀孕 1 个月,以此为理由故意迟到早退,不服从夜班安排,违反了公司规定的《员工纪律》。7 月 1 日,甲公司对张某予以解聘。对此,下列说法正确的是:

A. 张某拒绝上夜班不违反《劳动法》
B. 公司可以解除和张某的劳动合同
C.《员工纪律》构成劳动合同的内容
D. 若张某因不能胜任该岗位,公司调岗后仍不能胜任,公司可以解除劳动合同

**451.** 2010/1/73/多

下列哪些说法违反劳动法的规定?

A. 我国公民未满十六岁的,用人单位一律不得招用
B. 双方当事人不可以约定周六加班
C. 劳动合同期限约定为二年的,试用期应在半年以上
D. 双方当事人可就全部合同条款作出违约金约定

**452.** 2010/1/74/多

关于工资保障制度,下列哪些表述符合劳动法的规定?

A. 按照最低工资保障制度,用人单位支付劳动者的工资不得低于当地最低工资标准
B. 乡镇企业不适用最低工资保障制度
C. 加班工资不包括在最低工资之内
D. 劳动者在婚丧假以及依法参加社会活动期间,用人单位应当依法支付工资

**453.** 2009/1/70/多

关于劳动关系的表述,下列哪些选项

是正确的?
- A. 劳动关系是特定当事人之间的法律关系
- B. 劳动关系既包括劳动者与用人单位之间的关系也包括劳动行政部门与劳动者、用人单位之间的关系
- C. 劳动关系既包括财产关系也包括人身关系
- D. 劳动关系既具有平等关系的属性也具有从属关系的属性

**454.** `2009/1/72/多`

东星公司新建的化工生产线在投入生产过程中,下列哪些行为违反《劳动法》规定?
- A. 安排女技术员参加公司技术攻关小组并到位于地下的设备室进行检测
- B. 在防止有毒气体泄漏的预警装置调试完成之前,开始生产线的试运行
- C. 试运行期间,从事特种作业的操作员已经接受了专门培训,但未取得相应的资格证书
- D. 试运行开始前,未对生产线上的员工进行健康检查

# 专题三十四　劳动争议调解仲裁法

**考点81** 劳动争议调解仲裁法

**455.** `2019 回忆/多`

胡某是某科技公司的技术骨干,正在主持公司重大科研项目,因为出国留学欲辞职。公司声称,胡某辞职将使公司项目受挫,给公司造成重大损失,所以拒绝胡某辞职。法律援助机构的刘某协助胡某成功离职,但是公司拒不支付胡某最后一个月工资,胡某欲申请劳动仲裁。下列说法正确的是:
- A. 胡某辞职的理由不合理,不能辞职
- B. 在律所执业满1年的马律师可以做仲裁员
- C. 胡某可以委托刘某作为代理人参加仲裁
- D. 仲裁裁决作出后,公司认为仲裁违反法定程序的,可向法院申请撤销仲裁裁决

**456.** 李某原在甲公司就职,适用不定时工作制。2012年1月,因甲公司被乙公司兼并,李某成为乙公司职工,继续适用不定时工作制。2012年12月,由于李某在年度绩效考核中得分最低,乙公司根据公司绩效考核制度中"末位淘汰"的规定,决定终止与李某的劳动关系。李某于2013年11月提出劳动争议仲裁申请,主张:原劳动合同于2012年3月到期后,乙公司一直未与本人签订新的书面劳动合同,应从4月起每月支付二倍的工资;公司终止合同违法,应恢复本人的工作。请回答第(1)、(2)题。

(1) `2014/1/86/任`

关于李某申请仲裁的有关问题,下列选项正确的是:
- A. 因劳动合同履行地与乙公司所在地不一致,李某只能向劳动合同履行地的劳动争议仲裁委员会申请仲裁
- B. 申请时应提交仲裁申请书,确有困难的也可口头申请
- C. 乙公司对终止劳动合同的主张负举证责任
- D. 对劳动争议仲裁委员会逾期未作出是否受理决定的,李某可就该劳动争议事项向法院起诉

(2) `2014/1/88/任`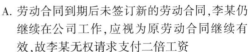

关于未签订书面劳动合同期间支付二倍工资的仲裁请求,下列选项正确的是:
- A. 劳动合同到期后未签订新的劳动合同,李某仍继续在公司工作,应视为原劳动合同继续有效,故李某无权请求支付二倍工资
- B. 劳动合同到期后应签订新的劳动合同,否则属于未与劳动者订立书面劳动合同的情形,故李某有权请求支付二倍工资
- C. 李某的该项仲裁请求已经超过时效期间
- D. 李某的该项仲裁请求没有超过时效期间

**457.** `2012/1/71/多`

李某因追索工资与所在公司发生争议,遂向律师咨询。该律师提供的下列哪些意见是合法的?
- A. 解决该争议既可与公司协商,也可申请调解,还可直接申请仲裁
- B. 应向劳动者工资关系所在地的劳动争议仲裁委员会提出仲裁请求
- C. 如追索工资的金额未超过当地月最低工资标准12个月金额,则仲裁裁决为终局裁决,用人单位不得再起诉
- D. 即使追索工资的金额未超过当地月最低工资标准12个月金额,只要李某对仲裁裁决不服,仍可向法院起诉

**458.** `2009/1/73/多` 新法改编

下列哪些情形不属于《劳动争议调解仲裁法》规定的劳动争议范围?
- A. 张某自动离职一年后,回原单位要求复职被拒绝
- B. 郑某辞职后,不同意公司按存款本息购回其持有的职工股,要求做市场价评估
- C. 秦某退休后,因社会保险经办机构未及时发放社会保险金,要求公司协助解决
- D. 刘某因工伤致残后,对劳动能力鉴定委员会评定的伤残等级不服,要求重新鉴定

# 专题三十五　社会保险法

**考点82** 社会保险法

**459.** 2022 回忆/单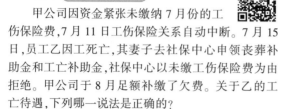

甲公司因资金紧张未缴纳 7 月份的工伤保险费,7 月 11 日工伤保险关系自动中断。7 月 15 日,员工乙因工死亡,其妻子去社保中心申领丧葬补助金和工亡补助金,社保中心以未缴工伤保险费为由拒绝。甲公司于 8 月足额补缴了欠费。关于乙的工亡待遇,下列哪一说法是正确的?

A. 丧葬补助金和工亡补助金均由甲公司支付

B. 丧葬补助金和工亡补助金均由工伤保险基金支付

C. 丧葬补助金由甲公司支付,工亡补助金由工伤保险基金支付

D. 工伤保险基金支付已缴的部分,甲公司承担欠缴的一个月部分

**460.** 2018 回忆/多

甲公司与乙公司签订合同,由乙公司为其招聘劳务人员,乙公司将陈某派遣至甲公司工作。乙公司为陈某投保了人身意外险,后陈某在工作中意外死亡。以下说法不正确的是:

A. 甲公司应为陈某缴纳工伤保险费

B. 乙公司应为陈某缴纳工伤保险费

C. 乙公司已为陈某投保人身意外险,无需再缴纳工伤保险费

D. 只有陈某自行缴纳了工伤保险费,其父母才能领取相应的工伤保险待遇

**461.** 2015/1/97/任

某商场使用了由东方电梯厂生产、亚林公司销售的自动扶梯。某日营业时间,自动扶梯突然逆向运行,造成顾客王某、栗某和商场职工薛某受伤,其中栗某受重伤,经治疗半身瘫痪,数次自杀未遂。现查明,该型号自动扶梯在全国已多次发生相同问题,但电梯厂均通过更换零部件、维修进行处理,并未停止生产和销售。

职工薛某被认定为工伤且被鉴定为六级伤残。关于其工伤保险待遇,下列选项正确的是:

A. 如商场未参加工伤保险,薛某可主张商场支付工伤保险待遇或者承担民事人身损害赔偿责任

B. 如商场未参加工伤保险也不支付工伤保险待遇,薛某可主张工伤保险基金先行支付

C. 如商场参加了工伤保险,主要由工伤保险基金支付工伤保险待遇,但按月领取的伤残津贴仍由商场支付

D. 如电梯厂已支付工伤医疗费,薛某仍有权获得工伤保险基金支付的工伤医疗费

**462.** 2013/1/96/任

某公司聘用首次就业的王某,口头约定劳动合同期限 2 年,试用期 3 个月,月工资 1200 元,试用期满后 1500 元。

2012 年 7 月 1 日起,王某上班,不久即与同事李某确立恋爱关系。9 月,由经理办公会讨论决定并征得工会主席同意,公司公布施行《工作纪律规定》,要求同事不得有恋爱或婚姻关系,否则一方必须离开公司。公司据此解除王某的劳动合同。

经查明,当地月最低工资标准为 1000 元,公司与王某一直未签订书面劳动合同,但为王某买了失业保险。

关于王某离开该公司后申请领取失业保险金的问题,下列说法正确的是:

A. 王某及该公司累计缴纳失业保险费尚未满 1 年,无权领取失业保险金

B. 王某被解除劳动合同的原因与其能否领取失业保险金无关

C. 若王某依法能领取失业保险金,在此期间还想参加职工基本医疗保险,则其应缴纳的基本医疗保险费从失业保险基金中支付

D. 若王某选择跨统筹地区就业,可申请退还其个人缴纳的失业保险费

**463.** 2012/1/70/多

关于基本养老保险的个人账户,下列哪些选项是正确的?

A. 职工个人缴纳的基本养老保险费全部记入个人账户

B. 用人单位缴纳的基本养老保险费按规定比例记入个人账户

C. 个人死亡的,个人账户余额可以继承

D. 个人账户不得提前支取

**464.** 2011/1/69/多

关于社会保险制度,下列哪些说法是正确的?

A. 国家建立社会保险制度,是为了使劳动者在年老、患病、工伤、失业、生育等情况下获得帮助和补偿

B. 国家设立社会保险基金,按照保险类型确定资金来源,实行社会统筹

C. 用人单位和职工都有缴纳社会保险费的义务

D. 劳动者死亡后,其社会保险待遇由遗属继承

## 专题三十六 军人保险法

### 考点83 军人保险法

**465.** 2019 回忆／单

张某退伍前因一次救灾活动导致八级伤残,退伍后到大明公司工作,担任司机。某日,张某按照公司要求到机场接机,途中遭遇车祸造成五级伤残,并且导致在部队的旧伤复发。大明公司没有给张某缴纳工伤保险费,下列说法正确的是:

A.张某可以同时领取工伤保险和军人伤亡保险金

B.应当从军人保险基金中拨付工伤保险待遇支付给张某

C.张某可以申请退伍费的补偿

D.张某可以每月向公司领取伤残津贴

# 知识产权法 [试题]

## 专题三十七　著作权

### 考点84　著作权法

**466.** [2023 回忆／单]

1970 年，魏某拍摄了一张照片刊登在某杂志，该杂志同页也刊登了左某的一篇评论，评论的对象就是魏某拍摄的照片。2022 年，丙网站擅自将该杂志扫描上传网络，并提供付费下载服务。左某于 1971 年死亡，魏某仍健在。关于丙网站的行为，下列哪一说法是正确的？

A. 未侵犯任何人的著作权
B. 同时侵犯了魏某、左某的著作权
C. 侵犯了魏某的著作权
D. 侵犯了左某继承人的著作权

**467.** [2022 回忆／多]

某舞蹈团计划举行联欢晚会，委托常某设计了一支舞蹈。晚会上由舞蹈团的郭某领舞表演了该舞蹈。钱某在晚会现场录制了郭某的舞蹈表演，并上传到短视频平台供用户观看。对此，钱某侵犯了下列哪些权利？

A. 舞蹈团的表演者权
B. 郭某的表演者权
C. 常某的著作权
D. 郭某的著作权

**468.** [2022 回忆／多]

画家李某创作了一幅油画《月光》，并在发表前将其赠与郑某。郑某让其员工将该画拍摄成照片用于公司某产品的背景图。对此，郑某及其员工的行为侵犯了李某的下列哪些权利？

A. 展览权
B. 发表权
C. 复制权
D. 信息网络传播权

**469.** [2021 回忆／多]

艺术家甲欲将自己的传奇人生记录下来，遂由甲口述并聘请作家乙执笔，乙以甲的人生经历为素材完成了 20 万字的小说《我的一生》，二人未约定著作权的归属。后甲和乙均在一次旅游途中因车祸去世，乙的儿子丙在整理遗物时发现了原著手稿。丙欲将其出版，甲的儿子丁反对。下列哪些表述是正确的？

A. 丙有权向丁主张支付报酬
B. 因手稿在丙手中，该小说的著作权归丙享有
C. 原著手稿的所有权归丙所有
D. 丁主张其享有小说出版著作权，能够得到法院支持

**470.** [2020 回忆／多]

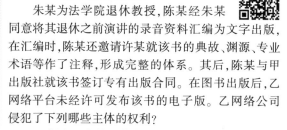

朱某为法学院退休教授，陈某经朱某同意将其退休之前演讲的录音资料汇编为文字出版，在汇编时，陈某还邀请许某就该书的典故、渊源、专业术语等作了注释，形成完整的体系。其后，陈某与甲出版社就该书签订专有出版合同。在图书出版后，乙网络平台未经许可发布该书的电子版。乙网络公司侵犯了下列哪些主体的权利？

A. 侵犯了朱某的著作权
B. 侵犯了陈某的著作权
C. 侵犯了许某的著作权
D. 侵犯了出版社的专有出版权

**471.** [2019 回忆／单]

某杂志社出版的《天下事》是国内知名的时事类期刊，每期内容均精心挑选编排，入选率仅为 10%。甲网站未经许可转载了该期刊每期所有的文章，并且未标明出处和不得转载。后大量网民从甲网站下载了《天下事》里收录的文章。下列哪一项说法是正确的？

A. 甲网站侵犯了杂志社和作者的著作权
B. 甲网站只侵犯了作者的著作权
C. 如果甲网站给作者付费就不侵犯其著作权
D. 如果杂志社收录的文章未经作者同意，则甲网站不侵犯杂志社的著作权

**472.** [2018 回忆／单]

甲创作歌曲《平安之路》，乙在某商业场合对其进行了演唱，丙公司将乙的演唱制成唱片，丁酒店把该唱片买回后在酒店大厅作为背景音乐播放，戊广播电台在电视栏目中进行了播出。下列哪一

项说法是正确的?

    A. 乙演唱该歌曲需要经过甲的同意并支付报酬

    B. 丙公司把乙的演唱制成唱片,不需要经过甲的同意并支付报酬

    C. 丁酒店在酒店大厅将该歌曲作为背景音乐播放,不需要经过甲的同意并支付报酬

    D. 戊广播电台的播放行为需要经过甲的同意并支付报酬

**473.** `2017/3/14/单`

    某电影公司委托王某创作电影剧本,但未约定该剧本著作权的归属,并据此拍摄电影。下列哪一未经该电影公司和王某许可的行为,同时侵犯二者的著作权?

    A. 某音像出版社制作并出版该电影的DVD

    B. 某动漫公司根据该电影的情节和画面绘制一整套漫画,并在网络上传播

    C. 某学生将该电影中的对话用方言配音,产生滑稽效果,并将配音后的电影上传网络

    D. 某电视台在"电影经典对话"专题片中播放30分钟该部电影中带有经典对话的画面

**474.** `2017/3/63/多`

    牛博朗研习书法绘画30年,研究出汉字的独特写法牛氏"润金体"。"润金体"借鉴了"瘦金体",但在布局、线条、勾画、落笔以及比例上自成体系,多出三分圆润,审美价值很高。牛博朗将其成果在网络上发布,并注明"版权所有,未经许可,不得使用"。羊阳洋公司从该网站下载了九个"润金体"字,组成广告词"小绵羊、照太阳、过海洋",为其从国外进口的羔羊肉做广告。关于"润金体"及羊阳洋公司的行为,下列哪些选项是正确的?

    A. 字体不属于著作权保护的范围,故羊阳洋公司不构成侵权

    B. "润金体"具有一定的独创性,可认定为美术作品而受著作权法保护

    C. 羊阳洋公司只是选取了有限的数个汉字,不构成对"润金体"整体著作权的侵犯

    D. 羊阳洋公司未经牛博朗同意,擅自使用"润金体"汉字,构成对牛博朗著作权的侵犯

**475.** `2016/3/62/多`

    著作权人Y认为网络服务提供者Z的服务所涉及的作品侵犯了自己的信息网络传播权,向Z提交书面通知要求其删除侵权作品。对此,下列哪些选项是正确的?

    A. Y的通知书应当包含该作品构成侵权的初步证明材料

    B. Z接到书面通知后,可在合理时间内删除涉嫌侵权作品,同时将通知书转送提供该作品的服务对象

    C. 服务对象接到Z转送的书面通知后,认为提供的作品未侵犯Y的权利的,可以向Z提出书面说明,要求恢复被删除作品

    D. Z收到服务对象的书面说明后应即恢复被删除作品,同时将服务对象的说明转送Y的,则Y不得再通知Z删除该作品

**476.** `2016/3/63/多`

    甲作曲、乙填词,合作创作了歌曲《春风来》。甲拟将该歌曲授权歌星丙演唱,乙坚决反对。甲不顾反对,重新填词并改名为《秋风起》,仍与丙签订许可使用合同,并获报酬10万元。对此,下列哪些选项是正确的?

    A.《春风来》的著作权由甲、乙共同享有

    B. 甲侵害了《春风来》歌曲的整体著作权

    C. 甲、丙签订的许可使用合同有效

    D. 甲获得的10万元报酬应合理分配给乙

**477.** `2015/3/16/单`

    甲、乙合作创作了一部小说,后甲希望出版小说,乙无故拒绝。甲把小说上传至自己博客并保留了乙的署名。丙未经甲、乙许可,在自己博客中设置链接,用户点击链接可进入甲的博客阅读小说。丁未经甲、乙许可,在自己博客中转载了小说。戊出版社只经过甲的许可就出版了小说。下列哪一选项是正确的?

    A. 甲侵害了乙的发表权和信息网络传播权

    B. 丙侵害了甲、乙的信息网络传播权

    C. 丁向甲、乙寄送了高额报酬,但其行为仍然构成侵权

    D. 戊出版社侵害了乙的复制权和发行权

**478.** `2015/3/17/单`

    甲、乙、丙、丁相约勤工俭学。下列未经著作权人同意使用他人受保护作品的哪一行为没有侵犯著作权?

    A. 甲临摹知名绘画作品后廉价出售给路人

    B. 乙收购一批旧书后廉价出租给同学

    C. 丙购买一批正版录音制品后廉价出租给同学

    D. 丁购买正版音乐CD后在自己开设的小餐馆播放

**479.** `2015/3/62/多`

    应出版社约稿,崔雪创作完成一部儿童题材小说《森林之歌》。为吸引儿童阅读,增添小说离奇色彩,作者使用笔名"吹雪",特意将小说中的狗熊写成三只腿的动物。出版社编辑在核稿和编辑过程中,认为作者有笔误,直接将"吹雪"改为"崔雪"、

将狗熊改写成四只腿的动物。出版社将《森林之歌》批发给书店销售。下列哪些说法是正确的?

A. 出版社侵犯了作者的修改权
B. 出版社侵犯了作者的保护作品完整权
C. 出版社侵犯了作者的署名权
D. 书店侵犯了作者的发行权

**480.** 2014/3/17/单

甲展览馆委托雕塑家叶某创作了一座巨型雕塑,将其放置在公园入口,委托创作合同中未约定版权归属。下列行为中,哪一项不属于侵犯著作权的行为?

A. 甲展览馆许可乙博物馆异地重建完全相同的雕塑
B. 甲展览馆仿照雕塑制作小型纪念品向游客出售
C. 个体户冯某仿照雕塑制作小型纪念品向游客出售
D. 游客陈某未经著作权人同意对雕塑拍照纪念

**481.** 2014/3/18/单

甲电视台经过主办方的专有授权,对篮球俱乐部联赛进行了现场直播,包括在比赛休息时舞蹈演员跳舞助兴的场面。乙电视台未经许可截取电视信号进行同步转播。关于乙电视台的行为,下列哪一表述是正确的?

A. 侵犯了主办方对篮球比赛的著作权
B. 侵犯了篮球运动员的表演者权
C. 侵犯了舞蹈演员的表演者权
D. 侵犯了主办方的广播组织权

**482.** 2014/3/62/多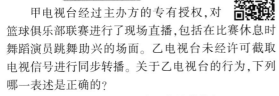

甲创作了一首歌曲《红苹果》,乙唱片公司与甲签订了专有许可合同,在聘请歌星丙演唱了这首歌曲后,制作成录音制品(CD)出版发行。下列哪些行为属于侵权行为?

A. 某公司未经许可翻录该CD后销售,向甲、乙、丙寄送了报酬
B. 某公司未经许可自聘歌手在录音棚中演唱了《红苹果》并制作成DVD销售,向甲寄送了报酬
C. 某商场购买CD后在营业时间作为背景音乐播放,经过甲许可并向其支付了报酬
D. 某电影公司将CD中的声音作为电影的插曲使用,只经过了甲许可

**483.** 2013/3/17/单

甲的画作《梦》于1960年发表。1961年3月4日甲去世。甲的唯一继承人乙于2009年10月发现丙网站长期传播作品《梦》,且未署甲名。2012年9月1日,乙向法院起诉。下列哪一表述是正确的?

A. 《梦》的创作和发表均产生于我国《著作权法》生效之前,不受该法保护
B. 乙的起诉已超过诉讼时效,其胜诉权不受保护
C. 乙无权要求丙网站停止实施侵害甲署名权的行为
D. 乙无权要求丙网站停止实施侵害甲对该作品的信息网络传播权的行为

**484.** 2013/3/62/多

王琪琪在某网站中注册了昵称为"小玉儿"的博客账户,长期以"小玉儿"名义发博文。其中,署名"小玉儿"的《法内情》短文被该网站以写作水平不高为由删除;署名"小玉儿"的《法外情》短文被该网站添加了"作者:王琪琪"字样。关于该网站的行为,下列哪些表述是正确的?

A. 删除《法内情》的行为没有侵犯王琪琪的发表权
B. 删除《法内情》的行为没有侵犯王琪琪的信息网络传播权
C. 添加字样的行为侵犯了王琪琪的署名权
D. 添加字样的行为侵犯了王琪琪的保护作品完整权

**485.** 2013/3/63/多

甲公司委托乙公司开发印刷排版系统软件,付费20万元,没有明确约定著作权的归属。后甲公司以高价向善意的丙公司出售了该软件的复制品。丙公司安装使用5年后,乙公司诉求丙公司停止使用并销毁该软件。下列哪些表述是正确的?

A. 该软件的著作权属于甲公司
B. 乙公司的起诉已超过诉讼时效
C. 丙公司可不承担赔偿责任
D. 丙公司应停止使用并销毁该软件

**486.** 2012/3/17/单

某出版社出版了一本学术论文集,专门收集国内学者公开发表的关于如何认定和处理侵犯知识产权行为的有关论文或论文摘要。该论文集收录的论文受我国著作权法保护,其内容选择和编排具有独创性。下列哪一说法是正确的?

A. 被选编入论文集的论文已经发表,故出版社不需征得论文著作权人的同意
B. 该论文集属于学术著作,具有公益性,故出版社不需向论文著作权人支付报酬
C. 他人复制该论文集只需征得出版社同意并支付报酬
D. 如出版社未经论文著作权人同意而将有关论

文收录,出版社对该论文集仍享有著作权

**487.** 2012/3/62/多

王某创作歌曲《唱来唱去》,张某经王某许可后演唱该歌曲并由花园公司合法制作成录音制品后发行。下列哪些未经权利人许可的行为属于侵权行为?

A. 甲航空公司购买该正版录音制品后在飞机上播放供乘客欣赏

B. 乙公司购买该正版录音制品后进行出租

C. 丙学生购买正版的录音制品后用于个人欣赏

D. 丁学生购买正版录音制品试听后将其上传到网络上传播

**488.** 2012/3/63/多

居住在 A 国的我国公民甲创作一部英文小说,乙经许可将该小说翻译成中文小说,丙经许可将该翻译的中文小说改编成电影文学剧本,并向丁杂志社投稿。下列哪些说法是错误的?

A. 甲的小说必须在我国或 A 国发表才能受我国著作权法保护

B. 乙翻译的小说和丙改编的电影文学剧本均属于演绎作品

C. 丙只需征得乙的同意并向其支付报酬

D. 丁杂志社如要使用丙的作品还应当分别征得甲、乙的同意,但只需向丙支付报酬

**489.** 2011/3/16/单

某诗人署名"漫动的音符",在甲网站发表题为"天堂向左"的诗作,乙出版社的《现代诗集》收录该诗,丙教材编写单位将该诗作为范文编入《语文》教材,丁文学网站转载了该诗。下列哪一说法是正确的?

A. 该诗人在甲网站署名方式不合法

B. "天堂向左"在《现代诗集》中被正式发表

C. 丙可以不经该诗人同意使用"天堂向左",但应当按照规定支付报酬

D. 丁网站未经该诗人和甲网站同意而转载,构成侵权行为

**490.** 2011/3/61/多

我国《著作权法》不适用于下列哪些选项?

A. 法院判决书

B. 《与贸易有关的知识产权协定》的官方中文译文

C. 《伯尔尼公约》成员国国民的未发表且未经我国有关部门审批的境外影视作品

D. 奥运会开幕式火炬点燃仪式的创意

**491.** 2011/3/62/多

甲电视台模仿某境外电视节目创作并录制了一档新娱乐节目,尚未播放。乙闭路电视台贿赂甲电视台工作人员贺某复制了该节目,并将获得的复制品抢先播放。下列哪些说法是正确的?

A. 乙电视台侵犯了甲电视台的播放权

B. 乙电视台侵犯了甲电视台的复制权

C. 贺某应当与乙电视台承担连带责任

D. 贺某应承担补充责任

**492.** 2010/3/15/单

甲无国籍,经常居住地为乙国,甲创作的小说《黑客》在丙国首次出版。我国公民丁在丙国购买了该小说,未经甲同意将其翻译并在我国境内某网站传播。《黑客》要受我国著作权法保护,应当具备下列哪一条件?

A. 《黑客》不应当属于我国禁止出版或传播的作品

B. 甲对丁翻译《黑客》并在我国境内网站传播的行为予以追认

C. 乙和丙国均加入了《保护文学艺术作品伯尔尼公约》

D. 乙或丙国加入了《保护文学艺术作品伯尔尼公约》

**493.** 2010/3/16/单

甲、乙合作完成一部剧本,丙影视公司欲将该剧本拍摄成电视剧。甲以丙公司没有名气为由拒绝,乙独自与丙公司签订合同,以十万元价格将该剧本摄制权许可给丙公司。对此,下列哪一说法是错误的?

A. 该剧本版权由甲、乙共同享有

B. 该剧本版权中的人身权不可转让

C. 乙与丙公司签订的许可合同无效

D. 乙获得的十万元报酬应当合理分配给甲

**494.** 2010/3/63/多

甲影视公司将其摄制的电影《愿者上钩》的信息网络传播权转让给乙网站,乙网站采取技术措施防范未经许可免费播放或下载该影片。丙网站开发出专门规避乙网站技术防范软件,供网民在丙网站免费下载使用,学生丁利用该软件免费下载了《愿者上钩》供个人观看。对此,下列哪些说法是正确的?

A. 丙网站的行为侵犯了著作权

B. 丁的行为侵犯了著作权

C. 甲公司已经丧失著作权人主体资格

D. 乙网站可不经甲公司同意以自己名义起诉侵权行为人

**495.** 2009/3/14/单

小刘从小就显示出很高的文学天赋，九岁时写了小说《隐形翅膀》，并将该小说的网络传播权转让给某网站。小刘的父母反对该转让行为。下列哪一说法是正确的？

    A. 小刘父母享有该小说的著作权，因为小刘是无民事行为能力人

    B. 小刘及其父母均不享有著作权，因为该小说未发表

    C. 小刘对该小说享有著作权，但网络传播权转让合同无效

    D. 小刘对该小说享有著作权，网络传播权转让合同有效

**496.** 2009/3/15/单

甲创作的一篇杂文，发表后引起较大轰动。该杂文被多家报刊、网站无偿转载。乙将该杂文译成法文，丙将之译成维文，均在国内出版，未征得甲的同意，也未支付报酬。下列哪一观点是正确的？

    A. 报刊和网站转载该杂文的行为不构成侵权

    B. 乙和丙的行为均不构成侵权

    C. 乙的行为不构成侵权，丙的行为构成侵权

    D. 乙的行为构成侵权，丙的行为不构成侵权

**497.** 2009/3/18/单

甲创作并出版的经典童话《大灰狼》超过著作财产权保护期后，乙将"大灰狼"文字及图形申请注册在"书籍"等商品类别上并获准注册。丙出版社随后未经甲和乙同意出版了甲的《大灰狼》童话，并使用了"大灰狼"文字及图形，但署名为另一著名歌星丁，丁对此并不知情。关于丙出版社的行为，下列哪一说法是错误的？

    A. 侵犯了甲的复制权

    B. 侵犯了甲的署名权

    C. 侵犯了丁的姓名权

    D. 侵犯了乙的商标权

**498.** 2009/3/63/多

叶某创作《星光灿烂》词曲并发表于音乐杂志，郝某在个人举办的赈灾义演中演唱该歌曲，南极熊唱片公司录制并发行郝某的演唱会唱片，星星电台购买该唱片并播放了该歌曲。下列哪些说法是正确的？

    A. 郝某演唱《星光灿烂》应征得叶某同意并支付报酬

    B. 南极熊唱片公司录制该歌曲应征得郝某同意并支付报酬

    C. 星星电台播放该歌曲应征得郝某同意

    D. 星星电台播放该歌曲应征得南极熊唱片公司同意

**499.** 2009/3/64/多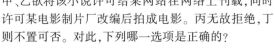

下列哪些出租行为构成对知识产权的侵犯？

    A. 甲购买正版畅销图书用于出租

    B. 乙购买正版杀毒软件用于出租

    C. 丙购买正版唱片用于出租

    D. 丁购买正宗专利产品用于出租

**500.** 2008/3/19/单 新法改编

甲、乙、丙、丁四人合作创作一部小说，甲、乙欲将该小说许可给某网站在网络上刊载，同时许可某电影制片厂改编后拍成电影。丙无故拒绝，丁则不置可否。对此，下列哪一选项是正确的？

    A. 如果丙坚持反对，甲、乙不能将作品许可他人使用

    B. 甲、乙有权不顾丙的反对，将作品许可他人使用

    C. 如果丁同意，则甲、乙可以不顾丙的反对将作品许可他人使用

    D. 如果丁也表示反对，则甲、乙不能将作品许可他人使用

**501.** 2008/3/20/单

李某于2006年8月4日创作完成小说《别来烦我》，2007年3月5日发表于某文学刊物后被张某改编成剧本，甲公司根据该剧本拍成同名电视剧，乙电视台将该电视剧进行播放。对此，下列哪一选项是错误的？

    A. 李某从2007年3月5日起对小说享有著作权

    B. 张某对剧本享有著作权

    C. 甲公司将该剧本拍成电视剧应当取得李某和张某的许可并支付报酬

    D. 乙电视台播放该电视剧应当取得甲公司许可并支付报酬

**502.** 2008/3/21/单

甲从书画市场上购得乙的摄影作品《鸟巢》，与其他摄影作品一起用于营利性展览。丙偷偷将《鸟巢》翻拍后以自己的名义刊登在某杂志上，丁经丙同意将刊登在该杂志上的《鸟巢》又制作成挂历销售。对此，下列哪一选项是正确的？

    A. 甲无权将《鸟巢》进行营利性展览

    B. 丙的行为构成剽窃

    C. 丙的行为侵犯了乙的发表权

    D. 丁应停止销售，但因无过错免于承担赔偿责任

**503.** 2008/3/65/多

甲电视台获得了某歌星演唱会的现场直播权,乙电视台未经许可对甲电视台直播的演唱会实况进行转播,丙广播电台经过许可将现场演唱制作成CD,丁音像店从正规渠道购买到CD用于出租,戊未经许可将丙广播电台播放的演唱会录音录下后上传到网站上传播。下列哪些选项是正确的?

A. 甲电视台有权禁止乙电视台的转播

B. 乙电视台侵犯了该歌星的表演者权

C. 丁音像店应取得该歌星或丙广播电台的许可并向其支付报酬

D. 戊的行为应取得丙广播电台的许可并应向其支付报酬

# 专题三十八　专利权

### 考点85 专利法

**504.** 2023 回忆/多

陈某申请了某个发明专利,2019年1月授权给甲公司使用5年,约定每年年底收取10万元专利使用费。2021年12月,乙公司未经授权使用该专利,被法院判决赔偿陈某20万元。2022年1月,专利局宣告该发明专利无效。甲公司得知后,便不再缴纳专利使用费,但仍继续使用。乙公司未得知该消息,向陈某赔偿了20万元。陈某对专利局的宣告不服,申请复审后又向法院提起诉讼。2023年5月,法院终审判决维持宣告该专利无效的决定。对此,下列哪些说法是正确的?

A. 甲公司应向陈某支付2022年及2023年的专利使用费

B. 甲公司有权请求陈某返还已经支付的专利使用费

C. 乙公司有权请求陈某返还20万元

D. 陈某可以不经复审,直接向法院提起诉讼

**505.** 2022 回忆/任

甲申请了一项实用新型专利,并向国务院专利行政部门提交了书面声明,表明其愿意许可任何单位或个人实施其专利,并公布了许可使用费的支付方式和标准。乙看到后想要使用该专利。对此,下列说法正确的是:

A. 甲、乙之间签订专利许可合同后,乙才能取得许可

B. 甲可以和乙协商后给予乙普通许可

C. 乙使用该专利2年以后,若甲撤回开放许可声明,则乙可要求甲返还使用费

D. 甲、乙产生纠纷后,应当先经国务院专利机构调解,然后才能起诉

**506.** 2022 回忆/多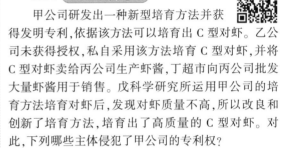

甲、乙两家公司因偶然原因同时研制同一款电饭煲。研发成功后,甲公司于3月15日在我国政府举办的某展览会上予以公开。同日,乙公司在我国政府承认的世界博览会上公开同款电饭煲。次年4月9日,甲公司就该款电饭煲申请实用新型专利,乙公司于次日就同款电饭煲申请实用新型专利。对此,下列哪些说法是正确的?

A. 因甲公司申请在先,甲公司获得该专利

B. 甲公司因为此前的公开行为无法获得该专利

C. 乙公司因为此前的公开行为无法获得该专利

D. 专利局应当通知甲、乙两公司协商确定申请人

**507.** 2021 回忆/多

甲公司研发出一种新型培育方法并获得发明专利,依据该方法可以培育出C型对虾。乙公司未获得授权,私自采用该方法培育C型对虾,并将C型对虾卖给丙公司生产虾酱,丁超市向丙公司批发大量虾酱用于销售。戊科学研究所运用甲公司的培育方法培育对虾后,发现对虾质量不高,所以改良和创新了培育方法,培育出了高质量的C型对虾。对此,下列哪些主体侵犯了甲公司的专利权?

A. 乙公司

B. 丙公司

C. 丁超市

D. 戊科学研究所

**508.** 2019 回忆/多

冯某绘制了具有新颖性的熊猫图案,德乐公司未经冯某许可将该熊猫图案印在垃圾桶上,并申请取得了外观设计专利。伯恩公司未经许可制造了一批相同的垃圾桶。喜登公司对此不知情,从伯恩公司购买垃圾桶若干用于旗下的餐厅。下列哪些说法是正确的?

A. 德乐公司侵犯了冯某的著作权,冯某有权申请德乐公司的专利无效

B. 如果伯恩公司对德乐公司取得专利权不知情,则不承担赔偿责任

C. 喜登公司没有侵犯德乐公司专利权,可以不停止使用且不支付费用

D. 喜登公司侵犯了德乐公司的专利权,应停止使用但不需不支付费用

**509.** 2018 回忆/单

甲公司发明了一款车载空调并获得了专利,随后乙公司自己研发出了相同的技术生产了车载空调,并向丙公司批销了一批该空调,丁汽车公司从丙公司购买一批该车载空调安装于其生产的汽车

上,戊从丁公司购买一辆汽车开展运输业务。关于甲公司获得专利、乙公司的研发销售等行为,丙、丁、戊均不知情。下列哪一项说法是正确的?

    A. 乙公司自己研发的技术并实施,没有侵犯甲公司的专利权

    B. 丙公司不知情且有合法的购货来源,所以没有侵犯甲公司的专利权

    C. 丁公司应当承担赔偿责任

    D. 戊公司可以不停止使用

**510.** `2017/3/15/单`

关于下列成果可否获得专利权的判断,哪一选项是正确的?

    A. 甲设计的新交通规则,能缓解道路拥堵,可获得方法发明专利权

    B. 乙设计的新型医用心脏起搏器,能迅速使心脏重新跳动,该起搏器不能被授予专利权

    C. 丙通过转基因方法合成一种新细菌,可过滤汽油的杂质,该细菌属动物新品种,不能被授予专利权

    D. 丁设计的儿童水杯,其新颖而独特的造型既富美感,又能防止杯子滑落,该水杯既可申请实用新型专利权,也可申请外观设计专利权

**511.** `2017/3/64/多`

甲、乙两公司各自独立发明了相同的节水型洗衣机。甲公司于 2013 年 6 月申请发明专利权,专利局于 2014 年 12 月公布其申请文件,并于 2015 年 12 月授予发明专利权。乙公司于 2013 年 5 月开始销售该种洗衣机。另查,本领域技术人员通过拆解分析该洗衣机,即可了解其节水的全部技术特征。丙公司于 2014 年 12 月看到甲公司的申请文件后,立即开始制造并销售相同的洗衣机。2016 年 1 月,甲公司起诉乙、丙两公司侵犯其发明专利权。关于甲公司的诉请,下列哪些说法是正确的?

    A. 如甲公司的专利有效,则丙公司于 2014 年 12 月至 2015 年 11 月使用甲公司的发明构成侵权

    B. 如乙公司在答辩期内请求专利复审委员会宣告甲公司的专利权无效,则法院应中止诉讼

    C. 乙公司如能证明自己在甲公司的专利申请日之前就已制造相同的洗衣机、且仅在原有制造能力范围内继续制造,则不构成侵权

    D. 丙公司如能证明自己制造销售的洗衣机在技术上与乙公司于 2013 年 5 月开始销售的洗衣机完全相同,法院应认定丙公司的行为不侵权

**512.** `2016/3/14/单`

甲公司与乙公司签订买卖合同,以市场价格购买乙公司生产的设备一台,双方交付完毕。设备投入使用后,丙公司向法院起诉甲公司,提出该设备属于丙公司的专利产品,乙公司未经许可制造并销售了该设备,请求法院判令甲公司停止使用。经查,乙公司侵权属实,但甲公司并不知情。关于此案,法院下列哪一做法是正确的?

    A. 驳回丙公司的诉讼请求

    B. 判令甲公司支付专利许可使用费

    C. 判令甲公司与乙公司承担连带责任

    D. 判令先由甲公司支付专利许可使用费,再由乙公司赔偿甲损失

**513.** `2016/3/15/单`

奔马公司就其生产的一款高档轿车造型和颜色组合获得了外观设计专利权,又将其设计的"飞天神马"造型注册为汽车的立体商标,并将该造型安装在车头。某车行应车主陶某请求,将陶某低价位的旧车改装成该高档轿车的造型和颜色,并从报废的轿车上拆下"飞天神马"标志安装在改装车上。陶某使用该改装车提供专车服务,收费高于普通轿车。关于上述行为,下列哪一说法是错误的?

    A. 陶某的行为侵犯了奔马公司的专利权

    B. 车行的行为侵犯了奔马公司的专利权

    C. 陶某的行为侵犯了奔马公司的商标权

    D. 车行的行为侵犯了奔马公司的商标权

**514.** `2016/3/16/单`

W 研究所设计了一种高性能发动机,在我国和《巴黎公约》成员国 L 国均获得了发明专利权,并分别给予甲公司在我国、乙公司在 L 国的独占实施许可。下列哪一行为在我国构成对该专利的侵权?

    A. 在 L 国购买由乙公司制造销售的该发动机,进口至我国销售

    B. 在我国购买由甲公司制造销售的该发动机,将发动机改进性能后销售

    C. 在我国未经甲公司许可制造该发动机,用于各种新型汽车的碰撞实验,以测试车身的防撞性能

    D. 在 L 国未经乙公司许可制造该发动机,安装在 L 国客运公司汽车上,该客车曾临时通过我国境内

**515.** `2015/3/18/单`

2010 年 3 月,甲公司将其研发的一种汽车零部件向国家有关部门申请发明专利。该专利申请于 2011 年 9 月公布,2013 年 7 月 3 日获得专利权并公告。2011 年 2 月,乙公司独立研发出相同零部件后,立即组织生产并于次月起持续销售给丙公司用

于组装汽车。2012年10月，甲公司发现乙公司的销售行为。2015年6月，甲公司向法院起诉。下列哪一选项是正确的？

A. 甲公司可要求乙公司对其在2013年7月3日以前实施的行为支付赔偿费用

B. 甲公司要求乙公司支付适当费用的诉讼时效已过

C. 乙公司侵犯了甲公司的专利权

D. 丙公司没有侵犯甲公司的专利权

**516.** 2015/3/63/多

甲公司获得一项智能手机显示屏的发明专利权后，将该技术以在中国大陆独占许可方式许可给乙公司实施。乙公司付完专利使用费并在销售含有该专利技术的手机过程中，发现丙公司正在当地电视台做广告宣传具有相同专利技术的手机，便立即通知甲公司起诉丙公司。法院受理该侵权纠纷后，丙公司在答辩期内请求宣告专利无效。下列哪些说法是错误的？

A. 乙公司获得的专利使用权是债权，在不通知甲公司的情况下不能直接起诉丙公司

B. 专利无效宣告前，丙公司侵犯了专利实施权中的销售权

C. 如专利无效，则专利实施许可合同无效，甲公司应返还专利使用费

D. 法院应中止专利侵权案件的审理

**517.** 2014/3/16/单

甲研究院研制出一种新药技术，向我国有关部门申请专利后，与乙制药公司签订了专利申请权转让合同，并依法向国务院专利行政主管部门办理了登记手续。下列哪一表述是正确的？

A. 乙公司依法获得药品生产许可证之前，专利申请权转让合同未生效

B. 专利申请权的转让合同自向国务院专利行政主管部门登记之日起生效

C. 专利申请权的转让自向国务院专利行政主管部门登记之日起生效

D. 如该专利申请因缺乏新颖性被驳回，乙公司可以不能实现合同目的为由请求解除专利申请权转让合同

**518.** 2014/3/63/多

中国甲公司的一项发明在中国和A国均获得了专利权。中国的乙公司与甲公司签订了中国地域内的专利独占实施合同。A国的丙公司与甲公司签订了在A国地域内的专利普通实施合同并制造专利产品，A国的丁公司与乙公司签订了在A国地域内的专利普通实施合同并制造专利产品。中国的

戊公司、庚公司分别从丙公司和丁公司进口这些产品到中国使用。下列哪些说法是正确的？

A. 甲公司应向乙公司承担违约责任

B. 乙公司应向甲公司承担违约责任

C. 戊公司的行为侵犯了乙公司的专利独占实施权

D. 庚公司的行为侵犯了甲公司的专利权

**519.** 2013/3/18/单

甲公司开发了一种汽车节能环保技术，并依法获得了实用新型专利证书。乙公司拟与甲公司签订独占实施许可合同引进该技术，但在与甲公司协商谈判过程中，发现该技术在专利申请日前已经属于现有技术。乙公司的下列哪一做法不合法？

A. 在该专利技术基础上继续开发新技术

B. 诉请法院判决该专利无效

C. 请求专利复审委员会宣告该专利无效

D. 无偿使用该技术

**520.** 2013/3/64/多

范某的下列有关骨科病预防与治疗方面研究成果中，哪些可在我国申请专利？

A. 发现了导致骨癌的特殊遗传基因

B. 发明了一套帮助骨折病人尽快康复的理疗器械

C. 发明了如何精确诊断股骨头坏死的方法

D. 发明了一种高效治疗软骨病的中药制品

**521.** 2012/3/18/单

下列哪一选项不属于侵犯专利权的行为？

A. 甲公司与专利权人签订独占实施许可合同后，许可其子公司乙公司实施该专利技术

B. 获得强制许可实施权的甲公司许可他人实施该专利技术

C. 甲公司销售不知道是侵犯他人专利的产品并能证明该产品来源合法

D. 为提供行政审批所需的信息，甲公司未经专利权人的同意而制造其专利药品

**522.** 2012/3/64/多

工程师王某在甲公司的职责是研发电脑鼠标。下列哪些说法是错误的？

A. 王某利用业余时间研发的新鼠标的专利申请权属于甲公司

B. 如王某没有利用甲公司物质技术条件研发出新鼠标，其专利申请权属于王某

C. 王某主要利用了单位物质技术条件研发出新型手机，其专利申请权属于王某

D. 如王某辞职后到乙公司研发出新鼠标，其专

利申请权均属于乙公司

**523.** 2011/3/17/单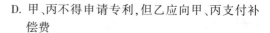

甲公司开发出一项发动机关键部件的技术,大大减少了汽车尾气排放。乙公司与甲公司签订书面合同受让该技术的专利申请权后不久,将该技术方案向国家知识产权局同时申请了发明专利和实用新型专利。下列哪一说法是正确的?

  A. 因该技术转让合同未生效,乙公司无权申请专利

  B. 因尚未依据该技术方案制造出产品,乙公司无权申请专利

  C. 乙公司获得专利申请权后,无权就同一技术方案同时申请发明专利和实用新型专利

  D. 乙公司无权就该技术方案获得发明专利和实用新型专利

**524.** 2011/3/63/多

甲公司获得一项用于自行车雨伞装置的实用新型专利,发现乙公司生产的自行车使用了该技术,遂向法院起诉,要求乙公司停止侵害并赔偿损失10万元。甲公司的下列哪些做法是正确的?

  A. 向乙公司所在地的基层法院起诉

  B. 起诉时未向受理法院提交国家知识产权局出具的该专利书面评价报告

  C. 将仅在说明书中表述而未在权利要求中记载的技术方案纳入专利权的保护范围

  D. 举证期届满后法庭辩论终结前变更其主张的权利要求

**525.** 2010/3/18/多

甲是某产品的专利权人,乙于2008年3月1日开始制造和销售该专利产品。甲于2009年3月1日对乙提起侵权之诉。经查,甲和乙销售每件专利产品分别获利为二万元和一万元,甲因乙的侵权行为少销售100台,乙共销售侵权产品300台。关于乙应对甲赔偿的额度,下列哪些选项是正确的?①

  A. 200万元      B. 250万元

  C. 300万元      D. 500万元

**526.** 2010/3/62/多

甲乙丙三人合作开发一项技术,合同中未约定权利归属。该项技术开发完成后,甲、丙想要申请专利,而乙主张通过商业秘密来保护。对此,下列哪些选项是错误的?

  A. 甲、丙不得申请专利

  B. 甲、丙可申请专利,申请批准后专利权归甲、乙、丙共有

  C. 甲、丙可申请专利,申请批准后专利权归甲、丙所有,乙有免费实施的权利

  D. 甲、丙不得申请专利,但乙应向甲、丙支付补偿费

**527.** 2010/3/65/多

甲公司聘请乙专职从事汽车发动机节油技术开发。因开发进度没有达到甲公司的要求,甲公司减少了给乙的开发经费。乙于2007年3月辞职到丙公司,获得了更高的薪酬和更多的开发经费。2008年1月,乙成功开发了一种新型汽车节油装置技术。关于该技术专利申请权的归属,下列哪些选项是错误的?

  A. 甲公司

  B. 乙

  C. 丙公司

  D. 甲公司和丙公司共有

**528.** 2009/3/16/单

下列哪一行为构成对知识产权的侵犯?

  A. 刘某明知是盗版书籍而购买并阅读

  B. 李某明知是盗版软件而购买并安装使用

  C. 五湖公司明知是假冒注册商标的商品而购买并经营性使用

  D. 四海公司明知是侵犯外观设计专利权的商品而购买并经营性使用

**529.** 2009/3/17/多

黑土公司获得一种新型药品制造方法的发明专利权后,发现市场上有大量白云公司制造的该种新型药品出售,遂向法院起诉要求白云公司停止侵权并赔偿损失。依据新修改《专利法》规定,下列哪些说法是错误的?②

  A. 所有基层法院均无该案管辖权

  B. 黑土公司不应当承担被告的药品制造方法与专利方法相同的证明责任

  C. 白云公司如能证明自己实施的技术属于现有技术,法院应告知白云公司另行提起专利无效宣告程序

  D. 如侵犯专利权成立,即使没有证据确定损害赔偿数额,黑土公司仍可获得1万元以上100万元以下的赔偿额

**530.** 2009/3/62/多

甲公司非法窃取竞争对手乙公司最新开发的一项技术秘密成果,与丙公司签订转让合同,约定丙公司向甲公司支付一笔转让费后拥有并使用

---

① 原为单选题,根据新法答案有变化,调整为多选题。

② 原为单选题,根据新法答案有变化,调整为多选题。

该技术秘密。乙公司得知后,主张甲丙间的合同无效,并要求赔偿损失。下列哪些说法是正确的?

　A. 如丙公司不知道或不应当知道甲公司窃取技术秘密的事实,则甲丙间的合同有效

　B. 如丙公司为善意,有权继续使用该技术秘密,乙公司不得要求丙公司支付费用,只能要求甲公司承担责任

　C. 如丙公司明知甲公司窃取技术秘密的事实仍与其订立合同,不得继续使用该技术秘密,并应当与甲公司承担连带赔偿责任

　D. 不论丙公司取得该技术秘密权时是否为善意,该技术转让合同均无效

**531.** 2008/3/23/单

美国某公司于 2004 年 12 月 1 日在美国就某口服药品提出专利申请并被受理,2005 年 5 月 9 日就同一药品向中国专利局提出专利申请,要求享有优先权并及时提交了相关证明文件。中国专利局于 2008 年 4 月 1 日授予其专利。关于该中国专利,下列哪一选项是正确的?

　A. 保护期从 2004 年 12 月 1 日起计算

　B. 保护期从 2005 年 5 月 9 日起计算

　C. 保护期从 2008 年 4 月 1 日起计算

　D. 该专利的保护期是 10 年

**532.** 2008/3/24/单

甲公司拥有一项汽车仪表盘的发明专利,其权利要求记载的必要技术特征可以分解为 a+b+c+d 共四项。乙公司制造四种仪表盘,其必要技术特征可以作四种分解,甲公司与乙公司的必要技术特征所代表的字母相同,表明其相应的必要技术特征相同或等同。乙公司的哪项技术侵犯了甲公司的专利?

　A. b+c+d　　　　　　B. a+b+c

　C. a+b+d+e　　　　　D. a+b+c+d+e

# 专题三十九　商标权

考点86 商标法

**533.** 2023 回忆/单

2019 年 6 月,甲注册了一个巧克力形状的商标,注册后一直未使用。2022 年 12 月,乙以相同的巧克力形状申请注册外观设计专利并获得授权。丙未经甲与乙的同意就生产了此种形状的巧克力。对此,下列哪一说法是正确的?

　A. 甲 3 年未使用该商标,乙的行为不构成侵权

　B. 丙有权以该巧克力设计属于现有设计作为抗辩理由对抗乙

　C. 丙对甲构成侵权,但有权以甲 3 年未使用该商标作为拒绝赔偿的抗辩理由

　D. 甲无正当理由 3 年未使用该商标,无权提起侵权之诉

**534.** 2022 回忆/多

"佳嘉"咖啡店经营状况良好,在各地开设多家分店,并曾在某一侵权之诉中被法院认定为驰名商标,但没有将"佳嘉"商标注册。该店员工吴某离职后开了一家餐饮店,名为"佳嘉",并且使用该商标制作了工作服。后"佳嘉"咖啡店有意开设餐饮店,发现该商标已被吴某使用并注册。关于"佳嘉"咖啡店的权利,下列哪些说法是正确的?

　A. 有权申请商标评审委员会宣告吴某使用的"佳嘉"商标无效

　B. 无权请求吴某承担损害赔偿责任

　C. 有权将"佳嘉"注册为驰名商标

　D. 有权在其售卖的咖啡上标注驰名商标

**535.** 2022 回忆/多

甲公司申请注册了"云裳"商标用于其加工的蛋糕的包装。后甲公司委托乙公司代为生产蛋糕 1 万盒。乙公司隐瞒甲公司多生产了 1 万盒,卖给了知情的丙,丙又转卖给知情的丁。不知情的戊超市向丁购买该批蛋糕并售卖。对此,下列哪些主体侵犯了甲公司的商标权?

　A. 乙公司　　　　　　B. 丙

　C. 丁　　　　　　　　D. 戊超市

**536.** 2021 回忆/多

金丰大学是一所著名农业大学,其"金丰"二字为公众所熟知,该大学注册了"金丰"商标用于农产品,但注册后一直没有使用。该校毕业生陈琳注册成立了一家公司,名为金丰蔬果有限责任公司,主营蔬菜、水果的种植和销售。后陈琳的妹妹陈晓梅申请"金丰"商标用于办公用品,其申请注册的主要目的是转卖获利。对此,下列哪些说法是正确的?

　A. 陈晓梅侵犯了金丰大学的"金丰"商标权

　B. 陈琳侵犯了金丰大学的"金丰"商标权

　C. 金丰大学可向商标局请求确认"金丰"为驰名商标

　D. 商标局应驳回陈晓梅的注册申请

**537.** 2020 回忆/多

2017 年,甲公司在其生产的箱包和皮带上分别使用了白鸽商标和橄榄枝商标,二者都没有注册但均有一定影响力。其供应商乙公司发现商标没有注册,遂于 2020 年将白鸽商标注册在自己生产的行李箱商品上。丁公司注册了大量商标但均未实际使用,其中包括在皮带上注册的橄榄枝商标。对此,下列哪些说法是正确的?

　A. 若丁公司起诉甲公司承担责任,甲公司可

以丁公司注册商标 3 年未使用为由抗辩

    B. 若甲公司宣告丁公司的注册商标无效,应当在 5 年内提出

    C. 若乙公司起诉甲公司商标侵权,甲公司可以在先使用为由抗辩

    D. 甲公司可以在 5 年内申请宣告乙公司的注册商标无效

**538．** 2019 回忆/单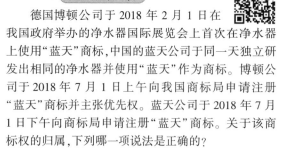

德国博顿公司于 2018 年 2 月 1 日在我国政府举办的净水器国际展览会上首次在净水器上使用"蓝天"商标,中国的蓝天公司于同一天独立研发出相同的净水器并使用"蓝天"作为商标。博顿公司于 2018 年 7 月 1 日上午向我国商标局申请注册"蓝天"商标并主张优先权。蓝天公司于 2018 年 7 月 1 日下午向商标局申请注册"蓝天"商标。关于该商标权的归属,下列哪一项说法是正确的?

    A. 博顿公司应获得"蓝天"商标,因为其享有优先权

    B. 博顿公司应获得"蓝天"商标,因为其申请在先

    C. 蓝天公司应获得"蓝天"商标,因为其使用在先

    D. 应由博顿公司和蓝天公司协商,协商不成的,抽签决定

**539．** 2017/3/16/单

韦某开设了"韦老四"煎饼店,在当地颇有名气。经营汽车配件的个体户肖某从外地路过,吃过后赞不绝口。当发现韦某尚未注册商标时,肖某就餐饮服务注册了"韦老四"商标。关于上述行为,下列哪一说法是正确的?

    A. 韦某在外地开设新店时,可以使用"韦老四"标识

    B. 如肖某注册"韦老四"商标后立即起诉韦某侵权,韦某并不需要承担赔偿责任

    C. 肖某的商标注册恶意侵犯韦某的在先权利,韦某可随时请求宣告该注册商标无效

    D. 肖某注册商标核定使用的服务类别超出了肖某的经营范围,韦某可以此为由请求宣告该注册商标无效

**540．** 2016/3/17/单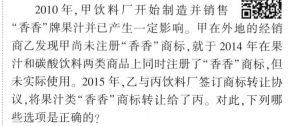

营盘市某商标代理机构,发现本市甲公司长期制造销售"实耐"牌汽车轮胎,但一直未注册商标,该机构建议甲公司进行商标注册,甲公司负责人鄢某未置可否。后鄢某辞职新创立了乙公司,鄢某委托该商标代理机构为乙公司进行轮胎类产品的商标注册。关于该商标代理机构的行为,下列哪一选项是正确的?

    A. 乙公司委托注册"实耐"商标,该商标代理机构不得接受委托

    B. 乙公司委托注册"营盘轮胎"商标,该商标代理机构不得接受委托

    C. 乙公司委托注册普通的汽车轮胎图形作为商标,该商标代理机构不得接受委托

    D. 该商标代理机构自行注册"捷驰"商标,用于转让给经营汽车轮胎的企业

**541．** 2016/3/64/多

2010 年,甲饮料厂开始制造并销售"香香"牌果汁并已产生一定影响。甲在外地的经销商乙发现甲尚未注册"香香"商标,就于 2014 年在果汁和碳酸饮料两类商品上同时注册了"香香"商标,但未实际使用。2015 年,乙与丙饮料厂签订商标转让协议,将果汁类"香香"商标转让给了丙。对此,下列哪些选项是正确的?

    A. 甲可随时请求宣告乙注册的果汁类"香香"商标无效

    B. 乙应将注册在果汁和碳酸饮料上的"香香"商标一并转让给丙

    C. 乙就果汁和碳酸饮料两类商品注册商标必须分别提出注册申请

    D. 甲可在果汁产品上附加区别标识,并在原有范围内继续使用"香香"商标

**542．** 2015/3/19/单

佳普公司在其制造和出售的打印机和打印机墨盒产品上注册了"佳普"商标。下列未经该公司许可的哪一行为侵犯了"佳普"注册商标专用权?

    A. 甲在店铺招牌中标有"佳普打印机专营"字样,只销售佳普公司制造的打印机

    B. 乙制造并销售与佳普打印机兼容的墨盒,该墨盒上印有乙的名称和其注册商标"金兴",但标有"本产品适用于佳普打印机"

    C. 丙把购买的"佳普"墨盒装入自己制造的打印机后销售,该打印机上印有丙的名称和其注册商标"东升",但标有"本产品使用佳普墨盒"

    D. 丁回收墨水用尽的"佳普"牌墨盒,灌注廉价墨水后销售

**543．** 2015/3/64/多

河川县盛产荔枝,远近闻名。该县成立了河川县荔枝协会,申请注册了"河川"商标,核定使用在荔枝商品上,许可本协会成员使用。加入该荔枝协会的农户将有"河川"商标包装的荔枝批发给盛联超市销售。超市在销售该批荔枝时,在荔枝包装上还加贴了自己的注册商标"盛联"。下列哪些说

法是正确的?

 A. "河川"商标是集体商标

 B. "河川"商标是证明商标

 C. "河川"商标使用了县级以上行政区划名称,应被宣告无效

 D. 盛联超市的行为没有侵犯商标权

**544．** 2014/3/19/单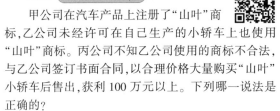

甲公司在汽车产品上注册了"山叶"商标,乙公司未经许可在自己生产的小轿车上也使用"山叶"商标。丙公司不知乙公司使用的商标不合法,与乙公司签订书面合同,以合理价格大量购买"山叶"小轿车后售出,获利 100 万元以上。下列哪一说法是正确的?

 A. 乙公司的行为属于仿冒注册商标

 B. 丙公司可继续销售"山叶"小轿车

 C. 丙公司应赔偿甲公司损失 100 万元

 D. 工商行政管理部门不能对丙公司进行罚款处罚

**545．** 2014/3/64/多

甲公司是《保护工业产权巴黎公约》成员国 A 国的企业,于 2012 年 8 月 1 日向 A 国在牛奶产品上申请注册"白雪"商标被受理后,又于 2013 年 5 月 30 日向我国商标局申请注册"白雪"商标,核定使用在牛奶、糕点和食品容器这三类商品上。下列哪些说法是错误的?

 A. 甲公司应委托依法设立的商标代理机构代理申请商标注册

 B. 甲公司必须提出三份注册申请,分别在三类商品上申请注册同一商标

 C. 甲公司可依法享有优先权

 D. 如商标局在异议程序中认定"白雪"商标为驰名商标,甲公司可在其牛奶包装上使用"驰名商标"字样

**546．** 2013/3/19/单

甲公司为其生产的啤酒申请注册了"冬雨之恋"商标,但在使用商标时没有在商标标识上加注"注册商标"字样或注册标记。下列哪一行为未侵犯甲公司的商标权?

 A. 乙公司误认为该商标属于未注册商标,故在自己生产的啤酒产品上也使用"冬雨之恋"商标

 B. 丙公司不知某公司假冒"冬雨之恋"啤酒而予以运输

 C. 丁饭店将购买的甲公司"冬雨之恋"啤酒倒入自制啤酒桶,自制"侠客"牌散装啤酒出售

 D. 戊公司明知某企业生产假冒"冬雨之恋"啤酒而向其出租仓库

**547．** 2013/3/65/多

甲公司生产"美多"牌薰衣草保健枕,"美多"为注册商标,薰衣草为该枕头的主要原料之一。其产品广告和包装上均突出宣传"薰衣草",致使"薰衣草"保健枕被消费者熟知,其他厂商也推出"薰衣草"保健枕。后"薰衣草"被法院认定为驰名商标。下列哪些表述是正确的?

 A. 甲公司可在一种商品上同时使用两件商标

 B. 甲公司对"美多"享有商标专用权,对"薰衣草"不享有商标专用权

 C. 法院对驰名商标的认定可写入判决主文

 D. "薰衣草"叙述了该商品的主要原料,不能申请注册

**548．** 2012/3/19/单

如外国企业在我国申请注册商标,下列哪一说法是正确的?

 A. 应当委托在我国依法成立的律师事务所代理

 B. 所属国必须已加入《保护工业产权巴黎公约》

 C. 所属国必须已加入世界贸易组织

 D. 如所属国商标注册主管机关曾驳回了其商标注册申请,该申请在我国仍有可能获准注册

**549．** 2012/3/65/多

甲公司将其生产的白酒独创性地取名为"逍遥乐",并在该酒的包装、装潢和广告中突出宣传酒名,致"逍遥乐"被消费者熟知,声誉良好。乙公司知道甲公司没有注册"逍遥乐"后,将其作为自己所产白酒的商标使用并抢先注册。该商标注册申请经商标局初步审定并公告。下列哪些说法是错误的?

 A. 甲公司有权在异议期内向商标局提出异议,反对核准乙公司的注册申请

 B. 如"逍遥乐"被核准注册,甲公司有权主张先用权

 C. 如"逍遥乐"被核准注册,甲公司有权向商标局请求撤销该商标

 D. 甲公司有权向法院起诉请求乙公司停止使用并赔偿损失

**550．** 2011/3/18/多

个体经营户王小小从事理发服务业,使用"一剪没"作为未注册商标长期使用,享有较高声誉。王小小通过签订书面合同许可其同一城区的表妹张薇薇使用"一剪没"商标从事理发业务。后张薇薇以自己的名义申请"一剪没"商标使用于理发业务并获得注册。下列哪些说法是错误的?①

 A. 该商标使用许可合同自双方签字之日起生效

---

 ① 原为单选题,根据新法答案有变化,调整为多选题。

B. 该商标使用许可合同应当报商标局备案

C. 王小小有权自"一剪没"注册之日起 5 年内请求商标评审委员会撤销该注册商标

D. 王小小有权自"一剪没"注册之日起 5 年内请求商标局撤销该注册商标

**551.** `2011/3/64/多`

甲公司通过签订商标普通许可使用合同许可乙公司使用其注册商标"童声",核定使用的商品为儿童服装。合同约定发现侵权行为后乙公司可以其名义起诉。后乙公司发现个体户萧某销售假冒"童声"商标的儿童服装,萧某不能举证证明该批服装的合法来源。下列哪些说法是正确的?

A. 乙公司必须在"童声"儿童服装上标明乙公司的名称和产地

B. 该商标使用许可合同自备案后生效

C. 乙公司不能以其名义起诉,因为诉权不得约定转移

D. 萧某应当承担停止销售和赔偿损失的法律责任

**552.** `2010/3/17/单`

甲公司注册了商标"霞露",使用于日用化妆品等商品上,下列哪一选项是正确的?

A. 甲公司要将该商标改成"露霞",应向商标局提出变更申请

B. 乙公司在化妆品上擅自使用"露霞"为商标,甲公司有权禁止

C. 甲公司因经营不善连续三年停止使用该商标,该商标可能被注销

D. 甲公司签订该商标转让合同后,应单独向商标局提出转让申请

**553.** `2010/3/64/多`

商标注册申请人自其在某外国第一次提出商标注册申请之日起六个月内,又在中国就相同商品以同一商标提出注册申请的,依据下列哪些情形可享有优先权?

A. 该外国同中国签订的协议

B. 该外国同中国共同参加的国际条约

C. 该外国同中国相互承认优先权

D. 该外国同中国有外交关系

**554.** `2009/3/65/多`

甲公司在食品上注册"乡巴佬"商标后,与乙公司签订转让合同,获五万元转让费。合同履行后,乙公司起诉丙公司在食品上使用"乡巴佬"商标的侵权行为。法院作出侵权认定的判决书刚生效,"乡巴佬"注册商标就因有"不良影响"被依法撤销。《商标法》于 2013 年 8 月 30 日被修改后,乙"注册商标的无效宣告"制度取代"商标注册不当的撤销制度"。下列哪些说法是错误的?

A. "乡巴佬"商标权视为自始不存在

B. 甲公司应当向乙公司返还五万元

C. 撤销"乡巴佬"商标的裁定对侵权判决不具有追溯力

D. 丙公司可以将"乡巴佬"商标作为未注册商标继续使用

**555.** `2008/3/66/多`

甲公司为其牛奶产品注册了"润语"商标后,通过签订排他许可合同许可乙公司使用。丙公司在其酸奶产品上使用"润语"商标,甲公司遂起诉丙公司停止侵害并赔偿损失,法院判决支持了甲公司的请求。在该判决执行完毕后,"润语"注册商标因侵犯丁公司的著作权被依法撤销。下列哪些选项是错误的?

A. 甲公司和乙公司可以作为共同原告起诉丙公司

B. 甲公司与乙公司的许可合同应当认定为无效合同,乙公司应当申请返还许可费

C. 甲公司获得的侵权赔偿费构成不当得利,应当返还给丙公司

D. 甲公司获得的侵权赔偿费应当转付给丁公司

# 商法［考点法条］

## 专题一　公司法

**考点2** 有限责任原则和公司法人人格否认

**(一)公司法人独立**

**第三条**　公司是企业法人,有独立的法人财产,享有法人财产权。公司以其全部财产对公司的债务承担责任。

公司的合法权益受法律保护,不受侵犯。〔2019年回忆～关联企业实质合并破产重整;2016年真题～公司的独立性〕①

**(二)股东有限责任**

**第四条**　有限责任公司的股东以其认缴的出资额为限对公司承担责任;股份有限公司的股东以其认购的股份为限对公司承担责任。

公司股东对公司依法享有资产收益、参与重大决策和选择管理者等权利。

**(三)法人人格否认**

**第二十三条**　公司股东滥用公司法人独立地位和股东有限责任,逃避债务,严重损害公司债权人利益的,应当对公司债务承担连带责任。

股东利用其控制的两个以上公司实施前款规定行为的,各公司应当对任一公司的债务承担连带责任。

只有一个股东的公司,股东不能证明公司财产独立于股东自己的财产的,应当对公司债务承担连带责任。〔2023年回忆～一人有限责任公司的法人人格否定制度;2022年回忆～母子公司、一人公司、财产混同;2020年回忆～法人人格否认制度;2019年回忆～人格混同、连带责任〕

**《民法典》**

**第八十三条**　〔出资人滥用权利的责任承担〕营利法人的出资人不得滥用出资人权利损害法人或者其他出资人的利益;滥用出资人权利造成法人或者其他出资人损失的,应当依法承担民事责任。

营利法人的出资人不得滥用法人独立地位和出资人有限责任损害法人债权人的利益;滥用法人独立地位和出资人有限责任,逃避债务,严重损害法人债权人的利益的,应当对法人债务承担连带责任。〔2019年回忆～人格混同、连带责任〕

**《九民纪要》**

10.【人格混同】认定公司人格与股东人格是否存在混同,最根本的判断标准是公司是否具有独立意思和独立财产,最主要的表现是公司的财产与股东的财产是否混同且无法区分。在认定是否构成人格混同时,应当综合考虑以下因素:

(1)股东无偿使用公司资金或者财产,不作财务记载的;

(2)股东用公司的资金偿还股东的债务,或者将公司的资金供关联公司无偿使用,不作财务记载的;

(3)公司账簿与股东账簿不分,致使公司财产与股东财产无法区分的;

(4)股东自身收益与公司盈利不加区分,致使双方利益不清的;

(5)公司的财产记载于股东名下,由股东占有、使用的;

(6)人格混同的其他情形。

在出现人格混同的情况下,往往同时出现以下混同:公司业务和股东业务混同;公司员工与股东员工混同,特别是财务人员混同;公司住所与股东住所混同。人民法院在审理案件时,关键要审查是否构成人格混同,而不要求同时具备其他方面的混同,其他方面的混同往往只是人格混同的补强。

11.【过度支配与控制】公司控制股东对公司过度支配与控制,操纵公司的决策过程,使公司完全丧失独立性,沦为控制股东的工具或躯壳,严重损害公司债权人利益,应当否认公司人格,由滥用控制权的股东对公司债务承担连带责任。实践中常见的情形包括:

(1)母子公司之间或者子公司之间进行利益输送的;

(2)母子公司或者子公司之间进行交易,收益归一方,损失却由另一方承担的;

(3)先从原公司抽走资金,然后再成立经营目的相同或者类似的公司,逃避原公司债务的;

(4)先解散公司,再以原公司场所、设备、人员及相同或者相似的经营目的另设公司,逃避原公司债务的;

(5)过度支配与控制的其他情形。

控制股东或实际控制人控制多个子公司或者关联公司,滥用控制权使多个子公司或者关联公司财产边界不清、财务混同,利益相互输送,丧失人格独立性,沦为控制股东逃避债务、非法经营,甚至违法犯罪工具的,可以综合案件事实,否认子公司或者关联公司法人人格,判令承担连带责任。

12.【资本显著不足】资本显著不足指的是,公司设立后在经营过程中,股东实际投入公司的资本数额与公司经营所隐含的风险相比明显不匹配。股东利用较少资本从事力所不及的经营,表明其没有从事公司经营的诚意,实质是恶意利用公司独立人格和股东有限责任把投资风险转嫁给债权人。由于资本显著不足的判断标准有很大的模糊性,特别是要与公司采取"以小博大"的正常经营方式相区分,因此在适用时要十分谨慎,应当与其他因素结合起来综合判断。

---

①　主客观重点法条以灰底标注,并注明主观题考查年份及考点。

13.【诉讼地位】人民法院在审理公司人格否认纠纷案件时,应当根据不同情形确定当事人的诉讼地位:

(1)债权人对债务人公司享有的债权已经由生效裁判确认,其另行提起公司人格否认诉讼,请求股东对公司债务承担连带责任的,列股东为被告,公司为第三人;

(2)债权人对债务人公司享有的债权提起诉讼的同时,一并提起公司人格否认诉讼,请求股东对公司债务承担连带责任的,列公司和股东为共同被告;

(3)债权人对债务人公司享有的债权尚未经生效裁判确认,直接提起公司人格否认诉讼,请求公司股东对公司债务承担连带责任的,人民法院应当向债权人释明,告知其追加公司为共同被告。债权人拒绝追加的,人民法院应当裁定驳回起诉。

#### 考点3 发起人及发起人责任

**第四十四条** 有限责任公司设立时的股东为设立公司从事的民事活动,其法律后果由公司承受。

公司未成立的,其法律后果由公司设立时的股东承受;设立时的股东为二人以上的,享有连带债权,承担连带债务。

设立时的股东为设立公司以自己的名义从事民事活动产生的民事责任,第三人有权选择请求公司或者公司设立时的股东承担。

设立时的股东因履行公司设立职责造成他人损害的,公司或者无过错的股东承担赔偿责任后,可以向有过错的股东追偿。

##### 《公司法解释(三)》

**第二条** 发起人为设立公司以自己名义对外签订合同,合同相对人请求该发起人承担合同责任的,人民法院应予支持;公司成立后合同相对人请求公司承担合同责任的,人民法院应予支持。〔2013年真题~设立中公司的民事行为〕

**第三条** 发起人以设立中公司名义对外签订合同,公司成立后合同相对人请求公司承担合同责任的,人民法院应予支持。

公司成立后有证据证明发起人利用设立中公司的名义为自己的利益与相对人签订合同,公司以此为由主张不承担合同责任的,人民法院应予支持,但相对人为善意的除外。

**第四条** 公司因故未成立,债权人请求全体或者部分发起人对设立公司行为所产生的费用和债务承担连带清偿责任的,人民法院应予支持。

部分发起人依照前款规定承担责任后,请求其他发起人分担的,人民法院应当判令其他发起人按照约定的责任承担比例分担责任;没有约定责任承担比例的,按照约定的出资比例分担责任;没有约定出资比例的,按照均等份额分担责任。

因部分发起人的过错导致公司未成立,其他发起人主张其承担设立行为所产生的费用和债务的,人民法院应当根据过错情况,确定过错一方的责任范围。

**第五条** 发起人因履行公司设立职责造成他人损

害,公司成立后受害人请求公司承担侵权赔偿责任的,人民法院应予支持;公司未成立,受害人请求全体发起人承担连带赔偿责任的,人民法院应予支持。

公司或者无过错的发起人承担赔偿责任后,可以向有过错的发起人追偿。

##### 《民法典》

**第七十五条** ［法人设立行为的法律后果］设立人为设立法人从事的民事活动,其法律后果由法人承受;法人未成立的,其法律后果由设立人承受,设立人为二人以上的,享有连带债权,承担连带债务。

设立人为设立法人以自己的名义从事民事活动产生的民事责任,第三人有权选择请求法人或者设立人承担。

#### 考点5 公司的章程

**(一)章程的制定**

**第四十五条** 设立有限责任公司,应当由股东共同制定公司章程。

**第九十四条** 设立股份有限公司,应当由发起人共同制订公司章程。

**第一百零三条** 募集设立股份有限公司的发起人应当自公司设立时应发行股份的股款缴足之日起三十日内召开公司成立大会。……

**第一百零四条** 公司成立大会行使下列职权:

……

(二)通过公司章程;

……

**(二)记载事项**

(1)有限公司

**第四十六条** 有限责任公司章程应当载明下列事项:

(一)公司名称和住所;

(二)公司经营范围;

(三)公司注册资本;

(四)股东的姓名或者名称;

(五)股东的出资额、出资方式和出资日期;

(六)公司的机构及其产生办法、职权、议事规则;

(七)公司法定代表人的产生、变更办法;

(八)股东会认为需要规定的其他事项。

股东应当在公司章程上签名或者盖章。

(2)股份公司

**第九十五条** 股份有限公司章程应当载明下列事项:

(一)公司名称和住所;

(二)公司经营范围;

(三)公司设立方式;

(四)公司注册资本、已发行的股份数和设立时发行的股份数,面额股的每股金额;

(五)发行类别股的,每一类别股的股份数及其权利和义务;

(六)发起人的姓名或者名称、认购的股份数、出资方式;

(七)董事会的组成、职权和议事规则;

(八)公司法定代表人的产生、变更办法;

（九）监事会的组成、职权和议事规则；

（十）公司利润分配办法；

（十一）公司的解散事由与清算办法；

（十二）公司的通知和公告办法；

（十三）股东会认为需要规定的其他事项。

**（三）效力**

**第五条** 设立公司应当依法制定公司章程。公司章程对公司、股东、董事、监事、高级管理人员具有约束力。

**第十一条第二款** 公司章程或者股东会对法定代表人职权的限制，不得对抗善意相对人。

**第六十七条第二款** 公司章程对董事会职权的限制不得对抗善意相对人。

**第二十六条第一款** 公司股东会、董事会的会议召集程序、表决方式违反法律、行政法规或者公司章程，或者决议内容违反公司章程的，股东自决议作出之日起六十日内，可以请求人民法院撤销。但是，股东会、董事会的会议召集程序或者表决方式仅有轻微瑕疵，对决议未产生实质影响的除外。

**第一百八十八条** 董事、监事、高级管理人员执行职务违反法律、行政法规或者公司章程的规定，给公司造成损失的，应当承担赔偿责任。

**第一百九十条** 董事、高级管理人员违反法律、行政法规或者公司章程的规定，损害股东利益的，股东可以向人民法院提起诉讼。

**（四）章程的修改**

**第六十六条第三款** ［有限公司］股东会作出修改公司章程、增加或者减少注册资本的决议，以及公司合并、分立、解散或者变更公司形式的决议，应当经代表三分之二以上表决权的股东通过。

**第一百一十六条第三款** ［股份公司］股东会作出修改公司章程、增加或者减少注册资本的决议，以及公司合并、分立、解散或者变更公司形式的决议，应当经出席会议的股东所持表决权的三分之二以上通过。

**考点6** 股东资格的取得与确认

**第五十五条** 有限责任公司成立后，应当向股东签发出资证明书，记载下列事项：

（一）公司名称；

（二）公司成立日期；

（三）公司注册资本；

（四）股东的姓名或者名称、认缴和实缴的出资额、出资方式和出资日期；

（五）出资证明书的编号和核发日期。

出资证明书由法定代表人签名，并由公司盖章。

**第五十六条** 有限责任公司应当置备股东名册，记载下列事项：

（一）股东的姓名或者名称及住所；

（二）股东认缴和实缴的出资额、出资方式和出资日期；

（三）出资证明书编号；

（四）取得和丧失股东资格的日期。

记载于股东名册的股东，可以依股东名册主张行使股东权利。［2014 年真题～股东资格的取得］

《公司法解释（三）》

第二十一条 当事人向人民法院起诉请求确认其股东资格的，应当以公司为被告，与案件争议股权有利害关系的人作为第三人参加诉讼。

第二十二条 当事人之间对股权归属发生争议，一方请求人民法院确认其享有股权的，应当证明以下事实之一：

（一）已经依法向公司出资或者认缴出资，且不违反法律法规强制性规定；

（二）已经受让或者以其他形式继受公司股权，且不违反法律法规强制性规定。

第二十三条 当事人依法履行出资义务或者依法继受取得股权后，公司未根据公司法第三十一条、第三十二条（现为第五十五条、第五十六条）①的规定签发出资证明书、记载于股东名册并办理公司登记机关登记，当事人请求公司履行上述义务的，人民法院应予支持。

**考点7** 名义股东与实际股东

《公司法解释（三）》

第二十四条 有限责任公司的实际出资人与名义出资人订立合同，约定由实际出资人出资并享有投资权益，以名义出资人为名义股东，实际出资人与名义股东对该合同效力发生争议的，如无法律规定的无效情形，人民法院应当认定该合同有效。

前款规定的实际出资人与名义股东因投资权益的归属发生争议，实际出资人以其实际履行了出资义务为由向名义股东主张权利的，人民法院应予支持。名义股东以公司股东名册记载、公司登记机关登记为由否认实际出资人权利的，人民法院不予支持。

实际出资人未经公司其他股东半数以上同意，请求公司变更股东、签发出资证明书、记载于股东名册、记载于公司章程并办理公司登记机关登记的，人民法院不予支持。［2018 年回忆～案外人对执行标的的异议；2014 年真题～名义股东转让股权、代持股协议］

第二十五条 名义股东将登记于其名下的股权转让、质押或者以其他方式处分，实际出资人以其对于股权享有实际权利为由，请求认定处分股权行为无效的，人民法院可以参照民法典第三百一十一条的规定处理。

名义股东处分股权造成实际出资人损失，实际出资人请求名义股东承担赔偿责任的，人民法院应予支持。［2019 年回忆～名义股东处分其名下股权；2014 年真题～名义股东转让股权；2013 年真题～股东的股权取得方式］

第二十六条 公司债权人以登记于公司登记机关的股东未履行出资义务为由，请求其对公司债务不能清偿的部分在未出资本息范围内承担补充赔偿责任，股东以其仅为名义股东而非实际出资人为由进行抗辩的，人民法院不予支持。

名义股东根据前款规定承担赔偿责任后，向实际出资人追偿的，人民法院应予支持。

---

① 编者注，下同。

第二十七条　股权转让后尚未向公司登记机关办理变更登记，原股东将仍登记于其名下的股权转让、质押或者以其他方式处分，受让股东以其对于股权享有实际权利为由，请求认定处分股权行为无效的，人民法院可以参照民法典第三百一十一条的规定处理。

原股东处分股权造成受让股东损失，受让股东请求原股东承担赔偿责任，对于未及时办理变更登记有过错的董事、高级管理人员或者实际控制人承担相应责任的，人民法院应予支持；受让股东对于未及时办理变更登记也有过错的，可以适当减轻上述董事、高级管理人员或者实际控制人的责任。〔2016年真题~股东投资与借贷的区别；2013年真题~股东的股权取得方式〕

第二十八条　冒用他人名义出资并将该他人作为股东在公司登记机关登记的，冒名登记行为人应当承担相应责任；公司、其他股东或者公司债权人以未履行出资义务为由，请求被冒名登记为股东的承担补足出资责任或者对公司债务不能清偿部分的赔偿责任的，人民法院不予支持。

**《民事诉讼法》**

第二十七条　〔公司纠纷的地域管辖〕因公司设立、确认股东资格、分配利润、解散等纠纷提起的诉讼，由公司住所地人民法院管辖。

第二百三十八条　〔案外人异议〕执行过程中，案外人对执行标的提出书面异议的，人民法院应当自收到书面异议之日起十五日内审查，理由成立的，裁定中止对该标的的执行；理由不成立的，裁定驳回。案外人、当事人对裁定不服，认为原判决、裁定错误的，依照审判监督程序办理；与原判决、裁定无关的，可以自裁定送达之日起十五日内向人民法院提起诉讼。〔2019年回忆~名义股东处分股权后实际出资人的救济；2015年真题~执行程序中的一般制度；第三人撤销之诉与案外人申请再审的关系〕

**《民诉解释》**

第三百六十八条　人民法院审查实现担保物权案件，可以询问申请人、被申请人、利害关系人，必要时可以依职权调查相关事实。

第三百六十九条　人民法院应当就主合同的效力、期限、履行情况，担保物权是否有效设立、担保财产的范围、被担保的债权范围、被担保的债权是否已届清偿期等担保物权实现的条件，以及是否损害他人合法权益等内容进行审查。

被申请人或者利害关系人提出异议的，人民法院应当一并审查。〔2019年回忆~名义股东处分股权后实际出资人的救济〕

第三百七十条　人民法院审查后，按下列情形分别处理：

（一）当事人对实现担保物权无实质性争议且实现担保物权条件成就的，裁定准许拍卖、变卖担保财产；

（二）当事人对实现担保物权有部分实质性争议的，可以就无争议部分裁定准许拍卖、变卖担保财产；

（三）当事人对实现担保物权有实质性争议的，裁定驳回申请，并告知申请人向人民法院提起诉讼。

第三百七十二条　适用特别程序作出的判决、裁定，当事人、利害关系人认为有错误的，可以向作出该判决、裁定的人民法院提出异议。人民法院经审查，异议成立或者部分成立的，作出新的判决、裁定撤销或者改变原判决、裁定；异议不成立的，裁定驳回。

对人民法院作出的确认调解协议、准许实现担保物权的裁定，当事人有异议的，应当自收到裁定之日起十五日内提出；利害关系人有异议的，自知道或者应当知道其民事权益受到侵害之日起六个月内提出。

**考点8　股东出资及出资瑕疵责任**

**（一）出资形式**

第四十八条　股东可以用货币出资，也可以用实物、知识产权、土地使用权、股权、债权等可以用货币估价并可以依法转让的非货币财产作价出资；但是，法律、行政法规规定不得作为出资的财产除外。

对作为出资的非货币财产应当评估作价，核实财产，不得高估或者低估作价。法律、行政法规对评估作价有规定的，从其规定。〔2016年真题~股东出资行为及法律效果；2012年真题~股东资格〕

第四十九条　股东应当按期足额缴纳公司章程规定的各自所认缴的出资额。

股东以货币出资的，应当将货币出资足额存入有限责任公司在银行开设的账户；以非货币财产出资的，应当依法办理其财产权的转移手续。

股东未按期足额缴纳出资的，除应当向公司足额缴纳外，还应当对给公司造成的损失承担赔偿责任。〔2012年真题；股东资格〕

**《公司法解释（三）》**

第七条　出资人以不享有处分权的财产出资，当事人之间对于出资行为效力产生争议的，人民法院可以参照民法典第三百一十一条的规定予以认定。

以贪污、受贿、侵占、挪用等违法犯罪所得的货币出资后取得股权的，对违法犯罪行为予以追究、处罚时，应当采取拍卖或者变卖的方式处置其股权。〔2011年回忆~以不享有处分权的财产出资〕

第八条　出资人以划拨土地使用权出资，或者以设定权利负担的土地使用权出资，公司、其他股东或者公司债权人主张认定出资人未履行出资义务的，人民法院应当责令当事人在指定的合理期间内办理土地变更手续或者解除权利负担；逾期未办理或者未解除的，人民法院应当认定出资人未依法全面履行出资义务。

第九条　出资人以非货币财产出资，未依法评估作价，公司、其他股东或者公司债权人请求认定出资人未履行出资义务的，人民法院应当委托具有合法资格的评估机构对该财产评估作价。评估确定的价额显著低于公司章程所定价额的，人民法院应当认定出资人未依法全面履行出资义务。〔2013年真题~未全面履行出资义务的责任〕

第十条　出资人以房屋、土地使用权或者需要办理权属登记的知识产权等财产出资，已经交付公司使用但未办理权属变更手续，公司、其他股东或者公司债权人主张认定出资人未履行出资义务的，人民法院应当责令当事人在指定的合理期间内办理权属变更手续;在前述期间内办理了权属变更手续的,人民法院应当认定其已经履行了出资义务;出资人主张自其实际交付财产给公司使用时享有相应股东权利的,人民法院应予支持。〔2010年真题~股东出资瑕疵〕

出资人以前款规定的财产出资,已经办理权属变更手续但未交付给公司使用,公司或者其他股东主张其向公司交付,并在实际交付之前不享有相应股东权利的,人民法院应予支持。〔2010年真题~股东出资瑕疵〕

第十一条 出资人以其他公司股权出资,符合下列条件的,人民法院应当认定出资人已履行出资义务:

(一)出资的股权由出资人合法持有并依法可以转让;

(二)出资的股权无权利瑕疵或者权利负担;

(三)出资人已履行关于股权转让的法定手续;

(四)出资的股权已依法进行了价值评估。

股权出资不符合前款第(一)、(二)、(三)项的规定,公司、其他股东或者公司债权人请求认定出资人未履行出资义务的,人民法院应当责令该出资人在指定的合理期间内采取补正措施,以符合上述条件;逾期未补正的,人民法院应当认定其未依法全面履行出资义务。

股权出资不符合本条第一款第(四)项的规定,公司、其他股东或者公司债权人请求认定出资人未履行出资义务的,人民法院应当按照本规定第九条的规定处理。

**(二)出资责任**

第五十条 有限责任公司设立时,股东未按照公司章程规定实际缴纳出资,或者实际出资的非货币财产的实际价额显著低于所认缴的出资额的,设立时的其他股东与该股东在出资不足的范围内承担连带责任。

第五十一条 有限责任公司成立后,董事会应当对股东的出资情况进行核查,发现股东未按期足额缴纳公司章程规定的出资的,应当由公司向该股东发出书面催缴书,催缴出资。

未及时履行前款规定的义务,给公司造成损失的,负有责任的董事应当承担赔偿责任。

第五十二条 股东未按照公司章程规定的出资日期缴纳出资,公司依照前条第一款规定发出书面催缴书催缴出资的,可以载明缴纳出资的宽限期;宽限期自公司发出催缴书之日起,不得少于六十日。宽限期届满,股东仍未履行出资义务的,公司经董事会决议可以向该股东发出失权通知,通知应当以书面形式发出。自通知发出之日起,该股东丧失其未缴纳出资的股权。

依照前款规定丧失的股权应当依法转让,或者相应减少注册资本并注销该股权;六个月内未转让或者注销的,由公司其他股东按照其出资比例足额缴纳相应出资。

股东对失权有异议的,应当自接到失权通知之日起三十日内,向人民法院提起诉讼。

第五十三条 公司成立后,股东不得抽逃出资。

违反前款规定的,股东应当返还抽逃的出资;给公司造成损失的,负有责任的董事、监事、高级管理人员应当与该股东承担连带赔偿责任。

第五十四条 公司不能清偿到期债务的,公司或者已到期债权的债权人有权要求已认缴出资但未届出资期限的股东提前缴纳出资。〔2023年回忆~股东出资的加速到期〕

**《公司法解释(三)》**

第十二条 公司成立后,公司、股东或者公司债权人以相关股东的行为符合下列情形之一且损害公司权益为由,请求认定该股东抽逃出资的,人民法院应予支持:

(一)制作虚假财务会计报表虚增利润进行分配;

(二)通过虚构债权债务关系将其出资转出;

(三)利用关联交易将出资转出;

(四)其他未经法定程序将出资抽回的行为。〔2013年真题~第三人代垫资金与股东抽逃出资的区别;2010年真题~抽逃出资〕

第十三条 股东未履行或者未全面履行出资义务,公司或者其他股东请求其向公司依法全面履行出资义务的,人民法院应予支持。

公司债权人请求未履行或者未全面履行出资义务的股东在未出资本息范围内对公司债务不能清偿的部分承担补充赔偿责任的,人民法院应予支持;未履行或者未全面履行出资义务的股东已经承担上述责任,其他债权人提出相同请求的,人民法院不予支持。

股东在公司设立时未履行或者未全面履行出资义务,依照本条第一款或者第二款提起诉讼的原告,请求公司的发起人与被告股东承担连带责任的,人民法院应予支持;公司的发起人承担责任后,可以向被告股东追偿。

股东在公司增资时未履行或者未全面履行出资义务,依照本条第一款或者第二款提起诉讼的原告,请求未尽公司法第一百四十七条(现为第一百七十九条)第一款规定的义务而使出资未缴足的董事、高级管理人员承担相应责任的,人民法院应予支持;董事、高级管理人员承担责任后,可以向被告股东追偿。〔2018年回忆~股东未全面履行出资义务;2015年真题~加速到期;2010年真题~股东出资瑕疵〕

第十四条 股东抽逃出资,公司或者其他股东请求其向公司返还出资本息、协助抽逃出资的其他股东、董事、高级管理人员或者实际控制人对此承担连带责任的,人民法院应予支持。

公司债权人请求抽逃出资的股东在抽逃出资本息范围内对公司债务不能清偿的部分承担补充赔偿责任、协助抽逃出资的其他股东、董事、高级管理人员或者实际控制人对此承担连带责任的,人民法院应予支持;抽逃出资的股东已经承担上述责任,其他债权人提出相同请求的,人民法院不予支持。

第十五条 出资人以符合法定条件的非货币财产出资后,因市场变化或者其他客观因素导致出资财产贬值,公司、其他股东或者公司债权人请求该出资人承担补足责任的,人民法院不予支持。但是,当事人另有约定的除外。〔2013年真题~未全面履行出资义务的责任〕

第十六条 股东未履行或者未全面履行出资义务或者抽逃出资,公司根据公司章程或者股东会决议对其利润分配请求权、新股优先认购权、剩余财产分配请求权等股东权利作出相应的合理限制，该股东请求认定该限制无效的，人民法院不予支持。

第十七条　有限责任公司的股东未履行出资义务或者抽逃全部出资，经公司催告缴纳或者返还，其在合理期间内仍未缴纳或者返还出资，公司以股东会决议解除该股东的股东资格，该股东请求确认该解除行为无效的，人民法院不予支持。

在前款规定的情形下，人民法院在判决时应当释明，公司应及时办理法定减资程序或者由其他股东或者第三人缴纳相应的出资。在办理法定减资程序或者其他股东或者第三人缴纳相应的出资之前，公司债权人依照本规定第十三条或者第十四条请求相关当事人承担相应责任的，人民法院应予支持。[2020年回忆~股东资格的取消；2016年真题~瑕疵出资股权的转让]

第十八条　有限责任公司的股东未履行或者未全面履行出资义务即转让股权，受让人对此知道或者应当知道，公司请求该股东履行出资义务、受让人对此承担连带责任的，人民法院应予支持；公司债权人依照本规定第十三条第二款向该股东提起诉讼，同时请求前述受让人对此承担连带责任的，人民法院应予支持。

受让人根据前款规定承担责任后，向该未履行或者未全面履行出资义务的股东追偿的，人民法院应予支持。但是，当事人另有约定的除外。[2018年回忆~瑕疵股权转让]

第十九条　公司股东未履行或者未全面履行出资义务或者抽逃出资，公司或者其他股东请求其向公司全面履行出资义务或者返还出资，被告股东以诉讼时效为由进行抗辩的，人民法院不予支持。

公司债权人的债权未过诉讼时效期间，其依照本规定第十三条第二款、第十四条第二款的规定请求未履行或者未全面履行出资义务或者抽逃出资的股东承担赔偿责任，被告股东以出资义务或者返还出资义务超过诉讼时效期间为由进行抗辩的，人民法院不予支持。[2014年真题~出资瑕疵]

### 《破产法解释（二）》

第二十条　管理人代表债务人提起诉讼，主张出资人向债务人依法缴付未履行的出资或者返还抽逃的出资本息，出资人以认缴出资尚未届至公司章程规定的缴纳期限或者违反出资义务已经超过诉讼时效为由抗辩的，人民法院不予支持。

管理人依据公司法的相关规定代表债务人提起诉讼，主张公司的发起人和负有监督股东履行出资义务的董事、高级管理人员，或者协助抽逃出资的其他股东、董事、高级管理人员、实际控制人等，对股东违反出资义务或者抽逃出资承担相应责任，并将财产归入债务人财产的，人民法院应予支持。[2014年真题~出资瑕疵]

### 《企业破产法》

第三十五条　[补足出资]人民法院受理破产申请后，债务人的出资人尚未完全履行出资义务的，管理人应当要求该出资人缴纳所认缴的出资，而不受出资期限的限制。

### 《民法典》

第五百七十七条　[违约责任的种类]当事人一方不履行合同义务或者履行合同义务不符合约定的，应当承担继续履行、采取补救措施或者赔偿损失等违约责任。[2020年回忆~无权处分，违约责任]

**考点10** 股东的知情权和分红权

（一）知情权

第五十七条　[有限公司]股东有权查阅、复制公司章程、股东名册、股东会会议记录、董事会会议决议、监事会会议决议和财务会计报告。

股东可以要求查阅公司会计账簿、会计凭证。股东要求查阅公司会计账簿、会计凭证的，应当向公司提出书面请求，说明目的。公司有合理根据认为股东查阅会计账簿、会计凭证有不正当目的，可能损害公司合法利益的，可以拒绝提供查阅，并应当自股东提出书面请求之日起十五日内书面答复股东并说明理由。公司拒绝提供查阅的，股东可以向人民法院提起诉讼。

股东查阅前款规定的材料，可以委托会计师事务所、律师事务所等中介机构进行。

股东及其委托的会计师事务所、律师事务所等中介机构查阅、复制有关材料，应当遵守有关保护国家秘密、商业秘密、个人隐私、个人信息等法律、行政法规的规定。

股东要求查阅、复制公司全资子公司相关材料的，适用前四款的规定。

第一百一十条　[股份公司]股东有权查阅、复制公司章程、股东名册、股东会会议记录、董事会会议决议、监事会会议决议、财务会计报告，对公司的经营提出建议或者质询。

连续一百八十日以上单独或者合计持有公司百分之三以上股份的股东要求查阅公司的会计账簿、会计凭证的，适用本法第五十七条第二款、第三款、第四款的规定。公司章程对持股比例有较低规定的，从其规定。

股东要求查阅、复制公司全资子公司相关材料的，适用前两款的规定。

上市公司股东查阅、复制相关材料的，应当遵守《中华人民共和国证券法》等法律、行政法规的规定。

### 《公司法解释（四）》

第七条　股东依据公司法第三十三条、第九十七条（现为第五十七条、第一百一十条）或者公司章程的规定，起诉请求查阅或者复制公司特定文件材料的，人民法院应当依法予以受理。

公司有证据证明前款规定的原告在起诉时不具有公司股东资格的，人民法院应当驳回起诉，但原告有初步证据证明在持股期间其合法权益受到损害，请求依法查阅或者复制其持股期间的公司特定文件材料的除外。

第八条　有限责任公司有证据证明股东存在下列情形之一的，人民法院应当认定股东有公司法第三十三条（现为第五十七条）第二款规定的"不正当目的"：

（一）股东自营或者为他人经营与公司主营业务有实质性竞争关系业务的，但公司章程另有规定或者全体股

东另有约定的除外;

（二）股东为了向他人通报有关信息查阅公司会计账簿，可能损害公司合法利益的;

（三）股东在向公司提出查阅请求之日前的三年内，曾通过查阅公司会计账簿，向他人通报有关信息损害公司合法利益的;

（四）股东有不正当目的的其他情形。

第九条　公司章程、股东之间的协议等实质性剥夺股东依据公司法第三十三条、第九十七条（现为第五十七条、第一百一十条）规定查阅或者复制公司文件材料的权利，公司以此为由拒绝股东查阅或者复制的，人民法院不予支持。

第十条　人民法院审理股东请求查阅或者复制公司特定文件材料的案件，对原告诉讼请求予以支持的，应当在判决中明确查阅或者复制公司特定文件材料的时间、地点和特定文件材料的名录。

股东依据人民法院生效判决查阅公司文件材料的，在该股东在场的情况下，可以由会计师、律师等依法或者依据执业行为规范负有保密义务的中介机构执业人员辅助进行。

第十一条　股东行使知情权后泄露公司商业秘密导致公司合法利益受到损害，公司请求该股东赔偿相关损失的，人民法院应当予以支持。

根据本规定第十条辅助股东查阅公司文件材料的会计师、律师等泄露公司商业秘密导致公司合法利益受到损害，公司请求其赔偿相关损失的，人民法院应当予以支持。

第十二条　公司董事、高级管理人员等未依法履行职责，导致公司未依法制作或者保存公司法第三十三条、第九十七条（现为第五十七条、第一百一十条）规定的公司文件材料，给股东造成损失，股东依法请求负有相应责任的公司董事、高级管理人员承担民事赔偿责任的，人民法院应当予以支持。

### （二）分红权

**第二百一十条第四、五款**　公司弥补亏损和提取公积金后所余税后利润，有限责任公司按照股东实缴的出资比例分配利润，全体股东约定不按照出资比例分配利润的除外;股份有限公司按照股东所持有的股份比例分配利润，公司章程另有规定的除外。

公司持有的本公司股份不得分配利润。

第二百一十一条　公司违反本法规定向股东分配利润的，股东应当将违反规定分配的利润退还公司;给公司造成损失的，股东及负有责任的董事、监事、高级管理人员应当承担赔偿责任。

第二百一十二条　股东会作出分配利润的决议的，董事会应当在股东会决议作出之日起六个月内进行分配。

《公司法解释（四）》

第十三条　股东请求公司分配利润案件，应当列公司为被告。

一审法庭辩论终结前，其他股东基于同一分配方案

请求分配利润并申请参加诉讼的，应当列为共同原告。

第十四条　股东提交载明具体分配方案的股东会或者股东大会的有效决议，请求公司分配利润，公司拒绝分配利润且其关于无法执行决议的抗辩理由不成立的，人民法院应当判决公司按照决议载明的具体分配方案向股东分配利润。

**考点11** 股东代表诉讼

第一百八十八条　董事、监事、高级管理人员执行职务违反法律、行政法规或者公司章程的规定，给公司造成损失的，应当承担赔偿责任。

第一百八十九条　董事、高级管理人员有前条规定的情形的，有限责任公司的股东、股份有限公司连续一百八十日以上单独或者合计持有公司百分之一以上股份的股东，可以书面请求监事会向人民法院提起诉讼;监事有前条规定的情形的，前述股东可以书面请求董事会向人民法院提起诉讼。

监事会或者董事会收到前款规定的股东书面请求后拒绝提起诉讼，或者自收到请求之日起三十日内未提起诉讼，或者情况紧急、不立即提起诉讼将会使公司利益受到难以弥补的损害的，前款规定的股东有权为公司利益以自己的名义直接向人民法院提起诉讼。

他人侵犯公司合法权益，给公司造成损失的，本条第一款规定的股东可以依照前两款的规定向人民法院提起诉讼。

公司全资子公司的董事、监事、高级管理人员有前条规定情形，或者他人侵犯公司全资子公司合法权益造成损失的，有限责任公司的股东、股份有限公司连续一百八十以上单独或者合计持有公司百分之一以上股份的股东，可以依照前三款规定书面请求全资子公司的监事会、董事会向人民法院提起诉讼或者以自己的名义直接向人民法院提起诉讼。

《公司法》

第一百九十条　[股东直接诉讼]董事、高级管理人员违反法律、行政法规或者公司章程的规定，损害股东利益的，股东可以向人民法院提起诉讼。

《公司法解释（一）》

第四条　公司法第一百五十一条（现为第一百八十九条）规定的180日以上连续持股期间，应为股东向人民法院提起诉讼时，已期满的持股时间;规定的合计持有公司百分之一以上股份，是指两个以上股东持股额的合计。

《公司法解释（二）》

第二十三条　清算组成员从事清算事务时，违反法律、行政法规或者公司章程给公司或者债权人造成损失，公司或者债权人主张其承担赔偿责任的，人民法院应依法予以支持。

有限责任公司的股东、股份有限公司连续一百八十日以上单独或者合计持有公司百分之一以上股份的股东，依据公司法第一百五十一条（现为第一百八十九条）第三款的规定，以清算组成员有前条所述行为为由向人

民法院提起诉讼的,人民法院应予受理。

公司已经清算完毕注销,上述股东参照公司法第一百五十一条(现为第一百八十九条)第三款的规定,直接以清算组成员为被告、其他股东为第三人向人民法院提起诉讼的,人民法院应予受理。

**《公司法解释(四)》**

第二十三条　监事会或者不设监事会的有限责任公司的监事依据公司法第一百五十一条(现为第一百八十九条)第一款规定对董事、高级管理人员提起诉讼的,应当列公司为原告,依法由监事会主席或者不设监事会的有限责任公司的监事代表公司进行诉讼。

董事会或者不设董事会的有限责任公司的执行董事依据公司法第一百五十一条(现为第一百八十九条)第一款规定对监事提起诉讼的,或者依据公司法第一百五十一条(现为第一百八十九条)第三款规定对他人提起诉讼的,应当列公司为原告,依法由董事长或者执行董事代表公司进行诉讼。

第二十四条　符合公司法第一百五十一条(现为第一百八十九条)第一款规定条件的股东,依据公司法第一百五十一条(现为第一百八十九条)第二款、第三款规定,直接对董事、监事、高级管理人员或者他人提起诉讼的,应当列公司为第三人参加诉讼。

一审法庭辩论终结前,符合公司法第一百五十一条(现为第一百八十九条)第一款规定条件的其他股东,以相同的诉讼请求申请参加诉讼的,应当列为共同原告。

第二十五条　股东依据公司法第一百五十一条(现为第一百八十九条)第二款、第三款规定直接提起诉讼的案件,胜诉利益归属于公司。股东请求被告直接向其承担民事责任的,人民法院不予支持。

第二十六条　股东依据公司法第一百五十一条(现为第一百八十九条)第二款、第三款规定直接提起诉讼的案件,其诉讼请求部分或者全部得到人民法院支持的,公司应当承担股东因参加诉讼支付的合理费用。

**《公司法解释(五)》**

第一条　关联交易损害公司利益,原告公司依据民法典第八十四条、公司法第二十一条(现为第二十二条)规定请求控股股东、实际控制人、董事、监事、高级管理人员赔偿所造成的损失,被告仅以该交易已经履行了信息披露、经股东会或者股东大会同意等法律、行政法规或者公司章程规定的程序为由抗辩的,人民法院不予支持。

公司没有提起诉讼的,符合公司法第一百五十一条(现为第一百八十九条)第一款规定条件的股东,可以依据公司法第一百五十一条(现为第一百八十九条)第二款、第三款规定向人民法院提起诉讼。

第二条　关联交易合同存在无效、可撤销或者对公司不发生效力的情形,公司没有起诉合同相对方的,符合公司法第一百五十一条(现为第一百八十九条)第一款规定条件的股东,可以依据公司法第一百五十一条(现为第一百八十九条)第二款、第三款规定向人民法院提起诉讼。

**《九民纪要》**

24.【何时成为股东不影响起诉】股东提起股东代表诉讼,被告以行为发生时原告尚未成为公司股东为由抗辩该股东不是适格原告的,人民法院不予支持。

25.【正确适用前置程序】根据《公司法》第151条(现为第189条)的规定,股东提起代表诉讼的前置程序之一是,股东必须先书面请求公司有关机关向人民法院提起诉讼。一般情况下,股东没有履行该前置程序的,应当驳回起诉。但是,该项前置程序针对的是公司治理的一般情况,即在股东向公司有关机关提出书面申请之时,存在公司有关机关提起诉讼的可能性。如果查明的相关事实表明,根本不存在该种可能性的,人民法院不应当以原告未履行前置程序为由驳回起诉。

26.【股东代表诉讼的反诉】股东依据《公司法》第151条(现为第189条)第3款的规定提起股东代表诉讼后,被告以原告股东恶意起诉侵犯其合法权益为由提起反诉的,人民法院应予受理。被告以公司在案涉纠纷中应当承担侵权或者违约等责任为由对公司提出的反诉,因不符合反诉的要件,人民法院应当裁定不予受理;已经受理的,裁定驳回起诉。

**《证券法》**

第九十四条　[投资者保护机构纠纷解决]投资者与发行人、证券公司等发生纠纷的,双方可以向投资者保护机构申请调解。普通投资者与证券公司发生证券业务纠纷,普通投资者提出调解请求的,证券公司不得拒绝。

投资者保护机构对损害投资者利益的行为,可以依法支持投资者向人民法院提起诉讼。

发行人的董事、监事、高级管理人员执行公司职务时违反法律、行政法规或者公司章程的规定给公司造成损失,发行人的控股股东、实际控制人等侵犯公司合法权益给公司造成损失,投资者保护机构持有该公司股份的,可以为公司的利益以自己的名义向人民法院提起诉讼,持股比例和持股期限不受《中华人民共和国公司法》规定的限制。

**考点12** 公司的组织机构

**(一)公司的组织机构:股东会**

(1)有限公司

第五十八条　有限责任公司股东会由全体股东组成。股东会是公司的权力机构,依照本法行使职权。

第五十九条　股东会行使下列职权:

(一)选举和更换董事、监事,决定有关董事、监事的报酬事项;

(二)审议批准董事会的报告;

(三)审议批准监事会的报告;

(四)审议批准公司的利润分配方案和弥补亏损方案;

(五)对公司增加或者减少注册资本作出决议;

(六)对发行公司债券作出决议;

(七)对公司合并、分立、解散、清算或者变更公司形式作出决议;

(八)修改公司章程;

(九)公司章程规定的其他职权。

股东会可以授权董事会对发行公司债券作出决议。

对本条第一款所列事项股东以书面形式一致表示同意的,可以不召开股东会会议,直接作出决定,并由全体股东在决定文件上签名或者盖章。〔2020年回忆~董事的任免、职工代表大会的职权〕

**第六十条** 只有一个股东的有限责任公司不设股东会。股东作出前条第一款所列事项的决定时,应当采用书面形式,并由股东签名或者盖章后置备于公司。

**第六十二条** 股东会会议分为定期会议和临时会议。

定期会议应当按照公司章程的规定按时召开。代表十分之一以上表决权的股东、三分之一以上的董事或者监事会提议召开临时会议的,应当召开临时会议。

**第六十三条** 股东会会议由董事会召集,董事长主持;董事长不能履行职务或者不履行职务的,由副董事长主持;副董事长不能履行职务或者不履行职务的,由过半数的董事共同推举一名董事主持。

董事会不能履行或者不履行召集股东会会议职责的,由监事会召集和主持;监事会不召集和主持的,代表十分之一以上表决权的股东可以自行召集和主持。

**第六十四条** 召开股东会会议,应当于会议召开十五日前通知全体股东;但是,公司章程另有规定或者全体股东另有约定的除外。

股东会应当对所议事项的决定作成会议记录,出席会议的股东应在会议记录上签名或者盖章。

**第六十五条** 股东会会议由股东按照出资比例行使表决权;但是,公司章程另有规定的除外。〔2021年回忆~利润分配、表决权的行使;2012年真题~股东会议效力〕

**第六十六条** 股东会的议事方式和表决程序,除本法有规定的外,由公司章程规定。

股东会作出决议,应当经代表过半数表决权的股东通过。

股东会作出修改公司章程、增加或者减少注册资本的决议,以及公司合并、分立、解散或者变更公司形式的决议,应当经代表三分之二以上表决权的股东通过。

(2)股份公司

**第一百一十二条** 本法第五十九条第一款、第二款关于有限责任公司股东会职权的规定,适用于股份有限公司股东会。

本法第六十条关于只有一个股东的有限责任公司不设股东会的规定,适用于只有一个股东的股份有限公司。

**第一百一十三条** 股东会应当每年召开一次年会。有下列情形之一的,应当在两个月内召开临时股东会会议:

(一)董事人数不足本法规定人数或者公司章程所定人数的三分之二时;

(二)公司未弥补的亏损达股本总额三分之一时;

(三)单独或者合计持有公司百分之十以上股东请求时;

(四)董事会认为必要时;

(五)监事会提议召开时;

(六)公司章程规定的其他情形。

**第一百一十四条** 股东会会议由董事会召集,董事长主持;董事长不能履行职务或者不履行职务的,由副董事长主持;副董事长不能履行职务或者不履行职务的,由过半数的董事共同推举一名董事主持。

董事会不能履行或者不履行召集股东会会议职责的,监事会应当及时召集和主持;监事会不召集和主持的,连续九十日以上单独或者合计持有公司百分之十以上股份的股东可以自行召集和主持。

单独或者合计持有公司百分之十以上股份的股东请求召开临时股东会会议的,董事会、监事会应当在收到请求之日起十日内作出是否召开临时股东会会议的决定,并书面答复股东。

**第一百一十五条** 召开股东会会议,应当将会议召开的时间、地点和审议的事项于会议召开二十日前通知各股东;临时股东会会议应当于会议召开十五日前通知各股东。

单独或者合计持有公司百分之一以上股份的股东,可以在股东会会议召开十日前提出临时提案并书面提交董事会。临时提案应当有明确议题和具体决议事项。董事会应当在收到提案后二日内通知其他股东,并将该临时提案提交股东会审议;但临时提案违反法律、行政法规或者公司章程的规定,或者不属于股东会职权范围的除外。公司不得提高提出临时提案股东的持股比例。

公开发行股份的公司,应当以公告方式作出前两款规定的通知。

股东会不得对通知中未列明的事项作出决议。

**第一百一十六条** 股东出席股东会会议,所持每一股份有一表决权,类别股除外。公司持有的本公司股份没有表决权。

股东会作出决议,应当经出席会议的股东所持表决权过半数通过。

股东会作出修改公司章程、增加或者减少注册资本的决议,以及公司合并、分立、解散或者变更公司形式的决议,应当经出席会议的股东所持表决权的三分之二以上通过。

**第一百一十七条** 股东会选举董事、监事,可以按照公司章程的规定或者股东会的决议,实行累积投票制。

本法所称累积投票制,是指股东会选举董事或者监事时,每一股份拥有与应选董事或者监事人数相同的表决权,股东拥有的表决权可以集中使用。

**《九民纪要》**

7.【表决权能否受限】股东认缴的出资未届履行期限,对未缴纳部分的出资是否享有以及如何行使表决权等问题,应当根据公司章程来确定。公司章程没有规定的,应当按照认缴出资的比例确定。如果股东(大)会作出不按认缴出资比例而按实际出资比例或者其他标准确定表决权的决议,股东请求确认决议无效的,人民法院应当审查该决议是否符合修改公司章程所要求的表决程序,即必须经代表三分之二以上表决权的股东通过。符合的,人民法院不予支持;反之,则依法予以支持。

**(二)公司的组织机构:董事会和经理**

(1)有限公司

**第六十七条** 有限责任公司设董事会,本法第七十五条另有规定的除外。

董事会行使下列职权:

(一)召集股东会会议,并向股东会报告工作;

(二)执行股东会的决议;

(三)决定公司的经营计划和投资方案;

(四)制订公司的利润分配方案和弥补亏损方案;

(五)制订公司增加或者减少注册资本以及发行公司债券的方案;

(六)制订公司合并、分立、解散或者变更公司形式的方案;

(七)决定公司内部管理机构的设置;

(八)决定聘任或者解聘公司经理及其报酬事项,并根据经理的提名决定聘任或者解聘公司副经理、财务负责人及其报酬事项;

(九)制定公司的基本管理制度;

(十)公司章程规定或者股东会授予的其他职权。

公司章程对董事会职权的限制不得对抗善意相对人。

**第六十八条** 有限责任公司董事会成员为三人以上,其成员中可以有公司职工代表。职工人数三百人以上的有限责任公司,除依法设监事会并有公司职工代表的外,其董事会成员中应当有公司职工代表。董事会中的职工代表由公司职工通过职工代表大会、职工大会或者其他形式民主选举产生。

董事会设董事长一人,可以设副董事长。董事长、副董事长的产生办法由公司章程规定。

**第六十九条** 有限责任公司可以按照公司章程的规定在董事会中设置由董事组成的审计委员会,行使本法规定的监事会的职权,不设监事会或者监事。公司董事会成员中的职工代表可以成为审计委员会成员。

**第七十三条** 董事会的议事方式和表决程序,除本法有规定的外,由公司章程规定。

董事会会议应当有过半数的董事出席方可举行。董事会作出决议,应当经全体董事的过半数通过。

董事会决议的表决,应当一人一票。

董事会应当对所议事项的决定作成会议记录,出席会议的董事应当在会议记录上签名。

**第七十四条** 有限责任公司可以设经理,由董事会决定聘任或者解聘。

经理对董事会负责,根据公司章程的规定或者董事会的授权行使职权。经理列席董事会会议。〔2017年真题~经理、监事、执行董事的职权〕

**第七十五条** 规模较小或者股东人数较少的有限责任公司,可以不设董事会,设一名董事,行使本法规定的董事会的职权。该董事可以兼任公司经理。

(2)股份公司

**第一百二十条** 股份有限公司设董事会,本法第一百二十八条另有规定的除外。

本法第六十七条、第六十八条第一款、第七十条、第七十一条的规定,适用于股份有限公司。

**第一百二十一条** 股份有限公司可以按照公司章程的规定在董事会中设置由董事组成的审计委员会,行使本法规定的监事会的职权,不设监事会或者监事。

审计委员会成员为三名以上,过半数成员不得在公司担任除董事以外的其他职务,且不得与公司存在任何可能影响其独立客观判断的关系。公司董事会成员中的职工代表可以成为审计委员会成员。

审计委员会作出决议,应当经审计委员会成员的过半数通过。

审计委员会决议的表决,应当一人一票。

审计委员会的议事方式和表决程序,除本法有规定的外,由公司章程规定。

公司可以按照公司章程的规定在董事会中设置其他委员会。

**第一百二十二条** 董事会设董事长一人,可以设副董事长。董事长和副董事长由董事会以全体董事的过半数选举产生。

董事长召集和主持董事会会议,检查董事会决议的实施情况。副董事长协助董事长工作,董事长不能履行职务或者不履行职务的,由副董事长履行职务;副董事长不能履行职务或者不履行职务的,由过半数的董事共同推举一名董事履行职务。

**第一百二十三条** 董事会每年度至少召开两次会议,每次会议应当于会议召开十日前通知全体董事和监事。

代表十分之一以上表决权的股东、三分之一以上董事或者监事会,可以提议召开临时董事会会议。董事长应当自接到提议后十日内,召集和主持董事会会议。

董事会召开临时会议,可以另定召集董事会的通知方式和通知时限。

**第一百二十四条** 董事会会议应当有过半数的董事出席方可举行。董事会作出决议,应当经全体董事的过半数通过。

董事会决议的表决,应当一人一票。

董事会应当对所议事项的决定作成会议记录,出席会议的董事应当在会议记录上签名。

**第一百二十五条** 董事会会议,应当由董事本人出席;董事因故不能出席,可以书面委托其他董事代为出席,委托书应当载明授权范围。

董事应当对董事会的决议承担责任。董事会的决议违反法律、行政法规或者公司章程、股东会决议,给公司造成严重损失的,参与决议的董事对公司负赔偿责任;经证明在表决时曾表明异议并记载于会议记录的,该董事可以免除责任。

**第一百二十六条** 股份有限公司设经理,由董事会决定聘任或者解聘。

经理对董事会负责,根据公司章程的规定或者董事会的授权行使职权。经理列席董事会会议。

**第一百二十七条** 公司董事会可以决定由董事会成员兼任经理。

**第一百二十八条** 规模较小或者股东人数较少的股份有限公司,可以不设董事会,设一名董事,行使本法规定的董事会的职权。该董事可以兼任公司经理。

**《公司法解释(五)》**

**第三条** 董事任期届满前被股东会或者股东大会有效决议解除职务,其主张解除不发生法律效力的,人民法院不予支持。

董事职务被解除后,因补偿与公司发生纠纷提起诉讼的,人民法院应当依据法律、行政法规、公司章程的规定或者合同的约定,综合考虑解除的原因、剩余任期、董事薪酬等因素,确定是否补偿以及补偿的合理数额。

**(三)公司的组织机构:监事会**

**(1)有限公司**

**第七十六条** 有限责任公司设监事会,本法第六十九条、第八十三条另有规定的除外。

监事会成员为三人以上。监事会成员应当包括股东代表和适当比例的公司职工代表,其中职工代表的比例不得低于三分之一,具体比例由公司章程规定。监事会中的职工代表由公司职工通过职工代表大会、职工大会或者其他形式民主选举产生。

监事会设主席一人,由全体监事过半数选举产生。监事会主席召集和主持监事会会议;监事会主席不能履行职务或者不履行职务的,由过半数的监事共同推举一名监事召集和主持监事会会议。

董事、高级管理人员不得兼任监事。〔2017 年真题~有限公司的组织机构〕

**第八十三条** 规模较小或者股东人数较少的有限责任公司,可以不设监事会,设一名监事,行使本法规定的监事会的职权;经全体股东一致同意,也可以不设监事。

**(2)股份公司**

**第一百三十条** 股份有限公司设监事会,本法第一百二十一条第一款、第一百三十三条另有规定的除外。

监事会成员为三人以上。监事会成员应当包括股东代表和适当比例的公司职工代表,其中职工代表的比例不得低于三分之一,具体比例由公司章程规定。监事会中的职工代表由公司职工通过职工代表大会、职工大会或者其他形式民主选举产生。

监事会设主席一人,可以设副主席。监事会主席和副主席由全体监事过半数选举产生。监事会主席不能履行职务或者不履行职务的,由监事会副主席召集和主持监事会会议;监事会副主席不能履行职务或者不履行职务的,由过半数的监事共同推举一名监事召集和主持监事会会议。

董事、高级管理人员不得兼任监事。

本法第七十七条关于有限责任公司监事任期的规定,适用于股份有限公司监事。

**第一百三十三条** 规模较小或者股东人数较少的股份有限公司,可以不设监事会,设一名监事,行使本法规定的监事会的职权。

**(四)股东会、董事会决议效力**

**第二十五条** 公司股东会、董事会的决议内容违反法律、行政法规的无效。

**第二十六条** 公司股东会、董事会的会议召集程序、表决方式违反法律、行政法规或者公司章程,或者决议内容违反公司章程的,股东自决议作出之日起六十日内,可以请求人民法院撤销。但是,股东会、董事会的会议召集程序或者表决方式仅有轻微瑕疵,对决议未产生实质影响的除外。

未被通知参加股东会会议的股东自知道或者应当知道股东会决议作出之日起六十日内,可以请求人民法院撤销;自决议作出之日起一年内没有行使撤销权的,撤销权消灭。

**第二十七条** 有下列情形之一的,公司股东会、董事会的决议不成立:

(一)未召开股东会、董事会会议作出决议;

(二)股东会、董事会会议未对决议事项进行表决;

(三)出席会议的人数或者所持表决权未达到本法或者公司章程规定的人数或者所持表决权数;

(四)同意决议事项的人数或者所持表决权数未达到本法或者公司章程规定的人数或者所持表决权数。

**第二十八条** 公司股东会、董事会决议被人民法院宣告无效、撤销或者确认不成立的,公司应当向公司登记机关申请撤销根据该决议已办理的登记。

股东会、董事会决议被人民法院宣告无效、撤销或者确认不成立的,公司根据该决议与善意相对人形成的民事法律关系不受影响。

**考点13 公司担保**

**(一)一般规定**

**第十五条** 公司向其他企业投资或者为他人提供担保,按照公司章程的规定,由董事会或者股东会决议;公司章程对投资或者担保的总额及单项投资或者担保的数额有限额规定的,不得超过规定的限额。

公司为公司股东或者实际控制人提供担保的,应当经股东会决议。

前款规定的股东或者受前款规定的实际控制人支配的股东,不得参加前款规定事项的表决。该项表决由出席会议的其他股东所持表决权的过半数通过。〔2023 年回忆~公司担保;2022 年回忆~转投资及担保的程序制度〕

**《民法典担保制度解释》**

**第七条** 公司的法定代表人违反公司法关于公司对外担保决议程序的规定,超越权限代表公司与相对人订立担保合同,人民法院应当依照民法典第六十一条和第五百零四条等规定处理:

(一)相对人善意的,担保合同对公司发生效力;相对人请求公司承担担保责任的,人民法院应予支持。

(二)相对人非善意的,担保合同对公司不发生效力;相对人请求公司承担赔偿责任的,参照适用本解释第十七条的有关规定。

法定代表人超越权限提供担保造成公司损失,公司请求法定代表人承担赔偿责任的,人民法院应予支持。

第一款所称善意,是指相对人在订立担保合同时不知道且不应当知道法定代表人超越权限。相对人有证据证明已对公司决议进行了合理审查,人民法院应当认定其构成善意,但是公司有证据证明相对人知道或者应当知道决议系伪造、变造的除外。

第八条 有下列情形之一,公司以其未依照公司法关于公司对外担保的规定作出决议为由主张不承担担保责任的,人民法院不予支持:

(一)金融机构开立保函或者担保公司提供担保;

(二)公司为其全资子公司开展经营活动提供担保;

(三)担保合同系由单独或者共同持有公司三分之二以上对担保事项有表决权的股东签字同意。

上市公司对外提供担保,不适用前款第二项、第三项的规定。

第十条 一人有限责任公司为其股东提供担保,公司以违反公司法关于公司对外担保决议程序的规定为由主张不承担担保责任的,人民法院不予支持。公司因承担担保责任导致无法清偿其他债务,提供担保时的股东不能证明公司财产独立于自己的财产,其他债权人请求该股东承担连带责任的,人民法院应予支持。

第十二条 法定代表人依照民法典第五百五十二条的规定以公司名义加入债务的,人民法院在认定该行为的效力时,可以参照本解释关于公司为他人提供担保的有关规则处理。

第十七条 主合同有效而第三人提供的担保合同无效,人民法院应当区分不同情形确定担保人的赔偿责任:

(一)债权人与担保人均有过错的,担保人承担的赔偿责任不应超过债务人不能清偿部分的二分之一;

(二)担保人有过错而债权人无过错的,担保人对债务人不能清偿的部分承担赔偿责任;

(三)债权人有过错而担保人无过错的,担保人不承担赔偿责任。

主合同无效导致第三人提供的担保合同无效,担保人无过错的,不承担赔偿责任;担保人有过错的,其承担的赔偿责任不应超过债务人不能清偿部分的三分之一。

**《九民纪要》**

17.【违反《公司法》第16条①构成越权代表】为防止法定代表人随意代表公司为他人提供担保给公司造成损失,损害中小股东利益,《公司法》第16条对法定代表人的代表权进行了限制。根据该条规定,担保行为不是法定代表人所能单独决定的事项,而必须以公司股东(大)会、董事会等公司机关的决议作为授权的基础和来源。法定代表人未经授权擅自为他人提供担保的,构成越权代表,人民法院应当根据《合同法》第50条关于法定代表人越权代表的规定,区分订立合同时债权人是否善意分别认定合同效力:债权人善意的,合同有效;反之,合同无效。

18.【善意的认定】前条所称的善意,是指债权人不知道或者不应当知道法定代表人超越权限订立担保合同。《公司法》第16条对关联担保和非关联担保的决议机关

作出了区别规定,相应地,在善意的判断标准上也应当有所区别。一种情形是,为公司股东或者实际控制人提供关联担保,《公司法》第16条明确规定必须由股东(大)会决议,未经股东(大)会决议,构成越权代表。在此情况下,债权人主张担保合同有效,应当提供证据证明其在订立合同时对股东(大)会决议进行了审查,决议的表决程序符合《公司法》第16条的规定,即在排除被担保股东表决权的情况下,该项表决由出席会议的其他股东所持表决权的过半数通过,签字人员也符合公司章程的规定。另一种情形是,公司为公司股东或者实际控制人以外的人提供非关联担保,根据《公司法》第16条的规定,此时由公司章程规定是由董事会决议还是股东(大)会决议。无论章程是否对决议机关作出规定,也无论章程规定决议机关为董事会还是股东(大)会,根据《民法总则》第61条第3款关于"法人章程或者法人权力机构对法定代表人代表权的限制,不得对抗善意相对人"的规定,只要债权人能够证明其在订立担保合同时对董事会决议或者股东(大)会决议进行了审查,同意决议的人数及签字人员符合公司章程的规定,就应当认定其构成善意,但公司能够证明债权人明知公司章程对决议机关有明确规定的除外。

债权人对公司机关决议内容的审查一般限于形式审查,只要求尽到必要的注意义务即可,标准不宜太过严苛。公司以机关决议系法定代表人伪造或者变造、决议程序违法、签章(名)不实、担保金额超过法定限额等事由抗辩债权人非善意的,人民法院一般不予支持。但是,公司有证据证明债权人明知决议系伪造或者变造的除外。

21.【权利救济】法定代表人的越权担保行为给公司造成损失,公司请求法定代表人承担赔偿责任的,人民法院依法予以支持。公司没有提起诉讼,股东依据《公司法》第151条的规定请求法定代表人承担赔偿责任的,人民法院依法予以支持。

**(二)上市公司担保的特殊规定**

第一百三十五条 上市公司在一年内购买、出售重大资产或者向他人提供担保的金额超过公司资产总额百分之三十的,应当由股东会作出决议,并经出席会议的股东所持表决权的三分之二以上通过。

**《民法典担保制度解释》**

第九条 相对人根据上市公司公开披露的关于担保事项已经董事会或者股东大会决议通过的信息,与上市公司订立担保合同,相对人主张担保合同对上市公司发生效力,并由上市公司承担担保责任的,人民法院应予支持。

相对人未根据上市公司公开披露的关于担保事项已经董事会或者股东大会决议通过的信息,与上市公司订立担保合同,上市公司主张担保合同对其不发生效力,且不承担担保责任或者赔偿责任的,人民法院应予支持。

相对人与上市公司已公开披露的控股子公司订立的

---

① 现为第15条,下同。

担保合同,或者相对人与股票在国务院批准的其他全国性证券交易场所交易的公司订立的担保合同,适用前两款规定。

### 考点 14 公司董事、监事、高级管理人员的资格和义务

#### (一)任职资格

**第一百七十八条** 有下列情形之一的,不得担任公司的董事、监事、高级管理人员:

(一)无民事行为能力或者限制民事行为能力;

(二)因贪污、贿赂、侵占财产、挪用财产或者破坏社会主义市场经济秩序,被判处刑罚,或者因犯罪被剥夺政治权利,执行期满未逾五年,被宣告缓刑的,自缓刑考验期满之日起未逾二年;

(三)担任破产清算的公司、企业的董事或者厂长、经理,对该公司、企业的破产负有个人责任的,自该公司、企业破产清算完结之日起未逾三年;

(四)担任因违法被吊销营业执照、责令关闭的公司、企业的法定代表人,并负有个人责任的,自该公司、企业被吊销营业执照、责令关闭之日起未逾三年;

(五)个人因所负数额较大债务到期未清偿被人民法院列为失信被执行人。

违反前款规定选举、委派董事、监事或者聘任高级管理人员的,该选举、委派或者聘任无效。

董事、监事、高级管理人员在任职期间出现本条第一款所列情形的,公司应当解除其职务。

#### (二)义务

(1)忠实、勤勉义务

**第一百八十条** 董事、监事、高级管理人员对公司负有忠实义务,应当采取措施避免自身利益与公司利益冲突,不得利用职权牟取不正当利益。

董事、监事、高级管理人员对公司负有勤勉义务,执行职务应当为公司的最大利益尽到管理者通常应有的合理注意。

公司的控股股东、实际控制人不担任公司董事但实际执行公司事务的,适用前两款规定。

(2)约束自我交易

**第一百八十二条** 董事、监事、高级管理人员,直接或者间接与本公司订立合同或者进行交易,应当就与订立合同或者进行交易有关的事项向董事会或者股东会报告,并按照公司章程的规定经董事会或者股东会决议通过。

董事、监事、高级管理人员的近亲属,董事、监事、高级管理人员或者其近亲属直接或者间接控制的企业,以及与董事、监事、高级管理人员有其他关联关系的关联人,与公司订立合同或者进行交易,适用前款规定。

(3)谋取商业机会限制

**第一百八十三条** 董事、监事、高级管理人员,不得利用职务便利为自己或他人谋取属于公司的商业机会。但是,有下列情形之一的除外:

(一)向董事会或者股东会报告,并按照公司章程的规定经董事会或者股东会决议通过;

(二)根据法律、行政法规或者公司章程的规定,公司不能利用该商业机会。

(4)竞业限制

**第一百八十四条** 董事、监事、高级管理人员未向董事会或者股东会报告,并按照公司章程的规定经董事会或者股东会决议通过,不得自营或者为他人经营与其任职公司同类的业务。

(5)关联董事回避义务

**第一百八十五条** 董事会对本法第一百八十二条至第一百八十四条规定的事项决议时,关联董事不得参与表决,其表决权不计入表决权总数。出席董事会会议的无关联关系董事人数不足三人的,应当将该事项提交股东会审议。

(6)非法收入归属

**第一百八十六条** 董事、监事、高级管理人员违反本法第一百八十一条至第一百八十四条规定所得的收入应当归公司所有。

#### (三)责任承担

**第一百九十一条** 董事、高级管理人员执行职务,给他人造成损害的,公司应当承担赔偿责任;董事、高级管理人员存在故意或者重大过失的,也应当承担赔偿责任。

**第一百九十二条** 公司的控股股东、实际控制人指示董事、高级管理人员从事损害公司或者股东利益的行为的,与该董事、高级管理人员承担连带责任。

**第一百九十三条** 公司可以在董事任职期间为董事因执行公司职务承担的赔偿责任投保责任保险。

公司为董事投保责任保险或者续保后,董事会应当向股东会报告责任保险的投保金额、承保范围及保险费率等内容。

### 考点 15 公司的财务会计报告制度

**第二百零八条** 公司应当在每一会计年度终了时编制财务会计报告,并依法经会计师事务所审计。

财务会计报告应当依照法律、行政法规和国务院财政部门的规定制作。

**第二百零九条** 有限责任公司应当按照公司章程规定的期限将财务会计报告送交各股东。

股份有限公司的财务会计报告应当在召开股东会年会的二十日前置备于本公司,供股东查阅;公开发行股份的股份有限公司应当公告其财务会计报告。

### 考点 16 公司的收益分配制度

**第二百一十条** 公司分配当年税后利润时,应当提取利润的百分之十列入公司法定公积金。公司法定公积金累计额为公司注册资本的百分之五十以上的,可以不再提取。

公司的法定公积金不足以弥补以前年度亏损的,在依照前款规定提取法定公积金之前,应当先用当年利润弥补亏损。

公司从税后利润中提取法定公积金后,经股东会决议,还可以从税后利润中提取任意公积金。

公司弥补亏损和提取公积金后所余税后利润,有限责任公司按照股东实缴的出资比例分配利润,全体股东约定不按照出资比例分配利润的除外;股份有限公司按照股东所持有的股份比例分配利润,公司章程另有规定的除外。

公司持有的本公司股份**不得**分配利润。〔2021 年回忆~利润分配、表决权的行使;2010 年真题~股东的利润分配请求权〕

第二百一十一条 公司违反本法规定向股东分配利润的,股东应当将违反规定分配的利润退还公司;给公司造成损失的,股东及负有责任的董事、监事、高级管理人员应当承担赔偿责任。

第二百一十二条 股东会作出分配利润的决议的,董事会应当在股东会决议作出之日起六个月内进行分配。

第二百一十三条 公司以超过股票票面金额的发行价格发行股份所得的溢价款、发行无面额股所得股款未计入注册资本的金额以及国务院财政部门规定列入资本公积金的其他项目,应当列为公司资本公积金。

第二百一十四条 公司的公积金用于弥补公司的亏损、扩大公司生产经营或者转为增加公司注册资本。

公积金弥补公司亏损,应当先使用任意公积金和法定公积金;仍不能弥补的,可以按照规定使用资本公积金。

法定公积金转为增加注册资本时,所留存的该项公积金不得少于转增前公司注册资本的百分之二十五。

**考点 17** 公司合并和分立
(一)公司合并
第二百一十八条 公司合并可以采取吸收合并或者新设合并。

一个公司吸收其他公司为吸收合并,被吸收的公司解散。两个以上公司合并设立一个新的公司为新设合并,合并各方解散。

第二百一十九条 公司与其持股百分之九十以上的公司合并,被合并的公司不需经股东会决议,但应当通知其他股东,其他股东有权请求公司按照合理的价格收购其股权或者股份。

公司合并支付的价款不超过本公司净资产百分之十的,可以不经股东会决议;但是,公司章程另有规定的除外。

公司依照前两款规定合并不经股东会决议的,应当经董事会决议。

第二百二十条 公司合并,应当由合并各方签订合并协议,并编制资产负债表及财产清单。公司应当自作出合并决议之日起十日内通知债权人,并于三十日内在报纸上或者国家企业信用信息公示系统公告。债权人自接到通知之日起三十日内,未接到通知的自公告之日起四十五日内,可以要求公司清偿债务或者提供相应的担保。

第二百二十一条 公司合并时,合并各方的债权、债务,应当由合并后存续的公司或者新设的公司承继。

(二)公司分立
第二百二十二条 公司分立,其财产作相应的分割。

公司分立,应当编制资产负债表及财产清单。公司应当自作出分立决议之日起十日内通知债权人,并于三十日内在报纸上或者国家企业信用信息公示系统公告。

第二百二十三条 公司分立前的债务由分立后的公司承担连带责任。但是,公司在分立前与债权人就债务清偿达成的书面协议另有约定的除外。

**考点 18** 公司形式变更
第一百零八条 有限责任公司变更为股份有限公司时,折合的实收股本总额不得高于公司净资产额。有限责任公司变更为股份有限公司,为增加注册资本公开发行股份时,应当依法办理。

《公司法》
第六十六条第三款 股东会作出修改公司章程、增加或者减少注册资本的决议,以及公司合并、分立、解散或者变更公司形式的决议,应当经代表三分之二以上表决权的股东通过。

第一百一十六条第三款 股东会作出修改公司章程、增加或者减少注册资本的决议,以及公司合并、分立、解散或者变更公司形式的决议,应当经出席会议的股东所持表决权的三分之二以上通过。

**考点 19** 公司增资和减资(注册资本变更)
(一)减资
第二百二十四条 公司减少注册资本,应当编制资产负债表及财产清单。

公司应当自股东会作出减少注册资本决议之日起十日内通知债权人,并于三十日内在报纸上或者国家企业信用信息公示系统公告。债权人自接到通知之日起三十日内,未接到通知的自公告之日起四十五日内,有权要求公司清偿债务或者提供相应的担保。

公司减少注册资本,应当按照股东出资或者持有股份的比例相应减少出资额或者股份,法律另有规定、有限责任公司全体股东另有约定或者股份有限公司章程另有规定的除外。

第二百二十五条 公司依照本法第二百一十四条第二款的规定弥补亏损后,仍有亏损的,可以减少注册资本弥补亏损。减少注册资本弥补亏损的,公司不得向股东分配,也不得免除股东缴纳出资或者股款的义务。

依照前款规定减少注册资本的,不适用前条第二款的规定,但应当自股东会作出减少注册资本决议之日起三十日内在报纸上或者国家企业信用信息公示系统公告。

公司依照前两款的规定减少注册资本后,在法定公积金和任意公积金累计额达到公司注册资本百分之五十前,不得分配利润。

第二百二十六条 违反本法规定减少注册资本的,股东应当退还其收到的资金,减免股东出资的应当恢复原状;给公司造成损失的,股东及负有责任的董事、监事、高级管理人员应当承担赔偿责任。

**(二)增资**

**第二百二十七条** 有限责任公司增加注册资本时，股东在同等条件下有权<u>优先</u>按照实缴的出资比例认缴出资。但是，全体股东约定不按照出资比例优先认缴出资的除外。

股份有限公司为增加注册资本发行新股时，股东<u>不享有优先认购权</u>，公司章程另有规定或者股东会决议决定股东享有优先认购权的除外。

**第二百二十八条** 有限责任公司增加注册资本时，股东认缴新增资本的出资，依照本法设立有限责任公司缴纳出资的有关规定执行。

股份有限公司为增加注册资本发行新股时，股东认购新股，依照本法设立股份有限公司缴纳股款的有关规定执行。

### 考点21 公司的解散与清算

**(一)公司的解散**

(1)一般解散

**第二百二十九条** 公司因下列原因解散：

(一)公司章程规定的营业期限届满或者公司章程规定的其他解散事由出现；

(二)股东会决议解散；

(三)因公司合并或者分立需要解散；

(四)依法被吊销营业执照、责令关闭或者被撤销；

(五)人民法院依照本法第二百三十一条的规定予以解散。

公司出现前款规定的解散事由，应当在<u>十日内</u>将解散事由通过国家企业信用信息公示系统予以<u>公示</u>。

**第二百三十条** 公司有前条第一款第一项、第二项情形，且尚未向股东分配财产的，可以通过修改公司章程或者经股东会决议而存续。

依照前款规定修改公司章程或者经股东会决议，有限责任公司须经持有<u>三分之二以上</u>表决权的股东通过，股份有限公司须经出席股东会会议的股东所持表决权的<u>三分之二以上</u>通过。

(2)司法解散

**第二百三十一条** 公司经营管理发生严重困难，继续存续会使股东利益受到<u>重大损失</u>，通过<u>其他途径不能解决</u>的，持有公司<u>百分之十以上</u>表决权的股东，可以请求人民法院解散公司。〔2017 年真题~公司解散；2012 年真题~公司解散之诉〕

**《公司法解释(二)》**

**第一条** 单独或者合计持有公司全部股东表决权百分之十以上的股东，以下列事由之一提起解散公司诉讼，并符合公司法第一百八十二条(现为第二百三十一条)规定的，人民法院应予受理：

(一)公司持续两年以上无法召开股东会或者股东大会，公司经营管理发生严重困难的；

(二)股东表决时无法达到法定或者公司章程规定的比例，持续两年以上不能做出有效的股东会或

者股东大会决议，公司经营管理发生严重困难的；

(三)公司董事长期冲突，且无法通过股东会或者股东大会解决，公司经营管理发生严重困难的；

(四)经营管理发生其他严重困难，公司继续存续会使股东利益受到重大损失的情形。

股东以知情权、利润分配请求权等权益受到损害，或者公司亏损、财产不足以偿还全部债务，以及公司被吊销企业法人营业执照未进行清算等为由，提起解散公司诉讼的，人民法院不予受理。〔2017 年真题~司法解散〕

**第二条** 股东提起解散公司诉讼，同时又申请人民法院对公司进行清算的，人民法院对其提出的清算申请不予受理。人民法院可以告知原告，在人民法院判决解散公司后，依据民法典第七十条、公司法第一百八十三条(现为第二百三十二、二百三十三条)和本规定第七条的规定，自行组织清算或者另行申请人民法院对公司进行清算。

**第三条** 股东提起解散公司诉讼时，向人民法院申请财产保全或者证据保全的，在股东提供担保且不影响公司正常经营的情形下，人民法院可予以保全。

**第四条** 股东提起解散公司诉讼应当以公司为被告。

原告以其他股东为被告一并提起诉讼的，人民法院应当告知原告将其他股东变更为第三人；原告坚持不予变更的，人民法院应当驳回原告对其他股东的起诉。

原告提起解散公司诉讼应当告知其他股东，或者由人民法院通知其参加诉讼。其他股东或者有关利害关系人申请以共同原告或者第三人身份参加诉讼的，人民法院应予准许。

**第五条** 人民法院审理解散公司诉讼案件，应当注重调解。当事人协商同意由公司或者股东收购股份，或者以减资等方式使公司存续，且不违反法律、行政法规强制性规定的，人民法院应当支持。当事人不能协商一致使公司存续的，人民法院应当及时判决。

经人民法院调解公司收购原告股份的，公司应当自调解书生效之日起六个月内将股份转让或者注销。股份转让或者注销之前，原告不得以公司收购其股份为由对抗公司债权人。

**第六条** 人民法院关于解散公司诉讼作出的判决，对公司全体股东具有法律约束力。

人民法院判决驳回解散公司诉讼请求后，提起该诉讼的股东或者其他股东又以同一事实和理由提起解散公司诉讼的，人民法院不予受理。

**(二)公司的清算**

(1)清算的类别

**1** 自行清算

**第二百三十二条** 公司因本法第二百二十九条第一款第一项、第二项、第四项、第五项规定而解散的，应当清算。<u>董事为公司清算义务人</u>，应当在解散事由出现之日起<u>十五日内</u>组成清算组进行清算。

清算组由董事组成，但是公司章程另有规定或者股东会决议另选他人的除外。

清算义务人未及时履行清算义务，给公司或者债权人造成损失的，<u>应当承担赔偿责任</u>。〔2017 年真题~司法解散判决后的公司清算与注销问题〕

**第二百三十三条** 公司依照前条第一款的规定应当清算,逾期不成立清算组进行清算或者成立清算组后不清算的,利害关系人可以申请人民法院指定有关人员组成清算组进行清算。人民法院应当受理该申请,并及时组织清算组进行清算。

公司因本法第二百二十九条第一款第四项的规定而解散的,作出吊销营业执照、责令关闭或者撤销决定的部门或者公司登记机关,可以申请人民法院指定有关人员组成清算组进行清算。〔2017 年真题~司法解散判决后的公司清算与注销问题〕

**《公司法解释(二)》**

第七条 公司应当依照民法典第七十条、公司法第一百八十三条(现为第二百三十二、二百三十三条)的规定,在解散事由出现之日起十五日内成立清算组,开始自行清算。

有下列情形之一,债权人、公司股东、董事或其他利害关系人申请人民法院指定清算组进行清算的,人民法院应予受理:

(一)公司解散逾期不成立清算组进行清算的;

(二)虽然成立清算组但故意拖延清算的;

(三)违法清算可能严重损害债权人或者股东利益的。

第八条 人民法院受理公司清算案件,应当及时指定有关人员组成清算组。

清算组成员可以从下列人员或者机构中产生:

(一)公司股东、董事、监事、高级管理人员;

(二)依法设立的律师事务所、会计师事务所、破产清算事务所等社会中介机构;

(三)依法设立的律师事务所、会计师事务所、破产清算事务所等社会中介机构中具备相关专业知识并取得执业资格的人员。

第十条 公司依法清算结束并办理注销登记前,有关公司的民事诉讼,应当以公司的名义进行。

公司成立清算组的,由清算组负责人代表公司参加诉讼;尚未成立清算组的,由原法定代表人代表公司参加诉讼。

第十八条 有限责任公司的股东、股份有限公司的董事和控股股东未在法定期限内成立清算组开始清算,导致公司财产贬值、流失、毁损或者灭失,债权人主张其在造成损失范围内对公司债务承担赔偿责任的,人民法院应依法予以支持。

有限责任公司的股东、股份有限公司的董事和控股股东因怠于履行义务,导致公司主要财产、账册、重要文件等灭失,无法进行清算,债权人主张其对公司债务承担连带清偿责任的,人民法院应依法予以支持。

上述情形系实际控制人原因造成,债权人主张实际控制人对公司债务承担相应民事责任的,人民法院应依法予以支持。

第十九条 有限责任公司的股东、股份有限公司的董事和控股股东,以及公司的实际控制人在公司解散后,

恶意处置公司财产给债权人造成损失,或者未经依法清算,以虚假的清算报告骗取公司登记机关办理法人注销登记,债权人主张其对公司债务承担相应赔偿责任的,人民法院应依法予以支持。

第二十条 公司解散应当在依法清算完毕后,申请办理注销登记。公司未经清算即办理注销登记,导致公司无法进行清算,债权人主张有限责任公司的股东、股份有限公司的董事和控股股东,以及公司的实际控制人对公司债务承担清偿责任的,人民法院应依法予以支持。

公司未经依法清算即办理注销登记,股东或者第三人在公司登记机关办理注销登记时承诺对公司债务承担责任,债权人主张其对公司债务承担相应民事责任的,人民法院应依法予以支持。

第二十一条 按照本规定第十八条和第二十条第一款的规定应当承担责任的有限责任公司的股东、股份有限公司的董事和控股股东,以及公司的实际控制人为二人以上的,其中一人或者数人依法承担民事责任后,主张其他人员按照过错大小分担责任的,人民法院应依法予以支持。

第二十二条 公司解散时,股东尚未缴纳的出资均应作为清算财产。股东尚未缴纳的出资,包括到期应缴未缴的出资,以及依照公司法第二十六条和第八十条(现为第四十七条和第九十六条)的规定分期缴纳尚未届满缴纳期限的出资。

公司财产不足以清偿债务时,债权人主张未缴出资股东,以及公司设立时的其他股东或者发起人在未缴出资范围内对公司债务承担连带清偿责任的,人民法院应依法予以支持。

**《九民纪要》**

14.【怠于履行清算义务的认定】公司法司法解释(二)第18条第2款规定的"怠于履行义务",是指有限责任公司的股东在法定清算事由出现后,在能够履行清算义务的情况下,故意拖延、拒绝履行清算义务,或者因过失导致无法进行清算的消极行为。股东举证证明其已经为履行清算义务采取了积极措施,或者小股东举证证明其既不是公司董事会或者监事会成员,也没有选派人员担任该机关成员,且从未参与公司经营管理,以不构成"怠于履行义务"为由,主张其不应当对公司债务承担连带清偿责任的,人民法院依法予以支持。

15.【因果关系抗辩】有限责任公司的股东举证证明其"怠于履行义务"的消极不作为与"公司主要财产、账册、重要文件等灭失,无法进行清算"的结果之间没有因果关系,主张其不应对公司债务承担连带清偿责任的,人民法院依法予以支持。

16.【诉讼时效期间】公司债权人请求股东对公司债务承担连带清偿责任,股东以公司对公司的债权已经超过诉讼时效期间为由抗辩,经查证属实的,人民法院依法予以支持。

公司债权人以公司法司法解释(二)第18条第2款为依据,请求有限责任公司的股东对公司债务承担连带清偿责任的,诉讼时效期间自公司债权人知道或者应当

知道公司无法进行清算之日起计算。

（2）清算组的职责

**第二百三十四条** 清算组在清算期间行使下列职权：

（一）清理公司财产，分别编制资产负债表和财产清单；

（二）通知、公告债权人；

（三）处理与清算有关的公司未了结的业务；

（四）清缴所欠税款以及清算过程中产生的税款；

（五）清理债权、债务；

（六）分配公司清偿债务后的剩余财产；

（七）代表公司参与民事诉讼活动。〔2017 年真题～司法解散判决后的公司清算与注销问题〕

（3）申报债权

**第二百三十五条** 清算组应当自成立之日起十日内通知债权人，并于六十日内在报纸上或者国家企业信用信息公示系统公告。债权人应当自接到通知之日起三十日内，未接到通知的自公告之日起四十五日内，向清算组申报其债权。

债权人申报债权，应当说明债权的有关事项，并提供证明材料。清算组应当对债权进行登记。

在申报债权期间，清算组不得对债权人进行清偿。

**《公司法解释（二）》**

第十三条 债权人在规定的期限内未申报债权，在公司清算程序终结前补充申报的，清算组应予登记。

公司清算程序终结，是指清算报告经股东会、股东大会或者人民法院确认完毕。

第十四条 债权人补充申报的债权，可以在公司尚未分配财产中依法清偿。公司尚未分配财产不能全额清偿，债权人主张股东以其在剩余财产分配中已经取得的财产予以清偿的，人民法院应予支持；但债权人因重大过错未在规定期限内申报债权的除外。

债权人或者清算组，以公司尚未分配财产和股东在剩余财产分配中已经取得的财产，不能全额清偿补充申报的债权为由，向人民法院提出破产清算申请的，人民法院不予受理。

（4）清算方案与财产分配顺序

**第二百三十六条** 清算组在清理公司财产、编制资产负债表和财产清单后，应当制订清算方案，并报股东会或者人民法院确认。

公司财产在分别支付清算费用、职工的工资、社会保险费用和法定补偿金，缴纳所欠税款，清偿公司债务后的剩余财产，有限责任公司按照股东的出资比例分配，股份有限公司按照股东持有的股份比例分配。

清算期间，公司存续，但不得开展与清算无关的经营活动。公司财产在未依照前款规定清偿前，不得分配给股东。

（5）清算转破产

**第二百三十七条** 清算组在清理公司财产、编制资产负债表和财产清单后，发现公司财产不足清偿债务的，应当依法向人民法院申请破产清算。

人民法院受理破产申请后，清算组应当将清算事务移交给人民法院指定的破产管理人。〔2017 年真题～司法解散判决后的公司清算与注销问题〕

（6）注销登记

**第二百三十九条** 公司清算结束后，清算组应当制作清算报告，报股东会或者人民法院确认，并报送公司登记机关，申请注销公司登记。〔2017 年真题～司法解散判决后的公司清算与注销问题〕

**第二百四十条** 公司在存续期间未产生债务，或者已清偿全部债务的，经全体股东承诺，可以按照规定通过简易程序注销公司登记。

通过简易程序注销公司登记，应当通过国家企业信用信息公示系统予以公告，公告期限不少于二十日。公告期限届满后，未有异议的，公司可以在二十日内向公司登记机关申请注销公司登记。

公司通过简易程序注销公司登记，股东对本条第一款规定的内容承诺不实的，应当对注销登记前的债务承担连带责任。

**第二百四十一条** 公司被吊销营业执照、责令关闭或者被撤销，满三年未向公司登记机关申请注销公司登记的，公司登记机关可以通过国家企业信用信息公示系统予以公告，公告期限不少于六十日。公告期限届满后，未有异议的，公司登记机关可以注销公司登记。

依照前款规定注销公司登记的，原公司股东、清算义务人的责任不受影响。

**考点 22** 有限责任公司的设立

**第四十二条** 有限责任公司由一个以上五十个以下股东出资设立。

**第四十七条** 有限责任公司的注册资本为在公司登记机关登记的全体股东认缴的出资额。全体股东认缴的出资额由股东按照公司章程的规定自公司成立之日起五年内缴足。

法律、行政法规以及国务院决定对有限责任公司注册资本实缴、注册资本最低限额、股东出资期限另有规定的，从其规定。

**考点 23** 有限责任公司的股权转让

（一）一般规定

**第八十四条** 有限责任公司的股东之间可以相互转让其全部或者部分股权。

股东向股东以外的人转让股权的，应当将股权转让的数量、价格、支付方式和期限等事项书面通知其他股东，其他股东在同等条件下有优先购买权。股东自接到书面通知之日起三十日内未答复的，视为放弃优先购买权。两个以上股东行使优先购买权的，协商确定各自的购买比例；协商不成的，按照转让时各自的出资比例行使优先购买权。

公司章程对股权转让另有规定的，从其规定。〔2023 年回忆～股权转让；2020 年回忆～股权转让；2018 年回忆～股权对外转让；2010 年真题～股权对内转让〕

**《公司法解释（四）》**

第十八条 人民法院在判断是否符合公司法第七十一条第三款（现为第八十四条第二款）及本规定所称的"同等条件"时，应当考虑转让股权的数量、价格、支付方式及期限等因素。

第二十一条 有限责任公司的股东向股东以外的人转让股权，未就其股权转让事项征求其他股东意见，或者以欺诈、恶意串通等手段，损害其他股东优先购买权，其他股东主张按照同等条件购买该转让股权的，人民法院应当予以支持，但其他股东自知道或者应当知道行使优先购买权的同等条件之日起三十日内没有主张，或者自股权变更登记之日起超过一年的除外。

前款规定的其他股东仅提出确认股权转让合同及股权变动效力等请求，未同时主张按照同等条件购买转让股权的，人民法院不予支持，但其他股东非因自身原因导致无法行使优先购买权，请求损害赔偿的除外。

股东以外的股权受让人，因股东行使优先购买权而不能实现合同目的的，可以依法请求转让股东承担相应民事责任。

**《民法典》**

第三百一十一条 ［善意取得］无处分权人将不动产或者动产转让给受让人的，所有权人有权追回；除法律另有规定外，符合下列情形的，受让人取得该不动产或者动产的所有权：

（一）受让人受让该不动产或者动产时是善意；

（二）以合理的价格转让；

（三）转让的不动产或者动产依照法律规定应当登记的已经登记，不需要登记的已经交付给受让人。

受让人依据前款规定取得不动产或者动产的所有权的，原所有权人有权向无处分权人请求损害赔偿。

当事人善意取得其他物权的，参照适用前两款规定。

［2019年回忆~名义股东处分其名下股权;2017年真题~股权对外转让,股权的善意取得］

第四百四十三条 ［基金份额质权、股权质权］以基金份额、股权出质的，质权自办理出质登记时设立。

基金份额、股权出质后，不得转让，但是出质人与质权人协商同意的除外。出质人转让基金份额、股权所得的价款，应当向质权人提前清偿债务或者提存。［2019年回忆~股权质押;2012年真题~股权质押］

**《民法典担保制度解释》**

第六十三条 债权人与担保人订立担保合同，约定以法律、行政法规尚未规定可以担保的财产权利设立担保，当事人主张合同无效的，人民法院不予支持。当事人未在法定的登记机构依法进行登记，主张该担保具有物权效力的，人民法院不予支持。

第六十八条 债务人或者第三人与债权人约定将财产形式上转移至债权人名下，债务人不履行到期债务，债权人有权对财产折价或者以拍卖、变卖该财产所得价款偿还债务的，人民法院应当认定该约定有效。当事人已经完成财产权利变动的公示，债务人不履行到期债务，债权人请求参照民法典关于担保物权的有关规定就该财产优先受偿的，人民法院应予支持。

债务人或者第三人与债权人约定将财产形式上转移至债权人名下，债务人不履行到期债务，财产归债权人所有的，人民法院应当认定约定无效，但是不影响当事人有关提供担保的意思表示的效力。当事人已经完成财产权利变动的公示，债务人不履行到期债务，债权人请求对该财产享有所有权的，人民法院不予支持；债权人请求参照民法典关于担保物权的规定对财产折价或者以拍卖、变卖该财产所得的价款优先受偿的，人民法院应予支持；债务人履行债务后请求返还财产，或者请求对财产折价或者以拍卖、变卖所得的价款清偿债务的，人民法院应予支持。

债务人与债权人约定将财产转移至债权人名下，在一定期间后再由债务人或者其指定的第三人以交易本金加上溢价款回购，债务人到期不履行回购义务，财产归债权人所有的，人民法院应当参照第二款规定处理。回购对象自始不存在的，人民法院应当依照民法典第一百四十六条第二款的规定，按照其实际构成的法律关系处理。［2022年回忆~股权让与担保;2021年回忆~股权让与担保］

第六十九条 股东以将其股权转移至债权人名下的方式为债务履行提供担保，公司或者公司的债权人以股东未履行或者未全面履行出资义务、抽逃出资等为由，请求作为名义股东的债权人与股东承担连带责任的，人民法院不予支持。［2021年回忆~股权让与担保］

**《民法典婚姻家庭编解释（一）》**

第七十三条 人民法院审理离婚案件，涉及分割夫妻共同财产中以一方名义在有限责任公司的出资额，另一方不是该公司股东的，按以下情形分别处理：

（一）夫妻双方协商一致将出资额部分或者全部转让给该股东的配偶，其他股东过半数同意，并且其他股东均明确表示放弃优先购买权的，该股东的配偶可以成为该公司股东；

（二）夫妻双方就出资额转让份额和转让价格等事项协商一致后，其他股东半数以上不同意转让，但愿意以同等条件购买该出资额的，人民法院可以对转让出资所得财产进行分割。其他股东半数以上不同意转让，也不愿意以同等条件购买该出资额的，视为其同意转让，该股东的配偶可以成为该公司股东。

用于证明前款规定的股东同意的证据，可以是股东会议材料，也可以是当事人通过其他合法途径取得的股东的书面声明材料。

**（二）股权的强制执行**

第八十五条 人民法院依照法律规定的强制执行程序转让股东的股权时，应当通知公司及全体股东，其他股东在同等条件下有优先购买权。其他股东自人民法院通知之日起满二十日不行使优先购买权的，视为放弃优先购买权。

**（三）股权转让与股东身份**

第八十六条 股东转让股权的，应当书面通知公司，请求变更股东名册;需要办理变更登记的，并请求公司向公司登记机关办理变更登记。公司拒绝或者在合理期限内不予答复的，转让人、受让人可以依法向人民法院提起诉讼。

股权转让的，受让人自记载于股东名册时起可以向公司主张行使股东权利。

第八十七条 依照本法转让股权后，公司应当及时注销原股东的出资证明书,向新股东签发出资证明书,并相应修改公司章程和股东名册中有关股东及其出资额的记载。对公司章程的该项修改**不需再由股东会表决**。

**《公司法解释(三)》**

第二十六条　股权转让后尚未向公司登记机关办理变更登记,原股东将仍登记于其名下的股权转让、质押或者以其他方式处分,受让股东以其对于股权享有实际权利为由,请求认定处分股权行为无效的,人民法院可以参照民法典第三百一十一条的规定处理。

原股东处分股权造成受让股东损失,受让股东请求原股东承担赔偿责任、对于未及时办理变更登记有过错的董事、高级管理人员或者实际控制人承担相应责任的,人民法院应予支持;受让股东对于未及时办理变更登记也有过错的,可以适当减轻上述董事、高级管理人员或者实际控制人的责任。〔2016年真题~股东投资与借贷的区别;2013年真题~股东的股权取得方式〕

**(四)股权转让与出资责任**

第八十八条　股东转让已认缴出资但未届出资期限的股权的,由受让人承担缴纳该出资的义务;受让人未按期足额缴纳出资的,转让人对受让人未按期缴纳的出资承担补充责任。

未按照公司章程规定的出资日期缴纳出资或者作为出资的非货币财产的实际价额显著低于所认缴的出资额的股东转让股权的,转让人与受让人在出资不足的范围内承担连带责任;受让人不知道且不应当知道存在上述情形的,由转让人承担责任。

**考点24 有限责任公司的股权回购**

第八十九条　有下列情形之一的,对股东会该项决议投反对票的股东可以请求公司按照合理的价格收购其股权:

(一)公司连续五年不向股东分配利润,而公司该五年连续盈利,并且符合本法规定的分配利润条件;

(二)公司合并、分立、转让主要财产;

(三)公司章程规定的营业期限届满或者章程规定的其他解散事由出现,股东会通过决议修改章程使公司存续。

自股东会决议作出之日起六十日内,股东与公司不能达成股权收购协议的,股东可以自股东会决议作出之日起九十日内向人民法院提起诉讼。

公司的控股股东滥用股东权利,严重损害公司或者其他股东利益的,其他股东有权请求公司按照合理的价格收购其股权。

公司因本条第一款、第三款规定的情形收购的本公司股权,应当在六个月内依法转让或者注销。

**《公司法解释(二)》**

第五条　人民法院审理解散公司诉讼案件,应当注重调解。当事人协商同意由公司或者股东收购股份,或者以减资等方式使公司存续,且不违反法律、行政法规强制性规定的,人民法院应予支持。当事人不能协商一致使公司

存续的,人民法院应当及时判决。

经人民法院调解公司收购原告股份的,公司应当自调解书生效之日起六个月内将股份转让或者注销。股份转让或者注销之前,原告不得以公司收购其股份为由对抗公司债权人。〔2017年真题~有限责任公司股权回购;2010年真题~股东出资的继承〕

**考点26 股份有限公司的设立**

第九十一条　设立股份有限公司,可以采取发起设立或者募集设立的方式。

发起设立,是指由发起人认购设立公司时应发行的全部股份而设立公司。

募集设立,是指由发起人认购设立公司时应发行股份的一部分,其余股份向特定对象募集或者向社会公开募集而设立公司。

第九十二条　设立股份有限公司,应当有一人以上二百人以下为发起人,其中应当有半数以上的发起人在中华人民共和国境内有住所。

第九十三条　股份有限公司发起人承担公司筹办事务。

发起人应当签订发起人协议,明确各自在公司设立过程中的权利和义务。

第九十六条　股份有限公司的注册资本为在公司登记机关登记的已发行股份的股本总额。在发起人认购的股份缴足前,不得向他人募集股份。

法律、行政法规以及国务院决定对股份有限公司注册资本最低限额另有规定的,从其规定。

第九十七条　以发起设立方式设立股份有限公司的,发起人应当认足公司章程规定的公司设立时应发行的股份。

以募集设立方式设立股份有限公司的,发起人认购的股份不得少于公司章程规定的公司设立时应发行股份总数的百分之三十五;但是,法律、行政法规另有规定的,从其规定。

第九十八条　发起人应当在公司成立前按照其认购的股份全额缴纳股款。

发起人的出资,适用本法第四十八条、第四十九条第二款关于有限责任公司股东出资的规定。

第九十九条　发起人不按照其认购的股份缴纳股款,或者作为出资的非货币财产的实际价额显著低于所认购的股份的,其他发起人与该发起人在出资不足的范围内承担连带责任。

第一百零一条　向社会公开募集股份的股款缴足后,应当经依法设立的验资机构验资并出具证明。

第一百零三条　募集设立股份有限公司的发起人应当自公司设立时应发行股份的股款缴足之日起三十日内召开公司成立大会。发起人应当在成立大会召开十五日前将会议日期通知各认股人或者予以公告。成立大会应当有持有表决权过半数的认股人出席,方可举行。

以发起设立方式设立股份有限公司成立大会的召开和表决程序由公司章程或者发起人协议规定。

### 考点27 股份有限公司的股份转让

**(一)原则**

**第一百五十七条** 股份有限公司的股东持有的股份可以向其他股东转让,也可以向股东以外的人转让;公司章程对股份转让有限制的,其转让按照公司章程的规定进行。

**(二)转让限制**

**第一百六十条** 公司公开发行股份前已发行的股份,自公司股票在证券交易所上市交易之日起一年内不得转让。法律、行政法规或者国务院证券监督管理机构对上市公司的股东、实际控制人转让其所持有的本公司股份另有规定的,从其规定。

公司董事、监事、高级管理人员应当向公司申报所持有的本公司的股份及其变动情况,在就任时确定的任职期间每年转让的股份不得超过其所持有本公司股份总数的百分之二十五;所持本公司股份自公司股票上市交易之日起一年内不得转让。上述人员离职后半年内,不得转让其所持有的本公司股份。公司章程可以对公司董事、监事、高级管理人员转让其所持有的本公司股份作出其他限制性规定。

股份在法律、行政法规规定的限制转让期限内出质的,质权人不得在限制转让期限内行使质权。

**(三)财务资助禁止与例外**

**第一百六十三条** 公司不得为他人取得本公司或者其母公司的股份提供赠与、借款、担保以及其他财务资助,公司实施员工持股计划的除外。

为公司利益,经股东会决议,或者董事会按照公司章程或者股东会的授权作出决议,公司可以为他人取得本公司或者其母公司的股份提供财务资助,但财务资助的累计总额不得超过已发行股本总额的百分之十。董事会作出决议应当经全体董事的三分之二以上通过。

违反前两款规定,给公司造成损失的,负有责任的董事、监事、高级管理人员应当承担赔偿责任。

### 考点28 股份有限公司的股份回购

**(一)异议股东回购请求权**

**第一百六十一条** 有下列情形之一的,对股东会该项决议投反对票的股东可以请求公司按照合理的价格收购其股份,公开发行股份的公司除外:

(一)公司连续五年不向股东分配利润,而公司该五年连续盈利,并且符合本法规定的分配利润条件;

(二)公司转让主要财产;

(三)公司章程规定的营业期限届满或者章程规定的其他解散事由出现,股东会通过决议修改章程使公司存续。

自股东会决议作出之日起六十日内,股东与公司不能达成股份收购协议的,股东可以自股东会决议作出之日起九十日内向人民法院提起诉讼。

公司因本条第一款规定的情形收购的本公司股份,应当在六个月内依法转让或者注销。

**(二)回购股份的限制**

**第一百六十二条** 公司不得收购本公司股份。但是,有下列情形之一的除外:

(一)减少公司注册资本;

(二)与持有本公司股份的其他公司合并;

(三)将股份用于员工持股计划或者股权激励;

(四)股东因对股东会作出的公司合并、分立决议持异议,要求公司收购其股份;

(五)将股份用于转换公司发行的可转换为股票的公司债券;

(六)上市公司为维护公司价值及股东权益所必需。

公司因前款第一项、第二项规定的情形收购本公司股份的,应当经股东会决议;公司因前款第三项、第五项、第六项规定的情形收购本公司股份的,可以按照公司章程或者股东会的授权,经三分之二以上董事出席的董事会会议决议。

公司依照本条第一款规定收购本公司股份后,属于第一项情形的,应当自收购之日起十日内注销;属于第二项、第四项情形的,应当在六个月内转让或者注销;属于第三项、第五项、第六项情形的,公司合计持有的本公司股份数不得超过本公司已发行股份总数的百分之十,并应当在三年内转让或者注销。

上市公司收购本公司股份的,应当依照《中华人民共和国证券法》的规定履行信息披露义务。上市公司因本条第一款第三项、第五项、第六项规定的情形收购本公司股份的,应当通过公开的集中交易方式进行。

公司不得接受本公司的股份作为质权的标的。

### 考点29 上市公司特殊规定

**第一百三十五条** 上市公司在一年内购买、出售重大资产或者向他人提供担保的金额超过公司资产总额百分之三十的,应当由股东会作出决议,并经出席会议的股东所持表决权的三分之二以上通过。

**第一百三十七条** 上市公司在董事会中设置审计委员会的,董事会对下列事项作出决议前应当经审计委员会全体成员过半数通过:

(一)聘用、解聘承办公司审计业务的会计师事务所;

(二)聘任、解聘财务负责人;

(三)披露财务会计报告;

(四)国务院证券监督管理机构规定的其他事项。

**第一百三十八条** 上市公司设董事会秘书,负责公司股东会和董事会会议的筹备、文件保管以及公司股东资料的管理,办理信息披露事务等事宜。

**第一百三十九条** 上市公司董事与董事会会议决议事项所涉及的企业或者个人有关联关系的,该董事应当及时向董事会书面报告。有关联关系的董事不得对该项决议行使表决权,也不得代理其他董事行使表决权。该董事会会议由过半数的无关联关系董事出席即可举行,董事会会议所作决议经无关联关系董事过半数通过。出席董事会会议的无关联关系董事人数不足三人的,应当将该事项提交上市公司股东会审议。

第一百四十条　上市公司应当依法披露股东、实际控制人的信息，相关信息应当真实、准确、完整。

禁止违反法律、行政法规的规定代持上市公司股票。

第一百四十一条　上市公司控股子公司不得取得该上市公司的股份。

上市公司控股子公司因公司合并、质权行使等原因持有上市公司股份的，不得行使所持股份对应的表决权，并应当及时处分相关上市公司股份。

# 专题二　合伙企业法

**考点30** 普通合伙企业

（一）合伙企业的分类与合伙人

第二条　[合伙企业的概念与分类]本法所称合伙企业，是指自然人、法人和其他组织依照本法在中国境内设立的普通合伙企业和有限合伙企业。

普通合伙企业由普通合伙人组成，合伙人对合伙企业债务承担无限连带责任。本法对普通合伙人承担责任的形式有特别规定的，从其规定。

有限合伙企业由普通合伙人和有限合伙人组成，普通合伙人对合伙企业债务承担无限连带责任，有限合伙人以其认缴的出资额为限对合伙企业债务承担责任。

第三条　[普通合伙人的资格限制]国有独资公司、国有企业、上市公司以及公益性的事业单位、社会团体不得成为普通合伙人。

第三十九条　[合伙人的无限连带责任]合伙企业不能清偿到期债务的，合伙人承担无限连带责任。

（二）合伙企业的出资方式

第十六条　[出资方式]合伙人可以用货币、实物、知识产权、土地使用权或者其他财产权利出资，也可以用劳务出资。

合伙人以实物、知识产权、土地使用权或者其他财产权利出资，需要评估作价的，可以由全体合伙人协商确定，也可以由全体合伙人委托法定评估机构评估。

合伙人以劳务出资的，其评估办法由全体合伙人协商确定，并在合伙协议中载明。

第十七条　[出资义务的履行]合伙人应当按照合伙协议约定的出资方式、数额和缴付期限，履行出资义务。

以非货币财产出资的，依照法律、行政法规的规定，需要办理财产权转移手续的，应当依法办理。

（三）合伙企业的财产

第二十一条　[禁止清算前分割合伙财产]合伙人在合伙企业清算前，不得请求分割合伙企业的财产；但是，本法另有规定的除外。

合伙人在合伙企业清算前私自转移或者处分合伙企业财产的，合伙企业不得以此对抗善意第三人。

第二十二条　[合伙人在合伙企业中财产份额的转让]除合伙协议另有约定外，合伙人向合伙人以外的人转让其在合伙企业中的全部或者部分财产份额时，须经其他合伙人一致同意。

合伙人之间转让在合伙企业中的全部或者部分财产份额时，应当通知其他合伙人。

第二十三条　[合伙人的优先购买权]合伙人向合伙人以外的人转让其在合伙企业中的财产份额的，在同等条件下，其他合伙人有优先购买权；但是，合伙协议另有约定的除外。

第二十五条　[合伙财产份额的出质]合伙人以其在合伙企业中的财产份额出质的，须经其他合伙人一致同意；未经其他合伙人一致同意，其行为无效，由此给善意第三人造成损失的，由行为人依法承担赔偿责任。

（四）合伙事务的执行

第二十六条　[合伙事务的执行]合伙人对执行合伙事务享有同等的权利。

按照合伙协议的约定或者经全体合伙人决定，可以委托一个或者数个合伙人对外代表合伙企业，执行合伙事务。

作为合伙人的法人、其他组织执行合伙事务的，由其委派的代表执行。

第二十七条　[不执行合伙事务的合伙人的权利]依照本法第二十六条第二款规定委托一个或者数个合伙人执行合伙事务的，其他合伙人不再执行合伙事务。

不执行合伙事务的合伙人有权监督执行事务合伙人执行合伙事务的情况。

第二十八条第一款　[执行人的权利义务]由一个或者数个合伙人执行合伙事务的，执行事务合伙人应当定期向其他合伙人报告事务执行情况以及合伙企业的经营和财务状况，其执行合伙事务所产生的收益归合伙企业，所产生的费用和亏损由合伙企业承担。

第二十九条　[提出异议权与委托的撤销]合伙人分别执行合伙事务的，执行事务合伙人可以对其他合伙人执行的事务提出异议。提出异议时，应当暂停该项事务的执行。如果发生争议，依照本法第三十条规定作出决定。

受委托执行合伙事务的合伙人不按照合伙协议或者全体合伙人的决定执行事务的，其他合伙人可以决定撤销该委托。

第三十五条　[经营管理人员的权限与责任]被聘任的合伙企业的经营管理人员应当在合伙企业授权范围内履行职务。

被聘任的合伙企业的经营管理人员，超越合伙企业授权范围履行职务，或者在履行职务过程中因故意或者重大过失给合伙企业造成损失的，依法承担赔偿责任。

第三十七条　[合伙人执行合伙事务的对外效力]合伙企业对合伙人执行合伙事务以及对外代表合伙企业权利的限制，不得对抗善意第三人。

第七十六条　[表见普通合伙]第三人有理由相信有限合伙人为普通合伙人并与其交易的，该有限合伙人对该笔交易承担与普通合伙人同样的责任。

有限合伙人未经授权以有限合伙企业名义与他人进行交易，给有限合伙企业或者其他合伙人造成损失的，该有限合伙人应当承担赔偿责任。

### (五)议事规则

**第三十条** [合伙人对合伙企业有关事项作出决议的表决办法]合伙人对合伙企业有关事项作出决议，按照合伙协议约定的表决办法办理。合伙协议未约定或者约定不明确的，实行合伙人一人一票并经全体合伙人过半数通过的表决办法。

本法对合伙企业的表决办法另有规定的，从其规定。

**第三十一条** [应当经全体合伙人一致同意的事项]除合伙协议另有约定外，合伙企业的下列事项应当经全体合伙人一致同意：

（一）改变合伙企业的名称；

（二）改变合伙企业的经营范围、主要经营场所的地点；

（三）处分合伙企业的不动产；

（四）转让或者处分合伙企业的知识产权和其他财产权利；

（五）以合伙企业名义为他人提供担保；

（六）聘任合伙人以外的人担任合伙企业的经营管理人员。

**第三十三条** [合伙企业的利润分配与亏损分担]合伙企业的利润分配、亏损分担，按照合伙协议的约定办理；合伙协议未约定或者约定不明确的，由合伙人协商决定；协商不成的，由合伙人按照实缴出资比例分配、分担；无法确定出资比例的，由合伙人平均分配、分担。

合伙协议不得约定将全部利润分配给部分合伙人或者由部分合伙人承担全部亏损。

**第四十条** [追偿权]合伙人由于承担无限连带责任，清偿数额超过本法第三十三条第一款规定的其亏损分担比例的，有权向其他合伙人追偿。

**第五十四条** [合伙人退伙时对合伙企业亏损的分担]合伙人退伙时，合伙企业财产少于合伙企业债务的，退伙人应当依照本法第三十三条第一款的规定分担亏损。

### (六)自我交易与同业竞争

**第三十二条** [合伙人的竞业禁止义务与自我交易的限制]合伙人不得自营或者同他人合作经营与本合伙企业相竞争的业务。

除合伙协议另有约定或者经全体合伙人一致同意外，合伙人不得同本合伙企业进行交易。

合伙人不得从事损害本合伙企业利益的活动。

**第七十条** [有限合伙人的自我交易]有限合伙人可以同本有限合伙企业进行交易；但是，合伙协议另有约定的除外。

**第七十一条** [有限合伙人的竞业经营权]有限合伙人可以自营或者同他人合作经营与本有限合伙企业相竞争的业务；但是，合伙协议另有约定的除外。

### (七)合伙人个人债务清偿

**第四十一条** [合伙人自身债务与合伙企业债务的关系]合伙人发生与合伙企业无关的债务，相关债权人不得以其债权抵销其对合伙企业的债务；也不得代位行使合伙人在合伙企业中的权利。

**第四十二条** [合伙人自身债务的清偿及对其合伙财产份额的强制执行]合伙人的自有财产不足清偿其与合伙企业无关的债务的，该合伙人可以以其从合伙企业中分取的收益用于清偿；债权人也可以依法请求人民法院强制执行该合伙人在合伙企业中的财产份额用于清偿。

人民法院强制执行合伙人的财产份额时，应当通知全体合伙人，其他合伙人有优先购买权；其他合伙人未购买，又不同意将该财产份额转让给他人的，依照本法第五十一条的规定为该合伙人办理退伙结算，或者办理削减该合伙人相应财产份额的结算。

**第七十四条** [财产份额的强制执行]有限合伙人的自有财产不足清偿其与合伙企业无关的债务的，该合伙人可以以其从有限合伙企业中分取的收益用于清偿；债权人也可以依法请求人民法院强制执行该合伙人在有限合伙企业中的财产份额用于清偿。

人民法院强制执行有限合伙人的财产份额时，应当通知全体合伙人。在同等条件下，其他合伙人有优先购买权。

### (八)普通合伙企业的入伙、退伙

**第四十三条** [入伙的条件与原合伙人的告知义务]新合伙人入伙，除合伙协议另有约定外，应当经全体合伙人一致同意，并依法订立书面入伙协议。

订立入伙协议时，原合伙人应当向新合伙人如实告知原合伙企业的经营状况和财务状况。

**第四十四条** [新合伙人的权利与义务]入伙的新合伙人与原合伙人享有同等权利，承担同等责任。入伙协议另有约定的，从其约定。

新合伙人对入伙前合伙企业的债务承担无限连带责任。

**第四十五条** [约定合伙期限内的法定退伙]合伙协议约定合伙期限的，在合伙企业存续期间，有下列情形之一的，合伙人可以退伙：

（一）合伙协议约定的退伙事由出现；

（二）经全体合伙人一致同意；

（三）发生合伙人难以继续参加合伙的事由；

（四）其他合伙人严重违反合伙协议约定的义务。

**第四十六条** [未约定合伙期限的自由退伙]合伙协议未约定合伙期限的，合伙人在不给合伙企业事务执行造成不利影响的情况下，可以退伙，但应当提前三十日通知其他合伙人。

**第四十八条** [当然退伙]合伙人有下列情形之一的，当然退伙：

（一）作为合伙人的自然人死亡或者被依法宣告死亡；

（二）个人丧失偿债能力；

（三）作为合伙人的法人或者其他组织依法被吊销营业执照、责令关闭、撤销，或者被宣告破产；

（四）法律规定或者合伙协议约定合伙人必须具有相关资格而丧失该资格；

（五）合伙人在合伙企业中的全部财产份额被人民法

院强制执行。

合伙人被依法认定为无民事行为能力人或者限制民事行为能力人的，经其他合伙人一致同意，可以依法转为有限合伙人，普通合伙企业依法转为有限合伙企业。其他合伙人未能一致同意的，该无民事行为能力或者限制民事行为能力的合伙人退伙。

退伙事由实际发生之日为退伙生效日。

**第四十九条　[除名退伙]** 合伙人有下列情形之一的，经其他合伙人一致同意，可以决议将其除名：

（一）未履行出资义务；

（二）因故意或者重大过失给合伙企业造成损失；

（三）执行合伙事务时有不正当行为；

（四）发生合伙协议约定的事由。

对合伙人的除名决议应当书面通知被除名人。被除名人接到除名通知之日，除名生效，被除名人退伙。

被除名人对除名决议有异议的，可以自接到除名通知之日起三十日内，向人民法院起诉。

**第五十条　[合伙财产份额的继承]** 合伙人死亡或者被依法宣告死亡的，对该合伙人在合伙企业中的财产份额享有合法继承权的继承人，按照合伙协议的约定或者经全体合伙人一致同意，从继承开始之日起，取得该合伙企业的合伙人资格。

有下列情形之一的，合伙企业应当向合伙人的继承人退还被继承合伙人的财产份额：

（一）继承人不愿意成为合伙人；

（二）法律规定或者合伙协议约定合伙人必须具有相关资格，而该继承人未取得该资格；

（三）合伙协议约定不能成为合伙人的其他情形。

合伙人的继承人为无民事行为能力人或者限制民事行为能力人的，经全体合伙人一致同意，可以依法成为有限合伙人，普通合伙企业依法转为有限合伙企业。全体合伙人未能一致同意的，合伙企业应当将被继承合伙人的财产份额退还该继承人。

**第五十三条　[退伙人对合伙企业债务的责任]** 退伙人对基于其退伙前的原因发生的合伙企业债务，承担无限连带责任。

**考点31** 特殊的普通合伙企业

**第五十五条　[特殊的普通合伙企业的设立及其特点]** 以专业知识和专门技能为客户提供有偿服务的专业服务机构，可以设立为特殊的普通合伙企业。

特殊的普通合伙企业是指合伙人依照本法第五十七条的规定承担责任的普通合伙企业。

特殊的普通合伙企业适用本节规定；本节未作规定的，适用本章第一节至第五节的规定。

**第五十七条　[合伙人的责任形式]** 一个合伙人或者数个合伙人在执业活动中因故意或者重大过失造成合伙企业债务的，应当承担无限责任或者无限连带责任，其他合伙人以其在合伙企业中的财产份额为限承担责任。

合伙人在执业活动中非因故意或者重大过失造成的

合伙企业债务以及合伙企业的其他债务，由全体合伙人承担无限连带责任。

**第五十八条　[合伙人对合伙企业的过错赔偿责任]** 合伙人执业活动中因故意或者重大过失造成的合伙企业债务，以合伙企业财产对外承担责任后，该合伙人应当按照合伙协议的约定对给合伙企业造成的损失承担赔偿责任。

**考点32** 有限合伙企业

**（一）有限合伙企业的入伙、退伙**

**第六十一条　[合伙人的人数要求]** 有限合伙企业由二个以上五十个以下合伙人设立；但是，法律另有规定的除外。

有限合伙企业至少应当有一个普通合伙人。

**第七十七条　[新入伙的有限合伙人的责任]** 新入伙的有限合伙人对入伙前有限合伙企业的债务，以其认缴的出资额为限承担责任。

**第七十八条　[有限合伙人的当然退伙]** 有限合伙人有本法第四十八条第一款第一项、第三项至第五项所列情形之一的，当然退伙。

**第七十九条　[有限合伙人民事行为能力的丧失]** 作为有限合伙人的自然人在有限合伙企业存续期间丧失民事行为能力的，其他合伙人不得因此要求其退伙。

**第八十条　[有限合伙人资格的继受]** 作为有限合伙人的自然人死亡、被依法宣告死亡或者作为有限合伙人的法人及其他组织终止时，其继承人或者权利承受人可以依法取得该有限合伙人在有限合伙企业中的资格。

**第八十一条　[有限合伙人退伙时的责任]** 有限合伙人退伙后，对基于其退伙前的原因发生的有限合伙企业债务，以其退伙时从有限合伙企业中取回的财产承担责任。

**（二）有限合伙人的出资与财产份额**

**第六十四条　[有限合伙人的出资方式]** 有限合伙人可以用货币、实物、知识产权、土地使用权或者其他财产权利作价出资。

有限合伙人不得以劳务出资。

**第七十二条　[有限合伙人的财产份额出质]** 有限合伙人可以将其在有限合伙企业中的财产份额出质；但是，合伙协议另有约定的除外。

**第七十三条　[有限合伙人的财产份额转让]** 有限合伙人可以按照合伙协议的约定向合伙人以外的人转让其在有限合伙企业中的财产份额，但应当提前三十日通知其他合伙人。

**（三）有限合伙人与普通合伙人的转换**

**第八十二条　[合伙人类型转变的条件]** 除合伙协议另有约定外，普通合伙人转变为有限合伙人，或者有限合伙人转变为普通合伙人，应当经全体合伙人一致同意。

**第八十三条　[有限合伙人转变为普通合伙人时的债务责任]** 有限合伙人转变为普通合伙人的，对其作为有限合伙人期间有限合伙企业发生的债务承担无限连带责任。

第八十四条 [**普通合伙人转变为有限合伙人时的债务责任**]普通合伙人转变为有限合伙人的,对其作为普通合伙人期间合伙企业发生的债务承担无限连带责任。

**(四)有限合伙人合伙事务的执行**

第六十八条 [**有限合伙人合伙事务执行的禁止**]有限合伙人不执行合伙事务,不得对外代表有限合伙企业。

有限合伙人的下列行为,不视为执行合伙事务:

(一)参与决定普通合伙人入伙、退伙;

(二)对企业的经营管理提出建议;

(三)参与选择承办有限合伙企业审计业务的会计师事务所;

(四)获取经审计的有限合伙企业财务会计报告;

(五)对涉及自身利益的情况,查阅有限合伙企业财务会计账簿等财务资料;

(六)在有限合伙企业中的利益受到侵害时,向有责任的合伙人主张权利或者提起诉讼;

(七)执行事务合伙人怠于行使权利时,督促其行使权利或者为了本企业的利益以自己的名义提起诉讼;

(八)依法为本企业提供担保。

**考点33** 合伙的解散与清算

第八十六条 [**清算人的担任**]合伙企业解散,应当由清算人进行清算。

清算人由全体合伙人担任;经全体合伙人过半数同意,可以自合伙企业解散事由出现后十五日内指定一个或者数个合伙人,或者委托第三人,担任清算人。

自合伙企业解散事由出现之日起十五日内未确定清算人的,合伙人或者其他利害关系人可以申请人民法院指定清算人。

第八十九条 [**清偿顺序**]合伙企业财产在支付清算费用和职工工资、社会保险费用、法定补偿金以及缴纳所欠税款、清偿债务后的剩余财产,依照本法第三十三条第一款的规定进行分配。

第九十一条 [**合伙企业注销后原普通合伙人的责任**]合伙企业注销后,原普通合伙人对合伙企业存续期间的债务仍应承担无限连带责任。

第九十二条 [**合伙企业的破产**]合伙企业不能清偿到期债务的,债权人可以依法向人民法院提出破产清算申请,也可以要求普通合伙人清偿。

合伙企业依法被宣告破产的,普通合伙人对合伙企业债务仍应承担无限连带责任。

# 专题三 个人独资企业法

**考点34** 个人独资企业法

**(一)概念**

第二条 [**个人独资企业的概念**]本法所称个人独资企业,是指依照本法在中国境内设立,由一个自然人投资,财产为投资人个人所有,投资人以其个人财产对企业债务承担无限责任的经营实体。

**(2)企业设立**

第八条 [**个人独资企业的设立条件**]设立个人独资企业应当具备下列条件:

(一)投资人为一个自然人;

(二)有合法的企业名称;

(三)有投资人申报的出资;

(四)有固定的生产经营场所和必要的生产经营条件;

(五)有必要的从业人员。

第十四条 [**个人独资企业的分支机构的设立及其法律地位**]个人独资企业设立分支机构,应当由投资人或者其委托的代理人向分支机构所在地的登记机关申请登记,领取营业执照。

分支机构经核准登记后,应将登记情况报该分支机构隶属的个人独资企业的登记机关备案。

分支机构的民事责任由设立该分支机构的个人独资企业承担。

第十六条 [**个人独资企业投资人的资格限制**]法律、行政法规禁止从事营利性活动的人,不得作为投资人申请设立个人独资企业。

第十七条 [**投资人对个人独资企业的财产所有权**]个人独资企业投资人对本企业的财产依法享有所有权,其有关权利可以依法进行转让或继承。

**(三)投资人的责任**

第十八条 [**投资人承担无限责任的财产范围**]个人独资企业投资人在申请企业设立登记时明确以其家庭共有财产作为个人出资的,应当依法以家庭共有财产对企业债务承担无限责任。

第二十八条 [**解散后投资人对个人独资企业债务的偿还责任与责任消灭制度**]个人独资企业解散后,原投资人对个人独资企业存续期间的债务仍应承担偿还责任,但债权人在五年内未向债务人提出偿债请求的,该责任消灭。

第三十一条 [**投资人的无限责任**]个人独资企业财产不足以清偿债务的,投资人应当以其个人的其他财产予以清偿。

**(四)事务管理**

第十九条 [**个人独资企业的事务管理**]个人独资企业投资人可以自行管理企业事务,也可以委托或者聘用其他具有民事行为能力的人负责企业的事务管理。

投资人委托或者聘用他人管理个人独资企业事务,应当与受托人或者被聘用的人签订书面合同,明确委托的具体内容和授予的权利范围。

受托人或者被聘用的人员应当履行诚信、勤勉义务,按照与投资人签订的合同负责个人独资企业的事务管理。

投资人对受托人或者被聘用的人员职权的限制,不得对抗善意第三人。

第二十条 [**受托人或者被聘用人员的禁止义务**]投资人委托或者聘用的管理个人独资企业事务的人员不得有下列行为:

（一）利用职务上的便利，索取或者收受贿赂；

（二）利用职务或者工作上的便利侵占企业财产；

（三）挪用企业的资金归个人使用或者借贷给他人；

（四）擅自将企业资金以个人名义或者以他人名义开立账户储存；

（五）擅自以企业财产提供担保；

（六）未经投资人同意，从事与本企业相竞争的业务；

（七）未经投资人同意，同本企业订立合同或者进行交易；

（八）未经投资人同意，擅自将企业商标或者其他知识产权转让给他人使用；

（九）泄露本企业的商业秘密；

（十）法律、行政法规禁止的其他行为。

**第三十八条** [**受托人或者被聘用的人违反合同的民事赔偿责任**]投资人委托或者聘用的人员管理个人独资企业事务时违反双方订立的合同，给投资人造成损害的，承担民事赔偿责任。

**（五）解散事由**

**第二十六条** [**个人独资企业应当解散的情形**]个人独资企业有下列情形之一时，应当解散：

（一）投资人决定解散；

（二）投资人死亡或者被宣告死亡，无继承人或者继承人决定放弃继承；

（三）被依法吊销营业执照；

（四）法律、行政法规规定的其他情形。

**（六）清算**

**第二十七条** [**清算主体与清算程序**]个人独资企业解散，由投资人<u>自行清算</u>或者由债权人申请<u>人民法院指定清算人</u>进行清算。

投资人自行清算的，应当在清算前十五日内书面通知债权人，无法通知的，应当予以公告。债权人应当在接到通知之日起三十日内，未接到通知的应当在公告之日起六十日内，向投资人申报其债权。

**第二十九条** [**个人独资企业解散时的债务清偿顺序**]个人独资企业解散的，财产应当按照下列顺序清偿：

（一）所欠职工工资和社会保险费用；

（二）所欠税款；

（三）其他债务。

**第三十条** [**清算期间个人独资企业的法律地位**]清算期间，个人独资企业不得开展与清算目的无关的经营活动。在按前条规定清偿债务前，投资人不得转移、隐匿财产。

# 专题四　外商投资法

考点 35 外商投资法

**（一）外商投资促进制度**

**第九条** 外商投资企业依法平等适用国家支持企业发展的各项政策。

**第十五条** 国家保障外商投资企业依法平等参与标准制定工作，强化标准制定的信息公开和社会监督。

国家制定的强制性标准平等适用于外商投资企业。

**第十六条** 国家保障外商投资企业依法通过公平竞争参与政府采购活动。政府采购依法对外商投资企业在中国境内生产的产品、提供的服务平等对待。

**第十七条** 外商投资企业可以依法通过公开发行股票、公司债券等证券和其他方式进行融资。

**第十八条** 县级以上地方人民政府可以根据法律、行政法规、地方性法规的规定，在法定权限内制定外商投资促进和便利化政策措施。

**（二）外商投资保护制度**

**第二十条** 国家对外国投资者的投资不实行征收。

在特殊情况下，国家为了公共利益的需要，可以依照法律规定对外国投资者的投资实行征收或者征用。征收、征用应当依照法定程序进行，并及时给予公平、合理的补偿。

**第二十一条** 外国投资者在中国境内的出资、利润、资本收益、资产处置所得、知识产权许可使用费、依法获得的补偿或者赔偿、清算所得等，可以依法以人民币或者外汇自由汇入、汇出。

**第二十二条** 国家保护外国投资者和外商投资企业的知识产权，保护知识产权权利人和相关权利人的合法权益；对知识产权侵权行为，严格依法追究法律责任。

国家鼓励在外商投资过程中基于自愿原则和商业规则开展技术合作。技术合作的条件由投资各方遵循公平原则平等协商确定。行政机关及其工作人员不得利用行政手段强制转让技术。

**第二十三条** 行政机关及其工作人员对于履行职责过程中知悉的外国投资者、外商投资企业的商业秘密，应当依法予以保密，不得泄露或者非法向他人提供。

**第二十四条** 各级人民政府及其有关部门制定涉及外商投资的规范性文件，应当符合法律法规的规定；没有法律、行政法规依据的，不得减损外商投资企业的合法权益或者增加其义务，不得设置市场准入和退出条件，不得干预外商投资企业的正常生产经营活动。

**第二十五条** 地方各级人民政府及其有关部门应当履行向外国投资者、外商投资企业依法作出的政策承诺以及依法订立的各类合同。

因国家利益、社会公共利益需要改变政策承诺、合同约定的，应当依照法定权限和程序进行，并依法对外国投资者、外商投资企业因此受到的损失予以补偿。

**第二十六条** 国家建立外商投资企业投诉工作机制，及时处理外商投资企业或者其投资者反映的问题，协调完善相关政策措施。

外商投资企业或者其投资者认为行政机关及其工作人员的行政行为侵犯其合法权益的，可以通过外商投资企业投诉工作机制申请协调解决。

外商投资企业或者其投资者认为行政机关及其工作人员的行政行为侵犯其合法权益的，除依照前款规定通过外商投资企业投诉工作机制申请协调解决外，还可以依法申请行政复议、提起行政诉讼。

（三）外商投资管理制度

**第三十一条** 外商投资企业的组织形式、组织机构及其活动准则，适用《中华人民共和国公司法》、《中华人民共和国合伙企业法》等法律的规定。

**第三十二条** 外商投资企业开展生产经营活动，应当遵守法律、行政法规有关劳动保护、社会保险的规定，依照法律、行政法规和国家有关规定办理税收、会计、外汇等事宜，并接受相关主管部门依法实施的监督检查。

**第三十三条** 外国投资者并购中国境内企业或者以其他方式参与经营者集中的，应当依照《中华人民共和国反垄断法》的规定接受经营者集中审查。

**第三十四条** 国家建立外商投资信息报告制度。外国投资者或者外商投资企业应当通过企业登记系统以及企业信用信息公示系统向商务主管部门报送投资信息。

外商投资信息报告的内容和范围按照确有必要的原则确定；通过部门信息共享能够获得的投资信息，不得再行要求报送。

**第三十五条** 国家建立外商投资安全审查制度，对影响或者可能影响国家安全的外商投资进行安全审查。

依法作出的安全审查决定为最终决定。

**第三十六条** 外国投资者投资外商投资准入负面清单规定禁止投资的领域的，由有关主管部门责令停止投资活动，限期处分股份、资产或者采取其他必要措施，恢复到实施投资前的状态；有违法所得的，没收违法所得。

外国投资者的投资活动违反外商投资准入负面清单规定的限制性准入特别管理措施的，由有关主管部门责令限期改正，采取必要措施满足准入特别管理措施的要求；逾期不改正的，依照前款规定处理。

外国投资者的投资活动违反外商投资准入负面清单规定的，除依照前两款规定处理外，还应当依法承担相应的法律责任。

**第三十七条** 外国投资者、外商投资企业违反本法规定，未按照外商投资信息报告制度的要求报送投资信息的，由商务主管部门责令限期改正；逾期不改正的，处十万元以上五十万元以下的罚款。

# 专题五 企业破产法

**考点36** 破产原因、破产案件的申请和受理

（一）破产原因

**第二条** ［适用范围］企业法人不能清偿到期债务，并且资产不足以清偿全部债务或者明显缺乏清偿能力的，依照本法规定清理债务。

企业法人有前款规定情形，或者有明显丧失清偿能力可能的，可以依照本法规定进行重整。

《公司法》

第二百三十七条 清算组在清理公司财产、编制资产负债表和财产清单后，发现公司财产不足清偿债务的，应当依法向人民法院申请破产清算。

人民法院受理破产申请后，清算组应将清算事务移交给人民法院指定的破产管理人。［2017年真题～司法解散判决后的公司清算与注销问题］

《破产法解释（一）》

**第一条** 债务人不能清偿到期债务并且具有下列情形之一的，人民法院应当认定其具备破产原因：

（一）资产不足以清偿全部债务；

（二）明显缺乏清偿能力。

相关当事人以对债务人的债务负有连带责任的人未丧失清偿能力为由，主张债务人不具有破产原因的，人民法院应予支持。

**第二条** 下列情形同时存在的，人民法院应当认定债务人不能清偿到期债务：

（一）债权债务关系依法成立；

（二）债务履行期限已经届满；

（三）债务人未完全清偿债务。

**第三条** 债务人的资产负债表，或者审计报告、资产评估报告等显示其全部资产不足以偿付全部负债的，人民法院应当认定债务人资产不足以清偿全部债务，但有相反证据足以证明债务人资产能够偿付全部负债的除外。

**第四条** 债务人账面资产虽大于负债，但存在下列情形之一的，人民法院应当认定其明显缺乏清偿能力：

（一）因资金严重不足或者财产不能变现等原因，无法清偿债务；

（二）法定代表人下落不明且无其他人员负责管理财产，无法清偿债务；

（三）经人民法院强制执行，无法清偿债务；

（四）长期亏损且经营扭亏困难，无法清偿债务；

（五）导致债务人丧失清偿能力的其他情形。

《民诉解释》

**第五百一十一条** 在执行中，作为被执行人的企业法人符合企业破产法第二条第一款规定情形的，执行法院经申请执行人之一或者被执行人同意，应当裁定中止对该被执行人的执行，将执行案件相关材料移送被执行人住所地人民法院。

**第五百一十二条** 被执行人住所地人民法院应当自收到执行案件相关材料之日起三十日内，将是否受理破产案件的裁定告知执行法院。不予受理的，应当将相关案件材料退回执行法院。

**第五百一十三条** 被执行人住所地人民法院裁定受理破产案件的，执行法院应当解除对被执行人财产的保全措施。被执行人住所地人民法院裁定宣告被执行人破产的，执行法院应当裁定终结对该被执行人的执行。

被执行人住所地人民法院不受理破产案件的，执行法院应当恢复执行。

**第五百一十四条** 当事人不同意移送破产或者被执行人住所地人民法院不受理破产案件的，执行法院就执行变价所得财产，在扣除执行费用及清偿优先受偿的债权后，对于普通债权，按照财产保全和执行中查封、扣押、冻结财产的先后顺序清偿。

《全国法院破产审判工作会议纪要》

32.关联企业实质合并破产的审慎适用。人民法院在审理企业破产案件时，应当尊重企业法人人格的独立性，

以对关联企业成员的破产原因进行单独判断并适用单个破产程序为基本原则。当关联企业成员之间存在法人人格高度混同、区分各关联企业成员财产的成本过高、严重损害债权人公平清偿利益时，可例外适用关联企业实质合并破产方式进行审理。

## (二)申请破产

**第七条** [申请破产]债务人有本法第二条规定的情形,可以向人民法院提出重整、和解或者破产清算申请。

债务人不能清偿到期债务,债权人可以向人民法院提出对债务人进行重整或者破产清算的申请。

企业法人已解散但未清算或者未清算完毕,资产不足以清偿债务的,依法负有清算责任的人应当向人民法院申请破产清算。

《破产法解释(一)》

**第五条** 企业法人已解散但未清算或者未在合理期限内清算完毕,债权人申请债务人破产清算的,除债务人在法定异议期限内举证证明其未出现破产原因外,人民法院应当受理。

## (三)破产案件的受理

**1** **第三条** [管辖]破产案件由债务人住所地人民法院管辖。

**第十条** [破产申请的通知]债权人提出破产申请的,人民法院应当自收到申请之日起五日内通知债务人。债务人对申请有异议的,应当自收到人民法院的通知之日起七日内向人民法院提出。人民法院应当自异议期满之日起十日内裁定是否受理。

除前款规定的情形外,人民法院应当自收到破产申请之日起十五日内裁定是否受理。

有特殊情况需要延长前两款规定的裁定受理期限的,经上一级人民法院批准,可以延长十五日。

**第十一条** [受理破产申请、受理后债务人的义务]人民法院受理破产申请的,应当自裁定作出之日起五日内送达申请人。

债权人提出申请的,人民法院应当自裁定作出之日起五日内送达债务人。债务人应当自裁定送达之日起十五日内,向人民法院提交财产状况说明、债务清册、债权清册、有关财务会计报告以及职工工资的支付和社会保险费用的缴纳情况。

**第十三条** [指定管理人]人民法院裁定受理破产申请的,应当同时指定管理人。

**第十四条第一款** [通知、公告债权人]人民法院应当自裁定受理破产申请之日起二十五日内通知已知债权人,并予以公告。

《破产法解释(一)》

**第五条** 企业法人已解散但未清算或者未在合理期限内清算完毕,债权人申请债务人破产清算的,除债务人在法定异议期限内举证证明其未出现破产原因外,人民法院应当受理。

**第六条** 债权人申请债务人破产的,应当提交债务人不能清偿到期债务的有关证据。债务人对债权人的申请未在法定期限内向人民法院提出异议,或者异议不成

立的,人民法院应当依法裁定受理破产申请。

受理破产申请后,人民法院应当责令债务人依法提交其财产状况说明、债务清册、债权清册、财务会计报告等有关材料,债务人拒不提交的,人民法院可以对债务人的直接责任人员采取罚款等强制措施。

**第八条** 破产案件的诉讼费用,应根据企业破产法第四十三条的规定,从债务人财产中拨付。相关当事人以申请人未预先交纳诉讼费用为由,对破产申请提出异议的,人民法院不予支持。

**2** **第十六条** [债务人个别清偿无效]人民法院受理破产申请后,债务人对个别债权人的债务清偿无效。

**第十七条** [次债务人的义务及违法的责任]人民法院受理破产申请后,债务人的债务人或者财产持有人应当向管理人清偿债务或者交付财产。

债务人的债务人或者财产持有人故意违反前款规定向债务人清偿债务或者交付财产,使债权人受到损失的,不免除其清偿债务或者交付财产的义务。

**3** **第十八条** [管理人对未履行完毕合同的决定权]人民法院受理破产申请后,管理人对破产申请受理前成立而债务人和对方当事人均未履行完毕的合同有权决定解除或者继续履行,并通知对方当事人。管理人自破产申请受理之日起二个月内未通知对方当事人,或者自收到对方当事人催告之日起三十日内未答复的,视为解除合同。

管理人决定继续履行合同的,对方当事人应当履行;但是,对方当事人有权要求管理人提供担保。管理人不提供担保的,视为解除合同。

《民法典》

**第五百六十六条** 合同解除后,尚未履行的,终止履行;已经履行的,根据履行情况和合同性质,当事人可以请求恢复原状或者采取其他补救措施,并有权请求赔偿损失。

合同因违约解除的,解除权人可以请求违约方承担违约责任,但是当事人另有约定的除外。

主合同解除后,担保人对债务人应当承担的民事责任仍应当承担担保责任,但是担保合同另有约定的除外。

**第五百六十七条** 合同的权利义务关系终止,不影响合同中结算和清理条款的效力。

**4** **第十九条** [保全措施解除、执行程序中止]人民法院受理破产申请后,有关债务人财产的保全措施应当解除,执行程序应当中止。[2019年回忆~破产程序启动的效力]

**第二十条** [民事诉讼或仲裁的变化]人民法院受理破产申请后,已经开始而尚未终结的有关债务人的民事诉讼或者仲裁应当中止;在管理人接管债务人的财产后,该诉讼或者仲裁继续进行。[2019年回忆~破产程序启动的效力]

**第二十一条** [受理破产申请后有关债务人民事诉讼的提起]人民法院受理破产申请后,有关债务人的民事诉讼,只能向受理破产申请的人民法院提起。[2018年回忆~管辖权转移的情形、指定管辖]

**《破产法解释(二)》**

第二十一条　破产申请受理前,债权人就债务人财产提起下列诉讼,破产申请受理时案件尚未审结的,人民法院应当中止审理:

(一)主张次债务人代替债务人直接向其偿还债务的;

(二)主张债务人的出资人、发起人和负有监督股东履行出资义务的董事、高级管理人员,或者协助抽逃出资的其他股东、董事、高级管理人员、实际控制人等直接向其承担出资不实或者抽逃出资责任的;

(三)以债务人的股东与债务人法人人格严重混同为由,主张债务人的股东直接向其偿还债务人对其所负债务的;

(四)其他就债务人财产提起的个别清偿诉讼。

债务人破产宣告后,人民法院应当依照企业破产法第四十四条的规定判决驳回债权人的诉讼请求。但是,债权人一审中变更其诉讼请求为追收的相关财产归入债务人财产的除外。

债务人破产宣告前,人民法院依据企业破产法第十二条或者第一百零八条的规定裁定驳回破产申请或者终结破产程序的,上述中止审理的案件应当依法恢复审理。

**《九民纪要》**

110.[受理后有关债务人诉讼的处理]人民法院受理破产申请后,已经开始而尚未终结的有关债务人的民事诉讼,在管理人接管债务人财产和诉讼事务后继续进行。债权人已经对债务人提起的给付之诉,破产申请受理后,人民法院应当继续审理,但是在判定相关当事人实体权利义务时,应当注意与企业破产法及其司法解释的规定相协调。

上述裁判作出并生效前,债权人可以同时向管理人申报债权,但其作为债权尚未确定的债权人,原则上不得行使表决权,除非人民法院临时确定其债权额。上述裁判生效后,债权人应当根据裁判认定的债权数额在破产程序中依法统一受偿,其对债务人享有的债权利息应当按照《企业破产法》第46条第2款的规定停止计算。

人民法院受理破产申请后,债权人新提起的要求债务人清偿的民事诉讼,人民法院不予受理,同时告知债权人应当向管理人申报债权。债权人申报债权后,对管理人编制的债权表记载有异议的,可以根据《企业破产法》第58条的规定提起债权确认之诉。

**考点37　破产管理人**

**(一)管理人的产生、变更与辞任**

第二十二条　[管理人的指定和更换]管理人由人民法院指定。

债权人会议认为管理人不能依法、公正执行职务或者有其他不能胜任职务情形的,可以申请人民法院予以更换。

指定管理人和确定管理人报酬的办法,由最高人民法院规定。

第二十三条　[管理人的权利义务]管理人依照本法

规定执行职务,向人民法院报告工作,并接受债权人会议和债权人委员会的监督。

管理人应当列席债权人会议,向债权人会议报告职务执行情况,并回答询问。

第二十九条　[管理人辞职]管理人没有正当理由不得辞去职务。管理人辞去职务应当经人民法院许可。

**(二)管理人的任职资格**

第二十四条　[管理人的组成]管理人可以由有关部门、机构的人员组成的清算组或者依法设立的律师事务所、会计师事务所、破产清算事务所等社会中介机构担任。

人民法院根据债务人的实际情况,可以在征询有关社会中介机构的意见后,指定该机构具备相关专业知识并取得执业资格的人员担任管理人。

有下列情形之一的,不得担任管理人:

(一)因故意犯罪受过刑事处罚;

(二)曾被吊销相关专业执业证书;

(三)与本案有利害关系;

(四)人民法院认为不宜担任管理人的其他情形。

个人担任管理人的,应当参加执业责任保险。

**(三)管理人的职责**

第二十五条　[管理人的职责]管理人履行下列职责:

(一)接管债务人的财产、印章和账簿、文书等资料;

(二)调查债务人财产状况,制作财产状况报告;

(三)决定债务人的内部管理事务;

(四)决定债务人的日常开支和其他必要开支;

(五)在第一次债权人会议召开之前,决定继续或者停止债务人的营业;

(六)管理和处分债务人的财产;

(七)代表债务人参加诉讼、仲裁或者其他法律程序;

(八)提议召开债权人会议;

(九)人民法院认为管理人应当履行的其他职责。

本法对管理人的职责另有规定的,适用其规定。

**考点38　债务人财产的范围**

第三十条　[债务人财产]破产申请受理时属于债务人的全部财产,以及破产申请受理后至破产程序终结前债务人取得的财产,为债务人财产。

第三十三条　[涉及债务人财产的无效行为]涉及债务人财产的下列行为无效:

(一)为逃避债务而隐匿、转移财产的;

(二)虚构债务或者承认不真实的债务的。

**《破产法解释(二)》**

第一条　除债务人所有的货币、实物外,债务人依法享有的可以用货币估价并可以依法转让的债权、股权、知识产权、用益物权等财产和财产权益,人民法院均应认定为债务人财产。

第二条　下列财产不应认定为债务人财产:

(一)债务人基于仓储、保管、承揽、代销、借用、寄存、租赁等合同或者其他法律关系占有、使用的他人财产;

(二)债务人在所有权保留买卖中尚未取得所有权的财产;

(三)所有权专属于国家且不得转让的财产;

(四)其他依照法律、行政法规不属于债务人的财产。

**第三条** 债务人已依法设定担保物权的特定财产,人民法院应当认定为债务人财产。

对债务人的特定财产在担保物权消灭或者实现担保物权后的剩余部分,在破产程序中可用以清偿破产费用、共益债务和其他破产债权。

**第四条** 债务人对按份享有所有权的共有财产的相关份额,或者共同享有所有权的共有财产的相应财产权利,以及依法分割共有财产所得部分,人民法院均应认定为债务人财产。

人民法院宣告债务人破产清算,属于共有财产分割的法定事由。人民法院裁定债务人重整或者和解的,共有财产的分割应当依据民法典第三百零三条的规定进行;基于重整或者和解的需要必须分割共有财产,管理人请求分割的,人民法院应予准许。

因分割共有财产导致其他共有人损害产生的债务,其他共有人请求作为共益债务清偿的,人民法院应予支持。

**第五条** 破产申请受理后,有关债务人财产的执行程序未依照企业破产法第十九条的规定中止的,采取执行措施的相关单位应当依法予以纠正。依法执行回转的财产,人民法院应当认定为债务人财产。

**第十七条** 管理人依据企业破产法第三十三条的规定提起诉讼,主张被隐匿、转移财产的实际占有人返还债务人财产,或者主张债务人虚构债务或者承认不真实债务的行为无效并返还债务人财产的,人民法院应予支持。

**考点39 破产费用和共益债务**

**第四十一条** [破产费用]人民法院受理破产申请后发生的下列费用,为破产费用:

(一)破产案件的诉讼费用;

(二)管理、变价和分配债务人财产的费用;

(三)管理人执行职务的费用、报酬和聘用工作人员的费用。

**第四十二条** [共益债务]人民法院受理破产申请后发生的下列债务,为共益债务:

(一)因管理人或者债务人请求对方当事人履行双方均未履行完毕的合同所产生的债务;

(二)债务人财产受无因管理所产生的债务;

(三)因债务人不当得利所产生的债务;

(四)为债务人继续营业而应支付的劳动报酬和社会保险费用以及由此产生的其他债务;

(五)管理人或者相关人员执行职务致人损害所产生的债务;

(六)债务人财产致人损害所产生的债务。

**第四十三条** [破产费用和共益债务的清偿]破产费用和共益债务由债务人财产随时清偿。

债务人财产不足以清偿所有破产费用和共益债务

的,先行清偿破产费用。

债务人财产不足以清偿所有破产费用或者共益债务的,按照比例清偿。

债务人财产不足以清偿破产费用的,管理人应当提请人民法院终结破产程序。人民法院应当自收到请求之日起十五日内裁定终结破产程序,并予以公告。

**《破产法解释(一)》**

**第八条** 破产案件的诉讼费用,应根据企业破产法第四十三条的规定,从债务人财产中拨付。相关当事人以申请人未预先交纳诉讼费用为由,对破产申请提出异议的,人民法院不予支持。

**《破产法解释(三)》**

**第一条** 人民法院裁定受理破产申请的,此前债务人尚未支付的公司强制清算费用、未终结的执行程序中产生的评估费、公告费、保管费等执行费用,可以参照企业破产法关于破产费用的规定,由债务人财产随时清偿。

此前债务人尚未支付的案件受理费、执行申请费,可以作为破产债权清偿。

**第二条** 破产申请受理后,经债权人会议决议通过,或者第一次债权人会议召开前经人民法院许可,管理人或者自行管理的债务人可以为债务人继续营业而借款。提供借款的债权人主张参照企业破产法第四十二条第四项的规定优先于普通破产债权清偿的,人民法院应予支持,但其主张优先于此前已就债务人特定财产享有担保的债权清偿的,人民法院不予支持。

管理人或者自行管理的债务人可以为前述借款设定抵押担保,抵押物在破产申请受理前已为其他债权人设定抵押的,债权人主张按照民法典第四百一十四条规定的顺序清偿的,人民法院应予支持。

**考点40 撤销权、追回权、抵销权和取回权**

**(一)撤销权**

**第三十一条** [涉及债务人财产的可撤销行为]人民法院受理破产申请前一年内,涉及债务人财产的下列行为,管理人有权请求人民法院予以撤销:

(一)无偿转让财产的;

(二)以明显不合理的价格进行交易的;

(三)对没有财产担保的债务提供财产担保的;

(四)对未到期的债务提前清偿的;

(五)放弃债权的。

**第三十二条** [个别清偿的撤销]人民法院受理破产申请前六个月内,债务人有本法第二条第一款规定的情形,仍对个别债权人进行清偿的,管理人有权请求人民法院予以撤销。但是,个别清偿使债务人财产受益的除外。

**第一百二十八条** [债务人的法定代表人和其他直接责任人的赔偿责任]债务人有本法第三十一条、第三十二条、第三十三条规定的行为,损害债权人利益的,债务人的法定代表人和其他直接责任人员依法承担赔偿责任。

**《破产法解释(二)》**

**第十二条** 破产申请受理前一年内债务人提前清偿

的未到期债务,在破产申请受理前已经到期,管理人请求撤销该清偿行为的,人民法院不予支持。但是,该清偿行为发生在破产申请受理前六个月内且债务人有企业破产法第二条第一款规定情形的除外。

第十三条 破产申请受理后,管理人未依据企业破产法第三十一条的规定请求撤销债务人无偿转让财产、以明显不合理价格交易、放弃债权行为的,债权人依据民法典第五百三十八条、第五百三十九条等规定提起诉讼,请求撤销债务人上述行为并将因此追回的财产归入债务人财产的,人民法院应予受理。

相对人以债权人行使撤销权的范围超出债权人的债权抗辩的,人民法院不予支持。

第十四条 债务人对以自有财产设定担保物权的债权进行的个别清偿,管理人依据企业破产法第三十二条的规定请求撤销的,人民法院不予支持。但是,债务清偿时担保财产的价值低于债权额的除外。

第十五条 债务人经诉讼、仲裁、执行程序对债权人进行的个别清偿,管理人依据企业破产法第三十二条的规定请求撤销的,人民法院不予支持。但是,债务人与债权人恶意串通损害其他债权人利益的除外。

第十六条 债务人对债权人进行的以下个别清偿,管理人依据企业破产法第三十二条的规定请求撤销的,人民法院不予支持:

(一)债务人为维系基本生产需要而支付水费、电费等的;

(二)债务人支付劳动报酬、人身损害赔偿金的;

(三)使债务人财产受益的其他个别清偿。

第十八条 管理人代表债务人依据企业破产法第一百二十八条的规定,以债务人的法定代表人和其他直接责任人员对所涉债务人财产的相关行为存在故意或者重大过失,造成债务人财产损失为由提起诉讼,主张上述责任人员承担相应赔偿责任的,人民法院应予支持。

**(二)追回权**

第三十四条 [管理人对债务人财产的追回权]因本法第三十一条、第三十二条或者第三十三条规定的行为而取得的债务人的财产,管理人有权追回。

第三十六条 [管理人对董事、监事、高管人员的追回权]债务人的董事、监事和高级管理人员利用职权从企业获取的非正常收入和侵占的企业财产,管理人应当追回。[2014年真题~公司董、监、高的非正常收入]

《破产法解释(二)》

第二十四条 债务人有企业破产法第二条第一款规定的情形时,债务人的董事、监事和高级管理人员利用职权获取的以下收入,人民法院应当认定为企业破产法第三十六条规定的非正常收入:

(一)绩效奖金;

(二)普遍拖欠职工工资情况下获取的工资性收入;

(三)其他非正常收入。

债务人的董事、监事和高级管理人员拒不向管理人返还上述债务人财产,管理人主张上述人员予以返还的,人民法院应予支持。

债务人的董事、监事和高级管理人员因返还第一款第(一)项、第(三)项非正常收入形成的债权,可以作为普通破产债权清偿。因返还第一款第(二)项非正常收入形成的债权,依据企业破产法第一百一十三条第三款的规定,按照该企业职工平均工资计算的部分作为拖欠职工工资清偿;高出该企业职工平均工资计算的部分,可以作为普通破产债权清偿。

**(三)取回权**

(1)管理人的取回权

第三十七条 [管理人对质物、留置物的取回权]人民法院受理破产申请后,管理人可以通过清偿债务或者提供为债权人接受的担保,取回质物、留置物。

前款规定的债务清偿或者替代担保,在质物或者留置物的价值低于被担保的债权额时,以该质物或者留置物当时的市场价值为限。

《破产法解释(二)》

第二十五条 管理人拟通过清偿债务或者提供担保取回质物、留置物,或者与质权人、留置权人协议以质物、留置物折价清偿债务等方式,进行对债权人利益有重大影响的财产处分行为的,应当及时报告债权人委员会。未设立债权人委员会的,管理人应当及时报告人民法院。

(2)权利人的取回权

**1** 第三十八条 [权利人的取回权]人民法院受理破产申请后,债务人占有的不属于债务人的财产,该财产的权利人可以通过管理人取回。但是,本法另有规定的除外。

《破产法解释(二)》

第二十六条 权利人依据企业破产法第三十八条的规定行使取回权,应当在破产财产变价方案或者和解协议、重整计划草案提交债权人会议表决前向管理人提出。权利人在上述期限后主张取回相关财产的,应当承担延迟行使取回权增加的相关费用。

第二十七条 权利人依据企业破产法第三十八条的规定向管理人主张取回相关财产,管理人不予认可,权利人以债务人为被告向人民法院提起诉讼请求行使取回权的,人民法院应予受理。

权利人依据人民法院或者仲裁机关的相关生效法律文书向管理人主张取回所涉争议财产,管理人以生效法律文书错误为由拒绝其行使取回权的,人民法院不予支持。

第二十八条 权利人行使取回权时未依法向管理人支付相关的加工费、保管费、托运费、委托费、代销费等费用,管理人拒绝其取回相关财产的,人民法院应予支持。

第二十九条 对债务人占有的权属不清的鲜活易腐等不易保管的财产或者不及时变现价值将严重贬损的财产,管理人及时变价并提存变价款后,有关权利人就该变价款行使取回权的,人民法院应予支持。

第三十条 债务人占有的他人财产被违法转让给第三人,依据民法典第三百一十一条的规定第三人已善意取得财产所有权,原权利人无法取回该财产的,人民法院应当按照以下规定处理:

（一）转让行为发生在破产申请受理前的，原权利人因财产损失形成的债权，作为普通破产债权清偿；

（二）转让行为发生在破产申请受理后的，因管理人或者相关人员执行职务导致原权利人损害产生的债务，作为共益债务清偿。

第三十一条　债务人占有的他人财产被违法转让给第三人，第三人已向债务人支付了转让价款，但依据民法典第三百一十一条的规定未取得财产所有权，原权利人依法追回转让财产，对因第三人已支付对价而产生的债务，人民法院应当按照以下规定处理：

（一）转让行为发生在破产申请受理前的，作为普通破产债权清偿；

（二）转让行为发生在破产申请受理后的，作为共益债务清偿。

第三十五条　出卖人破产，其管理人决定继续履行所有权保留买卖合同的，买受人应当按照原买卖合同的约定支付价款或者履行其他义务。

买受人未依约支付价款或者履行完毕其他义务，或者将标的物出卖、出质或者作出其他不当处分，给出卖人造成损害，出卖人管理人依法主张取回标的物的，人民法院应予支持。但是，买受人已经支付标的物总价款百分之七十五以上或者第三人善意取得标的物所有权或者其他物权的除外。

因本条第二款规定未能取回标的物，出卖人管理人依法主张买受人继续支付价款、履行完毕其他义务，以及承担相应赔偿责任的，人民法院应予支持。

第三十六条　出卖人破产，其管理人决定解除所有权保留买卖合同，并依据企业破产法第十七条的规定要求买受人向其交付买卖标的物的，人民法院应予支持。

买受人以其不存在未依约支付价款或者履行完毕其他义务，或者将标的物出卖、出质或者作出其他不当处分情形抗辩的，人民法院不予支持。

买受人依法履行合同义务并依据本条第一款将买卖标的物交付出卖人管理人后，买受人已支付价款损失形成的债权作为共益债务清偿。但是，买受人违反合同约定，出卖人管理人主张上述债权作为普通破产债权清偿的，人民法院应予支持。

第三十七条　买受人破产，其管理人决定继续履行所有权保留买卖合同的，原买卖合同中约定的买受人支付价款或者履行其他义务的期限在破产申请受理时视为到期，买受人管理人应当及时向出卖人支付价款或者履行其他义务。

买受人管理人无正当理由未及时支付价款或者履行完毕其他义务，或者将标的物出卖、出质或者作出其他不当处分，给出卖人造成损害，出卖人依据民法典第六百四十一条等规定主张取回标的物的，人民法院应予支持。但是，买受人已支付标的物总价款百分之七十五以上或者第三人善意取得标的物所有权或者其他物权的除外。

因本条第二款规定未能取回标的物，出卖人依法主张买受人继续支付价款、履行完毕其他义务，以及承担相应赔偿责任的，人民法院应予支持。对因买受人未支付价款或者未履行完毕其他义务，以及买受人管理人将标的物出卖、出质或者作出其他不当处分导致出卖人损害产生的债务，出卖人主张作为共益债务清偿的，人民法院应予支持。

第三十八条　买受人破产，其管理人决定解除所有权保留买卖合同，出卖人依据企业破产法第三十八条的规定主张取回买卖标的物的，人民法院应予支持。

出卖人取回买卖标的物，买受人管理人主张出卖人返还已支付价款的，人民法院应予支持。取回的标的物价值明显减少给出卖人造成损失的，出卖人可从买受人已支付价款中优先予以抵扣后，将剩余部分返还给买受人；对买受人已支付价款不足以弥补出卖人标的物价值减损损失形成的债权，出卖人主张作为共益债务清偿的，人民法院应予支持。

**❷ 第三十九条　[出卖人对在途物的取回权]人民法院受理破产申请时，出卖人已将买卖标的物向作为买受人的债务人发运，债务人尚未收到且未付清全部价款的，出卖人可以取回在运途中的标的物。但是，管理人可以支付全部价款，请求出卖人交付标的物。〔2018年回忆～出卖人的取回权〕**

《破产法解释（二）》

第三十九条　出卖人依据企业破产法第三十九条的规定，通过通知承运人或者实际占有人中止运输、返还货物、变更到达地，或者将货物交给其他收货人等方式，对在运途中标的物主张了取回权但未能实现，或者在货物未达管理人前已向管理人主张取回在运途中标的物，在买卖标的物到达管理人后，出卖人向管理人主张取回的，管理人应予准许。

出卖人对在运途中标的物未及时行使取回权，在买卖标的物到达管理人后向管理人行使在运途中标的物取回权的，管理人不应准许。

**（四）抵销权**

**第四十条　[债权人的抵销权]债权人在破产申请受理前对债务人负有债务的，可以向管理人主张抵销。但是，有下列情形之一的，不得抵销：**

（一）债务人的债务人在破产申请受理后取得他人对债务人的债权的；

（二）债权人已知债务人有不能清偿到期债务或者破产申请的事实，对债务人负担债务的；但是，债权人因为法律规定或者有破产申请一年前所发生的原因而负担债务的除外；

（三）债务人的债务人已知债务人有不能清偿到期债务或者破产申请的事实，对债务人取得债权的；但是，债务人的债务人因为法律规定或者有破产申请一年前所发生的原因而取得债权的除外。

《破产法解释（二）》

第四十一条　债权人依据企业破产法第四十条的规定行使抵销权，应当向管理人提出抵销主张。

管理人不得主动抵销债务人与债权人的互负债务，但抵销使债务人财产受益的除外。

第四十二条 管理人收到债务人提出的主张债务抵销的通知后，经审查无异议的，抵销自管理人收到通知之日起生效。

管理人对抵销主张有异议的，应当在约定的异议期限内或者自收到主张债务抵销的通知之日起三个月内向人民法院提起诉讼。无正当理由逾期提起的，人民法院不予支持。

人民法院判决驳回管理人提起的抵销无效诉讼请求的，该抵销自管理人收到主张债务抵销的通知之日起生效。

第四十三条 债权人主张抵销，管理人以下列理由提出异议的，人民法院不予支持：

（一）破产申请受理时，债务人对债权人负有的债务尚未到期；

（二）破产申请受理时，债权人对债务人负有的债务尚未到期；

（三）双方互负债务标的物种类、品质不同。

第四十四条 破产申请受理前六个月内，债务人有企业破产法第二条第一款规定的情形，债务人与个别债权人以抵销方式对个别债权人清偿，其抵销的债权债务属于企业破产法第四十条第（二）、（三）项规定的情形之一，管理人在破产申请受理之日起三个月内向人民法院提起诉讼，主张该抵销无效的，人民法院应予支持。

第四十五条 企业破产法第四十条所列不得抵销情形的债权人，主张以其对债务人特定财产享有优先受偿权的债权，与债务人对其不享有优先受偿权的债权抵销，债务人管理人以抵销存在企业破产法第四十条规定的情形提出异议的，人民法院不予支持。但是，用以抵销的债权大于债权人享有优先受偿权财产价值的除外。

第四十六条 债务人的股东主张以下列债务与债务人对其负有的债务抵销，债务人管理人提出异议的，人民法院应予支持：

（一）债务人股东因欠缴债务人的出资或者抽逃出资对债务人所负的债务；

（二）债务人股东滥用股东权利或者关联关系损害公司利益对债务人所负的债务。

**考点41 债权申报**

第四十六条 ［未到期债权的算定］未到期的债权，在破产申请受理时视为到期。

附利息的债权自破产申请受理时起停止计息。

第四十七条 ［可以申报的债权］附条件、附期限的债权和诉讼、仲裁未决的债权，债权人可以申报。

第四十八条 ［不必申报的债权］债权人应当在人民法院确定的债权申报期限内向管理人申报债权。

债务人所欠职工的工资和医疗、伤残补助、抚恤费用，所欠的应当划入职工个人账户的基本养老保险、基本医疗保险费用，以及法律、行政法规规定应当支付给职工的补偿金，不必申报，由管理人调查后列出清单并予以公示。职工对清单记载有异议的，可以要求管理人

更正；管理人不予更正的，职工可以向人民法院提起诉讼。

第五十一条 ［保证人或连带债务人的债权申报］债务人的保证人或者其他连带债务人已经代替债务人清偿债务的，以其对债务人的求偿权申报债权。

债务人的保证人或者其他连带债务人尚未代替债务人清偿债务的，以其对债务人的将来求偿权申报债权。但是，债权人已经向管理人申报全部债权的除外。

第五十五条 ［付款人的债权申报］债务人是票据的出票人，被裁定适用本法规定的程序，该票据的付款人继续付款或者承兑的，付款人以由此产生的请求权申报债权。

第五十六条 ［补充申报债权］在人民法院确定的债权申报期限内，债权人未申报债权的，可以在破产财产最后分配前补充申报；但是，此前已进行的分配，不再对其补充分配。为审查和确认补充申报债权的费用，由补充申报人承担。

债权人未依照本法规定申报债权的，不得依照本法规定的程序行使权利。

《破产法解释（三）》

第三条 破产申请受理后，债务人欠缴款项产生的滞纳金，包括债务人未履行生效法律文书应当加倍支付的迟延利息和劳动保险金的滞纳金，债权人作为破产债权申报的，人民法院不予确认。

第四条 保证人被裁定进入破产程序的，债权人有权申报其对保证人的保证债权。

主债务未到期的，保证债权在保证人破产申请受理时视为到期。一般保证的保证人主张行使先诉抗辩权的，人民法院不予支持，但债权人在一般保证人破产程序中的分配额应予提存，待一般保证人应承担的保证责任确定后再按照破产清偿比例予以分配。

保证人被确定应当承担保证责任的，保证人的管理人可以就保证人实际承担的清偿额向主债务人或其他债务人行使求偿权。

第五条 债务人、保证人均被裁定进入破产程序的，债权人有权向债务人、保证人分别申报债权。

债权人向债务人、保证人均申报全部债权的，从一方破产程序中获得清偿后，其对另一方的债权额不作调整，但债权人的受偿额不得超出其债权总额。保证人履行保证责任后不再享有求偿权。

第七条 已经生效法律文书确定的债权，管理人应当予以确认。

管理人认为债权人据以申报债权的生效法律文书确定的债权错误，或者有证据证明债权人与债务人恶意通过诉讼、仲裁或者公证机关赋予强制执行力公证文书的形式虚构债权债务的，应当依法通过审判监督程序向作出该判决、裁定、调解书的人民法院或者上一级人民法院申请撤销生效法律文书，或者向受理破产申请的人民法院申请撤销或者不予执行仲裁裁决、不予执行公证债权文书后，重新确定债权。

第九条 债务人对债权表记载的债权有异议向人民

法院提起诉讼的,应将被异议债权人列为被告。债权人对债权表记载的他人债权有异议的,应将被异议债权人列为被告;债权人对债权表记载的本人债权有异议的,应将债务人列为被告。

对同一笔债权存在多个异议人,其他异议人申请参加诉讼的,应当列为共同原告。

**《民法典担保制度解释》**

第二十二条　人民法院受理债务人破产案件后,债权人请求担保人承担担保责任,担保人主张担保债务自人民法院受理破产申请之日起停止计息的,人民法院对担保人的主张应予支持。

第二十三条　人民法院受理债务人破产案件,债权人在破产程序中申报债权后又向人民法院提起诉讼,请求担保人承担担保责任的,人民法院依法予以支持。

担保人清偿债权人的全部债权后,可以代替债权人在破产程序中受偿;在债权人的债权未获全部清偿前,担保人不得代替债权人在破产程序中受偿,但是有权就债权人通过破产分配和实现担保债权等方式获得清偿总额中超出债权的部分,在其承担担保责任的范围内请求债权人返还。

债权人在债务人破产程序中未获全部清偿,请求担保人继续承担担保责任的,人民法院应予支持;担保人承担担保责任后,向和解协议或者重整计划执行完毕后的债务人追偿的,人民法院不予支持。

第二十四条　债权人知道或者应当知道债务人破产,既未申报债权也未通知担保人,致使担保人不能预先行使追偿权的,担保人就该债权在破产程序中可能受偿的范围内免除担保责任,但是担保人因自身过错未行使追偿权的除外。

**考点42 债权人会议和债权人委员会**

**(一)债权人会议**

第五十九条　[债权人会议的成员、债权人的表决权]依法申报债权的债权人为债权人会议的成员,有权参加债权人会议,享有表决权。

债权尚未确定的债权人,除人民法院能够为其行使表决权而临时确定债权额的外,不得行使表决权。

对债务人的特定财产享有担保权的债权人,未放弃优先受偿权利的,对于本法第六十一条第一款第七项、第十项规定的事项不享有表决权。

债权人可以委托代理人出席债权人会议,行使表决权。代理人出席债权人会议,应当向人民法院或者债权人会议主席提交债权人的授权委托书。

债权人会议应当有债务人的职工和工会的代表参加,对有关事项发表意见。

第六十一条　[债权人会议的职权]债权人会议行使下列职权:

(一)核查债权;

(二)申请人民法院更换管理人,审查管理人的费用和报酬;

(三)监督管理人;

(四)选任和更换债权人委员会成员;

(五)决定继续或者停止债务人的营业;

(六)通过重整计划;

(七)通过和解协议;

(八)通过债务人财产的管理方案;

(九)通过破产财产的变价方案;

(十)通过破产财产的分配方案;

(十一)人民法院认为应当由债权人会议行使的其他职权。

债权人会议应当对所议事项的决议作成会议记录。

第六十二条　[债权人会议的召开]第一次债权人会议由人民法院召集,自债权申报期限届满之日起十五日内召开。

以后的债权人会议,在人民法院认为必要时,或者管理人、债权人委员会、占债权总额四分之一以上的债权人向债权人会议主席提议时召开。

第六十四条　[债权人会议决议的通过、撤销、效力]债权人会议的决议,由出席会议的有表决权的债权人过半数通过,并且其所代表的债权额占无财产担保债权总额的二分之一以上。但是,本法另有规定的除外。

债权人认为债权人会议的决议违反法律规定,损害其利益的,可以自债权人会议作出决议之日起十五日内,请求人民法院裁定撤销该决议,责令债权人会议依法重新作出决议。

债权人会议的决议,对于全体债权人均有约束力。

**(二)债权人委员会**

**① 第六十七条**　[债权人委员会的设立、组成、成员的认可]债权人会议可以决定设立债权人委员会。债权人委员会由债权人会议选任的债权人代表和一名债务人的职工代表或者工会代表组成。债权人委员会成员不得超过九人。

债权人委员会成员应当经人民法院书面决定认可。

**② 第六十八条**　[债权人委员会的职权]债权人委员会行使下列职权:

(一)监督债务人财产的管理和处分;

(二)监督破产财产分配;

(三)提议召开债权人会议;

(四)债权人会议委托的其他职权。

债权人委员会执行职务时,有权要求管理人、债务人的有关人员对其职权范围内的事务作出说明或者提供有关文件。

管理人、债务人的有关人员违反本法规定拒绝接受监督的,债权人委员会有权就监督事项请求人民法院作出决定;人民法院应当在五日内作出决定。

**《破产法解释(三)》**

第十三条　债权人会议可以依照企业破产法第六十八条第一款第四项的规定,委托债权人委员会行使企业破产法第六十一条第一款第二、三、五项规定的债权人会议职权。债权人会议不得作出概括性授权,委托其行使债权人会议所有职权。

第十四条　债权人委员会决定所议事项应获得全体

成员过半数通过,并作成议事记录。债权人委员会成员对所议事项的决议有不同意见的,应当在记录中载明。

债权人委员会行使职权应当接受债权人会议的监督,以适当的方式向债权人会议及时汇报工作,并接受人民法院的指导。

**3** 第六十九条　［应向债权人委员会报告的事项］管理人实施下列行为,应当及时报告债权人委员会:

（一）涉及土地、房屋等不动产权益的转让;

（二）探矿权、采矿权、知识产权等财产权的转让;

（三）全部库存或者营业的转让;

（四）借款;

（五）设定财产担保;

（六）债权和有价证券的转让;

（七）履行债务人和对方当事人均未履行完毕的合同;

（八）放弃权利;

（九）担保物的取回;

（十）对债权人利益有重大影响的其他财产处分行为。

未设立债权人委员会的,管理人实施前款规定的行为应当及时报告人民法院。

《破产法解释（三）》

第十五条　管理人处分企业破产法第六十九条规定的债务人重大财产的,应当事先制作财产管理或者变价方案并提交债权人会议进行表决,债权人会议表决未通过的,管理人不得处分。

管理人实施处分前,应当根据企业破产法第六十九条的规定,提前十日书面报告债权人委员会或者人民法院。债权人委员会可以依照企业破产法第六十八条第二款的规定,要求管理人对处分行为作出相应说明或者提供有关文件依据。

债权人委员会认为管理人实施的处分行为不符合债权人会议通过的财产管理或变价方案的,有权要求管理人纠正。管理人拒绝纠正的,债权人委员会可以请求人民法院作出决定。

人民法院认为管理人实施的处分行为不符合债权人会议通过的财产管理或变价方案的,应当责令管理人停止处分行为。管理人应当予以纠正,或者提交债权人会议重新表决通过后实施。

**考点43** 重整程序

**（一）重整的启动**

第七十条　［申请重整］债务人或者债权人可以依照本法规定,直接向人民法院申请对债务人进行重整。

债权人申请对债务人进行破产清算的,在人民法院受理破产申请后、宣告债务人破产前,债务人或者出资额占债务人注册资本十分之一以上的出资人,可以向人民法院申请重整。

**（二）重整期间**

第七十二条　［重整期间］自人民法院裁定债务人重整之日起至重整程序终止,为重整期间。

第七十三条　［重整期间管理人、债务人的行为规定］在重整期间,经债务人申请,人民法院批准,债务人可以在管理人的监督下自行管理财产和营业事务。

有前款规定情形的,依照本法规定已接管债务人财产和营业事务的管理人应当向债务人移交财产和营业事务,本法规定的管理人的职权由债务人行使。

第七十五条　［重整期间担保权的行使］在重整期间,对债务人的特定财产享有的担保权暂停行使。但是,担保物有损坏或者价值明显减少的可能,足以危害担保权人权利的,担保权人可以向人民法院请求恢复行使担保权。

在重整期间,债务人或者管理人为继续营业而借款的,可以为该借款设定担保。

第七十六条　［重整期间权利人的取回权］债务人合法占有的他人财产,该财产的权利人在重整期间要求取回的,应当符合事先约定的条件。

第七十七条　［重整期间对债务人的出资人、董事、监事、高管人员的限制］在重整期间,债务人的出资人不得请求投资收益分配。

在重整期间,债务人的董事、监事、高级管理人员不得向第三人转让其持有的债务人的股权。但是,经人民法院同意的除外。

《破产法解释（二）》

第四十条　债务人重整期间,权利人要求取回债务人合法占有的权利人的财产,不符合双方事先约定条件的,人民法院不予支持。但是,因管理人或者自行管理的债务人违反约定,可能导致取回物被转让、毁损、灭失或者价值明显减少的除外。

《九民纪要》

112.【重整中担保物权的恢复行使】重整程序中,要依法平衡保护担保物权人的合法权益和企业重整价值。重整申请受理后,管理人或者自行管理的债务人应当及时确定设定有担保物权的债务人财产是否为重整所必需。如果认为担保物不是重整所必需,管理人或者自行管理的债务人应当及时对担保物进行拍卖或者变卖,拍卖或者变卖担保物所得价款在支付拍卖、变卖费用后优先清偿担保物权人的债权。

在担保物权暂停行使期间,担保物权人根据《企业破产法》第75条的规定向人民法院请求恢复行使担保物权的,人民法院应当自收到恢复行使担保物权申请之日起三十日内作出裁定。经审查,担保物权人的申请不符合第75条的规定,或者虽然符合该条规定但管理人或者自行管理的债务人有证据证明担保物是重整所必需,并且提供与减少价值相应担保或者补偿的,人民法院应当裁定不予批准恢复行使担保物权。担保物权人不服该裁定的,可以自收到裁定书之日起十日内,向作出裁定的人民法院申请复议。人民法院裁定批准行使担保物权的,管理人或者自行管理的债务人应当自收到裁定书之日起十五日内启动对担保物的拍卖或者变卖,拍卖或者变卖担保物所得价款在支付拍卖、变卖费用后优先清偿担保物权人的债权。

**(三)重整计划**

(1)制定

**第八十条 [债务人制作重整计划草案]**债务人自行管理财产和营业事务的,由债务人制作重整计划草案。

管理人负责管理财产和营业事务的,由管理人制作重整计划草案。

(2)表决与通过

**第八十二条 [债权人分组对重整计划草案表决]**下列各类债权的债权人参加讨论重整计划草案的债权人会议,依照下列债权分类,分组对重整计划草案进行表决:

(一)对债务人的特定财产享有担保权的债权;

(二)债务人所欠职工的工资和医疗、伤残补助、抚恤费用,所欠的应当划入职工个人账户的基本养老保险、基本医疗保险费用,以及法律、行政法规规定应当支付给职工的补偿金;

(三)债务人所欠税款;

(四)普通债权。

人民法院在必要时可以决定在普通债权组中设小额债权组对重整计划草案进行表决。

**第八十四条 [债权人会议对重整计划的表决]**人民法院应当自收到重整计划草案之日起三十日内召开债权人会议,对重整计划草案进行表决。

出席会议的同一表决组的债权人过半数同意重整计划草案,并且其所代表的债权额占该组债权总额的三分之二以上的,即为该组通过重整计划草案。

债务人或者管理人应当向债权人会议就重整计划草案作出说明,并回答询问。

**第八十六条 [重整计划的通过、批准、公告]**各表决组均通过重整计划草案时,重整计划即为通过。

自重整计划通过之日起十日内,债务人或者管理人应当向人民法院提出批准重整计划的申请。人民法院经审查认为符合本法规定的,应当自收到申请之日起三十日内裁定批准,终止重整程序,并予以公告。

(3)执行

**第八十九条 [重整计划的执行]**重整计划由债务人负责执行。

人民法院裁定批准重整计划后,已接管财产和营业事务的管理人应当向债务人移交财产和营业事务。

**第九十二条 [重整计划的效力]**经人民法院裁定批准的重整计划,对债务人和全体债权人均有约束力。

债权人未依照本法规定申报债权的,在重整计划执行期间不得行使权利;在重整计划执行完毕后,可以按照重整计划规定的同类债权的清偿条件行使权利。

债权人对债务人的保证人和其他连带债务人所享有的权利,不受重整计划的影响。

**第九十四条 [重整计划减免债务]**按照重整计划减免的债务,自重整计划执行完毕时起,债务人不再承担清偿责任。

**(四)重整程序的终止**

**第七十八条 [重整程序终止]**在重整期间,有下列情形之一的,经管理人或利害关系人请求,人民法院应

当裁定终止重整程序,并宣告债务人破产:

(一)债务人的经营状况和财产状况继续恶化,缺乏挽救的可能性;

(二)债务人有欺诈、恶意减少债务人财产或者其他显著不利于债权人的行为;

(三)由于债务人的行为致使管理人无法执行职务。

**第七十九条第三款 [债务人或管理人提交重整计划草案]**债务人或者管理人未按期提出重整计划草案的,人民法院应当裁定终止重整程序,并宣告债务人破产。

**第八十六条第二款 [重整计划的通过、批准、公告]**自重整计划通过之日起十日内,债务人或者管理人应当向人民法院提出批准重整计划的申请。人民法院经审查认为符合本法规定的,应当自收到申请之日起三十日内裁定批准,终止重整程序,并予以公告。

# 专题六　票据法

**考点44** 票据法基本制度

**(一)票据权利**

**第五条 [票据代理]**票据当事人可以委托其代理人在票据上签章,并应当在票据上表明其代理关系。

没有代理权而以代理人名义在票据上签章的,应当由签章人承担票据责任;代理人超越代理权限的,应当就其超越权限的部分承担票据责任。

**第六条 [非完全行为能力人签章的效力]**无民事行为能力人或者限制民事行为能力人在票据上签章的,其签章无效,但是不影响其他签章的效力。

**第十四条 [伪造或变造票据的法律责任与效力]**票据上的记载事项应当真实,不得伪造、变造。伪造、变造票据上的签章和其他记载事项的,应当承担法律责任。

票据上有伪造、变造的签章的,不影响票据上其他真实签章的效力。

票据上其他记载事项被变造的,在变造之前签章的人,对原记载事项负责;在变造之后签章的人,对变造之后的记载事项负责;不能辨别是在票据被变造之前或者之后签章的,视同在变造之前签章。

**第六十一条第一款 [行使追索权的情形]**汇票到期被拒绝付款的,持票人可以对背书人、出票人以及汇票的其他债务人行使追索权。

**第六十二条 [追索权的行使]**持票人行使追索权时,应当提供被拒绝承兑或者被拒绝付款的有关证明。

持票人提示承兑或者提示付款被拒绝的,承兑人或者付款人必须出具拒绝证明,或者出具退票理由书。未出具拒绝证明或者退票理由书的,应当承担由此产生的民事责任。

**第六十九条 [追索权的限制]**持票人为出票人的,对其前手无追索权。持票人为背书人的,对其后手无追索权。

**(二)票据抗辩**

**第十一条 [无对价的票据取得]**因税收、继承、赠与可以依法无偿取得票据的,不受给付对价的限制。但是,

所享有的票据权利不得优于其前手的权利。

前手是指在票据签章人或者持票人之前签章的其他票据债务人。

**第十二条** [恶意或重大过失取得票据的效力]以欺诈、偷盗或者胁迫等手段取得票据的，或者明知有前列情形，出于恶意取得票据的，不得享有票据权利。

持票人因重大过失取得不符合本法规定的票据的，也不得享有票据权利。

**第十三条** [票据抗辩]票据债务人不得以自己与出票人或者与持票人的前手之间的抗辩事由，对抗持票人。但是，持票人明知存在抗辩事由而取得票据的除外。

票据债务人可以对不履行约定义务的与自己有直接债权债务关系的持票人，进行抗辩。

本法所称抗辩，是指票据债务人根据本法规定对票据债权人拒绝履行义务的行为。

**(三)票据伪造、变造**

**第十四条** [伪造或变造票据的法律责任与效力]票据上的记载事项应当真实，不得伪造、变造。伪造、变造票据上的签章和其他记载事项的，应当承担法律责任。

票据上有伪造、变造的签章的，不影响票据上其他真实签章的效力。

票据上其他记载事项被变造的，在变造之前签章的人，对原记载事项负责；在变造之后签章的人，对变造之后的记载事项负责；不能辨别是在票据被变造之前或者之后签章的，视同在变造之前签章。

**(四)票据丧失的救济**

**第十五条** [票据丧失及其救济]票据丧失，失票人可以及时通知票据的付款人挂失止付，但是，未记载付款人或者无法确定付款人及其代理付款人的票据除外。

收到挂失止付通知的付款人，应当暂停支付。

失票人应当在通知挂失止付后三日内，也可以在票据丧失后，依法向人民法院申请公示催告，或者向人民法院提起诉讼。

**《民事诉讼法》**

**第二十六条** [票据纠纷的地域管辖]因票据纠纷提起的诉讼，由票据支付地或者被告住所地人民法院管辖。

**《票据规定》**

**第六条** 因票据纠纷提起的诉讼，依法由票据支付地或者被告住所地人民法院管辖。

票据支付地是指票据上载明的付款地，票据上未载明付款地的，汇票付款人或者代理付款人的营业场所、住所或者经常居住地，本票出票人的营业场所，支票付款人或者代理付款人的营业场所所在地为票据付款地。代理付款人即付款人的委托代理人，是指根据付款人的委托代为支付票据金额的银行、信用合作社等金融机构。

**第三十三条** 依照民事诉讼法第二百二十条(现为第二百三十一条)第二款的规定，在公示催告期间，以公示催告的票据质押、贴现，因质押、贴现而接受该票据的持票人主张票据权利的，人民法院不予支持，但公示催告期间届满以后人民法院作出除权判决以前取得该票据的除外。

**《九民纪要》**

106.**【恶意申请公示催告的救济】**公示催告程序本为对合法持票人进行失票救济所设，但实践中却沦为部分票据出卖方在未获得票款情形下，通过伪报票据丧失事实申请公示催告、阻止合法持票人行使票据权利的工具。对此，民事诉讼法司法解释已经作出了相应规定。适用时，应当区别付款人是否已经付款等情形，作出不同认定：

(1)在除权判决作出后，付款人尚未付款的情况下，最后合法持票人可以根据《民事诉讼法》第223条(现为第234条)的规定，在法定期限内请求撤销除权判决，待票据恢复效力后再依法行使票据权利。最后合法持票人也可以基于基础法律关系向其直接前手退票并请求其直接前手另行给付基础法律关系项下的对价。

(2)除权判决作出后，付款人已经付款的，因恶意申请公示催告并持除权判决获得票款的行为损害了最后合法持票人的权利，最后合法持票人请求申请人承担侵权损害赔偿责任的，人民法院依法予以支持。

**考点45** 汇票

**(一)出票**

**第二十二条** [汇票的绝对记载事项及其效力]汇票必须记载下列事项：

(一)表明"汇票"的字样；

(二)无条件支付的委托；

(三)确定的金额；

(四)付款人名称；

(五)收款人名称；

(六)出票日期；

(七)出票人签章。

汇票上未记载前款规定事项之一的，汇票无效。

**第二十三条** [汇票的相对记载事项及其效力]汇票上记载付款日期、付款地、出票地等事项的，应当清楚、明确。

汇票上未记载付款日期的，为见票即付。

汇票上未记载付款地的，付款人的营业场所、住所或者经常居住地为付款地。

汇票上未记载出票地的，出票人的营业场所、住所或者经常居住地为出票地。

**第二十四条** [不具有票据法上效力的记载事项及其效力]汇票上可以记载本法规定事项以外的其他出票事项，但是该记载事项不具有汇票上的效力。

**(二)背书**

**第二十七条** [汇票权利的转让]持票人可以将汇票权利转让给他人或者将一定的汇票权利授予他人行使。

出票人在汇票上记载"不得转让"字样的，汇票不得转让。

持票人行使第一款规定的权利时，应当背书并交付汇票。

背书是指在票据背面或者粘单上记载有关事项并签章的票据行为。[2019年回忆~有价证券出质的形式要件及质权生效要件、对汇票进行质押的效力]

第三十条　[记名背书]汇票以背书转让或者以背书将一定的汇票权利授予他人行使时，必须记载被背书人名称。

第三十一条　[背书的连续]以背书转让的汇票，背书应当连续。持票人以背书的连续，证明其汇票权利；非经背书转让，而以其他合法方式取得汇票的，依法举证，证明其汇票权利。

前款所称背书连续，是指在票据转让中，转让汇票的背书人与受让汇票的被背书人在汇票上的签章依次前后衔接。

第三十三条　[附条件背书、部分背书、分别背书的效力]背书不得附有条件。背书时附有条件的，所附条件不具有汇票上的效力。

将汇票金额的一部分转让的背书或者将汇票金额分别转让给二人以上的背书无效。

第三十四条　[背书人的禁止及其效力]背书人在汇票上记载"不得转让"字样，其后手再背书转让的，原背书人对后手的被背书人不承担保证责任。

第三十五条　[委托收款背书和质押背书及其效力]背书记载"委托收款"字样的，被背书人有权代背书人行使被委托的汇票权利。但是，被背书人不得再以背书转让汇票权利。

汇票可以设定质押；质押时应当以背书记载"质押"字样。被背书人依法实现其质权时，可以行使汇票权利。

[2019年回忆～有价证券出质的形式要件及质权生效要件、对汇票进行质押的效力]

第三十六条　[不得背书转让的情形]汇票被拒绝承兑、被拒绝付款或者超过付款提示期限的，不得背书转让；背书转让的，背书人应当承担汇票责任。

《票据规定》

第四十七条　依照票据法第二十七条的规定，票据的出票人在票据上记载"不得转让"字样，票据持有人背书转让的，背书行为无效。背书转让后的受让人不得享有票据权利，票据的出票人、承兑人对受让人不承担票据责任。

第五十二条　依照票据法第二十七条的规定，出票人在票据上记载"不得转让"字样，其后手以此票据进行贴现、质押的，通过贴现、质押取得票据的持票人主张票据权利的，人民法院不予支持。

第五十四条　依照票据法第三十五条第二款的规定，以汇票设定质押时，出质人在汇票上只记载了"质押"字样未在票据上签章的，或者出质人未在汇票、粘单上记载"质押"字样而另行签订质押合同、质押条款的，不构成票据质押。

（三）承兑

第四十二条　[承兑的记载]付款人承兑汇票的，应当在汇票正面记载"承兑"字样和承兑日期并签章；见票后定期付款的汇票，应当在承兑时记载付款日期。

汇票上未记载承兑日期的，以前条第一款规定期限的最后一日为承兑日期。

第四十三条　[承兑不得附有条件]付款人承兑汇票，不得附有条件；承兑附有条件的，视为拒绝承兑。

第四十四条　[付款人承兑后的责任]付款人承兑汇票后，应当承担到期付款的责任。

（四）保证

第四十六条　[汇票保证的记载事项]保证人必须在汇票或者粘单上记载下列事项：

（一）表明"保证"的字样；

（二）保证人名称和住所；

（三）被保证人的名称；

（四）保证日期；

（五）保证人签章。

第四十七条第一款　[未记载事项的处理]保证人在汇票或者粘单上未记载前条第（三）项的，已承兑的汇票，承兑人为被保证人；未承兑的汇票，出票人为被保证人。

第四十八条　[票据保证不得附有条件]保证不得附有条件；附有条件的，不影响对汇票的保证责任。

第四十九条　[票据保证人的责任]保证人对合法取得汇票的持票人所享有的汇票权利，承担保证责任。但是，被保证人的债务因汇票记载事项欠缺而无效的除外。

第五十条　[保证人和被保证人的连带责任]被保证的汇票，保证人应当与被保证人对持票人承担连带责任。汇票到期后得不到付款的，持票人有权向保证人请求付款，保证人应当足额付款。

第五十一条　[共同保证人的连带责任]保证人为二人以上的，保证人之间承担连带责任。

第五十二条　[保证人的追索权]保证人清偿汇票债务后，可以行使持票人对被保证人及其前手的追索权。

第五十六条　[收款银行和受托付款银行的责任]持票人委托的收款银行的责任，限于按照汇票上记载事项将汇票金额转入持票人账户。

付款人委托的付款银行的责任，限于按照汇票上记载事项从付款人账户支付汇票金额。

（五）付款

第五十七条　[付款人的审查义务]付款人及其代理付款人付款时，应当审查汇票背书的连续，并审查提示付款人的合法身份证明或者有效证件。

付款人及其代理付款人以恶意或者有重大过失付款的，应当自行承担责任。

第五十八条　[期前付款的责任承担]对定日付款、出票后定期付款或者见票后定期付款的汇票，付款人在到期日前付款的，由付款人自行承担所产生的责任。

（六）追索

第六十一条　[行使追索权的情形]汇票到期被拒绝付款的，持票人可以对背书人、出票人以及汇票的其他债务人行使追索权。

汇票到期日前，有下列情形之一的，持票人也可以行使追索权：

（一）汇票被拒绝承兑的；

（二）承兑人或者付款人死亡、逃匿的；

（三）承兑人或者付款人被依法宣告破产的或者因违法被责令终止业务活动的。

第六十八条 [连带汇票债务人的追索权的行使]汇票的出票人、背书人、承兑人和保证人对持票人承担连带责任。

持票人可以不按照汇票债务人的先后顺序，对其中任何一人、数人或者全体行使追索权。

持票人对汇票债务人中的一人或者数人已经进行追索的，对其他汇票债务人仍可以行使追索权。被追索人清偿债务后，与持票人享有同一权利。

第六十九条 [追索权的限制]持票人为出票人的，对其前手无追索权。持票人为背书人的，对其后手无追索权。

**考点46 支票**

第八十三条 [现金支票与转账支票]支票可以支取现金，也可以转账，用于转账时，应当在支票正面注明。

支票中专门用于支取现金的，可以另行制作现金支票，现金支票只能用于支取现金。

支票中专门用于转账的，可以另行制作转账支票，转账支票只能用于转账，不得支取现金。

第八十四条 [支票的必须记载事项]支票必须记载下列事项：

（一）表明"支票"的字样；

（二）无条件支付的委托；

（三）确定的金额；

（四）付款人名称；

（五）出票日期；

（六）出票人签章。

支票上未记载前款规定事项之一的，支票无效。

第八十五条 [支票金额的授权补记]支票上的金额可以由出票人授权补记，未补记前的支票，不得使用。

第八十六条 [支票的相对应记载事项]支票上未记载收款人名称的，经出票人授权，可以补记。

支票上未记载付款地的，付款人的营业场所为付款地。

支票上未记载出票地的，出票人的营业场所、住所或者经常居住地为出票地。

出票人可以在支票上记载自己为收款人。

第九十条 [对支票见票即付]支票限于见票即付，不得另行记载付款日期。另行记载付款日期的，该记载无效。

# 专题七 证券法

**考点47 证券法**

（一）公开发行证券

第九条 [证券公开发行与非公开发行]公开发行证券，必须符合法律、行政法规规定的条件，并依法报经国务院证券监督管理机构或者国务院授权的部门注册。未经依法注册，任何单位和个人不得公开发行证券。证券发行注册制的具体范围、实施步骤，由国务院规定。

有下列情形之一的，为公开发行：

（一）向不特定对象发行证券；

（二）向特定对象发行证券累计超过二百人，但依法实施员工持股计划的员工人数不计算在内；

（三）法律、行政法规规定的其他发行行为。

非公开发行证券，不得采用广告、公开劝诱和变相公开方式。

第四十六条 [申请证券上市交易]申请证券上市交易，应当向证券交易所提出申请，由证券交易所依法审核同意，并由双方签订上市协议。

证券交易所根据国务院授权的部门的决定安排政府债券上市交易。

（二）公开发行新股的条件、用途、程序

第十二条第一款 [公开发行新股的条件]公司首次公开发行新股，应当符合下列条件：

（一）具备健全且运行良好的组织机构；

（二）具有持续经营能力；

（三）最近三年财务会计报告被出具无保留意见审计报告；

（四）发行人及其控股股东、实际控制人最近三年不存在贪污、贿赂、侵占财产、挪用财产或者破坏社会主义市场经济秩序的刑事犯罪；

（五）经国务院批准的国务院证券监督管理机构规定的其他条件。

第十四条 [公开发行股票所募集资金的使用]公司对公开发行股票所募集资金，必须按照招股说明书或者其他公开发行募集文件所列资金用途使用；改变资金用途，必须经股东大会作出决议。擅自改变用途，未作纠正的，或者未经股东大会认可的，不得公开发行新股。

（三）公开发行公司债券的条件

第十五条 [公开发行债券的条件]公开发行公司债券，应当符合下列条件：

（一）具备健全且运行良好的组织机构；

（二）最近三年平均可分配利润足以支付公司债券一年的利息；

（三）国务院规定的其他条件。

公开发行公司债券筹集的资金，必须按照公司债券募集办法所列资金用途使用；改变资金用途，必须经债券持有人会议作出决议。公开发行公司债券筹集的资金，不得用于弥补亏损和非生产性支出。

上市公司发行可转换为股票的公司债券，除应当符合第一款规定的条件外，还应当遵守本法第十二条第二款的规定。但是，按照公司债券募集办法，上市公司通过收购本公司股份的方式进行公司债券转换的除外。

第十七条 [再次公开发行债券的限制]有下列情形之一的，不得再次公开发行公司债券：

（一）对已公开发行的公司债券或者其他债务有违约或者延迟支付本息的事实，仍处于继续状态；

（二）违反本法规定，改变公开发行公司债券所募资金的用途。

（四）相关人员的行为限制

第二十一条 [发行审核委员会]国务院证券监督管

理机构或者国务院授权的部门依照法定条件负责证券发行申请的注册。证券公开发行注册的具体办法由国务院规定。

按照国务院的规定，证券交易所等可以审核公开发行证券申请，判断发行人是否符合发行条件、信息披露要求，督促发行人完善信息披露内容。

依照前两款规定参与证券发行申请注册的人员，不得与发行申请人有利害关系，不得直接或者间接接受发行申请人的馈赠，不得持有所注册的发行申请的证券，不得私下与发行申请人进行接触。

**(五)核准错误的补救措施**

**第二十四条　[已核准证券发行决定的撤销]**国务院证券监督管理机构或者国务院授权的部门对已作出的证券发行注册的决定，发现不符合法定条件或者法定程序，尚未发行证券的，应当予以撤销，停止发行。已经发行尚未上市的，撤销发行注册决定，发行人应当按照发行价并加算银行同期存款利息返还证券持有人；发行人的控股股东、实际控制人以及保荐人，应当与发行人承担连带责任，但是能够证明自己没有过错的除外。

股票的发行人在招股说明书等证券发行文件中隐瞒重要事实或者编造重大虚假内容，已经发行并上市的，国务院证券监督管理机构可以责令发行人回购证券，或者责令负有责任的控股股东、实际控制人买回证券。

**(六)证券的承销、包销与代销**

**第二十六条　[证券承销]**发行人向不特定对象发行的证券，法律、行政法规规定应当由证券公司承销的，发行人应当同证券公司签订承销协议。证券承销业务采取代销或者包销方式。

证券代销是指证券公司代发行人发售证券，在承销期结束时，将未售出的证券全部退还给发行人的承销方式。

证券包销是指证券公司将发行人的证券按照协议全部购入或者在承销期结束时将售后剩余证券全部自行购入的承销方式。

**第二十九条　[文件核查]**证券公司承销证券，应当对公开发行募集文件的真实性、准确性、完整性进行核查。发现有虚假记载、误导性陈述或者重大遗漏的，不得进行销售活动；已经销售的，必须立即停止销售活动，并采取纠正措施。

证券公司承销证券，不得有下列行为：

(一)进行虚假的或者误导投资者的广告宣传或者其他宣传推介活动；

(二)以不正当竞争手段招揽承销业务；

(三)其他违反证券承销业务规定的行为。

证券公司有前款所列行为，给其他证券承销机构或者投资者造成损失的，应当依法承担赔偿责任。

**第三十三条　[发行失败]**股票发行采用代销方式，代销期限届满，向投资者出售的股票数量未达到拟公开发行股票数量百分之七十的，为发行失败。发行人应当按照发行价并加算银行同期存款利息返还股票认购人。

**(七)证券交易方式；相关人持有、买卖和受赠股票的限制**

**第三十八条　[交易方式]**证券在证券交易所上市交易，应当采用公开的集中交易方式或者国务院证券监督管理机构批准的其他方式。

**第四十条　[从业人员持有、买卖、受赠股票的禁止]**证券交易所、证券公司和证券登记结算机构的从业人员，证券监督管理机构的工作人员以及法律、行政法规规定禁止参与股票交易的其他人员，在任期或者法定限期内，不得直接或者以化名、借他人名义持有、买卖股票或者其他具有股权性质的证券，也不得收受他人赠送的股票或者其他具有股权性质的证券。

任何人在成为前款所列人员时，其原已持有的股票或者其他具有股权性质的证券，必须依法转让。

实施股权激励计划或者员工持股计划的证券公司的从业人员，可以按照国务院证券监督管理机构的规定持有、卖出本公司股票或者其他具有股权性质的证券。

**第四十二条　[证券服务机构和人员买卖股票的限制]**为证券发行出具审计报告或者法律意见书等文件的证券服务机构和人员，在该证券承销期内和期满后六个月内，不得买卖该证券。

除前款规定外，为发行人及其控股股东、实际控制人，或者收购人、重大资产交易方出具审计报告或者法律意见书等文件的证券服务机构和人员，自接受委托之日起至上述文件公开后五日内，不得买卖该证券。实际开展上述有关工作之日早于接受委托之日的，自实际开展上述有关工作之日起至上述文件公开后五日内，不得买卖该证券。

**第四十四条　[反向操作的限制性规定]**上市公司、股票在国务院批准的其他全国性证券交易场所交易的公司持有百分之五以上股份的股东、董事、监事、高级管理人员，将其持有的该公司的股票或者其他具有股权性质的证券在买入后六个月内卖出，或者在卖出后六个月内又买入，由此所得收益归该公司所有，公司董事会应当收回其所得收益。但是，证券公司因购入包销售后剩余股票而持有百分之五以上股份，以及有国务院证券监督管理机构规定的其他情形的除外。

前款所称董事、监事、高级管理人员、自然人股东持有的股票或者其他具有股权性质的证券，包括其配偶、父母、子女持有的及利用他人账户持有的股票或者其他具有股权性质的证券。

公司董事会不按照第一款规定执行的，股东有权要求董事会在三十日内执行。公司董事会未在上述期限内执行的，股东有权为了公司的利益以自己的名义直接向人民法院提起诉讼。

公司董事会不按照第一款的规定执行的，负有责任的董事依法承担连带责任。

**(八)申请证券上市的条件；终止上市**

**第四十七条　[申请证券上市应符合上市条件]**申请证券上市交易，应当符合证券交易所上市规则规定的上市条件。

证券交易所上市规则规定的上市条件，应当对发行人的经营年限、财务状况、最低公开发行比例和公司治理、诚信记录等提出要求。

**第四十八条** [**终止上市交易**]上市交易的证券，有证券交易所规定的终止上市情形的，由证券交易所按照业务规则终止其上市交易。

证券交易所决定终止证券上市交易的，应当及时公告，并报国务院证券监督管理机构备案。

**(九)禁止的交易行为**

**第五十条** [**内幕交易的禁止**]禁止证券交易内幕信息的知情人和非法获取内幕信息的人利用内幕信息从事证券交易活动。

**第五十一条** [**知情人的范围**]证券交易内幕信息的知情人包括：

(一)发行人及其董事、监事、高级管理人员；

(二)持有公司百分之五以上股份的股东及其董事、监事、高级管理人员，公司的实际控制人及其董事、监事、高级管理人员；

(三)发行人控股或者实际控制的公司及其董事、监事、高级管理人员；

(四)由于所任公司职务或者因与公司业务往来可以获取公司有关内幕信息的人员；

(五)上市公司收购人或者重大资产交易方及其控股股东、实际控制人、董事、监事和高级管理人员；

(六)因职务、工作可以获取内幕信息的证券交易场所、证券公司、证券登记结算机构、证券服务机构的有关人员；

(七)因职责、工作可以获取内幕信息的证券监督管理机构工作人员；

(八)因法定职责对证券的发行、交易或者对上市公司及其收购、重大资产交易进行管理可以获取内幕信息的有关主管部门、监管机构的工作人员；

(九)国务院证券监督管理机构规定的可以获取内幕信息的其他人员。

**第五十二条** [**内幕信息**]证券交易活动中，涉及发行人的经营、财务或者对该发行人证券的市场价格有重大影响的尚未公开的信息，为内幕信息。

本法第八十条第二款、第八十一条第二款所列重大事件属于内幕信息。

**第五十三条** [**知情人内幕信息利用的禁止**]证券交易内幕信息的知情人和非法获取内幕信息的人，在内幕信息公开前，不得买卖该公司的证券，或者泄露该信息，或者建议他人买卖该证券。

持有或者通过协议、其他安排与他人共同持有公司百分之五以上股份的自然人、法人、非法人组织收购上市公司的股份，本法另有规定的，适用其规定。

内幕交易行为给投资者造成损失的，应当依法承担赔偿责任。

**第五十四条** [**相关机构内幕信息利用的禁止**]禁止证券交易场所、证券公司、证券登记结算机构、证券服务机构和其他金融机构的从业人员、有关监管部门或者行业协会的工作人员，利用因职务便利获取的内幕信息以外的其他未公开的信息，违反规定，从事与该信息相关的证券交易活动，或者明示、暗示他人从事相关交易活动。

利用未公开信息进行交易给投资者造成损失的，应当依法承担赔偿责任。

**第五十五条** [**操纵证券市场的禁止**]禁止任何人以下列手段操纵证券市场，影响或者意图影响证券交易价格或者证券交易量：

(一)单独或者通过合谋，集中资金优势、持股优势或者利用信息优势联合或者连续买卖；

(二)与他人串通，以事先约定的时间、价格和方式相互进行证券交易；

(三)在自己实际控制的账户之间进行证券交易；

(四)不以成交为目的，频繁或者大量申报并撤销申报；

(五)利用虚假或者不确定的重大信息，诱导投资者进行证券交易；

(六)对证券、发行人公开作出评价、预测或者投资建议，并进行反向证券交易；

(七)利用在其他相关市场的活动操纵证券市场；

(八)操纵证券市场的其他手段。

操纵证券市场行为给投资者造成损失的，应当依法承担赔偿责任。

**(十)报告和公告制度**

**第六十三条** [**上市公司收购报告和公告**]通过证券交易所的证券交易，投资者持有或者通过协议、其他安排与他人共同持有一个上市公司已发行的有表决权股份达到百分之五时，应当在该事实发生之日起三日内，向国务院证券监督管理机构、证券交易所作出书面报告，通知该上市公司，并予公告，在上述期限内不得再行买卖该上市公司的股票，但国务院证券监督管理机构规定的情形除外。

投资者持有或者通过协议、其他安排与他人共同持有一个上市公司已发行的有表决权股份达到百分之五后，其所持该上市公司已发行的有表决权股份比例每增加或者减少百分之五，应当依照前款规定进行报告和公告，在该事实发生之日起至公告后三日内，不得再行买卖该上市公司的股票，但国务院证券监督管理机构规定的情形除外。

投资者持有或者通过协议、其他安排与他人共同持有一个上市公司已发行的有表决权股份达到百分之五后，其所持该上市公司已发行的有表决权股份比例每增加或者减少百分之一，应当在该事实发生的次日通知该上市公司，并予公告。

违反第一款、第二款规定买入上市公司有表决权的股份的，在买入后的三十六个月内，对该超过规定比例部分的股份不得行使表决权。

**(十一)股份收购**

**第六十五条** [**收购要约的发出**]通过证券交易所的证券交易，投资者持有或者通过协议、其他安排与他人共同持有一个上市公司已发行的有表决权股份达到百分之三十时,继续进行收购的,应当依法向该上市公司所有股东发出收购上市公司全部或者部分股份的要约。

收购上市公司部分股份的要约应当约定,被收购公司股东承诺出售的股份数额超过预定收购的股份数额的,收购人按比例进行收购。

**第六十六条** [收购报告书的内容]依照前条规定发出收购要约,收购人必须公告上市公司收购报告书,并载明下列事项:

(一)收购人的名称、住所;

(二)收购人关于收购的决定;

(三)被收购的上市公司名称;

(四)收购目的;

(五)收购股份的详细名称和预定收购的股份数额;

(六)收购期限、收购价格;

(七)收购所需资金额及资金保证;

(八)公告上市公司收购报告书时持有被收购公司股份占该公司已发行的股份总数的比例。

**第六十七条** [要约收购期限]收购要约约定的收购期限不得少于三十日,并不得超过六十日。

**第六十八条** [收购要约撤销的限制]在收购要约确定的承诺期限内,收购人不得撤销其收购要约。收购人需要变更收购要约的,应当及时公告,载明具体变更事项,且不得存在下列情形:

(一)降低收购价格;

(二)减少预定收购股份数额;

(三)缩短收购期限;

(四)国务院证券监督管理机构规定的其他情形。

**第六十九条** [收购条件的适用对象]收购要约提出的各项收购条件,适用于被收购公司的所有股东。

上市公司发行不同种类股份的,收购人可以针对不同种类股份提出不同的收购条件。

**第七十条** [要约收购的限制]采取要约收购方式的,收购人在收购期限内,不得卖出被收购公司的股票,也不得采取要约规定以外的形式和超出要约的条件买入被收购公司的股票。

**第七十四条** [收购失败、完成的后果]收购期限届满,被收购公司股权分布不符合证券交易所规定的上市交易要求的,该上市公司的股票应当由证券交易所依法终止上市交易;其余仍持有被收购公司股票的股东,有权向收购人以收购要约的同等条件出售其股票,收购人应当收购。

收购行为完成后,被收购公司不再具备股份有限公司条件的,应当依法变更企业形式。

**第七十五条** [被收购股票转让的限制]在上市公司收购中,收购人持有的被收购的上市公司的股票,在收购行为完成后的十八个月内不得转让。

**(十二)信息披露**

**第七十八条** [披露原则]发行人及法律、行政法规和国务院证券监督管理机构规定的其他信息披露义务人,应当及时依法履行信息披露义务。

信息披露义务人披露的信息,应当真实、准确、完整、简明清晰,通俗易懂,不得有虚假记载、误导性陈述或者重大遗漏。

证券同时在境内境外公开发行、交易的,其信息披露义务人在境外披露的信息,应当在境内同时披露。

**第七十九条** [定期报告报送和公告的要求]上市公司、公司债券上市交易的公司、股票在国务院批准的其他全国性证券交易场所交易的公司,应当按照国务院证券监督管理机构和证券交易场所规定的内容和格式编制定期报告,并按照以下规定报送和公告:

(一)在每一会计年度结束之日起四个月内,报送并公告年度报告,其中的年度财务会计报告应当经符合本法规定的会计师事务所审计;

(二)在每一会计年度的上半年结束之日起二个月内,报送并公告中期报告。

**第八十条** [(股票)重大事件的报告和公告]发生可能对上市公司、股票在国务院批准的其他全国性证券交易场所交易的公司的股票交易价格产生较大影响的重大事件,投资者尚未得知时,公司应当立即将有关该重大事件的情况向国务院证券监督管理机构和证券交易场所报送临时报告,并予公告,说明事件的起因、目前的状态和可能产生的法律后果。

前款所称重大事件包括:

(一)公司的经营方针和经营范围的重大变化;

(二)公司的重大投资行为,公司在一年内购买、出售重大资产超过公司资产总额百分之三十,或者公司营业用主要资产的抵押、质押、出售或者报废一次超过该资产的百分之三十;

(三)公司订立重要合同、提供重大担保或者从事关联交易,可能对公司的资产、负债、权益和经营成果产生重要影响;

(四)公司发生重大债务和未能清偿到期重大债务的违约情况;

(五)公司发生重大亏损或者重大损失;

(六)公司生产经营的外部条件发生的重大变化;

(七)公司的董事、三分之一以上监事或者经理发生变动,董事长或者经理无法履行职责;

(八)持有公司百分之五以上股份的股东或者实际控制人持有股份或者控制公司的情况发生较大变化,公司的实际控制人及其控制的其他企业从事与公司相同或者相似业务的情况发生较大变化;

(九)公司分配股利、增资的计划,公司股权结构的重要变化,公司减资、合并、分立、解散及申请破产的决定,或者依法进入破产程序、被责令关闭;

(十)涉及公司的重大诉讼、仲裁,股东大会、董事会决议被依法撤销或者宣告无效;

(十一)公司涉嫌犯罪被依法立案调查,公司的控股股东、实际控制人、董事、监事、高级管理人员涉嫌犯罪被依法采取强制措施;

(十二)国务院证券监督管理机构规定的其他事项。

公司的控股股东或者实际控制人对重大事件的发生、进展产生较大影响的,应当及时将其知悉的有关情况书面告知公司,并配合公司履行信息披露义务。

**第八十一条　[(债券)重大事件的报告和公告]**发生可能对上市交易公司债券的交易价格产生较大影响的重大事件,投资者尚未得知时,公司应当立即将有关该重大事件的情况向国务院证券监督管理机构和证券交易场所报送临时报告,并予公告,说明事件的起因、目前的状态和可能产生的法律后果。

前款所称重大事件包括:

(一)公司股权结构或者生产经营状况发生重大变化;

(二)公司债券信用评级发生变化;

(三)公司重大资产抵押、质押、出售、转让、报废;

(四)公司发生未能清偿到期债务的情况;

(五)公司新增借款或者对外提供担保超过上年末净资产的百分之二十;

(六)公司放弃债权或者财产超过上年末净资产的百分之十;

(七)公司发生超过上年末净资产百分之十的重大损失;

(八)公司分配股利,作出减资、合并、分立、解散及申请破产的决定,或者依法进入破产程序、被责令关闭;

(九)涉及公司的重大诉讼、仲裁;

(十)公司涉嫌犯罪被依法立案调查,公司的控股股东、实际控制人、董事、监事、高级管理人员涉嫌犯罪被依法采取强制措施;

(十一)国务院证券监督管理机构规定的其他事项。

**第八十二条　[定期报告审核]**发行人的董事、高级管理人员应当对证券发行文件和定期报告签署书面确认意见。

发行人的监事会应当对董事会编制的证券发行文件和定期报告进行审核并提出书面审核意见。监事应当签署书面确认意见。

发行人的董事、监事和高级管理人员应当保证发行人及时、公平地披露信息,所披露的信息真实、准确、完整。

董事、监事和高级管理人员无法保证证券发行文件和定期报告内容的真实性、准确性、完整性或者有异议的,应当在书面确认意见中发表意见并陈述理由,发行人应当披露。发行人不予披露的,董事、监事和高级管理人员可以直接申请披露。

**第八十三条　[强制披露的要求]**信息披露义务人披露的信息应当同时向所有投资者披露,不得提前向任何单位和个人泄露。但是,法律、行政法规另有规定的除外。

任何单位和个人不得非法要求信息披露义务人提供依法需要披露但尚未披露的信息。任何单位和个人提前获知的前述信息,在依法披露前应当保密。

**第八十四条　[自愿披露的要求]**除依法需要披露的信息之外,信息披露义务人可以自愿披露与投资者作出价值判断和投资决策有关的信息,但不得与依法披露的信息相冲突,不得误导投资者。

发行人及其控股股东、实际控制人、董事、监事、高级管理人员等作出公开承诺的,应当披露。不履行承诺给投资者造成损失的,应当依法承担赔偿责任。

**第八十五条　[虚假信息的责任承担]**信息披露义务人未按照规定披露信息,或者公告的证券发行文件、定期报告、临时报告及其他信息披露资料存在虚假记载、误导性陈述或者重大遗漏,致使投资者在证券交易中遭受损失的,信息披露义务人应当承担赔偿责任;发行人的控股股东、实际控制人、董事、监事、高级管理人员和其他直接责任人员以及保荐人、承销的证券公司及其直接责任人员,应当与发行人承担连带赔偿责任,但是能够证明自己没有过错的除外。

**第八十六条　[信息披露方式]**依法披露的信息,应当在证券交易场所的网站和符合国务院证券监督管理机构规定条件的媒体发布,同时将其置备于公司住所、证券交易场所,供社会公众查阅。

**第八十七条　[对信息披露的监督]**国务院证券监督管理机构对信息披露义务人的信息披露行为进行监督管理。

证券交易场所应当对其组织交易的证券的信息披露义务人的信息披露行为进行监督,督促其依法及时、准确地披露信息。

## (十三)投资者保护

**第八十八条　[证券公司的了解说明义务]**证券公司向投资者销售证券、提供服务时,应当按照规定充分了解投资者的基本情况、财产状况、金融资产状况、投资知识和经验、专业能力等相关信息;如实说明证券、服务的重要内容,充分揭示投资风险;销售、提供与投资者上述状况相匹配的证券、服务。

投资者在购买证券或者接受服务时,应当按照证券公司明示的要求提供前款所列真实信息。拒绝提供或者未按照要求提供信息的,证券公司应当告知其后果,并按照规定拒绝向其销售证券、提供服务。

证券公司违反第一款规定导致投资者损失的,应当承担相应的赔偿责任。

**第八十九条　[投资者的分类及纠纷的处理]**根据财产状况、金融资产状况、投资知识和经验、专业能力等因素,投资者可以分为普通投资者和专业投资者。专业投资者的标准由国务院证券监督管理机构规定。

普通投资者与证券公司发生纠纷的,证券公司应当证明其行为符合法律、行政法规以及国务院证券监督管理机构的规定,不存在误导、欺诈等情形。证券公司不能证明的,应当承担相应的赔偿责任。

**第九十条　[投资者保护机构的设立及权利]**上市公司董事会、独立董事,持有百分之一以上有表决权股份的股东或者依照法律、行政法规或者国务院证券监督管理机构的规定设立的投资者保护机构(以下简称投资者保护机构),可以作为征集人,自行或者委托证券公司、证券服务机构,公开请求上市公司股东委托其代为出席股东大会,并代为行使提案权、表决权等股东权利。

依照前款规定征集股东权利的,征集人应当披露征集文件,上市公司应当予以配合。

禁止以有偿或者变相有偿的方式公开征集股东权利。

公开征集股东权利违反法律、行政法规或者国务院证券监督管理机构有关规定,导致上市公司或者其股东遭受损失的,应当依法承担赔偿责任。

**第九十一条　[上市公司现金股利分配]**上市公司应当在章程中明确分配现金股利的具体安排和决策程序,依法保障股东的资产收益权。

上市公司当年税后利润,在弥补亏损及提取法定公积金后有盈余的,应当按照公司章程的规定分配现金股利。

**第九十二条　[公开发行债券的要求]**公开发行公司债券的,应当设立债券持有人会议,并应当在募集说明书中说明债券持有人会议的召集程序、会议规则和其他重要事项。

公开发行公司债券的,发行人应当为债券持有人聘请债券受托管理人,并订立债券受托管理协议。受托管理人应当由本次发行的承销机构或者其他经国务院证券监督管理机构认可的机构担任,债券持有人会议可以决议变更债券受托管理人。债券受托管理人应当勤勉尽责,公正履行受托管理职责,不得损害债券持有人利益。

债券发行人未能按期兑付债券本息的,债券受托管理人可以接受全部或者部分债券持有人的委托,以自己名义代表债券持有人提起、参加民事诉讼或者清算程序。

**第九十三条　[投资者保护机构先行赔付]**发行人因欺诈发行、虚假陈述或者其他重大违法行为给投资者造成损失的,发行人的控股股东、实际控制人、相关的证券公司可以委托投资者保护机构,就赔偿事宜与受到损失的投资者达成协议,予以先行赔付。先行赔付后,可以依法向发行人以及其他连带责任人追偿。

**第九十四条　[投资者保护机构纠纷解决]**投资者与发行人、证券公司等发生纠纷的,双方可以向投资者保护机构申请调解。普通投资者与证券公司发生证券业务纠纷,普通投资者提出调解请求的,证券公司不得拒绝。

投资者保护机构对损害投资者利益的行为,可以依法支持投资者向人民法院提起诉讼。

发行人的董事、监事、高级管理人员执行公司职务时违反法律、行政法规或者公司章程的规定给公司造成损失,发行人的控股股东、实际控制人等侵犯公司合法权益给公司造成损失,投资者保护机构持有该公司股份的,可以为公司的利益以自己的名义向人民法院提起诉讼,持股比例和持股期限不受《中华人民共和国公司法》规定的限制。

**第九十五条　[证券民事赔偿代表人诉讼]**投资者提起虚假陈述等证券民事赔偿诉讼时,诉讼标的是同一种类,且当事人一方人数众多的,可以依法推选代表人进行诉讼。

对按照前款规定提起的诉讼,可能存在有相同诉讼请求的其他众多投资者的,人民法院可以发出公告,说明该诉讼请求的案件情况,通知投资者在一定期间向人民

法院登记。人民法院作出的判决、裁定,对参加登记的投资者发生效力。

投资者保护机构受五十名以上投资者委托,可以作为代表人参加诉讼,并为经证券登记结算机构确认的权利人依照前款规定向人民法院登记,但投资者明确表示不愿意参加该诉讼的除外。

**（十四）证券交易所**

**第九十六条　[证券交易所的性质]**证券交易所、国务院批准的其他全国性证券交易场所为证券集中交易提供场所和设施,组织和监督证券交易,实行自律管理,依法登记,取得法人资格。

证券交易所、国务院批准的其他全国性证券交易场所的设立、变更和解散由国务院决定。

国务院批准的其他全国性证券交易场所的组织机构、管理办法等,由国务院规定。

**第九十九条　[证券交易所履职要求及章程制定]**证券交易所履行自律管理职能,应当遵守社会公共利益优先原则,维护市场的公平、有序、透明。

设立证券交易所必须制定章程。证券交易所章程的制定和修改,必须经国务院证券监督管理机构批准。

**第一百零一条　[收入分配]**证券交易所可以自行支配的各项费用收入,应当首先用于保证其证券交易场所和设施的正常运行并逐步改善。

实行会员制的证券交易所的财产积累归会员所有,其权益由会员共同享有,在其存续期间,不得将其财产积累分配给会员。

**（十五）技术性停牌与临时停市;证券公司设立和经营范围**

**第一百一十一条　[技术性停牌和临时停市]**因不可抗力、意外事件、重大技术故障、重大人为差错等突发性事件而影响证券交易正常进行时,为维护证券交易正常秩序和市场公平,证券交易所可以按照业务规则采取技术性停牌、临时停市等处置措施,并应当及时向国务院证券监督管理机构报告。

因前款规定的突发性事件导致证券交易结果出现重大异常,按交易结果进行交收将对证券交易正常秩序和市场公平造成重大影响的,证券交易所按照业务规则可以采取取消交易、通知证券登记结算机构暂缓交收等措施,并应当及时向国务院证券监督管理机构报告并公告。

证券交易所对其依照本条规定采取措施造成的损失,不承担民事赔偿责任,但存在重大过错的除外。

**第一百一十八条　[设立证券公司的条件]**设立证券公司,应当具备下列条件,并经国务院证券监督管理机构批准:

（一）有符合法律、行政法规规定的公司章程;

（二）主要股东及公司的实际控制人具有良好的财务状况和诚信记录,最近三年无重大违法违规记录;

（三）有符合本法规定的公司注册资本;

（四）董事、监事、高级管理人员、从业人员符合本法规定的条件;

（五）有完善的风险管理与内部控制制度;

（六）有合格的经营场所、业务设施和信息技术系统；

（七）法律、行政法规和经国务院批准的国务院证券监督管理机构规定的其他条件。

未经国务院证券监督管理机构批准，任何单位和个人不得以证券公司名义开展证券业务活动。

**第一百二十条** ［业务范围］经国务院证券监督管理机构核准，取得经营证券业务许可证，证券公司可以经营下列部分或者全部证券业务：

（一）证券经纪；

（二）证券投资咨询；

（三）与证券交易、证券投资活动有关的财务顾问；

（四）证券承销与保荐；

（五）证券融资融券；

（六）证券做市交易；

（七）证券自营；

（八）其他证券业务。

国务院证券监督管理机构应当自受理前款规定事项申请之日起三个月内，依照法定条件和程序进行审查，作出核准或者不予核准的决定，并通知申请人；不予核准的，应当说明理由。

证券公司经营证券资产管理业务的，应当符合《中华人民共和国证券投资基金法》等法律、行政法规的规定。

除证券公司外，任何单位和个人不得从事证券承销、证券保荐、证券经纪和证券融资融券业务。

证券公司从事证券融资融券业务，应当采取措施，严格防范和控制风险，不得违反规定向客户出借资金或者证券。

**第一百二十二条** ［须核准事项］证券公司变更证券业务范围，变更主要股东或者公司的实际控制人，合并、分立、停业、解散、破产，应当经国务院证券监督管理机构核准。

**（十六）证券公司的业务和经营活动的限制**

**第一百二十三条** ［风险控制指标的规定］国务院证券监督管理机构应当对证券公司净资本和其他风险控制指标作出规定。

证券公司除依照规定为其客户提供融资融券外，不得为其股东或者股东的关联人提供融资或者担保。

**第一百二十九条** ［自营业务］证券公司的自营业务必须以自己的名义进行，不得假借他人名义或者以个人名义进行。

证券公司的自营业务必须使用自有资金和依法筹集的资金。

证券公司不得将其自营账户借给他人使用。

**第一百三十四条** ［全权委托禁止］证券公司办理经纪业务，不得接受客户的全权委托而决定证券买卖、选择证券种类、决定买卖数量或者买卖价格。

证券公司不得允许他人以证券公司的名义直接参与证券的集中交易。

**第一百三十五条** ［收益承诺的禁止］证券公司不得对客户证券买卖的收益或者赔偿证券买卖的损失作出承诺。

**第一百三十六条** ［职务行为的责任承担］证券公司的从业人员在证券交易活动中，执行所属的证券公司的指令或者利用职务违反交易规则的，由所属的证券公司承担全部责任。

证券公司的从业人员不得私下接受客户委托买卖证券。

**考点48 证券投资基金法**

**（一）基金管理人**

**第十二条** ［管理人担任］基金管理人由依法设立的公司或者合伙企业担任。

公开募集基金的基金管理人，由基金管理公司或者经国务院证券监督管理机构按照规定核准的其他机构担任。

**第二十条** ［禁止行为］公开募集基金的基金管理人及其董事、监事、高级管理人员和其他从业人员不得有下列行为：

（一）将其固有财产或者他人财产混同于基金财产从事证券投资；

（二）不公平地对待其管理的不同基金财产；

（三）利用基金财产或者职务之便为基金份额持有人以外的人牟取利益；

（四）向基金份额持有人违规承诺收益或者承担损失；

（五）侵占、挪用基金财产；

（六）泄露因职务便利获取的未公开信息、利用该信息从事或者明示、暗示他人从事相关的交易活动；

（七）玩忽职守，不按照规定履行职责；

（八）法律、行政法规和国务院证券监督管理机构规定禁止的其他行为。

**（二）基金托管人**

**第三十二条** ［托管人核准］基金托管人由依法设立的商业银行或者其他金融机构担任。

商业银行担任基金托管人的，由国务院证券监督管理机构会同国务院银行业监督管理机构核准；其他金融机构担任基金托管人的，由国务院证券监督管理机构核准。

**第三十五条** ［限制］基金托管人与基金管理人不得为同一机构，不得相互出资或者持有股份。

**（三）基金份额持有人**

**第三条第三款** ［基金合同］通过公开募集方式设立的基金（以下简称公开募集基金）的基金份额持有人按其所持基金份额享受收益和承担风险，通过非公开募集方式设立的基金（以下简称非公开募集基金）的收益分配和风险承担由基金合同约定。

**第四十六条** ［份额持有人权利］基金份额持有人享有下列权利：

（一）分享基金财产收益；

（二）参与分配清算后的剩余基金财产；

（三）依法转让或者申请赎回其持有的基金份额；

（四）按照规定要求召开基金份额持有人大会或者召

集基金份额持有人大会;

　　(五)对基金份额持有人大会审议事项行使表决权;

　　(六)对基金管理人、基金托管人、基金服务机构损害其合法权益的行为依法提起诉讼;

　　(七)基金合同约定的其他权利。

　　公开募集基金的基金份额持有人有权查阅或者复制公开披露的基金信息资料;非公开募集基金的基金份额持有人对涉及自身利益的情况,有权查阅基金的财务会计账簿等财务资料。

　　**第四十七条　[持有人大会]**基金份额持有人大会由全体基金份额持有人组成,行使下列职权:

　　(一)决定基金扩募或者延长基金合同期限;

　　(二)决定修改基金合同的重要内容或者提前终止基金合同;

　　(三)决定更换基金管理人、基金托管人;

　　(四)决定调整基金管理人、基金托管人的报酬标准;

　　(五)基金合同约定的其他职权。

　　**第八十六条　[大会程序]**基金份额持有人大会应当有代表二分之一以上基金份额的持有人参加,方可召开。

　　参加基金份额持有人大会的持有人的基金份额低于前款规定比例的,召集人可以在原公告的基金份额持有人大会召开时间的三个月以后、六个月以内,就原定审议事项重新召集基金份额持有人大会。重新召集的基金份额持有人大会应当有代表三分之一以上基金份额的持有人参加,方可召开。

　　基金份额持有人大会就审议事项作出决定,应当经参加大会的基金份额持有人所持表决权的二分之一以上通过;但是,<u>转换基金的运作方式、更换基金管理人或者基金托管人、提前终止基金合同、与其他基金合并,应当经参加大会的基金份额持有人所持表决权的三分之二以上通过</u>。

　　基金份额持有人大会决定的事项,应当依法报国务院证券监督管理机构备案,并予以公告。

　　**(四)基金财产**

　　**第五条　[基金财产]**基金财产的债务由基金财产本身承担,基金份额持有人以其出资为限对基金财产的债务承担责任。但基金合同依照本法另有约定的,从其约定。

　　<u>基金财产独立于基金管理人、基金托管人的固有财产</u>。基金管理人、基金托管人不得将基金财产归入其固有财产。

　　基金管理人、基金托管人因基金财产的管理、运用或者其他情形而取得的财产和收益,归入基金财产。

　　基金管理人、基金托管人因依法解散、被依法撤销或者被依法宣告破产等原因进行清算的,基金财产不属于其清算财产。

　　**第七十二条　[投资范围]**基金财产应当用于下列投资:

　　(一)上市交易的股票、债券;

　　(二)国务院证券监督管理机构规定的其他证券及其衍生品种。

　　**第七十三条　[投资限制]**基金财产不得用于下列投资或者活动:

　　(一)承销证券;

　　(二)违反规定向他人贷款或者提供担保;

　　(三)从事承担无限责任的投资;

　　(四)买卖其他基金份额,但是国务院证券监督管理机构另有规定的除外;

　　(五)向基金管理人、基金托管人出资;

　　(六)从事内幕交易、操纵证券交易价格及其他不正当的证券交易活动;

　　(七)法律、行政法规和国务院证券监督管理机构规定禁止的其他活动。

　　运用基金财产买卖基金管理人、基金托管人及其控股股东、实际控制人或者与其有其他重大利害关系的公司发行的证券或承销期内承销的证券,或者从事其他重大关联交易的,应当遵循基金份额持有人利益优先的原则,防范利益冲突,符合国务院证券监督管理机构的规定,并履行信息披露义务。

　　**(五)非公开募集基金**

　　**第八十七条　[私募概念]**非公开募集基金应当向合格投资者募集,合格投资者累计不得超过二百人。

　　前款所称合格投资者,是指达到规定资产规模或者收入水平,并且具备相应的风险识别能力和风险承担能力,其基金份额认购金额不低于规定限额的单位和个人。

　　合格投资者的具体标准由国务院证券监督管理机构规定。

　　**第九十一条　[宣传限制]**非公开募集基金,不得向合格投资者之外的单位和个人募集资金,不得通过报刊、电台、电视台、互联网等公众传播媒体或者讲座、报告会、分析会等方式向不特定对象宣传推介。

　　**第九十三条第一款　[连带责任]**按照基金合同约定,非公开募集基金可以由部分基金份额持有人作为基金管理人负责基金的投资管理活动,并在基金财产不足以清偿其债务时对基金财产的债务承担无限连带责任。

　　**第九十四条　[备案]**<u>非公开募集基金募集完毕,基金管理人应当向基金行业协会备案</u>。对募集的资金总额或者基金份额持有人的人数达到规定标准的基金,基金行业协会应当向国务院证券监督管理机构报告。

　　非公开募集基金财产的证券投资,包括买卖公开发行的股份有限公司股票、债券、基金份额,以及国务院证券监督管理机构规定的其他证券及其衍生品种。

# 专题八　保险法

**考点49** 保险法概述

**(一)概念**

　　**第二条　[保险的定义]**本法所称保险,是指投保人根据合同约定,向保险人支付保险费,保险人对于合同约定的可能发生的事故因其发生所造成的财产损失承担赔偿保险金责任,或者当被保险人死亡、伤残、疾病或者达到合同约定的年龄、期限等条件时承担给付保险金责任的商业保险行为。

**（二）基本原则**

**第五条　[最大诚信原则]** 保险活动当事人行使权利、履行义务应当遵循诚实信用原则。

**第七条　[强制境内保险]** 在中华人民共和国境内的法人和其他组织需要办理境内保险的，应当向中华人民共和国境内的保险公司投保。

**第十二条　[保险利益原则]** 人身保险的投保人在保险合同订立时，对被保险人应当具有保险利益。

财产保险的被保险人在保险事故发生时，对保险标的应当具有保险利益。

人身保险是以人的寿命和身体为保险标的的保险。

财产保险是以财产及其有关利益为保险标的的保险。

被保险人是指其财产或者人身受保险合同保障，享有保险金请求权的人。投保人可以为被保险人。

保险利益是指投保人或者被保险人对保险标的具有的法律上承认的利益。

**第三十一条　[人身保险合同保险利益关系人]** 投保人对下列人员具有保险利益：

（一）本人；

（二）配偶、子女、父母；

（三）前项以外与投保人有抚养、赡养或者扶养关系的家庭其他成员、近亲属；

（四）与投保人有劳动关系的劳动者。

除前款规定外，被保险人同意投保人为其订立合同的，视为投保人对被保险人具有保险利益。

订立合同时，投保人对被保险人不具有保险利益的，合同无效。

**第四十八条　[财保保险利益时效]** 保险事故发生时，被保险人对保险标的不具有保险利益的，不得向保险人请求赔偿保险金。

**（三）保险合同总论**

（1）保险合同的当事人、关系人

**第十条　[保险合同、投保人、保险人的定义]** 保险合同是投保人与保险人约定保险权利义务关系的协议。

投保人是指与保险人订立保险合同，并按照合同约定负有支付保险费义务的人。

保险人是指与投保人订立保险合同，并按照合同约定承担赔偿或者给付保险金责任的保险公司。

**第三十九条　[受益人的确定]** 人身保险的受益人由被保险人或者投保人指定。

投保人指定受益人时须经被保险人同意。投保人为与其有劳动关系的劳动者投保人身保险，不得指定被保险人及其近亲属以外的人为受益人。

被保险人为无民事行为能力人或者限制民事行为能力人的，可以由其监护人指定受益人。

**第四十一条　[受益人的变更]** 被保险人或者投保人可以变更受益人并书面通知保险人。保险人收到变更受益人的书面通知后，应当在保险单或者其他保险凭证上批注或者附贴批单。

投保人变更受益人时须经被保险人同意。

**《保险法解释（三）》**

**第九条** 投保人指定受益人未经被保险人同意的，人民法院应认定指定行为无效。

当事人对保险合同约定的受益人存在争议，除投保人、被保险人在保险合同之外另有约定外，按照以下情形分别处理：

（一）受益人约定为"法定"或者"法定继承人"的，以继承法规定的法定继承人为受益人；

（二）受益人仅约定为身份关系，投保人与被保险人为同一主体的，根据保险事故发生时与被保险人的身份关系确定受益人；投保人与被保险人为不同主体的，根据保险合同成立时与被保险人的身份关系确定受益人；

（三）受益人的约定包括姓名和身份关系，保险事故发生时身份关系发生变化的，认定为未指定受益人。

（2）保险合同的订立和效力

**第十三条　[保险合同订立]** 投保人提出保险要求，经保险人同意承保，保险合同成立。保险人应当及时向投保人签发保险单或者其他保险凭证。

保险单或者其他保险凭证应当载明当事人双方约定的合同内容。当事人也可以约定采用其他书面形式载明合同内容。

依法成立的保险合同，自成立时生效。投保人和保险人可以对合同的效力约定附条件或者附期限。

**第十四条　[保险责任期间]** 保险合同成立后，投保人按照约定交付保险费，保险人按照约定的时间开始承担保险责任。

**第十七条　[免责条款]** 订立保险合同，采用保险人提供的格式条款的，保险人向投保人提供的投保单应当附格式条款，保险人应当向投保人说明合同的内容。

对保险合同中免除保险人责任的条款，保险人在订立合同时应当在投保单、保险单或者其他保险凭证上作出足以引起投保人注意的提示，并对该条款的内容以书面或者口头形式向投保人作出明确说明；未作提示或者明确说明的，该条款不产生效力。

**第十九条　[格式免责条款无效]** 采用保险人提供的格式条款订立的保险合同中的下列条款无效：

（一）免除保险人依法应承担的义务或者加重投保人、被保险人责任的；

（二）排除投保人、被保险人或者受益人依法享有的权利的。

**《保险法解释（二）》**

**第三条　[投保人或者投保人的代理人订立保险合同时没有亲自签字或者盖章的后果]** 投保人或者投保人的代理人订立保险合同时没有亲自签字，而由保险人或者保险人的代理人代为签字或者盖章的，对投保人不生效。但投保人已经交纳保险费的，视为其对代签字或者盖章行为的追认。

保险人或者保险人的代理人代为填写保险单证后经投保人签字或者盖章确认的，代为填写的内容视为投保人的真实意思表示。但有证据证明保险人或者保险人的代理人存在保险法第116条、第131条相关规定情形的除外。

**第四条** ［接受投保单并收取保费的法律后果］保险人接受了投保人提交的投保单并收取了保险费，尚未作出是否承保的意思表示，发生保险事故，被保险人或者受益人请求保险人按照保险合同承担赔偿或者给付保险金责任，符合承保条件的，人民法院应予支持；不符合承保条件的，保险人不承担保险责任，但应当退还已经收取的保险费。

保险人主张不符合承保条件的，应承担举证责任。

（3）保险合同的解除

**第十六条** ［保险人解除合同的限制］订立保险合同，保险人就保险标的或者被保险人的有关情况提出询问的，投保人应当如实告知。

投保人故意或者因重大过失未履行前款规定的如实告知义务，足以影响保险人决定是否同意承保或者提高保险费率的，保险人有权解除合同。

前款规定的合同解除权，自保险人知道有解除事由之日起，超过三十日不行使而消灭。自合同成立之日起超过二年的，保险人不得解除合同；发生保险事故的，保险人应当承担赔偿或者给付保险金的责任。

投保人故意不履行如实告知义务的，保险人对于合同解除前发生的保险事故，不承担赔偿或者给付保险金的责任，并不退还保险费。

投保人因重大过失未履行如实告知义务，对保险事故的发生有严重影响的，保险人对于合同解除前发生的保险事故，不承担赔偿或者给付保险金的责任，但应当退还保险费。

保险人在合同订立时已经知道投保人未如实告知的情况的，保险人不得解除合同；发生保险事故的，保险人应当承担赔偿或者给付保险金的责任。

保险事故是指保险合同约定的保险责任范围内的事故。

**第四十三条** ［受益权丧失］投保人故意造成被保险人死亡、伤残或者疾病的，保险人不承担给付保险金的责任。投保人已交足二年以上保险费的，保险人应当按照合同约定向其他权利人退还保险单的现金价值。

受益人故意造成被保险人死亡、伤残、疾病的，或者故意杀害被保险人未遂的，该受益人丧失受益权。

《保险法解释（三）》

第十六条　保险合同解除时，投保人与被保险人、受益人为不同主体，被保险人或者受益人要求退还保险单的现金价值的，人民法院不予支持，但保险合同另有约定的除外。

投保人故意造成被保险人死亡、伤残或者疾病，保险人依照保险法第43条规定退还保险单的现金价值的，其他权利人按照被保险人、被保险人继承人的顺序确定。

第十七条　投保人解除保险合同，当事人以其解除未经被保险人或者受益人同意为由主张解除行为无效的，人民法院不予支持，但被保险人或者受益人已向投

保人支付相当于保险单现金价值的款项并通知保险人的除外。

（4）保险合同的中止和复效

**第三十六条** ［分期支付保险费］合同约定分期支付保险费，投保人支付首期保险费后，除合同另有约定外，投保人自保险人催告之日起超过三十日未支付当期保险费，或者超过约定的期限六十日未支付当期保险费的，合同效力中止，或者由保险人按照合同约定的条件减少保险金额。

被保险人在前款规定期限内发生保险事故的，保险人应当按照合同约定给付保险金，但可以扣减欠交的保险费。

**第三十七条** ［合同效力的恢复］合同效力依照本法第三十六条规定中止的，经保险人与投保人协商并达成协议，在投保人补交保险费后，合同效力恢复。但是，自合同效力中止之日起满二年双方未达成协议的，保险人有权解除合同。

保险人依照前款规定解除合同的，应当按照合同约定退还保险单的现金价值。

《保险法解释（三）》

第八条　保险合同效力依照保险法第36条规定中止，投保人提出恢复效力申请并同意补交保险费的，除被保险人的危险程度在中止期间显著增加外，保险人拒绝恢复效力的，人民法院不予支持。

保险人在收到恢复效力申请后，三十日内未明确拒绝的，应认定为同意恢复效力。

保险合同自投保人补交保险费之日恢复效力。保险人要求投保人补交相应利息的，人民法院应予支持。

（5）保险合同内容冲突处理规则

**第三十条** ［争议条款的解释原则］采用保险人提供的格式条款订立的保险合同，保险人与投保人、被保险人或者受益人对合同条款有争议的，应当按照通常理解予以解释。对合同条款有两种以上解释的，人民法院或者仲裁机构应当作出有利于被保险人和受益人的解释。

**考点50** 人身保险合同

**（一）人身保险的保险利益**

**第三十一条** ［人身保险合同保险利益关系人］投保人对下列人员具有保险利益：

（一）本人；

（二）配偶、子女、父母；

（三）前项以外与投保人有抚养、赡养或者扶养关系的家庭其他成员、近亲属；

（四）与投保人有劳动关系的劳动者。

除前款规定外，被保险人同意投保人为其订立合同的，视为投保人对被保险人具有保险利益。

订立合同时，投保人对被保险人不具有保险利益的，合同无效。

**（二）年龄误报的处理**

**第三十二条** ［年龄误报的处理］投保人申报的被保险人年龄不真实，并且其真实年龄不符合合同约定的年

龄限制的,保险人可以解除合同,并按照合同约定退还保险单的现金价值。保险人行使合同解除权,适用本法第十六条第三款、第六款的规定。

投保人申报的被保险人年龄不真实,致使投保人支付的保险费少于应付保险费的,保险人有权更正并要求投保人补交保险费,或者在给付保险金时按照实付保险费与应付保险费的比例支付。

投保人申报的被保险人年龄不真实,致使投保人支付的保险费多于应付保险费的,保险人应当将多收的保险费退还投保人。

### (三)死亡险

**第三十三条　[死亡保险的禁止]** 投保人不得为无民事行为能力人投保以死亡为给付保险金条件的人身保险,保险人也不得承保。

父母为其未成年子女投保的人身保险,不受前款规定限制。但是,因被保险人死亡给付的保险金总和不得超过国务院保险监督管理机构规定的限额。

**第三十四条　[死亡保险合同的订立和转让]** 以死亡为给付保险金条件的合同,未经被保险人同意并认可保险金额的,合同无效。

按照以死亡为给付保险金条件的合同所签发的保险单,未经被保险人书面同意,不得转让或者质押。

父母为其未成年子女投保的人身保险,不受本条第一款规定限制。

**《保险法解释(三)》**

**第一条** 当事人订立以死亡为给付保险金条件的合同,根据保险法第34条的规定,"被保险人同意并认可保险金额"可以采取书面形式、口头形式或者其他形式;可以在合同订立时作出,也可以在合同订立后追认。

有下列情形之一的,应认定为被保险人同意投保人为其订立保险合同并认可保险金额:

(一)被保险人明知他人代其签名同意而未表示异议的;

(二)被保险人同意投保人指定的受益人的;

(三)有证据足以认定被保险人同意投保人为其投保的其他情形。

**第二条** 被保险人以书面形式通知保险人和投保人撤销其依据保险法第34条第1款规定所作出的同意意思表示的,可认定为保险合同解除。

### (四)受益人

**第三十九条　[受益人的确定]** 人身保险的受益人由被保险人或者投保人指定。

投保人指定受益人时须经被保险人同意。投保人为与其有劳动关系的劳动者投保人身保险,不得指定被保险人及其近亲属以外的人为受益人。

被保险人为无民事行为能力人或者限制民事行为能力人的,可以由其监护人指定受益人。

**第四十条　[受益顺序及份额]** 被保险人或者投保人可以指定一人或者数人为受益人。

受益人为数人的,被保险人或者投保人可以确定受益顺序和受益份额;未确定受益份额的,受益人按照相等份额享有受益权。

**第四十一条　[受益人的变更]** 被保险人或者投保人可以变更受益人并书面通知保险人。保险人收到变更受益人的书面通知后,应当在保险单或者其他保险凭证上批注或者附贴批单。

投保人变更受益人时须经被保险人同意。

**《保险法解释(三)》**

**第九条** 投保人指定受益人未经被保险人同意的,人民法院应认定指定行为无效。

当事人对保险合同约定的受益人存在争议,除投保人、被保险人在保险合同之外另有约定外,按照以下情形分别处理:

(一)受益人约定为"法定"或者"法定继承人"的,以继承法规定的法定继承人为受益人;

(二)受益人仅约定为身份关系,投保人与被保险人为同一主体的,根据保险事故发生时与被保险人的身份关系确定受益人;投保人与被保险人为不同主体的,根据保险合同成立时与被保险人的身份关系确定受益人;

(三)受益人的约定包括姓名和身份关系,保险事故发生时身份关系发生变化的,认定为未指定受益人。

**第十条** 投保人或者被保险人变更受益人,当事人主张变更行为自变更意思表示发出时生效的,人民法院应予支持。

投保人或者被保险人变更受益人未通知保险人,保险人主张变更对其不发生效力的,人民法院应予支持。

投保人变更受益人未经被保险人同意的,人民法院应认定变更行为无效。

**第十一条** 投保人或者被保险人在保险事故发生后变更受益人,变更后的受益人请求保险人给付保险金的,人民法院不予支持。

### (五)保险金的法定继承

**第四十二条　[保险金的继承]** 被保险人死亡后,有下列情形之一的,保险金作为被保险人的遗产,由保险人依照《中华人民共和国继承法》的规定履行给付保险金的义务:

(一)没有指定受益人,或者受益人指定不明无法确定的;

(二)受益人先于被保险人死亡,没有其他受益人的;

(三)受益人依法丧失受益权或者放弃受益权,没有其他受益人的。

受益人与被保险人在同一事件中死亡,且不能确定死亡先后顺序的,推定受益人死亡在先。

**《保险法解释(三)》**

**第十四条** 保险金根据保险法第42条规定作为被保险人的遗产,被保险人的继承人要求保险人给付保险金,保险人以其已向持有保险单的被保险人的其他继承人给付保险金为由抗辩的,人民法院应予支持。

**第十五条** 受益人与被保险人存在继承关系,在同一事件中死亡且不能确定死亡先后顺序的,人民法院应根据保险法第42条第2款的规定推定受益人死亡在先,并按照保险法及本解释的相关规定确定保险金归属。

**(六)特殊人身保险事故**

**第四十三条 [受益权丧失]**投保人故意造成被保险人死亡、伤残或者疾病的,保险人不承担给付保险金的责任。投保人已交足二年以上保险费的,保险人应当按照合同约定向其他权利人退还保险单的现金价值。

受益人故意造成被保险人死亡、伤残、疾病的,或者故意杀害被保险人未遂的,该受益人丧失受益权。

**第四十四条 [被保险人自杀的赔付]**以被保险人死亡为给付保险金条件的合同,自合同成立或者合同效力恢复之日起二年内,被保险人自杀的,保险人不承担给付保险金的责任,但被保险人自杀时为无民事行为能力人的除外。

保险人依照前款规定不承担给付保险金责任的,应当按照合同约定退还保险单的现金价值。

**第四十五条 [被保险人故意犯罪免予赔付]**因被保险人故意犯罪或者抗拒依法采取的刑事强制措施导致其伤残或者死亡的,保险人不承担给付保险金的责任。投保人已交足二年以上保险费的,保险人应当按照合同约定退还保险单的现金价值。

**《保险法解释(三)》**

**第二十一条** 保险人以被保险人自杀为由拒绝给付保险金的,由保险人承担举证责任。

受益人或者被保险人的继承人以被保险人自杀时无民事行为能力为由抗辩的,由其承担举证责任。

**(七)理赔规则**

**《保险法解释(三)》**

**第十二条** 投保人或者被保险人指定数人为受益人,部分受益人在保险事故发生前死亡、放弃受益权或者依法丧失受益权的,该受益人应得的受益份额按照保险合同的约定处理;保险合同没有约定或者约定不明的,该受益人应得的受益份额按以下情形分别处理:

(一)未约定受益顺序和受益份额的,由其他受益人平均享有;

(二)未约定受益顺序但约定受益份额的,由其他受益人按照相应比例享有;

(三)约定受益顺序但未约定受益份额的,由同顺序的其他受益人平均享有;同一顺序没有其他受益人的,由后一顺序的受益人平均享有;

(四)约定受益顺序和受益份额的,由同顺序的其他受益人按照相应比例享有;同一顺序没有其他受益人的,由后一顺序的受益人按照相应比例享有。

**第十三条** 保险事故发生后,受益人将与本次保险事故相对应的全部或者部分保险金请求权转让给第三人,当事人主张该转让行为有效的,人民法院应予支持,但根据合同性质、当事人约定或者法律规定不得转让的除外。

**考点51** 财产保险合同

**(一)保险标的的转让**

**第四十九条 [保险标的的转让]**保险标的的转让的,保险标的的受让人承继被保险人的权利和义务。

保险标的的转让的,被保险人或者受让人应当及时通知保险人,但货物运输保险合同和另有约定的合同除外。

因保险标的的转让导致危险程度显著增加的,保险人自收到前款规定的通知之日起三十日内,可以按照合同约定增加保险费或者解除合同。保险人解除合同的,应当将已收取的保险费,按照合同约定扣除自保险责任开始之日起至合同解除之日止应收的部分后,退还投保人。

被保险人、受让人未履行本条第二款规定的通知义务的,因转让导致保险标的的危险程度显著增加而发生的保险事故,保险人不承担赔偿保险金的责任。

**《保险法解释(四)》**

**第一条** 保险标的已交付受让人,但尚未依法办理所有权变更登记,承担保险标的的毁损灭失风险的受让人,依照保险法第48条、第49条的规定主张行使被保险人权利的,人民法院应予支持。

**第二条** 保险人已向投保人履行了保险法规定的提示和明确说明义务,保险标的的受让人以保险标的的转让后保险人未向其提示或者明确说明为由,主张免除保险人责任的条款不生效的,人民法院不予支持。

**第三条** 被保险人死亡,继承保险标的的当事人主张承继被保险人的权利和义务的,人民法院应予支持。

**第四条** 人民法院认定保险标的的是否构成保险法第49条、第52条规定的"危险程度显著增加"时,应当综合考虑以下因素:

(一)保险标的的用途的改变;

(二)保险标的的使用范围的改变;

(三)保险标的的所处环境的变化;

(四)保险标的的因改装等原因引起的变化;

(五)保险标的的使用人或者管理人的改变;

(六)危险程度增加持续的时间;

(七)其他可能导致危险程度显著增加的因素。

保险标的的危险程度虽然增加,但增加的危险属于保险合同订立时保险人预见或者应当预见的保险合同承保范围的,不构成危险程度显著增加。

**第五条** 被保险人、受让人依法及时向保险人发出保险标的的转让通知后,保险人作出答复前,发生保险事故,被保险人或者受让人主张保险人按照保险合同承担赔偿保险金的责任的,人民法院应予支持。

**(二)不足额保险**

**第五十五条 [保险价值与保险金额]**投保人和保险人约定保险标的的保险价值并在合同中载明的,保险标的的发生损失时,以约定的保险价值为赔偿计算标准。

投保人和保险人未约定保险标的的保险价值的,保险标的的发生损失时,以保险事故发生时保险标的的的实际价值为赔偿计算标准。

保险金额不得超过保险价值。超过保险价值的,超过部分无效,保险人应当退还相应的保险费。

保险金额低于保险价值的,除合同另有约定外,保险人按照保险金额与保险价值的比例承担赔偿保险金的责任。

（三）重复保险

**第五十六条 [重复保险]** 重复保险的投保人应当将重复保险的有关情况通知各保险人。

重复保险的各保险人赔偿保险金的总和不得超过保险价值。除合同另有约定外，各保险人按照其保险金额与保险金额总和的比例承担赔偿保险金的责任。

重复保险的投保人可以就保险金额总和超过保险价值的部分，请求各保险人按比例返还保险费。

重复保险是指投保人对同一保险标的、同一保险利益、同一保险事故分别与两个以上保险人订立保险合同，且保险金额总和超过保险价值的保险。

（四）责任保险

**第六十五条 [责任保险赔付]** 保险人对责任保险的被保险人给第三者造成的损害，可以依照法律的规定或者合同的约定，直接向该第三者赔偿保险金。

责任保险的被保险人给第三者造成损害，被保险人对第三者应负的赔偿责任确定的，根据被保险人的请求，保险人应当直接向该第三者赔偿保险金。被保险人怠于请求的，第三者有权就其应获赔偿部分直接向保险人请求赔偿保险金。

责任保险的被保险人给第三者造成损害，被保险人未向该第三者赔偿的，保险人不得向被保险人赔偿保险金。

责任保险是指以被保险人对第三者依法应负的赔偿责任为保险标的的保险。

**第六十六条 [保险人负担诉讼费用]** 责任保险的被保险人因给第三者造成损害的保险事故而被提起仲裁或者诉讼的，被保险人支付的仲裁或者诉讼费用以及其他必要的、合理的费用，除合同另有约定外，由保险人承担。

《保险法解释（四）》

第十五条 被保险人对第三者应负的赔偿责任确定后，被保险人不履行赔偿责任，且第三者以保险人为被告或者以保险人与被保险人为共同被告提起诉讼时，被保险人尚未向保险人提出直接向第三者赔偿保险金的请求的，可以认定为属于保险法第65条第2款规定的"被保险人怠于请求"的情形。

第十六条 责任保险的被保险人因共同侵权依法承担连带责任，保险人以该连带责任超出被保险人应承担的责任份额为由，拒绝赔付保险金的，人民法院不予支持。保险人承担保险责任后，主张就超出被保险人责任份额的部分向其他连带责任人追偿的，人民法院应予支持。

第二十条 责任保险的保险人在被保险人向第三者赔偿之前向被保险人赔偿保险金，第三者依照保险法第65条第2款的规定行使保险金请求权时，保险人以其已向被保险人赔偿为由拒绝赔偿保险金的，人民法院不予支持。保险人向第三者赔偿后，请求被保险人返还相应保险金的，人民法院应予支持。

（五）代位求偿权

**第六十条 [代位求偿权]** 因第三者对保险标的的损害而造成保险事故的，保险人自向被保险人赔偿保险金之日起，在赔偿金额范围内代位行使被保险人对第三者请求赔偿的权利。

前款规定的保险事故发生后，被保险人已经从第三者取得损害赔偿的，保险人赔偿保险金时，可以相应扣减被保险人从第三者已取得的赔偿金额。

保险人依照本条第一款规定行使代位请求赔偿的权利，不影响被保险人就未取得赔偿的部分向第三者请求赔偿的权利。

**第六十一条第三款 [赔偿请求的放弃]** 被保险人故意或者因重大过失致使保险人不能行使代位请求赔偿的权利的，保险人可以扣减或者要求返还相应的保险金。

**第六十二条 [代位权行使的限制]** 除被保险人的家庭成员或者其组成人员故意造成本法第六十条第一款规定的保险事故外，保险人不得对被保险人的家庭成员或者其组成人员行使代位请求赔偿的权利。

《保险法解释（二）》

第十六条 [保险人代位求偿权] 保险人应以自己的名义行使保险代位求偿权。

根据保险法第60条第1款的规定，保险人代位求偿权的诉讼时效期间应自其取得代位求偿权之日起算。

《保险法解释（四）》

第七条 保险人依照保险法第60条的规定，主张代位行使被保险人因第三者侵权或者违约等享有的请求赔偿的权利的，人民法院应予支持。

第八条 投保人和被保险人为不同主体，因投保人对保险标的的损害而造成保险事故，保险人依法主张代位行使被保险人对投保人请求赔偿的权利的，人民法院应予支持，但法律另有规定或者保险合同另有约定的除外。

第九条 在保险人以第三者为被告提起的代位求偿权之诉中，第三者以被保险人在保险合同订立前已放弃对其请求赔偿的权利为由进行抗辩，人民法院认定上述放弃行为合法有效，保险人就相应部分主张行使代位求偿权的，人民法院不予支持。

保险合同订立时，保险人就是否存在上述放弃情形提出询问，投保人未如实告知，导致保险人不能代位行使请求赔偿的权利，保险人请求返还相应保险金的，人民法院应予支持，但保险人知道或者应当知道上述情形仍同意承保的除外。

第十条 因第三者对保险标的的损害而造成保险事故，保险人获得代位请求赔偿的权利的情况未通知第三者或者通知到达第三者前，第三者在被保险人已经从保险人处获赔的范围内又向被保险人作出赔偿，保险人主张代位行使被保险人对第三者请求赔偿的权利的，人民法院不予支持。保险人就相应保险金主张被保险人返还的，人民法院应予支持。

保险人获得代位请求赔偿的权利的情况已经通知到第三者，第三者又向被保险人作出赔偿，保险人主张代位行使请求赔偿的权利，第三者以其已经向被保险人赔偿为由抗辩的，人民法院不予支持。

第十二条 保险人以造成保险事故的第三者为被告提起代位求偿权之诉的，以被保险人与第三者之间的法律关系确定管辖法院。

# 专题九　海商法

**考点52** 船舶物权

**(一)船舶所有权**

**第七条**　[所有权概念]船舶所有权,是指船舶所有人依法对其船舶享有占有、使用、收益和处分的权利。

**第九条**　[船舶所有权登记]船舶所有权的取得、转让和消灭,应当向船舶登记机关登记;未经登记的,不得对抗第三人。

船舶所有权的转让,应当签订书面合同。

**第十条**　[共有登记]船舶由两个以上的法人或者个人共有的,应当向船舶登记机关登记;未经登记的,不得对抗第三人。

**(二)船舶担保物权**

(1)船舶抵押权

**第十二条**　[抵押权设定]船舶所有人或者船舶所有人授权的人可以设定船舶抵押权。

船舶抵押权的设定,应当签订书面合同。

**第十三条第一款**　[抵押权登记]设定船舶抵押权,由抵押权人和抵押人共同向船舶登记机关办理抵押权登记;未经登记的,不得对抗第三人。

**第十四条**　[在建船舶抵押]建造中的船舶可以设定船舶抵押权。

建造中的船舶办理抵押权登记,还应当向船舶登记机关提交船舶建造合同。

**第十六条**　[共有船舶抵押]船舶共有人就共有船舶设定抵押权,应当取得持有<u>三分之二</u>以上份额的共有人的同意,共有人之间另有约定的除外。

船舶共有人设定的抵押权,不因船舶的共有权的分割而受影响。

**第十七条**　[禁止转让]船舶抵押权设定后,未经抵押权人同意,抵押人不得将被抵押船舶转让给他人。

**第十八条**　[抵押权转移]抵押权人将被抵押船舶所担保的债权全部或者部分转让他人的,抵押权随之转移。

**第十九条**　[抵押权受偿顺序]同一船舶可以设定两个以上抵押权,其顺序以登记的先后为准。

同一船舶设定两个以上抵押权的,抵押权人按照抵押权登记的先后顺序,从船舶拍卖所得价款中依次受偿。同日登记的抵押权,按照同一顺序受偿。

**第二十条**　[抵押权消灭]被抵押船舶灭失,抵押权随之消灭。由于船舶灭失得到的保险赔偿,抵押权人有权优先于其他债权人受偿。

(2)船舶优先权

**第二十一条**　[优先权的概念]船舶优先权,是指海事请求人依照本法第二十二条的规定,向船舶所有人、光船承租人、船舶经营人提出海事请求,对产生该海事请求的船舶具有优先受偿的权利。

**第二十二条**　[优先权的范围]下列各项海事请求具有船舶优先权:

(一)船长、船员和在船上工作的其他在编人员根据劳动法律、行政法规或者劳动合同所产生的工资、其他劳动报酬、船员遣返费用和社会保险费用的给付请求;

(二)在船舶营运中发生的人身伤亡的赔偿请求;

(三)船舶吨税、引航费、港务费和其他港口规费的缴付请求;

(四)海难救助的救助款项的给付请求;

(五)船舶在营运中因侵权行为产生的财产赔偿请求。

载运2000吨以上的散装货油的船舶,持有有效的证书,证明已经进行油污损害民事责任保险或者具有相应的财务保证的,对其造成的油污损害的赔偿请求,不属于前款第(五)项规定的范围。

**第二十三条**　[受偿顺序]本法第二十二条第一款所列各项海事请求,依照顺序受偿。但是,第(四)项海事请求,后于第(一)项至第(三)项发生的,应当先于第(一)项至第(三)项受偿。

本法第二十二条第一款第(一)、(二)、(三)、(五)项中有两个以上海事请求的,不分先后,同时受偿;不足受偿的,按照比例受偿。第(四)项中有两个以上海事请求的,后发生的先受偿。

**第二十四条**　[优先拨付的费用]因行使船舶优先权产生的诉讼费用,保存、拍卖船舶和分配船舶价款产生的费用,以及为海事请求人的共同利益而支付的其他费用,应当从船舶拍卖所得价款中先行拨付。

**第二十六条**　[优先权的追及效力]船舶优先权不因船舶所有权的转让而消灭。但是,船舶转让时,船舶优先权自法院应受让人申请予以公告之日起满六十日不行使的除外。

**第二十八条**　[优先权行使]船舶优先权应当通过法院扣押产生优先权的船舶行使。

**第二十九条**　[优先权消灭]船舶优先权,除本法第二十六条规定的外,因下列原因之一而消灭:

(一)具有船舶优先权的海事请求,自优先权产生之日起满1年不行使;

(二)船舶经法院强制出售;

(三)船舶灭失。

前款第(一)项的一年期限,不得中止或者中断。

(3)船舶留置权及担保物权间的关系

**第二十五条**　[留置权、抵押权、优先权竞合的受偿顺序]船舶优先权先于船舶留置权受偿,船舶抵押权后于<u>船舶留置权受偿</u>。

前款所称船舶留置权,是指造船人、修船人在合同另一方未履行合同时,可以留置所占有的船舶,以保证造船费用或者修船费用得以偿还的权利。船舶留置权在造船人、修船人不再占有所造或者所修的船舶时消灭。

# 专题十　信托法

**考点53** 信托法

**(一)信托的设立**

**第七条**　设立信托,必须有确定的信托财产,并且该信托财产必须是委托人合法所有的财产。

本法所称财产包括合法的财产权利。

**第八条** 设立信托，应当采取书面形式。

书面形式包括信托合同、遗嘱或者法律、行政法规定的其他书面文件等。

采取信托合同形式设立信托的，信托合同签订时，信托成立。采取其他书面形式设立信托的，受托人承诺信托时，信托成立。

**第九条** 设立信托，其书面文件应当载明下列事项：

（一）信托目的；

（二）委托人、受托人的姓名或者名称、住所；

（三）受益人或者受益人范围；

（四）信托财产的范围、种类及状况；

（五）受益人取得信托利益的形式、方法。

除前款所列事项外，可以载明信托期限、信托财产的管理方法、受托人的报酬、新受托人的选任方式、信托终止事由等事项。

**第十一条** 有下列情形之一的，信托无效：

（一）信托目的违反法律、行政法规或者损害社会公共利益；

（二）信托财产不能确定；

（三）委托人以非法财产或者本法规定不得设立信托的财产设立信托；

（四）专以诉讼或者讨债为目的设立信托；

（五）受益人或者受益人范围不能确定；

（六）法律、行政法规规定的其他情形。

**第十二条** 委托人设立信托损害其债权人利益的，债权人有权申请人民法院撤销该信托。

人民法院依照前款规定撤销信托的，不影响善意受益人已经取得的信托利益。

本条第一款规定的申请权，自债权人知道或者应当知道撤销原因之日起一年内不行使的，归于消灭。

**第十三条** 设立遗嘱信托，应当遵守继承法关于遗嘱的规定。

遗嘱指定的人拒绝或者无能力担任受托人的，由受益人另行选任受托人；受益人为无民事行为能力人或者限制民事行为能力人的，依法由其监护人代行选任。遗嘱对选任受托人另有规定的，从其规定。

**（二）信托财产**

**第十四条** 受托人因承诺信托而取得的财产是信托财产。

受托人因信托财产的管理运用、处分或者其他情形而取得的财产，也归入信托财产。

法律、行政法规禁止流通的财产，不得作为信托财产。

法律、行政法规限制流通的财产，依法经有关主管部门批准后，可以作为信托财产。

**第十五条** 信托财产与委托人未设立信托的其他财产相区别。设立信托后，委托人死亡或者依法解散、被依法撤销、被宣告破产时，委托人是唯一受益人的，信托终止，信托财产作为其遗产或者清算财产；委托人不是唯一

受益人的，信托存续，信托财产不作为其遗产或者清算财产；但作为共同受益人的委托人死亡或者依法解散、被依法撤销、被宣告破产时，其信托受益权作为其遗产或者清算财产。

**第十六条** 信托财产与属于受托人所有的财产（以下简称固有财产）相区别，不得归入受托人的固有财产或者成为固有财产的一部分。

受托人死亡或者依法解散、被依法撤销、被宣告破产而终止，信托财产不属于其遗产或者清算财产。

**（三）委托人**

**第二十二条** 受托人违反信托目的处分信托财产或者因违背管理职责、处理信托事务不当致使信托财产受到损失的，委托人有权申请人民法院撤销该处分行为，并有权要求受托人恢复信托财产的原状或者予以赔偿；该信托财产的受让人明知是违反信托目的而接受该财产的，应当予以返还或者予以赔偿。

前款规定的申请权，自委托人知道或者应当知道撤销原因之日起一年内不行使的，归于消灭。

**第二十三条** 受托人违反信托目的处分信托财产或者管理运用、处分信托财产有重大过失的，委托人有权依照信托文件的规定解任受托人，或者申请人民法院解任受托人。

**（四）受托人**

**第二十六条** 受托人除依照本法规定取得报酬外，不得利用信托财产为自己谋取利益。

受托人违反前款规定，利用信托财产为自己谋取利益的，所得利益归入信托财产。

**第二十七条** 受托人不得将信托财产转为其固有财产。受托人将信托财产转为其固有财产的，必须恢复该信托财产的原状；造成信托财产损失的，应当承担赔偿责任。

**第二十八条** 受托人不得将其固有财产与信托财产进行交易或者将不同委托人的信托财产进行相互交易，但信托文件另有规定或者经委托人或者受益人同意，并以公平的市场价格进行交易的除外。

受托人违反前款规定，造成信托财产损失的，应当承担赔偿责任。

**第二十九条** 受托人必须将信托财产与其固有财产分别管理、分别记帐，并将不同委托人的信托财产分别管理、分别记帐。

**第三十条** 受托人应当自己处理信托事务，但信托文件另有规定或者有不得已事由的，可以委托他人代为处理。

受托人依法将信托事务委托他人代理的，应当对他人处理信托事务的行为承担责任。

**第三十一条** 同一信托的受托人有两个以上的，为共同受托人。

共同受托人应当共同处理信托事务，但信托文件规定对某些具体事务由受托人分别处理的，从其规定。

共同受托人共同处理信托事务，意见不一致时，按信托文件规定处理；信托文件未规定的，由委托人、受益人

或者其利害关系人决定。

**第三十二条** 共同受托人处理信托事务对第三人所负债务，应当承担连带清偿责任。第三人对共同受托人之一所作的意思表示，对其他受托人同样有效。

共同受托人之一违反信托目的处分信托财产或者因违背管理职责、处理信托事务不当致使信托财产受到损失的，其他受托人应当承担连带赔偿责任。

**第三十四条** 受托人以信托财产为限向受益人承担支付信托利益的义务。

**第三十五条** 受托人有权依照信托文件的约定取得报酬。信托文件未作事先约定的，经信托当事人协商同意，可以作出补充约定；未作事先约定和补充约定的，不得收取报酬。

约定的报酬经信托当事人协商同意，可以增减其数额。

**第三十六条** 受托人违反信托目的处分信托财产或者因违背管理职责、处理信托事务不当致使信托财产受到损失的，在未恢复信托财产的原状或者未予赔偿前，不得请求给付报酬。

**第三十七条** 受托人因处理信托事务所支出的费用、对第三人所负债务，以信托财产承担。受托人以其固有财产先行支付的，对信托财产享有优先受偿的权利。

受托人违背管理职责或者处理信托事务不当对第三人所负债务或者自己所受到的损失，以其固有财产承担。

**第三十八条** 设立信托后，经委托人和受益人同意，受托人可以辞任。本法对公益信托的受托人辞任另有规定的，从其规定。

受托人辞任的，在新受托人选出前仍应履行管理信托事务的职责。

**（五）受益人**

**第四十三条** 受益人是在信托中享有信托受益权的人。受益人可以是自然人、法人或者依法成立的其他组织。

委托人可以是受益人，也可以是同一信托的唯一受益人。

受托人可以是受益人，但不得是同一信托的唯一受益人。

**第四十四条** 受益人自信托生效之日起享有信托受益权。信托文件另有规定的，从其规定。

**第四十五条** 共同受益人按照信托文件的规定享受信托利益。信托文件对信托利益的分配比例或者分配方法未作规定的，各受益人按照均等的比例享受信托利益。

**第四十六条** 受益人可以放弃信托受益权。

全体受益人放弃信托受益权的，信托终止。

部分受益人放弃信托受益权的，被放弃的信托受益权按下列顺序确定归属：

（一）信托文件规定的人；

（二）其他受益人；

（三）委托人或者其继承人。

**第四十七条** 受益人不能清偿到期债务的，其信托受益权可以用于清偿债务，但法律、行政法规以及信托文件有限制性规定的除外。

**第四十八条** 受益人的信托受益权可以依法转让和继承，但信托文件有限制性规定的除外。

**（六）信托的变更与终止**

**第五十一条** 设立信托后，有下列情形之一的，委托人可以变更受益人或者处分受益人的信托受益权：

（一）受益人对委托人有重大侵权行为；

（二）受益人对其他共同受益人有重大侵权行为；

（三）经受益人同意；

（四）信托文件规定的其他情形。

有前款第（一）项、第（三）项、第（四）项所列情形之一的，委托人可以解除信托。

**第五十三条** 有下列情形之一的，信托终止：

（一）信托文件规定的终止事由发生；

（二）信托的存续违反信托目的；

（三）信托目的已经实现或者不能实现；

（四）信托当事人协商同意；

（五）信托被撤销；

（六）信托被解除。

# 经济法 ［考点法条］

## 专题十一　反垄断法

**考点54** 反垄断法

### （一）适用范围

**第二条　［适用范围］**中华人民共和国境内经济活动中的垄断行为，适用本法；中华人民共和国境外的垄断行为，对境内市场竞争产生排除、限制影响的，适用本法。

**第三条　［垄断行为的类型］**本法规定的垄断行为包括：

（一）经营者达成垄断协议；

（二）经营者滥用市场支配地位；

（三）具有或者可能具有排除、限制竞争效果的经营者集中。

### （二）垄断行为

（1）垄断协议

**第十七条　［横向垄断协议］**禁止具有竞争关系的经营者达成下列垄断协议：

（一）固定或者变更商品价格；

（二）限制商品的生产数量或者销售数量；

（三）分割销售市场或者原材料采购市场；

（四）限制购买新技术、新设备或者限制开发新技术、新产品；

（五）联合抵制交易；

（六）国务院反垄断执法机构认定的其他垄断协议。

**第十八条　［纵向垄断协议］**禁止经营者与交易相对人达成下列垄断协议：

（一）固定向第三人转售商品的价格；

（二）限定向第三人转售商品的最低价格；

（三）国务院反垄断执法机构认定的其他垄断协议。

对前款第一项和第二项规定的协议，经营者能够证明其不具有排除、限制竞争效果的，不予禁止。

经营者能够证明其在相关市场的市场份额低于国务院反垄断执法机构规定的标准，并符合国务院反垄断执法机构规定的其他条件的，不予禁止。

**第十九条　［组织、帮助达成垄断协议］**经营者不得组织其他经营者达成垄断协议或者为其他经营者达成垄断协议提供实质性帮助。

**第二十条　［垄断协议豁免］**经营者能够证明所达成的协议属于下列情形之一的，不适用本法第十七条、第十八条第一款、第十九条的规定：

（一）为改进技术、研究开发新产品的；

（二）为提高产品质量、降低成本、增进效率，统一产品规格、标准或者实行专业化分工的；

（三）为提高中小经营者经营效率，增强中小经营者竞争力的；

（四）为实现节约能源、保护环境、救灾救助等社会公共利益的；

（五）因经济不景气，为缓解销售量严重下降或者生产明显过剩的；

（六）为保障对外贸易和对外经济合作中的正当利益的；

（七）法律和国务院规定的其他情形。

属于前款第一项至第五项情形，不适用本法第十七条、第十八条第一款、第十九条规定的，经营者还应当证明所达成的协议不会严重限制相关市场的竞争，并且能够使消费者分享由此产生的利益。

（2）滥用市场支配地位

**第二十二条　［禁止滥用市场支配地位］**禁止具有市场支配地位的经营者从事下列滥用市场支配地位的行为：

（一）以不公平的高价销售商品或者以不公平的低价购买商品；

（二）没有正当理由，以低于成本的价格销售商品；

（三）没有正当理由，拒绝与交易相对人进行交易；

（四）没有正当理由，限定交易相对人只能与其进行交易或者只能与其指定的经营者进行交易；

（五）没有正当理由搭售商品，或者在交易时附加其他不合理的交易条件；

（六）没有正当理由，对条件相同的交易相对人在交易价格等交易条件上实行差别待遇；

（七）国务院反垄断执法机构认定的其他滥用市场支配地位的行为。

具有市场支配地位的经营者不得利用数据和算法、技术以及平台规则等从事前款规定的滥用市场支配地位的行为。

本法所称市场支配地位，是指经营者在相关市场内具有能够控制商品价格、数量或者其他交易条件，或者能够阻碍、影响其他经营者进入相关市场能力的市场地位。

**第二十三条　［认定经营者具有市场支配地位应当考虑的因素］**认定经营者具有市场支配地位，应当依据下列因素：

（一）该经营者在相关市场的市场份额，以及相关市场的竞争状况；

（二）该经营者控制销售市场或者原材料采购市场的能力；

（三）该经营者的财力和技术条件；

（四）其他经营者对该经营者在交易上的依赖程度；

（五）其他经营者进入相关市场的难易程度；

（六）与认定该经营者市场支配地位有关的其他因素。

**第二十四条　[市场支配地位的推定]**有下列情形之一的，可以推定经营者具有市场支配地位：

（一）一个经营者在相关市场的市场份额达到二分之一的；

（二）两个经营者在相关市场的市场份额合计达到三分之二的；

（三）三个经营者在相关市场的市场份额合计达到四分之三的。

有前款第二项、第三项规定的情形，其中有的经营者市场份额不足十分之一的，不应当推定该经营者具有市场支配地位。

被推定具有市场支配地位的经营者，有证据证明不具有市场支配地位的，不应当认定其具有市场支配地位。

（3）经营者集中

**第二十五条　[经营者集中界定]**经营者集中是指下列情形：

（一）经营者合并；

（二）经营者通过取得股权或者资产的方式取得对其他经营者的控制权；

（三）经营者通过合同等方式取得对其他经营者的控制权或者能够对其他经营者施加决定性影响。

**第二十七条　[豁免申报]**经营者集中有下列情形之一的，可以不向国务院反垄断执法机构申报：

（一）参与集中的一个经营者拥有其他每个经营者百分之五十以上有表决权的股份或者资产的；

（二）参与集中的每个经营者百分之五十以上有表决权的股份或者资产被同一个未参与集中的经营者拥有的。

（4）滥用行政权力排除、限制竞争

**第三十九条　[禁止指定交易]**行政机关和法律、法规授权的具有管理公共事务职能的组织不得滥用行政权力，限定或者变相限定单位或者个人经营、购买、使用其指定的经营者提供的商品。

**第四十条　[禁止违规签订合作协议、备忘录]**行政机关和法律、法规授权的具有管理公共事务职能的组织不得滥用行政权力，通过与经营者签订合作协议、备忘录等方式，妨碍其他经营者进入相关市场或者对其他经营者实行不平等待遇，排除、限制竞争。

**第四十一条　[禁止妨碍商品自由流通]**行政机关和法律、法规授权的具有管理公共事务职能的组织不得滥用行政权力，实施下列行为，妨碍商品在地区之间的自由流通：

（一）对外地商品设定歧视性收费项目、实行歧视性收费标准，或者规定歧视性价格；

（二）对外地商品规定与本地同类商品不同的技术要求、检验标准，或者对外地商品采取重复检验、重复认证等歧视性技术措施，限制外地商品进入本地市场；

（三）采取专门针对外地商品的行政许可，限制外地商品进入本地市场；

（四）设置关卡或者采取其他手段，阻碍外地商品进入或者本地商品运出；

（五）妨碍商品在地区之间自由流通的其他行为。

# 专题十二　反不正当竞争法

**考点55　反不正当竞争法**

**（一）商业混淆行为**

**第六条**　经营者不得实施下列混淆行为，引人误认为是他人商品或者与他人存在特定联系：

（一）擅自使用与他人有一定影响的商品名称、包装、装潢等相同或者近似的标识；

（二）擅自使用他人有一定影响的企业名称（包括简称、字号等）、社会组织名称（包括简称等）、姓名（包括笔名、艺名、译名等）；

（三）擅自使用他人有一定影响的域名主体部分、网站名称、网页等；

（四）其他足以引人误认为是他人商品或者与他人存在特定联系的混淆行为。

**《反不正当竞争法解释》**

**第四条**　具有一定的市场知名度并具有区别商品来源的显著特征的标识，人民法院可以认定为反不正当竞争法第六条规定的"有一定影响的"标识。

人民法院认定反不正当竞争法第六条规定的标识是否具有一定的市场知名度，应当综合考虑中国境内相关公众的知悉程度，商品销售的时间、区域、数额和对象，宣传的持续时间、程度和地域范围，标识受保护的情况等因素。

**第五条**　反不正当竞争法第六条规定的标识有下列情形之一的，人民法院应当认定其不具有区别商品来源的显著特征：

（一）商品的通用名称、图形、型号；

（二）仅直接表示商品的质量、主要原料、功能、用途、重量、数量及其他特点的标识；

（三）仅由商品自身的性质产生的形状，为获得技术效果而需有的商品形状以及使商品具有实质性价值的形状；

（四）其他缺乏显著特征的标识。

前款第一项、第二项、第四项规定的标识经过使用取得显著特征，并具有一定的市场知名度，当事人请求依据反不正当竞争法第六条规定予以保护的，人民法院应予支持。

**第六条**　因客观描述、说明商品而正当使用下列标识，当事人主张属于反不正当竞争法第六条规定的情形的，人民法院不予支持：

（一）含有本商品的通用名称、图形、型号；

（二）直接表示商品的质量、主要原料、功能、用途、重量、数量以及其他特点；

（三）含有地名。

**（二）商业贿赂行为**

**第七条**　经营者不得采用财物或者其他手段贿赂下

列单位或者个人,以谋取交易机会或者竞争优势:

(一)交易相对方的工作人员;

(二)受交易相对方委托办理相关事务的单位或者个人;

(三)利用职权或者影响力影响交易的单位或者个人。

经营者在交易活动中,可以以明示方式向交易相对方支付折扣,或者向中间人支付佣金。经营者向交易相对方支付折扣、向中间人支付佣金的,应当如实入账。接受折扣、佣金的经营者也应当如实入账。

经营者的工作人员进行贿赂的,应当认定为经营者的行为;但是,经营者有证据证明该工作人员的行为与为经营者谋取交易机会或者竞争优势无关的除外。

**(三)虚假宣传行为**

**第八条** 经营者不得对其商品的性能、功能、质量、销售状况、用户评价、曾获荣誉等作虚假或者引人误解的商业宣传,欺骗、误导消费者。

经营者不得通过组织虚假交易等方式,帮助其他经营者进行虚假或者引人误解的商业宣传。

**《反不正当竞争法解释》**

**第十七条** 经营者具有下列行为之一,欺骗、误导相关公众的,人民法院可以认定为反不正当竞争法第八条第一款规定的"引人误解的商业宣传":

(一)对商品作片面的宣传或者对比;

(二)将科学上未定论的观点、现象等当作定论的事实用于商品宣传;

(三)使用歧义性语言进行商业宣传;

(四)其他足以引人误解的商业宣传行为。

人民法院应当根据日常生活经验、相关公众一般注意力、发生误解的事实和被宣传对象的实际情况等因素,对引人误解的商业宣传行为进行认定。

**(四)侵犯商业秘密行为**

**第九条** 经营者不得实施下列侵犯商业秘密的行为:

(一)以盗窃、贿赂、欺诈、胁迫、电子侵入或者其他不正当手段获取权利人的商业秘密;

(二)披露、使用或者允许他人使用以前项手段获取的权利人的商业秘密;

(三)违反保密义务或者违反权利人有关保守商业秘密的要求,披露、使用或者允许他人使用其所掌握的商业秘密;

(四)教唆、引诱、帮助他人违反保密义务或者违反权利人有关保守商业秘密的要求,获取、披露、使用或者允许他人使用权利人的商业秘密。

经营者以外的其他自然人、法人和非法人组织实施前款所列违法行为的,视为侵犯商业秘密。

第三人明知或者应知商业秘密权利人的员工、前员工或者其他单位、个人实施本条第一款所列违法行为,仍获取、披露、使用或者允许他人使用该商业秘密的,视为侵犯商业秘密。

本法所称的商业秘密,是指不为公众所知悉、具有商业价值并经权利人采取相应保密措施的技术信息、经营信息等商业信息。

**(五)不正当有奖销售行为**

**第十条** 经营者进行有奖销售不得存在下列情形:

(一)所设奖的种类、兑奖条件、奖金金额或者奖品等有奖销售信息不明确,影响兑奖;

(二)采用谎称有奖或者故意让内定人员中奖的欺骗方式进行有奖销售;

(三)抽奖式的有奖销售,最高奖的金额超过五万元。

**(六)诋毁商誉行为**

**第十一条** 经营者不得编造、传播虚假信息或者误导性信息,损害竞争对手的商业信誉、商品声誉。

**《反不正当竞争法解释》**

**第二十条** 经营者传播他人编造的虚假信息或者误导性信息,损害竞争对手的商业信誉、商品声誉的,人民法院应当依照反不正当竞争法第十一条予以认定。

**(七)互联网不正当竞争行为**

**第十二条** 经营者利用网络从事生产经营活动,应当遵守本法的各项规定。

经营者不得利用技术手段,通过影响用户选择或者其他方式,实施下列妨碍、破坏其他经营者合法提供的网络产品或者服务正常运行的行为:

(一)未经其他经营者同意,在其合法提供的网络产品或者服务中,插入链接、强制进行目标跳转;

(二)误导、欺骗、强迫用户修改、关闭、卸载其他经营者合法提供的网络产品或者服务;

(三)恶意对其他经营者合法提供的网络产品或者服务实施不兼容;

(四)其他妨碍、破坏其他经营者合法提供的网络产品或者服务正常运行的行为。

**《反不正当竞争法解释》**

**第二十一条** 未经其他经营者和用户同意而直接发生的目标跳转,人民法院应当认定为反不正当竞争法第十二条第二款第一项规定的"强制进行目标跳转"。

仅插入链接,目标跳转由用户触发的,人民法院应当综合考虑插入链接的具体方式、是否具有合理理由以及对用户利益和其他经营者利益的影响等因素,认定该行为是否违反反不正当竞争法第十二条第二款第一项的规定。

**第二十二条** 经营者事前未明确提示并经用户同意,以误导、欺骗、强迫用户修改、关闭、卸载等方式,恶意干扰或者破坏其他经营者合法提供的网络产品或者服务,人民法院应当依照反不正当竞争法第十二条第二款第二项予以认定。

# 专题十三 消费者权益保护法

**考点56** 消费者权益保护法

**(一)经营者的义务**

**第十八条** [提供安全产品的义务]经营者应当保证其提供的商品或者服务符合保障人身、财产安全的要求。

对可能危及人身、财产安全的商品和服务，应当向消费者作出真实的说明和明确的警示，并说明和标明正确使用商品或者接受服务的方法以及防止危害发生的方法。

宾馆、商场、餐馆、银行、机场、车站、港口、影剧院等经营场所的经营者，应当对消费者尽到安全保障义务。

**第十九条　[缺陷产品补救义务]**经营者发现其提供的商品或者服务存在缺陷，有危及人身、财产安全危险的，应当立即向有关行政部门报告和告知消费者，并采取停止销售、警示、召回、无害化处理、销毁、停止生产或者服务等措施。采取召回措施的，经营者应当承担消费者因商品被召回支出的必要费用。

**第二十条　[真实信息告知义务]**经营者向消费者提供有关商品或者服务的质量、性能、用途、有效期限等信息，应当真实、全面，不得作虚假或者引人误解的宣传。

经营者对消费者就其提供的商品或者服务的质量和使用方法等问题提出的询问，应当作出真实、明确的答复。

经营者提供商品或者服务应当明码标价。

**第二十一条　[真实标识义务]**经营者应当标明其真实名称和标记。

租赁他人柜台或者场地的经营者，应当标明其真实名称和标记。

**第二十二条　[出具单据义务]**经营者提供商品或者服务，应当按照国家有关规定或者商业惯例向消费者出具发票等购货凭证或者服务单据；消费者索要发票等购货凭证或者服务单据的，经营者必须出具。

**第二十三条　[质量保证义务]**经营者应当保证在正常使用商品或者接受服务的情况下其提供的商品或者服务应当具有的质量、性能、用途和有效期限；但消费者在购买该商品或者接受该服务前已经知道其存在瑕疵，且存在该瑕疵不违反法律强制性规定的除外。

经营者以广告、产品说明、实物样品或者其他方式表明商品或者服务的质量状况的，应当保证其提供的商品或者服务的实际质量与表明的质量状况相符。

经营者提供的机动车、计算机、电视机、电冰箱、空调器、洗衣机等耐用商品或者装饰装修等服务，消费者自接受商品或者服务之日起六个月内发现瑕疵，发生争议的，由经营者承担有关瑕疵的举证责任。

**第二十四条**　经营者提供的商品或者服务不符合质量要求的，消费者可以依照国家规定、当事人约定退货，或者要求经营者履行更换、修理等义务。没有国家规定和当事人约定的，消费者可以自收到商品之日起七日内退货；七日后符合法定解除合同条件的，消费者可以及时退货，不符合法定解除合同条件的，可以要求经营者履行更换、修理等义务。

依照前款规定进行退货、更换、修理的，经营者应当承担运输等必要费用。

**第二十五条**　经营者采用网络、电视、电话、邮购等方式销售商品，消费者有权自收到商品之日起七日内退货，且无需说明理由，但下列商品除外：

（一）消费者定作的；

（二）鲜活易腐的；

（三）在线下载或者消费者拆封的音像制品、计算机软件等数字化商品；

（四）交付的报纸、期刊。

除前款所列商品外，其他根据商品性质并经消费者在购买时确认不宜退货的商品，不适用无理由退货。

消费者退货的商品应当完好。经营者应当自收到退回商品之日起七日内返还消费者支付的商品价款。退回商品的运费由消费者承担；经营者和消费者另有约定的，按照约定。

**第二十六条　[禁止经营者以告示免责]**经营者在经营活动中使用格式条款的，应当以显著方式提请消费者注意商品或者服务的数量和质量、价款或者费用、履行期限和方式、安全注意事项和风险警示、售后服务、民事责任等与消费者有重大利害关系的内容，并按照消费者的要求予以说明。

经营者不得以格式条款、通知、声明、店堂告示等方式，作出排除或者限制消费者权利、减轻或者免除经营者责任、加重消费者责任等对消费者不公平、不合理的规定，不得利用格式条款并借助技术手段强制交易。

格式条款、通知、声明、店堂告示等含有前款所列内容的，其内容无效。

**第二十九条**　经营者收集、使用消费者个人信息，应当遵循合法、正当、必要的原则，明示收集、使用信息的目的、方式和范围，并经消费者同意。经营者收集、使用消费者个人信息，应当公开其收集、使用规则，不得违反法律、法规的规定和双方的约定收集、使用信息。

经营者及其工作人员对收集的消费者个人信息必须严格保密，不得泄露、出售或者非法向他人提供。经营者应当采取技术措施和其他必要措施，确保信息安全，防止消费者个人信息泄露、丢失。在发生或者可能发生信息泄露、丢失的情况时，应当立即采取补救措施。

经营者未经消费者同意或者请求，或者消费者明确表示拒绝的，不得向其发送商业性信息。

**（二）争议的解决**

**第三十九条**　消费者和经营者发生消费者权益争议的，可以通过下列途径解决：

（一）与经营者协商和解；

（二）请求消费者协会或者依法成立的其他调解组织调解；

（三）向有关行政部门投诉；

（四）根据与经营者达成的仲裁协议提请仲裁机构仲裁；

（五）向人民法院提起诉讼。

**第四十条**　消费者在购买、使用商品时，其合法权益受到损害的，可以向销售者要求赔偿。销售者赔偿后，属于生产者的责任或者属于向销售者提供商品的其他销售者的责任的，销售者有权向生产者或者其他销售者追偿。

消费者或者其他受害人因商品缺陷造成人身、财产损害的，可以向销售者要求赔偿，也可以向生产者要求赔偿。属于生产者责任的，销售者赔偿后，有权向生产者追偿。属于销售者责任的,生产者赔偿后,有权向销售者追偿。

消费者在接受服务时,其合法权益受到损害的,可以向服务者要求赔偿。

**第四十一条** 消费者在购买、使用商品或者接受服务时,其合法权益受到损害,因原企业分立、合并的,可以向变更后承受其权利义务的企业要求赔偿。

**第四十二条** 使用他人营业执照的违法经营者提供商品或者服务,损害消费者合法权益的,消费者可以向其要求赔偿,也可以向营业执照的持有人要求赔偿。

**第四十三条** 消费者在展销会、租赁柜台购买商品或者接受服务,其合法权益受到损害的,可以向销售者或者服务者要求赔偿。展销会结束或者柜台租赁期满后,也可以向展销会的举办者、柜台的出租者要求赔偿。展销会的举办者、柜台的出租者赔偿后,有权向销售者或者服务者追偿。

**第四十四条** 消费者通过网络交易平台购买商品或者接受服务,其合法权益受到损害的,可以向销售者或者服务者要求赔偿。网络交易平台提供者不能提供销售者或者服务者的真实名称、地址和有效联系方式的,消费者也可以向网络交易平台提供者要求赔偿;网络交易平台提供者作出更有利于消费者的承诺的,应当履行承诺。网络交易平台提供者赔偿后,有权向销售者或者服务者追偿。

网络交易平台提供者明知或者应知销售者或者服务者利用其平台侵害消费者合法权益,未采取必要措施的,依法与该销售者或者服务者承担连带责任。

**第四十五条** 消费者因经营者利用虚假广告或者其他虚假宣传方式提供商品或者服务,其合法权益受到损害的,可以向经营者要求赔偿。广告经营者、发布者发布虚假广告的,消费者可以请求行政主管部门予以惩处。广告经营者、发布者不能提供经营者的真实名称、地址和有效联系方式的,应当承担赔偿责任。

广告经营者、发布者设计、制作、发布关系消费者生命健康商品或者服务的虚假广告,造成消费者损害的,应当与提供该商品或者服务的经营者承担连带责任。

社会团体或者其他组织、个人在关系消费者生命健康商品或者服务的虚假广告或者其他虚假宣传中向消费者推荐商品或者服务,造成消费者损害的,应当与提供该商品或者服务的经营者承担连带责任。

**第四十七条** 对侵害众多消费者合法权益的行为,中国消费者协会以及在省、自治区、直辖市设立的消费者协会,可以向人民法院提起诉讼。

**(三)惩罚性赔偿**

**第五十五条** 经营者提供商品或者服务有欺诈行为的,应当按照消费者的要求增加赔偿其受到的损失,增加赔偿的金额为消费者购买商品的价款或者接受服务的费用的三倍;增加赔偿的金额不足五百元的,为五百元。法律另有规定的,依照其规定。

经营者明知商品或者服务存在缺陷,仍然向消费者提供,造成消费者或者其他受害人死亡或者健康严重损

害的,受害人有权要求经营者依照本法第四十九条、第五十一条等法律规定赔偿损失,并有权要求所受损失二倍以下的惩罚性赔偿。

# 专题十四 产品质量法

**考点57** **产品质量法**

**(一)产品质量与标识要求**

**第二十六条** 生产者应当对其生产的产品质量负责。

产品质量应当符合下列要求:

(一)不存在危及人身、财产安全的不合理的危险,有保障人体健康和人身、财产安全的国家标准、行业标准的,应当符合该标准;

(二)具备产品应当具备的使用性能,但是,对产品存在使用性能的瑕疵作出说明的除外;

(三)符合在产品或者其包装上注明采用的产品标准,符合以产品说明、实物样品等方式表明的质量状况。

**第二十七条** 产品或者其包装上的标识必须真实,并符合下列要求:

(一)有产品质量检验合格证明;

(二)有中文标明的产品名称、生产厂厂名和厂址;

(三)根据产品的特点和使用要求,需要标明产品规格、等级、所含主要成份的名称和含量的,用中文相应予以标明;需要事先让消费者知晓的,应当在外包装上标明,或者预先向消费者提供有关资料;

(四)限期使用的产品,应当在显著位置清晰地标明生产日期和安全使用期或者失效日期;

(五)使用不当,容易造成产品本身损坏或者可能危及人身、财产安全的产品,应当有警示标志或者中文警示说明。

裸装的食品和其他根据产品的特点难以附加标识的裸装产品,可以不附加产品标识。

**(二)售出产品不合格的处理**

**第四十条** 售出的产品有下列情形之一的,销售者应当负责修理、更换、退货;给购买产品的消费者造成损失的,销售者应当赔偿损失:

(一)不具备产品应当具备的使用性能而事先未作说明的;

(二)不符合在产品或者其包装上注明采用的产品标准的;

(三)不符合以产品说明、实物样品等方式表明的质量状况的。

销售者依照前款规定负责修理、更换、退货、赔偿损失后,属于生产者的责任或者属于向销售者提供产品的其他销售者(以下简称供货者)的责任的,销售者有权向生产者、供货者追偿。

销售者未按照第一款规定给予修理、更换、退货或者赔偿损失的,由市场监督管理部门责令改正。

生产者之间,销售者之间,生产者与销售者之间订立的买卖合同、承揽合同有不同约定的,合同当事人按照合

同约定执行。

**第四十一条** 因产品存在缺陷造成人身、缺陷产品以外的其他财产(以下简称他人财产)损害的,生产者应当承担赔偿责任。

生产者能够证明有下列情形之一的,不承担赔偿责任:

(一)未将产品投入流通的;

(二)产品投入流通时,引起损害的缺陷尚不存在的;

(三)将产品投入流通时的科学技术水平尚不能发现缺陷的存在的。

**第四十二条** 由于销售者的过错使产品存在缺陷,造成人身、他人财产损害的,销售者应当承担赔偿责任。

销售者不能指明缺陷产品的生产者也不能指明缺陷产品的供货者的,销售者应当承担赔偿责任。

**第四十三条** 因产品存在缺陷造成人身、他人财产损害的,受害人可以向产品的生产者要求赔偿,也可以向产品的销售者要求赔偿。属于产品的生产者的责任,产品的销售者赔偿的,产品的销售者有权向产品的生产者追偿。属于产品的销售者的责任,产品的生产者赔偿的,产品的生产者有权向产品的销售者追偿。

**(三)诉讼时效与缺陷解释**

**第四十五条** 因产品存在缺陷造成损害要求赔偿的诉讼时效期间为二年,自当事人知道或者应当知道其权益受到损害时起计算。

因产品存在缺陷造成损害要求赔偿的请求权,在造成损害的缺陷产品交付最初消费者满十年丧失;但是,尚未超过明示的安全使用期的除外。

**第四十六条** 本法所称缺陷,是指产品存在危及人身、他人财产安全的不合理的危险;产品有保障人体健康和人身、财产安全的国家标准、行业标准的,是指不符合该标准。

# 专题十五　食品安全法

**考点58　食品安全法**

**(一)食品安全风险监测制度**

**第十四条** [风险监测]国家建立食品安全风险监测制度,对食源性疾病、食品污染以及食品中的有害因素进行监测。

国务院卫生行政部门会同国务院食品安全监督管理等部门,制定、实施国家食品安全风险监测计划。

国务院食品安全监督管理部门和其他有关部门获知有关食品安全风险信息后,应当立即核实并向国务院卫生行政部门通报。对有关部门通报的食品安全风险信息以及医疗机构报告的食源性疾病等有关疾病信息,国务院卫生行政部门应当会同国务院有关部门分析研究,认为必要的,及时调整国家食品安全风险监测计划。

省、自治区、直辖市人民政府卫生行政部门会同同级食品安全监督管理等部门,根据国家食品安全风险监测计划,结合本行政区域的具体情况,制定、调整本行政区域的食品安全风险监测方案,报国务院卫生行政部门备

案并实施。

**(二)食品安全标准**

**第二十七条** [标准制定]食品安全国家标准由国务院卫生行政部门会同国务院食品安全监督管理部门制定、公布,国务院标准化行政部门提供国家标准编号。

食品中农药残留、兽药残留的限量规定及其检验方法与规程由国务院卫生行政部门、国务院农业行政部门会同国务院食品安全监督管理部门制定。

屠宰畜、禽的检验规程由国务院农业行政部门会同国务院卫生行政部门制定。

**第二十九条** [地方标准]对地方特色食品,没有食品安全国家标准的,省、自治区、直辖市人民政府卫生行政部门可以制定并公布食品安全地方标准,报国务院卫生行政部门备案。食品安全国家标准制定后,该地方标准即行废止。

**第三十条** [企业标准]国家鼓励食品生产企业制定严于食品安全国家标准或者地方标准的企业标准,在本企业适用,并报省、自治区、直辖市人民政府卫生行政部门备案。

**(三)食品生产经营、食品添加剂生产许可制度**

**第三十五条** [许可制度]国家对食品生产经营实行许可制度。从事食品生产、食品销售、餐饮服务,应当依法取得许可。但是,销售食用农产品和仅销售预包装食品的,不需要取得许可。仅销售预包装食品的,应当报所在地县级以上地方人民政府食品安全监督管理部门备案。

县级以上地方人民政府食品安全监督管理部门应当依照《中华人民共和国行政许可法》的规定,审核申请人提交的本法第三十三条第一款第一项至第四项规定要求的相关资料,必要时对申请人的生产经营场所进行现场核查;对符合规定条件的,准予许可;对不符合规定条件的,不予许可并书面说明理由。

**第三十六条** [作坊摊贩]食品生产加工小作坊和食品摊贩等从事食品生产经营活动,应当符合本法规定的与其生产经营规模、条件相适应的食品安全要求,保证所生产经营的食品卫生、无毒、无害,食品安全监督管理部门应当对其加强监督管理。

县级以上地方人民政府应当对食品生产加工小作坊、食品摊贩等进行综合治理,加强服务和统一规划,改善其生产经营环境,鼓励和支持其改进生产经营条件,进入集中交易市场、店铺等固定场所经营,或者在指定的临时经营区域、时段经营。

食品生产加工小作坊和食品摊贩等的具体管理办法由省、自治区、直辖市制定。

**第三十九条** [生产许可]国家对食品添加剂生产实行许可制度。从事食品添加剂生产,应当具有与所生产食品添加剂品种相适应的场所、生产设备或者设施、专业技术人员和管理制度,并依照本法第三十五条第二款规定的程序,取得食品添加剂生产许可。

生产食品添加剂应当符合法律、法规和食品安全国家标准。

**《食品安全法》**

第四十八条 [生产规范]国家鼓励食品生产经营企业符合良好生产规范要求，实施危害分析与关键控制点体系，提高食品安全管理水平。

对通过良好生产规范、危害分析与关键控制点体系认证的食品生产经营企业，认证机构应当依法实施跟踪调查；对不再符合认证要求的企业，应当依法撤销认证，及时向县级以上人民政府食品安全监督管理部门通报，并向社会公布。认证机构实施跟踪调查不得收取费用。

**（四）食品召回制度**

第六十三条 [召回制度]国家建立食品召回制度。食品生产者发现其生产的食品不符合食品安全标准或者有证据证明可能危害人体健康的，应当立即停止生产，召回已经上市销售的食品，通知相关生产经营者和消费者，并记录召回和通知情况。

食品经营者发现其经营的食品有前款规定情形的，应当立即停止经营，通知相关生产经营者和消费者，并记录停止经营和通知情况。食品生产者认为应当召回的，应当立即召回。由于食品经营者的原因造成其经营的食品有前款规定情形的，食品经营者应当召回。

食品生产经营者应当对召回的食品采取无害化处理、销毁等措施，防止其再次流入市场。但是，对因标签、标志或者说明书不符合食品安全标准而被召回的食品，食品生产者在采取补救措施且能保证食品安全的情况下可以继续销售；销售时应当向消费者明示补救措施。

食品生产经营者应当将食品召回和处理情况向所在地县级人民政府食品安全监督管理部门报告；需要对召回的食品进行无害化处理、销毁的，应当提前报告时间、地点。食品安全监督管理部门认为必要的，可以实施现场监督。

食品生产经营者未依照本条规定召回或者停止经营的，县级以上人民政府食品安全监督管理部门可以责令其召回或者停止经营。

**（五）食品安全监管与法律责任**

第一百一十八条 [信息公布]国家建立统一的食品安全信息平台，实行食品安全信息统一公布制度。国家食品安全总体情况、食品安全风险警示信息、重大食品安全事故及其调查处理信息和国务院确定需要统一公布的其他信息由国务院食品安全监督管理部门统一公布。食品安全风险警示信息和重大食品安全事故及其调查处理信息的影响限于特定区域的，也可以由有关省、自治区、直辖市人民政府食品安全监督管理部门公布。未经授权不得发布上述信息。

县级以上人民政府食品安全监督管理、农业行政部门依据各自职责公布食品安全日常监督管理信息。

公布食品安全信息，应当做到准确、及时，并进行必要的解释说明，避免误导消费者和社会舆论。

第一百一十九条 [信息报告]县级以上地方人民政府食品安全监督管理、卫生行政、农业行政部门获知本法规定需要统一公布的信息，应当向上级主管部门报告，由上级主管部门立即报告国务院食品安全监督管理部门；必要时，可以直接向国务院食品安全监督管理部门报告。

县级以上人民政府食品安全监督管理、卫生行政、农业行政部门应当相互通报获知的食品安全信息。

第一百三十四条 [累计加重]食品生产经营者在一年内累计三次因违反本法规定受到责令停产停业、吊销许可证以外处罚的，由食品安全监督管理部门责令停产停业，直至吊销许可证。

第一百三十五条 [行业禁入]被吊销许可证的食品生产经营者及其法定代表人、直接负责的主管人员和其他直接责任人员自处罚决定作出之日起五年内不得申请食品生产经营许可，或者从事食品生产经营管理工作、担任食品生产经营企业食品安全管理人员。

因食品安全犯罪被判处有期徒刑以上刑罚的，终身不得从事食品生产经营管理工作，也不得担任食品生产经营企业食品安全管理人员。

食品生产经营者聘用人员违反前两款规定的，由县级以上人民政府食品安全监督管理部门吊销许可证。

第一百三十六条 [免予处罚]食品经营者履行了本法规定的进货查验等义务，有充分证据证明其不知道所采购的食品不符合食品安全标准，并能如实说明其进货来源的，可以免予处罚，但应当依法没收其不符合食品安全标准的食品；造成人身、财产或者其他损害的，依法承担赔偿责任。

第一百四十条 [虚假宣传]违反本法规定，在广告中对食品作虚假宣传，欺骗消费者，或者发布未取得批准文件、广告内容与批准文件不一致的保健食品广告的，依照《中华人民共和国广告法》的规定给予处罚。

广告经营者、发布者设计、制作、发布虚假食品广告，使消费者的合法权益受到损害的，应当与食品生产经营者承担连带责任。

社会团体或者其他组织、个人在虚假广告或者其他虚假宣传中向消费者推荐食品，使消费者的合法权益受到损害的，应当与食品生产经营者承担连带责任。

违反本法规定，食品安全监督管理等部门、食品检验机构、食品行业协会以广告或者其他形式向消费者推荐食品，消费者组织以收取费用或者其他牟取利益的方式向消费者推荐食品的，由有关主管部门没收违法所得，依法对直接负责的主管人员和其他直接责任人员给予记大过、降级或者撤职处分；情节严重的，给予开除处分。

对食品作虚假宣传且情节严重的，由省级以上人民政府食品安全监督管理部门决定暂停销售该食品，并向社会公布；仍然销售该食品的，由县级以上人民政府食品安全监督管理部门没收违法所得和违法销售的食品，并处二万元以上五万元以下罚款。

第一百四十七条 [民事优先]违反本法规定，造成人身、财产或者其他损害的，依法承担赔偿责任。生产经营者财产不足以同时承担民事赔偿责任和缴纳罚款、罚金时，先承担民事赔偿责任。

第一百四十八条 [增加赔偿]消费者因不符合食品安全标准的食品受到损害的，可以向经营者要求赔偿损失，也可以向生产者要求赔偿损失。接到消费者赔偿要求的生产经营者,应当实行首负责任制,先行赔付,不得推诿;属于生产者责任的,经营者赔偿后有权向生产者追偿;属于经营者责任的,生产者赔偿后有权向经营者追偿。

生产不符合食品安全标准的食品或者经营明知是不符合食品安全标准的食品,消费者除要求赔偿损失外,还可以向生产者或者经营者要求支付价款十倍或者损失三倍的赔偿金;增加赔偿的金额不足一千元的,为一千元。但是,食品的标签、说明书存在不影响食品安全且不会对消费者造成误导的瑕疵的除外。

# 专题十六　商业银行法

**考点59** 商业银行法

(一)商业银行的设立及业务范围

**第三条**　商业银行可以经营下列部分或者全部业务:

(一)吸收公众存款;

(二)发放短期、中期和长期贷款;

(三)办理国内外结算;

(四)办理票据承兑与贴现;

(五)发行金融债券;

(六)代理发行、代理兑付、承销政府债券;

(七)买卖政府债券、金融债券;

(八)从事同业拆借;

(九)买卖、代理买卖外汇;

(十)从事银行卡业务;

(十一)提供信用证服务及担保;

(十二)代理收付款项及代理保险业务;

(十三)提供保管箱服务;

(十四)经国务院银行业监督管理机构批准的其他业务。

经营范围由商业银行章程规定,报国务院银行业监督管理机构批准。

商业银行经中国人民银行批准,可以经营结汇、售汇业务。

**第十一条**　设立商业银行,应当经国务院银行业监督管理机构审查批准。

未经国务院银行业监督管理机构批准,任何单位和个人不得从事吸收公众存款等商业银行业务,任何单位不得在名称中使用"银行"字样。

**第十三条**　设立全国性商业银行的注册资本最低限额为十亿元人民币。设立城市商业银行的注册资本最低限额为一亿元人民币,设立农村商业银行的注册资本最低限额为五千万元人民币。注册资本应当是实缴资本。

国务院银行业监督管理机构根据审慎监管的要求可以调整注册资本最低限额,但不得少于前款规定的限额。

**第十八条**　国有独资商业银行设立监事会。监事会的产生办法由国务院规定。

监事会对国有独资商业银行的信贷资产质量、资产负债比例、国有资产保值增值等情况以及高级管理人员

违反法律、行政法规或者章程的行为和损害银行利益的行为进行监督。

**第十九条**　商业银行根据业务需要可以在中华人民共和国境内外设立分支机构。设立分支机构必须经国务院银行业监督管理机构审查批准。在中华人民共和国境内的分支机构,不按行政区划设立。

商业银行在中华人民共和国境内设立分支机构,应当按照规定拨付与其经营规模相适应的营运资金额。拨付各分支机构营运资金额的总和,不得超过总行资本金总额的百分之六十。

**第二十三条**　经批准设立的商业银行及其分支机构,由国务院银行业监督管理机构予以公告。

商业银行及其分支机构自取得营业执照之日起无正当理由超过六个月未开业的,或者开业后自行停业连续六个月以上的,由国务院银行业监督管理机构吊销其经营许可证,并予以公告。

**第二十四条**　商业银行有下列变更事项之一的,应当经国务院银行业监督管理机构批准:

(一)变更名称;

(二)变更注册资本;

(三)变更总行或者分支行所在地;

(四)调整业务范围;

(五)变更持有资本总额或者股份总额百分之五以上的股东;

(六)修改章程;

(七)国务院银行业监督管理机构规定的其他变更事项。

更换董事、高级管理人员时,应当报经国务院银行业监督管理机构审查其任职资格。

**第二十八条**　任何单位和个人购买商业银行股份总额百分之五以上的,应当事先经国务院银行业监督管理机构批准。

(二)商业银行贷款制度

**第三十五条**　商业银行贷款,应当对借款人的借款用途、偿还能力、还款方式等情况进行严格审查。

商业银行贷款,应当实行审贷分离、分级审批的制度。

**第三十六条**　商业银行贷款,借款人应当提供担保。商业银行应当对保证人的偿还能力,抵押物、质物的权属和价值以及实现抵押权、质权的可行性进行严格审查。

经商业银行审查、评估,确认借款人资信良好,确能偿还贷款的,可以不提供担保。

**第三十九条**　商业银行贷款,应当遵守下列资产负债比例管理的规定:

(一)资本充足率不得低于百分之八;

(二)流动性资产余额与流动性负债余额的比例不得低于百分之二十五;

(三)对同一借款人的贷款余额与商业银行资本余额的比例不得超过百分之十;

(四)国务院银行业监督管理机构对资产负债比例管理的其他规定。

本法施行前设立的商业银行,在本法施行后,其资产负债比例不符合前款规定的,应当在一定的期限内符合前款规定。具体办法由国务院规定。

**第四十条** 商业银行不得向关系人发放信用贷款;向关系人发放担保贷款的条件不得优于其他借款人同类贷款的条件。

前款所称关系人是指:

(一)商业银行的董事、监事、管理人员、信贷业务人员及其近亲属;

(二)前项所列人员投资或者担任高级管理职务的公司、企业和其他经济组织。

**第四十一条** 任何单位和个人不得强令商业银行发放贷款或者提供担保。商业银行有权拒绝任何单位和个人强令要求其发放贷款或者提供担保。

**第四十二条** 借款人应当按期归还贷款的本金和利息。

借款人到期不归还担保贷款的,商业银行依法享有要求保证人归还贷款本金和利息或者就该担保物优先受偿的权利。商业银行因行使抵押权、质权而取得的不动产或者股权,应当自取得之日起二年内予以处分。

借款人到期不归还信用贷款的,应当按照合同约定承担责任。

**第四十三条** 商业银行在中华人民共和国境内不得从事信托投资和证券经营业务,不得向非自用不动产投资或者向非银行金融机构和企业投资,但国家另有规定的除外。

**第八十八条** 单位或者个人强令商业银行发放贷款或者提供担保的,应当对直接负责的主管人员和其他直接责任人员或者个人给予纪律处分;造成损失的,应当承担全部或者部分赔偿责任。

商业银行的工作人员对单位或者个人强令其发放贷款或者提供担保未予拒绝的,应当给予纪律处分;造成损失的,应当承担相应的赔偿责任。

**(三)商业银行的接管**

**第六十四条** 商业银行已经或者可能发生信用危机,严重影响存款人的利益时,国务院银行业监督管理机构可以对该银行实行接管。

接管的目的是对被接管的商业银行采取必要措施,以保护存款人的利益,恢复商业银行的正常经营能力。被接管的商业银行的债权债务关系不因接管而变化。

**第六十五条** 接管由国务院银行业监督管理机构决定,并组织实施。国务院银行业监督管理机构的接管决定应当载明下列内容:

(一)被接管的商业银行名称;

(二)接管理由;

(三)接管组织;

(四)接管期限。

接管决定由国务院银行业监督管理机构予以公告。

**第六十六条** 接管自接管决定实施之日起开始。

自接管开始之日起,由接管组织行使商业银行的经营管理权力。

**第六十七条** 接管期限届满,国务院银行业监督管理机构可以决定延期,但接管期限最长不得超过二年。

**第六十八条** 有下列情形之一的,接管终止:

(一)接管决定规定的期限届满或者国务院银行业监督管理机构决定的接管延期届满;

(二)接管期限届满前,该商业银行已恢复正常经营能力;

(三)接管期限届满前,该商业银行被合并或者被依法宣告破产。

**(四)商业银行的破产和清算**

**第七十一条** 商业银行不能支付到期债务,经国务院银行业监督管理机构同意,由人民法院依法宣告其破产。商业银行被宣告破产的,由人民法院组织国务院银行业监督管理机构等有关部门和有关人员成立清算组,进行清算。

商业银行破产清算时,在支付清算费用、所欠职工工资和劳动保险费用后,应当优先支付个人储蓄存款的本金和利息。

**《企业破产法》**

**第二条** [适用范围]企业法人不能清偿到期债务,并且资产不足以清偿全部债务或者明显缺乏清偿能力的,依照本法规定清理债务。

企业法人有前款规定情形,或者有明显丧失清偿能力可能的,可以依照本法规定进行重整。

**第七条** [申请破产]债务人有本法第二条规定的情形,可以向人民法院提出重整、和解或者破产清算申请。

债务人不能清偿到期债务,债权人可以向人民法院提出对债务人进行重整或者破产清算的申请。

企业法人已解散但未清算或者未清算完毕,资产不足以清偿债务的,依法负有清算责任的人应当向人民法院申请破产清算。

**第一百三十四条** [金融机构申请破产]商业银行、证券公司、保险公司等金融机构有本法第二条规定情形的,国务院金融监督管理机构可以向人民法院提出对该金融机构进行重整或者破产清算的申请。国务院金融监督管理机构依法对出现重大经营风险的金融机构采取接管、托管等措施的,可以向人民法院申请中止以该金融机构为被告或者被执行人的民事诉讼程序或者执行程序。

金融机构实施破产的,国务院可以依据本法和其他有关法律的规定制定实施办法。

# 专题十七 银行业监督管理法

**考点60** 银行业监督管理法

**(一)监督管理机构**

**第二条** 国务院银行业监督管理机构负责对全国银行业金融机构及其业务活动监督管理的工作。

本法所称银行业金融机构,是指在中华人民共和国境内设立的商业银行、城市信用合作社、农村信用合作社等吸收公众存款的金融机构以及政策性银行。

对在中华人民共和国境内设立的金融资产管理公

司、信托投资公司、财务公司、金融租赁公司以及经国务院银行业监督管理机构批准设立的其他金融机构的监督管理,适用本法对银行业金融机构监督管理的规定。

国务院银行业监督管理机构依照本法有关规定,对经其批准在境外设立的金融机构以及前二款金融机构在境外的业务活动实施监督管理。

**第八条** 国务院银行业监督管理机构根据履行职责的需要设立派出机构。国务院银行业监督管理机构对派出机构实行统一领导和管理。

国务院银行业监督管理机构的派出机构在国务院银行业监督管理机构的授权范围内,履行监督管理职责。

**(二)监督管理职责**

**第十五条** 国务院银行业监督管理机构依照法律、行政法规制定并发布对银行业金融机构及其业务活动监督管理的规章、规则。

**第十六条** 国务院银行业监督管理机构依照法律、行政法规规定的条件和程序,审查批准银行业金融机构的设立、变更、终止以及业务范围。

**第十七条** 申请设立银行业金融机构,或者银行业金融机构变更持有资本总额或者股份总额达到规定比例以上的股东的,国务院银行业监督管理机构应当对股东的资金来源、财务状况、资本补充能力和诚信状况进行审查。

**第十八条** 银行业金融机构业务范围内的业务品种,应当按照规定经国务院银行业监督管理机构审查批准或者备案。需要审查批准或者备案的业务品种,由国务院银行业监督管理机构依照法律、行政法规作出规定并公布。

**第十九条** 未经国务院银行业监督管理机构批准,任何单位或者个人不得设立银行业金融机构或者从事银行业金融机构的业务活动。

**第二十三条** 银行业监督管理机构应当对银行业金融机构的业务活动及其风险状况进行非现场监管,建立银行业金融机构监督管理信息系统,分析、评价银行业金融机构的风险状况。

**第二十四条** 银行业监督管理机构应当对银行业金融机构的业务活动及其风险状况进行现场检查。

国务院银行业监督管理机构应当制定现场检查程序,规范现场检查行为。

**第二十五条** 国务院银行业监督管理机构应当对银行业金融机构实行并表监督管理。

**第二十八条** 国务院银行业监督管理机构应当建立银行业突发事件的发现、报告岗位责任制度。

银行业监督管理机构发现可能引发系统性银行业风险,严重影响社会稳定的突发事件的,应当立即向国务院银行业监督管理机构负责人报告;国务院银行业监督管理机构负责人认为需要向国务院报告的,应当立即向国务院报告,并告知中国人民银行、国务院财政部门等有关部门。

**(三)审慎经营规则及监督管理措施**

**第二十一条** 银行业金融机构的审慎经营规则,由法律、行政法规规定,也可以由国务院银行业监督管理机构依照法律、行政法规制定。

前款规定的审慎经营规则,包括风险管理、内部控制、资本充足率、资产质量、损失准备金、风险集中、关联交易、资产流动性等内容。

银行业金融机构应当严格遵守审慎经营规则。

**第三十四条** 银行业监督管理机构根据审慎监管的要求,可以采取下列措施进行现场检查:

(一)进入银行业金融机构进行检查;

(二)询问银行业金融机构的工作人员,要求其对有关检查事项作出说明;

(三)查阅、复制银行业金融机构与检查事项有关的文件、资料,对可能被转移、隐匿或者毁损的文件、资料予以封存;

(四)检查银行业金融机构运用电子计算机管理业务数据的系统。

进行现场检查,应当经银行业监督管理机构负责人批准。现场检查时,检查人员不得少于二人,并应当出示合法证件和检查通知书;检查人员少于二人或者未出示合法证件和检查通知书的,银行业金融机构有权拒绝检查。

**第三十五条** 银行业监督管理机构根据履行职责的需要,可以与银行业金融机构董事、高级管理人员进行监督管理谈话,要求银行业金融机构董事、高级管理人员就银行业金融机构的业务活动和风险管理的重大事项作出说明。

**第三十六条** 银行业监督管理机构应当责令银行业金融机构按照规定,如实向社会公众披露财务会计报告、风险管理状况、董事和高级管理人员变更以及其他重大事项等信息。

**第三十七条** 银行业金融机构违反审慎经营规则的,国务院银行业监督管理机构或者其省一级派出机构应当责令限期改正;逾期未改正的,或者其行为严重危及该银行业金融机构的稳健运行、损害存款人和其他客户合法权益的,经国务院银行业监督管理机构或者其省一级派出机构负责人批准,可以区别情形,采取下列措施:

(一)责令暂停部分业务、停止批准开办新业务;

(二)限制分配红利和其他收入;

(三)限制资产转让;

(四)责令控股股东转让股权或者限制有关股东的权利;

(五)责令调整董事、高级管理人员或者限制其权利;

(六)停止批准增设分支机构。

银行业金融机构整改后,应当向国务院银行业监督管理机构或者其省一级派出机构提交报告。国务院银行业监督管理机构或者其省一级派出机构经验收,符合有关审慎经营规则的,应当自验收完毕之日起三日内解除对其采取的前款规定的有关措施。

**第三十八条** 银行业金融机构已经或者可能发生信用危机,严重影响存款人和其他客户合法权益的,国务院银行业监督管理机构可以依法对该银行业金融机构实行接管或者促成机构重组,接管和机构重组依照有关法律和国务院的规定执行。

## (四)银行业金融机构的接管、重组和撤销

**第三十九条** 银行业金融机构有违法经营、经营管理不善等情形,不予撤销将严重危害金融秩序、损害公众利益的,国务院银行业监督管理机构有权予以撤销。

**第四十条** 银行业金融机构被接管、重组或者被撤销的,国务院银行业监督管理机构有权要求该银行业金融机构的董事、高级管理人员和其他工作人员,按照国务院银行业监督管理机构的要求履行职责。

在接管、机构重组或者撤销清算期间,经国务院银行业监督管理机构负责人批准,对直接负责的董事、高级管理人员和其他直接责任人员,可以采取下列措施:

(一)直接负责的董事、高级管理人员和其他直接责任人员出境将对国家利益造成重大损失的,通知出境管理机关依法阻止其出境;

(二)申请司法机关禁止其转移、转让财产或者对其财产设定其他权利。

**第四十一条** 经国务院银行业监督管理机构或者其省一级派出机构负责人批准,银行业监督管理机构有权查询涉嫌金融违法的银行业金融机构及其工作人员以及关联行为人的账户;对涉嫌转移或者隐匿违法资金的,经银行业监督管理机构负责人批准,可以申请司法机关予以冻结。

**第四十二条** 银行业监督管理机构依法对银行业金融机构进行检查时,经设区的市一级以上银行业监督管理机构负责人批准,可以对与涉嫌违法事项有关的单位和个人采取下列措施:

(一)询问有关单位或者个人,要求其对有关情况作出说明;

(二)查阅、复制有关财务会计、财产权登记等文件、资料;

(三)对可能被转移、隐匿、毁损或者伪造的文件、资料,予以先行登记保存。

银行业监督管理机构采取前款规定措施,调查人员不得少于二人,并应当出示合法证件和调查通知书;调查人员少于二人或者未出示合法证件和调查通知书的,有关单位或者个人有权拒绝。对依法采取的措施,有关单位和个人应当配合,如实说明有关情况并提供有关文件、资料,不得拒绝、阻碍和隐瞒。

# 专题十八 企业所得税法

**考点61** 企业所得税法

## (一)居民企业和非居民企业

**第一条** 在中华人民共和国境内,企业和其他取得收入的组织(以下统称企业)为企业所得税的纳税人,依照本法的规定缴纳企业所得税。

个人独资企业、合伙企业不适用本法。

**第二条** 企业分为居民企业和非居民企业。

本法所称居民企业,是指依法在中国境内成立,或者依照外国(地区)法律成立但实际管理机构在中国境内的企业。

本法所称非居民企业,是指依照外国(地区)法律成立且实际管理机构不在中国境内,但在中国境内设立机构、场所的,或者在中国境内未设立机构、场所,但有来源于中国境内所得的企业。

**第三条** 居民企业应当就其来源于中国境内、境外的所得缴纳企业所得税。

非居民企业在中国境内设立机构、场所的,应当就其所设机构、场所取得的来源于中国境内的所得,以及发生在中国境外但与其所设机构、场所有实际联系的所得,缴纳企业所得税。

非居民企业在中国境内未设立机构、场所的,或者虽设立机构、场所但取得的所得与其所设机构、场所没有实际联系的,应当就其来源于中国境内的所得缴纳企业所得税。

**第四条** 企业所得税的税率为25%。

非居民企业取得本法第三条第三款规定的所得,适用税率为20%。

## (二)应纳税所得额

**第五条** 企业每一纳税年度的收入总额,减除不征税收入、免税收入、各项扣除以及允许弥补的以前年度亏损后的余额,为应纳税所得额。

**第六条** 企业以货币形式和非货币形式从各种来源取得的收入,为收入总额。包括:

(一)销售货物收入;

(二)提供劳务收入;

(三)转让财产收入;

(四)股息、红利等权益性投资收益;

(五)利息收入;

(六)租金收入;

(七)特许权使用费收入;

(八)接受捐赠收入;

(九)其他收入。

**第七条** 收入总额中的下列收入为不征税收入:

(一)财政拨款;

(二)依法收取并纳入财政管理的行政事业性收费、政府性基金;

(三)国务院规定的其他不征税收入。

**第八条** [税前扣除]企业实际发生的与取得收入有关的、合理的支出,包括成本、费用、税金、损失和其他支出,准予在计算应纳税所得额时扣除。

**第九条** [公益性捐赠扣除]企业发生的公益性捐赠支出,在年度利润总额12%以内的部分,准予在计算应纳税所得额时扣除;超过年度利润总额12%的部分,准予结转以后三年内在计算应纳税所得额时扣除。

**第十条** [不得扣除]在计算应纳税所得额时,下列支出不得扣除:

(一)向投资者支付的股息、红利等权益性投资收益款项;

(二)企业所得税税款;

(三)税收滞纳金;

(四)罚金、罚款和被没收财物的损失;

(五)本法第九条规定以外的捐赠支出;

(六)赞助支出;

(七)未经核定的准备金支出;

(八)与取得收入无关的其他支出。

**(三)税收优惠**

**第二十五条** 国家对重点扶持和鼓励发展的产业和项目,给予企业所得税优惠。

**第二十六条** 企业的下列收入为免税收入:

(一)国债利息收入;

(二)符合条件的居民企业之间的股息、红利等权益性投资收益;

(三)在中国境内设立机构、场所的非居民企业从居民企业取得与该机构、场所有实际联系的股息、红利等权益性投资收益;

(四)符合条件的非营利组织的收入。

**第二十七条** 企业的下列所得,可以免征、减征企业所得税:

(一)从事农、林、牧、渔业项目的所得;

(二)从事国家重点扶持的公共基础设施项目投资经营的所得;

(三)从事符合条件的环境保护、节能节水项目的所得;

(四)符合条件的技术转让所得;

(五)本法第三条第三款规定的所得。

**第二十八条** 符合条件的小型微利企业,减按20%的税率征收企业所得税。

国家需要重点扶持的高新技术企业,减按15%的税率征收企业所得税。

**第三十条** 企业的下列支出,可以在计算应纳税所得额时加计扣除:

(一)开发新技术、新产品、新工艺发生的研究开发费用;

(二)安置残疾人员及国家鼓励安置的其他就业人员所支付的工资。

# 专题十九  个人所得税法

**考点 62** 个人所得税法

**(一)纳税人**

**第一条** 在中国境内有住所,或者无住所而一个纳税年度内在中国境内居住累计满一百八十三天的个人,为居民个人。居民个人从中国境内和境外取得的所得,依照本法规定缴纳个人所得税。

在中国境内无住所又不居住,或者无住所而一个纳税年度内在中国境内居住累计不满一百八十三天的个人,为非居民个人。非居民个人从中国境内取得的所得,依照本法规定缴纳个人所得税。

纳税年度,自公历一月一日起至十二月三十一日止。

**(二)个人所得税的计算**

**第二条** 下列各项个人所得,应当缴纳个人所得税:

(一)工资、薪金所得;

(二)劳务报酬所得;

(三)稿酬所得;

(四)特许权使用费所得;

(五)经营所得;

(六)利息、股息、红利所得;

(七)财产租赁所得;

(八)财产转让所得;

(九)偶然所得。

居民个人取得前款第一项至第四项所得(以下称综合所得),按纳税年度合并计算个人所得税;非居民个人取得前款第一项至第四项所得,按月或者按次分项计算个人所得税。纳税人取得前款第五项至第九项所得,依照本法规定分别计算个人所得税。

**第三条** 个人所得税的税率:

(一)综合所得,适用百分之三至百分之四十五的超额累进税率(税率表附后);

(二)经营所得,适用百分之五至百分之三十五的超额累进税率(税率表附后);

(三)利息、股息、红利所得,财产租赁所得,财产转让所得和偶然所得,适用比例税率,税率为百分之二十。

**(三)免税、减免**

**第四条** 下列各项个人所得,免征个人所得税:

(一)省级人民政府、国务院部委和中国人民解放军军以上单位,以及外国组织、国际组织颁发的科学、教育、技术、文化、卫生、体育、环境保护等方面的奖金;

(二)国债和国家发行的金融债券利息;

(三)按照国家统一规定发给的补贴、津贴;

(四)福利费、抚恤金、救济金;

(五)保险赔款;

(六)军人的转业费、复员费、退役金;

(七)按照国家统一规定发给干部、职工的安家费、退职费、基本养老金或者退休费、离休费、离休生活补助费;

(八)依照有关法律规定应予免税的各国驻华使馆、领事馆的外交代表、领事官员和其他人员的所得;

(九)中国政府参加的国际公约、签订的协议中规定免税的所得;

(十)国务院规定的其他免税所得。

前款第十项免税规定,由国务院报全国人民代表大会常务委员会备案。

**第五条** 有下列情形之一的,可以减征个人所得税,具体幅度和期限,由省、自治区、直辖市人民政府规定,并报同级人民代表大会常务委员会备案:

(一)残疾、孤老人员和烈属的所得;

(二)因自然灾害遭受重大损失的。

国务院可以规定其他减税情形,报全国人民代表大会常务委员会备案。

# 专题二十  车船税法

**考点 63** 车船税法

**(一)减税和免税**

**第三条** 下列车船免征车船税:

（一）捕捞、养殖渔船；

（二）军队、武装警察部队专用的车船；

（三）警用车船；

（四）悬挂应急救援专用号牌的国家综合性消防救援车辆和国家综合性消防救援专用船舶；

（五）依照法律规定应当予以免税的外国驻华使领馆、国际组织驻华代表机构及其有关人员的车船。

**第四条** 对节约能源、使用新能源的车船可以减征或者免征车船税；对受严重自然灾害影响纳税困难以及有其他特殊原因确需减税、免税的，可以减征或者免征车船税。具体办法由国务院规定，并报全国人民代表大会常务委员会备案。

**第五条** 省、自治区、直辖市人民政府根据当地实际情况，可以对公共交通车船，农村居民拥有并主要在农村地区使用的摩托车、三轮汽车和低速载货汽车定期减征或者免征车船税。

**（二）交税义务人**

**第六条** 从事机动车第三者责任强制保险业务的保险机构为机动车车船税的扣缴义务人，应当在收取保险费时依法代收车船税，并出具代收税款凭证。

# 专题二十一　增值税法

**考点 64** 增值税法

《增值税暂行条例》

**第一条** 在中华人民共和国境内销售货物或者加工、修理修配劳务（以下简称劳务），销售服务、无形资产、不动产以及进口货物的单位和个人，为增值税的纳税人，应当依照本条例缴纳增值税。

**第二条** 增值税税率：

（一）纳税人销售货物、劳务、有形动产租赁服务或者进口货物，除本条第二项、第四项、第五项另有规定外，税率为17%。

（二）纳税人销售交通运输、邮政、基础电信、建筑、不动产租赁服务，销售不动产，转让土地使用权，销售或者进口下列货物，税率为11%：

1. 粮食等农产品、食用植物油、食用盐；

2. 自来水、暖气、冷气、热水、煤气、石油液化气、天然气、二甲醚、沼气、居民用煤炭制品；

3. 图书、报纸、杂志、音像制品、电子出版物；

4. 饲料、化肥、农药、农机、农膜；

5. 国务院规定的其他货物。

（三）纳税人销售服务、无形资产，除本条第一项、第二项、第五项另有规定外，税率为6%。

（四）纳税人出口货物，税率为零；但是，国务院另有规定的除外。

（五）境内单位和个人跨境销售国务院规定范围内的服务、无形资产，税率为零。

税率的调整，由国务院决定。

**第八条** 纳税人购进货物、劳务、服务、无形资产、不动产支付或者负担的增值税额，为进项税额。

下列进项税额准予从销项税额中抵扣：

（一）从销售方取得的增值税专用发票上注明的增值税额。

（二）从海关取得的海关进口增值税专用缴款书上注明的增值税额。

（三）购进农产品，除取得增值税专用发票或者海关进口增值税专用缴款书外，按照农产品收购发票或者销售发票上注明的农产品买价和11%的扣除率计算的进项税额，国务院另有规定的除外。进项税额计算公式：

进项税额＝买价×扣除率

（四）自境外单位或者个人购进劳务、服务、无形资产或者境内的不动产，从税务机关或者扣缴义务人取得的代扣代缴税款的完税凭证上注明的增值税额。

准予抵扣的项目和扣除率的调整，由国务院决定。

**第十条** 下列项目的进项税额不得从销项税额中抵扣：

（一）用于简易计税方法计税项目、免征增值税项目、集体福利或者个人消费的购进货物、劳务、服务、无形资产和不动产；

（二）非正常损失的购进货物，以及相关的劳务和交通运输服务；

（三）非正常损失的在产品、产成品所耗用的购进货物（不包括固定资产）、劳务和交通运输服务；

（四）国务院规定的其他项目。

**第十五条** 下列项目免征增值税：

（一）农业生产者销售的自产农产品；

（二）避孕药品和用具；

（三）古旧图书；

（四）直接用于科学研究、科学试验和教学的进口仪器、设备；

（五）外国政府、国际组织无偿援助的进口物资和设备；

（六）由残疾人的组织直接进口供残疾人专用的物品；

（七）销售的自己使用过的物品。

除前款规定外，增值税的免税、减税项目由国务院规定。任何地区、部门均不得规定免税、减税项目。

**第二十一条** 纳税人发生应税销售行为，应当向索取增值税专用发票的购买方开具增值税专用发票，并在增值税专用发票上分别注明销售额和销项税额。

属于下列情形之一的，不得开具增值税专用发票：

（一）应税销售行为的购买方为消费者个人的；

（二）发生应税销售行为适用免税规定的。

《增值税暂行条例实施细则》

第三十七条第一款　增值税起征点的适用范围限于个人。

# 专题二十二　消费税法

**考点 65** 消费税法

《消费税暂行条例》

**第一条** 在中华人民共和国境内生产、委托加工和进口本条例规定的消费品的单位和个人,以及国务院确定的销售本条例规定的消费品的其他单位和个人,为消费税的纳税人,应当依照本条例缴纳消费税。

**第四条** 纳税人生产的应税消费品,于纳税人销售时纳税。纳税人自产自用的应税消费品,用于连续生产应税消费品的,不纳税;用于其他方面的,于移送使用时纳税。

委托加工的应税消费品,除受托方为个人外,由受托方在向委托方交货时代收代缴税款。委托加工的应税消费品,委托方用于连续生产应税消费品的,所纳税款准予按规定抵扣。

进口的应税消费品,于报关进口时纳税。

**第十一条** 对纳税人出口应税消费品,免征消费税;国务院另有规定的除外。出口应税消费品的免税办法,由国务院财政、税务主管部门规定。

**第十二条** 消费税由税务机关征收,进口的应税消费品的消费税由海关代征。

个人携带或者邮寄进境的应税消费品的消费税,连同关税一并计征。具体办法由国务院关税税则委员会会同有关部门制定。

**第十三条** 纳税人销售的应税消费品,以及自产自用的应税消费品,除国务院财政、税务主管部门另有规定外,应当向纳税人机构所在地或者居住地的主管税务机关申报纳税。

委托加工的应税消费品,除受托方为个人外,由受托方向机构所在地或者居住地的主管税务机关解缴消费税税款。

进口的应税消费品,应当向报关地海关申报纳税。

# 专题二十三　税收征收管理法

**考点66** 税收征收管理法概述

**第四条** 法律、行政法规定负有纳税义务的单位和个人为纳税人。

法律、行政法规规定负有代扣代缴、代收代缴税款义务的单位和个人为扣缴义务人。

纳税人、扣缴义务人必须依照法律、行政法规的规定缴纳税款、代扣代缴、代收代缴税款。

**第八条** 纳税人、扣缴义务人有权向税务机关了解国家税收法律、行政法规的规定以及与纳税程序有关的情况。

纳税人、扣缴义务人有权要求税务机关为纳税人、扣缴义务人的情况保密。税务机关应当依法为纳税人、扣缴义务人的情况保密。

纳税人依法享有申请减税、免税、退税的权利。

纳税人、扣缴义务人对税务机关所作出的决定,享有陈述权、申辩权;依法享有申请行政复议、提起行政诉讼、请求国家赔偿等权利。

纳税人、扣缴义务人有权控告和检举税务机关、税务人员的违法违纪行为。

**考点67** 税务管理

**(一)税务登记**

**第十五条** [**税务登记**]企业,企业在外地设立的分支机构和从事生产、经营的场所,个体工商户和从事生产、经营的事业单位(以下统称从事生产、经营的纳税人)自领取营业执照之日起三十日内,持有关证件,向税务机关申报办理税务登记。税务机关应当于收到申报的当日办理登记并发给税务登记证件。

工商行政管理机关应当将办理登记注册、核发营业执照的情况,定期向税务机关通报。

本条第一款规定以外的纳税人办理税务登记和扣缴义务人办理扣缴税款登记的范围和办法,由国务院规定。

**第十六条** [**变更和注销登记**]从事生产、经营的纳税人,税务登记内容发生变化的,自工商行政管理机关办理变更登记之日起三十日内或者在向工商行政管理机关申请办理注销登记之前,持有关证件向税务机关申报办理变更或者注销税务登记。

**第十七条** [**金融机构的协助义务**]从事生产、经营的纳税人应当按照国家有关规定,持税务登记证件,在银行或者其他金融机构开立基本存款账户和其他存款账户,并将其全部账号向税务机关报告。

银行和其他金融机构应当在从事生产、经营的纳税人的账户中登录税务登记证件号码,并在税务登记证件中登录从事生产、经营的纳税人的账户账号。

税务机关依法查询从事生产、经营的纳税人开立账户的情况时,有关银行和其他金融机构应当予以协助。

《税收征收管理法实施细则》

**第十四条** 纳税人税务登记内容发生变化的,应当自工商行政管理机关或者其他机关办理变更登记之日起30日内,持有关证件向原税务登记机关申报办理变更税务登记。

纳税人税务登记内容发生变化,不需要到工商行政管理机关或者其他机关办理变更登记的,应当自发生变化之日起30日内,持有关证件向原税务登记机关申报办理变更税务登记。

**第二十一条** 从事生产、经营的纳税人到外县(市)临时从事生产、经营活动的,应当持税务登记证副本和所在地税务机关填开的外出经营活动税收管理证明,向营业地税务机关报验登记,接受税务管理。

从事生产、经营的纳税人外出经营,在同一地累计超过180天的,应当在营业地办理税务登记手续。

**(二)账簿、凭证管理**

**第二十五条** [**纳税申报与资料报送**]纳税人必须依照法律、行政法规规定或者税务机关依照法律、行政法规的规定确定的申报期限、申报内容如实办理纳税申报,报送纳税申报表、财务会计报表以及税务机关根据实际需要要求纳税人报送的其他纳税资料。

扣缴义务人必须依照法律、行政法规规定或者税务机关依照法律、行政法规的规定确定的申报期限、申报内容如实报送代扣代缴、代收代缴税款报告表以及税务机关根据实际需要要求扣缴义务人报送的其他有关资料。

第二十六条　[申报或报送途径]纳税人、扣缴义务人可以直接到税务机关办理纳税申报或者报送代扣代缴、代收代缴税款报告表，也可以按照规定采取邮寄、数据电文或者其他方式办理上述申报、报送事项。

第二十七条　[延期申报]纳税人、扣缴义务人不能按期办理纳税申报或者报送代扣代缴、代收代缴税款报告表的，经税务机关核准，可以延期申报。

经核准延期办理前款规定的申报、报送事项的，应当在纳税期内按照上期实际缴纳的税额或者税务机关核定的税额预缴税款，并在核准的延期内办理税款结算。

《税收征收管理法实施细则》

第二十三条　生产、经营规模小又确无建账能力的纳税人，可以聘请经批准从事会计代理记账业务的专业机构或者财会人员代为建账和办理账务。

第二十四条　从事生产、经营的纳税人应当自领取税务登记证件之日起15日内，将其财务、会计制度或者财务、会计处理办法报送主管税务机关备案。

纳税人使用计算机记账的，应当在使用前将会计电算化系统的会计核算软件、使用说明书及有关资料报送主管税务机关备案。

纳税人建立的会计电算化系统应当符合国家有关规定，并能正确、完整核算其收入或者所得。

第二十五条　扣缴义务人应当自税收法律、行政法规规定的扣缴义务发生之日起10日内，按照所代扣、代收的税种，分别设置代扣代缴、代收代缴税款账簿。

第二十六条　纳税人、扣缴义务人会计制度健全，能够通过计算机正确、完整计算其收入和所得或者代扣代缴、代收代缴税款情况的，其计算机输出的完整的书面会计记录，可视同会计账簿。

纳税人、扣缴义务人会计制度不健全，不能通过计算机正确、完整计算其收入和所得或者代扣代缴、代收代缴税款情况的，应当建立总账及与纳税或者代扣代缴、代收代缴税款有关的其他账簿。

第二十九条　账簿、记账凭证、报表、完税凭证、发票、出口凭证以及其他有关涉税资料应当合法、真实、完整。

账簿、记账凭证、报表、完税凭证、发票、出口凭证以及其他有关涉税资料应当保存10年；但是，法律、行政法规另有规定的除外。

**考点68　税收征收与保障**

**(一)税收保全措施**

第三十八条　税务机关有根据认为从事生产、经营的纳税人有逃避纳税义务行为的，可以在规定的纳税期之前，责令限期缴纳应纳税款；在限期内发现纳税人有明显的转移、隐匿其应纳税的商品、货物以及其他财产或者应纳税的收入的迹象的，税务机关可以责成纳税人提供纳税担保。如果纳税人不能提供纳税担保，经县以上税务局(分局)局长批准，税务机关可以采取下列税收保全措施：

(一)书面通知纳税人开户银行或者其他金融机构冻结纳税人的金额相当于应纳税款的存款；

(二)扣押、查封纳税人的价值相当于应纳税款的商品、货物或者其他财产。

纳税人在前款规定的限期内缴纳税款的，税务机关必须立即解除税收保全措施；限期届满仍未缴纳税款的，经县以上税务局(分局)局长批准，税务机关可以书面通知纳税人开户银行或者其他金融机构从其冻结的存款中扣缴税款，或者依法拍卖或者变卖所扣押、查封的商品、货物或者其他财产，以拍卖或者变卖所得抵缴税款。

个人及其所扶养家属维持生活必需的住房和用品，不在税收保全措施的范围之内。

第三十九条　纳税人在限期内已缴纳税款，税务机关未立即解除税收保全措施，使纳税人的合法利益遭受损失的，税务机关应当承担赔偿责任。

《税收征收管理法实施细则》

第五十九条　税收征管法第三十八条、第四十条所称其他财产，包括纳税人的房地产、现金、有价证券等不动产和动产。

机动车辆、金银饰品、古玩字画、豪华住宅或者一处以外的住房不属于税收征管法第三十八条、第四十条、第四十二条所称个人及其所扶养家属维持生活必需的住房和用品。

税务机关对单价5000元以下的其他生活用品，不采取税收保全措施和强制执行措施。

第六十条　税收征管法第三十八条、第四十条、第四十二条所称个人所扶养家属，是指与纳税人共同居住生活的配偶、直系亲属以及无生活来源并由纳税人扶养的其他亲属。

第六十一条　税收征管法第三十八条、第八十八条所称担保，包括经税务机关认可的纳税保证人为纳税人提供的纳税保证，以及纳税人或者第三人以其未设置或者未全部设置担保物权的财产提供的担保。

纳税保证人，是指在中国境内具有纳税担保能力的自然人、法人或者其他经济组织。

法律、行政法规规定的没有担保资格的单位和个人，不得作为纳税担保人。

第八十八条　依照税收征管法第五十五条规定，税务机关采取税收保全措施的期限一般不得超过6个月；重大案件需要延长的，应当报国家税务总局批准。

**(二)税收强制措施**

第四十条　从事生产、经营的纳税人、扣缴义务人未按照规定的期限缴纳或者解缴税款，纳税担保人未按照规定的期限缴纳所担保的税款，由税务机关责令限期缴纳，逾期仍未缴纳的，经县以上税务局(分局)局长批准，税务机关可以采取下列强制执行措施：

(一)书面通知其开户银行或者其他金融机构从其存款中扣缴税款；

(二)扣押、查封、依法拍卖或者变卖其价值相当于应纳税款的商品、货物或者其他财产，以拍卖或者变卖所得抵缴税款。

税务机关采取强制执行措施时，对前款所列纳税人、扣缴义务人、纳税担保人未缴纳的滞纳金同时强制执行。

个人及其所扶养家属维持生活必需的住房和用品，不在强制执行措施的范围之内。

**第五十五条** 税务机关对从事生产、经营的纳税人以前纳税期的纳税情况依法进行税务检查时，发现纳税人有逃避纳税义务行为，并有明显的转移、隐匿其应纳税的商品、货物以及其他财产或者应纳税的收入的迹象的，可以按照本法规定的批准权限采取税收保全措施或者强制执行措施。

**(三)税收优先**

**第四十五条** 税务机关征收税款，税收优先于无担保债权，法律另有规定的除外；纳税人欠缴的税款发生在纳税人以其财产设定抵押、质押或者纳税人的财产被留置之前的，税收应当先于抵押权、质权、留置权执行。

纳税人欠缴税款，同时又被行政机关决定处以罚款、没收违法所得的，税收优先于罚款、没收违法所得。

税务机关应当对纳税人欠缴税款的情况定期予以公告。

**第四十六条** 纳税人有欠税情形而以其财产设定抵押、质押的，应当向抵押权人、质权人说明其欠税情况。抵押权人、质权人可以请求税务机关提供有关的欠税情况。

**(四)税收代位权、撤销权**

**第五十条** 欠缴税款的纳税人因怠于行使到期债权，或者放弃到期债权，或者无偿转让财产，或者以明显不合理的低价转让财产而受让人知道该情形，对国家税收造成损害的，税务机关可以依照合同法第七十三条、第七十四条的规定行使代位权、撤销权。

税务机关依照前款规定行使代位权、撤销权的，不免除欠缴税款的纳税人尚未履行的纳税义务和应承担的法律责任。

**(五)税款的追征**

**第五十二条** 因税务机关的责任，致使纳税人、扣缴义务人未缴或者少缴税款的，税务机关在三年内可以要求纳税人、扣缴义务人补缴税款，但是不得加收滞纳金。

因纳税人、扣缴义务人计算错误等失误，未缴或者少缴税款的，税务机关在三年内可以追征税款、滞纳金；有特殊情况的，追征期可以延长到五年。

对偷税、抗税、骗税的，税务机关追征其未缴或者少缴的税款、滞纳金或者所骗取的税款，不受前款规定期限的限制。

《税收征收管理法实施细则》

第八十二条 税收征管法第五十二条所称特殊情况，是指纳税人或者扣缴义务人因计算错误等失误，未缴或者少缴、未扣或者少扣、未收或者少收税款，累计数额在10万元以上的。

**(六)税收争议的处理方式**

**第八十八条** 纳税人、扣缴义务人、纳税担保人同税务机关在纳税上发生争议时，必须先依照税务机关的纳税决定缴纳或者解缴税款及滞纳金或者提供相应的担保，然后可以依法申请行政复议；对行政复议决定不服

的，可以依法向人民法院起诉。

当事人对税务机关的处罚决定、强制执行措施或者税收保全措施不服的，可以依法申请行政复议，也可以依法向人民法院起诉。

当事人对税务机关的处罚决定逾期不申请行政复议也不向人民法院起诉，又不履行的，作出处罚决定的税务机关可以采取本法第四十条规定的强制执行措施，或者申请人民法院强制执行。

《税收征收管理法实施细则》

第一百条 税收征管法第八十八条规定的纳税争议，是指纳税人、扣缴义务人、纳税担保人对税务机关确定纳税主体、征税对象、征税范围、减税、免税及退税、适用税率、计税依据、纳税环节、纳税期限、纳税地点以及税款征收方式等具体行政行为有异议而发生的争议。

# 专题二十四 审计法

**考点69 审计法**

**(一)审计机关和审计人员**

**第十二条** 审计机关应当建设信念坚定、为民服务、业务精通、作风务实、敢于担当、清正廉洁的高素质专业化审计队伍。

审计机关应加强对审计人员遵守法律和执行职务情况的监督，督促审计人员依法履职尽责。

审计机关和审计人员应当依法接受监督。

**第十三条** 审计人员应当具备与其从事的审计工作相适应的专业知识和业务能力。

审计机关根据工作需要，可以聘请具有与审计事项相关专业知识的人员参加审计工作。

**第十六条** 审计机关和审计人员对在执行职务中知悉的国家秘密、工作秘密、商业秘密、个人隐私和个人信息，应当予以保密，不得泄露或者向他人非法提供。

**(二)审计机关职责**

**第二十一条** 审计机关对国家的事业组织和使用财政资金的其他事业组织的财务收支，进行审计监督。

**第二十二条** 审计机关对国有企业、国有金融机构和国有资本占控股地位或者主导地位的企业、金融机构的资产、负债、损益以及其他财务收支情况，进行审计监督。

遇有涉及国家财政金融重大利益情形，为维护国家经济安全，经国务院批准，审计署可以对前款规定以外的金融机构进行专项审计调查或者审计。

**第二十三条** 审计机关对政府投资和以政府投资为主的建设项目的预算执行情况和决算，对其他关系国家利益和公共利益的重大公共工程项目的资金管理使用和建设运营情况，进行审计监督。

**第二十四条** 审计机关对国有资源、国有资产，进行审计监督。

审计机关对政府部门管理的和其他单位受政府委托管理的社会保险基金、全国社会保障基金、社会捐赠资金以及其他公共资金的财务收支，进行审计监督。

第二十六条　根据经批准的审计项目计划安排，审计机关可以对被审计单位贯彻落实国家重大经济社会政策措施情况进行审计监督。

第三十一条　审计机关根据被审计单位的财政、财务隶属关系或者国有资源、国有资产监督管理关系，确定审计管辖范围。

审计机关之间对审计管辖范围有争议的，由其共同的上级审计机关确定。

上级审计机关对其审计管辖范围内的审计事项，可以授权下级审计机关进行审计，但本法第十八条至第二十条规定的审计事项不得进行授权；上级审计机关对下级审计机关审计管辖范围内的重大审计事项，可以直接进行审计，但是应当防止不必要的重复审计。

第三十二条　被审计单位应当加强对内部审计工作的领导，按照国家有关规定建立健全内部审计制度。

审计机关应当对被审计单位的内部审计工作进行业务指导和监督。

（三）审计机关权限

第三十四条　审计机关有权要求被审计单位按照审计机关的规定提供财务、会计资料以及与财政收支、财务收支有关的业务、管理等资料，包括电子数据和有关文档。被审计单位不得拒绝、拖延、谎报。

被审计单位负责人应当对本单位提供资料的及时性、真实性和完整性负责。

审计机关对取得的电子数据等资料进行综合分析，需要向被审计单位核实有关情况的，被审计单位应当予以配合。

第三十五条　国家政务信息系统和数据共享平台应当按照规定向审计机关开放。

审计机关通过政务信息系统和数据共享平台取得的电子数据等资料能够满足需要的，不得要求被审计单位重复提供。

第三十六条　审计机关进行审计时，有权检查被审计单位的财务、会计资料以及与财政收支、财务收支有关的业务、管理等资料和资产，有权检查被审计单位信息系统的安全性、可靠性、经济性，被审计单位不得拒绝。

第三十七条　审计机关进行审计时，有权就审计事项的有关问题向有关单位和个人进行调查，并取得有关证明材料。有关单位和个人应当支持、协助审计机关工作，如实向审计机关反映情况，提供有关证明材料。

审计机关经县级以上人民政府审计机关负责人批准，有权查询被审计单位在金融机构的账户。

审计机关有证据证明被审计单位违反国家规定将公款转入其他单位、个人在金融机构账户的，经县级以上人民政府审计机关主要负责人批准，有权查询有关单位、个人在金融机构与审计事项相关的存款。

第三十八条　审计机关进行审计时，被审计单位不得转移、隐匿、篡改、毁弃财务、会计资料以及与财政收支、财务收支有关的业务、管理等资料，不得转移、隐匿、故意毁损所持有的违反国家规定取得的资产。

审计机关对被审计单位违反前款规定的行为，有权

予以制止；必要时，经县级以上人民政府审计机关负责人批准，有权封存有关资料和违反国家规定取得的资产；对其中在金融机构的有关存款需要予以冻结的，应当向人民法院提出申请。

审计机关对被审计单位正在进行的违反国家规定的财政收支、财务收支行为，有权予以制止；制止无效的，经县级以上人民政府审计机关负责人批准，通知财政部门和有关主管机关、单位暂停拨付与违反国家规定的财政收支、财务收支行为直接有关的款项，已经拨付的，暂停使用。

审计机关采取前两款规定的措施不得影响被审计单位合法的业务活动和生产经营活动。

第三十九条　审计机关认为被审计单位所执行的上级主管机关、单位有关财政收支、财务收支的规定与法律、行政法规相抵触的，应当建议有关主管机关、单位纠正；有关主管机关、单位不予纠正的，审计机关应当提请有权处理的机关、单位依法处理。

第四十条　审计机关可以向政府有关部门通报或者向社会公布审计结果。

审计机关通报或者公布审计结果，应当保守国家秘密、工作秘密、商业秘密、个人隐私和个人信息，遵守法律、行政法规和国务院的有关规定。

（四）审计程序

第四十二条　审计机关根据经批准的审计项目计划确定的审计事项组成审计组，并应当在实施审计三日前，向被审计单位送达审计通知书；遇有特殊情况，经县级以上人民政府审计机关负责人批准，可以直接持审计通知书实施审计。

被审计单位应当配合审计机关的工作，并提供必要的工作条件。

审计机关应当提高审计工作效率。

第四十三条　审计人员通过审查财务、会计资料，查阅与审计事项有关的文件、资料，检查现金、实物、有价证券和信息系统，向有关单位和个人调查等方式进行审计，并取得证明材料。

向有关单位和个人进行调查时，审计人员应当不少于二人，并出示其工作证件和审计通知书副本。

第四十四条　审计组对审计事项实施审计后，应当向审计机关提出审计组的审计报告。审计组的审计报告报送审计机关前，应当征求被审计单位的意见。被审计单位应当自接到审计组的审计报告之日起十日内，将其书面意见送交审计组。审计组应当将被审计单位的书面意见一并报送审计机关。

第四十五条　审计机关按照审计署规定的程序对审计组的审计报告进行审议，并对被审计单位对审计组的审计报告提出的意见一并研究后，出具审计机关的审计报告。对违反国家规定的财政收支、财务收支行为，依法应当给予处理、处罚的，审计机关在法定职权范围内作出审计决定；需要移送有关主管机关、单位处理、处罚的，审计机关应当依法移送。

审计机关应当将审计机关的审计报告和审计决定送

达被审计单位和有关主管机关、单位,并报上一级审计机关。审计决定自送达之日起生效。

第四十六条 上级审计机关认为下级审计机关作出的审计决定违反国家有关规定的,可以责成下级审计机关予以变更或者撤销,必要时也可以直接作出变更或者撤销的决定。

# 专题二十五 土地管理法

**考点70 土地管理法**

**(一)土地承包经营权**

第十三条 农民集体所有和国家所有依法由农民集体使用的耕地、林地、草地,以及其他依法用于农业的土地,采取农村集体经济组织内部的家庭承包方式承包,不宜采取家庭承包方式的荒山、荒沟、荒丘、荒滩等,可以采取招标、拍卖、公开协商等方式承包,从事种植业、林业、畜牧业、渔业生产。家庭承包的耕地的承包期为三十年,草地的承包期为三十年至五十年,林地的承包期为三十年至七十年;耕地承包期届满后再延长三十年,草地、林地承包期届满后依法相应延长。

国家所有依法用于农业的土地可以由单位或者个人承包经营,从事种植业、林业、畜牧业、渔业生产。

发包方和承包方应当依法订立承包合同,约定双方的权利和义务。承包经营土地的单位和个人,有保护和按照承包合同约定的用途合理利用土地的义务。

**(二)争议解决**

第十四条 土地所有权和使用权争议,由当事人协商解决;协商不成的,由人民政府处理。

单位之间的争议,由县级以上人民政府处理;个人之间、个人与单位之间的争议,由乡级人民政府或者县级以上人民政府处理。

当事人对有关人民政府的处理决定不服的,可以自接到处理决定通知之日起三十日内,向人民法院起诉。

在土地所有权和使用权争议解决前,任何一方不得改变土地利用现状。

**(三)耕地保护**

第三十三条 国家实行永久基本农田保护制度。下列耕地应当根据土地利用总体规划划为永久基本农田,实行严格保护:

(一)经国务院农业农村主管部门或者县级以上地方人民政府批准确定的粮、棉、油、糖等重要农产品生产基地内的耕地;

(二)有良好的水利与水土保持设施的耕地,正在实施改造计划以及可以改造的中、低产田和已建成的高标准农田;

(三)蔬菜生产基地;

(四)农业科研、教学试验田;

(五)国务院规定应当划为永久基本农田的其他耕地。

各省、自治区、直辖市划定的永久基本农田一般应当占本行政区域内耕地的百分之八十以上,具体比例由国

务院根据各省、自治区、直辖市耕地实际情况规定。

第三十四条 永久基本农田划定以乡(镇)为单位进行,由县级人民政府自然资源主管部门会同同级农业农村主管部门组织实施。永久基本农田应当落实到地块,纳入国家永久基本农田数据库严格管理。

乡(镇)人民政府应当将永久基本农田的位置、范围向社会公告,并设立保护标志。

第三十五条 永久基本农田经依法划定后,任何单位和个人不得擅自占用或者改变其用途。国家能源、交通、水利、军事设施等重点建设项目选址确实难以避让永久基本农田,涉及农用地转用或者土地征收的,必须经国务院批准。

禁止通过擅自调整县级土地利用总体规划、乡(镇)土地利用总体规划等方式规避永久基本农田农用地转用或者土地征收的审批。

第三十七条 非农业建设必须节约使用土地,可以利用荒地的,不得占用耕地;可以利用劣地的,不得占用好地。

禁止占用耕地建窑、建坟或者擅自在耕地上建房、挖砂、采石、采矿、取土等。

禁止占用永久基本农田发展林果业和挖塘养鱼。

第三十八条 禁止任何单位和个人闲置、荒芜耕地。已经办理审批手续的非农业建设占用耕地,一年内不用而又可以耕种并收获的,应当由原耕种该幅耕地的集体或者个人恢复耕种,也可以由用地单位组织耕种;一年以上未动工建设的,应当按照省、自治区、直辖市的规定缴纳闲置费;连续二年未使用的,经原批准机关批准,由县级以上人民政府无偿收回用地单位的土地使用权;该幅土地原为农民集体所有的,应当交由原农村集体经济组织恢复耕种。

在城市规划区范围内,以出让方式取得土地使用权进行房地产开发的闲置土地,依照《中华人民共和国城市房地产管理法》的有关规定办理。

**(四)建设用地管理**

第四十四条 建设占用土地,涉及农用地转为建设用地的,应当办理农用地转用审批手续。

永久基本农田转为建设用地的,由国务院批准。

在土地利用总体规划确定的城市和村庄、集镇建设用地规模范围内,为实施该规划而将永久基本农田以外的农用地转为建设用地的,按土地利用年度计划分批次按照国务院规定由原批准土地利用总体规划的机关或者其授权的机关批准。在已批准的农用地转用范围内,具体建设项目用地可以由市、县人民政府批准。

在土地利用总体规划确定的城市和村庄、集镇建设用地规模范围外,将永久基本农田以外的农用地转为建设用地的,由国务院或者国务院授权的省、自治区、直辖市人民政府批准。

**(五)土地使用权的取得与收回**

第四十五条 为了公共利益的需要,有下列情形之一,确需征收农民集体所有的土地的,可以依法实施征收:

（一）军事和外交需要用地的；

（二）由政府组织实施的能源、交通、水利、通信、邮政等基础设施建设需要用地的；

（三）由政府组织实施的科技、教育、文化、卫生、体育、生态环境和资源保护、防灾减灾、文物保护、社区综合服务、社会福利、市政公用、优抚安置、英烈保护等公共事业需要用地的；

（四）由政府组织实施的扶贫搬迁、保障性安居工程建设需要用地的；

（五）在土地利用总体规划确定的城镇建设用地范围内，经省级以上人民政府批准由县级以上地方人民政府组织实施的成片开发建设需要用地的；

（六）法律规定为公共利益需要可以征收农民集体所有的土地的其他情形。

前款规定的建设活动，应当符合国民经济和社会发展规划、土地利用总体规划、城乡规划和专项规划；第（四）项、第（五）项规定的建设活动，还应当纳入国民经济和社会发展年度计划；第（五）项规定的成片开发并应当符合国务院自然资源主管部门规定的标准。

**第四十六条** 征收下列土地的，由国务院批准：

（一）永久基本农田；

（二）永久基本农田以外的耕地超过三十五公顷的；

（三）其他土地超过七十公顷的。

征收前款规定以外的土地的，由省、自治区、直辖市人民政府批准。

征收农用地的，应当依照本法第四十四条的规定先行办理农用地转用审批。其中，经国务院批准农用地转用的，同时办理征地审批手续，不再另行办理征地审批；经省、自治区、直辖市人民政府在征地批准权限内批准农用地转用的，同时办理征地审批手续，不再另行办理征地审批，超过征地批准权限的，应当依照本条第一款的规定另行办理征地审批。

**第五十四条** 建设单位使用国有土地，应当以出让等有偿使用方式取得；但是，下列建设用地，经县级以上人民政府依法批准，可以划拨方式取得：

（一）国家机关用地和军事用地；

（二）城市基础设施用地和公益事业用地；

（三）国家重点扶持的能源、交通、水利等基础设施用地；

（四）法律、行政法规规定的其他用地。

**第五十五条** 以出让等有偿使用方式取得国有土地使用权的建设单位，按照国务院规定的标准和办法，缴纳土地使用权出让金等土地有偿使用费和其他费用后，方可使用土地。

自本法施行之日起，新增建设用地的土地有偿使用费，百分之三十上缴中央财政，百分之七十留给有关地方人民政府。具体使用管理办法由国务院财政部门会同有关部门制定，并报国务院批准。

**第五十六条** 建设单位使用国有土地的，应当按照土地使用权出让等有偿使用合同的约定或者土地使用权划拨批准文件的规定使用土地；确需改变该幅土地建设用途的，应当经有关人民政府自然资源主管部门同意，报原批准用地的人民政府批准。其中，在城市规划区内改变土地用途的，在报批前，应当先经有关城市规划行政主管部门同意。

**第五十七条** 建设项目施工和地质勘查需要临时使用国有土地或者农民集体所有的土地的，由县级以上人民政府自然资源主管部门批准。其中，在城市规划区内的临时用地，在报批前，应当先经有关城市规划行政主管部门同意。土地使用者应当根据土地权属，与有关自然资源主管部门或者农村集体经济组织、村民委员会签订临时使用土地合同，并按照合同的约定支付临时使用土地补偿费。

临时使用土地的使用者应当按照临时使用土地合同约定的用途使用土地，并不得修建永久性建筑物。

临时使用土地期限一般不超过二年。

**第五十八条** 有下列情形之一的，由有关人民政府自然资源主管部门报经原批准用地的人民政府或者有批准权的人民政府批准，可以收回国有土地使用权：

（一）为实施城市规划进行旧城区改建以及其他公共利益需要，确需使用土地的；

（二）土地出让等有偿使用合同约定的使用期限届满，土地使用者未申请续期或者申请续期未获批准的；

（三）因单位撤销、迁移等原因，停止使用原划拨的国有土地的；

（四）公路、铁路、机场、矿场等经核准报废的。

依照前款第（一）项的规定收回国有土地使用权的，对土地使用权人应当给予适当补偿。

**第六十二条** 农村村民一户只能拥有一处宅基地，其宅基地的面积不得超过省、自治区、直辖市规定的标准。

人均土地少、不能保障一户拥有一处宅基地的地区，县级人民政府在充分尊重农村村民意愿的基础上，可以采取措施，按照省、自治区、直辖市规定的标准保障农村村民实现户有所居。

农村村民建住宅，应当符合乡（镇）土地利用总体规划、村庄规划，不得占用永久基本农田，并尽量使用原有的宅基地和村内空闲地。编制乡（镇）土地利用总体规划、村庄规划应当统筹并合理安排宅基地用地，改善农村村民居住环境和条件。

农村村民住宅用地，由乡（镇）人民政府审核批准；其中，涉及占用农用地的，依照本法第四十四条的规定办理审批手续。

农村村民出卖、出租、赠与住宅后，再申请宅基地的，不予批准。

国家允许进城落户的农村村民依法自愿有偿退出宅基地，鼓励农村集体经济组织及其成员盘活利用闲置宅基地和闲置住宅。

国务院农业农村主管部门负责全国农村宅基地改革和管理有关工作。

**第六十三条** 土地利用总体规划、城乡规划确定为工业、商业等经营性用途，并经依法登记的集体经营性建设用地,土地所有权人可以通过出让、出租等方式交由单位或者个人使用,并应当签订书面合同,载明土地界址、面积、动工期限、使用期限、土地用途、规划条件和双方其他权利义务。

前款规定的集体经营性建设用地出让、出租等,应当经本集体经济组织成员的村民会议三分之二以上成员或者三分之二以上村民代表的同意。

通过出让等方式取得的集体经营性建设用地使用权可以转让、互换、出资、赠与或者抵押,但法律、行政法规另有规定或者土地所有权人、土地使用权人签订的书面合同另有约定的除外。

集体经营性建设用地的出租,集体建设用地使用权的出让及其最高年限、转让、互换、出资、赠与、抵押等,参照同类用途的国有建设用地执行。具体办法由国务院制定。

# 专题二十六　城乡规划法

**考点71　城乡规划法**

**(一)城乡规划的制定**

**第十三条**　省、自治区人民政府组织编制省域城镇体系规划,报国务院审批。

省域城镇体系规划的内容应当包括:城镇空间布局和规模控制,重大基础设施的布局,为保护生态环境、资源等需要严格控制的区域。

**第十四条**　城市人民政府组织编制城市总体规划。

直辖市的城市总体规划由直辖市人民政府报国务院审批。省、自治区人民政府所在地的城市以及国务院确定的城市的总体规划,由省、自治区人民政府审查同意后,报国务院审批。其他城市的总体规划,由城市人民政府报省、自治区人民政府审批。

**第十六条**　省、自治区人民政府组织编制的省域城镇体系规划,城市、县人民政府组织编制的总体规划,在报上一级人民政府审批前,应当先经本级人民代表大会常务委员会审议,常务委员会组成人员的审议意见交由本级人民政府研究处理。

镇人民政府组织编制的镇总体规划,在报上一级人民政府审批前,应当先经镇人民代表大会审议,代表的审议意见交由本级人民政府研究处理。

规划的组织编制机关报送审批省域城镇体系规划、城市总体规划或者镇总体规划,应当将本级人民代表大会常务委员会组成人员或者镇人民代表大会代表的审议意见和根据审议意见修改规划的情况一并报送。

**第十八条**　乡规划、村庄规划应当从农村实际出发,尊重村民意愿,体现地方和农村特色。

乡规划、村庄规划的内容应当包括:规划区范围,住宅、道路、供水、排水、供电、垃圾收集、畜禽养殖场所等农村生产、生活服务设施、公益事业等各项建设的用地布局、建设要求,以及对耕地等自然资源和历史文化遗产保护、防灾减灾等的具体安排。乡规划还应当包括本行政区域内的村庄发展布局。

**第十九条**　城市人民政府城乡规划主管部门根据城市总体规划的要求,组织编制城市的控制性详细规划,经本级人民政府批准后,报本级人民代表大会常务委员会和上一级人民政府备案。

**第二十条**　镇人民政府根据镇总体规划的要求,组织编制镇的控制性详细规划,报上一级人民政府审批。县人民政府所在地镇的控制性详细规划,由县人民政府城乡规划主管部门根据镇总体规划的要求组织编制,经县人民政府批准后,报本级人民代表大会常务委员会和上一级人民政府备案。

**(二)城乡规划的实施**

**第三十四条**　城市、县、镇人民政府应当根据城市总体规划、镇总体规划、土地利用总体规划和年度计划以及国民经济和社会发展规划,制定近期建设规划,报总体规划审批机关备案。

近期建设规划应当以重要基础设施、公共服务设施和中低收入居民住房建设以及生态环境保护为重点内容,明确近期建设的时序、发展方向和空间布局。近期建设规划的规划期限为五年。

**第三十六条**　按照国家规定需要有关部门批准或者核准的建设项目,以划拨方式提供国有土地使用权的,建设单位在报送有关部门批准或者核准前,应当向城乡规划主管部门申请核发选址意见书。

前款规定以外的建设项目不需要申请选址意见书。

**第三十七条**　在城市、镇规划区内以划拨方式提供国有土地使用权的建设项目,经有关部门批准、核准、备案后,建设单位应当向城市、县人民政府城乡规划主管部门提出建设用地规划许可申请,由城市、县人民政府城乡规划主管部门依据控制性详细规划核定建设用地的位置、面积、允许建设的范围,核发建设用地规划许可证。

建设单位在取得建设用地规划许可证后,方可向县级以上地方人民政府土地主管部门申请用地,经县级以上人民政府审批后,由土地主管部门划拨土地。

**第三十八条**　在城市、镇规划区内以出让方式提供国有土地使用权的,在国有土地使用权出让前,城市、县人民政府城乡规划主管部门应当依据控制性详细规划,提出出让地块的位置、使用性质、开发强度等规划条件,作为国有土地使用权出让合同的组成部分。未确定规划条件的地块,不得出让国有土地使用权。

以出让方式取得国有土地使用权的建设项目,建设单位在取得建设项目的批准、核准、备案文件和签订国有土地使用权出让合同后,向城市、县人民政府城乡规划主管部门领取建设用地规划许可证。

城市、县人民政府城乡规划主管部门不得在建设用地规划许可证中,擅自改变作为国有土地使用权出让合同组成部分的规划条件。

**第三十九条**　规划条件未纳入国有土地使用权出让合同的,该国有土地使用权出让合同无效;对未取得建设用地规划许可证的建设单位批准用地的,由县级以上人民政府撤销有关批准文件;占用土地的,应当及时退回;给当事人造成损失的,应当依法给予赔偿。

第四十一条　在乡、村庄规划区内进行乡镇企业、乡村公共设施和公益事业建设的，建设单位或者个人应当向乡、镇人民政府提出申请，由乡、镇人民政府报城市、县人民政府城乡规划主管部门核发乡村建设规划许可证。

在乡、村庄规划区内使用原有宅基地进行农村村民住宅建设的规划管理办法，由省、自治区、直辖市制定。

在乡、村庄规划区内进行乡镇企业、乡村公共设施和公益事业建设以及农村村民住宅建设，不得占用农用地；确需占用农用地的，应当依照《中华人民共和国土地管理法》有关规定办理农用地转用审批手续后，由城市、县人民政府城乡规划主管部门核发乡村建设规划许可证。

建设单位或者个人在取得乡村建设规划许可证后，方可办理用地审批手续。

第四十四条　在城市、镇规划区内进行临时建设的，应当经城市、县人民政府城乡规划主管部门批准。临时建设影响近期建设规划或者控制性详细规划的实施以及交通、市容、安全等的，不得批准。

临时建设应当在批准的使用期限内自行拆除。

临时建设和临时用地规划管理的具体办法，由省、自治区、直辖市人民政府制定。

**（三）城乡规划的修改**

第四十七条　有下列情形之一的，组织编制机关方可按照规定的权限和程序修改省域城镇体系规划、城市总体规划、镇总体规划：

（一）上级人民政府制定的城乡规划发生变更，提出修改规划要求的；

（二）行政区划调整确需修改规划的；

（三）因国务院批准重大建设工程确需修改规划的；

（四）经评估确需修改规划的；

（五）城乡规划的审批机关认为应当修改规划的其他情形。

修改省域城镇体系规划、城市总体规划、镇总体规划前，组织编制机关应当对原规划的实施情况进行总结，并向原审批机关报告；修改涉及城市总体规划、镇总体规划强制性内容的，应当先向原审批机关提出专题报告，经同意后，方可编制修改方案。

修改后的省域城镇体系规划、城市总体规划、镇总体规划，应当依照本法第十三条、第十四条、第十五条和第十六条规定的审批程序报批。

第四十八条　修改控制性详细规划的，组织编制机关应当对修改的必要性进行论证，征求规划地段内利害关系人的意见，并向原审批机关提出专题报告，经原审批机关同意后，方可编制修改方案。修改后的控制性详细规划，应当依照本法第十九条、第二十条规定的审批程序报批。控制性详细规划修改涉及城市总体规划、镇总体规划的强制性内容的，应当先修改总体规划。

修改乡规划、村庄规划的，应当依照本法第二十二条规定的审批程序报批。

**（四）责令拆除**

第六十六条　建设单位或者个人有下列行为之一的，由所在地城市、县人民政府城乡规划主管部门责令限期拆除，可以并处临时建设工程造价一倍以下的罚款：

（一）未经批准进行临时建设的；

（二）未按照批准内容进行临时建设的；

（三）临时建筑物、构筑物超过批准期限不拆除的。

第六十八条　城乡规划主管部门作出责令停止建设或者限期拆除的决定后，当事人不停止建设或者逾期不拆除的，建设工程所在地县级以上地方人民政府可以责成有关部门采取查封施工现场、强制拆除等措施。

# 专题二十七　城市房地产管理法

**考点72 城市房地产管理法**

**（一）房地产交易规则**

第三十二条　房地产转让、抵押时，房屋的所有权和该房屋占用范围内的土地使用权同时转让、抵押。

**（二）房地产转让**

第三十九条　以出让方式取得土地使用权的，转让房地产时，应当符合下列条件：

（一）按照出让合同约定已经支付全部土地使用权出让金，并取得土地使用权证书；

（二）按照出让合同约定进行投资开发，属于房屋建设工程的，完成开发投资总额的百分之二十五以上，属于成片开发土地的，形成工业用地或者其他建设用地条件。

转让房地产时房屋已经建成的，还应当持有房屋所有权证书。

第四十条　以划拨方式取得土地使用权的，转让房地产时，应当按照国务院规定，报有批准权的人民政府审批。有批准权的人民政府准予转让的，应当由受让方办理土地使用权出让手续，并依照国家有关规定缴纳土地使用权出让金。

以划拨方式取得土地使用权的，转让房地产报批时，有批准权的人民政府按照国务院规定决定可以不办理土地使用权出让手续的，转让方应当按照国务院规定将转让房地产所获收益中的土地收益上缴国家或者作其他处理。

第四十一条　房地产转让，应当签订书面转让合同，合同中应当载明土地使用权取得的方式。

第四十二条　房地产转让时，土地使用权出让合同载明的权利、义务随之转移。

第四十三条　以出让方式取得土地使用权的，转让房地产后，其土地使用权的使用年限为原土地使用权出让合同约定的使用年限减去原土地使用者已经使用年限后的剩余年限。

第四十四条　以出让方式取得土地使用权的，转让房地产后，受让人改变原土地使用权出让合同约定的土地用途的，必须取得原出让方和市、县人民政府城市规划行政主管部门的同意，签订土地使用权出让合同变更协议或者重新签订土地使用权出让合同，相应调整土地使用权出让金。

第四十五条　商品房预售，应当符合下列条件：

（一）已交付全部土地使用权出让金，取得土地使用权证书；

（二）持有建设工程规划许可证；

（三）按提供预售的商品房计算，投入开发建设的资金达到工程建设总投资的百分之二十五以上，并已经确定施工进度和竣工交付日期；

（四）向县级以上人民政府房产管理部门办理预售登记，取得商品房预售许可证明。

商品房预售人应当按照国家有关规定将预售合同报县级以上人民政府房产管理部门和土地管理部门登记备案。

商品房预售所得款项，必须用于有关的工程建设。

**（三）房地产抵押**

**第四十七条** 房地产抵押，是指抵押人以其合法的房地产以不转移占有的方式向抵押权人提供债务履行担保的行为。债务人不履行债务时，抵押权人有权依法以抵押的房地产拍卖所得的价款优先受偿。

**第四十八条** 依法取得的房屋所有权连同该房屋占用范围内的土地使用权，可以设定抵押权。

以出让方式取得的土地使用权，可以设定抵押权。

**第四十九条** 房地产抵押，应当凭土地使用权证书、房屋所有权证书办理。

**第五十条** 房地产抵押，抵押人和抵押权人应当签订书面抵押合同。

**第五十一条** 设定房地产抵押权的土地使用权是以划拨方式取得的，依法拍卖该房地产后，应当从拍卖所得的价款中缴纳相当于应缴纳的土地使用权出让金的款额后，抵押权人方可优先受偿。

**第五十二条** 房地产抵押合同签订后，土地上新增的房屋不属于抵押财产。需要拍卖该抵押的房地产时，可以依法将土地上新增的房屋与抵押财产一同拍卖，但对拍卖新增房屋所得，抵押权人无权优先受偿。

# 专题二十八　不动产登记

**考点73** 不动产登记暂行条例

**（一）登记对象**

**第五条** 下列不动产权利，依照本条例的规定办理登记：

（一）集体土地所有权；

（二）房屋等建筑物、构筑物所有权；

（三）森林、林木所有权；

（四）耕地、林地、草地等土地承包经营权；

（五）建设用地使用权；

（六）宅基地使用权；

（七）海域使用权；

（八）地役权；

（九）抵押权；

（十）法律规定需要登记的其他不动产权利。

**（二）登记程序**

**第十四条** 因买卖、设定抵押权等申请不动产登记的，应当由当事人双方共同申请。

属于下列情形之一的，可以由当事人单方申请：

（一）尚未登记的不动产首次申请登记的；

（二）继承、接受遗赠取得不动产权利的；

（三）人民法院、仲裁委员会生效的法律文书或者人民政府生效的决定等设立、变更、转让、消灭不动产权利的；

（四）权利人姓名、名称或者自然状况发生变化，申请变更登记的；

（五）不动产灭失或者权利人放弃不动产权利，申请注销登记的；

（六）申请更正登记或者异议登记的；

（七）法律、行政法规规定可以由当事人单方申请的其他情形。

**第十五条** 当事人或者其代理人应当向不动产登记机构申请不动产登记。

不动产登记机构将申请登记事项记载于不动产登记簿前，申请人可以撤回登记申请。

**第十九条** 属于下列情形之一的，不动产登记机构可以对申请登记的不动产进行实地查看：

（一）房屋等建筑物、构筑物所有权首次登记；

（二）在建建筑物抵押权登记；

（三）因不动产灭失导致的注销登记；

（四）不动产登记机构认为需要实地查看的其他情形。

对可能存在权属争议，或者可能涉及他人利害关系的登记申请，不动产登记机构可以向申请人、利害关系人或者有关单位进行调查。

不动产登记机构进行实地查看或者调查时，申请人、被调查人应当予以配合。

**（三）不予登记**

**第二十二条** 登记申请有下列情形之一的，不动产登记机构应当不予登记，并书面告知申请人：

（一）违反法律、行政法规规定的；

（二）存在尚未解决的权属争议的；

（三）申请登记的不动产权利超过规定期限的；

（四）法律、行政法规规定不予登记的其他情形。

# 环境资源法 [考点法条]

## 专题二十九　环境保护法

**考点74** 环境影响评价法

**（一）规划的环境影响评价**

**第七条** 国务院有关部门、设区的市级以上地方人民政府及其有关部门，对其组织编制的土地利用的有关规划，区域、流域、海域的建设、开发利用规划，应当在规划编制过程中组织进行环境影响评价，编写该规划有关环境影响的篇章或者说明。

规划有关环境影响的篇章或者说明，应当对规划实施后可能造成的环境影响作出分析、预测和评估，提出预防或者减轻不良环境影响的对策和措施，作为规划草案的组成部分一并报送规划审批机关。

未编写有关环境影响的篇章或者说明的规划草案，审批机关<u>不予审批</u>。

**第八条** 国务院有关部门、设区的市级以上地方人民政府及其有关部门，对其组织编制的工业、农业、畜牧业、林业、能源、水利、交通、城市建设、旅游、自然资源开发的有关专项规划（以下简称专项规划），应当在该专项规划草案上报审批前，组织进行环境影响评价，并向审批该专项规划的机关提出环境影响报告书。

前款所列专项规划中的指导性规划，按照本法第七条的规定进行环境影响评价。

**第九条** 依照本法第七条、第八条的规定进行环境影响评价的规划的具体范围，由国务院生态环境主管部门会同国务院有关部门规定，报国务院批准。

**第十二条** 专项规划的编制机关在报批规划草案时，应当将环境影响报告书一并附送审批机关审查；未附送环境影响报告书的，审批机关不予审批。

**（二）建设项目的环境影响评价**

**第十六条** 国家根据建设项目对环境的影响程度，对建设项目的环境影响评价实行分类管理。

建设单位应当按照下列规定组织编制环境影响报告书、环境影响报告表或者填报环境影响登记表（以下统称环境影响评价文件）：

（一）可能造成<u>重大</u>环境影响的，应当编制环境影响<u>报告书</u>，对产生的环境影响进行<u>全面评价</u>；

（二）可能造成<u>轻度</u>环境影响的，应当编制环境影响<u>报告表</u>，对产生的环境影响进行<u>分析或者专项评价</u>；

（三）对环境影响<u>很小、不需要</u>进行环境影响评价的，应当填报环境影响<u>登记表</u>。

建设项目的环境影响评价分类管理名录，由国务院生态环境主管部门制定并公布。

**第十八条** 建设项目的环境影响评价，<u>应当避免</u>与

规划的环境影响评价相重复。

作为一项整体建设项目的规划，按照建设项目进行环境影响评价，不进行规划的环境影响评价。

<u>已经进行了环境影响评价的规划包含具体建设项目</u>的，规划的环境影响评价结论应当作为建设项目环境影响评价的<u>重要依据</u>，建设项目环境影响评价的内容应当根据规划的环境影响评价审查意见<u>予以简化</u>。

**第二十条** 建设单位应当对建设项目环境影响报告书、环境影响报告表的内容和结论负责，接受委托编制建设项目环境影响报告书、环境影响报告表的技术单位对其编制的建设项目环境影响报告书、环境影响报告表承担相应责任。

设区的市级以上人民政府生态环境主管部门应当加强对建设项目环境影响报告书、环境影响报告表编制单位的监督管理和质量考核。

负责审批建设项目环境影响报告书、环境影响报告表的生态环境主管部门应当将编制单位、编制主持人和主要编制人员的相关违法信息记入社会诚信档案，并纳入全国信用信息共享平台和国家企业信用信息公示系统向社会公布。

任何单位和个人不得为建设单位指定编制建设项目环境影响报告书、环境影响报告表的技术单位。

**第二十三条** 国务院生态环境主管部门负责审批下列建设项目的环境影响评价文件：

（一）核设施、绝密工程等特殊性质的建设项目；

（二）跨省、自治区、直辖市行政区域的建设项目；

（三）由国务院审批的或者由国务院授权有关部门审批的建设项目。

前款规定以外的建设项目的环境影响评价文件的审批权限，由省、自治区、直辖市人民政府规定。

建设项目可能造成跨行政区域的不良环境影响，有关生态环境主管部门对该项目的环境影响评价结论有争议的，其环境影响评价文件由共同的上一级生态环境主管部门审批。

**第二十四条** 建设项目的环境影响评价文件经批准后，建设项目的性质、规模、地点、采用的生产工艺或者防治污染、防止生态破坏的措施发生重大变动的，建设单位应当重新报批建设项目的环境影响评价文件。

建设项目的环境影响评价文件自批准之日起超过五年，方决定该项目开工建设的，其环境影响评价文件应当报原审批部门重新审核；原审批部门应当自收到建设项目环境影响评价文件之日起十日内，将审核意见书面通知建设单位。

**第二十五条** 建设项目的环境影响评价文件未依法经审批部门审查或者审查后未予批准的，建设单位<u>不得</u>

开工建设。

**第二十六条** 建设项目建设过程中,建设单位应当同时实施环境影响报告书、环境影响报告表以及环境影响评价文件审批部门审批意见中提出的环境保护对策措施。

**第二十七条** 在项目建设、运行过程中产生不符合经审批的环境影响评价文件的情形的,建设单位应当组织环境影响的后评价,采取改进措施,并报原环境影响评价文件审批部门和建设项目审批部门备案;原环境影响评价文件审批部门也可以责成建设单位进行环境影响的后评价,采取改进措施。

## 考点75 环境保护法

### (一)环境保护基本制度

(1)环境标准制度

**第十五条** 国务院环境保护主管部门制定国家环境质量标准。

省、自治区、直辖市人民政府对国家环境质量标准中未作规定的项目,可以制定地方环境质量标准;对国家环境质量标准中已作规定的项目,可以制定严于国家环境质量标准的地方环境质量标准。地方环境质量标准应当报国务院环境保护主管部门备案。

国家鼓励开展环境基准研究。

**第十六条** 国务院环境保护主管部门根据国家环境质量标准和国家经济、技术条件,制定国家污染物排放标准。

省、自治区、直辖市人民政府对国家污染物排放标准中未作规定的项目,可以制定地方污染物排放标准;对国家污染物排放标准中已作规定的项目,可以制定严于国家污染物排放标准的地方污染物排放标准。地方污染物排放标准应当报国务院环境保护主管部门备案。

(2)生态红线制度

**第二十九条** 国家在重点生态功能区、生态环境敏感区和脆弱区等区域划定生态保护红线,实行严格保护。

各级人民政府对具有代表性的各种类型的自然生态系统区域,珍稀、濒危的野生动植物自然分布区域,重要的水源涵养区域,具有重大科学文化价值的地质构造、著名溶洞和化石分布区、冰川、火山、温泉等自然遗迹,以及人文遗迹、古树名木,应当采取措施加以保护,严禁破坏。

(3)生物多样性制度

**第三十条** 开发利用自然资源,应当合理开发,保护生物多样性,保障生态安全,依法制定有关生态保护和恢复治理方案并予以实施。

引进外来物种以及研究、开发和利用生物技术,应当采取措施,防止对生物多样性的破坏。

(4)生态保护补偿制度

**第三十一条** 国家建立、健全生态保护补偿制度。

国家加大对生态保护地区的财政转移支付力度。有关地方人民政府应当落实生态保护补偿资金,确保其用于生态保护补偿。

国家指导受益地区和生态保护地区人民政府通过协

商或者按照市场规则进行生态保护补偿。

(5)农业环境保护

**第三十三条** 各级人民政府应当加强对农业环境的保护,促进农业环境保护新技术的使用,加强对农业污染源的监测预警,统筹有关部门采取措施,防治土壤污染和土地沙化、盐渍化、贫瘠化、石漠化、地面沉降以及防治植被破坏、水土流失、水体富营养化、水源枯竭、种源灭绝等生态失调现象,推广植物病虫害的综合防治。

县级、乡级人民政府应当提高农村环境保护公共服务水平,推动农村环境综合整治。

(6)"三同时"制度

**第四十一条** 建设项目中防治污染的设施,应当与主体工程同时设计、同时施工、同时投产使用。防治污染的设施应当符合经批准的环境影响评价文件的要求,不得擅自拆除或者闲置。

(7)排污费征收

**第四十三条** 排放污染物的企业事业单位和其他生产经营者,应当按照国家有关规定缴纳排污费。排污费应当全部专项用于环境污染防治,任何单位和个人不得截留、挤占或者挪作他用。

依照法律规定征收环境保护税的,不再征收排污费。

(8)污染物排放总量控制制度

**第四十四条** 国家实行重点污染物排放总量控制制度。重点污染物排放总量控制指标由国务院下达,省、自治区、直辖市人民政府分解落实。企业事业单位在执行国家和地方污染物排放标准的同时,应当遵守分解落实到本单位的重点污染物排放总量控制指标。

对超过国家重点污染物排放总量控制指标或者未完成国家确定的环境质量目标的地区,省级以上人民政府环境保护主管部门应当暂停审批其新增重点污染物排放总量的建设项目环境影响评价文件。

(9)排污许可管理制度

**第四十五条** 国家依照法律规定实行排污许可管理制度。

实行排污许可管理的企业事业单位和其他生产经营者应当按照排污许可证的要求排放污染物;未取得排污许可证的,不得排放污染物。

(10)信息公开制度

**第五十四条** 国务院环境保护主管部门统一发布国家环境质量、重点污染源监测信息及其他重大环境信息。省级以上人民政府环境保护主管部门定期发布环境状况公报。

县级以上人民政府环境保护主管部门和其他负有环境保护监督管理职责的部门,应当依法公开环境质量、环境监测、突发环境事件以及环境行政许可、行政处罚、排污费的征收和使用情况等信息。

县级以上地方人民政府环境保护主管部门和其他负有环境保护监督管理职责的部门,应当将企业事业单位和其他生产经营者的环境违法信息记入社会诚信档案,及时向社会公布违法者名单。

**第五十五条** 重点排污单位应当如实向社会公开其

主要污染物的名称、排放方式、排放浓度和总量、超标排放情况,以及防治污染设施的建设和运行情况,接受社会监督。

**第五十六条** 对依法应当编制环境影响报告书的建设项目,建设单位应当在编制时向可能受影响的公众说明情况,充分征求意见。

负责审批建设项目环境影响评价文件的部门在收到建设项目环境影响报告书后,除涉及国家秘密和商业秘密的事项外,应当全文公开;发现建设项目未充分征求公众意见的,应当责成建设单位征求公众意见。

**(11)环境公益诉讼**

**第五十八条** 对污染环境、破坏生态,损害社会公共利益的行为,符合下列条件的社会组织可以向人民法院提起诉讼:

(一)依法在设区的市级以上人民政府民政部门登记;

(二)专门从事环境保护公益活动连续五年以上且无违法记录。

符合前款规定的社会组织向人民法院提起诉讼,人民法院应当依法受理。

提起诉讼的社会组织不得通过诉讼牟取经济利益。

**(二)环境行政责任**

**第五十九条** 企业事业单位和其他生产经营者违法排放污染物,受到罚款处罚,被责令改正,拒不改正的,依法作出处罚决定的行政机关可以自责令改正之日的次日起,按照原处罚数额按日连续处罚。

前款规定的罚款处罚,依照有关法律法规按照防治污染设施的运行成本、违法行为造成的直接损失或者违法所得等因素确定的规定执行。

地方性法规可以根据环境保护的实际需要,增加第一款规定的按日连续处罚的违法行为的种类。

**第六十条** 企业事业单位和其他生产经营者超过污染物排放标准或者超过重点污染物排放总量控制指标排放污染物的,县级以上人民政府环境保护主管部门可以责令其采取限制生产、停产整治等措施;情节严重的,报经有批准权的人民政府批准,责令停业、关闭。

**第六十三条** 企业事业单位和其他生产经营者有下列行为之一,尚不构成犯罪的,除依照有关法律法规规定予以处罚外,由县级以上人民政府环境保护主管部门或者其他有关部门将案件移送公安机关,对其直接负责的主管人员和其他直接责任人员,处十日以上十五日以下拘留;情节较轻的,处五日以上十日以下拘留:

(一)建设项目未依法进行环境影响评价,被责令停止建设,拒不执行的;

(二)违反法律规定,未取得排污许可证排放污染物,被责令停止排污,拒不执行的;

(三)通过暗管、渗井、渗坑、灌注或者篡改、伪造监测数据,或者不正常运行防治污染设施等逃避监管的方式违法排放污染物的;

(四)生产、使用国家明令禁止生产、使用的农药,被责令改正,拒不改正的。

**第六十八条** 地方各级人民政府、县级以上人民政府环境保护主管部门和其他负有环境保护监督管理职责的部门有下列行为之一的,对直接负责的主管人员和其他直接责任人员给予记过、记大过或者降级处分;造成严重后果的,给予撤职或者开除处分,其主要负责人应当引咎辞职:

(一)不符合行政许可条件准予行政许可的;

(二)对环境违法行为进行包庇的;

(三)依法应当作出责令停业、关闭的决定而未作出的;

(四)对超标排放污染物、采用逃避监管的方式排放污染物、造成环境事故以及不落实生态保护措施造成生态破坏等行为,发现或者接到举报未及时查处的;

(五)违反本法规定,查封、扣押企业事业单位和其他生产经营者的设施、设备的;

(六)篡改、伪造或者指使篡改、伪造监测数据的;

(七)应当依法公开环境信息而未公开的;

(八)将征收的排污费截留、挤占或者挪作他用的;

(九)法律法规规定的其他违法行为。

**(三)环境民事责任**

**第六十四条** 因污染环境和破坏生态造成损害的,应当依照《中华人民共和国侵权责任法》的有关规定承担侵权责任。

**第六十五条** 环境影响评价机构、环境监测机构以及从事环境监测设备和防治污染设施维护、运营的机构,在有关环境服务活动中弄虚作假,对造成的环境污染和生态破坏负有责任的,除依照有关法律法规规定予以处罚外,还应当与造成环境污染和生态破坏的其他责任者承担连带责任。

**第六十六条** 提起环境损害赔偿诉讼的时效期间为三年,从当事人知道或者应当知道其受到损害时起计算。

# 专题三十 森林法

**考点76** 森林法

**(一)森林资源权属制度**

**第十四条** 森林资源属于国家所有,由法律规定属于集体所有的除外。

国家所有的森林资源的所有权由国务院代表国家行使。国务院可以授权国务院自然资源主管部门统一履行国有森林资源所有者职责。

**第十五条** 林地和林地上的森林、林木的所有权、使用权,由不动产登记机构统一登记造册,核发证书。国务院确定的国家重点林区(以下简称重点林区)的森林、林木和林地,由国务院自然资源主管部门负责登记。

森林、林木、林地的所有者和使用者的合法权益受法律保护,任何组织和个人不得侵犯。

森林、林木、林地的所有者和使用者应当依法保护和合理利用森林、林木、林地,不得非法改变林地用途和毁坏森林、林木、林地。

**第二十二条** 单位之间发生的林木、林地所有权和使用权争议,由县级以上人民政府依法处理。

个人之间、个人与单位之间发生的林木所有权和林地使用权争议,由乡镇人民政府或者县级以上人民政府依法处理。

当事人对有关人民政府的处理决定不服的,可以自接到处理决定通知之日起三十日内,向人民法院起诉。

在林木、林地权属争议解决前,除因森林防火、林业有害生物防治、国家重大基础设施建设等需要外,当事人任何一方不得砍伐有争议的林木或者改变林地现状。

**(二)经营管理制度**

**第四十七条** 国家根据生态保护的需要,将森林生态区位重要或者生态状况脆弱,以发挥生态效益为主要目的的林地和林地上的森林划定为公益林。未划定为公益林的林地和林地上的森林属于商品林。

**第四十八条** 公益林由国务院和省、自治区、直辖市人民政府划定并公布。

下列区域的林地和林地上的森林,应当划定为公益林:

(一)重要江河源头汇水区域;

(二)重要江河干流及支流两岸、饮用水水源地保护区;

(三)重要湿地和重要水库周围;

(四)森林和陆生野生动物类型的自然保护区;

(五)荒漠化和水土流失严重地区的防风固沙林基干林带;

(六)沿海防护林基干林带;

(七)未开发利用的原始林地区;

(八)需要划定的其他区域。

公益林划定涉及非国有林地的,应当与权利人签订书面协议,并给予合理补偿。

公益林进行调整的,应当经原划定机关同意,并予以公布。

国家级公益林划定和管理的办法由国务院制定;地方级公益林划定和管理的办法由省、自治区、直辖市人民政府制定。

**第四十九条** 国家对公益林实施严格保护。

县级以上人民政府林业主管部门应当有计划地组织公益林经营者对公益林中生态功能低下的疏林、残次林等低质低效林,采取林分改造、森林抚育等措施,提高公益林的质量和生态保护功能。

在符合公益林生态区位保护要求和不影响公益林生态功能的前提下,经科学论证,可以合理利用公益林林地资源和森林景观资源,适度开展林下经济、森林旅游等。利用公益林开展上述活动应当严格遵守国家有关规定。

**第五十五条** 采伐森林、林木应当遵守下列规定:

(一)公益林只能进行抚育、更新和低质低效林改造性质的采伐。但是,因科研或者实验、防治林业有害生物、建设护林防火设施、营造生物防火隔离带、遭受自然灾害等需要采伐的除外。

(二)商品林应当根据不同情况,采取不同采伐方式,严格控制皆伐面积,伐育同步规划实施。

(三)自然保护区的林木,禁止采伐。但是,因防治林业有害生物、森林防火、维护主要保护对象生存环境、遭受自然灾害等特殊情况必须采伐的和实验区的竹林除外。

省级以上人民政府林业主管部门应当根据前款规定,按照森林分类经营管理、保护优先、注重效率和效益等原则,制定相应的林木采伐技术规程。

**第五十六条** 采伐林地上的林木应当申请采伐许可证,并按照采伐许可证的规定进行采伐;采伐自然保护区以外的竹林,不需要申请采伐许可证,但应当符合林木采伐技术规程。

农村居民采伐自留地和房前屋后个人所有的零星林木,不需要申请采伐许可证。

非林地上的农田防护林、防风固沙林、护路林、护岸护堤林和城镇林木等的更新采伐,由有关主管部门按照有关规定管理。

采挖移植林木按照采伐林木管理。具体办法由国务院林业主管部门制定。

禁止伪造、变造、买卖、租借采伐许可证。

**第五十七条** 采伐许可证由县级以上人民政府林业主管部门核发。

县级以上人民政府林业主管部门应当采取措施,方便申请人办理采伐许可证。

农村居民采伐自留山和个人承包集体林地上的林木,由县级人民政府林业主管部门或者其委托的乡镇人民政府核发采伐许可证。

**第五十八条** 申请采伐许可证,应当提交有关采伐的地点、林种、树种、面积、蓄积、方式、更新措施和林木权属等内容的材料。超过省级以上人民政府林业主管部门规定面积或者蓄积量的,还应当提交伐区调查设计材料。

**第五十九条** 符合林木采伐技术规程的,审核发放采伐许可证的部门应当及时核发采伐许可证。但是,审核发放采伐许可证的部门不得超过年采伐限额发放采伐许可证。

**第六十条** 有下列情形之一的,不得核发采伐许可证:

(一)采伐封山育林期、封山育林区内的林木;

(二)上年度采伐后未按照规定完成更新造林任务;

(三)上年度发生重大滥伐案件、森林火灾或者林业有害生物灾害,未采取预防和改进措施;

(四)法律法规和国务院林业主管部门规定的禁止采伐的其他情形。

**(三)法律责任**

**第七十六条** 盗伐林木的,由县级以上人民政府林业主管部门责令限期在原地或者异地补种盗伐株数一倍以上五倍以下的树木,并处盗伐林木价值五倍以上十倍以下的罚款。

滥伐林木的,由县级以上人民政府林业主管部门责令限期在原地或者异地补种滥伐株数一倍以上三倍以下的树木,可以处滥伐林木价值三倍以上五倍以下的罚款。

**第八十一条** 违反本法规定,有下列情形之一的,由

县级以上人民政府林业主管部门依法组织代为履行,代为履行所需费用由违法者承担:

(一)拒不恢复植被和林业生产条件,或者恢复植被和林业生产条件不符合国家有关规定;

(二)拒不补种树木,或者补种不符合国家有关规定。

恢复植被和林业生产条件、树木补种的标准,由省级以上人民政府林业主管部门制定。

# 专题三十一　矿产资源法

**考点77** 矿产资源法

**(一)矿产资源权属制度**

**第三条** 矿产资源属于国家所有,由国务院行使国家对矿产资源的所有权。地表或者地下的矿产资源的国家所有权,不因其所依附的土地的所有权或者使用权的不同而改变。

国家保障矿产资源的合理开发利用。禁止任何组织或者个人用任何手段侵占或者破坏矿产资源。各级人民政府必须加强矿产资源的保护工作。

勘查、开采矿产资源,必须依法分别申请、经批准取得探矿权、采矿权,并办理登记;但是,已经依法申请取得采矿权的矿山企业在划定的矿区范围内为本企业的生产而进行的勘查除外。国家保护探矿权和采矿权不受侵犯,保障矿区和勘查作业区的生产秩序、工作秩序不受影响和破坏。

从事矿产资源勘查和开采的,必须符合规定的资质条件。

**第五条** 国家实行探矿权、采矿权有偿取得的制度;但是,国家对探矿权、采矿权有偿取得的费用,可以根据不同情况规定予以减缴、免缴。具体办法和实施步骤由国务院规定。

开采矿产资源,必须按照国家有关规定缴纳资源税和资源补偿费。

**第六条** 除按下列规定可以转让外,探矿权、采矿权不得转让:

(一)探矿权人有权在划定的勘查作业区内进行规定的勘查作业,有权优先取得勘查作业区内矿产资源的采矿权。探矿权人在完成规定的最低勘查投入后,经依法批准,可以将探矿权转让他人。

(二)已取得采矿权的矿山企业,因企业合并、分立、与他人合资、合作经营,或者因企业资产出售以及有其他变更企业资产产权的情形而需要变更采矿权主体的,经依法批准可以将采矿权转让他人采矿。

前款规定的具体办法和实施步骤由国务院规定。

禁止将探矿权、采矿权倒卖牟利。

**(二)矿产资源勘查开发管理**

**第十六条** 开采下列矿产资源的,由国务院地质矿产主管部门审批,并颁发采矿许可证:

(一)国家规划矿区和对国民经济具有重要价值的矿区内的矿产资源;

(二)前项规定区域以外可供开采的矿产储量规模在大型以上的矿产资源;

(三)国家规定实行保护性开采的特定矿种;

(四)领海及中国管辖的其他海域的矿产资源;

(五)国务院规定的其他矿产资源。

开采石油、天然气、放射性矿产等特定矿种的,可以由国务院授权的有关主管部门审批,并颁发采矿许可证。

开采第一款、第二款规定以外的矿产资源,其可供开采的矿产的储量规模为中型的,由省、自治区、直辖市人民政府地质矿产主管部门审批和颁发采矿许可证。

开采第一款、第二款和第三款规定以外的矿产资源的管理办法,由省、自治区、直辖市人民代表大会常务委员会依法制定。

依照第三款、第四款的规定审批和颁发采矿许可证的,由省、自治区、直辖市人民政府地质矿产主管部门汇总向国务院地质矿产主管部门备案。

矿产储量规模的大型、中型的划分标准,由国务院矿产储量审批机构规定。

**第十七条** 国家对国家规划矿区、对国民经济具有重要价值的矿区和国家规定实行保护性开采的特定矿种,实行有计划的开采;未经国务院有关主管部门批准,任何单位和个人不得开采。

**第二十条** 非经国务院授权的有关主管部门同意,不得在下列地区开采矿产资源:

(一)港口、机场、国防工程设施圈定地区以内;

(二)重要工业区、大型水利工程设施、城镇市政工程设施附近一定距离以内;

(三)铁路、重要公路两侧一定距离以内;

(四)重要河流、堤坝两侧一定距离以内;

(五)国家划定的自然保护区、重要风景区,国家重点保护的不能移动的历史文物和名胜古迹所在地;

(六)国家规定不得开采矿产资源的其他地区。

**第三十五条** 国家对集体矿山企业和个体采矿实行积极扶持、合理规划、正确引导、加强管理的方针,鼓励集体矿山企业开采国家指定范围内的矿产资源,允许个人采挖零星分散资源和只能用作普通建筑材料的砂、石、粘土以及为生活自用采挖少量矿产。

矿产储量规模适宜由矿山企业开采的矿产资源、国家规定实行保护性开采的特定矿种和国家规定禁止个人开采的其他矿产资源,个人不得开采。

国家指导、帮助集体矿山企业和个体采矿不断提高技术水平、资源利用率和经济效益。

地质矿产主管部门、地质工作单位和国有矿山企业应当按照积极支持、有偿互惠的原则向集体矿山企业和个体采矿提供地质资料和技术服务。

**第四十九条** 矿山企业之间的矿区范围的争议,由当事人协商解决,协商不成的,由有关县级以上地方人民政府根据依法核定的矿区范围处理;跨省、自治区、直辖市的矿区范围的争议,由有关省、自治区、直辖市人民政府协商解决,协商不成的,由国务院处理。

# 劳动与社会保障法 [考点法条]

## 专题三十二 劳动合同法

**考点78** 劳动合同

**(一)劳动关系的建立**

**第七条** 用人单位自用工之日起即与劳动者建立劳动关系。用人单位应当建立职工名册备查。

**第十条** 建立劳动关系,应当订立书面劳动合同。

已建立劳动关系,未同时订立书面劳动合同的,应当自用工之日起一个月内订立书面劳动合同。

用人单位与劳动者在用工前订立劳动合同的,劳动关系自用工之日起建立。

**《劳动合同法》**

**第六十八条** 非全日制用工,是指以小时计酬为主,劳动者在同一用人单位一般平均每日工作时间不超过四小时,每周工作时间累计不超过二十四小时的用工形式。

**第六十九条** 非全日制用工双方当事人可以订立口头协议。

从事非全日制用工的劳动者可以与一个或者一个以上用人单位订立劳动合同;但是,后订立的劳动合同不得影响先订立的劳动合同的履行。

**第七十条** 非全日制用工双方当事人不得约定试用期。

**第七十一条** 非全日制用工双方当事人任何一方都可以随时通知对方终止用工。终止用工,用人单位不向劳动者支付经济补偿。

**第七十二条** 非全日制用工小时计酬标准不得低于用人单位所在地人民政府规定的最低小时工资标准。

非全日制用工劳动报酬结算支付周期最长不得超过十五日。

**第八十二条** 用人单位自用工之日起超过一个月不满一年未与劳动者订立书面劳动合同的,应当向劳动者每月支付二倍的工资。

用人单位违反本法规定不与劳动者订立无固定期限劳动合同的,自应当订立无固定期限劳动合同之日起向劳动者每月支付二倍的工资。

**(二)劳动合同的种类**

**第十二条** 劳动合同分为固定期限劳动合同、无固定期限劳动合同和以完成一定工作任务为期限的劳动合同。

**第十四条** 无固定期限劳动合同,是指用人单位与劳动者约定无确定终止时间的劳动合同。

用人单位与劳动者协商一致,可以订立无固定期限劳动合同。有下列情形之一,劳动者提出或者同意续订、订立劳动合同的,除劳动者提出订立固定期限劳动合同

外,应当订立无固定期限劳动合同:

(一)劳动者在该用人单位连续工作满十年的;

(二)用人单位初次实行劳动合同制度或者国有企业改制重新订立劳动合同时,劳动者在该用人单位连续工作满十年且距法定退休年龄不足十年的;

(三)连续订立二次固定期限劳动合同,且劳动者没有本法第三十九条和第四十条第一项、第二项规定的情形,续订劳动合同的。

用人单位自用工之日起满一年不与劳动者订立书面劳动合同的,视为用人单位与劳动者已订立无固定期限劳动合同。

**(三)试用期**

**第十九条** 劳动合同期限三个月以上不满一年的,试用期不得超过一个月;劳动合同期限一年以上不满三年的,试用期不得超过二个月;三年以上固定期限和无固定期限的劳动合同,试用期不得超过六个月。

同一用人单位与同一劳动者只能约定一次试用期。

以完成一定工作任务为期限的劳动合同或者劳动合同期限不满三个月的,不得约定试用期。

试用期包含在劳动合同期限内。劳动合同仅约定试用期的,试用期不成立,该期限为劳动合同期限。

**第二十条** 劳动者在试用期的工资不得低于本单位相同岗位最低档工资或者劳动合同约定工资的百分之八十,并不得低于用人单位所在地的最低工资标准。

**第二十一条** 在试用期中,除劳动者有本法第三十九条和第四十条第一项、第二项规定的情形外,用人单位不得解除劳动合同。用人单位在试用期解除劳动合同的,应当向劳动者说明理由。

**第七十条** 非全日制用工双方当事人不得约定试用期。

**第八十三条** 用人单位违反本法规定与劳动者约定试用期的,由劳动行政部门责令改正;违法约定的试用期已经履行的,由用人单位以劳动者试用期满月工资为标准,按已经履行的超过法定试用期的期间向劳动者支付赔偿金。

**(四)专项培训费用、保密义务与竞业限制**

**第二十二条** 用人单位为劳动者提供专项培训费用,对其进行专业技术培训的,可以与该劳动者订立协议,约定服务期。

劳动者违反服务期约定的,应当按照约定向用人单位支付违约金。违约金的数额不得超过用人单位提供的培训费用。用人单位要求劳动者支付的违约金不得超过服务期尚未履行部分所应分摊的培训费用。

用人单位与劳动者约定服务期的,不影响按照正常的工资调整机制提高劳动者在服务期期间的劳动报酬。

第二十三条　用人单位与劳动者可以在劳动合同中约定保守用人单位的商业秘密和与知识产权相关的保密事项。

对负有保密义务的劳动者，用人单位可以在劳动合同或者保密协议中与劳动者约定竞业限制条款，并约定在解除或者终止劳动合同后，在竞业限制期限内按月给予劳动者经济补偿。劳动者违反竞业限制约定的，应当按照约定向用人单位支付违约金。

第二十四条　竞业限制的人员限于用人单位的高级管理人员、高级技术人员和其他负有保密义务的人员。竞业限制的范围、地域、期限由用人单位与劳动者约定，竞业限制的约定不得违反法律、法规的规定。

在解除或者终止劳动合同后，前款规定的人员到与本单位生产或者经营同类产品、从事同类业务的有竞争关系的其他用人单位，或者自己开业生产或者经营同类产品、从事同类业务的竞业限制期限，不得超过二年。

**（五）劳动者解除劳动合同**

第三十七条　劳动者提前三十日以书面形式通知用人单位，可以解除劳动合同。劳动者在试用期内提前三日通知用人单位，可以解除劳动合同。

第三十八条　用人单位有下列情形之一的，劳动者可以解除劳动合同：

（一）未按照劳动合同约定提供劳动保护或者劳动条件的；

（二）未及时足额支付劳动报酬的；

（三）未依法为劳动者缴纳社会保险费的；

（四）用人单位的规章制度违反法律、法规的规定，损害劳动者权益的；

（五）因本法第二十六条第一款规定的情形致使劳动合同无效的；

（六）法律、行政法规规定劳动者可以解除劳动合同的其他情形。

用人单位以暴力、威胁或者非法限制人身自由的手段强迫劳动者劳动的，或者用人单位违章指挥、强令冒险作业危及劳动者人身安全的，劳动者可以立即解除劳动合同，不需事先告知用人单位。

第七十一条　非全日制用工双方当事人任何一方都可以随时通知对方终止用工。终止用工，用人单位不向劳动者支付经济补偿。

**（六）用人单位单方解除劳动合同**

第三十九条　劳动者有下列情形之一的，用人单位可以解除劳动合同：

（一）在试用期间被证明不符合录用条件的；

（二）严重违反用人单位的规章制度的；

（三）严重失职，营私舞弊，给用人单位造成重大损害的；

（四）劳动者同时与其他用人单位建立劳动关系，对完成本单位的工作任务造成严重影响，或者经用人单位提出，拒不改正的；

（五）因本法第二十六条第一款第一项规定的情形致使劳动合同无效的；

（六）被依法追究刑事责任的。

第四十条　有下列情形之一的，用人单位提前三十日以书面形式通知劳动者本人或者额外支付劳动者一个月工资后，可以解除劳动合同：

（一）劳动者患病或者非因工负伤，在规定的医疗期满后不能从事原工作，也不能从事由用人单位另行安排的工作的；

（二）劳动者不能胜任工作，经过培训或者调整工作岗位，仍不能胜任工作的；

（三）劳动合同订立时所依据的客观情况发生重大变化，致使劳动合同无法履行，经用人单位与劳动者协商，未能就变更劳动合同内容达成协议的。

第四十一条　有下列情形之一，需要裁减人员二十人以上或者裁减不足二十人但占企业职工总数百分之十以上的，用人单位提前三十日向工会或者全体职工说明情况，听取工会或者职工的意见后，裁减人员方案经向劳动行政部门报告，可以裁减人员：

（一）依照企业破产法规定进行重整的；

（二）生产经营发生严重困难的；

（三）企业转产、重大技术革新或者经营方式调整，经变更劳动合同后，仍需裁减人员的；

（四）其他因劳动合同订立时所依据的客观经济情况发生重大变化，致使劳动合同无法履行的。

裁减人员时，应当优先留用下列人员：

（一）与本单位订立较长期限的固定期限劳动合同的；

（二）与本单位订立无固定期限劳动合同的；

（三）家庭无其他就业人员，有需要扶养的老人或者未成年人的。

用人单位依照本条第一款规定裁减人员，在六个月内重新招用人员的，应当通知被裁减的人员，并在同等条件下优先招用被裁减的人员。

第四十二条　劳动者有下列情形之一的，用人单位不得依照本法第四十条、第四十一条的规定解除劳动合同：

（一）从事接触职业病危害作业的劳动者未进行离岗前职业健康检查，或者疑似职业病病人在诊断或者医学观察期间的；

（二）在本单位患职业病或者因工负伤并被确认丧失或者部分丧失劳动能力的；

（三）患病或者非因工负伤，在规定的医疗期内的；

（四）女职工在孕期、产期、哺乳期的；

（五）在本单位连续工作满十五年，且距法定退休年龄不足五年的；

（六）法律、行政法规规定的其他情形。

第四十五条　劳动合同期满，有本法第四十二条规定情形之一的，劳动合同应当续延至相应的情形消失时终止。但是，本法第四十二条第二项规定丧失或者部分丧失劳动能力劳动者的劳动合同的终止，按照国家有关工伤保险的规定执行。

第八十七条　用人单位违反本法规定解除或者终止

劳动合同的,应当依照本法第四十七条规定的经济补偿标准的二倍向劳动者支付赔偿金。

**(七)经济补偿**

第四十六条　有下列情形之一的,用人单位应当向劳动者支付经济补偿:

(一)劳动者依照本法第三十八条规定解除劳动合同的;

(二)用人单位依照本法第三十六条规定向劳动者提出解除劳动合同并与劳动者协商一致解除劳动合同的;

(三)用人单位依照本法第四十条规定解除劳动合同的;

(四)用人单位依照本法第四十一条第一款规定解除劳动合同的;

(五)除用人单位维持或者提高劳动合同约定条件续订劳动合同,劳动者不同意续订的情形外,依照本法第四十四条第一项规定终止固定期限劳动合同的;

(六)依照本法第四十四条第四项、第五项规定终止劳动合同的;

(七)法律、行政法规规定的其他情形。

第四十七条　经济补偿按劳动者在本单位工作的年限,每满一年支付一个月工资的标准向劳动者支付。六个月以上不满一年的,按一年计算;不满六个月的,向劳动者支付半个月工资的经济补偿。

劳动者月工资高于用人单位所在直辖市、设区的市级人民政府公布的本地区上年度职工月平均工资三倍的,向其支付经济补偿的标准按职工月平均工资三倍的数额支付,向其支付经济补偿的年限最高不超过十二年。

本条所称月工资是指劳动者在劳动合同解除或者终止前十二个月的平均工资。

**(八)集体合同**

第五十一条　企业职工一方与用人单位通过平等协商,可以就劳动报酬、工作时间、休息休假、劳动安全卫生、保险福利等事项订立集体合同。集体合同草案应当提交职工代表大会或者全体职工讨论通过。

集体合同由工会代表企业职工一方与用人单位订立;尚未建立工会的用人单位,由上级工会指导劳动者推举的代表与用人单位订立。

第五十四条　集体合同订立后,应当报送劳动行政部门;劳动行政部门自收到集体合同文本之日起十五日内未提出异议的,集体合同即行生效。

依法订立的集体合同对用人单位和劳动者具有约束力。行业性、区域性集体合同对当地本行业、本区域的用人单位和劳动者具有约束力。

第五十五条　集体合同中劳动报酬和劳动条件等标准不得低于当地人民政府规定的最低标准;用人单位与劳动者订立的劳动合同中劳动报酬和劳动条件等标准不得低于集体合同规定的标准。

第五十六条　用人单位违反集体合同,侵犯职工劳动权益的,工会可以依法要求用人单位承担责任;因履行集体合同发生争议,经协商解决不成的,工会可以依法申请仲裁、提起诉讼。

**考点79　劳动派遣**

第五十八条　劳务派遣单位是本法所称用人单位,应当履行用人单位对劳动者的义务。劳务派遣单位与被派遣劳动者订立的劳动合同,除应当载明本法第十七条规定的事项外,还应当载明被派遣劳动者的用工单位以及派遣期限、工作岗位等情况。

劳务派遣单位应当与被派遣劳动者订立二年以上的固定期限劳动合同,按月支付劳动报酬;被派遣劳动者在无工作期间,劳务派遣单位应当按照所在地人民政府规定的最低工资标准,向其按月支付报酬。

第五十九条　劳务派遣单位派遣劳动者应当与接受以劳务派遣形式用工的单位(以下称用工单位)订立劳务派遣协议。劳务派遣协议应当约定派遣岗位和人员数量、派遣期限、劳动报酬和社会保险费的数额与支付方式以及违反协议的责任。

用工单位应当根据工作岗位的实际需要与劳务派遣单位确定派遣期限,不得将连续用工期限分割订立数个短期劳务派遣协议。

第六十条　劳务派遣单位应当将劳务派遣协议的内容告知被派遣劳动者。

劳务派遣单位不得克扣用工单位按照劳务派遣协议支付给被派遣劳动者的劳动报酬。

劳务派遣单位和用工单位不得向被派遣劳动者收取费用。

第六十五条　被派遣劳动者可以依照本法第三十六条、第三十八条的规定与劳务派遣单位解除劳动合同。

被派遣劳动者有本法第三十九条和第四十条第一项、第二项规定情形的,用工单位可以将劳动者退回劳务派遣单位,劳务派遣单位依照本法有关规定,可以与劳动者解除劳动合同。

第六十六条　劳动合同用工是我国的企业基本用工形式。劳务派遣用工是补充形式,只能在临时性、辅助性或者替代性的工作岗位上实施。

前款规定的临时性工作岗位是指存续时间不超过六个月的岗位;辅助性工作岗位是指为主营业务岗位提供服务的非主营业务岗位;替代性工作岗位是指用工单位的劳动者因脱产学习、休假等原因无法工作的一定期间内,可以由其他劳动者替代工作的岗位。

用工单位应当严格控制劳务派遣用工数量,不得超过其用工总量的一定比例,具体比例由国务院劳动行政部门规定。

第六十七条　用人单位不得设立劳务派遣单位向本单位或者所属单位派遣劳动者。

第九十二条　违反本法规定,未经许可,擅自经营劳务派遣业务的,由劳动行政部门责令停止违法行为,没收违法所得,并处违法所得一倍以上五倍以下的罚款;没有违法所得的,可以处五万元以下的罚款。

劳务派遣单位、用工单位违反本法有关劳务派遣规定的,由劳动行政部门责令限期改正;逾期不改正的,以每人五千元以上一万元以下的标准处以罚款,对劳务派遣单位,吊销其劳务派遣业务经营许可证。用工单位给被派遣劳动者造成损害的,劳务派遣单位与用工单位承担连带赔偿责任。

# 专题三十三  劳动法

**考点80** 劳动法

**(一)工时制度**

第三十六条  国家实行劳动者每日工作时间不超过八小时、平均每周工作时间不超过四十四小时的工时制度。

第三十八条  用人单位应当保证劳动者每周至少休息一日。

第四十一条  用人单位由于生产经营需要,经与工会和劳动者协商后可以延长工作时间,一般每日不得超过一小时;因特殊原因需要延长工作时间的,在保障劳动者身体健康的条件下延长工作时间每日不得超过三小时,但是每月不得超过三十六小时。

第四十二条  有下列情形之一的,延长工作时间不受本法第四十一条规定的限制:

(一)发生自然灾害、事故或者因其他原因,威胁劳动者生命健康和财产安全,需要紧急处理的;

(二)生产设备、交通运输线路、公共设施发生故障,影响生产和公众利益,必须及时抢修的;

(三)法律、行政法规规定的其他情形。

第四十四条  有下列情形之一的,用人单位应当按照下列标准支付高于劳动者正常工作时间工资的工资报酬:

(一)安排劳动者延长工作时间的,支付不低于工资的百分之一百五十的工资报酬;

(二)休息日安排劳动者工作又不能安排补休的,支付不低于工资的百分之二百的工资报酬;

(三)法定休假日安排劳动者工作的,支付不低于工资的百分之三百的工资报酬。

**(二)工资与休假制度**

第四十五条  国家实行带薪年休假制度。

劳动者连续工作一年以上的,享受带薪年休假。具体办法由国务院规定。

第四十八条  国家实行最低工资保障制度。最低工资的具体标准由省、自治区、直辖市人民政府规定,报国务院备案。

用人单位支付劳动者的工资不得低于当地最低工资标准。

第五十条  工资应当以货币形式按月支付给劳动者本人。不得克扣或者无故拖欠劳动者的工资。

第五十一条  劳动者在法定休假日和婚丧假期间以及依法参加社会活动期间,用人单位应当依法支付工资。

**(三)女职工和未成年工特殊保护**

第五十九条  禁止安排女职工从事矿山井下、国家规定的第四级体力劳动强度的劳动和其他禁忌从事的劳动。

第六十条  不得安排女职工在经期从事高处、低温、冷水作业和国家规定的第三级体力劳动强度的劳动。

第六十一条  不得安排女职工在怀孕期间从事国家规定的第三级体力劳动强度的劳动和孕期禁忌从事的劳动。对怀孕七个月以上的女职工,不得安排其延长工作时间和夜班劳动。

第六十二条  女职工生育享受不少于九十天的产假。

第六十三条  不得安排女职工在哺乳未满一周岁的婴儿期间从事国家规定的第三级体力劳动强度的劳动和哺乳期禁忌从事的其他劳动,不得安排其延长工作时间和夜班劳动。

第六十四条  不得安排未成年工从事矿山井下、有毒有害、国家规定的第四级体力劳动强度的劳动和其他禁忌从事的劳动。

《劳动法》

第五十三条  劳动安全卫生设施必须符合国家规定的标准。

新建、改建、扩建工程的劳动安全卫生设施必须与主体工程同时设计、同时施工、同时投入生产和使用。

第五十四条  用人单位必须为劳动者提供符合国家规定的劳动安全卫生条件和必要的劳动防护用品,对从事有职业危害作业的劳动者应当定期进行健康检查。

第五十五条  从事特种作业的劳动者必须经过专门培训并取得特种作业资格。

# 专题三十四  劳动争议调解仲裁法

**考点81** 劳动争议调解仲裁法

**(一)劳动争议的解决方式**

第二条  中华人民共和国境内的用人单位与劳动者发生的下列劳动争议,适用本法:

(一)因确认劳动关系发生的争议;

(二)因订立、履行、变更、解除和终止劳动合同发生的争议;

(三)因除名、辞退和辞职、离职发生的争议;

(四)因工作时间、休息休假、社会保险、福利、培训以及劳动保护发生的争议;

(五)因劳动报酬、工伤医疗费、经济补偿或者赔偿金等发生的争议;

(六)法律、法规规定的其他劳动争议。

第五条  发生劳动争议,当事人不愿协商、协商不成或者达成和解协议后不履行的,可以向调解组织申请调解;不愿调解、调解不成或者达成调解协议后不履行的,可以向劳动争议仲裁委员会申请仲裁;对仲裁裁决不服的,除本法另有规定的外,可以向人民法院提起诉讼。

**(二)调解**

第十条  发生劳动争议,当事人可以到下列调解组织申请调解:

(一)企业劳动争议调解委员会;

(二)依法设立的基层人民调解组织;

（三）在乡镇、街道设立的具有劳动争议调解职能的组织。

企业劳动争议调解委员会由职工代表和企业代表组成。职工代表由工会成员担任或者由全体职工推举产生，企业代表由企业负责人指定。企业劳动争议调解委员会主任由工会成员或者双方推举的人员担任。

**第十四条** 经调解达成协议的，应当制作调解协议书。

调解协议书由双方当事人签名或者盖章，经调解员签名并加盖调解组织印章后生效，对双方当事人具有约束力，当事人应当履行。

自劳动争议调解组织收到调解申请之日起十五日内未达成调解协议的，当事人可以依法申请仲裁。

**（三）仲裁**

**第二十条** 劳动争议仲裁委员会应当设仲裁员名册。

仲裁员应当公道正派并符合下列条件之一：

（一）曾任审判员的；

（二）从事法律研究、教学工作并具有中级以上职称的；

（三）具有法律知识、从事人力资源管理或者工会等专业工作满五年的；

（四）律师执业满三年的。

**第二十一条** 劳动争议仲裁委员会负责管辖本区域内发生的劳动争议。

劳动争议由劳动合同履行地或者用人单位所在地的劳动争议仲裁委员会管辖。双方当事人分别向劳动合同履行地和用人单位所在地的劳动争议仲裁委员会申请仲裁的，由劳动合同履行地的劳动争议仲裁委员会管辖。

**第二十二条** 发生劳动争议的劳动者和用人单位为劳动争议仲裁案件的双方当事人。

劳务派遣单位或者用工单位与劳动者发生劳动争议的，劳务派遣单位和用工单位为共同当事人。

**第二十七条** 劳动争议申请仲裁的时效期间为一年。仲裁时效期间从当事人知道或者应当知道其权利被侵害之日起计算。

前款规定的仲裁时效，因当事人一方向对方当事人主张权利，或者向有关部门请求权利救济，或者对方当事人同意履行义务而中断。从中断时起，仲裁时效期间重新计算。

因不可抗力或者有其他正当理由，当事人不能在本条第一款规定的仲裁时效期间申请仲裁的，仲裁时效中止。从中止时效的原因消除之日起，仲裁时效期间继续计算。

劳动关系存续期间因拖欠劳动报酬发生争议的，劳动者申请仲裁不受本条第一款规定的仲裁时效期间的限制；但是，劳动关系终止的，应当自劳动关系终止之日起一年内提出。

**第二十八条第三款** 书写仲裁申请确有困难的，可以口头申请，由劳动争议仲裁委员会记入笔录，并告知对方当事人。

**第四十七条** 下列劳动争议，除本法另有规定的外，仲裁裁决为终局裁决，裁决书自作出之日起发生法律效力：

（一）追索劳动报酬、工伤医疗费、经济补偿或者赔偿金，不超过当地月最低工资标准十二个月金额的争议；

（二）因执行国家的劳动标准在工作时间、休息休假、社会保险等方面发生的争议。

**第四十八条** 劳动者对本法第四十七条规定的仲裁裁决不服的，可以自收到仲裁裁决书之日起十五日内向人民法院提起诉讼。

**第五十一条** 当事人对发生法律效力的调解书、裁决书，应当依照规定的期限履行。一方当事人逾期不履行的，另一方当事人可以依照民事诉讼法的有关规定向人民法院申请执行。受理申请的人民法院应当依法执行。

# 专题三十五　社会保险法

**考点82** 社会保险法

**（一）基本养老保险**

**第十条** 职工应当参加基本养老保险，由用人单位和职工共同缴纳基本养老保险费。

无雇工的个体工商户、未在用人单位参加基本养老保险的非全日制从业人员以及其他灵活就业人员可以参加基本养老保险，由个人缴纳基本养老保险费。

公务员和参照公务员法管理的工作人员养老保险的办法由国务院规定。

**第十二条** 用人单位应当按照国家规定的本单位职工工资总额的比例缴纳基本养老保险费，记入基本养老保险统筹基金。

职工应当按照国家规定的本人工资的比例缴纳基本养老保险费，记入个人账户。

无雇工的个体工商户、未在用人单位参加基本养老保险的非全日制从业人员以及其他灵活就业人员参加基本养老保险的，应当按照国家规定缴纳基本养老保险费，分别记入基本养老保险统筹基金和个人账户。

**第十四条** 个人账户不得提前支取，记账利率不得低于银行定期存款利率，免征利息税。个人死亡的，个人账户余额可以继承。

**第十六条** 参加基本养老保险的个人，达到法定退休年龄时累计缴费满十五年的，按月领取基本养老金。

参加基本养老保险的个人，达到法定退休年龄时累计缴费不足十五年的，可以缴费至满十五年，按月领取基本养老金；也可以转入新型农村社会养老保险或者城镇居民社会养老保险，按照国务院规定享受相应的养老保险待遇。

**第十九条** 个人跨统筹地区就业的，其基本养老保险关系随本人转移，缴费年限累计计算。个人达到法定退休年龄时，基本养老金分段计算、统一支付。具体办法由国务院规定。

**第二十条** 国家建立和完善新型农村社会养老保险制度。

新型农村社会养老保险实行个人缴费、集体补助和政府补贴相结合。

**(二)基本医疗保险**

**第二十三条** 职工应当参加职工基本医疗保险,由用人单位和职工按照国家规定共同缴纳基本医疗保险费。

无雇工的个体工商户、未在用人单位参加职工基本医疗保险的非全日制从业人员以及其他灵活就业人员可以参加职工基本医疗保险,由个人按照国家规定缴纳基本医疗保险费。

**第三十条** 下列医疗费用不纳入基本医疗保险基金支付范围:

(一)应当从工伤保险基金中支付的;

(二)应当由第三人负担的;

(三)应当由公共卫生负担的;

(四)在境外就医的。

医疗费用依法应当由第三人负担,第三人不支付或者无法确定第三人的,由基本医疗保险基金先行支付。基本医疗保险基金先行支付后,有权向第三人追偿。

**第三十二条** 个人跨统筹地区就业的,其基本医疗保险关系随本人转移,缴费年限累计计算。

**(三)工伤保险**

**第三十三条** 职工应当参加工伤保险,由用人单位缴纳工伤保险费,职工不缴纳工伤保险费。

**第三十七条** 职工因下列情形之一导致本人在工作中伤亡的,不认定为工伤:

(一)故意犯罪;

(二)醉酒或者吸毒;

(三)自残或者自杀;

(四)法律、行政法规规定的其他情形。

**第三十九条** 因工伤发生的下列费用,按照国家规定由用人单位支付:

(一)治疗工伤期间的工资福利;

(二)五级、六级伤残职工按月领取的伤残津贴;

(三)终止或者解除劳动合同时,应当享受的一次性伤残就业补助金。

**第四十一条** 职工所在用人单位未依法缴纳工伤保险费,发生工伤事故的,由用人单位支付工伤保险待遇。用人单位不支付的,从工伤保险基金中先行支付。

从工伤保险基金中先行支付的工伤保险待遇应当由用人单位偿还。用人单位不偿还的,社会保险经办机构可以依照本法第六十三条的规定追偿。

**第四十二条** 由于第三人的原因造成工伤,第三人不支付工伤医疗费用或者无法确定第三人的,由工伤保险基金先行支付。工伤保险基金先行支付后,有权向第三人追偿。

**第四十三条** 工伤职工有下列情形之一的,停止享受工伤保险待遇:

(一)丧失享受待遇条件的;

(二)拒不接受劳动能力鉴定的;

(三)拒绝治疗的。

**(四)失业保险**

**第四十四条** 职工应当参加失业保险,由用人单位和职工按照国家规定共同缴纳失业保险费。

**第四十五条** 失业人员符合下列条件的,从失业保险基金中领取失业保险金:

(一)失业前用人单位和本人已经缴纳失业保险费满一年的;

(二)非因本人意愿中断就业的;

(三)已经进行失业登记,并有求职要求的。

**第四十六条** 失业人员失业前用人单位和本人累计缴费满一年不足五年的,领取失业保险金的期限最长为十二个月;累计缴费满五年不足十年的,领取失业保险金的期限最长为十八个月;累计缴费十年以上的,领取失业保险金的期限最长为二十四个月。重新就业后,再次失业的,缴费时间重新计算,领取失业保险金的期限与前次失业应当领取而尚未领取的失业保险金的期限合并计算,最长不超过二十四个月。

**第四十八条** 失业人员在领取失业保险金期间,参加职工基本医疗保险,享受基本医疗保险待遇。

失业人员应当缴纳的基本医疗保险费从失业保险基金中支付,个人不缴纳基本医疗保险费。

**第五十一条** 失业人员在领取失业保险金期间有下列情形之一的,停止领取失业保险金,并同时停止享受其他失业保险待遇:

(一)重新就业的;

(二)应征服兵役的;

(三)移居境外的;

(四)享受基本养老保险待遇的;

(五)无正当理由,拒不接受当地人民政府指定部门或者机构介绍的适当工作或者提供的培训的。

**第五十二条** 职工跨统筹地区就业的,其失业保险关系随本人转移,缴费年限累计计算。

**(五)生育保险**

**第五十三条** 职工应当参加生育保险,由用人单位按照国家规定缴纳生育保险费,职工不缴纳生育保险费。

**(六)社会保险基金**

**第六十四条** 社会保险基金包括基本养老保险基金、基本医疗保险基金、工伤保险基金、失业保险基金和生育保险基金。除基本医疗保险基金与生育保险基金合并建账及核算外,其他各项社会保险基金按照社会保险险种分别建账,分账核算。社会保险基金执行国家统一的会计制度。

社会保险基金专款专用,任何组织和个人不得侵占或者挪用。

基本养老保险基金逐步实行全国统筹,其他社会保险基金逐步实行省级统筹,具体时间、步骤由国务院规定。

**(七)社会保险监督**

**第八十三条** 用人单位或者个人认为社会保险费征收机构的行为侵害自己合法权益的,可以依法申请行政复议或者提起行政诉讼。

用人单位或者个人对社会保险经办机构不依法办理社会保险登记、核定社会保险费、支付社会保险待遇、办理社会保险转移接续手续或者侵害其他社会保险权益的行为，可以依法申请行政复议或者提起行政诉讼。

个人与所在用人单位发生社会保险争议的，可以依法申请调解、仲裁，提起诉讼。用人单位侵害个人社会保险权益的，个人也可以要求社会保险行政部门或者社会保险费征收机构依法处理。

# 专题三十六　军人保险法

**考点83** 军人保险法

**(一)军人伤亡保险**

**第七条**　军人因战、因公死亡的，按照认定的死亡性质和相应的保险金标准，给付军人死亡保险金。

**第八条**　军人因战、因公、因病致残的，按照评定的残疾等级和相应的保险金标准，给付军人残疾保险金。

**第十条**　军人因下列情形之一死亡或者致残的，不享受军人伤亡保险待遇：

(一)故意犯罪的；

(二)醉酒或者吸毒的；

(三)自残或者自杀的；

(四)法律、行政法规和军事法规规定的其他情形。

**第十一条**　已经评定残疾等级的因战、因公致残的军人退出现役参加工作后旧伤复发的，依法享受相应的工伤待遇。

**第十二条**　军人伤亡保险所需资金由国家承担，个人不缴纳保险费。

**(二)退役医疗保险**

**第二十条**　参加军人退役医疗保险的军官、文职干部和士官应当缴纳军人退役医疗保险费，国家按照个人缴纳的军人退役医疗保险费的同等数额给予补助。

义务兵和供给制学员不缴纳军人退役医疗保险费，国家按照规定的标准给予军人退役医疗保险补助。

**第二十三条**　军人退出现役后参加职工基本医疗保险的，由军队后勤(联勤)机关财务部门将军人退役医疗保险关系和相应资金转入地方社会保险经办机构，地方社会保险经办机构办理相应的转移接续手续。

军人服现役年限视同职工基本医疗保险缴费年限，与入伍前和退出现役后参加职工基本医疗保险的缴费年限合并计算。

**(三)随军未就业的军人配偶保险**

**第二十五条**　国家为随军未就业的军人配偶建立养老保险、医疗保险等。随军未就业的军人配偶参加保险，应当缴纳养老保险费和医疗保险费，国家给予相应的补助。

随军未就业的军人配偶保险个人缴费标准和国家补助标准，按照国家有关规定执行。

**(四)军人保险基金**

**第三十条**　军人保险基金包括军人伤亡保险基金、军人退役养老保险基金、军人退役医疗保险基金和随军未就业的军人配偶保险基金。各项军人保险基金按照军人保险险种分别建账，分账核算，执行军队的会计制度。

**第三十一条**　军人保险基金由个人缴费、中央财政负担的军人保险资金以及利息收入等资金构成。

**第三十二条**　军人应当缴纳的保险费，由其所在单位代扣代缴。

随军未就业的军人配偶应当缴纳的保险费，由军人所在单位代扣代缴。

# 知识产权法 [考点法条]

## 专题三十七　著作权

### 考点84 著作权法

#### (一)著作权的内容

**第十条　[著作权的内容]** 著作权包括下列人身权和财产权:

(一)发表权,即决定作品是否公之于众的权利;

(二)署名权,即表明作者身份,在作品上署名的权利;

(三)修改权,即修改或者授权他人修改作品的权利;

(四)保护作品完整权,即保护作品不受歪曲、篡改的权利;

(五)复制权,即以印刷、复印、拓印、录音、录像、翻录、翻拍、数字化等方式将作品制作一份或者多份的权利;

(六)发行权,即以出售或者赠与方式向公众提供作品的原件或者复制件的权利;

(七)出租权,即有偿许可他人临时使用视听作品、计算机软件的原件或者复制件的权利,计算机软件不是出租的主要标的的除外;

(八)展览权,即公开陈列美术作品、摄影作品的原件或者复制件的权利;

(九)表演权,即公开表演作品,以及用各种手段公开播送作品的表演的权利;

(十)放映权,即通过放映机、幻灯机等技术设备公开再现美术、摄影、视听作品等的权利;

(十一)广播权,即以有线或者无线方式公开传播或者转播作品,以及通过扩音器或者其他传送符号、声音、图像的类似工具向公众传播广播的作品的权利,但不包括本款第十二项规定的权利;

(十二)信息网络传播权,即以有线或者无线方式向公众提供,使公众可以在其选定的时间和地点获得作品的权利;

(十三)摄制权,即以摄制视听作品的方法将作品固定在载体上的权利;

(十四)改编权,即改变作品,创作出具有独创性的新作品的权利;

(十五)翻译权,即将作品从一种语言文字转换成另一种语言文字的权利;

(十六)汇编权,即将作品或者作品的片段通过选择或者编排,汇集成新作品的权利;

(十七)应当由著作权人享有的其他权利。

著作权人可以许可他人行使前款第五项至第十七项规定的权利,并依照约定或者本法有关规定获得报酬。

著作权人可以全部或者部分转让本条第一款第五项至第十七项规定的权利,并依照约定或者本法有关规定获得报酬。

#### (二)著作权的归属

**1 第十四条　[合作作品的著作权]** 两人以上合作创作的作品,著作权由合作作者共同享有。没有参加创作的人,不能成为合作作者。

合作作品的著作权由合作作者通过协商一致行使;不能协商一致,又无正当理由的,任何一方不得阻止他方行使除转让、许可他人专有使用、出质以外的其他权利,但是所得收益应当合理分配给所有合作作者。

合作作品可以分割使用的,作者对各自创作的部分可以单独享有著作权,但行使著作权时不得侵犯合作作品整体的著作权。

**《著作权法实施条例》**

第九条　合作作品不可以分割使用的,其著作权由各合作作者共同享有,通过协商一致行使;不能协商一致,又无正当理由的,任何一方不得阻止他方行使除转让以外的其他权利,但是所得收益应当合理分配给所有合作作者。

第十四条　合作作者之一死亡后,其对合作作品享有的著作权法第十条第一款第(五)项至第(十七)项规定的权利无人继承又无人受遗赠的,由其他合作作者享有。

**2 第十五条　[汇编作品的著作权]** 汇编若干作品、作品的片段或者不构成作品的数据或者其他材料,对其内容的选择或者编排体现独创性的作品,为汇编作品,其著作权由汇编人享有,但行使著作权时,不得侵犯原作品的著作权。

**第十六条　[演绎作品、汇编作品的使用]** 使用改编、翻译、注释、整理、汇编已有作品而产生的作品进行出版、演出和制作录音录像制品,应当取得该作品的著作权人和原作品的著作权人许可,并支付报酬。

**3 第十七条　[电影作品的著作权]** 视听作品中的电影作品、电视剧作品的著作权由制作者享有,但编剧、导演、摄影、作词、作曲等作者享有署名权,并有权按照与制作者签订的合同获得报酬。

前款规定以外的视听作品的著作权归属由当事人约定;没有约定或者约定不明确的,由制作者享有,但作者享有署名权和获得报酬的权利。

视听作品中的剧本、音乐等可以单独使用的作品的作者有权单独行使其著作权。

**4 第十八条　[职务作品的著作权]** 自然人为完成法人或者非法人组织工作任务所创作的作品是职务作品,除本条第二款的规定以外,著作权由作者享有,但法人或者非法人组织有权在其业务范围内优先使用。作品完成两年内,未经单位同意,作者不得许可第三人以与单位使用的相同方式使用该作品。

有下列情形之一的职务作品,作者享有署名权,著作权的其他权利由法人或者非法人组织享有,法人或者非法人组织可以给予作者奖励:

(一)主要是利用法人或者非法人组织的物质技术条件创作,并由法人或者非法人组织承担责任的工程设计图、产品设计图、地图、示意图、计算机软件等职务作品;

(二)报社、期刊社、通讯社、广播电台、电视台的工作人员创作的职务作品;

(三)法律、行政法规规定或者合同约定著作权由法人或者非法人组织享有的职务作品。

《著作权法实施条例》

第十一条 著作权法第十六条第一款关于职务作品的规定中的"工作任务",是指公民在该法人或者该组织中应当履行的职责。

著作权法第十六条第二款关于职务作品的规定中的"物质技术条件",是指该法人或者该组织为公民完成创作专门提供的资金、设备或者资料。

第十二条 职务作品完成两年内,经单位同意,作者许可第三人以与单位使用的相同方式使用作品所获报酬,由作者与单位按约定的比例分配。

作品完成两年的期限,自作者向单位交付作品之日起计算。

**⑤ 第十九条 [委托作品的著作权]**受委托创作的作品,著作权的归属由委托人和受托人通过合同约定。合同未作明确约定或者没有订立合同的,著作权属于受托人。

**⑥ 第二十条 [美术作品的著作权]**作品原件所有权的转移,不改变作品著作权的归属,但美术、摄影作品原件的展览权由原件所有人享有。

作者将未发表的美术、摄影作品的原件所有权转让给他人,受让人展览该原件不构成对作者发表权的侵犯。

**⑦ 第二十一条 [著作权的继承]**著作权属于自然人的,自然人死亡后,其本法第十条第一款第五项至第十七项规定的权利在本法规定的保护期内,依法转移。

著作权属于法人或者非法人组织的,法人或者非法人组织变更、终止后,其本法第十条第一款第五项至第十七项规定的权利在本法规定的保护期内,由承受其权利义务的法人或者非法人组织享有;没有承受其权利义务的法人或者非法人组织的,由国家享有。

**(三)著作权的保护期限**

**第二十二条 [署名权、修改权、保护作品完整权的保护期]**作者的署名权、修改权、保护作品完整权的保护期不受限制。

**第二十三条 [发表权、财产权利的保护期]**自然人的作品,其发表权、本法第十条第一款第五项至第十七项规定的权利的保护期为作者终生及其死亡后五十年,截止于作者死亡后第五十年的12月31日;如果是合作作品,截止于最后死亡的作者死亡后第五十年的12月31日。

法人或者非法人组织的作品、著作权(署名权除外)由法人或者非法人组织享有的职务作品,其发表权的保护期为五十年,截止于作品创作完成后第五十年的12月31日;本法第十条第一款第五项至第十七项规定的权利的保护期为五十年,截止于作品首次发表后第五十年的12月31日,但作品自创作完成后五十年内未发表的,本法不再保护。

视听作品,其发表权的保护期为五十年,截止于作品创作完成后第五十年的12月31日;本法第十条第一款第五项至第十七项规定的权利的保护期为五十年,截止于作品首次发表后第五十年的12月31日,但作品自创作完成后五十年内未发表的,本法不再保护。

《著作权法实施条例》

第十七条 作者生前未发表的作品,如果作者未明确表示不发表,作者死亡后50年内,其发表权可由继承人或者受遗赠人行使;没有继承人又无人受遗赠的,由作品原件的所有人行使。

**(四)著作权的合理使用**

**第二十四条 [合理使用]**在下列情况下使用作品,可以不经著作权人许可,不向其支付报酬,但应当指明作者姓名或者名称、作品名称,并且不得影响该作品的正常使用,也不得不合理地损害著作权人的合法权益:

(一)为个人学习、研究或者欣赏,使用他人已经发表的作品;

(二)为介绍、评论某一作品或者说明某一问题,在作品中适当引用他人已经发表的作品;

(三)为报道新闻,在报纸、期刊、广播电台、电视台等媒体中不可避免地再现或者引用已经发表的作品;

(四)报纸、期刊、广播电台、电视台等媒体刊登或者播放其他报纸、期刊、广播电台、电视台等媒体已经发表的关于政治、经济、宗教问题的时事性文章,但著作权人声明不许刊登、播放的除外;

(五)报纸、期刊、广播电台、电视台等媒体刊登或者播放在公众集会上发表的讲话,但作者声明不许刊登、播放的除外;

(六)为学校课堂教学或者科学研究,翻译、改编、汇编、播放或者少量复制已经发表的作品,供教学或者科研人员使用,但不得出版发行;

(七)国家机关为执行公务在合理范围内使用已经发表的作品;

(八)图书馆、档案馆、纪念馆、博物馆、美术馆、文化馆等为陈列或者保存版本的需要,复制本馆收藏的作品;

(九)免费表演已经发表的作品,该表演未向公众收取费用,也未向表演者支付报酬,且不以营利为目的;

(十)对设置或者陈列在公共场所的艺术作品进行临摹、绘画、摄影、录像;

(十一)将中国公民、法人或者非法人组织已经发表的以国家通用语言文字创作的作品翻译成少数民族语言文字作品在国内出版发行;

(十二)以阅读障碍者能够感知的无障碍方式向其提供已经发表的作品;

（十三）法律、行政法规规定的其他情形。

前款规定适用于对与著作权有关的权利的限制。

**《著作权法实施条例》**

第十九条　使用他人作品的，应当指明作者姓名、作品名称；但是，当事人另有约定或者由于作品使用方式的特性无法指明的除外。

第二十条　著作权法所称已经发表的作品，是指著作权人自行或者许可他人公之于众的作品。

第二十一条　依照著作权法有关规定，使用可以不经著作权人许可的已经发表的作品的，不得影响该作品的正常使用，也不得不合理地损害著作权人的合法利益。

**（五）著作权的法定许可使用**

第二十五条　[法定许可使用]为实施义务教育和国家教育规划而编写出版教科书，可以不经著作权人许可，在教科书中汇编已经发表的作品片段或者短小的文字作品、音乐作品或者单幅的美术作品、摄影作品、图形作品，但应当按照规定向著作权人支付报酬，指明作者姓名或者名称、作品名称，并且不得侵犯著作权人依照本法享有的其他权利。

前款规定适用于对与著作权有关的权利的限制。

**《著作权法实施条例》**

第二十二条　依照著作权法第二十三条、第三十三条第二款、第四十条第三款的规定使用作品的付酬标准，由国务院著作权行政管理部门会同国务院价格主管部门制定、公布。

第二十六条　著作权法和本条例所称与著作权有关的权益，是指出版者对其出版的图书和期刊的版式设计享有的权利，表演者对其表演享有的权利，录音录像制作者对其制作的录音录像制品享有的权利，广播电台、电视台对其播放的广播、电视节目享有的权利。

第三十二条　依照著作权法第二十三条、第三十三条第二款、第四十条第三款的规定，使用他人作品的，应当自使用该作品之日起2个月内向著作权人支付报酬。

**（六）与著作权有关的权利**

（1）表演者

第三十八条　[表演者的义务]使用他人作品演出，表演者应当取得著作权人许可，并支付报酬。演出组织者组织演出，由该组织者取得著作权人许可，并支付报酬。

第三十九条　[表演者的权利]表演者对其表演享有下列权利：

（一）表明表演者身份；

（二）保护表演形象不受歪曲；

（三）许可他人从现场直播和公开传送其现场表演，并获得报酬；

（四）许可他人录音录像，并获得报酬；

（五）许可他人复制、发行、出租录有其表演的录音录像制品，并获得报酬；

（六）许可他人通过信息网络向公众传播其表演，并获得报酬。

被许可人以前款第三项至第六项规定的方式使用作品，还应当取得著作权人许可，并支付报酬。

第四十条　[职务表演的权利归属]演员为完成本演出单位的演出任务进行的表演为职务表演，演员享有表明身份和保护表演形象不受歪曲的权利，其他权利归属由当事人约定。当事人没有约定或者约定不明确的，职务表演的权利由演出单位享有。

职务表演的权利由演员享有的，演出单位可以在其业务范围内免费使用该表演。

第四十一条　[表演者权利的保护期]本法第三十九条第一款第一项、第二项规定的权利的保护期不受限制。

本法第三十九条第一款第三项至第六项规定的权利的保护期为五十年，截止于该表演发生后第五十年的12月31日。

（2）录音录像制作者

第四十二条　[录音录像制作者的义务]录音录像制作者使用他人作品制作录音录像制品，应当取得著作权人许可，并支付报酬。

录音制作者使用他人已经合法录制为录音制品的音乐作品制作录音制品，可以不经著作权人许可，但应当按照规定支付报酬；著作权人声明不许使用的不得使用。

第四十三条　[录音录像制作者的义务]录音录像制作者制作录音录像制品，应当同表演者订立合同，并支付报酬。

第四十四条　[录音录像制作者的权利及被许可人的义务]录音录像制作者对其制作的录音录像制品，享有许可他人复制、发行、出租、通过信息网络向公众传播并获得报酬的权利；权利的保护期为五十年，截止于该制品首次制作完成后第五十年的12月31日。

被许可人复制、发行、通过信息网络向公众传播录音录像制品，应当同时取得著作权人、表演者许可，并支付报酬；被许可人出租录音录像制品，还应当取得表演者许可，并支付报酬。

第四十五条　[录音制作者广播及公开表演获酬权]将录音制品用于有线或者无线公开传播，或者通过传送声音的技术设备向公众公开播送的，应当向录音制作者支付报酬。

（3）广播电台、电视台

第四十六条　[未发表及已发表作品的播放]广播电台、电视台播放他人未发表的作品，应当取得著作权人许可，并支付报酬。

广播电台、电视台播放他人已发表的作品，可以不经著作权人许可，但应当按照规定支付报酬。

第四十七条　[广播电台、电视台的权利]广播电台、电视台有权禁止未经其许可的下列行为：

（一）将其播放的广播、电视以有线或者无线方式转播；

（二）将其播放的广播、电视录制以及复制；

（三）将其播放的广播、电视通过信息网络向公众传播。

广播电台、电视台行使前款规定的权利，不得影响、限制或者侵害他人行使著作权或者与著作权有关的权利。

本条第一款规定的权利的保护期为<u>五十年</u>,截止于该广播、电视首次播放后第五十年的12月31日。

**第四十八条** **[他人电影作品、录像作品的播放]**电视台播放他人的视听作品、录像制品,应当取得视听作品著作权人或者录像制作者许可,并支付报酬;播放他人的录像制品,还应当取得著作权人许可,并支付报酬。

# 专题三十八　专利权

**考点85 专利法**

**(一)授予专利的条件**

**第二十二条** **[发明和实用新型的专利权授予条件]**授予专利权的发明和实用新型,应当具备新颖性、创造性和实用性。

新颖性,是指该发明或者实用新型不属于现有技术;也没有任何单位或者个人就同样的发明或者实用新型在申请日以前向国务院专利行政部门提出过申请,并记载在申请日以后公布的专利申请文件或者公告的专利文件中。

创造性,是指与现有技术相比,该发明具有突出的实质性特点和显著的进步,该实用新型具有实质性特点和进步。

实用性,是指该发明或者实用新型能够制造或者使用,并且能够产生积极效果。

本法所称现有技术,是指申请日以前在国内外为公众所知的技术。

**第二十三条** **[外观设计专利权的授予条件]**授予专利权的外观设计,应当不属于现有设计;也没有任何单位或者个人就同样的外观设计在申请日以前向国务院专利行政部门提出过申请,并记载在申请日以后公告的专利文件中。

授予专利权的外观设计与现有设计或者现有设计特征的组合相比,应当具有明显区别。

授予专利权的外观设计不得与他人在申请日以前已经取得的合法权利相冲突。

本法所称现有设计,是指申请日以前在国内外为公众所知的设计。

**第二十四条** **[不丧失新颖性的特殊规定]**申请专利的发明创造在申请日以前六个月内,有下列情形之一的,不丧失新颖性:

(一)在国家出现紧急状态或者非常情况时,为公共利益目的首次公开的;

(二)在中国政府主办或者承认的国际展览会上首次展出的;

(三)在规定的学术会议或者技术会议上首次发表的;

(四)他人未经申请人同意而泄露其内容的。

**《专利法》**

**第五条** **[不授予专利权]**对违反法律、社会公德或者妨害公共利益的发明创造,不授予专利权。

对违反法律、行政法规的规定获取或者利用遗传资源,并依赖该遗传资源完成的发明创造,不授予专利权。

**第二十五条** **[不授予专利的情形]**对下列各项,不授予专利权:

(一)科学发现;

(二)智力活动的规则和方法;

(三)疾病的诊断和治疗方法;

(四)动物和植物品种;

(五)原子核变换方法以及用原子核变换方法获得的物质;

(六)对平面印刷品的图案、色彩或者二者的结合作出的主要起标识作用的设计。

对前款第(四)项所列产品的生产方法,可以依照本法规定授予专利权。

**(二)专利的申请**

**第二十八条** **[申请日]**国务院专利行政部门收到专利申请文件之日为申请日。如果申请文件是邮寄的,以寄出的邮戳日为申请日。

**第二十九条** **[优先权]**申请人自发明或实用新型在外国第一次提出专利申请之日起十二个月内,或者自外观设计在外国第一次提出专利申请之日起六个月内,又在中国就相同主题提出专利申请的,依照该外国同中国签订的协议或者共同参加的国际条约,或者依照相互承认优先权的原则,可以享有优先权。

申请人自发明或者实用新型在中国第一次提出专利申请之日起十二个月内,或者自外观设计在中国第一次提出专利申请之日起六个月内,又向国务院专利行政部门就相同主题提出专利申请的,可以享有优先权。

**第三十条** **[专利数量的确定]**申请人要求发明、实用新型专利优先权的,应当在申请的时候提出书面声明,并且在第一次提出申请之日起十六个月内,提交第一次提出的专利申请文件的副本。

申请人要求外观设计专利优先权的,应当在申请的时候提出书面声明,并且在三个月内提交第一次提出的专利申请文件的副本。

申请人未提出书面声明或者逾期未提交专利申请文件副本的,视为未要求优先权。

**第三十一条** **[专利数量的确定]**一件发明或者实用新型专利申请应当限于一项发明或者实用新型。属于一个总的发明构思的两项以上的发明或者实用新型,可以作为一件申请提出。

一件外观设计专利申请应当限于一项外观设计。同一产品两项以上的相似外观设计,或者用于同一类别并且成套出售或者使用的产品的两项以上外观设计,可以作为一件申请提出。

**第三十二条** **[专利申请的撤回]**申请人可以在被授予专利权之前随时撤回其专利申请。

**《专利法实施细则》**

**第三十九条** 依照专利法第三十一条第一款规定,可以作为一件专利申请提出的属于一个总的发明构思的两项以上的发明或者实用新型,应当在技术上相互关联,包含一个或者多个相同或者相应的特定技术特征,其中特定技术特征是指每一项发明或者实用新型作为整体,对现有技术作出贡献的技术特征。

第四十条 依照专利法第三十一条第二款规定,将同一产品的多项相似外观设计作为一件申请提出的,对该产品的其他设计应当与简要说明中指定的基本设计相似。一件外观设计专利申请中的相似外观设计不得超过10项。

专利法第三十一条第二款所称同一类别并且成套出售或者使用的产品的两项以上外观设计,是指各产品属于分类表中同一大类,习惯上同时出售或者同时使用,而且各产品的外观设计具有相同的设计构思。

将两项以上外观设计作为一件申请提出的,应当将各项外观设计的顺序编号标注在每件外观设计产品各幅图片或者照片的名称之前。

### (三)专利申请的审查和批准

**第三十四条** [初步审查的公布]国务院专利行政部门收到发明专利申请后,经初步审查认为符合本法要求的,自申请日起满十八个月,即行公布。国务院专利行政部门可以根据申请人的请求早日公布其申请。

**第三十五条** [实质审查]发明专利申请自申请日起三年内,国务院专利行政部门可以根据申请人随时提出的请求,对其申请进行实质审查;申请人无正当理由逾期不请求实质审查的,该申请即被视为撤回。

国务院专利行政部门认为必要的时候,可以自行对发明专利申请进行实质审查。

### (四)专利权的期限与宣告无效

(1)期限

**第四十二条** [专利权的期限]发明专利权的期限为二十年,实用新型专利权的期限为十年,外观设计专利权的期限为十五年,均自申请日起计算。

自发明专利申请日起满四年,且自实质审查请求之日起满三年后授予发明专利权的,国务院专利行政部门应专利权人的请求,就发明专利在授权过程中的不合理延迟给予专利权期限补偿,但由申请人引起的不合理延迟除外。

为补偿新药上市审评审批占用的时间,对在中国获得上市许可的新药相关发明专利,国务院专利行政部门应专利权人的请求给予专利权期限补偿。补偿期限不超过五年,新药批准上市后总有效专利权期限不超过十四年。

(2)宣告无效

**第四十五条** [专利权异议]自国务院专利行政部门公告授予专利权之日起,<u>任何单位或者个人</u>认为该专利权的授予不符合本法有关规定的,可以请求<u>国务院专利行政部门</u>宣告该专利权无效。

**第四十六条** [异议的审查]国务院专利行政部门对宣告专利权无效的请求应当及时审查和作出决定,并通知请求人和专利权人。宣告专利权无效的决定,由国务院专利行政部门登记和公告。

对国务院专利行政部门宣告专利权无效或者维持专利权的决定不服的,可以自收到通知之日起三个月内向人民法院起诉。人民法院应当通知无效宣告请求程序的对方当事人作为第三人参加诉讼。

**第四十七条** [专利权的无效宣告]宣告无效的专利权视为<u>自始即不存在</u>。

宣告专利权无效的决定,对在宣告专利权无效前人民法院作出并已执行的专利侵权的判决、调解书,已经履行或者强制执行的专利侵权纠纷处理决定,以及已经履行的专利实施许可合同和专利权转让合同,<u>不具有追溯力</u>。但是因专利权人的恶意给他人造成的损失,应当给予赔偿。

依照前款规定不返还专利侵权赔偿金、专利使用费、专利权转让费,明显违反公平原则的,应当全部或者部分返还。

### (五)开放许可

**第五十条** [专利开放许可]专利权人自愿以书面方式向国务院专利行政部门声明愿意许可任何单位或者个人实施其专利,并明确许可使用费支付方式、标准的,由国务院专利行政部门予以公告,实行开放许可。就实用新型、外观设计专利提出开放许可声明的,应当提供专利权评价报告。

专利权人撤回开放许可声明的,应当以书面方式提出,并由国务院专利行政部门予以公告。开放许可声明被公告撤回的,不影响在先给予的开放许可的效力。

**第五十一条** [专利开放许可的实施]任何单位或者个人有意愿实施开放许可的专利的,以书面方式通知专利权人,并依照公告的许可使用费支付方式、标准支付许可使用费后,即获得专利实施许可。

开放许可实施期间,对专利权人缴纳专利年费相应给予减免。

实行开放许可的专利权人可以与被许可人就许可使用费进行协商后给予普通许可,但不得就该专利给予独占或者排他许可。

### (六)强制许可

**第五十三条** [合理条件强制许可]有下列情形之一的,国务院专利行政部门根据具备实施条件的单位或者个人的申请,可以给予实施发明专利或者实用新型专利的强制许可:

(一)专利权人自专利权被授予之日起满三年,且自提出专利申请之日起满四年,无正当理由未实施或者未充分实施其专利的;

(二)专利权人行使专利权的行为被依法认定为垄断行为,为消除或者减少该行为对竞争产生的不利影响的。

**第五十四条** [公益性强制许可]在国家出现紧急状态或者非常情况时,或者为了公共利益的目的,国务院专利行政部门可以给予实施发明专利或者实用新型专利的强制许可。

**第五十五条** [对药品强制许可]为了公共健康目的,对取得专利权的药品,国务院专利行政部门可以给予制造并将其出口到符合中华人民共和国参加的有关国际条约规定的国家或者地区的强制许可。

**第五十六条　[从属专利实施的强制许可]**一项取得专利权的发明或者实用新型比前已经取得专利权的发明或者实用新型具有显著经济意义的重大技术进步，其实施又有赖于前一发明或者实用新型的实施的，国务院专利行政部门根据后一专利权人的申请，可以给予实施前一发明或者实用新型的强制许可。

在依照前款规定给予实施强制许可的情形下，国务院专利行政部门根据前一专利权人的申请，也可以给予实施后一发明或者实用新型的强制许可。

**第五十七条　[半导体技术强制许可的实施限制]**强制许可涉及的发明创造为半导体技术的，其实施限于公共利益的目的和本法第五十三条第(二)项规定的情形。

**第五十八条　[强制许可的地域限制]**除依照本法第五十三条第(二)项、第五十五条规定给予的强制许可外，强制许可的实施应当主要为了供应国内市场。

**第五十九条　[强制许可的申请条件]**依照本法第五十三条第(一)项、第五十六条规定申请强制许可的单位或者个人应当提供证据，证明其以合理的条件请求专利权人许可其实施专利，但未能在合理的时间内获得许可。

**第六十条　[强制许可的通知和终止]**国务院专利行政部门作出的给予实施强制许可的决定，应当及时通知专利权人，并予以登记和公告。

给予实施强制许可的决定，应当根据强制许可的理由规定实施的范围和时间。强制许可的理由消除并不再发生时，国务院专利行政部门应当根据专利权人的请求，经审查后作出终止实施强制许可的决定。

**第六十一条　[独占实施权的排除]**取得实施强制许可的单位或者个人不享有独占的实施权，并且无权允许他人实施。

**第六十二条　[合理使用费]**取得实施强制许可的单位或者个人应当付给专利权人合理的使用费，或者依照中华人民共和国参加的有关国际条约的规定处理使用费问题。付给使用费的，其数额由双方协商；双方不能达成协议的，由国务院专利行政部门裁决。

**第六十三条　[专利权人的救济]**专利权人对国务院专利行政部门关于实施强制许可的决定不服的，专利权人和取得实施强制许可的单位或者个人对国务院专利行政部门关于实施强制许可的使用费的裁决不服的，可以自收到通知之日起三个月内向人民法院起诉。

**(七)专利侵权的例外情形**

**第七十五条　[专利侵权的例外规定]**有下列情形之一的，不视为侵犯专利权：

(一)专利产品或者依照专利方法直接获得的产品，由专利权人或者经其许可的单位、个人售出后，使用、许诺销售、销售、进口该产品的；

(二)在专利申请日前已经制造相同产品、使用相同方法或者已经作好制造、使用的必要准备，并且仅在原有范围内继续制造、使用的；

(三)临时通过中国领陆、领水、领空的外国运输工具，依照其所属国同中国签订的协议或者共同参加的国

际条约，或者依照互惠原则，为运输工具自身需要而在其装置和设备中使用有关专利的；

(四)专为科学研究和实验而使用有关专利的；

(五)为提供行政审批所需要的信息，制造、使用、进口专利药品或者专利医疗器械的，以及专门为其制造、进口专利药品或者专利医疗器械的。

**第七十七条　[不承担赔偿责任情形]**为生产经营目的的使用、许诺销售或者销售不知道是未经专利权人许可而制造并售出的专利侵权产品，能证明该产品合法来源的，不承担赔偿责任。

**《专利法》**

**第十一条　[未经许可禁止实施专利]**发明和实用新型专利权被授予后，除本法另有规定的以外，任何单位或者个人未经专利权人许可，都不得实施其专利，即不得为生产经营目的制造、使用、许诺销售、销售、进口其专利产品，或者使用其专利方法以及使用、许诺销售、销售、进口依照该专利方法直接获得的产品。

外观设计专利权被授予后，任何单位或者个人未经专利权人许可，都不得实施其专利，即不得为生产经营目的的制造、许诺销售、销售、进口其外观设计专利产品。

**第六十七条　[不构成侵犯专利权]**在专利侵权纠纷中，被控侵权人有证据证明其实施的技术或者设计属于现有技术或者现有设计的，不构成侵犯专利权。

# 专题三十九　商标权

考点 **86** 商标法

**(一)驰名商标的保护**

**第十三条**　为相关公众所熟知的商标，持有人认为其权利受到侵害时，可以依照本法规定请求驰名商标保护。

就相同或者类似商品申请注册的商标是复制、摹仿或者翻译他人未在中国注册的驰名商标，容易导致混淆的，不予注册并禁止使用。

就不相同或者不相类似商品申请注册的商标是复制、摹仿或者翻译他人已经在中国注册的驰名商标，误导公众，致使该驰名商标注册人的利益可能受到损害的，不予注册并禁止使用。

**第十四条**　驰名商标应当根据当事人的请求，作为处理涉及商标案件需要认定的事实进行认定。认定驰名商标应当考虑下列因素：

(一)相关公众对该商标的知晓程度；

(二)该商标使用的持续时间；

(三)该商标的任何宣传工作的持续时间、程度和地理范围；

(四)该商标作为驰名商标受保护的记录；

(五)该商标驰名的其他因素。

在商标注册审查、工商行政管理部门查处商标违法案件过程中，当事人依照本法第十三条规定主张权利的，商标局根据审查、处理案件的需要，可以对商标驰名情况作出认定。

在商标争议处理过程中，当事人依照本法第十三条规定主张权利的，商标评审委员会根据处理案件的需要，可以对商标驰名情况作出认定。

在商标民事、行政案件审理过程中，当事人依照本法第十三条规定主张权利的，最高人民法院指定的人民法院根据审理案件的需要，可以对商标驰名情况作出认定。

生产、经营者不得将"驰名商标"字样用于商品、商品包装或者容器上，或者用于广告宣传、展览以及其他商业活动中。

**《驰名商标纠纷解释》**

第十三条　在涉及驰名商标保护的民事纠纷案件中，人民法院对于商标驰名的认定，仅作为案件事实和判决理由，不写入判决主文；以调解方式审结的，在调解书中对商标驰名的事实不予认定。

**(二)商标注册的申请与审查**

(1)优先权

第二十五条　商标注册申请人自其商标在外国第一次提出商标注册申请之日起六个月内，又在中国就相同商品以同一商标提出商标注册申请的，依照该外国同中国签订的协议或者共同参加的国际条约，或者按照相互承认优先权的原则，可以享有优先权。

依照前款要求优先权的，应当在提出商标注册申请的时候提出书面声明，并且在三个月内提交第一次提出的商标注册申请文件的副本；未提出书面声明或者逾期未提交商标注册申请文件副本的，视为未要求优先权。

第二十六条　商标在中国政府主办的或者承认的国际展览会展出的商品上首次使用的，自该商品展出之日起六个月内，该商标的注册申请人可以享有优先权。

依照前款要求优先权的，应当在提出商标注册申请的时候提出书面声明，并且在三个月内提交展出其商品的展览会名称、在展出商品上使用该商标的证据、展出日期等证明文件；未提出书面声明或者逾期未提交证明文件的，视为未要求优先权。

(2)申请在先原则

第三十一条　两个或者两个以上的商标注册申请人，在同一种商品或者类似商品上，以相同或者近似的商标申请注册的，初步审定并公告申请在先的商标；同一天申请的，初步审定并公告使用在先的商标，驳回其他人的申请，不予公告。

(3)不予准许的救济措施

第三十四条　对驳回申请、不予公告的商标，商标局应当书面通知商标注册申请人。商标注册申请人不服的，可以自收到通知之日起十五日内向商标评审委员会申请复审。商标评审委员会应当自收到申请之日起九个月内做出决定，并书面通知申请人。有特殊情况需要延长的，经国务院工商行政管理部门批准，可以延长三个月。当事人对商标评审委员会的决定不服的，可以自收到通知之日起三十日内向人民法院起诉。

(4)商标异议

第三十二条　申请商标注册不得损害他人现有的在先权利，也不得以不正当手段抢先注册他人已经使用并

有一定影响的商标。

第三十三条　对初步审定公告的商标，自公告之日起三个月内，在先权利人、利害关系人认为违反本法第十三条第二款和第三款、第十五条、第十六条第一款、第三十条、第三十一条、第三十二条规定的，或者任何人认为违反本法第四条、第十条、第十一条、第十二条、第十九条第四款规定的，可以向商标局提出异议。公告期满无异议的，予以核准注册，发给商标注册证，并予公告。

第三十五条　对初步审定公告的商标提出异议的，商标局应当听取异议人和被异议人陈述事实和理由，经调查核实后，自公告期满之日起十二个月内做出是否准予注册的决定，并书面通知异议人和被异议人。有特殊情况需要延长的，经国务院工商行政管理部门批准，可以延长六个月。

商标局做出准予注册决定的，发给商标注册证，并予公告。异议人不服的，可以依照本法第四十四条、第四十五条的规定向商标评审委员会请求宣告该注册商标无效。

商标局做出不予注册决定，被异议人不服的，可以自收到通知之日起十五日内向商标评审委员会申请复审。商标评审委员会应当自收到申请之日起十二个月内做出复审决定，并书面通知异议人和被异议人。有特殊情况需要延长的，经国务院工商行政管理部门批准，可以延长六个月。被异议人对商标评审委员会的决定不服的，可以自收到通知之日起三十日内向人民法院起诉。人民法院应当通知异议人作为第三人参加诉讼。

商标评审委员会在依照前款规定进行复审的过程中，所涉及的在先权利的确定必须以人民法院正在审理或者行政机关正在处理的另一案件的结果为依据的，可以中止审查。中止原因消除后，应当恢复审查程序。

**(三)注册商标的无效与撤销**

(1)无效

第四十四条　已经注册的商标，违反本法第四条、第十条、第十一条、第十二条、第十九条第四款规定的，或者是以欺骗手段或者其他不正当手段取得注册的，由商标局宣告该注册商标无效；其他单位或者个人可以请求商标评审委员会宣告该注册商标无效。

商标局做出宣告注册商标无效的决定，应当书面通知当事人。当事人对商标局的决定不服的，可以自收到通知之日起十五日内向商标评审委员会申请复审。商标评审委员会应当自收到申请之日起九个月内做出决定，并书面通知当事人。有特殊情况需要延长的，经国务院工商行政管理部门批准，可以延长三个月。当事人对商标评审委员会的决定不服的，可以自收到通知之日起三十日内向人民法院起诉。

其他单位或者个人请求商标评审委员会宣告注册商标无效的，商标评审委员会收到申请后，应当书面通知有关当事人，并限期提出答辩。商标评审委员会应当自收到申请之日起九个月内做出维持注册商标或者宣告注册商标无效的裁定，并书面通知当事人。有特殊情况需要延长的，经国务院工商行政管理部门批准，可以延长三个

月。当事人对商标评审委员会的裁定不服的,可以自收到通知之日起三十日内向人民法院起诉。人民法院应当通知商标裁定程序的对方当事人作为第三人参加诉讼。

**第四十五条** 已经注册的商标,违反本法第十三条第二款和第三款、第十五条、第十六条第一款、第三十条、第三十一条、第三十二条规定的,自商标注册之日起五年内,在先权利人或者利害关系人可以请求商标评审委员会宣告该注册商标无效。对恶意注册的,驰名商标所有人不受五年的时间限制。

商标评审委员会收到宣告注册商标无效的申请后,应当书面通知有关当事人,并限期提出答辩。商标评审委员会应当自收到申请之日起十二个月内做出维持注册商标或者宣告注册商标无效的裁定,并书面通知当事人。有特殊情况需要延长的,经国务院工商行政管理部门批准,可以延长六个月。当事人对商标评审委员会的裁定不服的,可以自收到通知之日起三十日内向人民法院起诉。人民法院应当通知商标裁定程序的对方当事人作为第三人参加诉讼。

商标评审委员会在依照前款规定对无效宣告请求进行审查的过程中,所涉及的在先权利的确定必须以人民法院正在审理或者行政机关正在处理的另一案件的结果为依据的,可以中止审查。中止原因消除后,应当恢复审查程序。

**第四十七条** 依照本法第四十四条、第四十五条的规定宣告无效的注册商标,由商标局予以公告,该注册商标专用权视为自始即不存在。

宣告注册商标无效的决定或者裁定,对宣告无效前人民法院做出并已执行的商标侵权案件的判决、裁定、调解书和工商行政管理部门做出并已执行的商标侵权案件的处理决定以及已经履行的商标转让或者使用许可合同不具有追溯力。但是,因商标注册人的恶意给他人造成的损失,应当给予赔偿。

依照前款规定不返还商标侵权赔偿金、商标转让费、商标使用费,明显违反公平原则的,应当全部或者部分返还。

(2)撤销

**第四十九条** 商标注册人在使用注册商标的过程中,自行改变注册商标、注册人名义、地址或者其他注册事项的,由地方工商行政管理部门责令限期改正;期满不改正的,由商标局撤销其注册商标。

注册商标成为其核定使用的商品的通用名称或者没有正当理由连续三年不使用的,任何单位或者个人可以向商标局申请撤销该注册商标。商标局应当自收到申请之日起九个月内做出决定。有特殊情况需要延长的,经国务院工商行政管理部门批准,可以延长三个月。

**第五十条** 注册商标被撤销、被宣告无效或者期满不再续展的,自撤销、宣告无效或者注销之日起一年内,商标局对与该商标相同或者近似的商标注册申请,不予核准。

**(四)商标侵权行为**

(1)侵权行为

**第五十六条** 注册商标的专用权,以核准注册的商标和核定使用的商品为限。

**第五十七条** 有下列行为之一的,均属侵犯注册商标专用权:

(一)未经商标注册人的许可,在同一种商品上使用与其注册商标相同的商标的;

(二)未经商标注册人的许可,在同一种商品上使用与其注册商标近似的商标,或者在类似商品上使用与其注册商标相同或者近似的商标,容易导致混淆的;

(三)销售侵犯注册商标专用权的商品的;

(四)伪造、擅自制造他人注册商标标识或者销售伪造、擅自制造的注册商标标识的;

(五)未经商标注册人同意,更换其注册商标并将该更换商标的商品又投入市场的;

(六)故意为侵犯他人商标专用权行为提供便利条件,帮助他人实施侵犯商标专用权行为的;

(七)给他人的注册商标专用权造成其他损害的。

**《商标法实施条例》**

**第75条** 为侵犯他人商标专用权提供仓储、运输、邮寄、印制、隐匿、经营场所、网络商品交易平台等,属于商标法第57条第六项规定的提供便利条件。

**第76条** 在同一种商品或者类似商品上将与他人注册商标相同或者近似的标志作为商品名称或者商品装潢使用,误导公众的,属于商标法第57条第二项规定的侵犯注册商标专用权的行为。

(2)不视为侵权行为

**第五十九条** 注册商标中含有的本商品的通用名称、图形、型号,或者直接表示商品的质量、主要原料、功能、用途、重量、数量及其他特点,或者含有的地名,注册商标专用权人无权禁止他人正当使用。

三维标志注册商标中含有的商品自身的性质产生的形状、为获得技术效果而需有的商品形状或者使商品具有实质性价值的形状,注册商标专用权人无权禁止他人正当使用。

商标注册人申请商标注册前,他人已经在同一种商品或者类似商品上先于商标注册人使用与注册商标相同或者近似并有一定影响的商标的,注册商标专用权人无权禁止该使用人在原使用范围内继续使用该商标,但可以要求其附加适当区别标识。

# 答案速查

1.D
2.D
3.(1)B(原答案为BCD);(2)AB;(3)CD
4.B
5.A
6.BC
7.A
8.ABC(原答案为AB)
9.ABD
10.C
11.D
12.D
13.AB
14.ABC
15.CD
16.BD
17.B
18.B
19.AC
20.C
21.B
22.D
23.ABC
24.(1)AB;(2)BCD
25.A
26.BCD
27.B
28.D
29.C
30.ABC
31.A
32.C
33.B
34.BCD
35.BCD
36.ABD
37.ABD
38.C
39.AC
40.BD
41.BD
42.CD
43.A
44.D
45.BD(原答案为D)
46.BD
47.AD
48.B
49.BD
50.AC
51.C
52.D
53.AB
54.BCD
55.(1)AD;(2)ABC;(3)AD
56.ABCD(原答案为C)
57.A(原答案为AB)
58.AC(原答案为C)
59.CD
60.A
61.ACD
62.AC
63.AC
64.D
65.D
66.D
67.B
68.CD
69.CD
70.BCD(原答案为BD)
71.AB
72.(1)ACD;(2)BC
73.AD
74.B
75.BC
76.BD
77.AB
78.B
79.D(原答案为BD)
80.ACD
81.BD
82.AB
83.D
84.B
85.BCD
86.A
87.D
88.AC
89.B
90.A
91.A
92.C
93.BD(原答案为ABD)
94.A
95.CD
96.BC
97.C
98.AB(原答案为ABD)
99.AC(原答案为A)
100.BC(原答案为C)
101.BD(原答案为B)
102.AD
103.AC
104.ABCD(原答案为ABD)
105.B
106.BC
107.ABCD(原答案为D)
108.AC
109.A
110.B
111.B
112.AD
113.B
114.BD
115.AC
116.C
117.B
118.(1)C;(2)BD;(3)ABCD
119.BD
120.(1)CD;(2)BD
121.A
122.(1)B;(2)CD
123.C
124.B
125.AB
126.BC
127.ACD
128.B
129.AC
130.B
131.ABC
132.D
133.ABD
134.BCD
135.D
136.D
137.C
138.AB
139.A
140.CD
141.ABCD
142.BC
143.A
144.(1)AB;(2)ACD
145.B
146.BCD
147.BC
148.BCD
149.BCD
150.C
151.C
152.D
153.AB(原答案为B)
154.AD
155.ABCD
156.D
157.B
158.AC
159.ABC
160.D
161.ABC
162.C
163.BC
164.A
165.AB
166.BC
167.B
168.CD
169.BCD
170.B
171.CD
172.ACD
173.AC
174.AC
175.A
176.BC
177.C
178.D
179.A
180.BC
181.D
182.C
183.AB
184.ABC
185.B
186.D
187.ACD
188.ABD
189.A
190.AC
191.AC(原答案为AD)
192.D
193.C
194.BC
195.D
196.D
197.BCD
198.AC
199.A
200.D
201.D
202.BC
203.B
204.BCD
205.C
206.B
207.AB
208.A
209.D
210.CD
211.BC
212.B
213.ABD
214.BD
215.BC
216.C
217.D
218.C
219.D
220.ACD
221.ABC
222.ABC
223.BCD
224.B
225.C
226.ABD
227.BCD
228.ABCD(原答案为BCD)
229.AD
230.C
231.AB
232.C

233.AD　　　　234.C　　　　235.BCD
236.BCD　　　237.C　　　　238.BD
239.B　　　　240.B　　　　241.ABD
242.A　　　　243.C　　　　244.BD
245.ACD　　　246.A　　　　247.A
248.C　　　　249.BD　　　　250.AB
251.B　　　　252.A　　　　253.A
254.ABC　　　255.A　　　　256.B
257.ACD　　　258.AB　　　　259.B
260.BCD　　　261.ACD　　　262.B
263.D　　　　264.A　　　　265.AD
266.ABC　　　267.ABC　　　268.D
269.ACD　　　270.AD　　　　271.CD
272.B　　　　273.ACD　　　274.ABD
275.AD　　　　276.C　　　　277.AC
278.BD　　　　279.C　　　　280.C
281.AD　　　　282.ABC　　　283.D
284.ABD　　　285.BC　　　　286.C
287.AD　　　　288.AC　　　　289.BD
290.ABCD　　　291.AB　　　　292.AB
293.B　　　　294.(1)ABC;(2)ABCD
295.ABD　　　296.ABCD
297.AB(原答案为 ABC)　　　298.ACD
299.B　　　　300.D　　　　301.C
302.A　　　　303.AB　　　　304.ABCD
305.AD(原答案为 D)　　　306.CD
307.C　　　　308.AD　　　　309.AD
310.BCD　　　311.ACD　　　312.C
313.BCD　　　314.ABD　　　315.C
316.B　　　　317.ABC　　　318.BD
319.D　　　　320.ABC　　　321.BCD
322.C　　　　323.AC　　　　324.C
325.ABD　　　326.ABD
327.(1)BD;(2)ACD;(3)AC　　　328.CD
329.(1)B;(2)ABC;(3)C　　　330.B
331.ABCD　　　332.C　　　　333.ABD
334.AC　　　335.AC　　　　336.A
337.A　　　　338.D　　　　339.ABD
340.D　　　　341.AB　　　　342.ABCD
343.BC　　　344.ACD　　　345.C
346.C　　　　347.A　　　　348.C
349.B　　　　350.B　　　　351.C(原答案为 CD)
352.ABCD　　　353.CD(原答案为 ABCD)
354.ABCD　　　355.BC　　　356.D
357.AB　　　358.AB　　　　359.ABCD
360.ABCD　　　361.C
362.BCD(原答案为 ABCD)　　　363.D
364.BC　　　365.ACD　　　366.B
367.ABC　　　368.ABCD　　　369.BCD
370.A　　　　371.BC　　　372.BCD
373.C　　　　374.ACD　　　375.AD
376.B　　　　377.ABD　　　378.D
379.ABC　　　380.ABCD　　　381.ABCD
382.ABCD　　　383.C　　　　384.B
385.B　　　　386.B　　　　387.A
388.D　　　　389.C　　　　390.BD
391.AB　　　392.ABC　　　393.D
394.ABC　　　395.ABD　　　396.ABC
397.BD　　　398.(1)C;(2)A;(3)ABCD
399.ABD　　　400.(1)ABC;(2)B;(3)CD
401.ABC　　　402.ABCD　　　403.C
404.C　　　　405.CD　　　　406.A
407.D　　　　408.AB(原答案为 ABD)
409.A　　　　410.C　　　　411.AB
412.ABC　　　413.BD(原答案为 B)
414.ABCD　　　415.AB　　　　416.AC
417.C　　　　418.ABC　　　419.ABD
420.ABC　　　421.C　　　　422.B
423.B　　　　424.D　　　　425.C
426.A　　　　427.ABD　　　428.CD
429.CD　　　430.C　　　　431.C
432.CD　　　433.ABD　　　434.CD
435.BD　　　436.(1)B;(2)D;(3)ABD
437.ABC　　　438.(1)ABCD;(2)BD;(3)ABD
439.(1)ABC;(2)ABCD　　　440.ABD
441.(1)ABD;(2)AB　　　442.C
443.BD(原答案为 BCD)　　　444.ABD
445.ABD　　　446.AC　　　447.CD
448.(1)C;(2)ACD(原答案为 CD)
449.(1)ABD;(2)ABCD;(3)AC(原答案为 A)
450.BC　　　451.ABCD(原答案为 ACD)
452.ACD　　　453.ACD　　　454.BC
455.CD　　　456.(1)BCD;(2)BD
457.ACD　　　458.BCD　　　459.A
460.ACD　　　461.BC　　　462.ABC
463.ACD　　　464.ABC　　　465.D
466.C　　　　467.AC　　　　468.BC
469.ACD　　　470.ABC　　　471.A
472.A　　　　473.B　　　　474.BD
475.ACD　　　476.AC　　　477.C
478.B　　　　479.ABC　　　480.D
481.C　　　　482.AD　　　483.D
484.ABC　　　485.CD　　　486.D
487.ABD　　　488.ACD　　　489.C
490.ABD　　　491.BC　　　492.D
493.C　　　　494.BD　　　495.C

| | | | | |
|---|---|---|---|---|
| 496.D | 497.A | 498.AB | 529.ACD(原答案为C) | 530.CD |
| 499.BC | 500.B | 501.A | 531.B(原答案为A) 532.D | 533.C |
| 502.B | 503.ABD | 504.CD | 534.AB 535.ABCD | 536.BD |
| 505.B | 506.BC | 507.AB | 537.ACD 538.A | 539.B |
| 508.AC | 509.D | 510.D | 540.A 541.BD | 542.D |
| 511.CD | 512.A | 513.A | 543.AD 544.D | 545.BCD |
| 514.C | 515.C | 516.ABCD | 546.B 547.AB | 548.D |
| 517.C | 518.BD | 519.B | 549.CD(原答案为BCD) | |
| 520.BD | 521.D | 522.BCD | 550.ABCD(原答案为C) | 551.AD |
| 523.D | 524.BD | 525.AC(原答案为A) | 552.B 553.ABC | 554.BCD |
| 526.BCD | 527.BCD | 528.B | 555.BCD | |

# 目 录

| 考 点 | 试题 | 法条 |
|---|---|---|

# 法 理 学 ［试题］

## 专题一　法的本体

### 考点1　法的概念的争议

**1.** 2022 回忆/单　

关于法的概念与本质,下列哪一说法是正确的?

A. 是否承认法律是最低限度的道德,是区分实证主义与非实证主义的主要标准

B. 是否承认社会实效是法的构成要素,是区分分析法学派与社会法学派的主要标准

C. 每一条法律的存在和内容完全是由社会渊源决定的,是排他性法律实证主义的观点

D. 按照马克思主义法学的观点,法律是社会共同体意志的体现

**2.** 2017/1/88/任①　

在小说《悲惨世界》中,心地善良的冉阿让因偷一块面包被判刑,他认为法律不公并屡次越狱,最终被加刑至 19 年。他出狱后逃离指定居住地,虽隐姓埋名却仍遭警探沙威穷追不舍。沙威冷酷无情,笃信法律就是法律,对冉阿让舍己救人、扶危济困的善举视而不见,直到被冉阿让冒死相救,才因法律信仰崩溃而投河自尽。对此,下列说法正确的是:

A. 如果认为不公正的法律不是法律,则可能得出冉阿让并未犯罪的结论

B. 沙威"笃信法律就是法律"表达了非实证主义的法律观

C. 冉阿让强调法律的正义价值,沙威强调法律的秩序价值

D. 法律的权威源自人们的拥护和信仰,缺乏道德支撑的法律无法得到人们自觉的遵守

**3.** 2015/1/90/任

"法学作为科学无力回答正义的标准问题,因而是不是法与是不是正义的法是两个必须分离的问题,道德上的善或正义不是法律存在并有效力的标准,法律规则不会因违反道德而丧失法的性质和效力,即使那些同道德严重对抗的法也依然是法。"关于这段话,下列说法正确的是:

A. 这段话既反映了实证主义法学派的观点,也反映了自然法学派的基本立场

B. 根据社会法学派的看法,法的实施可以不考虑法律的社会实效

C. 根据分析实证主义法学派的观点,内容正确性并非法的概念的定义要素

D. 所有的法学学派均认为,法律与道德、正义等在内容上没有任何联系

**4.** 2013/1/88/任　

关于实证主义法学和非实证主义法学,下列说法不正确的是:

A. 实证主义法学认为,在"实际上是怎样的法"与"应该是怎样的法"之间不存在概念上的必然联系

B. 非实证主义法学在定义法的概念时并不必然排除社会实效性要素和权威性制定要素

C. 所有的非实证主义法学都可以被看作是古典自然法学

D. 仅根据社会实效性要素,并不能将实证主义法学派、非实证主义法学派和其他法学派(比如社会法学派)在法定义上的观点区别开来

### 考点2　法的特征

**5.** 2020 回忆/单　

法谚有云:"习惯依靠自觉遵守,法律则被强制服从。"下列说法哪一项是正确的?

A. 习惯不设定义务

B. 习惯不具有强制力

C. 法律不被强制,则不被遵守

D. 法律不被实施,则不生实效

**6.** 2014/1/9/单　

法律格言说:"法律不能使人人平等,但在法律面前人人是平等的。"关于该法律格言,下列哪一说法是正确的?

A. 每个人在法律面前事实上是平等的

B. 在任何时代和社会,法律面前人人平等都是

---

① 指 2017 年/试卷一/第 88 题/不定项——编者注。

一项基本法律原则

C. 法律可以解决现实中的一切不平等问题

D. 法律面前人人平等原则并不禁止在立法上作出合理区别的规定

**7.** 2013/1/55/多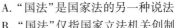

法是以国家强制力为后盾,通过法律程序保证实现的社会规范。关于法的这一特征,下列哪些说法是正确的?

A. 法律具有保证自己得以实现的力量

B. 法律具有程序性,这是区别于其他社会规范的重要特征

C. 按照马克思主义法学的观点,法律主要依靠国家暴力作为外在强制的力量

D. 自然力本质上属于法的强制力之组成部分

**8.** 2009/1/8/单

《摩奴法典》是古印度的法典,《法典》第五卷第一百五十八条规定:"妇女要终生耐心、忍让、热心善业、贞操,淡泊如学生,遵守关于妇女从一而终的卓越规定。"第一百六十四条规定:"不忠于丈夫的妇女生前遭诟辱,死后投生在豺狼腹内,或为象皮病和肺痨所苦。"第八卷第四百一十七条规定:"婆罗门贫困时,可完全问心无愧地将其奴隶首陀罗的财产据为己有,而国王不应加以处罚。"第十一卷第八十一条规定:"坚持苦行,纯洁如学生,凝神深思,凡十二年,可以偿赎杀害一个婆罗门的罪恶。"结合材料,判断下列哪一说法是错误的?

A.《摩奴法典》的规定表明,人类早期的法律和道德、宗教等其他规范是浑然一体的

B.《摩奴法典》规定苦修可以免于处罚,说明《法典》缺乏强制性

C.《摩奴法典》公开维护人和人之间的不平等

D.《摩奴法典》带有浓厚的神秘色彩,与现代法律精神不相符合

**9.** 2008/1/1/单

西方法律格言说:"法律不强人所难。"关于这句格言含义的阐释,下列哪一选项是正确的?

A. 凡是人能够做到的,都是法律所要求的

B. 对人所不知晓的事项,法律不得规定为义务

C. 根据法律规定,人对不能预见的事项,不承担过错责任

D. 天灾是人所不能控制的,也不是法律加以调整的事项

**考点3** 法的本质的马克思主义观点

**10.** 2012/1/54/多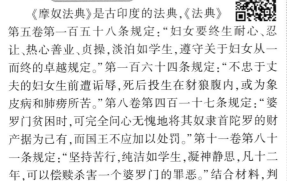

下列有关"国法"的理解,哪些是不正确的?

A. "国法"是国家法的另一种说法

B. "国法"仅指国家立法机关创制的法律

C. 只有"国法"才有强制性

D. 无论自然法学派,还是实证主义法学派,都可能把"国法"看作实在法

**考点4** 法的作用

**11.** 2022 回忆/单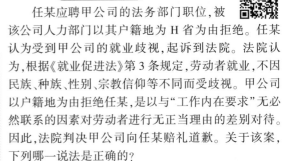

任某应聘甲公司的法务部门职位,被该公司人力部门以其户籍地为 H 省为由拒绝。任某认为受到甲公司的就业歧视,起诉到法院。法院认为,根据《就业促进法》第 3 条规定,劳动者就业,不因民族、种族、性别、宗教信仰等不同而受歧视。甲公司以户籍地为由拒绝任某,是以与"工作内在要求"无必然联系的因素对劳动者进行无正当理由的差别对待。因此,法院判决甲公司向任某赔礼道歉。关于该案,下列哪一说法是正确的?

A.《民法典》和《就业促进法》是同一种法律部门

B. 劳动者不受歧视的权利属于相对权

C. 法官判决甲公司赔礼道歉,体现的是法的强制作用

D.《就业促进法》第 3 条所规定的原则属于政策性原则

**12.** 2014/1/10/单

关于法的规范作用,下列哪一说法是正确的?

A. 陈法官依据诉讼法规定主动申请回避,体现了法的教育作用

B. 法院判决王某行为构成盗窃罪,体现了法的指引作用

C. 林某参加法律培训后开始重视所经营企业的法律风险防控,反映了法的保护自由价值的作用

D. 王某因散布谣言被罚款 300 元,体现了法的强制作用

**13.** 2011/1/89/任

2011 年 7 月 5 日,某公司高经理与员工在饭店喝酒聚餐后表示:别开车了,"酒驾"已入刑,咱把车推回去。随后,高经理在车内掌控方向盘,其他人推车缓行。记者从交警部门了解到,如机动车未发动,只操纵方向盘,由人力或其他车辆牵引,不属于酒后驾车。但交警部门指出,路上推车既会造成后方车辆行驶障碍,也会构成对推车人的安全威胁,建议酒后将车置于安全地点,或找人代驾。鉴于我国对"酒后代驾"缺乏明确规定,高经理起草了一份《酒后代驾服务规则》,包括总则、代驾人、被代驾人、权利与义务、代为驾驶服务合同、法律责任等共六章二十一

条邮寄给国家立法机关。

关于高经理和公司员工拒绝"酒驾"所体现的法的作用,下列说法正确的是?

A. 法的指引作用

B. 法的评价作用

C. 法的预测作用

D. 法的强制作用

**14.** 2009/1/6/单

法律格言说:"紧急时无法律。"关于这句格言含义的阐释,下列哪一选项是正确的?

A. 在紧急状态下是不存在法律的

B. 人们在紧急状态下采取紧急避险行为可以不受法律处罚

C. 有法律,就不会有紧急状态

D. 任何时候,法律都以紧急状态作为产生和发展的根本条件

**考点5 法的价值**

**15.** 2019 回忆/单

出租车司机甲送孕妇乙去医院,途中乙临产,情形危急。为争取时间,甲将车开至非机动车道掉头,被交警拦截并告知罚款。经甲解释后,交警对甲未予处罚且为其开警车引道,将乙及时送至医院。但孕妇送至医院后,医生以病人家属未签字为由,未对孕妇施救,出租车司机欲签字,该医生以出租车司机非病人家属为由拒绝。最终,孕妇不幸身亡。对此事件,下列哪一项表述是正确的?

A. 本案中交警既进行了事实判断,也进行了价值判断

B. 交警采取了个案中的比例原则解决了本案中的价值冲突

C. 该医生根据相关法律规定,拒绝给孕妇做手术,体现了非实证主义的基本观点

D. 如果病人家属及时赶到并签字,医生对孕妇进行剖腹产,则体现了法限制人们自由的伤害原则

**16.** 2017/1/8/单

秦某以虚构言论、合成图片的手段在网上传播多条"警察打人"的信息,造成恶劣影响,县公安局对其处以行政拘留8日的处罚。秦某认为自己是在行使言论自由权,遂诉至法院。法院认为,原告捏造、散布虚假事实的行为不属于言论自由,为法律所明文禁止,应承担法律责任。对此,下列哪一说法是正确的?

A. 相对于自由价值,秩序价值处于法的价值的顶端

B. 法官在该案中运用了个案平衡原则解决法的价值冲突

C. "原告捏造、散布虚假事实的行为不属于言论自由"仅是对案件客观事实的陈述

D. 言论自由作为人权,既是道德权利又是法律权利

**17.** 2016/1/88/任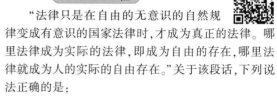

"法律只是在自由的无意识的自然规律变成有意识的国家法律时,才成为真正的法律。哪里法律成为实际的法律,即成为自由的存在,哪里法律就成为人的实际的自由存在。"关于该段话,下列说法正确的是:

A. 从自由与必然的关系上讲,规律是自由的,但却是无意识的,法律永远是不自由的,但却是有意识的

B. 法律是"人的实际的自由存在"的条件

C. 国家法律须尊重自然规律

D. 自由是评价法律进步与否的标准

**18.** 2015/1/9/单

临产孕妇黄某由于胎盘早剥被送往医院抢救,若不尽快进行剖宫产手术将危及母子生命。当时黄某处于昏迷状态,其家属不在身边,且联系不上。经医院院长批准,医生立即实施了剖宫产手术,挽救了母子生命。该医院的做法体现了法的价值冲突的哪一解决原则?

A. 价值位阶原则

B. 自由裁量原则

C. 比例原则

D. 功利主义原则

**19.** 2013/1/53/多

一外国电影故事描写道:五名探险者受困山洞,水尽粮绝,五人中的摩尔提议抽签吃掉一人,救活他人,大家同意。在抽签前摩尔反悔,但其他四人仍执意抽签,恰好抽中摩尔并将其吃掉。获救后,四人被以杀人罪起诉并被判处绞刑。关于上述故事情节,下列哪些说法是不正确的?

A. 其他四人侵犯了摩尔的生命权

B. 按照功利主义"最大多数人之福祉"的思想,"一命换多命"是符合法理的

C. 五人之间不存在利益上的冲突

D. 从不同法学派的立场看,此案的判决存在"唯一正确的答案"

**20.** 2011/1/13/单

宽严相济是我国的基本刑事政策,要求法院对于危害国家安全,恐怖组织犯罪、"黑恶"势力犯罪等严重危害社会秩序和人民生命财产安全的犯罪分子,尤其对于极端仇视国家和社会,以不特定人为侵害对象,所犯罪行特别严重的犯罪分子,该依法重判的坚

决重判,该依法判处死刑立即执行的绝不手软。对于解决公共秩序、社会安全、犯罪分子生命之间存在的法律价值冲突,该政策遵循下列哪一原则?

A. 个案平衡原则

B. 比例原则

C. 价值位阶原则

D. 自由裁量原则

**21．** 2011/1/54/多

近年来,我国部分地区基层法院在民事审判中试点"小额速裁",对法律关系单一、事实清楚、争议标的额不足1万元的民事案件,实行一审终审制度。关于该审判方式改革体现出的价值取向,下列哪些说法是正确的?

A. 节约司法成本

B. 促进司法民主

C. 提高司法效率

D. 推行司法公开

**22．** 2010/1/55/多

贾律师在一起未成年人盗窃案件辩护意见中写到:"首先,被告人刘某只是为了满足其上网玩耍的欲望,实施了秘密窃取少量财物的行为,主观恶性不大;其次,本省盗窃罪的追诉限额为800元,而被告所窃财产评估价值仅为1,050元,社会危害性较小;再次,被告人刘某仅从这次盗窃中分得200元,收益较少。故被告人刘某的犯罪情节轻微,社会危害性不大,主观恶性小,依法应当减轻或免除处罚。"关于该意见,下列哪些选项是不正确的?

A. 辩护意见既运用了价值判断,也运用了事实判断

B. "被告人刘某的犯罪情节轻微,社会危害性不大,主观恶性小,依法应当减轻或免除处罚",属于事实判断

C. "本省盗窃罪的追诉限额为800元,而被告人所窃取财产评估价值仅为1,050元",属于价值判断

D. 辩护意见中的"只是"、"仅为"、"仅从"这类词汇,属于法律概念

**23．** 2010/1/92/任

2008年修订的《中华人民共和国残疾人保障法》第五十条规定:"县级以上人民政府对残疾人搭乘公共交通工具,应当根据实际情况给予便利和优惠。残疾人可以免费携带随身必备的辅助器具。盲人持有效证件免费乘坐市内公共汽车、电车、地铁、渡船等公共交通工具。盲人读物邮件免费寄递。国家鼓励和支持提供电信、广播电视服务的单位对盲人、听力残疾人、言语残疾人给予优惠。"对此,下列说法错误的是:

A. 该规定体现了立法者在残疾人搭乘公共交通工具问题上的价值判断和价值取向

B. 从法的价值的角度分析,该规定的主要目的在于实现法的自由价值

C. 该规定对于有关企业、政府及残疾人均具有指引作用

D. 该规定在交通、邮政、电信方面给予残疾人的优待有悖于法律面前人人平等原则

**24．** 2008/1/2/单

关于法律与自由,下列哪一选项是正确的?

A. 自由是至上和神圣的,限制自由的法律就不是真正的法律

B. 自由对人至关重要,因此,自由是衡量法律善恶的唯一标准

C. 从实证的角度看,一切法律都是自由的法律

D. 自由是神圣的,也是有限度的,这个限度应由法律来规定

**考点6** 法的要素:法律规则和法律原则

**25．** 2021回忆/单

有法谚云:"语言是法律精神的体现。"关于该法谚,下列哪一说法是正确的?

A. 若语言有歧义,则法律无效力

B. 若语言可被翻译,则法律必然可以被移植

C. 语言表述法理,法理形成规范

D. 语言表述相同,则法律含义必然相同

**26．** 2019回忆/任

吴先生与秦女士自由恋爱后结婚,育有一子吴勇,后二人因感情不和协议离婚,考虑到吴勇年幼,双方在协议中约定,吴勇由秦女士抚养,但倘若秦女士再婚,不得生育。后秦女士再婚并怀孕,吴先生诉至法院,以秦女士违反协议为由,要求获得吴勇的抚养权。法院认定协议因侵犯秦女士的生育权而无效,判决驳回吴先生的诉讼请求。吴勇上小学后,因名字谐音,被同学起了绰号"没用"。吴勇内心感觉屈辱,请求母亲为自己改名。秦女士遂到公安机关将"吴勇"改为"秦勇"。后吴先生听说此事,诉至法院,以吴勇为自己亲生儿子,按照中国人的传统习惯,理应跟自己姓为由,要求法院判决将"秦勇"更名为"吴勇"。法院根据《婚姻法》①第22条,"子女可以

---

① 一些试题中涉及的法律文件虽已失效或经过修改,但是不影响该试题的考查内容、目的及相应作答的,本书均原汁原味地予以保留;已不符合现今法考命题逻辑的,本书根据新法予以适当调整。

随父姓,可以随母姓",判决驳回吴先生的诉讼请求。请根据此案回答下列(1)-(3)题:

(1)下列说法错误的是:

A.《婚姻法》第22条属于允许句

B.《婚姻法》第22条属于法律原则的规定,在缺少法律规则的情形下,可以在审判中适用

C.《婚姻法》第22条规定了法律规则的假定条件

D.《婚姻法》第22表达了授权性规则、任意性规则、准用性规则

(2)上述协议违反了以下何种原则?

A. 公序良俗原则

B. 平等原则

C. 自愿原则

D. 公平原则

(3)关于此案,下列说法正确的是:

A. 公民享有姓名权,但姓名权的行使不得违背社会的公序良俗

B. 姓名权属于相对权

C. 如果法院判决孩子随母姓,体现了法的评价作用

D. 吴先生主张的中国传统习惯属于非正式的法的渊源,不得在审判中适用

**27.** 2017/1/9/单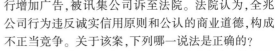

《民法总则》第187条规定:"民事主体因同一行为应当承担民事责任、行政责任和刑事责任的,承担行政责任或者刑事责任不影响承担民事责任;民事主体的财产不足以支付的,优先用于承担民事责任。"关于该条文,下列哪一说法是正确的?

A. 表达的是委任性规则

B. 表达的是程序性原则

C. 表达的是强行性规则

D. 表达的是法律责任的竞合

**28.** 2016/1/8/单

《治安管理处罚法》第115条规定:"公安机关依法实施罚款处罚,应当依照有关法律、行政法规的规定,实行罚款决定与罚款收缴分离;收缴的罚款应当全部上缴国库。"关于该条文,下列哪一说法是正确的?

A. 表达的是禁止性规则

B. 表达的是强行性规则

C. 表达的是程序性规则

D. 表达了法律规则中的法律后果

**29.** 2016/1/9/单

全兆公司利用提供互联网接入服务的便利,在搜索引擎讯集公司网站的搜索结果页面上强行增加广告,被讯集公司诉至法院。法院认为,全兆公司行为违反诚实信用原则和公认的商业道德,构成不正当竞争。关于该案,下列哪一说法是正确的?

A. 诚实信用原则一般不通过"法律语句"的语句形式表达出来

B. 与法律规则相比,法律原则能最大限度实现法的确定性和可预测性

C. 法律原则的着眼点不仅限于行为及条件的共性,而且关注它们的个别性和特殊性

D. 法律原则是以"全有或全无"的方式适用于个案当中

**30.** 2015/1/10/单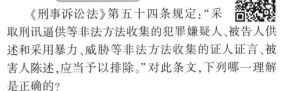

《刑事诉讼法》第五十四条规定:"采取刑讯逼供等非法方法收集的犯罪嫌疑人、被告人供述和采用暴力、威胁等非法方法收集的证人证言、被害人陈述,应当予以排除。"对此条文,下列哪一理解是正确的?

A. 运用了规范语句来表达法律规则

B. 表达的是一个任意性规则

C. 表达的是一个委任性规则

D. 表达了法律规则中的假定条件、行为模式和法律后果

**31.** 2015/1/56/多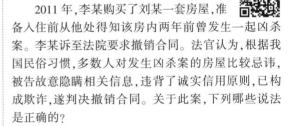

2011年,李某购买了刘某一套房屋,准备入住前从他处得知该房内两年前曾发生一起凶杀案。李某诉至法院要求撤销合同。法官认为,根据我国民俗习惯,多数人对发生凶杀案的房屋比较忌讳,被告故意隐瞒相关信息,违背了诚实信用原则,已构成欺诈,遂判决撤销合同。关于此案,下列哪些说法是正确的?

A. 不违背法律的民俗习惯可以作为裁判依据

B. 只有在民事案件中才可适用诚实信用原则

C. 在司法判决中,诚实信用原则以全有或全无的方式加以适用

D. 诚实信用原则可以为相关的法律规则提供正当化基础

**32.** 2014/1/11/单

尹老汉因女儿很少前来看望,诉至法院要求判决女儿每周前来看望1次。法院认为,根据《老年人权益保障法》第十八条规定,家庭成员应当关心老年人的精神需求,不得忽视、冷落老年人;与老年人分开居住的家庭成员,应当经常看望或问候老年人。而且,关爱老人也是中华传统美德。法院遂判决被告每月看望老人1次。关于此案,下列哪一说法是错误的?

A. 被告看望老人次数因法律没有明确规定,由法官自由裁量

B. 《老年人权益保障法》第十八条中没有规定法律后果
C. 法院判决所依据的法条中规定了积极义务和消极义务
D. 法院判决主要是依据道德作出的

**33.** 2014/1/51/多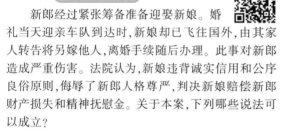
《侵权责任法》第八十七条规定:从建筑物中抛掷物品或者从建筑物上坠落的物品造成他人损害,难以确定具体侵权人的,除能够证明自己不是侵权人的外,由可能加害的建筑物使用人给予补偿。关于该条文,下列哪些说法是正确的?
A. 规定的是责任自负原则的例外情形
B. 是关于法律解释方法位阶的规定
C. 规定的是确定性规则
D. 是体现司法公正原则的规定

**34.** 2014/1/52/多
新郎经过紧张筹备准备迎娶新娘。婚礼当天迎亲车队到达时,新娘却已飞往国外,由其家人转告将另嫁他人,离婚手续随后办理。此事对新郎造成严重伤害。法院认为,新娘违背诚实信用和公序良俗原则,侮辱了新郎人格尊严,判决新娘赔偿新郎财产损失和精神抚慰金。关于本案,下列哪些说法可以成立?
A. 由于缺乏可供适用的法律规则,法官可依民法基本原则裁判案件
B. 本案法官运用了演绎推理
C. 确认案件事实是法官进行推理的前提条件
D. 只有依据法律原则裁判的情形,法官才需提供裁判理由

**35.** 2013/1/10/单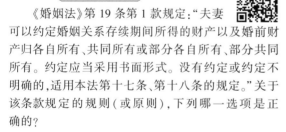
《婚姻法》第19条第1款规定:"夫妻可以约定婚姻关系存续期间所得的财产以及婚前财产归各自所有、共同所有或部分各自所有、部分共同所有。约定应当采用书面形式。没有约定或约定不明确的,适用本法第十七条、第十八条的规定。"关于该条款规定的规则(或原则),下列哪一选项是正确的?
A. 任意性规则
B. 法律原则
C. 准用性规则
D. 禁止性规则

**36.** 2013/1/54/多
《老年人权益保障法》第18条第1款规定:"家庭成员应当关心老年人的精神需求,不得忽视、冷落老年人。"关于该条款,下列哪些说法是正确的?

A. 规定的是确定性规则,也是义务性规则
B. 是用"规范语句"表述的
C. 规定了否定式的法律后果
D. 规定了家庭成员对待老年人之行为的"应为模式"和"勿为模式"

**37.** 2012/1/10/单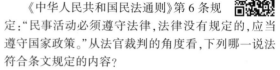
《中华人民共和国民法通则》第6条规定:"民事活动必须遵守法律,法律没有规定的,应当遵守国家政策。"从法官裁判的角度看,下列哪一说法符合条文规定的内容?
A. 条文涉及法的渊源
B. 条文规定了法与政策的一般关系
C. 条文直接规定了裁判规则
D. 条文规定了法律关系

**38.** 2012/1/87/任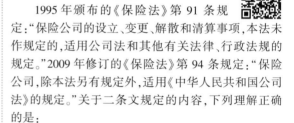
1995年颁布的《保险法》第91条规定:"保险公司的设立、变更、解散和清算事项,本法未作规定的,适用公司法和其他有关法律、行政法规的规定。"2009年修订的《保险法》第94条规定:"保险公司,除本法另有规定外,适用《中华人民共和国公司法》的规定。"关于二条文规定的内容,下列理解正确的是:
A. 均属委任性规则
B. 均属任意性规则
C. 均属准用性规则
D. 均属禁止性规则

**39.** 2011/1/9/单
关于法律要素,下列哪一说法是错误的?
A. 《反垄断法》第三十七条:"行政机关不得滥用行政权力,制定含有排除、限制竞争内容的规定。"这属于义务性规则
B. 《行政处罚法》第三十七条第三款:"执法人员与当事人有直接利害关系的,应当回避。"这既不属于法律原则,也不属于法律规则
C. 《政府信息公开条例》第三十七条:"教育、医疗卫生、计划生育、供水、供电、供气、供热、环保、公共交通等与人民群众利益密切相关的公共企事业单位在提供社会公共服务过程中制作、获取的信息的公开,参照本条例执行,具体办法由国务院有关主管部门或机构制定。"这属于委任性规则
D. 《婚姻法》第二十二条:"子女可以随父姓,可以随母姓。"这属于确定性规则

**40.** 2010/1/51/多
关于法律规则、法律条文与语言的表

述,下列哪些选项是正确的?

    A. 法律规则以"规范语句"的形式表达

    B. 所有法律规则都具语言依赖性,在此意义上,法律规则就是法律条文

    C. 所有表述法律规则的语句都可以带有道义助动词

    D. 《中华人民共和国民法通则》第十五条规定:"公民以他的户籍所在地的居住地为住所,经常居住地与住所不一致的,经常居住地视为住所。"从语式上看,该条文表达的并非一个法律规则

**41.** 2010/1/56/多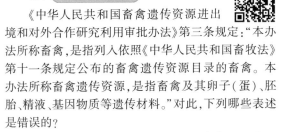

《中华人民共和国畜禽遗传资源进出境和对外合作研究利用审批办法》第三条规定:"本办法所称畜禽,是指列入依照《中华人民共和国畜牧法》第十一条规定公布的畜禽遗传资源目录的畜禽。本办法所称畜禽遗传资源,是指畜禽及其卵子(蛋)、胚胎、精液、基因物质等遗传材料。"对此,下列哪些表述是错误的?

    A. 《中华人民共和国畜牧法》是《中华人民共和国畜禽遗传资源进出境和对外合作研究利用审批办法》的上位法

    B. 《中华人民共和国畜牧法》和《中华人民共和国畜禽遗传资源进出境和对外合作研究利用审批办法》均属于行政法规

    C. 该条款内容属于技术规范

    D. 该条款规定属于任意性规则

**42.** 2008/1/51/多

关于法律原则的适用,下列哪些选项是错误的?

    A. 案件审判中,先适用法律原则,后适用法律规则

    B. 案件审判中,法律原则都必须无条件地适用

    C. 法律原则的适用可以弥补法律规则的漏洞

    D. 法律原则的适用采取"全有或全无"的方式

**考点7** 法的要素:法律概念

**43.** 2019 回忆/单

关于法律概念,下列哪一项说法是错误的?

    A. 法律概念具有一定的独立性,特定案件事实符合该法律规范中的法律概念的特征,才能将该法律规范适用于该案件

    B. 描述性概念没有真假之分,评价性概念有真假之分,善良属于评价性概念

    C. 民法上的推定概念均属于论断性概念,比如"宣告死亡"即属于论断性概念

    D. 不确定性法律概念可以区分为描述性不确定性概念和规范性不确定性概念

**考点8** 法的要素:权利与义务

**44.** 2022 回忆/任

贝某在驾车行驶中遇到行人通过人行横道,未停车让行,被交警大队罚款100元,并记3分。贝某对处罚不服,提起行政诉讼。贝某诉称,其驾车靠近人行横道时,行人已经停在了人行横道上,故不属于"正在通过人行横道";如果只要人行横道上有人,机动车就停车让行,会在很大程度上影响通行效率。法院经审理认为,根据《道路交通安全法》第47条规定,机动车行经人行横道时,应当减速行驶;遇行人正在通过人行横道,应当停车让行。对"正在通过"的理解不能局限于"通过"的内涵,而是应当考虑汽车和行人在交通过程中的强势和弱势地位,这也是保障生命安全的现代交通文明的内在要求。法院遂判决贝某败诉。关于本案,下列说法错误的是:

    A. 司机遇到行人通过人行横道时停车属于消极义务

    B. 《道路交通安全法》第47条的规定属于法律原则

    C. 法官仅进行了文义解释

    D. 法官判决体现了交通安全价值高于效率价值

**45.** 2018 回忆/单

李女士在美国留学并工作多年,其间交往多位男友,但因各种原因分手。后李女士受公司派遣,至中国担任公司高管,工作期间认识法学博士冯某,二人坠入爱河,迅速组建家庭。一日,冯某收拾家中物品,发现李女士在美国治疗性病的病历,勃然大怒。追问之下,李女士告知,在美国留学期间被男友传染,因此愤而与男友分手。冯某仍对此耿耿于怀,以《婚姻法》规定"夫妻应当互相忠实"为由,认为李女士违背忠实义务而起诉离婚。李女士引用《民法总则》公民享有隐私权的规定,认为这是自己的隐私权,拒绝离婚。后法院调解无效,认定双方感情破裂,判决双方离婚。对于本案,下列说法正确的是:

    A. 根据《婚姻法》的规定,李女士有义务将自己婚前得过性病的经历告知冯某

    B. 隐私权属于相对权

    C. 《婚姻法》与《民法总则》均为基本法律,但是在婚姻案件中,《婚姻法》的有关规定应当优先于《民法总则》的有关规定

    D. 我国宪法明确规定,公民的隐私权不受侵犯

**46.** 2017/1/10/单

王甲经法定程序将名字改为与知名作家相同的"王乙",并在其创作的小说上署名"王乙"

以增加销量。作家王乙将王甲诉至法院。法院认为，公民虽享有姓名权，但被告署名的方式误导了读者，侵害了原告的合法权益，违背诚实信用原则。关于该案，下列哪一选项是正确的？

    A. 姓名权属于应然权利，而非法定权利

    B. 诚实信用原则可以填补规则漏洞

    C. 姓名权是相对权

    D. 若法院判决王甲承担赔偿责任，则体现了确定法与道德界限的"冒犯原则"

**47.** `2017/1/89/任`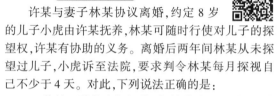

许某与妻子林某协议离婚，约定 8 岁的儿子小虎由许某抚养，林某可随时行使对儿子的探望权，许某有协助的义务。离婚后两年间林某从未探望过儿子，小虎诉至法院，要求判令林某每月探视自己不少于 4 天。对此，下列说法正确的是：

    A. 依情理林某应探望儿子，故从法理上看，法院可判决强制其行使探望权

    B. 从理论上讲，权利的行使与义务的履行均具有其界限

    C. 林某的探望权是林某必须履行一定作为或不作为的法律约束

    D. 许某的协助义务同时包括积极义务和消极义务

**48.** `2015/1/88/任`

张某因其妻王某私自堕胎，遂以侵犯生育权为由诉至法院请求损害赔偿，但未获支持。张某又请求离婚，法官调解无效后依据《婚姻法》中"其他导致夫妻感情破裂的情形"的规定判决准予离婚。对此，下列选项中正确的是：

    A. 王某与张某婚姻关系的消灭是由法律事件引起的

    B. 张某主张的生育权属于相对权

    C. 法院未支持张某的损害赔偿诉求，违反了"有侵害则有救济"的法律原则

    D. "其他导致夫妻感情破裂的情形"属于概括性立法，有利于提高法律的适应性

**49.** `2014/1/13/单`

张林遗嘱中载明：我去世后，家中三间 平房归我妻王珍所有，如我妻今后嫁人，则归我侄子张超所有。张林去世后王珍再婚，张超诉至法院主张平房所有权。法院审理后认为，婚姻自由是宪法基本权利，该遗嘱所附条件侵犯了王珍的婚姻自由，违反《婚姻法》规定，因此无效，判决张超败诉。对于此案，下列哪一说法是错误的？

    A. 婚姻自由作为基本权利，其行使不受任何法律限制

    B. 本案反映了遗嘱自由与婚姻自由之间的冲突

    C. 法官运用了合宪性解释方法

    D. 张林遗嘱处分的是其财产权利而非其妻的婚姻自由权利

**50.** `2013/1/9/单`

法律谚语："平等者之间不存在支配权。"关于这句话，下列哪一选项是正确的？

    A. 平等的社会只存在平等主体的权利，不存在义务；不平等的社会只存在不平等的义务，不存在权利

    B. 在古代法律中，支配权仅指财产上的权利

    C. 平等的社会不承认绝对的人身依附关系，法律禁止一个人对另一个人的奴役

    D. 从法理上讲，平等的主体之间不存在相互的支配，他们的自由也不受法律限制

**51.** `2012/1/15/单`

苏某和熊某毗邻而居。熊某在其居住楼顶为 50 只鸽子搭建了一座鸽舍。苏某以养鸽行为严重影响居住环境为由，将熊某诉至法院，要求熊某拆除鸽棚，赔礼道歉。法院判定原告诉求不成立。关于本案，下列哪一判断是错误的？

    A. 本案涉及的是安居权与养鸽权之间的冲突

    B. 从案情看，苏某的安居权属于宪法所规定的文化生活权利

    C. 从判决看，解决权利冲突首先看一个人在行使权利的同时是否造成对他人权利的实际侵害

    D. 本案表明，权利的行使与义务的承担相关联

**52.** `2011/1/55/多`

下列哪些选项属于积极义务的范畴？

    A. 子女赡养父母

    B. 严禁刑讯逼供

    C. 公民依法纳税

    D. 紧急避险

**53.** `2010/1/6/单`

法律格言说："不知自己之权利，即不知法律。"关于这句法律格言含义的阐释，下列哪一选项是正确的？

    A. 不知道法律的人不享有权利

    B. 任何人只要知道自己的权利，就等于知道整个法律体系

    C. 权利人所拥有的权利，既是事实问题也是法律问题

    D. 权利构成法律上所规定的一切内容，在此意义上，权利即法律，法律亦权利

**54.** 2009/1/12/单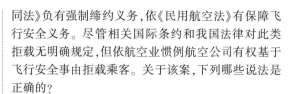

《集会游行示威法》第四条规定："公民在行使集会、游行、示威的权利的时候，必须遵守宪法和法律，不得反对宪法所确定的基本原则，不得损害国家的、社会的、集体的利益和其他公民的合法的自由和权利。"关于这一规定，下列哪一说法是正确的？

A. 该条是关于权利的规定，因此属于授权性规则
B. 该规定表明法律保护人的自由，但自由也应受到法律的限制
C. 公民在行使集会、游行、示威的权利的时候，不得损害国家的、社会的、集体的利益，因此国家利益是我国法律的最高价值
D. 该规定的内容比较模糊，因而对公民不具有指导意义

### 考点9 法的渊源

**55.** 2017/1/11/单

某法院在审理一起合同纠纷案时，参照最高法院发布的第15号指导性案例所确定的"法人人格混同"标准作出了判决。对此，下列哪一说法是正确的？

A. 在我国，指导性案例是正式的法的渊源
B. 判决是规范性法律文件
C. 法官在该案中运用了类比推理
D. 在我国，最高法院和各级法院均可发布指导性案例

**56.** 2017/1/56/多

某区质监局以甲公司未依《食品安全法》取得许可从事食品生产为由，对其处以行政处罚。甲公司认为，依特别法优先于一般法原则，应适用国务院《工业产品生产许可证管理条例》（以下简称《条例》）而非《食品安全法》，遂提起行政诉讼。对此，下列哪些说法是正确的？

A.《条例》不是《食品安全法》的特别法，甲公司说法不成立
B.《食品安全法》中规定食品生产经营许可的法律规范属于公法
C. 若《条例》与《食品安全法》抵触，法院有权直接撤销
D.《条例》与《食品安全法》都属于当代中国法的正式渊源中的"法律"

**57.** 2016/1/56/多

林某与所就职的鹏翔航空公司发生劳动争议，解决争议中曾言语威胁将来乘坐鹏翔公司航班时采取报复措施。林某离职后在选乘鹏翔公司航班时被拒载，遂诉至法院。法院认为，航空公司依《合同法》负有强制缔约义务，依《民用航空法》有保障飞行安全义务。尽管相关国际条约和我国法律对此类拒载无明确规定，但依航空业惯例航空公司有权基于飞行安全事由拒载乘客。关于该案，下列哪些说法是正确的？

A. 反映了法的自由价值和秩序价值之间的冲突
B. 若法无明文规定，则法官自由裁量不受任何限制
C. 我国缔结或参加的国际条约是正式的法的渊源
D. 不违反法律的行业惯例可作为裁判依据

**58.** 2016/1/57/多

耀亚公司未经依法批准经营危险化学品，2003年7月14日被区工商分局依据《危险化学品安全管理条例》罚款40万元。耀亚公司以处罚违法为由诉至法院。法院查明，《安全生产法》规定对该种行为的罚款不得超过10万元。关于该案，下列哪些说法是正确的？

A.《危险化学品安全管理条例》与《安全生产法》的效力位阶相同
B.《安全生产法》中有关行政处罚的法律规范属于公法
C. 应适用《安全生产法》判断行政处罚的合法性
D. 法院可在判决中撤销《危险化学品安全管理条例》中与上位法相抵触的条款

**59.** 2016/1/58/多

特别法优先原则是解决同位阶的法的渊源冲突时所依凭的一项原则。关于该原则，下列哪些选项是正确的？

A. 同一机关制定的特别规定相对于同时施行或在前施行的一般规定优先适用
B. 同一法律内部的规则规定相对于原则规定优先适用
C. 同一法律内部的分则规定相对于总则规定优先适用
D. 同一法律内部的具体规定相对于一般规定优先适用

**60.** 2015/1/89/任

李某因热水器漏电受伤，经鉴定为重伤，遂诉至法院要求厂家赔偿损失，其中包括精神损害赔偿。庭审时被告代理律师辩称，一年前该法院在审理一起类似案件时并未判决给予精神损害赔偿，本案也应作相同处理。但法院援引最新颁布的司法解释，支持了李某的诉讼请求。关于此案，下列认识正确的是：

A. "经鉴定为重伤"是价值判断而非事实判断

B．此案表明判例不是我国正式的法的渊源

C．被告律师运用了类比推理

D．法院生效的判决具有普遍约束力

**61．** 2014/1/12/单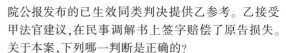

原告与被告系亲兄弟，父母退休后与被告共同居住并由其赡养。父亲去世时被告独自料理后事，未通知原告参加。原告以被告侵犯其悼念权为由诉至法院。法院认为，按照我国民间习惯，原告有权对死者进行悼念，但现行法律对此没有规定，该诉讼请求于法无据，判决原告败诉。关于此案，下列哪一说法是错误的？

A．本案中的被告侵犯了原告的经济、社会、文化权利

B．习惯在我国是一种非正式的法的渊源

C．法院之所以未支持原告诉讼请求，理由在于被告侵犯的权利并非法定权利

D．在本案中法官对判决进行了法律证成

**62．** 1995年颁布的《保险法》第91条规定："保险公司的设立、变更、解散和清算事项，本法未作规定的，适用公司法和其他有关法律、行政法规的规定。"2009年修订的《保险法》第94条规定："保险公司，除本法另有规定外，适用《中华人民共和国公司法》的规定。"请回答（1）、（2）题。

（1） 2012/1/86/任

根据法的渊源的知识，关于《保险法》上述二条规定之间的关系，下列理解正确的是：

A．"前法"与"后法"之间的关系

B．"一般法"与"特别法"之间的关系

C．"上位法"与"下位法"之间的关系

D．法的正式渊源与法的非正式渊源之间的关系

（2） 2012/1/88/任

根据法的渊源及其效力原则，下列理解正确的是：

A．相对于《公司法》规定而言，《保险法》对保险公司所作规定属于"特别法"

B．《保险法》对保险公司的规定不同于《公司法》的，优先适用《保险法》

C．《保险法》对保险公司没有规定的，适用《公司法》

D．根据2009年修订的《保险法》第94条规定，对于保险公司的设立、变更、解散和清算事项，《保险法》没有规定的，可以优先适用其他有关法律、行政法规的规定

**63．** 2011/1/14/单

甲法官处理一起伤害赔偿案件，耐心向被告乙解释计算赔偿数额的法律依据，并将最高法

院公报发布的已生效同类判决提供乙参考。乙接受甲法官建议，在民事调解书上签字赔偿了原告损失。关于本案，下列哪一判断是正确的？

A．法院已生效同类判决具有普遍约束力

B．甲法官在该案调解时适用了判例法

C．甲法官提供的指导性案例具有说服力

D．民事调解书经乙签署后即具有行政强制执行力

**64．** 2011/1/53/多

1983年3月1日，全国人大常委会通过的《商标法》生效；2002年9月15日，国务院制定的《商标法实施条例》生效；2002年10月16日，最高法院制定的《关于审理商标民事纠纷案件适用法律若干问题的解释》施行。对此，下列哪些说法是正确的？

A．《商标法实施条例》是部门规章

B．《关于审理商标民事纠纷案件适用法律若干问题的解释》是司法解释

C．《商标法实施条例》的效力要低于《商标法》

D．《商标法实施条例》是《关于审理商标民事纠纷案件适用法律若干问题的解释》的母法

**65．** 2011/1/91/任

2011年7月5日，某公司高经理与员工在饭店喝酒聚餐后表示：别开车了，"酒驾"已入刑，咱把车推回去。随后，高经理在车内掌控方向盘，其他人推车缓行。记者从交警部门了解到，如机动车未发动，只操纵方向盘，由人力或其他车辆牵引，不属于酒后驾车。但交警部门指出，路上推车既会造成后方车辆行驶障碍，也会构成对推车人的安全威胁，建议酒后将车置于安全地点，或找人代驾。鉴于我国对"酒后代驾"缺乏明确规定，高经理起草了一份《酒后代驾服务规则》，包括总则、代驾人、被代驾人、权利与义务、代为驾驶服务合同、法律责任等共6章21条邮寄给国家立法机关。

关于高经理起草的《酒后代驾服务规则》，下列说法不正确的是：

A．属于民法商法规则

B．是立法议案

C．是法的正式渊源

D．是规范性法律文件

**66．** 2010/1/52/多

司法审判中，当处于同一位阶的规范性法律文件在某个问题上有不同规定时，法官可以依据下列哪些法的适用原则进行审判？

A．特别法优于一般法

B．上位法优于下位法

C．新法优于旧法

D. 法溯及既往

**67.** 2009/1/53/多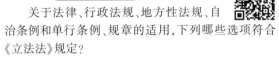

2007年,某国政府批准在实验室培育人兽混合胚胎,以用于攻克帕金森症等疑难疾病的医学研究。该决定引发了社会各界的广泛关注和激烈争议。对此,下列哪些评论是正确的?

A. 目前人兽混合胚胎研究在法律上尚未有规定,这是成文法律局限性的具体体现

B. 人兽混合胚胎研究有可能引发严重的社会问题,因此需要及时立法给予规范和调整

C. 如因该研究成果发生了民事纠纷而法律对此没有规定,则法院可以依据道德、习惯或正义标准等非正式法律渊源进行审理

D. 如该国立法机关为此制定法律,则制定出的法律必然是该国全体公民意志的体现

**68.** 2009/1/62/多

关于法律、行政法规、地方性法规、自治条例和单行条例、规章的适用,下列哪些选项符合《立法法》规定?

A. 同一机关制定的特别规定与一般规定不一致时,适用特别规定

B. 法律、行政法规、地方性法规原则上不溯及既往

C. 地方性法规与部门规章之间对同一事项的规定不一致不能确定如何适用时,由国务院裁决

D. 根据授权制定的法规与法律规定不一致不能确定如何适用时,由全国人大常委会裁决

**69.** 2008/1/56/多

根据我国《立法法》的规定,关于不同的法律渊源之间出现冲突时的法律适用,下列哪些选项是错误的?

A. 自治条例、单行条例与地方性法规不一致的,适用地方性法规

B. 地方性法规和部门规章之间的效力没有高下之分,发生冲突时由国务院决定如何适用

C. 公安部的部门规章与民政部的部门规章不一致时,按照新法优于旧法的原则处理,直接选择后颁布的部门规章加以适用

D. 某市经授权制定的劳动法规与我国《劳动法》的规定不一致,不能确定如何适用时,由全国人大常委会裁决

**考点10 法的效力**

**70.** 2023回忆/多

《最高人民法院关于适用〈中华人民共和国民法典〉时间效力的若干规定》提出,民法典施行

前的法律事实引起的民事纠纷案件,当时的法律、司法解释没有规定而民法典有规定的,可以适用民法典的规定。对此,下列哪些说法是正确的?

A.《民法典》具有溯及力

B. 该规定表明新法优于旧法

C. 该规定的效力等同于法律

D. 该规定需要在全国人大常委会备案

**71.** 2016/1/11/单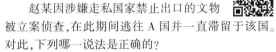

有法谚云:"法律为未来作规定,法官为过去作判决。"关于该法谚,下列哪一说法是正确的?

A. 法律的内容规定总是超前的,法官的判决根据总是滞后的

B. 法官只考虑已经发生的事实,故判案时一律选择适用旧法

C. 法律绝对禁止溯及既往

D. 即使案件事实发生在过去,但"为未来作规定"的法律仍然可以作为其认定的根据

**72.** 2015/1/13/单

赵某因涉嫌走私国家禁止出口的文物被立案侦查,在此期间逃往A国并一直滞留于该国。对此,下列哪一说法是正确的?

A. 该案涉及法对人的效力和空间效力问题

B. 根据我国法律的相关原则,赵某不在中国,故不能适用中国法律

C. 该案的处理与法的溯及力相关

D. 如果赵某长期滞留在A国,应当适用时效免责

**73.** 2013/1/12/单

赵某与陈女订婚,付其5000元彩礼,赵母另付其1000元"见面礼"。双方后因性格不合解除婚约,赵某诉请陈女返还该6000元费用。法官根据《婚姻法》和最高法院《关于适用〈婚姻法〉若干问题的解释(二)》的相关规定,认定该金属彩礼范畴,按照习俗要求返还不违反法律规定,遂判决陈女返还。对此,下列哪一说法是正确的?

A. 法官所提及的"习俗"在我国可作为法的正式渊源

B. 在本案中,法官主要运用了归纳推理技术

C. 从法理上看,该判决不符合《婚姻法》第19条"夫妻可以约定婚姻关系存续期间所得的财产"之规定

D.《婚姻法》和《关于适用〈婚姻法〉若干问题的解释(二)》均属于规范性法律文件

**74.** 2012/1/52/多

《中华人民共和国刑法》第8条规定:"外国人在中华人民共和国领域外对中华人民共和国国家或者公民犯罪,而按本法规定的最低刑为三年以

上有期徒刑的,可以适用本法,但是按照犯罪地的法律不受处罚的除外。"关于该条文,下列哪些判断是正确的?

　　A. 规定的是法的溯及力
　　B. 规定的是法对人的效力
　　C. 体现的是保护主义原则
　　D. 体现的是属人主义原则

**75.** 2010/1/12/单

甲、乙签订一份二手房房屋买卖合同,约定:"本合同一式三份,经双方签字后生效。甲、乙各执一份,留见证律师一份,均具有同等法律效力。"关于该条款,下列哪一选项是正确的?

　　A. 是有关法律原则之适用条件的规定
　　B. 属于案件事实的表述
　　C. 是甲乙双方所确立的授权性规则
　　D. 关涉甲乙双方的行为效力及后果

**76.** 2008/1/91/任

"现今的很多法律格言都是在古罗马时期形成的,'法律仅仅适用于将来'就是一例。这一思想后来被古典自然法学派所推崇,并体现在法国人权宣言和美国宪法之中,形成了法不溯及既往原则"。根据此引文以及相关法学知识,下列正确的表述是:

　　A. 古罗马时期的法律是用法律格言的形式表现的
　　B. "法律仅仅适用于将来"已经成为现代社会的法律效力原则
　　C. 只有古典自然法学派强调法不溯及既往的原则
　　D. 法不溯及既往仅仅是人权宣言和宪法通行的效力原则

**考点11 法律部门与法律体系**

**77.** 2011/1/51/多

关于法的渊源和法律部门,下列哪些判断是正确的?

　　A. 自治条例和单行条例是地方国家权力机关制定的规范性文件
　　B. 行政法部门就是由国务院制定的行政法规构成的
　　C. 国际公法是中国特色社会主义法律体系的组成部分
　　D. 划分法律部门的主要标准是法律规范所调整的社会关系

**考点12 法律关系**

**78.** 2016/1/10/单

甲和乙系夫妻,因外出打工将女儿小

琳交由甲母照顾两年,但从未支付过抚养费。后甲与乙闹离婚且均不愿抚养小琳。甲母将甲和乙告上法庭,要求支付抚养费2万元。法院认为,甲母对孙女无法定或约定的抚养义务,判决甲和乙支付甲母抚养费。关于该案,下列哪一选项是正确的?

　　A. 判决是规范性法律文件
　　B. 甲和乙对小琳的抚养义务是相对义务
　　C. 判决在原被告间不形成法律权利和义务关系
　　D. 小琳是民事诉讼法律关系的主体之一

**79.** 2016/1/59/多

李某向王某借款200万元,由赵某担保。后李某因涉嫌非法吸收公众存款罪被立案。王某将李某和赵某诉至法院,要求偿还借款。赵某认为,若李某罪名成立,则借款合同因违反法律的强制性规定而无效,赵某无需承担担保责任。法院认为,借款合同并不因李某犯罪而无效,判决李某和赵某承担还款和担保责任。关于该案,下列哪些说法是正确的?

　　A. 若李某罪名成立,则出现民事责任和刑事责任的竞合
　　B. 李某与王某间的借款合同法律关系属于调整性法律关系
　　C. 王某的起诉是引起民事诉讼法律关系产生的唯一法律事实
　　D. 王某可以免除李某的部分民事责任

**80.** 2015/1/12/单

张某到某市公交公司办理公交卡退卡手续时,被告知:根据本公司公布施行的《某市公交卡使用须知》,退卡时应将卡内200元余额用完,否则不能退卡,张某遂提起诉讼。法院认为,公交公司依据《某市公交卡使用须知》拒绝张某要求,侵犯了张某自主选择服务方式的权利,该条款应属无效,遂判决公交公司退还卡中余额。关于此案,下列哪一说法是正确的?

　　A. 张某、公交公司之间的服务合同法律关系属于纵向法律关系
　　B. 该案中的诉讼法律关系是主法律关系
　　C. 公交公司的权利能力和行为能力是同时产生和同时消灭的
　　D. 《某市公交卡使用须知》属于地方规章

**81.** 2014/1/53/多

王某恋爱期间承担了男友刘某的开销计20万元。后刘某提出分手,王某要求刘某返还开销费用。经过协商,刘某自愿将该费用转为借款并出具了借条,不久刘某反悔,以不存在真实有效借款关系为由拒绝还款,王某诉至法院。法院认为,"刘某出具该借条系本人自愿,且并未违反法律强制性规定",

遂判决刘某还款。对此,下列哪些说法是正确的?

A. "刘某出具该借条系本人自愿,且并未违反法律强制性规定"是对案件事实的认定

B. 出具借条是导致王某与刘某产生借款合同法律关系的法律事实之一

C. 因王某起诉产生的民事诉讼法律关系是第二性法律关系

D. 本案的裁判是以法律事件的发生为根据作出的

**82.** 2013/1/11/单

韩某与刘某婚后购买住房一套,并签订协议:"刘某应忠诚于韩某,如因其婚外情离婚,该住房归韩某所有。"后韩某以刘某与第三者的 QQ 聊天记录为证据,诉其违反忠诚协议。法官认为,该协议系双方自愿签订,不违反法律禁止性规定,故合法有效。经调解,两人离婚,住房归韩某。关于此案,下列哪一说法是不正确的?

A. 该协议仅具有道德上的约束力

B. 当事人的意思表示不能仅被看作是一种内心活动,而应首先被视为可能在法律上产生后果的行为

C. 法律禁止的行为或不禁止的行为,均可导致法律关系的产生

D. 法官对协议的解释符合"法伦理性的原则"

**83.** 2013/1/14/单

2012 年,潘桂花、李大响老夫妇处置房产时,发现房产证产权人由潘桂花变成其子李能。原来,早在七年前李能就利用其母不识字骗其母签订合同,将房屋作价过户到自己名下。二老怒将李能诉至法院。法院查明,潘桂花因精神障碍,被鉴定为限制民事行为能力人。据此,法院认定该合同无效。对此,下列哪一说法是不正确的?

A. 李能的行为违反了物权的取得应当遵守法律、尊重公德、不损害他人合法权益的法律规定

B. 从法理上看,法院主要根据"法律家长主义"原则(即,法律对于当事人"不真实反映其意志的危险选择"应进行限制,使之免于自我伤害)对李能的意志行为进行判断,从而否定了他的做法

C. 潘桂花被鉴定为限制民事行为能力人是对法律关系主体构成资格的一种认定

D. 从诉讼"争点"理论看,本案争执的焦点不在李能是否利用其母不识字骗其母签订合同,而在于合同转让的效力如何认定

**84.** 2011/1/12/单

甲、乙分别为某有限责任公司的自然

人股东,后甲在乙知情但不同意的情况下,为帮助妹妹获取贷款,将自有股份质押给银行,乙以甲侵犯其股东权利为由向法院提起诉讼。关于本案,下列哪一判断是正确的?

A. 担保关系是债权关系的保护性法律关系

B. 债权关系是质押关系的第一性法律关系

C. 诉讼关系是股权关系的隶属性法律关系

D. 债权关系是质押关系的调整性法律关系

**85.** 2010/1/7/单

张女穿行马路时遇车祸,致两颗门牙缺失。交警出具的责任认定书认定司机负全责。张女因无法与肇事司机达成赔偿协议,遂提起民事诉讼,认为司机虽赔偿 3000 元安装假牙,但假牙影响接吻,故司机还应就她的"接吻权"受到损害予以赔偿。关于本案,下列哪一选项是正确的?

A. 张女与司机不存在产生法律关系的法律事实

B. 张女主张的"接吻权"属于法定权利

C. 交警出具的责任认定书是非规范性法律文件,具有法律效力

D. 司机赔偿 3000 元是绝对义务的承担方式

**86.** 2009/1/91/任

"在法学家们以及各个法典看来,各个个人之间的关系,例如缔结契约这类事情,一般是纯粹偶然的现象,这些关系被他们看作是可以随意建立或不建立的关系,它们的内容完全取决于缔约双方的个人意愿。每当工业和商业的发展创造出新的交往形式,例如保险公司等的时候,法便不得不承认它们是获得财产的新方式。"据此,下列表述正确的是:

A. 契约关系是人们有意识、有目的地建立的社会关系

B. 各个时期的法都不得不规定保险公司等新的交往形式和它们获得财产的新方式

C. 法律关系作为一种特殊的社会关系,既有以人的意志为转移的思想关系的属性,又有物质关系制约的属性

D. 法律关系体现的是当事人的意志,而不可能是国家的意志

**87.** 2008/1/7/单

孙某的狗曾咬伤过邻居钱某的小孙子,钱某为此一直耿耿于怀。一天,钱某趁孙某不备,将孙某的狗毒死。孙某掌握了钱某投毒的证据之后,起诉到法院,法院判决钱某赔偿孙某 600 元钱。对此,下列哪一选项是正确的?

A. 孙某因对其狗享有所有权而形成的法律关系属于保护性法律关系

B. 由于孙某起诉而形成的诉讼法律关系属于第

二性的法律关系

C. 因钱某毒死孙某的狗而形成的损害赔偿关系属于纵向的法律关系

D. 因钱某毒死孙某的狗而形成的损害赔偿关系中,孙某不得放弃自己的权利

### 考点13 法律责任与法律制裁

**88.** 2017/1/57/多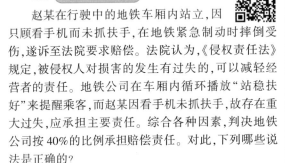

赵某在行驶中的地铁车厢内站立,因只顾看手机而未抓扶手,在地铁紧急制动时摔倒受伤,遂诉至法院要求赔偿。法院认为,《侵权责任法》规定,被侵权人对损害的发生有过失的,可以减轻经营者的责任。地铁公司在车厢内循环播放"站稳扶好"来提醒乘客,而赵某因看手机未抓扶手,故存在重大过失,应承担主要责任。综合各种因素,判决地铁公司按40%的比例承担赔偿责任。对此,下列哪些说法是正确的?

A. 该案中赵某是否违反注意义务,是衡量法律责任轻重的重要标准

B. 该案的民事诉讼法律关系属第二性的法律关系

C. 若经法院调解后赵某放弃索赔,则构成协议免责

D. 法官对责任分摊比例的自由裁量不受任何限制

**89.** 2014/1/91/任

下列构成法律责任竞合的情形是:

A. 方某因无医师资格开设诊所被卫生局没收非法所得,并被法院以非法行医罪判处3年有期徒刑

B. 王某通话时,其手机爆炸导致右耳失聪,可选择以侵权或违约为由追究手机制造商法律责任

C. 林某因故意伤害罪被追究刑事责任和民事责任

D. 戴某用10万元假币购买一块劳力士手表,其行为同时触犯诈骗罪与使用假币罪

**90.** 2012/1/12/单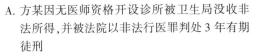

中学生小张课间打篮球时被同学小黄撞断锁骨,小张诉请中学和小黄赔偿1.4万余元。法院审理后认为,虽然2被告对原告受伤均没有过错,不应承担赔偿责任,但原告毕竟为小黄所撞伤,该校的不当行为也是伤害事故发生的诱因,且原告花费1.3万余元治疗后尚未完全康复,依据公平原则,法院酌定被告各补偿3000元。关于本案,下列哪一判断是正确的?

A. 法院对被告实施了法律制裁

B. 法院对被告采取了不诉免责和协议免责的措施

C. 法院做出对被告有利的判决,在于对案件事实与规范间关系进行了证成

D. 被告承担法律责任主要不是因为行为与损害间存在因果关系

**91.** 2011/1/11/单

《合同法》第一百二十二条规定:"因当事人一方的违约行为,侵害对方人身、财产权益的,受损害方有权选择依照本法要求其承担违约责任或者依照其他法律要求其承担侵权责任。"该条款规定了下列哪一类法律现象的处理原则?

A. 法律位阶的冲突

B. 法律责任的免除

C. 法律价值的冲突

D. 法律责任的竞合

**92.** 2008/1/5/单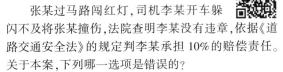

张某过马路闯红灯,司机李某开车躲闪不及将张某撞伤,法院查明李某没有违章,依据《道路交通安全法》的规定判李某承担10%的赔偿责任。关于本案,下列哪一选项是错误的?

A.《道路交通安全法》属于正式的法的渊源

B. 违法行为并非是承担法律责任的唯一根源

C. 如果李某自愿支付超过10%的赔偿金,法院以民事调解书加以确认,则李某不能反悔

D. 李某所承担的是一种竞合的责任

# 专题二　法的运行

### 考点14 立法

**93.** 2023回忆/多

2022年10月,国家体育总局审议通过《国家体育总局规章和规范性文件制定程序规定》。关于该《规定》,下列哪些说法是正确的?

A. 应当由局务会议审议

B. 应当由体育总局局长签署体育总局令予以公布

C. 应当在通过后30日内报国务院备案

D. 应当及时在国务院公报上予以刊登

**94.** 2020回忆/多

《民法典》是新中国第一部以法典命名的法律,开创了我国法典编纂的先河,具有里程碑意义。对《民法典》的意义和举措,下列哪些说法是正确的?

A. 婚姻家庭编凸显了中国社会治理经验,传承了中华文化精神气质

B. 弘扬社会主义核心价值观为重要立法目的，具有鲜明中国特色

C. 人格权独立成编，扩大到网络社会对人格权的保护，彰显了信息网络时代社会对人格权保护的特殊价值

D. 其颁布和实施一劳永逸地解决了新时代中国的民事法治建设问题

**95.** 2019 回忆/多

某自治州人大常委会拟制定《公共场所禁烟条例》，根据《立法法》的规定，下列哪些说法是错误的？

A. 该条例应由自治州人大制定，自治州人大常委会无权制定

B. 该条例应当报省级人大常委会批准

C. 该条例应由省级人大常委会报全国人大常委会和国务院备案

D. 若该条例不合法，全国人大常委会和国务院均有权撤销

**96.** 2018 回忆/多

关于我国的立法体制，下列哪些说法是正确的？

A. 全国人大及其常委会有权制定基本法律

B. 国务院制定的行政法规由总理发布国务院令公布，向全国人大常委会备案

C. 全国人大常委会公报刊登的行政法规文本为标准文本

D. 全国人大常委会有权撤销国务院制定的不合法的行政法规

**97.** 2017/1/63/多　　　根据新法改编

根据《宪法》和《立法法》规定，关于法律案的审议，下列哪些选项是正确的？

A. 列入全国人大会议议程的法律案，由宪法和法律委员会根据各代表团和有关专门委员会的审议意见，对法律案进行统一审议，向主席团提出审议结果报告和法律草案修改稿

B. 列入全国人大会议议程的法律案，在交付表决前，提案人要求撤回的，应说明理由，经主席团同意并向大会报告，对法律案的审议即行终止

C. 列入全国人大常委会会议议程的法律案，因调整事项较为单一，各方面意见比较一致的，也可经一次常委会会议审议即交付表决

D. 列入全国人大常委会会议议程的法律案，因暂不付表决经过两年没有再次列入常委会会议议程审议的，委员长会议可以决定终止审议，并向常委会报告

**98.** 2015/1/11/单

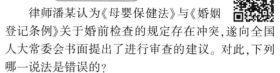

律师潘某认为《母婴保健法》与《婚姻登记条例》关于婚前检查的规定存在冲突，遂向全国人大常委会书面提出了进行审查的建议。对此，下列哪一说法是错误的？

A. 《母婴保健法》的法律效力高于《婚姻登记条例》

B. 如全国人大常委会审查后认定存在冲突，则有权改变或撤销《婚姻登记条例》

C. 全国人大相关专门委员会和常务委员会工作机构需向潘某反馈审查研究情况

D. 潘某提出审查建议的行为属于社会监督

**99.** 2015/1/65/多

某设区的市的市政府依法制定了《关于加强历史文化保护的决定》。关于该决定，下列哪些选项是正确的？

A. 市人大常委会认为该决定不当，可以提请上级人大常委会撤销

B. 法院在审理案件时发现该决定与上位法不一致，可以作出合法性解释

C. 与文化部有关文化保护的规定具有同等效力，在各自的权限范围内施行

D. 与文化部有关文化保护的规定之间对同一事项的规定不一致时，由国务院裁决

**100.** 2014/1/61/多

根据《立法法》的规定，下列哪些选项是不正确的？

A. 国务院和地方各级政府可以向全国人大常委会提出法律解释的要求

B. 经授权，行政法规可设定限制公民人身自由的强制措施

C. 专门委员会审议法律案的时候，应邀请提案人列席会议，听取其意见

D. 地方各级人大有权撤销本级政府制定的不适当的规章

**101.** 2013/1/87/任

关于我国立法和法的渊源的表述，下列选项不正确的是：

A. 从法的正式渊源上看，"法律"仅指全国人大及其常委会制定的规范性文件

B. 公布后的所有法律、法规均以在《国务院公报》上刊登的文本为标准文本

C. 行政法规和地方性法规均可采取"条例"、"规定"、"办法"等名称

D. 所有法律议案（法律案）都须交由全国人大常委会审议、表决和通过

**102.** 2013/1/89/任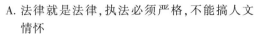

根据《宪法》和法律的规定,关于立法权权限和立法程序,下列选项正确的是:

A. 全国人大常委会在人大闭会期间,可以对全国人大制定的法律进行部分补充和修改,但不得同该法律的基本原则相抵触

B. 全国人大通过的法律由全国人民代表大会主席团予以公布

C. 全国人大宪法和法律委员会审议法律案时,应邀请有关专门委员会的成员列席会议,发表意见

D. 列入全国人大常委会会议议程的法律案,除特殊情况外,应当在举行会议七日前将草案发给常委会组成人员

**103.** 2012/1/25/单

根据省政府制定的地方规章,省质监部门对生产销售不合格产品的某公司予以行政处罚。被处罚人认为,该省政府规章违反《产品质量法》规定,不能作为处罚依据,遂向法院起诉,请求撤销该行政处罚。关于对该省政府规章是否违法的认定及其处理,下列哪一选项是正确的?

A. 由审理案件的法院进行审查并宣告其是否有效

B. 由该省人大审查是否违法并作出是否改变或者撤销的决定

C. 由国务院将其提交全国人大常委会进行审查并作出是否撤销的决定

D. 由该省人大常委会审查其是否违法并作出是否撤销的决定

**104.** 2011/1/10/单

某市政府为缓解拥堵,经充分征求广大市民意见,做出车辆限号行驶的规定。但同时明确,接送高考考生、急病送医等特殊情况未按号行驶的,可不予处罚。关于该免责规定体现的立法基本原则,下列哪一选项是不准确的?

A. 实事求是、从实际出发

B. 民主立法

C. 注重效率

D. 原则性与灵活性相结合

**考点15** **法的实施**

**105.** 2019 回忆/单

郑子产有疾。谓子大叔曰:"我死,子必为政。唯有德者能以宽服民,其次莫如猛。夫火烈,民望而畏之,故鲜死焉。水懦弱,民狎而玩之,则多死焉,故宽难。"疾数月而卒。关于执法,下列看法正确的是:

A. 法律就是法律,执法必须严格,不能搞人文情怀

B. 执法应做到宽严相济

C. 执法必须严厉,不能"宽容",否则易纵容犯罪

D. 为上者有德,就可以做到以宽服民,不需要法律的治理

**106.** 2016/1/60/多

王某向市环保局提出信息公开申请,但未在法定期限内获得答复,遂诉至法院,法院判决环保局败诉。关于该案,下列哪些说法是正确的?

A. 王某申请信息公开属于守法行为

B. 判决环保局败诉体现了法的强制作用

C. 王某起诉环保局的行为属于社会监督

D. 王某的诉权属于绝对权利

**107.** 2015/1/14/单

卡尔·马克思说:"法官是法律世界的国王,法官除了法律没有别的上司。"对于这句话,下列哪一理解是正确的?

A. 法官的法律世界与其他社会领域(政治、经济、文化等)没有关系

B. 法官的裁判权不受制约

C. 法官是法律世界的国王,但必须是法律的奴仆

D. 在法律世界中(包括在立法领域),法官永远是其他一切法律主体(或机构)的上司

**108.** 2008/1/4/单

市民张某在城市街道上无照销售食品,在被城市综合管理执法人员查处过程中暴力抗法,导致一名城市综合管理执法人员受伤。经媒体报道,人们议论纷纷。关于此事,下列哪一说法是错误的?

A. 王某指出,城市综合管理执法人员的活动属于执法行为,具有权威性

B. 刘某认为,城市综合管理机构执法,不仅要合法,还要强调公平合理,其执法方式应让一般社会公众能够接受

C. 赵某认为,如果老百姓认为执法不公,就有奋起反抗的权利

D. 陈某说,守法是公民的义务,如果认为城市综合管理机构执法不当,可以采用行政复议、行政诉讼的方式寻求救济,暴力抗法显然是不对的

**考点16** **法适用的一般原理**

**109.** 2017/1/12/单

"当法律人在选择法律规范时,他必须以该国的整个法律体系为基础,也就是说,他必须对

该国的法律有一个整体的理解和掌握,更为重要的是他要选择一个与他确定的案件事实相切合的法律规范,他不仅要理解和掌握法律的字面含义,还要了解和掌握法律背后的意义。"关于该表述,下列哪一理解是错误的?

A. 适用法律必须面对规范与事实问题

B. 当法律的字面含义不清晰时,可透过法律体系理解其含义

C. 法律体系由一国现行法和历史上曾经有效的法构成

D. 法律的字面含义有时与法律背后的意义不一致

**110．** 2017/1/58/多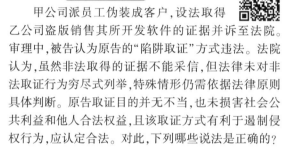

甲公司派员工伪装成客户,设法取得乙公司盗版销售其所开发软件的证据并诉至法院。审理中,被告认为原告的"陷阱取证"方式违法。法院认为,虽然非法取得的证据不能采信,但法律未对非法取证行为穷尽式列举,特殊情形仅需依据法律原则具体判断。原告取证目的并无不当,也未损害社会公共利益和他人合法权益,且该取证方式有利于遏制侵权行为,应认定合法。对此,下列哪些说法是正确的?

A. 采用穷尽式列举有助于提高法的可预测性

B. 法官判断原告取证是否违法时作了利益衡量

C. 违法取得的证据不得采信,这说明法官认定的裁判事实可能同客观事实不一致

D. 与法律规则相比,法律原则应优先适用

**111．** 2017/1/59/多

法律格言云:"不确定性在法律中受到非难,但极度的确定性反而有损确定性。"对此,下列哪些说法是正确的?

A. 在法律中允许有内容本身不确定,而是可以援引其他相关内容规定的规范

B. 借助法律推理和法律解释,可提高法律的确定性

C. 通过法律原则、概括条款,可增强法律的适应性

D. 凡规定义务的,即属于极度确定的;凡规定权利的,即属于不确定的

**112．** 2017/1/90/任

据《二刻拍案惊奇》,大儒朱熹作知县时专好锄强扶弱。一日有百姓诉称:"有乡绅夺去祖先坟茔作了自家坟地。"朱熹知当地颇重风水,常有乡绅强占百姓风水吉地之事,遂亲往踏勘。但见坟地山环水绕,确是宝地,遂问之,但乡绅矢口否认。朱熹大怒,令掘坟取证,见青石一块,其上多有百姓祖先名字。朱熹遂将坟地断给百姓,并治乡绅强占田土之

罪。殊不知青石是那百姓暗中埋下的,朱熹一片好心办了错案。对此,下列说法正确的是:

A. 青石上有百姓祖先名字的生活事实只能被建构为乡绅夺去百姓祖先坟茔的案件事实

B. "有乡绅夺去祖先坟茔作了自家坟地"是一个规范语句

C. 勘查现场是确定案件事实的必要条件,但并非充分条件

D. 裁判者自身的价值判断可能干扰其对案件事实的认定

**113．** 2015/1/15/单

关于法的适用,下列哪一说法是正确的?

A. 在法治社会,获得具有可预测性的法律决定是法的适用的唯一目标

B. 法律人查明和确认案件事实的过程是一个与规范认定无关的过程

C. 法的适用过程是一个为法律决定提供充足理由的法律证成过程

D. 法的适用过程仅仅是运用演绎推理的过程

**114．** 2014/1/92/任

"法律人适用法律的最直接目标就是要获得一个合理的决定。在法治社会,所谓合理的法律决定就是指法律决定具有可预测性和正当性。"对于这一段话,下列说法正确的是:

A. 正当性是实质法治的要求

B. 可预测性要求法律人必须将法律决定建立在既存的一般性的法律规范的基础上

C. 在历史上,法律人通常借助法律解释方法缓解可预测性与正当性之间的紧张关系

D. 在法治国家,法律决定的可预测性是理当崇尚的一个价值目标

**115．** 2012/1/13/单

张老太介绍其孙与马先生之女相识,经张老太之手曾给付女方"认大小"钱10100元,后双方分手。张老太作为媒人,去马家商量退还"认大小"钱时发生争执。因张老太犯病,马先生将其送医,并垫付医疗费1251.43元。后张老太以马家未返还"认大小"钱为由,拒绝偿付医药费。马先生以不当得利为由诉至法院。法院考虑此次纠纷起因及张老太疾病的诱因,判决张老太返还马先生医疗费1000元。关于本案,下列哪一理解是正确的?

A. 我国男女双方订婚前由男方付"认大小"钱是通行的习惯法

B. 张老太犯病直接构成与马先生之医药费返还法律关系的法律事实

C. 法院判决时将保护当事人的自由和效益原则作为主要的判断标准
D. 本案的争议焦点不在于事实确认而在于法律认定

**116．** 2009/1/92/任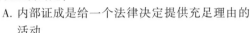

周某半夜驾车出游时发生交通事故致行人鲁某重伤残疾，检察院以交通肇事罪起诉周某。法院开庭，公诉人和辩护人就案件事实和证据进行质证，就法的适用展开辩论。法庭经过庭审查实，交通事故致鲁某重伤残疾并非因周某行为引起，宣判其无罪释放。依据法学原理，下列判断正确的是：

A. 法院审理案件目的在于获得正确的法律判决，该判决应当在形式上符合法律规定，具有可预测性，还应当在内容上符合法律的精神和价值，具有正当性
B. 在本案中，检察院使用了归纳推理的方法
C. 法院在庭审中认定交通事故致鲁某重伤残疾并非因周某行为引起，这主要解决的是事实问题
D. 法庭主持的调查和法庭辩论活动，从法律推理的角度讲，是在为演绎推理确定大小前提

**考点17 法的发现与法的证成**

**117．** 2021 回忆/任

小刚在和小丽结婚时，向小丽的母亲殷某支付了彩礼。后二人离婚，小刚要求殷某返还彩礼，殷某主张彩礼属于无偿赠与不予返还，小刚起诉至法院。法官经调查发现当地确实有无偿赠送彩礼的风俗，但是小刚、小丽二人办理结婚登记手续后并未共同生活，根据《最高人民法院关于适用〈中华人民共和国民法典〉婚姻家庭编的解释（一）》，这属于应当支持返还彩礼的情形，故判决殷某返还彩礼。对此，下列说法正确的是：

A. 法官运用了涵摄的方法
B. 法官运用了反向推理
C. 当地风俗是法官推理的大前提
D. 法官对民俗的查证是法的发现

**118．** 2016/1/89/任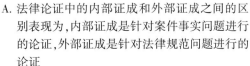

王某在未依法取得许可的情况下购买氰化钠并存储于车间内，被以非法买卖、存储危险物质罪提起公诉。法院认为，氰化钠对人体和环境具有极大毒害性，属于《刑法》第125条第2款规定的毒害性物质，王某未经许可购买氰化钠，虽只有购买行为，但刑法条文中的"非法买卖"并不要求兼有买进和卖出的行为，王某罪名成立。关于该案，下列说法正确的是：

A. 法官对"非法买卖"进行了目的解释
B. 查明和确认"王某非法买卖毒害性物质"的过

程是一个与法律适用无关的过程
C. 对"非法买卖"的解释属于外部证成
D. 内部证成关涉的是从前提到结论之间的推论是否有效

**119．** 2013/1/86/任

关于适用法律过程中的内部证成，下列选项正确的是：

A. 内部证成是给一个法律决定提供充足理由的活动
B. 内部证成是按照一定的推理规则从相关前提中逻辑地推导出法律决定的过程
C. 内部证成是对法律决定所依赖的前提的证成
D. 内部证成和外部证成相互关联

**120．** 2012/1/53/多

张某与王某于2000年3月登记结婚，次年生一女小丽。2004年12月张某去世，小丽随王某生活。王某不允许小丽与祖父母见面，小丽祖父母向法院起诉，要求行使探望权。法官在审理中认为，我国《婚姻法》虽没有直接规定隔代亲属的探望权利，但正确行使隔代探望权有利于儿童健康成长，故依据《民法通则》第7条有关"民事活动应当尊重社会公德"的规定，判决小丽祖父母可以行使隔代探望权。关于此案，下列哪些说法是正确的？

A. 我国《婚姻法》和《民法通则》均属同一法律部门的规范性文件，均是"基本法律"
B. "民事活动应当尊重社会公德"的规定属于命令性规则
C. 法官对判决理由的证成是一种外部证成
D. 法官的判决考虑到法的安定性和合目的性要求

**121．** 2010/1/54/多

关于法律论证中外部证成的说法，下列哪些选项是错误的？

A. 外部证成是对内部证成中所使用的前提本身之合理性的证成
B. 外部证成是法官在审判中根据法条直接推导出判决结论的过程
C. 外部证成与案件事实的法律认定无关
D. 外部证成本身也是一个推理过程

**122．** 2008/1/52/多

关于法律论证中的内部证成和外部证成，下列哪些选项是错误的？

A. 法律论证中的内部证成和外部证成之间的区别表现为，内部证成是针对案件事实问题进行的论证，外部证成是针对法律规范问题进行的论证

B. 无论内部证成还是外部证成都不解决法律决定的前提是否正确的问题

C. 内部证成主要使用演绎方法，外部证成主要使用归纳方法

D. 无论内部证成还是外部证成都离不开支持性理由和推理规则

### 考点18 法律推理

**123.** 2023 回忆/多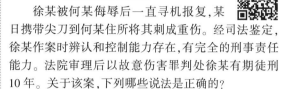

张三明知某商店出售的白酒系酒精勾兑，分批多次购买后向商店索赔，在商店拒不赔付后将商店诉至法院。法院审理后认为，根据生活经验，消费者系为生活生产需要而购买物品者，张三为获利而购买物品，因此不是消费者，故驳回其请求。对此，下列哪些说法是正确的？

A. 消费这个概念包含着价值判断

B. 法官进行了设证推理

C. 法官对消费者的界定是内部证成

D. 法官对消费者的解释是限缩解释

**124.** 2019 回忆/多

某日，公孙龙骑马进城。守城士兵说："王法规定，马过城门应当纳税。"公孙龙说："马过城门应当纳税，但我骑的是白马，白马非马，不应当纳税。"士兵说："白马当然是马，你应当纳税。"公孙龙反问道："如果白马是马，那么，黑马也是马了？"守城士兵说："那是当然。"公孙龙继续说道："按照你的逻辑，白马是马，黑马也是马，那么，白马和黑马就没有差别了。因此，白马非马。"守城士兵被公孙龙说得不知如何应对，但依然不为所动。最终，公孙龙为了进城，只得为马纳税。关于本案，下列哪些说法是正确的？

A. 守城士兵执法的强制性来源于国家强制力

B. "马过城门应当纳税"，其中的"马"属于来自日常生活中的法律概念，不需要解释即可适用

C. 就本案而言，"白马究竟是不是马"是一个事实问题，而不是一个法律问题

D. 守城士兵进行的是演绎推理，而公孙龙进行的则是反向推理

**125.** 2016/1/12/单

在宋代话本小说《错斩崔宁》中，刘贵之妾陈二姐因轻信刘贵欲将她休弃的戏言连夜回娘家，路遇年轻后生崔宁并与之结伴同行。当夜盗贼自刘贵家盗走15贯钱并杀死刘贵，邻居追赶盗贼遇到陈、崔二人，因见崔宁刚好携带15贯钱，遂将二人作为凶手捉拿送官。官府当庭拷讯二人，陈、崔屈打成招，后被处斩。关于该案，下列哪一说法是正确的？

A. 话本小说《错斩崔宁》可视为一种法的非正式渊源

B. 邻居运用设证推理方法断定崔宁为凶手

C. "盗贼自刘贵家盗走15贯钱并杀死刘贵"所表述的是法律规则中的假定条件

D. 从生活事实向法律事实转化需要一个证成过程，从法治的角度看，官府的行为符合证成标准

**126.** 2015/1/58/多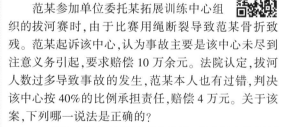

徐某被何某侮辱后一直寻机报复，某日携带尖刀到何某住所将其刺成重伤。经司法鉴定，徐某作案时辨认和控制能力存在，有完全的刑事责任能力。法院审理后以故意伤害罪判处徐某有期徒刑10年。关于该案，下列哪些说法是正确的？

A. "徐某作案时辨认和控制能力存在，有完全的刑事责任能力"这句话包含对事实的法律认定

B. 法院判决体现了法的强制作用，但未体现评价作用

C. 该案中法官运用了演绎推理

D. "徐某被何某侮辱后一直寻机报复，某日携带尖刀到何某住所将其刺成重伤"是该案法官推理中的大前提

**127.** 2013/1/15/单

范某参加单位委托某拓展训练中心组织的拔河赛时，由于比赛用绳断裂导致范某骨折致残。范某起诉中心，认为事故主要是该中心未尽到注意义务引起，要求赔偿10万余元。法院认定，拔河人数过多导致事故的发生，范某本人也有过错，判决该中心按40%的比例承担责任，赔偿4万元。关于该案，下列哪一说法是正确的？

A. 范某对案件仅做了事实描述，未进行法律判断

B. "拔河人数过多导致了事故的发生"这一语句所表达的是一种裁判事实，可作为演绎推理的大前提

C. "该中心按40%的比例承担责任，赔偿4万元"是从逻辑前提中推导而来的

D. 法院主要根据法律责任的效益原则作出判决

**128.** 2010/1/9/单

谢某、阮某与曾某在曾某经营的"皇太极"酒吧喝酒，离开时谢某从楼梯摔下，被扶起后要求在酒吧休息，第二天被发现已死亡。经鉴定，谢某系"醉酒后猝死"。该案审理中，合议庭对"餐饮经营者对醉酒者是否负有义务"产生争议。刘法官认为，我国相关法律对此没有明确规定，但根据德国、奥地利、芬兰等国判例，餐饮经营者负有确保醉酒顾客安全的义务，认定曾某负赔偿责任符合法律保护弱者的立法潮流。依据法学原理，下列哪一说法是正确的？

A. 刘法官的解释属于我国正式法律解释体制中的司法解释

B. 刘法官在该案的论证中运用了有关法的非正式渊源的知识

C. 从法律推理角度看,"经鉴定,谢某系'醉酒后猝死'"是推理的大前提

D. 从德国、奥地利、芬兰等国家存在判例的情形看,这些国家的法律属于判例法系

**129.** 2010/1/53/多

2007 年,张某请风水先生选了块墓地安葬亡父,下葬时却挖到十年前安葬的刘某父亲的棺木,张某将该棺木锯下一角,紧贴着安葬了自己父亲。后刘某发觉,以故意损害他人财物为由起诉张某,要求赔偿损失以及精神损害赔偿。对于此案,合议庭意见不一。法官甲认为,下葬棺木不属于民法上的物,本案不存在精神损害。法官乙认为,张某不仅要承担损毁他人财物的侵权责任,还要因其行为违背公序良俗而向刘某支付精神损害赔偿金。对此,下列哪些说法是正确的?

A. 下葬棺木是否属于民法上的物,可以通过"解释学循环"进行判断

B. "入土为安,死者不受打扰"是中国大部分地区的传统,在一定程度上可以成为法律推理的前提之一

C. "公序良俗"属伦理范畴,非法律规范,故法官乙推理不成立

D. 当地群众对该事件的一般看法,可成为判断刘某是否受到精神损害的因素之一

**130.** 2009/1/9/单

关于法律解释和法律推理,下列哪一说法可以成立?

A. 作为一种法律思维活动,法律推理的根本目的在于发现绝对事实和真相

B. 法律解释和法律推理属于完全不同的两种思维活动,法律推理完全独立于法律解释

C. 法官在进行法律推理时,既要遵守和服从法律规则又要在不同利益冲突间进行价值平衡和选择

D. 法律推理是严格的形式推理,不受人的价值观影响

**131.** 2009/1/10/单

《劳动争议调解仲裁法》第五条规定:"发生劳动争议,当事人不愿协商、协商不成或者达成和解协议后不履行的,可以向调解组织申请调解;不愿调解、调解不成或者达成调解协议后不履行的,可以向劳动争议仲裁委员会申请仲裁;对仲裁裁决不服

的,除本法另有规定的外,可以向人民法院提起诉讼。"关于这一规定,下列哪一说法是错误的?

A. 从法的要素角度看,该规定属于任意性规则

B. 从法的适用角度看,该规定在适用时不需要法官进行推理

C. 从法的特征角度看,该规定体现了法的可诉性特点

D. 从法的作用角度看,该规定为行为人提供了不确定的指引

**132.** 2008/1/53/多

青年男女在去结婚登记的路上被迎面驶来的卡车撞伤,未能登记即被送往医院抢救。女方伤势过重成为植物人,男方遂悔婚约。女方父母把男方告到法院,要求男方对女方承担照顾抚养的责任。法院以法无明文规定为由,裁定不予受理。关于本案,下列哪些评论是错误的?

A. 支持不受理,因为法官面对的是法律不调整的"法外空间"事项

B. 支持不受理,因为法官正确运用了类比推理而没有采用设证推理

C. 反对不受理,因为法官违反了"禁止拒绝裁判原则"

D. 反对不受理,因为法官没有发挥法律在社会中的创造作用

**考点19 法律解释**

**133.** 2022 回忆/单

有法谚云:"法律的最佳解释是法律本身。"关于这句话,下列哪一说法是正确的?

A. 立法的过程也是法律解释的过程

B. 法律之外无解释

C. 有法律就有最佳解释

D. 可以对法律进行客观目的解释

**134.** 2021 回忆/多

甲为新车购买了车辆损失险,其中规定保险车辆遭受保险责任范围内的意外事故(包括火灾)而造成损失,乙保险公司应依合同规定给予赔偿。后该车因自燃损毁,甲诉至法院要求乙保险公司进行赔偿。法官审理查明,"自燃"属于"火灾"的一种,但由于合同中已将"车辆自燃损失保险"作为车损险的一个附加险进行单独规定,所以其中的"意外事故(火灾)"不包括自燃情况,自燃不属于车辆损失险的赔偿范围。关于该案,下列哪些说法是正确的?

A. 法院运用了文义解释

B. 法院运用了体系解释

C. 法院运用了比较解释

D. 法院运用了解释的冲突模式

**135．** 2020 回忆/任

法谚有云："法官是会说话的法律。"关于此法律谚语的理解，下列选项正确的是：

A. 法律不经解释，则不可适用

B. 法律不经法官，则无从解释

C. 法律不经裁判，不产生义务

D. 法律不经适用，不具效力

**136．** 2017/1/60/多

依《刑法》第180条第4款之规定，证券从业人员利用未公开信息从事相关交易活动，情节严重的，依照第1款的规定处罚；该条第1款规定了"情节严重"和"情节特别严重"两个量刑档次。在审理史某利用未公开信息交易一案时，法院认为，尽管第4款中只有"情节严重"的表述，但仍应将其理解为包含"情节严重"和"情节特别严重"两个量刑档次，并认为史某的行为属"情节特别严重"。其理由是《刑法》其他条款中仅有"情节严重"的规定时，相关司法解释仍规定按照"情节严重"、"情节特别严重"两档量刑。对此，下列哪些说法是正确的？

A. 第4款中表达的是准用性规则

B. 法院运用了体系解释方法

C. 第4款的规定可以避免法条重复表述

D. 法院的解释将焦点集中在语言上，并未考虑解释的结果是否公正

**137．** 2016/1/13/单

《全国人民代表大会常务委员会关于〈中华人民共和国刑法〉第一百五十八条、第一百五十九条的解释》中规定："刑法第一百五十八条、第一百五十九条的规定，只适用于依法实行注册资本实缴登记制的公司。"关于该解释，下列哪一说法是正确的？

A. 效力低于《刑法》

B. 全国人大常委会只能就《刑法》作法律解释

C. 对法律条文进行了限制解释

D. 是学理解释

**138．** 2016/1/90/任

在莎士比亚喜剧《威尼斯商人》中，安东尼与夏洛克订立契约，约定由夏洛克借款给安东尼，如不能按时还款，则夏洛克将在安东尼的胸口割取一磅肉。期限届至，安东尼无力还款，夏洛克遂要求严格履行契约。安东尼的未婚妻鲍西娅针锋相对地向夏洛克提出：可以割肉，但仅限一磅，不许相差分毫，也不许流一滴血，唯其如此方符合契约。关于该故事，下列说法正确的是：

A. 夏洛克主张有约必践，体现了强烈的权利意识和契约精神

B. 夏洛克有约必践（即使契约是不合理的）的主

张本质上可以看作是"恶法亦法"的观点

C. 鲍西娅对契约的解释运用了历史解释方法

D. 安东尼与夏洛克的约定遵循了人权原则而违背了平等原则

**139．** 2015/1/57/多

某法院在一起疑难案件的判决书中援引了法学教授叶某的学说予以说理。对此，下列哪些说法是正确的？

A. 法学学说在当代中国属于法律原则的一种

B. 在我国，法学学说中对法律条文的解释属于非正式解释

C. 一般而言，只能在民事案件中援引法学学说

D. 参考法学学说有助于对法律条文作出正确理解

**140．** 2015/1/59/多

张某出差途中突发疾病死亡，被市社会保障局认定为工伤。但张某所在单位认为依据《工伤保险条例》，只有"在工作时间和工作岗位突发疾病死亡"才属于工伤，遂诉至法院。法官认为，张某为完成单位分配的任务，须经历从工作单位到达出差目的地这一过程，出差途中应视为工作时间和工作岗位，故构成工伤。关于此案，下列哪些说法是正确的？

A. 解释法律时应首先运用文义解释方法

B. 法官对条文作了扩张解释

C. 对条文文义的扩张解释不应违背立法目的

D. 一般而言，只有在法律出现漏洞时才需要进行法律解释

**141．** 2015/1/60/多

《最高人民法院关于适用〈中华人民共和国合同法〉若干问题的解释（二）》第十九条规定："对于合同法第七十四条规定的'明显不合理的低价'，人民法院应当以交易当地一般经营者的判断，并参考交易当时交易地的物价部门指导价或者市场交易价，结合其他相关因素综合考虑予以确认。"关于该解释，下列哪些说法是正确的？

A. 并非由某个个案裁判而引起

B. 仅关注语言问题而未涉及解释结果是否公正的问题

C. 具有法律约束力

D. 不需报全国人大常委会备案

**142．** 2014/1/14/单

《最高人民法院、最高人民检察院关于办理赌博刑事案件具体应用法律若干问题的解释》第二条规定："以营利为目的，在计算机网络上建立赌博网站，或者为赌博网站担任代理，接受投注的，属于刑法第三百零三条规定的'开设赌场'。"关于该解释，下

列哪一说法是不正确的?

    A. 属于法定解释

    B. 对刑法条文做了扩大解释

    C. 应当自公布之日起 30 日内报全国人大常委会备案

    D. 运用了历史解释方法

**143.** 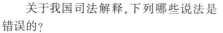 `2014/1/54/多`

关于我国司法解释,下列哪些说法是错误的?

    A. 林某认为某司法解释违背相关法律,遂向全国人大常委会提出审查建议,这属于社会监督的一种形式

    B. 司法解释的对象是法律、行政法规和地方性法规

    C. 司法解释仅指最高法院对审判工作中具体应用法律、法令问题的解释

    D. 全国人大宪法和法律委员会以及有关专门委员会经审查认为司法解释同法律规定相抵触的,可以直接撤销

**144.** 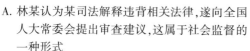 `2014/1/55/多`

甲骑车经过乙公司在小区内的某施工场地时,由于施工场地湿滑摔倒致骨折,遂诉至法院请求赔偿。由于《民法通则》对"公共场所"没有界定,审理过程中双方对施工场地是否属于《民法通则》中的"公共场所"产生争议。法官参考《刑法》、《集会游行示威法》等法律和多个地方性法规对"公共场所"的规定后,对"公共场所"作出解释,并据此判定乙公司承担赔偿责任。关于此案,下列哪些选项是正确的?

    A. 法官对"公共场所"的具体含义的证成属于外部证成

    B. 法官运用了历史解释方法

    C. 法官运用了体系解释方法

    D. 该案表明,同一个术语在所有法律条文中的含义均应作相同解释

**145.** `2013/1/13/单`

李某在某餐馆就餐时,被邻桌互殴的陌生人误伤。李某认为,依据《消费者权益保护法》第 7 条第 1 款中"消费者在购买、使用商品和接受服务时享有人身、财产安全不受损害的权利"的规定,餐馆应负赔偿责任,据此起诉。法官结合该法第 7 条第 2 款中"消费者有权要求经营者提供的商品和服务,符合保障人身、财产安全的要求"的规定来解释第 7 条第 1 款,认为餐馆对商品和服务之外的因素导致伤害不应承担责任,遂判决李某败诉。对此,下列哪一说法是不正确的?

    A. 李某的解释为非正式解释

    B. 李某运用的是文义解释方法

    C. 法官运用的是体系解释方法

    D. 就不同解释方法之间的优先性而言,存在固定的位阶关系

**146.** `2012/1/11/单`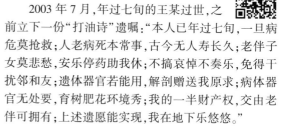

2003 年 7 月,年过七旬的王某过世,之前立下一份"打油诗"遗嘱:"本人已年过七旬,一旦病危莫抢救;人老病死本常事,古今无人寿长久;老伴子女莫悲愁,安乐停药助我休;不搞哀悼不奏乐,免得干扰邻和友;遗体器官若能用,解剖赠送我求索;病体器官无处处,育树肥花环境秀;我的一半财产权,交由老伴可拥有;上述遗愿能实现,我在地下乐悠悠。"

对于王某遗嘱中"我的一半财产权"所涉及的住房,指的是"整个房子的一半",还是"属于父亲份额的一半",家人之间有不同的理解。儿子认为,父亲所述应理解为母亲应该继承属于父亲那部分房产的一半,而不是整个房产的一半。王某老伴坚持认为,这套房子是其与丈夫的共同财产,自己应拥有整个房产(包括属于丈夫的另一半房产)。关于该案,下列哪一说法是正确的?

    A. 王某老伴与子女间的争议在于他们均享有正式的法律解释权

    B. 王某老伴与子女对遗嘱的理解属于主观目的解释

    C. 王某遗嘱符合意思表示真实、合法的要求

    D. 遗嘱中的"我的一半财产权"首先应当进行历史解释

**147.** `2012/1/14/单`

某商场促销活动时宣称:"凡购买 100 元商品均送 80 元购物券。对因促销活动产生的纠纷,本商场有最终解释权。"刘女士在该商场购买了 1000 元商品,返回 800 元购物券。刘女士持券买鞋时,被告知鞋类商品 2 天前已退出促销活动,必须现金购买。刘女士遂找商场理论,协商未果便将商场告上法庭。关于本案,下列哪一认识是正确的?

    A. 从法律的角度看,"本商场有最终解释权"是一种学理解释权的宣称

    B. 本案的争议表明,需要以公平正义去解释合同填补漏洞

    C. 当事人对合同进行解释,等同于对合同享有法定的解释权

    D. 商场的做法符合"权利和义务相一致"的原则

**148.** `2012/1/55/多`

杨某与刘某存有积怨,后刘某服毒自杀。杨某因患风湿病全身疼痛,怀疑是刘某阴魂纠

缠,遂先后3次到刘某墓地掘坟撬棺,挑出刘某头骨,并将头骨和棺材板移埋于自家责任田。事发后,检察院对杨某提起公诉。一审法院根据《中华人民共和国刑法》第302条的规定,认定杨某的行为构成侮辱尸体罪。杨某不服,认为坟内刘某已成白骨并非尸体,随后上诉。杨某对"尸体"的解释,属于下列哪些解释?

  A. 任意解释  B. 比较解释

  C. 文义解释  D. 法定解释

**149.** 2011/1/90/任

2011年7月5日,某公司高经理与员工在饭店喝酒聚餐后表示:别开车了,"酒驾"已入刑,咱把车推回去。随后,高经理在车内掌控方向盘,其他人推车缓行。记者从交警部门了解到,如机动车未发动,只操纵方向盘,由人力或其他车辆牵引,不属于酒后驾车。但交警部门指出,路上推车既会造成后方车辆行驶障碍,也会构成对推车人的安全威胁,建议酒后将车置于安全地点,或找人代驾。鉴于我国对"酒后代驾"缺乏明确规定,高经理起草了一份《酒后代驾服务规则》,包括总则、代驾人、被代驾人、权利与义务、代为驾驶服务合同、法律责任等共6章21条邮寄给国家立法机关。

关于交警部门的推车前行不属于"酒驾"的解释,下列判断不正确的是:

  A. 属于司法解释

  B. 属于行政解释

  C. 直接运用了类比推理

  D. 运用了演绎推理

**150.** 2010/1/8/单

我国某省人大常委会制定了该省的《食品卫生条例》,关于该地方性法规,下列哪一选项是不正确的?

  A. 该法规所规定的内容主要属于行政法部门

  B. 该法规属于我国法律的正式渊源,法院审理相关案件时可直接适用

  C. 该法规的具体应用问题,应由该省人大常委会进行解释

  D. 该法规虽仅在该省范围适用,但从效力上看具有普遍性

**151.** 2010/1/10/单

法律解释是法律适用中的必经环节。关于法律解释及其方法,下列哪一说法是错误的?

  A. "欲寻词句义,应观上下文",描述的是体系解释方法

  B. 文义解释是首先考虑的解释方法,相对于其他解释方法具有优先性

  C. 历史解释的对象主要是法律问题中的历史事

实,与特定解决方案中的法律后果无关

  D. 客观目的解释中,一些法伦理性的原则可以作为解释的根据

**152.** 2009/1/11/单

《物权法》第一百一十六条规定:"天然孳息,由所有权人取得;既有所有权人又有用益物权人的,由用益物权人取得。当事人另有约定的,按照约定。法定孳息,当事人有约定的,按照约定取得;没有约定或者约定不明确的,按照交易习惯取得。"关于这一规定,下列哪一说法是错误的?

  A. 该规定属于法律要素中的确定性法律规则

  B. 该规定对于具有物权孳息关系的当事人可以起到很明确的指引作用和预测作用

  C. 该规定事实上允许法官可以在一定条件下以习惯作为司法审判的依据

  D. 对"天然孳息"和"法定孳息"重要法律概念含义的解释应该首先采用客观目的解释的方法

**153.** 2008/1/6/单

在一起案件中,主审法官认为,生产假化肥案件中的"假化肥"不属于《刑法》第一百四十条规定的"生产者、销售者在产品中掺杂、掺假,以假充真,以次充好或者以不合格产品冒充合格产品"中的"产品"范畴,因为《刑法》第一百四十七条对"生产假农药、假兽药、假化肥"有专门规定。关于该案,法官采用的法律解释方法属于下列哪一种?

  A. 比较解释  B. 历史解释

  C. 体系解释  D. 目的解释

**考点20** 法律漏洞的填补

**154.** 2022 回忆/单

甲公司开发了某款网络游戏,其中的卡通人物涉嫌使用了著名影星乙在某部电影中的经典形象。乙遂向法院起诉,要求甲公司停止侵权并赔偿损失。法官经审理认为,《著作权法》并未对网络游戏使用视听作品中的形象作出规定,但网络游戏情节设计与改编视听作品在性质上相似,因此可以认定为《著作权法》第52条所规定的"以改编、翻译、注释等方式使用作品",遂判决甲公司构成侵犯著作权。对此,下列哪一说法是正确的?

  A.《著作权法》所存在的法律漏洞为隐藏漏洞

  B. 法官进行了目的论的扩张

  C. 法官运用了类比推理

  D. 法官创设了新的权利类型

**155.** 2021 回忆/多

朱某继承了爷爷留下来的一套房屋,起诉至法院要求继祖母秦某搬离房子。法院认为,此

住房是秦某唯一住房,且秦某年事已高,无其他生活来源,让其搬离将无家可归。虽然此房屋并未登记设立居住权,但根据《民法典》规定居住权的立法目的,应当承认秦某的居住权。故法院驳回了朱某的诉讼请求。对此,下列哪些说法是正确的?

A. 法院对《民法典》关于居住权立法目的的解释属于外部证成

B. 为了证成秦某的权利,法院做了目的论扩张

C. 朱某的所有权是普通权利,受到居住权这一基本权利的限制

D. 为了确保判决合目的性,法院考量了公序良俗

**156.** 2019 回忆/多

关于法律漏洞及其补充,下列哪些说法是正确的?

A. 嗣后漏洞指立法者在制定法律时因疏忽或认知能力的限制没有意识的法律漏洞

B. 当案件超越了规范文义的涵盖范围,但规范目的却能够包括该案件时,可以用目的论扩张的方法将该案件纳入规范的适用范围

C. 目的论限缩指规范文义的范围宽于规范目的的范围,即所谓"言过其实",其基本原理是不同案件不同适用,排除掉不同案件在同一规范的适用

D. 填补明显漏洞的方法是目的论限缩,填补隐藏漏洞的方法是目的论扩张

# 专题三 法的演进

**考点21 法的产生及一般规律**

**157.** 2017/1/13/单

有学者这样解释法的产生:最初的纠纷解决方式可能是双方找到一位共同信赖的长者,向他讲述事情的原委并由他作出裁决;但是当纠纷多到需要占用一百位长者的全部时间时,一种制度化的纠纷解决机制就成为必要了,这就是最初的法律。对此,下列哪一说法是正确的?

A. 反映了社会调整从个别调整到规范性调整的规律

B. 说明法律始终是社会调整的首要工具

C. 看到了经济因素和政治因素在法产生过程中的作用

D. 强调了法律与其他社会规范的区别

**考点22 法的继承与移植**

**158.** 2009/1/52/多

"法的继承体现时间上的先后关系,法

的移植则反映一个国家对同时代其他国家法律制度的吸收和借鉴,法的移植的范围除了外国的法律外,还包括国际法律和惯例。"据此,下列哪些说法是正确的?

A. 1804 年《法国民法典》是对罗马法制度、原则的继承

B. 国内法不可以继承国际法

C. 法的移植不反映时间关系,仅体现空间关系

D. 法的移植的范围除了制定法,还包括习惯法

**考点23 法律意识**

**159.** 2011/1/52/多

下列哪些选项属于法律意识的范畴?

A. 法国大革命后制定的《法国民法典》

B. 西周提出的"以德配天,明德慎罚"

C. 中国传统的"和为贵"、"少讼"、"厌讼"

D. 社会主义法治理念

**考点24 法系**

**160.** 2008/1/55/多

法系是法学上的一个重要概念。关于法系,下列哪些选项是正确的?

A. 法系是一个比较法学上的概念,是根据法的历史传统和外部特征的不同对法所作的分类

B. 历史上曾经存在过很多个法系,但大多都已经消亡,目前世界上仅存的法系只有民法法系和普通法系

C. 民法法系有编纂成文法典的传统,因此,有成文法典的国家都属于民法法系

D. 法律移植是一国对外国法的借鉴、吸收和摄取,因此,法律移植是法系形成和发展的重要途径

**考点25 法的现代化**

**161.** 2017/1/14/单

关于法的现代化,下列哪一说法是正确的?

A. 内发型法的现代化具有依附性,带有明显的工具色彩

B. 外源型法的现代化是在西方文明的特定历史背景中孕育、发展起来的

C. 外源型法的现代化具有被动性,外来因素是最初的推动力

D. 中国法的现代化的启动形式是司法主导型

**162.** 2014/1/93/任

关于法的发展、法的传统与法的现代化,下列说法正确的是:

A. 中国的法的现代化是自发的、自下而上的、渐

进变革的过程

B. 法律意识是一国法律传统中相对比较稳定的部分

C. 外源型法的现代化进程带有明显的工具色彩,一般被要求服务于政治、经济变革

D. 清末修律标志着中国法的现代化在制度层面上的正式启动

**考点26 法治理论**

163. 2012/1/9/单

卡尔·马克思说:"在民主的国家里,法律就是国王;在专制的国家里,国王就是法律。"关于马克思这段话的理解,下列哪一选项是错误的?

A. 从性质上看,有民主的法律,也有专制的法律

B. 在实行民主的国家,君主或者国王不可以参与立法

C. 在实行专制的国家,国王的意志可以上升为法律

D. 实行民主的国家,也是实行法律至上原则的国家

# 专题四 法与社会

**考点27 法和社会的一般理论**

164. 2012/1/51/多

"社会的发展是法产生的社会根源。社会的发展,文明的进步,需要新的社会规范来解决社会资源有限与人的欲求无限之间的矛盾,解决社会冲突,分配社会资源,维持社会秩序。适应这种社会结构和社会需要,国家和法这一新的社会组织和社会规范就出现了。"关于这段话的理解,下列哪些选项是正确的?

A. 社会不是以法律为基础,相反,法律应以社会为基础

B. 法律的起源与社会发展的进程相一致

C. 马克思主义的法律观认为,法律产生的根本原因在于社会资源有限与人的欲求无限之间的矛盾

D. 解决社会冲突,分配社会资源,维持社会秩序属于法的规范作用

165. 2009/1/7/单

奥地利法学家埃利希在《法社会学原理》中指出:"在当代以及任何其他的时代,法的发展的重心既不在立法,也不在法学或司法判决,而在于社会本身。"关于这句话含义的阐释,下列哪一选项是错误的?

A. 法是社会的产物,也是时代的产物

B. 国家的法以社会的法为基础

C. 法的变迁受社会发展进程的影响

D. 任何时代,法只要以社会为基础,就可以脱离立法、法学和司法判决而独立发展

**考点28 法与经济、政治、科学技术的关系**

166. 2023 回忆/单

近年来,生成式人工智能的发展给法律带来挑战。对此,国家网信办联合其他部门通过了《生成式人工智能服务管理暂行办法》。该《办法》规定,国家坚持发展和安全并重、促进创新和依法治理相结合的原则,采取有效措施鼓励生成式人工智能创新发展,对生成式人工智能服务实行包容审慎和分类分级监管。对此,下列哪一说法是正确的?

A. 法律必然滞后于科技发展

B. 对人工智能的法律监管,表明科技并非价值中立

C.《办法》中所规定的原则是公理性原则

D. 促进创新原则是以个案平衡的原则适用于实践

167. 2013/1/51/多

"近现代法治的实质和精义在于控权,即对权力在形式和实质上的合法性的强调,包括权力制约权力、权利制约权力和法律的制约。法律的制约是一种权限、程序和责任的制约。"关于这段话的理解,下列哪些选项是正确的?

A. 法律既可以强化权力,也可以弱化权力

B. 近现代法治只控制公权,而不限制私权

C. 在法治国家,权力若不加限制,将失去在形式和实质上的合法性

D. 从法理学角度看,权力制约权力、权利制约权力实际上也应当是在法律范围内的制约和法律程序上的制约

168. 2009/1/54/多

2007年8月30日,我国制定了《反垄断法》,下列说法哪些可以成立?

A.《反垄断法》的制定是以我国当前的市场经济为基础的,没有市场经济,就不会出现市场垄断,也就不需要《反垄断法》,因此可以说,社会是法律的母体,法律是社会的产物

B. 法对经济有积极的反作用,《反垄断法》的出台及实施将会对我国市场经济发展产生重要影响

C. 我国市场经济的发展客观上需要《反垄断法》的出台,这个事实说明,唯有经济才是法律产生和发展的决定性因素,经济之外法律不受其他社会因素的影响

D. 为了有效地管理社会,法律还需要和其他社会规范(道德、政策等)积极配合,《反垄断法》在管理市场经济时也是如此

**169.** 2008/1/92/任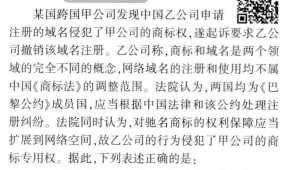

某国跨国甲公司发现中国乙公司申请注册的域名侵犯了甲公司的商标权,遂起诉要求乙公司撤销该域名注册。乙公司称,商标和域名是两个领域的完全不同的概念,网络域名的注册和使用均不属中国《商标法》的调整范围。法院认为,两国均为《巴黎公约》成员国,应当根据中国法律和该公约处理注册纠纷。法院同时认为,对驰名商标的权利保障应当扩展到网络空间,故乙公司的行为侵犯了甲公司的商标专用权。据此,下列表述正确的是:

A. 法律应该以社会为基础,随着社会的发展而变化
B. 科技的发展影响法律的调整范围,而法律可以保障科技的发展
C. 国际条约可以作为我国法的渊源
D. 乙公司的辩称和法院的判断表明:法律决定的可预测性与可接受性之间存在着一定的紧张关系

**考点29 法与道德**

**170.** 2017/1/5/单

某法院在网络、微信等平台上公布失信被执行人名单以督促其履行义务,不少失信被执行人迫于"面子"和舆论压力主动找到法院配合执行。对此,下列哪一理解是正确的?

A. 道德问题的有效解决总是必须依赖法律的强制手段
B. 公布失信被执行人名单有助于形成守法光荣、违法可耻的社会氛围
C. 法律的有效实施总是必须诉诸道德谴责和舆论压力
D. 法律与道德具有概念上的必然关系,法律其实就是道德

**171.** 2017/1/86/任

孟子的弟子问孟子,舜为天子时,若舜的父亲犯法,舜该如何处理?孟子认为,舜既不能以天子之权要求有司枉法,也不能罔顾亲情坐视父亲受刑,正确的处理方式应是放弃天子之位,与父亲一起隐居到偏远之地。对此,下列说法正确的是:

A. 情与法的冲突总能找到两全其美的解决方案
B. 中华传统文化重视伦理和亲情,对当代法治建设具有借鉴意义
C. 孟子的方案虽然保全了亲情,但完全未顾及法律

D. 不同法律传统对情与法的矛盾可能有不同的处理方式

**172.** 2016/1/14/单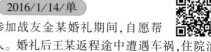

王某参加战友金某婚礼期间,自愿帮忙接待客人。婚礼后王某返程途中遭遇车祸,住院治疗花去费用1万元。王某认为,参加婚礼并帮忙接待客人属帮工行为,遂将金某诉至法院要求赔偿损失。法院认为,王某行为属由道德规范的情谊行为,不在法律调整范围内。关于该案,下列哪一说法是正确的?

A. 在法治社会中,法律可以调整所有社会关系
B. 法官审案应区分法与道德问题,但可进行价值判断
C. 道德规范在任何情况下均不能作为司法裁判的理由
D. 一般而言,道德规范具有国家强制性

**173.** 2013/1/52/多

公元前399年,在古雅典城内,来自社会各阶层的501人组成的法庭审理了一起特别案件。被告人是著名哲学家苏格拉底,其因在公共场所喜好与人辩论、传授哲学而被以"不敬神"和"败坏青年"的罪名判处死刑。在监禁期间,探视友人欲帮其逃亡,但被拒绝。苏格拉底说,虽然判决不公正,但逃亡是毁坏法律,不能以错还错。最后,他服从判决,喝下毒药而亡。对此,下列哪些说法是正确的?

A. 人的良知、道德感与法律之间有时可能发生抵牾
B. 苏格拉底服从判决的决定表明,一个人可以被不公正地处罚,但不应放弃探究真理的权利
C. 就本案的事实看,苏格拉底承认判决是不公正的,但并未从哲学上明确得出"恶法非法"这一结论
D. 从本案的法官、苏格拉底和他的朋友各自的行为看,不同的人对于"正义"概念可能会有不同的理解

**174.** 2010/1/91/任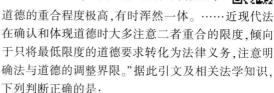

"一般来说,近代以前的法在内容上与道德的重合程度极高,有时浑然一体。……近现代法在确认和体现道德时大多注意二者重合的限度,倾向于只将最低限度的道德要求转化为法律义务,注意明确法与道德的调整界限。"据此引文及相关法学知识,下列判断正确的是:

A. 在历史上,法与道德之间要么是浑然一体的,要么是绝然分离的
B. 道德义务和法律义务是可以转化的

C. 古代立法者倾向于将法律标准和道德标准分开

D. 近现代立法者均持"恶法亦法"的分析实证主义法学派立场

**175.** 2009/1/55/多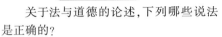

关于法与道德的论述,下列哪些说法是正确的?

A. 法律规范与道德规范的区别之一就在于道德规范不具有国家强制性

B. 按照分析实证主义法学的观点,法与道德在概念上没有必然联系

C. 法和道德都是程序选择的产物,均具有建构性

D. 违反法律程序的行为并不一定违反道德

**考点30** 法与其他规范的联系与区别

**176.** 2020 回忆/任

我国《民法典》增设居住权,下列关于居住权的评论正确的是:

A. 居住权具有道德权利和法律权利双重属性

B. 从逻辑上看,居住权先于《民法典》而存在

C. 人民群众的基本需求均应纳入法律的调整范围

D. 居住权有助于保护弱势群体的利益

**177.** 2014/1/15/单

关于法与人权的关系,下列哪一说法是错误的?

A. 人权不能同时作为道德权利和法律权利而存在

B. 按照马克思主义法学的观点,人权不是天赋的,也不是理性的产物

C. 人权指出了立法和执法所应坚持的最低的人道主义标准和要求

D. 人权被法律化的程度会受到一国民族传统、经济和文化发展水平等因素的影响

**178.** 2011/1/15/单

下列哪一表述说明人权在本原上具有历史性?

A. "根据自然法,一切人生而自由,既不知有奴隶,也就无所谓释放"

B. "没有无义务的权利,也没有无权利的义务"

C. "人人生而平等,他们都从他们的'造物主'那里被赋予某些不可转让的权利"

D. "权利永远不能超出社会的经济结构以及由经济结构所制约的文化发展"

# 中国法律史［试题］

 扫一扫，"码"上做题

微信扫码，即可线上做题、看解析。
多种做题模式:章节自测、单科集训、随机演练等。

## 专题五  先秦时期的法律思想与制度

**考点31** 先秦时期的法律思想与制度

**179.** 2022 回忆/多

《孟子·尽心章句上》记载,学生问孟子:"舜做天子,如果舜的父亲杀了人,舜该怎么办?"孟子说:"应先把他父亲抓起来,然后舜放弃天子之位,夜晚偷偷地背上父亲逃跑。"对此,下列哪些说法是正确的?

A. 孟子的主张体现了"亲亲""尊尊"的礼的精神原则

B. 孟子认为,即使是帝王也不能滥用权力

C. 本案体现了不能忽视法律的社会意义和伦理意义

D. 舜的做法体现了孝道与守法不能两全

**180.** 2017/1/15/单

《汉书·陈宠传》就西周礼刑关系描述说:"礼之所去,刑之所取,失礼则入刑,相为表里。"关于西周礼刑的理解,下列哪一选项是正确的?

A. 周礼分为五礼,核心在于"亲亲""尊尊",规定了政治关系的等级

B. 西周时期五刑,即墨、劓、剕(刖)、宫、大辟,适用于庶民而不适用于贵族

C. "礼"不具备法的性质,缺乏国家强制性,需要"刑"作为补充

D. 违礼即违法,在维护统治的手段上"礼""刑"二者缺一不可

**181.** 2016/1/15/单

西周商品经济发展促进了民事契约关系的发展。《周礼》载:"听买卖以质剂。"汉代学者郑玄解读西周买卖契约形式:"大市谓人民、牛马之属,用长券;小市为兵器、珍异之物,用短券。"对此,下列哪一说法是正确的?

A. 长券为"质",短券为"剂"

B. "质"由买卖双方自制,"剂"由官府制作

C. 契约达成后,交"质人"专门管理

D. 买卖契约也可采用"傅别"形式

**182.** 2016/1/16/单

春秋时期,针对以往传统法律体制的不合理性,出现了诸如晋国赵鞅"铸刑鼎",郑国执政子产"铸刑书"等变革活动。对此,下列哪一说法是正确的?

A. 晋国赵鞅"铸刑鼎"为中国历史上首次公布成文法

B. 奴隶主贵族对公布法律并不反对,认为利于其统治

C. 打破了"刑不可知,则威不可测"的壁垒

D. 孔子作为春秋时期思想家,肯定赵鞅"铸刑鼎"的举措

**183.** 2015/1/16/单

《左传》云:"礼,所以经国家,定社稷,序民人,利后嗣者也",系对周礼的一种评价。关于周礼,下列哪一表述是正确的?

A. 周礼是早期先民祭祀风俗自然流传到西周的产物

B. 周礼仅属于宗教、伦理道德性质的规范

C. "礼不下庶人"强调"礼"有等级差别

D. 西周时期"礼"与"刑"是相互对立的两个范畴

**184.** 2014/1/56/多

中国古代关于德与刑的关系理论,经历了一个长期的演变和发展过程。下列哪些说法是正确的?

A. 西周时期确立了"以德配天,明德慎罚"的思想,以此为指导,道德教化与刑罚处罚结合,形成了当时"礼"、"刑"结合的宏观法制特色

B. 秦朝推行法家主张,但并不排斥礼,也强调"德主刑辅,礼刑并用"

C. 唐律"一准乎礼,而得古今之平",实现了礼与律的有机统一,成为了中华法系的代表

D. 宋朝以后,理学强调礼和律对治理国家具有同等重要的地位,二者"不可偏废"

**185.** 2013/1/16/单

关于西周法制的表述,下列哪一选项是正确的?

A. 周初统治者为修补以往神权政治学说的缺陷，提出了"德主刑辅，明德慎罚"的政治法律主张

B. 《汉书·陈宠传》称西周时期的礼刑关系为"礼之所去，刑之所取，失礼则入刑，相为表里"

C. 西周的借贷契约称为"书约"，法律规定重要的借贷行为都须订立书面契约

D. 西周时期在宗法制度下已形成子女平均继承制

**186.** 2009/1/58/多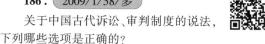

关于中国古代诉讼、审判制度的说法，下列哪些选项是正确的？

A. 西周时期"听讼"为审理民事案件，"断狱"为审理刑事案件

B. 唐代县以下乡官、里正对犯罪案件具有纠举责任，对轻微犯罪与民事案件具有调解处理的权力

C. 明代的大审是一种会审制度，每三年举行一次

D. 清末改大理寺为大理院，为全国最高审判机关

**187.** 2008/1/8/单

西周时，格伯以良马四匹折价，购买佣生三十田。双方签订买卖契约，刻写竹简之上，中破为两半，双方各执一半。依西周礼法，该契约的称谓是下列哪一种？

A. 傅别　　　　　B. 质剂
C. 券书　　　　　D. 书券

# 专题六　秦汉至魏晋南北朝时期的法律思想与制度

**考点32** 秦汉至魏晋南北朝时期的法律思想与制度

**188.** 2023 回忆/单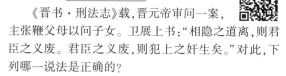

《晋书·刑法志》载，晋元帝审问一案，主张鞭父母以问子女。卫展上书："相隐之道离，则君臣之义废。君臣之义废，则犯上之奸生矣。"对此，下列哪一说法是正确的？

A. 晋元帝重伦理轻法律
B. 亲亲相隐在东晋已成为正式法律制度
C. 亲情伦理可以抗御刑讯
D. 伦理与刑罚之间的冲突不可调和

**189.** 2018 回忆/多

关于中国古代社会几部法典的结构体例，下列哪些选项是正确的？

A. 《法经》中相当于近代刑法典总则部分的"具

法"，被置于六篇的篇首

B. 《魏律》对秦汉旧律有较大改革，如将"具律"改为"刑名"，并将其置于律首

C. 《北齐律》将刑名与法例合为名例一篇，奠定了后世刑法的总则

D. 《大清律例》是我国最后一部成文法典，采六部格局

**190.** 2017/1/16/单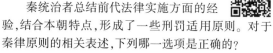

秦统治者总结前代法律实施方面的经验，结合本朝特点，形成了一些刑罚适用原则。对于秦律原则的相关表述，下列哪一选项是正确的？

A. 关于刑事责任能力的确定，以身高作为标准，男、女身高六尺二寸以上为成年人，其犯罪应负刑事责任

B. 重视人的主观意识状态，对故意行为要追究刑事责任，对过失行为则认为无犯罪意识，不予追究

C. 对共犯、累犯等加重处罚，对自首、犯后主动消除犯罪后果等减轻处罚

D. 无论教唆成年人、未成年人犯罪，对教唆人均实行同罪，加重处罚

**191.** 2014/1/16/单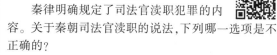

秦律明确规定了司法官渎职犯罪的内容。关于秦朝司法官渎职的说法，下列哪一选项是不正确的？

A. 故意使罪犯未受到惩罚，属于"纵囚"

B. 对已经发生的犯罪，由于过失未能揭发、检举，属于"见知不举"

C. 对犯罪行为由于过失而轻判者，属于"失刑"

D. 对犯罪行为故意重判者，属于"不直"

**192.** 2013/1/18/单

"名例律"作为中国古代律典的"总则"篇，经历了发展、变化的过程。下列哪一表述是不正确的？

A. 《法经》六篇中有"具法"篇，置于末尾，为关于定罪量刑中从轻从重法律原则的规定

B. 《晋律》共20篇，在刑名律后增加了法例律，丰富了刑法总则的内容

C. 《北齐律》共12篇，将刑名与法例律合并为名例律一篇，充实了刑法总则，并对其进行逐条逐句的疏议

D. 《大清律例》的结构、体例、篇目与《大明律》基本相同，名例律置首，后为吏律、户律、礼律、兵律、刑律、工律

**193.** 2013/1/19/单

中国历史上曾进行多次法制变革以适

应社会的发展。关于这些法制变革的表述,下列哪一选项是错误的?

A. 秦国商鞅实施变法改革,全面贯彻法家"明法重刑"的主张,加大量刑幅度,对轻罪也施以重刑,以实现富国强兵目标
B. 西汉文帝为齐太仓令之女缇萦请将自己没官为奴、替父赎罪的行为所动,下令废除肉刑
C. 唐代废除了宫刑制度,创设了鞭刑和杖刑,以宽减刑罚,缓解社会矛盾
D.《大清新刑律》抛弃了旧律诸法合体的编纂形式,采用了罪刑法定原则,规定刑罚分为主刑、从刑

**194.** 2013/1/57/多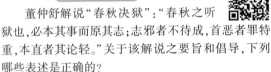

董仲舒解说"春秋决狱":"春秋之听狱也,必本其事而原其志;志邪者不待成,首恶者罪特重,本直者其论轻。"关于该解说之要旨和倡导,下列哪些表述是正确的?

A. 断案必须根据事实,要追究犯罪人的动机,动机邪恶者即使犯罪未遂也不免刑责
B. 在着重考察动机的同时,还要依据事实,分别首犯、从犯和已遂、未遂
C. 如犯罪人主观动机符合儒家"忠"、"孝"精神,即使行为构成社会危害,也不给予刑事处罚
D. 以《春秋》经义决狱为司法原则,对当时传统司法审判有积极意义,但某种程度上为司法擅断提供了依据

**195.** 2012/1/18/单

关于中国古代法律历史地位的表述,下列哪一选项是正确的?

A.《法经》是中国历史上第一部比较系统的成文法典
B.《北魏律》在中国古代法律史上起着承先启后的作用
C.《宋刑统》是中国历史上第一部刊印颁行的仅含刑事内容的法典
D.《大明会典》以《元典章》为渊源,为《大清会典》所承继

**196.** 2012/1/56/多

秦汉时期的刑罚主要包括笞刑、徒刑、流放刑、肉刑、死刑、羞辱刑等,下列哪些选项属于徒刑?

A. 候　　　　　B. 隶臣妾
C. 弃市　　　　D. 鬼薪白粲

**197.** 2011/1/16/单

据史书载,以下均为秦朝刑事罪名。下列哪一选项最不具有秦朝法律文化的专制特色?

A."偶语诗书"　　B."以古非今"
C."非所宜言"　　D."失刑"

**198.** 2010/1/13/单

汉宣帝地节四年下诏曰:"自今子首匿父母、妻匿夫、孙匿大父母,皆勿坐。其父母匿子、夫匿妻、大父母匿孙,罪殊死,皆上请廷尉以闻","亲亲得相首匿"正式成为中国封建法律原则和制度。对此,下列哪一选项是错误的?

A. 近亲属之间相互首谋隐匿一般犯罪行为,不负刑事责任
B. 近亲属之间相互首谋隐匿所有犯罪行为,不负刑事责任
C."亲亲得相首匿"的本意在于尊崇伦理亲情
D."亲亲得相首匿"的法旨在于宽宥缘自亲情发生的隐匿犯罪亲属的行为

**199.** 2009/1/57/多

关于中国法律制度发展和演进,下列哪些表述是正确的?

A. 商鞅"改法为律"扩充了法律内容,强调了法律规范的普遍性
B. 汉武帝顺应历史发展废除肉刑进行刑制改革,为建立封建刑罚制度奠定了重要基础
C. 三国两晋南北朝时期更广泛、更直接地把儒家的伦理规范上升为法律规范,使礼、法更大程度上实现融合
D. 清末变法修律基本上是仿效外国资本主义的法律形式,固守中国的封建法制传统

**200.** 2008/1/9/单

关于中国古代社会几部法典的结构体例,下列哪一选项是错误的?

A.《法经》中相当于近代刑法典总则部分的"具法"被置于六篇中的最后一篇
B.《魏律》对秦汉旧律有较大改革,如将"具律"改为"刑名",并将其置于律首
C.《晋律》将刑名与法例律合为"名例律"一篇,并将法典篇章数定为二十篇
D.《永徽律疏》将疏议分附于律文之后颁行,分为十二篇三十卷

**201.** 2008/1/57/多

中国古代社会的死刑复奏制度是指奏请皇帝批准执行死刑判决的制度。关于这一制度,下列哪些选项是正确的?

A. 北魏太武帝时正式确立了死刑复奏制度
B. 唐朝的死刑案件在地方实行"三复奏",在京师实行"五复奏"
C. 明清时期的朝审制度取代了死刑复奏制度

D. 死刑复奏制度的建立和完善既加强了皇帝对司法、审判的控制，又体现了皇帝对民众的体恤

# 专题七 隋唐宋元时期的法律思想与制度

考点33 隋唐宋元时期的法律思想与制度

**202.** `2021 回忆/多`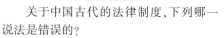

关于宋代契约法制，下列哪些说法是正确的？

A. 齐某年初从赵某处得买得100只小鸡，约定年底付钱500文，这种契约称为"赊卖"

B. 卢某把自己的房子租给孙某居住半年，收取租金5两银子，签订的契约称为"出举"

C. 沈某把祖传的一件字画典给当铺，取得10两银子，约定5年不赎回则当铺所有，这种契约称为"活卖"

D. 贾某租给宋某5亩土地，约定收获的粮食五五分成，这种契约称为"租佃"

**203.** `2019 回忆/单`

关于中国古代的法律制度，下列哪一说法是错误的？

A. 先秦的奴隶制五刑以肉刑为中心，包括墨、劓、刖、宫、大辟

B. 唐代的最低刑是杖刑

C. 大理寺在唐代属于中央审判机构

D. 明代对风俗伦理方面的犯罪处罚较轻

**204.** `2018 回忆/多`

关于中国古代的法律制度，下列哪些说法是不正确的？

A. 成语"秋后算账"来源于中国古代的秋冬行刑制度

B. 《开皇律》在《北齐律》"重罪十条"的基础上，创设"十恶"条款，为俗语"十恶不赦"之来源

C. 《唐律·名例律》规定"诸化外人同类自相犯者，各依本俗法；异类相犯者，以法律论"，是属地管辖

D. 《唐律·名例律》规定"诸断罪而无正条，其应出罪者，则举重以明轻；其应入罪者，则举轻以明重"，属于类比推理

**205.** `2017/1/17/单`

唐代诉讼制度不断完善，并具有承前启后的特点。下列哪一选项体现了唐律据证定罪的原则？

A. 唐律规定，审判时"必先以情，审察辞理，反复参验，犹未能决，事须拷问者，立案同判，然后拷讯，违者杖六十"

B. 《断狱律》说："若赃状露验，理不可疑，虽不承引，即案状断之"

C. 唐律规定，对应议、请、减和老幼残疾之人"不合拷讯"

D. 《断狱律》说："（断狱）皆须具引律、令、格、式正文，违者笞三十"

**206.** `2017/1/18/单`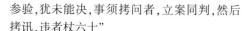

随着商品经济的繁荣，两宋时期的买卖、借贷、租赁、抵押、典卖、雇佣等各种契约形式均有发展。据此，下列哪一说法是错误的？

A. 契约的订立必须出于双方合意，对强行签约违背当事人意愿的，要"重蜫典宪"

B. 买卖契约中的"活卖"，是指先以信用取得出卖物，之后再支付价金，且须订立书面契约

C. 付息的消费借贷称为出举，并有"（出举者）不得迴利为本"的规定，防止高利贷盘剥

D. 宋代租佃土地契约中，可实行定额租，佃农逾期不交租，地主可诉请官府代为索取

**207.** `2016/1/17/单`

元代人在《唐律疏议序》中说："乘之（指唐律）则过，除之则不及，过与不及，其失均矣。"表达了对唐律的敬畏之心。下列关于唐律的哪一表述是错误的？

A. 促使法律统治"一准乎礼"，实现了礼律统一

B. 科条简要、宽简适中、立法技术高超，结构严谨

C. 是我国传统法典的楷模与中华法系形成的标志

D. 对古代亚洲及欧洲诸国产生了重大影响，成为其立法渊源

**208.** `2016/1/18/单`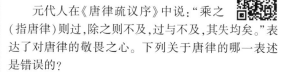

南宋时，霍某病故，留下遗产值银9000两。霍某妻早亡，夫妻二人无子，只有一女霍甲，已嫁他乡。为了延续霍某姓氏，霍某之叔霍乙立本族霍丙为霍某继子。下列关于霍某遗产分配的哪一说法是正确的？

A. 霍甲9000两

B. 霍甲6000两，霍丙3000两

C. 霍甲、霍乙、霍丙各3000两

D. 霍甲、霍丙各3000两，余3000两收归官府

**209.** `2015/1/17/单`

唐永徽年间，甲由祖父乙抚养成人。甲好赌欠债，多次索要乙一祖传玉坠未果，起意杀乙。某日，甲趁乙熟睡，以木棒狠击乙头部，以为致死（后被救活），遂夺玉坠逃走。唐律规定，谋杀尊亲处斩，

但无致伤如何处理的规定。对甲应当实行下列哪一处罚？

    A. 按"诸断罪而无正条,其应入罪者,则举轻以明重",应处斩刑

    B. 按"诸断罪而无正条,其应出罪者,则举重以明轻",应处绞刑

    C. 致伤未死,应处流三千里

    D. 属于"十恶"犯罪中的"不孝"行为,应处极刑

**210.** 2014/1/17/单

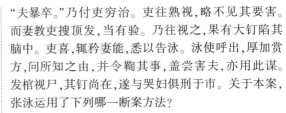

《唐律·名例律》规定:"诸断罪而无正条,其应出罪者,则举重以明轻;其应入罪者,则举轻以明重。"关于唐代类推原则,下列哪一说法是正确的?

    A. 类推是适用法律的一般形式,有明文规定也可"比附援引"

    B. 被类推定罪的行为,处罚应重于同类案件

    C. 被类推定罪的行为,处罚应轻于同类案件

    D. 唐代类推原则反映了当时立法技术的发达

**211.** 2013/1/56/多

《唐律疏议·贼盗》载"祖父母为人杀私和"疏:"若杀祖父母、父母应偿死者,虽会赦,仍移乡避仇。以其子孙为仇,故令移配。"下列哪些理解是正确的?

    A. 杀害同乡人的祖父母、父母依律应处死刑者,若遇赦虽能免罪,但须移居外乡

    B. 该条文规定的移乡避仇制体现了情法并列、相互避让的精神

    C. 该条文将法律与社会生活相结合统一考虑,表现出唐律较为高超的立法技术

    D. 该条文侧面反映了唐律"礼律合一"的特点,为法律确立了解决亲情与法律相冲突的特殊模式

**212.** 2012/1/16/单

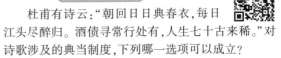

宋承唐律,仍实行唐制"七出"、"三不去"的离婚制度,但在离婚或改嫁方面也有变通。下列哪一选项不属于变通规定?

    A. "夫外出三年不归,六年不通问"的,准妻改嫁或离婚

    B. "妻擅走者徒三年,因而改嫁者流三千里,妾各减一等"

    C. 夫亡,妻"若改适(嫁),其见在部曲、奴婢、田宅不得费用"

    D. 凡"夫亡而妻在",立继从妻

**213.** 2012/1/17/单

《折狱龟鉴》载一案例:张泳尚书镇蜀日,因出过委巷,闻人哭,惧而不哀,遂使讯之。云:

"夫暴卒。"乃付吏穷治。吏往熟视,略不见其要害。而妻教吏搜顶发,当有验。乃往视之,果有大钉陷其脑中。吏喜,辄矜妻能,悉以告泳。泳使呼出,厚加赏方,问所知之由,并令鞫其事,盖尝害夫,亦用此谋。发棺视尸,其钉尚在,遂与哭妇俱刑于市。关于本案,张泳运用了下列哪一断案方法?

    A.《春秋》决狱

    B. "听讼"、"断狱"

    C. "据状断之"

    D. 九卿会审

**214.** 2009/1/13/单

杜甫有诗云:"朝回日日典春衣,每日江头尽醉归。酒债寻常行处有,人生七十古来稀。"对诗歌涉及的典当制度,下列哪一选项可以成立?

    A. 唐代的典当形成了明确的债权债务关系

    B. 唐代的典当契约称为"质剂"

    C. 唐代的典当称为"活卖"

    D. 唐代法律规定开典当行者构成"坐赃"

**215.** 2009/1/14/单

关于宋代法律和法制,下列哪一选项是错误的?

    A.《宋刑统》为我国历史上第一部刊印颁行的法典

    B. 宋代法律因袭唐制,对借与贷作了区分

    C. 宋仁宗朝敕、例地位提高,"凡律所不载者,一断于敕、例"

    D. 宋建隆四年颁行"折杖法"

**216.** 2008/1/58/多

关于《永徽律疏》,下列哪些选项是错误的?

    A.《永徽律疏》又称《唐律疏议》,是唐太宗在位时制定的

    B.《永徽律疏》首次确立了"十恶"即"重罪十条"制度

    C.《永徽律疏》对主要的法律原则和制度做了精确的解释,而且尽可能以儒家经典为根据

    D.《永徽律疏》是对《贞观律》的解释,在中国立法史上的地位不如《贞观律》

# 专题八　明清时期的法律思想与制度

### 考点34　明清时期的法律思想与制度

**217.** 2022回忆/多

清道光三年,张张氏因被公公张起坤强行奸污,其夫张安将父亲殴伤身死。除张安依律判凌迟处死外,张张氏亦依律判凌迟处死。刑部核议后

认为,惟死者强奸子妇已成,本属渎伦伤化,该氏被污不甘,一时忿激,并非无故逞凶干犯。后将张张氏改为斩监候。对此,下列哪些说法是不正确的?

    A. 卑犯尊应比尊犯卑判处更重的刑罚

    B. 若张张氏当场杀死公公,则其不构成犯罪

    C. 若张张氏和丈夫只有杀公公的想法,但尚未实施杀人的行为,也应定罪

    D. 清代刑部负责复核,没有最终审判权

**218.** 2019 回忆/单

1913 年 3 月 20 日,宋教仁先生在上海火车站遇刺身亡。该案由公共租界会审公廨审判。关于会审公廨制度,下列哪一项说法是错误的?

    A. 会审公廨是清廷与英、美、法三国驻上海领事协议在租界内设立的特殊审判机关

    B. 会审公廨制度是对我国司法主权的践踏

    C. 中华民国成立后,会审公廨制度依然存续

    D. 案件由外国领事官员审判,中国官员无权参与

**219.** 2016/1/19/单

1903 年,清廷发布上谕:"通商惠工,为古今经国之要政,急应加意讲求,著派载振、袁世凯、伍廷芳,先定商律,作为则例。"下列哪一说法是正确的?

    A.《钦定大清商律》为清朝第一部商律,由《商人通例》《公司律》和《破产律》构成

    B. 清廷制定商律,表明随着中国近代工商业发展,其传统工商政策从"重农抑商"转为"重商抑农"

    C. 商事立法分为两阶段,先由新设立商部负责,后主要商事法典改由修订法律馆主持起草

    D.《大清律例》《大清新刑律》《大清民律草案》与《大清商律草案》同属清末修律成果

**220.** 2015/1/18/单

鸦片战争后,清朝统治者迫于内外压力,对原有的法律制度进行了不同程度的修改与变革。关于清末法律制度的变革,下列哪一选项是正确的?

    A.《大清现行刑律》废除了一些残酷的刑罚手段,如凌迟

    B.《大清新刑律》打破了旧律维护专制制度和封建伦理的传统

    C. 改刑部为法部,职权未变

    D. 改四级四审制为四级两审制

**221.** 2014/1/18/单

根据清朝的会审制度,案件经过秋审或朝审程序之后,分四种情况予以处理:情实、缓决、可矜、留养承嗣。对此,下列哪一说法是正确的?

    A. 情实指案情属实、罪名恰当者,奏请执行绞监候或斩监候

    B. 缓决指案情虽属实,但危害性不能确定者,可继续调查,待危害性确定后进行判决

    C. 可矜指案情属实,但有可矜或可疑之处,免于死刑,一般减为徒、流刑罚

    D. 留养承嗣指案情属实、罪名恰当,但被害人有亲老丁单情形,奏请皇帝裁决

**222.** 2014/1/19/单

武昌起义爆发后,清王朝于 1911 年 11 月 3 日公布了《宪法重大信条十九条》。关于该宪法性文件,下列哪一说法是错误的?

    A. 缩小了皇帝的权力

    B. 扩大了人民的权利

    C. 扩大了议会的权力

    D. 扩大了总理的权力

**223.** 2014/1/57/多

明太祖朱元璋在洪武十八年(公元 1385 年)至洪武二十年(公元 1387 年)间,手订四编《大诰》,共 236 条。关于明《大诰》,下列哪些说法是正确的?

    A.《大明律》中原有的罪名,《大诰》一般都加重了刑罚

    B.《大诰》的内容也列入科举考试中

    C. "重典治吏"是《大诰》的特点之一

    D. 朱元璋死后《大诰》被明文废除

**224.** 2013/1/17/单

清末修律时,修订法律大臣俞廉三在"奏进民律前三编草案折"中表示:"此次编辑之旨,约分四端:(一)注重世界最普通之法则。(二)原本后出最精确之法理。(三)求最适于中国民情之法则。(四)期于改进上最有利益之法则。"关于清末修订民律的基本思路,下列哪一表述是最合适的?

    A. 西学为体、中学为用

    B. 中学为体、西学为用

    C. 坚持德治、排斥法治

    D. 抛弃传统、尽采西说

**225.** 2012/1/57/多

清乾隆年间,甲在京城天安门附近打伤乙被判笞刑,甲不服判决,要求复审。关于案件的复审,下列哪些选项是正确的?

    A. 应由九卿、詹事、科道及军机大臣、内阁大学士等重要官员会同审理

    B. 应在霜降后 10 日举行

    C. 应由大理寺官员会同各道御史及刑部承办司会同审理

D. 应在小满后 10 日至立秋前 1 日举行

**226.** 2011/1/17/单

关于明代法律制度,下列哪一选项是错误的?

A. 明朱元璋认为,"夫法度者,朝廷所以治天下也"

B. 明律确立"重其所重,轻其所轻"刑罚原则

C.《大明会典》仿《元六典》,以六部官制为纲

D. 明会审制度为九卿会审、朝审、大审

**227.** 2011/1/18/单

清乾隆律学家、名幕王又槐对谋杀和故杀的有关论述:①"谋杀者,蓄念于未杀之先;故杀者,起意于殴杀之时。"②"谋杀则定计而行,死者猝不及防、势不能敌,或以金刃,或以毒药,或以他物,或驱赴水火,或伺于隐蔽处所,即时致死,并无争斗情形,方为谋杀。"③"故杀乃因斗殴、谋殴而起,或因忆及凤嫌,或因畏其报复,或虑其控官难制,或恶其无耻滋事,或恐其遗祸受害。在兄弟,或利其赀财肥己;在夫妻,或恨其妒悍不逊。临时起意,故打重伤、多伤,伤多及致死处所而死者是也。"

据此,下列最可能被认定为谋杀者的是哪一选项?

A. 张某将浦某拖倒在地,骑于身将其殴伤。浦某胞弟见状,情急之下用木耙击中张某顶心,张某立时毙命

B. 洪某因父为赵某所杀,立志复仇。后,洪某趁赵某独自上山之机,将其杀死

C. 卢某欲拉林某入伙盗窃,林某不允并声称将其送官。卢某恐其败露欲杀之,当即将林某推倒在地,搯伤其咽喉并用腰带套其脖颈,林某窒息而死

D. 雇主李朱氏责骂刘某干活不勤,刘某愧忿不甘,拿起菜刀将李朱氏砍倒。刘某逃跑之际,被李朱氏 4 岁的外孙韩某拉住衣服并大声呼救,刘将其推倒在地并连砍数刀,致其立时毙命

**228.** 2011/1/19/单

关于中外法律制度的发展演变,下列哪一表述是错误的?

A. 西周"七出""三不去""六礼"等婚姻法律的原则和制度,多为后世法律所继承和采用

B. 汉代"秋冬行刑"的死刑执行制度,对唐、明、清的法律制度有着深远影响

C. 清末规定的法官和检察官考试任用制度、监狱及狱政管理的改良制度,是清末司法体制上的重大变化

D. 法国国民会议于 1787 年 8 月 26 日通过《独立宣言》,这一划时代的历史性文件第一次明确而系统地提出了资产阶级民主和法制的基本原则

**229.** 2011/1/56/多

中国古代社会一些启蒙作品多涉及当世的法律观念和司法制度,这在下列的哪些表述中有所体现?

A.《幼学琼林》:"世人惟不平则鸣,圣人以无讼为贵"

B.《弟子规》:"财物轻,怨何生,言语忍,忿自泯"

C.《增广贤文》:"礼义生于富足,盗出于贫穷"

D.《女儿经》:"遵三从,行四德,习礼义,看古人,多贤德,为法则"

**230.** 2011/1/57/多

关于清末变法修律,下列哪些选项是正确的?

A. 在指导思想上,清末修律自始至终贯穿着"仿效外国资本主义法律形式,固守中国封建法制传统"的原则

B. 在立法内容上,清末修律一方面坚行君主专制体制和封建伦理纲常"不可率行改变",一方面标榜"吸引世界大同各国之良规,兼采近世最新之学说"

C. 在编纂形式上,清末修律改变了传统的"诸法合体"形式,明确了实体法之间、实体法与程序法之间的差别,形成了近代法律体系的雏形

D. 在法系承袭上,清末修律标志着延续几千年的中华法系开始解体,为中国法律的近代化奠定了初步基础

**231.** 2010/1/15/单

关于中国古代刑罚制度的说法,下列哪一选项是错误的?

A. "八议"制度自曹魏《魏律》正式入律,其思想渊源为《周礼·秋官》的"八辟丽邦法"之说

B. "秋冬行刑"制度自唐代始,其理论渊源为《礼记·月令》关于秋冬季节"戮有罪,严断刑"之述

C. "大诰"是明初的一种特别刑事法规,其法律形式源自《尚书·大诰》周公对臣民之训诫

D. "明刑弼教"作为明清推行重典治国政策的思想基础,其理论依据源自《尚书·大禹谟》"明于五刑,以弼五教"之语

**232.** 2010/1/58/多

乾隆五十一年,四川发生一起杀人案:唐达根与宋万田本不相识,因赴集市买苞谷遂结伴同行。途中山洞避雨,宋万田提议二人赌钱。后宋万田

得赢,唐达根将钱如数送上。归途,宋万田再次提议赌钱,唐达根得赢。宋万田声称唐达根耍骗不肯给钱,唐达根与之争吵进而双方互殴,争斗中唐达根将宋万田打死。依据《大清律例》及《大清律辑注》,你认为唐达根有可能被官府认定犯下列哪些罪行?

A. 唐达根系没有预谋、临时起意将宋万田打死,应定"故杀"

B. 唐达根系恼羞成怒,欲夺赌钱故意将宋万田打死,应定"谋杀"

C. 唐达根系无心之下,斗殴中不期将宋万田打死,应定"斗殴杀"

D. 唐达根系无怨恨杀人动机,"以力共戏"将宋万田打死,应定"戏杀"

**233.** 2009/1/15/单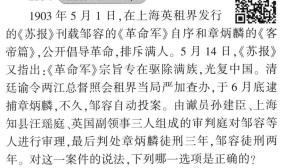

1903年5月1日,在上海英租界发行的《苏报》刊载邹容的《革命军》自序和章炳麟的《客帝篇》,公开倡导革命,排斥满人。5月14日,《苏报》又指出:《革命军》宗旨专在驱除满族,光复中国。清廷谕令两江总督照会租界当局严加查办,于6月底逮捕章炳麟,不久,邹容自动投案。由谳员孙建臣、上海知县汪瑶庭、英国副领事三人组成的审判庭对邹容等人进行审理,最后判处章炳麟徒刑三年,邹容徒刑两年。对这一案件的说法,下列哪一选项是正确的?

A. 这表明清廷实行公开审判原则

B. 这表明外国人在租界内对中国司法裁判权的直接干涉

C. 这表明外国人在租界内的领事裁判权受到了限制

D. 这表明清廷变法修律得到了国际社会的承认

# 专题九 中华民国时期的 法律思想与制度

**考点35** 中华民国时期的法律思想与制度

**234.** 2023 回忆/多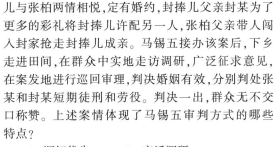

陕甘宁边区曾发生一起抢亲案。封捧儿与张柏两情相悦,定有婚约,封捧儿父亲封某为了更多的彩礼将封捧儿许配另一人,张柏父亲带人闯入封家抢走封捧儿成亲。马锡五接办该案后,下乡走进田间,在群众中实地走访调研,广泛征求意见,在案发地进行巡回审理,判决婚姻有效,分别判处张某和封某短期徒刑和劳役。判决一出,群众无不交口称赞。上述案情体现了马锡五审判方式的哪些特点?

A. 调解优先    B. 广泛调研

C. 方便诉讼    D. 不拘形式

**235.** 2011/1/21/单

关于《中华民国临时约法》,下列哪一选项是正确的?

A.《临时约法》是辛亥革命后正式颁行的宪法

B.《临时约法》设立临时大总统,采行总统制

C.《临时约法》是中国历史上唯一一部具有资产阶级共和国性质的宪法性文件

D.《临时约法》确立了五权分离的原则

**236.** 2010/1/14/单

中国法制近代化经历了曲折的渐进过程,贯穿着西方法律精神与中国法律传统的交汇与碰撞。关于中国法制近代化在修律中的特点,下列哪一选项是不正确的?

A. 1910年《大清民律草案》完成后,修律大臣俞廉三上陈"奏进民律前三编草案折",认为民律修订仍然没有超出"中学为体、西学为用"的思想格局

B. 1911年《大清新刑律》作为中国第一部近代意义的专门刑法典,在吸纳近代资产阶级罪刑法定等原则的同时,仍然保留了部分不必科刑的民事条款

C. 1910年颁行的《法院编制法》规定,国家司法审判实行四级三制

D. 1947年颁布的《中华民国宪法》,所列各项民主自由权利比以往任何宪法性文件都充分

# 宪法 [试题]

 扫一扫，"码"上做题

微信扫码，即可线上做题、看解析。
多种做题模式：章节自测、单科集训、随机演练等。

## 专题十　宪法基本理论

**考点36** 宪法的词源、特征、本质与分类

**237．** 2017/1/21/单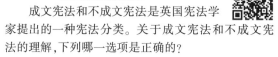

成文宪法和不成文宪法是英国宪法学家提出的一种宪法分类。关于成文宪法和不成文宪法的理解，下列哪一选项是正确的？

　A. 不成文宪法的特点是其内容不见于制定法

　B. 宪法典的名称中必然含有"宪法"字样

　C. 美国作为典型的成文宪法国家，不存在宪法惯例

　D. 在程序上，英国不成文宪法的内容可像普通法律一样被修改或者废除

**238．** 2014/1/20/单

依法治国是社会主义法治理念的核心内容，也是宪法确定的治国方略。关于实施依法治国的要求，下列哪一选项是不正确的？

　A. 在具体的社会治理实践中将法治与德治紧密结合，共同发挥其规范社会成员思想和行为的作用

　B. 坚持以宪法和法律为社会关系调控手段，限制并约束各种社会组织的规章制度、民规、民约的调节功能

　C. 尊重宪法和法律的权威，保证司法机关依法独立行使审判权和检察权，尊重和服从司法机关作出的生效判决

　D. 构建"以权力制约权力"的监督体系，科学配置权力，合理界定权限，形成既相互制约与监督，又顺畅有效运行的权力格局

**239．** 2013/1/20/单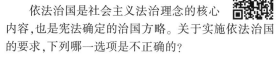

公平正义是社会主义法治的价值追求。关于我国宪法与公平正义的关系，下列哪一选项是不正确的？

　A. 树立与强化宪法权威，必然要求坚定地守持和维护公平正义

　B. 法律面前人人平等原则是公平正义在宪法中的重要体现

　C. 宪法对妇女、老人、儿童等特殊主体权利的特别保护是实现公平正义的需要

　D. 禁止一切差别是宪法和公平正义的要求

**240．** 2012/1/21/单

根据宪法分类理论，下列哪一选项是正确的？

　A. 成文宪法也叫文书宪法，只有一个书面文件

　B. 1215 年的《自由大宪章》是英国宪法的组成部分

　C. 1830 年法国宪法是钦定宪法

　D. 柔性宪法也具有最高法律效力

**考点37** 宪法的基本原则

**241．** 2017/1/65/多

我国宪法规定，法院、检察院和公安机关办理刑事案件，应当分工负责，互相配合，互相制约。对此，下列哪些选项是正确的？

　A. 分工负责是指三机关各司其职、各尽其责

　B. 互相配合是指三机关以惩罚犯罪分子为目标，通力合作，互相支持

　C. 互相制约是指三机关按法定职权和程序互相监督

　D. 公、检、法三机关之间的这种关系，是权力制约原则在我国宪法上的具体体现

**242．** 2016/1/91/任

我国宪法规定了"一切权力属于人民"的原则。关于这一规定的理解，下列选项正确的是：

　A. 国家的一切权力来自并且属于人民

　B. "一切权力属于人民"仅体现在直接选举制度之中

　C. 我国的人民代表大会制度以"一切权力属于人民"为前提

　D. "一切权力属于人民"贯穿于我国国家和社会生活的各领域

**243．** 2011/1/59/多

权力制约是依法治国的关键环节。下列哪些选项体现了我国宪法规定的权力制约原则？

　A. 全国人大和地方各级人大由民主选举产生，对

人民负责,受人民监督

B. 法院、检察院和公安机关办理刑事案件,应当分工负责,互相配合,互相制约

C. 地方各级人大及其常委会依法对"一府两院"监督

D. 法院对法律合宪性审查

**考点38 宪法的历史发展**

**244.** 2014/1/21/单

关于宪法的历史发展,下列哪一选项是不正确的?

A. 资本主义商品经济的普遍化发展,是近代宪法产生的经济基础

B. 1787 年美国宪法是世界历史上的第一部成文宪法

C. 1918 年《苏俄宪法》和 1919 年德国《魏玛宪法》的颁布,标志着现代宪法的产生

D. 行政权力的扩大是中国宪法发展的趋势

**245.** 2008/1/13/单

下列哪一个法律文件是中国近现代历史上第一部宪法性文件?

A.《重大信条十九条》

B.《钦定宪法大纲》

C.《中华民国约法》

D.《中华苏维埃共和国宪法大纲》

**考点39 宪法的制定与修改**

**246.** 2018 回忆/多

序言是我国现行宪法的重要组成部分,在现行宪法的五次部分修改中,有四次对序言进行了修改。关于对宪法序言的修改,下列哪些说法是错误的?

A. 1999 年宪法修正案序言部分把"我国正处于社会主义初级阶段"修改为"我国将长期处于社会主义初级阶段"

B. 2018 年宪法修正案在爱国统一战线中增加"社会主义事业的建设者"

C. 2004 年宪法修正案将我国的根本任务调整为"把我国建设成为富强民主文明和谐美丽的社会主义现代化强国,实现中华民族伟大复兴"

D. 2018 年宪法修正案将"中国共产党领导是中国特色社会主义最本质的特征"写入宪法序言

**247.** 2016/1/93/任

宪法修改是指有权机关依照一定的程序变更宪法内容的行为。关于宪法的修改,下列选项

正确的是:

A. 凡宪法规范与社会生活发生冲突时,必须进行宪法修改

B. 我国宪法的修改可由五分之一以上的全国人大代表提议

C. 宪法修正案由全国人民代表大会公告公布施行

D. 我国 1988 年《宪法修正案》规定,土地的使用权可依照法律法规的规定转让

**248.** 2015/1/20/单

宪法的制定是指制宪主体按照一定程序创制宪法的活动。关于宪法的制定,下列哪一选项是正确的?

A. 制宪权和修宪权是具有相同性质的根源性的国家权力

B. 人民可以通过对宪法草案发表意见来参与制宪的过程

C. 宪法的制定由全国人民代表大会以全体代表的三分之二以上的多数通过

D. 1954 年《宪法》通过后,由中华人民共和国主席根据全国人民代表大会的决定公布

**249.** 2014/1/22/单

关于我国宪法修改,下列哪一选项正确的?

A. 我国修宪实践中既有对宪法的部分修改,也有对宪法的全面修改

B. 经十分之一以上的全国人大代表提议,可以启动宪法修改程序

C. 全国人大常委会是法定的修宪主体

D. 宪法修正案是我国宪法规定的宪法修改方式

**250.** 2011/1/60/多

我国宪法第六至十八条对经济制度作了专门规定。关于《宪法修正案》就我国经济制度规定所作的修改,下列哪些选项是正确的?

A. 中华人民共和国实行依法治国,建设社会主义法治国家

B. 国家实行社会主义市场经济

C. 除第九、十二、十八条外,其他各条都进行过修改

D. 农村中的生产、供销、信用、消费等各种形式的合作经济,是社会主义劳动群众集体所有制经济

**251.** 2010/1/18/单

将"国家建立健全同经济发展水平相适应的社会保障制度"载入现行宪法的是下列哪一宪法修正案?

A. 1988 年宪法修正案

B. 1993 年宪法修正案

C. 1999 年宪法修正案

D. 2004 年宪法修正案

**252．** 2010/1/23/单

关于我国宪法的修改，下列哪一说法是错误的？

A.《宪法》没有专章规定修改程序

B.《宪法》规定的修宪机关是全国人民代表大会

C.《立法法》规定，宪法修正案由国家主席令公布

D.《全国人大议事规则》规定，宪法修改以投票方式表决

**253．** 2009/1/60/单

关于我国《宪法》的修改，下列一选项是正确的？①

A. 1954 年《宪法》明确规定了宪法修改的提案主体

B. 1982 年《宪法》是对 1954 年《宪法》的全面修改

C. 我国现行宪法共进行了四次修改，通过了 31 条宪法修正案

D."国家尊重和保障人权"是 2004 年《宪法修正案》规定的内容

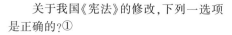
**考点40** 宪法的效力与基本功能

**254．** 2023 回忆/单

关于宪法效力，有如下四种表述：①宪法的地位高于法律和行政法规等其他法律规范；②宪法具有最高的法律效力；③宪法规定了公民的基本权利和义务；④宪法精神深入贯彻在社会生活的各个方面。上述哪些说法能够体现宪法的根本法地位？

A. ①②

B. ②③

C. ①②③

D. ①②③④

**255．** 2017/1/22/单

最高法院印发的《人民法院民事裁判文书制作规范》规定："裁判文书不得引用宪法……作为裁判依据，但其体现的原则和精神可以在说理部分予以阐述。"关于该规定，下列哪一说法是正确的？

A. 裁判文书中不得出现宪法条文

B. 当事人不得援引宪法作为主张的依据

C. 宪法对裁判文书不具有约束力

D. 法院不得直接适用宪法对案件作出判决

**256．** 2016/1/22/单

我国《立法法》明确规定："宪法具有最高的法律效力，一切法律、行政法规、地方性法规、自治条例和单行条例、规章都不得同宪法相抵触。"关于这一规定的理解，下列哪一选项是正确的？

A. 该条文中两处"法律"均指全国人大及其常委会制定的法律

B. 宪法只能通过法律和行政法规等下位法才能发挥它的约束力

C. 宪法的最高法律效力只是针对最高立法机关的立法活动而言的

D. 维护宪法的最高法律效力需要完善相应的宪法审查或者监督制度

**257．** 2014/1/94/任

关于宪法效力的说法，下列选项正确的是：

A. 宪法修正案与宪法具有同等效力

B. 宪法不适用于定居国外的公民

C. 在一定条件下，外国人和法人也能成为某些基本权利的主体

D. 宪法作为整体的效力及于该国所有领域

**258．** 2012/1/89/任

维护国家主权和领土完整，维护国家统一是我国宪法的重要内容，体现在《宪法》和法律一系列规定中。

关于我国宪法对领土的效力，下列表述正确的是：

A. 领土包括一个国家的陆地、河流、湖泊、内海、领海以及它们的底床、底土和上空（领空）

B. 领土是国家的构成要素之一，是国家行使主权的空间，也是国家行使主权的对象

C.《宪法》在国土所有领域的适用上无任何差异

D.《宪法》的空间效力及于国土全部领域，是由主权的唯一性和不可分割性决定的

**259．** 2011/1/23/单

宪法效力是指宪法作为法律规范所具有的约束力与强制性。关于我国宪法效力，下列哪一选项是不正确的？

A. 侨居国外的华侨受中国宪法保护

B. 宪法的效力及于中华人民共和国的所有领域

C. 宪法的最高法律效力首先源于宪法的正当性

D. 宪法对法院的审判活动没有约束力

**260．** 2010/1/19/单

关于宪法在立法中的作用，下列哪一

---

① 原为多选题，根据新法答案有变化，调整为单选题。

说法是不正确的?

A. 宪法确立了法律体系的基本目标

B. 宪法确立了立法的统一基础

C. 宪法规定了完善的立法体制与具体规划

D. 宪法规定了解决法律体系内部冲突的基本机制

### 考点41 宪法规范、渊源与宪法的结构

**261.** 2016/1/21/单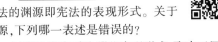

综观世界各国成文宪法,结构上一般包括序言、正文和附则三大部分。对此,下列哪一表述是正确的?

A. 世界各国宪法序言的长短大致相当

B. 我国宪法附则的效力具有特定性和临时性两大特点

C. 国家和社会生活诸方面的基本原则一般规定在序言之中

D. 新中国前三部宪法的正文中均将国家机构置于公民的基本权利和义务之前

**262.** 2015/1/21/单

宪法的渊源即宪法的表现形式。关于宪法渊源,下列哪一表述是错误的?

A. 一国宪法究竟采取哪些表现形式,取决于历史传统和现实状况等多种因素

B. 宪法惯例实质上是一种宪法和法律条文无明确规定、但被普遍遵循的政治行为规范

C. 宪法性法律是指国家立法机关为实施宪法典而制定的调整宪法关系的法律

D. 有些成文宪法国家的法院基于对宪法的解释而形成的判例也构成该国的宪法渊源

**263.** 2015/1/61/多

我国《宪法》第三十八条明确规定:"中华人民共和国公民的人格尊严不受侵犯。"关于该条文所表现的宪法规范,下列哪些选项是正确的?

A. 在性质上属于组织性规范

B. 通过《民法典》中有关姓名权的规定得到了间接实施

C. 法院在涉及公民名誉权的案件中可以直接据此作出判决

D. 与法律中的有关规定相结合构成一个有关人格尊严的规范体系

**264.** 2013/1/21/单

根据《宪法》的规定,关于宪法文本的内容,下列哪一选项是正确的?

A.《宪法》明确规定了宪法与国际条约的关系

B.《宪法》明确规定了宪法的制定、修改制度

C. 作为《宪法》的《附则》,《宪法修正案》是我国宪法的组成部分

D.《宪法》规定了居民委员会、村民委员会的性质和产生,两者同基层政权的相互关系由法律规定

**265.** 2013/1/22/单

关于宪法规范,下列哪一说法是不正确的?

A. 具有最高法律效力

B. 在我国的表现形式主要有宪法典、宪法性法律、宪法惯例和宪法判例

C. 是国家制定或认可的、宪法主体参与国家和社会生活最基本社会关系的行为规范

D. 权利性规范与义务性规范相互结合为一体,是我国宪法规范的鲜明特色

**266.** 2011/1/22/单

宪法结构指宪法内容的组织和排列形式。关于我国宪法结构,下列哪一选项是不正确的?

A. 宪法序言规定了宪法的根本法地位和最高法律效力

B. 现行宪法正文的排列顺序是:总纲、公民的基本权利和义务、国家机构以及国旗、国歌、国徽、首都

C. 宪法附则没有法律效力

D. 宪法没有附则

**267.** 2008/1/12/单

关于我国1982年《宪法》的结构,下列哪一选项是正确的?

A. 这部宪法只有正文

B. 这部宪法由序言和正文构成

C. 这部宪法由序言、正文和附则构成

D. 国旗、国徽、国歌和首都规定在这部宪法的附则中

## 专题十一 国家的基本制度(上)

### 考点42 我国的政治、经济、文化、社会基本制度

**268.** 2019回忆/多

1949年9月,中国人民政治协商会议制定了《中国人民政治协商会议共同纲领》。关于《中国人民政治协商会议共同纲领》,下列哪些说法是正确的?

A.《中国人民政治协商会议共同纲领》是我国第一部正式颁行的社会主义宪法

B. 规定最高政权机关是中国人民政治协商会议

C. 规定国家政权属于人民,人民行使国家政权

的机关是各级人大和政府

  D. 规定公民有选举权和被选举权

**269.** 2017/1/91/任

  我国宪法序言规定："中国共产党领导的多党合作和政治协商制度将长期存在和发展。"关于中国人民政治协商会议，下列选项正确的是：

  A. 由党派团体和界别代表组成，政协委员由选举产生

  B. 全国政协委员列席全国人大的各种会议

  C. 是中国共产党领导的多党合作和政治协商制度的重要机构

  D. 中国人民政治协商会议全国委员会和各地方委员会是国家权力机关

**270.** 2017/1/92/任

  人民代表大会制度是我国的根本政治制度。关于人民代表大会制度，下列表述正确的是：

  A. 国家的一切权力属于人民，这是人民代表大会制度的核心内容和根本准则

  B. 各级人大都由民主选举产生，对人民负责，受人民监督

  C. "一府两院"都由人大产生，对它负责，受它监督

  D. 人民代表大会制度是实现社会主义民主的唯一形式

**271.** 2016/1/23/单

  社会主义公有制是我国经济制度的基础。根据现行《宪法》的规定，关于基本经济制度的表述，下列哪一选项是正确的？

  A. 国家财产主要由国有企业组成

  B. 城市的土地属于国家所有

  C. 农村和城市郊区的土地都属于集体所有

  D. 国营经济是社会主义全民所有制经济，是国民经济中的主导力量

**272.** 2016/1/62/多

  我国的基本社会制度是基于经济、政治、文化、社会、生态文明五位一体的社会主义建设的需要，在社会领域所建构的制度体系。关于国家的基本社会制度，下列哪些选项是正确的？

  A. 我国的基本社会制度是国家的根本制度

  B. 社会保障制度是我国基本社会制度的核心内容

  C. 职工的工作时间和休假制度是我国基本社会制度的重要内容

  D. 加强社会法的实施是发展与完善我国基本社会制度的重要途径

**273.** 2015/1/22/单

  国家的基本社会制度是国家制度体系中的重要内容。根据我国宪法规定，关于国家基本社会制度，下列哪一表述是正确的？

  A. 国家基本社会制度包括发展社会科学事业的内容

  B. 社会人才培养制度是我国的基本社会制度之一

  C. 关于社会弱势群体和特殊群体的社会保障的规定是对平等原则的突破

  D. 社会保障制度的建立健全同我国政治、经济、文化和生态建设水平相适应

**274.** 2015/1/62/多

  关于国家文化制度，下列哪些表述是正确的？

  A. 我国宪法所规定的文化制度包含了爱国统一战线的内容

  B. 国家鼓励自学成才，鼓励社会力量依照法律规定举办各种教育事业

  C. 是否较为系统地规定文化制度，是社会主义宪法区别于资本主义宪法的重要标志之一

  D. 公民道德教育的目的在于培养有理想、有道德、有文化、有纪律的社会主义公民

**275.** 2014/1/95/任

  根据《宪法》规定，关于我国基本经济制度的说法，下列选项正确的是：

  A. 国家实行社会主义市场经济

  B. 国有企业在法律规定范围内和政府统一安排下，开展管理经营

  C. 集体经济组织实行家庭承包经营为基础、统分结合的双层经营体制

  D. 土地的使用权可以依照法律的规定转让

**276.** 2013/1/23/单

  近代意义宪法产生以来，文化制度便是宪法的内容。关于两者的关系，下列哪一选项是不正确的？

  A. 1787年美国宪法规定了公民广泛的文化权利和国家的文化政策

  B. 1919年德国魏玛宪法规定了公民的文化权利

  C. 我国现行宪法对文化制度的原则、内容等做了比较全面的规定

  D. 公民的文化教育权、国家机关的文化教育管理职权和文化政策，是宪法文化制度的主要内容

**277.** 2012/1/23/单

  关于宪法与文化制度的关系，下列哪

一选项是不正确的？

    A. 宪法规定的文化制度是基本文化制度

    B. 《魏玛宪法》第一次比较全面系统规定了文化制度

    C. 宪法规定的公民文化教育权利是文化制度的重要内容

    D. 保护知识产权是我国宪法规定的基本文化权利

**278．** 2012/1/60/多

根据《宪法》的规定，下列哪些选项是正确的？

    A. 社会主义的公共财产神圣不可侵犯

    B. 社会主义的公共财产包括国家的和集体的财产

    C. 国家可以对公民的私有财产实行无偿征收或征用

    D. 土地的使用权可以依照法律的规定转让

**279．** 2009/1/22/单

关于经济制度与宪法关系，下列哪一选项是错误的？

    A. 自德国魏玛宪法以来，经济制度便成为现代宪法的重要内容之一

    B. 宪法对经济关系特别是生产关系的确认与调整构成一国的基本经济制度

    C. 我国宪法修正案第十六条规定，法律范围内的非公有制经济是社会主义市场经济的重要组成部分

    D. 私有财产神圣不可侵犯是我国宪法的一项基本原则

# 专题十二　国家的基本制度（下）

**考点43** 选举制度

**280．** 2020 回忆/单

关于县人大代表的选举，下列哪一项说法是正确的？

    A. 由县人大主席团主持

    B. 10 个选民联名有权提出县人大代表候选人

    C. 代表候选人的人数应多于应选代表名额 1/5 至 1/2

    D. 县人大代表的选举与罢免，均要求全体选民过半数同意

**281．** 2017/1/62/多

某省人大选举实施办法中规定："本行政区域各选区每一代表所代表的人口数应当大体相等。各选区每一代表所代表的人口数与本行政区域内每一代表所代表的平均人口数之间相差的幅度一般不超过百分之三十。"关于这一规定，下列哪些说法是正确的？

    A. 是选举权的平等原则在选区划分中的具体体现

    B. "大体相等"允许每一代表所代表的人口数之间存在差别

    C. "百分之三十"的规定是对前述"大体相等"的进一步限定

    D. 不保证各地区、各民族、各方面都有适当数量的代表

**282．** 2016/1/24/单

根据《选举法》和相关法律的规定，关于选举的主持机构，下列哪一选项是正确的？

    A. 乡镇选举委员会的组成人员由不设区的市、市辖区、县、自治县的人大常委会任命

    B. 县级人大常委会主持本级人大代表的选举

    C. 省人大在选举全国人大代表时，由省人大常委会主持

    D. 选举委员会的组成人员为代表候选人的，应当向选民说明情况

**283．** 2015/1/63/多

甲市乙县人民代表大会在选举本县的市人大代表时，乙县多名人大代表接受甲市人大代表候选人的贿赂。对此，下列哪些说法是正确的？

    A. 乙县选民有权罢免受贿的该县人大代表

    B. 乙县受贿的人大代表应向其所在选区的选民提出辞职

    C. 甲市人大代表候选人行贿行为属于破坏选举的行为，应承担法律责任

    D. 在选举过程中，如乙县人大主席团发现有贿选行为应及时依法调查处理

**284．** 2014/1/62/多

根据《选举法》的规定，关于选举制度，下列哪些选项是正确的？

    A. 全国人大和地方人大的选举经费，列入财政预算，由中央财政统一开支

    B. 全国人大常委会主持香港特别行政区全国人大代表选举会议第一次会议，选举主席团，之后由主席团主持选举

    C. 县级以上地方各级人民代表大会举行会议的时候，三分之一以上代表联名，可以提出对由该级人民代表大会选出的上一级人大代表的罢免案

    D. 选民或者代表 10 人以上联名，可以推荐代表候选人

**285.** 2013/1/60/多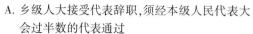

根据《宪法》和法律的规定,关于选举程序,下列哪些选项是正确的?

A. 乡级人大接受代表辞职,须经本级人民代表大会过半数的代表通过

B. 经原选区选民30人以上联名,可以向县级的人民代表大会常务委员会书面提出罢免乡级人大代表的要求

C. 罢免县级人民代表大会代表,须经原选区三分之二以上的选民通过

D. 补选出缺的代表时,代表候选人的名额必须多于应选代表的名额

**286.** 2012/1/24/单

关于各少数民族人大代表的选举,下列哪一选项是不正确的?

A. 有少数民族聚居的地方,每一聚居的少数民族都应有代表参加当地的人民代表大会

B. 散居少数民族应选代表,每一代表所代表的人口数可少于当地人民代表大会每一代表所代表的人口数

C. 聚居境内同一少数民族的总人口占境内总人口数30%以上的,每一代表所代表的人口数应相当于当地人民代表大会每一代表所代表的人口数

D. 实行区域自治人口特少的自治县,每一代表所代表的人口数可以少于当地人民代表大会每一代表所代表的人口数的1/2

**287.** 2011/1/25/单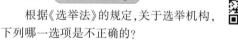

根据《选举法》的规定,关于选举机构,下列哪一选项是不正确的?

A. 特别行政区全国人大代表的选举由全国人大常委会主持

B. 省、自治区、直辖市、设区的市、自治州的人大常委会领导本行政区域内县级以下人大代表的选举工作

C. 乡、民族乡、镇的选举委员会受不设区的市、市辖区、县、自治县人大常委会的领导

D. 选举委员会对依法提出的有关选民名单的申诉意见,应在3日内作出处理决定

**288.** 2010/1/94/任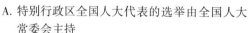

关于地方人大代表名额,下列说法正确的是:

A. 省、自治区、直辖市的代表总名额不超过一千名

B. 设区的市、自治州的代表总名额不得超过六百五十名

C. 不设区的市、县、自治县人口不足五万的,代表总名额可以少于一百二十名

D. 乡、镇、民族乡人口不足二千的,代表总名额可以少于四十名

**289.** 2009/1/21/单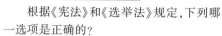

根据《宪法》和《选举法》规定,下列哪一选项是正确的?

A. 选民登记按选区进行,每次选举前选民资格都要进行重新登记

B. 选民名单应在选举日的十五日以前公布

C. 对于公布的选民名单有不同意见的,可以向选举委员会申诉或者直接向法院起诉

D. 法院对于选民名单意见的起诉应在选举日以前作出判决

**290.** 2008/1/61/多

根据我国《宪法》和《选举法》的规定,下列哪些选项是正确的?

A. 全国人民代表大会常务委员会主持全国人民代表大会代表的选举工作

B. 县级以上地方各级人民代表大会常务委员会主持本级人民代表大会代表的选举工作

C. 乡、民族乡、镇设立选举委员会,主持本级人民代表大会代表的选举工作

D. 乡、民族乡、镇设立的选举委员会受不设区的市、市辖区、县、自治县的人民代表大会常务委员会的领导

### 考点44 国家结构形式

**291.** 2023 回忆/单

某省调整行政规划,将甲地级市撤销,并入乙地级市。对此,下列哪一说法是正确的?

A. 该行政规划调整需由国务院审批

B. 乙市人口增多,应当增选市人大代表,名额由市人大常委会确定

C. 因乙市行政区划发生变更,乙市市长应当暂停职务,等待本市人大召开会议确定人选

D. 甲市撤销后,市人大常委会主任职责自动终止

**292.** 2015/1/23/单

根据《宪法》和法律法规的规定,关于我国行政区划变更的法律程序,下列哪一选项是正确的?

A. 甲县欲更名,须报该县所属的省级政府审批

B. 乙省行政区域界线的变更,应由全国人大审议决定

C. 丙镇与邻近的一个镇合并,须报两镇所属的县级政府审批

D. 丁市部分行政区域界线的变更,由国务院授权丁市所属的省级政府审批

**293．** 2014/1/96/任

根据《宪法》规定,关于行政建置和行政区划,下列选项正确的是:

A. 全国人大批准省、自治区、直辖市的建置

B. 全国人大常委会批准省、自治区、直辖市的区域划分

C. 国务院批准自治州、自治县的建置和区域划分

D. 省、直辖市、地级市的人民政府决定乡、民族乡、镇的建置和区域划分

**294．** 2013/1/24/单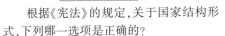

根据《宪法》的规定,关于国家结构形式,下列哪一选项是正确的?

A. 从中央与地方的关系上看,我国有民族区域自治和特别行政区两种地方制度

B. 县、市、市辖区部分行政区域界线的变更由省、自治区、直辖市政府审批

C. 经济特区是我国一种新的地方制度

D. 行政区划纠纷或争议的解决是行政区划制度内容的组成部分

**295．** 2013/1/62/多

根据《宪法》,关于中国人民政治协商会议,下列哪些选项是正确的?

A. 中国人民政治协商会议是具有广泛代表性的统一战线组织

B. 中国人民政治协商会议是重要的国家机关

C. 中国共产党领导的多党合作和政治协商制度将长期存在和发展

D. 中国共产党领导的爱国统一战线将继续巩固和发展

**296．** 2013/1/90/任

根据《宪法》和法律的规定,关于国家机关组织和职权,下列选项正确的是:

A. 全国人民代表大会修改宪法、解释宪法、监督宪法的实施

B. 国务院依照法律规定决定省、自治区、直辖市的范围内部分地区进入紧急状态

C. 省、自治区、直辖市政府在必要的时候,经国务院批准,可以设立若干派出机构

D. 地方各级检察院对产生它的国家权力机关和上级检察院负责

**297．** 维护国家主权和领土完整,维护国家统一是我国宪法的重要内容,体现在《宪法》和法律一系列规定中。请回答第(1)、(2)题。

(1) 2012/1/90/任

关于我国的国家结构形式,下列选项正确的是:

A. 我国实行单一制国家结构形式

B. 维护宪法权威和法制统一是国家的基本国策

C. 在全国范围内实行统一的政治、经济、社会制度

D. 中华人民共和国是一个统一的国际法主体

(2) 2012/1/91/任

关于我国的行政区域划分,下列说法不成立的是:

A. 是国家主权的体现

B. 属于国家内政

C. 任何国家不得干涉

D. 只能由《宪法》授权机关进行

**考点45** 国家标志

**298．** 2023 回忆/多

关于国歌、国旗和国徽,下列哪些说法是正确的?

A. 国歌、国旗和国徽是我的国家标志

B. 我国宪法 2004 年修正案新增了国歌条款

C. 宪法对国徽的图案作出了规定

D. 宪法宣誓仪式上应当悬挂国旗或国徽

**299．** 2021 回忆/多

国家标志是国家的主权独立和尊严的象征。根据我国《宪法》和有关法律规定,关于中华人民共和国的国家标志,下列说法正确的是:

A. 各级人民政府应当悬挂国徽

B. 举行宪法宣誓仪式时,应当在宣誓场所悬挂国旗、国徽,奏唱国歌

C. 机场、港口、火车站应当每日升挂国旗

D. 国家标志包括国旗、国歌、国徽、首都和国家主席等

**考点46** 民族区域自治制度

**300．** 2022 回忆/单

关于民族自治地方的国家机关领导人员的任职资格,下列哪一职位必须由实行区域自治的民族的公民担任?

A. 人大常委会主任

B. 自治州州长

C. 法院院长

D. 检察院检察长

**301．** 2017/1/23/单

根据我国民族区域自治制度,关于民族自治县,下列哪一选项是错误的?

A. 自治机关保障本地方各民族都有保持或改革自己风俗习惯的自由

B. 经国务院批准,可开辟对外贸易口岸

C. 县人大常委会中应有实行区域自治的民族的公民担任主任或者副主任

D. 县人大可自行变通或者停止执行上级国家机关的决议、决定、命令和指示

**302．** 2016/1/27/单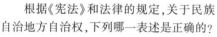

2015 年 10 月,某自治州人大常委会出台了一部《关于加强本州湿地保护与利用的决定》。关于该法律文件的表述,下列哪一选项是正确的?

A. 由该自治州州长签署命令予以公布

B. 可依照当地民族的特点对行政法规的规定作出变通规定

C. 该自治州所属的省的省级人大常委会应对该《决定》的合法性进行审查

D. 与部门规章之间对同一事项的规定不一致不能确定如何适用时,由国务院裁决

**303．** 2015/1/24/单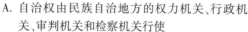

根据《宪法》和法律的规定,关于民族自治地方自治权,下列哪一表述是正确的?

A. 自治权由民族自治地方的权力机关、行政机关、审判机关和检察机关行使

B. 自治州人民政府可以制定政府规章对国务院部门规章的规定进行变通

C. 自治条例可以依照当地民族的特点对宪法、法律和行政法规的规定进行变通

D. 自治县制定的单行条例须经省级人大常委会批准后生效,并报全国人大常委会备案

**304．** 2014/1/63/多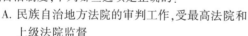

根据《宪法》和法律的规定,关于民族区域自治制度,下列哪些选项是正确的?

A. 民族自治地方法院的审判工作,受最高法院和上级法院监督

B. 民族自治地方的政府首长由实行区域自治的民族的公民担任,实行首长负责制

C. 民族自治区的自治条例和单行条例报全国人大批准后生效

D. 民族自治地方自主决定本地区人口政策,不实行计划生育

**305．** 2013/1/63/多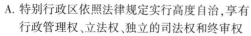

根据《宪法》和法律的规定,关于自治和自治权,下列哪些选项是正确的?

A. 特别行政区依照法律规定实行高度自治,享有行政管理权、立法权、独立的司法权和终审权

B. 民族区域自治地方的法院依法行使自治权

C. 民族乡依法享有一定的自治权

D. 村民委员会是基层群众性自治组织

**306．** 2011/1/87/任

根据《宪法》和《民族区域自治法》的规定,下列选项不正确的是:

A. 民族区域自治以少数民族聚居区为基础,是民族自治与区域自治的结合

B. 民族自治地方的国家机关既是地方国家机关,又是自治机关

C. 上级国家机关应该在收到自治机关变通执行或者停止有关决议、决定执行的报告之日起 60 日内给予答复

D. 自治地方的自治机关依照国家规定,可以和外国进行教育、科技、文化等方面的交流

**307．** 2010/1/63/多

关于民族自治地方的自治权,下列哪些说法是正确的?

A. 民族自治地方有权自主管理地方财政

B. 自治州人大有权制定自治条例和单行条例

C. 自治县政府有权自主安排本县经济建设事业

D. 自治区政府有权保护和整理民族的文化遗产

**308．** 2009/1/63/多

关于民族自治地方财政的说法,下列哪些选项符合《民族区域自治法》规定?

A. 国家财政体制下属于民族自治地方的财政收入,由自治机关自主地安排使用

B. 民族自治地方的财政预算支出,按国家规定设机动资金,但预备费在预算中不得高于一般地区

C. 自治机关对本地方的各项开支标准、定员、定额,按照国家规定的原则,结合本地方的实际情况,可以制定补充规定和具体办法,并须分别报国务院、省、自治区、直辖市批准

D. 民族自治地方在全国统一的财政体制下,通过国家实行的规范的财政转移支付制度,享受上级财政的照顾

**考点47** 特别行政区制度

**309．** 2023 回忆/多

我国《宪法》规定:"在特别行政区内实行的制度按照具体情况由全国人民代表大会以法律规定"。对此,下列哪些说法是正确的?

A. 该规定写在宪法的总纲部分

B. 该规定中的法律在香港地区指的是《香港特别行政区基本法》

C. 全国人大常委会有权决定特别行政区进入紧急状态

D. 全国性法律一般不在特别行政区内实施

**310.** 2017/1/24/单
根据《宪法》和《香港特别行政区基本法》规定,下列哪一选项是正确的?
　　A. 行政长官就法院在审理案件中涉及的国防、外交等国家行为的事实问题发出的证明文件,对法院无约束力
　　B. 行政长官对立法会以不少于全体议员 2/3 多数再次通过的原法案,必须在 1 个月内签署公布
　　C. 香港特别行政区可与全国其他地区的司法机关通过协商依法进行司法方面的联系和相互提供协助
　　D. 行政长官仅从行政机关的主要官员和社会人士中委任行政会议的成员

**311.** 2016/1/25/单
澳门特别行政区依照《澳门特别行政区基本法》的规定实行高度自治,享有行政管理权、立法权、独立的司法权和终审权。关于中央和澳门特别行政区的关系,下列哪一选项是正确的?
　　A. 全国性法律一般情况下是澳门特别行政区的法律渊源
　　B. 澳门特别行政区终审法院法官的任命和免职须报全国人大常委会备案
　　C. 澳门特别行政区立法机关制定的法律须报全国人大常委会批准后生效
　　D.《澳门特别行政区基本法》在澳门特别行政区的法律体系中处于最高地位,反映的是澳门特别行政区同胞的意志

**312.** 2014/1/23/单
根据《宪法》和法律的规定,关于特别行政区,下列哪一选项是正确的?
　　A. 澳门特别行政区财政收入全部由其自行支配,不上缴中央人民政府
　　B. 澳门特别行政区立法会举行会议的法定人数为不少于全体议员的三分之二
　　C. 非中国籍的香港特别行政区永久性居民不得当选为香港特别行政区立法会议员
　　D. 香港特别行政区廉政公署独立工作,对香港特别行政区立法会负责

**313.** 2013/1/61/多
根据《香港特别行政区基本法》和《澳门特别行政区基本法》的规定,下列哪些选项是正确的?
　　A. 对世界各国或各地区的人入境、逗留和离境,特别行政区政府可以实行入境管制

B. 特别行政区行政长官依照法定程序任免各级法院法官、任免检察官
　　C. 香港特别行政区立法会议员因行为不检或违反誓言而经出席会议的议员三分之二通过谴责,由立法会主席宣告其丧失立法会议员资格
　　D. 基本法的解释权属于全国人大常委会

**314.** 2011/1/26/单
根据我国宪法和港、澳基本法规定,关于港、澳基本法的修改,下列哪一选项是不正确的?
　　A. 在不同港、澳基本法基本原则相抵触的前提下,全国人大常委会在全国人大闭会期间有权修改港、澳基本法
　　B. 港、澳基本法的修改提案权属于全国人大常委会、国务院和港、澳特别行政区
　　C. 港、澳特别行政区对基本法的修改议案,由港、澳特别行政区出席全国人大会议的代表团向全国人大会议提出
　　D. 港、澳基本法的任何修改,不得同我国对港、澳既定的基本方针政策相抵触

**315.** 2010/1/65/多
关于特别行政区制度,下列哪些说法是不正确的?
　　A. 香港特别行政区行政长官任职须年满四十五周岁
　　B. 香港特别行政区司法机关由其法院和检察院组成
　　C. 香港和澳门特别行政区的各级法院都有权解释本特别行政区基本法
　　D. 国务院有权对香港和澳门特别行政区的部分地区宣布进入紧急状态

**316.** 2008/1/16/单
香港特别行政区的下列哪一项职务可由特区非永久性居民担任?
　　A. 行政长官　　　　B. 政府主要官员
　　C. 立法会议员　　　D. 法院法官

**考点48** 基层群众自治制度
**317.** 2020 回忆/多
某村集体土地被征收,村民委员会制定了有关征地补偿费的使用和分配方案,但遭到了部分村民反对。关于该方案,下列哪些选项是正确的?
　　A. 反对的村民可以申请乡政府予以撤销
　　B. 反对的村民可以申请法院予以撤销
　　C. 需要经过村民会议讨论决定
　　D. 可以经村民会议授权,由村民代表会议讨论决定

**318．** 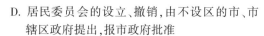 2017/1/93/任

杨某与户籍在甲村的村民王某登记结婚后,与甲村村委会签订了"不享受本村村民待遇"的"入户协议"。此后,杨某将户籍迁入甲村,但与王某长期在外务工。甲村村委会任期届满进行换届选举,杨某和王某要求参加选举。对此,下列说法正确的是:

A. 王某因未在甲村居住,故不得被列入参加选举的村民名单

B. 杨某因与甲村村委会签订了"入户协议",故不享有村委会选举的被选举权

C. 杨某经甲村村民会议或村民代表会议同意之后方可参加选举

D. 选举前应当对杨某进行登记,将其列入参加选举的村民名单

**319．**  2016/1/26/单

某乡政府为有效指导、支持和帮助村民委员会的工作,根据相关法律法规,结合本乡实际作出了下列规定,其中哪一规定是合法的?

A. 村委会的年度工作报告由乡政府审议

B. 村民会议制定和修改的村民自治章程和村规民约,报乡政府备案

C. 对登记参加选举的村民名单有异议并提出申诉的,由乡政府作出处理并公布处理结果

D. 村委会组成人员违法犯罪不能继续任职的,由乡政府任命新的成员暂时代理至本届村委会任期届满

**320．** 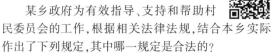 2015/1/64/多

某村村委会未经村民会议讨论,制定了土地承包经营方案,侵害了村民的合法权益,引发了村民的强烈不满。根据《村民委员会组织法》的规定,下列哪些做法是正确的?

A. 村民会议有权撤销该方案

B. 由该村所在地的乡镇级政府责令改正

C. 受侵害的村民可以申请法院予以撤销

D. 村民代表可以就此联名提出罢免村委会成员的要求

**321．** 2014/1/25/单

根据《宪法》和法律的规定,关于基层群众自治,下列哪一选项是正确的?

A. 村民委员会的设立、撤销,由乡镇政府提出,经村民会议讨论同意,报县级政府批准

B. 有关征地补偿费用的使用和分配方案,经村民会议讨论通过后,报乡镇政府批准

C. 居民公约由居民会议讨论通过后,报不设区的市、市辖区或者它的派出机关批准

D. 居民委员会的设立、撤销,由不设区的市、市辖区政府提出,报市政府批准

**322．** 2012/1/26/单

根据《村民委员会组织法》的规定,下列哪一选项是正确的?

A. 村民委员会每届任期3年,村民委员会成员连续任职不得超过2届

B. 罢免村民委员会成员,须经投票的村民过半数通过

C. 村民委员会选举由乡镇政府主持

D. 村民委员会成员丧失行为能力的,其职务自行终止

**323．** 2011/1/63/多

根据《宪法》和《村民委员会组织法》的规定,下列哪些选项是正确的?

A. 村民会议由本村18周岁以上,没有被剥夺政治权利的村民组成

B. 乡、民族乡、镇的人民政府不得干预依法属于村民自治范围内的事项

C. 罢免村民委员会成员,须经参加投票的村民过半数通过

D. 村民委员会成员实行任期和离任经济责任审计

**324．** 2010/1/21/单

关于村民委员会,下列哪一说法是正确的?

A. 村民委员会实行村务公开制度,涉及财务的事项至少每年公布一次

B. 村民委员会决定问题,采取村民委员会主任负责制

C. 村民委员会根据需要设人民调解、治安保卫、公共卫生委员会

D. 村民委员会由主任、副主任和村民小组长若干人组成

**325．** 2008/1/15/单

根据我国《村民委员会组织法》的规定,关于村民委员会的范围调整,下列哪一选项是正确的?

A. 由村民委员会主任提出,经村民会议讨论同意后,报乡级人民政府批准

B. 由村民委员会主任提出,经村民会议讨论同意后,报乡级人民代表大会批准

C. 由乡级人民政府提出,经村民会议讨论同意后,报县级人民政府批准

D. 由乡级人民政府提出,经村民会议讨论同意后,报县级人民代表大会批准

# 专题十三　公民的基本权利和义务

**326．** 2017/1/25/单

某市执法部门发布通告："为了进一步提升本市市容和环境卫生整体水平，根据相关规定，全市范围内禁止设置各类横幅标语。"根据该通告，关于禁设横幅标语，下列哪一说法是正确的？

　　A．涉及公民的出版自由

　　B．不构成对公民基本权利的限制

　　C．在目的上具有正当性

　　D．涉及宪法上的合理差别问题

**327．** 2017/1/61/多

我国《宪法》第13条规定："公民的合法的私有财产不受侵犯。国家依照法律规定保护公民的私有财产权和继承权。"关于这一规定，下列哪些说法是正确的？

　　A．国家不得侵犯公民的合法的私有财产权

　　B．国家应当保护公民的合法的私有财产权不受他人侵犯

　　C．对公民私有财产权和继承权的保护和限制属于法律保留的事项

　　D．国家保护公民的合法的私有财产权，是我国基本经济制度的重要内容之一

**328．** 2017/1/94/任

基本权利的效力是指基本权利规范所产生的拘束力。关于基本权利效力，下列选项正确的是：

　　A．基本权利规范对立法机关产生直接的拘束力

　　B．基本权利规范对行政机关的活动和公务员的行为产生拘束力

　　C．基本权利规范只有通过司法机关的司法活动才产生拘束力

　　D．一些国家的宪法一定程度上承认基本权利规范对私人产生拘束力

**329．** 2016/1/63/多

张某对当地镇政府干部王某的工作提出激烈批评，引起群众热议，被公安机关以诽谤他人为由行政拘留5日。张某的精神因此受到严重打击，事后相继申请行政复议和提起行政诉讼，法院依法撤销了公安机关《行政处罚决定书》。随后，张某申请国家赔偿。根据《宪法》和法律的规定，关于本案的分析，下列哪些选项是正确的？

　　A．王某因工作受到批评，人格尊严受到侵犯

　　B．张某的人身自由受到侵犯

　　C．张某的监督权受到侵犯

　　D．张某有权获得精神损害抚慰金

**330．** 2016/1/92/任

我国宪法明确规定："国家为了公共利益的需要，可以依照法律规定对公民的私有财产实行征收或者征用并给予补偿。"关于公民财产权限制的界限，下列选项正确的是：

　　A．对公民私有财产的征收或征用构成对公民财产权的外部限制

　　B．对公民私有财产的征收或征用必须具有明确的法律依据

　　C．只要满足合目的性原则即可对公民的财产权进行限制

　　D．对公民财产权的限制应具有宪法上的正当性

**331．** 2015/1/25/单

中华人民共和国公民在法律面前一律平等。关于平等权，下列哪一表述是错误的？

　　A．我国宪法中存在一个关于平等权规定的完整规范系统

　　B．犯罪嫌疑人的合法权利应该一律平等地受到法律保护

　　C．在选举权领域，性别和年龄属于宪法所列举的禁止差别理由

　　D．妇女享有同男子平等的权利，但对其特殊情况可予以特殊保护

**332．** 2015/1/92/多

某县政府以较低补偿标准进行征地拆迁。张某因不同意该补偿标准，拒不拆迁自己的房屋。为此，县政府责令张某的儿子所在中学不为其办理新学期注册手续，并通知财政局解除张某的女婿李某(财政局工勤人员)与该局的劳动合同。张某最终被迫签署了拆迁协议。关于当事人被侵犯的权利，下列选项正确的是：

　　A．张某的住宅不受侵犯权

　　B．张某的财产权

　　C．李某的劳动权

　　D．张某儿子的受教育权

**333．** 2013/1/25/单

关于《宪法》对人身自由的规定，下列哪一选项是不正确的？

　　A．禁止用任何方法对公民进行侮辱、诽谤和诬告陷害

　　B．生命权是《宪法》明确规定的公民基本权利，属于广义的人身自由权

　　C．禁止非法搜查公民身体

　　D．禁止非法搜查或非法侵入公民住宅

**334.**  2012/1/61/多
根据我国宪法规定,关于公民住宅不受侵犯,下列哪些选项是正确的?
- A. 该规定要求国家保障每个公民获得住宅的权利
- B.《治安管理处罚法》第40条规定,非法侵入他人住宅的,视情节给予不同时日的行政拘留和罚款。该条规定体现了宪法保障住宅不受侵犯的精神
- C.《刑事诉讼法》第69条规定,被取保候审的犯罪嫌疑人、被告人未经执行机关批准不得离开所居住的市、县。该条规定是对《宪法》规定的公民住宅不受侵犯的合理限制
- D. 住宅自由不是绝对的,公安机关、检察机关为了收集犯罪证据、查获犯罪嫌疑人,严格依法对公民住宅进行搜查并不违宪

**335.** 2012/1/63/多
根据《宪法》和法律的规定,下列哪些选项是不正确的?
- A. 生命权是我国宪法明确规定的公民基本权利
- B. 监督权包括批评建议权、控告检举权和申诉权
- C.《宪法》第43条第1款规定,中华人民共和国公民有休息的权利
- D. 受教育既是公民的权利也是公民的义务

**336.** 2011/1/62/多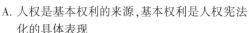
公民基本权利也称宪法权利。关于公民基本权利,下列哪些选项是正确的?
- A. 人权是基本权利的来源,基本权利是人权宪法化的具体表现
- B. 基本权利的主体主要是公民,在我国法人也可以作为基本权利的主体
- C. 我国公民在行使自由和权利的时候,不得损害国家的、社会的、集体的利益和其他公民的合法的自由和利益
- D. 权利和义务的平等性是我国公民基本权利和义务的重要特点

**337.** 2010/1/17/单
根据我国宪法关于公民基本权利的规定,下列哪一说法是正确的?
- A. 我国公民在年老、疾病或者遭受自然灾害时有获得物质帮助的权利
- B. 我国公民被剥夺政治权利的,其出版自由也被剥夺
- C. 我国公民有信仰宗教与公开传教的自由
- D. 我国公民有任意休息的权利

**338.** 2009/1/23/单
关于文化教育权利是公民在教育和文化领域享有的权利和自由的说法,下列哪一选项是错误的?
- A. 受教育既是公民的权利,又是公民的义务
- B. 宪法规定的文化教育权利是公民的基本权利
- C. 我国公民有进行科学研究、文学艺术创作和其他文化活动的自由
- D. 同社会经济权利一样,文化教育权利属于公民的积极收益权

**339.** 2009/1/64/多
根据《宪法》规定,下列哪些权利是公民享有的监督权?
- A. 罢免权
- B. 集会、游行、示威自由
- C. 批评和建议的权利
- D. 申诉、控告或者检举的权利

**340.** 2008/1/17/单
根据现行《宪法》规定,关于公民权利和自由,下列哪一选项是正确的?
- A. 劳动、受教育和依法服兵役既是公民的基本权利又是公民的基本义务
- B. 休息权的主体是全体公民
- C. 公民在年老、疾病或者未丧失劳动能力的情况下,有从国家和社会获得物质帮助的权利
- D. 2004年《宪法修正案》规定,国家尊重和保障人权

**341.** 2008/1/60/多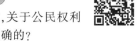
我国《宪法》规定公民的住宅不受侵犯。下列哪些选项属于侵犯公民住宅的行为?
- A. 非法侵入公民住宅
- B. 非法搜查公民住宅
- C. 非法买卖公民住宅
- D. 非法出租公民住宅

**考点50 公民的基本义务**

**342.** 2014/1/24/单
王某为某普通高校应届毕业生,23岁,尚未就业。根据《宪法》和法律的规定,关于王某的权利义务,下列哪一选项是正确的?
- A. 无需承担纳税义务
- B. 不得被征集服现役
- C. 有选举权和被选举权
- D. 有休息的权利

**343.** 2012/1/62/多
根据《宪法》的规定,关于公民纳税义

务,下列哪些选项是正确的?

    A. 国家在确定公民纳税义务时,要保证税制科学合理和税收负担公平

    B. 要坚持税收法定原则,税收基本制度实行法律保留

    C. 纳税义务直接涉及公民个人财产权,宪法纳税义务具有防止国家权力侵犯其财产权的属性

    D. 履行纳税义务是公民享有其他权利的前提条件

# 专题十四　国家机构

### 考点51　我国国家机构的组织和活动原则

**344.** 2009/1/65/多

根据《宪法》和法律规定,下列哪些选项是正确的?

    A. 中华人民共和国主席对全国人大及其常委会负责

    B. 国务院对全国人大负责并报告工作,在全国人大闭会期间对全国人大常委会负责并报告工作

    C. 最高人民法院、最高人民检察院对全国人大及其常委会负责

    D. 中央军事委员会对全国人大负责并报告工作,在全国人大闭会期间对全国人大常委会负责并报告工作

### 考点52　全国人大及其常委会

**345.** 2021 回忆/多

关于国家勋章和国家荣誉称号,下列说法哪些是正确的?

    A. 国家勋章和国家荣誉称号是国家最高荣誉

    B. 国务院可以向全国人大常委会提出授予国家勋章和国家荣誉称号的议案

    C. 国家勋章与国家荣誉称号由全国人大常委会决定授予

    D. 国家勋章和国家荣誉称号可以由全国人大常委会决定撤销

**346.** 2019 回忆/多

2019 年是中华人民共和国成立 70 周年,根据宪法,我国特赦了一批服刑人员。关于我国宪法规定的特赦制度,下列说法错误的是:

    A. 我国 2018 年宪法修正案将特赦写进了宪法

    B. 特赦由国家主席决定

    C. 特赦令由最高人民法院院长发布

    D. 特赦是法治原则的例外

**347.** 2017/1/26/单

根据《国家勋章和国家荣誉称号法》规定,下列哪一选项是正确的?

    A. 共和国勋章由全国人大常委会提出授予议案,由全国人大决定授予

    B. 国家荣誉称号为其获得者终身享有

    C. 国家主席进行国事活动,可直接授予外国政要、国际友人等人士"友谊勋章"

    D. 国家功勋簿是记载国家勋章和国家荣誉称号获得者的名录

**348.** 2016/1/64/多

根据《宪法》和法律的规定,关于全国人大代表的权利,下列哪些选项是正确的?

    A. 享有绝对的言论自由

    B. 有权参加决定国务院各部部长、各委员会主任的人选

    C. 非经全国人大主席团或者全国人大常委会许可,一律不受逮捕或者行政拘留

    D. 有五分之一以上的全国人大代表提议,可以临时召集全国人民代表大会会议

**349.** 2015/1/91/任

我国《宪法》第二条明确规定:"人民行使国家权力的机关是全国人民代表大会和地方各级人民代表大会。"关于全国人大和地方各级人大,下列选项正确的是:

    A. 全国人大代表全国人民统一行使国家权力

    B. 全国人大和地方各级人大是领导与被领导的关系

    C. 全国人大在国家机构体系中居于最高地位,不受任何其他国家机关的监督

    D. 地方各级人大设立常务委员会,由主任、副主任若干人和委员若干人组成

**350.** 2013/1/26/单

根据《宪法》规定,关于全国人大的专门委员会,下列哪一选项是正确的?

    A. 各专门委员会在其职权范围内所作决议,具有全国人大及其常委会所作决定的效力

    B. 各专门委员会的主任委员、副主任委员由全国人大及其常委会任命

    C. 关于特定问题的调查委员会的任期与全国人大及其常委会的任期相同

    D. 全国人大及其常委会领导专门委员会的工作

**351.** 2011/1/24/单

根据《宪法》和法律规定,关于人民代表大会制度,下列哪一选项是不正确的?

A. 人民代表大会制度体现了一切权力属于人民的原则

B. 地方各级人民代表大会是地方各级国家权力机关

C. 全国人民代表大会是最高国家权力机关

D. 地方各级国家权力机关对最高国家权力机关负责，并接受其监督

352．2011/1/61/多

根据《宪法》和《立法法》规定，关于全国人大常委会委员长会议，下列哪些选项是正确的？

A. 委员长会议可以向常委会提出法律案

B. 列入常委会会议议程的法律案，一般应当经3次委员长会议审议后再交付常委会表决

C. 经委员长会议决定，可以将列入常委会会议议程的法律案草案公布，征求意见

D. 专门委员会之间对法律草案的重要问题意见不一致时，应当向委员长会议报告

353．2010/1/20/单 新法改编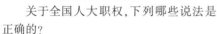

在必要的时候，下列哪一机构有权决定全国人民代表大会会议秘密举行？

A. 十个以上代表团联名

B. 全国人大常委会委员长会议

C. 全国人大主席团会议

D. 全国人大常委会和全国人大主席团

354．2010/1/64/多

关于全国人大职权，下列哪些说法是正确的？

A. 选举国家主席、副主席

B. 选举国务院总理、副总理

C. 选举最高人民法院院长、最高人民检察院检察长

D. 决定特别行政区的设立与建置

355．2010/1/93/任

关于全国人大及其常委会的质询权，下列说法正确的是：

A. 全国人大会议期间，一个代表团可书面提出对国务院的质询案

B. 全国人大会议期间，三十名以上代表联名可书面提出对国务院各部的质询案

C. 全国人大常委会会议期间，常委会组成人员十人以上可书面提出对国务院各委员会的质询案

D. 全国人大常委会会议期间，委员长会议可书面提出对国务院的质询案

356．2009/1/20/单

根据《全国人大组织法》规定，下列关于全国人大代表团的哪一说法是正确的？

A. 代表团团长、副团长由各代表团全体成员选举产生

B. 两个代表团以上可以向全国人大提出属于全国人大职权范围内的议案

C. 三个以上的代表团可以提出对于全国人大常委会的组成人员，国家主席、副主席，国务院和中央军事委员会的组成人员，最高人民法院院长和最高人民检察院检察长的罢免案

D. 一个代表团和三十名以上的代表可以联合提出对国务院及其各部、各委员会的质询案

357．2008/1/63/多

根据我国《立法法》的规定，下列哪些主体既可以向全国人民代表大会，也可以向全国人民代表大会常务委员会提出法律案？

A. 国务院

B. 中央军事委员会

C. 全国人民代表大会各专门委员会

D. 三十名以上全国人民代表大会代表联名

358．2008/1/64/多

全国人民代表大会宪法和法律委员会以及其他有关专门委员会经审查认为报全国人大常委会备案的司法解释与法律相抵触，而有关解释机关不予修改或废止的，宪法和法律委员会以及其他有关专门委员会可依法采取下列哪些措施？

A. 可以决定撤销该司法解释

B. 可以提出要求作出司法解释的机关予以修改、废止的议案

C. 可以提出由全国人大常委会作出立法解释的议案

D. 将该司法解释发回，发回后立即失效，但失效不具有溯及力

359．2008/1/94/任

根据《宪法》和法律的规定，下列表述错误的是：

A. 全国人大代表在全国人大各种会议上的活动不受法律追究

B. 在全国人大闭会期间，全国人大代表未经选举单位人大常委会批准，不受逮捕和刑事审判

C. 全国人大代表受原选举单位的监督

D. 全国人大代表在全国人民代表大会开会期间，有权提出对国务院或者国务院各部、各委员会的质询案

**考点53 国家主席**

**360.** 2011/1/86/任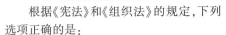

根据《宪法》和《组织法》的规定,下列选项正确的是:

　A. 地方各级人大代表非经本级人大主席团许可,在大会闭会期间非经本级人大常委会许可,不受逮捕或刑事审判

　B. 乡、民族乡、镇的人大主席、副主席不得担任国家行政机关的职务

　C. 审计机关依照法律独立行使审计权,不受行政机关、社会团体和个人的干涉

　D. 中华人民共和国主席根据全国人大常委会的决定,进行国事活动

**考点54 中央军委**

**361.** 2015/1/26/单

中华人民共和国中央军事委员会领导全国武装力量。关于中央军事委员会,下列哪一表述是错误的?

　A. 实行主席负责制

　B. 每届任期与全国人大相同

　C. 对全国人大及其常委会负责

　D. 副主席由全国人大选举产生

**考点55 国务院**

**362.** 2015/1/93/任

预算制度的目的是规范政府收支行为,强化预算监督。根据《宪法》和法律的规定,关于预算,下列表述正确的是:

　A. 政府的全部收入和支出都应当纳入预算

　B. 经批准的预算,未经法定程序,不得调整

　C. 国务院有权编制和执行国民经济和社会发展计划、国家预算

　D. 全国人大常委会有权审查和批准国家的预算和预算执行情况的报告

**363.** 2010/1/61/多

根据《宪法》规定,关于国务院的说法,下列哪些选项是正确的?

　A. 国务院由总理、副总理、国务委员、秘书长组成

　B. 国务院常务会议由总理、副总理、国务委员、秘书长组成

　C. 国务院有权改变或者撤销地方各级国家行政机关的不适当的决定和命令

　D. 国务院依法决定省、自治区、直辖市的范围内部分地区进入紧急状态

**364.** 2008/1/65/多

根据我国《宪法》和法律的规定,下列

哪些人员是国务院组成人员?

　A. 外交部副部长

　B. 国家发展和改革委员会主任

　C. 国有资产监督管理委员会主任

　D. 审计署审计长

**考点56 地方各级人大与政府**

**365.** 2023 回忆/多

在某县人大闭会期间,监察委主任张某辞职,副主任韩某接任代理主任。根据相关法律规定,下列哪些说法是正确的?

　A. 张某应当向县人大常委会提出辞职

　B. 张某辞职应当由县人大常委会全体组成人员的过半数通过

　C. 韩某应当由县人大常委会任命

　D. 韩某被任命后,应当报市监察委备案

**366.** 2022 回忆/多

关于区域协同立法与区域合作,下列哪些说法是正确的?

　A. 可以开展区域协同立法的主体限于省、自治区、直辖市的人民代表大会及其常委会

　B. 区域协同立法不能同宪法、法律、行政法规相抵触

　C. 县级以上人民政府可以共同建立跨行政区划的区域协同发展工作机制,加强区域合作

　D. 上级人民政府领导下级人民政府的区域合作工作

**367.** 2016/1/65/多

国家实行审计监督制度。为加强国家的审计监督,全国人大常委会于1994年通过了《审计法》,并于2006年进行了修正。关于审计监督制度,下列哪些理解是正确的?

　A. 《审计法》的制定与执行是在实施宪法的相关规定

　B. 地方各级审计机关对本级人大常委会和上一级审计机关负责

　C. 国务院各部门和地方各级政府的财政收支应当依法接受审计监督

　D. 国有的金融机构和企业事业组织的财务收支应当依法接受审计监督

**368.** 2016/1/66/多

甲市政府对某行政事业性收费项目的依据和标准迟迟未予公布,社会各界意见较大。关于这一问题的表述,下列哪些选项是正确的?

　A. 市政府应当主动公开该收费项目的依据和标准

　B. 市政府可向市人大常委会要求就该类事项作

专项工作报告

 C. 市人大常委会组成人员可依法向常委会书面提出针对市政府不公开信息的质询案

 D. 市人大举行会议时,市人大代表可依法书面提出针对市政府不公开信息的质询案

**369.** 2014/1/26/单

根据《监督法》的规定,关于监督程序,下列哪一选项是不正确的?

 A. 政府可委托有关部门负责人向本级人大常委会作专项工作报告

 B. 以口头答复的质询案,由受质询机关的负责人到会答复

 C. 特定问题调查委员会在调查过程中,应当公布调查的情况和材料

 D. 撤职案的表决采用无记名投票的方式,由常委会全体组成人员的过半数通过

**370.** 2014/1/60/多

根据《宪法》和法律的规定,关于国家机构,下列哪些选项是正确的?

 A. 全国人民代表大会代表受原选举单位的监督

 B. 中央军事委员会实行主席负责制

 C. 地方各级审计机关依法独立行使审计监督权,对上一级审计机关负责

 D. 市辖区的政府经本级人大批准可设立若干街道办事处,作为派出机关

**371.** 2013/1/91/任

根据《宪法》和《监督法》的规定,关于各级人大常委会依法行使监督权,下列选项正确的是:

 A. 各级人大常委会行使监督权的情况,应当向本级人大报告,接受监督

 B. 全国人大常委会可以委托下级人大常委会对有关法律、法规在本行政区域内的实施情况进行检查

 C. 质询案以书面答复的,由受质询的机关的负责人签署

 D. 依法设立的特定问题调查委员会在调查过程中,可以不公布调查的情况和材料

**372.** 2011/1/88/任

根据《宪法》和《监督法》的规定,下列选项正确的是:

 A. 县级以上地方各级政府应当在每年 6 月至 9 月期间,将上一年度的本级决算草案提请本级人大常委会审查和批准

 B. 人大常委会认为必要时,可以对审计工作报告作出决议;本级政府应在决议规定的期限

内,将执行决议的情况向常委会报告

 C. 最高法院作出的属于审判工作中具体应用法律的解释,应当在公布之日起 30 日内报全国人大常委会备案

 D. 撤职案的表决采取记名投票的方式,由常委会全体组成人员的过半数通过

**373.** 2010/1/22/单

根据《宪法》和《地方组织法》规定,下列哪一选项是正确的?

 A. 县级以上的地方各级人民代表大会常务委员会由主任、副主任若干人,秘书长、委员若干人组成

 B. 县级以上的地方各级人民代表大会常务委员会根据需要,可以设法制(政法)委员会等专门委员会

 C. 县级以上的地方各级人民代表大会可以组织关于特定问题的调查委员会

 D. 县级以上的地方各级人民代表大会会议由本级人民代表大会常务委员会召集并主持

**374.** 2009/1/61/多

关于撤职案的审议和决定,下列哪些选项符合《监督法》规定?

 A. 县长可以向县人大常委会提出撤销个别副县长职务的撤职案

 B. 县级以上地方各级人大常委会主任会议可以依法向本级人大常委会提出撤职案

 C. 撤职案应当写明撤职的对象和理由并提供有关材料

 D. 撤职案由人大常委会全体组成人员的三分之二以上的多数通过

**375.** 2009/1/94/任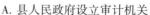

根据《地方组织法》规定,关于地方各级人民政府工作部门的设立,下列选项正确的是?

 A. 县人民政府设立审计机关

 B. 县人民政府工作部门的设立、增加、减少或者合并由县人大批准,并报上一级人民政府备案

 C. 县人民政府在必要时,经上级人民政府批准,可以设立若干区公所作为派出机关

 D. 县人民政府的工作部门受县人民政府统一领导,并且依照法律或者行政法规的规定受上级人民政府主管部门的业务指导或者领导

**376.** 2008/1/18/单

根据《各级人民代表大会常务委员会监督法》的规定,各级人大常委会对属于其职权范围内的事项,需要作出决议、决定,但对有关重大事实不清的,可以组织特定问题的调查委员会。关于特

定问题的调查委员会，下列哪一选项是正确的？

    A. 经五分之一以上常务委员会组成人员书面联名提议或有关专门委员会提议，可以组织关于特定问题的调查委员会

    B. 经调查委员会聘请，有关专家可以作为调查委员会的委员参加调查工作

    C. 调查委员会在调查过程中，可以不公布调查的情况和材料

    D. 调查委员会应当向有关专门委员会提出调查报告

**377.** `2008/1/93/任`

各级人民代表大会常务委员会有权审查和批准决算、听取预算的执行情况报告。根据《宪法》和《监督法》的规定，下列表述正确的是：

    A. 县级以上地方各级人民政府应当在每年六月至九月期间，将上一年度的本级决算草案提请本级人大常委会审查和批准

    B. 国务院应当在每年六月至九月期间向全国人大常委会报告本年度上一阶段预算的执行情况

    C. 预算安排的农业、教育、科技、文化、卫生、社会保障等资金需要调减的，国务院和县级以上地方各级人民政府应当提请本级人大常委会审查和批准

    D. 上级财政补助资金的安排和使用情况，是地方各级人大常委会对决算草案和预算执行情况重点审查的内容之一

**考点57　监察委员会**

**378.** `2022 回忆/多`

国家监察委员会为执行某法律的规定而制定了监察法规。关于该法规，下列哪些说法是正确的？

    A. 应当经国家监察委员会全体会议决定

    B. 需报全国人大常委会批准

    C. 需报全国人大常委会备案

    D. 由国家监察委员会报全国人大常委会发布公告予以公布

**379.** `2019 回忆/多`

关于国家监察机关，下列说法错误的是：

    A. 国家监察委员会是最高国家监察机关，负责全国监察工作

    B. 国家监察委员会对全国人大及其常委会负责并报告工作

    C. 监察委员会依照法律规定独立行使监察权，不受任何机关的干涉

    D. 监察机关办理职务违法和职务犯罪案件，应当与审判机关、检察机关、执法部门互相配合，互相制约

**考点58　司法机关**

**380.** `2017/1/27/单`

某县人大闭会期间，赵某和钱某因工作变动，分别辞去县法院院长和检察院检察长职务。法院副院长孙某任代理院长，检察院副检察长李某任代理检察长。对此，根据《宪法》和法律，下列哪一说法是正确的？

    A. 赵某的辞职请求向县人大常委会提出，由县人大常委会决定接受辞职

    B. 钱某的辞职请求由上一级检察院检察长向该级人大常委会提出

    C. 孙某出任代理院长由县人大常委会决定，报县人大批准

    D. 李某出任代理检察长由县人大常委会决定，报上一级检察院和人大常委会批准

# 专题十五　宪法的实施与监督

**考点59　宪法实施、宪法解释与宪法监督**

**381.** `2020 回忆/单`

关于合宪性审查和备案审查，下列哪一项说法是正确的？

    A. 备案审查是指对规范性文件的事前审查

    B. 全国人大常委会备案审查的对象包括行政法规、规章、司法解释

    C. 合宪性审查的主体是全国人大宪法和法律委员会

    D. 合宪性审查的对象包括规范性文件和具体行为

**382.** `2018 回忆/多`

关于合宪性审查，下列哪些说法是正确的？

    A. 合宪性审查的对象是规范性法律文件，不涉及具体行为

    B. 2018年宪法修正案将"法律委员会"更名为"宪法和法律委员会"，其在法律草案的审议中发挥着合宪性审查的功能

    C. 我国合宪性审查的主体是全国人大及其常委会

    D. 我国采取附带性审查的宪法监督制度

**383.** `2017/1/64/多`

《全国人民代表大会常务委员会关于〈中华人民共和国民法通则〉第九十九条第一款、〈中

华人民共和国婚姻法〉第二十二条的解释》规定:"公民依法享有姓名权。公民行使姓名权,还应当尊重社会公德,不得损害社会公共利益。"关于该解释,下列哪些选项是正确的?

A. 我国宪法明确规定了姓名权,故该解释属于宪法解释

B. 与《民法通则》和《婚姻法》具有同等效力

C. 由全国人大常委会发布公告予以公布

D. 法院可在具体审判过程中针对个案对该解释进行解释

**384.** 2017/1/66/多

根据《立法法》,关于规范性文件的备案审查制度,下列哪些选项是正确的?

A. 全国人大有关的专门委员会可对报送备案的规范性文件进行主动审查

B. 自治县人大制定的自治条例与单行条例应按程序报全国人大常委会和国务院备案

C. 设区的市市政府制定的规章应报本级人大常委会、市所在的省级人大常委会和政府、国务院备案

D. 全国人大宪法和法律委员会经审查认为地方性法规同宪法相抵触而制定机关不予修改的,应向委员长会议提出予以撤销的议案或者建议

**385.** 2016/1/94/任

根据《宪法》和法律,关于我国宪法监督方式的说法,下列选项正确的是:

A. 地方性法规报全国人大常委会和国务院备案,属于事后审查

B. 自治区人大制定的自治条例报全国人大常委会批准后生效,属于事先审查

C. 全国人大常委会应国务院的书面审查要求对某地方性法规进行审查,属于附带性审查

D. 全国人大常委会只有在相关主体提出对某规范性文件进行审查的要求或建议时才启动审查程序

**386.** 2015/1/94/任

宪法解释是保障宪法实施的一种手段和措施。关于宪法解释,下列选项正确的是:

A. 由司法机关解释宪法的做法源于美国,也以美国为典型代表

B. 德国的宪法解释机关必须结合具体案件对宪法含义进行说明

C. 我国的宪法解释机关对宪法的解释具有最高的、普遍的约束力

D. 我国国务院在制定行政法规时,必然涉及对宪法含义的理解,但无权解释宪法

**387.** 2012/1/22/单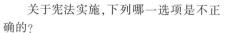

关于宪法实施,下列哪一选项是不正确的?

A. 宪法的遵守是宪法实施最基本的形式

B. 制度保障是宪法实施的主要方式

C. 宪法解释是宪法实施的一种方式

D. 宪法适用是宪法实施的重要途径

**388.** 2009/1/17/单

由专门机关负责保障宪法实施的规定始于下列哪一部宪法?

A. 1958 年法国宪法

B. 1787 年美国宪法

C. 1799 年法国宪法

D. 1908 年苏俄宪法

**389.** 2008/1/14/单

关于改变或者撤销法律、法规、自治条例和单行条例、规章的权限,下列哪一选项符合《立法法》的规定?

A. 全国人民代表大会有权改变或者撤销全国人民代表大会常务委员会批准的违背《宪法》和《立法法》相关规定的自治条例和单行条例

B. 省、自治区、直辖市的人民代表大会有权改变或者撤销其常务委员会制定的和批准的不适当的地方性法规

C. 地方人民代表大会常务委员会有权改变或者撤销本级人民政府制定的不适当的规章

D. 授权机关有权改变被授权机关制定的超越授权范围或者违背授权目的的法规

考点60 宪法宣誓

**390.** 2016/1/61/多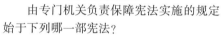

《全国人民代表大会常务委员会关于实行宪法宣誓制度的决定》于 2016 年 1 月 1 日起实施。关于宪法宣誓制度的表述,下列哪些选项是正确的?

A. 该制度的建立有助于树立宪法的权威

B. 宣誓场所应当悬挂中华人民共和国国旗或者国徽

C. 宣誓主体限于各级政府、法院和检察院任命的国家工作人员

D. 最高法院副院长、审判委员会委员进行宣誓的仪式由最高法院组织

# 司法制度和法律职业道德［试题］

## 专题十六 中国特色社会主义司法制度

### 考点61 中国特色社会主义司法制度概述

**391.** 2023 回忆/单

公正是法治的生命线,公正司法是维护社会公平正义的最后一道防线。下列哪一论断符合公正司法的要求?

A. 保障犯罪嫌疑人的辩护权利体现了司法的参与性

B. 法院杜绝不正之风体现了司法的公开性

C. 检察院禁止收受礼金体现了司法结果的正确性

D. 禁止司法人员与诉讼参与人私下接触体现了司法的中立性

**392.** 2017/1/46/单

中国特色社会主义司法制度是一个科学系统,既包括体制机制运行体系,也包括理念文化等丰富内容。关于我国司法制度的理解,下列哪一选项是正确的?

A. 我国司法制度主要由四个方面的体系构成:司法规范体系、司法组织体系、司法制度体系、司法文化体系

B. 司法组织体系主要包括审判组织体系、律师组织体系、公证组织体系

C. 人民调解制度和死刑复核制度是独具中国特色的司法制度,司法解释制度和案例指导制度是中外通行的司法制度

D. 各项司法制度既是司法机关职责分工、履行职能的依据和标准,也是监督和规范司法行为的基本规则

**393.** 2017/1/98/任 改编

建立领导干部、司法机关内部人员过问案件记录和责任追究制度,规范司法人员与当事人、律师、特殊关系人、中介组织接触交往行为,有利于保障依法独立行使审判权和检察权。据此,下列做法正确的是:

A. 某案承办检察官告知其同事可按规定为案件当事人转递涉案材料

B. 某法官在参加法官会议时,提醒承办法官充分考虑某案被告家庭现状

C. 某检察院副检察长依职权对其他检察官的在办案件提出书面指导性意见

D. 某法官在参加研讨会中偶遇在办案件当事人的律师,拒绝其研讨案件的要求并向法院纪检部门报告

**394.** 2016/1/45/单

司法活动的公开性是体现司法公正的重要方面,要求司法程序的每一阶段和步骤都应以当事人和社会公众看得见的方式进行。据此,按照有关文件和规定精神,下列哪一说法是正确的?

A. 除依法不在互联网公布的裁判文书外,法院的生效裁判文书均应在互联网公布

B. 检察院应通过互联网、电话、邮件、检察窗口等方式向社会提供案件程序性信息查询服务

C. 监狱狱务因特殊需要不属于司法公开的范围

D. 律师作为诉讼活动的重要参与者,其制作的代理词、辩护词等法律文书应向社会公开

**395.** 2016/1/98/任

司法人员恪守司法廉洁,是司法公正与公信的基石和防线。违反有关司法廉洁及禁止规定将受到严肃处分。下列属于司法人员应完全禁止的行为是:

A. 为当事人推荐、介绍诉讼代理人、辩护人

B. 为律师、中介组织介绍案件

C. 在非工作场所接触当事人、律师、特殊关系人

D. 向当事人、律师、特殊关系人借用交通工具

**396.** 2015/1/45/单

保证公正司法,提高司法公信力,一个重要的方面是加强对司法活动的监督。下列哪一做法属于司法机关内部监督?

A. 建立生效法律文书统一上网和公开查询制度

B. 逐步实行人民陪审员只参与审理事实认定,不再审理法律适用问题

C. 检察院办案中主动听取并重视律师意见

D. 完善法官、检察官办案责任制,落实谁办案谁负责

**397．** 2014/1/45/单

司法公正体现在司法活动各个方面和对司法人员的要求上。下列哪一做法体现的不是司法公正的内涵？

A. 甲法院对社会关注的重大案件通过微博直播庭审过程

B. 乙法院将本院公开审理后作出的判决书在网上公布

C. 丙检察院为辩护人查阅、摘抄、复制案卷材料提供便利

D. 丁检察院为暴力犯罪的被害人提供医疗和物质救助

**398．** 2013/1/83/多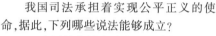

我国司法承担着实现公平正义的使命,据此,下列哪些说法能够成立？

A. 中国特色社会主义司法制度是我国实现公平正义的重要保障

B. 司法通过解决纠纷这一主要功能,维持社会秩序和正义

C. 没有司法效率,谈不上司法公正,公平正义也将难以实现,因此应当选择"公正优先,兼顾效率"的价值目标

D. 在符合法律基本原则的前提下,司法兼顾法理和情理更利于公平正义的实现

**399．** 2011/1/46/单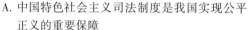

关于我国司法制度,下列哪一选项是错误的？

A. 我国实行两审终审、人民陪审员、审判公开等审判制度,促进实现审判活动科学化、规范化

B. 基层法院除审判案件外,还处理不需要开庭审判的民事纠纷和轻微的刑事案件,但不能指导人民调解委员会的工作

C. 我国实行立案监督、侦查监督、审判监督等检察制度,实现对诉讼活动的法律监督

D. 检察官独立不同于"除了法律没有上司"的法官独立,要受到"检察一体化"的限制

**400．** 2011/1/84/多

关于司法公正及实体公正、程序公正问题的理解,下列哪些表述是正确的？

A. 司法公正是法治的组成部分和基本内容,是民众对法制的必然要求,司法公正包括实体公正和程序公正两个方面

B. 追求实体公正,是我国司法制度和法律职业道德的基本准则,主要指努力发现案件事实真相和正确适用实体法律

C. 程序公正包括当事人平等地参与、严格遵循法定程序及法官的居中裁判等,保证当事人受到公平对待

D. 根据形势及效率需要,可在有关司法过程中将"类推"和"自由心证"作为司法公正的补充手段

**401．** 2010/1/47/单

关于司法功能的表述,下列哪一选项是错误的？

A. 司法具有解决纠纷、调整社会关系的直接功能和解释、补充法律及形成公共政策、秩序维持、文化支持等间接功能

B. 司法要求司法活动的公开性、裁判人员的中立性、当事人地位的平等性、司法过程的参与性、司法活动的合法性、案件处理的正确性

C. 我国晋代刘颂认为应该严格区分君臣在实现司法公正方面的职责

D. 英国哲学家培根强调司法公正的重要性:"一次不公的判断比多次不平的举动为祸尤烈。因为这些不平的举动不过弄脏了水流,而不公的判断则把水源败坏了"

**402．** 2009/1/47/单

关于司法和司法制度,下列哪一选项是错误的？

A. 现代社会,司法构成社会纠纷解决体系中最具普适性的方式,法院已成为最主要的纠纷解决主体

B. 法官自由裁量应力求达到合法与合理高度统一,尽可能地减少法律适用过程中的不确定性,防止司法擅断与专横

C. 通过对不同的案件采用不同的诉讼费用分担机制,能够影响诉讼各方的行为方式,实现诉讼费用的"配置效率"

D. 司法机关特别是最高法院参与公共政策的制定,表现出司法权在国家权力配置与运作中的越位

**403．** 2009/1/48/单

效率与公正都是理想型司法追求的目标,同时也是理想型司法应具备的两个基本要素。关于两者的关系,下列哪一说法是错误的？

A. 司法效率和司法公正是相辅相成的

B. 根据我国司法现状应当作出"公正优先、兼顾效率"的价值选择

C. 细化诉讼程序通常导致效率低下,效率和公正难以兼得

D. 司法工作人员提高业务水平,勤勉敬业,有利于促进司法公正和效率

**404.** 2008/1/47/单

关于司法和司法制度,下列哪一选项是正确的?

A. 效率是司法的内在要求和本质反映,是法治的灵魂和核心,强调的是尽可能地快速解决纠纷、多解决纠纷,尽可能地节省和充分利用各种司法资源

B. 从总体上看,司法具有解决纠纷的直接功能和调整社会关系、解释和补充法律、形成公共政策、秩序维持、文化支持等间接功能

C. 根据现代司法的特点,一切案件或纠纷,一旦进入司法程序,由司法机关依法作出生效的判决、裁定或决定,任何机关和个人都不应再作处理

D. 德国和法国虽然政治制度相同,但德国建立了联邦和州两套法院机构,法国则建立了全国统一的法院机构

考点62 **法律职业道德**

**405.** 2017/1/83/多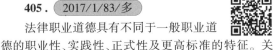

法律职业道德具有不同于一般职业道德的职业性、实践性、正式性及更高标准的特征。关于法律职业道德的表述,下列哪些选项是正确的?

A. 法律职业人员专业水平的发挥与职业道德水平的高低具有密切联系

B. 法律职业道德基本原则和规范的形成,与法律职业实践活动紧密相连

C. 纵观伦理发展史和法律思想史,法律职业道德的形成与"实证法"概念的阐释密切相关

D. 法律职业道德基本原则是对每个法律从业人员职业行为进行职业道德评价的标准

**406.** 2016/1/83/多

法律在社会中负有分配社会资源、维持社会秩序、解决社会冲突、实现社会正义的功能,这就要求法律职业人员具有更高的法律职业道德水准。据此,关于提高法律职业道德水准,下列哪些表述是正确的?

A. 法律职业道德主要是法律职业本行业在职业活动中的内部行为规范,不是本行业对社会所负的道德责任和义务

B. 通过长期有效的职业道德教育,使法律职业人员形成正确的职业道德认识、信念、意志和习惯,促进道德内化

C. 以法律、法规、规范性文件等形式赋予法律职业道德以更强的约束力和强制力,并加强道德监督,形成他律机制

D. 法律职业人员违反法律职业道德和纪律的,

应当依照有关规定予以惩处,通过惩处教育本人及其他人员

**407.** 2014/1/85/多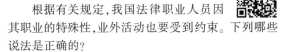

根据有关规定,我国法律职业人员因其职业的特殊性,业外活动也要受到约束。下列哪些说法是正确的?

A. 法律职业人员在本职工作和业外活动中均应严格要求自己,维护法律职业形象和司法公信力

B. 业外活动是法官、检察官行为的重要组成部分,在一定程度上也是司法职责的延伸

C. 《律师执业行为规范》规定了律师在业外活动中不得为的行为

D. 《公证员职业道德基本准则》要求公证员应当具有良好的个人修养和品行,妥善处理个人事务

**408.** 2013/1/45/单

关于法律职业道德,下列哪一表述是不正确的?

A. 基于法律和法律职业的特殊性,法律职业人员被要求承担更多的社会义务,具有高于其他职业的职业道德品行

B. 互相尊重、相互配合为法律职业道德的基本原则,这就要求检察官、律师尊重法官的领导地位,在法庭上听从法官的指挥

C. 选择合适的内化途径和适当的内化方法,才能使法律职业人员将法律职业道德规范融进法律职业精神中

D. 法律职业道德教育的途径和方法,包括提高法律职业人员道德认识、陶冶法律职业人员道德情感、养成法律职业人员道德习惯等

**409.** 2012/1/46/单

关于法律职业道德的理解,下列哪一说法不能成立?

A. 法律职业道德与其他职业道德相比,具有更强的公平正义象征和社会感召作用

B. 法律职业道德与一般社会道德相比,具有更强的约束性

C. 法律职业道德的内容多以纪律规范形式体现,具有更强的操作性

D. 法律职业道德通过严格程序实现,具有更强的外在强制性

**410.** 2012/1/47/单

法官、检察官、律师等法律职业主管机关就3个职业在诉讼活动中的相互关系,出台了一系列规定。下列哪一说法是正确的?

A. 这些规定的目的是加强职业纪律约束,促进维护司法公正

B. 这些规定具有弥补履行职责上地位不平等,利于发挥各自作用的意义

C. 这些规定允许必要时适度突破职权限制、提高司法效率

D. 这些规定主要强调配合,不涉及互相制约关系的内容

**411.** 2010/1/49/单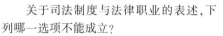

关于司法制度与法律职业的表述,下列哪一选项不能成立?

A. 为了客观、中立、公正地进行事实判断、解决纠纷,在组织技术上,司法机关只服从法律,不受上级机关、行政机关的干涉

B. 根据检察权统一行使原则,我国各级检察机关构成不可分割的统一整体,其特点是在行使职权、执行职务时实行"上命下从";每个检察机关和检察官的活动是检察机关全部活动的有机组成部分,均需依照法律赋予的权力进行

C. 法律职业以法官、检察官、律师为代表,法律职业之间具有同质性而无行业属性,因此多数国家规定担任法官、检察官、律师须通过专门培养和训练

D. 法律职业道德的基本原则是指法律职业道德的基本尺度、基本纲领和基本要求。法律职业道德的基本原则主要包括忠实执行宪法和法律、互相尊重互相配合、清正廉洁遵纪守法等方面

**考点63 审判制度**

**412.** 2019 回忆/多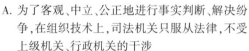

关于法官的惩戒,下列哪些项说法是正确的?

A. 某省高级人民法院欲设立法官惩戒委员会,负责对违反审判职责的法官进行惩戒

B. 法官惩戒委员会由法官代表、其他从事法律职业的人员和有关方面代表组成,其中法官代表不少于半数

C. 惩戒委员会依照有关规定对法官作出是否予以惩戒的决定,人民法院依照惩戒委员会的决定给予相应处理

D. 法官惩戒委员会会议惩戒事项时,当事人有权申请有关人员回避,有权进行陈述、举证、辩解

**413.** 2019 回忆/多

孙某和钱某系夫妻,下列哪些说法是错误的?

A. 孙某担任民一庭庭长,则钱某不得担任同一法院民二庭的审判员

B. 孙某担任甲市中级人民法院院长,则钱某不得担任甲市乙县人民法院的审判员

C. 孙某在钱某任职法官的人民法院辖区内的律师事务所担任合伙人,则钱某应当实行任职回避

D. 孙某在钱某任职法官的人民法院辖区内担任诉讼代理人,则钱某应当实行任职回避

**414.** 2017/1/47/单

随着法院案件受理制度改革的落实,当事人诉权得到进一步保障。关于行政诉讼立案登记制的理解和执行,下列哪一选项是正确的?

A. 立案登记制有助于实现司法效率,更有助于强化司法的应然功能

B. 对当事人提交的起诉状存在的欠缺和错误,法院应主动给予指导和释明,并一次性告知需要补正的内容

C. 如不能当场判定起诉是否符合规定,法院应接收起诉状,并口头告知当事人注意接听电话通知

D. 对法院既不立案也不做出不予立案裁定的,当事人可以向上一级法院投诉,但不可向上一级法院起诉

**415.** 2017/1/48/单

张法官与所承办案件当事人的代理律师系某业务培训班同学,偶有来往,为此张法官向院长申请回避,经综合考虑院长未予批准。张法官办案中与该律师依法沟通,该回避事项虽被对方代理人质疑,但审判过程和结果受到一致肯定。对照《法官职业道德基本准则》,张法官的行为直接体现了下列哪一要求?

A. 严格遵守审限

B. 约束业外活动

C. 坚持司法便民

D. 保持中立地位

**416.** 2017/1/99/任

最高法院设立巡回法庭有利于方便当事人诉讼、保证案件审理更加公平公正。关于巡回法庭的性质及职权,下列说法正确的是:

A. 巡回法庭是最高法院的派出机构、常设审判机构

B. 巡回法庭作出的一审判决当事人不服的,可向最高法院申请复议一次

C. 巡回法庭受理本巡回区内不服高级法院一审民事、行政裁决提起的上诉

D. 巡回区内应由最高法院受理的死刑复核、国家赔偿等案件仍由最高法院本部审理或者办理

**417.** `2016/1/84/多`

法院的下列哪些做法是符合审判制度基本原则的?

A. 某法官因病住院,甲法院决定更换法官重新审理此案

B. 某法官无正当理由超期结案,乙法院通知其三年内不得参与优秀法官的评选

C. 对某社会高度关注案件,当地媒体多次呼吁法院尽快结案,丙法院依然坚持按期审结

D. 因人身损害纠纷,原告要求被告赔付医疗费,丁法院判决被告支付全部医疗费及精神损害赔偿金

**418.** `2015/1/46/单`

职业保障是确保法官、检察官队伍稳定、发展的重要条件,是实现司法公正的需要。根据中央有关改革精神和《法官法》《检察官法》规定,下列哪一说法是错误的?

A. 对法官、检察官的保障由工资保险福利和职业(履行职务)两方面保障构成

B. 完善职业保障体系,要建立符合职业特点的法官、检察官管理制度

C. 完善职业保障体系,要建立法官、检察官专业职务序列和工资制度

D. 合理的退休制度也是保障制度的重要组成部分,应予高度重视

**419.** `2014/1/46/单`

关于法官在司法活动中如何理解司法效率,下列哪一说法是不正确的?

A. 司法效率包括司法的时间效率、资源利用效率和司法活动的成本效率

B. 在遵守审理期限义务上,对法官职业道德上的要求更加严格,应力求在审限内尽快完成职责

C. 法官采取程序性措施时,应严格依法并考虑效率方面的代价

D. 法官应恪守中立,不主动督促当事人或其代理人完成诉讼活动

**420.** `2014/1/83/多`

司法与行政都是国家权力的表现形式,但司法具有一系列区别于行政的特点。下列哪些选项体现了司法区别于行政的特点?

A. 甲法院审理一起民事案件,未按照上级法院的指示作出裁判

B. 乙法院审理一起刑事案件,发现被告人另有罪行并建议检察院补充起诉,在检察院补充起诉后对所有罪行一并作出判决

C. 丙法院邀请人大代表对其审判活动进行监督

D. 丁法院审理一起行政案件,经过多次开庭审理,在原告、被告及其他利害关系人充分举证、质证、辩论的基础上作出判决

**421.** `2013/1/46/单`

关于法官任免和法官行为,下列哪一说法是正确的?

A. 唐某系某省高院副院长,其子系该省某县法院院长。对唐某父子应适用任职回避规定

B. 楼法官以交通肇事罪被判处有期徒刑一年、缓刑一年。对其无须免除法官职务

C. 白法官将多年办案体会整理为《典型案件法庭审理要点》,被所在中级法院推广到基层法院,收效显著。对其应予以奖励

D. 陆法官在判决书送达后,发现误将上诉期15日写成了15月,立即将判决收回,做出新判决书次日即交给当事人。其行为不违反法官职业规范规定

### 考点64 检察制度

**422.** `2018 回忆/多`

关于法官、检察官的任职条件,下列哪些说法是错误的?

A. 张律师的律师执业证书被注销,则张律师不得担任法官

B. 王法官可以担任仲裁员,但不得收取任何费用

C. 周检察官从检察院离任后2年内,任何情况下均不得担任原任职检察院办理案件的诉讼代理人或者辩护人

D. 郑检察官被辞退后,不得担任诉讼代理人或者辩护人,但是作为当事人的监护人或者近亲属代理诉讼或者进行辩护的除外

**423.** `2016/1/47/单`

检察一体原则是指各级检察机关、检察官依法构成统一的整体,下级检察机关、下级检察官应当根据上级检察机关、上级检察官的批示和命令开展工作。据此,下列哪一表述是正确的?

A. 各级检察院实行检察委员会领导下的检察长负责制

B. 上级检察院可建议而不可直接变更、撤销下级检察院的决定

C. 在执行检察职能时,相关检察院有协助办案检察院的义务

D. 检察官之间在职务关系上可相互承继而不可相互移转和代理

**424.** 2015/1/47/单

根据中央司法体制改革要求及有关检察制度规定,人民监督员制度得到进一步完善和加强。关于深化人民监督员制度,下列哪一表述是错误的?

A. 是为确保职务犯罪侦查、起诉权的正确行使,根据有关法律结合实际确定的一种社会民主监督制度

B. 重点监督检察机关查办职务犯罪的立案、羁押、扣押冻结财物、起诉等环节的执法活动

C. 人民监督员由司法行政机关负责选任管理

D. 参与具体案件监督的人民监督员,由选任机关从已建立的人民监督员信息库中随机挑选

**425.** 2014/1/84/多

《中共中央关于全面深化改革若干重大问题的决定》提出,应当改革司法管理体制,推动省以下地方检察院人财物统一管理,探索建立与行政区划适当分离的司法管辖制度。关于上述改革措施,下列哪些理解是正确的?

A. 有助于检察权独立行使

B. 有助于检察权统一行使

C. 有助于检务公开

D. 有助于强化检察机关的法律监督作用

### 考点65 律师制度

**426.** 2023 回忆/单

关于法律从业人员的行为,下列哪一选项符合相关法律规定?

A. 在一起民事诉讼中,由于本所另一律师是该案件中对方当事人的近亲属,律师甲立即解除了与王某的委托代理关系

B. 乙未取得律师执业证书即以律师身份提供法律咨询服务,应由其所在县司法局予以警告处罚

C. 某县检察官丙被遴选为市检察院检察官,应参加统一职前培训

D. 经所在高校批准,丁教授可申请担任兼职律师

**427.** 2017/1/45/单

加强人权司法保障是司法机关的重要职责,也是保证公正司法的必然要求。下列哪一做法符合上述要求?

A. 某公安机关第一次讯问犯罪嫌疑人时告知其有权委托辩护人,但未同时告知其如有经济困难可申请法律援助

B. 某省法院修订进入法庭的安检流程,明确"禁止对律师进行歧视性安检"

C. 某法官在一伤害案判决书中,对被告人及律师"构成正当防卫"的证据和意见不采信而未做回应和说明

D. 某法庭对辩护律师在辩论阶段即将结束时提出的"被告人庭前供述系非法取得"的意见及线索,未予调查

**428.** 2017/1/49/单

律师事务所应当建立健全执业管理和各项内部管理制度,履行监管职责,规范本所律师执业行为。根据《律师事务所管理办法》,某律师事务所下列哪一做法是正确的?

A. 委派钟律师担任该所出资成立的某信息咨询公司的总经理

B. 合伙人会议决定将年度考核不称职的刘律师除名,报县司法局和律协备案

C. 对本所律师执业表现和遵守职业道德情况进行考核,报律协批准后给予奖励

D. 对受到6个月停止执业处罚的祝律师,在其处罚期满1年后,决定恢复其合伙人身份

**429.** 2017/1/85/多

律师在推进全面依法治国进程中具有重要作用,律师应依法执业、诚信执业、规范执业。根据《律师执业管理办法》,下列哪些做法是正确的?

A. 甲律师依法向被害人收集被告人不在聚众斗殴现场的证据,提交检察院要求其及时进行审查

B. 乙律师对当事人及家属准备到法院门口静坐、举牌、声援的做法,予以及时有效的劝阻

C. 丙律师在向一方当事人提供法律咨询中致电对方当事人,告知对方诉讼请求缺乏法律和事实依据

D. 丁律师在社区普法宣传中,告知群众诉讼是解决继承问题的唯一途径,并称其可提供最专业的诉讼代理服务

**430.** 2016/1/48/单

法院、检察院、公安机关、国家安全机关、司法行政机关应当尊重律师,健全律师执业权利保障制度。下列哪一做法是符合有关律师执业权利保障制度的?

A. 县公安局仅告知涉嫌罪名,而以有碍侦查为由拒绝告知律师已经查明的该罪的主要事实

B. 看守所为律师提供网上预约会见平台服务,并提示律师如未按期会见必须重新预约方可会见

C. 国家安全机关在侦查危害国家安全犯罪期间,多次不批准律师会见申请并且说明理由

D. 在庭审中,作无罪辩护的律师请求就被告量刑问题发表辩护意见,合议庭经合议后当庭拒绝律师请求

**431．** 2016/1/49/单
某律师事务所律师代理原告诉被告买卖合同纠纷案件,下列哪一做法是正确的?

　　A. 该律师接案时,得知委托人同时接触他所律师,私下了解他所报价后以较低收费接受委托

　　B. 在代书起诉状中,律师提出要求被告承担精神损害赔偿20万元的诉讼请求

　　C. 在代理合同中约定,如胜诉,在5万元律师代理费外,律师事务所可按照胜诉金额的一定比例另收办案费用

　　D. 因律师代理意见未被法庭采纳,原告要求律师承担部分诉讼请求损失,律师事务所予以拒绝

**432．** 2015/1/100/任
为促进规范司法,维护司法公正,最高检察院要求各级检察院在诉讼活动中切实保障律师依法行使执业权利。据此,下列选项正确的是:

　　A. 检察院在律师会见犯罪嫌疑人时,不得派员在场

　　B. 检察院在案件移送审查起诉后律师阅卷时,不得派员在场

　　C. 律师收集到犯罪嫌疑人不在犯罪现场的证据,告知检察院的,其相关办案部门应及时审查

　　D. 法律未作规定的事项,律师要求听取意见的,检察院可以安排听取

**433．** 2013/1/48/单
下列哪一情形下律师不得与当事人建立或维持委托关系?

　　A. 律师与委托当事人系多年好友

　　B. 接受民事诉讼一方当事人委托,同一律师事务所其他律师系该案件对方当事人的近亲属,但委托人知悉且同意

　　C. 同一律师事务所不同律师同时担任同一民事案件争议双方当事人代理人

　　D. 委托关系停止后二年,律师就同一法律业务接受与原委托人有利害关系的对方当事人委托

**考点66 法律援助制度**

**434．** 2017/1/100/任
来某县打工的农民黄某欲通过法律援助帮其讨回单位欠薪。根据《法律援助条例》等规定,

有关部门下列做法正确的是:

　　A. 县法律援助中心以黄某户籍不在本县为由拒绝受理其口头申请,黄某提出异议

　　B. 县司法局受理黄某异议后函令县法律援助中心向其提供法律援助

　　C. 县某律所拒绝接受县法律援助中心指派,县司法局对该所给予警告的行政处罚

　　D. 县法院驳回了黄某以"未能指派合格律师、造成损失应予赔偿"为由对县法律援助中心的起诉

**435．** 2016/1/85/多
根据《法律援助条例》和《关于刑事诉讼法律援助工作的规定》,下列哪些表述是正确的?

　　A. 区检察院提起抗诉的案件,区法院应当通知区法律援助中心为被告人甲提供法律援助

　　B. 家住A县的乙在邻县涉嫌犯罪被邻县检察院批准逮捕,其因经济困难可向A县法律援助中心申请法律援助

　　C. 县公安局没有通知县法律援助中心为可能被判处无期徒刑的丙提供法律援助,丙可向市检察院提出申诉

　　D. 县法院应当准许强制医疗案件中的被告丁以正当理由拒绝法律援助,并告知其可另行委托律师

**436．** 2015/1/49/单
某检察院对王某盗窃案提出二审抗诉,王某未委托辩护人,欲申请法律援助。对此,下列哪一说法是正确的?

　　A. 王某申请法律援助只能采用书面形式

　　B. 法律援助机构应当严格审查王某的经济状况

　　C. 法律援助机构只能委派律师担任王某的辩护人

　　D. 法律援助机构决定不提供法律援助时,王某可以向该机构提出异议

**437．** 2014/1/50/单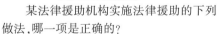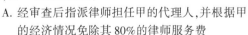
某法律援助机构实施法律援助的下列做法,哪一项是正确的?

　　A. 经审查后指派律师担任甲的代理人,并根据甲的经济情况免除其80%的律师服务费

　　B. 指派律师担任乙的辩护人以后,乙自行另外委托辩护人,故决定终止对乙的法律援助

　　C. 为未成年人丙指派熟悉未成年人身心特点但无律师执业证的本机构工作人员担任辩护人

　　D. 经审查后认为丁的经济状况较好,不符合法律援助的经济条件,故拒绝向其提供法律咨询

**438.** 2013/1/50/单

根据《法律援助条例》等规定,下列关于法律援助的哪一说法是不能成立的?

A. 在共同犯罪案件中,其他犯罪嫌疑人、被告人已委托辩护人的,本人及其近亲属可向法律援助机构提出法律援助申请,法律援助机构无须进行经济状况审查

B. 律师事务所拒绝法律援助机构的指派,不安排本所律师办理法律援助案件的,由司法行政部门给予警告,责令改正

C. 我国的法律援助实行部分无偿服务、部分为"缓交费"或"减费"形式有偿服务的制度

D. 检察院审查批准逮捕时,认为公安机关对犯罪嫌疑人应当通知辩护而没有通知的,应当通知公安机关予以纠正,公安机关应当将纠正情况通知检察院

**439.** 2011/1/49/单

我国法律援助制度因其保障人权而体现司法正义,因其救助贫困而体现社会公平。关于该制度,下列哪一表述是不正确的?

A. 我国法律援助是政府的一项重要职责,在性质上是一种社会保障制度

B. 实施法律援助的既有律师、法援机构,也有社会组织,形式上包括诉讼法律援助、非诉讼法律援助及公证、法律咨询

C. 对公民的法律援助申请和法院指派的法律援助案件,由法援机构统一受理、审查、指派、监督,必要时可以委托慈善机构协助受理事宜

D. 法援对象包括符合法定受援条件的经济困难者、残疾者、弱者,及符合规定的外国公民及无国籍人

**440.** 2010/1/90/多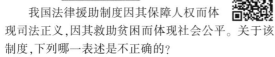

根据司法制度的有关规定,下列哪些选项是正确的?

A. 沈律师从 2003 年至今专职从事律师业务,未受过停止执业处罚,可成为律师事务所的设立人

B. 孙检察官工作勤奋,业务水平高,是检察院公认的业务骨干,虽然曾经为办案而违反有关警车、警械、警具管理规定,年终考核仍可得到优秀的考核结果

C. 郭法官认真总结审判经验,成果突出,对审判工作有指导作用,根据《法官法》的规定,他应受到奖励

D. 曾某为刑事被告人,四十六岁且有身孕,因经济困难未聘请辩护律师,可通过申请获得法律援助

---

**考点 67** 公证制度

**441.** 2021 回忆/单

甲商场销售侵犯乙公司知识产权的假冒伪劣产品。为收集证据以追究其法律责任,乙公司的代理律师亲自去甲商场购买侵权产品,并让公证机构派公证员全程录像后出具公证书。公证书提交法院后,甲商场认为该公证书不具有法律效力。对此,甲商场下列哪一理由可以成立?

A. 公证事项超出了公证业务范围

B. 公证机构跨区域办理公证业务

C. 乙公司代理律师的行为违反律师职业道德,导致公证书无效

D. 甲商场提供的监控录像显示公证的时间内律师和公证员并未进入甲商场

**442.** 2017/1/50/单

公证制度是司法制度重要组成部分,设立公证机构、担任公证员具有严格的条件及程序。关于公证机构和公证员,下列哪一选项是正确的?

A. 公证机构可接受易某申请为其保管遗嘱及遗产并出具相应公证书

B. 设立公证机构应由省级司法行政机关报司法部依规批准后,颁发公证机构执业证书

C. 贾教授在高校讲授法学 11 年,离职并经考核合格,可以担任公证员

D. 甄某交通肇事受过刑事处罚,因此不具备申请担任公证员的条件

**443.** 2016/1/50/单

关于公证制度和业务,下列哪一选项是正确的?

A. 依据统筹规划、合理布局设立的公证处,其名称中的字号不得与国内其他公证处的字号相同或者相近

B. 省级司法行政机关有权任命公证员并颁发公证员执业证书,变更执业公证处

C. 黄某委托其子代为办理房屋买卖手续,其住所地公证处可受理其委托公证的申请

D. 王某认为公证处为其父亲办理的放弃继承公证书错误,向该公证处提出复议的申请

**444.** 2015/1/50/单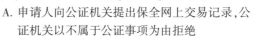

关于我国公证的业务范围、办理程序和效力,下列哪一选项符合《公证法》的规定?

A. 申请人向公证机关提出保全网上交易记录,公证机关以不属于公证事项为由拒绝

B. 自然人委托他人办理财产分割、赠与、收养关系公证的,公证机关不得拒绝

C. 因公证具有较强的法律效力,要求公证机关

在办理公证业务时不能仅作形式审查

D. 法院发现当事人申请执行的公证债权文书确有错误的，应裁定不予执行并撤销该公证书

**445．** 2011/1/50/单

甲病危，欲将部分财产留给保姆，咨询如何处理。下列哪一意见是正确的？

A. 甲行走不便，可由身为公证员的侄子办理公证遗嘱

B. 甲提出申请，可由公证机构到医院办理公证遗嘱

C. 公证机构无权办理甲的遗嘱文书及财产保管事务

D. 甲如对该财产曾有其他形式遗嘱，以后公证的遗嘱无效

**446．** 2008/1/49/单

根据我国《公证法》规定，对下列哪一事项公证机关可予办理公证？

A. 马某拿着一份合同复印件到公证机关要求公证，经公证人员审查发现该合同有多处涂改痕迹

B. 女青年李某29岁，至今未婚，到公证机关办理处女公证

C. 张某与王某大学毕业工作多年，各自都有些积蓄，为避免婚后因财产问题发生纠纷，双方决定到公证机关办理婚前财产公证

D. 杨父因正在读初中的儿子整天沉迷于网络游戏，多次劝说无效，遂决定与儿子解除父子关系，到公证机关申请公证

# 专题十七　法官职业道德

**考点68** 法官职业道德

**447．** 2022 回忆/多

为了防止利益输送和利益勾连，切实维护司法廉洁和司法公正，法官、检察官应杜绝与律师进行不正当的接触交往。据此，下列哪些行为不违反法律职业道德？

A. 陈检察官办理某未成年人犯罪案件，告知其监护人聘请熟悉未成年人心智的辩护律师

B. 卢法官将同事吴法官的家庭住址、电话号码告知郑律师

C. 赵律师代理某疑难案件，向其同学冯法官咨询，冯法官收取1万元咨询费

D. 李法官、郑检察官和孙律师同堂培训后一起在食堂进行研讨

**448．** 2016/1/46/单

根据法官、检察官纪律处分有关规定，

下列哪一说法是正确的？

A. 张法官参与迷信活动，在社会中造成了不良影响，可予提醒劝阻，其不应受到纪律处分

B. 李法官乘车时对正在实施的盗窃行为视而不见，小偷威胁失主仍不出面制止，其应受到纪律处分

C. 何检察官在讯问犯罪嫌疑人时，反复提醒犯罪嫌疑人注意其聘请的律师执业不足2年，其行为未违反有关规定

D. 刘检察官接访时，让来访人前往国土局信访室举报他人骗取宅基地使用权证的问题，其做法是恰当的

**449．** 2016/1/100/任

银行为孙法官提供了利率优惠的房屋抵押贷款，银行王经理告知孙法官，是感谢其在一年前的合同纠纷中作出的公正判决而进行的特殊安排，孙法官接受该笔贷款。关于法院对孙法官行为的处理，下列说法正确的是：

A. 法院认为孙法官的行为系违反廉政纪律的行为

B. 如孙法官主动交代，并主动采取措施有效避免损失的，法院应从轻给予处分

C. 由于孙法官行为情节轻微，如经过批评教育后改正，法院可免予处分

D. 确认属于违法所得的部分，法院可根据情况作出责令退赔的决定

**450．** 2015/1/84/多

法律职业人员在业内、业外均应注重清正廉洁，严守职业道德和纪律规定。下列哪些行为违反了相关职业道德和纪律规定？

A. 赵法官参加学术研讨时无意透露了未审结案件的内部讨论意见

B. 钱检察官相貌堂堂，免费出任当地旅游局对外宣传的"形象大使"

C. 孙律师在执业中了解到委托人公司存在严重的涉嫌偷税犯罪行为，未向税务机关举报

D. 李公证员代其同学在自己工作的公证处申办学历公证

**451．** 2015/1/85/多

法律职业人员应自觉遵守回避制度，确保司法公正。关于法官、检察官、律师和公证员等四类法律职业人员的回避规定，下列哪些判断是正确的？

A. 与当事人（委托人）有近亲属关系，是法律职业人员共同的回避事由

B. 法律职业人员的回避，在其《职业道德基本准

则》中均有明文规定

C. 法官和检察官均有任职回避的规定,公证员则无此要求

D. 不同于其他法律职业,律师回避要受到委托人意思的影响

**452．** 2015/1/99/任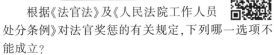

关于我国法律职业人员的入职条件与业内、业外行为的说法:①法官和检察官的任职禁止条件完全相同;②被辞退的司法人员不能担任律师和公证员;③王某是甲市中院的副院长,其子王二不能同时担任甲市乙县法院的审判员;④李法官利用业余时间提供有偿网络法律咨询,应受到惩戒;⑤刘检察官提出检察建议被采纳,效果显著,应受到奖励;⑥张律师两年前因私自收费被罚款,目前不能成为律所的设立人。对上述说法,下列判断正确的是:

A. ①⑤正确　　　　　B. ②④错误

C. ②⑤正确　　　　　D. ③⑥错误

**453．** 2012/1/48/单

根据《法官法》及《人民法院工作人员处分条例》对法官奖惩的有关规定,下列哪一选项不能成立?

A. 高法官在审判中既严格程序,又为群众行使权利提供便利;既秉公执法,又考虑情理,案结事了成绩显著。法院给予其嘉奖奖励

B. 黄法官就民间借贷提出司法建议被采纳,对当地政府完善金融管理、改善服务秩序发挥了显著作用。法院给予其记功奖励

C. 许法官违反规定会见案件当事人及代理人,此事被对方当事人上网披露,造成不良影响。法院给予其撤职处分

D. 孙法官顺带某同学(律师)参与本院法官聚会,半年后该同学为承揽案件向聚会时认识的某法官行贿。法院领导严告孙法官今后注意

**454．** 2012/1/83/多

法院领导在本院初任法官任职仪式上,就落实法官职业道德准则中的"文明司法"和践行执法为民理念的"理性文明执法"提出要求。下列哪些选项属于"文明执法"范围?

A. 提高素质和修养,遵守执法程序,注重执法艺术

B. 仪容整洁、举止得当、言行文明

C. 杜绝与法官职业形象不相称的行为

D. 严守办案时限,禁止拖延办案

**455．** 2012/1/84/多

某非法吸收公众存款刑事案件,因涉及人数众多,影响面广,当地领导私下曾有"必须重

判"的说法。①主审李法官听此说法即向院长汇报。②开庭时,李法官对律师提出的非法证据排除的请求不予理睬。③李法官对刘检察官当庭反驳律师无罪辩护意见、严斥该律师立场有问题的做法不予制止。④李法官几次打断律师用方言发言,让其慢速并重复。⑤律师对法庭上述做法提出异议,遭拒后当即退庭抗议。⑥刘检察官大声对律师说:"你太不成熟,本地没你的饭吃了。"⑦律师担心报复,向当事人提出解除委托关系。⑧李法官、刘检察官应邀参加该律师所在律所的十周年所庆,该律师向李、刘赠送礼品。关于法律职业人员的不当行为,下列哪些选项是正确的?

A. ①④⑤　　　　　B. ②③④

C. ②⑥⑦　　　　　D. ③⑦⑧

**456．** 2011/1/47/单

下列哪一选项属于违反法官职业道德规范的情形?

A. 甲市中级法院陈法官的妹妹接到乙县法院开庭传票,晚上到哥哥家咨询开庭注意事项。陈法官只叮嘱其妹庭上发言要有针对性,不要滔滔不绝

B. 乙市某法学院针对甲市中级法院在审案件组织模拟法庭,乙市中级法院钱法官应邀担任审判长。庭审后,钱法官就该案审理和判决向同学们谈了看法

C. 林法官担任某法学院兼职博士生导师,每年招收法学博士研究生 1 名

D. 某省高级法院朱院长担任法学会法律文书学研究会副会长

**457．** 2010/1/89/多

法官李某的下列哪些行为违反了法官职业道德规范?

A. 庭审时,发现当事人高某聘请的律师赵某明显不负责任,提醒高某可另行委托律师钱某

B. 办案时,发现原告律师程某系自己高中同学,主动提出回避申请

C. 庭审前,向所办案件当事人委托的张律师指出某一证据效力不足

D. 讲座时,提出司法腐败主要是当事人行贿所致

**458．** 2008/1/50/单

邱法官在出席会议期间,参加会议组织的联欢活动,发现会务组安排她与自己正在审理的案件的被告代理律师同桌相邻而坐。此时全体代表已就坐,除了给邱法官安排的座位之外已无空位。在这种情况下,邱法官的下列哪一做法最符合法官职业道德规范?

A. 按号就坐,但装作与律师不认识,与其不说一句话

B. 按号就坐,可以与律师寒暄,但是不交谈案件事务

C. 仅与同桌的人调换座位,但桌号不变

D. 马上与会务人员联系调换座位,不与律师同坐一桌

**459.** 2008/1/89/多

依据法官职业道德规范,关于法官行为,下列哪些评论是正确的?

A. 徐法官在接待当事人的过程中,针对当事人对判决书提出的质疑,以不屑的口吻说:"你一个文盲加法盲,有什么资格来质问我?"评论:徐法官的行为不符合司法礼仪

B. 蓝法官在开庭调解时,为营造轻松和谐的气氛,身着便装,谈笑风生。评论:蓝法官的行为违反法庭规则

C. 周法官在当地出席大学同学私人投资的公司开业典礼,并在被公开介绍法官身份后登台致贺辞。评论:周法官的此行为违反了不得以职业、身份、声誉谋取利益的义务

D. 谢法官正在承办一宗合同纠纷案件。该案被告向谢法官的配偶林某任职的 A 公司表示,愿将一个工程项目发包给该公司,条件是让林某任该项目的主管。林某将此事告诉了谢法官,并提及发包人是该案的被告。谢法官听后未置一词。评论:谢法官的行为违反了约束家庭成员的义务

# 专题十八  检察官职业道德

**考点69** 检察官职业道德

**460.** 2022 回忆/多

吕检察官办理未成年人卫某故意伤害案,主动向其阐明法律规定,积极劝说引导其认罪认罚,组织双方自愿达成和解。关于吕检察官的行为,体现了下列哪些检察官职业道德的基本要求?

A. 担当          B. 忠诚
C. 为民          D. 公正

**461.** 2017/1/84/多

2016 年 10 月 20 日,《检察人员纪律处分条例》修订通过。关于规范检察人员的行为,下列哪些说法是正确的?

A. 领导干部违反有关规定组织、参加自发成立的老乡会、校友会、战友会等,属于违反组织纪律行为

B. 擅自处置案件线索,随意初查或者在初查中对被调查对象采取限制人身自由强制措施的,属于违反办案纪律行为

C. 在分配、购买住房中侵犯国家、集体利益的,属于违反廉洁纪律行为

D. 对群众合法诉求消极应付、推诿扯皮,损害检察机关形象的,属于违反群众纪律行为

**462.** 2014/1/47/单

关于检察官职业道德和纪律,下列哪一做法是正确的?

A. 甲检察官出于个人对某类案件研究的需要,私下要求邻县检察官为其提供正在办理的某案情况

B. 乙检察官与其承办案件的被害人系来往密切的邻居,因此提出回避申请

C. 丙检察官发现所办案件存在应当排除的证据而未排除,仍将其作为起诉意见的依据

D. 丁检察官为提高效率,在家里会见本人所承办案件的被告方律师

**463.** 2013/1/85/多

下列哪些行为违反了相关法律职业规范规定?

A. 某律师事务所明知李律师的伯父是甲市中院领导,仍指派其到该院代理诉讼

B. 检察官高某在办理一起盗车并杀害车内行动不便的老人案件时,发现网上民愤极大,即以公诉人身份跟帖向法院建议判处被告死刑立即执行

C. 在法庭上,公诉人车某发现李律师发微博,当庭予以训诫,审判长法官未表明态度

D. 公证员张某根据甲公司董事长申请,办理了公司章程公证,张某与该董事长系大学同学

**464.** 2012/1/49/单

关于检察官的行为,下列哪一观点是正确的?

A. 房检察官在同乡聚会时向许法官打听其在办案件审理情况,并让其估计判处结果。根据我国国情,房检察官的行为可以被理解

B. 关检察长以暂停工作要挟江检察官放弃个人意见,按照陈科长的判断处理某案。关检察长的行为与依法独立行使检察权的要求一致

C. 容检察官在本地香蕉滞销,蕉农面临重大损失时,多方奔走将 10 万斤香蕉销往外地,为蕉农挽回了损失,本人获辛苦费 5000 元。容检察官没有违反有关经商办企业、违法违规营利

活动的规定

    D. 成检察官从检察院离任 5 年后，以律师身份担任各类案件的诉讼代理人或者辩护人，受到当事人及其家属的一致肯定。成检察官的行为符合《检察官法》的有关规定

**465．** 2011/1/48/单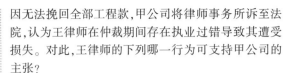

王检察官的下列哪一行为符合检察官职业道德的要求？

    A. 穿着检察正装、佩戴检察标识参加单位组织的慰问孤寡老人的公益活动

    B. 承办一起两村械斗引起的伤害案，受害人系密切近邻，但为早日结案未主动申请回避

    C. 参加朋友聚会，谈及在办案件犯罪嫌疑人梁某交代包养了 4 个情人，但嘱咐朋友不要外传

    D. 业余时间在某酒吧任萨克斯管主奏，对其检察官身份不予否认，收取适当报酬

**466．** 2009/1/49/单

关于检察官的行为，下列哪一选项是正确的？

    A. 甲检察官业余时间担任某中学法制辅导员，在推辞无效的情况下收下学校付给的每年 1000 元的酬金

    B. 乙检察官办理余某涉嫌贪污案时，针对余某所在单位财务管理方面的问题以个人名义向该单位领导提出了改进建议

    C. 丙检察官下班后未及换下检察官制服即赶往饭店宴请来访的外地检察院同学

    D. 丁检察官办理一起交通肇事案件时，对不配合调查的目击证人周某实施了拘传

# 专题十九　律师职业道德

**考点70** 律师职业道德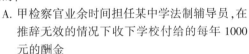

**467．** 2022 回忆/单

秦律师在甲律师事务所执业期间，以乙法律服务中心的名义在某网络平台发布视频，配字"提供法律咨询、代写文书等服务"，用于个人宣传。关于秦律师的行为，下列哪一评价是正确的？

    A. 在网络平台进行业务推广，违反律师执业规范

    B. 干扰了正常的诉讼和仲裁活动

    C. 属于以不正当方式承揽业务

    D. 以非律师身份宣传，并不违反律师执业规范

**468．** 2021 回忆/单

甲公司因乙公司拖欠其工程款申请仲裁，委托某律师事务所的王律师担任诉讼代理人。后因无法挽回全部工程款，甲公司将律师事务所诉至法院，认为王律师在仲裁期间存在执业过错导致其遭受损失。对此，王律师的下列哪一行为可支持甲公司的主张？

    A. 3 年前曾担任外地某检察院的检察官

    B. 将其代理仲裁期间与甲公司的相关合同提交法院

    C. 代理仲裁期间违规会见仲裁员被处以停止执业 1 年的行政处罚

    D. 仲裁中未主张甲公司对工程款优先受偿，未告知甲公司任何风险

**469．** 2015/1/48/单

王某和李某斗殴，李某与其子李二将王某打伤。李某在王某提起刑事自诉后聘请省会城市某律师事务所赵律师担任辩护人。关于本案，下列哪一做法符合相关规定？

    A. 赵律师同时担任李某和李二的辩护人，该所钱律师担任本案王某代理人

    B. 该所与李某商定辩护事务按诉讼结果收取律师费

    C. 该所要求李某另外预交办案费

    D. 该所指派实习律师代赵律师出庭辩护

**470．** 2014/1/48/单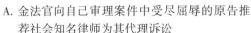

某律师事务所一审代理了原告张某的案件。一年后，该案再审。该所的下列哪一做法与律师执业规范相冲突？

    A. 在代理原告案件时，拒绝与该案被告李某建立委托代理关系

    B. 在拒绝与被告李某建立委托代理关系时，承诺可在其他案件中为其代理

    C. 得知该案再审后，主动与原告张某联系

    D. 张某表示再审不委托该所，该所遂与被告李某建立委托代理关系

**471．** 2009/1/50/单

下列哪一法律职业人员的行为不违背相应职业纪律要求？

    A. 金法官向自己审理案件中受尽屈辱的原告推荐社会知名律师为其代理诉讼

    B. 闻律师在办理无偿的法律援助案件后，收取受援人交通费

    C. 公证员黄某在派发的名片上印有"法学硕士、法学副教授"的头衔

    D. 曾律师发起举办了"金融危机下律师业的挑战"研讨会并邀请一些教授、法官、检察官、公证员朋友出席

**472.** 2009/1/88/多

刘律师出身建筑世家并曾就读建筑专业,现主要从事施工纠纷法律服务。开发商李某因开发的楼房倒塌被诉至法院,欲委托刘律师代理诉讼。关于接受委托和代理案件,刘律师的下列哪些做法符合律师职业有关规定?

A. 接受委托,了解并运用建筑和房地产知识分析案件,寻求对李某有利的理由

B. 接受委托,告知李某楼房倒塌系建筑风水原因,使其接受败诉结果

C. 明知不懂房地产开发业务会影响代理效果,但为经济效益极力宣扬建筑世家背景并接受委托

D. 考虑到不懂房地产业务会影响代理效果,决定不接受委托

**473.** 2008/1/48/单

根据我国《律师法》的规定,下列哪一选项是正确的?

A. 律师事务所变更名称、负责人、章程、合伙协议的,应当报原审核部门备案

B. 律师服务机构一般采用公司形式,但在经济社会发展欠发达地区仍可保留少数合作制律师事务所

C. 个人律师事务所实行无限责任,因此在成立条件上比合伙律师事务所要宽松

D. 律师事务所采用特殊的普通合伙形式的,当个别合伙人因故意或重大过失造成对外债务时,其他合伙人不承担对外责任

**474.** 2008/1/88/多

2007 年 10 月 28 日第十届全国人民代表大会常务委员会第三十次会议对《律师法》进行了修订。根据修订后的《律师法》,下列哪些选项是错误的?

A. 受委托的律师自案件审查起诉之日起,有权查阅、摘抄和复制与案件有关的所有材料

B. 犯罪嫌疑人被侦查机关第一次讯问或者采取强制措施之日起,受委托的律师凭律师执业证书、律师事务所证明和委托书或者法律援助公函,有权会见犯罪嫌疑人、被告人并了解有关案件情况。律师会见犯罪嫌疑人、被告人,不被监听

C. 律师在法庭上发表的代理、辩护意见不受法律追究。但是,发表危害国家安全、恶意诽谤他人、严重扰乱法庭秩序、泄露商业秘密的言论除外

D. 律师是维护当事人合法权益、维护法律正确

实施、维护社会公平和正义的国家法律工作人员

# 专题二十　公证员职业道德

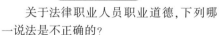

**475.** 2014/1/49/单

关于法律职业人员职业道德,下列哪一说法是不正确的?

A. 法官职业道德更强调法官独立性、中立地位

B. 检察官职业道德是检察官职业义务、职业责任及职业行为上道德准则的体现

C. 律师职业道德只规范律师的执业行为,不规范律师事务所的行为

D. 公证员职业道德应得到重视,原因在于公证证明活动最大的特点是公信力

**476.** 2012/1/50/单

下列哪一选项属于违反律师或公证有关制度及执业规范规定的情形?

A. 刘律师受当事人甲委托为其追索 1 万元欠款,因该事项与另一委托事项时间冲突,经甲同意后另交本所律师办理,但未告其支出增加

B. 李律师承办当事人乙的继承纠纷案,表示乙依法可以继承 2 间房屋,并作为代理意见提交法庭,未被采纳,乙仅分得万元存款

C. 林公证员对丙以贵重金饰用于抵押的事项,办理了抵押登记

D. 王公证员对丁代理他人申办合同和公司章程公证的事项,出具了公证书

**477.** 2011/1/85/多

法学院同学就我国法律职业道德规范进行讨论。

甲认为:①法律职业道德一般包括职业道德意识、职业道德行为和职业道德规范 3 个层次;②法官职业道德的核心是公正、廉洁、为民。乙认为:①如果缺乏无私奉献、敬业献身的精神,法律职业人员很容易进行"权力寻租";②加强公证员职业道德建设是维护和增强公证公信力的保障。丙认为:①法律职业人员的社会义务和道德要求不应高于一般社会成员;②直接影响律师职业形象的执业外行为受到律师职业道德的约束。对此,下列哪些选项是不能成立的?

A. 甲①和乙②的说法均正确

B. 甲②和丙②的说法均错误

C. 甲①、乙①和丙①的说法均正确

D. 甲②、乙①和丙①的说法均错误

# 专题二十一　其他法律职业人员职业道德

### 考点 72　其他法律职业人员职业道德

**478.** 仿真模拟

下列关于其他法律职业人员道德的表述,不正确的有:

A. 法律顾问应当维护本单位的合法权益,因此无需保持独立

B. 对于从事行政处罚决定审核的公务人员,除涉及国家秘密、职业秘密或个人隐私外,其执法内容应一律向行政相对人和社会公开

C. 执法具有单方性,从事行政复议的公务人员无需听取行政相对人的辩解

D. 负责行政裁决的人员张某告知行政相对人,行政裁决属于终局裁决,不得提起行政复议

# 法 理 学 ［考点法条］

## 专题二　法的运行

### 考点14　立法

#### （一）立法权限

《立法法》

**第十条**　全国人民代表大会和全国人民代表大会常务委员会根据宪法规定行使国家立法权。

全国人民代表大会制定和修改刑事、民事、国家机构的和其他的基本法律。

全国人民代表大会常务委员会制定和修改除应当由全国人民代表大会制定的法律以外的其他法律；在全国人民代表大会闭会期间，对全国人民代表大会制定的法律进行部分补充和修改，但是不得同该法律的基本原则相抵触。

全国人民代表大会可以授权全国人民代表大会常务委员会制定相关法律。

#### （二）法律保留事项

《立法法》

**第十一条**　下列事项只能制定法律：

（一）国家主权的事项；

（二）各级人民代表大会、人民政府、监察委员会、人民法院和人民检察院的产生、组织和职权；

（三）民族区域自治制度、特别行政区制度、基层群众自治制度；

（四）犯罪和刑罚；

（五）对公民政治权利的剥夺、限制人身自由的强制措施和处罚；

（六）税种的设立、税率的确定和税收征收管理等税收基本制度；

（七）对非国有财产的征收、征用；

（八）民事基本制度；

（九）基本经济制度以及财政、海关、金融和外贸的基本制度；

（十）诉讼制度和仲裁基本制度；

（十一）必须由全国人民代表大会及其常务委员会制定法律的其他事项。

#### （三）授权立法

《立法法》

**第十二条**　本法第十一条规定的事项尚未制定法律的，全国人民代表大会及其常务委员会有权作出决定，授权国务院可以根据实际需要，对其中的部分事项先制定行政法规，但是有关犯罪和刑罚、对公民政治权利的剥夺和限制人身自由的强制措施和处罚、司法制度等事项除外。

**第十三条**　授权决定应当明确授权的目的、事项、范围、期限以及被授权机关实施授权决定应当遵循的原则等。

授权的期限不得超过五年，但是授权决定另有规定的除外。

被授权机关应当在授权期限届满的六个月以前，向授权机关报告授权决定实施的情况，并提出是否需要制定有关法律的意见；需要继续授权的，可以提出相关意见，由全国人民代表大会及其常务委员会决定。

**第十四条**　授权立法事项，经过实践检验，制定法律的条件成熟时，由全国人民代表大会及其常务委员会及时制定法律。法律制定后，相应立法事项的授权终止。

**第十五条**　被授权机关应当严格按照授权决定行使被授予的权力。

被授权机关不得将被授予的权力转授给其他机关。

#### （四）全国人大的立法程序

《立法法》

**第十七条**　全国人民代表大会主席团可以向全国人民代表大会提出法律案，由全国人民代表大会会议审议。

全国人民代表大会常务委员会、国务院、中央军事委员会、国家监察委员会、最高人民法院、最高人民检察院、全国人民代表大会各专门委员会，可以向全国人民代表大会提出法律案，由主席团决定列入会议议程。

**第十八条**　一个代表团或者三十名以上的代表联名，可以向全国人民代表大会提出法律案，由主席团决定是否列入会议议程，或者先交有关的专门委员会审议、提出是否列入会议议程的意见，再决定是否列入会议议程。

专门委员会审议的时候，可以邀请提案人列席会议，发表意见。

**第二十三条**　列入全国人民代表大会会议议程的法律案，由宪法和法律委员会根据各代表团和有关的专门委员会的审议意见，对法律案进行统一审议，向主席团提出审议结果报告和法律草案修改稿，对涉及的合宪性问题以及重要的不同意见应当在审议结果报告中予以说明，经主席团会议审议通过后，印发会议。

**第二十五条**　列入全国人民代表大会会议议程的法律案，在交付表决前，提案人要求撤回的，应当说明理由，经主席团同意，并向大会报告，对该法律案的审议即行终止。

**第二十六条**　法律案在审议中有重大问题需要进一步研究的，经主席团提出，由大会全体会议决定，可以授权常务委员会根据代表的意见进一步审议，作出决定，并将决定情况向全国人民代表大会下次会议报告；也可以授权常务委员会根据代表的意见进一步审议，提出修改方案，提请全国人民代表大会下次会议审议决定。

### (五)全国人大常委会的立法程序

《立法法》

**第二十九条** 委员长会议可以向常务委员会提出法律案,由常务委员会会议审议。

国务院、中央军事委员会、国家监察委员会、最高人民法院、最高人民检察院、全国人民代表大会各专门委员会,可以向常务委员会提出法律案,由委员长会议决定列入常务委员会会议议程,或者先交有关的专门委员会审议、提出报告,再决定列入常务委员会会议议程。如果委员长会议认为法律案有重大问题需要进一步研究,可以建议提案人修改完善后再向常务委员会提出。

**第三十条** 常务委员会组成人员十人以上联名,可以向常务委员会提出法律案,由委员长会议决定是否列入常务委员会会议议程,或者先交有关的专门委员会审议、提出是否列入会议议程的意见,再决定是否列入常务委员会会议议程。不列入常务委员会会议议程的,应当向常务委员会会议报告或者向提案人说明。

专门委员会审议的时候,可以邀请提案人列席会议,发表意见。

**第三十二条** 列入常务委员会会议议程的法律案,一般应当经三次常务委员会会议审议后再交付表决。

常务委员会会议第一次审议法律案,在全体会议上听取提案人的说明,由分组会议进行初步审议。

常务委员会会议第二次审议法律案,在全体会议上听取宪法和法律委员会关于法律草案修改情况和主要问题的汇报,由分组会议进一步审议。

常务委员会会议第三次审议法律案,在全体会议上听取宪法和法律委员会关于法律草案审议结果的报告,由分组会议对法律草案修改稿进行审议。

常务委员会审议法律案时,根据需要,可以召开联组会议或者全体会议,对法律草案中的主要问题进行讨论。

**第三十三条** 列入常务委员会会议议程的法律案,各方面的意见比较一致的,可以经两次常务委员会会议审议后交付表决;调整事项较为单一或者部分修改的法律案,各方面的意见比较一致,或者遇有紧急情形的,也可以经一次常务委员会会议审议即交付表决。

**第四十条** 列入常务委员会会议议程的法律案,应当在常务委员会会议后将法律草案及其起草、修改的说明等向社会公布,征求意见,但是经委员长会议决定不公布的除外。向社会公布征求意见的时间一般不少于三十日。征求意见的情况应当向社会通报。

**第四十六条** 对多部法律中涉及同类事项的个别条款进行修改,一并提出法律案的,经委员长会议决定,可以合并表决,也可以分别表决。

### (六)法律解释

《立法法》

**第四十八条** 法律解释权属于全国人民代表大会常务委员会。

法律有以下情况之一的,由全国人民代表大会常务委员会解释:

(一)法律的规定需要进一步明确具体含义的;

(二)法律制定后出现新的情况,需要明确适用法律依据的。

**第四十九条** 国务院、中央军事委员会、国家监察委员会、最高人民法院、最高人民检察院、全国人民代表大会各专门委员会,可以向全国人民代表大会常务委员会提出法律解释要求或者提出相关法律案。

省、自治区、直辖市的人民代表大会常务委员会可以向全国人民代表大会常务委员会提出法律解释要求。

**第五十二条** 法律解释草案表决稿由常务委员会全体组成人员的过半数通过,由常务委员会发布公告予以公布。

**第五十三条** 全国人民代表大会常务委员会的法律解释同法律具有同等效力。

# 宪法 [考点法条]①

## 专题十　宪法基本理论

**考点37** 宪法的基本原则

（一）人民主权原则

**第一条第一款** 〔国体〕中华人民共和国是工人阶级领导的、以工农联盟为基础的人民民主专政的社会主义国家。

**第二条** 〔政体〕中华人民共和国的一切权力属于人民。

人民行使国家权力的机关是全国人民代表大会和地方各级人民代表大会。

人民依照法律规定，通过各种途径和形式，管理国家事务，管理经济和文化事业，管理社会事务。

（二）法治原则

**第五条第一款** 〔法治原则〕中华人民共和国实行依法治国，建设社会主义法治国家。

（三）权制约原则

**第三条第二、三款** 〔民主集中制原则〕全国人民代表大会和地方各级人民代表大会都由民主选举产生，对人民负责，受人民监督。

国家行政机关、监察机关、审判机关、检察机关都由人民代表大会产生，对它负责，受它监督。

**第一百四十条** 〔司法机关之间的分工与制衡〕人民法院、人民检察院和公安机关办理刑事案件，应当分工负责，互相配合，互相制约，以保证准确有效地执行法律。

**考点39** 宪法的制定与修改

**第六十四条** 〔宪法的修改及法律案的通过〕宪法的修改，由全国人民代表大会常务委员会或者五分之一以上的全国人民代表大会代表提议，并由全国人民代表大会以全体代表的三分之二以上的多数通过。

法律和其他议案由全国人民代表大会以全体代表的过半数通过。

《宪法修正案》（总结）

（1）1988年第一次修正：

①土地使用权可以依照法律的规定转让。

②国家允许私营经济在法律规定的范围存在和发展。

（2）1993年第二次修正：

①把"国营"改为"国有"，国有企业"有权自主经营"。

②家庭联产承包责任制作为农村集体经济组织的基本形式。

③国家实行社会主义市场经济；国家加强经济立法，完善宏观调控。

④明确"我国正处于社会主义初级阶段""建设有中国特色社会主义""坚持改革开放"。

⑤县级人大任期由3年改为5年。

⑥增加"中国共产党领导的多党合作和政治协商制度将长期存在和发展"。

（3）1999年第三次修正：

①明确规定"中华人民共和国实行依法治国，建设社会主义法治国家"。

②明确"我国将长期处于社会主义初级阶段""沿着建设有中国特色社会主义的道路"、在"邓小平理论指引下""发展社会主义市场经济"。

③将镇压"反革命活动"修改为镇压"危害国家安全的犯罪活动"。

④明确个体经济、私营经济称为"非公有制经济"，国家对其实行"引导、监督和管理"。

⑤规定"农村集体经济组织实行家庭承包经营为基础、统分结合的双层经营体制"。

⑥规定"公有制为主体、多种所有制经济共同发展""按劳分配为主体、多种分配方式并存"。

（4）2004年第四次修正：

①在宪法序言的第七自然段中增写"三个代表"重要思想。

②乡镇人大的任期由3年改为5年。

③增加规定"国家尊重和保障人权"。

④规定"公民的合法的私有财产不受侵犯"，"国家为了公共利益的需要，可以依照法律规定对公民的私有财产实行征收或者征用并给予补偿"。

⑤将"戒严"改为"紧急状态"。

⑥增加规定"国家建立健全同经济发展水平相适应的社会保障制度"。

⑦在爱国统一战线中增加"社会主义事业的建设者"。

⑧第四章章名中增加"国歌"，增加规定"中华人民共和国国歌是《义勇军进行曲》"。

⑨在第81条国家主席职权中增加"进行国事活动"的规定。

⑩在全国人大代表中增加特别行政区全国人大代表。

⑪《宪法》序言中增加规定"推动物质文明、政治文明和精神文明协调发展"。

（5）2018年第五次修正：

①宪法序言中增加规定"科学发展观、习近平新时代

---

① 本部分中未注明法规名称的条文均为《宪法》条文。

中国特色社会主义思想"作为指导思想。

②宪法序言中将"健全社会主义法制"修改为"健全社会主义法治"。

③宪法序言中写入"贯彻新发展理念"。

④宪法序言中"物质文明、政治文明、精神文明"后增加"社会文明、生态文明"。

⑤宪法序言中写入"和谐美丽""现代化强国"。

⑥宪法序言中写入"实现中华民族伟大复兴"。

⑦宪法序言中"革命和建设"修改为"革命、建设、改革"。

⑧宪法序言在爱国统一战线的组成中增加"致力于中华民族伟大复兴的爱国者"。

⑨宪法序言和正文有关社会主义民族关系中增加"和谐"。

⑩对外政策中增加"坚持和平发展道路,坚持互利共赢开放战略""推动构建人类命运共同体"。

⑪增加"中国共产党领导是中国特色社会主义最本质的特征"。

⑫增加"宪法宣誓"。

⑬增加"设区的市的人民代表大会和它们的常务委员会,在不同宪法、法律、行政法规和本省、自治区的地方性法规相抵触的前提下,可以依照法律规定制定地方性法规,报本省、自治区人民代表大会常务委员会批准后施行"。

⑭增加国家倡导"社会主义核心价值观"。

⑮增加国家监察委员会。

# 专题十一　国家的基本制度(上)

**考点42** 我国的政治、经济、文化、社会基本制度

**(一)基本经济制度**

**第六条** 〔经济制度和分配制度〕中华人民共和国的社会主义经济制度的基础是生产资料的社会主义公有制,即全民所有制和劳动群众集体所有制。社会主义公有制消灭人剥削人的制度,实行各尽所能、按劳分配的原则。

国家在社会主义初级阶段,坚持公有制为主体、多种所有制经济共同发展的基本经济制度,坚持按劳分配为主体、多种分配方式并存的分配制度。

**第七条** 〔国有经济〕国有经济,即社会主义全民所有制经济,是国民经济中的主导力量。国家保障国有经济的巩固和发展。

**第八条** 〔集体经济〕农村集体经济组织实行家庭承包经营为基础、统分结合的双层经营体制。农村中的生产、供销、信用、消费等各种形式的合作经济,是社会主义劳动群众集体所有制经济。参加农村集体经济组织的劳动者,有权在法律规定的范围内经营自留地、自留山、家庭副业和饲养自留畜。

城镇中的手工业、工业、建筑业、运输业、商业、服务业等行业的各种形式的合作经济,都是社会主义劳动群众集体所有制经济。

国家保护城乡集体经济组织的合法的权利和利益,鼓励、指导和帮助集体经济的发展。

**第九条** 〔自然资源〕矿藏、水流、森林、山岭、草原、荒地、滩涂等自然资源,都属于国家所有,即全民所有;由法律规定属于集体所有的森林和山岭、草原、荒地、滩涂除外。

国家保障自然资源的合理利用,保护珍贵的动物和植物。禁止任何组织或者个人用任何手段侵占或者破坏自然资源。

**第十条** 〔土地制度〕城市的土地属于国家所有。

农村和城市郊区的土地,除由法律规定属于国家所有的以外,属于集体所有;宅基地和自留地、自留山,也属于集体所有。

国家为了公共利益的需要,可以依照法律规定对土地实行征收或者征用并给予补偿。

任何组织或者个人不得侵占、买卖或者以其他形式非法转让土地。土地的使用权可以依照法律的规定转让。

一切使用土地的组织和个人必须合理地利用土地。

**第十一条** 〔非公有制经济〕在法律规定范围内的个体经济、私营经济等非公有制经济,是社会主义市场经济的重要组成部分。

国家保护个体经济、私营经济等非公有制经济的合法的权利和利益。国家鼓励、支持和引导非公有制经济的发展,并对非公有制经济依法实行监督和管理。

**第十二条** 〔公共财产不可侵犯〕社会主义的公共财产神圣不可侵犯。

国家保护社会主义的公共财产。禁止任何组织或者个人用任何手段侵占或者破坏国家的和集体的财产。

**第十三条** 〔保护私有财产〕公民的合法的私有财产不受侵犯。

国家依照法律规定保护公民的私有财产权和继承权。

国家为了公共利益的需要,可以依照法律规定对公民的私有财产实行征收或者征用并给予补偿。

**第十五条** 〔市场经济〕国家实行社会主义市场经济。

国家加强经济立法,完善宏观调控。

国家依法禁止任何组织或者个人扰乱社会经济秩序。

**(二)基本社会制度**

(1)社会保障制度

**第十四条第四款** 〔生产、积累和消费〕国家建立健全同经济发展水平相适应的社会保障制度。

**第四十五条** 〔获得救济的权利〕中华人民共和国公民在年老、疾病或者丧失劳动能力的情况下,有从国家和社会获得物质帮助的权利。国家发展为公民享受这些权利所需要的社会保险、社会救济和医疗卫生事业。

国家和社会保障残废军人的生活,抚恤烈士家属,优待军人家属。

国家和社会帮助安排盲、聋、哑和其他有残疾的公民

的劳动、生活和教育。

**第四十八条** 〔**男女平等**〕中华人民共和国妇女在政治的、经济的、文化的、社会的和家庭的生活等各方面享有同男子平等的权利。

国家保护妇女的权利和利益,实行男女同工同酬,培养和选拔妇女干部。

**第四十九条第一款** 〔**婚姻家庭制度**〕婚姻、家庭、母亲和儿童受国家的保护。

(2)劳动保障制度

**第四十二条第二、四款** 〔**劳动权利与义务**〕国家通过各种途径,创造劳动就业条件,加强劳动保护,改善劳动条件,并在发展生产的基础上,提高劳动报酬和福利待遇。

国家对就业前的公民进行必要的劳动就业训练。

(3)医疗卫生事业

**第二十一条第一款** 〔**医疗、卫生与体育事业**〕国家发展医疗卫生事业,发展现代医药和我国传统医药,鼓励和支持农村集体经济组织、国家企业事业组织和街道组织举办各种医疗卫生设施,开展群众性的卫生活动,保护人民健康。

(4)社会人才培养制度

**第二十三条** 〔**人才培养**〕国家培养为社会主义服务的各种专业人才,扩大知识分子的队伍,创造条件,充分发挥他们在社会主义现代化建设中的作用。

(5)社会秩序及安全维护制度

**第二十八条** 〔**维护社会秩序**〕国家维护社会秩序,镇压叛国和其他危害国家安全的犯罪活动,制裁危害社会治安、破坏社会主义经济和其他犯罪的活动,惩办和改造犯罪分子。

**第二十九条** 〔**武装力量**〕中华人民共和国的武装力量属于人民。它的任务是巩固国防,抵抗侵略,保卫祖国,保卫人民的和平劳动,参加国家建设事业,努力为人民服务。

国家加强武装力量的革命化、现代化、正规化的建设,增强国防力量。

# 专题十二　国家的基本制度(下)

**考点43** 选举制度

(一)选举权

《选举法》

**第三条** 〔**直接选举与间接选举**〕全国人民代表大会的代表,省、自治区、直辖市、设区的市、自治州的人民代表大会的代表,由下一级人民代表大会选举。

不设区的市、市辖区、县、自治县、乡、民族乡、镇的人民代表大会的代表,由选民直接选举。

**第四条** 〔**选举权的条件**〕中华人民共和国年满十八周岁的公民,不分民族、种族、性别、职业、家庭出身、宗教信仰、教育程度、财产状况和居住期限,都有选举权和被选举权。

依照法律被剥夺政治权利的人没有选举权和被选举权。

**第六条** 〔**人民解放军单独选举原则**〕人民解放军单独进行选举,选举办法另订。

(二)各级人大选举的主持者

《选举法》

**第九条** 〔**各级选举的主持机构**〕全国人民代表大会常务委员会主持全国人民代表大会代表的选举。省、自治区、直辖市、设区的市、自治州的人民代表大会常务委员会主持本级人民代表大会代表的选举。

不设区的市、市辖区、县、自治县、乡、民族乡、镇设立选举委员会,主持本级人民代表大会代表的选举。不设区的市、市辖区、县、自治县的选举委员会受本级人民代表大会常务委员会的领导。乡、民族乡、镇的选举委员会受不设区的市、市辖区、县、自治县的人民代表大会常务委员会的领导。

省、自治区、直辖市、设区的市、自治州的人民代表大会常务委员会指导本行政区域内县级以下人民代表大会代表的选举工作。

(三)各级人大代表的名额确定

《选举法》

**第十二条第三款** 〔**地方各级人大代表的名额确定**〕自治区、聚居的少数民族多的省,经全国人民代表大会常务委员会决定,代表名额可以另加百分之五。聚居的少数民族多或者人口居住分散的县、自治县、乡、民族乡,经省、自治区、直辖市的人民代表大会常务委员会决定,代表名额可以另加百分之五。

**第十三条** 〔**地方各级人大代表具体名额的确定**〕省、自治区、直辖市的人民代表大会代表的具体名额,由全国人民代表大会常务委员会依照本法确定。设区的市、自治州和县级的人民代表大会代表的具体名额,由省、自治区、直辖市的人民代表大会常务委员会依照本法确定,报全国人民代表大会常务委员会备案。乡级的人民代表大会代表的具体名额,由县级的人民代表大会常务委员会依照本法确定,报上一级人民代表大会常务委员会备案。

(四)代表名额的分配

《选举法》

**第十五条** 〔**地方人大代表的名额的分配原则**〕地方各级人民代表大会代表名额,由本级人民代表大会常务委员会或者本级选举委员会根据本行政区域所辖的下一级各行政区域或者各选区的人口数,按照每一代表所代表的城乡人口数相同的原则,以及保证各地区、各民族、各方面都有适当数量代表的要求进行分配。在县、自治县的人民代表大会中,人口特少的乡、民族乡、镇,至少应有代表一人。

地方各级人民代表大会代表名额的分配办法,由省、自治区、直辖市的人民代表大会常务委员会参照全国人民代表大会代表名额分配的办法,结合本地区的具体情况规定。

**第十七条** 〔**全国人大代表名额的分配**〕全国人民代表大会代表名额,由全国人民代表大会常务委员会根据各省、自治区、直辖市的人口数,按照每一代表所代表的城乡人口数相同的原则，以及保证各地区、各民族、各方面都有适当数量代表的要求进行分配。

省、自治区、直辖市应选全国人民代表大会代表名额，由根据人口数计算确定的名额数、相同的地区基本名额数和其他应选名额数构成。

全国人民代表大会代表名额的具体分配，由全国人民代表大会常务委员会决定。

第十九条 〔聚居少数民族人大代表的确定〕有少数民族聚居的地方，每一聚居的少数民族都应有代表参加当地的人民代表大会。

聚居境内同一少数民族的总人口数占境内总人口数百分之三十以上的，每一代表所代表的人口数应相当于当地人民代表大会每一代表所代表的人口数。

聚居境内同一少数民族的总人口数不足境内总人口数百分之十五的，每一代表所代表的人口数可以适当少于当地人民代表大会每一代表所代表的人口数，但不得少于二分之一；实行区域自治的民族人口特少的自治县，经省、自治区的人民代表大会常务委员会决定，可以少于二分之一。人口特少的其他聚居民族，至少应有代表一人。

聚居境内同一少数民族的总人口数占境内总人口数百分之十五以上，不足百分之三十的，每一代表所代表的人口数，可以适当少于当地人民代表大会每一代表所代表的人口数，但分配给该少数民族的应选代表名额不得超过代表总名额的百分之三十。

第二十一条 〔散居少数民族选举办法〕散居的少数民族应选当地人民代表大会的代表，每一代表所代表的人口数可以少于当地人民代表大会每一代表所代表的人口数。

自治区、自治州、自治县和有少数民族聚居的乡、民族乡、镇的人民代表大会，对于散居的其他少数民族和汉族代表的选举，适用前款的规定。

第二十五条 〔直接选举选区的划分〕不设区的市、市辖区、县、自治县、乡、民族乡、镇的人民代表大会的代表名额分配到选区，按选区进行选举。选区可以按居住状况划分，也可以按生产单位、事业单位、工作单位划分。

选区的大小，按照每一选区选一名至三名代表划分。

**（五）选民登记**
《选举法》
第二十七条 〔选民登记〕选民登记按选区进行，经登记确认的选民资格长期有效。每次选举前对上次选民登记以后新满十八周岁的、被剥夺政治权利期满后恢复政治权利的选民，予以登记。对选民经登记后迁出原选区的，列入新迁入的选区的选民名单；对死亡的和依照法律被剥夺政治权利的人，从选民名单上除名。

精神病患者不能行使选举权利的，经选举委员会确认，不列入选民名单。

第二十八条 〔选民名单的公布〕选民名单应在选举日的二十日以前公布，实行凭选民证参加投票选举的，并应当发给选民证。

第二十九条 〔选民名单异议处理〕对于公布的选民名单有不同意见的，可以在选民名单公布之日起五日内向选举委员会提出申诉。选举委员会对申诉意见，应在三日内作出处理决定。申诉人如果对处理决定不服，可以在选举日的五日以前向人民法院起诉，人民法院应在选举日以前作出判决。人民法院的判决为最后决定。

**（六）代表候选人的产生**
《选举法》
第三十条 〔代表候选人的产生〕全国和地方各级人民代表大会的代表候选人，按选区或者选举单位提名产生。

各政党、各人民团体，可以联合或者单独推荐代表候选人。选民或者代表，十人以上联名，也可以推荐代表候选人。推荐者应向选举委员会或者大会主席团介绍代表候选人的情况。接受推荐的代表候选人应当向选举委员会或者大会主席团如实提供个人身份、简历等基本情况。提供的基本情况不实的，选举委员会或者大会主席团应当向选民或者代表通报。

各政党、各人民团体联合或者单独推荐的代表候选人的人数，每一选民或者代表参加联名推荐的代表候选人的人数，均不得超过本选区或者选举单位应选代表的名额。

第三十一条 〔差额选举〕全国和地方各级人民代表大会代表实行差额选举，代表候选人的人数应多于应选代表的名额。

由选民直接选举人民代表大会代表的，代表候选人的人数应多于应选代表名额三分之一至一倍；由县级以上的地方各级人民代表大会选举上一级人民代表大会代表的，代表候选人的人数应多于应选代表名额五分之一至二分之一。

第三十二条 〔代表候选人、正式代表候选人〕由选民直接选举人民代表大会代表的，代表候选人由各选区选民和各政党、各人民团体提名推荐。选举委员会汇总后，将代表候选人名单及代表候选人的基本情况在选举日的十五日以前公布，并交各该选区的选民小组讨论、协商，确定正式代表候选人名单。如果所提代表候选人的人数超过本法第三十一条规定的最高差额比例，由选举委员会交各该选区的选民小组讨论、协商，根据较多数选民的意见，确定正式代表候选人名单；对正式代表候选人不能形成较为一致意见的，进行预选，根据预选时得票多少的顺序，确定正式代表候选人名单。正式代表候选人名单及代表候选人的基本情况应当在选举日的七日以前公布。

县级以上的地方各级人民代表大会在选举上一级人民代表大会代表时，提名、酝酿代表候选人的时间不得少于两天。各该级人民代表大会主席团将依法提出的代表候选人名单及代表候选人的基本情况印发全体代表，由全体代表酝酿、讨论。如果所提代表候选人的人数符合本法第三十一条规定的差额比例，直接进行投票选举。如果所提代表候选人的人数超过本法第三十一条规定的最高差额比例，进行预选，根据预选时得票多少的顺序，按照本级人民代表大会的选举办法根据本法确定的具体差额比例,确定正式代表候选人名单,进行投票选举。

**第三十三条** 〔间接选举中的代表候选人〕县级以上的地方各级人民代表大会在选举上一级人民代表大会代表时,代表候选人不限于各该级人民代表大会的代表。

**第三十四条** 〔代表候选人的介绍〕选举委员会或者人民代表大会主席团应当向选民或者代表介绍代表候选人的情况。推荐代表候选人的政党、人民团体和选民、代表可以在选民小组或者代表小组会议上介绍所推荐的代表候选人的情况。选举委员会根据选民的要求,应当组织代表候选人与选民见面,由代表候选人介绍本人的情况,回答选民的问题。但是,在选举日必须停止代表候选人的介绍。

**第三十五条** 〔不得接受境外资助〕公民参加各级人民代表大会代表的选举,不得直接或者间接接受境外机构、组织、个人提供的与选举有关的任何形式的资助。

违反前款规定的,不列入代表候选人名单;已经列入代表候选人名单的,从名单中除名;已经当选的,其当选无效。

**第三十六条** 〔依法选举制度〕全国人民代表大会和地方各级人民代表大会代表的选举,应当严格依照法定程序进行,并接受监督。任何组织或者个人都不得以任何方式干预选民或者代表自由行使选举权。

**第三十八条** 〔方便投票原则〕选举委员会应当根据各选区选民分布状况,按照方便选民投票的原则设立投票站,进行选举。选民居住比较集中的,可以召开选举大会,进行选举;因患有疾病等原因行动不便或者居住分散并且交通不便的选民,可以在流动票箱投票。

**第三十九条** 〔间接选举的主持机关〕县级以上的地方各级人民代表大会在选举上一级人民代表大会代表时,由各该级人民代表大会主席团主持。

### (七)投票与当选

《选举法》

**第四十条** 〔秘密投票原则〕全国和地方各级人民代表大会代表的选举,一律采用无记名投票的方法。选举时应当设有秘密写票处。

选民如果是文盲或者因残疾不能写选票的,可以委托他信任的人代写。

**第四十一条** 〔选举权行使方式〕选举人对于代表候选人可以投赞成票,可以投反对票,可以另选其他任何选民,也可以弃权。

**第四十二条** 〔委托选举〕选民如果在选举期间外出,经选举委员会同意,可以书面委托其他选民代为投票。每一选民接受的委托不得超过三人,并应当按照委托人的意愿代为投票。

**第四十四条** 〔投票的效力〕每次选举所投的票数,多于投票人数的无效,等于或者少于投票人数的有效。

每一选票所选的人数,多于规定应选代表人数的作废,等于或者少于规定应选代表人数的有效。

**第四十五条** 〔人大代表的当选〕在选民直接选举人民代表大会代表时,选区全体选民的过半数参加投票,选举有效。代表候选人获得参加投票的选民过半数的选票

时,始得当选。

县级以上的地方各级人民代表大会在选举上一级人民代表大会代表时,代表候选人获得全体代表过半数的选票时,始得当选。

获得过半数选票的代表候选人的人数超过应选代表名额时,以得票多的当选。如遇票数相等不能确定当选人时,应当就票数相等的候选人再次投票,以得票多的当选。

获得过半数选票的当选代表的人数少于应选代表的名额时,不足的名额另行选举。另行选举时,根据在第一次投票时得票多少的顺序,按照本法第三十一条规定的差额比例,确定候选人名单。如果只选一人,候选人应为二人。

依照前款规定另行选举县级和乡级的人民代表大会代表时,代表候选人以得票多的当选,但是得票数不得少于选票的三分之一;县级以上的地方各级人民代表大会在另行选举上一级人民代表大会代表时,代表候选人获得全体代表过半数的选票,始得当选。

### (八)对代表的监督和罢免

(1)对直接选举的代表的罢免

《选举法》

**第五十条** 〔直接选举罢免程序〕对于县级的人民代表大会代表,原选区选民五十人以上联名,对于乡级的人民代表大会代表,原选区选民三十人以上联名,可以向县级的人民代表大会常务委员会书面提出罢免要求。

罢免要求应当写明罢免理由。被提出罢免的代表有权在选民会议上提出申辩意见,也可以书面提出申辩意见。

县级的人民代表大会常务委员会应当将罢免要求和被提出罢免的代表的书面申辩意见印发原选区选民。

表决罢免要求,由县级的人民代表大会常务委员会派有关负责人员主持。

(2)对间接选举的代表的罢免

《选举法》

**第五十一条** 〔间接选举罢免程序〕县级以上的地方各级人民代表大会举行会议的时候,主席团或者十分之一以上代表联名,可以提出对由该级人民代表大会选出的上一级人民代表大会代表的罢免案。在人民代表大会闭会期间,县级以上的地方各级人民代表大会常务委员会主任会议或者常务委员会五分之一以上组成人员联名,可以向常务委员会提出对由该级人民代表大会选出的上一级人民代表大会代表的罢免案。罢免案应当写明罢免理由。

县级以上的地方各级人民代表大会举行会议的时候,被提出罢免的代表有权在主席团会议和大会全体会议上提出申辩意见,或者书面提出申辩意见,由主席团印发会议。罢免案经会议审议后,由主席团提请全体会议表决。

县级以上的地方各级人民代表大会常务委员会举行会议的时候,被提出罢免的代表有权在主任会议和常务委员会全体会议上提出申辩意见,或者书面提出申辩意

见,由主任会议印发会议。罢免案经会议审议后,由主任会议提请全体会议表决。

(3)罢免的表决及法定人数

**《选举法》**

**第五十二条** 〔罢免代表的表决方式〕罢免代表采用无记名的表决方式。

**第五十三条** 〔罢免代表的通过〕罢免县级和乡级的人民代表大会代表,须经<u>原选区过半数的选民通过</u>。

罢免由县级以上的地方各级人民代表大会选出的代表,须经<u>各该级人民代表大会过半数的代表通过</u>;在代表大会闭会期间,须经<u>常务委员会组成人员的过半数通过</u>。罢免的决议,须报送上一级人民代表大会常务委员会<u>备案、公告</u>。

(4)对特殊代表的罢免

**《选举法》**

**第五十四条** 〔被罢免代表职务的撤销及公告〕县级以上的各级人民代表大会常务委员会组成人员,县级以上的各级人民代表大会专门委员会成员的代表职务被罢免的,其常务委员会组成人员或者专门委员会成员的职务相应撤销,由主席团或者常务委员会予以公告。

乡、民族乡、镇的人民代表大会主席、副主席的代表职务被罢免的,其主席、副主席的职务<u>相应撤销</u>,由主席团予以公告。

**(九)代表资格的终止及补选办法**

**《选举法》**

**第五十七条** 〔代表的补选〕代表在任期内,因故出缺,由原选区或者原选举单位补选。

地方各级人民代表大会代表在任期内调离或者迁出本行政区域的,其代表资格自行终止,缺额另行补选。

县级以上的地方各级人民代表大会闭会期间,可以由本级人民代表大会常务委员会补选上一级人民代表大会代表。

补选出缺的代表时,代表候选人的名额可以多于应选代表的名额,也可以同应选代表的名额相等。补选的具体办法,由省、自治区、直辖市的人民代表大会常务委员会规定。

对补选产生的代表,依照本法第四十七条的规定进行代表资格审查。

**考点46** 民族区域自治制度

**(一)民族自治地方的自治机关**

**《民族区域自治法》**

**第十五条** 〔自治机关〕民族自治地方的自治机关是<u>自治区、自治州、自治县</u>的<u>人民代表大会和人民政府</u>。

民族自治地方的人民政府对本级人民代表大会和上一级国家行政机关负责并报告工作,在本级人民代表大会闭会期间,对本级人民代表大会常务委员会负责并报告工作。各民族自治地方的人民政府都是国务院统一领导下的国家行政机关,都服从国务院。

民族自治地方的自治机关的组织和工作,根据宪法和法律,由民族自治地方的自治条例或者单行条例规定。

**第十六条** 〔自治地方人代会的组成〕民族自治地方的人民代表大会中,除实行区域自治的民族的代表外,其他居住在本行政区域内的民族也应当有适当名额的代表。

民族自治地方的人民代表大会中,实行区域自治的民族和其他少数民族代表的名额和比例,根据法律规定的原则,由省、自治区、直辖市的人民代表大会常务委员会决定,并报全国人民代表大会常务委员会备案。

民族自治地方的<u>人民代表大会常务委员会中应当有实行区域自治的民族的公民担任主任或者副主任</u>。

**第十七条** 〔自治地方的政府首长〕<u>自治区主席、自治州州长、自治县县长由实行区域自治的民族的公民担任</u>。自治区、自治州、自治县的人民政府的其他组成人员,应当<u>合理配备</u>实行区域自治的民族和其他少数民族的人员。

民族自治地方的人民政府实行自治区主席、自治州州长、自治县县长负责制。自治区主席、自治州州长、自治县县长,分别主持本级人民政府工作。

**第十八条** 〔工作部门中的干部组成要求〕民族自治地方的自治机关所属工作部门的干部中,应当合理配备实行区域自治的民族和其他少数民族的人员。

**《民族区域自治法》**

**第四十六条第三款** 〔自治地方的司法机关〕民族自治地方的人民法院和人民检察院的领导成员和工作人员中,应当有实行区域自治的民族的人员。

**(二)民族自治地方的自治权**

**《民族区域自治法》**

**第十九条** 〔自治条例和单行条例〕民族自治地方的人民代表大会有权依照当地民族的政治、经济和文化的特点,制定自治条例和单行条例。<u>自治区的自治条例和单行条例,报全国人民代表大会常务委员会批准后生效</u>。自治州、自治县的自治条例和单行条例报省、自治区、直辖市的人民代表大会常务委员会批准后生效,并报全国人民代表大会常务委员会和国务院备案。

**第二十条** 〔变通执行权〕上级国家机关的决议、决定、命令和指示,如有不适合民族自治地方实际情况的,自治机关可以<u>报经该上级国家机关批准</u>,变通执行或者停止执行;该上级国家机关应当在收到报告之日起<u>六十日内给予答复</u>。

**第二十三条** 〔优先招收少数民族人员〕民族自治地方的企业、事业单位依照国家规定招收人员时,<u>优先招收少数民族人员</u>,并且可以从农村和牧区少数民族人口中招收。

**第二十四条** 〔自治地方的公安部队〕民族自治地方的自治机关依照国家的军事制度和当地的实际需要,经<u>国务院批准</u>,可以组织本地方维护社会治安的公安部队。

**第三十一条** 〔开展对外贸易权〕民族自治地方依照国家规定,可以开展对外经济贸易活动,经<u>国务院批准</u>,可以开辟对外贸易口岸。

与外国接壤的民族自治地方经<u>国务院批准</u>,开展边境贸易。

民族自治地方在对外经济贸易活动中,享受国家的优惠政策。

**第三十二条** 〔**财政自主权**〕民族自治地方的财政是一级财政,是国家财政的组成部分。

民族自治地方的自治机关有管理地方财政的自治权。凡是依照国家财政体制属于民族自治地方的财政收入,都应当由民族自治地方的自治机关<u>自主地安排使用</u>。

民族自治地方在全国统一的财政体制下,通过国家实行的规范的<u>财政转移支付制度</u>,享受上级财政的照顾。

民族自治地方的财政预算支出,按照国家规定,设机动资金,预备费在预算中所占比例高于一般地区。

民族自治地方的自治机关在执行财政预算过程中,<u>自行安排使用收入的超收和支出的节余资金</u>。

**第三十三条** 〔**补充规定和具体办法**〕民族自治地方的自治机关对本地方的各项开支标准、定员、定额,根据国家规定的原则,结合本地方的实际情况,可以制定补充规定和具体办法。自治区制定的补充规定和具体办法,报国务院<u>备案</u>;自治州、自治县制定的补充规定和具体办法,须报省、自治区、直辖市人民政府<u>批准</u>。

**第三十四条** 〔**变通执行税收政策权**〕民族自治地方的自治机关在执行国家税法的时候,除应由国家统一审批的减免税收项目以外,对属于地方财政收入的某些需要从税收上加以照顾和鼓励的,可以<u>实行减税或者免税</u>。自治州、自治县决定减税或者免税,须报省、自治区、直辖市人民政府批准。

**第四十二条第二款** 〔**对外进行经济、文化、教育等交流的自主权**〕<u>自治区、自治州的自治机关依照国家规定</u>,可以和国外进行教育、科学技术、文化艺术、卫生、体育等方面的交流。

**考点47** 特别行政区制度

**(一)中央和特别行政区的关系**

《香港特别行政区基本法》

**第十二条** 〔**行政隶属关系**〕香港特别行政区是中华人民共和国的一个享有高度自治权的<u>地方行政区域</u>,直辖于中央人民政府。

**第十七条** 〔**香港特别行政区的立法权**〕香港特别行政区享有立法权。

香港特别行政区的立法机关制定的法律须报全国人民代表大会常务委员会<u>备案。备案不影响该法律的生效</u>。

全国人民代表大会常务委员会在征询其所属的香港特别行政区基本法委员会后,如认为香港特别行政区立法机关制定的任何法律不符合本法关于中央管理的事务及中央和香港特别行政区的关系的条款,可将有关法律<u>发回,但不作修改</u>。经全国人民代表大会常务委员会发回的法律<u>立即失效</u>。该法律的失效,除香港特别行政区的法律另有规定外,<u>无溯及力</u>。

**第十八条** 〔**在行政区内实施的法律种类**〕在香港特别行政区实行的法律为本法以及本法第八条规定的香港原有法律和香港特别行政区立法机关制定的法律。

全国性法律除列于本法附件三者外,不在香港特别行政区实施。凡列于本法附件三之法律,由香港特别行政区在当地公布或立法实施。

全国人民代表大会常务委员会在征询其所属的香港特别行政区基本法委员会和香港特别行政区政府的意见后,可对列于本法附件三的法律作出增减,任何列入附件三的法律,限于有关国防、外交和其他按本法规定不属于香港特别行政区自治范围的法律。

<u>全国人民代表大会常务委员会决定宣布战争状态或因香港特别行政区内发生香港特别行政区政府不能控制的危及国家统一或安全的动乱而决定香港特别行政区进入紧急状态,中央人民政府可发布命令将有关全国性法律在香港特别行政区实施</u>。

**第十九条** 〔**独立的司法权和终审权**〕香港特别行政区享有独立的司法权和终审权。

香港特别行政区法院除继续保持香港原有法律制度和原则对法院审判权所作的限制外,对香港特别行政区所有的案件均有审判权。

香港特别行政区法院对<u>国防、外交等国家行为无管辖权</u>。香港特别行政区法院在审理案件中遇有涉及国防、外交等国家行为的事实问题,应取得行政长官就该等问题发出的证明文件,上述文件对法院<u>有约束力</u>。行政长官在发出证明文件前,须取得<u>中央人民政府</u>的证明书。

**(二)行政长官**

《香港特别行政区基本法》

**第四十四条** 〔**行政长官的任职条件**〕香港特别行政区行政长官由年满四十周岁,在香港通常居住连续满二十年并在外国无居留权的香港特别行政区永久性居民中的中国公民担任。

**第四十九条** 〔**对法案的否决权**〕香港特别行政区行政长官如认为立法会通过的法案不符合香港特别行政区的整体利益,可在三个月内将法案发回立法会重议,立法会如以不少于全体议员三分之二多数再次通过原案,行政长官必须在一个月内签署公布或按本法第五十条的规定处理。

**第五十条** 〔**解散立法会的权利**〕香港特别行政区行政长官如拒绝签署立法会再次通过的法案或立法会拒绝通过政府提出的财政预算案或其他重要法案,经协商仍不能取得一致意见,行政长官可<u>解散立法会</u>。

行政长官在解散立法会前,须征询行政会议的意见。行政长官在其一任任期内只能解散立法会<u>一次</u>。

**第五十二条** 〔**行政长官必须辞职的情形**〕香港特别行政区行政长官如有下列情况之一者必须辞职:

(一)因严重疾病或其他原因无力履行职务;

(二)因<u>两次</u>拒绝签署立法会通过的法案而解散立法会,重选的立法会仍以全体议员三分之二多数通过所争议的原案,而行政长官仍拒绝签署;

(三)因立法会拒绝通过财政预算案或其他重要法案而解散立法会,重选的立法会继续拒绝通过所争议的原案。

《澳门特别行政区基本法》

第四十六条 〔行政长官的任职条件〕澳门特别行政区行政长官由年满四十周岁，在澳门通常居住连续满二十年的澳门特别行政区永久性居民中的中国公民担任。

### (三)立法会

《香港特别行政区基本法》

第六十七条 〔立法会成员的任职条件〕香港特别行政区立法会由外国无居留权的香港特别行政区永久性居民中的中国公民组成。但非中国籍的香港特别行政区永久性居民和在外国有居留权的香港特别行政区永久性居民也可以当选为香港特别行政区立法会议员，其所占比例不得超过立法会全体议员的百分之二十。

第六十九条 〔立法会的任期〕香港特别行政区立法会除第一届任期为两年外，每届任期四年。

第七十一条 〔立法会主席的产生方式和任职条件〕香港特别行政区立法会主席由立法会议员互选产生。

香港特别行政区立法会主席由年满四十周岁，在香港通常居住连续满二十年并在外国无居留权的香港特别行政区永久性居民中的中国公民担任。

《澳门特别行政区基本法》

第六十八条第一款 〔立法会成员的任职条件〕澳门特别行政区立法会议员由澳门特别行政区永久性居民担任。

第七十二条 〔立法会主席的产生方式和任职条件〕澳门特别行政区立法会设立主席、副主席各一人。主席、副主席由立法会议员互选产生。

澳门特别行政区立法会主席、副主席由在澳门通常居住连续满十五年的澳门特别行政区永久性居民中的中国公民担任。

### (四)司法机关

《香港特别行政区基本法》

第八十一条第一款 〔法院体系〕香港特别行政区设立终审法院、高等法院、区域法院、裁判署法庭和其他专门法庭。高等法院设上诉法庭和原讼法庭。

第八十二条 〔终审法院〕香港特别行政区的终审权属于香港特别行政区终审法院。终审法院可根据需要邀请其他普通法适用地区的法官参加审判。

第九十条 〔首席法官的产生方式〕香港特别行政区终审法院和高等法院的首席法官，应由在外国无居留权的香港特别行政区永久性居民中的中国公民担任。

除本法第八十八条和第八十九条规定的程序外，香港特别行政区终审法院的法官和高等法院首席法官的任命或免职，还须由行政长官征得立法会同意，并报全国人民代表大会常务委员会备案。

《澳门特别行政区基本法》

第八十四条 〔法院体系〕澳门特别行政区设立初级法院、中级法院和终审法院。

澳门特别行政区终审权属于澳门特别行政区终审法院。

澳门特别行政区法院的组织、职权和运作由法律规定。

第八十五条第一款 〔专门法院〕澳门特别行政区初级法院可根据需要设立若干专门法院。

第八十六条 〔行政法院〕澳门特别行政区设立行政法院。行政法院是管辖行政诉讼和税务诉讼的法院。不服行政法院裁决者，可向中级法院上诉。

第八十八条 〔院长的选任方式〕澳门特别行政区各级法院的院长由行政长官从法官中选任。

终审法院院长由澳门特别行政区永久性居民中的中国公民担任。

终审法院院长的任命和免职须报全国人民代表大会常务委员会备案。

第九十条 〔独立行使检察权原则〕澳门特别行政区检察院独立行使法律赋予的检察职能，不受任何干涉。

澳门特别行政区检察长由澳门特别行政区永久性居民中的中国公民担任，由行政长官提名，报中央人民政府任命。

检察官经检察长提名，由行政长官任命。

检察院的组织、职权和运作由法律规定。

### (五)基本法的解释

《香港特别行政区基本法》

第一百五十八条 〔本法的解释权〕本法的解释权属于全国人民代表大会常务委员会。

全国人民代表大会常务委员会授权香港特别行政区法院在审理案件时对本法关于香港特别行政区自治范围内的条款自行解释。

香港特别行政区法院在审理案件时对本法的其他条款也可解释。但如香港特别行政区法院在审理案件时需要对本法关于中央人民政府管理的事务或中央和香港特别行政区关系的条款进行解释，而该条款的解释又影响到案件的判决，在对该案件作出不可上诉的终局判决前，应由香港特别行政区终审法院请全国人民代表大会常务委员会对有关条款作出解释。如全国人民代表大会常务委员会作出解释，香港特别行政区法院在引用该条款时，应以全国人民代表大会常务委员会的解释为准。但在此以前作出的判决不受影响。

全国人民代表大会常务委员会在对本法进行解释前，征询其所属的香港特别行政区基本法委员会的意见。

### (六)基本法的修改

《香港特别行政区基本法》

第一百五十九条 〔本法的修改权〕本法的修改权属于全国人民代表大会。

本法的修改提案权属于全国人民代表大会常务委员会、国务院和香港特别行政区。香港特别行政区的修改议案，须经香港特别行政区的全国人民代表大会代表三分之二多数、香港特别行政区立法会全体议员三分之二多数和香港特别行政区行政长官同意后，交由香港特别行政区出席全国人民代表大会的代表团向全国人民代表大会提出。

本法的修改议案在列入全国人民代表大会的议程前，先由香港特别行政区基本法委员会研究并提出意见。

本法的任何修改，均不得同中华人民共和国对香港既定的基本方针政策相抵触。

### 考点48 基层群众自治制度

**(一)村民委员会组织法**

(1)村民委员会的设立

**《村民委员会组织法》**

**第三条** 〔村委会的设立、撤销、范围〕村民委员会根据村民居住状况、人口多少,按照便于群众自治,有利于经济发展和社会管理的原则设立。

村民委员会的设立、撤销、范围调整,由乡、民族乡、镇的人民政府提出,经村民会议讨论同意,报县级人民政府批准。

村民委员会可以根据村民居住状况、集体土地所有权关系等分设若干村民小组。

**第五条** 〔独立开展工作的原则〕乡、民族乡、镇的人民政府对村民委员会的工作给予指导、支持和帮助,但是不得干预依法属于村民自治范围内的事项。

村民委员会协助乡、民族乡、镇的人民政府开展工作。

(2)村民委员会的组成

**《村民委员会组织法》**

**第六条** 〔村委会的成员〕村民委员会由主任、副主任和委员共三至七人组成。

村民委员会成员中,应当有妇女成员,多民族村民居住的村应当有人数较少的民族的成员。

对村民委员会成员,根据工作情况,给予适当补贴。

**第七条** 〔村委会机构设置〕村民委员会根据需要设人民调解、治安保卫、公共卫生与计划生育等委员会。村民委员会成员可以兼任下属委员会的成员。人口少的村的村民委员会可以不设下属委员会,由村民委员会成员分工负责人民调解、治安保卫、公共卫生与计划生育等工作。

(3)村民委员会的选举

**《村民委员会组织法》**

**第十一条** 〔成员产生方式和任期〕村民委员会主任、副主任和委员,由村民直接选举产生。任何组织或者个人不得指定、委派或者撤换村民委员会成员。

村民委员会每届任期五年,届满应当及时举行换届选举。村民委员会成员可以连选连任。

**第十二条** 〔村民选举委员会〕村民委员会的选举,由村民选举委员会主持。

村民选举委员会由主任和委员组成,由村民会议、村民代表会议或者各村民小组会议推选产生。

村民选举委员会成员被提名为村民委员会成员候选人,应当退出村民选举委员会。

村民选举委员会成员退出村民选举委员会或者因其他原因出缺的,按照原推选结果依次递补,也可以另行推选。

**第十三条** 〔选举权和选民名单〕年满十八周岁的村民,不分民族、种族、性别、职业、家庭出身、宗教信仰、教育程度、财产状况、居住期限,都有选举权和被选举权;但是,依照法律被剥夺政治权利的人除外。

村民委员会选举前,应当对下列人员进行登记,列入参加选举的村民名单:

(一)户籍在本村并且在本村居住的村民;

(二)户籍在本村,不在本村居住,本人表示参加选举的村民;

(三)户籍不在本村,在本村居住一年以上,本人申请参加选举,并且经村民会议或者村民代表会议同意参加选举的公民。

已在户籍所在村或者居住村登记参加选举的村民,不得再参加其他地方村民委员会的选举。

**第十四条** 〔选民名单异议的处理〕登记参加选举的村民名单应当在选举日的二十日前由村民选举委员会公布。

对登记参加选举的村民名单有异议的,应当自名单公布之日起五日内向村民选举委员会申诉,村民选举委员会应当自收到申诉之日起三日内作出处理决定,并公布处理结果。

**第十六条** 〔罢免村委会成员的程序〕本村五分之一以上有选举权的村民或者三分之一以上的村民代表联名,可以提出罢免村民委员会成员的要求,并说明要求罢免的理由。被提出罢免的村民委员会成员有权提出申辩意见。

罢免村民委员会成员,须有登记参加选举的村民过半数投票,并须经投票的村民过半数通过。

**第十八条** 〔村委会成员的职务终止〕村民委员会成员丧失行为能力或者被判处刑罚的,其职务自行终止。

**第十九条** 〔村委会成员的补选〕村民委员会成员出缺,可以由村民会议或者村民代表会议进行补选。补选程序参照本法第十五条的规定办理。补选的村民委员会成员的任期到本届村民委员会任期届满时止。

(4)村民会议

**《村民委员会组织法》**

**第二十一条** 〔村民会议的组成和召集〕村民会议由本村十八周岁以上的村民组成。

村民会议由村民委员会召集。有十分之一以上的村民或者三分之一以上的村民代表提议,应当召集村民会议。召集村民会议,应当提前十天通知村民。

**第二十二条** 〔村民会议的召开〕召开村民会议,应当有本村十八周岁以上村民的过半数,或者本村三分之二以上的户的代表参加,村民会议所作决定应当经到会人员的过半数通过。法律对召开村民会议及作出决定另有规定的,依照其规定。

召开村民会议,根据需要可以邀请驻本村的企业、事业单位和群众组织派代表列席。

**第二十三条** 〔村民会议的职权〕村民会议审议村民委员会的年度工作报告,评议村民委员会成员的工作;有权撤销或者变更村民委员会不适当的决定;有权撤销或者变更村民代表会议不适当的决定。

村民会议可以授权村民代表会议审议村民委员会的年度工作报告,评议村民委员会成员的工作,撤销或者变更村民委员会不适当的决定。

**第二十七条** 〔制定有关文件的权利〕村民会议可以制定和修改村民自治章程、村规民约，并报乡、民族乡、镇的人民政府备案。

村民自治章程、村规民约以及村民会议或者村民代表会议的决定不得与宪法、法律、法规和国家的政策相抵触，不得有侵犯村民的人身权利、民主权利和合法财产权利的内容。

村民自治章程、村规民约以及村民会议或者村民代表会议的决定违反前款规定的，由乡、民族乡、镇的人民政府责令改正。

（5）村民代表会议

**《村民委员会组织法》**

**第二十五条** 〔村民代表会议及代表〕人数较多或者居住分散的村，可以设立村民代表会议，讨论决定村民会议授权的事项。村民代表会议由村民委员会成员和村民代表组成，村民代表应当占村民代表会议组成人员的五分之四以上，妇女村民代表应当占村民代表会议组成人员的三分之一以上。

村民代表由村民按每五户至十五户推选一人，或者由各村民小组推选若干人。村民代表的任期与村民委员会的任期相同。村民代表可以连选连任。

村民代表应当向其推选户或者村民小组负责，接受村民监督。

**第二十六条** 〔村民代表会议的召集和召开〕村民代表会议由村民委员会召集。村民代表会议每季度召开一次。有五分之一以上的村民代表提议，应当召集村民代表会议。

村民代表会议有三分之二以上的组成人员参加方可召开，所作决定应当经到会人员的过半数同意。

（6）村民小组会议

**《村民委员会组织法》**

**第二十八条** 〔村民小组会议〕召开村民小组会议，应当有本村民小组十八周岁以上的村民三分之二以上，或者本村民小组三分之二以上的户的代表参加，所作决定应当经到会人员的过半数同意。

村民小组组长由村民小组会议推选。村民小组组长任期与村民委员会的任期相同，可以连选连任。

属于村民小组的集体所有的土地、企业及其他财产的经营管理以及公益事项的办理，由村民小组会议依照有关法律的规定讨论决定，所作决定及实施情况应当及时向本村民小组的村民公布。

（7）民主管理与监督

**《村民委员会组织法》**

**第三十条** 〔村务公开制度〕村民委员会实行村务公开制度。

村民委员会应当及时公布下列事项，接受村民的监督：

（一）本法第二十三条、第二十四条规定的由村民会议、村民代表会议讨论决定的事项及其实施情况；

（二）国家计划生育政策的落实方案；

（三）政府拨付和接受社会捐赠的救灾救助、补贴补助等资金、物资的管理使用情况；

（四）村民委员会协助人民政府开展工作的情况；

（五）涉及本村村民利益，村民普遍关心的其他事项。

前款规定事项中，一般事项至少每季度公布一次；集体财务往来较多的，财务收支情况应当每月公布一次；涉及村民利益的重大事项应当随时公布。

村民委员会应当保证所公布事项的真实性，并接受村民的查询。

**第三十一条** 〔违反村务公开制度的责任〕村民委员会不及时公布应当公布的事项或者公布的事项不真实的，村民有权向乡、民族乡、镇的人民政府或者县级人民政府及其有关主管部门反映，有关人民政府或者主管部门应当负责调查核实，责令依法公布；经查证确有违法行为的，有关人员应当依法承担责任。

**第三十五条** 〔村委会成员的经济责任审计制度〕村民委员会成员实行任期和离任经济责任审计，审计包括下列事项：

（一）本村财务收支情况；

（二）本村债权债务情况；

（三）政府拨付和接受社会捐赠的资金、物资管理使用情况；

（四）本村生产经营和建设项目的发包管理以及公益事业建设项目招标投标情况；

（五）本村资金管理使用以及本村集体资产、资源的承包、租赁、担保、出让情况，征地补偿费的使用、分配情况；

（六）本村五分之一以上的村民要求审计的其他事项。

村民委员会成员的任期和离任经济责任审计，由县级人民政府农业部门、财政部门或者乡、民族乡、镇的人民政府负责组织，审计结果应当公布，其中离任经济责任审计结果应当在下一届村民委员会选举之前公布。

**（二）居民委员会组织法**

**《居民委员会组织法》**

**第二条** 〔居民委员会的性质及其与城市基层政府的关系〕居民委员会是居民自我管理、自我教育、自我服务的基层群众性自治组织。

不设区的市、市辖区的人民政府或者它的派出机关对居民委员会的工作给予指导、支持和帮助。居民委员会协助不设区的市、市辖区的人民政府或者它的派出机关开展工作。

**第六条** 〔居民委员会的设立原则〕居民委员会根据居民居住状况，按照便于居民自治的原则，一般在一百户至七百户的范围内设立。

居民委员会的设立、撤销、规模调整，由不设区的市、市辖区的人民政府决定。

**第七条** 〔居民委员会的组成〕居民委员会由主任、副主任和委员共五至九人组成。多民族居住地区，居民委员会中应当有人数较少的民族的成员。

**第十五条** 〔居民公约〕居民公约由居民会议讨论制

定,报不设区的市、市辖区的人民政府或者它的派出机关备案,由居民委员会监督执行。居民应当遵守居民会议的决议和居民公约。

居民公约的内容不得与宪法、法律、法规和国家的政策相抵触。

# 专题十三　公民的基本权利和义务

**考点49** 公民的基本权利

**第三十三条**　〔平等权〕凡具有中华人民共和国国籍的人都是中华人民共和国公民。

中华人民共和国公民在法律面前一律平等。

国家尊重和保障人权。

任何公民享有宪法和法律规定的权利,同时必须履行宪法和法律规定的义务。

**第三十四条**　〔选举权和被选举权〕中华人民共和国年满十八周岁的公民,不分民族、种族、性别、职业、家庭出身、宗教信仰、教育程度、财产状况、居住期限,都有选举权和被选举权;但是依照法律被剥夺政治权利的人除外。

**第三十五条**　〔政治自由〕中华人民共和国公民有言论、出版、集会、结社、游行、示威的自由。

**第三十六条**　〔宗教信仰自由〕中华人民共和国公民有宗教信仰自由。

任何国家机关、社会团体和个人不得强制公民信仰宗教或者不信仰宗教,不得歧视信仰宗教的公民和不信仰宗教的公民。

国家保护正常的宗教活动。任何人不得利用宗教进行破坏社会秩序、损害公民身体健康、妨碍国家教育制度的活动。

宗教团体和宗教事务不受外国势力的支配。

**第三十七条**　〔人身自由〕中华人民共和国公民的人身自由不受侵犯。

任何公民,非经人民检察院批准或者决定或者人民法院决定,并由公安机关执行,不受逮捕。

禁止非法拘禁和以其他方法非法剥夺或者限制公民的人身自由,禁止非法搜查公民的身体。

**第三十八条**　〔人格尊严及保护〕中华人民共和国公民的人格尊严不受侵犯。禁止用任何方法对公民进行侮辱、诽谤和诬告陷害。

**第三十九条**　〔住宅不受侵犯〕中华人民共和国公民的住宅不受侵犯。禁止非法搜查或者非法侵入公民的住宅。

**第四十条**　〔通信自由和秘密权〕中华人民共和国公民的通信自由和通信秘密受法律的保护。除因国家安全或者追查刑事犯罪的需要,由公安机关或者检察机关依照法律规定的程序对通信进行检查外,任何组织或者个人不得以任何理由侵犯公民的通信自由和通信秘密。

**第四十一条**　〔监督和取得赔偿权〕中华人民共和国公民对于任何国家机关和国家工作人员,有提出批评和建议的权利;对于任何国家机关和国家工作人员的违法

失职行为,有向有关国家机关提出申诉、控告或者检举的权利,但是不得捏造或者歪曲事实进行诬告陷害。

对于公民的申诉、控告或者检举,有关国家机关必须查清事实,负责处理。任何人不得压制和打击报复。

由于国家机关和国家工作人员侵犯公民权利而受到损失的人,有依照法律规定取得赔偿的权利。

**第四十二条**　〔劳动权利与义务〕中华人民共和国公民有劳动的权利和义务。

国家通过各种途径,创造劳动就业条件,加强劳动保护,改善劳动条件,并在发展生产的基础上,提高劳动报酬和福利待遇。

劳动是一切有劳动能力的公民的光荣职责。国有企业和城乡集体经济组织的劳动者都应当以国家主人翁的态度对待自己的劳动。国家提倡社会主义劳动竞赛,奖励劳动模范和先进工作者。国家提倡公民从事义务劳动。

国家对就业前的公民进行必要的劳动就业训练。

**第四十三条**　〔劳动者的休息权〕中华人民共和国劳动者有休息的权利。

国家发展劳动者休息和休养的设施,规定职工的工作时间和休假制度。

**第四十四条**　〔退休制度〕国家依照法律规定实行企业事业组织的职工和国家机关工作人员的退休制度。退休人员的生活受到国家和社会的保障。

**第四十五条**　〔获得救济的权利〕中华人民共和国公民在年老、疾病或者丧失劳动能力的情况下,有从国家和社会获得物质帮助的权利。国家发展为公民享受这些权利所需要的社会保险、社会救济和医疗卫生事业。

国家和社会保障残废军人的生活,抚恤烈士家属,优待军人家属。

国家和社会帮助安排盲、聋、哑和其他有残疾的公民的劳动、生活和教育。

# 专题十四　国家机构

**考点52** 全国人大及其常委会

**(一)全国人民代表大会**

(1)性质和地位

**第五十七条**　〔全国人大的性质及其常设机关〕中华人民共和国全国人民代表大会是最高国家权力机关。它的常设机关是全国人民代表大会常务委员会。

**第五十八条**　〔国家立法权行使主体〕全国人民代表大会和全国人民代表大会常务委员会行使国家立法权。

(2)组成和任期

**第五十九条**　〔全国人大的组成及选举〕全国人民代表大会由省、自治区、直辖市、特别行政区和军队选出的代表组成。各少数民族都应当有适当名额的代表。

全国人民代表大会代表的选举由全国人民代表大会常务委员会主持。

全国人民代表大会代表名额和代表产生办法由法律规定。

第六十条 〔全国人大的任期〕全国人民代表大会每届任期五年。

全国人民代表大会任期届满的两个月以前，全国人民代表大会常务委员会必须完成下届全国人民代表大会代表的选举。如果遇到不能进行选举的非常情况，由全国人民代表大会常务委员会以全体组成人员的三分之二以上的多数通过，可以推迟选举，延长本届全国人民代表大会的任期。在非常情况结束后一年内，必须完成下届全国人民代表大会代表的选举。

(3) 会议制度

第六十一条 〔全国人大的会议制度〕全国人民代表大会会议每年举行一次，由全国人民代表大会常务委员会召集。如果全国人民代表大会常务委员会认为必要，或者有五分之一以上的全国人民代表大会代表提议，可以临时召集全国人民代表大会会议。

全国人民代表大会举行会议的时候，选举主席团主持会议。

《全国人民代表大会组织法》

第十一条 〔预备会议〕全国人民代表大会每次会议举行预备会议，选举本次会议的主席团和秘书长，通过本次会议的议程和其他准备事项的决定。

主席团和秘书长的名单草案，由全国人民代表大会常务委员会委员长会议提出，经常务委员会会议审议通过后，提交预备会议。

第十二条第一款 〔主席团〕主席团主持全国人民代表大会会议。

第十三条第一款 〔秘书处〕全国人民代表大会会议设立秘书处。秘书处由秘书长和副秘书长若干人组成。副秘书长的人选由主席团决定。

(4) 职权

第六十二条 〔全国人大的职权〕全国人民代表大会行使下列职权：

(一)修改宪法；

(二)监督宪法的实施；

(三)制定和修改刑事、民事、国家机构的和其他的基本法律；

(四)选举中华人民共和国主席、副主席；

(五)根据中华人民共和国主席的提名，决定国务院总理的人选；根据国务院总理的提名，决定国务院副总理、国务委员、各部部长、各委员会主任、审计长、秘书长的人选；

(六)选举中央军事委员会主席；根据中央军事委员会主席的提名，决定中央军事委员会其他组成人员的人选；

(七)选举国家监察委员会主任；

(八)选举最高人民法院院长；

(九)选举最高人民检察院检察长；

(十)审查和批准国民经济和社会发展计划和计划执行情况的报告；

(十一)审查和批准国家的预算和预算执行情况的报告；

(十二)改变或者撤销全国人民代表大会常务委员会不适当的决定；

(十三)批准省、自治区和直辖市的建置；

(十四)决定特别行政区的设立及其制度；

(十五)决定战争和和平的问题；

(十六)应当由最高国家权力机关行使的其他职权。

第六十三条 〔全国人大的罢免权〕全国人民代表大会有权罢免下列人员：

(一)中华人民共和国主席、副主席；

(二)国务院总理、副总理、国务委员、各部部长、各委员会主任、审计长、秘书长；

(三)中央军事委员会主席和中央军事委员会其他组成人员；

(四)国家监察委员会主任；

(五)最高人民法院院长；

(六)最高人民检察院检察长。

**(二)全国人大常委会**

(1) 性质和地位

第六十九条 〔全国人大与其常委会的关系〕全国人民代表大会常务委员会对全国人民代表大会负责并报告工作。

(2) 组成和任期

第六十五条 〔全国人大常委会的组成〕全国人民代表大会常务委员会由下列人员组成：

委员长，

副委员长若干人，

秘书长，

委员若干人。

全国人民代表大会常务委员会组成人员中，应当有适当名额的少数民族代表。

全国人民代表大会选举并有权罢免全国人民代表大会常务委员会的组成人员。

全国人民代表大会常务委员会的组成人员不得担任国家行政机关、监察机关、审判机关和检察机关的职务。

第六十六条 〔全国人大常委会的任期〕全国人民代表大会常务委员会每届任期同全国人民代表大会每届任期相同，它行使职权到下届全国人民代表大会选出新的常务委员会为止。

委员长、副委员长连续任职不得超过两届。

(3) 职权

第六十七条 〔全国人大常委会的职权〕全国人民代表大会常务委员会行使下列职权：

(一)解释宪法，监督宪法的实施；

(二)制定和修改除应当由全国人民代表大会制定的法律以外的其他法律；

(三)在全国人民代表大会闭会期间，对全国人民代表大会制定的法律进行部分补充和修改，但是不得同该法律的基本原则相抵触；

(四)解释法律；

(五)在全国人民代表大会闭会期间，审查和批准国民经济和社会发展计划、国家预算在执行过程中所必须

作的部分调整方案;

(六)监督国务院、中央军事委员会、国家监察委员会、最高人民法院和最高人民检察院的工作;

(七)撤销国务院制定的同宪法、法律相抵触的行政法规、决定和命令;

(八)撤销省、自治区、直辖市国家权力机关制定的同宪法、法律和行政法规相抵触的地方性法规和决议;

(九)在全国人民代表大会闭会期间,根据国务院总理的提名,决定部长、委员会主任、审计长、秘书长的人选;

(十)在全国人民代表大会闭会期间,根据中央军事委员会主席的提名,决定中央军事委员会其他组成人员的人选;

(十一)根据国家监察委员会主任的提请,任免国家监察委员会副主任、委员;

(十二)根据最高人民法院院长的提请,任免最高人民法院副院长、审判员、审判委员会委员和军事法院院长;

(十三)根据最高人民检察院检察长的提请,任免最高人民检察院副检察长、检察员、检察委员会委员和军事检察院检察长,并且批准省、自治区、直辖市的人民检察院检察长的任免;

(十四)决定驻外全权代表的任免;

(十五)决定同外国缔结的条约和重要协定的批准和废除;

(十六)规定军人和外交人员的衔级制度和其他专门衔级制度;

(十七)规定和决定授予国家的勋章和荣誉称号;

(十八)决定特赦;

(十九)在全国人民代表大会闭会期间,如果遇到国家遭受武装侵犯或者必须履行国际间共同防止侵略的条约的情况,决定战争状态的宣布;

(二十)决定全国总动员或者局部动员;

(二十一)决定全国或者个别省、自治区、直辖市进入紧急状态;

(二十二)全国人民代表大会授予的其他职权。

《全国人民代表大会组织法》

第三十一条 〔决定国务院和中央军委其他组成人员的任免〕常务委员会在全国人民代表大会闭会期间,根据国务院总理的提名,可以决定国务院其他组成人员的任免;根据中央军事委员会主席的提名,可以决定中央军事委员会其他组成人员的任免。

第三十二条 〔撤销国务院和中央军委其他个别组成人员的职务〕常务委员会在全国人民代表大会闭会期间,根据委员长会议、国务院总理的提请,可以决定撤销国务院其他个别组成人员的职务;根据中央军事委员会主席的提请,可以决定撤销中央军事委员会其他个别组成人员的职务。

(4)会议制度

**第六十八条** 〔全国人大常委会的会议制度〕全国人民代表大会常务委员会委员长主持全国人民代表大会常

务委员会的工作,召集全国人民代表大会常务委员会会议。副委员长、秘书长协助委员长工作。

委员长、副委员长、秘书长组成委员长会议,处理全国人民代表大会常务委员会的重要日常工作。

《全国人民代表大会组织法》

第二十五条 〔委员长会议〕常务委员会的委员长、副委员长、秘书长组成委员长会议,处理常务委员会的重要日常工作:

(一)决定常务委员会每次会议的会期,拟订会议议程草案,必要时提出调整会议议程的建议;

(二)对向常务委员会提出的议案和质询案,决定交由有关的专门委员会审议或者提请常务委员会全体会议审议;

(三)决定是否将议案和决定草案、决议草案提请常务委员会全体会议表决,对暂不交付表决的,提出下一步处理意见;

(四)通过常务委员会年度工作要点、立法工作计划、监督工作计划、代表工作计划、专项工作规划和工作规范性文件等;

(五)指导和协调各专门委员会的日常工作;

(六)处理常务委员会其他重要日常工作。

**(三)全国人大专门委员会**

**第七十条** 〔全国人大专门委员会〕全国人民代表大会设立民族委员会、宪法和法律委员会、财政经济委员会、教育科学文化卫生委员会、外事委员会、华侨委员会和其他需要设立的专门委员会。在全国人民代表大会闭会期间,各专门委员会受全国人民代表大会常务委员会的领导。

各专门委员会在全国人民代表大会和全国人民代表大会常务委员会领导下,研究、审议和拟订有关议案。

《全国人民代表大会组织法》

第三十四条第三款 〔专门委员会的设立及组成〕各专门委员会的主任委员、副主任委员和委员的人选由主席团在代表中提名,全国人民代表大会会议表决通过。在大会闭会期间,全国人民代表大会常务委员会可以任免专门委员会的副主任委员和委员,由委员长会议提名,常务委员会会议表决通过。

第三十六条 〔主任委员、副主任委员职责;专门委员会顾问〕各专门委员会主任委员主持委员会会议和委员会的工作。副主任委员协助主任委员工作。

各专门委员会可以根据工作需要,任命专家若干人为顾问;顾问可以列席专门委员会会议,发表意见。

顾问由全国人民代表大会常务委员会任免。

第三十八条 〔民族委员会〕民族委员会可以对加强民族团结问题进行调查研究,提出建议;审议自治区报请全国人民代表大会常务委员会批准的自治区的自治条例和单行条例,向全国人民代表大会常务委员会提出报告。

第三十九条 〔宪法和法律委员会〕宪法和法律委员会承担推动宪法实施、开展宪法解释、推进合宪性审查、加强宪法监督、配合宪法宣传等工作职责。

宪法和法律委员会统一审议向全国人民代表大会或

者全国人民代表大会常务委员会提出的法律草案和有关法律问题的决定草案;其他专门委员会就有关草案向宪法和法律委员会提出意见。

**(四)特定问题的调查委员会**

**第七十一条** 〔特定问题的调查委员会〕全国人民代表大会和全国人民代表大会常务委员会认为必要的时候,可以组织关于特定问题的调查委员会,并且根据调查委员会的报告,作出相应的决议。

调查委员会进行调查的时候,一切有关的国家机关、社会团体和公民都有义务向它提供必要的材料。

**《各级人民代表大会常务委员会监督法》**

**第三十九条** 〔调查对象〕各级人民代表大会常务委员会对属于其职权范围内的事项,需要作出决议、决定,但有关重大事实不清的,可以组织关于特定问题的调查委员会。

**第四十条** 〔提议组成调查委员会的主体〕委员长会议或者主任会议可以向本级人民代表大会常务委员会提议组织关于特定问题的调查委员会,提请常务委员会审议。

五分之一以上常务委员会组成人员书面联名,可以向本级人民代表大会常务委员会提议组织关于特定问题的调查委员会,由委员长会议或者主任会议决定提请常务委员会审议,或者先交有关的专门委员会审议、提出报告,再决定提请常务委员会审议。

**第四十一条** 〔调查委员会成员〕调查委员会由主任委员、副主任委员和委员组成,由委员长会议或者主任会议在本级人民代表大会常务委员会组成人员和本级人民代表大会代表中提名,提请常务委员会审议通过。调查委员会可以聘请有关专家参加调查工作。

与调查的问题有利害关系的常务委员会组成人员和其他人员不得参加调查委员会。

**第四十二条** 〔材料要求〕调查委员会进行调查时,有关的国家机关、社会团体、企业事业组织和公民都有义务向其提供必要的材料。

提供材料的公民要求对材料来源保密的,调查委员会应当予以保密。

调查委员会在调查过程中,可以不公布调查的情况和材料。

**第四十三条** 〔报告对象〕调查委员会应当向产生它的常务委员会提出调查报告。常务委员会根据报告,可以作出相应的决议、决定。

**(五)全国人大代表的权利**

(1)提案权

**第七十二条** 〔提案权〕全国人民代表大会代表和全国人民代表大会常务委员会组成人员,有权依照法律规定的程序分别提出属于全国人民代表大会和全国人民代表大会常务委员会职权范围内的议案。

**《全国人民代表大会组织法》**

**第十六条** 〔单位提案〕全国人民代表大会主席团,全国人民代表大会常务委员会,全国人民代表大会各专门委员会,国务院,中央军事委员会,国家监察委员会,最高人民法院,最高人民检察院,可以向全国人民代表大会提出属于全国人民代表大会职权范围内的议案。

**第十七条** 〔代表提案〕一个代表团或者三十名以上的代表联名,可以向全国人民代表大会提出属于全国人民代表大会职权范围内的议案。

**第二十条** 〔罢免案〕全国人民代表大会主席团、三个以上的代表团或者十分之一以上的代表,可以提出对全国人民代表大会常务委员会的组成人员,中华人民共和国主席、副主席,国务院和中央军事委员会的组成人员,国家监察委员会主任,最高人民法院院长和最高人民检察院检察长的罢免案,由主席团提请大会审议。

**第二十九条** 〔提案〕委员长会议,全国人民代表大会各专门委员会,国务院,中央军事委员会,国家监察委员会,最高人民法院,最高人民检察院,常务委员会组成人员十人以上联名,可以向常务委员会提出属于常务委员会职权范围内的议案。

**《全国人民代表大会和地方各级人民代表大会代表法》**

**第九条** 〔代表的提案权及议案〕代表有权依照法律规定的程序向本级人民代表大会提出属于本级人民代表大会职权范围内的议案。议案应当有案由、案据和方案。

代表依法提出的议案,由本级人民代表大会主席团决定是否列入会议议程,或者先交有关的专门委员会审议、提出是否列入会议议程的意见,再决定是否列入会议议程。

列入会议议程的议案,在交付大会表决前,提出议案的代表要求撤回的,经主席团同意,会议对该项议案的审议即行终止。

(2)质询权

**第七十三条** 〔质询权〕全国人民代表大会代表在全国人民代表大会开会期间,全国人民代表大会常务委员会组成人员在常务委员会开会期间,有权依照法律规定的程序提出对国务院或者国务院各部、各委员会的质询案。受质询的机关必须负责答复。

**《全国人民代表大会组织法》**

**第二十一条** 〔质询案〕全国人民代表大会会议期间,一个代表团或者三十名以上的代表联名,可以书面提出对国务院以及国务院各部门、国家监察委员会、最高人民法院、最高人民检察院的质询案。

**第三十条** 〔质询案〕常务委员会会议期间,常务委员会组成人员十人以上联名,可以向常务委员会书面提出对国务院以及国务院各部门、国家监察委员会、最高人民法院、最高人民检察院的质询案。

**《各级人民代表大会常务委员会监督法》**

**第三十五条** 〔质询案的提出主体〕全国人民代表大会常务委员会组成人员十人以上联名,省、自治区、直辖市、自治州、设区的市人民代表大会常务委员会组成人员五人以上联名,县级人民代表大会常务委员会组成人员三人以上联名,可以向常务委员会书面提出对本级人民政府及其部门和人民法院、人民检察院的质询案。

质询案应当写明质询对象、质询的问题和内容。

第三十六条 〔答复机关〕质询案由委员长会议或者主任会议决定交由受质询的机关答复。

委员长会议或者主任会议可以决定由受质询机关在常务委员会会议上或者有关专门委员会会议上口头答复,或者由受质询机关书面答复。在专门委员会会议上答复的,提质询案的常务委员会组成人员有权列席会议,发表意见。委员长会议或者主任会议认为必要时,可以将答复质询案的情况报告印发常务委员会会议。

第三十七条 〔再次答复〕提质询案的常务委员会组成人员的过半数对受质询机关的答复不满意的,可以提出要求,经委员长会议或者主任会议决定,由受质询机关再作答复。

第三十八条 〔答复方式〕质询案以口头答复的,由受质询机关的负责人到会答复。质询案以书面答复的,由受质询机关的负责人签署。

(3)人身特别保护权

**第七十四条 〔人身特别保护权〕**全国人民代表大会代表,非经全国人民代表大会会议主席团许可,在全国人民代表大会闭会期间非经全国人民代表大会常务委员会许可,不受逮捕或者刑事审判。

《全国人民代表大会和地方各级人民代表大会代表法》

第三十二条 〔代表的人身特别保护权及言论、表决豁免权〕县级以上的各级人民代表大会代表,非经本级人民代表大会主席团许可,在本级人民代表大会闭会期间,非经本级人民代表大会常务委员会许可,不受逮捕或者刑事审判。如果因为是现行犯被拘留,执行拘留的机关应当立即向该级人民代表大会主席团或者人民代表大会常务委员会报告。

对县级以上的各级人民代表大会代表,如果采取法律规定的其他限制人身自由的措施,应当经该级人民代表大会主席团或者人民代表大会常务委员会许可。

人民代表大会主席团或者常务委员会受理有关机关依照本条规定提请许可的申请,应当审查是否存在对代表在人民代表大会各种会议上的发言和表决进行法律追究,或者对代表提出建议、批评和意见等其他执行职务行为打击报复的情形,并据此作出决定。

乡、民族乡、镇的人民代表大会代表,如果被逮捕、受刑事审判,或者被采取法律规定的其他限制人身自由的措施,执行机关应当立即报告乡、民族乡、镇的人民代表大会。

(4)言论、表决豁免权

**第七十五条 〔言论、表决豁免权〕**全国人民代表大会代表在全国人民代表大会各种会议上的发言和表决,不受法律追究。

(5)时间和经费保障

《全国人民代表大会和地方各级人民代表大会代表法》

第三十三条 〔代表的时间保障〕代表在本级人民代表大会闭会期间,参加由本级人民代表大会常务委员会或者乡、民族乡、镇的人民代表大会主席团安排的代表活动,代表所在单位必须给予时间保障。

第三十四条 〔代表的经济保障〕代表按照本法第三十三条的规定执行代表职务,其所在单位按正常出勤对待,享受所在单位的工资和其他待遇。

无固定工资收入的代表执行代表职务,根据实际情况由本级财政给予适当补贴。

第三十五条 〔代表的活动经费保障〕代表的活动经费,应当列入本级财政预算予以保障,专款专用。

**考点53 国家主席**

**第七十九条 〔主席、副主席的选举及任职〕**中华人民共和国主席、副主席由全国人民代表大会选举。

有选举权和被选举权的年满四十五周岁的中华人民共和国公民可以被选为中华人民共和国主席、副主席。

中华人民共和国主席、副主席每届任期同全国人民代表大会每届任期相同。

**第八十条 〔主席的职权〕**中华人民共和国主席根据全国人民代表大会的决定和全国人民代表大会常务委员会的决定,公布法律,任免国务院总理、副总理、国务委员、各部部长、各委员会主任、审计长、秘书长,授予国家的勋章和荣誉称号,发布特赦令,宣布进入紧急状态,宣布战争状态,发布动员令。

**第八十一条 〔主席的外交职权〕**中华人民共和国主席代表中华人民共和国,进行国事活动,接受外国使节;根据全国人民代表大会常务委员会的决定,派遣和召回驻外全权代表,批准和废除同外国缔结的条约和重要协定。

**第八十二条 〔副主席的职权〕**中华人民共和国副主席协助主席工作。

中华人民共和国副主席受主席的委托,可以代行主席的部分职权。

**第八十四条 〔主席、副主席缺位的处理〕**中华人民共和国主席缺位的时候,由副主席继任主席的职位。

中华人民共和国副主席缺位的时候,由全国人民代表大会补选。

中华人民共和国主席、副主席都缺位的时候,由全国人民代表大会补选;在补选以前,由全国人民代表大会常务委员会委员长暂时代理主席职位。

**考点55 国务院**

(一)性质和地位

**第八十五条 〔国务院的性质、地位〕**中华人民共和国国务院,即中央人民政府,是最高国家权力机关的执行机关,是最高国家行政机关。

**第九十二条 〔国务院与全国人大及其常委会的关系〕**国务院对全国人民代表大会负责并报告工作;在全国人民代表大会闭会期间,对全国人民代表大会常务委员会负责并报告工作。

《宪法》

第九十四条 〔中央军委主席向全国人大及其常委会负责〕中央军事委员会主席对全国人民代表大会和全国人民代表大会常务委员会负责。

## （二）组成和任期

**第八十六条** 〔国务院的组织〕国务院由下列人员组成：

总理，

副总理若干人，

国务委员若干人，

各部部长，

各委员会主任，

审计长，

秘书长。

国务院实行总理负责制。各部、各委员会实行部长、主任负责制。

国务院的组织由法律规定。

**第八十七条** 〔国务院的任期〕国务院每届任期同全国人民代表大会每届任期相同。

总理、副总理、国务委员连续任职不得超过两届。

**第九十一条** 〔审计机关及其职权〕国务院设立审计机关，对国务院各部门和地方各级政府的财政收支，对国家的财政金融机构和企业事业组织的财务收支，进行审计监督。

审计机关在国务院总理领导下，依照法律规定独立行使审计监督权，不受其他行政机关、社会团体和个人的干涉。

《国务院组织法》

第五条 国务院由总理、副总理、国务委员、各部部长、各委员会主任、中国人民银行行长、审计长、秘书长组成。

国务院实行总理负责制。总理领导国务院的工作。

副总理、国务委员协助总理工作，按照分工负责分管领域工作；受总理委托，负责其他方面的工作或者专项任务；根据统一安排，代表国务院进行外事活动。

## （三）会议制度

**第八十八条** 〔国务院的工作分工〕总理领导国务院的工作。副总理、国务委员协助总理工作。

总理、副总理、国务委员、秘书长组成国务院常务会议。

总理召集和主持国务院常务会议和国务院全体会议。

《国务院组织法》

第七条 国务院实行国务院全体会议和国务院常务会议制度。国务院全体会议由国务院全体成员组成。国务院常务会议由总理、副总理、国务委员、秘书长组成。总理召集和主持国务院全体会议和国务院常务会议。国务院工作中的重大问题，必须经国务院常务会议或者国务院全体会议讨论决定。

第八条 国务院全体会议的主要任务是讨论决定政府工作报告、国民经济和社会发展规划等国务院工作中的重大事项，部署国务院的重要工作。

国务院常务会议的主要任务是讨论法律草案、审议行政法规草案，讨论、决定、通报国务院工作中的重要事项。

国务院全体会议和国务院常务会议讨论决定的事项，除依法需要保密的外，应当及时公布。

国务院根据需要召开总理办公会议和国务院专题会议。

## （四）国务院的职权

**第八十九条** 〔国务院的职权〕国务院行使下列职权：

（一）根据宪法和法律，规定行政措施，制定行政法规，发布决定和命令；

（二）向全国人民代表大会或者全国人民代表大会常务委员会提出议案；

（三）规定各部和各委员会的任务和职责，统一领导各部和各委员会的工作，并且领导不属于各部和各委员会的全国性的行政工作；

（四）统一领导全国地方各级国家行政机关的工作，规定中央和省、自治区、直辖市的国家行政机关的职权的具体划分；

（五）编制和执行国民经济和社会发展计划和国家预算；

（六）领导和管理经济工作和城乡建设、生态文明建设；

（七）领导和管理教育、科学、文化、卫生、体育和计划生育工作；

（八）领导和管理民政、公安、司法行政等工作；

（九）管理对外事务，同外国缔结条约和协定；

（十）领导和管理国防建设事业；

（十一）领导和管理民族事务，保障少数民族的平等权利和民族自治地方的自治权利；

（十二）保护华侨的正当的权利和利益，保护归侨和侨眷的合法的权利和利益；

（十三）改变或者撤销各部、各委员会发布的不适当的命令、指示和规章；

（十四）改变或者撤销地方各级国家行政机关的不适当的决定和命令；

（十五）批准省、自治区、直辖市的区域划分，批准自治州、县、自治县、市的建置和区域划分；

（十六）依照法律规定决定省、自治区、直辖市的范围内部分地区进入紧急状态；

（十七）审定行政机构的编制，依照法律规定任免、培训、考核和奖惩行政人员；

（十八）全国人民代表大会和全国人民代表大会常务委员会授予的其他职权。

## 考点56 地方各级人大与政府

### （一）地方各级人民代表大会

**第九十五条** 〔地方人大及政府的设置和组织〕省、直辖市、县、市、市辖区、乡、民族乡、镇设立人民代表大会和人民政府。

地方各级人民代表大会和地方各级人民政府的组织由法律规定。

自治区、自治州、自治县设立自治机关。自治机关的组织和工作根据宪法第三章第五节、第六节规定的基本原则由法律规定。

**第九十六条** 〔地方人大的性质及常委会的设置〕地方各级人民代表大会是地方国家权力机关。

县级以上的地方各级人民代表大会设立常务委员会。

**第九十七条** 〔地方人大代表的选举〕省、直辖市、设区的市的人民代表大会代表由下一级的人民代表大会选举;县、不设区的市、市辖区、乡、民族乡、镇的人民代表大会代表由选民直接选举。

地方各级人民代表大会代表名额和代表产生办法由法律规定。

**第九十八条** 〔地方人大的任期〕地方各级人民代表大会每届任期五年。

**第九十九条** 〔地方人大的职权〕地方各级人民代表大会在本行政区域内,保证宪法、法律、行政法规的遵守和执行;依照法律规定的权限,通过和发布决议,审查和决定地方的经济建设、文化建设和公共事业建设的计划。

县级以上的地方各级人民代表大会审查和批准本行政区域内的国民经济和社会发展计划、预算以及它们的执行情况的报告;有权改变或者撤销本级人民代表大会常务委员会不适当的决定。

民族乡的人民代表大会可以依照法律规定的权限采取适合民族特点的具体措施。

**第一百条** 〔地方性法规的制定〕省、直辖市的人民代表大会和它们的常务委员会,在不同宪法、法律、行政法规相抵触的前提下,可以制定地方性法规,报全国人民代表大会常务委员会备案。

设区的市的人民代表大会和它们的常务委员会,在不同宪法、法律、行政法规和本省、自治区的地方性法规相抵触的前提下,可以依照法律规定制定地方性法规,报本省、自治区人民代表大会常务委员会批准后施行。

**第一百零一条** 〔地方人大的选举权、罢免权〕地方各级人民代表大会分别选举并且有权罢免本级人民政府的省长和副省长、市长和副市长、县长和副县长、区长和副区长、乡长和副乡长、镇长和副镇长。

县级以上的地方各级人民代表大会选举并且有权罢免本级监察委员会主任、本级人民法院院长和本级人民检察院检察长。选出或者罢免人民检察院检察长,须报上级人民检察院检察长提请该级人民代表大会常务委员会批准。

《地方各级人民代表大会和地方各级人民政府组织法》

第十四条 地方各级人民代表大会会议每年至少举行一次。乡、民族乡、镇的人民代表大会会议一般每年举行两次。会议召开的日期由本级人民代表大会常务委员会或者乡、民族乡、镇的人民代表大会主席团决定,并予以公布。

遇有特殊情况,县级以上的地方各级人民代表大会常务委员会或者乡、民族乡、镇的人民代表大会主席团可以决定适当提前或者推迟召开会议。提前或者推迟召开

会议的日期未能在当次会议上决定的,常务委员会或者其授权的主任会议,乡、民族乡、镇的人民代表大会主席团可以另行决定,并予以公布。

县级以上的地方各级人民代表大会常务委员会或者乡、民族乡、镇的人民代表大会主席团认为必要,或者经过五分之一以上代表提议,可以临时召集本级人民代表大会会议。

地方各级人民代表大会会议有三分之二以上的代表出席,始得举行。

第十八条 乡、民族乡、镇的人民代表大会设主席,并可以设副主席一人至二人。主席、副主席由本级人民代表大会从代表中选出,任期同本级人民代表大会每届任期相同。

乡、民族乡、镇的人民代表大会主席、副主席不得担任国家行政机关的职务;如果担任国家行政机关的职务,必须向本级人民代表大会辞去主席、副主席的职务。

乡、民族乡、镇的人民代表大会主席、副主席在本级人民代表大会闭会期间负责联系本级人民代表大会代表,根据主席团的安排组织代表开展活动,反映代表和群众对本级人民政府工作的建议、批评和意见,并负责处理主席团的日常工作。

第二十二条 地方各级人民代表大会举行会议的时候,主席团、常务委员会、各专门委员会、本级人民政府,可以向本级人民代表大会提出属于本级人民代表大会职权范围内的议案,由主席团决定提交人民代表大会会议审议,或者并交有关的专门委员会审议、提出报告,再由主席团审议决定提交大会表决。

县级以上的地方各级人民代表大会代表十人以上联名,乡、民族乡、镇的人民代表大会代表五人以上联名,可以向本级人民代表大会提出属于本级人民代表大会职权范围内的议案,由主席团决定是否列入大会议程,或者先交有关的专门委员会审议,提出是否列入大会议程的意见,再由主席团决定是否列入大会议程。

列入会议议程的议案,在交付大会表决前,提案人要求撤回的,经主席团同意,会议对该项议案的审议即行终止。

第二十四条 地方各级人民代表大会举行会议的时候,代表十人以上联名可以书面提出对本级人民政府和它所属各工作部门以及监察委员会、人民法院、人民检察院的质询案。质询案必须写明质询对象、质询的问题和内容。

质询案由主席团决定交由受质询机关在主席团会议、大会全体会议或者有关的专门委员会会议上口头答复,或者由受质询机关书面答复。在主席团会议或者专门委员会会议上答复的,提质询案的代表有权列席会议,发表意见;主席团认为必要的时候,可以将答复质询案的情况报告印发会议。

质询案以口头答复的,应当由受质询机关的负责人到会答复;质询案以书面答复的,应当由受质询机关的负责人签署,由主席团印发会议或者印发提质询案的代表。

第二十六条 县级以上的地方各级人民代表大会常

务委员会的组成人员,乡、民族乡、镇的人民代表大会主席、副主席,省长、副省长,自治区主席、副主席,市长、副市长,州长、副州长,县长、副县长,区长、副区长,乡长、副乡长,镇长、副镇长,监察委员会主任,人民法院院长,人民检察院检察长的人选,由本级人民代表大会主席团或者代表依照本法规定联合提名。

省、自治区、直辖市的人民代表大会代表三十人以上书面联名,设区的市和自治州的人民代表大会代表二十人以上书面联名,县级的人民代表大会代表十人以上书面联名,可以提出本级人民代表大会常务委员会组成人员,人民政府领导人员,监察委员会主任,人民法院院长,人民检察院检察长的候选人。乡、民族乡、镇的人民代表大会代表十人以上书面联名,可以提出本级人民代表大会主席、副主席,人民政府领导人员的候选人。不同选区或者选举单位选出的代表可以酝酿、联合提出候选人。

主席团提名的候选人人数,每一代表与其他代表联合提名的候选人人数,均不得超过应选名额。

提名人应当如实介绍所提名的候选人的情况。

第三十一条 县级以上的地方各级人民代表大会举行会议的时候,主席团、常务委员会或者十分之一以上代表联名,可以提出对本级人民代表大会常务委员会组成人员、人民政府组成人员、监察委员会主任、人民法院院长、人民检察院检察长的罢免案,由主席团提请大会审议。

乡、民族乡、镇的人民代表大会举行会议的时候,主席团或者五分之一以上代表联名,可以提出对人民代表大会主席、副主席,乡长、副乡长,镇长、副镇长的罢免案,由主席团提请大会审议。

罢免案应当写明罢免理由。

被提出罢免的人员有权在主席团会议或者大会全体会议上提出申辩意见,或者书面提出申辩意见。在主席团会议上提出的申辩意见或者书面提出的申辩意见,由主席团印发会议。

向县级以上的地方各级人民代表大会提出的罢免案,由主席团交会议审议后,提请全体会议表决;或者由主席团提议,经全体会议决定,组织调查委员会,由本级人民代表大会下次会议根据调查委员会的报告审议决定。

第三十二条 县级以上的地方各级人民代表大会常务委员会组成人员、专门委员会组成人员和人民政府领导人员,监察委员会主任,人民法院院长,人民检察院检察长,可以向本级人民代表大会提出辞职,由大会决定是否接受辞职;大会闭会期间,可以向本级人民代表大会常务委员会提出辞职,由常务委员会决定是否接受辞职。常务委员会决定接受辞职后,报本级人民代表大会备案。人民检察院检察长的辞职,须报经上一级人民检察院检察长提请该级人民代表大会常务委员会批准。

乡、民族乡、镇的人民代表大会主席、副主席,乡长、副乡长,镇长、副镇长,可以向本级人民代表大会提出辞职,由大会决定是否接受辞职。

第三十六条 县级以上的地方各级人民代表大会可

以组织关于特定问题的调查委员会。

主席团或者十分之一以上代表书面联名,可以向本级人民代表大会提议组织关于特定问题的调查委员会,由主席团提请全体会议决定。

调查委员会由主任委员、副主任委员和委员组成,由主席团在代表中提名,提请全体会议通过。

调查委员会应当向本级人民代表大会提出调查报告。人民代表大会根据调查委员会的报告,可以作出相应的决议。人民代表大会可以授权它的常务委员会听取调查委员会的调查报告,常务委员会可以作出相应的决议,报人民代表大会下次会议备案。

**(二)县以上各级人大常委会**

**第一百零三条** 〔地方人大常委会的组成、地位及产生〕县级以上的地方各级人民代表大会常务委员会由主任、副主任若干人和委员若干人组成,对本级人民代表大会负责并报告工作。

县级以上的地方各级人民代表大会选举并有权罢免本级人民代表大会常务委员会的组成人员。

县级以上的地方各级人民代表大会常务委员会的组成人员不得担任国家行政机关、监察机关、审判机关和检察机关的职务。

**第一百零四条** 〔地方人大常委会的职权〕县级以上的地方各级人民代表大会常务委员会讨论、决定本行政区域内各方面工作的重大事项;监督本级人民政府、监察委员会、人民法院和人民检察院的工作;撤销本级人民政府的不适当的决定和命令;撤销下一级人民代表大会的不适当的决议;依照法律规定的权限决定国家机关工作人员的任免;在本级人民代表大会闭会期间,罢免和补选上一级人民代表大会的个别代表。

**《地方各级人民代表大会和地方各级人民政府组织法》**

第四十七条第一、二、三款 省、自治区、直辖市、自治州、设区的市的人民代表大会常务委员会由本级人民代表大会在代表中选举主任、副主任若干人、秘书长、委员若干人组成。

县、自治县、不设区的市、市辖区的人民代表大会常务委员会由本级人民代表大会在代表中选举主任、副主任若干人和委员若干人组成。

常务委员会的组成人员不得担任国家行政机关、监察机关、审判机关和检察机关的职务;如果担任上述职务,必须向常务委员会辞去常务委员会的职务。

第五十二条 县级以上的地方各级人民代表大会常务委员会主任会议可以向本级人民代表大会常务委员会提出属于常务委员会职权范围内的议案,由常务委员会会议审议。

县级以上的地方各级人民政府、人民代表大会各专门委员会,可以向本级人民代表大会常务委员会提出属于常务委员会职权范围内的议案,由主任会议决定提请常务委员会会议审议,或者先交有关的专门委员会审议、提出报告,再提请常务委员会会议审议。

省、自治区、直辖市、自治州、设区的市的人民代表大会常务委员会组成人员五人以上联名,县级的人民代表大会常务委员会组成人员三人以上联名,可以向本级常务委员会提出属于常务委员会职权范围内的议案,由主任会议决定是否提请常务委员会会议审议,或者先交有关的专门委员会审议、提出报告,再决定是否提请常务委员会会议审议。

第五十三条　在常务委员会会议期间,省、自治区、直辖市、自治州、设区的市的人民代表大会常务委员会组成人员五人以上联名,县级的人民代表大会常务委员会组成人员三人以上联名,可以向常务委员会书面提出对本级人民政府及其工作部门、监察委员会、人民法院、人民检察院的质询案。质询案必须写明质询对象、质询的问题和内容。

质询案由主任会议决定交由受质询机关在常务委员会全体会议上或者有关的专门委员会会议上口头答复,或者由受质询机关书面答复。在专门委员会会议上答复的,提质询案的常务委员会组成人员有权列席会议,发表意见;主任会议认为必要的时候,可以将答复质询案的情况报告印发会议。

质询案以口头答复的,应当由受质询机关的负责人到会答复;质询案以书面答复的,应当由受质询机关的负责人签署,由主任会议印发会议或者印发提质询案的常务委员会组成人员。

第五十四条　省、自治区、直辖市、自治州、设区的市的人民代表大会常务委员会主任、副主任和秘书长组成主任会议;县、自治县、不设区的市、市辖区的人民代表大会常务委员会主任、副主任组成主任会议。

主任会议处理常务委员会的重要日常工作:

(一)决定常务委员会每次会议的会期,拟订会议议程草案,必要时提出调整会议议程的建议;

(二)对向常务委员会提出的议案和质询案,决定交由有关的专门委员会审议或者提请常务委员会全体会议审议;

(三)决定是否将议案和决定草案、决议草案提请常务委员会全体会议表决,对暂不交付表决的,提出下一步处理意见;

(四)通过常务委员会年度工作计划等;

(五)指导和协调专门委员会的日常工作;

(六)其他重要日常工作。

第五十八条　主任会议或者五分之一以上的常务委员会组成人员书面联名,可以向本级人民代表大会常务委员会提议组织关于特定问题的调查委员会,由全体会议决定。

调查委员会由主任委员、副主任委员和委员组成,由主任会议在常务委员会组成人员和其他代表中提名,提请全体会议通过。

调查委员会应当向本级人民代表大会常务委员会提出调查报告。常务委员会根据调查委员会的报告,可以作出相应的决议。

**《各级人民代表大会常务委员会监督法》**

第四十四条　〔撤职对象〕县级以上地方各级人民代表大会常务委员会在本级人民代表大会闭会期间,可以决定撤销本级人民政府个别副省长、自治区副主席、副市长、副州长、副县长、副区长的职务;可以撤销由它任命的本级人民政府其他组成人员和人民法院副院长、庭长、副庭长、审判委员会委员、审判员,人民检察院副检察长、检察委员会委员、检察员,中级人民法院院长,人民检察院分院检察长的职务。

第四十五条　〔撤职案的提出主体〕县级以上地方各级人民政府、人民法院和人民检察院,可以向本级人民代表大会常务委员会提出对本法第四十四条所列国家机关工作人员的撤职案。

县级以上地方各级人民代表大会常务委员会主任会议,可以向常务委员会提出对本法第四十四条所列国家机关工作人员的撤职案。

县级以上地方各级人民代表大会常务委员会五分之一以上的组成人员书面联名,可以向常务委员会提出对本法第四十四条所列国家机关工作人员的撤职案,由主任会议决定是否提请常务委员会会议审议;或者由主任会议提议,经全体会议决定,组织调查委员会,由以后的常务委员会会议根据调查委员会的报告审议决定。

**(三)地方人民政府**

**第一百零五条**　〔地方政府的性质、地位及负责制〕地方各级人民政府是地方各级国家权力机关的执行机关,是地方各级国家行政机关。

地方各级人民政府实行省长、市长、县长、区长、乡长、镇长负责制。

**第一百零六条**　〔地方政府的任期〕地方各级人民政府每届任期同本级人民代表大会每届任期相同。

**第一百零七条**　〔地方政府的职权〕县级以上地方各级人民政府依照法律规定的权限,管理本行政区域内的经济、教育、科学、文化、卫生、体育事业、城乡建设事业和财政、民政、公安、民族事务、司法行政、计划生育等行政工作,发布决定和命令,任免、培训、考核和奖惩行政工作人员。

乡、民族乡、镇的人民政府执行本级人民代表大会的决议和上级国家行政机关的决定和命令,管理本行政区域内的行政工作。

省、直辖市的人民政府决定乡、民族乡、镇的建置和区域划分。

**第一百零九条**　〔地方政府审计机关的地位和职权〕县级以上的地方各级人民政府设立审计机关。地方各级审计机关依照法律规定独立行使审计监督权,对本级人民政府和上一级审计机关负责。

**《地方各级人民代表大会和地方各级人民政府组织法》**

第七十九条　地方各级人民政府根据工作需要和优化协同高效以及精干的原则,设立必要的工作部门。

县级以上的地方各级人民政府设立审计机关。地方各级审计机关依照法律规定独立行使审计监督权,对本级人民政府和上一级审计机关负责。

省、自治区、直辖市、的人民政府的厅、局、委员会等工作部门和自治州、县、自治县、市、市辖区的人民政府的局、科等工作部门的设立、增加、减少或者合并，按照规定程序报请批准，并报本级人民代表大会常务委员会备案。

**第八十五条** 省、自治区的人民政府在必要的时候，经国务院批准，可以设立若干派出机关。

县、自治县的人民政府在必要的时候，经省、自治区、直辖市的人民政府批准，可以设立若干区公所，作为它的派出机关。

市辖区、不设区的市的人民政府，经上一级人民政府批准，可以设立若干街道办事处，作为它的派出机关。

### 考点57 监察委员会

**第一百二十三条** 〔监察机关〕中华人民共和国各级监察委员会是国家的监察机关。

**第一百二十四条** 〔监察委员会〕中华人民共和国设立国家监察委员会和地方各级监察委员会。

监察委员会由下列人员组成：

主任，

副主任若干人，

委员若干人。

监察委员会主任每届任期同本级人民代表大会每届任期相同。国家监察委员会主任连续任职不得超过两届。

监察委员会的组织和职权由法律规定。

**第一百二十五条** 〔各级监察委员会间的关系〕中华人民共和国国家监察委员会是最高监察机关。

国家监察委员会领导地方各级监察委员会的工作，上级监察委员会领导下级监察委员会的工作。

**第一百二十六条** 〔对监察委员会的监督〕国家监察委员会对全国人民代表大会和全国人民代表大会常务委员会负责。地方各级监察委员会对产生它的国家权力机关和上一级监察委员会负责。

**第一百二十七条** 〔监察权的行使〕监察委员会依照法律规定独立行使监察权，不受行政机关、社会团体和个人的干涉。

监察机关办理职务违法和职务犯罪案件，应当与审判机关、检察机关、执法部门互相配合，互相制约。

《监察法》

**第七条** 中华人民共和国国家监察委员会是最高监察机关。

省、自治区、直辖市、自治州、县、自治县、市、市辖区设立监察委员会。

**第八条** 国家监察委员会由全国人民代表大会产生，负责全国监察工作。

国家监察委员会由主任、副主任若干人、委员若干人组成，主任由全国人民代表大会选举，副主任、委员由国家监察委员会主任提请全国人民代表大会常务委员会任免。

国家监察委员会主任每届任期同全国人民代表大会每届任期相同，连续任职不得超过两届。

国家监察委员会对全国人民代表大会及其常务委员会负责，并接受其监督。

**第九条** 地方各级监察委员会由本级人民代表大会产生，负责本行政区域内的监察工作。

地方各级监察委员会由主任、副主任若干人、委员若干人组成，主任由本级人民代表大会选举，副主任、委员由监察委员会主任提请本级人民代表大会常务委员会任免。

地方各级监察委员会主任每届任期同本级人民代表大会每届任期相同。

地方各级监察委员会对本级人民代表大会及其常务委员会和上一级监察委员会负责，并接受其监督。

## 专题十五　宪法的实施与监督

### 考点59 宪法实施、宪法解释与宪法监督
**宪法监督**

(1)规范性文件的改变和撤销

《立法法》

**第一百零七条** 法律、行政法规、地方性法规、自治条例和单行条例、规章有下列情形之一的，由有关机关依照本法第一百零八条规定的权限予以改变或者撤销：

(一)超越权限的；

(二)下位法违反上位法规定的；

(三)规章之间对同一事项的规定不一致，经裁决应当改变或者撤销一方的规定的；

(四)规章的规定被认为不适当，应当予以改变或者撤销的；

(五)违背法定程序的。

**第一百零八条** 改变或者撤销法律、行政法规、地方性法规、自治条例和单行条例、规章的权限是：

(一)全国人民代表大会有权改变或者撤销它的常务委员会制定的不适当的法律，有权撤销全国人民代表大会常务委员会批准的违背宪法和本法第八十五条第二款规定的自治条例和单行条例；

(二)全国人民代表大会常务委员会有权撤销同宪法和法律相抵触的行政法规，有权撤销同宪法、法律和行政法规相抵触的地方性法规，有权撤销省、自治区、直辖市的人民代表大会常务委员会批准的违背宪法和本法第八十五条第二款规定的自治条例和单行条例；

(三)国务院有权改变或者撤销不适当的部门规章和地方政府规章；

(四)省、自治区、直辖市的人民代表大会有权改变或者撤销它的常务委员会制定的和批准的不适当的地方性法规；

(五)地方人民代表大会常务委员会有权撤销本级人民政府制定的不适当的规章；

(六)省、自治区的人民政府有权改变或者撤销下一级人民政府制定的不适当的规章；

(七)授权机关有权撤销被授权机关制定的超越授权范围或者违背授权目的的法规，必要时可以撤销授权。

（2）备案审查

**《立法法》**

**第一百零九条**　行政法规、地方性法规、自治条例和单行条例、规章应当在公布后的三十日内依照下列规定报有关机关备案：

（一）行政法规报全国人民代表大会常务委员会备案；

（二）省、自治区、直辖市的人民代表大会及其常务委员会制定的地方性法规，报全国人民代表大会常务委员会和国务院备案；设区的市、自治州的人民代表大会及其常务委员会制定的地方性法规，由省、自治区的人民代表大会常务委员会报全国人民代表大会常务委员会和国务院备案；

（三）自治州、自治县的人民代表大会制定的自治条例和单行条例，由省、自治区、直辖市的人民代表大会常务委员会报全国人民代表大会常务委员会和国务院备案；自治条例、单行条例报送备案时，应当说明对法律、行政法规、地方性法规作出变通的情况；

（四）部门规章和地方政府规章报国务院备案；地方政府规章应当同时报本级人民代表大会常务委员会备案；设区的市、自治州的人民政府制定的规章应当同时报省、自治区的人民代表大会常务委员会和人民政府备案；

（五）根据授权制定的法规应当报授权决定规定的机关备案；经济特区法规、浦东新区法规、海南自由贸易港法规报送备案时，应当说明变通的情况。

**第一百一十条**　国务院、中央军事委员会、国家监察委员会、最高人民法院、最高人民检察院和各省、自治区、直辖市的人民代表大会常务委员会认为行政法规、地方性法规、自治条例和单行条例同宪法或者法律相抵触，或者存在合宪性、合法性问题的，可以向全国人民代表大会常务委员会书面提出进行审查的要求，由全国人民代表大会有关的专门委员会和常务委员会工作机构进行审查、提出意见。

前款规定以外的其他国家机关和社会团体、企业事业组织以及公民认为行政法规、地方性法规、自治条例和单行条例同宪法或者法律相抵触的，可以向全国人民代表大会常务委员会书面提出进行审查的建议，由常务委员会工作机构进行审查；必要时，送有关的专门委员会进行审查、提出意见。

**第一百一十一条**　全国人民代表大会专门委员会、常务委员会工作机构可以对报送备案的行政法规、地方性法规、自治条例和单行条例等进行主动审查，并可以根据需要进行专项审查。

国务院备案审查工作机构可以对报送备案的地方性法规、自治条例和单行条例，部门规章和省、自治区、直辖市的人民政府制定的规章进行主动审查，并可以根据需要进行专项审查。

**第一百一十二条**　全国人民代表大会专门委员会、常务委员会工作机构在审查中认为行政法规、地方性法规、自治条例和单行条例同宪法或者法律相抵触，或者存在合宪性、合法性问题的，可以向制定机关提出书面审查意见；也可以由宪法和法律委员会与有关的专门委员会、常务委员会工作机构召开联合审查会议，要求制定机关到会说明情况，再向制定机关提出书面审查意见。制定机关应当在两个月内研究提出是否修改或者废止的意见，并向全国人民代表大会宪法和法律委员会、有关的专门委员会或者常务委员会工作机构反馈。

全国人民代表大会宪法和法律委员会、有关的专门委员会、常务委员会工作机构根据前款规定，向制定机关提出审查意见，制定机关按照所提意见对行政法规、地方性法规、自治条例和单行条例进行修改或者废止的，审查终止。

全国人民代表大会宪法和法律委员会、有关的专门委员会、常务委员会工作机构经审查认为行政法规、地方性法规、自治条例和单行条例同宪法或者法律相抵触，或者存在合宪性、合法性问题需要修改或者废止，而制定机关不予修改或者废止的，应当向委员长会议提出予以撤销的议案、建议，由委员长会议决定提请常务委员会会议审议决定。

# 司法制度和法律职业道德［考点法条］

## 专题十六　中国特色社会主义司法制度

**考点63** 审判制度

(一)法官的条件和任免

《法官法》

**第十二条** 〔担任法官的条件〕担任法官必须具备下列条件:

(一)具有中华人民共和国国籍;

(二)拥护中华人民共和国宪法,拥护中国共产党领导和社会主义制度;

(三)具有良好的政治、业务素质和道德品行;

(四)具有正常履行职责的身体条件;

(五)具备普通高等学校法学类本科学历并获得学士及以上学位;或者普通高等学校非法学类本科及以上学历并获得法律硕士、法学硕士及以上学位;或者普通高等学校非法学类本科及以上学历,获得其他相应学位,并具有法律专业知识;

(六)从事法律工作满五年。其中获得法律硕士、法学硕士学位,或者获得法学博士学位的,从事法律工作的年限可以分别放宽至四年、三年;

(七)初任法官应当通过国家统一法律职业资格考试取得法律职业资格。

适用前款第五项规定的学历条件确有困难的地方,经最高人民法院审核确定,在一定期限内,可以将担任法官的学历条件放宽为高等学校本科毕业。

**第十三条** 〔任职禁止〕下列人员不得担任法官:

(一)因犯罪受过刑事处罚的;

(二)被开除公职的;

(三)被吊销律师、公证员执业证书或者被仲裁委员会除名的;

(四)有法律规定的其他情形的。

**第十四条** 〔初任法官的任选〕初任法官采用考试、考核的办法,按照德才兼备的标准,从具备法官条件的人员中择优提出人选。

人民法院的院长应当具有法学专业知识和法律职业经历。副院长、审判委员会委员应当从法官、检察官或者其他具备法官条件的人员中产生。

**第十五条** 〔公开选拔法官的范围和条件〕人民法院可以根据审判工作需要,从律师或者法学教学、研究人员等从事法律职业的人员中公开选拔法官。

除应当具备法官任职条件外,参加公开选拔的律师应当实际执业不少于五年,执业经验丰富,从业声誉良好,参加公开选拔的法学教学、研究人员应当具有中级以上职称,从事教学、研究工作五年以上,有突出研究能力

和相应研究成果。

**第十六条第一款** 〔法官遴选委员会〕省、自治区、直辖市设立法官遴选委员会,负责初任法官人选专业能力的审核。

**第十七条** 〔法官的初任与逐级遴选〕初任法官一般到基层人民法院任职。上级人民法院法官一般逐级遴选;最高人民法院和高级人民法院法官可以从下两级人民法院遴选。参加上级人民法院遴选的法官应当在下级人民法院担任法官一定年限,并具有遴选职位相关工作经历。

**第十八条** 〔法官职务的任免权限和程序〕法官的任免,依照宪法和法律规定的任免权限和程序办理。

最高人民法院院长由全国人民代表大会选举和罢免,副院长、审判委员会委员、庭长、副庭长和审判员,由院长提请全国人民代表大会常务委员会任免。

最高人民法院巡回法庭庭长、副庭长,由院长提请全国人民代表大会常务委员会任免。

地方各级人民法院院长由本级人民代表大会选举和罢免,副院长、审判委员会委员、庭长、副庭长和审判员,由院长提请本级人民代表大会常务委员会任免。

在省、自治区内按地区设立的和在直辖市内设立的中级人民法院的院长,由省、自治区、直辖市人民代表大会常务委员会根据主任会议的提名决定任免,副院长、审判委员会委员、庭长、副庭长和审判员,由高级人民法院院长提请省、自治区、直辖市人民代表大会常务委员会任免。

新疆生产建设兵团各级人民法院、专门人民法院的院长、副院长、审判委员会委员、庭长、副庭长和审判员,依照全国人民代表大会常务委员会的有关规定任免。

**第二十条** 〔免除法官职务的情形〕法官有下列情形之一的,应当依法提请免除其法官职务:

(一)丧失中华人民共和国国籍的;

(二)调出所任职人民法院的;

(三)职务变动不需要保留法官职务的,或者本人申请免除法官职务经批准的;

(四)经考核不能胜任法官职务的;

(五)因健康原因长期不能履行职务的;

(六)退休的;

(七)辞职或者依法应当予以辞退的;

(八)因违纪违法不宜继续任职的。

(二)任职回避与执业限制

《法官法》

**第二十三条** 〔法官任职回避的范围〕法官之间有夫妻关系、直系血亲关系、三代以内旁系血亲以及近姻亲关系的,不得同时担任下列职务:

（一）同一人民法院的院长、副院长、审判委员会委员、庭长、副庭长；

（二）同一人民法院的院长、副院长和审判员；

（三）同一审判庭的庭长、副庭长、审判员；

（四）上下相邻两级人民法院的院长、副院长。

**第二十四条** 〔法官任职回避的情形〕法官的配偶、父母、子女有下列情形之一的，法官应当实行任职回避：

（一）担任该法官所任职人民法院辖区内律师事务所的合伙人或者设立人的；

（二）在该法官所任职人民法院辖区内以律师身份担任诉讼代理人、辩护人，或者为诉讼案件当事人提供其他有偿法律服务的。

**第三十六条** 〔执业限制〕法官从人民法院离任后两年内，不得以律师身份担任诉讼代理人或者辩护人。

法官从人民法院离任后，不得担任原任职法院办理案件的诉讼代理人或者辩护人，但是作为当事人的监护人或者近亲属代理诉讼或者进行辩护的除外。

法官被开除后，不得担任诉讼代理人或者辩护人，但是作为当事人的监护人或者近亲属代理诉讼或者进行辩护的除外。

**（三）兼职禁止**

**《法官法》**

**第二十二条** 〔法官不得兼任的职务〕法官不得兼任人民代表大会常务委员会的组成人员，不得兼任行政机关、监察机关、检察机关的职务，不得兼任企业或者其他营利性组织、事业单位的职务，不得兼任律师、仲裁员和公证员。

**（四）奖励**

**《法官法》**

**第四十五条** 〔应当奖励的条件〕法官有下列表现之一的，应当给予奖励：

（一）公正司法，成绩显著的；

（二）总结审判实践经验成果突出，对审判工作有指导作用的；

（三）在办理重大案件、处理突发事件和承担专项重要工作中，做出显著成绩和贡献的；

（四）对审判工作提出改革建议被采纳，效果显著的；

（五）提出司法建议被采纳或者开展法治宣传、指导调解组织调解各类纠纷，效果显著的；

（六）有其他功绩的。

法官的奖励按照有关规定办理。

**（五）惩戒**

**《法官法》**

**第四十七条** 〔暂停法官履行职务〕法官涉嫌违纪违法，已经被立案调查、侦查，不宜继续履行职责的，按照管理权限和规定的程序暂时停止其履行职务。

**第四十八条** 〔法官惩戒委员会〕最高人民法院和省、自治区、直辖市设立法官惩戒委员会，负责从专业角度审查认定法官是否存在本法第四十六条第四项、第五项规定的违反审判职责的行为，提出构成故意违反职责、存在重大过失、存在一般过失或者没有违反职责等

审查意见。法官惩戒委员会提出审查意见后，人民法院依照有关规定作出是否予以惩戒的决定，并给予相应处理。

法官惩戒委员会由法官代表、其他从事法律职业的人员和有关方面代表组成，其中法官代表不少于半数。

最高人民法院法官惩戒委员会、省级法官惩戒委员会的日常工作，由相关人民法院的内设职能部门承担。

**第四十九条** 〔法官在惩戒审议中的权利〕法官惩戒委员会审议惩戒事项时，当事法官有权申请有关人员回避，有权进行陈述、举证、辩解。

**考点64 检察制度**

**（一）检察官的条件和任免**

**《检察官法》**

**第十二条** 〔担任检察官的条件〕担任检察官必须具备下列条件：

（一）具有中华人民共和国国籍；

（二）拥护中华人民共和国宪法，拥护中国共产党领导和社会主义制度；

（三）具有良好的政治、业务素质和道德品行；

（四）具有正常履行职责的身体条件；

（五）具备普通高等学校法学类本科学历并获得学士及以上学位；或者普通高等学校非法学类本科及以上学历并获得法律硕士、法学硕士及以上学位；或者普通高等学校非法学类本科及以上学历，获得其他相应学位，并具有法律专业知识；

（六）从事法律工作满五年。其中获得法律硕士、法学硕士学位，或者获得法学博士学位的，从事法律工作的年限可以分别放宽至四年、三年；

（七）初任检察官应当通过国家统一法律职业资格考试取得法律职业资格。

适用前款第五项规定的学历条件确有困难的地方，经最高人民检察院审核确定，在一定期限内，可以将担任检察官的学历条件放宽为高等学校本科毕业。

**第十三条** 〔任职禁止〕下列人员不得担任检察官：

（一）因犯罪受过刑事处罚的；

（二）被开除公职的；

（三）被吊销律师、公证员执业证书或者被仲裁委员会除名的；

（四）有法律规定的其他情形的。

**第十四条** 〔检察官的选任方式和范围〕初任检察官采用考试、考核的办法，按照德才兼备的标准，从具备检察官条件的人员中择优提出人选。

人民检察院的检察长应当具有法学专业知识和法律职业经历。副检察长、检察委员会委员应当从检察官、法官或者其他具备检察官条件的人员中产生。

**第十八条** 〔检察官的任免权限和程序〕检察官的任免，依照宪法和法律规定的任免权限和程序办理。

最高人民检察院检察长由全国人民代表大会选举和罢免，副检察长、检察委员会委员和检察员，由检察长提请全国人民代表大会常务委员会任免。

地方各级人民检察院检察长由本级人民代表大会选举和罢免，副检察长、检察委员会委员和检察员，由检察长提请本级人民代表大会常务委员会任免。

地方各级人民检察院检察长的任免，须报上一级人民检察院检察长提请本级人民代表大会常务委员会批准。

省、自治区、直辖市人民检察院分院检察长、副检察长、检察委员会委员和检察员，由省、自治区、直辖市人民检察院检察长提请本级人民代表大会常务委员会任免。

省人民检察院和设区的市级人民检察院依法设立作为派出机构的人民检察院的检察长、副检察长、检察委员会委员和检察员，由派出的人民检察院检察长提请本级人民代表大会常务委员会任免。

新疆生产建设兵团各级人民检察院、专门人民检察院的检察长、副检察长、检察委员会委员和检察员，依照全国人民代表大会常务委员会的有关规定任免。

### (二)任职回避与执业限制

**《检察官法》**

第二十四条 〔检察官任职回避的范围〕检察官之间有夫妻关系、直系血亲关系、三代以内旁系血亲以及近姻亲关系的，不得同时担任下列职务：

(一)同一人民检察院的检察长、副检察长、检察委员会委员；

(二)同一人民检察院的检察长、副检察长和检察员；

(三)同一业务部门的检察员；

(四)上下相邻两级人民检察院的检察长、副检察长。

第二十五条 〔任职回避的情形〕检察官的配偶、父母、子女有下列情形之一的，检察官应当实行任职回避：

(一)担任该检察官所任职人民检察院辖区内律师事务所的合伙人或者设立人的；

(二)在该检察官所任职人民检察院辖区内以律师身份担任诉讼代理人、辩护人，或者为诉讼案件当事人提供其他有偿法律服务的。

第三十七条 〔执业限制〕检察官从人民检察院离任后两年内，不得以律师身份担任诉讼代理人或者辩护人。

检察官从人民检察院离任后，不得担任原任职检察院办理案件的诉讼代理人或者辩护人，但是作为当事人的监护人或者近亲属代理诉讼或者进行辩护的除外。

检察官被开除后，不得担任诉讼代理人或者辩护人，但是作为当事人的监护人或者近亲属代理诉讼或者进行辩护的除外。

### 考点65 律师制度

#### (一)不予颁发律师执业证的情形

**《律师法》**

第七条 〔律师执业禁止条件〕申请人有下列情形之一的，不予颁发律师执业证书：

(一)无民事行为能力或者限制民事行为能力的；

(二)受过刑事处罚的，但过失犯罪的除外；

(三)被开除公职或者被吊销律师、公证员执业证书的。

### (二)律师执业的管理

**《律师法》**

第十条 〔律师执业管理〕律师只能在一个律师事务所执业。律师变更执业机构的，应当申请换发律师执业证书。

律师执业不受地域限制。

第十一条 〔律师兼职禁止〕公务员不得兼任执业律师。

律师担任各级人民代表大会常务委员会组成人员的，任职期间不得从事诉讼代理或者辩护业务。

**《律师执业行为规范(试行)》**

第十三条 律师不得在同一案件中为双方当事人担任代理人，不得代理与本人或者其近亲属有利益冲突的法律事务。

**《律师执业管理办法》**

第二十七条 律师担任各级人民代表大会常务委员会组成人员的，任职期间不得从事诉讼代理或者辩护业务。

律师明知当事人已经委托两名诉讼代理人、辩护人的，不得再接受委托担任诉讼代理人、辩护人。

第二十八条 律师不得在同一案件中为双方当事人担任代理人，或者代理与本人及其近亲属有利益冲突的法律事务。律师接受犯罪嫌疑人、被告人委托后，不得接受同一案件或者未同案处理但实施的犯罪存在关联的其他犯罪嫌疑人、被告人的委托担任辩护人。

曾经担任法官、检察官的律师从人民法院、人民检察院离任后，二年内不得以律师身份担任诉讼代理人或者辩护人；不得担任原任职人民法院、人民检察院办理案件的诉讼代理人或者辩护人，但法律另有规定的除外。

律师不得担任所在律师事务所其他律师担任仲裁员的案件的代理人。曾经或者仍在担任仲裁员的律师，不得承办与本人担任仲裁员办理过的案件有利益冲突的法律事务。

### (三)律师事务所

**《律师法》**

第十四条 〔律师事务所设立的一般条件〕律师事务所是律师的执业机构。设立律师事务所应当具备下列条件：

(一)有自己的名称、住所和章程；

(二)有符合本法规定的律师；

(三)设立人应当是具有一定的执业经历，且三年内未受过停止执业处罚的律师；

(四)有符合国务院司法行政部门规定数额的资产。

第十五条 〔合伙律师事务所设立的特殊条件〕设立合伙律师事务所，除应当符合本法第十四条规定的条件外，还应当有三名以上合伙人，设立人应当是具有三年以上执业经历的律师。

合伙律师事务所可以采用普通合伙或者特殊的普通合伙形式设立。合伙律师事务所的合伙人按照合伙形式对该律师事务所的债务依法承担责任。

第十六条 〔个人律师事务所设立的特殊条件〕设立个人律师事务所，除应当符合本法第十四条规定的条件外，设立人还应当是具有五年以上执业经历的律师。设立人对律师事务所的债务承担无限责任。

第十九条 〔律师事务所设立分所的条件和程序〕成立三年以上并具有二十名以上执业律师的合伙律师事务所，可以设立分所。设立分所，须经拟设立分所所在地的省、自治区、直辖市人民政府司法行政部门审核。申请设立分所的，依照本法第十八条规定的程序办理。

合伙律师事务所对其分所的债务承担责任。

第二十条 〔国资律师事务所〕国家出资设立的律师事务所，依法自主开展律师业务，以该律师事务所的全部资产对其债务承担责任。

第五十三条第一款 〔受罚律师担任合伙人的期限限制〕受到六个月以上停止执业处罚的律师，处罚期满未逾三年的，不得担任合伙人。

《律师事务所管理办法》

第十八条 律师事务所的设立许可，由设区的市级或者直辖市的区(县)司法行政机关受理设立申请并进行初审，报省、自治区、直辖市司法行政机关进行审核，作出是否准予设立的决定。

第二十五条 有下列情形之一的，由作出准予设立律师事务所决定的省、自治区、直辖市司法行政机关撤销原准予设立的决定，收回并注销律师事务所执业许可证：

(一)申请人以欺骗、贿赂等不正当手段取得准予设立决定的；

(二)对不符合法定条件的申请或者违反法定程序作出准予设立决定的。

第四十三条 律师事务所应当建立违规律师辞退和除名制度，对违法违规执业、违反本所章程及管理制度或者年度考核不称职的律师，可以将其辞退或者经合伙人会议通过将其除名，有关处理结果报所在地县级司法行政机关和律师协会备案。

第四十四条 律师事务所应当在法定业务范围内开展业务活动，不得以独资、与他人合资或者委托持股方式兴办企业，并委派律师担任企业法定代表人、总经理职务，不得从事与法律服务无关的其他经营性活动。

第四十五条 律师事务所应当与其他律师事务所公平竞争，不得以诋毁其他律师事务所、律师或者支付介绍费等不正当手段承揽业务。

第四十六条 律师承办业务，由律师事务所统一接受委托，与委托人签订书面委托合同。

律师事务所受理业务，应当进行利益冲突审查，不得违反规定受理与本所承办业务及其委托人有利益冲突的业务。

第四十七条 律师事务所应当按照有关规定统一收取服务费用并如实入账，建立健全收费管理制度，及时查处有关违规收费的举报和投诉，不得在实行政府指导价的业务领域违反规定标准收取费用，或者违反风险代理管理规定收取费用。

律师事务所应当按照规定建立健全财务管理制度，

建立和实行合理的分配制度及激励机制。

律师事务所应当依法纳税。

第五十三条 律师违法执业或者因过错给当事人造成损失的，由其所在的律师事务所承担赔偿责任。律师事务所赔偿后，可以向有故意或者重大过失行为的律师追偿。

普通合伙律师事务所的合伙人对律师事务所的债务承担无限连带责任。特殊的普通合伙律师事务所一个合伙人或者数个合伙人在执业活动中因故意或者重大过失造成律师事务所债务的，应当承担无限责任或者无限连带责任，其他合伙人以其在律师事务所中的财产份额为限承担责任；合伙人在执业活动中非因故意或者重大过失造成的律师事务所债务，由全体合伙人承担无限连带责任。个人律师事务所的设立人对律师事务所的债务承担无限责任。国家出资设立的律师事务所以其全部资产对其债务承担责任。

(四)律师的权利

《律师法》

第三十三条 〔刑事侦查阶段受托律师权利〕律师担任辩护人的，有权持律师执业证书、律师事务所证明和委托书或者法律援助公函，依照刑事诉讼法的规定会见在押或者被监视居住的犯罪嫌疑人、被告人。辩护律师会见犯罪嫌疑人、被告人时不被监听。

第三十四条 〔刑事审查起诉阶段受托律师权利〕律师担任辩护人的，自人民检察院对案件审查起诉之日起，有权查阅、摘抄、复制本案的案卷材料。

第三十五条 〔律师的调查取证权〕受委托的律师根据案情的需要，可以申请人民检察院、人民法院收集、调取证据或者申请人民法院通知证人出庭作证。

律师自行调查取证的，凭律师执业证书和律师事务所证明，可以向有关单位或者个人调查与承办法律事务有关的情况。

第三十六条 〔律师的辩论(辩护)受保障权〕律师担任诉讼代理人或者辩护人的，其辩论或者辩护的权利依法受到保障。

第三十七条 〔律师执业的人身保障权〕律师在执业活动中的人身权利不受侵犯。

律师在法庭上发表的代理、辩护意见不受法律追究。但是，发表危害国家安全、恶意诽谤他人、严重扰乱法庭秩序的言论除外。

律师在参与诉讼活动中涉嫌犯罪的，侦查机关应当及时通知其所在的律师事务所或者所属的律师协会；被依法拘留、逮捕的，侦查机关应当依照刑事诉讼法的规定通知该律师的家属。

(五)律师的执业义务

《律师法》

第三十八条 〔律师的保密义务〕律师应当保守在执业活动中知悉的国家秘密、商业秘密，不得泄露当事人的隐私。

律师对在执业活动中知悉的委托人和其他人不愿泄露的有关情况和信息，应当予以保密。但是，委托人或者其他人准备或者正在实施危害国家安全、公共安全以及严重危害他人人身安全的犯罪事实和信息除外。

**第三十九条** 〔律师的禁止利益冲突代理义务〕律师不得在同一案件中为双方当事人担任代理人，不得代理与本人或者其近亲属有利益冲突的法律事务。

**第四十条** 〔律师执业禁止行为〕律师在执业活动中不得有下列行为：

（一）私自接受委托、收取费用，接受委托人的财物或者其他利益；

（二）利用提供法律服务的便利牟取当事人争议的权益；

（三）接受对方当事人的财物或者其他利益，与对方当事人或者第三人恶意串通，侵害委托人的权益；

（四）违反规定会见法官、检察官、仲裁员以及其他有关工作人员；

（五）向法官、检察官、仲裁员以及其他有关工作人员行贿，介绍贿赂或者指使、诱导当事人行贿，或者以其他不正当方式影响法官、检察官、仲裁员以及其他有关工作人员依法办理案件；

（六）故意提供虚假证据或者威胁、利诱他人提供虚假证据，妨碍对方当事人合法取得证据；

（七）煽动、教唆当事人采取扰乱公共秩序、危害公共安全等非法手段解决争议；

（八）扰乱法庭、仲裁庭秩序，干扰诉讼、仲裁活动的正常进行。

**《律师执业管理办法》**

**第三十三条** 律师承办业务，应当告知委托人该委托事项办理可能出现的法律风险，不得用明示或者暗示方式对办理结果向委托人作出不当承诺。

律师承办业务，应当及时向委托人通报委托事项办理进展情况；需要变更委托事项、权限的，应当征得委托人的同意和授权。

律师接受委托后，无正当理由的，不得拒绝辩护或者代理，但是，委托事项违法，委托人利用律师提供的服务从事违法活动或者委托人故意隐瞒与案件有关的重要事实的，律师有权拒绝辩护或者代理。

**第三十四条** 律师承办业务，应当维护当事人合法权益，不得利用提供法律服务的便利牟取当事人争议的权益或者不当利益。

**第三十五条** 律师承办业务，应当诚实守信，不得接受对方当事人的财物及其他利益，与对方当事人、第三人恶意串通，向对方当事人、第三人提供不利于委托人的信息、证据材料，侵害委托人的权益。

**第三十六条** 律师与法官、检察官、仲裁员以及其他有关工作人员接触交往，应当遵守法律及相关规定，不得违反规定会见法官、检察官、仲裁员以及其他有关工作人员，向其行贿、许诺提供利益、介绍贿赂，指使、诱导当事人行贿，或者向法官、检察官、仲裁员以及其他工作人员打探办案机关内部对案件的办理意见、承办其介绍的案件，利用与法官、检察官、仲裁员以及其他有关工作人员的特殊关系，影响依法办理案件。

**第三十七条** 律师承办业务，应当引导当事人通过合法的途径、方式解决争议，不得采取煽动、教唆和组织当事人或者其他人员到司法机关或者其他国家机关静坐、举牌、打横幅、喊口号、声援、围观等扰乱公共秩序、危害公共安全的非法手段，聚众滋事，制造影响，向有关部门施加压力。

**第三十八条** 律师应当依照法定程序履行职责，不得以下列不正当方式影响依法办理案件：

（一）未经当事人委托或者法律援助机构指派，以律师名义为当事人提供法律服务、介入案件，干扰依法办理案件；

（二）对本人或者其他律师正在办理的案件进行歪曲、有误导性的宣传和评论，恶意炒作案件；

（三）以串联组团、联署签名、发表公开信、组织网上聚集、声援等方式或者借个案研讨之名，制造舆论压力，攻击、诋毁司法机关和司法制度；

（四）违反规定披露、散布不公开审理案件的信息、材料，或者本人、其他律师在办案过程中获悉的有关案件重要信息、证据材料。

**第三十九条** 律师代理参与诉讼、仲裁或者行政处理活动，应当遵守法庭、仲裁庭纪律和监管场所规定、行政处理规则，不得有下列妨碍、干扰诉讼、仲裁或者行政处理活动正常进行的行为：

（一）会见在押犯罪嫌疑人、被告人时，违反有关规定，携带犯罪嫌疑人、被告人的近亲属或者其他利害关系人会见，将通讯工具提供给在押犯罪嫌疑人、被告人使用，或者传递物品、文件；

（二）无正当理由，拒不按照人民法院通知出庭参与诉讼，或者违反法庭规则，擅自退庭；

（三）聚众哄闹、冲击法庭，侮辱、诽谤、威胁、殴打司法工作人员或者诉讼参与人，否定国家认定的邪教组织的性质，或者有其他严重扰乱法庭秩序的行为；

（四）故意向司法机关、仲裁机构或者行政机关提供虚假证据或者威胁、利诱他人提供虚假证据，妨碍对方当事人合法取得证据；

（五）法律规定的妨碍、干扰诉讼、仲裁或者行政处理活动正常进行的其他行为。

**第四十条** 律师对案件公开发表言论，应当依法、客观、公正、审慎，不得发表、散布否定宪法确立的根本政治制度、基本原则和危害国家安全的言论，不得利用网络、媒体挑动对党和政府的不满，发起、参与危害国家安全的组织或者支持、参与、实施危害国家安全的活动，不得以歪曲事实真相、明显违背社会公序良俗等方式，发表恶意诽谤他人的言论，或者发表严重扰乱法庭秩序的言论。

**第四十一条** 律师应当按照有关规定接受业务，不得以争揽业务哄骗、唆使当事人提起诉讼，制造、扩大矛盾，影响社会稳定。

**第四十二条** 律师应当尊重同行，公平竞争，不得以诋毁其他律师事务所、律师，支付介绍费，向当事人明示或者暗示与办案机关、政府部门及其工作人员有特殊关系，或者在司法机关、监管场所周边违规设立办公场所、散发广告、举牌等不正当手段承揽业务。

第四十三条　律师应当保守在执业活动中知悉的国家秘密、商业秘密,不得泄露当事人和其他人的个人隐私。

律师对在执业活动中知悉的委托人和其他人不愿泄露的有关情况和信息,应当予以保密。但是,委托人或者其他人准备或者正在实施危害国家安全、公共安全以及严重危害他人人身安全的犯罪事实和信息除外。

第四十四条　律师承办业务,应当按照规定由律师事务所向委托人统一收取律师费和有关办案费用,不得私自收费,不得接受委托人的财物或者其他利益。

第四十五条　律师应当按照国家规定履行法律援助义务,为受援人提供符合标准的法律服务,维护受援人的合法权益,不得拖延、懈怠履行或者擅自停止履行法律援助职责,或者未经律师事务所、法律援助机构同意,擅自将法律援助案件转交其他人员办理。

第四十六条　律师承办业务,应当妥善保管与承办事项有关的法律文书、证据材料、业务文件和工作记录。在法律事务办结后,按照有关规定立卷建档,上交律师事务所保管。

### (六)对律师的处罚

**《律师法》**

第四十七条　〔律师的一般行政法律责任〕律师有下列行为之一的,由设区的市级或者直辖市的区人民政府司法行政部门给予警告,可以处五千元以下的罚款;有违法所得的,没收违法所得;情节严重的,给予停止执业三个月以下的处罚:

(一)同时在两个以上律师事务所执业的;

(二)以不正当手段承揽业务的;

(三)在同一案件中为双方当事人担任代理人,或者代理与本人及其近亲属有利益冲突的法律事务的;

(四)从人民法院、人民检察院离任后二年内担任诉讼代理人或者辩护人的;

(五)拒绝履行法律援助义务的。

第四十八条　〔律师的加重行政法律责任〕律师有下列行为之一的,由设区的市级或者直辖市的区人民政府司法行政部门给予警告,可以处一万元以下的罚款;有违法所得的,没收违法所得;情节严重的,给予停止执业三个月以上六个月以下的处罚:

(一)私自接受委托、收取费用,接受委托人财物或者其他利益的;

(二)接受委托后,无正当理由,拒绝辩护或者代理,不按时出庭参加诉讼或者仲裁的;

(三)利用提供法律服务的便利牟取当事人争议的权益的;

(四)泄露商业秘密或者个人隐私的。

第四十九条　〔律师的停业及刑事法律责任〕律师有下列行为之一的,由设区的市级或者直辖市的区人民政府司法行政部门给予停止执业六个月以上一年以下的处罚,可以处五万元以下的罚款;有违法所得的,没收违法所得;情节严重的,由省、自治区、直辖市人民政府司法行政部门吊销其律师执业证书;构成犯罪的,依法追究刑事责任:

(一)违反规定会见法官、检察官、仲裁员以及其他有关工作人员,或者以其他不正当方式影响依法办理案件的;

(二)向法官、检察官、仲裁员以及其他有关工作人员行贿,介绍贿赂或者指使、诱导当事人行贿的;

(三)向司法行政部门提供虚假材料或者有其他弄虚作假行为的;

(四)故意提供虚假证据或者威胁、利诱他人提供虚假证据,妨碍对方当事人合法取得证据的;

(五)接受对方当事人财物或者其他利益,与对方当事人或者第三人恶意串通,侵害委托人权益的;

(六)扰乱法庭、仲裁庭秩序,干扰诉讼、仲裁活动的正常进行的;

(七)煽动、教唆当事人采取扰乱公共秩序、危害公共安全等非法手段解决争议的;

(八)发表危害国家安全、恶意诽谤他人、严重扰乱法庭秩序的言论的;

(九)泄露国家秘密的。

律师因故意犯罪受到刑事处罚的,由省、自治区、直辖市人民政府司法行政部门吊销其律师执业证书。

第五十条　〔律师事务所的法律责任〕律师事务所有下列行为之一的,由设区的市级或者直辖市的区人民政府司法行政部门视其情节给予警告、停业整顿一个月以上六个月以下的处罚,可以处十万元以下的罚款;有违法所得的,没收违法所得;情节特别严重的,由省、自治区、直辖市人民政府司法行政部门吊销律师事务所执业证书:

(一)违反规定接受委托、收取费用的;

(二)违反法定程序办理变更名称、负责人、章程、合伙协议、住所、合伙人等重大事项的;

(三)从事法律服务以外的经营活动的;

(四)以诋毁其他律师事务所、律师或者支付介绍费等不正当手段承揽业务的;

(五)违反规定接受有利益冲突的案件的;

(六)拒绝履行法律援助义务的;

(七)向司法行政部门提供虚假材料或者有其他弄虚作假行为的;

(八)对本所律师疏于管理,造成严重后果的。

律师事务所因前款违法行为受到处罚的,对其负责人视情节轻重,给予警告或者处二万元以下的罚款。

第五十三条　〔受罚律师担任合伙人的期限限制〕受到六个月以上停止执业处罚的律师,处罚期满未逾三年的,不得担任合伙人。

被吊销律师执业证书的,不得担任辩护人、诉讼代理人,但系刑事诉讼、民事诉讼、行政诉讼当事人的监护人、近亲属的除外。

### 考点66　法律援助制度

### (一)性质

**《法律援助法》**

第二条　本法所称法律援助,是国家建立的为经济困难公民和符合法定条件的其他当事人无偿提供法律咨询、代理、刑事辩护等法律服务的制度,是公共法律服务体系的组成部分。

**(二)机构和人员**

**《法律援助法》**

**第十二条** 县级以上人民政府司法行政部门应当设立法律援助机构。法律援助机构负责组织实施法律援助工作,受理、审查法律援助申请,指派律师、基层法律服务工作者、法律援助志愿者等法律援助人员提供法律援助,支付法律援助补贴。

**第十四条** 法律援助机构可以在人民法院、人民检察院和看守所等场所派驻值班律师,依法为没有辩护人的犯罪嫌疑人、被告人提供法律援助。

**第十六条** 律师事务所、基层法律服务所、律师、基层法律服务工作者负有依法提供法律援助的义务。

律师事务所、基层法律服务所应当支持和保障本所律师、基层法律服务工作者履行法律援助义务。

**(三)实施程序**

**《法律援助法》**

**第三十八条** 对诉讼事项的法律援助,由申请人向办案机关所在地的法律援助机构提出申请;对非诉讼事项的法律援助,由申请人向争议处理机关所在地或者事由发生地的法律援助机构提出申请。

**第四十条** 无民事行为能力人或者限制民事行为能力人需要法律援助的,可以由其法定代理人代为提出申请。法定代理人侵犯无民事行为能力人、限制民事行为能力人合法权益的,其他法定代理人或者近亲属可以代为提出法律援助申请。

被羁押的犯罪嫌疑人、被告人、服刑人员,以及强制隔离戒毒人员,可以由其法定代理人或者近亲属代为提出法律援助申请。

**第四十一条** 因经济困难申请法律援助的,申请人应当如实说明经济困难状况。

法律援助机构核查申请人的经济困难状况,可以通过信息共享查询,或者由申请人进行个人诚信承诺。

法律援助机构开展核查工作,有关部门、单位、村民委员会、居民委员会和个人应当予以配合。

**第四十二条** 法律援助申请人有材料证明属于下列人员之一的,免予核查经济困难状况:

(一)无固定生活来源的未成年人、老年人、残疾人等特定群体;

(二)社会救助、司法救助或者优抚对象;

(三)申请支付劳动报酬或者请求工伤事故人身损害赔偿的进城务工人员;

(四)法律、法规、规章规定的其他人员。

**第四十四条** 法律援助机构收到法律援助申请后,发现有下列情形之一的,可以决定先行提供法律援助:

(一)距法定时效或者期限届满不足七日,需要及时提起诉讼或者申请仲裁、行政复议的;

(二)需要立即申请财产保全、证据保全或者先予执行的;

(三)法律、法规、规章规定的其他情形。

法律援助机构先行提供法律援助的,受援人应当及时补办有关手续,补充有关材料。

**第四十八条** 有下列情形之一的,法律援助机构应当作出终止法律援助的决定:

(一)受援人以欺骗或者其他不正当手段获得法律援助;

(二)受援人故意隐瞒与案件有关的重要事实或者提供虚假证据;

(三)受援人利用法律援助从事违法活动;

(四)受援人的经济状况发生变化,不再符合法律援助条件;

(五)案件终止审理或者已经被撤销;

(六)受援人自行委托律师或者其他代理人;

(七)受援人有正当理由要求终止法律援助;

(八)法律法规规定的其他情形。

法律援助人员发现有前款规定情形的,应当及时向法律援助机构报告。

**第四十九条** 申请人、受援人对法律援助机构不予法律援助、终止法律援助的决定有异议的,可以向设立该法律援助机构的司法行政部门提出。

司法行政部门应当自收到异议之日起五日内进行审查,作出维持法律援助机构决定或者责令法律援助机构改正的决定。

申请人、受援人对司法行政部门维持法律援助机构决定不服的,可以依法申请行政复议或者提起行政诉讼。

**(四)法律责任**

**《法律援助法》**

**第六十二条** 律师事务所、基层法律服务所有下列情形之一的,由司法行政部门依法给予处罚:

(一)无正当理由拒绝接受法律援助机构指派;

(二)接受指派后,不及时安排本所律师、基层法律服务工作者办理法律援助事项或者拒绝为本所律师、基层法律服务工作者办理法律援助事项提供支持和保障;

(三)纵容或者放任本所律师、基层法律服务工作者怠于履行法律援助义务或者擅自终止提供法律援助;

(四)法律法规规定的其他情形。

**第六十三条** 律师、基层法律服务工作者有下列情形之一的,由司法行政部门依法给予处罚:

(一)无正当理由拒绝履行法律援助义务或者怠于履行法律援助义务;

(二)擅自终止提供法律援助;

(三)收取受援人财物;

(四)泄露法律援助过程中知悉的国家秘密、商业秘密和个人隐私;

(五)法律法规规定的其他情形。

**考点67 公证制度**

**(一)公证机构的设立**

**《公证法》**

**第六条** 〔公证机构的概念、性质〕公证机构是依法设立,不以营利为目的,依法独立行使公证职能、承担民事责任的证明机构。

第七条　〔公证机构的设立原则〕公证机构按照统筹规划、合理布局的原则,可以在县、不设区的市、设区的市、直辖市或者市辖区设立;在设区的市、直辖市可以设立一个或者若干个公证机构。公证机构<u>不按行政区划层层设立</u>。

第九条　〔公证机构的设立程序〕设立公证机构,由所在地的<u>司法行政部门报省、自治区、直辖市人民政府司法行政部门按照规定程序批准后</u>,颁发公证机构执业证书。

**(二)公证事项**
**《公证法》**

第十一条　〔公证事项的范围〕根据自然人、法人或者其他组织的申请,公证机构<u>办理下列公证事项</u>:

(一)合同;

(二)继承;

(三)委托、声明、赠与、遗嘱;

(四)财产分割;

(五)招标投标、拍卖;

(六)婚姻状况、亲属关系、收养关系;

(七)出生、生存、死亡、身份、经历、学历、学位、职务、职称、有无违法犯罪记录;

(八)公司章程;

(九)保全证据;

(十)文书上的签名、印鉴、日期,文书的副本、影印本与原本相符;

(十一)自然人、法人或者其他组织自愿申请办理的其他公证事项。

法律、行政法规规定应当公证的事项,有关自然人、法人或者其他组织应当向公证机构申请办理公证。

第十二条　〔公证事务的范围〕根据自然人、法人或者其他组织的申请,<u>公证机构可以办理下列事务</u>:

(一)法律、行政法规规定由公证机构登记的事务;

(二)提存;

(三)保管遗嘱、遗产或者其他与公证事项有关的财产、物品、文书;

(四)代写与公证事项有关的法律事务文书;

(五)提供公证法律咨询。

第十三条　〔公证机构的禁为行为〕公证机构不得有下列行为:

(一)为不真实、不合法的事项出具公证书;

(二)毁损、篡改公证文书或者公证档案;

(三)以诋毁其他公证机构、公证员或者支付回扣、佣金等不正当手段争揽公证业务;

(四)泄露在执业活动中知悉的国家秘密、商业秘密或者个人隐私;

(五)违反规定的收费标准收取公证费;

(六)法律、法规、国务院司法行政部门规定禁止的其他行为。

**(三)公证员**
**《公证法》**

第二十条　〔不得担任公证员的情形〕有下列情形之一的,<u>不得担任公证员</u>:

(一)无民事行为能力或者限制民事行为能力的;

(二)<u>因故意犯罪或者职务过失犯罪受过刑事处罚</u>的;

(三)被开除公职的;

(四)被吊销公证员、律师执业证书的。

第二十一条　〔任命公证员的程序〕担任公证员,应当由符合公证员条件的人员提出申请,经公证机构推荐,<u>由所在地的司法行政部门报省、自治区、直辖市人民政府司法行政部门审核同意后,报请国务院司法行政部门任命,并由省、自治区、直辖市人民政府司法行政部门颁发公证员执业证书</u>。

第二十三条　〔公证员的禁止性义务〕公证员不得有下列行为:

(一)同时在二个以上公证机构执业;

(二)从事有报酬的其他职业;

(三)为<u>本人及近亲属</u>办理公证或者办理与本人及近亲属有利害关系的公证;

(四)私自出具公证书;

(五)为不真实、不合法的事项出具公证书;

(六)侵占、挪用公证费或者侵占、盗窃公证专用物品;

(七)毁损、篡改公证文书或者公证档案;

(八)泄露在执业活动中知悉的国家秘密、商业秘密或者个人隐私;

(九)法律、法规、国务院司法行政部门规定禁止的其他行为。

**(四)公证程序**
**《公证法》**

第二十五条　〔公证管辖地〕自然人、法人或者其他组织申请办理公证,可以向<u>住所地、经常居住地、行为地或者事实发生地</u>的公证机构提出。

申请办理涉及不动产的公证,应当向不动产所在地的公证机构提出;申请办理涉及不动产的委托、声明、赠与、遗嘱的公证,可以适用前款规定。

第二十六条　〔委托办理公证及例外〕自然人、法人或者其他组织可以委托他人办理公证,<u>但遗嘱、生存、收养关系等应当由本人办理公证的除外</u>。

第三十一条　〔不予办理公证的情形〕有下列情形之一的,公证机构不予办理公证:

(一)无民事行为能力人或者限制民事行为能力人没有监护人代理申请办理公证的;

(二)当事人与申请公证的事项没有利害关系的;

(三)申请公证的事项属专业技术鉴定、评估事项的;

(四)当事人之间对申请公证的事项有争议的;

(五)当事人虚构、隐瞒事实,或者提供虚假证明材料的;

(六)当事人提供的证明材料不充分或者拒绝补充证明材料的;

(七)申请公证的事项不真实、不合法的;

(八)申请公证的事项违背社会公德的;

(九)当事人拒绝按照规定支付公证费的。

（五）公证效力

《公证法》

第三十六条 〔公证的效力〕经公证的民事法律行为、有法律意义的事实和文书，应当作为认定事实的根据，但有相反证据足以推翻该项公证的除外。

第三十七条 〔公证债权文书的效力〕对经公证的以给付为内容并载明债务人愿意接受强制执行承诺的债权文书，债务人不履行或者履行不适当的，债权人可以依法向有管辖权的人民法院申请执行。

前款规定的债权文书确有错误的，人民法院裁定不予执行，并将裁定书送达双方当事人和公证机构。

第三十九条 〔公证书错误的补救〕当事人、公证事项的利害关系人认为公证书有错误的，可以向出具该公证书的公证机构提出复查。公证书的内容违法或者与事实不符的，公证机构应当撤销该公证书并予以公告，该公证书自始无效；公证书有其他错误的，公证机构应当予以更正。

第四十条 〔公证书争议的处理〕当事人、公证事项的利害关系人对公证书的内容有争议的，可以就该争议向人民法院提起民事诉讼。

（六）法律责任

《公证法》

第四十二条第二、三款 〔加重责任〕因故意犯罪或者职务过失犯罪受刑事处罚的，应当吊销公证员执业证书。

被吊销公证员执业证书的，不得担任辩护人、诉讼代理人，但系刑事诉讼、民事诉讼、行政诉讼当事人的监护人、近亲属的除外。

第四十三条 〔民事责任〕公证机构及其公证员因过错给当事人、公证事项的利害关系人造成损失的，由公证机构承担相应的赔偿责任；公证机构赔偿后，可以向有故意或者重大过失的公证员追偿。

当事人、公证事项的利害关系人与公证机构因赔偿发生争议的，可以向人民法院提起民事诉讼。

# 专题十七　法官职业道德

**考点68** 法官职业道德

（一）核心与基本要求

《法官职业道德基本准则》

第二条 法官职业道德的核心是公正、廉洁、为民。基本要求是忠诚司法事业、保证司法公正、确保司法廉洁、坚持司法为民、维护司法形象。

（二）忠诚司法事业

《法官职业道德基本准则》

第五条 坚持和维护中国特色社会主义司法制度，认真贯彻落实依法治国基本方略，尊崇和信仰法律、模范遵守法律、严格执行法律，自觉维护法律的权威和尊严。

第六条 热爱司法事业，珍惜法官荣誉，坚持职业操守，恪守法官良知，牢固树立司法核心价值观，以维护社会公平正义为己任，认真履行法官职责。

第七条 维护国家利益，遵守政治纪律，保守国家秘密和审判工作秘密，不从事或参与有损国家利益和司法权威的活动，不发表有损国家利益和司法权威的言论。

（三）保证司法公正

《法官职业道德基本准则》

第八条 坚持和维护人民法院依法独立行使审判权的原则，客观公正审理案件，在审判活动中独立思考、自主判断，敢于坚持原则，不受任何行政机关、社会团体和个人的干涉，不受权势、人情等因素的影响。

第九条 坚持以事实为根据、以法律为准绳，努力查明案件事实，准确把握法律精神，正确适用法律，合理行使裁量权，避免主观臆断、超越职权、滥用职权，确保案件裁判结果公平公正。

第十条 牢固树立程序意识，坚持实体公正与程序公正并重，严格按照法定程序执法办案，充分保障当事人和其他诉讼参与人的诉讼权利，避免执法办案中的随意行为。

第十一条 严格遵守法定办案时限，提高审判执行效率，及时化解纠纷，注重节约司法资源，杜绝玩忽职守、拖延办案等行为。

第十二条 认真贯彻司法公开原则，尊重人民群众的知情权，自觉接受法律监督和社会监督，同时避免司法审判受到外界的不当影响。

第十三条 自觉遵守司法回避制度，审理案件保持中立公正的立场，平等对待当事人和其他诉讼参与人，不偏袒或歧视任何一方当事人，不私自单独会见当事人及其代理人、辩护人。

第十四条 尊重其他法官对审判职权的依法行使，除履行工作职责或者通过正当程序外，不过问、不干预、不评论其他法官正在审理的案件。

（四）确保司法廉洁

《法官职业道德基本准则》

第十五条 树立正确的权力观、地位观、利益观，坚持自重、自省、自警、自励，坚守廉洁底线，依法正确行使审判权、执行权，杜绝以权谋私、贪赃枉法行为。

第十六条 严格遵守廉洁司法规定，不接受案件当事人及相关人员的请客送礼，不利用职务便利或者法官身份谋取不正当利益，不违反规定与当事人或者其他诉讼参与人进行不正当交往，不在执法办案中徇私舞弊。

第十七条 不从事或者参与营利性的经营活动，不在企业及其他营利性组织中兼任法律顾问等职务，不就未决案件或者再审案件给当事人及其他诉讼参与人提供咨询意见。

第十八条 妥善处理个人和家庭事务，不利用法官身份寻求特殊利益。按规定如实报告个人有关事项，教育督促家庭成员不利用法官的职权、地位谋取不正当利益。

（五）坚持司法为民

《法官职业道德基本准则》

第十九条 牢固树立以人为本、司法为民的理念，强化群众观念，重视群众诉求，关注群众感受，自觉维护人民群众的合法权益。

**第二十条** 注重发挥司法的能动作用，积极寻求有利于案结事了的纠纷解决办法，努力实现法律效果与社会效果的统一。

**第二十一条** 认真执行司法便民规定，努力为当事人和其他诉讼参与人提供必要的诉讼便利，尽可能降低其诉讼成本。

**第二十二条** 尊重当事人和其他诉讼参与人的人格尊严，避免盛气凌人、"冷硬横推"等不良作风；尊重律师，依法保障律师参与诉讼活动的权利。

**(六)维护司法形象**

《法官职业道德基本准则》

**第二十四条** 坚持文明司法，遵守司法礼仪，在履行职责过程中行为规范、着装得体、语言文明、态度平和，保持良好的职业修养和司法作风。

**第二十五条** 加强自身修养，培育高尚道德操守和健康生活情趣，杜绝与法官职业形象不相称、与法官职业道德相违背的不良嗜好和行为，遵守社会公德和家庭美德，维护良好的个人声誉。

**第二十六条** 法官退休后应当遵守国家相关规定，不利用自己的原有身份和便利条件过问、干预执法办案，避免因个人不当言行对法官职业形象造成不良影响。

# 专题十八 检察官职业道德

**考点69** 检察官职业道德

**(一)违反组织纪律**

《检察人员纪律处分条例》

**第六十二条** 拒不执行组织的分配、调动、交流等决定，给予警告、记过、记大过或者降级处分。

在特殊时期或者紧急状况下，拒不执行组织决定的，给予撤职或者开除处分。

**第六十三条** 离任、辞职或者被辞退时，拒不办理公务交接手续或者拒不接受审计的，给予警告、记过或者记大过处分；情节较重的，给予降级或者撤职处分；情节严重的，给予开除处分。

**第六十四条** 不按照有关规定或者工作要求，向组织请示报告重大问题、重要事项的，给予警告、记过或者记大过处分；情节严重的，给予降级或者撤职处分。

不按要求报告或者不如实报告个人去向，情节较重的，给予警告、记过或者记大过处分。

**第六十六条** 领导干部违反有关规定组织、参加自发成立的老乡会、校友会、战友会等，情节严重的，给予警告、记过、记大过或者降级处分。

**(二)违反办案纪律**

《检察人员纪律处分条例》

**第七十七条** 泄露案件秘密，或者为案件当事人及其近亲属、辩护人、诉讼代理人、利害关系人等打探案情、通风报信的，给予记过或者记大过处分；造成严重后果或者恶劣影响的，给予降级、撤职或者开除处分。

**第七十八条** 擅自处置案件线索、随意初查或者在

初查中对被调查对象采取限制人身自由强制性措施的，给予记过或者记大过处分；情节较重的，给予降级或者撤职处分；情节严重的，给予开除处分。

**第八十七条** 违反有关规定阻碍律师依法行使会见权、阅卷权、申请收集调取证据等执业权利，情节较重的，给予警告、记过或者记大过处分；情节严重的，给予降级或者撤职处分。

**第八十八条** 违反有关规定应当回避而故意不回避，或者拒不服从回避决定，或者对符合回避条件的申请故意不作出回避决定的，给予警告、记过或者记大过处分；情节严重的，给予降级或者撤职处分。

**第八十九条** 私自会见案件当事人及其近亲属、辩护人、诉讼代理人、利害关系人、中介组织，或者接受上述人员提供的礼品、礼金、消费卡等财物，以及宴请、娱乐、健身、旅游等活动的，给予记过或者记大过处分；情节较重的，给予降级或者撤职处分；情节严重的，给予开除处分。

**第九十八条** 利用检察权或者借办案之机，借用、占用案件当事人、辩护人、诉讼代理人、利害关系人或者发案单位、证人等的住房、交通工具或者其他财物，或者谋取其他个人利益的，给予警告、记过或者记大过处分；情节较重的，给予降级或者撤职处分；情节严重的，给予开除处分。

利用职权或者职务上的影响，借用、占用企事业单位、社会团体或者个人的住房、交通工具或者其他财物，给予警告、记过或者记大过处分；情节较重的，给予降级或者撤职处分；情节严重的，给予开除处分。

**(三)违反廉洁纪律**

《检察人员纪律处分条例》

**第一百零一条** 利用职权或者职务上的影响为他人谋取利益，本人的配偶、子女及其配偶等亲属和其他特定关系人收受对方财物，情节较重的，给予警告、记过或者记大过处分；情节严重的，给予降级、撤职或者开除处分。

**第一百零三条** 纵容、默许配偶、子女及其配偶等亲属和身边工作人员利用本人职权或者职务上的影响谋取私利，情节较轻的，给予警告、记过或者记大过处分；情节较重的，给予降级或者撤职处分；情节严重的，给予开除处分。

检察人员的配偶、子女及其配偶未从事实际工作而获取薪酬或者虽从事实际工作但领取明显超出同职级标准薪酬，检察人员知情未予纠正的，依照前款规定处理。

**第一百零四条** 收受可能影响公正执行公务的礼品、礼金、消费卡等，情节较轻的，给予警告、记过或者记大过处分；情节较重的，给予降级或者撤职处分；情节严重的，给予开除处分。

收受其他明显超出正常礼尚往来的礼品、礼金、消费卡等的，依照前款规定处理。

**第一百零七条** 接受可能影响公正执行公务的宴请或者旅游、健身、娱乐等活动安排，情节较重的，给予警告、记过或者记大过处分；情节严重的，给予降级或者撤职处分。

第一百零九条　违反有关规定从事营利活动,有下列行为之一,情节较轻的,给予警告、记过或者记大过处分;情节较重的,给予降级或者撤职处分;情节严重的,给予开除处分:

　　(一)经商办企业的;

　　(二)拥有非上市公司(企业)的股份或者证券的;

　　(三)买卖股票或者进行其他证券投资的;

　　(四)兼任律师、法律顾问、仲裁员等职务,以及从事其他有偿中介活动的;

　　(五)在国(境)外注册公司或者投资入股的;

　　(六)其他违反有关规定从事营利活动的。

　　利用职权或者职务上的影响,为本人配偶、子女及其配偶等亲属和其他特定关系人的经营活动谋取利益的,依照前款规定处理。

　　违反有关规定在经济实体、社会团体等单位中兼职,或者经批准兼职但获取薪酬、奖金、津贴等额外利益的,依照前款规定处理。

**(四)违反群众纪律**

《检察人员纪律处分条例》

第一百二十五条　在检察工作中违反有关规定向群众收取、摊派费用的,给予警告、记过或者记大过处分;情节严重的,给予降级、撤职或者开除处分。

第一百二十六条　在从事涉及群众事务的工作中,刁难群众、吃拿卡要的,给予警告、记过或者记大过处分;情节严重的,给予降级、撤职或者开除处分。

第一百二十七条　对群众合法诉求消极应付、推诿扯皮,损害检察机关形象,情节较重的,给予警告、记过或者记大过处分;情节严重的,给予降级或者撤职处分。

第一百二十八条　对待群众态度恶劣、简单粗暴,造成不良影响,情节较重的,给予警告、记过或者记大过处分;情节严重的,给予降级或者撤职处分。

**(五)违反工作纪律**

《检察人员纪律处分条例》

第一百三十七条　违反有关规定干预和插手市场经济活动,有下列行为之一,造成不良影响的,给予警告、记过或者记大过处分;情节较重的,给予降级或者撤职处分;情节严重的,给予开除处分:

　　(一)干预和插手建设工程项目承发包、土地使用权出让、政府采购、房地产开发与经营、矿产资源开发利用、中介机构服务等活动的;

　　(二)干预和插手国有企业重组改制、兼并、破产、产权交易、清产核资、资产评估、资产转让、重大项目投资以及其他重大经营活动等事项的;

　　(三)干预和插手经济纠纷的;

　　(四)干预和插手集体资金、资产和资源的使用、分配、承包、租赁等事项的;

　　(五)其他违反有关规定干预和插手市场经济活动的。

第一百四十七条　违反有关规定,有下列行为之一的,给予警告、记过或者记大过处分;情节较重的,给予降级、撤职或者开除处分:

　　(一)工作时间或者工作日中午饮酒,经批评教育仍不改正的;

　　(二)承担司法办案任务时饮酒的;

　　(三)携带枪支、弹药、档案、案卷、案件材料、秘密文件或者其他涉密载体饮酒的;

　　(四)佩戴检察标识或者着司法警察制服在公共场所饮酒的;

　　(五)饮酒后驾驶机动车辆的。

第一百四十九条　违反有关规定对正在办理的案件公开发表个人意见或者进行评论,造成不良影响的,给予警告、记过或者记大过处分,情节严重的,给予降级或者撤职处分。

**(六)违反生活纪律**

《检察人员纪律处分条例》

第一百五十一条　生活奢靡、贪图享乐、追求低级趣味,造成不良影响的,给予警告、记过或者记大过处分;情节严重的,给予降级或者撤职处分。

第一百五十三条　违背社会公序良俗,在公共场所有不当行为,造成不良影响的,给予警告、记过或者记大过处分;情节较重的,给予降级或者撤职处分;情节严重的,给予开除处分。

# 专题十九　律师职业道德

**考点70** 律师职业道德

**(一)业务推广**

《律师执业行为规范(试行)》

第二十八条　律师个人广告的内容,应当限于律师的姓名、肖像、年龄、性别、学历、学位、专业、律师执业许可日期、所任职律师事务所名称、在所任职律师事务所的执业期限;收费标准、联系方法;依法能够向社会提供的法律服务业务范围;执业业绩。

第二十九条　律师事务所广告的内容应当限于律师事务所名称、住所、电话号码、传真号码、邮政编码、电子信箱、网址;所属律师协会;所内执业律师及依法能够向社会提供的法律服务业务范围简介;执业业绩。

第三十条　律师和律师事务所不得以有悖律师使命、有损律师形象的方式制作广告,不得采用一般商业广告的艺术夸张手段制作广告。

第三十二条　律师和律师事务所不得进行歪曲事实和法律,或者可能使公众对律师产生不合理期望的宣传。

第三十三条　律师和律师事务所可以宣传所从事的某一专业法律服务领域,但不得自我声明或者暗示其被公认或者证明为某一专业领域的权威或专家。

第三十四条　律师和律师事务所不得进行律师之间或者律师事务所之间的比较宣传。

**(二)委托代理**

《律师执业行为规范(试行)》

第四十一条　律师接受委托后,应当在委托人委托的权限内开展执业活动,不得超越委托权限。

第四十四条　律师根据委托人提供的事实和证据,

依据法律规定进行分析,向委托人提出分析性意见。

**第四十五条** 律师的辩护、代理意见未被采纳,不属于虚假承诺。

**第四十七条** 律师和律师事务所**不得违法与委托人就争议的权益产生经济上的联系**,不得与委托人约定将争议标的物出售给自己;不得委托他人为自己或为自己的近亲属**收购**、**租赁**委托人与他人发生争议的标的物。

**第四十八条** 律师事务所可以依法与当事人或委托人签订以回收款项或标的物为前提按照一定比例收取货币或实物作为律师费用的协议。

**第五十一条** 有下列情形之一的,律师及律师事务所不得与当事人建立或维持委托关系:

(一)律师在同一案件中为双方当事人担任代理人,或代理与本人或者其近亲属有利益冲突的法律事务的;

(二)律师办理诉讼或者非诉讼业务,其近亲属是对方当事人的法定代理人或者代理人的;

(三)曾经亲自处理或者审理过某一事项或者案件的行政机关工作人员、审判人员、检察人员、仲裁员,成为律师后又办理该事项或者案件的;

(四)同一律师事务所的不同律师同时担任同一刑事案件的被害人的代理人和犯罪嫌疑人、被告人的辩护人,但在该县区域内只有一家律师事务所且事先征得当事人同意的除外;

(五)在民事诉讼、行政诉讼、仲裁案件中,同一律师事务所的不同律师同时担任争议双方当事人的代理人,或者本所或其工作人员为一方当事人,本所其他律师担任对方当事人的代理人的;

(六)在非诉讼业务中,除各方当事人共同委托外,同一律师事务所的律师同时担任彼此有利害关系的各方当事人的代理人的;

(七)在委托关系终止后,同一律师事务所或同一律师在同一案件后续审理或者处理中又接受对方当事人委托的;

(八)其他与本条第(一)至第(七)项情形相似,且依据律师执业经验和行业常识能够判断为应当主动回避且不得办理的利益冲突情形。

**第五十二条** 有下列情形之一的,律师应当告知委托人并**主动提出回避**,但委托人同意其代理或者继续承办的除外:

(一)接受民事诉讼、仲裁案件一方当事人的委托,而同所的其他律师是该案件中对方当事人的近亲属的;

(二)担任刑事案件犯罪嫌疑人、被告人的辩护人,而同所的其他律师是该案件被害人的近亲属的;

(三)同一律师事务所接受正在代理的诉讼案件或者非诉讼业务当事人的对方当事人所委托的其他法律业务的;

(四)律师事务所与委托人存在法律服务关系,在某一诉讼或仲裁案件中该委托人未要求该律师事务所律师担任其代理人,而该律师事务所律师担任该委托人对方当事人的代理人的;

(五)在委托关系**终止后一年内**,律师又就同一法律事务接受与原委托人有利害关系的对方当事人的委托的;

(六)其他与本条第(一)至第(五)项情况相似,且依据律师执业经验和行业常识能够判断的其他情形。

律师和律师事务所发现存在上述情形的,**应当告知委托人利益冲突的事实和可能产生的后果,由委托人决定是否建立或维持委托关系**。委托人决定建立或维持委托关系的,应当签署知情同意书,表明当事人已经知悉存在利益冲突的基本事实和可能产生的法律后果,以及当事人明确同意与律师事务所及律师建立或维持委托关系。

**第五十六条** 未经委托人同意,律师事务所不得将委托人委托的法律事务转委托其他律师事务所办理。但在紧急情况下,为维护委托人的利益可以转委托,但应当及时告知委托人。

**(三)参与诉讼**

**《律师执业行为规范(试行)》**

**第六十八条** 律师在执业过程中,因对事实真假、证据真伪及法律适用是否正确而与诉讼相对方意见不一致的,或者为了向案件承办人提交新证据的,与案件承办人接触和交换意见应当在司法机关内指定场所。

**第六十九条** 律师在办案过程中,**不得与所承办案件有关的司法、仲裁人员私下接触**。

**第七十一条** 律师担任辩护人、代理人参加法庭、仲裁庭审理,应当按照规定穿着律师出庭服装,佩戴律师出庭徽章,注重律师职业形象。

**(四)同行关系**

**《律师执业行为规范(试行)》**

**第七十五条** 律师或律师事务所不得在公众场合及媒体上发表恶意贬低、诋毁、损害同行声誉的言论。

**第七十八条** 律师和律师事务所不得采用不正当手段进行业务竞争,损害其他律师及律师事务所的声誉或者其他合法权益。

**第七十九条** 有下列情形之一的,属于律师执业不正当竞争行为:

(一)诋毁、诽谤其他律师或者律师事务所信誉、声誉;

(二)无正当理由,以低于同地区同行业收费标准为条件争揽业务,或者采用承诺给予客户、中介人、推荐人回扣、馈赠金钱、财物或者其他利益等方式争揽业务;

(三)故意在委托人与其代理律师之间制造纠纷;

(四)向委托人明示或者暗示自己或者所属的律师事务所与司法机关、政府机关、社会团体及其工作人员具有特殊关系;

(五)就法律服务结果或者诉讼结果作出虚假承诺;

(六)明示或者暗示可以帮助委托人达到不正当目的,或者以不正当的方式、手段达到委托人的目的。

**第八十条** 律师和律师事务所在与行政机关、行业管理部门以及企业的接触中,**不得采用下列不正当手段与同行进行业务竞争**:

（一）通过与某机关、某部门、某行业对某一类的法律服务事务进行垄断的方式争揽业务；

（二）限定委托人接受其指定的律师或者律师事务所提供法律服务，限制其他律师或律师事务所正当的业务竞争。

**第八十三条** 律师或律师事务所相互之间不得采用下列手段排挤竞争对手的公平竞争：

（一）串通抬高或者压低收费；

（二）为争揽业务，不正当获取其他律师和律师事务所收费报价或者其他提供法律服务的条件；

（三）泄露收费报价或者其他提供法律服务的条件等暂未公开的信息，损害相关律师事务所的合法权益。

**第八十四条** 律师和律师事务所不得擅自或者非法使用社会专有名称或者知名度较高的名称以及代表其名称的标志、图形文字、代号以混淆误导委托人。

本规范所称的社会特有名称和知名度较高的名称是指：

（一）有关政党、司法机关、行政机关、行业协会名称；

（二）具有较高社会知名度的高等法学院校或者科研机构的名称；

（三）为社会公众共知、具有较高知名度的非律师公众人物名称；

（四）知名律师以及律师事务所名称。

# 答案速查

| | | |
|---|---|---|
| 1.C | 2.ACD | 3.C |
| 4.C | 5.D | 6.D |
| 7.ABC | 8.B | 9.C |
| 10.ABC | 11.C | 12.D |
| 13.A | 14.B | 15.A |
| 16.D | 17.BCD | 18.A |
| 19.CD | 20.C | 21.AC |
| 22.BCD | 23.BD | 24.D |
| 25.C | 26.（1）BCD；（2）A；（3）AC | |
| 27.C | 28.B | 29.C |
| 30.A | 31.AD | 32.D |
| 33.AC | 34.ABC | 35.A |
| 36.ABD | 37.A | 38.C |
| 39.B | 40.AC | 41.BCD |
| 42.ABD | 43.B | 44.ABC |
| 45.C | 46.B | 47.BD |
| 48.BD | 49.A | 50.C |
| 51.B | 52.AC | 53.C |
| 54.B | 55.C | 56.AB |
| 57.ACD | 58.BC | 59.ABCD |
| 60.BC | 61.A | 62.（1）A；（2）ABC |
| 63.C | 64.BC | 65.ABCD |
| 66.AC(原答案为 ABC) | | 67.ABC |
| 68.ABD | 69.ABC | 70.AD |
| 71.D | 72.A | 73.D |
| 74.BC | 75.D | 76.B |
| 77.AD | 78.B | 79.BD |
| 80.C | 81.ABC | 82.A |
| 83.B | 84.B | 85.C |
| 86.AC | 87.B | 88.ABC |
| 89.BD | 90.C | 91.D |
| 92.D | 93.AB | 94.ABC |
| 95.AD | 96.BD | 97.ABCD |
| 98.B | 99.CD | 100.ABCD |
| 101.BD | 102.ACD(原答案为 AD) | |
| 103.D | 104.C | 105.B |
| 106.ABC | 107.C | 108.C |
| 109.C | 110.ABC | 111.ABC |
| 112.CD | 113.C | 114.ABCD |
| 115.D | 116.AD | 117.A |
| 118.ACD | 119.ABD | 120.ACD |
| 121.BC | 122.ABC | 123.BD |
| 124.AD | 125.B | 126.AC |
| 127.C | 128.B | 129.ABD |
| 130.C | 131.B | 132.ABD |
| 133.D | 134.ABD | 135.A |
| 136.ABC | 137.C | 138.AB |
| 139.BD | 140.ABC | 141.AC |
| 142.D | 143.BCD | 144.AC |
| 145.D | 146.C | 147.B |
| 148.AC | 149.ABC | 150.C |
| 151.C | 152.D | 153.C |
| 154.B | 155.ABD | 156.BC |
| 157.A | 158.ABD | 159.BCD |
| 160.AD | 161.C | 162.BCD |
| 163.B | 164.AB | 165.D |
| 166.B | 167.ACD | 168.ABD |
| 169.ABCD | 170.B | 171.BD |
| 172.B | 173.ABCD | 174.B |
| 175.ABD | 176.ABD | 177.A |
| 178.D | 179.ABC | 180.D |
| 181.A | 182.C | 183.C |
| 184.ACD | 185.B | 186.ABD |
| 187.B | 188.C | 189.BCD |
| 190.C | 191.B | 192.C |
| 193.C | 194.ABD | 195.A |
| 196.ABD | 197.D | 198.B |
| 199.ACD | 200.C | 201.ABD |
| 202.ACD | 203.B | 204.ACD |
| 205.B | 206.B | 207.D |
| 208.D | 209.A | 210.D |
| 211.ABCD | 212.D | 213.C |
| 214.A | 215.C | 216.ABD |
| 217.BCD | 218.D | 219.C |
| 220.A | 221.C | 222.B |
| 223.ABC | 224.B | 225.CD |
| 226.C | 227.B | 228.D |
| 229.ABCD | 230.ABCD | 231.B |
| 232.AC | 233.B | 234.BCD |
| 235.C | 236.B | 237.D |
| 238.B | 239.D | 240.B |
| 241.ACD | 242.ACD | 243.ABC |
| 244.D | 245.B | 246.BCD |
| 247.BC | 248.B | 249.A |
| 250.BCD | 251.D | 252.C |
| 253.D(原答案为 CD) | 254.C | 255.D |

256. D     257. ACD     258. ABD       367. ACD     368. ABCD     369. C

259. D     260. C     261. D       370. AB     371. ACD     372. ABC

262. C     263. BD     264. D       373. C     374. BC     375. AD

265. B     266. C     267. B       376. C     377. ABCD     378. AC

268. CD     269. C     270. ABC       379. BC     380. A     381. D

271. B     272. BCD     273. B       382. BC     383. BCD     384. ABCD

274. BD     275. AD     276. A       385. AB     386. ACD     387. B

277. D     278. ABD     279. D       388. C     389. B     390. ABD

280. B     281. ABC     282. A       391. A     392. D     393. ACD

283. ACD     284. BD     285. AB       394. A     395. ABD     396. D

286. D     287. B       397. D     398. ABCD     399. B

288. AB (原答案为 ABCD)     289. D       400. ABC     401. A     402. D

290. ACD     291. A     292. D       403. C     404. B     405. ABD

293. AC     294. D     295. ACD       406. BCD     407. ABCD     408. B

296. BD     297. (1) ABD; (2) D       409. D     410. A     411. C

298. ABCD     299. AB     300. B       412. ABD     413. ABD     414. B

301. D     302. C     303. D       415. D     416. ACD     417. ABC

304. AB     305. AD     306. BD       418. A     419. D     420. ABD

307. ABCD     308. AD     309. ABCD       421. C     422. ABCD     423. C

310. C     311. B     312. A       424. D     425. ABD     426. D

313. ACD     314. A     315. ABD       427. B     428. B     429. AB

316. D     317. BCD     318. D       430. C     431. D     432. AC

319. B     320. ABCD     321. A       433. C     434. BD     435. CD

322. D     323. BD     324. C       436. C     437. B     438. C

325. C     326. C     327. ABCD       439. C     440. ACD     441. D

328. ABD     329. BCD     330. ABD       442. C     443. C     444. C

331. C     332. BCD     333. B       445. B     446. C     447. AD

334. BD     335. AC     336. ACD       448. D     449. ACD     450. AD

337. B     338. D     339. CD       451. CD     452. AD     453. C

340. D     341. AB     342. C       454. ABC     455. CD     456. B

343. ABC     344. BC     345. ABCD       457. ACD     458. D     459. ABD

346. ABCD     347. C     348. BD       460. CD     461. ABCD     462. B

349. AC     350. D     351. D       463. BC     464. D     465. A

352. AD     353. C     354. AC       466. B     467. C     468. D

355. ABC     356. C     357. ABC       469. C     470. D     471. D

358. BC     359. AB     360. B       472. AD     473. D     474. ACD

361. D     362. ABC     363. BCD       475. C     476. A     477. BCD

364. BD     365. ABC     366. BC       478. ACD

# 目 录

# 国际法 ［试题］

## 专题一 导 论

**考点1 国际法的渊源**

**1.** 2007/1/77/多①

国际人道法中的区分对象原则(区分军事与非军事目标,区分战斗员与平民)是一项已经确立的国际习惯法原则,也体现在《1977 年日内瓦四公约第一附加议定书》中。甲乙丙三国中,甲国是该议定书的缔约国,乙国不是,丙国曾是该议定书的缔约国,后退出该议定书。根据国际法的有关原理和规则,下列哪些选项是错误的?

A. 该原则对甲国具有法律拘束力,但对乙国没有法律拘束力

B. 丙国退出该议定书后,该议定书对丙国不再具有法律拘束力

C. 丙国退出该议定书后,该原则对丙国不再具有法律拘束力

D. 该原则对于甲乙丙三国都具有法律拘束力

**考点2 国际法的基本原则**

**2.** 2013/1/75/多

关于国际法基本原则,下列哪些选项是正确的?

A. 国际法基本原则具有强行法性质

B. 不得使用威胁或武力原则是指禁止国家对侵略行为进行的自卫行动以外的一切武力的使用

C. 对于一国国内的民族分离主义活动,民族自决原则没有为其提供任何国际法根据

D. 和平解决国际争端原则是指国家间在发生争端时,各国都必须采取和平方式予以解决

## 专题二 国际法的主体与国际法律责任

**考点3 国家管辖权**

**3.** 2011/1/33/单

甲国人张某侵吞中国某国企驻甲国办事处的大量财产。根据中国和甲国的法律,张某的行

为均认定为犯罪。中国与甲国没有司法协助协定。根据国际法相关规则,下列哪一选项是正确的?

A. 张某进入中国境内时,中国有关机关可依法将其拘捕

B. 中国对张某侵吞财产案没有管辖权

C. 张某乘甲国商船逃至公海时,中国有权派员在公海将其缉拿

D. 甲国有义务将张某引渡给中国

**4.** 2006/1/78/多

"恐龙国际"是一个在甲国以非营利性社会团体注册成立的组织,成立于 1998 年,总部设在甲国,会员分布在 20 多个国家。该组织的宗旨是鼓励人们"认识恐龙,回溯历史"。2001 年,"恐龙国际"获得联合国经社理事会注册咨商地位。现该组织试图把活动向乙国推广,并准备在乙国发展会员。依照国际法,下列哪些表述是正确的?

A. 乙国有义务让"恐龙国际"在乙国发展会员

B. 乙国有权依照其本国法律阻止该组织在乙国的活动

C. 该组织在乙国从事活动,必须遵守乙国法律

D. 由于该组织已获得联合国经社理事会注册咨商地位,因此,它可以被视为政府间的国际组织

**考点4 国家主权豁免**

**5.** 2014/1/75/多

甲国某公司与乙国驻甲国使馆因办公设备合同产生纠纷,并诉诸甲国法院。根据相关国际法规则,下列哪些选项是正确的?

A. 如合同中有适用甲国法律的条款,则表明乙国放弃了其管辖的豁免

B. 如乙国派代表出庭主张豁免,不意味着其默示接受了甲国的管辖

C. 如乙国在本案中提起了反诉,则是对管辖豁免的默示放弃

D. 如乙国曾接受过甲国法院的管辖,甲国法院即可管辖本案

---

① 指 2007 年/试卷一/第 77 题/多选——编者注。

**6.** 2010/1/30/单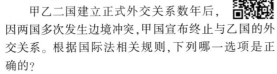

甲国政府与乙国 A 公司在乙国签订一份资源开发合同后,A 公司称甲国政府未按合同及时支付有关款项。纠纷发生后,甲国明确表示放弃关于该案的诉讼管辖豁免权。根据国际法规则,下列哪一选项是正确的?

  A. 乙国法院可对甲国财产进行查封

  B. 乙国法院原则上不能对甲国强制执行判决,除非甲国明示放弃在该案上的执行豁免

  C. 如第三国法院曾对甲国强制执行判决,则乙国法院可对甲国强制执行判决

  D. 如乙国主张限制豁免,则可对甲国强制执行判决

**考点5 国际法上的承认**

**7.** 2010/1/29/单

甲乙二国建立正式外交关系数年后,因两国多次发生边境冲突,甲国宣布终止与乙国的外交关系。根据国际法相关规则,下列哪一选项是正确的?

  A. 甲国终止与乙国的外交关系,并不影响乙国对甲国的承认

  B. 甲国终止与乙国的外交关系,表明甲国不再承认乙国作为一个国家

  C. 甲国主动与乙国断交,则乙国可以撤回其对甲国作为国家的承认

  D. 乙国从未正式承认甲国为国家,建立外交关系属于事实上的承认

**考点6 国际法上的继承**

**8.** 2008/1/33/单

甲国与乙国 1992 年合并为一个新国家丙国。此时,丁国政府发现,原甲国中央政府、甲国南方省,分别从丁国政府借债 3000 万美元和 2000 万美元。同时,乙国元首以个人名义从丁国的商业银行借款 100 万美元,用于乙国 1991 年救灾。上述债务均未偿还。甲乙丙丁四国没有关于甲乙两国合并之后所涉债务事项的任何双边或多边协议。根据国际法中有关原则和规则,下列哪一选项是正确的?

  A. 随着一个新的国际法主体丙国的出现,上述债务均已自然消除

  B. 甲国中央政府所借债务转属丙国政府承担

  C. 甲国南方省所借债务转属丙国政府承担

  D. 乙国元首所借债务转属丙国政府承担

**考点7 联合国体系**

**9.** 2016/1/32/单

联合国会员国甲国出兵侵略另一会员

国。联合国安理会召开紧急会议,讨论制止甲国侵略的决议案,并进行表决。表决结果为:常任理事国 4 票赞成、1 票弃权;非常任理事国 8 票赞成、2 票否决。据此,下列哪一选项是正确的?

  A. 决议因有常任理事国投弃权票而不能通过

  B. 决议因非常任理事国两票否决而不能通过

  C. 投票结果达到了安理会对实质性问题表决通过的要求

  D. 安理会为制止侵略行为的决议获简单多数赞成票即可通过

**10.** 2015/1/32/单

联合国大会由全体会员国组成,具有广泛的职权。关于联合国大会,下列哪一选项是正确的?

  A. 其决议具有法律拘束力

  B. 表决时安理会 5 个常任理事国的票数多于其他会员国

  C. 大会是联合国的立法机关,三分之二以上会员国同意才可以通过国际条约

  D. 可以讨论《联合国宪章》范围内或联合国任何机关的任何问题,但安理会正在审议的除外

**11.** 2009/1/31/单

由于甲国海盗严重危及国际海运要道的运输安全,在甲国请求下,联合国安理会通过决议,授权他国军舰在经甲国同意的情况下,在规定期限可以进入甲国领海打击海盗。据此决议,乙国军舰进入甲国领海解救被海盗追赶的丙国商船。对此,下列哪一选项是正确的?

  A. 安理会无权作出授权外国军舰进入甲国领海打击海盗的决议

  B. 外国军舰可以根据安理会决议进入任何国家的领海打击海盗

  C. 安理会的决议不能使军舰进入领海打击海盗成为国际习惯法

  D. 乙国军舰为解救丙国商船而进入甲国领海属于保护性管辖

**考点8 国际法律责任**

**12.** 2011/1/32/单

甲国某核电站因极强地震引发爆炸后,甲国政府依国内法批准将核电站含低浓度放射性物质的大量污水排入大海。乙国海域与甲国毗邻,均为《关于核损害的民事责任的维也纳公约》缔约国。下列哪一说法是正确的?

  A. 甲国领土范围发生的事情属于甲国内政

  B. 甲国排污应当得到国际海事组织同意

  C. 甲国对排污的行为负有国际法律责任,乙国

可通过协商与甲国共同解决排污问题

  D. 根据"污染者付费"原则,只能由致害方,即该核电站所属电力公司承担全部责任

**13.** 2008/1/30/单

  甲乙两国 1990 年建立大使级外交关系,并缔结了双边的《外交特权豁免议定书》。2007年两国交恶,甲国先宣布将其驻乙国的外交代表机构由大使馆降为代办处,乙国遂宣布断绝与甲国的外交关系。之后,双方分别撤走了各自驻对方的使馆人员。对此,下列哪一选项是正确的?

  A. 甲国的行为违反国际法,应承担国家责任

  B. 乙国的行为违反国际法,应承担国家责任

  C. 上述《外交特权豁免议定书》终止执行

  D. 甲国可以查封没收乙国使馆在甲国的财产

**14.** 2008/1/32/单

  克森公司是甲国的一家国有物资公司。去年,该公司与乙国驻丙国的使馆就向该使馆提供馆舍修缮材料事宜,签订了一项供货协议。后来,由于使馆认为克森公司交货存在质量瑕疵,双方产生纠纷。根据国际法的有关规则,下列哪一选项是正确的?

  A. 乙国使馆无权在丙国法院就上述事项提起诉讼

  B. 克森公司在丙国应享有司法管辖豁免

  C. 乙国使馆可以就该事项向甲国法院提起诉讼

  D. 甲国须对克森公司的上述行为承担国家责任

# 专题三　国际法上的空间划分

**考点9** 领土制度

**15.** 2016/1/33/单

  甲乙两国边界附近爆发部落武装冲突,致两国界标被毁,甲一些边民趁乱偷渡至乙国境内。依相关国际法规则,下列哪一选项是正确的?

  A. 甲国发现界标被毁后应尽速修复或重建,无需通知乙国

  B. 只有甲国边境管理部门才能处理偷渡到乙国的甲国公民

  C. 偷渡到乙国的甲国公民,仅能由乙国边境管理部门处理

  D. 甲乙两国对界标的维护负有共同责任

**16.** 2016/1/75/多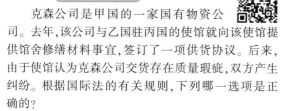

  关于领土的合法取得,依当代国际法,下列哪些选项是正确的?

  A. 甲国围海造田,未对他国造成影响

  B. 乙国屯兵邻国边境,邻国被迫与其签订条约割让部分领土

  C. 丙国与其邻国经平等协商,将各自边界的部分领土相互交换

  D. 丁国最近二十年派兵持续控制其邻国部分领土,并对外宣称拥有主权

**17.** 2011/1/75/多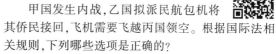

  甲国发生内战,乙国拟派民航包机将其侨民接回,飞机需要飞越丙国领空。根据国际法相关规则,下列哪些选项是正确的?

  A. 乙国飞机因接其侨民,得自行飞越丙国领空

  B. 乙国飞机未经甲国许可,不得飞入甲国领空

  C. 乙国飞机未经允许飞越丙国领空,丙国有权要求其在指定地点降落

  D. 丙国军机有权在警告后将未经许可飞越丙国领空的乙国飞机击落

**考点10** 河流制度

**18.** 2019 回忆/单

  碧水河为甲乙两国的界河,双方对该河的划界使用没有另行约定,根据国际法的相关规则,下列哪一行为是合法的?

  A. 甲国渔民在整个河面上捕鱼

  B. 甲国渔船遭遇狂风,为紧急避险可未经许可停靠乙国河岸

  C. 乙国可不经甲国许可在碧水河修建堤坝

  D. 乙国发生旱灾,可不经甲国许可炸开自己一方堤坝灌溉农田

**19.** 2011/1/74/多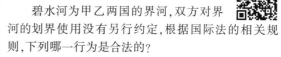

  甲河是多国河流,乙河是国际河流。根据国际法相关规则,下列哪些选项是正确的?

  A. 甲河沿岸国对甲河流经本国的河段拥有主权

  B. 甲河上游国家可对自己享有主权的河段进行改道工程,以解决自身缺水问题

  C. 乙河对非沿岸国商船也开放

  D. 乙河的国际河流性质决定了其属于人类共同的财产

**20.** 2006/1/30/单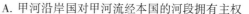

  风光秀丽的纳列温河是甲国和乙国的界河。两国的边界线确定为该河流的主航道中心线。甲乙两国间没有其他涉及界河制度的条约。现甲国提议开发纳列温河的旅游资源,相关旅行社也设计了一系列界河水上旅游项目。根据国际法的相关原则和规则,下列哪一项活动不需要经过乙国的同意,甲国即可以合法从事?

  A. 在纳列温河甲国一侧修建抵近主航道的大型观光栈桥

  B. 游客乘甲国的旅游船抵达乙国河岸停泊观

光,但不上岸

　　C. 游客乘甲国渔船在整条河中进行垂钓和捕捞活动

　　D. 游客乘甲国游船在主航道上沿河航行游览

**考点11 领海**

**21.** [2021 回忆/单]

根据《联合国海洋法公约》以及我国相关法律规定,下列哪一说法是正确的?

　　A. 甲国军舰可以无须事先征得许可而在我国领海无害通过

　　B. 我国军舰可以从毗连区开始实施紧追权,到公海时紧追应终止

　　C. 乙国有权在我国大陆架铺设电缆,但铺设线路计划需要取得我国同意

　　D. 丙国商务飞机可以在我国领海上空无害通过

**22.** [2016/1/76/多]

"青田"号是甲国的货轮、"前进"号是乙国的油轮、"阳光"号是丙国的科考船,三船通过丁国领海。依《联合国海洋法公约》,下列哪些选项是正确的?

　　A. 丁国有关对油轮实行分道航行的规定是对"前进"号油轮的歧视

　　B. "阳光"号在丁国领海进行测量活动是违反无害通过的

　　C. "青田"号无须事先通知或征得丁国许可即可连续不断地通过丁国领海

　　D. 丁国可以对通过其领海的外国船舶征收费用

**考点12 毗连区**

**23.** [2020 回忆/单]

根据《联合国海洋法公约》和中国相关规则和实践,下列哪一选项是正确的?

　　A. 甲国军用飞机须经我国同意方能飞越我国毗连区

　　B. 甲国潜水艇必须浮出水面并展示船旗才能通过我国毗连区

　　C. 甲国渔民在我国大陆架捕杀濒危海龟,依照我国刑法追究刑事责任

　　D. 联合国某专门机构的科考船在我国专属经济区科学考察,须经我国同意

**24.** [2011/1/97/任]

　　A 公司和 B 公司于 2011 年 5 月 20 日签订合同,由 A 公司将一批平板电脑售卖给 B 公司。A 公司和 B 公司营业地分别位于甲国和乙国,两国均为《联合国国际货物销售合同公约》缔约国。合同项下的货物由丙国 C 公司的"潇湘"号商船承运,装运港

是甲国某港口,目的港是乙国某港口。在运输途中,B 公司与中国 D 公司就货物转卖达成协议。

　　"潇湘"号运送该批平板电脑的航行路线要经过丁国的毗连区。根据《联合国海洋法公约》,下列选项正确的是:

　　A. "潇湘"号在丁国毗连区通过时的权利和义务与在丁国领海的无害通过相同

　　B. 丁国可在"潇湘"号通过时对毗连区上空进行管制

　　C. 丁国可根据其毗连区领土主权对"潇湘"号等船舶规定分道航行

　　D. "潇湘"号应遵守丁国在海关、财政、移民和卫生等方面的法律规定

**考点13 专属经济区和大陆架**

**25.** [2019 回忆/单]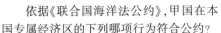

依据《联合国海洋法公约》,甲国在本国专属经济区的下列哪项行为符合公约?

　　A. 击落上空的乙国无人机

　　B. 击沉海面的丙国军舰

　　C. 在海上修建风力发电站

　　D. 破坏丁国铺设的海底电缆

**26.** [2010/1/31/单]

甲国在其宣布的专属经济区水域某暗礁上修建了一座人工岛屿。乙国拟铺设一条通过甲国专属经济区的海底电缆。根据《联合国海洋法公约》,下列哪一选项是正确的?

　　A. 甲国不能在该暗礁上修建人工岛屿

　　B. 甲国对建造和使用该人工岛屿拥有管辖权

　　C. 甲国对该人工岛屿拥有领土主权

　　D. 乙国不可在甲国专属经济区内铺设海底电缆

**27.** [2008/1/78/多]

甲国注册的渔船"踏浪号"应乙国注册的渔船"风行号"之邀,在乙国专属经济区进行捕鱼作业时,乙国海上执法船赶来制止,随后将"踏浪号"带回乙国港口。甲乙两国都是《联合国海洋法公约》的缔约国,且两国之间没有其他相关的协议。据此,根据海洋法的有关规则,下列哪些选项是正确的?

　　A. 只要"踏浪号"向乙国有关部门提交适当保证书和担保,乙国必须迅速释放该船

　　B. 只要"踏浪号"向乙国有关部门提交适当保证书和担保,乙国必须迅速释放该船船员

　　C. 如果"踏浪号"未能向乙国有关部门及时提交适当担保,乙国有权对该船船长和船员处以 3 个月以下的监禁

　　D. 乙国有义务将该事项迅速通知甲国

**考点 14 群岛水域**

**28.** 2014/1/33/单

甲国是群岛国,乙国是甲国的隔海邻国,两国均为《联合国海洋法公约》的缔约国。根据相关国际法规则,下列哪一选项是正确的?

- A. 他国船舶通过甲国的群岛水域均须经过甲国的许可
- B. 甲国为连接其相距较远的两岛屿,其群岛基线可隔断乙国的专属经济区
- C. 甲国因已划定了群岛水域,则不能再划定专属经济区
- D. 甲国对其群岛水域包括上空和底土拥有主权

**考点 15 公海和国际海底区域**

**29.** 2012/1/97/任

甲国 A 公司向乙国 B 公司出口一批货物,双方约定适用 2020 年《国际贸易术语解释通则》中 CIF 术语。该批货物由丙国 C 公司"乐安"号商船承运,运输途中船舶搁浅,为起浮抛弃了部分货物。船舶起浮后继续航行中又因恶劣天气,部分货物被海浪打入海中。到目的港后发现还有部分货物因固有缺陷而损失。

"乐安"号运送该货物的航行路线要经过丁国的领海和毗连区。根据《联合国海洋法公约》,下列选项正确的是:

- A. "乐安"号可不经批准穿行丁国领海,并在其间停泊转运货物
- B. "乐安"号在丁国毗连区走私物,丁国海上执法船可行使紧追权
- C. "乐安"号在丁国毗连区走私物,丁国海上执法机关可出动飞机行使紧追权
- D. 丁国海上执法机关对"乐安"号的紧追权在其进入公海时立即终止

**30.** 2009/1/30/单

乙国军舰 A 发现甲国渔船在乙国领海走私,立即发出信号开始紧追,渔船随即逃跑。当 A 舰因机械故障被迫返航时,令乙国另一艘军舰 B 在渔船逃跑必经的某公海海域埋伏。A 舰返航半小时后,渔船出现在 B 舰埋伏的海域。依《联合国海洋法公约》及相关国际法规则,下列哪一选项是正确的?

- A. B 舰不能继续 A 舰的紧追
- B. A 舰应从毗连区开始紧追,而不应从领海开始紧追
- C. 为了紧追成功,B 舰不必发出信号即可对渔船实施紧追
- D. 只要 B 舰发出信号,即可在公海继续对渔船紧追

**考点 16 南极法律制度**

**31.** 2010/1/78/多

甲乙丙三国均为南极地区相关条约缔约国。甲国在加入条约前,曾对南极地区的某区域提出过领土要求。乙国在成为条约缔约国后,在南极建立了常年考察站。丙国利用自己靠近南极的地理优势,准备在南极大规模开发旅游。根据《南极条约》和相关制度,下列哪些判断是正确的?

- A. 甲国加入条约意味着其放弃或否定了对南极的领土要求
- B. 甲国成为条约缔约国,表明其他缔约国对甲国主张南极领土权利的确认
- C. 乙国上述在南极地区的活动,并不构成对南极地区提出领土主张的支持和证据
- D. 丙国旅游开发不得对南极环境系统造成破坏

**考点 17 国际航空法律制度**

**32.** 2017/1/32/单

乘坐乙国航空公司航班的甲国公民,在飞机进入丙国领空后实施劫机,被机组人员制服后交丙国警方羁押。甲、乙、丙三国均为 1963 年《东京公约》、1970 年《海牙公约》及 1971 年《蒙特利尔公约》缔约国。据此,下列哪一选项是正确的?

- A. 劫机发生在丙国领空,仅丙国有管辖权
- B. 犯罪嫌疑人为甲国公民,甲国有管辖权
- C. 劫机发生在乙国航空器上,仅乙国有管辖权
- D. 本案涉及国际刑事犯罪,应由国际刑事法院管辖

**33.** 2013/1/33/单

甲国某航空公司国际航班在乙国领空被乙国某公民劫持,后乙国将该公民控制,并拒绝了甲国的引渡请求。两国均为 1971 年《关于制止危害民用航空安全的非法行为的公约》等三个国际民航安全公约缔约国。对此,下列哪一说法是正确的?

- A. 劫持未发生在甲国领空,甲国对此没有管辖权
- B. 乙国有义务将其引渡到甲国
- C. 乙国可不引渡,但应由本国进行刑事审判
- D. 本案属国际犯罪,国际刑事法院可对其行使管辖权

**考点 18 外层空间法律制度**

**34.** 2020 回忆/多

甲国研发的气象卫星委托乙国代为发射,因天气的原因该卫星在丙国境内实际发射。发射过程中火箭碎片掉落,砸伤受邀现场观看发射的某丁国国民。由于轨道偏离,该气象卫星与丁国通信卫星相撞,丁国卫星碎片跌落砸坏戊国建筑并造成戊国人员伤亡。甲、乙、丙、丁、戊五国都是加入《空间物体造

成损害的国际责任公约》(以下简称《责任公约》)的缔约国,下列哪些判断是正确的?

  A. 丁国不对戊国财产和人员伤亡承担责任

  B. 火箭碎片对某丁国国民造成的损害不适用《责任公约》

  C. 甲、乙、丙、丁四国应对戊国的财产和人员伤亡承担绝对责任

  D. 甲、乙、丙三国应对丁国卫星损害承担过错责任

**35.** `2009/1/98/任`

乙国与甲国航天企业达成协议,由甲国发射乙国研制的"星球一号"卫星。因发射失败卫星碎片降落到甲国境内,造成人员和财物损失。甲乙两国均为《空间物体造成损害的国际责任公约》缔约国。下列选项正确的是:

  A. 如"星球一号"发射成功,发射国为技术保密可不向联合国办理登记

  B. 因"星球一号"由甲国的非政府实体发射,甲国不承担国际责任

  C. "星球一号"对甲国国民的损害不适用《责任公约》

  D. 甲国和乙国对"星球一号"碎片造成的飞机损失承担绝对责任

**考点19** 国际环保法

**36.** `2008/1/34/单`

甲乙两国是温室气体的排放大国,甲国为发达国家,乙国为发展中国家。根据国际环境法原则和规则,下列哪一选项是正确的?

  A. 甲国必须停止排放,乙国可以继续排放,因为温室气体效应主要是由发达国家多年排放积累造成的

  B. 甲国可以继续排放,乙国必须停止排放,因为乙国生产效率较低,并且对于环境治理的措施和水平远远低于甲国

  C. 甲乙两国的排放必须同等地被限制,包括排放量、排放成份标准、停止排放时间等各方面

  D. 甲乙两国在此问题上都承担责任,包括进行合作,但在具体排量标准,停止排放时间等方面承担的义务应有所区别

# 专题四 国际法上的个人

**考点20** 国籍的取得

**37.** `2015/1/75/多`

中国公民王某与甲国公民彼得于2013年结婚后定居甲国并在该国产下一子,取名彼得森。

关于彼得森的国籍,下列哪些选项是正确的?

  A. 具有中国国籍,除非其出生时即具有甲国国籍

  B. 可以同时拥有中国国籍与甲国国籍

  C. 出生时是否具有甲国国籍,应由甲国法确定

  D. 如出生时即具有甲国国籍,其将终生无法获得中国国籍

**考点21** 国籍的丧失

**38.** `2017/1/75/多`

中国公民李某与俄罗斯公民莎娃结婚,婚后定居北京,并育有一女李莎。依我国《国籍法》,下列哪些选项是正确的?

  A. 如李某为中国国家机关公务员,其不得申请退出中国国籍

  B. 如莎娃申请中国国籍并获批准,不得再保留俄罗斯国籍

  C. 如李莎出生于俄罗斯,不具有中国国籍

  D. 如李莎出生于中国,具有中国国籍

**39.** `2010/1/80/多`

中国人王某定居美国多年,后自愿加入美国国籍,但没有办理退出中国国籍的手续。根据我国相关法律规定,下列哪些选项是正确的?

  A. 由于王某在中国境外,故须向在国外的中国外交代表机关或领事机关办理退出中国国籍的手续

  B. 王某无需办理退出中国国籍的手续

  C. 王某具有双重国籍

  D. 王某已自动退出了中国国籍

**考点22** 中国人的出入境

**40.** `2014/1/34/单`

王某是定居美国的中国公民,2013年10月回国为父母购房。根据我国相关法律规定,下列哪一选项是正确的?

  A. 王某应向中国驻美签证机关申请办理赴中国的签证

  B. 王某办理所购房产登记需提供身份证明的,可凭其护照证明其身份

  C. 因王某是中国公民,故需持身份证办理房产登记

  D. 王某回中国后,只要其有未了结的民事案件,就不准出境

**考点23** 外国人的出入境

**41.** `2019 回忆/多`

甲国人约翰持公务签证来华,在北京已居住两年。在此期间,约翰与中国女子王某结婚并在北京生下一子。根据中国相关法律规定,下列哪些

判断是正确的?

    A. 只要约翰有尚未完结的民事诉讼就不得离境

    B. 北京是约翰的经常居所地

    C. 约翰利用周末假期在某语言培训机构兼职教课,属于非法就业

    D. 约翰的儿子具有中国国籍

**42.** 2017/1/76/多

马萨是一名来华留学的甲国公民,依中国法律规定,下列哪些选项是正确的?

    A. 马萨入境中国时,如出入境边防检查机关不准其入境,可以不说明理由

    B. 如马萨留学期间发现就业机会,即可兼职工作

    C. 马萨留学期间在同学家中短期借住,应按规定向居住地的公安机关办理登记

    D. 如马萨涉诉,则不得出境

**43.** 2013/1/76/多

甲国公民杰克申请来中国旅游,关于其在中国出入境和居留期间的管理,下列哪些选项是正确的?

    A. 如杰克患有严重精神障碍,中国签证机关不予签发其签证

    B. 如杰克入境后可能危害中国国家安全和利益,中国出入境边防检查机关可不准许其入境

    C. 杰克入境后,在旅馆以外的其他住所居住或者住宿,应当在入住后 48 小时内由本人或者留宿人,向居住地的公安机关办理登记

    D. 如杰克在中国境内有未了结的民事案件,法院决定不准出境的,中国出入境边防检查机关有权阻止其出境

**44.** 2012/1/75/多

外国公民雅力克持旅游签证来到中国,我国公安机关查验证件时发现,其在签证已经过期的情况下,涂改证照,居留中国并临时工作。关于雅力克的出入境和居留,下列哪些表述符合中国法律规定?

    A. 在雅力克旅游签证有效期内,其前往不对外国人开放的地区旅行,不再需要向当地公安机关申请旅行证件

    B. 对雅力克的行为县级以上公安机关可拘留审查

    C. 对雅力克的行为县级以上公安机关可依法予以处罚

    D. 如雅力克持涂改的出境证件出境,中国边防检查机关有权阻止其出境

**45.** 2010/1/98/任

甲国公民大卫到乙国办理商务,购买

了联程客票搭乘甲国的国际航班,经北京首都国际机场转机到乙国。甲国与我国没有专门协定。根据我国有关出入境法律,下列判断正确的是:

    A. 大卫必须提前办理中国过境签证

    B. 如大卫在北京机场的停留时间不超过 24 小时且不出机场,可免办中国入境签证

    C. 如大卫不出北京机场,无论其停留时间长短都可免办中国入境签证

    D. 如大卫在北京转机临时离开机场,需经边防检查机关批准

**46.** 2009/1/80/多

甲国人彼得拟申请赴中国旅游。依我国相关法律规定,下列哪些选项是正确的?

    A. 甲国人彼得应向中国公安部门提出入境申请

    B. 受理彼得入境申请的中国有关机关没有义务必须批准入境

    C. 如彼得获准入境后发现适合他的工作,可以留在中国工作

    D. 如彼得获准入境后前往不对外国人开放的地区旅行,必须向当地公安机关申请旅行证件

**考点 24 外交保护**

**47.** 2006/1/77/多

甲国公民廖某在乙国投资一家服装商店,生意兴隆,引起一些从事服装经营的当地商人不满。一日,这些当地商人煽动纠集一批当地人,涌入廖某商店哄抢物品。廖某向当地警方报案。警察赶到后并未采取措施控制事态,而是袖手旁观。最终廖某商店被洗劫一空。根据国际法的有关规则,下列对此事件的哪些判断是正确的?

    A. 该哄抢行为可以直接视为乙国的国家行为

    B. 甲国可以立即行使外交保护权

    C. 乙国中央政府有义务调查处理肇事者,并追究当地警察的渎职行为

    D. 廖某应首先诉诸于乙国行政当局和司法机构,寻求救济

**考点 25 引渡**

**48.** 2019 回忆/多

甲国人罗德在乙国旅游期间,乙国经丙国的申请对罗德采取了强制措施,之后丙国请求乙国引渡罗德。根据国际法的相关规则和实践,下列哪些判断是正确的?

    A. 如果罗德是政治犯,乙国应当拒绝引渡

    B. 如果罗德的行为在乙国和丙国都构成严重犯罪,乙国可以引渡

    C. 如果罗德的行为只在丙国构成犯罪,乙国应当拒绝引渡

D. 因罗德为甲国公民,乙国无权将其引渡给丙国

**49.** 2018 回忆/多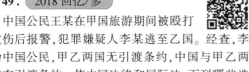

中国公民王某在甲国旅游期间被殴打致重伤后报警,犯罪嫌疑人李某逃至乙国。经查,李某为中国公民,甲乙两国无引渡条约,中国与甲乙两国均有引渡条约。依中国法律和国际法,下列哪些选项是正确的?

A. 中国可以对王某进行外交保护

B. 如乙国将李某引渡给中国,甲国提出引渡的,中国应拒绝

C. 如甲国向乙国提出引渡,乙国无权拒绝

D. 鉴于李某正打算逃往他国,中国在未提出引渡前,可以通过外交途径请求乙国对李某采取强制措施

**50.** 2015/1/33/单

甲国公民汤姆于 2012 年在本国故意杀人后潜逃至乙国,于 2014 年在乙国强奸一名妇女后又逃至中国。乙国于 2015 年向中国提出引渡请求。经查明,中国和乙国之间没有双边引渡条约。依相关国际法及中国法律规定,下列哪一选项是正确的?

A. 乙国的引渡请求应向中国最高人民法院提出

B. 乙国应当作出互惠的承诺

C. 最高人民法院应对乙国的引渡请求进行审查,并由审判员组成合议庭进行

D. 如乙国将汤姆引渡回本国,则在任何情况下都不得再将其转引

**51.** 2013/1/97/任

甲国公民库克被甲国刑事追诉,现在中国居留,甲国向中国请求引渡库克,中国和甲国间无引渡条约。关于引渡事项,下列选项正确的是:

A. 甲国引渡请求所指的行为依照中国法律和甲国法律均构成犯罪,是中国准予引渡的条件之一

B. 由于库克健康原因,根据人道主义原则不宜引渡,中国可以拒绝引渡

C. 根据中国法律,引渡请求所指的犯罪纯属军事犯罪的,中国应当拒绝引渡

D. 根据甲国法律,引渡请求所指的犯罪纯属军事犯罪的,中国应当拒绝引渡

**52.** 2012/1/76/多

甲国公民彼得,在中国境内杀害一中国公民和一乙国在华留学生,被中国警方控制。乙国以彼得杀害本国公民为由,向中国申请引渡,中国和乙国间无引渡条约。关于引渡事项,下列哪些选项是

正确的?

A. 中国对乙国无引渡义务

B. 乙国的引渡请求应通过外交途径联系,联系机关为外交部

C. 应由中国最高法院对乙国的引渡请求进行审查,并作出裁定

D. 在收到引渡请求时,中国司法机关正在对引渡所指的犯罪进行刑事诉讼,故应当拒绝引渡

**53.** 2009/1/32/单

中国人高某在甲国探亲期间加入甲国籍,回中国后健康不佳,也未申请退出中国国籍。后甲国因高某在该国的犯罪行为,向中国提出了引渡高某的请求,乙国针对高某在乙国实施的伤害乙国公民的行为,也向中国提出了引渡请求。依我国相关法律规定,下列哪一选项是正确的?

A. 如依中国法律和甲国法律均构成犯罪,即可准予引渡

B. 中国应按照收到引渡请求的先后确定引渡的优先顺序

C. 由于高某健康不佳,中国可以拒绝引渡

D. 中国应当拒绝引渡

**考点26 庇护**

**54.** 2007/1/78/多

甲国人亨利持假护照入境乙国,并以政治避难为名进入丙国驻乙国的使馆。甲乙丙三国都是《维也纳外交关系公约》的缔约国,此外彼此间没有相关的其他协议。根据国际法的有关规则,下列哪些选项是正确的?

A. 亨利目前位于乙国领土上,其身份为非法入境者

B. 亨利目前位于丙国领土内,丙国有权对其提供庇护

C. 丙国有义务将亨利引渡给甲国

D. 丙国使馆有义务将亨利交由乙国依法处理

**55.** 2007/1/29/单

甲国 1999 年发生军事政变未遂,政变领导人朗曼逃到乙国。甲国法院缺席判决朗曼 10 年有期徒刑。甲乙两国之间没有相关的任何特别协议。根据国际法有关规则,下列哪一选项是正确的?

A. 甲国法院判决生效后,甲国可派出军队进入乙国捉拿朗曼,执行判决

B. 乙国可以给予朗曼庇护

C. 乙国有义务给予朗曼庇护

D. 甲国法院的判决生效后,乙国有义务将朗曼逮捕并移交甲国

# 专题五　外交关系法和领事关系法

**考点27　使馆的特权与豁免**

**56．** 2019 回忆/单

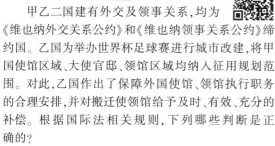

汤姆为甲国驻乙国大使馆的武官,甲乙都是《维也纳外交关系公约》的缔约国,下列哪项判断是正确的?

　　A. 甲国大使馆爆发恶性传染病,乙国卫生人员可直接进入使馆馆舍消毒

　　B. 乙国应为甲国大使馆提供必要的免税物业服务

　　C. 非经乙国许可,甲国大使馆不得装置使用无线设备

　　D. 汤姆杀死了两个乙国人,乙国司法部门不得对其进行刑事审判与处罚

**57．** 2010/1/79/多

甲乙二国建有外交及领事关系,均为《维也纳外交关系公约》和《维也纳领事关系公约》缔约国。乙国为举办世界杯足球赛进行城市改建,将甲国使馆区域、大使官邸、领馆区域均纳入征用规划范围。对此,乙国作出了保障外国使馆、领馆执行职务的合理安排,并对搬迁使领馆给予及时、有效、充分的补偿。根据国际法相关规则,下列哪些判断是正确的?

　　A. 如甲国使馆拒不搬迁,乙国可采取强制的征用搬迁措施

　　B. 即使大使官邸不在使馆办公区域内,乙国也不可采取强制征用搬迁措施

　　C. 在作出上述安排和补偿的情况下,乙国可征用甲国总领馆办公区域

　　D. 甲国总领馆馆舍在任何情况下均应免受任何方式的征用

**考点28　外交人员的特权与豁免**

**58．** 2023 回忆/多

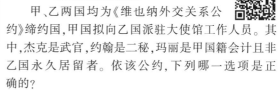

甲国公民杰克是甲国派驻乙国使馆的一名武官,关于其在乙国的行为,根据《维也纳外交关系公约》,下列哪些说法是正确的?

　　A. 周末可以利用自己的特长参加专业技能方面的商业活动

　　B. 不得因为维护甲国利益而参与乙国反动组织的游行

　　C. 如涉及民事诉讼,可以书面放弃管辖豁免

　　D. 如参与刑事违法活动,需要承担责任

**59．** 2018 回忆/单

甲乙两国因政治问题交恶,甲国将其驻乙国的大使馆降级为代办处。后乙国出现大规模骚乱,某乙国公民试图翻越围墙进入甲国驻乙国代办处,被甲国随员汤姆开枪打死。根据国际法的相关规则和实践,关于本案,下列哪一选项是正确的?

　　A. 因甲国主动将其驻乙国的大使馆降级为代办处,代办处不再享有使馆的特权与豁免

　　B. 随员汤姆的行为是为了保护代办处的安全,因此不负任何刑事责任

　　C. 乙国可以因随员汤姆的开枪行为对其采取刑事强制措施

　　D. 若甲国明示放弃汤姆的外交豁免权,则乙国可以对汤姆采取刑事强制措施

**60．** 2017/1/33/单

甲、乙两国均为《维也纳外交关系公约》缔约国,甲国拟向乙国派驻大使馆工作人员。其中,杰克是武官,约翰是二秘,玛丽是甲国籍会计非乙国永久居留者。依该公约,下列哪一选项是正确的?

　　A. 甲国派遣杰克前,无须先征得乙国同意

　　B. 约翰在履职期间参与贩毒活动,乙国司法机关不得对其进行刑事审判与处罚

　　C. 玛丽不享有外交人员的特权与豁免

　　D. 如杰克因参加斗殴意外死亡,其家属的特权与豁免自其死亡时终止

**61．** 2012/1/32/单

甲乙丙3国均为《维也纳外交关系公约》缔约国。甲国汤姆长期旅居乙国,结识甲国驻乙国大使馆参赞杰克,2人在乙国与丙国汉斯发生争执并互殴,汉斯被打成重伤。后,杰克将汤姆秘匿于使馆休息室。关于事件的处理,下列哪一选项是正确的?

　　A. 杰克行为已超出职务范围,乙国可对其进行逮捕

　　B. 该使馆休息室并非使馆工作专用部分,乙国警察有权进入逮捕汤姆

　　C. 如该案件在乙国涉及刑事诉讼,杰克无作证义务

　　D. 因该案发生在乙国,丙国法院无权对此进行管辖

**考点29　使馆和外交人员的义务**

**62．** 2014/1/74/多

甲乙丙三国因历史原因,冲突不断,甲国单方面暂时关闭了驻乙国使馆。艾诺是甲国派驻丙国使馆的二秘,近日被丙国宣布为不受欢迎的人。根据相关国际法规则,下列哪些选项是正确的?

　　A. 甲国关闭使馆应经乙国同意后方可实现

B. 乙国驻甲国使馆可用合法手段调查甲国情况,并及时向乙国作出报告

C. 丙国宣布艾诺为不受欢迎的人,须向甲国说明理由

D. 在丙国宣布艾诺为不受欢迎的人后,如甲国不将其召回或终止其职务,则丙国可拒绝承认艾诺为甲国驻丙国使馆人员

**考点30** 领事关系法

63. 2020 回忆/单

根据《维也纳外交关系公约》和《维也纳领事关系公约》,下列哪一选项是正确的?

A. 甲国驻乙国使馆有权在使馆内庇护涉嫌在乙国犯罪的丙国公民

B. 乙国有足够证据怀疑甲国驻乙国某领馆的邮袋内有爆炸物,若甲国领馆拒绝开拆,乙国可将该邮袋退回

C. 甲国有权声明乙国某外交人员为不受欢迎的人,但必须说明理由

D. 乙国驻甲国某领馆办公楼发生火灾,因为情况紧急,在乙国领馆馆长反对的情况下,甲国消防人员也可进入领馆

64. 2015/1/34/单

甲国与乙国基于传统友好关系,兼顾公平与效率原则,同意任命德高望重并富有外交经验的丙国公民布朗作为甲乙两国的领事官员派遣至丁国。根据《维也纳领事关系公约》,下列哪一选项是正确的?

A. 布朗既非甲国公民也非乙国公民,此做法违反《公约》

B. 《公约》没有限制,此做法无须征得丁国同意

C. 如丁国明示同意,此做法是被《公约》允许的

D. 如丙国与丁国均明示同意,此做法才被《公约》允许

65. 2013/1/32/单

甲乙两国均为《维也纳领事关系公约》缔约国,阮某为甲国派驻乙国的领事官员。关于阮某的领事特权与豁免,下列哪一表述是正确的?

A. 如犯有严重罪行,乙国可将其羁押

B. 不受乙国的司法和行政管辖

C. 在乙国免除作证义务

D. 在乙国免除缴纳遗产税的义务

**考点31** 特别使团

66. 2009/1/79/多

经乙国同意,甲国派特别使团与乙国进行特定外交任务谈判,甲国国民贝登和丙国国民奥马均为使团成员,下列哪些选项是正确的?

A. 甲国对奥马的任命需征得乙国同意,乙国一经同意则不可撤销此项同意

B. 甲国特别使团下榻的房舍遇到火灾而无法获得使团团长明确答复时,乙国可以推定获得同意进入房舍救火

C. 贝登在公务之外开车肇事被诉诸乙国法院,因贝登有豁免权乙国法院无权管辖

D. 特别使团也适用对使馆人员的"不受欢迎的人"的制度

# 专题六　条约法

**考点32** 条约的缔结程序和方式

67. 2015/1/76/多

依据《中华人民共和国缔结条约程序法》及中国相关法律,下列哪些选项是正确的?

A. 国务院总理与外交部长参加条约谈判,无需出具全权证书

B. 由于中国已签署《联合国国家及其财产管辖豁免公约》,该公约对我国具有拘束力

C. 中国缔结或参加的国际条约与中国国内法有冲突的,均优先适用国际条约

D. 经全国人大常委会决定批准或加入的条约和重要协定,由全国人大常委会公报公布

68. 2013/1/74/多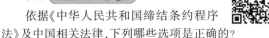

根据《维也纳条约法公约》和《中华人民共和国缔结条约程序法》,关于中国缔约程序问题,下列哪些表述是正确的?

A. 中国外交部长参加条约谈判,无需出具全权证书

B. 中国谈判代表对某条约作出待核准的签署,即表明中国表示同意受条约约束

C. 有关引渡的条约由全国人大常委会决定批准,批准书由国家主席签署

D. 接受多边条约和协定,由国务院决定,接受书由外交部长签署

69. 2012/1/74/多

中国参与某项民商事司法协助多边条约的谈判并签署了该条约,下列哪些表述是正确的?

A. 中国签署该条约后有义务批准该条约

B. 该条约须由全国人大常委会决定批准

C. 对该条约规定禁止保留的条款,中国在批准时不得保留

D. 如该条约获得批准,对于该条约与国内法有不同规定的部分,在中国国内可以直接适用,但中国声明保留的条款除外

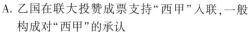

**考点33** 条约的保留

**70.** 2020 回忆/多

甲、乙、丙、丁都是某多边条约的缔约国，条约规定缔约国之间就该条约产生的纠纷应由国际法院管辖。甲国对此规定声明保留;乙国表示接受甲国的保留;丙国不仅反对甲国的保留，还反对条约在甲、丙两国之间生效;丁国仅反对甲国的保留，但不反对条约其他条款在甲、丁两国的适用。甲、乙、丙、丁都是《维也纳条约法公约》的缔约国，下列哪些判断是正确的?

　　A. 甲、乙之间因该条约产生的纠纷应由国际法院管辖

　　B. 丙国可反对甲国的保留，但不能反对条约在甲、丙两国之间生效

　　C. 甲、丁之间条约有效，保留所涉及的条款在两国之间视为不存在

　　D. 乙、丁之间因该条约产生的纠纷应由国际法院管辖

**71.** 2014/1/76/多

甲乙丙三国为某投资公约的缔约国，甲国在参加该公约时提出了保留，乙国接受该保留，丙国反对该保留，后乙丙丁三国又签订了涉及同样事宜的新投资公约。根据《维也纳条约法公约》，下列哪些选项是正确的?

　　A. 因乙丙丁三国签订了新公约，导致甲乙丙三国原公约失效

　　B. 乙丙两国之间应适用新公约

　　C. 甲乙两国之间应适用保留修改后的原公约

　　D. 尽管丙国反对甲国在原公约中的保留，甲丙两国之间并不因此而不发生条约关系

**72.** 2009/1/29/单

甲、乙、丙国同为一开放性多边条约缔约国，现丁国要求加入该条约。四国均为《维也纳条约法公约》缔约国。丁国对该条约中的一些条款提出保留，下列哪一判断是正确的?

　　A. 对于丁国提出的保留，甲、乙、丙国必须接受

　　B. 丁国只能在该条约尚未生效时提出保留

　　C. 该条约对丁国生效后，丁国仍然可以提出保留

　　D. 丁国的加入可以在该条约生效之前或生效之后进行

**考点34** 条约的登记和生效

**73.** 2014/1/32/单

甲国分立为"东甲"和"西甲"，甲国在联合国的席位由"东甲"继承，"西甲"决定加入联合国。"西甲"与乙国(联合国成员)交界处时有冲突发生。根据相关国际法规则，下列哪一选项是正确的?

　　A. 乙国在联大投赞成票支持"西甲"入联，一般构成对"西甲"的承认

　　B. "西甲"认为甲国与乙国的划界条约对其不产生效力

　　C. "西甲"入联后，其所签订的国际条约必须在秘书处登记方能生效

　　D. 经安理会9个理事国同意后，"西甲"即可成为联合国的会员国

**74.** 2010/1/32/单

中国拟与甲国就有关贸易条约进行谈判。根据我国相关法律规定，下列哪一选项是正确的?

　　A. 除另有约定，中国驻甲国大使参加该条约谈判，无须出具全权证书

　　B. 中国驻甲国大使必须有外交部长签署的全权证书方可参与谈判

　　C. 该条约在任何条件下均只能以中国和甲国两国的官方文字作准

　　D. 该条约在缔结后应由中国驻甲国大使向联合国秘书处登记

**考点35** 条约的终止

**75.** 2008/1/98/任

菲德罗河是一条依次流经甲乙丙丁四国的多国河流。1966年，甲乙丙丁四国就该河流的航行事项缔结条约，规定缔约国船舶可以在四国境内的该河流中通航。2005年底，甲国新当选的政府宣布:因乙国政府未能按照条约的规定按时维修其境内航道标志，所以甲国不再受上述条约的拘束，任何外国船舶进入甲国境内的菲德罗河段，均须得到甲国政府的专门批准。自2006年起，甲国开始拦截和驱逐未经其批准而驶入甲国河段的乙丙丁国船舶，并发生多起扣船事件。对此，根据国际法的有关规则，下列表述正确的是:

　　A. 由于乙国未能履行条约义务，因此，甲国有权终止该条约

　　B. 若乙丙丁三国一致同意，可以终止该三国与甲国间的该条约关系

　　C. 若乙丙丁三国一致同意，可以终止该条约

　　D. 甲乙两国应分别就其上述未履行义务的行为，承担同等的国家责任

# 专题七　国际争端的和平解决

**考点36** 国际争端的解决方式

**76.** 2022 回忆/单

甲、乙两国边界发生局部武装冲突，甲

国封锁了乙国边境,丙国邀请两国到丙国谈判。按照现有国际法规则,以下哪一说法是正确的?

- A. 甲、乙两国元首到丙国前,两国可以通过网络秘密谈判
- B. 甲、乙两国元首到丙国谈判时,丙国元首可以参加谈判
- C. 甲、乙两国元首到丙国谈判时,丙国元首可以主持谈判
- D. 甲国可派军舰封锁乙国海岸,禁止乙国海军前往乙国海峡

**77.** 2011/1/76/多
根据国际法相关规则,关于国际争端解决方式,下列哪些表述是正确的?

- A. 甲乙两国就界河使用发生纠纷,丙国为支持甲国可出面进行武装干涉
- B. 甲乙两国发生边界争端,丙国总统可出面进行调停
- C. 甲乙两国可书面协议将两国的专属经济区争端提交联合国国际法院,国际法院对此争端拥有管辖权
- D. 国际法院可就国际争端解决提出咨询意见,该意见具有法律拘束力

**考点37 国际法院**

**78.** 2022 回忆/多
甲国国际法学者艾德拟参选联合国国际法院法官,安理会常任理事国乙国表示反对。关于相关的国际法规则,下列哪些说法是正确的?

- A. 艾德在联合国大会投票表决中获得2/3多数票即可当选
- B. 若乙国投出否决票,则艾德不能当选
- C. 若艾德当选,对涉及甲国的案件不需要申请回避
- D. 若艾德未当选,在国际法院受理的涉及甲国的案件中,可以被选派为"专案法官"参加案件审理

**79.** 2016/1/34/单
关于国际法院,依《国际法院规约》,下列哪一选项是正确的?

- A. 安理会常任理事国对法官选举拥有一票否决权
- B. 国际法院是联合国的司法机关,有诉讼管辖和咨询管辖两项职权
- C. 联合国秘书长可就执行其职务中的任何法律问题请求国际法院发表咨询意见
- D. 国际法院做出判决后,如当事不服,可向联合国大会上诉

**80.** 2013/1/34/单
关于联合国际法院的表述,下列哪一选项是正确的?

- A. 联合国常任理事国对国际法院法官的选举不具有否决权
- B. 国际法院法官对涉及其国籍国的案件,不适用回避制度,即使其就任法官前曾参与该案件
- C. 国际法院判决对案件当事国具有法律拘束力,构成国际法的渊源
- D. 国际法院作出的咨询意见具有法律拘束力

**81.** 2011/1/34/单
甲乙两国协议将其边界领土争端提交联合国国际法院。国际法院作出判决后,甲国拒不履行判决确定的义务。根据《国际法院规约》,关于乙国,下列哪一说法是正确的?

- A. 可申请国际法院指令甲国国内法院强制执行
- B. 可申请由国际法院强制执行
- C. 可向联合国安理会提出申诉,请求由安理会作出建议或决定采取措施执行判决
- D. 可向联大法律委员会提出申诉,由法律委员会决定采取行动执行判决

**82.** 2008/1/29/单
甲国是联合国的会员国。2006年,联合国驻甲国的某机构以联合国的名义,与甲国政府签订协议,购买了一批办公用品。由于甲国交付延期,双方产生纠纷。根据《联合国宪章》和有关国际法规则,下列哪一选项是正确的?

- A. 作为政治性国际组织,联合国组织的上述购买行为自始无效
- B. 上述以联合国名义进行的行为,应视为联合国所有会员国的共同行为
- C. 联合国大会有权就该项纠纷向国际法院提起针对甲国的诉讼,不论甲国是否同意
- D. 联合国大会有权就该项纠纷请求国际法院发表咨询意见,不论甲国是否同意

**考点38 国际海洋法法庭**

**83.** 2023 回忆/多
甲国是新独立的国家,成立后加入了《联合国海洋法公约》,但未加入联合国。乙国是甲国邻国,双方存在专属经济区划界争端。现乙国在争议海域对甲国船舶进行武装执法。甲国将此情况提请安理会审议,请求安理会关注这一事件可能带来的安全与和平风险。后两国谈判失败,甲国依《联合国海洋法公约》申请进入强制程序,并选择国际法院解决争端,乙国则选择《联合国海洋法公约》附件七的仲裁法庭解决。根据现有国际法相关规则,下列哪些说法

是正确的?

 A. 应由仲裁法庭解决本争端

 B. 经乙国同意,可选择国际法院解决本争端

 C. 可依甲国请求,由国际海洋法法庭解决本争端

 D. 甲国不是联合国成员,不能提请安理会审议争端

**84.** 2017/1/34/单

 甲、乙、丙三国对某海域的划界存在争端,三国均为《联合国海洋法公约》缔约国。甲在批准公约时书面声明海洋划界的争端不接受公约的强制争端解决程序,乙国在签署公约时口头声明选择国际海洋法法庭的管辖,丙国在加入公约时书面声明选择国际海洋法法庭的管辖。依相关国际法规则,下列哪一选项是正确的?

 A. 甲国无权通过书面声明排除公约强制程序的适用

 B. 国际海洋法法庭对该争端没有管辖权

 C. 无论三国选择与否,国际法院均对该争端有管辖权

 D. 国际海洋法法庭的设立排除了国际法院对海洋争端的管辖权

**85.** 2014/1/97/任

 甲乙两国就海洋的划界一直存在争端,甲国在签署《联合国海洋法公约》时以书面声明选择了海洋法法庭的管辖权,乙国在加入公约时没有此项选择管辖的声明,但希望争端通过多种途径解决。根据相关国际法规则,下列选项正确的是:

 A. 海洋法法庭的设立不排除国际法院对海洋活动争端的管辖

 B. 海洋法法庭因甲国单方选择管辖的声明而对该争端具有管辖权

 C. 如甲乙两国选择以协商解决争端,除特别约定,两国一般没有达成有拘束力的协议的义务

 D. 如丙国成为双方争端的调停国,则应对调停的失败承担法律后果

**86.** 2012/1/33/单

 甲、乙是联合国会员国。甲作出了接受联合国国际法院强制管辖的声明,乙未作出接受联合国国际法院强制管辖的声明。甲、乙也是《联合国海洋法公约》的当事国,现对相邻海域中某岛屿归属产生争议。关于该争议的处理,下列哪一选项是不符合国际法的?

 A. 甲、乙可达成协议将争议提交联合国国际法院

 B. 甲、乙可自愿选择将争议提交联合国国际法院或国际海洋法法庭

 C. 甲可单方将争议提交联合国国际法院

 D. 甲、乙可自行协商解决争议

# 专题八　战争与武装冲突法

考点39 战争开始的法律后果

**87.** 2022 回忆/单

 甲乙两国发生战争,两国的共同邻国丙国宣布战时中立。根据国际法相关规则,下列哪一说法是正确的?

 A. 甲国可没收乙国的使馆财产

 B. 甲国驻乙国大使馆的外交人员自两国宣战时起不再享有外交特权和豁免

 C. 甲国不可没收乙国战俘的金钱与贵重财产

 D. 为缩短后勤补给时间,甲国可借丙国领土运送军用物资

**88.** 2021 回忆/单

 甲、乙两国发生武装冲突。地区大国丙提出停火方案,并邀请甲、乙两国代表到丙国首都和谈。丙国参与和谈,三国随后以联合声明的方式发布停火协议。后因甲、乙两国对停火协议理解不同,再次发生武装冲突。以下哪一选项符合国际法的规定?

 A. 甲、乙两国宣战后,甲国可以没收乙国驻甲国大使馆的财产

 B. 停火协议系经丙国调停

 C. 甲、乙两国宣战后,甲国A公司与乙国B公司已经签订的商业合同自动废止

 D. 丙国应对停火协议产生的争议承担法律责任

**89.** 2008/1/79/多

 甲乙两国由于边界纠纷引发武装冲突,进而彼此宣布对方为敌国。目前乙国军队已突入甲国境内,占领了甲国边境的桑诺地区。根据与武装冲突相关的国际法规则,下列哪些选项符合国际法?

 A. 甲国对位于其境内的乙国国家财产,包括属于乙国驻甲国使馆的财产,不可予以没收

 B. 甲国对位于其境内的乙国国民的私有财产,予以没收

 C. 乙国对桑诺地区的甲国公民的私有财产,予以没收

 D. 乙国强令位于其境内的甲国公民在规定时间内进行敌侨登记

考点40 战时中立

**90.** 2012/1/34/单

 甲、乙国发生战争,丙国发表声明表示恪守战时中立义务。对此,下列哪一做法不符合战争法?

 A. 甲、乙战争开始后,除条约另有规定外,二国间商务条约停止效力

B. 甲、乙不得对其境内敌国人民的私产予以没收
C. 甲、乙交战期间,丙可与其任一方保持正常外交和商务关系
D. 甲、乙交战期间,丙同意甲通过自己的领土过境运输军用装备

**考点41 保护战时平民和战争受难者**

**91.** 2009/1/78/多
甲乙两国因边境冲突引发战争,甲国军队俘获数十名乙国战俘。依《日内瓦公约》,关于战俘待遇,下列哪些选项是正确的?

A. 乙国战俘应保有其被俘时所享有的民事权利
B. 战事停止后甲国可依乙国战俘的情形决定遣返或关押
C. 甲国不得将乙国战俘扣为人质
D. 甲国为使本国某地区免受乙国军事攻击可在该地区安置乙国战俘

# 国际私法 [试题]

## 专题九 国际私法概述

**考点42** 国际私法的渊源和调整对象

**92.** 2018 回忆/任

定居在上海的英国公民汤姆和定居在英国的中国公民张某波合伙做中国文创产品出口生意。为了保证货源，张某波与定居在上海的中国公民李某在巴黎签订了购买一批位于上海的手工艺品的合同。根据我国《涉外民事关系法律适用法》及相关司法解释的规定，下列说法正确的是：

A. 汤姆和张某波之间的合伙属于涉外民事关系

B. 张某波和李某之间的买卖合同不属于涉外民事关系

C. 如果这批手工艺品被市场监督管理部门扣押，张某波申请返还，则张某波和市场监督管理部门之间构成涉外民事关系

D. 汤姆和李某之间的民事关系不应被认定为涉外民事关系，因他们都定居在上海

## 专题十 国际私法的主体

**考点43** 自然人经常居所地的确定

**93.** 2013/1/37/单

张某居住在深圳，2008年3月被深圳某公司劳务派遣到马来西亚工作，2010年6月回深圳，转而受雇于香港某公司，其间每周一到周五在香港上班，周五晚上回深圳与家人团聚。2012年1月，张某离职到北京治病，2013年6月回深圳，现居该地。依《涉外民事关系法律适用法》（不考虑该法生效日期的因素）和司法解释，关于张某经常居所地的认定，下列哪一表述是正确的？

A. 2010年5月，在马来西亚

B. 2011年12月，在香港

C. 2013年4月，在北京

D. 2008年3月至今，一直在深圳

## 专题十一 冲突规范和准据法

**考点44** 冲突规范

**94.** 2011/1/38/单

《涉外民事关系法律适用法》规定：结婚条件，适用当事人共同经常居所地法律；没有共同经常居所地的，适用共同国籍国法律；没有共同国籍，在一方当事人经常居所地或者国籍国缔结婚姻的，适用婚姻缔结地法律。该规定属于下列哪一种冲突规范？

A. 单边冲突规范

B. 重叠适用的冲突规范

C. 无条件选择适用的冲突规范

D. 有条件选择适用的冲突规范

**考点45** 准据法的确定

**95.** 2011/1/39/单

中国某法院受理一涉外民事案件后，依案情确定应当适用甲国法。但在查找甲国法时发现甲国不同州实施不同的法律。关于本案，法院应当采取下列哪一做法？

A. 根据意思自治原则，由当事人协议决定适用甲国哪个州的法律

B. 直接适用甲国与该涉外民事关系有最密切联系的州法律

C. 首先适用甲国区际冲突法确定准据法，如甲国没有区际冲突法，适用中国法律

D. 首先适用甲国区际冲突法确定准据法，如甲国没有区际冲突法，适用与案件有最密切联系的州法律

**96.** 2010/1/33/单

关于冲突规范和准据法，下列哪一判断是错误的？

A. 冲突规范与实体规范相似

B. 当事人的属人法包括当事人的本国法和住所地法

C. 当事人的本国法指的是当事人国籍所属国的法律

D. 准据法是经冲突规范指引、能够具体确定国际民事法律关系当事人权利义务的实体法

# 专题十二 适用冲突规范的制度

**考点46 定性（识别）**

**97.** 2002/1/20/单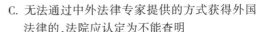

一对夫妇,夫为泰国人,妻为英国人。丈夫在中国逝世后,妻子要求中国法院判决丈夫在中国的遗产归其所有。判断妻子对其夫财产的权利是基于夫妻财产关系的权利还是妻子对丈夫的继承权利的问题在国际私法上被称为什么?

A. 二级识别　　　B. 识别
C. 法律适用　　　D. 先决问题

**考点47 反致**

**98.** 2019回忆/单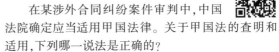

新西兰人甲在中国某法院涉诉,其纠纷依中国法应适用新西兰法,依新西兰法应适用中国法。根据我国《涉外民事关系法律适用法》,下列哪项判断是正确的?

A. 该纠纷应适用中国实体法
B. 该纠纷应适用新西兰实体法
C. 依最密切联系原则选择实体法
D. 因中国法和新西兰法冲突,法院应驳回起诉

**99.** 2002/1/21/单

塞纳具有甲国国籍,住所在乙国,于1988年死亡。塞纳的亲属要求继承其遗留在丙国的不动产并诉至丙国法院。丙国法院依照本国的冲突规范应适用塞纳的本国法即甲国法;但依甲国冲突规范规定又应适用塞纳的住所地法即乙国法;而乙国冲突规范规定应适用不动产所在地法律即丙国法律。此时,丙国法院适用自己本国法律的行为属于下列哪一选项?

A. 直接反致
B. 间接反致
C. 转致
D. 双重反致

**考点48 外国法的查明**

**100.** 2013/1/36/单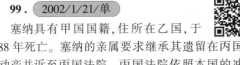

根据《涉外民事关系法律适用法》和司法解释,关于外国法律的查明问题,下列哪一表述是正确的?

A. 行政机关无查明外国法律的义务
B. 查明过程中,法院应当听取各方当事人对应当适用的外国法律的内容及其理解与适用的意见

C. 无法通过中外法律专家提供的方式获得外国法律的,法院应认定为不能查明
D. 不能查明的,应视为相关当事人的诉讼请求无法律依据

**101.** 2011/1/35/单

在某涉外合同纠纷案件审判中,中国法院确定应当适用甲国法律。关于甲国法的查明和适用,下列哪一说法是正确的?

A. 当事人选择适用甲国法律的,法院应当协助当事人查明该国法律
B. 该案适用的甲国法包括该国的法律适用法
C. 不能查明甲国法的,适用中华人民共和国法律
D. 不能查明甲国法的,驳回当事人的诉讼请求

**102.** 2008/1/35/单

我国"协航"号轮与甲国"瑟皇"号轮在乙国领海发生碰撞。"协航"号轮返回中国后,"瑟皇"号轮的所有人在我国法院对"协航"号轮所属的船公司提起侵权损害赔偿之诉。在庭审过程中,双方均依据乙国法律提出请求或进行抗辩。根据这一事实,下列哪一选项是正确的?

A. 因双方均依据乙国法律提出请求或进行抗辩,故应由当事人负责证明乙国法律,法院无须查明
B. 法院应依职权查明乙国法律,双方当事人无须证明
C. 法院应依职权查明乙国法律,也可要求当事人证明乙国法律的内容
D. 应由双方当事人负责证明乙国法律,在其无法证明时,才由法院依职权查明

**考点49 法律规避**

**103.** 2010/1/81/多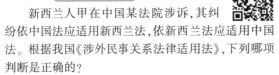

根据我国相关法律规定,关于合同法律适用问题上的法律规避,下列哪些选项是正确的?

A. 当事人规避中国法律强制性规定的,应当驳回起诉
B. 当事人规避中国法律强制性规定的,不发生适用外国法律的效力
C. 如果当事人采用明示约定的方式,则其规避中国法律强制性规定的行为将为法院所认可
D. 当事人在合同关系中规避中国法律强制性规定的行为无效,该合同应适用中国法

**考点50 公共秩序保留与直接适用的法**

**104.** 2014/1/77/多

中国甲公司与巴西乙公司因合同争议在中国法院提起诉讼。关于该案的法律适用,下列哪

些选项是正确的?

A. 双方可协议选择合同争议适用的法律

B. 双方应在一审开庭前通过协商一致,选择合同争议适用的法律

C. 因法院地在中国,本案的时效问题应适用中国法

D. 如案件涉及中国环境安全问题,该问题应适用中国法

**105.** 2014/1/98/任

根据我国法律和司法解释,关于涉外民事关系适用的外国法律,下列说法正确的是:

A. 不能查明外国法律,适用中国法律

B. 如果中国法有强制性规定,直接适用该强制性规定

C. 外国法律的适用将损害中方当事人利益的,适用中国法

D. 外国法包括该国法律适用法

**106.** 2013/1/35/单

中国甲公司与德国乙公司进行一项商事交易,约定适用英国法律。后双方发生争议,甲公司在中国法院提起诉讼。关于该案的法律适用问题,下列哪一选项是错误的?

A. 如案件涉及食品安全问题,该问题应适用中国法

B. 如案件涉及外汇管制问题,该问题应适用中国法

C. 应直接适用的法律限于民事性质的实体法

D. 法院在确定应当直接适用的中国法律时,无需再通过冲突规范的指引

## 专题十三　国际民商事关系的法律适用

**考点51** 意思自治原则在法律适用中的运用

**107.** 2015/1/77/多

在某合同纠纷中,中国当事方与甲国当事方协议选择适用乙国法,并诉至中国法院。关于该合同纠纷,下列哪些选项是正确的?

A. 当事人选择的乙国法,仅指该国的实体法,既不包括其冲突法,也不包括其程序法

B. 如乙国不同州实施不同的法律,人民法院应适用该国首都所在地的法律

C. 在庭审中,中国当事方以乙国与该纠纷无实际联系为由主张法律选择无效,人民法院不应支持

D. 当事人在一审法庭辩论即将结束时决定将选择的法律变更为甲国法,人民法院不应支持

**108.** 2013/1/98/任

在涉外民事关系中,依《涉外民事关系法律适用法》和司法解释,关于当事人意思自治原则,下列表述中正确的是:

A. 当事人选择的法律应与所争议的民事关系有实际联系

B. 当事人仅可在具有合同性质的涉外民事关系中选择法律

C. 在一审法庭辩论终结前,当事人有权协议选择或变更选择适用的法律

D. 各方当事人援引相同国家的法律且未提出法律适用异议的,法院可以认定当事人已经就涉外民事关系适用的法律作出了选择

**109.** 2011/1/77/多

根据我国有关法律规定,关于涉外民事关系的法律适用,下列哪些领域采用当事人意思自治原则?

A. 合同　　　　　　B. 侵权

C. 不动产物权　　　D. 诉讼离婚

**考点52** 自然人权利能力和行为能力的法律适用

**110.** 2012/1/35/单

甲国公民琼斯的经常居住地在乙国,其在中国居留期间,因合同纠纷在中国法院参与民事诉讼。关于琼斯的民事能力的法律适用,下列哪一选项是正确的?

A. 民事权利能力适用甲国法

B. 民事权利能力适用中国法

C. 民事行为能力应重叠适用甲国法和中国法

D. 依照乙国法琼斯为无民事行为能力,依照中国法为有民事行为能力的,其民事行为能力适用中国法

**111.** 2009/1/36/单

中国籍人李某2008年随父母定居甲国,甲国法律规定自然人具有完全民事行为能力的年龄为21周岁。2009年7月李某19周岁,在其回国期间与国内某电脑软件公司签订了购买电脑软件的合同,合同分批履行。李某在部分履行合同后,以不符合甲国有关完全民事行为能力年龄法律规定为由,主张合同无效,某电脑软件公司即向我国法院起诉。依我国相关法律规定,下列哪一说法是正确的?

A. 应适用甲国法律认定李某不具有完全行为能力

B. 应适用中国法律认定李某在中国的行为具有完全行为能力

C. 李某已在甲国定居,在中国所为行为应适用

D. 李某在甲国履行该合同的行为应适用甲国法律

### 考点53 宣告失踪和宣告死亡的法律适用

**112.** 2016/1/35/单

经常居所同在上海的越南公民阮某与中国公民李某结伴乘新加坡籍客轮从新加坡到印度游玩。客轮在公海遇风暴沉没,两人失踪。现两人亲属在上海某法院起诉,请求宣告两人失踪。依中国法律规定,下列哪一选项是正确的?

A. 宣告两人失踪,均应适用中国法
B. 宣告阮某失踪,可适用中国法或越南法
C. 宣告李某失踪,可适用中国法或新加坡法
D. 宣告阮某与李某失踪,应分别适用越南法与中国法

**113.** 2014/1/36/单

经常居住于中国的英国公民迈克,乘坐甲国某航空公司航班从甲国出发,前往中国,途经乙国领空时,飞机失去联系。若干年后,迈克的亲属向中国法院申请宣告其死亡。关于该案件应适用的法律,下列哪一选项是正确的?

A. 中国法
B. 英国法
C. 甲国法
D. 乙国法

### 考点54 法人权利能力和行为能力的法律适用

**114.** 2023 回忆/单

注册地在开曼群岛的甲公司,主营业地在中国上海,因公司部分股东主张股东会决议侵犯了其股东权利,提起诉讼,请求法院撤销该决议。关于本案的法律适用,下列哪一说法是正确的?

A. 可以协议选择适用法律
B. 应当适用中国法
C. 可以适用开曼群岛法和中国法
D. 开曼群岛是英国海外领地,适用英国法

**115.** 2016/1/77/多

韩国公民金某在新加坡注册成立一家公司,主营业地设在香港地区。依中国法律规定,下列哪些选项是正确的?

A. 该公司为新加坡籍
B. 该公司拥有韩国与新加坡双重国籍
C. 该公司的股东权利义务适用中国内地法
D. 该公司的民事权利能力与行为能力可适用香港地区法或新加坡法

**116.** 2014/1/35/单

德国甲公司与中国乙公司在中国共同设立了某合资有限责任公司,后甲公司以确认其在合

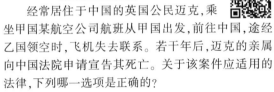

资公司的股东权利为由向中国某法院提起诉讼。关于本案的法律适用,下列哪一选项是正确的?

A. 因合资公司登记地在中国,故应适用中国法
B. 因侵权行为地在中国,故应适用中国法
C. 因争议与中国的联系更密切,故应适用中国法
D. 当事人可协议选择纠纷应适用的法律

**117.** 2011/1/36/单

甲国A公司和乙国B公司共同出资组建了C公司,C公司注册地和主营业地均在乙国,同时在甲国、乙国和中国设有分支机构,现涉中国某项业务诉诸中国某法院。根据我国相关法律规定,该公司的民事行为能力应当适用哪国法律?

A. 甲国法
B. 乙国法
C. 中国法
D. 乙国法或者中国法

### 考点55 时效的法律适用

**118.** 2021 回忆/单

中国甲公司与英国乙公司签订了商事合同,约定合同适用英国法。现甲、乙两公司因合同履行发生纠纷诉至中国某法院,根据我国法律和相关司法解释,下列哪一项说法是正确的?

A. 若英国存在多个法域,该合同纠纷应适用伦敦所在的英格兰法
B. 若双方在一审法庭辩论时约定该纠纷的诉讼时效适用中国法,应从其约定
C. 若双方在一审法庭辩论时将合同适用的法律变更为苏格兰法,法院应予支持
D. 关于诉讼时效规定应适用英国法

**119.** 2017/1/79/多

中国甲公司与英国乙公司签订一份商事合同,约定合同纠纷适用英国法。合同纠纷发生4年后,乙公司将甲公司诉至某人民法院。英国关于合同纠纷的诉讼时效为6年。关于本案的法律适用,下列哪些选项是正确的?

A. 本案的诉讼时效应适用中国法
B. 本案的实体问题应适用英国法
C. 本案的诉讼时效与实体问题均应适用英国法
D. 本案的诉讼时效应适用中国法,实体问题应适用英国法

### 考点56 信托的法律适用

**120.** 2017/1/77/多

新加坡公民王颖与顺捷国际信托公司在北京签订协议,将其在中国的财产交由该公司管理,并指定受益人为其幼子李力。在管理信托财产的过程中,王颖与顺捷公司发生纠纷,并诉至某人民法院。关于该信托纠纷的法律适用,下列哪些选项是正确的?

A. 双方可协议选择适用瑞士法
B. 双方可协议选择适用新加坡法
C. 如双方未选择法律,法院应适用中国法
D. 如双方未选择法律,法院应在中国法与新加坡法中选择适用有利于保护李力利益的法律

**考点57** 仲裁协议的法律适用

**121.** 2020 回忆/多

中国甲公司和泰国乙公司签订买卖合 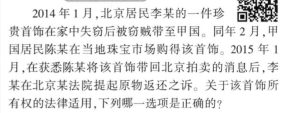同,合同约定因履行合同产生的纠纷适用德国法,合同纠纷可由北京仲裁委员会在新加坡仲裁,也可向中国法院起诉。后双方发生履约纠纷,中国甲公司诉至中国某法院,泰国乙公司则认为纠纷应通过仲裁解决。根据我国相关法律规定,下列哪些选项是错误的?

A. 北京仲裁委员会只能在中国工作,合同约定仲裁地在新加坡,该仲裁条款无效
B. 因买卖合同选择了德国法,故应适用德国法来认定仲裁条款的效力
C. 对该仲裁条款的效力应由北京仲裁委员会作出决定
D. 应直接适用中国法认定该仲裁条款无效

**考点58** 物权的法律适用

**122.** 2020 回忆/单

甲国一马戏团带着动物明星小狗皮皮来中国演出,因管理人员看管不利,小狗皮皮逃脱被中国公民王某抓获,王某在中国将小狗皮皮卖给甲国公民莉莉。现甲国马戏团在中国某法院起诉,要求莉莉归还小狗皮皮。根据我国《涉外民事关系法律适用法》,我国法院应如何认定本案动产物权的法律适用?

A. 若当事双方协议选择乙国法,法院应不予适用
B. 应当适用双方共同国籍国的甲国法
C. 应当适用中国法或甲国法
D. 应当适用中国法

**123.** 2018 回忆/单

经常居住在天津的德国公民托马斯家中名画失窃,该画后被中国公民李伟在韩国艺术品市场购得。托马斯得知李伟将画带回中国并委托拍卖公司在天津拍卖,欲通过诉讼要回该画作。根据我国《涉外民事关系法律适用法》,关于本案下列哪一说法是正确的?

A. 托马斯的诉讼行为能力应适用德国法来判断
B. 关于该画作的物权问题,当事双方应当在与案件有实际联系的德国法、中国法以及韩国法中进行选择
C. 关于该画作的物权问题,当事双方不能就准据法的选择达成一致时,应适用韩国法

D. 关于该画作的物权问题,当事双方不能就准据法的选择达成一致时,应适用法院地法即中国法

**124.** 2015/1/36/单

2014 年 1 月,北京居民李某的一件珍贵首饰在家中失窃后被窃贼带至甲国。同年 2 月,甲国居民陈某在当地珠宝市场购得该首饰。2015 年 1 月,在获悉陈某将该首饰带回北京拍卖的消息后,李某在北京某法院提起原物返还之诉。关于该首饰所有权的法律适用,下列哪一选项是正确的?

A. 应适用中国法
B. 应适用甲国法
C. 如李某与陈某选择适用甲国法,不应支持
D. 如李某与陈某无法就法律选择达成一致,应适用甲国法

**125.** 2011/1/98/任

A 公司和 B 公司于 2011 年 5 月 20 日签订合同,由 A 公司将一批平板电脑售卖给 B 公司。A 公司和 B 公司营业地分别位于甲国和乙国,两国均为《联合国国际货物销售合同公约》缔约国。合同项下的货物由丙国 C 公司的"潇湘"号商船承运,装运港是甲国某港口,目的港是乙国某港口。在运输途中,B 公司与中国 D 公司就货物转卖达成协议。

B 公司与 D 公司就运输途中平板电脑的所有权产生了争议,D 公司将争议诉诸中国某法院。根据我国有关法律适用的规定,关于平板电脑所有权的法律适用,下列选项正确的是:

A. 当事人有约定的,可以适用当事人选择的法律,也可以适用乙国法
B. 当事人有约定的,应当适用当事人选择的法律
C. 当事人没有约定的,应当适用甲国法
D. 当事人没有约定的,应当适用乙国法

**考点59** 合同之债的法律适用

**126.** 2019 回忆/单

法国人皮埃尔与主营业地在深圳的旭日公司签订劳动合同,并根据劳动合同被派往在尼日利亚的分公司工作。后皮埃尔被旭日公司解雇,诉至中国深圳某法院。法院应适用哪个国家的法律?

A. 法国法、中国法或尼日利亚法中对皮埃尔有利的法律
B. 法国法,因为皮埃尔为法国籍
C. 中国法,因为旭日公司主营业地在中国
D. 尼日利亚法,因皮埃尔工作地在尼日利亚

**127.** 2015/1/35/单

沙特某公司在华招聘一名中国籍雇员

张某。为规避中国法律关于劳动者权益保护的强制性规定,劳动合同约定排他性地适用菲律宾法。后因劳动合同产生纠纷,张某向中国法院提起诉讼。关于该劳动合同的法律适用,下列哪一选项是正确的?

    A. 适用沙特法

    B. 因涉及劳动者权益保护,直接适用中国的强制性规定

    C. 在沙特法、中国法与菲律宾法中选择适用对张某最有利的法律

    D. 适用菲律宾法

**128.** 2014/1/38/单

甲国公民大卫被乙国某公司雇佣,该公司主营业地在丙国,大卫工作内容为巡回于东亚地区进行产品售后服务,后双方因劳动合同纠纷诉诸中国某法院。关于该纠纷应适用的法律,下列哪一选项是正确的?

    A. 中国法        B. 甲国法

    C. 乙国法        D. 丙国法

**129.** 2010/1/35/单

甲国公司与乙国航运公司订立海上运输合同,由丙国籍船舶"德洋"号运输一批货物,有关"德洋"号的争议现在中国法院审理。根据我国相关法律规定,下列哪一选项是正确的?

    A. 该海上运输合同应适用船旗国法律

    B. 有关"德洋"号抵押权的受偿顺序应适用法院地法律

    C. 有关"德洋"号船舶优先权的争议应适用丙国法律

    D. 除法律另有规定外,甲国公司与乙国航运公司可选择适用于海上运输合同的法律

**考点60 侵权之债的法律适用**

**130.** 2020 回忆/单

定居瑞士的英国明星大卫来中国旅游时,发现中国甲公司未经其同意在公司微信公众号中擅自使用其肖像宣传。大卫在中国某法院起诉甲公司,要求甲公司停止侵权并赔礼道歉。我国法院处理本案时应如何适用法律?

    A. 双方当事人协议选择中国法的,应当适用中国法

    B. 适用大卫经常居所地的瑞士法

    C. 因大卫是英国人,应当适用英国法

    D. 因微信是在中国发行的软件,应当适用中国法

**131.** 2017/1/35/单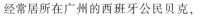

经常居所在广州的西班牙公民贝克,

在服务器位于西班牙的某网络论坛上发帖诽谤经常居所在新加坡的中国公民王某。现王某将贝克诉至广州某法院,要求其承担侵害名誉权的责任。关于该纠纷的法律适用,下列哪一选项是正确的?

    A. 侵权人是西班牙公民,应适用西班牙法

    B. 被侵权人的经常居所在新加坡,应适用新加坡法

    C. 被侵权人是中国公民,应适用中国法

    D. 论坛服务器在西班牙,应适用西班牙法

**132.** 2015/1/37/单

甲国游客杰克于 2015 年 6 月在北京旅游时因过失导致北京居民孙某受重伤。现孙某在北京以杰克为被告提起侵权之诉。关于该侵权纠纷的法律适用,下列哪一选项是正确的?

    A. 因侵权行为发生在中国,应直接适用中国法

    B. 如当事人在开庭前协议选择适用乙国法,应予支持,但当事人应向法院提供乙国法的内容

    C. 因本案仅与中国、甲国有实际联系,当事人只能在中国法与甲国法中进行选择

    D. 应在中国法与甲国法中选择适用更有利于孙某的法律

**133.** 2012/1/79/多

甲国公民 A 与乙国公民 B 的经常居住地均在中国,双方就在丙国境内发生的侵权纠纷在中国法院提起诉讼。关于该案的法律适用,下列哪些选项是正确的?

    A. 如侵权行为发生后双方达成口头协议,就纠纷的法律适用做出了选择,应适用协议选择的法律

    B. 如侵权行为发生后双方达成书面协议,就纠纷的法律适用做出了选择,应适用协议选择的法律

    C. 如侵权行为发生后双方未选择纠纷适用的法律,应适用丙国法

    D. 如侵权行为发生后双方未选择纠纷适用的法律,应适用中国法

**134.** 2011/1/78/多

甲国人特里长期居于乙国,丙国人王某长期居于中国,两人在北京经营相互竞争的同种产品。特里不时在互联网上发布不利于王某的消息,王某在中国法院起诉特里侵犯其名誉权、肖像权和姓名权。关于该案的法律适用,根据我国相关法律规定,下列哪些选项是错误的?

    A. 名誉权的内容应适用中国法律,因为权利人的经常居住地在中国

    B. 肖像权的侵害适用甲国法律,因为侵权人是

甲国人

    C. 姓名权的侵害适用乙国法律,因为侵权人的经常居所地在乙国

    D. 网络侵权应当适用丙国法律,因为被侵权人是丙国人

**135.** 2010/1/99/任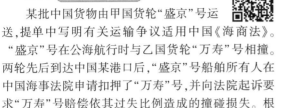

某批中国货物由甲国货轮"盛京"号运送,提单中写明有关运输争议适用中国《海商法》。"盛京"号在公海航行时与乙国货轮"万寿"号相撞。两轮先后到达中国某港口后,"盛京"号船舶所有人在中国海事法院申请扣押了"万寿"号,并向法院起诉要求"万寿"号赔偿依其过失比例造成的撞碰损失。根据中国相关法律规定,下列选项正确的是:

    A. 碰撞损害赔偿应重叠适用两个船旗国的法律

    B. "万寿"号与"盛京"号的碰撞争议应适用甲国法律

    C. "万寿"号与"盛京"号的碰撞争议应适用中国法律

    D. "盛京"号运输货物的合同应适用中国《海商法》

**136.** 2009/1/83/任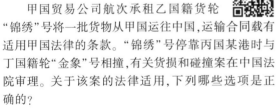

甲国贸易公司航次承租乙国籍货轮"锦绣"号将一批货物从甲国运往中国,运输合同载有适用甲国法律的条款。"锦绣"号停靠丙国某港时与丁国籍轮"金象"号相撞,有关货损和碰撞案在中国法院审理。关于该案的法律适用,下列哪些选项是正确的?

    A. 有关航次租船运输合同的争议应适用与合同有最密切联系的法律

    B. 有关航次租船运输合同的争议应适用甲国法律

    C. 因为"锦绣"号与"金象"号的国籍不同,两轮的碰撞纠纷应适用法院地法解决

    D. "锦绣"号与"金象"号的碰撞应适用丙国法律

**考点61** 不当得利、无因管理的法律适用

**137.** 2021 回忆/单

经常居住地在巴黎的法国人玛丽在广州工作,2020年圣诞节玛丽回国后,其饲养的宠物猫从阳台跃入邻居李某家被后者收留和饲养。玛丽回广州后,李某归还并要求支付饲养费用,玛丽拒绝。李某向中国某法院起诉,下列哪一选项是正确的?

    A. 若李某和玛丽未选择法律,法院应在中国法和法国法中择一适用

    B. 若李某和玛丽协议选择适用德国法,法院应予支持

    C. 只能适用中国法

    D. 李某和玛丽只能在中国法和法国法中选择其中之一适用

**138.** 2019 回忆/单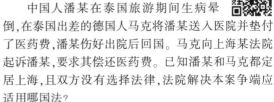

中国人潘某在泰国旅游期间生病晕倒,在泰国出差的德国人马克将潘某送入医院并垫付了医药费,潘某伤好出院后回国。马克向上海某法院起诉潘某,要求其偿还医药费。已知潘某和马克都定居上海,且双方没有选择法律,法院解决本案争端应适用哪国法?

    A. 中国法

    B. 日本法

    C. 泰国法

    D. 最密切联系地法

**139.** 2016/1/36/单

英国公民苏珊来华短期旅游,因疏忽多付房费1000元,苏珊要求旅店返还遭拒后,将其诉至中国某法院。关于该纠纷的法律适用,下列哪一选项是正确的?

    A. 因与苏珊发生争议的旅店位于中国,因此只能适用中国法

    B. 当事人可协议选择适用瑞士法

    C. 应适用中国法和英国法

    D. 应在英国法与中国法中选择适用对苏珊有利的法律

**考点62** 商事关系的法律适用

**140.** 2022 回忆/单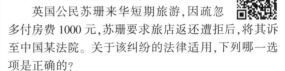

法国甲公司在深圳向巴西乙公司出具汇票,汇票付款人为法国甲公司在深圳的分支机构。巴西乙公司在里约热内卢将汇票背书转让给了巴西丙公司,丙公司不慎丢失汇票。该汇票被经常居所地在广州的谢某拾得。后中国某法院受理有关该汇票的纠纷。关于本案,下列哪一说法是正确的?

    A. 乙公司对该汇票的背书行为,应适用中国法

    B. 丙公司对乙公司行使汇票追索权的期限,应适用中国法

    C. 丙公司请求保全汇票权利的程序,应适用巴西法

    D. 谢某拾得汇票是否构成不当得利的问题,应适用巴西法

**141.** 2017/1/36/单

中国公民李某在柏林签发一张转账支票给德国甲公司用于支付货款,付款人为中国乙银行北京分行;甲公司在柏林将支票背书转让给中国丙公司,丙公司在北京向乙银行请求付款时被拒。关于该支票的法律适用,依中国法律规定,下列哪一选项是正确的?

A. 如李某依中国法为限制民事行为能力人,依德国法为完全民事行为能力人,应适用德国法

B. 甲公司对该支票的背书行为,应适用中国法

C. 丙公司向甲公司行使票据追索权的期限,应适用中国法

D. 如丙公司不慎将该支票丢失,其请求保全票据权利的程序,应适用德国法

**142.** `2017/1/37/单`

中国甲公司将其旗下的东方号货轮光船租赁给韩国乙公司,为便于使用,东方号的登记国由中国变更为巴拿马。现东方号与另一艘巴拿马籍货轮在某海域相撞,并被诉至中国某海事法院。关于本案的法律适用,下列哪一项是正确的?

A. 两船碰撞的损害赔偿应适用中国法

B. 如两船在公海碰撞,损害赔偿应适用《联合国海洋法公约》

C. 如两船在中国领海碰撞,损害赔偿应适用中国法

D. 如经乙公司同意,甲公司在租赁期间将东方号抵押给韩国丙公司,该抵押权应适用中国法

**143.** `2010/1/38/单`

在中国法院审理的某票据纠纷中,与该票据相关的法律行为发生在中国,该票据付款人为甲国某州居民里斯。关于里斯行为能力的法律适用,根据我国相关法律规定,下列哪一判断是正确的?

A. 应适用与该票据纠纷有最密切联系的法律

B. 应适用里斯住所地的法律

C. 如依据中国法里斯具有完全行为能力,则应认定其具有完全行为能力

D. 如关于里斯行为能力的准据法无法查明,则应驳回起诉

**144.** `2009/1/35/单`

甲国人罗得向希姆借了一笔款。罗得在乙国给希姆开具一张五万美元的支票,其记载的付款人是罗得开立账户的丙国银行。后丙国银行拒绝向持有支票的希姆付款。因甲国战乱,希姆和罗得移居中国经商并有了住所,希姆遂在中国某法院起诉罗得,要求其支付五万美元。关于此案的法律适用,下列哪一选项是正确的?

A. 该支票的追索应适用当事人选择的法律

B. 该支票追索权的行使期限应适用甲国法律

C. 该支票的记载事项应适用乙国法律

D. 该支票记载的付款人是丙国银行,罗得的行为能力应适用丙国法

**145.** `2019 回忆/多`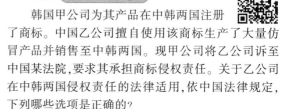

日本甲公司与中国三叶公司签订专利许可协议(协议约定适用日本法),授权中国三叶公司在中国范围内销售的手机上安装日本甲公司拥有专利的某款 APP。中国三叶公司在其销往越南的手机上也安装了该款 APP。现日本甲公司在中国法院起诉中国三叶公司违约并侵犯了其在越南获得的专利,下列哪些判断是正确的?

A. 中国三叶公司主营业地在中国,违约和侵权纠纷都应适用中国法

B. 违约纠纷应适用日本法

C. 侵权纠纷双方在开庭前可约定适用中国法

D. 侵权纠纷应适用日本法

**146.** `2016/1/79/多`

韩国甲公司为其产品在中韩两国注册了商标。中国乙公司擅自使用该商标生产了大量仿冒产品并销售至中韩两国。现甲公司将乙公司诉至中国某法院,要求其承担商标侵权责任。关于乙公司在中韩两国侵权责任的法律适用,依中国法律规定,下列哪些选项是正确的?

A. 双方可协议选择适用中国法

B. 均应适用中国法

C. 双方可协议选择适用韩国法

D. 如双方无法达成一致,则应分别适用中国法与韩国法

**147.** `2014/1/78/多`

德国甲公司与中国乙公司签订许可使用合同,授权乙公司在英国使用甲公司在英国获批的某项专利。后因相关纠纷诉诸中国法院。关于该案的法律适用,下列哪些选项是正确的?

A. 关于本案的定性,应适用中国法

B. 关于专利权归属的争议,应适用德国法

C. 关于专利权内容的争议,应适用英国法

D. 关于专利权侵权的争议,双方可以协议选择法律,不能达成协议,应适用与纠纷有最密切联系的法律

**148.** `2012/1/98/任`

甲国 A 公司向乙国 B 公司出口一批货物,双方约定适用 2020 年《国际贸易术语解释通则》中 CIF 术语。该批货物由丙国 C 公司"乐安"号商船承运,运输途中船舶搁浅,为起浮抛弃了部分货物。船舶起浮后继续航行中又因恶劣天气,部分货物被海浪打入海中。到目的港后发现还有部分货物因固有缺陷而损失。

A 公司与 B 公司就该批货物在中国境内的商标

权产生争议,双方诉至中国某法院。关于该商标权有关争议的法律适用,下列选项正确的是:

A. 归属争议应适用中国法
B. 归属争议应适用甲国法
C. 转让争议应适用甲国法
D. 转让争议当事人可以协议选择法律

### 考点64 婚姻与夫妻关系的法律适用

**149.** 2018 回忆/多

经常居所地同在上海的新加坡男性公民杰克与中国女性公民王某均刚满 18 周岁,因不满足中国法定结婚年龄,二人选择到伦敦结婚。一年后因感情不和,王某欲与杰克解除婚姻关系并分割财产。根据中国相关法律,下列哪些选项是正确的?

A. 两人在伦敦结婚的行为,属于国际私法上的法律规避
B. 因伦敦是婚姻缔结地,两人的结婚条件应适用英国法
C. 二人的财产分割应根据夫妻财产关系法律适用规则
D. 因上海是两人共同经常居所地,两人的结婚条件应适用中国法

**150.** 2016/1/37/单

经常居所在汉堡的德国公民贝克与经常居所在上海的中国公民李某打算在中国结婚。关于贝克与李某结婚,依《涉外民事关系法律适用法》,下列哪一项是正确的?

A. 两人的婚龄适用中国法
B. 结婚的手续适用中国法
C. 结婚的所有事项均适用中国法
D. 结婚的条件同时适用中国法与德国法

**151.** 2015/1/78/多

韩国公民金某与德国公民汉森自 2013 年 1 月起一直居住于上海,并于该年 6 月在上海结婚。2015 年 8 月,二人欲在上海解除婚姻关系。关于二人财产关系与离婚的法律适用,下列哪些选项是正确的?

A. 二人可约定其财产关系适用韩国法
B. 如诉讼离婚,应适用中国法
C. 如协议离婚,二人没有选择法律的,应适用中国法
D. 如协议离婚,二人可以在中国法、韩国法及德国法中进行选择

**152.** 2013/1/77/多

中国人李某(女)与甲国人金某(男) 2011 年在乙国依照乙国法律登记结婚,婚后二人定居在北京。依《涉外民事关系法律适用法》,关于其夫妻

关系的法律适用,下列哪些表述是正确的?

A. 婚后李某是否应改从其丈夫姓氏的问题,适用甲国法
B. 双方是否应当同居的问题,适用中国法
C. 婚姻对他们婚前财产的效力问题,适用乙国法
D. 婚姻存续期间双方取得的财产的处分问题,双方可选择适用甲国法

**153.** 2012/1/77/多

甲国公民玛丽与中国公民王某经常居住地均在中国,2 人在乙国结婚。关于双方婚姻关系的法律适用,下列哪些选项是正确的?

A. 结婚手续只能适用中国法
B. 结婚手续符合甲国法、中国法和乙国法中的任何一个,即为有效
C. 结婚条件应适用乙国法
D. 结婚条件应适用中国法

### 考点65 监护关系的法律适用

**154.** 2017/1/78/多

中国公民王某将甲国公民米勒诉至某人民法院,请求判决两人离婚、分割夫妻财产并将幼子的监护权判决给她。王某与米勒的经常居所及主要财产均在上海,其幼子为甲国籍。关于本案的法律适用,下列哪些选项是正确的?

A. 离婚事项,应适用中国法
B. 夫妻财产的分割,王某与米勒可选择适用中国法或甲国法
C. 监护权事项,在甲国法与中国法中选择适用有利于保护幼子利益的法律
D. 夫妻财产的分割与监护权事项应适用中国法

**155.** 2009/1/33/多

中国籍 14 岁少年曲某随父赴甲国读书。曲父在甲国购买住房后,因生意原因返回中国,行前安排乙国籍好友李某监护曲某在甲国期间学习生活。现有关曲某的监护问题在中国某法院涉诉。关于本案的法律适用,下列哪些选项是不正确的?①

A. 应适用甲国法律,因曲某在甲国有住所
B. 应适用中国法律,因曲某为中国籍
C. 应适用乙国法律,因监护人李某为乙国籍
D. 应适用与曲某有最密切联系的法律

### 考点66 收养关系的法律适用

**156.** 2021 回忆/单

久居上海的德国籍夫妇洛克和玛丽去

---

① 原为单选题,根据新法答案有变化,调整为多选题。

年在贵州收养了中国女孩小丽。小丽的亲生父母就收养关系的解除向上海某法院起诉,下列关于法律适用的判断哪一项是正确的?

  A. 收养条件应适用德国法

  B. 收养手续应适用中国法或德国法

  C. 收养解除应适用中国法

  D. 收养效力应适用德国法

**157．** 2014/1/37/单

经常居住于英国的法国籍夫妇甲和乙,想来华共同收养某儿童。对此,下列哪一说法是正确的?

  A. 甲、乙必须共同来华办理收养手续

  B. 甲、乙应与送养人订立书面收养协议

  C. 收养的条件应重叠适用中国法和法国法

  D. 若发生收养效力纠纷,应适用中国法

**158．** 2012/1/36/单

某甲国公民经常居住地在甲国,在中国收养了长期居住于北京的中国儿童,并将其带回甲国生活。根据中国关于收养关系法律适用的规定,下列哪一选项是正确的?

  A. 收养的条件和手续应同时符合甲国法和中国法

  B. 收养的条件和手续符合中国法即可

  C. 收养效力纠纷诉至中国法院的,应适用中国法

  D. 收养关系解除的纠纷诉至中国法院的,应适用甲国法

**考点67** 继承的法律适用

**159．** 2020 回忆/多

经常居住地在上海的甲国公民佩罗通过快猫短视频留下遗嘱。现佩罗遗产继承纠纷诉至中国某人民法院,依照中国相关法律规定,下列哪些选项是不正确的?

  A. 该遗嘱方式须符合中国法或甲国法,遗嘱才能成立

  B. 如需适用甲国法解决本案纠纷,而双方当事人对甲国法内容有异议,人民法院应认定甲国法无法查明

  C. 如佩罗立遗嘱时,甲国已禁止本国人使用快猫公司的短视频产品,则该遗嘱无效

  D. 该遗嘱的效力可以适用中国法或甲国法

**160．** 2016/1/78/多

经常居所在上海的瑞士公民怀特未留遗嘱死亡,怀特在上海银行存有100万元人民币,在苏黎世银行存有10万欧元,且在上海与巴黎各有一套房产。现其继承人因遗产分割纠纷诉至上海某法

院。依中国法律规定,下列哪些选项是正确的?

  A. 100万元人民币存款应适用中国法

  B. 10万欧元存款应适用中国法

  C. 上海的房产应适用中国法

  D. 巴黎的房产应适用法国法

**161．** 2010/1/83/多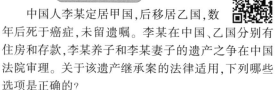

中国人李某定居甲国,后移居乙国,数年后死于癌症,未留遗嘱。李某在中国、乙国分别有住房和存款,李某养子和李某妻子的遗产之争在中国法院审理。关于该遗产继承案的法律适用,下列哪些选项是正确的?

  A. 李某动产的继承应适用甲国法

  B. 李某动产的继承应适用乙国法

  C. 李某动产的继承应适用中国法

  D. 李某所购房屋的继承应适用房屋所在国的法律

# 专题十四　国际民商事争议的解决

**考点68** 涉外仲裁协议

**162．** 2014/1/79/多

中国甲公司与外国乙公司在合同中约定,合同争议提交中国国际经济贸易仲裁委员会仲裁,仲裁地在北京。双方未约定仲裁规则及仲裁协议适用的法律。对此,下列哪些选项是正确的?

  A. 如当事人对仲裁协议效力有争议,提请所选仲裁机构解决的,应在首次开庭前书面提出

  B. 如当事人将仲裁协议效力的争议诉至中国法院,应适用中国法

  C. 如仲裁协议有效,应适用中国国际经济贸易仲裁委员会的仲裁规则仲裁

  D. 如仲裁协议有效,仲裁中申请人可申请更改仲裁请求,仲裁庭不能拒绝

**163．** 2012/1/78/多

中国A公司与甲国B公司签订货物买卖合同,约定合同争议提交中国C仲裁委员会仲裁,仲裁地在中国,但对仲裁条款应适用的法律未作约定。后因货物质量问题双方发生纠纷,中国A公司依仲裁条款向C仲裁委提起仲裁,但B公司主张仲裁条款无效。根据我国相关法律规定,关于本案仲裁条款的效力审查问题,下列哪些判断是正确的?

  A. 对本案仲裁条款的效力,C仲裁委无权认定,只有中国法院有权审查

  B. 对本案仲裁条款的效力,如A公司请求C仲裁委作出决定,B公司请求中国法院作出裁定的,由中国法院裁定

  C. 对本案仲裁条款效力的审查,应适用中国法

D. 对本案仲裁条款效力的审查,应适用甲国法

**164.** 2009/1/38/单

某国甲公司与中国乙公司订立买卖合同,概括性地约定有关争议由"中国贸仲"仲裁,也可以向法院起诉。后双方因违约责任产生争议。关于该争议的解决,依我国相关法律规定,下列哪一选项是正确的?

A. 违约责任不属于可仲裁的范围
B. 应认定合同已确定了仲裁机构
C. 仲裁协议因约定不明而在任何情况下无效
D. 如某国甲公司不服仲裁机构对仲裁协议效力作出的决定,向我国法院申请确认协议效力,我国法院可以受理

**考点69** 涉外仲裁程序

**165.** 2008/1/38/单

关于仲裁裁决的撤销,根据我国现行法律,下列哪一选项是正确的?

A. 我国法院可根据我国法律撤销一项外国仲裁裁决
B. 我国法院撤销涉外仲裁裁决的法定理由之一是裁决事项超出仲裁协议范围
C. 撤销涉外仲裁裁决的法定理由和撤销国内仲裁裁决的法定理由相同
D. 对法院作出的不予执行仲裁裁决的裁定,当事人无权上诉

**考点70** 外国仲裁裁决的承认与执行

**166.** 2017/1/38/单

中国甲公司与日本乙公司的商事纠纷在日本境内通过仲裁解决。因甲公司未履行裁决,乙公司向某人民法院申请承认与执行该裁决。中日均为《纽约公约》缔约国,关于该裁决在中国的承认与执行,下列哪一选项是正确的?

A. 该人民法院应组成合议庭审查
B. 如该裁决是由临时仲裁庭作出的,该人民法院应拒绝承认与执行
C. 如该人民法院认为该裁决不符合《纽约公约》的规定,即可直接裁定拒绝承认和执行
D. 乙公司申请执行该裁决的期间应适用日本法的规定

**167.** 2015/1/38/单

2015年3月,甲国公民杰夫欲向中国法院申请承认并执行一项在甲国境内作出的仲裁裁决。中国与甲国均为《承认与执行外国仲裁裁决公约》成员国。关于该裁决的承认和执行,下列哪一选项是正确的?

A. 杰夫应通过甲国法院向被执行人住所地或其财产所在地的中级人民法院申请
B. 如该裁决系临时仲裁庭作出的裁决,人民法院不应承认与执行
C. 如承认和执行申请被裁定驳回,杰夫可向人民法院起诉
D. 如杰夫仅申请承认而未同时申请执行该裁决,人民法院可以对是否执行一并作出裁定

**168.** 2013/1/38/单

法国某公司依1958年联合国《承认与执行外国仲裁裁决公约》,请求中国法院承认与执行一项国际商会国际仲裁院的裁决。依据该公约及中国相关司法解释,下列哪一表述是正确的?

A. 法院应依职权主动审查该仲裁过程中是否存在仲裁程序与仲裁协议不符的情况
B. 该公约第5条规定的拒绝承认与执行外国仲裁裁决的理由是穷尽性的
C. 如该裁决内含有对仲裁协议范围以外事项的决定,法院应拒绝承认执行该裁决
D. 如该裁决所解决的争议属于侵权性质,法院应拒绝承认执行该裁决

**169.** 2010/1/39/单

中国和甲国均为《承认与执行外国仲裁裁决公约》缔约国。现甲国某申请人向中国法院申请承认和执行在甲国作出的一项仲裁裁决。对此,下列哪一选项是正确的?

A. 我国应对该裁决的承认与执行适用公约,因为该申请人具有公约缔约国国籍
B. 有关中国投资者与甲国政府间投资争端的仲裁裁决不适用公约
C. 中国有义务承认公约缔约国所有仲裁裁决的效力
D. 被执行人为中国法人的,应由该法人营业所所在地法院管辖

**考点71** 外国人的民事诉讼地位

**170.** 2015/1/39/单

英国人施密特因合同纠纷在中国法院涉诉。关于该民事诉讼,下列哪一选项是正确的?

A. 施密特可以向人民法院提交英文书面材料,无需提供中文翻译件
B. 施密特可以委托任意一位英国出庭律师以公民代理的形式代理诉讼
C. 如施密特不在中国境内,英国驻华大使馆可以授权本馆官员为施密特聘请中国律师代理诉讼
D. 如经调解双方当事人达成协议,人民法院已

制发调解书,但施密特要求发给判决书,应予拒绝

**171.** 2008/1/39/单

普拉克是外国公民,在一起由中国法院审理的涉外侵权案件中为原告。普拉克请求使用其本国语言进行诉讼。关于中国法院对该请求的处理,下列哪一选项是正确的?

    A. 尊重普拉克的这一请求,使用其本国的语言进行案件的审理

    B. 驳回普拉克的这一请求,使用中文进行案件的审理,告知由其自行解决翻译问题

    C. 驳回普拉克的这一请求,以中文进行案件的审理,但在其要求并承担费用的情况下,应为其提供翻译

    D. 驳回普拉克的这一请求,使用中文进行案件的审理,但可为其提供免费翻译

**172.** 2008/1/99/任

依据现行的司法解释,我国法院受理对在我国享有特权与豁免的主体起诉的民事案件,须按法院内部报告制度,报请最高人民法院批准。为此,下列表述正确的是:

    A. 在我国享有特权与豁免的主体若为民事案件中的第三人,该报告制度不适用

    B. 若在我国享有特权与豁免的主体在我国从事商业活动,则对其作为被告的民事案件的受理无需适用上述报告制度

    C. 对外国驻华使馆的外交官作为原告的民事案件,其受理不适用上述报告制度

    D. 若被告是临时来华的联合国官员,则对其作为被告的有关的民事案件的受理不适用上述报告制度

### 考点72 涉外民商事案件的管辖权

**173.** 2020 回忆/多

中国国际商事法庭受理了中国甲公司和新西兰乙公司的国际货物买卖合同纠纷,审理过程中乙公司咨询能否通过视听传输技术等信息网络方式质证。根据《最高人民法院关于设立国际商事法庭若干问题的规定》,下列哪些选项是不正确的?

    A. 国际商事法庭的审限应为6个月

    B. 当事人可就本案判决向国际商事法庭申请执行

    C. 若双方当事人无异议,为方便外方当事人,国际商事法庭可以用英文制作判决书

    D. 本案必须现场质证,不能通过网络方式质证

**174.** 2019 回忆/单

希腊甲公司与中国乙公司签订许可协议,授权其在亚洲地区独占使用其某项发明专利,许可期限10年,标的额3.68亿元,协议选择中国最高人民法院国际商事法庭管辖。协议履行到第5年,因希腊甲公司又给予荷兰丙公司同样的独占许可,中国乙公司向国际商事法庭起诉希腊甲公司,下列哪项判断是正确的?

    A. 当事人对国际商事法庭作出的判决,可以在最高人民法院本部申请再审

    B. 有丰富经验的希腊法学家西蒙可以被国际商事法庭遴选为法官参与本案的审理

    C. 如果双方无异议,希腊甲公司提交的证据材料必须附中文译本

    D. 在希腊获得的证据只要经公证和认证就可直接采用

**175.** 2016/1/38/单

俄罗斯公民萨沙来华与中国公民韩某签订一份设备买卖合同。后因履约纠纷韩某将萨沙诉至中国某法院。经查,萨沙在中国境内没有可供扣押的财产,亦无居所;该套设备位于中国境内。关于本案的管辖权与法律适用,依中国法律规定,下列哪一选项是正确的?

    A. 中国法院没有管辖权

    B. 韩某可在该套设备所在地或合同签订地法院起诉

    C. 韩某只能在其住所地法院起诉

    D. 萨沙与韩某只能选择适用中国法或俄罗斯法

**176.** 2013/1/78/多

甲国某航空公司在中国设有代表处,其一架飞机从中国境内出发,经停甲国后前往乙国,在乙国发生空难。关于乘客向航空公司索赔的诉讼管辖和法律适用,根据中国相关法律,下列哪些表述是正确的?

    A. 中国法院对该纠纷具有管辖权

    B. 中国法律并不限制乙国法院对该纠纷行使管辖

    C. 即使甲国法院受理了该纠纷,中国法院仍有权就同一诉讼行使管辖权

    D. 如中国法院受理该纠纷,应适用受害人本国法确定损害赔偿数额

**177.** 2012/1/38/单

某外国公民阮某因合同纠纷在中国法院起诉中国公民张某。关于该民事诉讼,下列哪一选项是正确的?

    A. 阮某可以委托本国律师以非律师身份担任诉讼代理人

    B. 受阮某委托,某该国驻华使馆官员可以以个

人名义担任诉讼代理人,并在诉讼中享有外交特权和豁免权

C. 阮某和张某可用明示方式选择与争议有实际联系的地点的法院管辖

D. 中国法院和外国法院对该案都有管辖权的,如张某向外国法院起诉,阮某向中国法院起诉,中国法院不能受理

**178.** 2008/1/36/单

朗文与戴某缔结了一个在甲国和中国履行的合同。履约过程中发生争议,朗文向甲国法院起诉戴某并获得胜诉判决。戴某败诉后就同一案件向我国法院提起诉讼。朗文以该案件已经甲国法院判决生效为由对中国法院提出管辖权异议。依据我国法律、司法解释以及我国缔结的相关条约,下列哪一选项是正确的?

A. 朗文的主张构成对我国法院就同一案件实体问题行使管辖权的有效异议

B. 我国法院对戴某的起诉没有管辖权

C. 我国法院对涉外民事诉讼案件的管辖权不受任何限制

D. 我国法院可以受理戴某的起诉

**考点73** 域外文书送达

**179.** 2013/1/39/单

中国某法院审理一起涉外民事纠纷,需要向作为被告的外国某公司进行送达。根据《关于向国外送达民事或商事司法文书和司法外文书公约》(海牙《送达公约》)、中国法律和司法解释,关于该案件的涉外送达,法院的下列哪一做法是正确的?

A. 应首先按照海牙《送达公约》规定的方式进行送达

B. 不得对被告采用邮寄送达方式

C. 可通过中国驻被告所在国使领馆向被告进行送达

D. 可通过电子邮件方式向被告送达

**考点74** 域外调取证据

**180.** 2016/1/39/单

蒙古公民高娃因民事纠纷在蒙古某院涉诉。因高娃在北京居住,该蒙古法院欲通过蒙古驻华使馆将传票送达高娃,并向其调查取证。依中国法律规定,下列哪一选项是正确的?

A. 蒙古驻华使馆可向高娃送达传票

B. 蒙古驻华使馆不得向高娃调查取证

C. 只有经中国外交部同意后,蒙古驻华使馆才能向高娃送达传票

D. 蒙古驻华使馆可向高娃调查取证并在必要时采取强制措施

**181.** 2014/1/39/单

中国与甲国均为《关于从国外调取民事或商事证据的公约》的缔约国,现甲国法院因审理一民商事案件,需向中国请求调取证据。根据该公约及我国相关规定,下列哪一说法是正确的?

A. 甲国法院可将请求书交中国司法部,请求代为取证

B. 中国不能以该请求书不属于司法机关职权范围为由拒绝执行

C. 甲国驻中国领事代表可在其执行职务范围内,向中国公民取证,必要时可采取强制措施

D. 甲国当事人可直接在中国向有关证人获取证人证言

**182.** 2010/1/36/单

中国和甲国均为《关于从国外调取民事或商事证据的公约》的缔约国。关于两国之间的域外证据调取,下列哪一选项是正确的?

A. 委托方向另一缔约方请求调取的证据不限于用于司法程序的证据

B. 中国可以相关诉讼属于中国法院专属管辖为由拒绝甲国调取证据的请求

C. 甲国可以相关事项在甲国不能提起诉讼为由拒绝中国调取证据的请求

D. 甲国外交代表在其驻华执行职务的区域内,在不采取强制措施的情况下,可向甲国公民调取证据

**183.** 2008/1/82/多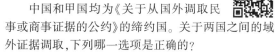

在我国法院审理的一个涉外诉讼案件中,需要从甲国调取某些证据。甲国是《关于从国外调取民事或商事证据的公约》的缔约国。根据该公约,下列哪些选项是正确的?

A. 赵律师作为中方当事人的诉讼代理人,可以依照上述公约请求甲国法院调取所需的证据

B. 调取证据的请求,应以请求书的方式提出

C. 请求书应通过我国外交部转交甲国的中央机关

D. 中国驻甲国的领事代表在其执行职务的区域内,可以在不采取强制措施的情况下向华侨取证

**考点75** 外国法院判决的承认与执行

**184.** 2018 回忆/单

甲国人朴某与中国人杨某在甲国诉讼离婚,朴某向杨某住所地的中国某法院申请承认和执行甲国法院的判决。中国和甲国之间没有关于法院判决承认和执行的双边协议,也没有相应的互惠关系,根据我国相关法律法规,下列哪一判断是正确的?

A. 法院应依两国既无双边协议也无互惠关系,拒绝承认和执行甲国离婚判决

B. 若甲国离婚判决是在杨某缺席且未得到合法传唤情况下作出的,法院应拒绝承认

C. 若法院已经受理了朴某的申请,杨某向同一法院起诉离婚的,法院应当受理

D. 若法院已经受理了朴某的申请,朴某不得撤回其申请

**185．** 2012/1/39/单

当事人欲将某外国法院作出的民事判决申请中国法院承认和执行。根据中国法律,下列哪一选项是错误的?

A. 该判决应向中国有管辖权的法院申请承认和执行

B. 该判决应是外国法院作出的发生法律效力的判决

C. 承认和执行该判决的请求须由该外国法院向中国法院提出,不能由当事人向中国法院提出

D. 如该判决违反中国的公共利益,中国法院不予承认和执行

**186．** 2008/1/40/单

外国公民张女士与旅居该国的华侨王先生结婚,后因感情疏离,张女士向该国法院起诉离婚并获得对其有利的判决,包括解除夫妻关系,以及夫妻财产分割和子女抚养等内容。该外国与中国之间没有司法协助协定。张女士向中国法院申请承认该离婚判决,王先生随后在同一中国法院起诉与张女士离婚。根据我国法律和司法解释,下列哪一选项是错误的?

A. 中国法院应依《最高人民法院关于中国公民申请承认外国法院离婚判决程序问题的规定》决定是否承认该判决中解除夫妻身份关系的内容

B. 中国法院应依前项司法解释决定是否执行该判决中解除夫妻身份关系之外的内容

C. 若张女士的申请被驳回,她就无权再提出承认该判决的申请,但可另行向中国法院起诉离婚

D. 中国法院不应受理王先生的离婚起诉

**187．** 2008/1/80/多

甲国秋叶公司在该国法院获得一项胜诉的判决,并准备向中国法院申请执行。根据我国现行法律,下列哪些选项是正确的?

A. 该判决可以由当事人直接向我国有管辖权的法院申请执行

B. 该判决可以由甲国法院依照该国与中国缔结

或共同参加的国际条约的规定向我国有管辖权的法院申请执行

C. 对外国法院判决效力的承认,我国采取裁定方式

D. 对与我国缔结司法协助条约的国家的法院判决,我国法院均应予以执行

**考点76** 外资非正常撤离的跨国追究与诉讼

**188．** 2009/1/37/单

甲国人格里为中国境内某中外合资企业的控股股东。2009 年因金融危机该企业出现财务困难,格里于 6 月回国后再未返回,尚欠企业员工工资及厂房租金和其他债务数万元。中国与甲国均为《海牙取证公约》缔约国,依我国相关法律规定,下列哪一选项是正确的?

A. 因格里已离开中国,上述债务只应由合资企业的中方承担清偿责任

B. 中国有关主管部门在立案后可向甲国提出引渡格里的请求

C. 中方当事人可在中国有管辖权的法院对格里申请立案

D. 中方当事人的诉讼代理人可请求甲国主管机关代为调取有关格里的证据

# 专题十五 区际法律问题

**考点77** 区际文书送达

**189．** 2012/1/37/单

居住于我国台湾地区的当事人张某在大陆某法院参与民事诉讼。关于该案,下列哪一选项是不正确的?

A. 张某与大陆当事人有同等诉讼权利和义务

B. 确定应适用台湾地区民事法律的,受案的法院予以适用

C. 如张某在大陆,民事诉讼文书可以直接送达

D. 如张某在台湾地区地址明确,可以邮寄送达,但必须在送达回证上签收

**190．** 2011/1/79/多

香港地区甲公司与内地乙公司发生投资纠纷,乙公司诉诸某中级人民法院。陈某是甲公司法定代表人,张某是甲公司的诉讼代理人。关于该案的文书送达及法律适用,下列哪些选项是正确的?

A. 如陈某在内地,受案法院必须通过上一级人民法院向其送达

B. 如甲公司在授权委托书中明确表明张某无权代为接收有关司法文书,则不能向其送达

C. 如甲公司在内地设有代表机构的,受案人民

法院可直接向该代表机构送达

D. 同时采用公告送达和其他多种方式送达的，应当根据最先实现送达的方式确定送达日期

**191.** 2009/1/82/多

大陆甲公司与台湾地区乙公司签订了出口家具合同，双方在合同履行中产生纠纷，乙公司拒绝向甲公司付款。甲公司在大陆将争议诉诸法院。关于向台湾当事人送达文书，下列哪些选项是正确的？

A. 可向乙公司在大陆的任何业务代办人送达

B. 如乙公司的相关当事人在台湾下落不明的，可采用公告送达

C. 邮寄送达的，如乙公司未在送达回证上签收而只是在邮件回执上签收，可视为送达

D. 邮寄送达未能收到送达与否证明文件的，满三个月即可视为已送达

**考点78** 区际调取证据

**192.** 2013/1/79/多

内地某中级法院审理一起涉及澳门特别行政区企业的商事案件，需委托澳门特别行政区法院进行司法协助。关于该司法协助事项，下列哪些表述是正确的？

A. 该案件司法文书送达的委托，应通过该中级法院所属高级法院转交澳门特别行政区终审法院

B. 澳门特别行政区终审法院有权要求该中级法院就其中文委托书提供葡萄牙语译本

C. 该中级法院可以请求澳门特别行政区法院协助调取与该案件有关的证据

D. 在受委托方法院执行委托调取证据时，该中级法院司法人员经过受委托方允许可以出席并直接向证人提问

**考点79** 区际法院判决的认可与执行

**193.** 2017/1/39/单

中国香港甲公司与内地乙公司签订商事合同，并通过电子邮件约定如发生纠纷由香港法院管辖。后因履约纠纷，甲公司将乙公司诉至香港法院并胜诉。判决生效后，甲公司申请人民法院认可和执行该判决。关于该判决在内地的认可与执行，下列哪一选项是正确的？

A. 电子邮件不符合"书面"管辖协议的要求，故该判决不应被认可与执行

B. 如乙公司的住所地与财产所在地分处两个中级人民法院的辖区，甲公司不得同时向这两个人民法院提出申请

C. 如乙公司在内地与香港均有财产，甲公司不

得同时向两地法院提出申请

D. 如甲公司的申请被人民法院裁定驳回，它可直接向最高人民法院申请复议

**194.** 2015/1/79/多

秦某与洪某在台北因合同纠纷涉诉，被告洪某败诉。现秦某向洪某财产所在地的大陆某中级人民法院申请认可该台湾地区的民事判决。关于该判决的认可，下列哪些选项是正确的？

A. 人民法院受理秦某申请后，应当在6个月内审结

B. 受理秦某的认可申请后，作出裁定前，秦某要求撤回申请的，人民法院应当允许

C. 如人民法院裁定不予认可该判决，秦某可以在裁定作出1年后再次提出申请

D. 人民法院受理申请后，如对该判决是否生效不能确定，应告知秦某提交作出判决的法院出具的证明文件

**195.** 2011/1/37/单

台湾地区甲公司因合同纠纷起诉大陆乙公司，台湾地区法院判决乙公司败诉。乙公司在上海和北京均有财产，但未执行该判决。关于该判决的执行，下列哪一选项是正确的？

A. 甲公司向上海和北京的中级人民法院申请认可该判决的，由最先立案的中级人民法院管辖

B. 该判决效力低于人民法院作出的生效判决

C. 甲公司申请财产保全的，人民法院可以要求其提供有效的担保；不提供担保的，视情况决定是否准予财产保全

D. 甲公司申请认可该判决的，应当在判决效力确定后1年内提出

**196.** 2010/1/37/单

关于内地与香港民商事案件判决的认可与执行，根据内地与香港的相关安排，下列哪一选项是正确的？

A. 申请人向内地和香港法院提交的文件没有中文文本的，均应提交证明无误的中文译本

B. 当事人通过协议选择内地或香港法院管辖的，经选择的法院作出的判决均可获得认可与执行

C. 当事人之间的合同无效，其中选择管辖法院的条款亦无效

D. 当事人对认可和执行与否的裁定不服的，在内地可向上一级法院申请复议，在香港可依其法律规定提出上诉

**197.** 2009/1/39/单

香港甲公司与内地乙公司订立供货合

同,约定由香港法院管辖。后双方因是否解除该合同及赔偿问题诉诸香港法院,法院判乙公司败诉。依相关规定,下列哪一选项是正确的?

A. 如该合同被解除,则香港法院管辖的协议也随之无效

B. 如乙公司在内地两省均有财产,甲公司可向两省的有关法院申请认可和执行

C. 如甲公司向内地法院申请认可和执行判决,免除执行费用

D. 如甲公司向内地法院提交的文件无中文文本,应当提交证明无误的中文译本

**198.** `2009/1/81/多`

李某与王某在台湾地区因民事纠纷涉诉,被告王某败诉,李某向王某在福建的财产所在地的中级法院申请认可台湾地区的民事判决。下列哪些选项可以成为中级法院拒绝认可的理由?

A. 案件为人民法院专属管辖

B. 人民法院已承认了某外国法院就相同案件作出的判决

C. 双方没有关于司法管辖的协议

D. 王某在本案中缺席且未给予合法传唤

**考点80** 区际仲裁裁决的认可与执行

**199.** `2022回忆/多`

澳门甲公司和内地乙公司的合同争议由内地某仲裁机构审理,甲公司最终胜诉,向澳门法院申请认可和执行该仲裁裁决。据悉,乙公司在澳门的分公司拥有一座办公楼。对此,下列哪些说法是正确的?

A. 该仲裁裁决应由澳门初级法院执行

B. 甲公司应向澳门中级法院提出认可仲裁裁决和执行的请求

C. 如果该仲裁裁决被人民法院依法裁定撤销,澳门法院应立即停止执行

D. 甲公司只能向内地和澳门两地法院之一申请认可仲裁裁决

**200.** `2010/1/82/多`

澳门甲公司与内地乙公司的合同争议由内地一仲裁机构审理,甲公司最终胜诉。乙公司在广东、上海和澳门均有财产。基于这些事实,下列哪些选项是正确的?

A. 甲公司可分别向广东和上海有管辖权的法院申请执行

B. 只有国务院港澳办提供的名单内的仲裁机构作出的裁决才能被澳门法院认可与执行

C. 甲公司分别向内地和澳门法院申请执行的,内地法院应先行执行清偿

D. 两地法院执行财产总额不得超过依裁决和法律规定所确定的数额

**201.** `2008/1/81/多`

上海甲公司作为卖方和澳门乙公司订立了一项钢材购销合同,约定有关合同的争议在中国内地仲裁。乙公司在内地和澳门均有营业机构。双方发生争议后,仲裁庭裁决乙公司对甲公司进行赔偿。乙公司未在规定的期限内履行仲裁裁决。关于甲公司对此采取的做法,下列哪些选项是正确的?

A. 向内地有管辖权的中级人民法院申请执行该仲裁裁决

B. 向澳门特别行政区中级法院申请执行该仲裁裁决

C. 分别向内地有管辖权的中级人民法院和澳门特别行政区中级法院申请执行仲裁裁决

D. 向澳门特别行政区初级法院申请执行该仲裁裁决

# 国际经济法 [试题]

## 专题十六　国际货物买卖

**考点81　国际贸易术语①**

**202.** 2023 回忆／多

中国甲公司和法国乙公司签订了国际货物买卖合同,由甲公司出售一批仪器给乙公司,双方选择的贸易术语是 FCA(国际贸易术语通则2020)。甲公司在约定地点将仪器交给乙公司指定的承运人,后在运输过程中发生自然灾害,该批仪器推定全损。对此,下列哪些说法是不正确的?

A. FCA 不可用于多式联运

B. 甲公司有义务为该批仪器办理保险

C. 风险发生后,保险公司应当接受被保险人的委付请求

D. 由于货物已经推定全损,乙公司可以免于支付货款

**203.** 2023 回忆／多

中国 M 公司向甲国 T 公司出售一批货物,双方约定采用 DPU(国际贸易术语通则 2020)规范当事人之间的合同。该批货物属于我国《出口管制法》中需要管制的货物。中国和甲国都是《联合国国际货物销售合同公约》的缔约国。根据相关国际法规则,下列哪些说法是正确的?

A. M 公司有购买保险的义务

B. M 公司应在运输终端交货

C. M 公司应该确保所交付的货物没有第三人的权利

D. T 公司在收到货物后不可以自行转卖给第三人

**204.** 2020 回忆／多

法国雷德公司与中国月露公司签订 CIP 合同,从法国出口货物到中国。依据《2020 年国际贸易术语解释通则》,下列哪些选项是正确的?

A. 货物风险自装运港装运上船时转移

B. 雷德公司应负责安排货物的运输

C. 如果双方合同约定投保平安险,雷德公司只需投保平安险

D. 即使双方合同约定投保平安险,雷德公司也应投保一切险

**205.** 2019 回忆／任

甲国摩登公司和乙国森德公司签订合同出口一批瓷器,双方约定采用 CIF2020 术语规范双方之间的合同。该批瓷器运到乙国时恰逢该国内乱,导致部分瓷器受损。甲国和乙国均是《1980 年联合国国际货物销售合同公约》的缔约国。下列说法不正确的是:

A. 森德公司无需支付该批损毁瓷器的货款

B. 鉴于乙国的环境,摩登公司有义务投保一切险和战争险

C. 在没有特别约定的情况下,摩登公司只需投保平安险

D. 森德公司在没有机会验货的情况下,可以不付款

**206.** 2018 回忆／任

中国甲公司和韩国乙公司签订电子产品进口合同,双方约定了 DPU2020 贸易术语,协议使用信用证作为支付工具,并由丙公司承担运输工作。途中因恶劣天气导致该批产品全损。已知中国和韩国都是《联合国国际货物销售合同公约》缔约国,下列说法正确的是:

A. 作为卖方的乙公司有进行投保的义务,由保险公司承担损失

B. 该批货物在目的地卸货后转移风险,目的地不限于运输的终点

C. 由于货物已经全部灭失,因此甲公司可以向银行通知停止支付信用证下的款项

D. 承运人丙公司应该承担货物灭失的责任

**207.** 2018 回忆／多

营业地位于不同国家的甲公司和乙公司签订了一份货物买卖合同,约定采用 FCA2020 为交

---

① 本考点试题中的《国际贸易术语解释通则》均随大纲更新至 2020 版,相关试题作了相应调整,并用 2020 版通则解读。

货条件。关于该术语，下列哪些说法是正确的？

    A. 该术语可以适用于任何方式，包括多式联运

    B. 该术语只能用于海运运输合同

    C. 卖方将货物交给第一承运人时即完成交货义务

    D. 承运人自收到货物时，货物的风险由卖方转移到买方

**208．** 2014/1/41/单

中国甲公司向加拿大乙公司出口一批农产品，CFR价格条件。货装船后，乙公司因始终未收到甲公司的通知，未办理保险。部分货物在途中因海上风暴毁损。根据相关规则，下列哪一选项是正确的？

    A. 甲公司在装船后未给乙公司以充分的通知，造成乙公司漏保，因此损失应由甲公司承担

    B. 该批农产品的风险在装港船舷转移给乙公司

    C. 乙公司有办理保险的义务，因此损失应由乙公司承担

    D. 海上风暴属不可抗力，乙公司只能自行承担损失

**209．** 2012/1/99/任

甲国A公司向乙国B公司出口一批货物，双方约定适用2020年《国际贸易术语解释通则》中CIF术语。该批货物由丙国C公司"乐安"号商船承运，运输途中船舶搁浅，为起浮抛弃了部分货物。船舶起浮后继续航行中又因恶劣天气，部分货物被海浪打入海中。到目的港后发现还有部分货物因固有缺陷而损失。

关于CIF贸易术语的适用，下列选项正确的是：

    A. 货物的风险在装运港完成交货时由A公司转移给B公司

    B. 货物的风险在装运港越过船舷时由A公司转移给B公司

    C. 应由A公司负责海运运输

    D. 应由A公司购买货物海运保险

**考点82** 《联合国国际货物销售合同公约》的适用范围

**210．** 2014/1/40/单

中国甲公司与法国乙公司商谈进口特种钢材，乙公司提供了买卖该种钢材的格式合同，两国均为1980年《联合国国际货物销售合同公约》缔约国。根据相关规则，下列哪一选项是正确的？

    A. 因两国均为公约缔约国，双方不能在合同中再选择适用其他法律

    B. 格式合同为该领域的习惯法，对双方具有约束力

    C. 双方可对格式合同的内容进行修改和补充

    D. 如双方在合同中选择了贸易术语，则不再适用公约

**211．** 2011/1/99/任

A公司和B公司于2021年5月20日签订合同，由A公司将一批平板电脑售卖给B公司。A公司和B公司营业地分别位于甲国和乙国，两国均为《联合国国际货物销售合同公约》缔约国。合同项下的货物由丙国C公司的"潇湘"号商船承运，装运港是甲国某港口，目的港是乙国某港口。在运输途中，B公司与中国D公司就货物转卖达成协议。在贸易术语适用上，A、B公司在双方的买卖合同中仅约定适用FOB术语。对此，下列选项正确的是：

    A. 该合同应当适用2020年《国际贸易术语解释通则》

    B. 货物的风险应自货交C公司时由A公司转移给B公司

    C. B公司必须自付费用订立从指定装运港运输货物的合同

    D. 因当事人选择了贸易术语，故不再适用《联合国国际货物销售合同公约》

**212．** 2009/1/40/单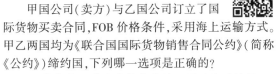

甲国公司（卖方）与乙国公司订立了国际货物买卖合同，FOB价格条件，采用海上运输方式。甲乙两国均为《联合国国际货物销售合同公约》（简称《公约》）缔约国，下列哪一选项是正确的？

    A. 货物的风险应自货物交第一承运人时转移

    B. 因当事人已选择了贸易术语，《公约》整体不再适用该合同

    C. 甲国公司应在装运港于约定日期或期限内将货物交至船上

    D. 甲国公司在订立运输合同并装船后应及时通知乙国公司办理保险

**考点83** 要约承诺规则

**213．** 2008/1/42/单

2008年8月11日，中国甲公司接到法国乙公司出售某种设备的发盘，有效期至9月1日。甲公司于8月12日电复："如能将每件设备价格降低50美元，即可接受"。对此，乙公司没有答复。甲公司于8月29日再次致电乙公司表示接受其8月11日发盘中包括价格在内的全部条件。根据1980年《联合国国际货物销售合同公约》，下列哪一选项是正确的？

    A. 乙公司的沉默表明其已接受甲公司的降价要求

    B. 甲公司8月29日的去电为承诺，因此合同已成立

C. 甲公司8月29日的去电是迟到的承诺，因此合同没有成立

D. 甲公司8月29日的去电是新要约，此时合同还没有成立

**考点84 买卖双方的权利义务**

**214.** 2020 回忆/多

中国天明公司从甲国科隆公司进口一批电子设备，合同中约定了设备规格，并选用了2020年《国际贸易术语解释通则》中的DPU术语。科隆公司制作好样品后，将样品邮寄至天明公司，请求确认并按照样品履行。天明公司收到样品后确认收到并回复："请依合同履行。"设备到货后与样品相符，但与合同不符，中国天明公司要求科隆公司承担违约责任。中国和甲国都是《1980年联合国国际货物销售合同公约》的缔约国，下列哪些选项是正确的？

A. 科隆公司应承担违约责任，因其交付的设备不符合合同约定规格

B. 科隆公司不应承担违约责任，因其交付的设备与其提供的样品相符

C. 本案货物风险自货交第一承运人时转移

D. 科隆公司应在指定装运地的约定地点交货

**215.** 2015/1/40/单

中国甲公司与法国乙公司签订了向中国进口服装的合同，价格条件CIF。货到目的港时，甲公司发现有两箱货物因包装不当途中受损，因此拒收，该货物在目的港码头又被雨淋受损。依1980年《联合国国际货物销售合同公约》及相关规则，下列哪一选项是正确的？

A. 因本合同已选择了CIF贸易术语，则不再适用《公约》

B. 在CIF条件下应由法国乙公司办理投保，故乙公司也应承担运输途中的风险

C. 因甲公司拒收货物，乙公司应承担货物在目的港码头雨淋造成的损失

D. 乙公司应承担因包装不当造成的货物损失

**216.** 2013/1/40/单

某国甲公司向中国乙公司出售一批设备，约定贸易术语为"FOB（Incoterms2020）"，后设备运至中国。依《国际贸易术语解释通则》和《联合国国际货物销售合同公约》，下列哪一选项是正确的？

A. 甲公司负责签订货物运输合同并支付运费

B. 甲、乙公司的风险承担以货物在装运港越过船舷为界

C. 如该批设备因未按照同类货物通用方式包装造成损失，应由甲公司承担责任

D. 如该批设备侵犯了第三方在中国的专利权，

甲公司对乙公司不承担责任

**217.** 2013/1/99/任

甲公司从国外进口一批货物，根据《联合国国际货物销售合同公约》，关于货物检验和交货不符合合同约定的问题，下列说法正确的是：

A. 甲公司有权依自己习惯的时间安排货物的检验

B. 如甲公司须再发运货物，没有合理机会在货到后加以检验，而卖方在订立合同时已知道再发运的安排，则检验可推迟到货物到达新目的地后进行

C. 甲公司在任何时间发现货物不符合合同均可要求卖方赔偿

D. 货物不符合合同情形在风险转移时已经存在，在风险转移后才显现的，卖方应当承担责任

**218.** 2011/1/100/任

A公司和B公司于2011年5月20日签订合同，由A公司将一批平板电脑售卖给B公司。A公司和B公司营业地分别位于甲国和乙国，两国均为《联合国国际货物销售合同公约》缔约国。合同项下的货物由丙国C公司的"潇湘"号商船承运，装运港是甲国某港口，目的港是乙国某港口。在运输途中，B公司与中国D公司就货物转卖达成协议。

如货物运抵乙国后，乙国的E公司指控该批平板电脑侵犯其在乙国取得的专利权，致使货物遭乙国海关扣押，B公司向A公司索赔。在下列选项中，A公司无须承担责任的情形是：

A. A公司在订立合同时不知道这批货物可能依乙国法属侵权

B. B公司在订立合同时知道这批货物存在第三者权利

C. A公司是遵照B公司提供的技术图样和款式进行生产的

D. B公司在订立合同后知道这批货物侵权但未在合理时间内及时通知A公司

**考点85 违约救济制度**

**219.** 2016/1/40/单

中国甲公司与德国乙公司签订了进口设备合同，分三批运输。两批顺利履约后乙公司得知甲公司履约能力出现严重问题，便中止了第三批的发运。依《国际货物销售合同公约》，下列哪一选项是正确的？

A. 如已履约的进口设备在使用中引起人身伤亡，则应依公约的规定进行处理

B. 乙公司中止发运第三批设备必须通知甲公司

C. 乙公司在任何情况下均不应中止发运第三批设备

D. 如甲公司向乙公司提供了充分的履约担保，乙公司可依情况决定是否继续发运第三批设备

**220.** 2010/1/40/单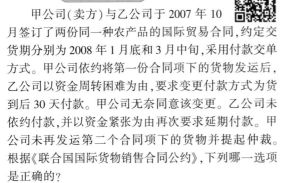

甲公司(卖方)与乙公司于 2007 年 10 月签订了两份同一种农产品的国际贸易合同，约定交货期分别为 2008 年 1 月底和 3 月中旬，采用付款交单方式。甲公司依约将第一份合同项下的货物发运后，乙公司以资金周转困难为由，要求变更付款方式为货到后 30 天付款。甲公司无奈同意该变更。乙公司未依约付款，并以资金紧张为由再次要求延期付款。甲公司未再发运第二个合同项下的货物并提起仲裁。根据《联合国国际货物销售合同公约》，下列哪一选项是正确的？

A. 乙公司应以付款交单的方式支付货款
B. 甲公司不发运第二份合同项下货物的行为构成违约
C. 甲公司可以停止发运第二份合同项下的货物，但应及时通知乙公司
D. 如乙公司提供了付款的充分保证，甲公司仍可拒绝发货

**221.** 2010/1/86/多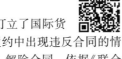

甲公司(卖方)与乙公司订立了国际货物买卖合同。由于甲公司在履约中出现违反合同的情形，乙公司决定宣告合同无效，解除合同。依据《联合国国际货物销售合同公约》，下列哪些选项是正确的？

A. 宣告合同无效意味着解除了甲乙二公司在合同中的义务
B. 宣告合同无效意味着解除了乙公司损害赔偿的责任
C. 双方在合同中约定的争议解决条款也因宣告合同无效而归于无效
D. 如甲公司应归还价款，它应同时支付相应的利息

**222.** 2010/1/87/多

甲公司(买方)与乙公司订立了一份国际货物买卖合同。后因遇到无法预见与不能克服的障碍，乙公司未能按照合同履行交货义务，但未在合理时间内将此情况通知甲公司。甲公司直到交货期过后才得知此事。乙公司的行为使甲公司遭受了损失。依《联合国国际货物销售合同公约》，下列哪些表述是正确的？

A. 乙公司可以解除合同，但应把障碍及其影响及时通知甲公司
B. 乙公司解除合同后，不再对甲公司的损失承担赔偿责任

C. 乙公司不交货，无论何种原因均属违约
D. 甲公司有权就乙公司未通知有关情况而遭受的损失请求赔偿

**考点86** 国际货物买卖合同的风险转移

**223.** 2012/1/80/多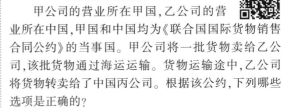

甲公司的营业所在甲国，乙公司的营业所在中国，甲国和中国均为《联合国国际货物销售合同公约》的当事国。甲公司将一批货物卖给乙公司，该批货物通过海运输送。货物运输途中，乙公司将货物转卖给了中国丙公司。根据该公约，下列哪些选项是正确的？

A. 甲公司出售的货物，必须是第三方依中国知识产权不能主张任何权利的货物
B. 甲公司出售的货物，必须是第三方依中国或者甲国知识产权均不能主张任何权利的货物
C. 乙公司转售的货物，自双方合同成立时风险转移
D. 乙公司转售的货物，自乙公司向丙公司交付时风险转移

# 专题十七　国际货物运输与保险

**考点87** 提单和无单放货责任

**224.** 2021 回忆/多

中国甲公司向印度乙公司采购货物，合同约定交货时间不得晚于 7 月 1 日。因为生产延误，直到 7 月 15 日才将货物装船，乙公司出具保函换取了承运人签发的注明 7 月 1 日完成装船的提单。甲公司因此主张信用证欺诈，向中国有管辖权的法院申请止付令。对此，下列哪些选项是正确的？

A. 本案提单为预借提单
B. 本案提单为倒签提单
C. 即使存在保兑行并已经善意付款，法院仍可以作出中止支付的裁定
D. 如果存在保兑行并已经善意付款，则法院不应作出中止支付的裁定

**225.** 2013/1/81/多

中国甲公司从国外购货，取得了代表货物的单据，其中提单上记载"凭指示"字样，交货地点为某国远东港，承运人为中国乙公司。当甲公司凭正本提单到远东港提货时，被乙公司告知货物已不在其手中。后甲公司在中国法院对乙公司提起索赔诉讼。乙公司在下列哪些情形下可免除交货责任？

A. 在甲公司提货前，货物已被同样持有正本提单的某公司提走
B. 乙公司按照提单托运人的要求返还了货物

C. 根据某国法律要求,货物交给了远东港管理当局

D. 货物超过法定期限无人向某国海关申报,被海关提取并变卖

**226.** 2011/1/40/单

中国甲公司通过海运从某国进口一批服装,承运人为乙公司,提单收货人一栏写明"凭指示"。甲公司持正本提单到目的港提货时,发现货物已由丙公司以副本提单加保函提取。甲公司与丙公司达成了货款支付协议,但随后丙公司破产。甲公司无法获赔,转而向乙公司索赔。根据我国相关法律规定,关于本案,下列哪一选项是正确的?

A. 本案中正本提单的转让无需背书

B. 货物是由丙公司提走的,故甲公司不能向乙公司索赔

C. 甲公司与丙公司虽已达成货款支付协议,但未得到赔付,不影响甲公司要求乙公司承担责任

D. 乙公司应当在责任限制的范围内承担因无单放货造成的损失

**227.** 2009/1/41/单

甲公司依运输合同承运一批从某国进口中国的食品,当正本提单持有人乙公司持正本提单提货时,发现货物已由丙公司以副本提单加保函提走。依我国相关法律规定,下列哪一选项是正确的?

A. 无正本提单交付货物的民事责任应适用交货地法律

B. 乙公司可以要求甲公司承担违约责任或侵权责任

C. 甲公司对因无正本提单交货造成的损失按货物的成本赔偿

D. 丙公司提走了货物,不能要求甲公司承担责任

**考点88** 海上货物运输承运人的责任与免责

**228.** 2010/1/45/单

一批货物由甲公司运往中国青岛港,运输合同适用《海牙规则》。运输途中因雷击烧毁部分货物,其余货物在目的港被乙公司以副本提单加保函提走。丙公司为该批货物正本提单持有人。根据《海牙规则》和我国相关法律规定,下列哪一选项是正确的?

A. 甲公司应对雷击造成的货损承担赔偿责任,因损失在其责任期间发生

B. 甲公司可限制因无正本提单交货的赔偿责任

C. 丙公司可要求甲公司和乙公司承担连带赔偿责任

D. 甲公司应以货物成本加利润赔偿因无正本提单交货造成的损失

**考点89** 其他国际货物运输法律制度

**229.** 2017/1/40/单

中国伟业公司与甲国利德公司签订了采取铁路运输方式由中国出口一批货物的合同。后甲国法律发生变化,利德公司在收货后又自行将该批货物转卖到乙国,现乙国一公司声称该批货物侵犯了其知识产权。中国和甲国均为《国际货物销售合同公约》和《国际铁路货物联运协定》缔约国。依相关规则,下列哪一选项是正确的?

A. 伟业公司不承担该批货物在乙国的知识产权担保义务

B. 该批货物的风险应于订立合同时由伟业公司转移给利德公司

C. 铁路运输承运人的责任期间是从货物装上火车时起至卸下时止

D. 不同铁路运输区段的承运人应分别对在该区段发生的货损承担责任

**230.** 2016/1/80/多

中国甲公司向波兰乙公司出口一批电器,采用 DAP 术语,通过几个区段的国际铁路运输,承运人签发了铁路运单,货到目的地后发现有部分损坏。依相关国际惯例及《国际铁路货物联运协定》,下列哪些选项是正确的?

A. 乙公司必须确定损失发生的区段,并只能向该区段的承运人索赔

B. 铁路运单是物权凭证,乙公司可通过转让运单转让货物

C. 甲公司在指定目的地运输终端将仍处于运输工具上的货物交由乙公司处置时,即完成交货

D. 各铁路区段的承运人应承担连带责任

**考点90** 国际海上货物运输保险

**231.** 2023 回忆/多

中国甲公司向法国乙公司出口一批货物,双方协议选择 CIF(国际贸易术语通则 2020)规范当事人之间的合同货物,分两次运输。第二次运输中,由于船长驾驶不慎,和其他船舶发生碰撞。根据《海牙规则》和相关国际法规则,下列哪些说法是正确的?

A. 如果没有特殊约定,甲公司可以购买平安险

B. 船舶碰撞不属于平安险的赔偿范围

C. 对于货物损失,承运人可免责

D. 对于货物损失,保险人应赔偿

**232.** 2021 回忆/单

中国乙公司与西班牙甲公司签订合同

进口一批货物,合同选用了《2020 年国际贸易术语解释通则》中的 CIF 术语,同时约定甲公司应为该批货物投保水渍险。甲公司将货物交承运人装船后,承运人签发了清洁提单(选用《海牙规则》)。在海运途中货物因遭遇恶劣天气部分毁损,中国和西班牙均为《联合国国际货物销售合同公约》缔约国。对此,下列哪一项说法是正确的?

- A. 甲公司应为该批货物投保一切险
- B. 承运人应赔偿货物损失
- C. 保险公司应赔偿货物损失
- D. 因货物部分毁损,中国乙公司有权要求减价

**233.** 2017/1/41/单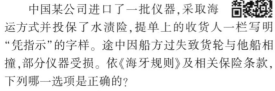

中国某公司进口了一批仪器,采取海运方式并投保了水渍险,提单上的收货人一栏写明"凭指示"的字样。途中因船方过失致货轮与他船相撞,部分仪器受损。依《海牙规则》及相关保险条款,下列哪一选项是正确的?

- A. 该提单交付即可转让
- B. 因船舶碰撞是由船方过失导致,故承运人应对仪器受损承担赔偿责任
- C. 保险人应向货主赔偿部分仪器受损的损失
- D. 承运人的责任期间是从其接收货物时起至交付货物时止

**234.** 2015/1/41/单

青田轮承运一批啤酒花从中国运往欧洲某港,货物投保了一切险,提单上的收货人一栏写明"凭指示",因生产过程中水份过大,啤酒花到目的地港时已变质。依《海牙规则》及相关保险规则,下列哪一选项是正确的?

- A. 承运人没有尽到途中管货的义务,应承担货物途中变质的赔偿责任
- B. 因货物投保了一切险,保险人应承担货物变质的赔偿责任
- C. 本提单可通过交付进行转让
- D. 承运人对啤酒花的变质可以免责

**235.** 2014/1/81/多

两批化妆品从韩国由大洋公司"清田"号货轮运到中国,适用《海牙规则》,货物投保了平安险。第一批货物因"清田"号过失与他船相碰致部分货物受损,第二批货物收货人在持正本提单提货时,发现已被他人提走。争议诉至中国某法院。根据相关规则及司法解释,下列哪些选项是正确的?

- A. 第一批货物受损虽由"清田"号过失碰撞所致,但承运人仍可免责
- B. 碰撞导致第一批货物的损失属于保险公司赔偿的范围

- C. 大洋公司应承担第二批货物无正本提单放货的责任,但可限制责任
- D. 大洋公司对第二批货物的赔偿范围限于货物的价值加运费

**236.** 2012/1/100/任

甲国 A 公司向乙国 B 公司出口一批货物,双方约定适用 2020 年《国际贸易术语解释通则》中 CIF 术语。该批货物由丙国 C 公司"乐安"号商船承运,运输途中船舶搁浅,为起浮抛弃了部分货物。船舶起浮后继续航行中又因恶劣天气,部分货物被海浪打入海中。到目的港后发现还有部分货物因固有缺陷而损失。

该批货物投保了平安险,关于运输中的相关损失的认定及赔偿,依《海牙规则》,下列选项正确的是:

- A. 为起浮抛弃货物造成的损失属于共同海损
- B. 因恶劣天气部分货物被打入海中的损失属于单独海损
- C. 保险人应赔偿共同海损和因恶劣天气造成的单独海损
- D. 承运人对因固有缺陷损失的货物免责,保险人应承担赔偿责任

**237.** 2011/1/80/多

中国甲公司与某国乙公司签订茶叶出口合同,并投保水渍险,议定由丙公司"天然"号货轮承运。下列哪些选项属于保险公司应赔偿范围?

- A. 运输中因茶叶串味等外来原因造成货损
- B. 运输中因"天然"号过失与另一轮船相撞造成货损
- C. 运输延迟造成货损
- D. 运输中因遭遇台风造成部分货损

**238.** 2010/1/42/多

甲国 A 公司(卖方)与中国 B 公司采用 FOB 价格条件订立了一份货物买卖合同,约定货物保质期为交货后一年。B 公司投保了平安险。货物在海运途中因天气恶劣部分损毁,另一部分完好交货,但在交货后半年左右出现质量问题。根据《联合国国际货物销售合同公约》和有关贸易惯例,下列哪些选项是不正确的?①

- A. A 公司在陆地上将货物交给第一承运人时完成交货
- B. 货物风险在装运港越过船舷时转移
- C. 对交货后半年出现的货物质量问题,因风险已转移,A 公司不承担责任
- D. 对海运途中损毁的部分货物,应由保险公司

---

① 原为单选题,根据新法答案有变化,调整为多选题。

负责赔偿

**239.** 2009/1/43/单

中国甲公司以 CIF 价向某国乙公司出口一批服装,信用证方式付款,有关运输合同明确约定适用《海牙规则》。甲公司在装船并取得提单后,办理了议付。两天后,甲公司接乙公司来电,称装船的海轮在海上因雷击失火,该批服装全部烧毁。对于上述情况,下列哪一选项是正确的?

    A. 乙公司应向保险公司提出索赔

    B. 甲公司应向保险公司提出索赔

    C. 甲公司应将全部货款退还给乙公司

    D. 乙公司应向承运人提出索赔

# 专题十八　国际贸易支付

**考点91** 跟单托收

**240.** 2008/1/44/单

修帕公司与维塞公司签订了出口 200 吨农产品的合同,付款采用托收方式。船长签发了清洁提单。货到目的港后经检验发现货物质量与合同规定不符,维塞公司拒绝付款提货,并要求减价。后该批农产品全部变质。根据国际商会《托收统一规则》,下列哪一选项是正确的?

    A. 如代收行未执行托收行的指示,托收行应对因此造成的损失对修帕公司承担责任

    B. 当维塞公司拒付时,代收行应当主动制作拒绝证书,以便收款人追索

    C. 代收行应无延误地向托收行通知维塞公司拒绝付款的情况

    D. 当维塞公司拒绝提货时,代收行应当主动提货以减少损失

**考点92** 信用证的种类、当事人及法律关系

**241.** 2010/1/100/任

中国甲公司(卖方)与某国乙公司签订了国际货物买卖合同,规定采用信用证方式付款,由设在中国境内的丙银行通知并保兑。信用证开立之后,甲公司在货物已经装运,并准备将有关单据交银行议付时,接到丙银行通知,称开证行已宣告破产,丙银行将不承担对该信用证的议付或付款责任。据此,下列选项正确的是:

    A. 乙公司应为信用证项下汇票上的付款人

    B. 丙银行的保兑义务并不因开证行的破产而免除

    C. 因开证行已破产,甲公司应直接向乙公司收取货款

    D. 虽然开证行破产,甲公司仍可依信用证向丙银行交单并要求付款

**考点93** 信用证下银行的责任与免责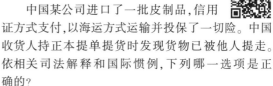

**242.** 2017/1/42/单

中国某公司进口了一批皮制品,信用证方式支付,以海运方式运输并投保了一切险。中国收货人持正本提单提货时发现货物已被他人提走。依相关司法解释和国际惯例,下列哪一选项是正确的?

    A. 承运人应赔偿收货人因其无单放货造成的货物成本加利润损失

    B. 因该批货物已投保一切险,故保险人应对货主赔偿无单放货造成的损失

    C. 因货物已放予他人,收货人不再需要向卖方支付信用证项下的货款

    D. 如交单人提交的单证符合信用证的要求,银行即应付款

**243.** 2016/1/41/单

中国甲公司与法国乙公司订立了服装进口合同,信用证付款,丙银行保兑。货物由"铂丽"号承运,投保了平安险。甲公司知悉货物途中遇台风全损后,即通知开证行停止付款。依《海牙规则》、UCP600 号及相关规则,下列哪一选项是正确的?

    A. 承运人应承担赔偿甲公司货损的责任

    B. 开证行可拒付,因货已全损

    C. 保险公司应赔偿甲公司货物的损失

    D. 丙银行可因开证行拒付而撤销其保兑

**244.** 2014/1/80/多

中国甲公司与德国乙公司签订了出口红枣的合同,约定品质为二级,信用证方式支付。后因库存二级红枣缺货,甲公司自行改装一级红枣,虽发票注明品质为一级,货价仍以二级计收。但在银行办理结汇时遭拒付。根据相关公约和惯例,下列哪些选项是正确的?

    A. 甲公司应承担交货不符的责任

    B. 银行应在审查货物的真实等级后再决定是否收单付款

    C. 银行可以发票与信用证不符为由拒绝收单付款

    D. 银行应对单据记载的发货人甲公司的诚信负责

**245.** 2008/1/87/多

根据国际商会《跟单信用证统一惯例》(UCP600)的规定,如果受益人按照信用证的要求完成对指定银行的交单义务,出现下列哪些情形时,开证行应予承付?

    A. 信用证规定指定银行议付但其未议付

    B. 信用证规定指定银行延期付款但其未承诺延

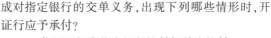

期付款

    C. 信用证规定指定银行承兑,指定行承兑但到期不付款

    D. 信用证规定指定银行即期付款但其未付款

**考点94 信用证欺诈及例外原则**

**246.** 2019 回忆/多

中国田丰公司和拉丁美洲图朵公司订立了出口一批电子产品的合同。因目的港无直达航线,需要转船运输,合同约定了信用证支付方式。关于图朵公司申请开立的信用证,下列哪些情形属于"软条款"信用证?

    A. 信用证规定"禁止转船"

    B. 信用证要求提单为已装船提单

    C. 信用证规定"开证行须在货物经检验合格后方可支付"

    D. 信用证要求保兑

**247.** 2015/1/42/单

依最高人民法院《关于审理信用证纠纷案件若干问题的规定》,出现下列哪一情况时,不能再通过司法手段干预信用证项下的付款行为?

    A. 开证行的授权人已对信用证项下票据善意地作出了承兑

    B. 受益人交付的货物无价值

    C. 受益人和开证申请人串通提交假单据

    D. 受益人提交记载内容虚假的单据

**248.** 2013/1/100/任

中国甲公司从某国乙公司进口一批货物,委托中国丙银行出具一份不可撤销信用证。乙公司发货后持单据向丙银行指定的丁银行请求付款,银行审单时发现单据上记载内容和信用证不完全一致。乙公司称甲公司接受此不符点,丙银行经与甲公司沟通,证实了该说法,即指示丁银行付款。后甲公司得知乙公司所发货物无价值,遂向有管辖权的中国法院申请中止支付信用证项下的款项。下列说法正确的是:

    A. 甲公司已接受不符点,丙银行必须承担付款责任

    B. 乙公司行为构成信用证欺诈

    C. 即使丁银行已付款,法院仍应裁定丙银行中止支付

    D. 丙银行发现单证存在不符点,有义务联系甲公司征询是否接受不符点

**249.** 2012/1/81/多

根据《最高人民法院关于审理信用证纠纷案件若干问题的规定》,中国法院认定存在信用

证欺诈的,应当裁定中止支付或者判决终止支付信用证项下款项,但存在除外情形。关于除外情形,下列哪些表述是正确的?

    A. 开证行的指定人、授权人已按照开证行的指令善意地进行了付款

    B. 开证行或者其指定人、授权人已对信用证项下票据善意地作出了承兑

    C. 保兑行善意地履行了付款义务

    D. 议付行善意地进行了议付

**250.** 2009/1/46/单

中国甲公司(买方)与某国乙公司签订仪器买卖合同,付款方式为信用证,中国丙银行为开证行,中国丁银行为甲公司申请开证的保证人,担保合同未约定法律适用。乙公司向信用证指定行提交单据后,指定行善意支付了信用证项下的款项。后甲公司以乙公司伪造单据为由,向中国某法院申请禁止支付令。依我国相关法律规定,下列哪一选项是正确的?

    A. 中国法院可以诈欺为由禁止开证行对外支付

    B. 因指定行已善意支付了信用证项下的款项,中国法院不应禁止中国丙银行对外付款

    C. 如确有证据证明单据为乙公司伪造,中国法院可判决终止支付

    D. 丁银行与甲公司之间的担保关系应适用《跟单信用证统一惯例》规定

# 专题十九　对外贸易管理制度

**考点95 对外贸易法**

**251.** 2008/1/85/多

根据我国 2004 年修订的《对外贸易法》的规定,关于对外贸易经营者,下列哪些选项是错误的?

    A. 个人须委托具有资格的法人企业才能办理对外贸易业务

    B. 对外贸易经营者未依规定办理备案登记的,海关不予办理报关验放手续

    C. 有足够的资金即可自动取得对外贸易经营的资格

    D. 对外贸易经营者向国务院主管部门办妥审批手续后方能取得对外贸易经营的资格

**考点96 出口管制法**

**252.** 2023 回忆/单

中国甲公司向 F 国乙公司出口一批精密仪器(出口管制物资),分两批发货,采用 CIP 术语(国际贸易术语通则 2020)。第一批交货后,甲公司发

现乙公司在其他交易中出现资金链断裂的情况，遂在通知对方后中止了第二批货物的交付。中国和 F 国均为《联合国国际货物销售合同公约》缔约国。对此，下列哪一说法是正确的？

 A. 因双方约定承运人装货后向甲公司签发已装船提单，故甲公司应在装运港完成交货

 B. 如乙公司提供充分保证，甲公司应继续履行第二批货物的交付义务

 C. 甲公司应当向中国出口管制管理部门提交由其出具的这批精密仪器的最终用户和最终用途证明文件

 D. 无特殊约定下，甲公司应投保平安险

**253．** 2022 回忆/单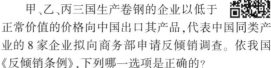

 营业地在广州的中国甲公司与 T 国乙公司签订了出口某种两用物项的货物合同，合同约定适用 CFR 术语。双方约定货物运输前存放在甲公司位于广州的某仓库，乙公司为该批货物最终用户。对此，下列哪一说法是正确的？

 A. 广州某仓库为该批货物的交货地点

 B. 甲公司应为该批货物的出口申请许可

 C. 乙公司应为该批货物投保平安险

 D. 乙公司收到货物后可向第三方转卖

**254．** 2021 回忆/多

 中国人陈某和德凌公司均从事某种商品的出口贸易，该种商品在国外颇受欢迎，销量可观。后该种商品被列入我国出口管制清单。根据我国《对外贸易法》和《出口管制法》相关规定，下列哪些表述是正确的？

 A. 陈某作为个人不能从事对外贸易活动

 B. 德凌公司只有经有关部门审批方能从事对外贸易活动

 C. 该种商品出口应申领出口许可证

 D. 外国进口商不能擅自改变该种进口商品的最终用途

**考点97** 反倾销措施

**255．** 2019 回忆/单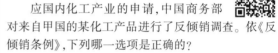

 甲乙丙三国企业均向中国出口钢材，中国钢材产业协会认为进口钢材价格过低，向商务部提出了反倾销调查申请。根据我国《反倾销条例》，下列哪一选项是正确的？

 A. 若申请人不提供真实信息，商务部应当终止调查

 B. 商务部认为有必要出境调查时，必须通过司法协助途径

 C. 商务部可以建议但不能强迫出口经营者作出价格承诺

 D. 终裁决定确定的反倾销税额低于已付或应付临时反倾销税或担保金额的，差额部分不予退还

**256．** 2017/1/43/单

 甲、乙、丙三国生产卷钢的企业以低于正常价值的价格向中国出口其产品，代表中国同类产业的 8 家企业拟向商务部申请反倾销调查。依我国《反倾销条例》，下列哪一选项是正确的？

 A. 如支持申请的国内生产者的产量不足国内同类产品总产量25%的，不得启动反倾销调查

 B. 如甲、乙、丙三国的出口经营者不接受商务部建议的价格承诺，则会妨碍反倾销案件的调查和确定

 C. 反倾销税的履行期限是 5 年，不得延长

 D. 终裁决定确定的反倾销税高于已付的临时反倾销税的，差额部分应予补交

**257．** 2016/1/42/单

 应国内化工产业的申请，中国商务部对来自甲国的某化工产品进行了反倾销调查。依《反倾销条例》，下列哪一选项是正确的？

 A. 商务部的调查只能限于中国境内

 B. 反倾销税税额不应超过终裁确定的倾销幅度

 C. 甲国某化工产品的出口经营者必须接受商务部有关价格承诺的建议

 D. 针对甲国某化工产品的反倾销税征收期限为 5 年，不得延长

**258．** 2014/1/42/单

 甲乙丙三国企业均向中国出口某化工产品，2010 年中国生产同类化工产品的企业认为进口的这一化工产品价格过低，向商务部提出了反倾销调查申请。根据相关规则，下列哪一选项是正确的？

 A. 反倾销税税额不应超过终裁决定确定的倾销幅度

 B. 反倾销税的纳税人为倾销进口产品的甲乙丙三国企业

 C. 商务部可要求甲乙丙三国企业作出价格承诺，否则不能进口

 D. 倾销进口产品来自两个以上国家，即可就倾销进口产品对国内产业造成的影响进行累积评估

**259．** 2012/1/41/单

 部分中国企业向商务部提出反倾销调查申请，要求对原产于某国的某化工原材料进口产品进行相关调查。经查，商务部终局裁定确定倾销成立，决定征收反倾销税。根据我国相关法律规定，下列哪一说法是正确的？

A. 构成倾销的前提是进口产品对我国化工原材料产业造成了实质损害,或者产生实质损害威胁

B. 对不同出口经营者应该征收同一标准的反倾销税税额

C. 征收反倾销税,由国务院关税税则委员会作出决定,商务部予以执行

D. 与反倾销调查有关的对外磋商、通知和争端事宜由外交部负责

**260.** 2011/1/42/单

甲、乙、丙中国企业代表国内某食品原料产业向商务部提出反倾销调查申请,要求对原产于A国、B国、C国的该原料进行相关调查。经查,商务部终局裁定确定倾销成立,对国内产业造成损害,决定征收反倾销税。根据我国相关法律规定,下列哪一说法是正确的?

A. 反倾销税的纳税人是该原料的出口经营者

B. 在反倾销调查期间,商务部可以建议进口经营者作出价格承诺

C. 终裁决定确定的反倾销税额高于已付或应付临时反倾销税或担保金额的,差额部分不予征收

D. 终裁决定确定的反倾销税额低于已付或应付临时反倾销税或担保金额的,差额部分不予退还

**261.** 2010/1/44/单

国内某产品生产商向我国商务部申请对从甲国进口的该产品进行反倾销调查。该产品的国内生产商共有100多家。根据我国相关法律规定,下列哪一选项是正确的?

A. 任何一家该产品的国内生产商均可启动反倾销调查

B. 商务部可强迫甲国出口商作出价格承诺

C. 如终裁决定确定的反倾销税高于临时反倾销税,甲国出口商应当补足

D. 反倾销税税额不应超过终裁决定确定的倾销幅度

**262.** 2008/1/83/多

在进口倾销对国内产业造成实质损害的情况下,反倾销税可以追溯征收。该反倾销税可适用于下列哪些产品?

A. 采取临时反倾销措施期间进口的产品

B. 发起反倾销调查前90天内进口的产品

C. 提起反倾销调查前90天进口的产品

D. 实施临时反倾销措施之日前90天内进口的产品

**考点98** 反补贴措施

**263.** 2021 回忆/多

中国某产业协会认为甲国出口到中国的某商品构成政府补贴,侵害了中国企业的利益,为此提出反补贴调查申请。商务部终局裁定采取反补贴措施。根据中国相关立法和实践,下列哪些说法是正确的?

A. 该项政府补贴应具有专向性

B. 甲国出口商对商务部的终局裁定不服,可以提交WTO争端解决

C. 甲国出口商对商务部的终局裁定不服,可以申请复议,也可以向人民法院提起诉讼

D. 若甲国出口商提起行政诉讼,对于其提供的在反补贴调查中拒不提供的证据,人民法院不予采纳

**264.** 2014/1/82/多

根据《中华人民共和国反补贴条例》,下列哪些选项属于补贴?

A. 出口国政府出资兴建通向口岸的高速公路

B. 出口国政府给予企业的免税优惠

C. 出口国政府提供的贷款

D. 出口国政府通过向筹资机构付款,转而向企业提供资金

**265.** 2009/1/45/单

中国某化工产品的国内生产商向中国商务部提起对从甲国进口的该类化工产品的反补贴调查申请。依我国相关法律规定,下列哪一选项是正确的?

A. 商务部认为必要时可以强制出口经营者作出价格承诺

B. 商务部认为有必要出境调查时,必须通过司法协助途径

C. 反补贴税税额不得超过终裁决定确定的补贴金额

D. 甲国该类化工产品的出口商是反补贴税的纳税人

**考点99** 保障措施

**266.** 2015/1/43/单

进口中国的某类化工产品2015年占中国的市场份额比2014年有较大增加,经查,两年进口总量虽持平,但仍给生产同类产品的中国产业造成了严重损害。依我国相关法律,下列哪一选项是正确的?

A. 受损害的中国国内产业可向商务部申请反倾销调查

B. 受损害的中国国内产业可向商务部提出采取保障措施的书面申请

C. 因为该类化工产品的进口数量并没有绝对增

加,故不能采取保障措施

D. 该类化工产品的出口商可通过价格承诺避免保障措施的实施

**267.** 2013/1/44/单

根据《中华人民共和国保障措施条例》,下列哪一说法是不正确的?

A. 保障措施中"国内产业受到损害",是指某种进口产品数量增加,并对生产同类产品或直接竞争产品的国内产业造成严重损害或严重损害威胁

B. 进口产品数量增加指进口数量的绝对增加或与国内生产相比的相对增加

C. 终裁决定确定不采取保障措施的,已征收的临时关税应当予以退还

D. 保障措施只应针对终裁决定作出后进口的产品实施

**268.** 2011/1/41/单

进口到中国的某种化工材料数量激增,其中来自甲国的该种化工材料数量最多,导致中国同类材料的生产企业遭受实质损害。根据我国相关法律规定,下列哪一选项是正确的?

A. 中国有关部门启动保障措施调查,应以国内有关生产者申请为条件

B. 中国有关部门可仅对已经进口的甲国材料采取保障措施

C. 如甲国企业同意进行价格承诺,则可避免被中国采取保障措施

D. 如采取保障措施,措施针对的材料范围应当与调查范围相一致

# 专题二十 世界贸易组织

**考点100** WTO 基本制度

**269.** 2012/1/44/单

关于中国与世界贸易组织的相关表述,下列哪一选项是不正确的?

A. 世界贸易组织成员包括加入世界贸易组织的各国政府和单独关税区政府,中国香港、澳门和台湾是世界贸易组织的成员

B. 《政府采购协议》属于世界贸易组织法律体系中诸边贸易协议,该协议对于中国在内的所有成员均有约束力

C. 《中国加入世界贸易组织议定书》中特别规定了针对中国产品的特定产品的过渡性保障措施机制

D. 《关于争端解决规则与程序的谅解》在世界

贸易组织框架下建立了统一的多边贸易争端解决机制

**270.** 2011/1/43/单

关于中国在世贸组织中的权利义务,下列哪一表述是正确的?

A. 承诺入世后所有中国企业都有权进行货物进出口,包括国家专营商品

B. 对中国产品的出口,进口成员在进行反倾销调查时选择替代国价格的做法,在《中国加入世界贸易组织议定书》生效15年后终止

C. 非专向补贴不受世界贸易组织多边贸易体制的约束,包括中国对所有国有企业的补贴

D. 针对中国产品的过渡性保障措施,在实施条件上与保障措施的要求基本相同,在实施程序上相对简便

**考点101** WTO 最惠国待遇原则

**271.** 2014/1/100/任

甲乙丙三国为世界贸易组织成员,丁国不是该组织成员。关于甲国对进口立式空调和中央空调的进口关税问题,根据《关税与贸易总协定》,下列违反最惠国待遇的做法是:

A. 甲国给予来自乙国的立式空调和丙国的中央空调以不同的关税

B. 甲国给予来自乙国和丁国的立式空调以不同的进口关税

C. 因实施反倾销措施,导致从乙国进口的立式空调的关税高于从丙国进口的

D. 甲国给予来自乙丙两国的立式空调以不同的关税

**考点102** 《与贸易有关的投资措施协议》

**272.** 2019 回忆/单

甲国某项投资法律要求外商投资企业必须购买东道国原材料作为生产投入,乙国认为该项措施违反了 WTO 的《与贸易有关的投资措施协议》,诉诸 WTO 争端解决机制。根据 WTO 相关规则,下列哪一选项是正确的?

A. 甲国投资法的该项规定属于进口用汇限制

B. 《与贸易有关的投资措施协议》适用于货物贸易、服务贸易和知识产权

C. WTO 争端解决机制仅适用于与贸易有关的投资措施等争端

D. 磋商是成立专家组之前的必经程序

**273.** 2015/1/44/单

为了促进本国汽车产业,甲国出台规定,如生产的汽车使用了30%国产零部件,即可享受

税收减免的优惠。依世界贸易组织的相关规则,关于该规定,下列哪一选项是正确的?

A. 违反了国民待遇原则,属于禁止使用的与贸易有关的投资措施

B. 因含有国内销售的要求,是扭曲贸易的措施

C. 有贸易平衡的要求,属于禁止的数量限制措施

D. 有外汇平衡的要求,属于禁止的投资措施

**274.** 2009/1/84/多

针对甲国一系列影响汽车工业的措施,乙、丙、丁等国向甲国提出了磋商请求。四国均为世界贸易组织成员。关于甲国采取的措施,下列哪些是《与贸易有关的投资措施协议》禁止使用的?

A. 要求汽车生产企业在生产过程中必须购买一定比例的当地产品

B. 依国产化率对汽车中使用的进口汽车部件减税

C. 规定汽车生产企业的外资股权比例不应超过60%

D. 要求企业购买进口产品的数量不能大于其出口产品的数量

**考点103 《服务贸易总协定》**

**275.** 2013/1/42/单

根据世界贸易组织《服务贸易总协定》,下列哪一选项是正确的?

A. 协定适用于成员方的政府服务采购

B. 中国公民接受国外某银行在中国分支机构的服务属于协定中的境外消费

C. 协定中的最惠国待遇只适用于服务产品而不适用于服务提供者

D. 协定中的国民待遇义务,仅限于列入承诺表的部门

**276.** 2012/1/40/单

《服务贸易总协定》规定了服务贸易的方式,下列哪一选项不属于协定规定的服务贸易?

A. 中国某运动员应聘到美国担任体育教练

B. 中国某旅行公司组团到泰国旅游

C. 加拿大某银行在中国设立分支机构

D. 中国政府援助非洲某国一笔资金

**考点104 WTO争端解决机制**

**277.** 2017/1/80/多

甲、乙、丙三国均为WTO成员国,甲国给予乙国进口丝束的配额,但没有给予丙国配额,而甲国又是国际上为数不多消费丝束产品的国家。为此,丙国诉诸WTO争端解决机制。依相关规则,下列哪些选项是正确的?

A. 丙国生产丝束的企业可以甲国违反最惠国待

遇为由起诉甲国

B. 甲、丙两国在成立专家组之前必须经过"充分性"的磋商

C. 除非争端解决机构一致不通过相关争端解决报告,该报告即可通过

D. 如甲国败诉且拒不执行裁决,丙国可向争端解决机构申请授权对甲国采取报复措施

**278.** 2015/1/80/多

甲、乙、丙三国均为世界贸易组织成员,甲国对进口的某类药品征收8%的国内税,而同类国产药品的国内税为6%。针对甲国的规定,乙、丙两国向世界贸易组织提出申诉,经裁决甲国败诉,但其拒不执行。依世界贸易组织的相关规则,下列哪些选项是正确的?

A. 甲国的行为违反了国民待遇原则

B. 乙、丙两国可向上诉机构申请强制执行

C. 乙、丙两国经授权可以对甲国采取中止减让的报复措施

D. 乙、丙两国的报复措施只限于在同种产品上使用

**279.** 2013/1/43/单

关于世界贸易组织争端解决机制的表述,下列哪一选项是不正确的?

A. 磋商是争端双方解决争议的必经程序

B. 上诉机构为世界贸易组织争端解决机制中的常设机构

C. 如败诉方不遵守争端解决机构的裁决,申诉方可自行采取中止减让或中止其他义务的措施

D. 申诉方在实施报复时,中止减让或中止其他义务的程度和范围应与其所受到损害相等

**280.** 2012/1/42/单

甲、乙均为世界贸易组织成员国。乙称甲关于影像制品的进口管制违反国民待遇原则,为此向世界贸易组织提出申诉,并经专家组和上诉机构审理。对此,下列哪一选项是正确的?

A. 甲、乙磋商阶段达成的谅解协议,可被用于后续争端解决审理

B. 专家组可对未在申请书中指明的诉求予以审查

C. 上诉机构可将案件发回专家组重审

D. 上诉案件由上诉机构7名成员中3人组成上诉庭审理

**281.** 2010/1/46/单

甲乙二国均为世贸组织成员国,乙国称甲国实施的保障措施违反非歧视原则,并将争端提交世界贸易组织争端解决机构。对此,下列哪一选项是正确的?

A. 对于乙国没有提出的主张,专家组仍可因其相关性而作出裁定

B. 甲乙二国在解决争端时必须经过磋商、仲裁和调解程序

C. 争端解决机构在通过争端解决报告上采用的是"反向一致"原则

D. 如甲国拒绝履行上诉机构的裁决,乙国可向争端解决机构上诉

**282.** `2009/1/44/单`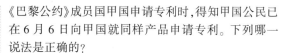

甲乙两国均为世界贸易组织成员,甲国对乙国出口商向甲国出口轮胎征收高额反倾销税,使乙国轮胎出口企业损失严重。乙国政府为此向世界贸易组织提出申诉,经专家组和上诉机构审理胜诉。下列哪一选项是正确的?

A. 如甲国不履行世贸组织的裁决,乙国可申请强制执行

B. 如甲国不履行世贸组织的裁决,乙国只可在轮胎的范围内实施报复

C. 如甲国不履行世贸组织的裁决,乙国可向争端解决机构申请授权报复

D. 上诉机构只有在对该案的法律和事实问题进行全面审查后才能作出裁决

# 专题二十一 国际经济法领域的其他法律制度

**考点105** 《保护工业产权巴黎公约》

**283.** `2020 回忆/单`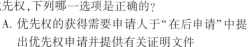

甲国 A 公司在乙国投资设立 B 公司,并就该投资项目向多边投资担保机构投保货币汇兑险。A 公司的某项产品发明在甲国首次申请专利后,又在乙国提出同一主题的专利申请,同时要求获得优先权保护。甲、乙两国都是《多边投资担保机构公约》和《保护工业产权巴黎公约》的缔约国,下列哪一项说法是错误的?

A. 乙国应为发展中国家

B. 若乙国进行外汇管制,该风险不属于货币汇兑险的承保范围

C. 乙国有权要求 A 公司委派乙国境内的本地专利代理机构申请专利

D. 即使 A 公司在甲国的专利申请被驳回,也不影响其在乙国申请的优先权

**284.** `2013/1/41/单`

2011 年 4 月 6 日,张某在广交会上展示了其新发明的产品,4 月 15 日,张某在中国就其产品申请发明专利(后获得批准)。6 月 8 日,张某在向

《巴黎公约》成员国甲国申请专利时,得知甲国公民已在 6 月 6 日向甲国就同样产品申请专利。下列哪一说法是正确的?

A. 如张某提出优先权申请并加以证明,其在甲国的申请日至少可以提前至 2011 年 4 月 15 日

B. 2011 年 4 月 6 日这一时间点对张某在甲国以及《巴黎公约》其他成员国申请专利没有任何影响

C. 张某在中国申请专利已获得批准,甲国也应当批准他的专利申请

D. 甲国不得要求张某必须委派甲国本地代理人代为申请专利

**285.** `2009/1/42/单`

根据《保护工业产权的巴黎公约》,关于优先权,下列哪一选项是正确的?

A. 优先权的获得需要申请人于"在后申请"中提出优先权申请并提供有关证明文件

B. 所有的工业产权均享有相同期间的优先权

C. "在先申请"撤回,"在后申请"的优先权地位随之丧失

D. "在先申请"被驳回,"在后申请"的优先权地位随之丧失

**考点106** 《保护文学艺术作品伯尔尼公约》

**286.** `2017/1/44/单`

甲国人迈克在甲国出版著作《希望之路》后 25 天内,又在乙国出版了该作品,乙国是《保护文学和艺术作品伯尔尼公约》缔约国,甲国不是。依该公约,下列哪一选项是正确的?

A. 因《希望之路》首先在非缔约国出版,不能在缔约国享受国民待遇

B. 迈克在甲国出版《希望之路》后 25 天内在乙国出版,仍然具有缔约国的作品国籍

C. 乙国依国民待遇为该作品提供的保护需要迈克履行相应的手续

D. 乙国对该作品的保护有赖于其在甲国是否受保护

**287.** `2014/1/43/单`

甲国人柯里在甲国出版的小说流传到乙国后出现了利用其作品的情形,柯里认为侵犯了其版权,并诉诸乙国法院。尽管甲乙两国均为《伯尔尼公约》的缔约国,但依甲国法,此种利用作品不构成侵权,另外,甲国法要求作品要履行一定的手续才能获得保护。根据相关规则,下列哪一选项是正确的?

A. 柯里须履行甲国法要求的手续才能在乙国得到版权保护

B. 乙国法院可不受理该案,因作品来源国的法律不认为该行为是侵权

C. 如该小说在甲国因宗教原因被封杀,乙国仍可予以保护

D. 依国民待遇原则,乙国只能给予该作品与甲国相同水平的版权保护

**288.** 2012/1/82/多

李伍为惯常居所地在甲国的公民,满成为惯常居所地在乙国的公民。甲国不是《保护文学艺术作品伯尔尼公约》缔约国,乙国和中国是该公约的缔约国。关于作品在中国的国民待遇,下列哪些选项是正确的?

A. 李伍的文章在乙国首次发表,其作品在中国享有国民待遇

B. 李伍的文章无论发表与否,其作品在中国享有国民待遇

C. 满成的文章无论在任何国家首次发表,其作品在中国享有国民待遇

D. 满成的文章无论发表与否,其作品在中国享有国民待遇

**考点107** 《与贸易有关的知识产权协议》（TRIPS 协议）

**289.** 2015/1/81/多

香槟是法国地名,中国某企业为了推广其葡萄酒产品,拟为该产品注册"香槟"商标。依《与贸易有关的知识产权协议》,下列哪些选项是正确的?

A. 只要该企业有关"香槟"的商标注册申请在先,商标局就可以为其注册

B. 如该注册足以使公众对该产品的来源误认,则应拒绝注册

C. 如该企业是在利用香槟这一地理标志进行暗示,则应拒绝注册

D. 如允许来自法国香槟的酒产品注册"香槟"的商标,而不允许中国企业注册该商标,则违反了国民待遇原则

**290.** 2010/1/41/单

关于版权保护,下列哪一选项体现了《与贸易有关的知识产权协议》对《伯尔尼公约》的补充?

A. 明确了摄影作品的最低保护期限

B. 将计算机程序和有独创性的数据汇编列为版权保护的对象

C. 增加了对作者精神权利方面的保护

D. 无例外地实行国民待遇原则

**291.** 2009/1/86/多

中国甲公司发现有假冒"麒麟"商标的货物通过海关进口。依我国相关法律规定,甲公司可

以采取下列哪些措施?

A. 甲公司可向海关提出采取知识产权保护措施的备案申请

B. 甲公司可要求海关将涉嫌侵犯"麒麟"商标权的标记移除后再进口

C. 甲公司可向货物进出境地海关提出扣留涉嫌侵权货物的申请

D. 甲公司在向海关提出采取保护措施的申请后,可在起诉前就被扣留的涉嫌侵权货物向法院申请采取责令停止侵权行为的措施

**292.** 2008/1/43/单

根据《与贸易有关的知识产权协定》,关于商标所有人转让商标,下列哪一选项是正确的?

A. 必须将该商标与所属业务同时转让

B. 可以将该商标与所属业务同时转让

C. 不能将该商标与所属业务同时转让

D. 可以通过强制许可形式转让

**考点108** 国际知识产权许可协议

**293.** 2016/1/43/单

中国甲公司与德国乙公司签订了一项新技术许可协议,规定在约定期间内,甲公司在亚太区独占使用乙公司的该项新技术。依相关规则,下列哪一选项是正确的?

A. 在约定期间内,乙公司在亚太区不能再使用该项新技术

B. 乙公司在全球均不能再使用该项新技术

C. 乙公司不能再将该项新技术允许另一家公司在德国使用

D. 乙公司在德国也不能再使用该项新技术

**考点109** 多边投资担保机构(MIGA)

**294.** 2016/1/44/单

甲国 T 公司与乙国政府签约在乙国建设自来水厂,并向多边投资担保机构投保。依相关规则,下列哪一选项是正确的?

A. 乙国货币大幅贬值造成 T 公司损失,属货币汇兑险的范畴

B. 工人罢工影响了自来水厂的正常营运,属战争内乱险的范畴

C. 乙国新所得税法致 T 公司所得税增加,属征收和类似措施险的范畴

D. 乙国政府不履行与 T 公司签订的合同,乙国法院又拒绝受理相关诉讼,属政府违约险的范畴

**295.** 2014/1/99/任

中国公司在乙国投资建成地热公司,

并向多边投资担保机构投了保。1993 年,乙国因外汇大量外流采取了一系列的措施,使地热公司虽取得了收入汇出批准书,但仍无法进行货币汇兑并汇出,甲公司认为已发生了禁兑风险,并向投资担保机构要求赔偿。根据相关规则,下列选项正确的是:

A. 乙国中央银行已批准了货币汇兑,不能认为发生了禁兑风险

B. 消极限制货币汇兑也属于货币汇兑险的范畴

C. 乙国应为发展中国家

D. 担保机构一经向甲公司赔付,即代位取得向东道国的索赔权

**296．** 2013/1/80/多

关于国际投资法相关条约,下列哪些表述是正确的?

A. 依《关于解决国家和他国国民之间投资争端公约》,投资争端应由双方书面同意提交给投资争端国际中心,当双方表示同意后,任何一方不得单方面撤销

B. 依《多边投资担保机构公约》,多边投资担保机构只对向发展中国家领土内的投资予以担保

C. 依《与贸易有关的投资措施协议》,要求企业购买或使用最低比例的当地产品属于协议禁止使用的措施

D. 依《与贸易有关的投资措施协议》,限制外国投资者投资国内公司的投资比例属于协议禁止使用的措施

**297．** 2011/1/44/单

根据《多边投资担保机构公约》,关于多边投资担保机构(MIGA)的下列哪一说法是正确的?

A. MIGA 承保的险别包括征收和类似措施险、战争和内乱险、货币汇兑险和投资方违约险

B. 作为 MIGA 合格投资者(投保人)的法人,只能是具有东道国以外任何一个缔约国国籍的法人

C. 不管是发展中国家的投资者,还是发达国家的投资者,都可向 MIGA 申请投保

D. MIGA 承保的前提条件是投资者母国和东道国之间有双边投资保护协定

**298．** 2009/1/100/任

甲乙两国均为《多边投资担保机构公约》缔约国,甲国公民帕克在乙国投资时向多边投资担保机构进行了投资保险。对此,下列说法正确的是:

A. 如乙国并未拒绝帕克的汇兑申请,而只是消极

拖延则不属于货币汇兑险的范围

B. 乙国应当是发展中国家

C. 如发生在乙国邻国的战争影响了帕克在乙国投资的正常营运,也属于战争内乱险承保的范畴

D. 乙国政府对帕克的违约属于政府违约险承保的范畴

**考点 110** 国际投资争端解决中心(ICSID)

**299．** 2022 回忆/任

甲、乙两国均为《解决国家和他国公民间投资争端公约》缔约国。甲国 M 公司和乙国政府因履行在乙国的投资协议产生纠纷,双方达成书面协议,将争端提交解决国际投资争端中心(以下简称中心)解决。根据相关法律规定,下列说法正确的是:

A. 若乙国政府不履行投资协议,M 公司可直接请求甲国政府行使外交保护

B. 被投资国法律不明时,中心可以此为由拒绝作出仲裁裁决

C. 中心应对"投资"的含义进行界定和解释

D. 双方不用尽当地救济就可将争端提交中心解决

**300．** 2017/1/81/多

甲国惊奇公司的创新科技产品经常参加各类国际展览会,该公司向乙国的投资包含了专利转让,甲、乙两国均为《巴黎公约》和《华盛顿公约》(公约设立的解决国际投资争端中心的英文简称为 ICSID)的成员。依相关规定,下列哪些选项是正确的?

A. 惊奇公司的新产品参加在乙国举办的国际展览会,产品中可取得专利的发明应获得临时保护

B. 如惊奇公司与乙国书面协议将其争端提交给 ICSID 解决,ICSID 即对该争端有管辖权

C. 提交 ICSID 解决的争端可以是任何与投资有关的争端

D. 乙国如对 ICSID 裁决不服的,可寻求向乙国的最高法院上诉

**301．** 2012/1/43/单

甲、乙均为《解决国家和他国公民间投资争端公约》缔约国。甲国 A 公司拟将与乙的争端提交根据该公约成立的解决国际投资争端中心。对此,下列哪一选项是不正确的?

A. 该中心可根据 A 公司的单方申请对该争端行使管辖权

B. 该中心对该争端行使管辖权,须以 A 公司和乙书面同意为条件

C. 如乙没有特别规定,该中心对争端享有管辖权不以用尽当地救济为条件

D. 该中心对该争端行使管辖权后,可依争端双方同意的法律规则作出裁决

**302.** 2011/1/81/多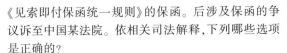

关于《解决国家和他国国民间投资争端公约》和依其设立的解决国际投资争端中心,下列哪些说法是正确的?

A. 中心管辖直接因投资引起的法律争端

B. 中心管辖的争端必须是关于法律权利或义务的存在或其范围,或是关于因违反法律义务而实行赔偿的性质或限度的

C. 批准或加入公约本身并不等于缔约国承担了将某一特定投资争端提交中心调解或仲裁的义务

D. 中心的裁决对争端各方均具有约束力

**考点111 特别提款权**

**303.** 2009/1/85/多

关于特别提款权,下列哪些选项是正确的?

A. 甲国可以用特别提款权偿还国际货币基金组织为其渡过金融危机提供的贷款

B. 甲乙两国的贸易公司可将特别提款权用于两公司间国际货物买卖的支付

C. 甲乙两国可将特别提款权用于两国政府间结算

D. 甲国可以将特别提款权用于国际储备

**考点112 国际融资担保**

**304.** 2018回忆/单

中国某工程公司在甲国承包了一项工程,中国某银行对甲国的发包方出具了见索即付的保函,后甲国发包方以中国公司违约为由向中国银行要求支付保函上的款项。根据我国相关法律规定,下列哪一选项是正确的?

A. 如果该工程公司是我国政府独资的国有企业,则银行可以以此为由拒绝向受益人付款

B. 中国银行可以主张保函受益人先向该工程公司求偿,待其拒绝后再履行保函义务

C. 中国银行应对施工合同进行实质性审查后,方可决定是否履行保函义务

D. 只要保函受益人提交的书面文件之间相符,且与保函要求相符,银行就应当承担付款责任

**305.** 2017/1/82/多

中国甲公司在承担中东某建筑工程时涉及一系列分包合同和买卖合同,并使用了载明适用

《见索即付保函统一规则》的保函。后涉及保函的争议诉至中国某法院。依相关司法解释,下列哪些选项是正确的?

A. 保函内容中与《见索即付保函统一规则》不符的部分无效

B. 因该保函记载了某些对应的基础交易,故该保函争议应适用我国《民法典》有关保证的规定

C. 只要受益人提交的单据与独立保函条款、单据与单据之间表面相符,开立人就须独立承担付款义务

D. 单据与独立保函条款之间表面上不完全一致,但并不导致相互之间产生歧义的,仍应认定构成表面相符

**306.** 2016/1/81/多

在一国际贷款中,甲银行向贷款银行乙出具了备用信用证,后借款人丙公司称贷款协议无效,拒绝履约。乙银行向甲银行出示了丙公司的违约证明,要求甲银行付款。依相关规则,下列哪些选项是正确的?

A. 甲银行必须对违约的事实进行审查后才能向乙银行付款

B. 备用信用证与商业跟单信用证适用相同的国际惯例

C. 备用信用证独立于乙银行与丙公司的国际贷款协议

D. 即使该国际贷款协议无效,甲银行仍须承担保证责任

**307.** 2011/1/82/多

甲国公司承担乙国某工程,与其签订工程建设合同。丙银行为该工程出具见索即付的保函。后乙国发生内战,工程无法如期完工。对此,下列哪些选项是正确的?

A. 丙银行对该合同因战乱而违约的事实进行实质审查后,方履行保函义务

B. 因该合同违约原因是乙国内战,丙银行可以此为由不履行保函义务

C. 丙银行出具的见索即付保函独立于该合同,只要违约事实出现即须履行保函义务

D. 保函被担保人无须对甲国公司采取各种救济方法,便可直接要求丙银行履行保函义务

**308.** 2008/1/86/多

实践中,国际融资担保存在多种不同的形式,如银行保函、备用信用证、浮动担保等,中国法律对其中一些担保形式没有相应的规定。根据国际惯例,关于各类融资担保,下列哪些选项是正确的?

A. 备用信用证项下的付款义务只有在开证行对借款人的违约事实进行实质审查后才产生
B. 大公司出具的担保意愿书具有很强的法律效力
C. 见索即付保函独立于基础合同
D. 浮动担保中用于担保的财产的价值是变化的

**考点113** 国际贷款协议

**309.** 2021 回忆/任

某外国公司与我国甲银行(甲银行为牵头银行)等众多银行签了间接银团贷款合同,牵头银行将贷款份额转售给其他银行。对此,下列说法正确的是:
A. 所有参与贷款的银行之间负连带责任
B. 甲银行作为牵头银行与该外国公司签订贷款协议
C. 所有参与贷款的银行均需与该外国公司签订贷款协议
D. 所有参与银行应按照统一的条件发放贷款

**考点114** 国际税法

**310.** 2019 回忆/多

中国和新加坡都接受了《金融账户信息自动交换标准》中的"共同申报准则"(CRS)。定居在中国的张某在新加坡银行和保险机构均有账户,同时还在新加坡拥有房产和收藏品等,下列哪些说法是正确的?
A. 如中国未提供正当理由,新加坡无须向中国报送张某的金融账户信息
B. 新加坡应向中国报送张某在特定保险机构的账户信息
C. 新加坡可不向中国报送张某在新加坡的房产和收藏品信息
D. 因张某为瑞士国籍,可以要求新加坡不向中国报送其在新加坡的金融账户信息

**311.** 2016/1/82/多

甲乙两国均为 WTO 成员,甲国纳税居民马克是甲国保险公司的大股东,马克从该保险公司在乙国的分支机构获利 35 万美元。依《服务贸易总协定》及相关税法规则,下列哪些选项是正确的?
A. 甲国保险公司在乙国设立分支机构,属于商业存在的服务方式
B. 马克对甲国承担无限纳税义务
C. 两国均对马克的 35 万美元获利征税属于重叠征税
D. 35 万美元获利属于甲国人马克的所得,乙国无权对其征税

**312.** 2015/1/82/多

为了完成会计师事务所交办的涉及中国某项目的财务会计报告,永居甲国的甲国人里德来到中国工作半年多,圆满完成报告并获得了相应的报酬。依相关法律规则,下列哪些选项是正确的?
A. 里德是甲国人,中国不能对其征税
B. 因里德在中国停留超过了 183 天,中国对其可从源征税
C. 如中国已对里德征税,则甲国在任何情况下均不得对里德征税
D. 如里德被甲国认定为纳税居民,则应对甲国承担无限纳税义务

**313.** 2014/1/44/单

甲国人李某长期居住在乙国,并在乙国经营一家公司,在甲国则只有房屋出租。在确定纳税居民的身份上,甲国以国籍为标准,乙国以住所和居留时间为标准。根据相关规则,下列哪一选项是正确的?
A. 甲国只能对李某在甲国的房租收入行使征税权,而不能对其在乙国的收入行使征税权
B. 甲乙两国可通过双边税收协定协调居民税收管辖权的冲突
C. 如甲国和乙国对李某在乙国的收入同时征税,属于国际重叠征税
D. 甲国对李某在乙国经营公司的收入行使的是所得来源地税收管辖权

**314.** 2010/1/84/多

目前各国对非居民营业所得的纳税普遍采用常设机构原则。关于该原则,下列哪些表述是正确的?
A. 仅对非居民纳税人通过在境内的常设机构获得的工商营业利润实行征税
B. 常设机构原则同样适用于有关居民的税收
C. 管理场所、分支机构、办事处、工厂、油井、采石场等属于常设机构
D. 常设机构必须满足公司实体的要求

**315.** 2009/1/87/多

在国际税法中,对于法人居民身份的认定各国有不同标准。下列哪些属于判断法人纳税居民身份的标准?
A. 依法人的注册成立地判断
B. 依法人的股东在征税国境内停留的时间判断
C. 依法人的总机构所在地判断
D. 依法人的实际控制与管理中心所在地判断

# 国际法 [考点法条]

## 专题四　国际法上的个人

**考点 20** 国籍的取得

《国籍法》

**第四条**　[出生取得国籍之一]父母双方或一方为中国公民,本人出生在中国,具有中国国籍。

**第五条**　[出生取得国籍之二]父母双方或一方为中国公民,本人出生在外国,具有中国国籍;但父母双方或一方为中国公民并定居在外国,本人出生时即具有外国国籍的,不具有中国国籍。

**第六条**　[出生取得国籍之三]父母无国籍或国籍不明,定居在中国,本人出生在中国,具有中国国籍。

**第八条**　[中国国籍的加入和外国国籍的丧失]申请加入中国国籍获得批准的,即取得中国国籍;被批准加入中国国籍的,不得再保留外国国籍。

**考点 21** 国籍的丧失

《国籍法》

**第三条**　[双重国籍的否认]中华人民共和国不承认中国公民具有双重国籍。

**第九条**　[丧失中国国籍之一]定居外国的中国公民,自愿加入或取得外国国籍的,即自动丧失中国国籍。

**第十条**　[申请退出中国国籍]中国公民具有下列条件之一的,可以经申请批准退出中国国籍:

一、外国人的近亲属;

二、定居在外国的;

三、有其它正当理由。

**第十一条**　[丧失中国国籍之二]申请退出中国国籍获得批准的,即丧失中国国籍。

**第十二条**　[不得退出中国国籍的人员]国家工作人员和现役军人,不得退出中国国籍。

**第十五条**　[受理国籍申请的机关]受理国籍申请的机关,在国内为当地市、县公安局,在国外为中国外交代表机关和领事机关。

**第十六条**　[国籍申请的审批]加入、退出和恢复中国国籍的申请,由中华人民共和国公安部审批。经批准的,由公安部发给证书。

《涉外民事关系法律适用法》

**第十九条**　[国籍冲突时法律适用的解决]依照本法适用国籍国法律,自然人具有两个以上国籍的,适用有经常居所的国籍国法律;在所有国籍国均无经常居所的,适用与其有最密切联系的国籍国法律。自然人无国籍或者国籍不明的,适用其经常居所地法律。

**考点 22** 中国人的出入境

《出境入境管理法》

**第十一条**　[中国公民出境入境程序]中国公民出境入境,应当向出入境边防检查机关交验本人的护照或者其他旅行证件等出境入境证件,履行规定的手续,经查验准许,方可出境入境。

具备条件的口岸,出入境边防检查机关应当为中国公民出境入境提供专用通道等便利措施。

**第十二条**　[中国公民不准出境的情形]中国公民有下列情形之一的,不准出境:

(一)未持有效出境入境证件或者拒绝、逃避接受边防检查的;

(二)被判处刑罚尚未执行完毕或者属于刑事案件被告人、犯罪嫌疑人的;

(三)有未了结的民事案件,人民法院决定不准出境的;

(四)因妨害国(边)境管理受到刑事处罚或者因非法出境、非法居留、非法就业被其他国家或者地区遣返,未满不准出境规定年限的;

(五)可能危害国家安全和利益,国务院有关主管部门决定不准出境的;

(六)法律、行政法规规定不准出境的其他情形。

**第十三条**　[定居国外的中国公民申请回国定居]定居国外的中国公民要求回国定居的,应当在入境前向中华人民共和国驻外使馆、领馆或者外交部委托的其他驻外机构提出申请,也可以由本人或者经由国内亲属向拟定居地的县级以上地方人民政府侨务部门提出申请。

**第十四条**　[定居国外的中国公民在中国境内从事有关活动身份证明]定居国外的中国公民在中国境内办理金融、教育、医疗、交通、电信、社会保险、财产登记等事务需要提供身份证明的,可以凭本人的护照证明其身份。

**考点 23** 外国人的出入境

**(一)入境**

《出境入境管理法》

**第四条**　[出入境管理工作体制]公安部、外交部按照各自职责负责有关出境入境事务的管理。

中华人民共和国驻外使馆、领馆或者外交部委托的其他驻外机构(以下称驻外签证机关)负责在境外签发外国人入境签证。出入境边防检查机关负责实施出境入境边防检查。县级以上地方人民政府公安机关及其出入境管理机构负责外国人停留居留管理。

公安部、外交部可以在各自职责范围内委托县级以上地方人民政府公安机关出入境管理机构、县级以上地方人民政府外事部门受理外国人入境、停留居留申请。

公安部、外交部在出境入境事务管理中,应当加强沟通配合,并与国务院有关部门密切合作,按照各自职责分工,依法行使职权,承担责任。

第二十一条 [不予签发签证]外国人有下列情形之一的,不予签发签证:

(一)被处驱逐出境或者被决定遣送出境,未满不准入境规定年限的;

(二)患有严重精神障碍、传染性肺结核病或者有可能对公共卫生造成重大危害的其他传染病的;

(三)可能危害中国国家安全和利益、破坏社会公共秩序或者从事其他违法犯罪活动的;

(四)在申请签证过程中弄虚作假或者不能保障在中国境内期间所需费用的;

(五)不能提交签证机关要求提交的相关材料的;

(六)签证机关认为不宜签发签证的其他情形。

对不予签发签证的,签证机关可以不说明理由。

第二十二条 [免办签证]外国人有下列情形之一的,可以免办签证:

(一)根据中国政府与其他国家政府签订的互免签证协议,属于免办签证人员的;

(二)持有效的外国人居留证件的;

(三)持联程客票搭乘国际航行的航空器、船舶、列车从中国过境前往第三国或者地区,在中国境内停留不超过二十四小时且不离开口岸,或者在国务院批准的特定区域内停留不超过规定时限的;

(四)国务院规定的可以免办签证的其他情形。

第二十三条 [临时入境]有下列情形之一的外国人需要临时入境的,应当向出入境边防检查机关申请办理临时入境手续:

(一)外国船员及其随行家属登陆港口所在城市的;

(二)本法第二十二条第三项规定的人员需要离开口岸的;

(三)因不可抗力或者其他紧急原因需要临时入境的。

临时入境的期限不得超过十五日。

对申请办理临时入境手续的外国人,出入境边防检查机关可以要求外国人本人、载运其入境的交通运输工具的负责人或者交通运输工具出入境业务代理单位提供必要的保证措施。

第二十五条 [外国人不准入境的情形和程序]外国人有下列情形之一的,不准入境:

(一)未持有效出境入境证件或者拒绝、逃避接受边防检查的;

(二)具有本法第二十一条第一款第一项至第四项规定情形的;

(三)入境后可能从事与签证种类不符的活动的;

(四)法律、行政法规规定不准入境的其他情形。

对不准入境的,出入境边防检查机关可以不说明理由。

(二)出境

(1)限制出境

《出境入境管理法》

第二十八条 [外国人不准出境的情形]外国人有下列情形之一的,不准出境:

(一)被判处刑罚尚未执行完毕或者属于刑事案件被告人、犯罪嫌疑人的,但是按照中国与外国签订的有关协议,移管被判刑人的除外;

(二)有未了结的民事案件,人民法院决定不准出境的;

(三)拖欠劳动者的劳动报酬,经国务院有关部门或者省、自治区、直辖市人民政府决定不准出境的;

(四)法律、行政法规规定不准出境的其他情形。

(2)强制出境

《出境入境管理法》

第六十二条 [遣送出境的适用情形、法律效果]外国人有下列情形之一的,可以遣送出境:

(一)被处限期出境,未在规定期限内离境的;

(二)有不准入境情形的;

(三)非法居留、非法就业的;

(四)违反本法或者其他法律、行政法规需要遣送出境的。

其他境外人员有前款所列情形之一的,可以依法遣送出境。

被遣送出境的人员,自被遣送出境之日起一至五年内不准入境。

第八十一条 [限期出境和驱逐出境]外国人从事与停留居留事由不相符的活动,或者有其他违反中国法律、法规规定,不适宜在中国境内继续停留居留情形的,可以处限期出境。

外国人违反本法规定,情节严重,尚不构成犯罪的,公安部可以处驱逐出境。公安部的处罚决定为最终决定。

被驱逐出境的外国人,自被驱逐出境之日起十年内不准入境。

(三)外国人的居留

《出境入境管理法》

第三十九条 [外国人住宿、居住登记]外国人在中国境内旅馆住宿的,旅馆应当按照旅馆业治安管理的有关规定为其办理住宿登记,并向所在地公安机关报送外国人住宿登记信息。

外国人在旅馆以外的其他住所居住或者住宿的,应当在入住后二十四小时内由本人或者留宿人,向居住地的公安机关办理登记。

第四十条 [外国人出生、死亡有关登记、申报手续]在中国境内出生的外国婴儿,其父母或者代理人应当在婴儿出生六十日内,持该婴儿的出生证明到父母停留居留地县级以上地方人民政府公安机关出入境管理机构为其办理停留或者居留登记。

外国人在中国境内死亡的,其家属、监护人或者代理人应当按照规定,持该外国人的死亡证明向县级以上地方人民政府公安机关出入境管理机构申报,注销外国人停留居留证件。

**第四十一条** [外国人在中国境内工作管理]外国人在中国境内工作,应当按照规定取得工作许可和工作类居留证件。任何单位和个人不得聘用未取得工作许可和工作类居留证件的外国人。

外国人在中国境内工作管理办法由国务院规定。

**第四十二条** [外国人在中国境内工作指导目录和外国留学生勤工助学管理制度]国务院人力资源社会保障主管部门、外国专家主管部门会同国务院有关部门根据经济社会发展需要和人力资源供求状况制定并定期调整外国人在中国境内工作指导目录。

国务院教育主管部门会同国务院有关部门建立外国留学生勤工助学管理制度,对外国留学生勤工助学的岗位范围和时限作出规定。

**第四十三条** [非法就业]外国人有下列行为之一的,属于非法就业:

(一)未按照规定取得工作许可和工作类居留证件在中国境内工作的;

(二)超出工作许可限定范围在中国境内工作的;

(三)外国留学生违反勤工助学管理规定,超出规定的岗位范围或者时限在中国境内工作的。

**第四十四条** [外国人在中国境内活动区域]根据维护国家安全、公共安全的需要,公安机关、国家安全机关可以限制外国人、外国机构在某些地区设立居住或者办公场所;对已经设立的,可以限期迁离。

未经批准,外国人不得进入限制外国人进入的区域。

### 考点 25 引渡

**(一)向中华人民共和国请求引渡**

(1)引渡的条件

《引渡法》

**第七条** [准予引渡的条件]外国向中华人民共和国提出的引渡请求必须同时符合下列条件,才能准予引渡:

(一)引渡请求所指的行为,依照中华人民共和国法律和请求国法律均构成犯罪;

(二)为了提起刑事诉讼而请求引渡的,根据中华人民共和国法律和请求国法律,对于引渡请求所指的犯罪均可判处一年以上有期徒刑或者其他更重的刑罚;为了执行刑罚而请求引渡的,在提出引渡请求时,被请求引渡人尚未服完的刑期至少为六个月。

对于引渡请求中符合前款第一项规定的多种犯罪,只要其中有一种犯罪符合前款第二项的规定,就可以对上述各种犯罪准予引渡。

**第八条** [应当拒绝引渡的情形]外国向中华人民共和国提出的引渡请求,有下列情形之一的,应当拒绝引渡:

(一)根据中华人民共和国法律,被请求引渡人具有中华人民共和国国籍的;

(二)在收到引渡请求时,中华人民共和国的司法机关对于引渡请求所指的犯罪已经作出生效判决,或者已

经终止刑事诉讼程序的;

(三)因政治犯罪而请求引渡的,或者中华人民共和国已经给予被请求引渡人受庇护权利的;

(四)被请求引渡人可能因其种族、宗教、国籍、性别、政治见解或者身份等方面的原因而被提起刑事诉讼或者执行刑罚,或者被请求引渡人在司法程序中可能由于上述原因受到不公正待遇的;

(五)根据中华人民共和国或者请求国法律,引渡请求所指的犯罪纯属军事犯罪的;

(六)根据中华人民共和国或者请求国法律,在收到引渡请求时,由于犯罪已过追诉时效期限或者被请求引渡人已被赦免等原因,不应当追究被请求引渡人的刑事责任的;

(七)被请求引渡人在请求国曾经遭受或者可能遭受酷刑或者其他残忍、不人道或者有辱人格的待遇或者处罚的;

(八)请求国根据缺席判决提出引渡请求的。但请求国承诺在引渡后对被请求引渡人给予在其出庭的情况下进行重新审判机会的除外。

**第九条** [可以拒绝引渡的情形]外国向中华人民共和国提出的引渡请求,有下列情形之一的,可以拒绝引渡:

(一)中华人民共和国对于引渡请求所指的犯罪具有刑事管辖权,并且对被请求引渡人正在进行刑事诉讼或者准备提起刑事诉讼的;

(二)由于被请求引渡人的年龄、健康等原因,根据人道主义原则不宜引渡的。

(2)引渡的程序

《引渡法》

**第四条** [联系机关]中华人民共和国和外国之间的引渡,通过外交途径联系。中华人民共和国外交部为指定的进行引渡的联系机关。

引渡条约对联系机关有特别规定的,依照条约规定。

**第十条** [引渡请求的提出]请求国的引渡请求应当向中华人民共和国外交部提出。

**第十五条** [互惠承诺]在没有引渡条约的情况下,请求国应当作出互惠的承诺。

**第十六条** [对引渡请求的审查]外交部收到请求国提出的引渡请求后,应当对引渡请求书及其所附文件、材料是否符合本法第二章第二节和引渡条约的规定进行审查。

最高人民法院指定的高级人民法院对请求国提出的引渡请求是否符合本法和引渡条约关于引渡条件等规定进行审查并作出裁定。最高人民法院对高级人民法院作出的裁定进行复核。

**第十七条** [引渡顺序]对于两个以上国家就同一行为或者不同行为请求引渡同一人的,应当综合考虑中华人民共和国收到引渡请求的先后、中华人民共和国与请求国是否存在引渡条约关系等因素,确定接受引渡请求的优先顺序。

**第二十二条** [审判机关的审查]高级人民法院根据

本法和引渡条约关于引渡条件等有关规定，对请求国的引渡请求进行审查，由审判员三人组成合议庭进行。

（二）向外国请求引渡

《引渡法》

第四十七条　[请求外国准予引渡或引渡过境的程序]请求外国准予引渡或者引渡过境的，应当由负责办理有关案件的省、自治区或者直辖市的审判、检察、公安、国家安全或者监狱管理机关分别向最高人民法院、最高人民检察院、公安部、国家安全部、司法部提出意见书，并附有关文件和材料及其经证明无误的译文。最高人民法院、最高人民检察院、公安部、国家安全部、司法部分别会同外交部审核同意后，通过外交部向外国提出请求。

第四十八条　[先行采取强制措施]在紧急情况下，可以在向外国正式提出引渡请求前，通过外交途径或者被请求国同意的其他途径，请求外国对有关人员先行采取强制措施。

第五十条　[承诺]被请求国就准予引渡附加条件的，对于不损害中华人民共和国主权、国家利益、公共利益的，可以由外交部代表中华人民共和国政府向被请求国作出承诺。对于限制追诉的承诺，由最高人民检察院决定；对于量刑的承诺，由最高人民法院决定。

在对被引渡人追究刑事责任时，司法机关应当受所作出的承诺的约束。

# 专题六　条约法

**考点32** 条约的缔结程序和方式

《缔结条约程序法》

第六条　[谈判和签署条约、协定的代表委派程序]谈判和签署条约、协定的代表按照下列程序委派：

（一）以中华人民共和国名义或者中华人民共和国政府名义缔结条约、协定，由外交部或者国务院有关部门报请国务院委派代表。代表的全权证书由国务院总理签署，也可以由外交部长签署；

（二）以中华人民共和国政府部门名义缔结协定，由部门首长委派代表。代表的授权证书由部门首长签署。部门首长签署以本部门名义缔结的协定，各方约定出具全权证书的，全权证书由国务院总理签署，也可以由外交部长签署。

下列人员谈判、签署条约、协定，无须出具全权证书：

（一）国务院总理、外交部长；

（二）谈判、签署与驻在国缔结条约、协定的中华人民共和国驻该国使馆馆长，但是各方另有约定的除外；

（三）谈判、签署以本部门名义缔结协定的中华人民共和国政府部门首长，但是各方另有约定的除外；

（四）中华人民共和国派往国际会议或者派驻国际组织，并在该会议或者该组织内参加条约、协定谈判的代表，但是该会议另有约定或者该组织章程另有规定的除外。

第七条　[条约和重要协定的批准]条约和重要协定的批准由全国人民代表大会常务委员会决定。

前款规定的条约和重要协定是指：

（一）友好合作条约、和平条约等政治性条约；

（二）有关领土和划定边界的条约、协定；

（三）有关司法协助、引渡的条约、协定；

（四）同中华人民共和国法律有不同规定的条约、协定；

（五）缔约各方议定须经批准的条约、协定；

（六）其他须经批准的条约、协定。

条约和重要协定签署后，由外交部或者国务院有关部门会同外交部，报请国务院审核；由国务院提请全国人民代表大会常务委员会决定批准；中华人民共和国主席根据全国人民代表大会常务委员会的决定予以批准。

双边条约和重要协定经批准后，由外交部办理与缔约另一方互换批准书的手续；多边条约和重要协定经批准后，由外交部办理向条约、协定的保存国或者国际组织交存批准书的手续。批准书由中华人民共和国主席签署，外交部长副署。

第十一条　[加入多边条约和协定的程序]加入多边条约和协定，分别由全国人民代表大会常务委员会或者国务院决定。

加入多边条约和协定的程序如下：

（一）加入属于本法第七条第二款所列范围的多边条约和重要协定，由外交部或者国务院有关部门会同外交部审查后，提出建议，报请国务院审核；由国务院提请全国人民代表大会常务委员会作出加入的决定。加入书由外交部长签署，具体手续由外交部办理；

（二）加入不属于本法第七条第二款所列范围的多边条约、协定，由外交部或者国务院有关部门会同外交部审查后，提出建议，报请国务院作出加入的决定。加入书由外交部长签署，具体手续由外交部办理。

第十二条　[接受多边条约和协定]接受多边条约和协定，由国务院决定。

经中国代表签署的或者无须签署的载有接受条款的多边条约、协定，由外交部或者国务院有关部门会同外交部审查后，提出建议，报请国务院作出接受的决定。接受书由外交部长签署，具体手续由外交部办理。

第十五条　[公布办法]经全国人民代表大会常务委员会决定批准或者加入的条约和重要协定，由全国人民代表大会常务委员会公报公布。其他条约、协定的公布办法由国务院规定。

第十七条　[条约的登记]中华人民共和国缔结的条约和协定由外交部按照联合国宪章的有关规定向联合国秘书处登记。

中华人民共和国缔结的条约和协定需要向其他国际组织登记的，由外交部或者国务院有关部门按照各该国际组织章程的规定办理。

# 国际私法 [考点法条]

## 专题九　国际私法概述

### 考点 42　国际私法的渊源和调整对象

《法律适用法解释(一)》

第一条　民事关系具有下列情形之一的,人民法院可以认定为涉外民事关系:

(一)当事人一方或双方是外国公民、外国法人或者其他组织、无国籍人;

(二)当事人一方或双方的经常居所地在中华人民共和国领域外;

(三)标的物在中华人民共和国领域外;

(四)产生、变更或者消灭民事关系的法律事实发生在中华人民共和国领域外;

(五)可以认定为涉外民事关系的其他情形。

## 专题十　国际私法的主体

### 考点 43　自然人经常居所地的确定

《法律适用法解释(一)》

第十三条　[经常居所的认定]自然人在涉外民事关系产生或者变更、终止时已经连续居住一年以上且作为其生活中心的地方,人民法院可以认定为涉外民事关系法律适用法规定的自然人的经常居所地,但就医、劳务派遣、公务等情形除外。

## 专题十一　冲突规范和准据法

### 考点 45　准据法的确定

《涉外民事关系法律适用法》

第六条　[区际法律冲突、多法域国家准据法的确定]涉外民事关系适用外国法律,该国不同区域实施不同法律的,适用与该涉外民事关系有最密切联系区域的法律。

## 专题十二　适用冲突规范的制度

### 考点 46　定性(识别)

《涉外民事关系法律适用法》

第八条　[定性]涉外民事关系的定性,适用法院地法律。

《法律适用法解释(一)》

第十一条　案件涉及两个或者两个以上的涉外民事关系时,人民法院应当分别确定应当适用的法律。

### 考点 47　反致

《涉外民事关系法律适用法》

第九条　[不承认反致]涉外民事关系适用的外国法律,不包括该国的法律适用法。

### 考点 48　外国法的查明

(一)查明主体与途径

《涉外民事关系法律适用法》

第十条第一款　[外国法查明]涉外民事关系适用的外国法律,由人民法院、仲裁机构或者行政机关查明。当事人选择适用外国法律的,应当提供该国法律。

《法律适用法解释(二)》

第一条　人民法院审理涉外民商事案件适用外国法律的,应当根据涉外民事关系法律适用法第十条第一款的规定查明该国法律。

当事人选择适用外国法律的,应当提供该国法律。

当事人未选择适用外国法律的,由人民法院查明该国法律。

第二条　人民法院可以通过下列途径查明外国法律:

(一)由当事人提供;

(二)通过司法协助渠道由对方的中央机关或者主管机关提供;

(三)通过最高人民法院请求我国驻该国使领馆或者该国驻我国使领馆提供;

(四)由最高人民法院建立或者参与的法律查明合作机制参与方提供;

(五)由最高人民法院国际商事专家委员会专家提供;

(六)由法律查明服务机构或者中外法律专家提供;

(七)其他适当途径。

人民法院通过前款规定的其中一项途径无法获得外国法律或者获得的外国法律内容不明确、不充分的,应当通过该款规定的不同途径补充查明。

人民法院依据本条第一款第一项的规定要求当事人协助提供外国法律的,不得仅以当事人未予协助提供为由认定外国法律不能查明。

第三条　当事人提供外国法律的,应当提交该国法律的具体规定并说明获得途径、效力情况、与案件争议的关联性等。外国法律为判例法的,还应当提交判例全文。

第四条　法律查明服务机构、法律专家提供外国法律的,除提交本解释第三条规定的材料外,还应当提交法律查明服务机构的资质证明、法律专家的身份及资历证明,并附与案件无利害关系的书面声明。

第五条　查明的外国法律的相关材料均应当在法庭

上出示。人民法院应当听取各方当事人对外国法律的内容及其理解与适用的意见。

第六条　人民法院可以召集庭前会议或者以其他适当方式,确定需要查明的外国法律的范围。

第七条　人民法院认为有必要的,可以通知提供外国法律的法律查明服务机构或者法律专家出庭接受询问。当事人申请法律查明服务机构或者法律专家出庭,人民法院认为有必要的,可以准许。

法律查明服务机构或者法律专家现场出庭确有困难的,可以在线接受询问,但法律查明服务机构或者法律专家所在国法律对跨国在线参与庭审有禁止性规定的除外。

出庭的法律查明服务机构或者法律专家只围绕外国法律及其理解发表意见,不参与其他法庭审理活动。

**(二)无法查明时的法律适用**

**《涉外民事关系法律适用法》**

第十条第二款　[外国法查明]不能查明外国法律或者该国法律没有规定的,适用中华人民共和国法律。

**(三)"无法查明"的认定**

**《法律适用法解释(一)》**

第十五条　人民法院通过由当事人提供、已对中华人民共和国生效的国际条约规定的途径、中外法律专家提供等合理途径仍不能获得外国法律的,可以认定为不能查明外国法律。

根据涉外民事关系法律适用法第十条第一款的规定,当事人应当提供外国法律,其在人民法院指定的合理期限内无正当理由未提供该外国法律的,可以认定为不能查明外国法律。

**《法律适用法解释(二)》**

第九条第二款　当事人选择适用外国法律,其在人民法院确定的期限内无正当理由未提供该外国法律的,人民法院可以认定为不能查明外国法律。

第十条　人民法院依法适用外国法律审理案件,应当在裁判文书中载明外国法律的查明过程及外国法律的内容;人民法院认定外国法律不能查明的,应当载明不能查明的理由。

**(四)对外国法适用异议的审查认定**

**《法律适用法解释(一)》**

第十六条　人民法院应当听取各方当事人对应当适用的外国法律的内容及其理解与适用的意见,当事人对该外国法律的内容及其理解与适用均无异议的,人民法院可以予以确认;当事人有异议的,由人民法院审查认定。

**《法律适用法解释(二)》**

第八条　人民法院对外国法律的内容及其理解与适用,根据以下情形分别作出处理:

(一)当事人对外国法律的内容及其理解与适用均无异议的,人民法院可以予以确认;

(二)当事人对外国法律的内容及其理解与适用有异议的,应当说明理由。人民法院认为有必要的,可以补充查明或者要求当事人补充提供材料。经过补充查明或者

补充提供材料,当事人仍有异议的,由人民法院审查认定;

(三)外国法律的内容已为人民法院生效裁判所认定的,人民法院应当予以确认,但有相反证据足以推翻的除外。

**考点49　法律规避**

**《法律适用法解释(一)》**

第九条　[规避中国强制性法无效]一方当事人故意制造涉外民事关系的连结点,规避中华人民共和国法律、行政法规的强制性规定的,人民法院应认定为不发生适用外国法律的效力。

**考点50　公共秩序保留与直接适用的法**

**(一)公共秩序保留**

**《涉外民事关系法律适用法》**

第五条　[公共秩序保留]外国法律的适用将损害中华人民共和国社会公共利益的,适用中华人民共和国法律。

**《法律适用法解释(一)》**

第七条　[当事人可选择未对中国生效的公约]当事人在合同中援引尚未对中华人民共和国生效的国际条约的,人民法院可以根据该国际条约的内容确定当事人之间的权利义务,但违反中华人民共和国社会公共利益或中华人民共和国法律、行政法规强制性规定的除外。

**(二)直接适用的法**

**《涉外民事关系法律适用法》**

第四条　[强制适用、直接适用]中华人民共和国法律对涉外民事关系有强制性规定的,直接适用该强制性规定。

**《法律适用法解释(一)》**

第八条　有下列情形之一,涉及中华人民共和国社会公共利益、当事人不能通过约定排除适用、无需通过冲突规范指引而直接适用于涉外民事关系的法律、行政法规的规定,人民法院应当认定为涉外民事关系法律适用法第四条规定的强制性规定:

(一)涉及劳动者权益保护的;

(二)涉及食品或公共卫生安全的;

(三)涉及环境安全的;

(四)涉及外汇管制等金融安全的;

(五)涉及反垄断、反倾销的;

(六)应当认定为强制性规定的其他情形。

# 专题十三　国际民商事关系的法律适用

**考点51　意思自治原则在法律适用中的运用**

**《涉外民事关系法律适用法》**

第三条　[意思自治、明示选择]当事人依照法律规定可以明示选择涉外民事关系适用的法律。

**《法律适用法解释(一)》**

第四条　中华人民共和国法律没有明确规定当事人

可以选择涉外民事关系适用的法律,当事人选择适用法律的,人民法院应认定该选择无效。

第五条　一方当事人以双方协议选择的法律与系争的涉外民事关系没有实际联系为由主张选择无效的,人民法院不予支持。

第六条　当事人在一审法庭辩论终结前协议选择或者变更选择适用的法律的,人民法院应予准许。

各方当事人援引相同国家的法律且未提出法律适用异议的,人民法院可以认定当事人已经就涉外民事关系适用的法律做出了选择。

**考点52　自然人权力能力和行为能力的法律适用**

《涉外民事关系法律适用法》

第十二条　[民事行为能力]自然人的民事行为能力,适用经常居所地法律。

自然人从事民事活动,依照经常居所地法律为无民事行为能力,依照行为地法律为有民事行为能力的,适用行为地法律,但涉及婚姻家庭、继承的除外。

第二十条　[经常居所地冲突的解决]依照本法适用经常居所地法律,自然人经常居所地不明的,适用其现在居所地法律。

《法律适用法解释(一)》

第十三条　[经常居所的认定]自然人在涉外民事关系产生或者变更、终止时已经连续居住一年以上且作为其生活中心的地方,人民法院可以认定为涉外民事关系法律适用法规定的自然人的经常居所地,但就医、劳务派遣、公务等情形除外。

**考点53　宣告失踪和宣告死亡的法律适用**

《涉外民事关系法律适用法》

第十三条　[宣告失踪与死亡的法律适用]宣告失踪或者宣告死亡,适用自然人经常居所地法律。

**考点54　法人权利能力和行为能力的法律适用**

《涉外民事关系法律适用法》

第十四条　[法人相关事项的法律适用]法人及其分支机构的民事权利能力、民事行为能力、组织机构、股东权利义务等事项,适用登记地法律。

法人的主营业地与登记地不一致的,可以适用主营业地法律。法人的经常居所地,为其主营业地。

《公司法》

第八条　公司以其主要办事机构所在地为住所。

《法律适用法解释(一)》

第十四条　人民法院应当将法人的设立登记地认定为涉外民事关系法律适用法规定的法人的登记地。

**考点55　时效的法律适用**

《涉外民事关系法律适用法》

第七条　[诉讼时效]诉讼时效,适用相关涉外民事关系应当适用的法律。

**考点56　信托的法律适用**

《涉外民事关系法律适用法》

第十七条　[信托的法律适用]当事人可以协议选择

信托适用的法律。当事人没有选择的,适用信托财产所在地法律或者信托关系发生地法律。

**考点57　仲裁协议的法律适用**

《涉外民事关系法律适用法》

第十八条　[仲裁协议的法律适用]当事人可以协议选择仲裁协议适用的法律。当事人没有选择的,适用仲裁机构所在地法律或者仲裁地法律。

《法律适用法解释(一)》

第十二条　当事人没有选择涉外仲裁协议适用的法律,也没有约定仲裁机构或者仲裁地,或者约定不明的,人民法院可以适用中华人民共和国法律认定该仲裁协议的效力。

**考点58　物权的法律适用**

(一)不动产物权的法律适用

《涉外民事关系法律适用法》

第三十六条　[不动产物权的法律适用]不动产物权,适用不动产所在地法律。

(二)动产物权的法律适用

《涉外民事关系法律适用法》

第三十七条　[动产物权的法律适用]当事人可以协议选择动产物权适用的法律。当事人没有选择的,适用法律事实发生时动产所在地法律。

第三十八条　[运输中动产物权的法律适用]当事人可以协议选择运输中动产物权发生变更适用的法律。当事人没有选择的,适用运输目的地法律。

《海商法》

第二百七十条　[所有权的法律适用]船舶所有权的取得、转让和消灭,适用船旗国法律。

第二百七十一条　[抵押权的法律适用]船舶抵押权适用船旗国法律。

船舶在光船租赁以前或者光船租赁期间,设立船舶抵押权的,适用原船舶登记国的法律。

第二百七十二条　[优先权的法律适用]船舶优先权,适用受理案件的法院所在地法律。

《民用航空法》

第一百八十五条　民用航空器所有权的取得、转让和消灭,适用民用航空器国籍登记国法律。

第一百八十六条　民用航空器抵押权适用民用航空器国籍登记国法律。

第一百八十七条　民用航空器优先权适用受理案件的法院所在地法律。

(三)有价证券的法律适用

《涉外民事关系法律适用法》

第三十九条　[有价证券的法律适用]有价证券,适用有价证券权利实现地法律或者其他与该有价证券有最密切联系的法律。

(四)权利质权的法律适用

《涉外民事关系法律适用法》

第四十条　[权利质权的法律适用]权利质权,适用质权设立地法律。

**考点59** 合同之债的法律适用
《涉外民事关系法律适用法》

**第四十一条** [涉外合同的法律适用]当事人可以协议选择合同适用的法律。当事人没有选择的,适用履行义务最能体现该合同特征的一方当事人经常居所地法律或者其他与该合同有最密切联系的法律。

**第四十二条** [消费者合同的法律适用]消费者合同,适用消费者经常居所地法律;消费者选择适用商品、服务提供地法律或者经营者在消费者经常居所地没有从事相关经营活动的,适用商品、服务提供地法律。

**第四十三条** [劳动合同的法律适用]劳动合同,适用劳动者工作地法律;难以确定劳动者工作地的,适用用人单位主营业地法律。劳务派遣,可以适用劳务派出地法律。

《民法典》

**第四百六十七条** [非典型合同及特定涉外合同的法律适用]本法或者其他法律没有明文规定的合同,适用本编通则的规定,并可以参照适用本编或者其他法律最相类似合同的规定。

在中华人民共和国境内履行的中外合资经营企业合同、中外合作经营企业合同、中外合作勘探开发自然资源合同,适用中华人民共和国法律。

《海商法》

**第二百六十九条** [法律适用的约定]合同当事人可以选择合同适用的法律,法律另有规定的除外。合同当事人没有选择的,适用与合同有最密切联系的国家的法律。

**考点60** 侵权之债的法律适用
《涉外民事关系法律适用法》

**第四十四条** [侵权行为的法律适用]侵权责任,适用侵权行为地法律,但当事人有共同经常居所地的,适用共同经常居所地法律。侵权行为发生后,当事人协议选择适用法律的,按照其协议。

**第四十五条** [产品责任法律适用]产品责任,适用被侵权人经常居所地法律;被侵权人选择适用侵权人主营业地法律、损害发生地法律的,或者侵权人在被侵权人经常居所地没有从事相关经营活动的,适用侵权人主营业地法律或者损害发生地法律。

**第四十六条** [侵害人格权]通过网络或者采用其他方式侵害姓名权、肖像权、名誉权、隐私权等人格权的,适用被侵权人经常居所地法律。

《海商法》

**第二百七十三条** [船舶碰撞的法律适用]船舶碰撞的损害赔偿,适用侵权行为地法律。

船舶在公海上发生碰撞的损害赔偿,适用受理案件的法院所在地法律。

同一国籍的船舶,不论碰撞发生于何地,碰撞船舶之间的损害赔偿适用船旗国法律。

**第二百七十四条** [共同海损的法律适用]共同海损理算,适用理算地法律。

**第二百七十五条** [赔偿责任限制的法律适用]海事赔偿责任限制,适用受理案件的法院所在地法律。

**考点61** 不当得利、无因管理的法律适用
《涉外民事关系法律适用法》

**第四十七条** [不当得利、无因管理的法律适用]不当得利、无因管理,适用当事人协议选择适用的法律。当事人没有选择的,适用当事人共同经常居所地法律;没有共同经常居所地的,适用不当得利、无因管理发生地法律。

**考点62** 商事关系的法律适用
《票据法》

**第九十六条** [票据行为能力的准据法]票据债务人的民事行为能力,适用其本国法律。

票据债务人的民事行为能力,依照其本国法律为无民事行为能力或者为限制民事行为能力而依照行为地法律为完全民事行为能力的,适用行为地法律。

**第九十七条** [票据形式的准据法]汇票、本票出票时的记载事项,适用出票地法律。

支票出票时的记载事项,适用出票地法律,经当事人协议,也可以适用付款地法律。

**第九十八条** [票据行为的准据法]票据的背书、承兑、付款和保证行为,适用行为地法律。

**第九十九条** [票据追索权行使期限的准据法]票据追索权的行使期限,适用出票地法律。

**第一百条** [票据提示期限的准据法]票据的提示期限,有关拒绝证明的方式、出具拒绝证明的期限,适用付款地法律。

**第一百零一条** [票据权利保全的准据法]票据丧失时,失票人请求保全票据权利的程序,适用付款地法律。

**考点63** 知识产权的法律适用
《涉外民事关系法律适用法》

**第四十八条** [知识产权归属和内容]知识产权的归属和内容,适用被请求保护地法律。

**第四十九条** [知识产权转让与许可的法律适用]当事人可以协议选择知识产权转让和许可使用适用的法律。当事人没有选择的,适用本法对合同的有关规定。

**第五十条** [知识产权侵权责任的法律适用]知识产权的侵权责任,适用被请求保护地法律,当事人也可以在侵权行为发生后协议选择适用法院地法律。

**考点64** 婚姻与夫妻关系的法律适用
(一)结婚的法律适用
《涉外民事关系法律适用法》

**第二十一条** [结婚条件]结婚条件,适用当事人共同经常居所地法律;没有共同经常居所地的,适用共同国籍国法律;没有共同国籍,在一方当事人经常居所地或者国籍国缔结婚姻的,适用婚姻缔结地法律。

**第二十二条** [涉外结婚手续]结婚手续,符合婚姻缔结地法律、一方当事人经常居所地法律或者国籍国法律的,均为有效。

（二）夫妻、子女人身财产关系的法律适用

《涉外民事关系法律适用法》

第二十三条 ［夫妻人身关系法律适用］夫妻人身关系，适用共同经常居所地法律；没有共同经常居所地的，适用共同国籍国法律。

第二十四条 ［夫妻财产关系法律适用］夫妻财产关系，当事人可以协议选择适用一方当事人经常居所地法律、国籍国法律或者主要财产所在地法律。当事人没有选择的，适用共同经常居所地法律；没有共同经常居所地的，适用共同国籍国法律。

第二十五条 ［父母子女人身、财产关系法律适用］父母子女人身、财产关系，适用共同经常居所地法律；没有共同经常居所地的，适用一方当事人经常居所地法律或者国籍国法律中有利于保护弱者权益的法律。

（三）离婚的法律适用

《涉外民事关系法律适用法》

第二十六条 ［协议离婚法律适用］协议离婚，当事人可以协议选择适用一方当事人经常居所地法律或者国籍国法律。当事人没有选择的，适用共同经常居所地法律；没有共同经常居所地的，适用共同国籍国法律；没有国籍的，适用办理离婚手续机构所在地法律。

第二十七条 ［诉讼离婚法律适用］诉讼离婚，适用法院地法律。

**考点65 监护关系的法律适用**

第三十条 ［涉外监护的法律适用］监护，适用一方当事人经常居所地法律或者国籍国法律中有利于保护被监护人权益的法律。

**考点66 收养关系的法律适用**

《涉外民事关系法律适用法》

第二十八条 ［涉外收养关系的法律适用］收养的条件和手续，适用收养人和被收养人经常居所地法律。收养的效力，适用收养时收养人经常居所地法律。收养关系的解除，适用收养时被收养人经常居所地法律或者法院地法律。

《外国人在中华人民共和国收养子女登记办法》

第三条 ［重叠适用］外国人在华收养子女，应当符合中国有关收养法律的规定，并应当符合收养人所在国有关收养法律的规定；因收养人所在国法律的规定与中国法律的规定不一致而产生的问题，由两国政府有关部门协商处理。

**考点67 继承的法律适用**

《涉外民事关系法律适用法》

第三十一条 ［涉外法定继承的法律适用］法定继承，适用被继承人死亡时经常居所地法律，但不动产法定继承，适用不动产所在地法律。

第三十二条 ［涉外遗嘱方式的法律适用］遗嘱方式，符合遗嘱人立遗嘱时或者死亡时经常居所地法律、国籍国法律或者遗嘱行为地法律的，遗嘱均为成立。

第三十三条 ［涉外遗嘱效力的法律适用］遗嘱效力，适用遗嘱人立遗嘱时或者死亡时经常居所地法律或

者国籍国法律。

第三十四条 ［涉外遗产管理的法律适用］遗产管理等事项，适用遗产所在地法律。

第三十五条 ［无人继承遗产的法律适用］无人继承遗产的归属，适用被继承人死亡时遗产所在地法律。

# 专题十四 国际民商事争议的解决

**考点68 涉外仲裁协议**

（一）认定机构和申请认定的时间

（1）认定机构

《仲裁法》

第十九条第二款 ［合同的变更、解除、终止或者无效对仲裁协议效力的影响］仲裁庭有权确认合同的效力。

第二十条第一款 ［对仲裁协议的异议］当事人对仲裁协议的效力有异议的，可以请求仲裁委员会作出决定或者请求人民法院作出裁定。一方请求仲裁委员会作出决定，另一方请求人民法院作出裁定的，由人民法院裁定。

《最高人民法院关于审理仲裁司法审查案件若干问题的规定》

第二条 申请确认仲裁协议效力的案件，由仲裁协议约定的仲裁机构所在地、仲裁协议签订地、申请人住所地、被申请人住所地的中级人民法院或者专门人民法院管辖。

涉及海事海商纠纷仲裁协议效力的案件，由仲裁协议约定的仲裁机构所在地、仲裁协议签订地、申请人住所地、被申请人住所地的海事法院管辖；上述地点没有海事法院的，由就近的海事法院管辖。

（2）申请认定的时间

《仲裁法》

第二十条第二款 ［对仲裁协议的异议］当事人对仲裁协议的效力有异议，应当在仲裁庭首次开庭前提出。

（二）法律适用

《涉外民事关系法律适用法》

第十八条 ［仲裁协议的法律适用］当事人可以协议选择仲裁协议适用的法律。当事人没有选择的，适用仲裁机构所在地法律或者仲裁地法律。

《法律适用法解释（一）》

第十二条 ［仲裁的法律适用］当事人没有选择涉外仲裁协议适用的法律，也没有约定仲裁机构或者仲裁地，或者约定不明的，人民法院可以适用中华人民共和国法律认定该仲裁协议的效力。

《最高人民法院关于审理仲裁司法审查案件若干问题的规定》

第十三条 当事人协议选择确认涉外仲裁协议效力适用的法律，应当作出明确的意思表示，仅约定合同适用的法律，不能作为确认合同中仲裁条款效力适用的法律。

第十四条 人民法院根据《中华人民共和国涉外民事关系法律适用法》第十八条的规定，确定确认涉外仲裁协议效力适用的法律时，当事人没有选择适用的法律，适

用仲裁机构所在地的法律与适用仲裁地的法律将对仲裁协议的效力作出不同认定的,人民法院应当适用确认仲裁协议有效的法律。

**《最高人民法院关于仲裁司法审查案件报核问题的有关规定》**

第二条第一款　各中级人民法院或者专门人民法院办理涉外涉港澳台仲裁司法审查案件,经审查拟认定仲裁协议无效,不予执行或者撤销我国内地仲裁机构的仲裁裁决,不予认可和执行香港特别行政区、澳门特别行政区、台湾地区仲裁裁决,不予承认和执行外国仲裁裁决,应当向本辖区所属高级人民法院报核;高级人民法院经审查拟同意的,应当向最高人民法院报核。待最高人民法院审核后,方可依最高人民法院的审核意见作出裁定。

**考点 69 涉外仲裁程序**

**(一)涉外仲裁中的财产保全和证据保全**

**《仲裁法》**

第二十八条　[财产保全]一方当事人因另一方当事人的行为或者其他原因,可能使裁决不能执行或者难以执行的,可以申请财产保全。

当事人申请财产保全的,仲裁委员会应当将当事人的申请依照民事诉讼法的有关规定提交人民法院。

申请有错误的,申请人应当赔偿被申请人因财产保全所遭受的损失。

第六十八条　[涉外仲裁的证据保全]涉外仲裁的当事人申请证据保全的,涉外仲裁委员会应当将当事人的申请提交证据所在地的中级人民法院。

**《民事诉讼法》**

第二百八十九条　[仲裁程序中的保全]当事人申请采取保全的,中华人民共和国的涉外仲裁机构应当将当事人的申请,提交被申请人住所地或者财产所在地的中级人民法院裁定。

**《民诉解释》**

第五百四十条　依照民事诉讼法第二百七十九条(现为第二百八十九条)规定,中华人民共和国涉外仲裁机构将当事人的保全申请提交人民法院裁定的,人民法院可以进行审查,裁定是否进行保全。裁定保全的,应当责令申请人提供担保,申请人不提供担保的,裁定驳回申请。

当事人申请证据保全,人民法院经审查认为无需提供担保的,申请人可以不提供担保。

**(二)涉外仲裁裁决的执行**

**《民事诉讼法》**

第二百九十条　[仲裁裁决的执行]经中华人民共和国涉外仲裁机构裁决的,当事人不得向人民法院起诉。一方当事人不履行仲裁裁决的,对方当事人可以向被申请人住所地或者财产所在地的中级人民法院申请执行。

第二百九十七条第二款　[申请外国承认和执行]在中华人民共和国领域内依法作出的发生法律效力的仲裁裁决,当事人请求执行的,如果被执行人或者其财产不在

中华人民共和国领域内,当事人可以直接向有管辖权的外国法院申请承认和执行。

**《仲裁法》**

第七十二条　[涉外仲裁裁决的执行]涉外仲裁委员会作出的发生法律效力的仲裁裁决,当事人请求执行的,如果被执行人或者其财产不在中华人民共和国领域内,应当由当事人直接向有管辖权的外国法院申请承认和执行。

**(三)涉外仲裁裁决的撤销和不予执行**

**《仲裁法》**

第七十条　[涉外仲裁裁决的撤销]当事人提出证据证明涉外仲裁裁决有民事诉讼法第二百五十八条(现为第二百九十一条)第一款规定的情形之一的,经人民法院组成合议庭审查核实,裁定撤销。

第七十一条　[涉外仲裁裁决的不予执行]被申请人提出证据证明涉外仲裁裁决有民事诉讼法第二百五十八条(现为第二百九十一条)第一款规定的情形之一的,经人民法院组成合议庭审查核实,裁定不予执行。

**《民事诉讼法》**

第二百九十一条　[仲裁裁决不予执行的情形]对中华人民共和国涉外仲裁机构作出的裁决,被申请人提出证据证明仲裁裁决有下列情形之一的,经人民法院组成合议庭审查核实,裁定不予执行:

(一)当事人在合同中没有订有仲裁条款或者事后没有达成书面仲裁协议的;

(二)被申请人没有得到指定仲裁员或者进行仲裁程序的通知,或者由于其他不属于被申请人负责的原因未能陈述意见的;

(三)仲裁庭的组成或者仲裁的程序与仲裁规则不符的;

(四)裁决的事项不属于仲裁协议的范围或者仲裁机构无权仲裁的。

人民法院认定执行该裁决违背社会公共利益的,裁定不予执行。

第二百九十二条　[仲裁裁决不予执行的法律后果]仲裁裁决被人民法院裁定不予执行的,当事人可以根据双方达成的书面仲裁协议重新申请仲裁,也可以向人民法院起诉。

**考点 70 外国仲裁裁决的承认与执行**

**(一)申请与管辖**

**《民事诉讼法》**

第三百零四条　[外国仲裁裁决的承认和执行]在中华人民共和国领域外作出的发生法律效力的仲裁裁决,需要人民法院承认和执行的,当事人可以直接向被执行人住所地或者其财产所在地的中级人民法院申请。被执行人住所地或者其财产不在中华人民共和国领域内的,当事人可以向申请人住所地或者与裁决的纠纷有适当联系的地点的中级人民法院申请。人民法院应当依照中华人民共和国缔结或者参加的国际条约,或者按照互惠原则办理。

《民诉解释》

第五百四十三条 对临时仲裁庭在中华人民共和国领域外作出的仲裁裁决,一方当事人向人民法院申请承认和执行的,人民法院应当依照民事诉讼法第二百九十条(现为第三百零四条)规定处理。

第五百四十四条 对外国法院作出的发生法律效力的判决、裁定或者外国仲裁裁决,需要中华人民共和国法院执行的,当事人应当先向人民法院申请承认。人民法院经审查,裁定承认后,再根据民事诉讼法第三编的规定予以执行。

当事人仅申请承认而未同时申请执行的,人民法院仅对应否承认进行审查并作出裁定。

**《最高人民法院关于审理仲裁司法审查案件若干问题的规定》**

第三条 外国仲裁裁决与人民法院审理的案件存在关联,被申请人住所地、被申请人财产所在地均不在我国内地,申请人申请承认外国仲裁裁决的,由受理关联案件的人民法院管辖。受理关联案件的人民法院为基层人民法院的,申请承认外国仲裁裁决的案件应当由该基层人民法院的上一级人民法院管辖。受理关联案件的人民法院是高级人民法院或者最高人民法院的,由上述法院决定自行审查或者指定中级人民法院审查。

外国仲裁裁决与我国内地仲裁机构审理的案件存在关联,被申请人住所地、被申请人财产所在地均不在我国内地,申请人申请承认外国仲裁裁决的,由受理关联案件的仲裁机构所在地的中级人民法院管辖。

**(二)当事人申请承认与执行的期间**

**《民事诉讼法》**

第二百五十条 [申请执行期间]申请执行的期间为二年。申请执行时效的中止、中断,适用法律有关诉讼时效中止、中断的规定。

前款规定的期间,从法律文书规定履行期间的最后一日起计算;法律文书规定分期履行的,从最后一期履行期限届满之日起计算;法律文书未规定履行期间的,从法律文书生效之日起计算。

**《民诉解释》**

第五百四十五条 当事人申请承认和执行外国法院作出的发生法律效力的判决、裁定或者外国仲裁裁决的期间,适用民事诉讼法第二百四十六条(现为第二百五十条)的规定。

当事人仅申请承认而未同时申请执行的,申请执行的期间自人民法院对承认申请作出的裁定生效之日起重新计算。

**(三)对外国仲裁裁决的效力审查**

**《承认及执行外国仲裁裁决公约》**

**第五条**

1. 被请求承认或执行裁决的管辖当局只有在作为裁决执行对象的当事人提出有关下列情况的证明的时候,才可以根据该当事人的要求,拒绝承认和执行该裁决:

(a)第二条所述的协议的双方当事人,根据对他们适用的法律,当时是处于某种无行为能力的情况之下;或者根据双方当事人选定适用的法律,或在没有这种选定的时候,根据作出裁决的国家的法律,上述协议是无效的;或者

(b)作为裁决执行对象的当事人,没有被给予指定仲裁员或者进行仲裁程序的适当通知,或者由于其他情况而不能对案件提出意见;或者

(c)裁决涉及仲裁协议所没有提到的,或者不包括仲裁协议规定之内的争执;或者裁决内含有对仲裁协议范围以外事项的决定;但是,对于仲裁协议范围以内的事项的决定,如果可以和对于仲裁协议范围以外的事项的决定分开,那么,这一部分的决定仍然可予以承认和执行;或者

(d)仲裁庭的组成或仲裁程序同当事人间的协议不符,或者当事人间没有这种协议时,同进行仲裁的国家的法律不符;或者

(e)裁决对当事人还没有约束力,或者裁决已经由作出裁决的国家或据其法律作出裁决的国家的管辖当局撤销或停止执行。

2. 裁决被请求承认和执行的管辖机关如果查有下列情况,也可以拒绝承认和执行:

(a)争执的事项,依照这个国家的法律,不可以用仲裁方式解决;或者

(b)承认或执行该项裁决将和这个国家的公共秩序相抵触。

**《民诉解释》**

第五百四十六条 承认和执行外国法院作出的发生法律效力的判决、裁定或者外国仲裁裁决的案件,人民法院应当组成合议庭进行审查。

人民法院应当将申请书送达被申请人。被申请人可以陈述意见。

人民法院经审查作出的裁定,一经送达即发生法律效力。

**(四)拒绝承认与执行外国仲裁裁决的内部报告制度**

**《最高人民法院关于仲裁司法审查案件报核问题的有关规定》**

第二条第一款 各中级人民法院或者专门人民法院办理涉外涉港澳台仲裁司法审查案件,经审查拟认定仲裁协议无效,不予执行或者撤销我国内地仲裁机构的仲裁裁决,不予认可和执行香港特别行政区、澳门特别行政区、台湾地区仲裁裁决,不予承认和执行外国仲裁裁决,应当向本辖区所属高级人民法院报核;高级人民法院经审查拟同意的,应当向最高人民法院报核。待最高人民法院审核后,方可依最高人民法院的审核意见作出裁定。

**考点71 外国人的民事诉讼地位**

**(一)以对等为条件的国民待遇原则**

**《民事诉讼法》**

第五条 [同等原则和对等原则]外国人、无国籍人、外国企业和组织在人民法院起诉、应诉,同中华人民共和

国公民、法人和其他组织有同等的诉讼权利义务。

外国法院对中华人民共和国公民、法人和其他组织的民事诉讼权利加以限制的，中华人民共和国人民法院对该国公民、企业和组织的民事诉讼权利，实行对等原则。

**(二)司法豁免**

《民事诉讼法》

第二百七十二条　[司法豁免原则]对享有外交特权与豁免的外国人、外国组织或者国际组织提起的民事诉讼，应当依照中华人民共和国有关法律和中华人民共和国缔结或者参加的国际条约的规定办理。

**(三)外国当事人的身份证明**

《民诉解释》

第五百二十一条　外国人参加诉讼，应当向人民法院提交护照等用以证明自己身份的证件。

外国企业或者组织参加诉讼，向人民法院提交的身份证明文件，应当经所在国公证机关公证，并经中华人民共和国驻该国使领馆认证，或者履行中华人民共和国与该所在国订立的有关条约中规定的证明手续。

代表外国企业或者组织参加诉讼的人，应当向人民法院提交其有权作为代表人参加诉讼的证明，该证明应当经所在国公证机关公证，并经中华人民共和国驻该国使领馆认证，或者履行中华人民共和国与该所在国订立的有关条约中规定的证明手续。

本条所称的"所在国"，是指外国企业或者组织的设立登记地国，也可以是办理了营业登记手续的第三国。

**(四)对外国当事人委托诉讼代理人的限制**

《民事诉讼法》

第二百七十四条　[委托中国律师代理诉讼原则]外国人、无国籍人、外国企业和组织在人民法院起诉、应诉，需要委托律师代理诉讼的，必须委托中华人民共和国的律师。

《民诉解释》

第五百二十六条　涉外民事诉讼中的外籍当事人，可以委托本国人为诉讼代理人，也可以委托本国律师以非律师身份担任诉讼代理人；外国驻华使领馆官员，受本国公民的委托，可以以个人名义担任诉讼代理人，但在诉讼中不享有外交或者领事特权和豁免。

第五百二十七条　涉外民事诉讼中，外国驻华使领馆授权本馆官员，在作为当事人的本国国民不在中华人民共和国领域内的情况下，可以以外交代表身份为其本国国民在中华人民共和国聘请中华人民共和国律师或者中华人民共和国公民代理民事诉讼。

**(五)对外国人出具授权委托书的手续要求**

《民事诉讼法》

第二百七十五条　[委托授权书的公证与认证]在中华人民共和国领域内没有住所的外国人、无国籍人、外国企业和组织委托中华人民共和国律师或者其他人代理诉讼，从中华人民共和国领域外寄交或者托交的授权委托书，应当经所在国公证机关证明，并经中华人民共和国驻该国使领馆认证，或者履行中华人民共和国与该所在国订立的有关条约中规定的证明手续后，才具有效力。

《民诉解释》

第五百二十二条　依照民事诉讼法第二百七十一条(现为第二百七十五条)以及本解释第五百二十一条规定，需要办理公证、认证手续，而外国当事人所在国与中华人民共和国没有建立外交关系的，可以经该国公证机关公证，经与中华人民共和国有外交关系的第三国驻该国使领馆认证，再转由中华人民共和国驻第三国使领馆认证。

第五百二十三条　外国人、外国企业或者组织的代表人在人民法院法官的见证下签署授权委托书，委托代理人进行民事诉讼的，人民法院应予认可。

第五百二十四条　外国人、外国企业或者组织的代表人在中华人民共和国境内签署授权委托书，委托代理人进行民事诉讼，经中华人民共和国公证机构公证的，人民法院应予认可。

**(六)对诉讼语言文字的限制**

《民事诉讼法》

第二百七十三条　[使用我国通用语言、文字原则]人民法院审理涉外民事案件，应当使用中华人民共和国通用的语言、文字。当事人要求提供翻译的，可以提供，费用由当事人承担。

《民诉解释》

第五百二十五条　当事人向人民法院提交的书面材料是外文的，应当同时向人民法院提交中文翻译件。

当事人对中文翻译件有异议的，应当共同委托翻译机构提供翻译文本；当事人对翻译机构的选择不能达成一致的，由人民法院确定。

考点72 涉外民商事案件的管辖权

**(一)涉外合同和财产权益纠纷的管辖权**

《民事诉讼法》

第二十四条　[合同纠纷的地域管辖]因合同纠纷提起的诉讼，由被告住所地或者合同履行地人民法院管辖。

第二百七十六条　[特殊地域管辖]因涉外民事纠纷，对在中华人民共和国领域内没有住所的被告提起除身份关系以外的诉讼，如果合同签订地、合同履行地、诉讼标的物所在地、可供扣押财产所在地、侵权行为地、代表机构住所地位于中华人民共和国领域内的，可以由合同签订地、合同履行地、诉讼标的物所在地、可供扣押财产所在地、侵权行为地、代表机构住所地人民法院管辖。

除前款规定外，涉外民事纠纷与中华人民共和国存在其他适当联系的，可以由人民法院管辖。

**(二)协议管辖**

《民事诉讼法》

第三十五条　[协议管辖]合同或者其他财产权益纠纷的当事人可以书面协议选择被告住所地、合同履行地、合同签订地、原告住所地、标的物所在地等与争议有实际联系的地点的人民法院管辖，但不得违反本法对级别管辖和专属管辖的规定。

**第二百七十七条** [涉外民事纠纷的协议管辖]涉外民事纠纷的当事人书面协议选择人民法院管辖的,可以由人民法院管辖。

**《民诉解释》**

第五百二十九条 涉外合同或者其他财产权益纠纷的当事人,可以书面协议选择被告住所地、合同履行地、合同签订地、原告住所地、标的物所在地、侵权行为地等与争议有实际联系地点的外国法院管辖。

根据民事诉讼法第三十四条和第二百七十三条(现为第二百七十九条)规定,属于中华人民共和国法院专属管辖的案件,当事人不得协议选择外国法院管辖,但协议选择仲裁的除外。

**《海事诉讼特别程序法》**

第八条 海事纠纷的当事人都是外国人、无国籍人、外国企业或者组织,当事人书面协议选择中华人民共和国海事法院管辖的,即使与纠纷有实际联系的地点不在中华人民共和国领域内,中华人民共和国海事法院对该纠纷也具有管辖权。

**(三)专属管辖**

**《民事诉讼法》**

第三十四条 [专属管辖]下列案件,由本条规定的人民法院专属管辖:

(一)因不动产纠纷提起的诉讼,由不动产所在地人民法院管辖;

(二)因港口作业中发生纠纷提起的诉讼,由港口所在地人民法院管辖;

(三)因继承遗产纠纷提起的诉讼,由被继承人死亡时住所地或者主要遗产所在地人民法院管辖。

第二百七十九条 [专属管辖]下列民事案件,由人民法院专属管辖:

(一)因在中华人民共和国领域内设立的法人或者其他组织的设立、解散、清算,以及该法人或者其他组织作出的决议的效力等纠纷提起的诉讼;

(二)因与在中华人民共和国领域内审查授予的知识产权的有效性有关的纠纷提起的诉讼;

(三)因在中华人民共和国领域内履行中外合资经营企业合同、中外合作经营企业合同、中外合作勘探开发自然资源合同发生纠纷提起的诉讼。

**(四)平行诉讼和一事再诉**

第二百八十条 [排他性管辖协议]当事人之间的同一纠纷,一方当事人向外国法院起诉,另一方当事人向人民法院起诉,或者一方当事人既向外国法院起诉,又向人民法院起诉,人民法院依照本法有管辖权的,可以受理。当事人订立排他性管辖协议选择外国法院管辖且不违反本法对专属管辖的规定,不涉及中华人民共和国主权、安全或者社会公共利益的,人民法院可以裁定不予受理;已经受理的,裁定驳回起诉。

第二百八十一条 [平行诉讼的处理]人民法院依据前条规定受理案件后,当事人以外国法院已经先于人民法院受理为由,书面申请人民法院中止诉讼的,人民法院可以裁定中止诉讼,但是存在下列情形之一的除外:

(一)当事人协议选择人民法院管辖,或者纠纷属于人民法院专属管辖;

(二)由人民法院审理明显更为方便。

外国法院未采取必要措施审理案件,或者未在合理期限内审结的,依当事人的书面申请,人民法院应当恢复诉讼。

外国法院作出的发生法律效力的判决、裁定,已经被人民法院全部或者部分承认,当事人对已经获得承认的部分又向人民法院起诉的,裁定不予受理;已经受理的,裁定驳回起诉。

**(五)不方便法院原则**

第二百八十二条 [不方便法院原则]人民法院受理的涉外民事案件,被告提出管辖异议,且同时有下列情形的,可以裁定驳回起诉,告知原告向更为方便的外国法院提起诉讼:

(一)案件争议的基本事实不是发生在中华人民共和国领域内,人民法院审理案件和当事人参加诉讼均明显不方便;

(二)当事人之间不存在选择人民法院管辖的协议;

(三)案件不属于人民法院专属管辖;

(四)案件不涉及中华人民共和国主权、安全或者社会公共利益;

(五)外国法院审理案件更为方便。

裁定驳回起诉后,外国法院对纠纷拒绝行使管辖权,或者未采取必要措施审理案件,或者未在合理期限内审结,当事人又向人民法院起诉的,人民法院应当受理。

**(六)国际商事法庭**

(1)国际商事法庭的管辖权

**《最高人民法院关于设立国际商事法庭若干问题的规定》**

第二条 国际商事法庭受理下列案件:

(一)当事人依照民事诉讼法第二百七十七条的规定协议选择最高人民法院管辖且标的额为人民币3亿元以上的第一审国际商事案件;

(二)高级人民法院对其所管辖的第一审国际商事案件,认为需要由最高人民法院审理并获准许的;

(三)在全国有重大影响的第一审国际商事案件;

(四)依照本规定第十四条申请仲裁保全、申请撤销或者执行国际商事仲裁裁决的;

(五)最高人民法院认为应当由国际商事法庭审理的其他国际商事案件。

(2)外国法的查明

**《最高人民法院关于设立国际商事法庭若干问题的规定》**

第八条 国际商事法庭审理案件应当适用域外法律时,可以通过下列途径查明:

(一)由当事人提供;

(二)通过司法协助渠道由对方的中央机关或者主管机关提供;

(三)通过最高人民法院请求我国驻该国使领馆或者该国驻我国使领馆提供;

（四）由最高人民法院建立或者参与的法律查明合作机制参与方提供；

（五）由最高人民法院国际商事专家委员会专家提供；

（六）由法律查明服务机构或者中外法律专家提供；

（七）其他适当途径。

通过上述途径提供的域外法律资料以及专家意见，应当依照法律规定在法庭上出示，并充分听取各方当事人的意见。

（3）有关证据和判决的特殊规定

**《最高人民法院关于设立国际商事法庭若干问题的规定》**

第五条　国际商事法庭审理案件，由三名或者三名以上法官组成合议庭。

合议庭评议案件，实行少数服从多数的原则。少数意见可以在裁判文书中载明。

第九条　当事人向国际商事法庭提交的证据材料系在中华人民共和国领域外形成的，不论是否已办理公证、认证或者其他证明手续，均应当在法庭上质证。

当事人提交的证据材料系英文且经对方当事人同意的，可以不提交中文翻译件。

第十条　国际商事法庭调查收集证据以及组织质证，可以采用视听传输技术及其他信息网络方式。

第十三条　经国际商事专家委员会成员或者国际商事调解机构主持调解，当事人达成调解协议的，国际商事法庭可以依照法律规定制发调解书；当事人要求发给判决书的，可以依协议的内容制作判决书送达当事人。

第十五条　国际商事法庭作出的判决、裁定，是发生法律效力的判决、裁定。

国际商事法庭作出的调解书，经双方当事人签收后，即具有与判决同等的法律效力。

第十六条　当事人对国际商事法庭作出的已经发生法律效力的判决、裁定和调解书，可以依照民事诉讼法的规定向最高人民法院本部申请再审。

最高人民法院本部受理前款规定的申请再审案件以及再审案件，均应当另行组成合议庭。

第十七条　国际商事法庭作出的发生法律效力的判决、裁定和调解书，当事人可以向国际商事法庭申请执行。

**考点73　域外文书送达**

**《民事诉讼法》**

**第二百八十三条　[送达方式]**人民法院对在中华人民共和国领域内没有住所的当事人送达诉讼文书，可以采用下列方式：

（一）依照受送达人所在国与中华人民共和国缔结或者共同参加的国际条约中规定的方式送达；

（二）通过外交途径送达；

（三）对具有中华人民共和国国籍的受送达人，可以委托中华人民共和国驻受送达人所在国的使领馆代为送达；

（四）向受送达人在本案中委托的诉讼代理人送达；

（五）向受送达人在中华人民共和国领域内设立的独资企业、代表机构、分支机构或者有权接受送达的业务办人送达；

（六）受送达人为外国人、无国籍人，其在中华人民共和国领域内设立的法人或者其他组织担任法定代表人或者主要负责人，且与该法人或者其他组织为共同被告的，向该法人或者其他组织送达；

（七）受送达人为外国法人或者其他组织，其法定代表人或者主要负责人在中华人民共和国领域内的，向其法定代表人或者主要负责人送达；

（八）受送达人所在国的法律允许邮寄送达的，可以邮寄送达，自邮寄之日起满三个月，送达回证没有退回，但根据各种情况足以认定已经送达的，期间届满之日视为送达；

（九）采用能够确认受送达人收悉的电子方式送达，但是受送达人所在国法律禁止的除外；

（十）以受送达人同意的其他方式送达，但是受送达人所在国法律禁止的除外。

不能用上述方式送达的，公告送达，自发出公告之日起，经过六十日，即视为送达。

**《民诉解释》**

第五百三十三条第二款　外国企业、组织的主要负责人包括该企业、组织的董事、监事、高级管理人员等。

**考点74　域外调取证据**

**《民事诉讼法》**

**第二百八十四条　[域外调查取证]**当事人申请人民法院调查收集的证据位于中华人民共和国领域外，人民法院可以依照证据所在国与中华人民共和国缔结或者共同参加的国际条约中规定的方式，或者通过外交途径调查收集。

在所在国法律不禁止的情况下，人民法院可以采用下列方式调查收集：

（一）对具有中华人民共和国国籍的当事人、证人，可以委托中华人民共和国驻当事人、证人所在国的使领馆代为取证；

（二）经双方当事人同意，通过即时通讯工具取证；

（三）以双方当事人同意的其他方式取证。

**第二百九十四条　[司法协助的途径]**请求和提供司法协助，应当依照中华人民共和国缔结或者参加的国际条约所规定的途径进行；没有条约关系的，通过外交途径进行。

外国驻中华人民共和国的使领馆可以向该国公民送达文书和调查取证，但不得违反中华人民共和国的法律，并不得采取强制措施。

除前款规定的情况外，未经中华人民共和国主管机关准许，任何外国机关或者个人不得在中华人民共和国领域内送达文书、调查取证。

**第二百九十五条　[司法协助请求使用的文字]**外国法院请求人民法院提供司法协助的请求书及其所附文

件,应当附有中文译本或者国际条约规定的其他文字文本。

人民法院请求外国法院提供司法协助的请求书及其所附文件,应当附有该国文字译本或者国际条约规定的其他文字文本。

**考点75** 外国法院判决的承认与执行

(一)申请人

《民事诉讼法》

第二百九十八条 [外国申请承认和执行]外国法院作出的发生法律效力的判决、裁定,需要人民法院承认和执行的,可以由当事人直接向有管辖权的中级人民法院申请承认和执行,也可以由外国法院依照该国与中华人民共和国缔结或者参加的国际条约的规定,或者按照互惠原则,请求人民法院承认和执行。

(二)有管辖权的法院

《民事诉讼法》

第二百三十五条 [执行依据及管辖]发生法律效力的民事判决、裁定,以及刑事判决、裁定中的财产部分,由第一审人民法院或者与第一审人民法院同级的被执行的财产所在地人民法院执行。

法律规定由人民法院执行的其他法律文书,由被执行人住所地或者被执行的财产所在地人民法院执行。

(三)申请承认与执行的期间

《民事诉讼法》

第二百五十条 [申请执行期间]申请执行的期间为二年。申请执行时效的中止、中断,适用法律有关诉讼时效中止、中断的规定。

前款规定的期间,从法律文书规定履行期间的最后一日起计算;法律文书规定分期履行的,从最后一期履行期限届满之日起计算;法律文书未规定履行期间的,从法律文书生效之日起计算。

(四)承认和执行的条件

《民事诉讼法》

第二百九十九条 [外国法院裁判的承认与执行]人民法院对申请或者请求承认和执行的外国法院作出的发生法律效力的判决、裁定,依照中华人民共和国缔结或者参加的国际条约,或者按照互惠原则进行审查后,认为不违反中华人民共和国法律的基本原则且不损害国家主权、安全、社会公共利益的,裁定承认其效力;需要执行的,发出执行令,依照本法的有关规定执行。

第三百条 [外国法院裁判的不予承认和执行]对申请或者请求承认和执行的外国法院作出的发生法律效力的判决、裁定,人民法院经审查,有下列情形之一的,裁定不予承认和执行:

(一)依据本法第三百零一条的规定,外国法院对案件无管辖权;

(二)被申请人未得到合法传唤或者虽经合法传唤但未获得合理的陈述、辩论机会,或者无诉讼行为能力的当事人未得到适当代理;

(三)判决、裁定是通过欺诈方式取得;

(四)人民法院已对同一纠纷作出判决、裁定,或者已经承认第三国法院对同一纠纷作出的判决、裁定;

(五)违反中华人民共和国法律的基本原则或者损害国家主权、安全、社会公共利益。

第三百零一条 [外国法院无管辖权的认定]有下列情形之一的,人民法院应当认定该外国法院对案件无管辖权:

(一)外国法院依照其法律对案件没有管辖权,或者虽然依照其法律有管辖权但与案件所涉纠纷无适当联系;

(二)违反本法对专属管辖的规定;

(三)违反当事人排他性选择法院管辖的协议。

第三百零二条 [同一争议的处理]当事人向人民法院申请承认和执行外国法院作出的发生法律效力的判决、裁定,该判决、裁定涉及的纠纷与人民法院正在审理的纠纷属于同一纠纷的,人民法院可以裁定中止诉讼。

外国法院作出的发生法律效力的判决、裁定不符合本法规定的承认条件的,人民法院裁定不予承认和执行,并恢复已经中止的诉讼;符合本法规定的承认条件的,人民法院裁定承认其效力;需要执行的,发出执行令,依照本法的有关规定执行;对已经中止的诉讼,裁定驳回起诉。

第三百零三条 [承认和执行的复议]当事人对承认和执行或者不予承认和执行的裁定不服的,可以自裁定送达之日起十日内向上一级人民法院申请复议。

《民诉解释》

第五百四十一条 申请人向人民法院申请承认和执行外国法院作出的发生法律效力的判决、裁定,应当提交申请书,并附外国法院作出的发生法律效力的判决、裁定正本或者经证明无误的副本以及中文译本。外国法院判决、裁定为缺席判决、裁定的,申请人应当同时提交该外国法院已经合法传唤的证明文件,但判决、裁定已经对此予以明确说明的除外。

中华人民共和国缔结或者参加的国际条约对提交文件有规定的,按照规定办理。

第五百四十二条 当事人向中华人民共和国有管辖权的中级人民法院申请承认和执行外国法院作出的发生法律效力的判决、裁定的,如果该法院所在国与中华人民共和国没有缔结或者共同参加国际条约,也没有互惠关系的,裁定驳回申请,但当事人向人民法院申请承认外国法院作出的发生法律效力的离婚判决的除外。

承认和执行申请被裁定驳回的,当事人可以向人民法院起诉。

(五)外国法院离婚判决的承认

(1)受理

《最高人民法院关于人民法院受理申请承认外国法院离婚判决案件有关问题的规定》

一、中国公民向人民法院申请承认外国法院离婚判决,人民法院不应以其未在国内缔结婚姻关系而拒绝受理;中国公民申请承认外国法院在其缺席情况下作出的离婚判决,应同时向人民法院提交作出该判决的外国法院已合法传唤其出庭的有关证明文件。

二、外国公民向人民法院申请承认外国法院离婚判决,如果其离婚的原配偶是中国公民的,人民法院应予受理;如果其离婚的原配偶是外国公民的,人民法院不予受理;但可告知其直接向婚姻登记机关申请结婚登记。

(2)程序

**《最高人民法院关于中国公民申请承认外国法院离婚判决程序问题的规定》**

**第一条** 对与我国没有订立司法协助协议的外国法院作出的离婚判决,中国籍当事人可以根据本规定向人民法院申请承认该外国法院的离婚判决。

对与我国有司法协助协议的外国法院作出的离婚判决,按照协议的规定申请承认。

**第二条** 外国法院离婚判决中的夫妻财产分割、生活费负担、子女抚养方面判决的承认执行,不适用本规定。

**第十二条** 经审查,外国法院的离婚判决具有下列情形之一的,不予承认:

(一)判决尚未发生法律效力;

(二)作出判决的外国法院对案件没有管辖权;

(三)判决是在被告缺席且未得到合法传唤情况下作出的;

(四)该当事人之间的离婚案件,我国法院正在审理或已作出判决,或者第三国法院对该当事人之间作出的离婚案件判决已为我国法院所承认;

(五)判决违反我国法律的基本原则或者危害我国国家主权、安全和社会公共利益。

**第十八条** 人民法院受理离婚诉讼后,原告一方变更请求申请承认外国法院离婚判决,或者被告一方另提出承认外国法院离婚判决申请的,其申请均不受理。

**第十九条** 人民法院受理承认外国法院离婚判决的申请后,对方当事人向人民法院起诉离婚的,人民法院不予受理。

**第二十条** 当事人之间的婚姻虽经外国法院判决,但未向人民法院申请承认的,不妨碍当事人一方另行向人民法院提出离婚诉讼。

**第二十一条** 申请人的申请为人民法院受理后,申请人可以撤回申请,人民法院以裁定准予撤回。申请人撤回申请后,不得再提出申请,但可以另行向人民法院起诉离婚。

**第二十二条** 申请人的申请被驳回后,不得再提出申请,但可以另行向人民法院起诉离婚。

# 专题十五 区际法律问题

**考点77** 区际文书送达

(一)涉港澳

**《最高人民法院关于涉港澳民商事案件司法文书送达问题若干规定》**

**第三条** 作为受送达人的自然人或者企业、其他组织的法定代表人、主要负责人在内地的,人民法院可以直接向该自然人或者法定代表人、主要负责人送达。

**第四条** 除受送达人在授权委托书中明确表明其诉讼代理人无权代为接收有关司法文书外,其委托的诉讼代理人为有权代其接受送达的诉讼代理人,人民法院可以向该诉讼代理人送达。

**第五条** 受送达人在内地设立有代表机构的,人民法院可以直接向该代表机构送达。

受送达人在内地设立有分支机构或者业务代办人并授权其接受送达的,人民法院可以直接向该分支机构或者业务代办人送达。

**第七条** 人民法院向受送达人送达司法文书,可以邮寄送达。

邮寄送达时应附有送达回证。受送达人未在送达回证上签收但在邮件回执上签收的,视为送达,签收日期为送达日期。

自邮寄之日起满三个月,虽未收到送达与否的证明文件,但存在本规定第十二条规定情形的,期间届满之日视为送达。

自邮寄之日起满三个月,如果未能收到送达与否的证明文件,且不存在本规定第十二条规定情形的,视为未送达。

**第八条** 人民法院可以通过传真、电子邮件等能够确认收悉的其他适当方式向受送达人送达。

**第九条** 人民法院不能依照本规定上述方式送达的,可以公告送达。公告内容应当在内地和受送达人住所地公开发行的报刊上刊登,自公告之日起满三个月即视为送达。

**第十条** 除公告送达方式外,人民法院可以同时采取多种法定方式向受送达人送达。

采取多种方式送达的,应当根据最先实现送达的方式确定送达日期。

**第十一条** 人民法院向在内地的受送达人或者受送达人的法定代表人、主要负责人、诉讼代理人、代表机构以及有权接受送达的分支机构、业务代办人送达司法文书,可以适用留置送达的方式。

**第十二条** 受送达人未对人民法院送达的司法文书履行签收手续,但存在以下情形之一的,视为送达:

(一)受送达人向人民法院提及了所送达司法文书的内容;

(二)受送达人已经按照所送达司法文书的内容履行;

(三)其他可以确认已经送达的情形。

(二)涉台

**《最高人民法院关于涉台民事诉讼文书送达的若干规定》**

**第三条** 人民法院向住所地在台湾地区的当事人送达民事诉讼文书,可以采用下列方式:

(一)受送达人居住在大陆的,直接送达。受送达人是自然人,本人不在的,可以交其同住成年家属签收;受送达人是法人或其他组织的,应当由法人的法定代表人、其他组织的主要负责人或者该法人、组织负责收件的人签收；

受送达人不在大陆居住，但送达时在大陆的，可以直接送达；

（二）受送达人在大陆有诉讼代理人的，向诉讼代理人送达。受送达人在授权委托书中明确表明其诉讼代理人无权代为接收的除外；

（三）受送达人有指定代收人的，向代收人送达；

（四）受送达人在大陆有代表机构、分支机构、业务代办人的，向其代表机构或者经受送达人明确授权接受送达的分支机构、业务代办人送达；

（五）受送达人在台湾地区的地址明确的，可以邮寄送达；

（六）有明确的传真号码、电子信箱地址的，可以通过传真、电子邮件方式向受送达人送达；

（七）按照两岸认可的其他途径送达。

采用上述方式不能送达或者台湾地区的当事人下落不明的，公告送达。

**第四条** 采用本规定第三条第一款第（一）、（二）、（三）、（四）项方式送达的，由受送达人、诉讼代理人或者有权接受送达的人在送达回证上签收或者盖章，即为送达；拒绝签收或者盖章的，可以依法留置送达。

**第五条** 采用本规定第三条第一款第（五）项方式送达的，应当附有送达回证。受送达人未在送达回证上签收但在邮件回执上签收的，视为送达，签收日期为送达日期。

自邮寄之日起满三个月，如果未能收到送达与否的证明文件，且根据各种情况不足以认定已经送达的，视为未送达。

**第六条** 采用本规定第三条第一款第（六）项方式送达的，应当注明人民法院的传真号码或者电子信箱地址，并要求受送达人在收到传真件或者电子邮件后及时予以回复。以能够确认受送达人收悉的日期为送达日期。

**第七条** 采用本规定第三条第一款第（七）项方式送达的，应当由有关的高级人民法院出具盖有本院印章的委托函。委托函应当写明案件各方当事人的姓名或者名称、案由、案号；受送达人姓名或者名称、受送达人的详细地址以及需送达的文书种类。

**第八条** 采用公告方式送达的，公告内容应当在境内外公开发行的报刊或者权威网站上刊登。

公告送达的，自公告之日起满三个月，即视为送达。

**考点78** 区际调取证据

《最高人民法院关于内地与澳门特别行政区法院就民商事案件相互委托送达司法文书和调取证据的安排》

**第二条** 双方相互委托送达司法文书和调取证据，通过各高级人民法院和澳门特别行政区终审法院进行。最高人民法院与澳门特别行政区终审法院可以直接相互委托送达和调取证据。

经与澳门特别行政区终审法院协商，最高人民法院可以授权部分中级人民法院、基层人民法院与澳门特别

行政区终审法院相互委托送达和调取证据。

**第三条第一款** 双方相互委托送达司法文书和调取证据，通过内地与澳门司法协助网络平台以电子方式转递；不能通过司法协助网络平台以电子方式转递的，采用邮寄方式。

**第五条** 委托书应当以中文文本提出。所附司法文书及其他相关文件没有中文文本的，应当提供中文译本。

**第八条** 委托方法院无须支付受委托方法院在送达司法文书、调取证据时发生的费用、税项。但受委托方法院根据其本辖区法律规定，有权在调取证据时，要求委托方法院预付鉴定人、证人、翻译人员的费用，以及因采用委托方法院在委托书中请求以特殊方式送达司法文书、调取证据所产生的费用。

**第九条** 受委托方法院收到委托书后，不得以其本辖区法律规定对委托方法院审理的该民商事案件享有专属管辖权或者不承认对该请求事项提起诉讼的权利为由，不予执行受托事项。

受委托方法院在执行受托事项时，发现该事项不属于法院职权范围，或者内地人民法院认为在内地执行该受托事项将违反其基本法律原则或社会公共利益，或者澳门特别行政区法院认为在澳门特别行政区执行该受托事项将违反其基本法律原则或公共秩序的，可以不予执行，但应当及时向委托方法院书面说明不予执行的原因。

**第十六条** 委托方法院请求调取的证据只能是用于与诉讼有关的证据。

**第二十条** 受委托方法院在执行委托调取证据时，根据委托方法院的请求，可以允许委托方法院派司法人员出席。必要时，经受委托方允许，委托方法院的司法人员可以向证人、鉴定人等发问。

**考点79** 区际法院判决的认可与执行

**（一）内地与香港特别行政区相互认可与执行法院判决**

（1）婚姻家庭民事判决的认可与执行

**《最高人民法院关于内地与香港特别行政区法院相互认可和执行婚姻家庭民事案件判决的安排》**

**第一条第一款** 当事人向香港特别行政区法院申请认可和执行内地人民法院就婚姻家庭民事案件作出的生效判决，或者向内地人民法院申请认可和执行香港特别行政区法院就婚姻家庭民事案件作出的生效判决的，适用本安排。

**第四条** 申请认可和执行本安排规定的判决：

（一）在内地向申请人住所地、经常居住地或者被申请人住所地、经常居住地、财产所在地的中级人民法院提出；

（二）在香港特别行政区向区域法院提出。

申请人应当向符合前款第一项规定的其中一个人民法院提出申请。向两个以上有管辖权的人民法院提出申请的，由最先立案的人民法院管辖。

**第七条** 申请认可和执行判决的期间、程序和方式，应当依据被请求方法律的规定。

第九条　申请认可和执行的判决，被申请人提供证据证明有下列情形之一的，法院审查核实后，**不予认可和执行**：

（一）根据原审法院地法律，被申请人未经合法传唤，或者虽经合法传唤但未获得合理的陈述、辩论机会的；

（二）判决是以欺诈方法取得的；

（三）被请求方法院受理相关诉讼后，请求方法院又受理就同一争议提起的诉讼并作出判决的；

（四）被请求方法院已经就同一争议作出判决，或者已经认可和执行其他国家和地区法院就同一争议所作出的判决的。

内地人民法院认为认可和执行香港特别行政区法院判决明显违反内地法律的基本原则或者社会公共利益，香港特别行政区法院认为认可和执行内地人民法院判决明显违反香港特别行政区法律的基本原则或者公共政策的，不予认可和执行。

申请认可和执行的判决涉及未成年子女的，在根据前款规定审查决定是否认可和执行时，应当充分考虑未成年子女的最佳利益。

第十五条　被请求方法院就认可和执行的申请作出裁定或者命令后，当事人不服的，在内地可以于裁定送达之日起十日内向<u>上一级人民法院</u><u>申请复议</u>，在香港特别行政区可以依据其法律规定提出上诉。

第十六条　在审理婚姻家庭民事案件期间，当事人申请认可和执行另一地法院就同一争议作出的判决的，<u>应当受理</u>。受理后，有关诉讼应当<u>中止</u>，待就认可和执行的申请作出裁定或者命令后，再视情终止或者恢复诉讼。

（2）其他民商事判决的认可与执行

**《最高人民法院关于内地与香港特别行政区法院相互认可和执行民商事案件判决的安排》**

第七条　申请认可和执行本安排规定的判决：

（一）在内地，向申请人住所地或者被申请人住所地、财产所在地的中级人民法院提出；

（二）在香港特别行政区，向高等法院提出。

申请人应当向符合前款第一项规定的其中一个人民法院提出申请。向两个以上有管辖权的人民法院提出申请的，由最先立案的人民法院管辖。

第八条第三款　向内地人民法院提交的文件没有中文文本的，应当提交准确的中文译本。

第十条　申请认可和执行判决的期间、程序和方式，应当依据被请求方法律的规定。

第十一条　符合下列情形之一，且依据被请求方法律有关诉讼不属于被请求方法院专属管辖的，被请求方法院应当认定原审法院具有管辖权：

（一）原审法院受理案件时，被告住所地在该方境内；

（二）原审法院受理案件时，被告在该方境内设有代表机构、分支机构、办事处、营业所等不属于独立法人的机构，且诉讼请求是基于该机构的活动；

（三）因合同纠纷提起的诉讼，合同履行地在该方境内；

（四）因侵权行为提起的诉讼，侵权行为实施地在该

方境内；

（五）合同纠纷或者其他财产权益纠纷的当事人以书面形式约定由原审法院地管辖，但各方当事人住所地均在被请求方境内的，原审法院地应系合同履行地、合同签订地、标的物所在地等与争议有实际联系地；

（六）当事人未对原审法院提出管辖权异议并应诉答辩，但各方当事人住所地均在被请求方境内的，原审法院地应系合同履行地、合同签订地、标的物所在地等与争议有实际联系地。

前款所称"书面形式"是指合同书、信件和数据电文（包括电报、电传、传真、电子数据交换和电子邮件）等可以有形地表现所载内容的形式。

知识产权侵权纠纷案件以及内地人民法院审理的《中华人民共和国反不正当竞争法》第六条规定的不正当竞争纠纷民事案件、香港特别行政区法院审理的假冒纠纷案件，侵权、不正当竞争、假冒行为实施地在原审法院地境内，且涉案知识产权权利、权益在该方境内依法应予保护的，才应当认定原审法院具有管辖权。

除第一款、第三款规定外，被请求方法院认为原审法院对于有关诉讼的管辖符合被请求方法律规定的，可以认定原审法院具有管辖权。

第十二条　申请认可和执行的判决，被申请人提供证据证明有下列情形之一的，被请求方法院审查核实后，应当不予认可和执行：

（一）原审法院对有关诉讼的管辖不符合本安排第十一条规定的；

（二）依据原审法院地法律，被申请人未经合法传唤，或者虽经合法传唤但未获得合理的陈述、辩论机会的；

（三）判决是以欺诈方法取得的；

（四）被请求方法院受理相关诉讼后，原审法院又受理就同一争议提起的诉讼并作出判决的；

（五）被请求方法院已经就同一争议作出判决，或者已经认可其他国家和地区就同一争议作出的判决的；

（六）被请求方已经就同一争议作出仲裁裁决，或者已经认可其他国家和地区就同一争议作出的仲裁裁决的。

内地人民法院认为认可和执行香港特别行政区法院判决明显违反内地法律的基本原则或者社会公共利益，香港特别行政区法院认为认可和执行内地人民法院判决明显违反香港特别行政区法律的基本原则或者公共政策的，应当不予认可和执行。

第十六条　相互认可和执行的判决内容包括金钱判项、非金钱判项。

判决包括惩罚性赔偿的，不予认可和执行惩罚性赔偿部分，但本安排第十七条规定的除外。

第十七条　知识产权侵权纠纷案件以及内地人民法院审理的《中华人民共和国反不正当竞争法》第六条规定的不正当竞争纠纷民事案件、香港特别行政区法院审理的假冒纠纷案件，内地与香港特别行政区法院相互认可和执行判决的，限于根据原审法院地发生的侵权行为所确定的金钱判项，包括惩罚性赔偿部分。

有关商业秘密侵权纠纷案件判决的相互认可和执行，包括金钱判项（含惩罚性赔偿）、非金钱判项。

**第二十一条**　被申请人在内地和香港特别行政区均有可供执行财产的，申请人可以分别向两地法院申请执行。

应对方法院要求，两地法院应当相互提供本方执行判决的情况。

两地法院执行财产的总额不得超过判决确定的数额。

**第二十二条**　在审理民商事案件期间，当事人申请认可和执行另一地法院就同一争议作出的判决的，应当受理。受理后，有关诉讼应当中止，待就认可和执行的申请作出裁定或者命令后，再视情终止或者恢复诉讼。

**第二十三条**　审查认可和执行判决申请期间，当事人就同一争议提起诉讼的，不予受理；已经受理的，驳回起诉。

判决全部获得认可和执行后，当事人又就同一争议提起诉讼的，不予受理。

判决未获得或者未全部获得认可和执行的，申请人不得再次申请认可和执行，但可以就同一争议向被请求方法院提起诉讼。

**第二十六条**　被请求方法院就认可和执行的申请作出裁定或者命令后，当事人不服的，在内地可以于裁定送达之日起十日内向上一级人民法院申请复议，在香港特别行政区可以依据其法律规定提出上诉。

**（二）内地与澳门特别行政区相互认可与执行法院判决**

**《最高人民法院关于内地与澳门特别行政区相互认可和执行民商事判决的安排》**

**第一条**　内地与澳门特别行政区民商事案件（在内地包括劳动争议案件，在澳门特别行政区包括劳动民事案件）判决的相互认可和执行，适用本安排。

本安排亦适用于刑事案件中有关民事损害赔偿的判决、裁定。

本安排不适用于行政案件。

**第三条**　一方法院作出的具有给付内容的生效判决，当事人可以向对方有管辖权的法院申请认可和执行。

没有给付内容，或者不需要执行，但需要通过司法程序予以认可的判决，当事人可以向对方法院单独申请认可，也可以直接以该判决作为证据在对方法院的诉讼程序中使用。

**第四条**　内地有权受理认可和执行判决申请的法院为被申请人住所地、经常居住地或者财产所在地的中级人民法院。两个或者两个以上中级人民法院均有管辖权的，申请人应当选择向其中一个中级人民法院提出申请。

澳门特别行政区有权受理认可判决申请的法院为中级法院，有权执行的法院为初级法院。

**第五条**　被申请人在内地和澳门特别行政区均有可供执行财产的，申请人可以向一地法院提出执行申请。

申请人向一地法院提出执行申请的同时，可以向另一地法院申请查封、扣押或者冻结被执行人的财产。待

一地法院执行完毕后，可以根据该地法院出具的执行情况证明，就不足部分向另一地法院申请采取处分财产的执行措施。

两地法院执行财产的总额，不得超过依据判决和法律规定所确定的数额。

**第八条**　申请书应当用中文制作。所附司法文书及其相关文件未用中文制作的，应当提供中文译本。其中法院判决书未用中文制作的，应当提供由法院出具的中文译本。

**第十九条第一款**　申请人依据本安排申请认可和执行判决，应当根据被请求方法律规定，交纳诉讼费用、执行费用。

**第十二条第二款**　当事人对认可与否的裁定不服的，在内地可以向上一级人民法院提请复议，在澳门特别行政区可以根据其法律规定提起上诉；对执行中作出的裁定不服的，可以根据被请求方法律的规定，向上级法院寻求救济。

**（三）台湾地区民事判决的认可与执行**

**《最高人民法院关于认可和执行台湾地区法院民事判决的规定》**

**第二条**　本规定所称台湾地区法院民事判决，包括台湾地区法院作出的生效民事判决、裁定、和解笔录、调解笔录、支付命令等。

申请认可台湾地区法院在刑事案件中作出的有关民事损害赔偿的生效判决、裁定、和解笔录的，适用本规定。

申请认可由台湾地区乡镇市调解委员会等出具并经台湾地区法院核定，与台湾地区法院生效民事判决具有同等效力的调解文书的，参照适用本规定。

**第三条**　申请人同时提出认可和执行台湾地区法院民事判决申请的，人民法院先按照认可程序进行审查，裁定认可后，由人民法院执行机构执行。

申请人直接申请执行的，人民法院应当告知其一并提交认可申请；坚持不申请认可的，裁定驳回其申请。

**第四条**　申请认可台湾地区法院民事判决的案件，由申请人住所地、经常居住地或者被申请人住所地、经常居住地、财产所在地中级人民法院或者专门人民法院受理。

申请人向两个以上有管辖权的人民法院申请认可的，由最先立案的人民法院管辖。

申请人向被申请人财产所在地人民法院申请认可的，应当提供财产存在的相关证据。

**第五条**　对申请认可台湾地区法院民事判决的案件，人民法院应当组成合议庭进行审查。

**第九条**　申请人申请认可台湾地区法院民事判决，应当提供相关证明文件，以证明该判决真实并且已经生效。

申请人可以申请人民法院通过海峡两岸调查取证司法互助途径查明台湾地区法院民事判决的真实性和是否生效以及当事人得到合法传唤的证明文件；人民法院认为必要时，也可以就有关事项依职权通过海峡两岸司法互助途径向台湾地区请求调查取证。

第十一条 人民法院受理认可台湾地区法院民事判决的申请后，当事人就同一争议起诉的，不予受理。

一方当事人向人民法院起诉后，另一方当事人向人民法院申请认可的，对于认可的申请不予受理。

第十二条 案件虽经台湾地区有关法院判决，但当事人未申请认可，而是就同一争议向人民法院起诉的，应予受理。

第十三条 人民法院受理认可台湾地区法院民事判决的申请后，作出裁定前，申请人请求撤回申请的，可以裁定准许。

第十四条 人民法院受理认可台湾地区法院民事判决的申请后，应当在立案之日起六个月内审结。有特殊情况需要延长的，报请上一级人民法院批准。

通过海峡两岸司法互助途径送达文书和调查取证的期间，不计入审查期限。

第十五条 台湾地区法院民事判决具有下列情形之一的，裁定不予认可：

（一）申请认可的民事判决，是在被申请人缺席又未经合法传唤或者在被申请人无诉讼行为能力又未得到适当代理的情况下作出的；

（二）案件系人民法院专属管辖的；

（三）案件双方当事人订有有效仲裁协议，且无放弃仲裁管辖情形的；

（四）案件系人民法院已作出判决或者中国大陆的仲裁庭已作出仲裁裁决的；

（五）香港特别行政区、澳门特别行政区或者外国的法院已就同一争议作出判决且已为人民法院所认可或者承认的；

（六）台湾地区、香港特别行政区、澳门特别行政区或者外国的仲裁庭已就同一争议作出仲裁裁决且已为人民法院所认可或者承认的。

认可该民事判决将违反一个中国原则等国家法律的基本原则或者损害社会公共利益的，人民法院应当裁定不予认可。

第十七条 经人民法院裁定认可的台湾地区法院民事判决，与人民法院作出的生效判决具有同等效力。

第十八条 人民法院依据本规定第十五条和第十六条作出的裁定，一经送达即发生法律效力。

当事人对上述裁定不服的，可以自裁定送达之日起十日内向上一级人民法院申请复议。

第十九条 对人民法院裁定不予认可的台湾地区法院民事判决，申请人再次提出申请的，人民法院不予受理，但申请人可以就同一争议向人民法院起诉。

第二十条 申请人申请认可和执行台湾地区法院民事判决的期间，适用民事诉讼法第二百三十九条（现为第二百五十条）的规定，但申请认可台湾地区法院有关身份关系的判决除外。

申请人仅申请认可而未同时申请执行的，申请执行的期间自人民法院对认可申请作出的裁定生效之日起重新计算。

### 考点80 区际仲裁裁决的认可与执行

**（一）内地与香港特别行政区相互认可与执行仲裁裁决**

（1）管辖法院

**《最高人民法院关于内地与香港特别行政区相互执行仲裁裁决的安排》**

二、上条所述的有关法院，在内地指申请人住所地或者财产所在地的中级人民法院，在香港特区指香港特区高等法院。

被申请人住所地或者财产所在地在内地不同的中级人民法院辖区内的，申请人可以选择其中一个人民法院申请执行裁决，不得分别向两个或者两个以上人民法院提出申请。

……

**《最高人民法院关于内地与香港特别行政区相互执行仲裁裁决的补充安排》**

三、将《安排》第二条第三款修改为："被申请人在内地和香港特区均有住所地或可供执行财产的，申请人可以分别向两地法院申请执行。应对方法院要求，两地法院应当相互提供本方执行仲裁裁决的情况。两地法院执行财产的总额，不得超过裁决确定的数额。"

（2）申请认可和执行的期限

**《最高人民法院关于内地与香港特别行政区相互执行仲裁裁决的安排》**

五、申请人向有关法院申请执行内地或者香港特区仲裁裁决的期限依据执行地法律有关时限的规定。

（3）中文译本和费用

**《最高人民法院关于内地与香港特别行政区相互执行仲裁裁决的安排》**

四（第二款）、执行申请书应当以中文文本提出，裁决书或者仲裁协议没有中文文本的，申请人应当提交正式证明的中文译本。

八、申请人向有关法院申请执行在内地或者香港特区作出的仲裁裁决，应当根据执行地法院有关诉讼收费的办法交纳执行费用。

（4）不予执行的情形

**《最高人民法院关于内地与香港特别行政区相互执行仲裁裁决的安排》**

七、在内地或者香港特区申请执行的仲裁裁决，被申请人接到通知后，提出证据证明有下列情形之一的，经审查核实，有关法院可裁定不予执行：

（一）仲裁协议当事人依对其适用的法律属于某种无行为能力的情形；或者该项仲裁协议依约定的准据法无效；或者未指明以何种法律为准时，依仲裁裁决地的法律是无效的；

（二）被申请人未接到指派仲裁员的适当通知，或者因他故未能陈述意见的；

（三）裁决所处理的争议不是交付仲裁的标的或者不在仲裁协议条款之内，或者裁决载有关于交付仲裁范围以外事项的决定的；但交付仲裁事项的决定可与未交付仲裁的事项划分时，裁决中关于交付仲裁事项的决定部

分应当予以执行;

（四）仲裁庭的组成或者仲裁庭程序与当事人之间的协议不符,或者在有关当事人没有这种协议时与仲裁地的法律不符的;

（五）裁决对当事人尚无约束力,或者业经仲裁地的法院或者按仲裁地的法律撤销或者停止执行的。

有关法院认定依执行地法律,争议事项不能以仲裁解决的,则可不予执行该裁决。

内地法院认定在内地执行该仲裁裁决违反内地社会公共利益,或者香港特区法院决定在香港特区执行该仲裁裁决违反香港特区的公共政策,则可不予执行该裁决。

**（二）内地与澳门特别行政区相互认可与执行仲裁裁决**

（1）管辖法院

**《最高人民法院关于内地与澳门特别行政区相互认可和执行仲裁裁决的安排》**

**第二条** 在内地或者澳门特别行政区作出的仲裁裁决,一方当事人不履行的,另一方当事人可以向被申请人住所地、经常居住地或者财产所在地的有关法院申请认可和执行。

内地有权受理认可和执行仲裁裁决申请的法院为中级人民法院。两个或者两个以上中级人民法院均有管辖权的,当事人应当选择向其中一个中级人民法院提出申请。

澳门特别行政区有权受理认可仲裁裁决申请的法院为中级法院,有权执行的法院为初级法院。

**第三条** 被申请人的住所地、经常居住地或者财产所在地分别在内地和澳门特别行政区的,申请人可以向一地法院提出认可和执行申请,也可以分别向两地法院提出申请。

当事人分别向两地法院提出申请的,两地法院都应当依法进行审查。予以认可的,采取查封、扣押或者冻结被执行人财产等执行措施。仲裁地法院应当先进行执行清偿;另一地法院在收到仲裁地法院关于经执行债权未获清偿情况的证明后,可以对申请人未获清偿的部分进行执行清偿。两地法院执行财产的总额,不得超过依据裁决和法律规定所确定的数额。

（2）申请认可和执行的期限

**《最高人民法院关于内地与澳门特别行政区相互认可和执行仲裁裁决的安排》**

**第六条** 申请人向有关法院申请认可和执行内地或者澳门特别行政区仲裁裁决的期限,依据认可和执行地的法律确定。

（3）中文译本和费用

**《最高人民法院关于内地与澳门特别行政区相互认可和执行仲裁裁决的安排》**

**第四条第二款** 上述文件没有中文文本的,申请人应当提交经正式证明的中文译本。

**第八条** 申请人依据本安排申请认可和执行仲裁裁决的,应当根据执行地法律的规定,交纳诉讼费用。

（4）不予认可和执行的情形

**《最高人民法院关于内地与澳门特别行政区相互认可和执行仲裁裁决的安排》**

**第七条** 对申请认可和执行的仲裁裁决,被申请人提出证据证明有下列情形之一的,经审查核实,有关法院可以裁定不予认可:

（一）仲裁协议一方当事人依对其适用的法律在订立仲裁协议时属于无行为能力的;或者依当事人约定的准据法,或当事人没有约定适用的准据法而依仲裁地法律,该仲裁协议无效的;

（二）被申请人未接到选任仲裁员或者进行仲裁程序的适当通知,或者因他故未能陈述意见的;

（三）裁决所处理的争议不是提交仲裁的争议,或者不在仲裁协议范围之内;或者裁决载有超出当事人提交仲裁范围的事项的决定,但裁决中超出提交仲裁范围的事项的决定与提交仲裁事项的决定可以分开的,裁决中关于提交仲裁事项的决定部分可以予以认可;

（四）仲裁庭的组成或者仲裁程序违反了当事人的约定,或者在当事人没有约定时与仲裁地的法律不符的;

（五）裁决对当事人尚无约束力,或者业经仲裁地的法院撤销或者拒绝执行的。

有关法院认定,依执行地法律,争议事项不能以仲裁解决的,不予认可和执行该裁决。

内地法院认定在内地认可和执行该仲裁裁决违反内地法律的基本原则或者社会公共利益,澳门特别行政区法院认定在澳门特别行政区认可和执行该仲裁裁决违反澳门特别行政区法律的基本原则或者公共秩序,不予认可和执行该裁决。

**（三）台湾地区仲裁裁决的认可与执行**

**《最高人民法院关于认可和执行台湾地区仲裁裁决的规定》**

**第三条** 申请人同时提出认可和执行台湾地区仲裁裁决申请的,人民法院先按照认可程序进行审查,裁定认可后,由人民法院执行机构执行。

申请人直接申请执行的,人民法院应当告知其一并提交认可申请;坚持不申请认可的,裁定驳回其申请。

**第四条** 申请认可台湾地区仲裁裁决的案件,由申请人住所地、经常居住地或者被申请人住所地、经常居住地、财产所在地中级人民法院或者专门人民法院受理。

申请人向两个以上有管辖权的人民法院申请认可的,由最先立案的人民法院管辖。

申请人向被申请人财产所在地人民法院申请认可的,应当提供财产存在的相关证据。

**第五条** 对申请认可台湾地区仲裁裁决的案件,人民法院应当组成合议庭进行审查。

**第十条** 人民法院受理认可台湾地区仲裁裁决的申请之前或者之后,可以按照民事诉讼法及相关司法解释的规定,根据申请人的申请,裁定采取保全措施。

**第十一条** 人民法院受理认可台湾地区仲裁裁决的申请后,当事人就同一争议起诉的,不予受理。

当事人未申请认可,而是就同一争议向人民法院起诉的,亦不予受理,但仲裁协议无效的除外。

**第十二条** 人民法院受理认可台湾地区仲裁裁决的申请后,作出裁定前,申请人请求撤回申请的,可以裁定准许。

**第十四条** 对申请认可和执行的仲裁裁决,被申请人提出证据证明有下列情形之一的,经审查核实,人民法院裁定不予认可:

(一)仲裁协议一方当事人依对其适用的法律在订立仲裁协议时属于无行为能力的;或者依当事人约定的准据法,或当事人没有约定适用的准据法而依台湾地区仲裁规定,该仲裁协议无效的;或者当事人之间没有达成书面仲裁协议的,但申请认可台湾地区仲裁调解的除外;

(二)被申请人未接到选任仲裁员或进行仲裁程序的适当通知,或者由于其他不可归责于被申请人的原因而未能陈述意见的;

(三)裁决所处理的争议不是提交仲裁的争议,或者不在仲裁协议范围之内;或者裁决载有超出当事人提交仲裁范围的事项的决定,但裁决中超出提交仲裁范围的事项的决定与提交仲裁事项的决定可以分开的,裁决中关于提交仲裁事项的决定部分可以予以认可;

(四)仲裁庭的组成或者仲裁程序违反当事人的约定,或者在当事人没有约定时与台湾地区仲裁规定不符的;

(五)裁决对当事人尚无约束力,或者业经台湾地区法院撤销或者驳回执行申请的。

依据国家法律,该争议事项不能以仲裁解决的,或者认可该仲裁裁决将违反一个中国原则等国家法律的基本原则或损害社会公共利益的,人民法院应当裁定不予认可。

**第十五条** 人民法院经审查能够确认台湾地区仲裁裁决真实,而且不具有本规定第十四条所列情形的,裁定认可其效力;不能确认该仲裁裁决真实性的,裁定驳回申请。

裁定驳回申请的案件,申请人再次申请并符合受理条件的,人民法院应予受理。

**第十七条** 一方当事人向人民法院申请认可或者执行台湾地区仲裁裁决,另一方当事人向台湾地区法院起诉撤销该仲裁裁决,被申请人申请中止认可或者执行并且提供充分担保的,人民法院应当中止认可或者执行程序。

申请中止认可或者执行的,应当向人民法院提供台湾地区法院已经受理撤销仲裁裁决案件的法律文书。

台湾地区法院撤销该仲裁裁决的,人民法院应当裁定不予认可或者裁定终结执行;台湾地区法院驳回撤销仲裁裁决请求的,人民法院应当恢复认可或者执行程序。

**第十八条** 对人民法院裁定不予认可的台湾地区仲裁裁决,申请人再次提出申请的,人民法院不予受理。但当事人可以根据双方重新达成的仲裁协议申请仲裁,也可以就同一争议向人民法院起诉。

# 国际经济法 [考点法条]

## 专题十六 国际货物买卖

**考点82** 《联合国国际货物销售合同公约》的适用范围
**(一)主体适用范围**
《联合国国际货物销售合同公约》
**第一条 [公约的适用范围]**
(1)本公约适用于营业地在不同国家的当事人之间所订立的货物销售合同:
(a)如果这些国家是缔约国;或
(b)如果国际私法规则导致适用某一缔约国的法律。
(2)当事人营业地在不同国家的事实,如果从合同或从订立合同前任何时候或订立合同时,当事人之间的任何交易或当事人透露的情报均看不出,应不予考虑。
(3)在确定本公约的适用时,当事人的国籍和当事人或合同的民事或商业性质,应不予考虑。
**(二)客体适用范围**
《联合国国际货物销售合同公约》
**第二条 [不适用公约的销售]**
本公约不适用于以下的销售:
(a)购供私人、家人或家庭使用的货物的销售,除非卖方在订立合同前任何时候或订立合同时不知道而且没有理由知道这些货物是购供任何这种使用;
(b)经由拍卖的销售;
(c)根据法律执行令状或其他令状的销售;
(d)公债、股票、投资证券、流通票据或货币的销售;
(e)船舶、船只、气垫船或飞机的销售;
(f)电力的销售。
**第三条 [公约不适用绝大部分为服务贸易的合同]**
(1)供应尚待制造或生产的货物的合同应视为销售合同,除非订购货物的当事人保证供应这种制造或生产所需的大部分重要材料。
(2)本公约不适用于供应货物一方的绝大部分义务在于供应劳力或其他服务的合同。
**(三)适用的任意性**
《联合国国际货物销售合同公约》
**第六条 [公约适用的任意性]**
双方当事人可以不适用本公约,或在第十二条的条件下,减损本公约的任何规定或改变其效力。

**考点83** 要约承诺规则
《联合国国际货物销售合同公约》
**第十四条 [要约]**
(1)向一个或一个以上特定的人提出的订立合同的建议,如果十分确定并且表明发价人在得到接受时承受

约束的意旨,即构成发价。一个建议如果写明货物并且明示或暗示地规定数量和价格或规定如何确定数量和价格,即为十分确定。
(2)非向一个或一个以上特定的人提出的建议,仅应视为邀请做出发价,除非提出建议的人明确地表示相反的意向。
**第十八条 [承诺]**
(1)被发价人声明或做出其他行为表示同意一项发价,即是接受。缄默或不行动本身不等于接受。
(2)接受发价于表示同意的通知送达发价人时生效。如果表示同意的通知在发价人所规定的时间内,如未规定时间,在一段合理的时间内,未曾送达发价人,接受就成为无效,但须适当地考虑到交易的情况,包括发价人所使用的通讯方法的迅速程度。对口头发价必须立即接受,但情况有别者不在此限。
(3)但是,如果根据该项发价或依照当事人之间确立的习惯做法和惯例,被发价人可以做出某种行为,例如与发运货物或支付价款有关的行为,来表示同意,而无须向发价人发出通知,则接受于该项行为做出时生效,但该项行为必须在上一款所规定的期间内做出。

**考点84** 买卖双方的权利义务
**(一)卖方的主要义务**
(1)交货义务
《联合国国际货物销售合同公约》
**第三十一条 [卖方的交货地点]**
如果卖方没有义务要在任何其他特定地点交付货物,他的交货义务如下:
(a)如果销售合同涉及货物的运输,卖方应把货物移交给第一承运人,以运交给买方;
(b)在不属于上款规定的情况下,如果合同指的是特定货物或从特定存货中提取的或尚待制造或生产的未经特定化的货物,而双方当事人在订立合同时已知道这些货物是在某一特定地点,或将在某一特定地点制造或生产,卖方应在该地点把货物交给买方处置;
(c)在其他情况下,卖方应在他于订立合同时的营业地把货物交给买方处置。
**第三十二条 [卖方的交货义务]**
(1)如果卖方按照合同或本公约的规定将货物交付给承运人,但货物没有以货物上加标记,或以装运单据或其他方式清楚地注明有关合同,卖方必须向买方发出列明货物的发货通知。
(2)如果卖方有义务安排货物的运输,他必须订立必要的合同,以按照通常运输条件,用适合情况的运输工具,把货物运到指定地点。
(3)如果卖方没有义务对货物的运输办理保险,他必

须在买方提出要求时,向买方提供一切现有的必要资料,使他能够办理这种保险。

**第三十三条 [卖方交货日期]**

卖方必须按以下规定的日期交付货物:

(a)如果合同规定有日期,或从合同可以确定日期,应在该日期交货;

(b)如果合同规定有一段时间,或从合同可以确定一段时间,除非情况表明应由买方选定一个日期外,应在该段时间内任何时候交货;或者

(c)在其他情况下,应在订立合同后一段合理时间内交货。

(2)交单义务

**《联合国国际货物销售合同公约》**

**第三十条 [卖方义务]**

卖方必须按照合同和本公约的规定,交付货物,移交一切与货物有关的单据并转移货物所有权。

**第三十四条 [移交与货物相关的单据]**

如果卖方有义务移交与货物有关的单据,他必须按照合同所规定的时间、地点和方式移交这些单据。如果卖方在那个时间以前已移交这些单据,他可以在那个时间到达前纠正单据中任何不符合合同规定的情形,但是,此一权利的行使不得使买方遭受不合理的不便或承担不合理的开支。但是,买方保留本公约所规定的要求损害赔偿的任何权利。

(3)货物相符

**《联合国国际货物销售合同公约》**

**第三十五条第二款 [卖方质量担保的义务]**

(2)除双方当事人业已另有协议外,货物除非符合以下规定,否则即为与合同不符:

(a)货物适用于同一规格货物通常使用的目的;

(b)货物适用于订立合同时曾明示或默示地通知卖方的任何特定目的,除非情况表明买方并不依赖卖方的技能和判断力,或者这种依赖对他是不合理的;

(c)货物的质量与卖方向买方提供的货物样品或样式相同;

(d)货物按照同类货物通用的方式装箱或包装,如果没有此种通用方式,则按照足以保全和保护货物的方式装箱或包装。

(4)权利担保

**《联合国国际货物销售合同公约》**

**第四十二条 [知识产权担保]**

(1)卖方所交付的货物,必须是第三方不能根据工业产权或其他知识产权主张任何权利或要求的货物,但以卖方在订立合同时已知道或不可能不知道的权利或要求为限,而且这种权利或要求根据以下国家的法律规定是以工业产权或其他知识产权为基础的:

(a)如果双方当事人在订立合同时预期货物将在某一国境内转售或做其他使用,则根据货物将在其境内转售或做其他使用的国家的法律;或者

(b)在任何其他情况下,根据买方营业地所在国家的法律。

(2)卖方在上一款中的义务不适用于以下情况:

(a)买方在订立合同时已知道或不可能不知道此项权利或要求;或者

(b)此项权利或要求的发生,是由于卖方要遵照买方所提供的技术图样、图案、款式或其他规格。

**第四十三条 [通知及担保的免除]**

(1)买方如果不在已知道或理应知道第三方的权利或要求后一段合理时间内,将此一权利或要求的性质通知卖方,就丧失援引第四十一条或第四十二条规定的权利。

(2)卖方如果知道第三方的权利或要求以及此一权利或要求的性质,就无权援引上一款的规定。

**(二)买方义务**

(1)支付货款

**《联合国国际货物销售合同公约》**

**第五十七条 [买方付款的地点]**

(1)如果买方没有义务在任何其他特定地点支付价款,他必须在以下地点向卖方支付价款:

(a)卖方的营业地;或者

(b)如凭移交货物或单据支付价款,则为移交货物或单据的地点。

(2)卖方必须承担因其营业地在订立合同后发生变动而增加的支付方面的有关费用。

(2)接收货物

**《联合国国际货物销售合同公约》**

**第六十条 [买方收取货物的义务]**

买方收取货物的义务如下:

(a)采取一切理应采取的行动,以期卖方能交付货物;和

(b)接收货物。

**《联合国国际货物销售合同公约》**

第五十二条 [提前交货或多交货物的处理]

(1)如果卖方在规定的日期前交付货物,买方可以收取货物,也可以拒绝收取货物。

(2)如果卖方交付的货物数量大于合同规定的数量,买方可以收取也可以拒绝收取多交部分的货物。如果买方收取多交部分货物的全部或一部分,他必须按合同价格付款。

(3)检验货物

**《联合国国际货物销售合同公约》**

**第三十八条 [货物检验]**

(1)买方必须在按情况实际可行的最短时间内检验货物或由他人检验货物。

(2)如果合同涉及货物的运输,检验可推迟到货物到达目的地后进行。

(3)如果货物在运输途中改运或买方须再发运货物,没有合理机会加以检验,而卖方在订立合同时已知道或理应知道这种改运或再发运的可能性,检验可推迟到货物到达新目的地后进行。

**第三十九条 [货物不符的通知时限]**

(1)买方对货物不符合同,必须在发现或理应发现不

符情形后一段合理时间内通知卖方,说明不符合同情形的性质,否则就丧失声称货物不符合同的权利。

(2)无论如何,如果买方不在实际收到货物之日起两年内将货物不符合同情形通知卖方,他就丧失声称货物不符合同的权利,除非这一时限与合同规定的保证期限不符。

**考点85** 违约救济制度

**(一)一般违约的救济方式**

(1)卖方违反合同时适用于买方的救济方式

《联合国国际货物销售合同公约》

**第四十六条 [买方要求卖方实际履行]**

(1)买方可以要求卖方履行义务,除非买方已采取与此一要求相抵触的某种补救办法。

(2)如果货物不符合同,买方只有在此种不符合同情形构成根本违反合同时,才可以要求交付替代货物,而且关于替代货物的要求,必须与依照第三十九条发出的通知同时提出,或者在该项通知发出后一段合理时间内提出。

(3)如果货物不符合同,买方可以要求卖方通过修理对不符合同之处做出补救,除非他考虑了所有情况之后,认为这样做是不合理的。修理的要求必须与依照第三十九条发出的通知同时提出,或者在该项通知发出后一段合理时间内提出。

**第四十九条 [宣告合同无效]**

(1)买方在以下情况下可以宣告合同无效:

(a)卖方不履行其在合同或本公约中的任何义务,等于根本违反合同;或

(b)如果发生不交货的情况,卖方不在买方按照第四十七条第(1)款规定的额外时间内交付货物,或卖方声明他将不在所规定的时间内交付货物。

(2)但是,如果卖方已交付货物,买方就丧失宣告合同无效的权利,除非:

(a)对于迟延交货,他在知道交货后一段合理时间内这样做;

(b)对于迟延交货以外的任何违反合同事情:

①他在已知道或理应知道这种违反合同后一段合理时间内这样做;或

②他在买方按照第四十七条第(1)款规定的任何额外时间满期后,或在卖方声明他将不在这一额外时间履行义务后一段合理时间内这样做;或

③他在卖方按照第四十八条第(2)款指明的任何额外时间满期后,或在买方声明他将不接受卖方履行义务后一段合理时间内这样做。

**第五十条 [减价的救济]**

如果货物不符合同,不论价款是否已付,买方都可以减低价格,减价按实际交付的货物在交货时的价值与符合合同的货物在当时的价值两者之间的比例计算。但是,如果卖方按照第三十七条或第四十八条的规定对任何不履行义务做出补救,或者买方拒绝接受卖方按照该两条规定履行义务,则买方不得减低价格。

**第七十四条 [损害赔偿救济原则,赔偿数额的计算方法]**

一方当事人违反合同应负的损害赔偿额,应与另一方当事人因他违反合同而遭受的包括利润在内的损失额相等。这种损害赔偿不得超过违反合同一方在订立合同时,依照他当时已知道或理应知道的事实和情况,对违反合同预料到或理应预料到的可能损失。

**第七十五条 [宣告合同无效后的损害赔偿之具体的赔偿方法]**

如果合同被宣告无效,而在宣告无效后一段合理时间内,买方已以合理方式购买替代货物,或者卖方已以合理方式把货物转卖,则要求损害赔偿的一方可以取得合同价格和替代货物交易价格之间的差额以及按照第七十四条规定可以取得的任何其他损害赔偿。

**第七十六条 [宣告合同无效后的损害赔偿之抽象的赔偿方法]**

(1)如果合同被宣告无效,而货物又有时价,要求损害赔偿的一方,如果没有根据第七十五条规定进行购买或转卖,则可以取得合同规定的价格和宣告合同无效时的时价之间的差额以及按照第七十四条规定可以取得的任何其他损害赔偿。但是,如果要求损害赔偿的一方在接收货物之后宣告合同无效,则应适用接收货物时的时价,而不适用宣告合同无效时的时价。

(2)为上一款的目的,时价指原应交付货物地点的现行价格,如果该地点没有时价,则指另一合理替代地点的价格,但应适当地考虑货物运费的差额。

**第七十七条 [减轻损失义务]**

声称另一方违反合同的一方,必须按情况采取合理措施,减轻由于该另一方违反合同而引起的损失,包括利润方面的损失。如果他不采取这种措施,违反合同一方可以要求从损害赔偿中扣除原可以减轻的损失数额。

(2)买方违反合同时适用于卖方的救济方式

《联合国国际货物销售合同公约》

**第七十八条 [收取利息的权利]**

如果一方当事人没有支付价款或任何其他拖欠金额,另一方当事人有权对这些款额收取利息,但不妨碍要求按照第七十四条规定可以取得的损害赔偿。

**(二)预期违反合同的救济方法**

《联合国国际货物销售合同公约》

**第七十一条 [中止履行]**

(1)如果订立合同后,另一方当事人由于下列原因显然将不履行其大部分重要义务,一方当事人可以中止履行义务:

(a)他履行义务的能力或他的信用有严重缺陷;或

(b)他在准备履行合同或履行合同中的行为。

(2)如果卖方在上一款所述的理由明显化以前已将货物发运,他可以阻止将货物交给买方,即使买方持有其有权获得货物的单据。本款规定只与买方和卖方间对货物的权利有关。

(3)中止履行义务的一方当事人不论是在货物发运

前还是发运后,都必须立即通知另一方当事人,如经另一方当事人对履行义务提供充分保证,则他必须继续履行义务。

**第七十二条** [预期根本违约的救济]

(1)如果在履行合同日期之前,明显看出一方当事人将根本违反合同,另一方当事人可以宣告合同无效。

(2)如果时间许可,打算宣告合同无效的一方当事人必须向另一方当事人发出合理的通知,使他可以对履行义务提供充分保证。

(3)如果另一方当事人已声明他将不履行其义务,则上一款的规定不适用。

**(三)分批交付的处理**

《联合国国际货物销售合同公约》

**第七十三条** [分批交货]

(1)对于分批交付货物的合同,如果一方当事人不履行对任何一批货物的义务,便对该批货物构成根本违反合同,则另一方当事人可以宣告合同对该批货物无效。

(2)如果一方当事人不履行对任何一批货物的义务,使另一方当事人有充分理由断定对今后各批货物将会发生根本违反合同,该另一方当事人可以在一段合理时间内宣告合同今后无效。

(3)买方宣告合同对任何一批货物的交付为无效时,可以同时宣告合同对已交付的或今后交付的各批货物均为无效,如果各批货物是互相依存的,不能单独用于双方当事人在订立合同时所设想的目的。

**考点86** 国际货物买卖合同的风险转移

**(一)一般货物买卖合同的风险转移**

《联合国国际货物销售合同公约》

**第六十七条** [货物风险转移的时间]

(1)如果销售合同涉及货物的运输,但卖方没有义务在某一特定地点交付货物,自货物按照销售合同交付给第一承运人以转交给买方时起,风险就移转到买方承担。如果卖方有义务在某一特定地点把货物交付给承运人,在货物于该地点交付给承运人以前,风险不移转到买方承担。卖方受权保留控制货物处置权的单据,并不影响风险的移转。

(2)但是,在货物以货物上加标记,或以装运单据,或向买方发出通知或其他方式清楚地注明有关合同以前,风险不移转到买方承担。

**(二)运输途中销售货物的风险转移**

《联合国国际货物销售合同公约》

**第六十八条** [运输途中出售货物的风险转移]

对于在运输途中销售的货物,从订立合同时起,风险就移转到买方承担。但是,如果情况表明有此需要,从货物交付给签发载有运输合同单据的承运人时起,风险就由买方承担。尽管如此,如果卖方在订立合同时已知道或理应知道货物已经遗失或损坏,而他又不将这一事实告知买方,则这种遗失或损坏应由卖方负责。

# 专题十七 国际货物运输与保险

**考点88** 海上货物运输承运人的责任与免责

《海商法》

**第五十一条** [承运人免责事由]在责任期间货物发生的灭失或者损坏是由于下列原因之一造成的,承运人不负赔偿责任:

(一)船长、船员、引航员或者承运人的其他受雇人在驾驶船舶或者管理船舶中的过失;

(二)火灾,但是由于承运人本人的过失所造成的除外;

(三)天灾、海上或者其他可航水域的危险或者意外事故;

(四)战争或者武装冲突;

(五)政府或者主管部门的行为、检疫限制或者司法扣押;

(六)罢工、停工或者劳动受到限制;

(七)在海上救助或者企图救助人命或者财产;

(八)托运人、货物所有人或者他们的代理人的行为;

(九)货物的自然特性或者固有缺陷;

(十)货物包装不良或者标志欠缺、不清;

(十一)经谨慎处理仍未发现的船舶潜在缺陷;

(十二)非由于承运人或者承运人的受雇人、代理人的过失造成的其他原因。

承运人依照前款规定免除赔偿责任的,除第(二)项规定的原因外,应当负举证责任。

**第五十二条** [活动物的免责]因运输活动物的固有的特殊风险造成活动物灭失或者损害的,承运人不负赔偿责任。但是,承运人应当证明业已履行托运人关于运输活动物的特别要求,并证明根据实际情况,灭失或者损害是由于此种固有的特殊风险造成的。

**第五十三条** [舱面货的责任与免责]承运人在舱面上装载货物,应当同托运人达成协议,或者符合航运惯例,或者符合有关法律、行政法规的规定。

承运人依照前款规定将货物装载在舱面上,对由于此种装载的特殊风险造成的货物灭失或者损坏,不负赔偿责任。

承运人违反本条第一款规定将货物装载在舱面上,致使货物遭受灭失或者损坏的,应当负赔偿责任。

# 专题十八 国际贸易支付

**考点93** 信用证下银行的责任与免责

《最高人民法院关于审理信用证纠纷案件若干问题的规定》

**第五条** [信用证独立性]开证行在作出付款、承兑或者履行信用证项下其他义务的承诺后,只要单据与信用证条款、单据与单据之间在表面上相符,开证行应当履行在信用证规定的期限内付款的义务。当事人以开证申请人与受益人之间的基础交易提出抗辩的,人民法院不予支持。具有本规定第八条的情形除外。

**第六条** [单证审查]人民法院在审理信用证纠纷案件中涉及单证审查的,应当根据当事人约定适用的相关国际惯例或者其他规定进行;当事人没有约定的,应当按照国际商会《跟单信用证统一惯例》以及国际商会确定的相关标准,认定单据与信用证条款、单据与单据之间是否在表面上相符。

信用证项下单据与信用证条款之间、单据与单据之间在表面上不完全一致,但并不导致相互之间产生歧义的,不应认定为不符点。

**第七条** [不符点]开证行有独立审查单据的权利和义务,有权自行作出单据与信用证条款、单据与单据之间是否在表面上相符的决定,并自行决定接受或者拒绝接受单据与信用证条款、单据与单据之间的不符点。

开证行发现信用证项下存在不符点后,可以自行决定是否联系开证申请人接受不符点。开证申请人决定是否接受不符点,并不影响开证行最终决定是否接受不符点。开证行和开证申请人另有约定的除外。

开证行向受益人明确表示接受不符点的,应当承担付款责任。

开证行拒绝接受不符点时,受益人以开证申请人已接受不符点为由要求开证行承担信用证项下付款责任的,人民法院不予支持。

**考点94** 信用证欺诈及例外原则

**(一)信用证欺诈的构成**

《最高人民法院关于审理信用证纠纷案件若干问题的规定》

**第八条** [信用证欺诈]凡有下列情形之一的,应当认定存在信用证欺诈:

(一)受益人伪造单据或者提交记载内容虚假的单据;

(二)受益人恶意不交付货物或者交付的货物无价值;

(三)受益人和开证申请人或者其他第三方串通提交假单据,而没有真实的基础交易;

(四)其他进行信用证欺诈的情形。

**第九条** [申请中止支付]开证申请人、开证行或者其他利害关系人发现有本规定第八条的情形,并认为将会给其造成难以弥补的损害时,可以向有管辖权的人民法院申请中止支付信用证项下的款项。

**(二)信用证欺诈例外原则适用的条件**

《最高人民法院关于审理信用证纠纷案件若干问题的规定》

**第十条** [不应中止支付的情形]人民法院认定存在信用证欺诈的,应当裁定中止支付或者判决终止支付信用证项下款项,但有下列情形之一的除外:

(一)开证行的指定人、授权人已按照开证行的指令善意地进行了付款;

(二)开证行或者其指定人、授权人已对信用证项下票据善意地作出了承兑;

(三)保兑行善意地履行了付款义务;

(四)议付行善意地进行了议付。

**第十一条** [受理条件]当事人在起诉前申请中止支付信用证项下款项符合下列条件的,人民法院应予受理:

(一)受理申请的人民法院对该信用证纠纷案件享有管辖权;

(二)申请人提供的证据材料证明存在本规定第八条的情形;

(三)如不采取中止支付信用证项下款项的措施,将会使申请人的合法权益受到难以弥补的损害;

(四)申请人提供了可靠、充分的担保;

(五)不存在本规定第十条的情形。

当事人在诉讼中申请中止支付信用证项下款项的,应当符合前款第(二)、(三)、(四)、(五)项规定的条件。

# 专题十九 对外贸易管理制度

**考点95** 对外贸易法

**(一)对外贸易法的适用范围**

《对外贸易法》

**第二条** [适用范围]本法适用于对外贸易以及与对外贸易有关的知识产权保护。

本法所称对外贸易,是指货物进出口、技术进出口和国际服务贸易。

**(二)对外贸易经营者**

《对外贸易法》

**第八条** [对外贸易经营者]本法所称对外贸易经营者,是指依法办理工商登记或者其他执业手续,依照本法和其他有关法律、行政法规的规定从事对外贸易经营活动的法人、其他组织或者个人。

**(三)货物与技术进出口**

《对外贸易法》

**第十五条** [货物贸易、技术贸易的限制和禁止]国家基于下列原因,可以限制或者禁止有关货物、技术的进口或者出口:

(一)为维护国家安全、社会公共利益或者公共道德,需要限制或者禁止进口或者出口的;

(二)为保护人的健康或者安全,保护动物、植物的生命或者健康,保护环境,需要限制或者禁止进口或者出口的;

(三)为实施与黄金或者白银进出口有关的措施,需要限制或者禁止进口或者出口的;

(四)国内供应短缺或者为有效保护可能用竭的自然资源,需要限制或者禁止出口的;

(五)输往国家或者地区的市场容量有限,需要限制出口的;

(六)出口经营秩序出现严重混乱,需要限制出口的;

(七)为建立或者加快建立国内特定产业,需要限制进口的;

(八)对任何形式的农业、牧业、渔业产品有必要限制

进口的;

(九)为保障国家国际金融地位和国际收支平衡,需要限制进口的;

(十)依照法律、行政法规的规定,其他需要限制或者禁止进口或者出口的;

(十一)根据我国缔结或者参加的国际条约、协定的规定,其他需要限制或者禁止进口或者出口的。

### (四)国际服务贸易

**《对外贸易法》**

**第二十五条** [服务贸易的限制或者禁止]国家基于下列原因,可以限制或者禁止有关的国际服务贸易:

(一)为维护国家安全、社会公共利益或者公共道德,需要限制或者禁止的;

(二)为保护人的健康或者安全,保护动物、植物的生命或者健康,保护环境,需要限制或者禁止的;

(三)为建立或者加快建立国内特定服务产业,需要限制的;

(四)为保障国家外汇收支平衡,需要限制的;

(五)依照法律、行政法规的规定,其他需要限制或者禁止的;

(六)根据我国缔结或者参加的国际条约、协定的规定,其他需要限制或者禁止的。

### 考点96 出口管制法

### (一)适用范围

**《出口管制法》**

**第二条** 国家对两用物项、军品、核以及其他与维护国家安全和利益、履行防扩散等国际义务相关的货物、技术、服务等物项(以下统称管制物项)的出口管制,适用本法。

前款所称管制物项,包括物项相关的技术资料等数据。

本法所称出口管制,是指国家对从中华人民共和国境内向境外转移管制物项,以及中华人民共和国公民、法人和非法人组织向外国组织和个人提供管制物项,采取禁止或者限制性措施。

本法所称两用物项,是指既有民事用途,又有军事用途或者有助于提升军事潜力,特别是可以用于设计、开发、生产或者使用大规模杀伤性武器及其运载工具的货物、技术和服务。

本法所称军品,是指用于军事目的的装备、专用生产设备以及其他相关货物、技术和服务。

本法所称核,是指核材料、核设备、反应堆用非核材料以及相关技术和服务。

### (二)管理部门

**《出口管制法》**

**第五条第一款** 国务院、中央军事委员会承担出口管制职能的部门(以下统称国家出口管制管理部门)按照职责分工负责出口管制工作。国务院、中央军事委员会其他有关部门按照职责分工负责出口管制有关工作。

### (三)主要制度

(1)管制清单制度

**《出口管制法》**

**第九条** 国家出口管制管理部门依据本法和有关法律、行政法规的规定,根据出口管制政策,按照规定程序会同有关部门制定、调整管制物项出口管制清单,并及时公布。

根据维护国家安全和利益、履行防扩散等国际义务的需要,经国务院批准,或者经国务院、中央军事委员会批准,国家出口管制管理部门可以对出口管制清单以外的货物、技术和服务实施临时管制,并予以公告。临时管制的实施期限不超过二年。临时管制实施期限届满前应当及时进行评估,根据评估结果决定取消临时管制、延长临时管制或者将临时管制物项列入出口管制清单。

**第十条** 根据维护国家安全和利益、履行防扩散等国际义务的需要,经国务院批准,或者经国务院、中央军事委员会批准,国家出口管制管理部门会同有关部门可以禁止相关管制物项的出口,或者禁止相关管制物项向特定目的国家和地区、特定组织和个人出口。

(2)出口许可制度

**《出口管制法》**

**第十二条** 国家对管制物项的出口实行许可制度。

出口管制清单所列管制物项或者临时管制物项,出口经营者应当向国家出口管制管理部门申请许可。

出口管制清单所列管制物项以及临时管制物项之外的货物、技术和服务,出口经营者知道或者应当知道,或者得到国家出口管制管理部门通知,相关货物、技术和服务可能存在以下风险的,应当向国家出口管制管理部门申请许可:

(一)危害国家安全和利益;

(二)被用于设计、开发、生产或者使用大规模杀伤性武器及其运载工具;

(三)被用于恐怖主义目的。

出口经营者无法确定拟出口的货物、技术和服务是否属于本法规定的管制物项,向国家出口管制管理部门提出咨询的,国家出口管制管理部门应当及时答复。

(3)最终用户和最终用途风险管理制度

**《出口管制法》**

**第十五条** 出口经营者应当向国家出口管制管理部门提交管制物项的最终用户和最终用途证明文件,有关证明文件由最终用户或者最终用户所在国家和地区政府机构出具。

**第十七条** 国家出口管制管理部门建立管制物项最终用户和最终用途风险管理制度,对管制物项的最终用户和最终用途进行评估、核查,加强最终用户和最终用途管理。

**第十八条** 国家出口管制管理部门对有下列情形之一的进口商和最终用户,建立管控名单:

(一)违反最终用户或者最终用途管理要求的;

(二)可能危害国家安全和利益的;

（三）将管制物项用于恐怖主义目的的。

对列入管控名单的进口商和最终用户，国家出口管制管理部门可以采取禁止、限制有关管制物项交易，责令中止有关管制物项出口等必要的措施。

出口经营者不得违反规定与列入管控名单的进口商、最终用户进行交易。出口经营者在特殊情况下确需与列入管控名单的进口商、最终用户进行交易的，可以向国家出口管制管理部门提出申请。

列入管控名单的进口商、最终用户经采取措施，不再有第一款规定情形的，可以向国家出口管制管理部门申请移出管控名单；国家出口管制管理部门可以根据实际情况，决定将列入管控名单的进口商、最终用户移出管控名单。

(4) 军品出口专营制度

《出口管制法》

**第十三条**　国家出口管制管理部门综合考虑下列因素，对出口经营者出口管制物项的申请进行审查，作出准予或者不予许可的决定：

（一）国家安全和利益；

（二）国际义务和对外承诺；

（三）出口类型；

（四）管制物项敏感程度；

（五）出口目的国家或者地区；

（六）最终用户和最终用途；

（七）出口经营者的相关信用记录；

（八）法律、行政法规规定的其他因素。

**考点97** 反倾销措施

**（一）倾销的确定**

《反倾销条例》

**第二条**　[反倾销的条件]进口产品以倾销方式进入中华人民共和国市场，并对已经建立的国内产业造成实质损害或者产生实质损害威胁，或者对建立国内产业造成实质阻碍的，依照本条例的规定进行调查，采取反倾销措施。

**第三条**　[倾销]倾销，是指在正常贸易过程中进口产品以低于其正常价值的出口价格进入中华人民共和国市场。

对倾销的调查和确定，由商务部负责。

**第七条**　[损害]损害，是指倾销对已经建立的国内产业造成实质损害或者产生实质损害威胁，或者对建立国内产业造成实质阻碍。

对损害的调查和确定，由商务部负责；其中，涉及农产品的反倾销国内产业损害调查，由商务部会同农业部进行。

**第九条**　[累积评估]倾销进口产品来自两个以上国家（地区），并且同时满足下列条件的，可以就倾销进口产品对国内产业造成的影响进行累积评估：

（一）来自每一国家（地区）的倾销进口产品的倾销幅度不小于2%，并且其进口量不属于可忽略不计的；

（二）根据倾销进口产品之间以及倾销进口产品与国内同类产品之间的竞争条件，进行累积评估是适当的。

可忽略不计，是指来自一个国家（地区）的倾销进口产品的数量占同类产品总进口量的比例低于3%；但是，低于3%的若干国家（地区）的总进口量超过同类产品总进口量7%的除外。

**（二）反倾销调查**

**第十三条**　[申请反倾销调查主体]国内产业或者代表国内产业的自然人、法人或者有关组织（以下统称申请人），可以依照本条例的规定向商务部提出反倾销调查的书面申请。

**第十七条**　[产业量要求]在表示支持申请或者反对申请的国内产业中，支持者的产量占支持者和反对者的总产量的50%以上的，应当认定申请是由国内产业或者代表国内产业提出，可以启动反倾销调查；但是，表示支持申请的国内生产者的产量不足国内同类产品总产量的25%的，不得启动反倾销调查。

**第十八条**　[商务部主动调查]在特殊情形下，商务部没有收到反倾销调查的书面申请，但有充分证据认为存在倾销和损害以及二者之间有因果关系的，可以决定立案调查。

**第二十一条**　[如实提供信息]商务部进行调查时，利害关系方应当如实反映情况，提供有关资料。利害关系方不如实反映情况、提供有关资料的，或者没有在合理时间内提供必要信息的，或者以其他方式严重妨碍调查的，商务部可以根据已经获得的事实和可获得的最佳信息作出裁定。

**第二十五条**　[终裁]初裁决定确定倾销、损害以及二者之间的因果关系成立的，商务部应当对倾销及倾销幅度、损害及损害程度继续进行调查，并根据调查结果作出终裁决定，予以公告。

在作出终裁决定前，应当由商务部将终裁决定所依据的基本事实通知所有已知的利害关系方。

**第二十六条**　[期间]反倾销调查，应当自立案调查决定公告之日起12个月内结束；特殊情况下可以延长，但延长期不得超过6个月。

**（三）反倾销措施**

(1) 临时反倾销措施

《反倾销条例》

**第二十八条**　[临时反倾销调查措施]初裁决定确定倾销成立，并由此对国内产业造成损害的，可以采取下列临时反倾销措施：

（一）征收临时反倾销税；

（二）要求提供保证金、保函或者其他形式的担保。

临时反倾销税税额或者提供的保证金、保函或者其他形式担保的金额，应当不超过初裁决定确定的倾销幅度。

**第三十条**　[期限]临时反倾销措施实施的期限，自临时反倾销措施决定公告规定实施之日起，不超过4个月；在特殊情形下，可以延长至9个月。

自反倾销立案调查决定公告之日起60天内，不得采取临时反倾销措施。

(2) 价格承诺

**第三十一条**　[价格承诺]倾销进口产品的出口经营

者在反倾销调查期间,可以向商务部作出改变价格或者停止以倾销价格出口的价格承诺。

商务部可以向出口经营者提出价格承诺的建议。

商务部不得强迫出口经营者作出价格承诺。

**第三十二条** [价格承诺与案件调查]出口经营者不作出价格承诺或者不接受价格承诺的建议的,不妨碍对反倾销案件的调查和确定。出口经营者继续倾销进口产品的,商务部有权确定损害威胁更有可能出现。

**第三十三条** [反倾销调查的中止或终止]商务部认为出口经营者作出的价格承诺能够接受并符合公共利益的,可以决定中止或者终止反倾销调查,不采取临时反倾销措施或者征收反倾销税。中止或者终止反倾销调查的决定由商务部予以公告。

商务部不接受价格承诺的,应当向有关出口经营者说明理由。

商务部对倾销以及由倾销造成的损害作出肯定的初裁决定前,不得寻求或者接受价格承诺。

**第三十六条** [追溯征收]出口经营者违反其价格承诺的,商务部依照本条例的规定,可以立即决定恢复反倾销调查;根据可获得的最佳信息,可以决定采取临时反倾销措施,并可以对实施临时反倾销措施前90天内进口的产品追溯征收反倾销税,但违反价格承诺前进口的产品除外。

(3)反倾销税

**第三十七条** [反倾销税]终裁决定确定倾销成立,并由此对国内产业造成损害的,可以征收反倾销税。征收反倾销税应当符合公共利益。

**第三十八条** [反倾销税征收主体]征收反倾销税,由商务部提出建议,国务院关税税则委员会根据商务部的建议作出决定,由商务部予以公告。海关自公告规定实施之日起执行。

**第三十九条** [反倾销税的适用]反倾销税适用于终裁决定公告之日后进口的产品,但属于本条例第三十六条、第四十三条、第四十四条规定的情形除外。

**第四十条** [纳税主体]反倾销税的纳税人为倾销进口产品的进口经营者。

**第四十一条** [反倾销税的确定]反倾销税应当根据不同出口经营者的倾销幅度,分别确定。对未包括在审查范围内的出口经营者的倾销进口产品,需要征收反倾销税的,应当按照合理的方式确定对其适用的反倾销税。

**第四十二条** [反倾销税的确定]反倾销税税额不超过终裁决定确定的倾销幅度。

**第四十三条** [追溯征收]终裁决定确定存在实质损害,并在此前已经采取临时反倾销措施的,反倾销税可以对已经实施临时反倾销措施的期间追溯征收。

终裁决定确定存在实质损害威胁,在先前不采取临时反倾销措施将会导致后来作出实质损害裁定的情况下已经采取临时反倾销措施的,反倾销税可以对已经实施临时反倾销措施的期间追溯征收。

终裁决定确定的反倾销税,高于已付或者应付的临时反倾销税或者为担保目的而估计的金额的,差额部分不予收取;低于已付或者应付的临时反倾销税或者为担保目的而估计的金额的,差额部分应当根据具体情况予以退还或者重新计算税额。

**第四十四条** [追溯征收的条件]下列两种情形并存的,可以对实施临时反倾销措施之日前90天内进口的产品追溯征收反倾销税,但立案调查前进口的产品除外:

(一)倾销进口产品有对国内产业造成损害的倾销历史,或者该产品的进口经营者知道或者应当知道出口经营者实施倾销并且倾销对国内产业将会造成损害的;

(二)倾销进口产品在短期内大量进口,并且可能会严重破坏即将实施的反倾销税的补救效果的。

商务部发起调查后,有充分证据证明前款所列两种情形并存的,可以对有关进口产品采取进口登记等必要措施,以便追溯征收反倾销税。

**第四十八条** [期限]反倾销税的征收期限和价格承诺的履行期限不超过5年;但是,经复审确定终止征收反倾销税有可能导致倾销和损害的继续或者再度发生的,反倾销税的征收期限可以适当延长。

**考点98** 反补贴措施

**(一)补贴的确定**

《反补贴条例》

**第二条** [反补贴条件]进口产品存在补贴,并对已经建立的国内产业造成实质损害或者产生实质损害威胁,或者对建立国内产业造成实质阻碍的,依照本条例的规定进行调查,采取反补贴措施。

**第三条** [补贴]补贴,是指出口国(地区)政府或者其任何公共机构提供的并为接受者带来利益以及任何形式的收入或者价格支持的财政资助。

出口国(地区)政府或者其任何公共机构,以下统称出口国(地区)政府。

本条第一款所称财政资助,包括:

(一)出口国(地区)政府以拨款、贷款、资本注入等形式直接提供资金,或者以贷款担保等形式潜在地直接转让资金或者债务;

(二)出口国(地区)政府放弃或者不收缴应收收入;

(三)出口国(地区)政府提供除一般基础设施以外的货物、服务,或者由出口国(地区)政府购买货物;

(四)出口国(地区)政府通过向筹资机构付款,或者委托、指令私营机构履行上述职能。

**第四条** [补贴的专向性]依照本条例进行调查、采取反补贴措施的补贴,必须具有专向性。

具有下列情形之一的补贴,具有专向性:

(一)由出口国(地区)政府明确确定的某些企业、产业获得的补贴;

(二)由出口国(地区)法律、法规明确规定的某些企业、产业获得的补贴;

(三)指定特定区域内的企业、产业获得的补贴;

(四)以出口实绩为条件获得的补贴,包括本条例所附出口补贴清单列举的各项补贴;

(五)以使用本国(地区)产品替代进口产品为条件获

得的补贴。

在确定补贴专向性时,还应当考虑受补贴企业的数量和企业受补贴的数额、比例、时间以及给与补贴的方式等因素。

**(二)反补贴调查**

《反补贴条例》

**第十三条** [反补贴申请]国内产业或者代表国内产业的自然人、法人或者有关组织(以下统称申请人),可以依照本条例的规定向商务部提出反补贴调查的书面申请。

**第十六条** [审查期限]商务部应当自收到申请人提交的申请书及有关证据之日起 60 天内,对申请是否由国内产业或者代表国内产业提出、申请书内容及所附具的证据等进行审查,并决定立案调查或者不立案调查。在特殊情形下,可以适当延长审查期限。

在决定立案调查前,应当就有关补贴事项向产品可能被调查的国家(地区)政府发出进行磋商的邀请。

**第十八条** [自主启动反补贴]在特殊情形下,商务部没有收到反补贴调查的书面申请,但有充分证据认为存在补贴和损害以及二者之间有因果关系的,可以决定立案调查。

**(三)反补贴措施**

(1)临时措施

《反补贴条例》

**第二十九条** [临时措施]初裁决定确定补贴成立,并由此对国内产业造成损害的,可以采取临时反补贴措施。

临时反补贴措施采取以保证金或者保函作为担保的征收临时反补贴税的形式。

**第三十条** [主管机关]采取临时反补贴措施,由商务部提出建议,国务院关税税则委员会根据商务部的建议作出决定,由商务部予以公告。海关自公告规定实施之日起执行。

(2)承诺

《反补贴条例》

**第三十二条** [承诺]在反补贴调查期间,出口国(地区)政府提出取消、限制补贴或者其他有关措施的承诺,或者出口经营者提出修改价格的承诺的,商务部应当予以充分考虑。

商务部可以向出口经营者或者出口国(地区)政府提出有关价格承诺的建议。

商务部不得强迫出口经营者作出承诺。

(3)反补贴税

《反补贴条例》

**第三十八条** [反补贴税]在为完成磋商的努力没有取得效果的情况下,终裁决定确定补贴成立,并由此对国内产业造成损害的,可以征收反补贴税。征收反补贴税应当符合公共利益。

**第四十一条** [缴纳主体]反补贴税的纳税人为补贴进口产品的进口经营者。

**第四十三条** [反补贴税税额]反补贴税税额不得超过终裁决定确定的补贴金额。

**考点 99** 保障措施

**(一)保障措施的适用条件**

《保障措施条例》

**第二条** [实施保障措施的条件]进口产品数量增加,并对生产同类产品或者直接竞争产品的国内产业造成严重损害或者严重损害威胁(以下除特别指明外,统称损害)的,依照本条例的规定进行调查,采取保障措施。

**(二)调查**

《保障措施条例》

**第三条** [申请人]与国内产业有关的自然人、法人或者其他组织(以下统称申请人),可以依照本条例的规定,向商务部提出采取保障措施的书面申请。

商务部应当及时对申请人的申请进行审查,决定立案调查或者不立案调查。

**第四条** [自主发起调查]商务部没有收到采取保障措施的书面申请,但有充分证据认为国内产业因进口产品数量增加而受到损害的,可以决定立案调查。

**第六条** [主管部门]对进口产品数量增加及损害的调查和确定,由商务部负责;其中,涉及农产品的保障措施国内产业损害调查,由商务部会同农业部进行。

**第七条** [数量增加]进口产品数量增加,是指进口产品数量的绝对增加或者与国内生产相比的相对增加。

**第十五条** [初裁、终裁]商务部根据调查结果,可以作出初裁决定,也可以直接作出终裁决定,并予以公告。

**(三)保障措施**

《保障措施条例》

**第十六条** [临时保障措施]有明确证据表明进口产品数量增加,在不采取临时保障措施将对国内产业造成难以补救的损害的紧急情况下,可以作出初裁决定,并采取临时保障措施。

临时保障措施采取提高关税的形式。

**第十九条** [保障措施]终裁决定确定进口产品数量增加,并由此对国内产业造成损害的,可以采取保障措施。实施保障措施应当符合公共利益。

保障措施可以采取提高关税、数量限制等形式。

**第二十二条** [非歧视性]保障措施应当针对正在进口的产品实施,不区分产品来源国(地区)。

**第二十三条** [必要性]采取保障措施应当限于防止、补救严重损害并便利调整国内产业所必要的范围内。

**第二十五条** [关税退还]终裁决定确定不采取保障措施的,已征收的临时关税应当予以退还。

# 专题二十一 国际经济法领域的其他法律制度

**考点 112** 国际融资担保

**(一)见索即付保函(独立保函)的概念和特点**

《最高人民法院关于审理独立保函纠纷案件若干问题的规定》

**第一条** [独立保函定义]本规定所称的独立保函,

是指银行或非银行金融机构作为开立人,以书面形式向受益人出具的,同意在受益人请求付款并提交符合保函要求的单据时,向其支付特定款项或在保函最高金额内付款的承诺。

前款所称的单据,是指独立保函载明的受益人应提交的付款请求书、违约声明、第三方签发的文件、法院判决、仲裁裁决、汇票、发票等表明发生付款到期事件的书面文件。

独立保函可以依保函申请人的申请而开立,也可以依另一金融机构的指示而开立。开立人依指示开立独立保函的,可以要求指示人向其开立用以保障追偿权的独立保函。

第三条 [界定标准]保函具有下列情形之一,当事人主张保函性质为独立保函的,人民法院应予支持,但保函未载明据以付款的单据和最高金额的除外:

(一)保函载明见索即付;

(二)保函载明适用国际商会《见索即付保函统一规则》等独立保函交易示范规则;

(三)根据保函文本内容,开立人的付款义务独立于基础交易关系及保函申请法律关系,其仅承担相符交单的付款责任。

当事人以独立保函记载了对应的基础交易为由,主张该保函性质为一般保证或连带保证的,人民法院不予支持。

当事人主张独立保函适用民法典关于一般保证或连带保证规定的,人民法院不予支持。

第四条 [开立、生效与撤销]独立保函的开立时间为开立人发出独立保函的时间。

独立保函一经开立即生效,但独立保函载明生效日期或事件的除外。

独立保函未载明可撤销,当事人主张独立保函开立后不可撤销的,人民法院应予支持。

**(二)单单表面相符原则**

《最高人民法院关于审理独立保函纠纷案件若干问题的规定》

第六条 [责任与基础交易]受益人提交的单据与独立保函条款之间、单据与单据之间表面相符,受益人请求开立人依据独立保函承担付款责任的,人民法院应予支持。

开立人以基础交易关系或独立保函申请关系对付款义务提出抗辩的,人民法院不予支持,但有本规定第十二条情形的除外。

第七条 [单据审查]人民法院在认定是否构成表面相符时,应当根据独立保函载明的审单标准进行审查;独立保函未载明的,可以参照适用国际商会确定的相关审单标准。

单据与独立保函条款之间、单据与单据之间表面上不完全一致,但并不导致相互之间产生歧义的,人民法院应当认定构成表面相符。

第八条 [开立人权利]开立人有独立审查单据的权利与义务,有权自行决定单据与独立保函条款之间、单据

与单据之间是否表面相符,并自行决定接受或拒绝接受不符点。

开立人已向受益人明确表示接受不符点,受益人请求开立人承担付款责任的,人民法院应予支持。

开立人拒绝接受不符点,受益人以保函申请人已接受不符点为由请求开立人承担付款责任的,人民法院不予支持。

**(三)保函欺诈及保函欺诈例外原则**

《最高人民法院关于审理独立保函纠纷案件若干问题的规定》

第十二条 [独立保函欺诈]具有下列情形之一的,人民法院应当认定构成独立保函欺诈:

(一)受益人与保函申请人或其他人串通,虚构基础交易的;

(二)受益人提交的第三方单据系伪造或内容虚假的;

(三)法院判决或仲裁裁决认定基础交易债务人没有付款或赔偿责任的;

(四)受益人确认基础交易债务已得到完全履行或者确认独立保函载明的付款到期事件并未发生的;

(五)受益人明知其没有付款请求权仍滥用该权利的其他情形。

第十三条 [申请中止支付]独立保函的申请人、开立人或指示人发现有本规定第十二条情形的,可以在提起诉讼或申请仲裁前,向开立人住所地或其他对独立保函欺诈纠纷案件具有管辖权的人民法院申请中止支付独立保函项下的款项,也可以在诉讼或仲裁过程中提出申请。

第十四条 [中止支付独立保函的条件]人民法院裁定中止支付独立保函项下的款项,必须同时具备下列条件:

(一)止付申请人提交的证据材料证明本规定第十二条情形的存在具有高度可能性;

(二)情况紧急,不立即采取止付措施,将给止付申请人的合法权益造成难以弥补的损害;

(三)止付申请人提供了足以弥补被申请人因止付可能遭受损失的担保。

止付申请人以受益人在基础交易中违约为由请求止付的,人民法院不予支持。

开立人在依指示开立的独立保函项下已经善意付款的,对保障该开立人追偿权的独立保函,人民法院不得裁定止付。

第十六条 [止付申请的裁定与执行]人民法院受理止付申请后,应当在四十八小时内作出书面裁定。裁定应当列明申请人、被申请人和第三人,并包括初步查明的事实和是否准许止付申请的理由。

裁定中止支付的,应当立即执行。

止付申请人在止付裁定作出后三十日内未依法提起独立保函欺诈纠纷诉讼或申请仲裁的,人民法院应当解除止付裁定。

（四）涉外保函纠纷的管辖权和法律适用

**《最高人民法院关于审理独立保函纠纷案件若干问题的规定》**

第二十一条 ［管辖］受益人和开立人之间因独立保函而产生的纠纷案件，由开立人住所地或被告住所地人民法院管辖，独立保函载明由其他法院管辖或提交仲裁的除外。当事人主张根据基础交易合同争议解决条款确定管辖法院或提交仲裁的，人民法院不予支持。

独立保函欺诈纠纷案件由被请求止付的独立保函的开立人住所地或被告住所地人民法院管辖，当事人书面协议由其他法院管辖或提交仲裁的除外。当事人主张根据基础交易合同或独立保函的争议解决条款确定管辖法院或提交仲裁的，人民法院不予支持。

第二十二条 ［法律适用］涉外独立保函未载明适用法律，开立人和受益人在一审法庭辩论终结前亦未就适用法律达成一致的，开立人和受益人之间因涉外独立保函而产生的纠纷适用开立人经常居所地法律；独立保函由金融机构依法登记设立的分支机构开立的，适用分支机构登记地法律。

涉外独立保函欺诈纠纷，当事人就适用法律不能达成一致的，适用被请求止付的独立保函的开立人经常居所地法律；独立保函由金融机构依法登记设立的分支机构开立的，适用分支机构登记地法律；当事人有共同经常居所地的，适用共同经常居所地法律。

涉外独立保函止付保全程序，适用中华人民共和国法律。

第二十三条 ［适用范围］当事人约定在国内交易中适用独立保函，一方当事人以独立保函不具有涉外因素为由，主张保函独立性的约定无效的，人民法院不予支持。

# 答 案 速 查

| | | |
|---|---|---|
| 1.AC | 2.ACD | 3.A |
| 4.BC | 5.BC | 6.B |
| 7.A | 8.B | 9.C |
| 10.D | 11.C | 12.C |
| 13.C | 14.C | 15.D |
| 16.AC | 17.BC | 18.B |
| 19.AC | 20.D | 21.C |
| 22.BC | 23.D | 24.D |
| 25.C | 26.B | 27.ABD |
| 28.D | 29.BC | 30.A |
| 31.CD | 32.B | 33.C |
| 34.BCD | 35.CD | 36.D |
| 37.AC | 38.ABD | 39.BD |
| 40.B | 41.CD | 42.AC |
| 43.ABD | 44.BCD | 45.BD |
| 46.BD | 47.CD | 48.ABC |
| 49.BD | 50.B | 51.ABCD |
| 52.AB | 53.D | 54.AD |
| 55.B | 56.D | 57.BC |
| 58.BD | 59.D | 60.B |
| 61.C | 62.BD | 63.B |
| 64.C | 65.A | 66.BD |
| 67.AD | 68.ACD | 69.BCD |
| 70.CD | 71.BCD | 72.D |
| 73.A | 74.A | 75.BC |
| 76.A | 77.BC | 78.CD |
| 79.B | 80.A | 81.C |
| 82.D | 83.AB | 84.B |
| 85.AC | 86.C | 87.C |
| 88.B | 89.AD | 90.D |
| 91.AC | 92.A | 93.D |
| 94.D | 95.B | 96.A |
| 97.B | 98.B | 99.B |
| 100.B | 101.C | 102.B(原答案为C) |
| 103.BD | 104.AD | 105.AB |
| 106.C | 107.AC | 108.CD |
| 109.AB | 110.D | 111.B |
| 112.A | 113.A | 114.C |
| 115.AD | 116.A | 117.B |
| 118.C | 119.BC | 120.ABC |
| 121.ABCD | 122.D | 123.C |
| 124.D | 125.BD | 126.D |
| 127.B | 128.D | 129.D |

| | | |
|---|---|---|
| 130.B | 131.B | 132.B |
| 133.ABD | 134.BCD | 135.CD |
| 136.BD | 137.B | 138.A |
| 139.B | 140.B | 141.A |
| 142.D | 143.C | 144.C |
| 145.BC | 146.AD | 147.AC |
| 148.AD | 149.AD | 150.A |
| 151.ABCD | 152.BD | 153.BD |
| 154.ABC | 155.ABCD(原答案为B) | |
| 156.C | 157.B | 158.A |
| 159.ABC | 160.ABCD | 161.BD |
| 162.ABC | 163.BC | 164.B |
| 165.B | 166.A | 167.C |
| 168.B | 169.B | 170.C |
| 171.C | 172.C | 173.ACD |
| 174.A | 175.B | 176.ABC |
| 177.A | 178.D | 179.D |
| 180.A | 181.A | 182.D |
| 183.BD | 184.B | 185.C |
| 186.B | 187.ABC | 188.C |
| 189.D | 190.BC | 191.BC |
| 192.CD(原答案为ACD) | | 193.B |
| 194.AD(原答案为ABD) | | 195.A |
| 196.D | 197.D | 198.ABD |
| 199.AC | 200.CD | 201.ABC |
| 202.ABCD | 203.CD | 204.BC |
| 205.ABD | 206.B | 207.ACD |
| 208.A | 209.ACD | 210.C |
| 211.C | 212.C | 213.D |
| 214.AD | 215.D | 216.C |
| 217.BD | 218.BCD | 219.B |
| 220.C | 221.AD | 222.AD |
| 223.AC | 224.BD | 225.ACD |
| 226.C | 227.B | 228.C |
| 229.A | 230.CD | 231.ACD |
| 232.C | 233.C | 234.D |
| 235.AB | 236.AB | 237.BD |
| 238.ABCD(原答案为B) | | 239.A |
| 240.C | 241.BD | 242.D |
| 243.C | 244.AC | 245.ABCD |
| 246.AC | 247.A | 248.B |
| 249.ABCD | 250.B | 251.ABCD |
| 252.B | 253.B | 254.CD |

| | | | | | |
|---|---|---|---|---|---|
| 255.C | 256.A | 257.B | 288.ACD | 289.BC | 290.B |
| 258.A | 259.A | 260.C | 291.ACD | 292.B | 293.A |
| 261.D | 262.AD | 263.ACD | 294.D | 295.BCD | 296.ABC |
| 264.BCD | 265.C | 266.B | 297.C | 298.BCD | 299.D |
| 267.D | 268.D | 269.B | 300.AB | 301.A | 302.ABCD |
| 270.B | 271.D | 272.D | 303.ACD | 304.D | 305.CD |
| 273.A | 274.ABD | 275.D | 306.CD | 307.CD | 308.CD |
| 276.D | 277.CD | 278.AC | 309.BD | 310.BC | 311.AB |
| 279.C | 280.D | 281.C | 312.BD | 313.B | 314.AC |
| 282.C | 283.B | 284.A | 315.ACD | | |
| 285.A | 286.B | 287.C | | | |

**图书在版编目（CIP）数据**

2024 国家统一法律职业资格考试 3000 题：单科强化训练：测试版/拓朴法考组编. —北京：中国法制出版社，2024.6

ISBN 978-7-5216-4299-5

Ⅰ.①2… Ⅱ.①拓… Ⅲ.①法律工作者-资格考试-中国-习题集 Ⅳ.①D920.4

中国国家版本馆 CIP 数据核字（2024）第 048750 号

策划编辑：李连宇

责任编辑：李连宇  黄丹丹  刘海龙  潘环环                封面设计：拓  朴

---

2024 国家统一法律职业资格考试 3000 题：单科强化训练：测试版

2024 GUOJIA TONGYI FALÜ ZHIYE ZIGE KAOSHI 3000TI ：DANKE QIANGHUA XUNLIAN：CESHIBAN

组编/拓朴法考

经销/新华书店

印刷/三河市华润印刷有限公司

开本/787 毫米×1092 毫米  16 开                    印张/63.75  字数/2200 千

版次/2024 年 6 月第 1 版                          2024 年 6 月第 1 次印刷

---

中国法制出版社出版

书号 ISBN 978-7-5216-4299-5                      定价：195.00 元

北京市西城区西便门西里甲 16 号西便门办公区

邮政编码：100053                                传真：010-63141600

网址：http：//www.zgfzs.com                      编辑部电话：010-63141811

市场营销部电话：010-63141612                     印务部电话：010-63141606

如有印装质量问题，请与本社印务部联系。

封底和正文二维码内容由拓朴法考提供，用于服务广大考生，有效期截至 2024 年 12 月 31 日。